中華大典

醫藥衛生典

四川出版集團·巴蜀書社

中華大典·醫藥衛生典

藥學分典

《藥學分典》總目錄

第一册

第二册

第三册

藥學分典 六

藥物總部

藥學類編

藥學合典 六

目錄

蓏菜分部

《藥物總部》提要

《藥物總部》是《藥學分典》中内容最龐大的一個總部，下列『部』與『分部』兩級經目。其中一級經目按藥物自然屬性分二十三個部。鑒於各部藥物内容相對獨立，為方便使用，本分典將本總部分八册，各自獨立成書。這八册在整個分典的位置及所屬各部名稱參見前《藥學分典》總目録。本總部藥物的編排順序與先行出版的《本草圖録總部》基本相同，僅少數藥物的位置有所調整。

本總部收載的動物藥中，不乏當今已列為重點保護的野生動物（如犀牛、虎、麋鹿等）。本分典為保存古代醫藥文獻而收載這些動物的有關史料，但反對將這些珍稀動物用作藥物。

本總部在緯目『綜述』及『雜録』下設專題名，即單味藥的正名。單味藥在本總部中為最小單元，其正名乃從該藥諸多名稱中遴選得來。正名之下諸書所出藥名雖有不同，但據其文字描述或藥圖（須參《本草圖録總部》）所示，均屬同一藥物。本總部共收載藥物四千三百零二種。各藥條下的主要内容有基原鑒別、生長地區與環境、采收時月、炮製、性味良毒、七情、功用主治、相關附方等。

由於本分典的編纂宗旨在於全面客觀地反映中國古代藥物學的豐富内容，因此必須尊重古代某些傳統分類法，以容納古代曾出現過某些特殊藥物。本此原則本總部設置了火、水、土、製釀、器用等部。其他部的設置大體按礦物、植物、動物為序，主要采用傳統分類名稱（如草部、菜部、果部、藤蔓部、木部、蟲部、魚部、獸部、人部等）。但在尊重古代傳統分類的同時，又再細化類别。例如藻菌、地衣苔蘚、蕨部屬於低等植物，今從古代『草部』分出。古代籠統的蟲、魚部，今則細分為蟲、介甲、蛇蜥、魚四個部，以盡量貼近動物進化分類序列。此外各部下的某些分部（如蟲部下的濕生分部、卵生分部、兩棲分部）乃爲兼顧傳統分類與現代分類而設。

本總部體現現代分類進展及中藥鑒別最新成果之處，主要是部或分部下的藥物排列方式。例如動植物類各部及分部下的藥物，一般都按現代分類法，將同科的動植物集中相鄰排列，並將包含常用藥居多的動植物科屬排在前面。例如『草部·山草分部』的緯目『綜述』之下，依次是甘草、黄耆、苦參（豆科）、人參、竹節參、珠兒參、三七、西洋參（五加科）、桔梗、沙參、薺苨、黨參（桔梗科）等。

本總部單味藥的確定，以藥物基原為主。同一基原的動植物，其藥用部分可有多種。例如桑的樹皮（桑白皮）、樹葉（桑葉）、果實（桑椹）等均可入藥。對此情況，按古代本草慣例，取其常用部位歸類。故桑雖列入木部，但不再把各藥用部位拆分，仍在桑條下表述其不同藥物部分的功用。又，鑒於本總部未設花部，因此某些花類藥往往據其植物屬性，分別散入草、木等部，或附在同基原常用藥用部位所屬部類之中，例如『梅花』權且附在『梅』（烏梅、白梅）之後。

本總部藥物基原的確定，主要依據文字描述與藥圖。在充分汲取國内外中藥鑒定的最新成果的基礎上，編纂人員又逐一對以往尚無研究的藥物進行考訂，采用『以形相從』的方法，盡力確定其科屬或近似的分類位置。對缺乏形態描述與圖形的藥物，則多采『以名相從』之法，將其排在名稱近似藥物之後。例如《滇南本草》中基原不明的白雲參、還元參、土人參、黄參等藥，均附列在人參之後。若名稱亦無相似者，則依據古本草『有名未用』舊例，將不明來源的藥物集中起來，排列在相關的部或分部之末，設經目『某部藥存疑』，或在緯目『雜録』中予以表現。

本總部的文字編排及標記體例，除遵從大典總體要求外，針對本分典的特點，有如下需説明之處：《證類本草》一書的《神農本草經》《名醫别録》《藥對》三書文字雜糅在一起，原書采用『白大字』（大號陰文）表示《神農本草經》，『黑大字』（大號陽文）表示《名醫别録》文，『黑小字』（小號陽文）表示《藥對》文。對此類條文，本分典將『白大字』用五號黑體，『黑大字』用五號宋體表示，『黑小字』用小五號宋體，並在文獻出處後的六角符號『〔　〕』中，用同體、同號字標出各書名，以提示原本混排之三書文字的區别。又，《證類本草》除采用陰陽文、大小字之外，還用特定文字（如『今定』、『新補』等）及特殊符號（如墨蓋子）來表示文字出處。為適應《中華大典》體例，使讀者一目了然知其明確出處，本總部一律增補該書所引原書之名。另外，對少數本草書采用的特殊標記，本分典在不與大典統一標記衝突的前提下，用其他符號予以替代。例如《本草品彙精要》將藥品分為二十四項，每項名稱用黑魚尾括注。由於此標記與大典省略文字標記相同，故本分典將其改為白魚尾。

《藥物總部》之末，附『藥名索引』。進入索引的藥名僅限於藥物正名。

穀豆部

題解

《靈樞經·五味第五十六》 五穀：秔米甘，麻酸，大豆鹹，麥苦，黄黍辛。

宋·李昉《太平御覽》卷八三七百穀部 《周禮·天官》曰：太宰，以九職任萬民。一曰三農，生九穀。鄭司農云：九穀，稷、黍、秫、稻、麻、大小豆、大小麥。凡王之膳食用六穀。鄭司農云：稻、黍、稷、粱、麥、苽。苽，雕胡也。藥養其病。

《大戴禮》曰：食氣者神明而壽，食穀者智惠而巧，不食者不死。

《范子計然》曰：五穀者，萬民之命，國之重寶也。

楊泉《物理論》曰：穀氣勝元氣，其人肥而不壽。養性之術，常使穀氣少則病不生矣。粱者，黍稷之總名也；稻者，溉種之總名；菽者，衆豆之總名。三穀各二十種，為六十。疏、果之實助穀，各二十種。為百穀。故《詩》曰：播厥百穀。穀者，衆種之大名也。

《賈誼書》曰：至于神農嘗百草之實，察鹹苦之味，教民食穀。

附：日·丹波康賴《醫心方》卷三〇 《太素經》云：五穀為養，五菓為助，五畜為益，五菜為埤。注云：五穀為養生之主也。五菓助穀之資，五畜益穀之資，五菜埤穀之資也。五穀、五畜、五菓、五菜，用之充飢則謂之食，以其療病則謂之藥，此穀、畜、菓、菜等廿物，乃是咨五行五性之味，臓腑血氣之本也。充虚接氣，莫大於兹。奉性養生，不可斯須離也。

明·盧和、汪穎《食物本草》卷一穀類 右五穀，乃天生養人之物，但人之種藝，一則取其資生之功，二則計其肥家之利。南之粳，北之粟，功利兩全，故多種食之。如黄粱甚美而益人，故有膏粱之稱，人則以其費地薄收而不種。識者，凡穀類當不計其利，惟取其能養人者多種而食之，可也。

明·李時珍《本草綱目》卷二二穀部 李時珍曰：太古民無粒食，茹毛飲血。神農氏出，始嚐草别穀，以教民耕蓺；又嚐草别藥，以救民疾夭。軒轅氏出，教以烹飪，制爲方劑，而後民始得遂養生之道。《周官》有五穀、六穀、九穀之名，詩人有八穀、百穀之詠，穀之類可謂繁矣。《素問》云：五穀爲養。麻、麥、稷、黍、豆，以配肝、心、脾、肺、腎。職方氏辨九州之穀，地官辨土宜穜稑之種，以教稼穡樹蓺，皆所以重民天也。五方之氣，九州之産，百穀各異其性，豈可終日食之而不知其氣味損益乎。於是集草實之可粒食者爲穀部，凡七十三種，分爲四類：曰麻麥稻，曰稷粟，曰菽豆，曰造釀。舊本米穀部三品共五十九種。今併入九種，移一種入菜部，自草部移入一種。

明·穆世錫《食物輯要》卷二穀類 右五穀，天生所以養人，但地土不同，氣味有異，如南之粳，北之粟。食得其宜，賴以養生；失其宜，反能致病。尊生者節之！

明·吴文炳《藥性全備食物本草》卷一 五穀部 夫五穀天生所以養人，但地土不同，氣味有異，如南之粳，北之粟，食得其宜，賴以養生。失其宜，反能致病。尊生者節之。

明·趙南星《上醫本草》卷一 李時珍曰：大古民無粒食，茹毛飲血。神農氏出，始嘗草别穀，以教民耕蓺。又嘗草别藥，以救民疾夭。軒轅氏出，教以烹飪，制為方劑。而後，民始得遂養生之道。周官有五穀、六穀、九穀之名，詩人有八穀、百穀之詠，穀之類，可謂繁矣。《素問》云：五穀為養，麻、麥、稷、黍、豆以配肝、心、脾、肺、腎。職方氏辯九州之穀，地官辯土宜種稑之種，以教稼穡樹蓺，皆所以重民天也。五方之氣，九州之産，百穀各異其性，豈可終日食之，而不知其氣味損益乎？

明·應廩《食治廣要》卷二 穀部 《素問》云：五穀為養，麻、麥、稷、黍、豆，以配心、肝、脾、肺、腎，養生之道，無踰于此。然而，九州異産，百穀異性，豈可終日食之而不知其損益者乎。

明·施永圖《本草醫旨·食物類》卷二 凡祭祀，黍、稷、稻、粱者。黍，糯米也；稷，粟米也；稻，粳米也；粱，小米也。

清·穆石匏《本草洞詮》卷五 穀部 上古民無粒食，茹毛飲血而已。神農氏嘗百草，别穀以教民耕藝，别藥以救民疾夭，而後民始得遂養生之道。《周禮》有五穀、六穀、九穀之名，詩人有八穀、百穀之詠，穀之類可謂繁矣。《素問》云：五穀為養，麻、麥、稷、黍、豆，以配肝、心、脾、肺、腎，此其大要也。職方氏辨土宜穜稑之種，則知五方之氣，九州之產，各異其性，豈終日食之，而不辨其氣味損益耶？

清·劉雲密《本草述》卷一四　總論

愚按：《內經》云：五穀為養，麻、麥、稷、黍、豆，以配肝、心、脾、肺、腎。然則五穀固養生之所資，而非治病之物也。第即其宜於各臟以為養者，還宜於各臟之所病經悉之矣。更有各臟之所苦，而急於食者，如五穀類，《經》未嘗不更端言之也。在《金匱·真言論》曰：肝穀，麥。心穀，黍。糯，小米也。脾穀，稷。小米也，粳者為稷。肺穀，稻。腎穀，豆。又《靈樞·五味全》曰：穀味酸，先走肝，麻酸。穀味苦，先走心，麥苦。穀味甘，先走脾，秔米甘。秔即粳也。穀味辛，先走肺，黃黍辛。穀味鹹，先走腎，大豆鹹。雖然何為五臟之所配者，自腎而外。二說如是，其互異也，更以五色合於五味。又曰：青色宜酸，赤色宜苦，黃色宜甘，白色宜辛，黑色宜鹹。且以五臟之病者，言所宜食，曰肝病宜麻，心病宜麥，脾病宜秔米，肺病宜黃黍，腎病宜大豆。似乎後說較為足據也乎。乃《藏氣法時論》曰：肝苦急，急食甘以緩之。而實以肝色青，更宜食甘，在穀曰粳米。心苦緩，急食酸以收之。而實以心色赤，更宜食酸，在穀曰小豆。脾苦溼，急食苦以燥之。而實以脾色黃，更宜食鹹，在穀曰大豆。肺苦氣上逆，急食苦以泄之。而實以肺色白，更宜食苦，在穀曰麥。腎苦燥，急食辛以潤之。而實以腎色黑，更宜食辛，在穀曰黃黍。若然，何為各臟之所宜者，又皆有變易，從時之義乎？蓋本五穀所生之氣味，與人之五臟合而和者以為養。謂療其病者，亦即在此，豈非不易之至理？然而細酌，五臟各司一氣，未免時有專氣以為病，不徒恃其能養者以為功，而還取其相劑者以救偏，如是乃謂之養生，又不止謂之療病也。故察五穀以養生者，宜統悉於斯義耳。

清·汪紱《醫林纂要探源》卷二　藥而以穀部為先者，穀以養人，養適其宜則勿藥可矣。且五味以平心，穀莫非藥也。若五穀之性且不能辨，則保以更用他藥乎？○穀食日用所需，故雖無主治病證，亦特為考之必詳。

清·何其言《養生食鑒》卷上　右五穀，天生所以養人，但地土不同，氣味有異。如南之粳飯，北之粟麵，食得其宜，賴以養生，食失其宜，反能致病。尊生者節之。凡傷五穀，用芽茶、穀芽、麥芽、山查煎濃湯，飲之即消。

清·吳瑭《醫醫病書》　五穀論　五穀亦百草之結子者也。穀者，善也。五者，五行也。聖人取其性善、形色氣味之可以養五臟者，教民樹(易)〔藝〕以養生焉。五穀何以為善？味甘淡也。人係倮蟲，屬土，土味甘，以甘補土，故取甘也。尤必以淡為善者，何也？蓋味之至重者必毒，稍重者必偏，惟淡多甘少者，得中和之氣，故曰穀也。且淡開五味之先，不在五味之中，而能統領五味者也。五味皆屬地氣，地食人以五味也。惟淡屬天氣，清華沖妙，最能滲泄土中之濁氣，而使之復其清明之體，故必以淡為善也。五穀中最重黍稷者，何也？黍稷體圓而色黃，味得甘淡之中，故先王首重黍稷焉。如黃荳在五穀中，甘味最重，則不可作飯，且不可多食，多食則脹滿。《論語》云：食夫稻，衣夫錦。似稻又細於黍稷者，何也？蓋黍稷生於剛土而性剛，長於補脾。稻生於溼土而性柔，長於補胃。淡味獨勝，似其品高於黍稷，但色白形長，喜水，偏於溼重，終就臣位，自仍當以黍稷之中正為君也。《周頌》曰貽我來牟。似大小二麥亦不輕於黍稷也。蓋二麥補五穀之所不及者也。五穀除麥之外，皆以溼土令而下地，以溼土收令而上倉。麥則反是，以秋分後溼土收令而下地，以夏至前溼土行令而上倉，單避溼土之氣，故其性燥而開胃，有溼病者最宜，土性溼而反惡溼也。且金、水、木、火，四時之氣，即元亨利貞之天氣也，溼土則純然地氣矣。但補偏救弊者，皆臣道也。

清·章穆《調疾飲食辯》卷一　穀類　周人尊后稷以配天，必曰粒我蒸民，而後曰帝命率育。由是觀之，洪荒之世，茹毛飲血，夭扎疵癘必不能無。自有神農，又有后稷教之樹藝五穀，而含哺鼓腹之民，乃得遂生適性，共安於耕鑿之樂矣。獨是穀類甚繁，《周官》有五穀、六穀、九穀，《詩》有八穀、百穀。加以南北土產，各各不同，則繁而益繁矣。所以職方氏辨九州之穀，地官辨土宜種稑之種。播穫宜知，養生療疾即在其中也。

諸穀考　鄭康成《詩箋》曰：麻、黍、稷、麥、豆為五穀，稻、黍、稷、粱、麥、瓜為六穀，稷、秫、黍、稻、麻、大、小麥，大、小豆為九穀，其分別處，或有稻無麥，或稻、麥俱無，或無粱，或無麻，總皆未當。至楊泉《物理論》，謂稻、粱、菽各二十種，蔬果之能助穀者各二十種，共為百穀，而麥、黍、稷並遺之，更為杜撰。蓋《詩》之百穀，不過極言其多，必泥定其數以求解，則鑿矣。此所考以八穀為主，而諸凡粒食，似已盡該，何勞辭費也。

清·楊時泰《本草述鉤元》卷一四　五穀總論　《經》言五穀為養，以麻、麥、稻、黍、豆，配肝、心、脾、肺、腎，是五穀固養生所資，而非治病之物也。第即其宜於各臟者，還宜於各臟之所病，更有各臟之所苦而急於食者。《內經》

又嘗更端言之。《金匱真言論》曰：肝穀麥，心穀黍糯小米也，脾穀稷小米之粳者，肺穀稻，腎穀豆。《靈樞·五味》(全)曰：麻酸走肝，麥苦走心，秔甘走脾，黍辛走肺，豆鹹走腎。五臟所配，自腎而外，二說互異。且以五臟之病言所宜食，又曰：肝病宜麻，心病宜麥，脾病宜秔米，肺病宜黃黍，腎病宜大豆。此說固為足據也。《藏氣法時論》曰：肝苦急，急食甘以緩之，色青味甘，在穀曰粳米；心苦緩，急食酸收之，色赤味酸，在穀曰小豆；脾苦濕，急食苦以燥之，色黃味鹹，在穀曰大豆；肺苦氣上逆，急食苦以泄之，色白味苦，在穀曰麥；腎苦燥，急食辛以潤之，色黑味辛，在穀曰黃黍。似乎各臟所宜，又有變易從時之義，蓋五穀所生之氣味，與五臟合而和者以為養，然五臟各司一氣，或時有專氣以為病，則不徒恃合和之能養，而還取相(劑)〔濟〕以救偏，養生者又宜悉於斯義耳。

清·王孟英《歸硯錄》卷一　章杏雲先生《飲食辨》云：凡米新者，香甘汁濃，養人為勝。試觀作餳作酒，新者之力較厚，稍久則漸薄，豈非陳不及新之明驗乎？本草言陳者良，是為病患言也。以新者力厚，恐貽食後之患耳。又極言炒米之弊，餘皆避之。蓋米愈陳則愈劣，納稼之時，但宜藏穀，隨時碾食，則香味不減而滑。乃嘉興等處不諳藏穀之法，刈獲之後，即舂而入囤，用糠蒸盦數月，米色變紅，如陳倉之粟，名曰冬舂米，取其經久不蛀，宋人贊其不蠹不腐，而不知其已無生氣，故不蛀也。亦杜遠方販運，以慣食此米者，不出二百里之外也。志乘未載，不知何人作俑，而土人習之，翻以白米味淡而不香，何異醉人視醒人為醉之顛倒耶？然米經蒸變，不但色香味全失，而汁枯性澀，是去其精華，徒存糟粕也。故煮粥不稠，造餳、釀酒皆不成，與炒米相去一間耳。余偶食之，即腹脹便閉，必啜淖糜粥數日以濡之，始愈。此與武彝人蒸茶為紅者，同一矯揉造作。今奸商更有造發急冬舂之法，旬餘即成，隨時可作，米極易敗，尤不宜人。

清·陸以湉《冷廬醫話》卷一　鄭康成《周官·疾醫》注：五穀：麻、黍、稷、麥、豆。《素問》以麥、黍、稷、稻、豆為五穀，分屬心、肝、脾、肺、腎，治病當從之。程杏軒《醫(業)〔案〕輯錄》治胸脘脹痛，泛泛欲嘔，食麪尚安，稍飲米湯，脘中即覺不爽，謂肝之穀為麥，胃弱故米不安，肝強故麥可受，當用安胃制肝法，此得《內經》之旨者也。

穀分部

綜述

諸米麥

清·張璐《本經逢原》卷三　諸米　甘，平，無毒。　發明：米受坤土精氣而成，補五藏而無偏勝。秔者曰稻，糯者曰黍，資生之至寶也。其南秔溫，北秔涼。赤秔熱，白秔平，晚白秔涼。新秔熱，陳秔涼。新、陳、黃、白總謂之粱，通名曰稷。雖能益人，然不可過食，過食則傷中州之氣也。有人嗜食生米，久成米瘕，治之以雞屎白，取其殺蟲也。未經霜新米，病人所禁，下痢尤忌，作食動風氣。陳者下氣益脾，病人尤宜。《本草》言，粳秔溫中和胃氣，長肌肉。仲景白虎湯、桃花湯、竹葉石膏湯並用之，皆取晚秔，得金之氣居多故也。〇陳倉米開胃進飲食，年久者治久痢甚良。〇秫米，俗云糯米，益氣補脾肺，但磨粉作稀糜，庶不粘滯，且利小便，以滋肺而氣化下行矣。若作糕餅，性難運化，病人莫食。泔水善消鴨肉，又製二术宜之。〇紅蓮米入心脾補血。〇籼米溫中益氣，除濕止瀉。〇穀芽啟脾進食，寬中消穀，而能補中，不似麥芽之削剋也。〇稷米苗高如蘆，〇俗名蘆粟，穗曲下垂如鉤者良。治熱壓丹石毒，解苦瓠毒，不可與附子同食。粟即小米，利小便止痢，壓丹石熱，解小麥毒，發熱。〇稗米厚腸胃濟飢，其苗根治金瘡血出不止，搗傅或研末摻之，其血即止。〇菰米即雕胡茭草之子，止渴解煩。〇舂杵頭糠能治噎膈，取其運動之性，以消磨胃之陳積也，然惟暴噎為宜。　諸麥　甘，平。皮，寒，無毒。　發明：《素問》云，麥屬火，心之穀也。鄭玄云，麥有孚甲，屬木。許慎云，麥屬金，金旺而生，火旺而死。三說各異。而《別錄》云，麥養肝氣，與鄭說合。孫思邈云，麥養心氣，與《素問》合。參攷其功，除煩、止渴、收汗、利溲、止血，皆心之病，當以《素問》為準。蘇恭云，小麥作湯，不令皮圻，圻則性溫，不能消熱止渴也。可知方中用麥皆取外麩之力，仍取溫性，內存以輔助之。愚按：五穀中惟麥得春升之氣最早，故為五穀之長。

察其性之優劣，則南北地土所產之不同：北麥性溫，食之益氣添力；南麥性熱，食之助濕生痰。故北人以之代飯，大能益人，養肝氣，去客熱，止煩渴，利小便，止漏血唾血，令婦人得孕。南方氣卑地濕，久食令人發熱，鄉土不同故也。乾麪益胃強肝，濕麪生痰助濕，初夏新者尤甚。新麥性柔，助濕熱尤甚。而收穫時遇雨色變者，食之令人作嘔，能傷胃氣。○麩皮多筋而性寒，能發肝風傷脾氣，且最難湍化。受其傷者，惟草果能消去之，其治走氣作痛，用釅醋拌麩皮炒熱，袋盛熨之。○小麥粉乃麩皮洗筋澄出。《積善堂方》烏龍膏治一切腫毒未潰者，用陳年小麥粉炒黑，醋調糊熬如漆，磁罐收貯，用時攤紙上剪孔貼之，其腫自消，藥力盡自脫。用經霜桑葉、大黃末和蜜調傅尤良。○浮麥，輕虛象肺，能斂盜汗，取其散皮腠之熱也。○麥奴乃麥將熟時上有黑黴者，朱肱治陽毒、溫毒、熱渴、斑狂，麥奴丸用之。方用小麥奴、梁上塵、釜底煤、竈突墨，同黃芩、麻黃、硝黃等分為末，蜜丸，彈子大，水化服一丸，汗出或微利即愈，取從火化之象也。○大麥即牟麥，健胃化食，主消渴除熱，久食令人多力健行。○大麥作蘖溫中消食，即經發萌，大能耗伐腎氣，凡人小便多者禁之。王好古云：麥蘖、神麯二藥，胃氣虛人宜服之。趙養葵曰，此不稽之言也。今人造飴必用麥蘖始化，傷中消導可知。產婦乳腫，不欲乳哺，用麥蘖半兩入四物湯，服之即斷，傷耗精血可知。○雀麥一名杜姥草，益肝和脾，《丹方》以此草同苦瓠葉醋漬炮熟，內口中齒外邊熨之，冷則易，熱者再熨。更取銅器置水浸熟草與葉，乘熱漱痛齒，得蟲長三分。老者黃色，小者白色，多者得數十枚，少者得二三十枚，出《千金方》。○蕎麥甘平，動風發熱，能鍊腸胃滓穢積滯，降氣寬腸，治白濁白帶，氣盛而濕熱者宜之。孟詵言益氣力者，殆未然也。炒焦熱水沖服，治絞腸沙，腹痛。小兒丹毒，赤腫，醋調塗之。然須北方者良，南方者味苦性劣不堪服食，久食令人動風頭眩。不可與豬羊肉食，令人鬚眉脫落，又不可合黃魚食。其秆燒灰淋汁即鹼，用化石灰，能去黶痣惡肉。諸豆　甘，平，無毒。發明：大豆曰菽，色黃入脾，瀉而不補。色黑入腎，瀉中寓補。《本經》云，生研和醋塗癰腫，煎汁飲殺鬼毒止痛。《日華》云，制金石藥毒。時珍云，水浸擣汁解礬石、砒石、烏附、射罔、甘遂、巴豆、芫青、斑蝥百藥之毒。古方取用甚多，炒熱酒淋。治風毒腳氣，筋脈拘攣，產後中風口喎，頭風破傷，並宜炒熟酒淋服之。○黃大豆生泄利，熟壅氣，生痰動嗽諸病，皆非所宜。惟痘後餘毒發癰，炒黑研末，以香油調傅之。生浸細磨和滓炒熱傅腫瘍背瘡，冷則換熱者，頻傅即消。悞食毒物，生擣研，水灌吐之。諸菌毒不得吐者，濃煎汁飲之。又試內癰及臭毒腹痛，並與生黃豆嚼，甜而不惡心者，為上部有癰膿及臭毒發沙之真候。○其生黃豆葉嚼爛罨蛇虺傷立效。○白藊豆入脾經氣分，能和中止嘔，得木瓜治傷暑霍亂。《金匱》云，藊豆，病寒熱者不可食之，以其能滯氣也。若脾虛寒熱不止，則藊豆又非禁劑。一種紫黑者，入脾經血分，治失血血痢，俱炒黑用之。○藊豆花治下痢膿血，赤白帶下。葉治霍亂吐下，吐痢後轉筋，生擣一握，入酢少許絞汁，服之立瘥。○細黑豆，一名穭豆，俗名料豆，入腎經血分，同青鹽、旱蓮草、何首烏蒸熟，但食黑豆則鬚髮不白，其補腎之功可知。今人以製何首烏，取以引入腎經也。黑豆炒焦淋酒，即豆淋酒也，頭風、腳氣，咸取用之，以其直達腎經血分也。○大豆黃卷，黑大豆發芽是也。《本經》治濕痹筋攣膝痛，除胃氣結積，益氣解毒，《金匱》薯蕷丸用之，取其入脾胃散濕熱也。○赤小豆，即赤豆之小而色黯者，俗名豬肝赤。其性下行，通利小腸，故能利水降火，久食令人枯燥。瓜蒂散用之，以泄胸中寒實，正以其利水清熱也。生末敷癰腫，為傷寒發頤要藥。發芽同當歸治便紅腸癰，取其能散蓄積之毒也。○綠豆甘涼解毒，能明目，解附子、砒石諸石藥毒，而與榧子相反，誤犯傷人。○綠豆粉治癰疽，內托護心丹，極言其效。○真粉乃綠豆所作，取陳者蜜調敷痘毒。痘瘡濕爛不結痂疕者，乾撲之良。綠豆殼治痘生目翳。○蠶豆甘溫性滯，中氣虛者，食之令人腹脹。《積善堂方》言，一女子誤吞針入腹，諸醫不能治，有人教令煮蠶豆同韭菜食之，針自大便同出。誤吞金銀物者用之皆效。○豌豆，一名畢豆。補中益氣，燒灰治痘疹、黑疔。○神黃豆產緬甸，形如槐子，近時稀痘方用之，一陽日用清水磨服。○淡豆豉，用黑豆淘淨，伏天水浸一宿，蒸熟攤乾，蒿覆三日，候黃色取晒，下甕築實，桑葉厚蓋，泥封七日取出，又晒，酒拌入甕，如此七次，再蒸如前即是。主傷寒頭疼，寒熱煩悶，溫毒發斑，瘴氣惡毒。入吐劑發汗。並治虛勞喘吸，腳膝疼冷，大病後胸中虛煩之聖藥。合梔子治心下懊憹，同葱白治溫病頭痛。兼人中黃、山梔、臘茶，治瘟熱疫癘，虛煩喘逆。與甘、桔、萎蕤，治風熱燥欬，皆香豉為聖藥。蓋瓜蒂吐胸中寒實，豆豉吐虛熱懊憹。得葱則發汗，得鹽則湧吐，得酒則治風，得薤則治痢，得蒜則止血，生用則發散，炒熟則止汗，然必江右製者方堪入藥。入發散藥，陳者為勝。入湧吐藥，新者為良。以水浸絞汁，治誤食鳥獸肝中毒，服數升愈。〇豇豆，補腎健胃，解莽草毒。〇刀豆，緩補元陽，其子治病後呃逆不止，燒灰存性，白湯調服二錢即止，亦取其降濁氣之力也。

清・趙其光《本草求原》卷一四　諸麥總論　大小麥俱秋種夏熟。大麥四月初穫，小麥四月末穫。皆本金水之氣，而成於木火。故其主治多屬心病，乃心穀也。但北產則備四時中和之氣，逢春升之後即熟，故性溫益人。南地卑濕土暖，春種而夏即熟，濕熱熏蒸而成，故性熱，久食令人發熱。況小麥之涼全在皮，用麥皆取外麩之力，仍取溫性內存以助之。作麵去皮，則內蘊之濕熱盡出，無寒以和之，故壅滯動氣，發渴助濕，令人體浮。凡脾胃濕熱及小兒食積、疳脹、夏月瘧痢忌之。新麥更熱，陳則平和。

小麥

唐・孫思邈《千金要方》卷二六食治・穀米　小麥　味甘，微寒，無毒。養肝氣，去客熱，止煩渴咽燥，利小便，止漏血唾血，令女人孕必得。易作麴。六月作者：溫，無毒。主小兒癇食不消，下五痔蟲，平胃氣，消穀，止利。作麪：溫，無毒。不能消熱止煩。不可多食，長宿癖，加客氣，難治。

宋・唐慎微《證類本草》卷二六米穀部下品〔唐・陳藏器《本草拾遺》〕麥苗　味辛，寒，無毒。主蠱，煮取汁，細絹濾，服之。穩與本反，即芒粃也。

宋・李昉《太平御覽》卷八五三　麩　《蒼頡解詁》曰：麵，細麩也。《說文》曰：麩，小麥皮屑也。《史記》曰：陳平為人長大美色，或謂陳平貧，何食而肥若是？其嫂疾平之不事家產，曰亦食糠覈。孟康曰：麥糠中之不破者。晉灼曰：京師謂麄屑爲紇頭。

宋・唐慎微《證類本草》卷二五米穀部中品〔《別錄》〕　小麥　味甘，微寒，無毒。主除熱，止躁渴咽乾，利小便，養肝氣，止漏血、唾血。以作麴，溫，消穀，止痢。以作麪，溫，不能消熱止煩。

〔梁・陶弘景《本草經集注》〕云：小麥合湯皆完用之，熱家療也。作麪則溫，明穬麥亦當如此。今服食家噉麪，不及大穬麥，猶勝於米爾。

〔唐・蘇敬《唐本草》〕注云：小麥湯用，不許皮坼，云坼則溫，明麪不能消熱止煩也。小麥麴止痢，平胃，主小兒痢，消食痔。又有女麴、黃蒸。女麴，完小麥爲之，一名䴷音桓子；黃蒸，磨小麥爲之，一名黃衣。並消食，止洩痢，下胎，破冷血也。

〔宋・馬志《開寶本草》〕按：《陳藏器本草》云：小麥，秋種夏熟，受四時氣足，自然兼有寒溫，麪熱麩冷，宜其然也。河、渭已西，白麥麪涼，以其春種闕二時氣，使之然也。

〔宋・掌禹錫《嘉祐本草》〕按：《蜀本》云：以作麨，微寒。主消渴，止煩；以作麴，止痢，平胃，主小兒癇，消食痔。蕭炳云：麥醬和鯉魚食之，令人口瘡。《藥性論》云：小麥，臣，有小毒。能殺腸中蚘蟲，熬末服。陳藏器云：麩，味甘，寒，無毒。和麪作䴵，止洩利，調中，去熱，健人，蒸熱袋盛，熨人。馬冷失腰脚，和醋蒸，抱所傷折處，止痛散血。人作麪，第三磨者涼，爲近麩也。小麥，皮寒肉熱。又云：麥苗，味辛，寒，無毒。主酒疸目黃，消酒毒暴熱。麥苗上黑黴名麥奴，主熱煩，解丹石，天行熱毒。又云：麪，味甘，溫。補虛，實人膚體，厚腸胃，强氣力，性擁熱，小動風氣。又云：女麴，一名䴷子。按䴷子與黃蒸不殊。黃蒸，溫補，消諸生物。北人以小麥，南人以杭米，皆六、七月作之。蘇又云磨破之，謂當完作之，亦呼爲黃衣，塵綠者佳。孟詵云：小麥，平，服之止渴。又，作麪有熱毒，多是陳裛之色。作粉補中益氣，和五藏，調脉。又，炒粉一合，和服斷下痢。又，性主傷折，和醋蒸之，裹所傷處便定。重者，再蒸裹之，甚良。日華子云：麪，養氣，補不足，助五藏，久食實人。又云：麥黃，暖。溫中下氣，消食除煩。麩，涼。治時疾熱瘡，湯火瘡爛，撲損傷折瘀血，醋炒貼罯。麥苗，涼。除煩悶，解時疾狂熱，消酒毒，退胸膈熱。患黃疸人絞汁服，并利小腸，作虀喫，甚益顏色。

〔宋・蘇頌《本草圖經》〕曰：麥有大麥、小麥、穬麥、蕎麥，舊不著所出州土。蘇云大麥出關中，今南北之人皆能種蒔。屑之作麪，平胃，止渴，消食。水漬之生芽爲糵，化宿食，破冷氣，止心腹脹滿。今醫方用之最多。穬麥有二種：一種類小麥，一種類大麥，皆比大小麥差大。凡麥秋種冬長，春秀夏實，具四時中和之氣，故爲五穀之貴。大小麥，地暖處亦可春種之，至夏便收。然比秋種者，四氣不足，故有毒。小麥性寒，作麪則溫而有毒，作麴則平胃止利。其皮爲麩，性復寒，調中去熱，亦猶大豆作醬、豉，性便不同也。蕎麥實腸胃，益氣力，然不宜多食，亦能動風氣，令人昏眩也。藥品不甚用之。

〔宋・唐慎微《證類本草》〕《食療》云：平。養肝氣，煮飲服之良。又云：麪有熱毒者，爲多是陳黦之色。又，爲磨中石末在內，所以有毒，但杵食之即良。又宜作粉食之，補中益氣，和五藏，調經絡，續氣脉。《聖惠方》：治煩熱，少睡多渴。用小麥作飯，水淘食之。又方：主婦人乳癰不消。右用白麪半斤，炒令黃色，用醋煮爲糊，塗於乳上，即消。《外臺秘要》：治痢，色白不消者，爲寒下。方：好麪炒，右一味，擣篩煮米粥，內麪方寸匕。又云：此療瀉百行，師不救者。《千金方》：治黃疸。取小麥苗，杵絞取汁，飲六七合，晝夜三四飲之，三四日便愈。又方：治火瘡。熬麪入梔子人末，和油傅。已成瘡者，篩白糖灰粉之或摻，差。《肘後方》：主食過飽煩悶，但欲卧而腹脹。

熬麪令微香，杵，服方寸匕。以大麥生麪佳，無麪以糵亦得。又方： 一切傷折。寒食蒸餅，不限多少，末，酒服之，驗。《經驗方》： 治鼻衄。以冷水調麪漿，服之立差。又方： 治吹奶。以水調麪煮如糊，欲熟即投無灰酒一盞，共攪之，極熱，令如稀粥，可飲即熱喫。仍令人徐徐按之，藥行即差。《梅師方》： 治頭上皮虛腫，薄如蒸餅，狀如裹水。以口嚼麪傅之，差。孫真人： 麥，心之穀也，心病宜食。主除熱止渴，利小便，養心氣。又方： 治酒黃。取小麥三升杵，和少水取汁，服五合。又方： 治黃疸，皮膚、眼睛如金色，小便赤。取小麥杵取汁，服一合。《食醫心鏡》： 主消渴口乾。小麥用炊作飯及煮粥食之。《兵部手集》： 治嘔噦。麪、醋和作彈丸二三十個，以沸湯煮別盛漿水二斗已來，彈丸湯內漉出於漿中，看外熱氣稍減，乘熱吞三兩個。其噦定，即不用吞餘者。加至七八丸尚未定，晚後飦前再作吞之。《鬼遺方》： 治金瘡腹腸出，不能內之。小麥五升，水九升，煮取四升，去滓綿濾，使極冷。令人含噀之，瘡腸漸漸入，冷噀其背。不宜多人見，不欲傍人語，又不須令病人知。腸不即入，取病人卧席四角，合病人舉搖，稍須臾便腸自入。十日中，食不飽，數食須使少。勿使驚，即殺人。

〔宋·陳承《重廣補注神農本草並圖經》〕別說云： 謹按： 小麥，即今人所磨爲麵，日常食者。八、九月種，夏至前熟。一種春種，作麵不及經年者良。大麥，今以粒皮似稻者爲之，作飦滑，飼馬良。穬麥，今以似小麥而大粒，色青黃，作麵脆䩬，食多脹人。京東西、河北近京，又呼爲黃顆。關中又有一種青顆，比近道者粒微小，色微青，專以飼馬，未見入藥用。然大麥、穬麥二種，其名差互，今之穬麥與小麥相似而差大，宜爲之大麥。今之大麥不與小麥相似，而其皮礦脆，宜爲之穬麥。用此恐傳記因俗而差之爾，不可不審也。

宋·寇宗奭《本草衍義》卷二〇 小麥 暴淋煎湯飲，爲麵作糊。入藥水調，治人中暑。馬病肺卒熱，亦以水調灌愈。生嚼成筋，可以粘禽蟲。

宋·王繼先《紹興本草》卷一二 小麥 紹興校定： 小麥乃世之常食之物。然皮涼而作麵性熱，固顯然矣。但取皮用之者罕，惟麵世所用多矣。若經火煮而食之，其性壅熱，善動風氣，此甚驗也。若生食頗利大腸，然《本經》及諸方雖各分主治之宜，即非起疾之物。亦可作糵。入藥為用其麥，當云味甘、平、微涼、無毒是矣。處處種產之。

宋·劉明之《圖經本草藥性總論》卷下 小麥 味甘，微寒，無毒。主除熱，止躁渴咽乾，利小便，養肝氣，止漏血唾血。以作麴，溫，消穀止痢。作麪，溫，不能消熱止煩。陳藏器云： 麸和麪作䴵，止洩痢，調中去熱。日華子云： 麪，養氣，補不足，助五藏。麥黃，溫中下氣，消食除煩。麸，涼。治時疾，熱瘡湯火瘡爛，撲損傷折瘀血，醋炒，貼罯。麥苗，涼。除煩悶，解時疾狂熱，消酒毒，退胸膈熱。患黃疸人，絞汁服，并利小腸。

宋·陳衍《寶慶本草折衷》卷一九 小麥臣。女麴、黃蒸、麥奴及苗附。〇浮小麥續附。

《毛詩》云： 一名來。《廣雅》云： 一名麳麥。出南北，皆種之《圖經》。〇及河渭已西。〇收之曬燥而藏。沈存中云： 麥得濕而為蛾。

附： 女麴，一名䴷子，全小麥為之。其黃蒸，一名黃衣，磨小麥為之。皆六七月作。〇又附： 麥奴，《活人書》用者，名黑奴，乃小麥未熟時，有捻之成黑勃者是也。〇䴷，胡官切。

味甘，平，微寒。皮寒，肉熱，全粒微寒。有小毒。〇主除熱，止躁渴咽乾，利小便，養肝氣，止漏血唾血。〇陳藏器云： 秋種夏熟，頭年秋以至夏，四時氣足也。河渭已西，白麥麪涼，以其春種，闕二時氣然也。〇《藥性論》云： 殺腸中蚘蟲，熬末服。〇寇氏曰： 暴淋，煎湯飲。

附： 女麴及黃蒸。〇溫。並消食，止洩痢，下胎，破冷血。塵緣者佳。

附： 麥奴。〇主熱煩，解丹石、天行熱毒。

附： 麥苗。汁在內。〇味辛，寒，無毒。主酒疸目黃，消酒毒暴熱，除煩悶，解時疾狂熱，退胸膈熱，利小腸。絞汁服，亦作虀喫。

續說云： 《楊氏方》治盜汗異功散，以浮小麥炒焦為末，每服貳叁錢，臨睡白湯點下。凡斂盜汗、自汗諸湯劑中，並入浮小麥煎服。

新分麪糊在內。〇麸及䴵附。

一名米粉。〇《局方》用者名頭麪，一名寒食麪。〇俗號玉塵，乃磨小麥節取之。〇所出與小麥同。〇又云： 畏蘿蔔。〇附： 麸，即磨出小麥皮也。洗漿暴乾，俗號小粉。〇又附： 䴵，以細麸和麪入料火炙作之。亦純用麪發酵炊者，名蒸䴵。〇䴵，音丙。酵，古孝切，糟也。

味甘，溫，有熱毒。白麥者涼。〇補虛，實膚體，厚腸胃，強氣力，小動風氣。分前條藏器說。〇孟詵云： 補中調脉。炒和服，斷下痢。又主傷折，和醋蒸裹傷處。〇日華子云： 養氣，補不足，助五藏。〇寇氏曰： 麪作糊，入藥水調，治人中暑，馬病，肺卒熱。亦以水調灌，愈。

附： 麸。〇味甘，寒。無毒。治時疾，熱瘡，湯火瘡爛，撲損瘀血。醋炒貼罯。

附： 䴵。〇止洩利，調中，去熱。夾糖及裹肉者，不可藥用。

續說云：《局方》取頭麪入藥，貴其細而力純也。水浸蒸餅以元藥，欲其鬆而易化也。服水調飛麪以止吐血，其效甚捷也。至於用寒食之麪者，亦猶用六月六之麴也。《泊宅編》謂董汲戒人煮麪條，須置湯二鍋，煮及半，更易鍋煮，令過熟，其毒乃去，則毒收在湯中。今人食麪罷，繼啜麪湯，謂能解麪之毒者，大誤矣。此麥之麩，就水挼濯，去滓留筋，筋最柔韌，煮食亦難消化。又有麩之餘液，沉在挼麩水盆之底，汰淨澄凝，名曰麩漿。酸而寒甚，食多尤發冷氣。曝漿令乾，可佐藥以點散壅腫之病。

元・王好古《湯液本草》卷六　小麥　氣微寒，味甘，無毒。《本草》云：除熱，止燥渴咽乾，利小便，養肝氣，止漏血、唾血。青蒿散有小麥百粒，治大人、小兒骨蒸肌熱，婦人勞熱。

元・忽思慧《飲膳正要》卷三　小麥　味甘，微寒，無毒。主除熱，止煩燥，消渴，咽乾。利小便，養肝氣，止痛，唾血。

元・尚從善《本草元命苞》卷九　小麥　味甘，微寒，為臣，性有小毒。秋種冬長，春秀夏實，具四時中和之氣，為繼絶續乏之穀。金旺而生，火旺而死。除煩熱，治躁渴咽乾。養肝氣，止漏血唾血。殺腸中蚘蟲，療小便不利。作麴消穀氣，止洩痢。磨麵助五臟，補不足。麥奴苗上黑黴，名奴。解丹石，治天行毒熱。麥黃，除煩悶，下氣消食。麥苗，消酒毒，退胸膈熱患。麵麩，治撲損，除瘀血傷折。

元・吴瑞《日用本草》卷二　小麥　味甘，性微寒，無毒。心之穀。受四時中和之氣，兼有寒溫。皮涼，肉熱。作麵，惟第三磨者涼。主除熱，止躁渴咽乾，利小便，養肝氣，止漏血，以陳者慣熟，能斂汗。麥，河北人正月種，形與大麥相似。即露仁麥，味甘，寒。麵：味甘，性溫，無毒。壅熱動風氣。生食頗利大腸，損脾胃。生嚼成筋，可以粘禽。冷水調麵漿，服之止鼻衄。主補虛，實人膚體，厚腸胃，強氣力，補不足。作麴，溫，能消穀。麥麩：即磨麥之皮。味甘，性寒，無毒。今人用以罨麩豉。主洩痢，調中去熱。以麥皮洗成白炙，性味與麵同，皆難化。

元・朱震亨《本草衍義補遺》　麵熱而麩涼。饑年用以代穀，須晒麥令燥，以少水潤之，春去皮，煮以為飯食之，無麵熱之後患。○治暴淋，煎小麥湯飲之。

元・徐彥純《本草發揮》卷三　小麥　丹溪云：麵熱而麩涼，飢年用以代穀。須晒。麥令燥，以少水潤之。春去赤皮，煑以為飯食之，則無麵熱之後患。

明・王綸《本草集要》卷五　小麥臣　味甘鹹，氣微寒，無毒。去皮則熱，麪熱而麩良。帶皮用。主除熱，止燥渴咽乾，利小便，養肝氣。暴淋，煎湯飲之。○浮者，止盜汗，治大人小兒骨蒸肌熱，婦人勞熱。

明・滕弘《神農本經會通》卷四　小麥　臣也。去皮則熱，麪熱而麩涼，用須帶皮。

味甘，氣微寒，無毒。《湯》同。東云：有止汗養心之力。珍云：炒麪，益胃氣。

《本經》云：主除熱，止燥渴咽乾，利小便，養肝氣，止漏血唾血。以作麴，溫。消穀止痢。以作麪，溫。不能消熱止煩。《唐本》注云：小麥麴，止痢，平胃，主小兒癎，消食痔。陳藏器云：小麥，秋種夏熟，受四時氣足，自然兼有寒溫。麪熱麩涼，宜其然也。又云：麩，味甘，寒，無毒。和麪作餅，止洩利，調中，去熱，健人。蒸熱袋盛，熨人馬冷失脚腰，和醋蒸，包所傷折處，止痛散血。人作麪第三磨者涼，為近麩也。小麥，皮寒肉熱。《藥性論》云：小麥，臣，有小毒。能殺腸中蚘蟲，熬末服。陳又云：麥苗，味辛，寒，無毒。主酒疸目黃，消酒毒，暴熱。麥苗上黑黴，名麥奴。主熱煩，解丹石、天行熱毒。又麪，味甘，溫。補虛，實人膚體，厚腸胃，強氣力。性擁熱，小動風氣。孟詵云：小麥，平，服之止渴。又作麪，有熱毒。多是陳裛之色。作粉，補中益氣，和五臟，調脉。又炒粉一合，和服，斷下痢。又性主傷折，和醋蒸之，裹折傷處便定，重者再蒸裹之，甚良。日華子云：麪，養氣，補不足，助五臟，久食實人。又麥黃，暖。溫中下氣，消食除煩。麩，涼。治時瘡、湯火瘡爛，撲損傷折瘀血，醋炒貼罯。麥苗，涼，除煩悶，解時疾狂熱，消酒毒，退胸膈熱。患黃疸人絞汁服，并利小腸。作虀喫，甚益顏色。《圖經》云：大麥屑之作麪，平胃，止渴，消食。水漬之，生芽為糵，化宿食，破冷氣，止心腹脹滿。今醫方用之最多。凡麥秋種冬長，春秀夏實，具四時中和之氣，故為五穀之貴。大、小麥地暖處亦可春種之，至夏便收，然比秋種者，四氣不足，故有毒。小麥性寒，作麪則溫而有毒。作麴，則平胃止利。其皮為麩，性復寒，調中去熱，亦猶大豆作醬、（鼓）〔豉〕，性便不同也。蕎麥，實腸胃，益氣力。然不宜多食，亦能動風氣，令人昏眩也。藥品不甚用之。《湯》云：青蒿散有小麥百粒，治大人小兒骨蒸肌熱，婦人勞熱。丹溪云：麪熱而麩涼，飢年用以代穀，須晒麥令燥，以少水潤之，擣去皮，煮以為飯食之，無麪熱之患。又云：治暴淋，煎小麥湯飲之。《集》云：浮者，止盜汗。《局》云：小麥養肝除熱燥，撲瘡用醋和麩調。一般大麥攻消渴，作糵溫中食可消。小麥，養肝，除燥熱。麥麩，調醋，傅撲損傷。

明・滕弘《神農本經會通》卷四 麥苗 陳又云：味辛，寒，無毒。主蠱，煮取汁，細絹濾服之。（穩）〔潁〕，即芒粃也。

明・劉文泰《本草品彙精要》卷三六 小麥無毒 叢生。

小麥：主除熱，止燥渴咽乾，利小便，養肝氣，止漏血、唾血。以作麴，溫，消穀，止痢。以作麪，溫，不能消熱止煩。名醫所錄。〔苗〕《圖經》曰：小麥乃世之作麪常食之物也。其麥秋種冬長，春秀夏實，具四時中和之氣，故為五穀之貴。地暖處亦可春種之，至夏便收。然比秋種者，四氣不足，故有毒爾。其實性寒，作麪則味甘，溫而有毒；作麴則平胃止痢；作麨則微寒。其皮為麩，則味甘，寒，無毒。又麥苗，味辛，寒而無毒。苗上黑黴明飢切謂之麥奴。又有女麴、黃蒸。女麴，完小麥為之，又名麲音桓子。黃蒸，磨小麥為之，又名黃衣也。〔地〕《圖經》曰：舊不著所出州土，今南北處處有之。〔時〕生：秋生苗。採：夏取實。〔收〕暴乾。〔用〕苗、實、麪、麴。〔色〕黃。〔味〕甘。〔性〕微寒。〔氣〕氣之薄者，陽中之陰。〔臭〕朽。〔主〕止消渴，利小便。〔製〕去芒殼用。〔治〕療：《圖經》曰：麩，調中去熱。《藥性論》云：麥，能殺腸中蚘蟲，熬末服之。《唐本》注云：女麴、黃蒸並消食，止洩痢，下胎，破冷血。日華子云：麥黃，溫中下氣，消食除煩。〇麥苗，除煩悶，解時疾狂熱，消酒毒，退胸膈熱。患黃疸人絞汁服，并利小腸。作虀喫，甚益顏色。陳藏器云：麩和麪作餅，止洩。〇調中去熱，健人。蒸熱袋盛，熨人馬冷失腰脚。〇麥苗，除酒疸，目黃，消酒毒，暴熱。〇麥奴，主熱煩。《蜀本》注云：麥作麨充小切，主消渴，止煩。孟詵云：炒粉一合，和服斷下痢。《食療》云：麥，養肝氣，煮飲服之，良。作粉，調經絡，續氣脈。《衍義》曰：麥，止暴淋，煎湯飲之。為麪水調，治人中暑。馬病肺卒熱，亦以水調灌，愈。孫真人云：小麥，除熱止渴，利小便，養心氣。《別錄》云：麥，除煩熱，少睡多渴，用作飯水淘食之。〇麪，療鼻衄，以冷水調漿服之，立差。〇患頭上皮虛腫薄如蒸餅，狀如裹水，以口嚼麪傅之，差。補：日華子云：麪，養氣，補不足，助五臟，久食實人。陳藏器云：麪，補虛，實人膚體，厚腸胃，強氣力。孟詵云：作粉，補中益氣，和五臟，調脈。〔合治〕小麥麩合醋蒸，包所傷折處，止痛散血。〇白麪半斤，炒令黃色，合醋煮為糊，塗於乳上，療婦人乳癰不消。〇麩炒合醋，貼罯時疾熱瘡，湯火瘡爛，撲損折傷，瘀血。〔禁〕小麥動風氣。作醬和鯉魚食之，令人患口瘡。〔解〕麥奴，解丹石、天行熱毒。

明・盧和、汪穎《食物本草》卷一 穀類 小麥 味甘，微寒，無毒。除熱，止燥渴咽乾，利小便，養肝氣，止漏血、唾血。秋種冬長，春秀夏實，具四時之氣，為五穀之貴。有地暖，春種夏收者，氣不足，有小毒。麪味甘溫，補虛養氣，實膚體，厚五臟腸胃，強氣力。然性擁熱，少動風氣，不可與菜同食。蘿蔔能解麪毒，同食最宜。

麪筋 以麩洗去皮為之，性與麪仍相類且難化。丹溪曰：麪熱而麩涼，若用麥以代穀，須晒令燥，以少水潤之，春去外皮，煮以為飯，食之庶無麪熱之患。愚以東南地本卑濕，又雨水頻多，麥已受濕，又不曾出汗，飡之故作渴，動風氣，助濕發熱。西北地本高燥，雨水又少，麥不受濕，復入地窨出汗，至八九月食之。又北人稟厚少濕，宜其常食而不病也。

明・葉文齡《醫學統旨》卷八 浮小麥 氣微寒，味甘、鹹。無毒。治大人、小兒骨蒸肌熱，婦人勞熱，止盜汗。

明・許希周《藥性粗評》卷三 小麥，即日用所常食者，比大麥差小，故名。南北處處有之，大略見大麥條下也。得日用所食，不過□皮薄粉多而已。然而多食不無熱燥之咎，故病人□食須完煮，和粥服之，以帶皮則涼。必欲食麪，須用第三磨者佳，以其近麩故也。或以作麴釀酒，亦利尅化。餘說《本草》不載。 味甘，性微寒，無毒。主治煩熱躁渴，生血滋肝，利小便，止漏血，和五臟。《唐本》注云：小麥湯用，不許皮坼，謂入湯藥完煮用之。云坼則溫，明麪不能消食止煩也。丹溪云：小麥麪熱而麩涼，饑年用以代穀，須晒令燥，以水潤之，春去赤皮，煮食庶無麪熱之後患。

單方：落胎：凡妊娠有病，欲胎落者，麥糵二兩，水一盞半，煎至一盞，分溫三服。或用麥糵一升，和蜜一升調服，須臾即下。二方皆神驗。 消渴：凡患內熱口乾，消渴不止者，小麥完炊作飯，或煮粥食之甚佳。 金瘡腸出：凡腰腹被鎗刀所傷，腸出未損，不能自收者，小麥五升，水九升，煮取四升，濾去渣，待極冷，人含噀之不絕，須臾自入。 酒疸面黃：凡好酒成疸，及諸疸病面色眼睛如金者，小麥三升，水潤濕，須臾杵爛，絞汁四五合，服之，其黄自隨小便而下。

明・許希周《藥性粗評》卷三 醋調二麥之麩，傅損傷於外痛。

麥麩，麥皮也。大略見大小二麥條下。味苦，性微寒，無毒。主治跌撲杖打，損傷血腫，以醋調傅之最良。

明・鄭寧《藥性要略大全》卷四 小麥 《經》云：除熱止燥渴，利小便，養肝氣，止漏血、吐血。味甘，微寒，平，無毒。以作麯則溫，不能消熱止煩。麯：甘，溫。實人肌體，厚腸胃。性擁熱，小動風氣。

浮小麥 止汗，養心。味甘，性微寒，無毒。帶皮則涼，去皮則熱。帶皮用。

明・陳嘉謨《本草蒙筌》卷五 小麥米 味甘。帶皮氣寒，圻皮氣熱。諸處皆種，四氣俱全。蓋秋種冬長，春秀夏實故也。北地霜雪多而毒少，南方霜雪少而毒多。北麥麵可以常餐，南麥麵只堪暫用。一說：北地高燥，麥不受濕，故作麵可常食。南方地卑，麥受濕重，作麵多食則中其毒。造飲饌者，不可不知。入藥煎湯，務宜完用。養心氣肝氣，止漏紅唾紅。通淋利小便，除熱解煩渴。浮小麥先枯未實，斂虛汗獲効如神。礱磨成麨，實大腸止洩；水漬為蘖，消宿食除膨。作麵誠佳，充餐不厭。助五臟增益氣力，厚腸胃滑白肌膚。性熱未免動風，蘿蔔汁服可解。善解麵毒故也。和山梔子醋搗，裹傷折處甚良。寒食麵滅瘢痕，飛羅麵消涎沫。麩皮醋炒，罯湯火瘡赤爛，散血止疼；蒸餅即熟饅頭去皮漬水。打糊，調上焦藥為丸，下咽即化。麥奴係苗上黑黴先枯者，名小麥奴。卻天行熱毒，麥穩即莖葉。去酒疸目黃。並用煎濃，濾湯頻服。〇大麥米粒長又厚，因此得名；味甘鹹氣平微寒，故堪久食。仗蜜為使，入藥拯疴。能益氣調中，主消渴除熱。實腸胃，補虛劣，壯血脈，悅顏容。合沒食子針砂，染皓鬚髮變黑。大麥麵無燥熱，較小麥麵尤勝。平胃解渴殊功；大麥蘖味鹹溫，化食消痰尤効。今醫多用此。孕婦勿食，恐墮胎元。虛者少煎，防消腎水。

謨按：麥者，接絕續乏之穀也。方夏之初，舊穀已絕，新穀未登，民於斯時，正乃乏食，二麥先熟，接續無憂。故《春秋》於他穀不書，至無麥禾則書之。可見聖人於五穀中，亦惟重麥與禾也。非因民命所繫，安足以動筆耶？

明・寧源《食鑒本草》卷下 小麥 味甘，微寒，無毒。除煩止渴，利小便，養肝氣。孫真人：治酒疸，取小麥一升，分作四次，擂水飲之。新增麥，心之穀也，心病宜食。主除熱止渴，養心氣。苗：退胸中邪熱，消酒毒，除黃疸，利小便。《千金方》：治酒疸，取麥苗杵爛絞汁，每服二合飲之，日進二三次即痊。

明・寧源《食鑒本草》卷下 小麥麵 味甘，溫，無毒。補虛厚胃，實肌膚，強力氣。其有濕熱，能發諸病。饑年以之代穀，不可常食，宜戒之。麵筋：性涼，寒。寬中益氣。

明・王文潔《太乙仙製本草藥性大全》卷四《本草精義》 小麥 麥者，心之穀也，病宜食之。舊不著所出州土，今處處有之，諸處皆種。蓋秋種冬生春秀夏實，其四時中和之氣，故爲五穀之貴也。北地霜雪多而毒少，南方霜雪少而毒多。北麥麵可以常餐，南麥麵只堪暫用。一說北地高燥，麥不受濕，故麵可常食，南方地畀，麥受濕重，作麵多食則中其毒，造飲饌者不可不知。入藥煎湯，務宜完用。

明・王文潔《太乙仙製本草藥性大全》卷四《仙製藥性》 小麥臣 味甘，帶皮氣寒，圻皮氣熱，麵熱而麩涼，無毒。又云有小毒。主治：養心氣、肝氣，止漏紅、唾紅。通淋利小便，除熱解煩渴。殺腸中蚘蟲神效，主口渴咽乾良方。補註：煩熱，少睡，多渴，用小麥作飲，水淘食之。〇酒黃，取小麥三升，杵和少水，取汁服。〇消渴口乾，小麥用炊作飯，及煮粥食之。〇黃疸，皮膚眼睛似金色，小便赤，取小麥杵汁服。〇金瘡腹腸出，不能內之，小麥五升，水九升，煎取四升，去滓，綿濾使極冷，令人含噀之瘡，腸漸漸入，冷噀其背。不宜多人見，不欲傍人語，又不須令病人知。腸不即入，取病人臥席四角，合病人舉搖，稍須臾便腸自入。十日中食不飽，數食須使少。勿使驚，即殺人。浮小麥：先枯未實者是。主治：斂虛汗，止盜汗如神；治骨熱，肌熱大效。婦人勞熱良方，小兒膚熱亦療。小麥麨：礱磨成者。微寒。主治：主消渴除煩，實大腸止泄。麥蘖水浸成芽蘖者。主治：消宿食神方，除癰脹妙藥。小麥麪：味甘，氣溫，無毒。第二磨者涼，爲近麩也。主治：助五臟，增益氣力；厚腸胃，滑白肌膚。性熱未免動風，蘿蔔汁服可解。和山梔子醋搗裹傷折處甚良。寒食麪：滅瘢痕。飛羅麪：消涎沫。補註：婦人乳癰不消，用白麪半斤炒黃色，用酢爲糊塗乳上即消。〇痢色白不消者爲寒下，好麪炒，搗篩，煮米粥入麪方寸

〔匕〕。又云此療瀉自行，無不救者。○火瘡，熬麫入梔子仁末，和油傅，已成瘡者，篩白糖灰粉之，或摻差。○食過飽煩悶，但欲臥而腹脹，熬麫令微香，杵服方寸〔匕〕，以大麥生麫佳，無麫以糵亦得。○鼻衄，以冷水調麫漿服差。○治吹奶，以水調麫煮如糊，欲熟即投無灰酒一盞共攪之，極熱，令如稀粥，可飲即熱喫，仍令人徐徐按之，藥行即差。○治嘔逆，麫醋和作彈丸二三十枚，以沸湯煮，別盛漿水一斗已來，彈丸湯內漉出於漿中，看外熱氣稍減，乘熱吞三兩枚，其噦定即不用吞餘者。加至七八丸，尚未定，晚後飦前再作吞之。　麥麩皮：味甘，氣寒，無毒。　主治：止洩痢調中，去煩熱健人。蒸熱，袋盛熨人馬冷失腰脚。和醋蒸，抱罯折傷，散血止疼。湯火燒赤爛亦治。

麥苗即成莖葉者。　味辛，寒，無毒。　主治：主酒疸目黄秘訣，消酒毒暴熱神方。除煩悶而解時疾，退膈熱而利小腸。　補註：治黄疸，取小麥苗，杵絞取汁，飲六七合，晝夜三四飲之，三四日便愈。○利小腸作虀吃，甚益顔色。　麥奴：係苗上黑黴先枯者名小麥奴。　主治：却天行熱毒如神，解熱煩丹石奇效。　麥黄：主溫中下氣之仙方，消食除煩之秘旨。能止洩除痢，兼破血下胎。

明·皇甫嵩《本草發明》卷五

小麥中品。味甘，微寒。　《本草》云：主除熱，止燥渴咽乾，利小便，養肝氣，止漏血吐血。以作麯則溫，消穀止痢。以作(麯)〔麵〕則溫，不能消熱止煩。又云：有小毒，能殺腸中蚘蟲，熬末服。○(麯)〔麵〕，甘溫，補不足，助五藏。久食實人膚躰。又云：厚腸胃，強氣力。性擁熱，少動風氣。○麩，味甘，寒，無毒。和麵作餅，止洩利，調中去熱。北方産者良。以秋種夏熟，受四時氣足，自然兼有寒溫。麵熱麩冷，宜其然也。河已西曰麥麵凉，以其春種，缺二時氣使之然也。愚謂江南地暖而下濕，亦可春種至夏便收，比秋種者四氣不足，即隔冬下種至夏收受氣亦足，亦有小毒者，以地土卑下受濕氣，此南麥之不宜人，不如北産者為良也。

麥苗，味辛，寒。主酒疸目黄，消酒毒，暴熱，絞汁服。一名麥穩，即莖葉。浮小麥，先枯未實者。主斂虚汗。○麥奴，係苗上黑黴先枯者。卻天行熱毒。○蕎麥，氣平、寒，味甘，無毒。益氣力，續精神，實腸胃。與丹石人食，解除燥毒。和猪羊肉食，脱落鬚眉。久食動風，令人眩暈。○梗燒灰淋湯，洗牛馬，除瘡效。

明·李時珍《本草綱目》卷二二穀部·麻麥稻類

小麥《别録》中品。校正：《拾遺》麥苗併歸爲一。

〔釋名〕來時珍曰：來亦作秝。許氏《説文》云：天降瑞麥，一來二粹，象芒刺之形，天所來也。如足行來，故麥字從來從夂。夂音綏，足行也。《詩》云貽我來牟是矣。又云：來象其實，夂象其根。梵書名麥曰迦師錯。　〔集解〕頌曰：大小麥秋種冬長，春秀夏實，具四時中和之氣，故爲五穀之貴。地暖處亦可春種，至夏便收。然比秋種者，四氣不足，故有毒。時珍曰：北人種麥漫撒，南人種麥撮撒。北麥皮薄麪多，南麥反此。或云：收麥以蠶沙和之，辟蠹。或云：立秋前以蒼耳剉碎同曬收，亦不蛀。秋後則蟲已生矣。蓋麥性惡濕，故久雨水潦，即多不熟也。

小麥　〔氣味〕甘，微寒，無毒入少陰、太陽之經。甄權曰：平，有小毒恭曰：小麥作湯，不許皮坼。坼則性溫，不能消熱止煩也。藏器曰：小麥秋種夏熟，受四時氣足，兼有寒熱溫凉。故麥凉、麴溫、麩冷、麪熱，宜其然也。河渭之西，白麥麪亦凉，以其春種，闕二氣也。時珍曰：新麥性熱，陳麥平和。　〔主治〕除客熱，止煩渴咽燥，利小便，養肝氣，止漏血唾血。令女人易孕《别録》。養心氣，心病宜食之思邈。煎湯飲，治暴淋宗奭。熬末服，殺腸中蛔蟲《藥性》。陳者煎湯飲，止虚汗。燒存性，油調，塗諸瘡湯火傷灼時珍。

〔發明〕時珍曰：按《素問》云：麥屬火，心之穀也。鄭玄云：麥有孚甲，屬木。許慎云：麥屬金，金王而生，火王而死。三説各異。而《别録》云，麥養肝氣，與鄭説合。孫思邈云，麥養心氣，與《素問》合。夷考其功，除煩、止渴、收汗、利溲、止血，皆心之病也，當以《素問》爲準。蓋許以時，鄭以形，而《素問》以功性，故立論不同爾。震亨曰：饑年用小麥代穀，須曬燥，以少水潤，舂去皮，煮爲飯食，可免麪熱之患。

〔附方〕舊三，新四。　消渴心煩：用小麥作飯及粥食。《心鏡》。　老人五淋：身熱腹滿。小麥一升，通草二兩，水三升，煮一升，飲之即愈。《奉親書》。　項下癭氣：用小麥一升，醋一升漬之，曬乾爲末。以海藻洗，研末三兩，和勻。每以酒服方寸匕，日三。《小品》。　眉煉頭瘡：用小麥燒存性，爲末。油調傅。《儒門事親》。　白癜風癬：用小麥攤石上，燒鐵物壓出油。搽之甚效。《醫學正傳》。　湯火傷灼：未成瘡者。用小麥炒黑，研入膩粉，油調塗之。勿犯冷水，必致爛。《袖珍方》。　金瘡腸出：用小麥五升，水九升，煮取四升，綿濾取汁，待極冷。令病人卧席上，含汁噀之，腸漸入，噀其背。並勿令病人知及多人見，傍人語，即腸不入也。乃擡席四角輕摇，使腸自入。十日中，但略食羹物。慎勿驚動，即殺人。《劉涓子鬼遺方》。

浮麥即水淘浮起者，焙用。　〔氣味〕甘、鹹，寒，無毒。　〔主治〕益氣除熱，止自汗盜汗，骨蒸虚熱，婦人勞熱時珍。

麥麩　〖主治〗時疾熱瘡，湯火瘡爛，撲損傷折瘀血，醋炒罯貼之《日華》。和麪作餅，止泄痢，調中去熱健人。以醋拌蒸熱，袋盛，包熨人馬冷失腰脚傷折處，止痛散血藏器。醋蒸，熨手足風濕痹痛，寒濕脚氣，互易至汗出，並良。末服，止虚汗時珍。

〖發明〗時珍曰：麩乃麥皮也，與浮麥同性，而止汗之功次於浮麥，蓋浮麥無肉也。凡人身體疼痛及瘡瘍腫爛沾漬，或小兒暑月出痘瘡，潰爛不能着席睡卧者，並用夾褥盛麩縫合藉卧，性凉而軟，誠妙法也。

〖附方〗新七。　虚汗盜汗：《衛生寶鑒》用浮小麥文武火炒，爲末。每服二錢半，米飲下，日三服。或煎湯代茶飲。○一方：以猪嘴唇煮熟切片，蘸食亦良。　産後虚汗：小麥麩、牡蠣等分，爲末。以猪肉汁調服二錢，日二服。《胡氏婦人方》。　走氣作痛：用釅醋拌麩皮炒熱，袋盛熨之。《生生編》。　滅諸瘢痕：春夏用大麥麩，秋冬用小麥麩，篩粉和酥傅之。《總録》。　小兒眉瘡：小麥麩炒黑，研末，酒調傅之。　小便尿血：麪麩炒香，以肥猪肉蘸食之。《集玄》。

麪　〖氣味〗甘，温，有微毒。不能消熱止煩《别録》。大明曰：性壅熱，小動風氣，發丹石毒。思邈曰：多食，長宿澼，加客氣。○畏漢椒，蘿蔔。　〖主治〗補虚。久食，實人膚體，厚腸胃，强氣力藏器。養氣，補不足，助五臟《日華》。水調服，治人中暑，馬病肺熱宗奭。傅癰腫損傷，散血止痛。生食，利大腸。水調服，止鼻衄吐血時珍。

〖發明〗詵曰：麪有熱毒者，多是陳黦之色，又爲磨中石末在内故也。但杵食之，即良。藏器曰：麪性熱，惟第二磨者凉，爲其近麩也。河渭以西，白麥麪性凉，以其春種，闕二氣也。穎曰：東南卑濕，春多雨水，麥已受濕氣，又不曾出汗，故食之作渴，動風氣，助濕發熱。西北高燥，春雨又少，麥不受濕，復入地窖出汗，北人禀厚少濕，故常食而不病也。時珍曰：北麪性温，食之不渴；南麪性熱，食之煩渴；西邊麪性凉，皆地氣使然也。吞漢椒，食蘿蔔，皆能解其毒，見蘿蔔條。醫方中往往用飛羅麪，取其無石末而性平易爾。陳麥麪，水煮食之，無毒。以糟發脹者，能發病發瘡，惟作蒸餅和藥，取其易消也。按李（廷）〔鵬〕飛《延壽書》云：北多霜雪，故麪無毒；南方雪少，故麪有毒。顧元慶《檐曝偶談》云：江南麥花夜發，故發病；江北麥花晝發，故宜人。又曰：魚稻宜江淮，羊麪宜京洛，亦五方有宜不宜也。麪性雖熱，而寒食日以紙袋盛懸風處，數十年亦不壞，則熱性皆去而無毒矣。入藥尤良。

〖附方〗舊七，新二十一。　熱渴心悶：温水一盞，調麪一兩，飲之。《聖濟總録》。　中暍卒死：井水和麪一大抄，服之。《千金》。　夜出盜汗：麥麪作彈丸，空心、卧時煮食之。次早服妙香散一帖取效。　内損吐血：飛羅麪略炒，以京墨汁或藕節汁，調服二錢。《醫學集成》。　大衄血出：口耳皆出者。用白麪入鹽少許，冷水調服三錢。○《普濟方》。　中蠱吐血：小麥麪二合，水調服。半日當下出。《廣記》。　嘔噦不止：醋和麪作彈丸二三十枚，以沸湯煮熟，漉出投漿水中，待温吞三兩枚。噦定，即不用再吞。未定，至晚再吞。《兵部手集》。　寒痢白色：炒麪，每以方寸匕入粥中食之。能療日瀉百行師不救者。《外臺》。　泄痢不固：白麪一斤，炒焦黄。每日空心温水服一二匙。《正要》。　諸瘧久瘧：用三姓人家寒食麪各一合，五月五日午時採青蒿，擂自然汁，和丸緑豆大。臨發日早，無根水一丸。一方：加炒黄丹少許。《德生堂方》。　頭皮虚腫：薄如蒸餅，狀如裹水。以口嚼麪傅之良。《梅師方》。　咽喉腫痛：卒不下食。白麪和醋，塗喉外腫處。《普濟方》。　婦人吹奶：水調麪煮糊欲熟，即投無灰酒一盞，攪匀熱飲。令人徐徐按之，藥行即瘳。《聖惠方》。　乳癰不消：白麪半斤炒黄，醋煮爲糊，塗之即消。《聖惠方》。　破傷風病：白麪、燒鹽各一撮，新水調，塗之。《普濟方》。　金瘡血出：不止。用生麪乾傅，五七日即愈。《藺氏經驗方》。　遠行脚趼：成泡者，水調生麪塗之，一夜即平。《海上》。　折傷瘀損：白麪、巵子仁同搗，以水調，傅之即散。　火燎成瘡：炒麪，入巵子仁末，和油傅之。《千金》。　瘡中惡肉：寒食麪二兩，巴豆五分，水和作餅，燒末摻之。《仙傳外科》。　白秃頭瘡：白麪、豆豉和研，酢和傅之。《普濟方》。　小兒口瘡：寒食麪五錢，硝石七錢，水調半錢，塗足心，男左女右。《普濟方》。　婦人斷産：白麪一升，酒一升，煮沸去渣，分三服。經水至時前日夜、次日早及天明服之。　陰冷悶痛：漸入腹腫滿。醋和麪熨之。《千金方》。　一切漏瘡：鹽麪和團，燒研傅之。《千金方》。　瘭疽出汁：生手足肩背，纍纍如赤豆。剥净，以酒和麪傅之。《千金方》。　一切疔腫：麪和臘猪脂封之良。《梅師方》。　傷米食積：白麪一兩，白酒麯二丸，炒爲末。每服二匙，白湯調下。如傷肉食，山楂湯下。《簡便方》。

麥粉　〖氣味〗甘，凉，無毒。　〖主治〗補中，益氣脈，和五臟，調經絡。又炒一合，湯服，斷下痢孟詵。醋熬成膏，消一切癰腫、湯火傷時珍。　〖發明〗時珍曰：麥粉乃是麩麪、麪洗筋澄出漿粉也。今人漿衣多用之，古方鮮用。按萬表《積善堂方》云：烏龍膏治一切癰腫發背，無名腫毒，初發焮熱未破者，取效如神。用隔年小粉，愈久者愈佳，以鍋炒之。初炒如餳，久炒則乾，成黄黑色，冷定研末。陳米醋調成糊，熬如黑漆，瓷罐收之。用時攤紙上，剪孔貼之，即如冰冷，疼痛即止。少頃覺痒，乾亦不能動。久則腫毒自消，藥力亦盡而脱落，甚妙。此方蘇州杜水庵所傳，屢用有驗。藥易而功大，濟生者宜收藏之。

麵筋　【氣味】甘，凉，無毒。　【主治】解熱和中，勞熱人宜煮食之時珍。寬中益氣甯原。　【發明】時珍曰：麵筋，以麩與麪水中揉洗而成者。古人罕知，今爲素食要物，煮食甚良。今人多以油炒，則性熱矣。宗奭曰：生嚼白麵成筋，可粘禽、蟲。

麥麨即糗也。以麥蒸，磨成屑。　【氣味】甘，微寒，無毒。　【主治】消渴，止煩《蜀本》。

麥苗《拾遺》。　【氣味】辛，寒，無毒。　【主治】消酒毒暴熱，酒疸目黄，並擣爛絞汁日飲之。又解蠱毒，煮汁濾服藏器。除煩悶，解時疾狂熱，退胸膈熱，利小腸。作齏食，甚益顔色《日華》。

麥奴藏器曰：麥穗將熟時，上有黑黴者也。　【主治】熱煩，天行熱毒。解丹石毒藏器。治陽毒温毒，熱極發狂大渴，及温瘧時珍。　【發明】時珍曰：朱肱《南陽活人書》：治陽毒温毒，熱極發狂、發斑、大渴倍常者，用黑奴丸，水化服一丸，汗出或微利即愈。其方用小麥奴、梁上塵、釜底煤、竈突墨，同黄芩、麻黄、硝、黄等分爲末，蜜丸彈子大。蓋取火化者從治之義也。麥乃心之穀，屬火，而奴則麥實將成，爲濕熱所蒸，上黑黴者，與釜煤、竈墨同一理也。其方出陳延之《小品方》，名麥奴丸。初虞世《古今録驗》名高堂丸、水解丸，誠救急良藥也。

稈　【主治】燒灰，入去疣痣、蝕惡肉膏中用時珍。

題明·薛己《本草約言》卷二《藥性本草》　浮小麥　止汗養心，須加酸棗。

明·佚名氏《醫方藥性·草藥便覽》　麥芽　其性溫、甘。寬胸，去積，消食。

明·梅得春《藥性會元》卷中　浮小麥　味甘、鹹，氣微寒，無毒。主治大人小兒骨蒸熱，止盜汗。沉者味甘，微寒，無毒。主除熱，止燥渴咽乾，利小便，養肝氣，止漏血、唾血。以作麪，溫，清穀止痢；以作麪，溫，不能消熱止煩。麪熱而麩涼故也。麥，心之穀也，心病宜食。煎小麥湯飲之，治暴淋。

明·穆世錫《食物輯要》卷二　小麥　味甘，性凉，無毒。心之穀，亦養肝氣。斂汗止血，除煩渴，令女人易孕。然麥性涼，麵性熱，麩性冷，麯性溫。北方霜雪多，麵無毒；南方霜雪少，麵有微毒。況北麥花晝發，宜人；南麥花夜發，善發病，助濕熱，動風氣，長宿癖，宜少食。充腸胃，益五臟。勿同粟米食。凡食麵傷，用萊菔、漢椒能消。寒食日以紙袋盛麵，懸風處，熱性皆去，年久不壞，堪入藥用。

麩，以小麥皮水攪洗淨，為麵筋。性寒，無毒。充腸胃。多食難化。小兒、病人勿食。

浮小麥，無毒。益胃氣，止虛汗，去骨蒸虛熱。

明·李中立《本草原始》卷五　小麥　一名來。秋種冬長，春秀夏實，具四時中和之氣，故為五穀之貴。許氏《說文》云：天降瑞麥，一來二麰，象芒刺之形，天所來也，如足行來，故麥字從來，從夂夂音綏，足行也。《詩》云貽我來牟是矣。又云：來象其實，夂象其根。《醫學入門》云：小，形小也；麥，脈也。以繼續穀米，續民命脈。《爾雅》云：麥者，接絕續乏之穀。

小麥　氣味：甘，微寒，無毒。　主治：除客熱，止煩渴，咽燥，利小便，養肝氣，止漏血、唾血，令女人易孕。○養心氣，心病宜食之。○煎湯飲，治暴淋。○熬末服，殺腸中蚘蟲。○陳者煎湯飲，止虛汗。燒存性，油調，塗諸瘡，湯火傷灼。

浮麥　氣味：甘、鹹，寒，無毒。　主治：益氣除熱，止自汗、盜汗，骨蒸虛熱，婦人勞熱。

麥麩　主治：時疾熱瘡爛，撲損傷折瘀血，醋炒署貼之。○和麪作餅，止洩痢，調中去熱，健人。以醋拌蒸，袋盛，包熨人馬冷失腰腳傷折處，止痛散血。○醋蒸，熨手足風濕痹痛，寒濕腳氣，五易，至汗出並良。末服止虛汗。

麥麪　氣味：甘，溫，有微毒。　主治：補虛，久食實人膚體，厚腸胃，強氣力。○養氣，補不足，助五臟。○水調服，治人中暑，馬病肺熱。○傅癰腫損傷，散血止痛。生食利大腸。水調服止鼻衄、吐血。

寒食麪，滅瘢痕。　蒸餅，打糊，調上焦藥為丸，下咽即化。　麥奴，治熱煩，天行熱毒，解丹石毒。　苗，消酒毒，絞汁飲之。　小麥，《別錄》中品。

【圖略】　麪觔，解熱，和中益氣，勞熱人宜煮食之。　麥粉，係麩麵洗觔，澄出漿粉，今人漿衣多用之。按《萬善堂方》云：烏龍膏，治一切癰腫發背，無名腫毒初發，焮熱未破者，取效如神。用隔年麥粉，愈久者愈佳。以鍋炒之，初炒如餳，久炒則乾，成黄黑色，冷定研末，陳米醋調成糊，熬如黑漆，瓷罐收之。用時攤紙上，剪孔貼之，即如冰冷，疼痛即止。少頃覺痒，乾亦不能動，久則腫毒自消，藥力亦盡而脫落。甚妙。此方屢用屢驗，藥易而功大，濟生者宜收藏之。

明・張懋辰《本草便》卷二　小麥臣　味甘、鹹，氣微寒，無毒。去皮則熱，麵熱而麩涼。　主除熱，止燥渴咽乾，利小便，養肝氣，暴淋。　浮者止盜汗，治大人小兒骨蒸肌熱，婦人勞熱。

明・吴文炳《藥性全備食物本草》卷一　小麥　味甘，性涼，無毒。秋種冬生，春秀夏實，具四時中和之氣，故為五穀之貴也。北地霜雪多而毒少，南方霜雪少而毒多。北麥麵可以常飡，南麥麵只堪暫用。一説北地高燥，麥不受濕，花晝發，故麵可常食；南方地卑，麥受濕，花夜發，善發病助濕熱，動風氣，長宿癖，宜少食。充腸胃，益五臟，勿同粟米食。凡食麵傷，用萊菔、漢椒，能消。寒食日以紙袋盛麵懸風處，熱性皆去，年久不壞，堪入藥用。

麩：以小麥皮水攪洗淨，為麵筋，性寒，無毒，充腸胃。多食難化，小兒病人勿食。止洩痢，調中，去煩熱，健人。蒸熱袋盛，熨人馬冷失腰脚；和醋蒸抱罯折傷，散血止疼，湯火燒赤爛亦治。蒸餅即熟饅頭。去皮漬水打糊，調上焦藥為丸，下咽即化。又頭上皮虛腫，薄如蒸餅，狀如裹水，以口嚼麵，傅之。傷折用寒食蒸餅，不限多少，末酒服之効。

麥苗：即成莖葉者，味辛，寒，無毒。治酒疸目黄，杵絞取汁，飲六七〔合〕，晝夜三四飲之，三四日便愈。除煩悶，解時疾，退膈熱，利小腸，作虀吃，甚益顔色。

麥奴：係苗上黑黴先枯者，名小麥奴，卻天行熱毒，解煩熱、丹石毒。

浮小麥：無毒，益胃氣，止虛汗，去骨蒸虛熱，入藥微炒。

麥蘖：水浸成芽蘖者，消宿食，除壅熱。

麥黄：一名女麩，一名黄蒸，一名黄衣，一名麲子。南人以小麥，北人以秔米，皆六七月作之，黄衣塵綠者佳。溫中下氣，消食除煩，止洩除痢，破血下胎。

麵：味甘，氣溫，無毒。助五臟，增益氣力，厚腸胃，滑白肌膚。和山梔子醋搗裹折傷處效。丹溪云：麵熱而麩涼，須晒令燥，以水少潤之，舂去皮，煮為飯，食之無麵熱之後患。又云：磨中石末在內，所以有毒，但杵作粉食之，補中氣，和五臟。凡熟食則益，生則有損。治吹奶以水調麵，煮如糊，欲熟即投無灰酒一盞，共攪之，極熱，令如稀糊可飲，即熱吃，仍令人徐徐按之，藥行即瘥。

明・趙南星《上醫本草》卷一　小麥　《説文》：小麥謂之秜力戶切。秋種冬長，春秀夏實，具四時中和之氣，故為五穀之貴。地暖處亦可春種，至夏便收，然比秋種者，四氣不足，故有毒。時珍曰：新麥性熱，陳麥平和。《素問》云：麥屬火，心之穀也。養心氣、肝氣。　甘，微寒，無毒。主治：除客熱，止煩渴咽燥，利小便，止漏血、唾血，令女人易孕。煎湯飲，治暴淋。熬末服，殺腸中蚘蟲。陳者煎湯飲，止虛汗。燒存性，油調，塗諸瘡、湯火傷灼。

附方　消渴心煩：用小麥作飯及粥食。　浮麥：即水淘浮起者，焙用。　甘，鹹，寒，無毒。主治：益氣除熱，止自汗、盜汗，骨蒸虛熱，婦人勞熱。

附方　虛汗盜汗：用浮小麥，文武火炒，為末。每服二錢半，米飲下，日三服。或煎湯代茶飲。又方：以豬嘴唇煮熟切片，蘸末食亦良。

麥麩：主治：時疾熱瘡、湯火瘡爛、撲損傷折瘀血，醋炒，罯貼之。和麵作餅，止洩痢，調中去熱，健人。以醋拌蒸熱，袋盛包，熨人馬冷失腰腳傷折處，止痛散血。醋蒸，熨手足風濕痹痛，寒濕脚氣，互易至汗出，並良。末服，止虛汗。

附方　走氣作痛：用釅醋拌麩皮炒熱，袋盛熨之。　凡人身體疼痛，及瘡瘍腫爛沾漬，或小兒暑月出痘瘡，潰爛不能著席睡卧者，並用夾褥盛麩縫合藉卧，性涼而軟，誠妙法也。

麵：甘，溫，無毒。主治補虛養氣，助五臟。久食，實人膚體，厚腸胃，強氣力。生食，利大腸。水調服，治中暑，止鼻衄、吐血。傅癰腫損傷，散血止痛。

附方　熱渴心悶：溫水一盞，調麵一兩，飲之。　中暍卒死：井水和麵一大抄，服之。　大衄血出：口耳皆出者，用白麵入鹽少許，冷水調服三錢。　嘔噦不止：醋和麵，作彈丸二、三十枚，以沸湯煮熟，漉出，投漿水中，待溫吞三兩枚。噦定，即不用再吞。未定，至晚再吞。　寒痢白色：炒麵，每以方寸匕入粥中食之，能療日瀉百行師不救者。　傷米食積：白麵一兩，白酒麴二丸，炒為末。每服二匙，白湯調下。如傷肉食，山查湯下。　咽喉腫痛卒不下食：白麵和醋，塗喉外腫處。　遠行脚研成泡者：水調生麵塗之，〔一夜即平〕　婦人吹奶：水調麵煮糊，欲熟，即投無灰酒一盞，攪勻熱飲。令人徐徐按之，藥行即瘳。　乳癰不消：白麵半斤炒黃，醋煮為糊，塗之即消。

麥粉：乃是麩麵，麵洗觔，澄出漿粉。今人漿衣多用之。　甘，涼，無毒。主治：補中，益氣脉，和五臟，調經絡。又，炒一合，湯服，斷下痢。醋熬成膏，消一切癰腫、湯火傷。

附方　烏龍膏：治一切癰腫發背，無名腫毒，初發焮熱未破者，取效如神。用隔年小粉，愈久者愈佳，以鍋炒之。初炒如餳，久炒則乾，成黃黑色，冷定研末。陳米醋調成糊，熬如黑漆，瓷罐收之。用時攤紙上，剪孔貼之，即如冰冷，疼痛即止。少頃覺痒，乾亦不能動。久則腫毒自消，藥力亦盡而脫落，甚妙。此方蘇州紅水庵所傳，屢用有驗。藥易而功大，濟生者宜收藏之。

麵觔：乃大麩與水中揉洗而成者，為素食要物，煮食甚良。〔今人多以〕油炒，則性熱矣。　甘，涼，無毒。主治：解熱和中，寬中益氣，勞熱人宜煮食之。

麥苗：辛，寒，無毒。主治：除煩悶，解時疾狂熱，退胸膈熱，利水腸。作虀食，甚益顏色。搗爛絞汁日飲之，消酒毒暴熱，酒疸目黃。

明・繆希雍《本草經疏》卷二五　小麥　味甘，微寒，無毒。主除熱，止燥渴咽乾，利小便，養肝氣，止漏血、唾血。以作麴，溫。消穀，止痢。以作麵，溫。不能消熱止煩。

〔疏〕小麥稟四時中和之氣，故其味甘，氣微寒，無毒。入手少陰經。少陰有熱，則燥渴咽乾，解少陰之熱，則燥渴咽乾自止。心與小腸為表裏，臟氣清，腑病亦自除，故利小便。肝、心為子母之臟，子能令母實，故主養肝氣。甘寒走二經而能益血涼血，故止漏血、唾血也。　麴：性溫，所以能消穀，止痢。　麵：性熱，故不能消熱止煩。北方霜雪多，地氣厚，熱性減，凡入藥以北來者為勝。　浮麥：即水淘浮起者，能止自汗、盜汗，亦以北方者良。古方有用寒食麵者，寒食日，以紙袋盛麵，懸風處，數十年亦不壞。取其熱性去而無毒也。　〖主治參互〗《奉親書》老人五淋，身熱腹滿。小麥一升，通草二兩，水三升，煮一升。飲之，良。　《生生編》走氣作痛，用小麥麩拌，釅醋炒熱，袋盛熨之。　麵作蒸餅和藥，取其易消也。　〖簡誤〗小麥寒氣全在皮，故麵去皮則熱，熱則壅滯動氣，發渴助濕，令人體浮，皆其害也。凡大人脾胃有濕熱及小兒食積疳脹，皆不宜服。然北人以之代飯，常御而不為患者，此其地勢高燥，無濕熱熏蒸之毒，故麵性亦溫平，能厚腸胃，強氣力，補虛助五臟，其功不減於稻粟耳。東南卑濕，春多雨水，其濕熱之氣鬱於內，故食之過多，每能發病也。夏月瘧痢人，尤不宜食。

明・倪朱謨《本草彙言》卷一四　浮小麥　味甘、苦，氣平寒，無毒。升也，浮也，入足太陰經。

李氏曰：浮麥，即小麥之有皮無肉而空殼也。水中淘即浮起者。

浮小麥：李時珍 止自汗盜汗之藥也。祝氏登山曰：此藥係小麥之皮，枯浮無肉，體輕性燥，善除一切風濕在脾胃中。如濕勝多汗，以一二合，炒燥煎湯飲，立止。倘屬陰陽兩虛，以致自汗盜汗，非其宜也。

麥粉又名小粉。　味甘，氣寒，無毒。沉也，降也。　李氏曰：麥粉，即小麥之麩皮，洗筋澄出漿粉氣，白如蠟。今人漿衣帛多用之。

麥粉：解熱毒，孟氏 止酒積之藥也。萬氏都權曰：此藥係小麥麩裏翳膜，見水下澄，體重而潔，善解一切熱毒。

集方：江月峰方 治癰腫發背初起未破者，取效如神。用麥粉不拘多少，捏碎，鍋內炒化如飴糖，久炒則乾焦而黑色，乘熱以米醋調成糊，磁罐收之。遇瘍毒，以藥敷毒上，留中孔以綿紙貼蓋，少頃痛止腫消而愈。○沈子敬方 治酒毒成積。用麥粉炒黃五錢，白湯調服，不過一二次，立止。

麥麫，麵筋二件，詳載《食物本草》。

明・應慶《食治廣要》卷二　小麥　氣味：甘，微寒，無毒。除熱，止煩，利小便，養肝氣，止漏血唾血。陳藏器曰：小麥秋種夏熟，受四時之氣，兼有寒熱溫涼之性。是故麥涼、麴溫、麫冷、麩熱，宜其然也。又云：河渭之西，白麥麫亦涼，以其春種而闕二氣也，非若東南卑濕，春多雨水，既受濕氣，復不出汗，故食之作渴，動氣助濕發熱。一云：新麥性熱，陳麥平和。于理甚通。

麫：氣味：甘，溫，有微毒。主治：補虛，實人肌體，厚腸胃，強氣力，助五藏。又曰：性壅熱，多食動風氣，發丹石毒。李鵬飛《延壽書》云：江南北多霜雪，故麫無毒；南方雪少，故麫有毒。顧元慶《簷曝偶談》云：江南麥花夜發，故發病；江北麥花晝發，故宜人。又曰：魚稻宜江淮，羊麫宜河洛，亦五方土地之異宜也。

小粉即麥麩洗出之粉，今用以漿衣者。

氣味： 甘，涼，無毒。 主治： 補中益氣脉，和五藏，調經絡，陳者敷腫毒良。

明・應譽《食治廣要》卷八 麪筋 氣味： 甘，涼，無毒。 主治： 寬中益氣，解熱和中。 麪筋古人罕知，今為素食要物，煮食甚良。 今人多以油炒，則性熱矣。

明・姚可成《食物本草》卷五穀部・麥類 小麥大小麥秋種冬長，春秀夏實，具四時中和之氣，故為五穀之貴。 地暖處亦可春種，至夏便收。 然比秋種者四氣不足，故有毒。 李時珍曰： 北人種麥漫撒，南人種麥撮撒。 北麥皮薄麪多，南麥反此。 收麥以蠶沙和之，辟蠹。 或立秋前以蒼耳剉碎，日晒收，亦不蛀。 秋後則蟲已生矣。 蓋麥性惡濕，故久雨水潦，即多不熟也。

小麥，味甘，微寒，無毒。 新麥性熱，陳麥平和。 除客熱，止煩渴咽燥，利小便，養肝氣，止漏血唾血。 令女人易孕。 養心氣，心病宜食之。 煎湯飲，治暴淋。 熬末服，殺腸中蚘蟲。 陳者煎湯飲，止虛汗。 燒存性，油調，塗諸瘡湯火傷灼。

浮麥即水淘浮起者，焙用。 味甘、鹹，寒，無毒。 主益氣除熱，止自汗盜汗。 治大人小兒骨蒸虛熱，婦人勞熱。

麪 味甘，溫，有微毒。 不能消熱止煩，主補虛。 久食，實人膚體，厚腸胃，強氣力。 養氣，補不足，助五臟。 水調服，治人中暑，馬病肺熱。 傅癰腫損傷，散血止痛。 東南卑溼，麥受其氣，有毒。 呑漢椒、食蘿蔔可解。 江南麥花夜放，故發病； 江北麥花晝發，故宜人。

麥麩 主時疾熱瘡，湯火瘡爛，撲損傷折瘀血，醋炒罯貼之。 醋蒸，熨手足風溼痹痛，寒溼脚氣，互易至汗出，竝良。 末服，止虛汗。 〇凡人身體疼痛及瘡瘍腫爛沾漬，或小兒暑月出痘瘡，潰爛不能着席睡臥者，竝用夾褥盛麩縫合藉臥，性涼而軟，誠妙法也。

麥粉 乃麩皮洗筋澄出漿粉。 今人漿衣多用之。 味甘，涼，無毒。 主補中，益氣脉，和五臟，調經絡。 炒一合，湯服，斷下痢。 醋熬成膏，消一切癰腫、湯火傷。

麪筋 味甘，涼，無毒。 主解熱和中，勞熱人宜煮食之。 寬中益氣。 乃是麩皮水中揉洗而成者。 為素食要物，煮食甚涼。 今人多以油炒，則性熱矣。

麥麨 即糗也。 以麥蒸磨成屑。 味甘，微寒，無毒。 主消渴，止煩。

麥苗 味辛，寒，無毒。 主消酒毒暴熱，酒疸目黃，竝搗爛絞汁，日飲之。 又解蠱毒，煮汁服。 除煩悶，解時疾狂熱，退胸膈熱，利小腸。 作虀食，甚益顔色。

麥奴麥穗將熟時，上有黑黴者也。 主天行熱毒。 解丹石毒。 治陽毒溫毒，熱極發狂大渴。

麥稈 燒灰，入去疣痣、蝕惡肉膏中用。

附方： 治消渴。 小麥作飯及粥食。 治老人小便五淋。 小麥一升，通草二兩，水三升，煮一升，飲之即愈。 治項下癭氣。 用小麥一升，醋一升漬之，晒乾為末。 以海藻磨末三兩，和匀。 酒服方寸匕，日三。 治白癜風。 用小麥攤石上，燒鐵物壓出油。 搽之甚效。 治小便尿血。 用麩皮炒香，以肥猪肉蘸食之。 治中暍卒死。 井水和麪一大抄，服之。 治吐血。 用飛麪略炒，以京墨汁或藕節汁，調服二錢。 治衄血，口耳鼻皆出者。 白麪入鹽少許，冷水調服三錢。 治咽喉腫痛，卒不下食。 白麪和醋，塗喉外腫處。 治婦人乳癰。 白麪半斤炒黃，醋煮為糊，塗之即消。 治折傷。 白麪、梔子仁同搗，水調傅之即散。 治小兒口瘡。 寒食麪、硝石水調，塗足心，男左女右。

明・顧逢柏《分部本草妙用》卷九穀部 浮麥 甘鹹，寒，無毒。 主治： 益氣除熱，止自汗盜汗，骨蒸虛熱，婦人勞熱。 麥麩醋炒，罯貼傷折瘀風濕氣，止痛散血絕玅。 麩之止汗，不如浮麥。 然身痛及瘡瘍腫爛，小兒暑月出痘潰爛，不可着席，用夾被盛麩臥上，性涼而軟，玅法也。 小麥甘，微寒，無毒。 主治： 除客熱，止煩渴咽燥，利小便，養肝氣，止漏血唾血。 養心氣，心病宜之。 陳者浮者，煮湯可止虛汗。 按：《素問》與孫思邈皆言小麥屬心，攷其功，除煩止渴收汗，利溲止血，皆心病也。《別錄》言養肝氣者，非矣。 不利與菜同食，而利與蘿蔔同食。 麪筋 甘，涼，無毒。 主治： 解熱和中，勞熱，寬中益氣，有病勿食。 愚以東南地氣卑濕，麥麪甚能助濕，北人禀厚地燥，宜其常食而不病也。 濕土司天，運氣加臨之時，不宜食之。

明・孟笨《養生要括・穀部》 小麥秋種夏熟，受四時氣足，兼有寒熱溫涼，故麥涼，麵溫，麩冷，麵熱，宜其然也。　味甘，微寒，無毒。除客熱，止煩渴咽燥，利小便，養肝氣，止漏血、唾血，令女人易孕。養心氣，心病宜食之。煎湯飲，治暴淋。熬末服，殺腸中蚘蟲。陳者煎湯飲，止虛汗。燒存性，油調，塗諸瘡、湯火傷灼。

麵：甘，溫，有微毒。不能消熱止煩。補虛，久食實人膚體。厚腸胃，強氣力，養氣補不足，助五臟。傅癰腫損傷，散血止痛。生食利大腸。水調服，止鼻衄、吐血。〔北多霜雪，故麵無毒；南方少雪，故麵有毒。江南麥花夜發，故發病；江北麥花晝發，故宜人。〕

麩：治時疾熱瘡，湯火瘡爛，撲損傷折瘀血，醋炒罯貼之。和麵作餅，止洩痢，調中去熱，健人。醋蒸，熨手足風濕痹痛，寒濕腳氣，互易至汗出，並良。末服，止虛汗。

麵筋：味甘，涼，無毒。解熱和中，癆熱人宜煮食之。寬中益氣。

洗出粉：苦，涼，無毒。補中，益氣脉，和五臟，調經絡。又，炒，一合湯服，斷下痢。醋熬成膏，消一切癰腫湯火傷。

麥苗：氣味辛，寒，無毒。消酒毒暴熱，酒疸目黃，並搗爛絞汁，日飲之，又解蠱毒。煮汁濾服，除煩悶，解時疾狂熱，退胸膈熱，利小腸。作虀食，益顔色。

浮麥：味甘、鹹，無毒。益氣除熱，止自汗盜汗，骨蒸虛熱，婦人癆熱。

明・鄭二陽《仁壽堂藥鏡》卷三　小麥　氣微寒，味甘，無毒。《本草》云：除熱，止燥渴咽乾，利小便，養肝氣，止漏血、唾血。青蒿散有小麥百粒，治大人小兒骨蒸肌熱，婦人勞熱。　丹溪云：麪熱而麩涼。《聖惠方》：治煩熱，少睡多渴，用小麥作飲湯食之。　白麪：益氣力，厚腸胃，易生濕熱，蘿蔔汁解。　日華子云：麥蘖，溫中下氣，開胃，止霍亂，除煩消痰。能催生落胎。

明・蔣儀《藥鏡》卷四寒部　浮麥　止汗除煩，北產者厚腸旺力。小麥帶皮退熱，篩麵者濕助渴增。麩能寬中行氣，去濕消膨。《衍義》云麵熱麩涼，炒而熨之，則收濕散氣。更有一法，入麵和餅，覆于痛處，上以火熨，亦能除腫止疼。總之解少陰之熱，而小便利，葢小腸與心，相表裏也。益心經之血，而肝氣養，葢子氣敷榮，令母實也。

明・施永圖《本草醫旨・食物類》卷二　小麥　味：甘，微寒，無毒。去皮則熱，麪熱而麩涼。帶皮用，主除熱，止煩渴(嚥)〔咽〕乾，養肝氣，利小便，止漏血吐血，令女人易孕，養心病。煎湯飲，治暴淋。熬末服，殺腸蚘蟲。陳者煎湯飲，止虛汗。燒存性，油調，塗諸瘡、湯火傷灼。用小麥為飯，須晒乾，以少水潤，舂去皮，可免麪熱之患。〇孫真人曰：麥乃心之穀，主養心氣，心病宜食之。秋種冬長，春秀夏實，具四時之氣，為五穀之貴。北地之麥日開花，南方夜開花。夜花故多陰寒，食之發病。

附方　消渴心煩：用小麥作飯及粥食。老人五淋：身熱腹滿，小麥一升，通草二兩，水三升煮一升，飲之即愈。項下癭氣：用小麥一升，醋一升，漬之，晒乾為末，以海藻洗，研末三兩，和勻。每以酒服方寸匕，日三。眉鍊頭瘡：用小麥燒存性，為末，油調傅。白癜風癬：用小麥攤石上，燒鐵物壓出油，搽之甚效。湯火傷灼：未成瘡者，用小麥炒黑，研入膩粉，油調塗之，如犯冷水，必致爛。金瘡腸出：用小麥五升，水九升，煮取四升，綿濾取汁，待極冷，令病人臥席上，含汁噀之，腸漸入。

浮麥：即水淘浮起者，焙用。味：甘、鹹，寒，無毒。治：益氣除熱，止盜汗虛熱，婦人勞熱。

麥麩：治：時疾熱瘡，湯火瘡爛，撲損傷折瘀血。醋炒和麪作餅，止洩痢，調中，去熱，健人。以醋拌，蒸熱，袋盛，包熨人馬冷失腰脚傷折處，止痛散血。醋蒸，熨手足風濕痹痛，寒濕脚氣，互易至汗出，並良。末服，止虛汗。麩乃麥皮也，與浮麥同性，而止汗之功次於浮麥，蓋浮麥無肉也。凡瘡瘍腫爛沾漬，或小兒暑月出痘瘡，潰爛不能着席睡臥者，並用夾褥盛麩縫合，藉臥，性涼而軟，誠妙法也。

附方　虛汗盜汗：用浮小麥，文武火炒為末，每服二錢半，米引下，日三服，或煎湯代茶飲。產後虛汗：小麥麩、牡蠣等分為末，以猪肉汁調服二錢，日二服。走氣作痛：用釅醋拌麩皮炒熱，袋盛熨之。滅諸瘢痕：春夏用大麥麩，秋冬用小麥麩，篩粉和酥傅之。小兒眉瘡：小麥麩炒黑，研末，酒調傅之。小便尿血：麪麩炒香，以肥猪肉蘸食之。

麪：甘，溫，有微毒。不能消熱止煩。性壅熱，小動風氣，發丹石毒，多食長宿澼如黑氣。治：補虛，久食實人膚體，厚腸胃，強氣力，養氣補虛，助五臟。水調服，治人中暑，馬病肺熱，傅癰腫損傷，散血止痛。生食，利大腸。水調服，止鼻衄吐血。東南卑濕，春多雨水，故麪性熱，食之煩渴，動風氣。西北高燥而少雨，故其性溫，北人稟厚，故常食而不病。西邊麪性涼，亦宜少食，不可與粟同食，惟蘿蔔、漢椒能解其毒。

麥粉：甘，涼，無毒。治：補中，益氣脉，和五臟，調經絡。又炒一合，湯服，斷下痢。醋熬成膏，消一切癰腫、湯火傷。

麪筋：味：甘，涼，無毒。治：解熱和中。勞熱人煮食之，寬中益氣。

麥麨：即糗

也，以麥蒸，磨成屑。味：甘，微寒，無毒。治：消渴，止煩。麥苗：味：辛，寒，無毒。治：消酒毒，暴熱，酒疸目黃，並擣爛絞汁，日飲之。又解蠱毒。煮汁濾服，除煩悶，解時疾狂熱，退胸膈熱，利小腸。作虀食，益顏色。

麥奴：麥穗將熱時，上有黑黴者也。治：熱煩，天行熱毒，解丹石毒。治陽毒、溫毒，熱極發狂，大渴及溫瘧。稈：治：燒灰，入去疣痣、蝕惡肉膏中用。

明・盧之頤《本草乘雅半偈》帙八　小麥《別錄》中品　氣味：甘，微寒，無毒。主治：主除客熱，止煩渴咽燥，利小便，養肝氣，止漏血、唾血。令女子易孕。

覈曰：小麥，即天所降瑞麥之麰也。秋種冬長，春秀夏實。方夏之時，舊穀已絕，新穀未登，民于時乏食，而麥熟最先，故《春秋》他穀不書，至麥禾不成則書之。以此見聖人于五穀，最重麥禾也。按武帝勸關中種麥。《明堂月令》，亦有仲秋勸種麥文，其有失時者，行罪無疑，凡以接絕所賴，懼民不以為意耳。每本根科一十有二，月閏之歲科增其一。麥秋將至，根藁一科，本黃一節，根本皆黃藁，則實成矣。性惡濕，江北地燥，天嘗晴，皮薄麪多為上品；江南地濕，天嘗雨，皮厚麪少為下品。故久雨水潦，即色黑而砂，甚則朽敗不實。春種者夏亦熟，中含有毒，萊菔制之。

条曰：麥先五穀成，肝木府藏之主穀也。偏歷四氣者，開闔互呈，體用始備，乃能養育肝氣，令女子易孕，為接絕之所賴，緣厥陰為胚胎之本，少陽為甲拆之樞，身前身後，靡不以肝膽為終始。《經》云：留愛為種，納想成胎，夢有青氣入母腹而母思酸，此亦肝木之色與味也。至若體失藏血之守，為漏為唾；用失疎洩之令，為約為癃；及厥陰風動而煩；少陽火熾而燥，取效頗捷。人莫不飲食，鮮能知此功行矣。春種夏實者，僅歷四氣之半，全缺降入之終，致樞機促發，適所以逢肝之怒耳。

明・李中梓《本草通玄》卷上　浮麥　即小麥中水淘浮起者。止自汗、盜汗虛熱。

清・穆石匏《本草洞詮》卷五　小麥　小麥，秋種冬長，春秀夏實，具四時之氣，秉中和之性。地暖處亦可春種，至夏便收。然比秋種者，四氣不足，故有毒也。《素問》云：麥屬火，心之穀也。鄭玄云：麥有孚甲，屬木。許慎云：麥屬金，金王而生，火王而死。三說不同，當以《素問》為准。蓋許以時，鄭以形，而《素問》以功用也。東南卑濕，春多雨水，麥受濕氣，不曾出汗，故食之助濕發熱，動風氣。西北高燥，春雨又少，麥不受濕，復入地窖出汗，故常食而不病。一云江南麥花夜發，故發病。江北麥花晝發，故宜人。大略南北之麥，微有不同，要之新麥性熱，陳麥平涼，猶之米以陳為貴也。

清・丁其譽《壽世秘典》卷三　小麥　氣味：甘，平，無毒。主除客熱，止煩渴，利小便，養心氣。

浮麥即水淘浮起者，焙用。

氣味：甘，微寒，無毒。主益氣，除熱，止自汗、盜汗，骨蒸虛熱，婦人勞熱。

發明蘇恭曰：小麥作湯不許皮坼，坼則性溫，不能清熱止煩也。李時珍曰：新麥性熱，陳麥平和，陳者煎湯飲，止虛汗。

麪　氣味：甘，溫，有微毒。主補虛，實膚體，厚腸胃，強氣力，傅癰腫損傷，散血止痛。

麥粉：氣味：甘，涼，無毒。主補中益氣，和五臟，調經絡。醋熬膏，消癰腫及湯火傷。麥粉乃是麩麪洗觔澄出漿粉，今人漿衣用之。

麥麩：主調中，去熱，止痛，散血，撲損傷，折瘀血。醋炒，罯貼之。醋拌蒸熱，熨手足，風濕痹痛、寒濕腳氣互易，至汗出並良。

麵筋：氣味：甘，涼，無毒。主解熱和中。勞熱人宜煮食。炒則性熱不宜人。

發明顧元慶《簷曝偶談》云：江南麥花夜放，故發病；江北麥花晝發，故宜人。李時珍曰：北麪性溫，食之不渴，南麪性熱，食之煩渴，西邊麪性涼，皆地氣使然也。吞漢椒，食羅蔔，皆能解其毒。以糟發脹者，能發病、發瘡。惟作蒸餅和藥，取其易消也。麩乃麥皮，與浮麥同性，而止汗之功次于浮麥，蓋浮麥無肉也。凡人身體疼痛及瘡瘍腫爛沾漬，或小兒暑月出痘瘡潰爛，不能着席睡臥者，並用夾褥盛麩縫合藉臥，性涼而軟，誠良法也。

清・劉雲密《本草述》卷一四　小麥　頌曰：大小麥秋種冬長，春秀夏實，具四時中和之氣，故為五穀之貴。地暖處亦可春種，至夏便收。然比秋種者四氣不足，故有毒。時珍曰：麥性惡溼，故久雨水潦，即多不熟也。

氣味：甘，微寒，無毒。入少陰、太陽之經。權曰：微有毒。時珍曰：新麥性熱，陳麥平和。諸本草主治養心氣，心病宜食之。除客熱，止煩渴咽燥，利小便，養肝氣，止漏血，吐血。陳者煮湯飲，止虛汗。方書主治：　咳嗽，霍亂，虚煩，治霍亂，治此證愈後而煩渴，小便不利者也。自汗。　恭曰：小麥作湯，不許皮坼，坼則性溫，不能消熱止煩也。　時珍曰：《素問》曰：麥屬火，心之穀也。鄭玄謂屬木，許慎更言屬金，不如孫思邈所説，麥養心氣，與《素問》合也。夸攷其功，除煩，止渴收汗，利溲止血，皆心之病也，當以《素問》為準。

白麪　氣味：甘，温，有微毒。不能消熱止煩。　日華子曰：性壅熱，小動風氣。　諸本草主治：養氣，補不足，久食實膚體，厚腸胃。水調服治人中暑，及止鼻衄吐血。　方書主治：中暑，傷飲食，痰飲喘，吐利，舌衄吐血，頭痛心痛，胃脘痛。　頴曰：東南卑溼，春多雨水，麥已受溼氣，又不會出汗，故食之作渴，動風氣，助溼發熱。西北高燥，春雨又少，麥不受溼，復入地窖出汗。北人稟厚少溼，故常食而不病也。　時珍曰：北麪性温，食之不渴。南麪性熱，食之煩渴。西邊麪性涼，皆地氣使然也。吞漢椒，食蘿蔔，皆能解其毒。麪性雖熱，而寒食日以紙袋盛，懸風處數十年亦不壞，則熱性皆去，而無毒矣，入藥尤良。　又曰：陳麥麪水煮食之，無毒。

愚按：二麥於降收之時，乃能發生滋長，及值蕃盛之候，得其氣而即告成，是其育質，受氣從少陰而歸之至陰，由至陰而達之少陽，如陽中之太陽，所受猶淺也。故謂其除客熱，治煩渴咽燥，利小便，亦不妄矣。但由至陰少陽，一受氣於陽中大陽，而隨成熟，謂為心之穀，養心氣，止虛汗，豈不然哉？　徵之方書所治數證，固不爽也。至若小麥作麪，是去其皮麩在表之粗，而用其醞釀在裏之精者也，是由陰致陽之神機，都在此矣。如云養氣，補不足，實膚體，厚腸胃，謂非其應有之功歟。苐於吐衄血證之胥療也，謂何？　曰：蓋血本由陰生而陽化，如陽僭而陰失守，遂致錯行上逆耳。白麪根至陰之醖以育，但乘至陽之舒以化，以對乎陰之失守而陽僭者，詎曰不宜，且較之苦寒傷陽，絕不為陰之化原地者，不更優乎哉？　如吐血之團参丸，投参芪而飛麪與之等百合佐之，蓋以代清陽之寒劑也，故其論謂用之不得受涼藥者。然則指稱麪性本熱，豈定論乎？　試以治中暑条之，如其本熱也，何以能療暑證乎？　就斯一證，便可推之，方書所治他證，固皆藉其根陰達陽，以能益中土而厚腸胃者也。唯是西北產者滋益，而東南者階厲，正所謂凡物非天不生，非地不成也。　記取李東璧氏收寒食麪法，庶幾得收此味之用矣。

浮麥即水淘浮起者。焙用。　氣味：甘、鹹，寒，無毒。　主治：益氣除熱，止自汗盜汗，骨蒸虛熱，婦人勞熱時珍。

愚按：浮麥全得寒性，故能止汗。汗乃心之液也。

麥麩即麥皮也　主治：和麪作餅，消穀止痢藏器。即麴也。醋蒸熨手足風溼痺痛，寒溼脚氣，互易至汗出，並良時珍。　方書主治：行痹，盜汗。

時珍曰：麩與浮麥同性，而止汗之功次於浮麥。蓋浮麥無肉也。凡人身體疼痛，及瘡瘍腫爛沾漬，或小兒暑月出痘瘡潰爛，不能著席睡臥者，並用夾褥盛麩，縫合藉臥，性涼而軟，誠妙法也。

附方　産後虛汗，小麥麩、牡蠣等分，為末，以豬肉汁調服二錢，日二服。走氣作痛，用釅醋拌麩皮炒熱，袋盛熨之。

麥粉　氣味：甘，涼，無毒。　主治：醋熬成膏，消一切癰腫，湯火傷時珍。　時珍曰：麥粉乃是麩麪，麪洗觔澄出漿粉，今人漿衣多用之，古方鮮用。按《萬表積善堂方》云：烏龍膏治一切癰腫發背，無名腫毒初發，焮熱未破者，取效如神。用隔年小粉，愈久者愈佳，以鍋炒之，初炒如餳，久炒則乾成黃黑色，冷定研末，陳米醋調成糊，熬如黑漆，瓷罐收之，用時攤紙上，剪孔貼之，即如冰冷，疼痛即止，少頃覺癢，乾亦不能動，久則腫毒及自消，藥力亦盡而脱落，甚妙。　希雍曰：小麥寒氣全在皮，故麪去皮則熱，熱則壅滯動氣，發渴助溼，令人體浮，皆其害也。然亦因於地產，北人以為常餐而無患者，因其地勢高燥，無溼熱熏蒸之毒，故麪性亦温平能厚腸胃，强氣力，補虛，助五臟，其功亦不少耳。若東南卑溼，且春多雨水，其溼熱之氣鬱於內，故去皮，則止餘蘊熱而無寒以和之，所以多食為病也。凡大人脾胃有溼熱，及小兒食積疳脹，皆不宜服。夏月瘧痢人更忌之。

清・郭章宜《本草匯》卷一三　浮麥附麩皮　味甘、鹹，寒。養心除熱，止汗骨蒸。

按：浮麥，即水淘淨浮起無肉之麥殼也。善止虛汗盜汗，及虛熱勞熱，須加酸棗為妙。或煎湯代茶，或以豬觜唇煑熟蘸食，無不宜也。麩皮，與浮麥同性，而止汗之功則次于浮麥。以醋拌蒸熟袋盛，包熨風寒濕痺痛，至汗出，極妙。若身體疼痛，及瘡瘍腫爛，不能着席者，用以夾褥臥之，性涼而軟，誠妙法也。

麥粉　味甘，氣涼。消癰腫，療火傷。

按：麥粉即麩麪洗觔，澄出漿粉也。今人漿衣多用之，古方鮮用。《萬表積善堂方》有烏龍膏，治一切癰腫發背，初發焮熱，用陳年小粉，以鍋炒之，初炒如餳，久炒則乾，成黃黑色，冷定研末，陳米醋調成糊，熬如黑漆，瓷罐收之，用時攤紙上，剪孔貼之，即如冰冷，疼痛即止，久則腫消，藥力亦盡而脫，甚妙。

清・尤乘《食鑒本草・粟類》　麥　占四時，秋種夏〔收〕。此北方多霜雪，麪無毒而益人；　南方少霜雪，麪有濕熱而損人。去皮則熱，帶皮則涼。孫真人曰：　麥乃心之穀，主養心氣，心病宜食之。秋種夏收，春秀冬長，具四時之氣。北方之麥日開花，南方夜開花，食之發病。

浮麥：　即水淘浮起者，焙用。　止盜汗虛熱，婦人勞熱。以其麥皮重而內少之功。

清・朱本中《飲食須知・穀類》　小麥麪、麩、麯、麪筋。　味甘，麥性涼，麪性熱，麩性冷，麯性溫。北麥日開花，無毒。南麥夜開花，有微毒。麪性壅熱，小動風氣，發丹石毒。多食長宿癖，加客氣。勿同粟米、枇杷食。凡食麪傷，以萊菔、漢椒消之。寒食日用紙袋盛麪懸風處，熱性皆去，數十年久留不壞，入藥尤良。新麥性熱，陳麥平和。服土茯苓、威靈仙、當歸者，忌濕麪。麩中洗出麪筋，味甘，性涼。以油炒煎，則性熱矣。多食難化，小兒、病人勿食。

清・何其言《養生食鑒》卷上　小麥粵中惟此一種，并麪性詳之。　味甘，性涼，無毒。心之穀，亦養肝氣。斂汗，止血，除煩渴，令女人易孕。然麥性涼，麪性熱，麩性冷，麯性(濕)〔溫〕。北方霜雪多，麪無毒；　南方霜雪少，麪有微毒。況北麥花晝發，宜人；　南麥花夜發，善發病，助濕熱，動風氣，長宿癖，宜少食。充腸胃，益五臟，勿同粟米食。凡食麪傷，用萊菔、漢椒能消。食麪，忌石膏，誤用殺人。寒食日，以紙袋盛麪，懸風處，熱性皆去，年久不壞，堪入藥用。

麪筋　以麩與麪水中揉洗而成者，性寒，無毒。古人罕知，今為素食要物，煮食甚良。今人多以油炒，則性熱矣。充腸胃。多食難化，小兒、病人勿食。

浮小麥　無毒，益胃氣，止虛汗，去骨蒸虛熱。

清・蔣居祉《本草擇要綱目・平性藥品》　小麥　氣味：　甘，微寒，無毒。入少陰、太陽之經。　主治：　養心及肝，其功除煩止渴，收汗利溲止血。新者性熱，陳者平和，浮者主治虛汗。麥麩性涼而熱。凡人身體疼痛及瘡瘍腫爛沾漬，或小兒暑月痘瘡爛潰，不能着席睡臥者，並用夾褥盛麩縫合，藉臥為良。

清・王翃《握靈本草》卷六　浮麥　主治：　浮麥，甘、鹹，寒，無毒。主自汗盜汗，骨蒸勞熱。

清・汪昂《本草備要》卷四　小麥補。　味甘，微寒。養心除煩，利溲止血。時珍曰：　《素問》麥屬火，心之穀也。鄭玄屬木，許慎屬金。《別錄》云養肝，與鄭說合；思邈云養心，與《素問》合，當以《素問》爲準。按：　麥，秋種夏熟，備受四時之氣。南方地暖下濕，不如北產之良。仲景治婦人藏躁症，悲傷欲哭，狀若神靈，用大棗湯：　大棗十枚，小麥一升，甘草一兩，每服一兩，亦補脾氣。《聖惠方》：　小麥飯治煩熱，少睡，多渴。　麪：　甘，溫。補虛養氣，助五藏，厚腸胃。然能壅氣作渴，助濕發熱。陳者良。寒食日，紙袋盛，懸風處，名寒食麪。年久不熱，入藥尤良。

浮小麥即水淘浮起者。　鹹，涼。止虛汗盜汗，勞熱骨蒸。汗爲心液，麥爲心穀。浮者無肉，故能凉心。麥麩同功。　麥麩：　醋拌蒸，能散血止痛，熨腰脚折傷，風濕痹痛，寒濕脚氣，互易至汗出良。麥之凉，全在皮，故麪去皮即熱。凡瘡瘍痘瘡潰爛、不能着席者，用麥麩裝褥臥，性凉而軟，誠妙法也。

清・顧靖遠《顧氏醫鏡》卷八　浮小麥產北方者入藥，以霜雪多而性凉也。止盜汗，自汗亦止，煎湯代茶甚佳。除虛熱。治勞熱骨蒸有奇功。

清・李熙和《醫經允中》卷二二　浮麥　甘、鹹，寒，無毒。主治除熱，止自汗盜汗，骨蒸勞熱。麥麩醋炒，罯貼傷折，風濕氣，止痛散血，小兒暑月出痘，潰爛不可着席，用夾被盛麩臥上，性涼而軟，妙法也。

小麥　甘，微寒，無毒。主除客熱，止煩渴，養心氣，心病者宜之。不利與菜同食，而利與蘿蔔同食。陳年小粉消癰腫甚妙。麥麪甘溫無毒，補虛養氣，和五臟，厚腸胃。多食壅氣，作渴，助濕發熱。

麪筋　甘，涼，無毒。主治解熱和中。愚以東南地氣痺濕，麪筋甚能助濕；　北人禀厚地燥，宜其常食而不病也。濕土司天，氣運加臨之時不宜食之，有病勿食。

清・馮兆張《馮氏錦囊秘錄・雜症痘疹藥性主治合參》卷六　小麥禀四時中和之氣，故味甘，氣微寒，無毒。然寒氣全在於皮，故麪去皮則熱。所謂穀屬金而糠性熱，麥屬陽而麩性涼，物物俱一太極也。入手少陰經。少陰有熱則燥渴咽乾，解少陰之熱，則燥渴咽乾自止。心與小腸為表裏，臟氣清，腑病亦自除，故利小便。肝心為母子之臟，子能令母實，故主養肝氣。甘寒走二經，而能益血涼血，故止漏血唾血也。麯性溫，所以能消穀止痢。麵性熱，故不能消熱止煩。凡入藥以北來者為勝，北方霜雪多，地氣厚，熱性減，故北人以之代飯而不患者，以人所處地勢高燥，已無濕熱熏蒸之毒，麵性又復溫平，故能厚腸胃，強氣力，補諸虛，助五臟，真功不減稻粟也。東南卑濕，春多雨水，其濕熱之氣，人與物皆鬱積於內，故食之每多發病，動氣發渴，助濕發腫，夏月瘧痢尤宜禁之。浮麥，即水淘浮起者是也。能止自汗盜汗。亦以北方者良。寒食麵者，寒食日以紙袋盛麵懸風處，數十年亦不壞。取其熱性去而無毒也。蕎麥麵，大補精力，實腸胃而消腹中經年所積滓穢。不宜久食，并忌同猪羊肉食。

小麥養心氣肝氣，止漏紅唾紅，通淋利小便，除熱解煩渴。浮小麥先枯未實，能養心除熱，斂虛汗如神。礱磨成麩，實大腸，止洩。水漬為糵，消宿食，除膨。作麵成佳，充餐不厭，助五臟，增益氣力，厚腸胃，滑白肌膚。性熱未免動風，蘿蔔汁服可解。麥粉，即麩麵洗觔澄出漿粉也。消癰腫，療火傷。炒黑醋調，圍腫甚效。小麥莖葉，名麥穗，去酒疸目黃。苗上黑黴，先枯者名麥奴，卻天行熱毒。

清・汪啟賢等《食物須知・諸米》 小麥米　味甘，帶皮氣寒，去皮氣熱。諸處皆種，四氣俱全。蓋秋種、冬長、春秀、夏實故也。北地霜雪多而毒少，南方霜雪少而毒多。北麥麵可以常餐，南麥麵只堪暫用。一說北地高燥，麥不受濕，故作麵可常食。南方地卑，麥受濕重，作麵多食則中其毒。造飲饌者不可不知。養心氣肝氣，止漏紅唾紅，通淋利小便，除熱解煩渴。

清・浦士貞《夕庵讀本草快編》卷三 小麥《別錄》、來　附：神麯　《說文》云：天降瑞麥，一來二牟。《詩》曰貽我來牟是也。來象其實，夕似其根。小麥甘寒，多芒屬火，心之穀也。新則帶熱，陳則和平，而為少陰、太陽之良味，是以客熱煩燥、吐血虛汗無不宜耳。若磨成麪，則地氣不同，品食亦異。如東南卑下，春雨既多，麥受濕氣，未經出汗，雖間食之便作渴，動氣發熱助濕；西北高燥，春雨又少，麥不受濕，復入地窖出汗，故常食而不病也。吞漢椒蘿蔔則能解其毒，齧葱蒜韭薤俱能制其氣。又治療之法也，浮麥輕揚衛氣，能止自汗盜汗，虛勞諸熱。麥奴乃穗將熟而黴，療陽毒溫毒，熱極發狂之症。而朱肱黑奴丸甚詳。至於麩皮同醋炒熨，善開胃溫中，散風祛濕，和傷化瘀，止洩止痢。如生用之，能斂痘瘡潰爛，鋪褥令臥，藉其性涼而軟矣。若麪筋，取其近麩之肉水揉而得，益覺甘涼，勞熱之人宜煮汁飲，更可寬中下氣，不獨為養饌首也。夫神麯配合六神以麪為主造罨，以去其暴悍，功專消積化食，止痢豁痰。而倪維德治目，又云生用則能發其生氣，熟用則能斂其暴氣，善夫！

清・劉漢基《藥性通考》卷六 小麥　味甘，氣微寒。養心除煩，利溲止血。麵，甘，溫。補虛，養五臟，厚腸胃。然能壅氣作渴，助濕發熱。陳者良。寒食日紙袋盛，懸風處，名寒食麵，年久不熱，入藥尤良。〇浮小麥，即水淘浮起者，鹹，涼。止虛汗盜汗，勞熱骨蒸。汗為心液，麥為心穀，浮者無肉，故能涼心。麥麩同功，麥麩醋拌蒸，能散血止痛，熨腰腳折傷，風濕痺痛，寒濕腳氣。麥之涼全在皮，故麵去皮即熱。凡瘡瘍痘瘡潰爛，不能着席者，用麥麩裝褥臥，性涼而軟，成妙法也。

清・姚球《本草經解要》卷四 小麥　氣微寒，味甘，無毒。主除客熱，止煩渴咽燥，利小便，養肝氣，止漏血唾血，令女人易孕。　小麥氣微寒，稟天冬寒之水氣，入足少陰腎經。味甘無毒，得地中正之土味，入足太陰脾經。氣味降多於升，陰也。客熱，外熱也。小麥味甘而潤，潤則陰生，故除客熱。少陰之絡，絡咽，水不制火，則煩渴咽乾。小麥氣寒，則壯水清火，故止煩燥。腎與膀胱為表裏，氣寒益腎，則膀胱熱退而小便利矣。腎水足則生肝木，木滋則氣平，所以養肝氣也。脾統血，血熱則妄行，下漏上吐矣。味甘益脾，氣寒清熱，所以止唾漏也。甘潤益血，女人以血為主，血足所以易孕也。　製方：小麥同通草，治五淋腹滿。同甘草、大棗，治女人藏燥悲啼。

清・葉盛《古今治驗食物單方》 小麥　項下癭氣，用小麥一升，醋一升漬之，晒乾為末，以海藻研末三兩，和勻，每以酒服方寸匕，日三。　白癜風癬，用小麥攤石上，以燒鐵物壓出油，搽之，效。　浮小麥、黑料荳、龍眼肉各等分，煎湯服，大止盜汗。　內損吐血，飛羅麵略炒，以京墨汁、藕節汁調服。　衄血，白麵入鹽少許，冷水調服。　婦人吹奶，白麵炒黃，醋煮為糊，塗之即消。　遠行腳趼成泡，水調生麵塗之，一夜即平。　跌打青腫，生麵調山梔末，水和頓熱，罨患處。　瘡中惡肉，寒食麵二兩，巴荳五分，水和作餅，燒末摻之。　食積，白麵一兩，白酒麯二丸，共炒為末，每服三匙，白湯下。如傷肉，山查煎湯下。

清・王子接《得宜本草・中品藥》 小麥　味甘。入手太陰經。功專養心鎮肝。得通草治老人五淋，得海藻消項下癭氣。

清・黃元御《長沙藥解》卷一　小麥　味甘、微苦，《素問》：肺色白，宜食苦，麥、羊肉、杏、薤皆苦。小麥是手太陰藥。入足太陰脾、足陽明胃、手太陰肺經。潤辛金之枯燥，通壬水之淋澀，能清煩渴，善止悲傷。《金匱》甘麥大棗湯，甘草三兩、小麥一升、大棗十枚。治婦人臟燥，悲傷欲哭，數欠伸者。以厥陰風水之氣，最耗精血，風動而傷肺津，金燥則悲傷欲哭。五臟之志，在肺為悲，在腎為恐，五臟之聲，在肺為哭。蓋肺金燥降，則化腎水，物情喜升而惡降，升則得意而為喜，降則失意而為恐，悲者，恐之先機也。陽氣將降，則生欠伸，欠伸者，陰引而下，陽引而上，未能即降也。義詳《靈樞・口問》。甘草培土，大棗滋乙木而息風，小麥潤辛金而除燥也。此與消渴，俱厥陰病。小麥粥生津止渴，除煩泄熱，白术散方在白术用之治心煩作嘔，以其清心而除煩也。枳實芍藥散方在枳實用之治癰膿，以其泄熱而除濕也。

清・吳儀洛《本草從新》卷四　小麥〔補心。〕　味甘，微寒。養心除煩，利溲止血。時珍曰：按《素問》云：麥屬火，心之穀也。鄭玄〔鄭玄《禮記註疏》。〕云：麥有孚甲，屬木。許慎云：麥屬金，金旺而生，火旺而死。《別録》云：養肝。與鄭說合。思邈〔孫思邈《千金・食治》〕云：養心。與《素問》合。夷考其功，除煩止渴，收汗利溲，止血，皆心之病也，當以《素問》為準。仲景治（歸）〔婦〕人臟躁證，悲傷欲絕，狀若神靈，用甘麥湯：大棗十枚，小麥一升，甘草一兩。亦補脾氣。《聖惠方》小麥飯治煩熱少睡多渴。麵，甘，溫。時珍曰：新麥性熱，陳麥平和。補虛養氣，助五臟，厚腸胃。北方者良。南方地暖下濕，便能壅氣作渴，助濕發熱。浮小麥〔澀，斂汗。〕　鹹，涼。止虛汗盜汗，汗為心液，麥為心穀，浮者無肉，故能涼心。勞熱骨蒸。即水淘浮起者。焙用。麥麩，甘，寒。麥之涼全在皮，故麵去皮即熱。與浮麥同性。止汗之功次之。醋拌蒸，熨腰腳折傷，風濕痺痛，能散血止痛。寒濕腳氣，胃腹滯氣。互易至汗出并良。凡瘡瘍痘瘡潰爛不能着席者，用麥麩裝褥臥，性涼而軟，誠（炒）〔妙〕法也。

清・吳儀洛《本草從新》卷四　麵筋〔解熱，和中。〕　甘，涼。解熱和中，勞熱人宜煮食之。今人多以油炒，則性熱矣。

麥粉〔利五臟，調經絡。〕

甘，涼。和五臟，調經絡。醋熬成膏，消一切癰腫，湯火傷。時珍曰：麥粉，乃是麩麵洗麵筋澄出漿粉，今人漿衣多用之，古方鮮用。按：《積善堂方》云：烏龍膏治一切癰腫發背，無名腫毒，初發焮熱未破者取效如神。用隔年小粉，愈久者愈佳，以鍋炒之，初炒如錫，久炒則乾，成黃黑色，冷定研末，陳米醋調成糊，熬如黑漆，磁罐收之。用時攤紙上，剪孔貼之，即如冰冷，疼痛即止。少頃覺癢，乾亦不能動，久而腫毒自消，藥力亦盡而脫落，甚妙。此方屢用有驗，藥易而功大，濟生者宜收藏之。

清・汪紱《醫林纂要探源》卷二　麥　金穀也。秋末金旺而生，夏初火旺而熟，故宜屬金。許慎說也。《內經》以為屬火，為心之穀。蓋以其成於夏而色赤入心也。《別錄》以為屬木，養肝，蓋以有芒而得春氣多也。亦鄭康成說也。愚謂麥本金穀，而能入心以除煩，衰其火勢也。又能入肝而潤燥，以金勝木邪而節其過也，其本金也。小麥：曰來。味甘，微寒。除煩止血，養心平肝。利小便，潤肺燥。仲景合小麥、大棗、甘草，以治婦人臟燥，悲哀欲絕，則其補肺之正可知矣。麪：甘，辛，溫。益氣長力，厚胃。白麪則有辛味，辛溫則潤腎而補肝，溫厚腸胃。能作熱生濕，反令人渴。北方土厚，且習食之。南方土薄而多雨，麥受濕熱之氣，故多食則作熱生濕。然作飯及和麪同食，則不熱不濕而解渴。獨取白麪，則作熱生濕發渴。金性外寒而內熱未盡也。蘿蔔、麪筋皆解麪毒。浮麥：甘鹹，寒。外陰也。止汗，退勞熱。鹹補心。汗為心液，故能止盜汗自汗。鹹瀉腎，故能退骨蒸勞熱。麥麩：鹹，寒。功同浮麥。除熱血，理風濕。和醋蒸熨腰腳，能去瘀血，治濕痺，舒筋續骨。麪筋：鹹，寒。以麥麩浸水，加鹽挼洗，麩中餘麪膠粘成筋。凡物有內外異性者，多如此。解麪毒，和筋養血，去瘀。此所謂養心益肝也。麥奴：除熱去濕。此麥穗之受濕而黴黑不成者也。以受濕之物而能除熱去濕者，亦猶牛黃之解熱消痰，殭蠶之去濕袪風也。

清・嚴潔等《得配本草》卷五　小麥浮小麥、麩皮、小粉、麥苗、麥奴。　畏漢椒、蘿蔔。甘，微寒。入手少陰、足太陰經氣分。養心補脾，助五臟，厚腸胃。除煩渴咽燥，止吐血漏血。利小便，收虛汗。治心熱不睡，陰虛骨蒸。敷癰腫損傷。得通草，治五淋。調海藻，消癭瘤。略炒研細，以京墨汁或藕節汁調服，止內損吐血。新麥性熱，陳麥和平。產北地者佳。去皮即溫，補虛養氣。連皮用，除煩熱。炒研，治瀉痢。新者勿用。壅氣助濕熱也。

浮小麥　甘，涼。除骨蒸虛熱，止虛汗盜汗。水淘浮起者。焙用。

麩皮　甘，涼。入手陽明經。除熱，調中消穀，止痢止痛，散血，落鬼胎。得牡蠣，止產後虛汗。和醋炒熱，熨走氣作痛，并罯跌撲損傷。

小粉　甘，涼。入手少陰經。和五臟，調經絡。得米醋熬膏，攤紙中剪一孔，貼癰腫未破者神效。粉先炒黃色，後入醋熬。最易滯膈，宜合通氣藥用。隔年小粉，愈久者愈佳。

麥苗　辛，寒。入手少陰、太陽經氣分。解時疾，除煩悶，退膈熱，去酒疸。

麥奴　辛，寒。入手少陰經。治陽毒溫毒，熱渴狂煩及溫瘧。

麥穗將熟，上有黑黴者，為麥奴。

題清・徐大椿《藥性切用》卷六 小麥 味甘微寒，養心止汗，利溲除煩。小麥麪，甘溫補虛，養氣助胃益脾。多食則壅氣作脹，助濕發熱。新麥性熱，病人忌之。陳久者良。北麥較勝，可常食之。小麥稈，利小便。燒灰，去惡肉。

浮小麥：鹹涼，涼心退熱，止自汗盜汗。麥麩，性近浮麥，而力稍遜。醋拌蒸，熨痺痛良。小麥奴，即小麥穗之黴黑者，治陽毒溫毒發狂，古方黑如丸用之。

麪筋 性味甘涼，解熱和中。勞熱人宜淡煑食之，煎炙則性熱難化，無病人亦不宜過食。

麥粉：即小粉。性味甘涼，和藏府，通經絡。炒黑，入醋煎煉成膏，消癰腫、(腸)〔湯〕火傷。俗名鐵箍散。

清・黃宮繡《本草求真》卷九 麪補虛澤膚，壅氣助痰助濕。

麪耑入脾，兼入肝。雖由於小麥所出，而性與麥大異，味甘氣溫，微毒。藏器曰：小麥秋種夏熟，受四時氣足，兼有寒熱溫涼，故麥涼，麯溫，麩冷，麪熱，宜其然也。服能補虛養氣，澤膚厚腸胃。並敷癰腫損傷。散血止痛。止衄吐血。以其體粘性濡。故於諸虛能補。而於中氣有助。腸胃有厚。肌肉傷損有益。癰毒疼痛有賴也。然多食亦能壅氣。凡物升發則壅，故北人傷寒，用此同雞發散，取其升發之義。故書言此不能止煩。升發之性，多不止煩。且致作渴氣升則煩渴俱有。又於濕熱有助，故書言此不能消熱，且能助濕發熱也，是以脾虛無濕無熱，服之最宜。而有濕有熱，服之最忌。脾虛無寒無濕，食之得補。而脾虛有寒有濕，服之不能無害也。陳者良。偶談云：麪性雖熱，而寒食日以袋盛懸風處，數十年亦不壞，則熱性皆去而無毒矣。入藥尤良。食宜略用醋入。醋入則氣不發。畏漢椒、蘿、苜。

清・李文培《食物小録》卷上 小麥 甘，微寒，無毒。新則性熱，陳則平和。止煩渴，養心氣。心虛病宜食之。北麥日開花，性微溫；南麥花夜開，故性寒。凡作麪、造酒，北方者佳。

清・羅國綱《羅氏會約醫鏡》卷一七穀部 小麥味甘，微寒，入心經。 養心除煩，止唾血，利小便。

麪：甘溫。助五臟，厚腸胃。然性熱動風。

浮小麥 即水淘浮起者，味鹹氣涼。止虛汗、盜汗、勞熱骨蒸。汗為心液，麥為心穀，麥之涼在皮，故麪去皮即熱；浮麥無肉，故能涼心。麥麩同功。麥麩之功涼。外治能散血止痛，凡折傷濕痹脚氣，醋拌蒸熨之。療瘡瘍痘瘡潰爛。用麩裝褥，臥之性涼而軟。誠妙法也。

清・陳修園《神農本草經讀》附録 小麥 氣味甘，寒，無毒。主除客熱，止煩渴咽燥，利小便，養肝氣，止漏血吐血，令女人易孕《別録》。

清・黃凱鈞《藥籠小品》 小麥 涼心止汗，治盜汗。須浮者，炒用。

清・章穆《調疾飲食辯》卷一下 小麥汁 煮麥熟為度，淋家、汗家、渴家宜代茶多飲。

清・章穆《調疾飲食辯》卷二 小麥〔米〕飲 治暴淋，止虛汗，不必論浮沉。

小麥 《周頌》曰來，一作秾，有有芒、無芒二種，每種各有多類。詳《授時通考》。

小麥飯 小麥宜於磨麪，而《別録》云：作飯食，養肝氣，止漏血、孕中下血名胎漏。唾血，亦指孕婦言。能令女人易孕。《別録》，陶隱居所輯。陶，齊、梁間人。此書乃漢、晉人語，不比後世醫書。艱子者，蓋倣而行之，事極不難且無損也。《綱目》曰：《素問》云麥屬火，心之穀也。鄭康成《詩箋》云：麥有孚甲，屬木。《說文》云：麥屬金。金旺而生，火旺而死。而《別録》云養肝氣，與鄭說合。麥能益血，所以養肝，非屬木也。《千金方》云養心氣，亦益血之效，心主血脈也。與《素問》合。夷考其功，除煩、止渴、斂汗、利溲、止血，皆心病也。蓋許以時，鄭以形，《素問》以功耳，當以《素問》為準。又北方麥性平，南方者稍熱，此地氣使然，凡物皆同，匪獨一麥也。近有強作解事者，云北方麥花皆夜開，故涼；北麥性稍平耳，亦不涼。南方則晝開，故熱。豈知北人食麪不助熱、不發渴者，以習慣食之，何關花之晝夜。不觀北人來南，常食麪飯，皆南方晝花之麥，亦未嘗發熱、發渴，非胃氣習而相安之明驗乎？其作為湯麪及餅餌，各處製法何止幾千萬種，性之優劣，當各隨其和合之物，明理者自知之，難以悉數也。大抵湯食者醋佳，乾食者酵佳耳。其入藥也，《奉親書》治老人腹滿、淋瀝：小麥一升，通草二兩，水三升，煮取一升飲。《劉涓子鬼遺方》治金瘡腸出：小麥五升，水九升，煮取四升，濾取汁，待極冷，令病人臥蓆上，含汁噀之，或噀傷處，忽而又噀其頭面，病人一驚，腸即一縮，俟漸入則噀其背。總勿令病人知，然後抬蓆四角，輕輕搖動，令其易入。若歷時久，腸乾滯不能入者，《千金方》用大麥米煮粥嘆之，入則以新桑根皮作線縫口口小者不必縫，熱雞血塗之，新湖綿燒灰，如無新綿，舊絹帛衣物亦可，沾油者勿用。同海螵蛸、生大黄研極細末，摻瘡口，包好。十日內但可略食美物，海物最佳，如海參、魚肚、鯉乾之類，及豬肉、鱖魚。不宜過飽。未入時，切不可令閒人看視，妄語嘈雜，致令憂惶不能入，即死。又能止汗。古方用浮小麥，乃麥之未成者，殊屬無謂。若云麥熱麩涼，浮者取其有皮無肉，何如只用麥麩。予治汗症，但用陳麥，不論浮沉，無人不效。蓋浮者肉既未成，皮亦無力也。面主嘔吐不止，醋和作彈丸二三十枚，先燒沸湯，入丸煮熟，漉出投漿水中，待溫吞三兩枚，嘔定，即不用復吞。未定，如人行一里再吞出《兵部手集》。又治虛寒白痢日久者，小麥麪炒老黃色，以方寸匕和粥食，能療百方不能止者出《外臺秘要》。又治頭皮虛腫，形如裹水，皮薄如紙，以口嚼麪敷。出《梅師方》。又治遠行足趼成泡，水調生麪塗。出《海上方》。醋及尿調尤妙。

麥奴，即麥穗之不結實，如被火燒有黑灰者。《千金方》暨朱奉議《南陽活人書》有黑奴丸，初虞世《古今錄驗》名水解丸，又名高堂丸。治陽毒、溫毒熱極發狂，發斑，熱啞，大渴諸惡症：小麥奴、黄芩、大黄、麻黄、釜底墨、竈突墨、梁上塵等分為末，蜜丸彈子大，每服一丸。誠起死良方也。然非預備不能得，古人所以司歲備物也。

麪筋　小麥麪熱而麩涼，洗麪筋者，以麩入水揉擦，其近麩之麪結而為筋，故涼。《食鑒本草》曰：寬中益氣。《綱目》曰：解熱和中，病人宜湯煮食，不宜乾煠，平人不拘。

清・王龍《本草纂要稿・穀部》　小麥米　味甘，帶皮氣寒，去皮氣熱。四氣皆全，入煎務宜完用。養心氣肝氣，止漏紅吐紅。通淋利小便，除熱解煩渴。　浮小麥：先枯未實，斂虛汗獲效如神。　麥麪：助五臟，增益氣力。厚腸胃，滑白肌膚。性熱，未免動風，蘿蔔汁服可解。寒食麪滅瘢痕，飛羅麪消涎沫。　麩皮：醋炒，罯湯火瘡赤爛，散血止疼。　麥奴：却天行熱毒。麥穩去酒疸身黄。

清・楊時泰《本草述鉤元》卷一四　小麥　大小麥秋種冬長，春秀夏實，具四時之氣，故為五穀貴。地暖處亦可春種，至夏便收，而四氣不足，故有毒頌。麥性惡濕，久潦即多不熟瀕湖。味甘，氣微寒。入手少陰太陽經。新麥性熱，陳麥平和瀕湖。主養心氣，止虛汗，心病宜食之。除客熱煩渴咽燥，作湯不許皮坼，坼則性溫，不能消熱止煩也。利小便，養肝氣，止漏血吐血，治霍亂後虛煩自汗。麥屬火，心之穀也，除煩止渴收汗利溲止血，皆心之病，故麥為心穀瀕湖。

白麪，氣味甘溫，性壅熱。不能消熱止煩。有微毒。吞漢椒，食蘿蔔，能解。小動風氣，陳麥麪，水煮食之，無毒。主治養氣補不足，久食實膚體，厚腸胃，水調服治中暑及止鼻衄吐血諸本草。方書治痰飲喘吐利舌衄頭痛心痛胃脘痛。東南卑濕，春雨多，麥受濕氣，又不曾出汗，故食之作渴，動風氣，助濕發熱。西北高燥，春雨少，麥不受濕，復入地窖出汗，故常食而不病穎。小麥寒氣全在皮，故麪去皮則熱，熱則壅滯動氣，發渴助濕，令人體浮，皆其害也。然亦因於地產：北麪無濕熱熏蒸之毒，其性溫平，能厚腸胃，強氣力，補虛助五臟，其功不少。東南卑濕，春雨多，濕熱之氣全鬱於內，故去皮則止於蘊熱，而無寒以和之，所以多食為病仲淳。北麪性溫，食之不渴。南麪性熱，食之煩渴。西邊麪性涼，皆地氣使然瀕湖。寒食日以紙袋盛，懸風處，數十年亦不壞，則熱性去而無毒矣，入藥尤良又。團參丸，治吐血不得受涼藥者，人參、黄芪、飛麪等分，百合佐之，按此蓋以代清陽之寒劑也。

麥麪總論：二麥發生於降收之候，值夏氣蓄盛而即告成，是其育質受氣，從少陰而歸至陰，由至陰而達少陽，如陽中之太陽，所受猶淺，故能除客熱，治煩渴咽燥，而利小便也。一受氣於陽中太陽而隨成熟，故為心之穀，養心氣，止虛汗也。至小麥作麪，去其皮麩在表之粗，而用其醞釀在裏之精，是由陰至陽之神機在此矣，所云養氣補不足，實膚體，厚腸胃，非其應有之功歟。第亦能療吐衄血證者，緣白麪根至陰以醞育，乘至陽以舒化，用以對乎陰之失守而陽僭，固優於苦寒傷陽，絕不為陰之化原地者。然則謂麪性本熱，殆非定論，試更条之中暑一治可見，特西北產者滋益，而東南者階厲耳。

凡人脾胃有濕熱及小兒食積疳脹，皆不宜服。夏月瘧、痢人，更忌之仲淳。

浮麥：取水淘浮起者，焙用。

味甘、鹹，氣寒。益氣除熱，止自汗盜汗，骨蒸虛熱，治婦人勞熱。按浮麥全得寒性，故能止汗，汗固心液也。

麥麩：與浮麥性同，而止汗之功次之。治行痺、盜汗，和麪作餅，即麴也。消穀止痢。手足風濕走氣作痛，用釅醋拌麩皮，炒熱，袋盛熨之，互易，至汗出良，寒濕脚氣，治同。產後虛汗，小麥麩、牡蠣等分，為末，以猪肉汁調服二錢，日二服。凡人身體疼痛及瘡瘍腫爛沾漬，或小兒暑月出痘瘡，潰爛不能着席臥者，並用夾褥盛麩縫合藉臥，性涼而軟，誠妙法也。

麥粉，麪洗(觔)〔筋〕後澄出者，俗名小粉。

味甘氣涼。醋熬成膏，消一切癰腫湯火傷。烏龍膏，治一切癰腫發背，無名腫毒，初發焮熱未破者，神效。陳小粉愈久愈佳炒成黃黑色，冷定，研末，米醋調成糊，熬如漆，攤紙上，剪孔貼之，即如冰冷，疼痛即止，少頃覺癢，乾亦不能動。久則腫毒自消，藥力亦盡而脫落，甚妙。

清・葉桂《本草再新》卷七　小麥味甘，性寒，無毒。入心、脾、腎三經。養心益腎，和血健脾，除煩止渴。

清・吳其濬《植物名實圖考》卷一　小麥　《別錄》中品。《廣雅》云：大麥牟也，小麥來也；土燥亦燥，土濕亦濕；南北不同，故貴賤異。

雩婁農曰：此物大熱，何故食之？此西方人語，《本草》無是說也。近世醫者多以麥性燥，戒病者勿食。北人渡江，三日不餐麪，即覺骨懈筋弛，夫豈有患熱者哉？大抵穀種，皆藉熱蒸而成，稻之新也，濕熱尤甚，風戾而稟之，經時即平和滋益矣。北之麥，南之稻，人所賴以生。然稻能久藏所耗少，麥經歲則蟲生，其色黑，故俗呼曰牛。簸揚輒減十之二三，穀之飛亦為蠱，為麥筮也。三十年之蓄，尚稻而不尚麥者以此。余既為麥雪謗，而並及之。

清・趙其光《本草求原》卷一四穀部　小麥　甘，微寒。養心，除客熱，止煩，利溲，止血，止汗。治咳嗽，霍亂後虛煩，渴飲，尿秘。本金水以育，乘至陽之舒氣以化，故治一切陰虛陽浮之病。有不同於苦寒傷陽者，但必須陳者連皮用，去皮則不能消熱止煩矣。

同大棗、甘草煎，治臟燥悲泣狀若神靈，亦補脾氣。小麥飲治煩熱、少睡、多渴。

白麪　即飛麪。已去皮麩，止存內醞之氣，離陰致陽之用。穀先殼後仁，成仁時，木火當令矣。故甘，溫，微毒。不能消熱、止渴。補虛，養氣，實肌膚，厚腸胃，治中暑，水調服。止鼻衄、吐血。團參丸合參、芪、百合用，治熱浮而不受清涼者，故取其由陰生而陽化者用之。佐此芪以昌陽，而即配百合以制陽之上僭。陳久者，水煮食，無毒。新則生痰，助濕壅氣。寒食日紙袋盛，懸風處，名寒食麪，年久不壞亦不熱，入藥尤良。達三焦火氣以運中土，故厚腸胃，但後於大麥而穫，故小動風。

浮麥：即水淘浮起者。甘、鹹，寒，輕虛象肺，斂自汗、盜汗，治勞熱骨蒸。汗為心液，麥為心穀，浮者走散皮膚之熱。

麥麩：即麥皮。醋拌蒸，能散血止痛，熨腰脚折傷，風濕痹痛、寒濕脚氣走痛互易，至汗出良。凡瘡瘍痘瘡潰爛不能着席者，用麥麩裝褥臥，性涼而軟，最妙。但食之最難克化，犯者惟草果能消之。醋熬膏，消一切癰腫、湯火傷。取麥麩洗筋，澄出漿粉，陳久之，炒黑，醋調糊，熬如漆；凡一切腫毒未潰者，攤紙上，剪孔貼之，即如冰冷，痛止腫自消，藥力盡自脫。用經霜桑葉、大黃末和蜜調敷，更佳。

清・文晟《新編六書》卷六《藥性摘錄》　小麥　甘，涼。心之穀。亦養肝氣，斂汗止血，除煩渴，令女人易孕。粵東有小麥作麪，皆是。　麪：甘，溫。入脾，兼入肝。補虛養氣，澤肌膚，厚腸胃。亦能壅氣，助痰助濕。陳者良。北產尤佳。食暑用醋。畏漢椒、蘿蔔，最忌石膏。〇浮小麥，益胃氣，止虛汗，去骨蒸虛熱。

清・張仁錫《藥性蒙求・穀部》　浮麥麥麩三錢　浮麥鹹涼，骨蒸勞熱。虛汗盜汗，止之最捷。即水淘浮起者。焙用。〇麥麩：甘，寒。與浮麥同性。麥之涼全在皮，故麪去皮即熱。〇麥入心經，用為養心除煩之品。

清・王孟英《隨息居飲食譜・穀食類》　小麥麪　甘，溫。補虛乏，實皮膚，厚腸胃，強筋力。北產重羅者良。造為掛麪，可以致遠，病人食之甚宜。南方地卑，麥性黏滯，能助濕熱，時感及瘧痢、疳疸、腹脹、脚氣痞滿、痧脹、肝胃痛諸病並忌之。新麥尤甚，惟單酵水造為蒸餅，較不助病，且可尤藥。跌打挫胸，白麪同巵子擣勻，水調塗。遠行脚趼成皰，白麪水調塗。大衄血出，飛羅麪，入鹽少許，冷水調服三錢。大便久瀉，飛羅麪炒熟，每晨加白沙糖，或炒鹽調服。

麩麥皮也。凡患身體疼痛，及瘡瘍潰爛沾漬，或小兒暑月出痘，潰爛不能著席者，並用夾褥裝麩籍臥，性涼而輭，洵妙法也。

麪筋：麪入水中洗揉而成。性，涼。解熱止渴，消煩。勞熱人宜煑食之，但不易化，須細嚼之。誤吞錢者，以麪筋放瓦上炙存性，研末，開水調服，在喉者即吐出，入腹者從大便下。　麥粉：麩洗麪筋澄出之漿，濾乾成粉，俗呼小粉。甘，涼。可為粢餌素食，漿衣之用。陳久者炒焦，以醋熬成膏，治一切癰瘍、湯火傷。

清・劉善述、劉士季《草木便方》卷二穀糧豆菜部　麥子　陳麥麪甘止痛血，風寒濕痹腫痛歇。跌打損傷續筋骨，寒毒腫硬脚氣滅。芽溫和中化食積，通乳下胎消菓肉。

清・田綿淮《本草省常・穀類》　小麥　一名來，亦作秾。北產者，性平，無毒，宜多食。養心除煩，益氣補虛。陳者良，新者有小毒，微熱。南產者，未經霜雪，性燥，有毒。多食發熱壅氣。陳者少食無妨，新者毒大。

麪筋　性寒。補中益氣，和營衛，調經絡。　麥麩，性涼。調中益氣，止汗去熱。

清・戴葆元《本草綱目易知錄》卷二　小麥　甘，微寒。心之穀也。養心氣肝氣，心病宜食之。潤臟躁，利小便，除客熱煩渴咽躁，止漏血唾血，令女人易妊。煎湯飲，治暴淋。陳者煎飲，止虛汗。炒末服，殺腸中蚘蟲。燒炭末，油調，塗諸瘡、湯火傷灼。【略】

麥麩：　末服，止盜汗。和麪作餅食，止瀉痢，調中去熱。醋拌，布包蒸，熨手足風濕痹痛，寒濕脚氣，及熨人馬冷失腰脚折傷處，互易熨至汗出良，能止痛散血。時瘡熱瘡，湯火瘡爛，折傷瘀血，和醋炒罯貼之。【略】

麪：　甘，溫。補虛養氣，助五臟，厚腸胃。生食利大腸。水調服，止鼻衄吐血。治人中暑，馬病肺熱。傅癰腫損傷，散血止痛。多食動風氣，生熱渴。發丹石毒，吞漢椒，食蘿蔔，可解其毒。

清・陳其瑞《本草撮要》卷五　小麥　味甘，微寒，入手少陰經，功專養心鎮肝。得通草治老人五淋，得海藻消項下癭氣。麩醋拌蒸，散血止痛，熨腰脚折傷風濕痹痛，寒濕脚氣，五易至汗出良。浮小麥味鹹涼，止虛汗盜汗，勞熱骨蒸。即水淘浮起者焙用。麥奴即麥將熟，穗上有黑黴，其黑黴名麥奴，取之治陽毒溫毒，渴熱發狂，以及溫瘧甚效。陳麥柴堆在露天者最好，用三五根洗淨泥，剪寸許長，煎服，治難產神效。

麥粉　味甘，涼，入手足太陰、厥陰經，功專和五臟，調經絡。醋熬成膏，消一切癰腫，湯火傷。俗名小粉。麪筋味甘涼，性黏濘，食之難消，炒煎熏炙，助火傷陰，病人及小兒宜忌。

清・吳汝紀《每日食物却病考》卷上　小麥附麪、小粉。　味甘，微寒，無毒。除熱，止渴，利小便，養肝氣。秋種，冬生，春秀，夏實，具四時之氣，為五穀之長。有春種夏生者，氣不足，有小毒。　作麪，味甘，溫。補虛，養氣，實膚體，厚腸胃，強氣力。然性壅熱，少動風氣，陳者稍可。蘿蔔能解麪毒，同食最宜。　其粉乃麩洗出者，即今所謂小粉。甘，涼，無毒。補中益氣，和五臟。炒一合湯服，斷下痢。一切癰瘇發背初發，用陳小粉炒黑，醋調攤貼，神效。乃《積善堂》烏龍膏也。

清・吳汝紀《每日食物却病考》卷下　麪筋　甘，涼，無毒。主解熱，和中益氣，煮食甚良。今人多以油炒，則性熱矣。

大麥

唐・孫思邈《千金要方》卷二六食治・穀米　大麥　味鹹，微寒，滑，無毒。宜心，主消渴，除熱。久食令人多力，健行。作糵，溫，消食和中。熬末令赤黑，擣作麨，止泄利。和清酢漿服之，日三，夜一服。

宋・李昉《太平御覽》卷八三八　麥　《吳氏本草》曰：　大麥，一名穬麥，五穀之盛，無毒，治消渴，除熱，益氣。食蜜為使。麥種，一名小麥，無毒，治利而不中。

附：　日・丹波康賴《醫心方》卷三〇　大麥　《本草》云：　味鹹，溫，微寒，無毒。主消渴，除熱，益氣調中。又云：　令人多熱。為五穀長。蘇敬注云：　大麥麪，平胃止渴，消食療脹。《拾遺》云：　作麪食之，不動風氣，調中止洩，令人肥健。孟詵云：　暴食之，令腳弱。為腰腎間氣故也。久服即好，甚宜人。崔禹〔錫〕云：　主水脹。勿合白稻米食，令人多熱。

宋・唐慎微《證類本草》卷二五米穀部中品〔《別錄》〕　大麥　味鹹，溫、微寒，無毒。主消渴，除熱，益氣調中。又云：　令人多熱，爲五穀長。蜜爲之使。

〔梁・陶弘景《本草經集注》〕云：　今稞麥，一名䵃音牟麥，似穬麥，惟皮薄爾。

〔唐・蘇敬《唐本草》〕注云：　大麥出關中，即青稞麥是。形似小麥而大，皮厚，故謂大麥，殊不似穬麥也。大麥麪，平胃，止渴，消食，療脹。

〔宋・掌禹錫《嘉祐本草》〕按：　《藥性論》云：　大麥糵，使，味甘，無毒。能消化宿食，破冷氣，去心腹脹滿。孟詵云：　大麥，久食之，頭髮不白。和針沙、沒石子等染髮黑色。暴食之，亦稍似脚弱，爲下氣及腰腎故。久服甚宜人，熟即益人，帶生即冷損人。陳士良云：　大麥，補虛劣，壯血脉，益顏色，實五藏，化穀食。久食令人肥白，滑肌膚。爲麪勝小麥，無躁熱。又云：　糵，微暖，久食消腎，不可多食。日華子云：　麥糵，溫中下氣，開胃，止霍亂，除煩，消痰，破癥結，能催生落胎。

〔宋・唐慎微《證類本草》〕《圖經》：文具小麥條下。陳藏器云：不動風氣，調中止泄，令人肥健。大麥、穬麥，《本經》前後兩出。蘇云：青稞麥是大麥，《本經》有條，粳一稻二米，亦如大、穬兩麥。蘇云：稻是穀之通名，則穬是麥之皮號，麥之穬，猶米之與稻。《本經》於米麥條中重出皮殼兩件者，但爲有殼之與無殼也。蘇云：大麥是青稞，穬麥是大麥。如此則與米注不同，自相矛盾，愚謂大麥是麥米，穬麥是麥穀，與青稞種子不同，青稞似大麥，天生皮肉相離。秦隴已西種之，今人將當本麥米粜之，不能分也。《聖惠方》：治妊娠欲去胎。以麥蘖二兩，水一盞半，煎至一盞，分溫三服。《外臺秘要》：治妊娠得病去胎方：麥蘖一升，和蜜一升，服之即下，神驗。孫真人：麥芒入目，煮大麥汁洗之。《兵部手集》：治産後腹中鼓脹不通轉，氣急，坐卧不安，供奉輔太初與崔家方：以麥蘖末一合，和酒服食，良久通轉。崔郎中云：神驗。《傷寒類要》：治諸黄，杵苗汁服之。又方：蠼螋尿瘡。嚼大麥以傅之，日三上。

宋・寇宗奭《本草衍義》卷二〇 大麥 性平、涼，有人患纏喉風，食不能下，將此麪作稀糊，令咽之，既滑膩容易下嚥，以助胃氣。三伏中，朝廷作麨，以賜臣下，作蘖造糗。

宋・王繼先《紹興本草》卷一二 大麥 紹興校定：大麥，《本經》云溫，又云微寒，主除熱，復云令人多熱，此顯無據矣。即非性寒除熱之物，當云味鹹、微溫、無毒是矣。惟作蘖，諸方用之頗衆。處處種産之。

宋・劉明之《圖經本草藥性總論》卷下米穀部 大麥 味鹹，溫、微寒，無毒。主消渴，除熱，益氣調中。《藥性論》云：使。味甘，無毒。能消化宿食，破冷氣，去心腹脹滿。陳士良云：補虛劣，壯血脈，益顔色，實五臟。日華子云：麥蘖，溫中下氣，開胃，止霍亂，除煩消痰，破癥結，能催生落胎。《兵部手集》：治産後秘結，鼓脹不通轉氣急。陳藏器云：不動風氣，調中止洩。

宋・陳衍《寶慶本草折衷》卷一九 大麥麨及麫附。 一名稞麥，一名青稞麥，一名麰麥。○又云：一名青顆。○《毛詩》及《廣雅》並云：一名牟。○稞，音科。麰，一作麰。出關中，及秦、隴已西。○又云：今南北皆種之。○蜜為使。○附：麨，又云一名糗，一名麯，蒸米麥熬磨作之。○附：麫，一名牟粉，磨大麥篩取之。○麨，充少切；糗，去久切；麯，音沼。

味鹹，平，微寒，無毒。○主消渴，除熱，益氣調中。○孟詵云：暴食亦稍似脚弱，久服甚宜人。熟即益，帶生即冷，損人。○陳士良云：補虛劣，壯血脈，實五藏，化穀食，滑肌膚。○陳藏器云：不動風氣，止泄。○寇氏曰：大麥，三伏中，□朝廷作麨以之賜臣下。

附：麨此營節之粉也。○□□□○味甘、苦、酸，寒，無毒。主寒中，除熱渴，解煩，消石氣，實大腸。

附：麫。□糊在内□□。○平胃止渴，消食療脹。又治纏喉風，食不下，作稀糊嚥之，以助胃氣。此麫勝小麥，無躁熱也。

新分麥蘖使。七百十。

一名大麥蘖。○所出與大麥同。○今諸處以水漬大麥，抽芽暴乾，或有用小麥漬者。

味甘，微暖，無毒。○消化宿食，破冷氣，去心腹脹滿。分前條《藥性論》。○陳士良云：久食消腎。○日華子云：溫補。下氣開胃，止霍亂，除煩，消痰，破癥結，催生落胎。○《兵部手集》：治産後秘結，鼓脹不通，氣急，以麥蘖末壹合，和酒服食，久通。

元・王好古《湯液本草》卷六 大麥 氣温，味甘、鹹，無毒。《象》云：補脾胃虛，寬腸胃。先杵細，炒黄，取麫用。《本草》云：能消化宿食，破癥結冷氣，去心腹脹滿。開胃，止霍亂，除煩去痰。治産後秘結，鼓脹不通。大麥蘖並神麴二藥，氣虛人宜服，以代戊己，腐熟水穀。與豆蔻、縮砂、木瓜、芍藥、五味子、烏梅為之使。

元・忽思慧《飲膳正要》卷三 大麥 味鹹，溫、微寒，無毒。主消渴，除熱，益氣，調中。令人多熱，為五穀長。《藥性論》云：能消化宿食，破冷氣。

元・吴瑞《日用本草》卷二 大麥 粒長皮厚。味醎，性溫、微寒，無毒。爆食之，令人脾弱。主消渴煩熱，益氣調中，補虛，壯血脉，益顔色，實五臟，化穀食。熟則補益，生則損人。

麥蘖 用大麥穀水漬，候芽生，急曝令乾，可作餳、飴糖用。主消化宿食，破冷氣，去心腹脹滿，下氣開胃。

元・朱震亨《本草衍義補遺》 大麥 初熟時，人多炒而食之。此等有火，能生熱病，人故不知。○大麥水浸之生芽為蘖，化宿食，破冷氣，去心腹脹滿。又云：蘖，微暖，久食消腎，不可多食。戒之。

元・徐彦純《本草發揮》卷三 大麥 丹溪云：大麥初熟，人多炒而食之。此等有火，能生熱病，人不知也。

大麥蘖　潔古云：氣溫，味鹹。補脾胃虛，寬腸胃。炒黃色，擣細，取麵用之。海藏云：治產後腹中膨脹不通，此藥氣虛人宜服，以代戊己，腐熱水穀。與豆蔻、縮砂、芍藥、木瓜、五味子、烏梅為之使。丹溪云：麥蘖，行上焦之滯血，腹中鳴者用之。

明・蘭茂撰，清・管暄校補《滇南本草》卷中　大麥毛　性溫，味平，甜。寬中下氣，止嘔吐，消宿食，止吞酸吐酸，止瀉，消胃寬隔。並治婦人奶乳不收，乳汁不止。

附方：大麥芽不拘等分，煎湯服。

明・王綸《本草集要》卷五　大麥　味鹹甘，氣溫，無毒。蜜為使。主消渴，除熱，益氣調中。○水漬之，生芽為蘖。使。凡用炒，杵去皮。補脾胃，消化宿食，破癥結冷氣，止心腹脹滿，開胃，止霍亂，下氣消痰，催生落胎。亦行上焦滯血，治產後秘結，鼓脹不通。胃氣虛人宜服，以代戊巳腐熟水穀。又久食多食消腎，戒之。

明・滕弘《神農本經會通》卷四　大麥　一名麰麥。

味鹹，氣溫，微寒，無毒。

《本經》云：主消渴，除熱，益氣調中。又云：令人多熱。為五穀長。《唐本》注云：大麥麪，平胃，止渴，消食。孟詵云：大麥，久食之頭髮不白。暴食之，亦稍似脚弱，為下氣及腰腎，故久服甚宜人。熟即益人，帶生即冷，損人。陳士良云：大麥，補虛劣，壯血脉，益顏色，實五臟，化穀食，久服令人色白，滑肌膚。為麪勝小麥，無躁熱。陳藏器云：不動風氣，調中，止泄，令人肥健。丹溪云：初熟，人多炒而食之，此等有火，能生熱病，人故不知。大麥主消渴，生肌長胃。

大麥蘖　使也。凡用，炒，杵去皮。味甘，無毒。《湯》云：氣溫，味甘、鹹，無毒。東云：能助脾，消化宿食。《疌》云：消化宿食，破癥結，益氣虛人，散上焦滯血，去心腹脹滿。《藥性論》云：能消化宿食，破冷氣，去心腹脹滿。陳士良云：蘖，微暖。久食消腎，不可多食。日華子云：麥蘖，溫中下氣，開胃，止霍亂，除煩消痰，破癥結，能催生落胎。《象》云：補脾胃虛，寬腸胃，先杵細，炒黃，取麪用。《湯》云：《本草》云能消化宿食，破癥結冷氣，去心腹脹滿，開胃，止霍亂，除煩去痰，治產後秘結，鼓脹不通。大麥蘖并神麴二藥，氣虛人宜服，以代戊己腐熟米穀，與豆蔻、縮砂、木瓜、芍藥、五味子、烏梅為之使。丹溪云：行上焦之滯血，腹中鳴者用之，化宿食，破滯氣良。又云：大麥水浸之，生芽為蘖，化宿食，破冷氣，去心腹脹滿。久食消腎，不可多食，戒之。劍云：麥蘖甘溫消宿食，破癥結益氣虛人。上焦滯血能行散，心腹脹滿宜此伸。麥芽，溫中消食。

明・劉文泰《本草品彙精要》卷三六　大麥無毒。附麥蘖。叢生。

大麥：主消渴，除熱，益氣調中。又云：令人多熱，爲五穀長。名醫所錄。

【名】麰音牟麥。【苗】《圖經》曰：苗葉與小麥相似，但實差大而皮厚，爲五穀長，故謂之大麥。入藥用之，以秋種夏收者爲佳。然春種者不具四時之氣，故不及也。今醫家惟作蘖，則味甘，無毒，以爲開胃消食之要藥也。【地】《圖經》曰：舊不著所出州土，今關中南北皆能種蒔，處處有之。【時】生：秋生苗。採：夏取實。【收】暴乾。【用】實及苗、蘖。【色】黃。【味】鹹。【性】溫，微寒。【氣】氣厚於味，陽中之陰。【臭】朽。【主】益氣調中。【助】蜜爲之使。【製】去芒殼，水漬之，罨暖處，生芽為蘖。【治】療：《圖經》云：麪，平胃，止渴，消食。○蘖，消化宿食，破冷氣，止心痛脹滿。《唐本》注云：麪，療脹。日華子云：蘖，溫中下氣，開胃，止霍亂，除煩，消痰，破癥結，能催生。陳藏器云：不動風氣，調中止洩，令人肥健。孟詵云：麥，久食之，頭髮不白，暴食之亦稍似脚弱，爲下氣及腰腎，故久食甚宜人。孫真人云：麥芒入目，煮大麥汁洗之。《別錄》云：麥，療蠼螋尿瘡，嚼以傅之，日三上。○苗，杵汁服，治諸黃。○蘖，治妊娠欲去胎，以麥蘖二兩，水一盞半，煎至一盞，分溫三服。補：陳士良云：補虛劣，壯血脈，益顏色，實五臟。久食令人肥白，滑肌膚。【合治】蘖一升，合蜜一升服之，治妊娠得病欲去胎，即下，神驗。○蘖末一合，合酒服之，治產後腹中鼓脹不通，轉氣急，坐臥不安，神驗。【禁】麥，熟即益人，帶生即冷，損人。蘖，落胎，久食消腎。

明・盧和、汪穎《食物本草》卷一穀類　大麥　味鹹、甘，溫，微寒，無毒。主消渴，除熱，益氣調中。又云：令人多熱，為五穀長，平胃消食，療脹。暴食亦佀腳軟，以其下氣也。久食甚宜人，頭髮不白，補虛勞，壯血脉，益顏色，實五臟，止洩，令人肥白滑肌。為麵，勝小麥，無燥病。丹溪云：初熟時，人因缺穀，多炒而食之，有火，能生熱病。一云久食多食，能消腎，戒之。

明・許希周《藥性粗評》卷三　大麥輔中州之弱，小麥滋肝。

大麥，一名麰麥。比小麥差大而皮厚，故名。今為麥芽入藥者是也。皆秋後下種，明年四月而熟，或者謂備四時之氣，其性中和，故為五穀之貴。小麥亦然。多出河北關中等地，荊襄人今亦種之。至於作麵不如小麥皮薄粉多，故曰用尤所資焉。然病人所宜服者，惟大麥為良。蜜為之使。餘說《本草》不載。味甘、鹹，性溫、微寒，無毒。入足陽明胃、太陰脾經。主治內熱消渴，羸弱膨脹，調中益氣，寬腸胃，壯血脉，益顏色，烏髭髮，實五臟，消宿食。凡食須細則益人，粗則冷，損人。

大麥蘖，取水浸濕，輒而生之為芽，名麥蘖。性溫，無毒。主治霍亂煩滿，溫中下氣，開胃消痰，破結，催生落胎。另有本條。

明・鄭寧《藥性要略大全》卷四　大麥　主消渴，除熱，益氣調中。○又云：令人多熱。　味鹹，性溫，無毒。

明・方穀《本草纂要》卷六　大麥　味鹹、甘，氣溫，無毒。主消渴除熱，益氣調中。小麥味甘、鹹，氣微寒，無毒。除熱煩，止燥渴，養肝氣，利小便。大抵二麥，生於東南者濕，生於西北者燥。東南地卑，所收之際多遇陰雨，然人食之，腹生脹滿；西北地厚，所稟燥氣，麥乃喜燥而惡濕，脾土亦然，食之充和元氣，而補養脾胃者也。又大麥水漬生芽，謂之麥蘖，炒杵用之。主益脾健胃，消化飲食，除心腹脹滿，下氣寬中，治產後之秘結，行上焦之血滯。雖胃虛者可服，以代戊己而腐熟水穀，殊不知消化之物多傷元氣。然水穀固有腐熟之理，而胃氣亦有虛耗之情。《本草》云：多服則消腎，亦此理也。又云：小麥麩能寬中行氣，去濕除膨。《衍義》云：麵熱而麩涼，炒而熨之，則收濕散氣，其治更妙。西北之人嘗以麵和餅覆於痛處上，以火熨，亦能除腫散疼，皆此意也。再云：麥之浮者，名曰浮麥，能達肌表而止盜汗，小兒肌熱，婦人虛熱，並可治之，以其性本輕，浮而達外，所以治熱汗有功也。

明・寧源《食鑒本草》卷下　大麥　味甘，溫。為五穀長。寬腸胃，調中益氣，化穀食，壯氣血。又云：令人多熱。新增孫真人云：麥芒入目，煮大麥汁洗之。　蘖：消宿食，逐冷氣。治心腹飽脹，化痰飲，消癥積，開胃進食。

明・王文潔《太乙仙製本草藥性大全》卷四《本草精義》　大麥　《本經》舊不著所出州土，惟出關中，今南北之人皆能種蒔。屑之作麵，平胃止渴消食。水漬之生芽爲蘖，化宿食，破冷氣，止心腹脹滿，今醫方用之最多。蘇云：青稞麥是大麥。《本經》有條，粳一稻二米，亦如大、穬兩麥。蘇云：稻是穀之通名，則穬是麥之皮號，麥之穬，猶米之與稻。《本經》於米麥條中重出皮殼兩件者，但爲有殼之與無殼也。蘇云：大麥是青稞，穬麥是大麥，如此則與米注不同，自相矛楯，愚謂大麥是麥米，穬麥是麥殼，與青稞種子不同，青稞似大麥，天生皮肉相雜，秦隴已西種之，今人將當本麥米糶之不能分也。

明・王文潔《太乙仙製本草藥性大全》卷四《仙製藥性》　大麥米　味鹹、甘，氣溫，無毒。蜜爲之使。　主治：能益氣調中，止消渴除熱。實腸胃，補虛勞，壯血脉，悅顏容。合沒石子、針砂，染皓鬚髮變黑。　補註：蠼螋尿瘡，嚼大麥以傅之，日三上。○麥芒入目，煮大麥汁洗之。○大麥久食之，頭髮不白，和針砂與沒石子等染髮黑色。　大麥麵：　味平，無毒。勝小麥，無燥熱。　主治：平胃止渴尤靈，消食療脹絕妙。　補註：患纏喉風，食不能下，將此麵作稀糊，今嚥之，既滑膩，容易下嚥，以助胃氣。三伏中，朝廷作麨以賜臣下，作蘖造餳。　大麥蘖使：　味甘、鹹，氣溫，無毒。主治：補脾胃，消化宿食；破癥瘕，積結冷氣。止心腹之脹滿，正霍亂之嘔逆。催生落胎，消痰下氣。上焦滯血能行，秘結膨脹立治。胃氣虛者宜食，切戒久食消腎。　補註：治妊娠欲去胎，以麥蘖二兩，水一盞半，煎至一盞，分溫三服。○治妊娠得病，去胎方：用麥蘖一升，和蜜一升，服之即下。○產後腹中鼓脹不通，轉氣急，坐臥不安，供奉輔太初與崔家方：以麥蘖末一合，和酒服食，良久通轉，崔郎中云神驗。○治諸黃，杵苗汁服。

明・皇甫嵩《本草發明》卷五　大麥米味鹹，溫、微寒，無毒。　益氣調中，主消渴，除熱，實腸胃，壯血脉，悅容顏，化穀食，令人肥白，滑肌膚。暴食之亦稍似脚弱，為下氣及腰腎故。久服宜人，熟即益人。帶生即冷，損人。○合沒石子、針砂，染鬚髮黑。

明・李時珍《本草綱目》卷二二穀部・麻麥稻類　大麥《別録》中品

【釋名】牟麥時珍曰：麥之苗粒皆大於來，故得大名。牟亦大也。通作麰。【集解】弘景曰：今稞麥一名牟麥，似穬麥，惟皮薄爾。恭曰：大麥出關中，即青稞麥，形似小麥而大，皮厚，故謂大麥，不似穬麥也。頌曰：大麥今南北皆能種蒔。穬麥有二種：一種類小麥而大，一種類大麥而大。藏器曰：大、穬二麥，前後兩出。蓋穬麥是連皮者，大麥是麥米，但分有殼、無殼也。蘇以青稞爲大麥，非矣。青稞似大麥，天生皮肉相離，秦隴巴西種之。今人將當大麥米糶之，不能分也。陳承曰：小麥，今人以磨麪日用者爲之；大麥，今人以粒皮似稻者爲之，作飯滑，飼馬良。穬麥，今人以似小麥而大粒，色青黃，作麪脆硬，食多脹人，汴洛、河北之間又呼爲黃稞。關中一種青稞，比近道者粒微小，色微青，專以飼馬，未見人藥用。然大、穬二麥，其名差互。今之穬麥似小麥而大者，當謂之大麥；今之大麥不似小麥而礦脆者，當謂之穬麥。不可不審。時珍曰：大、穬二麥，注者不一。按《吴普本草》：大麥一名穬麥，五穀之長也。王禎《農書》云：青稞有大小二種，似大小麥，而粒大皮薄，多麪無麩，西人種之，不過與大小麥異名而已。郭義恭《廣志》云：大麥有黑穬麥。有椀麥，出涼州，似大麥。有赤麥，赤色而肥。據此則穬麥是大麥中一種皮厚而青色者也。大抵是一類異種，如粟、粳之種近百，總是一類，但方土有不同爾。故二麥主治不甚相遠。大麥亦有粘者，名糯麥，可以釀酒。

【氣味】鹹，温，微寒，無毒。爲五穀長，令人多熱。詵曰：暴食似脚弱，爲下氣故也。久服宜人。熟則有益，帶生則冷而損人。○石蜜爲之使。【主治】消渴除熱，益氣調中《别録》。補虚劣，壯血脈，益顏色，實五臟，化穀食，止泄，不動風氣。久食，令人肥白，滑肌膚。爲麪，勝於小麥，無躁熱士良。麪：平胃止渴，消食療脹滿蘇恭。久食，頭髮不白。和針砂、没食子等，染髮黑色孟詵。寬胸下氣，涼血，消積進食時珍。

【發明】宗奭曰：大麥性平涼滑膩。有人患纏喉風，食不能下。用此麪作稀糊，令咽以助胃氣而平。三伏中，朝廷作麨，以賜臣下。震亨曰：大麥初熟，人多炒食。此物有火，能生熱病，人不知也。時珍曰：大麥作飯食，（響）〔馨〕而有益。煮粥甚滑。磨麪作醬甚甘美。

【附方】舊四，新五。　食飽煩脹：但欲卧者。大麥麪熬微香，每白湯服方寸匕，佳。《肘後方》。　膜外水氣：大麥麪、甘遂末各半兩，水和作餅，炙熟食，取利。《總録》。　小兒傷乳：腹脹煩悶欲睡。大麥麪生用，水調一錢服。白麵微炒亦可。《保幼大全》。　蠼螋尿瘡：大麥嚼傅之，日三上。《傷寒類要》。　腫毒已破：青大麥去鬚，炒暴花爲末，傅之，成靨，揭去又傅。數次即愈。　麥芒入目：大麥煮汁洗之，即出。《孫真人方》。　湯火傷灼：大麥炒黑，研末，油調搽之。　被傷腸出：以大麥粥汁洗腸推入，但飲米糜，百日乃可。《千金》。　卒患淋痛：大麥三兩煎湯，入薑汁、蜂蜜，代茶飲。《聖惠方》。

麥糵見糵米下。

苗　【主治】諸黃，利小便，杵汁日日服《類要》。冬月面目手足皴瘃，煮汁洗之時珍。

【附方】新一。　小便不通：陳大麥稭，煎濃汁，頻服。《簡便方》。

大麥奴　【主治】解熱疾，消藥毒藏器。

明・梅得春《藥性會元》卷中　麥糵　味鹹、甘，氣溫，無毒。　主消宿食停滯，胸膈脹滿，破癥結冷氣，補脾開胃，消痰，理霍亂，寬腸下氣，催生產、落胎兒。亦行上焦滯血，及腹中鳴者宜用。又治產後秘結，膨脹不通。大麥初熟，人多炒而食之。此等有火，能生熱病，人故不知。大麥水浸之，生牙為糵，伐戊己，腐熟水穀。久服消腎，不可多食，慎之。　製法：凡使，炒過，杵去皮。

明・穆世錫《食物輯要》卷二　大麥　味醎，性凉，無毒。五穀之長。調中益氣，寬胸膈腹脹，止瀉痢，不動風氣，可久食。暴食，似腳弱，為下氣也。熟則有益；帶生則冷，損人；炒食則動脾火。

明・李中立《本草原始》卷五　大麥　一名牟麥。出關中。麥之苗粒，皆大於來，故得大名。《說文》云：牟，大也，通作麰。孟子曰今夫麰麥，即此也。水浸脹，候生芽，曝乾，名麥糵。俗呼為麥芽。

大麥　氣味：鹹，溫、微寒，無毒。　主治：消渴除熱，益氣和中。又云：令人多熱，為五穀長。○補虛劣，壯血脉，益顏色，實五臟，化穀食止洩，不動風氣。久食令人肥白，滑肌膚。為麪勝於小麥，無燥熱。○麪：平胃止渴、消食，療脹滿。○久食頭髮不白。和針砂、沒石子等，染髮黑色。○寬胸下氣，涼血，消積進食。

麥芽　氣味：鹹，溫，無毒。　主治：消食和中。○破冷氣，去心腹脹滿。○開胃，止霍亂，除煩悶，消痰飲，破癥結，催生落胎。○補脾胃虛，寬腸下氣，腹鳴者用之。○消米麪諸果食積。《別錄》中品。【圖略】大麥飼馬良。修治：　麥牙，去鬚，取其中米，炒研麪用。今惟炒用。

大麥，石蜜為之使，麥牙、豆蔻、縮砂、烏梅、木瓜、芍藥、五味子為使。孫真人方：　治麥芒入目，大麥煮汁，洗之即出。李絳《兵部手集方》：　治產後腹脹，不通轉氣急，坐臥不安，以麥糵一合為末，和酒服，良久通轉，神驗。此乃供奉輔太初傳與崔郎中方也。

明・張懋辰《本草便》卷二　大麥糵　味鹹、甘，氣溫，無毒。　主消渴，除熱，益氣調中，補脾胃，消化宿食，破癥結冷氣，止心腹脹滿，開胃，止霍亂，下氣消痰，催生落胎； 亦行上焦滯血，治産後秘結，膨脹不通。

明·吴文炳《藥性全備食物本草》卷一 大麥 味鹹甘，氣溫，無毒。主消渴，除熱，調中益氣，補虛劣，壯血脉，實五臟，肥肌膚，益顏色，化穀食，療脹止泄，頭不白，不動風氣。暴食之稍似脚弱，為下氣及腎腰故也。久甚宜人，熟即益人，帶生即冷損人。作麪無熱燥，勝於小麥。蜜為之使。丹溪云： 初熟時人多炒食之，此等有火能生熱病，人不知之。又和針砂、沒食子染鬚甚黑。

明·趙南星《上醫本草》卷一 大麥 一名牟麥。《說文》： 牟，大也。蓋后稷受之于天也。【缺】

鹹，溫，微寒，無毒，為百穀長。主治： 消渴除熱，益氣調中，補虛劣，壯血脉，益顏色，實五臟，化穀食，止洩。不動風氣，寬胸下氣，涼血，消積進食。久食，令人肥白，滑肌膚髮黑。為麪勝于小麥，無躁熱。平胃止渴，消食，療脹滿。 大麥初熟勿炒食。

附方 食飽煩脹，但欲臥者： 大麥麪熬微香，每白湯服方寸匕，佳。 腫毒已破： 青大麥去鬚，炒暴花，為末傅之。成靨，揭去又傅，數次即愈。 麥芒入目： 大麥煮汁，洗之即出。 湯火傷灼： 大麥炒黑，研末，(細)(油)調搽之。 卒患淋痛： 大麥三兩，煎湯入薑汁、蜂蜜代茶飲。 纏喉風，食不能下： 用大麥麪作稀糊，令嚥，以助胃氣。

苗： 主治諸黃，利小便，杵汁日日服。

附方 小便不通： 陳大麥稭，煎濃汁，頻服。

明·繆希雍《本草經疏》卷二五 大麥 味鹹，溫，微寒，無毒。主消渴，除熱，益氣，調中。又云： 令人多熱，為五穀長。蜜為之使。

〔疏〕大麥功用與小麥相似，而其性更平涼滑膩，故人以之佐粳米同食，或歉歲全食之，而益氣補中，實五臟，厚腸胃之功，不亞於粳米矣。陳士良云： 補虛劣，壯血脈，化穀食，止洩瀉，不動風氣，久食令人肥白，滑肌膚。為麪無燥熱，勝於小麥。蘇恭云： 平胃止渴，消食療脹滿。其為效可知。本經末云： 令人多熱。與上文及諸説相背，必是誤入也。

明·倪朱謨《本草彙言》卷一四 大麥芽 味甘，氣溫，無毒。可升，可降，入足太陰、陽明，手陽明經。

蘇氏曰： 大麥南北皆有，形似小麥而大，色青有芒鬚，日以水澆濕，再以濕草蓋之，數日即生芽，又名大麥蘖。晒乾，去芒鬚用。凡粟、黍、穀、豆、麥五種，皆可水濕罯芽。

大麥芽： 《別錄》和中消食之藥也。方氏龍潭曰： 蓋麥之萌芽已出，發生之機已萌，有傷于麵食，阻而不行者，用已發之物，而發未發之物，則未發隨已發腐也。李氏方謂其能解麥麵、米穀、瓜菓之積，良有意耳。此劑補而又能利，利而又能補，如腹之脹滿，膈之鬱結，或飲食之不納，中氣之不利，以此發生之物，而開關格之氣，則效非常比也。如脾胃虛而中氣滯者，大宜服之，與砂仁、歸、半、茯、朮同用，更善。

集方： 陳子垣家傳治諸病腹脹，不拘老幼男婦，初病久病，虛實寒熱等候。用大麥芽微炒，磨爲粉，去皮淨，虛脹加參、耆、伏、朮，實脹加厚朴、蘿蔔子，寒脹加乾薑、木香，熱脹加黑山梔、黄芩，以麥芽粉一觔，配所屬佐用，每味十之一，或水發，或煉蜜丸，隨證合用可也。配用佐使，隨諸見證加入，不必拘泥。

大麥中仁： 詳載《食物本草》。

明·應慶《食治廣要》卷二《穀部》 大麥 氣味： 鹹，溫，微寒，無毒，為五穀之長。主治： 消渴除熱，益氣調中。補虛劣，壯血脉，益顏色，實五臟，化穀食，止瀉，不動風氣。為麪，勝於小麥，以其無燥熱也。孟詵曰： 暴食似脚弱，為下氣故也，久服宜人。丹溪曰： 大麥初熟，人多炒食。此物有火，能生燥病。以磨麪作醬，味甚甘美。

明·姚可成《食物本草》卷五穀部·麥類 大麥麥之苗粒比他麥皆大，故名。與小麥主治不甚相遠。大麥亦有粘者，名糯麥，可以釀酒、作糖。

大麥，味鹹，甘，溫，微寒，無毒。主消渴除熱，益氣調中。補虛劣，壯血脉，益顏色，實五臟，化穀食，止洩，不動風氣。久食，令人肥白，滑肌膚。

麪 勝於小麥麪，無燥熱。平胃止渴，消食療脹滿。久食，頭髮不白，和針砂、沒石子等，染髮黑色。又能寬胸下氣，涼血，消積進食。大麥性平涼滑膩。有人患纏喉風，食不能下。用此麪作稀糊，令咽以助胃氣而平。三伏中，朝廷作麨，以賜臣下。亦取其性涼，清暑熱而益脾胃也。麨，以麥蒸磨成粉。大麥作飯食，甚有益。煮粥食甚滑。磨麪作醬極甘美。沈石田詩有葱湯麥飯兩相宜，葱養丹田麥養脾之句，蓋指大麥而言也。丹溪曰： 初熟時，人因〔缺〕穀，多炒而食之。有火，能生熱病。一云： 久食、多食，能消腎，戒之。

大麥苗 治諸黃，利小便，杵汁日服之。冬月手足皴瘃，皴，音侵。皮裂也。

瘃，音祝，凍瘡也。煮汁洗之。

大麥奴　解熱疾，消藥毒。

附方：　治刀鎗砍戳，腹破腸出。用小麥五升，水九升，煮取四升，綿濾取汁。待極冷，令患人臥席上，含汁噴之，腸漸入，噀其背。勿令病人知及多人見，傍人語，即腸不入也。乃擡席四角輕搖，使腸自入。十日內，但略食美物。慎勿驚動，動即殺人。

明・顧逢柏《分部本草妙用》卷九穀部　大麥　鹹、甘，溫，微寒，無毒。主治：　消渴除熱，益氣調中，補虛美顏，實五臟，消穀食，止洩平胃，去脹滿，久食髮不白，寬胸下氣涼血，消積進食。又云：　久食令人多熱。　大麥性平涼滑，有人患纏喉風，食不能下，作稀糊嚥下，以助胃氣。久食能生熱病，人所未知。磨麪作醬，甚甘美。

明・孟笨《養生要括・穀部》　大麥作飯食之有益，煮粥甚滑，磨麵作醬甘美，久服宜人。熟則有益，帶生則冷而損人。　味鹹，溫、微寒，無毒。消渴除熱，益氣調中，補虛劣，壯血脉，益顏色，實五臟，化穀食，止洩，不動風氣。久食令人肥白，滑肌膚。為麵勝於小麥，無躁熱。

麵：　平胃止渴，消食，療脹滿。久食，頭髮不白。和針砂、沒石子等染髮黑色，寬胸下氣，涼血，消積進食。

明・鄭二陽《仁壽堂藥鏡》卷三　大麥蘖　氣溫，味甘、鹹，無毒。丹溪云：　麥蘖行上焦之滯血，腹中鳴者用之。　《象》云：　補脾胃虛，寬腸胃，先杵細，炒黃，取麪用。　《本草》云：　能消化宿食，破癥結冷氣，去心腹脹滿，開胃，止霍亂，除煩去痰，治產後秘結，鼓脹不通。

明・施永圖《本草醫旨・食物類》卷二　大麥　味：　鹹，甘，溫同，微寒，無毒。主消渴，除熱，調中益氣，寬臟胃，化穀食，壯氣血。又云，令人多熱，為五穀長，平胃消食，療脹暴食，亦令脚軟，以其下氣也。久食令人頭髮不白，補虛勞，壯血脉，實五臟，益顏色，滑肌肥體。為麪勝于小麥，無燥病。丹溪云：　初熟時，人多炒而食之，有火能生熱病。　麥蘖：　補胃消食，破癥結冷氣，止心腹脹滿，止霍亂，下氣消痰，催生落胎，亦行上焦滯血。治產後秘結，膨脹不通，胃氣虛者宜服之，以代戊己腐(但)熟水穀。又久食消腎，戒之。〇孫真人方：　麥芒入目，煮大麥汁洗之，即出。　大麥奴：　治：解熱疾，消藥毒。〇仙方：　小便不通，用大稭煎濃汁，頻服。

明・盧之頤《本草乘雅半偈》帙八　大麥《別錄》中品　氣味：　鹹，微溫，無毒。　主治：　主消渴，除熱，解煩，益氣，和中。久服頭不白。

覈曰：《詩》云：　貽我來牟。牟，大麥；來，小麥也。麳生于桃二百四十日秀，秀後六十日成；　麰生杏二百日秀，秀後五十日成。《孟子》曰：麰麥播種而耰之，其地同，樹之時又同，勃然而生，至于日至之時皆熟矣。麰有孚甲，麰大于麳，因名大麥。

参曰：　麳麰之始自天降，皆以和致和，貽我藏者也。麳輔肝體，為營血之守；　麰宣肝用，為藏陰之使。故和中益氣，奉髮美毛，有諸內而形諸外也。至若解厥陰風動之成煩，除少陽標盛之為熱，從逆反佐，兩無異矣。

清・顧元交《本草彙箋》卷七　二麥合浮麥、麥蘖。　二麥，大麥、小麥也。大麥曰牟，小麥曰來。《詩》云貽我來牟，是矣。小麥性熱，為心之穀，其功除煩止渴，收汗利溲止血，皆心病也。北地高燥，無濕熱熏蒸之毒，故麵性亦溫平，能厚腸胃，強氣力，補虛勞，助五臟，其功不減于稻粟。東南卑濕，春多雨水，濕熱之氣鬱於內，故食之壅滯動氣，發渴助濕，令人體浮。　大麥性為平涼，為麵無燥熱，勝於小麥，久食令人肥白，滑肌膚。

浮小麥，益氣除熱，止自汗盜汗，及骨蒸虛熱，婦人勞熱並治。　蓋麥性熱，而麩之性涼，浮麥無肉者也，已近於麩，故麥麩亦能止汗，而力減於浮麥。

大麥蘖，體輕性銳，輕可去實，銳能消穀，炒香開胃，以除煩悶。　生用力猛，主消食積，凡癥瘕氣結，胸膈脹滿，鬱結痰涎，小兒傷乳並用之。

古方有用寒食麵者，寒食日以紙袋盛麵，懸風處數十年亦不壞。取其熱性去而無毒也。

麵筋，煮食甚良。今人多以油炒，則性熱矣。

麥穗將熟時，上有黑黴者，曰麥奴。朱肱《活人書》有黑奴丸。

治陽毒溫毒，熱極狂斑，大渴異常者，用黑奴丸，水化服一丸，汗出或微利即愈。方用小麥奴、梁上塵、釜底煤、竈突墨，同黃芩、麻黃、硝黃等分，為末，蜜丸彈子大，蓋取火化者，從治之義。麥乃心穀，屬火，而麥奴亦濕熱所蒸而成，與釜煤、突墨同一理。

《別錄》麥蘖，附見穬麥下，而大麥下無之，則麥蘖當以穬為良也。今人通用，不復分別矣。麥蘖，專消穀食，有類從之義，而無推蕩之峻。

快膈進食，大麥芽四兩，神麯二兩，白术、橘皮各一兩，為末，蒸餅丸梧子大，人參湯下三五十丸。

丹溪方，治女人氣血壯盛，或產後無兒飲乳，乳房脹痛，以麥芽二兩，炒香，搗去皮，爲末，分四服，立消。

蓋麥芽性鋭，能行上焦滯血，乳者血所成也。

烏龍膏，用陳小粉炒成黃黑色，冷定研末，陳米醋調熬如黑漆，瓷罐收之。以圍腫毒焮熱，即如冰冷，疼痛即止，少頃覺癢，紅腫漸消。

清·穆石匏《本草洞詮》卷五　大麥　味鹹，氣溫、微寒，無毒。主消渴除熱，益氣調中。有患纏喉風者，寇宗奭用大麥麵作稀糊令嚥，以助胃氣而平。孟詵云：暴食似腳弱，為下氣故也。

清·丁其譽《壽世秘典》卷三　大麥　氣味：甘，溫、微寒，無毒。主消渴，除熱，益氣調中，補虛劣，壯血脉，益顔色，實五臟士良。寬胸下氣，涼血消積，進食時珍。

發明蘇頌曰：大、小麥秋種，冬長，春秀，夏實，具四時中和之氣，故為五穀之長。有地暖，春種，夏收者，四氣不足，有小毒。《博物志》云：啖麥令人多力。朱丹溪曰：大麥性平，涼，滑膩，作飯，煮粥最為有益。磨麪作醬甚甘美，但初熟時，人多炒食，有火能生熱病。

清·劉雲密《本草述》卷一四　大麥　氣味：鹹，溫，微寒，無毒。

主治：消渴除熱《別録》。寬胸下氣時珍。化穀食，止瀉，不動風氣，為麪勝於小麥，無燥熱士良。平胃消食，療脹滿蘇恭。

宗奭曰：大麥性平涼，滑膩。有人患纏喉風，食不能下，用此麪作稀糊，令咽，以助胃氣而平。

須知非胃氣之不足而病風，乃胃中之熱化風以為病也。

時珍曰：作飯食薌而有益，煮粥甚滑，磨麪作醬甚甘美。

愚按：言大麥之益，似以為勝於小麥，如所云不動風氣，及無燥熱數語，是矣。第須知大、小麥雖種與收穫同時，但小麥之種及穫也時同，而却後於大麥，是則不動風氣，與無燥熱，大麥之勝於小麥者在此。其厚腸胃，實膚體，補不足，强氣力，恐大麥及麪猶難與小麥等功者，亦在此矣。方書療酒疸、硝石、白礬等，同大麥粥清食前調服，可見大麥之用，氣醞於陰，而能利陽之邪者，非能補陽，所以有異於小麥也。即宗奭性平涼滑膩一語，大槩可見，豈有如是性味而能冀其補益哉？蓋腸胃有熱，及穀食之留滯者，固其的對，便以是為資益可耳。然則中寒者，亦當少食矣。

清·尤乘《食鑑本草·粟類》　大麥　久食多力健行，令髮不白，能寬胃療脹，煎湯熏洗立效。大麥芽消積健脾，多服消腎。

清·朱本中《飲食須知·穀類》　大麥　味醎，性涼。為五穀之長，不動風氣，可久食。暴食似脚弱，為下氣也。熟則有益，生冷損人，炒食則動脾火。

清·何其言《養生食鑑》卷上　大麥　味鹹，性涼，無毒。五穀之長，調中益氣，寬胸膈膨脹，止瀉痢。不動風氣，可久食。暴食，似脚弱，為下氣也。熟則有益，帶生則冷，損人。人炒食，動脾火。

清·蔣居祉《本草擇要綱目·平性藥品》　大麥　氣味：鹹，溫、微寒，無毒。為五穀長，令人多肥。主治：消渴止熱，益氣調中，補虛劣，壯血脈，益顔色，實五臟，化穀食止洩。不動風氣，久食令人肥白，滑肌膚。為麪勝於小麥，無燥熱。麪平胃，止渴消食，療脹滿，久食頭髮不白。和針砂、沒石子等染髮黑色。寬胸下氣，涼血消積進食。大麥性平涼滑膩，有人患纏喉風，食不能下，用此麪作稀糊令嚥，以助胃氣。炒食有火，能生熱病。作飯食饗而有益，生則損人。

清·李熙和《醫經允中》卷二二　大麥　鹹、甘，溫，微寒，無毒。主治消渴除熱，消穀食，平胃下氣，涼血。久食令人多熱，能消腎，人所未知。

清·馮兆張《馮氏錦囊秘錄·雜症痘疹藥性主治合參》卷六　大麥功用與小麥相似，其性更平涼滑膩。益氣補中，實五臟，厚腸胃，不亞於粳米也。陳士良云：補虛劣，壯血脉，化穀食，止洩瀉，不動風氣。久食令人肥白，滑肌膚。為麵，無燥熱，勝於小麥。蘇恭云：平胃止渴消食，療脹滿。麥蘖，以水浸大麥而成。味鹹，氣溫，無毒。功用與米蘖相同，而此消化之力更緊。鹹能軟堅，溫主通行，其發生之氣，又能助胃氣上升，行陽道，而資健運，故主開胃補脾，消化水穀及一切宿食冷氣，心腹脹滿，溫中下氣，除煩止霍亂，消痰破癥結。王好古云：麥芽、神麯二藥，胃氣虛人宜服之。以代戊己，腐熟水穀，以穀消穀，有類從之義，無推蕩之峻，胃虛停穀食者宜之也。以上諸論，皆以健脾胃，化水穀起見，謂宜久食益人者。然不知蒸腐水穀者，宜壯土下之真火，則濕潤之氣生，水精上布，糟粕下輸，至精之華，輸歸於腎。若以溫腎之功，以存穀殼之象，則糟粕徒存，精華實失，況能逐癥結，消壅乳，除腹脹，破冷氣，墮胎元。則於胃家陽分，或有微功，在腎家陰分實有大損，且為軟堅尅削之藥也，豈可常服乎！

大麥，味鹹，氣平，微寒。故可久食。益氣調中，止消渴，除熱，實腸胃，補虛。其芽尤能化食消痰。孕婦勿食，恐墜胎元。虛者少煎，防消腎水。立齋用治婦人喪子乳房腫脹欲成癰者，以麥芽一二兩，炒熟，煎服即消，其破氣破血可知。故丹溪曰：麥芽消腎。《良方》云：神麯善下胎。觀此則二味消耗之力可見矣。

主治痘疹合參：麥芽，非主消食健脾，治胃虛，食難消化，腹中脹滿。而痘不起者，此王道和緩之劑，如應用，始終無礙。

按：麥，主粘滯，水漬生芽，氣雖少清，性猶未化。炒至焦色，反有功力。專化五穀之積，與山查消肉積者異。然古人有消腎之説，為其伐胃故也，《經》云：胃為水穀氣血之海，化營衛而潤宗筋。又曰：陰陽總宗筋之會，而陽明為之長，故胃傷者，即陽事衰也。時珍曰：有積消積，無積消元氣。前賢於攻伐，如麥芽平善者，猶諄諄告誡若此，況峻利如硝、黄之屬，其可嘗試耶！惟有是病，而服是藥，則藥為病當之矣。亦勿因循，以致養成大患。

清・汪啟賢等《食物須知・諸米》 大麥米 粒長又厚，因此得名。味甘、鹹，氣平，微寒，故堪久食。能益氣調中，主消渴除熱，實腸胃補虛劣，壯血脈悦顔容。

大麥麵無燥熱，較小麥麵尤勝，平胃解渴殊功。

清・浦士貞《夕庵讀本草快編》卷三 大麥《別錄》、牟麥 附：麥芽

苗粒皆大於來，故名。牟通作麰，蘖猶孽也，生不以理之名也。大麥鹹溫微寒，為五穀之長。熟則有益，生則多損。煮粥甚滑，造醬尤良。更得化穀消積，益氣調中之美。凡患喉風不能食者，磨粉調服以助胃氣。故朝廷三伏時作麨以賜臣下是也。夫麨乃炒麥磨為之，取其消熱止渴耳。若經發芽則中空而性浮，故能消五穀之積。凡腹脹腸鳴，痰飲瘕結者宜之，倘無積而常服，反消元氣而損腎。

清・葉盛《古今治驗食物單方》 大麥 水氣膚脹，大麥麵、甘遂為末，各五錢，水和作餅，炙熟食之，取下水愈。 湯火傷，大麥炒黑研末，水調敷之。 小便不通，陳大麥稭，煎濃汁，頻服。

清・王子接《得宜本草・中品藥》 大麥 味微鹹。功專下氣。得鍼砂、沒石子能染鬚黑。

清・黄元御《長沙藥解》卷一 大麥 味甘、酸，性滑，入足陽明胃、手太陰肺經。利水消疸，止渴生津。《金匱》硝礬散方在硝石用之治女黑疸，以其利水而泄濕也。白术散方在白术用之治妊娠作渴，以其潤肺而生津也。大麥粥利水泄濕，生津滑燥，化穀消脹，下氣寬胸，消中有補者也。

清・吴儀洛《本草從新》卷四 大麥〔補虛除熱。〕甘，鹹，微寒。補虛劣，壯血脈，益顔色，實五臟，益氣調中，除熱止泄，療消渴，化穀食。石蜜為使。麵，平胃寬胸，下氣消積，療脹進食，涼血止渴。宗奭曰：大麥性涼滑膩。有人患纏喉風，食不能下，用此麵作稀糊令咽，以助胃氣而平。

清・汪紱《醫林纂要探源》卷二 大麥 曰麰。甘鹹，寒。益心養肝，厚腸胃，和氣血。按大麥當是不粘，殼色正赤粒大者，今謂之飯麥，又曰赤膊麥。此其性沖和，今人以粘，殼色青，早熟而長芒者為大麥，殆古所謂青穬麥也。然鹹寒之性則略同，宜作粥飯養人。 麥芽：鹹，平，微甘。和胃寬腸，去脹消食，散結祛痰，通乳下胎。甘故和胃。鹹故輭堅。且取其變化而發生之氣，然所祛者，亦食痰耳。炒用。 耗腎氣。鹹瀉腎，而其氣過散。

清・嚴潔等《得配本草》卷五 大麥 石蜜為之使。 鹹，平、涼。入足陽明經。調中益氣，涼血實胃，滑肌膚，除煩渴。 配薑汁、蜂蜜，治卒患淋痛。 開胃，炒用。

題清・徐大椿《藥性切用》卷六 大麥 甘鹹微寒，除熱止渴，化氣調中。大麥粉煑粥，清暑良。焦麥芽，苦平消(殼)〔穀〕進食，下氣寬胸。大麥麪，下氣化熱，平胃寬胸，無壅氣助熱之患，暑月宜供食品。

清・李文培《食物小録》卷上 大麥 鹹，溫，微寒，無毒。益氣調中，補虛勞，壯血脈，益顔色，實五臟。久食令人肥白，滑肌膚，寬胸下氣，涼血，消積進食。炒枯烹茶，解暑。

清・章穆《調疾飲食辯》卷一下 大麥汁 腫脹病宜代茶多飲，亦治淋治渴。

清・章穆《調疾飲食辯》卷二 大麥 《周頌》曰牟，《孟子》作麰。有遲、早及落芒、不落芒數種，紅、黄二色。其燕麥、穬麥各種，均各有大小之分，見後。

大麥米飲 亦止消渴，又調中消脹極佳之品。

大麥飯 《食療本草》曰：煮須極熟，帶生則損人諸飯皆然。能健脾胃，行氣消腫，止渴，止泄，久食令人肥白。麥蘖芽也消食，比穀芽倍猛，能敗脾作泄，且耗散血氣。觀婦人產後子死乳不回，腫痛發寒熱，及乳癰初起，麥芽

五錢炒香，水煎頓服，立消，未消再作必愈，其耗何如。兒科視為泛常，肆用無忌，不知若干小兒受其害也。

清・王龍《本草纂要稿・穀部》 大麥米 能益氣調中，療消渴除熱。補虛勞，更寔腸胃。壯血脉，尤悅容顏。大麥麵：無燥熱，平胃解渴殊功。 大麥糵：化食消痰。孕婦勿食，恐墮胎元。虛者少煎，防消腎水。

清・楊時泰《本草述鉤元》卷一四 大麥 氣味鹹，溫、微寒。主消渴，除熱，寬胸下氣，平胃化穀食，療脹滿止瀉。不動風氣，無燥熱士良。其性平涼滑膩。有人患纏喉風，此胃熱化風為病。食不能下，用大麥麪作稀糊，令咽而平宗奭。作飯食，甚有益，煮粥甚滑，揣病情以資食治為佳。論：大小麥雖種穫同時，而小麥却後於大麥，是則大麥之不動風氣與無燥熱，勝於小麥者在此。而補益之力，難與小麥等功者亦在此。寇氏謂其性平涼滑膩，大約氣醞於陰，而能利陽邪，故治胃熱化風為病。凡腸胃有熱及穀食之留滯者，皆其的對。特中氣虛寒，當少食之。

清・葉桂《本草再新》卷七 大麥味甘，性微寒，無毒。入心、肝、腎三經。 補虛，壯血脈，益腎，和中除熱，消食，寬腸理氣。

大麥稭：味甘、苦，性溫，無毒。入脾、肺二經。 消腫利濕，理氣墮胎。〇小麥稭，治理同。

清・吴其濬《植物名實圖考》卷一 大麥 大麥，《別錄》中品。陶隱居謂為稞麥，《唐本草》遂云出關中，即青稞麥。《本草拾遺》已斥之。今青稞出西北塞外，性黏尤寒，與大麥異種。大麥北地為粥，極滑。初熟時用碾半破和餹食之，曰碾黏子，為麪、為餳、為酢、為酒，用至廣。大小麥用殊而苗相類，大麥葉肥，小麥葉瘦，大麥芒上束，小麥芒旁散。諺曰：穀三千，麥六十。得時之麥，粒逾六十，此其數矣。

清・趙其光《本草求原》卷一四穀部 大麥 即牟麥。 鹹，溫。寬胸下氣，健胃化食，止渴除熱，令人多力健行。

清・文晟《新編六書》卷六《藥性摘錄》 大麥 鹹，涼。調中益氣，寬胸膈膨脹，止瀉痢。不動風氣，熟則有益。帶生則冷，損人；炒食動脾火。

清・王孟英《隨息居飲食譜・穀食類》 大麥一名麰麥，一名穬麥。 種類不一，方土不同，今人罕食。藥肆以造麥糵。金華人以之飼猪，故其肉最佳，而造為蘭熏，甲於天下也。 汪謝城曰：來，為小麥。牟，為大麥。穬麥，一名稷麥，則大麥之別種。南方無牟，即呼穬為大麥，實則同類則異種也。大麥鬚有消腫脹之功，穬麥鬚亦可用。

清・田綿淮《本草省常・穀類》 大麥 一名牟，亦作麰。性平。調中益氣，寬腸胃，化穀食，補虛劣，壯血脈。久食添顏色，多食易生癬。

清・戴葆元《本草綱目易知錄》卷二 大麥牟麥 鹹，溫，微寒。益氣調中，補虛劣，壯血脈，實五臟，化穀食，除熱，治消渴，止瀉，不動風氣。為五穀長，熟則有益，久服宜人。帶生則冷，損人。【略】

麵：平胃，止渴涼血，化積消食，寬胸下氣，除脹滿，進飲食，為麵勝於小麥而無躁熱。【略】小兒傷乳，腹脹煩悶，欲睡，大麥麵，微炒，水調服一錢。〇黑疸黃症。《金匱》白礬一錢，牙硝五分，大麥煮粥送。分二次服。葆驗。

清・陳其瑞《本草撮要》卷五 大麥 味甘鹹，微寒，入手足太陰、陽明經，功專補虛勞，壯血脈，益顏色，實五臟，益氣調中，除熱止洩，療消渴，化穀食。石蜜為使。 麵平胃寬胸，下氣消積，療纏喉風作粥食良。得針砂、沒石子能染鬚髩，得豇豆、荸薺煮食，治春夏受濕，漸成胸悶肚大如鼓，神效。

清・吴汝紀《每日食物却病考》卷上 大麥 味甘，溫、微寒，無毒。消渴，除熱，益氣，調中，實五臟，化穀食，補虛，壯血脉。為麪勝於小麥，平胃止渴，無燥熱，久食髮不白，消積進食。丹溪云：初熟炒食，有火生熱。或云：久食多食能消腎。

青稞

清・趙學敏《本草綱目拾遺》卷八 青稞、黃稞 《藥性考》：青稞黃稞，仁露於外，川、陜、滇、黔多種之。味鹹，可釀糟弔酒，形同大麥，皮薄麪脆，西南夷人倚為正食。

下氣寬中，壯筋益力。性平涼，除溼，發汗，止洩。多食脫髮、損顏色。

清・吴其濬《植物名實圖考》卷一 青稞麥 青稞即莜麥，一作油麥。《本草拾遺》謂青稞似大麥，天生皮肉相離，秦隴以西種之是也。山西蒙古皆產之，形如燕麥，離離下垂，耐寒遲收，收時苗葉尚有青者。雲南近西藏界亦產，或即呼為燕麥。《麗江志》誤以為雀麥。《維西聞見錄》：青稞質類麰麥，莖葉類黍，耐霜雪。阿墩子及高寒之地皆種之，經年一熟，七月種，六月穫，夷人炒而舂麪，入酥為糌粑，今山西以四五月種，七八月收，其味如蕎麥而細，耐飢，窮黎嗜之。性寒，食之者多飲燒酒、寢火炕以解其凝滯。南人在西北者，不敢餌也。將熟時忽有稞粒皆黑者，俗名厭麥，亟拔去，否則雜入種中，來歲與豆同畦，則豆皆華而不實，老農謂厭麥能食豆云。滇南麗江府粉為乾餱，水調充服。考《唐書》吐蕃出青稞麥，《西藏記》拉撤穀屬產青稞，亦釀酒，淡而微酸。名曰喻其。裏塘臺地寒不產五穀，喇嘛皆由中甸、麗江攜青稞售賣，則沿西内外產青稞者良多。《唐本草》注誤以大麥為青稞，宜為陳藏器所訶。《山西志》但載油麥，《咸陽志》謂大麥露仁者為青稞，皆不如《維西聞見錄》之詳核也。

穬麥

附：日・丹波康賴《醫心方》卷三〇　穬麥　《本草》云：　味甘，微寒。食之輕身除熱。以作(孽)〔蘖〕溫。消食和中。崔禹〔錫〕云：　以作粥食之，益面色。

小麥　《本草》云：　味甘，微寒，無毒。主除熱，止燥渴，利小便，養肝氣，止漏血，唾血。以作麴，溫。消穀止利；　以作麵，溫。消熱止煩。《拾遺》云：　此物秋種夏熟，受四時氣足，自然兼有寒溫，麵熱麩冷，宜其然也。《千金方》云：　作麵，消熱止煩，不可多食，長宿癖。《膳夫經》云：　多食壅氣。

宋・唐慎微《證類本草》卷二五米穀部中品〔《別錄》〕　穬麥　味甘，微寒，無毒。主輕身，除熱。久服令人多力健行，以作蘖，溫，消食和中。

〔梁・陶弘景《本草經集注》〕云，此是今馬所食者，性乃熱而云微寒，恐是作屑與合殼異也。服食家並食大、穬二麥，令人輕健。

〔唐・蘇敬《唐本草》〕注云：　穬麥性寒，陶云：　性熱，非也；　復云：　作屑與合殼異。此皆江東少有，故斟酌言之。

〔宋・掌禹錫《嘉祐本草》〕按：　蕭炳云：　穬麥，補中，不動風氣，先患冷氣人，即不相當。大麥之類，西川人種食之。山東、河北人正月種之，名春穬，形狀與大麥相似。孟詵云：　穬麥，主輕身補中，不動疾。日華子云：　作餅食不動氣，若暴食時間似動氣，多食即益人。

〔宋・唐慎微《證類本草》〕《圖經》：　文具小麥條下。

宋・王繼先《紹興本草》卷一二　穬麥　紹興校定：　穬麥，另麥別一種矣。《本經》雖具性味主治，及云亦可作蘖，但諸方未聞用驗。西北地多產，南地罕有之。當云味甘、平、無毒是矣。

明・滕弘《神農本經會通》卷四　穬麥　形狀與大麥相似。味甘，氣微寒，無毒。《本經》云：　主輕身，除熱。久服令人多力，健行。以作蘖，溫，消食和中。蕭炳云：　補中，不動風氣。先患冷氣人，即不相當。孟詵云：　主輕身，補中，不動疾。日華子云：　作餅食，不動氣。若暴食時，間似動氣。多食即益人。

明・劉文泰《本草品彙精要》卷三六　穬麥無毒　叢生。

穬麥：　主輕身，除熱。久服令人多力，健行。以作蘖，溫，消食和中。名醫所錄。

〔苗〕《圖經》曰：　穬麥乃麥之別種也。共有二種，一種類小麥，一種類大麥，皆比大小差大，亦可作蘖。然皆以秋種者爲佳。山東、河北人正月種之者，名春穬，蓋不具四時中和之氣，入藥恐不善也。〔地〕《圖經》曰：　舊不著所出州土，今西州、山東、河北皆有之。〔時〕生：　秋生苗。採：　夏取實。〔收〕暴乾。〔用〕實。〔色〕黃白。〔味〕甘。〔性〕微寒，緩。〔氣〕氣之薄者，陽中之陰。〔臭〕朽。〔主〕除熱，補中。〔製〕去芒殼。〔治〕補：　日華子云：　作餅食，不動氣，若暴食時間似動氣，多食益人。蕭炳云：　補中。〔禁〕患冷氣人不宜服。

明・盧和、汪穎《食物本草》卷一穀類　穬麥　味甘，微寒，無毒。主輕身，除熱，久服令人多力健行。作蘖，溫，消食和中。作餅食，不動氣，甚益人。

明・王文潔《太乙仙製本草藥性大全》卷四《本草精義》　穬麥　亦大麥之類，即今馬之所食者。西川人多種食之，山東、河北人正月種之，名春穬，形狀與大麥相似。穬有二種，一種類大麥，一種類小麥而大粒，色青黃，作麵脆韌，食多脹人，涼。東西河北近京又呼爲黃顆，關中又有一種青顆，比近道者粒微小，色微青，專以飼馬，未見入藥用。○按：　麥者，接絕續乏之穀也。方夏之初，舊穀已絕，新穀未登，民於斯時，正乃乏食，一麥先熟，接續無憂，故《春秋》於他穀不書，至無麥禾則書之，可見聖人於五穀中，亦惟重麥與禾也。非因民命所繫，安足以動筆耶！

明・王文潔《太乙仙製本草藥性大全》卷四《仙製藥性》　穬麥　味甘，氣微寒，無毒。　主治：　主輕身健力之秘方，實補中除熱之妙旨。作蘖氣溫，消食和中。做餅益人，不動風氣。

明・李時珍《本草綱目》卷二二穀部・麻麥稻類　穬麥音礦。○《別録》

中品。

【釋名】時珍曰：穬之殼厚而粗穬也。【集解】弘景曰：穬麥是馬所食者。服食家並食大、穬二麥，令人輕健。炳曰：穬麥西川人種食之。山東、河北人正月種之，名春穬。形狀與大麥相似。時珍曰：穬麥有二種：一類小麥而大，一類大麥而大。頌曰：穬麥即大麥一種皮厚者。陳藏器謂即大麥之連殼者，非也。按《别録》自有穬麥功用，其皮豈可食乎？詳大麥下。

【氣味】甘，微寒，無毒。弘景曰：此麥性熱而云微寒，恐是作屑與合殼異也。恭曰：穬麥性寒，陶云性熱，非矣。江東少有故也。大明曰：暴食似動冷氣，久即益人。

【主治】輕身除熱。久服，令人多力健行。作蘖，温中消食《别録》。補中，不動風氣。作餅食，良蕭炳。

【發明】時珍曰：《别録》麥蘖附見穬麥下，而大麥下無之，則（生）〔作〕蘖當以穬爲良也。今人通用，不復分别矣。

明·穆世錫《食物輯要》卷二 穬麥 味甘，性微寒，無毒。補中除熱，不動風氣。暴食，似腳弱，動冷氣。久食，添力健行。作蘖用，溫中消食。

明·吴文炳《藥性全備食物本草》卷一 穬麥 味甘，性微寒，無毒。補中，除熱，不動風氣。暴食似脚弱，動冷氣，久食添力健行。作蘖米用，溫中消食。

明·趙南星《上醫本草》卷一 穬麥 微寒，無毒。主治：輕身除熱，補中，不動風氣。久服，令人多力健行，作餅食良。作蘖，溫中消食。

穬麥蘖：一名麥芽，粟、黍、穀、麥、豆諸蘖，皆水浸脹，候生芽，曝乾，去鬚，取其中米，炒，研麵用，其功皆主消導。鹹，溫，無毒。主治：補脾胃虚，開胃和中，寬腸下氣，破癥結冷氣，去心腹脹滿，止霍亂，除煩悶，消痰飲，及化一切米麵諸果食積，能催生落胎。好古曰：麥芽、神麯二藥，胃氣虛人宜服之。有積者能消化。無積而久服，則消人元氣也。

附方 快膈進食：麥蘖四兩，神麯二兩，白朮、橘皮各一兩。為末，蒸餅丸梧子大。每人參湯下三五十丸，效。

明·姚可成《食物本草》卷五穀部·麥類 餧麥俗呼絫麥。先小麥而熟。鄉人炒熟磨粉，湯拌食之。味甘，氣甚香美。磨至無粗末，可存，故名絫麥。

餧麥，味甘，平，無毒。主益氣，健胃，充飢。

穬麥音礦。西川人種食之。山東、河北人正月種之，名春穬。形狀與大麥相似。

穬麥，味甘，微寒，無毒。主輕身除熱。久服，令人多力健行。作蘖溫中消食。補中，不動風氣。作餅食，良。

明·顧逢柏《分部本草妙用》卷九穀部 穬麥 甘，微寒，無毒。出涼州。比大麥皮厚，色青者。主治：輕身，除熱。久服多力健行，溫中消食。

明·施永圖《本草醫旨·食物類》卷二 穬麥又名芒粟。味：甘，無毒。主輕身除熱，久服令人多力健行。作蘖，溫，消食和中。作餅食，不動氣，甚益人。

清·丁其譽《壽世秘典》卷三 穬麥此大麥中一種皮厚而青色者。大抵是一類異種，故二麥主治不甚相遠。氣味：甘，微寒，無毒。主輕身除熱，久服令人多力健行。作蘖，溫中消食。

發明李時珍曰：《别錄》麥蘖附見穬麥，下而大麥，下無之則生蘖，當以穬為良也，今人通用不復分别矣。

清·朱本中《飲食須知·穀類》 穬麥 味甘，性微寒。暴食似脚軟，動冷氣，久即益人。作蘖用，溫中消食。

清·何其言《養生食鑒》卷上 穬麥 味甘，性微寒，無毒。補中，除熱。不動風氣。暴食，似脚弱，動冷氣。久食添力健行。作蘖用，溫中消食。

清·李熙和《醫經允中》卷二二 穬麥 出涼州。比大麥皮厚色青者。甘，微寒，無毒。久服多力健行，溫中消食。

清·吴儀洛《本草從新》卷四 穬麥〔補中除熱。〕 甘，微寒。補中除熱。久服令人多力健行。

題清·徐大椿《藥性切用》卷六 穬麥 即北麥。味甘微寒，清中益氣，久食令人力健。

清·章穆《調疾飲食辯》卷二 穬麥飯 西北諸處種之，亦有大、小二種，皮稍厚。《别錄》曰：穬大麥，作飯食，令人多力健行。蕭炳《四聲本草》曰：穬小麥，作餅食，補中。

清·吴其濬《植物名實圖考》卷一 穬麥 《别錄》中品。蘇恭以為大麥，陳藏器以為麥殼，《圖經》以為有大小二種，言人人殊。今山西多種之，與大麥無異。熟時不用打碾，仁即離殼，但仁外有薄皮如麩，打不能去。《山西通志》：穬麥皮肉相連似稻，土人謂之草麥，造麯用之，亦有碾其皮以食者。考《齊民要術》：穬麥，大麥類，早晚無常。《九穀考》以為大麥之别種是也。

《說文》穬，芒粟也。麥為芒，穀不應此種獨名穬。西北志書多載露仁麥，似即穬麥，又或以為青稞。《說文》稞，穀之善者，一曰無皮穀。青稞與穬麥迥異，然皆不需碾打而殼自落，疑穬麥即稞麥一聲之轉，而青稞以色青獨著。《唐書》謂吐蕃出青稞，而《齊民要術》已有青稞之名，與穬麥用同。蓋外國方言皆無正字，如山西之呼莜呼油，皆本蒙古人語。而作《唐書》者以中國之產，譯為青稞，非必來自外國也。《天工開物》謂穬麥獨產陝西，一名青稞，即大麥隨土而變，皮成青黑色。此則糅雜臆斷，不由目睹也。

清・文晟《新編六書》卷六《藥性摘錄》 穬麥 甘，微寒。補中除熱。動風氣。

清・田綿淮《本草省常・穀類》 穬麥 一名御麥。性微寒，除熱消食，益氣補中。久食令人輕健。穬，古猛切。

清・陳其瑞《本草撮要》卷五 穬麥 味甘，微寒，入手足太陰經，功專補中除熱，久服力健。

雀麥

宋・李昉《太平御覽》卷第九九四 燕麥 《爾雅》曰：蘥，雀麥。郭璞曰：即燕麥。 古歌曰：田中菟絲，何嘗可絡。道邊燕麥，何嘗可穫。

宋・唐慎微《證類本草》卷一一草部下品〔唐・蘇敬《唐本草》〕 雀麥 味甘，平，無毒。主女人產不出。煮汁飲之。一名蘥，一名蘥麥。生故墟野林下。葉似麥。

〔宋・馬志《開寶本草》〕注：苗似小麥而弱，實似穬麥而細。生嶺南，在處亦有。《唐本》先附。

〔宋・唐慎微《證類本顴》〕《外臺秘要》：治齒䘌并蟲，積年不差，從少至老方。雀麥一名牡姥草，俗名牛星草。一味，苦瓠葉三十枚，淨洗，取草剪，長二寸，廣一寸，厚五分，以瓠葉作五裹子，以三年酢漬之，至日中，以兩裹火中炮令熱，內口中齒外邊熨之，冷更易，取銅器貯水。水中解裹洗之，即有蟲長三分，老者黃色，少者白色，多即三二十枚，少即一二十枚，此一方甚妙。《子母秘録》：妊娠胎死腹中，若胞衣不下，上搶心。雀麥一把，水五升，煮二升汁服。

宋・寇宗奭《本草衍義》卷一二 雀麥 今謂之燕麥，其苗與麥同，但穗細長而疏。唐劉夢得所謂菟葵、燕麥，動搖春風者也。

宋・王繼先《紹興本草》卷一二 雀麥 紹興校定：雀麥產田野，處處有之。主治性味具載《本經》。雖古方治胎胞不出及齒等疾，然近世亦稀用之，當從味甘、平、無毒為正。

宋・鄭樵《通志》卷七五《昆蟲草木略》 雀麥 曰蘥，曰燕麥，曰牡姓草。似麥而小，故得其名。

宋・陳衍《寶慶本草折衷》卷一一 雀麥 一名燕麥，一名蘥，一名杜老草，一名牛星草。生嶺南及在處故墟野林下亦有之。

味甘，平，無毒。○主產不出者，煮汁飲之。○今註：苗似小麥而弱，實似穬麥而細。○穬，古猛切。穬麥，一種似小麥，又一種似大麥，刪訖。○《外臺秘要》：治齒䘌并蟲□選藥□佐使。○《子母秘錄》：妊娠胎死腹中，若胞衣不下，上搶心，雀麥一把，水伍升，煮二升，汁服。

明・朱櫹《救荒本草》卷上之後 雀麥 《本草》一名蘥麥，一名蘥音藥。生於荒野林下，今處處有之。苗似蘥麥而又細弱，結穗像麥穗而極細小，每穗又分作小叉穗十數箇，子甚細小。味甘，性平，無毒。救飢：採子，春去皮，搗作麵，蒸食，作餅食亦可。治病：文具《本草》草部條下。

蘥麥 田野處處有之。其苗似麥攛七官切葶，但細弱，葉亦瘦細，抪音布莖而生，結細長穗，其麥粒極細小。味甘。救飢：採子春去皮，搗磨為麵食。

明・劉文泰《本草品彙精要》卷一四 雀麥無毒 叢生。

雀麥：主女人產不出，煮汁飲之。名醫所錄。【名】蘥、蘥麥、牡姥草、牛星草。【苗】《衍義》曰：苗似小麥而弱，其穗細長而疏，實似穬麥而細。今人謂之蘥麥，即唐人所謂菟葵蘥麥，動搖春風者是也。【地】《圖經》曰：生故墟野林下，今嶺南在處亦有。【時】生：春生苗。採：夏取實、莖。【收】暴乾。【用】實、莖。【質】類穬麥而細。【色】淡黃。【味】甘。【性】平，緩。【氣】氣之薄者，陽中之陰。【臭】朽。【主】催生，去蟲。【治】療：《別錄》云：妊娠胎死腹中，若胞衣不下，上搶心者，取一把，水五升，煮汁二升，服之瘥。【合治】雀麥一味，合苦瓠葉三十枚，淨洗，取麥剪長二寸，以瓠葉作五包，包廣一寸，厚五分，以三年酢漬之至日中，以兩包火中炮令熱，內口中齒外邊熨之，冷更易，取銅器貯水，取包置水中，解視，即有蟲長三分，老者黃色，少者白色，多即二三十枚，少即一二十枚，治齒䘌並蟲，積年不瘥者。

明・王文潔《太乙仙製本草藥性大全》卷二《本草精義》　雀麥　一名鷰麥，一名牡老草，一名蘥，俗名牛星草。生故墟野林下。葉似麥，苗似小麥而弱，實似穬麥而細小，穗細長而踈。唐劉夢得所謂菟葵、鷰麥動搖春風者也。

明・王文潔《太乙仙製本草藥性大全》卷二《仙製藥性》　雀麥　味甘，氣平，無毒。　主治：　主女人産難，胎死腹中神效。治齒䘌蟲牙，積年不差殊功。　補註：　治齒䘌并蟲積年不差，取雀麥同苦瓠葉三十枚，净洗，取草剪長二寸，廣一寸，厚五分，以瓠葉作五裹子，以三年酢漬之，至日中，以兩裹火中炮令熱，放口中齒外邊熨之，冷更易。以銅器貯水，水中解裹洗之，即有蟲，長三分，老者黄色，少者白色，多即二三十枚，少則一二十枚，此方絶妙。妊娠胎死腹中，并胞衣不下，上搶心，用雀麥一把，水煮汁服皆宜。

明・李時珍《本草綱目》卷二二穀部・麻麥稻類　雀麥《唐本草》。校正：自草部移入此。

【釋名】燕麥《唐本》　蘥音藥　杜姥草《外臺》　牛星草時珍曰：　此野麥也。燕雀所食，故名。《日華本草》謂此爲瞿麥者，非矣。【集解】恭曰：　雀麥在處有之，生故墟野林下。苗葉似小麥而弱，其實似穬麥而細。宗奭曰：　苗與麥同，但穗細長而疏。唐劉夢得所謂菟葵燕麥，動摇春風者也。周定王曰：　燕麥穗極細，每穗又分小叉十數個，子亦細小。春去皮，作麪蒸食，及作餅食，皆可救荒。

米　【氣味】甘，平，無毒。　【主治】充飢滑腸時珍。

苗　【氣味】甘，平，無毒。　【主治】女人産不出，煮汁飲之蘇恭。

【附方】舊三。　胎死復中胞衣不下：　上搶心。用雀麥一把，水五升，煮二升，温服。《子母秘録》。　齒䘌並蟲：　積年不瘥，從少至老者。用雀麥，一名杜姥草，俗名牛星草。用苦瓠葉三十枚，洗净。取草剪長二寸，以瓠葉作五包包之，廣一寸，厚五分。以三年酢漬之。至日中，以兩包火中炮令熱，納口中，熨齒外邊，冷更易之。取包置水中解視，即有蟲長三分。老者黄色，少者白色。多即二三十枚，少即一二十枚。此方甚妙。《外臺秘要》。

明・穆世錫《食物輯要》卷二　雀麥　味甘，平，無毒。亦可救荒，充飢滑腸。

明・姚可成《食物本草》卷五穀部・麥類　雀麥一名燕麥，處處有之，生故墟野林下。苗葉似小麥而弱，其實似穬麥而細。苗與麥同，但穗細長而踈。唐劉夢得所謂菟葵燕麥，動摇春風者也。〇雀麥，春去皮，作麪蒸食及作餅食，皆可救荒。今人于正二月間，以初生青葉杵汁，和米粉作餅蒸食，色青翠，味香美，甚佳。

雀麥，味甘，平，無毒。主充飢滑腸。

苗　味甘，平，無毒。主女人産不出，煮汁飲之。

附方：　治胎死腹中及胞衣不下。用雀麥一把，水五升，煮二升，溫服神效。

明・施永圖《本草醫旨・食物類》卷二　雀麥　米：　味：　甘，平，無毒。治：　充飢滑腸。　苗：　味：　甘，平，無毒。治：　女人産不出，煮汁飲之。

附方　胎死腹中，胞衣不下：　上充心，用雀麥一把，水五升，煮二升，溫服。

清・朱本中《飲食須知・穀類》　雀麥　味甘，性平。亦可救荒，充飢滑腸。

清・吳儀洛《本草從新》卷四　野麥〔救荒。〕古名雀麥。　甘，平。充飢滑腸。春去皮，作麵蒸食及作餅食，皆可救荒。

題清・徐大椿《藥性切用》卷六　野麥　即雀麥。味甘平，充飢滑腸。苗，下死胎、胞衣。

清・章穆《調疾飲食辯》卷二　燕麥飯　西北一種燕麥，即《爾雅》之雀麥，一名蘥。其穗分數枝，子亦疏散，略似野麥。《唐本草》竟以為野麥。《綱目》至解為燕雀所食，均誤也。作飯與大麥彷彿。燕小麥亦可作麨，而性不及小麥。

清・吴其濬《植物名實圖考》卷一　雀麥　《唐本草》始著録，《救荒本草》圖説極晰，與燕麥異。前人多合為一種。按《爾雅》：　蘥，雀麥。《説文》作爵麥，別無異名。《郭注》乃以為即燕麥。今燕麥附莖結實，離離下垂，尚似青稞。雀麥一莖十餘小穗，乃微似穄。二種皆與麥同時，而葉相似，其實殊，非麥類。《唐本草》僅以催乳録之。又云一名燕麥，他方衹云雀麥。古謂食燕麥，令人腳弱，其性蓋下行。但旅生穀，實熟即落，故古歌云：　道傍燕麥，何嘗可穫？　醫者取其易生易落，以治難産，則二種應可通用。或謂《七發》穱麥服處，即此雀麥。段氏《説文注》已駁之。

清・吴其濬《植物名實圖考》卷二　燕麥　多生廢地，與雀麥異。《救荒本草》辨别極晰。《野菜贊》云：　有小米可作粥，其稭細長，織帽極佳，故北地業草帽者種之。

雩婁農曰：　甚矣，瘠土之民之苦也。《博物志》謂食燕麥令人骨軟。

《救荒本草》錄之，亦謂拯溝壑耳。《麗江府志》： 燕麥粉為乾餱，水調充服，為土人終歲之需。 維西苦寒，其人力作，幾曾病足哉？ 蓼之蟲、桂之蠹，生而甘之，烏知其辛？ 彼漿酒藿肉靦靦然訾食者，其亦幸而不生雪窖冰天，得以填其慾壑耳。 然而醉生夢死，與圈豕檻羊同其肥腯，冥然罔覺，以暴殄集其殃，其亦不幸也已。

清・劉善述、劉士季《草木便方》卷二穀糧豆菜部 燕麥 麥稈灰汁蝕疣痣，蔹臉石灰爛肉易。 燕麥苗甘下胞胎，胎死腹中亦同治。

清・吳汝紀《每日食物却病考》卷上 雀麥 即野麥也。 甘，平，無毒。充飢滑腸。

稻米

唐・孫思邈《千金要方》卷二六食治・穀米 糯米 味苦，溫，無毒。 溫中，令人能食。 多熱，大便鞕。

附：日・丹波康賴《醫心方》卷三〇 稻米 《本草》云： 味苦。 主溫中，令人多熱，大便堅。 陶〔弘〕景注云： 稻米、粳米，此兩物，今江東無此，皆呼粳米為稻耳。 蘇敬注云： 稻者，穬穀通名。 崔禹〔錫〕云： 稻米、粳米，同之一名。 稌音吐米又有烏米，江東呼米，性冷，好治血氣。 又有糲音類米，猶烏米耳。 謂舂一斛之糲成八斗之米。

糯米 《養生要集》云： 味甘，平。 雖食亦不宜久食。《拾遺》云： 性微寒。 妊娠雜肉食之不利，久食，令人身軟。 黍米及糯飼小貓、犬，令腳屈不能行，緩人筋故也。

宋・李昉《太平御覽》卷八三九 稻 《養生要集》曰： 秔，稻屬也。稻，亦秔之總名也。 道家方藥，有用稻米、秔米，此則是兩物也。 稻米粒白如霜，味苦，主溫，服之令人多瘦無肌膚。 秔米，味甘，主利藏，長肌膚，好顏色。

宋・唐慎微《證類本草》卷二六米穀部下品〔《別錄》〕 稻米 味苦。 主溫中，令人多熱，大便堅。

〔梁・陶弘景《本草經集注》〕云： 道家方藥有俱用稻米、粳米，此則是兩物矣。 云稻米白如霜。 又，江東無此，皆通呼粳爲稻爾。 不知其色類，復云何也。

〔唐・蘇敬《唐本草》〕注云： 稻者，穬穀通名。《爾雅》云： 稌音渡，稻也。 秔者不糯之稱，一曰秈。 氾勝之云： 秔稻、秫稻，三月種秔稻，四月種秫稻，即並稻也。 今陶爲二事，深不可解也。

〔宋・馬志《開寶本草》〕按： 李含光《音義》云： 按字書解粳字云： 稻也。解秔字云： 稻屬也，不粘。 解粢音慈字云： 稻餅也。 明稻米作粢，蓋糯米爾。 其細糠白如霜，粒大小似秔米，但體性粘殢爲異。 然今通呼秔、糯穀爲稻，所以惑之。 新舊注殆是臆說，今此稻米即糯米也。 又按： 秔、粳二字同音，蓋古人當分別二米爲殊爾。

〔宋・掌禹錫《嘉祐本草》〕按： 《爾雅》云： 稌，稻。 釋曰： 別二名也。 郭云： 今沛國呼稌。《詩・周頌》云： 豐年多黍多稌。《禮記・內則》云： 牛宜稌。《豳風・七月》云： 十月穫稻。 是一物也。《說文》云： 沛國爲稻爲糯。 秔，稌屬也。《字林》云： 糯，粘稻也。 秔，稻不粘者。 然秔、糯甚相類，粘不粘爲異耳。 依《說文》稻即糯也。江東呼粳及乱切。 顏師古《刊謬正俗》云： 《本草》所謂稻米者，今之粳米耳。 陶以粳爲秫，不識稻是粳，故說之不曉。 許氏《說文解字》曰： 秫，稷之粘者。 稻，稌也。 沛國謂稻爲稌。 又《急就篇》云： 稻、黍、秫、稷。 左太沖《蜀都賦》云： 粳稻漠漠。 益知稻即粳，共粳並出矣。 然後以稻是有芒之穀，故於後或通呼粳粳，總謂之稻。 孔子曰： 食夫稻。《周官》有稻人之職，漢置稻田使者。 此並指屬稻、粳之一色，所以後人混粳，不知稻本是粳耳。 陳藏器云： 糯米，性微寒，妊身與雜肉食之不利子，作糜食一斗，主消渴。 久食之，令人身軟。 黍米及糯，飼小猫、犬，令腳屈不能行，緩人筋故也。 又云： 稻穰，主黃病，身作金色，煮汁浸之。 又稻穀芒，炒令黃，細研作末，酒服之。 孟詵云： 糯米，寒。使人多睡。 發風，動氣，不可多食。 又，霍亂後吐逆不止，清水研一椀，飲之即止。 陳士良云： 糯米，能行榮衛中血，積久食，發心悸及癰疽瘡癤中痛。 不可合酒共食，醉難醒，解芫菁毒。 蕭炳云： 糯米，擁諸經絡氣，使四肢不收，發風昏昏。 主痔疾，駱駝脂作煎餅服之。 空腹與服，勿令病人知。 日華子云： 糯米，涼，無毒。 補中益氣，止霍亂。 取一合，以水研服，煮粥。 稻穩，治蠱毒，濃煎汁服。 稻稈，治黃病通身，煮汁服。

〔宋・蘇頌《本草圖經》〕曰： 稻米，有秔與粳同稻，有糯稻。 舊不載所出州土，今有水田處皆能種之。 秔、糯既通爲稻，而《本經》以秔爲粳米，糯爲稻米者。 謹按《爾雅》云： 稌音渡，稻。 釋曰： 別二名也。 郭璞云： 沛國呼稌。《詩・頌》云： 多黍多稌。《禮記・內則》云： 牛宜稌。《豳詩》云： 十月穫稻。 是一物也。《說文解字》云： 沛國謂稻爲糯。 秔，稌屬也。《字林》云： 糯，粘稻也，秔，稻不粘者，今人呼之者，如《字林》所說也。《本經》稱號者，如《說文》所說也。 前條有陳廩米，即秔米以廩軍人者，是也。 入藥最多，稻稈灰亦主病。 見劉禹錫《傳信方》云： 湖南李從事治馬墜撲損，用稻稈燒灰，用新熟酒未壓者，和糟入鹽和合，淋前灰，取汁，以淋痛處，立差。 直至背損亦可淋用。 好糟淋灰亦得，不必新壓酒也。 糯米性寒，作酒則熱，糟乃溫平，亦如大豆與豉、醬不同之類耳。

〔宋・唐慎微《證類本草》〕《唐本》云： 無毒。《外臺秘要》： 治渴方： 糯米二升，淘取泔，飲訖則定。 若不渴，不須。 一方： 渴者服當飽，研糯米取白汁恣飲之，以差爲度。《梅師方》：治霍亂，心悸熱，心煩渴。以糯米水清研之，冷熟水混取米泔汁，任意飲之。孫真人：糯米味甘，脾之穀，脾病宜食，益氣止泄。《食醫心鏡》：糯米飯食之，主溫中，令人多熱，利大便。《簡要濟衆》：治鼻衄不止，服藥不應。獨聖散：糯米微炒黃，爲末。每服二錢，新汲水調下。《靈苑方》：治金瘡水毒及竹木簽刺，癰疽熱毒等。糯三升，揀去粳米，入甆盆内，於端午前四十九日，以冷水浸之。一日兩度换水，輕以手淘轉，逼去水，勿令攪碎。浸至端午日，取出陰乾，生絹袋盛，掛通風處。旋取少許，炒令燋黑，碾爲末，冷水調如膏藥，隨大小裹定瘡口，外以絹帛包定，更不要動，直候瘡愈。若金瘡誤犯生水，瘡口作膿，洪腫漸甚者，急以藥膏裹定，一二食久，其腫處已消，更不作膿，直至瘡合。若癰疽毒瘡初發，纔覺焮腫赤熱，急以藥膏貼之，明日揭看，腫毒一夜便消。喉閉及咽喉腫痛，吒腮。並用藥貼項下及腫處。竹木簽刺者。臨卧貼之，明日看其刺出在藥内。若貼腫處，乾即换之，常令濕爲妙。惟金瘡及水毒不可换，恐傷動瘡口。《傷寒類要》：治天行熱病，手腫欲脱者。以稻穰灰汁漬之，佳。《楊氏産乳》：療霍亂，心煩悶亂，渴不止。糯米三合，以水五升細研，和蜜一合，研濾取汁，分兩服。《博物志》：馬食穀，足重不行。

宋・寇宗奭《本草衍義》卷二〇 稻米 今造酒者是此，水田米皆謂之稻。前既言粳米，即此稻米，乃糯稻無疑。溫，故可以爲酒，酒爲陽，故多熱。又令人大便堅，非糯稻孰能與於此。《西域記》：天竺國土溽熱，稻歲四熟，亦可驗矣。

宋・王繼先《紹興本草》卷一二 稻米 紹興校定：稻米即糯米是也，作糜釀酒及蒸而作食品。《本經》云：溫中，令人多熱，大便堅，乃頗有驗。雖諸方各具主治，但未聞驗據。其性非寒，今當作味甘、溫、無毒為定。南地多種産之。

宋・鄭樵《通志》卷七五《昆蟲草木略》 稻 有粳、糯二種。古人謂糯為稻。五穀之類，皆有粳、糯。粟之糯曰粱，曰粢。黍之糯曰秫，曰衆。《爾雅》云衆、秫是也。顏師古《刊謬正俗》曰：本草所謂稻米者，今之糯米也。又《說文》云：沛國謂稻為糯。

宋・陳衍《寶慶本草折衷》卷一九 稻米糜在內。○稈附。○餈續附。 一名糯米，一名秫稻。一名稌稻，一名稬米。○稌，音杜，又音度。稬，乃喚切。今有水田處皆種之《圖經》。○忌酒。又妊婦忌稻米同肉食之。○續附：餈，一名稻餅，炊糯米擣壓成。○餈，音慈，一作□。

味苦、甘，溫。無毒。○主溫中，令人多熱，大便堅。○陳藏器云：糯米，妊身與雜肉食之，不利子。作糜粥湯也。食，主消渴。○孟詵云：發風動氣，又霍亂吐逆，清水研飲之。○陳士良云：行榮元作營。衛中血積，久食發心悸，及癰疽瘡癤中痛。不可合酒共食，醉難醒。解芫青毒。○蕭炳云：擁經絡氣，四肢不收。○日華子云：補中益氣。○《簡要濟衆》：治鼻衄。糯米微炒黃為末，每服貳錢，新汲水調下。○寇氏曰：此米溫，故可為酒。酒為陽，故多熱。天竺國土溽熱，稻歲四熟。

附：稈。灰在內。○治黃病通身，煮汁服。又治撲損，用稈燒灰，以新熟酒和糟入鹽，合淋前灰，取汁以淋痛處。

續說云：稻本諸穀之通稱也，今釋者皆證稻以為糯矣。《蘇沈方》治夜多小便，由下元衰冷所致，以糯餈入夜熱炙而食，用鹽湯下，隨意行坐。心間稍空即睡，其夜便溺頓踈，宜寇氏以溫而訂糯米也。至如瘧疾，皆因脾胃不快而生，糯餈釀泥，故瘧已愈者，食必再發。又小兒多食，尤發疳黃也。《蘇沈方》取糯稈除穗及根，將中段就淨器内燒灰，燒壹合，以湯壹椀沃之，澄去滓，與患消渴人乘渴而服，以多服收效。然糯雖多種，其性用亦無異焉。

元・忽思慧《飲膳正要》卷三 稻米 味甘、苦，平，無毒。主溫中，令人多熱，大便堅，不可多食。即糯米也。蘇門者為上，釀酒者多用。

元・尚從善《本草元命苞》卷九 糯米 味苦，性寒，無毒。益脾家穀，入太陰經。行榮衛中血積，治心膈間煩悶。止霍亂吐逆，療消渴補中。多食發風動氣，使人四肢不收。稻稈煮汁，治通身發黃。糯米作飯，令大便堅硬。解芫青毒，止鼻衄血。與雜肉同食，懷妊者不利。凡米杵糠，能下噎病。

元・吳瑞《日用本草》卷一 稻米 即糯米。性體多粘，可作酒。味甘、苦，性微寒，無毒。主溫中，令人多熱，大便堅，益氣，能行榮衛中血。米食不可與酒共食，醉難醒；妊娠與雜肉同食，不利子；久食人身軟，四肢不收，昏多睡，發風動氣，癰疽瘡痛，擁諸經絡氣。解芫青毒。

明・蘭茂原撰，范洪等抄補《滇南本草圖說》卷七 稻草 氣味甘平，無毒。主治：寬中，利膈下氣。溫中止瀉，消積滯，消食化痰，痰火腳，服之最良。

明・蘭茂撰，清・管暄校補《滇南本草》卷中 稻草 性溫，味甘，平。

寬中，寬腸胃，下氣溫中，止瀉。消牛馬肉積，宿食。消小兒乳食結滯，肚腹疼痛。草節，走周身經絡，治筋骨痰火疼痛。

附方： 一人食牛肉傷食，胸口嘈雜，嘔吐惡心，胸口脹滿微痛，不思飲食，面皮黄瘦，腹飢倒飽，食後哽食，膨脹。稻草五錢，沙糖一錢，水煎服，三次效。

又方： 治小兒飲食傷脾，久瀉不止，諸藥不效。淂此方效。菓子用多作瀉，亦治。糯穀草三錢，煎服； 久瀉者，加真淮藥二錢。

又方： 治腿足筋骨疼痛，痰火發作，淂此方全愈。稻草節三錢，剪三分長，或服一百，或服五十，水煎服，奇效，痛止。

明・蘭茂《滇南本草》〔叢本〕卷中 稻草 味甘，平，性溫。寬中，寬腸胃，下氣，溫中止瀉。消牛馬肉積，消各宿食，消小兒乳食結滯，肚腸疼痛。稻草節暖，走周身經絡，止筋骨痰火疼痛。單方治效。一人食牛馬肉傷食，胸口作糟，發嘔吐惡心，胸口肚腹疼脹，不思飲食，面皮黄瘦，腹肌倒飽，食後梗食膨脹。稻草五錢、砂糖一錢，水煎服，三次效。一小兒飲食傷脾，久瀉不止，服藥不效，得此奇方效。或桃、李、梨果傷脾，作瀉亦效。糯穀草三錢，煎服。久瀉加山藥二錢。一人兩腿足筋骨疼痛，痰火發作，得此方效。稻草葉節剪三分長，或服一百節，或五十節。痰火，溫脚氣，加薏苡仁三錢。

明・王綸《本草集要》卷五 糯稻米 味苦甘，氣溫，無毒。 主溫中，令人多熱，大便堅。止霍亂，取二合，水研服之。〇稻稈，治黄病通身，煮汁服。

明・滕弘《神農本經會通》卷四 稻米 糯米也。《唐本》注云： 稻者，穬穀通名。秔與粳同者，不粳之稱，一曰秈、秔、稻、秫，即并稻也。然今通呼秔、糯、稻、穀為稻。今此稻米，即糯米也。《說文》云： 沛國謂稻為糯，秔稌屬也。《字林》云： 糯，粘稻也。秔，稻不粘者。然秔、糯甚相類，粘不粘為異耳。依《說文》，稻即糯也。江東呼（稉）〔糯〕。顏師古云： 稻是有芒之穀，故於後或通呼粳、（稉）〔糯〕，總謂之稻。《圖經》云： 稻米有秔稻，有糯稻。秔既通為稻，而《本經》以秔為粳米，糯為稻米者。《說文解字》云： 沛國謂稻為糯，秔稌屬也。《字林》云： 糯，粘稻也。秔，稻不粘者。今人呼之者，如《字林》所說也。《本經》稱號者，如《說文》所說也。前條有陳廩米，即秔米以廩軍人者是也，入藥最多。《衍義》云： 今造酒者，是此水田米，皆謂之稻。前既言粳米，如此稻米，乃糯稻無疑。溫，故可以為酒，又令人大腸堅。陳云： 性微寒。日云： 涼，無毒。

味苦、甘，氣溫，無毒。《本經》云： 主溫中。令人多熱，大便堅陳藏器云： 糯米，性微寒。姙身與雜肉食之，不利子。作糜食一㪷，主消渴。久食之，令人身軟。黍米及糯，飼小猫、犬，令脚屈不能行，緩人筋故也。孟詵云： 糯米，寒。使人多睡，發風動氣，不可多食。又霍亂後吐逆不止，清水研一椀，飲之即止。陳士良云： 糯米，能行榮衛中血積。久食發心悸，及癰疽瘡癤中痛，不可合酒共食，醉難醒。解芫青毒。日華子云： 糯米，涼，無毒。補中益氣，止霍亂，取一合，以水研服，煮粥。《圖經》云： 糯米性寒，作酒則熱，糟乃溫平。亦如大豆，與豉、醬不同之類耳。蕭炳云： （稉）〔糯〕米擁諸經絡氣，使四肢不收，發風昏昏，主痔疾，駱駝脂作煎餅服之，空腹與服，勿令病人知。陳藏器云： 稻穰，主黄病，身作金色，煮汁浸之。又稻穀芒，炒令黄，細研作末，酒服之。日華子云： 稻（穩）〔穎〕，治蠱毒，濃煎汁服。稻稈，治黄病通身，煮汁服。《圖經》云： 《傳信方》治馬墜撲損，用稻稈燒灰，用新熟酒未壓者，和糟入鹽和合，淋前灰取汁，以淋痛處，立差。直至皆損，亦可淋。用好糟淋灰亦得，不必新壓酒也。

明・劉文泰《本草品彙精要》卷三七 糯稻米無毒 叢生。

糯稻米： 主溫中，令人多熱，大便堅。名醫所錄。 〖苗〗謹按： 糯稻米，其苗出於穀中，以穀雨日水浸其穀，出芽少許，分佈於水田中，漸長尺餘，曰秧。五月插蒔成畔，其莖漸高三四尺，節間生葉如茅葉，六七月作穗，開細黄白花，結實如粳米穀，八九月成熟，割取其穀，日曬作米變白如霜而粘也。按《衍義》云： 即今造酒者是，其性溫，故可以爲酒。酒爲陽，故多熱。今人蒸作食用者最多。 〖地〗《圖經》曰： 舊不載所出州土，今江南皆有之。〖時〗生： 春苗。採： 秋收。 〖收〗曬乾。 〖用〗實，白如霜者佳。〖質〗類粳米。 〖色〗白。 〖味〗苦。又云： 甘。 〖性〗溫。 〖氣〗氣厚於味，陽中之陰。 〖臭〗香。 〖主〗補中益氣。 〖治〗療： 日華子云：糯米，以水煮粥，服一合，止霍亂。〇稻穩，濃煎汁服，除蠱毒。〇稻稈，治黄病通身，煮汁服之。陳藏器云： 糯米，作糜食一斗，主止消渴。〇稻穰，治黄病，身如金色，煮汁浸之。孟詵云： 糯米，除霍亂後吐逆不止，以清水研一碗，飲之即差。陳士良云： 糯米，能行榮衛中血積。孫真人云： 糯米，患脾疾者，宜食，止泄。《別錄》云：治渴，以糯米二升淘取泔，飲訖則定。止霍亂心悸，熱心煩渴，以糯米水漬研之，冷熟水混取米泔汁，任意飲之。止鼻衄不絕，微炒黄，爲末，服二錢，新汲水調下。作飦食之，利大便。金瘡水毒及竹木簽刺，癰疽熱毒，瘡腫喉閉，咽喉腫痛，痄腮，並用糯米三升，揀去粳米，入甆盆内，於端午前四十九日以冷水浸之，一日兩度換水，輕以手淘轉，逼去水，勿令攪碎，浸至端午日取出陰乾，生絹袋盛，掛通風處。旋取少許炒令燋黑，碾爲末，冷水調如膏藥，隨大小裹定瘡口，外以絹帛包定，更不要動，直候瘡愈。若貼瘡腫處，即换之，常令濕爲妙。惟金瘡及水毒不可换，恐傷動瘡口。○稻穰，治天行熱病，手腫欲脱者，燒灰汁漬之佳。補：孫真人云：糯米，益氣。【合治】稻穀芒，炒令黄，細研作末，合酒服，治黄病，身如金色。○糯米合駱駝脂作煎餅，空腹服之，治痔疾，勿令病人知。○稻稈燒灰，合新熟酒未壓者，和糟入鹽合淋前灰取汁，淋馬墜撲損痛處，立瘥。直至背損，亦可淋用。○糯米三合，水五升，細研，和蜜一合濾取汁，分兩服，治霍亂心煩悶，發渴不止。【禁】妊身，糯米不可與雜肉食之，不利子。久食令人身軟緩筋，使人多睡，發風動氣，心悸，及癰疽瘡癤中痛。亦不可合酒共食，醉難醒。多食則壅諸經絡氣，使四肢不收，發風昏昏。

明·盧和、汪穎《食物本草》卷一穀類　糯米　味苦、甘，溫，無毒。主溫中，令人多熱，大便堅。此《本草經》文也。諸家有云：性微寒，妊娠與雜肉食不利子，久食身軟，以緩筋也。又云：寒，使人多睡，發風動氣，擁經絡氣，止霍亂。又云：涼，補中益氣，行榮衛中積血。所論蓋不同也。夫所謂不利、緩筋、多睡之類，以其性懦所致。若謂因其性寒，糯米造酒最宜，豈寒乎？農家於冬月用作糍，喂牛免凍傷最驗，是則糯米之性當如經文所言。

明·鄭寧《藥性要略大全》卷四　糯米一名粘稻米　大補胃氣。主溫中，令人多熱，大便堅。補中益氣，止霍亂。取一合水研服，此物能使人多睡，發風動氣，不可多食。　味甘、苦，性微寒、平，無毒。　糯米性寒，造酒則熱，糟乃溫平。

明·寧源《食鑒本草》卷下　糯米　味苦，溫，甘，平。補中益氣實腸。多食生熱。　《產寶方》：治胎動不安，腹痛下黄水。用糯米一合，黄芪、川芎各五錢，水一升，同煎至八合，作二次溫服。

明·王文潔《太乙仙製本草藥性大全》卷四《本草精義》　稻米　稻者，穬穀通名，有秔稻，粳稻，糯稻。羅氏曰：在穀通謂之稻。故今人號秈爲早稻，號粳爲晚稻。《論語》曰：食夫稻。是亦指粳。舊不載所出州土，今有水田處皆能種之。秔、糯即通爲稻，而《本經》以秔爲粳米，稻爲糯米者。《豳風》詩云：十月獲稻。是一物也。《説文解字》云：沛國謂稻爲糯，秔稌屬也。《字林》云：糯，粘稻也。秔，稻不粘者。然秔、糯甚相類，粘不粘爲異耳。依《説文》稻即糯也。江東呼糯。《本草》所謂稻米者，今之糯米耳。陶以糯爲秫，不知稻是粳，故説之不曉。許氏《説文解字》曰：秫，稷之粘者。稻，稌也。沛國謂稻爲稌。又《急就篇》云：稻黍秫稷。左太冲《蜀都賦》云：粳稻漠漠。益知稻即粳，共粳並出矣，然後以稻是有芒之穀，故於後或通呼粳、粳總謂之稻。孔子曰：食夫稻。《周官》有稻人之職，漢置稻田使者，此並指厲稻、粳之一色，所以後人混粳；不知稻本是粳耳。陳藏器云：糯米性微寒，妊身與雜肉食之不利子。作糜食一斗，主消渴。久食之令人身軟。黍米及糯飼小貓犬，令腳屈不能行，緩人筋故也。又云：米性寒，使人多睡，發風動氣，不可多食。又霍亂後(吐)吐逆不止，清水研一椀飲之即止。陳云：能行榮衛中血積，久食發心悸及癰疽瘡癤中痛。不可合酒共食，醉難醒。解芫菁毒。蕭云擁諸經絡氣，使四肢不收，發風昏昏。主痔疾，駱駝脂作煎餅服之，空腹與服，勿令病人知。日華子云：補中益氣，止霍亂，服一合，以水研服，煮粥亦得。作酒即熱，糟乃溫平，亦如大豆，與豉醬不同類耳。

明·王文潔《太乙仙製本草藥性大全》卷四《仙製藥性》　稻米　味甘，氣溫，《本草》又云味苦，氣寒，無毒。　主治：充餐不宜，戀膈難化。昏五臟，令人貪睡。動正氣，致人發風。但霍亂吐逆不休，用清水研服即止。補註：治渴方：糯米二升，淘取泔飲訖則定，若不渴不須。一方：渴者，服當飽，研糯米取白汁，恣飲之，以差爲度。○治霍亂，心悸熱，心煩渴，以糯米水漬研之，冷熱水混取米泔汁，任意飲之。○糯米味甘，脾之穀，脾病宜食，益氣止泄。○糯米飦食之，主溫中，令人多熱，利大便。○治鼻衄不止，服藥不應，獨聖散：糯米微炒黄，爲末，每服二錢，新汲水調下。○治天行熱病，手腫欲脱者，以稻穰灰汁漬之療霍亂，心煩悶亂，渴不止，糯米三合，以水五升細研，和蜜一合，研濾取汁，分兩服。○治金瘡水毒及竹木簽刺，癰疽熱毒等，糯米三升，揀去粳米，入甆盆内，於端午前四十九日，以冷水浸之，一日兩度換水，輕以手淘轉，逼去水，勿令攪碎。浸至端午日取出陰乾，生絹袋盛掛通風處，旋取少許，炒令焦黑，研爲末，以冷水調如膏藥，隨大小裹定瘡口，外以綿帛包定，更不惡動，直候瘡愈。若金瘡誤犯生水，瘡口作膿，洪腫漸甚者，急以藥膏裹定，一二食久，其腫處已消，更不作膿，直至瘡合。若癰疽毒瘡初發，纔覺焮腫赤熱，急以藥膏貼之，明日揭看，腫毒一夜便消。喉閉及咽喉腫痛吒腮，並用藥貼項下及腫處。竹木簽刺者，臨臥貼之，明日看其刺出在藥內，若貼腫處，乾即換之，常令濕爲妙。惟金瘡及水毒不可換，恐傷動瘡口。　稻穩：即秕芒也。治蠱毒作脹。　稻稈：又云稻穰。療黃疸如金色，煮汁浸之。又稻穀芒炒令黃，細研爲末，酒服之。　稻稈灰：治跌損，淋汁沃痛漸甦。湖南李從事治馬墜撲損，用稻稈燒灰，用新熟酒未壓者，和糟入鹽和合，淋前灰取汁，以淋痛處，立差。直至背損亦可淋。用好糟淋灰亦得，不必新壓酒也。

明·皇甫嵩《本草發明》卷五

稻米味苦，微寒。作酒則熱。下品。　主溫中，令人多熱，大便堅。陳藏器云：作糜食，主消渴，久食令人身軟。陳士良云：糯米能行榮衛中血積，久食發心悸及癰疽瘡〔癤〕中痛。不可合酒共食，醉難醒。解芫菁毒。又云：多食令人多睡，發風動氣。又霍亂後吐逆不止，清水研一碗，飲即止。稻米即糯米。水田中米，皆謂之稻，即粳米、糯米之通稱。《本草》以粳米列之中品，糯米列之下品，抑此專指糯，而功用有優劣歟。

明·李時珍《本草綱目》卷二二穀部·麻麥稻類

稻《別録》下品

【釋名】稌音杜　糯亦作粫。時珍曰：稻稌者，秔、糯之通稱。《物理論》所謂稻者溉種之總稱，是矣。本草則專指糯爲稻也。稻從舀，音函，象人在臼上治稻之義。稌則方言稻音之轉爾。其性粘軟，故謂之糯。穎曰：糯米緩筋，令人多睡，其性懦也。　【集解】弘景曰：道家方藥有稻米、粳米俱用者，此則兩物也。稻米白如霜，江東無此，故通呼粳爲稻耳，不知色類復云何也？恭曰：稻者，穬穀之通名。《爾雅》云：稌，稻也。秔者不粘之稱，一曰秈。氾勝之云：三月種秔稻，四月種秫稻。即並稻也，陶謂爲二，蓋不可解也。志曰：此稻米即糯米也。其粒大小似秔米，細糠白如雪。今通呼秔、糯二穀爲稻，所以惑之。按李含光《音義》引字書解粳字云：稻也。秔字云：稻屬也，不粘。粢字云：稻餅也。粢蓋糯也。禹錫曰：《爾雅》云：稌，稻。郭璞注云：别二名也。今沛國呼稌。《周頌》云：豐年多黍多稌。《禮記》云：牛宜稌。《豳風》云：十月獲稻。皆是一物也。《說文》云：秔，稻屬也。沛國謂稻爲糯。《字林》云：糯，粘稻也。秔，不粘稻也。然秔、糯甚相類，以粘不粘爲異爾。當依《說文》以稻爲糯。顔師古《刊謬正俗》云：《本草》稻米，即今之糯米也。或通呼粳、糯爲稻。孔子云：食夫稻。《周官》有稻人。漢有稻田使者。並通指秔、糯而言。所以後人混稱，不知稻即糯也。宗奭曰：稻米，今造酒糯稻也。其性温，故可爲酒。酒爲陽，故多熱。西域天竺土溽熱，稻歲四熟，亦可驗矣。時珍曰：糯稻，南方水田多種之。其性粘，可以釀酒，可以爲粢，可以蒸糕，可以熬餳，可以炒食。其類亦多，其穀殼有紅、白二色，或有毛，或無毛。其米亦有赤、白二色，赤者酒多糟少，一種粒白如霜，長三四分者。《齊民要術》糯有九格、雉木、大黃、馬首、虎皮、火色等名是矣。古人釀酒多用秫，故諸説論糯稻，往往費辯也。秫乃糯粟，見本條。

稻米　【氣味】苦，温，無毒。思邈曰：味甘。宗奭曰：性温。頌曰：糯米性寒，作酒則熱，糟乃温平，亦如大豆與豉、醬之性不同也。詵曰：凉。發風動氣，使人多睡，不可多食。藏器曰：久食令人身軟，緩人筋也。小猫犬食之，亦脚屈不能行。馬食之，足重。妊婦雜肉食之，令子不利。蕭炳曰：擁諸經絡氣，使四肢不收，發風昏昏。士良曰：久食發心悸，及癰疽瘡癤中痛。合酒食之，醉難醒。時珍曰：糯性粘滯難化，小兒、病人，最宜忌之。　【主治】作飯温中，令人多熱，大便堅《別録》。能行榮衛中血積，解芫青、斑蝥毒士良。益氣止泄思邈。補中益氣。止霍亂後吐逆不止，以一合研水服之大明。以駱駝脂作煎餅食，主痔疾蕭炳。作糜一斗食，主消渴藏器。暖脾胃，止虚寒泄痢，縮小便，收自汗，發痘瘡時珍。

【發明】思邈曰：粳米味甘，脾之穀也，脾病宜食之。楊士瀛曰：痘疹用糯米，取其解毒，能釀而發之也。時珍曰：糯米性温，釀酒則熱，熬餳尤甚，故脾肺虚寒者宜之。若素有痰熱風病，及脾病不能轉輸，食之最能發病成積。孟詵、蘇頌或言其性凉、性寒者，謬説也。《別録》已謂其温中堅大便，令人多熱，是豈寒凉者乎？今人冷泄者，炒食即止。老人小便數者，作粢糕或丸子，夜食亦止。其温肺暖脾可驗矣。痘證用之，亦取此義。

【附方】舊五，新十六。　霍亂煩渴：不止。糯米三合，水五升，蜜一合，研汁分服，或煮汁服。《楊氏産乳》。　消渴飲水：方同上。　三消渴病：梅花湯：用糯穀炒出白花、桑根白皮等分。每用一兩，水二碗，煎汁飲之。《三因方》。　下痢禁口：糯穀一升炒出白花去殼，用薑汁拌濕再炒，爲末。每服一匙，湯下，三服即止。《經驗良方》。　久泄食減：糯米一升，水浸一宿瀝乾，慢炒熟，磨篩，入懷慶山藥一兩。每日清晨用半盞，入砂糖二匙，胡椒末少許，以極滚湯調食。其味極佳，大有滋補。久服令人精暖有子，秘方也。《松篁經驗方》。　鼻衄不止：服藥不應。獨聖散：用糯米微炒黄，爲末。每服二錢，新汲水調下。仍吹少許入鼻中。《簡要濟衆方》。　勞心吐血：糯米半兩，蓮子心七枚，爲末，酒服。孫仲盈云：曾用多效。或以墨汁作丸服之。《澹寮方》。　自汗不止：糯米、小麥麩同炒，爲末，每服三錢，米飲下。或煮猪肉點食。　小便白濁：白糯丸：治人夜小便脚停白濁，老人、虚人多此證，令人卒死，大能耗人精液，主頭昏重。用糯米五升炒赤黑，白芷一兩，爲末，糯粉糊丸梧子大。每服五十丸，木饅頭煎湯下。無此，用《局方》補腎湯下。若後生稟賦怯弱，房室太過，小便太多，水管蹇澀，小便如膏脂，入石菖蒲、牡蠣粉甚效。《經驗良方》。　女人白淫：　糙糯米、花椒等分，炒爲末，醋糊丸梧子大，每服三四十丸，食前醋湯下。楊起《簡便方》。　胎動不安：　下黄水。用糯米一合，黄芪、芎藭各五錢，水一升，煎八合，分服。《産寶》。　小兒頭瘡：　糯米飯燒灰，入輕粉，清油調傅。《普濟方》。　纏蛇丹毒：　糯米粉和鹽，嚼塗之。《濟急方》。　打撲傷損：　諸瘡。寒食日浸糯米，逐日易水，至小滿取出，日乾爲末，用水調塗之。《便民圖纂》。　金瘡癰腫：　及竹木簽刺等毒，用糯米三升，於端午前四十九日，以冷水浸之。一日兩換水，輕淘轉，勿令攪碎。至端午日取出陰乾，絹袋盛，掛通風處。每用旋取，炒黑爲末，冷水調如膏藥，隨瘡大小，裹定瘡口，外以布包定勿動，直候瘡瘥。○若金瘡犯生水作膿腫甚者，急裹一二食久，即不作膿腫也。若癰疽初發，纔覺焮腫，急貼之，一夜便消。《靈苑方》。　喉痹（叱）〔吒〕腮：　用前膏貼項下及腫處，一夜便消。乾即换之，常令濕爲妙。　竹木簽刺：　用前膏貼之，一夜刺出在藥内也。　顛犬咬傷：　糯米一合，斑蝥七枚同炒，蝥黄去之；再入七枚，再炒黄去之；　又入七枚，待米出煙，去蝥爲末。油調傅之，小便利下佳。《醫方大成》。　荒年代糧：　稻米一斗淘汰，百蒸百曝，擣末，日食一飡，以水調之。服至三十日止，可一年不食。《肘後》。　虚勞不足：　糯米入猪肚内蒸乾，擣作丸子，日日服之。　腰痛虚寒：　糯米二升，炒熟袋盛，拴靠痛處。内以八角茴香研酒服。談埜翁《試驗方》。

米泔　【氣味】甘，凉，無毒。　【主治】益氣，止煩渴霍亂，解毒。食鴨肉不消者，頓飲一盞，即消時珍

【附方】舊一。　煩渴不止：　糯米泔任意飲之，即定。研汁亦可。《外臺》。

糯稻花　【主治】陰乾，入揩牙、烏鬚方用時珍。

稻穰即稻稈。　【氣味】辛，甘，熱，無毒。　【主治】黄病如金色，煮汁浸之；　仍以穀芒炒黄爲末，酒服藏器。　燒灰，治墜撲傷損蘇頌。　燒灰浸水飲，止消渴。　淋汁，浸腸痔。　挼穰藉靴鞋，暖足，去寒濕氣時珍。

【發明】頌曰：　稻稈灰方，出劉禹錫《傳信方》。云：　湖南李從事墜馬撲傷損，用稻稈燒灰，以新熟酒連糟入鹽和，淋取汁，淋痛處，立瘥也。時珍曰：　稻穰煮治作紙，嫩心取以爲鞋，皆大爲民利。其紙不可貼瘡，能爛肉。按《江湖紀聞》云：　有人壁蝨入耳，頭痛不可忍，百藥不效。用稻稈灰煎汁灌入，即死而出也。

【附方】舊一，新八。　消渴飲水：　取稻穰中心燒灰。每以湯浸一合，澄清飲之。《危氏》。　喉痹腫痛：　稻草燒取墨煙，醋調吹鼻中，或灌入喉中，滚出痰，立愈。《普濟》。　熱病餘毒：　攻手足疼痛欲脱，用稻穰灰煮汁漬之。《肘後方》。　下血成痔：　稻藁燒灰淋汁，熱漬三五度，瘥。崔氏《纂要》。　湯火傷瘡：　用稻草灰冷水淘七遍，帶濕攤上，乾即易。若瘡濕者，焙乾油傅，二三次可愈。《衛生易簡方》。　惡蟲入耳：　香油合稻稈灰汁，滴入之。《聖濟總録》。　噎食不下：　赤稻細梢，燒灰，滚湯一碗，隔絹淋汁三次，取汁，入丁香一枚，白豆蔻半枚，米一盞，煮粥食，神效。《摘玄妙方》。　小便白濁：　糯稻草煎濃汁，露一夜，服之。同上。　解砒石毒：　稻草燒灰，淋汁，調青黛三錢服。《醫方摘要》。

穀穎穀芒也。作穏，非。　【主治】黄病，爲末酒服。又解蠱毒，煎汁飲《日華》。

糯糠　【主治】齒黄，燒取白灰，旦旦擦之時珍。

明·穆世錫《食物輯要》卷二　糯米　味甘，性溫，無毒。暖脾胃，止虚寒瀉痢，斂自汗，縮小便，發痘漿。多食壅經絡之氣，令身軟筋緩；　久食動心悸，發瘡癤痛；　同酒食，令醉難醒。然糯米性粘滯難化，小兒、病人最忌。馬食，足重；　貓犬食，脚屈不能走。竺喧云：　食鴨肉傷，多飲熱糯米泔可消。

明·李中立《本草原始》卷五　糯米　《本經》載名曰稻米。一名稌。南方水田處多種之。按蘇東坡云：　稻者，穬穀通名。羅氏亦曰：　在穀通謂之稻。《爾雅》云：　稌，稻也。郭璞云：　沛國呼稌。《周頌》云：　豐年多黍多稌。《禮記》云：　牛宜稌。《豳風》云：　十月穫稻。皆是一物也。《説文》云：　秔，稻屬也。沛國謂稻為糯。《字林》云：　糯，粘稻也。秔，不粘稻也。今人呼糯者，如《字林》所説也。《本經》稱稻者，如《説文》所説也。稻，從舀，象人在臼上，治稻之義。稌則方言，稻音之轉爾。其性粘軟，故謂之糯。穎曰：　糯米緩筋，令人多睡，其性懦也。宗奭曰：　今造酒，糯稻也。北人呼為江米。

糯米　氣味：　苦，溫，無毒。思邈曰：　味甘。　主治：　作飯溫中，令人多熱，大便堅。○能行榮衛中血積，解芫青、斑蝥毒。○益氣止泄。○補中益氣，止霍亂後吐逆不止，以一合研水服之。○作糜一斗食，主消渴。○暖脾胃，止虚寒洩痢，縮小便，收自汗，發痘瘡。

米泔　氣味：　甘，涼，無毒。　主治：　益氣，止煩渴霍亂，解毒。食鴨肉不消者，頓飲一盞即消。

花，陰乾，入揩牙烏鬚方用。

稈　氣味：　辛，甘，熱，無毒。　主治：　黄病如金色，煮汁浸之，仍以穀芒炒黄為末，酒服。○燒灰，治墜撲傷損。

糯米《别録》下品。【圖略】本草專指糯為稻。

頌曰：　糯米性寒，作酒則熱，糟乃溫平。　時珍曰：　糯性粘滯難化，小兒、病人最宜忌之。　思邈曰：　粳米味甘，脾之穀也，脾病宜食之。《澹寮方》：　治勞心吐血，糯米半兩，蓮子心七枚，為末酒服。

明・張懋辰《本草便》卷二　糯稻米　味苦、甘，氣溫，無毒。　主溫中，令人多熱，大便堅，止霍亂。

明・吴文炳《藥性全備食物本草》卷一　稻稈　治馬墜撲損，用以燒灰，用新熟酒未壓者，和糟入鹽，和合淋前灰取汁，以淋痛處立瘥，直至皆損亦可淋用，好醋淋灰亦得，不必新壓酒也。療黄疸如金色，煮汁浸之。又稻穀芒炒令黄，細研為末，酒調服，蠱毒作脹亦効。

明・吴文炳《藥性全備食物本草》卷一　糯米　味甘，性溫，無毒。暖脾胃，止虚汗、虚寒瀉痢，縮小便，發痘漿；　治婦人胎動腹痛下黄水；　和氣血藥中服之，若雜肉同進，則不利其子；　多食壅經絡之氣，令身軟筋緩；　久食動心悸，發瘡癤痛；　同酒食令醉難醒。　然糯米性粘滯難化，小兒、病人最忌。　馬食足重，猫犬食脚屈不能走。　竺喧云：　食鴨肉傷，多飲熱糯米泔可消。

按：　五穀稻，黍、麥、稷、菽。早米、晚米、糯米，皆稻也。　舊説獨以糯為稻，則誤也。　陶隱居云：　《詩》黍、稷、稻、粱、禾、麻、菽、麥，八穀也，俗人莫能證辨，而况芝英乎？　然陶以禾即是粟，則是蓋言粱，則包粟在中。　但諸穀皆以各方風土所宜，人事早晚有異為名，其種類最多，不可不知。

明・趙南星《上醫本草》卷一　稻　一名秔。與粳同，音庚。　粳乃稻之總名，粘者為糯，不粘者為粳。　各處所產種類甚多，氣味不能無少異，而亦不大相遠也。　北粳涼，南粳溫；　赤粳熱，白粳涼，晚白粳寒；　新粳熱，陳粳涼。北方氣寒，八九月收者，方可入藥。　南方氣熱，惟十月晚稻乃可入藥。

米：　甘，苦，平，無毒。　主治：　補中益氣，溫中，和胃氣，益腸胃，通血脉，和五臟，壯筋骨，長肌肉，好顔色，止煩，止渴，止洩。　合芡實作粥食，益精強志，聰耳明目。　煮汁治心痛，斷熱毒下痢。　常食乾粳米飯，令人不噎。同馬肉食發痼疾，和蒼耳食令人卒心痛。【缺】

附方　赤痢熱躁：　粳米半升，水研取汁，入油瓷瓶中，蠟紙封口，沉井底一夜，平旦服之。〔吴内翰家乳母病此，服之〕有效。　卒心氣痛：　粳米二升，水六升，煮六七沸服。

淅二泔：　一名米瀋。　時珍曰：　淅，音錫，洗米也。　瀋，汁也。泔，甘汁也。第二次者，清而可用，故曰淅二泔。　甘，寒，無毒。　主治：　清熱，止煩渴，利小便，涼血。

附方　吐血不止：　陳紅米泔水，溫服一鍾，日三次。　風熱赤眼：　以淅二泔，睡時冷調洗肝散、菊花散之類，服之。

禾稈：　主治：　解砒毒。燒灰，新汲水淋汁濾清，冷服一椀，毒當下出。

稻蘖：　一名穀芽，用稻以水浸脹，候生芽，曝乾，去鬚，取其中米，炒，研麵用，其功主消導。　甘，溫，無毒。　主治：　快脾開胃，下氣和中，消食化積。

糯米：　甘，溫，無毒，脾之穀也。主治：　止虚寒洩痢，令人多熱，大便堅，縮小便，收自汗，發痘瘡。　霍亂後吐逆不止，以一合研水服之。作糜一斗食，主消渴。　時珍曰：　糯米性溫，釀酒則熱，熬餳尤甚，故脾肺虚寒者宜之。若素有痰熱風病，及脾病不能轉輸，食之最能發病成積。　又粘滯難化，久食令人身軟緩筋，妊婦及小兒、病人，最宜忌之。

附方　冷洩：　炒食糯米即止。　老人小便數者：　糯米作粢糕或丸子，夜食，亦止，其溫肺暖脾可驗矣。　霍亂煩渴不止：　糯米三合，水五升，蜜一合，研汁分服，或煮汁服。　消渴飲水：　方同上。　三消渴病：　用糯穀炒出白花，桑根白皮等分，每用一兩，水二椀，煎汁飲之。　下痢禁口：　糯穀一升，炒出白花，去殼，用薑汁拌濕再炒，為末。　每服一匙，湯下，三服即止。

久洩食減：　糯米一升，水浸一宿，瀝乾，慢炒熟，磨篩，入懷慶山藥一兩。每日清晨用半盞，入砂糖二匙，胡椒末少許，以極滾湯調食。　其味極佳，大有滋補，久服令人精暖有子。〔秘方也。〕　鼻衄不止服藥不應：　用糯米微炒黄，為末。　每服二錢，新汲水調下。仍吹少許，入鼻中。　自汗不止：　糯米、小麥麩同炒，為末，每服三錢，米飲下。　或煮猪肉點食。

米泔：　甘，涼，無毒。　主治：　益氣，止煩渴霍亂，解毒。　食鴨肉不消者，頓飲一盞，即消。

附方 煩渴不止：糯米泔任意飲之，即定。研汁亦可。

明・繆希雍《本草經疏》卷二五 蘖米 味苦，無毒。主寒中，下氣，除熱。

【疏】蘖米，即稻蘖也。味甘，氣溫，無毒。具生化之性，故為消食健脾，開胃和中之要藥。脾胃和則中自溫，氣自下，熱自除也。 【主治參互】《澹寮方》啟脾進食，穀神丸，用穀蘖四兩，為末，入薑汁、鹽少許，和作餅，焙乾，入炙甘草、砂仁、白术麩炒各一兩，為末。白湯點服，或丸服。

明・繆希雍《本草經疏》卷二六 稻米 味苦。主溫中，令人多熱，大便堅。

【疏】稻米，即今之糯米也。稟土中之陽氣，其味應甘，氣應溫，無毒。造酒必用之者，以其性近於熱也。為補脾胃，益肺氣之穀。脾胃得補，則中自溫，大便亦堅實。溫能養氣，氣充則身自多熱。大抵脾肺虛寒者宜之，為其能益氣溫中也。故又有止泄利，縮小便，收自汗，發痘瘡等用。【主治參互】《松篁經驗方》久泄食減，以糯米一升，水浸一宿，瀝乾，炒熟磨篩，入懷山藥一兩，每日清晨用半盞，入白砂餹二匙，胡椒末少許，以滾湯調食。大有滋補。久服更能令人精暖有子。《醫方大成》癲犬咬傷，糯米一合，斑猫七枚，同炒熬黄去之；再入七枚，再炒黄去之；又入七枚，待米出烟，去猫，為末。水調服之，小便利下，佳。亦可油調外傅。 又方，虛勞不足，糯米入猪肚內，蒸熟，日食。 【簡誤】糯米，孟詵云：發風動氣，久食令人多睡。藏器云：久食令人身輭。妊娠雜肉食之，令子不利。蕭炳云：擁諸經絡氣，使四肢不收，發風昏昏。陳士良云：久食發心悸及癰疽瘡癤中痛，合酒食之醉難醒。然愚意觀之，其為害未必如此之甚。蓋天生五穀以食人，皆稟土中沖和之氣，可常御而無害者。第糯米氣溫，性黏滯，惟不利於上焦有痰熱，及脾病不能轉運，小兒難於尅化者，餘皆無害。諸家之言，不可盡信也。

明・倪朱謨《本草彙言》卷一四 糯米泔 味甘，氣溫，無毒。

《說文》曰：糯，粘米也。秔，不粘米也。然秔、糯酷相似，以粘不粘為異。

寇氏曰：糯米其性溫，故可為酒。酒為陽，故多熱。西域天竺土溽熱。糯歲四熟，亦可驗矣。

糯米泔：益氣，止煩渴之藥也。李氏時珍曰：此甘寒解熱氣，有人食鴨肉，膨脹不消者，頓熟，飲一盞即消。

糯稻稈：味甘，氣熱，無毒。活血解毒之藥也。陳氏藏器方：治黄疸，身面如金色，煮汁飲之，并沐面浴身即退。又蘇頌方燒灰治墜撲傷損，酒調服二三錢。又取糯稻穰，煮治作紙，取嫩心以為鞵，大為民利。紙不可貼瘡，能爛肉。

糯米糠：味苦，氣溫。時珍治齒黄，燒取白灰，日日擦之。

糯米：主治功能，詳載《食物本草》。

粳米泔：味甘，氣寒，無毒。

李氏曰：粳，乃穀稻之總名也，有早、中、晚三收，諸本草獨以晚稻為粳者，悞矣。與糯米不同。糯者懦也，其性粘；粳者硬也，其性不粘。兩種各異。

粳米泔：清熱涼血之藥也。沈志所抄李時珍用此頓熱作飲，能利小便，夏月入井浸冷，善解暑渴。戴元禮以此頓熱，睡時洗目，善治風熱赤眼。

稷、黍、粱、粟、秫、秈、稗及菰米八種，俱詳載《食物本草》。

明・應慶《食治廣要》卷二 糯米 氣味：苦，溫，無毒。作飯溫中，令人多睡，大便堅。久食，身軟筋緩。其性粘滯難化，小兒、病人皆不宜食。只堪作酒。

香稻米 氣味：甘，軟，香甜。主治：開胃益中，滑澁補精。有紅白二種，較諸米更長，比他穀晚收，但不多耳。

明・姚可成《食物本草》卷五穀部・稻類 糯米一名稻米。又名稌米。其性溫，故可為酒。酒為陽，故多熱。西域天竺土溽熱，糯歲四熟，亦可驗矣。〇糯稻，南方水田多種之。其性粘，可以釀酒，可以為粢，可以蒸糕，可以熬餳，可以炒食。其類亦多，其穀殼有紅、白二色，或有毛，或無毛。其米亦有赤、白二色，赤者酒多糟少。古人釀酒多用秫。秫乃糯粟，見本條。

糯米，味甘，溫。無毒。主溫中，令人多熱，大便堅。行榮衛中血積，解芫青，斑蝥毒。益氣止洩。止霍亂後吐逆不止，以一合研水服之。以駱駝脂作煎餅食，主痔疾。作糜一斗食，主消渴。李時珍又謂之暖脾胃，止虛寒洩痢，縮小便，收自汗，發痘瘡。〇久食令人身軟，緩人筋也。小猫、犬食之，亦脚屈不能行。馬食之，足重。孕婦雜肉食之，令子不利。合酒食之，醉難醒。

糯性粘滯難化，小兒、病人不宜食。○糯米性溫，釀酒則熱，熬餳尤甚，故脾肺虛者宜之。若素有痰熱風病及脾病不能轉輸，食之最能發病成積。或謂其性寒，糯米造酒最宜，豈得寒乎？農家於冬月用作糍，喂牛免凍傷，是則糯米之性熱而不寒明矣。

糯米泔　味甘，涼，無毒。主益氣，止煩渴霍亂，解毒。食鴨肉不消者，頓飲一盞，即消。

糯稻花　陰乾，入擦牙、烏鬚方用。

糯稻稈　味辛、甘，熱，無毒。治黃疸如金，煮汁浸之；仍以穀芒炒黃為末，酒服。燒灰，治墜撲傷損。燒灰浸水飲，止消渴。淋汁，浸腸痔。挼穰藉鞾鞋，暖足，去寒溼氣。湖南李從事墜馬傷損，用糯稻稈燒灰，以新熟酒連糟入鹽和，淋取汁，淋痛處，立瘥也。一人(鼈)〔壁〕虱入耳，頭痛不可忍，百藥不效。用稻稈灰煎汁灌入，即死而出也。

糯穀芒　治黃病，為末，酒服。又解蠱毒，煎汁飲。

糯米糠　主齒黃，燒取白灰，旦旦擦之。

附方：　治鼻衄不止，服藥不應。用糯米微炒黃，為末。新汲水調下二錢。仍吹少許入鼻中。　治禁口痢。用糯穀一升爆出白花，去殼，用薑汁拌溼再炒，為末。每服白湯下一匙，三服即止。　竹刺入肉。用糯米三升，於端(五)〔午〕前四十九日，以冷水浸之。一日兩換水，輕輕淘轉，勿令攪碎。至端午日取出陰乾，絹袋盛，掛通風處。每用旋取，炒黑為末，冷水調如膏藥，貼一夜，刺出在藥內也。木刺入肉亦同。一切癰腫金瘡貼之俱效。　治邪狗咬。糯米一合，斑毛七个同炒，斑毛黃去之；再入七个，再炒，黃去之；又入七个，待米出烟，去斑毛為末。油調傅之，小便利，下惡物，為愈。

明・顧逢柏《分部本草妙用》卷九穀部　糯米　苦、甘，溫，無毒。主治：　溫中，令人多熱，大便堅，益氣止泄，暖脾胃，止虛寒洩痢，縮小便，收自汗，發痘瘡，行榮衛中血，解芫青、班蝥毒。　糯米性溫，釀酒則熱，熬餳尤甚，故脾肺虛寒冷洩，及小便數者宜之。若素有痰熱風病，及脾病不能輸，食之最能發病成積。

明・孟笨《養生要括・穀部》　糯米性溫，釀酒則熱，熬餳尤甚，故肺脾虛寒者宜之。　氣味苦，溫，無毒。作飯令人溫中止洩，大便堅，能行榮衛中血積，解芫青、斑蝥毒。補中益氣，止霍亂後吐逆，以一合研，水服之，暖脾胃，縮小便，收自汗，發痘瘡。〔夏痢噤口，糯穀一升，炒出花，去殼，用薑汁拌濕再炒，為末，每服一匙，湯下。三服即止。又，糯米入猪肚內蒸，葱搗，作丸子，日日服之，可治虛勞不足。糯米、小麥同炒為末，每服三錢，米飲下，治自汗不止。〕

米泔：　甘，涼，無毒。益氣，止煩渴霍亂，解毒。食鴨肉不消，頓飲一盞即消。

明・鄭二陽《仁壽堂藥鏡》卷三　糯米　味甘，氣溫，無毒。　主溫中益氣，止反胃，堅大便。　杵頭糠：　治卒噎。

明・蔣儀《藥鏡》卷一溫部　糯米　溫補脾胃而瀉痢止，暖益肺氣而自汗收。要之粳去濕而健脾，糯滯氣而生濕。多食粳則腹脹而噯氣，多食糯則胸悶而吞酸，功過各異者也。

明・施永圖《本草醫旨・食物類》卷二　糯稻米即黍之粘者，肺之精也。肺病人宜食之，其氣溫，與黍同性，功能補肺。　味：　苦溫，甘平，無毒。補中益氣，實腸。多食則發熱。有云：　性微寒，雜肉食不利于胎，久食身軟以緩筋。又云：　寒，使人多睡，發風動氣。又云：　涼，補中益氣，行榮衛，胃中積血。所論蓋不同，所謂緩筋多睡之類，為其性懦所致。若畏其性寒，則豈宜于造酒？農家于冬月用作糍，喂牛，免于凍傷最驗，則是。糯米性當依經文所言甘溫平者為是。　稻稈：　治黃病通身，煮汁服。　《產寶方》：　治胎動不安，腹痛下黃水，用糯米一合，黃芪、川芎各五錢，水一升，同煎至八合，作二次溫服。

明・盧之頤《本草乘雅半偈》帙九　稻《別錄》下品　氣味：　苦，溫，無毒。

主治：　主作飯溫中，令人多熱，大便堅。

覈曰：　《爾雅》云：　稻者，太陰之精，含水沮茹，乃能化也。故米粒如霜，性尤宜水，是以周人別設稻人之官，掌稼下地，以豬畜水，以防止水，以溝蕩水，以遂均水，以列舍水，以澮瀉水，以涉揚其芟作田。而漢世亦置稻田使者，以其均水利故也。《爾雅翼》云：　稻，一名稌，然有黏有不黏者。今人以黏者為糯，不黏為秔。然在古則通得稻之名。《說文》云：　稻，稌也。沛國曰稉秔稻屬，或作稉，是則直以稉為稻耳。若鄭康成註《周禮》云：　稌，稉也。則稻是稉，然要之二者皆稻也。故氾勝之云：　三月種秔稻，四月種秫稻。《字林》云：　糯，黏稻也；　秔，稻不黏者。今人亦皆以二穀為稻。若詩書之文，自依所用而解之。如《論語》食夫稻，則稻是秔。《月令》秫稻必齊，則稻是糯。《周禮》牛宜稌，則稌是秔。豐年多黍多稌，為酒為醴，則稌是糯。又稻人之職掌稼下地，至澤草所生，而種之芒種，是明稻有芒不芒者，今之粳則有芒，至糯則無是，通得稱稌稻之明驗也。然《說文》所謂沛國謂稻曰稬，至郭氏《解雅》，稌稻，乃云今沛國稱稌，不知《說文》亦豈謂此稌訛為稬也，將與郭自異義也。又有一種曰秈，比于粳小而尤不黏。其種甚早，今人號秈為早稻，粳為晚稻。蘇氏云：粳亦曰秈，亦未盡也。又今江浙間，有稻粒稍細，耐水旱，而成實早，作飯更硬，士人謂之占城稻，云始自占城有此種。宋真宗聞其耐旱，遣以珍寶求其種，始植于後苑，後在處播之，按《國朝會要》，大中祥符五年，遣使福建，取占城禾，分給江淮兩浙漕，并出種法，合擇民田之高者，分給種之，則又在前矣。

条曰：稻為肺金之主穀，生人之後天也。顧性尤宜水，金胎水母也。故五穀外別設稻人之官，以掌稼下地。漢世亦置稻田使者，以其均水利也。蓋稻有二：曰稌，曰秫。秫者糯，稌者秔，秔不黏而糯黏，比之秔小，而尤不黏者秈耳。秫糯為酒，秔秈為飯，秔益殊多，秈少遜之。故古者入藥之以秋秔耳。是以秔主肺氣，至若止煩渴霍亂，解毒消暑者，蓋秔穀秋成，已化炎為清肅，成功者寧不降心而退舍焉。

清・顧元交《本草彙箋》卷七　稻稌麻麥稻之四，附穀蘖。

稻稌者，秔糯之通稱。秔，即粳也。糯米味甘，脾病宜食之。痘疹用糯米，取其解毒，能釀而發之也。蓋糯性溫，釀酒則熱。熬餳尤甚。故脾肺虛寒者宜之。若素有痰熱風病，及脾病不能轉輸，食之最能發病成積。蘇、孟言其性涼性寒者，謬矣。今人患冷洩者，炒食即止。老人小便數者，作粢糕或丸子，夜食即止，其溫肺暖脾之功可驗。

粳米，有早、遲、晚三種，以遲晚者良，爲其得金氣多。性涼色白，入肺而解熱也。故仲景白虎湯用之，及少陰病下痢膿血，下如魚腦者，桃花湯主之。糯米緩筋，令人多睡，其性懦也。其穰作紙，不可貼瘡，能爛肉，此人所忽，特誌之。米瀋清熱，止煩渴，利小便，涼血，爲功甚多。穀芽，亦主消食而溫中，勝於麥芽。女人白淫，以糙糯米、花椒等分，炒爲末，醋糊丸梧子大，每服三四十丸，食前醋湯下。

清・穆石匏《本草洞詮》卷五　糯　糯米味甘，脾之穀也。主溫中，堅大便，令人多熱。脾肺虛寒者宜之。久食令人身軟，緩人筋也。小猫犬食之，亦腳屈不能行。馬食之足重。妊婦雜肉食之，令子不利。大略糯性粘滯難化，能擁經絡之氣故也。稻穰煮治作紙，嫩心取以為輭，皆大為民利，其紙不可貼瘡，能爛肉。

清・丁其譽《壽世秘典》卷三　稻顏師古《刊謬正俗》云：《本草》稻米即今之糯米也，其性粘軟，故謂之糯，或通呼粳糯為稻。《字林》云：糯粘稻也，秔不粘稻也，然秔、糯甚相類，以粘不粘為異爾。

氣味：甘，溫，無毒。主溫中，令人多熱、大便堅《別錄》。暖脾胃，止虛寒洩痢，縮小便，收自汗，發痘瘡時珍。

發明陳藏器曰：久食令人身軟，緩人筋也。小貓犬食之，亦腳屈不能行。馬食之，足重。妊婦雜肉食之，令子不利。蕭炳曰：擁諸經絡氣，使四肢不收，發風昏昏。李時珍曰：糯米性溫，釀酒則熱，熬餳尤甚，故脾肺虛寒者宜之。若素有痰熱風病及脾病不能轉輸，食之，最能發病成積。其性粘滯難化，小兒尤宜忌之。孟詵、蘇頌或言其性涼、性寒者，謬說也。今人冷洩者，炒食即止。老人小便數者，作粢糕或丸子，夜食亦止。其性熱，可驗矣。

糯稻稈　氣味：辛、甘，熱，無毒。治黃病如金，煮汁浸之。仍以穀芒炒黃為末，酒服。燒灰，浸水飲，止消渴。淋汁浸腸痔。挼穰藉鞾鞋暖足，去寒濕氣。

糯米糠：主齒黃，燒取白灰，旦旦擦之。

清・劉雲密《本草述》卷一四　稻　按稻原屬粳糯之總稱。糯，粘稻也。秔，不粘稻也。而《本草》所謂稻，乃專屬之糯也。

時珍曰：秔之粘者為糯，稷之粘者為黍，粟之粘者為秫。

又有名占穀一種，即早稻，其種始於閩人，從占城國得之，宋真宗遣使就閩取三萬斛，分給諸道為種，故今各處皆有之，高仰處俱可種，其熟最早六七月可收。品類亦多，有赤白二色，與粳大同小異。

稻米　氣味：苦，溫，無毒。思邈曰：味甘。宗奭曰：性溫。

諸本草主治：溫中益氣，暖脾胃，止虛寒洩痢，縮小便，收自汗，發痘瘡。方書主治喘，頭風，蠱毒痔。時珍曰：糯米性溫，釀酒則熱，熬餳尤甚，故脾肺虛寒者宜之。若素有痰熱風病及脾病，不能轉輸，食之最能發病成積。孟詵、蘇頌或言其性涼性寒者，謬也。今人冷洩者炒食即止，老人小便數者作粢糕或丸子，夜食亦止，其溫肺暖脾可驗矣。痘證用之亦取此義。

附方　下痢禁口，糯穀一升，炒出白花，去殼，用薑汁拌溼，再炒，為末，每服一匙，湯下，三服即止。　久洩食減，糯米一升，水浸一宿，瀝乾，慢炒熟，磨篩，入懷慶山藥一兩，每日清晨用半盞，入砂糖二匙，胡椒末少許，以極滾湯調食，其味極佳，大有滋補，久服令人精暖有子，秘方也。　勞心吐血，糯米半兩，蓮子心七枚，為末，酒服。　孫仲盈云曾用多效，或以墨汁作丸服之。　自汗不止，糯米、小麥麩同炒，為末，每服三錢，米飲下，或煮豬肉點食。　胎動不安，下黃水，用糯米一合，黃芪、芎藭各五錢，水一升，煎八合，分服。

愚按：糯米之用，能溫中暖脾胃，即數方可見。但熟之則性粘滯，不宜多食耳。至釀酒則熱，熬飴熱甚，此又在變化之後，不可謂其本性有熱，而棄其溫中益脾之功也。孫思邈曰：脾病宜食糯。此語誠然。但粳以養生為功，食之有益而無咎，此所以勝於糯也。

時珍曰：糯性粘滯難化，小兒病人最宜忌之。最宜忌之。

蕭炳曰：能壅諸經絡氣，多食使四肢不收。

米泔　氣味：甘，涼，無毒。　主治：益氣，止煩渴餘詳一卷水部。

附方　煩渴不止，糯米泔任意飲之即定，研汁亦可。

清·郭章宜《本草匯》卷一三　糯米　甘，溫。暖脾胃，止虛寒。治洩痢，縮小便。收自汗，益中氣。行榮衛中血積，解蕪青斑蝥毒。

按：糯米性溫，脾之穀也。釀酒則熱，熬餳尤甚，故脾肺虛寒者宜之。若素有痰熱，及風病、脾病、久病，不能轉輸者，忌食。

米泔之性甘涼。食鴨肉不消者，頓飲一盞，即消。

清·尤乘《食鑒本草·粟類》　糯米　久食身軟筋緩，發風動氣，妊娠與雞肉同食，令子生寸白蟲。其性懦而味甘，宜於造酒。

清·朱本中《飲食須知·穀類》　糯米　味甘，性溫。多食發熱，壅經絡之氣，令身軟筋緩。久食發心悸，及癰疽瘡癤中痛。同酒食之，令醉難醒。糯性粘滯難化，小兒、病人更宜忌之。妊婦雜肉食之，令子不利，生瘡疥、寸白蟲。馬食之，足重。小猫、犬食之，脚屈不能行。人多食，令發風動氣，昏昏多睡。同雞肉、雞子食，生蚘蟲。食鴨肉傷者，多飲熱糯米泔可消。

清·何其言《養生食鑒》卷上　糯米《本草》名稻，其性粘軟，故謂之糯。　味甘，性溫，無毒。暖脾胃，止虛寒瀉痢，斂自汗，縮小便，發痘漿。多食壅經絡之氣，令身軟筋緩。久食，動心悸，發瘡癤痛。同酒食令醉，難醒。然糯米性粘滯難化，小兒病人最忌食。小猫犬食之，亦脚屈不能行。馬食之足重。妊婦雜肉食之，令子不利。米泔水，止煩渴，解毒。食鴨肉不消者，即飲一盞便消。

清·王翃《握靈本草》補遺　稻稈即稻薪也。　食牛肉傷，稻稈煎湯，服之愈。出《備急方》。

清·汪昂《本草備要》卷四　糯米補，溫脾肺。　《本草》名稻米。按：《詩》黍、稷、稻、粱、禾、麻、菽、麥，名八穀，此稻與禾所以有異乎？甘，溫。補脾肺虛寒，堅大便，縮小便，收自汗，同龍骨、牡蠣爲粉，能撲汗。發痘瘡。解毒化膿。然性粘滯，病人及小兒忌之。糯米釀酒則熱，熬餳尤甚。餳即飴糖，潤肺和脾，化痰止嗽。仲景建中湯用之，取其甘以補脾緩中。多食發濕熱，動痰火，損齒。

清·李熙和《醫經允中》卷二二　糯米　苦、甘，溫，無毒。主溫中益氣，令人多熱。止虛寒泄痢，發痘瘡，解芫青、班蝥毒。糯米性溫，釀酒則熱，熬餳尤甚。脾肺虛寒冷泄及小便數者宜之。若素有痰熱風病，及脾病不能輸。多食亦能成積。

清·馮兆張《馮氏錦囊秘錄·雜症痘疹藥性主治合參》卷六　糯米古名稻米。稟土中之陽氣，味甘，氣溫，無毒。為補脾胃、益肺氣之穀。但性溫而滯，脾肺虛寒者宜之。〇久洩食減，以糯米一升，水浸一宿，炒熟磨篩，入懷山藥一兩，每晨用半盞，入白沙糖二匙，胡椒末少許，滾湯調食，大有滋補，久服更令人精暖有子。〇又方：虛勞不足，糯米入猪肚內，蒸熟日食。

糯米，煮飴釀酒最佳，充餐戀膈難化。補脾胃，益肺氣。令人多熱，大便堅實。收自汗，縮小便，止泄利，托痘瘡。多食昏五臟，令人貪睡。久食動正氣，令人發風。但霍亂吐逆不休，清水研服即止。稻穗，治蠱毒作脹。稻稈灰，淋汁，治跌損沃痛。杵頭糠，堪治卒噎，蜜丸彈大，無時(舍)〔含〕之，能送飲食過喉。

主治痘疹合參：溫脾胃之中氣，制紫草之餘寒。兼能催漿，使胃中氣壯，邪不內攻。凡脾胃虛弱作瀉，或五六日不起發灌漿者尤妙。灌漿時用以煮粥最宜。

清·汪啟賢等《食物須知·諸米》　稻米　亦小，味甘，氣溫。收近重陽，春甚潔白。若粘滯者曰糯，不沾滯者曰秔。商賈貿錢竟謂粘米煮飴誠妙，釀酒彌佳。充飧不宜，戀膈難化。昏五臟，令人貪睡；動正氣，致人發風。但霍亂吐逆不休，用清水研服即止。

清·浦士貞《夕庵讀本草快編》卷三 稻《別錄》、糯、稌 附：糉 稻性粘軟，故為糯。《豳風》：十月穫稻。《周頌》：豐年多黍、多稌。今人以糯代黍，箬裹成角名為糉，又稱角黍。端陽相餽，俗傳祭屈原，以飼蛟龍者也。糯米甘溫，造釀則熱，脾之穀也。脾肺虛寒者宜之，故能益中氣而止泄痢，縮小便而解煩渴，發痘疹，斂自汗，乃其績也。倘素有痰熱風氣，及脾濕不能轉輸者，當戒，恐其性粘難化，發病成積爾。若炒黃磨粉蒸作粢糕，反益老幼。致于糉角，截瘧則優，餘無益矣！

清·葉盛《古今治驗食物單方》 稻米 噤口痢，糯穀炒出花，去殼，薑汁拌濕，再炒，為末，每服一匙，湯下，日三服。消渴，糯穀炒出白花，桑皮等分，每用一兩，水二碗，煎汁飲之。鼻衄，糯米炒黃為末，每服二錢，新汲水下。胎動不安，下黃水，糯米一合，黃芪、芎藭各五錢，水煎服。小兒頭瘡，糯米燒灰，入輕粉少許，香油調敷。煩渴不止，糯米泔飲之。喉痹腫痛，稻草燒灰取墨烟，醋調吹鼻中，或灌入喉取痰。稻草燒灰淋汁，調青黛三錢服，解砒石毒。自汗不止者，以粳米粉撲之。人好食生米，腹中有米癥也，以白米五合，鷄屎一升，同炒焦，為末，水一升沖服，當吐出癥如爛米汁，或白沫淡水，乃愈。小兒初生無皮，有紅筋，乃受胎未足也，早白米粉撲之，肌膚自生。小兒甜瘡，生于面、耳、口間，嚼白米塗之。吐血不止，陳紅米泔水溫服。

清·吳儀洛《本草從新》卷四 糯米（補溫脾肺。）古名稻。甘，溫。補脾肺虛寒，堅大便，縮小便，收自汗，同龍骨、牡蠣為粉能撲汗。發痘瘡。解毒化膿。性粘滯難化，病人及小兒最宜忌之。凡素有痰熱風病及脾病不能轉輸，食之最能發病成積。

清·汪紱《醫林纂要探源》卷二 稻 木穀也。生於水田。水生木也，是以木春旺而生，金秋旺而成。粳：稻之不粘者。早熟者曰早米，受氣未足，不甚益人。八月後熟者曰秈米，性平和。冬初始熟者曰晚米，又曰大米。性微寒。古方粳米是用晚米。○大抵色赤微溫，白微寒。新米多動氣，陳米乃宜人。五穀皆以陳久者為良。甘、平。養肺氣。木穀而養肺者，猶酸味之補肺也。晚米味亦微酸。和胃除煩熱。味甘而淡，故和胃。成於深秋而性微寒，故能除心煩，解熱毒。穀芽：甘，溫。和胃，順氣，消食積。取其有變化而發生之氣也。甘味皆補脾和胃。胃者，氣之所由滋也，氣和則順矣。○發穀芽，宜用粳稻之赤者，炒用。稬：稻之粘者。古人所謂稻，卻多是稬米。味甘、微苦，氣溫。甘能補。健脾補土。苦能堅。實大便，縮小便，補腎，助閉藏。性粘而善化。如為酒，為飴，為醬，皆惟所變化，故能化癰疽痘毒，使之成膿。然性粘，食之壅氣。

清·汪紱《醫林纂要探源》卷二 糗 苦，溫。炒米麥也。或屑之為粉，或不屑，皆可備食。用稬米粳米，冬月炊飯，攤冷至七日，晒乾，炒之尤佳。其凍米亦可久藏。健脾，苦以燥脾濕。充飢，縮小便。堅腎也。多食落毛髮。燥之過，則皮揭毛落。

清·嚴潔等《得配本草》卷五 糯米 甘，溫。入手足太陰經。補脾胃，固肺氣，堅大便，縮小便，收自汗，發痘瘡。解芫青、斑蝥毒。得石菖蒲、牡蠣粉，治小便太多，或淋濁如脂膏。得黃耆、川芎，治胎動不安，下黃水。配蓮子、墨汁，治勞心吐血。配山藥調服，治瀉痢。入豬肚煮食，治虛勞。清水研服，治吐逆不休。炒熟入藥不滯。煮粥食，解痘毒。多食昏五臟，緩筋骨，發風氣，生濕熱。素有痰熱風病，及脾病不能轉輸，食之最能發病成積。病人及小兒，最宜忌之。米泔 甘，涼。止煩渴、霍亂，解毒。食鴨肉不化者，頓飲即消。

題清·徐大椿《藥性切用》卷六穀部 糯米 性味甘溫，入脾肺而補虛益氣，堅胃強陰。性甚粘滯，小兒少食，病人尤忌。糯稻根鬚，除後重，胃虛氣滯人暴痢宜之。

清·黃宮繡《本草求真》卷九 稻米緩脾潤肺。稻米耑入脾，兼入肺。味甘性平。按據諸書有言性溫性寒性涼之不同，然究此屬陰物，陰即寒聚，故性粘滯而不爽也。是以服之使人多睡，身軟無力，四肢不收，發風昏昏，且使小貓食之，亦腳屈不能行。馬食之，足重難移。姙婦雜肉食之，令子不利。使果性溫而熱，則食自有溫和通活之妙，何至陰凝膩滯如此哉！如謂釀酒則熱，熬糖尤甚，且發癰疽瘡癤，何謂不溫。詎知性如大豆，生亦性溫，何以作豉則涼，可知稻非性溫，因於造釀則溫始有。至書有云，食之補中益氣，及止虛寒泄瀉，並縮小便，收自汗，發痘瘡，皆是性粘不利。留滯在中，上壅不下之故，非如參、耆性主溫補，仍兼通活，而無如此陰滯之甚也。凡物滯不甚溫，溫不甚滯，理道爾爾。謂之緩中則可，謂之溫中而熱，豈其可乎？謂之中虛宜服則可。謂之虛寒宜服，亦烏見其可乎？凡老人小兒久病均忌。

清·李文培《食物小錄》卷上 稻即糯米 甘，溫，無毒。補中益氣。釀酒、造糖皆良。病人與小兒宜少食。作凍米佳。

清・李文培《食物小錄》卷下　米粉　甘，平，微酸，無毒。補脾胃。多食滯膈，滯痰。

清・羅國綱《羅氏會約醫鏡》卷一七穀部　糯米糯者，懦也。味甘，氣溫，入脾肺二經。　稟土中之陽氣，補脾肺之虚寒。堅大便，縮小便，脾肺足也。發痘瘡。解毒化膿，或便泄五六日不起，發灌漿，用以煮粥最宜。但性粘滯，病人及小兒忌之。糯米熬餳即飴糖，潤肺和脾，化痰止嗽。仲景建中湯用之，取其補脾緩中。　多食糯米，昏五臟，令人貪睡。

清・趙學敏《本草綱目拾遺》卷八諸穀部　米油　此乃滾粥鍋内煎起沫醲，滑如膏油者是也。其力能實毛竅，最肥人，用大鍋能煮五升米以上者，其油良。越醫全丹若云：黑瘦者食之，百日即肥白，以其滋陰之功，勝於熟地也。每日能撇出一盌，淡服最佳。若近人以熟粥絞汁為米油，未免力薄矣。　味甘，性平，滋陰長力，肥五臟百竅，利小便通淋。　精清不孕：紫林單方：用煮米粥滾鍋中面上米沫浮面者，取起，加煉過食鹽少許，空心服下，其精自濃，即孕矣。　鍋焦陳久年糕　一名黄金粉，乃人家煮飯鍋底焦也。取僧寺中米多焦厚者入藥良。　味苦、甘，性平，補氣運脾，消食止泄瀉，八珍粉用之。　鍋焦丸：小兒常用，健脾消食。《家寶方》：用鍋焦炒黄三觔，神麯炒四兩，砂仁炒二兩，山楂四兩，蒸蓮肉去心四兩，雞肫皮一兩炒，共為細末，加白糖、米粉和匀，焙作餅用。　老幼脾瀉久不愈，梁侯瀛《集驗方》：鍋焦為末四兩，蓮肉去心淨末四兩，白糖四兩，共和匀，每服三五匙，日三次，食遠下。　白瀉不止：《種福堂方》：乾飯鍋粑二兩，松花二兩炒，臘肉骨頭五錢烘脆，共為末，砂糖調，不拘時服。　脾胃不健：《祝氏效方》：鍋焦二觔，蓮肉一觔，白糖半觔，蜜一觔，丸如桐子大，每服數十丸，空心白湯下。　玉露霜：治老人脾泄最效。白术炒二兩，陳皮一兩五錢，蓮肉去心四兩，薏苡仁四兩炒，糯米一升炒，菉豆一升炒熟，陳米鍋粑一升炒，糖霜量加，共為末，每用二三錢，滾水調匀服之《行篋檢秘》。　預稀痘疹：《不藥良方》：銀花金者不用。陰乾，鍋粑每一升入銀花一兩，共研末，用洋糖或做糕餅，或開水調和，每日令小兒食之。

清・王學權《重慶堂隨筆》卷下　米油　乃煮粥鍋内滾起沫團，醲滑如膏油者是也。大鍋能煮五升米以上者良。一名粥油。其力能實毛竅，滋養五臟，肥肌體，填補腎精。每晨撇取一碗淡服，或加煉過食鹽少許亦可。黑瘦者，服百日即肥白。精清無子者，即精濃有子。愚按精生於穀，粥油乃米穀之精華，補液生精，因勝他藥，但必其人素無痰飲者始有效，否則極易成痰。推之魚鰾、海參及一切醲鬱之物，無不皆然。所以治病總要先察其體氣臟性之何如，而後辨其藥之宜否也。

糯米　可釀酒，甘酒之人日多，釀酒之家日衆，種糯之田日廣，則種粳之田日奪，而米價日增矣。民無蓋藏，豈非大病？醫國之工，可不為之計乎！

〔王孟英〕刊：米價日貴，固病國病民之大故也。今則銀價日昂，漏巵莫塞，其病益劇矣。醫國之工，尤當早為之計也。

清・黄凱鈞《藥籠小品》　糯米　和胃，育陰生津。糯米飲同人乳服，治藥傷胃口食入即吐如神。古稱貧人無補，以糯為補。信然。凡麥冬用粳米拌炒，滋肺而不妨脾。稷，俗名珠粟。小兒切不可食，堅而難化，脹而壅胃，曾見有失命。為長者預宜禁之。

清・章穆《調疾飲食辯》卷二　早糯米　此種與秈米同穫，而質黏粒團皆如糯。自古醫書、本草，暨《爾雅注疏》《説文》《物理論》《種植書》《農書》《齊民要術》、本朝欽定《授時通考》，均未齒及，其為無用之物，可知矣。而世俗甚珍之，云性暖健脾，補氣，且和脂麻、黑豆為糗食之，名三合粉。不知健脾宜用秈、粳，取其性暖也。糯則性寒，黏滯難化，最能困脾。設有表虚自汗，火嗽喉腥，癰毒無膿，痘瘡不起諸病，宜用寒糯，取其性涼也。無既用糯米之寒，又取其暖之理。且此米作餳，作酒俱少，每一斗不及寒糯九升，其無汁可知。又極易敗餳，可食一二日。酒則出缸即酸，或臭，或未出缸即已酸敗。總不能醇正，其性不平和可知。味俱帶澀，其壅氣可知。加以脂麻、黑豆之滑泄，欲其補氣健脾，實傷氣害脾也。此理於諸書既無可考，請遍詢作餳、作酒之人，果實有酸敗無汁之事乎，抑杏雲之好為異説，強辭奪理乎。

糯米　即八穀之稻。《綱目》曰：又名稌。《周頌》曰：豐年多黍多稌。《内則》曰：牛宜稌。《爾雅》曰：稌，稻。《開寶本草》曰：稻即糯也，其不黏者為秔。《説文》曰：沛國以稻為糯，秔，或以稻為諸穀之總稱，非也。周官有稻人，漢有稻田使者，則非總稱可知耳。且禾亦總名，《詩》八穀有禾，復有稻。又《論語》曰：食夫稻。言非常食之物，如粢餻之類。取其適口，非以養生，故孝子不忍為也。若作總名，是諸穀皆不食，可以枵腹三年乎？詳説在掌禹錫《嘉祐本草》暨《本草綱目》。

糯米泔　主治同上。

右諸飲、諸泔，性雖不無小異，而生津養胃則同，故主治不甚相遠。但味皆淡，病人不能頻飲者，可微加餹、蜜須煉熟，或鹽、醋。均須極少，多則穀味〔反〕為所奪，必無濟矣。

糯米飯　雖能清肺固表，但寒中難化，非肺熱病人不宜食。藉其稈臥，令人生癩。牛、馬、豬、羊等圈中，亦不宜用。

糯米飲　止消渴。又主霍亂煩躁，服諸飲不止者。古方：糯米三合，石蜜一合，此兩粵山中野蜂所釀，味甘微苦，色微白，今名廣蜜。水三升，同煮，至米成飯撈去之。頻飲勿輟，得睡即愈。又暑月力作，及注夏之人，常飲代茶秫米亦妙，能保肺氣，固衛陽，勝於藥肆燥熱傷陰之藥茶萬萬也。

清・王龍《本草纂要稿・穀部》　稻米　即糯米。充餐不宜，戀膈難化。昏五臟，令人貪睡。動正氣，致人發風。霍亂吐瀉不休，清水研服即止。

稻穰：去蟲毒作脹。稻稈：療黃疸如金。稻稈灰：治跌撲，淋汁沃痛漸甦。杵頭糠：治卒噎，蜜丸神效。

清・莫樹蕃《草藥圖經》　水粉根　水粉根，即糯米草。梗葉如粉粧，花如黃珠。鄉人同糯米煮食。無毒。

清・吳鋼《類經證治本草・手少陽三焦藥類》　糯米【略】誠齋曰：以十月後收者良。凡食占米成積者，以作酒麯一錢，炒焦，用好酒一小盞淬之，溫服立愈。〇稻穰：辛，甘，熱。治黃病，通身如金。濃煎草汁漬之。仍以穀芒炒黃為末，酒調服，立差。《傷寒類要》：治天行熱病，手腫欲脫，以占稻稂灰汁漬之佳。誠齋曰：治食牛肉發癰，或痼疾食牛肉而發，糯稻草一兩，濃煎汁，飲之立差。

清・張德裕《本草正義》卷上　糯米　甘，溫。補脾益氣，助痘發漿。能制毒不使內攻，固大腸，止瀉痢。惟質粘滯，恐碍化氣，脾弱酌之。

清・楊時泰《本草述鉤元》卷一四　糯稻即糯米　糯，粘稻也。秔，不粘稻也。《本草》所謂稻，乃專屬糯。秔之粘者為糯，稷之粘者為黍，粟之粘者為秫。

糯米：味甘，性溫。主治溫中益氣，暖脾胃，止虛寒洩痢，縮小便，收自汗，發痘瘡。方書治喘頭風蟲毒痔。脾病宜食糯孫真人。糯米性溫，釀酒則熱，熬餳尤甚，故脾肺虛寒者宜之瀕湖。冷瀉者，炒食即止，老人溲數者，作粢糕或丸子夜食，亦止，其溫肺暖脾可知。痘證用之，亦取此義又。下痢噤口，糯穀一升，炒出白花，去殼，用薑汁拌濕，再炒為末，每服一匙，湯下，三服即止。久瀉食減，糯米一升，水浸一宿，瀝乾，慢炒熟，磨篩，入懷山藥一兩，每晨用半盞，入砂糖二匙，胡椒末少許，以極滾湯調食，久服令人精暖有子，秘方也。勞心吐血，糯米半兩，蓮子心七枚，為末，酒服，或以墨汁作丸服之。自汗不止，糯米、小麥麩，同炒為末，每服三錢，米飲下或煮豬肉點食。胎動不安，下黃水，糯米一合，黃芪、川芎各五錢，水一升，煎八合，分服。

論：糯米之用，溫肺暖脾，但熟食粘滯壅氣，炒食止洩健脾，至釀酒則熱，熬飴熱甚，又在變化之後，不可謂為本性有熱，而棄其溫益之功也。

糯性粘滯難化，小兒病人最忌。若素有痰熱風病及脾病不能轉輸者，食之最能發病成積瀕湖。能壅諸經絡氣，多食使四肢不收蕭炳。

糯米泔，氣味甘涼。益氣止煩渴。任意飲之即定，餘詳一卷水部。

清・楊時泰《本草述鉤元》卷一　黏米泔水　氣味甘涼。益氣，止煩渴霍亂，解毒。食鴨肉不消者，頓飲一盞即消。

清・葉桂《本草再新》卷七　糯米味甘，性溫，無毒。入脾、腎二經。補脾肺虛寒，堅大便，縮小便，收自汗，發痘瘡。糯稻根鬚：味甘，辛，性平，無毒。入肝、肺、腎三經。補氣化痰，滋陰壯胃，除風濕，治陰寒，安胎和血，療凍瘡金瘡。

清・葉桂《本草再新》卷一二　屋上陳稻草味辛，苦，性平，有小毒。入心、腎二經。強陽益陰，補中益氣。

稻草味辛，性溫，無毒。入脾、肺二經。走經絡，利腸分，寬中益氣。

清・吳其濬《植物名實圖考》卷一　稻《別錄》下品。曰糯，曰粳，曰秈，凡宜稻之區，種類輒別；志乘所紀，不可殫悉。然細者粒光，粗者毛長，早者耐旱，晚者廣收，其大較也粳中品。

雩婁農曰：《本經》不載稻，《別錄》列下品。《說文》沛國謂糯為稻，蓋糯性滯，不易消，故養生者慎食之。抑大河以北宜麥粟，民有終身不嘗稻者，性亦弗喜。中原九穀並用，江以南則唯稻是飫。注《本草》者以粳與秈，皆附於稻，為下品，殆未解古人意歟？然《生民》一詩，述后稷之穡，曰荏菽，曰禾役，曰麻麥，曰秬秠，曰穈芑，而獨不及稌稻，豈粒食之始，尚缺水耕火耨邪？抑下地之稼其性果出黍稷下耶？雖然稻味至美，故居憂者，弗食。膏粱厭飫，則精力委薾。君子欲志氣清明，固宜尚粗糲，而屏滑甘。《別錄》廁稻於下品，夫亦謂所以交於神明者，非食味之道也。

《天工開物》云：五穀遺稻者，以古昔著書聖賢，皆在西北。按《職方氏》并州宜五種，幽州宜三種。鄭康成注皆云黍稷稻，雍州冀州獨宜黍稷，然《豳風》穫稻，豐年多稌，汧渭之間，未嘗無滮池也。今渭南韓城為關中上腴，《史記·河渠書》鄭國鑿涇溉鹵澤之田，徐伯穿渭通漕，肥地得穀，而河東守番係言引汾溉皮氏、汾陰下，引河溉汾陰、蒲坂下，實為山西水利之始。舊志聞喜、臨汾、文水產粳糯，今太原、晉水、趙城、霍泉稻田尤饒，其緣滹沱、汾、澮州縣及沃泉、曲沃以泉得名。濫泉，清源等處皆平地湧泉。澗溪、瀾汋，無不穿地廝渠。而塞外天鎮、陽高、大同，亦間引溜灌注，勺澤蹄涔，惜如甘醴。然歲常苦暵，夏潦未降，經瀆千里，輒不能濡軌。惟漳、沁所從來者高，難瀦為利。聞河內舊有沁渠，昔西門豹引漳灌鄴，或疑沙壖地不可為稼，蓋未知西北所溉者，大抵麥菽禾黍，如澆園蔬。俗曰：飲田不盡，稻生止水也。蒲、解間往往穿井，作輪車，駕牛馬以汲，殆井渠之遺？然不宜稻。

清·趙其光《本草求原》卷一四穀部　糯米　即稻之粘軟者。甘，溫，無毒。益肺氣，暖脾胃。炒食止虛寒泄痢，縮小便，止自汗。同小麥皮炒為末，煮肉食，並同龍骨、牡蠣為粉撲之。發痘漿。解毒化膿。炒糯米爆薑汁拌，再炒為末，治噤口痢。湯下。暖精多子，同淮山、胡椒研，砂糖調服。治勞心吐血，同蓮子心、墨汁為丸。胎動下黃水。同北芪、川芎及米煎服。作稀糜，則滋肺氣以下行，利小便亦不滯。若作糕餅，粘滯難化，病人忌之。釀酒則熱，釀飴糖尤熱，肺脾虛寒宜之。仲景建中湯用之，取其和脾潤肺以和中也。若濕熱有痰，風火脾滯則最忌。忌肥肉、馬、犬、貓肉。其泔水止渴，解毒，消鴨肉積。

糯稻根鬚　甘、辛，平，無毒。入肺腎。補氣化痰，滋陰壯胃，平肝，去風濕陰寒，安胎，治凍瘡、刀傷。

清·趙其光《本草求原》卷三隰草部　稻草　辛，溫。走經絡，利腸，寬中益氣。其屋上陳者，辛、苦，平。強陽益陰，補中益氣。

清·文晟《新編六書》卷六《藥性摘錄》　糯米　甘，溫。暖脾胃，止虛寒瀉痢，斂自汗，縮小便，發痘漿。多食壅筋絡之氣，令身軟骨緩，小兒病人最忌。姙婦雜肉食之，令子不利。○米泔水，止煩渴，解毒。食鴨肉不消者，飲一盞即消。

清·張仁錫《藥性蒙求·穀部》　糯米稻三錢、桿　糯米甘溫，補滋脾肺。自汗可收，溲多可擬。性粘滯，病人及小兒忌之。○糯米稻桿治黃病如金色。

清·陸以湉《冷廬醫話》卷一　袁隨園作《徐靈胎先生傳》有云：張雨村兒生無皮，先生命以糯米作粉糝其體，裹以絹，埋之土中，出其頭，飲以乳，兩晝夜而皮生。此蓋有所本也。元危亦林《得效方》：生子無皮，速用白旱米粉乾撲，候生皮方止。明葛可久治舟人生子身無全膚，令就岸畔作一坎置其中，以細土隔衾覆之，且戒勿動，久之生膚，蓋其母懷姙舟中，久不登岸，失受土氣故也。徐參用二法而得效，洵乎醫之貴博覽也。

清·王孟英《隨息居飲食譜·穀食類》　稉米一名元米，一名占米。甘溫。補肺氣，充胃津，助痘漿，煖水藏。釀酒熬餳，造作餅餌。若煮粥飯，不可頻餐，以性太黏滯難化也。小兒病人尤當忌之。凍米冬月所製性不黏滯，止瀉補脾。炒米香燥助火，多食傷津。

脾虛泄瀉：稉米炒黃，磨粉，加白沙糖調服。　虛寒多溺：稉米飯杵為瓷，臥時煮熱，細嚼食之。　諸米泔：第二次者清而可用。清熱，止煩渴。

諸禾桿：甘，溫。煎汁飲，治寒濕發黃，停食腹服，消牛肉積。作薦禦寒暖於縣絮。挼穰籍鞾鞵，暖足去濕。燒灰淋汁，冷服，解砒毒。

清·劉善述、劉士季《草木便方》卷二穀糧豆菜部　糯米汁　糯米漿甘解熱毒，發痘漆瘡收汗速。凍瘡犬咬丹毒嚼，飴餹潤肺調胃服。久嗽化痰止吐血，損傷宿瘀下惡出。

清·田綿淮《本草省常·穀類》　江米　一名糯米。性溫。補脾肺虛寒，堅大便，縮小便。多食難消，發痰熱，令人好睡。久食緩筋，令人身軟。同酒食，令人易醉難醒；同雞肉食，生蚘蟲。小兒不宜食。糯，音懦。稉、穤竝同。

清·戴葆元《本草綱目易知錄》卷二　糯米稻米　味甘，性溫。脾之穀也。補中益氣，溫肺暖脾胃，止虛寒瀉痢，堅大便，縮小便，收自汗，發痘瘡。能行營衛中血積，止霍亂後吐逆，煎服。作糜飲，主消渴。以駱駝脂作煎餅食，主痔疾。脾肺虛寒者宜之。然性粘滯難化，瘧疾風病，及久病脾虛，不能轉輸，食之最易成積發病，小兒尤不宜多食。解斑蝥毒。【略】

糯稻根鬚葆補　甘淡而平。上受日月精華，下得水土涵養，蘊蓄經久，氣渾無洩，故能培胃氣，進飲食，滲濕熱，消黃疸。以冬月掘取，去草腦用鬚，曝，臨用微炒。葆按：糯稻鬚，《本草》不載，《葉天士醫按》屢用，惜未詳明性味主治。予試體弱不進食，有忌辛香者，投入和胃藥中，服之屢效。

清·陳其瑞《本草撮要》卷五 糯米 味甘，溫，入手足太陰、陽明經，功專補脾肺虛寒，堅大便，縮小便，收自汗，發豆瘡。同龍骨、牡蠣為末，撲汗良。然性粘滯，病人及小兒忌之。

清·吴汝紀《每日食物却病考》卷上 糯米 味甘，溫，無毒。主溫中，益氣，實腸。令人多熱，大便堅。此《本草經》文也。諸家有云：性微寒。妊娠與雜肉食，不利子。久食身輭，以緩筋也。又云：寒，使人多睡，發風動氣，止霍亂。又云：涼，補中益氣，行榮衛積血。所論不同。夫所謂緩筋多睡之類，以其性懦所致。若謂性寒，則造酒最宜，豈其寒乎？農家冬月作糍，喂牛免凍傷最驗，則其性當如經文為是。

香稻米

明·盧和、汪穎《食物本草》卷一穀類 香稻米 味甘，軟，其氣甜香可愛，有紅白二種。又有一類紅長者，三粒僅一寸許，比它穀晚收，開胃益中，滑澁補精。但人不常食，亦不多種也。

明·施永圖《本草醫旨·食物類·五穀類》 香稻米 味：甘，軟，其氣香甜。紅者謂之香紅蓮，其熟最早。晚者謂之香稻米。皆開胃益中，滑澁補精。惜不能多種耳。

清·尤乘《食鑒本草·粟類》 香稻米即紅蓮米。其熟最早，晚熟者更佳。開胃益中，澁滑補精。惜不能多種耳。

清·吴汝紀《每日食物却病考》卷上 香稻米 味甘，輭，其氣甜香可愛。有紅、白二種，長者三粒僅一寸許。開胃，益中，滑澁，補精。晚收，不多種也。

粳米

唐·孫思邈《千金要方》卷二六食治·穀米 粳米 味辛、苦，平，無毒。主心煩，斷下利，平胃氣，長肌肉。溫。又云：生者冷，燔者熱。

附：日·丹波康賴《醫心方》卷三〇 粳米 《本草》云：味苦，平，無毒。主益氣，止煩，止洩。陶〔弘〕景注云：此即今常所食米，但有白、赤、小、大異族四五種，猶同一類也。《拾遺》云：凡米，熱食則熱，冷食則冷，假以火氣，體自溫平。《七卷食經》云：味甘，微寒。止寒熱，利大腸，療漆瘡。

腤玄子張云：性寒，擁諸經絡氣。使人四支不收，昏昏饒睡，發風動氣，不可多食。崔禹〔錫〕云：又有粃米，是被含稃穀未熟者曰粃，以火炙焦，舂成米者食之，補五藏，駐面色，不老衰也。今案：米粉，崔禹〔錫〕云性冷。一名爛米。止煩悶，服食及藥石人亦將食之。《丹經》云：米粉汁，解丹之發熱。

宋·唐慎微《證類本草》卷二五米穀部中品〔《別錄》〕 粳米 味甘、苦，平，無毒。主益氣，止煩，止洩。

〔梁·陶弘景《本草經集注》〕云：此即人常所食米，但有白、赤、小、大異族四五種，猶同一類也。前陳廩米亦是此種，以廩軍人，故曰廩爾。

〔唐·蘇敬《唐本草》〕注云：傳稱食廩爲祿。廩，倉也。前陳倉米曰廩，字誤作廩，即廩軍米也。若廩軍新米，亦爲陳乎？

〔宋·掌禹錫《嘉祐本草》〕按：《蜀本》云：斷下痢，和胃氣，長肌肉，溫中。孟詵云：粳米，平。主益氣，止煩洩。其赤則粒大而香，不禁水停。其黃綠即實中。又，水漬有味，益人。都大新熟者動氣。經再年者亦發病。江南貯倉人皆多收火稻。其火稻宜人，溫中益氣，補下元。燒之去芒，舂舂米食之，即不發病耳。又云：倉粳米，炊作乾飯食之，止痢。又補中益氣，堅筋，通血脉，起陽道。北人炊之，甕中水浸令酸，食之暖五藏六腑氣。久陳者蒸作飯，和醋封毒腫，立差。又，研服之，去卒心痛。白粳米汁，主心痛，止渴，斷熱毒痢。若常食乾飯，令人熱中，脣口乾。不可和蒼耳食之，令人卒心痛，即急燒倉米灰，和蜜漿服之，不爾即死。不可與馬肉同食之，發痼疾。日華子云：補中，壯筋骨，補腸胃。

〔宋·唐慎微《證類本草》〕《圖經》：文具稻米條下。《食療》云：淮泗之間米多。京都、襄州土粳米亦香，堅實。又，諸處雖多，但充飢而已。《外臺秘要》：蛟龍子生在芹菜上，食之入腹，變成龍子，須慎之。餳、粳米、杏人、乳餅煮粥。食之三升，日三服，吐出蛟龍子，有兩頭。開皇元年，賈橋有人吐出蛟龍，大驗，無所忌。《肘後方》：若遇荒年，穀貴，無盡以充糧，應須藥濟命者。粳米一升，酒三升漬之，出暴乾之。又漬酒次出，稍食之，渴飲，辟三十日，足一斗三升，辟周年。又方：小兒新生三日，應開腸胃，助穀神，碎米濃作汁飲，如乳酪，與兒大豆許，數合飲之，頻與三豆許。二七日可與哺，慎不得取次與雜藥，紅雪少少得也。《食醫心鏡》：止煩，斷下利，平胃氣，溫中，長肌，粳米飯及粥食之。

宋·寇宗奭《本草衍義》卷二〇 粳米 白晚米爲第一，早熟米不及也。平和五藏，補益胃氣，其功莫逮。然稍生則復不益脾，過熟則佳。

宋·劉明之《圖經本草藥性總論》卷下 粳米 味甘、苦，平，無毒。主益氣，止煩止洩。《蜀本》云：　斷下痢，和胃氣，長肌肉，溫中。日華子云：　補中，壯筋骨，補腸胃。

宋・陳衍《寶慶本草折衷》卷一九　粳與秔同米汁及糠附。○粥續附。　一名倉粳米。○俗號秈米，乃日為飯常食者也。今有水田處，皆種之《圖經》。○附：　汁，碎米濃煮汁飲如乳酪。○並忌蒼耳、馬肉。○又附：　糠，即諸米外之麄皮也。

味甘，陳者苦，平，無毒。○主益氣，止煩，止洩。○陶隱居云：　此米有白、赤、小、大四五種。後世其種益繁。同一類也。○《蜀本》云：　斷下痢，和胃氣，長肌肉，溫中。○孟詵云：　新熟者動氣。○又云：　炊作乾飯，止痢，補中，堅筋，通血脉，暖藏腑。不可和蒼耳食，令人卒心痛，即燒米灰，和蜜服。不與馬肉同食，發痼疾。○日華子云：　補腸胃。○寇氏曰：　白晚米為第一。稍生，不益脾胃，過熟則佳。

附：　白粳米汁。孟詵用白者。○主心痛，止渴，斷熱痢。又小兒新生三日，開腸胃，助穀神，與兒大豆許，含飲之，頻與叁豆許。

附：　糠火。○火力倍常，謂勢有柔，行巽木之效。○分舂杵頭糠條。

續說云：　張仲景療傷寒，有白散方，亦用巴豆，謂其病在膈上者，服之必吐；在膈下者，必利。苦不利，進熱粥以催之。蓋巴豆毒物，毒得熱則行也。或利過不止，則進冷粥以補之，毒得冷乃釋也。顧此一粥，冷熱異用，即有行毒釋毒之分，矧藥物可不謹其施歟？凡稀淡之粥，僅能生津，食多，亦致小便頻數。

元・王好古《湯液本草》卷六　粳米　氣微寒，味甘、苦。甘，平，無毒。入手太陰經、少陰經。《液》云：　主益氣，止煩止渴止泄。與熟雞頭相合，作粥食之，可以益精強志，耳目聰明。本草諸家共言益脾胃，如何白虎湯用之入肺？以其陽明為胃之經，色為西方之白，故入肺也。然治陽明之經，即在胃也。色白，味甘寒，入手太陰。又少陰證桃花湯用此，甘以補正氣。竹葉石膏湯用此，甘以益不足。《衍義》云：　平和五臟，補益胃氣，其功莫逮。然稍生，則復不益脾；過熟，則佳。

元・忽思慧《飲膳正要》卷三　粳米　味甘、苦，平，無毒。主益氣，止煩，止洩，和胃氣，長肌肉。即今有數種，香粳米、匾子米、雪裏白、香子米。香味尤勝諸粳米，搗碎，取其圓淨者，為圓米，亦作渴米。

元・尚從善《本草元命苞》卷九　粳米　味甘、苦，平，無毒。益氣，止煩止洩，養脾補胃，補中，壯筋骨，長肌肉。斷下痢，通血脉。象西方，色白，入太陰脾經。桃花湯用此，補正氣。石膏湯使之，益不足。江南水田耕種，白晚收，春第一早熟，不及陳倉尤妙，補助功大，生不益脾。

元・吴瑞《日用本草》卷二　粳米　即晚米也。味甘、苦，性平，無毒。主益氣，解煩，止洩，斷痢，長肌肉，補中益腸胃，安和五臟。不可合蒼耳食，令人卒心痛，或成走注；合馬肉食，發痼疾。

元・徐彦純《本草發揮》卷三　粳米　成聊攝云：　粳米之甘，以補正氣。海藏云：　粳米，與熟雞頭相合，作粥食之，可以益精強志，聰耳明目。《本草》諸家共言益脾胃，如何白虎湯用之入肺，以胃為陽明之經，色為西方之由，故入肺也。然治陽明之經，即有胃也，色白，味甘，寒，入手太陰也。又云：　少陰證，桃花湯用此，甘以補正氣。竹葉石膏湯用此，甘以益不足。

明・蘭茂撰，清・管暄校補《滇南本草》卷上　粳粟米　味甘，平，無毒。分赤白二色，硬者粳也，北人呼為大米，亦呼為稻米。治一切諸虛百損，補中益氣，強陰壯骨，生津，明目，長智。粳燒灰，治走馬牙疳。糯者，補中和胃，止瀉，生精液，主人面容嬌嫩；敷瘡，亦治頹頭瘡，神效。

明・王綸《本草集要》卷五　粳米　味甘苦，氣平，微寒，無毒。入手太陰、少陰經。　主益氣，止煩渴，止洩，平和五臟，補益胃氣，其功莫及。與熟雞頭相和，作粥食之，益精強志，耳目聰明。

明・滕弘《神農本經會通》卷四　粳米　陶云：　此即人常所食米，但有白、赤、大、小異族四五種，猶同一類也。陳廩米，亦是此種，以廩軍人，故曰廩爾。《衍義》云：　晚米為第一，早熟米不及也。

味甘、苦，氣平，無毒。《湯》云：　氣微寒，味甘、苦。甘，平，無毒。入手太陰經、少陰經。《本經》云：　主益氣，止煩止洩。《蜀本》云：　斷下痢，和胃氣，長肌肉，溫中。孟詵云：　粳米，平。主益氣，止煩洩。其赤則粒大而香，不禁水停。其黄綠即實中。又水漬有味，益人。大都新熟動氣，經再年者亦發病。江南貯倉，人皆多收火稻，其火稻宜人，溫中益氣，補下元，燒之去芒，春舂米食之，即不發病耳。又云：　倉粳米，炊作乾飯食之，止痢，又補中益氣，堅筋，通血脉，起陽道。北人炊之甕中，水浸令酸，食之暖五臟六腑氣。久陳者蒸作飯，和醋封毒腫，立差。又研服之，去卒心痛。白粳米汁，主心痛，止渴，斷熱毒痢。若常食乾飯，令人熱中，唇口乾。不可和蒼耳食之，令人卒心痛。即急燒倉米灰，和蜜漿服之，不爾即死。不可與馬肉同食之，發痼疾。日華子云：補中，壯筋骨，補腸胃。《液》云：主益氣，止煩，止渴，止泄，與熟鷄頭相合，作粥食之，可以益精強志，耳目聰明。《本草》諸家共言益脾胃，如何白虎湯用之入肺？以其陽明為胃之經，色為西方之白，故入肺也。然治陽明之經，即在胃也，色白，味甘，寒，入手太陰。又少陰(訂)〔證〕，桃花湯用此，甘以補正氣。竹葉石膏湯用此，甘以益不足。《衍義》云：平。和五臟，補益胃氣，其功莫逮。然稍生則復不益脾，過熟則佳。《局》云：粳米溫中和胃氣，除煩斷痢益入腸。陳倉止洩消煩渴，秫米尤能療漆瘡。粳米，溫中和胃。

明·劉文泰《本草品彙精要》卷三六 粳米無毒 叢生。

粳米：主益氣，止煩，止泄。名醫所錄。〔苗〕《圖經》曰：三月佈種於水田中，叢生，苗長尺許，曰秧。四五月分蒔成畝，至秋開白花作穗，其實曰穀。長匾有芒，八九月熟則黃色。然其種有二，以黏爲糯，不黏爲秔。用之以白晚者勝，早熟者則不及。食之稍生則復不益脾，過熟則佳也。陶隱居云：此即人常所食之米，但有白、赤、大、小異族四五種，猶同一類。其陳廩米亦是此種，由儲積經久，以廩軍人，故謂之陳廩米。《湯液》云：本草諸家共言益脾胃，如何白虎湯用之入肺，以其陽明爲胃之經，色爲西方之白，故入肺也。然治陽明之經即在胃也。色白，味甘寒，入手太陰。又少陰證桃花湯用此，甘以補正氣。竹葉石膏湯用此，甘以益不足也。〔地〕《食療》云：出淮泗、京都、襄州，今處處皆有之。〔時〕生：春生苗。採：九月取實。〔收〕曒乾。〔用〕實。〔色〕白。〔味〕甘，苦。〔性〕平，微寒。〔氣〕氣厚於味，陽中之陰。〔臭〕香。〔主〕平和五臟，補益胃氣。〔行〕手太陰經、少陰經。〔製〕舂白用。〔治〕療：《蜀本》注云：粳米，斷下痢，和胃氣，長肌肉，溫中。孟詵云：倉粳米，炊之甕中，水浸令酸，食之，暖五臟六腑氣。〇白粳米汁，主心痛，止渴，斷熱毒痢。《別錄》云：小兒新生三日，應開腸胃，助穀神，碎米濃作汁飲，如乳酪，與兒大豆許飲之，頻與三豆許，二七日可與哺。慎不得與雜藥，紅雪少少得也。補：日華子云：粳米，補中，壯筋骨，補腸胃。孟詵云：火稻，宜人，溫中益氣，補下元。〇倉粳米，補中益氣，堅筋，通血脈，起陽道。《衍義》曰：平和五臟，補益胃氣。〔合治〕倉粳米久陳者蒸作飯，合醋，封毒腫。又研服之，去卒心痛。〇合錫、杏仁、乳餅煮粥，食之三升，日三服，治蛟龍子生在芹菜上，人誤食之入腹變成龍子，服後當吐出龍子有兩頭者，其病即愈。〔禁〕與馬肉同食，發痼疾。〔解〕誤與蒼耳食，令人卒心痛。燒倉米灰和蜜漿解之，不爾即死。

明·盧和、汪穎《食物本草》卷一穀類 粳米 味甘、苦，平，無毒。主益氣，止煩，止洩痢，壯筋骨，通血脉，和五臟，補益胃氣，其功莫及。小兒初生，煮粥汁如乳，量與食，開胃助穀神，甚佳。合芡實煮粥食之，益精強志，耳目聰明。新者乍食，亦少動風氣。陳者更下氣，病人尤宜。服同蒼耳人，食之忽心痛。有早、中、晚三收，以白晚米為第一。各處所產，種數甚多，氣味不能無少異，而亦不大相遠也。天生五穀所以養人，得之則生，不得則死。此其得天地中和之氣，同造化生育之功，故不比它物可名言也。本草所主在藥，故略耳。

明·葉文齡《醫學統旨》卷八 粳米 氣平，味甘，無毒。入手太陰、少陰經。治煩渴，止洩益氣，平和五臟，補益胃氣，其功莫及；與熱鷄頭相合作粥食之，益精強志，耳目聰明。

明·許希周《藥性粗評》卷三 胃溫粳米之和。

粳米，粳者，不糯之稱。一名秔米。不拘早稻晚稻，日用所常食者是也。荊湘、江浙、川蜀等處一年一種，穀雨時下種，芒種時布穗，秋後收刈。嶺南福建地稍暖者一年兩種，然不如一種者肥軟可食。另有糯稻一種，謂之江米者是也。氣味稠粘，性寒，食難克化，以作酒則熱而能行血，其糟則又溫平，亦如大豆，與豉醬不同之類。凡食米穀者，能令髓重，故禽獸食之者，皆不能高飛遠走。仙家必欲辟穀者，欲其體輕也。餘說《本草》不載。味甘，性平，無毒。入手太陰肺、足太陰脾、陽明胃經。主治煩熱消渴，洩痢虛暈，補中益氣，養腸胃，和五臟，生津液。人生日用所不能缺，所謂食以穀為主，而王政所必先者是也。海藏云：與熟雞頭芡實也相合作粥食之，可以益精強志，耳目聰明。愚謂仲景治陽明證竹葉湯中加之者，涼上焦以止渴也。治少陰證桃花湯中用之者，涼下焦以止血也。則其寒而有補，兼利血氣可知矣。故凡飲酒後及暑天作渴，必服清粥或米湯，然後能解，他物所不能及。

單方 糯米：心渴不止：水研糯米，絞白汁飲之，以差為度。鼻洪如流：糯米炒黃，為末，新汲水調下二錢，差。

明·鄭寧《藥性要略大全》卷四 粳米 平和五臟，補益胃氣。主益氣，除煩渴，止洩斷痢，和胃氣，長肌肉，溫中，補下元。療胃經蒸病。《湯液》云：益脾補胃。治陽明經，入肺。同雞肉作粥，益精強志，聰明耳目。

味甘，性平，無毒。入手太陰肺、少陰心經。此即是人常所食米，但有白赤大小之異，族類雖多，同一類也。倉粳米炊作乾飯食，止痢。粳米汁主心痛，止渴，斷熱毒痢。常食乾飯，令人熱中。

明・陳嘉謨《本草蒙筌》卷五　粳米即晚大米。　味甘、苦，氣平、微寒，無毒。水田堪蒔，霜降纔收。穀大多芒，米粘曰粳。有赤白兩種，赤者江右多蒔。入心肺二經。拯病煎湯，惟白最勝。充飧為飯，過熟則佳。益氣填補中焦，止泄平和五臟。合熟雞頭芡實熟者煮粥，明目強志益精。傷寒方中，亦多加入。各有取義，未嘗一拘。少陰證，桃花湯每加，取甘以補正氣也。竹葉石膏湯頻用，取甘以益不足焉。白虎湯入手太陰，亦同甘草用者，取甘以緩之，使不速於下爾。〇又陳廩米味兼鹹、酸。即粳米貯倉廩年深，致性緩調脾胃劾捷。易消化，頻止洩痢；　多滋潤，意解渴煩。下氣延年，開胃進食。若蒸作飯和醋，能封腫毒立差。研汁下咽，去卒心痛。惟忌馬肉同食，恐發瘤疾難瘳。炊寒食飯敷，滅瘢痕，搗泥爛纔妙；　煮炒米湯飲，潤喉燥，去火毒方良。米炒熟，鋪冷地面一時辰，使火毒去盡纔煮，不爾則反助燥渴。〇秈米秧蒔高田，早秋便可收刈。穀長無刺，米小不粘。色赤白亦有兩般，憑炊煮任充正用。溫中健脉，益衛養榮。仍長肌膚，尤調臟腑。〇稻米亦小，味甘氣溫。收近重陽，舂甚潔白。若粘滯者曰糯，不粘滯者曰秔音姜。商賈貿錢，竟謂粘米。煮飴誠妙，釀酒彌佳。充餐不宜，戀膈難化。昏五臟令人貪睡，動正氣致人發風。但霍亂吐逆不休，用清水研服即止。稻穩即秕芒也治蠱毒作脹，稻稈療黃疸如金。並用煎濃，莫惜時啜。稻稈灰治跌損，淋汁沃痛漸甦。杵頭細糠，堪治卒噎。蜜丸彈大，無時含之。能送食飲過喉，斯亦舂搗義爾。糠秕勿用築枕，枕則令人損明。因火力倍常，切不可悞犯。

謨按：蘇東坡云：稻者，穬穀通名。羅氏亦曰：在穀通謂之稻。故今人號秈為早稻，號粳為晚稻。《論語》曰食夫稻，是亦指粳而謂。何獨《本經》欵中直指稻為糯米，與前諸說大相戾焉？或者云：糯與秔有粘不粘之異，故書通名以標之，未必得其意也。

明・方穀《本草纂要》卷六　粳米　味甘、苦，氣平，微寒，無毒。入手太陰、少陰經，足太陰、陽明經。主益氣力，止煩渴，斂自汗，生津液，壯精神，實元氣，和五臟，榮養氣血，補益脾胃，滋生化源，而爲吾身妙用之精華，臟腑灌溉之元氣，朝夕之不可暫離者也。故《經》曰得穀者昌，失穀者亡，此之謂歟。吾嘗同芡實作粉食之，固能益精；　同山藥作粉食之，亦能健脾；　同蓮肉作粉食之，則能止泄而和中；　同苡仁作粉食之，則能去濕而利水；　同糯米作粉食之，則能健胃而和脾；　同參苓作粉食之，則能補虛而益氣。又有糯米味苦、甘，氣溫，無毒。主溫中實脾。令人多熱，大便堅。大抵粳多行氣，糯多滯氣；　粳常去濕而健脾，糯常滯氣而生濕，多食粳則腹脹而噯氣，多食糯則胸悶而吞酸，可謂粳糯各行主治者也。

明・寧源《食鑒本草》卷下　粳米　味甘、香，平、溫。即今之白晚米。性味香甘，與早熟米及各土所產赤、白、小、大異族四五種猶同一類也。皆能補脾，益五臟，壯氣力，止洩利。惟粳米之功為第一耳。　有病者只可以此米早晚作糜粥食之，不可兼以雜物，病焉得不可。

明・王文潔《太乙仙製本草藥性大全》卷四《本草精義》　粳米　一名晚稻米，一名秔米。舊本不著所出州土。水田堪蒔，霜降纔收。穀大多芒，米粘曰粳，有赤有白兩種，赤者江右多蒔。入心肺二經。唐註：粳米，其赤則粒大而香，禁水停。其黃綠即實中。又水漬有味，益人。都大新熟者，動氣；經再年者，亦發病。江南貯倉人皆多收火稻，其火稻宜人，溫中益氣，補下元，燒之去芒，舂舂米食之，即不發病耳。

按：《衍義》云：粳米曰晚米，爲第一，早熟米不及也。平和五臟，補益胃氣，其功莫逮，然稍生則復不益脾，過熟則佳。

明・王文潔《太乙仙製本草藥性大全》卷四《仙製藥性》　粳米即晚大米。　味甘、苦，氣平、微寒，無毒。　主治：拯病煎湯，惟白最勝。充飢爲飯，過熟則嘉。益氣填滿中焦，止洩平和五臟。合熟雞頭芡實熟者煮粥，明目，強志，益精。傷寒方中亦多加入，各有取義，未嘗一拘。少陰證桃花湯每加，取甘以補正氣也。竹葉石膏湯頻用，取甘以益不足焉。白虎湯入手太陰，亦同甘草用者，取甘以緩之，使不速於下爾。　補註：蛟龍子生在芹菜上，食之入腹，變成龍子，須慎之，蝕餳、粳米、杏仁、乳餅煮粥食之三升，日三服，亟出蛟龍子有兩頭。開皇元年，賈橋有人吐出蛟龍，大驗，無所忌。若遇荒年穀貴，無盡以充糧，應須藥濟命者，粳米一升，酒三升，漬之，出曝乾，又漬酒次出，稍食之，渴飲，辟三十日，足一斗三升辟周年。〇小兒新生三日，應開腸胃，助穀神。碎米濃作汁飲，如乳酪，與兒大豆許，數合飲之，頻與三豆許。二七日可與哺，慎不得取次與雜藥，紅雪少少得也。○止煩，斷下利，平胃氣，溫中長肌，粳米飯及粥食之。

明·皇甫嵩《本草發明》卷五 粳米即晚大米。氣微寒，味甘、苦。又云：甘，平。入手太陰、少陰經。中品。 發明曰：粳米，雖云入心肺二經，如《衍義》所謂平和五藏，補益胃氣，功莫大焉。故《本草》主益氣，益脾胃，止煩渴，止泄。合芡實煮粥，明目強志，益精。白虎湯用之，色白入肺，以〔味甘為〕陽明（為胃）之經也。少陰〔證〕桃花湯用此，甘以補正氣。竹葉石膏湯用此，甘以益不足。

明·李時珍《本草綱目》卷二二穀部·麻麥稻類 粳音庚。《別録》中品。

〔釋名〕秔與粳同。時珍曰：粳乃穀稻之總名也。有早、中、晚三收。諸本草獨以晚稻爲粳者，非矣。粘者糯，不粘者爲粳。糯者懦也，粳者硬也。但入解熱藥，以晚粳爲良爾。

〔集解〕弘景曰：粳米，即今人常食之米，但有白、赤、小、大異族四五種，猶同一類也。可作廪米。詵曰：淮、泗之間最多。襄、洛土粳米，亦堅實而香。南方多收火稻，最補益人。諸處雖多粳米，但充飢耳。時珍曰：粳有水、旱二稻。南方土下塗泥，多宜水稻。北方地平，惟澤土宜旱稻。西南夷亦有燒山地爲畬田種旱稻者，謂之火米。古者惟下種成畦，故祭祀謂稻爲嘉蔬，今人皆拔秧栽插矣。其種近百，各各不同，俱隨土地所宜也。其穀之光、芒、長、短、大、細，百不同也。其米之赤、白、紫、烏、堅、鬆、香、否，不同也。其性之溫、涼、寒、熱，亦因土產形色而異也。真臘有水稻，高丈許，隨水而長。南方有一歲再熟之稻。蘇頌之香粳，長白如玉，可充御貢。皆粳之稍異者也。

粳米 〔氣味〕甘、苦，平，無毒。思邈曰：生者寒，燔者熱。時珍曰：北粳涼，南粳溫。赤粳熱，白粳涼，晚白粳寒。新粳熱，陳粳涼。凡人嗜生米，久成米瘕，治之以鷄屎白。穎曰：新米乍食，動風氣。陳者下氣，病人尤宜。詵曰：常食乾粳飯，令人熱中，唇口乾。不可同馬肉食，發痼疾。不可和蒼耳食，令人卒心痛，急燒倉米灰和蜜漿服之，不爾即死。

〔主治〕益氣，止煩止渴止泄《別録》。溫中，和胃氣，長肌肉《蜀本》。補中，壯筋骨，益腸胃《日華》。煮汁，主心痛，止渴，斷熱毒下痢孟詵。合芡實作粥食，益精强志，聰耳明目好古。通血脈，和五臟，好顏色。時珍。出《養生集要》。常食乾粳飯，令人不噎孫思邈。

〔發明〕詵曰：粳米赤者粒大而香，水漬之有味益人。大抵新熟者動氣，經年者亦發病。惟江南人多收火稻貯倉，燒去毛，至春舂米食之，即不發病宜人，溫中益氣，補下元也。宗奭曰：粳以白晚米爲第一，早熟米不及也。平和五臟，補益血氣，其功莫逮。然稍生則復不益脾，過熟乃佳。穎曰：粳有早、中、晚三收，以晚白米爲第一。各處所產，種類甚多，氣味不能無少異，而亦不大相遠也。天生五穀，所以養人，得之則生，不得則死。惟此穀得天地中和之氣，同造化生育之功，故非他物可比。入藥之功在所略爾。好古曰：《本草》言粳米益脾胃，而張仲景白虎湯用之入肺。以味甘爲陽明之經，色白爲西方之象，而氣寒入手太陰也。少陰證桃花湯，用之以補正氣。竹葉石膏湯，用之以益不足。時珍曰：粳稻六七月收者爲早粳，止可充食，八九月收者爲遲粳，十月收者爲晚粳。北方氣寒，粳性多涼，八九月收者即可入藥。南方氣熱，粳性多溫，惟十月晚稻氣涼乃可入藥。遲粳、晚粳得金氣多，故色白者入肺而解熱也。早粳得土氣多，故赤者益脾而白者益胃。若滇、嶺之粳則性熱，惟彼土宜之耳。

〔附方〕舊二，新十。 霍亂吐瀉：煩渴欲絕。用粳米二合研粉，入水二盞研汁，和淡竹瀝一合，頓服。《普濟》。 赤痢熱躁：粳米半升，水研取汁，入油瓷瓶中，蠟紙封口，沉井底一夜，平旦服之。吳內翰家乳母病此，服之有效。《普濟方》。 自汗不止：粳米粉絹包，頻頻撲之。 五種尸病：粳米二升，水六升，煮一沸服，日三。《肘後》。 卒心氣痛：粳米二升，水六升，煮六七沸服。《肘後方》。 米瘕嗜米：有人好啞米，久則成癥，不得米則吐出清水，得米即止，米不消化，久亦斃人。用白米五合，鷄屎一升，同炒焦爲末。水一升，頓服。少時吐出癥，如研米汁，或白沫淡水，乃愈也。○《千金方》。 小兒初生：三日，應開腸胃、助穀神者。碎米濃作汁飲，如乳酪，頻以豆許與兒飲之。二七日可與哺，慎不得與雜藥也。《肘後方》。 初生無皮：色赤，但有紅筋，乃受胎未足也。用早白米粉撲之，肌膚自生。《聖濟方》。 小兒甜瘡：生於面耳。令母頻嚼白米，卧時塗之。不過三五次，即愈。 荒年辟穀：粳米一升，酒三升漬之，暴乾又漬，酒浸。取出稍食之，可辟三十日。足一斗三升，辟穀一年。《肘後方》。 胎動腹痛：急下黃汁。用粳米五升，黃芪六兩，水七升，煎二升，分四服。《聖惠》。 赤根丁腫：白粉熬黑，和蜜傅之。《千金方》。

淅二泔 〔釋名〕米瀋時珍曰：淅音錫，洗米也。瀋，汁也。泔，甘汁也。第二次者，清而可用，故曰淅二泔。 〔氣味〕甘，寒，無毒。 〔主治〕清熱，止煩渴，利小便，涼血時珍。 〔發明〕戴原禮曰：風熱赤眼，以淅二泔睡時冷調洗肝散、菊花散之類，服之。

〔附方〕新四。 吐血不止：陳紅米泔水，溫服一鍾，日三次。《普濟方》。 鼻出衄血：頻飲淅二泔，仍以真麻油或蘿蔔汁滴入之。《證治要訣》。 鼻上酒齄：以淅二泔食後冷飲。外以硫黃入大菜頭內，煨碾塗之。《證治要訣》。 服藥過劑：悶亂者。粳米瀋飲之。《外臺》。

炒米湯　『主治』益胃除濕，不去火毒，令人作渴時珍。

粳穀奴穀穗煤黑者。　『主治』走馬喉痹，燒研，酒服方寸匕，立效。時珍。○出《千金》。

禾稈　『主治』解砒毒，燒灰，新汲水淋汁濾清，冷服一碗，毒當下出。時珍。○出《衛生易簡方》。

明·梅得春《藥性會元》卷中　粳米　味甘，氣平，無毒。入手太陰肺經、手少陰心包。　主止煩渴、洩，益氣力，平和五臟，補益胃氣，其功莫可及。與雞頭實相合，煮粥食之，益精強志，聰耳明目。　陳倉米：　味酸，氣溫，無毒。　止煩渴，下氣開胃，消食止洩，補五臟，澀腸胃。

明·王肯堂《傷寒證治準繩》卷八　粳米　氣平，味甘苦，無毒。　有早、中、晚三收，以晚白米為第一。　新熟者動氣，經年者亦發病，惟江南人多收火稻，貯倉至春，舂米食之，即不發病，宜人，溫中益氣，補下元也。　海：　本草諸家共言益脾胃，如何白虎湯用之入肺？　以其陽明為胃之經，色為西方之白，故入肺也。　然治陽明之經即在胃也，色白味甘寒，入手太陰。　又少陰證桃花湯用此，甘以補正氣。　竹葉石膏湯用此，甘以益不足。

明·穆世錫《食物輯要》卷二　粳米　味甘。　北粳涼，南粳溫；　赤粳熱，白粳涼，晚白粳寒。　新粳熱，陳粳涼；　生性寒，熟性熱。　並無毒。　和五臟，通血脈，長肌肉，壯筋骨。　但新米乍食，動風氣；　陳米下氣易消，病人尤宜。　同馬肉食，發痼疾；　同蒼耳食，令心疼。　燒倉米灰，和蜜調服，可解小兒嗜生米；　成米瘕，治之以鷄屎白，可愈。　有早、中、晚三收。　白晚米第一，各處所產種數雖多，功用不甚相遠。　崔浩云：　米飯落水缸內，久則腐，腐則發泡浮水面。　誤飲，發惡瘡。

明·李中立《本草原始》卷五　粳米　一名秔。　有水旱二種，早、中、晚三收。　南方地下塗泥多，宜水稻；　北方地平，惟澤土，宜旱稻；　西南夷亦有燒山地為畬田，種旱稻者，謂之火米。　古者惟下種成畦，故祭祀謂稻為嘉蔬。　今人皆拔秧栽插矣。　其種不同，俱隨土地所宜也。　其穀有光、芒、長、短、大、小，其米有赤、白、紫、青、堅、鬆，其性有溫涼寒熱，亦因土產形色而異也。　入藥以晚粳者為良，故曰粳米。　粳者，硬也。　北人呼為大米，亦呼稻米。孔子曰食夫稻，即此也。　粳米：　氣味：　甘、苦，平，無毒。　主治：　益氣止煩，止渴止洩。　○溫中和胃氣，長肌肉。　○補中，壯筋骨，益腸胃。　○煮汁，主心痛，止渴，斷熱毒下痢。　○合芡實作粥食，益精強志，聰耳明目。　○通血脈，和五臟，好顏色。　○常食乾粳飯，令人不噎。

淅二泔：　主治：　清熱止煩渴，利小便，涼血。　粳穀奴：　主治：　走馬喉痹，燒研，酒服方寸匕，立效。　禾稈：　主治：　解砒毒，燒灰，新汲水淋汁，濾清，冷服一椀，毒當下出。

粳米：　《別錄》中品。【圖略】令人呼粳通謂之稻。　十月收者為晚粳。穎曰：　新米乍食，動風氣。　陳者下氣，病人尤宜。　詵曰：　同馬肉食發痼疾。　和蒼耳食，令人卒心痛，急燒倉米灰，和蜜漿服之，不爾即死。《簡要濟衆方》：　治鼻衄不止，服藥不應，獨聖散。　糯米微炒黃，為末，每服二錢，新汲水調下。

明·張懋辰《本草便》卷二　粳米　味甘、苦，氣平，微寒，無毒。　入手太陰、少陰經。　主益氣，止煩止洩，平和五臟，補益胃氣，其功莫及，與熟雞頭作粥，食之極補。

明·吳文炳《藥性全備食物本草》卷一　粳米　味甘，平，無毒。　北粳涼，南粳溫；　赤粳熱，白粳涼，晚白粳寒；　新粳熱，陳粳涼；　生性寒，熟性熱；　惟晚米為最養生。　書云：　氣精皆從米字變化而生，故字皆從米。　入手太陰、少陰經。　平和五臟，補益胃氣，長肌肉，壯筋骨，止煩渴泄痢，強心志，益腎精，益腎氣。　有病者煮粥食之，不雜一物，其病自愈。　造飯過熟則焦，食乾飯止瀉，若食乾飯，令人熱中，唇口乾。　和蒼耳食，令卒心痛，燒陳倉米和蜜漿解之。　和馬肉同食發痼疾。　新熟者動氣，經再年者發病。　液云：白虎湯用之入肺，以陽明為胃之經，色為西方之白也。　少陰症桃花湯用此，甘以補正氣。　竹葉湯用此，甘以益不足。　崔浩云：　米飯落水缸內久則腐壞，腐則發泡浮水面，誤飲發惡瘡。

杵頭細糠：　堪治卒噎，蜜丸彈子大，無時含之，能送食飯過喉，斯亦舂搗之義耳。　又燒末服之令易產。　以糠作枕損人眼目。

陳倉米：　即粳米，以廩軍人者，陳久者良。　調胃暖脾，寬中下氣，除煩止渴，消食，澀腸止洩痢。　食之易飢。　炊作乾飯止痢，補中益氣，堅筋骨，通血脈，起陽道。　北人炊之於瓮中，水浸令酸，食之暖五臟六腑之氣。　凡熱食即熱，冷食即冷，假以火氣性自溫平。　又蒸作餅，和醋封毒腫惡瘡立瘥。

明·繆希雍《本草經疏》卷二五　粳米　味甘、苦，平，無毒。　主益氣，止煩，止洩。

【疏】粳米，即人所常食米，感天地沖和之氣，同造化生育之功，為五穀之長，人相賴以為命者也。《經》曰：安穀則昌，絶穀則亡。仲景曰：人受氣於水穀以養神，水穀盡而神去。自上古聖人樹藝，至今不可一日無此也。稟土德之正，其味甘而淡，其性平而無毒。雖專主脾胃，而五臟生氣，血脈、精髓，因之以充溢周身，筋骨、肌肉、皮膚，因之而強健。本經益氣，止煩、止洩，特其餘事耳。【主治參互】入白虎湯，治作勞人傷寒發熱，虛羸少氣，氣逆上衝欲吐。少陰病下痢膿血，或腹滿下如魚腦者，桃花湯主之。粳米一升，赤石脂一斤，一半全，一半末，乾薑一兩，以水七升，煮米令熟，去滓。温服七合，內赤石脂末方寸匕，日三服。若一服愈，餘勿服。已上仲景法。《普濟方》小兒初生無皮，色赤，但有紅筋，乃受胎未足也。用早白米粉撲之，肌膚自生。《千金方》嗜食生米成瘕，用白米五合，雞屎一升，同炒焦，為末，水一升，頓服。少時吐出瘕，如研米汁，或白沫淡水，乃愈也。

明・應廖《食治廣要》卷二　粳米一名秔米，乃穀稻之總名也。　氣味：甘，平，無毒。主治：温中，和胃氣，長肌肉，壯筋骨，益腸胃，通血脉，和五藏，好顏色。新熟者動氣，經年者良。汪穎曰：粳有早、中、晚三收，以晚白【米】為第一。各處所產，種類甚多，氣味不能無少異，而亦不大相遠也。天生五穀，所以養人，得之則生，不得則死。惟此穀得天地中和之氣，同造化生育之功，故非他物可比。入藥之功，在所略耳。

明・姚可成《食物本草》卷五穀部・稻類　粳米一名秔，與粳同。粳乃稻穀之總名也，有早、中、晚三收。粘者為糯，不粘者為粳。糯者，柔懦也；粳者，剛硬也。○粳米，即今人常食之米，雖有赤、白、小、大幾種，同一類也。淮、泗之間最多。襄、洛土粳米，亦堅實而香。南方多收火稻，最補益人。諸處雖多粳米，恒能充飢，而無滋養之功。○李時珍曰：粳有水、旱二稻。南方土下塗泥多，宜水稻。北方地平，惟澤土宜旱稻。西南夷亦有燒山地為畬田種旱稻者，謂之火米。古者惟下種成畦，故祭祀謂稻為嘉蔬，今人皆拔秧栽插矣。其種近百，各各不同，俱隨土地所宜也。其穀之光、芒、長、短、大、細，百不同也。其米之赤、白、紫、烏、堅、鬆、香、否，不同也。其性之温、涼、寒、熱，亦因土產形色而異也。真臘有水稻，高丈許，隨水而長。南方有一歲再熟之稻。蘇頌之香粳，長白如玉，可充御貢。皆粳之稍異者也。○粳稻六七月收者為早粳，得土氣多，止可充食。赤者益脾，而白者益胃。八九月收者為遲粳，十月收者為晚粳，得金氣多，其色白，入肺而解熱也。故張仲景白虎湯中用之，以味甘為陽明之經，色白為西方之象，而氣寒入手太陰也。少陰症桃花湯，用之以補正氣；竹葉石膏湯，用之以益不足。　粳米，味甘，平，無毒。主益氣，止煩，止渴，止洩痢。温中，和胃氣，長肌肉。壯筋骨，益腸胃，通血脉，和五臟，益精強志，聰耳明目。合芡實煮粥食之更佳。小兒初生，煮粥汁如乳，量與食，開胃、助穀神。常食乾粳飯，令人不噎。新米乍食，動風氣。陳者下氣，病人尤宜。不可和蒼耳食，令人卒心痛，急燒倉米灰和蜜漿服之，不爾即死。○粳有早、中、晚三收，以晚白米為第一。各處所產，種類甚多，氣味不能無少異，而亦不大相遠也。天生五穀，所以養人，得之則生，不得則死。惟此穀得天地中和之氣，同造化生育之功，故非他物可比。入藥之功在所略耳。

光粳米　甘，平。其粒粗大性堅，助胃益精。　白粳米　甘，微寒，性稍軟。收成偏晚。米中推為第一。　黃莖秈　甘，平，氣香。收成稍歉。養榮衛，健脾和中。煎湯可以止痢。　天落黃　甘，平，性軟。收成頗豐。益胃與上同功，陳者養胃不滯。　紅蓮米　色赤，甘，平，氣香，性軟。健胃和脾，大益人元氣，米中佳品。　淅二泔淘米第二次水，清而可用，故曰淅二泔。　味甘，寒，無毒。清熱，止煩渴，利小便，涼血。　炒米湯　益胃除溼。不去火毒，令人作渴。　粳穀奴穀穗煤黑者。　治走馬喉痹，燒研，酒服方寸匕，立效。

禾稈　解砒毒，燒灰，新汲水淋汁濾清，冷服一椀，毒當下出。

附方：治米瘕，嗜喫生米，久亦斃人。用白米五合，雞屎一升，同炒焦為末。水一升，頓服。少時吐出瘕，如研米汁，或白沫淡水，乃愈也。　自汗不止。粳米粉絹包，頻頻撲之。　小兒初生無皮，色赤，但有紅筋，乃受胎未足也。用早白米粉撲之，肌膚自生。　吐血衄血不止。俱以陳米泔，温服一鍾，日三次。仍以真麻油或蘿蔔汁滴入鼻孔。　赤鼻酒風臉。米泔水每日食後飲之。外以硫黃入大菜頭內，煨研，塗之。

明・顧逢柏《分部本草妙用》卷九穀部　粳米　甘、苦，平，無毒。主治：益氣，止煩泄利，壯筋骨，通血脉，和五臟，補益腸胃。合芡實煮粥食，益精強志，耳目聰明。煮汁開乳。按：粳有早、中、晚三等，以白晚米十月中收者為佳。各處所產，種類甚多，氣味不無少異，而亦不大相遠也。天生五穀，所以養人，得則生，失則死，得天地中和之氣，同造化生育之功，天地間至寶也。赤者益脾，而白者益胃。張仲景白虎湯用之入肺，以味甘入陽明經，色白為西方之象，而氣寒入手太陰也。少陰症桃花湯用之，以補正氣。

竹葉石膏湯用之，以益不足。

明·孟笨《養生要括·穀部》 粳米粳有早、中、晚三(枚)〔收〕，以晚白米第一，早熟米不及也。得天地中和之氣，同造化生育之功，故補益良多。 味甘，性溫，無毒。益氣，止煩，止渴，止洩，補中，壯筋骨，益腸胃，通血脈，和五臟，好顏色。合芡實作粥食，益精強志，聰耳明目。

明·鄭二陽《仁壽堂藥鏡》卷三 粳米 氣微寒，味甘、苦，甘、平，無毒。入手太陰經、少陰經。 《液》云：主益氣，止煩、止渴、止泄。與熟雞頭相合，作粥食之，可以益精強志，耳目聰明。本草諸家共言益脾胃，如何白虎湯用之入肺？以其陽明為胃之經，色為西方之白，故入肺也。然治陽明之經，即在胃也。色白，味甘，寒，入手太陰。又少陰證桃花湯用此，甘以補正氣。竹葉石膏湯用此，甘以益不足。 《衍義》云：平和五臟，補益胃氣，其功莫逮。然稍生則復不益脾，過熟則佳。 孟詵云：陳倉米，曰廩。作乾飯食之，止痢。 日華子云：補中，壯筋骨，厚腸胃。

明·蔣儀《藥鏡》卷三平部 粳米 長五穀以獨尊，繼先天而益氣。血脈精髓，充溢因之，筋骨肉肌，強健繇此。小兒胎出赤肉無皮，粉蚕白粳，撲敷皮幔。蚕白粳，粳米之蚕熟，而春白者粉磨之作粉，幔皮頓生，而包肉如帷幔之幛物也。

明·施永圖《本草醫旨·食物類》卷二 粳米即今白稻米，有早中晚三項，以白晚米為佳。 味：甘、苦，氣平溫，微寒，無毒。止洩痢，壯筋骨，通血脈，和五臟，補脾氣，止煩悶，其功最大。小兒初生，煮粥汁如乳，量食之，開胃助神，甚佳。稍長，合芡實煮粥食之，益精強志。香粳尤勝，新粳少動風氣，陳者下氣。北粳白而陳者涼，南粳赤而新者熱。 一方，穀芒刺喉用鴨涎嚥下立愈。○和蒼耳食。卒心痛，急燒倉米灰和蜜服之，不爾即死。

清·穆石匏《本草洞詮》卷五 粳 乃今人嘗食之米，有早中晚三收。北粳涼，南粳溫。赤粳熱，晚白粳涼。新粳熱，陳粳涼。晚粳得金氣多，故色白者入肺而解熱，早粳得土氣多，故赤者益脾，而白者益胃。入藥以晚白粳為第一，他米皆不及也。夫天生五穀，所以養人。粳米得天地中和之氣，同造化生育之功，入藥之功在所略耳。

清·丁其譽《壽世秘典》卷三 粳粳與秔同乃稻穀之總名也，諸本草獨以晚稻為粳者，非矣。粘者為糯，不粘者為粳。 氣味：甘，平，無毒。主益氣補中，長肌肉，壯筋骨，和五臟，通血脈。

發明李時珍曰：粳有早、中、晚三收，以晚白米為上，得金氣多，故色白，能入肺而解熱，大是益人。早粳得土氣多，但益脾胃。北方氣寒，粳性多涼。南方氣熱，粳性多溫。赤粳熱，白粳涼，晚白粳寒，新粳熱，陳粳涼。 淅二泔淘米第二次水清而可用，故曰淅二泔。 味甘，寒，無毒。主清熱，止煩渴，利小便，涼血。

清·尤乘《食鑒本草·粟類》 粳米 晚熟者佳。忌與蒼耳、馬肉同食。冬春濕熱性退，最清藏府。小兒初生煮粥汁如乳，量食之，開胃助神，稍長同芡實煮粥食之，益精強志。

清·朱本中《飲食須知·穀類》 粳米秈米、陳廩米 味甘。北粳涼，南粳溫，赤粳熱，白粳涼，晚白粳寒，新粳熱，陳粳涼。生性寒，熟性熱。新米乍食動風氣。陳米下氣易消，病人尤宜。同馬肉食發痼疾，同蒼耳食卒心痛，急燒倉米灰和蜜漿調服，不爾即死。大人、小兒嗜生米者，成米瘕。飯落水缸內，久則腐，腐則發泡浮水面，悮食發惡瘡。黃粱米，味甘，性平。其穗大毛長，不耐水旱，名曰竹根黃。其香美過於諸粱。黃者出西洛，白者出東吳，青者出襄陽。白、青二粱，味甘，性微寒。秈米，味甘，性溫。陳廩米，年久者，其性涼，炒則溫。同馬肉食發痼疾。香稻米，味甘，性軟，其氣香甜。紅者謂之香紅蓮，其熟最早。晚者謂之香稻米。

清·何其言《養生食鑒》卷上 粳米音庚，言堅硬于粳米也。 味甘。北粳涼，南粳溫； 赤粳熱，白粳涼，晚白粳寒； 新粳熱，陳粳涼； 生粳寒，熟粳熱。並無毒。和五臟，通血脈，長肌肉，壯筋骨。但新米乍食，動風氣。陳米下氣易消，病人尤宜。同馬肉食，發痼病。同蒼耳食，令心痛。燒倉米灰，和蜜調服，可解小兒嗜生米成米瘕，治之以雞屎白，可愈。有早、中、晚三收，白晚米第一。各處所產種數雖多，功用不甚相遠。合芡實作粥食，益精強志，聰耳明目。

清·蔣居祉《本草擇要綱目·平性藥品》 粳米粳音庚。粳乃穀稻之總名也，有早、中、晚三收。諸本草獨以晚稻為粳者，非矣。 氣味：甘、苦，平，無毒。生者寒，燔者熱。北粳涼，南粳溫。赤粳熱，白粳涼，晚白粳寒。新粳熱，陳粳涼。新米乍食動風氣。陳者下氣，病人尤宜。常食乾粳飯，令人熱中脣口乾。不可同馬肉食，發痼疾。不可和蒼耳食，令人卒心痛，急燒倉米灰和蜜漿服之，不爾即死。 主治：益氣止煩，止渴止洩。溫中和胃氣，長肌肉。補中，壯筋骨，益腸胃。煮汁主心痛，止渴，斷熱毒下痢。合芡實作粥食，益精強志，聰耳明目，通五臟，好顏色。常食乾粳飯，令人不噎。粳有早、中、晚三收，以晚白米為第一，得天地中和之氣，同造化生育之功，非他物可比。《本草》言粳米益脾胃，而張仲景白虎湯用之入肺，以味甘為陽明之經，色白為西方之象，而氣寒入手太陰也。桃花湯用之以補少陰之正氣，竹葉石膏湯用之以益不足。

清・汪昂《本草備要》卷四 粳米粳，硬也；糯，懦也。補脾，清肺。甘，涼。得天地中和之氣，和胃補中，色白入肺，除煩清熱，煮汁止渴。仲景白虎湯、桃花湯、竹葉石膏湯，并用之以清熱，補不足。張文潛《粥記》：粥能暢胃氣，生津液。每晨空腹食之，所補不細。昂按：今人終日食粥，不知其妙。迨病中食之，覺與藏府相宜，迥非他物之所能及也。粳乃稻之總名，有早中晚三收。晚者得金氣多，性涼，尤能清熱。北粳涼，南粳溫。白粳涼，紅粳溫。新米食之動氣。陳廩米沖淡，可以養胃。煮汁煎藥，亦取其調腸胃，利小便，去濕熱，除煩渴之功。《集成》云：陳米飯，緊作團，火煆存性，麻油、膩粉調，敷一切惡瘡、百藥不效者。

清・李熙和《醫經允中》卷二一 粳米 甘、苦，平，無毒，主治壯筋骨，通血脈，和五臟，止泄利，益精強志，聰耳明目。按：粳有早、中、晚三等，以白晚米十月中收者為佳。各處所產種類甚多，氣味不無少異而亦不大相遠也。天生五穀，所以養人，得則生，失則死，得天地中和之氣，同造化生育之功，天地間至寶也。赤者益脾而白者益胃。白虎湯用之，入肺，以味甘入陽明經，色白為西方之象，而氣寒入手太陰也。少陰症桃花湯用之，以補正氣，竹葉石膏湯用之，以益不足。未經霜新米，下痢所忌。民為邦本，食為民天，而食以穀為主。是以古之明王，或刻耕夫于殿上，或種黍麥于苑中。身為天子，猶朝夕不忘稼穡之艱難，況其下者乎？詩有云：荷鋤日當午，汗滴禾下土。誰知盤中飧，粒粒皆辛苦。人之安享粒食者，奚可不珍重五穀，而暴殄天物也？

清・馮兆張《馮氏錦囊秘錄・雜症痘疹藥性主治合參》卷六 粳米即常食之米也。感天地沖和之氣，得造化生育之功，為穀中之長，人相賴以為命者也。《經》曰：安穀則昌，絕穀則亡。仲景曰：人受氣於水穀，以養神水，穀盡而神去。自上古聖人樹藝至今，不可一日無此也。稟土德之正，其味甘，淡，性平，無毒。雖專主脾胃，而五臟生氣血脈精髓因之以充溢，周身筋骨肌肉皮膚因之而強健。《本經》益氣止煩，止洩，特其餘事耳。入白虎湯，治作勞人傷寒發熱，虛羸少氣，氣逆上衝欲吐。入桃花湯，治少陰病下痢膿血，或腹滿下如魚腦者。粳米一升，赤石脂一斤，一半全一半末，乾薑一兩，以水七升，煮米令熟，去滓，溫服七合，內赤石脂末方寸匕，日三服，若一服愈，餘勿服。《聖濟方》：小兒出生無皮，色赤，但有紅筋，乃受胎未足也。用早白米粉撲之，肌膚，自生。《千金方》：嗜食生米成瘕，用白米五合，雞屎白一升，同炒焦為末，水一升。頓服，少時吐出瘕如米汁，或白沫淡水，乃愈也。蘗米，即稻芽也。味甘，氣溫，無毒。具生化之性，故為消食健脾、開胃和中之要藥。粳米，益氣填滿中焦，止洩平和五臟。合芡實煮粥，明目強志，益精。入心肺二經。拯病煎湯尚白，充飧為飯須熟。藥中每用，取甘以補正氣，益不足。陳年米，尤易消化，善調脾胃，止瀉痢，渴煩，開胃進食健脾，更卻胃熱。穀芽，消食，與麥芽同等。溫中，乃穀蘗偏長。

主治痘疹合參：粳米，氣微寒。主益氣，止煩渴泄瀉，平和五臟，補益胃氣。陳黃米，氣溫。益真氣而和胃氣，除煩渴而止泄瀉，開胃進食。凡痘瀉渴者，宜炒熟，煮湯飲之最宜。

清・汪啟賢等《食物須知・諸米》 粳米即晚大米。味甘、苦，氣平、微寒。每水田堪蒔，霜降纔收，穀大多芒。米粘曰粳，有赤、白兩種。赤者江左多蒔，入心肺二經，拯病煎湯惟白最勝，充餐為飯，過熟則佳。益氣，填滿中焦；止瀉，平和五臟。合芡實煮粥，明目，強智，益精。傷寒方中亦多加入，各有取義，未嘗一拘。少陰證桃花湯每加，取甘以補正氣也。竹葉石膏湯頻用，取甘以益不足焉。白虎湯入手太陰，亦同甘草用者，取甘以緩之，使不速於下爾。

清・浦士貞《夕庵讀本草快編》卷三 粳《別錄》、秔 附秈 粳，硬也，取其不粘，以別糯也。入藥以晚粳為良。秈乃鮮明之義，種出占城，其性更硬。粳得天地沖和之氣，同造化生育之功，味甘氣平，故能養人。得之則生，不得則死，非他穀可比，入藥之功反在略爾。仲景白虎湯用之以入肺，取其味甘走陽明之經，色白屬西方之象，氣寒得手太陰之化也。又少陰症桃花湯用之以補正氣，竹葉湯用之以益不足，隨食隨宜，無往不利，真國家之重寶，民食同天者也。若秈則質疎性剛，艱食難化，病者亦忌。

清・劉漢基《藥性通考》卷六 粳米、糯米 味甘，涼。得天地中和之氣，和胃補中。色白入肺，除煩清熱，煮汁止渴。粳乃稻之總名，有早、（有）〔中〕、晚三收，晚者得金氣多，性涼，尤能清熱。陳米沖淡，可以養胃，煮汁煎藥，亦取其調腸胃、利小便、去濕熱、除煩渴之功。《集成》云：陳米飯緊作團，火煆存性，麻油、膩粉調，敷一切惡瘡百藥不效者，最良。〇糯米，味甘，溫。補脾胃虛寒，堅大便，縮小便，收自汗，發痘瘡。然性粘糯，病人及小兒忌之。

清・姚球《本草經解要》卷四　粳米　氣平，味甘，苦，無毒。主益氣，止煩止洩。　粳米氣平，稟天秋成之金氣，入手太陰肺經。味甘苦，無毒，得地中南火土之味，入足太陰脾經、手少陰心經。氣味降多於升，陰也。肺主氣，氣平益肺，所以益氣。脾為陰氣之原，脾陰充足，則五藏、血脈、精髓、周身皮肉筋骨皆因之強健，自無心煩下洩之事矣，所以止煩止洩也。　製方：白米五合，雞屎一升，同炒焦，為末，水一升，頓服，治食生米成瘕。炒焦入藥，開胃下氣。

清・楊友敬《本草經解要附餘・考證》　粳米　粳同秔。稻粘者為糯，不粘者粳。入藥晚粳良。其早熟者為秈。《綱目》另列，云氣溫，主溫中除濕。先秋登場。江淮間於糯之外，統名為秈，不復稱粳，於此種早秈，謂之白稻，以其米色獨白。《本草》列稻、粳、秈三種，稻即糯，蓋專稱糯為稻也。

清・王子接《得宜本草・中品藥》　粳米　味甘、苦。功專和胃守中。得石膏、附子皆取其留中也。

清・黃元御《長沙藥解》卷一　粳米　味甘，入足太陰脾、足陽明胃、手太陰肺經。　入太陰而補脾精，走陽明而化胃氣，培土和中，分清泌濁，生津而止渴燥，利水而通熱澀。　《金匱》附子粳米湯，附子一枚，粳米半升，半夏半斤，甘草一兩，大棗十枚。治腹中寒氣，雷鳴切痛，胸脇逆滿，嘔吐。以火虛土敗，水寒木鬱，肝木剋脾，故腹中雷鳴而為切痛，膽木剋胃，故胸脇逆滿而作嘔吐。粳米、甘、棗，補土和中，附子驅下焦之濕寒，半夏降上脘之衝逆也。　《傷寒》桃花湯方在赤石脂用之治少陰病，腹痛下利，小便不利，便膿血者，以土濕水寒，木鬱血陷，粳米補土而和中，利水而泄濕也。　人之中氣沖和，升降不反，則清陽弗陷而濁陰弗逆。中氣虧損，升降倒行，清氣下陷，痛墜而泄利，濁氣上逆，痛滿而嘔吐，則沖和之地，變而為急迫之場矣。物之沖和，莫如穀氣，粳米得穀氣之完，《素問》：稻米者完。最補中焦，而理清濁。附子粳米湯以此和平厚重之氣，助其中宮，桃花湯以此和煦發達之氣，益其中脘。中旺則癸水將退，而後乾薑奏其回陽之效，己土將復，而後石脂成其固脫之功，陰邪欲遁，而後附子展其破寒之能，衛氣欲平，而後半夏施其降逆之力。若非粳米握其中權，雖以半夏、附子之長於降濁，何足恃其前茅，乾薑、石脂之善於升清，安得逞其後勁。常山率然，但有首尾，未能如此呼應之靈也。　飲食入腹，是變精氣，穀氣化精，歸於肝脾，穀精化氣，歸於肺胃。物之潤澤，莫過於氣，氣清而化津水，津旺則金潤，水利則土燥。水愈利則土愈燥，而氣愈清，氣愈清則津愈旺，而水愈利。故止渴之法，機在益氣而清金，清金之法，機在利水而燥土。以土燥則清氣飄灑，津液流布，臟腑被澤，是以不渴，土濕則濁氣湮鬱，痰涎凝結，臟腑失滋，是以渴也。粳米清液淳濃，最能化氣，生津清金止渴，長於利水而燥土。白虎湯方在石膏用之治傷寒表解之熱渴，石膏、知母，清金而化水，粳米益氣而生津也。人參白虎湯方在人參用之治傷寒汗後之燥渴，石膏、知母，清金而化水，粳米、人參，益氣而生津也。竹葉石膏湯方在竹葉用之治大病差後，虛羸少氣，氣逆欲吐，麥冬、石膏，清金而化水，粳米、人參，益氣而生津也。麥門冬湯方在麥冬用之治咳嗽，火逆上氣，咽喉不利，麥冬清金而化水，粳米、人參，益氣而生津也。　蓋非氣則津不化，非津則水不生，譬之水沸而氣騰焉。氣上之熏澤而滋潤者，津也，氣下之泛灑而滴瀝者，水也，使無粳米、人參益氣生津之藥，徒以知、膏、麥冬清金化水之品，求其止渴，斷乎不能！　人之夏熱飲水，腸鳴腹脹而燥渴不止者，水不化氣故也。

清・吳儀洛《本草從新》卷四　粳米〔和胃補中，清肺。〕　甘，平。北粳涼，南粳溫，赤粳熱，白粳涼；新粳熱，陳粳涼。得天地中和之氣，平和五臟，補益氣血。色白入肺。除煩清熱，利便止渴。有早中晚三收，晚者得金氣多，性涼，尤能清熱。新米乍食動氣。凡人嗜生米，久成米瘕，治以雞屎白。泔古名米瀋。第二次者，清而可用。清熱止煩渴，利小便，涼血。

清・嚴潔等《得配本草》卷五　粳米　甘，平。得天地中和之氣，同造化生育之功。和五臟，通血脈，壯筋骨，長肌肉。晚收色白者，得金氣多，性涼入肺，清熱除煩、解渴、涼血、利便。　早米粉，撲小兒初生無皮。粳米粉，撲自汗不止。頻嚼白米，臥時塗小兒甜瘡。　粳有早、中、晚三收。北粳涼，南粳溫。赤粳熱，白粳涼。新粳熱，陳粳涼。　凡人嗜生米，久成米瘕，治之以雞屎白。　不可和蒼耳食，令人卒心痛，急燒倉米灰和蜜漿服之，不爾即死。

題清・徐大椿《藥性切用》卷六　粳米　北粳涼，南粳溫，赤粳熱，白粳涼，新粳熱，陳粳平，早粳溫，晚粳涼，味皆微甘。稟天地中和之氣，得日月平正之精。入胃而補脾益肺，長氣養血，添精助神，為養生日用之資，萬世不易之糧也，貴賤共珍之。稠米飲，益胃養神，無火乾渴最宜之。清米泔，清熱止渴，利便除煩。穀殼，醋拌蒸，(熬)〔敷〕寒痺。稻柴煑汁，消化牛乳。

清・黃宮繡《本草求真》卷七　粳米固中清熱除煩。粳米耑入脾胃，兼入心脾。即人常食之米也。稟天地中和之氣，味甘性平。時珍曰：北粳涼，南粳溫，赤粳熱，白粳涼，晚白粳寒，新粳熱，陳粳涼。凡人嗜生米，久成米瘕，治之以雞屎白焉。人非此物不能養生，故性耑主脾胃，而兼及他臟。凡五臟血脈，靡不因此而灌溉，五臟積液，靡不因此而充溢，他如周身筋骨、肌肉皮膚，靡不因此而強健，故凡白虎、桃花、竹葉、石膏等湯，靡不用此以為固中清熱，然米既有早晚之不同，復有地土出處之各異。穎曰：新米乍食動風，陳者下氣，病患尤宜。早米受氣既早，性雖溫而質多粘，食之反能戀膈。脾有濕滯者最忌。晚米受氣既遲，其性稍涼，服之不無稍清，而白晚性滯，尤覺滋害，出於高地，則米硬而質潔，出於窪處，則米潤而性陰。然總於中是固，諸方用此佐助，蓋恐藥性苦寒，得此甘緩同入，俾胃氣不致頓損，而熱與煩亦得與之俱安矣。此雖常食之物，服之不甚有益，而一參以藥投，則其力甚巨，未可等為泛常而忽視也。

清・李文培《食物小錄》卷上　粳即早米。　甘，平、溫，無毒。北粳涼，南粳溫，赤粳熱，白粳涼，晚白米寒，新粳米熱，陳粳涼。益氣，止煩渴，止洩，溫中和胃，長肌肉。合芡實作粥食，益精強志，聰耳明目。凡人久食生米成瘕者，治之以雞屎白。

清・羅國綱《羅氏會約醫鏡》卷一七穀部　粳米粳，硬也。味甘涼，入胃經。得天地中和之氣，和胃補脾。除煩清熱，仲景白虎等湯用之，以清熱而補不足。滋五臟，生氣血。外而肌肉，內而精髓，無不賴是以充足者也。《經》曰：安穀則昌，絕穀則亡，職是之謂歟？

陳年米　味更沖淡，尤易消化，善調脾胃，止瀉痢煩渴，健脾進食，更除胃熱。

穀芽　化食，與麥芽同，而溫中更良。

清・王學權《重慶堂隨筆》卷下　粳米　為養人之至寶，而荒歉時有，不可不豫籌積儲之法也。最簡易者，但將飯乾曬透，永遠不壞。飢者嚼一撮，得米氣便可不死。每年各家留飯一斗，曬透入甕，存放乾燥處，甚不費力，貧富皆可為之。若得家家如此，遠勝積穀備荒多矣。

〔王國祥〕注：以糯米一斗淘淨，百蒸百曬，搗細入甕，存乾燥處亦不壞。日服三勺，渴則飲之，斗米可度一月。家有老人不能嚼飯乾者，不可不知此法。故補錄之。

清・章穆《調疾飲食辯》卷二　白粳米飯、白秈米飯　粳熟於秋，性稍涼；秈熟於夏，性稍溫。總皆和平，但養胃和脾，粳力較勝而已。獨傷寒久熱之後，只宜食粥，不宜食乾飯，食之即反此。《內經》所戒，切勿犯之。又凡米新者，極香極甘，煮汁亦極濃，其和中益氣之功，過於陳者。試觀諸米、麥、黍、稷初登場時，作餳作酒，皆汁多味美，非新者力厚乎？稍久則漸少漸薄，非陳者不及新者之明驗乎？世醫乃謂新米堵氣，病人及產後忌食，大不明理之言也。彼蓋因諸本草有陳者最良之說，不知彼取陳者性涼，為熱病而言，各本草陳米之上下文，皆有其語，請細閱之。豈禁食新者乎？惟汪穎《食物本草》曰：天生五穀，所以養人性，秈、粳得中和之氣，同造化之功。忽而又曰：新米乍食動風氣。如此美物，何陡然又有此害。問之汪公，亦難自解。其為藥，治生兒無皮，白秈米粉每日撲之。出《聖濟總錄》。又治胎動腹痛，下黃水，粳米一升，黃耆六兩，水七升，煎取二升，分四服。出《聖惠方》。又治表虛漏汗不止，白米粉絹包撲之。出《肘後方》。《元和紀用經》用麻黃、藁本、白芷各三兩，米粉四兩，撲之，尤妙。《傷寒論》名白粉。

紅米飯　此米氣味亦頗不惡，而其不益脾胃實甚，病人及產婦食之，枯瘠尫羸，極難復舊。且糠喂豬，長毛不長肉；稈食牛馬，足重難行。牛馬之劣者，不擇佳者，自不肯食之。而舉世農家不察也，醫家更不察也。自古醫書、本草，皆云白為勝，獨孟詵《食療本草》異於眾說，云：紅米粒大而香，益人。《綱目》乃謂白米益胃，紅米益脾，請問此是何理？更屬杜撰。又凡藥色白者入氣，赤者入血。故醫書有血病用紅米之方。此以紅、白分走氣、血，較分走脾、胃之說，似乎近理。然性本不益人，諸方亦不足採。

米粉索　碾粉則壅氣，米之本性也。而作索必入酸漿，更非脾胃所宜。平山居者買肆中成排曝乾米粉，取其便易又可久留，用以供客，亦或充饌。平人尚無大礙，病人食之則胃氣不行，藥多無效，且助脹困脾，乃真正堵氣之物。而病人多嗜之，醫人反不戒之，不可以理喻。況味甚不佳，何故群嗜，又不可以理解也。

炒米湯　此天下第一害人之物，宜痛心疾首與病家嚴申厲禁者也。今曰禁人食粥之醫，必教人食此，竟有炒五七次至黑而成炭者。歷觀往古，風寒濕痹熨以炒米者有之，用為粥飯則未之前聞。至明李氏《綱目》始見，本朝陳飛霞小兒科再見。而李說乃云不去火氣，令人作渴。夫既知炒之而熱，能令人渴，其助熱劫陰明矣，何如勿炒，自相矛盾，百口奚辨。試思米經火炒，煮之水清無汁，嗅之無氣，食之無味，是去其甘香之正性，必不能充養脾胃，一也；味苦而淡，不能下咽，故常枵腹而胃氣不充，藥何由效，二也；性熱傷陰，敗人津液，三也；不能充養胃氣，弱者將自此不復思食，強者得火氣以助其熱，必旋食旋飢，飢而又不許食粥飯，勢必借助於餅、餌、餺、飥諸不益人之物，病更難愈，四也；且也任如何攤晾，總不能去火氣，病寒者害在傷胃，病熱者必且留邪，五也。坐此五害，故凡死於病者十之一，死於藥者十之三，死於炒米湯者十之六七。設使不信，儻世有父母患病，為之子者先且自食二三頓，此亦父飲藥子先嘗之通義，視其口中尚能知味否？腹中尚能泰然否？精神尚能照舊否？如其無害，是杏雲老人為謬言，可以等諸野田洩氣，可將吾書焚之、棄之、醬瓿覆之。不然，平人且不能當其害，何況病人。當奉吾說為師之箴矣，當聽吾言如矇之誦矣。

諸米飲　凡煮米為飯，其汁為米飲，醫書中用之甚多。然作飯之法，只煮半熟，撈出再蒸，則其飯軟硬得所。病人所用之飲，撈去飯後，宜再煮數沸，然後服。否則其飲未熟，能生蟲敗胃，且令人腸胃收縮，食量減少。

粳米、秈米　即八穀之禾。粳，一名秔米。秈，一名占米。九十月收者為粳，六七月收者為秈。自唐以前，中國無夏熟之穀，故《豳風》曰十月納禾稼，又曰十月穫稻。始自閩人得種於占城國，宋真宗就閩中取三萬斛，分給諸道種之。一說占城貢新米，真宗訝其早，貢使曰其國穀皆以六月熟，帝命明年貢穀，得數萬斛，分給諸道為種。《綱目》曰有水、旱二種：南方土下塗泥，宜水稻；北方地平，宜旱稻。又真臘國有水稻高丈許，隨水而長。真臘在占城之西南，由中國開洋至占城，行丁未針；再由占城開洋至彼處，行坤申針。海程甚遠，安得此種。則《禹貢》揚州之域，厥土惟塗泥，厥田惟下，下者復何憂澇歲乎。《圖經》曰：一種香稻，長白如玉，可充御貢。

按：香稻今名白米，惟浙東、西可種。本朝蘇、松、常、鎮、杭、嘉、湖等郡，計田貢之，歲漕京通二倉，用供內府光祿寺，以待王公、百官、各國貢使廩餼之用，江蘇六萬九千四百四十七石，浙江三萬零五百五十三石。又轉輸薊州一千三百一十五石，易州四百五十石，用供陵寢官兵俸餉之用。民間日食則不能常得，以收成不及秈、粳之多也。性之中和，味之醇正，為百穀之首。其餘種類甚多，總不外乎秈、粳二類，詳見欽定《授時通考》。

粳米泔　代茶止消渴，利小便。

粳米飲　止渴除煩，熱病渴不能止者，勿予茶水，以此代之極佳。無病之人，暑月代茶亦妙。濃者能止泄。秈米同。以下諸飲、諸泔，俱宜多飲代茶，少則無濟。

清・王龍《本草纂要稿・穀部》　米、粳米即晚米。　氣味甘平。益氣填滿中焦，止洩和平五臟。合芡實煮粥，明目強志益精。傷寒方中三物桃花湯，取甘以補正氣。竹葉石膏湯，取甘以益不足。白虎湯，取甘以緩之速效。

清・楊時泰《本草述鉤元》卷一四　粳　即秔也。粘者為糯，不粘者為粳。六七月收者為早粳，八九月收者為遲粳，十月收者為晚粳。北方氣寒，八九月收者，即可入藥。南方氣熱，惟十月晚稻氣涼，乃可入藥。滇嶺之粳性熱，又惟彼土宜之。一種占穀，閩人始從占城國得之，宋時分給諸道為種，故今各處皆有，高低俱可種，其熟最早，六七月收，品類亦多，有赤白二色，與粳大同小異。入藥解熱，以晚粳為良。

氣味甘平。北粳涼，南粳溫。赤粳熱，白粳涼，晚白粳寒。新粳熱，陳粳涼。主治溫中益氣，益腸胃，通血脈，和五臟。方書治傷暑發熱，瘧喘不能食，消癉、滯下。五穀養人，得之則生，不得則死，稟天地中和之氣，同造化生育之功，非他物可比，故入藥究所略爾穎。仲景白虎湯，用之入肺，以味甘為陽明之經，色白為西方之象，而氣寒入手太陰也。少陰證桃花湯，用之以補正氣。竹葉石膏湯，用之以益不足。

論：粳乃穀稻之總名，有早中晚三收。惟遲粳乘火土之氣以生長，而收穫於仲秋之後，其由火之土而生長者，正為脾胃之益，由土之金而乘旺者，正為肺臟之益。夫五臟皆稟氣於胃，五臟之氣不能自致於手太陰，必因於胃氣乃得稟也，茲品得土氣之全以厚育，更乘金氣之旺以告成，宜於充食，為養生首賴。如早粳，金未進氣，而土氣亦不厚。乘木火之氣以生長，而收穫於季夏之半，是火氣全而土氣亦司令也。即晚粳，土氣將退，而火氣更失時，以之劑量治病則可耳。諸粳屬立夏前種者，穗長而秧茂，遲之立夏後，則大不及，可知凡物之生，必藉木火之氣，而晚粳為火氣失時也。

浙二泔，洗米瀋汁也，第二次者清而可用，故名。

氣味甘寒。主治清熱止煩渴，利小便涼血。吐血不止，陳紅米泔水溫服一鍾，日三次。衄血，頻飲遲粳淅二泔，仍以真麻油或蘿蔔汁滴入之。

清·楊時泰《本草述鉤元》卷一　粳米淅二泔水　第二次洗米水，清而可用，故名。

氣味甘寒。清熱，止煩渴，利小便，涼血。

清·葉桂《本草再新》卷七　粳米味甘，性溫，無毒。入心、脾、腎三經。　健脾和胃，益氣溫中，補虛滋腎。

清·趙其光《本草求原》卷一四穀部　粳米　即日食之硬米，乃粳稻之總名，又通名曰稷。有早、中、晚三收。早米熱，赤粳亦熱，新更動氣。晚收白粳，由火土而生，全金氣而收，使火氣歸土，以上致於肺。甘，涼，無毒，得中和之氣，故能和益腸胃，補中氣，壯筋骨，長肌肉，和五臟，通血脈，入肺，除煩清熱。煮汁止渴。《經》曰：傷肺者，脾氣不守，胃氣不清，經脈傍絕，五臟漏泄，不衄則嘔。言藏氣不能自致於肺，因胃氣不清；必脾胃清和，五臟乃得稟氣於胃以上致於肺。晚收白粳性涼，能清肺胃。其功如此，故白虎湯、桃花湯、竹葉石膏湯皆用之煮粥食，暢胃氣，生津液。白粳涼，但南粳仍溫，陳則涼。不得陳者，以新粳於冬月浸一宿，炊熟，日曬夜露，名香粳米，功同陳倉米。下氣易消，病人最宜；白虎等湯用之尤合。同芡實作粥，益精明目。粳，江南呼為籼。

清·文晟《新編六書》卷六《藥性摘錄》　粳米　味甘，性平。入脾胃，兼入心肝。固中，清熱除煩。陳者良。常食不竟，若入白虎、桃花、石膏竹葉湯等苦寒藥內，免傷胃氣，甚竟有力。

粳米　味甘，性溫。養胃和脾，除濕止瀉。晚米更良。舊禾稈燒灰淋汁，治反胃，和粥溫服，甚効。

清·張仁錫《藥性蒙求·穀部》　粳米陳廪米三錢、杵頭糠。　粳米甘平，除煩清熱。和胃生津，氣營皆益。北粳涼，南粳溫。赤粳熱，白粳涼。新粳熱，陳粳涼。〇陳廪米，即陳倉米也。性溫。調胃止泄，補五臟，宜作湯食。經三五年者最妙。若陳久，不宜用之。〇春杵頭糠：治噎食不下及反胃症。得人參、石蓮治咽喉不利。

清·王孟英《隨息居飲食譜·穀食類》　秔米亦用粳。　甘，平。宜煮粥食，功與秈同。亦可粥而秔較稠，秔亦可飯，而秈耐飢。粥飯為世間第一補人之物，強食亦能致病戕生。《易》云節飲食，《論語》云食無求飽，尊生者能繹其義，不必別求他法也。惟患停飲者不宜啜粥。痧脹霍亂，雖米湯不可入口，以其性補，能閉塞隧絡也。故貧人患虛證，以濃米飲代參湯，每收奇績。若人眾之家，大鍋煮粥時，俟粥鍋滾起沫團，醲滑如膏者，名曰米油，亦曰粥油，撇取淡服，或加煉過食鹽少許服亦可，大能補液填精，有裨羸老至病人產婦，粥養最宜，以其較秈為柔，而較稬不黏也。亦可磨粉作糕，而嘉興人不善藏穀，收米入囤，蒸罨變紅，名曰冬春米，精華盡去，糟粕徒存，暴殄天物，莫此為甚。炒米雖香，性燥助火，非中寒便瀉者忌之。又有一種香秔米，自然有香，亦名香珠米，煮粥時稍加入之，香美異常，尤能醒胃。凡煮粥宜用井泉水，則味更佳也。

清·田綿淮《本草省常·穀類》　大米　一名粳米。性平。調中益氣，清熱除煩，和五臟，通血脈，長肌肉，添顏色。陳稻新碾者良，新稻動風氣。服蒼耳者，忌之。粳，音耕，秔、稉竝同。

清·戴葆元《本草綱目易知錄》卷二　粳米　〔音〕庚。早米。　甘，平。溫中益脾，和胃氣，長肌肉，益氣除煩，止渴止瀉，煮汁服。主心痛，斷熱毒，下痢。陳者良。合芡實作粥食，益精志，通血脈，和五臟，聰耳明目。常食乾粳飯，令人不噎。【略】

米泔用洗米二次者。　甘，寒。清熱涼血。煎服，止煩渴，利小便，止衄血。

清·陳其瑞《本草撮要》卷五　粳米　味甘，平，入手足太陰、陽明經，功專和胃補中。得石膏、附子皆取其留中也。惟北粳、白粳、陳粳涼，赤粳、新粳熱，南粳溫。且有早中晚三收，晚者得金氣多，尤能清熱。凡人嗜生米久成瘕，治以雞屎白即愈。米泔古名米瀋，第二次者清而可用，清熱止煩渴，利小便涼血。

清·吳汝紀《每日食物却病考》卷上　粳米附淅二泔　味甘，平，無毒。主益氣，除煩渴，止洩痢，壯筋骨，通血脉，和五臟，益腸胃。同芡實煮粥，食之益精強志，聰耳明目。新者乍食，亦少動風。陳者更下氣，病人尤宜。種類甚多，有早、中、晚之異，以白晚米為第一。蓋天生此以養人，得之則生，不得則死。稟天地中和之氣，同造化生育之功，非他物可比也。若小兒初生無皮，此受胎未足也。以白米粉撲之，肌膚自生。荒年辟穀，以粳米一升，酒三升浸之，曝乾又浸。稍食之，即久不飢。　泔第二次者，名淅。二泔清熱止渴，利小便，涼血。

清·周巖《本草思辨錄》卷二　粳米　稼穡作甘，為土之正味。不似他物之甘，獨有所偏。粳米平調五臟，補益中氣，有時委頓乏力，一飯之後，便舒適異常，真有人參不逮者，可以想其功能矣。　粳米得金水之氣多，於益氣之中兼能養陰，故補劑寒劑，無不可贊助成功。　穀為人生至寶，而霍亂痧脹，與夫欲吐不吐，欲瀉不瀉之證，周時內咽米飲一口，即不可救。蓋暑濕穢惡之邪，充斥隧絡，而米飲入胃輸脾歸肺，又適以恢張之，使無一隙之餘，所以告危如是之速。

秈米

明・蘭茂原撰，范洪等抄補《滇南本草圖說》卷五　秈米音仙　即秥米，似粳而粒小。滇中有赤白二種。味甘，性溫，無毒。主治：溫中益氣，養胃和脾，除濕止瀉。○《普濟方》云：舊禾主治反胃，燒灰淋汁，和粥溫服甚效。蓋胃中有蟲能殺之，久服可以益壽。今閩中多服此米。

明・王文潔《太乙仙製本草藥性大全》卷四《本草精義》　秈米　一名秥米。《本經》並不載有，今則補之。秧蒔高田，早秋便可收刈，穀長無刺，米小不粘，色赤白亦有兩般，憑炊煮任充正用。

明・王文潔《太乙仙製本草藥性大全》卷四《仙製藥性》　秈米　味甘，氣涼，無毒。　主治：溫中健脉，益衛助榮。仍長肌膚，尤調臟腑。

明・李時珍《本草綱目》卷二二穀部・麻麥稻類　籼音仙。《綱目》。

【釋名】占稻《綱目》　早稻時珍曰：籼亦粳屬之先熟而鮮明之者，故謂之籼。種自占城國，故謂之占。俗作粘者非矣。　【集解】時珍曰：籼似粳而粒小，始自閩人，得種於占城國。宋真宗遣使就閩取三萬斛，分給諸道爲種，故今各處皆有之。高仰處俱可種，其熟最早，六七月可收。品類亦多，有赤、白二色，與粳大同小異。

籼米　【氣味】甘，温，無毒。　【主治】温中益氣，養胃和脾，除濕止泄時珍。

秆　【主治】反胃，燒灰淋汁温服，令吐。蓋胃中有蟲，能殺之也《普濟》。

明・穆世錫《食物輯要》卷二　秈米似粳，粒小。　味甘，性溫，無毒。溫中益氣，養胃和脾，除濕止瀉。

明・吴文炳《藥性全備食物本草》卷一　秈米　味甘，氣涼，無毒。溫中健脉，益衛助榮，仍長肌膚，尤調臟腑。

明・應麐《食治廣要》卷二　秈米即早稻。　氣味：甘，溫，無毒。主治：溫中益氣，養胃和脾，除濕止洩。《綱目》云：秈似粳而粒小，比諸稻先熟得名。始自閩人，得種于占城國。宋真宗遣使〔就閩〕取三萬斛，分給諸道為種，故今各處皆有之。有紅白二色，與粳大同小異。

明・姚可成《食物本草》卷五穀部・稻類　秈米音仙。種自占城國來，又名占米，似粳而粒小。始自閩人得種於占城國。宋真宗遣使就閩，取三萬斛，分給諸道為種，故今各處皆有之。高仰處俱可種，其熟最早，六七月可收。品類亦多，有赤、白二色，與粳米大同小異。　秈米，味甘，溫，無毒。主溫中益氣，養胃和脾，除溼止洩。

明・顧逢柏《分部本草妙用》卷九穀部　秈米　甘，溫，無毒。　主溫中益氣，養胃和脾，除濕。　黍米　甘，溫，無毒。　主益氣補中，久食令人多熱煩。燒灰和油，塗杖瘡。嚼膿汁，塗小兒鵝口瘡。　黍米，肺之穀也。肺病宜食之。能益氣，以其象火，為南方之穀。性最粘滯，與糯米同，其氣溫暖，故功能補肺。而多食則煩熱，緩筋骨也。

明・施永圖《本草醫旨・食物類》卷二　秈米音仙。似粳而小，最早熟，出占城國。　味：甘，溫，無毒。治：溫中益氣，養胃和脾。除濕止洩。　稈：治反胃，燒灰淋汁，溫服令吐。蓋胃中有蟲，能殺之也。

清・穆石鉋《本草洞詮》卷五　秈　先熟而色鮮，故謂之秈。始自閩人，得種於占城國，朱真宗遣使就閩取三萬斛，分給諸道為種，故各處皆有之。品類亦多，較粳稍溫，大同小異耳。

清・丁其譽《壽世秘典》卷三　秈秈音仙，種自占城國來，又名占米。似粳而粒小，其熟最早，六七月可收，有赤、白二色。　氣味：甘，溫，無毒。主溫中益氣，養胃和脾，除濕止洩。《折肱漫錄》云：五穀之名見于經傳，穀當以五為準，如稻、黍、稷、麥、菽是也。其所稱粱與粟又是何物？考諸本草，各家之說紛然，總非確論。惟李時珍《綱目》所訂庶幾近是，然以稻獨指為糯米，竊以為未然。然稻是大米之總稱，為粳、為糯、為秈，總皆稻之類也。猶黍與稷是小米之總稱，總呼為小米，為黃米。至于秫，是糯米之別名。陶淵明好酒，田皆種秫。陶是九江彭澤人，地無小米，則秫非粱、粟可知。李時珍所云：稷之粘者為黍，粳之粘者為糯，是矣。又云：粟之粘者為秫，豈其然乎？

清・何其言《養生食鑒》卷上　秈米音仙。即占米，似粳而粒小，始自閩人，得種於占城國，故名占米。先熟而鮮明，故謂之秈。六七月可收，有赤、白二種，粵中常作飯食是也。　味甘，性溫，無毒。溫中益氣，養胃和脾，除濕止瀉。《普濟方》云：舊禾稈主治反胃，燒灰淋汁，和粥溫服，甚效。蓋胃中有蟲，能殺之也。

清・李熙和《醫經允中》卷二二　秈米　甘，溫，無毒。主溫中益氣，養胃和脾。

清・汪啟賢等《食物須知・諸米》 秈米　秧蒔高田，早秋便可收刈。穀長無刺，米小不粘，色赤、白亦有兩般，憑炊煮任充正用。溫中健脈，益胃養榮，仍長肌膚，尤調臟腑。

清・吴儀洛《本草從新》卷四 秈米〔補氣溫中。〕一名占。　甘，溫。　益氣溫中，和脾養胃，除濕止泄。

題清・徐大椿《藥性切用》卷六 秈米　性味甘溫，溫中和脾。　久食助熱損肌，惟當地人宜。

清・李文培《食物小録》卷上 秈米音仙　甘，溫，無毒。　有赤、白二種，功同粳米，為稻中之上品。

清・王龍《本草纂要稿・穀部》 秈米　溫中健脈，益胃養榮，仍長肌膚，尤調臟腑。

清・葉桂《本草再新》卷七 秈米味甘，性溫，無毒。入心、脾二經。　益氣補中，和脾養胃，除濕止洩。

清・文晟《新編六書》卷六《藥性摘録》 秈米　即占米，粒小於粳，性味同。

清・王孟英《隨息居飲食譜・穀食類》 秈米　甘，平。　宜煑飯食，補中養氣，益血生津，填髓充肌。生人至實量腹節受，過飽傷人。　凡患病不飢，婦人初產，感證新愈，並勿食之。　磨粉蒸餻，鬆而不韌，病人弱體，可作點心。飯露生津，補虛療膈。秈種甚多，有早中晚三收，赤白二色，以晚收色白者良。　凡不種秔之處，皆呼秈為秔。　湖州蒸穀或炒穀而藏之，作飯尤香。　早收者性溫，不耐久藏。

汪謝城曰：　凡八穀一類之中，必皆有大小、早晚，黏不黏各種。　如稻為一穀，其黏者為稬，不黏者為秔，而秈又秔之別種，呼秈為秔，猶呼穬為大麥，未為大誤。　吾鄉蒸穀炒穀米，用米少而得飯多，不但取其香也。　鄭《元慶湖録》論之甚詳。

清・田綿淮《本草省常・穀類》 秈米　一名占子米。　性溫，益氣和中，健脾養胃，除濕止洩。秈，音先。

清・陳其瑞《本草撮要》卷五 秈米　味甘，溫，入手足太陰經，功專益氣補中，和脾養胃，除濕止洩。

陳廩米

唐・孫思邈《千金要方》卷二六食治・穀米 陳廩米　味鹹、酸，微寒，無毒。　除煩熱，下氣，調胃，止泄利。　黄帝云：　久藏脯腊安米中，滿三月，人不知，食之害人。

宋・唐慎微《證類本草》卷二六米穀部下品〔《別錄》〕 陳廩米　味鹹、酸，溫，無毒。　主下氣，除煩渴，調胃，止洩。

〔梁・陶弘景《本草經集注》〕云：　此今久入倉陳赤者，湯中多用之。　人以作醋，勝於新粳米也。

〔宋・掌禹錫《嘉祐本草》〕按：　陳士良云：　陳倉米，平胃口，止洩瀉，暖脾，去憊氣，宜作湯食。　日華子云：　陳倉米，補五藏，澀腸胃。

〔宋・唐慎微《證類本草》〕陳藏器云：　和馬肉食之，發痼疾。　凡熱食即熱，冷食即冷，假以火氣也，體自溫平。　吳人以粟爲良，漢地以粳爲善，亦猶吳紵鄭縞，蓋貴遠賤近之義焉。　確論其功，粟居前也。《食療》：　炊作乾飰食之，止痢。　補中益氣，堅筋骨，通血脉，起陽道。　又，毒腫惡瘡，久陳者，蒸作飰，和酢封腫上，立差。　卒心痛，研取汁服之。北人炊之，於甕中水浸令酸，食之暖五藏六腑之氣。　《食醫心鏡》：　除煩熱，下氣，調胃。　止泄痢，作飰食之。

宋・寇宗奭《本草衍義》卷二〇 陳廩米　今《經》與諸家注說，皆不言是粳米爲，復是粟米。　然粳、粟二米，陳者性皆冷，頻食之令人自利，與《經》所說稍戾。　煎煮亦無膏膩。　入藥者，今人多用新粟米。　至如舂杵頭細糠，又復不言新、陳、粳、粟，然皆不及新稻、粟，二糠陳，則氣味已腐敗。

宋・陳衍《寶慶本草折衷》卷一九 陳廩力錦切米飯及汁在內。〇入敗毒散法續附。

一名陳倉米，乃粳米入倉廩之隔年者。〇所出、所忌並與粳米同。　味鹹、酸、苦，平，兼用粳米云。　溫，無毒。〇主下氣，除煩渴，調胃止洩。〇陳士良云：　平胃口，暖脾，去憊氣。〇日華子云：　補五藏，澀腸胃。〇《圖經》曰：　陳廩米即秔與粳同。米，以廩軍人者是也，入藥最多。分稻米條。〇《食療》云：　炊作乾飯食，止痢，補中益氣，堅筋骨，通血脉。　又治卒心痛，取汁服之。

續說云：　《經驗方》治禁口痢，病勢重者，以《局方》敗毒散，每服肆錢，入陳米壹百粒，生薑叁片，棗壹枚，水壹盞半，同煎至捌分，服之最效，名倉廩湯。　因究倉廩之旨，即本草之陳廩米是也。　然陳廩非如六陳，以取陳極者之比。孟詵嘗言粳米再經年者，尚亦發病，則知停久朽腐無膏膩者，不足用也。惟積倉過年，稍陳色黄者，可以入藥。寇氏謂用新粟米者，全失陳廪米意矣。

元・尚從善《本草元命苞》卷九　陳倉米　味鹹、酸，性溫，無毒。專醫洩痢，平胃口暖脾，除煩渴下氣，補五臟澁腸，堅筋骨止利。和馬肉食之害人。酢拌飯，封腫立差。

元・吴瑞《日用本草》卷二　陳倉米　軍倉中陳赤者，用以釀醋為妙。味鹹、酸，性溫，無毒。　主下氣，除煩渴，調胃，止洩痢，澁腸，補中益氣。和馬肉食發痼疾。和蒼耳食卒心痛。

明・王綸《本草集要》卷五　陳廪米　味鹹酸，氣溫，無毒。　主下氣，除煩渴，開胃氣，止洩。又蒸作餅，和醋，封毒腫惡瘡，效。

明・滕弘《神農本經會通》卷四　陳廪米　此今久入倉陳赤者，湯中多用之。人以作醋，勝於新粳米也。

味鹹，酸，氣溫，無毒。　《本經》云：主下氣，除煩渴，調胃，止洩。陳士良云：陳倉米，平胃口，止洩瀉，緩脾，去憊氣。宜作湯食。日華子云：補五臟，澁腸胃。陳藏器云：和馬肉食之，發痼疾。及熱食即熱，冷食即冷，假以火氣也，體自溫平。吴人以粟為良，漢地以粳為善。《食療》云：作乾飰食之，止痢，補中益氣，堅筋骨，通筋脉，起陽道。又毒腫惡瘡，久陳者蒸作飰，和酢封腫上，立差。卒心痛，研取汁服之。北人炊之，於甕中水浸令酸，食之暖五臟六腑之氣。《食醫心鏡》云：除煩熱，下氣，調胃，止泄痢，作飰食之。陳倉米，除煩止渴。

明・劉文泰《本草品彙精要》卷三七　陳廪米無毒　陳廪米：主下氣，除煩渴，調胃止洩。名醫所録。　【苗】《圖經》曰：陳廪米，即秔、粟二米以廪軍人者是也。《衍義》曰：陳廪米，今《經》與諸家注説，皆不言是秔米爲，復是粟米。然秔、粟二米陳者，性皆冷，頻食之令人自利。煎煮亦無膏膩也。與《本經》所説稍有戾焉。陳藏器云：凡熱食即熱，冷食即冷，假以火氣故也，體自溫平。吴人以粟爲良，漢地以粳爲善，亦猶吴紵鄭縞，蓋貴遠賤近之義焉。確論其功，粟居前也。　【收】倉貯。　【用】陳久者佳。　【色】黄。　【味】鹹，酸。　【性】溫，軟。　【氣】味厚氣薄，陰中之陽。　【臭】香。　【主】補五臟，止泄痢。　【治】療：陳士良云：平胃口，止泄瀉，暖脾，去憊氣，宜作湯食。《食療》云：炊作乾飯食之，止痢。研取汁服，止卒心痛。《別録》云：作飰食之，除煩熱，下氣，調胃。補：日華子云：補五臟，澀腸胃。《食療》云：補中益氣，堅筋骨，通血脈，起陽道。○北人炊之於甕中，水浸令酸，食之暖五臟六腑之氣。　【合治】蒸作飰，和酢，封毒腫惡瘡，立瘥。　【禁】不宜和馬肉食之，發痼疾。

明・盧和、汪穎《食物本草》卷一穀類　陳廪米　味鹹、酸，溫，無毒。主下氣，除煩渴，調胃，止洩瀉。又云：廪米有粳，有粟，諸家並不説何米。然二米陳者性冷，頻食令人自利。此説與上經文稍戾。

明・葉文齡《醫學統旨》卷八穀部　陳倉米　氣溫，味酸、鹹。無毒。治煩渴，下氣消食，開胃止洩，補五臟，澁腸胃。

明・許希周《藥性粗評》卷三　陳米既炊之後，渴心不塵。

陳倉米，倉中陳久之米。味甘，性平、微寒，無毒。入足陽明胃、太陰脾經。主治消渴煩熱，涼膈，清小便。病者以之作粥最佳。

明・鄭寧《藥性要略大全》卷四　陳米　開胃止瀉。　味甘，性平，無毒。

明・方穀《本草纂要》卷六　陳倉米　味甘、苦，微酸，氣溫，無毒。主霍亂嘔吐而四肢逆冷，或虚氣上逆而消渴作煩，或下利胃虚而喘急氣促，或久病元虚而中氣不和，或汗下太過而脉勢無力，或番胃嘔逆而惡心攻冲，是皆脾虚飲食不入之症，惟此陳倉米煮粥飲之可也。設或胃氣久虚，脾氣不健，或飲粥食不下，或食入反出，或食入不化，或見食而嘔，是則倉米炒熟泡湯，頻頻飲之可也。設或内傷元氣，飲食不作爲肌膚，脾胃不健，中宫鬱滯而失常，東垣用枳术丸，亦以倉米飯糊爲丸可也。由是觀之，倉米健脾，其性不滯，有順氣寬中之妙，氣香和胃，有開鬱健運之功。脾胃之症，必難舍矣。

明・寧源《食鑒本草》卷下　陳倉米　味酸，平，涼。平胃寬中，下氣消食，除煩渴，止洩痢。多食易飢。

明・王文潔《太乙仙製本草藥性大全》卷四《本草精義》　陳廪米　即粳米貯倉廪，年深致性緩，此種以廪軍人，故曰廪爾。《唐本》注云：傳稱倉廪爲禄廪倉也，前陳倉米曰廪字誤，作廪即廪軍米也。若廪軍新米，亦爲陳乎？久入倉陳赤者，湯中多用之，人以作醋，勝於新粳米也。

明・王文潔《太乙仙製本草藥性大全》卷四《仙製藥性》　陳廪米　味兼

鹹、酸，氣平，無毒。　主治：暖五臟極良，調脾胃最捷。補中益氣，踈血堅筋。易消化，頻止洩痢。多滋潤，竟解渴煩。下氣延年，開胃進食。若蒸作飯，和醋能封腫痛立差。研汁下咽，去卒心痛。惟忌馬肉同食，恐發痼疾難瘳。補註：倉粳米炊作乾飯食之止痢，又補中益氣，堅筋通血脉，起陽道。北人炊之，甕中水浸令酸，食之益五臟六腑氣。○若常食乾飯，令人熱中，唇口乾。不可和蒼耳，食之令人卒心痛，即急燒倉米灰，和蜜漿服之，不爾即死。

明・皇甫嵩《本草發明》卷五　陳廩米下品。味兼、鹹、酸，年深性緩。　調脾胃，易消化，止洩痢，解煩渴，下氣進食。○《食療》云：炊作乾飯食之，止痢，補中益氣，堅筋骨，通血脉，起陽道。久陳者蒸作飯，和酢，封腫毒惡瘡。卒心痛，研取汁服。炊于甕中水浸令酸，暖臟腑之氣。

明・李時珍《本草綱目》卷二五穀部・造釀類　陳廩米《別録》下品

【釋名】陳倉米古名　老米俗名　火米時珍曰：有屋曰廩，無屋曰倉，皆官積也。方曰倉，圓曰囷，皆私積也。老亦陳也。火米有三：有火蒸治成者，有火燒治成者，又有畬田火米，與此不同。

【集解】弘景曰：陳廩米即粳米久入倉陳赤者。以廩軍人，故曰廩爾。方中多用之。人以作醋，勝於新粳米也。藏器曰：廩米，吴人以粟爲良，漢地以粳爲善。亦猶吴紵鄭縞，貴(近)〔遠〕賤(遠)〔近〕之意。確論其功，粟當居前。宗奭曰：諸家注説不言是粳是粟，然二米陳者性皆冷，煎煮亦無膏膩，(粉)〔頻〕食令人自利，與《經》説稍戾。時珍曰：廩米北人多用粟，南人多用粳及秈，並水浸蒸曬爲之，亦有火燒過治成者。入倉陳久，皆氣過色變，故古人謂之紅粟紅腐，陳陳相因也。

【氣味】鹹、酸，温，無毒。藏器曰：廩米熱食即熱，冷食即冷，假以火氣也，體自温平。同馬肉食，發痼疾。時珍曰：廩米年久，其性多凉，但炒食則温爾，豈有熱食即熱者乎。

【主治】下氣，除煩渴，調胃止泄《别録》。補五臟，澀腸胃《日華》。暖脾，去懊氣，宜作湯食士良。炊飯食，止痢，補中益氣，堅筋骨，通血脈，起陽道。以飯和酢擣封毒腫惡瘡，立瘥。北人以飯置瓮中，水浸令酸，食之，暖五臟六腑之氣。研米服，去卒心痛孟詵。寬中消食。多食易飢甯原。調腸胃，利小便，止渴除熱時珍。

【發明】時珍曰：陳倉米煮汁不渾，初時氣味俱盡，故冲淡可以養胃。古人多以煮汁煎藥，亦取其調腸胃、利小便、去濕熱之功也。《千金方》治洞注下利，炒此米研末飲服者，亦取此義。日華子謂其澀腸胃，寇氏謂其冷利，皆非中論。

【附方】新五。　霍亂大渴：能殺人。以黄倉米三升，水一斗，煮汁澄清飲，良。《永類鈐方》。　反胃膈氣：不下食者。太倉散：用倉米或白米，日西時以水微拌濕，自想日氣如在米中。次日曬乾，袋盛掛風處。每以一撮，水煎，和汁飲之，即時便下。○又方：陳倉米炊飯焙研。每五兩入沉香末半兩，和匀。每米飲服二三錢。《普濟方》。　諸般積聚：太倉丸：治脾胃飢飽不時生病，及諸般積聚，百物所傷。陳倉米四兩，以巴豆二十一粒去皮同炒，至米香豆黑，勿令米焦，擇去豆不用，入去白橘皮四兩，爲末，糊丸梧子大。每薑湯服五丸，日二服。《百一選方》。　暑月吐瀉：陳倉米二升，麥芽四兩，黄連四兩切，同蒸熟焙研爲末，水丸梧子大。每服百丸，白湯送下。

明・穆世錫《食物輯要》卷二　陳廩米　味甘鹹，性微凉，無毒。　調胃，止瀉，下氣，解煩渴。同馬肉食，發痼疾。**明・張懋辰《本草便》卷二**　陳倉米　味鹹，酸，氣溫，無毒。　主下氣，除煩渴，開胃氣，止洩。

明・趙南星《上醫本草》卷一　陳廩米　一名陳倉米，又名老米。時珍曰：有屋曰廩，無屋曰倉，皆官積也。方曰：倉圓曰囷，皆私積也。老亦陳也。陳廩米即粳米久入倉陳赤者，方中多用之。人以作醋勝于新粳米也。廩米，吴人以粟為良，漢地以粳為善，北人多用粟，南人多用粳，亦猶吴紵鄭縞，貴遠賤近之意。確論其功，粟當居前。諸家註説不言是粳是粟，然二米陳者性皆冷，煎煮亦無膏膩，頻食令人自利。其陳倉米煮汁不渾，初時氣味俱盡，故沖淡可以養胃。古人多以煮汁煎藥，亦取其調腸胃，利小便，去濕熱之功也。　鹹、酸，溫，無毒。　主治：補五臟，調胃，寬中消食，多食易飢。下氣除煩渴，澀腸胃止洩，調腸胃，利小便，止渴除熱。作湯食，暖脾去憊氣。炊飯食，補中益氣，堅筋骨，通血脉，起陽道，止痢。以飯和酢擣，封毒腫惡瘡，立瘥。北人以飯置甕中，水浸令酸，食之，暖五臟六腑之氣。研米服，去卒心痛。

附方　暑月吐瀉：陳倉米二升，麥芽四兩，黄連四兩切碎，同蒸熟，焙研為末，水丸梧子大。每服百丸，白湯送下。

明・姚可成《食物本草》卷五穀部・醃造類　陳廩米即粳米久入倉廒陳赤者。以廩軍人，故曰廩爾。方中多用之。人以作酢，勝於新粳米也。○廩米，吴人以粟為良，漢地以粳為善。亦猶吴紵鄭縞，貴遠賤近之意。確論其功，粟當居前。○廩米，北人多用粟，南人多用粳及秈，竝水浸蒸晒為之，亦有火燒過治成者。入倉陳久，皆氣過色變，故古人謂之紅粟紅腐，陳陳相因也。　陳廩米，味鹹、酸，溫，無毒。　主下氣，除煩渴，調胃止洩。補五臟，澀腸胃。暖脾，去憊氣，宜作湯食。炊飯食，止痢，補中益氣，堅筋骨，通血脉，起陽道。以飯和酢搗封毒腫惡瘡，立瘥。北人以飯置甕中，水浸令酸，食之，暖五臟六腑之氣。研米服，去卒心痛，寬中消食。多食易飢。陳廩米煮汁不渾，初時氣味俱盡，故沖澹可以養胃。古人多以煮汁煎藥，亦取其調腸胃、利小便、去溼熱之功也。《千金方》治洞注下利，炒此米研末飲服者，亦取此義。不可同馬肉食，發痼疾。

明・孟筌《養生要括・穀部》 陳廩米　味鹹、酸，溫，無毒。下氣除煩渴，調胃止洩。補五臟。炊飯食，止痢，補中益氣，堅筋骨，通血脉。研末服，去卒心痛。

明・施永圖《本草醫旨・食物類》卷二 陳廩米廩米年久，其性多涼，但炒則溫，與馬肉同食發痼疾。　味：酸，平，無毒。寬中平胃，主下氣，消食，除煩渴，調胃，止洩瀉。多食易飢。然粳米陳者性冷，頻食令人自利。

清・穆石匏《本草洞詮》卷五 陳廩米　陳倉米，煮汁不渾，初時氣味俱盡，故沖淡。可以養胃。古人多用以煮汁煎藥，取其調脾胃，去濕熱之功也。

清・劉雲密《本草述》卷一四 陳廩米一名陳倉米、老米。　時珍曰：北人多用粟，南人多用粳及秈，並水浸蒸曬，為之入倉陳久皆氣過色變，故古人謂之紅粟紅腐，陳陳相因也。

氣味：鹹、酸，温，無毒。　時珍曰：廩米年久，其性多涼，但炒食則温。

主治：寬中消食，多食易飢甯原。調胃止渴，除熱，利小便，止瀉時珍。

方書主治：泄瀉滞下，霍乱。霍亂後下利膿血，非治霍亂也。　時珍曰：陳倉米煮汁不渾，初時氣味俱盡，故冲淡可以養胃，古人多以煮汁煎藥，亦取其調腸胃，利小便，去濕熱之功也。《千金方》治洞注下利妙。此米研末，飲服者亦取此義。

愚按：五穀為養，而更取其陳者，謂其氣味俱盡，還歸於淡，淡乃五味之主，可以養胃氣，且淡能滲溼，即化滞熱，是又可以裕脾陰，故方書中療滞下禁口，有倉廩湯。因胃氣虛而熱乘之，故用參、苓，乃以羌、獨、柴胡升達其胃氣，并散其毒氣，必入陳米養脾陰，使不為熱毒所并。又吐利後大渴不止，獨以陳倉米湯療之，是二治者，足徵其於脾胃之陰氣大有裨也。更治滑泄有豆蔻飲，用陳米為君，而肉蔻、五味、赤石脂止各半之。又治脾胃虛弱，內受寒氣，泄瀉注下，水穀不分，冷熱不調，下痢膿血，赤少白多，或如魚腦，腸滑腹痛，遍數頻，併心腹脹滿，食減乏力，是盡由脾胃氣弱，內受寒氣，以致泄瀉。更有下痢，氣化不行，而亦不守，不行則鬱有熱，故腹痛。更兼心腹脹滿不守，故腸滑下數，如方內用木香、肉蔻、罌粟殻、乾薑、甘草，以之補脾胃正氣，而治滑是所宜。然但却用陳米二十兩，而諸味合之，止九兩，固謂大養脾胃陰氣，乃兼補陽以行之，假濇脫以固之，始能奏績耳，是又養脾胃陰氣之一徵也。至於霍亂後下痢膿血，如桃花湯，是赤石脂為君，以化血分之邪，而收脫同於烏梅，却為因於霍亂之後熱結下焦，故仍用升麻、白朮、乾薑炮者，以正脾胃之氣，亦佐以陳米同梔仁養脾胃之陰，而散其留熱，不令其下結也。即此數證合觀之，總不越於養脾胃之陰而已。乃止言其養胃者，殊未親切，試思下多則亡陰，而兹味之主治在瀉利居多，猶得泛然〔以〕養胃為其功乎哉？

附方　諸般積聚，太倉丸治脾胃飢飽不時生病，及諸般積聚，百物所傷，陳倉米四兩，以巴豆二十一粒，去皮，同炒至米香豆黑，勿令米焦，擇去豆不用，入白橘皮四兩，為末，糊丸梧子大，每薑湯服五丸，日二服。　霍乱大渴，能殺人，以黄倉米三升，水一斗，煮汁澄清飲，良。

清・何其言《養生食鑒》卷上 陳倉米《本草》言即粳米，以廩軍人者，粵中所貯皆粘米，然功用亦同。　味甘、鹹，性微涼，無毒。調胃止瀉，下氣，解煩渴，開胃進食。惟忌馬肉同食，恐發痼疾難瘳。

清・汪啟賢等《食物須知・諸米》 又陳廩米，味兼鹹酸。即粳米貯倉廩，年深致性緩。調脾胃效捷，易消化，頻止洩痢，多滋潤，竟解渴煩，下氣延年，開胃進食。若蒸作飯，和醋，能封腫毒，立瘥。研汁下咽，去卒心痛。惟忌馬肉同食，恐發痼疾，難療。寒食飯，敷滅瘢痕，搗泥爛纔妙。煮炒米湯，飲酒喉燥，去火毒良方。米炒熟，鋪冷地面一時辰，使火毒去盡纔煮。不爾，則反助燥渴。

清・王子接《得宜本草・上品藥》 陳倉米　味鹹酸。入手陽明經。功專補中益氣。得人參治脾虛泄瀉，得沉香治胃反噎塞。

清・吳儀洛《本草從新》卷四 陳廩米〔養胃，利小便。〕　甘，淡，平。可以養胃。煮汁煎藥，亦取其調腸胃，利小便，去濕熱，除煩渴之功。

清・汪紱《醫林纂要探源》卷二 陳廩米　甘，寒，微鹹。和胃，平氣血，扶羸弱。南人多用陳粳米，北人多用陳粱米。要以粱米爲佳，有除煩解熱、和中輔正之功，古人用以治反胃。

清·嚴潔等《得配本草》卷五　陳米即陳倉米。　甘、淡。寬中調胃，消食止瀉，利溲去濕熱，解口渴。　配麥芽、黃連，治暑月吐瀉。　配赤石脂、乾薑，煮熟取汁，治魚腦痢。　陳倉米三升，水一斗，煮汁澄清飲，治霍亂大渴重症。

題清·徐大椿《藥性切用》卷六　陳廩米　甘淡性平，最能養胃快膈。煮汁煎藥，亦取調和脾胃之功。

清·黃宮繡《本草求真》卷一　陳倉米養胃除煩。　陳倉米耑入胃，兼入心脾。即米多年陳積於倉而未用者也。時珍曰：廩米北人多用粟，南人多用粳及秈，並水浸蒸晒為之，亦有火燒過治成者，入倉陳久，皆氣過色變，故古人謂之紅粟紅腐，陳陳相因也。凡米存積未久，則性仍舊未革，煮汁則膠黏不爽，食亦壅滯不消，至於熱病將愈，胃氣未復，猶忌食物戀膈，熱與食鬱，而煩以生，必得沖淡甘平以為調劑，則胃乃適。陳米津液既枯，氣味亦變，服此正能養胃除濕祛煩，是以古人載此。既有煮汁養胃之功，復有祛濕除煩之力，一切惡瘡百藥不效者，用此作飯成團，火煅存性，麻油膩粉調敷，可知沖淡和平，力雖稍遜，而功則大未可忽也。若以無病之時而用此，日為飽飯，則又未見其有克合者矣。

清·趙學敏《本草綱目拾遺》卷八諸穀部　陳倉米朱公米　《嶺南記》：武昌漢陽門內，舊為陳友諒倉基。甲子年，有掘得黑米者，色如漆，堅如石，炒之即鬆。《秋燈叢話》：康熙甲子，武昌郡之福坊，掘得黑米數十斛，堅如石，炒研為末，治膈症如神，傳為偽陳友諒積粟所。又天門學宮，前明改建北郭倉基地，亦掘得黑米，治疾頗驗。乾隆丙申，黃州重修郡學，疏濬泮池，池底積粟甚夥，色如漆而堅，治病效如前，人爭取之。太守王公廷楝恐係前人鎮壓物，禁而掩之。　敏按：《酉陽雜俎》：乾陁國尸毗王倉庫，昔為火所燒，其中粳米燋者，於今尚存，服一粒，永不患瘧。　炒研，治膈症如神。《不藥良方》：　陳年倉米治卒心痛，燒灰和蜜服之，即止。

朱公米　《南中紀聞》：靖州南二十里飛山砦，相傳為元末朱都督屯兵之所，牆礫時有米粒，色微黑而不腐，云是朱公所遺兵糧，遊客謁神祠，取輒得之，至今尚存。　療脾疾。

清·章穆《調疾飲食辯》卷二　陳倉米　一名陳廩米，一名老米，言其囤積倉廩陳久耳。乃又名火米，或以日久腐敗，色紅而黯，似乎燒灼，《漢書·文帝紀》曰粟紅貫朽是也。《綱目》解為用火燒治，或火蒸治而成。夫燒則為灰，蒸則為飰，豈可復貯倉廩乎？此米氣味俱盡，煮汁不濃。《別錄》收為下品，取其沖淡而已。然傷脾敗胃，故《食鑒本草》曰多食反飢，得之矣。又曰寬中消食，則未也。乃傷耗中氣，非寬中也。《千金方》治洞注下利，炒研末，米飲下。彼本是米，又用米飲下，正以制其耗也。日華子乃云：補五藏，澀腸胃。《食療本草》至謂其補中益氣，堅筋骨，起陽道。蓋誤以治泄為補為澀，大不明理之言也。僅可入開胃、消食、下利之藥，斷不可為粥飰。一二三年者止矣，若至數年，雖入藥且不堪矣。俗醫用數十年陳穀，碾米以為妙藥，大誤。又此米只用秈、粳，而《本草》云陳粟米亦可，不知粟米陳至兩年，其氣味如飲船之油灰，更傷脾胃，慎不可用。又有畬田火米，乃新墾之地，《爾雅》曰：二歲曰畬。用火燒過，然後插禾故名火米，與此不同。

清·王龍《本草纂要稿·穀部》　陳廩米　味兼酸鹹。調腸胃，頻止洩痢。多滋潤，竟解煩渴。開胃進食，下氣延年。　炒米湯：潤喉燥，去火毒良方。

清·楊時泰《本草述鉤元》卷一四　陳廩米　一名陳倉米。北人多用粟，南人多用粳及秈，並水浸蒸曬為之，入倉陳久，氣過色變者佳。

味淡鹹酸，其性多涼，炒食則溫。主治養脾胃陰氣，寬中消食，多食易飢，止渴除熱利小便，炒食止洞瀉。方書治泄瀉、滯下，霍亂後下痢膿血。陳倉米煮汁不渾，沖淡養胃，古人多取其汁煎藥，亦以其調腸胃，利小便，去濕熱也瀕湖。太倉丸，治脾胃飢飽不時生病及諸般積聚，百物所傷，陳倉米四兩，以巴豆二十一粒，去皮同炒，至米香豆黑，勿令米焦。去豆不用，入白橘皮四兩，為末，糊丸梧子大，每薑湯服五丸，日二服。霍亂大渴能殺人，以黃倉米三升，水一斗煮汁澄清飲良。

論：　陳廩米氣味俱盡，還歸於淡，淡能滲濕，為五味主，可以養胃氣，且化滯熱，又可以裕脾陰。方書主治瀉利居多，以下多則亡陰，而茲味不越於養脾胃之陰而已。如治吐利後大渴不止，固於脾胃之陰氣兼裨矣。至如倉廩湯，主療痢下噤口，此因胃氣虛而熱乘之，故用參、苓，乃以羌、獨、柴胡升達其胃氣，并散其毒氣，必入陳倉米以養脾陰，使不為熱毒所并也。又如滑瀉豆蔻飲，用陳米為君，而肉蔻、五味、赤脂止半之。又如脾胃氣弱受寒，注瀉水穀不分，或冷熱不調，下利膿血，更如魚腦腸滑下數，此氣化不守。腹痛脹滿，不守而亦不行，則鬱有熱。方用木香、肉蔻、粟殼、薑、甘，補脾胃正氣而固滑，卻必入陳米過倍，以大養陰氣，始能奏功。至於桃花湯，治霍亂後熱結下焦，下利膿血，既用赤脂、烏梅，化血分之邪而收脫，仍以白朮、炮薑、升麻正脾胃之氣，亦必佐以陳米，合於梔仁，養脾胃之陰，而散其留熱，不令其下結也。合觀數證之用，豈得泛然止言其養胃哉。

清・趙其光《本草求原》卷一四穀部　陳倉米即粳米年久者。　甘、鹹，微涼，無毒。大補脾胃之陰，凡久瀉久痢亡陰最宜。或同固澀，或同升舉，或同散毒，或同補虛，並皆用之。新痢亦用之煮汁煎藥。倉廩湯是也。取其調腸胃，利小便，去濕熱，除煩渴，下氣，開胃進食。煮飯作團曬，煅存性，解小兒嗜生米疳，蜜調服，並以雞屎白治之。敷一切惡瘡百藥不效者。同輕粉、麻油調敷。炒為末，治洞瀉。飲調下。噤口痢用之，取其淡滲以化滯熱，兼養脾陰也。

清・文晟《新編六書》卷六《藥性摘錄》　陳倉米　甘鹹，微涼。調胃止瀉，下氣，解煩渴，開胃進食。惟與馬肉同食，恐發痼疾難瘳。

陳倉米　沖淡，平，甘。養胃除煩，祛濕病，將愈初愈相宜。〇一切惡瘡，百藥不効者，用此作飯成團，火煅存性，麻油、膩粉調敷，効。

清・陳其瑞《本草撮要》卷五　陳倉米　味鹹，入手陽明經，功專補中益氣。得人蔘治脾虛泄瀉，得沉香治胃反噎塞。若一切惡瘡，百藥不效者，以陳倉米炙灰，麻油調敷即愈。

稷

唐・孫思邈《千金要方》卷二六《食治・穀米》　稷米　味甘，平，無毒。益氣安中，補虛，和胃宜脾。

附：日・丹波康賴《醫心方》卷三〇　稷米　《本草》云：味甘，無毒。主益氣，補不足。陶〔弘〕景注云：書多云黍稷。蘇敬注云：《呂氏春秋》云：飯之美者，有陽山之穄也。《傳》云：《本草》有稷不載穄，即穄也。今楚人謂之稷，關中謂之穈，冀州謂之䵚。《廣雅》云：䵚，穄也。《爾雅》：粢，稷也。孟詵云：益氣，治諸熱，補不足。

宋・沈括《夢溪筆談》卷二六《藥議》　稷　乃今之穄也，齊晉之人謂即積皆曰祭，乃其土音，乃無他義也。《本草》左云又名穈子，穈子乃黍屬，《大雅》：維秬維秠，維穈維芑。秬、秠、穈、芑皆黍屬，以色別丹黍謂之穈音門，今河西人用穈字而音糜。

宋・唐慎微《證類本草》卷二六米穀部下品〔《別錄》〕　稷米　味甘，無毒。主益氣，補不足。

〔梁・陶弘景《本草經集注》〕云：稷米亦不識，書多云黍與稷相似。又有稌，音渡，亦不知是何米。《詩》云黍、稷、稻、粱、禾、麻、菽、麥，此即八穀也，俗人莫能證辨，如此穀稼尚弗能明，而況芝英乎？按氾勝之《種植書》有黍，即如前說。無稷有稻，猶是粳穀，粱是秫，禾即是粟。董仲舒云：禾是粟苗，麻是胡麻，枲是大麻，菽是大豆，大豆有兩種。小豆一名荅，丁合切，有三四種。麥有大、小穬，穬即宿麥，亦謂種麥。如此，諸穀之限也。菰米一名彫胡，可作餅。又，漢中有一種名枲粱，粒如粟而皮黑亦可食，釀爲酒，甚消玉。又有烏禾，生野中如稗，步賣切，荒年代糧而殺蟲，煮以沃地，螻蚓皆死。薭亦可食。凡此之類，復有數種爾。

〔唐・蘇敬《唐本草》〕注云：《呂氏春秋》云：飯之美者，有陽山之穄。高誘曰：關西謂之穈，冀州謂之䵚音捧。《廣雅》云：䵚，穄也。《禮記》云：祭宗廟，稷曰明粢。《穆天子傳》云：赤烏之人獻穄百載，音在。《說文》云：稷，五穀長，田正也，自商已來，周弃主之，此官名，非穀號也。又按先儒以爲粟類，或言粟之上者。《爾雅》云：粢，稷也。《傳》云：粢盛，解云黍稷爲粢。氾勝之《種植書》又不言稷。陶云：八穀者，黍、稷、稻、粱、禾、麻、菽、麥，俗人尚不能辨，況芝英乎？即有稷禾，明非粟也。《本草》有稷，不載穄，稷即穄也。今楚人謂之稷，關中謂之穈，呼其米爲黃米，與黍爲仙秫，故其苗與黍同類。陶引《詩》云：稷，恐與黍相似斯並得之矣。儒家但說其義，而不知其實也。尋鄭玄注《禮》王瓜：云是菝葜，謂祖爲梨之不臧者。《周官》瘍人主祝藥，云祝當爲注，義如附著，此尺有所短爾。

〔宋・掌禹錫《嘉祐本草》〕按：陳藏器云：彫胡，是菰蔣草米，古今所貴。彫胡，性冷，止渴。《內則》云：魚宜菰、枲粱。按枲粱，亦粱之類，消玉未聞。按穈、穄一物，性冷，塞北最多。《廣雅》云：穄也，如黍黑色。稗有二種：一黃白，一紫黑。其紫黑者，芑有毛，北人呼爲烏禾。又云：五穀，燒作灰爇，主惡瘡疥癬，蟲瘻疽螫毒。塗之，和松脂、雄黃，燒灰更良。作法如甲煎爲之。孟詵云：稷，益諸不足。山東多食。服丹石人發熱，食之熱消也。發三十六種冷病氣。八穀之中，最爲下苗。黍乃作酒，此乃作飯，用之殊途。不與瓠子同食，令冷病發。發即黍釀汁，飲之即差。日華子云：稷米，冷。治熱，壓丹石毒，多食發冷氣，能解苦瓠毒，不可與川附子同服。

〔宋・蘇頌《本草圖經》〕曰：稷米，今所謂穄米也。舊不著所出州土，今出粟米處皆能種之。書傳皆稱稷爲五穀之長，五穀不可遍祭，故祀其長以配社。《呂氏春秋》云：飯之美者，有陽山之穄。高誘云：關西謂之穈，冀州謂之䵚音捧，皆一物也。《廣雅》解云：如黍黑色，稗有二種：一黃白，一紫黑。其紫黑者，其芑有毛，北人呼爲烏禾，是也。今人不甚珍此，惟祠事則用之。農家種之，以備他穀之不熟，則爲糧耳。

〔宋・唐慎微《證類本草》〕《食療》：黍之莖穗，人家用作提拂，以將掃地。食苦瓠毒，煮汁飲之即止。又，破提掃，煮取汁，浴之去浮腫。又，和小豆煮汁服之，下小便。《外臺秘要》：治脚氣衝心悶。洗脚漬脚湯：以糜穰一石内釜中，多煮取濃汁，去滓，内椒目一斗，更煎十餘沸，漬脚三兩度，如冷，溫漬洗，差。《食醫心鏡》：益氣力，安中補不足，利胃宜脾。稷米飰食之良。曹子建《七啟》：芳菰精稗。注云：菰，稗草名，其實如細米，可以爲飰。

宋·寇宗奭《本草衍義》卷二〇 稷米 今謂之穄米，先諸米熟。又其香可愛，故取以供祭祀。然發故疾，只堪爲飯，不粘着，其味淡。

宋·王繼先《紹興本草》卷一二 稷米 紹興校定：稷米即穄米是也。然《本經》雖具主治，但諸方未聞的驗。此物唯以祠事則用，南人稀種之。亦可作糧，北地多產。今當作味甘、平、無毒為定。

宋·鄭樵《通志》卷七五《昆蟲草木略》 稷 苗穗似蘆，而米可食，為五穀之長。五穀不可偏祭，故祀其長以配社。今人謂之穄，關西謂之糜，冀州謂之縻。粢，粱也。《爾雅》以粢為稷，誤也。

宋·陳衍《寶慶本草折衷》卷一九 稷米 一名穄米，一名黃米，一名糜，一名縻，一名稗，一名粢，一名明粢，紫黑者名芑，一名烏禾。○穄，子例切。糜，從麻，從禾，音門。一作糜，從麻，從米。又作縻，從麻，從黍。並忙皮切。縻，音□。稗，一作蒋。生陽山，及關西、關中、山東及冀州。今出粟處皆種之。○忌附子。

味甘，淡，冷，無毒。○主益氣，補不足。○陶隱居云：發宿病。分黍米條。○日華子云：治熱，壓丹石毒。多食發冷氣，解苦瓠毒。○《圖經》曰：稷有二種，一黃白，一紫黑。皮紫黑而米亦黃白。○寇氏曰：先諸米熟。

續說云：註釋之辨黍與稷者，皆紛然無定。至《雲麓漫抄》乃云黍與稷皆北方之禾，南人多不能識。蓋二物極相似，惟本土老農能辨之。黍葉有毛毿，妥貼而密；稷葉無毛毿，蓬鬖鬆而踈。黍米淡黃，黏而可釀酒；稷米深黃，利而可為飯。二物皆夏收而稷先熟。由此言之，則黍、稷之種瞭然明徹矣。

元·忽思慧《飲膳正要》卷三 稷米 味甘，無毒。主益氣，補不足。關西謂之糜子米，亦謂穄米。古者取其香可愛，故以供祭祀。河西米：味甘，無毒。補中益氣。顆粒硬於諸米。出本地。

元·尚從善《本草元命苞》卷九 稷米 味甘，無毒。祀為五穀之長。書傳皆稱稷為五穀之長，五穀不可遍祭，故祀其長以配社。《呂氏春秋》云：飯之美者，有陽山之穄。高誘云：關西謂之糜，冀州謂之縻，皆一物也。安中，利胃宜脾。能壓丹石藥毒，益氣力，補諸不足。多食之，能發冷氣。野中如蒋，荒年代糧。今人不甚珎此，惟祠事則用之。農家種之，以備它穀之不熟，則代糧耳。黍稷為粢，氾勝之種。

元·吳瑞《日用本草》卷二 稷米 苗似蘆，北人名烏米，南人名稌，為五穀之長。味甘，性冷，無毒。發三十六種冷氣病，不可多食。發痼疾，以黍米釀酒解之。久食令人煩。不可同川附子食。解苦瓠毒。主益氣，補不足，治熱，壓丹石毒。

明·蘭茂原撰，范洪等抄補《滇南本草圖說》卷五 稷米 味甘，性寒，無毒。脾之穀。壓石毒，丹毒可解。和胃益脾，涼血解暑。多食令人發冷氣，同匏子食尤甚，飲黍汁即瘥。

明·滕弘《神農本經會通》卷四 稷米 陶云：稷米亦不識，書多六黍，與稷相似。又有稌音渡，亦不知是何米。《詩》云黍、稷、稻、粱、禾、麻、菽、麥，此即八穀也，俗人莫能證（辦）〔辨〕。按（記）〔氾〕勝之《種植書》，有黍即如前說，無稷有稻，猶是粳穀，粱是秫，禾即是粟。董仲舒云：禾是粟苗，麻是胡麻，枲是大麻，菽是大豆。《唐本》注云：《本草》有稷，不載穄。稷，穄也。今楚人謂之稷，關中謂之糜，呼其米為黃米，與黍為秈秫，故其苗與黍同類。陶引《詩》云稷恐與黍相似，斯并得之矣。《圖經》云：稷米，今所謂穄米也。稷，為五穀之長。五穀不可遍祭，故祀其長以配社。《廣雅》解云：如黍，黑色。稗有二種，一黃白，一紫黑，其紫黑者，其芑有毛，北人呼為烏禾是也。今人不甚珍此，惟祠事則用之。農家種之，以備他穀之不熟，則為糧耳。《衍義》云：今謂之穄米，先諸米熟，又香可愛，故取以供祭祀。然發故疾，只堪為飯，不粘着，其味淡。

味甘，無毒。一云：冷。《本經》云：主益氣，補不足。陳藏器云：五穀燒作灰爇，主惡瘡疥癬，蟲瘻疽螫毒，塗之。和松脂、雄黃燒灰更良。作法，如甲煎為之。孟詵云：稷，益諸不足。山東多食，服丹石人發熱，食之熱消也。發三十六種冷病氣，八穀之中最為下。苗黍乃作酒，此乃作飯，用之殊途。不與匏子同食，令冷病發，發即黍釀汁飲之，即差。日華子云：稷米，冷。治熱，壓丹石毒。多食發冷氣。能解苦瓠毒。不可與川附子同服。

明·劉文泰《本草品彙精要》卷三七 稷米無毒 叢生。

稷米：主益氣，補不足。名醫所錄。

【名】穄、糜、縻音捧、粢。

【苗】

《圖經》曰：　其苗、葉類黍，今所謂穄米也。書傳皆稱稷爲五穀之長，五穀不可遍祭，故祀其長以配社。《呂氏春秋》云：　飯之美者，陽山之穄。高誘云：　關西謂之糜，冀州謂之𪎭，皆一物也。《廣雅》解云：　如黍，黑色。稗有二種，一黄白，一紫黑。其紫黑者，其芑有毛，北人呼爲烏禾是也。今人不甚重此，惟祠事則用之。農家種之，以備他穀之不熟，則爲糧矣。〔時〕生：　春苗。採：　秋收。〔收〕曬乾。〔用〕實。〔質〕類黍而微匾。〔色〕黄。〔味〕甘。〔性〕緩。〔氣〕氣厚味薄，陽中之陰。〔臭〕香。〔主〕利胃益脾。〔治〕療：　日華子云：　治熱病。補：　孟詵云：　益諸不足。《別錄》云：　益氣力，安中，補不足。○莖穗作提掃破壞者，煮汁浴之，去浮腫。〔合治〕合五穀燒作灰爇，和松脂、雄黄燒灰，治惡瘡，疥癬，蟲瘻，疽螫毒，塗之差。○合小豆煮汁服之，利小便。〔禁〕不宜多食，發冷氣。又發三十六種冷病氣，發痼疾。不可與川附子同服。又不可與瓠子同食，能發冷病，發即黍釀汁飲之，即差。〔解〕服丹石人發熱，食之熱消，壓丹石毒。解苦瓠毒，煮汁飲之即止。

明・盧和、汪穎《食物本草》卷一穀類　稷米　味甘，無毒。益氣補不足。又云：　冷，治熱，發冷病氣，解瓠毒。以其早熟，又香可愛，因以供祭。然味淡，諸穀之中，此為下。苗種者，惟以防荒年耳。

明・王文潔《太乙仙製本草藥性大全》卷四《本草精義》　稷米　一名穄米，即今膏粱粟是也。又名孤稗草。舊本不著所出州土，今出粟米處皆能種之。書傳皆稱稷爲五穀之長，五穀不可遍祭，故祀其長以配社。《呂氏春秋》云：　飯之美者，有陽山之穄。高誘云：　關西謂之糜，冀州謂之𪎭音牽，皆一物也。《廣雅》解云如黍黑色。稷有二種，一黄白，一紫黑，其紫黑者其芑有毛，北人呼爲烏禾是也。今人不甚珍此，惟祠祀則用之，農家種之以備他穀之不熟，則以爲糧食之，亦可充飢。

明・王文潔《太乙仙製本草藥性大全》卷四《仙製藥性》　稷米　味甘，氣冷，無毒。　主治：　治發熱而壓丹石之毒，發冷氣而解苦瓠之嗔。補諸不足，益氣添精。　補註：　黍之莖穗人家用作提拂，以將掃地。食苦瓠毒，煮汁飲之即止。又破提掃，煮取汁浴之去浮腫。又和小豆煮汁服之下小便。○治脚氣衝心悶，洗脚漬脚湯：　以糜穰一石，內釜中多煮取濃汁，去滓，內椒目一升，更煎十餘沸，漬脚三兩度，如冷，溫漬洗差。○益氣力，安中補不足，利胃宜脾，稷米飯食之良。　按：　《衍義》云：　稷米今謂之穄米。先諸米熟，又其香可愛，收取以供祭祀。然發痼疾，只堪爲飦不粘着，其味淡。按天生五穀俱能養人，其甚益胃補脾，無過粳與粟也。日資食用，誠寄死生，蓋因得天地中和之氣最多，與造化生物之功相等，非比他物可以名言。故今南人食粳爲常，北人食粟不缺。雖云地方種蒔所宜，實亦本諸此也。

明・李時珍《本草綱目》卷二三穀部・稷粟類　稷《別録》上品

〔釋名〕穄音祭　粢音咨。時珍曰：　稷從禾從畟，畟音即，諧聲也。又進力治稼也。《詩》云畟畟良耜是矣。種稷者必畟畟進力也。南人承北音，呼稷爲穄，謂其米可供祭也。《禮記》：　祭宗廟稷曰明粢。《爾雅》云：　粢，稷也。羅願云：　稷、穄、粢皆一物，語音之輕重耳。赤者名𪍿，白者名芑，黑者名秬。注見黍下。〔集解〕弘景曰：　稷米人亦不識，書記多云黍與稷相似。又注黍米云：　穄米與黍米相似，而粒殊大，食之不宜人，言發宿病。《詩》云：　黍稷稻粱，禾麻菽麥。此八穀也，俗猶莫能辨證，况芝英乎？　蘇恭曰：　《呂氏春秋》云：　飯之美者，有陽山之穄。高誘注云：　關西謂之𪍿，音糜，冀州謂之𪎭，音牽，去聲。《廣雅》云：　𪎭，穄也。《禮記》云：　稷曰明粢。《爾雅》云：　粢，稷也。《説文》云：　稷乃五穀長，田正也。此乃官名，非穀號也。先儒以稷爲粟類，或言粟之上者，皆説其義，而不知其實也。按氾勝之《種植書》，有黍不言稷。《本草》有稷不載穄，穄即稷也。楚人謂之稷，關中謂之糜，呼其米爲黄米。其苗與黍同類，故呼黍爲秈秫。陶言與黍相似者，得之矣。藏器曰：　稷、穄一物也，塞北最多，如黍黑色。詵曰：　稷在八穀之中，最爲下苗。黍乃作酒，此乃作飯，用之殊塗。頌曰：　稷米，出粟處皆能種之。今人不甚珍此，惟祠事用之。農家惟以備他穀之不熟，則爲糧耳。宗奭曰：　稷米今謂之穄米，先諸米熟，其香可愛，故取以供祭祀。然發故疾，只堪作飯，不粘，其味淡。時珍曰：　稷與黍，一類二種也。粘者爲黍，不粘者爲稷。稷可作飯，黍可釀酒。猶稻之有粳與糯也。陳藏器獨指黑黍爲稷，亦偏矣。稷黍之苗似粟而低小有毛，結子成枝而殊散，其粒如粟而光滑。三月下種，五六月可收，亦有七八月收者。其色有赤、白、黄、黑數種，黑者禾稍高，今俗通呼爲黍子，不復呼稷矣。北邊地寒，種之有補。河西出者，顆粒尤硬。稷熟最早，作飯疏爽香美，爲五穀之長而屬土，故祠穀神者以稷配社。五穀不可遍祭，祭其長以該之也。上古以厲山氏之子爲稷主，至成湯始易以后稷，皆有功於農事者云。

〔正誤〕吴瑞曰：　稷苗似蘆，粒亦大，南人呼爲蘆穄。孫炎《正義》云：　稷即粟也。時珍曰：　稷黍之苗雖頗似粟，而結子不同。粟穗叢聚攢簇，稷黍之粒疏散成枝。孫氏謂稷爲粟，誤矣。蘆穄即蜀黍也，其莖苗高大如蘆。而今之祭祀者，不知稷即黍之不粘者，往往以蘆穄爲稷，故吴氏亦襲其誤也。今並正之。

稷米　〔氣味〕甘，寒，無毒。詵曰：　多食發二十六種冷病氣。不與瓠子同食，發冷病，但飲黍穰汁即瘥。又不可與附子同服。【主治】益氣，補不足《别録》。治熱，壓丹石毒發熱，解苦瓠毒《日華》。作飯食，安中利胃宜脾《心鏡》。凉血解暑。時珍。○《生生編》。【發明】時珍曰：按孫真人云：稷，脾之穀也。脾病宜食之。氾勝之云：燒黍稷則瓠死，此物性相制也。稷米、黍穰，能解苦瓠之毒。《淮南萬畢術》云：祠冢之黍，啖兒令不思母。此亦有所厭耶？

【附方】新四。 補中益氣：羊肉一脚，熬湯，入河西稷米、葱、鹽，煮粥食之。《飲膳正要》。 卒啘不止：粢米粉，井華水服之良。《肘後》。 癰疽發背：粢米粉熬黑，以鷄子白和塗練上，剪孔貼之，乾則易，神效。《葛氏方》。 辟除瘟疫：令不相染。以穄米爲末，頓服之。《肘後方》。

根 【主治】心氣痛，産難時珍。

【附方】新二。 心氣疼痛：高粱根煎湯温服，甚效。 横生難産：重陽日取高粱根，名爪龍，陰乾，燒存性，研末。酒服二錢，即下。

明·穆世錫《食物輯要》卷二 稷米 味甘，性寒，無毒。脾之穀。壓丹石毒，解苦瓠毒，和胃益脾，凉血解暑。多食，發冷氣病；同匏子食，尤甚，飲黍汁即瘥。

明·趙南星《上醫本草》卷一 稷 一名穄音祭，又名粢音咨，黍、稷、稻、粱、禾、麻、菽、麥，此八穀也。《禮記》：祭宗廟曰明粢。《爾雅》云：粢，稷也。《呂氏春秋》云：飯之美者，有陽山之穄。稷熟最早，作飯疎爽香美。或云：后稷教稼穡，首種之於稷山縣，縣名取此。

稷米：甘，寒，無毒。脾之穀也。主治：益氣，補不足，安中，利胃宜脾，凉血解暑。多食發冷病。又勿與瓠子同食，亦不可同附子服。

附方 補中益氣：羊肉一脚，熬湯，入河西稷米、葱、鹽，煮粥食之。辟除瘟疫，令不相染：以稷米為末，頓服之。

明·應麐《食治廣要》卷二 稷米 氣味：甘，寒，無毒。主治：益氣，補不足。治熱，壓丹石毒，解苦匏毒。作飯食，安中利胃宜脾，涼血解暑。

明·姚可成《食物本草》卷五穀部·稷粟類 稷米一名穄，音祭。一名粢，音咨。稷米，出粟處皆能種之。今人不甚珍此，惟祠事用之。農家惟以備他穀之不熟，則為糧耳。○稷與黍，一類二種也。粘者為黍，不粘者為稷。稷可作飯，黍可釀酒。猶稻之有粳與糯也。 稷米，味甘，寒，無毒。主益氣，補不足。治熱，壓丹石毒，解苦瓠毒。作飯食，安中利胃宜脾。涼血解暑。氾勝之云：燒黍稷則瓠死，此物性相制也。《淮南萬畢術》云：祀冢之黍啖兒，令不思母。此亦有所厭耶？

根 主心氣痛，難産。稷熟最早，作飯疎爽香美，為五穀之長而屬土，故祠穀神者以稷配社。五穀不可遍祭，祭其長以該之也。上古以厲山氏之子為稷主，至成湯始易以后稷，皆有功於農事者云。

附方：治癰疽發背。粢米粉熬黑，以雞子白和塗絹帛上，剪孔貼之，乾則易，神效。 辟除瘟疫，令不相染。以穄米粉服之。

明·顧逢柏《分部本草妙用》卷九穀部 稷米 甘，寒，無毒。主治：益氣，補不足。治熱，解苦瓠毒。多食發冷病。不可與附子同服。

明·孟笨《養生要括·穀部》 稷稷與黍一類二種也，粘者為黍，不粘者為稷。稷可作飯，黍可釀酒。 味甘，寒，無毒。益氣補不足，治熱壓丹石毒發熱，解苦瓠毒，作飯食安中，利胃宜脾，涼血解暑。

明·施永圖《本草醫旨·食物類》卷二 稷米關西謂之糜子米，又名穄米。以其早熟，清香，因以祭祀。 味：寒，無毒。主益氣，補不足。又云性冷，發冷病，解瓠毒。味極淡，穀中下品也。多食發二十六種冷病，不可與瓠子同食。治益氣，補不足，治熱，壓丹石毒發熱，解苦瓠毒。作飯食，安中利胃宜脾，涼血解暑。

明·盧之頤《本草乘雅半偈》帙八 稷《別錄》中品 氣味：甘，寒，無毒。

主治：主益氣，補不足。

覈曰：稷與黍同類而異種。故其苗俱似粟，而低小有毛，秀特舒散，米粒悅澤。一稃一米，米粒稍肥者稷也；一稃二米，米粒稍細者黍也。但稷刈欲早，植黍欲晚，故古者號稷為首種，成熟亦早，作飦則疎爽而香，貴而為五穀之長，尊而配大社之神。陶唐之世，名農官為后稷者以此。《呂氏春秋》云：飦之美者，有陽山之穄。高誘註云：關西謂之𪏻音糜，冀州謂之𪍿音牽。《廣雅》云：𪍿，穄也。《禮記》云：稷曰明粢。《爾雅》云：粢，稷也。故《本草》有稷，不載穄耳。

条曰：稷為脾穀，五穀之長也。五行土為尊，故五穀稷為長，偏歷四氣，土大季旺故爾。是能宜脾利胃，安中益氣，補諸不足也。至若解暑，以將來者進，成功者退，涼血故宜。

清·穆石匏《本草洞詮》卷五 稷 一名粢，一名穄。謂可供祭也。《禮記》祭宗廟稷曰明粢是矣。羅願云：稷、穄、粢皆一物，語音之輕重耳。稷與黍一類二種也。粘者為黍，不粘者為稷。稷可作飯，黍可釀酒。猶稻之有粳與糯也。稷熟最早，作飯踈爽香美，為五穀之長，故祠穀神者，以稷配社。蓋五穀不可遍祭，祭其長以該之也。氣味甘寒，主安中利胃，涼血解暑。

清・丁其譽《壽世秘典》卷三 稷 稷即穄也，南人承北音呼稷為穄，謂其米可供祭也。《禮記》祭宗廟，稷曰明粢。《爾雅》云：粢，稷也。羅願云：稷、穄、粢皆一物。今人呼其米為黄米，其苗與黍同類。先諸米熟，疏爽香美，故取以供祭祀。然發痼疾。只堪作飯，不粘，其味淡。李時珍曰：稷與黍一類二種也，粘者為黍，不粘者為稷。稷可作飯，黍可釀酒。猶稻之有粳與糯也。 氣味：甘，寒，無毒。主解熱，壓丹石毒。作飯食，安中利胃宜脾，涼血解暑。

清・尤乘《食鑒本草・粟類》 稷米即穄米。 因其早熟清香，用之祭祀。食之發二十六種冷病。不可與瓠子同食。

清・朱本中《飲食須知・穀類》 稷米 味甘，性寒。關西謂之糜子米，又名穄米。早熟清香，一名高粱，即黍之不粘者。多食發二十六種冷氣病。不可與瓠子同食，發冷病，但飲黍穰汁即瘥。又不可與附子、烏頭、天雄同服，勿合馬肉食。

清・何其言《養生食鑒》卷上 稷米 味甘，性寒，無毒。脾之穀。壓丹石毒，解苦瓠毒，和胃益脾，涼血解暑。多食發冷氣病，同匏子食尤甚，飲黍汁即瘥。

清・汪昂《本草備要》卷四 稷補，和中。 甘，平。益氣和中，宜脾利胃。陶弘景曰：稷米，人亦不識。書記多云黍與稷相似。又註黍米云：穄米與黍米相似而粒殊大，食之不宜人，發宿病。《詩》云黍稷稻粱，禾麻菽麥，此八穀也。俗猶不能辨證，況芝英乎？按：黍、稷辨者頗多，皆無確義。時珍曰：稷、黍一類二種。粘者爲黍，不粘者爲稷。昂謂詩人既云八穀，何必取一類者强分二種？是仍爲七穀矣。蓋穄、稷同音，故世妄謂穄爲稷，不知穄乃黍類，似粟而粒大疏散，乃北方下穀，南土全無，北人亦不之重，安能度越粳、糯，而高踞八穀之上也乎？陶氏所說，因是穄黍，所以疑也。若稷當屬高大如蘆，世之所謂蘆稷者。實既香美，性復中和，幹又高大，所以能爲五穀之長，而先王以之名官也。稷爲五穀之長，故以爲官名，又配社而祀之。況穄黍所生不遍，而蘆稷薄海蕃滋，《本草》乃指蘆稷爲蜀黍，其名義亦不倫矣。此實從來之誤，敢爲正之，以質明者。又蘆稷最能和中，煎湯溫服，治霍亂吐瀉如神。昂嘗病腹中啾唧，經兩月，有友人見招，飲以蘆稷燒酒，一醉而積痾暢然，性之中和，又可見矣。

清・李熙和《醫經允中》卷二二 稷米 甘，寒，無毒。主治益氣和中，除熱，解苦瓠毒。多食發冷病。不可與瓠子同食。

清・吳儀洛《本草從新》卷四 稷〔補，和中。〕以下稷粟類。 甘，平。益氣和中，宜脾利胃。吴瑞〔吴瑞著《日用本草》。〕曰：稷苗似蘆，粒亦大，南人呼為蘆穄。孫炎〔孫炎《爾雅正義》。〕云：稷即粟也。時珍曰：稷黍之苗，雖頗似粟而結子不同。穗重叢聚攢簇，稷黍之粒疏散成枝，孫氏謂稷為粟誤矣。蘆穄，即蜀黍也，其莖苗高大如蘆。而今之祭祀者，不知稷即黍之不粘者也，往往以蘆穄為稷，故吴氏亦襲其誤也，今并正之。黍之不粘者為稷。

清・汪紱《醫林纂要探源》卷二 稷 土穀也。亦春生秋成。然宜於高土，色正黄，故屬土。苗似黍，葉頗叢密，芃芃然，熟遲於黍，米不若黍之粘，而性疏散，秦晉人謂之糜子，作飯常食。南方所無，南人亦不識也。稷，音或轉為穄，而秬黍亦似穄，故南人或謂秬黍為蘆穄，因遂以為稷，失之甚矣。 甘，平。和中益氣。

題清・徐大椿《藥性切用》卷六 稷米 性味甘平，和中利胃，益氣宜脾。黍之不粘者為稷。（莁）〔莖〕治水腫，煎湯浴之。

清・黃宮繡《本草求真》卷九 稷蘆稷益氣和中，黍稷清熱涼血解暑。稷耑入脾。 有蘆稷、黍稷之分，蘆稷者其形高如蘆，實既香美，性復中和，所以為五穀之長，而先王以之名官也。味甘氣平，故食可以益氣和中，宜脾利胃，煎湯以治霍亂吐瀉如神。用此燒酒，可治腹中沉昔啾唧。若黍稷之稷，形狀似粟，但粟穗則叢聚攢簇，黍稷之粒，則疏散成枝。黍與黍稷分別，則粘者為黍，而不粘者則為黍稷之稷。昔人於此，紛紛置辨，而不畫一，是亦未分二稷之說矣。黍稷味甘性寒，作飯踈爽，香美可愛，服之可以清熱涼血，解暑止渴，故書載治癰疽發背瘟疫之症，但多食則有冷氣內發。飲黍穰汁即疾。燒黍稷則瓠必死。忌同附子服。

清・李文培《食物小録》卷上 稷米 甘，寒，無毒。益氣，補不足。作飯食，安中利胃宜脾。多食，發各種冷病。不可同附子服。

清・章穆《調疾飲食辯》卷一 稷米飯 主安中益脾胃，涼血解暑。《綱目》曰：《呂氏春秋》云：飯之美者，陽山之穄。高誘注云：關西謂之糜，益州謂之緊。然味澀，性又近涼，氣滯者、便難者、中寒者，均不宜食。

穄米 即八穀之稷，又名粢。《禮記》曰：稷曰明粢。《爾雅》曰：粢，稷。羅願《爾雅翼》曰，稷、穄、粢，皆一物。語音之輕重不同耳。《綱目》曰：稷與黍，苗似粟而低，結子似粟而光滑，顆粒稍大似蘆粟略小。其穗分枝而疏散，不若粟穗之叢聚攢簇也。粘者為黍，不粘者為稷。為八穀之長，故祀穀神以稷配社。上古以烈山氏之子為稷主，至成湯時始易以后稷，皆有功農事者。稷主猶言穀主，穀類最多，舉其長以概其餘也。二三月種，四五月即收，其穫最先，故以長八穀。吳瑞《日用本草》、汪昂《本草備要》均誤以蘆粟為稷，未免臆說。

黏稷，即八穀之黍。

按：此二種，吾鄉通呼水粟。蓋黍、稷一類，但分粘、不粘，俗皆呼黍，又謂黍為水也。但《爾雅》既云粢稷也，《禮記》亦云稷曰明粢，是粘者為稷，不粘者為黍。注家皆反其說，恐誤也。存考。

清・吳鋼《類經證治本草・手陽明大腸腑藥類》　稷　【略】誠齋曰：蘆穄也。止霍亂，利小便。

清・葉桂《本草再新》卷七　稷味甘，性平，無毒。入心、脾二經。　益氣和中，宣脾利胃。

清・吳其濬《植物名實圖考》卷一　稷　《別錄》下品。陶隱居云稷米，亦不識此北穀。蘇恭始以穄為稷。《朱子》釋《詩經》：稷小於黍。各説以粘者為黍，不粘者為穄，姑以穄圖之。直隸人謂黍稈生而有毛，穄稈無毛，其色於根苗可辨。穄亦有粘者，特不似黍之極黏耳。近世《九穀考》《廣雅疏證》皆以高粱為稷，比音櫛字，創博無前，已錄入《長編》，以廣異聞。但閎儒博辨之學，與習俗相沿之語，不妨並存。穄音近稷，農家久不知稷，但知有穄，高粱則不聞呼稷也。黍性固粘而粗於粱，穄小於黍而粗於黍，山西以米為餅，衹呼為黃，以售於市，或漉粉以漿衣，蓋穀之賤者，謂之疏食亦宜。又湖南有一種稷子，其形似稗，與黍穄粱粟皆不類。《通志》據《晝墁錄》以為粟，殆宋時以舊說謂稷為粟，故載筆仍曰粟耳。今湘人皆曰稷，無呼粟者。北方之稼，遺種江湘，正如宋蔡唐之裔，播遷湖黔，禮失求野，此其類與？但古書不詳稷之狀，究未敢遽信無差，仍別圖湖南稷子，以俟博考。

清・文晟《新編六書》卷六《藥性摘錄》　稷米　味甘，性寒。和胃益脾，涼血解暑。

清・王孟英《隨息居飲食譜・穀食類》　稷米一名高粱，俗呼蘆穄。　甘，涼。清胃，補氣養脾。稷者名秫，治陽盛陰虛，夜不得寐，及食鵝鴨成癥。凡黍、稷、粟之秫者，皆可釀酒造餳。而南方稷米，但有不黏者耳。　汪謝城曰：前人本草分別多誤，惟程氏《九穀》考所辨為是。《本草綱目》以黏不黏分黍稷，是分一穀爲二穀也。

清・田綿淮《本草省常・穀類》　稷米　一名穄米，一名粢米。性溫，益氣和中，宣脾利胃。多食熱中，發諸風。同瓠子食，傷人。服烏頭、附子、天雄者，忌之。新者有毒，熱甚；陳者良。粢，音咨。

清・陳其瑞《本草撮要》卷五　稷　味甘，平，入手足太陰、陽明經，功專益氣和中，宣脾利胃。即黍之不黏者。莖治通身水腫，煎湯浴效。

清・吳汝紀《每日食物却病考》卷上　稷　甘，寒，無毒。益氣，補不足，治熱發冷病，解瓠毒。以其早熟而香，因以供祭。然味淡，諸穀中之下品。今人不甚種之，惟以備歲之不熟耳。南人呼為蘆穄者，此也。

黍

唐・孫思邈《千金要方》卷二六《食治・穀米》　丹黍米　味苦，微溫，無毒。主欬逆上氣，霍亂，止泄利，除熱，去煩渴。

白黍米：味甘，辛，溫，無毒。宜肺，補中益氣。不可久食，多熱，令人煩。黃帝云：五種黍米合葵食之，令人成痼疾。又以脯腊著五種黍米中藏儲，食之，云令人閉氣。

宋・李昉《太平御覽》卷八四二　黍　《淮南萬畢術》曰：取麥門冬、赤黍，漬以狐血，陰乾之，欲飲酒取一丸置舌下，酒吞之，令人不醉。麥門冬、赤黍、薏苡為丸，令婦人不妬。《説文》曰：秬，黑黍也。一稃二米，所以釀鬯也。黍，禾屬黏者，以大暑而種，故謂之黍。孔子曰：黍可以為酒。《廣雅》曰：粢，黍也。黍穰謂之栵。音例。《吳氏本草》曰：黍，神農：甘，無毒。七月取陰乾，益中補氣。

附：日・丹波康賴《醫心方》卷三〇　丹黍米　《本草》云：味苦，微溫，無毒。主欬逆，霍亂，止洩，除熱，止煩渴。陶景云：此即赤黍米也。多入神藥用。崔禹〔錫〕云：食益人。又有秬米，是烏黍耳，供釀酒祭祀用之。人飲，好療魂病，長生。

宋・唐慎微《證類本草》卷二五米穀部中品〔《別錄》〕　丹黍米　味苦，微溫，無毒。主欬逆，霍亂，止洩，除熱，止煩渴。

〔梁・陶弘景《本草經集注》〕云：此即赤黍米也，亦出北間，江東時有種，而非土所宜，多入神藥用。又，黑黍名秬，共釀酒祭祀用之。

〔宋・掌禹錫《嘉祐本草》〕按：《爾雅》云：秬，黑黍。秠，一稃二米。釋曰：按《詩・生民》云：誕降嘉種，維秬維秠。李巡云：黑黍一名秬黍。秬，即墨黍之大名也。秠，是黑黍中一稃有二米者，別名爲秠。若然秬、秠皆黑黍矣。而《春官・鬯人》注云：釀秬爲酒，秬如黑黍，一秠二米。言如者，以黑黍一米者多，秬爲正二米。則秬中之異，故言如以明秬有二等，則一米者亦可爲汁。又云：秠即皮，其稃亦皮也。秠、稃，古今語之異耳。漢和帝時，任城縣生黑黍，或三四實，實二米，得黍三斛八斗是也。日華子云：赤黍米，溫，下氣，止欬嗽，除煩，止渴，退熱。不可合蜜并葵同食。

〔宋・蘇頌《本草圖經》〕曰：丹黍米，舊不載所出州土。陶隱居云：出北間，江東亦時有種，而非土所宜，今京東西、河陝間皆種之。然有二種米：粘者爲秫，可以釀酒；不粘者爲黍，可食。如稻之有粳、糯耳。謹按《爾雅》云：虋，赤苗。秬，黑黍。秠，一稃二米。釋者引《生民詩》云：誕降嘉種，維秬維秠。維穈與虋同維芑，虋即嘉穀赤苗者。李巡云：秬即黑黍之大者名也。秠是黑黍中一稃有二米者，別名爲秠。若然秬、秠皆黑黍矣。《周禮・鬯人》注：亦以一秠二米者爲秬，一米者爲黑黍。後漢和帝時，任城縣生黑黍，或三四實，實二米，得三斛八斗是也。古之定律，以上黨黑牡秬黍之中者累之，以生律度量衡。後之人取此黍定之，終不能協律。一說：秬，黍之中者，乃一稃二米之黍也。此黍得天地中和之氣乃生，蓋不常有。有則一穗皆同二米，米粒皆勻無大小，得此，然後可以定鍾律。古今所以不能協聲律者，以無此黍也。他黍則不然，地有腴瘠，歲有凶穰，則米之大小不常，何由知其中者，此說爲信然矣。今上黨民間或值豐歲，往往得二米者，皆如此說，但稀闊而得之，故不以充貢耳。北人謂秫爲黃米，亦謂之黃糯，釀酒比糯稻差劣也。

〔宋・唐慎微《證類本草》〕《食醫心鏡》：主除煩熱，止泄痢并渴，丹黍米飯食之。《傷寒類要》：傷寒後，男子陰易。米三兩煮薄飲，酒和飲之。發汗出愈，隨人加減。《子母秘録》：小兒鵝口不乳，丹黍米汁傅上。

宋・唐慎微《證類本草》卷二五米穀部中品（《別錄》） 黍米 味甘，溫，無毒。主益氣補中，多熱，令人煩。

〔梁・陶弘景《本草經集注》〕云：荆、郢州及江北皆種此。其苗如蘆而異於粟，粒亦大。粟而多是秫，今人又呼秫粟爲黍，非也。北人作黍飯，方藥釀黍米酒，則皆用秫黍也。又有穄米與黍米相似，而粒殊大，食不宜人，言發宿病。

〔唐・蘇敬《唐本草》〕注云：黍有數種，已備注前條，今此通論丹黑黍米爾，亦不似蘆，雖似粟而非粟也。穄即稷也。其釋後條。

〔宋・掌禹錫《嘉祐本草》〕按：孟詵云：黍米，性寒。患鼈瘕者，以新熟赤黍米淘取泔汁，生服一升，不過三兩度愈。謹按：性寒，有少毒。不堪久服，昏五藏，令人好睡。仙家重此。作酒最勝餘糧。又，燒爲灰，和油塗杖瘡，不作瘢，止痛。不得與小兒食之，令不能行。若與小猫、犬食之，其脚便踻曲，行不正。緩人筋骨，絶血脉。

〔宋・唐慎微《證類本草》〕《食療》云：合葵菜食之，成痼疾。於黍米中藏乾脯通。《食禁》云：牛肉不得和黍米、白酒食之，必生寸白蟲。《千金方》：治人、六畜天行時氣病，豌豆瘡方：濃煮黍穰汁洗之。一莖是穄穰則不差。瘡若黑者，杵蒜封之。亦可煮乾芸薹洗之。又方：小兒鵝口，不能飲乳。以黍米汁傅之。又方：妊娠尿血。黍穰莖燒灰，酒服方寸匕。《肘後方》：食苦瓠中毒。煮黍穰汁解之，飲數升止。又方：治湯火所灼未成瘡。黍米、女麴等分，各熬令焦杵，下以雞子白傅之。《經驗方》：治四十年心痛不差。黍米淘汁，溫服，隨多少。孫真人：黍米，肺之穀也。肺病宜食。主益氣。又方：黍米合葵食之，成癇。《食醫心鏡》：益氣安中，補不足，宜脉，不可久食，多熱令人煩悶。白黍飯食之。

宋・寇宗奭《本草衍義》卷二〇 丹黍米 黍皮赤，其米黃，惟可爲糜，不堪爲飯。粘着難解，然亦動風。

宋・王繼先《紹興本草》卷一二 丹黍米 紹興校定：丹黍米，與黍米一矣，但色赤而其性無異，亦穄之類也。《本經》雖具主治，亦未聞諸方用驗。當云味甘苦、微溫、無毒是矣。

黍米 紹興校定：黍米乃穄之類矣，但別有此一種。北地多產之，可作粥飯，頗厚腸胃，或多以釀酒。《本經》及諸方雖各具主治，皆未聞驗據。當云味甘、微溫、無毒是矣。

宋・鄭樵《通志》卷七五《昆蟲草木略》 黍 《本草》丹黍。《爾雅》云：秬，黑黍。秠，一稃二米。秠，是黑黍之有二米者。黍之糯者謂之秫，一名黃糯。

宋・陳衍《寶慶本草折衷》卷一九 黍米 生荆、郢州種之，及江北。○忌葵菜、牛肉。

味甘，寒，無毒。○主益氣補中。○《唐本》註云：黍有數種，今通論似粟而非粟也。○孟詵云：不得與小兒食，令不能行，緩筋骨，絶血脉。○《食療》云：合葵菜食，成痼疾。牛肉不得和黍米、白酒食之，生白蟲。

丹黍米 一名赤黍米。大而黑者名秬，一稃二米者名秠，其粘者名秫，一名黃米，一名黃糯。○秬，音巨；稃，方于切；秠，孚鄙切。出北間種之，及江東、京東西、河陝、上黨。○忌蜜與葵。

味苦，微溫，無毒。○主欬逆，霍亂，止洩，除熱，止煩渴。○日華子云：

下氣，止欬嗽。〇《圖經》曰：有二種，粘者可釀酒，不粘者可食。古之定律，以上黨黑牡秬黍之中者累之，以生律度量衡。〇寇氏曰：皮赤，其米黃，亦動風。

元·忽思慧《飲膳正要》卷三 黍米 味甘，平，無毒。主益氣補中，多熱，令人煩。久食昏人五藏，令人好睡。肺病宜食。 丹黍米： 味苦，微溫，無毒。主欬逆，霍亂，止煩渴，除熱。

元·尚從善《本草元命苞》卷九 黍米 味甘，性溫，無毒。肺之穀，肺病宜食。補不足，補中益氣。多熱令人煩，好睡，昏五臟。荊南、江北皆有。雖似粟而非粟。淂天地中和之氣，定鐘律乃能協聲。《經》云：粟淂天地中和之氣乃生，蓋不常有。有則一穗皆同，二米米粒皆勻，無大小，然後可以定鐘律。古今所以不能協聲律者，以無此衷也。黍則不然，地有肥瘠，歲有凶穰，則米之大小不常，何由知其中者，此說為信然矣。凡有二種，粘則為秫，可以釀酒。不粘為黍，乃可作食。

元·吳瑞《日用本草》卷二 黍米 即丹黍也。浙人呼為紅蓮米。江南種者皆白色，間有紅色者，名赤蝦米。 味苦，性溫，無毒。又有六十日熟，喜動氣。 主咳逆霍亂，除煩渴，下氣止洩。不可合蜜、飴糖、葵食，生痼疾。

明·滕弘《神農本經會通》卷四 黍米 陶云：其苗如蘆，而異於粟，粒亦多粟，而多是秫。北人作黍飯，方藥酸黍米酒，則皆用秫黍也。又有穄米，與黍米相似，而粒殊大，食不宜人，言發宿病。《唐本》注云：黍有數種，亦不似蘆，雖似粟而非粟。穄，即稷也。 味甘，氣溫，無毒。一云：性寒，有少毒。《本經》云：主益氣補中。多熱，令人煩。孟詵云：黍米，性寒。患鼈瘕者，以新熟赤黍米陶取泔汁，生服一升，不過三兩度，愈。謹按：性寒，有小毒。不堪久服，昏五臟，令人好睡。仙家重此，作酒最勝餘米。又燒為灰，和油塗杖瘡，不作瘢，止痛。不得與小兒食之，令不能行。若與小猫、犬食之，其脚便踻曲，行不正，緩人筋骨，絕血脉。 丹黍米： 陶云：此即赤黍米也。多入神藥用。又黑黍，名秬，共釀酒，祭祀用之。《圖經》云：有二種，米粘者為秫，可以釀酒。不粘者為黍，可食。如稻之有粳、糯耳。李巡云：秬，即黑黍之大者名也。北人謂秫為黃米，亦謂之黃糯，釀酒比糯稻差劣也。 味苦，氣微溫，無毒。《本經》云：主欬逆，霍亂，止洩，除熱，止煩渴。日華子云：赤黍米，溫。下氣，止欬嗽，除煩止渴，退熱。不可合蜜并葵同食。

明·劉文泰《本草品彙精要》卷三六 黍米無毒 叢生。

黍米： 主益氣補中，多熱，令人煩。名醫所錄。 【苗】《圖經》曰：黍米乃肺之穀，蓋補肺氣也。然有二種，粘者爲秫，可以釀酒；不粘者爲黍，可以食之。如稻之有粳、糯耳。陶隱居云：其苗如蘆而異於粟，粒亦大。粟而多是秫。今人又呼秫粟爲黍，非也。北人作黍飯，釀酒則皆用秫黍也。又有穄米，與黍米相似而粒殊大。 【地】《圖經》曰：舊不載所出州土，今京東西、河陝間皆有之。 【時】生：春生苗。採：秋取實。 【收】曬乾。 【用】實。 【色】黃白。 【味】甘。 【性】溫。 【氣】氣之厚者，陽也。 【臭】香。 【主】益氣安中。 【治】療：《別錄》云：小兒鵝口，不能飲乳，以米汁傅之，差。及四十年心痛不差，以米淘汁溫服，隨多少，愈。補：孫真人云：肺之穀也，肺病宜食，主益氣。《別錄》云：益氣安中，補不足，宜脈。 【合治】燒爲灰，合油塗杖瘡，不作瘢，止痛。〇穰莖燒灰，合酒服方寸匕，療妊娠尿血。〇合女麴等分各熬令燋，杵下以雞子白傅之，治湯火所灼未成瘡者。 【禁】發宿病，久服昏五臟，令人好睡及煩悶。小兒食之不能行，緩人筋骨，絕血脈。 【忌】與葵菜食之，成痼疾並癎病。〇與牛肉、白酒同食，必生寸白蟲。 【解】煮穰汁飲數升，解食苦瓠中毒。

丹黍米無毒 叢生。

丹黍米，主欬逆，霍亂，止洩，除熱，止煩渴。名醫所錄。 【苗】《圖經》曰：此即赤黍米也，葉似蘆而異於粟。然有二種，黏者爲秫，可以釀酒；不黏者爲黍，可食。如稻之有粳、糯也。《衍義》云：丹黍米皮赤，其米黃者，惟可爲糜，不堪爲飯，黏著難解。北人謂秫爲黃米，亦謂之黃糯。釀酒比糯稻差劣也。 【地】《圖經》曰：丹黍米，舊不載所出州土，今京東、河陝皆有之，北地最多。 【時】生：夏生苗。採：秋收實。 【收】曬乾。 【用】實。 【色】皮赤，肉黃。 【味】苦。 【性】微溫。 【氣】氣厚於味，陽中之陰。 【臭】香。 【主】溫中。 【製】去皮，春白用。 【治】療：日華子云：下氣，止咳嗽，除煩，止渴，退熱。孟詵云：患鼈瘕者，以新熟赤黍米淘取泔汁，生服一升，不過三度，愈。《別錄》云：飯食之，除煩熱，主泄痢。〇汁，傅小兒鵝口不乳。 【合治】米三兩煮薄飲，合酒和飲之，治傷寒後男子陰易，發汗出愈，隨人加減。 【禁】不可與蜜并葵同食。

明・盧和、汪穎《食物本草》卷一穀類　黍米　味甘，溫，無毒。主益氣補中，多熱令人煩。又云：性寒，有小毒，不可久食，昏五臟，令人好睡，小兒食之不能行，緩人筋骨，絶血脉。不可與白酒、葵菜、牛肉同食。有丹、黑數種，比粟米略大。今北地所種，多是秫黍，最粘，又名黄糯，只以作酒，謂之黄米酒。此米且動風，人少食。

明・鄭寧《藥性要略大全》卷四　黍米　主咳逆霍亂，除熱，止瀉，止煩渴。又云：多食多熱，令人煩。味甘、微苦，性微溫，無毒。

明・寧源《食鑒本草》卷下　赤黍米　味甘，溫。穗熟色赤，故有火。北人以之造酒。補中益氣。食之生煩熱，昏五臟，軟筋骨。

明・王文潔《太乙仙製本草藥性大全》卷四《本草精義》　黍米　黍有數種，今此通論丹黑異黍米，亦不似蘆，雖似粟而非粟也。出荊、襄、郢州，及江北皆種此。其苗如蘆而異於粟，粒亦大。粟而多是秫，今人又呼秫粟爲黍，非也。北人作黍飯，方藥醸黍米酒則皆用秫黍也。又有穄米與黍米相似，而粒殊大，食不宜人，言發宿病。

《食療》云：合葵菜食之成痼疾，於黍米中藏乾脯通食禁。云：牛肉不得和黍米、白酒食之，必生寸白蟲。

丹黍米：黍皮赤，其米黄。舊不載所出州土。北間、江東亦蒔有種，而非土所宜。今京東西、河陝間皆種之。有二種，米粘者爲秫，可以釀酒；不粘者爲黍，可食，如稻之有粳糯耳。赤苗者曰秬，即黑黍之大者名也，秠是黑黍中一稃有二米者，别名爲秠，若然秬、秠皆黑黍矣。《周禮》注亦以一稃二米者爲秬，一米者爲黑黍。後漢和帝時，任城縣生黑黍或三四實，實二米，得三斛八斗是也。古之定律，以上黑牡秬黍之中者累之，以生律度量衡，後之人取此黍定之，終不能協律。一説：秬，黍之中者，乃一稃二米之黍也，此黍得天地中和之氣乃生，蓋不常有。有則一穗皆同二米，米粒皆勻無大小，得此然後可以定鍾律。古今所以不能協聲律者，以無此黍也，他黍則不然。地有肥瘠，歲有凶穰，則米之大小不常，何由知其中者，此説爲信然矣。

明・王文潔《太乙仙製本草藥性大全》卷四《仙製藥性》　黍米　味甘，氣溫，無毒。主治：益氣補中。食多昏五臟貪眠，食久緩筋骨絶脉。小兒食足難健步，猫犬食脚忽偏斜。儻資充餐，務防所忌。補註：治人、六畜天行時氣病，豌豆瘡方：濃煮黍穰汁洗之。一莖是穄穰則不差。瘡若黑者，杵蒜封之。亦可煮乾芸薹洗之。○小兒鵝口不能飲乳，以黍米汁傅之。○食苦瓠中毒，煮黍穰汁解之，飲數升止。○妊娠尿血，黍穰莖燒灰，酒服方寸匕。○治湯火所灼，未成瘡，黍米、女麴等分，各熬令焦，杵下以雞子白傅之。○治四十年心痛不差，黍米淘汁溫服，隨多少。黍米，肺之穀也，肺病宜食，主益氣。○出鼈瘕，以新熟赤黍米淘取泔汁，生服一升，不過三兩度即愈。　丹黍米：味苦，氣微寒，又云氣溫，無毒。主治：主欬逆霍亂有準，除煩渴退熱尤良。住洩痢妙劑，清咳嗽良方。補註：主除煩熱，洩痢并渴，丹黍米飯食之。○傷寒後男子陰易，米三兩煮薄飲，酒和飲之，發汗即愈，隨人加減。○小兒鵝口不乳，丹黍米汁傅之。

明・皇甫嵩《本草發明》卷五　黍米味甘，溫。　主益氣補中。多熱令人煩。荊、郢、江北皆種。苗如蘆而異于粟粒。北人作黍飯，釀黍米酒，皆用秫黍。○丹黍米，味苦，微溫。主欬逆，霍亂，止瀉，除熱，止煩渴。○又有黑黍，名秬。其釀酒祭祀用之。亦出北間，江東時有種，而非土之所宜。

明・李時珍《本草綱目》卷二三穀部・稷粟類　黍《别録》中品。校正：《别録》中品丹黍米，今并爲一。

【釋名】赤黍曰虋音門、曰糜音糜　白黍曰芑音起　黑黍曰秬音距　一稃二米曰秠音疕。並《爾雅》。時珍曰：按許慎《説文》云：黍可爲酒，從禾入水爲意也。魏子才《六書精藴》云：禾下從氽，象細粒散垂之形。氾勝之云：黍者暑也。待暑而生，暑後乃成也。《詩》云：誕降嘉種，維秬維秠，維糜維芑。糜即虋音轉也。郭璞以虋芑爲粱粟，以秠即黑黍之二米者，羅願以秠爲來牟，皆非矣。【集解】弘景曰：黍，荊、郢州及江北皆種之。其苗如蘆而異於粟，粒亦大。今人多呼秫粟爲黍，非矣。北人作黍飯，方藥釀黍米酒，皆用秫黍也。《别録》丹黍米，即赤黍米也。亦出北間，江東時有，而非土所宜，多入神藥用。又有黑黍名秬，釀酒，供祭祀用。恭曰：黍有數種。其苗亦不似蘆，雖似粟而非粟也。頌曰：今汴、洛、河、陝間皆種之。《爾雅》云：虋，赤苗。芑，白苗。秬，黑黍。是也。李巡云：秠是黑黍中一稃有二米者。古之定律者，以上黨秬黍之中者累之，以生律度衡量。後人取此黍定之，終不能協律。或云：秬乃黍之中者，一稃二米之黍也。此黍得天地中和之氣而生，蓋不常有。有則一穗皆同，二米粒並均匀無小大，故可定律。他黍則不然。地有肥瘠，歲有凶穰，故米有大小不常矣。今上黨民間，或值豐歲，往往得二米者。但稀闊，故不以充貢爾。時珍曰：黍乃稷之粘者。亦有赤、白、黄、黑數種，其苗色亦然。郭義恭《廣志》有赤黍、白黍、黄黍、大黑黍、牛黍、燕頷、馬革、驢皮、稻尾諸名。俱以三月種者爲上時，五月即熟。四月種者爲中時，七月即熟。五月種者爲下時，八月乃熟。《詩》云秬鬯一卣，則黍之爲酒尚也。白者亞於糯，赤者最粘，可蒸食，俱可作餳。古人以黍粘履，以黍雪桃，皆取其粘也。菰葉裹成糉食，謂之角黍。《淮南萬畢術》云：獲黍置溝，即生蠐螬。

【正誤】頌曰：粘者爲秫，可以釀酒，北人謂爲黄米，亦曰黄糯；不粘者爲黍，可食。如稻之有粳、糯也。時珍曰：此誤以黍爲稷，以秫爲黍也。蓋稷之粘者爲黍，粟之粘者爲秫，粳之粘者爲糯。《別録》本文著黍、秫、糯、稻之性味功用甚明，而注者不諳，往往謬誤如此。今俗不知分別，通呼秫與黍爲黄米矣。

黍米此通指諸黍米也。【氣味】甘，温，無毒。久食令人多熱煩。《別録》。詵曰：性寒，有小毒，發故疾。久食昏五臟，令人好睡，緩人筋骨，絶血脈。小兒多食，令久不能行。小猫、犬食之，其脚踻屈。合葵菜食，成痼疾。合牛肉、白酒食，生寸白蟲。李（廷）〔鵬〕飛曰：五種黍米，多食閉氣。【主治】益氣，補中《別録》。燒灰和油，塗杖瘡，止痛，不作瘢孟詵。嚼濃汁，塗小兒鵝口瘡，有效時珍。【發明】思邈曰：黍米，肺之穀也。肺病宜食之。主益氣。時珍曰：按羅願云：黍者暑也。以其象火，爲南方之穀。蓋黍最粘滯，與糯米同性，其氣温暖，故功能補肺，而多食作煩熱，緩筋骨也。孟氏謂其性寒，非矣。

【附方】舊二，新二。男子陰易：黍米二兩，煮薄粥，和酒飲，令發汗即愈。《聖濟總録》。心痛不瘥：四十年者。黍米淘汁，温服隨意。《經驗方》。湯火灼傷：未成瘡者。黍米、女麴等分，各炒焦研末，鷄子白調塗之。煮粥亦可。《肘後方》。閃肭脱臼：赤黑腫痛。用黍米粉、鐵漿粉各半斤，葱一斤，同炒存性，研末。以醋調服三次後，水調入少醋貼之。《集成》。

丹黍米《別録》中品。即赤黍也。《爾雅》謂之虋。瑞曰：浙人呼爲紅蓮米。江南多白黍，間有紅者，呼爲赤蝦米。宗奭曰：丹黍皮赤，其米黄。惟可爲糜，不堪爲飯，粘着難解。原曰：穗熟色赤，故屬火。北人以之釀酒作糕。【氣味】甘，微寒，無毒。思邈曰：微温。大明曰：温，有小毒。不可合蜜及葵同食。宗奭曰：動風性熱，多食難消。○餘同黍米。【主治】咳逆上氣霍亂，止泄除熱，止煩渴《別録》。下氣，止咳嗽，退熱大明。治鱉瘕，以新熟者淘泔汁，生服一升，不過三二度愈孟詵。

【附方】舊二，新二。男子陰易：用丹黍米三兩，煮薄〔飲〕，酒和飲〔之〕，令發汗即愈。《傷寒類要》。小兒鵝口：不乳者。丹黍米嚼汁塗之。《子母秘録》。飲酒不醉：取赤黍漬以狐血，陰乾。酒飲時，取一丸置舌下含之，令人不醉。《萬畢術方》。令婦不妒：取虋，即赤黍也，同薏苡等分，爲丸。常服之。同上。

穰莖並根【氣味】辛，熱，有小毒。詵曰：醉卧黍穰，令人生厲。人家取其莖穗作提拂掃地，用以煮汁入藥，更佳。【主治】煮汁飲之，解苦瓠毒。浴身，去浮腫。和小豆煮汁服，下小便孟詵。燒灰酒服方寸匕，治妊娠尿血。丹黍根莖：煮汁服，利小便，止上喘時珍。

【附方】舊一，新三。通身水腫：以黍莖掃帚煮湯浴之。脚氣衝心：黍穰一石煮汁，入椒目一升，更煎十沸，漬脚，三四度愈。《外臺秘要》。天行豌瘡：不拘人畜。用黍穰濃煮汁洗之。一莖者是穄穰，不可用。《千金》。瘡腫傷風：中水痛劇者。黍穰燒煙，熏令汗出，愈。《千金方》。

明·梅得春《藥性會元》卷中 黍米 味甘，氣溫，無毒。主益氣補中，多食令人煩。乃肺之穀也，肺病宜食之。

明·穆世錫《食物輯要》卷二 黍米 味甘，性溫，無毒。肺之穀。補中益氣。久食，昏五臟，令好睡，緩筋骨，絕血脉。同牛肉、白酒食，生寸白蟲；同葵菜食，成痼疾。小兒多食，不能行；小貓犬食，脚踻屈。

赤黍：味甘，性微溫，無毒。下氣退熱，止嘔吐咳嗽。多食難化。勿同蜂蜜及葵菜食。有用治鱉瘕，以新熟者淘泔水，多服可瘥。

明·李中立《本草原始》卷五 黍 出北間，禾屬而黏者也。其苗似粟而低小，有毛，結子成枝而殊散，其粒大於粟而光滑。有數種，赤者曰虋、曰糜，白者曰芑，黑者曰秬。一稃二米曰秠。魏子才《六書精蘊》云：黍下從氺，象細粒散垂之形。氾勝之云：黍者，暑也。待暑而生，暑後乃成也，故謂之黍。孔子曰：禾可為酒，禾入水也。然則又以禾入水三字合而為黍。其米北人呼為黃米。

黍米氣味：甘，溫，無毒。主治：益氣補中。○燒灰和油，塗杖瘡，止痛，不作瘢。○嚼濃汁，塗小兒鵝口瘡有效。

丹黍米：氣味：甘，微寒，無毒。主治：欬逆上氣，霍亂，止洩利，除熱，止煩渴。○下氣止欬嗽，退熱。治鼈瘕，以新熟者淘泔汁，生服一升，不過三二度愈。

詵曰：醉臥黍穰，令人生厲。人家取其莖穗作提拂掃地，印匠作刷印書。作湯，浴通身水腫。煮莖汁飲之，解苦瓠毒。和小豆煮汁，下小便。

黍，《別錄》中品。【圖略】黍，葉有毛。黍米肺之穀也，肺病宜食之。黍米久食令人多煩熱，發故疾，昏五臟，緩筋骨，絕血脉。合葵菜食，成痼疾；合牛肉、白酒食，生寸白蟲。《傷寒類要》：治男子陰易，用丹黍米三兩，煮薄酒和飲，令發汗即愈。

明・吳文炳《藥性全備食物本草》卷一 黍米 味甘，性溫，無毒。肺之穀，補中益氣。久食昏五臟，令好睡，緩筋骨，絕血脈。同牛肉、白酒食生寸白蟲，同葵菜食成痼疾，小兒多食不能行，小猫、犬食脚踻屈。

赤黍： 味甘，性微溫，無毒。下氣退熱，止嘔吐咳嗽。多食難化，勿同蜂蜜及葵菜食。有用治鱉瘕以新熟者淘泔水，多服可瘥。

明・趙南星《上醫本草》卷一 黍 赤黍曰虋音門、曰穈音穈，白黍曰芑音起，黑黍曰秬音距，一稃二米曰秠音疕。《說文》云： 黍可為酒，從禾入水為意也。《書》曰： 秬鬯一卣。則黍之為酒尚已。

黍米： 俗云造酒黃米。 甘，溫，無毒。肺之穀也。主治： 益氣補中，肺病宜食。時珍曰： 黍最粘滯，與糯米同性，其氣溫暖，故功能補肺，而多食作煩熱，緩筋骨，絕血脈。小兒多食，令久不能行。

附方 心痛不瘥四十年者： 黍米淘汁，溫服隨意。 小兒鵝口瘡： 嚼黍米濃汁，塗之有效。

丹黍米： 即赤黍也。 甘，微寒，無毒。主治： 欬逆上氣，下氣霍亂，止洩痢，除熱，止煩渴，止欬嗽。

明・應麐《食治廣要》卷二 黍米 氣味： 甘，溫，無毒。久食，令人多熱煩，閉氣。不可與白酒、葵菜同食。《綱目》云： 稷與黍一類二種也。粘者為黍，不粘者為稷。稷可作飯，黍可釀酒。猶稻之有粳與糯也。郭義《恭廣志》： 有赤黍、白黍、黃黍、大黑黍、牛黍。燕頷、馬革、驢皮、稻尾，皆是物也。今汴洛、河陝間多種之。

明・姚可成《食物本草》卷五穀部・稷粟類 黍米黍乃稷之粘者。汴、洛、河、陝間皆種之。亦有赤、白、黃、黑數種。白者亞於糯，赤者最粘，可蒸食。俱可作餳。菰葉裹成糉食，今人謂之角黍。 黍米，味甘，溫，無毒。主益氣，補中。久食令人多熱煩。發故疾，昏五臟。令人多睡，緩人筋骨。小兒不宜多食，令久不能行。小猫、犬食之，其脚踻屈。合葵菜、牛肉食，生蟲，成病。燒灰和油，塗杖瘡，止痛。嚼濃汁，塗小兒鵝口瘡。

丹黍米 即赤黍米也。味甘，微寒，無毒。北人以之釀酒作糕。治欬逆上氣，霍亂，止洩利，除熱，止煩渴。治鼈瘕，以新丹黍米淘泔汁，生服一升，不過二三度愈。不可合蜜及葵菜同食。

丹黍穰、莖并根 味辛，熱，有小毒。煮汁飲之，解苦瓠毒。浴身，去浮腫。和小豆煮汁服，下小便。燒灰酒服方寸匕，治妊娠尿血。人家取其莖穗作提拂掃地。用敗者煮湯浴身，去浮腫。

附方： 治男子陰易。黍米二兩，煮薄粥，和酒飲，發汗至足即愈。 治心痛久不愈。黍米淘汁服之。 治閃挫脫臼。用黍米粉、鐵漿粉各半斤，葱一斤，同炒存性，研末。以醋調服三次後，水調入少醋貼之。大效。 治小兒鵝口口瘡，不乳者，丹黍米嚼汁塗之。 解酒不醉。取赤黍漬以狐血，陰乾。酒飲時，取一丸置舌下含之，令人不醉。 令婦人不妬。赤黍同米仁為丸，服之。

明・孟笨《養生要括・穀部》 黍肺之穀也。肺病宜食之。黑黍曰秬，供祭祀用。 氣味甘，溫，無毒。久食令人多熱煩，益氣補中。燒灰和油塗杖瘡，止痛，不作瘢。嚼濃汁，塗小兒鵝口瘡有效。

明・施永圖《本草醫旨・食物類》卷二 黍米即糯米黍角也。黍有數種，稷之精者為黍，粟之精者為秫。 味： 甘，溫，無毒。主補中益氣。食多令人煩熱，昏五臟，軟筋骨，令人好睡。小兒多食不能行，絕血脈。不可與白酒、葵菜、牛肉同食。有赤、黑數種。今北地所種，多是秫黍，又名黃糯，只以之作酒，謂之黃米酒。此米雖動風，惟肺病宜食。 赤黍米人謂之紅蓮米，不可與蜜及葵同食，性熱，多食難消。 其色赤者，中有火，食之煩熱。北人以之造酒。

明・盧之頤《本草乘雅半偈》帙八 黍《別錄》中品 氣味： 甘，平，無毒。

主治： 主補中，益氣。

覈曰： 出荊、郢州，及汴、雒、河、陝間。待暑而種，與植穀同時，覆土鋤治，皆如禾法，但早登為別異也。《月令》仲夏之月，農既登黍矣。天子以雛嘗黍羞，與含桃先薦寢廟。其晚種而晚熟者，庶人始薦，故庶人秋乃薦黍。若天子之禮，自重其所先熟者，而嘗薦之耳。其苗大體似稷，故《詩》云彼黍離離，彼稷之苗，其秀成枝而舒散，一稃二米，兩粒並均，雖地有肥瘠，歲有凶穰，大小輕重，略無差等。色玄者秬，色黃者秠，故累秠定律，秬鬱成鬯，此嘉穀也。

条曰： 黍者百穀之精，稟天地中和之氣以生，故一稃二米，均無差等。象太極之兩儀，是以之定律，為陰陽衡量之始，他穀所不及也。主補中益氣者，蓋音始于宮。宮，土音也。其數八十一，其聲最大而中，聲出于脾，合口而通之，四體百骸，動皆中節。

清·穆石匏《本草洞詮》卷五　黍　魏子才云：禾下從氽，眾細粒下垂之形。許慎云：黍可釀酒，從禾入水為意也。氾勝之云：黍者，暑也。待暑而生，暑後乃成也。今汴洛河陝間皆種之。古之定律者，以上黨秬黍之中者累之，以生律度量衡，後人取此黍定之，終不能協，或云秬乃黍之中者，一稃二米，並均勻無大小。此黍得天地中和之氣而生，蓋不常有，有則一穗皆同，故可定律，他黍則不然。黍可釀酒，亦可作餳。古人以黍粘履，以黍雪桃，菰葉裹成糉食，謂之角黍，皆取其粘也。氣味甘溫，肺之穀也。主益氣補中。與糯同性，多食亦作煩熱，緩筋骨也。

清·丁其譽《壽世秘典》卷三　黍黍乃稷之粘者，亦有赤、白、黃、黑數種，其苗色亦然。黍可釀酒，供祭祀之用。《詩》云秬鬯一卣是矣。赤黍曰虋，白黍曰芑，黑黍曰秬，一稃二米曰秠，以菰葉裹成糉食謂之角黍。　氣味：甘，溫，無毒。主益氣補中。多食閉氣，作煩熱，昏五臟，令人多睡，緩人筋骨。小兒久食，足不能行。

發明李時珍曰：黍米主益氣，最粘滯，與糯米同性。其氣溫暖，故功能補肺。而多食難消，作煩熱，緩筋骨也。《食療本草》謂其性寒，非矣。不可合蜜及葵菜同食，成痼疾。孟詵曰：醉臥黍穰，令人生癘。

清·劉雲密《本草述》卷一四　黍　按瀕湖云：黍即稷之粘者。稷與黍一類二種也。稷黍之苗似粟而低小，有毛，結子成枝而殊散，其粒如粟而光滑，三月下種，五六月可收，亦有七八月收者，其色有赤、白、黃、黑數種。黑者禾稻高，今俗通呼為黍子，不復呼稷矣。據瀕湖所說，今不分稷黍者比比矣，且並黍與粟而莫之辨也。即如註《素問》者，指稷為小米，而黍為糯小米。夫粟米為小米，如秫乃糯粟也。即此觀之，不如老農者，不亦多乎哉？

黍米　氣味：甘，溫，無毒。主治：益氣補中《別録》。時珍曰：按羅願云黍者，暑也，以其象火，為南方之穀。蓋黍最粘滯，與糯米同性，其氣溫暖，故功能補肺。而多食作煩熱，緩筋骨也。

愚按：瀕湖云黍有赤、白、黃、黑數種，其苗色亦然，俱以三月種者為上時，五月即熟。四月種者為中時，七月即熟。五月種者為下時，八月乃熟。若然，是則茲穀謂其乘火氣之多，不洵然歟。乃為粘者，與糯米同性，是則溫而得滯，謂食之無咎歟。《靈樞》取黃黍宜於肺病，固取其陽氣之發越，於斯穀即應於如斯臟耳。後學所云益氣補中，蓋亦承此義也。

清·尤乘《食鑒本草·粟類》　黍米即小米。有數種，稷之精者為黍，粟之精者為秫，性懦。　小兒食之不能行，發宿疾，令人好睡。不可與白酒、葵菜、牛肉同食。有赤白數種，北方所種多是秫。黍又名黃糯，只可作酒，此米雖動風，惟肺病宜之。食粟米後食杏仁成吐瀉。

清·朱本中《飲食須知·穀類》　黍米　味甘，性溫。即稷之粘者。黍有五種，多食閉氣。久食令人多熱煩，發痼疾，昏五臟，令人好睡，緩筋骨，絕血脈。小兒多食，令久不能行。小猫、犬食之，其脚踻屈。合葵菜食，成痼疾。合牛肉、白酒食，生寸白蟲。赤者，浙人呼為紅蓮米，又謂之赤蝦米。丹黍米，味甘，性微溫，多食難化。勿同蜂蜜及葵菜食。醉臥黍穰，令人生厲。

清·何其言《養生食鑒》卷上　黍米　味甘，性溫，無毒。肺之穀。補中益氣。久食昏五臟，令好睡，緩筋骨，絕血脈。同牛肉、白酒食，生寸白蟲。同葵菜食，成痼疾。小兒多食不能行。小猫、犬食，脚踻屈。

赤黍　味甘，性微溫，無毒。下氣退熱，止嘔吐、咳嗽。多食難化。忌同蜂蜜及葵菜食。有用治鱉瘕，以新熟者淘泔水，多服即瘥。

清·李熙和《醫經允中》卷二二　黍米　甘，溫，無毒。主益氣補中。久食令人多煩熱。嚼濃汁塗小兒鵝口瘡，性最粘滯，與糯米同。不可合牛肉、白酒、葵菜食。

清·汪啟賢等《食物須知·諸米》　又種黍米甘溫，蘆苗似粟非粟，由大暑佈種，故以黍僉名。釀酒搗餡亦同糯粟。肺病宜食，益氣補中。食多，昏五臟貪眠；食久，緩筋骨絕脈。小兒食，足難健步。

清·吳儀洛《本草從新》卷四　黍〔補中。〕　甘，溫。益氣補中。蘇頌曰：粘者為秫，可以釀酒，北人謂為黃米，亦曰黃糯。不粘者為黍，可食，如稻之有粳糯也。時珍曰：此誤以黍為稷，以秫為黍也。蓋稷之粘者為黍，粟之粘者為秫，粳之粘者為糯。《別録》本文著黍、秫、糯、稻之性味功用甚明，而注者不諳，往往謬誤如此。今俗不知分別，通呼秫與黍為黃米矣。久食令人多熱煩。羅願〔羅願《爾雅翼》。〕云：黍者暑也。以其象火，為南方之穀，最粘滯，與糯米同性。其氣溫暖，故功能補肺，而多食作煩熱，緩筋骨也。稷之粘者為黍。

清·汪紱《醫林纂要探源》卷二　黍　火穀也。暑至而生，暑退而成，故屬火。且生於高燥之土，而不畏旱，亦火之性也。出秦、晉、燕、趙，南方無之，故南人多不識。或只以秬黍當之，誤矣。苗似蘆葉，亦似蘆穗，散垂，米圓而有溝，如麥，其大當稻米之半，而大於粱米，其色有黃、白、赤，而北人統謂之黃米，以黃色多也。宜為酒、為粢粿，但性熱壅，不宜久食，故古人雖亦以為飯，而所常食則多用稷及粱也。甘，微苦。溫。強骨堅腎，以微苦故也。壅氣。以粘則滯故也。　秬黍：　甘、微苦，微溫。和陰陽，補脾胃，交心腎。秬黍，即黑黍也。以其大於他黍，故名。因訛而名蜀黍，又名秫黍，苗高及丈，粒圓大，殼色光黑而米色赤褐，南方有之，謂之蘆穄，又曰穄粟，又曰蘆粟。更有一稃二米者，則曰秠，乃或者以秠為稷，則又大謬矣。本火穀而色黑，則得水火交濟之義。甘則能補脾和胃，苦則能瀉心火而堅腎水，故凡霍亂吐瀉及食積、寒積、熱積而腹痛者，煎服甚效，以其得陰陽之和也。亦以陳久者，連殼炒之為佳。〇古人釀為酒，曰秬鬯，用以灌地降神，亦以其得陰陽之和故耳。今北方亦以秬黍酒為養人勝於秫稻。但此本黍之一種，或者指為稷，則又大誤矣。

題清・徐大椿《藥性切用》卷六　黍米　性味甘溫，補中益氣。久食令人煩熱，稷之粘膩者為黍。根，治心氣疼。

清・李文培《食物小錄》卷上　黍米　甘，溫，無毒。補中益氣。久食，令人多熱煩。

清・章穆《調疾飲食辯》卷二　黍米飯　即稷之黏者，涼而澀與稷同，而又難消化。熱、泄、滑、汗等症，可以暫食，其餘百病忌之。《食療本草》曰：久食緩人筋骨，小兒多食令行遲。小猫、犬食之，其脚踼屈。醉卧其穰，令人生癩。

清・楊時泰《本草述鉤元》卷一四　黍　稷之粘者，與稷一類二種，今俗通呼為黍子，不復呼稷矣。

黍米：　氣味甘溫。主益氣補中《別錄》。黍者，暑也，以其象火，為南方之穀，性最粘滯，其氣溫暖，故功能補肺羅願。

論：　黍即稷之粘者，其苗似粟而低小，其粒如粟而光滑。有赤白黃黑數種，苗色亦然，俱以三月種，五月熟，四月種，七月熟，五月種，八月熟，然則謂黍乘火氣之多，不洵然歟。其粘滯與糯同性，多食能作煩熱而緩筋骨，《靈樞》取黃黍宜於肺病者，固因陽氣發越於斯穀，而《別錄》云益氣補中，亦承此義也。

清・吳其濬《植物名實圖考》卷一　黍　《別錄》中品。有丹黍、黑黍及白、黃數種，其穗長而疎，多磨以為餻，苗可為帚，京師所謂黍子條帚也。

雩婁農曰：　黍稷盛於西北、河南，朔已不偏植。江左南渡，議禮諸家固無由覩其狀，而嚌其味也。《內則》：　飯黍稷稻粱。黍至黏，近世亦不甚以為飯，而糗餌粉餈則資之。我朝祀事薦黍薦稷，尚方有打漿餻，糜之、擣之，法如饋餴。白者比玉，黃者侔金。五月五日薦角黍，以黍作之，不用糯也。丹黍，秬黍，北方亦種之，而黃白者用廣。稷有赤白黃黑數種，而種黃色者多，京師有攤於案而負以售者，計錢多少削之，呼曰切餻，蓋以黍與豇豆和合為之。稷則通呼為穈，亦曰穄，黃者獨曰黃米，與《唐本草》符。民間以為飯且釀，又摶為饅首而空其中，形如鐘，曰黃米麫窩窩，皆畿輔之製也。黍稷雖相類，然黍穗聚而稷穗散，亦以此別。大抵南方以稻，北方以麥與粱為常餐，黍稷則鄉人之食，士大夫或未嘗取以果腹，即官燕薊者偶食之，亦誤認為黃粱耳。余所詢於輿臺者如此，他日學稼，尚諏於老農。

《說文》：　黍，禾屬而黏者也，故黏字從黍。黏，或曰黏，《說文》引《左氏》不義不昵作不䵒，黏也。今謂物之膠滯者為膩，當作䵒。又作䵖。《爾雅》：䵖，膠也。注：　膠，黏䵖。疏引《方言》䵖，𪏽，黏也。《釋文》女一切，則音同。䵒，《集韻》音刃，俗謂物之相凝著曰濘，宜作䵖。𪏽或作𪏲，音汝。今乳缽宜作此字。又曰䵋，《集韻》：　黏也。今通作紐，飴糖有紐勁，字宜作此字。又曰䵕。《集韻》音曰𪏾。《廣韻》音謹，黏也。與䵖音相近。又曰䵑，當與䵒字通。《類篇》：　乃禮切，《玉篇》黏也。又曰𪏮。《說文》黏也，《集韻》音胡，一曰煮黍米及麫為鬻，則餬口之餬可通。或作粘、䉿糊、䵚䵚、粰𥹁。又曰𪏸、曰䵓黟，曰䵘、曰䵙，所以黏鳥。曰𪐀，音搏，義同。曰𪏹。凡黏之字，皆從黍，則穀屬黏者無逾於黍矣。其異名則曰穈、《說文》穄也。曰𪏷，冀州謂之堅。《集韻》作𪏷。皆穄也。而從黍，則洵黍類矣。《說文》䵑黍屬似稻者為稗，則䵑其野黍歟？　其潰葉曰䵅，《說文》治黍禾豆下潰葉也，音菔，或音愎。其疎長之貌曰𪏶，《集韻》音𪏶，黍、禾疏貌。其香氣曰𪏭，與𪏭同，而香本字從黍，則黍為穀之最香馨者歟？　其豉皮為麭，其不黏則曰𪏰，音曬。觀從黍之字與音，則其形狀、性味，不亦瞭然不紊哉？《說文》：　黎，履黏也。作履黏以黍米，則古用黍黏，正如今人以麥麫為黏。

清・葉志詵《神農本草經贊》卷二　黍米　味甘，溫。主益氣補中，多熱令人煩。

精移火轉，多黍豐蕃。新嘗薦廟，春釀盈鐏。起鍾率度，吹律回溫。設桃雪賤，穀長宜尊。

《春秋說題辭》：　精移火轉生黍。《詩》：　豐年多黍多稌。《禮》：　仲夏之月，天子以雛嘗黍，先薦寢廟。《說文》：黍可為酒，從禾入水為意。曹鄴詩：黑黍春來釀酒飲。《漢書·志》：度者本起黃鍾之長，以子穀秬黍中者，一黍之廣，度之九十分，黃鍾之長。《列子》：鄒衍在燕，吹律而溫氣，至今傳名曰黍谷。《家語》：魯哀公以黍雪桃。孔子曰：黍，五穀之長也。君子以賤雪貴，不聞以貴雪賤。

清·文晟《新編六書》卷六《藥性摘錄》 黍米 甘，溫。補中益氣。勿多食久食。赤黍：甘，微溫。下氣退熱，止嘔吐咳嗽。多食難化。

清·王孟英《隨息居飲食譜·穀食類》 黍米北人呼為黄米，以其色黄也。然亦有赤者。功與秈似。厥性較溫，南方所無也。

清·田綿淮《本草省常·穀類》 黍米 赤曰虋，白曰芑，黑曰秬，一稃二米曰秠。性溫，益脾胃，養五臟。多食閉氣，生煩熱。久食昏精神，令人好睡。同牛肉食，生寸白蟲；同葵菜食，損胃傷中氣；同酒食，令人吞酸。新者有毒，熱甚，陳者良。虋音門，《詩》作穈。

清·陳其瑞《本草撮要》卷五 黍 味甘，溫，入手足陽明、太陰經，功專益氣補中。即稷之黏者。久食發熱。根治心氣疼痛，煎湯服良。

清·吴汝紀《每日食物却病考》卷上 黍 甘，澁，溫，無毒。益氣補中。久食令人多熱煩，好睡。小兒食之不能行，緩筋骨。不可與白酒、葵菜、牛肉同食。有赤、白、黃、黑，各種不同。蓋黍即稷之粘者，故菰葉裹成糉，謂之角黍，今人以糯米為之。

湖南稷子

清·吴其濬《植物名實圖考》卷一 湖南稷子 湖南沿湖田多種稷，五月上旬即可收穫。伏漲未來，澤農賴之。其苗、實似北地水稗，俗皆呼稷，或稷踰江而變。

雩婁農曰：《湖南志》謂湘中舊不蒔雜穀，遇旱潦無稻，民即無食。有駐兵其地者，令民納芻，必以粟稈，相率渡湖赴襄樊，僦載以來，費且重勞，乃致其種漫布於磽确瀉涘，而供其禾藁焉，蓋以為厲民也。後歲凶，遂藉以充腸而免道殣。今瀕洞庭、近牂牁，水無防、山無泉者，皆蒔之。其穗與北地粱粟稍異，蓋人力不專也。夫民可與樂成，難與慮始，非嚴其罰則令不行，令行而游移牽掣，則民得其擾而不得其利。褚衣冠、伍田疇，不及三年而易相，則東里終為蠆尾矣。江南沮洳，水耕刀耨，而藝粱粟者不乏收；然則河北高印之田，既宜麥菽矣。其污邪水潦所鍾，獨不可以江南之種種之乎？元時於畿甸開渠灌田，其利甚鉅，明季以轉漕廝留，議復故蹟，有倡為風水之說者，事遂寢。今淶水、潞水、灤水、洺水之傍，皆有引以稼下地者，擴而行之，不在人為哉！李元則守長沙，令民納粟米稈草，事見《畫墁錄》。又曰：至今湖南無荒田，粟米妙天下。

《烏臺筆補》：范陽督亢舊陂，歲收稻數十萬石。《燕山叢錄》：房山石窩稻色白，味香美，為飯雖盛暑經數宿不餲。《遵化州志》：稻有東方稻、雙芒稻、虎皮稻，糯有旱糯、白糯、黃糯。《河間府志》：隋時滄州魯城縣地生野稻水穀二千餘頃，燕魏民就食之。《邢臺志》：稻有紅口芒稻。《廣平府志》：府西引滏水灌田，白粲不減江浙。按《畿輔通志》所載如此，今稻田益擴矣。瀛莫之間，是生旅稻鍾水阜物，陂而稼之，所收當何如耶？

蜀黍

明·蘭茂原撰，范洪等抄補《滇南本草圖說》卷五 蘆粟 氣味甘澁，性溫，無毒。主治：溫中，澁腸胃，止霍亂。粘米者，與黍米同功。根煮汁，利小水，止喘嗽，中滿立瘥。治婦人横生倒產，衣包不下，燒灰，研細末，酒送下，即順產也。

明·盧和、汪穎《食物本草》卷一穀類 秫黍 穀之最長，米粒亦大而多者。北地種之，以備缺粮。否則，喂牛馬也。南人呼為蘆穄。

明·李時珍《本草綱目》卷二三穀部·稷粟類 蜀黍《食物》

【釋名】蜀秫俗名 蘆穄《食物》 蘆粟並俗 木稷《廣雅》 荻粱同上 高粱 時珍曰：蜀黍不甚經見，而今北方最多。按《廣雅》，荻粱，木稷也。蓋此亦黍稷之類，而高大如蘆荻者，故俗有諸名。種始自蜀，故謂之蜀黍。

【集解】穎曰：蜀黍北地種之，以備缺糧，餘及牛馬。穀之最長者。南人呼爲蘆穄。時珍曰：蜀黍宜下地。春月布種，秋月收之。莖高丈許，狀似蘆荻而內實。葉亦似蘆。穗大如帚。粒大如椒，紅黑色。米性堅實，黃赤色。有二種：粘者可和糯秫釀酒作餌，不粘者可以作糕煮粥。可以濟荒，可以養畜，梢可作帚，莖可織箔席、編籬、供爨，最有利於民者。今人祭祀用以代稷者，誤矣。其穀殼浸水色紅，可以紅酒。《博物志》云：地種蜀黍，年久多蛇。

米 【氣味】甘，澀，温，無毒。 【主治】温中，澀腸胃，止霍亂。粘者與黍米功同時珍。

根　【主治】煮汁服，利小便，止喘滿。燒灰酒服，治産難有效時珍。

【附方】新一。　小便不通：止喘。紅秫散：用紅秫黍根二兩，扁蓄一兩半，燈心百莖。每服各半兩，流水煎服。《張文叔方》。

明・穆世錫《食物輯要》卷二　蘆粟　味甘、澀，性溫，無毒。溫中澀腸胃，止霍亂。粘者與黍米同功。根煮汁，利小水，止喘滿。燒灰酒下，治難産。

明・應廛《食治廣要》卷二　蜀黍即膏粱，南方呼為蘆穄。　氣味：甘、澁，溫，無毒。主治：溫中澁腸，止霍亂。粘者，與黍米同功。

明・姚可成《食物本草》卷五穀部・稷粟類　蜀黍一名蜀秫，一名蘆粟。種始自蜀，故謂之蜀黍。北地種之，以備缺糧，餘及牛馬。穀之最長者，南人呼為蘆穄。○蜀黍宜下地。春月布種，秋月收之。莖高丈許，狀似蘆荻而內實。葉亦似蘆。穗大如帚。粒大如椒，紅黑色。米性堅實，粘者可和糯秫釀酒作餌，不粘者可以作糕煮粥。可以濟荒，可以養畜。稍可作帚，莖可織箔席、編籬、供爨，最有利於民者。今人祭祀用以代稷者，誤也。其穀殼浸水色紅，可以紅酒。《博物志》云：地種蜀黍，年久多蛇。　蜀黍米，味甘、澀，溫，無毒。主溫中，澀腸胃，止霍亂。粘者與黍米功同。

根　煮汁服，利小便，止喘滿，燒灰酒服，治難産有效。

明・施永圖《本草醫旨・食物類》卷二　秫薥一名蘆穄。　其穀長而多米，粒亦大，北地種之以備荒，亦以之喂牛馬。

明・盧之頤《本草乘雅半偈》帙一〇　蜀粟《綱目》　氣味：甘濇，平，無毒。　主治：主溫中，濇腸胃，止霍亂。粘者與黍米同功。根煮汁服，主利小便，止喘滿。燒灰酒服，主産難。

覈曰：蜀粟，即高粱。《廣雅》謂之水稷，又謂之荻粱，《食物》謂之蘆穄，俗謂之蘆粟，又謂之蜀秫者是也。種始自蜀，因名蜀黍。北人多種之，以續絕乏，宜下濕地。春月布種，秋月收采。莖高丈許，狀如蘆荻而內實。葉如蘆穗而稍肥，粒如椒子而堅硬。粘者釀酒，秔者炊粥，可以濟荒，可以養畜。稍堪作箒，莖堪織席，編籬供爨，大益民生者也。

条曰：黍為心穀，蜀黍色赤氣溫，又屬手太陽小腸心之府藥矣。小腸府主泌水穀，調水道輸膀胱，傳穀魄下大腸，水穀既分，霍亂遂定，喘滿立止，溫中之驗也。根荄燒灰，主産難者，太陽府主開，通調傳送，正屬開所司爾。

清・丁其譽《壽世秘典》卷三　蜀黍　此亦黍稷之類。其莖高大，狀似蘆荻而內實，葉亦似蘆，故俗名蘆穄，又名高粱。種始自蜀，故謂之蜀黍。亦有二種。粘者，可和糯、秫釀酒，作餌；不粘者，可以作糕，煮粥。今以祭祀用，以代稷者，誤矣。其穀殼浸水色紅，可以紅酒。《博物志》云：地種蜀黍，年久多蛇。

氣味：甘，澀，溫，無毒。主溫中，澀腸胃，止霍亂。粘者與黍米功同。

清・朱本中《飲食須知・穀類》　蜀黍玉蜀黍　味甘、澁，性溫。高大如蘆荻，一名蘆粟。粘者與黍同功，種之可以濟荒，可以養畜。梢堪作箒，莖可織箔席、編籬、供爨。其穀殼浸水色紅，可以紅酒。《博物志》云：地種蜀黍，年久多蛇。玉蜀黍即番麥，味甘，性平。

清・吳儀洛《本草從新》卷四　蜀黍〔溫中澀腸，救荒。〕一名高粱，一名蘆穄，俗名蜀秫，又名蘆粟。　甘、澀，溫。溫中澀腸胃，止霍亂。粘者與黍米同功。莖高丈許，狀如蘆荻而內實，葉亦如蘆，穗大如帚，粒大如椒，紅黑色，米性堅實，黃赤色。有兩種，粘者可和糯秫釀酒作餌，不粘者可以作糕煮粥，可以濟荒，可以養畜。梢可作帚，莖可織箔席、編籬、供爨，最有利於民者。今人祭祀，用以代稷者，誤矣。其穀殼浸水色紅，可以紅酒。《博物志》云：地種蜀黍，年久多蛇。

清・嚴潔等《得配本草》卷五　高粱即蜀黍，一名蘆粟。根。　甘、澀，溫。調中益氣，澀腸胃，止霍亂。　根　煮汁服，利小便，止喘滿。燒灰酒服，治産難有效。

題清・徐大椿《藥性切用》卷六　高粱　味甘微溫，黃粱性平，白粱、青粱微涼，俱能益氣和中。可以釀酒。粟之大者，為高粱。

蜀黍　亦名高粱，一名蘆穄，即今蘆粟。甘濇微涼，和中濇腸。粘者與黍米同功。莖助濕生蟲，宜少食之。

清・李文培《食物小錄》卷上　蜀黍即蘆粟。　甘、澀，溫，無毒。溫中，澀腸胃，止霍亂。粘者與黍米同功，北方以此釀燒酒。

清・章穆《調疾飲食辯》卷二　蜀黍飯　《綱目》曰：俗名蘆粟，又名蜀秫，又名高粱。《廣雅》名木稷，又名荻粱。《食物本草》名蘆穄。有秈、糯二種，紅、黑二色。性雖溫而味則澀，非滑症皆忌之。連殼研碎煮汁飲，止霍亂吐瀉。久食亦敗人筋骨。《博物志》云：地種蜀黍，年久多蛇。

清・吳其濬《植物名實圖考》卷一　蜀黍　《食物本草》始著錄。北地通呼曰高粱，釋經者或誤為黍類。《農政全書》備載其功用，然大要以釀酒為貴。不畏潦，過頂則枯，水所浸處即生白根，摘而醬之，脆美無倫。

雩婁農曰：吾嘗雨後夜行，有聲出於田間如裂帛，驚聽久之，輿人曰：此蜀秫拔節聲也。久旱而澍，則禾驟長，一夜幾逾尺。昔人謂鹿養茸數日便角，其生機速於草木。若蜀秫之勃發，顧何如者？又見婦稚相率入禾中，褫其葉，以為疎之使茂實耳，詢之則織為簟也，緝為蓑也，箴為笠也，爇火為炊也，一葉之用如此。若其稈則簿之堅於葦，搘以柴而床焉；籬之密於竹，樊於圃而壁焉。煨爐則掘其根為榾柮，搓棉則斷其梢為葶軸。聯之為筐，則櫛比而方，婦紅所賴以盛也；析之為筊，則檽疎而皙，稚子所戲以籠也。卬田足穀之家，如崇如墉，蓋有不可一日闕者。顧其米澀，不雜以麥與豆則棘口，而造酒乃醇以勁，利膈達腹，喻之以刀；敵雪衝風，比之以襖。利之所生，凡釀者販者，皆譏而稅其什一，其不脛而走，達于江、淮、閩、粵者，益美烈而加馨，嗜者每以得其涓滴為快，而常慮其贋，且或羼以他酎。故青旗之標，出畿輔者曰京東，出山西者曰汾潞，出江北者曰沛；出遼左而泛海者曰牛莊，皆都會也。惟蜀秫之名，不見於經。《博物志》謂種蜀黍地多蛇，北地固少虺蝪，亦未稔其即此穀與否？而利民用如此其溥，殆古所謂木禾、木稷者歟？然稻蟹之鄉，既不插蒔，而河朔以其易生而廣收，亦目為粗稼。有以麥與蜀秫麪合為薄夜相餉者，表毿毿如積雪，而背殷紅侔丹砂焉。吾戲謂曰：宗軍人粗食如此甘美，其所矜精鑿者，必崑圃之珠塵玉屑耶？木稷見《廣雅》。

《山西通志》：高粱，土人又稱茭子，在太原屬者苗低穗緊；在汾州屬者苗高穗鬆；在平陽絳州諸屬者有早秫、晚秫二種。早秫有大老漢、小老漢諸種；晚秫有紅、黑、黃、白、蓬頭諸種。蓬頭穗下垂，紅、黑、白三種穗上生，黃穗四面分披。粒無殼者米硬，可為粥。粒有殼者米軟，可為酒醋。按高粱之類，此為詳盡。

附蜀黍即稷辯　蜀黍非惟經傳無聞，即《本草》亦不載，惟《博物志》始著其名，《食物本草》著其用，而又謂南人呼為蘆穄，今亦不聞有呼蘆穄者。《九穀考》剏謂即稷，引據博奧，一掃舊說。《廣雅疏證》《說文解字注》皆主之。段氏之言曰：漢人皆冒粱為稷，而稷為秫秫。鄙人能通其語者，士大夫不能舉其字，可謂撥雲霧而覩青天矣。尊崇獨至，亦蜀黍之大幸也。但北地呼蜀黍音重，即為秫秫。如蜀葵，亦呼為淑纈。阮儀徵相國所謂淑氣是也。《九穀考》以《說文》秫稷之粘者，遂以蜀黍定為秫，而蜀黍之不黏者別無異名，不得不謂不黏者亦通呼為秫秫。夫穀多有黏、不黏二種，稻黏為糯，不黏為秈，稷之黏者為秫，不應不黏者亦為秫也。《九穀考》又謂天下之人呼高粱為秫秫，呼其稭為秫稭，舊名在人口中世世相受。夫以蜀黍音同秫秫，定為黏稷之秫，彼以稷穄雙聲，指穄為稷，亦西北之人至今相承語也。蜀黍有黍名，不得指為黍；高粱有粱名，不得定為粱；獨可以其秫秫之稱，而即定為稷之名秫者耶？《說文解字注》謂以穄為稷，誤始蘇恭。蘇氏之誤多矣，如以青稞為大麥，則大小麥幾不能辨，獨其以穄為稷則尚有說。考本草有稷無穄，或即以穄為黍，而《齊民要術》備列北方之穀，獨謂稷為穀，其云凡黍穄田黍黏者收薄，穄味美者亦薄，刈穄欲早，刈黍欲遲。黍與穄，或一類，或二種，皆在疑似之間。而《說文》秫下即曰穄，穈也，二字相廁。穈為黍穰，穰為黍梨，已治者皆不連綴，而凡黍之字皆從黍，則曰穈，穄也，則謂穄為稷，謂穄為黍。以近日治《說文》之法求之，二者皆可相通，果孰從耶？獨是蘇氏謂稷與黍為秈秫，故其苗同類，是誠考之未審。古以黍、稷為二穀，若同類而分秈、秫，則稻之糯、粳亦將別為二種乎？且以今之種黍子、穄子者驗之，則黍穗斂束，穄穗觰沙；黍粒長，穄粒圓或扁；黍用多而穄用少。大凡北地之穀，種粱者什七，種黍者什二，種穄者什或不得一焉。三者初生皆相似，而穎栗苞秀則漸異，農家分畦別隴，蓋取用不同也。李時珍承蘇氏及羅氏之說，但謂黍為稷之黏者，爾後紀載，轉相沿襲，不復目驗而心究，其為諸通人所厭，菲而吐棄，誠無足怪。而吾謂秫之為稷、穄之為黍，其說亦不自《九穀考》始，《經典釋文》謂北方自有秫穀，全與粟相似，米黏用之釀酒，其莖稈似禾而粗大。按其形，惟蜀黍之通呼秫秫者可以當之。《珍珠船》訾徐鉉說，楚人謂之稷，關中謂之穈，其米為黃米，為認黍為稷。是即《九穀考》以穈為黃黍之嚆矢。乃獨以稷為粟米，考《爾雅注》今江東呼粟為粢，說經者斥為六朝謬說，通於彼而又窒於此矣。而《爾雅正義》詳繹其說，謂黃米與稷相似，而垂穗較疎，則黃米與穄又別為種，與蘇氏諸人之說稍異。而其釋稷粢也，直云北方所謂稷米，又不著其形狀，豈以同時方掊擊穄之為稷，而以稷易穄耶？抑穄稷實有兩種耶？余遍詢直隸、山西人，皆謂穈穄為一，與《說文》同，而以軟硬為黍穄之分。且云穄無黏者，則是秫為黏稷，不惟無其名，亦失其種。段氏注《說文》多云為淺人更改或佚脫，此秫字下即非竄移，又求其說而不得，則不敢不托蓋闕之義。夫諸儒上下千古，研貫百家，持論閎矣。余少便鞅掌王務，所見卷軸，何能半袁豹，但諸儒以俗呼秫秫為稷之黏秫，而於俗呼穈之米為稷米，則斥之，謂晉人以粟為稷為誤，而並以漢人之說稷者為皆不識稷，且以《管子》黍秫之始，一言滋惑疑為後人所加，則自三代迄今，舉無可從，惟俗語為徵信，而俗語之言稷者不足信，獨言秫者為足信，是亦未能折服昔賢，而使天下後世俱以高粱為稷而無敢異議也。余既植黍與穄，而審別之，縱不可以穄冒稷，而斷不能信以蜀黍為稷，夫北地之呼粟、黍、穄者，皆曰小米耳，統言之，幾無不可通，而細究之，則古無今有、古有今無者，曷可勝數？以余所見，乃太倉稊米而已。段氏有言，草木之名實多同異，雖大儒亦不能無誤。此論允矣。故《長編》中諸說備載，而不復置辯。

按《齊民要術》穀者總名，非止為粟也，然今人專以稷為穀，望俗名之耳。即引孫、郭諸人稷粟之說，又云：按今世粟名，多以人姓字為名目云云，臚列近百種，俱有穀粟糧稷名，而別白精粗。其云今人俗名者，恐即指江東呼粟為粢及稷粟之說，而特疑其籠統。觀其言種穀法，至詳至悉，夏種黍穄，與植穀同時，地必欲熟；種粱秫法，則欲薄地，種與植稷同。一曰植穀，一曰植稷，穀、稷互見，又非盡書穀，而粱秫欲薄地，或即《釋文》所云北方秫種似禾而高大者，否則當以秫入穀，不應別立條。細繹賈氏之意，蓋以粱、粟、稷皆為穀，今人專以稷為穀，乃俗名，非正也。《農政全書》遂謂古所謂稷今通謂穀，或稱粟。粱與秫，則稷之別種。是真以稷、粱為一矣。獨其所謂穄為黍之別種，今人以音相近誤稱為稷。此《九穀考》以穄為黍之所本。又《閩書》稷，明祀用之。《歐冶遺事》穄米與黍相似而粒大，按此說是蜀黍也。直省志書載稷者多有，都無形狀，惟《歙縣誌》物產穄有黑穄、秈穄也，赤穄、糯穄也，長如蘆葦號蘆穄，皆古之稷。此皆《九穀考》以蜀黍為稷之說，而程氏歙人也，蓋其里先有是言而益推衍之，以《說文》為歸宿，非首發難端耳。《農政全書》載有《齊民要術》種蜀黍一條，文義不類，恐沿上一條種粱秫而誤書。又曰遺其本書，當是《農書》中語耳。

又按《說文》孫炎、郭璞諸說，蓋皆傳聞異辭，各存別名。《九穀考》謂近人無呼粟為秫者，是誠然矣。又謂他穀之黏者，亦假借通稱曰秫，則黏粟、黏稷，皆可名秫。孫郭之說，已不為謬。《古今注》謂秫為糯稻，今南方通呼秈秔糯，不聞有呼秫稻者，則不呼秫粟，亦猶秬、秠、虋、芑，今亦無是稱也。余嘗謂江左諸儒，足跡不至北地，徒以偏傍音訓，推求經傳名物，往往不得確詁，顏黃門所辨者皆是也。程徵君久僑燕薊，就北方之音聲以駮文士之講說，所見正與余同，而於北音尚有未盡然者。段氏《說文注》榆字云：《齊民要術》分姑榆、山榆、刺榆為三種，依許說，山榆即刺榆，賈氏言植物皆種植，得諸目驗，豈許有未諦云云。則段氏亦曾以賈氏之言為可據矣。按《齊民要術》種粱秫法與植稷同，則非謂秫即稷，細繹前說，黍黏收薄，穄美亦收薄，種秫與稷同，不云與穄同。恐亦以穄為黍。穄無黏者，故但言美，美則軟似黍耳。言其美，則亦非一種。蘇氏獨云黃米，亦褊矣。鄭司農注九穀，稷秫並舉，固不以秫為稷。後鄭不從，恐亦未必即以秫稷為一物。以粟易秫，粱可兼秫，秫不可兼粱，未知後鄭意如何？漢儒多家西北，且嘗躬耕，其於稷種蓋習見，以為人人皆知，無煩訓詁。故鄭氏《三禮注》《詩箋》獨不詳稷之形狀，而班固、服虔諸儒，亦何至不知其土宜，如周子之不辨菽麥乎？如蓬蒿諸草，漢儒多不詳其形狀，遂啟後人辨證，未必漢儒皆不知也。叔重，汝南人，吾同郡也。漢時種菽，吾不能知，今則以稻、麥、豆、高粱、穀子為大田，非惟不植穄，亦無識黍者。大抵農人逐利，與時貴賤，古所重而今棄者良多。今西北植穄者亦少，恐異時並其種而失之矣。諸儒但謂高粱為北種，不知漳泉皆曰番黍，而黔中苗寨菽植無隙地也。又如玉蜀黍一種，於古無徵，今遍種矣。《留青日札》謂為御麥。《平涼縣誌》謂為番麥，一曰西天麥。《雲南志》曰：玉麥，陝、蜀、黔、湖，皆曰包穀，山氓恃以為命。大河南北皆曰玉露秫秫，其種絕非蜀黍類，名以麥而非麥，名以穀而非穀，若據河南、北方言以為秫則亦得，為稷之別種耶？

按漢儒以粟為稷，至晉不易。陶隱居亦云：粟粒細於粱，或呼為粢米。蘇恭曰：粟與粱有別。今農人種小米者，猶曰某穀曰某粟，其穗粒俱不同，一望而知，不似黍穄之分，尚須細別也。《齊民要術》備列粟名，曰：朱穀、黃聒穀、加支穀、李穀、白鹺穀、調母粱、赤巴粱，則穀、粱、粟洵一類矣。而獨系以今人，專以稷為穀一語，玩其詞意，殆以穀是總名。稷本一種，而今人以為穀，則稷、粟、粱，同有穀名，遂皆並載。惟既云專以稷為穀，則所載名穀者乃是稷，而別名粱者必非稷矣。蘇恭知粱粟有別，而斥陶呼粢之非，則粟不為稷自蘇氏始，亦非近時諸儒剏論。但蘇非謂粟即是粱，李時珍乃謂粟，粱也。則粟之為粱，乃自李氏始，蘇、李之說固不必與漢儒注經相校，但即以《別錄》論之，白粱、青粱、黃粱，皆云味甘，粟別一條，云味鹹。一類以大細為別，不應甘鹹異味。陶但云粟舂熟令白，亦以當白粱，則未嘗以為真粱。又曰：粱是粟類，亦概言之耳。《別錄》分別性味，有粟、有粱、有稷、有秫，陶以粟為粢，則無以釋稷，故云不識。而臆為黍稷相似之語，此大誤也。其釋秫云：北人以作酒，亦不指為何物。《齊民要術》以種植為主，故凡俗之呼穀者，皆雜錄於右。曰穀、曰粱、曰稷、曰粟，但隨俗呼名，不復識别。正如今人曰小米、曰穀子，其類乃不可究詰，夫豈一種哉？愚夫愚婦，展轉相傳，物以音變，音以地殊，凡古物在今不能指名者皆是也。南人之言，余不能譯。今山西以高粱為茭子，以青稞為莜麥，以荏為蒼，售於市，書於牘，無異辭，不覩其物，無由識之。安得以其俗語改古訓哉？《别録》即漢以來名醫所録，既分載稷粟，何得謂漢儒皆以粟冒稷？《氾勝之書》粱為秫粟，秫之通稱，漢時已然。《説文》黏稷，蓋以稷為穀長，姑舉一類，以統其餘。《匡謬正俗》謂秫似黍米而粒小，此殆是《説文》黏稷也。大抵稷秫以黏不黏為别，而粱粟即以秫不秫為别。舉稷之名秫，以為凡黏穀之名，此乃所謂穀長矣。惟農家統以穀名。粱與粟、與稷，三種久已混淆，而秫、粟音尤相近，當時必有以秫、粟為一者，諸儒相承，即以粟、稷互訓，或因俗稱，或傳寫以聲而訛，而欲别稷者，仍當於俗呼穀粟之類别之。特古訓遺其形狀，難為識别。蘇氏以穄為稷，遂至謂稷無黏者；孫、郭以秫為黏粟，遂致以秫為黏粟之定名，而未考《氾勝之書》粱為秫粟，是則偶未細檢，而措語稍偏，李氏之説則正言直斷，敢於信矣，諸儒詆之，職此之由。余謂以穄為稷，誠非有本之言，而以蜀黍之俗呼秫秫者定為黏稷，則《詩集注》之黍，似即指蜀黍，而鄉間塾師，輒以高粱為粱，一物而數名，吾誰適從？若以蜀黍種早，指為首種，今北地春而種麥，滇南蜀黍宿根自生，此豈可以訂古訓哉？

又按《齊民要術》種粱秫並欲薄地，與植稷同；一本稷作穀，益信賈氏之所謂穀者，確是稷，而粱秫稷三種，判然可知矣。粱為秫粟，秫不得為黏粱，而與植稷同時，則秫或即為黏稷，與《説文》同。稷不黏而秫黏，一種二名，其性異，其狀未必異也。《氾勝之書》粱為秫粟，粱粟二名，其性異，其狀亦不應異也。農家貴糯，種秫粱為常植，《圖經》謂能盡地力，故植薄地，漢晉人以稷為穀，穀與粟皆總名，名以穀並名以粟，而與粱之不黏者同名，而滋混矣。《爾雅翼》謂圓而細者為粱之粟，吾疑圓而細者，乃前儒所謂稷而得粟名者也。粱以大粒長毛與諸穀異，其不黏者亦不應穗粒圓細。且今之粱自有黏、不黏二種，不黏者即粟矣，而又有粟一種，此粟非即稷乎？諸儒皆斥前人以粟冒稷，吾謂粱與稷同有粟名，而《本草注》不復細别，遂專以粟屬粱，並以稷之名，粟者亦為粱。吾非為漢晉諸儒作調人，特以今之通呼穀，與魏晉人之呼穀一也，魏晉之穀，粱、粟、稷，皆廁其中，今日之穀，種亦繁矣，何得謂無稷也？湖南有稷子，苗似粱而穗散粒大，乃甚似高粱，藋粱一名木稷，其以此歟？

清・文晟《新編六書》卷六《藥性摘録》 高粱 即玉蜀黍。甘，平。開胃調中。亦可作酒。

清・劉善述、劉士季《草木便方》卷二穀糧豆菜部 膏粱 〔羔〕〔膏〕粱米甘調胃中，根莖葉苗小便通。沙石淋痛煎湯飲，横生逆產有奇功。

清・田綿淮《本草省常・穀類》 蜀黍〔粘蜀黍、白蜀黍〕 一名高粱，一名荻粱，一名木稷，一名蘆穄，一名蘆粟，俗作秫秫。性溫，澀腸胃，止霍亂。粘蜀黍，與黍米同功。 白蜀黍，與江米同功。

清・戴葆元《本草綱目易知録》卷二 蘆穄高粱，蜀黍。 甘益氣，溫和中，微濇。濇腸胃，止霍亂。粘者功同黍米。葆驗方：霍亂吐瀉，或乾霍亂，腹痛。蘆穄一撮，大青錢七文，入鹽少許，同炒焦，水煮汁，去滓服。

清・陳其瑞《本草撮要》卷五 蜀黍 味甘濇，溫，入手足太陰、陽明經，功專溫中濇腸胃，止霍亂。黏者與黍米同功。一名高粱，一名蘆穄，俗名蜀秫，又名蘆粟。

粟

唐・孫思邈《千金要方》卷二六《食治・穀米》 粟米 味鹹，微寒，無毒。養腎氣，去骨痹、熱中，益氣。

陳粟米：味苦，寒，無毒。主胃中熱，消渴，利小便。

附：日・丹波康賴《醫心方》卷三〇 粟米 《本草》云：味鹹，微寒，無毒。主養腎氣，去胃痹中熱，益氣。陳者味苦，主胃熱，消渴，利小便。陶〔弘〕景注云：其粒細於粱米，陳者謂經三年、五年者，或呼為粢米，以作粉，尤解煩悶。蘇敬注云：粟有多種，而並細於諸粱。其米泔汁主霍亂，夾熱心煩渴，飲數升立差。臭泔止消渴尤良。崔禹〔錫〕云：常所噉食耳，益腎氣。熟舂令白作粉，尤解煩悶。

宋・唐慎微《證類本草》卷二五米穀部中品〔《别録》〕 粟米 味鹹，微寒，無毒。主養腎氣，去胃脾中熱，益氣。陳者味苦，主胃熱，消渴，利小便。

〔梁・陶弘景《本草經集注》〕云：江東所種及西間皆是，其粒細於粱米，熟舂令白，亦以當白粱呼爲白粱粟。陳者謂經三五年者，或呼爲粢音咨米，以作粉尤解煩悶，服食家亦將食之。

〔唐・蘇敬《唐本草》〕注云：粟類多種，而並細於諸粱，北土常食，與粱有别。陶云：當白粱，又云：或呼爲粢，粢則是稷，稷乃穄音祭之異名也。其米泔汁，主霍亂，卒熱，心煩渴，飲數升立差。臭泔，止消渴尤良。米麥麨，味甘、苦，寒，無毒。主寒中，除熱渴，解煩，消石氣。蒸米麥熬磨作之，一名糗也。

〔宋・掌禹錫《嘉祐本草》〕按：孟詵云：粟米，陳者止痢，甚壓丹石熱。顆粒小者是。今人間多不識耳。其粱米粒麁大，隨色别之。南方多畬田，種之極易。春粒細，香美，少虚怯，秖爲灰中種之，又不鋤治故也。得北田種之，若不鋤之，即草翳死；若鋤之，即難舂。都由土地使然耳。但取好地，肥瘦得所由，熟犁。又細鋤，即得滑實。陳藏器云：粉解諸毒，主卒得鬼打，水攪服之。亦主熱腹痛，鼻衄，並水煮服之。秔粟總堪爲粉，粟强浸米至敗者損人。又云：泔，主霍亂，新研米清水和濾取汁服，亦主轉筋入腹。胃冷者不宜多食。酸泔，洗皮膚瘡疥，服主五野雞病及消渴。下澱酸者，殺蟲及惡瘡，和臭樗皮煎服，主疳痢。樗皮一名武目樹。又云：糗，一名麨，昌少切，味酸，寒。和水服之，解煩熱，止洩，實大腸，壓石熱，止渴。河東人以麥爲之，麁者爲乾糗糧，東人以粳米爲之，炒乾磨成也。陳士良云：粳粟米，五穀中最硬，得漿水即易化解。小麥虚熱。

〔宋・唐慎微《證類本草》〕《圖經》：文具青粱米條下。《千金方》：治反胃，食即吐，擣粟米作粉，和水丸如梧桐子大。七枚爛煮内醋中，細吞之，得下便已。麪亦得用之。《食醫心鏡》：主脾胃氣弱，食不消化，嘔逆反胃，湯飲不下。粟米半升杵如粉，水和丸如梧子，煮令熟，點少鹽，空心和汁吞下。又方：主消渴口乾，粟米炊飯食之，良。又方：主胃中熱，消渴，利小便，以陳粟米炊飯食。《兵部手集》：治孩子赤丹不止，研粟米傅之。姚和衆：小孩初生七日，助穀神以導達腸胃。研粟米煮粥飲，厚薄如乳，每日研與半粟殼。《子母秘録》：治小兒重舌，用粟哺之。《産寶方》：粢米粉熬令黑。以雞子白和如泥，以塗帛上貼之，帛作穴，以洩癰毒氣，易之，效。《博物志》云：雁食，足重不能飛。《丹房鏡源》云：禾草灰抽錫暈。

宋・寇宗奭《本草衍義》卷二〇　粟米　利小便，故益脾胃。

宋・劉明之《圖經本草藥性總論》卷下　粟米　味鹹，微寒，無毒。主養腎氣，去胃脾中熱，益氣。陳者味苦，主胃熱消渴，利小便。

宋・陳衍《寶慶本草折衷》卷一九　粟米粉及泔附。　一名粳粟米，一名粢米。生江東，種之。及西間、北土、南方。○縉雲云：今處處有之。○與漿水相宜。○附：粉，又云一名英粉。水浸粟米，研澄取，曝乾。味鹹，陳者苦，微寒，無毒。○主養腎氣，去胃脾熱，益氣。主消渴，利小便。○孟詵云：陳者止痢，壓丹石熱。○陳士良云：粳粟米硬，得漿水即易化，解小麥虚熱。○《圖經》曰：粟米比粱乃細而圓。種類亦多，功用無别。○分粱米條。

附：粉。○解諸毒，煩悶。主熱，腹痛，鼻衄。並水煮服。又主痱音沸瘡。其浸米敗者損人。兼括同上。

附：泔汁。○主霍亂，卒熱，心煩渴，及轉筋入腹。又酸泔洗皮膚瘡疥，及主消渴，服之。其下澱徒見切，□也。酸者殺蟲及惡瘡。又主疳痢，和臭樗皮煎服。胃冷者不宜多食。

元・忽思慧《飲膳正要》卷三　粟米　味鹹，微寒，無毒。主養腎氣，去脾胃中熱，益氣。陳者良，治胃中熱，消渴，利小便，止痢。《唐本》注云：粟類多種，顆粒細如粱米。搗細，取勻淨者為浙米。

元・尚從善《本草元命苞》卷九　粟米　味鹹，微寒，無毒。養腎氣，利小便，除胃熱，止消渴。泔汁澄清，治霍亂轉筋吐利。炊飯和丸，療胃弱飲食不消。陳久止痢。澱酸殺蟲，壓丹石之毒，解小麥虚熱。北方所産，形細而圓。五穀中最硬。淂漿水易化。

元・吴瑞《日用本草》卷二　粟米　即秈粟也。味鹹，性寒，無毒。陳者味苦，解小麥毒。主養腎，去脾胃中熱，益氣，解虚熱，利大小便。與杏仁同食，令人吐瀉。煮粥性暖。

元・朱震亨《本草衍義補遺》　粟　屬水與土。陳者難化。《衍義》云：生者難化，熟者滯氣，隔食，生蟲。○所謂補腎者，以其味鹹之故也。

元・徐彦純《本草發揮》卷三　粟米　丹溪云：粟，屬水與土。陳者硬而難化，惟得漿水則易化。

明・蘭茂撰，清・管暄校補《滇南本草》卷上　粟米　味鹹，微寒。主(茲)〔滋〕陰，養腎氣，健脾胃，暖中，反胃服之如神。治小兒肝蟲，或霍亂吐瀉肚疼，變痢疾或水瀉不止，服之即〔效〕。用草連根，治轉食冷吐。

明・王綸《本草集要》卷五　粟米　味鹹，氣微寒，無毒。主養腎氣，去胃脾中熱，益氣。陳者味苦，主胃熱消渴，利小便，止痢。

明・滕弘《神農本經會通》卷四　粟米　味鹹，氣微寒，無毒。《本經》云：主養腎氣，去胃脾中熱，益氣。陳者味苦，主胃熱，消渴，利小便。陶隱居云：其粒細於粱米，熟舂令白，亦以當白粱呼為白粱粟。陳者，謂經三五年者，或呼為粢米，以作粉，尤解煩悶，服食家亦將食之。《唐本》注云：粟類多種，而并細於諸粱。北土常食，與粱有別。陶云：當白粱。又云：或呼為粢。粢則是稷，稷乃穄之異名也。其米泔汁，主霍亂卒熱，心煩渴，飲數升，立差。臭泔，止消渴尤良。米麨，味甘、苦，寒，無毒。主寒中，除熱渴，解煩，消石氣。蒸米麥熬磨作之，一名糗也。孟詵云：粟米陳者，止痢，甚壓丹石熱。顆粒小者是，今人間多不識耳。其粱米粒麤大，隨色別之。《局》云：粟米鹹寒能養腎，胃虛嘔逆和為貞。若除胃熱須陳者，更治消中利小便。粟米，養腎虛，祛胃熱，通利小腸。

明・劉文泰《本草品彙精要》卷三六 粟米無毒。附粉、泔、糗。 植生。

粟米：主養腎氣，去胃脾中熱，益氣。陳者味苦，主胃熱，消渴，利小便。名醫所錄。【苗】《圖經》曰：夏初生苗如稗，秋深結實，其粒比粱米而圓細。熟舂令白，亦謂之白粱也。大抵人多種粟而少種粱，以其損地力而收穫少耳。諸粱食之，比他穀最益脾胃，性亦相似。然其粟種類雖多，功用則無別矣。其泔汁及米粉皆入藥。近世作英粉，乃用粟米浸累日令敗，研澄取之，今人用去痱瘡爲佳。又有糗，一名麨昌少切，味酸寒，無毒。和水服之，解煩熱，止泄，實大腸，壓石熱，止渴。河東人以麥爲之，麤者爲乾糗糧。東人以粳米爲之，炒乾磨成也。【地】陶隱居云：生江東及西間。《唐本》注云：北土常食，多種之。【時】生：夏初生苗。採：秋取實。【收】曬乾。【用】實。【色】皮赤，肉白。【味】鹹。【性】微寒。【氣】氣薄味厚，陰中之陽。【臭】香。【主】益脾胃，養腎氣。【治】療：《圖經》曰：粟米，浸累日令敗，研澄取之，治痱瘡。陶隱居云：陳粟米作粉，止煩悶。《唐本》注云：泔汁，主霍亂卒心煩渴，飲數升，立差。○臭泔，止消渴。陳藏器云：粉，主卒得鬼打，水攪服之。亦主熱腹痛，鼻衄，並水煮服之。○泔汁，主轉筋入腹。○酸泔，洗皮膚瘡疥，服主五野雞病及消渴。○下澱酸者，殺蟲及惡瘡。孟詵云：陳粟米，止痢。《別錄》云：粟米，飲，主消渴，口乾，胃中熱，利小便。○碾粟米，傅小兒赤丹不止，又治小兒重舌。補：《衍義》曰：益脾胃。【合注】酸泔合臭樗皮煎服，主疳痢。○粉和水丸如桐子大，每服七丸，爛煮內醋中，治反胃，食即吐，細吞之，得下便已。○粟米半升杵如粉，和水丸如桐子大，煮令熟，點少鹽，空心和汁吞下，治脾胃氣弱，食不消化，嘔逆反胃，湯飲不下。【禁】粟米浸至敗者，食之損人。○泔汁，胃冷者不宜多食。【解】陳粟米壓丹石熱毒。○粳粟米解小麥虛熱。○粉解諸毒。

明・盧和、汪穎《食物本草》卷一 穀類 粟米 味鹹，氣微寒，無毒。主養腎氣，去脾胃熱，益氣。陳者味苦，主胃熱消渴，利小便，止痢，壓丹石毒，解小麥毒。煮粥性暖，初生小兒研細煮粥如乳，每少與飲之，助穀神，達腸胃，甚佳。不可與杏仁同食，令人吐泄。粟類多種，此則北人所常食者是也。又舂為粉食，主氣弱，食不消化嘔逆，解諸毒。又蒸作糗食，味甘苦寒。又云：酸寒，主寒中，除熱渴，解積實大腸。一種糯粟，即秫也。餘見粳米下。

明・葉文齡《醫學統旨》卷八 粟米 氣微寒，味鹹，無毒。治脾胃中熱，益氣，養腎氣。陳者味苦，主胃熱消渴，利小便，止痢。

明・許希周《藥性粗評》卷三 粟米微宜於肺實。

粟米，即黃小粟米也。夏間布種，生即鋤治，以去其荒則不死。此有粳、糯二種，苗高三四尺，如荻，秋初成穗。南北處處有之，入藥以陳久者為佳。餘說《本草》不載。味甘、鹹，性微寒，無毒。主治胃熱消渴，反食腹痛，鼻衄痢疾，丹毒，清氣消痰，瀉肺實，利小便。陳士良云：粳、粟米，五穀中最硬，得漿水即易化。解小麥虛熱漿水、醋□。

單方：胃弱停食：凡脾胃氣弱，食不消化，嘔逆反胃，湯飲不下者，陳粟米半升，杵如粉，水和丸如梧桐子大，入水煮熟，點鹽少許，空心連汁食之，甚妙。 消渴口乾：陳粳、粟米炊飯，食之良。

明・鄭寧《藥性要略大全》卷四 粟米一名稷，一名粢。 主養腎氣，去脾胃中熱，益氣。陳者主胃熱消渴，利小便，止痢，壓丹石毒。《賦》云：治胃弱食不消化，嘔逆反胃等疾。 味甘、鹹，微涼，無毒。

明・陳嘉謨《本草蒙筌》卷五 粟米 新則味鹹，陳則味苦。氣平、微寒。無毒。在處俱種，北地尤多。日舂為糧，呼曰小米。丹溪云屬水與土，因而用養腎調脾。須分新陳，纔索効驗。新粟米養腎氣不虧，去脾熱常益中脘；陳粟米止洩痢分滲，卻胃熱大解渴消。舂為粉，理氣劣食停，仍止嘔逆；蒸作糗，除寒中熱渴，更實大腸。泔主霍亂轉筋，頓飲數升立愈。臭泔除煩渴毆熱，酸泔洗瘡疥殺蟲。○糯粟收摘略遲，經載秫米即此。解寒熱，利腸胃，殺疥毒，療漆瘡。煮粥炊飯最粘，搗餳造酒極妙。但動風壅氣，切不宜食多。〇又種黍米甘溫，蘆苗似粟非粟。由大暑佈種，故以黍命名。釀酒搗餳，亦同糯粟。肺病宜食，孫思邈云：肺家穀也。益氣補中。食多昏五臟貪眠，食久緩筋骨絕脉。小兒食足難健步，猫犬食脚忽偏斜。儻資充餐，務防所忌。〇相類又有三米，青粱白粱黃粱。味俱甘微溫，粒比粟頗大。夏食清爽，因名曰粱。古稱膏粱之家，亦緣食美而養厚也。但損地力收少，以致種者罕稀。調胃和脾，力倍諸穀。青白略次，惟黃獨優。蓋得土中和之氣多爾。〇稷米亦甚香美，苗蘆與黍相同。北人名烏，南人名穄。但農家不甚珍此，惟略種以備荒年。為飯不粘，亦益脾胃。

謨按：天生五穀，俱能養人。其甚益胃補脾，無過粳與粟也。日資食用，誠寄死生。蓋因得天地中和之氣最多，與造化生育之功相等。非比他物，可以名言。故今南人食粳為常，北人食粟不缺。雖云地方種蒔相宜，實亦本諸此也。

明・寧源《食鑒本草》卷下　粟米　味鹹，寒。即今之小米也。山東最多。和中益氣，養腎氣，去脾胃中熱，止瀉痢，治消渴，利小便。陳者更良。《千金方》：治反胃，食入即吐，以粟米舂為粉，水圓如梧桐子大，每九箇煮爛吞之，得下即效，日三五次。

明・王文潔《太乙仙製本草藥性大全》卷四《本草精義》　粟米　舊不載所出州土，今江東所種及西間皆有。唐註云：粟類多種，而並細於諸粱，北土常食，與粱有別。陶云：當白粱。又云：或呼爲粟，粟則是稷，稷乃穄之異名也。南方多畬田，種之極易，舂粒細香美，少虛怯，秖於灰中種之，又不鋤治故也。得北田種之，若不鋤之，即草翳死，若鋤之，即難舂，都由土地使然耳。但取好地，肥瘦得所，由熟犁，又細鋤即得滑實。

粳粟：最硬易化，解小麥虛熱。

糯粟：雖粘，收摘略略遲些。

明・王文潔《太乙仙製本草藥性大全》卷四《仙製藥性》　粟米　新則味鹹，陳則味苦，氣平微寒，無毒。　主治：丹溪云：屬水與土，因而用養腎調脾，須分新陳纔索效驗。　新粟米：養腎氣不虧，去脾熱常益中脘。陳粟米：止洩痢分滲，却胃熱火，解消渴。　補註：主消渴口乾，粟米炊飯食之良。〇治孩子赤丹不止，研粟米傅之。〇主胃中熱，消渴，利小便，以陳粟米炊飯食。〇治小兒重舌，用粟哺之。〇小兒初生七日，助穀神以導達腸胃，研粟米煮粥飲，厚薄如乳，每日研與半粟殼。　粉：理氣劣食停，仍止嘔逆。　補註：解諸毒，主卒得鬼打，水攪服之。亦主熱腹痛，鼻衄，並水煮服之。秔、粟揔堪爲粉，粟強浸米至敗者損人。〇治反胃，食即吐，搗粟米作粉，和水丸如梧子大，七枚爛〔煮〕內醋中，細吞之，得下便已，麪亦得用之。〇主脾胃氣弱，食不消化，嘔逆反胃，湯飲不下，粟米半升，杵如粉，水和丸如梧子大，煮令熟，點少鹽，空心和汁吞下。〇粢米粉熬令黑，以雞子白和如泥，以塗帛上貼之，帛作穴以洩癰毒氣，易之效。

明・皇甫嵩《本草發明》卷五　粟米中品。新則味鹹，陳則味苦，氣平、微寒，無毒。此粱米，細而圓。種類亦多，功用無別。　發明曰：粟小米屬水與土，能養腎調脾，故新者養腎氣，去脾胃中熱，益中脘。陳者味苦，主胃熱消渴，利小便。〇作粉，尤解煩悶，理氣劣食停，止嘔逆。作糗，更實大腸，除中熱渴。〇米泔，主霍亂轉筋，頓食立愈。卒熱，心煩渴，飲之立瘥。酸泔，洗瘡疥，殺蟲，服之尤解消渴。

明・李時珍《本草綱目》卷二三穀部・稷粟類　粟《別録》中品

【釋名】籼粟時珍曰：粟古文作㮚，象穗在禾上之形。而《春秋題辭》云：西乃金所立，米爲陽之精，故西字合米爲粟。此鑿説也。許慎云：粟之爲言續也。續於穀也。古者以粟爲黍、稷、粱、秫之總稱，而今之粟，在古但呼爲粱。後人乃專以粱之細者名粟，故唐孟詵《本草》言人不識粟，而近世皆不識粱也。大抵粘者爲秫，不粘者爲粟。故呼此爲籼粟，以別秫而配籼。北人謂之小米也。

【集解】弘景曰：粟，江南西間所種皆是。其粒細於粱，熟舂令白，亦當白粱，呼爲白粱粟，或呼爲粢米。恭曰：粟類多種，而並細於諸粱。北土常食，與粱有別。粢乃稷米，陶注非矣。詵曰：粟，顆粒小者是，今人多不識之。其粱米粒粗大，隨色別之。南方多畬田，種之極易。舂粒細香美，少虛怯，只於灰中種之，又不鋤治故也。北田所種多鋤之，即難舂；不鋤即草翳死，都由土地使然爾。時珍曰：粟，即粱也。穗大而毛長粒粗者爲粱，穗小而毛短粒細者爲粟。苗俱似茅。種類凡數十，有青赤黃白黑諸色，或因姓氏地名，或因形似時令，隨義賦名。故早則有趕麥黃、百日糧之類，中則有八月黃、老軍頭之類，晚則有雁頭青、寒露粟之類。按賈思勰《齊民要術》云：粟之成熟有早晚，苗稈有高下，收實有息耗，質性有强弱，米味有美惡，山澤有異宜。順天時，量地利，則用力少而成功多；任性返道，勞而無穫。大抵早粟皮薄米實，晚粟皮厚米少。

粟米即小米。　【氣味】鹹，微寒，無毒。時珍曰：鹹，淡。宗奭曰：生者難化。熟者滯氣，隔食，生蟲。藏器曰：胃冷者不宜多食。粟浸水至敗者，損人。瑞曰：與杏仁同食，令人吐瀉。雁食粟，翼重不能飛。　【主治】養腎氣，去脾胃中熱，益氣。

陳者苦、寒，治胃熱消渴，利小便《别録》。止痢，壓丹石熱孟詵。水煮服，治熱腹痛及鼻衄。爲粉，和水濾汁，解諸毒，治霍亂及轉筋入腹，又治卒得鬼打藏器。解小麥毒，發熱士良。治反胃熱痢。煮粥食，益丹田，補虚損，開腸胃。時珍。《生生編》。

【發明】弘景曰：陳粟乃三五年者，尤解煩悶，服食家亦將食之。宗奭曰：粟米利小便，故能益脾胃。震亨曰：粟屬水與土。陳者最硬難化，得漿水乃化也。時珍曰：粟之味鹹淡，氣寒下滲，腎之穀也，腎病宜食之。虚熱消渴泄痢，皆腎病也。滲利小便，所以泄腎邪也。降胃火，故脾胃之病宜食之。

【附方】舊五，新四。胃熱消渴：以陳粟米炊飯，食之良。《食醫心鏡》。反胃吐食：脾胃氣弱，食不消化，湯飲不下。用粟米半升杵粉，水丸梧子大。七枚煮熟，入少鹽，空心和汁吞下。或云：納醋中吞之，得下便已。《心鏡》。鼻衄不止：粟米粉，水煮服之。《普濟》。嬰孩初生：七日，助穀神以導達腸胃。研粟米煮粥如飴。每日哺少許。《姚和衆方》。孩子赤丹：嚼粟米傅之。《兵部手集》。小兒重舌：嚼粟米哺之。《秘録》。雜物眯目：不出。用生粟米七粒，嚼爛取汁，洗之即出。《總録》。湯火灼傷：粟米炒焦投水，澄取汁，煎稠如糖。頻傅之，能止痛，滅瘢痕。一方：半生半炒，研末，酒調傅之。崔行功《纂要》。熊虎爪傷：嚼粟塗之。《葛氏方》。

粟泔汁　【主治】霍亂卒熱，心煩渴，飲數升立瘥。臭泔止消渴，尤良蘇恭。酸泔及澱洗皮膚瘙疥，殺蟲。飲之，主五痔。和臭樗皮煎服，治小兒疳痢藏器。

【附方】新二。眼熱赤腫：粟米泔澱極酸者、生地黄等分，研勻攤絹上，方圓二寸，貼目上熨之。乾即易。《總録》。疳瘡月蝕：寒食泔澱，傅之良。《千金》。

粟糠　【主治】痔漏脱肛，和諸藥熏之時珍。

粟奴　【主治】利小腸，除煩懣時珍。　【發明】時珍曰：粟奴，即粟苗成穗時生黑煤者。古方不用。《聖惠》治小腸結澀不通，心煩悶亂，有粟奴湯：用粟奴、苦竹鬚、小豆葉、炙甘草各一兩，燈心十寸，葱白五寸，銅錢七文，水煎分服。取效乃止。

粟廩米見後陳廩米下。　粟糵米見後糵米下。　粟糗見後麨下。

明·梅得春《藥性會元》卷中　粟米　味鹹，微寒，無毒。主去脾胃中熱，益氣，養腎氣。陳者味苦，亦主治胃熱消渴，利小便，止痢，能實胃。

明·穆世錫《食物輯要》卷二　粟米　味鹹，性微寒，無毒。腎之穀。解小麥毒，益丹田，開腸胃，利小水。止熱痢，去中焦熱，來年陳者尤良。胃寒人勿多食。同杏仁食，令吐瀉。雁食，足重難飛。硬者作飯，粘者可作酒。

明·李中立《本草原始》卷五　粟　出江東及西間，今處處有之。苗葉似茅，種類有青、赤、黄、白、黑諸色，穗有大、小、毛、光不同。粒比黍而圓小。《春秋題辭》云：粟乃金所立，米為陽之精，故西字合米為粟。許慎云：粟之為言續也，續於穀也。古者以粟為黍、稷、粱、秫之總稱。而今之粟，在古但呼為粱，後人乃專以粱之細者名粟。今北人呼為穀子，熟舂成細粒，謂之小米。

粟米：　氣味：　鹹，微寒，無毒。主治：　養腎氣，去脾胃中熱，益氣。陳者苦寒，治胃熱消渴，利小便。○止痢，壓丹石熱。○水煮服，治熱腹痛及鼻衄。為粉，和水濾汁，解諸毒，治霍亂及轉筋入腹。又治卒得鬼打。○解小麥毒，發熱。○治反胃，熱痢。煮粥食，益丹田，補虚損，開腸胃。

粟米泔汁：　主治：　霍亂卒熱，心煩渴，飲數升立瘥。○臭泔止消渴尤良。○酸泔及澱，洗皮膚瘙疥，殺蟲。飲之主五痔。和臭樗皮煎服，治小兒疳痢。

粱，《别錄》中品。【圖略】古呼粟為粱。粱者，良也，穀之良者也。或云種出自粱州，或云粱米性涼，故得粱名。自漢以後，始以大而毛長者為粱，細而毛短者為粟。今則通呼為粟，而粱之名反隱矣。

黄粱米：　氣味：　甘，平，無毒。主治：　益氣和中，止洩。○去客風頑痹。○止霍亂下痢，利小便，除煩熱。

白粱米：　氣味：　甘，微寒，無毒。主治：　除熱益氣。○除胸膈中客熱，移五臟氣，緩筋骨。凡患胃虚并嘔吐食及水者，以米汁二合，薑汁一合，和服之佳。○炊飯食之，和中，止消渴。

青粱米：　氣味：　甘，微寒，無毒。主治：　胃痹熱中，消渴，止洩痢，利小便，益氣補中，輕身長年，煮粥食之。○健脾，治洩精。

赤粱米：　俗呼紅穀米。胎動下血，炊飯食之，良。

陳粟米：　治痢甚，并胃熱消渴。

藏器曰：　胃冷者不宜多食。粟浸水至敗者損人。瑞曰：　與杏仁同食，令人吐瀉。鴈食足重不能飛。《普濟方》：　治鼻衄不止，粟米粉，水煮服之，良。

明·張懋辰《本草便》卷二　粟米　味鹹，氣微寒，無毒。主養腎氣，去脾胃中熱，益氣。陳者味苦，主胃熱消渴，利小便，止痢。

明・吴文炳《藥性全備食物本草》卷一 蘆粟 味甘澁，性溫，無毒。溫中，澁脾胃，止霍亂。粘者與黍米同功。根煮汁利小水，止喘滿。燒灰溫酒下，治難產。

粟米 味鹹，性微寒，無毒。腎之穀，解小麥毒，益丹田，開腸胃，利小水，止熱痢，去中焦熱。隔年陳者尤良。胃寒人勿多食，同杏仁食令吐瀉，雁食足重難飛。硬者作飯，粘者可作酒。

明・趙南星《上醫本草》卷一 粟 俗云穀。粟米，即小米。 鹹，微寒，無毒。腎之穀也。主治：養腎氣，去脾胃中熱，益氣，治反胃，熱痢。煮粥食，益丹田，補虛損，開腸胃。水煮服，治熱腹痛及鼻衄。為粉，和水濾汁，解諸毒，治霍亂及轉筋入腹。陳者苦寒，治胃熱消渴，利小便。陳粟，乃三五年者，尤解煩悶。 粟米同杏仁食，令人吐瀉。

附方 胃熱消渴：以陳粟米炊飯，食之良。 反胃吐食，脾胃氣弱，食不消化，湯飲不下：用粟米半升杵粉，水丸梧子大。七枚煮熟，入少鹽，空心和汁吞下，或云納醋中吞之，得下便止。 鼻衄不止：粟米粉，水煮服之。

粟泔汁：主治：霍亂，卒熱心煩，渴飲數升，立瘥。

明・應𢈣《食治廣要》卷二 粟米北人呼為小米。 氣味：鹹，微寒，無毒。主養腎氣，去脾胃中熱，益氣補虛。陳者苦，寒。治胃熱消渴，利小便。與杏仁同食，令人吐瀉。

按：粟，亦粱也。穗大而毛長粒粗者為粱，穗小而毛短粒細者為粟。

明・姚可成《食物本草》卷五穀部・稷粟類 粟一名秈粟。粘者為秫，不粘者為粟。故呼此為秈粟，以別秫而配秈，北人謂之小米。〇粟，即粱也。穗大而毛長粒粗者為粱，穗小而〔毛〕短粒細者為粟。成熟有早晚，大抵早粟皮薄米實，晚粟皮厚米少。 粟米，味鹹，微寒，無毒。主養腎氣，去脾胃中熱，益氣。陳者，苦，寒。治胃熱消渴，利小便，止痢，壓丹石毒。水煮服，治熱腹痛及鼻衄。為粉，和水濾汁，解諸毒，治霍亂及轉筋入腹，又治卒被鬼打。解小麥毒，發熱。治反胃熱痢。煮粥食，益丹田，補虛損，開腸胃。不可與杏仁同食，令人吐瀉。雁食粟，足重不能飛。

粟泔汁 治霍亂卒熱，心煩渴，飲之立瘥。

臭泔 止消渴，尤良。

酸泔及澱 洗皮膚瘙疥，殺蟲。飲之主五痔。和臭樗皮煎服，治小兒疳痢。

粟糠 主痔漏脫肛，和諸藥薰之。

粟奴即粟苗成穗時生黑煤者。 主利小腸，除煩懣。

附方： 治雜物眯目不出。用生粟米七粒，嚼爛取汁，洗之即出。治湯火灼傷。用粟米炒焦投水，澄取汁，煎稠如糖。頻傅之，能止痛，滅瘢痕。 治熊虎爪傷。嚼粟塗之。 治鼻衄不止。粟米粉，水煮服之。 治小兒丹毒，嚼粟米傅之。 治反胃吐食，脾胃氣弱，食不消化，湯飲不下。用粟米半升杵粉，水丸梧子大七枚煮熟，入少鹽，空心和汁吞下。或云：納醋吞之，得下便已。 治胃熱消渴。以陳粟米炊飯，乾食之，良。

明・顧逢柏《分部本草妙用》卷九穀部 粟米即小米。 鹹，微寒，無毒。主治：養腎氣，去脾胃熱，益氣。 陳者苦寒，治胃熱消渴，利小便，止痢，壓丹石毒，解小麥毒。為粉和水濾汁，解諸毒，治霍亂及轉筋入腹。又治卒鬼打。同杏仁服，令人吐洩。 陳粟米三五年者，尤解煩悶。味鹹淡，氣寒，下滲，腎之穀也，腎病宜食之。能降胃火，故脾胃虛熱，消渴洩痢者宜之。

明・孟笨《養生要括・穀部》 粟粟類多種而並細於諸粱。有青、赤、黃、白、黑諸色，腎之穀也。腎病宜食之。 味鹹，微寒，無毒。養腎氣，去脾胃中熱，益氣。陳者苦寒，治胃熱消渴，利小便。水煮服，治熱腹痛及鼻衄。為粉和水濾汁，解諸毒，治霍亂及轉筋入腹，又治卒得鬼打，解小麥毒發熱。治反胃熱痢，煮粥食益丹田，補虛損，開腸胃。〔御粟作粥食甚美，行風氣，逐邪熱，治反胃，胸中痰滯。一名罌子粟。〕

明・鄭二陽《仁壽堂藥鏡》卷三 粟米 《本草》云：粟米，味鹹，微寒，無毒。主養腎氣，去胃脾中熱。陳者味苦。 陶隱居云：江東所種，其粒細於粱米。三五年者為湯，解煩悶。 丹溪云：粟屬水與土。陳者硬而難化。 惟得漿水則易化。陳廩米，即多年倉庾中香黃者，主開胃氣，除煩渴，止洩。 《千金方》云：粟米治反胃，食即嘔吐者，以米作粉，和水丸如梧桐子大，淡醋湯吞下十一丸即好。

明・張景岳《景岳全書》卷四九《本草正》 粟殼 味微甘，性多澁。泡去筋膜，醋拌炒用，甚固大腸，久痢滑瀉必用，須加甘補同煎。久虛咳嗽劫藥，欲用須辨虛實。脫肛遺精，俱所當用，濕熱下痢，乃非所宜。

明・施永圖《本草醫旨・食物類》卷二　粟米 即祭祀稷米，俗稱蘆粟，山東最多。　味：鹹，寒，無毒。和中益氣，養腎，去脾胃中熱，止痢消渴，利小便，壓丹石毒，解小麥毒。小兒初生，研細煮粥如乳，少與飲之，甚佳。陳者更妙。但不可與杏仁同食，恐發吐瀉。舂為粉食，主氣弱，食不消化，嘔逆，解諸毒。又云酸，寒。主寒中，消熱渴，解積。《千金方》治反胃，食下即吐，以粟米為粉，水圓如桐子大，每九箇煮爛吞之，日服三五次即效。

明・盧之頤《本草乘雅半偈》帙八　粟《別錄》中品　氣味：鹹，微寒，無毒。　主治：主養腎氣，去脾胃中熱，益氣。陳者苦寒，治胃熱消渴，利小便。

覈曰：粟字，本義作㮚，象穗在禾之上。《春秋說題辭》云：粟乃金所立，米為陽之精，西葉米而粟成矣。古者粟為黍、稷、粱、秫之總稱。即今之粟，在古但稱為粱。粱與粟，亦有別，穗大毛長，粒粗者粱也；穗小毛短，粒細者粟也。南北皆有，北田尤多。苗都似茅。色有青、赤、黄、白、黑、褐之殊，或因姓氏地名，或因形似時令，隨義賦名，不啻十數種矣。如早有趕麥黄、百日糧之類；中有八月黄、老軍頭之類；晚有雁頭青、寒露粟之類。《齊民要術》云：粟之成熟有早晚，苗稈有高下，山澤有宜異，收實有息耗，質性有強弱，氣味有美惡。順天時，量地利，則用力少而成功多，任性返道，勞而無穫。大抵早粟皮薄而米充，晚粟皮厚而米稀。大而粘者粱，細而秔者粟，故一名秈粟。

參曰：粱粟不獨大小有別，粱之味甘，粟之味鹹。甘入脾，鹹入腎，亦自有辨也。故粟益腎氣，開竅于二陰。設腎苦燥，致脾胃中熱，則消渴引飲以自救矣。陳者尤良，謂以鹹轉苦，則自下者上，從內者外，輔水之體，復具水之用矣。

清・穆石匏《本草洞詮》卷五　粟　與粱一類，古呼為粱，後世謂之粟。觀《周禮》九穀、六穀之名，有粱無粟可知矣。一云穗大粒麤者為粱，穗小粒細者為粟。故北人謂之小米。味鹹，氣微寒，腎之穀也。治虛熱消渴，泄痢，皆腎病也。滲利小便，所以洩腎邪也。陳粟三五年者，尤解煩悶，服食家亦須之。孟詵云：青粱米可辟穀，以苦酒浸三日，九蒸九晒，日一餐之，可度十日。

清・丁其譽《壽世秘典》卷三　粟李時珍曰：粟即粱也，穗大而毛長、粒粗者為粱，穗小而毛短，粒小者為粟。在古但呼為粱。今則通稱為粟，即俗所云小米也。稷黍之苗頗似粟，而結子不同。粟穗叢聚攢簇，稷黍之粒疏散成枝。吳氏謂稷為粟，誤矣。　氣味：鹹，微寒，無毒。主養腎氣，去脾胃中熱，利小便。治反胃，熱痢。煮粥食，益丹田，補虛損，開腸胃。

發明《名醫別錄》云：粟米陳三五年者，尤解煩悶，治胃熱，消渴，利小便，脾胃之病。陳藏器云：粟米酸泔，洗皮膚瘙疥，殺蟲。

清・劉雲密《本草述》卷一四　粟　時珍曰：古者以粟為黍、稷、粱、秫之總稱，而今之粟，在古但呼為粱，後人乃專以粱之細者名粟，故唐孟詵《本草》言人不識粟，而近世皆不識粱也。又曰：粟即粱也。穗大而毛長，粒粗者為粱，穗小而毛短，粒細者為粟。

粟米即小米。　氣味：鹹，微寒，無毒。　時珍曰：鹹，淡。　主治：養腎氣，去脾胃中熱，益氣。陳者苦寒，治胃熱消渴，利小便《別録》。治反胃，熱痢，煮粥食益丹田，補虛損，開腸胃時珍。　方書主治不能食，消癉。　丹溪曰：粟屬水與土。陳者最硬難化，得漿水乃化也。

按：難化者唯陳米，新者則不爾也。　時珍曰：粟之味鹹淡，氣寒，下滲，腎之穀也。腎病宜食之。虛熱消渴，洩痢，皆腎病也。滲利小便，所以洩腎邪也。降胃火，故脾胃之病宜食之。

附方　胃熱消渴，以陳粟米炊飯，乾食之良。　反胃吐食，脾胃氣弱，食不消化，湯飲不下，用粟米半升，杵粉，水丸梧子大七枚，煮熟，入少鹽，空心和汁吞下。或云納醋中吞之，得下便已。

愚按：粟之味鹹而淡，此在諸穀中有水土合德之義。蓋胃之陽氣全賴腎中之陰氣，故《內經》言脾宜食鹹。蓋謂脾合於腎之陰，乃為胃腑之合，而令胃陽得以行其化。況穀味之宜於腎者，更由胃以歸腎乎。《經》曰：五味入胃，各歸其所喜攻，如玆穀味，且合於脾胃之所宜以歸之，故謂之能養腎氣，即去脾胃中熱而益氣者此也。矧其淡滲之用，有以行腎陽之化乎？第春粟、秋粟二種，似春粟為勝，以其賦有陽氣也。

藏器曰：胃冷者不宜多食。

清・朱本中《飲食須知・穀類》　粟米　味鹹，性微寒。即小米也。生者難化，熟者滯氣，隔宿食，生蟲。胃冷者，不宜多食。粟浸水至敗者，損人。與杏仁同食，令人吐瀉。雁食粟，足重不能飛。能解小麥毒。

清・何其言《養生食鑒》卷上 蘆粟米 甘，澁，性溫，無毒。溫中，澁腸胃，止霍亂。粘者，與黍米同功。根，煮汁，利小水，止喘滿。燒灰，酒下，治產難。

粟米 味鹹，性微寒，無毒。腎之穀。解小麥毒，益丹田，開腸胃，利小水，止熱痢，去中焦熱。隔年陳者，尤良。胃寒人勿多食。同杏仁食，令吐瀉。鴈食，足重難飛。硬者作飯，粘者可作酒。

清・王翃《握靈本草》卷六 粟殼即罌粟米殼也。醋炒用。 主治：粟殼，酸，寒，無毒。主止瀉痢，固脫肛，治遺精，斂肺止嗽。

清・汪昂《本草備要》卷四 粟補腎。 甘、鹹，微寒。養腎益氣。治胃熱消渴，止霍亂，利小便。《千金方》粟米粉水丸，梧子大，煮七枚，內醋中，細吞之，治反胃吐食。 即粱米。有青、黃、赤、白、黑諸色。陳者良。

清・李熙和《醫經允中》卷二二 粟米 即小米。 鹹，微寒，無毒。主養胃益氣，去脾胃熱。陳粟米三五年者尤解煩悶。味鹹淡，氣寒下滲，腎之穀也，腎病宜食之。能降胃火，故脾胃虛熱洩痢者宜之。

清・馮兆張《馮氏錦囊秘録・雜症痘疹藥性主治合參》卷六 粟米 即北地小米。屬水與土，養腎調脾。須分新陳，新粟米，養腎氣不虧，去脾熱，常益中脘。陳粟米，止洩痢分滲，卻胃熱，大解渴消。秫米，即小米之糯者。解寒熱，利腸胃，殺疥毒，療漆瘡。煮粥炊飲最粘，搗餳造酒極妙。但動風壅氣，不宜多食。黍米，甘溫，肺家穀也。性最粘滯，亦同秫米，能搗餳造酒，益氣補中。但食多令人多熱，昏五臟貪眠，食久緩筋骨。小兒食，足難健步。猫犬食，脚忽偏邪。稷米，甘寒，亦宜脾胃，益氣補不足，多食發冷病。相類又有三米，青粱、白粱、黃粱，粒比粟大，調胃和脾，益中止洩，力倍諸穀，青白略次，而黃獨優，蓋得中和之正氣，古稱膏粱之家，緣食美而養厚也。其甚益脾養胃者，無過粳與粟也，故南人食粳，北人食粟，雖地方種時相宜，實亦本於此也。

清・汪啟賢等《食物須知・諸米》 粟米 新則味鹹，陳則味苦。氣平，微寒，無毒。在處俱種，北地尤多。日舂為糧，呼曰小米。屬水與土，因而用養腎調脾。須分新陳，纔索效驗。新粟米，養腎氣不虧，去脾熱常益中脘；陳粟米，止洩痢分滲，卻胃熱大解消渴。

清・劉漢基《藥性通考》卷六 粟米 味甘、鹹，氣微寒。養腎益氣，治胃熱消渴，止霍亂，利小便。粟米粉水丸如梧桐子大，每用七丸，醋吞之，治反胃吐食。然有青、黃、赤、白、黑諸色，陳者良。

清・葉盛《古今治驗食物單方》 粟米 小兒赤游丹，嚼粟皮敷之；重舌，嚼粟米哺之。 雜物眯目，粟米七粒，嚼取汁，洗之即出。

清・吳儀洛《本草從新》卷四 粟補氣養腎。北人謂之小米。 鹹，淡，微寒。補虛損，益丹田，開脾胃，利小便。治反胃熱痢。粱之小者為粟。

題清・徐大椿《藥性切用》卷六 粟米 即小米。鹹淡微涼，補虛益損，開胃利溲。粱之細者為粟。

清・黃宮繡《本草求真》卷九 粟米養腎氣消胃熱。 粟米耑入腎，兼入脾胃。味鹹氣寒。時珍曰：粟即粱也，穗大而毛長粒粗者為粱，穗小而毛短粒細者為粟，苗俱似芽，種類甚多。功專入腎養氣，及消胃熱。凡人病因腎邪而見小便不利，消渴泄痢，與脾胃虛熱而見反胃吐食，鼻衄不止者，須當用此調治。以寒能療熱，鹹能入腎，淡能滲濕，粟為穀類，穀又能養脾胃故也。《千金方》粟米粉丸，內七粒，治反胃吐食。但此生者硬而難化。得漿水即化。熱者滯而難消，故書言此鴈食則有足重難飛之虞，與杏仁同食則有吐瀉之慮，不可不熟悉而明辨也。陳者良。

清・李文培《食物小録》卷上 粟米即小米。 鹹，微寒，無毒。養腎氣。煮粥食，益丹田，補虛損，開腸胃。胃冷者不宜多食。

清・羅國綱《羅氏會約醫鏡》卷一七穀部 粟味甘鹹，微寒，入腎經。 養腎益氣。治胃熱消渴、反胃吐食。用粟米粉，水丸梧子大，煮七枚納醋中，細吞之。

清・趙學敏《本草綱目拾遺》正誤 龍柏《食物考》，稷與粱相似，但粱穗有芒而稷穗無芒，猶大麥有芒、小麥無芒之別也。其米通稱曰粟，黏者曰秫。而《綱目》另立粟、秫二條，致相紊亂，何無定識耶？

清・章穆《調疾飲食辯》卷二 粟米 即八穀之粱。《綱目》曰：陶隱居云粱米皆是粟類，考之《周禮》九穀有粱無粟可知。亦可為諸穀之總稱。有粒大粒小，有毛無毛，青、黃、紅、紫各種。穗大者長尺餘、小者纔一二寸。穫無早晚，早種早收，晚種晚收。《爾雅》曰：虋，赤苗；芑，白苗。郭注皆以為粱。秬，黑黍；秠，一稃二米。郭注皆以為黍。《詩》維秬維秠，維穈維芑是也。《爾雅翼》以秠為來牟，大誤。

糯粟，《綱目》曰：《爾雅》曰眾秫。郭注云：黏粟也。蘇恭《唐本草》

曰：秈者為粟，糯者為秫。蘇頌《圖經》謂：秫為黍之黏者。許慎《說文》謂：稷之黏者。崔豹《古今注》謂：稻之黏者。皆誤也。然《離騷》屈原種秫，《明史》洪武四年禁民種秫，則秫似又為諸黏穀之總名也。

粟米泔　亦止霍亂煩躁。《唐本草》曰：臭粟米泔，止消渴妙方也。

按：此但當云隔宿酸泔，若臭則不堪用矣。

粟米飯　養脾胃，益氣補虛，與秈、粳同。而性稍涼，煩渴、熱淋、熱痢，及諸病之屬熱者宜之。陳者至隔冬而止，二三年者斷不可作飯，氣味極惡，最敗胃氣。又有食粟米即腹中微痛者，此臟氣偏寒，非粟米之罪也。故久食則相安，而痛亦止。若病中，改食他穀可也。中寒最宜小麥。

粟米飲　熱病小便不利，及霍亂煩躁、大渴，危症也，不能止者死。均為聖藥。

清・王龍《本草纂要稿・穀部》　新粟米　味鹹。養神氣不虧，去脾熱，常益中脘。

陳粟米：味苦。止洩痢，却胃熱，大解消渴。

清・楊時泰《本草述鉤元》卷一四　粟　古者粟為黍、稷、粱、秫之總稱。今之粟，古時但呼為粱，後人又專以粱之細者名粟瀕湖。粟即粱也，穗大而毛長粒粗者為粱，穗小而毛短粒細者為粟又。

粟米即小米。味鹹而淡，氣微寒。主養腎氣，去脾胃中熱，治反胃益氣，益丹田，補虛損，開腸胃。陳者，治消渴、熱痢，利小便。方書治不能食消癉。粟米屬水與土，陳者最硬，難化，得漿水乃化丹溪。粟米鹹淡，腎之穀也，氣寒下滲，以洩腎邪，故腎病宜食之。降胃火，故脾胃之病宜食之。胃熱消渴，陳粟米炊飯，乾食之。反胃吐食，脾胃氣弱，食不消化，湯飲不下，用粟米半升，杵粉水丸梧子大七枚，煮熟，入少鹽，空心和汁吞下。或云：納醋中吞之，得下便已。

論：粟之味鹹而淡，在諸穀中，有水土合德之義。《內經》言脾宜食鹹，蓋謂脾合於腎之陰，乃為胃腑之合，而令胃陽得以行其化，況穀味之宜於腎者，更由胃以歸於腎乎。所云能養腎氣，即其能去脾胃中熱而益之者也。第春粟秋粟二種，似春粟為勝，以其賦有陽氣，則淡滲之用，更有以行腎陽之化爾。

胃冷者，不宜多食藏器。

清・吳其濬《植物名實圖考》卷一　粟　《別錄》中品。諸說即粱之細粒者一類，而種各異。固始通呼寒粟，耐旱而遲收。凡畏水之地，伏潦後始種之，北地惟以粱與粟為粥飯，故獨得穀名。《齊民要術》謂今人專以稷為穀，具載晚、早數十種，有赤粟、白粟、蒼白稷諸名，則名粟者即稷矣。《爾雅注》以江東呼粟為粢釋稷，謂粟為稷，其來已古。考《說文》嘉穀實曰粟，蓋兼禾黍。今之粟專屬此種，與古異，其種名尤繁。北諺曰：百歲老農，不識穀種，為粱、粟言也。俗語簡質，渾曰小米，而穀種益難辨，姑以俗之呼粟者圖之。既與粱有別，而方言無呼此為稷者。泥古則不能通俗，故仍標粟名。

清・趙其光《本草求原》卷一四穀部　粟米古名粱，即小米。甘、鹹，微寒。養脾腎之陰以化胃陽。故去脾胃熱以益氣、止渴、止痢，治霍亂、反胃，皆水土不合，胃陽不行其化也。取粉，水丸梧子大，煮七枚，內醋吞之。利小便，水土合，則由胃歸腎，況此味甘淡，又能滲泄。壓丹石熱，解小麥毒發熱。有青、黃、赤、白、黑諸色。陳者良。霍亂大渴，水煮食。青者合車前，治血淋，又明目。黃的為上。

清・葉志詵《神農本草經贊》卷二　粟米　味鹹，微寒。主養腎氣，去胃脾中熱，益氣，陳者味苦，主胃熱消渴，利小便。

比德陽精，粱甘穀續。冠鳳游龍，升金斗玉。天雨書成，地藏兵足。一穗三千，新田綏福。

《管子》：粟可以比君子之德。《春秋說題辭》：米者陽精。李時珍曰：粱即粟也。《周禮疏》：犬宜粱者，味甘而微寒。《說文》：粟之為言續也，續於穀也。《拾遺記》：背明國有鳳冠粟、游龍粟。《閩志》：唐時泉人客洛陽為羽衣，寄書遺以粟米半升，還家視之，金粟也。李白詩：雖有數斗玉，不如一盤粟。《淮南子》：倉頡作書而天雨粟。《周禮注》：九穀俱藏，以粟為主。神農之教曰：帶甲百萬，無粟弗能守也，北方水土深厚，窖地而藏。《群芳譜》：諺云穀三千，一穗之實，至三千顆，言多也。《易林》：新田宜粟，以綏百福。

清・文晟《新編六書》卷六《藥性摘錄》　粟米　味鹹，性微寒。入腎。解小麥毒。益丹田，開腸胃，利水，止熱痢，調反胃。陳者良。胃寒人勿多食。同杏仁食，令吐瀉。

清・王孟英《隨息居飲食譜・穀食類》　粟米色有青黃，粒有粗細，種類不一。

亦名粱，俗呼小米。　功用與秈秔二米略同，而性較涼，病人食之為宜。　稷者亦名秫。　汪謝城曰：　粱之黏者固可稱秫，而實非治不寐之秫。

清・劉善述、劉士季《草木便方》卷二穀糧豆菜部　小米　小米甘溫補益中，嚼塗蟲傷口瘡鬆。苗灰酒服治尿血，身面浮腫漫洗工。

清・田綿淮《本草省常・穀類》　小米紅殼米　一名粟米。性平，大補氣血，開胃健脾，益丹田，利小便，除濕止瀉。　紅殼米，性同而溫，尤能補中活血。

清・戴葆元《本草綱目易知錄》卷二穀部　秈粟米早粟、小米。　鹹，微寒。腎之穀也。養腎氣，去脾胃中熱，治霍亂及轉筋入腹，反胃，熱痢，止鼻衄，瀉腎邪，故腎病及脾胃病宜食之。瘵卒得鬼打，解食小麥毒發熱，俱煎汁服。煮粥食，養丹田，補虛損，潤腸胃。陳者苦寒，止痢，治胃熱消渴，利小便，壓丹石毒。胃冷者少食。

清・陳其瑞《本草撮要》卷五　粟　味鹹淡，微寒，入手足太陰、少陰經，功專補虛損，益丹田，開脾胃，利小便，治反胃熱痢。粱之小者為粟。小兒重舌，嚼哺之效。

清・吳汝紀《每日食物却病考》卷上　粟米　味鹹，微寒，無毒。養腎氣，去脾胃熱，益氣。陳者味苦，治消渴，利小便，止痢，壓丹石毒，解小麥毒。初生小兒煮粥如乳，少與飲之，助穀神，達腸胃，甚佳。不可與杏仁同食，令人吐泄。凡虛熱洩痢皆腎病也，故腎病人宜食之。利小便，所以洩腎邪也。降胃火，故脾胃病宜食之。

粱

唐・孫思邈《千金要方》卷二六《食治・穀米》　青粱米　味甘，微寒，無毒。主胃痹、熱中，除消渴，止泄利，利小便，益氣力，補中，輕身長年。

黃粱米：　味甘，平，無毒。益氣，和中，止泄利。人呼為竹根米。又却當風臥濕寒中者。

白粱米：　味甘，微寒，無毒。除熱，益氣。

附：　日・丹波康賴《醫心方》卷三〇　青粱米　《本草》云：　味甘，微寒，無毒。主胃痹，熱中渴利，止洩，利小便，益氣補中，輕身長年。陶〔弘〕景注云：　粱米皆是粟類，唯其牙頭色異為分別耳。《氾勝之書》云：　粱是秫粟。蘇敬云：　夏月食之，極為涼清。

黃粱米：　《本草》云：　味甘，平，無毒。主益氣和中，止洩。蘇敬注云：　黃粱，穗大毛長，穀米但麄於白粱而收子少，不耐水旱，食之香美，逾於諸粱。

白粱米：　《本草》云：　味甘，微寒，無毒。主除熱益氣。陶〔弘〕景注云：　夏月作粟飡，亦以除熱。孟詵云：　患胃虛并嘔吐食水者，用米汁二合、生薑汁一合和服之。　[illegible]玄子張云：　除胸膈中客熱，移易五藏氣，續筋骨。

宋・李昉《太平御覽》卷八四二　粱　楊泉《物理論》曰：　粱者，黍稷之總名也。　《本草》曰：　白粱，味甘，微寒，無毒。主除熱益氣。有襄陽竹根者，最佳。黃粱，出青冀。

宋・唐慎微《證類本草》卷二五米穀部中品〔《別錄》〕　青粱米　味甘，微寒，無毒。主胃痹，熱中，消渴，止洩痢，利小便，益氣補中，輕身長年。

〔梁・陶弘景《本草經集注》〕云：　凡云粱米，皆是粟類，惟其牙頭色異爲分別爾。青粱出此，今江東少有。《氾勝之書》云：　粱是秫粟，今俗用則不爾。

〔唐・蘇敬《唐本草》〕注云：　青粱殼穗有毛，粒青，米亦微青而細於黃、白粱也。穀粒似青稞而少麄。夏月食之，極爲清涼，但以味短色惡，不如黃、白粱，故人少種之。此穀早熟而收少也，作餳，清白勝餘米。

〔宋・掌禹錫《嘉祐本草》〕按：　孟詵云：　青粱米，以純苦酒一斗漬之，三日出，百蒸百暴，好裹藏之。遠行一飡，十日不飢。重飡，四百九十日不飢。又方：　以米一斗，赤石脂三斤，合以水漬之，令足相淹。置於暖處二三日。上清白衣，擣爲丸，如李大。日服三丸，不飢。謹按《靈寶五符經》中，白鮮米九蒸九暴，作辟穀糧。此文用青粱米，未見有別出處，其米微寒，常作飦食之，澀於黃、白米，體性相似。日華子云：　建脾，治洩精。醋拌百蒸百暴，可作糗糧。

〔宋・蘇頌《本草圖經》〕曰：　粱米，有青粱、黃粱、白粱，皆粟類也。舊不著所出州土。陶隱居云：　青粱出北方，黃粱出青、冀州，白粱處處皆有。蘇恭云：　黃粱出蜀、漢，商、浙間亦種之，今惟京東西、河陝間種蒔，皆白粱耳，青、黃乃稀有。青粱殼穗有毛，粒青，米亦微青而細於黃白米也。黃粱穗大毛長，殼米俱麄於白粱而收子少，不耐水旱，襄陽有竹根者是也。白粱穗亦大，毛多而長，殼麄扁長，不似粟圓也。大抵人多種粟而少種粱，以其損地力而收穫少。而諸粱食之，比他穀最益脾胃，性亦相似耳。粟米比粱乃細而圓，種類亦多，功用則無別矣。其泔汁及米粉皆入藥。近世作英粉，乃用粟米，浸累日令敗，研澄取之，今人用去痱瘡尤佳。

〔宋・唐慎微《證類本草》〕《外臺秘要》：主消渴，煮汁飲之差。《食醫心鏡》：主胃脾熱中，除渴，止痢，利小便，益氣力，補中，輕身長年。以粱米炊飯食之。

宋・唐慎微《證類本草》卷二五米穀部中品〔《别録》〕 白粱米　味甘，微寒，無毒。主除熱，益氣。

〔梁・陶弘景《本草經集注》〕云：今處處有，襄陽竹根者最佳。所以夏月作粟飧，亦以除熱。

〔唐・蘇敬《唐本草》〕注云：白粱穗大，多毛且長。諸粱都相似，而白粱穀麁扁長，不似粟圓也。米亦白而大，食之香美，爲黄粱之亞矣。陶云竹根，竹根乃黄粱，非白粱也。然粱雖粟類，細論則别，謂作粟飧，殊乖的稱也。

〔宋・掌禹錫《嘉祐本草》〕按：孟詵云：白粱米，患胃虚并嘔吐食及水者，用米汁二合，生薑汁一合，服之。性微寒，除胸膈中客熱，移五藏氣，續筋骨。此北人長食者是，亦堪作粉。

〔宋・唐慎微《證類本草》〕《圖經》：文具青粱米條下。《千金方》：主霍亂不吐。白粱米五合，水一升，和之頓服如粥食。《肘後方》：手足忽發疣。取粱粉，鐵鐺熬令赤以塗之，以衆人唾和塗上，厚一寸，即消。《食醫心鏡》：治虚熱，益氣和中，止煩滿。以白粱米炊飯食之。

宋・唐慎微《證類本草》卷二五米穀部中品〔《别録》〕 黄粱米　味甘，平，無毒。主益氣和中，止洩。

〔梁・陶弘景《本草經集注》〕云：黄粱，出青、冀州，此間不見有爾。

〔唐・蘇敬《唐本草》〕注云：黄粱，出蜀、漢、商、淅間亦種之。穗大毛長，穀米俱麁於白粱，而收子少，不耐水旱。食之香美，逾於諸粱，人號爲竹根黄。而陶注白粱云：襄陽竹根者是。此乃黄粱，非白粱也。

〔宋・掌禹錫《嘉祐本草》〕按：日華子云：去客風，治頑痹。

〔宋・唐慎微《證類本草》〕《圖經》：文具青粱米條下。《外臺秘要》：小兒面身生瘡如火燒。以一升末，蜜水和傅之，差爲度。又方：治霍亂煩燥。以黄粱米粉半升，水一升半，和絞如白飲，頓服。糯米亦得。《肘後方》：治霍亂吐下後，大渴多飲則殺人。黄粱米五升，水一斗，煮取三升清澄，稍稍飲之。《食醫心鏡》：主益氣和中，止洩痢，去當風卧濕，遇冷所中等病。以作飲食之。《兵部手集》：治孩子赤丹不止。土番黄米粉，雞子白和傅之。

宋・寇宗奭《本草衍義》卷二〇　青、黄、白粱米　此三種，食之不及黄粱。青、白二種，性皆微凉，獨黄粱性甘平，豈非得土之中和氣多邪？今黄、白二種，西洛間農家多種，爲飯尤佳，餘用則不相宜。然其粒尖小於他穀，收實少，故能種者亦稀，白色者味淡。

宋・王繼先《紹興本草》卷一二　青粱米　紹興校定：青粱米乃粟之類矣，唯但顆粒稍大，色帶微青。《本經》雖具主治，然未聞驗據。北地多產之，作粥飯，常食之甚良，亦非性寒。當云味甘，平，無毒是矣。

白粱米　紹興校定：白粱米亦粟之類也，但顆粒頗大，與粱米一矣，而色白為少異，作飯粥甚佳，然治疾則未聞。當云味甘，平，無毒是矣。

黄粱米　紹興校定：黄粱米亦粱米也，但色頗黄以名。《本經》雖分三種而其性一矣，詳所主治，皆未聞起疾之驗。《經》云味甘，平，無毒是矣。

宋・鄭樵《通志》卷七五《昆蟲草木略》　粱之類多。《爾雅》：芑，白苗。白粱也。又曰：虋，赤苗。赤粱也。又有青粱，有黄粱。《氾勝之書》云，粱是秫粟，今俗謂之粱，古祭祀所用粢盛是也。可作餈食及釀酒，亦如糯米。或云粱亦有粳者，其謂蘗米，亦曰黄子。

宋・劉明之《圖經本草藥性總論》卷下　黄粱米　味甘，平，無毒。主益氣和中，止洩。又治小兒面生瘡，及霍亂吐下。日華子云：去客風，治頑痹。

宋・陳衍《寶慶本草折衷》卷一九　白粱米　乃粟類也。出京東、西種之《圖經》。○及河陝、西洛。今處處有之。

味甘，微寒，無毒。○主除熱，益氣。○孟詵云：續筋骨。○《圖經》曰：白粱穗大毛多而長，殼麤扁長，不似粟圓也，最益脾胃。分青粱米條。

黄粱米　一名竹根黄，亦粟類也。出青冀州種之。及蜀、漢、商、浙、襄陽、西洛。

味甘，平，無毒。○主益氣，和中，止洩。○日華子云：去客風，治頑痹。○《圖經》曰：黄粱穗大毛長，穀米俱麤，而收子少，最益脾胃。分青粱米條，下同。○寇氏曰：粱米，青、白二種，性皆涼。黄粱性平，得土之中和氣多。

青粱米糗在內。○糗，去九切。乃粟類也。出北方種之。

味甘，微寒，無毒。○主胸痹，熱中，消渴，止洩痢，利小便，益氣補中。○日華子云：建脾，治洩精，醋拌蒸暴可作糗一作乾。糧。○《圖經》曰：青粱，殼穗有毛，粒青，米亦微青而細。

元・忽思慧《飲膳正要》卷三　青粱米　味甘，微寒，無毒。主胃痹，中熱，消渴。止洩痢，益氣補中，輕身延年。　白粱米：　味甘，微寒，無毒。主除熱，益氣。　黃粱米：　味甘，平，無毒。　主益氣和中，止洩。《唐本》注云：　穗大毛長，穀米俱麄於白粱。

元・尚從善《本草元命苞》卷九　青粱米　味甘，微寒。　主胃痺熱中，消渴，利小便，益氣，止洩痢，補中健脾，辟穀輕身長年。　白粱米，除熱益氣。　黃粱米，治痺除風。　凡此粱米，皆為粟類。

元・吴瑞《日用本草》卷二　青粱米　其穀穗有毛粒，青粱皆粟米也。　味甘，性寒，無毒。　主胃痺熱中，止洩痢，利小便，益氣補中。煮汁飲之，能解消渴。　白粱米：　穗大毛穀粗，扁長，不似粟圓也。米白，炊飯食之香美。　主除胸膈中虛熱，益氣止吐。　黃粱米：　穗大毛長，穀米俱粗。　味甘，性平，無毒。　主益氣和中，止洩痢，去當風臥濕，遇冷所中等病，作飲食之。

明・蘭茂原撰，范洪等抄補《滇南本草圖說》卷五　青粱米　味甘，性微寒，無毒。　主治：　補中益氣，治胃痹熱中，消渴，止瀉痢，滑精，久食可辟穀長年。

黃粱米：　氣味甘，無毒，性微寒。　和中，止霍亂瀉痢，除熱煩，利小水，祛風解表，久服延年。

明・滕弘《神農本經會通》卷四　青粱米　陶云：　凡云粱米，皆是粟類，惟其牙頭色異為分別爾。《唐本》注云：　青粱殼穗有毛，粒青，米亦微青，而細於黃白粱也，穀粒似青稞而少粗。　夏月食之，極為清涼。　但以味短色惡，不如黃白粱，故人少種之。　此穀早熟而收少，堪作餳，清白勝餘米。《圖經》云：　粱米，有青粱、黃粱、白粱，皆粟類也。　青粱見前本注。　黃粱穗大毛長，穀米俱粗於白粱，而收子少，不奈水旱。　襄陽有竹根者是也。　白粱穗亦大，毛多而長，殼粗扁長，不似粟負也。　大抵人多種粟，而少種粱，以其損地力，而收穫少耳。　諸粱食之，比他穀最益脾胃，性亦相似耳。　粟米比粱乃細而負，種類亦多，功用則無別矣。　其泔汁及米粉皆入藥，近世作英粉，乃用粟米浸累日令敗，研澄取之，今人用去痱瘡為佳。

味甘，氣微寒，無毒。　《本經》云：　主胃痺，熱中，消渴，止洩痢，利小便，益氣補中，輕身長年。　日華子云：　健脾，治洩精。　醋拌，百蒸百暴，可作糗糧。

白粱米：　《唐本》注云：　白粱，穗大多毛且長，諸粱都相似，而白粱穀粗扁長，不似粟負也。　米亦白而大，食之香美，為黃粱之亞矣。　陶云竹根，竹根乃黃粱，非白粱也。　然粱雖粟類，細論則別，謂作粟飱，殊乖的稱也。　味甘，氣微寒，無毒。　《本經》云：　主除熱，益氣。　孟詵云：　白粱米，患胃虛，并嘔吐食及水者，用米泔二合，生薑汁一合，服之。　性微寒。　除胸膈中客熱，移五臟氣，續筋骨。　此北人長食者是，亦堪作粉。

黃粱米：　《唐本》注云：　黃粱，穗大毛長，穀米俱粗於白粱，云收子少，不耐水旱。　食之香美，逾於諸粱。　人號為竹根黃，而陶注白粱云襄陽竹根者是，此乃黃粱，非白粱。　味甘，氣平，無毒。　《本經》云：　主益氣和中，止洩。　日華子云：　去客風，治頑痺。

明・劉文泰《本草品彙精要》卷三六　白粱米無毒　叢生。

白粱米：　主除熱，益氣。名醫所錄。　【苗】《唐本》注云：　苗、實與諸粱都相似，但白粱穗大而多長芒，穀亦麄扁而長，不似粟圓也。　其米白大，食之香美，爲黃粱之亞矣。　【地】《圖經》曰：　舊不著所出州土，今京東西、河陝間及處處皆種蒔之。　【時】生：　春生苗。　採：　八九月取實。　【收】曬乾。　【用】實。　【色】白。　【味】甘。　【性】微寒。　【氣】氣之薄者，陽中之陰。　【臭】香。　【主】和中益氣。　【治】療：　孟詵云：　除胸膈中客熱，移五臟氣，續筋骨。《別錄》云：　米五合，水一升，煮粥頓服之，治霍亂不止。○炊飯食之，治虛熱，和中，止煩滿。○粱粉，取鐵鐺熬令赤，以塗手足忽發疣，以衆人唾和塗上厚一寸，即消。　【合治】用米汁二合，合生薑汁一合服之，治患胃虛并嘔吐食及水者。

黃粱米無毒　叢生。　黃粱米，主益氣和中，止洩。名醫所錄。　【苗】《唐本》注云：　苗、實與白粱相似，但穗大毛長，穀米俱麄於白粱而收子少，不耐水旱。　食之香美，逾於諸粱，人號爲竹根黃也。　【地】陶隱居云：　出青、冀州。《唐本》注云：　出蜀、漢，兩浙間亦有之。　【時】生：　春生苗。　採：　八九月取實。　【收】曬乾。　【用】實。　【色】黃。　【味】甘。　【性】平，緩。　【氣】氣厚於味，陽也。　【臭】香。　【治】療：　日華子云：　去客風，治頑痺。《別錄》云：　米粉半升，水一半，和絞如白飲，頓服，治霍亂煩躁。○米五升，水一斗，煮取三升，清澄，稍稍飲之，治霍亂吐下後大渴。

多飲則殺人。○作飲食之，止痢。去當風卧濕，遇冷所中等症。〖合治〗米末一升，合蜜水和，傅小兒面身生瘡如火燒。○米粉和雞子白，傅小兒赤丹不止。

明·劉文泰《本草品彙精要》卷三六 青粱米無毒 叢生。

青粱米：主胃痹，熱中，消渴，止洩痢，利小便，益氣補中，輕身長年。名醫所錄。〖苗〗《唐本》注云：青粱穀穗有毛，粒青，而米亦微青，且細於黄粱也。穀粒似青稞而少麄，夏月食之清凉，但以味短色惡，不如黄、白粱，故人少種之。此穀早熟而收少也。作餳，清白勝餘米。大抵人多種粟而少種粱，以其損地力而收穫少。而諸粱食之比他穀益脾胃，性亦相似耳。《衍義》曰：青、黄、白粱，此三種食之不及黄粱。青、白二種性皆惟凉，獨黄粱性甘，平，豈非得土中和之氣多耶。今黄、白二種，西洛間農家多種，爲飯尤佳，餘用則不相宜。然其粒尖小於他穀，收之實少，故耳種者亦稀，白色者味淡。〖地〗陶隱居云：青粱出北方。〖時〗生：春生苗。採：秋收。〖收〗曬乾。〖用〗實。〖色〗微青。〖味〗甘。〖性〗微寒。〖氣〗氣之薄者，陽中之陰。〖臭〗香。〖主〗益脾胃，止消渴。〖製〗舂白用。〖治〗療：日華子云：止洩精。補：《圖經》曰：益脾胃。日華子云：健脾。

明·盧和、汪穎《食物本草》卷一穀類 黄粱米 味甘，平，無毒。益氣和中，止洩痢，去風濕痹。其穗大毛長，穀米俱麄於白粱，取子少，不耐水旱。食之香美逾於諸粱，號為竹根黄。其青、白二色微凉，惟此甘平，豈時得中和之正氣多邪？

白粱米 味甘，微寒，無毒。主除熱益氣，移五臟氣，續筋骨，止煩滿。其穗大多毛且長，穀麄匾長，不但粟圓，米亦白而大。食之香美次於黄粱，亦堪作粉。

青粱米 味甘，微寒，無毒。主胃痹，熱中消渴，止泄痢，利小便，益氣補中，健脾，止洩精，輕身。一云：此米醋浸三日，百蒸百暴，裹藏遠行，一湌可度數日。其穀穗有毛，微青而細，早熟少收。夏月食之極清凉。但味短而澁，色惡，不如黄、白粱，故人少種。

明·寧源《食鑒本草》卷下 粱米 味甘，微寒。粱米，本草分三種，青、黄、白，皆以色而名之。穗皆大而長，米亦圓(奘)〔壯大〕。青者襄陽出，黄者西洛出，白者東吴出。作飯味稍淡，皆能補脾胃，養五臟。

明·王文潔《太乙仙製本草藥性大全》卷四《本草精義》 青粱米 青粱米，粟類也。爲其牙頭色異分別耳。氾勝之云：粱是秫粟，今作用則不然爾。青粱出北方，今江東少有，其殼穗有毛，粒青米亦微青，而細於黄白粱也，穀粒似青稞而少麄。夏月食之極爲清凉，但以味短色惡，不如黄白粱，故人少種之。此穀早熟而收少也，作餳清白勝餘米。

白粱米：白粱米處處皆有，今京東西、河陝間種蒔皆白粱耳。青黄乃稀有，其穗大多毛且長。諸粱都相似，而白粱穀麄扁長，不似粟圓也，米亦白而大，食之香美，爲黄粱之亞矣。陶云：竹根，竹根乃黄粱，非白粱也。然粱雖粟類，細論則别，謂作粟湌，殊乖的稱也。

黄粱米：出青、冀州，此間不見有爾。唐註云：黄粱出蜀漢，兩浙間亦種之。穗大毛長，穀米俱麄於白粱，而收子少，不耐水旱，食之香美過於諸粱，人號爲竹根黄。而陶注白粱云襄陽竹根者是此，乃黄粱，非白粱也。

明·王文潔《太乙仙製本草藥性大全》卷四《仙製藥性》 青粱米 味甘，氣微寒，無毒。主治：主胃痹，解煩熱消渴。止瀉痢，利小便澁精。補註：消渴，煮汁飲之差。○健脾治洩痢，醋拌，百蒸百晒，可作糗糧。○辟穀，青粱米以純苦酒一斗漬之，三日出，百蒸百暴，好裹藏之。遠行，一餐十日不飢，重餐四百九十日不飢。又方，以米一斗，赤石脂三斤，合以水漬之，令足相淹，置於暖處一二日，上清白衣，擣爲丸如李子大，日服三丸不飢。謹按《靈寶五符經》中，白鮮米，九蒸九暴，作辟穀糧。大抵人多種粟而少種粱，以其損地力而收穫少，而諸粱食之，比他穀最益脾胃，性亦相似耳。粟米比粱乃細而圓，種類亦多，功用則無别矣。其泔汁及米粉皆入藥，近世作英粉，及用粟米浸累日令敗，研澄取之，今人用去痱瘡尤佳。白粱米：味甘，氣微寒，無毒。主治：除胸膈客熱，移五臟熱氣。續筋骨奇方，益氣力妙劑。補註：主霍亂不吐，白粱米五合，水一升和之，頓服如粥食。○手足忽發疣，取粱粉，鐵鐺熬令赤，以塗之，以衆人唾和塗上，厚一寸，即消。○治虚熱，益氣和中，止煩滿，以白粱米炊飯食之。○患胃虚并嘔吐食及水者，用米汁二合，生薑汁一合，服之差。按：《衍義》云：青、黄、白粱米，此三種食之不及黄粱。青、白二種，性皆微凉，獨黄粱性甘平，豈非得土之中和氣多耶？今黄、白二種，西洛間農家多種，爲飦尤佳，餘用則不相宜。然其粒差小於他穀，收實少，故能種者亦稀。白色者味淡。　黄粱米：　味甘，氣平，無毒。　主治：　益氣和中神妙，止洩止痢奇方。除客風而大效，治頑痹而絶良。療霍亂吐瀉，散丹毒生瘡。　補註：　小兒面身生瘡如火燒，以一升末，蜜水和傅之，差爲度。○治霍亂煩燥，以黄粱米粉半升，水升半，和絞如白飲，頓服，糯米亦得。○治霍亂吐下後大渴，多飲則殺人，黄粱米五升，水一斗，煮取三升，清澄稍稍飲之。主益氣和中，去當風臥濕遇冷所中等病，以作飲食之。○治孩子赤丹不止，土番黄米粉，雞子白和傅之。

明・皇甫嵩《本草發明》卷五

粱米皆是粟類，惟其牙頭色異為分別，而主療亦少異。比他穀最益脾胃，性亦相似。粱黍皆中品。　青粱米，味甘，微寒。主胃痺熱中，消渴，止洩痢，利小便，益氣補中，輕身長年。出北方，江東少有。青殼，穗有毛，米（力）〔粒〕微青而細于黄白粱，但味短色惡，不如黄白粱。人少種之，早熟而收少。作餳，青白勝餘米。夏月食之清涼。又云：健脾洩精，醋拌，百蒸百暴，可作糗糧，食之十日不飢。消渴者，煮汁飲之妙。　白粱米，味甘，微寒。主除熱益氣。處處有。穗大毛多而長，殼粗扁長，不似粟圓也。米亦白而大，食之香美，為黄粱之惡。　黄粱米，味甘，平。主益氣和中，止洩。出青冀州，蜀、漢、商、浙。穗大毛長，穀米俱粗于白粱，而收子少，不耐水旱。食之香美，勝于諸粟，號竹根黄。青白粱性俱涼，獨黄粱性甘平，豈非得土之中和氣多耶。

明・李時珍《本草綱目》卷二三穀部・稷粟類

粱《别録》中品。校正：《别録》中品有青粱米、黄粱米、白粱米，今併爲一。

【釋名】時珍曰：粱者，良也，穀之良者也。或云種出自梁州，或云粱米性涼，故得粱名，皆各執己見也。粱即粟也。考之《周禮》，九穀、六穀之名，有粱無粟可知矣。自漢以後，始以大而毛長者爲粱，細而毛短者爲粟。今則通呼爲粟，而粱之名反隱矣。今世俗稱粟中之大穗長芒，粗粒而有紅毛、白毛、黄毛之品者，即粱也。黄白青赤，亦隨色命名耳。郭義恭《廣志》有解粱、貝粱、遼東赤粱之名，乃因地命名也。

【集解】弘景曰：凡云粱米，皆是粟類，惟其牙頭色異爲分别耳。氾勝之云粱是秫粟，則不爾也。黄粱出青、冀州，東間不見有。白粱處處有之，襄陽竹根者爲佳。青粱江東少有。又漢中一種枲粱，粒如粟而皮黑可食，釀酒甚消玉。恭曰：粱雖粟類，細論則别。黄粱出蜀、漢、商、浙間，穗大毛長，穀米俱粗於白粱。而收子少，不耐水旱。食之香美，勝於諸粱，人號竹根黄。陶以竹根爲白粱，非矣。白粱穗大多毛且長，而穀粗扁長，不似粟圓也。米亦白而大，食之香美，亞於黄粱。青粱穀穗有毛而粒青，米亦微青而細於黄、白粱，其粒似青稞而少粗，早熟而收薄。夏月食之，極爲清涼。但味短色惡，不如黄、白粱，故人少種之。作餳清白勝於餘米。頌曰：粱者，粟類也。粟雖粒細而功用則無别也。今汴、洛、河、陝間多種白粱，而青、黄稀有，因其損地力而收穫少也。宗奭曰：黄粱、白粱，西洛農家多種，爲飯尤佳。餘用不甚相宜。

黄粱米《别録》中品　【氣味】甘，平，無毒。　【主治】益氣，和中，止泄《别録》。去客風頑痹《日華》。止霍亂下痢，利小便，除煩熱時珍。　【發明】宗奭曰：青粱、白粱，性皆微涼。獨黄粱性味甘平，豈非得土之中和氣多耶？頌曰：諸粱比之他穀，最益脾胃。

【附方】舊四，新一。　霍亂煩躁：　黄粱米粉半升，水升半，和絞如白飲，頓服。《外臺》。　霍亂大渴：　不止，多飲則殺人。黄粱米五升，水一斗，煮清三升，稍稍飲之。《肘後》。　小兒鼻乾：　無涕，腦熱也。用黄米粉、生礬末各一兩。每以一錢，水調貼囟上，日二次。《普濟》。　小兒赤丹：　用土番黄米粉，和鷄子白塗之。《兵部手集》。　小兒生瘡：　滿身面如火燒。以黄粱米研粉，和蜜水調之，以瘥爲度。《外臺》。

白粱米《别録》中品　【氣味】甘，微寒，無毒。　【主治】除熱，益氣《别録》。除胸膈中客熱，移五臟氣，緩筋骨。凡患胃虚並嘔吐食及水者，以米汁二合，薑汁一合，和服之，佳孟詵。炊飯食之，和中，止煩渴時珍。

【附方】舊二。　霍亂不止：　白粱米五合，水一升，和煮粥食。《千金方》。　手足生疣：　取白粱米粉，鐵銚炒赤研末。以衆人唾和塗之，厚一寸，即消。《肘後》。

青粱米《别録》中品　【氣味】甘，微寒，無毒。　【主治】胃痹，熱中消渴，止泄痢，利小便，益氣補中，輕身長年。煮粥食之《别録》。健脾，治泄精大明。

【發明】時珍曰：今粟中有大而青黑色者是也。其穀芒多米少，禀受金水之氣，其性最涼，而宜病人。詵曰：青粱米可辟穀。以純苦酒浸三日，百蒸百曬，藏之。遠行，日一餐之，可度十日；若重餐之，四百九十日不飢也。又方：以米一斗，赤石脂三斤，水漬置暖處，一二日，上青白衣，擣爲丸如李大。日服三丸，亦不飢也。按《靈寶五符經》中，白鮮米，九蒸九暴，作辟穀糧，而此用青粱米，未見出處。

【附方】新七。　補脾益胃：　羊肉湯入青粱米、葱、鹽，煮粥食。《正要》。　脾虚泄痢：　青粱米半升，神麴一合，日日煮粥食，即愈。《養老書》。　冷氣心痛：　桃仁二兩去皮，水研絞汁，入青粱米四合，煮粥常食。《養老書》。　五淋澀痛：　青粱米四合，入（醬）〔漿〕水〔二升〕煮粥，下土蘇末三兩，每日空心食之。同上。　老人血淋：　車前五合，綿裹煮汁，入青粱米四合，煮粥飲汁。亦能明目，引熱下行。　乳石發渴：　青粱米煮汁飲之。《外臺》。　一切毒藥：　及鴆毒，煩懣不止。用甘草三兩，水五升，煮取二升，去滓，入黍米粉一兩，白蜜三兩，煎如薄粥食之。《外臺》。

明・梅得春《藥性會元》卷中　粱米　味甘，氣微寒，無毒。有青粱、白粱、黃粱，皆粟類也。　主治胃痹，熱中消渴，止洩痢，利小便，補中益氣。

明・穆世錫《食物輯要》卷二　黃粱米　味甘，平，無毒。和中，止霍亂瀉痢，除煩熱，利小水，去客風頑痹。

白粱米：　味甘，性微寒，無毒。和中益氣，止煩渴，去胸膈客熱，行五臟氣。多食，緩筋骨。

青粱米：　味甘，性微寒，無毒。補中益氣，治胃痹熱中消渴，止瀉痢滑精。久食，可辟穀長年。陳士良云：　亦粟類，比他穀大益脾胃，黃粱尤勝。

明・趙南星《上醫本草》卷一　黃粱、白粱、青粱　北之他穀，最益脾胃。又，漢中有梟粱，粒如粟而皮黑，可釀酒。

黃粱米：　甘，平，無毒。　主治：　益氣和中，止霍亂洩痢，利小便，除煩熱，去客風頑痹。

附方　霍亂大渴不止，多飲則殺人：　用黃粱米五升，水一斗，煮清三升，稍稍飲之。

白粱米：　甘，微寒，無毒。　主治：　益氣，除胸膈中客熱，移五臟氣，緩筋骨。炊飯食之，和中，止煩渴。

附方　胃虛並嘔吐食及水者：　以白粱米汁二合，〔生〕薑汁一合，和服之佳。

青粱米：　甘，微寒，無毒。　主治：　胃痹熱中消渴，健脾，止洩痢，治洩精，利小便，益氣補中，輕身長年。煮粥食之，夏月食之，極為清涼，尤宜病人。但味短色惡，不如黃、白粱，故人少種之。作餳清白，勝於餘米。

附方　補脾益胃：　羊肉湯入青粱米、葱、鹽，煮粥食。　脾虛泄痢：　青粱米半升，神麯一合，日日煮粥食，即愈。

明・應廛《食治廣要》卷二　黃粱米　氣味：　甘，平，無毒。　主治：　益氣，和中，止瀉，去客風頑痹，止霍亂下痢，利小便，除煩熱。

白粱米　氣味：　甘，微寒，無毒。　主治：　除熱，益氣，療胸膈中客熱，移五藏氣，緩筋骨。炊飯食之，和中，止煩渴。

青粱米　氣味：　甘，微寒，無毒。　主治：　胃痹，熱中消渴，止瀉痢，利小便，益氣補中，輕身延年。煮粥食，健脾，治洩精。

按粱亦粟屬也。有青、黃、赤、白數種之異，其功用則無別。今汴洛河陜間，多種白粱，而青黃稀有者。因其損地力而收穫少故也。

明・姚可成《食物本草》卷五穀部・稷粟類　粱　粱者，良也，穀之良者也。粱即粟也。考之《周禮》九穀、六穀之名，有粱無粟。自漢以後，始以大而毛長者為粱，細而毛短者為粟。今則通呼為粟，而粱之名反隱矣。今世俗稱粟中之大穗長芒，粗粒而有紅毛、白毛、黃毛之品者，即粱也。黃白青赤，亦隨色命名耳。〇粱雖粟類，細論則別。黃粱出蜀、漢、商、浙間，穗大毛長，穀、米俱粗於白粱，而收子少，不耐水旱。食之香美勝於諸粱。白粱穗大毛多且長，而穀粗扁長，不似粟圓也。米亦白而大，食之香美亞於黃粱。青粱穀穗有毛而粒青，米亦微青而細於黃、白粱，其粒似青稞而少粗，早熟而收薄。夏月食之，極為清涼。但味短色惡，不如黃、白粱，故人少種之。作餳清白，勝於餘米。今汴、洛、河、陜間多種白粱，而青、黃稀有，因其損地力而收穫少也。

黃粱米　味甘，平，無毒。益氣，和中，止洩痢。去客風頑痹，止霍亂，利小便，除煩熱。青、白二色，性皆微涼，惟此甘平，豈非得中和之正氣多耶？

白粱米　味甘，微寒，無毒。主除熱，益氣，緩筋骨。凡患胃虛并嘔吐食及水者，以米汁二合，薑汁一合，和服之，佳。炊飯食之，和中，止煩渴。

青粱米　味甘，微寒，無毒。主胃痹，熱中消渴，止洩痢，利小便，益氣補中，輕身長年。煮粥食之，健脾，治洩精。今粟中有大而青黑色者是也。其穀芒多米少，稟受金水之氣，其性最涼，而宜病人。又可辟穀，以純苦酒浸三日，百蒸百晒，藏之。遠行，日一飡之，可度十日。

附方：　治霍亂大渴不止，多飲則殺人。黃粱米五升，水一斗，煮清三升，稍稍飲之。　治小兒鼻乾無涕，腦熱也。用黃米粉、生礬末，每以一錢，水調貼顖上，日二次。　治小兒赤瘤，丹毒。用土番黃米粉，和雞子白傅之，即瘥。　治小兒遍身生瘡，面如火燒。以黃粱米研粉，同蜜水調之，以瘥為度。　治霍亂不止。用白粱米五合，水一升，和煮粥食。　治手足生疣。取白粱米粉，鐵銚炒赤研末，以眾人唾和之，厚一寸，塗上即消。　治脾虛泄痢。用青粱米半升，神麯一合，日日煮粥食，即愈。　治老人血淋。用車前子五合，綿裹煮汁，入青粱米四合，煮汁常食。　治中一切毒藥及鴆毒，煩懣不止。用甘草三兩，水五升，煮二升，去滓，入青粱粉一兩，白蜜三兩，煎食。

明・顧逢柏《分部本草妙用》卷九穀部　黃粱米　甘，平，無毒。　主治：　益氣和中，止洩，去客風頑痹，止霍亂下痢，利小便，除煩熱。　按：　青粱、白粱，性皆微涼，獨黃粱甘平，得土氣之中和，比他穀最益脾胃。　白粱米　甘，微寒，無毒。　主治：　除熱益氣，除胸膈中客熱，移五臟氣，緩筋骨。胃虚嘔吐食水者，以米汁二合，薑汁一合，和服之佳。炊飯食之，和中止渴。青粱米　甘，微寒，無毒。　主治：胃痺熱中消渴，止洩痢，利小便，益氣補中健脾。治洩精。　青米醋浸三日，百蒸百暴，裹藏遠行，一飡可度數日。其穀穗有毛，微青而細，早熟少收，夏月食之極涼。但味澀色惡，不如黄白粱，而人少種。

明·孟笨《養生要括·穀部》　粱有青黄白三種。　黄粱米：　味甘，平，無毒。益氣和中，止洩。去客風頑痹，止霍亂下痢，利小便，除煩熱。白粱米：　味甘，微寒，無毒。除胸膈中客熱，益五臟氣，緩筋骨。凡患胃虚并嘔吐食及水者，以米汁二合，薑汁合和，服之佳。炊飯食之，和中止煩渴。

青粱米：　氣味甘，微寒，無毒。治胃痹熱，消渴。止洩痢，利小便，益氣補中輕身長年。煮粥食之，健脾，治洩精。青粱米可辟穀，以純苦酒浸三日，百蒸百晒藏之，遠行日，一飡之可度十日。若重飡之，四百九十日不飢。

明·施永圖《本草醫旨·食物類》卷二　黄粱米治陽盛陰虚，夜不得瞑。半夏湯中用之，取其益陰氣而利大腸。　味：　甘，平，無毒。益氣和中，止洩痢，去風濕痹。其穗大，毛長，不耐水旱，號曰竹根黄。其香美過于諸粱，惟得中和之氣耳。黄者，西洛出；白者，東吳出；青者，襄陽出。皆補脾胃，養五臟。　白粱米　味：　甘，微寒，無毒。主除熱益氣，移五臟氣，續筋骨，止煩滿。其穀稍長而多芒。　青粱米早熟少收。　味：　甘，微寒，無毒。主胃脾熱中，止泄痢，益氣補中，健脾消渴。一云此米醋浸三日，百蒸日暴，裹藏遠行，一餐可度數日。味短而澁，夏月食之極涼。

明·盧之頤《本草乘雅半偈》帙八　粱《别録》中品　氣味：　甘，平，無毒。　主治：　主益氣，和中，止洩。

覈曰：　粱似粟大，莖葉皆香，芽頭色異為别也。出荊、揚、青、冀之間。其類有三：　青粱殼穗有毛，粒青，米亦微青，而細于黄、白米也，夏月食之，極爲清涼。但以味短色惡，不如黄、白粱，故人少種之，亦早熟而收少，作餳青白，則勝餘米耳。黄粱穗大毛長，穀米俱粗于白粱，而收子少，不耐水旱，食之香味逾于諸粱，人號竹根黄也。　白粱穗亦大，毛多而長，殼粗扁長，不似粟圓，米亦白而大，其香美為黄粱之亞。

条曰：　青粱夏月食之，極為清涼；　黄粱香味逾于諸粱；　白粱香美為黄粱之亞。古天子之飦，有白粱、黄粱者，明取黄、白二種，則青粱當是藥物矣。故諸粱比之他穀，最為益胃，但氣微寒，其聲為涼，蓋是亦借涼音，如黍大暑而種，則以黍從暑，粱從涼，其義一也。清涼對待熱惱更為親切，暑傷氣，氣損中虚，中虚洞洩，以暑為本者相宜，或夏暑未盡，秋涼驟斂者，在所當忌。

清·丁其譽《壽世秘典》卷三　粱粱者，良也。米粒長大皆稱粱，宜陸，故曰高粱。李時珍曰：粱即粟也，考之《周禮》九穀、六穀之名，有粱無粟可知矣。自漢以後，始以大而毛長者為粱，細而毛短者為粟。今則通呼為粟，而粱之名反隱矣。今世俗稱粟中之大穗，長芒粗粒而有紅毛、白毛、黄〔毛〕之品者，即粱也。黄、白、青、赤，亦隨色名耳。　氣味：　甘，平，無毒。主益氣和中，止洩，利小便，除煩熱。

發明寇宗奭曰：　青粱、白粱，性皆微涼，獨黄粱性味甘平，豈非得土之正氣多耶。蘇頌曰：　諸粱比之他穀最益脾胃。《爾雅翼》：　黄粱穗大、毛長，穀米俱麤于白粱，而收子少，不耐水旱，食之，香味逾于諸粱不同。

清·劉雲密《本草述》卷一四　粱　時珍曰：　粱即粟也。考之《周禮》九穀、六穀之名，有粱無粟，可知矣。自漢以後，始以大而毛長者為粱，細而毛短者為粟。今則通呼為粟，而粱之名反隱矣。今世俗稱粟中之大穗，長芒粗粒，而有黄毛、紅毛、白毛之品者，即粟也。黄、白、青、赤，亦隨色命名耳。

黄粱米：　氣味：　甘，平，無毒。　主益氣和中，止洩《别録》。療霍亂，下痢，利小便，除煩熱。　宗奭曰：　青粱、白粱，性皆微涼，獨黄粱性味甘乎？豈非得土之中和氣多耶？　頌曰：　諸粱比之他穀，最益脾胃。

附方　霍亂煩躁，黄粱米粉半升，水半升，和絞如白粉，頓服。　霍乱大渴不止，多飲則殺人，黄粱米五升，水一斗，煮清三升，稍稍飲之。

青粱米：　氣味：　甘，微寒，無毒。　主治：　胃痹熱中，消渴，止洩痢，利小便，益氣補中《别録》。　時珍曰：　今粟中有大而青黑色者是也。其穀芒多米少，秉受金水之氣。其性最涼，而宜病人。

附方　脾虚洩痢，青粱米半升，神麴一合，日日煮粥食，即愈。　老人血淋，車前五合，綿裹煮汁，入青粱米四合，煮粥飲汁。亦能明目，引熱下行。

愚按：　蘇頌謂粟與粱功用無别。殊未然。粟養腎氣而去脾胃熱，粱則功專於脾胃耳。即粱之青、黄，亦有别也。

清·何其言《養生食鑒》卷上　黄粱米　味甘，性平，無毒。和中，止霍亂瀉痢，除煩熱，利小水，去客風煩滿。

白粱米　味甘，性微寒，無毒。和中益氣，止煩渴，去胸膈客熱，行五臟氣，多食緩筋骨。

青粱米　味甘，性微寒，無毒。補中益氣，治胃痹，熱中消渴，止瀉痢滑精。久食可辟穀長年。陳士良云：亦粟類，比他穀大益脾胃，黃粱尤勝。

清·李熙和《醫經允中》卷二二　黃粱、白粱、青粱米　性皆微涼，主益氣和中，止泄痢，去風濕痹。獨黃粱甘平，得土之中和，比他穀尤益脾胃。青粱米醋浸三日，百蒸百暴，裹藏遠行，一餐可度數日。

清·葉盛《古今治驗食物單方》　黃粱米　小兒生瘡，滿身、滿面如火燒者，以黃粱米研粉，和蜜塗之，以瘥為度。　手足生疣，白粱米炒赤，研末，以眾人唾和，塗之，厚一寸，即消。

清·吴儀洛《本草從新》卷四　粱〔補氣和中。〕　甘。黃粱平，白粱、青粱微涼。益氣和中，除煩渴，止霍亂下痢，利大小便。諸粱比之他穀，最益脾胃，而黃粱尤得土氣之中和也。粟之大者為粱。

清·汪紱《醫林纂要探源》卷二　粱　土穀也。春種則夏熟，夏種則秋深而熟。宜於平土，色鮮黃，故亦屬土。苗亦似蘆，穗則聚附於莖，垂如狗尾，粒小於黍，南北皆有之。有黃粱、白粱、青粱。青粱粒小而味薄，白粱又曰芑，粒大而味亦薄，性寒。赤粱又曰糜，性平。南方獨指為粟，北方獨指為穀，又或謂之為小米。　性甘，微寒，微鹹。　和中益氣，補心，滌胃熱，瀉腎熱。甘故和中，亦能治霍亂。鹹能補心，輭堅，故卻暑淫而散結熱也。北人以粟米飯浸冷水中，和水食之，能解渴除煩，通利小便，則其盪胃熱，瀉腎之邪熱可知矣。性微寒，蓋稷屬戊土，為陽，粱屬己土，為陰也。

清·李文培《食物小錄》卷上　黃粱米　甘，平，無毒。益氣和中，止洩利小便，除煩熱。　白粱米　甘，微寒，無毒。除熱，益氣。炊飯食，和中，止煩渴。　青粱米　甘，微寒，無毒。益氣補中，輕身長年，健脾止渴。治洩精。

清·楊時泰《本草述鉤元》卷一四　粱　即粟也。古者黍、稷、粱、秫總稱粟，漢後始以粱之細者為粟。今俗但稱粟中之大穗長芒、粒粗而有黃毛、紅毛、白毛諸品者為粱。

黃粱米：　氣味甘平。　主益氣和中，止瀉，療霍亂下痢，利小便，除煩熱。霍亂煩躁，黃粱米粉半升，水半升，和攪如白粉，頓服。霍亂大渴不止，多飲則殺人，黃粱米五升，水一斗，煮清三升，稍稍飲之。

青粱米：　種類中有大而青黑色者，其穀芒多米少。　味甘氣涼。　治胃痹熱中消渴，止洩痢，利小便，益氣補中。脾虛瀉痢，青粱米半升，神麴一合，日煮粥食，即愈。老人血淋，車前五合，綿裹煮汁，入青粱米四合，熬粥飲汁，亦能明目，引熱下行。

總論：　黃粱性味甘平，得土之中和氣多，較他穀最益脾胃；青粱稟受金水之氣，其性涼，宜於病人。大約粟與粱，功用稍別。粟養腎氣而去脾胃熱，粱則功專補益脾胃爾。

清·葉桂《本草再新》卷七　粱味甘，性微涼，無毒。入脾、胃二經。　益氣和中，除煩渴，止霍亂下痢，利大小便。

清·吴其濬《植物名實圖考》卷一　粱　《別錄》中品。種有黃、白、青各色。蘇頌謂粟、粱一類，粟雖粒細，而功用無別。是以粒大者為粱，細者為粟。李時珍謂穗大而毛長、粒粗者為粱，穗小而毛短、粒細者為粟。其說相符。然二者迥別，而種尤繁。今北地通呼穀子，亦有粘、不粘之分。《氾勝之書》粱為秫，粟也。西北皆呼小米，固始呼粟，為野人毛正肖其形，其稈為秫，牧者以其豐歉為繁羸也。

雩婁農曰：　穀粟皆粒食總名。《周禮注》以粟為稷，《齊民要術》從之，蓋以稷為穀長，故獨以粟名。後世以穀為粱，以粟為粱之細穗者，此自俗間稱謂，不可以訂古經也。秫為粱粟之黏者，《說文》以為稷，《爾雅注》以為粟，《圖經》以為黍，《古今注》以為稻，說各不同。按糯為稻之黏者，而他穀之黏者亦多曰糯，即藥草亦然，則秫似亦可通稱也。

清·文晟《新編六書》卷六《藥性摘錄》　白粱米　甘，微寒。和中益氣，止煩渴，去胸膈積熱，行五臟氣。多食暖筋骨。　青粱米：　甘，微寒。補中益氣，治胃痹熱中，消渴，止瀉痢滑精，久瀉尤宜，比他穀及黃粱俱勝。

黃粱米　味甘，性平。和中，止霍亂瀉痢，除煩熱，利小水，去客風煩滿。

清·陳其瑞《本草撮要》卷五　粱　味甘，入手足太陰、陽明經，功專益氣和中，除煩渴，止霍亂下利，利大小便。惟黃粱平，白粱、青粱微涼，黃粱尤得土氣之中和，較他穀最益脾胃。粟之大者為粱。手足生疣，白粱米粉鐵銚炒赤研細，以眾人唾和塗之，厚寸許，即消。

秫

唐・孫思邈《千金要方》卷二六《食治・穀米》 秫米 味甘，微寒，無毒。主寒熱，利大腸，治漆瘡。

附：日・丹波康賴《醫心方》卷三〇 秫米 《本草》云：味甘，微寒。止寒熱，利大腸，療漆瘡。陶〔弘〕景注云：方藥不正用，唯嚼以塗瘡。蘇敬注云：此米功能是猶稻秫也，今大都呼粟稉為秫，稻秫為稉矣。凡黍、稷、粟、秫、秔、稉，此三穀之秈秫也。馬琬云：秫米，温。食之不及黍米，不任進御也。

宋・李昉《太平御覽》卷八三九 秫 《説文》曰：秫，稷之黏者。崔豹《古今注》曰：稻之黏者為秫，禾之黏者為黍。《養生要集》曰：秫米，味酸。

宋・唐慎微《證類本草》卷二五米穀部中品〔《别録》〕 秫米 味甘，微寒。止寒熱，利大腸，療漆瘡。

〔梁・陶弘景《本草經集注》〕云：此人以作酒及煑糖者，肥軟易消。方藥不正用，惟嚼以塗漆〔瘡〕及釀諸藥醪。

〔唐・蘇敬《唐本草》〕注云：此米功用是稻秫也。今大都呼粟糯爲秫稻，秫爲糯矣。北土亦多以粟秫釀酒，而汁少於黍米。粟秫應有别功，但《本草》不載。凡黍稷、粟秫、秔糯，此三穀之秈音仙秫也。

〔宋・掌禹錫《嘉祐本草》〕按：顔師古《刊謬正俗》云：今之所謂秫米者，似黍米而粒小者耳，亦堪作酒。孟詵云：秫米，其性平。能殺瘡疥毒熱，擁五藏氣，動風，不可常食。北人往往有種者，代米作酒耳。又，生擣和雞子白，傅毒腫良。根，煑作湯，洗風。又，米一石，麴三斗，和地黄一斤，茵蔯蒿一斤，炙令黄，一依釀酒法。服之治筋骨攣急。日華子云：無毒，犬咬，凍瘡並嚼傅。

〔宋・唐慎微《證類本草》〕《圖經》：文具黍米條下。《聖惠方》：治食鴨肉成病，胸滿面赤，不下食。用秫米汁服一中盞。《肘後方》：卒得浸淫瘡有汁，多發於心，不早治，周身則殺人。熬秫米令黄黑，杵以傅之。《梅師方》：治妊娠忽下黄水如膠，或如小豆汁。秫米、黄耆各一兩，細剉，以水七升，煎取三升，分服。《食醫心鏡》：主寒熱，利大腸，治漆瘡。秫米飯食之良。

宋・寇宗奭《本草衍義》卷二〇 秫米 初擣出淡黄白色，經久色如糯，用作酒者是。此米亦不堪爲飯，最粘，故宜酒。

宋・陳衍《寶慶本草折衷》卷一九 秫米酒在内。 一名糯粟米。縉雲云：生處處種之。

味甘，平，微寒，無毒。○止寒熱，利大腸，療漆瘡。○孟詵云：殺瘡疥毒熱，擁五藏氣，動風。又麴和地黄、茵蔯蒿釀酒服。治筋骨攣急。○日華子云：犬咬、凍瘡並嚼傅。○寇氏曰：初擣出淡黄白色，此米最粘，故宜酒。

元・吴瑞《日用本草》卷二 秫米 即稉粟也。味甘，微寒，性平，無毒。不可常食。主止寒熱，利大小腸，殺瘡疥。動風氣，迷悶人，細嚼以塗患漆瘡及犬咬、凍瘡。

明・蘭茂原撰，范洪等抄補《滇南本草圖説》卷五 秫米音術。 味甘，性寒，無毒。肺之穀。利大腸，治漆瘡。患瘧日夜寒熱，不得眠者宜用。久食動風，小兒無多食。

明・滕弘《神農本經會通》卷四 秫米 陶云：北人以作酒，及煑糖者，肥軟易消。方藥不正用，惟嚼以塗漆瘡，及釀諸藥醪。《唐本》注云：此米功用是稻秫也，今人呼粟糯為秫稻，秫為糯矣。北土亦多以粟秫釀酒，而汁少於黍米。粟秫應有别功，但《本草》不載。凡黍稷、粟秫、秔糯，此三穀之秈音山秫也。顔師古云：今之所謂秫米者，似黍米而粒小者耳，亦堪作酒。

味甘，氣微寒。一云：性平。一云：無毒。《本經》云：止寒熱，利大腸，療漆瘡。孟詵云：秫米，其性平。能殺瘡疥毒熱。擁五臟氣，動風，不可常食。北人徃徃有種者，代米作酒耳。又生擣，和鷄子白傅毒腫良。根，主作湯，洗風。又米一石，麴三升，和地黄一斤，茵蔯蒿一斤，炙令黄，一依釀酒法，服之，治筋骨攣急。日華子云：無毒。犬咬、凍瘡，并嚼傅。秫米，能解漆瘡。

明・劉文泰《本草品彙精要》卷三六 秫音述米無毒 植生。

秫米：止寒熱，利大腸，療漆瘡。名醫所録。 【名】薥薥。 【苗】《圖經》曰：秫乃粟之粘者也。其苗高丈許，有節如蘆，莖中有瓤，類通脱木而小白，葉長一二尺，實生莖端作穗。江南謂之粟，北土所謂薥薥者是也。然有二種，其黏者爲秫，可以釀酒；不黏者爲粟，但可作糜食耳。《唐本》注云：此米功用似稻秫也。今大都呼粟爲秫，而稻秫爲糯矣。北土最多，以粟、秫釀酒而汁少於黍米。粟、秫應有别功，但本草不載。凡黍稷、粟秫、秔糯，此三穀之秈音仙秫也。《衍義》曰：初搗出淡黃白色，經久色如糯，最黏，故宜釀酒。今之村落作酒者是此，不堪爲飯也。〔地〕處處有之。〔時〕生：夏生苗。採：七月、八月取實。〔收〕日乾。〔用〕實。〔色〕黃白。〔味〕甘。〔性〕微寒。〔氣〕氣之薄者，陽中之陰。〔臭〕香。〔治〕療：陶隱居云：嚼爛，塗漆瘡。日華子云：嚼，傅犬咬凍瘡。孟詵云：能殺瘡疥毒，熱壅，五臟氣。○根，煮作湯，洗風。《別錄》云：秫米汁，治食鴨肉成病，胸滿面赤不下食。及療卒得浸淫瘡有汁，多發於心，不早治，周身則殺人，熬秫米令黃黑，杵以傅之。並主寒熱，利大腸，治漆瘡，秫米飯食之，良。〔合治〕生擣，合雞子白傅毒腫，良。○以一石合麴三斗，和地黃一斤、茵蔯蒿一斤，炙令黃，一依釀酒法，服之，療筋骨攣急。〔禁〕動風，不可常食。

明·盧和、汪穎《食物本草》卷一穀類　秫米　味甘，微寒。止寒熱，利大腸，療漆瘡，殺瘡疥毒熱，擁五臟氣，動風。作飯最粘，惟可作酒，汁亦少。

明·許希周《藥性粗評》卷三　秫米解瘡於疥癩。

秫米，北人謂之秫。秫米，俗人謂之膏粱者是也。三四月下種，莖高七八尺，似蘆，秋結實成穗，實大如椒，去秕，其米黃白色，可作飯，亦堪作酒。南北處處有之。九月割收。多食動風。餘說《本草》不載。味甘，性微寒，無毒。主治寒熱，腫毒瘡疥，利大腸。

單方：腫毒：凡患無名腫毒，焮痛，未成濃者。以秫米生擣，和雞子清調勻，傅之，再易當消。漆瘡：治法同前。又以秫根洗淨，煎水洗之良。

明·王文潔《太乙仙製本草藥性大全》卷四《本草精義》　秫米　此米功用是稻秫也。今大都呼粟糯爲秫稻，秫爲粳矣。北土亦多以粟秫釀酒，而汁少於黍米。粟秫應有別功，但《本草》不載。凡黍稷、粟秫、秔糯此三穀之秈音仙秫也。禹錫云謹按顔師古《刊謬正俗》云：今之所謂秫米者，以黍米而粒小者耳，亦堪作酒及煮糖者。肥軟易消，方藥不正用，惟嚼以塗漆瘡及釀諸藥膠。

按：《衍義》云：秫米初搗出淡黃白色，經久色如糯，用作酒者是此米。亦不堪爲飦，最粘，故宜酒。

明·王文潔《太乙仙製本草藥性大全》卷四《仙製藥性》　秫米　味甘，氣微寒。主治：解寒熱，利腸胃，殺疥毒，療漆瘡。煮粥炊飯最粘，搗餳造酒極妙。但動風壅氣，不宜多食。　補註：治食鴨肉成病，胸滿面赤，不下食，用秫米汁服之一中盞。○卒得浸淫瘡，有汁多發於心，不早治，周身則殺人。熬秫米令黃黑，杵以傅之。妊娠忽下黃水如膠，或如小豆汁，秫米、黃耆各一兩，細剉，以水七升，煎取三升分服。○主寒熱，利大腸，治漆瘡，秫米飯食之良。○生搗和雞子白傅毒腫良。根煮作湯洗風妙。○又米一石，麴三斗，和地黃一斤，茵陳蒿一斤，炙令黃，一依釀酒法服之，治筋骨攣急。日華子云：無毒，犬咬、凍瘡並嚼傅效。

明·皇甫嵩《本草發明》卷五　秫米味甘，微寒。即今之糯小米。止寒熱，利大腸，療漆瘡。可作酒及煮糖者，肥軟易消。註云：此米功用是稻秫也，今大都呼粟糯為秫稻，秫為糯米矣。

明·李時珍《本草綱目》卷二三穀部·稷粟類　秫音术。《別録》中品。

〔釋名〕衆音終。《爾雅》。　糯秫《唐本》　糯粟《唐本》　黃糯時珍曰：秫字篆文，象其禾體柔弱之形，俗呼糯粟是矣。北人呼爲黃糯，亦曰黃米。釀酒劣於糯也。

〔集解〕恭曰：秫是稻秫也。今人呼粟糯爲秫。北土多以釀酒，而汁少於黍米。凡黍稷、粟秫、粳糯，三穀皆有秈糯也。禹錫曰：秫米似黍米而粒小，可作酒。宗奭曰：秫米初搗出淡黃白色，亦如糯，不堪作飯，最粘，故宜作酒。時珍曰：秫即粱米、粟米之粘者。有赤、白、黃三色，皆可釀酒、熬糖、作餈糕食之。蘇頌《圖經》謂秫爲黍之粘者，許慎《說文》謂秫爲稷之粘者，崔豹《古今注》謂秫爲稻之粘者，皆誤也。惟蘇恭以粟、秫分秈、糯，孫炎注《爾雅》謂秫爲粘粟者，得之。

秫米即黃米。　〔氣味〕甘，微寒，無毒。詵曰：性平。不可常食，擁五臟氣，動風，迷悶人。時珍曰：按《養生集》云：味酸性熱，粘滯，易成黃積病，小兒不宜多食。

〔主治〕寒熱，利大腸，療漆瘡《別録》。治筋骨攣急，殺瘡疥毒熱。生擣，和鷄子白，傅毒腫，良孟詵。主犬咬，凍瘡，嚼傅之《日華》。治肺瘧，及陽盛陰虛，夜不得眠，及食鵝鴨成癥，妊娠下黃汁時珍。

〔發明〕弘景曰：北人以此米作酒煮糖，肥軟易消。方藥不正用，惟嚼以塗漆瘡及釀諸藥醪爾。時珍曰：秫者，肺之穀也，肺病宜食之。故能去寒熱，利大腸。大腸者肺之合，而肺病多作皮寒熱也。《千金》治肺瘧方用之，取此義也。《靈樞經》岐伯治陽盛陰虛，夜不得瞑，半夏湯中用之，取其益陰氣而利大腸也。大腸利則陽不盛矣。方見半夏條。又《異苑》云：宋元嘉中，有人食鴨成癥瘕。醫以秫米研粉調水服之。須臾煩躁，吐出一鴨雛而瘥也。《千金方》治食鴨肉成病，胸滿面赤，不能食，以秫米湯一盞飲之。

〔附方〕舊三，新三。

赤痢不止：秫米一把，鯽魚酢二臠，薤白一虎口，煮粥食之。《普濟方》。

筋骨攣急：詵曰：用秫米一石，麴三斗，地黃一斤，茵陳蒿炙黃半斤，一依釀酒法服之，良。　肺瘧寒熱：痰聚胸中，病至令人心寒，寒甚乃熱，善驚如有所見。恒山三錢，甘草半錢，秫米三十五粒，水煎。未發時，分作三次服。《千金》。　妊娠下水：黄色如膠，或如小豆汁。秫米、黄芪各一兩，水七升，煎三升，分三服。《梅師》。　浸淫惡瘡：有汁，多發於心，不早治，周身則殺人。熬秫米令黄黑，杵末傅之。《肘後方》。　久泄胃弱：黄米炒爲粉。每用數匙，沙糖拌食。《簡便方》。

根　【主治】煮湯，洗風孟詵。

明·穆世錫《食物輯要》卷二　秫米　味甘，性微寒，無毒。肺之穀。利大腸，治漆瘡。患肺瘧寒熱，夜不得眠者宜用。久食動風，壅五臟氣。小兒勿多食。李當之云：傷鵝鴨成瘕，多飲秫米泔，可消。

明·趙南星《上醫本草》卷一　蜀秫　一名蜀黍，又名蘆穄、蘆粟、木稷、荻粱、高粱。蓋文黍稷之類而高大如蘆荻者，種始自蜀，故謂蜀黍，南人呼為蘆穄。《博物志》云：地種蜀黍，年久多蛇。

米：甘、澀，溫，無毒。主治：溫中，澀腸胃，止霍亂。粘者與黍米同功。

明·應廖《食治廣要》卷二　秫米即糯粟，北人呼為黄米。　氣味：甘，微寒，無毒。主治：寒熱，利大腸。《養生集》云：味酸性熱，粘滯，易成黄積病，小兒不宜多食。只堪釀酒，亦劣于糯米也。

明·姚可成《食物本草》卷五穀部·稷粟類　秫音术。一名糯粟。似黍米而粒小，可作酒。即粱米、粟米之粘者。有赤、白、黄三色，皆可釀酒、熬糖、作餈糕食之。　秫米，味甘，微寒，無毒。主寒熱，利大腸，療漆瘡。治筋骨攣急，殺瘡疥毒熱。生搗，和雞子白，傅毒腫，良。犬咬及凍瘡，竝嚼傅之。又治陽盛陰虚，夜不得眠及食鵝鴨成癥。宋元嘉中，有人食鴨成癖。醫以秫米粉調水服之。須臾煩躁，吐出一鴨雛而瘥也。秫米性太粘滯，易成黄積病，小兒不宜多食。

根　煮湯，洗風。

附方：治赤痢不止。秫米一把，鯽魚一个，煮粥食之。〔治筋骨攣急。用〕秫米一石，麴三斗，地黄一斤，茵陳〔蒿〕炙黄半斤，一依釀酒法服之，良。　治肺瘧寒熱，痰聚胸中，病至令人心寒，寒甚乃熱，善驚如有所見。常山三錢，甘草五分，秫米三十五粒，水煎。未發時，分作三次服。　治妊娠下水，黄色如膠，或如豆汁。秫米、黄芪各一兩，水七升，煎三升，分三服。

明·顧逢柏《分部本草妙用》卷九穀部　秫米即黄米。　甘，微寒，無毒。主治：寒熱，利大腸，療漆瘡，治筋骨攣急。殺瘡疥毒熱，治肺瘧，及陽盛陰虚不得眠，及食鵝鴨成癥，妊娠下黄汁。　秫者，肺之穀也。肺病皮作寒熱，故能去寒熱，利大腸也。《千金》治肺瘧，以取其抑陽而助陰也。　有人食鴨成癥，以此研粉，調水服之，須臾煩躁，吐出一鴨雛而愈。

明·孟笨《養生要括·穀部》　秫粟之粘者曰秫。有赤、白、黄三色，皆可釀酒熬糖，作糕食之。肺之穀也，肺病宜食之。粘滯易成黄積。　味甘，微寒，無毒。利大腸，療漆瘡。治筋骨攣急，殺瘡疥毒熱，生搗，和鷄子白傅毒腫，良。主犬咬、凍瘡，嚼傅之。治肺瘧及陽盛陰虚，夜不得眠，及食鵝鴨成癥，妊娠下黄汗。

明·施永圖《本草醫旨·食物類》卷二　秫米即粱米、粟米之粘者，味酸，性熱，粘滯，易成黄積。小兒不宜多食。秫者，肺之穀也，肺病宜食之。　味：甘，微寒。止寒熱，利大腸，療漆瘡，殺瘡疥毒。熱擁五臟氣，動風。作飯最粘，惟可作酒。

清·穆石匏《本草洞詮》卷五　秫　字象禾體柔弱之形。性粘，可以釀酒熬糖，蓋粳之粘者為糯，稷之粘者為黍，粟之粘者為秫也。味甘，氣微寒，一云熱。利大腸，消癥瘕，療漆瘡。宋元嘉中一人食鴨成癥瘕，醫以秫米研粉，水調服之，須臾煩躁，吐一鴨雛而瘥。

清·丁其譽《壽世秘典》卷三　秫掌禹錫曰：秫米似黍而粒小，用之作酒。北人呼為黄糯，亦曰黄米，釀酒汁少于黍米。李時珍曰：秫即粱米、粟米之粘者，有赤、白、黄三色，皆可釀酒、熬糖、作餈糕，食之。蘇頌《圖經》謂秫為黍之粘者。許慎《說文》謂秫為稷之粘者。崔豹《古今注》謂秫為稻之粘者。皆誤也。　氣味：甘，平，無毒。治肺瘧，及陽盛陰虚夜不得眠，及食鵝、鴨成癥。性太粘滯，多食，擁五臟氣，動風迷悶人。

發明《養生集》云：秫性太粘滯，易成黄積病，小兒不宜多食。李時珍曰：按《靈樞經》岐伯治陽盛陰虚夜不得瞑，半夏湯中用之，取其益陰氣而利大腸也，大腸利則陽不盛矣。又《異苑》云：宋元嘉中，有人食鴨成癥瘕，醫以秫米研粉，調水服之，須臾，煩躁，吐出鴨雛而瘥。《千金方》治食鴨肉成病，胸滿、面赤、不能食，以秫米泔一盞，飲之。

清·劉雲密《本草述》卷一四　秫音术　按：秫米似粟米而小。時珍曰：即粟之粘者，北人呼為黄糯，亦曰黄米，釀酒劣於糯也。

秫米：　氣味：甘，微寒，無毒。詵曰：性平，不可常食。　主治：寒熱，利大腸《別録》。　方書主治：善太息，不能食。　時珍曰：秫者，肺之穀也，肺病宜食之。故能去寒熱，利大腸。大腸者，肺之合，而肺病多作皮寒熱也。《千金》治肺瘧方用之，取此義也。

愚按：李瀕湖云，按《養生集》謂秫味酸性熱，粘滯，易成黄積病，小兒不宜多食。而孟詵亦云，常食壅五臟氣，動風氣，迷悶。若然，則秫米之益渺矣。即方書主治二方，亦未審的是此秫否，恐襲其誤者，所從來久也。

清·朱本中《飲食須知·穀類》 秫米 味甘，性微寒。即粟之粘者。久食壅五臟氣，動風迷悶。性粘滯，易成黄積病，小兒不宜多食。傷鵝鴨成瘕者，多飲秫米泔可消。

清·何其言《養生食鑒》卷上 秫米 味甘，性微寒，無毒。肺之穀。利大腸，治漆瘡，患肺瘧寒熱，夜不得眠者，宜用。久食動風，壅五臟氣，小兒勿多食。李當之云：傷鵝鴨成瘕，多飲秫米泔可消。

清·李熙和《醫經允中》卷二二 秫米 即黄米。 甘，微寒，無毒，主治寒熱，利大腸，療漆瘡。治筋骨攣急，殺瘡疥熱毒。

清·汪啟賢等《食物須知·諸米》 糯粟 收摘略遲，《經》載秫米即此。解寒熱，利腸胃，殺疥毒，療漆瘡。煮粥炊飲最粘，搗餳造酒極妙。但動風壅氣，切不宜多食。

清·王子接《得宜本草·中品藥》 秫米 即糯黄米。味甘。主治肺虛寒熱，得半夏能使人寐。

清·吴儀洛《本草從新》卷四 秫（益陰，利肺、大腸。）即黄米。 甘，微寒。治肺瘧，陽盛陰虛，夜不得眠，及食鵝鴨成癥，妊娠下黄汁。去寒熱，利大腸。粱米、粟米之粘者為秫。

清·汪紱《醫林纂要探源》卷二 秫 粱之粘者。今人曰稷粟，又今亦指稷稻為秫。甘，微苦，微鹹，微溫。性粘。性味略似稷稻，補氣功多，解熱和胃之功不足。多食令人壅氣。

清·嚴潔等《得配本草》卷五 秫米即糯米黍黄者。 甘，酸，微溫。入手太陰經氣分。治肺瘧，及陽盛陰虛，夜不得眠。及食鵝鴨成瘕，妊娠下黄汁。去寒熱，利大腸。 拌沙糖，治久痢。煮鯽魚，治赤痢。加蔥更好。 杉木水調米粉，敷漆瘡。 炒用入藥不滯。 氣滯者禁用。

題清·徐大椿《藥性切用》卷六 秫米 即黄米。 味甘微涼，益陰利便。粱米、粟米之粘者為秫。

清·李文培《食物小録》卷上 糯粟即秫。 甘，酸，微寒，無毒。肺虛人宜食。北省以此作酒，不可常食，食多易成黄積病。

清·章穆《調疾飲食辯》卷二 秫米泔 煩渴身大熱，飲諸泔不愈者用之。

秫米飯 味甘質軟，但可作餻餌暫食，不宜作飯。常食難化，困脾。病人及小兒忌之，曾發黄病者尤忌之。

秫米飲 救霍亂煩渴，不如硬粟。止諸熱渴及利小水，則過之。

清·楊時泰《本草述鉤元》卷一四 秫 秫即粟之粘者，似粟米而小，北人呼為黄糯。

秫米，味酸，性熱。肺之穀也，肺病宜食之。 主治寒熱，《千金》肺瘧方用之。利大腸《别録》。方書治善太息，不能食。粘滯壅五臟氣，動風氣迷悶，不可常食。易成黄積病，小兒不宜多食。

清·趙其光《本草求原》卷一四穀部 秫米即粘粟。 莖杆似禾而粗大。北人以之釀酒。故《月令》云：秫稻必齊。甘，微寒，無毒。清肺，利大腸。治痰滯不寐，同半夏。脚病寒熱夜不眠。如無，以香粳代之。傷鵝鴨成瘕，多飲秫米泔可消。

清·文晟《新編六書》卷六《藥性摘録》 秫米 甘，微寒。利大腸，治漆瘡，患脚氣寒熱，夜不眠，宜用。多食動風壅氣。

清·張仁錫《藥性蒙求·穀部》 秫米三錢 秫米微寒，能醫肺瘧。安寐益陰，大腸利藥。即黄米。一云：粱米、粟米之黏者為秫。治陽盛陰虛，肺虛寒熱。得半夏能使人寐。○壅氣動風，不可常食。

清·戴葆元《本草綱目易知録》卷二 糯粟米秫、黄糯。 甘，微寒。肺之穀也。去寒熱，利大腸，治肺瘧寒熱及陽盛陰虛，夜不得眠，筋骨攣急，瘡疥毒熱，食鵝鴨成癥，妊娠下黄汁。嚼傅犬咬、凍瘡、漆瘡。生研和雞子白傅毒腫。其性粘滯，多食壅氣動風，易成黄積病，小兒尤不宜多食。

清·陳其瑞《本草撮要》卷五 秫 味甘，微寒，入手太陰經，功專治肺瘧。得半夏治不能寐。雜安胎藥中，治妊娠下黄汁。粱米、粟米之黏者為秫，即糯黄米也。以為粉炒熟，用沙糖拌食，治胃弱泄。

清·吴汝紀《每日食物却病考》卷上 秫 味甘，微寒，無毒。治寒熱，利大腸，療漆瘡、疥毒。生搗，和雞子白，傅毒瘇良。乃粟之糯者，作飯最粘，惟可作酒耳。北人謂之黃米酒也。

玉蜀黍

明・蘭茂原撰，范洪等抄補《滇南本草圖説》卷五　玉蜀黍　一名高粱。氣味甘平，無毒。主治：調胃和中，祛濕，散火清熱，所以今多用此造酒，最良。

明・蘭茂原撰，范洪等抄補《滇南本草圖説》卷九　玉麥鬚　性微溫，味甘甜。入陽明胃經。寬腸下氣，治婦人乳結腫痛，其功神速。未可視為棄物而忽之也。

明・蘭茂撰，清・管暄校補《滇南本草》卷下　玉麥鬚　性微溫，味甘。入陽明胃經。寬腸下氣，治婦人乳結紅腫，或小兒吹著，或睡臥壓著，乳汁不通，紅腫疼痛，〔怕〕冷發熱，頭痛體困。焙乾，為末，不拘多少，點水酒服。

明・蘭茂《滇南本草》〔叢本〕卷中　玉麥鬚　味甜，性微溫。入陽明胃經。寬腸下氣，治婦人乳結紅腫，或小兒吹着，或睡臥壓着，乳汁不通疼痛，怕冷發熱，頭疼體困。新鮮焙乾，不拘多少，引點酒服。

明・李時珍《本草綱目》卷二三穀部・稷粟類　玉蜀黍《綱目》

〔釋名〕玉高粱　〔集解〕時珍曰：玉蜀黍種出西土，種者亦罕。其苗葉俱似蜀黍而肥矮，亦似薏苡。苗高三四尺。六七月開花成穗如秕麥狀。苗心別出一苞，如椶魚形，苞上出白鬚垂垂。久則苞拆子出，顆顆攢簇。子亦大如椶子，黃白色。可煠炒食之。炒拆白花，如炒拆糯穀之狀。

米　〔氣味〕甘，平，無毒。　〔主治〕調中開胃時珍。

根葉　〔氣味〕　〔主治〕小便淋瀝沙石，痛不可忍，煎湯頻飲時珍。

明・穆世錫《食物輯要》卷二　玉蜀黍一名玉高粱。　味甘，平，無毒。開胃調中，亦可作酒。

明・趙南星《上醫本草》卷一　玉蜀黍　一名玉高粱。

米：　甘，平，無毒。主治：調中開胃。

根葉：　主治小便淋瀝，沙石痛不可忍，煎湯頻飲。

明・姚可成《食物本草》卷五穀部・稷粟類　玉蜀黍一名玉高粱。種出西土。其苗葉俱似蜀黍而肥矮，亦似薏苡。苗高三四尺。六七月開花成穗如秕麥狀。苗心別出一苞，如椶魚形，苞上出白鬚垂垂。久則苞拆子出，顆顆攢簇。子亦大如椶子，黃白色。可煠炒食之。炒拆白花，如炒拆糯穀之狀。　玉蜀黍米，味甘，平，無毒。主調中開胃。

根、葉　治小便淋瀝砂石痛不可忍，煎湯頻飲。

明・盧之頤《本草乘雅半偈》帙一〇　玉蜀粟《綱目》　氣味：甘，平，無毒。主治：主調中開胃。根葉，氣味甘寒，主小便淋瀝沙石痛不可忍，煎湯頻飲。

覈曰：玉蜀粟，別名玉高粱。即今之御粟也。種出西土，近所在亦有之矣。苗葉類蜀黍而肥，又似薏苡而長。六七月開花成穗，如秕豆狀。苗心出苞，如椶魚狀，白鬚四垂，久則苞裂子出，攢簇如珠也。

參曰：中秋出子，悅澤如珠，稟金水之英華，宜入肺與腎，輔先天之生氣者也。故司後天之穀府，主調中而開胃，開竅于二陰，治淋瀝沙石，痛不可忍也。蓋腎主谿，是知其病之在骨。

清・何其言《養生食鑒》卷上　玉蜀黍一名玉高粱。　味甘，平，無毒。開胃，調中，亦可作酒。

清・丁其譽《壽世秘典》卷三　玉蜀黍俗名玉蘆穄，其子顆顆攢簇，黃白色，可煠炒食之。炒拆白花，如炒拆糯穀之狀。　氣味：甘，平，無毒。主調中開胃。

清・王道純《本草品彙精要續集》卷三　玉蜀黍無毒

玉蜀黍：　主調中開胃。〇根葉，主小便淋瀝沙石，痛不可忍，煎湯頻飲《本草綱目》。　〔名〕玉高粱。　〔地〕李時珍曰：玉蜀黍種，出西土，種者亦罕。　〔苗〕苗高三四尺，如秕麥狀，苗心別出一苞，如棕魚形，苞上出白鬚垂垂，久則苞摺子出，顆顆攢簇，子亦大如稷子，可煠炒食之。炒拆白花，如炒拆糯穀之狀。　〔時〕六七月開花成穗。　〔質〕如秕麥狀，其苗葉俱似蜀黍而肥矮，亦似薏苡。　〔味〕甘。　〔性〕平。

清・吳儀洛《本草從新》卷四　玉蜀黍救荒。一名玉高粱。　甘，平。調中開胃。苗葉俱似蜀黍而肥矮，亦似薏苡，苗高三四尺，六七月開花成穗，如秕麥狀。苗心別出一苞，如棕魚形，苞上出白鬚垂垂，久則包拆子出，顆顆攢簇。子亦大如棕子，黃白色。可煠炒食之。炒拆白花，如炒拆糯穀之狀。

清・汪紱《醫林纂要探源》卷二　御麥　甘，淡，微寒。俗名薏米包，莖葉皆如薏苡，如蘆，上亦抽穗，花實而不堪食，節間生包結實，有葉包之，有長鬚上出，柔細可愛，赤黃二色，附生一桴，纍纍如天南星狀。益肺寧心。可生食，可煮可炒。

題清・徐大椿《藥性切用》卷六　玉蜀黍　一名玉高粱，即真珠米。性味甘平，調中開胃。炒拆發泡，亦有風乾磨粉以充糧者。但久食則助濕損胃。乾炒則泡，其害亦少。鮮者助濕生蟲，尤不宜多食。根葉，治沙石淋痛不可忍。

清・李文培《食物小錄》卷上 高粱即玉米。 甘，平，無毒。調中開胃，助脾，亦可炒食。

清・章穆《調疾飲食辯》卷二 玉蜀黍飯 《綱目》曰：似蜀黍而稍矮，六七月開花成簇，如粃麥狀。葉間別出一苞如梭，苞上出白鬚垂垂，久則苞裂子出，子大如芡實之小者。有紅、白二色。一本生二三枚，或五六枚。山中呼為苞蘆。作飯、作麪俱可。性能開胃和中。其根、葉煮汁多飲，能利小便，治沙石淋。

清・翁藻《醫鈔類編》卷二四《本草》 玉高粱 甘平。調中開胃。苗高四五丈，六七月間開花成穗，如秕麥狀。苗心別出一苞，如椶魚形。苞上出白鬚垂垂，久則苞拆子出，顆顆攢簇。子亦如大椶子，黄白色，可炒食之。炒拆白花，如炒拆糯(殼)〔穀〕之狀。俗呼為觀音豆。

清・吳其濬《植物名實圖考》卷二 玉蜀黍 《本草綱目》始入穀部，川、陝、兩湖凡山田皆種之。俗呼包穀。山農之糧，視其豐歉，釀酒磨粉，用均米麥；瓤煮以飼豕，稈乾以供炊，無棄物。

清・王孟英《隨息居飲食譜・穀食類》 玉蜀黍一名玉高粱，俗名苞蘆，又名纖粟，又名六穀。 嫩時采得，去苞鬚，煮食，味甚甜美。老則粒堅如石，舂磨為糧，亦為救荒要物。但粗糲性燥，食宜半飽。庶易消化。至東廧稌子，各種雜糧，及黄精、玉竹之類，竝可充飢作食，造酒濟荒，茲不備載。

清・劉善述、劉士季《草木便方》卷二穀糧豆菜部 稷穀 苞穀根甘治氣痛，橫生倒產睡莫動。高粱根合煎酒飲，沙石淋瀝止疼痛。

清・田綿淮《本草省常・穀類》 玉蜀黍 一名玉高粱。性平，開胃調中。宜埋炭火灰中煥白花，食之健脾燥濕。

清・陳其瑞《本草撮要》卷五 玉蜀黍 味甘，平，入手足陽明經，功專調中開胃。根葉治小便淋瀝，沙石痛不可忍。一名玉高粱。

薏苡

唐・孫思邈《千金要方》卷二六《食治・穀米》 薏苡人 味甘，溫，無毒。主筋拘攣不可屈伸、久風濕痺，下氣。久服輕身益力。其生根：下三蟲。《名醫》云：薏苡人除筋骨中邪氣不仁，利腸胃，消水腫，令人能食。一名贛，一名感米，蜀人多種食之。

宋・唐慎微《證類本草》卷六草部上品〔《本經・別錄》〕 **薏**音意**苡**音以**人** **味甘，微寒，**無毒。**主筋急拘攣，不可屈伸，風濕痺，下氣，**除筋骨邪氣不仁，利腸胃，消水腫，令人能食。**久服輕身益氣。其根，下三蟲。一名解蠡，**一名屋菼音毯，一名起實，一名贛音感。生真定平澤及田野。八月採實，採根無時。

〔梁・陶弘景《本草經集注》〕云：真定縣屬常山郡，近道處處有，多生人家。交阯者子最大，彼土呼爲䕨音幹珠。馬援大取將還，人讒以爲真珠也。實重累者爲良。用之取中人。今小兒病蚘蟲，取根煮汁糜食之，甚香，而去蚘蟲大效。

〔宋・馬志《開寶本草》〕按：《陳藏器本草》云：薏苡收子，蒸令氣餾，暴乾，磨取人，炊作飯及作麪。主不飢，溫氣，輕身。煮汁飲之，主消渴。又按：別本注云：今多用梁漢者，氣力劣於真定，取青水色者良。

〔宋・掌禹錫《嘉祐本草》〕按：《藥性論》云：能治熱風，筋脉攣急，能令人食。主肺痿肺氣，吐膿血，欬嗽涕唾，上氣。昔馬援煎服之，破五溪毒腫。種於彼取人甑中蒸，使氣餾，暴於日中使乾，挼之得人矣。《孟詵》云：性平，去乾濕脚氣，大驗。

〔宋・蘇頌《本草圖經》〕曰：薏苡人，生真定平澤及田野，今所在有之。春生苗，莖高三四尺。葉如黍。開紅白花作穗子。五月、六月結實，青白色，形如珠子而稍長，故呼意珠子。小兒多以線穿如貫珠爲戲。八月採實，採根無時。今人通以九月、十月採，用其實中人。古方大抵心肺藥多用之。韋丹治肺癰，心胸甲錯者，淳苦酒煮薏苡人令濃，微溫頓服之。肺有血當吐愈。《廣濟方》：治冷氣，薏苡人飯粥法：細舂其人，炊爲飯，氣味欲匀如麥飯乃佳。或煮粥亦好，自任無忌。根之入藥者，葛洪治卒心腹煩滿，又胸脇痛者，剉根濃煮汁，服三升乃定。今人多取葉爲飲，香益中空膈，甚勝其雜他藥用者。《張仲景》：治風濕身煩疼日晡劇者，與麻黄杏人薏苡人湯：麻黄三兩，杏人三十枚，甘草、薏苡人各一兩，四物以水四升，煮取二升，分溫再服。又：治胸痹偏緩急者，薏苡人附子散方：薏苡人十五兩，大附子十枚炮，二物杵末，每服方寸匕，日三。

〔宋・唐慎微《證類本草》〕《陳藏器餘》：主消渴，煞蚘蟲。根煮服，墮胎。《雷公》曰：凡使，勿用䊀米，顆大無味，其䊀米，時人呼爲粳䊀是也。若薏苡人，顆小色青，味甘，咬着黏人齒。夫用一兩，以糯米二兩同熬，令糯米熟，去糯米取使，若更以鹽湯煮過，別是一般修制亦得。《外臺秘要》：治牙齒風痛。薏苡根四兩，水四升，煮取二升，含冷易之，斷便生。又方：咽喉卒癰腫，吞薏苡人二枚。又方：蛔蟲攻心腹痛。薏苡根二斤切，水七升，煮取三升。先食盡服之，蟲死盡出。《梅師方》：肺疾唾膿血。取薏苡人十兩杵碎，以水三升，煎取一升，入酒少許服之。《食醫心鏡》：治筋脉拘攣，久風濕痹，下氣，除骨中邪氣，利腸胃，消水腫，久服輕身，益氣力。薏苡人一升，擣爲散。每服以水二升煮兩匙末作粥，空腹食之。馬援《後漢・馬援傳》：援在交阯，常餌薏苡實，用能輕身省慾，以勝瘴氣。南方薏苡實大，援欲以爲種，軍還載之一車。

宋・寇宗奭《本草衍義》卷七　薏苡仁　此李商隱《太倉銘》中所謂薏苡似珠，不可不虞者也。取仁用。《本經》云：微寒，主筋急拘攣。拘攣看兩等，《素問》注中，大筋受熱，則縮而短，縮短故攣急不伸。此是因熱而拘攣也，故可用薏苡仁。若《素問》言因寒即筋急者，不可更用此也。凡用之，須倍於他藥，此物力勢和緩，須倍加用即見效。蓋受寒，即能使人筋急；受熱，故使人筋攣。若但熱而不曾受寒，亦能使人筋緩。受濕則又引長無力。

宋・張世南《游宦紀聞》卷五　辛稼軒初自北方還朝，官建康，忽得癩疝之疾，重墜大如杯。有道人教以取葉珠即薏苡仁也，用東方壁土炒黃色，然後水煮爛，入砂盆內研成膏，每用無灰酒調下二錢即消。沙隨先生，晚年亦得此疾，辛親授此方服之，亦消。然城郭人患不能得葉珠，只於生藥鋪買薏苡仁，亦佳。

按《本草》，薏苡仁上等上上之藥，為君主養命，多服不傷人。欲輕身養命，不老延年者，本上經。味甘，微寒，無毒。主拘攣不可屈伸。除風濕痺下氣，除筋骨寒邪氣不仁。利腸胃，消水腫，令人能食。久服輕身益氣。其根下三蟲。生真定平澤及田野，八月採實，採根無時。今在在有之，真良藥也。蜀中巴蓬間甚多，士大夫以此相饋遺，雜之飲食間也。

宋・鄭樵《通志》卷七五《昆蟲草木略》　贛　曰屋菼，曰起實。交州曰薢珠，薏苡也。

宋・劉明之《圖經本草藥性總論》卷上　薏苡仁　味甘，微寒，無毒。主筋急拘攣，不可屈伸，風濕痺，下氣，除筋骨邪氣不仁，利腸胃，消水腫。令人能食，久服輕身益氣。其根下三蟲。《藥性論》：能治熱風，筋脉攣急。能令人食。主肺痿肺氣，吐膿血，欬嗽涕唾上氣。孟詵云：性平。治乾濕脚氣。昔馬援煎服之，破五溪毒腫。

宋・王介《履巉巖本草》卷中　穿心佛指草　性溫，無毒。大能明目，去昏翳眼。每用不以多少爲末，甘草末等分，每服一錢，食後清茶調服。

宋・張杲《醫説》卷一〇　薏苡浴兒　薏苡葉煎湯，浴初生嬰兒，一生少病。暑月可作熟水，暖胃，益氣血《瑣碎録》。

元・王好古《湯液本草》卷三　薏苡仁　氣微寒，味甘，無毒。《本草》云：主筋急拘攣，不可屈伸，風濕痹，下氣。除筋骨邪氣不仁，利腸胃，消水腫，令人能食，久服輕身益氣。其根能下三蟲。仲景治風濕燥痛，日晡所劇者，與麻黃杏子薏苡仁湯。

元・吴瑞《日用本草》卷八　薏苡葉　味甘，微寒，無毒。採葉蒸過，泡熟水為湯。主筋急拘攣，利腸胃，消渴，令人能食。

元・朱震亨《本草衍義補遺》　薏苡仁　寒則筋急，熱則筋縮。急因於堅強，縮因於短促。若受濕則弛，弛因於寬而長。然寒與濕未嘗不挾熱，三者皆因於濕熱，外濕非內濕，有以啟之不能成病。故濕之病因酒麵為多，而魚與肉繼以成之者，甘滑、陳久、燒炙、辛香、乾硬，皆致濕之因。宜戒哉！〇丹溪先生詳矣。又若《素問》言：因寒則筋急，不可更用此也。凡用之，須倍於他藥，此物力勢和緩，須倍用即見效。蓋受寒使人筋急，受熱使人筋攣。若但熱而不曾受寒，亦能使人筋緩，受濕則又引長無力也。

元・徐彥純《本草發揮》卷一　薏苡仁　味甘，平、微寒，無毒。主筋急拘攣，風濕痺，除筋骨邪氣不仁。肺痿，吐膿血。治乾濕脚氣，治肺癰，心胸甲錯。丹溪云：寒則筋急，熱則筋縮，急因於堅強，縮因於短促。若受濕則弛，弛因於寬長。然寒與熱，未嘗不挾濕，三者皆因於濕。然外濕非內濕，有以啟之，不能成致濕之病。蓋因酒麵為多，而魚與肉繼以成之。若甘滑陳久，燒炙香辛，乾硬之物，皆致濕之因也。戒之！慎之！

明・朱橚《救荒本草》卷上之後　回回米　《本草》名苡薏人，一名解蠡音离，一名屋菼音毯，一名起實，一名贛音（縉）〔紺〕，俗名草珠兒，又呼為西番蜀秫音蜀述。生真定平澤及田野。交趾生者子最大，彼土人呼為贛珠。今處處有之。苗高三四尺，葉似黍葉而稍大，開紅白花，作穗子，結實青白色，形如珠而稍長，故名薏珠子。味甘，微寒，無毒。今人俗亦呼為菩提子。救飢：採實舂取其中人煮粥食。取葉煮飲亦香。治病：文具《本草》草部苡薏人條下。

明・王綸《本草集要》卷二　薏苡仁　味甘，氣微寒，無毒。八月採實，採根無時。主筋急拘攣，不可屈伸，風濕痹，下氣，除筋骨邪氣不仁。利腸，消水腫，令人能食。久服輕身益氣。○其根下三(蟲)〔蟲〕。　此藥力勢和緩，凡用須倍於他藥。　古方心肺藥多用之，治肺痿肺癰，吐膿血，咳嗽涕唾，上氣。取仁十兩，水三升，煎一升，入少酒服。　蛔蟲攻心，腹痛。取根切，水煮濃汁，服之，蟲死盡出。

明・滕弘《神農本經會通》卷一　薏苡仁　凡使勿用糯米，顆大無味，顆小色青。味甘，咬着粘齒，實重累者良。八月採實，採根無時。用之取中仁。《局》云：糯米同炒熟，去米用。

味甘，氣微寒，無毒。東云：理脚氣，除風濕。《韭》云：去風寒，血膿嗽，消水，舒筋，治肺癰并濕痺，利臟益氣。《本經》云：主筋急拘攣不可屈伸，風濕痺，下氣，除筋骨邪氣不仁，利腸胃，消水腫，令人能食，久服輕身益氣。其根，下三蟲。陶云：小兒病蚘蟲，取根煑汁，作糜食之甚香，而去蚘蟲大効。陳藏器云：薏苡收子，蒸令氣餾，暴乾，磨收仁，炊作飰及作麪，主不飢，溫氣輕身。煑汁飲之，主消渴。《藥性論》云：治熱風筋脉攣急，能令人食。主肺痿肺癰吐膿血，欬嗽涕唾，上氣。馬援煎服之，破五溪毒腫。孟詵云：性平。去乾濕脚氣大効。《圖經》云：古方大抵心肺藥多用之。韋丹治肺癰，心胸甲錯者，淳苦酒煑薏苡仁，令濃，微溫頓服之，肺有血當吐愈。葛洪治卒心腹煩滿，又胸脇痛者，剉根，濃煑汁服，乃定。仲景治風濕身煩疼，日晡劇者，與麻黃杏仁薏苡仁湯。麻黃三兩，杏仁三十枚，甘草、薏苡各一兩，水煎服。又治胸痺偏緩急者，薏苡仁附子散。丹溪云：寒則筋急，熱則筋縮。急因於堅強，縮因於短促。若受濕則弛，弛因於寬而長。然寒與濕未嘗不挾熱，三者皆因於濕熱，外濕非內濕有以啓之，不能成病，故濕之病，因酒麪為多，而魚與肉繼以成之者，甘滑陳久，燒炙辛香乾硬，皆致濕之因。戒哉！又若《素問》言因寒則筋急，不可更用此也。凡用之，須倍於他藥，此物力勢和緩，須倍用即見効。《衍義》曰：《本經》云微寒，主筋急拘攣。拘攣有兩等，《素問註》中大筋受熱則縮而短，縮短故攣急不伸，此是因熱而拘攣也，故可用薏苡仁。若《素問》言因寒即筋急者，不可更用此也。凡用之須倍於他藥，此物力勢和緩，須倍加用即見効。蓋受寒即止使人筋急，受熱故使人筋攣。若但熱而不曾受寒，又亦能使人筋緩，受濕則又引長無力。《局》云：薏苡甘寒治熱風，筋攣骨痛大能攻。更除肺氣痿癰病，馬援曾收毒腫功。薏苡，治痺弱筋攣，并風濕。

明・劉文泰《本草品彙精要》卷七　薏苡仁無毒。

薏音意**苡**音以**仁**出《神農本經》：**主筋急拘攣，不可屈伸，風濕痺，下氣。久服輕身，益氣。其根下三蟲。**以上朱字《神農本經》。除筋骨邪氣不仁，利腸胃，消水腫，令人能食。以上黑字名醫所錄。

〔名〕解蠡、屋菼音毯、起實、贛音感、簳珠、薏珠子。

〔苗〕《圖經》曰：春生苗，莖高三四尺，葉如黍葉。開紅白花作穗，五六月結實，其色青白，形如珠子而稍長，故呼薏珠子。別本注云：今多用漢梁者，氣力劣於真定，取青水色者良。

〔地〕陶隱居云：生交阯及漢梁，今處處有之。〔道地〕真定平澤及田野爲佳。

〔時〕生：春生苗。採：八月取根、實。

〔收〕暴乾。

〔用〕實白微青者爲好。

〔質〕類珠子而稍長。

〔色〕青白。

〔味〕甘。

〔性〕微寒，緩。

〔氣〕氣之薄者，陽中之陰。

〔臭〕香。

〔主〕除肺痿，止消渴。

〔製〕暴于日中，按之得仁。

〔治〕療：《圖經》曰：根煮汁，除心腹煩滿，胸脇痛。○葉，益中空膈。陶隱居云：根煮汁，去小兒蛔蟲。《藥性論》云：熱風筋脈攣急，令人能食，除肺氣，吐膿血，欬嗽涕唾，上氣，破五溪毒腫。陳藏器云：煞蛔蟲。孟詵云：乾濕脚氣。

〔合治〕合苦酒療肺癰，心胸甲錯。○合麻黃、杏仁、甘草，治風濕身煩疼，日晡劇者。○合大附子治胸痺，偏緩急。

〔禁〕妊娠不可服。

〔贋〕粳糯爲僞。

明・葉文齡《醫學統旨》卷八　薏苡仁　氣微寒，味甘。無毒。此藥力勢和緩，凡用須倍於他藥。　治筋急拘攣，風濕痺，除筋骨邪氣不仁，利腸下氣，消水腫，肺痿吐膿血，咳嗽涕唾上氣，肺癰，心胸甲錯，乾濕脚氣。

明・許希周《藥性粗評》卷一　筋拘而攣，仁尊薏苡。

薏苡仁，一名解蠡，一名屋菼。春生苗，莖高三四尺，葉如黍，夏間開紅白花作穗，子六月結實，青白色，形如珠子而稍長，俗呼為意珠子，小兒多以線穿如貫珠為戲。生交廣平澤，今湘楚間亦有之，好事者植於家園。九月、十月採實，甑中蒸熟，日中暴乾，磨取其仁收之。其仁嚼之沾口，昔馬援征交阯，取婦人說以烏珍珠者是也。所使并所畏惡，《本草》不載。味甘，性平、微寒，無毒。　主治風濕積熱成痹，筋骨拘攣，手足不仁，禦嵐氣，消水腫，調中養胃，令人能食，久服益氣輕身。其根亦頗入藥。

單方：　風濕拘攣：　如法取仁，細舂簸淨，炒為散，氣味欲匀如麥飯乃佳，或煮粥食之亦可，或為散，以一二合，水一二升，煮為稀粥，空心食之亦可。　胸痹偏緩：　取仁一斤，附子十枚，炮去皮臍，剉，共搗為細末，酒調方寸匕，日二三。　牙齒風痛：　取根四兩，水四升，煮取二升，含嗽，冷即易之，其斷亦生。　肺癰唾膿：取仁十兩，搗破，水三升，煎取一升，入酒少許，服之。

明·鄭寧《藥性要略大全》卷四　薏苡仁　《經》云：主筋急拘攣，不能屈伸者。歐風濕痹不仁，利腸胃，消水腫，進食。治肺痿肺氣，吐膿血，咳嗽。仲景云治風濕燥痛，日晡所劇者，與麻黄杏仁薏苡仁湯。　味甘，性微寒，無毒。八月採實，舂去殼，微炒用。　根：煮汁服，去蚘蟲。又云：根能下三蟲。

明·陳嘉謨《本草蒙筌》卷一　薏苡仁　味甘，氣微寒，無毒。近道俱出，真定郡名，屬北直隸。者良。多生曠野澤中，莖高三四尺許。葉類垂黍，花開淺黃。結實而名薏珠，小兒每穿為戲。醫家採用，舂殼取仁。或和諸藥煎湯，炒熟微研入之。或攙粳米煮粥。薏苡仁粒硬，須先煮半熟，纔攙粳米同煮，粥方稠粘。專療濕痹，且治肺癰。筋急拘攣，屈伸不便者最効；此濕痹證。欬嗽涕唾，膿血併出者極佳。此肺癰證。除筋骨邪入作疼，消皮膚水溢發腫。利腸胃，主渴消。久服益氣輕身，多服開胃進食。但此藥力和緩，凡用之時，須當倍於他藥爾。若挖根煮汁，可攻蛔墮胎。肺癰服之，亦臻神効。

謨按：《衍義》云：《本經》謂主筋急拘攣，須分兩等，大筋縮短，拘急不伸，此是因熱拘攣，故此可用；倘若因寒筋急，不可用也。又云：受濕者亦令筋緩。再按丹溪曰：寒則筋急，熱則筋縮。急因于堅強，縮因于短促。若受濕則弛，弛因於寬長。然寒與濕未嘗不挾熱，而三者又未始不因於濕。薏苡仁去濕要藥也。二家之說，實有不同。以《衍義》言觀之，則筋病因熱可用，因寒不可用。以丹溪言觀之，則筋病因寒、因熱、因濕皆可用也。蓋寒而留久，亦變為熱。況外寒濕與熱皆由內濕啟之，方能成病。內濕病酒麵為多，魚肉繼以成之。若甘滑、陳久、燒炙、辛香、乾硬皆致濕之因，宜戒之。謂之曰：三者未始不因於濕，是誠盲者日月，聾者雷霆歟。

明·方穀《本草纂要》卷六　薏苡仁　味甘，氣微寒，無毒。入足太陰脾經，能健脾養胃；入手太陰肺經，能清肺利氣。蓋風濕之症，或癰、或腫、或肌體拘攣，或脹、或滿，或小便不利，或嗽、或吐、或痰涎壅盛，或膿、或潰、或肺痿腦漏，或重、或痛、或脚氣難履，或痿、或痹、或腰膝酸疼，或癃、或閉、或淋瀝帶濁，或泄、或瀉、或大便不實，是皆脾肺蘊濕之症也，惟薏苡仁可以治之。吾見味甘而實脾，氣平而通肺，爲去濕之神藥也。秘用之法：同天麥而治肺，同苓术而治脾，同蒼朴而治胃，同牛膝而治腎，同木瓜而治足，同人參而治心，同二陳而治痰，同平胃而治濕，同蒼柏而治痿，同歸芍而治癰腫，同檳榔而治脚氣，同五苓而治水濕，蘊蓄之不利也。故北方之人多食之，則脾胃豐厚，元氣壯盛，而無風濕之患；東南卑濕，脾胃弱薄，用此以去濕健脾最妙。

明·王文潔《太乙仙製本草藥性大全》卷一《本草精義》　薏苡仁　生真定平澤及田野，今所在有之。春生苗，莖高三四尺，葉如黍，開紅白花作穗子，五月、六月結實，青白色，形如珠子而稍長，故呼薏珠子。小兒多以線穿如貫珠爲戲。八月採實，採根無時。今人通以九月、十月採其實中仁。交趾者子最大，彼土呼爲簳音幹珠，馬援以車載還，人譏以珍珠也。實重累者爲良。用之取中仁。

明·王文潔《太乙仙製本草藥性大全》卷一《仙製藥性》　薏苡仁　味甘，氣微寒，無毒。　主治：療筋急拘攣，不可屈伸，風濕痹，下氣，除筋骨邪氣不仁，利腸消水腫，令人能食，久服輕身益氣。○其根下三蟲。一名解蠡，一名屋菼，一名起實，一名贛，此藥力勢和緩，凡用須倍於他藥。　補註：治牙齒風痛，薏苡根四兩，水四升，煮取二升，含，冷易之，齦便生。○咽喉卒癰腫，吞薏苡人二枚。○肺疾唾膿血，取仁十兩，杵破，水三升，煎取一升，入酒少許服之。○蛔蟲攻心腹痛，用根一斤，切，水七升，煮取三升，先食，盡服之，蟲死盡出。○小兒病蛔蟲，取根煮汁糜，食之甚香，而去蛔蟲大效。今按陳藏器《本草》云：薏苡收子，蒸令器餾，暴乾，磨取仁。炊仁飯及作麪，主不飢，溫氣輕身。煮汁飲之，主消渴。　太乙曰：凡使勿用糯米，顆大，無味，其糯米時人呼爲粳糯是也。若薏苡仁顆小，色青，味甘，咬着粘人齒。夫用一兩，以糯米一兩同熬，熟去糯米取使，若更以鹽湯煮過，別是一般修製亦得。

明·皇甫嵩《本草發明》卷二　薏苡仁上品之上，君。氣微寒，味甘，無毒。　發明曰：薏苡仁古方用治心肺，《本草》專主除濕健脾，不及於肺，然益肺之功在其中矣。故《本草》主風濕痺，筋急拘攣，不可屈伸，筋骨邪氣不仁，利腸胃，消水腫，進食，久服輕身益氣，此除濕健脾之功也。脾土健，則肺金滋其化養，不為濕熱所傷，故肺氣自益。凡痰唾欬嗽上氣，肺痿肺癰吐膿血方中多用之，良有以也。又去五溪毒腫，乾濕脚氣者，能清濕熱也。主消渴者，益肺生津也。參苓白朮散與衛生湯用之以健脾，其為肺氣之助亦多矣。

按：筋急拘攣有兩等，《素問》註曰：大筋受熱則縮短，故攣急不伸，此因熱也，宜用薏苡。若因寒筋急者，不可用，蓋受寒能使人筋急，受熱使人筋攣，但熱而不受寒，亦云使人筋緩，受溫則又引長無力，今云筋急拘攣，乃因熱也。薏苡清濕熱力勢和緩，用之須倍于他藥即效。〇顆粒圓小，青色味甘，咬之粘齒者為良。〇其根能下三蟲，蚘蟲攻心腹痛，取根切細，水煎濃汁服之，蟲死盡出，痛止。

明·李時珍《本草綱目》卷二三穀部·稷粟類

薏苡《本經》上品。校正：據《千金方》，自草部移入此。

【釋名】解蠡音禮。《本經》。　芑實音起。《別錄》。　赣米《別錄》。音感。陶氏作簳珠，雷氏作糯米。　回回米《救荒本草》　薏珠子《圖經》時珍曰：薏苡名義未詳。其葉似蠡實葉而解散。又似芑黍之苗，故有解蠡、芑實之名。赣米乃其堅硬者，有赣強之意。苗名屋菼。《救荒本草》云：回回米又呼西番蜀秫。俗名草珠兒。

【集解】《別錄》曰：薏苡仁生真定平澤及田野。八月採實，採根無時。弘景曰：真定縣屬常山郡。近道處處多有，人家種之。出交趾者子最大，彼土呼為簳珠。故馬援在交趾餌之，載還為種，人讒以為珍珠也。實重累者為良。取仁用。志(曰)〔云〕：今多用梁漢者，氣劣於真定。取青白色者良。取子於甑中蒸使氣餾，曝乾挼之，得仁矣。亦可磨取之。頌曰：薏苡所在有之。春生苗莖，高三四尺。葉如黍葉。開紅白花，作穗。五六月結實，青白色，形如珠子而稍長，故人呼為薏珠子。小兒多以綫穿如貫珠為戲。九月、十月採其實。斅曰：凡使勿用糯米，顆大無味，時人呼為粳糯是也。薏苡仁顆小色青味甘，咬着粘人齒也。時珍曰：薏苡人多種之。二三月宿根自生。葉如初生芭茅。五六月抽莖開花結實。有二種：一種粘牙者，尖而殼薄，即薏苡也。其米白色如糯米，可作粥飯及磨麵食，亦可同米釀酒。一種圓而殼厚堅硬者，即菩提子也。其米少，即粳糯也。但可穿作念經數珠，故人亦呼為念珠云。其根並白色，大如匙柄，糺結而味甘也。

薏苡仁　【修治】斅曰：凡使，每一兩，以糯米一兩同炒熟，去糯米用。亦有更以鹽湯煮過者。

【氣味】甘，微寒，無毒。詵曰：平。　【主治】筋急拘攣，不可屈伸，久風濕痹，下氣。久服，輕身益氣《本經》。除筋骨中邪氣不仁，利腸胃，消水腫，令人能食《別錄》。炊飯作麵食，主不飢，溫氣。煮飲，止消渴，殺蛔蟲藏器。治肺痿肺氣，積膿血，咳嗽涕唾，上氣。煎服，破毒腫甄權。去乾濕脚氣，大驗孟詵。健脾益胃，補肺清熱，去風勝濕。炊飯食，治冷氣。煎飲，利小便熱淋時珍。

【發明】宗奭曰：薏苡仁《本經》云微寒，主筋急拘攣。拘攣有兩等：《素問》注中，大筋受熱，則縮而短，故攣急不伸，此是因熱而拘攣也，故可用薏苡；若《素問》言因寒則筋急者，不可更用此也。蓋受寒使人筋急；寒熱使人筋攣；若但受熱不曾受寒，亦使人筋緩；受濕則又引長無力也。此藥力勢和緩，凡用須加倍即見效。震亨曰：寒則筋急，熱則筋縮。急因於堅强，縮因於短促。若受濕則弛，弛則引長。然寒與濕未嘗不挾熱。三者皆因於濕，然外濕非內濕啓之不能成病。故濕之為病，因酒而魚肉繼之。甘滑、陳久、燒炙並辛香，皆致濕之因也。時珍曰：薏苡仁屬土，陽明藥也，故能健脾益胃。虛則補其母，故肺痿、肺癰用之。筋骨之病，以治陽明為本，故拘攣筋急風痹者用之。土能勝水除濕，故泄痢水腫用之。按古方小續命湯注云：中風筋急拘攣，語遲脈弦者，加薏苡仁。亦扶脾抑肝之義。又《後漢書》云：馬援在交趾嘗餌薏苡實，云能輕身(資)〔省〕慾以勝瘴氣也。又張師正《倦遊錄》云：辛稼軒忽患疝疾，重墜大如杯。一道人教以薏珠用東壁黃土炒過，水煮為膏服，數服即消。程沙隨病此，稼軒授之亦效。《本草》薏苡乃上品養心藥，故此有功。頌曰：薏苡仁心肺之藥多用之。故范汪治肺癰，張仲景治風濕、胸痹，並有方法。《濟生方》治肺損咯血，以熟猪肺切，蘸薏苡仁末，空心食之。薏苡補肺，猪肺引經也。趙君猷言屢用有效。

【附方】舊五，新九。

薏苡仁飯：治冷氣。用薏苡仁舂熟，炊為飯食。氣味欲如麥飯乃佳。或煮粥亦好。《廣濟方》。

薏苡仁粥：治久風濕痹，補正氣，利腸胃，消水腫，除胸中邪氣，治筋脈拘攣。薏苡仁為末，同粳米煮粥，日日食之，良。

風濕身疼：日晡劇者，張仲景麻黃杏仁薏苡仁湯主之。麻黃三兩，杏仁二十枚，甘草、薏苡仁各一兩，以水四升，煮取二升，分再服。《金匱要略》。

水腫喘急：用郁李仁二兩研，以水濾汁，煮薏苡仁飯，日二食之。《獨行方》。

沙石熱淋：痛不可忍。用玉秫，即薏苡仁也，子、葉、根皆可用，水煎熱飲，夏月冷飲，以通為度。《楊氏經驗方》。

消渴飲水：薏苡仁煮粥飲，並煮粥食之。

周痹緩急：偏者。薏苡仁十五兩，大附子十枚炮，為末。每服方寸匕，日三。〇《張仲景方》。

肺痿咳唾：膿血。薏苡仁十兩杵破，水三升，煎一升，酒少許，服之。《梅師》。

肺癰咳唾：心胸甲錯者。以淳苦酒煮薏苡仁令濃，微溫頓服。肺有血，當吐出愈。《范汪方》。

肺癰咯血：薏苡仁三合搗爛，水二大盞，煎一盞，入酒少許，分二服。《濟生》。

喉卒癰腫：吞薏苡仁二枚，良。《外臺》。

癰疽不潰：薏苡仁一枚，吞之。《姚僧坦方》。

孕中有癰：薏苡仁煮汁，頻頻飲之。《婦人良方補遺》。

牙齒䘌痛：薏苡仁、桔梗生研末，點服。不拘大人、小兒。《永類方》。

根　【氣味】甘，微寒，無毒。　【主治】下三蟲《本經》。煮汁糜食甚香，去蛔蟲，大效弘景。煮服，墮胎藏器。治卒心腹煩滿及胸脇痛者，剉煮濃汁，服三升乃定。蘇頌。〇出《肘後方》。搗汁和酒服，治黃疸有效時珍。

【附方】舊二，新二。 黄疸如金：薏苡根煎湯頻服。 蛔蟲心痛：薏苡根一斤切，水七升，煮三升，服之，蟲死盡出也。《梅師》。 經水不通：薏苡根一兩，水煎服之。不過數服，效。《海上方》。 牙齒風痛：薏苡根四兩，水煮含漱，冷即易之。《延年秘録》。

葉 【主治】作飲氣香，益中空膈蘇頌。暑月煎飲，暖胃益氣血。初生小兒浴之，無病。時珍。○出《瑣碎録》。

題明・薛己《本草約言》卷一《藥性本草》 薏苡仁 味甘，氣微寒，無毒。陽中微陰，可升可降，入手足太陰陽明、足厥陰經。外而身表，有去濕之妙；内而腸胃，有進食之能。外而身表，疏滲而不發；内而腸胃，和利而不爭。又治痿癰于肺臟，能治水氣而精神。蓋其勢力緩薄，倍用于他藥方精。○專療濕痹，且治肺癰。筋急拘攣，屈伸不便者最效。濕痹證。欬嗽，涕唾膿血併出者極佳。肺癰證。除筋骨邪入作痛，消皮膚水溢發腫。久服益氣輕身，多服開胃進食。《發明》云：薏仁古方用治心肺，《本草》專主除濕健脾，不及于肺，然益肺之功在其中矣。故《本草》主風濕痹，筋急拘攣，利腸胃，消水腫，進食，久服輕身益氣，此除濕健脾之功也。脾土健，則肺金滋其化養，不為濕熱所傷，故肺金自益。凡痰唾咳嗽上氣肺痿肺癰吐膿血方中多用之，良有以也。 按：《衍義》云：《本經》謂主筋急拘攣，須分兩等，大筋縮短拘急不伸，此是因熱拘攣，故此可用，倘若因寒筋急，不可用也。 江云：受濕者，亦能筋緩。○再按：丹溪曰：寒則筋急，熱則筋縮，急因于堅強，縮因于短促。若受濕則弛，弛因于寬長。然寒與濕未嘗不挾（熟）〔熱〕，而三者又未始不因于濕，薏苡仁去濕要藥也。以《衍義》觀之，則筋病因熱可用。以丹溪觀之，則筋病因寒、因熱、因濕，皆可用也。蓋寒而留久，亦變而為熱，況外寒與熱，皆由内濕啟之，方能成病。内濕病者，酒麵為多，而魚與肉繼以成之，若甘滑、陳久、燒炙、辛香、乾硬之物，皆致濕之因也。戒之，慎之。

明・梅得春《藥性會元》卷中 薏苡仁 味甘，氣微寒，無毒。 凡用顆小、色青、咬之黏齒者佳。 主理脚氣而除風濕，治痹弱筋急之拘攣。寧肺氣，療肺癰，除筋骨邪氣。 仁：利腸胃，下氣，消水腫，令人能食。益氣，下三蟲，治肺痿吐膿血，咳嗽涕唾上氣，心胸甲錯。凡人寒則筋急，熱則筋縮，用之能舒。須倍他藥見效，為味淡性緩也。

明・杜文燮《藥鑒》卷二 薏苡仁 氣微寒，味甘，平，無毒。主筋急拘攣風濕痹，除筋骨邪氣不仁。肺癰濃血，乾濕肺氣。丹溪曰：寒則筋急，熱則筋縮。急因於堅強，縮因於短促，是熱與寒，未嘗不挾濕而成。然外濕非内濕，有以啟之，亦不能成至濕之病，或因酒麵為多，而魚肉繼成之，若燒炙、香辛、堅硬之物，皆致濕之因也。孕婦所禁。

明・穆世錫《食物輯要》卷二 薏苡仁 味甘，性微寒，無毒。健脾養胃，補肺清熱，去風濕，消水腫，除筋骨邪氣。《素問》言：因寒筋急。不可便用，以其性善走下也。

明・李中立《本草原始》卷五 薏苡仁 始出交趾，今處處人家種之。春生苗，莖高三四尺，葉似蠡實葉而解散，故《本經》名解蠡。又似芑黍之苗，故《別錄》名芑實。五六月開花結實，其實青白色，形如珠子而稍長。小兒多以線穿如貫珠為戲，故人呼為薏珠子。 薏苡仁：氣味：甘，微寒，無毒。主治：筋急拘攣，不可屈伸，久風濕痹，下氣。久服輕身益氣。○除筋骨中邪氣不仁，利腸胃，消水腫，令人能食。○炊飯作麪食，主不飢，溫氣。煮飲止消渴，殺蚘蟲。○治肺痿肺氣，積膿血，欬嗽涕唾，上氣。煎〔藥〕服，破毒腫。○去乾濕脚氣，大驗。○健脾益胃，補脾清熱，去風勝濕。炊飯食，治冷氣。煎飲利小便。

薏苡仁，《本經》上品。【圖略】據《千金方》自草部移入此。仁，色白，堪作粥。修治：取子於甑中蒸，使氣餾，曝乾，挼之得仁。亦可捻取之，或杵之，取仁色青白者良。雷公云：每一兩，以糯米一兩同炒熟，去糯米用。亦有更以鹽湯煮過者。

張師正《倦游録》云：辛稼軒忽患疝疾，重墜大如杯。一道人教以薏珠，用東壁黄土炒過，水煮為膏，服數服即消。

明・張懋辰《本草便》卷一 薏苡仁 味甘，氣微寒，無毒。 主筋急拘攣不可屈伸，風濕痹，下氣，除筋骨邪氣不仁，利腸，消水腫；令人能食，久服益氣。

明・吳文炳《藥性全備食物本草》卷一 薏苡米 味甘，性微寒，無毒。健脾養胃，補肺清熱，去風濕，消水腫，除筋骨邪氣。《素問》言因寒筋急，以其性善走下也。治肺痿、肺癰、吐膿血，咳嗽涕唾上氣，心胸甲錯。久服益氣，令人能食。性緩不妬，凡用須倍於他藥。咬之粘牙者真，水洗略炒，或和糯米炒熟去米。○治妬方：薏苡、天門冬、赤黍米等分，蜜丸，男婦服之，皆不妬忌。

明・趙南星《上醫本草》卷一　薏苡　一名芑實音起，生真定平澤及田野，今所在有之。八月採實，採根無時。顆大者無味，顆小青白氣味甘，咬著粘人齒者佳。《後漢・馬援傳》：援在交趾，嘗餌薏苡實，用能輕身資欲，以勝瘴氣。南方薏苡實大，援欲以為種，軍還，載之一車，人讒以為珍珠也。

薏苡仁：苦，微寒，無毒。主治：筋急拘攣，不可屈伸，久風濕痹，下氣。除筋骨中邪氣不仁，去乾濕脚氣，消水腫，大驗。健脾益胃，補肺清熱，肺痿肺氣，積膿血，欬嗽涕唾，上氣，令人能食。久服，輕身益氣。炊飯作麵食，主不飢，溫氣。煮飲，止消渴，利小便熱淋。麵煎服，破毒腫。

取仁法：先將子于甑中蒸，使氣餾，曝乾挼之，得仁矣。亦可磨取之。凡用，每一兩，以糯米一兩同炒熟，去糯米用，亦有更以鹽湯煮過者。取薏苡仁、虋即赤黍米，為末，等分為丸，治婦女冷妬多疑，常服之。也可資談說耳。

附方　薏苡仁飯：治冷氣，用薏苡仁，舂，熟炊為飯食，氣味欲如麥飯乃佳。或煮粥亦好。　薏苡仁粥：治久風濕痹，補正氣，利腸胃，消水腫，除胸中邪氣，治筋脉拘攣。兼治消渴飲水。薏苡仁為末，同粳米煮粥，日日食之，良。　肺損咯血：以熟猪肺，切，蘸薏苡仁末，空心食之。薏苡補肺，猪肺引經也，屢用有效。　疝疾重墜大如盃：一道人教以薏珠用東壁黄土炒過，水煮為膏服，數服即消，屢效。　喉卒癰腫：吞薏苡仁二枚，良。

根：甘，微寒，無毒。主治：卒心腹煩滿及胸脇痛者，煮濃汁，服三升乃定。煮汁糜食，甚香，去蚘蟲，大效。擣汁和酒服，治黄疸有效。煮服，墮胎。

附方　經水不通：薏苡根一兩，水煎服之，不過數服，效。

葉：主治：作飲氣香，益中空膈。暑月煎飲，暖胃，益氣血。

附方　初生小兒，用薏苡葉水煮，浴之無病。

明・李中梓《藥性解》卷三　薏苡仁　味甘，微寒，無毒，入肺、脾、肝、胃、大腸五經。利腸胃，消水腫，祛風濕，療脚氣，治肺痿，健脾胃。按：薏苡仁總理濕熱，故入上下五經。蓋受熱使人筋攣，受濕使人筋緩者，可用。若受寒使人筋急者，忌之，勢力和緩，須多用見效。

明・繆希雍《本草經疏》卷六　薏苡仁　味甘，微寒，無毒。主筋急拘攣，不可屈伸，風濕痹，下氣，除筋骨邪氣不仁，利腸胃，消水腫，令人能食。久服輕身益氣。

〔疏〕薏苡仁正得地之燥氣，兼稟乎天之秋氣以生，故味甘淡，微寒無毒。陽中陰，降也。《經》曰：地之濕氣，感則害人皮肉筋脈。又曰：風寒濕三者合而成痹。此藥性燥，能除濕，味甘能入脾補脾，兼淡能滲泄，故主筋急拘攣不可屈伸及風濕痹。除筋骨邪氣不仁，利腸胃，消水腫，令人能食，久服輕身。總之濕邪去則脾胃安，脾胃安則中焦治，中焦治則能榮養乎四肢而通利乎血脈也。甘以益脾，燥以除濕，脾實則腫消，脾強則能食，濕去則身輕。如是則已上諸疾，不求其愈而自愈矣。〔主治參互〕同木瓜、石斛、萆薢、黄蘗、生地黄、麥門冬，治痿厥。同五加皮、牛膝、石斛、生地黄、甘草，主筋拘急。加二朮、菖蒲、甘菊花，可治痹。佐以附子，能治胸痹偏緩。獨用數兩，淘淨煮濃湯，頓飲，可治肺經因濕火所傷吐膿血，一切肺痿、肺癰、咳嗽、涕唾上氣。《經》曰：治痿獨取陽明。陽明者，胃與大腸也。二經濕熱盛則成痿，熏蒸於肺則發肺癰及吐血咳嗽、涕唾穢濁。蓋肺與大腸為表裏，腑熱必傳於〔五〕臟，大腸與胃家之濕熱散則痿自愈，吐膿血咳嗽亦竝止矣。〔簡誤〕薏苡乃除濕燥脾胃之藥。凡病人大便燥，小水短少，因寒轉筋，脾虛無濕者忌之。妊娠禁用。

明・倪朱謨《本草彙言》卷一四　薏苡仁　味甘，氣溫，無毒。沉也，降也，入足陽明、手太陰經。《別錄》曰：薏苡仁，出真定平澤田野間，今所在皆有。蘇氏曰：今多用梁、漢者，但氣劣于真定耳。陶氏曰：出交趾者最良，彼土人呼爲簳珠，故馬援在彼餌之，載種還，人説以爲携珍珠也。李氏曰：二三月宿根自發，高四五尺，葉如初生芭蕉，五月抽莖，開紅白花，六月結實重纍，殼青緑，堅薄而銳，中仁如珠，味甘美，咬着粘齒，可以作粥飯食，可以和糯米釀酒。一種形圓殼厚者，名菩提子，但可穿作念佛珠，其仁少，且無味，即粳䆀也。二種根幷白色，大如椎柄糾結而味甘也。修治：以八九月采實，晒乾，去殼用。

薏苡仁：養胃健脾，清肺導腎之藥也。繆氏仲淳曰：此藥得天地沖和沉厚之氣以生，色白體重，質凝味甜，爲脾胃肺腎調和水火之劑，寒而不泄，溫而不燥，補而不滯，利而不尅，至和至美之品也。前古謂久服益氣輕身，去風濕痹氣，脹閉不行也，以致筋急拘攣不可屈伸者，作粥、釀酒，或爲湯散丸劑。如久病虚人，老羸幼弱之疾，咸宜用之。方氏龍潭曰：凡風濕之證，或麻或痛而肢體拘攣，或脹或腫而脚膝難履，或痿或痹而腰脊痠疼，或脹或浮而皮膚水腫，或嗽或唾而痰涎壅盛，或泄或瀉而大便不實，或壅或痿而咳唾膿血，或癃或閉而淋澀帶濁，是皆脾、肺、腎經藴濕鬱火之證，惟此劑可以治之。其味甘入脾，氣平和肺，微寒入腎，爲養正去邪之神藥。

集方：仲景方治周痹筋脉緩急，偏虚者。用薏苡仁一觔炒黄，大附子切片一兩六錢，童便煮，曬乾，分作十劑，水煎服。○《方脉正宗》治風濕痹氣，肢體麻木，筋骨拘攣。用薏苡仁一斤炒，當歸、白朮、天麻、半夏各四兩，真桑寄生八兩，分作二十劑，水煎服。○姚和衆方治風濕痹氣，肢體腫脹，脚膝難行。用薏苡仁一觔，木瓜、牛膝各四兩，桂枝二兩，分作十六劑，水煎服。○《廣濟方》治風濕痹氣，肢體痿痹，腰脊痠疼。用薏苡仁一觔，真桑寄生、當歸身、川續斷、蒼朮、米泔水浸炒各四兩，分作十六劑，水煎服。○《獨行方》治風濕痹氣侵脾，以致肌肉浮脹，皮膚水腫，成喘急者。用薏苡仁一觔炒，肉桂、乾薑、砂仁、車前子、葶藶子、白芥子各二兩四錢，郁李仁三兩，研去油，分作十六劑，水煎服。○范汪方治風濕痹氣，妨礙胸胃，嘔吐痰涎。用薏苡仁一觔炒，半夏、膽星各四兩，乾薑、陳廣皮各二兩，生薑、白芥子各一兩六錢，分作十六劑，水煎服。○《方脉正宗》治風濕痹氣，時作泄瀉，大便不實。用薏苡仁一觔，炒，砂仁三兩二錢、研，木香二兩、研，白朮炒四兩，甘草炙一兩二錢，分作十六劑，水煎服。○《梅師方》治風濕痹氣，内成肺癰，肺痿，咳吐膿血。用薏苡仁一觔、炒，百合、百部、茯苓、紫菀各四兩，川貝母、桔梗各二兩，甘草炙一兩，分作十六劑，水煎服。○楊仁齋方治風濕痹氣，小便癃閉不通，或成淋瀝，或成白帶白濁。用薏苡仁一觔、炒，淡竹葉、車前子、滑石研、茯苓各四兩，白朮炒二兩，甘草炙一兩二錢，分作十六劑，水煎服。

續補集方：《婦人良方補遺》治孕婦生内癰。用薏苡仁煮汁，頻頻食之。《經驗方》治消渴飲水。用薏苡仁煮粥飲之。

明・應廖《食治廣要》卷二　薏苡米　氣味：甘，微寒，無毒。主治：筋急拘攣，不可屈伸，久風濕痹，下氣。久服輕身《本經》。炊飯作麪食，主健脾胃，不飢。煮飲，止消渴，殺蚘蟲，并治肺痿，欬嗽膿血涕唾，上氣，乾濕脚氣。

明・姚可成《食物本草》卷五穀部・稷粟類　薏苡仁薏苡各處種之，二三月宿根自生。葉如初生芭蕉。五六月抽莖開花結實。有二種：一種粘牙者，尖而殼薄，即薏苡也。其米白色如糯米，可作粥飯及磨麪食，亦可同米釀酒。一種圓而殼厚堅硬者，即菩提子也。其米少，即粳穂也。但可穿作念經數珠。其根竝白色，大如匙柄，糺結而味甘也。薏苡仁，味甘，寒，無毒。主筋急拘攣，不可屈伸，久風溼痹，下氣。久服，輕身益氣。除筋骨中邪氣不仁，利腸胃，消水腫，令人能食。炊飯作麪食，主不飢。煮飲，止消渴，殺蚘蟲。治肺痿肺氣，積膿血，欬嗽涕唾，上氣。煎服，破毒腫。治脚氣，健脾益胃，補肺清熱。○辛稼軒患疝，重墜大如升。一道人教以薏苡仁用東壁黄土炒過，水煮為膏服，數服即消。程沙隨病此，稼軒授之亦效。《濟生方》治肺損咯血，以猪肺煮熟，切片，蘸薏苡仁末，空心食之。薏苡補肺，猪肺引經也。趙君猷言屢用有效。

根　味甘，微寒，無毒。下三蟲。煮汁糜甚香，去蚘蟲，大效。又能墮胎。及治卒心腹煩滿，胸脇痛，剉煮濃汁，服三升乃定。擣汁和酒服，治黄疸。

葉　作飲氣香，益中空膈。暑月煎飲，暖胃益氣血。初生小兒浴之，無病。

附方：治久患風攣痹痛，補正氣，利腸胃，消水腫，除胸中邪氣，治筋急拘攣。薏苡仁為末，同粳米煮粥，食之。治砂石熱淋，痛不可忍。用薏苡仁，子、葉、根皆可用，水煎熱飲。夏月冷飲。以通為度。治消渴飲水。用薏苡仁作粥，食之。治風溼身疼，日晡劇者。麻黄三兩，杏仁二十枚，甘草、薏苡仁各一兩，水四升，煮二升，分三次服。治水腫喘急。用郁李仁二兩研，以水濾汁，煮薏苡仁飯，日日食之。治肺痿欬唾膿血。薏苡仁十兩杵粉，水三升，煎一升，酒少許，服之。肺癰欬唾，心胸甲錯者。以淳酒煮薏苡仁令濃，微溫頓服。肺有血，當吐出愈。治肺癰咯血。米仁三合搗爛，水二大盞，煎一盞，入酒少許，分二服。治癰疽不潰。薏苡仁一枚，吞之，大效。治喉腫作疼。吞米仁二一枚，良。

明・顧逢柏《分部本草妙用》卷三脾部・寒補　薏苡仁　甘，微寒，無毒。與糯米同炒，去米，以鹽湯煮過用。主治：筋急拘攣，濕痺不仁。利腸胃，消水腫，消渴肺痿。去毒，去乾濕脚氣。健脾胃，補腸清熱，去風勝濕，利小便，止熱淋。按：《素問》註云：大筋受熱，則縮而短，故攣急不伸，可用薏苡。因寒而筋急者，不可用也。夫薏苡為陽明本藥，故能健脾胃。肺痿肺癰用之者，虛則補母之說也。凡筋骨之病，以治陽明為本，故拘攣筋急風痺者用之，土能勝水除濕，故泄痢水腫用之。服食家以之為上品，養心藥功效倍常。

明・孟笨《養生要括・穀部》　薏苡仁炊飯作麵食，主不飢，溫氣。煮飲，止消渴，殺蛔蟲。　味甘，微寒，無毒。久服輕身益氣。除筋骨中邪氣不仁，利腸胃，消水腫，令人能食。治肺痿，肺氣積膿血，欬嗽涕唾，上氣。煎服，破毒腫，去乾濕脚氣，健脾益胃，補肺清熱，去風勝濕。炊飯食，治冷氣。煎飲，利小便熱淋。

明・李中梓《醫宗必讀・本草徵要上》　薏苡仁味甘，微寒，無毒。入肺、脾二經。淘淨，晒炒。　祛風濕，理脚氣拘攣；保燥金，治痿癰欬嗽。瀉痢不能缺也，水脹其可廢乎？薏仁得地之燥，禀秋之涼，能燥脾濕，善袪肺熱。按：大便燥結，因寒轉筋，及妊娠者並禁之。

明・鄭二陽《仁壽堂藥鏡》卷一〇上　薏苡仁　《圖經》云：薏苡仁，生真定平澤。　氣微寒，味甘，無毒。　《本草》云：主筋急拘攣，不可屈伸，風濕痺，下氣。除筋骨邪氣不仁，利腸胃，消水腫，令人能食。久服輕身益氣。其根能下三蟲。仲景治風濕燥痛，日晡所劇者，與麻黃杏子薏苡仁湯。權曰：肺痿咳嗽，腫毒。孟詵曰：去乾濕脚氣。時珍曰：苡仁屬土，故能健脾。虛則補其母，故肺病用之。筋骨之病，以治陽明為本，故筋痹者用之。土能勝水除濕，故泄痢、水腫者用之。　按：苡仁總理濕熱，故受熱使人筋攣，受濕使人筋緩者可用。若受寒使人筋急者忌之。　丹溪云：寒則筋急，熱則筋縮。急因於堅強，縮因於短促。若受濕則弛，弛因於寬長。然寒與熱未嘗不挾濕。三者皆因於濕，然外濕非內濕有以啟之，不能成致濕之病。蓋因酒、麪為多，而魚與肉繼以成之。若甘滑、陳久、燒炙、香辛、乾硬之物，皆致濕之因也。戒之慎之！丹溪先生詳矣。又若《素問》言因寒則筋急，不可更用此也。凡用之，須倍於他藥。此物力勢和緩，須倍用即見效。皆受寒使人筋急，受熱使人筋攣。若但熱而不曾受寒，亦能使人筋緩。受濕則又引長無力也。　陳藏器云：主消渴，殺蚘蟲。治肺痿、肺癰。能墮胎。

明・蔣儀《藥鏡》卷四寒部　薏苡仁　壯筋骨，善療屈伸不便之拘攣。調水腫，又理麻痺不仁之脚氣。分清脾濕寧腸胃，令飲食自進。維持肺痿停咳嗽，使膿痰自除。補脾却脹稱奇，益壽延年真鈔。惟受熱而筋攣，受濕而筋緩者可用。若受寒而筋急者，切須忌之。力勢和緩，倍用方效。

明・李中梓《頤生微論》卷三　薏苡仁　味甘，性平，無毒。入脾、肺二經。色白而糯者良。水淘曝乾，炒透用。健脾進食，保肺止嗽，解渴，消水腫；療濕熱筋攣，去乾濕脚氣。

按：苡仁屬土，本是脾藥，虛則補母，故肺病用之。筋骨之病，以治陽明為本，故肺病用之。土能勝水，故泄利水腫用之。受熱使人筋攣，受濕使人筋緩者可用。受寒使人筋急者不可用也。妊娠久服能墮胎兒。

明・張景岳《景岳全書》卷四九《本草正》　薏仁　味甘、淡，氣微涼。性微降而滲，故能去濕利水。以其去濕，故能利關節，除脚氣，治痿弱拘攣濕痺，消水腫疼痛，利小便熱淋，亦殺蚘蟲。以其微降，故亦治欬嗽唾膿，利膈開胃。以其性涼，故能清熱，止煩渴上氣。但其功力甚緩，用為佐使宜倍。

明・賈九如《藥品化義》卷五脾藥　薏米云仁非。　屬陽有土與金，體乾，色白，氣和，味甘，性乾溫，能沉，力補脾，性氣薄而味厚，入脾胃肺三經。薏米味甘氣和，清中濁品，能健脾陰，大益腸胃，主治脾虛泄瀉，致成水腫，風濕筋緩，致成手足無力，不能屈伸。蓋因濕勝則土敗，土勝則氣復，腫自消而力自生。取其色白入肺，滋養化源，用治上焦消渴，肺癰腸癰。又取其味厚沉下，培植下部，用治脚氣腫痛，腸紅崩漏。若咳血久而食少者，假以氣和力緩，倍用無不神效，但孕婦忌之。　取白色者佳，黃色者油氣者不堪用。

明・施永圖《本草醫旨・食物類》卷二　薏苡仁種出交趾，昔馬援載之而歸者。　味：甘，微寒，無毒。治：筋急拘攣，不可屈伸，久風濕痺，下氣，久服輕身益氣，除筋骨中邪氣不仁，利腸胃，消水腫，令人能食。炊飯，作麪食，主不飢，溫氣。煮飲，止消渴，殺蚘蟲，治肺痿，肺氣，積膿血，欬嗽，涕唾上氣。煎服，破毒腫，去乾濕脚氣，大驗。健脾益胃，補肺清熱，去風勝濕。炊飯食，治冷氣。煎飲，利小便，熱淋。　薏苡仁屬土，陽明藥也，故能健脾益胃。虛則補其母，故肺痿肺癰用之。筋骨之病，以治陽明為本，故拘攣筋急、風痹者用之。土能勝水除濕，故泄痢水腫用之。○辛稼軒忽患疝疾，重墜大如盃，一道人教以薏珠用東壁黃土炒過，水煮為膏，服數服即消。

附方　薏苡仁飯：治冷氣，用薏苡仁舂熟，炊為飯食，氣味欲如麥飯乃佳，或煮粥亦好。　薏苡仁粥：治久風濕痹，補正氣，利腸胃，消水腫，除胸中邪氣，治筋脉拘攣，薏苡仁爲末，同粳米煮粥，日日食之良。 風濕身疼： 日晡劇者，張仲景麻黃杏仁薏苡仁湯治。麻黃三兩，杏仁十二枚，甘草、薏苡仁各一兩，以水四升，煮取二升，分再服。 水腫喘急： 用郁李仁二兩，研，以水濾汁，煮薏苡仁飯，日二食之。 沙石熱淋： 痛不可忍，用玉株即薏苡仁也，子葉根皆可用，水煎熱飲，夏月冷飲，以通為度。 消渴飲水： 薏苡仁煮粥飲，并煮粥食之。 周痹緩急： 偏者，薏苡仁十五兩，大附子十枚，炮為末，每服方寸匕，日三。 肺痿咳唾： 膿血，薏苡仁十兩，杵破，水三升煎一升，酒少許服之。 肺癰咳唾： 心胸痛悶者，以醇苦酒煮薏苡仁令濃，微溫頓服，有血當吐出愈。 肺癰咯血： 薏苡仁三合，搗爛，水二大盞，一盞入酒少許，分二服。 喉卒癰腫： 吞薏苡仁二枚，良。 癰疽不潰： 薏苡仁一枚吞之。 孕中有癰： 薏苡仁煮汁吞，頻頻飲之。 牙齒䘌痛： 薏苡仁、桔梗生研末，點服，不拘大人小兒可服。

根： 味甘，微寒，無毒。 治： 下三蟲，煮汁糜食甚香，去蚘蟲，大效。煮服墮胎。 治卒心腹煩滿及胸脇痛者，剉，煮濃汁，服三升乃定。 擣汁和酒服，治黃疸有效。

附方 黃疸如金： 薏苡根煎湯頻服。 蛔蟲心痛： 薏苡根一斤，切，水七升，煮三升，服之，蟲死盡出也。 經水不通： 薏苡根一兩，水煎服之，不過數服效。 牙齒風痛： 薏苡根四兩，水煮含嗽，冷即易之。

葉： 治： 作飲氣香，益中，空膈。 暑月煎飲，暖胃，益氣血。 初生小兒浴之無病。

明・盧之頤《本草乘雅半偈》帙三 薏苡仁《本經》上品 氣味： 甘，微寒，無毒。 主治： 主筋急拘攣，不可屈伸，久風濕痹，下氣。 久服輕身，益氣。

覈曰： 出真定及平澤田野間，所在亦有。 今用梁漢者，但氣劣于真定耳。 交趾者最良，彼土呼為簳珠。 三月宿根自發。 高四五尺，葉如初生芭茅。 五月抽莖，開紅白花，五六月結實重纍，殼青綠，堅薄而銳，中仁如珠，味甘美，咬着粘齒，可以作粥釀酒。 一種形圓殼厚者，即菩提子。 一種大而無味者，即秔糯也。 修治： 每一兩，以糯米二兩，同拌炒熟，去糯米，更以鹽湯煮片刻，晒乾用。

繆仲淳先生云： 久服可以輕身者，濕去則脾胃安； 脾胃安，則中焦治； 中焦治，則能營養乎四肢，通利乎血脈經膜矣。 凡濕則重礙，燥則輕滲。

參曰： 薏諧意。 意者，脾藏之神用，故主脾藏失用，致肝木萎厥，遂成筋急拘攣，不可屈伸耳。 即《經》所謂： 有傷于筋，欲以吾意縱之屈伸，其若不容，及土失留礙，致己所不勝之風，吸引同類之濕，相合而成痹閉不通者，仁唯解孚，下行生氣而甲拆之，似與乙木之軸軋而上行者，不可同日而語矣。 土具體無用，吐生草木以為用也。 顧草木之條達，正顯地土之為用耳。

明・李中梓《本草通玄》卷上 薏苡仁 甘，平，保肺益脾。 舒筋去濕，消水腫，理脚氣。 色白入肺，味甘入脾，治筋者必取陽明，治濕必扶土氣，故有舒筋消水之用。 然性主秋降之令，每多下行。 虛而下陷者，非其宜也。

淘晒炒。

清・顧元交《本草彙箋》卷七 薏苡仁 味甘氣和，健脾益胃。 筋骨之病，以治陽明爲本。 故拘攣筋急，風痺者用之。 蓋受寒使人筋急，受熱使人筋縮，縮因於短促，急因於堅強。 若受濕則弛，弛則引長。 然寒與濕未嘗不挾熱，三者又皆因於濕，而外濕又必因內熱所兆，或因於酒，或因於肥甘，皆致濕之由也。 濕之爲病，或令泄瀉，或成水腫風濕筋緩以致手足無力，不能屈伸。 大抵濕勝則土敗，土勝則氣復，腫自消，而力自旺矣。 其色白入肺，滋養化元，故治上焦消渴，肺癰腸癰諸症。 又其味厚，沉下，引藥下行甚捷，能引藥氣直達於足，宜乎乾濕脚氣俱治也。 爲其氣力和緩，倍用方效。 惟孕婦忌之。

昔人患疝氣重墜，大如杯，或教以薏珠，用東壁黃土炒過，水煮爲膏，數服即消。 肺損咯血，以熟豬肺切蘸薏苡仁末，空心食之。 苡仁補肺，豬肺引經也。 黃疸如金，以薏苡根煎湯頻服。

清・穆石鉋《本草洞詮》卷五 薏苡仁 味甘，氣微寒，無毒。 主健脾益胃，清熱去風，勝濕，利小便熱淋。 《本經》云： 主筋急拘攣。 夫拘攣有兩等，《素問》註云： 大筋受熱則縮而短，故攣急不伸。 此因熱而拘攣也，當用薏苡。 若《素問》言寒則筋急者，薏苡微寒，豈其所宜？ 蓋受寒使人筋急，受熱使人筋緩。 又云： 熱則筋縮，寒熱使人筋攣，受濕則弛，弛則引長無力。 夫縮近於急，緩近於長，寒熱濕似乎難分矣。 大略寒與濕未嘗不挾熱，而寒熱皆起於濕，外濕非內濕，啟之不能成病，濕之為病，因酒而魚肉繼之，甘膩燒炙，皆致濕之因也。 三者之病，未嘗不相兼。 薏苡仁屬土，陽明藥也。 筋骨之病，以治陽明為本。 故拘攣筋急風痺者用之，土能勝水除濕，故泄痢水腫亦用之。 脾為肺之母，虛則補其母，故肺痿肺癰亦用之。 馬伏波在交趾，嘗餌薏苡實，云能輕身，以勝瘴氣也。

清・丁其譽《壽世秘典》卷三　薏苡仁《救荒本草》、回回米蘇頌《圖經》、薏珠子李時珍曰：薏苡有二種。一種粘牙者，尖而殼薄，即薏苡也，其米白色如糯米，可作粥飯及磨麪食，亦可同米釀酒。一種圓而殼厚堅硬者，即菩提子也，其米少，即粳䅯也。但可穿作念經數珠，故人亦呼為念珠云。其根並白色，大如匙柄，糾結而味甘也。　氣味：甘，平，無毒。主健脾益胃，補肺清熱，治肺痿肺癰，咳唾膿血，去風勝濕，除筋骨中邪氣不仁。

發明寇宗奭曰：薏苡仁《本經》云：微寒，主筋急拘攣。拘攣有兩等。《素問》註中大筋受熱，則縮而短，故攣急不伸。此因熱而拘攣也，故可用薏苡。若《素問》言因寒則筋急者，不可用。蓋受寒使人筋急，受熱使人筋攣，若但受熱不曾受寒，亦使人筋緩。受濕則又引長無力也。此藥力勢和緩，凡用須加倍，始效。雷斅曰：凡使，每一兩以糯米一兩同炒熟，去糯米用。李時珍曰：薏苡根味甘，微寒，煎湯頻飲，去蚘蟲，治黃疸有效。葉作飲，氣香，益中空膈。暑月煎飲，暖胃益氣血。初生小兒浴之，無病。能墮胎，妊娠禁用。

清・劉雲密《本草述》卷一四　薏苡仁　生真定平澤及田野，今所在有之。春生苗，莖高三四尺，葉如黍，開紅白花，作穗子，五月、六月結實，青白色，形如珠子而稍長，故呼薏珠子。八月采實，采根無時。今人通以九月、十月采其實中仁。

氣味：甘，微寒，無毒。詵曰：平。《本經》主治：筋急拘攣，不可屈伸，久風溼痹，下氣，久服輕身益氣。《本經》首主筋急拘攣，合於寇氏因熱之言，則《本經》治久風溼痹，亦是熱傷氣化風，風勝則血病，而為溼痹也。合參《本經》主治，則東璧氏專屬陽明胃一語，殊為鹵莽矣。　諸本草主治：補脾益肺，除溼清熱，和營，治肺痿，肺氣積膿血，涕唾上氣，療溼熱筋攣及脇痛，利腸胃，消水腫，治疝證，利熱淋，並除乾溼脚氣。　能曰：入足太陰脾經，能健脾養胃。入手太陰肺經，能清肺利氣。善治風濕之妙藥。炒用之。　宗奭曰：薏苡仁《本經》云微寒，主筋急拘攣。拘攣有兩等，《素問》註中大筋受熱則縮而短，故攣急不伸，此是因熱而拘攣也，故可用薏苡。若《素問》言因寒則筋急者，不可更用此也。蓋受寒使人筋急，寒熱使人筋攣，若但受熱不會受寒，亦使人筋緩，受溼則又引長無力也。受溼則筋緩，然溼即化熱，溼合於熱則傷血，血不能養筋，則又攣縮。　丹溪曰：寒則筋急，熱則筋縮。急因於堅强，縮因於短促。若受溼則弛，弛則引長。然寒與溼未嘗不挾熱，三者皆因於溼。然外溼非內溼啟之不能成病，故溼之為病，因酒而魚肉繼之，甘滑、陳久、燒炙并辛香，皆致溼之因也。　頌曰：薏苡仁，心肺之藥多用之。故范汪治肺癰，張仲景治風溼胸痹，並有方法。《濟生方》治肺損咯血，以熟豬肺切，醮薏苡仁末，空心食之。薏苡補肺，豬肺引經也。趙君猷言屢用有效。　張師正《倦游錄》云：辛稼軒忽患疝疾，重墜，大如盃。一道人教以薏珠，用東壁黃土炒過，水煮為膏，服數服即消。程沙隨病此，稼軒授之亦效。　能曰：同天、麥治肺，而苓、术合以健脾，與蒼、朴治胃，而牛膝助之治腎，同木瓜而治足，同人參而治心，二陳可佐治痰，平胃可佐治溼，非蒼柏不能治痿，無歸、芍不能治癰，檳榔同理脚氣，五苓佐治溼腫。　希雍曰：薏苡仁正得地之燥氣，兼秉乎天之秋氣以生，故味甘淡，微寒，無毒，陽中陰，降也。　同木瓜、石斛、萆薢、黃檗、生地黃、麥門冬，治痿厥。　同五加皮、牛膝、石斛、生地黃、甘草，主筋拘急，加二术、菖蒲、甘菊花，可治痹；佐以附子，能治胸痹偏緩。

愚按：東璧氏曰薏苡仁屬土，陽明藥也，故能健脾益胃。夫健脾益胃之藥多矣，而功用各有不同者，請悉言之。夫薏苡多生於平澤，春生苗，至五六月結實，九月十月采之，其生於平澤而發生在春，且氣本微寒也。乃結實於五六月，更秋盡冬初方采，是水土之合德，而結為實者，以火土始之，而金終之。時賢謂為脾肺之劑，不其然乎是可專屬之陽明胃乎？蓋在《本經》言其益氣者，固不止以胃言也。夫肺受胃之氣，此《經》所謂胃為五藏六府之海，其清氣上注於肺也。然胃之上注於肺者，實由於脾，此《經》所謂脾為胃行氣於三陰三陽，而肺其一也。夫脾氣合於腎以至肺，肺氣合於心以歸腎，此三陰乃謂之元氣，即所謂中氣也。如脾肺之氣不足，則中氣不運，此《經》所謂中氣之溼也。謂脾不合腎以至肺，肺不合心以歸腎，而欲中氣不溼乎？張介賓曰：腎為藏精之本，肺為藏氣之本，脾為水穀之本，水病由及肺，金病則及脾盜母氣也。土病則敗，及諸臟失化生之原也。凡犯三陰虧損者，皆在此三臟耳。但脾固至肺矣，而有不能至者，多由於胃陽虛，胃氣虛則脾中之地氣不升於天，是謂溼盛而必化熱，將湊於胃脘之陽，還以傷氣，肺固歸腎矣。而有不歸者，多由於胃陽亢，胃陽亢則肺中之天氣不降於地，是謂熱盛而亦化溼，遂病於脾臟之陰，還以傷血。夫傷氣者，肺受之，或為胸痹偏緩，甚則肺陰大損，為肺痿肺癰，更因傷血以病乎藏血之肝，為筋急拘攣。為傷血者，脾受之，或為傷胃不利，甚則脾氣大虛，水溢為腫，更入於經絡，為久風溼痹，且移患於下部以為疝。凡此皆胃氣之為病於土下也。乃此味生於平澤，氣寒味甘，是水土合德，乃實結於盛夏，是潤下之氣，還就炎上。而采實期於秋末，是熱浮之氣，又歸涼降，有合於胃達地氣而後不病於溼之化熱，更合於胃達天氣而後不病於熱之化溼，舉前證皆能療之矣。然胃能下引地氣，不有肺陰原合腎而至肺，何以達胃氣於天。胃能上承天氣，不有肺陰原合心而歸腎，又何以致胃氣於地，是胃固為脾肺之樞，而補脾益肺，實為益胃之先導，即因益胃而更收脾肺之全功，乃得脾肺腎三陰之氣化具足，而中氣不病於溼者，即其不病於熱者也。此寇氏釋《本經》拘攣之治，謂茲味專治熱也。看來脾健則能運化陰陽之氣。而脾之不健者，困於溼也。薏仁健脾，不如二朮之燥以除溼，亦不如滲利之味以行溼，唯是脾肺腎之氣得暢，使溼不留而已。故去溼即能清熱，所謂陰陽合而氣生陰陽，和而氣行，論中殊為明悉。抑除溼而即能清熱者，其功專之於胃乎？專之脾肺乎？曰：此味先令脾陰足，以和肺之陽，後令肺陰降，以紓脾之陰。而胃實為脾肺之樞，或引之而上，或承之而下，則此品功用可明。如除溼以升天氣，而更得下氣，如清熱以降地氣，而更得活血，皆足三陰具足之氣化，乃得如是，故不得專其功於胃。如東璧氏止入陽明之說，蓋不審其從土至金，由金歸土之微，不幾泛泛與燥溼健脾者同論乎？將所謂清熱療痿，和血潤筋者，歸於何地乎？第此味除溼而不如二朮助燥，清熱而不如芩連輩損陰，益氣而不如參朮輩猶茲溼熱，誠為益中氣要藥。然其味淡，其力緩，如不合羣以濟，厚集以投，冀其奏的然之效也，能乎哉？

又按：《經》曰傷肺者，脾氣不守，胃氣不清，經氣不為使，真藏壞決，藏脈傍絕，五藏漏泄，不衄則嘔。即《經》數語，可条全氣，為土用之義。第審此味多從天氣以達地氣，然必於陰中陽達，然後陽中陰暢，希雍止以為降者，非也。

按古方小續命湯註云：中風筋急拘攣，語遲，脈弦者加薏苡仁，亦扶脾抑肝之義。即此合於前論，是其功盡在中氣之溼，而無與於外受者歟。曰：天之六氣與人身一也，外邪亦因同氣之虛以召之，且外受不止於溼也。如中氣素虛，凡六淫所侵，即以病於氣之不化而為溼矣。又七情更能損陰經，固謂陰虛則無氣也。是非病於中氣之溼乎？唯如丹溪所戒酒麪諸味助溼之病，則無與於中氣，並非此味之所能任也。

按：此言筋攣，乃溼熱傷血而病於筋膜乾者，《經》所謂大筋緛短是也。肝固血臟，而溼熱乃血分之病也。然如《千金方》寒攣而亦用此味也，何居？蓋其微寒者，乃清陰之和氣，雖不可以治寒攣，然合於扶陽諸味中，得此乃以達陽之用，更如脇痛薏苡仁丸，痞證薏苡仁附子散，不可条哉？寧獨治攣證而已耶？

附方：胸痹緩急偏者，薏苡仁十五兩，大附子十枚，炮，為末，每服方寸匕，日三。

獨用數兩，淘淨，煮濃湯頓飲，可治肺經因溼火所傷，吐膿血，一切肺痿肺癰，咳嗽涕唾上氣。《經》曰：治痿獨取陽明。陽明者，胃與大腸也。二經溼熱盛則成痿，熏蒸於肺，則發肺癰，及吐血咳嗽，涕唾穢濁。大腸與胃家之溼熱散，則痿自愈，吐膿血咳嗽亦並止矣。筋脈拘攣，久風溼痹，薏苡仁一升，搗散，以水二升，取末數匙，作粥，空腹食之此熱攣也。風溼身疼，日晡劇者，張仲景麻黃杏仁薏苡仁湯主之，麻黃三兩，杏仁二十枚，甘草、薏苡仁各一兩，以水四升，煮取二升，分再服。水腫喘急，用郁李仁二兩，研，以水濾汁，煮薏苡仁飯，日二食之。沙石熱淋，痛不可忍，用薏苡仁，即葉根皆可，用水煎熱飲，夏月冷飲，以通為度。一方治小便不通，脹疼，用薏苡仁根置椒盞內，擂碎，捏汁半鍾，同生酒一碗，煨熟和服，服一二次全效。此一治沙石熱淋之類，大抵治熱不治寒也。希雍曰：因寒轉筋，脾虛無溼者，忌之。妊娠禁用。

修治　咬之粘牙者真，水洗晷炒，或和糯米炒熟，去米。苡仁滚水泡溼，同糯米文火炒，待米黃去米。清肺熱不須同糯米炒。

清・郭章宜《本草匯》卷一三　薏苡仁　甘淡，微寒，陽中微陰，可升可降，入手足太陰陽明、足厥陰經。外而身表有去濕之妙。內而腸胃有進食之能。筋急拘攣，屈伸不便者最効。濕痹症。欬嗽涕吐，膿血併出者極佳。肺壅症。治痿癰于肺藏，消水氣而益精。蓋其勢力緩弱，倍于他藥方罷。

按：薏仁屬土，而入陽明，故能健脾益胃，清心養肺。《本經》主筋急拘攣。然拘攣有兩等，《素問》註：中大筋受熱，則縮而短，此因熱而拘攣也，可以用此。若因寒拘急，不可用也。再攷丹溪之言，寒則筋急，熱則筋縮。急因于堅強，縮因于短促。若受濕則弛，弛則寬長。然寒與濕未嘗不挾熱，而三者又未始不因于濕，薏仁，去濕要藥也。以《衍義》觀之，則筋病因熱可用。以丹溪觀之，則筋病因寒、因濕、因熱，皆可用也。然寒而久留，亦能變熱，況外寒與熱，皆由內濕啓之，方能成病。古方小續命湯註云：中風筋急拘攣，語遲脉弦者，加薏仁。亦扶脾抑肝之義也。而張師正《倦遊録》有患疝疾重墜，大如盃者，薏仁同東壁土炒過，煮膏，數服即瘥。總之，此藥性燥能除濕，味甘入脾補胃，兼淡能滲泄，故筋攣骨邪，皆能治之。濕邪去，則脾胃安，脾胃安，則中焦治，中焦治，則能榮養乎四肢，而通利乎血脉矣。性主下行，虛而下陷者，非其宜也。妊娠禁服。

淘，晒炒。

清・朱本中《飲食須知・穀類》 薏苡仁 味甘，性微寒。因寒筋急，不可食用。以其性善走下也，妊婦食之墮胎。

清・何其言《養生食鑒》卷上 薏苡米 味甘，性微寒，無毒。健脾養胃，補肺清熱，去風濕，消水腫，除筋骨邪氣。《素問》言因寒筋急，不可使用，以其性善走下也。孕婦忌食。

清・蔣居祉《本草擇要綱目・寒性藥品》 薏苡仁 氣味：甘，微寒，無毒。采得以糯米同炒，去米用良。亦有以鹽湯煮過者。 主治：筋急拘攣，風濕痹，除筋骨邪氣不仁。肺痿吐膿血，治乾濕脚氣。療肺癰心胸甲錯。屬土，為陽明之藥，故能健脾益胃。虛則補其母，故肺痿肺癰用之。筋骨之病，以治陽明為本，故拘攣筋急風痹者用之。土能勝水除濕，故泄痢水腫用之。

清・閔鉞《本草詳節》卷七 薏苡仁 【略】按：薏苡仁屬土，故能健脾益胃，虛則補其母，故肺痿肺癰用之。筋骨之病，以治陽明為本，故筋急風痹用之。土能勝水除濕，故泄痢水腫用之。至拘攣一症，以《衍義》觀之，因熱因濕可用，因寒不可用。丹溪則以寒病筋強，熱痛筋短，濕病筋弛，三者以濕為病源，寒與濕類，寒濕留久，自變為熱，三者皆可用也。然外濕非內濕啟之，不能成病，故湎酒而魚肉，繼之甘滑燒炙辛香，皆致濕之因也。但勢力和緩，以多用見效。性主秋降，虛而下陷者不宜。妊娠久服，亦能墮胎。

清・王翃《握靈本草》卷六 薏苡仁處處有之，產真定者良。與糯米同炒用，或鹽湯煮過用。 主治：薏苡仁，甘，微寒，無毒。主筋急拘攣，久風濕痺，肺癰咳嗽，皮膚水腫。

清・汪昂《本草備要》卷四 薏苡仁補脾胃，通，行水。 甘淡微寒而屬土，陽明胃藥也。甘益胃，土勝水，淡滲濕。瀉水所以益土，故健脾。治水腫濕痹，脚氣疝氣，泄痢熱淋。益土所以生金，故補肺清熱，色白入肺，微寒清熱。治肺痿肺癰，咳吐膿血。以猪肺蘸苡仁末服。扶土所以抑木，故治風熱筋急拘攣。厥陰風木主筋。然治筋骨之病，以陽明爲本。陽明主潤宗筋，宗筋主束骨而利機關者也。陽明虛則宗筋縱弛，故《經》曰治痿獨取陽明。又曰：肺熱葉焦，發爲痿躄。蓋肺者相傅之官，治節出焉。陽明濕熱上蒸于肺，則肺熱葉焦，氣無所主而失其治節，故痿躄。薏苡理脾，而兼清熱補肺。筋寒則急，熱則縮，濕則縱。然寒濕久留，亦變爲熱。又有熱氣熏蒸，水液不行，久而成濕者。薏苡去濕要藥，因寒因熱，皆可用也。《衍義》云因寒筋急者不可用，恐不然。但其力和緩，用之須倍于他藥。殺蛔墮胎。 炒熟，微研。

清・吴楚《寶命真詮》卷三 薏苡仁 【略】祛風濕，理脚氣拘攣，保燥金，治痿癰欬嗽，瀉痢水脹。俱不可缺。薏苡得地之燥，稟秋之涼，故能燥脾濕，善祛肺熱。【略】大便燥，因寒轉筋，及妊娠俱禁。

清・陳士鐸《本草新編》卷二 薏苡仁 味甘，氣微寒，無毒。入脾、腎二經，兼入肺。療濕痹有神，舒筋骨拘攣，止骨中疼痛，消腫脹，利小便，開胃氣，亦治肺癰。但必須用至一二兩，始易有功，少亦須用五錢之外，否則，力薄味單耳。薏仁最善利水，又不損耗真陰之氣。凡濕感在下身者，最宜用之。視病之輕重，準用藥之多寡，則陰陽不傷，而濕病易去。人見用藥之多，動生物議，原未知藥性，無怪其然。余今特為闡明，願世人勿再疑也。凡利水之藥，俱宜多用，但多用利水之藥，必損真陰之氣，水未利，而陰已虛矣，所以他利水之藥，不敢多用。惟薏仁利水，而又不損真陰之氣，諸利水藥所不及者也。可以多用而反不用，與不可多用而反大用者，安得有利乎。故凡遇水濕之症，用薏仁一二兩為君，而佐之健脾去濕之味，未有不速于奏效者也。倘薄其氣味之平和而輕用之，無益也。

或問：薏仁味薄而氣輕，何以利水之功猶勝？蓋薏仁感土氣而生，故利氣又不損陰。所以可多用以出奇，而不必節用以畏縮也。

或問：薏仁有取之釀酒者，亦可藉為利濕之需乎？夫薏仁性善利濕，似乎所釀之酒，亦可以利濕也。然用薏酒以治濕，而濕不能去，非特濕不能去，而濕且更重，其故何哉？酒性大熱，薏仁既化為酒，則薏仁之氣味亦化為熱矣，既化為熱，獨不可化為濕乎，濕熱以治濕熱，又何宜哉。此薏仁之酒，斷不可取之，以治濕熱之病也。

或問：薏仁可以消瘴氣，而未言及，豈忘之耶？非忘也。薏仁只能消濕氣之瘴，而不能消嵐氣之瘴。雖嵐氣即濕氣之類，然而濕氣從下受，而嵐氣從上感，又各不同。薏仁消下部之濕，安能消上部之濕哉。

或問：薏仁得地之燥氣，兼稟乎天之秋氣，似與治痿相宜，何子忘之也？亦未嘗忘也。《經》曰：治痿獨取陽明。陽明者，胃與大腸也。二經濕熱則成痿，濕去則熱亦隨解。故治痿者，必去濕也。吾前言用薏仁至一二兩者，正言治痿病也。天下惟痿病最難治，非多用薏仁，則水不易消，水不消，則熱不能解，故治痿病斷須多用耳。推之而凡有諸濕之症，無不宜多用。正不可因鐸之未言，即疑而不用也。

或問：薏仁功用甚薄，何不用猪苓、澤瀉，可以少用見功，而必多用薏仁，何為乎？不知利水之藥，必多耗氣，薏仁妙在利水而又不耗真氣，故可重用之耳。

清·顧靖遠《顧氏醫鏡》卷八　薏苡仁甘，微寒。入肺脾二經。淘淨，晒，炒。燥脾濕而理痺症拘攣，地之濕氣，感則害人皮肉筋脉。又風寒濕三氣合而成痺，此藥性燥能除濕，味甘能補脾，兼淡能滲泄，總之濕邪去，則脾胃安，而中焦治，能榮養乎四肢，而通利血脉也。祛肺熱而治咳嗽肺癰。肺癰因肺熱極所致。止洩瀉，消水腫。益脾除濕之功。脚氣須用，痿躄宜求。脚氣痿躄，皆屬濕熱。健脾益胃，補肺清熱，去風勝濕之品。大便燥結，因寒轉筋者，勿用。其根墮胎，妊娠亦忌。

清·李熙和《醫經允中》卷一八　薏苡仁　同糯米炒，去米，以鹽水煮過用。甘，微寒，無毒。主清熱，去風勝濕。治筋急拘攣，濕痺不仁，消渴，肺痿肺癰，乾濕脚氣。但藥力和緩，倍于他藥方効。大筋受熱則縮而短，故拘攣不仁可用薏仁。因寒而筋急者不可用也。肺痿肺癰用之者，虚則補母之說也。何今人不辨寒熱，而概用之哉？姙婦弗服。

清·馮兆張《馮氏錦囊秘錄·雜症痘疹藥性主治合參》卷一　米仁得地之燥氣，兼稟天之秋氣，故味甘淡，微寒，無毒。陽中之陰，降也。入脾、肺二經。〇入肺門、足門，並宜生用；入脾門、虚門，並宜炒用。

米仁祛風濕而療濕痹，保燥金而治痿癰，筋急拘攣，屈伸不便，咳嗽涕唾，膿血併來，除筋骨邪入作疼，皮膚水溢發腫，利腸胃，止消渴，開胃進食，健脾保肺，少則力緩，難於見功，故用須當倍於他藥。

主治痘疹合參：益氣助胃，除風濕，理脚氣，利膿漿下行。治脾虚水泡，泄瀉脾弱，瘡濕難靨皆用。

按：薏苡仁屬土，本是脾藥，虚則補母，故肺病用之。筋骨之病，亦以治陽明為本，故筋病用之。土能勝水，故泄利水腫用之。但性主下行，虚而下陷者，非其所宜。妊娠禁服。

清·张璐《本經逢原》卷三　薏苡仁即米仁。甘，微寒，無毒。入理脾肺藥，薑汁拌炒。入利水濕藥生用。《本經》主筋急拘攣，不可屈伸，久風濕痹下氣，久服輕身益氣。根下三蟲。發明：薏苡甘寒，升少降多，能清脾濕，祛肺熱及虚勞欬嗽。肺痿肺癰，虚火上乘，皆宜用。為下引，又能利筋去濕，故《本經》治久風濕痹，拘急不可屈伸之病。蓋治筋必取陽明，治濕必扶土氣，其功專於利水，濕去則脾胃健，而筋骨利，痹愈，則拘攣退，而脚膝安矣。然痹濕須分寒熱，蓋寒則筋急，熱則筋緩，大筋受熱，弛縱則小，筋縮短而攣急不伸，故宜用此。若因寒筋急而痛者，不可用也。其治虚人小便不利，獨用數兩，水煎數沸服之即通。若津枯便秘，陰寒轉筋及妊娠禁用，以其性專下泄也。取根搗汁，治蚘攻心痛。生根下三蟲。又肺癰，以根汁沖無灰酒服，初起可消，已潰可斂，屢效。

清·浦士貞《夕庵讀本草快編》卷三　薏苡仁《本經》　實分粳、糯二種，糯者色白可作粥飯及釀造，若粳者米少性糙，衹可穿作念珠，號菩提子是也。苡仁屬土，味甘而寒，陽明藥也。故能健脾助胃而為益氣之良劑。如肺癰肺痿用之者，虚則補母之意也。泄痢水腫筋急，風濕拘攣痿痺用之者，土能勝濕故也。朱震亨有曰：寒則筋急，熱則筋縮，急因於堅強，縮因於短促，若受濕則弛，弛則引長，然寒與濕未嘗不挾熱，三者皆因於濕。濕之為患，酒與魚肉，而瓜果繼之，燒炙、肥甘皆致濕之由也。治療之法，必須以陽明為本，故宜苡仁甘淡之味滲濕去風，扶脾抑肝爾。小續命湯亦加用之，宗此義也。若以治疝，更得神効。但其味淡而性緩，非多服久服難於奏績，故《濟生》治損肺咯血以猪肝蘸食，《廣濟》炊入粥飯，皆貴其用之恒爾。昔馬援征交趾，服食苡米以辟瘴癘，信哉！

清·張志聰、高世栻《本草崇原》卷上　薏苡仁　氣味甘，微寒，無毒。主筋急拘攣，不可屈伸，久風濕痹，下氣。久服輕身益氣。薏苡其形似米，故俗名米仁。始出真定平澤及田野，今處處有之。春生苗葉如黍。五六月結實，至秋則老。其仁白色如珠，可煮粥，同米釀酒。薏苡仁，米穀之屬，夏長秋成，味甘色白，其性微寒，稟陽明金土之精。主治筋急拘攣，不可屈伸者，陽明主潤宗筋，宗筋主束骨而利機關，蓋宗筋潤，則諸筋自和。機關利，則屈伸自如。又，金能制風，土能勝濕，故治久風濕痹。肺屬金而主氣，薏苡稟陽明之金氣，故主下氣。治久風濕痹，故久服輕身，下氣而又益氣。

清·劉漢基《藥性通考》卷六　薏苡仁　味甘，淡，微寒。而屬土，陽明胃經藥也。補脾胃，通行水，滲濕瀉水，治水腫濕痺，脚氣疝氣，泄痢熱淋。益土所以生金，故補肺清熱，治肺痿肺癰，咳吐膿血。又治筋急拘攣。但其力和緩，用之倍於他藥。殺蚘蟲，墮胎，炒熟微研用。老年人用，加入米中煮稀飯喫，能補脾。

清·姚球《本草經解要》卷一　薏苡仁　氣微寒，味甘，無毒。主筋急拘攣不可屈伸，久風濕痹，下氣。久服輕身益氣。糯米炒。　苡仁氣微寒，稟天秋金之燥氣，入手太陰肺經。味甘無毒，得地中平之土味，入足太陰脾經。氣降味和，陰也。《經》云：濕熱不攘，則大筋軟短而拘攣。苡仁氣微寒，清熱利濕，所以主筋急拘攣不可屈伸也。久風，長久之風也。風淫則末疾，所以手足麻木而濕痹生焉。苡仁甘寒，其主之者，甘以行之，寒以清之也。微寒，稟秋金之燥氣，而益肺，肺氣治則下行，故主下氣。久服輕身益氣者，濕行則脾健而身輕，金清則肺實而氣益也。　製方：苡仁同木瓜、石斛、萆薢、黃柏、生地、麥冬，治痿厥。同五加皮、牛膝、石斛、生地、甘草，治筋拘急。專一味多服久服，治濕火傷肺，肺癰、肺痿及痿症。

清·周垣綜《頤生秘旨》卷八　薏苡仁　陰濕健脾之藥也。除濕即所以健脾也，健脾即所以除濕也。故本草往往言久服輕身益氣者，總因脾氣健，諸邪自息，又何患脚氣之有？又何患濕痺之有？

清·王子接《得宜本草·上品藥》　薏苡仁　味甘，淡。入足陽明經。主治寒濕筋攣。得麻黃、杏仁治風濕周痺，得郁李仁治水腫喘急。

清·徐大椿《神農本草經百種錄》上品　薏苡仁　味甘，微寒。主筋急拘攣，不可屈伸，風濕痹，專除陽明之濕熱。下氣。直達下焦。久服，輕身益氣。陽明氣利則體強而氣充也。其根下三蟲。除陽明濕熱所生之蟲。　薏苡仁甘淡冲和，質類米穀，又體重力厚，故能補益胃氣，舒筋除濕中虛，故又能通降濕熱使下行。蓋凡筋急痹痛等疾，皆痿證之類。《內經》治痿獨取陽明。薏苡為陽明之藥，故能已諸疾也。

清·黃元御《長沙藥解》卷一　薏苡　味甘，氣香，入足太陰脾、足陽明胃經。燥土清金，利水泄濕，補己土之精，化戊土之氣，潤辛金之燥渴，通壬水之淋瀝，最泄經絡風濕，善開胸膈痹痛。《金匱》薏苡附子散，薏苡十五兩、附子十枚。杵為散，服方寸匕。治胸痹緩急者。以水土濕寒，濁陰上逆，清氣鬱阻，胸膈閉塞。證有緩急不同，而總屬濕寒，薏仁泄濕而降濁，附子驅寒而破壅也。　薏苡附子敗醬散，薏苡十分、附子二分、敗醬五分。杵為散，煎服方寸匕。小便當下。治腸癰，身甲錯，腹皮急，按之濡，如腫狀，腹無積聚，身無熱，脈數。以寒邪在腹，膏血凝濇，堙鬱臭敗，腐而為膿。腸氣壅遏，故腹皮脹急，而狀如腫滿。凝瘀腐化，故腹無積聚，而按之輭塌。血敗不華肌腠，故皮膚甲錯，而失滑澤。衛阻而非表邪，故經脈數疾，而無外熱。附子破其寒鬱，敗醬行其膿血，薏苡泄濕而開水竅也。敗醬能化膿為水，水竅既開，故自小便下。　水非氣清則不利，氣非土燥則不清，土非水利則不燥。欲燥其土，必利其水，欲利其水，必清其氣，欲清其氣，必燥其土。土居氣水之交，握其生化之權，而司其清濁之任者也。薏苡一物而三善備焉，上以清氣而利水，下以利水而燥土，中以燥土而清氣。　蓋氣化於精而水化於氣，薏苡精液濃厚，化氣最清，氣秉清肅，化水最捷。以清肅之氣而行降灑之令，千支萬派，盡赴溪壑。水注川瀆而大澤不涸，則土處沃衍而神洲不沉，濕消而氣爽，露零而木榮矣。麻杏薏苡甘草湯方在麻黃以治風濕之病，推之凡筋攣骨痛、水脹氣鼓、肺癰腸疽、消渴淋痛之類，無不因濕，則薏苡之治效，固當不一而足也。　百病之來，濕居十九，悉緣於太陰脾土之陽衰也。泄濕而燥土者未必益氣清金，而利水者未必補中。能清能燥，兼補兼泄，具抑陰扶陽之力，擅去濁還清之長，未可得於凡草常木之中也。

清·吳儀洛《本草從新》卷四　薏苡仁補脾肺，通，行水。　甘淡微寒而屬土，陽明藥也胃。甘益胃，土勝水，淡滲濕，瀉水所以益土，故健脾；治水腫濕痺，脚氣疝氣，泄痢熱淋。益土所以生金，故補肺清熱；色白入肺，微寒清熱。治肺痿肺癰，咳吐膿血。以猪肺蘸末服良。扶土所以抑木，故治風熱筋急拘攣。厥陰風木主筋，然治筋骨之病，以陽明為本，陽明主潤宗筋，宗筋主束骨而利機關者也。陽明虛則宗筋縱弛，故《經》曰：治痿獨取陽明。又曰：肺熱葉焦，發為痿躄。蓋肺者，相傳之官，治節出焉。陽明濕熱上蒸於肺則肺熱葉焦，氣無所主而失其治節，故痿躄。薏苡得土之燥，禀秋之涼，故能燥脾濕，善祛肺熱。筋，寒則急，熱則縮，濕則縱。然寒濕久留亦變為熱，又有熱氣熏蒸，水液不行，久而成濕者。薏苡去濕要藥。因寒筋急勿用。其力和緩，用之須倍於他藥。炒熟微研。殺蚘墮胎。大便燥結

清・汪紱《醫林纂要探源》卷二 薏苡 甘，淡，微寒。色白入肺，清肺熱。甘能補，淡滲濕。又生水旁，能行水氣，邪濕去則邪熱除，故能治肺癰，除咳血。味甘和脾，行脾濕。甘補淡滲，故能行水腫，去濕痺，療脚氣，治濕痢、熱淋諸證，皆脾之積濕也。緩肝，舒筋急。甘以緩肝。 根： 甘，淡。治肺癰。輕虛，故亦能上行治肺。

孤兒星： 性味同。野生水畔，苗如薏苡，但實有硬殼，甚滑，堅而色黑，仁亦如薏苡。

清・嚴潔等《得配本草》卷五 薏苡仁俗呼米仁。 甘、淡，微寒。入足陽明、手太陰經氣分。除筋骨中邪氣不仁，筋受寒則急，熱則縮，濕則弛，寒熱皆因於濕也。利腸胃，消水腫。合郁李仁更效。治肺痿肺癰，開心氣，并治脚氣、筋急、拘攣。陽明主潤宗筋，宗筋主束骨而利機關，陽明虚則宗筋縱弛。利小便熱淋。殺蛔，墮胎。 配附子，治周痺。配桔梗，治牙齒䘌痛。配麻黄、杏仁、甘草，治風濕周痺。佐敗醬，化膿為水。蘸熟豬肺，治肺損咯血。 微炒用，治疝氣。引藥下行，鹽水煮，或用壁土炒。治瀉痢，糯米拌炒。治肺癰、利二便，生用。

腎水不足，脾陰不足，氣虚下陷，妊婦，四者禁用。

題清・徐大椿《藥性切用》卷六 薏苡米 甘淡微涼，健脾清肺，滲濕舒筋，止渴退腫。炒鬆用。生用則耑滲濕熱，以清肺氣。

清・黄宫繡《本草求真》卷七 薏苡仁清肺熱除脾濕。 薏苡仁耑入肺、脾、胃。書載上清肺熱，下理脾濕，以其色白入肺，性寒瀉熱，味甘入脾。味淡滲濕故也。然此升少降多，凡虚火上乘，而見肺痿肺癰，因熱生濕，而見水腫濕痺，脚氣疝氣，泄痢熱淋，並風熱筋急拘攣等症，皆能利水而使筋不縱弛。筋為厥陰所主，而亦藉於陽明胃土以為長養。蓋陽明胃土，內無濕熱以淫，則肺上不薰蒸焦葉，而宗筋亦潤，宗筋潤則筋骨束而機關利，所以痿厥多因肺熱焦葉，機關不利，而治痿則獨取於陽明，故薏苡清熱除濕，實為治痿要藥。震亨曰： 寒則筋急，熱則筋縮，急因於堅強，縮因於短促。若受濕則弛，弛則引長，然寒與濕，未嘗不挾熱。三者皆因於濕，然外濕非內濕啟之不能成病。故濕之為病，因酒而魚肉繼之。甘滑、陳久、燒炙并辛香，皆致濕之因也。筋急寒熱皆有，因熱筋急，當用薏苡清熱除濕； 因寒筋急，法當散寒除濕，似不宜用薏苡瀉熱之劑。汪昂不然《衍義》之説，亦非確論。 非若白术氣味苦溫，寒性不見，號為補脾要藥矣。 此止清熱利水之味，用於湯劑，性力和緩，須倍他藥。 若津枯便秘，陰寒轉筋，及有孕婦女，不宜妄用，以性耑下泄也。 殺蚘，取根同糯米炒熟，或鹽湯煮過用。

清・李文培《食物小錄》卷上 薏苡仁米 甘，微寒，無毒。炊飯作麵食，主不飢，健脾利濕。久服，輕身益氣。

清・羅國綱《羅氏會約醫鏡》卷一六草部 薏苡仁味甘，微寒，入脾肺二經。生用走肺門、足門； 炒用入脾門、虚門。性緩，宜重用。 甘能補脾，淡能滲濕。治水腫瀉痢，補脾滲濕。 肺痿肺癰、咳吐膿血，土益則金生，性涼則熱清，一切肺病，以猪肺蘸苡仁末多服，自愈。 除脚氣疝氣，利小便，療熱淋，性降而去濕。 祛風熱痿弱拘攣。扶土所以抑木。筋寒則急，熱則弛，濕則縱。苡仁去濕要藥，因寒因熱者，皆宜用。

按： 大便燥結，因寒轉筋及姙娠均忌。

清・陳修園《神農本草經讀》卷一上品 薏苡仁 氣味甘，微寒，無毒。主筋急拘攣，不可屈伸，久風濕痺，下氣。久服輕身益氣。

陳修園曰： 薏苡仁夏長秋成，味甘色白，禀陽明金土之精。金能制風，土能勝濕，故治以上諸症。久服輕身益氣者，以濕行則脾健而身輕，金清則肺治而氣益也。

清・黄凱鈞《藥籠小品》 苡仁 甘益胃，淡滲濕。治水腫泄瀉補脾炒用。利水生用。其力緩，須倍於他味。

清・王龍《本草纂要稿・草部》 薏苡仁 氣味甘寒。理脚氣拘攣筋急，驅風濕水溢皮膚。 治肺癰涕唾膿血，解消渴益氣輕身。 除筋骨邪疼濕痺，健脾胃進食延年。

清・張德裕《本草正義》卷上 米仁一名薏苡仁。 甘，淡，微涼，炒平。性降。 能去濕，利關，除腳氣痿弱拘攣濕痹，肺熱咳嗽唾膿。 性薄力微，佐用宜倍。

清・楊時泰《本草述鉤元》卷一四 薏苡仁 所在有之。莖高三四尺，葉如黍，開紅白花，作穗，五六月結實青白色，形如珠子而稍長，八月采實，采根無時，今人通以九十月采其實中仁。

味甘淡，氣微寒。 陽中之陰，降也。 入足太陰、手太陰經。 補脾益肺，除濕清熱，下氣和營，主筋促拘攣，不可屈伸，此因於熱者，蓋受寒則筋急而堅強，寒熱則筋縮而短促。若但受熱，不曾受寒，使人筋緩，受濕又引長無力也。然濕即化熱，濕合於熱，則傷血分，血苟不能養筋，則又攣縮。宗奭。 久風濕痺。熱傷氣，氣化風，風勝則血病而為濕痺。 治肺痿癰膿，涕唾上氣，療脇痛，利腸胃，消水腫，治疝證及熱淋，除乾濕脚氣，久服輕身益氣。 入足太陰，能健脾養胃。 入手太陰，能清肺利氣能。 心肺之藥多用之頌。 肺損咯血，熟猪肺切蘸薏仁末，空心食之，屢效

《濟生》。疝疾重墜如盃，薏仁用東壁黄土炒過，水煮為膏服，數服即消。同天麥冬治肺，合苓、术健脾，與蒼、朴治胃，助牛膝治腎，協木瓜治足，偕人參治心，隨檳榔理脚氣，佐五苓消濕腫能。同木瓜、石斛、萆薢、黄檗、生地、麥冬，治痿厥。同五加皮、牛膝、石斛、生地、甘草，主筋拘急，加二术、菖蒲、甘菊，治痺。胸痺緩急偏者，薏仁十五兩，大附子十枚炮，為末，每服方寸匕，日三。獨用數兩，濃煎頓飲，治肺因濕火所傷，吐膿血乃肺痿、肺癰，欬嗽，涕唾上氣。筋脈拘攣，久風濕痺，薏仁一升，搗散，以水二升，取末數匙作粥，空腹食之。此熱攣也。風濕身疼，日晡劇者，麻黄杏仁薏苡湯主之，麻黄三兩，杏仁二十枚，甘草、薏仁各一兩，以水四升，煮取二升，分服。水腫喘急，郁李仁二兩研，以水濾汁，煮薏仁飯，日二食之。沙石熱淋，痛不可忍，用薏仁根葉皆可。水煎熱飲，夏月冷飲，以通為度。小便不通脹疼，薏仁根置椒盞內，擂碎，捏汁半鍾，同生酒一碗，煨熟和服，一二次全效。此亦沙石熱淋之類。

論：薏苡春生於平澤，氣本微寒，至夏時又本水土之合德，而結為實，九十月采之，以火土始，而以金終，故為脾肺之劑。夫脾氣合於腎以至肺，肺氣合於心以歸腎，此為人身元氣，又即為人身中氣。如脾肺之氣不足，則中氣不運，正《經》所謂中氣之濕也。脾不合腎以至肺，肺不合心以歸腎，而欲中氣之不濕也固難。但脾固至肺矣，而有不能至者，多由於胃陽虚，虚則脾中地氣不升於天，是謂濕盛而必化熱，化熱將湊胃脘之陽，還以傷氣。傷氣者肺受之，或為胸痺偏緩，甚則為肺痿肺癰，更因血傷以病乎藏血之肝，為筋急拘攣。肺固歸腎矣，而有不歸者，多由於胃陽亢，亢則肺中天氣不降於地，是謂熱盛而亦化濕，化濕遂病於脾臟之陰，還以傷血。傷血者脾受之，或為傷胃不利，甚則脾虚水溢為腫，更入於經絡，為久風濕痺，且移患於下部而為疝病也。凡此皆胃氣之為病於上下也。兹品氣寒味甘，水土合德，其實結於盛夏，是潤下之氣，還就上炎，而采實於秋，終是熱浮之氣，又歸涼降，有合於胃達地氣，而不病於濕之化熱，更達天氣而不病於熱之化濕，舉前證皆能療之矣。第胃能下引地氣，不有脾陰原合於腎而至肺，何以達氣於天？胃能上承天氣，不有肺陰原合於心而歸腎，又何以致氣於地？是胃固為脾肺之樞，而補脾兹味功能益肺，實為益胃之先導，即因益胃而更收脾肺之全功，乃得脾肺腎三陰之氣化具足，而中氣不病於濕者，即其不病於熱者也。凡脾之不健者，困於濕也，薏仁健脾，不如二术之燥以除濕，亦不如滲利之味以行濕，惟是脾肺腎之氣得暢，使濕不留而已，故去濕即能清熱，所謂陰陽合而氣生，陰陽和而氣行也。抑除濕而即能清熱者，其功專之於胃乎？專之脾肺乎？曰：此味先令脾陰足以和肺之陽，後令肺陰降以紓脾之陰，而胃實為脾肺之樞，或引之而上，或承之而下，知此則功用可明，若泛與燥濕健脾者同論，將所謂清熱療痿，和血潤筋之能，歸於何地乎。惟其除濕不如二术之助燥，其清熱不如苓、連之損陰，其益氣不如參、术之猶滋濕熱，誠為益中氣要藥，特味淡力緩，非合群以濟，厚集以投，未易奏的然之效也。又《經》曰：傷肺者，脾氣不守，胃氣不清，經氣不為使，真臟壞決，經脈傍絶，五臟漏泄，不衄則嘔。即此數語，可參金氣為土用之義。薏苡多從天氣以達地氣，然必陰中陽達而後陽中陰暢，不可以為止行降令也。又此味功在中氣之濕，獨無與於外受之濕歟？夫外邪亦因同氣之虚以召之，且外受不止於濕，如中氣素虚，則六淫所侵，即以病於氣之不化而為濕矣。況七情更能損陰，《經》固謂陰虚則無氣也，是非病於中氣之濕乎。此治筋攣，乃濕熱傷血而病於筋膜乾者，所謂大筋緛短也。肝固血臟，而濕熱乃血分之病。至《千金》治寒攣，亦用此味，於義何居？蓋其微寒者，乃清陰之和氣，雖不可以治寒攣，然合於扶陽諸味，得此乃以達陽之用也。

因寒轉筋，脾虚無濕者，忌之。妊娠弗用仲諄。

辨治：咬之粘牙者真，水洗略炒，或以滚水泡濕，同糯米文火炒，米黄去米。清肺熱者，生用。

清·葉桂《本草再新》卷七　薏苡仁味甘、淡，性微寒，無毒。入脾、肺二經。補脾土，瀉脾火，清肺熱，益肺氣。追風去濕，下食寬中。

清·吴其濬《植物名實圖考》卷一　薏苡　薏苡仁，《本經》上品。江西、湖南所產頗多。北地出一種草子，即《圖經》所云小兒以線穿如貫珠為戲者，蓋雷斆所謂糯米也，與薏苡仁相似，不可食。

雩婁農曰：薏苡明珠，去瘴癘，而來萋斐，然服食幾何，乃以車載耶？五嶺間種之為田，余擲之廡砌，輒秀而實，非難植者。《帝王世紀》載有莘氏吞薏苡而生禹，此與芣苢宜男之説相類。《逸周書》西戎獻桴苡，其實若李，今南方候暖，薏苡高如木，實形似李，但小耳。説《詩》者或以桴苡為芣苢，然二者今皆為孕婦禁方矣。

清·趙其光《本草求原》卷一四穀部　薏苡仁即苡米。甘、淡，微寒。夏長，秋成。熱浮之氣歸於涼降。禀陽明金土之精。金能制風，土能勝濕。胃陽不虛，則能達脾氣而上，不致濕停化熱；胃陽不亢，則能達肺陰而下，不致熱盛化濕。主筋急拘攣、不可屈伸，治筋必取陽明，濕去土健，筋骨自利。寒則筋急，熱則筋緩。大筋受熱弛縱，小筋亦若攣急而不伸，故宜之。若因寒筋堅強而急，不可用也。久風濕痹，風濕行，則不閉於脚膝。下氣，胃陽不亢，則肺氣歸腎。輕身，脾健則身輕。益氣，清熱，和營。益土即以生肺氣，金清而降則脾血活。治肺萎、肺癰，咳嗽膿血，水腫，脚氣，疝氣，泄痢，熱淋，胸痹，痿躄。胃土濕熱上蒸於肺，則肺熱葉焦，氣無所主，失其治節，故痿。無濕、津乾便秘及妊娠忌之。性專泄下也。

豬肺蘸苡米粉服，治肺癰，肺損咯血；以東壁土炒過熬膏，治疝；同牛膝，入腎；同木瓜，治足；同參，治心；同蒼、柏，治痿；同歸、芍，治癰；同檳榔，理脚氣；同五加、牛膝、地、斛，治筋急；加二术、菖、菊，治痹；佐附，治胸痹偏緩，亦治寒攣；同郁李仁，治水腫而喘；獨用多服，通小便，治砂石濕淋。根，治蛔蟲，取汁飲。肺癰。取汁沖酒服，初起消，已潰即斂，屢效。

清・葉志詵《神農本草經贊》卷一　薏苡仁　味甘，微寒。主筋急拘攣，不可屈伸，風濕痹下氣。久服輕身益氣。其根下三蟲，一名解蠡。生平澤及田野。

名稱解蠡，擲米如珠。津液渴解，身健衰扶。玉匙流滑，金井秋初。奇才勿棄，後載盈車。

《神仙傳》：麻姑擲米皆成丹砂。蘇頌曰：一名薏珠子。梅堯臣詩：偶病相如渴，為飲可扶衰。陸游詩：滑欲流匙香滿屋，奇才從古棄草菅。高士談詩：井邊薏苡吐秋珠。《後漢書・傳》：馬援大軍還，以南方薏苡實載之一車。

清・文晟《新編六書》卷六《藥性摘錄》　薏苡仁　甘，淡，性微寒。清肺熱，理脾濕。○治虛火上乘而見肺〔痿〕肺癰，因熱生濕，而見水腫濕痹，脚氣疝氣，泄痢熱淋，並風濕筋急拘攣等症，用入湯劑，須倍他藥。○若津枯便秘，陰寒轉筋，及有孕婦女，不宜妄用。○根，殺蚘蟲，同糯米炒熟，或鹽湯煮過用。

薏苡仁　甘，寒。健脾養胃，補脾清熱，去風濕，消水腫，除筋骨邪氣。孕婦忌食之。並詳藥部。

清・劉東孟傳《本草明覽》卷一　薏苡仁　【略】按：《衍義》云：《本經》謂療筋急拘攣者，須分兩等。夫大筋縮短，拘急不伸，此是因熱拘攣，故為可治。若因寒筋急，不可用也。又云：受濕者，亦令筋緩。丹溪云：寒則筋急，熱則筋縮。急因于堅強，縮因于短促。若受濕則弛，弛因于寬長。然寒與濕，未嘗不挾熱，而三者又未始不因于濕。薏苡仁去濕要藥也。二家之說，實有不同。以《衍義》觀之，則筋病因熱可用，因寒不可用。以丹溪觀之，則筋病因寒、因熱、因濕，皆可用也。蓋寒而久留，亦變為熱，況外之寒濕與熱，皆由內食甘滑酒麵以啟之，所謂三者未始不因于濕也，信哉。孕家忌之。

清・張仁錫《藥性蒙求・穀部》　米仁三錢　苡仁甘淡，滲濕健脾。微寒清肺，筋急能醫。薏苡仁即米仁。入理脾肺藥，炒用，或薑汁拌炒。入利水濕藥，生用。升少降多，清脾濕，祛肺熱，及虛勞欬嗽，肺痿肺癰，欬吐膿血。舒筋，治拘攣之病。因寒筋急而痛者，又不可用也。

清・王孟英《隨息居飲食譜・穀食類》　苡米　甘，平。健脾益胃，補肺緩肝，清熱息風，殺蟲，勝濕。故治筋急拘攣，風濕痿痹，水種，消渴，肺痿吐膿，欬嗽血溢，肺胃腸癰，疝氣，五淋，乾濕脚氣，便瀉，霍亂，黄疸，蚘蟲諸病，竝煮湯飲。亦可蒸食、煮粥、煮飯，無不宜之。脾約便艱，不宜多食，性專達下。孕婦忌之。

清・屠道和《本草匯纂》卷二平瀉　薏苡仁　耑入肺、脾、胃。味甘而淡，性微寒。屬土，色白，無毒。乃陽明藥也。上清肺熱，下理脾濕，升少降多。治肺痿肺癰，咳吐膿血，涕唾上氣，風熱筋急拘攣，除筋骨中邪氣不仁，療水腫濕痺，疝氣，泄痢熱淋，墮胎，利小便，止消渴，殺蚘蟲，破腫毒。去乾濕脚氣大驗。健脾益胃，補肺清熱，勝濕祛風。但此性力和緩，用之須倍他藥。若津枯便祕，陰寒轉筋及有孕婦女，不宜妄用。殺蚘取根，同糯米煮熟，或鹽湯煮過用。筋為厥陰所主，而亦藉陽明胃土以為長養，蓋陽明胃土內無濕熱以淫，則土不薰蒸於肺，以致肺熱葉焦，則宗筋亦潤，宗筋潤則筋束而機關利。凡萎厥多因肺熱葉焦而機關不利，故治萎則獨取於陽明。薏苡清熱除濕，實為治痿要藥。震亨曰：寒則筋急，熱則筋縮，急因於堅強，縮因於短促，若受濕則弛，弛則引長。然寒與濕未常不挾熱，三者皆因於濕，然外濕非內濕啟之不成病，故濕多因酒而魚肉繼之，甘滑陳久，燒炙並辛香，皆致濕之因也。筋急寒熱，皆有因熱者，固當用薏苡清熱除濕。因寒者又當散寒除濕，不宜用此清熱之劑。

清・劉善述、劉士季《草木便方》卷一草部　草菩提　五穀根淡主下氣，癥瘕積聚消食易。能除大腸膨肫脹，久嗽損傷小腸利。

清・田綿淮《本草省常・穀類》　御蜀黍　一名解蠡，一名芑實，一名薏珠子，一名薏苡仁，一名藾米，一名回回米。性微寒。清熱潤肺，開胃健脾，滲濕利水，殺蚘墮胎。久食益氣身輕。藾，音賁。

清・戴葆元《本草綱目易知錄》卷二　薏苡仁　甘，淡，微寒而屬土。陽明經藥也。健脾益胃，補肺清金，去風勝濕。凡筋骨之病，以治陽明為本，故風痹拘攣，筋急不可屈伸用之。土能勝水除濕，又治水腫濕痹，乾濕脚氣，瀉痢熱淋者宜之。土足能生金，故又治肺痿肺癰，咳吐膿血，涕唾上氣。止消渴，利小便，殺蚘蟲，破毒腫。但其味淡而力緩，用之須倍他藥。

清・黃光霽《本草衍句》　苡仁　甘淡滲濕，瀉水所以益土，故益胃健脾陽明藥。色白入肺，益土所以清金，故清熱補肺。祛風濕而療濕痺，筋急拘攣。緩肝舒筋。保燥金而治肺痿肺癰，咳吐膿血。乾濕脚氣熱淋，水腫疝氣泄痢。辛稼軒忽患疝疾，重墜大如斗，用苡仁同東壁黃土炒，水煮，數服即消。《濟生方》治肺損咯血，以熱猪肺切，蘸苡仁米，空心服之。苡仁補肺，猪肺用之引經也。　水腫喘急，用郁李仁研汁，煮苡仁食之。　肺痿咳嗽膿血，苡仁煮，入酒少許，服。　肺癰咳吐，心胸甲錯者，以酒煮苡仁服，肺有血，當吐出愈。　風濕身痛，日晡劇者，仲景用麻仁杏仁苡仁湯。　肺癰咯血，苡仁煮，入酒少許服。　妊中有癰，苡仁煮汁，頻飲。

清・陳其瑞《本草撮要》卷五　薏苡仁　味甘淡，入足陽明經，功專去寒濕筋攣。得麻黃、杏仁治風濕周痹，得郁李仁治水腫喘急。以猪肺蘸末服，治肺痿肺癰，欬吐膿血。多食薏仁，令人健飯。大便燥結，因寒筋急勿用。其力緩，必須倍於他藥。炒研。

清・李桂庭《藥性詩解》　賦得薏苡理脚氣而除風濕得除字四韻。李慶霖。

薏苡甘寒淡，風濕並可除。肺癰原有效，脚氣又能舒。　和胃功雖緩，生金力甚餘。脾強淋自愈，水滲腫堪疏。　薏苡米性本甘淡微寒，乃陽明藥也。主水腫濕痺，諸濕脚氣，泄痢熱淋，肺痿肺癰，咳嗽膿血。筋急拘攣，厥陰風木主筋，凡治筋骨之病，以陽明為本，陽明主潤宗筋，宗筋主束骨而利機關也。陽明虛則宗筋縱弛，治痿亦獨取陽明。又曰肺痿葉焦，發為痿躄，蓋陽明濕熱上蒸於肺，則肺熱葉焦，而失其治節，故痿躄。薏米得土之燥，稟秋之涼，故能燥皮濕，善祛肺熱，性緩不姤，久服令人能食。殺蚘，墮胎。大宮燥實者勿用。

清・吴汝紀《每日食物却病考》卷上　薏苡米　甘，微寒，無毒。生真定平澤田野，治筋急拘攣，不可屈伸，及久風濕痹。常服輕身益氣，除筋骨邪氣，利腸胃，消腫，健脾，養心，補肺，清熱，治脚氣大驗。煎服、炊飯、作粥、造酒，俱佳。

清・仲昴庭《本草崇原集説》卷一　薏苡仁　【略】〔批〕薏苡力薄，無人不知。《金匱》取作君藥，力又甚大，如薏苡附子散、薏苡附子敗醬散是也。

清・周巖《本草思辨錄》卷二　薏苡仁　李瀕湖云：薏苡仁屬土，陽明藥也，故能健脾益胃。劉氏駁之，則云：胃為五臟六腑之海，其清氣上注於肺，所以能注於肺者，實由於脾。脾氣合於腎以至肺，肺氣合於心以歸腎，此三陰之氣，謂之元氣，即中氣也。然若胃陽虛，則脾之地氣不升於天，勢必濕盛化熱湊於胃脘之陽以傷氣。胃陽亢，則肺之天氣不降於地，亦必熱盛化濕，還迫於脾臟之陰以傷血。傷氣者肺受之，為胸痹偏緩；甚或肺陰大損，為肺痿肺癰。更因傷氣而病乎藏血之肝，為筋急拘攣。傷血者脾受之，為腸胃不利，甚或脾氣大虛，為水腫為久風濕痹，且移患於下部為疝。凡此皆胃氣之病於上下者也。薏苡生於平澤，氣寒味甘，水土合德，乃實結於盛夏，則潤下之氣，還就炎上；而采實在於秋末，則熱浮之氣，又歸涼降。有合於胃達地氣而不病於濕之化熱，更合於胃達天氣而不病於熱之化濕。舉前證胥能治之。夫中氣不病於濕，即不病於熱，除濕而即能清熱者，非胃之專功而胃第為之樞也。如李氏言，泛泛與燥濕健脾者同論，將所謂清熱、療痿、和血、潤筋者，歸於何地乎。然薏苡為益中氣之要藥，而其味淡，其力緩，如不合群以濟，厚集以投，亦不能奏的然之效。又云：此言筋攣，乃濕熱傷血而病於筋膜乾者。《經》所謂大筋緛短是也。肝臟血而主筋，濕熱固血分之病也。按李說固未中肯綮，而劉氏張惶幽眇，致多委折。微論臟腑陰陽升降出入，不盡如其言。而即其言復之，實亦有自呈其闕者，不能為諱焉。傷氣之內，插入更因傷氣一句，是以筋急拘攣，為盡屬傷氣之傳變。傷血寧無真正血證，而猥以腸胃不利等四項當之。皆意為牽合，無與實理。薏苡能使胃陽不虛，胃陽不亢，又能使脾合腎以至肺，肺合心以歸腎，宜乎用處至賾，如四物，四君子之類，何以古方選入者，如晨星之落落？況云須合群以濟，厚集以投，則固知薏苡不能兼攬衆長，而又何為濫許之乎？薏苡能使濕不化熱，熱不化濕，自是除濕而亦清熱，乃又云除濕而即能清熱，豈並薏苡之氣寒而亦忘之乎？即以薏苡為除濕，而又云薏苡潤筋，是視薏苡與牛膝無二矣。牛膝治筋膜乾之四肢拘攣不可屈伸，以其根柔潤而中有白汁也。潤筋者不能除濕，除濕者不能潤筋，理固然也。肝藏血而主筋，然筋病不得竟指為血病，此亦不容不辨者矣。

《本經》一書，原有漢人羼入之句，其精奧處，則字字金玉，決非聖人不作。如薏苡仁主筋急拘攣、不可屈伸、久風濕痹、下氣數語，真萬世矩矱。自《千金》《外臺》以及後相傳之佳方，凡用薏苡仁者，必兼有筋急拘攣、不可屈伸之證，寒攣用為佐使，亦取其能舒筋。古方小續命湯注云：中風、筋急拘攣、語遲、脈弦者加薏苡仁。李氏以加薏苡為扶脾益肝，不知其有舒筋之妙，可謂憒憒。又薏苡仁丸治脇痛，脇痛非肝病耶。妊婦禁服薏苡，非以其瀉肝墮胎耶。然則肝之合筋，薏苡安得非肝藥。不解金元以來，竟無一人闡及。天門冬主暴風濕痹，薏苡仁主久風濕痹。久字固大有義在。蓋風濕痹非寒藥所宜，風濕久而不解，則寒將化熱。如《金匱》麻黃杏仁薏苡甘草湯，汗出當風久傷取冷是寒，發熱日晡所劇是寒化之熱，麻黃所以驅寒，薏苡所以除熱。無熱非薏苡責也。凡此所治，悉與《本經》符合。再以薏苡體之，《綱目》載馬志云：薏苡取青白色者良。蘇頌云：薏苡結實青白色。雷斆云：薏苡顆小色青味甘。據此，薏苡決非純白。苗發於仲春與色青，得木氣為多。實采於九秋與色白，得金氣亦多。色青兼白，則為金木相媾。味甘而淡，則入胃不入脾。主疏泄者肝，司肅降者肺，胃亦傳化下行之腑，是肺肝挾金木之威，直走而下，由胃而小腸而膀胱，皆其所順由之路，且氣寒復歸於腎，濕何能不去。後人以利小便治疝，皆深得此意。劉氏以實結盛夏，為潤下之氣還就炎上。不知實結盛夏，是水不畏火，不畏火則制火。水自就水，奚肯就火。《本經》下氣二字，又包有至理如此。

劉氏以此之筋攣為筋膜乾，余既略駁之矣。考劉氏此篇宗奭曰一段加注云：受濕則筋緩，然濕即化熱，濕合於熱則傷血，血不能養筋則又攣縮。筋攣固有因血虛者，而此則不然。鄒氏云：筋之為物，寒則堅勁，堅勁則短縮；熱則緩，緛緩則弛長。此為不挾濕者言也。若挾濕則大筋橫脹，橫脹則緛短；小筋縱伸，縱伸則弛長。凡物皆然。特能短而不能勁，與因寒而縮者有異。按橫脹之說，未經人道，較劉氏自勝。然《靈樞》濕熱不攘，大筋緛短，小筋弛長。是緛短時濕已化熱。蓋初雖橫脹，不致短縮，惟化熱之後，所謂食氣入胃，散精於肝，淫氣於筋者，遂漸被其爍，筋為之縮。云不攘，則熱由濕化，已非一日，與《本經》之言如出一轍。薏苡止泄熱驅濕而筋即舒，試之屢驗。若傷血而待養血，則不能如是易矣。

《本經》久風濕痹，繫於筋急拘攣不可屈伸之下，明其病之屬筋，而上下文若斷若續，幾索解不得。《金匱》胸痹緩急一條，正為《本經》點睛。胸痹即風濕痹，在手足為不可屈伸，在胸為一緩一急，皆久而後成，皆筋病也。緩急二字，前人注多支吾，惟鄒氏於《靈》《素》之言，陰蹺陽蹺與足陽明頰筋，推類以求，並繹巢元方之論胸痹，謂五臟六腑之寒氣，因虛而上沖胸膈者，寒沖於左，則逼熱於右；寒沖於右，則逼熱於左。寒者急，熱者緩。可謂今日發曚曠然已昭矣。或問寒濕熱濕，各有專藥。濕既化熱，乃舍治熱濕之專藥而用薏苡，不名之為熱濕，其亦有說乎？曰：痹無熱痹，濕化之熱，終不離寒。故不曰濕熱風熱，而曰久風濕痹。證為熱中有寒，緩急自非專由於熱，此理惟寇宗奭及之。曰：受寒使人筋急，寒熱使人筋攣；若但受熱不曾受寒，則不至筋攣。雖與鄒說微異，然緩急實惟薏苡一物治之。何則？寒即是濕，濕去寒亦去，薏苡治筋有專長也。然則仲聖何為又加附子乎？曰：胸痹由於陽虛，本非辛溫藥不治，用附子不用薤、桂者，以薏苡有損陽之虞，附子足以敵薏苡而舍短取長。非以薏苡治熱，附子治寒也。

李氏謂：薏苡健脾益胃，虛則補母，故肺痿肺癰用之。劉氏謂：治痿獨取陽明。陽明濕熱盛則成肺痿肺癰。大腸與胃之濕熱散，則肺痿肺癰自愈。噫！二家之言，粗疏甚矣！夫治痿獨取陽明者，為痿躄言之也。與肺痿之痿，詎得同論。且薏苡肺藥而肺痿不治，肺痿而至吐膿成肺癰則治之，肺癰之中，又以胸中甲錯為最宜。何則？胸中甲錯，乃肺熱爍液所致。雖在肌膚而與筋膜聯屬，肝與有責。薏苡泄肺熱而能疏筋膜中乾澀，故為妙藥。如《千金》葦莖湯可徵也。肺痿何以不治？肺痿之因有二：屬虛冷者無論矣；即肺由熱爍而津液已枯，筋膜無故，薏苡不能潤液而且竭液，奚借此為。腸癰何以治之？則亦以身甲錯故。甲錯雖不在胸，而其為癰膿則一，癰膿亦不能專任薏苡，而因癰膿而甲錯，則非薏苡不任，與胸痹之專治緩急無二義。尤氏謂此腸癰為小腸癰，與余薏苡由胃而小腸而膀胱之說適合。或疑肺藥多入大腸，薏苡何獨不然。曰：此正金木相媾，肝主疏泄而薏苡為肝藥之據也。薏苡之主治，肝居首，肺次之，胃以下皆其所遞及。方書胃病無治以薏苡者。蓋其補土，止補肝中之土，所謂五臟皆有土也。前人惟視薏苡為補中土之藥，故謂其力和緩，然用之中的，為效極速，何和緩之有哉。

川穀

明·朱橚《救荒本草》卷上之後　川穀　生汜水縣田野中。苗高三四尺，葉似初生薥秫音蜀述葉微小，葉間叢開小黄白花，結子似草珠兒，微小。味甘。　救飢：採子搗為米，生用冷水淘淨後，以滚水湯三五次，去水下鍋，或作粥，或作炊飯食皆可以，堪造酒。

明·蘭茂原撰，范洪等抄補《滇南本草圖説》卷九　必提珠　性寒，味苦、微甘，平，無毒。入足太陰、足太陽二經。利水，治五淋最良。亦能消水腫疾。

明·蘭茂撰，清·管暄校補《滇南本草》卷下　必提珠　性寒，味苦、微甘。入脾、膀胱經。清利小便，治熱淋疼痛，尿血溺血，止血淋，玉莖疼痛，消水腫。

附奇方：治血淋，必提珠根二錢，蒲公英一錢，猪鬃草一錢，楊柳根一錢，水煎，點水酒服。

明·蘭茂《滇南本草》（叢本）卷下　必提珠根　味苦、甘，性寒。入脾、膀胱二經。利小便，治熱淋疼痛。治尿血，溺血淋血，玉莖疼，胎墜，消水腫。單方：治血淋，必提珠根二錢，蒲公英一錢，猪棕草一錢，楊柳根一錢，引點水酒服。

清·劉善述、劉士季《草木便方》卷一草部　打碗子　打碗子根甘寒平，能消積聚癥瘕靈。通利二便胸痞滿，勞力內傷氣血行。

清·戴葆元《本草綱目易知錄》卷二　菰星兒根《纂要》　治肺瘘吐膿，功同薏苡。《纂要》云：野生水畔，苗仁似薏苡，但尖有硬殼，色黎黑，小兒穿作手箍帶。葆按：其根性猛。體虚吐膿痰者慎用。

稗

明·朱橚《救荒本草》卷上之後　稗子　有二種：水稗生水田邊，旱稗生田野中。今皆處處有之。苗葉似穇子，葉色深緑，脚葉頗帶紫色，梢頭出匾穗，結子如黍粒大，茶褐色。味微苦，性微溫。　救飢：採子搗米煮粥食，蒸食尤佳。或磨作麵食皆可。

明·蘭茂原撰，范洪等抄補《滇南本草圖説》卷五　稗米　味辛、甘、苦，性微寒，無毒。宜脾益氣，亦堪作飯。能殺蟲，煮汁沃地，螻蟻皆死忌之。

明·盧和、汪穎《食物本草》卷一穀類　稗子米　味脆，氣辛，可以為飯。

明·李時珍《本草綱目》卷二三穀部·稷粟類　稗音敗。○《綱目》。

【釋名】時珍曰：稗乃禾之卑賤者也，故字從卑。【集解】弘景曰：稗子亦可食。又有烏禾，生野中如稗，荒年可代糧而殺蟲，煮以沃地，螻、蚓皆死。藏器曰：稗有二種，一種黄白色，一種紫黑色。紫黑者似芑有毛，北人呼爲烏禾。時珍曰：稗處處野生，最能亂苗。其莖葉穗粒並如黍稷。一斗可得米三升。故曰：五穀不熟，不如稊稗。稊苗似稗而穗如粟，有紫毛，即烏禾也。《爾雅》謂之莛〔苵〕，音迭。周定王曰：稗有水稗、旱稗。水稗生田中。旱稗苗葉似穇子，色深緑，根下葉帶紫色。梢頭出扁穗，結子如黍粒，茶褐色，味微苦，性溫。以煮粥、炊飯、磨麵食之皆宜。

稗米　【氣味】辛、甘、苦，微寒，無毒。穎曰：辛，脆。　【主治】作飯食，益氣宜脾，故曹植有芳菰精稗之稱時珍。

苗根　【主治】金瘡及傷損，血出不已。搗傅或研末摻之即止，甚驗時珍。

明·穆世錫《食物輯要》卷二　稗米　味辛、甘、苦，性微寒，無毒。宜脾益氣，亦堪作飯。能殺蟲，煮汁沃地，螻蚓皆死。

明·姚可成《食物本草》卷五穀部·稷粟類　稗子音敗。稗子處處野生，最能亂苗。其莖葉穗粒竝如黍稷。一斗可得米三升。故曰：五穀不熟，不如稊稗。稊苗似稗而穗如粟，有紫毛，即烏禾也。稗有水、旱二種。水稗生田中。旱稗苗葉似穇子，色深緑，根下葉帶紫色。梢頭出扁穗，結子如黍粒，茶褐色，味微苦，性溫。以煮粥、炊飯、磨麪食之皆可。

稗子米，味辛、甘、苦，微寒，無毒。作飯食，益氣宜脾，故曹植有芳菰精稗之稱。

根、苗　治金瘡及傷損，血出不已。搗傅或研末摻之即止。

明·孟笨《養生要括·穀部》　稗米　氣味甘、辛、苦，微寒，無毒。作飯食，益氣宜脾，故曹植有芳菰精稗之稱。根，治金瘡及傷損血出不已，搗傅，或研末滲之即止，甚驗。

明·施永圖《本草醫旨·食物類》卷二　稗子米即稊稗。有二種，一種黄白色，一種紫黑色。　味：　辛、甘、苦，微寒，無毒。治：　作飯食，益氣宜脾。苗根：　治：　金瘡及傷損，血出不已，搗敷或研末糝之即止。〇能殺蟲，煮以沃地，螻蚓皆死。

清・穆石匏《本草洞詮》卷五　稗　乃禾之卑賤者，最能亂苗，莖葉穗粒並如黍稷。儉歲可以代糧，所謂五穀不熟，不如稊稗，此也。味辛甘苦，氣微寒，無毒。作飯益氣宜脾，故曹子建有芳菰精稗之稱。亦能殺蟲，煮以沃地，螻蚓皆死也。

清・丁其譽《壽世秘典》卷三　稗處處野生，其莖、葉、穗、粒並如黍、稷，一斗可得米三升，故曰五穀不熟，不如稊稗，稊苗似稗而穗如粟，有紫毛，即烏禾也。稗子生水田中及下濕地，葉似稻，但差短稍頭，結穗仿佛。稗子穗，其子如黍粒大，茶褐色，其稃甚薄，其味粗澀。荒年采，以搗米煮粥、炊飯、磨麵，能厚腸胃濟飢。　氣味：　微苦，溫。　主益氣宜脾。

清・朱本中《飲食須知・穀類》　稗子米穇子米　味辛、甘、苦，性微寒。能殺蟲，煮汁不可沃地，螻、蚓皆死。穇子米，味甘、澁，可食。

清・何其言《養生食鑒》卷上　稗米　味辛、甘、苦，性微寒，無毒。宜脾益氣，亦堪作飯，能殺蟲。　煮汁沃地，螻、蚓皆死。

清・王道純《本草品彙精要續集》卷三　稗無毒

稗米：　主作飯食，益氣宜脾，故曹植有芳菰精稗之稱。〇苗根，主金瘡及傷損，血出不已，搗傅或研末摻之即止，甚驗《本草綱目》。　〖名〗李時珍曰：　稗，乃禾之卑賤者也，故字從卑。　〖地〗李時珍曰：　稗，處處野生，最能亂苗。　〖苗〗莖葉，穗粒並如黍稷，一斗可得米三升，故曰五穀不熟，不如稊稗。稊，苗似稗而穗如粟，有紫毛，即烏禾也。《爾雅》謂之(蓫)〔英〕。陶弘景曰：　稗，子亦可食。又有烏禾，生野中，如稗，荒年可代糧。而殺蟲，煮以沃地，螻蟻皆死。陳藏器曰：　稗，有二種，一種黄白色，一種紫黑色。紫黑者似芑，有毛，北人呼爲烏禾。周憲王曰：　稗有水稗、旱稗。水稗，生田中，苗葉似穇，子色深綠，根下葉帶紫色，稍頭出扁穗，結子如黍粒，茶褐色，味微苦，性溫，磨麵食之皆宜。　〖味〗辛，甘，苦。穎曰：　辛，脆。　〖性〗微寒。

清・吴儀洛《本草從新》卷四　稗〔救荒。〕　辛、甘、苦，微寒。　作飯食，益氣宜脾，故曹植有芳菰精稗之稱。

清・汪紱《醫林纂要探源》卷二　稗　甘，溫。有旱稗、水稗。雜生黍、稻中，苗如稻，穗如黍而粒小。可作粉濟飢。

題清・徐大椿《藥性切用》卷六　稗子　性味辛平，微苦微涼，亦可作飯充飢。

清・吴其濬《植物名實圖考》卷二　稗子　【略】雩婁農曰：　稗能亂苗，亦有二種，有圓穗如黍者，有扁而數穗同生者，與米同舂則雜而帶殼；　別而杵之則粒白而細，煎粥滑美，北地多種之於塍，非稂莠比也。《爾雅》：　稊，(蓫)〔英〕；　注謂似稗，布地生，穢草。又古詩云：　蒲稗相因依。則稊為陸生，稗為澤生歟？《農政全書》諄諄以種稗為勸，備豫不虞，仁人之用心哉！

清・文晟《新編六書》卷六《藥性摘錄》　稗米　甘苦，微寒。宣脾益氣，亦堪作飯。能殺蟲，煮汁沃地，螻蚓皆死。

清・劉善述、劉士季《草木便方》卷二穀糧豆菜部　稗子　稗子苗根辛苦寒，金瘡出血止不難。跌打損傷搗爛塗，去瘀生新自安然。

清・陳其瑞《本草撮要》卷五　稗　味甘苦，微寒，入手足太陰、陽明經，功專益氣宣脾。曹植曾有芳菰精稗之稱。金瘡出血不已，搗敷或研末摻之即止，甚驗。

清・吴汝紀《每日食物却病考》卷上　稗　味苦、甘，微寒，無毒。亦益氣。荒年可充糧，炊飯、煮粥、作麪，皆宜。

光頭稗子

清・吴其濬《植物名實圖考》卷二　光頭稗子　莖葉俱同茭菰，生陸地，穗出葉中，扁淨無毛，故名。為炊香美，水稗形如禾，生於水田，蓋即《淮南子》所謂離先稻熟。而陸生穢地者為稊，其即此歟？

莩草

清・吴其濬《植物名實圖考》卷一三　水稗　田野陂澤極多。鋪地生，葉扁，莖如韭，秋抽梢發叉三四五枝，扁齊，結實如稗。經潦不枯，以為牲芻。

清・吴其濬《植物名實圖考》卷一三　莩草　《湘陰志》：　生湖地，色淡白，可蓋屋。今平野亦多有之。莖似初生小蘆，秋結實作穗，如水稗有鍼，色青白，固始謂之苓草。

穇子

明・朱橚《救荒本草》卷上之後　穇子　生水田中及下濕地內。苗葉似稻，但差短，梢頭結穗，彷彿稗子穗，其子如黍粒大，茶褐色。味甘。救飢：採子搗米煮粥，或磨作麪蒸食亦可。

明・李時珍《本草綱目》卷二三穀部・稷粟類 䅉子䅉、慘二音。○《救荒》。

〔釋名〕龍爪粟 鴨爪稗時珍曰：䅉乃不粘之稱也。又不實之貌也。龍爪、鴨爪，象其穗歧之形。〔集解〕周定王曰：䅉子生水田中及下濕地。葉似稻，但差短。梢頭結穗，彷彿稗子穗。其子如黍粒大，茶褐色。搗米，煮粥、炊飯、磨麪皆宜。時珍曰：䅉子，山東、河南亦五月種之。苗如茭黍，八九月抽莖，有三稜，如水中藨草之莖。開細花，簇簇結穗如粟穗，而分數歧，如鷹爪之狀。內有細子如黍粒而細，赤色。其稃甚薄，其味粗澀。

〔氣味〕甘，澀，無毒。〔主治〕補中益氣，厚腸胃，濟飢。

明・姚可成《食物本草》卷五穀部・稷粟類 䅉子音衫，又音慘，不粘之稱也。一名龍爪粟，一名鴨脚稗，象其歧穗之形也。生水田中及下溼地。葉似稻，但差短。梢頭結穗，彷彿稗子穗。其子如黍粒大，茶褐色。搗米、煮粥、炊飯、磨粉皆宜。○李時珍曰：䅉子，山東、河南亦五月種之。苗如茭黍，八九月抽莖，有三稜，如水中藨草之莖。開細花，簇簇結穗如粟穗而分數歧，如鷹爪之狀。內有細子如黍粒而細，赤色。其稃甚薄，其味粗澀。

䅉子米，味甘，澀，無毒。主補中益氣，厚腸胃，濟飢。

清・王道純《本草品彙精要續集》卷三 䅉子無毒

䅉子：主補中益氣，厚腸胃，濟飢《救荒本草》。〔名〕龍爪粟、鴨爪粟。李時珍曰：䅉，乃不粘之稱也，又不實之貌也。龍爪、鴨爪象其穗歧之形。〔地〕周憲王曰：䅉子，生水田中及下濕地。〔苗〕葉似稻但差短，稍頭結穗，彷彿稗子穗。其子如黍粒大，茶褐色，搗米煮粥、炊飯、磨麪皆宜。李時珍曰：䅉子，山東河南亦種，苗如茭黍，有三稜，如水中藨草之莖，開細花簇簇，結穗如粟穗而分數歧，如鷹爪之狀，內有細子，有黍粒而細，其稃甚薄，其味粗澀。〔時〕五月種之，八九月抽莖。〔色〕赤色。〔味〕甘。〔性〕澀。

清・吳儀洛《本草從新》卷四 䅉子救荒。甘，澀。補中益氣，厚腸胃，濟飢。一名龍爪粟，又名鴨爪稗。周定王〔周定王著《救荒本草》。〕曰：䅉子生水田中及下濕地，葉似稻，但差短，梢頭結穗，彷彿稗子穗，其子如黍粒大，茶褐色。搗米煮粥、炊飯、磨麪皆宜。時珍曰：䅉子，山東、河南亦五月種之，苗如茭黍，八九月抽莖，有三稜，如水中藨草之莖，開細花簇簇，結穗如粟穗而分數歧，如鷹爪之狀，內有細子，如黍粒而細，赤色，其稃甚薄，其味粗澀。

清・汪紱《醫林纂要探源》卷二 䅉 甘、苦，溫。一名雞爪粟，一名雲南稗。亦似蘆，而莖扁有稜，穗三四出，如雞爪，粒如稗子。生於旱地，易種。只可磨粉作粿食。益氣充飢。

題清・徐大椿《藥性切用》卷六 䅉子 一名龍爪粟，一名鴨爪稗。性味甘濇，益氣厚腸，可以濟飢。

清・吳其濬《植物名實圖考》卷二 䅉子 《救荒本草》：【略】黔山多種鷹爪稗，亦呼䅉子，雲南曰鴨掌稗。

雩婁農曰：䅉子，稗類，於書尠見。其穗駢出，參差如大小指，或以摻得名耶？《廣群芳譜》：一名龍爪粟，一名鴨爪稗。北地荒坡處種之。苗葉似穀，至頂抽莖，有三稜，開細花簇簇，結穗分數歧，如鷹爪之狀，形容極肖。《日照縣誌》：䅉子，粟之賤者。有黑白二種，宜濕地，石得米二斗餘，民賴以餬口。而《三峽志》謂自滇中來，曰雲南稗，一曰雁爪稗，亦播種畦植，與穀爭價，東南所無。蓋峽中石田，艱於嘉種耳。余過章貢間，河壖極磽，時黃雲徧野，攟摭弗及，安得謂東南無此？黔山陿瘠，無異峽中，溪頭峰角，種植殆徧。秋日穗稔，赭綠壓蹊，駢者如掌，鉤者如拳，既省工力，亦獲篝車，民恃為命，敢云農惡哉？《救荒》圖與此稍異，或一類亦有二種。

清・陳其瑞《本草撮要》卷五 䅉子 味甘濇，入手足太陰、陽明經，功專補中益氣，厚腸胃，濟飢。一名龍爪粟，又名鴨爪稗。

牛筋草

清・趙學敏《本草綱目拾遺》卷四草部中 牛筋草 一名千金草。夏初發苗，多生階砌道左，葉似韭而柔，六七月起莖，高尺許，開花三叉，其莖弱韌，拔之不易斷，最難芟除，故有牛筋之名。根入藥，治脫力黃、勞力傷。治瘵，取此草連根淨去泥，烏骨雌雞腹內蒸熟，去草食雞。良。《百草鏡》：行血長力，入肝經。按：《湖州府志》：南天燭，亦名牛筋草，又名烏飯草。與此名同物異。

狼尾草

宋・唐慎微《證類本草》卷二六米穀部下品〔唐・陳藏器《本草拾遺》〕 狼尾草 子作黍食之，令人不飢。似茅，作穗，生澤地。《廣志》云：可作黍。《爾雅》云：孟，狼尾。今人呼爲狼茅子。蒯草子，亦堪食，如秔米，苗似茅。

宋・鄭樵《通志》卷七五《昆蟲草木略》 童粱 曰稂，曰守田，曰皇。《爾雅》云：稂，童粱。又曰：皇，守田。今人謂之鬼稻，一穗末有數粒，易落在田中，明年復生，故有守田之名。亦能亂稼。

明・盧和、汪穎《食物本草》卷一 穀類 狼尾子米 作黍食之，令人不飢，生澤地中。

明・王文潔《太乙仙製本草藥性大全》卷四《本草精義》 狼尾子米 一名盂，狼尾。今人呼爲狼茅子，又名蒯草子，亦堪食。其苗似茅作穗，其實如秔米，可作黍。生澤地中。又云似麥粒而小。

明・王文潔《太乙仙製本草藥性大全》卷四《仙製藥性》 狼尾子米 作黍食之，令人不飢。

明・李時珍《本草綱目》卷二三 穀部・稷粟類 狼尾草《拾遺》

【釋名】稂音郎 董蓈《爾雅》作童粱 狼茅《爾雅》 盂《爾雅》 宿田翁《詩疏》 守田《詩疏》。時珍曰：狼尾，其穗象形也。秀而不成，嶷然在田，故有宿田、守田之稱。

【集解】藏器曰：狼尾生澤地，似茅作穗。《廣志》云：子可作黍食。《爾雅》云：孟，狼尾。似茅，可以覆屋，是也。時珍曰：狼尾莖、葉、穗，粒並如粟，而穗色紫黃，有毛。荒年亦可採食。許慎《說文》云：禾粟之穗，生而不成者，謂之董蓈。其秀而不實者，名狗尾草，見草部。

米 【氣味】甘，平，無毒。 【主治】作飯食之，令人不飢藏器。

明・穆世錫《食物輯要》卷二 狼尾草米 味甘，平，無毒。亦堪作飯，能充腸胃。

明・吴文炳《藥性全備食物本草》卷一 狼尾子米一名盂，狼尾。 其苗似茅，作穗，其實如秔米，可作黍，生澤地中，又似麥粒而小，食之令人不飢。

明・姚可成《食物本草・救荒野譜補遺・草類》 狼尾草食實。生澤地。莖葉如粟，實可濟飢。 狼尾草，狼尾米，凶年食之甘若薺。還愁采得不充朝，子女相携淚如洗。

明・姚可成《食物本草》卷五 穀部・稷粟類 狼尾米狼尾，其穗象形。生澤地。莖葉穗粒竝如粟，而穗色紫黃，有毛。荒年亦可采食。 狼尾米，味甘，平，無毒。作飯食之，令人不飢。又一種名蒯草，苗似茅，可以織席，可以絞索。子亦堪食，如粳米。

明・施永圖《本草醫旨・食物類》卷二 狼尾子米 味：平，無毒。作飯食之，令人不飢，生澤池中。

清・吴其濬《植物名實圖考》卷一三 狼尾草 《爾雅》：孟，狼尾。《本草拾遺》始著錄。葉如茅而莖紫，穗如黍而極細長，柔紛披粒芒亦紫。湖南謂之細絲茅，河南亦謂之蔄草。葉可覆屋，其粒極細。《救荒本草》所不載，《拾遺》云：作飯食之，令人不飢，未敢深信。

竹頭草

清・吴其濬《植物名實圖考》卷一四 竹頭草 李衎《竹譜》竹頭草在處有之，枝如莠，葉長五七寸，寬一寸許，有細勒道。望之如篠竹叢叢，秋生白花如菰蔣狀。或云無竹處卒欲煮藥，取此藥以代之。其性與澹竹同。今東陽酒匠真呼此為澹竹葉。每歲夏伏採之。按《陸疏》：芩草莖如釵股，葉如竹，蔓生，澤中下地鹹處為草真實，牛馬皆喜食之，按其形狀與此正合，牛馬皆喜食，信然。此草《本草》諸書不載，故注《詩》者皆無引據。毛晉云：藥中黄芩，與《陸疏》不同種，又按蕺菜亦名芩草，其葉亦不似竹。

莠

明・朱橚《救荒本草》卷上之後 莠草子 生田野中。苗葉似穀，而葉微瘦，梢間結茸音戎細毛穗，其子比穀細小，舂米類折米，熟時即收，不收即落。味微苦，性溫。 救飢：採莠穗揉音柔取子，搗米，作粥或作水飯皆可食。

清・吴其濬《植物名實圖考》卷一二 莠 俗呼狗尾草。《救荒本草》收之。今北地饑年，亦碾其實作飯充腹，亦呼曰莠草子。其莖可去贅瘤，具《本草綱目》。按《説文・繫傳》：蓡草也。臣鍇按字書云：狗尾草也。又莠，禾粟下揚生莠，臣鍇曰：粟下揚，謂禾粟實下播揚而生，出於粟秕。以蓡為狗尾草，不審出何字書，其說莠乃與稂、皇同類，則非似苗之草矣。

菰

唐・歐陽詢《藝文類聚》卷八二 菰 《說文》曰：蔣，菰也。 《廣雅》曰：蔣菰，其米謂之彫胡。 《廣志》曰：菰可以為蓆，温於蒲。生南方。 《莊子》曰：孔子之楚，舍於蟻丘之蔣。 《禮記》曰：十月收水澤之賦。 《江賦》曰：泛之以遊菰。 《吳都賦》：穱秀菰穗，於是乎在。 宋玉賦：主人之女，為臣炊彫胡之飯。

詩 梁沈約《詠菰詩》曰：結根布洲渚，垂葉滿皋澤。匹彼露葵羹，可以留上客。

附：日·丹波康賴《醫心方》卷三〇 菰根 《七卷經》云：味甘，大寒。除腸胃中痼熱，消渴，止小便利。《養生要集》云：味甘，平。除胸中煩，解酒消食。

菰首：《七卷經》云：味甘，冷。被霜之後，食之令人陰不強。又雜白蜜食，令人腹中生蟲。

宋·李昉《太平御覽》卷第九九九 菰 《廣雅》曰：菰，蔣也，其米謂之彫胡。《廣志》曰：菰可織以為席，温於蒲。生南方。

宋·唐慎微《證類本草》卷一一草部下品〔《別録》〕 菰根 大寒。主腸胃痼熱，消渴，止小便利。

〔梁·陶弘景《本草經集注》〕云：菰根，亦如蘆根，冷利復甚也。

〔宋·馬志《開寶本草》〕按：別本注云：菰蔣草也。江南人呼爲茭草，秣馬甚肥。味甘，無毒。

〔宋·掌禹錫《嘉祐本草》〕按：《蜀本圖經》云：生水中，葉似蔗、荻，久根盤厚，夏月生菌細，堪噉，名菰菜。三年已上，心中生臺如藕，白軟中有黑脉，堪噉，名菰首也。《爾雅》云：出隧，蘧蔬。釋曰：菌類也。一名出隧，一名蘧蔬。《廣雅》云：朝生，形如鬼蓋。郭云：似土菌，生菰草中。今江東啖之甜滑者，氈氍毹者。《說文》云：菰蔣也，張揖云：氍毹，毛席，取其音同。孟詵云：菰菜，利五藏，邪氣，酒皶，面赤，白癩，癧瘍，目赤等，效。然滑中，不可多食。熱毒風氣，卒心痛，可鹽醋煮食之。又云：茭首，寒。主心胸中浮熱風。食之發冷氣，滋人齒，傷陽道，令下焦冷滑，不食甚好。陳藏器云：菰菜，味甘，無毒。去煩熱，止渴，除目黃，利大小便，止熱痢，雜鯽魚爲羹，開胃口，解酒毒。生江東池澤，菰葑上如菌，葑是菰根，歲久浮在水上者。主火燒瘡，燒爲灰和雞子白塗之。《呂氏春秋》曰：菜之美者，越路之菌是也。晉張翰見秋風起思之。又云：菰首，生菰蔣草心，至秋如小兒臂，故云菰首。煮食之止渴。甘，冷，雜蜜食發痼疾，無别功。更有一種小者，擘肉如墨，名烏鬱。人亦食之，止小兒水痢。日華子云：茭首，微毒。多食發氣并弱陽，葉利五藏，食巴豆人不可食。

〔宋·蘇頌《本草圖經》〕曰：菰根，舊不著所出州土，今江湖陂澤中皆有之，即江南人呼爲茭草者。生水中，葉如蒲、葦輩，刈以秣馬甚肥。春亦生笋，甜美堪噉，即菰菜也。又謂之茭白，其歲久者，中心生白臺如小兒臂，謂之菰手。今人作菰首，非是。《爾雅》所謂蘧蔬，注云：似土菌，生菰草中，正謂此也。故南方人至今謂菌爲菰，亦緣此義也。其臺中有墨者，謂之茭鬱。其根亦如蘆根，冷利更甚。二浙下澤處，菰草最多，其根相結而生，久則并土浮於水上，彼人謂之菰葑。刈去其葉，便可耕蒔。其苗有莖梗者，謂之菰蔣草。至秋結實，乃雕胡米也。古人以爲美饌，今饑歲人猶採以當糧。《西京雜記》云：漢太液池邊，皆是雕胡、紫籜、緑節、蒲叢之類。菰之有米者，長安人謂爲雕胡。葭蘆之米，解葉者紫籜。菰之有首者，謂之緑節是也。然則雕胡諸米，今皆不貴。大抵菰之種類皆極冷，不可過食，甚不益人。惟服金石人相宜耳。

〔宋·唐慎微《證類本草》〕陳藏器云：茭首，主心胸中浮熱，動氣不中，食之發冷，滋牙齒，傷陽道，令下焦冷，不食爲妙。《食療》云：若丹石熱發，和鯽魚煮作羹食之。三兩頓即便差耳。《外臺秘要》：治湯火所灼，未成瘡。取菰蔣根燒取灰，用雞子黄和封之。《廣濟方》：治毒蛇嚙方：菰蔣草根灰，取以封之，其草似鷰尾是。《子母秘録》：小兒風瘡久不差，燒菰蔣節末以傅上。

宋·寇宗奭《本草衍義》卷一二 菰根 蒲類。四時取根擣，絞汁用。河朔邊人，止以此苗飼馬，曰菰蔣，及作薦。花如葦，結青子，細若青麻黄，長幾寸。彼人收之，合粟爲粥，食之甚濟飢，此杜甫所謂願作冷秋菰者是也。爲其皆生水中及岸際，多食亦令人利。

宋·鄭樵《通志》卷七五《昆蟲草木略》 茭首 茭草之首。有一種可食，一名茭白，一名菰首，一名須。《爾雅》云：須，葑蓯。

葑 菰根也，亦名須。故《爾雅》曰：須，葑蓯。又名蓯焉。

菰 曰蓬。今人謂之茭。《爾雅》曰：齧，彫蓬。薦，黍蓬。彫蓬者，米茭也，其米謂之彫胡，可作飯，故曰齧。黍蓬者，野茭也，不能結實，惟堪薦藉，故曰薦。

彫胡 菰蔣米也。《爾雅》云：齧，彫蓬。

宋·陳衍《寶慶本草折衷》卷一〇 菰根灰及汁在內。〇茭首、實附。 一名菰首，一名菰蔣根，乃蒲類也。生江湖陂澤中，及二浙、河朔水中及岸際。〇四時取。〇附：菰菜，一名出隧，一名遽(隧)〔蔬〕，一名朝生，一名茭白□□〇又附：菰首，一名菰手，一名茭首，俗號茭笋。其肉如墨者名烏鬱，一名茭鬱。秋採，忌蜜。〇又附：茭實，一名茭實，米。〇又云，一名□梁，一名菰紅，生長安，秋採□。又詩謂□□胡飯名是也。〇其苗葉一名菰蔣草，一名菰草，一名茭草。〇□音□音□葉以切。

味甘縉雲，大寒，無毒縉雲。〇主腸胃痼熱，消渴。〇陳藏器云：主火燒瘡，燒灰，和鷄子白塗之。〇《圖經》曰：根如蘆根，相結而生，久則并土浮於水上。○寇氏曰：根搗絞汁用。

附：菰菜○味甘，無毒。利五藏邪氣，利大小便，去煩熱，止渴，除目黄，解酒毒，酒皶面赤，白癩癧瘍，目赤及熱毒風，卒心痛。並可鹽、醋煮食。又止熱痢，雜鯽魚為羹食之。然滑中，不可過多。其狀似土菌，生菰草中。

附：菰首○味甘，冷，微毒。主心胸中浮熱風，止渴，滋齒，發冷氣，傷陽，令下焦冷滑，其狀如藕，又如小兒臂，白軟，有黑脉。生菰草心內，雜蜜食，發痼疾。

附：菰實○冷，止渴，可為飯，及合粟作粥食。其結子細長幾寸。其實如細米。大抵菰之種類皆冷，不可過食，惟服金石人相宜。兼括稷米說。

明・朱橚《救荒本草》卷上之後　茭笋　《本草》有菰根，又名菰蔣草，江南人呼為茭草，俗又呼為茭白。生江東池澤水中及岸際，今在處水澤邊皆有之。苗高二三尺，葉似蔗荻，又似茅葉而長大闊厚，葉間擷葶，開花如葦，結實青子，根肥，剝取嫩白笋可啖。久根盤厚生菌音窘細嫩，亦可啖，名菰菜。三年已上心中生葶如藕白軟，中有黑脉，甚堪啖，名菰首。味甘，性大寒，無毒。　救飢：採茭菰笋煠熟，油鹽調食。或採子舂為米，合粟煮粥食之，甚濟飢。

治病：文具《本草》草部菰根條下。

明・劉文泰《本草品彙精要》卷一四　菰根無毒，附菰葑。　叢生。

菰根：主腸胃痼熱，消渴，止小便利。名醫所錄。　【名】茭草、茭白、茭手、菰菜、菰手、烏鬱、茭鬱、蘧蔬。　【苗】《圖經》曰：生水中，葉如蒲葦輩，江南人謂之茭草，刈以養馬甚肥。春亦生笋，甜美堪啖，即菰菜也，又謂之茭白。歲久者，中心生白薹如小兒臂，謂之菰手。今人作菰首，非是《爾雅》所謂蘧蔬。注云：似土菌，生菰草中，正謂此也。故南方人至今謂菌爲菰，亦緣此義爾。其薹中有黑者，謂之茭鬱，其根亦如蘆根，冷利更甚。浙濟下澤處一種菰草，其根相結而生，謂之菰葑。刈去其葉更可耕蒔，其苗有莖硬者，謂之菰蔣草，可作薦，花穗如葦，結青子，細若青麻黄，長幾寸，彼人收之，謂之雕胡米，合粟爲粥，食之甚濟饑。此杜甫所謂願作冷秋菰是也。古人以爲美饌，今饑歲採以當糧。《西京雜記》云：漢太液池邊皆是雕胡，紫籜綠節，蒲叢之類。菰之有米者，長安人謂爲雕胡。葭蘆之米，解葉者紫，籜菰之有首，謂之綠節也。　【地】《圖經》曰：出江湖陂澤中，今在處有之。　【時】生：春生苗。採：七月、八月取。　【用】根、實、薹、葉。　【質】類蒲根。　【色】白。　【味】甘。　【性】大寒。　【氣】氣之薄者，陽中之陰。　【臭】朽。　【主】除積熱。　【治】療：日華子云：菰葉，利五臟。陳藏器云：菰菜，去煩熱，止渴，除目黄，利大小便，止熱痢。○菰手，煮食之，止渴。○烏鬱，止小兒水痢。孟詵云：菰菜，利五臟邪氣，酒皶，面赤，白癩，癧瘍，目赤。○茭手，去心胸中浮熱風，滋人齒。《别録》云：菰蔣節末，以傅小兒風瘡久不瘥者，及封毒蛇齧瘡口，效。　【合治】菰菜合鹽、醋煮食之，療熱毒，風氣，卒心痛。○菰菜合鯽魚爲羹食之，開胃口，解酒毒。○菰蔣根，燒灰合雞子黄，封湯火瘡。　【禁】菰菜滑中不可多食。○茭手，食之發冷氣，傷陽道，令下焦冷滑。　【忌】茭手雜蜜食之，發痼疾。○菰葉，食巴豆人不可食。

明・盧和、汪穎《食物本草》卷一　穀類　茭米　生湖泊中，性微寒，無毒。古人以為美饌。作飯亦脆澁。

明・陳嘉謨《本草蒙筌》卷三　菰根　味甘，氣大寒，無毒。多生江湖陂澤，葉如蒲葦尖長。秣馬甚肥，作薦誠軟。江南呼為茭草，即此是焉。四時取根，搗爛絞汁。止小便利解渴，主腸胃熱除煩。久浮水面者燒灰，延片火灼瘡敷愈。用雞清調。菰菜即春生茭笋，煮食治心腹卒疼。雜鯽魚為羹，解酒毒開胃。丹石熱發，頓食即差。須防滑中，不宜多食。

又菰首當作菰手，係歲久中生白薹。與小兒臂同，故取為名喚。食少追風去熱，止上膈渴消；食多發氣弱陽，令下焦冷滑。食同白蜜，痼疾復生。薹中有黑者茭鬱名，用之治小兒赤痢効。葉利五臟亦驗，食巴豆人忌之。子細若青麻黄，名彫胡米；俗每合黍粟煮，過凶荒年。大抵菰之種類，皆極冷利，不可過食，惟服金石人相宜爾。

明・王文潔《太乙仙製本草藥性大全》卷一《本草精義》　菰根　陶隱居云：菰根亦如蘆根，又云菰蔣草也。舊不載所出州土，今江湖陂澤中皆有之，即江南人呼爲茭草者。生水中，葉如蒲葦輩，刈以秣馬甚肥。春亦生笋，甜美堪噉，即菰菜也。又謂之茭白，其藏久者中心生白薹如小兒臂，謂之菰手，今人作菰首，非是。《爾雅》所謂蘧蔬，注云似土菌，生菰草中，正謂此也。故南方人至今謂菌爲菰，亦緣此義也。其薹中有黑者謂之茭鬱，其根亦如蘆根，冷利更甚。三浙下澤處菰草最多，其根相結而生，久則并上浮於水上，彼人謂之菰葑，刈去其葉，便可耕蒔。其苗有根梗者謂之菰蔣草，至秋結實，乃彫胡米也。

按：《衍義》云：菰根，蒲類。四時取根，搗絞汁用。河朔邊人止以此飼馬，曰菰蔣。及作薦，花如葦，結青子，細若青麻黄，長幾寸，彼人收之合粟爲粥食之，甚濟飢。此杜甫所謂願作冷秋菰者是也，爲其皆生水中及崖際，多食令人利。

明·王文潔《太乙仙製本草藥性大全》卷一《仙製藥性》 菰根　味甘，氣大寒，無毒。主治：治心腹卒痛。雜鯽魚爲羹，解酒毒開胃。丹石熱發，頓食即差，須防滑中，不宜食多。又菰首當是菰手，係歲久中生白臺，與小兒臂同，故取爲名喚。食少追風去熱，止上膈渴消食多。發氣弱陽，令下焦冷滑，禁同白蜜，痼疾復生。臺中有黑者，茭鬱名，用之治小兒赤痢效。葉：利五臟亦驗。食巴豆人忌之。子：細若青麻黄，名彫胡米，俗每合黍粟煮，過凶荒年。大抵菰之種類皆極冷利，不可過食，惟服金石人相宜爾。補註：昔丹石熱發，和鯽魚煮作羹，食之三兩頓，即便差耳。○治湯火所灼未成瘡，取菰葑根燒取灰，用雞子黄和封之。○治毒蛇齧方：菰蔣草根灰，取以封之，其草似鷹尾是。○小兒風瘡久不差，燒菰蔣節末，以傅上。

明·皇甫嵩《本草發明》卷三 菰根下品下。氣大寒，味甘，無毒。　發明曰：菰根，甘寒清熱，故主腸胃痼熱，解渴，止小便。歲久浮水面者，燒灰，雞子清調，敷火瘡即愈。○菰菜，即茭笋，名茭白，味甘。煮食治心腹卒痛，去煩熱，除目黄，止渴，利大小便，治熱痢。同鯽魚作羹，解酒毒，開胃口。除丹石發熱。多食滑中。○菰首，係歲久中生白臺，藕樣，如小兒臂者，能止上部消渴。多食發氣弱陽，下焦冷滑。同蜜食，發痼疾。○臺中有黑，名茭鬱。治小兒赤痢。○葉，利五藏。食巴豆人忌之。大抵菰種冷利，勿過食。服金石人相宜。

明·皇甫嵩《本草發明》卷四 菰首性冷。　被霜後食之，令陰弱。雜白蜜食，令生蟲。

明·李時珍《本草綱目》卷一九草部·水草類 菰《别録》下品

【釋名】茭草《説文》　蔣草時珍曰：按許氏《説文》菰本作苽，從瓜諧聲也。有米謂之雕菰，已見穀部菰米下。江南人呼菰爲茭，以其根交結也。蔣義未詳。

【集解】保昇曰：菰根生水中，葉如蔗、荻，久則根盤而厚。夏月生菌堪啖，名菰菜。三年者，中心生白臺如藕狀，似小兒臂而白軟，中有黑脈，堪啖者，名菰首也。藏器曰：菰首小者，擘之内有黑灰如墨者，名烏鬱，人亦食之。晋張翰思吴中蒓、菰，即此也。頌曰：菰根，江湖陂澤中皆有之。生水中，葉如蒲、葦輩，刈以秣馬甚肥。春末生白茅如笋，即菰菜也，又謂之茭白，生熟皆可啖，甜美。其中心如小兒臂者，名菰手。作菰首者，非矣。《爾雅》云：出隧，蘧蔬。注云：生菰草中，狀似土菌，江東人啖之，甜滑。即此也。故南方人至今謂菌爲菰，亦緣此義。其根亦如蘆根，冷利更甚。二浙下澤處，菰草最多。其根相結而生，久則並土浮於水上，彼人謂之菰葑。刈去其葉，便可耕蒔，又名葑田。其苗有莖梗者，謂之菰蔣草。至秋結實，乃雕胡米也。歲饑，人以當糧。宗奭曰：菰乃蒲類。河朔邊人，止以飼馬作薦。八月開花如葦。結青子，合粟爲粥食，甚濟飢。杜甫所謂波漂菰米沉雲黑者，是也。

菰笋一名茭笋《日用》　茭白《圖經》　菰菜同　【氣味】甘，冷，滑，無毒。詵曰：滑中，不可多食。頌曰：菰之種類皆極冷，不可過食，甚不益人，惟服金石人相宜耳。

【主治】利五臟邪氣，酒皻面赤，白癩癧瘍，目赤。熱毒風氣，卒心痛，可鹽、醋煮食之孟詵。去煩熱，止渴，除目黄，利大小便，止熱痢。雜鯽魚爲羹食，開胃口，解酒毒，壓丹石毒發藏器。

菰手一名菰菜《日用》　茭白《通志》　茭粑俗名　蘧蔬音氍毹　【氣味】甘，冷，滑，無毒。大明曰：微毒。詵曰：性滑，發冷氣，令人下焦寒，傷陽道。禁蜜食，發痼疾。服巴豆人不可食。　【主治】心胸中浮熱風氣，滋人齒孟詵。煮食，止渴及小兒水痢藏器。

菰根　【氣味】甘，大寒，無毒。頌曰：菰根亦如蘆根，冷利更甚。　【主治】腸胃痛熱，消渴，止小便利。搗汁飲之《别録》。燒灰，和鷄子白，塗火燒瘡藏器。

【附方】舊二。　小兒風瘡：久不愈者。用菰蔣節燒研，傅之。《子母秘録》。毒蛇傷嚙：菰蔣草根燒灰，傅之。《外臺秘要》。

葉　【主治】利五臟大明。

菰米見穀部。

明·李時珍《本草綱目》卷二三穀部·稷粟類 菰米《綱目》

【釋名】茭米《文選》　雕蓬《爾雅》　彫苽《説文》。○《唐韻》作蔳胡。　雕胡時珍曰：菰本作苽，茭草也。其中生菌如瓜形，可食，故謂之苽。其米須霜彫時採之，故謂之彫苽。或訛爲彫胡。枚乘《七發》謂之安胡。《爾雅》：嚙，彫蓬；薦，黍蓬也。孫炎注云：彫蓬即茭米。古人以爲五飯之一者。鄭樵《通志》云：彫蓬即米茭，可作飯食，故謂之嚙。其黍蓬即茭之不結實者，惟堪作薦，故謂之薦。楊慎《巵言》云：蓬有水、陸二種：彫蓬乃水蓬，彫苽是也；黍蓬乃旱蓬，青科是也。青科結實如黍，羌人食之，今松州有焉。珍按：

鄭、楊二説不同，然皆有理，蓋蓬類非一種故也。　〔集解〕弘景曰：　菰米一名彫胡，可作餅食。藏器曰：　彫胡是菰蔣草米，古人所貴。故《内則》云：　魚宜苽。皆水物也。曹子建《七啓》云：　芳菰精稗。謂二草之實可以爲飯也。頌曰：　菰生水中，葉如蒲葦。其苗有莖梗者，謂之菰蔣草。至秋結實，乃彫胡米也。古人以爲美饌。今饑歲，人猶採以當糧。葛洪《西京雜記》云：　漢太液池邊，皆是彫胡、紫籜、緑節、蒲叢之類。蓋菰之有米者，長安人謂之彫胡；　菰之有首者，謂之緑節；　葭蘆之未解葉者，謂之紫籜也。宗奭曰：　菰蔣花如葦。結青子，細若青麻黃，長幾寸。野人收之，合粟爲粥食之，甚濟飢也。時珍曰：　彫胡九月抽莖，開花如葦芀。結實長寸許，霜後採之，大如茅針，皮黑褐色。其米甚白而滑膩，作飯香脆。杜甫詩波漂菰米連雲黑者，即此。《周禮》供御乃六穀、九穀之數，《管子書》謂之雁膳，故收米入此。其茭笋、菰根，別見菜部。

〔氣味〕甘，冷，無毒。　〔主治〕止渴藏器。解煩熱，調腸胃時珍。

明・穆世錫《食物輯要》卷二　菰米　味甘，性冷，無毒。白而滑膩，作飯香脆，和腸胃，止煩渴。

明・張懋辰《本草便》卷一　菰根　味甘，氣大寒，無毒。　主腸胃痼熱，消渴，止小便利。

明・吴文炳《藥性全備食物本草》卷一　菰米　味甘，性冷，無毒。白而滑膩，作飯香脆。和腸胃，止煩渴。

明・趙南星《上醫本草》卷一　菰　一名茭草，又名蔣草。按許氏《説文》菰本作苽，從瓜諧聲也。有米謂之雕菰。葛洪《西京雜記》云：　漢太液池邊，皆是雕胡、紫籜、綠節、蒲叢之類。蓋菰之有米者，長安人謂之雕胡；　菰之有首者，謂之綠節；　葭蘆之未解葉者，謂之紫籜也。菰生水中，葉似蔗荻，其苗有莖梗者，謂之菰蔣草。久則根盤而厚，夏月生菌堪啖，名菰笋。三年者，中心生白臺如藕狀，似小兒臂而白軟，中有黑脉，堪啖者，名菰手也。九月抽莖，開花如葦，結青子，細若青麻黃，長寸許，名菰米。霜後采之，大如茅針，皮黑褐色。其米甚白而滑膩，作飯香脆，古人所貴，故《内則》云魚宜苽，皆水物也。以為五飯之一，亦可作餅食。曹子建《七啟》云芳菰精稗，謂二草之實可以為飯也。《周禮》供御乃六穀、九穀之數。

菰米：　一名茭米，又名雕蓬，亦名雕苽。《唐韻》作凋胡。雕胡，是菰蔣草米。孫炎註云：　雕蓬，即茭米。　甘，冷，無毒。主治：　止渴，解煩熱，調腸胃。

菰笋：　一名茭笋。　甘，冷、寒，無毒。主治：　利五臟邪氣，酒皶面赤，白癩癧瘍，目赤目黃，去煩熱，止渴，利大小便，止熱痢。雜鯽魚為羹食，開胃口，解酒毒，壓丹石毒。鹽、醋煮食，治熱毒風氣，卒心痛。　菰之（腫）〔種〕類皆極冷，不可過食，甚不益人，惟服金石人相宜耳。

菰手：　一名茭粑，又名蘧蔬音毬氍。　甘，冷，滑，無毒。　主治：　心胸中浮熱風氣，滋人齒。煮食止渴及小兒水痢。禁蜜食。

菰根：　甘，大寒，無毒。　主治：　腸胃痛熱，消渴，止小便利，擣汁飲之。火燒瘡，燒灰和雞子白塗之。

明・應麐《食治廣要》卷二　菰米　氣味：　甘，冷，無毒。主治：　止渴，解煩熱，調腸胃。李東璧曰：　菰本作苽，茭草也。一名彫胡。作飯香脆。《周禮》供御乃六穀、九穀之數。杜詩波漂菰米沈雲黑，即此物也。

明・姚可成《食物本草》卷五穀部・稷粟類　菰米一名茭米，即今茭白。生湖泊。結子如米，罕或有之，又名彫苽。苽，茭草也。其中生菌如瓜形，可食，故謂之苽。其米須霜彫時采之，故謂之彫苽。○菰生水中，葉如蒲葦。其苗有莖梗者，謂之菰蔣草。至秋結實，乃彫苽米也，古人以為美饌。今饑歲，人猶采以當糧。○李時珍曰：　彫苽九月抽莖，開花如葦芀。結實長寸許，霜後采之，大如茅針，皮黑褐色。其米甚白而滑膩，作飯香脆。杜甫詩波漂菰米沉雲黑者，此也。又曹子建《七啟》云芳菰精稗，謂二草之實，可以為飯也。故收采入此。其茭筍、菰根，別見菜部。　菰米，味甘，寒，無毒。止渴，解煩熱，調腸胃。

明・施永圖《本草醫旨・食物類》卷二　茭米即茭白子也，一名雕胡。可作餅食。　性微寒，無毒。古人以為美饌，作飯亦脆而澁。○治：　止渴，解煩熱，調腸胃。

清・穆石匏《本草洞詮》卷五　菰米　菰，即茭也。別見菜部。一種野生者，九月開花如葦，結青子，謂之彫胡米。杜詩波漂菰米沉雲黑，此也。古人以為五飯之一者，《周禮》以之供御，管子謂之鴈膳，今饑歲人猶采以當糧。味甘，氣寒，無毒。能止渴，解煩熱。

清・穆石匏《本草洞詮》卷七　菰菜　葉如蒲葦，河朔邊人刈以牧馬作薦，吴中種蒔，以為葑田。中心如小兒臂，謂之菰筍，俗呼茭白。生熟皆可啖也。　氣味甘寒滑，無毒。　主利五臟邪氣，去煩熱，解酒毒。

清・尤乘《食鑒本草・粟類》　茭米即彫胡。　古人以為美饌，作飯亦脆而澀，止渴解煩熱，調腸胃。即茭白子也。

清・何其言《養生食鑑》卷上　菰米　味甘，性冷，無毒。白而滑膩，作飯香脆，和腸胃，止煩渴。

清・浦士貞《夕庵讀本草快編》卷三　菰《別錄》、茭草　許氏《說文》菰本作苽，從瓜諧聲也。江南人呼菰為茭，以其根交結也。其實名彫胡米，歲饑亦可當糧。杜甫《秋興》云波漂菰米沉雲黑是也。　茭白、菰根氣味俱甘，冷滑之物也。能利五藏邪氣而治酒皶面赤，祛腸胃熱痛而止消渴目黃。凡服丹石之人及善飲之輩，固宜常食者也。若下焦虛寒，陽事痿頓者宜戒。猶不可餞蜜，恐發痼疾。

清・王道純《本草品彙精要續集》卷三　菰米無毒

菰米：　主止渴《本草拾遺》。解煩熱，調腸胃《本草綱目》。　【名】茭米、彫蓬、彫苽、彫胡。　【地】蘇頌曰：　菰生水中。李時珍曰：　菰，本作苽，茭草也。其中生菌如瓜形，可食，故謂之菰。其米須霜彫時採之，故謂之彫苽，或訛爲彫胡，枚乘《七發》謂之安胡。《爾雅》齧，彫蓬；　薦，黍蓬也。孫炎注云：　彫蓬，即茭米。古人以爲五飯之一者。鄭樵《通志》云：　彫蓬，即米茭，可作飯食，故謂之齧。其黍蓬，即茭之不結實者，惟堪作薦，故謂之薦。楊慎《卮言》云：　蓬有水陸二種：　彫蓬乃水蓬，彫苽是也；　黍蓬，乃旱蓬，青科是也。青科，結實如黍，羌人食之，今松州有焉。李時珍按：　鄭楊二說不同，然皆有理，蓋蓬類非一種故也。　【苗】葉如蒲葦，其苗有莖梗者，謂菰蔣草，至秋結實，乃彫胡米也。古人以爲美饌，今饑歲人猶採以當糧。陶弘景曰：　苽米，一名彫胡，可作餅食。陳藏器曰：　彫胡，是菰蔣草米，古人所貴，故《內則》云魚宜苽，皆水物也。曹子建《七啟》云芳菰精稗，謂二草之實可以爲飯也。葛洪《西京雜記》云：　漢太液池邊皆是彫胡、紫籜、綠節、蒲叢之類。蓋菰之有米者，長安人謂之彫胡；菰之有首者，謂之綠節；葭蘆之未解葉者，謂之紫籜也。寇宗奭曰：　菰蔣草如葦，結青子，細若青麻黃，長幾寸，野人收之合粟爲粥食之，甚濟饑也。李時珍曰：　彫胡，開花如葦芍，結實長尺許，大如茅針，其米甚白而滑膩，作飯香脆。杜甫詩波漂菰米沉雲黑者即此。《周禮》供御，乃六穀、九穀之數。《管子》書謂之雁膳，故收米入此。其茭筍菰根，別見菜部。　【時】九月抽莖，霜後採之。　【色】皮黑褐色，米白。　【臭】香。　【味】甘。　【性】冷。

清・吳儀洛《本草從新》卷四　菰米〔救荒〕一名茭米。　甘，冷。止渴，解煩熱，調腸胃，可療飢。

清・汪紱《醫林纂要探源》卷二　苽　甘、鹹，寒，滑。一名彫胡。生湖澤中，葉似蘆而柔韌，始生近根白芽肥脆，剝取之曰茭白，又云茭笋，及老而生穗結實，則曰苽米，粒長半寸許，色正黑，作飯甘滑，味似大麥飯，亦可粉之作粢粿。皖江貴池尚多有之，山中人不識也。　和中，除煩止渴，利水。以上《周禮》注所列九穀也。

題清・徐大椿《藥性切用》卷六　菰米　即茭米。性味甘冷，止渴除煩，荒年亦可充飢。

清・章穆《調疾飲食辯》卷二　菰米飯　即茭草之實。《綱目》曰：《說文》曰彫苽，《唐韻》曰蔣胡，《管子》曰雁膳，孫炎《爾雅正義》曰茭米。《周禮》供御，乃六穀、九穀之列，五飯之一，故《內則》曰魚宜苽。《西京雜記》漢太液池邊皆彫胡，杜詩波漂菰米沉雲黑是也。氣味甘涼無毒，能止煩渴，調腸胃，熱病最宜。

清・章穆《調疾飲食辯》卷三　茭筍　一名菰筍，即茭草之嫩苗。味極甘淡，性亦和平，而《食物本草》及《圖經》皆極言其冷。《拾遺》曰：　作蔬食去煩熱，止渴，除目黃，利大小便，止熱淋。均生擣汁，和熱水頻飲。夫功效如此，性非不涼，而甘淡和平，與苦寒傷胃者，迥不侔也。

菰手：　《蜀本草》曰：　菰生三年，中心起白臺如藕，似小兒臂，而白軟堪啖，名菰首。《圖經》曰：　此名茭白，《通志》亦作茭白。生熟皆可食，甚甜美。又名菰手，作首者非。《爾雅》曰：　出隧，蘧蔬。郭注云：　生茭草中，狀如土菌，味甜滑。《廣雅》曰：　氍毹。《食物本草》曰：　能去胸心浮熱。《拾遺》曰：　煮食止渴及小兒暑泄。大人亦宜。菰手之小者，臂內有黑灰，名烏鬱，俗名茭粑。味甘而澀。煨熟或和麪作餅食，止水泄絕佳。

清・趙其光《本草求原》卷一五菜部　茭笋俗名烏茭。　甘淡而冷，無毒。止渴，除五臟邪熱、心胸浮熱、腸胃積熱，止痢。多食令下焦冷。同生菜、蜂蜜食，發痼疾，損陽道。宜用糟食，除目黃，解酒毒，通二便，治癩瘡。

清・文晟《新編六書》卷六《藥性摘錄》　菰米　甘，冷。白而滑膩，香脆，和腸胃，止煩濾。

清・王孟英《隨息居飲食譜・蔬食類》　茭白一名菰筍，一名茭筍。　甘，寒。清濕熱，利二便，解酒毒，已癩瘍，止煩渴、熱淋，除鼻皶、目黃。以杭州田種肥大純白者良。精滑、便瀉者勿食。

清・陳其瑞《本草撮要》卷五　菰米　味甘，冷，入手足陽明經，功專止渴解煩熱，調腸胃，可療飢。一名茭米。

清・吴汝紀《每日食物却病考》卷上　茭米　生湖泊中，性微寒，無毒。古人亦以作飯，脆澀可食。

蔄米

宋・唐慎微《證類本草》卷二六米穀部下品〔唐・陳藏器《本草拾遺》〕　莔米　味甘，寒，無毒。主利腸胃，益氣力，久食不飢，去熱，益人，可爲飯。生水田中，苗子似小麥而小，四月熟。《爾雅》云：皇，守田。似燕麥，可食。一名守氣也。

明・盧和、汪穎《食物本草》卷一穀類　莔米　味甘，寒，無毒。主利腸胃，久食不飢，去熱益人。可為飯，生水田中，苗子佀小麥而小，四月熟。

明・盧和、汪穎《食物本草》卷一穀類　蓬草米　作飯食之，無異秔米，儉年物也。

明・許希周《藥性粗評》卷三　咽腫偏平於莽草。

莽草，俗呼蔄草。《爾雅》謂之葞春草。本木部而以草名，以其近於蔓也。形似石南而葉稀，無花實。南北山谷處處有之。五月採葉，陰乾。凡用為末，點服，不入煎藥，亦勿令入眼。餘說《本草》不載。味辛、苦，性溫，無毒。主治頭風癰腫，乳腫疝瘕，結氣偏墜，瘰癧結核，咽腫喉閉，風痓牙疼，疥癩白禿，皮膚麻癢，諸物蠹蟲。按《周禮》〔煎〕〔庶〕氏掌除蠹物，以莽草薰之即死。

單方：　瘰癧結核：　莽草一兩，為末，雞子清調和，塗於帛上，封之口，二易而差。

癰疽欲膿：　凡患癰腫未潰者，莽草末，雞子清調和，厚攤紙上，封之，得痛便潰，乾即易之，必以潰為度。

牙齒風蟲：　凡患牙疼頰腫者，不拘風蟲，以莽煎湯，乘熱含而漱之，低頭吐出，每含勿令嚥入，以痛止腫平為度。

疝瘕偏墜：　凡患疝氣，睾丸腫墜者，同上瘰癧凝腫等例治之。

明・王文潔《太乙仙製本草藥性大全》卷四《本草精義》　莔米　一名守田，一名守氣。生水田中，其苗子似小麥而小，又似燕麥而可食，亦可作餅。

明・王文潔《太乙仙製本草藥性大全》卷四《仙製藥性》　莔米　水田稜子産。味甘，氣寒，無毒。　主治：　利腸胃，益氣力。久食不飢，去熱益人。

明・李時珍《本草綱目》卷二三穀部・稷粟類　莔草音綱。○《拾遺》。

【釋名】皇《爾雅》　守田同上　守氣同　時珍曰：皇、莔，音相近也。　【集解】藏器曰：莔草生水田中，苗似小麥而小。四月熟，可作飯。時珍曰：《爾雅》：皇，守田。郭璞云：一名守氣，生廢田中，似燕麥，子如彫胡，可食。

米　【氣味】甘，寒，無毒。　【主治】作飯，去熱，利腸胃，益氣力。久食，不飢藏器。

明・穆世錫《食物輯要》卷二　蔄草米　味甘，性寒，無毒。亦堪作飯。解熱，利腸胃，益氣力。

明・吴文炳《藥性全備食物本草》卷一　莔米　一名守田，一名守氣。生水田中，其苗子似小麥而小，又似燕麥而可食，亦可作餅。味甘，氣寒，無毒。主利腸胃，益氣力，久食不飢，去熱益人。

明・姚可成《食物本草・救荒野譜補遺・草類》　莔草食實。生水田中。苗似小麥而小。四月熟，可以作飯充飢。　莔草莔草生水田，窶人食之度饑年。呱呱兒女苦相煎，嚼之不下梗人咽。

莔草米莔，音綱。　莔草生水田中，苗似小麥而小。四月成熟，可以作飯，充飢。　莔草米，味甘，寒，無毒。作飯，去熱，利腸胃，益氣力。久食，〔不飢〕。

蓬草子食實。生湖澤中。葉如菰蒲，秋月成穗，子細如粟。荒年人采食之，又號飛蓬子。

蓬草子，號飛蓬。遭荒歲，歎囊空。風顛柳絮浪漂蓬。采得飛蓬聊濟餒，還同飛絮逐西東。

明・施永圖《本草醫旨・食物類》卷二　芮米音瑞，國名。芮、蓬、狼三種，皆荒年之穀。　味：　甘，寒，無毒。主利腸胃，久食不飢，去熱，益人。可為飯，生水田中，苗子似小麥而小，四月熟。見《本草》。

蔄米音綱。生水田中，苗似小麥而小，四月熟，可作飯。　味：　甘，寒，無毒。作飯。治熱，利腸胃，益氣力，久食不飢。

清・朱本中《飲食須知・穀類》　莔米狼尾草米、蒯草米、東廧子米、蓬草子米、篩草子米、菰米。　味甘，性寒。生水田中，苗子似小麥而小，四月熟。狼尾草米，味甘，性平。生澤地，似茅作穗。蒯草米，味甘，性平。苗似茅，可織席為索。東廧子米，味甘，性平。蔓生如葵子，六月種，九月收。牛食之，尤肥。蓬草子米，味酸、澁，性平。生湖澤中。篩草子米，一名自然穀，味甘，性平。七月熟，生海洲，食之如大麥。菰米，味甘，性冷。九月抽莖，開花如葦芀，結實長寸許，霜後采之。米白滑膩，作飯香脆。此皆儉年之穀，食之可以濟飢也。

清・吳儀洛《本草從新》卷四　茵草米〔救荒。〕　甘，寒。作飯去熱，利腸胃，益氣力，久食不飢。藏器曰：生水田中，苗似小麥而小，四月熟，可作飯。郭璞〔郭璞《爾雅註疏》。〕云：一名守氣，生廢田中，似燕麥，子如彫胡，可食。

題清・徐大椿《藥性切用》卷六　草子　性味甘寒，作飯去熱，亦可充飢。

清・章穆《調疾飲食辯》卷二　茵草子飯　《爾雅》曰：皇，守田。郭注云：一名守氣。生廢田中，似燕麥，子如彫胡，可食。《拾遺》曰：作飯，去熱利腸胃。

按：此物吾鄉絕不之見，既云生廢田，恐亦如王莽時之野穀，兵凶則有，太平則無耶？抑方隅之異，有生有不生耶？

清・陳其瑞《本草撮要》卷五　茵草子　味甘，寒，入手足陽明經，功專去熱，利腸胃，益氣力，久食忘飢。一名守氣生。

雜穀米

明・陳嘉謨《本草蒙筌》卷五　雜穀米　並性寒。無毒。各出產不同，但遇兇年，可充糧食。〇茵米水田棱子產，久食不飢。〇茭米湖泊茭草生，古稱美饌。〇狼尾子米，似麥粒略小。〇蓬草子米，如秔米甚粘。〇稗子米味脆，氣辛。〇東廧米輕身健步。河西人語曰：貸我東廧，償爾田糧。正此是也。

明・王文潔《太乙仙製本草藥性大全》卷四《仙製藥性》　雜穀米　並性寒，無毒。各出產不同，但遇凶年，可充糧食。

蕎麥

唐・孫思邈《千金要方》卷二六《食治・穀米》　喬麥　味酸，微寒，無毒。食之難消，動大熱風。其葉：生食動刺風，令人身癢。黃帝云：作麪，和豬羊肉熱食之，不過八九頓，作熱風，令人眉鬚落，又還生，仍希少。涇邠已北，多患此疾。

附：日・丹波康賴《醫心方》卷三〇　喬麥　孟詵云：寒。難消，動熱風，不宜多食。賠玄子張云：喬麥雖動諸病，猶壓丹石，能練五藏滓，續精神。其葉可煮作菜食，甚利耳目，下氣。其莖為灰，洗六畜瘡疥及馬掃蹄，至神。

宋・唐慎微《證類本草》卷二五米穀部中品〔宋・掌禹錫《嘉祐本草》〕　蕎麥　味甘，平、寒，無毒。實腸胃，益氣力。久食動風，令人頭眩。和豬肉食之，患熱風，脫人眉鬚。雖動諸病，猶挫丹石，能鍊五藏滓穢，續精神。作飯與丹石人食之良。其飯法，可蒸使氣餾於烈日中暴令口開，使舂取人作飯。葉作茹，食之下氣，利耳目，多食即微洩。燒其穰作灰，淋洗六畜瘡，并驢、馬躁蹄。新補。見陳藏器、孟詵、蕭炳、陳士良、日華子。

〔宋・唐慎微《證類本草》〕《圖經》：文具小麥條下。孫真人：蕎麥合豬、羊肉食，成風癩。《兵部手集》：孩子赤丹不止。蕎麥麪，醋和傅之，差。又方：治小兒油丹赤腫。蕎麥麪，醋和傅之，良。《楊氏產乳》：瘡熱油赤腫，取蕎麥麪，醋和塗之。《丹房鏡源》：蕎麥灰煮粉霜。

宋・王繼先《紹興本草》卷一二　蕎麥　紹興校定：蕎麥，《本經》雖具性味主治，然世之作麪食之者亦衆。發痼疾，動風氣頗驗，其療病即未聞。及云挫丹石，續精神，未聞驗據。西北地多種產。彼人亦喜食之，即非性寒之物。當云味苦、微溫，有小毒是矣。

宋・陳衍《寶慶本草折衷》卷一九　蕎麥飯在內。〇粉續附。　俗號花麥。生南北，皆種之《圖經》。〇熟時收之，亦可蒸，使氣餾，於烈日暴口開，舂取人作飯。〇忌豬、羊肉。

味甘，平，寒，無毒。〇實腸胃，益氣力，挫丹石，能鍊五藏滓穢。作飯與丹石人食之，良。〇《圖經》曰：多食亦動風氣，令人昏眩。分大麥條。〇孫真人云：合豬、羊肉食，成風癩。

續說云：蕎麥粉療瘡疹，病重，肌體潰腐，膿血穢腥，以此粉厚布席上，令病人輾轉臥之，不數日間，瘡痂自脫，亦無瘢痕。

元・忽思慧《飲膳正要》卷三　蕎麥　味甘，平、寒，無毒。實腸胃，益氣力。久食動風氣，令人頭眩。和豬肉食之，患熱風，脫人鬚眉。

元・尚從善《本草元命苞》卷九　蕎麥　甘，平，性寒，無毒。實腸胃，益氣力，鍊五臟，續精神。久食動風，令人頭眩。豬肉同餌，脫人鬚眉。雖動諸病，猶挫丹石。

元・吳瑞《日用本草》卷二　蕎麥　即烏麥也。　味甘，性寒，無毒。燒穰灰淋洗六畜瘡。　主實腸胃，益氣力，久食動風，令人頭眩。和豬肉食之，患熱風，脫人眉鬚。雖動諸病，猶挫丹石，能鍊五臟滓穢，續精神。蒸使氣餾，於烈日中曝，令口開，使舂取仁，作飯尤佳。取粉醋調，能治小兒丹毒赤腫。

明・朱橚《救荒本草》卷下之後 蕎麥苗 處處種之。苗高二三尺許，就地科叉生，其莖色紅，葉似杏葉而軟微艄，開小白花，結實作三稜蒴兒。味甘，平，性寒，無毒。 救飢：採苗葉煠熟，油鹽調食。多食微瀉。其麥或蒸使氣餾音溜，於烈日中晒令口開，舂取人，煮作飯食，可磨為麵，作餅蒸食皆可。

治病：文具《本草》米穀部條下。

明・滕弘《神農本經會通》卷四 蕎麥 味甘，氣平，寒，無毒。《本經》云：實腸胃，益氣力。久食動風，令人頭眩。和猪肉食之，患熱風，脫人眉鬚。雖動諸病，猶挫丹石，能鍊五臟滓穢，續精神。作飯，與丹石人食之良。其飯法，可蒸使餾，於烈日中暴，令口開，便舂取人作飯。葉，作茹食之，下氣，利耳目。多食即微洩。燒其穰作灰，淋洗六畜瘡，并驢馬躁〔蹄〕。

明・劉文泰《本草品彙精要》卷三六 蕎麥無毒。 叢生。

蕎麥：實腸胃，益氣力。久食動風，令人頭眩。和豬肉食之，患熱風，脫人眉鬚。雖動諸病，猶挫丹石。能鍊五臟滓穢，續精神，作飯與丹石人食之，良。其飯法：可蒸使氣餾於烈日中暴令口開，使舂取人作飯。〇葉，作茹，食之下氣，利耳目。多食即微洩。燒其穰作灰，淋洗六畜瘡并驢、馬躁蹄。名醫所錄。 〔苗〕謹按：蕎麥五月佈種於熟地，苗高一二尺，葉似杏葉而有角，莖赤中空，七八月作穗，開碎白花，漸結實，九月成熟，其皮赤黑，肉白，有三稜，與他麥收種不同，實形亦不似大小麥。今藥品不甚用者，由其能動風氣及令人昏眩故也。 〔地〕《圖經》曰：舊不著所出州土，今南北處處有之。 〔時〕生：夏生苗。採：九月取實。 〔收〕日乾。 〔用〕實及莖、葉。 〔色〕皮赤，肉白。 〔味〕甘，平。 〔性〕寒。 〔氣〕氣之薄者，陽中之陰。 〔臭〕朽。 〔主〕益氣補胃。 〔製〕實舂去殼，磨細作麫食之。其莖燒灰淋汁用。 〔治〕補：《圖經》曰：實腸胃，益氣力。 〔合治〕合醋調，傅小兒赤丹不止及小兒遊丹赤腫，并熱瘡赤腫。 〔禁〕同豬、羊肉食之成風癩。多食發痼疾，動風氣，脫人眉鬚。亦不可與平胃散及礬同食，食之殺人。

明・盧和、汪穎《食物本草》卷一穀類 蕎麥 味甘平，寒，無毒。實腸胃，益氣，久食動風，令人頭眩。和猪肉食，令人患熱風，脫人眉鬚。雖動諸病，猶剉丹石，煉五臟滓穢。俗謂一年沉滯積在腸胃間，食此麥乃消去。

明・鄭寧《藥性要略大全》卷四 蕎麥 《珠囊》云：實腸胃，益氣力。久食動風，令人頭眩。和猪肉食之，患熱風，脫人鬚眉。能動諸疾。 味甘，平，性寒。無毒。忌與白礬同食，能殺人。

明・陳嘉謨《本草蒙筌》卷五 蕎麥米 味甘，氣平、寒。無毒。一名烏麥，秋種冬收。曝烈日預令口開，春熟米堪蒸飯食。亦可磨麵，任意充餐。益氣力，續精神，鍊滓穢，一年沉滯積在腸胃，食此乃消。實腸胃。與丹石人食，解除燥毒。和猪羊肉食，脫落鬚眉。久食尤當忌之，動風令人眩暈。葉作茹饜飯，利耳目下氣亦良；梗燒灰淋湯，洗牛馬除瘡最効。丹家多採，用煮粉霜。

明・寧源《食鑒本草》卷下 蕎麥 味甘，平、寒，無毒。與猪、羊肉同食發風熱。新增：孫真人云：亦或成風癩。實腸胃，益氣力，能煉五臟滓穢，續精神。久食發病。《兵部手集》：治小兒火丹赤腫，以蕎麥麵醋調，傅之即差。新增：燒其穰作灰，淋，可洗六畜瘡并驢馬躁蹄。

明・王文潔《太乙仙製本草藥性大全》卷四《本草精義》 蕎麥 一名烏麥。《本經》不著所出州土，今在處有之。春後兩種，夏冬二收。其苗葉類烏柏葉而差小，莖紅、葉綠、花白、子黑、根黃而五色具足。收時曝烈日，預令口開。春熟米堪蒸飯食，亦可磨麵任意充飱。

明・王文潔《太乙仙製本草藥性大全》卷四《仙製藥性》 蕎麥米 味甘，氣平寒，無毒。 主治：益氣力，續精神，鍊滓穢，一年沉滯積在腸胃，食此乃消。實腸胃。與丹石食，解除燥毒。和猪羊肉食，脫落鬚眉。久食尤當忌之，動風令人眩暈。葉作茹饜飯，利耳目下氣亦良。梗燒灰淋湯，洗牛馬除瘡最效。丹家多採用煮粉霜。 補註：蕎麥合猪羊肉食成風癩。〇小兒油丹赤腫，蕎麥麫醋和傅之良。〇孩子赤丹不止，蕎麥麫醋和傅之差。〇瘡熱油赤腫，取蕎麥麫醋和塗之。

明・李時珍《本草綱目》卷二二穀部・麻麥稻類 蕎麥宋《嘉祐》

〔釋名〕荍麥音翹。 烏麥吴瑞 花蕎時珍曰：蕎麥之莖弱而翹然，易長易收，磨麪如麥，故曰蕎曰荍，而與麥同名也。俗亦呼爲甜蕎，以別苦蕎。楊慎《丹鉛録》指烏麥爲燕麥，蓋未讀《日用本草》也。 〔集解〕炳曰：蕎麥作飯，須蒸使氣餾，烈日暴令開口，舂取米仁作之。時珍曰：蕎麥南北皆有。立秋前後下種，八九月收刈，性最畏霜。苗高一二尺，赤莖緑葉，如烏柏樹葉。開小白花，繁密粲粲然。結實纍纍如羊蹄，實有三稜，老則烏黑色。王禎《農書》云：北方多種。磨而爲麪，作煎餅，配蒜食。或作湯餅，謂之河漏，以供常食，滑細如粉，亞於麥麪。南方一種，但作粉餌食，乃農家居冬穀也。

【氣味】甘，平，寒，無毒。思邈曰：酸，微寒。食之難消。久食動風，令人頭眩。作麪和猪、羊肉熱食，不過八九頓，即患熱風，鬚眉脱落，還生亦希。涇、邠以北，多此疾。又不可合黄魚食。

【主治】實腸胃，益氣力，續精神，能煉五臟滓穢孟詵。作飯食，壓丹石毒，甚良蕭炳。以醋調粉，塗小兒丹毒赤腫熱瘡吴瑞。降氣寬腸，磨積滯，消熱腫風痛，除白濁白帶，脾積泄瀉。以沙糖水調炒麪二錢服，治痢疾。炒焦，熱水冲服，治絞腸沙痛時珍。

【發明】穎曰：《本草》言蕎麥能煉五臟滓穢。俗言一年沉積在腸胃者，食之亦消去也。時珍曰：蕎麥最降氣寬腸，故能煉腸胃滓滯，而治濁帶泄痢腹痛上氣之疾，氣盛有濕熱者宜之。若脾胃虚寒人食之，則大脱元氣而落鬚眉，非所宜矣。孟詵云益氣力者，殆未然也。按楊起《簡便方》云：肚腹微微作痛，出即瀉，瀉亦不多，日夜數行者，用蕎麥麪一味作飯，連食三四次即愈。予壯年患此兩月，瘦怯尤甚。用消食化氣藥俱不效，一僧授此而愈，轉用皆效，此可徵其煉積滯之功矣。《普濟》治小兒天弔及歷節風方中亦用之。

【附方】新十六。

咳嗽上氣：蕎麥粉四兩，茶末二錢，生蜜二兩，水一碗，順手攪千下。飲之，良久下氣不止，即愈。《儒門事親》。

十水腫喘：生大戟一錢，蕎麥麪二錢，水和作餅，炙熟爲末。空心茶服，以大小便利爲度。《聖惠》。

男子白濁：魏元君濟生丹：用荍麥炒焦爲末，鷄子白和，丸梧子大。每服五十丸，鹽湯下，日三服。

赤白帶下：方同上。

禁口痢疾：蕎麥麪每服二錢，沙糖水調下。《坦仙方》。

癰疽發背：一切腫毒。荍麥麪、硫黄各二兩，爲末，井華水和作餅，曬收。每用一餅，磨水傅之。痛則令不痛，不痛則令痛，即愈。《直指》。

瘡頭黑凹：蕎麥麪煮食之，即發起。《直指》。

痘瘡潰爛：用蕎麥粉頻頻傅之。《痘疹方》。

湯火傷灼：用蕎麥麪炒黄研末，水和傅之，如神。《奇效方》。

蛇盤瘰癧：圍接項上。用蕎麥炒去殻、海藻、白殭蠶炒去絲等分，爲末。白梅浸湯，取肉减半，和丸緑豆大。每服六七十丸，食後、臨卧米飲下，日五服。其毒當從大便泄去。若與淡菜連服尤好。淡菜生於海藻上，亦治此也。忌豆腐、鷄、羊、酒、麪。《阮氏方》。

積聚敗血：通仙散：治男子敗積，女人敗血，不動真氣。用荍麥麪三錢，大黄二錢半，爲末。卧時酒調服之。《多能鄙事》。

頭風畏冷：李樓云：一人頭風，首裹重綿，三十年不愈。予以蕎麥粉二升，水調作二餅，更互合頭上，微汗即愈。《怪證奇方》。

頭風風眼：蕎麥作錢大餅，貼眼四角，以米大艾炷灸之，即效如神。

染髮令黑：蕎麥、鍼砂二錢，醋和，先以漿水洗浄塗之，荷葉包至一更，洗去。再以無食子、訶子皮、大麥麪二錢，醋和塗之，荷葉包至天明，洗去即黑。《普濟》。

絞腸沙痛：蕎麥麪一撮炒，水烹服。《簡便方》。

小腸疝氣：蕎麥仁炒去尖，胡盧巴酒浸曬乾，各四兩，小茴香炒一兩，爲末，酒糊丸梧子大。每空心鹽酒下五十丸。兩月大便出白膿，去根。孫天仁《集效方》。

葉　【主治】作茹食，下氣，利耳目。多食即微泄士良。孫曰：生食，動刺風，令人身痒。

稭　【主治】燒灰淋汁取鹼熬乾，同石灰等分，蜜收。能爛癰疽，蝕惡肉，去靨痣，最良。穰作薦，辟壁蝨時珍。《日華》曰：燒灰淋汁，洗六畜瘡，並驢、馬躁蹄。

【附方】新二。

噎食：蕎麥稭燒灰淋汁，入鍋内煎取白霜一錢，入蓬砂一錢，研末。每酒服半錢。《海上方》。

壁蝨蜈蚣：蕎麥稭作薦，並燒煙熏之。

明・梅得春《藥性會元》卷中

蕎　味甘、平，氣寒，無毒。忌與猪羊肉並食，成癩風。實：主助胃益氣力，久食動風，令人頭眩。和猪肉食，患熱風，脱眉髮，動諸病，猶剉丹石，能鍊五臟渣穢，續精神，作飦與丹石人食之良。其飦法：可蒸使氣餾，烈日中暴，令口開，杵取仁，作飦。葉：作茹，食之下氣，利耳目。多食即微洩。燒其穰，作灰，淋洗六畜瘡并驢馬躁蹄。

明・穆世錫《食物輯要》卷二

蕎麥　味甘，性寒，無毒。降氣寬腸，去滓滯白濁淋帶瀉痢，治氣盛濕熱病。但脾胃虚寒者食之，大脱元氣，落眉髮。多食，動風氣，令人頭眩。同猪羊肉食，患熱風病。勿同黄魚食。與諸礬相反。有近服蠟礬丸之類，忌用。誤食，令腹痛致死。

明・趙南星《上醫本草》卷一

蕎麥　一名荍麥音翹。烏麥又名花蕎。甘，平、寒，無毒。主治：鍊五臟滓穢，降氣寬腸，磨積滯，消熱腫風痛，除白濁白帶，脾積洩瀉。氣盛有濕熱者宜之。若脾胃虚寒人食之，則大脱元氣而落鬚眉，非所宜矣。

附方　痢疾：用炒蕎麥麪二錢，以沙糖水調下。絞腸沙痛：用蕎〔麥〕麪一撮，炒焦，水烹服。男子白濁：用蕎麥炒焦為末，雞子白和丸梧子大。每服五十丸，鹽湯下，日三服。赤白帶下：方同上。瘡頭黑凹：蕎麥麪煮食之，即發起。湯火傷灼：用蕎麥麪，炒黄研末，水和傅之，如神。肚腹微微作痛，出即瀉，瀉亦不多，日夜數行者：用蕎麥麪一味作飯，連食三四次，即愈。蕎麥作飯，須蒸使氣餾，烈日暴令開口，舂取米仁作之。

明・應麐《食治廣要》卷二 蕎麥一名烏麥。 氣味：甘，平、寒，無毒。能鍊五藏滓穢，壓丹石毒。降氣寬腸，磨積滯，消熱腫風痛，除白濁白帶，脾積瀉利，腹痛上氣。久食多食動風，令人頭眩。作麪和猪、羊肉食，患熱風，鬚眉脱落。

明・姚可成《食物本草》卷五穀部・麥類 蕎麥南北皆有。立秋前後下種，八九月收刈，性最畏霜。苗高一二尺，赤莖緑葉，開小白花，繁密粲粲，結實纍纍。北方多種，磨而為麪，作煎餅，配蒜食。或作湯餅，謂之河漏，以供常食。滑細如粉，亞於麥麪。南方一種，但作粉餌食，乃農家居冬穀也。

蕎麥，味甘，平，無毒。主實腸胃，益氣力，續精神，能鍊五臟滓穢。作飯食，壓丹石毒，甚良。以醋調粉，塗小兒丹毒赤腫熱瘡。降氣寬腸，磨積滯，消熱腫風痛，除白濁白帶，脾積洩瀉。以砂糖水調炒麪二錢服，治痢疾。炒焦，熱水衝服，治絞腸痧痛。久食，動風，令人頭眩。和猪肉食，令人患熱風，鬚眉脱落。

葉　作茹食，下氣，利耳目。多食，即微洩。

稭　燒灰淋汁取鹼熬乾，同石灰等分，蜜收。能爛癰疽，蝕惡肉，去靨痣，最良。

穰　作薦，辟鼈虱。

附方：治水腫喘滿。生大戟一錢，蕎麥麪二錢，水和作餅，炙熟為末。空心茶服，以大小便利為度。治男子白濁，女人帶下。用蕎麥炒焦為末，雞子白和丸梧桐子大。每服五十丸，鹽湯下，日三。治禁口痢疾。蕎麥麪每服二錢，砂糖水調下。治癰疽發背，及一切腫毒。蕎麥麪、硫黄各二兩，為末，井花水和作餅，晒收。每用一餅，磨水傅之。痛則令不痛，不痛則令痛，即愈。治湯火傷，用蕎麥麪炒黄研末，水和傅之。治蛇盤瘰癧，圍接項上。用蕎麥炒去殼，海藻、白殭蠶炒去絲等分，為末。白梅浸湯，取肉減半，和丸菉豆大。每服六七十丸，食後、臨臥米飲下，日五服。其毒當從大便泄去。若與淡菜連服尤妙。忌豆腐、雞、羊肉、酒、麪。治痘瘡潰爛。蕎麥粉頻傅之。治痘黑凹陷不起。蕎麥麪煮食之，即發。治絞腸痧。蕎麥麪一撮炒，水烹服。

明・顧逢柏《分部本草妙用》卷九穀部 蕎麥　甘，平、寒，無毒。主治：實腸胃，益氣力，續精神，去五臟滓穢。飯解丹石毒。醋調粉，塗諸熱瘡。降氣寬胸，磨積消熱腫風痛，濁帶，脾積洩瀉。以沙糖水調麪二錢服，治痢疾。炒焦，熱水冲服，治絞腸沙痛。按：蕎麥能鍊腸胃滓滯，而治濁帶，洩痢腹痛，上氣之痰，氣盛有濕熱者宜之。若脾胃虚寒者，遺脱元氣，而落鬚眉，非所宜也。

明・孟笨《養生要括・穀部》 蕎麥為麵作餅，配蒜食之。久食動風，令人頭眩。和猪、羊肉熱食，鬚眉脱落。 味甘，平、寒，無毒。實腸胃，益氣力，續精神，能鍊五臟滓穢，降氣寬腸，磨積滯，消熱腫風痛，除白濁白帶，脾積洩瀉。以沙糖水，調炒麵二錢服，治痢疾。炒焦，熱水衝服，治絞腸沙痛。

明・施永圖《本草醫旨・食物類》卷二 蕎麥　味：甘，平，寒，無毒。實腸胃，益氣力，續精神。久食動風，令人頭眩。和猪肉食之，令人患風癩，脱鬚眉。雖動諸病，猶剉丹石，煉五臟滓穢，能消腸胃間積滯。神方：專治小兒火丹赤腫，以蕎麥麪，醋調敷之，立愈。〇又新方：燒蕎麥穰作灰淋，可洗六畜瘡，并驢馬躁蹄。降氣寬腸，消磨積滯，消熱腫風痛，除白濁白滯，脾積洩瀉。以沙糖水調炒麪二錢服，治痢疾。炒焦，熱水冲服，治絞腸痧痛。

稭：燒灰淋汁，取鹽熬乾，同石灰等分，蜜收，能爛癰疽，惡肉，去靨痣最良。穰作薦，辟壁虱。

清・穆石匏《本草洞詮》卷五 蕎麥　味甘，氣平寒，無毒。降氣寬腸，能鍊五臟滓穢，治濁帶洩痢，腹痛上氣之疾，氣盛有濕熱者宜之。若脾胃虚寒人服之，則脱元氣而落鬚眉，非所宜矣。孟詵謂其益氣力，或未然也。《簡便方》云：肚腹微微作痛，出即瀉，瀉亦不多，日夜數行者，用蕎麥麵一味作飯，連食三四次即愈。取其鍊積滯也。

清・丁其譽《壽世秘典》卷三 蕎麥　氣味：甘，平，寒，無毒。主降氣寬腸，磨積滯，消熱腫風痛，除白濁、白帶、脾積洩瀉，作飯食，壓丹石毒，甚良。

發明孫思邈曰：久食動風，令人頭眩。李時珍曰：蕎麥最降氣寬腸，故能鍊腸胃滓滯而治濁滯洩痢、腹痛上氣之疾。氣盛有濕熱者，宜之。若脾胃虚寒人食之，則大脱元氣而落鬚眉，非所宜矣。新者宜人，陳者發病。〇秸燒灰淋汁，取堿熬乾，同石灰等分，密收，能爛癰疽，去惡肉，去靨痣，最良。

清・劉雲密《本草述》卷一四 蕎麥

氣味：甘，平、寒，無毒。思邈曰：酸，微寒。食之難消。

主治：降氣寬腸時珍。煉五臟滓穢孟詵。磨積滯，療白濁白帶，脾積洩瀉，以沙糖水調炒麪二錢服。治痢疾，炒焦熱，水衝服。治絞腸沙痛時珍。

顯曰：《本草》言蕎麥能煉五臟滓穢，俗言一年沉積在腸胃者，食之亦消去也。時珍曰：蕎麥最降氣寬腸，故能煉腸胃滓滯而治濁帶、洩痢腹痛、上氣之疾，氣盛有溼熱者宜之。若脾胃虛寒人食之，則大脫元氣，而落鬚眉，非所宜矣。孟詵云益氣力者，殆未然也。按楊起《簡便方》云：肚腹微微作痛出即瀉，瀉亦不多，日夜數行者，用蕎麥麪一味作飲，連食三四次即愈。予壯年患此兩月，瘦怯尤甚，用消食化氣藥俱不效，一僧授此而愈。轉用皆效，此可徵其煉積滯之功矣。

附方　欬嗽上氣，蕎麥粉四兩，茶末二錢，生蜜二兩，水一椀，順手攪千下，飲之，良久下氣不止，即愈。男子白濁，魏元君濟生丹用莜麥炒焦，為末，雞子白和丸梧子大，每服五十丸，鹽湯下，日三服。頭風畏冷，李樓云一人頭風，首裹重綿三十年不愈，予以蕎麥粉二升，水調作二餅，更互合頭上，微汗即愈。

愚按：蕎之始終皆得金氣之全者也，故謂其降氣。得土氣多，故赤者益脾，而白者益胃。若滇嶺之粳則性熱，惟彼土宜之耳。

好古曰：《本草》言粳米益脾胃，而張仲景白虎湯用之入肺，以味甘為陽明之經，色白為西方之象，而氣寒入手太陰也。少陰證桃花湯用之以補正氣，竹葉石膏湯用之以益不足。

愚按：五穀為養，而粳米者，先哲謂得天地中和之氣，同造化生育之功，非諸穀可與等倫者，是則所謂嘉穀歟。苐瀕湖云早粳得土氣多，遲粳晚粳得金氣多，其說猶有未悉者。夫早稻乘木火之氣以生長，而收穫於季夏之半，是謂火氣全而土氣亦司令也。若遲稻乘火土之氣以生長，而收穫於仲秋之後，是謂土氣全而金氣正乘旺也。若然，其由火之土而生長者，正為脾胃之益由土之金而乘旺者，正為肺臟之益。《經》曰：五藏者，皆稟氣於胃。胃者，五藏之本也。藏氣者，不能自致於手太陰，必因於胃氣，乃至於手太陰也。又曰：傷肺者，脾氣不守，胃氣不清，經氣不為使，真藏壞決，經脈傍絕，五藏漏泄，不衄則嘔。合《經》言而繹之，則此種之由火而得土氣之全以厚育，更出土而乘金氣之旺以告成，非正合於益腸胃，益中氣，通血脈，和五藏，無不攸利，為生民首賴者乎？如早粳金未進氣，而土氣亦不厚，即晚粳土氣將退，而火氣更失時，以之劑量治病，或亦可耳，實難與茲種較功也。是先哲所謂入藥，猶在所署者，宜指遲粳而言也。或曰火氣失時一語，請更悉之。曰：諸粳中屬立夏前種者，則穗長而秧茂，遲之立夏後數日，則大不及，可知凡物之生，必藉木火之氣耳。

淅二泔一名米瀋　時珍曰：淅，音錫，洗米也。瀋，汁也。泔，甘汁也。第二次者清而可用，故曰淅二泔。

氣味：甘，寒，無毒。主治：清熱，止煩渴，利小便，涼血時珍。

附方　吐血不止，陳紅米泔水溫服一鍾，日三次。鼻出衄血，頻飲粳米淅二泔，仍以真麻油或蘿蔔汁滴入之。

清·尤乘《食鑒本草·粟類》　蕎麥　性沉寒，久食動風，心腹悶痛，頭眩。和豕肉食令人患風脫眉髮，和礬食能殺人。治小兒火丹赤腫，以蕎麥粉醋調敷立愈。

清·朱本中《飲食須知·穀類》　蕎麥　味甘，性寒。脾胃虛寒者食之，大脫元氣，落眉髮。多食難消，動風氣，令人頭眩。作麵和猪羊肉熱食，不過八九頓，即患熱風，鬚眉脫落，還生亦希。涇邠以北，人多此疾。勿同雉肉、黃魚食。與諸礬相反，近服蠟礬等丸藥者忌之，悮食令腹痛致死。蕎麥穰作薦，辟壁虱。

清·何其言《養生食鑒》卷上　蕎麥　味甘，性寒，無毒。除氣寬腸，去滓滯，療白濁、淋滯、瀉痢，治氣盛濕熱病。但脾胃虛寒者，食之大脫元氣，落眉髮。多食動風氣，令人頭眩。同猪、羊肉食，患熱風病。勿同黃魚食。與(豬)〔諸〕礬相反，有近服蠟礬丸之類，忌用，誤食令腹痛，致死。

清·蔣居祉《本草擇要綱目·寒性藥品》　蕎麥　氣味：甘，平，寒，無毒。主治：降氣寬腸，壓丹石毒，鍊腸胃滓滯，而治濁帶，洩痢腹痛，上氣之疾，氣盛有濕熱者宜之。若脾胃虛寒人食之，則大脫元氣，而落鬚眉。

清·汪昂《本草備要》卷四　蕎麥麵瀉，利腸，下氣。　甘，寒。降氣，寬腸。治腸胃沉積，孟詵曰：能煉五藏垢穢。昂按：亦解酒積。泄痢帶濁，敷痘瘡潰爛，湯火灼傷。脾胃虛寒人勿服。

清·李熙和《醫經允中》卷二二　蕎麥麵　甘，平，寒，無毒。主治益氣力，添精神，降氣寬胸，磨積退熱，能去五臟腸胃滓滯，而治濁帶泄痢腹痛，上氣痰盛。有濕熱者宜之，脾胃虛寒者遺脫元氣，而落鬚眉，非所宜也。堪敷痘瘡潰爛，湯火灼傷。和白礬食殺人。

清・汪啟賢等《食物須知・諸米》　蕎麥米　味甘，氣平寒，無毒。一名烏麥，秋種冬收，曝烈日預令口開。春熟米堪蒸飯食，亦可磨麵，任意充飱。益氣力，續精神，煉滓穢。一年沉滯積在腸胃，食此乃消。實腸，與服丹石人食，解除燥毒。和豬羊肉食，脫落鬚眉。久食尤當忌之，動風，令人眩運。

清・劉漢基《藥性通考》卷六　蕎麥麵　味甘，寒。降氣寬腸，治腸胃沉積，泄痢帶濁。敷痘瘡潰爛，湯火灼傷。脾胃虛寒人勿食。

清・葉盛《古今治驗食物單方》　蕎麥　十水腫喘，大戟一錢，蕎麥麵二錢，水和作餅，炙熟為末，空心茶服，以大小便利為度。　湯火傷，蕎麥麵炒黃敷之。　盤蛇瘰癧，圍繞項上，蕎麥炒去殼，海藻、〔薑〕〔殭〕蠶炒等分為末，白梅浸湯取肉，減半，和丸菉荳大，每服六七十丸，日五服，大便泄毒愈。　絞腸沙，蕎麵一撮，炒，水烹服。

清・吳儀洛《本草從新》卷四　蕎麥〔瀉，利腸下氣。〕　甘，寒。降氣寬腸。治腸胃沉積，孟詵〔孟詵著《食療本草》。〕云：能煉五臟垢穢。訒庵曰：亦解酒積。泄痢帶濁。敷痘瘡潰爛，湯火灼傷。虛寒者勿食。

清・汪紱《醫林纂要探源》卷二　蕎　甘，寒，滑。蕎亦作荍，又名烏麥、花麥。此非麥類，以可麪而冒名。然莖赤葉青，花白子黑，亦得四氣之和。但秋種冬熟，受四時之氣，偏於陰耳。　去腸胃積穢，解熱毒。能去毛毒，解酒積。春後食之，動寒氣，發痼疾。　葉：　酸，寒。滑腸下氣。可作蔬。　苦蕎：　苦，寒。亦能充飢。野生者花淡紅色，貴州、思州、思南諸處食此。

清・嚴潔等《得配本草》卷五　蕎麥　甘，寒。入足太陰、陽明經。降氣寬腸。下沉積，敷爛痘，除瀉痢，止帶濁。　佐大黃，通積血。佐小茴香，治疝氣。　調沙糖水，治噤口痢疾。調雞子清，治白濁帶下。同淡菜食，治瘰癧。　炒用。　多食動風。　脾胃虛寒者禁用。和豆腐、雞、豬、羊肉、黃魚食，即患熱風，落鬚眉。

題清・徐大椿《藥性切用》卷六　蕎麥　性味甘寒，化積快胃，降氣寬胸。　胃虛無熱者忌。

清・黃宮繡《本草求真》卷七　蕎麥降氣寬腸消積。　蕎麥耑入腸胃。味甘性寒，治能降氣寬腸，消積去穢。凡白帶、白濁、泄痢，痘瘡潰爛，湯火灼傷，氣盛濕熱等症，是其所宜。且炒焦熱水衝服，以治絞腸痧腹痛。醋調塗之，以治小兒丹毒赤腫亦妙。蓋以味甘入腸，性寒瀉熱，氣動而降，能使五臟滓滯皆煉而去也。俗言一年沉積在腸胃者即去也。若使脾胃虛弱，不堪服食，食則令人頭眩，作麵和猪羊肉食，食則令人鬚眉脫落。又不可合黃魚以食，皆是其性動降之故。時珍曰：蕎麥最降氣寬腸，故能煉腸胃滓滯，而治濁帶洩痢腹痛上氣之疾，氣盛有濕熱者宜之。其稈燒灰淋汁，即鹼。用化石灰，能去靨肉。

清・李文培《食物小錄》卷上　蕎麥　甘，平、寒，微苦，無毒。降氣寬腸，煉五臟滓穢。脾胃虛寒人少食。苦蕎性寒不可食。

清・羅國綱《羅氏會約醫鏡》卷一七穀部　蕎麥味甘寒，入胃經。　補精力，實腸胃。治腹內歷久沉積。不宜久食。

清・章穆《調疾飲食辯》卷二　荍麥　俗作蕎，非。《爾雅》曰：荍，蚍衃。註曰：多華少葉，葉皆翹起。此物似之，故取以名。花時全不見葉，田隴間一望，平鋪如三冬瑞雪。《詩・陳風》曰視爾如蓧，亦言其多華也。若蕎則大戟苗，一名澤漆。亦見《爾雅》，曰：蕎，邛鉅。與此無涉。《綱目》曰性主降氣寬腸，故能煉腸胃滓滯，而治濁帶泄利，腹痛上氣之疾，氣盛有濕熱者宜之，若脾胃虛寒，食之則大泄元氣，至言也。《食療本草》曰實腸胃，益氣力，續精神，則誤説也。又癰瘍未潰，食之必難作膿；已潰，食之則難收口。外科不拘何症，總為忌物。又不可同羊肉食。

清・章穆《調疾飲食辯》卷三　荍麥苗葉　《藥性本草》曰：作菜食，下氣。多食作泄。尤不可生食，動刺風，令人身癢。

清・楊時泰《本草述鉤元》卷一四　蕎麥　味甘、酸，平，氣微寒。降氣寬腸，煉五臟滓穢，磨積滯，療白濁白帶，脾積洩瀉。治痢疾，用麪二錢，沙糖水調，炒服。絞腸痧痛，炒焦蕎麪，熱水衝服。食之難消，其有沉積在腸胃者，反藉之消去穎。肚腹微微作痛，出即瀉，瀉亦不多，日夜數行者，用蕎麥麪一味，作飲，連食三四次即愈，此可徵其煉積滯之功。咳嗽上氣，蕎麥粉四兩、茶末二錢、生蜜二兩，水一椀，順手攪千下，飲之，良久下氣不止，即愈。男子白濁，濟生丹，用蕎麥炒焦為末，雞子白和丸梧子大，每服五十丸，鹽湯下，日三服。頭風畏冷，首裹重綿，三十年不愈者，以蕎麥粉二升，水調作二餅，更互合頭上，微汗即愈。

論：　蕎麥始終得金氣之全，金合於火以生化，故葉綠而莖赤。凡物之生莫不資於風木之氣，今以始終於金者，而生化亹亹，固藉金中有火以為斡旋也。且性最畏霜，其不禁霜者，金之化原在火也。金氣全，故能降氣寬腸，煉五臟滓穢，而治濁帶，瀉痢腹痛，上氣之疾。惟氣盛有濕熱者，宜之。孟詵云益氣力，殆未然。

脾胃虚寒人食之，則大脱元氣而落鬚眉瀕湖。

清・葉桂《本草再新》卷七 蕎麥味甘，性寒，無毒。入脾、肺二經。 降氣寬腸，治腸胃沉積，泄痢，帶濁。敷痘瘡潰爛，湯火灼傷。

清・吴其濬《植物名實圖考》卷一 蕎麥 《嘉祐本草》始著錄。字或作荍，然荍為荊葵，非此麥也。一名烏麥，北地夏旱則種之，霜遲則收。南方春秋皆種，性能消積。俗呼淨腸草，又能發百病云。

雩婁農曰：《本草綱目》附入苦蕎，蓋野生也。滇之西北，山雪谷寒，乃以為稼，五穀不生，唯蕎生之，茹蘗而甘，比餦餭焉。中原暵則蒔蕎，秋霜零即殺之矣。苦蕎獨以味苦，耐寒，易凍塗為穀地，殆造物憫衣裘飲酪之氓，俾粒食於不毛之土，而不盡以弋獵之具，戕生以養其生歟！

清・趙其光《本草求原》卷一四穀部 蕎麥麪 甘，平，微寒。降氣，寬腸，磨腸胃穢積。治帶濁，積瀉，砂糖水調服，氣盛、濕熱宜之。痢疾，炒麪二錢，糖水調。絞腸痧痛，炒焦，熱水沖。丹痘瘡腫。醋調敷。

北地者良，南地者味苦。濕熱病宜之。虚寒人多食則動風頭眩，大脱元氣。忌豬、羊肉、黄魚；反諸礬，誤用令腹痛致死。

清・文晟《新編六書》卷六《藥性摘錄》 蕎麥 甘，寒。入腸胃。降氣寬胸，消積去穢。〇凡白帶白濁，泄痢，絞腸痧腹痛，皆炒焦，熱水沖服。〇外敷痘瘡潰爛，湯火灼傷。〇若小兒丹毒赤腫，以醋調塗，効。〇惟脾胃虚寒者，忌服。〇不可和豬肉、黄顙魚同食。尤忌石膏。

蕎麥 甘，寒。降氣寬腸，去滓滯，療白濁，淋帶，瀉痢，治氣盛濕熱病。若脾胃虚寒者，食之大脱元氣，落眉髮。多食動風氣，頭痃。切勿同豬、羊肉、黄魚食。服蠟礬丸者，誤食令腹痛致死。並詳藥部下氣。

清・王孟英《隨息居飲食譜・穀食類》 莜麥亦作蕎，俗名烏麥。 甘，溫。羅麪煑食，開胃寬腸，益氣力，禦風寒，鍊滓穢，磨積滯。與蘆菔同食良，以性有微毒，而發痼疾，蘆菔能制之也。而易長易收，尤為救荒極品，各處皆宜廣種為是。另有一種味苦者，雖不堪食，亦可濟荒。小兒丹毒熱瘡，莜麥麪醋調塗。白濁白帶，脾積久瀉，休息痢，並宜食此麪。痢疾，炒熟莜麥二錢，沙糖湯調下。絞腸痧痛，莜麥炒焦，開水調服。湯火傷，莜麪炒黄，水和傅。

清・劉善述、劉士季《草木便方》卷二穀糧豆菜部 蕎子 莜麪甘平治熱毒，瀉痢帶濁沙糖服。絞腸痧痛丹毒散，寬利腸胃消積速。痘瘡潰爛搽湯火，葉治腋熱燒襠塗。

清・田綿淮《本草省常・穀類》 蕎麥 一名莜麥，一名烏麥，一名花蕎。性寒，下氣利腸，能鍊五臟滓穢。久食動風，令人頭眩。同猪肉食，令人患熱風、落髮眉；同羊肉食，發痼疾；同黄魚食、白礬食，傷人。莜，音喬。

清・戴葆元《本草綱目易知錄》卷二 蕎麥 甘，平，微寒。降氣寬腸，益氣力，續精神，實腸胃，磨積滯，能鍊五臟滓穢，消熱腫風痛，除白濁白帶，理脾積洩瀉。作飯食，壓丹石毒，以砂糖水調麪二錢服，治痢疾。炒焦，熱水沖服，治絞腸沙痛。以醋調粉，塗小兒丹毒及赤腫熱瘡。少食通氣，多食壅氣，久食動風滑腸。脾胃虚寒人少食。葆元。

清・陳其瑞《本草撮要》卷五 蕎麥 味甘，寒，入手足太陰、陽明經，功專降氣寬腸，治腸胃沉積，泄痢帶濁。敷痘瘡潰爛湯火傷。虚寒者忌食。以荸薺汁同蕎麥調敷脚雞眼三日，雞眼疔即拔出，甚驗。頭風風眼，蕎麥粉作餅貼眼四角，以米大艾炷灸之神效。

清・吴汝紀《每日食物却病考》卷上 蕎麥 甘，平、寒，無毒。降氣寬腸，作飯食壓丹石毒。能鍊五臟滓穢。俗謂：一年積滯在腸胃間，食此盡消。久食動風，令人頭眩。和猪肉食患風，虚寒人食之脱元氣，落鬚眉甚不宜。但患積滯病者，食三四次即愈。

苦蕎

明・李時珍《本草綱目》卷二二穀部・麻麥稻類 苦蕎麥《綱目》

【集解】時珍曰：苦蕎出南方，春社前後種之。莖青多枝，葉似蕎麥而尖，開花帶緑色，結實亦似蕎麥，稍尖而稜角不峭。其味苦惡，農家磨擣爲粉，蒸使氣餾，滴去黄汁，乃可作爲糕餌食之，色如猪肝。穀之下者，聊濟荒爾。

【氣味】甘，苦，温，有小毒。 時珍曰：多食傷胃，發風動氣，能發諸病，黄疾人尤當禁之。

【附方】新一。 明目枕： 苦蕎皮、黑豆皮、緑豆皮、决明子、菊花，同作枕，至老明目。鄧才《雜興方》。

明・姚可成《食物本草》卷五穀部・麥類 苦蕎麥苦蕎出南方，春社前後種之。莖青多枝，葉似蕎麥而尖，開花帶綠色，結實亦似蕎麥，稍尖而稜角不峭。其味苦惡，農家磨擣為粉，蒸使氣餾，滴去黃汁，乃可作為糕餌食之。穀之下者，聊濟荒爾。 苦蕎麥，味甘、苦，溫，有小毒。多食傷胃，發風動氣，能發諸病，黃疾人尤當禁之。

明・施永圖《本草醫旨・食物類》卷二 苦蕎麥 味：甘，溫，有小毒。多食傷胃，發風動氣，能發諸病，有黃疾人，尤當忌之。

附方 明目枕：苦蕎麥皮、黑豆皮、綠豆皮、決明子、菊花同作枕，至老明月。

清・丁其譽《壽世秘典》卷三 苦蕎麥 莖青多枝，葉似蕎麥而尖，開花蒂綠色，結實亦似蕎麥稍尖而稜角不峭。其味苦惡，有小毒。多食傷胃，發風動氣，能發諸病。黃疾人尤當禁之。

清・朱本中《飲食須知・穀類》 苦蕎麥 味甘、苦，性溫，有小毒。多食傷胃，發風動氣，能發諸病。黃疾人尤當忌之。

附：琉球・吴繼志《質問本草》外篇卷三 魚鱗草苦蕎麥 生水澤，夏開花結子，高一二尺。俗名魚鱗草。甲辰，潘貞蔚、石家辰。 俗名魚鱗草，又名竹菜。熬汁，洗諸瘡毒。甲辰，孫景山、陳文錦。

清・章穆《調疾飲食辯》卷二 苦莜麥 此物似莜麥而味苦惡，須蒸晾去其惡氣，乃可磨粉食。貧家聊以濟饑，實非穀類。《綱目》曰：多食敗胃，動風動氣，發諸病。黃病人尤忌，獨隔噎症宜之。

山穀

清・趙學敏《本草綱目拾遺》卷八諸穀部 山穀 《宦遊筆記》：出塞外，土人名烏爾格納，莖長尺餘，細如草，節如竹，葉亦如竹，每二節一葉，秀穗類蓼花，結粒似穀而色紅，採之曬乾，去其皮，煮粥，粥如穀香。蒙古用以充飢，兼碎麵合茶，商民均雜粟食之，色紅豔可愛，而味與穀無辨，故名之曰山穀，實生於水濱或山溝爾。 味甘香，行氣利水，清大、小腸火，亦補脾胃。

根：蒙古人名墨克爾，外皮微細，內實粉白，味甘美，蒙古生啖，商民合肉熬食。秋冬之際，蒙古搜掘鼠穴，得食物盈筐，內多此物，長二三寸，俱野鼠嚙截運藏者。 味甘、生津，滋潤血脈，調營衛，利水。

胡麻

唐・孫思邈《千金要方》卷二六《食治・穀米》 白麻子 味甘，平，無毒。宜肝，補中益氣，肥健不老，治中風汗出，逐水，利小便，破積血風毒腫，復血脉、產後乳餘疾。能長髮，可為沐藥。久服神仙。

唐・孫思邈《千金要方》卷二六《食治・穀米》 胡麻 味甘，平，無毒。主傷中虛羸，補五内，益氣力，長肌肉，填髓腦，堅筋骨，療金瘡，止痛，及傷寒溫瘧、大吐下後虛熱困乏。久服輕身不老，明耳目，耐寒暑，延年。作油：微寒。主利大腸、產婦胞衣不落生者，摩瘡腫，生禿髮，去頭面遊風。一名巨勝，一名狗虱，一名方莖，一名鴻藏。葉：名青蘘，主傷暑熱。花：主生禿髮。七月採最上標頭者，陰乾用之。

宋・李昉《太平御覽》卷第九八九 胡麻 《廣雅》曰：狗蝨、鉅勝、藤弦，胡麻也。 《孝經援神契》曰：鉅勝延年。宋均注曰：世以鉅勝為枸杞子。 《晉書・安帝記》曰：殷仲堪在荆州，以胡麻為廩。 《廣志》曰：胡麻，一名方莖。服之不老，奈風濕。其葉，名青蘘也。 《淮南子》曰：汾水濛濁，而宜胡麻。 《列仙傳》曰：關令尹喜與老子俱之流沙西，服鉅勝實，莫知所終。 《魯女生別傳》曰：女生，長樂人也。少好道，初服餌胡麻及术，絕穀八十餘年，更少壯，色如桃華，一日能行三百里，走及麞鹿。 《抱朴子》曰：胡麻，好者一石，蒸之如炊，須暴乾，復蒸(丸和)〔九次〕，細篩，白蜜丸如雞子，日二枚，一年面色美，身體滑，二年白髮黑，三年齒落更生，四年入水不濡，五年入火不燋，六年走及奔馬。或蜜水和作餅，如糖狀，炙食一餅。 《抱朴子内篇》曰：胡麻，服餌不老，耐風濕。 《吳氏本草》曰：胡麻，一名方(金)〔莖〕，一名狗蝨。神農、雷公：甘，平，無毒。立秋採。青襄，一名蔓，神農：苦。雷公：甘。 《本草經》曰：胡麻，一名巨勝。味甘，平。生山澤。治傷中虛羸，補五臟，益氣，久服輕身不老。生上黨。 崔寔《四民月令》曰：二月可種胡麻，謂之上時也。

附：日・丹波康賴《醫心方》卷三〇 胡麻 《本草》云：味甘，平，無毒。主傷中虛羸，補五內，益氣力，長肌肉，填髓腦，堅筋骨。金創止痛，及傷寒溫瘧，大吐後虛熱羸困。久服輕身不老，明目，耐飢延年。以作油，微寒。利大腸，胞衣不落。陶〔弘〕景注云：八穀之中，唯此為良。淳黑者，名巨勝，是為大勝。又：莖方名巨勝，莖圓名胡麻。服食家當九蒸九曝。熬擣餌之，斷穀長生。蘇敬注云：此麻以角作八稜者為巨勝，四稜者名胡麻。都以烏者良，白者劣耳。生嚼塗小兒頭瘡及浸淫惡瘡，大效。《拾遺》云：油，大寒。主天行熱，腸秘內結。熱服一合，下利為度。食油損聲，令體重。葉，沐頭長髮。崔禹錫《食經》云：練餌之法，當九蒸九曝，令盡脂潤及皮脫。其不熟者，則令人髮頓落。

宋・沈括《夢溪筆談》卷二六《藥議》　胡麻直是今油麻，更無他說。余已於《靈苑方》論之。其角有六稜者，有八稜者。中國之麻，今謂之大麻是也。有實為苴麻，無實為枲，又曰牡麻。張騫始自大宛，得麻油之種亦謂之麻，故以胡麻別之，謂漢麻為大麻也。

宋・唐慎微《證類本草》卷二四米穀部上品〔宋・掌禹錫《嘉祐本草》〕

白油麻　大寒，無毒。治虛勞，滑腸胃，行風氣，通血脉，去頭浮風，潤肌。食後生啖一合，終身不輟。與乳母食，其孩子永不病生。若客熱，可作飲汁服之。停久者，發霍亂。又生嚼傅小兒頭上諸瘡良。久食抽人肌肉。生則寒，炒則熱。又葉，擣和漿水，絞去滓，沐髮，去風潤髮。其油冷，常食所用也。無毒。發冷疾，滑骨髓，發藏腑渴，困脾藏，殺五黃，下三膲熱毒氣，通大小腸，治蛔心痛，傅一切瘡疥癬，殺一切蟲。取油一合，雞子兩顆，芒消一兩，攪服之，少時即瀉，治熱毒甚良。治飲食物，須逐日熬熟用，經宿即動氣。有牙齒并脾胃疾人，切不可喫。陳者煎膏，生肌長肉，止痛，消癰腫，補皮裂。新補。見孟詵及陳藏器、陳士良、日華子。

〔宋・蘇頌《本草圖經》〕曰：油麻，《本經》舊不著條。然古醫方多用之，無毒，滑腸胃，行風氣，久食消人肌肉，生則寒，炒熟則熱。仙方蒸以辟穀，壓笮爲油，大寒，發冷疾，滑精髓，發藏腑渴，令人脾困，然治癰疽，熱病。《近效方》婆羅門僧療大風疾，并壓丹石熱毒，熱風，手脚不遂。用消石一大兩，生烏麻油二大升，合內鐺中，以土墼蓋口，以紙泥固濟，勿令氣出，細進火煎之，其藥未熟時氣（醒）〔腥〕，候香氣發即熟，更以生油麻油二大升和合，又微火煎之，以意斟量得所，即內不津器中。服法：患大風者，用火爲使，在室中重作小紙屋子，外然火，令患人在紙屋中發汗，日服一大合，病人力壯，日二服，服之三七日，頭面疱瘡皆滅。若服諸丹石藥，熱發不得食熱物，著厚衣，卧厚床者，即兩人共服一劑。服法同前，不用火爲使，忌風二七日。若丹石發，即不用此法，但取一匙內口中，待消嚥汁，熱除，忌如藥法。劉禹錫《傳信方》：蚰蜒入耳，以油麻油作煎餅枕卧，須臾蚰蜒自出而差。李元淳尚書在河陽日，蚰蜒入耳，無計可爲，半月後腦中洪洪有聲，腦悶不可徹，至以頭自擊門柱，奏疾狀危極，因發御藥以療之，無差者。其爲受苦不念生存，忽有人獻此方，乃愈。

〔宋・唐慎微《證類本草》〕《外臺秘要》：治胸喉間覺有𧏾蟲上下，偏聞葱、豉食香，此是髮𧏾。油煎葱、豉令香，二日不食，開口而卧，將油、葱、豉致口邊。蟲當漸出，徐徐以物引去之。又方：治傷寒。三五日忽有黃，則宜服此。取生烏麻油一盞，水半盞，雞子白一枚和之，熟攪令相勻，一服令盡。又方：《近效》治嘔。白油麻一大合，清酒半升，煎取三合，看冷熱得所，去油麻頓服之。又方：治小兒急疳瘡，嚼油麻令爛傅之。又方：治髮𧏾。欲得飲油一升，香澤煎之。大沙鑼貯，安病人頭邊，口鼻臨油上，勿令得飲及傅之鼻面，並令香氣，叫喚取飲不得，必當疲極眠睡，髮𧏾當從口出。煎油人等守視之，并石灰一裹，見𧏾出，以灰粉手捉取𧏾抽出，須臾抽盡，即是髮也。初從腹出，形如不流水中濃菜，隨髮長短，形亦如之，無忌。《肘後方》：治卒心痛。生油半合，溫服差。又方：治豌豆瘡。服油麻一升，須利，即不生白漿，大效。《經驗後方》：治蚰蜒、蜘蛛子咬人。用油麻研傅之差。孫真人同。孫真人《枕中記》云：麻油一升，薤白三斤，切內油中，微火煎之，令薤黑，去滓，合酒服之平升三合，百脉血氣充盛。服金石人，先宜服此方。《斗門方》：治產後脫腸不收。用油五斤煉熟，以盆盛後溫却，令產婦坐油盆中，約一頓飯久。用皂角炙令脆，去麁皮爲末。少許吹入鼻中令作嚏，立差。神效。《博物志》：積油滿百石則生火。武帝大始中，武庫火災，積油所致。《塞上方》：治心痛，無問冷熱。一合生麻服。《譚氏小兒方》：治小兒軟癤。焦炒油麻，從銚子中取，乘熱嚼吐傅之止。宋明帝宮人患腰痛牽心，發則氣絕。徐文伯視之曰：髮瘕。以油灌之，吐物如髮，引之長三尺，頭已成蛇，能動搖，懸之滴盡，唯一髮。

宋・唐慎微《證類本草》卷二四米穀部上品（《本經・別錄》）　青蘘音箱　味甘，寒，無毒。主五藏邪氣，風寒濕痹，益氣，補腦髓，堅筋骨。久服耳目聰明，不飢，不老，增壽。巨勝苗也。生中原川谷。

〔梁・陶弘景《本草經集注》〕云：胡麻葉也。甚肥滑，亦可以沐頭，但不知云何服之。《仙方》：並無用此法，正當陰乾，擣爲丸散爾。既服其實，故不復假苗。《五符》巨勝丸方亦云，葉名青蘘，本生大宛，度來千年爾。

〔唐・蘇敬《唐本草》〕注云：青蘘，《本經》在草部上品中，既堪啖，今從胡麻條下。

〔宋・唐慎微《證類本草》〕《圖經》：曰：文具胡麻條下。

《食療》：生杵汁，沐頭髮良。牛傷熱亦灌之，立愈。

宋・唐慎微《證類本草》卷二四米穀部上品（《本經・別錄》）　胡麻　味甘，平，無毒。主傷中，虛羸，補五內，益氣力，長肌肉，填髓腦，堅筋骨。療金瘡，止痛及傷寒，溫瘧，大吐後虛熱羸困。久服輕身不老，明耳目，耐飢渴，延年。以作油，微寒，利大腸，胞衣不落。生者摩瘡腫，生秃髮。**一名巨勝，一名狗蝨，一名方莖，一名鴻藏。葉名青蘘。**生上黨川澤。

〔梁·陶弘景《本草經集注》〕云：八穀之中，惟此爲良。淳黑者名巨勝。巨者，大也，是爲大勝。本生大宛，故名胡麻。又，莖方名巨勝，莖圓名胡麻。服食家當九蒸九暴，熬擣餌之。斷穀，長生，充飢。雖易得，俗中學者，猶不能常服，而況餘藥耶！蒸不熟，令人髮落，其性與茯苓相宜。俗方用之甚少，時以合湯、丸爾。

〔唐·蘇敬《唐本草》〕注云：此麻以角作八稜者爲巨勝，四稜者名胡麻。都以烏者良，白者劣爾。生嚼塗小兒頭瘡及浸淫惡瘡，大效。

〔宋·掌禹錫《嘉祐本草》〕按：吴氏云：胡麻一名方金。神農、雷公：甘，平，無毒。秋採青蘘，一名夢神。《抱朴子》云：巨勝一名胡麻，餌服之，不老，耐風濕。《廣雅》云：狗蝨，巨勝；藤弘，胡麻也。《藥性論》云：葉，擣汁沐浴，甚良。又牛傷熱，擣汁灌之，立差。又患崩中血凝疰者，生取一升，擣，内熱湯中，絞取半升，立愈。巨勝者，《仙經》所重，白蜜一升，子一升，合之，名曰靜神丸。常服之，治肺氣，潤五藏。其功至多，亦能休糧，填人骨髓，甚有益於男子。患人虚而吸吸，加胡麻用。陳藏器云：花陰乾，漬取汁，溲麪至韌，易滑。陳士良云：胡麻人，生嚼塗小兒頭瘡；亦療婦人陰瘡。初食利大小腸，久食即否，去陳留新。日華子云：胡麻，補中益氣，養五藏，治勞氣，産後羸困，耐寒暑，止心驚。子，利大小腸，催生落胞，逐風濕氣、遊風、頭風，補肺氣，潤五藏，填精髓。細研塗髮長頭。白蜜蒸爲丸服，治百病。葉作湯沐潤毛髮，滑皮膚，益血色。

〔宋·蘇頌《本草圖經》〕曰：胡麻，巨勝也。生上黨川澤。青蘘音箱，巨勝苗也。生中原川谷，今並處處有之。皆園圃所種，稀復野生。苗梗如麻，而葉圓鋭光澤。嫩時可作蔬，道家多食之。謹按《廣雅》云：狗蝨，巨勝也；藤弘，胡麻也。陶隱居云：其莖方者名巨勝；圓者名胡麻。蘇恭云：其實作角八稜者，名巨勝；六稜、四稜者名胡麻。如此巨勝、胡麻爲二物矣。或云本生胡中，形體類麻，故名胡麻。又八穀之中，最爲大勝，故多巨勝。如此似一物二名也。然則《仙方》乃有服食胡麻、巨勝二法，功用小别。疑本一物而種之有二。如天雄、附子之類。故葛稚川亦云：胡麻中，有一葉兩莢者爲巨勝是也。食其實，當九蒸暴，熬擣之，可以斷穀。又以白蜜合丸，曰靜神丸，服之益肺，潤五藏。壓取油，主天行熱秘腸結，服一合則快利。花，陰乾漬汁溲麪，至肕而滑。葉可沐頭，令髮長。一説今人用胡麻，葉如荏而狹尖，莖方，高四五尺。黄花，生子成房，如胡麻角而小。嫩葉可食，甚甘滑，利大腸。皮亦可作布，類大麻，色黄而脆，俗亦謂之黄麻。其實黑色，如韭子而粒細，味苦如膽，杵末略無膏油。又，世人或以爲胡麻乃是今之油麻，以其本出大宛，而謂之胡麻也。皆以烏者良，白者劣。《本草》注：服胡麻油，須生笮者，其蒸炒作者正可食及然爾，不入藥用。又序例謂細麻即胡麻也，形扁扁爾，其方莖者名巨勝。其説各異，然胡麻今服食家最爲要藥。乃爾差誤，豈復得效也。

〔宋·唐慎微《證類本草》〕《新注》云：胡麻、白大豆、棗三物同九蒸九暴，作團食，令人不飢，延年斷穀。又合蒼耳子爲散，服之治風癩。《雷公》云：凡使，有四件。八稜者，兩頭尖、色紫黑者，又呼胡麻，並是誤也。其巨勝有七稜，色赤，味澁酸是真。又呼烏油麻，作巨勝，亦誤。若修事一斤，先以水淘，浮者去之，沉者漉出，令乾，以酒拌蒸，從巳至亥，出，攤曒乾，於臼中，舂令麁皮一重盡，拌小豆相對同炒，小豆熟即出，去小豆用之。上有薄皮，去，留用，力在皮殼也。《食療》：潤五藏，主火灼。山田種，爲四稜。土地有異，功力同。休糧人重之。填骨髓，補虚氣。《聖惠方》：治五藏虚損，羸瘦，益氣力，堅筋骨。巨勝蒸暴各九遍，每取二合，用湯浸布裹，挼去皮再研，水濾取汁煎飲，和粳米煮粥食之。《外臺秘要》：治手脚酸疼兼微腫。烏麻五升熬碎之，酒一升，浸一宿。隨多少飲之。又方：沸湯所淋，火燒爛瘡。杵生胡麻如泥，厚封之。《千金方》：常服明目洞視。胡麻一石，蒸之三十遍，末酒服，每日一升。又方：治腰脚疼痛。胡麻一升，新者熬令香杵篩。日服一小升，計服一斗即永差。酒飲、羹汁、蜜湯皆可服之，佳。又方：治白髮還黑。烏麻九蒸九暴，末之，以棗膏丸，服之。《肘後方》：治陰癢生瘡，嚼胡麻傅之。又方：治齒痛。胡麻五升，水一斗，煮取五升。含漱吐之，莖、葉皆可用之。姚云：神良，不過二劑，腫痛即愈。《經驗後方》：治暑毒。救生散：新胡麻一升，微炒令黑色，取出攤冷碾末，新汲水調三錢，又或丸如彈子，新水化下。凡着熱，外不得以冷物逼，外得冷即死。《梅師方》：治蚰蜒入耳。胡麻杵碎，以袋盛之爲枕。孫真人：胡麻三升，去黄黑者，微熬令香，杵爲末。下白蜜三升，和調煎，杵三百杵，如梧桐子大丸。旦服三十丸，腸化爲筋。年若過四十已上，服之效。《修真秘旨》：神仙服胡麻法：服之能除一切痼病，至一年面光澤、不飢，三年水火不能害，行及奔馬，久服長生。上黨者尤佳。胡麻三斗，淨淘入甑蒸，令氣遍出，日乾，以水淘去沫，却蒸，如此九度。以湯脱去皮，簸令淨，炒令香，杵爲末，蜜丸如彈子大。每溫酒化下一丸，忌毒魚、生菜等。《丹房鏡源》云：巨勝煮丹砂。梁簡文帝《勸醫文》：胡麻止救頭痛。今人云灰滌菜者，恐未是，蓋今之藜也。又韓保云灰滌菜，愈謬矣。《神仙傳·魯女生篇》：魯女生服胡麻餌术，絶穀八十餘年，甚少壯，一日行三百里，走及麞鹿。《本事詩》云：胡麻好種無人種，正是歸時君不歸。俗傳云：胡麻，夫婦同種即生而茂熟，故詩句不取他物，唯以胡麻爲興也。《續齊諧記》：漢明帝永平十五年中，剡縣有劉晨、阮肇二人，入天台山採藥，迷失道路，忽逢一溪，過之、(過)〔偶〕遇二女，以劉、阮姓名呼之，如舊識耳。曰：郎等來何晚耶？遂邀之過家，設胡麻飯以延之。故唐詩有云：御羹和石髓，香飯進胡麻。

宋・唐慎微《證類本草》卷二四米穀部上品〔《別錄》〕　胡麻油　微寒，利大腸，胞衣不落，生者摩瘡腫，生禿髮。

〔梁・陶弘景《本草經集注》〕云：　麻油生笮者，若蒸炒正可供作食及燃爾，不入藥用也。

〔宋・掌禹錫《嘉祐本草》〕按：《藥性論》云：　胡麻生油，塗頭生毛髮。　陳藏器云：　胡麻油，大寒，主天行熱秘，腸內結熱。服一合，取利爲度。食油損聲，令體重。生油殺蟲，摩惡瘡。

〔宋・唐慎微《證類本草》〕《圖經》：　曰：　文具胡麻條下。

《食療》云：　主瘖瘂，塗之生毛髮。《野人閑話・杜天師昇遐篇》：　以麻油傳兩足，繒帛裹之，可日行萬里。

宋・寇宗奭《本草衍義》卷二〇　白油麻　與胡麻一等，但以其色言之，比胡麻差淡，亦不全白。今人止謂之脂麻，前條已具。炒熟乘熱壓出油，而謂之生油，但可點照。須再煎煉，方謂之熟油，始可食，復不中點照。亦一異也。如鐵自火中出而謂之生鐵，亦此義耳。

青蘘音箱　即油麻葉也。陶隱居注亦曰：　胡麻葉也。胡地脂麻鵲色，子頗大。日華子云：　葉作湯沐，潤毛髮。乃是今人所取胡麻葉。以湯浸之，良久涎出，湯遂稠黃色，婦人用之梳髮。由是言之，胡麻與白油麻，今之所謂脂麻者是矣。青蘘即其葉無疑。

胡麻　諸家之說參差不一，止是今脂麻，更無他義。蓋其種出於大宛，故言胡麻。今胡地所出者，皆肥大，其紋鵲，其色紫黑，故如此區別，取油亦多。故詩云松下飯胡麻，此乃是所食之穀無疑，與白油麻爲一等，如川大黃、川當歸、川升麻、上黨人參、齊州半夏之類，不可與他土者更爲一物。蓋特以其地之所宜立名也。是知胡麻與白油麻爲一物，嘗官于順安軍，雄、霸州之間，備見之。又二條皆言無毒，治療大同。今之用白油麻，世不可一日闕也。然亦不至於大寒，宜兩審之。

宋・王繼先《紹興本草》卷一二　胡麻　紹興校定：　胡麻，性味、主治已載《本經》。大率取潤利之性多矣，然但比脂麻色黑，有殼者是矣。亦名巨勝，顯一物兩名也。處處產之。《本經》云味甘、平、無毒是矣。

青襄　紹興校定：　青襄即胡麻葉也。《本經》雖具性味、主治，亦未聞諸方用驗之據。當從胡麻味甘、平、無毒是矣。

胡麻油　紹興校定：　胡麻油雖具主治，但取潤利之性尤多矣。當云味甘、微寒、無毒為定。

白油麻　紹興校定：　白油麻，此世呼脂麻是也。油乃常食所用，其麻即非大寒。其葉及油，然《本經》與諸方各具主治，大率取潤利之性多矣。處處產之，其麻與油皆味甘、微寒，俱無毒為定。

宋・鄭樵《通志》卷七五《昆蟲草木略》　胡麻　曰巨勝，曰狗蝨，曰方莖，曰鴻藏，曰方金，曰藤弦。〔其〕葉曰青蘘，今之油麻也。亦曰脂麻。本出大宛，張騫傳來，故名胡麻。沈(活)〔括〕《靈苑方》中論之矣。今醫家認黃麻子作胡麻，用其子極苦，能殺人毒鼠，此豈可服食哉？　陶弘景云：　八穀之中，惟此為良。而純黑者，名巨勝，是為大勝，此斷穀長生充飢之藥，故云：胡麻好種無人種，正是歸時君不歸。

宋・劉明之《圖經本草藥性總論》卷下　胡麻　味甘，平，無毒。主傷中虛羸，補五內，益氣力，長肌肉，填髓腦，堅筋骨。療金瘡止痛，及傷寒瘟瘧，大吐後虛熱羸困，明耳目。《藥性論》云：　葉，搗汁，沐浴甚良。又主傷熱，搗汁灌之立差。又患崩中血凝疰者。日華子云：　補中益氣，養五臟，治勞氣，產後羸困，耐寒暑，止心驚。子，利大小便，催生落胞，逐風溫氣遊風，頭風生瘡。油，微寒。利大腸，胞衣不落。生者，摩瘡腫，生禿髮。葉名青蘘，味甘，寒，無毒。主五臟邪氣，風寒濕痺，益氣，補髓堅筋骨。陳士良云：　胡麻仁生嚼，塗小兒頭瘡，亦療婦人陰瘡。初食利大小腸，久食則否，去陳留新。《食療》云：　潤五臟，主火灼。休糧人重之，填骨體，補虛氣。

宋・陳衍《寶慶本草折衷》卷一九　胡麻白油麻等在內。○葉、苗附。　一名脂麻，一名狗蝨，一名方莖，一名方金，一名鴻藏，一名藤弦。其黑而大者名巨勝，一名大勝。小者名細麻，色黃者名黃麻。○又云：　淡白者名白麻。○去殼者名胡麻人。一作仁。　生上黨及胡地川澤，及大宛、晉州。○秋採。○附：　葉苗，一名青蘘，一名夢神，生中原川谷。今處處並園圃種有之。○蘘，音箱。

味甘、苦，平，生寒，炒熟熱，無毒。兼用白油麻云。○主傷中虛羸，補五內，益氣力，長肌肉，填髓腦，堅筋骨，療金瘡，止痛，及傷寒溫瘧，大吐後虛熱。○陳士良云：　生嚼，塗小兒頭瘡，婦人陰瘡。利大小腸，去陳留新。○日華子云：　治勞氣，產後羸困，止心驚，催生落胞，逐風溫氣，遊風頭風，補肺，潤五藏。細研，塗髮長。○《圖經》曰：實黑色如韭子，粒細而形扁。餘形色註條首。○《外臺秘要》：湯火爛瘡，杵如泥，厚封之。○寇氏曰：今胡地者杷大紫黑，與白油麻元條刪訖。為一等，不可更為二物也。○又曰：白油麻以色言之，比胡麻差淡，亦不全白。

附：葉苗。汁在內。○味甘，寒，無毒。其嫩葉滑利大腸，可食之。沐浴甚良，擣汁用。又婦人梳髮，以湯浸涎出，稠黃色用。牛傷熱，擣汁服之。其葉圓銳光澤。兼括青蘘說。

宋・陳衍《寶慶本草折衷》卷一九 麻油舊稱胡麻油。今從陶隱居與衆方參定，不用胡字。 所出與胡麻同。○用胡麻、白麻炒熟，或生曬，並蒸之，乘熱壓榨取油。

味甘，苦，平，微寒，無毒。兼用胡、白二麻云。○利大腸，胞衣不落，摩瘡腫，生秃髮。○又云：發冷疾，滑骨髓，發渴，困脾，殺五黃，下三膲熱毒，通大小腸，治蛔心痛，傅瘡疥癬，殺蟲。治飲食物須逐日熬熟用，經宿即動氣。有牙齒并脾胃疾人，切不可喫。陳者煎膏，生肌長肉，止痛，消癰腫，補皮裂。分白油麻條。○《圖經》曰：主天行熱秘腸結。分胡麻條。○又曰：治蚰蜒入耳，以麻油仁煎餅，枕臥，須臾蚰蜒自出。○凡飛蟲及蚤蝨入耳，麻油滴之亦能出也。○《食療》云：主音啞。○寇氏曰：白麻與胡麻炒熟，壓出油，而謂之生油。須再煎煉，方謂之熟油。如鐵自火中出而謂之生鐵，亦此義耳。○又如煮熟繭，繅絲為絹而謂之生絹之類也。

續說云：胡麻之與白麻，寇氏既訂為一物，俱稱脂麻，則二麻之油，亦當合而言之也。《圖經》嘗曰：生笮者可服，炒作者可食。然炒麻雖熱，而油則復寒，入藥及充饌，皆自通用，但清亮足矣。妊婦臨蓐，用力太早而先破水，惡露先下，血乾胞燥，致令產難，以麻油叁合，生蜜壹合半同煎。纔沸，急各投生蜜壹合半，交和，俟微溫，分兩服連啜，名油蜜膏，導潤甚效。又中蛇毒、矾毒、河豘諸毒，並先飲麻油，次進攻毒之劑。有瘧瀉痰嗽者，最忌油食，惟女人飾鬢髻，却宜生笮之油。蓋不經火炒，體性愈潤，故能益髮也。

元・忽思慧《飲膳正要》卷三 白芝麻 味甘，大寒，無毒。治虚勞，滑腸胃，行風氣，通血脈，去頭風，潤肌膚。食後生噉一合。與乳母食之，令子不生病。 胡麻：味甘，微寒。除一切痼疾。久服長肌肉，健人。油，利大便，治胞衣不下。《修真秘旨》云：神仙服胡麻法，久服面光澤，不飢，三年水火不能害，行及奔馬。

元・尚從善《本草元命苞》卷九 芝麻 大寒，無毒。生寒，炒熟則熱。治虚勞，滑腸，行風氣通血。生嚼，傅頭上諸瘡。久食之，抽人肌肉。仙方蒸以辟穀，今人壓笮為油。性寒，無毒。能發冷病，殺五蟲，下三焦熱，滑骨髓。發五臟渴，通大小腸。療蛔心痛。傅疥癬瘡瘍。困脾臟，動氣。陳者煎膏，生肌止痛，消癰腫毒，補皮裂患。《經》不載所產，今到處有之。

元・尚從善《本草元命苞》卷九 胡麻 一曰方金。性味甘平，無毒。服之九蒸九暴，充肌斷穀，長生，明耳目，輕身不老，耐寒暑，延年不飢。補五內傷中虛弱，益氣力，筋骨堅強，填腦髓，長肌肉。療金瘡止疼痛，治傷寒大吐後虛熱羸困。醫難產，催生落胞。生上黨川澤，今所在有之。苗梗如麻，本生胡地，故曰胡麻。八穀之中，最為大勝，因名巨勝。此一物種之有二，形少異，切用殊特。莖圓八角，乃胡麻。莖方四角，為巨勝。合蜜丸益肺，壓取油潤腸，生嚼塗小兒頭瘡，煮葉浴皮膚滋潤。與茯苓相宜，形色烏尤妙。

元・吳瑞《日用本草》卷二 白油麻 人呼為脂麻。 味甘，大寒，無毒。生則寒，熟則熱。取汁為麻飲。生嚼傅小兒頭上諸瘡。 主虛勞，滑腸胃，行風氣，通血脉，去頭浮風，潤肌。 麻油：性冷，無毒。常食用者發冷疾及臟滑。有汗，齒疾，忌食。 主滑骨髓，困脾，下三焦熱氣，通大小腸，治蛔心痛，傅一切瘡疥癬，殺一切蟲，治飲食物。須逐日熬熟用，經宿則動氣。沐髮去風。陳者煎膏，生肌長肉，止痛，消癰腫。

元・朱震亨《本草衍義補遺》 香油 須炒芝麻乃可取之，人食之美，且不致病。若又煎煉食之，與火無異。戒之。

元・徐彥純《本草發揮》卷三 白麻油 丹溪云：香油，須是炒熟麻，乃可取之。人食之美，且不致疾。若又煎煉，食之與火無異。戒之。

明・朱櫹《救荒本草》卷下之後 油子苗 《本草》有白油麻，俗名脂麻。舊不著所出州土，今處處有之。人家園圃中多種。苗高三四尺，莖方，窊面四楞，對節分生枝叉，葉類蘇子葉而長尖艄，邊多花叉，葉間開白花，結四稜蒴兒，每蒴中有子四五十餘粒，其子味甘、微苦，生則性大寒，無毒，炒熟則性熱，壓笮為油大寒。 救飢：採嫩葉煠熟，水浸淘洗淨，油鹽調食。其子亦可炒熟食，或煮食，及笮為油食皆可。 治病：文具《本草》米穀部白油麻條下。

明・蘭茂撰，清・管暄校補《滇南本草》卷中　香油通治：出《壽世保元》。中信毒，急用香油灌之。　產後子腸不收，用香油煉熟，以盆盛之，令產婦坐油盆中，一飯之久，隨用皂角末吹入鼻中，即止。　傷寒發黃，用生香油一盞，水半盞，雞子清一枚，和勻，炖熟，徐徐服之。

明・王綸《本草集要》卷五　胡麻一名巨勝。即胡地黑脂麻，八穀之中，惟此為勝，故名。

味甘，氣平，無毒。　主傷中虛羸，補五內，益氣力，長肌肉，填髓腦，堅筋骨，久服輕身不老，明耳目，耐飢渴寒暑。　生者磨瘡腫，生禿髮，療金瘡，止痛。嚼塗小兒頭瘡及浸淫惡瘡，婦人陰瘡。○苗名青蘘，味甘，氣寒，無毒。主五臟邪氣，風寒濕痹，益氣，補腦髓，堅筋骨，久服耳目聰明，不飢不老增壽。杵汁，沐頭髮良。牛傷熱，灌之愈。

白油麻：味甘，氣寒，無毒。生寒，炒則熱。　治虛勞，滑腸胃，行風氣，通血脈，潤肌膚。又生嚼，傅小兒頭上諸瘡良。○其油性冷，常食所用，滑骨髓，通大小腸。治蛔心痛，傅一切瘡疥癬，殺一切蟲。取油一合，雞子兩枚，芒硝一兩，攪服之，少時即瀉，治熱毒甚良。又取油煎沸，對和無灰酒，溫服取微汗，治癰疽發背腫毒甚效。又治髮癥，飲油一升，多吐出。　蚰蜒入耳，以油作煎餅，枕臥須臾，自出。　陳者煮膏，生肌長肉，止痛，消癰腫，補皮裂。有牙齒及脾胃疾人，不可喫，若煎煉食之，與火無異，戒之。

明・滕弘《神農本經會通》卷四　白油麻　生則寒，炒則熱。

味甘，氣大寒，無毒。

《本經》云：　治虛勞，滑腸胃，行風氣，通血脉，去頭浮風，潤肌膚。　食後生噉一合，終身不輟。與乳母食，其孩子永不生病。若客熱，可作飲汁服之。停久者，發霍亂。又生嚼傅小兒頭上諸瘡良。久食，抽人肌肉。　生則寒，炒則熱。　又葉擣和漿水，絞去滓，沐髮，去風潤髮。

香油：　即白麻油。《衍》云：　炒熟，乘熱壓出油，而謂之生油，須再煎煉，方謂之熟油，始可食。

《本經》云：　其油冷，常食所用也。　無毒。　發冷疾，滑骨髓，發臟腑渴，困脾臟，殺五黃，下三膲熱毒氣，通大小腸，治蛔心痛。傅一切瘡疥癬，殺一切蟲。取油一合，雞子兩顆，芒消一兩，攪服之，少時即瀉，治熱毒甚良。　治飲食物，須逐日熬熟用，經宿即動氣。　有牙齒并脾胃疾人，切不可喫。　陳者煎膏，生肌長肉，止痛，消癰腫，補皮裂。《圖經》云：　《傳信方》蚰蜒入耳，以油麻油作煎餅，枕臥，須臾蚰蜒自出而差。《外臺秘要》治胸喉間覺有癥蟲上下，偏聞葱豉食香，此是髮蟲，油煎葱豉令香，二日不食，張口而臥，將油葱豉致口邊，蟲當漸出，徐徐以物引去之。丹溪云：　須炒芝麻乃可取之，人食之美，且不致病。若又煎煉食之，與火無異，戒之。

胡麻：　一名巨勝。即胡地黑芝麻。八穀之中，惟此為勝，故名。　味甘，氣平，無毒。《衷》云：　搜風，長肉，及生精益氣，頭面癧瘡，并崩中血滯，利便墮產，兼療寒濕。《本經》云：　主傷中虛羸，補五內，益氣力，長肌肉，填髓腦，堅筋骨。療金瘡止痛，及傷寒溫瘧，大吐後虛熱，羸困。久服輕身不老，明耳目，耐飢渴，延年。以作油，微寒。利大腸，胞衣不落。生者，摩瘡腫，生禿髮。一名巨勝。葉名青蘘。陶隱居云：　八穀之中，惟此為良。淳黑者名巨勝。巨者，大也，是為大勝。本生大宛，故名胡麻。又莖方名巨勝，莖員名胡麻。服食家當九蒸九暴，熬擣餌之。斷穀長生，充飢。雖易得，俗中學者猶不能常服，而況餘藥耶。　蒸不熟，令人髮落。其性與茯苓相宜，俗方用之甚少，時以合湯丸爾。《唐本》注云：　此麻以角作八稜者為巨勝，四稜者名胡麻。都以烏者良，白者劣爾。　生嚼，塗小兒頭瘡，浸淫惡瘡，大効。《抱朴子》云：　巨勝，一名胡麻，餌服之不老，耐風濕。《藥性論》云：　巨勝者，仙經所重。白蜜一升，子一斗，合之名曰靜神丸，常服之治肺氣，潤五臟，其功至多，亦能休糧，填人骨髓，甚有益於男子。患人虛而吸吸，加胡麻用。陳士良云：　胡麻，人生嚼，塗小兒頭瘡，亦療婦人陰瘡。初食利大小腸，久食即否，去陳留新。日華子云：　胡麻，補中益氣，養五臟，治勞氣，產後羸困，耐寒暑，止心驚。子利大小便，催生落胎，逐風溫氣，遊風頭風，補肺氣，潤五臟，填精髓。細研，塗髮(令)長(頭)白蜜蒸為丸服，治百病。陳藏器云：　花，陰乾，漬取汁，溲麪至韌而滑。《圖經》云：　陶云其莖有方有圓。蘇云：　其實有四稜、八稜，如此，巨勝、胡麻為二物矣。或云：　本生胡中，形體類麻，故名胡麻。又八穀之中，最為大勝，故名巨勝。　如此，似一物二名也。然仙方有服食胡麻、巨勝二法，功用小別，疑本一物而種之有二，如天雄、附子之類，故葛稚川亦云胡麻中有一葉兩莢者為巨勝，是也。　食其實，當九蒸九暴，熬擣之，可以斷穀。一說：　今人用胡麻葉，如荏而狹尖，莖方，高四五尺，黃花，生子成房，如油麻角而小，嫩葉可食，甚甘滑，利大腸，皮亦可作布，類大麻，色黃而脆，俗亦謂之黃麻。其實黑色，如韭子而粒細，味苦如膽，杵末，略無膏油。又世人或以為胡麻，乃是今之油麻，以其本出大宛，而謂之胡麻也。皆以烏者良，白者劣。又《序例》謂細麻即胡麻也，形扁扁爾。其方莖者，名巨勝。其說各異，然胡麻，今服食家最為要藥，乃爾差誤，豈復得効也。雷公云：凡使有四稜、八稜者，兩頭尖，色紫黑者，又呼胡麻。并是誤也。其巨勝有七稜，色赤，味澁酸，是真。又呼烏油麻，作巨勝亦誤。《衍義》曰：諸家之說，參差不一，止是今脂麻，更無他義。蓋其種出於大宛，故言胡麻。今胡地所出者，皆肥大，其紋鵲，其色紫黑，故如此區別。《局》云：胡麻久餌可長生，填髓堅筋更益精。利大小腸調肺氣，塗瘡快產止心驚。巨勝子，填精髓，可長生。

青蘘：胡麻葉花。味甘，氣寒，無毒。《本經》云：主五臟邪氣，風寒濕痺，益氣，補腦髓，堅筋骨。久服耳目聰明，不飢不老增壽。巨勝苗也。陶云：甚肥滑，亦可以沐頭。《藥性論》云：葉擣汁，沐浴甚良。又牛傷熱，擣汁灌之，立差。又患崩中血凝疰者，生取一升，擣，內熱湯中，絞取半升，立愈。日華子云：葉，作湯沐，潤毛髮，滑皮膚，益血色。

胡麻油　氣微寒。《本經》云：利大腸，胞衣不落。生者摩瘡腫，生禿髮。陶隱居云：麻油生笮者，若蒸炒，止可供作食燃耳，不入藥也。《藥性論》云：胡麻，生油塗，生毛髮。陳藏器云：胡麻，大寒。主天行熱，秘腸內結，熱服一合，取利為度。食油損聲，令體重。生油殺蟲，摩惡瘡。

明·劉文泰《本草品彙精要》卷三五　白油麻無毒　植生。

白油麻：主虛勞，滑腸胃，行風氣，通血脈，去頭浮風，潤肌。食後生噉一合，終身不輟。與乳母食，其孩子永不病生。若客熱，可作飲汁服之。停久者，發霍亂。又生嚼，傅小兒頭上諸瘡良。久食抽人肌肉。生則寒，炒則熱。○油，冷，無毒，殺五黃，下三焦熱毒氣，通大小腸，治蛔心痛，傅一切瘡疥癬，殺一切蟲。陳者煎膏，生肌長肉，止痛，消癰腫，補皮裂。名醫所錄。

〖苗〗《圖經》曰：白油麻與胡麻一等，但以其色言之，比胡麻差淡，亦不全白，今人謂之脂麻，前條已具。炒熟，乘熱壓出油，而謂之生油，但可點照。須再煎煉，方可謂之熟油，始可食之，復不中點照，亦一異也。如鐵自火中出而謂之生鐵，亦此義耳。〖地〗《圖經》曰：出上黨川澤及中原川谷，今處處有之，皆園圃所種，不復野生。〖時〗生：二月、三月。採：七月、八月。〖收〗暴乾。〖用〗仁、油、葉。〖色〗白。〖味〗甘。〖性〗大寒。〖氣〗氣之薄者，陰中之陽。〖臭〗香。〖主〗潤肌膚，滑臟腑。〖治〗療：《圖經》曰：白麻，除癰疽熱病。○麻油，治蚰蜒入耳，以油煎餅，枕臥，須臾自出。《別錄》云：白麻，豌豆瘡服之，即不生白漿水。蜘蛛咬人，研傅。小兒急疳瘡，嚼傅。小兒軟癤，焦炒，乘熱嚼傅。○生麻，療心痛無問冷熱。

〖合治〗油合葱、豉煎香，置患人枕邊，令空服，嗅而不食，療胸喉間有瘕蟲，其蟲即出。○烏麻油一盞，合水半盞，雞子白一枚，熟攪令匀服，治傷寒三五日，忽有黃。○白麻合酒煎，去麻服，療嘔。○油一升，薤白三斤，油中煎令薤黑，服酒令百脈血充盛，服金石人先宜服。○葉擣，和漿水，絞去滓，沐頭，去風潤髮。○油一合，合雞子兩顆，芒硝一兩，攪服之，少時即瀉，治熱毒，差。〖禁〗久食抽人肌肉。多食發冷疾，滑骨髓，發臟腑渴，困脾臟。凡飲食物，須逐日熬熟，若經宿者即動氣。有牙齒並脾胃疾，切不可喫。

〖解〗壓丹石熱毒。

明·劉文泰《本草品彙精要》卷三五　胡麻無毒　植生。

胡麻出《神農本經》：主傷中，虛羸，補五內，益氣力，長肌肉，填髓腦。久服輕身不老。以上朱字《神農本經》。

堅筋骨，療金瘡，止痛及傷寒，溫瘧，大吐後虛熱羸困，明耳目，耐飢渴，延年。以上黑字名醫所錄。〖名〗藤弦、鴻藏、方金。〖苗〗《圖經》曰：苗梗如麻，而葉圓銳，光澤，嫩時可作蔬，道家多食之。按《廣雅》云：藤弦，胡麻也。陶隱居云：其莖方者名巨勝，圓者名胡麻。蘇恭云：其實作角八稜者名巨勝，六稜、四稜者爲胡麻。如此巨勝、胡麻爲二物矣。或云本生胡中，形體類麻，故名胡麻也。然仙方中乃有服食胡麻、巨勝二法，功用小別，亦如天雄、附子有分二物之義。今按時用內實扁小而三稜者爲胡麻，四稜差大而方者爲巨勝，今服食家最爲要藥。又一種，形類大麻，葉如荏而狹尖，莖方，高四五尺，開黃花，結子成房，如胡麻角而小，其色黃，俗謂之黃麻。其實黑色，如韭子而粒細，味苦如膽，略無膏油，乃是今之油麻，非此胡麻也。《衍義》曰：胡麻，諸家之說參差不一，止是今脂麻，更無他義。蓋其種出於大宛，故言胡麻。今胡地所出者，皆肥大，其紋鵲，其色紫黑，有如此區別，取油亦多。故詩云松下飯胡麻，此乃是所食之穀無疑，與白麻油爲一物，如川大黃、川當歸、川升麻、上黨人參、齊州半夏之類，不可與他土者更爲二物，蓋特以其地之所宜立名也。是知胡麻與白油麻爲一物。嘗官於順安軍、雄、霸州之間，備見之。又二條皆言無毒。治療大同，今之用白油麻，世不可一日闕也。然亦不至於大寒，宜詳審之。【地】《圖經》曰：生上黨川澤，今處處有，皆園圃所種，稀復野生。【道地】出胡地者佳。【時】生：春生苗。採：八月、九月取子。【收】日乾。【用】子三稜者佳。【色】紫黑。【味】甘。【性】平。【氣】氣厚於味，陽也。【臭】香。【主】養五臟，堅筋骨。【製】《雷公》云：若修事一斤，先以水淘浮者，去之沉者，漉出令乾，以酒拌蒸，從巳至亥，出，攤，曒乾，於臼中舂令麄皮一重盡，拌小豆相對同炒，小豆熟即出，去小豆用之。上有薄皮亦留用，力在皮殼也。一法九蒸九暴。【治】療：《藥性論》云：患崩中血凝疰者，生擣內湯中絞汁服。日華子云：療産後羸困及止心驚。《別錄》云：生嚼，塗小兒頭瘡及浸淫惡瘡，婦人陰瘡。補：日華子云：補中益氣，耐寒暑，療勞氣。○葉，作湯沐，潤毛髮，滑皮膚，益血色，令髮長。【合治】合白大豆、棗，九蒸九暴，作丸食，令人不飢，延年斷穀。○合蒼耳子，擣末服，療風癩。【禁】蒸不熟，令人髮落。○生菜。

巨勝子無毒。植生。巨勝子，主五臟虛損，羸瘦，益氣力，堅筋骨。○油，主天行熱閉腸結。○葉，可沐頭，令髮長，潤澤。名醫所錄。【名】狗蝨，方莖。【苗】《圖經》曰：巨勝與胡麻形體相類。陶隱居云：莖圓者爲胡麻，莖方者爲巨勝。蘇恭云：其實作角八稜者名巨勝，六稜、四稜者名胡麻。如此，胡麻、巨勝爲二物矣。然八穀之中，最爲大勝，故名巨勝也。《廣雅》云：狗蝨，巨勝也。葛稚川亦云：胡麻中有一葉兩莢者爲巨勝。今按時用其角內實扁小而三稜者爲胡麻，差大、四稜而方者爲巨勝也。【地】《圖經》曰：生上黨川澤，今處處有之，皆園圃所種，稀復野生。【道地】生胡地者甚佳。【時】生：春生苗。採：八月、九月取子。【收】日乾。【用】子四稜者佳。【色】紫黑。【味】甘，酸，澀。【性】平，緩。【氣】氣之薄者，陽中之陰。【臭】香。【主】益五臟，填骨髓。【製】九蒸九暴，擣之。【治】療：日華子云：利大小腸，催生，落胞，逐風濕氣，遊風，頭風，塗頭長髮。補：日華子云：益肺氣，潤五臟，填精髓。《別錄》云：餌之令人不老，耐風濕。【合治】合白蜜等分爲丸，名靜神丸，益肺氣，潤五臟，休糧，填骨髓。【禁】蒸不熟，令人髮落。

胡麻油無毒。胡麻油，主利大腸，胞衣不落。生者摩瘡腫，生禿髮。名醫所錄。【苗】謹按：胡麻春生苗，梗如麻，其梗圓，高三四尺而葉圓銳光澤，至秋結實，其實作角四稜、六稜者是。人採其實，去殼用仁，榨取其油，外潤毛髮，內滋臟腑，蓋潤利之功多也。【地】《圖經》曰：生上黨川澤，今處處有之，皆園圃所種，稀復野生。【道地】生胡地者甚佳。【時】生：無時。採：無時。【色】青黃。【味】甘。【性】微寒。【氣】氣之薄者，陽中之陰。【臭】香。【製】熬熟入藥，生亦可用。【治】療：陳藏器云：利天行熱祕，腸內結熱。○生油，殺蟲。《別錄》云：主瘖瘂。【禁】多食損聲，令體重。

青蘘無毒。植生。青蘘音葙，主五臟邪氣，風寒濕痹，益氣，補腦髓，堅筋骨。久服耳目聰明，不飢，不老，增壽。《神農本經》。【名】夢神。【苗】《衍義》曰：青蘘，即油麻葉也。陶隱居《注》亦曰：胡麻葉也。胡地脂麻，鵲色，子頗大。日華子云：葉作湯沐，潤毛髮，乃是今人所取胡麻。葉以湯浸之，良久，涎出，湯遂稠黃色，婦人用之梳髮，由是言之胡麻與白油麻，今人所謂脂麻者是矣。青蘘即其葉無疑。【地】《圖經》曰：生上黨川澤，今處處有之，皆園圃所種，稀復野生。【道地】出胡地大宛者甚佳。【時】生：春生苗。採：四月、五月。【收】陰乾。【用】葉。【色】青。【味】甘。【性】寒，緩。【氣】氣之薄者，陽中之陰。【臭】朽。【主】潤毛髮，益血氣。【治】療：《圖經》曰：利大腸。作湯沐頭，令髮長。日華子云：作湯沐，滑皮膚。

明・盧和、汪穎《食物本草》卷一穀類 芝麻 味甘，氣寒，無毒。治虛勞，滑腸胃，行風氣，通血脉，去頭浮風，潤肌膚。乳母食之，小兒不生熱病。又生嚼傅小兒頭上諸瘡，良。

胡麻 味甘，氣平，無毒。一名巨勝，苗名青蘘。

明・盧和、汪穎《食物本草》卷四味類 香油 冷，無毒。發冷疾，滑骨髓，發臟腑渴，困脾，下三焦熱毒氣，通大小腸，殺五黃及蛔心痛并一切蟲。生則冷，熟則熱。治飲食物，須逐日熬熟用之，經宿則動氣。有齒牙脾胃疾者，不可食。丹溪曰：香油須以芝麻取之，人食之美，不致病。若又煎煉食之，與火無異。予以芝麻大寒，炒而取油，其性仍冷，復經煎煉固熱矣，未必至於無異於火。丹溪救時之弊，其憂深言切如此。

明・俞弁《續醫説》卷一〇 胡麻 胡麻主腸中虛羸，補五內，益氣力，長肌肉，填髓腦，堅筋骨，去虛熱，久服明目，輕身不老延年。一名巨勝。四稜為胡麻，八稜為巨勝。陶弘景云：八穀之中，唯此為良。又云：味甘。在米豆部，此正是烏麻也。今時所用巨勝，莖莢雖小，類麻，而葉子大極，味苦，其性甚冷。夫味苦不可入米穀，性冷不可為補益。其葉又與麻不同，陰晦日則低，日烈則起，此當別是一物，非巨勝、胡麻也。俗醫但用，不辯其非。正當用烏油麻，味甘，而葉有四稜者為胡麻，八稜者曰巨勝，正合《本經》。不當用苦而冷者也。

明・葉文齡《醫學統旨》卷八穀部 胡麻 氣平，味甘。無毒。治傷中虛羸，補五內，益氣力，長肌肉，填髓腦，堅筋骨；消風毒瘡瘍；久服明耳目。

明・許希周《藥性粗評》卷三 白油麻丙丁小利。

白油麻，即芝麻，以取香油者。三四月下種，高三四尺，莖方而直，葉闊而尖，五六月自下開花，漸漸而上，結實作房，每開一花，便結一房，以花盡為度，房開則子落。江南處處種之，八月收子，不暴自乾。日用所不能闕。餘說《本草》不載。味甘，性生大寒，炒大熱，無毒。入手太陽小腸屬丙火、少陰心屬丁火經。主治虛勞，風癩瘡疥，傷損嘔吐，除熱下蟲，治心痛，通大小腸。所謂丙丁小利是已。行風氣，通血脈，潤肌膚，壓丹石毒。然發冷疾，滑骨髓，動臟腑。渴，有牙齒、脾胃之疾者不可食以油寒損內。

單方：軟癤：小兒頭上患軟癤者，炒油麻熱爛嚼，傅之。急疳：小兒患急疳瘡者，生油麻爛嚼，傅之。取髮瘕：凡悮食頭髮日久成瘕，面黃內痛者，服生蕂油一升許，須臾自當吐出，懸掛水乾，其髮便見。卒心痛：凡患心痛，無問冷熱，以油一合服之。

明・許希周《藥性粗評》卷三 補髓添精憑巨勝。

巨勝子，一名胡麻，一名狗虱，一名方金。夏生苗，莖高四五尺，與油麻相似。葉名青蘘，圓銳光澤，嫩時可作蔬，秋開花作穗，白色，結實如麥大，作角。陶隱居云：其莖方者名巨勝，圓者名胡麻。蘇恭云：其實八稜者名巨勝，六稜四稜者名胡麻。按《唐本》以蘇為是。本生胡中，故名。今南北川澤處處有之。秋末採實，以烏黑者為勝，白者劣，陰乾。凡入服食，用清水淘浸，浮者去之，其餘漉出，控乾，拌酒蒸，復和小豆炒過，以豆熟為止，去豆不用，取藥搗末，任意施為。餘說《本草》不載。味甘，性平，無毒。主治癆傷虛損，消熱養胃，添精補髓，益肺調氣，堅筋骨，明耳目，利大小腸，久服辟穀不飢，延年不老，頗為仙藥。與黃精同功。

單方：延年不飢：每取胡麻二合，湯浸布裹，挼去麄皮，研碎，和米煮粥食之，服過一石，便有殊效。常服明目：胡麻一石，蒸熟，舂去麄皮，為細末，每服二三合，溫酒調服，日三次，不待藥盡，而目已洞視矣。

明・鄭寧《藥性要略大全》卷三 白油麻一名芝麻 治虛勞，滑腸胃，行風氣，通血脈，潤肌膚。與乳母生食，兒不發客熱。久食抽人肌肉。生寒熟熱。通大小腸。治蛔蟲絞痛。傅一切瘡，殺諸蟲諸毒。味甘，性大寒，無毒。凡治飲食，須逐日熬用。經宿者動氣。有牙齒并脾胃疾者，切不可食，食之引嗽。哮嗽者忌服。香油可煎膏，生肌止痛，消癰腫，補皮裂，引咳嗽。

明・鄭寧《藥性要略大全》卷三 胡麻子 補虛益氣，長肌肉，填骨髓，延年益壽。其效不能盡述。李師云：明目，耐飢，堅筋骨，療金瘡止痛，及傷寒瘟瘧大吐後、虛熱羸困。養五臟。味甘，氣平，無毒。似巨勝子。俗云三角胡麻四角勝。

明・陳嘉謨《本草蒙筌》卷五 白油麻 味甘。生則氣寒，炒則氣熱。無毒。在處俱有，夏種秋收。行風氣併頭面浮風，治虛勞及身體客熱，滑腸胃通便閉結；利血脉潤髮枯焦。勿久食之，抽人肌肉。生者嚼爛，堪敷頭瘡。葉搗和漿水沐頭，亦能去頭風潤髮。麻油性冷，食物資調。經宿必熬熟為佳，生食恐動氣反害。入藥拯病，惟益外科。治一切惡瘍，下三焦熱毒。推子胞催產，搽疥癬殺蟲。煎滾沸醇酒攙嘗，取微汗散除背癰。外腫合鷄蛋芒硝攪服，油一合，鷄蛋二枚，芒硝一兩，共攪勻服之。致大瀉攻下熱毒內疽。蜒入耳中，枕煎餅自出。髮成癥痛，飲滿碗吐安。大便枯燥難通，吹入穀道即潤。用人含油滿口，以鵝管插穀道內，吹進腸中，糞潤自通矣。小兒閉脹，此法極佳。陳者熬膏，生肌長肉。煎炒少食，與火無殊。脾病及齒病人全忌，切勿沾口。

胡麻一名巨勝。味甘，氣平。無毒。原出胡地大宛，張騫始得種歸。粒大而肥，與麻相類。因在胡產，故名胡麻。八穀之中，惟此大勝。又名巨勝，美之之辭。此說所傳，本於陶註。世謂夫婦同種，生而茂熟倍收。上黨屬北直隸。郊園，並多種蒔。莖葉嫩可為菜，麻乃作英。中藏黑者良，白者劣。詩云松下飯胡麻，即此是也。僊經甚重，茯苓相宜。蒸熟堪補虛羸，且耐飢渴寒暑。填腦髓，堅筋骨，益氣力，長肌膚。明目輕身，延年不老。生者嚼塗瘡腫，禿髮敷亦重生。小兒頭瘡及浸淫惡瘡立効，婦人陰腫併金瘡疔腫殊功。火灼爛延，亦堪敷愈。榨油可食，滑腸下胞甚良；採花陰乾，漬汁搜麵極軟。苗葉收採，又名青蘘。曾載方書，亦資拯治。主五臟邪氣，而風寒濕痹兼驅；益一身元陽，其肌肉髓腦俱補。泡水沐頭髮常潤，煎湯灌病牛即甦。

謨按：胡麻，一名巨勝。《本經》只此附載，陶註亦已釋明。後因僊方，有服餌胡麻、巨勝二法，小有差殊，以致諸家辯論不一。有曰：莖圓者，名胡麻；莖方者，名巨勝。有曰：作角八稜而色紫黑者，名胡麻；兩頭尖鋭，作角七稜而色純赤者，名巨勝，味兼澁酸。有曰：胡麻別名藤苰，巨勝別名狗蝨。雖然一物，而種之有二者。固亦有之，如天雄、附子之類，形狀異，主治差，載諸《本經》名亦各列，醫採入藥，不得不分。是則雖附二名，且同一治。形色不等，亦物之常。種類認真，便可採用。何必細辯，孰為巨勝，孰為胡麻。索驥按圖，有何益爾？

明・方穀《本草纂要》卷六　白油麻　味甘，無毒。生則氣寒，熟則氣熱。主潤澤肌膚，通利腸胃，遍行血脉，收斂諸瘡，散解百毒，追逐諸風，性透骨髓，滑利關節，爲瘡家之要藥也。如取油日用，非美食物而利煎煿，猶恐百物而中毒氣，所以食物之中，不能無油，而五穀之內，難以棄麻者也。故麻爲穀類，而油爲食類。

明・寧源《食鑒本草》卷下　芝麻　大寒，無毒。治虛勞，滑腸胃，行風氣，通血脉，去腦風，澤肌膚。與乳母食之，其孩子永不病生。孫真人：治諸蟲咬，嚼芝麻塗之。治小兒頭面諸瘡，嚼芝麻傅之。生者性寒而治疾，炒則性熱而發病，蒸食性溫而充飢。葉：擣汁沐髮，去風除垢，能令髮常光潤。

麻油　大寒，無毒。發冷疾，滑精髓。多食人生困。治癰疽熱病有方，傳一切疥癬，殺蟲。《傷寒方》：治傷寒五六日，忽生黃，急宜服此，麻油半盞，水半盞，入雞子清一箇攪和均，一服令盡，神效。扁鵲方：治大熱毒發狂、發黃、瘡腫、臟毒。麻油一合，雞子二顆，芒硝一兩，研細和均服之，少時即瀉下熱毒，效。

明・王文潔《太乙仙製本草藥性大全》卷四《本草精義》　白油麻　油麻，《本經》舊不著條，然古醫方多用之。無毒。滑腸胃，行風氣，久食消人肌肉。生則寒，炒熟則熱。仙方蒸以辟穀。壓笮爲油，大寒，發冷疾，滑精髓，發藏腑渴，令人脾困。然治癰疽熱病效，療大風疾并壓丹石熱毒，熱風，手腳不遂。用硝石一大兩，生麻油二大升，合內鐺中，以土墼蓋口，以紙泥固濟，勿令氣出，細進火煎之，其藥未熟時氣腥，候香氣發即熟，更以生麻油二大升和合，又微火煎之，以意斟酌得所，即內不津器中。服法：患大風者用火爲使，在室中重作小紙屋子處燃火，令患人在紙屋中發汗，日服一大合，病人力壯，日二服，服之三七日頭面疱瘡皆滅。若服諸丹石藥熱發，不得食熱物，着厚衣，臥厚床者，即兩人共服一劑，服法如前，不用火爲使，忌風二七日。若丹石發，即不用此法，但取一匙內口中，待消嚥汁，熱除，忌如藥法。又蚰蜒入耳，以麻油作煎餅，枕臥須臾，蚰蜒自出而差。李元淳尚書在河陽，蚰蜒入耳，無計可爲，半月後腦中洪洪有聲，腦悶不可徹，至以頭自擊門柱，奏疾狀危極，忽人獻此方乃愈。

孫真人《枕中記》：麻油一升，薤白三升，切，內油中微火煎之，令薤黑，去滓，合酒服之半升三合，百脉血氣充盛。服金石人先宜服此方。

按：《衍義》云：白油麻與胡麻一等，但以其色言之，此差淡，亦不全白，今人止謂之脂麻。前條已具。炒熟乘熱壓出油，而謂之生油，但可點照。須再煎鍊，方謂之熟油，始可食，復不中點照，亦一異也。如鐵自火中出，而謂之生鐵，亦此義。

胡麻　一名巨勝，一名狗蝨，一名方莖，一名鴻藏，一名方金。生上黨川澤。青蘘音箱，巨勝苗也，生中原川谷，今處處有之，皆園圃所種，稀復野生。苗梗如麻，而葉圓鋭光澤，嫩時可作蔬，道家多食之。謹按《廣雅》云：狗蝨，巨勝也；藤苰，胡麻也。陶隱居云：其莖方者，名巨勝，圓者名胡麻。蘇恭云：其實作角八稜者名巨勝，六稜、四稜者名胡麻。如此巨勝、胡麻爲二物矣。或云：本生胡中，形體類麻，故名胡麻。又八穀之中最爲大勝，故名巨勝。如此似一物二名也。然則仙方乃有服食胡麻、巨勝二法，功用小別，疑本一物，而種之有二，如天雄、附子之類，故葛稚川亦云胡麻中有一葉兩莢者爲巨勝是也。食其實當九蒸曝，熬擣之，可以斷穀。又以白蜜合丸，曰靜神丸，服之益肺潤五臟。取油主天行熱秘腸結，服一合則快利。花，陰乾漬汁溲麪，至韌而滑。葉，可沐頭令髮長。一說今人用胡麻，葉如荏而狹尖，莖方，高四五尺，黄花，生子成房，如胡麻角而小，嫩葉可食，甚甘，滑利大腸。皮亦可作布，類大麻色黄而脆，俗亦謂之黄麻，其實色黑如韭子而粒細，味苦如膽，杵末略無膏油。又世人或以爲胡麻，乃是今之油麻，以其本出大宛，而謂之胡麻也，皆以黑者良，白者劣。《本草注》服胡麻油，須生笮者，其蒸炒作者正可食及然爾，不入藥用。又《序例》謂細麻即胡麻也，形扁扁爾，其方莖者名巨勝。其説各異，然胡麻今服食家最爲要藥乃爾，差誤豈復得效也。

神仙服胡麻法： 服之能除一切痼疾，至一年面光澤不飢，三年水火不能害，行及奔馬，久服長生。上黨者尤佳。胡麻三斗，浄淘入甑蒸，令氣遍出，日乾，以水淘去沫，却蒸，如此九度，以湯脱去皮，簸令浄，炒令香，杵爲末，蜜丸如彈子大，每溫酒化下十丸，忌毒魚、生菜等物。

明・王文潔《太乙仙製本草藥性大全》卷四《仙製藥性》

白麻 味甘，氣大寒，又云生則氣寒，熟則氣溫，無毒。 主治： 行風氣併頭面浮風，治虚勞及身體客熱，滑腸胃通便閉結，利血脉潤髮枯焦。勿久食之，抽人肌肉。生者嚼爛堪敷頭瘡。葉搗和漿水沐頭，大能去頭風潤髮。 補註： 治嘔，白油麻一大合，清酒半升，煎取三合，看冷熱得所，去油麻頓服之。○豌豆瘡，服油麻一升，須利，即不生白漿，效。○治蚰蜒、蜘蛛咬，用研敷之差。○小兒急疳瘡，嚼油麻敷之。○小兒軟癤，焦炒油麻，從銚子中取乘熱嚼爛傅之。○心痛無問冷熱，一合生麻服之即止。 麻油： 味冷，無毒。食物資調，經宿必熬熟爲佳，生食恐動氣反害。入藥拯病，惟益外科。治一切惡瘍，下三焦熱毒。推子胞催産，搽疥癬殺蟲。煎滾沸醇酒攙嘗，取微汗散除背癰。外腫合鷄蛋、芒硝攪服。油一合，鷄蛋二枚，芒硝一兩，共攪匀服之。致火瀉攻下熱毒内疽。蜒入耳中，枕煎餅自出。髮成癥痛，飲滿椀吐安。大便枯燥難通，吹入穀道即潤。用人含油滿口，以鵝管插穀道内，吹進腸中，糞潤自通矣。小兒閉脹，此法極佳。陳者熬膏，生肌長肉。煎炒少食，與火無殊。脾病及齒病人全忌，切勿沾口。 補註： 胸喉覺有癥蟲上下，偏聞葱豉食香，此是髮蟲。油煎葱、豉令香，二日不食，開口而卧，將油葱豉致口邊，蟲當漸出，徐徐以物引出。○傷寒三五日忽有黄，則宜服此，取生麻油一盞，水半盞，鷄子白一枚和之，熟攪匀，一服令盡。○髮癥，欲得飲油一升，香澤煎之，大砂銚貯，安病人頭邊，口鼻臨油上，勿令得飲，及傅之鼻面，並令香氣可嗅，取飲不得，必當疲極眠睡，髮癥當從口出。煎油人等守視之，并石灰一裹，見癥出以灰粉手捉取癥抽出，須臾抽盡即是髮也。初從腹出，形如不流水中濃菜，隨髮長短，形亦如之，無忌。○卒心痛，生油半合，溫服差。○産後脱腸不收，用油五斤，煉熟，以盆盛候溫，却令産婦坐油盆中，約一頓飯久，用皂角炙令脆，去麄皮爲末，少許吹入鼻中，令作嚏立差。 白麻葉： 搗和漿水，絞去滓，沐頭，去風潤髮。

胡麻一名巨勝。 味甘，氣平，無毒。 主治： 仙經甚重，茯苓相宜。蒸熟堪補虚羸，且耐飢渴寒暑。填腦髓而堅筋骨，益氣力而長肌膚。療金瘡生肌止痛，大吐後虚熱困羸。治傷寒溫瘧，補五臟傷中。明目輕身，延年不老。生嚼塗瘡腫，秃髮敷亦重生。小兒頭瘡及浸淫惡瘡立效，婦人陰腫併金瘡疔腫殊功。火灼爛延亦堪敷愈。榨油可食，滑腸下胞衣甚良。採花陰乾，漬汁溲麵極軟。 補註： 五臟虚損羸瘦，益氣力，堅筋骨，巨勝蒸暴各九遍，每取二合，用湯浸布裹脚，挼去皮再研，水浸取汁煎飲，和粳米煮粥食之。○沸湯所淋，火燒爛瘡，杵生胡麻如泥，厚封之。○常服明目洞視，胡麻一石，蒸三十遍，末，酒服每日一升。○治陰痒生瘡，嚼胡麻傅之。○治腰脚疼痛，胡麻一升新者，熬令香，杵篩，日服一小升，計服一斗即永差。酒飲、羹汁、蜜湯皆可服之。○治齒痛，胡麻五升，水一斗，煮取五升，含嗽吐之。莖葉皆可用之，姚云神良，不過二劑，腫痛即愈。○治暑毒，救生散： 新胡麻一升，微炒令黑色，取出攤冷，碾末，新汲水調三錢。又或丸如彈子，新水化下。凡著熱，外不得以冷物逼，外得冷即死。○治手脚痠疼兼微腫，烏麻五升，熬碎之，酒一升，浸一宿，隨多少飲之。○胡麻、白大豆、棗三物同九蒸九暴，作團食，令人不飢，延年斷穀。又合蒼耳子爲散服之，治風癩。○治蚰蜒入耳，胡麻杵碎，以袋盛之爲枕。○治白髮還黑，烏麻九蒸九暴，末之，以棗膏丸服之。○胡麻三升，和調煎，杵三百杵，如梧子大丸，旦服三十丸腸化筋，年若過四十已上服之效。 太乙曰： 凡使有四稜八稜者，兩頭尖，色紫黑者，又呼胡麻，並是誤也。其巨勝有七稜，色赤，味澁酸，是真，又呼烏油麻，作巨勝亦誤。修事一斤，先以水淘，浮者去之，沉者漉出令乾，以酒拌蒸，從巳至亥出，攤待乾，於臼中擣之，令粗皮一〔重盡〕，拌小豆，相對同炒，小豆熟即出，去小豆用之。上有薄皮，去，留用，力在皮殼也。 胡麻油： 味氣微寒，又云大寒。 主治： 主天行熱秘，宣腸内結熱。殺蟲毒而傅惡瘡，摩瘡腫而主禿髮。　補註：以胡麻傅兩足，繒帛裹之，可日行萬里。〇生油塗頭，立生毛髮。〇熱秘結，熱服一合取利爲度。　青蘘：即胡麻葉也。味甘，氣寒，無毒。　主治：主五臟邪氣，而風寒濕痹兼毆。益一身元陽，其肌肉髓腦俱補。泡水沐頭髮常潤，煎湯灌病牛即甦。　補註：葉搗汁沐浴甚良，又牛傷熱灌之立差。〇婦人用之梳髮，葉搗以湯浸之良久涎出，湯遂稠黃色，洗髮妙。〇患崩中血凝者，生取一升，搗內熱湯中絞取半升，立差。

按：胡麻一名巨勝。《本經》只此附載，陶註亦已釋明，後因僊方有服餌胡麻、巨勝二法，小有差殊，以致諸家辯論不一。有曰莖圓者名胡麻，莖方者名巨勝。有曰作角八稜而色紫黑者名胡麻，兩頭尖鋭作角七稜而色純赤者名巨勝，味兼澁酸。有曰胡麻別名藤茲，巨勝別名狗蝨。雖然一物，而種之有二者固亦有之，如天雄、附子之類，形狀異，主治差，載諸《本經》，名亦各列。醫採入藥，不得不分。是則雖附二名，且同一治。形色不等，亦物之常。種類認真，便可採用。何必細辨，孰爲巨勝，孰爲胡麻。索驥按圖，有何益爾！

明・皇甫嵩《本草發明》卷五

白油麻上品。氣平，味甘，無毒。又云生則氣涼，炒則氣熱。　發明曰：白油麻甘寒，能滑潤燥熱，故治虛勞身體客熱，行風氣，并頭面浮風，滑腸胃，通便閉結，利血脉，潤髮枯。生者嚼爛，小兒頭上諸瘡。久食抽人肌肉。停久者發霍亂。〇葉，搗和漿水，沐頭風，潤髮。

麻油，性冷，無毒。常食所用也。發冷痰，必逐日熬熟，治飲食為佳。生用滑髓，發藏府渴，困脾藏，殺五黄，下三焦熱毒氣，通大小腸，治蚘心痛。入外科用多，治一切惡瘍。用陳者煎膏，生肌長肉，止痛，消癰腫，補皮裂，傅搽一切疥癬，殺蟲。背癰外腫，取油一合，雞子二枚，芒硝一兩，攪服之，致大瀉，攻下熱毒。煎煉物食，與火無異，齒痛及脾疾人，切不可喫。

胡麻上品。一名巨勝。氣平，味甘，無毒。　發明曰：胡麻，甘平，而補益功多。故《本草》主補虛羸傷中，補五內，益氣力，填骨髓，堅筋骨，長肌肉。療金瘡止痛及傷寒瘟瘧，大吐後虛熱羸困。久服明目輕身，延年不老。陳士良云：生嚼，敷瘡腫，長禿髮，小兒頭瘡浸淫，惡瘡疔腫，金瘡火瘡爛延及婦人陰瘡痛。〇榨油，滑腸，下胞衣。苗名青蘘，味甘，寒。治五臟邪氣及風寒濕痺，補元陽腦髓肌肉，堅筋骨，久服耳目聰明不老。〇註云：泡水，沐髮長潤。煎湯，灌病牛即甦。生上黨北直隸，種自胡產。《衍義》云：即胡地所生脂麻，但肥大，色紫黑，故名胡麻。八穀之中，惟此為勝，因名巨勝。仙經甚重之。有曰莖圓者為胡麻，莖方者名巨勝。有曰角八稜而色紫黑名胡麻，兩頭尖而色純赤者名巨勝。味兼酸澁，雖二名，同一治也。形色不等，亦物之常。種類認真，便可採用，何必細分。凡使，同小荳蒸熟，去荳用之。

明・李時珍《本草綱目》卷二二穀部・麻麥稻類

胡麻《別録》上品。校正：今據沈存中、寇宗奭二説，併入《本經》青蘘及《嘉祐》新立白油麻、胡麻油爲一條。

【釋名】巨勝《本經》　方莖《別録》　方金吴普　狗蝨《別録》　油麻《食療》　脂麻《衍義》。俗作芝麻，非。　葉名青蘘音箱　莖名麻䕸音皆，亦作稭。　時珍曰：按沈存中《筆談》云：胡麻即今油麻，更無他説。古者中國止有大麻，其實爲蕡，漢使張騫始自大宛得油麻種來，故名胡麻，以別中國大麻也。寇宗奭《衍義》，亦據此釋胡麻，故今並入油麻焉。巨勝即胡麻之角巨如方勝者，非二物也。方莖以莖名，狗蝨以形名，油麻、脂麻謂其多脂油也。按張揖《廣雅》胡麻一名藤弘。弘亦巨也。《別録》一名鴻藏者，乃藤弘之誤也。又杜寶《拾遺記》云：隋大業四年，改胡麻曰交麻。

【集解】《別録》曰：胡麻一名巨勝，生上黨川澤，秋採之。青蘘，巨勝苗也，生中原川谷。弘景曰：胡麻，八穀之中，惟此爲良。純黑者名巨勝，巨者大也。本生大宛，故名胡麻。又以莖方者爲巨勝，圓者爲胡麻。恭曰：其角作八稜者爲巨勝，四稜者爲胡麻。都以烏者爲良，白者爲劣。詵曰：沃地種者八稜，山田種者四稜。土地有異，功力則同。斆曰：巨勝有七稜，色赤味酸澀者，乃真。其八稜者，兩頭尖者，色紫黑者，及烏油麻，並呼胡麻，誤矣。頌曰：胡麻處處種之，稀復野生。苗梗如麻，而葉圓鋭光澤。嫩時可作蔬，道家多食之。《本經》謂胡麻一名巨勝。陶弘景以莖之方圓分別，蘇恭以角稜多少分別，仙方有服胡麻、巨勝二法，功用小別，是皆以爲二物矣。或云即今油麻，本生胡中，形體類麻，故名胡麻。八穀之中最爲大勝，故名巨勝，乃一物二名。如此則是一物而有二種，如天雄、附子之類。故葛洪云：胡麻中有一葉兩尖者爲巨勝。《別録・序例》云：細麻即胡麻也，形扁扁爾。其莖方者名巨勝，是也。今人所用胡麻之葉，如荏而狹尖。莖高四五尺。黄花，生子成房，如胡麻角而小。嫩時可食，甚甘滑，利大腸。皮亦可作布，類大麻，色黄而脆，俗亦謂之黄麻。其實黑色，如韭子而粒細，味苦如膽，杵末略無膏油。其説各異。此乃服食家要藥，乃爾差誤，豈復得效也。宗奭曰：胡麻諸説參差不一，止是今人脂麻，更無他義。以其種來自大宛，故名胡麻。今胡地所出者皆肥大，其紋鵲，其色紫黑，取油亦多。《嘉祐本草》白油麻與此乃一物，但以色言之，比胡地之麻差淡，不全白爾。今人通呼脂麻，故二條治療大同。如川大黄、上黨人參之類，特以其地所宜立名，豈可與他土者爲二物乎？時珍曰：胡麻即脂麻也。有遲、早兩種，黑、白、赤三色，其莖皆方。秋開白花，亦有帶紫艷者。節節結角，長者寸許。有四稜、六稜者，房小而子少；七稜、八稜者，房大而子多，皆隨土地肥瘠而然。蘇恭以四稜爲胡麻，八稜爲巨勝，正謂其房勝巨大也。其莖高者三四尺。有一莖獨上者，角纏而子少；有開枝四散者，角繁而子多，皆因苗之稀稠而然也。其葉有本團而末銳者，有本團而末分三丫如鴨掌形者，葛洪謂一葉兩尖爲巨勝者指此。蓋不知烏麻、白麻，皆有二種葉也。按《本經》胡麻一名巨勝，《吴普本草》一名方莖，《抱朴子》及《五符經》並云巨勝一名胡麻，其説甚明。至陶弘景始分莖之方圓。雷斅又以赤麻爲巨勝，謂烏麻非胡麻。《嘉祐本草》復出白油麻，以別胡麻。並不知巨勝即胡麻中丫葉巨勝而子肥者，故承誤啓疑如此。惟孟詵謂四稜、八稜爲土地肥瘠，寇宗奭據沈存中之説，斷然以脂麻爲胡麻，足以證諸家之誤矣。又賈思勰《齊民要術》種收胡麻法，即今種收脂麻之法，則其爲一物尤爲可據。今市肆間，因莖分方圓之説，遂以茺蔚子僞爲巨勝，以黄麻子及大藜子僞爲胡麻，誤而又誤矣。茺蔚子長一分許，有三稜。黄麻子黑如細韭子，味苦。大藜子狀如壁蝨及酸棗核仁，味辛甘，並無脂油。不可不辨。梁簡文帝《勸醫文》有云：世誤以灰滌菜子爲胡麻。則胡麻之訛，其來久矣。慎微曰：俗傳胡麻須夫婦同種則茂盛。故《本事詩》云：胡麻好種無人種，正是歸時又不歸。

胡麻 【修治】弘景曰：服食胡麻，取烏色者，當九蒸九暴，熬擣餌之。斷穀，長生，充飢。雖易得，而學者未能常服，況餘藥耶？蒸不熟，令人髮落。其性與茯苓相宜。俗方用之甚少，時以合湯丸爾。斅曰：凡修事以水淘去浮者，曬乾，以酒拌蒸，從巳至亥，出攤曬乾。臼中舂去粗皮，留薄皮。以小豆對拌，同炒。豆熟，去豆用之。

【氣味】甘，平，無毒。士良曰：初食利大小腸，久食即否，去陳留新。鏡源曰：巨勝可煮丹砂。【主治】傷中虛羸，補五内，益氣力，長肌肉，填髓腦。久服，輕身不老《本經》。堅筋骨，明耳目，耐飢渴，延年。療金瘡止痛，及傷寒温瘧大吐後，虛熱羸困。《別録》。補中益氣，潤養五臟，補肺氣，止心驚，利大小腸，耐寒暑，逐風濕氣、游風、頭風，治勞氣，産後羸困，催生落胞。細研塗髮令長。白蜜蒸餌，治百病《日華》。炒食，不生風。病風人久食，則步履端正，語言不蹇李(廷)〔鵬〕飛。生嚼塗小兒頭瘡，煎湯浴惡瘡、婦人陰瘡，大效蘇恭。

白油麻《嘉祐》。【氣味】甘，大寒，無毒。宗奭曰：白脂麻，世用不可一日闕者，亦不至於大寒也。原曰：生者性寒而治疾，炒者性熱而發病，蒸者性温而補人。詵曰：久食抽人肌肉。其汁停久者，飲之發霍亂。【主治】治虛勞，滑腸胃，行風氣，通血脈，去頭上浮風，潤肌肉。食後生啖一合，終身勿輟。又與乳母服之，孩子永不生病。客熱，可作飲汁服之。生嚼，傅小兒頭上諸瘡，良孟詵。仙方蒸以辟穀蘇恭。

【發明】甄權曰：巨勝乃仙經所重。以白蜜等分合服，名静神丸。治肺氣，潤五臟，其功甚多。亦能休糧，填人精髓，有益於男。患人虛虛而吸吸者，加而用之。時珍曰：胡麻取油以白者爲勝，服食以黑者爲良，胡地者尤妙。取其黑色入通於腎，而能潤燥也。赤者狀如老茄子，殼厚油少，但可食爾，不堪服食。唯錢乙治小兒痘瘡變黑歸腎，百祥丸，用赤脂麻煎湯送下，蓋亦取其解毒耳。《五符經》有巨勝丸，云即胡麻，本生大宛，五穀之長也。服之不息，可以知萬物，通神明，與世常存。《參同契》亦云：巨勝可延年，還丹入口中。古以胡麻爲仙藥，而近世罕用，或者未必有此神驗，但久服有益而已耶。劉、阮入天台，遇仙女，食胡麻飯。亦以胡麻同米作飯，爲仙家食品焉爾。又按蘇東坡《與程正輔書》云：凡痔疾，宜斷酒肉與鹽酪、醬菜、厚味及粳米飯，唯宜食淡麪一味。及以九蒸胡麻即黑脂麻，同去皮茯苓，入少白蜜爲麪食之。日久氣力不衰而百病自去，而痔漸退。此乃長生要訣，但易知而難行爾。據此説，則胡麻爲脂麻尤可憑矣。其用茯苓，本陶氏注胡麻之説也。近人以脂麻擂爛去滓，入緑豆粉作腐食。其性平潤，最益老人。

【附方】舊十五，新十六。 **服食胡麻**：《抱朴子》云：用上黨胡麻三斗，淘净甑蒸，令氣遍。日乾，以水淘去沫再蒸，如此九度。以湯脱去皮，簸净，炒香爲末，白蜜或棗膏丸彈子大。每温酒化下一丸，日三服。忌毒魚、狗肉、生菜。服至百日，能除一切痼疾，一年身面光澤不飢，二年白髮返黑，三年齒落更生，四年水火不能害，五年行及奔馬，久服長生。若欲下之，飲葵菜汁。〇孫真人云：用胡麻三升，去黄褐者，蒸三十遍，微炒香爲末。入白蜜三升，杵三百下，丸梧桐子大。每旦服五十丸。人過四十以上，久服明目洞視，腸柔如筋也。〇《仙方傳》云：魯女生服胡麻、餌朮，絶穀八十餘年，甚少壯，日行三百里，走及獐鹿。 **服食巨勝**：治五臟虛損，益氣力，堅筋骨。用巨勝九蒸九暴，收貯。每服二合，湯浸布裹，挼去皮再研，水濾汁煎飲，和粳米煮粥食之。時珍曰：古有服食胡麻、巨勝二法。方不出於一人，故有二法，其實一物也。 **白髮返黑**：烏麻九蒸九曬，研末，棗膏丸，服之。《千金方》。 **腰脚疼痛**：新胡麻一升，熬香杵末。日服一小升，服至一斗永瘥。温酒、蜜湯、薑汁皆可下。《千金》。 **手脚酸痛**：微腫。用脂麻熬研五升，酒一升，浸一宿。隨意飲。《外臺》。 **入水肢腫**：作痛。生胡麻擣塗之。《千金》。 **偶感風寒**：脂麻炒焦，乘熱擂酒飲之。暖卧取微汗出良。 **中暑毒死**：救生散：用新胡麻一升，微炒令黑，攤冷爲末，新汲水調服三錢。或丸彈子大，水下。《經驗後方》。 **嘔啘不止**：白油麻一大合，清油半斤，煎取三合，去麻温服。《近效方》。 **牙齒痛腫**：胡麻五升，水一斗，煮汁五升。含漱吐之，不過二劑神良。《肘後》。 **熱淋莖痛**：烏麻子、蔓菁子各五合，炒黄，緋袋盛，以井華水三升浸之。每食前服一錢。《聖惠方》。 **小兒下痢**：赤白。用油麻一合擣，和蜜湯服之。《外臺》。 **解下胎毒**：小兒初生，嚼生脂麻，綿包，與兒咂之，其毒自下。 **小兒急疳**：油麻嚼傅之。《外臺》。 **小兒軟癤**：油麻炒焦，乘熱嚼爛傅之。譚氏《小兒方》。 **頭面諸瘡**：脂麻生嚼傅之。《普濟》。 **小兒瘰癧**：脂麻、連翹等分，爲末。頻頻食之。《簡便方》。 **疔腫惡瘡**：胡麻燒灰、針砂等分，爲末。醋和傅之，日三。《普濟方》。 **痔瘡風腫**：作痛。胡麻子煎湯洗之，即消。 **坐**

板瘡疥：生脂麻嚼傳之。《筆峰雜興》。　陰痒生瘡：胡麻嚼爛傳之，良。《肘後》。　乳瘡腫痛：用脂麻炒焦，研末。以燈窩油調塗即安。　婦人乳少：脂麻炒研，入鹽少許，食之。唐氏。　湯火傷灼：胡麻生研如泥，塗之。《外臺》。　蜘蛛咬瘡：油麻研爛傳之。《經驗後方》。　諸蟲咬傷：同上。　蚰蜒入耳：胡麻炒研，作袋枕之。《梅師》。　穀賊尸咽：喉中痛痒，此因誤吞穀芒，搶刺痒痛也。穀賊屬咽，尸咽屬喉，不可不分。用脂麻炒研，白湯調下。《三因方》。　癰瘡不合：烏麻炒黑，搗傳之。《千金》。　小便尿血：胡麻三升杵末，以東流水二升浸一宿，平旦絞汁，頓熱服。《千金方》。

胡麻油即香油弘景曰：生榨者良。若蒸炒者，止可供食及然燈耳，不入藥用。宗奭曰：炒熟乘熱壓出油，謂之生油，但可點照；須再煎煉，乃爲熟油，始可食，不中點照，亦一異也。如鐵自火中出而謂之生鐵，亦此義也。時珍曰：入藥以烏麻油爲上，白麻油次之，須自榨乃良。若市肆者，不惟已經蒸炒，而又雜之以僞也。

【氣味】甘，微寒，無毒。

【主治】利大腸，産婦胞衣不落。生油摩腫，生秃髮《別録》。去頭面游風孫思邈。主天行熱悶，腸内結熱。服一合，取利爲度藏器。主喑啞，殺五黄，下三焦熱毒氣，通大小腸，治蛔心痛。傅一切惡瘡疥癬，殺一切蟲。取一合，和鷄子兩顆，芒硝一兩，攪服。少時，即瀉下熱毒，甚良孟詵。陳油：煎膏，生肌長肉止痛，消癰腫，補皮裂《日華》。治癰疽熱病蘇頌。解熱毒、食毒、蟲毒，殺諸蟲螻蟻時珍。

燈盞殘油

【主治】能吐風痰食毒，塗癰腫熱毒。又治猘犬咬傷，以灌瘡口，甚良時珍。

【發明】藏器曰：大寒，乃常食所用，而發冷疾，滑精髓，發臟腑渴，困脾臟。令人體重損聲。士良曰：有牙齒疾及脾胃疾人，切不可吃。治飲食物，須逐日熬熟用之。若經宿，即動氣也。劉完素曰：油生於麻，麻温而油寒，同質而異性也。震亨曰：香油乃炒熟脂麻所出，食之美，且不致疾。若煎煉過，與火無異矣。時珍曰：張華《博物志》言：積油滿百石，則自能生火。陳霆《墨談》言：衣絹有油，蒸熱則出火星。是油與火同性矣。用以煎煉食物，尤能動火生痰。陳氏謂之大寒，珍意不然，但生用之，有潤燥解毒、止痛消腫之功，似乎寒耳。且香油能殺蟲，而病髮癥者嗜油；煉油能自焚，而氣盡則反冷。此又物之玄理也。

【附方】舊十，新二十六。　髮癥飲油：《外臺》云：病髮癥者，欲得飲油。用油一升，入香澤煎之。盛置病人頭邊，令氣入口鼻，勿與飲之。疲極眠睡，蟲當從口出。急以石灰粉手捉取抽盡，即是髮也。初出，如不流水中濃菜形。○又云：治胸喉間覺有癥蟲上下，嘗聞葱、豉食香，此乃髮癥蟲也。二日不食，開口而卧。以油煎葱、豉令香，置口邊。蟲當出，以物引去之，必愈。　髮瘕腰痛：《南史》云：宋明帝宫人腰痛牽心，發則氣絶。徐文伯診曰：髮瘕也。以油灌之。吐物如髮，引之長三尺，頭已成蛇，能動摇，懸之滴盡，唯一髮爾。　吐解蠱毒：以清油多飲，取吐。《嶺南方》。　解河豚毒：一時倉卒無藥。急以清麻油多灌，取吐出毒物，即愈。《衛生易簡方》。　解砒石毒：麻油一碗，灌之。《衛生方》。　大風熱疾：《近效方》云：婆羅門僧療大風疾，並熱風手足不遂，壓丹石熱毒。用硝石一兩，生烏麻油二大升，同納鐺中，以土墼蓋口，紙泥固濟，細火煎之。初煎氣腥，藥熟則香氣發。更以生脂麻油二大升和合，微煎之。以意斟量得所，即内不津器中。凡大風人，用紙屋子坐病人，外面燒火發汗，日服一大合，壯者日二服。三七日，頭面皰瘡皆滅也。《圖經》。　傷寒發黄：生烏麻油一盞，水半盞，鷄子白一枚，和攪服盡。《外臺》。　小兒發熱：不拘風寒飲食時行痘疹，並宜用之。以葱涎入香油内，手指蘸油摩擦小兒五心、頭面、項背諸處，最能解毒凉肌。《直指》。　預解痘毒：《外臺》云：時行暄暖，恐發痘瘡。用生麻油一小盞，水一盞，旋旋傾下油内，柳枝攪稠如蜜。每服二三蜆殼，大人二合，卧時服之。三五服，大便快利，瘡自不生矣。此扁鵲油劑法也。○《直指》用麻油、童便各半盞，如上法服。　小兒初生：大小便不通。用真香油一兩，皮硝少許，同煎滚。冷定，徐徐灌入口中，咽下即通。《藺氏經驗方》。　卒熱心痛：生麻油一合，服之良。《肘後方》。　鼻衄不止：紙條蘸真麻油入鼻取嚏，即愈。有人一夕衄血盈盆，用此而效。《普濟方》。　胎死腹中：清油和蜜等分，入湯頓服。《普濟方》。　漏胎難産：因血乾澀也。用清油半兩，好蜜一兩，同煎數十沸。温服，胎滑即下。他藥無益，以此助血爲效。《胎産須知》。　産腸不收：用油五斤，煉熟盆盛。令婦坐盆中，飯久。先用皂角炙，去皮研末。吹少許入鼻作嚏，立上。《斗門方》。　癰疽發背：初作即服此，使毒氣不内攻。以麻油一斤，銀器煎二十沸，和醇醋二碗。分五次，一日服盡。《直指》。　腫毒初起：麻油煎葱黑色，趁熱通手旋塗，自消。《百一選方》。　喉痺腫痛：生油一合灌之，立愈。《總録》。　丹石毒發：發熱者，不得食熱物，不用火爲使。但着厚衣暖卧，取油一匙，含咽。戒怒二七日也。○《枕中記》云：服丹石人，先宜以麻油一升，薤白三升切，納油中，微火煎黑，去滓。合酒每服三合，百日氣血充盛也。　身面瘡疥：方同下。　梅花秃癬：用清油一碗，以小竹子燒火入内煎沸，瀝猪膽汁一個和匀，剃頭擦之，二三日即愈。勿令日曬。《普濟方》。　赤秃髮落：香油、水等分，以銀釵攪和。日日擦之，髮生乃止。《普濟方》。　髮落不生：生胡麻油塗之。《普濟方》。　令髮長黑：生麻油桑葉煎過，去滓。沐髮，令長數尺。《普濟》。　滴耳治聾：生油日滴三五次。候耳中塞出，即愈。《總録》。　蚰蜒入耳：劉禹錫《傳信方》用油麻油作煎餅，枕卧，須臾自出。

李元淳尚書在河陽日，蚰蜒入耳，無計可爲。腦悶有聲，至以頭擊門柱。奏狀危困，因發御醫療之。不驗。忽有人獻此方，乃愈。《圖經》。　蜘蛛咬毒：　香油和鹽，摻之。《普濟方》。　冬月唇裂：　香油頻頻抹之。《相感志》。　身面白癜：　以酒服生胡麻油一合，一日三服，至五斗瘥。忌生冷、猪、鷄、魚、蒜等百日。《千金》。　小兒丹毒：　生麻油塗之。《千金》。　打撲傷腫：　熟麻油和酒飲之，以火燒熱地卧之，覺即疼腫俱消。松陽民相毆，用此法，經官驗之，了無痕迹。趙葵《行營雜録》。　虎爪傷人：　先吃清油一碗，仍以油淋洗瘡口。趙原陽《濟急方》。　毒蜂螫傷：　清油搽之妙。同上。　毒蛇螫傷：　急飲好清油一二盞解毒，然後用藥也。《濟急良方》。

麻枯餅　時珍曰：　此乃榨去油麻滓也。亦名麻籸，音辛。荒歲人亦食之。可以養魚肥田，亦《周禮》草人强堅用蕡之義。

【附方】新二。　揩牙烏鬚：　麻枯八兩，鹽花三兩，用生地黄十斤取汁，同入鐺中熬乾。以鐵蓋覆之，鹽泥泥之。煅赤，取研末。日用三次，揩畢，飲薑茶。先從眉起，一月皆黑也。《養老書》。　疽瘡有蟲：　生麻油滓貼之，綿裹，當有蟲出。《千金方》。

青蘘　音穰。《本經》上品。　恭曰：　自草部移附此。　【釋名】夢神，巨勝苗也。生中原山谷《别録》。

【氣味】甘，寒，無毒。　【主治】五臟邪氣，風寒濕痹，益氣，補腦髓，堅筋骨。久服，耳目聰明，不飢不老增壽《本經》。　主傷暑熱思邈。　作湯沐頭，去風潤髮，滑皮膚，益血色《日華》。　治崩中血凝注者，生擣一升，熱湯絞汁半升服，立愈甄權。　祛風解毒潤腸。又治飛絲入咽喉者，嚼之即愈時珍。

【發明】宗奭曰：　青蘘即油麻葉也。以湯浸，良久涎出，稠黄色，婦人用之梳髮，與《日華》作湯沐髮之説法相符，則胡麻之爲脂麻無疑。　弘景曰：　胡麻葉甚肥滑，可沐頭。但不知去何服之。仙方並無用此，亦當陰乾爲丸散爾。　時珍曰：　按服食家有種青蘘作菜食法，云：　秋間取巨勝子種畦中，如生菜之法。候苗出採食，滑美不減於葵。則《本草》所著者，亦茹蔬之功，非入丸散也。

胡麻花思邈曰：　七月採最上標頭者，陰乾用之。　藏器曰：　陰乾漬汁，溲麵食，至韌滑。

【主治】生秃髮思邈。　潤大腸。人身上生肉丁者，擦之即愈時珍。

【附方】新一。　眉毛不生：　烏麻花陰乾爲末，以烏麻油漬之，日塗。《外臺秘要》。

麻稭　【主治】燒灰，入點痣去惡肉方中用時珍。

【附方】新二。　小兒鹽哮：　脂麻稭，瓦内燒存性，出火毒，研末。以淡豆腐蘸食之。《摘玄方》。　聤耳出膿：　白麻稭刮取一合，花胭脂一枚，爲末。綿裹塞耳中。《聖濟總録》。

明・梅得春《藥性會元》卷中　胡麻　味甘，氣平，無毒。有四種相似，皆稱胡麻，誤也。八稜者，兩頭尖，紫色，黑及烏油麻俱非。其巨勝有七稜，其色赤，味澁淡，乃真。一名巨勝，一名狗蝨，一名方莖。又名青蘘，是其苗也。

主補傷中虛羸，安五臟，益氣力，長肌肉，填腦髓，堅筋骨，療金瘡止痛，及傷寒溫瘧大吐後，虛熱羸困。消風毒瘡瘍，久服明耳目。作油微寒，利大腸，胞衣不落。生者摩瘡腫，塗生秃髮。　製法：　先以水淘，浮者去之，沉者摝出，令乾，以酒拌蒸，從巳至亥，晒乾。于臼中杵去粗皮，拌小豆，相對同炒。候豆熟，去豆用之，上仍有皮，力在殼。

明・穆世錫《食物輯要》卷二　胡麻　味甘，平，無毒。補中益氣，養五臟，去風濕，和腸胃。久食，耐寒暑，益人。患風病者常食，令語言不蹇，步履端正。同黑豆九蒸九曝，去豆為末，頻服，令白返黑。

黑芝麻：　味甘，平，無毒。炒食，不動風氣。中風人久食，語言不蹇，步履端正。泄瀉者勿食。

白芝麻：　味甘，生性寒，熟性熱，無毒。和血脉，潤腸胃，散風氣。多食，滑腸，抽人肌肉。霍亂者勿食。乳婦宜食，令兒不生熱病。俗用芝麻杵爛，濾去滓，入菉豆粉作麻腐，養胃潤腸。老人血少便燥者宜食，泄瀉人勿食。

明・穆世錫《食物輯要》卷八　蔴油　味甘、辛，性冷，無毒。殺五黄諸蟲，下三焦熱毒，止心腹痛，通大小腸。多食，滑腸胃，發冷疾。久食，損人肌肉。生性冷，熟性熱，可隨時經火用。凡經宿者，食之動風。若過于煎熬者，性極熱，勿用。

明・李中立《本草原始》卷五　胡麻　巨勝也。苗名青蘘。今處處種之。苗梗如麻，而葉圓鋭光澤，嫩時可作蔬。按沈存中《筆談》云：　胡麻即今油麻，更無他説。古者中國止有大麻，其實為蕡。漢使張騫始自胡地大宛得油麻種來，故名胡麻。其莖方，故《吳普本草》名方莖。其實類狗蝨，故《名醫别録》名狗蝨。多脂油，故《食療本草》名油麻。《本草衍義》名脂麻。俗作芝麻，非也。八穀之中，惟此大勝，故《本經》名巨勝。

黑胡麻：　氣味：　甘，平，無毒。主治：　傷中虛羸，補五內，益氣力，長肌肉，填髓腦，久服輕身不老。〇堅筋骨，明耳目，耐飢渴，延年。療金瘡止痛，及傷寒溫瘧，大吐後，虚熱羸困。○潤養五藏，補肺氣，止心驚，利大小腸，耐寒暑，逐風濕氣，遊風，頭風，治勞風，產後羸困，催生落胞。細研塗髮，令長。白蜜蒸餌，治百病。○炒食，不生風。〔病〕風人久食，則步履端正，語言不蹇。○生嚼，塗小兒頭瘡。煎湯，浴惡瘡，婦人陰瘡，大效。

白胡麻：氣味：甘，大寒，無毒。主治：虚勞，滑腸胃，行風氣，通血脉，去頭上浮風，潤肌肉。食後生噉一合，終身勿輟。又與乳母食之，孩子永不生病。客熱，可作飲汁服之。生嚼，傅小兒頭上諸瘡。仙方蒸以辟穀。

青蘘：氣味：甘，寒，無毒。主治：五藏邪氣，風寒濕痹，益氣，補腦髓，堅筋骨。久服耳目聰明，不飢不老增壽。○主傷暑熱。作湯沐頭，去風潤皮膚，益血色。治崩中血凝注者，生擣一升，熱湯絞汁半升服，立愈。又牛傷熱，擣汁灌之立愈。

胡麻花：主治：生禿髮，潤大腸。人身上生肉丁者，擦之即愈。

麻稭：主燒灰點痣，去惡肉方中用。

胡麻，《本經》上品。【圖略】今之脂麻，即古之胡麻。修治：胡麻取烏色者，九蒸九晒，熬擣餌之，斷穀，長生，充飢。雖易得，而人未肯常服，況餘藥耶？又製方，以水淘去浮者，晒乾，以酒拌蒸熟，舂去皮用。胡麻即脂麻也。有遲早二種，實有黑、白、赤三色。其莖皆方。秋開白花，亦有帶紫豔者，節節結角，長者寸許。有四稜、六稜者，房小而子少；七稜、八稜者，房大而子多，皆隨土地肥瘠而然。蘇恭以四稜為胡麻，八稜為巨勝，正謂其房勝也。胡地所出者肥大，其紋鵲，其色紫黑，取油亦多。故詩云：松下飯胡麻。此乃所食之穀無疑，與白油麻為一物。如川大黄、川當歸、上黨人參、齊州半夏之類，不可與他土出者更為二物，蓋特以其地之所宜立名也。其葉有本團而末銳者，有本團而末分三丫，如鴨掌形者。葛洪謂一葉兩尖者指此。殊不知烏麻、白麻皆有二種葉也。其莖高者三四尺，有一莖獨上者，角纏而子少；有開枝四散者，角繁而子多，皆因苗之稀稠而然也。今市肆間因莖分方圓，角稜分多寡，遂以茺蔚子偽為巨勝，以黄麻子及大藜子偽為胡麻，誤而又誤矣。梁簡文帝《勸醫文》有云：世誤以灰滌菜子為胡麻。則胡麻之訛，其來久矣。惟孟詵謂四稜、八稜為土地肥瘠，寇宗奭據沈存〔中〕之說，斷然以脂麻為胡麻，足以證諸家之誤矣。又賈思勰《齊民要術》種收胡麻法，即今種收脂麻之法，其為一物，尤為可據。

《列仙傳》云：魯〔生女〕〔女生〕，長樂人，初餌胡麻，漸絕火穀，凡十餘年，少壯色如桃花。一日與知故別，入華山，後五十年有識者，逢女生乘白鹿從王母游焉。後還家謝其親里知故而去。

《續齊諧記》：漢明帝永平十五年中，〔釗〕〔剡〕縣有劉晨、阮肇二人，入天台山採藥，迷失道路。忽逢一溪，過之。偶遇二女，以劉、阮姓名呼之，如舊識耳。曰：郎等何來晚耶？遂邀之過家，設胡麻飯以延之。故唐詩云：御羹和石髓，香飯進胡麻。

《千金方》烏麻丸：九蒸九晒，研末，棗膏為丸，服之白髮返黑。

胡麻油即脂麻油，俗呼香油。氣味：甘，微寒，無毒。主治：利大腸，產婦胞衣不落。生油摩腫，生禿髮。○去頭面遊風。○主天行熱悶，腸內結熱。服一合，取利為度。○主瘖瘂，殺五黄，下三焦熱毒氣，通大小腸，治蚘心痛。傅一切惡瘡疥癬，殺一切蟲。取一合和雞子兩顆，芒硝一兩，攪服，少時即瀉下熱毒，甚良。○陳油煎膏，生肌長肉，止痛，消癰腫，補皮裂。○治癰疽熱病。解熱毒，食毒蟲毒，殺諸蟲，螻蟻。

明·張懋辰《本草便》卷二　白油麻　味甘，氣平，無毒。生寒，炒則熱。治虚勞，滑腸胃，行風氣，通血脉，潤肌膚。又生嚼傅小兒頭上諸瘡。其油性冷，常食所用滑骨髓，通大小腸，治蛔心痛，傅一切瘡疥癬，殺一切蟲。陳者煎膏，生肌長肉，止痛消癰腫，補皮裂。有牙齒及脾胃疾人不可喫，若煎煉食之，與火無異，戒之。

明·張懋辰《本草便》卷二　胡麻　味甘，氣平，無毒。主傷中虚羸，補五內，益氣力，長肌肉，填髓腦，堅筋骨。

明·龔廷賢《壽世保元》卷一〇　香油治驗　中風不語，或痰厥氣厥，忽然倒仆，不省人事，急用香油三四兩，入麝香末一二分，攪勻，將病人之口斡開灌下，通其關竅，即便甦醒。如無麝香，用生薑自然汁半盞同服亦可。中信石毒，或因氣惱自服，急用香油灌之一碗餘，或吐或行下即愈。若以酒調服者，難救，其毒發散於周身也。癰疽癧毒，并天泡、楊梅等瘡，用香油一斤，入水半鍾煎煉，油耗白煙起，住火，以磁瓶收貯。每早晚以熱油一鍾，對好無灰酒一鍾，溫服，七日除根。心疼禁了牙關，欲死者，用隔年老葱白三五根，搗如泥，取汁，將病人口斡開，用銅茶匙送葱汁入喉中，用香油四兩灌下，油不可少用，但得葱油下喉，其人即甦。少時將腹中所停蟲積等物，化為黃水，從大小便出，微利為佳，永不再發。若葱乾無汁，略加水在內搗汁。

諸蟲入耳，香油灌之即出。　產後生腸不收，用香油煉熟，以盆盛候溫，卻令產婦坐油盆中，約一頓飯時，用皂角末少許，吹鼻中令作嚏，立上，神效。　傷寒三五日，忽有黃，用生香油一盞，水半盞，鷄子白一枚，和之令勻，頓服之。　蟲咬心痛，香油、鹽熬服一盞。　中菌毒，用香油一盞，入甘草不拘多少，煎一沸。勿令黑。冷服即解。

明・傅懋光《醫學疑問》　問：《本草衍義》曰白油麻與胡麻一等，但以其色言之，其取油之法，炒熟乘熱壓出油，而謂之生油之法，但可照點。須再煎煉，方謂之熟油，始可食，復不中點照，亦一異也。如鐵自火中出，而謂之生鐵，此亦一義耳。以此觀之，則所謂油之生者，即較經炒熟者也。而今之惟拘於生麻油生字之說，不經火炒，生搗壓取汁，若蠏渤漲潤而已，故萬端壓笮所取杪忽，遂使治效不一，其用之生麻油，不得盛試於醫士之手，良可歎哉！　取生油之法，切願詳知。　答曰：　白麻油取生油之法亦不難，或以木石壓出津液成油，不經火煉，本然之性具存，即生油之義。未聞炒熟油而為生油者，其於生字何義？至於取油多寡，多壓多得，豈有升斗之麻亦取其杪忽，未之有也。若云與胡麻一等，以其胡地產之，故名異云。

明・吴文炳《藥性全備食物本草》卷一　胡麻　味甘，平，無毒。補中益氣，養五臟，去風濕，和腸胃，久服耐寒暑，益人。患風病者常食，令語言不蹇，步履端正。同黑豆九蒸九曝，去豆為末，頻服，令髮白返黑。○神仙服胡麻法，服之能除一切痼疾。至一年面光澤不飢，三年水火不能害，行及奔馬，久服長生。上黨者尤佳。胡麻三斗，淨淘，入甑蒸令氣遍出，日乾，以水淘去沫，却蒸，如此九度，以湯脫去皮，簸令淨，炒令香，杵為末，蜜丸如彈子大，每溫酒化下十丸。忌毒魚生菜等物。

巨勝子：　即胡麻中七稜、兩頭尖、色赤、味酸澁者。八穀中最為大勝。主傷中虛羸，補五內，益氣力，填髓腦，堅筋益精，補肺氣，止心驚，久服輕身，耐飢渴寒暑，有益於男子者也。凡使湯淘去浮者，酒蒸半日，晒乾。舂去粗皮，微炒。服食家九蒸九晒，蜜丸服，名靜神丸，除一切痼疾。

青蘘：　即胡麻苗。味甘，無毒。主五臟邪氣，風寒濕痺，益氣血，補腦髓，堅筋骨，作湯沐潤毛髮，滑毛膚。牛病煎湯灌之即甦。

黑芝麻：　味甘，平，無毒。炒食不動風氣，中風人久食語言不蹇，步履端正。泄瀉者勿食。

白芝麻：　味甘，生性寒，熟性熱，無毒。和血脉，潤腸胃，散風氣。多食滑腸，抽人肌肉。霍亂者勿食。乳婦宜食，令兒不生熱病。俗用芝麻杵爛，濾去渣，入菉豆粉作麻腐，養胃潤腸，老人血少便燥者宜食。泄瀉人勿食。

麻油：　味冷，無毒。又名香油。殺五黃，下三焦熱毒，通大小腸，治蛔心痛，敷一切瘡瘍疥癬。煎膏生肌止痛，消癰疽，補皮裂。治飲食物須逐日熬熟。用經宿即動氣，有牙齒並脾胃冷疾，消渴精滑者切不可喫，況煎煉服之與火無異，人家積油百石則生火。

明・吴文炳《藥性全備食物本草》卷四　麻油　味甘、辛，性冷，無毒。殺五黃諸蟲，下三焦熱毒，止心腹痛，通大小腸。多食滑腸胃，發冷疾。久食損人肌肉。生性冷，熟性熱，可隨時經火用，凡經宿者食之動風，若過於煎熬者性極熱，勿用。

李元淳尚書在河陽，蜒蚰入耳，無計可為，半月後腦中洪洪有聲，腦悶不可徹，至以頭自擊門柱，奏疾狀危急，一人進方，以麻油作煎餅枕臥須臾，蜒蚰自出而差，李得無恙，喜而厚謝。

按《衍義》云：　油麻與胡麻一等，但以其色言之，此差淡，亦不全白。今人謂之脂麻，炒熟乘熱壓出油而謂之生油，但可點照，須再煎煉方謂之熟油，始可食服，不中點，亦一異也。如鐵自火中出而謂之生鐵，亦此義。凡齒痛及脾病人切忌沾唇。

明・趙南星《上醫本草》卷一　胡麻　一名巨勝，生上黨川澤，秋采之。青蘘，巨勝苗也。或曰止是今人脂麻，更無他義，以其種來自大宛，故名胡麻，非也。俗傳胡麻須夫婦同種即茂盛，故《本事詩》云：　胡麻好種無人種，正是歸時又不歸。

甘，平，無毒。主治：　傷中虛羸，潤養五臟，更養肺氣，止心驚，利大小腸，益氣力，長肌肉，填髓腦，堅筋骨，明耳目，耐寒暑飢渴，逐風濕。久服輕身不老。療金瘡止痛，及傷寒溫瘧，大吐後虛熱，及婦人產後羸困，催生落胞。細研塗髮，令長。白蜜蒸餌，治百病。炒食，不生風，病風人久食，則步履端正，語言不謇。生嚼，塗小兒頭瘡。煎湯，浴惡瘡、婦人陰瘡，大效。凡蒸胡麻要熟，如不熟令人髮落。其性與茯苓相宜。

附方　服胡麻法：　用上黨胡麻三斗，淘淨，甑蒸令氣遍，日乾，以水淘去沫，再蒸，如此九度。以湯脫去皮，簸淨。炒香為末，白蜜或棗膏丸彈子大。每溫酒化下一丸，日三服。忌毒魚、狗肉、生菜。服至百日，能除一切痼疾。一年身面光澤不飢，二年白髮返黑，三年齒落更生，四年水火不能害，五年行及奔馬，久服長生。若欲下之，飲葵菜汁。　中暑毒死：　用新胡麻一升，微炒令黑，攤冷為末，新汲水調服三錢，或丸彈子大，水下。　牙齒痛腫：　用胡麻五升，水一斗，煮汁五升，含漱吐之。不過二劑，神良。　痔瘡風腫作痛：　胡麻煎湯，洗之即消。　湯火傷灼：　胡麻生研如泥，塗之。

青蘘音穰：　一名夢神，巨勝苗也。生中原山谷。　甘，寒，無毒。主治：　與胡麻同功。

脂麻：　甘，大寒，無毒。主治虛勞，滑腸胃，行風氣，通血脉，去頭上浮風，潤肌肉。生嚼，傅小兒頭上諸瘡，良。近人以脂麻擂爛去滓，入綠豆粉，作腐食。其性平，潤大腸，最益老人。

附方　偶感風寒：　脂麻炒焦，乘熱擂酒飲之，暖臥取微汗出，良。　手腳酸痛微腫：　用脂麻熬研五升，酒一升，浸一宿。隨意飲。　頭面諸瘡：　脂麻生嚼，傅之。　乳瘡腫痛：　用脂麻炒焦，研末，以燈窩油調塗，即安。

油：　甘，微寒，無毒。主治：　天行熱閟，腸內結熱。服一合，取利為度。解熱毒、食毒、蟲毒，殺諸蟲螻蟻。陳油煎膏，生肌長肉，止痛消癰腫，補皮裂。

附方　卒熱心痛：　生〔麻〕油一合，服之良。　鼻衄不止：　紙條蘸真〔麻〕油入鼻取嚏，即愈。有人一夕衄血盈盆，用此而效。　腫毒初起：〔麻〕油煎葱黑色，趁熱通手旋塗，自消。　解河豚毒：　一時倉卒無藥，急以清〔麻〕油多灌，取吐出毒物，即愈。　解砒石毒：　用〔麻〕油一碗，灌之。冬月唇裂：　用〔香〕油頻頻抹之。　令髮長黑：　生油、桑葉煎過，去滓，沐髮，令長數尺。　小兒發熱：　不拘風寒、飲食、時行痘疹，並宜用之。以葱涎入香油內，手指蘸油，摩擦小兒五心、頭面、項背諸處，最能解毒涼肌。

明・李中梓《藥性解》卷一　芝麻　味甘，性生寒熟溫，無毒，入胃、大小腸三經。　主行風氣，通血脉，滑腸胃，潤肌膚，生嚼可敷小兒頭瘡，麻油主治相同，能殺蟲治疥癬，解百毒。　按：　芝麻味甘，宜歸胃腑，性滑利，宜入大小腸。總是潤澤之劑，故能通血脉，血脉通則風氣自行，肌膚自潤矣。　乳母食之，令兒無熱病，不宜久食，令人滑精消瘦，發渴困脾，有牙疼及脾胃疾者，尤所當戒。

胡麻子　味甘，性平，無毒，入肺、脾二經。主傷中虛羸，補五內，益氣力，潤肌膚，填腦髓，堅筋骨，療金瘡，止痛(除之)生瘡，及傷寒溫瘧，大吐後虛熱羸困，利大小腸，催生落胞，久服耳目聰明，辟穀延年，水淘去浮者，酒蒸晒乾，去麄皮，留薄皮。　按：　胡麻性潤而味甘，脾肺之所由歸也，仙經需為要藥，取其補虛殊勝，脾家有火，大腸燥結者，始為相宜，不然，恐有洩痢之患。

明・鮑山《野菜博錄》卷二　芝麻　一名巨勝，一名油麻，一名脂麻，一名狗蝨。單科直梗，無枝叉，莖方。葉有鋸齒，對生，葉似鳳仙花，頗大。開白花，結小子包內。味甘，無毒。　食法：　採葉煠熟，淘淨，油鹽調食。

明・繆希雍《本草經疏》卷二四　胡麻　味甘，平，無毒。主傷中虛羸，補五內，益氣力，長肌肉，填髓腦，堅筋骨。療金瘡止痛，及傷寒、溫瘧大吐後，虛熱羸困。久服輕身不老，明耳目，耐飢渴，延年。一名巨勝。

〔疏〕胡麻稟天地之沖氣，得稼穡之甘味，故味甘氣平無毒。入足太陰，兼入足厥陰、少陰。氣味和平，不寒不熱，益脾胃、補肝腎之佳穀也。　弘景云：　八穀之中，惟此為良。仙家作飯餌之，斷穀長生。　故主傷中虛羸，補五內，益氣力，長肌肉，堅筋骨，填髓腦，及傷寒、溫瘧大吐後，虛熱羸困。久服明耳目，耐飢渴，輕身不老延年也。金刃傷血則瘀而作痛，甘平益血潤燥，故療金瘡止痛也。日華子：　主補中益氣，潤養五臟，補肺氣，止心驚，利大小腸，逐風濕氣，遊風，頭風，勞氣，産後羸困。李〔廷〕〔鵬〕飛云：風病人久服，則步履端正，語言不蹇。陳士良：　生嚼塗小兒頭瘡，煎湯浴惡瘡及婦人陰瘡。皆取其甘平益血脈，補虛羸，入肝脾腎之功耳。劉河間云：　麻，木穀而治風。又云：　治風先治血，血活則風去。胡麻入肝益血，故風藥中不可闕也。　〔主治參互〕得何首烏、茅山蒼术、白茯苓、菖蒲、桑葉、牛膝、當歸、續斷、地黃、桑上寄生，治風濕痺。　同甘菊花、天門冬、黃蘗、生地黃、何首烏、栢子仁、桑葉、牛膝、枸杞子、麥門冬作丸，治似中風口眼喎斜，半身不遂。久服不輟，有神驗。　一味九蒸九曝，加茅山蒼术，乳蒸曬三次，作丸。能健脾燥濕，益氣延年。　《抱朴子》服食胡麻法，用上黨胡麻三斗，淘淨蒸令氣透，日乾，以水淘去沫再蒸，如此九度。去殼，炒香為末，白蜜或棗膏丸彈子大。每溫酒化下一丸，日三服。忌毒魚、狗肉、生萊菔至百日。能除一切痼疾，一年病色光澤不飢，二年白髮還黑，三年齒落更生，久服常生不老矣。　《外臺秘要》解下胎毒，小兒初生，嚼生脂麻，綿包，與兒咂之，其毒自下。　《簡便方》小兒瘰癧，脂麻、連翹等分，為末。頻頻食之。　《經驗後方》蜘蛛及一切蟲咬傷，油麻研爛傅之。　《三因方》穀賊尸咽，喉中毒痛癢，此因誤吞穀芒，戟刺癢痛也。　用脂麻炒研，白湯調下。　甘平無毒，補益為用，仙家服食所須。故不著簡誤。

明・繆希雍《本草經疏》卷二四　胡麻油　微寒。利大腸，胞衣不落。生者摩瘡腫，生禿髮。此即烏脂麻油也。功用與白麻油相同，而力更勝。入藥當以烏者為佳。

【疏】麻油，甘寒而滑利，故主胞衣不下及利大腸。生者氣更寒，能解毒涼血，故摩瘡腫，生禿髮也。藏器主天行熱閟，腸內熱結。服一合，取利為度。孟詵主瘖瘂，殺五黃，下三焦熱毒氣，通大小腸，治蚘心痛，傅一切惡瘡疥癬，殺一切蟲。日華子煎膏，生肌長肉止痛，消癰腫，補皮裂。皆取其甘寒滑利，除濕潤燥，涼血解毒之功也。　【主治參互】入血餘一味熬膏，鉛丹收好，能傅一切瘡毒，排膿止痛。　諸熬膏，必用真胡麻油，以其涼血解毒也。惟濕氣膏不用。　嶺南解蠱法：　以清油多飲，取吐效。　《衛生易簡方》解河豚毒，一時倉卒無藥，以清麻油多灌，取吐出毒物，即效。亦能解砒毒。　《胎產須知》婦人難產，因血枯澀者，用清油半兩，好蜜一兩，同煎數十沸，溫服，胎滑即下。他藥無益，以此助血為效。　《直指方》癰疽發背初起，即服此，使毒氣不內攻。以麻油一斤，銀石器內煎二十餘沸，和醇醋二碗，分五次，一日服盡。　《百一選方》腫毒初起，麻油煎葱黑色，趁熱通手旋塗，自消。　又方，丹石毒發，發熱者不得食熱物，不得用火，但著厚衣暖臥，取清油一匙含嚥。　劉禹錫《傳信方》蚰蜒入耳，用麻油煎作餅，枕臥，須臾自出。　【簡誤】麻油生者過寒，多食發冷疾及脾胃虛寒作瀉者，不宜食。熬熟治飲食甚美，但須逐日熬用，不可過宿，若經宿則火性反復，能助熱動氣也。

明・倪朱謨《本草彙言》卷一四　胡麻又名脂麻，因石勒臨天下，名胡，改名脂麻。　味甘，氣平，無毒。　李氏曰：　胡麻，本生大宛，故名。今江南北俱種之，有早遲二種，有黑、白、赤三色。其莖皆方。秋開白花，亦有帶紫色者，節節結角，長者寸許，有四稜六稜者，房小而子少；　七稜八稜者，房大而子多，皆隨土地肥瘠而然也。其莖高三四尺，有一莖獨上者，角纏而子少，有開枝四散者，角繁而子多，皆因苗之稀稠而然也。其葉有本團而末銳者，有本團而末分三丫如鴨掌形者，葛洪謂一葉兩尖也。蓋不知烏麻、白麻，原有二種葉也。又賈思勰辨胡麻即脂麻，又名巨勝子者。後人因莖方有稜，又以茺蔚子爲巨勝，以大麻子及大藜子僞爲胡麻，以訛傳訛，誤而又誤矣。按：　茺蔚子，莖有三稜，子長一分許；　大麻子，黑如細韭子，味極苦；　大藜子，狀如壁虱，味辛甘。三子并無油脂，不辨而明。又許氏言：　俗傳胡麻須夫婦同種，大茂盛。　雷氏曰：　修治：　以水淘去浮者，晒乾，臼中舂去麤皮用。

胡麻：　日華子潤養五藏之藥也。劉氏完素曰：　胡麻，油穀也。甄氏言仙經所重，久服潤五藏，填精髓，于男子有益。如患人神氣虛而噓噓吸吸者，宜加用之。陶氏又言：　病風人久食，則步履端正，語言清利，無蹇澀之虞，則知養元氣，潤筋脉，正骨力，可徵矣。所以日華子又言：　逐遊風風濕，胎前催生落胞，及產後血滯諸虛之證，咸取用之。亦推陶氏養氣潤脉之意云。但多服令人腸滑，緣體質多油故也。宜蒸熟食之良。生食者，發痰生蟲，脫髮。炒食者，發熱燥血。留心者，當斟酌行之，有不勝其用矣。

集方：　《方脉正宗》治五藏虛損，補精髓，益氣力，堅筋骨。用胡麻九蒸九暴，收貯，每用二合，清晨白湯送下。〇同前治風痹痿軟無力，行步艱辛，語言蹇澀。用胡麻蒸熟，暴乾，每清晨乾嚼五錢，白湯送下。〇同前治一切風濕，腰脚疼重，并遊風行止不定。用胡麻一觔，白朮八兩，威靈仙酒炒四兩，共研爲末。每早服五錢，白湯調下。〇同前治胎孕足月，過期不産。用胡麻蒸熟，日服三合，乾嚼化，白湯送下。不惟善能催生，下胞平速，且無一切留難諸疾。

續補集方：　《肘後方》治牙齒腫痛。用生胡麻五合，水一升，煮汁五合，含口中，汩漱，不過二三次愈。〇治小兒下痢赤白。用生胡麻一合，搗爛，白湯濾出汁，入煉熟白蜜五錢，調匀，不時用重湯頓溫，以大茶匙徐徐飲之。〇《簡便方》治小兒瘰癧。用胡麻炒，連翹微炒，共爲末，早晚頻頻食之。〇兒科方治胎毒，小兒初生。以生胡麻，滾湯泡熟，研爛，綿子包，與兒咂之，其胎毒自解。十日用一次，以三年爲止。〇譚氏方治小兒頭上軟癤。用胡麻炒微焦，擂碎，用酒少許，調塗。〇《筆峰雜興》治坐板瘡疥。以生胡麻，搗爛敷之。

○唐氏方治乳瘡腫痛。以生胡麻搗爛，以香油調塗即安。

胡麻油：味甘，氣微寒，無毒。　李氏曰：胡麻油，入藥以烏麻油爲上，白麻油次之。須生榨者良，蒸炒榨出者，止堪飲食料中，不堪入藥。若市肆者，不惟已經蒸炒，而又雜之以菜子油也。

胡麻油：許慎微解百藥百蟲、五金八石諸毒之藥也。《綱目》曰：取油，以生胡麻生榨者良，時珍能解毒潤燥。瘍科用此，止痛消腫，去一切惡瘡疥癬。以此煎膏，配鉛粉，能生肌長肉，止痛，日華子補合皮裂。又主天行毒熱，腸內結熱，藏器及蚘結攻心作痛，如炒熟榨取出者，氣雖香烈，入厨料中，充餚食用，甚美。不免能動痰發氣，久食亦能損聲。

集方：《易簡方》治百藥百蟲及河豚諸毒。○《嶺南方》治山嵐瘴蠱諸毒，及中五金八石毒，及砒霜毒。并用生胡麻油一碗灌之，吐出毒物，立愈。○《方脉正宗》治天行酷熱昏暈。用生胡麻油一盞，灌之。○同前治蚘結攻心作痛。用生胡麻油一盞灌之，隨用烏梅五個，花椒三十粒，泡湯一鍾，飲之。○《胎產須知》治難產不下，因血乾澀也。用生胡麻油，和白蜜一鍾，飲之，胎滑即下。一方：用生胡麻油，命穩婆手灌入產門內，收之即來，并治死胎立下。○《直指方》治癰疽發背初起，服之使毒氣不內攻。以生胡麻油、無灰好酒各一觔，和勻，分五次飲。○趙葵方治打撲傷腫。用生胡麻油，和酒飲之，以火燒熱地臥之，覺即疼，腫俱消，了無痕跡。○治誤食銀(幼)〔黝〕，漸爛腸胃，延日隨死。每日用飴糖四兩，撚成小丸，不時以胡麻油吞下。○胡麻湯：治一切腰痛。用胡麻仁、杜仲、當歸、川芎、續斷、白芍藥、牛膝各二錢，水煎服。○腰痛，宜分新久。新痛宜疏逆氣，利濕熱；久則補腎，兼補氣血。如痛由風寒，本方加羌活、防風；風濕，加蒼朮、半夏；氣滯，加枳殼、木香；腎虛，加生熟地黃、枸杞子、補骨脂；氣血兩虛，人參、黃耆、白朮，倍當歸、白芍藥；瘀血，加乳香、沒藥、桃仁、紅花。

明・應麐《食治廣要》卷二　胡麻赤白脂麻、青囊附。一名巨勝，即今之黑脂麻也。昔張騫自大宛得種來，故名。　氣味：甘，平，無毒。利大小腸，潤養五藏。陶弘景曰：八穀之中，惟此為良。《五符經》曰：服之不息，可以知萬物，通神明。《參同契》云：巨勝可延年，還丹入口中。蘇長公與人書云：凡痔疾，宜斷酒肉與鹽酪醬醋厚味，唯宜食淡麪及九蒸黑脂麻和茯苓，入少白蜜，為麪食之，久久氣力不衰，百病自去，痔疾漸退。此乃長生要訣，但易知而難行爾。

赤白脂麻：氣味大同，但略帶寒耳。甯源曰：生者性寒而治疾，炒者性熱而發病，蒸者性溫而補人。孟詵云：久食消人肌肉。

青囊：即脂麻苗也。氣味甘，寒，無毒。采嫩苗作菜食，滑美不減於葵，能治五藏邪氣，久食耳目聰明。

明・應麐《食治廣要》卷八　香油豆油、菜油附。即脂麻笮出者。　氣味：甘，微寒，無毒。利大腸，解熱毒、食毒、蟲毒。張華《博物志》言：積油滿百石，則自能生火。陳霆《墨談》言：衣絹有油蒸熱，則出火星，是油與火同性矣。故丹溪云：香油乃炒熱脂麻所出，食之美，且不致疾。若煎煉過，則與火無異矣。

豆油：氣味：辛、甘，熱，微毒。

菜油：辛，溫，無毒。食之不及麻油，燃燈甚明。

麻枯餅笮出油麻滓也：可備救荒，或養魚肥田。

明・姚可成《食物本草》卷一六味部・雜類　麻油炒熟，乘熱壓出油，謂之生油，但可點照；須再煎鍊，乃為熟油，始可食。

麻油，味甘，微寒，無毒。主利大腸，產婦胞衣不落。生油摩腫，生禿髮，去頭面游風。治天行熱悶，腸內結熱。服一合，取利為度。主瘖瘂，殺五黃，下三焦熱毒氣，通大小腸，治蚘心痛。傅一切惡瘡疥癬，殺二蟲。取一合，和雞子兩顆，芒硝一兩，攪服。少時，即瀉下熱毒甚良。陳油煎膏，生肌長肉，止痛，消癰腫，補皮裂。治癰疽熱病。解熱毒、食毒、蟲毒，殺諸蟲螻蟻。○陳藏器曰：麻油，大寒，乃常食所用。而發冷疾，滑精髓，發藏腑渴，困脾臟，令人體重損聲。有牙齒疾及脾胃疾人，切不可喫。治飲食物，須逐日熬熟用之。若經宿，即動氣也。油生于麻，麻溫而油寒，同質而異性也。香油乃炒熟脂麻所出，食之美，且不致疾。若煎煉過，與火無異矣。○李時珍曰：張華《博物志》言，積油滿百石，則自能生火。陳霆《墨談》：衣絹有油，蒸熱則出火星，是油與火同性矣。用以煎煉食物，尤能動火生痰。陳氏謂之大寒，而珍意不然。但生用之，有潤燥解毒、止痛消腫之功，似乎寒耳。且香油能殺蟲，而病髮癥者嗜油，煉熟油能自焚，而氣盡則反冷，此又物之玄理也。燈盞殘油主能吐風痰食毒，塗癰腫熱毒。又治猘犬咬傷，以此油灌瘡口甚良。

附方：解河豚毒。一時倉卒無藥，急以清麻油多灌取吐，出毒物即愈。解砒石毒。麻油一碗灌之。治鼻衄不止，紙條蘸真麻油入鼻，取嚏即愈。有人一夕衄血盈盆，用此而愈。

明・姚可成《食物本草》卷五穀部・麻類　胡麻一名巨勝。古者中國止有大麻，其實為蕡。漢使張騫始自大宛得油麻種來，故名胡麻，以別大麻也。昔在胡地甚大，自入中國漸小。其莖方者名巨勝，圓者名胡麻。又云：結實作角八稜者名巨勝，六稜、四稜者為胡麻。或云：本生胡中，形體類麻，故名胡麻。八穀之中最為大勝，故名巨勝。○胡麻即脂麻也。有遲、早二種，黑、白、赤三色，其莖皆方。秋開白花，亦有帶紫艷者。節節結角，長者寸許。有四稜、六稜者，房小而子少；七稜、八稜者，房大而子多。胡麻夫婦同種即生而茂盛。《本事詩》云：胡麻好種無人種，正是歸時君不歸。○漢明帝永平十五年中，剡縣有劉晨、阮肇二人，入天台山採藥，迷失道路。忽逢一溪，過之，偶遇二女，以劉、阮姓名呼之。故唐詩有云：御羹和石髓，香飯有胡麻。

胡麻，味甘，平，無毒。主傷中虛羸，補五內，益氣力，長肌肉，填髓腦。久服，輕身不老。堅筋骨，明耳目，耐飢渴，延年。療金瘡止痛及傷寒溫瘧大吐後，虛熱羸困。潤養五臟，補肺氣，止心驚，利大小腸，耐寒暑，逐風溼氣、遊風、頭風，催生落胞，產後羸困。細研塗髮令長。白蜜蒸餌，治百病。炒食，不生風。病風人久食，則步履端正，語言不蹇。生嚼塗小兒頭瘡，煎湯浴惡瘡、婦人陰瘡。

白油麻即脂麻。　味甘，寒，無毒。治虛勞，滑腸胃，行風氣，通血脉，去頭上浮風，潤肌肉。食後生噉一合，終身勿輟。又與乳母服之，孩子永不生病。客熱，可作飲汁服之。生嚼，傅小兒頭上諸瘡，良。仙方蒸以辟穀。脂麻云即胡麻。本生大宛，五穀之長也。服之不息，可以知萬物，通神明，與世常存。《參同契》亦云：巨勝可延年，還丹入口。○按蘇東坡《與程正輔書》云：凡痔疾，宜斷酒肉與鹽酪、醬菜、厚味及粳米飯。唯宜食淡麪一味及以九蒸胡麻即黑脂麻，同去皮茯苓，入少白蜜，為麪食之。日久氣力不衰，百病自去，而痔漸退。此乃長生要訣，但易知而難行爾。據此說，則胡麻為脂麻尤可憑矣。近人以脂麻擂爛去滓，入綠豆粉作腐食。其性平潤，最益老人。

麻枯餅此乃榨去油麻滓也。　荒歲人亦食之。可以養魚肥田。

青蘘即胡麻葉也。　味甘，寒，無毒。主五臟邪氣，風寒溼痹，益氣，補腦髓，堅筋骨。久服，耳目聰明，不飢不老，延年。作湯沐頭，去風，潤滑皮膚，益血色。治崩中血凝注者，生擣一升，熱湯絞汁半升服，立愈。

胡麻花　生禿髮，潤大腸。人身上肉丁，擦之即愈。七月採最上標頭者，取汁溲麪食，至韌滑。

附方：服食胡麻法：用胡麻三斗，淘淨甑蒸，令氣遍。日乾，以水淘去沫再蒸，如此九度。以湯脫去皮，簸淨，炒香為末，白蜜或棗膏丸彈子大。每溫酒化下一丸，日三服。忌毒魚、狗肉、生菜。服至百日，能除一切痼疾，一年身面光澤不飢，二年白髮返黑，三年齒落更生，四年水火不能害，五年行及奔馬，久服成仙。　治腰脚疼痛。用新胡麻一升，炒香杵末。溫酒、蜜湯皆可下。日服一合，服至一斗永瘥。　治風寒中人。用脂麻炒焦，乘熱擂酒飲之，暖臥取汗良。　治中暑卒死。用炒黑脂麻攤冷為末，新汲水調服三錢。　治入水肢節腫痛。生胡麻擣塗之。　解下小兒胎毒。初生時，嚼生脂麻，綿包，與兒吮咂，其毒自下。　治疔腫惡瘡。用胡麻燒灰，針砂等分，為末。醋和傅之，日三。　治小兒瘰癧。脂麻、連翹等分，為末。頻頻食之。　治小便尿血。胡麻三升杵末，以東流水二升浸一宿，平旦絞汁，頓熱服。　治乳瘡腫痛。用脂麻炒焦，研末。以燈窩油塗調。　治湯火傷。胡麻生研如泥，塗之。　治婦人陰戶生瘡作痒。胡麻嚼爛傅之，良。　治牙齒痛腫。胡麻水煮汁，含漱吐之。

明・顧逢柏《分部本草妙用》卷九穀部　胡麻　甘，平，無毒。　主治：傷中虛羸，補五內，益氣力，長肌肉，填髓腦，堅筋骨，明耳目，止金瘡痛，虛熱羸困，養五臟，補肺氣，止心驚，利大小腸，逐風濕遊風，催生落胞，婦人陰瘡大尠。　白油麻　甘，大寒，無毒。　主治：虛勞，滑腸胃，行風氣，通血脉，去頭風，潤肌肉。仙方蒸以辟穀。　胡麻取油，以白者為勝。服食以黑者為良。白治肺氣，潤五臟，黑通腎經，潤腎燥，調虛填髓之尠品也。赤脂麻油湯可解痘毒變黑追。世俱罕用而不知。其百病可治，服食更良。仙家作胡麻飯，所以長年悅色也。

明・孟筌《養生要括・穀部》　胡麻即脂麻也。服食當九蒸九晒，熬擣餌之，斷穀長生。蒸不熟，令人髮落。其性與茯苓相宜。　味甘，平，無毒。補中益氣，潤養五臟，補肺氣，止心驚，利大小便，耐寒暑，逐風濕，治勞氣，產後羸困，催生落胞。細研塗髮，令長白。蜜蒸餌，治百病，長肌肉，填髓腦，久服輕身不老，堅筋骨，明耳目，耐飢渴延年，療金瘡止痛。炒食，不生風，病風人久食，則步履端正，語言不蹇。生嚼，塗小兒頭瘡。煎湯，浴惡瘡、婦人陰瘡，大效。〔牙齒

痛腫：胡麻五升，水一斗，熬汁五升，含嗽吐之。不過二劑，神良。〕

麻油：味甘，寒，無毒。治虚勞，滑腸胃，行風氣，去頭面遊風，潤肌肉。與乳母食之，孩子永不生病。陳者煎膏，生肌長肉，止痛，消癰腫，補皮裂，解熱毒、食毒、蟲毒，殺諸蟲螻蟻。入藥以烏麻油為上，白麻油次之。須自（窄）〔榨〕乃良。

明・黄承昊《折肱漫録》卷三 胡麻最有補益，古人稱為仙人飯，配別藥名胡麻丸。又方獨製一味，為胡麻餅，用鱉（色）〔蝨〕胡麻擇淨，淘洗，攤於蒸籠內，以滚湯從上澆之。此藥油最多，蒸籠下如絲流掛久而不止，俟掛盡上鍋蒸之，蒸熟曬乾。又如前法入蒸籠內，以滚湯澆之。又蒸又曬，九度乃止，舂搗為末，煉蜜為餅，飢時可以當飯，用酒下之頗香甘可食，久服明目延年。予游宦常攜此以充飢代飯。但苦油多，不宜於溏泄者，亦不宜以茶湯下之。

明・李中梓《醫宗必讀・本草徵要下》 胡麻味甘，平，無毒。入肝、脾、腎三經。其色如醬，其狀如蝨，九蒸晒。養血潤腸，燥結焦煩誠易退；補中益氣，風淫癱瘓豈難除？堅筋骨，明耳目，輕身不老；長肌膚，填髓腦，辟穀延年。補陰是其本職，又去風者，治風先治血，血行風自滅也。李鵬飛云，風病人久服，步履端正，語言不蹇，神農收為上品，《仙經》載其功能，洵奇物也。但服之令人腸滑，得白朮並行為勝。

明・李中梓《醫宗必讀・本草徵要下》 麻油味甘，微寒，無毒。熟者利大腸，下胞衣；生者摩瘡腫，生禿髮。生者，過食能發冷利，脾虚作瀉者忌之。熬熟不可經宿，經宿即助熱動氣也。

明・鄭二陽《仁壽堂藥鏡》卷一〇下 胡麻一名巨勝子。味甘，氣平。擇如油麻、紫色者，酒淘炒用。補五臟，益氣力，長肌肉，堅筋骨，療疥癬及浸淫惡瘡。日華子云：胡麻生上黨。催生、落胞，逐風濕氣。蘇恭云：胡麻壓取油，治天行熱秘腸結。生者嚼，塗瘡腫；禿髮落，亦重生。

明・蔣儀《藥鏡》卷一温部 芝麻 行風氣而通血脉，滑腸胃而潤肌膚。嚼傅癬瘡，疥蟲自死。時餐乳母，兒熱能涼。

明・蔣儀《藥鏡》卷三平部 胡麻 有益于虚羸濕痺中風，更宜于大腸鬱火燥結。初生嬰孺，咂以綿包，而胎毒輒解。穀芒刺咽，湯下炒研，而嚮喉快利。與蜂蜜同煎溫服，孕婦血枯難產頓生。與清油生灌使哇，病人諸毒臨危立鮮。熬膏入藥，止痛排膿。更有烏脂麻油，甘寒滑利，夾醋煎吞，疽毒便不攻于其內。

明・施永圖《本草醫旨・食物類》卷二 胡麻即芝麻。葉名青蘘，莖名麻藍。在胡地甚大，入中國則小，一名巨勝。味：甘，氣寒，無毒。治虚勞，滑腸胃，行風氣，通血脉，去頭風，潤膚。乳母食後生吃一合，令子永不生熱病。久食抽人肌膚。生者性寒而治疾，炒則性熱而發病，蒸食性溫而充飢。

附方 服食胡麻：用上黨胡麻三斗，淘淨蒸九度，去皮炒香為末，用白蜜或棗膏為丸，溫酒下，日三服，忌毒魚、犬肉、生菜，服至百日，能除一切痼疾，一年身面光澤不飢，二年白髮還黑，三年齒落更生，久服長生。治諸蟲咬：嚼生芝麻，塗之即愈。小兒頭面諸瘡：方同上。葉：治：擣汁沐髮，去風除垢，能令髮常光潤。以葉一握，同子五升搗和，浸三日去滓，沐髮。麻油：性冷，常用則發冷疾，滑骨髓。主：通大小腸，治蛔心痛，傅一切瘡疥癬，殺諸蟲。熬熟油經宿即動風，有牙齒疾并脾胃病者，切不可食。若煎煉食之，與火無異。〇治產婦胞衣不下。〇生油摩踵，生禿髮，治瘖瘂。

明・李中梓《本草通玄》卷上 胡麻 甘，平。補中益氣，養肺潤腸，堅骨，明耳目，逐風濕，填腦髓，久服延年。胡麻子填精益氣，仙家所珍。取栗色者，名鼈蝨胡麻，比色黑者更佳。

清・顧元交《本草彙箋》卷七 胡麻合麻油。胡麻取油，以白者爲勝。服食以黑者爲良。胡地者佳。取其黑色，入通於腎，能潤燥也。炒食不生風病，病風久食，則步履端正，語言不蹇，豈胡麻職專補陰，而治風先治血之義耶？但多食令人腸滑，得白术並行，乃能無弊。白脂麻行風氣，通血脈，尤能袪頭上浮風。

油生于麻，麻溫而油寒，非真寒也。蓋生用之，有潤燥解毒，止痛消腫之功，似乎寒耳。且香油能殺蟲，而病髮瘕者嗜油，煉油能自焚，而氣盡則反冷，此物之至理也。

胡麻，即脂麻。有黑、白、赤三種。莖方，節節結角四稜六稜者，房小而子少，七稜八稜者，房大而子多，隨土地肥瘠而然。蘇恭以四稜爲胡麻，八稜爲巨勝。則巨勝，即胡麻也。肆中以充蔚子僞爲巨勝，以黄麻子及大藜子僞爲胡麻，誤之又誤矣。充蔚子長一寸許，有三稜，黄麻子黑如細韭子，味苦，大藜子狀如壁蝨及酸棗核仁，味辛甘，並無脂油，不可不辨。俗傳胡麻須夫婦同種則蕃盛，故《本事詩》云：胡麻好種無人種，正是歸時又不歸。麻油須生笮者良。若市肆者，不惟已經蒸炒，而又雜之以僞也。另有亞麻者，即壁虱胡麻，出兖州，氣惡，不堪食。其莖穗頗似茺蔚子。漏胎難産，血乾澀也。用清油半兩，蜜一兩，同煎，溫服即下。他藥不能急效，惟此爲勝。中河豚毒，一時倉卒無藥，以清麻油多灌，取吐出毒物，即效。亦能解砒毒，如上法。

清・穆石匏《本草洞詮》卷五 胡麻 胡麻之辨不一。寇宗奭斷然以脂麻為胡麻，而論始定。以其種自漢使張騫從大宛得來，故名胡麻，以別中國大麻也。孟詵謂四稜、六稜、七稜、八稜，皆隨土地肥瘠而然，非二物也。《本經》云：胡麻一名巨勝。《抱朴子》云：巨勝一名胡麻。則胡麻即巨勝無疑。今市肆間或以茺蔚子為巨勝，或以黄麻子、大藜子為胡麻，此三種皆無脂油，易辨也。胡麻有遲、早二種，有黑、赤、白三色，取油以白者為勝，服食以黑者為良，取其黑色通腎也。味甘，氣平，無毒。補五内，益氣力，長肌肉，填髓腦，久服輕身不老。風人久食則步履端正，語言不蹇。《五符經》有巨勝丸，云：服之不息，可以知萬物，通神明。《參同契》云：巨勝可延年還丹，劉阮入天台，遇仙女食胡麻飯。由此觀之，胡麻乃仙家服食，而近世罕用，或者未必有此神驗，但久服定有益耳。蘇東坡云：凡痔疾宜斷酒肉與鹽、酪、醬菜厚味及粳米飯，惟食淡麪一味，用九蒸胡麻即黑脂麻，同去皮茯苓，入少白蜜為麪食之，日久氣力不衰，百病自去，而痔漸退，此長生要訣也。按胡麻須夫婦同種則茂盛，故《本事詩》云：胡麻好種無人種，正是歸時又不歸。服食時當九蒸九曝，搗爛餌之，蒸不熟令人髮落。

麻油：味甘，氣微寒，一曰大寒，無毒。脂麻炒熟，乘熱壓出者，謂之生油，但可點照。須再煎煉乃為熟油，始可食，不中點照。夫油生于麻，麻溫而油寒，亦一異也。主利大腸，解熱毒、食毒、蟲毒，殺一切蟲。此乃常食所用，而發冷疾，滑精髓，困脾臟，令人體重，損聲，有牙齒及脾胃疾人不可食。治飲食物，須逐日熬熟用之，若經宿即動氣也。按張華《博物志》云：積油滿百石，則自能生火。陳霆《墨談》云：衣絹有油，蒸熱則出火星。是油與火同性矣，用以煎煉食物，尤能動火生痰。陳氏謂之大寒，似未必然。但生用之，有潤燥解毒，止痢消腫之功，似乎寒耳。若煎煉過，與火無異，而氣盡則反冷，此又物之玄理也。

清・丁其譽《壽世秘典》卷三 胡麻即今脂麻。俗作芝麻者，非。《本經》謂胡麻，一名巨勝，八穀之中最為大勝，故名巨勝。陶弘景以莖之方圓分別。蘇恭以角作四稜者為胡麻，八稜者為巨勝。仙方有服胡麻、巨勝二法，是皆以為二物矣。寇宗奭曰：胡麻諸說參差不一。止是今之脂麻，更無他義。以其種來自大宛，故名胡麻，一名油麻。《嘉祐本草》白油麻與胡麻乃一物，今人通呼脂麻，有遲、早二種，有黑、白、赤三色。有四稜、六稜者，房小而子少；有七稜、八稜者，房大而子多。皆隨土地肥瘠而然。觀此，足以證諸家之誤矣。

氣味：甘，平，無毒。主補虛勞，滑腸胃，行風氣，通血脉，去頭上浮風，潤肌肉。生嚼，塗小兒頭上諸瘡。煎湯，浴惡瘡、婦人陰瘡，大効。

發明李(廷)〔鵬〕飛：風病人久食，則步履端正，語言不蹇。寧原云：生者性寒而治病，炒者性熱而發病，蒸者性溫而補人。李時珍曰：胡麻取油，以白者為勝；服食，以黑者為良，取其黑色人通于腎而能潤燥也；赤者狀如老茄子，殼厚油少，但可食爾，不堪服食。古以胡麻為仙藥而近世罕用，或者未必有此神驗，但久服有益而已耶。劉阮入天台，遇仙女食胡麻飯，亦以胡麻同米作飯為仙家食品焉。爾近人以脂麻擂爛，去渣，入綠豆粉，作腐食。其性平潤，最益老人。

青蘘即脂麻葉，嫩苗采食，滑美。

氣味：甘，寒，無毒。主祛風、解毒、潤腸。又治飛絲入咽喉者，嚼之，即愈。

清・丁其譽《壽世秘典》卷四 胡麻油即脂麻油，臘月榨收者最良，俗呼香油。

氣味：甘，微寒，無毒。潤燥涼血，利大腸，解熱毒、食毒，傅惡瘡、疥癬，殺一切蟲。陳油煎膏，生肌長肉，止痛，消癰腫，補皮裂。

發明李時珍曰：張華《博物志》言，積油滿百石，則自能生火。陳霆《墨談》言，衣絹有油，蒸熱則出火星。是油與水同性矣。用以煎煉食物，尤能動火生痰。但生用之，則有潤燥解毒、止痛消腫之功。繆希雍曰：香油生者過寒，多食發冷疾，及脾胃虛寒作瀉者不宜食。熬熟，治飲食甚美。但須逐日熬用，不可過宿，若經宿則火性反復，能助熱動氣也。〇按蔣說云，素食，臨老多致痰火泄瀉，凡脂麻油一觔，用紅棗四十枚，餳糖四兩，内加蒔蘿、茴香，熱熬，以糖化為度，冷時則貯瓶内，調治蔬菜，終身可無二疾矣。

清・劉雲密《本草述》卷一四 胡麻一名巨勝、油麻，脂麻俗作芝麻。時珍曰：按《本經》，胡麻一名巨勝。沈存中《筆談》云胡麻即今油麻，更無他說。古者中國止有大麻，其實為蕡，漢使張騫始自大宛，得油麻種來，故名胡麻，以別中國大麻也。寇宗奭《衍義》亦據此釋胡麻巨勝即胡麻之角巨如方勝者，非二物也。

氣味：甘，平，無毒。主治潤養五臟，療虛羸傷中，補肺氣，止心驚，益氣力，耐寒暑，填髓腦，利大小腸，逐風溼氣，遊風頭風。　士良曰：　初食利大小腸，久食即否去陳留新。　李(廷)〔鵬〕飛曰：　炒食不生風病。　風人久食正步緩，利語言。

白油麻　氣味：甘，大寒，無毒。　宗奭曰：　白脂麻為世日用，亦不至於大寒也。　〔寧〕原曰：　生者性寒而治疾，炒者性熱而發病，蒸者性溫而補人。

諸本草主治：　滑腸胃，行風氣，通血脈客熱。可作飲汁服之。　方書主治：　嘔吐因痰飲成癖者用之。神朮湯脂麻生用。　時珍曰：　脂麻取油，以白者為勝。服食以黑者為良。胡地者尤妙。取其黑色入通於腎而能潤燥也。　權曰：　巨勝乃仙經所重，以白蜜等分，合服，名靜神丸，治肺氣，潤五臟，其功甚多，亦能休糧，填人精髓，有益於男子，患人虛虛而吸吸者加而用之。　隱居曰：　胡麻性與茯苓相宜。　希雍曰：　胡麻稟天地之沖氣，得稼穡之甘味，故味甘氣平無毒，入足太陰兼入足厥陰、少陰。　陶隱居曰：　八穀之中，惟此為良，能益血脈，補虛羸。劉河間云：　麻本穀而治風。又云：　治風先治血，血活則風去。　胡麻入肝益血，故風藥中不可闕也。

得何首烏、茅山蒼朮、白茯苓、菖蒲、桑葉、牛膝、當歸、續斷、地黃、桑寄生，治風溼痹。　同甘菊花、天冬、黃櫱、生地黃、首烏、柏子仁、桑葉、牛膝、枸杞、麥冬，作丸，治似中風，口眼喎斜，半身不遂，久服不輟，有神驗。一味九蒸九曝，加茅山蒼朮、乳汁，曬三次，作丸，能健脾燥溼，益氣。

愚按：　胡麻之用，毋論其為仙家服食要藥，即《本經》首言主傷中虛羸，補五內，益氣力，而更言其填髓腦。是則於人身陰中之陽，功非尠小也。　第其種於四月，收穫於六月之杪，以火土始終者。而其油潤脂溢，如日華子所謂潤養五臟，及甄權所謂潤五臟，填人精髓者，又豈非於至陽之會，而宣至陰之化，令真陽益暢於陰中，乃為補益？　如《本經》所云療虛羸，益氣力；　日華子所云補肺氣，耐寒暑，治勞氣。種種奏功於形臟者，有若是乎？　或曰：　白油麻其脂更勝，何以遜其功也？　曰：　北方黑色，通於腎，《經》固言之矣。茲味似賦天一之專氣，故潤五臟者，還歸腎臟以填髓補腦，白油麻難與較功也。　或曰：　日華子又云治風，而李(廷)〔鵬〕飛更言之，若繆氏皆歸其功於益血也，然歟。曰：　此味之味甘氣平，固益中土而滋血，然與他味之益血者不同。　夫水穀所化之精微為液，和調於五臟，灑陳於六腑，而後入於脈。入於脈者血也。其和調灑陳於臟腑之液，復歸於腎，合和為膏者以填骨空。骨乃腎所主也。腎喜辛，開腠理，致津液通氣，以其為陰中之至陰也。而風火屬陽，如此味脂潤者，從中土之甘，得六氣之平，已能化風火之燥，而有以養陰。況由腎至肺，以潤五臟，仍還歸於至陰之地者，并徵於色乎？　蓋和調灑陳，并致津液通氣者，固本於陽之能化陰，而尤責於陰之能化陽，如種種形臟之益，是陽得陰以化。　至於填髓補腦，陰更隨陽以化矣。　仙家服食為要藥者，義亦不出此，知此則袪風之義，亦且思過半矣。

麻油　宗奭曰：　炒熟乘熱壓出油，謂之生油，但可點照，須再煎煉乃為熟油，始可食，不中點照，亦一異也。如鐵自火中出，而謂之生鐵，亦此義也。時珍曰：　入藥以烏麻油為上，白麻油次之。

氣味：甘，微寒，無毒。　諸本草主治：　天行熱悶，腸內結熱藏器。下三焦熱毒氣，通大小腸，治蚘心痛孟詵。　產婦胞衣不落《別録》，並解食毒、蟲毒，瘡毒時珍。　陳油煎膏，生肌長肉，止痛消腫日華子。　方書主治：　冷痰嘔吐，搗脾湯。　劉完素曰：　油生於麻，麻溫而油寒，同質而異性也。丹溪曰：　香油乃炒熟脂麻所出，食之美，且不致疾。　若煎煉過，與火無異矣。　時珍曰：　張華《博物志》言：　積油滿百石，則自能生火。　陳霆《墨談》言：　衣絹有油，蒸熱則出火星，是油與火同性矣。　用以煎煉食物，尤能動火生痰。　陳藏器謂之大寒，珍意不然。　但生用之，有潤燥解毒，止痛消腫之功，似乎寒耳。　希雍曰：　麻油所主治皆取其甘寒滑利，除溼潤燥，涼血解毒之功也。

入血餘一味，熬膏，鉛丹收好，能傅一切瘡毒，排膿止痛。　諸熬膏必用真胡麻油，以其涼血解毒也。惟溼氣膏不用。

愚按：　麻油之最能解毒者，即為其始終於火土之時，却宣金水之化氣而脂潤。　如斯正熱結熱積以傷營，而並及衛者之的對也。　但白麻油亦不及黑麻，亦以本於至陰之元氣也。　瀕湖之說為確。　又云：　煎煉食物則動火生痰，此語亦不謬。　然方書用之治嘔吐，同諸藥炒為末者，以治伏痰之遇冷即發者也。

附方　預解痘毒。《外臺》云：　時行暄暖，恐發痘瘡，用生麻油一小盞，水一盞，旋旋傾下油內，柳枝攪稠如蜜，每服二三蜆殼，大人二合，臥時服之，三五服大便快利，瘡自不生矣。此扁鵲油劑法也。《直指》用麻油、童便各半盞，如上法服。癰疽發背初作即服此，使毒氣不内攻，以麻油一斤，銀器煎二十沸，和醇醋二椀，分五次一日服盡。漏胎難產，因血乾濇也，用清油半兩，好蜜一兩，同煎數十沸，溫服，胎漏即下。他藥無益，以此助血為效。解砒石毒，麻油一椀灌之。腫毒初起，麻油煎葱黑色，趁熱通手旋塗，自消。

希雍曰：麻油生者過，寒多食發冷疾，及脾胃虛寒作瀉者，不宜食。熬熟治飲食甚美，但須逐日熬用，不可過宿，若經宿，則火性反復，能助熱動氣也。

麻枯餅此乃榨去油麻滓也。烏鬚：麻枯八兩，鹽花三兩，用生地十斤，取汁，同入鐺中熬乾，覆以鐵蓋，鹽泥泥之，煅赤，取研末，日用揩牙三次，揩畢飲薑茶，先從眉起，一月盡黑。

清·郭章宜《本草匯》卷一三 胡麻即巨勝 味甘，氣平，入足太陰、厥陰、少陰經。養血潤腸，燥結焦煩誠易退。補中益氣，風淫癱瘓豈難除。堅筋骨，明耳目，輕身不老。長肌肉，填髓腦，辟穀延年。

按：胡麻，即今之脂麻也。產于胡地，故名。得稼穡之甘，不寒不熱，益脾胃，補肝腎之佳穀也。弘景云：八穀之中，惟此為良。仙經載其功能，《神農》收為上品。李廷飛云：風病人久服，步履端正，語言不蹇。補陰是其本職。其去風者，所謂治風先治血，血行風自滅也。仙家以白蜜合服，名靜神丸，治一切痼疾。患人虛虛而吸吸者，加而用之。但多服令人滑腸，得白朮並行為勝。孫真人用胡麻三升，蒸三十遍，炒香，同蜜為末，每服五十丸，明目洞視，最妙。初生小兒嚼生脂麻，綿包與咂之，胎毒自下矣。

有黑、白、赤三種，取黑者九蒸九晒，水淘，去浮者，以酒拌蒸，晒乾炒用。栗色者，名鼈蝨胡麻，比黑者更佳。

麻油　味甘，微寒。熟者利大腸，下胞衣。生者摩瘡腫，生禿髮。藏器主腸内熱結，孟詵下三焦熱毒，日華煎膏生長肌肉，消癰止痛，補皮裂。皆取其甘寒滑利，除濕潤燥，涼血解毒之功也。

按：胡麻油以白者為勝，服食以黑者為良。取其黑色入通于腎，而能潤燥也。生者過食能發冷痢，脾虛作瀉者勿服。治飲食物，須逐日熬用，經宿則火性反復，即助熱動氣矣。香油，乃炒熟脂麻所出，食之不致疾。若煎煉過，與火無異矣。然油生于麻，麻溫而油寒，同質而異性也。《南史》云宋明帝宮人腰痛牽心，發則氣絶。徐文伯診曰：髮瘕也。以油灌之，吐物如髮，引之已長三尺，頭已成蛇，能動搖，懸之滴盡，惟一髮耳。若中河豚、砒毒，倉卒無藥，急以油灌取吐。若胎漏難產，因血乾澀也，用清油半兩，好蜜一兩，同煎數十沸，溫服即下。他藥無益，以此助血為効。

生者性寒而治疾，炒者性熱而發病，蒸者性溫而補人。

清·尤乘《食鑒本草·粟類》 芝蔴　黑者炒食不生風疾，有風人食之良。油煉熟宜食，能解諸毒。

清·朱本中《飲食須知·味類》 蔴油　味甘、辛，性冷。多食滑腸胃，發冷疾。久食損人肌肉。生性冷，熟性熱，可隨時熬用。凡經宿者，食之動風。若過於煎熬者，性極熱，勿用。

清·朱本中《飲食須知·穀類》 胡麻　味甘，性平。即黑芝蔴。修製蒸之不熟，令人髮落。泄瀉者勿食。

白芝蔴　味甘，生性寒、熟性熱，蒸熟者性溫。多食滑腸，抽人肌肉。霍亂及泄瀉者，勿食。其汁停久者，飲之發霍亂。

清·何其言《養生食鑒》卷下 蔴油炒熟芝蔴，榨鈞，其氣香，俗名香油。襄陽來者佳，粵中榨的炒大焦，次之。

味甘、辛，性溫，無毒。殺五黃諸蟲，下三焦熱毒，止心腹痛，通大小腸。凡調物食宜生用，不宜經火諸毒，謂其性冷。但麻經火炒，方榨出油，豈有復冷之理？若以之煎物，其味焦而大熱矣。粵中煮齋品常用，始與茶油、蘿蔔菜子油久煎，愈香而不焦。

清·何其言《養生食鑒》卷上 胡麻一名巨勝，即黑芝麻，一作脂麻，言其有油。中一種鼈風胡麻，亦治風，略同。

味甘，性平，無毒。補中益氣，養五臟，去風濕，和腸胃，久食耐寒暑，益人。患風病者常食，令語言不蹇，步履端正。同黑豆九蒸九晒，去豆為末，類服，令髮白返黑。初食利大小腸，久食則否，去陳留新。

白芝麻　味甘，生性寒，炒性熱，蒸煮性溫，無毒。和血脉，潤腸胃，散風氣。多食滑腸，抽人肌肉。霍亂者，勿食。乳婦宜煮食，令兒不生熱病。俗用芝麻杵爛，去渣，入菉豆粉，作芝麻腐，養胃潤腸。老人血少便燥者宜食，泄瀉人勿食。

清・閔鉞《本草詳節》卷七　胡麻　【略】按：胡麻黑色，入通於腎，不寒不燥，而能平潤，補肝腎之佳穀也。取油以白者為勝，服食以黑者為良。治痘瘡變黑歸腎，煎湯下百祥丸，則又取赤者能解毒也。

清・王翃《握靈本草》卷六　胡麻巨勝子，即脂麻也。服食以黑者為良，取其入通於腎，而能潤燥也。　主治：胡麻，甘，平，無毒。主傷中虛羸，補五內，益氣力，長肌肉，填腦髓。　選方：近人傳烏鬚方，有胡麻桑葉丸，用經霜陰乾桑葉一斤，胡麻四兩，入水一升，生研，濾汁和末同蒸，入少熟蜜為丸，久服白者還黑。古方胡麻一味九蒸九晒，棗膏為丸，服之白髮返黑。

清・汪昂《本草備要》卷四　胡麻補肝腎，潤五藏，清腸。　即脂麻，一名巨勝子。種出大宛，故曰胡麻。甘，平。補肺氣，益肝腎，潤五藏，填精髓，堅筋骨，明耳目，耐飢渴，可以辟穀，但滑腸，與白朮并用爲勝。烏髭髮，利大小腸，逐風濕氣，劉河間曰：麻，木穀而治風。又云：治風先治血，血活則風散。胡麻入肝益血，故風藥中不可闕也。鄭奠一用鱉蝨胡麻，佐苦參、蒺藜，治大瘋疥癩，屢有愈者。涼血解毒。生嚼敷小兒頭瘡。　麻油：滑胎療瘡，熬膏多用之。涼血解毒，止痛生肌。皮肉俱黑者良。入腎。栗色者名鱉蝨胡麻，更佳。九蒸九曬，可以服食。陶弘景曰：八穀之中，惟此爲良。昂按：若云自大宛來，則非八穀之麻，明矣！又按：《月令》仲秋之月，天子以犬嘗麻，則其爲八穀之麻又可見矣。大宛之說，何以稱焉？豈白者產中原，黑者產大宛乎？

清・吳楚《寶命真詮》卷三　胡麻　【略】養血潤腸，補中益氣，除風淫癱患，堅筋骨，明耳目，輕身不老，長肌膚，填骨髓，辟穀延年。　風病人久服，步履端正，語言不蹇。　職本補陰，而能去風者，所謂治風先治血，血行風自滅也。

清・陳士鐸《本草新編》卷四　巨勝子　非胡麻也。味甘，氣溫平，無毒。丹經盛稱之。原有功益也。入心、腎二經。補虛羸，耐飢渴寒暑，填堅髓骨，益氣力，長肌膚，明目輕身，延年不老，益元陽，興陰莖，最生津液，入口即生，與人參相同。其補益之功，不可思議。惟其體最輕，內實者正無多也，然亦不必盡是內實者始可用，亦不必盡去其殼，但投之水中，半沉半浮者即可用，將浮者棄去，取出沉與半沉者，用地黃汁泡之一日，晒乾，磨末用為妙。此藥宜入丸，而不宜湯煎，湯煎則味不能出也。

或問：巨勝子胡僧用入桑葉中為丸，果有益乎？此奇方也。先君曾服之，年踰六十，鬚髯未白，後不服此藥即白，可見此方之奇。蓋巨勝子得桑葉而更神者也。

或問：巨勝子載之《參同契》書中，謂是長生之藥。但不知何法服食，便可長生？嗟乎！長生乃不死之謂也。世人安有服草木之味，而即能不死者乎。夫欲求長生，舍金丹之法，無他藥也。雖然，金丹不可得，而巨勝子則易得，胡僧之方雖佳，尚未盡妙。鐸〔有〕一方，名延景丸，用巨勝子二觔、熟地一觔、山藥一觔、桑葉乾者二觔，三月盡採之，晒乾為末者佳，老葉不可用，茯苓三兩、薏仁三兩、芡實三兩、淫羊藿半觔、巴戟天一觔、山茱萸半觔、北五味三兩、菟絲子一觔，各為末，蜜為丸。每日白滾水送下五錢，長年可服，如脾氣欠健，加白朮一觔。氣虛，加人參六兩、黃芪一觔。陽道欠舉，加肉桂三兩。此方不寒不熱，實延齡妙方，雖活百歲外，尚可服也。此乃南岳道士所傳，謂鐸最宜服，可登百歲外。鐸用是公之天下，願共珍之。

清・陳士鐸《本草新編》卷四　烏芝麻　味甘，氣溫，無毒，入腎經，併通任、督之脈。功擅黑鬚，《圖經》未載，故近人無知之者。凡黑鬚髯之藥，缺烏芝麻則不成功。蓋諸藥止能補腎，而不能通任督之路也。唇口之間，正任督之路，烏芝麻通任督而又補腎，且其汁又黑，所以取效神也。但功力甚薄，非久服多服，益之以補精之味，未易奏功。

或問：烏芝麻黑鬚髯，神農未書，《本草》不誌，何吾子創言之乎？曰：烏芝麻變白，予親試而驗。其有不驗者，乃不慎色之故，余年四十早衰，鬚髯半白，服烏芝麻重黑，後因變亂，不慎酒色復白。可見，服烏鬚藥，必須斷慾，不可歸咎烏芝麻之無效驗。

或疑烏芝麻即白芝麻同類，未聞白芝麻之潤腎，烏芝麻之變白，恐亦好事者之言。不知烏芝麻之變白，實有義也。芝麻性潤而汁烏，烏自入腎，既入腎，自能潤髭矣，況又通任督之脉乎。然而，烏芝麻之義，又不止此，烏芝麻更能上潤于心，使心火不炎，不燒任督之路，引補腎之藥上至于唇口，故能變白也。

清・顧靖遠《顧氏醫鏡》卷八　胡麻即黑芝麻，一名巨勝子。甘，平。入脾肝腎三經。九蒸九晒，研。　益肝養血，治虛風而理癱瘓。虛風者，肝虛血少，熱盛生風也。李鵬飛云：風病人久食，則步履端正，語言不蹇，正治風先治血，血行風自滅之義。滋腎潤燥，填髓腦而堅筋骨。腎惡燥，黑色通腎，而能潤燥，腎得滋補，則髓腦充滿，筋骨堅強。補中益氣，甘能益脾胃也。變白還黑。黑鬚髮者，補陰養血之功。長肌肉，脾主肌肉也。明耳目。耳為腎竅，目為肝竅也。止心驚，心血有養也。利大腸。多油而滑也。潤養五臟，八穀之中惟此最良，故為仙家服餌所需。麻油微寒。下胞衣，同白蜜各一杯，入湯頻炖服。胎漏難產，胎死腹中，俱效。利大腸。一方用油一合，和鷄子清二三枚，量入玄明粉一兩正，攪服，即瀉下熱毒，甚良。抹瘡腫，解毒凉血之功。生禿髮。解一切毒，熱毒、食毒、蟲毒，若中砒及河魨毒者，多灌取吐，出毒物則愈。殺一切蟲。故塗惡瘡疥癬用之。

清·李熙和《醫經允中》卷二一 胡麻 即巨勝。甘，平，無毒。主治傷中虛羸，養五臟，長肌肉，益氣力，利大小腸，逐風濕氣，催生落胎。生者嚼塗小兒頭瘡，浸淫惡瘡，及婦人陰瘡妙藥。久服堅筋骨，明耳目，辟穀延年。油滑腸，下胞衣甚良。苗葉名青襄，收採煎藥湯，灌牛病即甦。

白油麻 甘，微寒，無毒。主治虛勞，滑腸胃，潤肌肉仙方。蒸以辟穀。胡麻取油，以白者為勝，服食以黑者為良。白治肺氣，潤五臟；黑通腎經，潤腎燥，調虛填髓之妙品也。赤芝麻解痘毒，服食更良，世俱罕用，可惜也。

清·馮兆張《馮氏錦囊秘錄·雜症痘疹藥性主治合參》卷六 白油麻取油以白者為勝，服食以黑者為良。生寒熟熱。白治肺氣，潤五臟。黑通腎經，潤腎燥。治虛勞，滑腸胃，行風氣，通血氣，去頭風，潤肌膚。解三焦熱毒，一切惡瘍，殺疥癬蟲，潤穀道結糞。煎膏，生肌長肉，消癰止痛。若生食，性冷動氣。若煎煉食，與火無異。勿久食之，抽人肌肉，如入食物經宿，必須更為熬熟食之。

胡麻稟天地之沖氣，得稼穡之甘味。故味甘，氣平，無毒。入足太陰，兼入足厥陰、少陰。氣味和平，不寒不熱，益脾胃，補肝腎之佳穀也。八穀之中，惟此為良。仙家作飯餌之，斷穀長生，神農收為上品。仙經載其功能，主傷中虛羸，補五內，益氣力，長肌肉，堅筋骨，填髓腦。及傷寒溫瘧大吐後，虛熱羸困。久服明耳目，耐飢渴，輕身不老延年也。風病人久服則步履端正，言語不蹇。蓋治風先治血，血活則風去。胡麻入肝益血，故風藥中不可闕也。一味得何首烏、茅山蒼术、白茯苓、菖蒲、桑葉、牛膝、當歸、續斷、地黃、桑上寄生，治風濕痹。一味九蒸九曝，加茅山蒼术，乳蒸曬三次，作丸，能健脾燥濕，益氣延年。【略】小兒初生，嚼生脂麻綿包，與兒咂之，其毒自下。小兒瘰癧，脂麻、連翹等分為末，頻頻食之。胡麻油，即烏脂麻油也，功用與白麻油相同，而力更勝。入藥當以烏者為佳。其性甘寒而滑利，故主胞衣不下及利大腸。生者，其氣更寒，故能解毒凉血。摩瘡腫，生禿髮。用以煎膏，生肌長肉，止痛消癰，用以敷瘡，惡瘡疥癬，殺蟲解毒。但生者過寒，多食發冷疾，及脾胃虛寒，作瀉者忌之。熬熟治飲食甚美，但須逐日熬用，不可過宿。若經宿則火性反復，能助熱動氣也。入血餘熬膏煉丹收好，能傳一切瘡毒，排膿止痛。然諸熬膏必用真胡麻油，以其凉血解毒也。惟濕氣膏不用。婦人難產，因血枯澀者，用清油半兩，好蜜一兩，同煎數十沸，溫服，胎滑即下。【略】

胡麻，一名巨勝，即今之脂麻也。蒸熟堪補虛羸，且耐飢渴寒暑，填腦髓，堅筋骨，益氣力，長肌膚，明耳目，養五臟，補肺氣，止心驚。頭風勞氣，傷寒溫瘧，養血潤腸，風淫癱瘓，產後羸困，補中益氣，益血脉榮筋。濕痹堪除，中風亦却。逐風濕遊風，利大小二腸。催生落胞，金瘡疔腫，禿髮頭瘡，浸淫惡瘡，除腫，火灼疥癬，並能取效。久服輕身不老，耐飢渴延年。

主治痘疹合參：擇紫黑色者佳，酒淘浸晒乾，炒用。凡痘後成爛瘡者，最宜。

清·张璐《本經逢原》卷三 胡麻《本經》名巨勝子，《千金》名烏麻子，即黑芝麻。葉名青蘘，莖名麻藍。甘，溫，無毒。《本經》主傷中虛羸，補五內，益氣力，長肌肉，填髓腦，久服輕身不老。發明：胡麻甘溫，質潤性燥，專入足少陰血分。巨勝子丸以之為君，專補腎藏陽虛，兼行肝、心、脾、肺四經，益脾滋肺，降心包之火，滋肝木之陰，平補五藏，但不若附、桂之雄健耳。其白者名白油麻，亦能潤肺除燥，下通脾約便難。赤者專發腎經之毒，錢氏治小兒痘疹變黑歸腎，用赤芝麻煎湯送百祥丸。〇青蘘，巨勝苗也。《本經》主五藏邪氣，風寒濕痹，益氣補腦髓，堅筋骨。胡麻花為末，麻油塗生禿髮、長眉毛，《外臺》《千金》用之。〇麻莖燒灰點痣，去惡肉，又治小兒鹽哮，以淡豆腐蘸麻莖灰食之。〇白麻作油，微寒解毒潤腸，主產婦胞衣不落，熬膏生肌長肉，止痛消腫。〇燈盞油吐風痰食毒。

清·汪啟賢等《食物須知·諸米》 白芝麻 味甘，生則氣寒，熟則氣熱。無毒。在處俱有，夏種秋收。行風氣併頭面浮風，治虛癆，身體客熱。通便閉結，利血脈，潤髮焦枯。勿久食之，抽人肌肉，不可不知。

麻油，性冷，食物資調。經宿必熬熟為佳，生食恐動氣反害。

胡麻一名巨勝，味甘，氣平，無毒。原出胡地大宛，張騫始得種歸。粒大而肥，與麻相類。因在胡產，故名胡麻。八穀之中惟此大勝，又名巨勝，美之之辭。此說所傳本於陶注，世謂夫婦同種，生而茂，熟倍收。北直郊園並多種蒔，莖葉嫩可為菜，麻乃作英。中藏黑者良，白者劣。詩云松下飯胡麻，即此是也。仙經甚重，茯苓相宜。蒸熟，堪補虛羸，且耐飢渴寒暑，填胸髓兼筋骨，益氣力，長肌膚，明目輕身，延年不老。生者，嚼塗瘡腫，禿髮敷亦重生。

清・浦士貞《夕庵讀本草快編》卷三　脂麻《別錄》　巨勝　張騫得種大宛，八穀中惟此最勝，故曰巨勝。又傳夫婦同種則茂盛。古云胡麻好種無人種是也。　脂麻甘溫，五穀之長，仙家服食之品也。榨油以白者為勝，而入藥以黑者為良，取其通腎潤燥爾。若能久服悅顔辟穀，與世常存矣！如劉阮遇仙姑餉以胡麻是也。夫油本出於麻，麻溫而油寒，非同質而異性乎？若生用之，能解毒潤燥，止痛消腫，一經煎煉，便助熱生痰矣。古云：積油百石，於中生火，油衣油帋得熱則焚，炙煿之害，可不戒哉？

清・張志聰、高世栻《本草崇原》卷上　巨勝子　氣味甘，平，無毒。主治傷中虛羸，補五內，益氣力，長肌肉，填髓腦。久服輕身不老。　巨勝一名胡麻，一名狗虱。本出胡地，故名胡麻。巨，大也。本生胡地大宛，故又名巨勝，八穀之中，唯此為良。寇宗奭曰：胡麻正是今之大脂麻，獨胡地所產者肥大，因名胡麻，又名巨勝。今市肆中一種形如小茴，有殼無仁，其味極苦，偽充巨勝。夫巨勝即胡麻，是屬穀類，劉阮深入天台，仙女飼以胡麻飯，若有殼無仁，其味且苦，何堪作飯。須知市肆中巨勝係野生狗虱，故有壁虱胡麻之名。壁虱、狗虱不堪入藥。如無胡麻，當於脂麻中檢色赤而肥大者用之，庶乎不誤。　麻乃五穀之首，稟厥陰春生之氣。夫五運始於木，而遞相資生。主治傷中虛羸者，氣味甘平，補中土也。補五內，益氣力，所以治傷中也。長肌肉，填髓腦，所以治虛羸也。補五內，益氣力之無形，長肌肉，填髓腦之有形，則內外充足，故久服輕身不老。

清・劉漢基《藥性通考》卷三　烏芝麻　味甘，氣溫，無毒。入腎經，並通任督之脉。功擅黑鬚，凡黑鬚髩之藥，缺此則不成功。蓋諸藥止能補腎，而不能通任督之脉也。唇口之間，正任督之路，烏芝麻通任督而又補腎，其汁又黑，所以取效神也。但功力太薄，非久服多服，益之以補精之味，未易奏功，亦須慎酒色。〇芝麻性潤而汁烏，烏自入腎，既入腎，自能潤髭，況又通任督之脉乎？更能上潤於心，使心火不炎不燒，任督之路引補腎之藥上至於唇口，故能變白也。

巨勝子謂胡麻者。　味甘，氣溫，平，無毒。丹經盛稱之原有功益，入心、腎二經。補虛羸，耐飢渴寒暑，填髓堅骨，益氣力，長肌膚，明目輕身，延年不老，益元陽，興陰莖，最生津液，入口即生，與人參相同，其補益之功不可思議。惟其體最輕，內實者正無多也。然亦不必盡內實者始可用，不必去殼，但投之水中，半沉半浮者即可用，將浮者棄去，取出沉與半沉者，用地黃汁泡之一日，晒乾，磨末用為妙。〇附延景丸方：巨勝子二觔，熟地一觔，山藥一觔，桑葉乾者二觔，三月盡採之，晒乾為末者佳，老葉不可用，茯苓三兩，薏仁三兩，芡實三兩，淫羊藿半觔，巴戟天一觔，山茱萸半觔，北五味三兩，菟絲子一觔，各為末，蜜丸，每日用白滾水送下五錢；如脾氣欠健，加白朮一觔，氣虛加人參六兩，黃芪一觔；陽道欠舉，加肉桂三兩。此方不寒不熱，實延齡妙方。

清・姚球《本草經解要》卷四　脂麻仁　氣平，味甘，無毒。主傷中虛羸，補五內，益氣力，長肌肉，填髓腦。久服輕身不老。色黑者良。酒蒸晒。

脂麻氣平，稟天秋涼之金氣，入手太陰肺經。味甘無毒，得地中正之土味，入足太陰脾經。八穀之仁，兼入手少陰心經。氣味升多於降，陽也。陰者，中之守也。傷中者，陰血傷也。肺為津液化源，脾統血，心主血，脂麻入脾肺心，甘平益血，所以主傷中也。脾主肌肉，脾燥則虛瘦，味甘潤脾，故主虛羸。內為陰，外為陽。五內，五藏之內，藏陰之所也。脂麻滋潤，故補五內。陰虛則餒，五藏既補，氣力自充。脾主肌肉，味甘潤脾，肌肉自長。髓與腦皆陰氣所化也。甘平益陰，陰長髓腦自填。久服味甘益脾，脾血潤，故不老。氣平益肺，肺氣充，故身輕也。　製方：麻仁同甘菊、天冬、黃柏、生地、首烏、栢仁、桑皮、牛膝、杞子、麥冬丸，治半身不遂。同茅朮丸，治脾濕。

清・葉盛《古今治驗食物單方》　芝麻　牙齒腫痛，胡麻煎漱口，不過二劑愈。　小兒下痢赤白，油麻一合，搗，和蜜湯服之。　小兒軟節，油麻炒焦，乘熱嚼爛敷之，并治頭面諸瘡。　痔瘡腫痛，脂麻煎湯洗之，即消。　坐板瘡，生芝麻嚼敷之；　陰痒亦治，湯火傷同法。　芝麻油解諸毒。　鼻衄不止，紙條蘸真麻油入鼻，取嚏即愈。　下死胎，香油、蜂蜜各半，入湯頓服。　漏胎、難產，因血乾濇也，用清油半兩，蜜一兩，同煎數沸，溫服，胎滑即下。　產腸不收，用油五觔，煉熟盆盛，令婦坐盆中，飯時久，先用皂角炙去皮弦，研末吹入鼻中，作嚏立收。　白癜風，酒合生麻油，服至五斗愈。

清・王子接《得宜本草・上品藥》　胡麻　即黑脂麻，大者名巨勝。湯浸蒸曝，布裹，挼去皮。味甘、辛。入腎潤燥。得桑葉逐風濕，堅筋骨。

清・黃元御《玉楸藥解》卷四 芝麻 味甘，氣平。入足厥陰肝、手陽明大腸經。潤肺開閉。芝麻補益精液，潤肝腸，治大便結塞，清風榮木，養血舒筋。療語塞步遲、皮燥髮枯、髓涸肉減、乳少經阻諸證。醫一切瘡瘍，敗毒消腫，生肌長肉，殺蟲，生禿髮，滑產催衣皆善。

清・吳儀洛《本草從新》卷四 胡麻〔補肝腎，潤五臟，滑腸。〕一名巨勝子。以下麻麥稻類。 甘，平。益肝腎，潤五臟，填精髓，堅筋骨，明耳目，耐飢渴，可以辟穀。烏鬚髮，利大小腸。療風淫癱瘓。河間曰：麻，木穀而治風。又云：治風先治血，血活則風散。胡麻入肝益血，故風藥中不可缺也。李〔廷〕〔鵬〕飛〔李〔廷〕〔鵬〕飛《三元延壽書》。〕云：風病人久服，步履端正，語言不蹇。《神農》收為上品。《仙經》載其功能，洵奇物也。涼血解毒。生嚼，敷小兒頭瘡。服之令人腸滑，得白朮并行為勝。精氣不固者亦勿宜服。皮肉俱黑者良。九蒸九曬。可以服食。弘景云：八穀之中，唯此為良。麻油，療瘡滑胎。熬膏多用之。涼血止痛，生肌解毒。壁蝨胡麻，一名亞麻。甘，微溫。治大風瘡癬。鄭奠一常用壁虱胡麻佐苦參、蒺藜治大風疥癩，屢有愈者。其色似栗。氣惡不堪食，止可入藥。

清・汪紱《醫林纂要探源》卷二 胡麻 甘，苦，寒，滑。又名脂麻。其莢方，故又名苣勝子。其莖葉頗似麻，故名。然莖短不及大麻之半，葉對節而生，幹稍方，花生節間，隨結成莢，莢四隔，子著其中，圓扁而有尖，全不類大麻。皮亦不可為布。李士材以此即大麻，其誤甚矣。黑色者，能滋陰，以其甘滑。補腎，以其黑潤而苦。利大小腸，以其甘滑。緩肝明目，以其甘寒。涼血解熱毒，以其甘寒，治瘡潤燥。白色者潤肺，泄逆氣。以其苦能泄，亦止咳嗽。赤褐色者，交心腎。又有大粒而色褐者，曰壁蝨胡麻，或用以治瘋癩。亦取其緩肝潤燥也。麻油：甘，寒。解瘡瘍熱毒。熬膏良。

清・嚴潔等《得配本草》卷五 芝麻即胡麻，一名巨勝。稭、花、油。 甘，平。入足三陰經血分。補精髓，潤五臟，通經絡，滑肌膚。治尿血，祛頭風，敷諸毒不合，并陰癢生瘡。得蔓荊，治熱淋莖痛。得白蜜蒸餌，治百病。配連翹，治小兒瘰癧。嚼生芝麻，綿包與兒咂之，下胎毒。烏色者佳。敷瘡，生嚼。滑痰，生用。逐風，酒蒸。入補，蒸曬。炒食，不生風病。精滑，脾滑，牙疼，口渴，四者禁用。麻雖潤而偏致口燥。 秸 淡，寒。點痣，燒灰。去惡肉。 花 甘，寒。潤大腸。身上生肉丁，擦之即愈。配豆腐，治齁哮。 油 甘，微寒。入手陽明經。解天行熱毒，涼血潤燥，配苦參，治瘡疥。生肌止痛。得皮硝少許，治小兒便秘。合白蜜，治難產，兼下死胎。生榨者良。宜生用。若煎服，與火無異。多服困脾損聲，精滑者禁用。

題清・徐大椿《藥性切用》卷六 胡麻 一名巨勝子，即脂麻。性味甘平，益肝補腎，潤燥填精。黑者良。蒸晒用。麻油，滑胎利產，潤燥通腸。腸滑者均忌。壁蝨胡麻，味甘微溫，療大風瘡癬。只宜入藥，不堪服食。

清・黃宮繡《本草求真》卷二 胡麻潤燥滑腸，去風解毒。 胡麻《本經》名巨勝子，《千金》名烏麻子，即黑芝麻，耑入脾、肺，兼入肝、腎。本屬潤品，故書能填精益髓，又屬味甘，故書載能補血暖脾耐飢。抱朴子云：用上黨胡麻三斗，淘淨，甑蒸令氣遍，日乾，以水淘去沫，再蒸，如此九度，以湯脫去皮，洗淨，炒香為末，白蜜棗膏為丸，服之能令不飢。凡因血枯而見二便艱澁，鬚髮不烏，風濕內乘，發為瘡疥。《千金方》用烏麻丸九蒸九晒，研末，棗膏為丸，服之能令白髮反黑。《聖惠方》熱淋莖痛，用烏麻子、蔓荊子各五合，炒黃緋袋盛。以井華水三升，每食煎服一錢。河間曰：胡麻入肝益血，風藥中不可闕。並小兒痘疹變黑歸腎。錢氏用赤芝麻湯送百祥丸。見有燥象者，宜以甘緩滑利之味以投。若使下元不固而見便溏陽痿，精滑白帶，皆所忌用。麻油甘寒，滑胎利腸，凡胞衣不下，用蜜同煎溫服，暨血熱癰腫、惡瘡癬疥，用此煎膏以治。涼血解毒，止痛生肌。皮肉俱黑者良。時珍曰：胡麻取油，以白者為勝，服食以黑者為良，胡地者尤妙。取其黑色入通於腎而能潤燥也。赤者狀如老茄子，殼厚油少，但可食爾，不堪入藥。出於胡種大宛者尤佳。

清・李文培《食物小錄》卷下 白麻油 甘，平、涼，無毒。滑腸胃，行風氣，通血脈，去頭面浮風，潤肌肉。乳母服之，子不生熱病。妊婦食之，利產，清熱解毒。

清・李文培《食物小錄》卷上 脂麻作芝非 甘，平，無毒。補五臟，益氣力，長肌肉，填髓腦。久服，輕身不老，堅筋骨，明耳目，耐飢渴，延年，端步履，言語不謇，滋陰潤腸，解毒。有黑、白二種，生寒，炒熱，惟蒸者性溫而補人。取油，以白者為勝；服食，黑者良。

清・羅國綱《羅氏會約醫鏡》卷一 七穀部 芝麻一名巨勝子。味甘氣平，入肝、脾、腎三經。 不寒不熱，益脾胃，補肝腎之佳品也。潤五臟，益氣力，填骨髓，堅筋骨，明耳目，肝腎足也。利二便性潤，逐風濕，入肝益血，血活風散。澤肌膚血足，治頭瘡。小兒頭瘡，生嚼敷之。久服輕身延年，但令人腸滑，須以白朮佐之。

麻油：滑胎。血枯難下者，用麻油五錢，蜂蜜一兩，煎數十沸服之。磨瘡腫，生禿髮，熬膏用之。涼血解毒。皮肉俱黑者良，栗色者名鱉虱胡麻。更佳。九蒸九晒用。

清・陳修園《神農本草經讀》卷二上品 黑脂麻 氣味甘，平，無毒。主傷中虛羸，補五內，益氣力，生長肌肉，填髓腦。久服輕身不老。色黑者良。

清・趙學敏《本草綱目拾遺》卷八諸穀部 芝麻殼 此乃芝麻外殼也。《綱目》載其苗曰青蘘，又有麻枯餅、麻花、麻稭，無麻殼，因補之。湯火傷：楊春涯《驗方》：芝麻殼燒存性，研細，遇火傷者，用麻油調搽即愈；倘溼爛，乾摻之。半身不遂：《千金不易方》：芝麻殼五錢，酒煎服，出汗即愈。

清・黃凱鈞《藥籠小品》 胡麻 潤腸胃，益五藏。大便滑者忌用。

清・章穆《調疾飲食辯》卷一下 脂麻汁 漢時始自胡地入中國，故又名胡麻。葉名青蘘見菜類。莖名麻藍，一名麻稭，有黑、白二類，四稜、六稜、八稜諸種。花有紫、白二色。《綱目》以為隨土地之肥瘠而變，非也，種各不同也。又有一莖獨上者，有分枝四散者，《綱目》以為隨苗之稀稠而變，亦非也，白者獨上，黑者分枝也。《證類本草》曰：俗傳胡麻須夫婦同種則茂，故唐人詩曰：蓬鬢荊釵世所稀，布裙猶是嫁時衣，胡麻好種無人種，合是歸時底不歸。性能解毒，又去風不拘黑白。又極多油，故能潤燥。上治乾欬，下潤大腸。若欬而痰清，及大便溏滑者忌之。而《食性本草》云初食則滑，久食則否，誤也。《食鑒本草》曰：生者性涼而解毒，炒者性熱而發病，蒸者性溫而補益。然入藥可生用，或蒸用。陶隱居曰：蒸不熟，令人髮落。《炮炙論》曰：宜酒拌濕，從巳至亥為率。點茶，或作果餡，或下酒、下飯，均須炒，不炒不香也。大抵炒者必熱，一定之理。而攤晾去火氣，或隔一二日方食，亦不甚熱。《食療本草》曰：生食能滑腸胃，去浮風，潤肌膚，所以能去風者，總因其潤也。食後生噉一合。宜研極細，無一粒完者方可。凡病人食脂麻，俱宜如此。此與諸米正相反，米完者作粥飯則益人，碾粉作粢糕則困脾胃；脂麻碾粉則無害，完者則敗脾作泄。乳母之子多食之，孩子永不生病。不生癰疽疔腫，及皮膚諸風病也。又生兒屢患痘殤者，其母尤宜多食之。生嚼敷瘡癤。又云久食抽人肌肉。脾胃燥熱之人，食之則解毒、潤肌肉；無燥熱或中洲有濕之人，久食則滑泄敗脾胃。故云抽肌肉者，令人瘦也。其汁停久者，飲之發霍亂。炒研點茶，閩、廣最尚，客至無此不為恭敬。《日華本草》曰：潤養肺氣，乾欬無痰，及老人痰火久嗽，此茶最妙。《延壽書》曰：病風人，久食則步履端正，語言不蹇。《經驗方》曰：婦人乳少，鹽炒脂麻多食。《三因方》曰：誤吞麥芒，在咽曰穀賊，在喉曰尸咽，脂麻茶常飲。《外臺》方曰：小兒初生，預備紅色或青色綢絹未見水者，甘草汁蘸濕。兒出胎時，急用此絹裹指入兒口中拭去污血。生嚼脂麻，同淡橄欖肉搗爛，絹包與兒吮之，解下胎毒，令兒無病，可免痘瘡。湯火傷灼，生研脂麻塗。《肘後》治婦人陰癢生瘡同。脂麻之用如此，而服食家有云服之不飢，可以辟穀者；有云長生不死者，皆荒誕之言也。而《本經》亦有補虛羸傷中，益氣填腦髓，久服輕身不老之說，疑其另是一物。蓋《本經》所說名巨勝，後人云即胡麻。若果即胡麻，《本經》乃上古之文，漢時始入中國之說，又當作何解乎？

脂麻油 入饌能解飲食之毒。但性滑，蔬菜中過多則敗脾。病人大便不結者，酌而用之。《別錄》曰：主天行熱閉，服一合，取利為度。《胎產須知》曰：漏胎難產，漿水先下，其胎乾澀不行，麻油半兩，蜜一兩，入湯煎數沸，頓服。《食療本草》曰：通大腸熱閉，治蚘攻心痛，麻油一合，雞子兩枚，芒硝一兩，攪服。又總解百毒，香油灌之。又治盤腸生產，其腸不收，用油燒溫，盆盛，令坐其中，食頃以燈草捺鼻作嚏，立上。陳者外用作薄貼膏藥，愈陳愈妙，至一二十年即是仙丹。能消腫解毒，散血生肌。但過陳者不宜耳。約二年為率，二年以外者，切勿入病人之饌。

清・章穆《調疾飲食辯》卷二 胡麻飯 即脂麻，其內有油，傷脾敗胃，令人作泄，本不堪作飯，只作果餡及榨油耳。乃亦云神仙所食，語更不經，詩文中至用為典故，自小說劉晨、阮肇入天台山始，豈可信之。又藥肆一種胡麻，乃壁蝨胡麻，與脂麻名同，實非穀類，不入食品。

韓懋《醫通》曰：凡造飯，用荷葉湯者寬中，芥菜湯者豁痰，紫蘇湯者行氣解肌，薄荷湯者去熱，竹葉湯者解暑。按此法觸類增加，不僅此數種。然必氣味純正，始可入饌。若辛酸苦劣與飲食不相投者，縱合病，只可入藥，不宜入食，恐因此減膳，是弄巧反拙也。又古人左飯右羹，羹以養陽，食以養陰。若因病所宜，用各種蔬菜、魚肉汁下之，是即古人之羹矣。不能悉載，明物理者自有化裁也。

清・章穆《調疾飲食辯》卷三 脂麻苗葉 一名青蘘。《本經》曰：治風寒濕痹，益氣補虛，堅筋骨。《綱目》曰：祛風解毒，潤腸。嫩苗，《別錄》

名蓼神。取子種之，苗出即採。甚滑美，亦能補益。又治崩中，血凝注腹中成塊，不速治殺人：葉生搗汁半升，溫服，立愈。無脂麻葉，用苧麻葉。無苧麻葉，用苧麻根皮。又治食物礙咽不下，及飛絲入喉，生嚼脂麻葉，滿口吞之。

清・王龍《本草纂要稿・穀部》 胡麻 氣味甘平。蒸熟堪補虛羸，且耐飢渴寒暑。填腦髓，尤堅筋骨。益氣力，更長肌膚。明目輕身，延年不老。

清・楊時泰《本草述鉤元》卷一四 胡麻 《本經》胡麻，一名巨勝，即今油麻，亦曰脂麻。俗做芝麻要。古者中國止有大麻，其實為蕡，漢張騫自大宛得油麻種來，故名胡麻，以別中國大麻也。巨勝即胡麻之角，巨如方勝者，非二物也。服食以黑者為良瀕湖。

味甘氣平。入足太陰兼入足厥陰少陰經。性與茯苓相宜隱居。潤養五臟，療虛羸傷中，補肺氣，止心驚，益氣力，耐寒暑，填髓腦，利大小腸。初食利，久食即否，去陳留新。士良。逐風濕氣遊風頭風。炒食，不生風病。風人久食，正步緩，利言語李(廷)〔鵬〕飛。麻，木穀而治風河間。治風先治血，故血活則風去。胡麻入肝益血，故風藥中不可闕又。一味九蒸九曝，加茅术、乳汁，曬三次，做丸，能健脾燥濕益氣。

得首烏、茅术、茯苓、菖蒲、桑葉、牛膝、當歸、地黃、續斷、桑寄生，治風濕痺。同生地、黃蘗、天冬、首烏、甘菊、枸杞、麥冬、牛膝、柏仁、桑葉作丸，治似中風口眼喎斜，半身不遂，服久神驗。靜神丸，治肺氣，潤五臟，填精髓，有益男子，亦能休糧，用巨勝、白蜜等分合服，患人虛而吸吸者，加而用之。

白油麻，取油，以白者為勝，故名。

味甘。生者，性寒而治疾。炒者，性熱而發病。蒸者，性溫而補人。生主客熱因痰飲成癖，嘔吐滑腸胃。蒸食行風氣，通血脈。八穀之中，惟此為良，故能益血脈，補虛羸隱居。

論：胡麻種於四月，收穫於夏末，以火土始終，而油潤脂溢乃爾，是真於至陽之會，宣至陰之化者，惟令真陽益暢於陰中，故能種種奏功於形臟。如療虛羸，益氣力，補肺氣，耐寒暑。其黑者，色通於腎，賦天一之專氣，尤能以潤五臟者，還歸腎臟而填補髓腦。至於治風，歸功益血，其用與他味不同。蓋人身水穀所化之精微，和調於五臟，灑陳於六腑，而後入於脈，其和調灑陳於臟腑之液，復歸於腎，合和為膏，以填骨空，骨乃腎所生也。胡麻脂潤，已能從中土之甘，化風火之燥，況其由腎至肺以潤五臟，而仍還於至陰之地者，並徵於色乎。蓋其種種形臟之益，是陽得陰以化，至於填髓補腦，陰更隨陽以化矣。仙家服食為要藥，義不出此。知此則袪風之義，亦思過半矣。

麻油：炒熟，乘熱壓出油，謂之生油，但可點照，須再煎煉，乃為熟油，可食，不可點照宗奭。入藥，以烏麻油為上，白麻者次之瀕湖。味甘微寒。生主天行熱悶，腸內結熱，下三焦熱毒氣，通大小腸，治蚘心痛，產婦胞衣不落，解食毒蟲毒瘡毒。陳油煎膏，生肌長肉，止痛消腫。惟濕氣膏不用諸本草。油生於麻，麻溫而油寒，同質而異性也守真。香油，乃炒熟脂麻所出，食之美，且不致疾。若煎煉過，與火無異丹溪。《博物志》言，積油滿百石，則能生火。《墨談》言衣絹有油，蒸熱則出火星。是油與火同性矣，用以煎煉食物，尤能動火生痰瀕湖。生用有潤燥解毒，止痛消腫之功又。麻油所主，皆取其甘寒滑利，除濕潤澡，涼血解毒之功仲淳。解砒石毒，麻油一椀灌之。入血餘一味熬膏，鉛丹收好，能傳一切瘡毒，排膿止痛。腫毒初起，麻油煎葱黑色，趁熱，通手旋塗自消。癰疽發背初作，用麻油一斤，銀器煎二十沸，和醇醋二椀，分五次，一日服盡，使毒氣不內攻。預解痘毒，用生麻油一小盞，水一盞，旋旋傾下油內，柳枝攪稠如蜜，每服二三蜆殼，大人二合，臥時服之，三五服大便快利，瘡自不生，此扁鵲油劑法。《直指》用麻油、童便各半盞，遇時行暄暖，如上法服之。胎漏難產，因血乾澀，用麻油半兩，好蜜一兩，同煎數十沸，溫服即下。

論：麻油之最能解毒者，即為其始終於火土之時，卻宣金水之化氣而脂潤，正以對夫結熱蘊積之傷營，而並及於衛者。但白麻亦似不及黑麻，為本於至陰之元也。

生者，多食發冷疾。脾胃虛寒作瀉者，不宜食。熬熟，治飲食甚美，但須逐日熬用，經宿則火性反復，能助熱動氣仲淳。

麻枯餅，此榨出油麻渣也。烏鬚法：麻枯八兩，鹽花三兩，用生地十斤取汁，同入鐺中熬乾，覆以鐵蓋，鹽泥泥之，煅赤取細末，日日揩牙三次，揩畢，飲薑茶，先從眉起，一月盡黑。

清・葉桂《本草再新》卷七 胡麻味甘，性平，無毒。入肝、脾、腎三經。補肝腎，潤五臟，填精髓，堅筋骨。利大小腸，聰耳明目，生津解肌，療風癱瘓。〇麻油，涼血解毒。

清·吴其濬《植物名實圖考》卷一 胡麻 即巨勝,《本經》上品。今脂麻也。昔有黑白二種,今則有黄紫各色,宜高阜沙壖,畏潦,油甘用廣,其枯餅亦可糞田養魚。葉曰青蘘,花與稭皆入用。

雩婁農曰:一飯胡麻幾度春,此道人服食耳,非朝饔而夕飧也。東坡《服胡麻賦序》謂:夢道士以茯苓燥,尚襍胡麻食之。且云世間人聞服脂麻以致神仙必大笑。然其性實熱。宋人《說部》有謂久服巨勝,乃至發狂欲殺人,其烈同於丹石。則蘇子之言亦未可盡信。獨其功用至廣,充腹耐飢,飴餌得之則生香,腥羶得之則解穢,以為油則性寒去毒,而藥物恃以為調,其枯美田疇,亦可救荒。說者云:大宛之種,隨張騫入中國,其語無所承。然宜暵而畏濕特甚。元人賦云:六月亢旱,百稼槁乾,有物沃然,秀於中田,是為胡麻,外白中元。又俗言芝麻有八拗,謂雨暘時薄收,大旱方大熟,開花向下,結子向上,炒焦壓榨,纔得生油,膏車則滑,鑽鍼乃澀。觀此數端,可知其性。

清·趙其光《本草求原》卷一四穀部 胡麻即脂麻,一名巨勝,黑芝麻,一名烏麻子。四月種,六月收,得火土而成。甘,平,多脂。溫潤五臟,還歸於腎,以填精髓,色黑入腎。補虛羸,脾血充則肉長。治傷中,益肺氣,止心驚,益氣力。甘平益氣血,以暢真陽。利大小腸,潤滑之功。逐風濕氣、遊風、頭風。炒食不生風病,風人久食則正步,利言語。精血充自能化風火之燥也。耐寒暑勞氣,平即辛,腎喜辛,開腠理,辛平達腎陽,則精足氣通而形旺。堅筋骨,精氣入脈為血,則筋得養,歸腎入骨則髓充。明耳目,耐飢渴。九蒸曬服食,能辟穀,初食滑腸,久食去陳留新。與白朮並用尤勝,能健脾益氣。

白脂麻:名白油麻。亦潤肺,滑腸,行風,通血脈,客熱。作汁服。生寒,治嘔吐因痰飲成癖。蒸熟補人。炒食發病。生嚼,敷小兒頭瘡。

白麻油,甘,微寒。煎煉未久,涼血,通滑二腸,潤燥結,治蛔心痛,伏痰,遇冷即嘔吐。同各藥炒為末。解食毒、蟲毒、瘡毒,初起煎,和醋飲,毒不內攻。和葱煎黑,乘熱擦自消。生肌排膿,止痛消腫,入血餘熬膏,鉛丹收入敷貼。滑胎。為其始終於火土,能宣金水之氣化,故解毒如此。但入藥,白麻油不及黑麻油,以其溫達至陰之元氣也。

和蜜熬,治血乾,難產。麻油動火生痰。新磨則寒而解毒。炒煉陳久,須常常蒸熟,否則火性反復。油麻渣八兩,鹽三兩,用生地十斤取汁,同熬乾,再封煅赤,研末,日揩牙三次,揩畢,飲薑茶,一月髮鬚變黑。按新磨者為生油,但可照點;再煎煉為熟油,始可食。但須逐日煉用,乃不動火,如鐵出火中,仍為生鐵。

栗色者名鼈虱胡麻,解散風熱,濕毒。佐苦參、蒺藜,為大麻風、疥癩之要藥,醉仙散用之。燈盞油吐風痰、食毒,治癬。

清·李文榮《知醫必辨·雜論》 藥有極賤,似於人無益而大有益者,黑芝蔴荄是也。予嘗治肝氣脹痛異常,氣逆嘔吐,前醫用二陳、香附、木香,順氣不效,加用破氣,如枳殼、腹皮、烏藥、沉香之類,更不效。予思肝氣橫逆,固非順氣不可,但肝為剛臟,治之宜柔,前醫所用皆有剛意,故肝不受。治宜甘以緩之,兼養陰以平肝,然非兼通氣之品,亦難速效,惟通氣之藥,難免剛燥之意。偶思及芝蔴荄,外直內通,其色黑可逕達腎,其性微涼,毫無剛意,遂用一支,助以金橘餅三錢,一服而效,數服全愈矣。每遇舉發,即用是方,無不速愈。嗣後予治肝氣必用之,無不應手,所謂輭通於肝最宜。因思凡人臟腑之氣,無不貴通,《內經》通則不痛,痛則不通,固已。而推廣其意,通則不脹,脹則不通;通則不逆,逆則不通。凡治氣病,無不宜通,不獨肝經也。兼治哮症多年,腎氣上逆,予用六味地黄加減為丸,每服五錢,以芝蔴荄一支,煎湯下,竟能漸愈,久不發矣。又治肝氣犯胃,飲食阻滯,欲成膈症,予以滋潤平肝,清金暢胃之品,加芝蔴荄、金橘餅,十數服而愈。又遇脹症,幾有單腹之象,予用甘麥大棗湯加芝蔴荄、金橘餅,連服月餘而愈。其他諸氣為病,服之得效者,不可數計。今諸親友,凡有氣症,延予診治,必囑以芝蔴荄為家藏。若夫財翁,惟知愛蔘,此種賤藥之妙,彼固不知且不信也。此藥各家本草所不載,予偶得之,十年於茲,始以治肝氣,漸則可治之病甚多,雖蠱脹單腹,亦所能治。予不肯以為獨得之奇也,特表而出之,以公諸世。

清·葉志詵《神農本草經贊》卷一 青蘘 味甘,寒。主五藏邪氣,風寒濕痹,益氣補腦髓,堅筋骨。久服耳目聰明,不飢不老。巨勝苗也。生川谷。

秋畦播種,先擷豐苗。蔬茁涎滑,髮沐雲飄。丫歧分尾,銳末垂髾。內守堅固,清夢逍遙。

李時珍曰:秋間取巨勝子,種畦中,如生菜之法,候苗出采食滑美。《本草》所著者,茹蔬之功。葉有本團而末銳者,有本團而末三丫形者。陸游詩:湘湖蓴長涎正滑。寇宗奭曰:以湯浸良久涎出,婦人以之沐髮。汪元量詩:鳳釵墮錦烏雲飄。《黃庭經》:內守堅固真之真。吳普曰:一名夢神。

清・葉志詵《神農本草經贊》卷一　胡麻　味甘，平。主傷中虛羸，補五内，益氣力，長肌肉，填髓腦。久服輕身不老。一名巨勝。葉名青蘘。生川澤。

種督兒曹，菑先嘉耦。八拗生殊，四宜具有。燭持溪頭，杯流洞口。緑葉華滋，沐宜螓首。

梅堯臣詩：胡麻養氣血，種以督兒曹。唐慎微曰：俗傳胡麻須夫婦同種則茂盛。《左傳》：嘉耦曰妃。《雞肋編》：胡麻性有八拗，雨暘時薄收，大旱方熟。開花向下，結子向上。炒焦壓榨，纔得生油。膏車則滑，鑽鍼乃澀。戴元表賦：芘本近仁，嚮明近智，韜約而不移近信，在困而能恭近義，以為君子之道，四宜乎。《拾遺記》：背明之國，有通明麻，食者夜行不持燭，是巨勝也。曹唐詩：喫盡溪頭巨勝花。《神仙記》：劉晨阮肇入天台采藥，見一杯流下，有胡麻飯。陸龜蒙詩：不敢窺洞口。古詩：緑葉發華滋。寇宗奭曰：青蘘葉湯浸，婦人以之梳髮。《詩》：螓首蛾眉。

清・文晟《新編六書》卷六《藥性摘錄》　胡麻　即黑芝麻。甘，潤。填精髓，潤燥滑腸，解毒去風。凡燥症宜用。若陽痿精滑，便溏白帶，忌之。○皮肉俱黑者良。○若九蒸九曬，初服微有溏泄，久則益人，無忌。○麻油，甘，寒。生用滑胎利腸。煎炒則帶熱。○熬膏藥，治癰腫諸瘡，止痛生肌。

胡麻　即黑芝麻。補中益氣，養五臟，去風，溫和腸胃，久食益人。患風病者常食，語言不蹇，步履端正。同黑豆(久)[九]蒸(久)[九]晒，去豆為末，頓服，能黑髮。初食利大腸，久食則否，去陳留新。並詳藥部滋水。白芝麻：味甘。生性寒，炒性熱，煮性溫。和血脈，潤腸胃，散風氣。多食滑腸，抽人肌肉。霍亂者勿食，泄瀉人勿食。

麻油　甘，溫。殺五黃諸蟲，下三焦熱毒，止心腹痛，通大小腸。宜生用，不宜火煎。菜子油、茶油，炒素菜俱佳。花生油不可常用。

清・張仁錫《藥性蒙求・穀部》　胡麻壁虱三錢、胡麻　胡麻甘平，益氣滋陰。潤腸明目，癱瘓風淫。一名脂麻，一名巨勝子。即胡地黑芝麻耳。去粗皮，微炒。○大者名巨勝子，入腎潤燥。得桑葉熄風熱，堅筋骨。○精氣不固者勿食。○栗色者，壁虱胡麻，更佳。甘，微溫。治大風瘡癬，九蒸九晒，可以服食。

清・王孟英《隨息居飲食譜・調和類》　胡麻一名脂麻，俗名油麻。　甘，平。補五内，填髓腦，長肌肉，充胃津，明目，息風，催生，化毒。大便滑瀉者勿食。有黑白二種，白者多脂，相傳謂漢時自大宛來，故名胡麻。生熟皆可食，為肴為餌，榨油並良，而不堪作飯。《本草》列為八穀之麻，誤矣。古人救飢用火麻，即《本經》之大麻，殆即八穀之麻也。　小兒初生，嚼生脂麻，綿包與咂，最下胎毒。頻咂可稀痘。　婦人乳少，脂麻炒研，入鹽少許食之。此方可作小菜，杭人呼為脂麻鹽，余最喜之。且可治口臭。孕婦乳母尤宜常食，甚益小兒也。　腰脚疼痛，新脂麻炒香，杵末，日服合許，溫酒蜜湯任下，以愈為度。　溺血，脂麻杵末，東流水浸一宿，平旦絞汁，煎沸服。　頭面諸瘡，婦人乳瘡、陰瘡，生脂麻嚼爛，傅。　穀賊稻芒阻喉也，脂麻炒研，白湯下。　湯火傷、諸蟲齩傷，脂麻生研，塗。

麻醬：脂麻炒如法，磨為稀糊，入鹽少許，以冷清茶攪之，則漸稠，名對茶麻醬。香能醒胃，潤可澤枯，羸老、孕婦、乳媼、嬰兒，臟燥瘡家，及茹素者，藉以滋濡化毒，不僅為肴中美味也。

脂麻油：甘，涼。潤燥，補液息風，解毒殺蟲，消諸瘡腫。烹調肴饌，葷素咸宜。諸油惟此可以生食，故為日用所珍。且與諸病無忌，惟大便滑瀉者禁之。凡方書所載香油即麻油也。久藏泄氣則香味全失，故須隨製隨用。○渣亦香甘，可為食料。筍得之而味美質爽，故麻渣不可以壅竹。　漏胎難產因血液乾澀也，麻油、白蜜各一兩，同煎數十沸，溫服。　小兒丹毒，湯火灼傷，生麻油塗浸，併飲之。　小兒發熱，不拘風寒飲食，時行痘疹，並宜用之。以葱涎入麻油内，手指蘸油，摩擦小兒五心、頭面、項背諸處輒愈。　蠱毒及砒石、河豚毒，多飲生麻油即吐出。　腫毒初起，麻油煎葱黑色，趁熱通手旋塗，自消。　雖大毒初起，若内服一二斤，毒氣自不内攻也。　猘犬毒、蛇齩者，亦宜先飲生麻油一二錢良。　打撲傷腫，麻油熬熟，和醋酒服，以火燒地，令熱，俾臥之，立愈無痕。

清・劉善述、劉士季《草木便方》卷二穀糧豆菜部　芝麻　芝麻殼能解熱毒，涼血止痛湯火塗。葉去垢膩逐風濕，油療諸瘡滑胎速。

清・田綿淮《本草省常・氣味類》　香油　性平。潤五臟，解百毒，明目聰耳，堅筋壯骨，逐風濕氣。

清・田綿淮《本草省常・穀類》　脂麻　一名胡麻，一名交麻，一名油麻，一名方莖，一名狗蝨，一名巨勝子，俗作芝麻。生，性平；熟，性溫。宜熟食。補虛勞，去風濕，潤五臟，解百毒，烏鬚髮，壯筋骨，填精益氣，聰耳明目。久食却病延年，輕身不老。黑者尤良。蝨，音瑟，俗作虱。

清・戴葆元《本草綱目易知錄》卷二　烏脂麻油麻、胡麻、巨勝。　甘，平。補肺氣，止心驚，潤五臟，填髓腦，堅筋骨，明耳目，耐飢渴。補中益氣，催生落胞，利大小腸，逐風濕氣。治傷寒溫瘧，遊風頭風，大吐後虛熱羸困。風病人，久食則步履端正，語言不蹇，及產後羸困。和白蜜蒸餅食，治百病。生嚼，傅小兒頭面諸瘡良。煎湯，浴惡瘡，婦人陰瘡。

白脂麻：甘，寒。滑腸胃，通血脈，行風氣，理虛勞，潤肌肉，去頭上浮風。飯後令乳母食，孩子永不生病。治客熱，可作飲汁服，仙方蒸以辟穀。服食烏者勝，取油白者良。原曰：脂麻，生者性寒而治疾，炒者性熱而發病，蒸者性溫而補人。凡脩事，曬乾，舂去粗皮，淘淨，酒拌蒸，曬乾，以烏豆對拌同炒，豆熟去豆用。〇小兒面瘡，浸淫水流，漸延滿面，令乳母生嚼脂麻傅。葆驗，屢效。【略】

麻油香油：甘，微寒。潤燥解毒，止痛消癰腫，補皮裂，治胎產諸病，胞衣不落。天行熱悶，腸內結熱，下三焦熱毒氣，通大小腸，開瘖聲，殺五黃，蚘咬心腹痛。傅一切惡瘡疥癬，治癰疽熱病。殺一切諸蟲螻蟻，取一合，和雞子兩枚，芒硝一兩，攪服，少時即瀉下毒物。生油摩腫生禿髮。去頭面遊風，解熱毒食毒、蟲毒、虎傷、蛇咬、蜂螫及砒毒、蠱毒。熬膏生肌長肉。但性寒利，常食發冷疾，滑精髓，困脾發渴，令人體重損聲。【略】

青囊油麻葉：甘，寒。祛風解毒，益氣潤腸，補腦髓，堅筋骨。治風寒濕痹，傷暑熱邪。煎湯沐頭，去風，潤皮膚，益血色。飛絲入咽喉者，嚼之即愈。婦人崩中血凝注者，生擣，熱湯，絞汁服，立愈。

清・陳其瑞《本草撮要》卷五　胡麻　味甘辛，入足少陰、手陽明經，功專潤燥。得桑葉逐風濕，堅筋骨。得苦參、蒺藜治大瘋疥癩，屢驗。皮肉俱黑者良。精氣不固者宜忌。一名脂麻，一名巨勝子。又有所謂壁蝨胡麻者，一名亞麻，治大瘋疥癩，以此為最。

清・吳汝紀《每日食物却病考》卷上　胡蔴附苣蔴　即脂蔴也。用芝字非。張騫使大宛還，攜其種入中國，故名胡蔴。今稱名有脂蔴、油蔴、巨勝之不同，其實皆胡蔴之異名耳。以其多油，故曰脂麻、油麻；以其於八穀之中獨勝故曰巨勝，巨者大也。諸家議論不同，有以葉之團尖異名者，有以莖之方圓、稜角之多寡異名者，皆非也。由於地有肥瘠之異、南北之分耳，但色有白黑之不同。黑者服食更良，而白者多油。有謂白者為脂蔴，黑者為巨勝，近似有理。其氣味皆甘，平，無毒。治虛勞，補五內，益氣逐風，潤肌膚，通血脉，利大小腸，耐飢渴，延年，療瘡。塗髮，令長生。嚼傅小兒頭瘡良。服食，宜九蒸九晒，搗餌之。其性與茯苓相宜，故仙家多用之。但蒸不熟，令人落髮。入菉荳粉作腐食，甚益人。

清・吳汝紀《每日食物却病考》卷下　香油　即麻油。生笮者入藥，蒸炒熟笮者，止可供食。味甘，涼，無毒。下三焦毒，通大小腸，殺一切蟲，傅一切瘡疥，生肌長肉，止痛。有牙及脾胃病者少食。市者不惟蒸炒，而又雜以他物。故入藥，須自笮生取者良。

清・周巖《本草思辨錄》卷二　胡麻　胡麻味甘臭香，合乎土德。且結角上聳，飽含脂液而不俯，又與脾職之上升無異。故主傷中、虛羸，填髓腦，補中而亦補上。功在增液，則潤肌膚，澤骨節，烏鬚髮，益乳汁，皆效有必至。陳士良云：初食利大小腸，久食即否。可知其力能下及而性復上注矣。

亞麻

宋・唐慎微《證類本草》卷三〇外草類〔宋・蘇頌《本草圖經》〕　亞麻子出兗州，威勝軍。味甘，微溫，無毒。苗、葉俱青，花白色。八月上旬採其實用。又名鵶麻，治大風疾。

明・劉文泰《本草品彙精要》卷四一　亞麻子無毒　植生。

亞麻子：治大風疾。出《圖經》。【名】鵶麻。【苗】《圖經》曰：苗葉俱青，花白色，八月上旬採其實用。【地】《圖經》曰：出兗州威勝軍。【時】生：春生苗。採：八月取實。【用】實。【味】甘。【性】微溫。【氣】氣之厚者，陽也。

明・李時珍《本草綱目》卷二二穀部・麻麥稻類　亞麻宋《圖經》

【釋名】鵶麻《圖經》　壁蝨胡麻《綱目》　【集解】頌曰：亞麻子出兗州、威勝軍。苗葉俱青，花白色。八月上旬採其實用。時珍曰：今陝西人亦種之，即壁蝨胡麻也。其實亦可榨油點燈，氣惡不堪食。其莖穗頗似茺蔚，子不同。

子【氣味】甘，微溫，無毒。【主治】大風瘡癬蘇頌。

明・繆希雍《本草經疏》卷三〇　亞麻　即鼈蝨胡麻，出兗州威勝軍，今陝州亦種之。其味甘，氣溫，無毒。足厥陰經血分藥也。厥陰藏血，為風木之臟。凡大風瘡癬，總厥陰血熱所致。甘溫益血而通行，則血自活，風自散，瘋疾疥癩瘡癬俱除矣。〔主治參互〕得漆葉、苦參、荊芥、天門冬、生地黃、青黛、百部、白花蛇、何首烏、半枝蓮、豨薟葉、刺蒺藜、甘菊花，治大麻風。同金銀花、連翹、萆薢、土茯苓、何首烏、蒼朮、木瓜、薏苡仁、生地黃、黃檗，治濕熱太甚，偏身膿窠瘡。

清・朱本中《飲食須知・穀類》 亞麻 味甘，性微溫，即壁虱胡麻也。其實亦可榨油點燈，但氣惡不堪食。

清・馮兆張《馮氏錦囊秘錄・雜症痘疹藥性主治合參》卷六 亞麻即鱉虱胡麻。專治三十六風。內有紫點，風搔徹骨者，同生地、連翹、丹皮、赤芍解毒涼血之藥，最妙。

清・张璐《本經逢原》卷三 亞麻俗名壁蝨胡麻 微溫，無毒。發明：亞麻，味甘，氣溫，無毒。足厥陰血分藥也。厥陰藏血，為風木之臟。凡大風瘡癬，厥陰血熱所致。甘溫益血而通行，則血自活，風自散，瘋疾疥癩瘡癬俱除矣。同金銀花、連翹、生地黃、黃蘗、萆薢、土茯苓、何首烏、蒼朮、木瓜、薏苡仁，治濕熱太甚，遍身膿窠，諸惡瘡如神。亞麻性潤，入陽明經，專於解散風熱濕毒，為大麻風必用之藥。故醉仙散用之。

清・嚴潔等《得配本草》卷五 亞麻一名鱉虱胡麻。 甘，微溫。入陽明經。散風熱，解濕毒。

清・吳其濬《植物名實圖考》卷一 威勝軍亞麻子 宋《圖經》【略】李時珍以為即壁蝨胡麻，臭惡，田家種植絕稀。

清・吳其濬《植物名實圖考》卷二 山西胡麻 胡麻，山西、雲南種之為田，根圓如指，色黃褐無紋，叢生，細莖，葉如初生獨帚，發杈開花五瓣，不甚圓，有直紋，黑紫蕊一簇，結實如豆蔻，子似脂麻。滇人研入麪中食之。《大同府志》：胡麻莖如石竹，花小，翠藍色，子榨油。元大同歲貢油麪，輸上都生料庫。今民間糶之。油曰大油，省南北以茹、以燭，其利甚溥，惟氣稍膩。雁門山中有野生者，科小子瘦，蓋本旅生，後蒔為穀。花時拖藍潑翠，裊娜亭立，秋陽晚照，頓覺懷新。本草以巨勝為胡麻，今名脂麻，而此草則通呼胡麻。《別錄》謂胡麻生上黨，不識指何種也。

清・戴葆元《本草綱目易知錄》卷二 壁蝨胡麻亞麻。葆補。 甘，平，微溫，味淡，色紫。入手足厥陰經。柔肝息風，鎮神定逆。治內風眩運，頭旋目眩，大風瘋疾，疥癩瘡癬。

清・吳汝紀《每日食物却病考》卷上 亞麻 即壁虱胡麻也，出兗州，今陝西亦多種之。其子亦有油，只可點燈，而氣味不堪食也。其莖穗頗似茺蔚，而子不同。其味甘，微溫，無毒。治大風瘡癬。故《食物本草》不錄之。

大麻

宋・李昉《太平御覽》卷八四一 麻 《爾雅》曰：黂，枲實。孫炎注曰：黂，麻子，音汾。《齊書》曰：宣帝陳皇后生高帝。高帝年二歲，乳人乏乳。后夢人以兩甌麻粥與之，覺而驚，乳因此豐足。《本草經》曰：麻子，味甘，無毒。主補中益氣，令人肥健。《養生要集》曰：麻子，味甘，無毒。主補中益氣，服之令人肥健。麻子，一名蕡，一名麻勃。

宋・李昉《太平御覽》卷第九九五 麻 《爾雅》曰：黂符云切，枲實。《禮記》曰：苴麻之有黂。枲麻別二名也，莩麻母苴麻盛子者。《廣雅》曰：黂，麻也。《毛詩・(黍離)・丘中有麻》曰：丘中有麻，彼留子嗟。又《雞鳴南山》曰：藝麻如之何，橫從其畝。又《東門之池》曰：東門之池，可以漚麻。又《宛丘・東門之枌》曰：不績其麻，市也婆娑。績麻者，婦人之事也。疾其今不為。崔寔《四民月令》曰：二月、三月可種苴麻，二月可枲麻子。《本草經》曰：麻蕡，一名麻勃。味平。生川谷。治七傷，利五臟，下血氣，多食令人見鬼狂走，久服輕身，通神明。麻子，補中益氣，久服肥健不老。生太山。《吳氏本草經》曰：麻子中人，神農、岐伯：辛。雷公、扁鵲：無毒。不欲牡厲、白薇。先藏地中者，食殺人。麻藍，一名麻蕡，一名青羊，一名青葛。神農：辛。岐伯：有毒。雷公：甘。畏牡厲、白薇。葉上有毒，食之殺人。麻勃，一名麻花。雷公：辛，無毒。畏牡厲。

宋・唐慎微《證類本草》卷二四米穀部上品〔《本經・別錄・藥對》〕 **麻蕡**音墳 味辛，平，有毒。**主五勞七傷，利五藏，下血寒氣**，破積，止痹，散膿。**多食令見鬼狂走。久服通神明，輕身。一名麻勃**，此麻花上勃勃者。七月七日採，良。

麻子： **味甘，平**，無毒。**主補中益氣**，中風汗出，逐水，利小便，破積血，復血脈，乳婦産後餘疾，長髮，可爲沐藥。**久服肥健不老**，神仙。九月採，入土者損人。生太山川谷。畏牡蠣、白薇，惡茯苓。

〔梁・陶弘景《本草經集注》〕云：麻蕡即牡麻，牡麻則無實，今人作布及履用之。

麻勃，方藥亦少用，術家合人參服，令逆知未來事。其子中人，合丸藥并釀酒，大善，然而其性滑利。麻根汁及煮飲之，亦主瘀血，石淋。

〔唐·蘇敬《唐本草》〕注云：蕡，即麻實，非花也。《爾雅》云：蕡，枲實。《禮》云：苴，麻之有蕡者。注云：有子之麻爲苴。皆謂子爾。陶以一名麻勃，謂勃勃然如花者，即以爲花，重出子條，誤矣。既以麻蕡爲米之上品，今用花爲之，花豈爲堪食乎？根主產難衣不出，破血壅脹，帶下，崩中不止者，以水煮服之，效。漚麻汁，主消渴。擣葉水絞取汁，服五合，主蚘蟲，擣傅蠍毒，效。

〔宋·馬志《開寶本草》〕按：《陳藏器本草》云：麻子，下氣，利小便，去風痹皮頑。炒令香，擣碎，小便浸取汁服。婦人倒產，吞二七枚即正。麻子去風，令人心歡，壓爲油，可以油物。早春種爲春麻，子小而有毒；晚春種爲秋麻，子入藥佳。

〔宋·掌禹錫《嘉祐本草》〕按：《爾雅》云：黂，枲實。釋曰：枲，麻也；黂，麻子也。《儀禮》注：苴，麻之有黂者。又《禹貢》青州厥貢岱畎絲枲是也。又曰：莩麻。釋曰：苴，麻之盛子者也。一名莩，一名麻母。《藥性論》云：麻花，白麻是也。味苦，微熱，無毒。方用能治一百二十種惡風，黑色遍身苦痒，逐諸風惡血。主女人經候不通，䗪蟲爲使。又葉沐髮，長潤。青麻湯淋瘀血，又主下血不止。麻青根一十七枚，洗去土，以水五升，煮取三升，冷，分六服。又云：大麻人，使。治大腸風熱結澀及熱淋。又麻子二升，大豆一升，熬令香，擣末，蜜丸，日二服，令不飢，耐老益氣。子五升研，同葉一握擣相和，浸三日去滓，沐髮，令白髮不生，補下膲，主治渴。又子一升，水三升，煮四五沸，去滓，冷服半升，日二服，差。陳士良云：大麻人，主肺藏，潤五藏，利大小便，踈風氣。不宜多食，損血脉，滑精氣，痿陽氣，婦人多食發帶疾。日華子云：大麻，補虛勞，逐一切風氣，長肌肉，益毛髮，去皮膚頑痹，下水氣及下乳，止消渴，催生，治橫逆產。

〔宋·蘇頌《本草圖經》〕曰：麻黂，麻子，生泰山川谷，今處處有。皆田圃所蒔，績其皮以爲布者，麻蕡一名麻勃，麻上花勃勃者，七月七日採，麻子九月採，入土者不用。陶隱居以麻蕡爲牡麻，牡麻則無實。蘇恭以爲蕡即實，非花也。又引《爾雅》蕡，枲實。及《禮》云：苴，麻之有蕡者，皆謂蕡爲子也，謂陶重出子條爲誤。按《本經》麻蕡主七傷，利五藏，多食令人狂走。觀古今方書，用麻子所治亦爾。又麻花，非所食之物。如蘇之論似當矣。然朱字云：麻蕡味辛，麻子味甘，此又似二物。疑本草與《爾雅》《禮記》有稱謂不同者耳。又古方亦有用麻花者，云味苦，主諸風及女經不利，以䗪蟲爲使。然則蕡也、子也、花也，其三物乎？其葉與桐葉合擣，浸水沐髮，令長潤。皮青淋湯濯瘀血。根煮汁冷服，主下血不止。今用麻人，極難去殼，醫家多以水浸，經三兩日，令殼破，暴乾，新瓦上擂取白用。農家種麻法：擇其子之有斑文者，謂之雌麻，云用此則結實繁，它子則不然。葛洪主消渴，以秋麻子一升，水三升，煮三四沸，飲汁不過五升便差。唐韋宙《獨行方》主踠折骨痛不可忍。用大麻根及葉，擣取汁一升飲之，非時即煮乾麻汁服亦同。亦主撾打瘀血，心腹滿，氣短，皆效。《篋中方》單服大麻人酒，治骨髓風毒，疼痛不可運動者。取大麻人水中浸，取沈者一大升，漉出暴乾，於銀器中旋旋炒，直須慢火，待香熟，調勻，即入木臼中，令三兩人更互擣一二數，令及萬杵，看極細如白粉即止，平分爲十貼，每用一貼，取家釀無灰酒一大瓷湯椀，以砂盆、柳木槌子點酒，研麻粉，旋濾，取白酒直令麻粉盡，餘殼即去之，都合酒一處，煎取一半，待冷熱得所，空腹頓服，日服一貼，藥盡全差。輕者止於四五貼則見效。大抵甚者，不出十貼，必失所苦耳。其效不可勝紀。雜它物而用者，張仲景治脾約，大便秘，小便數。麻子丸：麻子二升，芍藥半斤，厚朴一尺，大黃、枳實各一斤，杏人一升，六物熬擣篩，蜜丸，大如梧桐子。以漿水飲下十丸，食後服之，日三，不知益加之，唐方七宣麻人丸，亦此類也。

〔宋·唐慎微《證類本草》〕《唐本餘》：主五勞。麻子，寒。肥健，人不老。《食療》云：微寒。治大小便不通，髮落，破血，不飢，能寒。取汁煮粥，去五藏風，潤肺，治關節不通，髮落，通血脉，治氣。青葉，甚長髮。研麻子汁，沐髮即生長。麻子一升，白羊脂七兩，蠟五兩，白蜜一合，和杵，蒸食之，不飢。《洞神經》又取大麻，日中服子末三升；東行茱萸根剉八升，漬之。平旦服之二升，至夜蟲下。要見鬼者，取生麻子、昌蒲、鬼臼等分，杵爲丸，彈子大。每朝向日服一丸，服滿百日即見鬼也。《聖惠方》：治生眉毛。用七月烏麻花，陰乾爲末。生烏麻油浸，每夜傅之。又方：主妊娠心痛煩悶。用麻子一合研，水一盞，煎取六分，去滓，非時溫服。《外臺秘要》：治瘰癧。七月七日出時收麻花，五月五日收葉，二件作炷子，於癧上灸百壯。又方：治虛勞，下焦虛熱，骨節煩疼，肌肉急，小便不利，大便數少，吸吸口燥少氣，淋石熱。大麻人五合研，水二升，煮去半分，服四五劑差。又方：治嘔。麻人三兩杵熬，以水研取汁，着少鹽，喫立效。李諫議嘗用，極妙。《千金方》：治髮落不生，令長。麻子一升，熬黑壓油以傅頭，長髮妙。又方：治風癲及百病。麻人四升，水六升，猛火煮令牙生去滓，煎取七升。旦空心服，或發或不發，或多言語，勿怪之。但人摩手足須定，凡進三劑愈。又方：主產後血不去。麻子五升，酒一升，漬一宿，明旦去滓，溫服一升，先食。不差，夜再服一升，不吐不下，不得與男子通，一月將養如初。《肘後方》：葛氏：大便不通，研麻子相和爲粥食。又方：治淋下血。麻根十枚，水五升，煮取二升。一服血止，神驗。又方：大渴，日飲數斗，小便赤澀者。麻子一升，水三升，煮三四沸。取汁飲之，無限日，過九升麻子愈。又方：卒被毒箭。麻人數升，杵飲汁差。《食醫心鏡》：治風水腹大，臍腰重痛，不可轉動。冬麻子半升碎，水研濾取汁，米二合，以麻子汁煮作稀粥，着葱、椒、薑、豉，空心食之。又方：主五淋，小便赤少，莖中疼痛。冬麻子一升，杵研濾取汁二升，和米三合煮粥，着葱、椒及熟煮，空心服之。又方：主妊娠損動後腹痛。冬麻子一升，杵碎熬，以水二升煮，取汁熱沸，分爲三四服。《新續十全方》：令易産。大麻根三莖，水一升，煎取半升，頓服立産。衣不下服之亦下。《子母秘録》：産後穢污不盡，腹滿。麻子三兩，酒五升，煮取二升。分溫二服，當下惡物。又方：治小兒赤白痢，多體弱不堪，大困重者。麻子一合，炒令香熟，末服一錢匕，蜜漿水和服，立效。又方：治小兒疳瘡。嚼麻子傅之，日六七度。《周禮・典枲職》疏：枲，麻也。案《喪服傳》云：牡麻者，枲麻也。則枲是雄麻；對苴是麻之有蕡者也。《毛詩・九月》菽苴疏云：謂採麻實以供羹食。《詩》云：桃之夭夭，有蕡其實。蕡即實也。麻蕡則知麻實也，非花也，麻亦花而後有實也。《龍魚河圖》曰：歲暮夕四更中，取二七豆子，二七麻子。家人頭少許髮，合麻子、豆著井中祝勑。并使其家竟年不遭傷寒，辟五溫鬼。

宋・寇宗奭《本草衍義》卷二〇 大麻子 海東來者最勝，大如蓮實，出毛羅島。其次出上郡北地，大如豆，南地者子小。去殼法：取麻子帛包之，沸湯中浸，湯冷出之，垂井中一夜，勿令着水。次日日中曝乾，就新瓦上挼去殼，簸揚取仁，粒粒皆完。張仲景麻仁丸，是用此大麻子。

宋・王繼先《紹興本草》卷一二 麻蕡麻子 紹興校定：麻蕡麻子，乃世之作布麻也。蓋麻蕡乃麻花衣勃，其麻子即實也。然有花者即無實，有實者即不生花勃，似乎有牡牝，故所以分兩種。《爾雅》注云以蕡為子，理頗遠矣。性味主治，各具《本經》，及諸方亦間用之，隨其所宜也。其花衣勃食之麻人。《本經》云有毒，麻實即無毒矣。處處産之。

宋・鄭樵《通志》卷七五《昆蟲草木略》 麻子者，大麻子也。脂麻為胡麻，此為漢麻。脂麻為細麻，此為大麻，亦謂之枲。然有牝牡，其牡者生花，曰麻蕡，亦曰麻勃，吐出茸茸然。蘇恭謂《爾雅》云蕡，枲實，似麻蕡即麻子，不知《爾雅》之誤。

宋・陳衍《寶慶本草折衷》卷一九 新分麻子使。酒及汁、粥在內。○皮、灰續附。

一名大麻子，一名大麻，一名苴。○去殼者名麻人，一名大麻人。○張松云：一名麻子仁。○剝其莖皮績布者也。○人，今一作仁。生大山川谷，及南、北地。今處處田圃蒔有之。○九月採。入土者損人。○去殼法：取麻子帛包之，沸湯中浸，湯冷出之，垂井中一夜，勿令着水。次日日中曝乾，就新瓦上挼去殼，簸揚取人，粒粒皆全。○畏牡蠣、白薇，惡茯苓。

味甘，平，微寒，無毒。○主中風，逐水，利小便，破積血，復血脉，乳婦産後餘疾，長髮。可為沐藥。自麻蕡條分。○蕡，音文。○《藥性論》云：治大腸風熱結澀，及熱淋。○陳士良云：主肺，潤五藏，疎風氣，多食損血脉，滑精，痿陽氣。婦人多食，發帶疾。○日華子云：去皮膚頑痹，下水及下乳，止消渴，催生，治橫逆産。○《圖經》曰：麻人酒，治骨髓風毒痛。麻人炒香杵細，用無灰酒點，濾取白汁，空腹頓服。○《食療》云：汁煮粥，去五藏風，潤肺，治關節不通。○《肘後方》：大便不通，研麻子相和為粥食。○寇氏曰：海東來者大如蓮實，出毛羅島。其次出上郡北地，大如豆。南地者子小。

續說云：此續麻之子也。舊附於麻蕡條內，諸家釋蕡之義，紛然難據，然衆方惟用其子，未嘗用蕡也。故循張松以子為條焉。或打撲傷損，徹骨疼楚，昏困危殆，取此麻梗之皮，燒灰存性，研細，以沒藥煎，酒調，盡量而飲。飲多則血氣復常而疼楚不作矣。

元・王好古《湯液本草》卷三 麻仁 味甘，平，無毒。入足太陰經、手陽明經。

《本草》云：主補中益氣，中風汗出，逐水，利小便，破積血，復血脈，乳婦産後餘疾。長髮，可為沐藥。久服肥健不老。《液》云：入足太陰、手陽明。汗多、冒熱、便難，三者皆燥濕而亡津液，故曰脾約。約者，約束之義。《内經》謂燥者潤之，故仲景以麻仁潤足太陰之燥及通腸也。

元・尚從善《本草元命苞》卷九 麻仁 甘，平，無毒。潤燥通腸之劑。惡茯苓。畏牡礪、白微。足太陰、手陽明要藥。汗多，胃熱便難，燥濕而亡津液，故云脾約，非此不治。逐諸風惡血，遍身苦痒。主中風汗出，小便不利。補虚勞，益氣調中，復血脈。催生下乳，療乳婦産後餘疾。除風燥皮膚頑痺，長髮，為沐藥。精滑不可食。麻花與蜚蝱為使。治女人經候不通。麻仁以酒浸，溫服，醫産後惡血不去。早春種小而有毒。晚春蒔，秋成可以，九月採。入土損人。生太山，在處有之。

元・吴瑞《日用本草》卷二 火麻子 績麻子也。取汁為麻腐及為麻子粥。

味甘，平，無毒。主補中益氣，中風汗出，逐水，利小便，産後餘疾，大腸風熱結澁。補虚勞，下乳，催生，踈風順氣。多食損血，滑精氣。

元・徐彦純《本草發揮》卷三 大麻子 成聊攝云：《内經》曰：脾欲緩，急食甘以緩之。麻子、杏仁之甘，緩脾而潤燥。海藏云：入足太陰經、手陽明經。汗多，胃熱，便難，三者皆因燥熱而亡津液，故曰脾約。約者，約束之義。《經》云：燥者潤之。故仲景以麻子仁潤足太陰之燥及通腸也。

明・朱橚《救荒本草》卷下之後　山絲苗　《本草》有麻蕡音焚，一名麻勃，一名莩音字，一名麻母。生太山川谷，今皆處處有之。人家園圃中多種蒔，績其皮以為布。苗高四五尺，莖有細線楞，葉形狀似柳葉，而邊皆有叉牙鋸齒，每八九葉攢生一處，又似荊葉而狹，色深青，開淡黃白花，結實小如菉豆顆而匾。《圖經》云：麻蕡，此麻上花勃。勃者，味辛，性平，有毒。麻子味甘，性平，微寒，滑利，無毒。入土者損人。畏牡蠣、白薇。惡茯苓。　救飢：採嫩葉煠熟，換水浸去邪惡氣味，再以水淘洗淨，油鹽調食。不可多食，亦不可久食，動風。子可炒食，亦可打油用。　治病：文具《本草》米穀部麻蕡條下。

明・王綸《本草集要》卷五　麻蕡云是花，又云即實，又云花、實、蕡是三物，未詳。　味辛，氣平，有毒。畏牡蠣、白薇，惡茯苓。　主五勞七傷，利五臟，下血寒氣，破積止痹，散膿。多食令見鬼，狂走。久服通神明，輕身。○麻子使味甘，氣平，無毒。入足太陰經、手陽明經。九月採。入土者損人，用帛包，沸湯中浸，湯冷出之，垂井中一夜，勿着水，次日曝乾，新瓦上挼去殼用。　主補中益氣，中風汗出，皮膚頑痹，逐水，利小便，潤大腸，風熱結燥便難，止消渴，破積血，復血脈，催生，治橫逆產，及下乳，產後餘疾。長髮，可為沐藥。久服肥健不老。○花，味苦，微熱。治惡風黑色遍身苦癢，諸風惡血，及女人經不通，䗪蟲為使。○根汁，及煮服之，主瘀血石淋，產難，帶下，崩中不止。根及葉，搗汁飲一升，主踠折骨痛，撾打瘀血，心腹滿，非時煮乾麻汁服亦同。　骨髓風毒疼痛，不可運動。取麻仁一大升，慢火炒香熟，杵令極細如粉，分為十貼，取無灰酒一大湯碗，入沙盆中，用柳木槌子研麻粉，旋濾取白酒，令粉盡即去餘後，合酒一處，煎取一半，待溫，空腹頓服，日一貼，藥盡差。

明・滕弘《神農本經會通》卷四　麻蕡　此麻上花勃勃者。七月七日採良。一云：即實。一云：花、實、蕡，三物未詳。一名麻勃。

味辛，氣平，有毒。　《本經》云：主五勞七傷，利五臟，下血寒氣，破積，止痺散膿。多食令人見鬼狂走，久服通神明輕身。陶隱居云：麻蕡，即牡麻。牡麻則無實，今人作布及履用之。麻勃方藥亦少用，術家合人參服，令逆知未來事。《唐本》注云：蕡，即麻實，非花也。《爾雅》云：蕡，枲實。《禮》云：麻之有蕡者，注云有子之麻為苴，皆謂子爾。陶以一名麻勃，勃然如花者，即以為花，重出子條，誤矣。既以麻蕡為米之上品，今用花為之，花豈堪食乎？《爾雅》釋曰：枲，麻也。蕡，麻子也。

麻子：使也。即麻仁。畏牡蠣、白薇，惡茯苓。九月採。入土者損人。今用麻人，極難去殼，醫家多以水浸，經三兩日，令殼破，暴乾，新瓦上擂取白用。麻蕡，麻子，今處處有，皆田圃所蒔，績其皮以為布者。麻蕡，一名麻勃，麻上花勃勃者，七月七日採，麻子九月採。入土者不用。陶隱居以麻蕡為牡麻，牡麻則無實。蘇恭以為蕡即實，非花也。又引《爾雅》蕡，枲實，及陶云苴麻之有蕡者，為子也，謂陶重出子條為誤。按《本經》：麻蕡，主七傷，利五臟，多食令人狂走。觀古今方書，用麻子所治亦爾。又麻花，非所食之物，如蘇之論似當矣。然朱字云：麻蕡味辛，麻子味甘，此又似二物。疑《本草》與《爾雅》《禮記》，有稱謂不同者耳。又古方亦有用麻花者，云味苦，主諸風及女經不利，以䗪蟲為使。然則蕡也，子也，花也，其三物乎？農家種麻法，擇其子之有班文者，謂之雌麻，云用此則結實繁。

味甘，氣平，無毒。《湯》云：入足太陰經、手陽明經。東云：潤肺，利六脉之燥堅。

《本經》云：主補中益氣，中風，汗出，逐水，利小便，破積血，復血脉，乳婦產後餘疾。長髮，可為沐藥。久服肥健，不老神仙。陶云：其子中人，合丸藥并釀酒大善，然而其性滑利。陳藏器云：麻子，下氣，利小便，去風痺，皮頑，炒令香，擣碎，小便浸，取汁服。婦人倒產，吞二十七枚，即止。麻子去風，令人心歡。壓為油，可以油物。早春種春麻子，小而有毒。晚春種為秋麻子，入藥佳。《藥性論》云：大麻仁，使。治大腸風熱，結澁及熱淋。又麻子二升，大豆一升，熬令香，擣末，蜜丸，日二服，令不飢，耐老，益氣。子五升，同葉一握擣相和，浸三日，去滓，沐髮，令白髮不生，補下膲。主治渴，又子一升，水三升，煮四五沸，去滓，冷服半升，日二服，差。陳士良云：大麻人，主肺藏，潤五臟，利大小便，疎風氣。不宜多食，損血脉，滑精氣，痿陽氣。婦人多食發帶疾。日華子云：大麻，補虛勞，逐一切風氣，長肌肉，益毛髮，去皮膚頑痺，下水氣，及下乳，止消渴，催生，治橫逆產。《圖經》云：葛洪主消渴，以秋麻子一升，水三升，煮三四沸，飲汁，不過五升便差。《篋中方》單服大麻仁酒，治骨髓風毒疼痛，不可運動者，取大麻仁水中浸，取沉者一大升，漉出暴乾，於銀器中旋旋炒，直須慢火，待香熟，調勻，即入木臼中，令三兩人更玄擣一二數，令及萬杵，極細如白粉，即止，平分為十貼，每用一貼，取家釀無灰酒一大瓷湯椀，以砂盆、柳木搥子點酒研麻粉，旋濾取白酒，直令麻粉盡，餘殼即去之，都合酒一處煎，取一半，待冷溫得所，空腹頓服，日服一貼，藥盡全差。張仲景治脾約大便秘，小便數，麻子二升，芍藥半斤，厚朴一尺，大黄、枳實各一斤，杏人一升，六物熬倒，篩，蜜丸大如梧子，以漿水飲下十丸，食後服之，日三，不知益加之。唐方七宣麻仁丸，亦此類也。《湯》云：入足太陰、手陽明，汗多，胃熱，便難，三者皆燥濕而亡津液，故曰脾約。約者，約束之義。《內經》謂燥者潤之，故仲景以麻仁潤足太陰之燥，及通腸也。《局》云：麻子能通大小腸，去風益氣補勞傷。可為沐藥生毛髮，下乳催生治渴良。

麻根汁　陶云：煮飲之，主瘀血，石淋。《唐本》注云：根，主産難，衣不出，破血壅脹。帶下崩中不止者，以水煮服之効。漚麻汁，主消渴。《藥性論》云：漬麻湯，淋瘀血，又主下血不止，麻青根一十七枚，洗去土，以水五升，煮取三升，冷，分六服。《圖經》云：根，煮汁冷服，主血不止。

麻葉　《唐本》注云：擣葉，水絞取汁，服五合，主蚘蟲。擣傅蠍毒，効。《藥性論》云：子五升，同葉一握，擣相和，浸三日，去滓，沐髮，令白髮不生，補下膲，主治渴。《圖經》云：其葉與桐葉合擣，浸水沐髮，令長潤，皮青淋湯，濯瘀血。《獨行方》主踠折骨痛不可忍，用大麻根及葉，擣取汁一升，飲之。非時，即煮乾麻汁服，亦同。亦主撾打瘀血，心腹滿，氣短，皆効。

麻花　味苦，微熱，無毒。《藥性論》云：麻花，白花是也。能治一百二十種惡風，黑色，遍身苦痒，逐諸風惡血，主女人經候不通。䗪蟲為使。

明・劉文泰《本草品彙精要》卷三五　麻蕡有毒。麻子附。　植生。

麻蕡：音墳。出《神農本經》。主五勞七傷，利五臟，下血寒氣，多食令見鬼狂走。久服通神明，輕身。○麻子味甘，平，主補中益氣，肥健不老。以上朱字《神農本經》。麻蕡，破積，止痹，散膿。○麻子，無毒。主中風汗出，逐水，利小便，破積血，復血脈，乳婦産後餘疾，長髮，可爲沐藥。久服神仙。以上黑字名醫所錄。【名】麻勃、荸、麻母。【苗】《圖經》曰：苗高丈許，葉似黄蜀葵而小，有鉤齒，七月開花，子如茼實，即大麻子也。其皮漚之，可績爲布。麻蕡又謂麻勃，乃麻上花勃勃者，七月七日採。麻子，九月採，入土者不用。陶隱居以麻蕡爲牡麻，牡麻則無花，蘇恭以爲蕡即實，非花也。又引《爾雅》：蕡，枲實。及《禮》云：苴，麻之有蕡者，皆謂蕡為子也。謂其子條重出爲誤。按《本經》麻蕡，主七傷，利五臟，多食令人狂走。觀古今方書用麻子，所治亦爾。又麻花，非所食之物，如蘇之論似當矣，然朱字云：麻蕡味辛，麻子味甘，此又似二物，疑本草與《爾雅》《禮記》有稱謂不同者耳。又古方亦有用麻花者，云味苦，微熱，無毒，主諸風及女經不利，以䗪蟲爲使。然則蕡也、子也、花也，其三物乎？據《紹興校定》云：此即世之作布麻者，蓋麻蕡乃麻花衣勃，其麻子即實也。然有花者即無實，有實者即不生花，似有牡牝，故分兩種爾。注云：以蕡為子，理頗遠矣，性味、主治各具《本經》，及諸方亦間用之，隨其所宜也。其花衣勃，食之麻人。《本經》云：有毒，麻蕡即無毒矣。【地】《圖經》曰：生泰山川谷，今處處田圃蒔之。【時】生：春生苗。採：七月七日取花勃，九月取實。【收】日乾。【用】花上勃及實。【色】青、綠。【味】辛。【性】平。【氣】氣之薄者，陽中之陰。【臭】朽。【製】《衍義》曰：凡用麻子，以帛包之，沸湯中浸，湯冷出之，垂井中一夜，勿令著水，次日日中暴乾，就新瓦上挼去殼，簸揚取仁，粒粒皆完也。【治】療：《圖經》曰：皮青，淋湯，濯瘀血。○根，煮汁，冷服，主下血不止。○根及葉，療踠折骨痛不可忍，並撾打瘀血，心腹滿，氣短，擣汁服，如無，煮乾麻亦同。《唐本》注云：根，産難衣不出，破血壅脹，帶下，崩中不止。○漚麻汁，止消渴。○葉汁，殺蚘蟲並傅蠍毒。《藥性論》云：花，治一百二十種惡風，黑色遍身苦癢，逐諸風，惡血。○葉，沐髮，長潤。○麻仁，除大腸風熱結澀及熱淋。日華子云：大麻，補虛勞，逐一切風氣，長肌肉，益毛髮，去皮膚頑痹，下水氣及下乳，止消渴，催生，横逆産。【合治】合大豆熬香，擣末，蜜丸服，令不飢，耐老益氣。【禁】不宜多食，損血脈，滑精氣，痿陽氣，婦人發帶疾。

明・盧和、汪穎《食物本草》卷一　穀類　麻蕡　味辛，氣平，有毒。主勞傷，利臟，下血寒氣，破積，止痹，散膿。多食，令見鬼狂走。久服通神明，輕身。麻子，味甘平，無毒，入足太陰經、手陽明經。《詩》所謂丘中有麻是也。

明・葉文齡《醫學統旨》卷八　麻子仁　氣平，味甘。無毒。入足太陽、手陽明經。去殼方可用。　治中風汗出，皮膚頑痺；逐水利小便，潤大腸，風熱結燥便難，止消渴，補中益氣；破積血，復血脉，催生及横逆産，下乳，産後餘疾。

明・許希周《藥性粗評》卷三　服火麻之子，脾約失盟。

大麻子，此與油麻不同，《本草》謂之麻蕡，蓋自為二種。海東來者實大如蓮子，其次北郡出者大如豆，南地出者又差小矣，要之比油麻則又大焉。其皮可為繩布，春秋皆可種之，南北園圃人多蒔焉。形象《本草》未悉。七月採實，凡用水浸去皮。畏牡蠣、白薇，惡茯苓。味辛，性平，無毒。入手太陰肺、足陽明胃經。主治五癆七傷，一百二十種惡風，風熱，大腸結澁脾約，大便不通，滑腸破積，止痹散膿，補中益氣，逐水利小便。海藏云：汗多，胃熱大便難，皆因燥熱而亡津液，故曰脾約。《經》曰：燥者，潤之。故仲景以麻子仁潤足太陰之燥，及通腸也。

單方：救荒：凡遇荒年饑歲，可用麻子仁二升，黑豆一斤，共炒令香，搗末，蜜調，任意食之，一飡可度一二十日不飢。　長髮：凡髮不長，更易白者，以子五升，葉一握，同搗，水浸三日，去滓，溫過沐髮，自長且不白。　要見鬼：《洞神經》曰：凡要見鬼者，取生麻子、菖蒲、鬼臼三件，等分，拌為丸彈子大，每朝向日服一丸，服滿百日，即見諸鬼。　潤下焦：凡患虛勞，下熱燥熱，骨節煩疼，大小便不利，消渴口燥及五淋，麻仁五合，研，水二升，煮取一升，去滓，分服，不過二劑有效。

明·鄭寧《藥性要略大全》卷三　大麻子一名麻仁　補中益氣，潤胃，利六腑之燥堅。○治陽明汗多，胃熱便難，逐水，利小便，破積，復血脉，及治女人產後餘疾。　東垣云：治大腸風熱結澁及熱淋。　長髮，入沐藥。　《經》云：燥者潤之。仲景以麻仁潤燥及通腸也。久服令人肥健。　味甘，平，無毒。入手陽明大腸、足太陽脾二經。九月收取。入土者損人。　雷公云：用帛包，沸湯浸之。湯冷取出，垂井，勿令有水。次日取起晒乾，新瓦上挼去殼用。又有炒去殼用者。北人取其油燃燈及食用。

明·陳嘉謨《本草蒙筌》卷五　火麻子　味甘，氣平。無毒。鄉落俱有，平地沿栽。根實花莖，依時收採。各有用度，並無棄遺。麻骨可作炬心，麻皮堪績布疋。麻子入藥，修製宜精。始用帛包浸沸湯，待冷撿出；次以繩吊懸井內，隔水勿沾。務過一宵，方取曝日。候乾燥置平地面，壓重板揩淨殼皮。擇起細仁，隨宜索効。或攙粳米煮粥，或佐血藥為丸。經入陽明大腸及足太陰脾臟。惡茯苓一味，畏牡蠣白薇。益氣補中，催生下乳。去中風出汗，皮膚頑痹；潤大腸風熱，結澁便難。止消渴而小水能行，破積血而血脉可腹。胎逆横生易順，產後餘疾總除。和菖蒲鬼臼為丸，吞服即見鬼魅。要見鬼者，用各等分，杵，丸彈大。每朝向日服一丸，滿百日即見鬼魅。　合豆子頭髮着井，祝勑能辟瘟魔。除夜四更，取麻子、豆子各二七粒，家人頭髮少許，著井中祝勑井吏，能辟五瘟鬼，竟年免瘟疫傷寒。　仍作沐湯，頭髮滋潤。久服肥健，不老神僊。重壓取油，亦能油物。　麻花味苦性熱，堪調經水不通。歐惡風黑色遍身，散諸風瘙癢難抵。麻根煮服，更通石淋。除難產帶下崩中，逐踠折撾打瘀血。麻葉搗汁，又殺蚘蟲。或被蠍傷，敷之即効。麻沸湯專主虛熱，漬麻汁善解渴消。

明·王文潔《太乙仙製本草藥性大全》卷四《本草精義》　麻蕡一名麻勃，此麻花上勃勃者，七月七日採。陶隱居以麻蕡爲牡麻，則無實；蘇恭以爲蕡即實，非花也。又引《爾雅》蕡，枲實。乃《禮》云：苴，麻之有蕡者。皆謂蕡爲子也，謂陶重出子條爲誤。按《本經》麻蕡主七傷，利五臟，多食令人狂走。又麻花非所食之物，如蘇之論似當矣。然朱字云麻蕡味辛，麻子味甘，此又似二物，疑《本草》與《爾雅》《禮記》有稱謂不同者耳。又古方亦有用麻花者，云味苦，主諸風及女經不利，以䗪蟲爲使。然則蕡也，子也，花也，其三物乎？

大麻子：生泰山川谷。今處處有之，鄉落俱有，平地沿栽。根實花莖依時收採，各有取用，並無棄遺。麻骨可作炬心。麻皮堪績布疋。麻子入藥，修製宜精，始用帛包，浸沸湯待冷檢出，次以繩吊懸井內，隔水勿沾，務過一宿方取出暴乾候燥，置平地面壓重板，揩净殼皮，擇起細仁，隨宜索效。或攙粳米煮粥，或佐血藥爲丸。經入陽明大腸，及足太陰脾臟。惡茯苓一味，畏牡蠣、白薇。

大麻仁酒：治骨髓風毒疼痛，不可運動者，取大麻仁水中浸，取沉者一大升，漉出曝乾，於銀器中旋旋炒，直須慢火待香熟，調勻即入木臼中，令三兩人更互搗一二數，令及萬杵，看極細如白粉即止，平分爲十貼，每用一貼，取家釀無灰酒一大瓷湯椀，以沙盆、柳木槌子點酒，研麻粉，旋濾取白酒，直令麻粉盡，餘殼即去之，都合酒一處，煎取一半，待冷熱得所，空腹頓服一服，一貼藥盡全差。輕者止於四五貼則見效，大抵甚者不出十貼，必失所苦耳，其效不可勝紀。

漚麻汁：能止消渴。麻沸湯：專理虛熱。○仙經曰：大麻子一升，白羊脂七兩，蠟五兩，白蜜一合，和杵蒸，食之不飢。《洞神經》又取大麻，日中服子末三升，東行茱萸根剉八升，漬之，平旦服之二升，至夜蟲下。要見鬼者，取生麻子、菖蒲、鬼臼等分杵，爲丸彈子大，每朝向日服一丸，服滿百日，即見鬼也。

明・王文潔《太乙仙製本草藥性大全》卷四《仙製藥性》　麻蕡　味辛，氣平，有毒。　主治：　主五勞七傷神效，利五臟下血尤良。破積止痹，散膿祛寒。多食令見鬼狂走，久服通神明輕身。　大麻子使：　味甘，氣平，無毒。　主治：　下氣補中，催生下乳。去中風汗出，皮膚頑痹。潤大腸風熱，結澀便難。止消渴而小水能行，破積血而血脉可復。胎逆横生易順，產後餘瘀總除。和菖蒲、鬼臼爲丸吞服，即見鬼魅。要見鬼者，用各等分杵丸彈大，每朝向日服一丸，滿百日即見鬼魅。合豆子、頭髮着井祝勑，能辟瘟魔。除夜四更，取麻子、豆子各二七粒，家人頭髮少許，着井中祝勑井吏，能辟五瘟鬼，竟年免瘟疫傷寒。仍作沐湯，頭髮滋潤，久服肥健，不老神仙。　補註：　消渴，以秋麻子一升，水煮三四沸，飲汁便差。○脾約大便秘，小便數，麻子二升，芍藥半斤，厚朴一尺，大黄、枳實各一斤，杏仁一升，六物熬搗篩，蜜丸如梧子大，以漿水飲下十丸，食後服麻仁丸，亦此類也。○妊娠心痛煩悶，用麻子一合，研，水一盞，煎取六分，去滓溫服。○虛勞，下焦虛熱，骨節煩疼，肌肉急，小便不利，大便數，口燥少氣，淋石熱，大麻仁五合，研，水二升，煮服差。○治嘔，麻仁三兩，杵熬水研取汁，着少鹽喫立效。○治髮落不生，令長，麻子一升熬黑壓油傅頭。○治風癲百病，麻仁四升，水一升，猛火煮令芽生，去滓煎，旦空心服。或發或不發，或多言語勿怪之，但人摩手足，頃定愈。○產後血不去，麻子酒漬一宿，明旦去滓溫服，不差再服，不吐不下，不得與男子通，一月將養如初。○大便不通，研麻子相和爲粥食。○大渴，日飲數斗，小便赤澀者，麻子一斗，水三升，煮三四沸，取汁飲之。○卒被毒箭，麻仁數升，杵汁飲之。○風水腹大，臍腰腫痛不可轉動，五淋，小便赤，莖中痛，冬麻子一升，杵研濾取汁，和米三合，煮粥着葱椒及熟煮，空心服。○妊娠損動後腹痛，冬麻子杵碎，熬水煮取汁，熱沸分服。○產後穢汚不盡，腹滿，麻子三兩，酒五升，煮取二升，分溫二服，當下惡物。○小兒赤白痢，多體弱不堪，大困重者，麻子三合，炒令香熟，末服一錢，蜜漿水和服立效。○小兒疽瘡，嚼麻子傅之，日六、七度。

大麻花：　味苦，性微熱，無毒。䗪蟲爲之使。　主治：　敺惡風黑色遍身，散諸風瘙癢難抵。女人經候不通，用之即能調攝。　補註：　治生眉毛，用七月烏麻花，陰乾爲末，生烏麻油浸，每夜傅之。○治瘰癧，七月七日出時收麻花，五月五日收葉，二件作炷子，於癧上灸百壯。　大麻根：　逐石淋而破宿血，治壅脹而下胎衣。除難產帶下崩中，逐踠折撾打瘀血。　補註：　治淋下血，麻根十枚，水五升，煮取二升分服，血止神效。○令易產，大麻根三莖，水一升，煎取半升頓服立產。衣不下，服之下。　大麻葉：　搗汁能殺蚘蟲，或被蠍傷，敷之即效。　補註：　沐髮令長，麻葉與桐葉合搗，浸水沐髮妙。○主踠折骨痛不可忍，用大麻根及葉，搗汁一升飲之，非時即煮乾麻汁服亦同。亦主撾打瘀血，心腹滿，氣短皆效。○搗葉，水絞取汁，服五合，主蚘蟲。搗敷蠍毒效。○產難，胎衣不下，帶下崩中不止，以水煮服之良。

明・皇甫嵩《本草發明》卷五　火麻子上品。氣平，味甘，無毒。入手陽明、足太陰經。

發明曰：　麻子味甘，性潤利，故《本草》主補中益氣，去中風汗出，逐水利小便，破積血，復血脉，產後餘疾。長髮，可為沐藥。久服肥健不老。《藥性》云：　麻仁治大腸氣熱結澁及熱淋。又云：　去皮膚頑痺，下乳汁，止消渴，催生，治横逆產。無非潤利之性也。和菖蒲、鬼臼等分，為丸彈大，每朝向日服一丸，滿百日見鬼魅。○除夕四更時，取麻子合豆子各二七枚、家人頭髮少許，着井中祝勑井吏，辟瘟魔。○惡茯苓、牡蠣、白微。凡修使用帛包，浸沸湯中，乾，捋去殼，取仁用。○麻葉，沐髮長潤。搗汁，殺蚘蟲，敷蝎毒。

麻花，性熱，味苦。主調經閉，去一百二十種惡風，黑色遍體瘙痒，逐諸風惡血。○麻根，煮服，通石淋，除產難，帶下崩中，逐踠折撾打瘀血。○麻沸湯，專主虛熱。清麻汁，解消渴。麻蕡，氣平，味辛，有毒。主五勞七傷，利五臟，下血寒，破積止痺散膿。多食令見鬼狂走。一名麻勃，此麻花上勃勃者，七月七日採者良。

明・李時珍《本草綱目》卷二二穀部・麻麥稻類　大麻《本經》上品

【釋名】火麻《日用》　黄麻俗名　漢麻《爾雅翼》　雄者名枲麻《詩疏》、牡麻同上，雌者名苴麻同上、荸麻音字　花名麻蕡《本經》、麻勃時珍曰：　麻從兩木在广下，象屋下派麻之形也。木音派，广音儼。餘見下注。云漢麻者，以別胡麻也。【集解】

【正誤】《本經》曰：　麻蕡一名麻勃，麻花上勃勃者。七月七日採之良。麻子九月採。入土者損人。生太山川谷。弘景曰：　麻蕡即牡麻，牡麻則無實。今人作布及履用之。恭曰：　蕡即麻實，非花也。《爾雅》云：　蕡，枲實。《儀禮》云：　苴，麻之有蕡者。注云：　有子之麻爲苴。皆謂子也。陶以蕡爲麻勃，謂勃勃然如花者，復重出麻子，誤矣。既以蕡爲米穀上品，花豈堪食乎。藏器曰：　麻子，早春種爲春麻子，小而有毒；晚春種爲秋麻子，入藥佳。壓油可以油物。宗奭曰：　麻子，海東毛羅島來者，大如蓮實，最勝；其次出上郡、北地者，大如豆；南地者子小。頌曰：　麻子處處種之，績其皮以爲布者。農家擇其子之有斑黑文者，謂之雌麻，種之則結子繁。他子則不然也。《本經》麻蕡、麻子所主相同，而麻花非所食之物，蘇恭之論似當矣。然《本草》朱字云，麻蕡味辛，麻子味甘，又似二物。疑《本草》與《爾雅》《禮記》稱謂有不同者。又《藥性論》用麻花，云味苦，主諸風、女經不利。然則蕡也、子也、花也，其三物乎。時珍曰：大麻即今火麻，亦曰黄麻。處處種之，剥麻收子。有雌有雄：雄者爲枲，雌者爲苴。大科如油麻。葉狹而長，狀如益母草葉，一枝七葉或九葉。五六月開細黄花成穗，隨即結實，大如胡荽子，可取油。剥其皮作麻。其稭白而有稜，輕虚可爲燭心。《齊民要術》云：麻子放勃時，拔去雄者。若未放勃，先拔之，則不成子也。其子黑而重，可搗治爲燭。即此也。《本經》有麻蕡、麻子二條，謂蕡即麻勃，謂麻子入土者殺人。蘇恭謂蕡是麻子，非花也。蘇頌謂蕡、子、花爲三物。疑而不决。謹按《吴普本草》云：麻勃一名麻花，味辛無毒。麻藍一名麻蕡，一名青葛，味辛甘有毒。麻葉有毒，食之殺人。麻子中仁無毒，先藏地中者，食之殺人。據此説則麻勃是花，麻蕡是實，麻仁是實中仁也。普三國時人，去古未遠，説甚分明。《神農本經》以花爲蕡，以藏土入土殺人，其文皆傳寫脱誤爾。陶氏及唐宋諸家，皆不考究而臆度疑似，可謂疏矣。今依吴氏改正於下。

麻勃普曰：一名麻花。時珍曰：觀《齊民要術》有放勃時拔去雄者之文，則勃爲花明矣。

【氣味】辛，温，無毒。甄權曰：苦，微熱，無毒。畏牡蠣。入行血藥，以䗪蟲爲之使。

【主治】一百二十種惡風，黑色遍身苦癢，逐諸風惡血，治女人經候不通《藥性》。治健忘及金瘡内漏時珍。

【發明】弘景曰：麻勃方藥少用。術家合人參服之，逆知未來事。時珍曰：按《范汪方》有治健忘方：七月七日收麻勃一升，人參二兩，爲末，蒸令氣遍。每臨卧服一刀圭，能盡知四方之事。此乃治健忘，服之能記四方事也。陶云逆知未來事，過言矣。又《外臺》言生疔腫人，忌見麻勃，見之即死者，用胡麻、針砂、燭燼爲末，醋和傅之。不知麻勃與疔何故相忌。亦如人有見漆即生瘡者，此理皆不可曉。

【附方】舊一，新二。瘰癧初起：七月七日麻花，五月五日艾葉，等分，作炷，灸之百壯。《外臺秘要》。金瘡内漏：麻勃一兩，蒲黄二兩，爲末。酒服一錢匕，日三，夜一。同上。風病麻木：麻花四兩，草烏一兩，炒存性爲末，煉蜜調成膏。每服三分，白湯調下。

麻蕡普曰：一名麻藍，一名青葛。時珍曰：此當是麻子連殼者，故《周禮》朝事之籩供蕡。《月令》食麻，與大麻可食、蕡可供，稍有分别，殼有毒而仁無毒也。【氣味】辛，平，有毒。普曰：神農：辛。雷公：甘。岐伯：有毒。○畏牡蠣、白微。【主治】五勞七傷。多服，令人見鬼狂走《本經》。詵曰：要見鬼者，取生麻子、菖蒲、鬼臼等分，杵丸彈子大。每朝嚮日服一丸。滿百日即見鬼也。利五臟，下血，寒氣，破積止痹散膿。久服，通神明，輕身《别録》。

【附方】舊一。風癲百病：麻子四升，水六升，猛火煮令芽生，去滓煎取二升，空心服之。或發或不發，或多言語，勿怪之。但令人摩手足，頃定。進三劑愈。《千金》。

麻仁【修治】宗奭曰：麻仁極難去殼。取帛包置沸湯中，浸至冷出之。垂井中一夜，勿令着水。次日日中曝乾，就新瓦上挼去殼，簸揚取仁，粒粒皆完。張仲景麻仁丸，即此大麻子中仁也。

【氣味】甘，平，無毒。詵曰：微寒。普曰：先藏地中者，食之殺人。士良曰：多食損血脈，滑精氣，痿陽氣。婦人多食即發帶疾。○畏牡蠣、白微、茯苓。【主治】補中益氣。久服，肥健不老，神仙《本經》。治中風汗出，逐水氣，利小便，破積血，復血脈，乳婦産後餘疾。沐髮，長潤《别録》。下氣，去風痹皮頑，令人心歡，炒香，浸小便，絞汁服之。婦人倒産，吞二七枚即正藏器。潤五臟，利大腸風熱結燥及熱淋士良。補虚勞，逐一切風氣，長肌肉，益毛髮，通乳汁，止消渴，催生難産《日華》。取汁煮粥，去五臟風，潤肺，治關節不通，髮落孟詵。利女人經脈，調大腸下痢。塗諸瘡癩，殺蟲。取汁煮粥食，止嘔逆時珍。

【發明】弘景曰：麻子中仁，合丸藥並釀酒，大善。但性滑利。劉完素曰：麻，木穀也而治風，同氣相求也。好古曰：麻仁，手陽明、足太陰藥也。陽明病汗多、胃熱、便難，三者皆燥也。故用之以通潤也。成無己曰：脾欲緩，急食甘以緩之。麻仁之甘，以緩脾潤燥。

【附方】舊二十，新十八。服食法：麻子仁一升，白羊脂七兩，蜜蠟五兩，白蜜一合，和杵蒸食之，不飢耐老。《食療》。耐老益氣：久服不飢。麻子仁二升，大豆一升，熬香爲末，蜜丸。日二服。《藥性論》。大麻仁酒：治骨髓風毒疼痛，不可運動。用大麻仁水浸，取沉者一大升曝乾，於銀器中旋旋慢炒香熟，入木臼中搗至萬杵，待細如白粉即止，平分爲十帖。每用一帖，取家釀無灰酒一大碗，同麻粉，用柳槌蘸入砂盆中擂之，濾去殼，煎至減半。空腹温服一帖。輕者四五帖見效，甚者不出十帖，必失所苦，效不可言。《篋中方》。麻子仁粥：治風水腹大，腰臍重痛，不可轉動。用冬麻子半斤研碎，水濾取汁，入粳米二合，煮稀粥，下葱、椒、鹽豉。空心食。《食醫心鏡》。老人風痹：麻子煮粥，上法食之。五淋澀痛：麻子煮粥，如上法食之。同上。大便不通：麻子煮粥，如上法服之。《肘後方》。麻子仁丸：治脾約，大便秘而小便數。麻子仁二升，芍藥半斤，厚朴一尺，大黄、枳實各一斤，杏仁一升，熬研，煉蜜丸梧桐子大。每以漿水下十丸，日三服。不知再加。《張仲景方》。産後秘塞：許學士云：産後汗多則大便秘，難於用藥，惟麻子粥最穩。不惟産後可服，凡老人諸虚風秘，皆得力也。用大麻子仁、紫蘇子各二合，洗净研細，再以水研，濾取汁一盞，分二次煮粥啜之。《本事方》。産後瘀血：不盡。麻子仁五升，酒一升漬一夜，明旦去滓温服一升。不瘥，再服一升，不吐不下。不得與男子通一月，將養如初。《千金方》。胎損腹痛：冬麻子一升，杵碎熬香，水二升煮汁，分服。《心鏡》。　妊娠心痛：　煩悶。麻子仁一合研，水二盞，煎六分，去滓服。《聖惠》。　月經不通：　或兩三月，或半年、一年者。用麻子仁二升，桃仁二兩，研勻，熱酒一升，浸一夜。日服一升。《普濟》。　嘔逆不止：　麻仁杵熬，水研取汁，着少鹽，吃立效。李諫議常用，極妙。《外臺》。　虛勞内熱：　下焦虛熱，骨節煩疼，肌肉急，小便不利，大便數，少氣吸吸，口燥熱淋。用大麻仁五合研，水二升，煮減半，分服。四五劑瘥。《外臺》。　補下治渴：　麻子仁一升，水三升，煮四五沸去滓。冷服半升，日二。《藥性論》。　消渴飲水：　日至數斗，小便赤澀。用秋麻子仁一升，水三升，煮三四沸。飲汁，不過五升瘥。《肘後方》。　乳石發渴：　大麻仁三合，水三升，煮二升。時時呷之。《外臺》。　飲酒咽爛：　口舌生瘡。大麻仁一升，黃芩二兩，爲末，蜜丸。含之。《千金方》。　脚氣腫渴：　大麻仁熬香，水研取一升。再入水三升，煮一升，入赤小豆一升，煮熟，食豆飲汁。《外臺秘要》。　脚氣腹痹：　大麻仁一升研碎，酒三升，漬三宿。溫服大良。《外臺》。　血痢不止：　《必效方》用麻子仁汁煮緑豆。空心食，極效。《外臺》。　小兒痢下：　赤白，體弱大困者。麻子仁三合，炒香研細末。每服一錢，漿水服，立效。《子母秘録》。　截腸怪病：　大腸頭出寸餘，痛苦，乾則自落，又出，名爲截腸病，若腸盡即不治。但初覺截時，用器盛脂麻油坐浸之，飲大麻子汁數升，即愈也。夏子益《奇疾方》。　金瘡瘀血：　在腹中。用大麻仁三升，葱白十四枚，搗熟，水九升，煮一升半，頓服。血出不盡，更服。《千金》。　腹中蟲病：　大麻子仁三升，東行茱萸根八升，漬水。平旦服二升，至夜蟲下。《食療》。　小兒疳瘡：　嚼麻子傅之，日六七度。《秘録》。　小兒頭瘡：　麻子五升研細，水絞汁，和蜜傅之。《千金》。　白禿無髮：　麻子炒焦研末，猪脂和塗，髮生爲度。《普濟方》。　髮落不生：　蕡麻子汁煮粥，頻食之。《聖濟總録》。　聤耳出膿：　麻子一合，花胭脂一分，研勻，作梃子，綿裹塞之。《聖惠方》。　大風癩疾：　大麻仁三升淘曬，以酒一斗浸一夜，研取白汁，濾入瓶中，重湯煮數沸收之。每飲一小盞，兼服茄根散、乳香丸，取效。《聖惠方》。　卒被毒箭：　麻仁數升，杵汁飲。《肘後》。　解射罔毒：　大麻子汁飲之良。《千金》。　辟禳溫疫：　麻子仁、赤小豆各二七枚，除夜着井中。飲水良。《龍魚河圖》。　赤游丹毒：　麻仁搗末，水和傅之。《千金方》。　濕癬肥瘡：　大麻湁傅之，五日瘥。《千金方》。　瘭疽出汁：　生手足肩背，纍纍如赤豆狀。剥净，以大麻子炒研末摩之。《千金方》。

油　〔主治〕熬黑壓油，傅頭，治髮落不生。　煎熟，時時啜之，治硫黃毒發身熱時珍。○出《千金方》《外臺秘要》。

〔附方〕新一。　尸咽痛痒：　麻子燒脂，服之。《總録》。

葉　〔氣味〕辛，有毒。　〔主治〕搗汁服五合，下蛔蟲；　搗爛傅蝎毒，俱效蘇恭。　浸湯沐髮長潤，令白髮不生。　甄權曰：　以葉一握，同子五升搗和，浸三日，去滓沐髮。

〔發明〕時珍曰：　按郭文《瘡科心要》，烏金散治癰疽疔腫，時毒惡瘡。　方中用火麻頭，同麻黃諸藥發汗，則葉之有毒攻毒可知矣。《普濟方》用之截瘧，尤可推焉。

〔附方〕新二。　治瘧不止：　火麻葉，不問榮枯，鍋内文武火慢炒香，(攞起)〔连锅取下〕，以紙蓋之，令出汗盡，爲末。臨發前用茶或酒下。移病人原睡處，其狀如醉，醒即愈。○又方：　火麻葉如上法爲末一兩，加縮砂、丁香、陳皮、(赤)〔木香〕各半兩，酒糊丸梧子大。每酒、茶任下五七丸。能治諸瘧，壯元氣。《普濟方》。

黃麻　〔主治〕破血，通小便時珍。

〔附方〕新一。　熱淋脹痛：　麻皮一兩，炙甘草三分，水二盞，煎一盞服，日二，取效。《聖惠方》。　跌撲折傷：　疼痛。接骨方：　黃麻燒灰、頭髮灰各一兩，乳香五錢，爲末。每服三錢，溫酒下，立效。《王仲勉經驗方》。

麻根　〔主治〕搗汁或煮汁服，主瘀血石淋陶弘景。　治產難衣不出，破血壅脹，帶下崩中不止者，以水煮服之，效蘇恭。　治熱淋下血不止，取三九枚，洗净，水五升，煮三升，分服，血止神驗《藥性》。　根及葉搗汁服，治撾打瘀血，心腹滿氣短，及踠折骨痛不可忍者，皆效。　無則以麻煮汁代之。　蘇頌。　○出韋宙《獨行方》。

漚麻汁　〔主治〕止消渴，治瘀血蘇恭。

題明・薛己《本草約言》卷一《藥性本草》　麻子仁　味甘，氣平，無毒。陽中之陰，可升可降，入足太陰、手陽明經。活血脉，去皮膚之風濕。除熱燥，潤大腸之便秘。亦能催生，治横逆産。　火麻仁補中益氣，潤胃利六腑之燥堅，治陽明汗多胃熱，逐水破積。　落入土者損人，不用入藥。　用法：　炒研，摻煎藥，浮面取其油效速，即蓖麻子也。火麻仁潤腸胃，取肉為丸。

明・佚名氏《醫方藥性・草藥便覽》　火麻仔　其〔性〕涼、甘。　消腸熱，治腹痛。

明・梅得春《藥性會元》卷中　麻仁　味甘，平，無毒。　畏牡蠣、白薇。惡茯苓。

凡使去殼用仁，入土者損人，不用。　入手陽明大腸，足太陽膀胱經。

主治中風汗出，皮膚頑痹，逐水、利小便，潤大腸之風熱、燥結便難。

又云：　潤肺，利六腑之燥堅，止消渴，補中益氣，破積血，復血脉，催生及横生，逆產，下乳並產後餘疾。長髮，可為沐。久服肥健不老。

明・王肯堂《傷寒證治準繩》卷八　麻子仁　氣平，味甘，無毒。手陽明，足太陰藥也。陽明病汗多，胃熱，便難，三者皆燥也，故用之以通潤也。寇宗奭云：麻仁極難去殼，取帛包，置沸湯中浸至冷出之，垂井中一夜，勿令着水，次日日中曬乾，新瓦上挼去殼，簸揚取仁，粒粒皆完。先藏地中者，食之殺人。

明・穆世錫《食物輯要》卷二　大麻仁　味甘，平，無毒。潤五臟，利大腸，去熱淋，通乳汁。多食，損血脉，滑精痿陽，女人發赤白帶。

明・李中立《本草原始》卷五　麻蕡　始生太山川谷。莖如蒿，一枝七葉，或九葉。五六月開細黄花成穗，隨即結實，大如胡荽子，可取油，其皮作布及履用之。其稭有稜，可為燭心。一名麻勃，麻花上勃勃者。子有雌雄，雄者名枲麻、牡麻，雌者名苴麻。《爾雅翼》名麻蕡，為漢麻。《本經》名大麻。今人呼為火麻。

火麻仁：　氣味：　甘平，無毒。主治：　補中益氣。久服肥健，不老神仙。○治中風汗出，逐水氣，利小便，破積血，復血脉，乳婦產後餘疾。沐髮長潤。○下氣，去風痹皮頑，令人心歡。炒香，浸小便絞汁服之。婦人倒產，吞二七枚即止。○潤五臟，利大腸風熱結燥及熱淋。○補虚勞，逐一切風氣，長肌肉，益毛髮，通乳汁，止消渴，催生難產。○取汁煮粥，去五臟風，潤肺，治關節不通，髮落。○利女人經脉，調大腸下痢。塗諸瘡癩，殺蟲。取汁煮粥食，止嘔逆。　畏牡蠣、白微、茯苓。

麻勃，普曰：　一名麻花。氣味：　辛，溫，無毒。主治：　一百二十種惡風，黑色，遍身苦癢，逐諸風惡血，治女人經候不通。○治健忘及金瘡内漏。畏牡蠣。入行血藥。以蝱蟲為之使。生疔腫忌見。

《本經》上品。【圖略】七月十五斫倒麻勃，即此。

油：　主治：　敷黑壓油，傳頭，治髮落不生。煎熟，時時啜之，治硫黄毒發，身熱。

麻蕡，時珍曰：　此當是麻子連殼者。氣味：　辛，平，有毒。主治：　五勞七傷。多服令人見鬼狂走。○利五臟，下血寒氣，破積，止痹散膿。久服通神明，輕身。　畏牡蠣、白微。

弘景曰：　麻子中仁。合丸藥并釀酒，大善。但性滑利。好古曰：　麻仁，手陽明、足太陰藥也。陽明病汗多，胃熱，便難，三者皆燥也，故用之以通潤也。《千金方》：　治赤遊丹毒，麻仁搗末，水和傅之。麻仁，使。

明・傅懋光《醫學疑問》　問：　謹按《本草》大麻子固是作布之麻，而醫方中別有火麻子。或云火字與大字相似，誤書之致。或云火日採取，故云火麻子。二說不同。答曰：　大麻子釋名火麻，日用之名也。黄麻俗名漢麻，載於《爾雅翼》。又有雌雄之辨，雄者名枲麻、牡麻，并載《詩疏》。花名麻蕡，一名麻勃，即牡麻，無實，七月七日採之，今人為織布履之用。以蕡為麻勃，謂勃勃然如花。《本經》又云是麻花上之勃勃者，非麻花也。醫方中火麻子，即大麻子，一名麻藍，一名青葛，乃連殼之子，非去殼之仁也。《周禮》朝事天籩，《月令》食麻，即此子之去殼者，二名同實，非火、大字跡之有訛也。若云火日採者為名，深誤《本經》之意矣！

明・吴文炳《藥性全備食物本草》卷一　火麻仁　味甘，平，無毒。潤五臟，利大腸，去熱淋，通乳汁。多食損血脉，滑精痿陽。女人發赤白帶。

明・繆希雍《本草經疏》卷二四　麻子　味甘，平，無毒。主補中益氣，中風汗出，逐水，利小便，破積血，復血脈，乳婦產後餘疾，長髮，可為沐藥。久服肥健，不老神仙。

【疏】麻子，即大麻仁，稟土氣以生。《本經》味甘平無毒。然其性最滑利，甘能補中，中得補則氣自益。甘能益血，血脈復則積血破，乳婦產後餘疾皆除矣。風併於衛，則衛實而榮虚。榮者，血也，陰也。《經》曰：　陰弱者，汗自出。麻仁益血補陰，使榮衛調和，風邪去而汗自止也。逐水利小便者，滑利下行，引水氣從小便而出也。好古云：　入手、足陽明，足太陰經。陽明病汗多及胃熱便難，三者皆燥也，用之以通潤。《經》曰：　脾欲緩，急食甘以緩之。麻仁之甘以緩脾潤燥，故仲景脾約丸用之。【主治參互】《食醫心鏡》麻子仁粥，治風水腹大，腰臍重痛，不可轉動，用冬麻子半升，研碎，水濾取汁，入粳米二合，煮稀粥，下葱、椒、鹽、豉，空心食。仲景方麻子仁丸，治脾約，大便秘而小便數。麻子仁二升，芍藥半斤，厚朴一尺，大黄、枳實各一斤，杏仁一升，熬研，煉蜜丸梧子大。每以漿水下十丸，日三服。不知再加。　《本事方》產後秘塞，許學士云：　產後汗多則大便必秘，難於用藥，惟麻子粥最穩。不惟產後可服，凡老人諸虚風秘，皆妙。用大麻子仁、紫蘇子各二合，洗淨研細，再以水研，濾取汁一盞，分二次煮粥啜之。　夏子益《奇疾方》截腸怪病，大腸頭出寸餘，痛苦，乾則自落，又出，名為截腸病，若腸盡則不治。但初覺截時，用器盛脂麻油坐浸之，飲大麻子汁數升，即愈也。　〔簡誤〕陳士良云：　多食損血脈，滑精氣，痿陽事。婦人多食即發帶疾，以其滑利下行，走而不守也。

明・倪朱謨《本草彙言》卷一四　大麻　味甘，氣平，無毒。沉也，降也，入手陽明，足太陰經。　李氏曰：　大麻，處處有之。剝皮可績布，收子可壓油。有雌雄二種，雌者結子，名枲麻、苴麻；　雄者不結子，名牡麻、苧麻。故枲者，大麻之有子也。花名麻勃，子名麻蕡。麻仁則子中仁也。《爾雅翼》云：　枲黃種麥，麥黃種枲。葉狹而長，狀如益母草，一枝七葉或九葉，一葉又分五歧，五六月開細黃花，成穗，隨結實，大如胡荽子，其色黑，其稭白而有稜，輕虛可爲燭心。若子放勃時，須去雄者。設未放勃而先去之，則又不成子矣。　寇氏曰：　修治：　大麻仁極難去殼，取仁帛包，置沸湯中浸至冷乃出之，留井中一夜，勿令着水，次日，日中暴乾，就新瓦上挼去殼，簸揚取仁，粒粒皆完。　張仲景方用麻仁丸，即此大麻子中仁也。　先落地中者，食之有毒。

大麻仁：　陳士良潤大腸風熱燥結之藥也。　劉氏完素曰：　麻，木穀也，而治風去燥，同氣相求也。　如《傷寒論》陽明病，汗多、胃熱便難者，屬火燥而結也。仲景方用此以通潤之。　如老人氣閉血燥，脾弱而大便難者；　婦人產後血澀氣結，營衛凝泣而大便難者，屬血燥而結也。《證治》方用此以潤養之。他如癘風癩疾，皮枯肢廢，津衰毛落而營衛之氣不通者，屬風燥而結也。　陳士良用此以轉運風機。《聖惠方》用此釀酒，以通肌竅之風結耳。　然質性滑利，多食有損血脉，滑精氣，痿陽事。　婦人多食，即發帶疾，以其滑利下行，走而不守故也。

集方：　仲景方治脾弱氣不行，大便秘而小便數。　用麻子仁二兩、另研，杏仁四兩、另研，白芍藥、厚朴、枳實、大黃各五兩，俱酒拌炒，研爲末，入大麻子仁、杏仁，一總和勻，煉蜜丸梧子大。　每服五十丸，以知爲度。　○《本事方》治婦人產後氣結血燥，大便不通。　用大麻子仁、紫蘇子各二兩，水洗淨，研細，再以水研，濾取汁一盞，分二三次服。　此方不惟治產後血燥，凡老人諸虛血燥，風秘氣秘，大便不通，皆得力也。　○《聖惠方》治大風癩疾，皮枯血燥，眉髮脫落，將成敗廢。　用大麻子仁五升，水淘淨，晒燥水氣，以酒一斗，浸一夜，研取白汁，用紗濾出，入瓶中，重湯煮數百沸，收之。　每早晚以量飲之。

續補集方：　治風水腹大，腰臍重痛，不可轉側。　用大麻子仁四兩，研碎，水濾汁，入白米一升，煮粥食。　此方并治老人風痹疼痛，大便不通者。　○《普濟方》治婦人無故月經不通，或兩三月，或六七月，或一年者。　用大麻子仁二升，桃仁四兩，研勻，熟酒三升，浸二夜，隨量不拘時飲之。　○《肘後方》治消渴飲水，日至數斗，小便赤澀。　用大麻子仁一升，水三升，煮百沸，飲湯代茶，不過五升，愈。　○《外臺秘要》治血痢不止。　用大麻子仁三合，水五碗，煮百沸，取湯再煮，綠豆三合，空心食，極效。　○治跌打撲傷，瘀血在腹中。　用大麻子仁二升，葱白二十枝，水六升，煮二升服。　血散不盡再服。

大麻皮：　味甘；　麻根：　味苦。　氣平，無毒。　通血脉諸經絡。

麻根皮：　活瘀血，通小便之藥也。　朱寰宇抄蘇氏方：　治撾打內傷心腹，瘀血脹悶，及骨痛不可忍，或產難胎孕不落，或胞衣不出，或瘀血血淋，小便結閉不通者，并宜用麻皮，或麻根數兩，煮汁飲，立效。

明・姚可成《食物本草》卷五穀部・麻類　大麻一名火麻，一名黃麻。花名麻勃，子名麻蕡。　大麻處處種之，剝麻收子。　有雌有雄：　雄者為枲，雌者為苴。　大科如脂麻。　葉狹而長，狀如益母草葉，一枝七葉或九葉。　五六月開細黃花成穗，隨即結實，大如胡荽子，可取油。　剝其皮，績以為布。　其稭白而有稜，輕虛可為燭心。　麻子放勃時，拔去雄者。　若未放勃，先拔之，則不成子也。

麻蕡　即大麻子連殼者。　味辛，平，有毒。　主五勞七傷。　多服，令人見鬼狂走。　利五臟，下血破積，止痹散膿。　久服，通神明，輕身。　要見鬼者，取生麻子、菖蒲、鬼臼等分，杵丸彈子大。　每朝向日服一丸。　滿百日即見鬼也。

麻仁麻子去殼曰仁。　味甘，平，無毒。　主補中益氣。　久服，肥健不老，神仙。　治中風汗出，逐水氣，利小便，破積血，復血脉，乳婦產後餘疾。　沐髮，長潤。　炒香，浸小便，絞汁服之，令人心歡。　婦人倒產，吞二七枚即正。　潤五臟，利大腸熱結燥。　男子多食，滑精氣，痿陽氣。　婦人多食，即發帶疾。

麻勃即麻花。　味辛，溫，無毒。　治一百二十種惡風，黑色遍身苦癢，逐諸風惡血，治女人經候不通。　術家合人參服之，逆知未來事。

麻葉　味辛，有毒。　搗汁服五合，下蚘蟲；　搗爛傅蝎毒，俱效。　浸湯沐髮長潤，令白髮不生。

附方：　服食麻仁法：　麻子仁一升，白羊脂七兩，蜜蠟五兩，白蜜一合，和杵蒸食之，不飢耐老。大麻仁酒治骨髓風毒疼痛，不可運動。用大麻仁水浸，取沈者一升曝乾，於銀鍋中旋旋慢炒香熟，入木臼中搗至萬杵，待細如白粉即止，分為十貼。每用一貼，取家釀無灰酒一大椀，同麻粉，用柳槌蘸入砂盆中擂之，濾去殼，煎至減半。空腹溫服一貼。輕者四五貼見效，重者不出十貼，必失所苦，效不可言。麻仁粥治風水腹大，腰臍重痛，不可轉動。用麻子半升，研碎，水濾取汁，入粳米二合，煮稀粥，下葱、椒、鹽、豉，空心食。又可治老人風痹及五淋澀痛，大便不通。俱用此方。治產後秘澀。許學士云：產後汗多則大便秘，難於用藥，惟麻仁粥最穩。不惟產後可服，凡老人諸虛風痹，皆得力也。用大麻子仁、紫蘇子各二合，洗淨，以水研細，濾取汁，分二次煮粥啜之。

明·顧逢柏《分部本草妙用》卷七兼經部·性平　麻仁　甘，平，無毒。為手陽明、足太陰藥也。畏牡蠣，白薇，茯苓。主治：潤五臟，利大便風熱結燥及熱淋，通乳，催生難產，潤肺調經。麻仁性滑利，陽明病汗多，胃熱，便難，三者皆燥，故用以通潤，潤腸湯以之為君。

明·李中梓《醫宗必讀·本草徵要下》　麻仁味甘，平，無毒。入脾、胃二經。畏牡蠣、白薇、茯苓。絹包置沸湯中，至冷取出，懸井中一夜，勿着水，曝乾，新瓦上挼去殼。潤五臟，通大腸。宣風利關節，催生療產難。劉完素曰：麻仁，木穀也，而治風，同氣相求也。陳士良云：多食損血脉，滑精氣，痿陽事；婦人多食，即發帶疾，以其滑利下行，走而不守也。

明·鄭二陽《仁壽堂藥鏡》卷三　大麻子　味甘，性平，無毒。成聊攝云：《內經》曰：脾欲緩，急食甘以緩之。麻子、杏仁之甘，緩脾而潤燥。海藏云：入足太陰經、手陽明經。汗多、胃熱、便難，三者皆因燥熱而亡津液，故曰脾約。約者，約束之義。《經》云：燥者潤之。故仲景以麻子仁潤足太陰之燥及通腸也。《衍義》云：海東來者最勝。大如蓮實，出毛羅島。日華子云：主補虛勞，逐一切風，去皮膚頑痹，下乳，止消渴。催生，治橫逆產。麻根：煮服，通石淋，逐損折瘀血。畏牡蠣、白薇。惡白茯苓。

明·蔣儀《藥鏡》卷三平部　黃麻仁　清胃熱而榮衛調，去風熱而汗出止。療血枯之經閉，下乳還宜。潤血燥于胎前，催生更善。研汁煑粥，諸如產後老人，汗多便秘俱治。飲汁數升，更以油浸肛門，截腸怪病能瘳。合沐禿頭，莖生毛髮。

明·李中梓《頤生微論》卷三　麻仁　味甘，性平，無毒。入脾、胃二經。畏牡蠣、白薇、茯苓。絹包置沸湯，至冷取出，懸井中一夜，勿着水，曝乾，新瓦上挼去殼。潤五臟，通大腸，宣風利關節，催生。新補。

按：麻仁，木穀也，而治風，同氣相求也。陳士良云：多食損血脉，滑精氣，痿陽事。婦人多食，即發帶疾，以其滑利下行，走而不守也。

明·張景岳《景岳全書》卷四九《本草正》　麻仁即黃麻也。亦名大麻。味甘，平，性滑利。能潤心肺，滋五藏，利大腸風熱結燥，行水氣，通小便濕熱，秘澁五淋，去積血，下氣。除風濕頑痹，關節血燥拘攣，止消渴，通乳汁，產難催生，經脉阻滯。凡病多燥澁者宜之。若下元不固，及便溏陽痿，精滑多帶者，皆所忌用。

明·賈九如《藥品化義》卷一〇燥藥　麻仁　屬陰，體肉潤，色肉白皮蒼，氣和，味甘，性平，能升能降，力潤氣燥，性氣薄而味厚，入肺大腸二經。麻仁味甘能潤腸，體潤能去燥，專利大腸氣結便閉。凡老年血液枯燥，產後氣血不順，病後元氣未復，或稟弱不能運行皆治。大便閉結不通，不宜推蕩，亦不容久閉，以此同紫（苑）〔菀〕、杏仁潤其肺氣，滋其大腸，則便自利矣。絹包浸沸湯中少泡之，取起挼去殼，取仁用。或連皮敲碎入藥亦可。

明·施永圖《本草醫旨·食物類》卷二　黃麻　治：破血，通小便。

附方　熱淋脹痛：麻皮一兩，炙甘草三分，水二盞，煎一盞服，日二取效。跌（蹼）〔撲〕折傷：疼痛接骨方，黃麻燒灰、頭髮灰，各一兩，乳香五錢為末，每服三錢，溫酒下立效。麻根：治：擣汁或煮汁服，主瘀血，石淋，治產難胞不出，破血壅脹。帶下、崩中不止者，以水煮，服之效。治熱淋下血不止，取三九枚，洗淨，水五升，煮三升，分服，血止神驗。根及葉擣汁服，治撾打瘀血，心腹滿，氣短，及踠折骨痛不可忍者，皆效。無則以麻煮汁代之。漚麻汁：治：止消渴，治瘀血。麻蕡音文。即今苧麻，蕡，其子也。味：辛，平，有毒。主：勞傷，利臟，下血寒氣，破積，止痹，散膿。多食令見鬼狂走。久服通神明，輕身。

明·盧之頤《本草乘雅半偈》帙三　大麻仁《本經》上品　氣味：甘，平，無毒。主治：主補中益氣。久服肥健，不老神仙。

覈曰：處處有之。《爾雅翼》云：麥黃種枲，枲黃種麥。顧麥之生，即枲之成，枲之成，即麥之生也。枲者，有實之大麻也。有雌雄二種，雌者結實，雄者不結實。若子放勃時，須去雄者，設未放勃而先去之，則不成子矣。

修治：　極難去殼，取帛包置沸湯中，浸至冷，乃出之。垂井中一夜，勿令着水。次日中暴乾，就新瓦上挼去殼，簸揚取仁，粒粒皆完。

先人云：　麻品凡五，黄、絡、苧、莔、白也。黄葉五歧，絡葉無歧，苧葉圓背白。莖皆直上。黄實即大麻，殼褐仁白，多脂液，與諸麻之實迥別。又云：　體直類木仁滑似髓，肝之腎藥也。故益精填髓，潤髮黑鬚。

条曰：　大麻色黄，一名黄麻。麻有雌雄，雄為苴，雌為枲，枲即有子之大麻也。一葉五歧，别曰黄枲，氣味甘平，為脾胃之體藥；　枝莖條暢，為脾胃之用藥；　仁脂濡潤，為脾胃之滑劑、濕劑也。故主補中益氣，久服肥健，不老神仙。《別錄》及附方諸證，亦以四義釋之，更条主客佐使，真不勝其用矣。麥黄種枲，種枲時，正木火司令時也。枲黄種麥，種麥時，正金水司令時也。交通之際，抑中央宫土之五數矣。

清・顧元交《本草彙箋》卷七　大麻仁合麻勃，麻根。　麻仁之甘，能潤腸去燥，凡老年血液乾枯，産婦氣血不順，及病後元氣未復，皆致大便閉結不通，不宜推蕩，亦不容久閉，以麻仁同紫(苑)〔菀〕、杏仁潤其肺氣，滋其大腸，則便自利。

麻勃，即麻花。方藥少用，術家合人參服之，逆知未來。《本經》亦云能治健忘。又生疔腫人，忌見麻花，見之必死。此皆理不可曉。

麻根，主瘀血石淋，有破滯之神功。凡撾撲血瘀，心腹滿脹氣短，及踠折骨痛，臨命垂危者，以麻根及葉擣汁服之。無則以麻煮汁代之，或漚麻汁亦可。或竟以麻燒灰，酒調服。心口氣不絶者，下咽即活。

此即今之火麻，亦曰黄麻。雄者爲枲，雌者爲苴，花曰勃，子曰蕡。

産後汗多，則大便必秘，難於用藥，惟麻子粥最穩。并治老人風虚秘結，法以麻仁、蘇子各二合，洗淨，研細，再以水研，濾取汁一盞，分二次煮粥啜之。

跌撲折傷，用黄麻燒灰，頭髮灰各一兩，乳香五錢，共末，每服三錢，溫酒下，即骨折傷者可續。

清・穆石匏《本草洞詮》卷五　大麻　即火麻。皮可績布，子可壓油，一名漢麻，以別胡麻也。雄者名枲麻、牡麻，雌者名苴麻，苧麻。花名麻勃，實名麻蕡。麻仁則實中仁也。麻仁，味甘，氣平，無毒。潤五臟，利大腸風熱結燥。其性滑利，凡汗多、胃熱、便難三者，皆燥也，故用之以通潤也。麻勃，味辛，性溫，無毒。逐諸風惡血，治健忘。陶貞白云：　術家合人參服之，逆知未來事。《范汪方》云：　七月七日收麻勃一升，人參二兩，為末，蒸令氣遍，每臨臥服一刀圭，能盡知四方之事。夫知未來，知四方，誠過言矣，蓋因麻勃有益智慧，治健忘之功，而溢美焉耳。

清・劉雲密《本草述》卷一四　大麻一名火麻，亦曰黄麻。　時珍曰：　處處種之。剝麻收子，大如胡荽子，可取油，剝皮作麻，其稭白而有稜，輕虚，可作燭心。　復曰：　麻品凡五，黄絡苧莔，白也；　黄葉五歧；　絡葉無歧；　苧葉圓，背白，莖皆直上。黄實即大麻，殼褐仁白，多脂液，與諸麻之實迥別。

麻仁即大麻子中仁也。

氣味：　甘，平，無毒。　詵曰：　微寒。

諸本草主治：　補中益氣，久服肥健不老，下氣逐水氣，復血脈，通關節，潤五臟，去五臟風，專利大腸風熱結燥，利小便，除熱淋，療消渴，便濇，大腸血痢，脚氣腫渴，利女子經脈。　方書主治：　中風傷暑，脚氣，悸，消癉，大便不通，疝痔蟲。　海藏曰：　入足太陰經、手陽明經。汗多、胃熱、便難三者，皆因燥熱而亡津液。《經》云：　燥者润之。故仲景脾約丸以麻子仁潤足太陰之燥，及通腸也。　無己曰：　脾欲緩，急食甘以緩之。麻仁之甘，以緩脾潤燥。　希雍曰：　麻子仁秉土氣以生。《本經》味甘平，無毒。然其性最滑利，甘能補中，又能益血，兼以滑性，故其所主治如是。

附方　麻子仁粥治風水腹大，腰臍重病，不可轉動，用冬麻子半斤，研碎，水濾取汁，入粳米二合，煮稀粥，下葱、椒、鹽、豉，空心食。五淋濇痛，麻子煮粥，如上法食之。　老人風痹，麻子煮粥，上法食之。　産後秘塞，許學士云産後汗多，則大便秘，難於用藥，惟麻子粥最穩，不惟産後可服，凡老人諸虚風秘，皆得力也。用大麻子仁、紫蘇子各二合，洗淨研細，再以水研，濾取汁一盞，分二次煮粥，啜之。　月經不通，或兩三月，或半年、一年者，用麻子仁二升，桃仁二兩，研匀，熟酒一升，浸一夜，日服一升。

愚按：　麻子仁用之者，多以為其脂润，宜於大腸風秘耳，乃《本經》首謂其補中益氣也。是屬何義歟？《爾雅翼》云：　麥黄種枲。音徙。有子曰枲，無子曰苴。枲黄種麥，是種麥在金水司令時，而種枲在木火司令時也。夫人身風病，原於血病，血固生於木火，而成於金水。黄麻稟木火之氣以生，而獨多脂液，猶人身之氣化液化血者也。即已得成於金水之義矣。夫由木火之氣而脂潤如此，是陽中之陰氣，極其舒宣，宣化於金水，正其達化於木火者也。是陰能化而陽乃暢，《經》所以謂其補中益氣也，豈得執補陽者而乃謂之益氣乎？非血藥而有化血之液，不益氣而有紓氣之用，故於大腸之風燥最宜。大腸固與肺表裏，皆一氣之所通也。若止謂其脂潤而無與於氣，何以能利女子經脈，又何以更療風水，未有氣不病而病於水者，氣中之液化所以化血，血與水是二是一，氣化固於斯爾。雖然此味之所治者風秘，而更以氣為言，毋乃與治義未合乎？曰：麻仁之所療者風，然屬血中之風，非漫治風也。而其所以療風者，以其脂潤而除燥，蓋由於至陽而宣，至陰之化，非泛泛以脂潤為功也。請得而悉之，方書於中風證有搜風順氣丸之治，然於血中之風，而方書主治屬大便不通者，專而且多，即如傷暑之黄芪人參湯，消渴之止渴潤燥湯，脚氣之檳榔丸，皆不離於大腸燥秘之故。蓋風與血，同是肝臟，血不能潤風，故病於風眚。乃乙即合於庚，歸大腸而風更化燥以為病矣。蓋大腸固屬燥金也，夫燥金本是風木之主，乃反從風木之化，由於陽不得陰以化，不能合於下焦之元陰耳。如茲味由至陽而宣，至陰之化，則即是能合於下焦之元陰，而歸於腎肝矣。試閱《綱目》二方，有用之療骨髓風毒，及下焦虚熱者，不可想見其氣化之所歸，以為用者歟。夫氣化之所歸者，乃陽隨陰降而下也。如上焦之陽，不得陰以化，何以為陽之導而令其下歸歟？是不為中氣之病歟。東垣所云：人身元氣，升而不降，與降而不升者同病，可與此義相發明。《經》曰：雲霧不精，則白露不降，此從陽化陰之玄機。而人身陽中之陰應之，俾氣能化血，以歸血海而益腎肝，有如二便之治者，緣二便正腎肝所主也。正緣此味，有合於本，木火之氣，得以致金水之用，即由致金水之用，益暢木火之氣也。陳藏器取秋麻子入藥者，止取其與金水之氣合也。第用茲味者，類知為脂潤去風耳。殊不知其此脂潤者，本於下氣，逐水氣，復血脈，通關節，悉如諸本草所云也。即此思之，則逐風而不能離於血，調血而即不能離於氣也。則又何疑之有哉？就中復血脈一語，即方書治悸證，如炙甘草湯云治脈結代而心動悸者，其義大可參也。

附方　大麻仁酒治，骨髓風毒疼痛，不可運動，用大麻仁水浸，用沉者一大升，曝乾，於銀器中，旋旋慢炒香熟，入木臼中搗至萬杵，待細如白粉即止，平分為十帖，每用一帖，用家釀無灰酒一大椀，同麻粉用柳槌蘸入砂盆中擂之，濾去殼，煎至減半，空腹溫服一帖，輕者四五帖見效，甚者不出十帖，心失所苦。虚勞內熱，下焦虚熱，骨節煩疼，肌肉急，小便不利，大便數，少氣吸吸，口燥熱淋，用大麻仁五合，研，水二升，煮減半，分服，四五劑瘥。消渴飲水，日至數斗，小便赤澀，用秋麻子仁一升，水三升，煮三四沸，飲汁，不過五升瘥。血痢不止，《必效方》用麻子仁汁，煮綠豆，空心食，極效。脚氣腫渴，大麻仁熬香，水研，取一升，再入水三升，煮一升，入赤小豆一升，煮熟，食豆飲汁。耐老益氣，久服不飢，麻子仁二升，大豆一升，熬香，為末，蜜丸，日二服。

希雍曰：陳士良云多食損血脈，滑精氣，痿陽事，婦人多食即發帶疾，以其滑利下行，走而不守也。

修治　藏器曰：麻子早春種為春麻，子小而有毒，晚春種為秋麻，子入藥佳。極難去殼，取帛包至沸湯中，浸至冷，出之垂井中一夜，勿令著水，次日日中曝乾，就新瓦上挼去殼，簸揚取仁，粒粒皆完。

清·郭章宜《本草匯》卷一三　麻仁　甘平，微寒，入手陽明、足太陰經。潤五藏，通大腸。風熱結燥及熱淋，催生倒産吞二七即止。

按：麻仁，木穀而治風，同氣相求也。丸藥、釀酒俱善，但性滑利。陳士良云：多食損血脉，滑精氣，痿陽事。婦人多食發帶疾。陽明病汗出多，胃熱，便難，三者皆燥也，用之以通利。月事不通，或半年一年者，麻子仁二升，桃仁二兩，研勻，熟酒浸一夜，日服一升。截腸怪病，大腸頭出寸許，痛苦，乾則自落又出，若腸盡，即不治。但覺初截時，用器盛脂麻油，坐浸之，飲大麻子汁，即愈也。《經》云燥者潤之，謂閉塞不通，當開發腠理，致津液而濡潤宣通也。今麻仁丸能潤腸胃之燥結，利溲便之澀難，不犯峻寒，宜攻老弱，故為潤燥之平劑也。然究竟走而不守之物，脾虚泄瀉者勿服。

極難去殼，用絹包置沸湯中，至冷取出，懸井中一夜，勿着水，晒乾，新瓦上挼去殼，簸揚取仁。畏牡蠣、白茯苓。

清·朱本中《飲食須知·穀類》　大麻子仁　味甘，性平。即火麻子也。先藏地中者，食之殺人。多食損血脉，滑精氣，痿陽道。婦人多食，即發帶疾。食須去殼，殼有毒而仁無毒也。

清・何其言《養生食鑒》卷上　火麻仁即大麻子。　味甘，性平，無毒。潤五臟，利大腸，去熱淋，通乳汁。多食損血脈，滑精，痿陽；女人發赤白帶。

清・蔣居祉《本草擇要綱目・溫性藥品》　麻仁　氣味：甘，平，無毒。入手陽明、足太陽之藥。　主治：潤五臟，利大腸風熱結燥及熱淋。其陽明病，汗多，胃熱，便難，三者皆屬於燥，用之可以通潤。脾苦急，食甘以緩之，麻仁之甘，以緩脾潤燥。

清・閔鉞《本草詳節》卷七　火麻仁　【略】按：火麻仁，木穀也。而治風，同氣相求也。陽明病汗多，胃熱，便難，三者皆燥也，故用以通潤，脾欲緩，急食甘以緩之，麻仁之甘以緩脾潤燥。古方代脈用之，以其復血脈而益中氣也。

清・王翃《握靈本草》卷六　大麻子仁即火麻子。北地者大，南地者小。【略】主治：麻仁，辛，溫，無毒。補中益氣，治中風汗出，潤五臟，利大腸風熱結燥及熱淋，療產難。煮粥食，止嘔逆。

清・汪昂《本草備要》卷四　大麻仁即作布之麻，俗作火麻。潤燥滑腸。　甘，平，滑利。脾胃大腸之藥，緩脾潤燥。治陽明病，胃熱、汗多而便難。三者皆燥也。汗出愈多，則津枯而大便愈燥。仲景治脾約有麻仁丸。成無己曰：脾欲緩，急食甘以緩之。麻仁之甘，以緩脾潤燥。張子和曰：諸燥皆三陽病。　破積血，利小便，通乳催生。又木穀也，亦能治風。　極難去殼。帛裹置沸湯，待冷，懸井中一夜，曬乾，就新瓦上挼去殼，搗用。畏茯苓、白微、牡蠣。

清・吳楚《寶命真詮》卷三　麻仁味甘，平，無毒。入脾、胃二經。畏茯苓、牡蠣、白薇。絹包置沸湯中，至冷取出，懸井中一夜，勿着水，曝乾，新瓦上挼去殼。　潤五臟，通大腸，宣風利關節，催生，療產難。多食損血，滑精，痿陽，女人發帶疾。

清・陳士鐸《本草新編》卷四　火麻子　味甘，氣平，無毒。入陽明大腸經及足太陰脾臟。益氣補中，催生下乳，去中風汗出、皮膚頑痹，潤大腸風熱結澁便難，止消渴而小水能行，破積血而血脉可復。產逆橫生易順，沐髮可潤。此物性過于潤，凡燥結者，可借之以潤腸，而脾氣虛者，斷難多服。至于吞之可以見魅，祝之可以辟瘟，俱非近理之談，而不老神仙尤為荒誕。產後宜戒，慎勿輕投〔之也〕。

或問：火麻子宜于大便燥結之人，《本草》所載其功用，亦果多乎？夫火麻子實有功用，但宜于實症，而不宜于虛症耳。

清・顧靖遠《顧氏醫鏡》卷八　火麻仁甘，平。入脾胃二經。絹包，置滾湯中，至冷取出，懸空垂井中一宿，晒乾，新瓦上剉，去殼，研。　潤燥通二便，宣風利關節。骨髓風毒，疼痛不可運動，酒調服之，大效。產難即下，以其滑利下行也。嘔逆能除。下氣之功。　滑而下行，走而不守。多食滑精痿陽，損血脉，發帶疾。

清・李熙和《醫經允中》卷二〇　麻仁　入手陽明、足厥陰二經。甘，平，無毒。主治活血脉，去皮膚之風濕，除熱燥，潤大腸之便秘。亦能催生，治橫逆產。多食滑精痿陽，婦人食發帶疾。截腸怪病，大腸頭出寸許，痛苦，乾則自落又出，若腸盡即不治。覺初截時，用器盛脂麻油坐浸之，飲大麻子汁即愈。

清・馮兆張《馮氏錦囊秘錄・雜症痘疹藥性主治合參》卷六　火麻子即大麻仁，稟土氣以生。味甘，平，無毒。性最滑利，甘能補中。入手足陽明、足太陰經。主胃熱便難，滑利下行。破積血，復益血脉；利小便，復潤大腸。益血補陰，緩脾潤燥。故仲景脾約丸用之，然多食損血脉，滑精氣，痿陽事。婦人多食發帶疾，以其滑利走而不守也。產後汗多，大便秘結，惟麻子粥最穩。不惟產婦，凡老人諸虛風秘皆妙。用大麻子仁、紫蘇子各二合，洗淨研細，再以水研，取汁一盞，分二次煮粥啜之。【略】

火麻子，骨可作炬心，皮堪縫布疋。子取入藥，修製宜精，益氣補中，催生下乳，去中風汗出，皮膚頑痹。潤大腸風熱，結澁便難。止消渴而小水能行，破積血而血脉可復。胎逆橫生宜順，產後餘疾總除。和(葛)〔菖〕蒲、鬼(白)〔臼〕為丸，吞服百日，能見神鬼。合豆子、頭髮，着井祝敕，能辟瘟魔。入脾與大腸二經，功專益陰潤燥。

清・张璐《本經逢原》卷三　麻子仁即麻子蕡　甘，平，無毒。入藥微炒研用，入丸湯泡去殼，取帛包煮沸湯中浸，至冷出之，垂井中一夜，勿著水，次日日中曝乾，挼去殼，簸揚取仁。《本經》實名麻仁，補中益氣，久服肥健不老神仙。花名麻勃，治一百二十種惡風，黑色，遍身苦癢，逐諸風惡血，女人經候不通。　發明：麻仁入手陽明、足太陰，其性滋潤。初服能令作瀉，若久服之能令肥健，有補中益氣之功。藏府結燥者宜之。仲景治陽明病汗多胃熱便難，脾約丸用之，取潤脾土枯燥也。《日華》止消渴，通乳汁，主催生難產，及老人血虛，產後便秘宜之。麻勃治身中伏風，同優缽羅花為麻藥，砭癰腫不知痛。葉絞汁，服五合下蚘蟲，搗爛敷蠍毒俱效。黃麻破血利小便。麻根搗汁治產難胞衣不下，煮服治崩中不止，生走而熟守也，並治熱淋下血不止。根葉並治搗打瘀血，心腹滿痛，搗汁服之皆效。陳黃麻燒灰，酒服方寸匕，散內傷瘀血。

清・浦士貞《夕庵讀本草快編》卷三　大麻《本經》、火麻　麻字從兩木，在广下，象屋下泒麻之形，广音儼，大以別胡也。此物極難去殼，須以絹包入沸湯，待冷懸井中一夜，取起曝乾，新瓦挼去殼，取仁。　麻勃、麻根用各有別，蕡即其實。《周禮》以供籩豆，謂穀有毒而仁無毒耳。仁味甘平，木之穀也，入手陽明足太陰二經，故陽明受病，汗泄太多，胃熱便難，皆屬于燥，用此以通潤之。成無己曰：脾欲緩，急食甘以緩之。麻仁之甘以緩脾潤燥，若療風除痺乃從木化，而同氣相求矣。不可過服，恐損血滑精，痿陽緩脉。

清・張志聰、高世栻《本草崇原》卷上　大麻仁　氣味甘，平，無毒。主補中，益氣。久服肥健，不老神仙。　大麻即火麻，俗名黃麻。始出泰山川谷，今處處種之，其利頗饒。葉狹莖長，五六月開細黃花成穗，隨結子可取油。《齊民要術》曰：麻有雌雄，於放花時拔出雄者，若未花先拔，則不結子。　大麻放花結實於五六月之交，乃陽明太陰主氣之時。《經》云：陽明者，午也。五月盛陽之陰也。又，長夏屬太陰主氣，夫太陰、陽明，雌雄相合，麻仁稟太陰、陽明之氣，故氣味甘平。　主補中者，補中土也。益氣者，益脾胃之氣也。夫脾胃氣和則兩土相為資益，陽明燥土得太陰濕氣以相資，太陰濕土得陽明燥氣以相益，故久服肥健，不老神仙。

清・王子接《得宜本草・上品藥》　大麻仁一名火麻。　味甘。　入手陽明、足太陰經。　緩脾潤燥。　得當歸、厚朴等辛藥，乃能利大腸。

清・黃元御《長沙藥解》卷一　麻仁　味甘，氣平，性滑，入足陽明胃、手陽明大腸、足厥陰肝經。　潤腸胃之約濇，通經脈之結代。　《傷寒》麻仁丸，麻子仁二升，芍藥半斤，杏仁一斤、去皮尖、炒用、研如脂，大黃一斤，厚朴一斤，枳實半斤。末，煉蜜丸梧子大，飲服十丸，日三服。漸加。治陽明病，脾約便難。以脾氣約結，糟粕不能順下，大腸以燥金主令，斂濇不泄，日久消縮，約而為丸。燥結不下，是以便難。　麻仁、杏仁，潤燥而滑腸，芍藥、大黃，清風而泄熱，厚朴、枳實，行滯而開結也。　炙甘草湯方在甘草用之治少陽病，脈結代，心動悸者，以其養血而潤燥也。　麻仁滑澤通利，潤大腸而滋經脈，隧路梗濇之病宜之。　去殼，炒，研用。

清・吳儀洛《本草從新》卷四　大麻仁〔潤燥滑腸。〕一名火麻。　甘，平，滑利。　緩脾潤燥。　治陽明胃熱，汗多而便難。汗出愈多則精枯而大便愈燥。仲景治脾約有麻仁丸。無己曰：脾欲緩，急食甘以緩之。麻仁之甘以緩脾潤燥。　𧏡子和曰：諸燥皆三陽病。　宣風利關節，催生而通乳。陳士良〔陳士良著《食性本草》。〕云：多食損血脈，滑精氣，痿陽事，婦人多食，即發帶疾，以其滑利下行，走而不守也，腸滑者尤忌。　極難去殼，帛裹置沸湯中，待冷，懸井中一夜，曬乾，就新瓦上挼去殼，搗用。　畏牡蠣、白微、茯苓。

清・汪紱《醫林纂要探源》卷二　麻　連殼曰蕡。音文。　微毒。　甘，平，滑，微辛。連殼則有辛味。　和胃，潤命門。辛能潤腎。　祛風，辛補肝，治肝虛之風。利大腸，甘和，而辛能瀉肺。大腸，肺之表，潤勝濇，故能通大腸之壅。　破瘀，通乳，下胎。以其滑也。　麻仁：　去殼者。　和脾緩肝，潤腸，去風秘。　去殼則甘平，性尤和平，益人。○幹高丈餘，節間生葉如掌，至杪乃結穀，有實者曰苧麻，無實者曰枲。其實充穀食，皮績為布，古人惟麻布，元朝以後，乃廣用棉布，而麻之為布者鮮矣。然種未嘗亡，麻未嘗不充用也。乃今人以苎為麻，而麻之用愈廢。又且以胡麻為麻仁，而麻之為穀，亦不識矣。李士材尚以胡麻為《本經》之麻，而況他人乎？

清・嚴潔等《得配本草》卷五　大麻仁一名火麻。　畏茯苓、牡蠣、白薇。　甘，平，滑利。　入足太陰，兼手陽明經血分。　理女子經脈，治汗多胃燥，除裏結後重，去皮膚頑痹，能催生下乳。　合蘇子研汁煮粥，治虛風便秘。　同紫菀、杏仁煎服，治大便不利。肺氣潤，便自利。　以蔥、椒、鹽、豉入麻仁粥食之，治風水腹大，腰臍重痛。　去殼研用。　多食滑精、痿陽、發帶疾。　怪症：　腸頭出寸許，痛苦非常，乾則自落，又出又落，名截腸。　宜於初起麻油浸之，食大麻仁汁數升而愈。

題清・徐大椿《藥性切用》卷六　大麻仁　性味甘平，緩脾潤燥，滑利大腸。　生研，恐其大潤，亦有焙用者。

清・黃宮繡《本草求真》卷二　火麻仁潤燥滑腸。　火麻仁耑入脾、胃、大腸。　即今作布火麻之麻所產之子也，與胡麻之麻絕不相似，味甘性平。　按書皆載緩脾利腸潤燥，如傷寒陽明胃熱，汗多便閉，治多用此。　蓋以胃府燥結，非此不解。　汪昂曰：　胃熱、汗多、便難，三者皆燥也。汗出愈多，則津枯而大便愈燥，仲景治脾約有麻仁。　成無己曰：　脾欲緩，急食甘以緩之，麻仁之甘以緩脾潤燥。　張子和曰：　諸燥皆三陽病。　更能止渴通乳，及婦人難產，老人血虛，產後便秘最宜。　弘景曰：

麻子中仁合丸藥，并釀酒大善，但性滑利。許學士云：産後汗多則大便秘，難於用藥，惟麻子粥最穩，不惟産後可服，凡老人諸虛風秘，皆得力也。至云初服作瀉，其說固是，久服能令肥健，有補中益氣之功。亦是燥除血補而氣自益之意。若云寬能益氣，則又滋人歧惑矣！但性生走熟守。生用破血利小便，擣汁治産難胎衣不下，熟用治崩中不止。入藥微炒研用，入丸湯泡去殼，取帛包煮，沸湯中浸，至冷出之，垂井中一夜，勿着水。次日日中曝乾，挼出殼，簸揚取仁，畏茯苓、白薇、牡蠣。

清・楊璿《傷寒溫疫條辨》卷六潤劑類 大麻仁即作布之麻，去皮用。味甘，氣平。性潤。入脾、胃、大腸。緩脾潤燥，療胃熱汗多而便難。三者皆燥也，汗多則津枯而便燥。仲景有麻仁丸。麻仁蘇子粥酌量與服。破積血，通乳而利水。又木穀也，亦能治風。

清・羅國綱《羅氏會約醫鏡》卷一七穀部 火麻仁味甘平，入脾胃二經。益血補陰，補脾潤燥。治大腸風熱、結澁便難。催生，逆横易順。下乳，利水，破積血，皆性滑下行之效。并療汗多便燥。汗多則津枯。多食損血、滑精、痿陽，婦人發帶疾，以其走而不守也。即作布之麻之子也，極難去殼，帛包置沸湯内，待冷，懸井中一夜，晒乾，新瓦上挼去殼，擣用。畏茯苓、白薇、牡蠣。

清・趙學敏《本草綱目拾遺》卷四草部中 〔黄麻〕子：治欬傷肺。汪連仕云：大麻子即黄麻子，性熱行血，醫人合麻藥共風茄用。

清・黄凱鈞《藥籠小品》 大麻仁 治陽明燥熱便難，走而不守。腸滑者忌。

清・章穆《調疾飲食辯》卷一上 漚麻水 《別錄》曰：止消渴。

清・章穆《調疾飲食辯》卷二 麻 《詩》八穀曰禾、麻、菽，麥，後人以脂麻當之。脂麻本名胡麻，來自大宛，漢時始入中國，僅可榨油及作餅餌，不堪為飯，安得三代時即列於八穀。疑是火麻，即《本經》之大麻。《爾雅翼》謂之漢麻。《詩疏》曰枲麻，以其皮可作布及履索也。又曰牡麻，雌者名苴麻。《爾雅》曰：黂，枲實。郭注曰：《儀禮》云：苴，麻之有黂者。蓋有子之麻為苴。黂即蕡字。故《爾雅》又曰：蕡，藹。郭注曰：樹實繁茂菴藹。又曰：莩，麻母。郭注曰：苴麻之盛子者為莩。陶隱居以蕡為無子之麻，誤矣。《詩》詠桃夭，亦曰有蕡其實，蕡乃實多之象。且服食法有大麻子救饑方，其為八穀之麻無疑。

清・王龍《本草纂要稿・穀部》 火麻仁 氣味同。益氣補中，催生下乳。去中風汗出，皮膚頑痹。潤大腸風熱，結澁便難。止消渴而小便能行，破積血而血脈可復。胎逆横生亦順，産後餘痰可除。

清・吴鋼《類經證治本草・手陽明大腸腑藥類》 麻仁 【略】誠齋曰：此即大葉麻，人家種之，剝取麻皮者。連殼用有毒，去殼，微炒殺毒氣。今市人皆連殼取用，不堪之極。麻仁兼療大麻風癩。畏茯苓、白薇、牡(力)〔蠣〕。去殼用。

清・張德裕《本草正義》卷上 麻子仁一名大麻仁 甘，平。性滑。潤心肺，滋五臟，利大腸風熱燥結。凡病多燥澁者宜之。若下元不固，溏滑多帶濁者，忌之。

清・楊時泰《本草述鉤元》卷一四 大麻 一名火麻，亦曰黄麻。麻品凡五：黄、絡、苧、茵、白也。黄蘇葉五歧，絡葉無歧，苧葉圓背白，莖皆直上。黄實即大麻，殼褐仁白，多脂液，與諸麻之實迥別不遠。剝麻收子，可取油。剝皮作麻，其稭白而有稜，輕虚可作燭心瀕湖。早春種者為春麻，子小而有毒。晚春種為秋麻，子入藥佳。藏器。

麻仁，味甘氣平。性滑利下行，走而不守。入足太陰手陽明經。補中益氣，復血脈，通關節，潤五臟，去風，久服肥健不老，下氣逐水氣，專利大腸風熱結燥，治血痢，利小便，除熱淋，療消渴便濇，脚氣腫渴，利女子經脈諸本草。汗多胃熱便難，三者皆因燥熱而亡津液，燥者潤之，故脾約丸用麻仁潤足太陰之燥及通腸也海藏。脾欲緩，急食甘以緩之。麻仁之甘以緩脾潤燥無己。麻仁粥，治風水，腹大腰臍重痛不可轉動，用冬麻子半斤，研碎，水濾取汁，入粳米二合，煮稀粥，下葱、椒、鹽、豉，空心食。五淋濇痛，麻仁煮粥，如上法食之。老人風痺，麻仁煮粥食同。産後汗多，則大便秘，難於用藥，惟麻子粥最穩，不惟産後可服，凡老人諸虚風秘，皆得力也。用大麻仁、紫蘇子各二合，洗淨研細，再以水研，濾取一盞，分二次，煮粥啜之。經閉兩三月或半年一年者，麻仁二升、桃仁二兩，研匀，熟酒一升浸一夜，日服一升。大麻仁酒，治骨髓風毒疼痛不可運動，大麻仁水浸，用沉者一升，曝乾，銀器中慢炒香熟，入木臼擣至萬杵，細如白粉，乃止，分十帖，每帖用無灰酒一椀，同麻粉，用柳木槌蘸入砂盆中擂之，濾去殼，煎至減半，空腹溫服一帖。輕者四五帖效，甚者不出十帖，必失所苦。虛勞內熱，下焦虛熱，骨節煩疼，肌肉急，小便不利，大便數，少氣吸吸，口燥熱淋，用大麻仁五合研，水二升，煮減半，分服，四五劑瘥。消渴，飲水日至數斗，小便赤澀，用秋麻子仁一升，水三升，煮三四沸，飲不過五升瘥。血痢不止，用麻仁汁煮綠豆，空心食極效。脚氣腫渴，大麻仁熬香，水研取一升，再入水三升，煮一升，入赤小豆一升煮熟，食豆飲汁。耐老益氣，久服不飢，麻仁二升，大豆一升，熬香為末，蜜丸，日二。

論：麻仁潤燥，《本經》首謂其補中益氣，是屬何義？《爾雅翼》云：麥黃種枲，有子曰枲，無子曰苴。枲黃種麥。是種枲在木火司令時，稟木火之氣以生，而獨多脂液，猶人身之氣化液，液化血，固已得生於木火，而成於金水之義矣。陽中之陰氣，極其舒宣，宣化於金水，正其達化於木火，是陰能化而陽乃暢，《經》所以謂補中益氣也，豈必補陽而後謂之益氣乎。非血藥而有化血之液，不益氣而有紓氣之用，其逐風也不能離乎血，其調血也即不能離於氣，故於大腸之風燥最宜。若止謂其脂潤，而無與於氣，何以更療風水。未有氣不病而病於水者，且其所療之風，係屬血中之風，而所以療者，由於至陽而宣至陰之化，非泛以脂潤為功也。夫大腸燥秘，緣於血不能潤，風乙即合於庚，而風更化燥以為病。大腸固屬燥金。夫燥金本風木之主，乃反從風木而化，總由陽不得陰以化，不能合於下焦之元陰耳。麻仁由至陽而宣至陰之化，是即能合於下焦之元陰，而歸於肝腎矣。閱《綱目》能治骨髓風毒及下焦虛熱，不可想見其氣化之所歸歟。氣化所歸者，乃陽隨陰降而下也，如上焦之陽，不得陰以化，何以為陽之導，而令其下歸歟，是不為中氣之病歟。《經》曰：雲霧不精，則白露不降。此從陽化陰之元機，人身陽中之陰應之，俾氣能化血，以歸血海而益腎肝，如茲味二便之治，正屬腎肝所主也。藏器取秋麻子入藥，取其與金水氣合也。

多食損血脈，滑精氣，痿陽事。婦人多食，即發帶疾士良。

修治：極難去殼，取帛包置沸湯中，浸至冷出之，垂井中一夜，勿令着水，次日日中曝乾，就新瓦上挼去殼，簸揚取仁，粒粒皆完。

清·葉桂《本草再新》卷七　大麻仁味甘，性平，無毒。入脾、肺二經。補脾燥胃，潤肺養陰。止盜汗，解風熱。

清·吳其濬《植物名實圖考》卷一　大麻　《本經》上品。《救荒本草》謂之山絲，苗、葉可食。一名火麻。雄者為枲，又曰牡麻；雌者為苴麻。花曰麻蕡。又曰麻勃、麻仁，為服食藥。葉、根、油皆入用，滇黔大麻，經冬不摧，皆盈拱把。

雩婁農曰：麻為穀屬，舊說皆以為大麻。陶隱居刱為胡麻，而宋應星遂謂詩書之麻，或其種已滅。火麻子粒壓油無多，皮為粗惡布，無當於穀。斯言過矣。《月令》以犬嘗麻。《周禮》：朝事之籩，其實麷蕡。蕡為枲實，亦曰苴。《豳風》九月叔苴，以食農夫。《說文》作萉，或作黂，其無子者為牡麻。大抵古人食貴滑，麻子甘潤，《南齊書》紀陳皇后生高帝乏乳，夢人以兩甌麻粥與之，覺而乳足。則齊時尚以為飯。《食醫心鏡》亦云：麻子仁粥治風水腰重等疾，研汁入粳米煮粥，下葱椒鹽豉食之。蓋麻子不以入食，始於近代。若其衣被之功，則與苧並行，《周官》專設典枲以隸冢宰，績麻漚麻，婦子所事，三代以前卉服未盛，蠶織外舍麻固無以為布，聖人以純為儉，蓋紉絲之功，省於緝縷。後世棉利興，不復致精於麻，豈古之布必粗惡哉！今之治苧葛者纖細乃能納之筒中，紡麻者何獨不能？夫一物之微，而衣人食人如此，何乃屏之粒食之外？《詩》云：雖有絲麻，無棄菅蒯。昔與絲伍，今乃芥視。又茵麻利重，競植於田，而斯麻播植益稀，物理盛衰，良可增慨。古之輓不如今之細，古之拙不如今之巧，而天地之生物，亦日出不窮，移人情而省人功者，凡物皆然。執今人之所嗜，以訂古人之所食，是猶以不火食之蠻貊而較中國鼎火烹飪之劑也，豈有合歟？

清·趙其光《本草求原》卷一四穀部　大麻仁即火麻仁。種於春、夏。木火主氣。甘，平，益肺脾氣。多脂。補精血。能宣氣以化血，氣化液，液化血，血本於金水成於木火。火氣不宣，則血凝不化。復血脈，通關節，陰化陽暢之效。潤五臟，去五臟風，血燥則內風自動。利大腸風燥秘結，古方治風用之，俱不離於大腸燥秘，是皆血中之燥風也。金本制木，太燥則反從風化。利小便，《經》曰：雲霧不精，白露不降。肺陽化陰下降，則治節行。下氣逐水，除熱淋消渴、血痢，脚氣、骨髓風毒、下焦虛熱。氣化血以下歸之功。利經脈，調血必須宣氣。脈結代心悸。陽不得陰以化之病。又通乳，催生。人之用芝麻、麻仁類，以其脂潤能滑耳，而不知其妙在宣氣。若不宣氣，則適滋膩滯矣，滑於何有。

水研濾，取汁，同蘇子汁煮粥，治風水腹脹，五淋，及老人、產婦便秘，陽明胃熱、大汗亡津而秘亦宜。合桃仁酒浸服，通經。製粉，酒煎服，治骨中風毒痛不能運。取汁煮綠豆，止消渴及血痢。煮赤小豆，治脚氣腫渴。但性滑下走，多食損血脈、滑精、發帶疾。

極難退殼，帛包浸滾水中，待冷，懸井口一夜，曬乾，就新瓦上去殼。畏茯苓、白薇、牡蠣。

按：麻有五。黄麻，葉五歧；苧麻，葉圓背白。惟黄麻之子為大麻。黄麻，生破血，利小便，治熱淋。浸汁飲之，煮熟則止血，治崩中下血。麻根葉搗汁服，治產難胞衣不下，並跌打瘀血、心腹滿痛。黄麻燒灰酒服，極散內傷瘀血，消外傷瘀腫。薑點擦之。

清・葉志詵《神農本草經贊》卷一　麻蕡　味辛，平。主五勞七傷，利五藏，下血寒氣，多食令人見鬼狂走。久服通神明，輕身。一名麻勃。　麻子，味甘，平。主補中益氣，肥健不老神仙。生川谷。

穗垂勃勃，慮事前知。候春早晚，辨值雄雌。䴬陳朝事，犬薦秋時。和丸向日，幽燭魑魅。

名醫曰：麻勃花上勃勃者。陶弘景曰：術家合服，逆知未來事。陳藏器曰：早春種曰春麻子，晚春種為秋麻子。李時珍曰：麻子有雄雌，雄者為枲，雌者為苴。《周禮注》：朝事之籩，其實䴬蕡。熬麥曰䴬，麻曰蕡。《禮》：孟秋之月，食麻與犬。孟詵曰：生麻子杵丸，向日服，滿百日，即能見鬼。《雲笈七籤》：紫晨幽燭明。劉基詩：翔魑魅。

清・文晟《新編六書》卷六《藥性摘錄》　火麻仁　甘，平。潤五臟，和大腸，去熱淋，通乳汁。多食損血脈，滑精痿陽。女人發赤白帶。並詳藥部。

火麻仁　性平。利腸胃，潤燥結，止渴通乳，及婦人難產。產後便秘者，老人血虛便秘，入藥微炒，研用。入丸湯，泡去殼，取仁用。畏茯苓、白微、牡蠣。〇白芝麻，甘，寒。炒則性熱，不入藥用。

清・張仁錫《藥性蒙求・穀部》　火麻仁錢半　火麻仁甘，通乳催生。滑腸潤燥，便秘能行。一名大麻仁。治陽明胃熱，汗多而便難。多食者損血脈，滑精氣，痿陽事。婦人多食，即發帶疾。

清・劉善述、劉士季《草木便方》卷二穀糧豆菜部　火麻　火麻葉根下蚘蟲，跌損瘀血心腹痛。折閃接骨疼痛止，消渴止血瘀積通。

清・田綿淮《本草省常・穀類》　大麻仁　一名漢麻，一名火麻。性平，暖脾潤燥，利大小腸，去風氣，破積血，通乳調經，益毛髮，長肌肉。久食令人肥健，心歡。多食男子痿陽，滑精，女子捐血脉，發帶疾。服茯苓、白薇、牡蠣者忌之。

清・戴葆元《本草綱目易知錄》卷二　大麻火麻、黄麻。【略】　火麻仁：甘，平。滑利，木之穀也。入手陽明、足太陰經。補中益氣，緩脾潤躁。治陽明病，胃熱汗多而便難。潤五臟，止嘔逆，破積血，逐水氣，利小便，通熱淋，利大腸，風熱結躁，潤肺，止消渴，催生通乳汁。治中風汗出，關節不通，去風痹皮頑，逐一切風。利女人經脈，主產乳餘疾。調大腸下痢，通老人風秘。婦人倒產，吞二七枚即正。擂汁煮粥食，去五臟風，下氣殺蟲。塗諸瘡癩。多食，滑精痿陽，女人發白帶。

清・黄光霽《本草衍句》　火麻仁甘，滑。　緩脾潤燥，益氣補中。利大腸風熱燥結，脾胃大腸之藥。去五臟汗出中風。逐一切風氣。破積血而血脈可復，治熱淋而小便能通。下乳催生，胎逆横生易順。倒產吞二七枚，即正。潤肺止渴，產後餘疾多功。得當歸、厚朴等辛藥，乃能利大腸。麻子仁粥，治風水腹大，腰臍重痛，不可轉動用。冬麻子仁半斤，研取汁，入粳米二合，煮粥下葱、椒、鹽、豉，空心服。并治五淋澀痛，老人風閉，大便不通皆效。　產後閉塞，產後汗多，則大便秘，難於用藥，惟麻子粥最穩。不惟產後可服，凡老人諸虛風秘，皆得力也。用火麻仁、蘇子各二合，洗淨研細，再以水研，濾取汁一盞，分二次，煮粥啜之。　截腸怪病，大腸頭出寸餘，痛苦，乾即自落又出，名為腸病。若腸盡即不治。但初覺截時，用器盛麻油浸之，飲麻仁汁數升，即愈也。　飲酒咽爛，口舌生瘡，麻仁、黄芩蜜丸，含之。　消渴飲水，小便赤澀，麻仁煎汁服。

清・陳其瑞《本草撮要》卷五　大麻仁　味甘，入手陽明、足太陰經，功專緩脾潤燥。得當歸、厚朴等辛藥，乃能利大腸。卒被毒箭，搗爛煮汁飲。赤遊丹以之塗敷均效。並能催生通乳，惟腸滑者忌服。畏牡蠣、白薇、茯苓。一名火麻。

清・周巖《本草思辨錄》卷二　大麻仁　仲聖麻仁丸證，是脾受胃強之累，而約而不舒，於是脾不散精於肺，肺之降令亦失，肺與脾胃俱困，而便何能下。麻仁甘平滑利，柔中有剛，能入脾滋其陰津，化其燥氣。但脾至於約，其中之堅結可知。麻仁能擴之不能破之，芍藥乃脾家破血中之氣藥，合施之而脾其庶幾不約矣乎。夫脾約由於胃強，治脾焉得不兼治胃，胃不獨降，有資於肺，肺亦焉得不顧，故又佐以大黄、枳、朴攻胃，杏仁抑肺。病由胃生而以脾約標名者，以此為太陽陽明，非正陽陽明也。兼太陽故小便數，小便數故大便難。治法以起脾陰、化燥氣為主，燥氣除而太陽不治自愈，故麻仁為要藥。治陽明府病非承氣不可，故取小承氣之大黄、枳、朴，而復減少其數也。

復脈湯用之，則佐薑、桂以通陽，佐膠、地、麥冬以益陰，與後世取汁煮粥以治風治淋，總取乎潤燥抉壅，柔中有剛也。

大葉青

清·吳其濬《植物名實圖考》卷九 大葉青　生南安山嶺。獨莖高二三尺，灰綠色，有濇毛，中空，白如蘆莖；葉三叉，中長寸許，大如掌，面淡青，背微白，澀毛粗紋，有露脈如麻葉；子附莖生葉下，如火麻子；薄殼青褐色，亦有毛；中有細紅子一粒。俚醫以治下部濕痹。

東廧

宋·唐慎微《證類本草》卷二六米穀部下品〔唐·陳藏器《本草拾遺》〕 東廧　味甘，平，無毒。益氣輕身，久服不飢，堅筋骨，能步行。生河西，苗似蓬，子似葵，可爲飯。《魏書》曰：東廧生焉，九月、十月熟。《廣志》曰：東廧之子，似葵，青色。并涼間有之。河西人語：貸我東廧，償爾田粱。廧疾羊切。

明·朱橚《救荒本草》卷上之前 沙蓬　又名雞爪菜。生田野中。苗高一尺餘，初就地蔢娑生，後分莖叉，其莖有細線楞，葉似獨掃葉，狹窄而厚，又似石竹子葉，亦窄。莖葉梢間結小青子，小如粟粒。其葉味甘，性溫。救飢：採苗葉煠熟，水浸淘淨，油鹽調食。

明·王文潔《太乙仙製本草藥性大全》卷四《本草精義》 東廧米　生河西。其苗似蓬，子似葵，可爲飯。《魏書》曰：東廧生焉。九月、十月熟。《廣志》曰：東廧之子似葵，青色，并、涼間有之。河西人語：貸我東廧，償爾田粱。廧〔疾羊切〕。

東廧米　味甘，氣平，無毒。　主治：益氣力神效，堅筋骨尤良。久服不飢，輕身健步。

明·李時珍《本草綱目》卷二三穀部·稷粟類 東廧音墻。○《拾遺》。

【釋名】【集解】藏器曰：東廧生河西。苗似蓬，子似葵。九月、十月熟，可爲飯食。河西人語曰：貸我東廧，償爾田粱。《廣志》云：東廧子粒似葵，青黑色。并、涼間有之。時珍曰：相如賦東廧雕胡，即此。《魏書》云：烏丸地宜東廧，似穄，可作白酒。又《廣志》云：粱禾，蔓生，其子如葵子，其米粉白如麫，可作饘粥。六月種，九月收。牛食之尤肥。此亦一穀，似東廧者也。

子　【氣味】甘，平，無毒。　【主治】益氣輕身。久服，不飢，堅筋骨，能步行藏器。

明·吳文炳《藥性全備食物本草》卷一 東廧米　生河西，其苗似蓬，子似葵，可為飯。《魏書》曰：東廧生焉，九月十月熟。《廣志》曰：貸我東廧，償爾田粱。廧味甘，氣平，無毒。益氣力，堅筋骨，久服不飢，輕身健步。

明·姚可成《食物本草》卷五穀部·稷粟類 東廧音牆。生河西。苗似蓬，子似葵。九月、十月熟，可為飯食。河西人語曰：貸我東廧，償爾田粱。又一種粱禾，蔓生，其子如葵子，其米粉〔之〕如麫，可作饘粥。六月種，九月收，牛食之尤肥。此亦一穀，似東廧者也。

東廧米，味甘，平，無毒。主益氣輕身，久服不飢。堅筋骨，能步行。

明·施永圖《本草醫旨·食物類》卷二 東廧蔓生，其子如葵子，其粉白，可作饘粥，六月種，九月收，牛食之尤肥。　子：味、甘，平，無毒。治：益氣輕身，久服不飢，堅筋骨，能步行。

清·吳儀洛《本草從新》卷四 東廧子救荒。　甘，平。益氣輕身，久服不飢，堅筋骨，能步行。生河西，苗似蓬，子似葵，九月、十月熟，可為飯食。河西人語曰：貸我東廧，償爾田粱。《廣志》〔郭儀恭《廣志》。〕云：東廧子似葵，青黑色，并涼間有之。時珍曰：相如賦東廧彫胡，即此。《魏書》云：烏丸地宜東廧，似穄，可作白酒。又《廣志》云：粱米蔓生，其子如葵子，其米粉白如麵，可作饘粥。六月種，九月收，牛食之尤肥。此亦一穀，似東廧者也。

題清·徐大椿《藥性切用》卷六 東廧子　性味甘平，益氣充飢，可作飯食。

清·趙學敏《本草綱目拾遺》卷八諸穀部 沙米　《延綏鎮志》：苗莖如麻，葉類艾而稍圓，有刺，高尺許，生子成房，粒細如黍，杵去皮，用羊羹作食，服之不飢，邊外名黍喇棘。《瀚海記》：沙蓬米，凡沙地皆有之，鄂爾多斯所產尤多，枝葉叢生如蓬，米似胡麻而小，性暖，益脾胃，易於消化，好吐者多食有益，作為粥，滑膩可食。或屑之，可充餅餌茶食之需。《人海記》：張家口內保安、沙城一帶地產沙蓬，實如蒺藜，中有米如稗子，食之益人。

《藥性考》云：蓬蒿之實，名曰沙米，清熱消風，饑荒食旨。味甘性溫，通利大腸，消宿食，治噎隔反胃，服之不飢。

清·吳其濬《植物名實圖考》卷一 東廧　《本草拾遺》始著錄。相如賦：東廧雕胡。《魏書・烏丸傳》地宜東廧，似穄。《廣志》東廧粒如葵子，苗似蓬，色青黑，十一月熟，出幽、涼、并、烏丸地。臣伏讀聖祖御製《幾暇格物編》：沙蓬米，凡沙地皆有之，鄂爾多斯所產尤多。枝葉叢生如蓬，米似胡麻而小，性暖益脾胃，易於消化，好吐者食之多有益。作為粥滑膩可食，或為米，可充餅餌、茶湯之需。向來食之者少。自朕試用之，知其宜人，今取之者眾矣。仰見神武遠敷，翠華所屆，仰觀俯察，纖芥不遺。遂使窮塞小草，上登玉食，姒后菲飲，《豳風》勤稼，千載符節。小臣備員山右，得覩此穀，時際豐盈，民少攟摭。考《保德州志》產登相子，沙地多生，一名沙米，作羹甚美。又《天祿識餘》云：《遼史》西夏出登相，今甘、涼、銀夏之野，沙中生草，子細如罌粟，堪作飯，俗名登粟，皆東廧也。然則今之沙蓬米即古東廧。爰繪斯圖，恭錄聖製，俾撫斯民者，知沙漠寒朔亦有良產，勿躭膏粱，罔知艱難云爾。

清・陳其瑞《本草撮要》卷五 東廧子 味甘，平。入手足太陰、厥陰經，功專益氣輕身，久服不飢。堅筋骨，能步行，可為飯食。

䕩草

宋・唐慎微《證類本草》卷二六米穀部下品〔唐・陳藏器《本草拾遺》〕 師草實 味甘，平，無毒。主不飢輕身。出東海洲島，似大麥，秋熟，一名禹餘糧，非石之餘糧也。

〔宋・唐慎微《證類本草》〕《海藥》：其實如毬子，八月收之。彼常飡之物。主補虛羸乏之損，溫腸胃，止嘔逆。久食健人。一名然穀。中國人未曾見也。

明・李時珍《本草綱目》卷二三穀部・稷粟類 䕩草《海藥》

【釋名】自然穀《海藥》 禹餘糧

【集解】藏器曰：《博物志》云：東海洲上有草名曰䕩。有實，食之如大麥。七月熟，民斂穫至冬乃訖。呼爲自然穀，亦曰禹餘糧。此非石之禹餘糧也。珣曰：䕩實如毬子，八月收之。彼民常食，中國未曾見也。時珍曰：按《方孝孺集》有《海米行》，蓋亦䕩草之類也。其詩云：海邊有草名海米，大非蓬蒿小非薺。婦女携籃晝作群，採摘仍於海中洗。歸來滌釜燒松枝，煮米爲飯充朝飢。莫辭苦澀咽不下，性命聊假須臾時。

子 【氣味】甘，平，無毒。 【主治】不飢，輕身藏器。補虛羸損乏，温腸胃，止嘔逆。久食健人李珣。

明・穆世錫《食物輯要》卷二 䕩草子米 味甘，平，無毒。補虛乏，溫腸胃，止嘔逆。久食健人。

明・吴文炳《藥性全備食物本草》卷一 篩草子米 味甘，平，無毒。補虛乏，溫腸胃，止嘔逆，久食健人。

明・姚可成《食物本草・救荒野譜補遺・草類》 䕩草食實。一名自然穀。生東海邊，有實，食之如大麥。七月成熟，可濟荒。《方孝孺集》名海米。

海邊有草名海米，大非蓬蒿小非薺。婦女携籃晝作群，采摘仍于海中洗。歸來滌釜燒松枝，煮米為飯充朝飢。莫辭苦澁嚥不下，性命聊假須臾時。

明・姚可成《食物本草》卷五穀部・稷粟類 䕩草米一名自然穀。東海洲上有草名曰䕩。有實，食之如大麥。七月熟，民斂穫，至冬乃訖。〇䕩實如毬子，八月收之。彼民常食，中國未曾見也。按《方孝孺集》有《海米行》，蓋亦䕩草之類也。其詩云：海邊有草名海米，大非蓬蒿小非薺。婦女携籃晝作群，采摘仍于海中洗。歸來滌釜燒松枝，煮米為飯充朝飢。莫辭苦澁嚥不下，性命聊假須臾時。

䕩草米，味甘，平，無毒。食之，不飢輕身。補虛羸損乏，溫腸胃，止嘔逆，久食健人。

明・施永圖《本草醫旨・食物類》卷二 䕩草一名自然穀，又名禹餘糧，食之如大麥，七月熟。 子：味、甘，平，無毒。治：不飢，輕身，補虛損，溫腸胃，止嘔逆，久食健人。

清・何其言《養生食鑒》卷上 䕩草子米 味甘，平，無毒。補虛乏，溫腸胃，止嘔逆。久食健人。

清・吳儀洛《本草從新》卷四 䕩草子救荒。 甘，平。補虛羸損乏，溫腸胃，止嘔逆。久食健人，輕身不飢。《博物志》云：東海洲上有草，名曰䕩，有實，食之如大麥，七月熟，民斂獲至冬訖，呼為自然穀，亦曰禹餘糧。李珣〔李珣著《南海藥譜》。〕曰：䕩實如毬子，八月收之，彼民常食，中國未曾見也。《遜志齋集》〔方孝孺《遜志齋集》。〕有《海米行》，蓋亦䕩草之類也，其詩云：海邊有草名海米，大非蓬蒿小非薺；婦女携籃懷晝作羣，採摘仍於海中洗；歸來滌釜燒松枝，煮米為飯充朝飢；莫辭苦澀咽不下，性命聊假須臾時。

題清・徐大椿《藥性切用》卷六 䕩草子 性味甘平，扶虛益損，亦可充飢。

清・章穆《調疾飲食辯》卷二 自然穀飯 《拾遺》曰：《博物志》云：東海洲上有草名篩草，又名自然穀，又名禹餘糧。結子如大麥，七月熟，民斂穫，至冬乃盡，食之不飢輕身。李珣《海藥本草》曰：補虛乏，溫腸胃。止嘔逆，久食健人。據此二說，則極佳。而《綱目》引方正學詩曰：　海邊有草名海米，大非蓬蒿小非薺。婦女攜籃晝作群，採摘仍於海中洗。歸來滌釜炊松枝，煮米為飯充朝飢。莫辭苦澀咽不下，性命聊假須臾時。又似不佳。或者瀕海可食之物不一耶？海邊人所當深考。大抵甘平則益，苦澀必損也。

清・文晟《新編六書》卷六《藥性摘錄》　蒒草子米　甘，平。補虛乏，溫腸胃，止嘔逆，久食健人。

清・陳其瑞《本草撮要》卷五　蒒草子　味甘，平，入手足太陰、陽明經，功專補虛羸損乏，溫腸胃，止嘔逆，久食健人，輕身不飢。

豆分部

題解

清・汪紱《醫林纂要探源》卷二　菽　水穀也。春種夏熟，夏種秋熟，地宜墳衍，故屬水。烏花而卵實，味兼鹹苦，大抵能交心腎，而隨其色以各有所入焉。

綜述

大豆

附：日・丹波康賴《醫心方》卷三〇　大豆　《本草》云：　生大豆味甘，平。塗癰腫，煮飲汁，殺鬼毒，止痛，逐水脹，除胃中熱痹，傷中，淋露，下瘀血，散五藏結積內寒，殺烏頭毒。久服令人身重。熬屑味甘，主胃中熱，去腫除痹，消穀止脹。又云：　藊豆，味甘，微溫。主和中下氣。孟詵云：　平。主霍亂吐逆。《拾遺》云：　大豆炒及热投酒中飲，主風痹癱緩，口噤，產後血氣。炒食極熱，煮食極冷。又云：　牛食溫，馬食冷，一體之中，用之不同也。孟詵云：　大豆初服時似身重，一年之後便身輕，益陽事。又煮飲服之，去一切毒氣。又生搗和飲，療一切毒，服塗之。崔禹〔錫〕云：　大豆少冷，無毒。煮飲汁，療溫毒水腫，為驗。除五淋，通大便，去結積。蒸煮食，勝於米。久噉厚腸胃，令人身重。大豆為〔孽〕〔蘖〕取牙，生便乾者，即熬末食之，芳美味矣，名黃卷，味苦，甘，溫。主濕痹筋膝挽痛。

宋・李昉《太平御覽》卷八四一　豆　《物理論》曰：　菽者，衆豆之總名。　嵇康《養生論》曰：　豆令人重，榆令人瞑。　《雜五行書》曰：　常以正月旦，亦用月半，以麻子七枚、赤豆二七枚，著井中，辟溫病甚神効。與《龍魚河圖》語小異，故重出。　又曰：　正月七日，男吞赤豆七枚，女吞十四枚，竟年無病。　《神農本草經》曰：　赤小豆，下水排癰腫。　《博物志》曰：　左元放度荒年法：　擇六豆，麤細調均，種之，必生煮熟挼，令有光，使暖氣徹豆心，先一日不食，以冷水頓服三升，服訖，其魚、肉、菜、果、酒、醬、鹹、酢、甘、苦之物，一不得復經口。渴則飲水，慎不可暖飲。初小困極，數十日後，體力更壯健，不復思食。大較法服三升為劑，亦當隨人，先食多少，增損之。歲豐欲還食者，煮葵子及脂蘇、肥肉羹，漸漸飲之，須豆下乃可食，豆未下盡而食實物，腸塞則殺人。此未試，於理或可耳。　又曰：　人食豆三斗，則身重，行止動難。　恒食小豆，令人肥燥麤理。　《本草經》曰：　大豆黃卷，味甘，平。生平澤。治濕痺筋攣，膝痛。生大豆，張騫使外國，得胡麻、胡豆，或曰戎菽。塗癰腫，煮汁飲之。殺鬼毒，止痛。赤小豆下水排癰腫血。生太山。　《吳氏本草》曰：　大豆黃卷，神農、黃帝、雷公：　無毒。採無時。去面皯。得前胡、烏喙、杏子、牡礪、天雄、鼠屎，共蜜和佳。不欲海藻、龍膽。此法：　大豆初出土黃芽是也。生大豆，神農、岐伯：　生熟寒。九月採。殺烏頭毒，並不用玄參、赤小豆。神農、黃帝：　鹹。雷公：　甘。九月採。小豆花，一名應累，一名付月。神農：　甘，無毒。七月採，陰乾四十日。治頭痛，止渴。

宋・王繼先《紹興本草》卷一二　大豆　紹興校定：　生大豆乃世呼黑豆是也。唯作醬作豉，炒熟用及生用。雖一物而成，以生熟之性頗異，各隨其所宜而用之。唯生者，性涼，解諸毒，除熱頗驗。當作味甘、平、無毒是矣。處處產之。

宋・鄭樵《通志》卷七五《昆蟲草木略》　豆之類多。《爾雅》云：　蔨，鹿藿。其實，莥。今之鹿豆也。苗似豌豆，蔓生，亦可為菜，根黃而香。《本草》，大豆之蘖，謂之黃卷，亦謂之卷蘖。小豆之花，謂之腐婢。

宋・劉明之《圖經本草藥性總論》卷下　生大豆　味甘，平。塗癰腫。

煮汁飲，殺鬼毒，止痛，逐水脹，除胃中熱痺，傷中淋露，下瘀血，散五臟結積內寒。炒為屑，味甘。主胃中熱，去腫除痺，消(殼)〔穀〕，止腹脹。日華子云：黑豆，調中下氣，通關脈，制金石藥毒，治馬牛瘟毒。惡五參、龍膽。得前胡、烏喙、杏仁、牡蠣良。解烏頭毒。

宋·張杲《醫說》卷六 中豆腐毒 人有好食豆腐，因中其毒，醫治不效。偶更醫，醫至中途，適見做豆腐人家夫婦相爭，因問之，云今早做豆腐，妻悮將蘿蔔湯置腐鍋中，今豆腐更就不成，蓋腐畏蘿蔔也。醫得其說，至病家，凡用湯，率以蘿蔔煎湯，或調或嚥，病者遂愈。

宋·陳衍《寶慶本草折衷》卷一九 生大豆汁在內。○腐及穭豆附。 一名烏豆，一名黑豆。生太山平澤，及江浙、湖南北。今處處有之。○九月採。○序例云：○惡五參、龍膽，得前胡、烏喙、杏人、牡蠣良。殺烏頭、附子毒。○序例云：殺天雄毒。又忌豬肉。○附：腐，用烏豆及白豆浸去皮，和水磨汁，入鹽鹵或酸漿水煮成。畏蘿蔔汁。○又附：穭豆，一名瀘豆，一名豋豆，一名戎菽。《毛詩》云：一名荏菽。生田野。縉雲已分穭豆，各出為條，今姑附之。○穭，音呂；豋，力刀切；荏，而錦切。

味甘、腥古方，平，微寒，煮汁涼，炒熟熱，無毒。○塗癰腫，煮汁飲，止痛，逐水脹，除胃熱痹，傷中淋露，下瘀血，散五藏結積內寒。炒為屑，消穀，止腹脹。○陳藏器云：炒令黑，煙未斷，熱投酒中。主風痹癱緩口噤，產後諸風。食罷生服，去心胸煩熱，熱風恍惚，明目鎮心，下熱氣腫。汁解諸藥毒。○《蜀本》註云：煮食，主溫毒水腫。○孟詵云：療男女陰腫，以綿裹內之。○或繫貼之。煮飲去毒氣，下淋血。其豆黃，去皮曰黃，主濕痹膝痛，潤肌膚。又卒失音，生大豆壹升，青竹筭子肆拾玖枚，和水煮熟服。○日華子云：調中下氣，通關脉，制金石毒，治牛馬溫毒。○《圖經》曰：黑者入藥，白者不用。其緊小者為雄豆，入藥尤佳。分大豆黃卷條。○《食療》云：主產後諸疾。若和甘草煮湯飲之，去一切熱毒氣。善治風毒脚氣。小兒不得與炒豆食之，若食了，忽食猪肉，必壅氣致死。十歲已上不畏。○《經驗方》：治赤痢，臍下痛。○《子母秘錄》：治小兒豌於丸切。豆瘡，煮汁服之。

附：豆腐。○寒而動氣。

附：穭豆。○味甘，溫，無毒。去賊風風痹，產後冷血，炒令黑，熱投酒中飲。此豆小黑，不甚深黑也。

續說云：烏豆生腥而熟甘。試患中蠱毒者，令其嚼生烏豆，不腥者是也。然後可服治蠱之藥。又《易簡方》謂：已灸膏肓等穴，或更灸三脘及臍腹，前後受火，使炎毒交攻，致中焦隔截，嘔吐清水，或氣息喘急，或煩渴引飲，名曰火邪。以生烏豆煎湯而飲，徐徐解之。所附豆腐者，應氣疾、風疾及諸病後，皆不可食，食亦難化。若乳下小兒，尤當謹忌也。

元·王好古《湯液本草》卷六 黑大豆 氣平，味甘。《本草》云：塗癰腫。煮汁飲，殺鬼毒，止痛。解烏頭毒，除胃中熱痹，傷中淋露，逐水脹，下瘀血。久服，令人身重。炒令黑，煙未斷，熱投酒中，治風痹癱瘓，口噤，產後諸風。食罷，生服半掬，去心胸煩熱。明目鎮心，不忘。惡五參、龍膽。得前胡、烏喙、杏仁、牡蠣良。

元·忽思慧《飲膳正要》卷三 大豆 味甘，平，無毒。殺鬼氣，止痛，逐水，除胃中熱，下瘀血，解諸藥毒。作豆腐，即寒而動氣。

元·尚從善《本草元命苞》卷九 生大豆 味甘，平。惡五參、龍膽。制金石藥毒。淂前胡、杏仁、牡蠣者良。去賊風風痺。炒投酒飲，逐水脹，傷中淋露，下瘀血，五臟結積。殺鬼毒，止疼。除胃中熱痺，療恍惚熱風。治水蠱腹脹。黑豆制金石藥毒，通關脉，調中下氣。生太山平澤，今所在皆有。九月採取，緊小為佳。黑入藥，白者不堪。豆性本平，修製則異。煮汁涼而解毒，作腐寒而動氣，炒為屑性熱，投酒中能去風，造作豉極冷，煎取汁宜發表。

元·吳瑞《日用本草》卷二 大黑豆 味甘，性平，無毒。煮汁，解鬼毒、烏頭、丹石諸藥毒，溫毒，水腫。炒熟，熱；作豉，冷；合醬則平。牛食溫，馬食冷。炒熟，小兒勿食，生擁氣。熟豆與猪肉同食，令人悶。一體中，用之數(遍)〔變〕。 主塗癰腫，止痛，逐水脹，除胃中熱痺淋露，下瘀血，散結熱。

明·朱橚《救荒本草》卷下之後 黃豆苗 今處處有之。人家田園中多種。苗高一二尺，葉似黑豆葉而大，結角比黑豆角稍肥大。其葉味甘。救飢：採嫩苗葉煠熟，水浸淘淨，油鹽調食。或採角煮食，或收豆煮食，及磨為麵食皆可。

明·王綸《本草集要》卷五 生大豆使 味甘，《內經》云：鹹，氣平。惡五參、龍膽。得前胡、烏喙、杏仁、牡蠣良。黑者入藥，小者尤佳。 塗癰腫。煮汁飲，殺鬼毒止痛，烏頭毒，諸藥毒。逐水脹，除胃中熱痹，傷中淋露，下瘀血，散五臟結積內寒。久服令人身重。炒為屑，主胃中熱，去腫除痹，消穀，止腹脹。炒令黑煙未斷，及熱投酒中，主風痹癱緩，口噤，產後諸風虛熱，血病。〇大豆黃卷，以生豆為芽蘗，便曝乾。 味甘，氣平。主濕痹筋攣，膝痛，五臟胃氣結積，益氣止毒。〇豆豉，味苦，氣寒，無毒。無鹽者佳。主傷寒頭痛寒熱，瘴氣惡毒，煩躁滿悶，虛勞喘吸，心中懊憹，用一升，和葱白煮汁服。治傷寒時疾發汗，又兩腳疼冷，浸酒服之。暴痢腹痛及血痢，和薤白煮汁服。安胎，取汁服。惡瘡，熬末傅之。

明・滕弘《神農本經會通》卷四

生大豆 使也。惡五參、龍膽。得前胡、烏喙、杏仁、牡蠣良。有黑白二種，黑者入藥，白者不用。緊小者為雄豆，入藥尤佳。殺烏頭毒。九月採。《局》云：炒過用。

味甘，氣平。《內經》云：鹹。一云：寒。

《本經》云：塗癰腫。煮汁飲，殺鬼毒，止痛，逐水脹，除胃中熱痹，傷中淋露，下瘀血，散五臟結積內寒，殺烏頭毒。久服令人身重。炒為屑。味甘。主胃中熱，去腫除痹，消穀，止腹脹。陳藏器云：大豆炒令黑，煙未斷，及熱投酒中，主風痹癱緩，口禁，產後諸風。食罷生服半掬，去心胸煩熱，熱風恍惚，明目，鎮心，溫補，久服好顏色，變白，去風，不忘。煮食，寒。下熱氣腫，壓丹石煩熱。汁解諸藥毒，消腫。大豆，炒食極熱，煮食之及作豉極冷。黃卷及醬，平。牛食溫，馬食冷。一體之中，用之數變。又云：穭豆，味甘，溫，無毒。炒令黑，及熱投酒中，漸漸飲之，去賊風風痹，婦人產後冷血。堪作醬。《蜀本》注云：煮食之，主溫毒水腫。孟詵云：大豆寒，和飯擣塗一切毒腫。療男女陰腫，以綿裹，內之。殺諸藥毒。謹按：煮飲服之，去一切毒氣，除胃中熱痹，傷中，淋露，下淋血，散五臟結積內寒。和桑柴灰汁煮服，下水鼓腹脹。其豆黃，主濕痹膝痛，五臟不足氣，胃氣結積，益氣，潤肌膚。日華子云：黑豆，調中下氣，通關脉，制金石藥毒，治牛馬溫毒。《圖經》云：大豆黃卷，是以生豆為蘗，待其芽出，便暴乾取用。方書名卷皮，今蓐婦藥中用之。豆性本平，而修治之，便有數等之効。煮其汁，甚涼，可以壓丹石毒，及解諸藥毒。作腐則寒而動氣，炒食則熱，投酒主風，作豉極冷，黃卷及醬皆平，牛食之溫，馬食之涼，一體而用別，大抵宜作藥使耳。古方有紫湯，破血去風，除氣防熱，產後兩日尤宜服之。烏豆五升，選擇令淨，清酒一斗半，炒豆令烟向絕，投於酒中，看酒赤紫色，乃去豆，量性服之，可日夜三盞，如中風口噤，即加鷄屎白二升，和熬，投酒中，神驗。江南人作豆豉，自有一種刀豆，甚佳。古今方書用豉，治病最多。《肘後方》云療傷寒有數種，初覺頭痛內熱，脉洪起一二日，便作此加減葱豉湯，葱白一虎口，豉一升，綿裹，以水三升，煮取一升，頓服取汗。若不汗，更作，加葛根三兩，水五升，煮取二升，分再服，必汗即差。不汗更作，加麻黃三兩，去節。《食療》云：微寒。主中風脚弱，產後諸疾。若和甘草煮湯飲之，去一切熱毒氣，善治風毒脚氣。煮食之，主心痛筋攣，膝痛，脹滿，殺烏頭、附子毒。大豆黃屑，忌猪肉。小兒不得與炒豆食之，若食了，勿食猪肉，必壅氣致死，十有八九，十歲已上不畏。《湯》云同《本經》并陳藏器云。《局》云：大豆調中仍止痛，殺除鬼毒煮為湯。炒投熱酒除風痺，入藥須知黑者良。黃豆，殺鬼辟邪。

明・劉文泰《本草品彙精要》卷三六

生大豆：無毒。附穭豆。 植生。

生大豆出《神農本經》：塗癰腫。煮汁飲，殺鬼毒，止痛。以上朱字《神農本經》。逐水脹，除胃中熱痹，傷中，淋露，下瘀血，散五臟結積，內寒。殺烏頭毒。久服令人身重。炒爲屑，味甘，主胃中熱，去腫，除痹，消穀，止腹脹。以上黑字名醫所錄。 〔苗〕《圖經》曰：苗高二三尺，莖葉有毛，花白，作莢，至秋收之。其豆有黑、白二種，黑者入藥，白者不用。其緊小者爲雄，入藥尤佳。豆性本平，修治便有數等之效。煮其汁甚涼，可以壓丹石毒及解諸藥毒。作腐則寒而動氣，炒食則熱，投酒主風，作豉極冷，黃卷及醬皆平。牛食之溫，馬食之涼，一體而用別，大抵宜作藥使爾。仙方修製末，服可以辟穀度饑歲。然多食令人體重，久則如故矣。陳藏器云：一種穭音呂豆，味甘，無毒，生田野，小黑。《爾雅》云：戎菽，一名驢豆，又名登豆。炒令黑，及熱投酒中，漸漸飲之，去賊風風痹，更治婦人產後冷血。亦堪作醬。〔地〕《圖經》曰：生泰山平澤，今處處有之。〔時〕生：三四月生苗。採：九月取實。〔收〕日乾。〔用〕實黑者良。〔色〕黑。〔味〕甘。〔性〕平。〔氣〕氣厚於味，陽也。〔臭〕朽。〔助〕得前胡、烏喙、杏仁、牡蠣良。〔反〕惡五參、龍膽。〔製〕煮汁或炒入藥用。〔治〕療：日華子云：黑豆，調中下氣，通關脈。陳藏器云：大豆，生服半兩，除心胸煩熱，去熱風恍惚。煮食下熱氣腫，壓丹石煩熱。汁消腫。孟詵云：大豆，煮飲服，除胃中熱痹，腸中淋露，下淋血，散五臟結聚內寒。《蜀本》注云：大豆，煮食，療溫毒水腫。《別錄》云：黑豆葉，擣傅蛇蛟處。〇大豆汁，塗小兒火瘡及小兒斑瘡、豌豆瘡，并服汁。補：陳藏器云：大豆，明目，鎮心，溫補。久服好顏色，變白，去風，不忘。〖合治〗黑豆五升，合酒一斗半，看酒紫黑色，去豆飲之，破血去風，除氣防熱，產後兩日尤宜服。如中風口噤，加雞白屎二升和熬，投酒中服，神效。○大豆炒令煙未斷，乘熱合酒中服，療風痹，癱緩，口噤，產後諸風。○穭豆炒黑乘熱合酒中，漸漸飲之，去賊風，婦人產後冷血。○大豆合桑柴灰煮汁服，下水鼓腹脹。○大豆一升，合青竹笄子四十九枚，長四寸，闊一分，和水煮熟，日夜服，療卒失音。○大豆合甘草煮湯飲，去一切熱毒氣。○大豆合飯擣，塗療一切毒腫。〖禁〗豆腐多食動氣。〖解〗金石諸藥毒，殺烏頭、附子毒。〖忌〗豬肉。

明・盧和、汪穎《食物本草》卷一穀類　黑大豆　味甘，平，無毒。炒食去水腫，消穀，止膝痛腹脹，除濕痹。乍食體重，忌食猪肉。十歲以下小兒勿食，恐一時食猪肉擁氣至危。煮食及飲汁，涼，下熱腫，解熱毒及烏、附、丹石諸毒，除胸胃中熱、大小便血，散五臟結氣。一種小黑豆最佳。陶節庵以黑豆入鹽煮，時常食之，謂能補腎。蓋豆味鹹，腎之穀，又形類腎，黑色屬水也，妙哉。

明・許希周《藥性粗評》卷三　黃豆斬邪，豈不賢於黑豆。

黃豆，即生大豆也。豆有數種，而黃者為用甚多。夏初下種，葉圓而長，莖高二三尺，夏末開紅紫小花，盈枝上下，結實成角，八、九月成熟收採。江南北處處有之。此一物其性屢變，煮之其性涼，作腐其性寒，炒食其性熱，作豉其性極冷，作醬及黃卷其性平，牛食之溫，馬食之涼，亦物之不可測者。惡五參、龍膽、膾，得前胡、烏喙、杏仁、牡蠣良。餘說《本草》不載。味甘，性平、寒，無毒。主治胃熱積塊，膨脹淋露，癰腫熱毒，除脾消穀，逐水氣。煮汁飲之辟邪，殺鬼毒，下瘀血。

黑豆性味同前，調中下氣，通關脉，治牛馬瘟毒。

單方：辟邪：凡中邪氣鬼毒，只以黃豆煎湯飲之，日再。　平腫：凡患癰疽腫毒，初起焮痛者，以黃豆生嚼傅之，如乾，再嚼更易，差。　脚氣：凡兩脚風氣，發熱痛弱者，以黃豆一二升，甘草一兩，相和煮汁飲之，日再，當消。　頭風：凡患頭風暈痛，時發不已者，大黃豆三升，炒食聲絕，以酒一斗，貯甆瓶中，將豆□□投入，密封七日後用，取任意溫服，以頭平為度。　湯火瘡：凡被湯成疱，速以黃豆水煮取汁塗之，易，差無瘢。　頭項直：凡頭項被風強直不得轉顧，黃豆一升，蒸至變色，入絹囊中作枕睡之，晝夜不離，當差。　身面浮腫：凡被風濕身面浮腫者，黑豆一升，水五升，煮取汁三升，和酒五升，再煎至三升，待溫，分三服，不差，再合服之。　口眼喎斜：凡患口眼被風喎斜者，大黃豆炒焦，磨末三升，以新酒三升，淋取汁，溫服、頓服，日一服，差。　小兒痘瘡：小兒時疫痘瘮、斑瘡，可懼者，但以大黃豆煮汁飲之，無恙。　婦人產證：凡婦人胎前諸病，不拘子死腹中危證，但以黃豆一升，醋一升，煮汁飲之皆和。如產後中風血暈，水氣嘔逆，黑豆三升，炒令聲盡，入甆器中，以酒一升投入，封蓋一時，乘溫與飲之，用被略蓋，汗愈。　打撲青腫：凡被人打撲及墜跌青腫者，以黃豆生研，傅之，乾復易之，或以豆葉生者搗傅之，亦可。　鬚髮黑烏：凡鬚髮將白，欲變黑烏者，以黑豆一升，醋一升，濃煎取汁塗之，變黑。

明・鄭寧《藥性要略大全》卷四　黑大豆　《經》云：塗癰腫。煮汁飲，殺鬼毒，止痛。解烏頭毒，除胃中熱痹，傷中淋露，逐水脹，下瘀血，久服令人身重。炒令黑，烟未斷，熱投酒中，治風痹癱瘓口噤，產後諸風。日華子云：發傷寒汗。食罷生服半掬，去心胸煩熱，明目，填心不忘。惡五參、龍膽。得前胡、烏喙、杏仁、牡蠣良。味甘，氣平。

明・陳嘉謨《本草蒙筌》卷五　生大豆　味甘，氣平。無毒。原產泰山平澤，今則處處有之。黑白種殊，惟取黑者入藥；大小顆異，須求小粒煎湯。緊小者為雄豆，入藥方効。惡龍膽五參，草龍膽、人參、沙參、玄參、丹參、苦參。宜前烏杏牡。前胡、烏喙、杏仁、牡蠣。和桑柴灰汁煮，下水蠱腫脹，瘀血積脹如神，同生甘草片煎，解飲饌中毒，丹石藥毒立効。合飯搗，箍癰疽消腫，婦人陰戶腫，亦可納之；煎水飲，殺鬼疰止疼，脚膝筋攣疼，勿吝服也。炒研豆屑，湯調下咽。消食免膨，敺熱除痹。又炒黑煙未斷，乘熱投淋酒中。即古方豆淋酒，一名紫酒。主癱瘓風痹噤牙，理產後風中抽搐。以水漬生芽(蘖)〔櫱〕，大豆黃卷立名。去濕痹筋骨攣疼，散五臟胃氣結積。豆豉係蒸熟罨曬，江右每製賣極多。味淡無鹽，入藥方驗。雖理瘴氣，專治傷寒。佐葱白，散寒熱頭疼；助梔子，除虛煩懊憹。足冷痛甚，浸醇酒可嘗。血痢疼多，同薤白煮服。仍安胎孕，女科當知。豆腐性寒，亦動正氣。食多積聚，蘿蔔能消。善解豆腐毒。豆麵可代米糧，乃豆炒和大棗肉同搗；豆黃亦治濕痹，製黃末合煉猪膏為丸。豆醬拌白麵，罨餅曬成；入藥塗風癬，殺蟲最驗。炒熟豆嬰兒勿貪多食，恐壅氣咽喉窒塞難醫。

謨按：豆性和平。炒食則熱，煮食則寒。牛食之溫，馬食之涼。一體之中，而有數等之効。且為食饌，尤著多名。用治病邪，亦稱要劑。又雜牛肉同煮，能試瘟毒有無。無毒豆煮鮮黃，有毒豆變黯黑。免致中害，誠益世人。但搜補脾養胃之功，概未有一言爾。古嘗以菽名之，是亦伯叔之義，謂較諸穀亞之之辭。

明·方穀《本草纂要》卷六 青大豆 味甘，氣平，無毒。主治癰腫，解諸毒，逐水脹，除胃熱，散結氣，下瘀血，與黑小豆所治皆同。但青豆走氣，黑豆走血；青豆多食則傷脾敗胃，黑豆多食則壯氣充元。黑豆炒令烟斷爲末，酒調服，又主風痹癱瘓，口噤如癇。若產後諸風、虛熱、血病並皆治之。所以黑神散用黑豆爲使者，此也。大豆黃卷味甘氣平，乃黃豆爲芽蘗也，主濕痹筋攣，腰膝疼痛。豆豉味苦氣寒，乃煮豆作豉者，治寒熱瘴氣，煩躁滿悶，惡毒攻心，懊憹喘吸。又云：傷寒可以發汗，嘔逆可以除煩，仲景用梔子豉湯者，然也。大抵豆之一物，解毒太多，吾見生豆可以驗毒，生毒之人食生豆而不噦；豆查可以解毒，服毒之人用豆查而食之，其毒自吐而出。此其所以爲解毒之物也。又論世嘗生毒之家，以豆腐爲發毒之物而不食，殊不知豆所以解毒，而腐何以發毒？然而生毒之人，欲以實脾爲美，但豆腐所以瀉脾之物，猶恐脾虛，有傷元氣，而瘡毒有難收矣，固嘗以腐而戒之。又曰：豆腐乾可以實脾而健胃，因其豆之熟也；豆腐漿可以止嗽而治噦，因其豆之液也；豆腐皮可實脾之虛，豆腐燋可開胃之氣。皆因其解毒之用，而又熟則補也。治者不可因其理之非常而用之，亦不可不揣理之當常而廢之，是有病於用治之可否也。

明·寧源《食鑒本草》卷下 黑豆 味甘，寒，平。解烏頭毒。散五臟結積，除胃熱，逐水氣，消腫脹，散瘀血，治濕痹。《產寶方》：治產後中風，角弓反張，口禁攣搐，五緩六急，手足麻痹，頭旋眼眩，嘔吐煩悶，惡〔心〕不下。用黑豆一升，炒令極熟，熱投清酒三升，令熱飲半鍾至一鍾，得微汗身潤，風邪出矣。如無前症，產後稍飲，亦能逐敗血，散結氣，除痛免疾。李仙姑治女人少年鬢髮黃白，用黑豆一升、青石榴一箇，槌碎，好醋二升，同煮豆爛，去豆不用，再煎至升，收貯，每早傅髮。《衍義》云：煮食之，涼，主瘟毒、赤腫、水腫，解諸藥、石、食物毒。炒食則熱，作腐則寒，作豉則冷，作醬則平。牛食則溫，馬食涼。

明·王文潔《太乙仙製本草藥性大全》卷四《本草精義》 生大豆 生泰山平澤，今處處有之。豆有黃、白、綠、褐、黑五種，亦有大小不等，其大者出江浙、湖南，小者生他處。黑者入藥，白者不用。其緊小者爲雄豆，入藥尤佳。豆性本平，而修治之，便有數等之效。煮其汁甚涼，可以壓丹石毒及解諸藥毒。作腐則寒而動氣，炒食則熱，投酒主風，作豉極冷，黃卷及醬皆平。牛食之溫，馬食之涼。一體而用別，大抵宜作藥使耳。殺烏頭毒尤勝。仙方修製黃末可以辟穀度饑歲，然多食令人體重，久則如故矣。炒熟以棗肉同擣之，爲麨代粮。又治產後百病，血熱并中風疾痱，止痛，背強，口噤，但煩熱瘈瘲，口渴，身背腫劇，嘔逆。大豆五升，急水淘净，無灰酒一斗，熬豆令微煙出，傾入酒瓶中沃之，經一日已上，服酒一升，取差爲度。如素不飲酒，即量多少服。若口噤即加獨活半斤，微微槌碎同沃，仍增酒至一斗二升，暑月旋作，恐易壞。又可磑爲腐食之。惡草龍胆、人參、沙參、玄參、丹參、苦參。

左元亮荒年法：擇大豆，麄細調匀，必生熟挼之令有光，煐氣，徹豆則內。先不食一日，以冷水頓服訖。其魚肉菜菓不得復經口，渴即飲水，慎不可暖飲，初小困十數月後，體力壯健，不復思食。

黑豆：一名烏豆，陳藏器云穭豆，《爾雅》云戎豆，一名驢豆，一名營豆。生田野，但小黑耳。炒令黑及熱，投酒中，漸漸飲之，去賊風風痹，婦人產後冷血。堪作豉與醬。

明·王文潔《太乙仙製本草藥性大全》卷四《仙製藥性》 生大豆 味甘，氣平，無毒。 主治：散五臟結熱，除傷中露淋。宜前胡、烏喙、杏仁、牡蠣。和桑柴灰汁煮，下水蠱腫脹，瘀血積脹如神。同生甘草片煎，解飲饌中毒、丹石藥毒立效。合飯擣箍癰疽消腫，婦人陰戶腫亦可納之。煎水飲殺鬼疰止疼，脚膝筋攣疼，勿吝服也。 補註：治頭項強不得顧視，蒸大豆一升，令變色，內囊中枕之。○治喉痹，卒不語，煮大豆汁含之。○治腰脇卒痛，背痛，大豆二升，酒三升，煮取二升頓服佳。○從高墜下，頭破腦出血，中風口禁，豆一升，熬去腥，勿使大熟，杵末蒸之氣遍，令甑下盆中，以酒一升，溫服一升，覆傳膏瘡上。○治風毒攻心，煩燥恍惚，大豆半升，净淘，以水二升，煮取七合，去滓，食後服。○中惡，大豆二七枚，雞子黃〔一個〕，酒半升，和頓服。○大豆末理胃中熱，去身腫，除痹，消穀止脹。大豆一升，熬令熟，杵末飲服之。○治頭風頭痛，大豆三升，炒令無聲，先以水一斗一升，瓶一隻，盛九升清酒，乘豆熱即投於酒中，密泥封之七日，溫服之。○治脚氣衝心，煩悶亂，不識人，大豆一升，水三升，濃煮取汁，頓服半升，如未定，可更服半升即定。○治卒風不得語，煮豆煎汁如飴，含之，亦濃煮飲之佳。○治腸痛如打，豆半升，熬令焦，酒一升，煮之，令沸熟取醉。○治口喎，大豆麫三升，炒令焦，酒三升，淋取汁頓服，日一服。○辟溫病，以新布盛大豆一斗，浸井中一宿，出，服七粒佳。○治妊娠腸中痛，大豆一升，以酒三升，煮取七合，去滓，空心服之。○治產後風虛，五緩六急，手足頑痹，頭旋目眩，血氣不調，大豆一升，炒令熟，熱投三升酒中，密封，隨性服之。○治小兒湯火瘡，水煮大豆汁塗上，易差無斑。○治小兒斑瘡、豌豆瘡，熟煮大豆，取汁服之佳。○療有孕，月數未足，子死腹中不出，母欲悶絕。取大豆三升，以醋煮濃汁三升，頓服立出。○治胞衣不下，以大豆大半升，醇酒三升，煮取折半，分三服。○治秋夏之交露坐夜久，腹中痞，如群石在腹方：大豆半升，生薑八分，水二升，煎取一升已來，頓服差。○從早夜連時不得眠，暮以新布火炙以熨目，并蒸大豆，更番囊盛枕，枕冷後更易熱，終夜常枕熱豆，即愈證如前。　黑豆：味甘，氣溫，無毒。　主治：調中下氣神方，通關過脉捷徑。制金石毒殊功，治牛馬瘟神應。　補註：治小兒、大人多年牙齒不生，用黑豆三十粒，牛糞火內燒令烟盡，細研，入麝香少許，一處研勻，先以針挑不生齒處令血出，用末少許揩，不得見風，忌酸鹹物。○治小兒尿灰瘡，黑豆皮熟嚼傅之。○治身腫浮，黑豆一升，水五升，煮取二升汁，去滓，內酒五升熬之令烟絕出，於甆器中以酒一升漬之。○治赤痢，臍下痛，黑豆、茱萸子二件搓磨吞嚥之宜良。○治消渴得效，取烏豆置牛膽中，陰乾百日，吞之即差。○治破傷風神效，烏豆四十枚，硃砂二十文，同研爲末，以酒半盞已上，調一字下。○治蛇咬方：取黑豆葉，杵傅之，日三易良。○令髮黑，酢煮大豆黑者，去豆煎令稠，傅髮即黑。　豆屑：炒爲末，湯調下咽，消食免膨，敺熱除痹。

補註：被打頭青腫，豆黃末傅之。○陰痒汗出，嚼生大豆黃傅之佳。

明・王文潔《太乙仙製本草藥性大全》卷四《仙製藥性》　豆麫　可代米糧。乃豆炒和火棗肉同搗。

炒熟豆　嬰兒勿食，多食恐壅氣，咽喉窒塞難醫。

明・皇甫嵩《本草發明》卷五　生大豆中品。味甘，平，無毒。有黑白二種，取黑者入藥。小粒者為雄豆，入藥尤佳。　發明曰：豆性本平，而修治之便有數種之效。煮其汁甚涼，可以解諸熱毒。作腐則寒而動氣。炒食則熱。炒，投酒，主風。作豉，極冷。黃卷及醬，皆平。牛食之溫，馬食之涼。一躰而用別，大都宜作藥使耳。煮汁飲，殺鬼毒，止痛，逐水脹，除胃中熱痺，傷中淋露，下瘀血，散五藏結積內寒，殺烏頭毒。久服令人身重。炒為屑，味〔甘〕，主(煮)療胃中熱，去腫除痺，消穀，止腹脹。生搗，塗一切癰腫。註云：煮汁甚涼。和甘草煮飲，壓丹石毒，解諸藥毒及飲饌中毒。善治風毒，脚膝筋攣痛，心痛。和桑柴灰汁煮，下水蠱腫脹，瘀血積脹。○黑小豆名藿豆，餵馬者，能固腎，止腰膝痛。炒研豆屑，湯調，消食脹，清熱除痺。《本經》只言黑豆水者入藥，並無馬料豆、藿豆之名，想即是黑小豆，藿豆中之肥圓者，今人藥多用之。

豆淋酒，以(里)〔黑〕小豆炒黑，烟未斷，乘熱投于酒中，看酒紫色，去豆。主癱瘓，風痺噤牙及產後中風抽搐，并產後猶覺有餘血水氣者，俱宜服之。一名紫酒。若中風口禁，加雞屎白炒香，和投酒中妙。

明・李時珍《本草綱目》卷二四穀部・菽豆類　大豆《本經》中品。校正：禹錫曰：原附大豆黃卷下，今分出。

【釋名】尗俗作菽時珍曰：豆、尗皆莢穀之總稱也。篆文尗，象莢生附莖下垂之形。豆象子在莢中之形。《廣雅》云：大豆，菽也。小豆，荅也。　角曰莢，葉曰藿，莖曰萁。

【集解】《別録》曰：大豆生太山平澤，九月採之。頌曰：今處處種之。黑白二種，入藥用黑者。緊小者爲雄，用之尤佳。宗奭曰：大豆有緑、褐、黑三種。有大小兩類：大者出江、浙、湖南、湖北；小者生他處，入藥力更佳。又可磑爲腐食。時珍曰：大豆有黑、白、黃、褐、青、斑數色：黑者名烏豆，可入藥，及充食，作豉；黃者可作腐，榨油，造醬；餘但可作腐及炒食而已。皆以夏至前後下種，苗高三四尺，葉團有尖，秋開小白花成叢，結莢長寸餘，經霜乃枯。按《吕氏春秋》云：得時之豆，長莖短足，其莢二七爲族，多枝數節，大菽則圓，小菽則團。先時者，必長蔓，浮葉疏節，小莢不實。後時者，必短莖疏節，本虛不實。又氾勝之《種植書》云：夏至種豆，不用深耕。豆花憎見日，見日則黃爛而根焦矣。知歲所宜，以囊盛豆子，平量埋陰地，冬至後十五日發取量之，最多者種焉。蓋大豆保歲易得，可以備凶年，小豆不保歲而難得也。

黑大豆　【氣味】甘，平，無毒。久服，令人身重。岐伯曰：生温，熟寒。藏器曰：大豆生平，炒食極熱，煮食甚寒，作豉極冷，造醬及生黃卷則平。牛食之温，馬食之冷。一體之中，用之數變。之才曰：惡五參、龍膽，得前胡、烏喙、杏仁、牡蠣、諸膽汁良。詵曰：大豆黃屑忌猪肉。小兒以炒豆、猪肉同食，必壅氣致死，十有八九。十歲已上不畏也。時珍曰：服蓖麻子者忌炒豆，犯之脹滿致死。服厚朴者亦忌之，動氣也。【主治】生研，塗癰腫。煮汁飲，殺鬼毒，止痛《本經》。逐水脹，除胃中熱痺，傷中淋露，下瘀血，散五臟結積內寒。殺烏頭毒。炒爲屑，主胃中熱，除痺去腫，止腹脹消穀《別録》。煮食，治温毒水腫《唐本》。調中下氣，通關脈，制金石藥毒，牛馬温毒《日華》。煮汁，解礜石、砒石、甘遂、天雄、附子、射罔、巴豆、芫青、斑蝥、百藥之毒及蠱毒。入藥，治下痢臍痛。衝酒，治風痙及陰毒腹痛。牛膽貯之，止消渴時珍。炒黑，熱投酒中飲之，治風痹癱緩口噤，産後頭風。食罷生吞半兩，去心胸煩熱，熱風恍惚，明目鎮心，温補。久服，好顔色，變白不老。煮食性寒，下熱氣腫，壓丹石煩熱，消腫藏器。主中風脚弱，産後諸疾。同甘草煮湯飲，去一切熱毒氣，治風毒脚氣。煮食，治心痛筋攣膝痛脹滿。同桑柴灰〔汁〕煮食，下水鼓腹脹。和飯搗，塗一切毒腫。療男女人陰腫，以綿裹納之孟詵。治腎病，利水下氣，制諸風熱，活血，解諸毒時珍。

【發明】頌曰：仙方修治末服之，可以辟穀度饑。然多食令人體重，久則如故也。甄權曰：每食後磨拭吞三十粒，令人長生。初服時似身重，一年以後，便覺身輕，又益陽道也。穎曰：陶華以黑豆入鹽煮，常時食之，云能補腎。蓋豆乃腎之穀，其形類腎，而又黑色通腎，引之以鹽，所以妙也。時珍曰：按《養老書》云：李守愚每晨水吞黑豆二七枚，謂之五臟穀，到老不衰。夫豆有五色，各治五臟。惟黑豆屬水性寒，爲腎之穀，入腎功多，故能治水消脹下氣，制風熱而活血解毒，所謂同氣相求也。又按古方稱大豆解百藥毒，予每試之大不然；又加甘草，其驗乃奇。如此之事，不可不知。

【附方】舊三十二，新三十四。

服食大豆：令人長肌膚，益顔色，填骨髓，加氣力，補虚能食，不過兩劑。大豆五升，如作醬法，取黄搗末，以猪肪煉膏和，丸梧子大。每服五十丸至百丸，温酒下。神驗秘方也。肥人不可服之。《延年秘録》。

救荒濟饑：《博物志》云：左慈荒年法：用大豆粒細調匀者，生熟挼令光，暖徹豆内。先日不食，以冷水頓服訖。一切魚肉菜果，不得復經口。渴即飲冷水。初小困，十數日後，體力壯健，不復思食也。○黄山谷救荒法：黑豆、貫衆各一升，煮熟去衆，曬乾。每日空心啖五七粒。食百木枝葉皆有味，可飽也。○王氏《農書》云：辟穀之方，見於石刻。水旱蟲荒，國有代有，甚則懷金立鵠，易子炊骸。爲民父母者，不可不知此法也。昔晋惠帝永寧二年，黄門侍郎劉景先表奏：臣遇太白山隱(氏)〔士〕，傳濟饑辟穀仙方。臣家大小七十餘口，更不食别物。若不如斯，臣一家甘受刑戮。其方：用大豆五斗淘净，蒸三遍去皮。用大麻子三斗浸一宿，亦蒸三遍，令口開取仁。各搗爲末，和搗作團如拳大。入甑内蒸，從戌至子時止，寅時出甑，午時曬乾爲末。乾服之，以飽爲度。不得食一切物。第一頓得七日不飢，第二頓得四十九日不飢，第三頓三百日不飢，第四頓得二千四百日不飢，更不必服，永不飢也。不問老少，但依法服食，令人强壯，容貌紅白，永不憔悴。口渴，即研大麻子湯飲之，轉更滋潤臟腑。若要重吃物，用葵子三合研末，煎湯冷服，取下藥如金色，任吃諸物，並無所損。前知隨州朱頌教民用之有驗，序其首尾，勒石於漢陽大别山太平興國寺。○又方：用黑豆五斗淘净，蒸三蒸，曬乾，去皮爲末。秋麻子三升，浸去皮，曬研。糯米三斗做粥，和搗爲劑如拳大，入甑中蒸一宿，取曬爲末。用紅小棗五斗，煮去皮核，和爲劑如拳大，再蒸一夜。服之，至飽爲度。如渴，飲麻子水，便滋潤臟腑也。脂麻亦可。但不得食一切之物。

炒豆紫湯：頌曰：古方有紫湯，破血去風，除氣防熱，産後兩日，尤宜服之。用烏豆五升，清酒一斗，炒令煙絶，投酒中，待酒紫赤色，去豆。量性服之，可日夜三盞，神驗。中風口噤，加鷄屎白二升和炒，投之。

豆淋酒法：宗奭曰：治産後百病，或血熱，覺有餘血水氣，或中風困篤，或背强口噤，或但煩熱瘈瘲口渴，或身頭皆腫，或身痒嘔逆直視，或手足頑痹，頭旋眼眩，此皆虚熱中風也。用大豆三升熬熟，至微煙出，入瓶中，以酒五升沃(日)〔之〕，經一日以上。服酒一升，温覆令少汗出，身潤即愈。口噤者加獨活半斤，微微捶破，同沃之。産後宜常服，以防風氣，又消結血。

中風口喎：即上方，日服一升。《千金》。

頭風頭痛：即上方，密封七日，温服。《千金》。

破傷中風：口噤。《千金方》用大豆一升，熬去腥氣，勿使太熟，杵末，蒸令氣遍，取下甑，以酒一升淋之。温服一升，取汗。傅膏瘡上，即愈。○《經驗方》用黑豆四十枚，朱砂二十文，同研末。以酒半盞，調服之。

頸項强硬：不得顧視。大豆一升，蒸變色，囊裹枕之。《千金》。

暴得風疾：四肢攣縮不能行。取大豆三升，淘净濕蒸，以醋二升，傾入瓶中，鋪於地上，設席豆上，令病人卧之。仍重蓋五六層衣，豆冷漸漸却衣。仍令一人於被内引挽攣急處。更蒸豆再作，並飲荆瀝湯。如此三日三夜即休。崔氏《纂要》。

風入臟中：治新久腫，風入臟中。以大豆一斗，水五斗，煮取一斗二升，去滓。入美酒斗半，煎取九升。旦服取汗，神驗。《千金翼》。

風毒攻心：煩躁恍惚。大豆半升淘净，以水二升，煮取七合，食後服之。《心鏡》。

卒風不語：大豆煮汁，煎稠如飴，含之，並飲汁。《肘後方》。

喉痹不語：同上法。《千金》。

卒然失音：詵曰：用生大豆一升，青竹筭子四十九枚，長四寸，闊一分，水煮熟，日夜二服瘥。

熱毒攻眼：赤痛瞼浮。用黑豆一升，分作十袋，沸湯中蒸過，更互熨之，三遍則愈。《普濟方》。

卒然中惡：大豆二七枚，鷄子黄一個，酒半升，和匀頓服。《千金》。

陰毒傷寒：危篤者。用黑豆炒乾投酒，熱飲或灌之。吐則復飲，汗出爲度。《居家必用》。

脇痛如打：大豆半升熬焦，入酒一升煮沸，飲取醉。《肘後》。

腰脇卒痛：大豆炒二升，酒三升，煮二升，頓服。《肘後》。

卒然腰痛：大豆六升，水拌濕，炒熱，布裹熨之，冷即易。乃張文仲所處方也。《延年秘録》。

脚氣衝心：煩悶不識人。以大豆一升，水三升，濃煮汁服。未定再服。《廣利方》。

身面浮腫：《千金》用烏豆一升，水五升，煮汁三升，入酒五升，更煮三升，分温三服。不瘥再合。○王璆《百一選方》用烏豆煮至皮乾，爲末。每服二錢，米飲下。建炎初，吴内翰女孫忽發腫凸，吴檢《外臺》得此方，服之立效。

新久水腫：大豆一斗，清水一斗，煮取八升，去豆，入薄酒八升，再煎取八升服之。再三服，水當從小便中出。《范汪方》。

腹中痞硬：夏秋之交，露坐夜久，腹中痞，如群石在腹。用大豆半升，生薑八分，水三升，煎一升已來，頓服瘥。《經驗方》。　霍亂脹痛：　大豆生研，水服方寸匕。《普濟》。　水痢不止：　大豆一升，炒白术半兩，爲末。每服三錢，米飲下。《指南方》。　赤痢臍痛：　黑豆、茱萸子二件，搓摩，吞咽之，良。《經驗》。　赤白下痢：　方見猪膽。　男子便血：　黑豆一升，炒焦研末，熱酒淋之，去豆飲酒，神效。《活人心統》。　一切下血：　雄黑豆緊小者，以皂角湯微浸，炒熟去皮爲末，煉猪脂和，丸梧子大。每服三十丸，陳米飲下。華佗《中藏經》。　小兒沙淋：　黑豆一百二十個，生甘草一寸，新水煮熱，入滑石末，乘熱飲之，良。《全幼心鑑》。　腎虛消渴：　難治者。黑大豆炒、天花粉等分，爲末。糊丸梧子大。每黑豆湯下七十丸，日二。名救活丸。《普濟妙方》。　消渴飲水：　烏豆置牛膽中，陰乾百日，吞盡即瘥。《肘後方》。　晝夜不眠：　以新布火炙熨目，並蒸大豆，更番囊盛枕之，冷即易，終夜常枕之，即愈。《肘後方》。　疫癘發腫：　大黑豆二合炒熟，炙甘草一錢，水一盞煎汁，時時飲之。《夷堅志》云：　靖康二年春，京師大疫。有異人書此方於壁間，用之立驗也。　乳石發熱：　烏豆二升，水九升，銅器煮五升汁，熬稠一升，飲之。《外臺秘要》。　解礜砒毒：　大豆煮汁飲之，良。《肘後》。　酒食諸毒：　大豆一升，煮汁服，得吐即愈。《廣記》。　解諸魚毒：　大豆煮汁飲之。《衛生方》。　解巴豆毒：　下利不止。大豆煮汁一升，飲之。《肘後方》。　惡刺瘡痛：　大豆煮汁漬之，取瘥。《千金方》。　湯火灼瘡：　大豆煮汁飲之，易愈，無斑。《子母秘録》。　打頭青腫：　豆黄末傅之。《千金方》。　折傷墮墜：　瘀血在腹，氣短。大豆五升，水一斗，煮汁二升，頓服。劇者不過三作。《千金方》。　豌瘡煩躁：　大豆煮汁飲之，佳。《子母秘録》。　痘瘡濕爛：　黑大豆研末，傅之。　小兒頭瘡：　黑豆炒存性研，水調傅之。《普濟方》。　身面疣目：　七月七日，以大豆拭疣上三過。使本人種豆於南向屋東頭第二溜中。豆生葉，以熱湯沃殺，即愈。《外臺秘要》。　染髮令烏：　醋煮黑大豆，去豆煎稠，染之。《千金》。　牙齒不生：　不拘大小兒，年多者。用黑豆三十粒，牛糞火内燒令煙盡，研入麝香少許。先以針挑破血出，以少許揩之。不得見風，忌酸鹹物。《經驗方》。　牙齒疼痛：　黑豆煮酒，頻頻漱之，良。周密《浩然齋抄》。　月經不斷：　用前紫湯服之，佳。　妊娠腰痛：　大豆一升，酒三升，煮七合，空心飲之。《心鏡》。　子死腹中：　月數未足，母欲悶絶者。用大豆三升，以醋煮濃汁。頓服，立出。《産乳》。　胞衣不下：　大豆半升，醇酒三升，煮一升半，分三服。《産書》。　辟禳時氣：　以新布盛大豆一斗，納井中一宿取出。每服七粒，佳。《類要》。　菜中蛇蠱：　蛇毒入菜果中，食之令人得病，名蛇蠱。大豆爲末，酒漬絞汁，服半升。　身如蟲行：　大豆水漬絞漿，旦旦洗之，或加少麪，沐髮亦良。《千金方》。　小兒丹毒：　濃煮大豆汁，塗之甚良。《千金》。　風疽瘡疥：　凡脚腨及曲脷中痒，搔則黄汁出者，是也。以青竹筒三尺，着大豆一升在内，以馬屎、糠火燒熏，以器兩頭取汁，搽之。先以泔清和鹽洗之。不過三度，極效。《千金》。　肝虛目暗：　迎風下淚。用臘月牯牛膽，盛黑豆懸風處。取出，每夜吞三七粒，久久自明。《龍木論》。　小兒胎熱：　黑豆二錢，甘草一錢，入燈心七寸，淡竹葉一片，水煎。《全幼心鑑》。　天蛇頭指：　痛臭甚者。黑豆生研末，入繭内，籠之。《濟急方》。

大豆皮　【主治】生用，療痘瘡目翳。嚼爛，傅小兒尿灰瘡時珍。

豆葉　【主治】搗傅蛇咬，頻易即瘥。時珍。○出《廣利方》。

【發明】時珍曰：　按《抱朴子内篇》云：　相國張文蔚莊内有鼠狼穴，養四子爲蛇所吞。鼠狼雌雄情切，乃於穴外坋土壅穴。俟蛇出頭，度其回轉不便，當腰咬斷而劈腹，銜出四子，尚有氣。置於穴外，銜豆葉嚼而傅之，皆活。後人以豆葉治蛇咬，蓋本於此。

【附方】新二。　止渴急方：　大豆苗嫩者三五十莖，塗酥炙黄爲末。每服二錢，人參湯下。《聖濟總録》。　小便血淋：　大豆葉一把，水四升，煮二升，頓服。《聖惠方》。

花　【主治】主目盲，翳膜時珍。

明・佚名氏《醫方藥性・草藥便覽》　大豆　其性甘。解諸毒，補腎。

明・穆世錫《食物輯要》卷二　黑豆　味甘，平，無毒。腎之穀。制金石，解蠱、砒、礬、天雄、甘遂、巴豆及溫牛馬毒。調中下氣，通關脉。和鹽食，補腎氣。多食，發五臓結氣，令人體重。同猪肉食，令生内疾；　小兒同黑豆、猪肉並食，令壅氣，腹痛難止。

北方小黑豆，味甘、苦，性溫，無毒。充腸胃。作豆豉，和胃發汗。

明・穆世錫《食物輯要》卷八　荳油　味辛甘，性冷，微毒。潤燥殺蟲，利五臓血脉。多食困脾，發冷疾，滑骨髓。生者，解髮膻、瘡疥。菜油，功用同。

明・李中立《本草原始》卷五　大豆　原生太山平澤，今處處有之。夏至前下種，苗高三四尺，葉團有尖。秋開小白花成叢，結莢長寸餘，經霜乃枯。有大小兩種，黑、白、黄、褐、斑數色。黑者名烏豆，俗呼黑豆，可入藥用。一名尗。時珍曰：　豆、尗皆莢穀之總稱也。篆文尗，象莢生附莖下垂之形；　豆，象子在莢中之形。《廣雅》云：　大豆，菽也；　小豆，荅也。弘景曰：　黑大豆為蘗牙，生五寸長便乾之，名大豆黄卷。

黑大豆：　氣味：　甘，平，無毒。主治：　塗癰腫，煮汁飲。殺鬼毒，止痛。○逐水脹，除胃中熱痹，傷中淋露，下瘀血，散五藏結積内寒。殺烏頭毒。久服令人身重。炒為屑，味甘，主胃中熱，去腫除痹，消穀止腹脹。〇煮食，治溫毒水腫。〇調中下氣，通關脉，制金石藥毒，牛馬溫毒。〇炒黑，熱投酒中飲之，治風痹癱緩，口噤，產後頭風。食罷生吞半兩，去心胸煩熱，熱風恍惚，明目鎮心，溫補。久服好顔色，變白不老。煮食性寒，下熱氣腫，壓丹石煩熱，消腫。〇主中風腳弱，產後諸疾。同甘草煮湯飲，去一切熱氣，治風毒腳氣。煮食，治心痛筋攣，膝痛脹滿。同桑柴灰煮食，下水鼓腹脹。和飯搗，塗一切毒腫。療男女陰腫，以綿裹納之。〇治下痢臍腹痛，止消渴，治腎病，利水下氣，制諸風熱，活血，解諸毒、蠱毒、百藥毒。

大豆黄卷：氣味：甘，平，無毒。主治：濕痹筋攣，膝痛。〇五臟不足，胃氣結積，益氣止痛，去黑䵟，潤肌膚皮毛。〇破婦人惡血。〇宜腎。〇除胃中積熱，消水病脹滿。

淡豆豉係蒸熟，罨曬。江右每製賣，極多。以淡名者，為其無鹽，故〔淡〕也；豉，嗜也，五味調和須之而成，乃可甘嗜也。

淡豆豉：氣味：苦，寒，無毒。主治：傷寒頭痛寒熱，瘴氣惡毒，煩燥滿悶，虛勞喘吸，兩腳疼冷，殺六畜胎子諸毒，治時疾熱病發汗。熬水能止盜汗除煩。生搗為丸服，治寒熱風，胸中生瘡。煮服，治血痢腹痛。研塗陰莖生瘡。治瘧疾骨蒸，中毒藥蠱氣，犬咬。下氣調中，治傷寒溫毒，發斑嘔逆。

大豆，生平，炒食極熱，煮食甚寒，作豉極冷，造醬及生黄卷則平。牛食之溫，馬食之冷。一體之中，用之數變。惡五參、龍膽，得前胡、烏喙、杏仁、牡蠣良。

黑大豆，《本經》中品。【圖略】陶華：以黑豆入鹽煮，時常食之，云能補腎。蓋豆乃腎之穀，其形類腎，而又黑色通腎，引之以鹽，所以妙也。誌曰：大豆黄屑忌豬肉。小兒以炒豆、豬肉同食，必壅氣致死，十有八九。十歲已上不畏也。

王氏《農書》云：辟穀之方，見於石刻。水旱蟲荒，國家代有。甚則懷金立鵠，易子炊骸。為民父母者，不可不知此法也。昔晉惠帝永寧二年，黄門侍郎劉景先表奏：臣遇太白山隱氏，傳濟飢辟穀仙方，臣家大小七十餘口，更不食別物。若不如斯，臣一家甘受刑戮。其方：用大豆五斗，淘淨，蒸三遍，去皮，用大麻子三斗，水浸一宿，蒸三遍，令口開，取仁，各搗為末，和搗作團如拳大，入甑內蒸，從戌至子時止，寅時出甑，午時曬乾為末，乾服之，以飽為度，不得食一切物。第一頓得七日不飢，第二頓得四十九日不飢，第三頓三百日不飢，第四頓得二千四百日不飢，更不必服，永不飢也。不問老少，但依法服食，令人強壯，容貌紅白，永不憔悴。口渴，即研大麻子湯飲之。轉更滋潤臟腑。若要另喫物，用葵子三合研末，煎湯冷服，取下藥如金色，任喫諸物，並無所損。前知隨州朱頌教民用之有驗，序其首尾，勒石於漢陽大別山太平興國寺。

明・張懋辰《本草便》卷二　生大豆使　味甘，《内經》云氣平。惡五參、龍膽。主塗癰腫止痛，解烏頭毒，除胃中熱痹，傷中淋露，下瘀血，散五臟結積。

豆豉味苦，氣寒，無毒。無鹽者主傷寒頭痛寒熱，瘴氣惡毒，煩燥滿悶，虛勞喘〔及〕〔吸〕，心中懊憹。

明・吳文炳《藥性全備食物本草》卷一　大豆　味甘，氣平，無毒。即菽也。除胃中熱痺，逐水脹傷中淋露，散五臟結積，下瘀血。炒令煙末斷，乘熱投酒中，治風痺癱瘓，口噤頭風及產後風虛血病；和飯搗塗一切癰瘡腫毒，小兒豌痘瘡；炒為屑，主胃熱，去腫除痺，消穀止腹脹。煮汁甚涼，可以壓丹石毒，解烏頭諸藥毒，殺牛馬瘟毒，兼能調中下氣，止痛，通關脉，殺鬼毒，治喉痺。食罷生服半兩，去心胸煩熱，熱風恍惚，明目鎮心，溫補。又醋煮服，治子死腹中，胎衣不下。炒食極熱，煮食及作豉極冷，作腐則寒而動氣。黄卷及醬平，牛食溫，馬食冷，一體之中，用之數等，大抵宜作藥使耳。但有黑白二種，黑者入藥，白者不用。其緊小者為雄豆，入藥尤佳。惡五參、龍膽，得前胡、烏喙、杏仁、牡蠣良。

明・趙南星《上醫本草》卷一　大豆　一名尗，俗作菽豆。尗，皆莢穀之總稱也。角曰莢，葉曰藿，莖曰萁。《廣雅》云：大豆，菽也。小豆，荅也。今處處種之，有黑、白、黄、褐、青、斑數色。黑者名烏豆，可入藥，緊小者為雄，用之尤佳。餘者可作腐等。生食平，炒食極熱，煮食甚寒，作豉極冷，造醬及生黄卷則平。一體之中，用之數變。修治，末服之，可以辟穀度飢。時珍曰：按《養老書》云：每晨水吞黑豆二七枚，謂之五臟穀，到老不衰。夫豆有五色，各治五臟。惟黑豆屬水，性寒，為腎之穀，入腎功多，故能治水消脹，下氣，制風熱，而活血解毒，所謂同氣相求也。又按古方稱，大豆解百藥毒。予每試之，大不然，又加甘草，其驗乃奇。如此之事，不可不知。

黑大豆：甘，平，無毒。主治：調中下氣，通關脉，逐水脹。除胃中熱痹，傷中淋露，下瘀血，散五臟結積，內寒腎病，利水下氣，中風脚弱，産後諸疾，制諸風熱，活血。煮汁飲，解百藥毒，及蠱毒。入藥，治下痢臍痛。衝酒，治風痙及陰毒腹痛。牛膽貯之，止消渴。同甘草煮湯飲，去一切熱毒氣，治風毒脚氣。炒黑，熱投酒中，飲之，治風痹癱緩，口噤，産後頭風。食罷生吞半兩，去心胸煩熱，熱風恍惚，明目，鎮心，溫補。久服，好顔色，變白不老。生研，塗癰腫。煮，和飯搗，塗一切毒腫。療男女人陰腫，以綿裹納之。服萆麻子者忌炒豆，犯之脹滿。服厚朴者亦忌，犯之動氣也。食大豆黄屑，忌猪肉。小兒以炒豆，勿與猪肉同食，十歲已上不畏也。

附方　卒風不語：大豆煮汁，煎稠如飴，含之，并飲汁。　喉痹不語：方同上。　酒食諸毒：大豆一升，煮汁服，得吐即愈。　湯火灼瘡：大豆煮汁飲之，易愈，無斑。　牙齒疼痛：黑豆煮酒，頻頻漱之，良。

豆蘗：一名大豆黄卷。黑大豆為蘗，芽生五寸長，便乾之，名為黄卷。用之熬過，服食所須。　甘，平，無毒。主治：濕痹，筋攣膝痛，五臟不足，胃氣結積，胃中積熱，益氣止痛，消水病脹滿，宜腎，去黑皯，潤肌膚皮毛。破婦人惡血。

明・繆希雍《本草經疏》卷二五　生大豆　味甘，平，塗癰腫。煮汁飲，殺鬼毒，止痛。逐水脹，除胃中熱痹，傷中淋露，下瘀血，散五藏結積內寒。殺烏頭毒。久服令人身重。炒為屑，味甘，主胃中熱，去腫除痹，消穀，止腹脹。惡五參、龍膽。得前胡、杏仁、牡蠣良。

【疏】生大豆，蘇頌云：有黑白二種，黑者入藥，白者不用。其緊小者為雄，入藥尤佳。稟土氣以生，而色黑則象水，故味甘氣平無毒。平即兼涼，為腎家之穀也。甘平能活血解毒，祛風散熱，故主塗癰腫，止痛，殺鬼毒、烏頭毒，除胃中熱痹，傷中淋露，下瘀血，散五藏結積內寒，消穀也。色黑屬水，同氣相求，故能逐水腫腹脹。仙方修治末服之，可以辟穀度飢。然初服時似乎身重，一年以後便覺輕健也。陳藏器：炒令黑，煙未斷及熱投酒中飲之，治風痹癱緩，口噤，産後諸風及風痙，陰毒腹痛。食罷生吞半兩，去心胸煩熱，熱風。孟詵主中風腳弱，産後諸疾。同甘草煮湯飲，去一切熱毒氣，及風毒腳氣。同桑柴灰煮食，下水鼓腹脹。搗塗一切腫毒。日華子：主調中氣，通關脈，制金石藥毒，解牛馬瘟病。皆取其活血散風，除熱解毒，下氣利水之功耳。　【主治參互】同澤蘭、益母草、蘇木、人參、牛膝、荊芥、生地黄、童便、蒲黄，治産後血暈悶絕。　同蔓荊子、土茯苓、金銀花、甘菊花、玄參、川芎、天麻、芽茶、荊芥、烏梅，治偏頭風痛，有神。

古方紫湯：破血去風，除氣散熱，産後兩日，尤宜服之。用黑豆五升，清酒一斗，將豆炒令烟絕，投酒中，待酒紫赤色，去豆。量性飲之，神驗。《廣利方》腳氣衝心，煩悶不識人。以大豆一升，水三升，濃煮汁服。未定，再服。　扁鵲方：三豆子飲，能稀痘，見菉豆條內。　大豆殼同蜜蒙花、穀精草、黄連、木賊草、決明子、甘菊花、金銀花、生地黄、羚羊角、羊肝，治小兒痘後目瞖。　【簡誤】生大豆，岐伯云：生溫，熟寒。藏器云：生平，炒食極熱，煮食極寒。觀《本經》及孟詵云：生搗塗腫毒，則生者非溫矣。經又云：炒為屑，主胃中熱，則炒者又非極熱矣。應是生平、炒溫、煮寒無疑。忌猪肉，小兒以炒豆、猪肉同食，必壅氣致死，十有八九。十歲以上，則無害也。服蓖麻子者，忌炒豆，犯之脹滿致死。服厚朴者亦忌之，最能動氣故也。

明・倪朱謨《本草彙言》卷一四　大豆　味甘，氣平，無毒。　李氏曰：大豆有黑、白、黄、褐、青斑數色。黑者可入藥用及充食作豉，黄者可作腐，榨油造醬，餘僅可作腐及炒食而已。皆以夏至前下種。苗高三四尺，葉團有尖。秋開小白花，成叢，憎見日，則黄爛而根枯焦矣。結莢長寸餘，經霜乃枯。

黄黑大豆：解百毒，日華下熱氣之藥也。繆氏仲淳曰：藏器善解五金八石、百草諸毒，及蟲毒、蠱毒諸毒，宜水浸，生搗作膏，白湯調服一合。又去風、利水、散熱，藏器故風痹癱瘓方中用之，《唐本草》黄疸水腫方中用之，丹溪煩渴熱結方中用之。龍潭又煮熟食之則利腸，炒熟食之則閉氣，竇氏水浸生搗食之解毒，敷之肉上《神農》方散癰腫。又黄豆煮汁飲，能潤脾燥，故消積痢。黑豆煮汁飲，能潤腎燥，故止盜汗。但性利而質堅滑，故多食令人腹脹而利下矣，故孫真人曰：如少食醒脾，多食又損脾也。于老人小兒，宜少食之。

集方：寇氏方治中風口喎，及癱瘓不仁，或頭風頭痛諸證。又治産後百病，或煩熱瘈瘲，身熱嘔逆，或背强口噤，或身頭皆腫，或呵欠直視，頭旋眼眩，手足頑痹，此皆虛熱中風也。以豆淋酒治之。其法：用黄黑大豆各二升，炒焦，有微烟出，乘熱入瓶中，以好酒六升沃之，半日許，傾出頓熱，隨量徐徐飲之，覆被令少汗出，又不可多出汗，以身潤津津即愈。○范汪方治新久水腫，身面虛浮，臍肚凸出。用黑豆五升，微炒熟，又清水五升，煮取二升，去豆，再加生白酒一升，煎取二升，日三服，水當從小便中出。○《外臺秘要》治乳石發熱。用黑大豆三升，水九升，鐵鍋內煮至二升，取汁徐徐飲之。○《普濟方》治久病陰虛，夜熱消渴。用黑大豆五升、微炒，天花粉、天門冬、麥門冬各四兩，水一斗二升，煮至三升，濾出渣，再如法煮，去渣淨，將二次汁總和，入砂鍋內微火慢熬，用竹箸不住手攪，熬稠如餳，加煉白蜜八兩滾勻，入磁器收之。每早午晚不拘時，白湯調服十餘茶匙。○《肘後方》治消渴飲水。用黑豆入烏牛膽中，懸掛無雨濕處，陰乾百日。每次吞五十粒，早晚米湯下。

續補集方：《廣利方》治脚氣衝心，煩悶不知人事。以黑大豆一升，水三升，濃煮汁服，未散再服。○《普濟方》治熱毒攻眼，赤痛臉浮。用黑豆一升，分作十袋，沸湯中蒸過，更互熨之，三次則愈。○《心鏡》治妊娠腰痛。用黑大豆一升，水三升，煮一升，頻頻飲之。○《千金方》治墮墜折傷，有瘀血在腹，氣短。用黑大豆五升，水一斗，煮汁二升，頻頻服。劇者不過三作。○同前治打傷青腫。用黃大豆水浸，搗爛敷之。○《肘後方》治解巴豆毒，下痢不止。用黑大豆或黃大豆一升，水三升，煮汁一升飲之。

黃黑大豆葉：《廣利方》搗爛，敷蛇咬，頻易取瘥。

明・應慶《食治廣要》卷二 大豆 氣味：甘，平，無毒。久服，令人身重。陳藏器曰：大豆，生平，炒食極熱，煮食甚寒，作豉極冷，造醬及生黃卷罨芽曰黃卷。則平。牛食之溫，馬食之冷。一體之中，用之數變。孟詵曰：大豆黃屑忌猪肉。小兒以炒豆、猪肉同食，必壅氣致死，十歲以上者不畏也。

又按《養老書》云：李守愚每晨水吞黑豆十四粒，謂之五藏穀，至老不衰。〔夫〕豆有五色，各歸五藏。惟黑豆屬水性寒，為腎之穀。黑而緊小者為雄，入腎，功效最捷。他色不堪入藥，只宜炒食、作腐、造醬、笮油。又，黃山谷救荒法：黑豆、貫衆各一斤，煮熟去衆，晒乾。每日空心啖五七粒，食百木枝葉皆有味而能飽也。諸書中所載救荒辟穀療病，惟此居多，不能盡述。

明・姚可成《食物本草》卷五穀部・菽豆類 大豆一名菽。今處處種之。宜於高阜之地，有黑、白、黃、褐、青、斑數色。黑者名烏豆，可入藥及充食，作豉；黃者可作腐，榨油，造醬；餘但可作腐及炒食而已。皆以夏至前後下種，苗高三四尺，葉團有尖，秋開小白花成叢，結莢長寸餘，經霜乃枯。

黑大豆 味甘，平，無毒。生研，塗癰腫。煮汁飲，殺鬼毒，止痛。逐水脹，除胃中熱痹，傷中淋露，(止)〔下〕瘀血，散五臟結積內寒。殺烏頭毒。炒為屑，止腹脹消穀。煎濃汁，解礜石、砒石、甘遂、天雄、附子、射罔、巴豆、芫青、斑蝥、百藥之毒。炒黑，熱投酒中飲之，治風痹癱緩口禁，產後頭風。食罷生吞半兩，明目鎮心，溫補。久服，好顏色，變白不老。忌與猪肉同食。小兒以炒豆、猪肉同食，必壅氣致死。十歲小兒便不畏也。仙方服之，可以辟穀度飢。每食後磨拭吞三十粒，令人長生。初服時似身重，一年以後，便覺身輕。○黑豆入鹽煮，常時食之，能補腎，蓋豆乃腎之穀，其形類腎，而又黑色通腎，引之以鹽，所以妙也。李時珍謂，黑豆古方稱大解百藥毒。每試之，大不然。又加甘草，其驗乃奇。如此之事，不可不知。

大豆皮 生用，療痘瘡目翳。嚼爛，傅小兒尿灰瘡。

大豆花 主目盲翳膜。

大豆葉 治虵咬，搗傅之，頻易取瘥。○昔相國張文蔚莊內有鼠狼穴，養四子為虵所吞。鼠狼牝牡情切，乃於穴外扒土壅穴。俟虵出頭，度其回轉不便，當腰咬斷而劈腹，銜出四子，尚有氣。置於穴外，銜豆葉嚼而傅之，皆活。後人以豆葉治虵咬，蓋本於此。

附方：治目翳內障，視物不見。用黑豆每月初一以淡鹽湯下一粒，初二、初三逐日增一粒，至十五日十五粒，十六日亦十五粒，十七日十四粒，十八、十九逐日減一粒，至月晦仍歸一粒。若月小，十六日便服十四粒，十七十三粒，連服三月，反瞽還明，其應如響。

黃山谷救荒法：黑豆、貫眾各一升，煮熟去眾，晒乾。每日空心啖五七粒。食百木枝葉皆有味，可飽也。王氏《農書》云：辟穀之方，見於石刻。水旱蟲荒，國有代有，甚則懷金立鵠，易子炊骸。為民父母者，不可不知此法也。昔晉惠帝永寧二年，黃門侍郎劉景先表奏：臣遇太白山隱氏，傳濟飢辟穀仙方。臣家大小七十餘口，更不食別物。若不如斯，臣一家甘受刑戮。其方：用大豆五斗淘淨，蒸三遍去皮。用大麻子三斗浸一宿，亦蒸三遍，令口開取仁。各搗為末，和搗作團如拳大。入甑內蒸，從戌至子時止，寅時出甑，午時晒乾為末。乾服之，以飽為度。不得食一切物。第一頓得七日不飢，第二頓得四十九日不飢，第三頓三百日不飢，第四頓得二千四百日不飢，更不必服，永不飢也。不問老少，但依法服食，令人強壯，容貌紅白，永不憔悴。口渴，即研大麻子湯飲之，轉更滋潤臟腑。若欲仍用飲食，以葵子三合研末，煎湯冷服取下，藥如金色，任喫諸物，竝無所損。前知隨州朱頌教民用之有驗，序其首尾，勒石於漢陽大別山太平興國寺。

服食大豆，令人長肌膚，益顏色，填骨髓，加氣力，補虛能食，不過兩劑。大豆五升，如作醬法，取豆黃擣末，以豬肪鍊膏和丸梧子大。每服五十丸至百丸，溫酒下。神驗秘方也。

豆淋酒法：治產後百病或血熱，產後餘血水氣，或中風困篤，或背強口禁，或但煩熱瘈瘲口渴，或身頭皆腫，或身痒嘔逆直視，或手足頑痹，頭旋眼眩，此皆虛熱中風也。用大豆三升熬熟，至微烟出，入瓶中，以酒五升沃之，經一日以上。服酒一升，溫覆令少汗出，身潤即愈。口噤者，加獨活半斤，微微槌破，同沃之。產後宜常服，以防風邪。又治男子中風，口眼喎斜，亦用此方。

治卒暴中風，四肢攣急不能行。取大豆三升，〔淘〕淨濕蒸，以醋二升，傾入瓶中，鋪於地上，設席豆上，令病人臥之。仍重蓋五六層衣，豆冷漸漸却衣。仍令一人於被內引挽攣急處。更蒸豆再作，併飲荊瀝湯。如此三日夜即瘥。 治中風入臟，以大豆一斗，水五斗，煮取一斗二升，去滓。入美酒一斗五升，煎至九升。旦服，以汗出為愈。 治中風不語及喉痹失音。用大豆煮汁，煎稠如飴，含之，并飲其汁。 治陰毒、傷寒危篤者，用黑豆炒乾投酒，熱飲或灌之。吐則復飲，汁出為度。 解巴豆毒，下痢不止。大豆一升煮汁，飲之。又可解砒石毒、河魨毒。 治腰脇卒痛，大豆炒二升，酒三升，煮二升，頓服。 治卒然腰痛。大豆六升，水拌溼，炒熱，布裹熨之，冷即易。乃張文仲所處方也。 治身面浮腫。用黑豆一升，水五升，煮汁三升，入酒五升，更煮三升，分三次溫服。又方：用黑豆炒乾，為末。每二錢，米飲下。建炎初，吳內翰女孫忽發腫凸，得此方，服之立效。 治水腫。用大豆一斗，水一斗，煮取八升，去豆，入薄酒八升，再煎取八升服之，水當從小便中出。經效方也。

明・姚可成《食物本草》卷一六味部・雜類 豆油 味辛、甘，熱，微毒。主塗瘡疥，解髮脂，潤腸胃，食之不及菜油。

明・顧逢柏《分部本草妙用》卷九穀部 黑大豆 甘，平，無毒。生溫熟寒，惡五參、龍膽。得前胡、烏喙、杏仁、牡蠣、諸膽汁良。 主治：逐水脹，除胃熱，淋露下血，散五臟結積內寒，除痺，去腫寬脹，消穀。制金石毒、(礬)〔礜〕、砒、甘遂、天雄、附子、射罔、巴豆、青班蝥、百藥及蠱毒。生研，消腫毒。汁飲，殺鬼毒。炒黑，熱投酒飲，治風痺諸風症。生呑半兩，去心胸煩熱，明目鎮心。女人陰腫，以綿納之。治腎病，利水下氣相宜。 黑豆色配腎水，入鹽煮食，能補腎益陽，為腎之穀，故能治水消腫，下氣，制風熱而活血解毒也。解毒，同甘草更驗。久食體重，久久如故。仙家以此辟穀度飢也。 大豆 甘，溫，無毒。 主治：寬中下氣，利大腸，消水脹腫毒。研末，熟水和，塗痘後癰。 黃豆生溫炒熱，微毒。多食壅氣，生痰動嗽，發面黃瘡疥。僅可作腐造醬用耳。

明・孟笨《養生要括・穀部》 黑大豆 氣味甘，平，無毒。久服令人身重。生研，塗癰腫。煮汁飲，殺鬼毒，止痛，逐水脹，下瘀血，散五臟結積內寒。入藥，治下痢臍痛。衝酒，治風痙及陰毒腹痛。牛膽貯之，止消渴。炒黑熱，投酒中飲之，治風痹，癱緩口噤，產後頭風。食罷生呑半兩，去心胸煩熱，明目，鎮心溫補，久服好顏色。〔男子便血，黑豆一升，炒焦研末。熱酒淋之，去豆飲酒，神效。〕

明・李中梓《醫宗必讀・本草徵要下》 黑荳味甘，平，無毒。入腎經。 活血散風，除熱解毒，能消水腫，可稀痘瘡。嬰兒十歲以下者，炒荳與猪肉同食，壅氣至死，十有八九。凡服蓖麻子忌炒荳，犯之脹死。服厚朴者亦忌之，最動氣故也。

明・鄭二陽《仁壽堂藥鏡》卷三 黑大豆 氣平，味甘。《本草》云：塗癰腫。煮汁飲，殺鬼毒，止痛。解烏頭毒，除胃中熱痹。傷中淋露，逐水脹，下瘀血。久服令人身重。炒令黑，烟未斷，熱投酒中。治風痹癱瘓，口噤，產後諸風。惡五參、龍膽。得前胡、烏喙、杏仁、牡蠣良。 豆腐食多，蘿蔔能消。 日華子云：調中下氣，通關脉，制金石藥毒。治牛馬溫毒。

明・蔣儀《藥鏡》卷三平部 黑豆 活血散風解毒，偏頭風痛宜投。下氣利水熱除，產後血昏可用。

明・施永圖《本草醫旨・食物類》卷二 黑豆 味：甘，平，寒，無毒。散五臟結積，除胃熱，逐水氣，消腫脹，散瘀血，治濕痹。炒食，消穀氣，止膝痛、腹脹。乍食體重，忌食猪肉。凡十歲以下小兒，不宜食，恐一時食肉擁氣致危。煮食及飲汁甚涼，解熱毒，大小便血，并解烏頭、附子、丹石諸毒。一種小黑豆尤佳。入鹽煮熟，時常食之，最能補腎。〇《產寶方》：治產後中風，角弓反張，口禁攣搐，五緩六急，手足麻痹，頭旋眼眩，嘔吐煩悶，惡血不下，用黑豆一升，炒令極熟，熱投清酒三升，令熱飲，自半鍾至一鍾，得微汗身潤，風邪出矣。如無前症，產後稍飲，亦能逐敗血，散結氣，除痛免疾。〇李仙姑治女人少年鬢髮黃白，用黑豆一升，青石榴一箇，搥碎，好醋三升，同煮豆爛，去豆不用，再煎至升，收貯。每早敷髮，則潤黑矣。〇《衍義》云：煮食則涼，炒食則熱，作腐則寒，作豉則冷，作醬則平，牛食則溫，馬食則涼。〇馬華以黑豆入鹽煮，時常食之，最能補腎。蓋豆乃腎之穀，以鹽通腎，所以妙也。〇李守愚每晨水吞黑豆，一名馬料豆。二七枚，謂之五臟穀，到老不衰。

清·顧元交《本草彙箋》卷七 黑大豆 生平，炒熱，煮寒，作豉冷，造醬及生黃卷則平。牛食之溫，馬食之冷。一體之中，用之數變。大抵黑色屬水，入腎居多。故能治水，消脹下氣，制風熱而活血解毒也。

豆淋酒法：治產後百病，或血熱覺有餘血水氣，或中風困篤，或背強口噤，或但煩熱瘛瘲，口渴，或身頭皆腫，或身癢嘔逆，直視，或手足頑痺，頭旋眼眩，此皆虛熱中風也。用大豆三升，熬熟至微煙出，入瓶中，以酒五升沃，經一日以上，服酒一升，溫覆取少汗，身潤即愈。口噤者，加獨活半觔，微微搥破，同沃之。產後宜常服，以防風氣。又消結血，凡中風口喎，即上方可用。頭風頭痛，即上方密封七日，溫服即瘥。

新舊水腫，用大黑豆一斗，清水一斗，煮取八升，去豆，入薄酒八升，再煎取八升，服之，再三服，水從小便出。

一切下血，用雄黑豆緊小者，以皂角湯微浸，炒熟去皮，爲末，煉豬脂和丸梧子大，每服三十丸，陳米湯下。此即今馬料豆，單煮爛，日食之，腸風立愈。

腎虛消渴難治者，以黑大豆炒，天花粉等分，爲末，糊丸梧子大，仍用黑豆湯下七十丸，日二服。

豆葉搗傅蛇咬，頻易取瘥。相傳有鼠狼穴養四子，爲蛇所吞，鼠狼雌雄情切，乃於穴外坋土壅穴，俟蛇出頭，度其回轉不便，當腰咬斷，而劈腹銜出四子，尚有氣，置於穴外，啣豆葉嚼而傅之，皆活。後人以豆葉治蛇咬本此。

清·穆石匏《本草洞詮》卷五 黑豆 味甘，氣平，無毒。炒食則熱，煮食則寒，作豉則冷，造醬及生蘖則平。牛食之溫，馬食之冷。一體之中，其用數變。蓋豆有五色，各治五臟，惟黑豆屬水，為腎之穀，故能治水，消脹下氣，制風熱，活血解毒。初服時似身重，一年以後便覺身輕。又益陽道。按諸方書盛稱黑豆有辟穀度饑之用。王氏《農書》云：水旱蟲荒，國家代有，甚則懷金立鵠，易子析骸。為民父母者，不可不知辟穀救荒之法也。晉惠帝永寧二年，黃門侍郎劉景先表奏，臣過太白山隱氏，傳濟饑辟穀仙方，臣家大小七十餘口，更不食別物。若不如斯，臣一家甘受刑戮。其方用黑豆五斗，淘淨蒸三遍，去皮，用大麻子三斗浸一宿，亦蒸三遍，令口開，取仁，各搗為末，作團如拳，入甑內蒸，從戌時至子時止，寅時出甑，午時晒乾為末，乾服之，以飽為度，不得食一切物。第一頓得七日不飢，第二頓得四十九日不飢，第三頓三百日不飢，第四頓二千四百日不飢，更不必服，永不飢也。且能令人強壯，容貌紅白。口渴即研大麻子湯服之，滋潤腸腑。若要重吃物，用葵子三合，研末，煎湯冷服，取下藥如金色，任喫諸物，亦無所損。前知隨州朱頌教民用之有驗。勒石於漢陽大別山大平興國寺中，按此方，理所難信。要之黑豆、麻仁必有療饑之功也。

清·丁其譽《壽世秘典》卷三 大豆《廣雅》云：大豆，尗也，俗作菽。 氣味：甘，平，無毒。治腎病，利水下氣，祛風散熱，活血解毒。〇生研，塗癰腫。煮汁飲，解(礬)〔礜〕石、砒石、甘遂、天雄、附子、射罔、巴豆、芫青、斑蝥百藥之毒及蠱毒。炒黑，熱投酒中，飲之，治風痹，癱緩口噤，產後頭風。食罷，生吞半兩，去心胸煩熱，明目鎮心，溫補。煮食性寒，下熱氣，壓丹石煩熱，解牛馬溫毒。〇同桑柴灰煮食，下水鼓腹脹。

發明李時珍曰：大豆有黑、白、黃、褐、青、斑數色，黑者名烏豆，可入藥及充食、作豉，黃者可作腐、榨油、造醬，忌猪肉。小兒以猪肉炒豆同食，必壅氣致死。十歲已上，則無害也。服蓖麻子者忌炒豆，犯之脹滿致死。服厚朴者亦忌之，能動氣故也。又按：古方稱大豆解百藥毒，予每試之，大不然，加以甘草其效乃奇，不可不知。甄權曰：黑豆，每食後，磨拭吞三十粒，令人長生。初服時，似身重，一年以後，便覺身輕，又益陽道也。《養老書》云：李守愚每晨水吞黑豆二七枚，謂之五臟穀，到老不衰。夫豆有五色，各治五臟。惟黑豆屬水，性寒，為腎之穀，入腎功多，所謂同氣相求也。黃承昊曰：黑小豆《本草》所不載，止載大豆，及《綱目》注何首烏，有用黑小豆蒸曝之語，世傳黑小豆方藥功用甚盛，不知《本草》何以獨遺。陶節庵以此豆入鹽煮熟，時常食之，謂能補腎。要知此豆功用更勝大豆也。又皇甫《本草發明》載黑小豆，即藿豆。《本經》只言黑豆小者入藥，並無馬料豆、藿豆之名，蓋即此豆是也。此豆北方最多，以之喂馬，故名馬料豆。

清・丁其譽《壽世秘典》卷四　豆油　氣味：辛、甘，熱，微毒。主烹調食物，塗瘡疥。多食困脾，發臟腑渴。

清・劉雲密《本草述》卷一四　大豆　時珍曰：大豆有黑、白、黄、褐、青、斑數色。黑者名烏豆，可入藥及充食作豉，黄者可作腐、榨油、造醬，餘但可作腐及炒食而已。

烏豆入藥，緊小者為雄，用之尤良。

角曰莢，葉曰藿，莖曰萁。

黑大豆　氣味：甘，平，無毒。　藏器曰：大豆性平，炒食極熱，煮食甚寒，作豉極冷，造醬及生黄卷則平。

諸本草主治：調中下氣，通關脈，療傷中淋露，散五臟結積内寒。衛酒治陰毒腹痛，逐水脹。煮食治温毒水腫。同桑柴灰煮食下水鼓腹脹，除胃熱痹。煮食下熱氣腫。同甘草煮湯飲去一切熱毒氣，治風毒脚氣。炒黑，熱投酒中飲之，治風痹癱緩，口噤，亦治風痙，制諸風熱，産後頭風，治下痢臍痛，下氣活血，能解諸毒。牛膽貯之止消渴。　方書主治：中風鼻衄，脇痛腰痛，行痹脚氣，癎證，消癉，滯下，淋，鼻赤蟲毒。　穎曰：陶華以黑豆入鹽煮，常時食之，云能補腎。蓋豆乃腎之穀，其形類腎，而又黑色通腎，引之以鹽，所以妙也。　時珍曰：夫豆有五色，各治五臟，惟黑豆屬水，性寒為腎之穀，入腎功多，故能治水消脹下氣，制風熱而活血解毒，所謂同氣相求也。又按古方稱大豆解百藥毒，予每試之，大不然。又加甘草，其驗乃奇。　希雍曰：生大豆唯黑者入藥，其緊小者為雄，入藥尤佳。稟土氣以生，而色黑則象水，故味甘氣平無毒。平即兼凉，為腎家之穀也。甘平能活血解毒，袪風散熱，下氣利水，故其主治如是。

同澤蘭、益母草、蘇木、人參、牛膝、荊芥、生地黄、童便、蒲黄，治産後血暈悶絶。　同蔓荊子、土茯苓、金銀花、甘菊花、玄參、川芎、天麻、芽茶、荊芥、烏梅，治偏頭風痛有神。

愚按：豆有五色，各治五臟，故豆之黑色者為腎之穀。第其味甘，甘者五味之主也。甘屬脾，以色之黑者入腎，而味之甘者合而歸之，是脾合於腎也。然在《經》曰：脾病宜食鹹，乃首列大豆，又豈非取脾味之歸腎者，而還用以益脾乎？蓋以脾腎互為化原也，脾腎合乃為水土合德以立地，故雖日用之常味而佐使攸宜，可奏奇功者，職此之故耳。按黑豆治風，如痛風證亦用之，蓋取其水土合德，故每與地龍同用，条看地龍條則明於以土制水，水平風静之義，又可通於治水療風，有合一之義。抑豆有數色，皆以夏至前後下種，至霜後而枯，是乘於三陰進氣之候，由土而金，其生也土，而即有金氣，其成也金，而不離土氣，以季秋為土庫也。第其化育於土金者，諸色之豆皆然。雖乘於三陰進氣，以始而還，歸於三陰旺氣以終者，是則烏豆之所獨也。蓋北方黑色通於腎，而腎為陰中之至陰也。故細条此穀之功用，當以脾肺腎具足之義求之。《經》曰：五藏皆有陰氣，然脾腎之陰，合於肺之陰，則陰氣乃得致於陽以行其化，緣肺為氣主也。更脾肺之氣歸於腎之氣，則陰氣乃得裕諸陽以敦其化緣，腎為氣原也，如兹穀之生成時日，并色相氣味，煞有合焉者矣。故合於各《本草》之所主治，如就指除胃中熱痺，及一切熱毒氣，下熱氣腫，謂之陰氣能化陽邪也非歟。詎知其本三陰進氣，而成於土金，由土金成氣，而終於三陰，是陰氣之得致於陽，更歸於陰也，故謂其調中。中即中氣也，中氣者，即陰陽合化之氣也，氣調則血和，血和則關脈通，由其氣調而血和者，是陰得於陽之化也，故可以治水。如治水脹温毒水腫，下水鼓腹脹，利小水是也。夫血始終之化不離水也，血和而關脈通者，是陽又得於陰之化也，故可以療風，如治風痙及風痹癱瘓，口噤，中風脚弱，風毒脚氣，制諸風熱是也。夫風臟即是血臟，且肝主經絡，屬身半以下更切也。抑其化寒熱之毒者，謂何？蓋陰得於陽以化，是以五臟結積之内寒，又如陰毒腹痛，胥能化之，而陽更得於陰之化，是以胃中熱痹及一切熱毒氣，胥能化之。蓋其由土而金，由金而水者，固已歸其化之原，即其在水有金，在金有土者，抑亦宜其化之用，此所謂解諸毒者耳。若瀕湖所云屬水性寒，入腎功多者，豈為完義乎？詎知合於脾肺腎之氣，不徒一寒可盡而功，用之所及，又可知也已。

附方　豆淋酒法：　宗奭曰：治産後百病，或血熱，覺有餘血水氣，或中風困篤，或背强口噤，或但煩熱，瘈瘲口渴，或身頭皆腫，或身癢，嘔逆直視，或手足頑痹，頭旋眼眩，此皆虚熱中風也。用大豆三升，熬熟，至微烟出，入瓶中，以酒五升沃之，經一日以上，服酒一升，温覆令少汗出，身潤即愈。口噤者，加獨活半斤，微微搥破，同沃之，産後宜常服，以防風氣，又消結血。頭風頭痛，即上方密封七日，温服。　風毒攻心，煩躁恍惚，大豆半升，淘淨，以水二升，煮取七合，食後服之。 新久水腫，大豆一斗，清水一斗，煮取八升，去豆，入薄酒八升，再煎，取八升，服之，再三服，水當從小便中出。 陰毒傷寒危篤者，用黑豆炒乾，投酒熱飲，或灌之，吐則復飲，汗出為度。 脚氣衝心，煩悶不識人，以大豆一升，水三升，濃煮汁服，未定再服。 腎虛消渴難治者，大黑豆炒，天花粉等分，為末，糊丸梧子大，每黑豆湯下七十丸，日二。 疫癘發腫，大黑豆二合，炒熟，炙甘草一錢，水一盞，煎汁，時時飲之。《夷堅志》云：靖康二年春，京師大疫，有異人書此方於壁間，用之立驗也。 妊娠腰痛，大豆一升，酒三升，煮七合，空心飲之。左經丸治左癱右瘓，手足顫掉，言語謇澁，渾身疼痛，筋脈拘攣不得屈伸，項背強直，下注脚膝，行履艱難，及跌撲閃肭，外傷内損，常服通經絡，活血脈，疎風順氣，壯骨輕身。生黑豆一斤，以盤蝥二十一枚，去頭足，同煮，候豆脹為度，去之，取豆，焙乾，川烏泡去皮臍二兩，乳香研一兩，沒藥一兩半，草烏炮四兩，右為末，醋糊為丸如梧子大，每服三十丸，溫酒下，不拘時。

時珍曰：服蓖麻子者忌炒豆，犯之脹滿致死。服厚朴者亦忌之，動氣也。

大豆黄卷 壬癸日以井華水浸黑大豆，候牙長五寸，取皮，陰乾用。

氣味：甘，平，無毒。 主治：溼痹筋攣，膝痛《本經》。除胃中積熱，消水病脹滿時珍。 之頤曰：大豆作黃卷，比之區萌而達蘖者，長十數倍矣。從艮而震，震而巽矣。自癸而甲，甲而乙矣。始生之曰黃，黃而卷，曲直之木性備矣。木為肝臟，藏真通於肝，肝藏筋膜之氣也。大筋聚於膝，膝屬谿谷之府也。故主溼痹筋攣，膝痛不可屈伸。屈伸為曲直象形，從治法也。

附方 頭風濕痹，筋攣膝痛，胃中積熱，大便結澁，黃卷散用大豆黃卷炒一升，酥半兩，為末，食前溫水服一匙，日二服。 水病脹滿喘急，大小便澁，大豆黃卷醋炒，大黃炒，等分，為細末，葱、橘皮湯服二錢，平明以利為度。

《三槐王氏錄》云：御藥馮悦服伏火藥，多腦後生瘡熱氣，冉冉而上，幾不濟矣。一道人教炙風市穴十數壯，雖愈，時時復作。又教馮以陰煉秋石，以大豆卷濃煎湯下，遂悉平。和其陰陽也。

清・郭章宜《本草匯》卷一三 黑豆 味甘，平，入足少陰經。 明目鎮心，活血解毒。 能消水腫，可稀痘瘡。 去煩熱，塗癰腫。 治風痺癱緩，療筋攣膝疼。

按：黑豆，禀土氣以生，屬水，為腎家穀也。生溫熟寒，炒食極熱，作豉極冷，造醬則平。牛食之溫，馬食之冷。一體之中，用之數變。入鹽煑，常時食之，能補腎益陽，下氣消脹。初服時似身重，一年後便覺身輕矣。嬰兒十歲以下者，炒豆與猪肉同食，壅氣致死，十有八九。凡服蓖麻子，忌之。服厚朴者，亦忌之。最能動氣故也。古方稱此解百藥毒，大不然。又加甘草，其驗乃奇也。

緊小者佳。 附豆淋酒法：用大豆三升，熬熟，至微烟出，入瓶中，以酒五升沃之，經一日以上，服。

清・尤乘《食鑒本草・粟類》 黑豆 入腎，逐水消腫，消瘀血。忌同豕肉食。十歲以下小兒不宜食，恐擁氣。馬華以黑豆入鹹，煮食補腎。〇李守愚每晨水吞黑豆二七粒，謂之五藏穀，到老不衰。此種小粒馬料豆。

清・朱本中《飲食須知・味類》 豆油 味辛，甘，性冷，微毒。 多食困脾，發冷疾，滑骨髓。菜油，功用相同。

清・朱本中《飲食須知・穀類》 黑大豆小黑豆 味甘，性平。煮食則涼，炒食則熱，作腐則寒，作豉則冷，造醬及生黃卷則平。牛食之溫，馬食之涼。多食發五臟結氣，令人體重。猪肉同食，令生內疾。小兒同炒豆，猪肉並食，令壅氣，腹痛難止，致死十有八九。年十歲以上者，不畏也。服蓖麻子者，忌炒豆，犯之，脹滿致死。服厚朴者忌之，動氣也。小黑豆，味甘、苦，性溫。

清・何其言《養生食鑒》卷上 黑豆 味甘，性平，無毒。 腎之穀。 制金石，解蠱、砒、礬、天雄、甘遂、巴豆及瘟牛馬毒，調中下氣，通關脉。 和鹽食，補腎氣。多食，發五臟結氣，令人體重。同猪肉食，令生內疾，小兒尤忌。犯之令壅氣，腹痛難止。服草麻子者，忌炒豆，犯之，腹滿致死。服厚朴者，亦忌之。

清・王翃《握靈本草》卷六 黑大豆北產細緊者良。 主治：黑大豆，甘，平，無毒。 主解百藥之毒，久服好顏色，變白不老。

清・汪昂《本草備要》卷四 黑大豆補腎，解毒。 甘，寒，色黑。屬水似腎，腎之穀也，豆有五色，各入五藏。故能補腎、鎮心腎水足，則心火寧。明目，腎水足則目明。利水下氣，古方治水腫，每單用，或加他藥。散熱祛風，炒熱酒沃，飲其汁，治產後中風危篤，及妊娠腰痛，兼能發表。《千金》云：一以去風，一以消血結。活血《產書》云：熬令烟絕，酒淋服，下產後餘血。 解毒，蘇頌曰：古稱大豆解百藥毒，試之不然。又加甘草，其驗乃奇。消腫止痛，搗塗一切腫毒。煮食稀痘瘡。緊小者良。小者名馬料豆。每晨鹽水吞，或鹽水煮食，補腎。畏五參、龍膽、猪肉，忌厚朴，犯之動氣。得前胡、杏仁、牡蠣、石蜜、諸膽汁良。

清・吴楚《寶命真詮》卷三　黑豆味甘，平，無毒。入腎經。活血散風，除熱解毒，消水腫，稀痘瘡。小兒十歲以下者，炒豆與豬肉同食，壅氣致死。服厚朴忌。

清・顧靖遠《顧氏醫鏡》卷八　黑大豆甘，平。入腎經。緊小者尤佳。活血而散風，產後用之者，取其活血行瘀也。頭風用之者，取其祛風除熱下氣也。破傷風及產後諸風，風痙用之者，以其治血散風也。補腎更解毒，黑色通腎，為腎之穀，故能明目，消水腫。解百藥毒，必加甘草神驗。小兒十歲以下者，炒豆勿同豬肉食，壅氣致死。服蓖麻子，食炒豆脹。服厚朴者亦忌，動氣故也。

清・李熙和《醫經允中》卷二二　黑大豆　生溫熱寒，惡五參、龍膽。甘，平，無毒。主治金石、(礬)〔礜〕、砒、甘遂、天雄、附子、射罔、巴豆、班蝥、百藥，及蠱毒，生研消腫毒，炒黑，熱投酒飲，治風痺諸風症。生吞半兩，去心胸煩熱，明目鎮心。女人陰腫，以綿裹納之。黑色配腎，水入鹽煮食，能補腎益陽，為腎之穀，故能制風熱而活血解毒也。小者名馬料豆，主治相同，補腎更良。

清・馮兆張《馮氏錦囊秘錄・雜症痘疹藥性主治合參》卷六　豆生大豆，有黑、白二種。白者不用，黑者入藥。其緊小者為雄，入藥尤佳。本稟土氣以生，色黑則又象水，故味甘氣平，無毒。平即兼涼，為腎家之穀也。生食則涼，炒食則溫，煮食則極寒矣。甘平能活血解毒，祛風散熱，下氣利水，故主塗癰腫止痛，調中氣，通關脉。制金石藥毒，殺鬼毒、烏頭毒。除胃中熱痹，傷中淋露，下瘀血，逐水腫腹脹，散內寒，除五臟結積消穀，去牛馬瘟病。若同甘草煮湯飲之，去一切熱毒及風毒脚氣。小兒以炒豆，與猪肉同食，必壅氣致死，十有八九，至十歲以上則無害也。服蓖麻子者，炒豆犯之，脹滿致死。服厚朴者，亦忌之，以其最能動氣故也。扁鵲方：三豆飲，治天行痘瘡，預服此飲踈解，熱毒縱出亦少，黑大豆、赤小豆、菉豆各一升，甘草節二兩，以水八升，煮極熟，任意吞豆飲汁，七日乃止。三豆膏，痘後癰毒初起，用之神效。菉豆、赤小豆，黑大豆等分，晒燥，研為細末，醋調掃塗即消。同蔓荊子、土茯苓、金銀花、甘菊花、玄參、川芎、天麻、芽茶、荊芥、烏梅，治偏頭風痛有神。淡豆豉，諸豆皆可為之，惟黑豆入藥。有鹹、淡二種，惟江右淡者治病。得蒸晒之氣，味苦，氣溫，無毒。苦能湧吐，故治煩躁滿悶，熱鬱胸中，非宣劑無以除之。又溫能發汗，如傷寒頭痛發熱及瘴氣惡毒，非疎通腠理無以解之。又能下氣調中辟寒，故主虛勞喘吸及兩脚疼冷，暴痢腹痛，辟除溫疫也。

豆，黑白種殊，惟取黑者入藥。大小顆異，須求小粒煎湯。黑豆主下水蠱腫脹，瘀血腫脹。除胃熱淋露下血，散五臟結積內寒。除痹去腫，寬脹消穀，解一切飲饌丹石、砒霜、雄、附、巴豆百藥毒。生研消腫毒。又炒黑烟未斷，乘熱投入酒中，即古方豆淋酒，一名紫酒，主風痹癱瘓諸症，產後風中抽搐，女人陰腫，綿裹可納。色配癸水，入鹽煮食，大能補腎益陽。另有一種小黑豆尤佳。白豆補五臟，暖腸胃，益氣和中，兼調經脉。磨作豆腐，主寬中下氣，下大腸濁氣，和脾胃，去胃火，消脹滿，清熱散血。但性寒能動正氣，食多羅蔔能消。盦麵作豆醬，入藥塗風癬，殺蟲最驗。炒熟豆，嬰兒多食壅氣，咽喉窒塞。種有青黄斑不一，功效彷彿可推。豆豉，味淡無鹽，入藥方驗。理瘴氣，治傷寒。佐葱白，散寒熱頭疼，助梔子，除虛煩懊憹。足冷痛甚，浸醇酒可嘗。血痢疼，多同薤白煮服。仍安胎孕，女科當知。但傷寒直中三陰，與傳入陰經者，勿用。熱結胸煩悶，宜下不宜汗者忌之。

按：豆經蒸罯，能升能散，得葱則發汗，得鹽則止吐，得酒則治風，得薤則治痢，得蒜則止血。炒熟又能止汗，亦要藥也。造豉法：【略】

諸豆主治痘疹合參：生大豆，除胃熱，解諸毒。黑豆，能解毒和諸藥，兼利小便，不論虛實寒熱皆可用。生豆腐，治痘瘡不起，用此極攻膿解毒，如鄉間無藥，煮食極妙，是以用治痘毒獲效。黄豆，能發痘毒，殼燒灰為末，善摻疹痘，如痘風癬，以豆殼煎湯洗。豆豉須新者佳，痘疹發表解肌，辟惡除煩亦用。

清・汪啟賢等《食物須知・諸米》　大豆　味甘，氣平，無毒。原產泰山平澤，今則處處有之。黑、白種殊，惟取黑者妙。若和甘草同煎，解飲饌中毒、丹石藥毒，立效。煎水飲，殺鬼疰，止疼。腳膝筋攣疼，勿吝服也。

清・浦士貞《夕庵讀本草快編》卷三　大豆《本經》、尗　附：豆腐　尗人作菽，象莢生附莖下垂之形，豆似子在莢中之象，若罨成蘗，乃名黄卷，其功更優。　黑豆屬水，性寒氣平，腎之穀也。善走北方，故能治水消脹，下氣制風，活血解毒，明目悦顏，所謂同氣相求也。而仙家多重之，取其辟穀度飢，輕身益陽之助，更非黄豆潤滑腸胃之可比。若腐若油則愈泄而愈毒矣。今人昧於食用而不知損也。夫黄卷既經罨過，不惟宜腎，善破人惡血，除胃中積熱，消水腫脹滿，舒筋攣膝痛，近醫不復知用，惜哉！

清・劉漢基《藥性通考》卷六　黑豆　味甘，寒。色黑屬水，似腎，腎之穀也。補腎，鎮心明目，利水下氣，散熱祛風，活血解毒，消腫止痛。搗塗一切腫毒。煮食能稀豆瘡。緊小者良。畏五參、龍胆、猪肉，忌厚朴。得前胡、杏仁、牡蠣、石蜜、諸胆汁良。古稱大豆解百藥毒，試之不然。又加甘草，其驗如奇。

清・葉盛《古今治驗食物單方》　大荳　頸項強硬，不得顧視，大荳一升，蒸變色，囊裹枕之。　中風不語，大荳煮汁，煎如飴，含而飲之，亦治喉痹不語。　一切下血，雄黑荳緊小者，以皂角湯微浸，炒熟，去皮為末，煉猪油丸桐子大，每服三十丸，陳米湯下。　大荳煮汁，解砒石、魚、酒、巴荳等毒。　痘瘡濕爛，黑大荳末敷之。　染髮，醋煮黑荳，煎稠汁染之。　子死腹中，醋煮大荳三升，取濃汁服之。　胞衣不下，大荳半升，酒三升，煮升半服。　肝虛目暗，迎風下淚，臘月牯牛胆盛黑荳，懸風處，取出，每夜吞三七粒，久久自明。　天蛇頭，指痛臭甚者，黑荳生研末，入甕內籠之。　痘後生瘡，黃荳燒黑研末，香油塗之。　熱淋、血淋，赤小荳三合，慢炒為末，煨葱一莖擂，熱酒調二錢服。　小兒四五歲不語者，赤小荳末，酒和敷舌下。　乳汁不通，赤小荳煮汁飲之；　吹奶，以酒吞小荳末，并敷其乳。　丹毒，赤小荳末、鷄蛋清調敷。　又敷丹毒，以菉荳五錢，大黃二錢為末，薄荷汁入蜜塗之。　霍亂吐瀉，菉荳粉二兩，白糖二兩，新汲水調服。　綠荳粉，解諸毒。　外腎生瘡，菉荳粉、蚯蚓糞等分，研塗之。

清・王子接《得宜本草・中品藥》　黑大豆　味甘。入足少陰經。得牯牛膽治肝虛目暗，得天花粉治腎虛消渴，得獨活（舊血）治產後中風。

清・吳儀洛《本草從新》卷四　黑大豆（補腎，解毒。）以下菽豆類。　甘，寒。色黑屬水似腎，豆有五色，各入五臟。故能補腎鎮心，腎水足則心火寧。明目，黑水神光屬腎，腎水足則目明。下氣利水，古方治水腫每單用或加入他藥。除熱祛風，炒熟，酒沃，飲其汁，治產後中風危篤及妊娠腰痛，兼能發表。《千金》云：一以去風，一以消血結。活血，《產書》云：炒令烟絕，酒淋服，下產後餘血。解毒，蘇頌曰：古稱大豆解百藥毒，試之不然，又加甘草，其驗乃奇。消腫止痛。搗塗一切腫毒。煮食稀痘瘡。小者名馬料豆。鹽水煮食，尤能補腎。畏五參、龍膽、猪肉。忌厚朴。犯之動氣。得諸膽汁、石蜜、牡蠣、杏仁、前胡良。

清・汪紱《醫林纂要探源》卷二　黑大豆　甘，鹹苦，寒。交心腎，明目。堅腎則精水足，故有明目之功。活血，補心則血不滯，故有活血之功。散熱，以鹹也。利水，苦，燥濕。解毒，豆類皆解毒，黑豆、菉豆更良。但炒則熱，煮則寒，隨宜用之。黑小豆：甘，鹹，苦，寒。今曰馬料豆。良於大者。以其味稍淡，而體堅緊也。但此乃穀類，而性和緩，今人滋腎藥每用此，烏能責效，欲滋腎，必地黃而後可。

清・嚴潔等《得配本草》卷五　黑大豆　得前胡、杏仁、牡蠣、烏喙、諸膽汁、石蜜良。惡五參、龍膽。忌蓖麻子、厚朴。并忌食豬肉。甘，寒。入足少陰經。補腎鎮心，調中下氣，去風活血，治水消脹。治陰毒，腸脇疼痛如打。搗敷一切腫毒。解百毒。得甘草，解百毒。配赤小豆、綠豆末，醋調塗痘後毒。佐花粉，治腎渴。煮黃酒，治便血。拌牛膽，療目暗。生平，炒食熱，煎食寒，作豉冷。去皮炒熟，酒沃之，飲其汁，活血。炒炭，酒淋服，祛風。氣不順者禁用。　小者名馬料豆。鹽水煮，清水下，尤能補腎。

題清・徐大椿《藥性切用》卷六　黑豆　性味甘涼，色黑入腎，補腎養心，涼血解毒。緊小者入藥，大者只供食品。均鹽水炒用。生者亦能退熱利腸。

清・黃宮繡《本草求真》卷九　黑大豆入腎祛風散熱，利水下氣活血解毒。　黑大豆耑入腎。味甘性平，色黑體潤，按豆形象似腎，本為腎穀，而黑豆則尤通腎。如以鹽引，則豆即能直入於腎也。時珍曰：豆有五色，惟黑豆屬水性寒。腎為寒水之經，故能治水消脹，下氣制風熱。而活血解毒，所謂同氣相求也。故書有言服此令人澤肌補骨，止渴生津，非其補腎之力歟。身面浮腫，水痢不止，痘瘡濕爛，得此則消，非其入腎去水之力歟。頭項冷痛，卒中失音，得此則除，非其制風之力歟。此虛風也，若純外風內中，則不須此。腳氣攻心，胸脇卒痛，單服此味則效，非其下氣之力歟。熱毒攻眼，乳巖發熱，得此則愈，非其解熱之力歟，便血赤痢，折傷墮墜，得此則良，非其活血之力歟。風癱瘡疥，丹毒蛇蟲，得此則化，非其解毒之力歟。然體潤性壅，多服令人身重。藏器曰：大豆生平，炒食極熱，煮食甚寒，作豉極冷，造醬及生黃卷則平，牛食之溫，馬食之冷，一體之中，用之數變。加甘草則解百藥毒。

清・李文培《食物小錄》卷上　黑大豆即烏豆，附青豆。　甘，平，無毒。明目鎮心，溫補。久服，好顏色，變白，不老。煮食，性寒，多食令人身重，解百藥毒。小而扁者，名馬料豆，治疝氣。久服，烏鬚黑髮，制首烏所必用。又有一種青皮豆，功亞黑豆勝黃豆，只可炒食、作腐而已。

清・李文培《食物小録》卷下　豆油　辛、甘，熱，微毒。和胃，殺腥氣，塗湯火傷。多食生痰動火，發咳嗽。

清・羅國綱《羅氏會約醫鏡》卷一七穀部　黑豆味甘平，入腎經。　色黑屬水，腎之穀也，補腎以鎮心。活血，炒熟酒淋服，下產後餘血。散風，沃豆酒亦治產後中風危篤。明目散熱，腎水足而目明火退。解毒搗塗，消腫，古治水腫每單用，或加他藥。可稀痘瘡煮食。緊小者良。每晨用鹽水吞或鹽水煮食，補腎。凡小兒未滿十歲者，炒豆與豬肉同食，壅氣致死，十有八九。忌厚朴。犯之動氣。

白豆：補臟暖胃，益氣和中。磨作豆腐，和脾胃，去胃火，清熱散血。但性寒，脾胃虛者忌食。若痘瘡不起，用此極攻膿解毒。如無藥者，煮食極妙。黄豆殼，燒為末，善摻豆爛。

清・章穆《調疾飲食辯》卷一下　黑豆汁　能解毒，凡誤服毒藥及癰疽等毒，同甘草煎汁代茶，毒消即止，過多能敗脾作泄。餘見穀類。

清・章穆《調疾飲食辯》卷二　豆　即八穀之菽，本作尗。《綱目》曰：穀之有莢者也。有大、小二類，大豆有黑、黄、青、白諸色，早收、晚收數種。小豆有赤、白、黄、緑、斑諸色，粒圓、粒長數種，其類甚多。張揖《廣雅》曰：大豆，菽也；小豆，荅也。董仲舒注《詩》八穀，亦曰菽是大豆，小豆名荅。

按：小豆種類較大豆尤多，其藊豆、蠶豆、豌豆等，粒雖大，皆是荅類。一種赤小豆，俗誤以相思子當之，大非。此乃木實，半截紅，半截黑，亦有全紅者，其硬如鐵木，團團如蓋，密葉不凋，人或植之門庭為玩，不可為穀也。沈自然詩曰：從此人間無別離，門前不種相思子。（李義山）〔温庭筠〕詩曰：瓏瓏骰子安紅豆，入骨相思知不知？即此木之子也。與赤小豆全不相涉，不知何時誤起，必不可從今藥肆中盡是此物。其赤小豆葉蔓似緑豆，花黄色，粒長，亦有圓者。秋種可和米作飯，極耐飢，故名飯豆。有青、赤二種，赤者即赤小豆，青者名白豆。

黑大豆　古名尗，角曰莢，葉曰藿，莖曰萁。凡諸大豆，黄、黑、青數色，早收、晚收數種，皆有油，故性皆滑泄。但可點茶、下酒，不可為飯。諸小豆，赤、白、緑、豇、豌數種，皆無油，故可和米作飯，亦可單食濟饑。氾勝之《種植書》反云大豆能保歲，可以備凶年，小豆不保歲，誤説也。黑大豆性能解毒，同甘草煮。又為腎部引經。而炒食則動風發毒，煮食則敗胃傷脾。故《靈樞・五味篇》不曰腎病宜食大豆，而曰大豆黄卷，意可知矣。而古方用為藥物，亦多可取。《延年秘録》豆黄方：能益瘦人，長肌肉，填精髓。見雁肪下。《千金》豆淋酒法：治中風及產後淤血見前。《肘後》治腹中腸痛，脇痛：炒二升，酒五升，煮二升，頓服。又治誤服巴豆瀉不止，煮汁冷飲。此方又可解一切惡毒。《廣利方》治脚氣衝心，煩悶，不省人事：用一升煮汁服，未定再作。《東陽方》治新久水腫：大豆一斗，煮取汁八升，去豆，入薄酒八升，再煮取八升，頻服。水當從小便出。《外臺》治瘟疫頭身發腫：用二升，甘草一兩，水煎，豆熟取汁頻飲。《千金方》治打傷頭面青腫：豆黄末敷。《普濟方》治痘瘡濕爛：生研末敷。《產乳方》治子死腹中，母悶欲絶：黑大豆三升，醋煮汁服。《濟急方》治蛇頭指瘡，臭爛痛甚：生研末入罋內，籠之。《急救方》治斑蝥毒：煮濃汁服。又可解草烏、附子毒。

清・章穆《調疾飲食辯》卷三　藿　豆葉名藿，貧賤所食。而豆有多種，其性大同中亦有小異，分列於左。然《左傳》肉食不能謀，謀及藿食，元微之詩野蔬充膳甘長藿，皆猶孟子之言茹草，泛言蔬菜，不專指豆葉。蓋訓詁家必云豆葉，臨文可以勿泥也。

黑大豆葉：嫩者充菜茹，能解毒退熱。生搗敷蛇咬，頻易取瘥。

赤小豆葉：煮食明目，去煩熱，止小便數。《綱目》曰：赤豆利小便，葉反止小便，猶麻黄發汗而根止汗也，物理之異如此。

緑豆葉：退熱解毒之功，在黑豆葉上，暑月常食最宜。又療霍亂吐瀉、煩渴危症，生搗絞汁，加醋少許，溫服絶佳。

白豆葉：即飯豆，利藏府，下氣。

豌豆葉：味甘滑在諸藿上，其利藏府、止煩渴亦在翹搖上。

蠶豆葉：亦能退熱除煩，又主酒醉不醒。

藊豆葉：煮食治霍亂吐下不止。吐下後轉筋，生搗絞汁，少加醋，溫服，立止。亦可敷蛇咬。

清・楊時泰《本草述鉤元》卷一四　大豆　角曰莢，葉曰藿，莖曰萁。有黑、白、黄、褐、青、斑數色。黑者名烏豆，可入藥及作豉充食。黄者作腐榨油造醬，餘但可作腐及炒食而已。烏豆緊小者為雄，入藥尤良。

黑大豆：味甘氣平。平即兼涼。腎之穀也。炒食熱，煮食寒，作豉冷，造醬及生黄卷則平藏器。主治調中下氣，通關脈，療傷中淋露，散五臟結積內寒。衝酒，治陰毒腹痛，逐水脹。煮食，治溫毒水腫，下熱氣腫。同桑柴灰煮食，下水鼓腹脹，除胃熱痺。同甘草煮湯飲，去一切熱毒氣，治風毒、脚氣。炒黑，乘熱投酒中飲之，治風痺癱緩口噤，亦治風痙，制諸風熱及産後頭風，又治下痢臍痛，下氣活血，能解諸毒。牛膽貯之，止消渴。入鹽煮，常時食之，能補腎。其形類腎，黑色又通於腎，引之以鹽，逾妙。方書治中風鼻衄脇痛腰痛行痺，脚氣，痼證，消癉，滯下，淋，鼻赤䘌毒。豆有五色，各治五臟，惟黑豆屬水，性寒，入腎功多，故能治水消脹下氣，制風熱而活血解毒，皆同氣相求之功瀕湖。古稱大豆解百藥毒，必加甘草，其驗乃奇又。同澤蘭、益母草、蘇木、人參、牛膝、荊芥、生地、童便、蒲黄，治産後血暈悶絶。同蔓荊子、土茯苓、銀花、甘菊、元參、川芎、天麻、芽茶、荊芥、烏梅，治偏頭風痛有神。豆淋酒，治産後百病，或血熱覺有餘血水氣，或中風困篤，背強口噤，或但煩熱瘛瘲口渴，或頭身皆腫，或身癢嘔逆直視，或手足頑痺頭旋眼眩，此皆虚熱中風也，用大豆三升炒熱，至微煙出，入瓶中，以酒五升沃之，經一日以上，酒服一升，溫覆令少汗出，身潤即愈。口噤者，加獨活半斤，微微搥破，同沃之。産後宜常服，以防風氣，又消結血。頭風頭痛，即上方密封七日，溫服。左經丸，治左癱右瘓，手足顫掉，語言蹇澀，渾身疼痛，筋脈拘攣，不得屈伸，項背強直，下注脚膝，行履艱難及跌撲閃肭，外傷内損，常服通經絡，活血脈，疎風順氣，壯骨輕身。生黑豆一斤，以盤蝥二十一枚，去頭足，同煮，候豆脹為度，去之，取豆焙乾，川烏炮去皮臍二兩，乳香研一兩，沒藥一兩半，草烏炮四兩，共為末，醋糊丸如梧子大，每服三十丸，溫酒下，不拘時。風毒攻心，煩躁恍惚，大豆半升淘淨，水二升，煮七合，食後服之。新久水腫，大豆一斗、清水一斗，煮取八升，去豆，入薄酒八升再煎，取八升服之，再三服，水當從小便出。陰毒、傷寒危篤者，黑豆炒乾，投酒熱飲，或灌之，吐則復飲，汗出為度。脚氣衝心，煩悶不識人，以大豆一升、水三升，濃煮汁服，未定再服。腎虚消渴難治者，炒黑豆、花粉等分，為末，糊丸梧子大，每黑豆湯下七十丸，日二。疫癘發腫，大黑豆二合炒熟，炙甘草一錢，水一盞煎汁，時時飲之。妊娠腰痛，大豆一升、酒三升，煮七合，空心飲之。

論：豆有五色，各治五臟，故黑色者為腎之穀。第其味甘，甘屬脾，以色之黑者入腎，而味之甘者合而歸之，是脾合於腎也。《經》曰：脾病宜食鹽，乃首列大豆，非取脾味之歸腎者，還以益脾，正以脾腎互為化原也乎。脾腎合乃為水土合德以立地，水土合德，故黑豆每與地龍同用以治風，明於以土制水，水平風靜之義，又可通於治水療風，有合一之義。凡豆皆以夏至前後下種，霜後而枯，是乘於三陰進氣之候，由土而金。其生也土，而即有金氣，其成也金，而不離土氣，以季秋為土庫也。第其化育於土金者，諸豆皆然，至乘於三陰進氣以始，還歸於三陰旺氣以終，則烏豆所獨。細条烏豆之用，當以脾肺腎具足之義求之。夫五臟皆有陰氣，必脾腎之陰合於肺之陰，而陰氣乃得致於陽以行其化，肺為氣主也。又必脾肺之氣歸於腎之氣，而陰氣乃得裕諸陽以敦其化，腎為氣原也。茲穀之生成時日，并色相氣味，蓋有合焉者矣。惟陰氣能化陽邪，故除胃中熱痺及一切熱毒氣下熱氣腫。惟陰又得於陽以化，故五臟結積內寒及陰毒腹痛，胥能化之。惟本三陰進氣而成於土金，由土金成氣而終於三陰，使陰氣之得致於陽者，更歸於陰，故首主調中，中即中氣，陰陽合化之氣也。氣調則血和，血和則關脈通。夫氣調而血和者，陰得於陽之化也，故可以治水。血和而關脈通者，陽又得於陰之化也，故可以療風。治水則如衝酒逐水脹，煮食療溫毒水腫，同桑灰煮下水鼓腹脹是也。療風則如痙痺、癱瘓、頭風、口噤、中風、脚弱、風毒、脚氣，制諸風熱是也。風臟即血臟，且肝主經絡，屬身半以下更切。蓋其由土而金，由金而水者，固已歸其化化之原，即其在水有金，在金有土者，抑亦宣其化化之用，所謂活血解毒者此耳。然則烏豆之功用，得不合於脾肺腎具足之氣以求之乎。瀕湖但謂入水性寒，未為完義矣。

服蓖麻子者，忌炒豆，犯之脹死。服厚朴者，犯之動氣。瀕湖

清·葉桂《本草再新》卷七　黑大豆味甘，性寒，無毒。入心、脾、腎三經。滋腎補心，下氣，利水除濕，去風明目，清頭風，解火消腫。

清·吴其濬《植物名實圖考》卷一　大豆　《本經》中品。葉曰藿，莖曰萁，有黄白黑褐青斑數種。其嫩莢有毛，花亦有紅白數色，豆皆視其色以供用。

雩婁農曰：古語稱菽，漢以後方呼豆。五穀中功兼饔飯者也。黑者服食，棧中上料；若青黄白，皆資世用。夫飯菽配鹽，炊其煎藿，食我農夫，獨殷北地，而倉卒濕薪，飢寒俱解。咄嗟煮末，奢靡相高，沙餠翠釜，同此酥腴耳。淮南製腐，理宜必祭。清吏所甘，同乎宰羊。若浸沐生蘖，未原其始，大豆黄卷，或權輿焉。明陳嶷《豆芽賦》曰：有彼物兮，冰肌玉質，子不入於污泥，根不資於扶植。金芽寸長，珠蕤雙粒；匪綠匪青，不丹不赤；白龍之

鬚，春蠶之蟄。信哉斯言，無慙其實。

白大豆　大豆，昔人多以為即黃豆，然自是兩種。大豆花如稨豆，有黃白各色，豆有白者、黃者、綠者、褐者、黑者。綠有透骨、鴨蛋等名。市中以為烘青豆者是。褐者俗曰茶豆，形長圓，大抵皆炒以為茶素。種者皆於蜀秫隙地植之，不似黃豆用廣。黃豆今俗呼毛豆，種植極繁，始則為蔬，繼則為糧，民間不可一日缺者。其花極小，豆色黃，或有黑臍，形微扁，亦有大小、早遲各種。聚而觀之，乃能詳辨。

清・趙其光《本草求原》卷一四穀部　黑大豆　甘，平，色黑，育肺脾之陰氣以補腎調中。中者陰陽合化之地，脾、胃、腎上下循環相化，則中氣調。下氣，肺陽得陰以降。利水，凡水脹、水鼓多用之，肺降脾運之功也。通淋，通關脈，氣調則血活。散積結之寒毒、熱毒、熱氣，上下相化，血脈通流之功。祛一切風痙、風痹、風熱、風毒，陽得陰化，則水平風靜，故治水、治風，合一之道。且風藏即血藏，血行風自滅，故炒熱酒沃，飲其汁，治產後中風及妊娠腰痛，一以去風，一以活血。解百藥毒，合甘草用。明目，血足故。消腫、止痛，氣調血活故。止消渴。牛膽貯用。緊小者良。

小者為雄，名穭豆，更能生腎經血。以鹽煮食益腎。加旱蓮、首烏則黑髮；治風、酒淋，陰毒亦然。風毒攻心，腳氣沖心，俱水煮。水足則心火下。逐水，桑柴灰煮。搗塗一切腫毒。煮食稀痘。同花粉為丸，治消渴。炒，同甘草煎作茶，治疫癘發腫效。同斑蝥炒至豆脹，去蝥，每一斤加草烏四兩，川烏二兩，沒、乳各一兩，醋丸，酒下，治癱瘓、拘攣身痛及跌閃。常服通經絡，活血脈，疏風順氣，壯骨輕身。

畏五參、龍膽、豬肉；忌厚朴，犯之動氣。水浸搗汁，解（礬）〔礜〕石、砒石、巴豆各藥毒。天珍、羅浮所產青肉者，功更勝。

清・文晟《新編六書》卷六《藥性摘錄》　黑大豆　甘，平。入腎。祛風散熱，利水下氣，活血解毒，治腳氣攻心，胸脇卒痛。單服則効。並治熱毒攻眼，乳岩發熱，便血赤痢，折傷墮墜，風癱瘡疥，丹毒蛇蠱。加甘草則解百藥毒。多食令人身重。〇淡豆豉，治風寒。並詳見藥部。

清・王孟英《隨息居飲食譜・穀食類》　黑大豆　甘，平。補脾腎，行水調營，祛風邪，善解諸毒。性滯壅氣，小兒不宜多食。服厚朴者忌之，服蓖麻子者犯之必死。小者名穭豆，品較下，僅堪餵馬，故名馬料豆。俗謂功勝黑大豆，殊失考也。　辟穀救荒，黑豆淘淨，蒸極透，曬乾，如是三次九次更妙。磨細末，柹餅煮爛，去蒂核。與豆末等分，擣丸雞子大，每細嚼一丸，津液嚥下，勿用湯水，可終日不飢，遠行攜帶甚便，且可任喫諸物，略無所忌，又能滋補脾腎，而治噎食便瀉等病。　辟疫、稀痘、解諸藥毒，黑大豆二合，甘草一錢，煎汁頻飲。　黑大豆皮入藥，止盜汗。　大黃豆卷即黑大豆不糵也，治濕痹筋攣，膝痛，消水病脹滿，非表散藥也。

清・田綿淮《本草省常・氣味類》　豆油　性溫，微毒。下氣寬腸，消水脹，腫毒。

清・田綿淮《本草省常・穀類》　大黑豆〔小黑豆〕　性寒，補腎明目，下氣利水，除濕祛風，消腫脹，散瘀血。同甘草煎之，能解百毒。　小黑豆，一名馬料豆。性略同而力減。　凡豆，同豬肉食，俱壅氣。　凡豆，服厚朴、蓖麻子者俱忌之。　藥黑豆　性平。補腎明目，長肌肉，益顏色，填精髓，壯筋骨。久食添氣力，令人不老。外黑內綠者真。

渣餅　性寒。除煩熱，和脾胃。

清・戴葆元《本草綱目易知錄》卷二　黑大豆烏豆　甘，平。色黑屬水。煮食性寒，炒食性熱。為腎之穀。利水下氣，除痹消腫，活血解毒，制諸風熱。下瘀血，通關脈，逐水脹，除胃中熱痹，散五臟積寒。炒焦熱投酒飲，治風痹癱緩，口噤直視，產後頭風。食罷生吞半兩，去心胸煩熱，熱風恍惚，明目鎮心。沖酒服，治風痙入臟，破傷中風，陰毒腹痛。入牛膽內盛，陰乾食，止消渴。煮汁服，治中風腳弱，產後諸疾，風毒腳氣，心痛筋攣，膝痛脹滿，下痢臍痛。殺鬼毒，制金石藥毒、牛馬溫毒。解（礜）〔礜〕石、砒石、烏頭、附子、射罔、巴豆、斑蝥及百藥毒、蠱毒。同桑柴灰煮食，下水鼓腹脹。和飯擣，塗一切毒腫。男女陰腫，以棉裹納之。忌豬肉，同食則壅氣。服蓖麻子人，忌食。【略】

黑豆皮葆增：　色黑體輕，味薄氣浮，可升可降。理肝腎，解膈躁，清虛熱，去鬱邪，為陰虛邪熾，清解之上劑。生用療痘瘡，退目翳。嚼爛，傅小兒尿灰瘡。

清・黃光霽《本草衍句》　黑大豆甘，寒。　補腎鎮心，利水散熱。下氣祛風，解毒活血。豆淋酒法：　宗奭曰治產後百病，或血熱覺有餘血水氣，或中風因驚，或背強口噤，或但煩熱瘈瘲，口渴，或身頭皆腫，或身痒嘔逆直視，或手足頑痺，頭旋眼眩，此皆虛熱中風也。用大豆三升，熬熟，至微煙出，入瓶中，以酒五升沃之，經一日以上，服酒一升，溫覆令少汗出，身潤即愈。口渴者，加獨活半斤，微搥破，同沃之。産後宜常服，以防風氣，又消結血。得甘草解百藥毒，和桑柴炭煮，下水鼓腹脹。　中風口喎，頭風頭痛，破傷中風口噤，風入臟中，身面浮腫，新久水腫，俱用豆淋酒方。　肝虚目暗，迎風下泣，用臈月牯牛膽盛黑豆用，懸風處，取出，每夜吞七粒，久久自明。　天蛇頭指痛，臭甚者，黑豆生研末，繭内籠之。　腎虚消渴，難治，黑豆炒，天花粉，等分為末，和丸，每黑豆湯下七十丸，名救活丸。

清·陳其瑞《本草撮要》卷五　黑大豆　味甘，寒，色黑，入手足少陰、厥陰經，功專補腎鎮心明目。得牯牛膽治肝虚目暗，得天花粉治腎虚消渴，得獨活治産後中風。擣塗一切腫毒，煮食利大便。緊小者入藥更佳。鹽水煮食，尤能補腎。畏五參、龍膽、猪肉，忌厚朴，得諸膽汁、石蜜、牡蠣、杏仁、前胡良。卒然中風不語，大豆煮汁煎稠如飴含之。並飲汁治喉痹。

清·吴汝紀《每日食物却病考》卷上　黑大荳　甘，平，無毒。調中，通關脉，下瘀血，散五臟結積。乍服令人身重，久則不然矣。陳藏器曰：炒食極熱，煮食則寒，作豉極冷，造醬生黄則平。牛食之溫，馬食之冷。其用之變有如此。《廣雅》曰：大荳，菽也。小荳，荅也。角曰莢，葉曰藿，莖曰萁。荳之色有數種，惟黑者益人，黑赤而小者入藥更佳。食荳忌猪肉，小兒同猪肉食，擁氣致死，慎之。十歲以上不畏也。煮食下寒氣，壓丹石煩熱，消瘇。同甘草煮湯飲，去一切熱毒。煮同汁食，殺鬼毒，治心痛，筋攣膝痛。生和飯擣，塗一切毒腫。男女陰腫，以綿裹納之。《本草發明》云：陶節庵以黑荳入鹽煮，時常食之，謂能補腎。蓋黑屬水，荳乃腎之穀，其形類腎，引之以鹽所以妙也。又修治服之，可以辟穀。炒同酒製服，治中風口噤、頭風痛等病。

赤小豆

唐·孫思邈《千金要方》卷二六《食治·穀米》　赤小豆　味甘、鹹，平、冷，無毒。下水腫，排膿血。一名赤豆。不可久服，令人枯燥。

附：日·丹波康賴《醫心方》卷三〇　赤小豆　《本草》云：主下水，排癰腫膿血。味甘、酸，平、溫，無毒。主寒熱，熱中消渴，止洩，利小便，吐卒澼，下脹滿。《拾遺》云：驢食脚輕，人食體重。《養生要集》云：味苦，溫。久食逐津液，令人枯燥。孟詵云：青小豆，寒。療熱中消渴，止痢下脹滿。

宋·唐慎微《證類本草》卷二五米穀部中品〔《本經·別録》〕　赤小豆　味甘、酸，平，無毒。**主下水，排癰腫膿血**，寒熱，熱中，消渴，止洩，利小便，吐逆，卒澼，下脹滿。

〔梁·陶弘景《本草經集注》〕云：大、小豆共條，猶如葱、薤義也。以大豆爲糵芽，生便乾之，名爲黄卷。用之亦熬，服食所須。煮大豆，主溫毒水腫殊效。復有白大豆，不入藥。小豆性逐津液，久服令人枯燥矣。

〔唐·蘇敬《唐本草》〕注云：《别録》云：葉名藿，止小便數，去煩熱。

〔宋·馬志《開寶本草》〕按：《陳藏器本草》云：赤小豆和桑根白皮煮食之，主溫氣痹腫。小豆和通草煮食之，當下氣無限，名脱氣丸。驢食脚輕，人食體重。

〔宋·掌禹錫《嘉祐本草》〕按：《蜀本》注云：病酒熱飲汁即愈。《藥性論》云：赤小豆，使，味甘。能消熱毒癰腫，散惡血不盡，煩滿，治水腫，皮肌脹滿。擣薄塗癰腫上，主小兒急黄爛瘡。取汁令洗之，不過三度差。能令人美食。末與雞子白調，塗熱毒癰腫差。通氣，建脾胃。陳士良云：赤小豆，微寒。縮氣行風，抽肌肉。久食瘦人，堅筋骨，療水氣。解小麥熱毒。日華子云：赤豆粉，治煩解熱毒，排膿，補血脉，解油衣粘綴甚妙。葉食之明目。

〔宋·蘇頌《本草圖經》〕曰：赤小豆，舊與大豆同條，蘇恭分之。今江淮間尤多種蒔。主水氣，脚氣方最急用。其法用此豆五合，葫一頭，生薑一分，並碎破，商陸根一條，切，同水煮豆爛，湯成，適寒溫，去葫等。細嚼豆，空腹食之，旋旋啜汁令盡，腫立消便止。韋宙《獨行方》療水腫，從脚起入腹則殺人。亦用赤小豆一斗，煮令極爛，取汁四五升，溫漬膝以下。若已入腹，但服小豆，勿雜食，亦愈。李絳《兵部手集方》亦著此法，云曾得效。昔有人患脚氣，用此豆作袋置足下，朝夕展轉踐踏之，其疾遂愈。亦主丹毒。《小品方》以赤小豆末和雞子白，如泥塗之，塗之不已，逐手即消也。其遍體者，亦遍塗如上法。又諸腫毒欲作癰疽者，以水和塗，便可消散毒氣。今人往往用之有效。

〔宋·唐慎微《證類本草》〕《食療》云：和鯉魚爛煮食之，甚治脚氣及大腹水腫。别有諸治，具在魚條中。散氣，去關節煩熱。令人心孔開，止小便數。菉、赤者並可食。暴痢後，氣滿不能食，煮一頓服之即愈。《千金方》：主産後不能食。煩滿方：小豆三七枚，燒作屑，篩，冷水頓服之佳。《肘後方》：辟溫病。取小豆，新布囊盛之，置井中，三日出。舉家服，男十枚，女二十枚。又方：治腸痔，大便常血。小豆一升，苦酒五升，煮豆熟，出乾，復内法酒中，候酒盡止，末，酒服方寸匕，日三度。又方：舌上忽出血如簪孔。小豆一升，杵碎，水三升和，攪取汁飲。又方：産後心悶目不開。生赤小豆杵末，東流水服方寸匕。不差更服。《梅師方》：治熱毒下血，或因食熱物發動。以赤小豆杵末，水調下方寸匕。又方：治婦人乳腫不得消。小豆、莽草等分，爲末，苦酒和傅之，佳。孫真人云：赤、白豆合魚鮓食之成消渴，小豆醬合魚鮓食之成口瘡。《食醫心鏡》：理脚腫滿轉上入腹殺人。豆一升，水五升，煮令極熟，去豆，適寒溫浸脚，冷即重暖之。又方：主小便數。小豆葉一斤，於豉汁中煮，調和作羹食之。煮粥亦佳。《廣利方》：治小兒火丹熱如火，繞腰即損人，救急。杵赤小豆末，和雞子白傅之，乾即易。《必效方》：治水穀痢。小豆一合，和蠟三兩，頓服愈。又方：治卒下血。小豆一升，擣碎，水三升，絞汁飲之。《小品》：治疽初作。以小豆末，醋傅之亦消。《產寶》：治難產方：赤小豆生吞七枚出，若是女，二七枚佳。《產書》云：下乳汁。煮赤小豆取汁飲，即下。《修真秘旨》云：理淋方：椎赤小豆三合，慢火炒熟爲末，煨葱一莖細剉，暖酒調二錢匕服。男子、女人，熱淋、血淋並療。

宋・寇宗奭《本草衍義》卷二〇　赤小豆　食之行小便，久則虛人，令人黑瘦、枯燥，關西、河北、京東西多食之。花治宿酒、渴病。

宋・王繼先《紹興本草》卷一二　赤小豆　紹興校定：赤小豆，性味主治，具於《本經》。大率除濕利氣之性多矣。其云止泄，顯非所宜。當從味甘酸、平、無毒是矣。處處產之。

宋・劉明之《圖經本草藥性總論》卷下　赤小豆　味甘酸，平，無毒。主下水，排癰腫膿血寒熱，熱中消渴，止洩利小便，吐逆，卒澼下脹滿。《藥性論》云：使。能消熱毒癰腫，散惡血不盡，煩滿，治水腫，主小兒急黃爛瘡。末與雞子白調塗熱毒癰腫，差。通氣，健脾胃。日華子云：赤豆粉，治煩，解熱毒排膿，補血脈，解油衣黏綴。葉，明目。一云：昔有人患脚氣，用此作袋，置足下，朝夕展轉踐蹈之，其疾遂愈。亦主丹毒，塗之。

宋・張杲《醫説》卷六　傅腫　仁宗在東宮苦腮腫，用赤小豆末傅之遂愈。或云：可療發背《洞微志》。

宋・陳衍《寶慶本草折衷》卷一九　赤小豆使。汁在內。○粉附。○略註大赤豆、江豆於後。　又云：其花一名腐婢。生江、淮間，及關西、河北、京東西多種蒔。○又云：今處處有之。○附：粉，以此豆水淹去皮，同水磨漿，揉澄膏液，曝乾成粉。

味甘、酸，平，微寒，無毒。○主下水，排癰腫膿血，寒熱，熱中，消渴，止洩，利小便，吐逆，卒澼下脹滿。○陶隱居云：逐津液，久服令人枯燥。○陳藏器云：和桑根白皮煮食，主溫氣痹腫。和通草即木通也。煮食，當下氣無限。○《蜀本》註云：病酒熱，飲汁即愈。○《藥性論》云：消熱毒，散惡血。治水腫皮肌脹滿，小兒急黃，爛瘡，建脾胃。○陳士良云：縮氣，行風，抽肌肉，堅筋骨。○《圖經》曰：患脚氣，用此豆作袋，置足下，朝夕展轉踐踏之愈。亦主丹毒，以末和雞子白塗之。又諸腫毒欲作癰疽，以水和塗，便可消散毒氣。○亦可佐他藥以決潰瘡口。

附：赤豆粉。○治煩，解熱毒，排膿，補血脉。又有大赤豆，其粒稍麄而色深赤。外有一種江豆，其粒更麄而色紫黑，皆同類也。此二豆並無毒，雖有疾人食之，悉無所忌也。○江，一作茳。

元・王好古《湯液本草》卷六　赤小豆　氣溫，味辛、甘、酸，陰中之陽，無毒。《本草》云：主下水，排膿，寒熱熱中消渴。止泄，利小便，吐逆卒澼，下脹滿。又治水腫，通健脾胃。赤小豆，食之行小便，久食則虛人，令人黑瘦枯燥。赤小豆花，治宿酒渴病，即腐婢也。花有腐氣，故以名之。與葛花末服方寸匕，飲酒不知醉。氣味平辛。大豆黃卷，是以生豆為蘗，待其芽出，便曝乾用。方書名黃卷皮，產婦藥中用之。性平。

元・忽思慧《飲膳正要》卷三　赤小豆　味甘、酸，平，無毒。主下水，排膿血，去熱腫，止瀉痢，通小便。解小麥毒。

元・尚從善《本草元命苞》卷九　赤小豆　為使。甘、酸，平，無毒。下水，排癰腫膿，通氣，利小便結。治寒熱中消渴，療吐逆氣虛煩。久食枯燥黑瘦，多餌縮氣行風。塗諸瘡消腫，解小麥熱毒。江淮間廣種，脚氣藥最宜。

元・吳瑞《日用本草》卷二　赤小豆　豆小色紅，如臙脂者。味甘、酸，性平，無毒。解小麥毒。主下水，排癰腫膿血，止洩，利小便，去脹滿，除消渴。水腫從脚起，入腹則殺人，用赤豆一斗，煮令爛，取汁三、五升，服之則愈。久食令人枯燥。合魚鮓食，令人消渴。

明・朱橚《救荒本草》卷下之後　赤小豆　《本草》舊云：江淮間多種蒔，今北土亦多有之。苗高一二尺，葉似豇豆葉微團艄，開花似豇豆花微小，淡銀褐色，有腐氣，人故亦呼為腐婢。結角比菉豆角頗大，角之皮色微白帶紅，其豆有赤、白、黧色三種。味甘、酸，性平，無毒。合鮓食成消渴。為醬合鮓食成口瘡，人食則體重。　救飢：採嫩葉煠熟，水淘洗淨，油鹽調食，明目。豆角亦可煮食。又法：赤小豆一升半炒，大豆黃一升半焙，二味擣末，每服一合，新水下，日三服，盡三升，可度十一日不飢。又說小豆食之逐津液，行小便，久服則虛人，令人黑瘦枯燥。　治病：文具《本草》米穀部條下。

明・蘭茂原撰，范洪等抄補《滇南本草圖說》卷八 紅豆 補中理氣，滋腎益神。蒸服可治諸虛百損。

明・王綸《本草集要》卷五 赤小豆使 味辛甘酸，氣溫，平。陰中之陽。無毒。 主下水，排癰腫膿血，寒熱熱中消渴，止洩，利小便，吐逆卒澼。水和塗，消散毒氣。和雞子白調塗熱毒。取汁，洗小兒急黃爛瘡。和鯉魚爛煮食之，治腳氣及大腹水腫。久食令人虛。〇花名腐婢，味辛，氣平，無毒。十月採，陰乾。 主痎瘧寒熱邪氣，洩痢，陰不起，止消渴，酒病頭痛。

明・滕弘《神農本經會通》卷四 赤小豆 使也。《局》云：炒過用。

味甘、酸，氣平，無毒。《湯》云：氣溫，味辛、甘、酸。陰中之陽。無毒。東云：解熱毒瘡腫。

《本經》云：主下水，排癰腫膿血，寒熱，熱中，消渴，止洩，利小便，吐逆，卒澼下，脹滿。陶云：大小豆，其條猶葱薤義也。以大豆為蘗，芽生便乾之，名為黃卷，用之亦熬，服食所須。煮大豆，主溫毒水腫殊効。復有白大豆，不入藥。小豆，性逐津液，久服令人枯燥矣。《唐本》注云：《別録》云葉名藿，止小便數，去煩熱。陳藏器云：赤小豆和桑根白皮煮食之，主溫氣痺腫。小豆和通草煮食之，當下氣無限，名脫氣丸。驢食脚輕，人食體重。《蜀本》注云：病酒熱，飲汁即愈。《藥性論》云：赤小豆，使。味甘。能消熱毒癰腫，散惡血不盡，煩滿，治水腫，皮肌脹滿。擣傅癰腫上。主小兒急黃爛瘡，取汁冷洗之，不過三度差。能令人美食。末與鷄子白調塗熱毒癰腫差。通氣，健脾胃。陳士良云：赤小豆，微寒。縮氣行風，抽肌肉。久食瘦人，堅筋骨。療水氣，解小麥熱毒。日華子云：赤豆粉，治煩，解熱毒，排膿，補血脉，解油衣粘綴甚妙。葉，食之明目。《圖經》云：韋宙《獨行方》療水腫，從脚起，入腹則殺人，亦用赤小豆一斗，煮令極爛，取汁四五升，溫漬膝以下。若已入腹，但服小豆，勿雜食，亦愈。《手集方》：(八)〔人〕患脚氣，用此豆作袋，置足下，朝夕展轉踐踏之，其疾遂愈。亦主丹毒，《小品方》以赤小豆末，和鷄子白如泥，塗之不已，逐手即消也。其遍體者，亦遍塗如上法。又諸腫毒，欲作癰疽者，以水和塗，便可消散毒氣。今人往往用之，有効也。《食療》云：和鯉魚爛煮，食之甚治脚氣，及大腹水腫。別有諸治，具在魚條中。散氣，去關節煩熱，令人心孔開，止小便數。緑赤者，并可食。暴痢後氣滿不能食，煮一頓服之，即愈。《湯》云：《本草》云主下水，排膿，寒熱，熱中消渴，止洩，利小便，吐逆，卒澼下，脹滿。又治水腫，通健脾胃。赤小豆食之，行小便，久食則虛人，令人黑瘦枯燥。赤小豆花，治宿酒渴病，即腐婢也。花有腐氣，故以名之。與葛花末服方寸匕，飲酒不知醉。氣味平，辛。大豆黃卷，是以生豆為蘗，待其芽出，便曝乾用，方書名黃(芩)〔卷〕皮，產婦藥中用之，性平。《局》云：赤小豆能消熱毒，研塗癰腫可排膿。更攻水腫除消渴，脚氣逢之有大功。赤小豆，消水腫虛浮，研塗癰疽，消熱毒。

明・劉文泰《本草品彙精要》卷三六 赤小豆無毒 叢生。

赤小豆出《神農本經》：主下水，排癰腫膿血。以上朱字《神農本經》。寒熱，熱中，消渴，止洩，利小便，吐逆，卒澼，下脹滿。以上黑字名醫所錄。

【名】脫氣、藿葉名。【苗】謹按：人家園圃多種之。春佈子於熟地而生，苗高二三尺，作叢，莖、葉俱青綠色而微有毛，四五月間開紅白花，隨著長莢，每莢生子五七枚，至秋葉黃時，摘其莢而取其實也。其實驢食則脚輕，人食則體重耳。【地】《圖經》曰：生江淮間，今處處有之。《衍義》曰：關西、河北、京東西皆有，人多食之。【時】生：春苗。採：秋取。【收】暴乾。【用】實。【質】類白豆而紅小。【色】赤。【味】甘，酸。【性】平，緩。【氣】氣味俱薄，陰中之陽。【臭】腥。【主】利水道，消癰腫。【治】療：《圖經》曰：消水腫從脚入腹，煮爛取汁，溫漬膝下。若已入腹，但服豆，勿雜食。患脚氣人以豆置袋中，足下朝夕輾轉踐踏，即差。諸腫毒欲作癰疽者，水和末塗，便消散毒氣。《藥性論》云：消熱毒癰腫，散惡血不盡，煩滿。治水腫，皮肌脹滿，擣薄塗癰腫上，及縮氣行風，療水氣，能令人美食。〇汁，洗小兒急黃爛瘡。《唐本》注云：葉，止小便數，去煩熱。日華子云：豆粉，消煩，排膿。《衍義》曰：花，療宿酒，渴病，炒。補：《藥性論》云：健脾胃。日華子云：豆粉，補血脈。〇葉，食之明目。【合治】合桑白皮煮食，療濕氣痹腫。〇合通草煮食，下氣。〇作末合雞子白調，塗熱毒癰腫。〇以豆五合，合大蒜一顆，生薑五錢，商陸根一條，同水煮豆爛，去藥等，空腹取豆細嚼及徐啜汁令盡，療水氣，脚氣，腫消勿服。〇作末合葛花末服，飲酒不知醉。〇作末合雞子白塗丹毒即消。〇作末合醋，傅疽初發。【禁】逐津液，抽肌肉，久食令人枯瘦。【解】諸腫熱毒。

明・盧和、汪穎《食物本草》卷一穀類 赤小豆 味甘、酸，平，無毒。主下水，消熱毒，排膿血，止洩，利小便，去脹滿，除消渴，下乳汁。久食虛人，令枯瘦。解小麥毒。和鯉魚煮食，愈腳氣水腫。痢後氣滿不能食者，宜煮食之。不可同魚鮓食。

明・葉文齡《醫學統旨》卷八 赤小豆 氣溫，味辛、甘、酸。無毒。陰中之陽。 治脚氣大腹水腫，下水，排癰腫膿血寒熱，熱中消渴；止洩利、小便，吐逆卒澼，消散毒氣。久食令人虛。

明・許希周《藥性粗評》卷三 赤小豆消腹虛浮。 赤小豆，豆類甚多，而莖葉大抵相似。內有一種赤小豆，比菉豆差大，皆七八月結實，江淮南北處處有之。凡用炒過，尋常多食，亦能瘦人。餘說《本草》不載。 味甘、酸，性平、微寒，無毒。主治內熱消渴，水腫虛浮脹滿，洩澼吐逆，癰腫熱毒，排膿散血，縮氣行風，利小便，蠲脚氣。 單方： 水腫入腹： 凡水腫初自脚起，以赤小豆四五升，入水煮爛，取汁一盆，溫漬膝以下一二次當消，若已入腹，便將所煮小豆，任意食之，勿食他物，亦消。 熱毒成癰： 凡患癰腫熱毒，但覺初起未成瘡者，取赤小豆和水研爛，傅之，其腫即消。

明・鄭寧《藥性要略大全》卷四 赤小豆 主下水，排膿。寒熱熱中，消渴，止瀉，利小便，止吐逆，消脹滿。治水腫，通健脾胃。久食則虛人，令人黑瘦枯燥。 味辛、甘、酸，氣溫，無毒。陰中之陽。 赤豆花： 名腐婢。治宿酒渴病。氣平，味酸，無毒。

明・陳嘉謨《本草蒙筌》卷五 赤小豆 味辛、甘、酸，氣溫而平。陰中之陽。無毒。地土各處俱種，臙脂赤者為良。驢食脚輕，人食脚重。外科稱要劑，脚氣為捷方。散癰腫，末調鷄子清箍；下水氣，末入通草湯服。小兒急黃爛瘡，取汁洗之，不過三度；大人酒醉燥熱，煎汁飲下，只消一甌。和桑白皮煎，治濕痹延手足脹大；同活鯉魚煮，療脚氣入臍腹突高。但專利水逐津，久服令人枯燥。赤豆粉解油衣沾綴，赤豆葉止小便數頻。腐婢花名，因氣腐臭；雖稱卑賤，解酒誠良。共葛花煎嘗，任酒多不醉。○又種菉豆，粒小而圓。味甘皮寒肉平，能行十二經絡。煎湯解酒毒，煩熱兼除；作粉敷腫癰，丹毒且壓。益氣力，潤皮肉，厚腸胃，養精神。五臟能和，常食不忌。築枕夜臥，明目踈風。花採曝收藏，解醒湯亦用。白豆色白，氣味平鹹。因走腎經，故云腎穀。孫思邈曰：此腎家穀，腎病宜食。殺鬼氣益腎，暖腸胃調中。葉下氣，和五臟尤靈，嫩作蔬，生啖之益妙。○豌豆即豍豆別號，益中而榮衛兼調。作醬彌佳，發氣須記。○刀豆長有尺許，亦堪入醬用之。 仍有筋豆、蛾眉豆、虎爪豆、羊眼豆、豇豆，只可供茶，別無他用。

明・寧源《食鑒本草》卷下 紅豆 赤小豆。味甘、酸，平。利水氣，消脹滿，治一切無名腫毒癰疽，利小便，止消渴。 《產書》云： 治女人乳汁不行，煮汁飲之，即下。 《廣利方》： 治諸般無名瘇毒初起，為末，〔並〕井水調傅，毒氣立散。 又方： 治小兒火丹赤毒上下走，為末，好醋調敷，即消。 《食療》云： 治男人、女人水腫腹脹，兩腿足脚氣俱腫，紅豆煮汁，以鯉魚作羹食，子濕水自小便中出，即愈。 東坡方： 治中酒，嘔吐煩亂，煮赤小豆汁徐徐飲之。 花： 名腐婢。解酒毒，消酒，令人多飲不醉。

明・王文潔《太乙仙製本草藥性大全》卷四《本草精義》 赤小豆 舊與大豆同條，蘇恭分之。今江淮間尤多種蒔。 主水氣腳氣方最急用。 其法：用此豆五合，葫一頭，生薑一分，並碎破，商陸根一條，切，同水煮豆爛湯〔成〕，適寒溫，去葫等，細嚼豆，空心食之，旋旋啜汁令盡，腫立消便止。○療水腫從腳起，入腹則殺人，亦用赤小豆一斗，煮令極爛，取汁四五升，溫漬膝以下，若已入腹，但服小豆，勿雜食亦愈。昔有人患腳氣，用此豆絹袋置足下，朝夕轉夕踐踏之，其疾遂愈。亦主丹毒，以赤小豆末和雞子白如泥塗之，逐手即消也。其遍體者，亦遍塗之。又諸腫毒欲作癰疽者，以水和塗便可消散毒氣，今人往往用之有效。

明・王文潔《太乙仙製本草藥性大全》卷四《仙製藥性》 赤小豆使 味辛、甘、酸，氣溫而平，陰中之陽，無毒。 主治： 外科稱要劑，脚氣爲捷方。散癰腫，末調雞子清箍。下水氣，末入通草湯服。小兒急黃爛瘡，取汁洗之不過三度。大人酒醉燥熱，煎汁飲下只消一甌。和桑白皮煎，治濕痹延手足脹大；同活鯉魚煮，療脚氣入臍腹突高。但專利水逐津，久服令人枯燥。

補註： 產後不能食，煩滿，赤小豆三七枚，燒作屑，篩，冷水頓服。○辟瘟病，取小豆，新布囊盛，置井中三日出，舉家服，男十枚，女二十枚。○治腸痔，大便常血，小豆二升，苦酒五升，煮豆熟，出乾，復入法酒中，候酒盡，爲末，酒服方寸〔匕〕。○舌上忽出血如簪孔，小豆一升，杵碎，水三升和，攪取汁飲。○卒下血，小豆一升，搗碎，水絞汁飲。○產後心悶，目不開，赤小豆杵末，東流水服方寸〔匕〕。○熱毒下血，或食熱物發動，赤小豆杵末，水調下。○婦人乳腫，不得睡，小豆、莽草等分爲末，苦酒和傅。○治水穀痢，小豆一合，和蠟三兩，頓服愈。○理脚腫滿，轉上入腹殺人，豆一升，水五升，煮令極熟，去豆，適寒溫浸脚，令即熏暖之。○小兒火丹熱如火，繞腰即損人，救急。杵赤小豆末，和雞子白傅之，乾即易。○治難產方：赤小豆生吞七枚出，若是女，二七枚佳。○治疽初作，赤小豆末醋傅之亦消。○下乳汁，煮赤小豆，取汁飲即下。○理淋，惟赤小豆三合，慢火炒熟，爲末，煨葱一莖，細剉，暖酒調二錢服，男子女人熱淋、血淋並療。　赤豆粉：治熱毒排膿，補血。沾解油衣，沾綴神方。　赤豆葉名藿：止小便數頻極驗，去煩熱明目尤靈。　補註：治渴，小便利，復非淋，小豆藿一把，搗取汁頓服。○主小便數，用小豆葉一斤，於豉汁中煮，調和作羹食之，煮粥亦佳。

明・皇甫嵩《本草發明》卷五　赤小豆中品。味甘、酸，平。又云氣溫，兼味辛。陰中之陽。無毒。　主下水，排癰腫，膿血寒熱，熱中消渴，止洩利小便，吐逆，卒澼下脹滿。《圖經》云：主水氣脚氣方最急，療脚氣，散癰腫，用雞子清調末，箍之。入通草湯調末，下水氣。小兒急黃爛瘡，取汁洗之。煎汁飲，解酒。和桑白皮煎汁，治濕痺延手足脹。同活鯉魚煮，療脚氣入臍腹突高。但專利水逐津。久服虛人，令人枯燥黑瘦。○赤豆粉治煩解毒，解油衣沾綴甚妙。○葉，止小便頻數，明目。○花，名腐婢。主痎瘧寒熱邪氣，洩痢，陰不起，止消渴。病酒頭疼，與葛花共解酒，不醉。

明・李時珍《本草綱目》卷二四穀部・菽豆類　赤小豆《本經》中品。校正：自大豆分出。

【釋名】赤豆恭　紅豆俗　荅《廣雅》　葉名藿時珍曰：案《詩》云：黍稷稻粱，禾麻菽麥。此即八穀也。董仲舒注云：菽是大豆，有兩種。小豆名荅，有三四種。王禎云：今之赤豆、白豆、緑豆、營豆，皆小豆也。此則入藥用赤小者也。

【集解】頌曰：赤小豆，今江淮間多種之。宗奭曰：關西、河北、汴洛多食之。時珍曰：此豆以緊小而赤黯色者入藥，其稍大而鮮紅、淡紅色者，並不治病。俱於夏至後下種，苗科高尺許，枝葉似豇豆，葉微圓峭而小。至秋開花，似豇豆花而小淡，銀褐色，有腐氣。結莢長二三寸，比緑豆莢稍大，皮色微白帶紅。三青二黄時即收之，可煮可炒，可作粥、飯、餛飩餡並良也。

【氣味】甘，酸，平，無毒。思邈曰：甘，鹹，冷。合魚鮓食成消渴，作醬同飯食成口瘡。藏器曰：驢食足輕，人食身重。

【主治】下水腫，排癰腫膿血《本經》。療寒熱熱中消渴，止泄痢，利小便，下腹脹滿，吐逆卒澼《別録》。治熱毒，散惡血，除煩滿，通氣，健脾胃，令人美食。搗末同鷄子白，塗一切熱毒癰腫。煮汁，洗小兒黄爛瘡，不過三度權。縮氣行風，堅筋骨，抽肌肉。久食瘦人士良。散氣，去關節煩熱，令人心孔開。暴痢後，氣滿不能食者，煮食一頓即愈。和鯉魚煮食，甚治脚氣詵。解小麥熱毒。煮汁，解酒病。解〔油〕衣粘綴《日華》。辟瘟疫，治産難，下胞衣，通乳汁。和鯉魚、蠡魚、鯽魚、黄雌鷄煮食，並能利水消腫時珍。

【發明】弘景曰：小豆逐津液，利小便。久服令人肌膚枯燥。頌曰：水氣、脚氣最爲急用。有人患脚氣，以袋盛此豆，朝夕踐踏展轉之，久久遂愈。好古曰：治水者惟知治水，而不知補胃，則失之壅滯。赤小豆消水通氣而健脾胃，乃其藥也。藏器曰：赤小豆和桑根白皮煮食，去濕氣痹腫；和通草煮食，則下氣無限，名脱氣丸。時珍曰：赤小豆小而色赤，心之穀也。其性下行，通乎小腸，能入陰分，治有形之病。故行津液，利小便，消脹除腫止吐，而治下痢腸澼，解酒病，除寒熱癰腫，排膿散血，而通乳汁，下胞衣産難，皆病之有形者。久服則降令太過，津血滲泄，所以令人肌瘦身重也。其吹鼻瓜蒂散以辟瘟疫用之，亦取其通氣除濕散熱耳。或言共工氏有不才子，以冬至死爲疫鬼，而畏赤豆，故於是日作小豆粥厭之，亦傅會之妄説也。又案陳自明《婦人良方》云：予婦食素，産後七日，乳脈不行，服藥無效。偶得赤小豆一升，煮粥食之，當夜遂行。因閲本草載此，謾記之。又《朱氏集驗方》云：宋仁宗在東宮時，患痄腮，命道士贊寧治之。取小豆七七粒爲末，傅之而愈。中貴人任承亮後患惡瘡近死，尚書郎傅永授以藥立愈。叩其方，赤小豆也。予苦脇疽，既至五臟，醫以藥治之甚驗。承亮曰：得非赤小豆耶？醫謝曰：某用此活三十口，願勿復言。有僧發背如爛瓜，鄰家乳婢用此治之如神。此藥治一切癰疽瘡疥及赤腫，不拘善惡，但水調塗之，無不愈者。但其性粘，乾則難揭，入苧根末即不粘，此法尤佳。

【附方】舊十八，新十九。　水氣腫脹：頌曰：用赤小豆五合，大蒜一顆，生薑五錢，商陸根一條，並碎破，同水煮爛，去藥，空心食豆，旋旋啜汁令盡，腫立消也。○韋宙《獨行方》：治水腫從脚起，入腹則殺人。赤小豆一斗，煮極爛，取汁五升，溫漬足膝。若已入腹，但食小豆，勿雜食，亦愈。○《梅師》：治水腫。以東行花桑枝燒灰一升，淋汁，煮赤小豆一升，以代飯，良。　水蠱腹大：動摇有聲，皮膚黑者。用赤小豆三升，白茅根一握，水煮食豆，以消爲度。《肘後》。　辟禳瘟疫：《五行書》云：正月朔旦及十五日，以赤小豆二七枚，麻子七枚，投井中，辟瘟疫甚效。○又正月七日，新布囊盛赤小豆置井中，三日取出，男吞七枚，女吞二七枚，竟年無病也。　辟厭疾病：正月元旦，面東，以齏水吞赤小豆三七枚，一年無諸疾。○又七月立秋日，面西，以井華水吞赤小豆七枚，一秋不犯痢疾。　傷寒狐惑：張仲景曰：狐惑病，脈數，無熱微煩，默默但欲卧，汗出。初得三四日，目赤如鳩；七八日，目四眦黄黑。若能食者，膿已成也。赤豆當歸散主之。赤小豆三升，水浸令芽出，當歸三兩，爲末。漿水服方寸匕，日三服。《金匱要略》。　下部卒痛：如鳥啄之狀。用小豆、大豆各一升，蒸熟，作二囊，更互坐之，即止。《肘後方》。　水穀痢疾：小豆一合，熔蠟三兩，頓服取效。《必效方》。　熱毒下血：或因食熱物發動。赤小豆末，水服方寸匕。《梅師方》。　腸痔有血：小豆二升，苦酒五升，煮熟日乾，再浸至酒盡乃止，爲末。酒服一錢，日三服。《肘後方》。　舌上出血：如簪孔。小豆一升，杵碎，水三升和，絞汁服。《肘後方》。　熱淋血淋：不拘男女。用赤小豆三合，慢火炒爲末，煨葱一莖，擂酒熱調二錢服。《修真秘旨》。　重舌鵝口：赤小豆末，醋和塗之。《普濟方》。　小兒不語：四五歲不語者。赤小豆末，酒和，傅舌下。《千金》。　牙齒疼痛：紅豆末，擦牙吐涎，及吹鼻中。一方入銅青少許。一方入花鹼少許。《家寶方》。　中酒嘔逆：赤小豆煮汁，徐徐飲之。《食鑒本草》。　頻致墮胎：赤小豆末，酒服方寸匕，日二服。《千金》。　妊娠行經：方同上。　婦人難産：《産寶》用赤小豆生吞七枚，佳。○《集驗》治難産日久氣乏。用赤小豆一升，以水九升，煮取汁，入炙過黄明膠一兩，同煎少時。一服五合，不過三四服，即産。　胞衣不下：用赤小豆，男七枚，女二七枚，東流水吞服之。《救急方》。　産後目閉：心悶。赤小豆生研，東流水服方寸匕。不瘥更服。《肘後方》。　産後悶滿：不能食。用小豆二七枚，燒研，冷水頓服佳。《千金方》。　乳汁不通：赤小豆煮汁飲之。《産書》。　婦人吹奶：赤小豆酒研，温服，以滓傅之。《熊氏》。　婦人乳腫：小豆、莽草等分，爲末，苦酒和傅佳。《梅師》。　癰疽初作：赤小豆末，水和塗之，毒即消散，頻用有效。《小品方》。　石癰諸癰：赤小豆五合，納苦酒中五宿，炒研，以苦酒和塗即消。加栝樓根等分。《范汪方》。　痘後癰毒：赤小豆末，鷄子白調塗傅之。　腮頰熱腫：赤小豆末，和蜜塗之，一夜即消。或加芙蓉葉末尤妙。　丹毒如火：赤小豆末，和鷄子白，時時塗之不已，逐手即消。《小品方》。　風瘙癮疹：赤小豆、荆芥穗等分，爲末，鷄子清調塗之。　金瘡煩滿：赤小豆一升，苦酒浸一日，熬燥再浸，滿三日，令黑色，爲末。每服方寸匕，日三服。《千金》。　六畜肉毒：小豆一升，燒研。水服三方寸匕，神良。《千金方》。

葉【主治】去煩熱，止小便數《別録》。煮食明目《日華》。

【發明】時珍曰：小豆利小便，而藿止小便，與麻黄發汗而根止汗同意，物理之異如此。

【附方】舊一，新一。　小便頻數：小豆葉一斤，入豉汁中煮，和作羹食之。《心鏡》。　小兒遺尿：小豆葉擣汁服之。《千金》。

芽【主治】妊娠數月，經水時來，名曰漏胎；或因房室，名曰傷胎。用此爲末，温酒服方寸匕，日三，得效乃止。時珍。○出《普濟》。

明・梅得春《藥性會元》卷中　赤小豆　味辛、甘、酸，氣平，無毒。孫真人云：合魚鮓食，成消渴。　主治脚氣，大腹水腫，下水，排膿血，寒熱熱中消渴，止洩痢，利小便，吐逆，卒澼下脹滿，散毒。久食令人虚。

明・王肯堂《傷寒證治準繩》卷八　赤小豆　氣平，味甘酸辛。陰中之陽。無毒。陶：小豆，逐津液，利小便。久服令人肌膚枯燥。海：治水者，惟知治水，而不知補胃，則失之壅滯。赤小豆消水通氣，而健脾胃，乃其藥也。珍：赤小豆，小而色赤，心之穀也。其性下行，通乎小腸，能入陰分，治有形之病，故行津液，利小便，消脹除腫，止吐而治下利腸澼，解酒病，除寒熱，癰腫排膿散血，而通乳汁，下胞衣，産難，皆病之有形者。久服則降令太過，津血滲洩，所以令人則瘦身重也。

明・穆世錫《食物輯要》卷二　赤豆　味甘、酸，平，無毒。辟瘟，解小麥濕熱，清便血，利小水。同蠡魚、同鯽魚、同鷄食，利水消腫；同鯉魚鮓食，令肝黄，成消渴；同米煮，食久發口瘡。驢食，足輕；人食，足重，以其逐精液，令肌瘦膚燥也。

赤豆花同葛花煎濃湯，多飲，飲酒不醉。

赤小豆：味甘、辛，平，無毒。小圓色黑，其性下行。通小腸，入陰分，治有形之病。行津液，利小便，消脹腫。止吐，治下痢腸澼；解酒，除寒熱癰腫。排膿散血，通乳汁，下胞衣，産難。但久服則降令太過，使津血滲洩，令人肌瘦身重。此豆江淮間多種。凡色赤者非，食之大助熱，損人。

明・李中立《本草原始》卷五　赤小豆　今江淮間多種之。苗高尺餘。葉名(霍)〔藿〕，類豇豆葉微圓峭而小。花似豇豆花，淡銀褐色，結莢比緑豆莢稍大。入藥以粒緊小而色赤者為良。蘇恭名赤豆。《廣雅》名荅。俗呼紅小豆。赤小豆：氣味：甘、酸，平，無毒。主治：下水腫，排癰腫膿血。○療寒熱，熱中消渴，止洩痢，利小便，下腹脹滿，吐逆卒澼。○治熱毒，散惡血，除煩滿，通氣，健脾胃，令人美食。擣末同雞子白，塗一切熱毒癰腫。煮汁洗小兒黄爛瘡，不過三度。○縮氣行風，堅筋骨，抽肌肉，久食瘦人。○散氣，去關節煩熱，令人心孔開。暴痢後氣滿不能食者，煮食一頓即愈。和鯉魚煮食，甚治腳氣。○解小麥熱毒。煮汁解酒病，解衣粘綴。

《本經》中品。【圖略】赤黯而小者良。一種色紅如珊瑚，頂黑。

辟厭疾病：正月元旦面東，以虀水吞赤小豆三七枚，一年無諸疾。○又七月立秋日面西，以井華水吞赤小豆七枚，一秋不犯痢疾。赤小豆，使。

明·張懋辰《本草便》卷二　赤小豆使　味辛、甘、酸，氣溫平，陰中之陽，無毒。　主下水排癰腫膿血，寒熱消渴，止洩利，小便吐逆，卒澼下腹滿，又治水腫。

明·趙南星《上醫本草》卷一　赤小豆　一名赤豆，又名紅豆，亦名荅案。《詩》云黍稷稻粱，禾麻菽麥，此即八穀也。此豆，以緊小而赤黯色者入藥。其稍大而鮮紅、淡紅色者，並不治病，皆可煮可炒，可作粥飯、餛飩餡，並良也。　甘、酸，平，無毒。　主治熱毒，散惡血，除煩滿，辟瘟疫，療寒熱，熱中消渴，止洩痢，利小便，下腹脹滿，吐逆卒澼。下水腫，排癰腫膿血，散氣，去關節煩熱，縮氣行風，治產難，下胞衣，通乳汁，解小麥熱毒。　煮汁，解酒病。和鯉魚煮食，甚治腳氣。和鯉魚、蠡魚、鯽魚、黃雌雞煮食，並能利水消腫。久食，令人肌瘦身重。同魚鮓食，成消渴。作醬同飯食，成口瘡。

附方　辟禳瘟疫：　元旦，以赤小豆煮熟，入蜜和汁，空心舉家食之，一年無疾。《纂要》曰：　共工氏有不才子，以冬至日死，為疫鬼而畏赤小豆，故于是日作赤小豆粥厭之。

葉：　主治：　去煩熱，止小便數。　煮食，明目。

附方　小便頻數：　赤小豆葉一斤，入豉汁中煮，調和作羹，食之。

芽：　主治：　妊娠數月，經水時來，名曰漏胎。　或因房室，名曰傷胎。用此為末，溫酒服方寸匕，日三，得效乃止。

明·李中梓《藥性解》卷一　赤小豆　味甘、酸，性平，無毒，入心經，主消熱毒，排癰腫，解煩熱，補血脉，止洩瀉，下水氣，利小便，除大便血，解小麥毒。　按：　赤小豆，南方心火之色也，故獨入之。《經》曰：　諸瘡痛癢，皆屬心火，又曰：　心主血，故主療如右。小腸者，即受盛而與心應者也，故亦能利之。《衍義》曰：　久服令人黑瘦結燥，亦以利小便之故耳。

明·繆希雍《本草經疏》卷二五　赤小豆　味甘、酸，平，無毒。　主下水，排癰腫膿血，寒熱，熱中，消渴，止洩，利小便，吐逆，卒澼，下脹滿。

【疏】赤小豆，稟秋燥之氣以生。本經味甘酸，氣平，無毒。然詳其用，味應有辛，非辛平則不能排癰腫膿血及療寒熱，熱中，消渴也。凡水腫脹滿，洩瀉，皆濕氣傷脾所致，小豆健脾燥濕，故主下水腫脹滿，止洩，利小便也。《十劑》云：　燥可去濕。赤小豆之屬是矣。吐逆者，氣逆上升也。卒澼者，大腸濕熱也。甘酸斂逆氣，辛平散濕熱，故亦主之。　【主治參互】陳藏器《本草》赤小豆和桑根白皮煮食，去濕氣痹腫。　孟詵《食療》和鯉魚煮食，甚治腳氣。　《金匱要略》傷寒狐惑病，脈數，無熱微煩，默默但欲臥，汗出。初得之三四日，目赤如鳩眼；　七八日，目四眦黃黑。若能食者，膿已成也。赤豆當歸散主之。赤小豆三升，浸令芽出，當歸三兩，為末。漿水服方寸匕，日三服。　甄權《藥性》熱毒癰腫，赤小豆為末，雞子白調塗。　蘇頌《圖經》治腳氣，以袋盛此豆，置足下，朝夕輾轉踐踏之，遂愈。

【簡誤】陶弘景云：　小豆逐津液，利小便，久服令人枯燥。凡水腫脹滿，總屬脾虛，當雜補脾胃藥中用之。病已即去，勿過劑也。其治消渴，亦借其能逐胃中熱，從小便利去。若用之過多，則津液竭而渴愈甚，不可不戒也。

明·倪朱謨《本草彙言》卷一四　赤小豆　味甘、苦、酸，氣平，無毒。

蘇氏曰：　赤小豆，江淮間多種之。　寇氏曰：　今關西，河北，汴洛多食之。

李氏曰：　此豆以緊小而赤，兼有黑斑者，入藥最良。稍大而鮮紅及紫紅色者，名赤大豆，僅可供食用，并不療疾。　俱于夏至後下種，苗科高尺許，枝葉似豇豆葉，微圓峭而小，至秋開花，亦似豇豆花，淡銀褐色而有腐氣。莢長二三寸，似菉豆莢而稍大，皮色微白帶紅，三青二黃時收之可食。入藥用者，必須赤而老也。

赤小豆：　土良解毒消腫，時珍利水實脾之藥也。　李氏時珍曰：　此豆小而色赤，爲腎之心藥也。其性下行，通乎小腸，故《別錄》稱爲行津液，利小便，消腫脹，治下痢腸澼，脚氣腫痛，癰疽寒熱。而《唐本草》又謂通乳汁，下產難胞衣。凡一切氣血壅逆不通，作痛脹腫結，有形之疾，咸需用之。　如久服則降令太過，津血滲洩，所以陳藏器有驢食足輕、人食身重之說也。

許長如先生曰：　吹鼻瓜蒂散及辟瘟疫用之，取其通氣除濕散熱耳。　又仲景方療傷寒瘀熱在裏，身必發黃，用赤小豆湯，亦取此意也。

集方：　《小品方》治癰疽初作。　用赤小豆搗末，水調塗之，即消散。○同前治痘後結毒。　用赤小豆搗末，鷄子清調塗，其性甚粘，乾即難揭，入苧根末即不粘。　○同前治痄腮熱腫。　用赤小豆、芙蓉葉各等分，爲末，蜜水調塗。○蘇氏方治水氣腫脹。　用赤小豆五合，大蒜頭二個，生薑五錢，商陸根一兩，用水三升同煮豆熟，去薑、蒜、商陸，空心食豆，旋旋啜汁令盡，腫自消也。○治水氣從足起，入腹則殺人。　以赤小豆五升，水一斗，煮極爛，取汁四升，溫漬足膝，以豆日食代飯，勿雜食他物，自愈。○《肘後方》治水蠱腹大，動搖有聲，皮膚黑者。用赤小豆三升，白茅根二兩，水煮食豆，以消爲度。已上四方，俱忌鹽味百日。○《修真方》治小水不通，幷熱淋血淋，不拘男婦。用赤小豆三合，微炒，研爲末。每用二錢，以葱湯調服。○治水穀痢疾。用赤小豆二合，微炒爲末，用黃蠟一兩，熔化和丸。每空心服二錢，白湯過。○蘇氏方治脚氣腫痛甚急。以赤小豆一升，煮湯飲。豆渣炒微熱，布包熨腿上。○《小品方》治丹毒如火。用赤小豆微炒爲末，鷄子清調塗。○《方脉正宗》治乳汁不通。用赤小豆，煮汁飲之。○《產寶》方治婦人產難，日久氣乏。用赤小豆一升，以水五升，煮汁二升，入黃明膠一兩同煎，徐徐服，服完即產。○救急方治胞衣不下。用赤小豆，男胎七枚，女胎二七枚，東流水吞服之。

續補集方：《食鑒本草》治中酒嘔逆。用赤小豆一升，煮汁，徐徐飲之。○《肘後方》治腸痔有血。用赤小豆二升，米醋五升，煮熟日乾，再浸再晒，以醋盡乃止，研爲末。每服二錢，白湯下，日二。○治重舌鵝口。用赤小豆爲末，醋和塗之。○《方脉正宗》治瘟疫時氣人人傳染。用赤小豆、黑大豆各一兩，微炒黃，爲極細末。每服一錢，葱頭三個，生薑三片，煎湯調服。

明・應麐《食治廣要》卷二　赤小豆　氣味：甘、酸，平，無毒。健脾利水，排癰腫膿血，療寒熱，熱中消渴，止泄痢，利小便，散惡血，塗腫毒，治產難，下胞衣，通乳汁。和鯉魚、鯽魚、黃雌雞食，利水消腫。合魚鮓食，成消渴。作醬同飯食，成口瘡。

明・姚可成《食物本草》卷五穀部・菽豆類　赤豆處處有之。於夏至後下種，苗科高尺許，枝葉似豇豆，葉微圓峭而小。至秋開花，似豇豆花而小淡，銀褐色，有腐氣。結莢長二三寸，比綠豆莢稍大，皮色微白帶紅。三青二黃時即收之。可同米粉作糉、蒸餻及團子、餛飩餡並良也。

赤豆，味甘，平，無毒。主下水腫，排癰腫膿血。消熱毒，止洩，利小便，去脹滿，除消渴，下乳汁。久食，虛人，令枯瘦。解小麥毒。和鯉魚煮食，愈脚氣水腫。痢後，氣滿不能食者，宜煮食之。不可同魚鮓食。○共工氏有不才子，以冬至死，為疫鬼，而畏赤豆，故於是日作赤豆粥以厭之。

葉　去煩熱，止小便數。

明・顧逢柏《分部本草妙用》卷九穀部　赤小豆　甘、酸，平，無毒。主治：下水，消熱毒膿血，止泄利小便，去脹滿，除消渴，下乳汁，解小麥毒。久服虛人令枯瘦。和鯉魚煮食，甚治腳氣水腫。和桑皮煮食，去濕氣痺腫。和通草煮則下氣。以袋盛此豆，朝夕踐踏，展轉久之，可愈腳氣。按：赤〔豆〕，乃心之穀也。其性下行，通乎小腸，入陰分，治有形之積，故行津液，利小便，消脹除腫，止吐治痢，腸澼寒熱，消腫毒，散血而通乳，難產等症，皆有形之症也。滲洩之穀，久食故消瘦耳。

明・孟笨《養生要括・穀部》　赤小豆心之穀也，其性下行，利小便，消脹除腫，止吐，解酒病，除寒熱癰腫，排膿散血，通乳汁，下胞衣。　味甘、酸，平，無毒。散氣，去關節煩熱，堅筋骨，健脾胃。

明・李中梓《醫宗必讀・本草徵要下》　赤小荳味甘、酸，平，無毒，入心、小腸二經。　利水去虫，一味磨吞決效；散血排膿，研末醋傅神良。止渴行津液，清氣滌煩蒸。通乳汁，下胞衣，產科要矣；除痢疾，止嘔吐，脾胃宜之。赤荳，心之穀也，其性下行，入陰分，通小腸，治有形之病。消瘕散腫，雖潰爛幾絕者，為末傅之，無不立效。按：久服赤荳，令人枯燥，肌瘦身重，以其行降令太過也。

明・鄭二陽《仁壽堂藥鏡》卷三　赤小豆　《圖經》云：赤小豆，今江淮多種。氣溫，味辛、甘、酸。陰中之陽。無毒。《本草》云：主下水，排膿，寒熱熱中消渴，止泄，利小便，吐逆卒澼，下脹滿。又治水腫，通健脾胃。久食則虛人，令人黑瘦枯燥。赤小豆花：能治宿酒渴病。即腐婢也。花有腐氣，故以名之。與葛花末服方寸匕，飲酒不知醉。氣味平、辛。

明・蔣儀《藥鏡》卷三平部　赤小豆　止瀉而水利，行乳而渴消。逆氣斂于甘酸，故主吐逆而排癰，且消水脹。辛平散夫濕熱，故主卒澼而健胃，又助土脾。

明・施永圖《本草醫旨・食物類》卷二　赤小豆　味：甘、酸，平，無毒。主下水，排膿血，去熱腫，止瀉痢，通小便，消脹滿，除煩渴，下乳汁，解小麥毒。久食令人虛，黑瘦枯燥。和鯉魚煮食，愈脚氣，水腫。痢後氣滿，不能飲食，宜煮食之。不可同魚鮓食。○又云，能去衣上油跡。○《產書》云：治女人乳汁不行，煮汁飲之，即下。○《廣利方》：治諸般無名腫毒，癰疽初起時，用小豆為末，井水調敷，毒氣立散。又解小麥毒。○《東坡方》：治中酒嘔吐煩亂，煮赤小豆汁，徐徐飲之即愈。○又方，治小兒火丹赤毒上下走，用豆為末，好醋調敷，效。○《食療方》：治男婦水腫腹脹，腿足脚氣浮腫，以紅豆煮汁，用鯉魚作羹，食子，濕水自小便中出，即愈。　花：名腐婢。解酒毒，令人多飲不醉。

明・盧之頤《本草乘雅半偈》帙六　赤小豆《本經》中品　氣味：甘、酸，平，無毒。　主治：主下水腫，排癰腫膿血。

覈曰：赤小豆，《廣雅》稱荅。蘇恭單稱赤豆。葉曰藿。近世咸用赤黑相間之草實為赤小豆者，謬甚矣。此豆以緊小而赤黯色者，入藥最良，稍大而鮮紅，及淡紅色者，僅堪供食，并不療疾。俱于夏至後下種，苗科高尺許，枝葉似豇豆葉，微圓峭而小。至秋開花，亦似豇豆花，淡銀褐色而有腐氣。莢長二、三寸，似菉豆莢而稍大，皮色微白帶紅。三青二黃時，收之可食。入藥用者，必須老赤也。

条曰：豆為腎水之主穀，赤小者，又為腎之心物，水之用藥矣。故主水用不行，致作水腫及癰膿爾。《別録》廣之治寒熱，熱中消渴者，以寒本之氣，入通于腎，而病熱標之，亦腎氣不周于胸，消渴引飲也。洩利癃閉，正水無用，腹滿為樞機轉闔，吐逆卒澼，為開闔兩持。仲景用赤小豆湯，療傷寒瘀熱在裏，身必發黃之義，可默悟矣。

明・李中梓《本草通玄》卷上　赤小豆　甘、酸，性平。　消熱毒，下水腫，散惡血，利小便，止洩痢。世俗惟知治水，不知扶土，所以制水。赤小豆健脾胃而消水濕，直窮其本也。其性善下，久服則降令太過，津血滲泄，令人肌瘦。一切毒腫，為末塗之，無不愈者。但性極粘，乾即難揭，入苧根末，即不粘，此良法也。　此即五穀中常食之品。以緊小而赤黯色者入藥，其稍大而鮮紅、淡紅色者，並不可用。

清・顧元交《本草彙箋》卷七　赤小豆　性能下行，通乎小腸，能入陰分，治有形之病。行津液，利小便，消脹除腫，止吐，治下痢腸澼，解酒病，除寒熱癰腫，排膿散血，通乳汁，下胞衣。皆病之有形者。久服則降令太過，津液滲洩，故令肌瘦身重。其吹鼻瓜蒂散，及辟瘟疫用之者，亦取其通氣，除濕散熱之功。

赤小豆以緊小而赤黯色者入藥，其稍大而鮮紅、淡紅者，並不治病。

水氣腫脹，用赤小豆五合，大蒜一顆，生薑五片，商陸根一條，並碎破，同水煮爛，去藥，空心食豆，漸漸啜汁令盡，腫立消。　舌上出血如簪孔，小豆一升，杵碎，水三升，和絞汁，服立止。　乳汁不通，赤小豆煮汁飲之。熱毒癰腫，赤小豆爲末，雞子白調敷。亦治痘毒，并治丹毒如火。　顋頰熱腫，赤小豆末，和蜜塗之。或加芙蓉葉末，尤妙。　赤小豆葉可治小兒遺溺，搗汁服之。蓋小豆利小便，而葉止小便，與麻黃發汗，而根止汗同意。

清・穆石匏《本草洞詮》卷五　赤豆　味甘酸，氣平，無毒。心之穀也。主行津液，利小便，止吐，治下痢，解酒病，除癰腫，排膿散血，通乳汁，下胞衣，産難。蓋其性下行，通乎小腸，能入陰分，治有形之病。久服則降令太過，津血滲洩，令人肌膚枯燥也。有人患腳氣，以袋盛此豆，朝夕踐踏輾轉之，久久遂愈。其吹鼻瓜蒂散及辟瘟疫用之，亦取其通氣除濕散熱耳。或言共工氏有不才子，以冬至死為疫鬼，而畏赤豆，故於是日作赤豆粥厭之，則因其有辟疫之功而傅會之也。朱氏《集驗方》云：宋仁宗患痄腮，道士贊寧取赤小豆七七粒，為末，傅之而愈。中貴人任承亮患惡瘡近死，尚書郎傅永授以藥立愈，叩其方，赤豆也。予患脇疽，既至五臟，醫以藥治之甚驗。承亮曰：得非赤豆耶。醫謝曰：某用此活三十人，願勿復言。此藥治一切癰疽瘡疥及赤腫，不拘善惡，但水調塗，無不愈者。惟緊小而赤黯色者入藥，稍大而鮮紅淡紅色者並不治病。其性甚粘，乾即難揭，入苧根末即不粘。

清・丁其譽《壽世秘典》卷三　赤小豆　氣味：甘，平，無毒。　主療熱毒，除煩滿，排癰腫膿血，治産難，下胞衣，通乳汁。和鯉魚、鯽魚煮食，並能利水消腫。久食虛人。

發明陶弘景曰：小豆逐津液，利小便，久服令人枯燥。李時珍曰：赤小豆小而色赤，心之穀也。其性下行，通乎小腸，能入陰分，治有形之病。久服則降，令太過津液滲洩，所以令人肌瘦也。〇此豆以緊小而赤黯色者入藥，其稍大而鮮紅、淡紅色者，並不治病。

清・劉雲密《本草述》卷一四　赤小豆俗曰紅豆　覈曰：赤小豆，《廣雅》稱荅。蘇恭單稱赤豆。葉曰藿。近世咸用赤黑相間之草實為赤小豆者，謬甚矣。此豆以緊小而赤黯色者入藥最良。稍大而鮮紅，及淡紅色者，僅堪供食，並不療疾。俱於夏至後下種，至秋開花，莢長二三寸，豆皮色微白帶紅，三青二黃時收之，可食。入藥用者，必須老赤也。

氣味：甘，酸，平，無毒。　思邈曰：甘，鹹，冷。

主治：下水腫，排癰腫膿血《本經》。療寒熱熱中，消渴，止洩痢，利小便，下腹脹滿，吐逆卒澼《別録》。治熱毒，散惡血，除煩滿，通氣，健脾胃權。

縮氣行風士良。散氣，去關節煩熱詵。治産難，下胞衣，通乳汁時珍。和通草煮食則下氣無限；和桑根白皮煮食去溼氣痹腫；和鯉魚煮食甚治脚氣；和鯉魚、蠡魚、鯽魚、黄雌雞煮食，並能利水消腫；同雞子白塗一切毒腫。

方書主治：水腫脚氣，黄疸癉證，嘔吐下血，鶴膝風，譫妄。頌曰：水氣脚氣最為急用。有患脚氣以袋盛此豆，朝夕踐踏展轉之，久久遂愈。好古曰：治水者惟知治水，而不知補胃，則失之壅滯。赤小豆消水通氣而健脾胃，乃其藥也。時珍曰：赤小豆小而色赤，心之穀也。其性下行，通乎小腸，能入陰分，治有形之病，故行津液，利小便，消脹除腫，止吐而治下痢腸澼，解酒病，除寒熱癰腫，排膿散血，而通乳汁，下胞衣，産難，皆病之有形者，久服則降令太過，津血滲洩，致令人肌瘦身重也。按陳自明《婦人良方》云：予婦食素，産後七日，乳脈不行，服藥無效。偶得赤小豆一升，煮粥食之，當夜遂行。且此藥治一切癰疽瘡疥及赤腫，不拘善惡，但水調塗之，無不愈者。但其性粘，乾則難揭，入苧根末即不粘，此法尤佳。之頤曰：豆為腎水之主穀，赤小者又為腎之心物，水之用藥矣，故主水用不行致作水腫及癰膿爾。希雍曰：赤小豆稟秋燥之氣以生，《本經》味甘酸，氣平，無毒。然詳其用，味應有辛，非辛平則不能排癰腫膿血。凡水腫脹滿洩痢，皆溼氣傷脾所致，小豆健脾燥溼，故主下水腫脹滿，止洩，利小便也。《十劑》云：燥可去溼，赤小豆之屬是矣。

愚按：赤小豆以夏至後布種，至秋開花，漸成莢結實，秋將盡而取其老赤者，乃可入藥。夫乘三陰進氣之候，以為氣之生，本三秋凉肅之時以為氣之成，乃時珍以為心之穀者，何哉？曰：離中有坎，所以成其離，類能明之，而腎脈之上至於肺，更由肺以入心，使陽得陰以為生化，此天氣下降之元，是《經》所謂肺貫心脈而行呼吸者也。明於斯義，則金氣告成，乃正得為火之用，故必取其老赤者以入藥耳，是焉得不謂之心穀哉？時珍又言，其性下行，通於小腸，更為完義。何以故？蓋陽得陰以行其化，小腸固為心主行其氣化者也。心主血，血原於金水而成於木火，血能生化而後水化之腑，乃能達火之氣而致水之用，是金氣告成，而乃為火用者，固天氣下降之本始，火得金用而即能達水者，乃天氣下降之化機也。如陽不得陰以行其化，則火之氣不達而水之化即不行，此即病於溼氣之所以不暢而化熱，如煩滿消渴，吐逆，或病於小便不利及暴痢，甚則病於下腹脹滿，或為水腫，蓋陽中之陰不足，即病於陽之不化，以為溼病。若此，諸方書槩謂赤小豆能除溼，亦幾近之。但謂其能燥溼，則大誤矣。雖然《本經》首言治水腫，而《别録》廣之為熱中消渴，吐逆暴痢，小水不利，及下腹脹滿，皆茲味之主治所能至者也。苐方書之用，如《别録》所主諸證不少槩見，何哉？如水腫固有用之，而之頤盧氏即此便謂為腎之心物，水之用藥者然歟。曰：此説較時珍加切矣。蓋人身氣化在下焦，是氣原出水中，水化在上焦，是水又始於氣中。如時珍為心之穀，是陽得陰以化，而陽之化者，止為水之元也。如之頤為腎之心物，是就指陽得陰以化，而陰即隨陽以化者，乃為水之用也。惟其陽得化於陰，而水元裕，陰又即化於陽，而水用行，故《本經》首主治水腫，如拯難産，下胞衣，通乳汁，乃其的劑。而方書主治下焦之病，如下血，脚氣，鶴膝風，不必以行水責其功。苐為腎屬水臟，而心與小腸之氣化，裕其元以達其用，如下之血之氣之風，胥得奏績，水臟之氣化乃全，故之頤所説較為切矣。或曰：如甄權所謂除煩滿通氣，陳士良所謂縮氣行風，孟詵所謂散氣，去骨節煩熱，不識氣化水化之先後何屬，并所云除煩熱及風，又治熱毒云云者，的屬氣歟水歟。曰氣化布而後水化行，是固然矣，然氣原出水中，如腎脈之由肺而至心者不足，亦或肺不足，以至之此，謂之水元不裕也。水元裕而氣化乃布，此之謂陽得陰以化，此即通氣縮氣散氣之義也。至於為煩熱在關節，及熱中煩滿，甚則為熱毒，皆氣化不布之故，皆由於陰不足以化之也。氣化布而至於水化行，則腎之陰氣周於胸，徧於關節，乃得諸熱悉化耳。即斯義以推求之，則方書之用茲味，如疎鑿飲子治腫屬陽水者，又脚氣大鼈甲丸屬風毒熱毒者，又癉證妙功丸，諸味盡以導氣除熱，行溼消積，追蟲散毒，一切為峻劑者。又麻黄連軺赤小豆湯治傷寒瘀熱而發黄者，若此等證之治，似此味能行水化以導陽之有餘矣。苐如紅豆丸治諸嘔逆，及膈氣反胃嘔吐，投以丁香、胡椒、砂仁，因其病於虚寒，屬陽之不足也，何為並入茲味乎？是則補陽亦藉之化者，乃所以和胃氣也。且言其行水化，即以達血滯矣。乃如赤小豆當歸散治瀉血之近者，更以此味為主劑，而歸特佐之，則可思水化得行，正以清陽之傷陰，不藉之以行血也。夫不敗陽，不破陰，則茲味之由陰化陽，即由陽化陰，參於證治之補而行者，可取信也。如脚氣之抱龍丸，以赤小豆為君，因於腎肝虚也。其歸陽導陽而還祛風，裕血化，活血滯，而便流溼，又兼通下焦經絡。然諸味皆僅以為佐，則此味為君，於腎肝之虛者，豈徒行水化云乎哉？應藉其由陰化陽，即陽化陰之全功矣。不止言其由陰化陽，却必言其由陽化陰者，而後水臟之氣化乃全，乃還其水化之始，故水臟病不必其病於水者，而亦用此味，以其能益水臟之氣化也。氣化而血化，亦原於是矣。然則茲味猶不得執水以求之，矧可以其行水為專功哉。又如中風之輕脚丸，鶴膝之經進地仙丹，此多治腎臟病。譫妄之茯神散，此專治心臟病。茲味於心腎為功最切，亦宜本於由陰化陽，即陽化陰者變化以推求矣。更觸類而盡之，又寧獨此數方可以取證乎？如是庶幾不錮於習說，而貿貿罔功，如槩以為行水，不更大誤乎哉？更《別錄》所廣諸證，大都多水腫中雜見之病，非全屬各自為證者，即疏鑿一方之主治，已具數證，故方書於各證不列茲味之主治也。然赤小豆於陰水亦宜，是又不可不知。

附方　水腫從脚起，入腹則殺人，赤小豆一斗，煮極爛，取汁五升，温漬足膝，若已入腹，但食小豆，勿雜食，亦愈。又方治水腫，以東行花桑枝燒灰一升，淋汁煮赤小豆一升，以代飯良。難產，日久氣乏，用赤小豆一升，以水九升，煮取汁，入炙過黄明膠一兩，同煎少時，一服五合，不過三四服，即產。有以阿膠易黄明膠者。胞衣不下，用赤小豆男七枚，女二七枚，東流水吞服之。

愚按：女子受娠，諸經輪月養胎，而手少陰、手太陽二經獨不與者，以此二經其平居則為月水，有胎則為乳汁，故不與諸經同在養胎之類也。夫胚胎之兆，始受水精而成血脈，受火精而成氣，即此不可識下胎、下乳汁、治產難之故乎。

希雍曰：凡水腫脹滿，總屬脾虚，當雜補脾胃藥中用之。病已即去，勿過劑也。

附餘　上焦以陽為主，陽不得陰無以化，則天氣不下濟，而窮於降，和於陰以化，即隨陰而降陽乃暢矣。下焦以陰為主，陰不得陽無以化，則地氣不上行，而窮於升，和於陽以化，即隨陽而升，陰乃暢矣。故患於陽之不化而不能降，止欲導氣不可也。即苦寒降陽，亦屬權宜，唯使金為火之用，則陽降矣。患於陰之不化而不能升，止欲化血不可也，即以辛熱達陰，亦屬權宜，唯使木為水之用，則陰升矣。雖然脾胃氣交也，水火藉以升降，然亦賴之以調，則所謂金木者生成之終始，豈不然哉？

清・郭章宜《本草匯》卷一三　赤小豆　甘、酸，性平，陰中陽也，入手少陰、太陽經。利水去蟲，一味磨吞決効。散血排膿，研來醋傅神良。止渴行津液，清氣滌煩蒸。通乳汁，下胞衣，產科要矣。除痢疾，止嘔吐，脾胃宜之。《本經》主下水腫，《別錄》止泄瀉利小便者，皆濕氣傷脾所致。小豆健脾燥濕，故能治之。吐逆者，氣逆上升也。卒澼者，大腸濕熱也。甘酸斂氣逆，辛平燥濕熱，故皆治之。

按：赤小豆禀秋燥之氣，其性下行，通乎小腸，入陰分，凡有形之病，皆能治之。水氣、脚氣，最為急用，袋盛，朝夕踐踏，久久脚氣可愈。和桑根白皮煮食，去濕氣痺腫。和通草煮食，則下氣無限，名脫氣丸。和鯉魚、鯽魚、黄雌雞煮食，能利水消腫。然久服則降令太過，津血滲泄，所以令人肌瘦身重。世俗惟知治水，不知扶土所以制水。小豆健脾胃而消水濕，直窮其本也。消瘕散腫，雖潰爛幾絕者，為末傅之，無不立効。但性粘滯，乾即難揭，入苧根末即不粘。脾虛脹腫，當雜補脾胃藥中用之，中病即止可也。

此即五穀中常食之品，以緊小而赤黯色者佳。其稍大而鮮紅、淡紅者，並不可用。不可同魚鮓食，成消渴；作醬食成口瘡；驢食足輕，人食身重。

清・尤乘《食鑒本草・粟類》　赤小豆　利水排腫毒，止瀉利，消脹滿，下乳汁。久食令人虚，不可同魚蟹食。中酒〔毒〕煮汁飲立解。又治小兒火丹上下不定，為末醋調傅之効。

清・朱本中《飲食須知・穀類》　赤豆　味甘、酸，性平。同鯉魚鮓食，令肝黄，成消渴。同米煮飯及作醬，食久發口瘡。驢食足輕，人食身重，以其逐精液，令肌瘦膚燥也。

赤小豆　味甘、辛，性平，下行。不可同魚鮓食。久服則降令太過，使津血滲泄，令人肌瘦身重。凡色赤者食之，助熱損人。豆粉能去衣上油跡。花名腐婢，解酒毒，食之令人多飲不醉。

清・何其言《養生食鑒》卷上　赤豆　味甘、酸，平，無毒。解小麥濕熱，清便血，利小水。同蠡魚、同鯽魚、同雞食，利水消腫。同鯉魚鮓食，令肝黄，成消渴。同米煮食，久發口瘡。驢食足輕，人食足重，以其逐精液，令肌瘦膚煉也。赤豆花同葛花煎濃湯多飲，則飲酒不醉。

赤小豆小圓，赤色，形如菉豆。　味甘、辛，平，無毒。通小腸，入陰分，治有形之病，行津液，利小便，消腫毒。止吐，治下痢腸澼，解酒，除寒熱癰腫，排膿，散血，通乳汁，下胞衣、產難。但久服則降令太過，使津血滲洩，令人肌瘦身重。此豆江淮間多種。粵中亦有，惟有菉荳中擇出耳。

清・蔣居祉《本草擇要綱目・平性藥品》 赤小豆俗呼紅豆。以緊小而赤黯色者入藥，其稍大而鮮紅、淡紅色者，並不治病。 氣味：甘、酸，平，無毒。 主治：赤小豆而色赤，心之穀也。其性下行，通乎小腸，能入陰分，治有形之病。故行津液，利小便，消脹除腫，止吐而治下痢腸澼。解酒病，除寒熱癰腫，排膿散血，而通乳汁，下胞衣，產難，皆病之有形者。久服則降令太過，津血滲洩，所以令人肌瘦身重也。其吹鼻瓜蒂散及辟瘟疫用之，亦取其通氣除濕散熱耳。水氣脚氣最為急用。今之治水者，惟知治水，而不知補胃，則失之壅滯。赤小豆消水通氣，而健脾胃，乃其藥也。

清・閔鉞《本草詳節》卷七 赤小豆 【略】按：赤小豆，消水通氣而健脾胃，又性下行，而通小腸，能入陰分，治有形之病，故所治諸症，皆病之有形者也。久服則降令太過，津血滲洩，令人肌瘦身重。其吹鼻瓜蒂散及辟瘟疫用之，亦取其通氣除濕散熱耳。同桑根白皮煮食，去濕氣痺腫。同鯉魚煮食，甚治脚氣。塗癰疽恐其性粘，入苧根末即不粘，此法尤玅。

清・王翃《握靈本草》卷六 赤小豆八穀中之一，即今之小赤豆也。緊小而色黯黑者佳，若鮮紅淡紅者，不治病。亦莫誤認紅豆為小豆，紅豆半紅半黑，乃相思子，木部也。 主治：赤小豆，甘、酸，性平。主排癰腫膿血，下水腫，治熱中消渴，利小便，止泄痢。

清・汪昂《本草備要》卷四 赤小豆通，行水，散血。《十劑》作燥。 甘、酸。思邈：鹹，冷。 色赤，心之穀也。性下行，通小腸，利小便，心與小腸相表裏。行水散血，消腫排膿，清熱解毒。治瀉痢脚氣。昔有患脚氣者，用袋盛赤小豆，朝夕踐踏之，遂愈。同鯉魚煮，食汁，能消水腫，煮粥亦佳。 敷一切瘡疽。鷄子白調末箍之，性極粘，乾則難揭，入苧根末則不粘。宋仁宗患痄腮，道士贊寧，取赤小豆四十九粒呪之，雜他藥敷之而愈。中貴任承亮親見，後任自患惡瘡，傅永投以藥立愈。問之，赤小豆也。承亮始悟道士之呪僞也。後過豫章，見醫治脇疽甚捷，任曰：莫非赤小豆耶？醫驚拜曰：用此活三十餘口，願勿復宣。 止渴解酒，通乳下胎。然滲津液，久服令人枯瘦。《十劑》曰：燥可去濕，桑白皮、赤小豆之屬是也。按：二藥未可言燥，蓋取其行水之功。然以木通、防己爲通劑，通、燥二義似重，故本集改熱藥爲燥劑，而以行水爲通劑。

清・吳楚《寶命真詮》卷三 赤小豆 【略】利水去蟲，散血排膿，止渴，行津液，清氣，滌煩蒸，通乳汁，下胞衣，除痢疾，止嘔吐。 赤豆，心之穀也。其性下行，入陰分，通小腸。久服令人枯燥，肌瘦身重，以其行降令太過也。

清・陳士鐸《本草新編》卷四 赤小豆 味辛、甘、酸，氣溫而平，陰中之陽，無毒。入脾經。下水氣，治黃爛瘡，解酒醉，燥熱治濕浸手足腫大，療脚氣入臍高突。但專利水逐津，久服令人枯燥，亦可暫用以利水，而不可久用以滲濕。濕症多屬氣虛，氣虛利水，轉利轉虛，而濕愈不能去矣，況赤小豆專利下身之水，而不能利上身之濕。蓋下身之濕，真濕也，用之而效。上身之濕，虛濕也，用之而益甚，不可不辨。

或問：赤小豆，即家園之紅豆乎？曰：另是一種，其色如硃而發光，頭上一點黑如漆。若家園之紅豆，名曰紅，而色實紫，能療飢，而不能利水去濕，多食亦敗血，功用與赤小豆迥別。切勿以家園之紅豆，而錯用之也。

清・李熙和《醫經允中》卷二二 赤小豆 甘、酸，平，無毒。主治下水，清熱解毒，利小便，下乳汁，消脹除腫，瘡毒潰爛不堪者，同苧根為末敷之神效。解小麥毒。久服虛人，令人枯瘦。不可同魚鮓食，成消渴。

清・馮兆張《馮氏錦囊秘錄・雜症痘疹藥性主治合參》卷六 赤小豆稟秋燥之氣以生。味甘酸兼辛，氣平，無毒。甘酸有斂逆之功，辛平有散濕熱之力。所以為排膿消腫，脹滿濕痺，止渴止洩，健脾燥濕之用。色赤為心之穀，其性下行，入陰分，通小腸，治有形之病，消瘕散腫。雖潰爛幾絕者，為末敷之，無不立效。

赤小豆，性下行而通小腸，入陰分治久形之積。下水氣，散癰腫，止嘔吐，除瀉痢，解熱毒。和桑白皮煎，治濕痺。延手足脹大，同活鯉魚煮。療脾氣，人臍腹突高。利小便，去脹滿，除消渴，下胞衣，通乳汁。久服令人枯燥，肌瘦身重，以其專健脾胃，行津液，消水濕，降令太過也。

主治痘疹合參：善利小便，散毒排膿，消渴止洩。凡小兒未出瘡疹者可常食。瘡疹作渴，以此煎湯飲之亦可。

清・汪啟賢等《食物須知・諸米》 赤小豆 味辛、甘、酸，氣溫而平。地土各處俱種，胭脂赤者為良。驢食脚輕，人食脚重。小兒急黃爛瘡，取汁洗之，不過三度。大人酒醉燥熱，煎汁飲下，只消一甌。和桑白皮煎，治濕痺，手足脹大。同活鯉魚煮，療脚氣入臍腹突高。但專利水逐津，久食令人枯燥。

清·浦士貞《夕庵讀本草快編》卷三 赤小豆《本經》、荅 大豆名菽，小豆名荅，驢食足輕，人食身重。 赤豆甘酸，形小色赤，心之穀也。其性下行，通乎小腸而入陰分，故能行津液而利小便，消腫脹而止嘔吐，通乳汁而下胞衣，治下痢而消癰毒，取其有形之物以治有形之病也。但瘠弱之人不可久食，恐其降令太過，津血滲洩耳。古方瓜蒂散用之以吹鼻，取其散熱辟瘟，通氣逐濕之効。而五行書專藉其禳疫祛鬼，恐未全憑也。

清·張志聰、高世栻《本草崇原》卷中 赤小豆 氣味甘、酸，平，無毒。主下水腫，排癰腫膿血。 赤豆出江淮間，今關西、河北、汴洛皆有，夏至後下種，苗科高尺許，枝葉似豇豆，至秋開花淡銀褐色，有腐氣，結莢長二三寸，皮色微白帶紅，豆如綠豆而色赤，可作粥飯，煮熟罯黯，可作香豉入藥，以緊小而赤黯者為良。豆穀類也，赤小豆乃赤豆之小者，今藥肆中知以何物，草子赤黑相間者，偽充赤小豆，其謬已甚。夫既名為豆，豈可於穀外求之耶。赤豆煮熟，其味則甘，生時其氣微酸，故曰甘酸平。豆者，水之穀也，其性下沉，是主從上而下，由外而內，色赤屬火，又主從下而上，由內而外。《本經》主下水腫，乃從上而下，由外而內也。排癰腫膿血，乃從下而上，由內而外矣。

清·劉漢基《藥性通考》卷六 赤小豆 味甘、酸，氣辛，色赤，心之穀也。性下行，通小腸，利小便，行水散血，消腫排膿，清熱解毒，治瀉痢脚氣，傅一切瘡疽，止渴解酒，通乳下胎。然滲津液，久服令人枯瘦，不可不知也。

清·王子接《得宜本草·中品藥》 赤小豆 味甘、酸。入手少陰、太陽經。功專散血利水。得桑皮去濕腫，得通草能下氣，得雞子傅癰瘍。

清·黃元御《長沙藥解》卷四 赤小豆 味甘，入手太陽小腸、足太陽膀胱經。利水而泄濕熱，止血而消癰腫。《金匱》赤小豆當歸散，赤小豆三升，當歸十兩，為散，漿水服方寸匕，日三服。治狐惑，膿成，脈數，心煩，默默欲臥，目赤皆青，汗出，能食。以濕旺木鬱，鬱而生熱，濕熱淫蒸，肉腐膿化。赤小豆利水而泄濕熱，當歸養血而排膿穢也。又治先血後便者，以土濕木遏，鬱而生風，疏泄不藏，以致便血。其下在大便之先者，是緣肝血之陷漏，其來近也。赤小豆利水而泄濕熱，當歸養血而清風木也。《傷寒》瓜蒂散方在瓜蒂用之治胸有寒痰，心中痞鞕，氣衝咽喉。以其滌胸中之濕淫也。 麻黃連翹赤小豆湯方在連翹用之治太陰病，瘀熱在裏，身必發黃。以其泄經絡之濕邪也。

赤小豆利水瀉濕，行鬱退熱，安胎下乳，善治一切癰腫，及諸下血之病。浸令毛出，曝乾用。

清·吳儀洛《本草從新》卷四 赤小豆通，行水散血。 甘，酸，平。色赤，心之穀也。性下行而通小腸。心與小腸相為表裏。行水，同鯉魚煮食，能消水腫。昔有患脚氣者，用赤小豆袋盛，朝夕踐蹈之，遂愈。煮粥亦佳。 散血消腫，排膿清熱解毒。治瀉痢嘔吐脚氣。敷一切瘡疽，雞子白調末箍之。性極粘，乾則難揭，入苧根末則不粘。宋仁宗患痄腮，道士贊寧取赤小豆四十九粒咒之，雜他藥敷之而愈，中貴任承亮所親見。後任自患惡瘡，傅永授以藥立愈。問之，赤小豆也。承亮始悟道士之咒僞也。後過豫章，見醫治脇疽甚捷，任曰：莫非赤小豆耶？醫驚拜曰：予用此活三十餘口，願勿復宣。凡潰爛幾絕者，為末敷之，無不立效。止渴解酒，通乳汁，下胞胎。最滲津液，久服令人枯瘦身重。《十劑》曰：燥可去濕，桑白皮、赤小豆之屬是也。以緊小而赤黯色者入藥，其稍大而鮮紅淡紅色者并不治病。今肆中半粒紅半粒黑者，是相思子，并非赤豆，勿用。

清·汪紱《醫林纂要探源》卷二 赤小豆 甘，酸，寒。清熱解毒，去小腸火，利小便，行水，散血消腫，通乳，下胎。甘補土，酸能收心之散。味亦微鹹，補心輭堅而利水。小腸，心之表也。多食耗血。酸瀉肝，鹹滲血。

清·嚴潔等《得配本草》卷五 赤小豆 甘、酸。入手少陰、太陽經。行水散血，消腫排膿。通乳汁，下胞衣。 得鯉魚，治脚氣。得通草，下心氣。得杏仁，泄肉裏濕熱。配雞子白，敷痘後癰毒。配苧根末，治癰疽神效。佐桑皮，去水腫。 合黃蠟，治水穀積痢。 多服泄津液，令人枯燥。

題清·徐大椿《藥性切用》卷六 赤小豆 甘酸性平，色赤入心，能下行而散血利水，久服令人瘦。緊小色暗者入藥。半紅半黑者，名相思子，性平有毒，吐心腹邪氣，世每以此偽充。

清·黃宮繡《本草求真》卷五 赤小豆利小腸濕熱。 赤小豆耑入小腸。甘酸色赤，心之穀也。其性下行入陰，通小腸而利有形之病，故與桑白皮同為利水除濕之劑。《十劑》曰：燥可去濕，桑白皮、赤小豆之屬是也。是以水氣內停，而見溺閉腹腫，手足攣痹，癰腫瘡疽，非此莫治。《朱氏集驗方》云：宋仁宗在東宮時患痄腮，命道士贊寧治之。取小豆七七粒為末，敷之而愈。中貴人任承亮後患惡瘡近死，尚書郎傅永授以藥，立愈。叩其方，赤小豆也。予苦脇疽，既至五臟，醫以藥治之，甚驗。承亮曰：得非赤小豆耶。醫謝曰：某用此活三十口，願勿復言。有僧發背如爛瓜，鄰家乳婢用此治之如神。但其性最粘，敷毒，乾則難揭。入苧根末，即不粘，此法尤佳。且能止濕解酒，通胎下乳。陳自明：予婦食素，產後七日乳脉不行，服藥無效，偶得赤小豆一升，煮粥食之，當夜遂行。至《十劑》取此為燥，亦以水行而燥自生之意，並非因其藥性本燥而言也。故書又戒多服，則令人津液枯槁而燥，取緊小而赤黯色者良。若半黑半紅為相思子，非赤小豆也。

清・李文培《食物小錄》卷上 赤小豆即紅豆 甘、酸，平、微溫，無毒。除煩滿，通氣，健脾，利小便，開心孔。久服則降，令人肌瘦身重。可煮、可炒，作粥飯、餛飩餡皆良。

清・羅國綱《羅氏會約醫鏡》卷一七穀部 赤小豆味甘酸平，入心小腸二經。色赤屬火，心之藥也。其性下行，入陰分，通小腸。治有形之病，消瘕散腫。凡一切癰疽瘡瘍，雖潰爛幾絕，為末敷之立效。性極粘，入苧根末則易揭。治瀉痢、脚氣，用袋盛，朝夕踏之。行水消腫，同鯉魚煮汁服。通乳下胎，性下降。止渴清熱。小便清也。

按：滲津液，久服令人枯瘦，以其行降太過也。

清・黃凱鈞《藥籠小品》 赤小豆 細而色暗者入藥。通小腸，行水散血，消腫解毒排膿。同芙蓉花搗爛，敷一切瘡疽，取效甚速。須出瘡頂，腐豆水浸胖搗爛。塗痘瘡翻疤，亦有神效。

清・章穆《調疾飲食辯》卷二 赤小豆 性能逐水、利小便，水腫腹大極宜食。《綱目》曰：和鯉魚、鯽魚、黃雌雞煮粥食，並利水消腫雞不如鴨。又性善降，《食療本草》曰：和鯉魚煮食，治脚氣。惟其逐水而降，故能刼津液，久食令人枯瘦身重，脾氣不運，津枯血少者忌之。《本草》謂其健脾胃，以其粉多。然粉多者皆壅脾胃，雖虛亦勿多食。獨其能通乳汁，《產書》單用煮汁飲。又生研末，醋調外敷癰瘍、痄腮、疔腫甚效。又《千金方》治六畜肉毒：炒研末，水服三方寸匕。

清・王龍《本草纂要稿・穀部》 赤小豆 味甘辛鹹，性溫而平。敷癰腫立散，下水氣即消。洗小兒急黃爛瘡，解大人酒醉燥熱。治濕痺，延手足脹大。療脚氣，入臍腹突高。功專利水逐津，久服令人枯燥。

清・楊時泰《本草述鉤元》卷一四 赤小豆 待老收采，以緊小而赤黯色者入藥。其稍大而鮮紅及淡紅色者，乃三青二黃時，收之僅可供食，不療疾。近用赤黑相間之草實為赤小豆，謬甚。

氣味甘酸平。心之穀也，其性下行，通乎小腸，能入陰分，治有形之病。主治下水腫，通氣健脾胃，治水而不知補胃，則失之壅滯，惟赤豆之用不然。治熱毒，散惡血，排癰腫膿血，療寒熱熱中消渴，去煩滿止洩痢，利小便，除下脹滿，吐逆卒澼，解酒病，縮氣行風，散氣去關節煩熱，治產難下胞衣，通乳汁諸本草。和方書治脚氣，黃疸，癎證，譫妄，下血，鶴膝風。和通草煮食，則下氣無限。和桑白皮煮食，去濕氣痺腫。和鯉魚煮食，甚治脚氣。和鯉魚、蠡魚、鯽魚、黃雌雞煮食，並能利水消腫。同雞子白，塗一切毒腫，其性粘，乾則難揭。入苧根末，即不粘。一切癰疽瘡疥及赤腫，不拘善惡，水調塗之，無不愈者。產後七日，乳脈不行，服藥無效，赤小豆一升，煮粥食之，當夜即行。水氣脚氣，最為急用。有人患脚氣，以袋盛此豆，朝夕踐踏，展轉之，久久遂愈。豆為腎水之主穀，赤小者又為腎之心物，水之用藥，故主水用不行，致作水腫及癰膿者子繇。稟秋燥之氣以生，凡水腫脹滿洩痢，皆濕氣傷脾所致，小豆健脾行濕，故能下水腫脹滿，止瀉，利小便也仲淳。水腫從脚起，入腹則殺人，赤小豆一斗，煮極爛，取汁五升，溫漬足膝，若已入腹，但食小豆，勿雜食，亦驗。又治水腫，以東行花桑枝燒灰一升，淋汁，煮赤豆一升，代飯良。入赤小豆當歸散，治先血後便，是行水化，即以達血滯也。入紅豆丸，輔丁香、胡椒、砂仁，治諸嘔逆及膈氣反胃，是虛寒補陽，亦藉此味之化也。難產，日久氣乏，赤小豆一升，水九升，煮取汁，入炙過黃明膠或用阿膠。一兩，同煎少時，一服五合，三四服即產。胞衣不下，用赤小豆，男七枚，女二七枚，東流水吞服之。按妊娠諸經，輪月養胎，獨手少陰、手太陽二經不與，以此二經平居則為月水，有胎則為乳汁，故不在養胎之類也，夫胚胎之兆始，受水精而成血脈，受火精而成氣，即此可識赤小豆下胎下乳汁，治產難之故矣。

論：赤小豆以夏至後布種，至秋花實，秋將盡而取其老赤者，方可入藥，夫其本三陰進氣之候以生，乘三秋涼肅之氣以成。瀕湖乃以為心之穀，何哉？蓋離中有坎，而腎脈之上至於肺，更由肺以入心，使陽得陰以為生化，此天氣下降之元，《經》所謂肺貫心脈而行呼吸者，明此則金氣告成，乃正得為火之用，故必取其老赤者以入藥耳，焉得不謂之心穀乎。又言其性下行，通於小腸，斯義更完。何者？陽得陰以行其化，小腸固為心主行其氣化者也。心主血，血原於金水，而成於木火。血能生化，而後水化之腑，乃以達火之氣而致水之用。是金氣告成而乃為火用者，固天氣下降之本始；火得金用而即能達水者，實天氣下降之化機。如陽不得陰以行其化，則火之氣不達，即水之化不行，所以病於濕氣而化熱。若煩滿消渴吐逆，或小便不利及暴痢，甚則下腹脹滿，或為水腫也。蓋陽中之陰不足，即病於陽之不化以為濕，其義若此。諸書謂赤豆能除濕，亦幾近之。如謂其燥濕，則大誤矣。即其能治水腫，盧氏便謂為腎之心物，水之用藥。蓋人身氣化在下焦，氣原出於水中；水化在上焦，水又始於氣中。如瀕湖謂為心之穀，是陽得陰以化，而陽之化者，止為水之元也。始子繇謂為腎之心物，是指陽得陰以化，而陰即隨陽以化者，乃為水之用也。惟陽得化於陰而水元裕，陰又即化於陽而水用行，故《本經》首主水腫，而拯難產，下胞衣，通乳汁，皆其的劑。至下焦之病，如下血脚氣、鶴膝風，皆得於心與小腸之氣化，裕其元以達其用者，推治之矣。第如甄權所謂煩滿通氣，士良所謂縮氣行風，孟詵所謂散氣去骨節煩熱，并治熱毒云云者，的屬氣歟水歟？曰：凡人氣化布而後水化行，是固然矣。然氣原出水中，如腎脈之由肺而至心者不足，亦或肺不足以至之，即謂之水元不裕，水元不裕而氣化不布，乃致煩熱在關節及熱中煩滿，甚則為熱毒，皆陰不足以化之之故也。氣化布而至於水化行，則腎之陰氣周於胸，偏於關節，而諸熱悉化矣。即斯義以求之，則茲味之用，應藉其由陰化陽，即陽化陰之全功，不止言其由陰化陽，却必言其由陽化陰，而後水臟之氣化乃全，故水臟病不必其病於水者而亦用之，以其能益水臟之氣化也。氣化而血化亦原於是矣。然則茲味猶不得執水以求之，矧可以其行水為專功哉。且於心腎為功最切。如中風之輕脚丸，鶴膝之經進地仙丹，此多治腎臟病。譫妄之茯神散，此專治心臟病，可皆本於由陰化陽，即陽化陰者，變化以推求矣。即概以為行水，亦非於陰水不宜也。

用赤小豆，病已即去，勿過劑仲淳。久服則降令太過，津血滲洩，令人肌瘦身重瀕湖。

附餘論：上焦以陽為主，陽不得陰無以化，則天氣不下濟而窮於降，和於陰以化，即隨陰而降，陽乃暢矣。下焦以陰為主，陰不得陽無以化，則地氣不上行而窮於升，和於陽以化，即隨陽而升，陰乃暢矣。第患於陽之不化而不能降，止議導氣不可也，即苦寒降陽，亦屬權宜。惟使金為火之用，則陽降矣。患於陰之不化而不能升，止欲化血不可也，即以辛熱達陰，亦屬權宜。惟使木為水之用，則陰升矣。顧脾胃氣交也，水火藉以升降，而脾胃亦賴水火以調。所謂金木者，生成之終始，豈不然哉。

清·葉桂《本草再新》卷七　赤小豆味甘，性平，無毒。入心、肺二經。　清熱和血，利水通經，寬腸理氣。治瀉吐，解熱毒。

清·吴其濬《植物名實圖考》卷一　赤小豆　《本經》中品。古以為辟瘟良藥，俗亦為餛沙餡，色黯而紫。醫肆以相思子半紅半黑者充之，殊誤人病。

清·趙其光《本草求原》卷一四穀部　赤小豆即紅豆之小而色黯者。　甘，平，酸、鹹。入肝，升腎水，以上於肺，使肺陽得陰，下降入胃。色赤。入心與小腸。性先升而後降。下水腫，止泄，利小便。腎主水，心之用也。心血化生，則水腑通、水用行，金為火用而速降。排癰腫膿血，止消渴、腹脹滿、熱毒、關節煩熱。皆濕鬱成熱。治難產，下胞衣，通乳，解酒。久服令人枯瘦。以滲泄太過也。

得通草，下氣。得桑白，去濕痹。得鯉魚、鯽魚、黄雌雞，利水消腫，治脚氣。雞子白調末，箍一切毒腫，百藥莫及。但極粘，乾難揭，入苧根末則不粘。以袋盛之，朝夕踐踏，治脚氣。水煮浸足，治脚腫入腹。劉潛江曰：氣出水中，水出氣中。赤豆乃腎之心穀，兼入肺胃，使陽得陰化而水裕，陰又即化於陽而水行，故治水、通乳、行血。觀腎脈由肺至心，其義可思。腎之陰氣周於胸，遍於關節，乃得諸熱悉化。古人導氣除熱、追蟲散毒多用之。裕陰以導陽，即虚寒嘔逆膈氣亦與熱藥同用，蓋欲其行水化以助陽化，兼和胃氣以達血滯也。然則此味不但瀉水實，益水之氣化，氣化而血亦化矣。瓜蒂散用之以泄熱，而布胸中之化也。同阿膠治難產。虚人水腫，須以補藥君之。生赤豆末，敷發頤絶妙。

赤小豆芽，同當歸，治下血腸癰。取其散蓄積之毒也。

清·趙其光《本草求原》卷一四穀部　赤豆　甘、酸，平，無毒。解小麥濕熱，清便血，豆芽更妙。利小水，同鯽魚或雞。消水腫，治肝黄成消渴。同鯉煮。但走精液，多食則飢瘦。忌同米煮食。其花，同葛花煎，解酒。赤豆同土鯰，治疳積；積久乾瘦，則同肥肉。

清·文晟《新編六書》卷六《藥性摘録》　赤小豆　甘酸色赤，利小腸濕熱。〇凡水氣內停，而見溺閉腹腫，手足攣痹，癰腫瘡疽，非此莫治。且能止泄解酒，通胎下乳。〇多服令津液枯稿而燥。〇取緊而赤黯色者良。若半紅半黑者，乃相思子也。

清·張仁錫《藥性蒙求·穀部》　赤小豆相思子三錢　赤小豆平，行水散血。脚氣最宜，水腫莫缺。甘、酸，平。入心、小腸經。性下行而通小腸，下胞胎，通乳汁，消水通氣而健脾胃。惟久服則降，令太過，津血滲濕泄，令人肌瘦身重。○相思子，一名紅豆。半紅半黑，今藥肆代赤小豆用。苦，平。通九竅，去心腹邪氣，除蠱毒，并不治水。

清・王孟英《隨息居飲食譜・穀食類》 赤豆 甘，平。補心脾，行水消腫，化毒排膿。多食耗液。蛇齩者，百日內忌之。以緊小而赤黯色者入藥，其稍大而鮮紅、淡紅色者，止為食用。故《本草》以赤小豆名之，後人以廣產木本半紅半黑之相思子，亦有紅豆之名，遂致誤用。亦猶黑大豆有緊小為雄一言，而昧者謂為馬料豆也。 水腫腳氣，赤小豆一斗，煑極爛，取汁五升，溫漬足膝，兼食小豆，勿雜食。 水鼓腹大，動搖有聲，皮膚黑者，赤小豆三升，白茅根一握，水煑食豆，以消為度。 乳汁不通，赤小豆煑汁飲，或煑粥食。 諸般癰毒，赤小豆生研，入苧根杵匀，雞子清調傅。 丹毒如火，赤小豆末，雞子清稀調塗之。

清・劉善述、劉士季《草木便方》卷二穀糧豆菜部 打米荳 紅飯豆甘消腫毒，瀉痢脚氣水腫服。通利二腸解酒渴，葉治煩熱能明目。芽療傷損胎漏症，緊細赤小豆名出。

清・田綿淮《本草省常・穀類》 赤小豆（飯小豆） 性平。清熱解毒，利水消腫，止渴醒酒，通乳下胎。多食最滲津液，久食令人瘦。同魚鮓食，成消渴；同羊肉食，傷人。 飯小豆，有青、黃、赤、白數種，性略同而力劣。

清・戴葆元《本草綱目易知錄》卷二 赤小豆 甘、酸。色赤，心之穀也。其性下行通於小腸，能入陰分而治有形之病。散氣行風，堅筋骨，抽肌肉，行津液，消水腫，利小便，止瀉痢。治熱中消渴下腹脹吐逆，解熱毒，散惡血，除煩滿，健脾胃，令人能食，消水通氣，去關節煩熱，令人心孔開。暴病後，氣滿不能食，煮食之。和鯽魚、鯉魚食，利水消腫，治脚氣，解酒病及解小麥熱毒。辟瘟疫，治產難，下胞衣，通乳汁。研末，和雞子白塗腮癰發背及一切熱毒癰腫。久服多服則降令太過，津液滲洩，令人肌瘦身重。

清・黃光霽《本草衍句》 赤小豆甘、酸，寒。 性下行，去小腸之火。入陰分，治有形之滯。逐津液，通乳下胞。利小便，消腫散血。水濕脚氣，和鯉魚煮食，甚治脚氣有效。功兼解酒健脾。瀉痢脹起，並能止渴清熱。得大蒜、生薑、商陸根同煮，去藥，食豆啜汁，消水氣腫脹。仲景治傷寒狐惑病，脈數無熱，微煩，默默但欲臥，汗出，初得二三日，目赤如鳩，七八日四眦黃黑，若能食者，膿已成也。赤豆當歸散主之。赤豆三斤，水浸芽出，當歸三兩，為末，醬水服。得通草能下氣，得雞子敷癰瘡。 胞衣不下，用赤豆男七粒，女二七粒，東流水吞。婦人吹奶，赤豆酒研，溫服，以渣敷之。 癰疽初作，赤豆末水和塗之，毒即消散。 顋頰熱腫，赤豆末和蜜塗之，一夜即消。或芙蓉花葉末，尤妙。

清・陳其瑞《本草撮要》卷五 赤小豆 味甘酸，平，入手少陰、太陽經，功專散血利水。得桑皮去濕腫，得通草能下氣，得雞子敷癰瘍，同鯉魚煮食消水腫。凡外瘍潰爛，為末敷之立效。性極黏。入苧根末則不黏。止渴解酒，通乳汁，下胞胎，久食令人瘦。半紅半黑者名相思子，一名紅豆，苦平有毒，吐心腹邪氣。風痰瘴瘧蠱毒，研二十七枚服。

清・吳汝紀《每日食物却病考》卷上 赤小荳 甘、酸，平，無毒。下水腫，排(濃)〔膿〕血，消渴，止洩痢，利小便，通乳汁，健脾胃。為末，同雞子白，塗一切腫毒。煮汁，洗小兒黃爛瘡良。又解大麥熱毒，飲汁解酒病。和鯉魚食，治脚氣。同鯽魚、黃雌雞煮食，極利水消腫。顋頰熱腫，用赤小荳末，和蜜塗之，即消，加芙蓉葉末更妙。久食瘦人。不可同魚鮓食。

清・仲昴庭《本草崇原集說》卷中 赤小豆 【略】〔批〕《金匱》赤小豆當歸散，赤小豆浸令芽出曝乾。【略】〔批〕赤黑相間者，俗名紅黑豆，即蒴草子也。不入藥。夫即名為豆，豈可于穀外求之耶！

清・鄭奮揚著，曹炳章注《增訂偽藥條辨》卷二 赤豆 赤豆出江淮間，今關西、河北、汴洛皆有。入藥以緊小赤黯者為良。氣味甘酸，平，無毒。主下水腫，排癰腫膿血。今藥肆中有一種赤黑相間者，聞是相思子，每以偽充赤小豆，其謬已甚。夫既名為豆，豈可於五穀外求之耶？ 炳章按：赤小豆，浙江慈谿、餘姚、蕭山龕山近沙地皆產之。粒小細長如腰子，紫紅色，腰間有白紋如鳳眼，名杜赤豆。入藥能利小便，泄血分之濕熱，為最道地。又一種色紅赤，粒大圓形，比黃豆略小，名紅飯豆，各處皆出，僅供食品，不入藥用。又一種名海紅豆，出海南，其子大而扁，今人亦誤作赤小豆，誠大謬矣。半紅半黑者名相思子，俗呼赤小豆，屬木本植物，與梅冰性相合，能令香不耗散，故近今梅冰中，多拌有此物，服食須知云。相思子出嶺南，樹高丈餘，白色，其葉似槐，其花似皂莢，其莢似萹豆，其子似赤小豆，惟半截紅半截黑為異。今廣東擔子上，以線綴成串，或作首飾以貨之。其性味苦平，有小毒，能吐人，及治貓鬼夜道病。俗又呼為雲南豆子，又能治蠱毒，除一切蟲。

黃豆

宋·唐慎微《證類本草》卷二五米穀部中品〔《本經·別錄·藥對》〕

生大豆 味甘，平。**塗癰腫，煮汁飲殺鬼毒，止痛，**逐水脹，除胃中熱痹，傷中，淋露，下瘀血，散五藏結積、內寒，殺烏頭毒。久服令人身重。炒爲屑，味甘。主胃中熱，去腫，除痹，消穀，止腹脹。生太山平澤。九月採。惡五參、龍膽，得前胡、烏喙、杏人、牡蠣良。

〔宋·馬志《開寶本草》〕按：陳藏器《本草》云：大豆，炒令黑，煙未斷，及熱投酒中，主風痹，癱緩，口噤，產後諸風，食罷，生服半兩，去心胸煩熱，熱風恍惚，明目，鎮心，溫補。久服好顏色，變白，去風，不忘。煮食，寒。下熱氣腫，壓丹石煩熱。汁解諸藥毒，消腫。大豆炒食極熱，煮食之及作豉極冷。黃卷及醬，平。牛食溫，馬食冷，一體之中，用之數變。

〔宋·掌禹錫《嘉祐本草》〕按：《蜀本》注云：煮食之，主溫毒水腫。陳藏器云：穭音呂豆，味甘，溫，無毒。炒令黑，及熱投酒中，漸漸飲之，去賊風風痹，婦人產後冷血。堪作醬。生田野，小黑。《爾雅》云：戎菽一名驢豆，一名豋豆。孟詵云：大豆，寒。和飯擣塗一切毒腫。療男女陰腫，以綿裹內之。殺諸藥毒。謹按：煮飲服之，去一切毒氣，除胃中熱痹，腸中淋露，下淋血，散五藏結積內寒。和桑柴灰汁煮之，下水鼓腹脹。其豆黃，主濕痹膝痛，五藏不足氣，胃氣結積，益氣，潤肌膚。末之收成，煉猪膏爲丸，服之能肥健人。又，卒失音，生大豆一升，青竹筭子四十九枚，長四寸，闊一分，和水煮熟，日夜二服，差。又，每食後，淨磨拭，吞雞子大，令人長生。初服時似身重，一年已後，便覺身輕。又益陽道。日華子云：黑豆，調中下氣，通關脉，制金石藥毒，治牛、馬溫毒。

〔宋·蘇頌《本草圖經》〕曰：大豆黃卷及生大豆，生泰山平澤，今處處有之。黃卷是以生豆爲蘖，待其芽出便暴乾取用，方書名黃卷皮，今蓐婦藥中用之。大豆有黑白二種：黑者入藥，白者不用。其緊小者爲雄豆，入藥尤佳。豆性本平，而修治之便有數等之效。煮其汁甚涼，可以壓丹石毒及解諸藥毒；作腐則寒而動氣；炒食則熱；投酒主風；作豉極冷；黃卷及醬皆平。牛食之溫，馬食之涼，一體而用別，大抵宜作藥使耳。《仙方》：修製黃末，可以辟穀度饑歲。然多食令人體重，久則如故矣。古方有紫湯，破血去風，除氣防熱，產後兩日，尤宜服之。烏豆五升，選擇令淨，清酒一斗半，炒豆令煙向絕，投於酒中，看酒赤紫色乃去豆，量性服之。可日夜三盞。如中風口噤，即加雞屎白二升和熬，投酒中，神驗。江南人作豆豉，自有一種刀豆，甚佳。古今方書用豉治病最多。葛洪《肘後方》云：療傷寒有數種，庸人不能分別，今取一藥兼療。若初覺頭痛肉熱，脉洪起一二日，便作此加減葱豉湯。葱白一虎口，豉一升，綿裹，以水三升，煮取一升，頓服取汗。若不汗，更作，加葛根三兩，水五升，煮取二升，分再服，必得汗，即差。不汗更作，加麻黃三兩，去節。諸名醫方皆用此。更有加減法甚多。今江南人凡得時氣，必先用此湯服之，往往便差。

〔宋·唐慎微《證類本草》〕《唐本》云：煮食之，主溫毒，水腫。復有白大豆，不入藥用也。《食療》云：微寒。主中風脚弱，產後諸疾。若和甘草煮湯飲之，去一切熱毒氣。善治風毒脚氣，煮食之，主心痛，筋攣，膝痛，脹滿。殺烏頭、附子毒。大豆黃屑忌猪肉。小兒不得與炒豆食之。若食了，忽食猪肉，必壅氣致死，十有八九。十歲已上，不畏。《千金方》：治頭項强不得顧視。蒸大豆一升，令變色，內囊中枕之。又方：治喉痹卒不語，煮大豆汁含之。又方：從高墜下，頭破腦出血，中風口噤。豆一升，熬去腥，勿使太熟，杵末，蒸之氣遍，令甑下盆中，以酒一升淋之。溫服一升，覆取汗。傅膏瘡上。又方：中惡。大豆二七枚，雞子黃，酒半升，和，頓服。又方：治身腫浮。烏豆一升，水五升，煮取三升汁，去滓，內酒五升，更取三升，分溫三服。不差再合，服之。又方：治頭風頭痛。大豆三升，炒令無聲，先以盛一斗二升瓶一隻，盛九升清酒，乘豆熱即投於酒中，密泥封之七日，溫服之。又方：治口喎。大豆麪三升，炒令焦，酒三升淋取汁，頓服，日一服。又方：被打頭青腫，豆黃末傅之。《肘後方》：治卒風不得語。煮豆煎汁如飴含之，亦濃煮飲之佳。又方：治脇痛如打。豆半升熬令焦，酒一升煮之，令沸熟取醉。又方：從早夜連時不得眠。暮以新布火炙以熨目，并蒸大豆，更番囊盛枕，枕冷後更易熱，終夜常枕熱豆，即立愈，證如前。又方：治消渴得效。取烏豆置牛膽中，陰乾百日，吞之即差。又方：治腰脇卒痛，背痛。大豆二升，酒三升，煮取二升，頓服佳。又方：礜石中毒，豆汁解之良。又方：陰痒汗出，嚼生大豆黃，傅之佳。《經驗方》：治小兒、大人多年牙齒不生。用黑豆三十粒，牛糞火內燒令煙盡，細研，入麝香少許，一處研勻。先以針挑不生齒處，令血出，用末少許揩。不得見風，忌酸、鹹物。又方：治秋夏之交，露坐夜久，腹中痞，如群石在腹方：大豆半升，生薑八分，水二升，煎取一升已來，頓服差。又方：治赤痢，臍下痛。黑豆、茱萸子二件，搓摩，吞嚥之，宜良。又方：治破傷風神效。黑豆四十個，硃砂二十文，同研爲末。以酒半盞，已上調一字下。《食醫心鏡》：治風毒攻心，煩躁恍惚。大豆半升淨淘，以水二升，煮取七合，去滓，食後服。又方：主姙娠腰中痛。大豆末，理胃中熱，去身腫，除痹，消穀止脹。大豆一升，熬令熟，杵末飲服之。又方：主姙娠腰中痛。大豆一升，以酒三升，煮取七合，去滓，空心服之。又方：治產後風虛，五緩六急，手足頑痹，頭旋眼眩，血氣不調。大豆一升，炒令熟，熱投三升酒中，密封，隨性飲之。《廣利方》：治脚氣衝心，煩悶亂，不識人。大豆一升，水三升，濃煮取汁，頓服半升。如未定，可更服半升，即定。又方：治虵咬方：取黑豆葉，剉杵傅之，日三易，良。《傷寒類要》：辟溫病。以新布盛大豆一斗，内井中一宿出，服七粒佳。《子母秘録》：主産後中風困篤，或背强口噤，或但煩熱苦渴，或身頭皆重，或身痒極，嘔逆，直視，此皆虚熱中風。大豆三升，熬令極熟，候無聲，器盛，以酒五升沃之，熱投可得二升，盡服之，溫覆令少汗出，身潤即愈。産後得依常稍服之，以防風氣，又消結血。又方：治小兒斑瘡，豌豆瘡。熟煮大豆，取汁服之佳。又方：治小兒湯火瘡。水煮大豆汁塗上，易差，無斑。又方：治小兒尿灰瘡，黑豆皮熟嚼傅之。《楊氏産乳》：療有孕月數未足，子死腹中不出，母欲悶絶。取大豆三升，以醋煮濃汁三升。頓服，立出。《産書》：治産後猶覺有餘血水氣者，宜服豆淋酒。黑豆五升熬之，令煙絶出，於甆器中，以酒一升淬之。又方：治胞衣不下。以大豆大半升，醇酒三升，煮取折半，分三服。《博物志》云：左元亮荒年法：擇大豆麁細調匀，必生熟挼之令有光，粳氣徹豆則内先下食一日，以冷水頓服訖。其魚肉菜果，不得復經口。渴即飲水，慎不可暖飲。初小困，十數月後，體力壯健，不復思食。《抱朴内篇》云：相國張公文蔚，莊在東都柏坡，莊内有鼠狼穴，養四子爲蛇所吞，鼠狼雄雌情切，乃於穴外坋土，恰容蛇頭，俟其出穴，果入所坋處出頭，度其回轉不及，當腰咬斷而劈蛇腹，銜出四子，尚有氣。置於穴外，銜豆葉嚼而傅之，皆活。

宋・寇宗奭《本草衍義》卷二〇　生大豆　有緑、褐、黑三種，亦有大、小兩等。其大者出江、浙、湖南北，黑小者生他處。今用小者，力更佳。炒熟，以棗肉同擣之，爲麨，代糧。又治産後百病、血熱，并中風疾痱、止痛、背强、口噤，但煩熱、瘈瘲、若渴、身背腫、劇嘔噦，大豆五升，急水淘淨，無灰酒一斗，熬豆令微煙出，傾入酒瓶中沃之。經一日已上，服酒一升，取差爲度。如素不飲酒，即量多少服。若口噤，即加獨活半斤，微微搥破同沃，仍增酒至一斗二升。暑月旋作，恐酸壞，又可磑爲腐食之。

明・蘭茂撰，清・管暄校補《滇南本草》卷上　毛豆　味平。治脾胃虚弱，小兒疳疾。能開胃健脾。

明・寧源《食鑒本草》卷下　黄豆　味甘，溫，亦云寒。寬中下氣，利大腸，消水脹，消腫毒。

明・李時珍《本草綱目》卷二四穀部・菽豆類　黄大豆《食鑒》

【集解】時珍曰：大豆有黑、青、黄、白、斑數色，惟黑者入藥，而黄、白豆炒食作腐，造醬笮油，盛爲時用，不可不知别其性味也。周定王曰：黄豆苗高一二尺，葉似黑大豆葉而大，結角比黑豆角稍肥大，其莢、葉嫩時可食，甘美。

【氣味】甘，溫，無毒。時珍曰：生溫，炒熱微毒。多食，壅氣生痰動嗽，令人身重，發面黄瘡疥。

【主治】寬中下氣，利大腸，消水脹腫毒甯原。研末，熟水和，塗痘後癰時珍。

【附方】新一。痘後生瘡：黄豆燒黑研末，香油調塗。

豆油　【氣味】辛，甘，熱，微毒。【主治】塗瘡疥，解髮脜時珍。

稭　【主治】燒灰，入點痣、去惡肉藥時珍。

明・穆世錫《食物輯要》卷二　黄豆　味甘，性溫，無毒。和中下氣寬腸。多食壅熱氣，生痰動嗽，發瘡疥，令人面黄體重。孟詵云：豆之性，生則平，炒熟則熱，煮熟則寒，作豉亦寒，造醬則溫，作黄卷則平。皆不可同猪肉食。

明・吴文炳《藥性全備食物本草》卷一　黄豆　味甘，性溫，無毒。和中下氣，寬腸。多食壅熱氣，生痰動嗽，發瘡疥，令人面黄體重。孟詵云：豆之性，生則平，炒則熱，煮則寒，不可同猪肉食。

小青豆、赤白豆：性味相同，並不可與魚同食。

赤豆：味甘、酸，平，無毒。辟瘟，解小麥濕熱，清便血，利小水。同蠡魚、同鯽魚、同雞食，利水消腫；同鯉魚鮓食，令肝黄成消渴；同米煮食久發口瘡；驢食足輕，人食足重，以其逐精液，令肌瘦膚燥也。

赤豆花：同葛花煎濃湯多飲，飲酒不醉。

明・趙南星《上醫本草》卷一　黄大豆　甘，溫，無毒。主治：寬中，下利大腸，消水脹腫毒，研末，熟水和，塗痘後癰。多食壅氣，生痰動嗽，令人身重，發面黄瘡疥。

豆油：辛、甘，熱，微毒。主治：塗瘡疥，解髮脜。

明・鮑山《野菜博錄》卷一　黄豆苗　苗高一二尺，葉似黑豆葉大，結角比黑豆角稍肥大。葉味甘。食法：採苗葉煠熟，油鹽調食。採角豆煮食，磨為麵。

明・姚可成《食物本草》卷五穀部・菽豆類　毛豆南人多種之。亦黄大豆之屬。夏初便可食，莢尚粃。秋深子綻，實多煮食作果，油鹽椒酒炙之，作蔬更佳。或剝子加鹽水淖滚，起，鋪銕篩内，下以炭火炙乾，名青豆，因其色青翠可愛，點茶、入果盒俱佳。

毛豆，味甘，平，無毒。殺鬼氣，止痛，逐水。除胃熱，下瘀血，解藥毒。多食滑脾。以莢殼上有毛，故名毛豆。

黄大豆大豆有黑、青、黄、斑數色，惟黑者入藥，而黄、白豆炒食作腐，造醬榨油，盛為時用，不可不知別其性味也。○黃豆苗高一二尺，葉似黑豆葉而大，結角比黑豆角稍肥大，其葉嫩時可食。

〔黃〕大豆，味甘，溫，無毒。主寬中下氣，利大腸，消水脹腫毒。研末，熟水和，塗痘後癰。

豆萁　燒灰，入點痣、去惡肉藥。

明·孟笨《養生要括·穀部》　黃大豆　味甘，溫，無毒。寬中下氣，利大腸，消水脹腫毒。研末，熱水和，塗痘後癰。

明·施永圖《本草醫旨·食物類》卷二　大黃豆有黑、白、黃、褐、青、斑數色。黑者名烏豆，可入藥、作豉。黃者，可作腐、榨油及合醬、炒食而已。　味：　甘，溫，無毒。治：　寬中下氣，利大腸，消水脹，腫毒，研末，熟水和塗痘後癰。

附方　痘後生瘡：　黃豆燒黑，研末，香油調塗。　豆油：　味：　辛、甘，熱，微毒。○治：　塗瘡疥。　稭：　燒灰，入點痣，去惡肉。

清·穆石匏《本草洞詮》卷五　黃豆　豆有黑、青、黃、白數色，惟黑者入藥，而黃豆作腐、造醬、(窄)〔榨〕油，盛為時用。味甘，氣溫，無毒。主寬中下氣，利大腸，消水腫。炒食則熱，有微毒。

清·尤乘《食鑒本草·粟類》　黃白豆　益氣和中，殺鬼氣。作醬作腐極佳。凡豆總與家肉、魚鮮不可同食。

清·朱本中《飲食須知·穀類》　黃大豆小青豆、赤白豆　味甘，生性溫，炒性熱，微毒。多食壅氣，生痰動嗽，發瘡疥，令人面黃體重。不可同猪肉食。小青豆、赤白豆，性味相似，並不可與魚及羊肉同食。

清·何其言《養生食鑒》卷上　黃豆　味甘，性溫，無毒。和中，下氣，寬腸。多食壅熱氣，生痰動嗽，發瘡疥，令人面黃體重。孟詵云：　豆之性，生則平，炒熟則熱，煮熟則寒，作豉亦寒，造醬則溫，作黃卷則平，皆不可同野猪肉食。小青豆、赤白豆，性味相同，並不可與魚同食。

清·李熙和《醫經允中》卷二二　黃大豆　嬰兒十歲以下者，炒豆與猪肉同食，壅氣致死。　甘，溫，無毒。生溫，炒熱微毒，多食壅氣，生痰動嗽，發黃瘡疥。僅可作腐醬用耳。生浸細磨，和渣炒熱，傅腫瘍背瘡，冷則換熱頻敷即消。悞食毒物，生擣研水灌吐之。

清·吳儀洛《本草從新》卷四　黃大豆〔寬中，利大腸。〕　甘，溫。寬中下氣，利大腸，消水脹腫毒。研末，熟水和塗痘後癰。凡痘毒生在要處，恐致帶疾，令其母嚼爛生黃豆，厚敷之即消。另生他處。豆油，辛，甘，熱，微毒。塗瘡疥，解髮脂。

題清·徐大椿《藥性切用》卷六　黃大豆　性味甘溫，解毒潤燥，益胃利腸。腸滑者忌。炒熟能滯氣。豆油，辛甘性熱，塗瘡疥，解髮脂。

清·黃宮繡《本草求真》卷九　黃大豆生則疏泄，熟則作滯。　黃大豆耑入脾。　按書既言味甘，服多壅氣生痰動嗽。又曰：　寬中下氣，利大腸，消水脹腫毒。其理似屬兩歧，詎知書言甘壅而滯，是即炒熟而氣不洩之意也。書言寬中下氣利腸，是即生冷未炒之意也，凡物生則疏泄，熟則壅滯。大豆其味雖甘，其性雖溫，然生則水氣未洩，服之多有疏泄之害。故豆須分生熟，而治則有補瀉之為別耳。藏器曰：　大豆生平，炒食極熱。是以書載誤食毒物，須生搗研水吐之，諸菌毒不得吐者，濃煎汁飲，試內癰及臭毒腹痛，並與生黃豆嚼，甜而不惡心者是，即上部結有癰膿，及中臭毒發痧之真候，惟有痘後餘毒發癰。炒黑研末，以青油調敷之。並痘後風癬，以豆殼煎湯洗。痘後生瘡，黃豆燒黑研末，香油調塗。腫瘍背瘡等症，生浸細磨，和滓炒熱以敷。則或煎湯炒黑為末以治，用補則須假以炒熟，然必少食則宜。若使多服不節，則必見有生痰壅氣動嗽之弊矣。豆油辛甘而熱，與豆氣味稍別，能塗瘡疥，解發疽。蒿燒灰，點惡痣，去惡肉。豆忌猪肉。

清·李文培《食物小錄》卷上　黃大豆　甘，溫，無毒。寬中下氣，利大腸。炒食、作腐、榨油皆可。

清·章穆《調疾飲食辯》卷一下　豆油　熬熟入食料，味比他油較美，而滑腸助熱則同。凡草木之實，可榨油又可作酒者惟此，餘皆各得其一也。

清·章穆《調疾飲食辯》卷二　黃豆　有黑豆之害，而無其功。獨其可以作紙，則為用於世甚大。作腐充饌，其小焉者也。晚收者粒加大，俗名泥豆。

青豆：　有早、晚二種，晚收者粒大，炒食香美。其害與黃、黑同。

黑料豆：　粒差小而多汁，作豉、作醬，較大豆稍濃，故名料豆。亦僅為腎部引經。煮食、炒食，害與大豆同。

煮豆法：　煮豆，甘草為上，蜜次之，蔗餹又次之，鹽為下。然平人點茶宜甘，下酒宜鹹。病人諸病宜甘，中滿、嘔症、蟲症忌甘。腎病宜鹹，血病忌鹹。煮宜極熟，〔須〕頻翻轉之。旋煮旋食，能令人泄。必曝之，曝不宜過乾，過乾則堅硬難化，更傷脾作泄，且泄出完豆。用餹、蜜煮，稍多猶可。鹽則極不宜多，愈鹹愈硬，且發渴而多飲茶水，無不破腹之理。脾胃既傷，大便不結，藥必無功。俗云豆能解藥，職是故耳。此物總為無益，必欲食之，宜淡而潤。又宜少，忌鹹而乾，又忌多。鄉邨蠢婦，至以醃菘、芥擠出之鹽鹵煮豆，又曝至硬如砂石，又無樽節，縱兒取食。其子女必皆鳩形鵠面，黃髮枯皮。每云生來多病，烏知此物之為害也。若炒豆，動風發病，腫毒遇之，膿血必無了期。十分全愈者，可以復發。且作泄傷脾，過於煮豆。凡有病人，尤不宜食。

清・葉桂《本草再新》卷七　黃大豆味甘，性溫，無毒。入心、脾二經。　寬中下氣，利大腸，消水脹，腫毒痘瘡。

清・趙其光《本草求原》卷一四穀部　黃大豆即白豆。　甘，溫，無毒。寬心脾中氣，利大腸，消水脹滿腫毒，痘瘡。

清・文晟《新編六書》卷六《藥性摘錄》　黃大豆　甘壅而滯，和中下氣。生搗，研水服則踈泄，治發痧及誤食毒物、菌毒不得吐者。濃煎汁飲，治內癰及臭毒腹痛。多食熟黃豆，壅熱氣，生痰動嗽，發瘡。○豆油，能塗痘痂不落，並塗瘡疥，解髮疽。○豆稿燒灰，點惡痣，去惡肉。○（豆）〔痘〕後風癬，以豆殼煎湯，洗之。

清・王孟英《隨息居飲食譜・穀食類》　黃大豆　甘，平。補中，解毒。宜煑食，炒食則壅氣。浸罨發芽，摘根為蔬，味最鮮美。肺癰、痧氣，生嚼不腥，疑似之間，試之甚驗。　痘後癰毒，嚼生黃豆塗之即潰。浸胖搗塗諸癰瘡亦妙。

青大豆：　甘，平。補肝養胃。嫩時剝而爲肴，味極鮮美。鹽水煑而烘之，可以久藏致遠。諸豆有早中晚三收，以晚收粒大者良。並可作腐、造醬、榨油，惟青豆性較輭，更為食品所宜。莢闊粒扁者尤佳。　兵荒救飢，豆青、黃隨用七斗，脂麻黑白不拘三斗，並淘淨即蒸，蒸過即曬，曬乾去殼，再蒸再曬，凡三次，擣極熟，丸胡桃大，每細嚼一丸，津嚥下，可三日不飢，諸無所忌，所費不多，一料可濟萬人。

清・王孟英《隨息居飲食譜・調和類》　豆油　甘、辛，溫。潤燥，解毒殺蟲。熬熟，可入烹炮。雖穀食之精華，而脂膩已甚，盛京來者清澈獨優，然鐙甚亮。

清・田綿淮《本草省常・穀類》　黃豆　性溫。寬中下氣，利大腸，消水脹、腫毒。多食壅氣，生痰，動嗽。久食令人身重。

清・陳其瑞《本草撮要》卷五　黃大豆　味甘，溫，入手足太陰、陽明經，功專寬中下氣，利大腸，消水腫。凡痘毒生在要處，恐致殘疾，令其母嚼爛生黃豆厚敷之即消，另生他處。豆油辛甘熱微毒，塗瘡疥，解髮脯。

清・吳汝紀《每日食物却病考》卷上　黃大荳　甘，溫，無毒。寬中下氣，利大腸，消水腫。多食壅氣動嗽。

烏嘴豆

清・吳其濬《植物名實圖考》卷二　烏嘴豆　滇南有之。同茶豆而有黑暈。又有一種太極豆，褐色黑紋，微如太極圖形。又有花臉豆，青黃色有黑暈，形微扁。又有棕角豆，圓形，褐色而緺，亦有黑者。皆豆種之巨擘也。

野豆花

清・吳其濬《植物名實圖考》卷二　野豆花　生雲南山阜，黃花澀葉俱如豆，橫根頗長。

腐婢

宋・李昉《太平御覽》卷第九九三　腐婢　《本草》曰：　腐婢，小豆花也。

宋・唐慎微《證類本草》卷二六米穀部下品〔《本經・別錄》〕　**腐婢**　**味辛，平**，無毒。**主痎**音皆**瘧寒熱，邪氣，洩痢，陰不起**，止消渴，**病酒頭痛。**生漢中，即小豆花也。七月採，陰乾。

〔梁・陶弘景《本草經集注》〕云：　花用異實，故其類不得同品，方家都不用之，今自可依其所主以爲療也。但未解何故有腐婢之名？《本經》不云是小豆花，後醫顯之爾。未知審是否？　今海邊有小樹，狀似梔子，莖條多曲，氣作腐臭，土人呼爲腐婢，用療瘧有效。亦酒漬皮療心腹。恐此當是真。若爾，此條應在木部下品卷中。

〔唐・蘇敬《唐本草》〕注云：　腐婢，山南相承，以爲葛花。《本經》云小豆花，陶復稱海邊小樹，未知孰是？　然葛花消酒，大勝豆花，葛根亦能消酒，小豆全無此效。校量葛、豆二花，葛爲真也。

〔宋・馬志《開寶本草》〕按：　別本注云：　小豆花亦有腐氣。《經》云：　病酒頭痛，即明其療同矣。葛根條中見其花并小豆花，乾末服方寸匕，飲酒不知醉。唐注證葛花是腐婢，非也。陶云：　海邊有小樹，土人呼爲腐婢，其如《經》稱小豆花是腐婢。二家所說證據並非。

〔宋・掌禹錫《嘉祐本草》〕按：《藥性論》云：赤小豆，花名腐婢。能消酒毒，明目，散氣滿不能食。煮一頓服之。又下水氣，并治小兒丹毒熱腫。

〔宋・蘇頌《本草圖經》〕曰：腐婢，小豆花也。生漢中，今處處有之。陶隱居以爲海邊有小木，狀似梔子，氣作臭腐，土人呼爲腐婢，疑是此。蘇恭云：山南相承，呼爲葛花是也。今注云：小豆花，亦有腐氣。按《本經》云：主病酒頭痛。海邊小木，自主瘧及心腹痛。葛花不言主酒病。注云：并小豆花末，服方寸匕，飲酒不知醉。然則三物皆有腐婢名，是異類同名耳。《本經》此比甚多也。一説赤小豆花，亦主酒病。

〔宋・唐慎微《證類本草》〕《外臺秘要》：治渴，小便利復非淋。小豆藿一把，擣取汁，頓服。《食醫心鏡》：主瘖瘧，寒熱邪氣，泄痢，陰氣不足，止渴及病酒頭痛。以小豆花於豉中煮，五味調和，作羹食之。

〔宋・陳承《重廣補注神農本草並圖經》〕別說云：謹按：腐婢，今既收在此，乃是小豆花，設有別物同名，自從所說，不必多辨。《外臺》小豆，治失血尤多，功用殊勝。

宋・王繼先《紹興本草》卷一二　腐婢　紹興校定：腐婢即赤小豆花之別名也。《本經》雖具性味主治，及他方亦具療病之宜，但未聞所驗。然曰主泄痢，陰不起，復云止消渴，病酒頭痛，頗相違矣。大率非起疾取效之物。《本經》云味辛、平、無毒是也。

元・尚從善《本草元命苞》卷九　腐婢　味辛，平。止消渴酒病，主痎瘧寒熱邪氣，散熱腫，小兒丹毒。治洩痢下水，散氣滿不食。斯即小豆花，樹形似梔子，莖條多曲，氣作腐臭，土人呼腐婢。治瘧用有奇。生漢中川谷，今在處有之。

明・滕弘《神農本經會通》卷四　腐婢　即小豆花也。七月採，陰乾。

味辛，氣平，無毒。

《本經》云：主痎瘧寒熱邪氣，洩痢，陰不起，止消渴，病酒頭痛。別本注云：小豆花，亦有腐氣，《經》云主病酒頭痛，即明其療同矣。葛根條中，見其花并小豆花，乾末，服方寸匕，飲酒不知醉。唐注并陶云，二家所說，證據并非。《藥性論》云：赤小豆花，名腐婢，能消酒毒，明目，散氣滿，不能食，煮一頓服之。又下水氣，并治小兒丹毒熱腫。

明・劉文泰《本草品彙精要》卷三七　腐婢無毒　叢生。

腐婢出《神農本經》：主痎音皆瘧寒熱，邪氣，洩利，陰不起，病酒頭痛。以上朱字《神農本經》。止消渴。以上黑字名醫所錄。【名】小豆花、藿葉名也。

【苗】《圖經》曰：腐婢即赤小豆花也。陶隱居以爲海邊有小木，狀似梔子，氣作臭腐，土人呼爲腐婢。《唐本》注云：腐婢，山南相承，呼爲葛花。然則三物皆有腐婢之名，乃異類同名耳。今據《別說》云：腐婢今既收在穀部，當是小豆花也。設有別物同名，名隨部分，不必多辯。此說與《圖經》相合，誠爲赤小豆花也，明矣。【時】生：春生苗。採：夏月取。【收】陰乾。

【用】花。【色】粉紅。【味】辛。【性】平，散。【氣】氣之薄者，陽中之陰。【臭】臭。【主】痎瘧泄痢。【治】療：《圖經》曰：止瘧及心腹痛。《藥性論》云：明目，散氣滿不能食，煮一頓服之。又下水氣并小兒丹毒熱腫。《別錄》云：小豆藿一把，擣汁服，止渴，小便利復作淋。○小豆，止失血。【合治】合酒漬皮，治心腹恐。【解】能消酒毒。

明・王文潔《太乙仙製本草藥性大全》卷四《本草精義》　腐婢　即赤小豆花也。生漢中，今處處有之。陶隱居以爲海邊有小木，狀是梔子，氣作臭腐，土人呼爲腐婢，疑是此。蘇恭云：山南相承，呼爲葛花是也。今注云：小豆花亦有腐氣。按《本經》云：主病酒頭痛。海邊小木，自主瘧及心腹痛。葛花不言主酒病。注云：并小豆花末服方寸〔匕〕，飲酒不知醉。然則三物皆有腐婢名，是異類同名耳，《本經》此上甚多也。一說赤小豆花亦主酒病，治血尤多，功用殊勝。

明・王文潔《太乙仙製本草藥性大全》卷四《仙製藥性》　腐婢即小豆花。

味辛，氣平，無毒。主治：主瘟瘧寒熱如神，治邪氣洩痢奇捷。陰不起仙方，止消渴太妙。病酒頭痛立除，明目氣滿消滅。補註：主瘖瘧寒熱，邪氣泄痢，陰氣不足，止渴。乃病酒頭痛，以小豆花於豉中煮，五味調和作羹食。○解酒毒，用和葛花煎嘗，任酒多不醉。

明・李時珍《本草綱目》卷二四穀部・菽豆類　腐婢《本經》下品

【集解】《別録》曰：腐婢生漢中，小豆花也。七月採之，陰乾四十日。弘景曰：花與實異用，故不同品。方家不用。未解何故有腐婢之名？《本經》不言是小豆花，《別録》乃云，未審是否？今海邊有小樹，狀如巵子，莖葉多曲，氣似腐臭。土人呼爲腐婢，療瘧有效。以酒漬皮服，療心腹疾。此當是真，此條應入木部也。恭曰：腐婢相承以爲葛花。葛花消酒大勝，而小豆全無此效，當以葛花爲真。禹錫曰：按別本云：小豆花亦有腐氣。與葛花同服，飲酒不醉。與《本經》治酒病相合。陶、蘇二說並非。甄權曰：腐婢即赤小豆花也。頌曰：海邊小樹、葛花、赤小豆花，三物皆有腐婢之名，名同物異也。宗奭曰：腐婢既在穀部，豆花爲是，不必多辯。時珍曰：葛花已見本條。小豆能利小便，治熱中，下氣止渴，與腐婢主療相同，其爲豆花無疑。但小豆有數種，甄氏《藥性論》獨指爲赤小豆，今姑從之。

【氣味】辛，平，無毒。【主治】(痰)〔痎〕瘧，寒熱邪氣，泄痢，陰不起。止消渴，病酒頭痛。《本經》。○《心鏡》云：上證，用花同豉汁五味，煮羹食之。消酒毒，明目，下水氣，治小兒丹毒熱核，散氣滿不能食，煮一頓食之《藥性》。治熱中積熱，痔瘻下血。時珍。○宣明葛花丸中用之。

【附方】新二。飲酒不醉：小豆花、葉陰乾百日爲末，水服方寸匕。或加葛花等分。《千金》。疔瘡惡腫：小豆花末，傅之。《普濟方》。

明・姚可成《食物本草》卷五穀部・菽豆類 腐婢即赤豆花，狀似梔子，氣作臭腐，故名。

味辛，平，無毒。主痰瘧，寒熱邪氣。止消渴。病酒頭痛。

附方：治水腫。用赤豆半升，大蒜一顆，生薑五錢，商陸根一條，竝研碎，同水煮爛，去藥，空心食豆，旋旋啜汁令盡，腫立消也。○又方：治水腫從脚起，入腹則殺人。赤豆一斗，煮極爛，取汁五升，溫漬足膝。若已入腹，但食赤豆，勿襍食他物，亦愈。○又方：治水腫。以東行花桑枝燒灰一升，淋汁，煮赤豆一升，以代飯，食之，甚效。○又方：治水鼓腹大，動搖有聲，皮膚黑者。用赤豆三升，白茅根一握，水煮食豆，以消盡腹中水為度。辟禳瘟疫。元旦及元宵，以赤豆二七枚，麻子七枚，投井中，辟瘟疫甚效。○又方：正月七日，新布囊盛赤豆置井中，三日取出，男吞七枚，女吞十四枚，竟年無病也。○又於正旦，面東，以虀水吞赤豆三七枚，一年無諸疾。○又七月立秋日，面西，以井華水吞赤豆七枚，一秋不犯痢疾。治下部卒痛，如鳥啄之狀。用赤豆、大豆各一升，蒸熟，作二囊，更互坐之，即止。治熱毒下血，或因食熱物發作。赤豆末，水服方寸匕。治痔疾血出。赤豆二升，苦酒五升，煮熟，日中晒至酒盡乃止，為末。酒服一錢，日三。治舌上出血如簪孔。赤豆一升，杵碎，水三升和，絞汁服。治熱淋血淋。用赤豆三合，炒為末，煨葱一莖，擂酒調服二錢。治小兒鵝口重舌。赤豆末，醋和塗之。治丹毒如火。赤豆末和雞子白時時塗之。治腮頰熱腫。赤豆末和蜜塗之，一夜即消。或加芙蓉葉末尤妙。治風瘙癮疹。赤豆、荊芥穗等分，為末，雞子白調塗。治胞衣不下。赤豆，男七粒，女十四粒，東流水下。治乳汁不行，赤豆煮汁飲之。治妊娠經水時來，名曰漏胎；或因房室，名曰傷胎。用赤豆芽為末，溫酒服方寸匕，日三，得效乃止。治小兒遺尿，赤豆葉搗汁服之。

清・葉志詵《神農本草經贊》卷三 腐婢 味辛，平。主痎瘧，寒熱邪氣，洩利，陰不起，病酒頭痛。生漢中。

感秋氣腐，畏日憎花。和羹亦有，飲酒無涯。樹尋莖曲，葛引藤斜。草木臭味，群婢紛譁。

名醫曰：小豆花也，七月采。掌禹錫曰：有腐氣故名。《齊民要術》：豆花憎見日，見日則黃爛根焦。《詩》：亦有和羹。《心鏡》：治諸疾用花同豉汁、五味煮羹食。《千金方》：加葛花等分，水調服，飲酒不醉。陶弘景曰：海邊小樹，狀如巵子，莖葉多曲，氣臭腐，能療瘧。土人呼為腐婢。蘇恭曰：腐婢相承，以為葛花，消酒大勝。《左傳》：譬於草木，君之臭味也。《史記・世家》：桓子嘆曰：夫子罪我，以群婢故也。元好問詩：不來堅坐看紛譁。

清・戴葆元《本草綱目易知錄》卷二 豆花腐婢 辛，平。明目，下水氣，起陰痿，解酒毒，止消渴。治痰瘧寒熱，邪氣瀉痢，熱中積熱，痔漏下血，病後頭痛。小兒丹毒熱核，散氣滿不能食，俱煮食。研末，傅疔瘡。

綠豆

唐・孫思邈《千金要方》卷二六《食治・穀米》 青小豆 味甘、鹹，溫，平、濇，無毒。主寒熱、熱中、消渴，止泄利，利小便，除吐逆卒澼、下腹脹滿。一名麻累，一名胡豆。黃帝云：青小豆合鯉魚鮓食之，令人肝至五年成乾痟病。

宋・唐慎微《證類本草》卷二五米穀部中品〔宋・馬志《開寶本草》〕 菉豆 味甘，寒，無毒。主丹毒，煩熱，風疹，藥石發動，熱氣奔豘，生研絞汁服。亦煮食，消腫，下氣，壓熱，解石。用之勿去皮，令人小壅，當是皮寒肉平。圓小綠者佳。又有稙音陟豆，苗子相似，主霍亂吐下，取葉擣絞汁，和少醋溫服，子亦下氣今附。

〔宋・掌禹錫《嘉祐本草》〕按：孟詵云：菉豆，平。諸食法：作餅炙食之佳。謹按：補益，和五藏，安精神，行十二經脉，此最爲良。今人食皆撻去皮，即有少擁氣。若愈病，須和皮，故不可去。又，研汁煮飲服之，治消渴。又，去浮風，益氣力，潤皮肉，可長食之。日華子云：菉豆，冷。益氣，除熱毒風，厚腸胃，作枕明目，治頭風頭痛。

宋・王繼先《紹興本草》卷一二　綠豆　紹興校定：綠豆，性味主治已載《本經》。大率性凉，解諸熱毒。多作食品用之，當云味甘，微寒，無毒是矣。處處種産之。又植豆苗子，然云相似綠豆，自别是一種，及葉皆罕聞療疾用據。

宋・劉明之《圖經本草藥性總論》卷下　菉豆　味甘，寒，無毒。主丹毒煩熱，風疹，藥石發動熱氣，奔豘。日華子云：冷。益氣，除熱毒風，厚腸胃。作枕明目，治頭風頭痛。孟詵云：補益，和五臟，安精神，行十二經脉，此最為良。今人食皆去皮，若愈病，須和皮。又研汁，治消渴，去浮風，益氣力。

宋・陳衍《寶慶本草折衷》卷一九　菉豆餅及汁、及作枕法在内。○粉續附。縉雲云：生處處有之。○續附：粉，俗號真粉，一名潤粉，以菉豆水浸，去皮取肉，和水磨漿，澄墜曬乾為粉。

味甘，平，寒，皮寒肉平無毒。○主丹毒，煩熱，風疹，藥石發動，奔豘，消腫，下氣，壓熱解石。用之勿去皮。圓小綠者佳。○孟詵云：作餅炙食佳。補和五藏，安精神，行十二經脉。今人食皆撻去皮，即有少擁氣。若愈病，須和皮。又研汁煮飲服，治消渴，去浮風，益氣力，潤皮肉。○日華子云：厚腸胃，作枕明目，治頭風頭痛。

續説云：菉豆，於方劑中無甚用也，最宜造粉，瑩白滑潤，止渴，醒酒。然亦壅氣，故不可多食也。又和皮炒之，磨末，産後湯點代茶而啜，足以調順血氣，消釋惡毒矣。

元・忽思慧《飲膳正要》卷三　青小豆　味甘，寒，無毒。主熱中消渴，止下痢，去腹脹。産婦無乳汁，爛煮三五升食之，即乳多。

元・忽思慧《飲膳正要》卷三　菉豆　味甘寒，無毒。主丹毒，風疹，煩熱。和五藏，行經脉。

元・尚從善《本草元命苞》卷九　菉豆　味甘，寒。能解丹熱毒。安和五臟，行諸經脉，益力氣。去浮風，厚腸胃，止消渴。治風疹熱煩，解藥石發動。作枕枕明目袪風。生絞汁，消腫下氣。

元・吴瑞《日用本草》卷二　青豆　味甘，性寒，無毒。不可與鱧魚鮓同食。

主熱中消渴，止痢下脹滿。産婦無乳，煮三、五升，服之即下。菉豆：圓小綠者佳，官綠、油綠，治療則一。味甘，性寒，無毒。主丹毒，煩熱，風疹，和五臟，行十二經絡，治消渴，去浮風，消腫下氣，壓諸熱，解食毒物。菉豆粉：取豆浸，磨，濾過，澄清，浥乾為粉。味甘，性冷，無毒。主益氣，除熱毒，發背癰疽，瘡癤及湯火瘡。解酒食毒。不可近杏仁粉，爛不能索。

明・王綸《本草集要》卷五　菉豆　味甘，氣寒，無毒。皮寒肉平。用之勿去皮。主治消渴，丹毒，煩熱風疹，藥石發動，熱氣奔豚，生研絞汁服，亦煮食。作枕，明目治頭風。

明・滕弘《神農本經會通》卷四　菉豆　皮寒，肉平，用之勿去皮。味甘，氣寒，無毒。一云：冷。

《本經》云：主丹毒，煩熱風疹，藥石發動，熱氣奔豘，生研，絞汁服。亦煮食，消腫下氣，壓熱，解石。用之勿去皮，令人小壅。當是皮寒肉平，圓小綠者佳。又有稙豆苗子相似，主霍亂吐下，取葉，擣絞汁，和少醋，溫服。子，下氣。孟詵云：豆苗，平。諸食法，作餅炙食之佳。謹按：補益，和五臟，安精神，行十二經脉，此最為良。今人食皆撻去皮，即有少許氣。若愈病，須和皮，故不可去。又研汁，煮飲服之，治消渴。又去浮風，益氣力，潤皮肉，可長食之。日華子云：菉豆，冷。益氣，除熱毒風，厚腸胃。作枕明目，治頭風頭痛。菉豆粉，去丹風，解一切毒，霍亂吐翻。

明・劉文泰《本草品彙精要》卷三六　菉豆無毒。稙豆附。

菉豆：主丹毒，煩熱，風疹，藥石發動，熱氣，奔豘，生研絞汁服。亦煮食，消腫，下氣，壓熱，解石。用之勿去皮，令人小壅，當是皮寒肉平。又有稙音陟豆，主霍亂吐下，取葉擣絞汁，和少醋溫服。子，亦下氣。名醫所錄。

【苗】謹按：菉豆，苗高一二尺，叢生，莖葉有毛，其葉似大豆葉而小，五六月開白花，作莢，每莢有子五七枚，至八九月成熟。入藥以圓小綠者佳。今人食之皆撻去皮，即少有壅氣，而《本經》所言信矣。若愈病，故不可去其皮也。又有稙豆，苗，子雖亦相似而别是一種也。【地】南北處處皆有之。【時】生：春生苗。採：秋收實。【收】日乾。【用】實。【色】綠。【味】甘。【性】寒，緩。【氣】氣之薄者，陽中之陰。【臭】腥。【主】和五臟，去諸熱。【行】十二經脈。【製】去莢和皮用。【治】療：日華子云：除熱毒風及頭風，頭痛。作枕枕之，明目。孟詵云：研汁煮服，止消渴，去浮風。補：日華子云：益氣，厚腸胃。孟詵云：和五臟，安精神，益氣力，潤皮肉，可常食之。

明・劉文泰《本草品彙精要》卷三七 青小豆無毒 植生。

青小豆：主熱中，消渴，止下痢，去腹脹。産婦無乳汁，爛煮三五升，食之即乳多。今補。〔苗〕謹按：此種苗、葉、花、實皆與大豆相似，惟其實小而色青爲異也。〔地〕處處皆有之。〔時〕生：夏生苗。採：秋取實。〔收〕日乾。〔用〕實。〔色〕青。〔味〕甘。〔性〕寒。〔氣〕氣之薄者，陽中之陰。〔臭〕腥。

明・盧和、汪穎《食物本草》卷一穀類 菉豆 味甘，寒，無毒。主治消渴，丹毒，煩熱，風瘮，補益，和五臟，行經脉，解食物諸藥毒發動風氣，消腫下氣。若欲去病，須不去皮，蓋皮寒肉平。煮食作餅，炙佳。一云：為粉盪皮，能解酒毒，以水調服之。亦能解菰、砒毒。

明・許希周《藥性粗評》卷三 菉豆帶皮，可消百毒。

菉豆，圓小綠色者佳，帶皮入藥，亦有用粉者。味甘，性寒，無毒。主治皮膚風熱，霍亂，解金石及砒等毒，利膀胱，清頭目，消腫下氣。

單方：頭風目暗：以菉豆作枕，睡之良。

明・鄭寧《藥性要略大全》卷四 菉豆粉 醒酒，解砒毒。〇豆芽：下婦人瘀血，治濕痹筋攣。味甘，氣平，無毒。用大豆發芽，晒乾名豆卷。去殼入藥。

明・寧源《食鑒本草》卷下 菉豆粉 味甘，涼、平，無毒。解諸熱。熟者膠粘，難得尅化，脾胃虚弱人、病者忌之。《痘疹方》：小兒痘疹十餘日，濕爛不結痂者，以乾豆粉貼之。

明・寧源《食鑒本草》卷下 綠豆 味甘，寒。除煩熱，消丹毒風瘮，解一切藥草、蟲魚、牛馬、金石等毒，和五臟，安精神。孫真人云：作枕治頭風頭痛，明目。

明・王文潔《太乙仙製本草藥性大全》卷四《本草精義》 緑豆 舊不載所出州土。今田野處處有。苗葉似赤小豆而略小，子粒小而圓，小綠者佳。諸食法作餅炙食之佳。謹按：補益，和五臟，安精神，行十二經脉，此最爲良。今人食皆撻去皮，即有少擁氣，若愈病須和皮，故不可去。又研汁煮飲服之治消渴。取葉搗絞汁和少醋溫服，子亦下氣。

明・王文潔《太乙仙製本草藥性大全》卷四《仙製藥性》 菉豆 味甘，皮寒，氣平，無毒。主治：主丹毒，解藥石風瘮大效。厚腸胃，散熱氣殯如神。煮食消腫下氣，壓熱解石尤奇。研汁去浮風，潤肌益氣；煎湯解酒毒，煩熱兼除。豆粉：敷腫癰，丹毒且壓。益氣力，潤皮肉，厚腸胃，養精神。五臟能和，常食不忌。苗蘖：清心明目，主霍亂吐瀉。花，採曝收藏，解醒湯亦用。葉，搗汁和醋服，治嘔吐霍亂。皮，築枕能明目，止頭痛頭風。

明・皇甫嵩《本草發明》卷五 菉荳 中品。味甘，寒，無毒。一云皮寒，肉平。

主丹毒煩熱，風瘮，藥石發動熱氣，奔豘，生研，絞汁服。亦煮食，消腫下氣，壓熱解石。用之勿去皮，令人小壅，當是皮寒肉平也。註云：補五臟，安精神，能行十二經絡，解酒毒，除煩熱。作粉敷腫毒丹毒，益氣力，潤皮肉，厚腸胃，養精神。作枕，明目踈風。圓小綠者佳。作餅，炙食佳。花，解酒。與葛花共解酒毒。

明・李時珍《本草綱目》卷二四穀部・菽豆類 緑豆宋《開寶》

〔釋名〕時珍曰：緑以色名也。舊本作菉者，非矣。〔集解〕志曰：緑豆圓小者佳。粉作餌炙食之良。大者名稙豆，苗、子相似，亦能下氣治霍亂也。瑞曰：有官緑、油緑，主療則一。時珍曰：緑豆處處種之。三四月下種，苗高尺許，葉小而有毛，至秋開小花，莢如赤豆莢。粒粗而色鮮者爲官緑；皮薄而粉多、粒小而色深者爲油緑；皮厚而粉少早種者，呼爲摘緑，可頻摘也；遲種呼爲拔緑，一拔而已。北人用之甚廣，可作豆粥、豆飯、豆酒，炒食、麨食，磨而爲麪，澄濾取粉，可以作餌頓糕，蕩皮搓索，爲食中要物。以水浸濕生白芽，又爲菜中佳品。牛馬之食亦多賴之。真濟世之良穀也。

〔氣味〕甘，寒，無毒。藏器曰：用之宜連皮，去皮則令人少壅氣，蓋皮寒而肉平也。〇反榧子殼，害人。合鯉魚鮓食，久則令人肝黄成渴病。〔主治〕煮食，消腫下氣，壓熱解毒。生研絞汁服，治丹毒煩熱風瘮，藥石發動，熱氣奔豚《開寶》。治寒熱熱中，止泄痢卒澼，利小便脹滿思邈。厚腸胃。作枕，明目，治頭風頭痛。除吐逆《日華》。補益元氣，和調五臟，安精神，行十二經脈，去浮風，潤皮膚，宜常食之。煮汁，止消渴孟詵。解一切藥草、牛馬、金石諸毒甯原。治痘毒，利腫脹時珍。

〔發明〕時珍曰：緑豆肉平皮寒，解金石、砒霜、草木一切諸毒，宜連皮生研水服。按《夷堅志》云：有人服附子酒多，頭腫如斗，唇裂血流。急求緑豆、黑豆各數合嚼食，並煎湯飲之，乃解也。

〔附方〕新十。扁鵲三豆飲：治天行痘瘡。預服此飲，疏解熱毒，縱出亦少。用緑豆、赤小豆、黑大豆各一升，甘草節二兩，以水八升，煮極熟。任意食豆飲汁，七日乃止。○一方：加黄大豆、白大豆，名五豆飲。　痘後癰毒：初起，以三豆膏治之神效。緑豆、赤小豆、黑大豆等分，爲末。醋調時時掃塗，即消。《醫學正傳》。　防痘入眼：用緑豆七粒，令兒自投井中，頻視七遍，乃還。　小兒丹腫：緑豆五錢，大黄二錢，爲末，用生薄荷汁入蜜調塗。《全幼心鑑》。　赤痢不止：以大麻子，水研濾汁，煮緑豆食之，極效。粥食亦可。《必效方》。　老人淋痛：青豆二升，橘皮二兩，煮豆粥，下麻子汁一升，空心漸食之，並飲其汁，甚驗。《養老書》。　消渴飲水：緑豆煮汁，並作粥食。《普濟方》。

心氣疼痛：緑豆廿一粒，胡椒十四粒，同研，白湯調服即止。　多食易飢：緑豆、黄麥、糯米各一升，炒熟磨粉。每以白湯服一杯，三五日見效。　十種水氣：用緑豆二合半，大附子一隻，去皮臍，切作兩片，水三碗，煮熟，空心卧時食豆。次日將附子兩片作四片，再以緑豆二合半，如前煮食。第三日别以緑豆、附子如前煮食。第四日如第二日法煮食。水從小便下，腫自消。未消再服。忌生冷、毒物、鹽、酒六十日，無不效者。《朱氏集驗方》。

緑豆粉　【氣味】甘，凉、平，無毒。原曰：其膠粘者，脾胃虚人不可多食。瑞曰：勿近杏仁，則爛不能作索。　【主治】解諸熱，益氣，解酒食諸毒，治發背癰疽瘡腫，及湯火傷灼吴瑞。　痘瘡濕爛不結痂疕者，乾撲之良甯原。　新水調服，治霍亂轉筋，解諸藥毒死，心頭尚温者時珍。　解菰菌、砒毒汪穎。

【發明】時珍曰：緑豆色緑，小豆之屬木者也，通於厥陰、陽明。其性稍平，消腫治痘之功雖同赤豆，而壓熱解毒之力過之。且益氣，厚腸胃，通經脈，無久服枯人之忌。但以作凉粉，造豆酒，或偏於冷，或偏於熱，能致人病，皆人所爲，非豆之咎也。豆粉須以緑色粘膩者爲真。外科治癰疽有内托護心散，極言其神效，丹溪朱氏有論發揮。震亨曰：《外科精要》謂内托散，一日至三日進十數服，可免毒氣内攻臟腑。切詳緑豆解丹毒，治石毒，味甘，入陽明，性寒能補爲君。以乳香去惡腫，入少陰，性温善竄爲佐。甘草性緩，解五金、八石、百藥毒爲(佳)〔使〕。想此方專爲服丹石發疽者設也。若夫年老者、病深者、證備者，體虚者，緑豆雖補，將有不勝其任之患。五香連翹湯亦非必用之劑。必當助氣壯胃，使根本堅固，而行經活血爲佐，參以經絡時令，使毒氣外發，此則内托之本意，治施之早，可以内消也。

【附方】新十二。　護心散：又名内托散、乳香萬全散。凡有疽疾，一日至三日之内，宜連進十餘服，方免變證，使毒氣出外。服之稍遲，毒氣内攻，漸生嘔吐，或鼻生瘡菌，不食即危矣。四五日後，亦宜間服之。用真緑豆粉一兩，乳香半兩，燈心同研和匀，以生甘草濃煎湯調下一錢，時時呷之。若毒氣冲心，有嘔逆之證，大宜服此。蓋緑豆壓熱下氣，消腫解毒。乳香消諸癰腫毒。服至一兩，則香徹瘡孔中，真聖藥也。李嗣立《外科方》。　瘡氣嘔吐：緑豆粉三錢，乾胭脂半錢，研匀。新汲水調下，一服立止。《普濟》。　霍亂吐利：緑豆粉、白糖各二兩，新汲水調服，即愈。《生生編》。　解燒酒毒：緑豆粉蕩皮，多食之即解。　解鴆酒毒：緑豆粉三合，水調服。　解砒石毒：緑豆粉、寒水石等分，以藍根汁調服三五錢。《衛生易簡》。　解諸藥毒：已死，但心頭温者。用緑豆粉調水服。《衛生易簡方》。　打撲傷損：用緑豆粉新銚炒紫，新汲井水調傅，以杉木皮縛定，其效如神。此汀人陳氏夢傳之方。《澹寮方》。　杖瘡疼痛：緑豆粉炒研，以鷄子白和塗之，妙。《生生編》。　外腎生瘡：緑豆粉、蚯蚓糞等分，研塗之。　暑月痱瘡：緑豆粉二兩，滑石一兩，和匀撲之。一加蛤粉二兩。《簡易方》。　一切腫毒：初起。用緑豆粉炒黄黑色，猪牙皂莢一兩，爲末，用米醋調敷之。皮破者油調之。《邵真人經驗方》。

豆皮　【氣味】甘，寒，無毒。　【主治】解熱毒，退目翳時珍。

【附方】新一。　通神散：治瘢痘目生翳。緑豆皮、白菊花、穀精草等分，爲末。每用一錢，以乾柹餅一枚，粟米泔一盞，同煮乾。食柹，日三服。淺者五七日見效，遠者半月見效。《直指方》。

豆莢　【主治】赤痢經年不愈，蒸熟，隨意食之良。時珍。○出《普濟》。

豆花　【主治】解酒毒時珍。

豆芽　【氣味】甘，平，無毒。　【主治】解酒毒熱毒，利三焦時珍。

【發明】時珍曰：諸豆生芽皆腥韌不堪，惟此豆之芽白美獨異。今人視爲尋常，而古人未知者也。但受濕熱鬱浥之氣，故頗發瘡動氣，與緑豆之性稍有不同。

豆葉　【主治】霍亂吐下，絞汁和醋少許，温服《開寶》。

明·佚名氏《醫方藥性·草藥便覽》　菉豆　其性甘。解砒毒，去熱。

明·梅得春《藥性會元》卷中　菉豆　味甘，寒，無毒。主治丹毒煩熱，風疹，藥石發動，熱氣奔豚。生研汁服，亦煮食，消腫下氣，壓熱解石用之。勿去皮，令人小壅。當是肉平，皮寒。圓小緑者佳。

明·穆世錫《食物輯要》卷二　小青豆、赤白豆　性味相同。並不可與魚同食。

菉豆　味甘，性凉，無毒。能行十二經絡氣。解酒，制金石、草木、砒毒。生研，水服良；熟食，和五臟。去皮食多，反令壅氣。同鯉魚食，成肝黄渴病。昔人飲附子酒，頭腫唇裂流血，用菉豆、黑豆各升許，嚼食及煎湯多飲，乃解。花性寒，解酒毒。

明·穆世錫《食物輯要》卷三　菉豆芽菜　味甘，性凉，無毒。解酒，清熱明目，利三焦。但受鬱浥之氣所生，多食，發瘡動氣。

明・穆世錫《食物輯要》卷八　粉皮　味甘、淡，性凉，無毒。解酒及厚味飲食熱毒。多食難化，令腹痛泄瀉。食杏仁能消。又索粉，亦菉豆粉所作，性味功用同。

明・李中立《本草原始》卷五　綠豆　處處種之。三四月下種，苗高尺許。葉尖而有毛，至秋開小花，莢如赤豆莢。入藥以粒小而色鮮者為良。綠以色名也。舊本作菉者，非也。綠豆：　氣味：　甘，寒，無毒。主治：　煮食消腫，下氣，壓熱解毒。生研絞汁服，治丹毒煩熱，風瘮，藥石發動，熱氣奔豚。○治寒熱熱中，止泄痢卒澼，利小便脹滿。○厚腸胃，作枕明目，治頭風頭痛。除吐逆。○補益元氣，和調五臟，安精神，行十二經脉。去浮風，潤皮膚，宜常食之。煮汁，止消渴。○解一切藥草、牛馬、金石諸毒。治痘毒，利腫脹。

綠豆粉：　氣味：　甘，涼，平，無毒。主治：　解諸熱，益氣，解酒食諸毒，治發背癰疽瘡腫，及湯火傷灼。○痘瘡濕爛，不結痂疕者，乾撲之良。○新水調服，治霍亂轉筋。解諸藥毒死，心頭尚溫者。○解菰菌、砒毒。

綠豆，宋《開寶》。【圖略】綠豆，粒粗而色鮮者，皮薄而粉多；　粒小而色深者，皮厚而粉少。早種者呼為摘綠，可頻摘也；　遲種〔者〕呼為拔綠，一拔而已。北人用之甚廣，可作豆粥、豆酒，磨麪澄清取粉。以水浸濕，生白芽，又為菜中佳品。牛馬之食亦多賴之，真濟世之良穀也。綠豆，皮寒，肉平，宜連皮用。

汴州涇口市民陳公，誦觀音甚誠。慶元初出行，攧折一足，忍痛叫菩薩。越三晝夜，夢一僧柱杖持缽，登門問所苦。陳曰：　不幸折一足，貧，無力訪醫，只得告佛。僧曰：　不用過憂，吾有一方接骨膏，正可治汝。便買綠豆粉，於新鐵銚内炒令真紫色，旋汲水調成稀膏，厚傅損處，須教偏滿，貼以白紙，將杉木縛定，其效如神，不必假他劑也。語訖，僧忽不見。陳亦窹，如方修製，用之則愈。

明・張懋辰《本草便》卷二　菉豆　味甘，氣寒，無毒。皮寒肉平。用之勿去皮。　主治消渴，丹毒煩熱，風瘮，藥石發動，熱氣奔豚。

明・吴文炳《藥性全備食物本草》卷一　菉豆　【略】葉治消渴，搗絞汁，和少醋，溫服。皮菉枕能明目，止頭痛頭風。

明・吴文炳《藥性全備食物本草》卷四　菉豆粉　味甘淡，性凉，無毒。敷癰疽，壓丹石毒，益氣力，潤皮膚，厚腸胃，養精神五臟，解飲食熱毒。粉皮、索粉多食難化，令腹痛泄瀉。食杏仁能消。

明・趙南星《上醫本草》卷一　綠豆粉　甘，涼，平，無毒。主治：　解諸熱，益氣，酒食諸毒、菰菌砒毒，治發背癰疽瘡腫及湯火傷灼。新水調服，治霍亂轉筋。　脾胃虛人不可多食。

附方　霍亂吐利：　綠豆粉、白糖各三兩，新汲水調服，即愈。　瘡氣嘔吐：　綠豆粉三錢，胭脂半錢，研勻。新汲水調下，一服立止。　解燒酒毒：　綠豆粉盪皮，多食之，即解。　解砒石毒：　綠豆粉、寒水石等分，以藍根汁調服三五錢。　諸藥毒死，〔但〕心頭溫者：　用綠豆粉，新汲水調服。　痘瘡濕爛：　不結痂疕者，用乾粉撲之。

綠豆　綠，以色名也。作菉者，非矣。今處處種之，圓小者佳。粉作餌，炙食之，良。以水浸濕，生白芽，為菜中佳品，真濟世之良穀也。時珍曰：　綠豆肉平皮寒，療解似與小豆同功，無久服枯人之忌。按《夷堅志》云：　有人服附子酒多，頭腫如斗，唇裂血流，急求綠豆、黑豆各數合，嚼食，并煎湯飲之，乃解也。　甘，寒，無毒。主治：　補益元氣，和調五臟，安精神，行十二經脉，去浮風，潤皮膚，厚腸胃。治頭風頭痛，寒熱熱中，除吐逆，止泄痢卒澼，利小便。脹滿腫脹及治痘毒，煮食。消腫下氣，壓熱解毒，宜常食之。作枕，明目。煮汁，止消渴，生研連皮絞汁，新汲水服，解丹毒煩熱，風瘮，藥石發動，熱氣奔豚，金石、砒霜、草木、牛馬一切諸毒用之。宜連皮，去皮則令人少壅氣。合鯉魚鮓食，久則令人肝黄成渴病。作涼粉，偏于冷耳。

附方　心氣疼痛：　綠豆二十一粒，胡椒十四粒。同研，白湯調服，即止。

豆皮：　甘，寒，無毒。主治：　解熱毒，退目瞖。

豆莢：　即豆角。

豆芽：　諸豆生芽皆腥韌不堪，惟此豆之芽白美獨異。　甘，平，無毒。主治：　解〔酒〕毒，熱毒，利三焦。

時珍曰：　但受濕熱鬱浥之氣，故頗發瘡動氣，與綠豆之性，稍有不同。

豆葉：　主治：　霍亂吐下，絞汁和醋少許，溫服。

明・李中梓《藥性解》卷一　菉豆　味甘，性寒，無毒，入心、胃二經。主除熱毒，厚腸胃，散風消腫下氣，補臟養神，留皮用。　按：　菉豆寒則入心而瀉火，甘則入胃而和中，禹錫具稱其補益，宜長食之，又堪作枕，能明目，治頭痛。

明・繆希雍《本草經疏》卷二五　菉豆　味甘，寒，無毒。主丹毒，煩熱，風疹，藥石發動。熱氣奔豘，生研絞汁服。亦煮食，消腫下氣，壓熱解石。用之勿去皮，令人小壅。

【疏】綠豆稟土中之陰氣，故其味甘氣寒無毒。入足陽明經。夫丹石之藥，氣悍而性熱，多服則火動，上升為煩熱，甚則口鼻出血，狂悶躁擾。甘寒能除熱下氣解毒，故主服丹石藥人毒發煩熱也。陽明客熱，則發出風疹，以胃主肌肉，熱極生風故也。解陽明之熱，則風疹自除。脹滿者，濕熱侵於脾胃也。熱氣奔豘者，濕熱客於腎經也。除濕則腫消，壓熱則氣下，益脾胃而腎邪亦自平也。孫思邈：主寒熱熱中，止泄痢，卒澼，利小便脹滿。日華子：主厚腸胃。作枕，明目，治頭風頭痛，益氣，除熱毒風。孟詵：主去浮風，益氣力，治消渴，和五臟，安精神。可常食之，功效不可備述。

【主治參互】扁鵲三豆飲，治天行痘瘡，預服此飲，疎解熱毒，縱出亦少。用菉豆、赤小豆、黑豆各一升，甘草節二兩，以水八升，煮極熟。任意吞豆飲汁，七日乃止。《醫學正傳》痘後癰毒初起，以三豆膏治之，神效。菉豆、赤小豆、黑大豆等分，為末。醋調時時掃塗，即消。《全幼心鑑》小兒丹腫，菉豆五錢，大黃二錢，為末，用生薄荷汁入蜜調塗。中砒毒者，研汁飲之。【簡誤】脾胃虛寒滑泄者，忌之。

明・繆希雍《本草經疏》卷三〇　菉豆粉　甘，涼，無毒。主解諸熱，益氣，解酒食諸毒。治發背癰瘡腫及湯火傷灼。

【疏】菉豆粉，所稟氣味與菉豆同。故能解諸熱，及酒食毒，湯火傷灼也。發背癰疽瘡腫，皆熱毒所致，甘寒解陽明之熱，則毒氣不至犯胃而嘔惡，腸胃清涼而諸腫散矣。熱傷氣，除熱故能益氣也。【主治參互】李嗣立《外科精要》護心散，又名內托散、乳香萬全散。凡有疽疾，一日至十三日內，宜連進十餘服，方免變證，使毒氣出外。服之稍遲，毒氣內攻，漸生嘔吐，或鼻生瘡菌，不食即危矣。四五日亦宜間服之。用真菉豆粉一兩，乳香半兩，燈心同研和勻，以生甘草煎濃湯，調下一錢，時時呷之。若毒氣衝心有嘔逆之證，大宜服此。蓋菉豆壓熱下氣，消腫解毒，乳香消諸癰腫毒。服至一兩，則香徹瘡孔中，真聖藥也。一方有丹砂二錢半。《衛生易簡》解砒石毒，菉豆、寒水石等分，以藍汁調服三五錢。又方，夏月痱瘡，菉豆粉二兩，滑石一兩，和勻撲之。一方加蛤粉。《生生編》杖瘡疼痛，菉豆粉炒研，以雞子白和塗之，妙。《澹寮方》打撲傷損，用菉豆粉炒紫色，新汲水調傅，以杉木皮縛定，其效如神。菉豆皮：能解熱毒，退目翳。《直指方》通神散：治斑痘後目生翳，用菉豆皮、甘菊花、穀精草等分，為末。每服一錢，以乾柿餅一枚，粟米泔一盞，同煮乾。食柿，日三服。淺者五七日見效，遠者半月見效。【簡誤】菉豆粉性涼，脾胃虛寒易泄者，勿多食。

明・倪朱謨《本草彙言》卷一四　綠豆　味甘，氣寒，無毒。可升可降，陽中陰也。入厥陰、陽明經。李氏曰：綠豆處處有之。三月下種，苗高尺許，葉小而有毛，至秋開小花，莢如赤豆莢。粒麤而色鮮者爲官綠，皮薄而粉多。粒小而色深者爲油綠，皮厚而粉少。早種者呼爲摘綠，可頻摘也。遲種者呼爲拔綠，一拔而已。北人用之甚廣，可作豆粥、豆飯、豆酒。磨而爲麪，澄濾作粉，可以作餌、蒸糕、蕩皮，搓索，爲食中常用之物。以水浸濕，畬芽，又爲菜中佳品。真濟世之良穀也。

綠豆：《食物》清暑熱，《開寶》靜煩熱，安常潤燥熱，時珍解毒熱之藥也。潘氏碩甫曰：綠豆色綠，青黃之間色也。所以李時珍稱爲通厥陰、陽明經，爲肝脾之用藥也。《開寶》方：主一切熱毒、熱氣、燥熱及金石丹火，藥毒酒毒，煤毒烟毒，爲病煩熱燥熱，口渴、脹悶，便閉及腹痛、頭疼，水瀉、血痢諸證，用此壓熱解毒，功必倍之。但氣味甘寒，能治虛熱，故孟詵方言補益元氣，和調藏府，安養精神，去十二經血脉中風燥。此專爲天行暑熱，金石丹火諸毒熱者設也。若夫老人，元虛氣弱，脾胃不實，飲食減少，大宜溫養者，此藥雖良，終非所宜。多食久食，必有寒滯胃腸，致生滿脹之患。

集方：《方脉正宗》治暑熱霍亂。用綠豆五合，煮湯頓冷，調六一散三錢服。○同前治用力人，勞擾煩熱。用綠豆五合，人參三錢，煮湯一升，徐徐飲之。○治風燥血熱，大便結燥，小水赤澀。用綠豆一升，懷熟地四兩，麥門冬五兩，水五升煮汁，徐徐代茶飲之。○治金石丹火藥毒，并酒毒、煤毒、烟毒爲病。用綠豆一升，生搗末，豆腐漿二碗調服，一時無豆腐漿，用糯米泔頓溫亦可。○解砒石毒。用綠豆五合，生搗末，取冬青葉一握，搗汁調服。

豆芽菜：味甘，氣寒，無毒。李氏曰：解毒清暑，通利三焦，潤達二便。但受濕熱鬱浥之氣而生，故善發瘡動氣，與綠豆之性稍有不同，而古人未之知也。

豆葉：　味苦，氣寒，無毒。《開寶》方治疔毒癍疹，金石丹火諸毒，及霍亂吐下，并絞汁和溫湯飲之。〇治風癬乾疥。用綠豆葉搗爛，和米醋少許，用舊帛擦之。〇稀痘方：　用綠豆、赤豆、黑豆、甘草各一兩，共微炒爲細末，用竹筒削去青皮，兩頭留節，一頭鑿一孔，以豆葉末入筒中，用杉木砧塞緊，黃蠟封固，外以小繩繫之，投入臘月糞厠中，滿一月即取出，洗淨風乾。每藥一兩，配臘月梅花瓣三錢，和勻，入紙封套內略烘乾。兒大者用一錢，小者用五分，以霜後絲瓜藤上小藤絲煎湯調，空心服，一月服一次，永無痘患。《廣筆記》。

明・應慶《食治廣要》卷二　綠豆　氣味：　甘，寒，無毒。煮食，消腫下氣，解金石砒毒。生研絞汁服，治丹毒煩熱，風瘮，藥石發動，熱氣，奔豚，寒熱，熱中，止泄痢，利小便，厚腸胃，補益元氣，調和五藏。作枕，明目。治頭風痛，任作豆粥、豆飯、豆酒。磨而為麪，澄濾取粉，可以作餌、頓餻、盪皮、搓索，為食中要物。以水浸罨成芽，又為菜中佳品。即牛馬之食，亦多賴之，真濟世之良穀也。

明・姚可成《食物本草》卷七菜部・柔滑類　豆芽菜夏秋間用綠豆浸三日，芽長寸許，為蔬品潔淨之美物。

豆芽菜，味甘，涼。主解毒，清臟腑積熱，利腸胃。脾胃虛寒之人不宜久食。

明・姚可成《食物本草》卷五穀部・炊蒸類　粉皮以綠豆真粉水調，稠薄得所，每用少許入錫鏇內，隔沸湯旋轉，少頃便成，以供素饌，或同青菜、薑、筍、醬、油共煮，極為妙品。

粉皮，味甘，滑。清熱解毒，調和五臟，安養精神，潤澤肌膚。性稍寒涼，脾泄者勿食。

索粉以綠豆粉搓線下湯煮熟，味美而滑。

索粉，味甘，涼，無毒。滋臟腑，益腸胃，涼血，解諸毒，涼大腸，止下血。

豆炙以綠豆水浸去殼，和水磨細，煎成餅餌。椒、鹽、油炒食之。

豆炙，味甘，平，無毒。主益元氣，利三焦，和脾胃，解利（謂）〔諸〕熱，通小便。

明・姚可成《食物本草》卷五穀部・菽豆類　綠豆處處種之。三四月下種，苗高尺許，葉小而有毛，至秋開小花，莢如赤豆莢。粒粗而色鮮者，為官綠；　皮薄而粉多，粒小而色深者，為油綠；　早種者呼為摘綠，可頻摘也；　遲種呼為拔綠，一拔而已。北人用之甚廣，可作豆粥、豆飯、豆酒、熓食、麨食，磨而為麪，澄濾取粉，可以作餌頓餻，盪皮搓索，為食中佳品。以水浸溼生白芽，又為菜中清潔之味。牛馬之食亦多賴之。真濟世之長穀也。

綠豆，味甘，寒，無毒。煮食，消腫下氣，壓熱解毒。生研絞汁服，治丹毒，煩熱風疹，藥石發動，熱氣奔豘。厚腸胃。作枕，明目，治頭風頭痛。除吐逆。常食之，補益元氣，和調五藏，安精神，行十二經脉，去浮風，潤皮膚。煮汁，止消渴，解一切藥草、牛馬、金石諸毒。不可與鯉魚同食，令人肝黃成渴病。李時珍曰：　綠豆肉平皮寒，解金石、砒霜、草木一切諸毒，宜連皮生研水服。一人服附子酒多，頭腫如斗，唇裂血流。急求綠豆、黑豆各數合嚼食，并煎湯飲之，乃解也。

綠豆粉俗稱真粉。　味甘，涼、平，無毒。解諸熱，益氣，解酒食諸毒，治發背癰疽瘡腫及湯火傷灼，痘瘡不結痂、濕爛腥臭者，乾撲之，良。治霍亂轉筋，解菰菌、砒毒及諸藥毒死、心頭尚溫者。俱用新汲水調灌，即活。李時珍曰：　綠豆消腫治痘之功雖同赤豆，而壓熱解毒之力過之。且益氣，厚腸胃，通經脉，無久服枯人之患。但以作涼粉，造豆酒，或偏於冷，或偏於熱，能致人病，皆人所為，非豆之咎也。豆粉須以綠色粘膩者為真。外科治癰疽有內托護心散，極言其神效，須一日至三日進十數服，可免毒氣內攻臟腑。

綠豆磨末　用之盥滌，去頭面手指垢膩勝於皂莢諸物。

綠豆皮　味甘，寒，無毒。解熱毒，退目翳。

綠豆莢　治赤痢經年不愈，蒸食之，良。

綠豆花　解酒毒。

綠豆芽　味甘，平，無毒。解酒毒熱毒，利三焦。受溼鬱而生，頗發瘡動氣，與綠豆之性稍有不同。

綠豆葉　治霍亂吐下，絞汁和醋少許，溫服。

附方：　防痘入目。用綠豆七粒，令兒自投井中，頻視七遍，乃還。　飲燒酒太過欲死。用真粉盪皮，食之即解。　護心散，凡有疽疾，一日至三日之內，宜連進十餘服，方免變症，使毒氣出外。服之稍遲，毒氣內攻，漸生嘔吐，或鼻生瘡菌，不食即危矣。四五日後，亦宜間服之。用真綠豆粉一兩，乳香五錢，燈心同研和勻，以生甘草濃煎湯調下一錢，時時呷之。若毒氣沖心，有嘔逆之症，大宜服此。蓋綠豆壓熱下氣，消腫解毒。服至一兩，則香徹瘡孔中，真聖藥也。　解鴆酒毒。綠豆粉三合，水調服。　解砒石毒。綠豆粉、寒水石等分，以藍根汁調服三五錢。　解諸藥毒已死，但心頭溫者。用綠豆粉水調服。　治官刑打傷。綠豆粉炒研，以雞子白和塗之。　治外腎生瘡。綠豆粉、曲蟮屎和塗之。　治打撲傷。用綠豆粉炒紫色，新汲水調傅傷處，外以杉木皮縛定，其効如神。此汀州陳氏夢傳之方。　治一切腫毒初起。用綠豆粉炒黑，醋調傅之。　治痘目翳。綠豆皮、白菊花、穀精草等末，每〔用〕一錢，以乾柹餅一枚，粟米泔一盞，同煮乾。食柹。日三服，半月見效。

明・顧逢柏《分部本草妙用》卷九穀部　綠豆　甘，寒，無毒。用之宜連皮。　主治：消腫下氣，解毒除熱。汁，解丹毒煩熱，厚腸胃，明目，治頭風痛，吐逆，行十二經脉，去浮風，潤皮膚。煮汁止消渴，解一切藥草、牛馬、金石諸毒，治痘毒神効。　綠豆最能解毒，有人服附子酒，頭腫脣裂血流，急求綠豆、黑豆各數合，嚼食乃効。故解諸毒如神。　粉，甘，涼、平，無毒。主治：解諸熱，益氣，解酒食諸毒。治發背癰疽，腸毒，湯火傷灼，痘瘡不結痂，濕爛，乾撲之良。霍亂轉筋，藥毒死，心頭尚溫者，新汲水調灌良。　豆粉消腫之功，雖同赤小豆，而壓熱解毒之力過之，且無久服枯人之忌。《外科精要》內托散，一日進十數服，可免毒氣內攻。與乳香同服，即護心散。

明・孟笨《養生要括・穀部》　綠豆　味甘，寒，無毒。煮食，消腫下氣，壓熱解毒，止泄痢，利小便脹滿。作枕，明目，治頭風頭痛，除吐逆。補益元氣，和調五臟，去浮風，潤皮膚。煮汁，止消渴。解一切藥草、牛、馬、金石諸毒。治痘毒，利腫脹。

粉：味甘，涼、平，無毒。解諸熱，益氣，解酒食諸毒。治發背癰疽瘡腫，及湯火傷灼。痘瘡濕爛不結痂疕者，乾撲之良。新水調服，治霍亂轉筋，解諸藥毒死，心頭尚溫者。解菰菌、砒毒。

芽：味甘，平，無毒。解酒毒、熱毒，利三焦。

明・李中梓《醫宗必讀・本草徵要下》　菉荳味甘，寒。入肝經，反榧子，殼惡鯉魚。　解熱毒而止渴，去浮風而潤膚。利小便以治脹，厚腸胃以和脾。　菉荳屬木，通于厥陰，解毒之功，過于赤荳。但功在綠皮，若去殼即壅氣矣。

按：胃寒者不宜食。

明・蔣儀《藥鏡》卷四寒部　綠豆　入心瀉火，熱毒以除。入胃和中，風瘮以散。豆皮留作枕臥，堪清目翳頭風。偕大黃之與薄荷，小兒丹腫，可塗抹也。同乳香之于甘草，內攻疽毒，使外行焉。滑石、蛤粉勻和，暑月痱瘡可撲。涼生夏雪，快並秋風。

明・張景岳《景岳全書》卷四九《本草正》　綠豆　味甘，性涼。能清火清痰，下氣，解煩熱，止消渴，安精神，補五藏陰氣，去胃火吐逆，及吐血衄血，尿血便血，濕熱瀉痢腫脹，利小水。療丹毒風疹，皮膚燥澁，大便秘結，消癰腫痘毒，湯火傷痛，解酒毒鴆毒，諸藥、食、牛、馬、金石毒，尤解砒霜大毒。或用囊作枕，大能明耳目，并治頭風頭痛。

明・施永圖《本草醫旨・食物類》卷二　菉豆　味：甘，寒，無毒。主消渴，治丹毒，消煩熱，除風瘮，和五臟，安精神，行經脉，厚腸胃，補中益氣。解一切食物、諸藥、牛馬、金石等毒，消腫下氣，用以作枕，能明目，治頭風。皮寒肉平，用之勿去皮，始療病。磨粉作餅炙佳。一云，為粉盪皮，能解酒毒。以水調服之，亦能解菰、砒毒。其葉亦能下氣。

明・李中梓《本草通玄》卷上　菉豆　甘，寒。　利水消腫，解毒。止吐瀉，解消渴。

清・顧元交《本草彙箋》卷七　綠豆　色綠，小豆之屬木者。通於厥陰、陽明，其性稍平。消腫治痘之功，雖同赤豆，而壓熱解毒之力過之，益氣厚腸胃，通經脈，無久服枯人之患。但以作涼粉、造豆酒或偏於冷，或偏於熱，能致人病，皆人所爲，非豆之咎。綠豆肉平皮寒，用宜連皮。蓋皮入厥陰，肉入陽明。治痘毒以綠豆、赤小豆、黑大豆等分，爲末，醋調塗，是名三豆膏。綠豆芽白美，獨異於諸豆生芽之有腥氣。但受濕熱鬱浥之氣，故頗發瘡動氣，與綠豆之性不同。

清・穆石匏《本草洞詮》卷五　綠豆　味甘，氣涼平，無毒。解諸熱，益氣，解諸藥毒死，心頭尚溫者。色綠，屬木，通厥陰、陽明經。消腫治水之功雖同赤豆，而壓熱解毒之力過之，且無久服枯人之患。宜連皮用，蓋肉平而皮寒也。外科治癰疽，有內托護心散，用綠豆粉一兩，乳香半兩，燈心同研，和勻，以生甘草濃煎湯，調一錢，時時呷之，若毒氣沖心，有嘔逆之證，大宜服此，服至一兩，則香徹瘡孔中，真聖藥也。

清・丁其譽《壽世秘典》卷三 綠豆粉 氣味：甘，涼，平，無毒。主解諸熱、酒食、諸毒。新水調服，治霍亂轉筋，解諸藥毒死、心頭尚溫者。

發明李時珍曰：綠豆色綠，小豆之屬木者也，通于厥陰、陽明，其性稍平，消腫、治癰之功雖同赤豆，而壓熱、解毒之力過之。豆粉須以綠色粘膩者為真。其造作粉皮者膠滯難化，脾胃虛寒之人不可多食。水浸生芽，脆美可食，能解酒毒、熱毒，通利三焦，但受濕熱鬱浥之氣，頗發瘡動氣。豆皮甘寒，解熱毒，退目翳。

綠豆綠以色名，作菉者，非。 氣味：甘，寒，無毒。治丹毒、煩熱、藥石發動，厚腸胃，益氣力，止消渴，去浮風，解一切藥草、牛、馬、金石諸毒。

發明吳瑞曰：有官綠、油綠，粒粗而色鮮者為官綠，皮薄而粉多；粒小而色深者為油綠，皮厚而粉少。主療則一。日華子云：作枕明目，治頭風、頭痛。李時珍曰：綠豆，肉平皮寒，解金石、砒霜、草木一切諸毒，宜連皮生研，水服。〇反榧子，殼害人。

清・劉雲密《本草述》卷一四 綠豆 氣味：甘，寒，無毒。藏器曰：用之宜連皮，去皮則令人少壅氣。蓋皮寒而肉平也。 主治：煮食消腫下氣，壓熱解毒。生研絞汁服，治丹毒煩熱，風疹，藥石發動熱氣，奔豚《開寶》。治痰喘及齁鮯方書。 時珍曰：綠豆色綠，小豆之屬木者也。通於厥陰、陽明，其性稍平，消腫治痘之功，雖同赤豆，而壓熱解毒之力過之。《夷堅志》云：有人服附子酒多，頭腫如斗，唇裂血流，急求綠豆、黑豆各數合嚼食，并煎湯飲之，乃解也。

附方 老人淋痛，青豆二升，橘皮二兩，煮豆粥，下麻子汁一升，空心漸食之，併飲其汁，甚驗。

希雍曰：脾胃虛寒滑泄者，忌之。

綠豆粉 氣味：甘，涼，平，無毒。 主治：解諸熱，益氣，解酒食諸毒，治發背癰疽瘡腫，及湯火傷灼吳瑞。新水調服，治霍亂轉筋，解諸藥毒死，心頭尚溫者時珍。 李嗣立《外科精要》護心散，又名內托散，乳香萬全散，凡有疽疾，一日內宜，日內宜連進十餘服，方免變證，使毒氣出外，服之稍遲，毒氣內攻，漸生嘔吐，或鼻生瘡菌，不食即危矣。四五日亦宜間服之，用真綠豆粉一兩，乳香半兩，燈心同研，和勻，以生甘草煎濃湯，調下一錢，時時呷之。若毒氣衝心，有嘔逆之證，大宜服此。蓋綠豆壓熱下氣，消腫解毒，乳香消諸癰腫毒，服至一兩，則香徹瘡孔中，真聖藥也。一方有丹砂二錢半。丹溪曰：切詳綠豆解丹毒，治石毒，味甘入陽明，性寒能補，為君；以乳香去惡腫，入少陰，性溫善竄，為佐；甘草性緩，解五金八石百藥毒，為使；想此方專為服丹石發疽者設也。若夫年老者，病深者，證備者，體虛者，綠豆雖補，將有不勝其任之患。五香連翹湯亦非必用之劑，必當助氣壯胃，使根本堅固，而行經活血為佐，參以經絡時令，使毒氣外發，此則內托之本意，治施之早，可以內消也。

清・郭章宜《本草匯》卷一三 菉豆 甘，寒，入手足厥陰、陽明經。去浮風，止消渴。解諸毒，治熱中。痘瘡濕爛，不結痂疕音彼，酸痟又頭瘡。者，乾撲之愈。藥石草畜，中死心溫者，水服之良。退目翳，皮之功也。利三焦，芽有力焉。

按：菉豆之性，肉平涼而皮則寒，物之屬木者也。解毒之功，過于赤小豆。但功在菉皮，去殼即壅氣矣。外科有內托護心散，一日至三日，進十數服，可免毒氣內攻藏府。然有年老病深，體虛之不同，亦非必用之藥，必當助氣壯胃，使根本堅固，而行經活血為佐使，毒氣外發，此則內托之本意也。施治必早，可以內消。若胃寒者，不宜食也。附護心散：三日內須連進數服，方免變症，稍遲毒氣攻內矣。真菉粉一兩，乳香溫竄半兩，燈心同研，和勻，以生甘草濃煎湯，調下一錢，時時呷之。扁鵲三豆飲：預服疎解天行痘毒，菉豆、赤小豆、大黑豆各一升，甘草節二兩，以水煮熟，食豆飲汁，七日乃止。

圓小者佳。連皮用。反榧子殼，害人。合鯉魚鮓食，久則令人肝黃成渴病。

清・尤乘《食鑒本草・粟類》 菉豆 清熱，解一切食物、諸藥毒。不可去皮，去皮壅氣，消腫毒。作枕明目，治頭風。

清・朱本中《飲食須知・味類》 粉皮、索粉 俱味甘，性涼。脾胃虛弱者，多食難化，令腹痛泄瀉，食杏仁即消。如近杏仁，即爛不成索。

清・朱本中《飲食須知・菜類》 綠豆芽菜 味甘，性涼。但受鬱抑之氣所生，多食發瘡動氣。

綠豆 味甘，性寒。宜連皮用，去皮則令人少壅氣，蓋皮寒而肉平也。反榧子，害人。合鯉魚鮓食久，令人肝黃，成渴病。花解酒毒。

清・何其言《養生食鑒》卷上 菉豆芽菜 味甘，性涼，無毒。解酒，清熱明目，利三焦。但受鬱浥之氣所生，多食發瘡動氣。

菉豆　味甘，性涼，無毒。能行十二經絡氣，解酒，制金石、草木、砒毒，生研，水服良。帶皮熱食，和五臟。去皮食多，反令壅氣。同鯉魚食，成肝黄、渴病。反榧子殼，害人。昔人飲附子酒，頭腫唇裂流血，用菉豆、黑豆各升許，嚼食及煎湯多飲乃解。花性寒，解酒毒。

清・何其言《養生食鑒》卷下　粉皮菉荳粉湯。　味甘、淡，性涼，無毒。解酒及厚味飲食熱毒。多食難化，令腹痛泄瀉，食杏仁能消。

粉索　亦菉豆粉，所作性味功用同。

清・王翃《握靈本草》卷六　綠豆處處有之。綠以色名，作菉者非。　主治：綠豆，甘，寒。利水消腫，解毒，止瀉解渴。【略】　選方：【略】痘斑目生翳，綠豆皮、白菊花、穀精草等分，為末，每服一錢，以乾柿餅一枚，粟米泔一盞，同煮乾，食柿，日三浅者五七日，遠者半月見效，名通神散。

清・汪昂《本草備要》卷四　綠豆瀉熱，解毒。　甘，寒。行十二經，清熱解毒，一切草木、金石、砒霜毒皆治之。利小便，止消渴，治瀉痢。　連皮用。其涼在皮。粉，撲痘瘡潰爛良。一市民誦觀音經甚誠，出行折一足，哀叫菩薩，夢僧授一方：綠豆粉新銚炒紫色，井水調，厚敷紙貼，杉木扎定，其效如神。

清・吴楚《寶命真詮》卷三　菉豆　味甘，寒，入肝經。反榧子，同食立危，豆芽亦然。惡鯉魚。　止渴解熱毒，潤膚去浮風，治脹利小便，和脾厚腸胃。　屬木，通於肝，功在皮。胃寒勿用。

清・顧靖遠《顧氏醫鏡》卷八　菉豆甘，寒。入肝胃二經。連皮用。若去皮，令壅氣。　下氣壓熱，質重沉而性甘寒故也。解毒止渴。解諸熱毒之功，過於藊豆、赤豆，服丹石藥毒發者，磨粉，水調服甚效。止渴者，除熱之功也。治頭風而除嘔逆，皆下氣壓熱之功。去浮風而潤皮膚。浮風風疹，熱極則生風也。消水腫，能利小便故也。厚腸胃。味甘入胃，性寒能補。胃寒者，不宜食。

清・李熙和《醫經允中》卷二二　綠豆　用之宜連皮，能行十二經。與榧子相反，悮犯傷人。　甘，寒，無毒。主治消腫解毒，汁解丹毒，厚腸胃，明目，解一切藥草、牛馬、河魚、金石諸毒。治痘毒神効。築枕夜臥，明目疎風。

綠豆粉　甘，涼，平，無毒。主治解酒食諸毒，治發背癰疽，腸毒，湯火傷灼，痘瘡不結痂，濕爛，乾撲之良。霍亂轉筋，諸食草木、禽獸、金石藥毒死，心頭尚温者，新汲水調灌良。外科內托散一日十數服，可免毒氣內攻。與乳香同服，即護心散，解毒之功過于赤小豆。胃寒者少服。

清・馮兆張《馮氏錦囊秘錄・雜症痘疹藥性主治合參》卷六　菉豆稟土中之陰氣，故味甘，氣寒，無毒。入足陽明經。以甘寒之性，能解丹石藥毒，一切熱毒。為消渴煩熱，厚腸胃，和五臟，潤皮膚。除濕消腫，益氣除熱。風瘮痘癰並堪，資治脾胃虛寒。滑泄者忌之。

菉豆，甘，寒。行十二經絡，煎湯解酒毒，煩熱兼除。作粉敷腫癰，丹毒且壓。益氣力，潤皮膚，利小便，清胃熱，厚腸胃，養精神。五臟能和，常食不忌。汁飲消渴即解，並百藥毒及一切癰腫痘毒如神。築枕夜臥，明目疎風。其皮能去目瞖，蓋肉性平而皮性尤寒。菉豆粉所稟氣味，與菉豆同，味甘，涼，無毒。涼諸熱，益氣，解酒食諸毒。治發背癰瘡及湯火傷灼。【略】

主治痘疹合參：　專解痘疔熱毒，痘內煩熱消渴。凡痘熱毒盛，而又值夏天者，并小兒未出痘疹者，俱可煮爛，勿去皮食之。

清・汪啟賢等《食物須知・諸米》　菉豆　粒小圓，味甘，皮寒，肉平。能行十二經絡，煎湯解酒毒，煩熱兼除。

綠豆粉，敷腫癰丹毒，且壓熱解毒，益氣力，潤皮肉，厚腸胃，養精神。五臟能和，常食不忌。築枕夜臥，明目疎風。

豌豆、蠶豆，益中榮衛。

筋豆、蛾眉豆、虎爪豆、羊眼豆、虹豆，如此數種，別無他用，供茶而已。

清・浦士貞《夕庵讀本草快編》卷三　綠豆《開寶》　綠以色名，俗作菉，非矣。　皮色深綠，豆之屬木者也。通手厥陰陽明，其性甘平。故能厚腸胃而通經脉，抑邪熱而解諸毒。治痘消酒，益氣化癰，並皆用之。磨而澄粉，盪索甚佳，罨而生蘖，暈素俱賴，真濟世之良穀，食料之多益者也。若用敷面，更益顔色。

清・劉漢基《藥性通考》卷六　綠豆　味甘，寒。行十二經，清熱解毒，利小便，止消渴，治瀉痢。連皮用，其涼在皮。粉撲痘瘡潰爛良。一市民誦觀音經甚誠，出行折一足，哀叫菩薩。夢僧授一方，綠豆粉新銚炒紫色，井水調，厚敷紙貼，杉木扎定，其功如神。

清・姚球《本草經解要》卷四　綠豆　氣寒，味甘，無毒。主丹毒，煩熱風疹，藥石發動，熱氣奔豚。生研絞汁服，亦煮食，消腫下氣，壓熱解石。用之勿去皮，令人小壅。　綠豆氣寒，稟天冬寒之水氣，入足少陰腎經。味甘無毒，得地中正之土味，入足太陰脾經。氣味降多於升，陰也。丹毒煩熱風疹，皆屬心火。綠豆入腎，氣寒足以清心火，味甘可以解熱毒，所以主之也。丹石之藥性熱，多服則熱毒發動。其主之者，甘寒能解熱毒也。奔豚者，心病也。心受火邪，而藏之於肝，肝受之而藏之腎，腎氣上突如豚奔衝也。其主之者，寒可清火，甘可緩突也。熱勝則腫，氣寒清熱，所以消腫。火性炎上，氣熱則炎上，氣寒清熱，所以下氣，氣寒所以壓熱，味甘所以解石毒也。皮性寒，故用之不可去皮。去皮令人小壅者，甘故也。　製方：綠豆同赤豆、黑豆，醋調敷痘癰。同大黃、薄荷，塗丹毒。

清·王子接《得宜本草·中品藥》　綠豆　味甘。功專解金石草木毒。得黑大豆、黑小豆治天行痘瘡，得白蔴骨治不寐。

清·吳儀洛《本草從新》卷四　綠豆〔清熱解毒。〕　甘，寒。行十二經。清熱毒而解渴，一切草木金石砒霜毒皆治之。景岳曰：凡熱毒勞熱諸火，熱極不能退者，用綠豆不拘多寡，寬湯煮糜爛，入鹽少許，或蜜亦可，待水冷，或厚或稀或湯，任意飲食之，日或三四次不拘。此物性非苦寒，不傷脾氣，善於解毒，除煩退熱止渴，大利小水，乃淺易中最佳最捷者也。若火盛口乾，不宜厚，但略煮半熟清湯冷飲之，尤善除煩清火。去浮風而潤膚，利小便以治脹，厚腸胃以和脾。善治瀉利。胃寒者不宜食。功在綠皮，去殼即壅氣。粉，撲痘瘡潰爛良。一人誦《觀音經》甚誠，出行折一足，哀叫菩薩，夢僧授一方，綠豆粉新銚炒紫色，井水調厚敷，紙貼，杉木皮札定，其效如神。圓小者佳。

清·汪紱《醫林纂要探源》卷二　青豆　甘，鹹，寒。能緩肝。　黃豆：甘，平。能和脾。　泥豆：甘，平。和脾，養腎胃。色黃赤褐色者，又謂之土黃豆。

　菉豆　甘，酸，鹹，寒。清熱。緩肝急，瀉肝火。利小便，止渴解毒。皆緩肝瀉肝之效。解毒，須合甘草更驗。　豆粉：清熱利水。菉豆之良在殼，粉已去殼，更經澄治，其功遜矣。

清·嚴潔等《得配本草》卷五　綠豆粉、芽、皮　反榧子殼。忌同鯉魚、鮓食。

　甘，寒。入手少陰、足陽明經氣分。解熱毒，除煩渴，利小便，厚腸胃，消腫脹，散風火。能調和五臟，行十二經脈。解一切藥草、牛馬、金石諸毒。

　得大麻仁，治血痢。配赤小豆，解痘毒。　連皮用。　粉　敷癰腫，消丹毒。配乳香三分之一，燈心研勻，生甘草湯常下一錢，治疽毒內攻。撲爛痘，治損傷，炒紫色水調敷。　芽　甘，平。解酒毒，利三焦。花解酒毒更效。　皮　甘，寒。解熱毒，退目翳。　配甘菊、穀精、粟泔、柿餅，煮乾，單食柿餅，每日三服，治痘後目翳，半月而愈。

題清·徐大椿《藥性切用》卷六　綠豆　性味甘寒，通行十二經，清濕熱，止煩渴，為利濕解毒耑藥。其功在皮，去殼即壅氣。綠豆粉，一名真粉，雖有和中退熱之功，但善解藥性，病人宜少食之。

清·黃宮繡《本草求真》卷八　菉豆清腸胃熱毒。　菉豆耑入腸胃。味甘氣寒。據書備極稱善，有言能厚腸胃，潤皮膚，和五臟，及資脾胃。按此雖用參、耆、歸、朮，不是過也。第書所言能厚、能潤、能和、能資者，緣因毒邪內熾，凡臟腑經絡、皮膚脾胃，無一不受毒擾，服此性善解毒。故凡一切癰腫等症，無不用此奏效。并解一切草木金石砒霜等毒。煮汁則止消渴，磨粉合以乳香、丹砂，則能護心使毒不入。護心膏用此。築枕夜臥，則能明目疎風。杖瘡疼痛，則用雞子白調敷即愈。皮尤涼於菉豆，退翳明目如神。粉撲痘潰尤妙。一市民出行折一足，僧授一方，菉豆粉新銚炒柴胡，井水調，厚敷紙貼，杉木紮定，其效如神。皆有除熱解毒之功，而無補益滋助之力，且與榧子相反。同食則殺人。

清·李文培《食物小錄》卷上　綠豆　甘，寒，無毒。利小便。其性微平，補益元氣，和調五臟，安精神，解一切藥草、牛馬、金石諸毒，作枕明目。為用甚廣，作粥、炊飯、造酒、爓食、炒食。澄粉，作餌、頓糕、盪皮，搓索，為食中要物。

清·李文培《食物小錄》卷上　綠豆芽　甘，寒，無毒。清火，止煩渴。多食亦動冷氣，生火毒人宜食之。

清·羅國綱《羅氏會約醫鏡》卷一七穀部　菉豆　味甘寒，入肝胃二經。通行十二經，性屬水，通肝經為重，而解毒之功過於赤豆。一切草木金石、牛馬砒霜毒皆治之。清火、清痰、煩熱、消渴、吐逆、屬胃火者。上下血熱妄行、濕熱瀉痢、腫脹、利水。其涼在皮，宜連皮用。以上皆甘寒清熱之功。瘡癰腫痘爛、用粉撲之。湯火傷、撲跌傷。菉豆粉炒紫色，井水調，厚敷紙貼，杉木扎定，其效如神。用囊作枕，明耳目，治頭痛頭風。

　按：胃寒者不宜食。

清·陳修園《神農本草經讀》附録　綠豆　氣味甘，寒，無毒。主丹毒，煩熱，風疹，藥石發動，熱氣奔豚。生研絞汁服，亦煮食，消腫下氣，壓熱，解砒石毒。用去皮，令人小壅《開寶》。

清・黃凱鈞《藥籠小品》 菉豆 甘寒，清十二經熱毒而解渴。凡肌膚熱瘰，菉豆皮治之。肉壅氣，能緩藥力。煨蠶豆能實大腸。

清・章穆《調疾飲食辯》卷二 綠豆 此諸豆中第一佳品也。《日用本草》曰：有二種，圓、小、色深綠者，名油綠豆；粒稍大、淺黃者，名官綠豆。官豆粉多。《開寶本草》曰：大者名植豆，小者佳。春、夏、秋皆可種。性涼而不傷胃，能退諸熱，解百毒。凡熱腫、熱痢、熱渴、熱淋、癰疽、痘毒、斑疹、金石藥發、誤食砒信、誤服熱藥，一切草、木、菌、蕈及自死禽獸等毒，無不宜之。然退熱，解小毒宜煮汁飲。解大毒宜生研末，冷水調下。服之必吐，吐過又進，得傾囊而出，毒立解矣。再以甘草三四兩，綠豆、黑豆各半升，煮濃汁頻飲。不宜去皮。《夷堅志》解附子毒：綠豆、黑豆各數合，末服，并煮濃汁飲。《醫學正傳》治痘後癰毒：綠豆、黑豆、赤小豆等分為末，醋調，時時塗之。加生大黃更佳。《全嬰心鑒》防痘入眼：綠豆七粒，令兒作七遍自投井中，迴視七遍，則可免。《普濟方》治消渴飲水：飲綠豆濃汁，并煮粥食。《集驗方》治多食易飢：綠豆、大麥、糯米各一升，炒熟磨粉，白湯泡，儘量食，三五日見效。《食鑒本草》治濕瘡不結痂：綠豆粉乾撲，加海螵蛸末少許更妙。《外科精要》治惡疽五日內，防毒氣內攻，護心散：綠豆粉一兩，乳香半兩，燈心同研，甘草煎濃湯，調服三四錢，日三四次。若有嘔逆症，是毒氣攻心，更宜多服。《簡易方》治暑月痱瘡：綠豆粉、滑石末和勻，撲其甚處。不可全撲，閉住熱氣，必生他病。《直指方》治痘後目瞖：綠豆皮、白菊花、穀精草等分，同杮餅煮。每食一二枚，日三次，并飲其汁。又《普濟方》治赤痢經年：綠豆嫩莢或葉，常煮食。無則以豆及芽代之。又葉能解草烏毒，誤服者，搗汁或煮汁飲。中毒箭者，搗爛敷。

綠豆粉：其退熱解毒之功在皮，去皮澄粉則力減矣。然可為病人食料，如泡藕粉法食之。熱病最宜，寒病亦不必忌，性本中和也。

綠豆粉皮、粉索：以銅錫器入沸湯，盪為薄皮，最為食中佳品。或以漏杓就沸湯作索，性雖同，稍難尅化。

綠豆芽：《綱目》曰：綠豆本佳，發芽則受濕熱鬱浥之氣，未免發瘡動氣。試之殊不然，蓋受濕熱而發生，非受濕熱而腐敗也。亦病人食物之佳品。

清・吳鋼《類經證治本草・足厥陰肝臟藥類》 綠豆 【略】誠齋曰：解菰菌毒，同白糖各二兩，新汲水調服。治霍亂吐利即止。其涼在皮，去皮即壅氣。以圓而小者佳。○豆芽菜，解酒毒熱毒，利三焦，然能動氣發瘡。○葉，絞汁，和醋服，治霍亂吐利。○花，專能解酒毒。

清・張德裕《本草正義》卷上 綠豆 甘，涼。清火解毒，止渴消煩，治吐血尿血，濕熱瀉痢，丹毒風疹。亦能補陰益氣，尤解砒霜大毒。

清・楊時泰《本草述鉤元》卷一四 綠豆 氣味甘寒。色綠屬木，通於厥陰、陽明。宜連皮用，去皮則少壅氣，皮寒而肉平也。煮食，消腫下氣，壓熱解毒。生研絞汁服，治丹毒煩熱，風疹，藥石發動，熱氣奔豚，平痰喘及齁鮯。有人服附子酒多，頭腫如斗，唇裂血流，急取綠豆黑豆各數合，嚼食，并煎湯飲之，乃解。老人淋痛，綠豆二升、橘皮二兩，煮豆粥，下麻子汁一升，空心，漸食之，併飲其汁，甚驗。

粉：氣味甘涼平。解諸熱益氣，解酒食諸毒，治發背癰疽瘡腫及湯火傷灼。新水調服，治霍亂轉筋，諸藥毒死心頭尚溫者，此更解之。護心散又名內托散、乳香萬全散。凡有疽疾，一日內宜連進十餘服，使毒氣外出，方免變證，遲則毒氣內攻，漸生嘔吐，或鼻生瘡菌，不食而危矣，四五日亦宜間服之，用綠豆粉一兩，壓熱下氣，性寒能補。乳香五錢，燈心同研，入少陰，性溫善竄。和勻，濃煎生甘草湯，調末一錢，時時呷之，若毒氣衝心，證見嘔逆，大宜服此。服至一兩，則香徹瘡孔中，真聖藥也。一方有丹砂二錢半。上方，專為服丹石發疽者設，若夫年老者，病深者，證憊者，體虛者，綠豆雖補，將有不勝其任之患，必當助氣壯胃，佐以行經活血，糸以經絡時令，使毒氣外發，乃內托之本意也丹溪。

脾胃虛寒滑泄者，忌食之仲淳。

清・葉桂《本草再新》卷七 綠豆味甘，性寒，無毒。入心、肝二經。 清熱解暑，止渴除煩，舒氣消濕，解毒治瘡。

清・吳其濬《植物名實圖考》卷一 白綠小豆花小豆 赤小豆以入藥，特著其白綠二種，亦可同米為飯。雲南呼為飯豆，貧者煮食不糝米也。其形微同菉豆，而齊近方，然唯赤者作飯，色、味、香皆佳。又有羊眼豆、莜科豆，色綠有黑暈；又彬豆色褐；螞蚱眼，色黃白，皆小豆類。

綠豆 《開寶本草》始著錄。高阜旱田種之，遲早皆以六十日而收。豆用甚廣，又為解毒、去熱良藥。

雩婁農曰：菉豆不見於古字，或作綠，亦侔其色。《農桑通訣》：北方用最多，為粥為飯，為餌為炙，為粉為麪，濟世之良穀也。南方間種之。宋《孫公談圃》乃謂粵西無此物，每承舍入京，包中止帶斗餘，多則至某江輒遇風浪，不能渡到彼中。凡患時疾者用等秤買，一家煮豆，香味四達，患病者聞其氣輒愈。其說近奇。按《湘山野錄》：真宗聞占城稻耐旱，西天菉豆子多而粒大，各遣使以珍貨求其種，得菉豆二石，然則菉豆至宋而始重。如宋真宗之深念稼穡，亦何異於《豳風》《無逸》耶？菉豆去毒清熱、解暑祛疫功誠鉅，而養老調疾則莫如粉。陳達叟贊曰：碾彼綠珠，撒成銀縷，熱蠲金石，清澈肺腑。

清・趙其光《本草求原》卷一四穀部　綠豆　色綠入肝，甘寒清心胃。主丹毒、煩熱風疹。生研取汁服。解酒並附子、砒石諸藥毒。一人服附子酒，頭腫唇裂血流，合黑豆嚼食並煮食愈。解暑，舒氣，消濕，治瘡，消腫，下氣壓熱，利水止渴。治瀉痢，俱煮食。老人麻痛，同橘皮煮粥，和麻仁汁食。奔豚。連皮用。其涼在皮，去之則壅。豆粉，解毒泄熱，益氣，撲痘瘡、湯火潰爛。水調食。治霍亂轉筋，藥石發癰攻心。佐乳香，入少陰走竄，甘草緩中，此為藥毒內攻，漸生嘔吐而設，遲則鼻生瘡菌，危矣。若老人病深，必以壯胃益氣為主，行經活血為佐，參以經絡時令，托毒外出為要。粉撲爛瘡，取陳者良。又炒紫，敷折傷效。

粉皮　綠豆粉所製。甘、淡，涼，無毒。解酒及厚味飲食熱毒。多食難化，令腹痛泄瀉。食杏仁可解。綠豆粉絲，功用亦同。

清・趙其光《本草求原》卷一五菜部　綠豆芽　甘，涼，無毒。解酒，清熱，明目，利三焦。但受鬱浥之氣而出，能發瘡動氣。

清・文晟《新編六書》卷六《藥性摘錄》　粉皮　綠豆所造。甘，淡，性寒。解酒及厚味飲食熱毒。多食難化，腹痛泄瀉。杏仁可解。○粉索，性味功用相同。

綠豆　甘，寒。清腸胃熱毒，治一切癰腫等症。止消渴，並解一切金石草木諸毒。餘詳藥部。

綠豆　味甘，氣寒。入腸胃。清熱毒。○治一切癰腫等症。○止消渴。○解一切草木金石等毒。○磨粉，合以乳香、丹砂，服能護心，使毒不入。杖瘡痛，用雞子白調敷，即愈。粉，撲痘潰尤妙。○皮性尤涼，退翳明目如神。○築枕臥，明目疏風。○與榧子同食，則殺人。

清・張仁錫《藥性蒙求・穀部》　綠豆錢半　綠豆甘寒，清熱解毒。風疹熱煩，其功在殼。去殼即壅氣，胃寒者不宜食。行十二經，清熱毒而解渴，去浮風而潤膚。功在綠皮，又能退目翳。

清・王孟英《隨息居飲食譜・穀食類》　綠豆　甘，涼。煮食清膽養胃，解暑止渴，潤皮膚，消浮腫，利小便，已瀉痢，析酲弭疫。浸罨發芽，摘根為蔬，味極清美。生研絞汁服，解一切草木、金石諸藥，牛馬肉毒，或急火煎清湯，冷飲亦可。

綠豆皮：入藥清風熱，去目翳，化斑疹，消腫脹。

綠豆粉：宜作糕餌素饌食之，清積熱，解酒食諸毒。新汲水調服，治霍亂轉筋，解砒石、野菌、燒酒及諸藥毒。暑月痱瘡，綠豆粉、滑石和勻撲。打撲損傷，綠豆粉炒紫色，新汲水調傅，以杉木皮縛定。杖瘡疼痛，綠豆粉炒研，雞子清和塗。一切癰腫初起，綠豆粉炒黃黑色，牙皂一兩，同研，米醋調傅，皮破者油調之。外腎生瘡，綠豆粉、蚓糞等分，研塗之。

清・劉善述、劉士季《草木便方》卷二穀糧豆菜部　菉豆　菉豆皮涼退瞖目，粉撲痘爛閃折塗。芽甘解酒利三焦，葉治霍亂吐下服。

清・田綿淮《本草省常・穀類》　青豆　性平。寬中利腸，益肝明目。皮肉俱青者良。

綠豆芽　性寒。瀉熱除煩，利水消腫，解酒毒，並五穀新登毒。　綠豆粉，性寒。清熱益氣，解酒食諸毒。

綠豆　性寒。瀉熱解毒，除煩止渴，去浮風而潤膚，利小便以消脹，厚腸胃以和脾。功在綠皮，去皮食之壅氣。服藥人食之，令藥無力。同榧子食，傷人；同鯉魚食，成渴病。胃寒者不宜食。外用填枕頭，明目，治頭風。

清・戴葆元《本草綱目易知錄》卷二　綠豆　肉甘皮寒，色綠屬木。補元氣，調五臟，安精神，除吐逆，解痘毒，消腫脹，雖通厥陰陽明，又能行十二經脈。去浮風，潤皮膚。煮食，消腫下氣，壓熱解毒，厚腸胃，止瀉痢，利小便，止消渴。生研絞汁飲，治丹毒煩熱風瘮，服藥石發動，熱氣奔豚。解食牛馬、金石、砒霜及一切草藥諸毒。反榧子殼。凡用宜連皮。

綠豆粉：甘，涼。益氣，厚腸胃，通經脈，清解諸熱。水調服，治霍亂轉筋，發背癰疽，瘡瘍湯火，解酒食諸毒，及菰菌、砒、鴆諸藥毒死心頭溫者，灌之可活。傅痘瘡濕爛，不結痂，瘡乾撲之，和蚯蚓糞，擣塗外腎生瘡。【略】

豆皮葆增：　甘，寒。性涼，體輕，味薄，色綠入肝。皮達皮膚，寒能清熱，甘不傷胃，解熱毒，退目翳，通三焦，肅膜原，治溫熱時邪，上焦蒙蔽，使邪達皮膚而出外解，無內壅逆傳之患。

清・陳其瑞《本草撮要》卷五　綠豆　味甘，寒，入足太陰、陽明，通行十二經，功專解金石草木毒。得黑大豆、黑小豆治天行痘瘡，得白蘇骨治不寐。功在綠皮，去皮即壅氣。去浮風而潤膚，利小便以治脹，厚腸胃以和脾。痘瘡潰爛，以豆粉撲之良。手足折傷，以豆粉新銚炒紫色，井水調，厚敷紙上貼傷處，復用杉皮紮住，其效如神。惟胃寒者忌。

清・吳汝紀《每日食物却病考》卷上　菉荳附粉並芽　甘，寒，無毒。煮食，消腫下氣，解煩熱，治丹毒風疹，利小便，益元氣，和五臟。煮汁食最良。治病須不去皮，蓋皮寒肉平也。作粉，能解酒毒及菰菌砒毒。痘瘡濕爛者，乾撲之良。但脾胃虛人不可多食，以膠粘難化也。近杏菉，熱爛不能作索。其芽雖潔白佳美，人常喜食。而不知乃受濕熱鬱浥之氣，頗發瘡動氣，與菉豆之性稍不同。

清・周巖《本草思辨錄》卷二　綠豆　豆本脾家中宮之物，而綠豆皮寒肉平，是為由中達外以解熱。故外科護心散，用綠豆粉使毒氣外出，若肌膚之熱毒，但須治肌膚者，更其所宜矣。

世以綠豆解藥誤，不知綠豆能壓熱解毒，非能於無熱毒之誤藥，亦化為烏有也。

白豆

附：日・丹波康賴《醫心方》卷三〇　白角豆　崔禹〔錫〕云：　味鹹，少冷，無毒。主下氣，治關格。蒸煮食之，止飢，益人。又有一種，狀亦相似，而子紫赤色好，止下利，厚腸胃，益氣力。

宋・唐慎微《證類本草》卷二五米穀部中品〔宋・掌禹錫《嘉祐本草》〕

白豆　平，無毒。補五藏，益中，助十二經脈，調中，暖腸胃。葉，利五藏，下氣。嫩者可作菜食，生食之亦佳，可常食。新補。見孟詵及日華子。

〔宋・唐慎微《證類本草》〕《孫真人食忌》：　白豆，味鹹。腎之穀，腎病宜食，煞鬼氣。

宋・王繼先《紹興本草》卷一二　白豆　紹興校定：　白豆即豇豆是也。《本經》雖具主治，乃世作食品矣，未聞起疾，當云味甘、平、無毒是矣。嫩葉可作菜，亦非常食。處處種產之。

宋・劉明之《圖經本草藥性總論》卷下　白豆　平，無毒。補五臟，益中，助十二經脈，調中暖腸。孫真人云：　宜腎，殺鬼氣。

宋・陳衍《寶慶本草折衷》卷一九　白豆略註小白豆及蠶豆於後。　前有生大豆條，此乃大豆之白者也。○又云：　生處處有之。

味鹹，平，無毒。○補五藏，益中，助十二經脉，調中，暖腸胃。又有小白豆，粒細而稍堅，性用一也。外有一種蠶豆，味甘，平，無毒。或煮為果，或炒合醬，應諸疾人食之，皆無所忌。此蠶豆開花，紫而淺紅，朝敷暮斂，結莢似小白豆而光潔，其子大於菉豆而肥軟，其嫩時淺青，老則黃皺。今江浙間及所在皆有。秋杪蒔之，三四月摘。更有別種生早者，俗謂之川蠶豆，其苗勁、花白、莢壯，子麄，其性較毒，而味稍劣也。

元・忽思慧《飲膳正要》卷三　白豆　味甘，平，無毒。調中，暖腸胃，助經脉。腎病宜食。

元・尚從善《本草元命苞》卷九　白豆　平，無毒，鹹。為腎之穀。補五臟，調中，暖腸胃，下氣，助諸經脉。殺惡鬼毒。嫩葉作菜，生者宜食。

元・吳瑞《日用本草》卷二　白豆　味甘，性平，無毒。豆葉：　利五臟，下氣。嫩者可作菜食。　主補五臟，益中，助十二經脉，調中，暖腸胃，殺鬼氣。

明・滕弘《神農本經會通》卷四　白豆　氣平，無毒。《本經》云：　補五臟，益中，助十二經脉，調和，暖腸胃。葉，利五臟，下氣。嫩者可作菜食，生食之亦妙，可常食。孫真人《食忌》云：　白豆，味鹹，腎之穀，腎病宜食。煞鬼氣。

明・劉文泰《本草品彙精要》卷三六　白豆無毒　蔓生。

白豆：　補五臟，益中，助十二經脈，調中，暖腸胃。○葉，利五臟，下氣。名醫所錄。　【名】豇豆。　【苗】謹按：　白豆即今之豇豆也。蔓生，葉似藊豆葉而〔莢〕〔狹〕長，五六月開白花，作莢長尺許，每莢子有數枚，嫩時連莢作茹食之。至八九月實熟，北人採以和米作飯，故呼爲飯豆也。其嫩葉可作菜食，生啗之亦佳。又一種苗、葉皆相似，但莢實紫黑爲異，其療疾之功亦無所稽。　【地】處處有之。　【時】生：　春生苗。採：　八九月取實。　【收】日乾。　【用】實、葉。　【色】白。　【味】甘。　【性】平。　【氣】氣厚於味，陽也。〖臭〗腥。〖主〗暖腸胃。〖製〗去莢用。〖治〗療：孫真人云：主腎病宜食。煞鬼氣。

明・盧和、汪穎《食物本草》卷一穀類　白豆　平，無毒。補五臟，益中，助經脉調和，暖腸胃，殺鬼氣。浙東一種味甚勝，用以作醬、作腐，極佳。北之水白豆相佀而不及也。如黃、班等豆，《本草》不著，大率相類，亦不及也。

明・寧源《食鑒本草》卷下　白豆　味鹹，平，無毒。補五臟，暖腸胃，益十二經脉之氣。

明・王文潔《太乙仙製本草藥性大全》卷四《仙製藥性》　白豆　色白，氣味平鹹，無毒。因走腎經，故云腎穀。孫思邈曰：此腎穀，腎病宜食。主治：補五臟之捷方，助諸經之要藥。殺鬼氣，益腎，暖腸胃，調中。葉，下氣，和五臟尤靈。嫩者作蔬生啖之益妙。

明・皇甫嵩《本草發明》卷五　白豆中品。味鹹，平。色白，走腎經。補五臟，益中，助十二經脉，調中，暖腸胃。腎病宜食之，故云腎穀。葉，下氣，和五藏。嫩者作蔬。生啖亦佳。

明・李時珍《本草綱目》卷二四穀部・菽豆類　白豆宋《嘉祐》

〖釋名〗飯豆　〖集解〗詵曰：白豆苗，嫩者可作菜食，生食亦妙。穎曰：浙東一種味甚勝，用以作醬、作腐極佳。北方水白豆，相似而不及也。原曰：白豆即飯豆也，粥飯皆可拌食。時珍曰：飯豆，小豆之白者也，亦有土黃色者。豆大如綠豆而長。四五月種之。苗葉似赤小豆而略大，可食，莢亦似小豆。一種蓑豆，葉如大豆，可作飯、作腐，亦其類也。

〖氣味〗甘，平，無毒。原曰：鹹，平。〖主治〗補五臟，調中，助十二經脈孟詵。暖腸胃《日華》。殺鬼氣。腎之穀，腎病宜食之思邈。

葉　〖主治〗煮食，利五臟，下氣《日華》。

明・應麐《食治廣要》卷二　白豆一名飯豆。

氣味：甘，平，無毒。主治：補五藏，調中，助十二經脉，暖腸胃。為腎之穀，腎病宜食之。

苗：煮食，利五藏，下氣。

明・姚可成《食物本草》卷五穀部・菽豆類　白豆一名飯豆。其苗嫩者可作菜食，生食亦妙。浙東一種味甚勝，用以作醬、作腐極佳。北方水白豆，相似而不及也。○白豆即飯豆也，粥飯皆可拌食。其色白，亦有土黃色者，大如綠豆而長。四五月種之。苗葉似赤豆而略尖，可食。

白豆，味甘，平，無毒。補五臟，調中，助十二經脉。暖腸胃，殺鬼氣。腎之穀，腎病宜食之。

葉　煮食，利五臟，下氣。

明・顧逢柏《分部本草妙用》卷九穀部　白豆　甘，平，無毒。主治：補五臟，調中，暖腸胃。腎之穀，腎病宜之。

明・孟筌《養生要括・穀部》　白豆　味甘，平，無毒。補五臟，調中，助十二經脉，暖腸胃，殺鬼氣。腎之穀，腎病宜食之。

明・施永圖《本草醫旨・食物類》卷二　白豆即今之飯豆。味：平，無毒。補五臟，暖腸胃，益氣和中，調十二經脉之氣，殺鬼氣，用以作醬作腐極佳。

清・李熙和《醫經允中》卷二二　白豆　甘，平，無毒。主益腎調中，暖胃腎之穀，腎病宜之。

清・吳儀洛《本草從新》卷四　白豆〔補，調中。〕一名飯豆。甘，平。補五臟，思邈曰：腎之穀也，腎病宜食之。暖腸胃，調中。助十二經脈。豆腐，見造釀類。葉，煮食，利五臟，下氣。

清・汪紱《醫林纂要探源》卷二　大白豆　甘，淡。下氣。　小白豆：甘，淡，寒。能清肺。諸種皆以秋熟者為良，夏熟者令人動氣足重。

飯豆　甘，酸，寒。和中。亦色赤而微黑，形長似豇豆。

題清・徐大椿《藥性切用》卷六　白豆　一名飯豆。性味甘平，調中益胃。可作豆腐。葉汁，下氣解暑。

清・黃宮繡《本草求真》卷九　白豆通胃利腸活血，及入腎以治鬼疰。　白豆耑入腸胃腎。即飯豆中小豆之白者也。亦有土黃色者，豆大如綠豆而長，四五月種之，苗葉似赤小豆而略大，可食。氣味甘平無毒，按據書載腎病宜食，並補五臟，暖腸胃，益氣和中，兼調經脉。蓋緣凡物質大則氣浮，質小則氣沉，味甘則中守，味鹹則腎入。白豆質小味甘，故既能以入腎而治鬼疰。入血調經，復入大腸與胃。而使中和氣益也。然必假以炒熱，則服始見有益。若使僅以生投，保無嘔吐泄瀉傷中之候乎！須細詳之可耳。

清・李文培《食物小錄》卷上　白豆即飯豆。　甘，平，微酸，無毒。補五臟，調中，暖腸胃，下氣。亦可炊飲、煮粥。用以作醬極佳。

清・文晟《新編六書》卷六《藥性摘錄》　白豆　即飯豆，中小豆之白者。

味甘，性平。通胃利腸，活血調經，及入腎以治鬼疰。炒熟用。

清·王孟英《隨息居飲食譜·穀食類》 白豆 豆具五色，功用略同。惟白者夏熟早收，故粒小而性溫。能發病也。

清·田綿淮《本草省常·穀類》 白豆 一名飯豆。性溫。補五臟，暖腸胃，助十二經絡。

清·戴葆元《本草綱目易知錄》卷二 白豆白玉豆 甘，平。補五臟，暖腸胃，殺鬼氣，調中，助十二經脈。腎之穀也，腎病宜食之。葆按：我婺山坦多蒔之，其嘴口處烏，俗名烏嘴白玉豆。味甜美。

清·陳其瑞《本草撮要》卷五 白豆 味甘，平，入手足太陰、陽明經，功專補五臟，暖腸胃，調中。葉煮食，利五臟，下氣。

清·吳汝紀《每日食物却病考》卷上 白荳 俗稱飯豆也。甘，平，無毒。補五臟，調中，助十二經絡，暖腸胃，殺鬼氣。乃腎之穀，腎病宜食之。浙東一種味甚勝，作腐、作醬極佳。其青、黃、斑色等，本草不載，大率相似而不及也。

穭豆

元·吳瑞《日用本草》卷二 穭豆 音呂黑豆中最細者。 味甘，性溫，無毒。堪作醬、豉。 主賊風濕痹，婦人產後冷血。炒焦投酒中，名豆淋酒，能舒筋。

明·朱橚《救荒本草》卷下之前 𧿹豆 生平野中，北土處處有之。莖蔓延附草木上，葉似黑豆葉而窄小，微尖，開淡粉紫花，結小角，其豆似黑豆，形極小，味甘。救飢：打取豆，淘洗淨，煮食，或磨為麵，打餅、蒸食皆可。

明·李時珍《本草綱目》卷二四穀部·菽豆類 穭豆《拾遺》。音呂。

【釋名】時珍曰：穭乃自生稻名也。此豆原是野生，故名。今人亦種之於下地矣。

【集解】藏器曰：穭豆生田野，小而黑，堪作醬。《爾雅》戎菽一名驢豆，古名鶯豆是也。瑞曰：穭豆即黑豆中最細者。時珍曰：此即黑小豆也。小科細粒，霜後乃熟。陳氏指爲戎菽，誤矣。《爾雅》亦無此文。戎菽乃胡豆。鶯豆乃鹿豆，見菜部。並四月熟。

【氣味】甘，温，無毒。 【主治】去賊風風痹，婦人產後冷血，炒令焦黑，及熱投酒中，漸漸飲之藏器。

明·佚名氏《醫方藥性·草藥便覽》 馬料豆 其性甘。解惡毒，治馬氣。

明·倪朱謨《本草彙言》卷一四 穭豆 味甘，氣溫，無毒。李氏曰：穭豆是野生，今收子種之。小科細粒，霜後乃熟，如黑大豆黑而龘。此豆黑而細，又非馬料豆黑而扁也。

穭豆：《嘉祐本草》活血暖血之藥也。陳氏藏器曰：此豆主婦人經行血病，產後血虛、血寒、血脹、血痛、血滯、血淋，炒焦，浸酒飲之。

零烏豆又名馬料豆。 味甘、苦、鹹，氣寒，無毒。 陳氏曰：零烏豆，即黑豆之形扁者，非黑大豆之黑而龘，又非穭豆之黑而細也。

零烏豆：解內熱消渴，《嘉祐本草》止陰虛盜汗之藥也。楊氏仁齋曰：諸豆皆爲腎穀，而零烏豆更補腎，緣氣寒耳。故煮熟喂養驢馬，而善行少疾。蓋驢馬性熱，而零烏豆氣寒故也。人多食又能滑腸動泄，脾胃虛乏者忌之。盜汗屬陰虛，非內熱者，用之亦無益也。

明·姚可成《食物本草》卷五穀部·菽豆類 穭豆音呂。穭豆生田野，小而黑。小科粒細，霜後乃熟。亦堪作醬。 穭豆，味甘，溫，無毒。去賊風風痹，婦人產後冷血，炒令焦黑，極熱投酒中，漸漸飲之。

清·王子接《得宜本草·中品藥》 黑穭豆 味甘。功專利水除痺。

題清·徐大椿《藥性切用》卷六 黑穭豆 即馬料豆。甘濇性平，補腎解毒，活血除風。取皮去肉，解毒生用，補腎炒用。肉，善滑腸閉氣，不入湯藥。

清·趙學敏《本草綱目拾遺》卷八諸穀部 穭豆葉附。 《逢原》云：細黑豆，一名穭豆，俗名料豆。今人以飼馬，故俗又呼馬料豆。《杭州府志》：黑豆之細者曰穭豆，細而扁者曰零烏豆，俗名馬料豆，可肥馬。《從新》云：黑大豆之小者為馬料豆，不知料豆雖小，而形長微扁，與黑豆形迥別，當另是一種。《綱目》穭豆下，僅載其能去賊風風痹，治婦人產後冷血而已，其他一切功用，全未之及，為今補之。

味甘，溫，無毒，壯筋骨，止盜汗，補腎，活血，明目，益精，入腎經血分，同青鹽、旱蓮草、何首烏蒸熟，但食黑豆，則鬚髮不白，其補腎之功可知。今人以製何首烏，取以引入腎經也。炒焦淋酒，治頭風脚氣，以其直達腎經血分。煮汁服，解烏、附、丹石藥毒。 《藥性考》：《本經》黑大豆，即今之馬料豆也。其色黑，而形如人腰，故入腎經。益水明目，多服令人身重，一年後復原。久服身輕，非花豆中之黑大豆也。凡服豆忌蓖麻子、厚朴、豬肉。歌云：黑大豆甘，腰子樣式，所以補腎，藥餌宜入；即是馬料，煮寒炒熱，調中下氣，止痢攣急，利水除脹，追風活血，生研敷腫，吞止煩渴，解一切毒；甘草煎汁，傷中淋露，產後諸疾，明目悅顏，製服有益。又云：穭豆即小黑豆，因其粒細，稱驢豆，別馬料也，治產後血風冷痛，其粒細不及馬料。歌云：穭豆黑小，甘逐邪風，冷痹血滯，浸酒和融。《雨蓑翁食記》：小黑豆入鹽煮，久食，大能補腎。《事親述見》：穭豆補五臟益中，助十二經脈，調中，暖腸胃，殺鬼氣，舒筋。

紫虛子吞豆法：黑料豆淘淨曬乾，以淨瓶裝之，初服每日一粒，以白湯生吞之，次日吞二粒，每日加一粒，至百日吞百粒，從此每日吞百粒。但初起服之，腸胃未剛，每遇大便，須看豆化不化，如豆化，則漸加；倘未化，仍照舊勿加，必待食之能化，然後遞加至百粒為度。服之能益精補髓、壯力潤肌、髮白復黑，久則轉老為少，終其身無痰病也。

《救生苦海》有嫦娥奔月方，與紫虛吞豆法同，但其法按太陰盈虧之數，初一日吞一粒，逐日加一粒，至望日十五粒而止，十六日又逐日減一粒，至晦日一粒而止，月初則又加起，與紫虛之法微有不同，并附以備用。

煮料豆方：明太醫劉浴德有《增補內經拾遺》四卷，其種子論後，載有煮料豆藥方云：老人服之，能烏鬚黑髮，固齒明目。當歸四錢，川芎、甘草、廣皮、白朮、白芍、丹皮、菊花各一錢，杜仲炒、黃芪各二錢，牛膝、生地、熟地各四錢，青鹽六錢，首烏、枸杞子各八錢，同馬料豆煮透曬乾，去藥服豆。

又羲復方：馬料豆五升，桑椹半觔，枸杞子四兩，肉蓯蓉半觔，竹刀切去筋。青鹽、龍骨各二兩，同豆煮熟，和藥同曬乾，貯罐用。常食大有補益。

又方，呂逸儒傳方：何首烏一觔，用馬料豆汁煮，或老酒亦可，要九蒸九曬。枸杞一觔，酒蒸，用乾藥末搗勻曬。馬料豆一斗，再用料豆五升煮汁，以汁煮豆曬乾，九蒸九曬，或用好酒煮亦可。菟絲子一觔，酒煮曬焙。補骨脂一觔，酒洗焙。真川椒四兩，曬烘。青鹽二兩，川牛膝一觔，酒煮焙。煉蜜為丸服之。

又方：何首烏二觔，青鹽一兩，棗仁、杜仲、枸杞各二兩，遠志、小茴香、陳皮各一兩，肉蓯蓉、苡仁、香附、白茯苓、川芎各二兩，五味子、牛膝、補骨脂、木瓜各一兩五錢，歸身三兩，肉桂五錢，防己一兩二錢，甘草八錢，小黑豆一斗，用水煎藥數十滾，瀝出渣，以藥汁煮豆，汁盡為度，曬乾，每服百粒，開水下。

《延齡廣嗣仙方》：懷生地酒製、何首烏酒煮、旱蓮草、鹿銜草，真者絕少，用仙靈脾代之。以上各三兩，按四時；乾山藥乳拌、白茯苓乳拌、當歸身酒炒、真青鹽，以上各一兩，按分至；石菖蒲、菟絲子、肉蓯蓉酒浸去膜、補骨脂、五加皮、骨碎補、淮牛膝、白甘菊、原杜仲酒炒斷絲、枸杞子、蛇牀子、槐角子、金櫻子、覆盆子、川黃連、建澤瀉，以上各五錢，按十六節。以上二十四味，俱合二十四氣，除去青鹽，鍋內煎汁至半，瀝渣，再將渣煎過半，瀝清，沖和煎濃，入馬料豆三升七合、女貞子一升七合，按陰陽二氣、二至、二分，合年月日時週天度數，餘一合半，以置閏，煮數十滾，將青鹽研細，傾入同煎，以汁盡為度，取豆曬乾，收貯磁瓶。每晨四錢，滾湯送下。如遇出門飢餓，即可嚼食代點。此豆謹按陰陽二十四氣，合週天度數，製法得中和補益之妙，久服能令人鬚髮再黑、齒落更生、耳目聰明、手足便利、壯陽補腎、固本還元、多育子息、多增年壽，常服不斷，可成地仙。凡腎虛目暗，上盛下虛者，尤為切合。

四寶大神丹：《家寶方》能治五勞七傷。服藥後忌腥臭發物房事。馬料豆五升，用混堂油製九次。黃芪八兩，人乳製七次。白當歸酒洗四兩，金櫻子二斗，去內子與毛，外去刺，淘淨熬膏，臨收時，加童便一二盞聽用。右將前三味和金櫻膏，丸如梧子大，每服三錢，桂圓湯下。

明目補腎，兼治筋骨疼痛。〇《不藥良方》：小紅棗十二枚，冷水洗淨，去蒂甘州枸杞子三錢，小馬料豆四錢，水二盌，煎一盌。早晨空心連湯共食之。

絕瘧：製首烏剩下黑料豆，可以絕瘧。凡四日兩頭瘧，用豆煎湯服即愈。

截三日瘧：《祝穆效方》：常山、雲苓、官桂、甘草、檳榔各三錢，小黑豆四十九粒，酒、水各二盌，慢火煎二盌，當晚先服一盌，蓋暖而睡。留一盌，至次日，須將發前早兩個時辰服，要熱服蓋暖，臥待瘧至，至亦輕鬆，亦有當日而愈。愈後忌房事，戒食生冷、勞碌風霜，忌食雞、羊、牛、蛋白、扁豆半月，永截不發。

又《秘方集驗》治瘧，檳榔、蘿蔔子、常山、甘草各一錢，紅棗四枚，烏梅七枚，馬料豆每歲一粒，水二盌，煎一盌服。忌三日葷油，永不再發。

痰喘氣急：《同壽錄》：用梨刓空，中心納小黑豆令滿，留蓋合住紥緊，糠火煨熟，搗作餅，每日食之。

中風口噤：《文堂集驗方》：馬料豆一升，煮濃汁如飴，含汁在口，即能言也。

黑白丸治痞積，開胃消食，健脾補腎。《百草鏡》方：馬料豆、白蒺藜去刺各一觔，炒磨末，蜜丸梧子大，每服二三錢，開水送下。

治陰症手足紫黑：《集驗方》：黑料豆三合，炒熟，好酒烹滾，熱服；加葱鬚同烹，更妙。

盜汗：《文堂集驗方》：蓮子七粒，黑棗七枚，浮麥、馬料豆各一合，水煎服，三次愈。

腎虛腰痛，并治陰虧目昏：《活人書》：用腰式烏豇豆、馬料豆各一兩，煮湯，入鹽少許，五更時乘熱服。忌鐵器。

陰虧目昏，老眼失明：《活人書》：馬料豆、甘枸杞、女貞子各十兩，陰虧目昏，除女貞子。為末，煉蜜丸梧子大，早晚服二三錢，自效。

赤白帶下：白果去皮，煮熟蜜餞，每日清晨喫七枚，再食炒馬料豆一兩，白滾水送下，數日愈。

妊娠腰痛酸軟：《產家要覽》：馬料黑豆二合，炒焦熟，白酒一大盌，煎至七分，空心下。

治產後中風，口噤目瞪，角弓反張：姚希周《集驗》：用黑料豆鍋內炒極焦，沖入熱黃酒內，服之立效。再服回生丹，全愈。

華真君三豆湯稀痘：楊春涯《驗方》：菉豆、赤飯豆、馬料豆等分，每日煮湯與小兒喫，出痘自稀。如遇痘毒，亦用此湯飲之，搗搽敷上，其毒自消。

痘風爛眼：《集驗》云：風爛眼用醃白梅一個，去核。入綠礬少許，川椒三十粒，以五銖錢二個夾之，用苧麻紮住，無根水浸洗自愈。若出痘得此症，再加馬料豆，一歲一粒，投水中。

眼藥丸方：《周氏家寶》用馬料豆一升炒，蟬蛻四兩，酒洗去頭足。木賊草四兩，去節。菟絲子一觔，炒。甘菊花四兩，曬乾。白蒺藜一觔，各為末，水法為丸，每服二三錢，晚服，滾湯下。如若年高，桂圓湯下。

各種癬：陳別駕彬，曾任太醫院官，有治各種癬方：用馬料豆，以瓦罐，不拘多少，裝入罐內，罐口以銅絲罩格定，使豆不能倒出。然後用大高邊火盆一個，盆鑿一孔，將罐倒合孔上，四圍以乾馬糞壅之，火燃罐底，盆底下用磚墊空，安盌一個接油。上火煨，罐內豆自焦，有油從盆底滴入盌中，色如膠漆，以此搽癬，三次即愈。

解藥毒：凡服藥過多，以致頭面浮腫，唇裂流血，或心腹飽悶，臍下撮痛者，用馬料豆、菉豆各四兩，合煎汁，連豆服，病好為度。

中附子、川烏、天雄、斑蝥毒：《不藥良方》：馬料豆煎汁服之，即解。

穭豆葉治瘤：《急救方》：頸後粉瘤，馬料豆葉、辟麝香草，同搗敷患處，其瘤漸軟漸消，破則手擠去粉，疙瘩不破，聽其自消。

清・趙學敏《本草綱目拾遺》卷八諸蔬部 野毛豆 野毛豆生園隰中，蔓生，枝細弱，葉細尖，兩兩排枝對生，清明後開淡紫細花，結實如毛豆，立夏後可採，初生苗絕似金鳳花花葉，其莢儼似角蒿，中有子二，圓如小菉豆，小滿前後皆黑，老便枯落矣。〇生田塍間，莖葉及莢較家者細小，一名勞豆。

《沈氏效方》：性微寒，平肝火，治疳疾目疾。《百草鏡》：治黃白疸，性能發汗。《救生苦海》：治痘毒。八九月時，田塍邊採，連莖根用，煅存性研，單用其豆更妙，麻油和敷，不問初起日久、未潰已潰，俱效。

按：《通雅》引焦弱侯曰，野田小豆曰蹽，音勞。陳留耆舊傳云：赤眉以䝁豆與桓牧。隋末子通攻江都，夏侯端採䝁豆食之。身之曰，野豆也。魯刀切，勞豆，或蹽、䝁二字之訛也。然考《古今註》：䝁豆，一名治豆，葉似葛，而實長尺餘，可蒸食。一名䝁菽。《綱目》鹿藿一名䝁豆，又名鹿豆，即今野綠豆。《爾雅・釋草》：蔨，鹿藿。注：今鹿豆也。《唐書・夏侯端傳》擷䝁豆以食，則似又非野毛豆之屬。今野毛豆亦名䝁豆，豈名同而物異歟，並與之以俟考。

肝疳初起：《百草鏡》：野毛豆鮮者七錢，乾者五錢，雞肝一具，同煮食，煎服亦可。

清・葉桂《本草再新》卷七 穭豆味甘、苦，性溫，無毒。入脾經。健脾除風，利濕消腫。

清・趙其光《本草求原》卷一四穀部 穭豆 甘、苦，溫。健脾，除風，利濕，消腫。

清・張仁錫《藥性蒙求・穀部》 穭豆衣三錢 穭豆甘溫，能補腎經。黑髮和營，祛風亦應。即黑豆中最細者。時珍曰：是野生，今人亦種之于下地矣。俗名馬料豆。入腎經血分。今人製何首烏，取以引入腎經。同青鹽、旱蓮草、何首烏蒸熟，但食黑豆，則鬚髮不白，其補腎之功可知。《綱目》主治去賊風風痺，婦人產後冷血。黑豆炒焦，淋酒，即豆淋酒也。頭風脚氣，咸取用之，以其直達腎經血分也。

清・劉善述、劉士季《草木便方》卷二穀糧豆菜部　黑豆　黑豆皮甘解毒服，痘瘡目瞖洗服塗。葉療蛇咬惡犬傷，花治目盲障瞖膜。

清・田綿淮《本草省常・穀類》　穭豆　性溫，有小毒，去賊風、風痺。穭，音呂。

清・戴葆元《本草綱目易知錄》卷二　穭豆　料豆。葆增。　甘，溫。色黑，小科細粒，霜後乃熟，得金水之精多，故能固腎，保肺養陰明目，息肝風，去腎邪，舒筋攣，止消渴，破瘀下胞，消腫截瘧。性同烏豆，其功較勝。治腎臟虚寒，腰痛遺精，賊風風痺，卒中不語，肝虚目暗，耳鳴頭運，男子便血，小兒沙淋，婦人產後冷血。炒焦，熱投酒中，漸飲之。【略】葆按：今人名料豆，野生者粒小如胡椒，種蒔者，稍大形扁。《本草》載治，未盡達其功，故增之。

清・陳其瑞《本草撮要》卷五　穭豆　味苦濇溫，入手足太陰、陽明經，功專健脾胃，治賊風風痺。俗名馬料豆。

清・吴汝紀《每日食物却病考》卷上　穭荳　即黑小荳也，一名驢豆。甘，溫，無毒。去風痺。婦人產後冷血，炒令焦黑，熱投酒中，徐飲之，愈。

馬料豆

清・姚球《本草經解要》卷四　馬料豆　氣平，味甘，無毒。生研塗癰腫。煮汁殺鬼毒，止痛。久服令人身重。　馬豆氣平，稟天秋成潤澤之金氣，入手太陰肺經。味甘無毒，得地中正之土味，入足太陰脾經。氣味降多於升，陰也。甘平潤燥清熱，故生塗癰腫，煮汁殺鬼毒止痛也。久服則脾土滋潤，故令人身重也。蓋土濕則重也。　製方：馬豆同甘草，解百毒。同首烏蒸服，黑髮烏鬚。同歸身蒸服，治血枯。同赤豆、綠豆，名三豆湯，治痘血熱症。

清・陳修園《神農本草經讀》附録　馬料豆　氣味甘，平，無毒。生研塗癰腫，煮汁殺鬼毒，止痛，久服令人身重。

蟹眼豆

明・姚可成《食物本草》卷五穀部・菽豆類　蟹眼豆楚中多種之。粒小宛如蟹眼，故名。　蟹眼豆，味甘，平，無毒。益脾胃，和臟腑。拌米中作飯充飢，備荒之物也。

豌豆

宋・唐慎微《證類本草》卷二六米穀部下品〔唐・陳藏器《本草拾遺》〕　胡豆子　味甘，無毒。主消渴，勿與鹽煮食之。苗似豆，生野田間，米中往往有之。

宋・王繼先《紹興本草》卷一二　豌豆　味甘，平，無毒。調順營衛，益中平氣。其豆如梧桐子，小而圓。其花青紅色，引蔓而生。四月五月熟，世之有以為醬者。南人呼為蠶豆，又呼為寒豆，處處種產之。亦可代糧，固非專起疾之物矣。《經》注皆不載，今附米穀部中品之末。紹興新添。

元・忽思慧《飲膳正要》卷三　豌豆　味甘，平，無毒。調順榮衛，和中益氣。

元・吴瑞《日用本草》卷二　豌豆　一名蠶豆。隔年種，初夏熟。味甘，性平，無毒。能發氣病。　主調順榮衛，益中平氣。可作醬用。

明・劉文泰《本草品彙精要》卷三七　豌豆無毒　蔓生。豌豆：主調順榮衛，益中，平氣。出《紹興本草》。　【名】寒豆。【苗】謹按：此種引蔓而生，花開青紅色，作莢長寸餘，其實有蒼、白二種，皆如梧桐子差小而少圓，四五月熟。南人謂之寒豆。儉年亦可代糧，世亦取以爲醬。近多水浸磨之，以亂蒸粉也。《紹興校定》云：一名蠶豆。但叢生不作蔓，葉如慎火草而長大，沙綠色，三月内著莢如人指，其實甘美，煮食之益人。【地】處處有之。【時】生：春生苗。採：四五月取實。【收】日乾。【用】實。【色】蒼白。【味】甘。【性】平。【氣】氣之薄者，陽中之陰。【臭】腥。【製】去莢用。

明・盧和、汪穎《食物本草》卷一穀類　豌豆　味甘，平，無毒。調順榮衛，益中平氣。又云：發氣疾。

明・王文潔《太乙仙製本草藥性大全》卷四《仙製藥性》　胡豆子　味甘，無毒。苗似豆，生田野間往往有之。　主治：主消渴。勿與鹽煮食之。

明・皇甫嵩《本草發明》卷五　豌豆即今蠶豆。　益中，調榮衛。作醬亦佳，但發氣。　豌豆　即蠶豆別號。益中而榮衛，兼調作醬彌佳。發氣須記。

明・李時珍《本草綱目》卷二四穀部・菽豆類　豌豆《拾遺》

【釋名】胡豆《拾遺》　戎菽《爾雅》　回鶻豆《遼志》。○《飲膳正要》作回回豆。回回，即回鶻國也。

畢豆《唐史》。○崔寔《月令》作蹕豆。　青小豆《千金》　青斑豆《別録》　麻累時珍曰：胡豆，豌豆也。其苗柔弱宛宛，故得豌名。種出胡戎，嫩時青色，老則斑麻，故有胡、戎、青斑、麻累諸名。陳藏器《拾遺》雖有胡豆，但云苗似豆，生田野間，米中往往有之。然豌豆、蠶豆皆有胡豆之名。陳氏所云，蓋豌豆也。豌豆之粒小，故米中有之。《爾雅》：戎菽謂之荏菽。《管子》：山戎出荏菽，布之天下。並注云：即胡豆也。《唐史》：畢豆出自西戎回鶻地面。張揖《廣雅》：畢豆、豌豆，留豆也。《別録》序例云：丸藥如胡豆大者，即青斑豆也。孫思邈《千金方》云：青小豆一名胡豆，一名麻累。《鄴中記》云：石虎諱胡，改胡豆爲國豆。此數説，皆指豌豆也。蓋古昔呼豌豆爲胡豆，今則蜀人專呼蠶豆爲胡豆，而豌豆名胡豆，人不知矣。又鄉人亦呼豌豆大者爲淮豆，蓋回鶻音相近也。

【集解】時珍曰：豌豆種出西胡，今北土甚多。八九月下種，苗生柔弱如蔓，有鬚。葉似蒺藜葉，兩兩對生，嫩時可食。三四月開小花如蛾形，淡紫色。結莢長寸許，子圓如藥丸，亦似甘草子。出胡地者大如杏仁。煮、炒皆佳，磨粉麪甚白細膩。百穀之中，最爲先登。又有野豌豆，粒小不堪，惟苗可茹，名翹揺，見菜部。

【氣味】甘，平，無毒。思邈曰：甘，鹹，温，平，澀。瑞曰：多食發氣病。

【主治】消渴，淡煮食之，良藏器。治寒熱熱中，除吐逆，止泄痢澼下，利小便、腹脹滿思邈。調營衛，益中平氣。煮食，下乳汁。可作醬用瑞。煮飲，殺鬼毒心病，解乳石毒發。研末，塗癰腫痘瘡。作澡豆，去䵟黵，令人面光澤時珍。

【發明】時珍曰：豌豆屬土，故其所主病多係脾胃。元時飲膳，每用此豆搗去皮，同羊肉治食，云補中益氣。今爲日用之物，而唐、宋《本草》見遺，可謂缺典矣。《千金》《外臺》洗面澡豆方，盛用畢豆麪，亦取其白膩耳。

【附方】新三。

四聖丹：治小兒痘中有疔，或紫黑而大，或黑壞而臭，或中有黑綫，此症十死八九，惟牛都御史得秘傳此方點之最妙。用豌豆四十九粒燒存性，頭髮灰三分，真珠十四粒炒研爲末，以油燕脂同杵成膏。先以簪挑疔破，咂去惡血，以少許點之，即時變紅活色。

服石毒發：胡豆半升搗研，以水八合絞汁飲之，即愈。《外臺》。

霍亂吐利：豌豆三合，香葇三兩，爲末，水三盞，煎一盞，分二服。《聖惠》。

明・穆世錫《食物輯要》卷二　豌豆　味甘，平，無毒。解乳石毒，殺鬼疰心痛，益中氣，調營衛，解寒熱消渴，吐逆腹脹，止瀉痢，利小水，通乳汁。多食，發氣病。同羊肉食，補中氣。磨粉，可作醬。

明・吴文炳《藥性全備食物本草》卷一　胡豆子　味甘，無毒。苗似豆，生田野間，往往有之。主消渴。勿與鹽煮食之。

明・趙南星《上醫本草》卷一　豌豆　一名胡豆，又名回回豆，亦名蹕豆。時珍曰：胡豆，豌豆也。此豆屬土，故其所主病多係脾胃，元時飲膳，每用此豆擣去皮，同羊肉治食，云補中益氣。今為日用之物，而唐宋本草見遺，可謂缺典矣。　甘，平，無毒。主治：寒熱熱中，調營衛，益中平氣，除吐逆，止泄痢澼下，利小便，腹脹滿。煮食，消渴，下乳汁。煮飲，殺鬼毒心病，解乳石毒發。研末，塗癰腫、痘瘡。作澡豆，去䵟黵，令人面光澤。　多食發氣病。

明・繆希雍《本草經疏》卷三〇　豌豆　即今之小豌豆也。一名胡豆。陳藏器云：煮食治消渴。孫思邈治寒熱熱中，吐逆，泄澼及脹滿利小便。應是甘平無毒，入脾胃，清利除熱之物也。又能治癰腫痘毒。牛都御史秘傳四聖丹，治小兒痘中有疔，或紫黑而大，或黑壞而臭，或中有紫線，此證十死八九，惟此方點之最玅。用豌豆四十九粒燒存性，頭髮灰三分，真珠十四粒研為末，以油燕脂同杵成膏，先以簪挑疔破，咂去惡血，以少許點之，即時變紅活色。　《千金》《外臺》洗面澡頭方，盛用畢豆麪，取其白膩去䵟黵，令人光澤也。

明・應麐《食治廣要》卷二　豌豆一名胡豆，一名青斑豆。　氣味：甘，平，無毒。主治：消渴，寒熱熱中，除吐逆，止泄痢，小腹脹滿。嫩苗亦可食。

明・姚可成《食物本草》卷五穀部・菽豆類　豌豆一名胡豆。其苗柔弱宛宛，故得豌名。種出胡戎，嫩時青色，老則斑麻，故又有胡、戎、青、斑、麻、累諸名。今北土甚多，八九月下種，苗生柔弱如蔓，有鬚。葉似蒺藜葉，兩兩對生，嫩時可食。三四月開小花如蛾形，淡紫色。結莢長寸許，子圓如藥丸，亦似甘草子。出胡地者大如杏仁。煮、炒皆佳。磨粉麪甚白細膩。百穀之中，最為先登。又有野豌豆，粒小不堪，其苗可茹，名翹，搖見菜部。

豌豆，味甘，平，無毒。淡煮食之，治消渴，除吐逆，止泄痢澼下。調榮衛，益中平氣，下乳汁。煮飲，殺鬼毒心病，解乳石毒發。研末，塗癰腫痘瘡。作澡豆，去䵟黵，令人面光澤。李時珍曰：豌豆屬土，故其所主病多係脾胃。元時飲膳，每用此豆擣去皮，同羊肉治食，云補中益氣。今為日用之物。

明・顧逢柏《分部本草妙用》卷九穀部　豌豆　甘，平，無毒。　主治：調榮衛，益中平氣。多食發氣痰。　豌豆屬土，故病多係脾胃。元時同羊肉煮食，以其補中益氣。《本草》見遺缺矣。

明・施永圖《本草醫旨・食物類》卷二　豌豆即寒豆。　味：甘，平，無毒。調榮衛，益中，平氣。又云，食之動氣。〇治消渴，淡煮食之，良。治寒熱，除吐逆，止泄痢，利小便、腹脹滿，下乳汁，殺鬼毒，解乳石毒。其性屬土，故脾胃中用之。

清・丁其譽《壽世秘典》卷三　豌豆　氣味：甘，平，無毒。主調榮衛，益中平氣，入脾胃，清利除熱，解乳石毒，下乳汁。發明李時珍曰：豌豆屬土，故其所主病多係脾胃。元時飲膳，每用此豆擣去皮，同羊肉治食，云補中益氣。作澡豆，取其白膩，去䵟䵳，令人光澤。

清・尤乘《食鑒本草・粟類》　豌豆即寒豆。　益中平氣。又云多食動氣。淡煮食之下乳汁。

清・朱本中《飲食須知・穀類》　豌豆薇　味甘，性平，多食發氣病。薇，味甘，性寒，即野豌豆。

清・何其言《養生食鑒》卷上　豌豆　味甘，性平，無毒。解乳石毒，殺鬼疾心痛，益中氣，調榮衛，解寒熱消渴，吐逆腹脹，止瀉痢，利小水，通乳汁。多食發氣病。同羊肉食，補中氣。磨粉，可作醬。

清・李熙和《醫經允中》卷二二　豌豆　甘，平，無毒。多食發痰氣。同羊肉煮食，補中益氣。

清・馮兆張《馮氏錦囊秘錄・雜症痘疹藥性主治合參》卷六　豌豆豌豆，即寒豆也，一名胡豆。味甘，平，無毒。入脾胃。清利除熱之物也。煮食治消渴及脹滿，利小便，寒熱熱中，吐逆泄澼。又能神治痘疔，故牛禦史四聖丹中用之。凡小兒痘中有疔，或紫黑而大，或黑壞而臭，或中有紫線，此證十死八九，惟此方點之最妙。用豌豆四十九粒，燒存性，頭髮灰三分，真珠十四粒，研為末，以油臙脂，同杵成膏，先以簪挑破痘疔，咂去惡血，以少許點之，即時變紅活色。豆麵，洗澡頭面用之，取其白膩，去䵟䵳，令人光澤也。蠶豆，味甘、微辛，無毒。能厚腸胃，和臟腑，昔一女子誤吞鍼入腹，諸醫不能治。一人教令煮蠶豆，同韮菜食之，鍼自大便同出。今人有誤吞金銀物者，用之皆效。　豌豆，調順榮衛，益中平氣。多食又發氣痰。元時同羊肉煮食，亦取其補中益氣耳。蠶豆，主快胃，利五臟。古一女吞鍼入腹，蠶豆同韮菜食之，鍼從大便同出，可知能利臟腑也。但發氣須知，其殼皮灰，塗天泡瘡神效。

主治痘疹合參：　豌豆，能解毒，故痘中用以拔疔毒。

清・吳儀洛《本草從新》卷四　豌豆〔理脾胃。〕　甘，平。治吐逆泄痢，消渴，淡煮食之良。腹脹。時珍曰：豌豆屬土，故其所主病多繫脾胃。

清・汪紱《醫林纂要探源》卷二　豌豆　甘、鹹，寒，滑。利小便。野生麥地中。莢長，銳如綦豆，色斑駁，粒正圓如珠。　藿：甘、酸，可佐穀食。豆葉也。古人以充蔬，凡豆葉皆可食。

題清・徐大椿《藥性切用》卷六　豌豆　俗名小安。性味甘平，和中調胃，能止吐逆泄利。可煮飯中食之。

清・黃宮繡《本草求真》卷九　豌豆利腸胃濕熱。　豌豆耑入脾胃。即寒豆也。一名畢豆、胡豆。味甘氣平無毒，故書載入脾胃，利濕除熱。凡人病因濕熱，而見脹滿消渴，溺閉寒熱，熱中吐逆泄澼者，服此最宜。與病因濕熱，而見痘疔紫黑而大，或黑壞而臭，或中有紫線，用此治無不效。牛御史四聖丹，用豌豆四十九粒燒存性，頭髮灰三分，真珠十四粒，研為末，以油臙脂同杵成膏。先以簪挑破痘疔，嘔去惡血，以少許點之，即時變色紅活。並或氣虛病脹，用此同羊肉煮食，亦能奏功。蓋緣此豆屬土，故治亦在脾胃之病，但須假以佐使。如治痘疔入肌活血，必兼臙脂同投，入脾與胃補氣，必兼羊肉同入。各有至理，非僅豌豆一味所能施也。出胡地，大如杏仁者是。

清・李文培《食物小錄》卷上　豌豆　甘，平，無毒。煮食之良，益中平氣，下乳汁；炒食亦佳。多食發病。其苗嫩時可茹，今人以之充蔬。

清・章穆《調疾飲食辯》卷二　豌豆　《綱目》曰：本出西域，故《爾雅》曰：戎菽謂之荏菽。《遼史》曰回鶻豆。《飲膳正要》曰回回豆。《唐史》曰畢豆。崔實《月令》曰蹕豆。《拾遺》曰胡豆。《別錄》曰青斑豆。《千金方》曰青小豆，又曰麻累。《鄴中記》曰國豆，俗呼安豆。蔓長七八尺，有鬚，葉似蒺藜。二三月開花，淡紫色者豆粒小如藥丸，白色者粒大如櫧子。花並如蛾形，芳香可愛。結莢長一二寸，每莢四五枚。性能健脾止泄，功同扁豆而力過之。然亦壅氣，氣滯中滿者勿食。《聖惠方》治霍亂吐瀉，豌豆、香薷三兩，煮汁，分二服加草果、陳皮更佳。

清・吳其濬《植物名實圖考》卷二　豌豆或作豋，按《說文》豋訓豆飴，非豆名。豌豆，李時珍以為即胡豆，然《本草拾遺》所云胡豆，非此豆也。古音義，胡多訓大，後世輒以種出胡地附會其說，皆無稽也。豌豆葉皆為佳蔬，南方多以豆飼馬，與麥齊種齊收。《廣雅》：畢豆、豌豆，留豆也，本草中皆未著錄。

雩婁農曰：豌豆，本草不具，即詩人亦無詠者。細蔓儷蕁，新粒含蜜，菜之美者，吾鄉之巢烏能相擬哉？按陸宣公狀云：京兆府先奏，當管蟲食豌豆，請據數折納大豆。度支續奏：據時估，豌豆每斗七十價已上，大豆每斗價三十已下，望令各據估計錢數折納。螟蝛為災，豌豆全損，司府折納充數，已為尅下從權，度支準估計錢，乃是幸災規利。且豌豆為物，其用甚微，舊例所支，唯充畜料，準數迴給大豆，諸司誰曰不宜？蓋昔時僅以秣馬，而未嘗供蔬，蠹既有誅，齒亦弗及。至利計秋毫，冀益國用，自非程異、皇甫鎛之徒，何能辨此？

清・文晟《新編六書》卷六《藥性摘錄》　（踠）〔豌〕豆　甘，平。解乳石毒，殺鬼疾心痛，益中氣，調營衛，解寒熱，消渴，吐逆腹脹，瀉痢，利小水，通乳。多食動氣。

清・王孟英《隨息居飲食譜・穀食類》　豌豆粒圓如珠，《爾雅》名戎菽。管子作荏菽。《本草》名胡豆。《唐史》作畢豆。《遼志》作回回豆，俗呼淮豆，亦曰寒豆。　甘，平。煮食和中，生津止渴，下氣，通乳消脹。研末塗癰腫，擦面去䵟黯。亦可作醬用。

清・田綿淮《本草省常・穀類》　豌豆　一名蹕豆，一名回鶻豆，一名青斑豆，一名青小豆，一名戎菽，一名麻累。性平。調營衛，除嘔逆，止瀉痢，消脹滿，利水下乳。多食發氣病。鶻，音忽。

清・戴葆元《本草綱目易知錄》卷二　豌豆　胡豆、安豆。　甘，平。屬土。煮食，益中平氣，調營衛，消腹脹，下乳汁，利小便，止消渴，除吐逆，止瀉痢澼下，治寒熱熱中。殺鬼毒心病，解乳石毒發。研末，塗癰腫痘瘡。作澡豆，去䵟黯，令人面光澤。多食，發氣病。【略】《纂要》云：莢長鋭，子如綠豆，粒圓如珠，俗名安豆。葆按：豌，安，蓋音相近也。○四聖丹，治痘疔，或紫黑大，或黑壞臭，或中有黑綿，危候。安豆四十九粒，燒炭，髮灰三分，真珠十四粒，末，臙脂油調，以簪挑疔，咂惡血，以少許點之，即時變紅活色而症安。

清・陳其瑞《本草撮要》卷五　豌豆　味甘，平，入足陽明經，功專治吐逆泄痢，消渴腹脹，研末塗癰腫痘瘡。

清・吳汝紀《每日食物却病考》卷上　豌荳　甘，平，無毒。益中平氣，消渴煮食之良。或云：多食發氣疾。

霍州油菜

清・吳其濬《植物名實圖考》卷六　霍州油菜　二月生苗，葉如蠶豆葉而細柔，一枝三葉，莖綠肥如小指，作穗尤肥密，開花如刀豆花色黃，結角。榨其子為油。其莖與芸薹同。味微苦。春遲草淺，此蔬早薦，旅館案酒，滿齒清腴。霍山以北，不見此菜矣。

羅漢菜

明・姚可成《食物本草》卷七菜部・柔滑類　羅漢菜產江西南昌府西山。葉如豆苗，正月採食。又生湖廣黃安縣三角山。昔有異僧種之而去。採宜淨食，雜以葷膩，其味頓殊。　羅漢菜，味甘，無毒。主益胃，養精神，悅顏色，利小便。

羊鬚豆

清・佚名氏著，錢沛補《治疹全書》卷上　羊鬚豆存疑　豆之以動物名者，如蠶豆、鸝豆、鵲豆、虎豆、貍豆、鹿豆、驢豆、馬料豆、蛾眉豆、龍爪豆，種類不一，而羊鬚豆，殊不概見也。按《本草綱目》，豌豆一名回鶻豆，八九月下種，苗生柔弱如蔓，有鬚，葉似蒺藜葉，兩兩相對，三四月開小花，如蛾形，淡紫色，結莢長寸許，子圓如藥丸，亦似甘草子，煮炒皆佳，磨粉麪甚白而細膩，百穀中最為先登。能治痘疔，紫黑壞臭，用豌豆四十九粒，燒存性，髮灰三分，真珠十四粒，炒研為末，以油胭脂同杵成膏，先以銀針挑疔破，咂去惡血，隨以少許點之，即時變紅活色，名四聖丹。據此，則豌豆似可借以洗疹也。然但未知即羊鬚豆否。又按《食物本草》，扁豆一名羊眼豆，似與羊鬚相近。然未見入痘疹之用，姑闕所疑，以俟博物君子。至所謂紅豆者，種類亦不一，疑指赤豆而言，茲不詳考。

蠶豆

明・朱橚《救荒本草》卷下之前　蠶豆　今處處有之。生田園中。科苗高二尺許，莖方，其葉狀類黑豆葉，而團長光澤，紋脉竪直，色似豌豆，頗白，莖葉梢間開白花，結短角，其豆如豇豆而小，色赤茬，味甜。　救飢：採豆煮食，炒食亦可。

明・蘭茂原撰，范洪等抄補《滇南本草圖說》卷八　蠶豆　性溫，味甘。開胃健脾，強精益智。多服則下氣，眼熱。

明・盧和、汪穎《食物本草》卷一穀類　蠶豆　味甘，溫，氣微辛。主快胃，利五臟。或點茶，或炒食，佳。又有筋豆、蛾眉豆、虎爪豆、羊眼豆、勞豆、豇豆類，只可茶食而已。一種刀豆，長尺許，可入醬用之。

明・李時珍《本草綱目》卷二四穀部・菽豆類　蠶豆《食物》

〔釋名〕胡豆時珍曰：豆莢狀如老蠶，故名。王禎《農書》謂其蠶時始熟故名，亦通。

吴瑞《本草》以此爲豌豆，誤矣。此豆種亦自西胡來，雖與豌豆同名、同時種，而形性迥别。《太平御覽》云：張騫使外國，得胡豆種歸。指此也。今蜀人呼此爲胡豆，而豌豆不復名胡豆矣。【集解】時珍曰：蠶豆南土種之，蜀中尤多。八月下種，冬生嫩苗可茹。方莖中空。葉狀如匙頭，本圓末尖，面緑背白，柔厚，一枝三葉。二月開花如蛾狀，紫白色，又如豇豆花。結角連綴如大豆，頗似蠶形。蜀人收其子以備荒歉。

【氣味】甘、微辛，平，無毒。【主治】快胃，和臟腑汪穎。

【發明】時珍曰：蠶豆《本草》失載。萬表《積善堂方》言：一女子誤吞針入腹。諸醫不能治。一人教令煮蠶豆同韭菜食之，針自大便同出。此亦可驗其性之利臟腑也。

苗【氣味】苦、微甘，温。【主治】酒醉不省，油鹽炒熟，煮湯灌之，效穎。

明・穆世錫《食物輯要》卷二 蠶豆 味甘、辛，平，無毒。平胃氣，和臟腑。多食，滯氣成積作痛。婁居中云：一人誤吞針，以蠶豆、韭菜煮食。良久，針從大便出。

明・吴文炳《藥性全備食物本草》卷一 蠶豆即豌豆。 味甘，平，無毒。解乳石毒，殺鬼疰心痛，益中氣，調榮衛，解寒熱消渴，吐逆腹脹，止瀉痢，利小水，通乳汁。多食發氣病。同羊肉食補中氣。磨粉可作醬。婁居中云：一人誤吞針，以蠶豆、韭菜煮食，良久針從大便出。

明・繆希雍《本草經疏》卷三〇 蠶豆 味甘，微辛，無毒。能厚腸胃，和臟腑。萬表《積善堂方》言：一女子誤吞鍼入腹，諸醫不能治，一人教令煮蠶豆同韭菜食之，鍼自大便同出。今人有誤吞金銀物者，用之皆有效。實救急之良方也。

明・應慶《食治廣要》卷二 蠶豆 氣味：甘，微辛，平，無毒。主治：快胃和藏府。

苗：氣味：苦、微甘，溫。主治：酒醉不醒。油鹽炒熟，煮湯灌之，効。

按豌豆、蠶豆，俱名胡豆，以各處呼名沿習故爾。豌豆粒小，米中往往有之。又《别録・序例》云丸藥如胡豆大，則此為豌豆也。蠶豆粒大，莢狀如老蠶，故得此名。王禎《農書》謂：蠶時始熟，故以命名。于理亦通。

明・姚可成《食物本草》卷五穀部・菽豆類 蠶豆豆莢〔宛〕如老蠶，故名。又謂其蠶時始熟，〔故名。張騫使〕外國，得此種來。今南土多種之，〔蜀〕中尤多。八月下種，冬生嫩苗可茹。方莖中空。葉狀如匙頭，本圓末尖，面緑背白，柔厚，一枝三葉。二月開花如蛾狀，紫白色，又如豇豆花。結角連綴如大豆，頗似蠶形。蜀人收其子以備荒歉。蠶豆，味甘、鹹、辛，平，無毒。主快胃，和臟腑。炒食、煮食、用以點茶，無不宜者。一女子誤吞針入腹，諸醫不能治。一人教令煮蠶豆同韭菜食之，針自大便同出。此亦可驗其性之利臟腑也。

莢殻 燒灰，塗天泡瘡神效。

苗 味苦、微甘，溫。主酒醉不醒，油鹽炒熟，煮湯灌之，良。

明・顧逢柏《分部本草妙用》卷九穀部 蠶豆 甘，微平，無毒。主治：快胃，和臟腑。一女子吞鍼入腹，蠶豆同韭菜食之，鍼自大便同出，可知其能利臟腑也。殻曬乾，燒灰，塗天泡瘡神効。

明・孟筌《養生要括・穀部》 蠶豆 味甘，微辛，平，無毒。快胃，和腑臟。

明・施永圖《本草醫旨・食物類》卷二 蠶豆 味：甘，溫，氣微辛。主快胃，利五臟。多食則發脹，可合醬炒食。

清・穆石匏《本草洞詮》卷五 蠶豆 味甘，微辛，氣平，無毒。主快胃，和臟腑。萬表言一，女子誤吞針入腹，煮蠶豆同韮菜食之，針自大便中出，此可驗其性之利臟腑也。

清・丁其譽《壽世秘典》卷三 蠶豆 氣味：甘，平，無毒。主快胃，利臟腑。

發明李時珍曰：蠶豆《本草》失載。萬表《積善堂方》言：一女子悞吞針入腹，諸醫不能治。一人教令煮蠶豆同韭菜食之，針自大便同出，此亦可驗其性之利臟腑也。

清・尤乘《食鑒本草・粟類》 蠶豆 快胃利藏。多食發脹。可作醬。忌同豕肉食。

清・朱本中《飲食須知・穀類》 蠶豆 味甘，微辛，性平。多食滯氣成積，發脹作痛。

清・何其言《養生食鑒》卷上 蠶豆 味甘、辛，平，無毒。平胃氣，和臟腑。多食滯氣，成積，作痛。婁居中云：一人誤吞鍼，以蠶豆、韭菜煮食，良久，鍼從大便出。

清・李熙和《醫經允中》卷二二 蠶豆 悞吞金銀物者，煮蠶豆同韭菜食可下。甘，微平，無毒。主快胃，和臟腑。殻晒乾燒灰，塗天泡瘡。

清·王道純《本草品彙精要續集》卷三　蠶豆無毒

蠶豆：主快胃，和臟腑。○苗，主酒醉不醒，油鹽炒熟，煮湯灌之，效《本草綱目》。【名】胡豆。李時珍曰：豆莢，狀如老蠶，故名。王禎《農書》謂其蠶時始熟，故名，亦通。吳瑞《本草》以此爲豌豆，誤矣。此豆種，亦自西胡來，雖與豌豆同名同時種而形性迥別。《太平御覽》云張騫使外國得胡豆種歸，指此也。今蜀人呼此爲胡豆，而豌豆不復名胡豆矣。【地】李時珍曰：蠶豆，南土種之，蜀中尤多。收其子，以備荒歉。【苗】方莖中空，葉狀如匙頭，本圓末尖，面綠背白，柔厚，一枝三葉，花如蛾狀，又如豇豆花，結角連綴如大豆，頗似蠶形。【時】八月下種，冬生嫩苗，二月開花，紫白色，四月始熟。【味】甘，微辛。【性】平。【合治】李時珍曰：蠶豆，《本草》失載。萬表《積善堂方》言：一女子誤吞針入腹，諸醫不能治，一人教令煮蠶豆同韭菜食之，針自大便同出，此亦可驗其性之利臟腑也。

清·吳儀洛《本草從新》卷四　蠶豆（澀，補中。）　甘，澀，溫。補中益氣，澀精實腸。汪穎（汪穎《食物本草》。）曰：快胃和臟腑。洛按：此物補而閉澀，極易作脹，所謂快與和，安在哉？時珍曰：蠶豆本草失載，《積善堂方》（萬表《積善堂經驗方》。）言一女子誤吞針入腹，諸醫不能治，一人教令煮蠶豆同韭菜食之，針自大便同出，此亦可驗其性之利臟腑也。洛謂針入腹中，必傷腸臟，蓋腸疊腹中，其路甚遠，縱有神丹，安能速之使出，而不傷腸臟哉？食韭菜取其糾纏裹在針外，蠶豆澀滯粘在韭上，協同護針，不傷腸臟爾。又有即此方同胡桃肉食者，此則取其通利而欲其速下爾。蠶豆通臟腑之說非也。

清·汪紱《醫林纂要探源》卷二　⿰足卑豆　甘、鹹，寒，滑。滑腸利水。又名蠶豆。苗不類豆，而莢實如豆，豆大而形扁，與麥同種同熟，色青黃而赤褐。煮食亦能行水和中。

題清·徐大椿《藥性切用》卷六　蠶豆　甘澀性溫，補益中氣，澀腸實脾，能已久瀉。發芽則全不閉澀，香甘可口。

清·黃宮繡《本草求真》卷九　蠶豆疏利脾胃，能治吞針。　蠶豆（耑入脾胃。）味甘性溫。據書載此服多滯氣。又曰：誤吞鐵針，用此即下。蓋緣人受穀食，必仗中氣以為運行，若使中氣稍振，雖服有形之物礙於腸胃，用此合以溫藥同投，即能以解。《積善堂方》：一女子誤吞針入腹，諸醫不能治，有人教令煮蠶豆同韭菜食之，針自大便同出。誤食金銀物者，用之皆效。可驗其性之利臟腑也。如其中氣既餒，稍服濡滯，即能作脹，況多食乎。此蠶豆之所以有通有不通之說也，但此既能通針，其性疏利，已見一斑。與於陰潤之物，遇人則滯，絕不相同。惟在臨症相人體氣，及多食少食以別耳。

清·李文培《食物小錄》卷上　蠶豆　甘，溫、平，無毒。快胃，和臟腑。多食發脹，炒食多損齒。

清·趙學敏《本草綱目拾遺》卷八諸穀部　蠶豆殼　治癧瘡，《行篋檢祕》：用油鹽蠶豆殼一鍾，麻油浸一週時，取起，將豆殼瓦上焙研為末，麻油調搽患處，立愈。膈食：《指南》云：用蠶豆磨粉，紅糖調食，數次即愈。小便久日不通，難忍欲死。《慈航活人書》：蠶豆殼三兩煎湯服之。如無鮮殼，取乾殼代之。黃水瘤瘡：毛世洪《經驗集》云：凡大人小兒頭面黃水瘡，流到即生，蔓延無休者，用蠶豆殼炒成炭，研細，加東丹少許，和勻，以真菜油調塗，頻以油潤之，三日即愈。治漏：《種福堂方》：用炒熟蠶豆殼磨末，每服三四錢，加沙糖少許，調服。禿瘡：張卿子《外科祕方》：用鮮蠶豆搗如泥，塗瘡上，乾即換之，三五次即愈。如無鮮者，用乾豆，以水泡胖，搗敷亦效。吐血：張卿子方：以新蠶豆殼四五年陳者妙，煎湯飲之，即愈。天泡瘡：蠶豆黑殼，燒灰存性，研末，加枯礬少許，菜油調敷，一次即愈。《藥性考》云：蠶豆苗，能醒酒。

清·王學權《重慶堂隨筆》卷下　蠶豆　實於蠶時，故名。一名佛豆，佛誕可薦新也。補中益氣。小兒禁食，恐難化也。龍喜取之，故開花遇雷電，則不結實。海船內有蠶豆一粒，即不能出洋，龍欲取之也。航海者不可不知。

清·章穆《調疾飲食辯》卷二　蠶豆　《農書》曰：蠶時始熟，故名。性能快脾胃，利藏府，故不壅氣。炒食、煮食皆佳。《積善堂方》曰：有女子誤吞針入腹，或教令煮蠶豆同韭菜食，針自大便出。《食物本草》曰：其苗、葉能解酒醉不醒。

清·葉桂《本草再新》卷七　蠶豆味甘，性溫，無毒。入心、脾二經。　補中益氣，澀精實腸。

清·吳其濬《植物名實圖考》卷一　蠶豆　《食物本草》始著錄。《農書》謂蠶時熟，故名。滇南種於稻田，冬暖即熟，貧者食以代穀。李時珍謂蜀中收以備荒。蓋西南山澤之農，以其豆大而肥，易以果腹；冬隙廢田，尤省功作，故因利乘便，種植極廣，米穀視其豐歉，以定價矣。

雩婁農曰：蠶豆，《本草》失載。楊誠齋亦謂蠶豆未有賦者，戲作詩曰：翠莢中排淺碧珠，甘欺崖蜜軟欺酥。可謂湊厲無前矣。夫其植根冬雪，落實春風，點壂為花，刻翠作莢。與麥爭場，高豈藏雉；同萁並熟，候恰登蠶。嫩者供烹，老者雜飯，乾之為粉，熓之為果。《農書》云：接新充飽，和麥為餣，尚未盡其功用也。《益部方物記》有佛豆，粒甚大而堅，農夫不甚種，唯圃中蒔以為利。以鹽漬煮食之，小兒所嗜。《雲南通志》謂即蠶豆。豈宋時尚未徧播中原，宋景文至蜀始見之耶？明時以種自雲南來者絕大而佳，滇為佛國，名曰佛豆，其以此歟？雖然滇無蠶以佛紀，若江湖蠶鄉以為蠶候，則曰蠶宜。

清·趙其光《本草求原》卷一四穀部　蠶豆　甘、辛，平，無毒。平胃氣，和臟腑。多食滯氣，成積作痛。治誤吞針。同韭食，即針從大便出。皮煅灰，治天泡瘡。

清·文晟《新編六書》卷六《藥性摘錄》　蠶豆　甘，溫。吞鐵針，用此能下。同韭菜食之，尤佳。悞食金銀物，用之皆効。

清·王孟英《隨息居飲食譜·穀食類》　蠶豆以其熟於蠶時，故名蠶豆，一名佛豆。　甘，平。嫩時剝為蔬饌，味甚鮮美，老則煑食，可以代糧。炒食可以為肴。性主健脾快胃。浸以發芽，更不壅滯。亦可煑糜作餻餌，肆中磨細，攙入小粉，亦可燙皮搓索，以混綠豆粉。

清·田綿淮《本草省常·穀類》　蠶豆　一名胡豆。性溫。快脾和胃，益氣補中，澁精固腸。多食發脹。宜醬炒食之。

清·戴葆元《本草綱目易知錄》卷二　蠶豆　甘、微辛。快胃氣，利臟腑。《纂要》云：又名豍豆。煮食能行水和中。《積善堂方》言一女子誤吞針入腹，諸醫不能治，有教煮蠶豆同韭菜食之，針自大便韭豆裹出。

清·陳其瑞《本草撮要》卷五　蠶豆　味甘澁，溫，入手足太陰、陽明經，功專補中益氣，澁精實腸。發芽則全不閉澁，香甘可口。誤吞針入腹，以蠶豆同韭菜多食之，莫食別物，其針自由大便出，甚驗。亦有胡桃肉同食者，取其速下也。

清·吴汝紀《每日食物却病考》卷上　蠶豆　味甘，溫，氣微辛，無毒。莢狀如老蠶，又蠶時始熟，故以名之。張騫使外國得胡荳種歸者，此也，故今蜀人尚呼為胡荳。主快胃，利臟腑。《積善堂》載：一女子誤吞針，醫不能治。一人教以蠶豆同韮菜食之，針從大便中出。此利臟腑之驗也。

豇豆

明·朱橚《救荒本草》卷下之後　豇豆苗　今處處有之。人家田園中多種。就地拖秧而生，亦延籬落，葉似赤小豆葉而極長艄，開淡粉紫花，結角長五七寸。其豆味甘。　救飢：採嫩葉煠熟，水浸淘淨，油鹽調食。及採嫩角煠食亦可。其豆成熟時打取豆食。

明·朱橚《救荒本草》卷下之後　紫豇豆苗　人家園圃中種之。莖葉與豇豆同，但結角色紫，長尺許。味微甜。　救飢：採嫩苗葉煠熟，油鹽調食。角嫩時採角煮食。亦可做菜食。豆成熟時打取豆食之。

明·蘭茂撰，清·管暄校補《滇南本草》卷上　豇豆　味平。治脾土虚弱，開胃健脾。久服令人白胖。根，搗爛，敷疔瘡。葉，治淋症。根梗燒灰，調油，搽破爛處，又能長肌肉。

明·李時珍《本草綱目》卷二四穀部·菽豆類　豇豆《綱目》。〇江、絳二音。

【釋名】䜶𧯵音絳雙。　時珍曰：此豆紅色居多，莢必雙生，故有豇、䜶𧯵之名。《廣雅》指爲胡豆，誤矣。　【集解】時珍曰：豇豆處處三四月種之。一種蔓長丈餘，一種蔓短。其葉俱本大末尖，嫩時可茹。其花有紅、白二色。莢有白、紅、紫、赤、斑駁數色，長者至二尺，嫩時充菜，老則收子。此豆可菜、可果、可穀，備用最多，乃豆中之上品，而本草失收，何哉？

【氣味】甘、鹹，平，無毒。　【主治】理中益氣，補腎健胃，和五臟，調營衛，生精髓，止消渴，吐逆泄痢，小便數，解鼠莽毒時珍。

【發明】時珍曰：豇豆開花結莢，必兩兩並垂，有習坎之義。豆子微曲，如人腎形，所謂豆爲腎穀者，宜以此當之。昔盧廉夫教人補腎氣，每日空心煮豇豆，入少鹽食之，蓋得此理。與諸疾無禁，但水腫忌補腎，不宜多食耳。又《袖珍方》云：中鼠莽毒者，以豇豆煮汁飲即解。欲試者，先刈鼠莽苗，以汁潑之，便根爛不生。此則物理然也。

明·穆世錫《食物輯要》卷二　豇豆　味甘、鹹，平，無毒。解鼠莽毒，理中益氣，補腎養胃，和五臟，調營衛，止消渴吐逆瀉痢。惟水腫者、小便短者忌補腎，勿食之。

明·趙南星《上醫本草》卷一　豇豆江、絳二音　一名䜶𧯵音絳雙。此豆有紅、白二色。嫩時充菜，老則收子。此豆可菜、可果、可穀，備用最多。

甘、鹹，平，無毒。主治：理中益氣，補腎健胃，和五臟，解鼠莽毒。不宜多食。

明·繆希雍《本草經疏》卷三〇 豇豆 味甘、鹹，平，無毒。補腎健胃，與諸疾無禁，可常食之。昔盧廉夫教人補腎氣，每日空心煮豇豆，入鹽少許食之，甚效。

明·應𪊟《食治廣要》卷二 豇豆 氣味：甘、鹹，平，無毒。主治：理中益氣，補腎壯胃，和五藏，調榮衛，生精髓，止消渴、吐逆、泄痢。花有紅、白二色，莢必兩兩並垂，有習坎之義。豆子微曲，如人腎形。所謂豆為腎穀者，或指此物。昔盧廉夫教人補腎氣，每日空心煮豇豆，入少鹽食之，蓋得此理。諸疾無禁，但水腫忌補腎，故不宜食耳。莢有紅、白、紫、赤、斑駁數色，功効並同。

明·姚可成《食物本草》卷五穀部·菽豆類 豇豆處處三四月種之。一種蔓長丈餘，一種蔓短。其葉俱本大末尖，嫩時可茹。其花有紅、白二色。莢有白、紅、紫、赤、斑駁數色。長者至二尺如帶，名裙帶豆，嫩時充蔬菜，老則收子；短者不及尺，名戳豇，莢殼不可食，其子更香美，和飯中極佳。此豆可菜、可果、可穀，備用最多，乃豆中之上品也。 豇豆，味甘、〔鹹〕，平，無毒。主理中益氣，補腎健胃，和五臟，調榮衛，生精髓，止消渴，吐逆泄痢，小便數，解鼠莽毒。李時珍曰：豇豆開花結莢，必兩兩竝垂，有習坎之義。豆子微曲，如人腎形，所謂豆為腎穀者，宜以此當之。昔盧廉夫教人補腎氣，每日空心煮豇豆，入少鹽食之，蓋得此理。與諸疾無禁，但水腫忌補腎，不宜食耳。《袖珍方》云：中鼠莽毒者，以豇豆煮汁飲即解。欲試者，先刈鼠莽苗，以汁潑之，便根爛不生。此則物理自然也。

明·顧逢柏《分部本草妙用》卷九穀部 豇豆 甘、鹹，平，無毒。主治：理中益氣，補腎健胃，和五臟，調榮衛，生精止渴，吐逆泄痢，小便數。解鼠莽毒。專治水腫。豇豆兩兩竝垂，有習坎之義。豆子微曲，如人腎形，為腎穀也。每日鹽湯食之良。

明·孟笨《養生要括·穀部》 豇豆有紅、白數色。此豆可菜、可果、可穀。備用最多，為腎之穀也。 味甘、鹹，平，無毒。理中益氣，補腎健胃，和五臟，調營衛，生精髓，止消渴、吐逆泄痢、小便數，解鼠莽毒。

明·施永圖《本草醫旨·食物類》卷二 豇豆 味：甘、鹹，平，無毒。治：理中益氣，補腎健胃，和五臟，調榮衛，生精髓，止消渴、吐逆、泄痢、小便數。解鼠蛇毒。

清·穆石鲍《本草洞詮》卷五 豇豆 開花結莢，必兩兩相垂，有習坎之義。豆子微曲，如人腎形，所謂豆為腎穀者，宜以此當之。味甘鹹，氣平，無毒。主補腎健胃，調營衛，止消渴，吐痢。盧廉夫教人補腎氣，每日空心煮豇豆，入少鹽食之，蓋得此理。

清·丁其譽《壽世秘典》卷三 豇豆 氣味：甘、鹹，平，無毒。補腎健胃，和五臟，調榮衛，止泄痢、小便數。

發明李時珍曰：豆子微曲如人腎形，所謂豆為腎穀者，宜以此當之。昔盧廉夫教人補腎氣，每日空心煮豇豆，入少鹽食之，蓋得此理，與諸疾無禁。但水腫忌補腎，不宜多食耳。

清·尤乘《食鑒本草·粟類》 豇豆 理中補腎，止渴止痢，小便頻，解鼠蛇毒。

清·朱本中《飲食須知·穀類》 豇豆 味甘、鹹，性平。水種者勿食。中鼠莽毒者，煮汁飲之即解。欲試其效，先刈鼠莽苗，以汁潑之，便根爛不生。

清·何其言《養生食鑒》卷上 豇豆音江，即豆角，有紅、白、斑數色，嫩時充菜，老則收子。此菜可菜、可穀，備用最多，乃豆中之上品也。 味甘、鹹，性平，無毒。解鼠莽毒，理中益氣，補腎養胃，和五臟，調營衛，止消渴、吐逆、瀉痢。惟水腫者、小便短者，忌。補腎，勿食之。

清·李熙和《醫經允中》卷二二 豇豆 甘、鹹，平，無毒。兩兩並垂，有習坎之義。豆子微曲如人腎形，為腎穀也。每日鹽湯食之良。能治水腫，解莽草毒。

清·馮兆張《馮氏錦囊秘錄·雜症痘疹藥性主治合參》卷六 豇豆味甘、鹹，平，無毒。補腎健胃，與諸疾無禁，可常食之，大補腎氣。空心煮豇豆，入鹽少許，食之甚效。 豇豆，理中益氣，補腎健胃，和五臟，調榮衛。生精止渴，吐逆泄痢，小便澀數，解鼠莽毒，專治水腫。如人腎形，乃腎穀也，每日鹽湯食之良。

清·浦士貞《夕庵讀本草快編》卷三 豇豆《綱目》、䜵豍 豆色多紅，而莢必雙生，故名。 豇豆味甘而鹹，平而無毒，其開花結莢必兩兩並垂，有習坎之象也。其子微曲如人腎形之狀。古人以豆為腎穀，以此當之，庶相近爾。且其性能生精髓而止消渴，斂泄痢而調小便，理中健胃，與他豆不同。或問既云補腎，又云健胃，何歟？《內經》謂胃為腎之上關，胃既得充，則飲食施化，腎受其益矣。故盧廉夫教人補腎每日煮豇豆食之，蓋此義也。惟水腫者忌食，恐壅滯關門之故。

清・吴儀洛《本草從新》卷四 豇豆補腎。 甘、鹹，平。益氣，理中健胃，補腎，開花對莢，必兩兩并垂，有習坎之義，豆子微曲，如人腎形，所謂豆為腎穀者，宜以此當之。昔盧廉夫教人補腎氣，每日空心煮豇豆入少鹽食之，蓋得此理。和五臟，調營衛，生精髓，止消渴吐逆、瀉痢便數，解鼠莽毒。《袖珍方》〔周定王《袖珍方》〕云：中鼠莽毒者，以豇豆煮汁飲即解。欲試者先刈鼠莽苗，以汁潑之，便根爛不生，此則物理然也。

清・汪紱《醫林纂要探源》卷二 豇豆 甘、鹹，溫。一名䜶䜬，俗名羊角，亦名豆角。花有紅白，莢必雙生並垂，長者二尺，故名䜶䜬，豆似腎而色紅，豇亦言紅也。補心瀉腎，腎之菜也。瀉者，瀉有餘之邪也。豆似腎而莢雙垂，故下入腎。滲水利便，降濁升清。凡蔓生遠行者，多能通徹上下。瓜匏之類，蔓空莖脆，則通利水氣而已。豆則蔓實莖韌，氣勁而能升降氣化，以上下於三焦，又不止行水已也。多食滑腸。下行速也。小兒食之，多完豆不化。

清・嚴潔等《得配本草》卷五 豇豆 甘，平。入足太陰、少陰經氣分。調營衛，療虚瀉。 得鹽少許，補腎氣。 脾氣虚者炒用。 氣滯便結者禁用。

題清・徐大椿《藥性切用》卷六 豇豆 甘濇性平，補腎解毒，洵無滑腸之害。

清・黄宫繡《本草求真》卷九 豇豆安胃養腎。 豇豆耑入腎，兼入胃。味甘而鹹，性平無毒，考之時珍云：豇豆可菜、可菓、可穀，備用最多，乃豆中之上品。又曰：豇豆開花結莢，必兩兩並垂，有習坎之義。豆象微曲，有似人腎，所謂豆為腎穀者，宜此當之。是以腎氣虚損，必賴此為主治。用豇豆入鹽少許，食之甚效。且此味甘而平，入腎而更入胃。故凡胃津不生，胃渴不止，吐逆泄痢，小便頻數，草莽毒中，皆得甘以調劑，而使諸症其悉平也。《袖珍方》云：中鼠莽毒者，以豇豆煮汁飲即解。欲試者先刈鼠莽苗，以汁潑之，便根爛不生。書載諸疾無禁，惟水腫忌。 補腎氣。不宜多食耳。

清・李文培《食物小錄》卷上 豇豆 甘、鹹，平，無毒。理中益氣，補腎，健脾胃，和五臟，生精髓。有白、紅、紫、赤數種，長尺許，如帶，老時子最香。此豆可菜、可果、可穀，備用最多，豆中上品。

清・章穆《調疾飲食辯》卷二 豇豆 一名䜶豆，一名䜬豆。《綱目》曰：處處種之，蔓長丈餘。葉本大末小。花有紅、白二色。莢有紅、紫、青、斑數種，俱長尺餘，必兩兩並垂。子長而微曲，如人腎形。嫩時充菜，老則收子，可菜、可果、可穀。有二種：一種宜風，必插竹引蔓使高，名豆莢棚，莢條直；一種不必晾風，就地鋪滿，層層相壓，莢皆糾曲，極肥厚，名纏地豇。性能和藏府，止消渴。煮熟、日乾不拘，素食、肉食俱可。子能補腎健脾，止吐瀉。然亦不免壅氣，中滿者忌之。《袖珍方》云：能解鼠莽毒，煮汁灌之。鼠莽即水莽，又作苪，亦名斷腸草，生水溝内，似馬齒莧，北方最多，南方亦間有。人畜中其毒者必死。此方宜廣傳也。

清・葉桂《本草再新》卷七 豇豆味甘，性平，無毒。入肺經。 解毒止渴，治吐逆泄痢。

清・吴其濬《植物名實圖考》卷二 豇豆 《本草綱目》始收入穀部。此豆莢必雙生，故有䜶䜬之名。種有紅、白、紫、赤、斑駁數色，可茹、可穀，亦能解鼠莽毒。

清・趙其光《本草求原》卷一五菜部 豆角即豇豆。 甘、鹹，平，無毒。汁黑補腎，甘補中。平益肺氣，和五臟，調營衛，止消渴、吐逆、瀉痢，解鼠莽毒。或曰水腫、尿短者忌之。按鹹平則金水合德，能行注節，豈有尿短反忌之理。存參。

清・文晟《新編六書》卷六《藥性摘錄》 豇豆 甘，平。安胃養腎。煮熟食，治腎氣虚損，胃渴不止，吐逆瀉痢，小便頻數。並解鼠莽毒。惟水腫忌之。

清・王孟英《隨息居飲食譜・穀食類》 豇豆 甘，平。嫩時采莢為蔬，可葷可素，老則收子充食，宜餡宜餻。頗肖腎形，或有微補。

清・劉善述、劉士季《草木便方》卷二穀糧豆菜部 豇豆 豇豆甘平坤體精，陰腫莖痛滋腎陰。消渴止痢通二便，藤葉搗塗蛇毒清。

清・田綿淮《本草省常・穀類》 豇豆 一名䜶䜬。性平。益氣理中，健脾補腎，和五臟，生精髓，止消渴、吐逆、小便數。䜶，音江；䜬，音雙。

清・戴葆元《本草綱目易知錄》卷二 豇〔豆〕䜶䜬，菜豆。 甘、鹹。理中益氣，補腎健胃，和五臟，調營衛，生精髓，止消渴。治吐逆瀉痢，小便頻數。解鼠莽毒。水腫病忌食，以其補腎也。【略】葆按：俗名羊角，又名菜豆，茹食。

清・陳其瑞《本草撮要》卷五　豇豆　味濇，平，入手太陰經，功專散血消腫，清熱解毒，治消渴吐逆泄痢，便數。解鼠莽毒。

清・吴汝紀《每日食物却病考》卷上　豇荳　甘、鹹，平，無毒。理中，益氣，補腎，和五臟，生精髓，療泄痢、小便數，解鼠莽毒。其子微曲如腎形，所謂豆為腎穀者，宜以此當之。諸疾俱無忌，只水腫忌補腎，不宜多食耳。嫩食莢，老收子，可菜，可菓，可穀，荳中之佳品也。

藊豆

唐・孫思邈《千金要方》卷二六《食治・穀米》　萹豆　味甘，微溫，無毒。和中下氣。其葉：平。主霍亂吐下不止。

宋・唐慎微《證類本草》卷二五米穀部中品〔《别錄》〕　藊音扁豆　味甘，微溫。主和中下氣。

葉：　主霍亂吐下不止。

〔梁・陶弘景《本草經集注》〕云：　人家種之於籬援，其莢蒸食甚美，無正用取其豆者。葉乃單行用之。患寒熱病者，不可食。

〔唐・蘇敬《唐本草》〕注云：　此北人名鵲豆，以其黑而白間故也。

〔宋・掌禹錫《嘉祐本草》〕按：　孟詵云：　藊豆，療霍亂吐痢不止，末和醋服之，下氣。又，吐痢後轉筋，生擣葉一把，以少酢浸汁，服之立差。其豆如菉豆，餅食亦可。《藥性論》云：　白藊豆，亦可單用。主解一切草木毒，生嚼及煎湯服，取效。日華子云：　平，無毒。補五藏。葉傅蛇蟲咬。

〔宋・蘇頌《本草圖經》〕曰：　藊豆，舊不著所出州土，今處處有之。人家多種於籬援間，蔓延而上，大葉細花，花有紫、白二色，莢生花下。其實亦有黑、白二種，白者溫而黑者小冷，入藥當用白者。主行風氣，女子帶下，兼殺一切草木及酒毒，亦解河㹠毒。花亦主女子赤白下，乾末米飲和服。葉主吐痢後轉筋，生擣，研以少酢，浸取汁飲之，立止。黑色者亦名鵲豆，以其黑間而有白道如鵲羽耳。

〔宋・唐慎微《證類本草》〕《食療》云：　微寒。主嘔逆，久食頭不白。患冷氣人勿食。其葉治瘕，和醋煮。理轉筋，葉汁醋服效。

宋・寇宗奭《本草衍義》卷二〇　藊豆　有黑、白、鵲叁等，皆於豆脊有白路。白者治霍亂轉筋。

宋・王繼先《紹興本草》卷一二　藊豆　紹興校定：　藊豆亦類大豆，但其形扁而頗大，然分白黑二種，入方唯用白者。但調和營衛，餘無起疾之驗。葉罕聞用據。處處産之。當從《經》注味甘，微溫，無毒是矣。

宋・劉明之《圖經本草藥性總論》卷下　藊豆　味甘，微溫。主和中下氣。葉，主霍亂吐下不止。孟詵云：　療霍亂吐痢不止，末和醋服之。下氣，又吐痢後轉筋，生擣葉汁，服立差。《藥性論》云：　白藊豆，可單用。主解一切草木毒。日華子云：　平，無毒。補五臟。葉，傅蛇蟲咬。《食療》云：　微寒。主嘔逆。患冷氣人勿食。葉，治瘕，醋煮。理轉筋，葉汁醋服。

宋・陳衍《寶慶本草折衷》卷一九　白藊音扁。豆花附。〇今循張松加以白字。　俗號眉豆。生處處有之。多種於籬援間，蔓延而上。〇附：　花，今俗間採曝乾。

味甘，平，微溫，無毒。〇主和中下氣。〇孟詵云：　療霍亂，吐痢。〇日華子云：　補五藏。〇《圖經》曰：　藊豆，黑者小冷。白者主行風氣，女子帶下，殺草木及酒毒，亦解河㹠毒。〇寇氏曰：　藊豆有黑、白、鵲三等，皆脊有白路。黑白間者名鵲。

附：　花。〇主女子赤白下。乾末，米飲和服。其花細，有紫、白二色。

續說云：　張松謂白藊豆又治脾胃虚弱，心忪滿悶，身熱煩渴，傷暑伏熱，口苦舌乾，倦不思食。以薑汁浸去皮，炒用。又取花之白者，亦入藥，以療男子便濁。

元・忽思慧《飲膳正要》卷三　匾豆　味甘，微溫。主和中。葉，主霍亂吐下不止。

元・尚從善《本草元命苞》卷九　藊音扁豆　味甘，微溫，無毒。治霍亂，吐痢轉筋。補五臟，溫中下氣。單製服解草木毒，淂香薷療中暑病。葉傅蛇蟲咬，花醫帶下疾。舊不著所産，今處處有之。生於籬間，蔓延其上，大葉細花，莢生其下。白者入藥，黑者不堪。

元・吴瑞《日用本草》卷二　藊豆　白者溫，名藊豆；　黑者冷，名鵲豆。味甘，性溫，無毒。患氣人及有寒熱不可食。藊豆有黑、白、鵲三等。主和中下氣、女子帶，解一切草毒，生嚼及煎湯服。葉：　傅蛇蟲咬。吐痢後轉筋，生搗葉一把，取汁飲之。

明・朱橚《救荒本草》卷下之後　眉兒豆苗　人家園圃中種之。妥他果切蔓而生，葉似菉豆葉而肥大，闊厚潤澤光俊，每三葉攢生一處，開淡粉紫花，結匾角，每角有豆止三四顆，其豆色黑，匾而皆白眉，故名。味微甜。

救飢：採嫩苗葉煠食。豆角嫩時採角煮食。豆成熟時打取豆食。

明・蘭茂原撰，范洪等抄補《滇南本草圖說》卷八　藊豆　味甘，性微寒，無毒。主治：和中下氣，消暑健脾，解酒毒，調五藏。

明・蘭茂撰，清・管暄校補《滇南本草》卷上　南扁豆：味平。治脾胃虛弱，反胃冷吐，久瀉不止，食積痞塊，小兒疳疾。婦人吐酸，白帶，燒酒炒黃，為末，每服三錢，開水下。葉，燒灰，搽金瘡膿血。根，治大腸下血，痔漏冷淋。梗，治風痰迷竅。癲狂亂語，同硃砂為末，薑湯下。健(皮)〔脾〕方：扁豆，四兩，土炒。萊菔子，一兩，末。小黑豆，一兩，酒炒。共為末，每服三錢，開水下，或薑湯下。

明・王綸《本草集要》卷五　白扁豆　味甘，氣微溫。主和中下氣，治霍亂，吐痢不止。殺一切草木及酒毒、河豚毒。〇葉，主霍亂，又吐痢後轉筋，生搗研，以少酢浸汁服之。亦傅蛇蟲咬。〇花，主女子赤白下，乾末，米飲和服之。

明・滕弘《神農本經會通》卷四　藊豆　有黑、白二種，入藥當用白者。味甘，氣微溫。東云：助脾。《疌》云：主下氣，補瀉，安腸胃，治轉筋吐瀉，及蛇傷。

《本經》云：主和中，下氣。孟詵云：療霍亂，吐痢不止。末和醋服之，下氣。《藥性論》云：白藊豆亦可單用，主解一切草木毒，生嚼及煎湯服效。日華子云：平，無毒。補五臟。《圖經》云：花有紫白二色，實有黑白二種。白者溫，而黑者小冷，入藥當用白者。主行風氣，女子帶下，兼殺一切草木及酒毒，亦解河㹠毒。《食療》云：微寒。恐是黑者，主嘔逆，久食頭不白。患冷氣人勿食。《局》云：藊豆單行能解毒，本功下氣更和中。轉筋霍亂須調醋，葉傅蛇蟲多有功。白藊豆，治轉筋霍亂。葉，傅蛇蟲咬。

藊豆葉　《本經》云：主霍亂，吐下不止。孟詵云：吐痢後轉筋，生擣葉一把，以少醋浸，取汁，服之立差。日華子云：葉，傅蛇蟲咬。《食療》云：其葉治瘕，和醋煮。理轉筋，葉汁醋服效。

藊豆花　《圖經》云：主女子赤白下，乾末，米飲和服。

明・劉文泰《本草品彙精要》卷三六　藊豆　蔓生。

藊音扁豆：主和中下氣。〇葉，主霍亂吐下不止。名醫所錄。【名】鵲豆。【苗】《圖經》曰：藊豆，人家多種於籬援間，蔓延而上，每枝生三葉，似杏葉而大，五六月開花，花有紫、白二色，莢生花下，其莢蒸食之甚美。然實亦有黑、白二種，白者溫，而黑者小冷，入藥當用白者爲佳。黑色者亦名鵲豆，以其黑間而脊有白道如鵲羽故耳。【地】《圖經》曰：舊不著所出州土，今處處有之。【時】生：春生苗。採：秋取實。【收】日乾。【用】實。【色】白。【味】甘。【性】微溫。【氣】氣之厚者，陽也。【臭】腥。【主】消暑和中。【製】去莢，剉碎用。【治】療：《圖經》曰：白豆，行風氣，女子帶下。〇葉，止吐痢後轉筋，生擣一把，以少酢浸汁飲之，立瘥。日華子云：葉，傅蛇、蟲咬。孟詵云：豆，治霍亂，吐痢不止。《食療》云：嘔逆。《衍義》曰：霍亂轉筋。補：日華子云：豆，補五臟。《食療》云：久食頭不白。【合治】花乾末合米飲和服，治女子赤白帶下。〇豆末合醋服之，下氣。〇葉合醋煮服，治瘕。〇葉汁合醋服，理轉筋。【禁】患寒熱病者不可食。患冷氣者勿食。【解】解酒毒及河㹠毒。殺一切草木毒。生嚼及煎湯服，取效。

明・盧和、汪穎《食物本草》卷一穀類　藊豆　味甘，氣微溫。主和中下氣，治霍亂吐痢不止，殺一切草木及酒毒。生嚼及煎湯服，亦解河豚毒。葉，主霍亂。花，主女子赤白下，乾末，米飲和服之。有黑、白二種，黑者少冷，入藥俱用白者。患寒熱病及患冷氣人不可食。

明・葉文齡《醫學統旨》卷八　白扁豆　氣微溫，味甘。無毒。治霍亂吐泄，清暑和中下氣，補脾胃；殺一切草木及酒毒、河肫毒。花，治女子赤白帶下。

明・許希周《藥性粗評》卷三　豆中白藊，筋轉之防。

白藊豆，其豆扁而不圓，故名。南北園圃處處有之。六七月採實。陰乾。味甘，性微溫，無毒。主治轉筋霍亂，吐痢不止，和中下氣。其葉可傅蛇蟲所傷。

單方：痢後轉筋：凡吐痢後轉筋不已者，扁豆葉一把，搗，以少醋浸取汁，服之立止，常試有驗。赤白帶下：婦女經脉不調，赤白帶下者，白扁豆花乾者，研末，米飲調下一錢匕，當止。

明・鄭寧《藥性要略大全》卷二　白扁豆臣　主助脾，和中下氣。治霍亂嘔吐瀉痢。味甘，氣微溫、熱，無毒。制一切草木及酒毒。五六月收炒入藥。〇有黑白二種。白者溫而黑者微冷。入藥當用白者。花主女人赤白帶下。乾為末，米飲調服。

明・陳嘉謨《本草蒙筌》卷五　白藊豆　味甘，氣微溫，無毒。園圃俱種，苗蔓引長。開花紫白兩般，結實黑白二種。實藏莢內，秋老採收。白者藊豆名，黑者鵲豆喚。惟白入藥，下氣和中。霍亂吐逆能除，河肫酒毒並解。加十味香薷飲內，治暑殊功；佐參苓白朮散中，止瀉立効。花主赤白帶下，曝乾研末，米飲調服。葉敷蛇蟲咬傷，和醋搗（爛），敷咬處。

明・方穀《本草纂要》卷六　白藊豆　味甘，氣微溫，無毒。主和中下氣，治霍亂吐利不止，殺一切草木及酒毒。葉主吐利後轉筋；花主女子赤白帶下。大抵藊豆之劑，利水實脾之藥，故止吐利。夏月香茹飲用爲此設也。又參苓白朮散用亦謂此耳。近時秋後用此烹茶，猶恐夏月飲水過多，食之又實脾也，吐利之症，豈不治乎。

明・寧源《食鑒本草》卷下　扁豆　味甘，平，無毒。溫中下氣，治霍亂吐瀉轉筋，殺河肫魚毒。　葉：治霍亂轉筋，搗汁入醋少許，溫服之。《海上方》：治蛇蟲咬，搗傅之，效。

明・王文潔《太乙仙製本草藥性大全》卷四《本草精義》　白藊豆　舊不著所出州土。今處處有之。人家多種於蘺援間，蔓延而上，大葉細花，花有紫白二色，莖生花下。其實亦有黑白二種，白者溫，而黑者小冷，入藥宜用黑色者，亦名鵲豆，以其黑間而有白道如鵲羽耳，皆於豆脊有白路。白者治霍亂轉筋。

明・王文潔《太乙仙製本草藥性大全》卷四《仙製藥性》　白藊豆　味甘，氣微溫，無毒。　主治：惟白入藥，下氣中和。霍亂吐逆能除，河豚酒毒並解。加十味香薷飲內治暑殊功，佐參苓白朮散中止瀉立效。花，主赤白帶下。曝乾研末，米飲調服。葉，搗敷蛇蟲咬傷。和醋搗敷咬處。亦主霍亂吐下。

補註：霍亂吐痢不止，末和醋服之下氣。○主解一切草木毒，生嚼及煎湯服取效。○花，亦主女子赤白下，乾末米飲和服。葉，主吐痢後轉筋，生搗研，以少酢浸，取汁飲之立效。

明・皇甫嵩《本草發明》卷五　白匾荳中品。味甘，微溫，無毒。有黑白二種，黑者名鵲豆，白者名藊豆。　發明曰：藊豆甘溫，能和中下氣，故主霍亂吐逆不止，又補五臟，行風氣，女子赤白帶下，殺一切草木及酒毒，亦解河魨毒。佐香薷清暑邪霍亂，佐參、苓、白朮止瀉補脾。○葉，主霍亂，吐後轉筋，生搗汁和醋搗，敷蛇蠶咬傷。○花，亦主女人赤白下，乾末，米飲和服。

明・李時珍《本草綱目》卷二四穀部・菽豆類　藊豆音扁。○《別録》中品。

【釋名】沿籬豆俗　蛾眉豆時珍曰：藊本作扁，莢形扁也。沿籬，蔓延也。蛾眉，象豆脊白路之形也。

【集解】弘景曰：藊豆人家種之於籬垣，其莢蒸食甚美。頌曰：蔓延而上，大葉細花，花有紫、白二色，莢生花下。其實有黑、白二種，白者温而黑者小冷，入藥用白者。黑者名鵲豆，蓋以其黑間有白道，如鵲羽也。時珍曰：扁豆二月下種，蔓生延纏。葉大如杯，團而有尖。其花狀如小蛾，有翅尾形。其莢凡十餘樣，或長或團，或如龍爪、虎爪，或如猪耳、刀鐮，種種不同，皆纍纍成枝。白露後實更繁衍，嫩時可充蔬食茶料，老則收子煮食。子有黑、白、赤、斑四色。一種莢硬不堪食。惟豆子粗圓而色白者可入藥，《本草》不分別，亦缺文也。

白扁豆　【修治】時珍曰：凡用取硬殼扁豆子，連皮炒熟，入藥。亦有水浸去皮及生用者，從本方。

【氣味】甘，微温，無毒。詵曰：微寒，患冷人勿食。弘景曰：患寒熱者不可食。

【主治】和中，下氣《別録》。補五臟，主嘔逆。久服頭不白孟詵。療霍亂吐利不止，研末和醋服之蘇恭。行風氣，治女子帶下，解酒毒、河豚魚毒蘇頌。解一切草木毒，生嚼及煮汁飲，取效甄權。止泄痢，消暑，暖脾胃，除濕熱，止消渴時珍。

【發明】時珍曰：硬殼白扁豆，其子充實，白而微黄，其氣腥香，其性温平，得乎中和，脾之穀也。入太陰氣分，通利三焦，能化清降濁，故專治中宮之病，消暑除濕而解毒也。其軟殼及黑鵲色者，其性微凉，但可供食，亦調脾胃。

【附方】新九。　霍亂吐利：扁豆、香薷各一升，水六升，煮二升，分服。《千金》。

霍亂轉筋：白扁豆爲末，醋和服。《普濟方》。　消渴飲水：金豆丸：用白扁豆浸去皮，爲末，以天花粉汁同蜜和，丸梧子大，金箔爲衣，每服二三十丸，天花粉汁下，日二服。忌炙煿酒色。次服滋腎藥。《仁存堂方》。　赤白帶下：白扁豆炒爲末，用米飲每服二錢。

毒藥墮胎：女人服草藥墮胎腹痛者。生白扁豆去皮，爲末，米飲服方寸匕。濃煎汁飲。亦可丸服。（藥）〔若〕胎氣已傷未墮者，或口噤手强，自汗頭低，似乎中風，九死一生。醫多不識，作風治，必死無疑。　中砒霜毒：白扁豆生研，水絞汁飲。並《永類方》。

六畜肉毒：白扁豆燒存性研，（塗）〔冷〕水服之，良。《事林廣記》。　諸鳥肉毒：生扁豆末，冷水服之。同上。　惡瘡痂痒：作痛。以扁豆搗封，痂落即愈。《肘後》。

花　【主治】女子赤白帶下，乾末，米飲服之蘇頌。焙研服，治崩帶。作餛飩食，治泄痢。擂水飲，解中一切藥毒垂死。功同扁豆時珍。

【附方】新二。　血崩不止：白扁豆花焙乾，爲末。每服二錢，空心炒米煮飲，入鹽少許，調下即效。《奇效良方》。　一切泄痢：白扁豆花正開者，擇净勿洗，以滚湯瀹過，和小猪脊胆肉一條，葱一根，胡椒七粒，醬汁拌匀，就以瀹豆花汁和麪，包作小餛飩，炙熟食之。《必用食治方》。

葉 【主治】霍亂吐下不止《別録》。吐利後轉筋，生搗一把，入少酢絞汁服，立瘥。蘇恭。醋炙研服，治瘕疾孟詵。杵傅蛇咬大明。

藤 【主治】霍亂，同蘆穰、人參、倉米等分，煎服時珍。

題明・薛己《本草約言》卷二《藥性本草》 白扁豆 味甘，氣微溫，無毒。陽也，可升可降。消暑氣，有解毒之能；和中氣，有厚腸之益。霍亂吐瀉能除，河魨酒毒並解。加十味香薷飲內，治暑殊功；佐參苓白术散中，止瀉立效。痢疾不止者，服之可愈；病久脾虚者，倍用甚宜。能健脾養胃而愈百病。去殼薑汁炒用。氣味甘溫，能和中下氣，故主霍亂吐逆不止云云。

明・梅得春《藥性會元》卷中 白藊豆 味甘，氣微溫，無毒。俗呼羊眼豆。主治霍亂吐瀉，清暑和中，下氣補脾胃，殺一切草木及酒毒，并河肫魚毒。花：治女子赤白帶下。葉：治霍亂吐下不止，搗爛敷蛇咬，效。

明・穆世錫《食物輯要》卷二 藊豆 味甘，性微溫，無毒。和中下氣，調五臟，解酒消暑，通利三焦，化清降濁，治中宮病。久服，令人頭不白。患冷氣者、瘧疾者勿食。

明・李中立《本草原始》卷五 藊豆 處處有之。人家多種於籬援間，蔓延而上。葉大如盃，團而有尖，一枝三葉。其花狀如小蛾，有翅尾形。莢生花下，有長、團不同，皆纍纍成枝。白露後實更繁衍，嫩時可充蔬食、茶料，老則收子煮食。子有黑、白、赤斑不同，入藥用白者。藊，本作扁，莢形扁也。形象蛾眉，故一名蛾眉豆，俗呼眉豆。 白扁豆： 氣味： 甘，微溫，無毒。主治： 和中下氣。○補五臟，主嘔逆。久服頭不白。○療霍亂吐利不止，研末和醋服之。○行風氣，治女子帶下。解酒毒，河豚魚毒。○解一切草木毒，生嚼及煮汁飲取效。○止泄痢，消暑，暖脾胃，除濕熱，止消渴。白扁豆，《別錄》中品。【圖略】八九月采收。患冷人勿食。 修治： 連皮炒熟入藥。亦有水浸去皮及生用者。從本方。

白扁豆，入太陰氣分，通利三焦，能化清降濁，故專治中宮之病，消暑除濕而解毒也。 《永類方》： 治女人服毒藥墮胎腹痛者，及服藥胎氣已傷未墮，或口噤手強，自汗頭低，似乎中風，九死一生。醫多不識，作風治必死無疑。遇此症者，生白扁豆去皮為末，米飲服方寸匕，濃煎汁飲亦可。 《事林廣記》： 治中六畜肉毒者，白扁豆燒存性，研末水服之良。

明・張懋辰《本草便》卷二 白藊豆 味甘，氣微溫。主和中下氣，治霍亂，吐痢不止，殺一切草木及酒毒，河豚毒。葉主霍亂，又吐利後轉筋。

明・吴文炳《藥性全備食物本草》卷一 藊豆 味甘，性微溫，無毒。和中下氣，調五臟，解酒，消暑，通利三焦，化清降濁，治中宮病。久食令人頭不白。患冷氣者、瘧疾者勿食。花主赤白帶下，曝乾研末，米飲調服。葉和醋搗敷蛇蟲咬傷，亦主霍亂吐下。

明・趙南星《上醫本草》卷一 藊豆音扁。一名沿籬豆，又名蛾眉豆。時珍曰： 藊本作扁，莢形扁也。

白扁豆 其殼硬，其子充實，白而微黃，其氣腥香，其性溫平，得乎中和，脾之穀也。入太陰氣分，通利三焦，能化清降濁。故專治中宮之病，消暑除熱而解毒也。其軟殼及黑鵲色赤斑者，其性微涼，可以供食，亦調脾胃。甘，微溫，無毒。主治： 和中下氣，補五臟，暖脾胃，主嘔逆，行風氣，止瀉痢，消暑，除濕熱，止消渴。久服頭不白，及治女子帶下，解酒毒、河豚魚毒。研末和醋服，治霍亂吐利。生嚼及煮汁飲，解一切草木毒，取效。凡用，取硬殼白扁豆子，連皮炒熟，入藥。亦有水浸去皮，及生用者，各從本方。

附方 霍亂轉筋： 白扁豆為末，醋和服。 惡瘡痂痒作痛： 以扁豆擣封，痂落即愈。

花 主治： 女人赤白帶下，乾末，米飲服之。崩帶，焙研服之。泄痢，作餛飩食之。中一切藥毒垂死者，擂水飲之，功同扁豆。

附方 一切泄痢： 白扁豆花正開者，擇淨勿洗，以滾湯瀹過，和小猪脊胎肉一條，葱一根，胡椒七粒，醬汁拌勻，就以瀹豆花汁和麪，包作小餛飩，炙熟食之。

葉： 主治： 霍亂吐下不止。生擣一把，入少酢，絞汁服，治吐利後轉筋，立瘥。醋炙研服，治瘕疾。

明・李中梓《藥性解》卷一 白藊豆 味甘，性微溫，無毒，入脾經。主補脾益氣，和中止瀉，醋製能療霍亂轉筋，解酒毒及河魨毒，一切草木毒。葉主蛇蟲咬傷，花主赤白帶下。 按： 藊豆性味，皆與脾家相得，宜獨入之，然此劑最為泥膈，惟入健脾藥中，則能補脾，若單食多食，極能壅氣傷脾，本草稱其下氣，恐非。

明・繆希雍《本草經疏》卷二五 藊豆 味甘，微溫。主和中下氣。

葉：　主霍亂吐下不止。

【疏】藊豆稟土中沖和之氣，其味甘，氣香，性溫、平，無毒。入足太陰、陽明經氣分，通利三焦，升清降濁，故專治中宮之病，和中下氣，消暑除濕而解毒也。孟詵：　主霍亂吐痢不止及嘔逆，久食頭不白。日華子云：　補五臟。蘇頌：　主女子帶下，解酒毒、河豚魚毒。寇宗奭：　主霍亂轉筋。皆取其益脾開胃，和中氣，除濕熱之功耳。　葉：　氣味相同，故主霍亂。花有紫、白二色，豆有黑、白二種。入藥惟紫花、豆白者良。豆黑色及紫色者，名鵲豆，不入藥，亦不益人。　【主治參互】白藊豆，同山藥、白茯苓、人參、蓮肉、薏苡仁、芡實，為補脾胃之上藥。中焦有濕者加白术。　同黃連、乾葛、白芍藥、升麻、紅麴、滑石、烏梅、橘紅、甘草、蓮肉，治滯下如神。

同麥門冬、五味子、黃連、乾葛，能解酒毒。　同木瓜、石斛、橘皮、藿香、茯苓、縮砂、香薷，治霍亂吐瀉轉筋。　入十味香薷飲，能消暑氣，健脾。《奇效良方》血崩不止，白藊豆花，焙乾為末。每服二錢，空心炒米煮飲，入鹽少許，調下，即效。　治霍亂秘法，用白藊豆葉一葉，同白梅一枚，并仁研爛。新汲水調服，神效。　蘇恭治吐利後轉筋。用白藊豆葉一把，搗，入醋少許，絞汁服，立瘥。　【簡誤】弘景云：　患寒熱者不可食。　蓋指傷寒寒熱，外邪方熾，不可用此補益之物耳。如脾胃虛及傷食勞倦發寒熱者，不忌。

明・倪朱謨《本草彙言》卷一四　藊豆　味甘，氣溫，無毒。可升可降，可斂可散，入手足太陰氣分。　李氏曰：　藊豆，二月下種，延纏籬垣間。葉大如盃，圓而有尖，花具紫白二色，狀如小蛾，有翅尾，莢生花下。凡十餘樣，或長或圓，或如龍爪、虎爪，或如猪耳、刀鐮，種種不同，皆纍纍成枝。白露後實更繁衍，秋熱便不多生，故又名凉衍豆，俗訛爲羊眼豆。亦形相似也。嫩時連殼蒸食甚美，可充蔬菜茶料。老則收子煮食。子有黑、白、赤、斑四色。一種莢殼厚硬，不堪食者，惟豆子麤圓而色白者，方可入藥用。

白藊豆：　健脾清暑，《別錄》和中益氣之藥也。李氏時珍曰：　此藥通利三焦，和調五藏，能化清降濁，奠安中宮之病。故蘇氏方止霍亂吐利，清瘴解毒，夏月香薷飲用之，六和湯亦用之。不惟消瘴解毒清暑，而尤能利水實脾。如病水火互攻，變亂揮霍，倉卒暴發之疾，出甄權方取藊豆生搗，調溫湯飲之，立定。此屬脾之穀，得天地中和之正氣故也。

集方：　《方脉正宗》治老人脾胃不和，時作溏泄。用白藊豆、白朮、山藥、芡實、茯苓各四兩，砂仁三兩，俱炒燥，研細末。每早服六錢，加白糖一撮，滚水調服。○《澹寮》治霍亂吐利，氣力軟怯，或身熱煩渴，陰陽不分，寒熱交作，或傷食傷酒，或成瘧痢。以六和湯：　用白藊豆、厚朴、木瓜、茯苓、藿香各一錢，香薷二錢，砂仁、製半夏、杏仁、人參、甘草各五分，加生薑三片，紅棗一枚，水二碗，煎七分，不拘時服。○《方脉正宗》治傷暑吐瀉，身熱煩渴者。用白藊豆六錢，香薷一兩，厚朴四錢，陳皮五錢，木瓜、甘草各八錢，水五大碗，煎二碗，頓冷服。○治水腫，不拘大人小子。用藊豆三升炒黃，磨成粉。每早午晚各食前，大人用三錢，小兒用一錢，燈心湯調服。○《廣筆記》治傷暑霍亂吐瀉。取藊豆葉，搗汁一碗，凉飲立愈。

陳月坡云：　夏月傷暑吐瀉，身熱煩渴，二三日不愈，吐利愈劇，卒變陰證，四肢厥冷，人多不識，往往錯悮。明智之士，就於香薷飲中，加人參、白朮、附子、乾薑各五錢，幷煎，亦可救似暑非暑之轉屬陰寒證者。

黃大豆，白大豆，豌豆，蠶豆，豇豆，刀豆，毛青豆，俱詳載《食物本草》。

明・應麐《食治廣要》卷二　藊豆　氣味：　甘，微溫，無毒。主治：　和中，下氣，補五藏，主嘔逆、霍亂吐利。凡十餘種，或長或團，或如龍爪、虎爪，或如猪耳、刀鐮。其實有黑、白二種，白者溫而黑者稍冷，入藥宜白藊豆。黑者名鵲豆。

明・姚可成《食物本草》卷五穀部・菽豆類　藊豆人家種之于籬垣。又名沿籬豆。二月下種，蔓生延纏。葉大如盃，團而有尖。其花狀如小蛾，有翅尾形。其莢凡十餘樣，或長或團，或如衫袖，或如龍爪、虎爪，或如猪耳、刀鐮，種種不同，皆纍纍成枝。白露後實更繁衍，嫩時可充蔬食茶料，老則收子煮食，味極香美。子有黑、白、赤、斑四色。一種莢硬不堪食。其豆子粗圓而色白者可入藥。

藊豆，味甘，微溫，無毒。　主補五臟，止嘔逆。久服，頭不白。解一切草木毒，生嚼及煮汁飲，取效。行風氣，治女子帶下，解酒毒、河豚魚毒。　止泄痢，消暑，暖脾胃，除溼熱，止消渴。研末和醋服之，療霍亂吐痢不止。李時珍曰：　硬殼白扁豆，其子充實。其性溫平，得乎中和，脾之穀也。入太陰氣分，通利三焦，能化清降濁，故專治中宮之病，消暑除溼而解毒也。其軟殼及黑鵲色者，其性微凉，但可供食，亦調脾胃。

花　乾末，米飲服之，治女子赤白帶下。作餛飩食，治泄痢。擂水飲，解中一切藥毒垂死。功同扁豆。

葉　主霍亂吐痢不止，吐痢後轉筋，生搗一把，入少醋絞汁服，立瘥。醋炙研服，治瘕疾。杵傅蛇咬。

藤　治霍亂，同蘆穄、即蘆柴外落下老殼。人參、倉米等分，煎服。

明・顧逢柏《分部本草妙用》卷三脾部・温補　白萹豆　甘，微溫，無毒。患寒熱者勿食。　主治：和中下氣，補五臟，主嘔逆，止泄痢，消暑，暖脾胃，除濕熱，止消渴，解酒毒、河豚毒。　萹豆通利三焦，能化清降濁，故專治中宫之病，消暑除濕而解毒也。

明・孟笨《養生要括・穀部》　白扁豆其子充實，白而微黃，其氣腥香，其性溫平，得乎中和，脾之穀也。入太陰氣分，通利三焦。　味甘，微溫，無毒。和中下氣，補五臟，主嘔逆。久服，頭不白。療霍亂吐利不止，研末和醋服之。行風氣，治女子帶下。解酒毒、河豚魚毒，解一切草木毒，生嚼及煮汁飲取效。止泄痢，消暑，(熱)〔暖〕脾胃，除濕熱，止消渴。

花：焙研服，治崩帶。作餛飩食，治泄痢。擂水飲，解中一切藥毒，功同扁豆。

明・李中梓《醫宗必讀・本草徵要下》　藊豆味甘，溫，無毒。入脾經。去皮炒。　補脾胃而止吐瀉，療霍亂而清濕熱。解諸毒大良，治帶下頗驗。色黃味甘，得乎中和，脾之穀也，能化清降濁，故有消暑之用。皮如栗色者，不可入藥。按：傷寒邪熾者禁用。

明・鄭二陽《仁壽堂藥鏡》卷三　白藊豆　味甘，性微溫，無毒。入脾經。隱居曰：和中下氣。　時珍曰：止泄痢，消暑氣，暖脾胃，除濕熱，止消渴。　按：藊豆甘溫，與太陰相宜，故能通理三焦，化清降濁。須入藥為佐使則佳。單食、多食，反能滯氣。陶云下氣，似不可解。解一切草木毒、酒毒、河豚毒。　日華子云：平。補五臟。葉敷蛇蟲咬。

明・蔣儀《藥鏡》卷一温部　白藊豆　專清暑，故和中解毒，而止霍亂。極補脾，故治痢除濕，而蠲血膿。葉主蛇咬蟲傷，花主赤白帶下。截蝨花螫，揉葉塗敷。

明・李中梓《頤生微論》卷三　白藊豆　味甘，性微溫，無毒。入脾經。炒黃去殼研用。補脾止瀉，消暑除濕，止渴解毒。　按：藊豆甘溫，與太陰相宜，故能通理三焦，升清降濁。須入他藥為佐使，單食多食，反能滯氣。

明・張景岳《景岳全書》卷四九《本草正》　白扁豆　味甘，氣溫。炒香用之，補脾胃氣虛，和嘔吐霍亂，解河豚酒毒，止瀉痢溫中，亦能清暑治消渴。欲用輕清緩補者，此為最當。

明・賈九如《藥品化義》卷五脾藥　白扁豆　屬陽，體乾鮮潤，色白帶微黃，氣乾和，味甘，性溫，能升能降，力醒脾和胃，性氣與味俱清和，入脾胃肺三經。　扁豆味甘平而不甜，氣清香而不竄，性溫和而色微黃，與脾性最合，主治霍亂嘔吐，腸鳴泄瀉，炎天暑氣，酒毒傷胃，為和中益氣佳品。又取其色白氣味清和，獨受清中之清，用清肺氣，故云清以養肺，肺清則順，下行通利大腸，能化清降濁，善療腸紅久瀉，清氣下陷者，此腑虛補臟之法也。　俗名羊眼豆，有數種，擇殼肉俱白者佳，能解一切草木河豚毒，用兩許煎湯服，即藤蔓煎服，亦效。

明・施永圖《本草醫旨・食物類》卷二　扁豆即羊眼豆。　味：甘，平，微溫，無毒。　主和中下氣，治霍亂吐痢轉筋，解一切草木及酒毒，生嚼亦解河豚魚毒。　花：主女子赤白帶下，乾末米飲和服。有黑白二種。黑者少冷，患寒熱病及患冷氣人未可食。　葉：治霍亂轉筋，搗汁，入醋少許，溫服之。○又，治蛇咬，搗敷立效。　藤：治霍亂，同蘆穄、人參、倉米等分，煎服。

附方　霍亂吐利：扁豆、香薷各一升，水六升煮一升，分服。　霍亂轉筋：白扁豆為末，醋和服。　消渴飲水：金豆丸，用白扁豆浸去皮，為末，以天花粉汁同蜜和丸梧子大，金薄為衣，每服二三十丸，天花粉汁下，日二服。忌炙煿、酒色。次服滋腎藥。　血崩不止：白扁豆花，焙乾為末，每服二錢，空心，以豆煮飲，入鹽少許，調下即效。　一切泄痢：白扁花正開者，擇淨，勿洗，以滚湯瀹過，和猪脊筋一條，葱一根，胡椒七粒，醬半勺，就以瀹豆花汁和麪，包作小餛飩，炙熟食之。　赤白帶下：白扁豆炒為末，用米飲每服二錢。　毒藥墮胎：女人服草藥墮胎，腹痛者，生白扁豆去皮，為末，米飲服方匕，煎濃汁飲亦可。　中砒霜毒：白扁豆生研，水絞汁飲。　六畜肉毒：白扁豆燒存性，研塗，水服之良。　諸鳥肉毒：生扁豆末，冷水服之。　惡瘡痂痒：作痛，以扁豆搗塗，痂落即愈。

明・盧之頤《本草乘雅半偈》帙九　藊豆《別錄》下品　氣味：甘，微寒，無毒。　主治：主和中，下氣。

覈曰：二月下種，延纏籬垣間。葉大如盃，圓而有尖，花具紫白二色，狀如小蛾，有翅尾。莢生花下，凡十餘樣，或長或圓，或如龍爪虎爪，或如猪耳、刀鐮，種種不同，皆纍纍成枝。白露後，實更繁衍，秋熱便不易生，故一名雪眉同氣，一名涼衍豆，俗訛為羊眼豆，亦形相似也。嫩時可充蔬菜茶料，老則收子煮食。子有黑、白、赤、斑四色。入藥只取色白者，莢殼雖厚，子粒粗圓為勝耳。

先人云：菽，水穀也，秋成色白，臭味甘芳。有土金水，貫連三藏之義。故為和中下氣之品。夏日在膚脈如鈎，冬日在骨脈如營。又云：右遷而降，自然暑息熱消，渴除痢止矣。

衆曰：藊諧扁，門戶之文也。若夏日在膚，蟄蟲將去，壞戶之象也。諧禾，嘉禾之菽，水藏之穀也。若冬日在骨，蟄蟲墐戶，君子居室之象也。觀《永類鈐方》，立固將墮將破之胞胎，則壞戶墐戶之義，真不待言語形容矣。至化炎敲成清肅，轉摧拉就容平，更不待言語形容矣。若秋傷于濕，此即秋金驟斂，致中含濡濕耳。仍順以時降，從微至著，肺氣乃清，此秋氣之應，養收之道也。《別錄》主和中，即和中央長夏之土，藉火土授受之際，斯金火亡刑，乃得出而降，降而入，入復升，升復出，五行均等，運迭不竭，又不待言語形容矣。轉夏成秋，化炎敲成清肅，此即點火成金，不煩另覓種子。

明・李中梓《本草通玄》卷上　白藊豆　甘，平，脾之穀也。暖脾胃，止吐瀉，解諸毒，清暑氣，除濕熱。藊豆氣味中和，土家契合，倉廩受培，自能通利三焦，升降清濁，土強濕去，正氣日隆。炒熟，去皮。

清・顧元交《本草彙箋》卷七　白扁豆　扁豆，味甘平而不甜，氣清香而不竄，性溫和而色微黃，與脾性最合。主治霍亂嘔吐，腸鳴洩瀉，暑氣酒毒傷胃，爲和中益氣佳品。又色白入肺，使肺清而氣順，下通利大腸，升清降濁，善療腸紅久瀉，清氣下陷者，此腑虛補臟之法也。

花有紫、白二色，豆有黑、白二種。惟紫花豆白者入藥。

葉，氣味相同，故亦主霍亂。生擣一握，入少酢絞汁服。

血崩不止，以白扁豆花焙乾爲末，每服二錢，空心炒米煮飲，入鹽花調下。

清・穆石匏《本草洞詮》卷五　藊豆　味甘，氣微溫，無毒。脾之穀也。入太陰氣分。主和中消暑，暖脾胃，除濕熱，療霍亂吐痢。蓋藊豆通利三焦，能化清降濁，專治中宮之病也。

清・丁其譽《壽世秘典》卷三　藊豆　氣味：甘，微溫，無毒。主和中下氣，益脾開胃，消暑除濕，止泄痢消渴，療霍亂吐利，解酒毒、河豚魚毒及一切草木毒，生嚼，煮汁飲，皆効。

發明李時珍曰：花有紫、白二色，子有黑、白、赤、斑四種，入藥惟硬殼白扁豆。其子充實，白而微黃者良。豆黑色及紫斑者，名鵲豆，不入藥亦不益人。繆仲醇曰：陶弘景云患寒熱者不可食，蓋指傷寒寒熱外邪方熾，不可用此補益之物耳。如脾胃虛及傷寒勞倦發寒熱者，不忌。

清・劉雲密《本草述》卷一四《穀部》　藊豆　之頤曰：二月下種，延纏籬垣間，葉大如盃，圓而有尖，花具紫、白二色，狀如小蛾，有翅尾，莢生花，下凡十餘樣，白露後實更繁衍，秋熱便不易生，故一名雪眉同氣，一名涼衍豆，俗訛為羊眼豆，亦形相似也。子有赤、白、黑、斑四色，入藥只取色白者。莢殼雖厚，子粒粗圓為勝耳。

白藊豆　氣味：甘，微温，無毒。詵曰：微寒。患冷人勿食。主治：和中下氣《別録》。益脾胃，除溼熱，消暑，止泄痢時珍。療霍亂蘇恭。解一切草木毒，生嚼及煮汁飲取效甄權。

時珍曰：硬殼白藊豆，其子充實，白而微黃，其氣腥香，其性溫平，得乎中和，脾之穀也。入太陰氣分。通利三焦，能化清降濁，故專治中宮之病，消暑除溼而解毒也。其軟殼及黑鵲色者，其性微凉，但可供食，亦調脾胃。復曰：菽，水穀也。秋成色白臭，味甘芳，有土金水，貫連三臟之義，故為和中下氣之品。又云：右遷而降自然暑，息熱消渴，除痢止矣。能曰：專清暑，故和中而止霍亂。極補脾，故治痢而蠲膿血，消水溼，止熱泄。夏至已後，香薷湯佐藥也。希雍曰：藊豆秉土中冲和之氣，其味甘氣香，性溫平，無毒，入足太陰、陽明經氣分。通利三焦，升清降濁，故益脾開胃，利溼熱，和中氣有功，而其主治如是也。

白藊豆同山藥、白茯苓、人參、蓮肉、薏苡仁、芡實，為補脾胃之上藥。中焦有溼者，加白术。同黃連、乾葛、白芍藥、升麻、紅麴、滑石、烏梅、橘紅、甘草、蓮肉，治滯下如神。同麥門冬、五味子、黃連、乾葛，能解酒毒。同木瓜、石斛、橘皮、藿香、茯苓、縮砂、香薷，治霍亂吐瀉轉筋。入十味香薷飲能消暑氣，健脾。

愚按：藊豆二月下種，歷春夏秋，而白露後乃更繁衍，且秋熱便不易生，是其氣皆歸於金矣。然而味止於甘，仍即土以暢金之用者也。其氣之腥香，亦土中之金也。雖然，繁衍於秋半，則又含有水氣，誠如盧復所謂貫連三臟，故為和中下氣之品也。夫以中土冲和，而具有金水相涵，又誠如時珍所謂能通利三焦，化清降濁者也。然此品之通利三焦，化清降濁者，實本於貫連三臟之義，以為傳化，右他藥所不能同，故消暑為對待之治。其除湿熱而療霍亂吐利者，固皆化清降濁，和中下氣之能也，何以解草木諸毒？蓋百物生於土，土故主甘，而即能解百物之毒，獨以此功歸之者，為土得木火以為體，而得金水以為用，其生化之氣全也。所謂有益於脾胃者此耳。但視所主之味，如升降中氣，如除溼，如除溼熱，如益中土之虚，合於得宜者，而罔不奏效也。繆氏主治，叅互可思。

修治：時珍曰：凡用取硬殼藊豆子，連皮炒熟入藥。亦有水浸，去皮及生用者，從本方。

葉：氣味相同。亦主霍亂。附方　治霍亂秘法：用白藊豆葉一把，同白梅一枚，并仁研爛，新汲水調服，神效。治吐痢後轉筋，用白藊豆葉一把，搗，入醋少許，絞汁服，立瘥。

清·郭章宜《本草匯》卷一三　白藊豆　甘，平，陽也，可升可降，入足太陰經。消暑氣，有解毒之能。和中氣，有厚腸之益。霍亂吐瀉能除，河魨酒毒並解。加十味香薷飲內，治暑殊功。佐參苓白朮散中，止瀉立効。痢疾不止者，服之可愈。病久脾虚者，倍用堪宜。

按：扁豆氣味中和，土家契合，倉廩受培，自能通利三焦，升降清濁，土強去濕，正氣日隆。傷寒邪熾者，禁用。花，焙研服，治赤白崩帶，併泄痢。硬殼者溫平，連皮炒熟，入藥。其軟殼及栗色者，微涼，但可供食，不堪入藥。

清·尤乘《食鑒本草·粟類》　白扁豆　和中下氣，治霍亂。生嚼解河豚毒、酒毒及一切草木之毒。黑者不宜。

清·朱本中《飲食須知·穀類》　藊豆　味甘，性微溫。患冷氣及寒熱病者，勿食。

清·何其言《養生食鑒》卷上　藊豆一名蛾眉豆。有紅邊、青、白三種，白者良。其子克實，可入藥用。味甘，性微溫，無毒。和中下氣，調五臟，解酒消暑，通利三焦，化清降濁，治中宮病。患冷氣者、瘧疾者，勿食。舊根者發病，食宜察之。

清·蔣居祉《本草擇要綱目·熱性藥品》　藊豆　氣味：甘，微溫，無毒。主治：和中下氣，補五臟，主嘔逆，止泄痢，消暑。其性溫平，得乎中和。入太陰氣分，通利三焦，能化清降濁，故耑治中宮之病，而除濕解毒也。

清·王翃《握靈本草》卷六　白扁豆炒用。主治：白扁豆，甘，微溫，無毒。一曰：微寒。患冷人勿食。主和中下氣，療霍亂吐利不止，消暑，暖脾胃，除濕熱，止消渴。

清·汪昂《本草備要》卷四　白藊豆補脾，除濕，消暑。甘，溫，腥香。色白微黃，脾之穀也。調脾暖胃，通利三焦，降濁升清，消暑除濕能消脾胃之暑。止渴止瀉，專治中宮之病。土强濕去，正氣自旺。解酒毒、河豚毒。《備急方》：新汲水調末服，能解砒毒。多食壅氣。子：粗圓、色白者入藥，連皮炒研用。亦有浸去皮及生用者。

清·吴楚《寶命真詮》卷三　白扁豆　【略】化清降濁，故有消暑之用。○傷寒邪熾者忌用。

清·陳士鐸《本草新編》卷四　白藊豆　味甘，氣微溫，無毒。入脾、胃二經。下氣和中，除霍亂吐逆，解河魨酒毒，善治暑氣。佐參、茯、二朮，止瀉實神。但味輕氣薄，單用無功，必須同補氣之藥共用為佳。

或謂白藊豆非固胎之藥，前人安胎藥中往往用之，何故？蓋胎之不安者，由于氣之不安，白藊豆最善和中，故用之以和胎氣耳。胎因和而安，即謂之能安胎也亦可。但單用此味，以安驟動之胎，吾從未見其能安者矣。

或問：白藊豆氣味涼薄，亦可有可無之物，先生刪藥味甚多，何獨不刪白藊豆？夫藊豆乃五穀中最純之味，淡而不厭，可以適用者，不止入湯劑也，或入于丸劑，或磨粉而調食，均能益人。況功用不獨安胎，尤善種子。凡婦人之不受孕者，半由于任、督之傷也，白藊豆善理任、督，又入脾、胃二經，同人參、白朮用之，引入任、督之路，使三經彼此調和，而子宫胞胎自易容物。予所以特登此味，以為毓麟之資，豈漫然而收錄乎哉？

清·顧靖遠《顧氏醫鏡》卷八　白藊豆甘，平。入脾胃二經。或炒研，或生用。善補脾胃，能除濕熱。療霍亂，有和中下氣，化清降濁消暑之能。治嘔逆。和中下氣之功。痢疾須徵，取其能除濕熱，消暑和中。洩瀉宜嘗。理帶下頗驗，皆補脾除濕之效。解諸毒甚良。能解酒毒，魨魚、諸鳥、六畜肉毒，及一切草木、砒霜毒，生研末，冷水服。補益之品。寒熱外邪方熾者，禁用。

清·李熙和《醫經允中》卷一八　白萹荳　患寒熱者弗食。甘，微溫，無毒。和中氣，治嘔逆，止瀉痢，消暑氣，暖脾胃，除濕熱。多食壅氣。河豚、酒毒並解。葉敷蛇蟲咬傷。

清·馮兆張《馮氏錦囊秘錄·雜症痘疹藥性主治合參》卷六　白藕豆稟土中沖和之氣，味甘氣香，性溫，無毒。入足太陰、陽明經氣分。通利三焦，升清降濁，故專治中宮之病。和中下氣，消暑解毒，醒脾除濕，霍亂吐痢，解酒毒、河豚魚毒。久食補五臟，頭不白，女人帶下血崩，並堪治之。葉，氣味相同，亦主轉筋霍亂。花，焙乾為末，米飲調服二錢，神治血崩不止。花有紫、白二色，豆有黑、白二種，入藥惟紫花豆白者為良。若豆黑及紫色者，乃名鵲豆，並不入藥。

白藕豆，辟暑氣，清濕熱，醒脾元。治霍亂和中，下氣止瀉。扶脾升清降濁，通理三焦，解諸毒，治帶下。

主治痘疹合參：生用則清暑養胃，炒用則健脾止瀉。

清·汪啟賢等《食物須知·諸米》　白萹豆　味甘，氣微溫，無毒。園圃俱種，苗蔓引長。花開紫白兩般，結實黑白二種。實藏莢內，秋老採收。白者扁豆名，黑者鵲豆名。惟白下氣和中，霍亂吐逆能除，河豚酒毒並解，治暑止瀉同功。

清·浦士貞《夕庵讀本草快編》卷三　藊豆《別錄》、蛾眉豆　藊本作扁，莢形也，蛾眉美似之。扁豆二種，脾之穀也。白者其殼硬而子微黃，其氣香而性平，得乎沖和而走太陰氣分。故專治中宮之病，如霍亂吐痢，暑濕煩渴，無不宜之。取其疏通三焦，化清降濁，氣溫而解毒也。若鴉色者，皮殼翻軟，性稟微涼，堪供饌食，不宜入劑。至於花葉，皆能化毒，更治崩帶有功，世人以其近而忽之，何耶？

清·何諫《生草藥性備要》卷上　扁豆葉　味辛甜，性平，有小毒。理跌打損傷。其豆，能退熱、補脾、泄滯。葉，消瘡。花，去瘀生新、消腫、散青黑。其根，治白濁，去腐肉。有紅、白二種。

清·姚球《本草經解要》卷四　藊豆　氣微溫，味甘，無毒。主和中下氣。　藊豆氣微溫，稟天春初少陽之氣，入足少陽膽經、手少陽三焦經。味甘無毒，得地中正之土味，入足太陰脾經。氣味俱升，陽也。中者，脾胃也。藊豆氣溫入膽，膽氣生發，則脾胃之氣宣通，所以曰和中也。味甘入脾，脾健則氣下行，所以下氣也。　製方：藊豆同人參、白朮、白茯、甘草、山藥、苡仁、蓮肉、桔梗、砂仁，末，名參苓白朮散，治脾濕洩瀉及小兒脾虛症。同麥冬、五味、川連、乾葛，解酒毒。

清·葉盛《古今治驗食物單方》　藊荳　霍亂吐瀉，藊荳、香薷各等分，水煮服。　藊荳生搗汁，解六畜毒、諸鳥毒、砒石毒。　血崩不止，白藊荳花，焙乾為末，每服二錢，炒米煮飲，入鹽，空心服，即效。

清·王子接《得宜本草·中品藥》　白藊豆　味甘。入手太陰經。功專下氣消暑。得香薷治霍亂吐利，得天花粉消渴飲水。

清·黃元御《玉楸藥解》卷四　扁豆　味甘。入足太陰脾、手陽明大腸經。培中養胃，住泄止嘔。扁豆性甘平，斂濇補土。治泄亦良善之品也。用白者佳。

清·吴儀洛《本草從新》卷四　白藊豆〔補脾，除濕消暑。〕　甘，平。炒則微溫。腥香，色白微黃。脾之穀也。調脾和胃，通利三焦，降濁升清，消暑除濕，能消脾胃之暑。止渴止瀉。專治中宮之病。土強濕去，正氣自旺，所以能療嘔吐霍亂及帶下諸證。性極中和，凡有益於輕清緩補者，此為最當。多食壅氣，傷寒邪熾者勿服。子粗圓色白者入藥。皮如栗色者勿用。連皮炒研，亦有浸去皮及生用者。

清·汪紱《醫林纂要探源》卷二　扁莢　甘，酸，溫。有短長厚薄數種，豆或黑或紅，惟白色肉薄者入藥。一名沿籬。一名扁豆。和脾，交心腎。脾土之菜也。鳥花卵實，莢狀如脾，是能交心腎於黃庭也。

白扁豆：甘，鹹，溫。卻暑，補心。滲水，瀉腎。降濁升清，交水火于黃庭。和胃厚脾，甘補脾，鹹滲濕，濕去則脾厚矣。用白者以入肺胃之分。且有腥氣，又能升達肺氣，清金生水，通利三焦，色微黃，兼入脾分，以和中州。凡感暑為冷飲所遏，入於脾胃者宜之，故能治痢。以健脾則連皮炒熟，使甘香入脾。卻暑利氣，則生用，使腥鹹入心、肺、大小腸，以滲水。浸去皮用，則專補心和胃。解毒。醒酒，解河豚及砒石毒。多食亦壅氣。脾過緩，則氣亦壅。

清·嚴潔等《得配本草》卷五　白扁豆花、葉　甘、淡。入足太陰經氣分。調和脾胃，通利三焦，化清降濁，消暑除濕。治霍亂，療嘔逆，止泄瀉，解消渴。　配花粉，治消渴飲水。配龍芽，療腸風下血。配香薷，治寒熱吐瀉。合綠豆，解熱毒痢。　炒研用。恐氣滯，同陳皮炒。治吐瀉，醋製。止濕火吐血，炒炭。　單食多食，壅氣傷脾。　花　米飲調末，治赤白帶下。入鹽少許，療血崩不止。　葉　搗汁，治霍亂吐瀉轉筋。罨蛇咬毒。

題清・徐大椿《藥性切用》卷六　白扁豆　性味甘平，健脾消暑，止瀉除濕。消暑生用，健脾炒用。多食久食，但能滯氣。花葉，並能清暑和中，故暴痢宜用之。

清・黃宮繡《本草求真・補類・平補》卷一　扁豆補脾除濕。　扁豆耑入脾。如何補脾，蓋緣脾喜甘，扁豆得味之甘，故能於脾而有益也。脾得香而能舒。扁豆稟氣芬芳，故能於脾而克舒也。脾苦濕而喜燥，扁豆得性之溫，故能於脾而克燥也。脾土既實，則水道自通，三焦不混，而太陰暑濕之邪指太陰暑濕言。自爾克消，安能復藏於脾而有渴瀉之病乎？但多食壅滯，凡仁皆滯。不可不知，子粗圓色白者佳。入藥連皮炒研用，亦有浸去皮及生用者。

清・李文培《食物小錄》卷上　萹豆　甘，平，微溫，無毒。和中下氣，補五臟，暖脾胃。久服頭不白，解酒毒、河豚毒。其莢有十餘樣，有娥眉，豬耳等名，然功用略同。但秋結者性微寒，葉，清暑熱。

清・羅國綱《羅氏會約醫鏡》卷一七穀部　白藊豆味甘氣溫，入脾胃二經。生用清暑養胃，炒用健脾止瀉。　通利三焦，升清除濁。耑治中宮之病，調胃暖脾，消暑除濕。土強濕去，正氣自旺。治霍亂、吐瀉、痢疾濕熱。帶下脾濕、血崩。脾不統血，同紫花焙乾為末，米飲調服三錢，其血頓止。子圓白者入藥，去皮用，多食壅氣。

清・陳修園《神農本草經讀》附録　扁豆　氣味甘，微溫，無毒。主和中下氣《別録》。

清・黃凱鈞《藥籠小品》　藊豆　生用清暑，炒用清補脾胃。惟病後煨食，極能滯氣，去皮煮至稀爛，少食可也。

清・章穆《調疾飲食辯》卷二　藊豆　一名沿籬豆，一名蛾眉豆。嫩時食莢，老則食子，均如豇豆。莢有長、短各種，長者良。子有紫、白、斑諸色，白者良。莢充菜食，能消暑和中，解河豚毒。出《圖經》。子健脾胃，消暑止泄，同陳皮、草果仁、白朮、車前子、木瓜研末服。亦治霍亂吐利，同香薷、紫蘇葉、陳皮、草果，水煮頻服。出《千金方》。又治誤服毒藥墮胎，或已傷未墮，口噤，手強，頭低，魄汗，似中風，九死一生之候，煮濃汁頻飲。出《永類鈐方》。又治禽獸肉毒，燒存性或生研末，冷水服。出《事林廣記》。又解砒霜毒，方同上。然亦壅氣，中滿者少食。

清・王龍《本草纂要稿・穀部》　白扁豆　味甘，微溫而涼。解酒毒，和中下氣。止霍亂，吐逆轉筋。清暑邪，養胃。禁泄瀉，健脾。

清・張德裕《本草正義》卷上　白扁豆　甘，平，炒溫。能補脾胃氣虛，止嘔吐，霍亂泄瀉，解暑和中。乃輕緩之品。

清・楊時泰《本草述鉤元》卷一四　白藊豆　花具紫白二色，秋熱便不易生，故名涼衍豆，俗訛為羊眼豆。赤黑斑色者，不入藥。味甘，氣腥香，性平。入足太陰陽明氣分。主治和中下氣，通利三焦，益脾胃，除濕熱，消暑止瀉痢，蠲膿血，療霍亂，解一切草木毒。生嚼及煮汁服取效。硬(穀)〔殼〕白藊豆，氣性得乎中和，脾之穀也，能化清降濁，故專治中宮之病。其軟殼及黑鵲色者，性微涼，但可供食，亦調脾胃瀕湖。秋成色白，臭味甘芳，有土金水貫連三臟之義，右遷而降，自然暑息熱消渴除痢止矣不遠。同山藥、茯苓、人參、蓮肉、薏仁、芡實，為補脾胃之上藥。中焦有濕者，加白朮。同黃連、乾葛、白芍、升麻、紅麴、滑石、烏梅、橘紅、甘草、蓮肉，治滯下如神。同麥冬、五味、黃連、乾葛，能解酒毒。同木瓜、石斛、橘皮、藿香、茯苓、砂仁、香薷，治霍亂轉筋。

論：藊豆二月下種，歷春夏，至白露後，乃更繁衍，且秋熱便不易生，是其氣歸於金，而味止於甘，仍即土以暢金之用者也。其氣腥香，亦土中之金也。至繁衍於秋半，則又含有水氣，誠如盧氏所謂貫連三臟，為和中下氣之品也。貫三臟以為傳化，又誠如東璧氏所謂通利三焦，化清降濁也。其除濕熱而療霍亂，固皆化清降濁，和中下氣之能。所以解草木諸毒者，為土得木火以為體，金水以為用，則生化之氣全，所謂有益於脾胃者，正此耳。

修治：取硬殼者，連皮炒熟用，亦有水浸去皮及生用者。

患冷人，弗食之詵。

藊葉：氣味相同。主霍亂。治霍亂秘法：白藊豆葉一把，同白梅一枚，并仁研爛，新汲水調服，神效。吐利後轉筋，搗白藊豆葉一把，入醋少許，絞汁服，立瘥。

清・葉桂《本草再新》卷七　白扁豆味甘，性平，無毒。入心、脾、肺三經。健脾和胃，益氣補中，除煩解熱，止渴消暑，治瀉痢嘔吐。○扁豆藤，其味微苦，可去風，活經絡血脈。○扁豆葉，清心火，消暑濕，生津止渴。

清・吳其濬《植物名實圖考》卷一　藊豆　《別錄》中品。即蛾眉豆。白藊豆入藥用，餘皆供蔬。或云：病瘧者食之即發，蓋即陶隱居所謂患寒熱者不可食之義。

雩婁農曰：藊豆供蔬供餌，佳矣。觀其矮棚浮綠，纖蔓紫紅，麂眼臨溪，蛩聲在戶。新苞總角，彎莢學眉，萬景澄清，一芳搖漾。楊誠齋詩：白白紅紅偏豆花。秋郊四眄，此焉情極。若乃淒霖苺長，清飆擗隕，破茆零落，亂葦欹橫，斷橋潰港，枯樹孤根，無數牽纏，有限條達，裾花色涴，餘莢棱高，豆葉黃，野離離。當此之時，何以堪之。夫繁華滿徑，易於推排；冷秀棲園，難為淡泊。天寒翠袖，倚竹獨憐；陌暖金鈎，採桑成曲。況復秋蕁漸老，頃豆將萁，除架何時，拋藤焉往。蟲聲不去，雀意何如，縱此流連，豈殊寂寞哉。

清・趙其光《本草求原》卷一四穀部　白扁豆　甘，溫，腥，香，色黃白。秋繁，土中之金，含有木水氣，故通利三焦之傳化，和脾暖胃，入脾氣分。降濁升清，消暑除濕，止瀉，止渴，止嘔，治霍亂，中宮濕熱。解酒，一切草木，砒石，河豚毒。生嚼或煮。甘能解毒，因土得木火為體，金水為用。生化之氣全也。多食壅氣。炒研用，生用則浸去皮。有紫黑者，入脾血分，治失血血痢。俱炒黑用。葉，治霍亂。同白梅搗，汲水調下。痢後轉筋，入醋搗汁飲。消毒。花，消瘀腫，治跌打。根，去腐，治白濁。

清・趙其光《本草求原》卷一五菜部　蛾眉豆　甘，微溫，無毒。邊有紅、青、白三種，而子皆白，秋繁冬盛，有似扁豆，故亦和中下氣，調五臟，解酒，通利三焦，金水合德也。化清降濁。瘧疾忌。舊根者發舊病。

清・文晟《新編六書》卷六《藥性摘錄》　扁豆　甘，淡。補脾除濕，利水消暑。入藥連皮炒，打碎用。○一名峩眉豆。瘧疾最忌之。

藊豆　即(我)[蛾]眉豆。和中下氣，解酒消暑，化清降濁。患瘧疾者忌之。餘詳藥部。

清・張仁錫《藥性蒙求・穀部》　白藊豆葉钱半、花三钱　白藊豆平，補脾和胃。清暑用生，餘宜炒焙。生用清肺，熟用補脾。多食者壅氣。○葉：主治霍亂吐瀉不止。○花：主治赤白帶下。

清・王孟英《隨息居飲食譜・穀食類》　扁豆　甘，平。嫩莢亦可為蔬，子以白者為勝。去皮煮食，補肺開胃，下氣止嘔，清暑生津，安胎，去濕，治帶濁，時痢，解魚酒藥毒。炒熟則溫，健脾止瀉。患瘧者忌之。赤白帶下，白扁豆為末，米飲下，每服二錢。毒藥傷胎，腹痛，口噤，手強頭低，自汗，似乎中風，九死一生，人多不識，若作風治，必死無疑。生白扁豆為末，米飲服方寸匕，或濃煎汁亦可。亦解輕粉毒，宜冷飲。霍亂轉筋，生白扁豆末，冷水和，少入醋服，或以藤葉擣汁服。砒石、諸鳥獸肉毒，生白扁豆末，冷水和服。扁豆花：治痢疾，崩帶，解諸藥毒。

清・劉善述、劉士季《草木便方》卷二穀糧豆菜部　萹豆　扁豆花治痢帶崩，解中藥毒米飲吞。葉療霍亂轉筋痛，擣傅蛇犬咬傷清。

清・田綿淮《本草省常・穀類》　匾豆　其於粒匾，故名。性平。補脾胃，止洩瀉，益氣耐飢。多食發脹。

清・田綿淮《本草省常・穀類》　藊豆　一名眉豆，一名沿籬。凡十餘樣，有黑、白、赤、斑數色，惟白者入藥。性溫。開胃健脾，除濕消暑，止渴止瀉，解酒毒、河豚毒。生研細末，新汲水調，能解砒霜毒。

清・戴葆元《本草綱目易知錄》卷二　藊豆　甘，溫。腥香，色白，微黃，脾之穀也，入太陰氣分。補五臟，暖脾胃，主嘔逆，止消渴，和中下氣。通利三焦，降濁升清，消暑除濕而解毒清熱。治霍亂吐瀉，女子帶下，專主中宮之病。解酒毒、河豚魚及一切草木毒。多食壅氣。連皮去皮，聽用。【略】

皮：扁豆外皮。葆補。氣腥，性平，體輕，味淡，入太陰經氣分。調理脾胃，同扁豆肉，無妨壅滯，清解暑熱效。竝香薷，不患耗散。又能宣達膜原，通利三焦，治暑濕熱穢，霍亂瀉痢，發熱自汗，神昏譫語，脾虛不能化滯，宜之。葆按：《本草》未分列。《條辨》清絡飲，用扁豆花。無花，以豆衣代。愚屢試驗，故補之。

花葆增：色白，氣腥。生於長夏，能解暑熱之邪，功勝扁豆。利小便而不走氣，滲濕熱而能醒脾，暑令體弱及年老冒邪最宜。壯實者，須佐芳香奏效。焙末，米飲服，治赤白崩帶。作餛飩食，治瀉痢。擂水飲，解一切藥毒垂死。葆按：群書所載：凡花，當暑月開者，兼能解暑。《本草》未載其治，故增之。

清・黃光霽《本草衍句》　白扁豆甘，溫。　通利三焦，厚脾和胃。耑治中宮之病。降濁升清，消暑除濕。和中州，消渴飲水。止帶下，霍亂吐痢。毒藥墮胎，女人服草藥墮胎腹痛者，生扁豆去皮，為末，米飲服方寸匕；煎汁飲，亦可丸服。若胎氣已傷未墮者，或口噤手強，自汗頭低似中風，九死一生。醫多不識，作風治必死無疑。消渴飲水，用金豆丸，白扁豆浸水服之。赤白帶下，白扁豆炒，為末，米飲服。

清・陳其瑞《本草撮要》卷五　白扁豆　味甘，入手太陰經，功專下氣消暑。得香薷治霍亂吐利，得天花粉治消渴。炒研米湯調服，治赤白帶。傷寒邪熾者勿服。用皮勝於用肉，以皮清暑而不壅氣。若用之補脾，則皮肉全用為是。

清・吴汝紀《每日食物却病考》卷上　扁荳　甘，微溫，無毒。和中，下氣，補五臟，治霍亂吐痢，解一切草木及酒毒。生嚼及煎湯飲，亦解河豚毒。葉治霍亂，花治女子赤白帶、血崩。其莢有十餘樣，或長，或團，或闊，或小，及軟、硬、青、白不同。其子色有黑、白、赤、斑之異，惟子大而白者可入藥。

清・鄭奮揚著，曹炳章注《增訂僞藥條辨》卷二　洋藊豆　洋藊豆顆粒較大，皮瘦色微赤，不堪入藥。當以蘇州所產色白者為勝，氣味甘，微溫。和中下氣，止泄痢，清暑氣，暖脾胃，除濕熱，止消渴，方有功效。　炳章按：藊豆，浙江杭州、湖州、紹興出者，開白花，其實要白而有光，體飽滿者佳。江南安慶、江西俱出。惟亳州出者，顆大扁形，名洋藊豆，為不道地。

清・周巖《本草思辨錄》卷二　扁豆、扁豆葉　扁豆花白，實白，實間藏芽處，別有一條，其形如眉，格外潔白，且白露後實更繁衍，蓋得金氣之最多者。凡豆皆甘而入脾，故能於夏令濕盛脾弱之時，布清肅之令，復敦阜之氣。此《千金》與《局方》治霍亂所以用實也。然其補脾之力極厚，必得脾受濕困而不腹痛不鬱悶者，方與之宜。是則《別錄》主霍亂吐下不止，不屬之實而屬之葉，固甚有道矣。夫霍亂者，陰陽清濁，二氣相干。扁豆當盛熱蘊隆，花尚未有，而其枝葉愈矗立不撓，是陰森之葉，與酷烈之日，各不相下，絕無妨害，用於清濁不調之霍亂，自然清者歸清，濁者歸濁。然則《唐本草》吐利後轉筋，生搗一把入少醋絞汁，服立瘥者，可以證《別錄》之不誣矣。

俗稱避暑扁豆棚下能作瘧，甚至嫛豆亦多不以充蔬，此亦有故。扁豆以陰森之葉，禦酷烈之日，而花白實白，全具金氣，其不畏暑明矣。不相畏則相爭，瘧為邪正相爭之病，故有所忌。豆壅脾氣，更何以解。仲聖所以謂患寒熱者不可食也。

山黑豆

明・朱橚《救荒本草》卷下之後　山黑豆　生密縣山野中。苗似家黑豆，每三葉攢生一處，居中大葉如菉豆葉，傍兩葉似黑豆葉，微圓，開小粉紅花，結角比家黑豆角極瘦小，其豆亦極細小。味微苦。　救飢：　苗葉嫩時採取煠熟，水淘去苦味，油鹽調食。結角時採角煮食，或打取豆食，皆可。

清・吴其濬《植物名實圖考》卷二　山黑豆　《救荒本草》：【略】雲南山中亦有之，花實較肥大，人弗採摘。

雩婁農曰：　吾嘗渡河而北，大風沙擊車帷，有聲如雹。及抵驛，一塵盡喧，皆曰天雨豆。亟取視，正如黑豆小而堅，不類田隴間所藝。豈崇巖邃谷，穭穀自生，陳陳堆聚，久而從風飄颺者耶？然絕無斷莖敗莢相雜，如出諸倉箱者。抑猿鼠所窖，大風有隧，因而發其覆耶？羅泌《路史》博載史傳，雨金、雨粟、雨毛、雨血、雨魚諸異，然未得於目覩。而志五行者，或附會以為休咎。是邑也，時有小旱，不為災，亦無他異。蓋風雨奇怪，非常理可測。至池魚飛越，或有龍雷震懾。吾偶過野塘，一卒擊鑼，聲未絕，游魚撥刺，飛水上數尺，有自擲於岸者。靜極驟動，不可卒制，理固然爾。

《古今注》：　元康中南陽雨豆，永平中下邳雨豆，似槐實。《宋史》：　元豐中忠州南賓縣皆雨豆；　大觀中，廬州雨大豆。《金史》：　大定中，雨豆於臨潢之境，形上鋭而赤，味苦。《元史》：　至元中，鄱陽雨豆，民取食之。《癸辛雜識》：　至元中，永嘉雨黑米；　泉州雨紅豆，如丹砂，可為飯。《漢陽府志》：　明時雨小豆，種之蔓生，不實；　又黟、歙、常熟，皆雨豆。鞏昌府安會雨豆，破之有麪，味苦澀。又陝西雨黑豆，食之氣閉。六合雨紅豆，有二瓣，食作腥氣。同安雨豆，扁而細，或黄或黑，有掃之盈升者。雨豆一也，或可食或不可食，其有似豆而非豆者耶？抑以此別災祥耶。

白眉豆

明・佚名氏《醫方藥性・草藥便覽》　白眉豆　其性甘。補腎，去風。

野扁豆

清・吴其濬《植物名實圖考》卷一九　野扁豆　長沙坡阜有之。莖葉俱似扁豆而小，開花亦如扁豆花而色黄；　結扁角長寸許，子大如蒺藜。俚醫以洗無名腫毒。

小扁豆

清・吴其濬《植物名實圖考》卷一七　小扁豆　生雲南山石上。長三四寸，紅莖對葉，開小紫花作穗，結實如扁豆極小。

刀豆

明・朱橚《救荒本草》卷下之後　刀豆苗　處處有之。人家園籬邊多種之。苗葉似豇豆葉肥大，開淡粉紅花，結角如皂角狀而長，其形似屠刀樣，故以名之。味甜，微淡。救飢：採嫩苗葉煠熟，水浸淘淨，油鹽調食。豆角嫩時煮食。豆熟之時收豆煮食。或磨麵食亦可。

明·蘭茂原撰，范洪等抄補《滇南本草圖說》卷八　刀豆　性溫，味甘。溫中下氣，利腸胃。

明·蘭茂撰，清·管暄校補《滇南本草》卷上　刀豆　味甘，寒。治風寒濕氣，燒灰，酒送下。子，能健脾。

明·王文潔《太乙仙製本草藥性大全》卷四《仙製藥性》　刀豆　長有尺許，亦堪入醬用之。〇仍有蛾眉豆、筋豆、虎爪豆、羊眼豆、豇豆，只可供茶，別無他用。

明·李時珍《本草綱目》卷二四穀部·菽豆類　刀豆《綱目》

【釋名】挾劍豆時珍曰：以莢形命名也。案段成式《酉陽雜俎》云：樂浪有挾劍豆，莢生橫斜，如人挾劍。即此豆也。【集解】穎曰：刀豆長尺許，可入醬用。時珍曰：刀豆人多種之。三月下種，蔓生引一二丈，葉如豇豆葉而稍長大，五六七月開紫花如蛾形。結莢，長者近尺，微似皂莢，扁而劍脊，三稜宛然。嫩時煮食、醬食、蜜煎皆佳。老則收子，子大如拇指頭，淡紅色。同猪肉、鷄肉煮食，尤美。

【氣味】甘，平，無毒。【主治】溫中下氣，利腸胃，止呃逆，益腎補元時珍。

【發明】時珍曰：刀豆《本草》失載，惟近時小書載其暖而補元陽也。又有人病後呃逆不止，聲聞鄰家。或令取刀豆子燒存性，白湯調服二錢即止。此亦取其下氣歸元，而逆自止也。

明·穆世錫《食物輯要》卷三　刀豆　味甘，平，無毒。溫中下氣，利腸胃，止呃逆，益腎元。子味甘，性溫，無毒。同猪肉、雞肉煮食，良。多食，令人氣閉頭脹。燒灰，白湯調下二錢，能止呃逆，取其下氣歸元也。

明·吴文炳《藥性全備食物本草》卷一　刀豆　長有尺許，亦堪入醬用之。〇仍有蛾眉豆、筋豆、虎爪豆、羊眼豆，只可供茶，別無他用。

明·繆希雍《本草經疏》卷三〇　刀豆子　味甘，微溫。主溫中下氣，止呃逆。昔有人病後患呃逆不止，聲聞鄰家。或令取刀豆子燒存性，為末。白湯調服二錢即止。此即下氣歸元之驗也。

明·應麐《食治廣要》卷二　刀豆　氣味：甘，平，無毒。主治：溫中下氣，和腸胃，止呃逆，益腎補元。嫩時，煮食、醬食，蜜煎尤佳。老則收子，大如拇指頭，淡紅色。同猪、雞等肉煮食，尤佳。《本草》失收，近時小說中載其暖而補元陽也。

明·姚可成《食物本草》卷五穀部·菽豆類　刀豆一名挾劒豆。以莢形命名也。《酉陽雜俎》云：樂浪有挾劒豆，莢生而橫斜，如人挾劒。即此豆也。今人多種之。三月下種，蔓生一二丈，葉如豇豆葉而稍長大，五六七月開紫花如蛾形。結莢，長者近尺，微似皂莢，扁而劒脊，三稜宛然。嫩時煮〔食〕、醬食、蜜煎皆佳。老則收子，子大如拇指，淡紅色。同猪、雞等肉煮食，尤美。

刀豆：味甘，平，無毒。主溫中下氣，利腸胃，止呃逆，益腎補元。刀豆舊本失載，惟近時小書載其暖而補元陽也。又有人病後呃逆不止，聲聞鄰家。或令取刀豆子燒存性，白湯調服二錢即止。此亦取其下氣歸元，而逆自止也。

刀豆皮弦：燒存性，治噤口痢如神。

明·顧逢柏《分部本草妙用》卷九穀部　刀豆　甘，平，無毒。主溫中下氣，和腸胃，止呃逆，益腎補元。按：病後呃逆，聲聞隣家，取刀豆子燒存性，白湯調二錢，服即止。取其下氣歸元，故逆即止也。

明·孟筌《養生要括·穀部》　刀豆同猪肉、鷄肉煮食尤美，蓋暖而補元陽也。味甘，平，無毒。溫中下氣，利腸胃，止呃逆，益腎補元。

明·施永圖《本草醫旨·食物類》卷二　刀豆　味：甘，平，無毒。治：溫中下氣，利腸胃，止呃逆，益腎補元。暖而補元陽，人病後，呃逆不止，令取刀豆子燒存性，白湯調服二錢，即止。此亦取其下氣歸元而逆自止也。

清·劉雲密《本草述》卷一四　刀豆　時珍曰：刀豆人多種之。三月下種，蔓生，引一二丈，葉如豇豆葉而稍長大，五、六、七月開紫花如蛾形，結莢，長者近尺，微似皂莢，扁而劍脊，三稜宛然。嫩時煮食，醬食，蜜煎皆佳。老則收子，子大如拇指頭，淡紅色，同豬肉、雞肉煮食尤美。

氣味：甘，平，無毒。主治：溫中下氣，利腸胃，止呃逆，益腎補元時珍。時珍曰：刀豆《本草》失載，惟近時小書載其暖而補元陽也。又有人病後呃逆不止，聲聞鄰家，或令取刀豆子燒存性，白湯調服二錢，即止。此亦取其下氣歸元，而逆自止也。

清·朱本中《飲食須知·菜類》　刀豆子　味甘，性溫。多食令人氣閉頭脹。

清·何其言《養生食鑒》卷上　刀荳　味甘，性平，無毒。溫中下氣，利腸胃，補腎元。嫩時，煮食、醬食、蜜餞皆佳；老則收子，大如指頭，淡紅色，同猪肉、雞肉食，尤美。昔有人病後，呃逆不止，聲聞鄰家，或令取刀荳子，燒存性，白湯調服二錢，即止。此亦取其下氣歸元而逆自止也。

清·汪昂《本草備要》卷四　刀豆宣，下氣。甘，平。溫中止呃，煅存性服。勝于柿蒂。

清·王道純《本草品彙精要續集》卷三　刀豆無毒。

刀豆：主溫中，下氣，利腸胃，止呃逆，益腎，補元《本草綱目》。〔名〕挾劍豆。李時珍曰：以莢形命名也。按段成式《酉陽雜俎》云，樂浪有挾劍豆，莢生橫斜如人挾劍，即此豆也。〔苗〕汪穎曰：刀豆，長尺許，可入醬用。李時珍曰：刀豆，人多種之，三月下種，蔓生，引一二丈，葉如豇豆葉而稍長大，五六七月開紫花如蛾形。結莢，長者近尺，微似皂莢，扁而劍脊，三稜宛然，嫩時煮食、醬食、蜜煎皆佳。老則收子，其形如拇指頭，淡紅色，同豬肉、雞肉煮食甚美。〔味〕甘。〔性〕平。〔治〕李時珍曰：刀豆，《本草》失載，惟近時小書載其暖而補元陽也。又有人病後呃逆不止，聲聞鄰家。或令取刀豆子，燒存性，白湯調服二錢即止。此亦取其下氣歸元而逆自止也。

清·吳儀洛《本草從新》卷四　刀豆〔下氣歸元。〕甘，溫。溫中下氣，利腸胃，益腎歸元，止呃逆。時珍曰：刀豆本草失載，唯近時小書載其暖而補元陽也。有人病後，呃逆不止，聲聞鄰家，或令取刀豆子燒存性，白湯調服二錢即止。此亦取其下氣歸元而逆自止也。

清·汪紱《醫林纂要探源》卷二　刀豆　甘，鹹，溫。一名挾劍豆，以莢形名也。和胃，升清降濁。力尤勁。　殼：甘，苦，鹹，平。老殼堅者。和中，交心腎，止呃逆。苦降鹹升。　根：苦，鹹。止腎氣攻心心痛。能通衝脈而濟水火，交心腎也。

清·嚴潔等《得配本草》卷五　刀豆　甘，平。溫中下氣。利腸胃，治呃逆。　炒炭，止吐血。

題清·徐大椿《藥性切用》卷六　刀豆　性味甘溫，溫中止呃，勝於柿蒂，有益腎之功。

清·李文培《食物小錄》卷上　刀豆　甘，平。微濇，無毒。溫中下氣，利腸胃，止飢，益腎補元。其子同猪肉、雞肉煮食，尤佳。

清·羅國綱《羅氏會約醫鏡》卷一七穀部　刀豆味甘，氣平。溫中止呃，煅存性服。勝於柿蒂。

清·趙學敏《本草綱目拾遺》卷八諸蔬部　刀豆根殼附。《綱目》穀部刀豆條發明下註：刀豆，本草失載，惟近時小書載其暖而補元陽。近有人燒其子存性，白湯調服，止呃逆有效，故瀕湖特為增入，而不知其用甚廣，今悉補之。

治頭風：《集聽》云：刀豆根乃治頭風之神藥，每用須五錢，酒煎服。

治鼻淵：年希堯《集驗方》：老刀豆文火焙乾為末，酒服三錢，重不過三服即愈。

殼：治腰痛。《萬氏家抄》：用刀豆殼化灰，好酒調服，外以皂角燒烟熏之。

牙根臭爛：洪氏《一盤珠》：刀豆殼燒灰，加冰片，擦涎出，即安。

治久痢：《種福堂方》：用刀豆莢飯上蒸熟，洋糖蘸食，一二日即愈。　治婦女經閉，腹脇脹痛欲死，并消血痞：《經驗廣集》：陳年刀豆殼，焙燥為末，好酒服一錢，加麝香五釐亦妙。　喉癬：《張氏必效方》：刀豆殼燒灰，以二三釐吹之，立效。　楊梅瘡：《萬氏濟世方》：當歸、川芎、苡仁、木通、木瓜、生地、熟地、金銀花、防己、防風、荆芥、黃蘗、白芷、知母、甘草、皂莢、豬苓去皮各二兩，人參二錢，山紅花、刀豆殼各五錢，硬飯團二兩，水煎一鍋濃汁，不拘時當茶服，忌魚腥生冷，四劑全愈。

清·章穆《調疾飲食辯》卷二　刀豆　《酉陽雜俎》曰樂浪有挾劍豆，即此。樂浪，古遼東，《後漢書》封公孫康為樂浪侯是也。莢長者盈尺，短或五六寸，形似腰刀。嫩時可醃、可醬、可煮，雖不佳，尚無大害。老則子大如拇指，味甘氣惡，能令胃氣逆上，必屢吐乃已。古方用治呃逆，乃病在上，因而越之之義，與用瓜蒂、藜蘆同理。《綱目》乃謂其溫中下氣、利腸胃，誤矣。

清·楊時泰《本草述鉤元》卷一四　刀豆　三月下種，五六七月開紫花，如蛾形，結莢微似皂莢，老則收子，大如拇指頭，淡紅色。

氣味甘平。主治溫中下氣，利腸胃，止呃逆，益腎補元。有人病後呃逆不止，聲聞鄰家，取刀豆子燒存性，白湯調服二錢，即止，此可見下氣歸元之功瀕湖。

清·吳其濬《植物名實圖考》卷二一　刀豆　《本草綱目》始收入穀部，謂即《酉陽雜俎》之挾劍豆，其莢醃以為茹，不任烹煮。

雩婁農曰：刀豆只供菜食，《救荒本草》所謂煮飯作麨者，亦饑歲始為之耳。味短形長，非為珍羞。《本草綱目》乃以為即挾劍豆，樂浪澤物，何時西來？且諾皋之記，亦摭子年誕詞耳。尚有繞陰豆，其莖弱，自相縈纏，傾離豆見日，葉垂覆地，又將以何種角穀當之？《杜陽雜編》靈光豆大類菉豆，煮之如鵝卵，尤奇。

清·趙其光《本草求原》卷一五菜部 刀豆即大弋豆。 甘，平，無毒。和中下氣。利腸胃，補腎元。嫩時煮食、醬食、蜜煎俱佳。老則收子，大如指頭，色淡紅，同豬、雞肉食尤美。昔有病後呃逆不止，取其子燒存性，白湯調服二錢即止，此降逆歸元之效也。

清·文晟《新編六書》卷六《藥性摘錄》 刀豆 性，平。溫中下氣，利腸胃，補腎元。〇子，燒存性，研，治呃逆，白湯調服二錢，即止。

清·張仁錫《藥性蒙求·穀部》 刀豆子二錢、三錢 刀豆子溫，暖補元陽。性能止呃，湯服尤良。燒其子存性，白湯調服，止呃逆有效。取其降濁氣之力也。

清·王孟英《隨息居飲食譜·穀食類》 刀豆 嫩莢可醬以為蔬，蜜以為果，子老入藥。甘，平。下氣溫中，止噦。

清·劉善述、劉士季《草木便方》卷二穀糧豆菜部 大刀豆 大刀豆殼味甘平，溫中止呃逆氣行。納氣歸元消痞滿，心腹鉤痛服安寧。

清·田綿淮《本草省常·穀類》 刀豆 一名挾劍豆，即菜豆角之子也。性溫。下氣溫中，利腸胃，止嘔逆，益腎補元。

清·戴葆元《本草綱目易知錄》卷二 刀豆挾劍豆 甘，平。溫中下氣，益腎補元，利腸胃，止呃逆，功同柿蒂。曉衝氣，治胎疝，效勝小茴。葆增驗方：嬰孩胎疝，發則兩足屈不能伸，少腹瘕，脹痛牽睾丸。初起，用熱手向上托，聞漉漉聲而上則痛住而安。漸發，托亦不上，任其氣散而解，久延則下睾丸為偏墜氣。刀豆連殼焙，荔枝核二枚煨，蘆芭鹽水炒，各等分，研末，桂枝、小茴炒，各四分，煎水送。〇止呃逆。葆驗按：治黃某年近七旬，病纏數月，虛劇，陡發呃逆，赭石合濟生湯服不止，以刀豆五寸炒，茯神、金器各三錢，金豆八粒，水塩汁，徐服，立止。屢試效。

清·陳其瑞《本草撮要》卷五 刀豆 味甘，溫，入手足陽明經，功專溫中下氣，利腸胃，益腎歸元。取子燒存性，白湯調下，治呃逆神效。

清·吳汝紀《每日食物却病考》卷上 刀荳 甘，平，無毒。溫中，下氣，利腸胃，止呃逆，益腎，補元陽。昔有病呃逆不止者，取刀荳子燒存性，白湯調服，二錢即止。此下氣歸元而逆自止之驗也。

鬼刀豆

明·佚名氏《醫方藥性·草藥便覽》 鬼刀豆 其性苦、甘。散血止血。

回回豆

元·忽思慧《飲膳正要》卷三 回回豆子 味甘，無毒。主消渴。勿與鹽煮食之。出在回回地面，苗似豆，今田野中處處有之。

明·朱橚《救荒本草》卷下之前 回回豆 又名那合豆。生田野中。莖青，葉似蒺藜葉，又似初生嫩皂莢葉，而有細鋸齒，開五瓣淡紫花，如蒺藜花樣，結角如杏人樣而肥，有豆如牽牛子微大，味甜。 救飢：採豆煮食。

雲藊豆

清·吳其濬《植物名實圖考》卷二 雲藊豆 白花，莢亦雙生，似藊豆而細長，似豇豆而短扁。嫩時並莢為蔬，脆美；老則煮豆食之。色紫，小兒所嗜。河南呼四季豆，或亦呼龍爪豆。

龍爪豆又一種。 龍爪豆即刀豆之類，豆大而扁，如指頂，或有紋如荷包形，有紫、黑二種。

雩婁農曰：江西廣豐近封禁山，產大豆角如爪，其實白質而赤章，味如扁豆而甘，且藏久無藥氣，土人亦珍之。移之南昌，實未成而隕，疑秋風漸早也。顧吾邑所莳荷包豆者，黑白紋極細，形狀正同，味稍薄，豈一類而黑紋者獨耐寒耶？《唐本草》稨豆，北人呼鵲豆，以其黑而白間如鵲羽，凡稨豆皆然。惟李時珍謂有斑者，或此類。

黎豆

宋·唐慎微《證類本草》卷一一草部下品〔唐·陳藏器《本草拾遺》〕 梨豆 蚺虵注陶云：虵膽如梨豆，生江南。蔓如葛，子如皂莢子，作狸首文，故名梨豆。《爾雅》云：虡，涉子。人炒食之，一名虎涉，別無功。

明·李時珍《本草綱目》卷二四穀部·菽豆類 黎豆《拾遺》。校正：自草部移入此。

【釋名】狸豆《綱目》 虎豆藏器曰：豆子作狸首文，故名。時珍曰：黎亦黑色也。此豆莢老則黑色，有毛露筋，如虎、狸指爪，其子亦有點，如虎、狸之斑，煮之汁黑，故有諸名。

【集解】藏器曰：黎豆生江南，蔓如葛，子如皂莢子，作狸首文。人炒食之，別無功用。

陶氏注蚺蛇膽云如黎豆者，即此也。《爾雅》云：諸慮一名虎涉。又注櫐根云：苗如豆。《爾雅》：攝，虎櫐。郭璞注云：江東呼櫐爲藤，似葛而粗大。纏蔓林樹，莢有毛刺。一名豆蒐，今虎豆也，千歲櫐是矣。時珍曰：《爾雅》虎櫐，即狸豆也。古人謂藤爲櫐，後人訛櫐爲狸矣。《爾雅》山櫐、虎櫐，原是二種。陳氏合而爲一，謂諸慮一名虎涉，又以爲千歲櫐，並誤矣。千歲櫐見草部。狸豆野生，山人亦有種之者。三月下種生蔓。其葉如豇豆葉，但文理偏斜。六七月開花成簇，紫色，狀如扁豆花。一枝結莢十餘，長三四寸，大如拇指，有白茸毛。老則黑而露筋，宛如乾熊指爪之狀。其子如刀豆子，淡紫色，有斑點如狸文。煮去黑汁，同猪、鷄肉再煮食，味乃佳。

【氣味】甘、微苦，温，有小毒。多食令人悶。　【主治】温中，益氣時珍。

明・姚可成《食物本草》卷五穀部・菽豆類　黎豆一名貍豆，一名虎豆。生於原野，山人亦有種之者。三月下種生蔓。其葉如豇豆葉，但文理偏斜。六七月開花成簇，紫色，狀如扁豆花。一枝結莢十餘，長三四寸，大如拇指，有白茸毛。老則黑而露筋，宛如乾熊指爪之狀。其子大如刀豆子，淡紫色，有斑點如貍文。煮去黑汁，同猪、雞肉再煮食，味乃佳。

〔黎〕豆，味甘、微苦，溫，有小毒。主溫中益氣，多食令人悶。

明・施永圖《本草醫旨・食物類》卷二　黎豆　味：甘，微溫，有小毒。多食令人悶。治：溫中益氣。　凡裙帶豆、毛豆、虎爪豆、勞豆、筋豆、蛾眉豆其種不同，俱可食。

清・朱本中《飲食須知・菜類》　黎豆　味甘、微苦，性溫，有小毒。其子大如刀豆子，淡紫色，有斑點如狸文。煮去黑汁，再煮乃佳。多食令人發悶。

清・吴儀洛《本草從新》卷四　黎豆〔温中益氣。〕　甘，微苦，温，有小毒，温中益氣。多食令人悶。一名貍豆。豆作貍首文，故名。

清・汪紱《醫林纂要探源》卷二　虎沙　甘，鹹，溫。俗名虎爪豆。以數莢聚生，形似。通徹上下，而氣不純良。以其藤蔓最高，而莢有毛，則上能達肺，且腥氣重，故食之多使人吐。其色黑味鹹而體重，故下則入腎，下徹於足，而湧泉作癢。癢徵，火之動也。　貍沙：甘，鹹，溫。一名玉豆。似虎豆而形扁，色紅白斑駁，莢硬，不可食。效同虎沙。

題清・徐大椿《藥性切用》卷六　黎豆　甘微苦溫，溫中益氣，多食令人悶。

清・吴其濬《植物名實圖考》卷一　黎豆　黎豆或作狸豆。《本草拾遺》始著錄。按《爾雅》：欇，虎櫐。注：今虎豆，纏蔓林樹而生，莢有毛刺，江東呼欄欇。陳藏器謂子作狸首文，人炒食之。陶隱居所謂黎豆即此。細核其形，蓋即固始所呼巴山虎豆也。細蔓攀援，花大如稨豆花，四五莢同生一處，長瘦如菉豆莢，豆細長如鼠矢而不尖。滇南即呼為鼠豆，蓋肖形也。有白紅黑花各種，花者褐色黑斑，殆即陳氏所云狸首文也。俗以紅黑豆和米為粥，碾破為餛沙餡；　白花者為豆芽，恐亦小豆別種。本野生而後種植耳。李時珍以櫐訛為狸，余謂古人謂黑為黎，而色雜亦曰黎。天將昕曰黎明，則明暗甫分也；　面目曰黎黑，則赤與黑兼滯也。牛之雜文曰犂牛，犁、黎字古通用，文雜而色必晰，故物之劃然者亦曰犁。然則豆之文駁而分明者，名之曰黎。亦宜。《書注》黎民、青黎皆訓黑，秦改黎民為黔首，其義正同。《孔傳》則訓衆，黎明或作遲明。《漢書》注黎訓比，是皆異義。《爾雅正義》引《古今注》虎豆一名虎沙，似貍豆而大。又云：郭注《山海經》以櫐為虎豆、貍豆之屬，貍豆一名黎豆，虎豆則虎櫐也。蓋一類，以大小、色紋異名。

清・田綿淮《本草省常・穀類》　黎豆　一名貍豆，一名虎豆。性溫，有小毒。補中益氣。多食令人悶。

清・戴葆元《本草綱目易知錄》卷二　黎豆虎爪豆　甘、微苦，溫，有小毒。溫中益氣，能引活絡藥下膝蓋及脚爪湧泉穴處。葆增。《纂要》云：黎豆，又名虎沙。甘，鹹，溫。能通徹上下而性不純良，其藤蔓高，莢有毛，且腥氣，食之，令人吐。性下行，徹於足至湧泉穴處作癢。

清・陳其瑞《本草撮要》卷五　黎豆　味甘、微苦，溫，有小毒，入手足太陰經，功專溫中益氣。多食發悶。一名貍豆，以豆作貍首紋，故名。

清・吴汝紀《每日食物却病考》卷上　黎荳　即虎爪荳，一名貍荳，以其子有斑如貍首文也。味甘、微苦，溫，有小毒。食之溫中益氣，別無功用也。

龍爪豆

清・吴其濬《植物名實圖考》卷二　龍爪豆　產寧都州，葉大如掌，角長四五寸，豆圓扁如大指，土人煮以為飯。

雩婁農曰：吾過南豐以東，見豆架而駭其呀然大也，巨爪攫拏，森如熊蹯；　圓實的突，握若雀卵；　殆日吞數枚，可以忘飢矣。然窶人飯之，而賓筵無薦者，視廣豐以簞笥饋人，絕不相侔。邑人謂食多鬱滯，故不珍惜。《養生論》曰：豆令人重。心腹否則支體痿，故曰重也。北人有諺曰：趙北之魚，吃亦悔，不吃亦悔。以其碩而無味也，然則是豆也，其劉表帳下八百斤之牛歟？

苦馬豆

明・朱橚《救荒本草》卷上之後　苦馬豆　俗名羊尿胞。生延津縣郊野中，在處亦有之。苗高二尺許，莖似黄耆苗莖，上有細毛，葉似胡豆葉微小，又似蒺藜葉却大，枝葉間開紅紫花，結殻如拇指頂大，中間多虚，俗呼為羊尿胞，内有子如緑音須子大，茶褐色。子葉俱味苦。　救飢：採葉煠熟，換水浸去苦味，淘淨，油鹽調食。及取子水浸，淘去苦味，晒乾或磨或搗為麵，作燒餅，蒸食皆可。

清・吴其濬《植物名實圖考》卷二　苦馬豆　《救荒本草》：【略】　按：山西平隰亦多有之，花如豆花，色極紅，結實空薄，一簇十餘。内子甚小，往往有蟲蛀伏其中，氣惡，俗呼馬屁胞。饑饉薦臻，捃拾及此，枯魚銜索，幾何不盡？

蝙蝠豆

清・吴其濬《植物名實圖考》卷二　蝙蝠豆　生雲南，花色淡黄，以形似名。

豆葉菜

清・吴其濬《植物名實圖考》卷六　豆葉菜　廬山、衡山皆有之。葉莖如大豆，亦有毛，寺僧以為蔬，矜言佛祖留此以養緇徒云。宋犖《西陂類稿》：盤山拙公以野蔬見寄，蔬名杏葉、豆葉，豆葉惟盤山與匡廬有之。《盛京志》：杏葉菜，葉似杏，山蔬之可食者。　按《一統志》：江西南昌羅漢菜如豆苗，因靈觀尊者自西山持至，故名。湖廣蘄州二角山亦有之，舊傳有異僧所種，若雜葷物便無味，疑即此豆葉菜也。蓋大山中皆有之，特無拈出者，多不識耳。廬山有豆葉坪，實産此菜。余過廬山，遣力往取之，道中不得烹飪，覩其形，不知其味，可謂食肉不食馬肝。《盤山志》：豆苗菜叢生似豆苗，山家采食之，極鮮美。

炊造分部

綜述

大豆黄卷

唐・孫思邈《千金要方》卷二六《食治・穀米》　大豆黄卷　味甘，平，無毒。主久風濕痹，筋攣膝痛，除五藏胃氣結積，益氣，止毒，去黑誌面䵟，潤澤皮毛，宜腎。生大豆：味甘，平，冷，無毒。生擣，淳酢和塗之，治一切毒腫，并止痛。煮汁冷服之，殺鬼毒，逐水脹，除胃中熱，卻風痹、傷中、淋露，下瘀血，散五藏結積内寒，殺烏頭、三建，解百藥毒。不可久服，令人身重。其熬屑：味甘，溫，平，無毒。主胃中熱，去身腫，除痹，消穀，止腹脹。九月採。黄帝云：服大豆屑忌食猪肉，炒豆不得與一歲已上，十歲已下小兒食。食竟噉猪肉，必擁氣死。

宋・唐慎微《證類本草》卷二五米穀部中品〔《本經・別録》〕　**大豆黄卷**　**味甘，平，**無毒。**主濕痹，筋攣，膝痛，**五藏胃氣結積，益氣，止毒，去黑皯，潤澤皮毛。

〔宋・唐慎微《證類本草》〕：《圖經》文具生大豆條下。

《唐本》注云：以大豆爲芽蘖，生便乾之，名爲黄卷。用亦服食。

《食療》云：卷蘖長五分者，破婦人惡血良。

《食醫心鏡》：理久風濕痹，筋攣膝痛，除五藏胃氣結聚，益氣，止毒，去黑痣面䵟，潤皮毛。宜取大豆黄卷一升，熬令香，爲末，空心暖酒下一匙。

宋・王繼先《紹興本草》卷一二　大豆黄卷　紹興校定：大豆黄卷即黑豆芽蘖也。《本經》亦專具性味主治，諸方佐他藥隨宜用之。大率性與大豆不遠矣。

宋・劉明之《圖經本草藥性總論》卷下　大豆黄卷　味甘，平，無毒。主濕痹筋攣膝痛，五臟胃氣結積，益氣，止毒。《食療》云：破婦人惡血良。

宋・陳衍《寶慶本草折衷》卷一九　大豆黄卷　一名卷蘖。○所出與生大豆同。○以水漬烏豆抽芽，取以暴乾。○糵，一作蘖。

味甘，平，無毒。○主濕痹筋攣膝痛，五藏胃氣結積，益氣，止毒，去黑皯，潤澤皮毛。○《圖經》曰：蓐婦藥中用之。○《食療》云：糵長五分者，破婦人惡血。

元・尚從善《本草元命苞》卷九 大豆黄卷 甘，平，無毒。治濕痺，骨痛筋攣。除五臟，胃氣結聚。去黑痣面皯，潤皮毛益氣。大豆為糵，生芽採之，乾暴。入方名為黄卷。

元・吳瑞《日用本草》卷二 大豆卷 即黄豆為糵，□其芽出，曝乾。今產婦藥中用之。 味甘，性平，無毒。 主濕痹筋攣膝痛，胃氣結積，益氣止毒。

明・滕弘《神農本經會通》卷四 大豆黄卷 以生豆為糵，待芽出，便暴乾用。

味甘，氣平，無毒。《本經》云：主濕痺，筋攣膝痛，五臟胃氣結積，益氣，止毒，去黑皯，潤澤皮毛。豆芽黄卷，主濕痺筋攣，下婦人惡血。

明・劉文泰《本草品彙精要》卷三六 大豆黄卷無毒。

大豆黄卷出《神農本經》：主濕痹，筋攣，膝痛。以上朱字《神農本經》。五臟胃氣結積，益氣，止毒，去黑皯，潤澤皮毛。以上黑字名醫所錄。【苗】《圖經》曰：黄卷是以生大豆為糵，待其芽出是也。方書名黄卷皮，今蓐婦藥中用之。【地】《圖經》曰：處處有之。【時】生：無時。採：無時。【收】暴乾。【用】糵。【色】黄。【味】甘。【性】平，緩。【氣】氣厚於味，陽也。【臭】腥。【製】以大豆不拘多寡，先以井水淘淨，堆置筐內，筐口封罨蒲草，外以缸覆之，令其溫暖，每日頻頻汲水灌溉，候其發糵，取出日乾用之。【治】療：《別錄》云：卷糵，破婦人惡血。【合治】作末，合豬膏爲丸服，能肥健人。

明・許希周《藥性粗評》卷三 功加黄卷，伸鬱氣於筋攣。黄卷，大豆芽也。生即晒乾，其色黄，因名黄卷。味甘，性平，無毒。主治風濕膝痛，筋攣不伸，益氣養胃，潤皮膚，下婦人惡血。

單方：筋攣膝痛：凡患風濕筋攣膝痛，及欲養胃潤膚者，黄卷一升，炒香，為末，每用一匙，空心溫酒送下，日二三服，妙。

明・王文潔《太乙仙製本草藥性大全》卷四《本草精義》 大豆黄卷 是以生大豆水漬而生芽糵，待其芽出便曝乾用。方書名爲黄卷皮，今多蓐婦人藥中用之。

按：豆性和平，炒食則熱，生食則寒。牛食之溫，馬食之凉。一體之中而有數等之效，且爲食饌尤著多名。用治病邪亦稱要劑。又雜牛肉同煮，能試瘟毒有無，無毒豆煮鮮黄，有毒豆變黯黑，免致中害，誠益世人。但搜補脾養胃之功，慨未有一言耳。古嘗以菽名之，是亦伯叔之義，謂較諸穀亞之之辭。

明・王文潔《太乙仙製本草藥性大全》卷四《仙製藥性》 大豆黄卷 味甘，氣平，無毒。 主治：去濕痹筋骨攣疼，散五臟胃氣結積。除黑痣面䵟神方，潤皮毛益氣妙劑。 補註：卷糵長五分者，破婦人惡血良。

明・皇甫嵩《本草發明》卷五 大荳黄卷即以黑豆水發芽，而便暴乾用。主去濕痺，筋骨攣膝痛，散五藏胃氣結積，益氣，止毒，去黑皯，潤皮毛。取大豆黄卷一升，炒令香，為末，空心暖酒服二匙。又云：卷糵長五分者，破婦人惡血良。

明・李時珍《本草綱目》卷二四穀部・菽豆類 大豆黄卷《本經》中品

【釋名】豆糵弘景曰：黑大豆爲糵牙，生五寸長，便乾之，名爲黄卷，用之熬過，服食所須。時珍曰：一法：壬癸日以井華水浸大豆，候生芽，取皮，陰乾用。

【氣味】甘，平，無毒。普曰：得前胡、杏子、牡蠣、烏喙、天雄、鼠屎，(其)〔共〕蜜和良。惡海藻、龍膽。【主治】濕痹，筋攣膝痛《本經》。五臟不足，胃氣結積，益氣止痛，去黑皯，潤肌膚皮毛《別録》。破婦人惡血。孟詵。頌曰：古方蓐婦藥中多用之。宜腎思邈。除胃中積熱，消水病脹滿時珍。

【附方】新四。大豆糵散：治周痹邪在血脈之中，本痹不痛，上下周身故名。此藥注五臟留滯，胃中結聚，益氣出毒，潤皮毛，補腎氣。用大豆糵一斤炒香，爲末。每服半錢，溫酒調下，日三服。《宣明方》。頭風濕痹：筋攣膝痛，胃中積熱，大便秘澀。黄卷散：用大豆黄卷炒一升，酥半兩爲末，食前溫水服一匙，日二服。《普濟方》。水病腫滿：喘急，大小便澀。大豆黄卷醋炒、大黄炒等分，爲細末。葱、橘皮湯服二錢，平明以利爲度。《聖濟總録》。小兒撮口：初生豆芽研爛，絞汁和乳，灌少許良。《普濟方》。

明・梅得春《藥性會元》卷中 大豆黄卷 味甘，平，無毒。即黄豆芽也。

主治濕痹筋攣膝痛，五臟胃氣結積，益氣止毒，去黑皯，潤澤皮膚。豆有黑、白二種，惟黑者入藥更佳。

明・傅懋光《醫學疑問》 問：《本草圖經》曰：大豆黄卷以生大豆為

蘗，待其芽出，便曝乾取用而已，別無他語。而今人只取其芽，去其身而用之，不知天朝亦如此否？麥蘗之用與此黃卷無異，俱願詳知。答曰：大豆黃卷即生大豆以水漬生芽蘗立名，本院入藥未嘗去身存芽，用麥蘗亦同此意。

明·倪朱謨《本草彙言》卷一四 大豆黃卷 味甘，氣平，無毒。陶氏曰：大豆黃卷，取黃黑大豆，以井華水浸三日，取出籠內，不時以水灑之。俟生蘗芽，生長四五寸，晒乾用。北人以油炒爲日用蔬菜。

大豆黃卷：孟詵活血氣，李時珍消水脹之藥也。繆氏曰：豆，腎之穀也，有容物之量也。體質堅脆而性滑利，非米穀之柔紉壅滯之比。今水發爲芽，啓開通透發之機，所有陳故潛藏之氣，以此沛然發露。若瘀血，若水脹，毋容負固而强恃矣。故蓐婦藥中多用之，有行瘀血之妙也。水腫方中多用之，有行水之功也。仰思前古治濕痹久着，《神農本經》爲筋攣膝痛，皆血與水氣之所結也。其名曰卷，有卷舒發越之意，故《局方》牛黃清心丸，用此以去風痰，解煩鬱，通心氣，安神明昏亂，亦藉此開通發越之意云。

集方：《宣明方》治周痹，邪在血脉之中，上下周身，痹閉不通，及胃中留滯，五藏結聚，或屬風，或屬水，或屬血者。用大豆蘗一觔，炒香爲末。每服一錢，溫湯調下。〇治水氣腫滿喘急，二便閉澀。用大豆黃卷醋炒，大黃酒炒各等分，爲細末。每服八分，葱、薑、陳皮各二錢，泡湯服，以利爲度。〇《方脉正宗》治老人痰火，咳嗽頻發，胸脇滿悶，百節攻痛，形羸氣弱，飲食少進。用大豆黃卷一觔，晒乾炒燥，爲細末。每晚服一錢，黑棗泡湯調下。

明·應麐《食治廣要》卷八 豆芽 氣味：甘，平，無毒。主解酒毒、熱毒，利三焦。但受濕熱抑鬱之氣，頗能發瘡動氣，與綠豆之性稍不同耳。

明·孟筌《養生要括·穀部》 大豆黃卷芽長五寸用之，名黃卷。黑屬水，性寒，為腎之穀。入腎功多。 味甘，平，無毒。治濕痹，筋攣膝痛。五臟不足，胃氣結積，益氣止痛，去黑皯，潤肌膚皮毛。破婦人惡血，宜腎，除胃中積熱，消水病脹滿。

明·鄭二陽《仁壽堂藥鏡》卷三 大豆黃卷 氣平，味甘，無毒。主濕痹筋攣，膝痛。是以生豆為蘗，待其芽出，便曝乾用。方書名黃卷皮。產婦藥中用之，性平。《食療》云：黃卷長五分者，破婦人惡血良。

明·施永圖《本草醫旨·食物類》卷二 大豆黃卷名豆蘗，黑大豆為蘗，芽生五寸長，便乾之，名為黃卷。 味：甘，平，無毒。治：濕痹筋攣，膝痛，五臟不足，胃氣結積。益氣止痛。去黑皮，潤肌膚，破婦人惡血，除胃中積熱，消水病脹滿。

明·盧之頤《本草乘雅半偈》帙六 大豆黃卷《本經》中品 氣味：甘，平，無毒。主治：主濕痹筋攣，膝痛不可屈伸。

覈曰：造黃卷法，壬癸日，以井華水浸黑大豆，候芽長五寸，乾之即為黃卷。用時熬過，服食所需也。

条曰：大豆作黃卷，比之區萌而達者，長十數倍矣。從艮而震，震而巽矣。自癸而甲，甲而乙矣。始生之曰黃，黃而卷，曲直之木性備矣。木為肝藏，藏真通于肝，肝藏筋膜之氣也。大筋聚于膝，膝屬谿谷之府也。故主濕痹筋攣，膝痛不可屈伸。屈伸為曲直，象形從治法也。

清·王翃《握靈本草》補遺 大豆黃卷浸黑大豆，出芽長五寸，去皮乾之，即為黃卷。 甘，平，無毒。主濕痺，筋攣時痛。

清·張志聰、高世栻《本草崇原》卷中 大豆黃卷 氣味甘，平，無毒。主治濕痹、筋攣、膝痛，不可屈伸。黑大豆水浸出芽，約五寸長，使乾之，名為黃卷。李時珍曰：一法壬癸日以井華水浸大豆，候生芽，取皮陰乾用。《金匱》薯蕷丸治虛勞不足，風氣百疾，內用大豆黃卷，義可知矣。

清·王子接《得宜本草·中品藥》 大豆黃卷 味甘。功專除胃熱，療濕痺。得大黃、橘皮、青葱治水腫喘急便澀。

清·黃元御《長沙藥解》卷二 黃豆卷 味甘，氣平。利水泄濕，達木舒筋。《金匱》薯蕷丸方在薯蕷用之以其泄濕而疏木也。大豆黃卷，專泄水濕，善達木鬱。通腠理而逐濕痺，行經脈而破血癥。療水鬱腹脹之病，治筋攣膝痛之疾。黑大豆長於利水而行血，及其芽生而為黃卷，更能破瘀而舒筋，以其發舒通達，秉之天性也。黑豆芽生五寸，乾之為黃卷。

清·吳儀洛《本草從新》卷四 大豆黃卷（理胃，消水。）一名豆蘗。甘，平。除胃中積熱，消水病脹滿，破婦人惡血，療濕痺筋攣膝痛。黑大豆為蘗芽，生五寸長便乾之，名為黃卷。用之熬過，服食所須。一法，壬癸日以井華水浸大豆，候生芽，取皮陰乾。

清·汪紱《醫林纂要探源》卷二 豆芽 甘鹹，寒。除煩清熱。白豆、菉豆，皆可發芽充蔬菜，菉豆者為脆美。

清・嚴潔等《得配本草》卷五　大豆黃卷黑穀。　得前胡、杏仁、牡蠣、天雄、鼠屎、石蜜、諸膽汁良。惡海藻、龍膽、五參。　甘，平。入足少陰經氣分。除胃熱，療濕痹。　配大黃、橘皮、青蔥，治水腫喘急。　壬癸日以井華水浸黑大豆，候生芽五寸，陰乾用。　黑穀　研末，調香油，敷皮瘡。

題清・徐大椿《藥性切用》卷六　大豆黃卷　一名豆蘖。性味甘平，入脾胃而輕揚胃氣，解利濕熱，為治痺舒筋耑藥。即黃大豆生芽，陰乾用。

清・李文培《食物小錄》卷上　黃豆芽　甘，平、微溫，有微毒。多食發瘡，動氣。

清・唐大烈《吴醫彙講》卷三〔周思哲〕　大豆黃卷辯　大豆黃卷，古人罕用。《本草》載其性曰治濕痹，筋攣膝痛，五臟不足，益氣宜胃，破婦人惡血，除胃中積熱，消水氣脹滿。即《金匱・虛勞門》薯蕷丸，於氣血並補方中佐之，後之著方解者，有宣發腎氣之論，亦未謂其發表也，近來誤作表藥者，其故何歟？　蓋因吾吴人喜服輕方，而昔之治病，俱於醫家取藥，有云馬元儀先生預用麻黃湯浸豆發蘖，凡遇應用麻黃者，方開豆卷，俾病家無所疑懼，渠得藥投中病，曲以兩全，此心亦良苦矣。　後醫不明細底，竟認豆卷與豆豉同類，公然影射作為表劑，但肆中豆卷豈亦有麻黃湯浸發者乎？　即以格致之理論之，豆得水而發蘖，或能些微宣濕，亦不能為通用表藥也。　若用二三錢之豆卷，即可表汗，世人以此為蔬菜者，每食盈簋，何不汗至亡陽耶？一笑！

清・章穆《調疾飲食辯》卷二　大豆黃卷　即大豆芽。豆有油，故滑泄。發芽則無害，故《內經》曰腎病宜食。然退熱之功，遠不及綠豆芽也。

清・楊時泰《本草述鉤元》卷一四　大豆黃卷　壬癸日，以井華水浸黑大豆，候芽長五寸，取皮，陰乾用。

氣味甘平。治濕痺筋攣膝痛，除胃中積熱，消水病脹滿。大豆作黃卷，比之區萌而達蘖者，長十數倍矣。始生之日黃，黃而卷，曲直之木性備矣。木為肝臟，臟真通於肝，肝藏筋膜之氣也，大筋聚於膝，膝屬谿谷之府也，故主濕痺筋攣，膝痛不可屈伸，屈伸為曲直，象形，從治法也。頭風濕痺，筋攣膝痛，胃中積熱，大便結澀，黃卷散，用大豆黃卷炒一升，酥半兩，為末，食前溫水服一匙，日二服。水病脹滿喘急，大小便濇，大豆黃卷醋炒，大黃炒，等分，為細末，葱、橘皮湯調服二錢，以利為度。服伏火藥多，腦後生瘡，熱氣冉冉而上，先灸風市穴十數壯，又以陰煉秋石，煎大豆卷濃湯，下即平，和其陰陽也。

清・葉桂《本草再新》卷七　大豆黃卷味甘，性平，無毒。入肝、脾二經。　除胃中積熱，消水脹，破婦人惡血，療濕痺筋攣膝痛。

清・趙其光《本草求原》卷一四穀部　大豆黃卷壬癸日水浸黑豆發芽。　甘，平。治濕痹、筋攣、膝痛，除胃結熱，破惡血，消水脹滿，益氣。甘益胃氣以運濕，出芽得曲直之性。　入肝，肝主筋，大筋聚於膝。炒為末，水酒調服。　同大黃佐陳皮，治水脹滿。　水煎，調陰秋石服，治腎火冉冉上沖，腦後常生瘡。和其陰陽也。

清・葉志詵《神農本草經贊》卷二　大豆黃卷　味甘，平。主濕痹，筋攣膝痛。　生大豆，塗癰腫。　煮汁飲，殺鬼毒止痛。　赤小豆，主下水，排癰腫膿血。　生平澤。黃卷，豆蘖也。　吉陬壬癸，罨豆孚生。　玉攢髯礫，冰脆牙萌。　粥分口數，算布心精。　殊形慧辨，莢穀通名。　李時珍曰：　壬癸日以井華水浸大豆，候生芽用。《詩疏》：　既方既皂，謂孚甲始生。　方岳詩：　平明先視玉髯礫，一夜怒長堪冰苴。《田家五行》：　煮赤豆粥，大小人口皆食之，謂之口數粥，以驅疫。《吴志・傳》：　趙達治九宮一算之術，取小豆數升，播席上，立處其數。《吴志・傳》：　顧譚心精體密。《左傳》：　周子有兄而無慧，不能辨菽麥。註：　豆麥殊形易別。《群芳譜》：　豆莢，穀之總名也。

清・文晟《新編六書》卷六《藥性摘錄》　豆芽　各隨豆之性以為優劣。止可以充疏。多食發疥動氣。

清・張仁錫《藥性蒙求・穀部》　大豆黃卷三錢　大豆黃卷，水脹能消。胃中積熱，煩悶堪療。味甘，平。一名豆蘖。《本經》治濕痺筋攣膝痛。又入脾胃，而散濕氣。又治心胸煩悶，肌熱不退者，以此滌煩解表。○黑大豆為蘖芽，生五寸長，便乾之，名為黃卷。

清・田綿淮《本草省常・穀類》　大豆芽　性平。理胃寬腸，消脹利水，除積熱，散瘀血。

清・戴葆元《本草綱目易知錄》卷二　黑豆黃卷　甘，平。益氣止痛，宜腎，去黑皯，潤肌膚皮毛。治五臟不足，胃氣結積，頭風濕痹，筋攣膝痛，消水病腫滿，除胃中積熱，破婦人惡血。取鮮者絞汁，和乳灌之，治小兒撮口，臍風。

清・陳其瑞《本草撮要》卷五 大豆卷 味甘，平，入足陽明經，功專除胃中積熱。消水病脹滿，破婦人惡血，療濕痹筋攣膝痛。小兒撮口，初生豆芽，研爛絞汁，和乳灌少許即愈。

豉

唐・孫思邈《千金要方》卷二六《食治・穀米》 大豆豉 味苦、甘，寒、濇，無毒。主傷寒頭痛寒熱，辟瘴氣惡毒，煩躁滿悶，虛勞喘吸，兩腳疼冷。殺六畜胎子諸毒。

宋・李昉《太平御覽》卷八五五 豉 《釋名》曰：豉，嗜也。五味調和，須之而成，乃可甘嗜也。故齊人謂豉聲如嗜。《博物志》曰：外國有豉法，以苦酒溲豆，暴令極燥，以麻油蒸訖，復暴三過乃止，然後細擣椒屑篩下，随多少合投之。《廣志》曰：苦，秦豉也。《楚辭・招魂》曰：大苦酸鹹，辛甘行。言取豉調和以椒薑，鹹酢(酪)〔和以飴蜜〕，則辛甘之味，皆豉而行。古歌曰：美豉出魯門。

宋・唐慎微《證類本草》卷二五米穀部中品〔《別錄》〕 豉 味苦，寒，無毒。主傷寒，頭痛寒熱，瘴氣惡毒，煩躁滿悶，虛勞喘吸，兩脚疼冷。又殺六畜胎子諸毒。

〔梁・陶弘景《本草經集注》〕云：豉，食中之常用。春夏天氣不和，蒸炒以酒漬服之，至佳。依康伯法：先以醋酒溲蒸暴燥，以麻油和，又蒸暴之，凡三過，乃末椒、乾薑屑合和，以進食，勝今作油豉也。患脚人常將其酒浸，以滓傅脚皆差。好者出襄陽、錢塘，香美而濃，取中心者彌善。

〔宋・掌禹錫《嘉祐本草》〕按：《藥性論》云：豆豉，得醯良，殺六畜毒，味苦、甘。主下血痢如刺者，豉一升，水漬纔令相淹，煎一兩沸，絞汁頓服。不差可再服。又傷寒暴痢腹痛者，豉一升，薤白一握切，以水三升，先煮薤，内豉更煮，湯色黑去豉，分爲二服。不差再服。熬末能止汗，主除煩躁。治時疾熱病，發汗。又治陰莖上瘡痛爛，豉一分，蚯蚓濕泥二分，水研和塗上，乾易，禁熱食酒、菜、蒜。又寒熱風，胸中瘡生者，可擣爲丸服，良。陳藏器云：蒲州豉，味鹹，無毒。主解煩熱，熱毒，寒熱，虛勞，調中，發汗，通關節，殺腥氣，傷寒鼻塞。作法與諸豉不同，其味烈。陝州又有豉汁，經年不敗，大除煩熱，入藥並不如今之豉心，爲其無鹽故也。孟詵云：豉，能治久盜汗患者，以一升微炒令香，清酒三升漬，滿三日取汁，冷暖任人服之，不差，更作三兩劑即止。日華子云：治中毒藥，蠱氣，瘧疾，骨蒸，并治犬咬。

〔宋・唐慎微《證類本草》〕《圖經》：文具大豆黄卷條下。《食療》云：陝府豉汁，甚勝於常豉。以大豆爲黄蒸，每一斗加鹽四升，椒四兩，春三日，夏兩日，冬五日即成。半熟，加生薑五兩，既潔且精，勝埋於馬糞中。黄蒸，以好豉心代之。《聖惠方》：治口舌生瘡，胸膈疼痛。用焦豉細末，含一宿便差。《外臺秘要》：治蟲刺螫人方：好豉心以足爲限，但覺刺即熟嚼豉以傅之，少頃見豉中毛即差。不見，又嚼傅之，晝夜勿絶，見毛爲度。《千金方》：治酒病。豉、葱白各半升，水二升，煮取一升，頓服。又方：治喉痹卒不語。煮豉汁一升服，覆取汗；亦可末桂著舌下，漸咽。又方：治被毆傷瘀血聚腹滿。豉一升，水三升，煮三沸，分服，不差再作。又方：四肢骨破及筋傷蹉跌。以水二升，豉三升漬之，攪取汁飲，止心悶。又方：蠼螋尿瘡，杵豉傅之。又方：治發背癰腫已潰、未潰方：香豉三升，少與水和，熟擣成泥，可腫處作餅子，厚三分已上。有孔勿覆，孔上布豉餅，以艾列其上灸之，使溫溫而熱，勿令破肉。如熱痛，即急易之，患當減。快得分穩，一日二度灸之。如先有瘡孔中汁出即差。《肘後方》：中緩風，四肢不收者。豉三升，水九升，煮取三升。分爲三服，日二作。亦可酒漬飲之。《葛氏方》：治重下，此即赤白痢也。熬豉令小焦，擣服一合，日三，無比。又，豉熬令焦，水一升，淋取汁令服，冷則酒淋，日三服，有驗。又方：舌上出血如針孔。取豉三升，水三升，煮之沸，去滓，服一升，日三。《梅師方》：治傷寒，汗出不解，已三四日，胸中悶吐方：豉一升，鹽一合，水四升，煎取一升半，分服當吐。又方：辟溫疫法：熬豉和白术浸酒，常服之。又方：治傷寒，服藥搶心煩熱。以豉一升，梔子十四枚劈，水三升，煎取一升，分三服。孫真人：治頭風痛。以豉湯洗頭，避風即差。《食醫心鏡》：主風毒，脚膝攣急，骨節痛。豉心五升，九蒸九暴，以酒一斗取浸經宿，空心隨性緩飲之。又方：小兒寒熱，惡氣中人。以濕豉爲丸如雞子大，以摩腮上及手足心六七遍，又摩心、臍上，旋旋祝之了，破豉丸看有細毛，棄道中即差。《勝金方》：治小兒頭上生惡瘡。以黄泥聚豉煨熟，冷後取出豆豉爲末，以蓴菜油傅之，差。《王氏博濟》：治藏毒，下血不止。用豉、大蒜等分，一處杵勻，丸如梧子大。每服鹽湯下三十丸，血痢亦治。《簡要濟衆》：主傷寒後毒氣攻手足及身體虛腫豉酒方：豉五合微炒，以酒一升半，同煎五七沸，任性稍熱服之。姚和衆：治小兒丹毒，破作瘡，黄水出。焦炒豉令煙絶，爲末，油調傅之。《傷寒類要》：治傷寒熱病後攻目生翳者。燒豉二七枚，末，以管吹之。《子母秘録》：華佗安胎，豉汁服之妙。又方：治墮胎血下盡煩滿。豉一升，水三升，三沸煮，末鹿角服方寸匕。《楊氏産乳》：療惡瘡。熬豉爲末傅之，不過三四次。《茆亭客話》：蝦蟇小者有毒，主人小便秘澁，臍下憋，疼痛至死者。以生豉一合，投新汲水半椀，浸令水濃，頓飲之，愈。

宋・王繼先《紹興本草》卷一一 豉 紹興校定：豉乃大豆製而所成。

《本經》及諸方各具主治之宜，但世之食品多用。以近世驗之，即非必起疾之物。唯入方服餌致嘔者，顯然當云味苦甘鹹、平、無毒是矣。

金・張元素《潔古珍珠囊》〔見元・杜思敬《濟生拔粹》卷五〕 豉苦鹹：純陰。去心中懊憹，傷寒頭痛，煩躁。

宋・劉明之《圖經本草藥性總論》卷下 豉 味苦，寒，無毒。主傷寒頭痛寒熱，瘴氣惡毒，煩燥滿悶，虛勞喘吸，兩脚疼冷。《藥性論》云：豆豉，得醯良。殺六畜毒。味苦、甘。主下血痢如刺者。又傷寒暴痢腹痛，和薤白煎服。熬末，能止汗，主除煩燥，治時氣熱病，發汗。又治陰上瘡痛爛。陳藏器云：蒲州豉，味鹹甘，無毒。主解煩熱虛勞，調中，發汗，通關節，殺腥氣，傷寒鼻塞。孟詵云：能治久汗患者，微炒香，(潰)〔漬〕酒任服，即止。日華子云：治中毒藥蠱氣，瘧疾骨蒸，并犬咬。

宋・陳衍《寶慶本草折衷》卷一九 淡豉是義切。今循張松加以淡字。○略註鹹豉於後。 一名豉，一名豆豉，一名香豉，未炒者名生豉，去皮者名豉心。○衆方用者，名淡豆豉。出襄陽及錢塘、江南蒲州、陝府。蒸烏豆為豉，或以寒藺繰湯煮浸豆暴成。今處處皆能造之。○得醯良。忌熱食酒菜蒜。○制砒毒。○醯，呼西切。一作醋。

味苦、甘，寒，無毒。○主傷寒頭痛，寒熱瘴氣，惡毒，煩躁滿悶，虛勞喘吸，兩脚疼冷。○陶隱居云：取中心者，彌善。○《藥性論》云：殺六畜毒，主下血痢、暴痢，腹痛，除時疾熱病，發汗。又治陰莖瘡痛爛。豉壹分，蚯蚓濕泥貳分，水研和塗，乾易。○陳藏器云：解煩熱，熱毒，寒熱，虛勞，調中，通關節，殺腥氣。○孟詵云：治久盜汗。以壹升微炒香，清酒叁升，漬三日，取汁，冷暖任人服。○日華子云：治中毒藥蠱氣。瘧疾，骨蒸，并治犬咬。○《圖經》曰：江南人作豉，自有一種刀豆，甚佳。分大豆黃卷條。○王氏《博濟》：治藏毒下血。用豉、大蒜等分，杵丸如梧子，鹽湯下叄拾丸。○《子母秘錄》：安胎。豉汁服之。○又以此豆為豉，加鹽、薑、椒、桂淹製，謂之鹹豉。止可充食，不堪為藥。

元・王好古《湯液本草》卷六 香豉 氣寒，味苦，陰也。無毒。《象》云：治傷寒頭痛，煩躁滿悶。生用。《珍》云：去心中懊憹。《本草》云：主傷寒頭痛，寒熱。傷寒初覺頭痛內熱，脈洪起一二日，便作此加減葱豉湯：葱白一虎口，豉一升，綿裹，以水三升，煎取一升，頓服取汗。若不汗，加葛根三兩，水五升，煮二升，分二服。又不汗，加麻黃三兩，去節。

元・忽思慧《飲膳正要》卷三 豉 味苦，寒，無毒。主傷寒頭痛，煩燥滿悶。

元・尚從善《本草元命苞》卷九 豉 苦，寒，無毒。通關節，發汗。主傷寒頭痛，寒熱瘴氣。療煩躁滿悶，喘吸虛勞。治兩腳冷痛，殺六畜胎毒。炒黃酒漬，醫盜汗久而不差。薤白同煎，除傷寒暴痢腹疼。口舌生瘡，豉末含之，立愈。酒病未安，葱豉煎湯頓飲。襄陽豉香美而濃，蒲州豉味鹹而烈。凡作諸豉，刀豆者佳。

元・吴瑞《日用本草》卷八 豆豉 黑豆罨成，食中常用。麩豉，性同。味苦，寒，無毒。主傷寒頭痛寒熱，瘴氣惡毒，煩燥滿悶，虛勞喘吸，兩脚疼冷，調中，通利關節。○薤白同煎服之，治傷寒冷痢腸痛。○葱白同煎熱服，治初病頭痛寒熱，四肢拘急。○及治酒病。

元・朱震亨《本草衍義補遺・新增補》 豉 苦鹹。純陽。去心中懊憹，傷寒頭痛，煩燥。

元・徐彥純《本草發揮》卷三 豉 成聊攝云：香豉，味苦，寒。助梔子以吐虛煩。潔古云：苦。陰。去心中懊憹，生用之。東垣云：豉，苦，寒，純陰。

明・滕弘《神農本經會通》卷四 豉 一名香豉，即淡豆豉也。味苦，氣寒，無毒。《湯》云：氣寒，味苦。陰也，無毒。《藥性》云：味苦、甘。陳云：味鹹。東云：解傷寒之表。珍云：豆豉，去懊憹。

《本經》云：主傷寒頭痛，寒熱，瘴氣惡毒，煩躁滿悶，虛勞喘吸，兩脚疼冷。又殺六畜胎子諸毒。陶隱居云：豉，食中之常用。春夏天氣不和，蒸炒以酒漬服之，至佳。好者出襄陽、錢塘，香美而濃，取中心者彌善。《藥性論》云：豆豉，得醯良。殺六畜毒。味苦、甘。主下血痢如刺者，豉一升，水漬，纔令相淹，煎一兩沸，絞取汁，頓服，不差可再服。又傷寒暴痢腹痛者，豉一升，薤白一握，切，以水三升，先煮薤，內豉更煮，湯色黑去豉，分為二服，不差再服。熬末，能止汗，主除煩燥，治時疾熱病，發汗。又治陰莖上瘡痛爛，豉一分，蚯蚓濕泥二分，水研和，塗上，乾易，禁熱食酒菜蒜。又寒熱風，胸中瘡生者，可擣為丸服良。陳藏器云：蒲州豉，味鹹，無毒。解煩熱，熱毒，寒熱，虛勞，調中，發汗，通關節，殺腥氣，傷寒鼻塞。作法與諸豉不同，其味烈。

陝州又有豉汁，經年不敗，大除煩熱，入藥並不如今之豉心，為其無鹽故也。孟詵云：豉能治久盜汗，患者以二升，微炒令香，清酒三升，漬滿三日，取汁，冷暖任人服之，不差更作三兩劑，即止。日華子云：治中毒藥蠱氣，瘧疾，骨蒸，並治犬咬。《象》云：治傷寒頭痛，煩躁滿悶，生用。珍云：去心中懊憹。《本草》云：主傷寒頭痛寒熱，傷寒初覺頭痛，內熱，脉洪起一二日，便作此加減葱豉湯，葱白一虎口，豉一升，綿裹，以水三升，煎取一升，頓服取汗。若不汗，加葛根三兩，水五升，煮二升，分二服。又不汗，加麻黄三兩，去節。丹溪云：味苦、鹹，純陰。去心中懊憹，傷寒頭痛，燥煩。《良方》用此同栝樓、桂心，為下胎斷產之劑。《局》云：豉本食中常用物，頭疼發汗必須加。解煩止痢除諸毒，酒浸和滓傳脚差。

明・劉文泰《本草品彙精要》卷三六　豉無毒。

豉：主傷寒，頭痛，寒熱，瘴氣惡毒，煩躁滿悶，虛勞喘吸，兩脚疼冷。又殺六畜胎子諸毒。名醫所錄。【地】陶隱居云：此食中常用之物也。春夏天氣不和，蒸炒以酒漬服之，至佳。依康伯法：先以醋、酒搜蒸暴燥，以麻油和，又蒸暴之，凡三過，乃末椒、乾薑屑合和以進食，勝今作油豉也。出襄陽、錢塘，香美而濃，取中心者彌善。《食療》云：陝府豉汁，甚勝於常豉。以大豆爲黄蒸，每一斗用鹽四升，椒四兩，春三日、夏兩日、冬五日即成。半熟，加生薑五兩，既潔且精，勝埋於馬糞中。黄蒸，以好豉心代之。陳藏器云：出蒲州者味鹹，作法與諸豉不同，其味烈。陝州又有豉汁，經年不敗，大除煩熱，入藥並不如今之豉心，爲其無鹽故也。【收】日乾。【用】豉心。【色】黑。【味】苦。【性】寒，洩。【氣】氣薄味厚，陰也。【臭】香。【主】發汗，除煩熱。【助】得醯良。【製】搗碎用。【治】療：《藥性論》云：止下血痢如刺者，豉一升，水漬纔令相淹，煎一兩沸，絞汁頓服。又熬末，能止汗，除時疾熱病，煩燥。患寒熱風，胸中生瘡者，可擣爲丸服。日華子云：蠱氣，瘧疾，骨蒸并犬咬。陳藏器云：蒲州豉，解煩熱，熱毒，寒熱，虛勞，調中發汗，通關節，傷寒鼻塞。〇陝州豉汁，大除煩熱。《湯液本草》云：去心懊憹。《別錄》云：口舌生瘡，胸膈疼痛，用焦豉細末含一宿，便差。又除蟲刺螫人，用好豉心熟嚼以傳之，少頃見豉中毛，即差。不見又嚼傳之，晝夜勿絕，見毛爲度。又四肢骨破及筋傷蹉跌以致心悶，水二升，豉三升，漬絞取汁，飲之，差。又療蠼螋尿瘡，杵豉傳之。又患發背癰腫已潰、未潰者，用香豉三升，少與水和，熟擣成泥，可著腫處作餅子，厚三分，有孔勿覆，孔上布豉餅，以艾列其上灸之，使溫溫而熱，勿令破肉，如熱痛即急易之，患當減。快得分穩，一日二度灸之，如先有瘡孔中汁出，即差。又赤白痢，熬豉令小焦，杵服一合，日三，有驗。又舌上出血如鍼孔，取豉一升，水三升煮之沸，去滓，服一升，日三。又治小兒寒熱，惡氣中人，以濕豉爲丸如雞子大，以摩腮上及手足心六七遍，又摩心、臍上，旋旋祝之了，破豉丸看有細毛，棄道中，即差。又能安胎，豉汁服之妙。又患惡瘡，熬豉爲末傅之，不過三四次，差。【合治】豉蒸炒，合酒漬之，以滓傅脚氣，差。〇豉一升，合薤白一握，切，以水三升，先煮薤，內豉更煮湯色黑，去豉，分爲二服，不差再服，療傷寒暴痢腹痛者。〇爛豉一分，蚯蚓濕泥二分，水研和，塗陰莖上生瘡痛，乾則易之，禁熱食酒、菜、蒜。〇以一升微炒令香，清酒三升漬滿三日取汁，冷暖任人服之，療久患盜汗者，不差，更作三兩劑即止。〇合葱白各半升，水二升煮取一升，頓服，治患酒病。〇蒸豉，合白术浸酒常服之，辟溫疫。〇豉一升，合梔子十四枚剉，水三升煎取一升，分三服，治傷寒服藥搶心煩熱。〇豉心五升，九蒸九暴，合酒一斗，取浸一宿，空心隨性緩飲之，療風毒脚膝攣急，骨節痛。〇以黄泥裹豉煨熟，冷後取出豆豉爲末，合(純)〔蓴〕菜油，傅小兒頭生惡瘡，差。〇合大蒜等分杵勻，丸如梧子大，每服鹽湯下三十丸，治臟毒下血不止及血痢。〇豉五合微炒，合酒一升半煎五七沸，任性稍熱服，治傷寒後毒氣攻手足及身體虛腫。〇豉焦炒令煙絕，爲末，合油調傅小兒丹毒，破作瘡，黄水出者。【解】中藥毒。

明・盧和、汪穎《食物本草》卷二菜類　鹹豆豉　味甘鹹，無毒。主解煩熱，調中發散，通關節，香烈殺腥氣。其法：用黑豆酒、醋浸蒸，曝乾，以香油和，再蒸、曝，凡三遍，量入鹽并椒末、乾生薑、陳皮屑和藏。食之宜病人。

明・盧和、汪穎《食物本草》卷四味類　豆豉　味苦，寒，無毒。主傷寒頭痛，瘴氣，惡毒，燥悶，虛勞，喘咳，瘧疾，骨蒸，去心中懊惱，發汗，殺六畜毒及中毒藥蠱氣。各處所造不一，蒲州尤佳。

明・葉文齡《醫學統旨》卷八穀部　豆豉　氣寒，味苦。無毒。純陽。無鹽者佳。　治傷寒頭痛寒熱，瘴氣惡毒，煩燥滿悶，虛勞喘吸，心中懊憹，吐虛煩勞食復，時疾發汗，及暴痢腹痛；　安胎取汁服。

明・許希周《藥性粗評》卷三　懊憹不快，豉擔格拒之挑。

香豉，以黃豆煮熟作黃，製造而成者。作法惟襄陽、蒲州及錢塘諸郡最善。不徒飲食可需，又堪入藥。然有鹹淡二味，造法略見，居家必用。得醋良。餘說《本草》不載。味苦、甘，性寒，無毒。主治傷寒頭痛，寒熱瘴氣，惡毒胸中，格拒懊憹，煩躁滿悶，虛勞喘吸，兩脚疼冷，發汗止痢，調中養胃，通關節，翻蠱毒。成聊攝云：助梔子以吐虛煩。

單方：下痢：凡患血痢腹痛如刺者，豉一升，水漬纔令相淹，煎一二沸，絞汁，頻服，不差再服，甚效。辟瘟：凡值天行瘟疫，人所共染者，須預辟之，以豉不拘多少，炒香，常漬酒服之，一家服之，一家不染。中緩風：凡中緩風，四肢不收者，豉三升，水九升，煮取三升，分為三服，日再作，差。亦可酒漬，溫飲之。止盜汗：凡傷寒汗出不止已三四日，胸中悶欲吐者，豉一升，鹽一合，水四升，煎取一升半，分服，得吐而汗自止。

明・鄭寧《藥性要略大全》卷四 淡豆豉 發傷寒之表，吐痰涎，除疸黃，治瘴氣惡毒，煩燥滿悶，虛勞喘吸，兩腳痛冷。殺六畜胎子諸毒。極治傷寒發黃疸。《提金》云：治傷寒頭痛、煩燥滿悶，去心中懊憹。味苦，性寒，無毒。出江西，無鹽者佳。《賦》云：性溫。

明・王文潔《太乙仙製本草藥性大全》卷四《本草精義》 豆豉：取黑豆水漬，蒸爛香熟爲度，取出攤置笄籣內，乘溫熱以架子每一層盛一笄籣，放在不見風處，四圍上下用青草穰蓋護之，如是數日，取開見豆生黃衣遍滿，然後取出晒一日，次日溫湯漉洗，以紫蘇葉剉碎拌之，烈日曝至乾，然後用磁罐收貯聽用。好者出自江西、錢塘，香美而濃，取中心者彌善。江南人作豆豉自有一種刀豆甚佳。古今方書用豉治病最多，葛洪《肘後方》云：療傷寒有數種，庸人不能分別，今取一藥兼療，若初覺頭痛身熱，脉洪起一二日，便作如此加減葱豉湯。葱白一虎口，豉一升，綿裹，以水三升，煮取一升，頓服取汗。若不汗，更加葛根三兩，水五升，煮取二升，分兩服，必得汗即差。不汗更作，加麻黃三兩，去節，諸名醫方皆用，服之往往便差。又陝府豉汁甚勝於常豉，以大豆爲黃蒸，每一斗加鹽四升，椒四兩，春三日，夏兩日，冬五日即成。半熟，加生薑五兩，既潔净且精，勝埋於馬糞中。黃蒸以好豉心代之。

按：《藥性論》云：豆豉得醯良，殺六畜毒。味苦甘，主下血痢如刺者，豉一升，水漬纔令相淹，煎一二沸，絞汁頓服，不差可再服。又傷寒暴痢腹痛者，豉一升，薤白一握切，以水三升，先煮薤，內豉再煮，湯色黑去豉，分爲二服，不差再服。熬末能止汗，主除煩燥，治時疾熱病發汗。又治陰莖上瘡痛爛，豉一分，蚯蚓濕泥二分，水研和塗上，乾易，禁熱食酒、菜、蒜。又寒熱風，胸中瘡生者，可搗爲丸服良。陳藏器云：蒲州豉，味鹹，無毒。作法與諸豉不同，其味烈。陝州又有豉汁，經年不敗，大除煩熱，入藥並不如今之豉心，爲其無鹽故也。孟詵云豉能治久患盜汗者，以一升微炒令香，清酒三升，漬滿三日，取汁令暖，任人服之，不差更作，三兩劑即止。

明・王文潔《太乙仙製本草藥性大全》卷四《仙製藥性》 豆豉 味苦、甘，氣寒，無毒。主治：雖理瘴氣，專治傷寒。佐葱白散寒熱頭疼，助梔子除虛煩懊憹。足冷痛甚浸醇酒可嘗。血痢疼多同薤白煮服。仍安胎孕，女科當知。補註：口舌生瘡，胸膈疼痛，用椒、豉末含一宿。○酒病，豉、葱白各半升末，煮頓服。○蟲刺螫人，豉心以足爲限，但覺刺即熟嚼豉傅之，少頃見豉中毛即差。不見，嚼勿絕，見毛爲度。○喉痹卒不語，煮豉汁服取汗，亦可末桂着舌下漸咽。○治發背癰腫已潰、未潰，香豉水和，熟搗成泥，於腫處作餅子，厚三分已上，有孔勿覆，布豉餅用火灸之，使溫溫而熱，勿令破肉。如熱痛即易之，當減快，一日二度灸之如前，有瘡孔中汁出即差。○四肢骨破及筋傷蹉跌，以豉水漬之汁飲，止心悶。○中緩風，四肢不收，豉三升，水九升，煮取三升，分爲三服，日二作，亦可酒漬飲之。○重下，此即赤白痢也。熬豉令小焦，搗服一合，日三，無比。又豉熬令焦，水一升，淋取汁，令服，冷則酒淋，日三服有驗。○毆傷瘀血積腹滿，豉一升，水三升，煮沸分服，不差再作。○舌上出血如針孔，取豉以水煮三沸，去滓服。○蠼螋尿瘡，杵豉傅之。○傷寒，汗出不解，已三四日，胸中悶，豉一升，鹽一合，水四升，煎服當吐。○辟瘟疫，熬豉和白术，浸酒常服。傷寒熱病後，攻目生瞖，燒豉二七枚，末以管吹之。○傷寒服藥搶心煩熱，以豉一撮，梔子十四枚剉，水煎服。○頭風痛，以豉湯洗之，避風即差。○墮胎血下盡，煩滿，豉一升，水三升，三沸煮，末鹿角，服方寸〔匕〕。○風毒脚膝攣急，骨節痛，豉心五升，九蒸九曝，以酒一斗，浸一宿，空心飲之。小兒寒熱，惡氣中人，以濕豉爲丸如雞子大，以摩腮上及手足心六七次，又摩心臍上，旋旋祝之了，破豉丸，看有細毛棄道中即差。小兒丹毒破作瘡，黃水出，焦炒豉令烟絕，爲末，油調傅之。○小兒頭生惡瘡，以黃泥聚豉煨熟，冷後取出豆豉爲末，以蓴菜油傅之差。○藏毒下血不止，用豉、大蒜等分，一處杵勻，丸如梧子大，每服鹽湯下三十丸。血痢亦治。〇傷寒後毒氣攻手足，及身體虛腫，豉酒方：豉五合，微炒，以酒一升半，同煎五七沸，任性熱服。〇療惡瘡，熬豉爲末傅之。〇安胎豉汁服之妙。〇蝦蟆小者有毒，主人小便秘澁，臍下憋疼痛至死者，以生豉一合，投新汲水半椀，浸令水濃，頓飲之愈。

明・皇甫嵩《本草發明》卷五　豆豉中品。味苦，寒，無毒。　發明曰：豆解熱毒，而豉味苦，鹹能瀉熱，而淡能發泄。故《本草》主傷寒頭痛寒熱，以能發汗也。又主瘴氣惡毒，煩熱煩躁滿悶，虛勞喘吸。以能瀉熱也。又云：療兩脚疼冷，下血痢如刺，暴痢腹痛，通関節，殺(醒)〔腥〕氣。又殺六畜胎子諸毒。〇患脚人，常將其酒浸，以滓傅脚，皆差。日華子云：治中毒藥蠱氣，瘧疾骨蒸，并治犬咬。今用江西淡豉。註云：出襄陽、錢塘香美而濃，取中心者更善，舊用蒲州豉，味鹹，治療俱同。陝州有豉汁，大除煩熱，並不如今之豉心，以其味淡也。

明・李時珍《本草綱目》卷二五穀部・造釀類　大豆豉《別録》中品

【釋名】時珍曰：按劉熙《釋名》云：豉，嗜也。調和五味，可甘嗜也。許慎《說文》謂豉爲配鹽幽菽者，乃鹹豉也。

【集解】弘景曰：豉出襄陽、錢塘者香美而濃，入藥取中心者佳。藏器曰：蒲州豉味鹹，作法與諸豉不同，其味烈。陝州有豉汁，經十年不敗，入藥並不如今之豉心，爲其無鹽故也。詵曰：陝府豉汁，甚勝常豉。其法以大豆爲黃蒸，每一斗，加鹽四升，椒四兩，春三日、夏二日即成。半熟加生薑五兩，既潔淨且精也。時珍曰：豉，諸大豆皆可爲之，以黑豆者入藥。有淡豉、鹹豉，治病多用淡豉汁及鹹者，當隨方法。其豉心乃合豉時取其中心者，非剥皮取心也。此說見《外臺秘要》。造淡豉法：用黑大豆二三斗，六月内淘净，水浸一宿瀝乾，蒸熟取出攤席上，候微温蒿覆。每三日一看，候黃衣上遍，不可太過。取曬簸净，以水拌乾濕得所，以汁出指間爲準。安瓮中，築實，桑葉蓋厚三寸，密封泥，於日中曬七日，取出，曝一時，又以水拌入瓮。如此七次，再蒸過，攤去火氣，瓮收築封即成矣。造鹹豉法：用大豆一斗，水浸三日，淘蒸攤署，候上黃取出簸淨，水淘(漉)〔曬〕乾。每四斤，入鹽一斤，薑絲半斤，椒、橘、蘇、茴、杏仁拌匀，入瓮。上面水浸過一寸，以葉蓋封口，曬一月乃成也。造豉汁法：十月至正月，用好豉三斗，清麻油熬令煙斷，以一升拌豉蒸過，攤冷曬乾，拌再蒸，凡三遍。以白鹽一斗擣和，以湯淋汁三四斗，入净釜。下椒、薑、橘絲同煎，三分減一，貯於不津器中，香美絶勝也。有麩豉、瓜豉、醬豉諸品皆可爲之，但充食品，不入藥用也。

淡豉　【氣味】苦，寒，無毒。思邈曰：苦，甘，寒，澀。得醯良。杲曰：陰中之陰也。

【主治】傷寒頭痛寒熱，瘴氣惡毒，煩躁滿悶，虛勞喘吸，兩脚疼冷。殺六畜胎子諸毒《別録》。治時疾熱病發汗。熬末，能止盜汗，除煩。生擣爲丸服，治寒熱風，胸中生瘡。煮服，治血痢腹痛。研塗陰莖生瘡《藥性》。治瘧疾骨蒸，中毒藥蠱氣，犬咬大明。下氣調中，治傷寒温毒發癍嘔逆。時珍。〇《千金》治温毒黑膏用之。

蒲州豉　【氣味】鹹，寒，無毒。　【主治】解煩熱熱毒，寒熱虛勞，調中發汗，通關節，殺腥氣，傷寒鼻塞。陝州豉汁亦除煩熱藏器。

【發明】弘景曰：豉，食中常用，春夏之氣不和，蒸炒以酒漬服之至佳。依康伯法，先以醋、酒溲蒸曝燥，麻油和，再蒸曝之，凡三過，末椒、薑治和進食，大勝今時油豉也。患脚人，常將漬酒飲之，以滓傅脚，皆瘥。頌曰：古今方書用豉治病最多，江南人善作豉，凡得時氣，即先用葱豉湯服之取汗，往往便瘥也。時珍曰：陶說康伯豉法，見《博物志》，云原出外國，中國謂之康伯，乃傳此法之姓名耳。其豉調中下氣最妙。黑豆性平，作豉則温。既經蒸署，故能升能散。得葱則發汗，得鹽則能吐，得酒則治風，得薤則治痢，得蒜則止血，炒熟則又能止汗，亦麻黃根節之義也。

【附方】舊三十一，新一十八。　傷寒發汗：頌曰：葛洪《肘後方》云：傷寒有數種，庸人卒不能分別者，今取一藥兼療之，凡初覺頭痛身熱，脈洪，一二日，便以葱豉湯治之。用葱白一虎口，豉一升，綿裹，水三升，煮一升，頓服。不汗更作，加葛根三兩；再不汗，加麻黃三兩。〇《肘後》又法：用葱湯煮米粥，入鹽豉食之，取汗。〇又法：用豉一升，小男溺三升，煎一升，分服取汗。　傷寒不解：傷寒(不止)〔汗出〕不解，已三四日，胸中悶惡者。用豉一升，鹽一合，水四升，煮一升半，分服取吐，此秘法也。《梅師方》。　辟除温疫：豉和白术浸酒，常服之。《梅師》。　傷寒懊憹：吐下後心中懊憹，大下後身熱不去，心中痛者，並用巵子豉湯吐之。肥巵子十四枚，水二盞，煮一盞，入豉半兩，同煮至七分，去滓服。得吐止後服。《傷寒論》。　傷寒餘毒：傷寒後毒氣攻手足，及身體虛腫。用豉五合微炒，以酒一升半，同煎五七沸，任性飲之。《簡要濟衆》。　傷寒目翳：燒豉二七枚，研末吹之。《肘後》。　傷寒暴痢：《藥性論》曰：以豉一升，薤白一握，水三升，煮薤熟，納豉更煮，色黑去豉，分爲二服。　血痢不止：用豉、大蒜等分，杵丸梧子大。每服三十丸，鹽湯下。《王氏博濟》。　血痢如刺：《藥性論》曰：以豉一升，水漬相淹，煎兩沸，絞汁頓服。不瘥再作。　赤白重下：葛氏：用豆豉熬小焦，擣服一合，日三。或炒焦，以水浸汁服，亦驗。〇《外臺》：用豉心炒爲末一升，分四服，酒下，入口即斷也。　臟毒下血：烏犀散：用淡豉十文，大蒜二枚煨，同擣丸梧子大。煎香菜湯服二十丸，日二服，安乃止，永絶根本，無所忌。〇廬州彭大祥云：此藥甚妙，但大蒜九蒸乃佳，仍以冷齏水送下。昔朱元成言其侄及陸子楫提刑皆服此，數十年之疾，更不復作也。《究原方》。　小便血條：淡豆豉一撮，煎湯空腹飲。或入酒服。《危氏得效方》。　瘧疾寒熱：煮豉湯飲數升，得大吐即愈。《肘後方》。　小兒寒熱：　惡氣中人。以濕豉研丸鷄子大，以摩腮上及手足心六七遍，又摩心、臍上，旋旋咒之了，破豉丸看有細毛，棄道中，即便瘥也。《食醫心鏡》。　盜汗不止：　詵曰：以豉一升微炒香，清酒三升漬三日，取汁冷暖任服。不瘥更作，三兩劑即止。　齁喘痰積：　凡天雨便發，坐卧不得，飲食不進，乃肺竅久積冷痰，遇陰氣觸動則發也。用此一服即愈，服至七八次，即出惡痰數升，藥性亦隨而出，即斷根矣。用江西淡豆豉一兩，蒸擣如泥，入砒霜末一錢，枯白礬三錢，丸緑豆大。每用冷茶、冷水送下七丸，甚者九丸，小兒五丸，即高枕仰卧。忌食熱物等。《皆效方》。　風毒膝攣：　骨節痛。用豉三五升，九蒸九暴，以酒一斗浸經宿，空心隨性温飲。《食醫心鏡》。　手足不隨：　豉三升，水九升，煮三升，分三服。又法：豉一升微熬，囊貯漬三升酒中三宿。温服，常令微醉爲佳。《肘後方》。　頭風疼痛：　豉湯洗頭，避風取瘥。《孫真人方》。　卒不得語：　煮豉汁，加入美酒服之。《肘後》。　喉痹不語：　煮豉汁一升服，覆取汗；仍着桂末於舌下，咽之。《千金》。　咽生瘜肉：　鹽豉和擣塗之。先刺破出血乃用，神效。《聖濟總録》。　口舌生瘡：　胸膈疼痛者。用焦豉末，含一宿即瘥。《聖惠方》。　舌上血出：　如針孔者。豉三升，水三升，煮沸。服一升，日三服。《葛氏方》。　墮胎血下：　煩滿。用豉一升，水三升，煮三沸，調鹿角末服方寸匕。《子母秘録》方。　妊娠動胎：　豉汁服妙。華佗方也。同上。　婦人難産：　乃兒枕破與敗血裹其子也。以勝金散逐其敗血，即順矣。用鹽豉一兩，以舊青布裹了，燒赤乳細，入麝香一錢，爲末，取秤錘燒紅淬酒，調服一大盞。《郭稽中方》。　小兒胎毒：　淡豉煎濃汁，與三五口，其毒自下。又能助脾氣，消乳食。《聖惠》。　小兒哯乳：　用鹹豉七個去皮，膩粉一錢，同研，丸黍米大。每服三五丸，藿香湯下。《全幼心鑑》。　小兒丹毒：　作瘡出水。豉炒煙盡爲末，油調傅之。《姚和衆方》。　小兒頭瘡：　以黄泥裹煨熟取研。以蓴菜油調傅之。《勝金》。　發背癰腫：　已潰未潰。用香豉三升，入少水擣成泥，照腫處大小作餅，厚三分。瘡有孔，勿覆孔上。鋪豉餅，以艾列於上灸之。但使温温，勿令破肉。如熱痛，即急易之，患當減快〔得安穩〕，一日二次灸之。如先有孔，以汁出爲妙。《千金方》。　一切惡瘡：　熬豉爲末傅之，不過三四次。出《楊氏産乳》。　陰莖生瘡：　痛爛者。以豉一分，蚯蚓濕泥二分，水研和塗上，乾即易之。禁熱食、酒、蒜、芥菜。《藥性論》。　蠼螋尿瘡：　杵豉傅之。良。《千金》。　蟲刺螫人：　豉心嚼敷，少頃見豉中有毛即瘥。不見再傅，晝夜勿絶，見毛爲度。《外臺》。　蹉跌破傷：　筋骨。用豉三升，水三升，漬濃汁飲之，止心悶。《千金》。　毆傷瘀聚：　腹中悶滿。豉一升，水三升，煮三沸，分服。不瘥再作。《千金》。　解蜀椒毒：　豉汁飲之。《千金方》。　中牛馬毒：　豉汁和人乳頻服之，效。《衛生易簡》。　小蛤蟆毒：　小蛤蟆有毒，食之令小便秘澀，臍下悶痛，有至死者。以生豉一合，投新汲水半碗，浸濃汁，頓飲之，即愈。《茅亭客話》。　中酒成病：　豉、葱白各半升，水二升，煮一升，頓服。《千金方》。　服藥過劑：　悶亂者。豉汁飲之。《千金》。　雜物眯目：　不出。用豉三七枚，浸水洗目，視之即出。《總録方》。　刺在肉中：　嚼豉塗之。《千金方》。　小兒病淋：　方見蒸餅發明下。　腫從脚起：　豉汁飲之，以滓傅之。《肘後方》。

明·梅得春《藥性會元》卷中　淡豉　味苦，氣寒，無毒。江西道地造者佳。

主治傷寒頭痛，寒熱瘴氣，惡毒煩燥滿悶，虚勞喘吸，心中懊憹，兩脚冷疼，嘔吐虚煩，勞食復，時疾發汗，及暴利腹痛，安胎。取汁服，殺六畜胎諸毒。

明·王肯堂《傷寒證治準繩》卷八　香豉　氣寒，味苦，無毒。陰中之陰也。主傷寒頭痛，煩躁滿悶。生用。珍：黑豆性平，作豉則溫，既經蒸窨，故能升能散，得葱則發汗，得鹽則能吐，得酒則治風，得薤則治痢，得蒜則止血，炒熟則大能止汗，亦麻黄根節之義也。

明·穆世錫《食物輯要》卷八　淡豆豉　味苦甘，性寒，無毒。調中下氣。治傷寒發汗及瀉痢腹痛。康伯造豉：用黑豆，以醋、酒拌蒸，曝乾，和香油，又蒸曝。凡三次，加薑、椒末罨成。得葱，發汗；炒熟用，止汗。得鹽，令吐；得酒，疎風；得薤，治痢；得蒜，散血。

豆豉：　味辛、甘、鹹，平，無毒。殺腥物，調中氣，通關節。造法：以黑豆酒、醋浸，蒸曝，和香油，再蒸曝。凡三次，量入炒鹽、川椒、薑末、橘皮、瓜片、杏仁、燒酒，和藏佳。有火熱病者，勿食。

明·羅周彦《醫宗粹言》卷四　造淡豆豉法　大黑豆不拘多少，甑蒸香熟為度，取出攤置菜籃中，乘溫熱放在無風處，四圍上下用黄荊葉或青穰緊護之，數日取開，豆上生黄衣已遍，取出晒一日，次日溫（走）〔水〕洗過，或用紫蘇葉切碎和之，烈日曝十分乾，磁器收貯密封。

江西淡豉法　六月六日用黑豆水浸一宿，蒸熟，攤蓆上，以籧扁蓋之，三日一看，黄衣遍，晒乾，簸去其黄衣，再用水拌得所，入瓶内築實，桑葉塞口，泥封，日中晒七日，開曝一時，又以水拌入瓶內，如此七次，再蒸晾去火氣，仍入瓶築實，泥封則成矣。桑白皮二寸半，土瓜根三寸，大棗七枚，同研為細膏，早起化湯洗面及手，大去皺紋。　又法：　以黑豆煮爛，撈起，鋪樓板上三寸厚，乾草密蓋二七，罨乾，盡起黃衣，揭去草，取豆晒乾七日，然後用。六月六日五更時，用河水洗去黃衣，乘濕入木桶內罨之，罨五日取出，晒極乾，再以淨器貯之，任用。

明·吴文炳《藥性全備食物本草》卷四 豆豉 味苦、甘，性寒，無毒。取黑豆水漬蒸爛，香熟為度，取出攤置笨籃內，乘溫熱以架子每一層盛一笨籃，不見風處，四圍上下用青草穰蓋護之，如是數日，取開見豆生黃衣遍滿，然後取出晒一日，次日溫湯漉洗，以紫蘇葉剉碎拌之，烈日曝至乾，然後用磁罐收貯聽用。好者出自江西錢塘，香美而濃，取中心者彌善。江南人作豆豉自有一種刀豆甚佳。古今方書用豉治病最多，葛洪《肘後方》云療傷寒有數種，庸人不能分別，今取一藥兼療，若初覺頭痛內熱，脉洪起一二日，便作如此加減葱豉湯，葱白一虎口，豉一升，綿裹以水三升，煮取一升，頓服取汗，若不汗更作，加葛根三兩，水五升，煮取二升，分兩服，必得汗即瘥。不汗更作加麻黃三兩，去節。諸名醫方皆用，服之往往便瘥。又陝府豉汁甚勝於常豉，以大豆為黃蒸，每一斗加鹽四升，椒四兩，春三日，夏二日，冬五日即成，半熟加生薑五兩既潔且精。

按《藥性論》云：豆豉得醯良。殺六畜毒。主下血痢如刺者，豉一升，水漬纔令相淹，煎一二沸，絞汁頓服，不瘥可再服。又傷寒暴痢腹痛者，豉一升，薤白一握切，以水三升，先煮薤，內豉再煮，湯色黑去豉，分為二服，不瘥再服。熬末能止汗，以一升炒令香，清酒三升，漬滿三日，取汁，令暖服之。又除煩燥，治時疾熱病發汗。又治陰莖上瘡爛，豉一分，蚯蚓濕泥二分，水研和塗上，乾易，禁熱食酒菜蒜。又寒熱風，胸中瘡生者，可搗為丸服良。

豆麪：以豆炒和大棗肉同搗，可代米糧。豆屑：炒為末，湯調下，消食免膨，敺除熱痺。炒熟豆：嬰兒勿食，多食恐壅氣，咽喉窒塞。豆黃：製黃末，合煉猪膏為丸，主溫痺膝痛，治五臟虛氣，胃氣結積，精氣虛劣，令人肥健，潤澤肌膚。

明·趙南星《上醫本草》卷一 大豆豉 諸大豆皆可為之。許慎《說文》謂豉為配鹽菽者。調和五味，可甘嗜也。以黑豆者入藥。出襄陽、錢塘者，香美而濃，入藥取中心者佳。有淡豉、鹹豉，治病多用淡豉汁及鹹者，當隨方法。其豉心，乃合豉時，取其中心者，非剝皮取心也。又有麩豉、瓜豉、醬豉，諸品皆可為之，但充食品，不入藥用也。時珍曰：陶說康伯豉法，見《博物志》。云原出外國，中國謂之康伯，乃傳此法之姓名耳。其豉調中下氣最妙。黑豆性平，作豉則溫。既經蒸署，故能升能散。得葱則發汗，得鹽則能吐，得酒則治風，得薤則治痢，得蒜則止血，炒熟則又能止汗，亦麻黃根節之義也。方具于後。

淡豆豉：用大黑豆二三斗，六月內淘淨水浸一宿，瀝乾，蒸熟，取出攤席上，候微溫，蒿覆。每三日一看，候黃衣上遍，不可太過。取晒，簸淨，以水拌，乾濕得所，以汁出指間為準。安甕中築實，桑葉蓋厚三寸，密封泥，于日中晒七日。取出曝一時，又以水拌入甕，如此七次。再蒸過，攤去火氣，甕收，築封即成矣。

鹹豆豉：用大黑豆一斗煮熟，白麵為衣，發七日，挼去白麵。用杏仁五升，煮熟去皮，水淘四五次，花椒半斤，苦瓜晒去水氣，每豆一升，入瓜一斤，鹽六兩，薑五斤，切碎，將後藥應為末者為末，同拌勻，貯于磁瓶中，以泥封口，按東南西北輪轉，晒二十一日。砂仁三兩，菌桂皮三兩，大茴香一兩，小茴香八兩，陳皮八兩，白豆蔻一兩五錢，甘草五錢，草果即草豆蔻十個。以上八味共為末。薄荷、紫蘇，以上二味斟酌加之。又方，柏鄉呂宅傳。大豆七升，揀淨煮熟，候冷，用白麵滾勻，放在淨室席上，用香蒿掩蓋。待生黃衣，去蒿，晒極乾，去淨黃衣。每豆一升，用生甜瓜一斤，切棋子大塊。每瓜一斤，用鹽三兩五錢，醃二日，醃出瓜水留用。復將瓜塊裝入布袋內，用大石壓之，大約一夜，以乾為度。將瓜塊同後藥料，用前留瓜水酌量拌勻，入罈緊按，離罈口一尊許，將藥料末量留二三兩封口。瓜水亦留數茶鍾澆下，封閉其罈。罈四面書東西南北四字，每日輪晒，至二三七，倒過罈底又晒，至七七可食。甘草八兩末，草豆蔻四兩末，肉豆蔻三兩末，砂仁六兩末，薄荷一把去梗切絲，乾薑八兩半絲半末，大茴香二兩，小茴香二兩，橘皮六兩絲，陳皮四兩末，菌桂皮二兩末，花椒揀淨去子八兩半整半末，杏仁煮熟去皮，水浸三四日，晒乾六斤。

稀豆豉：大青豆一斗，煮熟，用麥麵二斗拌勻，裝紙袋內，釣在陰處，七日。取下，刮粹晒乾，每斤用鹽三兩。先將鹽入滾水內，大約用水四五十斤，候冷，拌前麵豆入甕內，放在日處。每日攪一次，務要調勻，使內無塊。方將後藥俱入甕內，照前晒攪，看有紅色，貯于磁瓶內，用泥封口。按東南西北，輪轉晒之。　草豆蔻一兩，白豆蔻一兩，砂仁五錢，大茴香五錢，小茴香五錢，花椒一兩，胡椒一兩，以上七味共為末用。晒鮮薑一斤半，切絲，晒乾用。杏仁一斤，煮熟，去皮用。

豉汁：十月至正月，用好豉三斗，清麻油熬令烟斷。以一升拌豉，蒸過，攤冷，晒乾，拌再蒸，凡三遍。以白鹽一升搗和，以湯淋汁三四斗，入淨釜，下椒、薑、葱同煎，三分減一，貯于不津器中，香美絕勝也。　陝州豉汁：甚勝常豉，既潔淨且精也。用大豆為黃蒸，每一斗加鹽四升、椒四兩，春三日、夏二日即成。半熟，加生薑五兩。

淡豉：苦，寒，無毒。主治：傷寒頭痛寒熱，溫毒發斑，嘔逆，瘴氣惡毒，煩躁滿悶，虛勞喘吸，時疾熱病，發汗，瘧疾骨蒸，下氣調中，兩腳疼冷，中藥毒犬咬。殺六畜胎子諸毒。煮服，治血痢腹痛。熬末，能止盜汗，除煩。生搗為丸服，治寒熱風，胸中生瘡。研塗，陰莖生瘡。　諸豉應用藥料書後。

明・李中梓《藥性解》卷一　豆豉　味苦，性寒，無毒，入肺經。主傷寒頭痛寒熱，惡毒瘴氣，煩躁滿悶，虛勞喘吸。　按：豉之入肺，所謂肺苦氣上逆，急食苦以洩之之意也。傷寒瘴氣，肺先受之，喘吸煩悶，亦肺氣有餘耳，何弗治耶。

明・繆希雍《本草經疏》卷二五　豉　味苦，寒，無毒。主傷寒頭痛寒熱，瘴氣惡毒，煩躁滿悶，虛勞喘吸，兩腳疼冷。

〔疏〕豉，諸豆皆可為之，惟黑豆者入藥。有鹽、淡二種，惟江右淡者治病。經云：味苦，寒，無毒。然詳其用，氣應微溫。蓋黑豆性本寒，得蒸曬之，氣必溫。非苦溫則不能發汗開腠理，治傷寒頭痛寒熱及瘴氣惡毒也。苦以湧吐，故能治煩躁滿悶。以熱鬱胸中，非宣劑無以除之。如傷寒短氣煩躁，胸中懊憹，飢不欲食，虛煩不得眠者，用梔子豉湯吐之是也。又能下氣調中，辟寒，故主虛勞喘吸及兩腳疼冷。　〔主治參互〕《肘後方》云：傷寒有數種，庸人卒不能分別者，今取一藥兼療之。凡初覺頭痛身熱，脈洪，一二日，以葱豉湯治之。用葱白一虎口，豉一升，綿裹，水三升，煮一升。頓服取汗。　仲景梔子豉湯，治傷寒汗下後虛煩，用梔子十四枚，香豉四合綿裹，以水四升，先煮梔子得二升半，內豉，煮取一升半，去滓。分二服，溫進一服，得吐，止後服。　又枳實梔子豉湯，治大病瘥後勞復，用枳實三枚，梔子十四枚，豉一升，以清漿水七升，空煮取四升，內枳實、梔子，取二升，下豉更煮五六沸，去滓。分溫再服，令微似汗。傷寒之邪自外入，勞復之邪自內發，發汗、吐下，當隨宜施治也。治傷寒食早成食復，前湯中加大黃如博棋子大五枚。　《梅師方》辟除溫疫，豉和白术浸酒，常服之。　甄權方傷寒暴痢腹痛者，豉一升，薤白一握切，以水三升，先煮薤，內豉更煮。湯色黑，去豉，分二服，不瘥更服。亦治血痢。　孟詵治久患盜汗，以豉一升，熬令香，清酒三升，漬滿三日取汁，冷暖任服，不瘥更作，二劑即止。　《簡要濟眾方》傷寒後餘毒攻手足及身體虛腫，用豉五合微炒，以酒一升半，同煎五七沸，任性飲之。　《千金方》蠼螋尿瘡，杵豉傅之良。　《衛生易簡方》中牛馬毒，豉汁和人乳，頻服之，效。　《千金方》中酒成病，豉、葱白各半升，水二升，煮一升，頓服。　又方：服藥過劑悶亂者，豉汁飲之。　《肘後方》腫從腳起，豉汁飲之，以滓傅之。　弘景云：春夏之氣不和，以豉蒸炒，酒漬，服之至佳。　〔簡誤〕凡傷寒傳入陰經，與夫直中三陰者，皆不宜用。熱結胸中煩悶不安者，此欲成結胸，法當下，不宜復用汗吐之藥，并宜忌之。

明・倪朱謨《本草彙言》卷一四　淡豆豉　味苦、酸，氣寒，無毒。可升可降。

李氏曰：《外臺秘要》造豉法：諸大豆皆可造豉，以黑大豆者入藥良。有鹹豉、淡豉兩種，入藥只宜淡豉。其法：六月內用黑大豆二三斗，水淘淨，浸一宿，瀝乾，蒸熟，取出攤席上，俟微溫，即以蒿蓋之。每三日一看，候黃衣上遍，即取曝乾，篩簸極淨，再以水拌，乾濕得所，以汁出指間爲準，即至甕中築極實，乾桑葉覆蓋，厚三寸許，泥封甕口，勿令泄氣。大烈日連甕晒七日，取出，曝一時，又以水拌入甕，仍築實，如此晒曝，凡七次，取出甑上蒸過，攤去氣，仍入甕收之，封築日久，則豉成矣。

淡豆豉：治天行時疾，《藥性論》疫癘瘟瘴之藥也。　王氏紹隆曰：此藥受水濕罯黰之鬱積，腐浥醞釀。又氣蒸日曝，周復七轉，轉沉重爲輕浮，發腐臭爲爽朗，去陳濁爲新清，開幽閉爲明暢，乃宣鬱之上劑也。凡病一切有形無形，壅脹滿悶，停結不化，不能發越致疾者，無不宜之。故統治陰陽互結，寒熱迭侵，暑濕交感，食飲不運，以致傷寒寒熱頭痛，或汗吐下後，虛煩不得眠，甚則反覆顛倒，心中懊憹，一切時灾瘟瘴，瘧痢斑毒，伏痧惡氣，及雜病科，痰飲，寒熱頭痛，嘔逆，胸結腹脹，逆氣喘吸，蠱毒，腳氣，黃疸，黃汗，一切沉滯濁氣，搏聚胸胃者，咸能治之。　盧氏倘非闢氣化寒熱時瘴，而轉屬形藏實熱而成痞滿燥實堅者，此當却而謝之也。觀仲景梔子豉湯，則知邪乘表盡將裏之胸而未成陷入之實，其證曰虛煩，心中懊憹，反復顛倒不得眠，身熱不去者主之，則得之矣。

盧不遠先生曰：豉者，水藏之主穀也，用蒸罯黴晒之法，使之變水作火，故可從治寒熱溫暑諸疾。原從寒本作始者，莫不驅除。

集方：《肘後方》治傷寒一二日，初覺發熱頭痛，脉洪緊，無汗者。用淡豆豉五合，葱白二十莖，葛根一兩，麻黃五錢，水三碗，煎一碗服，覆被取汗，愈。○《傷寒論》治傷寒汗吐下後，虛煩不得眠，若劇者，必反覆顛倒，心中懊憹。用梔子豉湯主之。用淡豆豉四合，大梔子十四枚，以水四碗，先煮梔子二碗半，入豉同煮，取藥汁碗半，去滓，分作二服，溫進一服，得吐，止後服。如氣少者，本方加甘草五錢；如嘔逆者，本方加生薑一兩。○《方脉正宗》治大頭瘟瘴，頭痛發熱，胸脹氣急者。用淡豆豉八錢，連翹一兩，生薑五片，葱白五莖，水五大碗，煎二碗半，徐徐服。○同前治寒熱瘟瘴如瘧，於山林深谷中，四五六月，有病此者。用淡豆豉三錢，檳榔二錢，草豆蔻一錢五分，柴胡、大腹皮各一錢，生薑五片，水二碗，煎一碗服。○《肘後方》治時瘧腹脹，寒熱，遍身疼。用淡豆豉五合，檳榔五錢，水二碗，煎一碗，得吐即愈。○王氏《博濟方》治血痢久不止，幷治藏毒下血。用淡豆豉二兩，大蒜肉一兩五錢，火煨熟，共搗成膏，丸梧子大。每早服百丸，白湯下。○《方脉正宗》治斑毒傷寒。用淡豆豉五合，赤小豆三合，生薑十片，水數碗，煎汁頻飲。○治烏痧惡氣，刺血後，仍腹痛未止。用淡豆豉五合，蕎麥三合，水三碗，煎汁待冷，頻飲。○《方脉正宗》治痰飲頭痛，寒熱嘔逆，如傷寒相似。用淡豆豉三合，製半夏五錢，茯苓三錢，生薑十片，水煎服。○《千金方》治中酒成病。用淡豆豉五合，葱白十莖，水二升，煎一升服。○同前治寒食氣三邪，胸結腹脹。用淡豆豉五錢，厚朴、枳實薑水拌炒各四錢，木香一錢五分，川黃連一錢，水三碗，煎碗半，徐徐服。○《別錄》方治逆氣喘吸，因寒邪食積者。用淡豆豉一兩，杏仁去皮研八錢，真紫蘇葉五錢，生薑五片，水二碗，煎一碗服。○楊復方治諸般蠱毒。用淡豆豉五合，膽礬一錢研末，水三碗，煎二碗，溫飲，隨吐即愈。○《肘後方》治脚氣冷疼，腫脹。用淡豆豉五合，煮汁頻飲，以渣敷足上。○《方脉正宗》治黃疸黃汗。用淡豆豉五合，茵陳葉二兩，生薑皮、猪苓各五錢，水五碗，煎二碗，徐徐服。

續補集方：《食醫心鏡》治小兒偶觸惡氣，寒熱昏悶。用淡豆豉搗成膏，團雞子大，以摩腮上及手足心六七遍，又摩心胸臍腹六七遍，放地上，即瘥。○《聖惠方》治小兒胎毒。用淡豆豉五錢，濃煎汁一鍾，以小茶匙，徐徐與之。十日一製，周歲爲期。○《方脉正宗》治痰積齁喘。用淡豆豉一兩，搗如泥，入砒石末三分，枯白礬末二錢，丸綠豆大。每用冷茶送下七丸，小兒三丸。服時忌食熱湯飲食等物半日。○《子母秘錄》治妊娠胎動。用淡豆豉五錢，當歸身三錢，白朮二錢，水煎服。○《藥性論》治陰莖生瘡。用淡豆豉搗爛如泥，和蚯蚓糞各等分，水調塗，乾落即易。忌酒、蒜、椒、芥。○《千金方》治毆傷，有瘀血凝聚，腹中滿悶。用淡豆豉一升，水二升，煮十沸服。

豆黃：味甘，氣溫，無毒。　李氏曰：造豆黃法：夏月用黑豆一斗，蒸熟，鋪竹席上，以蒿葉覆之，如盦醬法，待上黃衣生，取出晒乾，搗末用。

豆黃：補五藏氣力之藥也。李氏時珍曰：此以豆蒸熟，黴黰出黃，得腐熟生化之令，故《食療本草》主開胃氣，壯骨力，潤肌膚，益顏色，填精髓，補虛羸，服此使人能食、肥健。搗末以豬脂和丸，每服二百粒，白湯送下。

治悞食瘟牛、馬、羊、猪肉，生出疔毒者。用豆黃一兩爲末，取柏油樹葉一觔，搗爛，絞汁一二碗，和豆黃末在內，頓服。得大瀉毒氣乃愈。如冬月無葉，挖取嫩根，研水服之，以利二三次爲度。○治胃脘痛屬火證者。用豆黃三錢，橘紅、黑山梔各二錢，甘草一錢，水煎服。○治胃脘痛屬寒證者。用豆黃三錢，乾薑、砂仁各二錢，甘草一錢，水煎服。○治胃脘痛屬氣滯者。豆黃三錢，香附、烏藥、陳皮、木香各二錢，甘草一錢，水煎服。○治胃脘痛屬血瘀者。豆黃三錢，乾漆、川芎、玄胡索、乳香各二錢，甘草一錢，共爲末，白湯調服三錢。○治胃脘痛屬氣血虛者。用豆黃三錢，人參、白朮、當歸、川芎各二錢，甘草一錢，黑棗十個，生薑三片，水煎服。

明・應麐《食治廣要》卷八　大豆豉　淡者：　氣味：　苦，寒，無毒。　主治：　傷寒，頭痛寒熱，瘴氣，時疾熱病，發汗。　近有用瓜、薑諸料而釀者，香美絕勝，但充食品，不入藥用也。

明・姚可成《食物本草》卷一五味部・造釀類　豆豉出襄陽、錢塘者，香美而濃。　蒲州豉味鹹，作法與諸豉不同，其味烈。　陝州有豉汁，經十年不敗。　陝府豉汁，甚勝常豉。　其法：　以大豆為黃蒸，每一斗加鹽四升，椒四兩，春三日，夏二日，即成。　半熟加生薑五兩，既潔淨且精也。　○李時珍曰：　豉，熟大豆皆可為之，以黑豆者入藥。　有淡豉、鹹豉，治多用淡豉汁及鹹者，當〔隨〕方法。其豉心乃合豉時取其中心者，非剝皮取心也。造淡豉法：用黑大豆二三斗，六月內淘淨，水浸一宿瀝乾，蒸熟取出攤席上，候微溫，蒿覆。每三日一看，候黃衣上遍，不可太過。取晒簸淨，以水拌，乾濕得所，以汁出指間為準。安甕中築實，桑葉蓋厚三寸，密封泥，於日中晒七日，取出曝一時，又以水拌入甕，如此七次。再蒸過，攤去火氣，甕收築封即成矣。造鹹豉法：用大豆一斗，水浸三日，淘蒸攤罯，候上黃取出簸淨，水淘漉乾。每四斤，入鹽一斤，薑絲半斤，椒、橘、蘇、茴、杏仁拌勻，入甕。上面水浸過一寸，以葉蓋封口，晒一月乃成也。造豉汁法：十月至正月，用好豉三斗，清麻油熬令烟斷，以一升拌豉蒸過，攤冷晒乾，拌再蒸，凡三遍。以白鹽一斗搗和，以湯淋汁三四斗，入淨釜。下椒、薑、葱、橘絲同煎，三分減一，貯於不津器中，香美絕勝也。有麩豉、瓜豉、醬豉諸品，皆可為之，但充食品，不入藥用也。

淡豉：味苦，寒，無毒。主傷寒頭痛寒熱，瘴氣惡毒，煩躁滿悶，虛勞喘吸，兩脚疼冷，殺六畜胎子諸毒。治時疾熱病發汗。熬末能止盜汗、除煩；生搗為丸服，治寒熱風，胸中生瘡；煮服治血痢腹痛，研塗陰莖生瘡。治瘧疾骨蒸，中毒藥蠱氣，犬咬。下氣調中，治傷寒溫毒，發癍嘔逆。蒲州豉：味鹹，寒，無毒。主解煩熱熱毒，寒熱虛勞，調中發汗，通關節，殺腥氣，傷寒鼻塞。陝州豉汁亦除煩熱。〇陶弘景曰：豉，食中常用。春夏之氣不和，蒸炒以酒漬服之至佳。依康伯法，先以醋、酒溲蒸曝燥，麻油和，再蒸曝之，凡三過。末椒、薑治和進食，大勝今時油豉也。患脚人常將漬酒飲之，以滓傅脚，皆瘥。〇蘇頌曰：古今方書用豉治病最多。江南人善作豉，凡得時氣，即先用葱豉湯服之取汗，往往便瘥也。〇李時珍曰：陶說康伯豉法，見《博物志》，云原出外國，中國謂之康伯，乃傳此法之姓名耳。其豉調中下氣最妙。黑豆性平，作豉則溫。既經蒸罨，故能升能散。得葱則發汗，得鹽則能吐，得酒則治風，得薤則治痢，得蒜則止血。炒熟則又能止汗，亦麻黃根節之義也。

附方：治傷寒，發其汗。《肘後方》云：傷寒有數種，庸人卒不能分別者，今取一藥兼療之。凡初覺頭痛身熱，脉洪，一二日，便以葱豉湯治之。用葱白一握，豉一升，綿裹，水(豆)〔三〕升，煮一升，頓服取汗。更作，加葛根三兩；再不汗，加麻黃三兩。治齁喘痰積。凡天雨便發，坐臥不得，飲食不進，乃肺久積冷痰，遇陰氣觸動則發也。用此一服即愈，服至七八次，即出頑痰數升，藥性亦隨而出，即根斷矣。用江西淡豆豉一兩，蒸搗如泥，入砒霜末一錢，枯白礬三錢，丸綠豆大，每用冷茶冷水送下。

明・顧逢柏《分部本草妙用》卷四肺部・寒瀉 大豆豉 苦寒，無毒。造淡豉法：用黑大豆伏天淘淨，水浸一宿，蒸熟，攤乾，蒿覆三日，候黃色，取晒，下甕築實，桑葉蓋三寸，泥封，晒七日，取出，又以水拌入甕。如此七次，再蒸如前，即是。主治：傷寒頭痛寒熱，煩躁，瘧疾骨蒸，下氣調中，溫毒發斑，嘔逆。按：豆豉能升能散，凡得時氣，先用葱豉湯服之取汗，往往便瘥。得鹽則吐，得酒則治風，得薤則治痢，得蒜則止血，炒熟則又止汗，而麻黃根節之義也。

明・黃承昊《折肱漫録》卷三 吳中所造豆豉，味美而不可入藥。《本草》所載淡豆豉，出江西。予宦湖西始嘗此味，泰和產者良。其味亦有韻，可下酒，粗人不識也。

明・李中梓《醫宗必讀・本草徵要下》 淡荳豉味甘、苦，寒，無毒。入肺、脾二經。解肌發汗，頭疼與寒熱同除；下氣清煩，滿悶與溫癍並妙。疫氣、瘴氣，皆可用也；痢疾、瘧疾，無不宜之。豆經蒸罨，能升能散。得葱則發汗，得鹽則止吐，得酒則治風，得薤則治痢，得蒜則晒血，炒熟又能止汗，亦要藥也。造荳豉法：黑豆一斗，六月間水浸一宿，蒸熟，攤蘆席上，微溫，蒿覆五六日後，黃衣遍滿為度，不可太過。取晒，簸淨，水拌得中，築實甕中，桑葉蓋厚三寸，泥固，取出晒半日，又入甕。如是七次，再蒸曝乾。按：傷寒直中三陰，與傳入陰經者勿用。熱結煩悶，宜下不宜汗，亦忌之。

明・鄭二陽《仁壽堂藥鏡》卷三 香豉 陶隱居云：出襄陽、錢塘者，香美。氣寒，味苦。陰也，無毒。入肺經。《珍》云：去心中懊憹煩燥。《本草》云：主傷寒頭痛、寒熱。傷寒初覺頭痛內熱，脉洪，起一二日，便作此加減葱豉湯：葱白一虎口，豉一升，綿裹。以水三升，煎取一升，頓服取汗。若不汗，加葛根三兩，水五升，煮二升，分二服。又不汗，加麻黃三兩去節。按：豉能升能散。得葱則發汗，得鹽則能吐，得酒則治風，得薤則治痢，得蒜則止血，炒熟又能止汗，亦麻黃根節之義也。須如法自造為勝。大黑豆，擇黑而小者，不拘多少，煮爛撈起，乘熱鋪在無風處，四圍上下用黃荊葉緊護之。數日，取開，豆上生黃衣已遍，取出晒一日，次日溫水洗過。或用紫蘇葉切碎和之，烈日曝十分乾，磁器收貯，密封聽用。主傷寒，時疫瘴氣，惡毒寒熱，燥煩滿悶，及發汗解表藥宜用之。 日華子云：主治中藥毒氣，瘧疾骨蒸。

明·李中梓《頤生微論》卷三　淡豆豉　味苦、甘，性寒，無毒。入肺經。主傷寒瘴氣，煩悶，溫毒發斑，嘔逆。按：豆豉能升能降，能散能和，得葱則發汗，得鹽則吐越，得酒則治風，得薤則治痢，得蒜則治血，炒熟又能止汗。須如法自造為勝。

明·施永圖《本草醫旨·食物類》卷二　大豆豉　淡豉：味：苦，寒，無毒。治：傷寒頭痛寒熱，瘴氣惡毒，煩躁滿悶，虛勞喘急，兩脚疼冷。殺六畜胎子諸毒。治時疾熱病發汗，熬末，能止盜汗，除煩。生搗為丸服，治寒熱風，胸中生瘡。煮服治血痢腹痛，研塗陰莖生瘡。治瘧疾骨蒸，中毒藥，蠱氣犬咬，下氣調中。治傷寒(無)〔温〕毒，發斑嘔逆。　蒲州豉：味：鹹，寒，無毒。治：解煩熱熱毒，寒熱虛勞，調中發汗，通關節，殺腥氣，傷寒鼻塞。　陝州豉汁：亦除煩熱。　造淡豉法：用黑大豆二三斗，六月內淘淨，水浸一宿，瀝乾，蒸熟，取出攤席上，候微溫，蒿覆。每三日一看，候黃衣上遍，不可太過，取曬。簸淨，以水拌，乾濕得所，以汁出指間為準，安甕中築實，桑葉蓋厚三寸，密封泥。于日中晒七日，取出曝一時，又以水拌入甕。七次，再蒸過，攤去火氣，甕收，築封，即成矣。　造鹹豉法：用大豆一斗，水浸三日，淘蒸，攤罯，候上黃，取出簸淨，水淘，漉乾，每四斤入鹽一斤，薑絲半斤，椒、橘、蘇、茴、杏仁拌勻，入甕，上面水浸過一寸，以葉蓋封口，晒一月，乃成也。　造豉汁法：十月至正月，用好豉三升，清麻油熬令烟斷。以一升拌豉，蒸過攤冷晒乾，拌再蒸，凡三遍。以白鹽一斗，搗和，以湯淋汁三四斗，入淨釜，下椒、薑、葱、橘絲同煎，三分減一，貯于不津器中，香美絕勝也。有麩豉、瓜豉、醬豉，諸品皆可為之，但充食品，不入藥用也。

明·盧之頤《本草乘雅半偈》帙八　大豆豉《別錄》中品　氣味：苦，寒，無毒。主治：主寒熱，傷寒頭痛，瘴氣惡毒，煩躁滿悶，虛勞喘吸，兩脚疼冷。殺六畜胎子諸毒。

覈曰：諸大豆皆可造豉，以黑大豆者入藥。有鹹豉、淡豉兩種，入藥只宜淡豉。其法：六月內，用黑大豆二三斗，水淘淨，浸一宿，瀝乾蒸熟，取出攤席上，俟微溫，即以蒿覆之。每三日一看，候黃衣上偏，即取曝乾。篩簸極淨，再以水拌，乾濕得所，以汁出指間為準。即置甕中，築極實，乾桑葉覆蓋，厚三寸許，泥封甕口，勿令洩氣，晒七日，取出曝一時，又以水拌入甕。凡七次，取出蒸過，攤去火氣，甕收之，封築日久，則豉成矣。

先人云：菽者，水藏之主穀也。用蒸罯黴晒之法，使之變水作火，故可從治溫暑萬端，原從寒本作始者，莫不精良。

参曰：腎穀曰菽。菽者，衆豆之總名。色黑者曰大豆，稟潤下水大之專精，為腎水藏之主穀也。嵇康《養生論》云豆令人重，說者以為啖豆三年，則身重而行止難，故五穀形大而質重者唯豆。鬱之成豉曰淡豉，配鹽者曰鹽豉。豉者幽豉。幽，謂造之幽暗也。鹽豉食品，淡豉藥物也。其質輕揚而臭香美，其味濃厚而性爽朗。此以潤下沉重之水體，轉作炎上輕揚之火用，復為腎火藏之主穀也。故秉火味之苦，水氣之寒，從治冬氣傷寒之寒氣；轉以火味之苦，佐治傷寒標陽之陽化者也。以冬氣通于腎，腎主冬三月，此謂閉藏。設冬氣化薄，或寒威凛冽，以致中傷天氣者，如寒本專令則火滅，標陽熾盛則水消，故必從之以水，佐之以火。火炎水下，本寒自却，標陽自息矣。始于氣傷化者，藉氣勝之藥物，從標以逆本，揚心液而為汗，後為氣傷形者，仗味勝之主穀，從本以佐標，揚穀精而為汗。所謂汗生于穀，穀生于精，精勝則邪却矣。蓋藏真通于腎，腎藏精血之氣也。豉者腎之穀，大豆鬱之以成豉。故從佐兩腎水火以堅形，乃得驅冬氣之寒風，從外而內者，還復自內而外。若寒本專令，與氣傷氣化，或標陽熾盛，雖氣傷形層，而已成痞滿燥實堅者，皆當遜而謝之。否則轉致陷入，變生不測矣。讀仲景先生梔子豉湯，則知雖涉形層之胸而未成陷入之實，其證曰虛煩、心中懊憹、反復顛倒不得眠、身熱不去者主之，則得之矣。顧俾重從輕，重為輕根故也。用藥施治，全藉使佐之指揮，乃可下之上，上之下，內之外，外之內，陰之陽，陽之陰，附諸方之為義，亦得之矣。天氣為本，陰陽為標。因標始識本，因本始病標也。本與標合，則互有勝負，故有從本而得者，有從標而得者，有從標本而得者。有病反其本，得標之病，治反其本得標之方者。唯太陽少陰，從本從標；少陽太陰從本；陽明厥陰，不從標本，從乎中治。中者標之下，中之見也，在三陽，宜從標而忌本；在三陰，忌本亦忌標。標本之旨難言矣。

明·李中梓《本草通玄》卷上　豆豉　苦，寒。主傷寒頭痛，煩悶，溫毒發斑，嘔逆血痢，解肌發表，調中下氣，卓有神功。炒熟，則能止汗。

清·顧元交《本草彙箋》卷七　淡豆豉　豆豉入肺，肺苦氣上逆，急食苦以洩之。

傷寒瘴氣，肺先受之，喘吸煩悶，亦肺氣有餘，故兼以淡豉主之。諸豆皆可作豉，惟黑豆者入藥。有鹽、淡二種，惟江右淡者治病。黑豆性寒，作豉則溫。既經蒸罯，故能升能降。得葱則發汗，得鹽則能吐，得酒則治風，得薤則治痢，得蒜則止血，炒熟則又能止汗。

傷寒初覺頭痛身熱，脈洪一二日，以葱白一虎口，豉一升，綿裹，水三升，煮一升，頓服取汗。　傷寒汗下後虛煩者，以梔子十四枚，香豉四合，綿裹，水四升，先煮梔子，得二升半，納豉煮，取一升半，去滓，分二服，溫進一服得吐，止後服。假使傷寒傳入陰經，與直中三陰者，不宜混用。熱結胸中，煩悶不安者，此欲成結胸，法當下，不宜復用汗吐。　婦人產難，乃兒枕破與敗血裹其子也。以勝金散逐其敗血，即順矣。法用鹽豉一兩，以舊青布裹燒赤乳細，入麝香一錢，爲末，取秤錘燒紅，淬酒調服一大盞。

清・穆石鲍《本草洞詮》卷五　豆豉　豉，嗜也，調和五味，使可嗜也。諸豆皆可為之，以黑豆者入藥。味苦甘，氣寒，無毒。主下氣和中。凡得時氣，用葱豉湯服之，取汗便瘥也。古方用豉最多，有鹹、淡二種，治病多用淡豉。能升能降，得葱則發汗，得鹽則能吐，得酒則治風，得薤則治痢，得蒜則止血，炒熱則止汗，各隨佐使而為用也。

清・丁其譽《壽世秘典》卷四　豆豉諸大豆皆可為之，以黑豆者入藥，有淡豉、鹹豉，治病多用淡豉汁及鹹者，各隨方法。今人用充食品，造法不一。其法於六月內，以大豆淘淨，水浸一宿，瀝乾，蒸熟，取出攤席上候微溫，蒿覆，候黃衣上遍，不可太過，取晒簸淨，每一斗加鹽四升、椒四兩，晒一月，乃成。半熟，加生薑五兩，或用薑絲、椒、橘、紫蘇、茴香、杏仁拌勻，入甕，香美尤勝。　氣味：鹹，甘，寒，無毒。主解煩熱熱毒，寒熱虛勞，調中發汗，通關節，殺腥氣，傷寒鼻塞。　淡豆豉：下氣調中，治傷寒，溫毒發癍，嘔逆。　發明蘇頌曰：古今方書用豉治病最多，凡得時氣，即先用葱豉湯，服之取汗，往往便瘥也。李時珍曰：黑豆性平，作豉則溫，既經蒸罯，故能升能散，得葱則發汗，得鹽則能吐，得酒則治風，得薤則治痢，得蒜則止血，炒熟則又能止汗，亦麻黃根節之義也。

清・劉雲密《本草述》卷一四　淡豆豉　造淡豉法：用黑大豆二三斗，六月內淘淨，水浸一宿，瀝乾蒸熟，取出攤席上，候微温，蒿覆，每三日下看，候黃衣上偏，不可太過，取曬簸淨，以水拌，乾溼得所，以汁出指間為準，安甕中築實，桑葉蓋，厚三寸，密封泥，於日中曬七日，取出，曝一時，又以水拌，入甕，如此七次，再蒸過，攤去火氣，甕收築封，即成矣。

氣味：苦，寒，無毒。　思邈曰：苦甘，寒濇，得醯良。　杲曰：陰中之陰也。

諸本草主治：春夏傷寒頭痛，寒熱時行熱疾，煩燥滿悶，并傷寒吐下後虛煩，療勞復食復及餘毒，止暴痢血痢，化氣調中，散毒除煩。　方書主治：虛煩痛痹渴證，黃疸，喘哮，耳氣閉，鼻痞蝕。　《別錄》曰：主虛勞喘吸，兩脚疼冷。

頌曰：葛洪《肘後方》云：傷寒有数種，庸人卒不能分別者，今取一藥兼療之，凡初覺頭痛身熱，脈洪，一二日，便以葱豉湯治之。用葱白一虎口，豉一升，綿裹，水三升，煮一升，頓服取汗，更加葛根三兩；即加葛根，則知脾腎互為化原之義。再不汗，加麻黃三兩。　弘景曰：春夏之氣不和，以豉蒸炒，酒漬服之，至佳。　時珍曰：淡豉調中下氣最妙。黑豆性平，作豉則温。即經蒸罯，故能升能散，得葱則發汗，得鹽則能吐，得酒則治風，得薤則治痢，得蒜則止血，炒熟則又能止汗，亦麻黃根節之義也。　希雍曰：豉，諸豆皆可為之，惟黑者入藥。有鹽、淡二種，惟江右淡者治病。《經》云：味苦寒無毒，然詳其用，氣應微温。蓋黑豆性本寒，得蒸曬之氣必温，非苦温則不能發汗，開腠理，治傷寒頭痛寒熱，及時氣惡毒也。苦以涌吐，故能治煩躁滿悶，以熱鬱胸中，非宣劑無以除之。如傷寒短氣煩躁，胸中懊憹，飢不欲食，虛煩不得眠者，用梔子豉湯吐之是也。餘所主治皆化氣調中之功為多。

愚按：味之鹹者入腎，如黑大豆為腎之穀，以其北方黑色通於腎耳。而味却甘非鹹也，甘味固走脾，是則何所取爾哉？蓋足三陰同氣於下，而水土之合德以立地者，其義更切。故《經》有脾病宜食鹹，而黑大豆為首，因脾腎互為化原之玄機也。況腎氣至肺，而脾氣之至肺者，腎尤藉之，鹹合於甘，則脾氣營運，而至陰生化之氣乃得極於上以通天也。若然，其取黑大豆製為豆豉，是即此營運之氣轉為宣揚，瀕湖所謂既經蒸罯，故能升能散者也。按淡豉之用，其味以蒸罯變苦矣。茲仍本其色之黑，味之甘者，以為論治之義。蓋腎與脾原相因以為病，唯此味適得脾胃之合，乃因蒸罯以行變化而歸苦瀉，更於脾腎胥益，而功有足述，故探本以為發明如斯耳。夫黑豆本以脾合於腎而達其生化，豆豉又為腎合於脾，而致其宣揚，如傷寒所療，固從寒水之腎所受，而此味為宣劑也。雖然傷寒初證投此，不及温熱之初證尤為得宜，何也？蓋此味與麻黃發陰中之陽，為正傷寒的對者，固甚懸絶，特宣揚足太陰、少陰之真氣，令生發達於臟腑，以際周身，故方書主治舉寒熱而皆得用之。如喘證之哮，積有冷痰者，而與砒霜、白礬同用；痛痹之牛蒡子散及犀角湯，一則風熱而成歷節風，一則因熱毒流入四肢而為歷節痛。不特此也，且舉虛實而皆得用之，如黃芪湯治黃汗染衣，體腫發熱不渴，因於脾胃有熱，汗出逢閉遏，而溼與熱盦成者，此為實也。又如白术湯治酒疸，下後變成黑疸，因脾氣下陷，而溼熱歸腎，以為變證之重者，此其虛也。即此數證，可推類以盡之矣。然皆不越於腎與脾也。舉寒熱虛實之證，隨其或主或輔，多能於水土合德之地，胥有以越其真氣而昌，其生化又寧獨治寒證而已乎？苐就傷寒證同梔子用者，以散汗吐下後之虛煩，是除虛中餘熱，非以散寒，故太陽有表證，謂不可用梔豉也。且治煩之虛，是其所主，若治實煩，則梔豉湯固無所用之。《經》所謂吐以瓜蒂，下以調胃承氣者也。唯治其煩之虛，故即如雜證虛煩，亦得用之。東垣謂雜證煩燥，多責於心腎。而仲景以梔子色赤味苦，入心而治煩。鹽豉色黑味鹹，入腎而治燥，謂為神藥。若然，雖不可執此一方以治虛煩，但心腎原是一氣，而脾為坎離之交，東垣謂煩燥皆心火為病，并及腎與脾，其引《經》義甚確，而未及大暢之。蓋心火為煩，類由腎陰不至於心，夫離中之坎，內者是主，外者為用也。傷寒汗下後之虛煩，固為傷其陽更亡其陰，而雜證之虛煩亦屬陰不能為陽之主，如淡豉化陰氣而上奉於心，為腎脾宣揚生化者之要劑也。合前義而繹之，是則《別錄》所云療虛勞喘吸，洵有實功。而以治寒槩之，其可乎哉？治煩躁用鹹豉，當更条之。蓋用淡者，不欲其歸下也。

附方　治傷寒諸證方盡載，本例不贅。　臟毒下血，用淡豉十文，大蒜二枚，煨，同搗丸梧子大，煎香菜湯服二十丸，日二服，安乃止。廬州彭大祥云此藥甚妙，但大蒜九蒸乃佳，仍以冷虀水送下。昔朱元成言其姪及陸子楫提刑，皆服此以愈久疾。　血痢不止，亦用豉、大蒜等分，杵丸，每服三十丸，鹽湯下。　齁喘痰積，凡天雨便發，坐臥不得，飲食不進，乃肺竅久積冷痰，遇陰氣觸動則發，用此一服即愈，服至七八次，即出惡痰數升，藥性亦隨而出，即斷根矣。用江西淡豆豉一兩，蒸搗如泥，入砒霜末一錢，枯白礬三錢，丸綠豆大，每用冷茶冷水送下七丸，甚者九丸，小兒五丸，即高枕仰臥，忌食熱物等。　風毒膝攣，骨節痛，用豉三五升，九蒸九曝，以酒一斗，浸經宿，空心隨性溫飲。　寒鬱喉痹，不語，煮豉汁一升服，覆取汗，仍著桂末於舌下，咽之。　婦人難產，乃兒枕破與敗血裹其子也，以勝金散逐其敗血即順矣，用鹽豉一兩，以舊青布裹了燒赤，乳細，入麝香一錢，為末，取秤錘燒紅，淬酒調服一大盞。　小兒胎毒，淡豉煎濃汁，與三五口，其毒自下，又能助脾氣，消乳食。

希雍曰：梔子豉湯，凡傷寒傳入陰經，與夫直中三陰者，皆不宜用。熱結胸中，煩悶不安者，此欲成結胸，法當下，〔不〕宜復用汗吐之藥，并宜忌之。

清・郭章宣《本草匯》卷一三　淡豆豉　苦濇、甘，寒，陰中之陰也，入手太陰、足太陰經。解肌發汗，頭疼與寒熱同除。下氣清煩，滿悶與溫瘢並妙。疫氣瘴氣皆可用也，痢疾瘧疾無不宜之。《別錄》治傷寒頭痛寒熱，及瘴氣惡毒者，開腠發汗之功也。豆性本下，得蒸晒則溫，故開發腠理，非苦溫不能也。苦以湧吐，故又治煩躁滿悶，以熱鬱胸中，非宣劑無以除之。

按：豆豉有鹹淡二種，惟江右淡者治病，性本平涼，一經蒸晒，能升能散，得葱發汗，得鹽止吐，得酒治風，得薤治痢，得蒜止血，炒熟止汗，下氣調中，亦要藥也。傷寒直中三陰，與傳入陰經者，勿用。熱結胸煩悶，宜下不宜汗，亦忌之。

附造豉法：黑豆一斗，六月間水浸一宿，瀝乾，蒸熟，攤蘆蓆上，候微溫，蒿覆五六日，候黃衣遍滿為度，不可太過，取晒簸淨，水拌得中，築實甕中，桑葉蓋厚三寸，泥固晒七日，又以水拌，入甕，如是七次，甕收築封，即成矣。

清・何其言《養生食鑒》卷下　豆豉入藥用淡者，調食用後造法最美。　味苦、甘，性寒，無毒。治傷寒頭痛，寒熱瘴氣，煩躁滿悶，心中懊憹，瀉痢腹痛，殺六畜毒、藥毒。得葱，發汗；炒熟，止汗；得鹽，能吐；得酒，疏風；得薤，治痢；得蒜，散血。

康伯造豉法：用黑豆，以醋、酒拌蒸，曝乾，和香油又蒸、曝，凡三次，加薑、椒末，量入鹽，罨成。其豉，能調中，下氣，和食，大勝今時豉油也。

清・蔣居祉《本草擇要綱目・溫性藥品》　淡豆豉　氣味：苦，寒，無毒。陰中之陰也。　主治：傷寒頭痛，懊憹不眠，煩躁滿悶，虛勞喘吸。下氣調中，兼時疾瘟毒，發瘢嘔逆。蓋豆性平，作豉則溫，故能升能散。得葱而發汗，得鹽而能吐，得酒而治風，得薤而治痢，得蒜而止血。炒熟又能止汗也。

清・王翃《握靈本草》卷六　豆豉豉有淡豉、鹹豉，入藥多用淡豉。今出江西。

主治：淡豉，苦，寒，無毒。主傷寒頭痛，寒熱時疾，熱病發汗。（熱末）〔熬末〕，能止盜汗，溫毒發斑，嘔逆。

清・汪昂《本草備要》卷四　淡豆豉宣，解表，除煩。　苦泄肺，寒勝熱。陳藏器曰：豆性生平，炒熟熱，煮食寒，作豉冷。　發汗解肌，調中下氣。治傷寒頭痛，煩躁滿悶，懊憹不眠，發斑嘔逆，凡傷寒嘔逆煩悶，宜引吐，不宜用下藥以逆之。淡豉合巵子，名巵子豉湯，能吐虛煩。血痢溫瘧。時珍曰：黑豆性平，作豉則溫，既經蒸罯。罯，遏合切，音菴，入声。故能升能散。得葱則發汗，得鹽則能吐，得酒能治風，得薤則治痢，得蒜則止血，炒熟又能止汗。孟詵治盜汗，炒香漬酒服。《肘後》合葱白煎，名葱豉湯，用代麻黃湯，通治傷寒，發表，亦治酒病。　造淡豉法：　用黑大豆水浸一宿，淘淨蒸熟，攤勻，蒿覆，候上黃衣，取曬，簸淨，水拌，乾濕得所，安甕中，築實。桑葉厚蓋，泥封。曬七日取出，曝一時，又水拌入甕。如此七次，再蒸，去火氣，甕收用。

清·顧靖遠《顧氏醫鏡》卷八　淡豆豉甘、苦，微溫。入肺脾二經。江西者佳。炒熟，又能止汗。　能解肌而發汗，頭疼寒熱同除。傷寒時疾熱病，及瘴氣惡毒，皆用以發表，因經蒸罯，又能調中下氣也。作宣劑而湧吐，煩躁滿悶可安。仲景於汗吐下後，餘邪熱鬱胸中而懊憹者，用梔、豉湧吐其邪。若熱結胸煩悶，宜陷胸湯，不宜用此。　傷寒直中陰經者，忌之。

清·李熙和《醫經允中》卷一八　大豆豉　苦，寒，無毒。主治傷寒頭痛，寒熱煩躁，溫毒發斑，嘔逆。豆豉能升能散，凡染時氣，先用葱豉湯服之取汗，往往便瘥。得鹽即吐，得酒則治風，得薤則治痢，得蒜則止血，炒熟則又止汗，如麻黃根節之義也。

清·浦士貞《夕庵讀本草快編》卷三　大豆豉《別錄》　陶說康伯豉法原出西國，傳入中土，故以姓名稱耳。　豉，嗜也，甘嗜之意。鹽者五味調和，進食大美，淡者蒸罯得法，解表為良。二種俱能調中下氣，溫經散寒，故傷寒懊憹用梔子豉湯，辟除瘟疫有白朮豉酒，取其能升能散耳。得葱則發汗，得鹽則湧吐，得酒則治風，得薤則緩痢，得蒜則止血，炒熟返斂汗。真居家之要品，商賈宜珍者也。

清·劉漢基《藥性通考》卷六　淡豆豉　味苦。泄肺，寒勝熱，發汗解肌，調中下氣，治傷寒頭痛，煩燥滿悶，懊憹不眠，發班，嘔逆，血痢溫瘧。造淡豆豉法：　用大黑豆水浸一宿，淘淨，蒸熟，攤勻，蒿覆，候上黃衣，取晒，簸淨，水拌乾濕得所收藏，桑葉厚盖，泥封，晒七日，取出，曝一時又水拌，入甕，如此七次，再蒸去火氣，收甕中用。○凡傷寒嘔逆，煩悶，宜引吐，不宜用下藥以逆之，淡豆豉加巵子，名巵子豆豉湯，能吐虛煩。　時珍曰：　黑豆性平，作豉則溫，故能昇　能散，得葱則發汗，得鹽則能吐，得酒則治風，得薤則治痢，得蒜則止血，炒熟又能止汗。合葱白煎名葱豉湯，用代麻黃湯，通治傷寒發表，亦治酒病。

清·姚球《本草經解要》卷四　豆豉　氣寒，味苦，無毒。主傷寒頭痛寒熱，瘴氣惡毒，煩躁滿悶，虛勞喘吸，兩脚疼冷。　豆豉氣寒，稟天冬寒之水氣，入足太陽寒水膀胱經、手太陽寒水小腸經。味苦無毒，得地南方之火味，入手少陰心經、手少陽相火三焦經。氣味俱降，陰也。傷寒有五，風寒濕熱溫，當其初傷太陽也。太陽經行於頭，而本寒標熱，故必頭痛寒熱。豆豉氣寒能清，味苦能洩，所以主之也。瘴氣惡毒，致煩躁滿悶。熱毒鬱於胸中，非宣劑無以除之，故用豆豉苦寒，所以湧之也。虛勞喘吸，火乘肺也。兩脚疼冷，火上而不降也。豆豉苦寒，足以清火，清上則火自降，所以皆主之也。

製方：　豆豉同葱白，治傷寒初起。同薤白，治血利。

清·葉盛《古今治驗食物單方》　荳豉　臟毒下血，烏犀散：　用淡荳豉二兩，大蒜二枚煨，同搗丸桐子大，煎香菜湯服二十丸，日二服，安乃止，永絕根，無所忌。　小便出血，淡荳豉二撮，煎湯，空心酒飲之。　服豉汁，治妊娠胎動。　刺入肉中，嚼豉塗之。　脚腫，以豉汁飲之，以滓敷之。

清·王子接《得宜本草·中品藥》　淡豆豉　功專下氣調中。得葱則發汗，得山梔則吐，得酒則治風，得薤白則治痢。

清·黃元御《長沙藥解》卷一　香豉　味苦、甘，微寒，入足太陰脾經。調和臟腑，湧吐濁瘀。　仲景《傷寒》梔子香豉湯方在梔子用之治傷寒汗下後，煩熱，胸中窒者。土濕胃逆，濁瘀壅塞，香豉掃濁瘀而開凝塞也。治傷寒汗吐下後，虛煩不得眠，劇則反覆顛倒，心中懊憹者。以腐敗壅塞，濁氣熏衝，香豉湧腐敗而清宮城也。瓜蔕散方在瓜蔕用之治胸中塞瘀，心中痞鞕，氣衝咽喉，不得息。以寒瘀膠塞，阻硋氣道，香豉蕩腐物而清胸膈也。《金匱》梔子大黃湯方在梔子。用之治酒疸，心中懊憹熱痛，以濕熱熏衝，心君鬱痞，香豉排鬱陳而寧神宇也。　香豉調和中氣，泄濕行瘀，掃除敗濁。宿物失援，自然湧吐，實非吐劑。肅清臟腑，甚有除舊布新之妙。

清·吳儀洛《本草從新》卷四　淡豆豉〔宣，解表除煩。〕以下造釀類。　苦泄肺，寒勝熱。藏器曰：　豆性生平，炒熟熱，煮食寒，作豉冷。　發汗解肌，調中下氣。治傷寒寒熱頭痛，煩燥滿悶，懊憹不眠，發斑嘔逆，凡傷寒嘔逆煩悶宜引吐，不宜用下藥以逆之。淡豉合梔子，名梔子豉湯，能吐虛煩。　血痢溫瘧，疫氣瘴氣。豆經蒸罨，能升能散。得葱則發汗，得鹽則能吐，得酒則治風，得薤則治痢，得蒜則止血，炒熟又能止汗。孟詵治盜汗。炒香漬酒服。《肘後》合葱白煎，名葱豉湯，用代麻黃湯，通治傷寒，發表。亦治酒病。傷寒直中三陰與傳入陰經者勿用。熱結胸煩悶，宜下不宜汗，亦忌之。

造豉法：用黑豆，六月間水浸一宿，淘淨蒸熟，攤蘆席上，微溫，蒿覆五六日後，黃衣遍滿為度，不可太過；取曬簸淨，水拌乾濕得所，以汁出指間為準；築實甕中，桑葉厚蓋三寸，泥封，曬七日，取出曝一時，又水拌入甕，如是七次，再蒸過，攤去火氣，甕收。

清・汪紱《醫林纂要探源》卷二　淡豉　苦，甘，寒。水浸黑豆一宿，蒸熟，青蒿罨之，俟生黃醭，晒乾簸淨，再拌水濕，收甕中，築實，覆以桑葉封固，晒七日，取出曝乾。又水拌入甕，凡七次，再取蒸黑透心，藏用。除煩躁，解懣悶，黑入腎，苦堅水而瀉心火，故能交心腎，治不眠，清熱。調中發汗，下氣，甘調中，輕發表，苦降泄逆氣。解斑毒，止嘔逆，輕寒入陽明而解肌熱也。亦治陰瘧，血痢。能滋陰，能去熱也。○形氣輕浮，非能下達於腎。然其功實皆以補腎水而瀉心火也。雲氣得浮游而升達於上，則熱鬱之氣平矣。愚以為能解暑。

清・嚴潔等《得配本草》卷五　淡豆豉　得醋良。　苦，寒。入手太陰經。調中下氣，發汗解肌。治傷寒溫瘧，時行熱病，寒熱頭痛，煩躁滿悶，發斑嘔逆，懊憹不眠，及血痢腹痛。　得薤白，治痢疾。配葱白煎，發汗。《肘後》用代麻黃湯。配生梔子，探吐煩悶。佐杏仁，開膈氣。傷寒時症宜下不宜汗者禁用。　怪症：肉出如錐、痛癢非常、不能飲食，此血壅也。若不速治，潰膿不已，服豆豉湯則愈。外用赤葱皮燒灰淋洗。

題清・徐大椿《藥性切用》卷六　淡豆豉　性味甘平，入肺腎而解肌發汗，泄熱和中，為傷寒溫疫班疹發散耑藥。即細黑豆蒸罨成豉用。

清・黃宮繡《本草求真》卷三散劑・散熱　淡豆豉升散膈上熱邪。　淡豆豉耑入心肺。本于黑豆蒸窨而成，按其味苦氣寒。陳藏器曰：豆性平，炒熟熱，煮食寒，作豉冷。似屬苦降下行之味，而無升引上行之力也。然經火蒸窨，味雖苦而氣則馨。氣雖寒而質則浮，能升能散，故得葱則發汗，得鹽則引吐，得酒則治風，得韭則治痢，得蒜則止血，炒熟又能止汗。是以邪在上而見煩燥，頭痛滿悶，懊憹不眠，發斑嘔逆者，合於梔子，則能引邪上吐，不致陷入而成內結之症也。然必江右製者方堪入藥。按古製豉法，用黑大豆水浸一宿，淘淨蒸熟，攤勻蒿覆，候上黃衣，取晒簸淨。水拌乾濕得所，安甕中築實，桑葉蓋，厚泥封，晒七日，取出曝一時，又水拌入甕，如此七次，再蒸去火氣，甕收用。

清・李文培《食物小錄》卷下　大豆豉　鹹，寒，無毒。解煩熱，調中，發汗，通關節，除腥氣。

清・楊璿《傷寒溫疫條辨》卷六散劑類　淡豆豉　味苦辛，形腐類腎，性寒瀉肺。雖理瘴氣，專治傷寒。佐葱白散寒熱頭疼，助梔子除煩燥懊憹，足疼酒浸速嘗，痢疾薤白同煎，盜汗炒漬酒飲。按：豆豉之入肺，《內經》所云肺苦氣上逆，急食苦以泄之之意也。毒丹臭霧，山嵐瘴氣，以及雜氣流行，風寒暑濕，皆肺先受之，喘吸燥悶，亦肺氣有餘耳，何弗治之耶？　附造豆豉法：黑豆水浸透，淘蒸，攤勻，蒿覆。候生黃衣，取晒簸淨，水拌得所，築甕中，桑葉厚蓋，泥封，晒七日，取出再晒，即水拌入甕，如前法七次，再蒸收用。

清・羅國綱《羅氏會約醫鏡》卷一七穀部　淡豆豉味甘苦，寒，入肺脾二經。苦瀉肺，寒勝熱。豆性平，既經蒸罯，音庵，入聲。故能升能散。治傷寒寒熱頭痛，發汗解肌葱引，嘔逆、煩悶，宜吐。同梔子能吐虛煩。祛風酒煎，療痢，同薤服。止血佐蒜，又能收汗。炒熟煎服。去瘴氣，安胎孕。但傷寒直中三陰，與傳於陰經者勿用。熱結胸煩悶，宜下不宜汗者忌之。造法：於六月間，用黑豆，水浸一宿，蒸熟，攤勻，蒿覆，候上黃衣，取晒，水拌乾濕得中，安甕中，築緊，桑葉厚蓋，泥固七日，取晒，又水拌入甕，如此者七次，再蒸晒乾，罈收用。

清・陳修園《神農本草經讀》附録　豆豉　氣味苦，寒，無毒。主傷寒頭痛寒熱，瘴氣惡毒，煩躁滿悶，虛勞喘吸，兩脚疼冷《別錄》。

清・黃凱鈞《藥籠小品》　淡豆豉　苦泄肺，寒勝熱，發汗解肌。同梔子治懊憹不眠；　同蘇葉治寒月感冒；　同薄荷、杏仁治暑風身熱，無表邪者勿用。

清・章穆《調疾飲食辯》卷二　豆豉　豆經蒸罨為豉，則不作泄，為食中佳品，百病不忌。有鹹、淡二種。鹹者但充食料。淡則能升能散，仲景梔豉湯用以涌吐，升也；《肘後》葱豉湯用以發表，散也。又能治血分諸病，血痢刺痛，豉一升，水煎二沸，絞汁頓服。傷寒暴利，以薤白一握，水三升，煮薤熟，納豉再煮，分二服。並出《藥性論》。舌上血出如針孔，豉一升，水煮，日三服。牙縫出血同。出葛氏方。毛蟲螫人，嚼豉敷之。出《外臺秘要》。又解砒毒，煎濃汁冷飲，以多為妙。

清・王龍《本草纂要稿・穀部》　淡豆豉　味淡。理瘴氣，發傷寒之表。

治虛煩，除懊憹在胸。足冷痛甚，浸醇酒可醫。療寒熱頭疼，佐葱白能散。

清・楊時泰《本草述鉤元》卷一四 淡豆豉 諸豆皆可為之，惟黑者入藥，有鹽、淡二種，惟江右淡者治病。造淡豉法：六月內，用黑大豆二三斗，淘淨，水浸一夜，瀝乾蒸熟，取出攤席上，候微溫，蒿覆，每三日下看，候黃衣上徧。不可太過。取曬簸淨，以水拌乾濕得所。汁出指間為準。安甕中，築實，桑葉蓋，厚三寸，密封泥，於日中曬七日，取出曝一時，又以水拌入甕，如此七次，再蒸過，攤去火氣，甕收築封，即成矣。

味苦甘而濇，氣微溫。非苦溫不能發汗開腠理，治傷寒頭痛寒熱及時氣惡毒也。得葱則發汗，炒熟又能止汗，得鹽則涌吐，得酒則治風，得薤則治痢，得蒜則止血。化氣調中，散毒除煩，主春夏頭痛寒熱，時行熱疾，煩躁滿悶，并傷寒吐下後虛煩，勞復食復及餘毒，止暴痢血痢。方書治喘哮渴證，黃疸、痛痺，耳氣閉，鼻疳蝕。主虛勞喘吸，兩脚疼冷《別錄》。物經蒸罯，故能升能散瀕湖。調中下氣最妙又。傷寒有數種，猝不能別者，取一藥兼療之。凡初覺頭疼，身熱脈洪，一二日，便以葱豉湯治之。用葱白一虎口，豉一升，綿裹，水三升，煮一升，頓服，取汗，更加葛根三兩。如此則知脾腎互為化原之義。再不汗，加麻黃三兩《肘後方》。春夏之氣不和，以豉蒸炒，酒漬服之，至佳貞白。熱鬱胸中，非宣劑無以除之。如傷寒短氣煩躁，胸中懊憹，飢不欲食，虛煩不得眠者，用梔子豉湯吐之。臟毒下血，用淡豉十文，大蒜二枚煨，同搗丸梧子大，煎香菜湯服二十丸，日二服，安乃止。此藥甚妙，但大蒜九蒸乃佳。以冷虀水送，能愈久疾。血痢不止，亦用豉、蒜等分杵丸，每服三十丸，鹽湯下。齁喘痰積，天雨便發，坐臥不得，飲食不進，乃肺竅久積冷痰，遇陰氣觸動則發，用淡豆豉一兩，蒸搗如泥，入砒末一錢，枯礬一錢，丸綠豆大，每用冷茶水送下七丸，甚者九丸，小兒五丸，高枕仰臥，一服即愈，服至七八次，即出惡痰數升，藥性亦隨而出，病根永斷矣。服後，忌食熱物。寒鬱喉痺不語，煮豉汁一升服，覆取汗，仍着桂末於舌下咽之。風毒膝攣骨節痛，用豉三五升，九蒸曬，以酒一斗浸經宿，空心，隨性溫飲。婦人難產，乃兒枕破與敗血裹其子也，以勝金散逐其敗血，即順，用鹽豉一兩，舊青布裹了燒赤，研細，入麝香一錢，為末，取秤錘燒紅淬酒，調服一大盞。小兒胎毒，淡豆豉煎濃汁，與三五口，其毒自下。又能助脾氣，消乳食。

論：味鹹入腎，黑大豆為腎之穀，而味卻甘，何也？蓋足三陰同氣於下，水土之合德以立地者，脾腎互為化原也。況腎氣至肺，而脾氣之至肺者，腎尤藉之，鹹合於甘，則脾氣營運，而至陰生化之氣，乃得極於上以通天。然則取豆製豉，是就營運之氣，轉為宣揚；瀕湖所謂即經蒸罯，能升能散者也。其味已由蒸罯變苦矣，茲仍本於色黑味甘以為論治之義者，緣脾與腎原相因以為病，唯此味適得脾胃之合也。夫黑豆本以脾合於腎而達其生化，豆豉又為腎合於脾而致其宣揚，是以傷寒初證投此，不及溫熱之初證尤為得宜。能宣脾腎之氣，令發達於臟腑以際周身，故方書主治舉寒熱虛實皆用之。觀虛煩之治，在傷寒汗下後，固為傷其陽，更亡其陰，而雜證虛煩，亦屬陰不能為陽之主，用淡豉化陰氣而上奉於心，為脾腎宣揚生化之要劑也。煩躁皆心火為病，類由腎陰不至於心，但心腎原是一氣，而脾為坎離之交，繹此則《別錄》主療虛勞喘吸，洵有實功。

清・葉桂《本草再新》卷七 淡豆豉味甘，性寒，無毒。入肺、脾二經。 發汗解肌，調中下氣，治傷寒頭痛，煩躁滿悶，發斑嘔逆，瘧痢。

清・趙其光《本草求原》卷一四穀部 淡豆豉 黑豆本甘，寒，入脾、腎。蒸窨成豉，變為苦、能湧。溫，能升。乃宣揚脾腎之陰氣以上奉於心。發汗解肌。麻黃發陰中之陽，此發陽中之陰。治傷寒溫熱初症頭痛，脾腎之陰不能營運於上。寒熱，寒熱皆用，如冷痰、哮喘，合礬、砒；風熱痛痹之牛蒡散、熱毒痹痛之犀角散是。虛實並用，如濕熱實之黃芪湯，下後脾虛濕熱下陷變為黑疸之白术湯皆用，皆脾腎之病也。餘熱鬱於脾腎者，皆用之吐汗。吐下後，虛熱在心而煩。三法之後，必傷陰液，故腎陰不至於心而為煩躁。在腎而躁，滿悶懊憹不眠，合梔子用，若寒實之煩，則用瓜蒂散。發斑嘔逆，虛熱壅逆之極。血痢，下血，俱合九蒸大蒜為丸，冷虀水送下。溫瘧，瘴氣，時毒，皆熱鬱胸中，非此不宣。肺積冷痰，陰雨即喘，淡豆豉一兩，砒一錢，枯礬三錢搗丸，冷茶下。兩足疼冷，熱壅於上，陽不下歸。殺六畜毒。得葱、葛，發汗，可代麻黃湯；得鹽，則吐；得酒，則治風；得薤，治痢；得蒜，散血、止血。炒熟又能止汗，亦麻黃根節之義。同葱白，治溫病頭痛。同人中黃、山梔、臘茶，治溫熱疫、虛煩、喘逆；同甘、桔、玉竹，治風熱燥咳。然必淡者方能吐散，惟腎獨熱而躁乃用鹽豉。發散宜陳豉，湧吐宜新豉。水搗取汁，治中鳥獸肝中毒，服數升愈。又治寒鬱喉痹不語。服後取汁仍桂末咽之。

造淡豆豉法：水浸黑豆一宿，淘淨蒸熟，攤勻，蒿覆後發黃，取曬簸淨，入甕中築實，桑葉厚蓋，泥封，七日取出，曬一時，又酒拌入甕。如此七次，再蒸去火氣收用。江右製者良。造鹹豆豉法：法本康伯。用黑豆，醋酒拌蒸，曬乾，和香油又蒸曬三次，加薑、椒末量入鹽罨成。調食物，能調中下氣，殺蟲，魚、六畜毒。前法淡豆豉入藥宜之。

清・文晟《新編六書》卷六《藥性摘錄》 豆豉 苦甘，寒。治傷寒頭痛，寒熱瘴氣，煩燥滿悶，心中懊憹，瀉痢腹痛，殺六畜毒、藥毒。得葱發汗，炒熟止汗。得鹽能吐，得酒疎風，得薤治痢，得蒜散血。○入藥以江西淡豆豉為佳。詳藥部散熱。

淡豆豉 雖苦而氣馨，雖寒而質則浮。能升能散，去膈上熱邪。得連鬚葱則發汗，得鹽則引吐，得酒則治風，得韭則治痢，得蒜則止血。○若邪在上，而見煩燥，頭痛滿悶，懊憹不眠，發斑嘔吐者，合梔子煮湯飲，探吐即解，不致陷入而成內結之症。然必江右所制淡豉，方堪入藥。

清・張仁錫《藥性蒙求・穀部》 淡豆豉二錢 淡豆豉寒，解肌發汗。心下懊憹，滌除煩亂。苦，寒。入肺、胃二經。為解表除煩之品。治傷寒寒熱，煩燥滿悶，懊憹不眠，發斑嘔逆。若結胸煩悶，勿用。○《博物志》曰：得葱則發汗，得鹽則能吐，得酒則治風，得薤者治痢。炒熟則止汗，亦麻黃根之義也。○造豉法：用黑豆，六月間浸一宿，淘淨蒸熟，攤蘆蓆上，微溫，蒿覆五六日後，黃衣滿為度，晒曝，簗實甕中，泥封，晒七日，再蒸。

清・王孟英《隨息居飲食譜・調和類》 豉俗呼豆豉。 鹹，平。和胃，解魚腥毒。不僅為素肴佳味也。金華造者勝。淡豉入藥，和中，治溫熱諸病。

清・田綿淮《本草省常・穀類》 醬豆 性平。開胃進食，解酒食毒並一切菜毒。

清・戴葆元《本草綱目易知錄》卷二 豆豉 黑豆，性平，造豉則溫。既經蒸罯，能升能散，發汗解肌，調中下氣，治傷寒頭痛，時病熱病，瘴氣惡毒，發斑嘔逆，煩躁滿悶，懊憹不眠，虛勞喘吸，兩脚疼冷，血痢腹痛，溫瘧溫毒。炒末服，止盜汗除煩。生擣為丸服，治寒熱風，胸中生瘡。煮服，殺六畜胎子諸毒，解中毒藥，蠱氣，犬咬。研塗陰莖生瘡。得葱發汗，得酒治風，和薤治痢，和蒜止血，得鹽則能吐，炒熟又能止汗。

清・黃光霽《本草衍句》 淡豆豉甘，寒。 能升能散，下氣調中。勝熱瀉肺，解肌發汗。傷寒寒熱頭疼，滿悶躁煩；血痢溫毒發斑，千金溫毒黑膏用之。嘔逆瘧疾。得葱白治寒熱頭痛，得梔子治虛煩懊憹，得鹽則能吐，得酒則治風，得薤則治傷寒暴痢，得蒜則治臟毒下血。 小蝦蟆有毒，食之令人小便閉澀，臍下悶痛，有至死者，以生豆豉一合，投新汲水半盌浸汁，頻頻飲之即愈。

清・陳其瑞《本草撮要》卷五 淡豆豉 味苦，寒，入手太陰經，功專泄肺清熱，下氣調中。得葱則發汗，得山梔則吐，得鹽亦吐，得酒治風，得薤治痢，得蒜止血。炒熟又能止汗。若傷寒直中三陰與傳入陰經及熱結胸煩悶，宜下不宜汗者，均須忌服。

清・李桂庭《藥性詩解》 賦得淡豆豉發傷寒之表得寒字。王德潤。 豆豉甘平淡，煩憹用可安。功雖能發表，力善治傷寒。 按：豆豉性寒，味甘平淡。主傷寒寒熱，煩(噪)〔躁〕滿悶，懊憹不眠，調中下氣，發汗解肌。須和葱白服，發汗最速。又治發班嘔逆，寒熱頭痛。通治傷寒發表，亦治酒病。如傷寒直(仲)〔中〕三陰，與傳入陰經者勿用。熱結胸而煩悶者，宜下不宜汗，亦忌。

清・吳汝紀《每日食物却病考》卷下 豆豉 諸大豆皆可為之，黑豆者更佳。有淡豉、鹹豉，治病多用淡豉，充食品多用鹹豉。其豉心，乃取其中心者，入藥尤佳。淡者，治傷寒頭痛，瘴氣，惡毒燥悶，虛勞喘吸，瘧疾，骨蒸，發汗，殺六畜毒，止盜汗。鹹，腥，氣性皆微寒，無毒。造法各有不同，世稱蒲州者佳。

清・周巖《本草思辨錄》卷二 淡豆豉 淡豉《別錄》苦寒。李氏謂：黑豆性平，作豉則溫，既經蒸罯，故能升能散。竊謂仲聖用作吐劑，亦取與梔子一溫一寒，一升一降，當以性溫而升為是。

《別錄》主煩躁，而仲聖止以治煩不以治躁。若煩而兼躁，有陽經有陰經，陽經則用大青龍湯、大承氣湯，陰經則用四逆湯、甘草乾薑湯、吳茱萸湯，皆無用淡豉者。蓋陽經之煩躁，宜表宜下；陰經之煩躁，宜亟回其陽，淡豉何能勝任？《別錄》以主煩躁許之，殊有可商。

煩有虛有實，虛者正虛邪入而未集，故心中懊憹；實者邪窒胸間，故心中結痛。雖云實，卻與結胸證之水食互結不同，故可以吐而去之。證係有熱無寒，亦於腎無與。所以用豉者，豉苦溫而上湧，梔泄熱而下降，乃得吐去其邪，非以平陰逆也。

張氏謂淡豉主啟陰精上資，而鄒氏遂以此為治傷寒頭痛及瘴癘惡毒之據，不知其有毫釐千里之失。蓋傷寒初起，與瘴癘惡毒，雖身發熱，實挾有陰邪在內，故宜於葱、豉辛溫以表汗，或協人中黃等以解毒。何資於陰藏之精。

且淡豉亦何能啟陰藏之精者。試煎淡豉嘗之，便欲作惡，可恍然悟矣。

淡豉溫而非寒，亦不治躁，確然可信。鄒氏過泥《別錄》，遂致詮解各方，忽出忽入，自相徑庭。黑大豆本腎穀，蒸罯為豉，則欲其自腎直上。因其腎穀可以治腎，故《千金》、崔氏諸方，用以理腎家虛勞。因其為豉不能遽下，故與地黃搗散，與地黃蒸飯。鄒氏謂於極下拔出陰翳誠是。乃其解葱豉湯，既謂宜於病起猝難辨識，又謂是熱邪非寒邪。不知葛稚川立方之意，以初起一二日，頭痛恐寒犯太陽，脈洪又恐熱發陽明，投以葱、豉，則邪解而陰陽兩無所妨，正因難辨而出此妙方，宜後世多奉以為法。煎成入童便者，以葱、豉辛溫，少加童便，則陰不傷而與藏氣相得。如淡豉本寒，更加以童便之寒，葱白雖辛而亦寒，外達之力，必致大減，恐無此製劑之理也。

鄒氏又以《素問》氣寒氣涼，治以寒涼，行水漬之，注家謂熱湯浸漬，則寒涼之物能治寒涼，於是引《傷寒論》用豉諸方，皆不以生水煮，為合以寒治寒之旨。《金匱》梔子大黃湯，不以治寒，則四味同煮，不分先後。噫！鄒氏誤矣。所云注家，殆近世不求甚解者耳。按氣寒謂北方，氣涼謂西方，跟上節西北之氣句來，治以寒涼行水漬之，跟上節散而寒之句來，上言其理，此明其治。王太僕注云：西北方人皮膚腠理密，人皆食熱，故宜散宜寒。散謂溫浴，使中外條達，行水漬之，是湯漫漬。張隱庵云：西北之氣寒涼，人之陽熱遏鬱於內，故當治以寒涼。行水漬之者，用湯液浸漬以取汗。合二說觀之，《經》所謂漬，定是浴以取汗，今西北方人慣用此法，並非以熱湯漬寒藥。若謂以熱湯漬寒藥，即可以治寒病，則藥物不勝用矣。然則梔子豉湯，先煮他藥後煮淡豉何故？蓋此與瀉心用麻沸湯漬之絞汁無異耳。豉本腎穀，欲其上達，故不多煮，大凡用豉以取吐取汗，法皆如是。取汗如枳實梔子豉湯，煮豉止一二沸，以有枳實抑之，故用豉至一升，而煮則一二沸無妨也。梔子大黃湯四味同煮，則以不取吐不取汗，自宜多煮，豉用一升，亦以所偶為大黃枳實，而豉尚欲其治上也。他若《金匱》瓜蒂散，則以生水煮取吐矣，但豉用七合，不云下水若干，以生水任煮而不為之限，可見必欲竭豉之力。味厚則下趨易，或疑此與吐法不悖乎。不知吐宿食與吐寒飲不同，吐宿食自當少抑其上浮之性，雖抑之，而以苦溫之淡豉，偶苦寒之瓜蒂，甘酸之赤豆，終必激而上行。且苦寒甘酸者杵為散，苦溫者煮取汁，皆有一升一降，故拂其性以激發之義，安在不為吐法。鄒氏於經旨方意，咸未徹悟，強為扭合，不免自誤以誤人矣。

豆黃

明・王文潔《太乙仙製本草藥性大全》卷四《仙製藥性》 豆黃 製黃末合煉猪膏爲丸。 主治：主濕痹膝痛，治五臟虛氣。胃氣結積堪除，精氣虛劣能益。令人肥健，潤澤肌膚。

明・李時珍《本草綱目》卷二五穀部・造釀類 豆黃《食療》。校正：原附大豆下，今分出。

【釋名】時珍曰：造法：用黑豆一斗蒸熟，鋪席上，以蒿覆之，如盦醬法，待上黃，取出曬乾，搗末收用。

【氣味】甘，溫，無毒。詵曰：忌猪肉。 【主治】濕痹膝痛，五臟不足氣，胃氣結積，壯氣力，潤肌膚，益顏色，填骨髓，補虛損，能食，肥健人。以煉猪脂和丸，每服百丸，神驗秘方也。肥人勿服。詵。○出《延年秘録方》。 生嚼塗陰痒汗出時珍。

【附方】新二。 脾弱不食：餌此當食。大豆黃二升，大麻子三升熬香，爲末。每服一合，飲下，日四五服任意。《千金方》。 打擊青腫：大豆黃爲末，水和塗之。《外臺秘要》。

明・施永圖《本草醫旨・食物類》卷二 豆黃造法：用黑豆一斗，蒸熟，鋪席上，以蒿覆之，如盦醬法，待上黃，取出晒乾，搗末收用。 味：甘，溫，無毒。忌猪肉。 治：濕痹膝痛，五臟不足氣，胃氣結積。壯氣力，潤肌膚，益顏色，填骨髓，補虛，能食，肥健人。以鍊猪脂和丸，每服百丸，神驗秘方也。肥人勿服。生嚼，塗陰痒汗出。

附方 脾弱不食：餌此當食。大豆黃二升，大麻子三升，熬香為末，每服一合，飲下，日四五服任意。 打擊青腫：大豆黃為末，水和塗之。

清・王道純《本草品彙精要續集》卷三 豆黃無毒。

豆黃：主濕痹，膝痛，五臟不足，胃氣結積，壯氣力，潤肌膚，益顏色，填骨髓，補虛損，能食，肥健人，以煉豬脂和丸，每服百丸，神驗秘方也。肥人勿服出《延年秘錄》。生嚼，塗陰癢，汗出《本草綱目》。 【製】李時珍曰：造法：用黑豆一斗，蒸熟鋪席上，以蒿覆之如盦醬法，待上黃取出，曬乾，搗末收用。

【味】甘。 【性】溫。 【禁】忌豬肉。 【治】打擊青腫，大豆黃爲末，水和塗之。 【合治】脾弱不食，餌此當食，大豆黃二升，大麻子三升，熬香爲末，每服一合飲下，日四五服，任意。

清・戴葆元《本草綱目易知録》卷二　黑豆黄　甘，溫。壯氣力，潤肌膚，填骨髓，補虛損。治濕痹膝痛，五臟不足，脾胃氣結，不欲飲食。生擣，傅陰癢汗出。研末，水調傅打擊青腫。

豆腐

元・吳瑞《日用本草》卷二　豆腐　味甘，性寒，有毒。能發腎氣、瘡疥、頭風，杏仁可解。

明・盧和、汪穎《食物本草》卷二菜類　豆腐　性冷而動氣。一云：有毒，發腎氣，頭風，瘡疥，杏仁可解。又蘿蔔同食，亦解其毒。

明・寧源《食鑒本草》卷下　豆腐　味甘，平。寬中益氣，和脾胃，下大腸濁氣，消脹滿。

明・王文潔《太乙仙製本草藥性大全》卷四《仙製藥性》　豆腐　性寒，亦動正氣。食多積聚，蘿蔔能消。善解豆腐毒。

明・李時珍《本草綱目》卷二五穀部・造釀類　豆腐《日用》

【集解】時珍曰：豆腐之法，始於漢淮南王劉安。凡黑豆、黄豆及白豆、泥豆、豌豆、緑豆之類，皆可爲之。造法：水浸磑碎，濾去滓，煎成，以鹽鹵汁或山礬葉或酸漿、醋澱就釜收之，又有入缸内，以石膏末收者。大抵得鹹、苦、酸、辛之物，皆可收斂爾。其面上凝結者，揭取晾乾，名豆腐皮，入饌甚佳也。

【氣味】甘，鹹，寒，有小毒。原曰：性平。頌曰：寒而動氣。瑞曰：發腎氣、瘡疥、頭風，杏仁可解。時珍曰：按《延壽書》云：有人好食豆腐中毒，醫不能治。作腐家言：萊菔入湯中則腐不成。遂以萊菔湯下藥而愈。大抵暑月恐有人汗，尤宜慎之。【主治】寬中益氣，和脾胃，消脹滿，下大腸濁氣甯原。清熱散血時珍。

【附方】新四。休息久痢：白豆腐，醋煎食之，即愈。《普濟方》。赤眼腫痛：有數種，皆肝熱血凝也。用消風熱藥服之。夜用鹽收豆腐片貼之，酸漿者勿用。《證治要訣》。杖瘡青腫：豆腐切片貼之，頻易。一法：以燒酒煮貼之，色紅即易，不紅乃已。《拔萃方》。燒酒醉死：心頭熱者。用熱豆腐細切片，遍身貼之，貼冷即換之，甦省乃止。

明・穆世錫《食物輯要》卷八　豆腐　味淡、甘，性寒，無毒。清熱散血，寬中，下大腸濁氣。多食，動氣作瀉，發腎邪及頭風病。凡傷豆腐，食萊菔、杏仁，良。

明・趙南星《上醫本草》卷一　豆腐　時珍曰：豆腐之法始于漢淮南王劉安。凡黑豆、黄豆及白豆、泥豆、豌豆、緑豆之類，皆可為之。水浸磑碎，濾去滓，煎成，以鹽鹵汁，或山礬葉，或酸漿，醋澱，就釜收之。又有入缸内，以石膏末收。大抵得鹹苦酸辛之物，皆可收斂耳。其面上凝結者，揭取晾乾，名豆腐皮，入饌甚佳也。按《延壽書》云：有人好食豆腐中毒，醫不能治，作腐家言萊菔入湯中則腐不成，遂以萊菔湯下藥而愈。甘，鹹，寒，有小毒。主治：寬中益氣，和脾胃，消脹滿，下大腸濁氣，清熱散血。寒而動氣，發腎氣，瘡疥，頭風，杏仁可解。大抵暑月恐有人汗，尤宜慎之。

附方　休息久痢：白豆腐，醋煎食之，即愈。燒酒醉死，心頭熱者：用熱豆腐細切片，遍身貼之，冷即換之，甦省乃止。

明・應廩《食治廣要》卷八　豆腐　氣味：甘，鹹，寒，有小毒。主寬中益氣，和脾胃，消脹滿，下大腸濁氣，清熱散血。甯原曰：性平。頌曰：寒而動氣。吳瑞曰：發腎氣、瘡疥、頭風。杏仁可解。又按《延壽書》云：有人好食豆腐中毒，醫不能治。作腐家言，萊菔入湯中則腐不成。遂以萊菔湯下藥而愈。大抵暑月，恐有人汗，尤宜慎之。

明・姚可成《食物本草》卷五穀部・炊蒸類　豆腐其法始於漢淮南王劉安。凡黑豆、黄豆及白豆、豌緑豆之類，皆可為之。造法：水浸磑碎，濾去滓，煎成，以鹽鹵汁或山礬葉，或酸漿，醋澱就釜收之。又有入缸内，以石膏末收者。大抵得鹹、苦、酸、辛之物，皆可收斂爾。其面上凝結者，揭取晾乾，名豆腐皮，入饌甚佳也。豆腐，味甘、鹹，寒，有小毒。主寬中益氣，和脾胃，消脹滿，下大腸濁氣，清熱散血。有人好食豆腐中毒，醫不能治。作腐家言萊菔入湯中則腐不成，遂以萊菔湯下藥而愈。大抵暑月恐有人汗，尤宜慎之。凡人客寓或宦邸，初到地方，水土不服，先食豆腐，則漸漸調妥。

附方：燒酒過多，遍身紅紫欲死，心頭尚溫。用熱豆腐切片，滿身貼之，貼冷即換，甦省乃止。杖瘡青腫，以豆腐切片貼之，頻易。一法：以燒酒煮貼之，看豆腐色紅即易，不紅乃已。

麻腐以芝麻擣爛去滓，入緑豆真粉煮熟，入瓦缶中，俟冷凝結如膏，油、鹽、椒、薑、蔬菜調煮，為素品中佳饌。麻腐，味甘，平。利腸胃，解熱毒，滋益精髓，最利老人。

明・顧逢柏《分部本草妙用》卷九穀部　豆腐　甘，鹹，寒，有小毒。主寬中益氣，和脾胃，去胃火，消脹滿，下大腸濁氣，清熱散血。

明・孟笨《養生要括・穀部》 豆腐始於漢淮南王劉安。發腎氣、瘡疥、頭風，杏仁可解。 味鹹，寒，有小毒。寬中益氣，和脾胃，消脹滿，下大腸濁氣，清熱散血。

明・施永圖《本草醫旨・食物類》卷二 豆腐 味：甘、鹹，寒，有小毒。治：寬中益氣，和脾胃，清脹滿，下大腸濁氣，清熱散血。性平，發腎氣，瘡疥頭風，杏仁可解。有人好食豆腐中毒，醫不能治。作腐家言：萊菔入湯中，則腐不成。遂以萊菔湯下藥而愈。大抵暑月，恐有人汗，尤宜慎之。

清・丁其譽《壽世秘典》卷四 豆腐法始于漢淮南王劉安。凡黑豆、黃豆、白豆、豌豆、綠豆之類，皆可為之。造法：水浸，磑碎，濾去滓，煎成，以鹽鹵汁或酸漿、醋澱，就釜收之。又有入缸內以石膏末收者為佳。其面上凝結者，揭取晾乾，名豆腐皮。 氣味：甘、鹹，平，無毒。主寬中益氣，和脾胃，消脹滿，下大腸濁氣，清熱散血。發明汪瑞曰：發腎氣、瘡疥、頭風，杏仁可解。暑月恐有人汗，宜知慎之。蘇頌曰：寒而動氣。

清・朱本中《飲食須知・味類》 豆腐 味甘、鹹，性寒。多食動氣作瀉，發腎邪及瘡疥、頭風病。夏月少食，恐人汗入內。凡傷豆腐及中毒者，食萊菔、杏仁可解。

清・何其言《養生食鑒》卷下 豆腐始于漢淮南王劉安，各豆俱可為之，今用白豆者多。 味甘、鹹，性寒，有小毒。寬中益氣，和脾胃，消脹滿，下大腸濁氣，清熱散血。多食動氣，發頭風、瘡疥，杏仁可解，蘿蔔湯尤良。鍋中凝結面上者，揭取，晒乾，名豆腐皮，入饌甚佳，能益人而無毒。

清・王逊《藥性纂要》卷三 豆腐 【略】東圃曰：所在皆有。多以黃豆為之。豆屬腎藏之穀，黃得脾土之色，造釀成腐，大抵能和脾胃。而豆本有油，食之能果腹而潤藏府。今為日用所需，而素食尤不可缺。然多食滑腸，煑老泥膈，不可不知。

清・李熙和《醫經允中》卷二二 豆腐 食多積聚，蘿蔔能消。 甘、鹹，寒，無毒。主去胃火，下大腸濁氣，清熱散血。

清・汪啟賢等《食物須知・諸米》 附 豆腐 性寒，亦動正氣。食多積聚，蘿蔔能消。 按：性和平，炒食則熱，煮食則寒。牛食之溫，馬食之則涼。一體之中而有數等之效，且為食饌尤著多名。又雜牛肉同煮，能試瘟毒有無。無毒豆黃，有毒豆黑，免致中害，誠益世人。但搜補脾養胃之功，蓋謂有一言爾。

清・葉盛《古今治驗食物單方》 荳腐 休息痢，白荳腐醋煎食之，即愈。 杖瘡青腫，荳腐切片貼之，頻易。 燒酒醉死，心頭熱者，生荳腐切片，遍心頭貼之，熱即易，以甦為度。 反胃不下食，以陳倉米，日西時，用水微拌濕，自想日氣如在米中，次日晒乾，袋盛掛在風處，每以一撮水煎，和腐飲之，即時便下。

清・吳儀洛《本草從新》卷四 豆腐〔清熱，利大腸。〕 甘，鹹，寒，有小毒。清熱散血，和脾胃，消脹滿，下大腸濁氣。中其毒者，以萊菔湯解之。

清・汪紱《醫林纂要探源》卷二 豆腐 甘，淡。清肺熱，止咳消痰。諸豆皆可作腐，石膏取者為良。以甘能補，淡能滲也。須清晨淡煮食之。 腐皮：甘，淡。此又豆汁之精英所凝聚也。清肺熱，止咳消痰。輕清上浮，色白入肺。

題清・徐大椿《藥性切用》卷六 豆腐 甘淡微寒，和胃清熱，降大腸濁氣。中寒者忌之。臭豆腐，降濁寬腸，較淡豆腐尤勝。惟市中俱雜石灰，則雖經久，成塊性燥，不宜過食。

清・黃宮繡《本草求真》卷九 豆腐瀉胃火過服，生寒動氣。 豆腐耑入脾、胃、大腸。經豆磨爛，加以石膏及或鹵汁內入而成，其性非溫。故書皆載味甘而鹹。氣寒微毒，且謂寒能動氣。凡服豆腐過甚，而致腎中寒氣發動，並生瘡疥頭風等症者，須用萊菔湯及或杏仁以解。《延壽書》云：有人好食豆，中毒，醫不能治，作腐家言萊菔入湯中則腐不成，遂以萊菔湯下藥而愈。頌曰：發腎氣瘡疥頭風，杏仁可解。 惟有胃火衝擊，內熱鬱蒸，症見消渴脹滿，並休息久痢。用白豆腐煎食。 赤眼腫痛，用消風熱藥以服，夜用鹽收豆腐片以貼，酸漿者勿用。 杖瘡青腫，用豆腐切片貼之，頻易，又或用燒酒煮腐以貼，色紅即易。 燒酒醉死者，心頭熱者，用熱豆腐切片通身以貼，冷即頻換。 則當用此以投。至云能和脾胃，正是火去熱除以後安和之語，並非裏虛無熱無火溫補之謂也。豆皮性同豆腐，能除斑痘翳曚，質輕故能除翳。豆芽充蔬，須防發疥動氣。芽有生發之義。

清・李文培《食物小錄》卷下 豆腐 甘、鹹，寒，小毒。寬中益氣，和脾胃，清熱。 石(糕)〔膏〕者，寒胃。 漿，食之提火。 腦，清火。 腐皮，甘，平、溫，無毒。補中氣。滑胎，妊婦至八九個月，宜麻油拌食，利產。 腐乾，鹹，平，無毒。和胃滯膈。 腐乳，鹹，酸，微毒。食之作氣動濕，生痰，不益人。

清・章穆《調疾飲食辯》卷二 豆腐 豆因有油，故傷脾作泄。為腐則油去豆存，不為大害。《延壽書》乃云中豆腐毒，萊菔解之，夫豆腐有何毒。《食鑒本草》云能寬中益血，消脹滿，和脾胃，則又何曾有其功。毀譽皆失其平。總之，無益且無味，病人不宜多食。惟火嗽久而不愈者，以石膏所取豆腐，煮老，豆腐不入油、鹽，久煮則老。加餹霜，每夜食，頗效。又治休息久痢，醋煎豆腐，每夜食，不可用油。出《得效方》。有石膏、酸漿、鹽鹵、木葉各種取法，皆甚微少，入食料可不必拘。又豆腐漿，冷飲二三升，能解砒毒。相傳造法創自漢淮南王劉安。有《詠豆腐》詩云：旋乾磨裏流瓊液，煮月鐺中滚雪花。亦小有風致。

豆腐皮：作腐時揭取漿面凝結之皮，不但無油，更精華之所萃也。諸病宜之，熱病、津液枯少、病後大便常結及孕婦尤宜。素患産難者孕時宜多食。黑豆作者尤良。豆腐乳：以豆腐濾乾，罨生黄衣，入水，加酒糟、鹽醬，藏久而腐熟。體質消融，酥膩有如乳酪，不愧腐乳之名。且香美能引胃氣，令人甘食，極宜病人。世醫乃重禁之，不可解也。豆腐乾：用布巾包豆腐濾乾，或淡、或加鹽、或醬油浸。性與豆腐無異，而質硬難化則困脾，冷食尤甚，百病忌之。世醫反不禁之，尤不可解也。又一種作法，可數月不壞，行旅賚以致遠，甚珍之。堅紉如牛革，更為劣物。油豆腐：以豆腐入沸油煎，則發大如麪之得酵，最易消化，故不困脾作泄，與麪筋同為素食佳品，和肉食亦佳。又豆腐所製食物，各處不同，難以悉數，大抵易化則宜，難化則忌也。

清・葉桂《本草再新》卷七 豆腐味甘、鹹，性寒，有小毒。入脾經。清熱散血，和脾胃，消腹滿，下大腸濁氣。

清・趙其光《本草求原》卷一四穀部 豆腐 甘、鹹，寒，小毒。寬中益氣，和脾胃，消脹滿，下大腸濁氣。清熱散血，解硫黄毒。多食動氣，發頭風瘡疥。杏仁、蘿蔔可解。鍋中凝結面上者，揭取名腐皮，和食物益人，無毒。

清・文晟《新編六書》卷六《藥性摘錄》 豆腐 甘，微鹹，性寒，有小毒。寬中益氣，和脾胃，消脹滿，下大腸濁氣，清熱散血。多食動氣，發頭風瘡疥。杏仁可解，蘿蔔湯尤佳。〇豆腐皮，入饌佳，能益人，而無毒。腐乳，鹹，寒。豆腐 甘鹹，氣寒，微毒。瀉胃火，治內熱鬱蒸而見消渴脹滿，並休息久痢。同白豆腐煎食良。過服生寒動氣，並生瘡疥頭風。用萊菔或杏仁煎湯以解。〇腐皮，性同豆腐。除斑豆翳矇。

清・王孟英《隨息居飲食譜・蔬食類》 豆腐一名菽乳。甘，涼。清熱，潤燥生津，解毒補中，寬腸降濁。處處能造，貧富攸宜，洵素食中廣大教主也。亦可入葷饌，冬月凍透者味尤美。以青黄大豆清泉細磨，生榨取漿，入鍋點成後，嫩而活者勝。其漿煮熟未點者為腐漿，清肺補胃，潤燥化痰。漿面凝結之衣，揭起晾乾，為腐皮，充飢入饌，最宜老人。點成不壓則尤嫩，為腐花，亦曰腐腦。榨乾所造者，有千層，亦名百葉。有腐乾，皆為常肴，可葷可素。而腐乾堅者甚難消化，小兒及老弱病後皆不宜食。蘆菔能消其積。由腐乾而再造為腐乳，陳久愈佳，最宜病人。其用皂礬者，名青腐乳，亦曰臭腐乳，疳膨黄病便瀉者宜之。生榨腐渣炒食名雪花菜，熟榨者僅堪飼猪。豆腐泔水，浣衣去垢，一味熬成膏，治臁瘡甚效。休息久痢，醋煎豆腐食。杖後青腫，切豆腐片貼之，頻易。或以燒酒煮貼，色紅即易，不紅乃已。解鹽滷毒，熟豆腐漿灌之。

清・劉善述、劉士季《草木便方》卷二穀糧豆菜部 豆腐 豆腐甘平清血熱，漿甘化痰止嗽咳。油搽痘爛癰毒腫，皮消班痘目翳絕。芽發瘡毒癰疽腫，莖灰點痣惡肉滅。

清・田綿淮《本草省常・穀類》 豆腐 性寒，有小毒。清熱散血，和脾胃，消脹滿，下大腸濁氣。中毒者，蘿蔔湯解之。豆腐皮：性平。潤五臟，和三焦，寬中益氣，補虚損，添顏色。豆腐肝：俗作乾。性平。開胃進食，下氣，消饍。豆腐乳：性平。開胃進食，除濕散滿。

清・戴葆元《本草綱目易知錄》卷二 豆腐 甘，鹹，寒，有小毒。寬中益氣，清熱散血，和脾胃，消脹滿，下大腸濁氣。多食發腎氣，頭風，疥瘡，杏仁、萊菔可解之。【略】

豆腐皮葆補：甘，淡。乃熬腐漿之氣，凝結上騰，渾得清氣。潤心肺，和脾胃，寬中下氣，降濁升清，利水生津，解酒止渴，清熱舒鬱，潤躁除煩。又能散血調氣，可達陽明，産後作蔬食尤良。葆按：豆腐皮，須起鍋帶濕者，煮食良。若久乾者，其質澁滯，務用水浸透，煮爛食。否，恐胃氣壅滯而生變。歷驗。

清・陳其瑞《本草撮要》卷五 豆腐 味甘鹹，寒，入手足太陰、陽明經。功專清熱散血，和脾胃，消脹滿，下大腸濁氣。中其毒者，以萊菔子湯解之。

清・吳汝紀《每日食物却病考》卷下 豆腐附麻腐。甘、鹹，寒，有小毒。寬(之)〔中〕益氣，和脾胃，清熱，散血。其法始於漢淮南王劉安，凡各豆皆可為之，惟黄豆腐多。食之過多，發腎氣瘡疥，杏仁可解。中其毒者，以萊菔湯治之。蓋造腐入以萊菔汁，結少許即不成也。暑月人多惡汗毒，猶宜慎之。又以芝麻和菉豆粉造者為麻腐，最益人。

飯

宋・唐慎微《證類本草》卷二六米穀部下品〔唐・陳藏器《本草拾遺》〕

寒食飯　主滅瘢痕，有舊瘢及雜瘡，並細研傅之。飯灰，主病後食勞。

〔宋・唐慎微《證類本草》〕《外臺秘要》：治蛟龍瘕。寒食餳三升，每服五合，一日三服，遂吐出蛟龍，有兩頭及尾也。

明・滕弘《神農本經會通》卷四　寒食飰　陳藏器餘云：主滅瘢痕，有舊瘢及雜瘡，并細研傅之。飰灰，主病後食勞。

明・王文潔《太乙仙製本草藥性大全》卷四《仙製藥性》　寒食飯　敷滅瘢痕，搗泥爛纔妙。煮炒米湯飲潤喉燥，去火毒良方。米炒熟，鋪地面一時辰，使火毒去盡纔煮，不然則反助燥渴。

明・李時珍《本草綱目》卷二五穀部・造釀類　飯《拾遺》

【釋名】【集解】時珍曰：飯食，諸穀皆可爲之，各隨米性，詳見本條。然有入藥諸飯，不可類從者，應當别出。大抵皆取粳、秈、粟米者爾。

新炊飯　【主治】人尿牀，以熱飯一盞，傾尿牀處，拌與食之，勿令病者知。又乘熱傅腫毒，良時珍。

寒食飯饋飯也。　【主治】滅瘢痕及雜瘡，研末傅之藏器。燒灰酒服，治食本米飲成積，黄瘦腹痛者，甚效孫思邈。傷寒食復，用此飯燒研，米飲服二三錢，效時珍。

祀竈飯　【主治】卒噎，取一粒食之，即下。燒研，搽鼻中瘡時珍。

盆邊零飯　【主治】鼻中生瘡，燒研傅之時珍。

齒中殘飯　【主治】蝎咬毒痛，傅之即止時珍。

飧飯飧音孫，即水飯也。　【主治】熱食，解渴除煩時珍。

荷葉燒飯　【主治】厚脾胃，通三焦，資助生發之氣時珍。

【發明】李杲曰：易水張潔古枳术丸，用荷葉裹燒飯爲丸。蓋荷之爲物，色青中空，象乎震卦風木。在人爲足少陽膽同手少陽三焦，爲生化萬物之根蒂。用此物以成其化，胃氣何由不上升乎。更以燒飯和藥，與白术協力，滋養穀氣，令胃厚不致再傷，其利廣矣大矣。時珍曰：按韓悉《醫通》云：東南人不識北方炊飯無甑，類呼爲燒，如燒菜之意，遂訛以荷葉包飯入灰火燒煨，雖丹溪亦未之辯。但以新荷葉煮湯，入粳米造飯，氣味亦全也。凡粳米造飯，用荷葉湯者寬中，芥葉湯者豁痰，紫蘇湯者行氣解肌，薄荷湯者去熱，淡竹葉湯者辟暑，皆可類推也。

明・姚可成《食物本草》卷五穀部・炊蒸類　飯飯食，諸穀皆可為之，各隨米性，詳見本條。然更有諸飯可以治疾，不可類從者，應當別出。大抵皆取粳、秈、粟米者爾。

新炊飯：治人尿床，以熱飯一盞，傾尿床處，拌與食之，勿令病者知。又乘熱傅腫毒，良。　寒食飯：清明節前二日，謂之寒食，祀先餘飯。主滅瘢痕及雜瘡，研末傅之。燒灰酒服，治食本米成積，黄瘦。用此飯燒研，治傷寒食復，米飲服二三錢，效。　祀竈飯：主卒噎，取一粒食之，即下。燒研，搽鼻中瘡。　盆邊零飯：主鼻中生瘡，燒研傅之。　齒中殘飯：主蝎咬毒痛，傅之即止。　飧飯：飧，音孫。即水飯也。熱食，解渴除煩。　荷葉燒飯：主厚脾胃，通三焦，資助生發之氣。枳朮丸，用荷葉裹燒飯為丸。蓋荷之為物，色青中空，象乎震卦風木。在人〔為足少陽膽同手〕少陽三焦，為生化萬物之根蒂。用此物以成其化，胃氣何由不上升乎？更以燒飯和藥，與白朮協力，滋養穀氣，令胃厚不致再傷，其利廣矣大矣。荷葉燒飯，乃用新荷葉煮湯，入粳米造飯，氣味俱全也。

明・施永圖《本草醫旨・食物類・五穀類》　飯諸穀皆可為之。　新炊飯：治：人尿牀，以熱飯一盞，傾尿床處，拌與食之，勿令病者知。又，乘熱傅腫毒良。　寒食飯：饋飯也。治：滅瘢痕及雜瘡，研末傅之。燒灰酒服，治食飲成積，黄瘦腹痛者，甚效。傷寒食後復發，用此飯，燒研末，飲服二三錢，效。　祀竈飯：治：卒噎，取一粒食之，即下。燒研，搽鼻中瘡。　盆邊零飯：治：鼻中生瘡，燒研傅之。　齒中殘飯：治：蝎咬毒痛，傅之即止。　飧飯：飧音孫。即水飯也。治：熱食，解渴除煩。　荷葉燒飯：治：厚脾胃，通三焦，資助生發之氣。　青精乾石䭀飯音信。《本草》名烏飯。謂以酒、蜜、藥草輩，溲而曝之也。味：甘，平，無毒。治：曰進一合，不飢，益顏色，堅筋骨，能行，益腸胃，補髓，滅三蟲。久服變白却老。

清・浦士貞《夕庵讀本草快編》卷三　飯類總論　飯即上古釜甑火食之餘。《周書》云黄帝始蒸穀為飯是已。穀性不一，名亦各異。如炊長沙之米，五里聞香；爨菰粱之漿，五味適口；鄧王入霍山而得飽青䭀，即今之烏飯也；劉阮遊天台令食胡麻，乃今之黑巨勝也。以荷葉燒飯出潔古之方，以玉屑為飯顯異人之術。寒食飯可以滅瘢痕，新炊飯可以療尿牀。芥湯同煮，豁痰甚速；淡竹同煮，辟暑更良。此皆日用而兼養生治疾之法，未嘗不妙爾。致若陳遺之為吏，不敢一飯而忘其母；范冉之孤介，不欲一餐而忘其姊。漂母之進食淮陰也，豈望報於王孫；馮異之餉滹沱也，非市恩於帝子。是以知古人一飯之微，或報或酧，終非草草。更有祝老人以健飯，或劇談而塵毛落飯，或攤飯於午睡之時，或噴飯於失笑之頃，此皆藉其為典實。又陸龜蒙《和青䭀》詩云：舊聞香積金仙食，今見青精玉斧餐。自笑鏡中無骨錄，可能飛上紫霞端。可見䭀為飯中之最有益者矣。

清・許豫和《許氏幼科七種・怡堂散記》卷下　飯膏　近有弔米露之法，病不能食，以之代飯。予見飲米露者數人，病加而穀絕。米露之性，一團火氣上升而出，與燒酒同。雖無麴蘖，其理一也。莫若以熟米作飯，飯成再入砂鍋煮爛，夏布絞出飯汁，潔白如膏，濃厚和軟，不難吞嚥，冲和之性與粥飯同，勝於米露多矣。

清・章穆《調疾飲食辯》卷二　諸飯總說　病人飯食，一欲其不改故常，則胃氣安；病易治，藥餌之外不必飲食為助，則飲食只如平時。一欲其頓改故常，則臟氣變。病難治，或不能多服藥餌，則視其合病之飲食，變更平日，以助藥力。此不特粥飯，凡茶、酒、蔬、果、魚、肉，皆宜如此。五穀雖曰中和，而稻、粱、黍、麥不一其種；南方、北方、水生、陸生，不一其地；播種、收穫，節候早晚，不一其時；則其性又安能畫一也？然南人食米，北人食麥，均可滋生氣血，長育子孫，亦且同登壽考，無方隅之異者，臟氣習而相安也。平時既可養生，病時即可養病。而病人脾胃必遜於平人，南人米飯，平時愛食乾硬者，病時即不宜，傷寒、熱病之後尤不宜，稍易以滋軟，則無弊矣；北人麪飯，平時愛食炙煿者，病時亦不宜，內傷虛熱之症尤不宜，或發以酒酵，或隔湯蒸煮，則無弊矣。而米麪及諸雜穀之可為飯者，有極佳，有極不佳，醫家、病家皆不可不知也。

米渣飯　平人、病人總宜胃氣充暢。胃氣者，穀氣也。今病而思食，胃氣和也。醫乃教人煮去米汁，或去二三次，然後予之，云米汁堵氣，不知甘香之氣味全無，所食乃米渣也。豈萬病盡由氣多。爾之醫病，總欲病人氣絕乎。無理不通，可恨可殺。

隔宿飯：　飯以旋出甑為美，至隔宿必傷胃氣，聖人所以食饐而餲不食也，可予病人乎。再炊飯：　雖不隔宿，至冷而復炊，亦不宜食，煠炒必乾硬難化，重蒸則氣味無存也。

青精乾石䭀飯

明・李時珍《本草綱目》卷二五穀部・造釀類　青精乾石䭀飯宋《圖經》

【釋名】烏飯頌曰：按陶隱居《登真隱訣》載：太極真人青精乾石䭀飯法。䭀音信。䭀之爲言飧也，謂以酒、蜜、藥草輩溲而曝之也。亦作𥓓。凡內外諸書並無此字，惟施於此飯之名耳。陳藏器《本草》名烏飯。【集解】頌曰：《登真隱訣》載南燭草木名狀，注見木部本條下。其作飯法：以生白粳米一斛五斗舂治，淅取一斛二斗。用南燭木葉五斤，燥者三斤亦可，雜莖皮煮取汁，極令清冷，以溲米，米釋炊之。從四月至八月末，用新生葉，色皆深；九月至三月，用宿葉，色皆淺，可隨時進退其斤兩。又採軟枝莖皮，於石臼中擣碎。假令四五月中作，可用十許斤熟舂，以斛二斗湯浸染得一斛也。比來只以水漬一二宿，不必用湯。漉而炊之，初米正作紅色，蒸過便如紺色。若色不好，亦可淘去，更以新汁漬之，灑溲皆用此汁，惟令飯作正青色乃止。高格曝乾，當三蒸曝，每〔一〕蒸輒以葉汁溲令浥浥。每日可服二升，勿復血食。填胃補髓，消滅三蟲。《上元寶經》云：子服草木之王，氣與神通；子食青燭之津，命不復殞。此之謂也。今茅山道士亦作此飯，或以寄遠。重蒸過食之，甚香甘也。藏器曰：烏飯法：取南燭莖葉擣碎，漬汁浸粳米，九浸九蒸九曝，米粒緊小，黑如瑿珠，袋盛，可以適遠方也。時珍曰：此飯乃仙家服食之法，而今之釋家多於四月八日造之，以供佛耳。造者又入柹葉、白楊葉數十枝以助色，或又加生鐵一塊者，止知取其上色，不知乃服食家所忌也。

【氣味】甘，平，無毒。【主治】日進一合，不飢，益顏色，堅筋骨，能行藏器。益腸胃，補髓，滅三蟲，久服變白却老。蘇頌。○出太極真人法。

明・姚可成《食物本草》卷五穀部・炊蒸類　青精乾䭀石飯䭀音信。䭀之為言飧也，謂以酒、蜜、藥草輩溲而曝之也。亦作䭀。凡內外諸書竝無此字，惟施於此飯之名耳。又名烏飯。其法：取南燭莖葉擣碎，漬汁浸粳米，九浸九蒸九曝，米粒緊小，黑如瑿珠，袋盛，可以適遠方也。此飯乃仙家服食之法，而今之釋家多於四月八日造之，以供佛耳。

青精乾石䭀飯，味甘，平，無毒。日進一合，不飢，益顏色，堅筋骨，能行。益腸胃，補髓，滅三蟲，久服變白却老。

清・王道純《本草品彙精要續集》卷三　青精乾石䭀飯無毒

青精乾石䭀飯：　主日進一合不飢，益顏色，堅筋骨，能行《本草拾遺》。益腸胃，補髓，滅三蟲。久服變白，卻老。《圖經》出《太極真人法言》。【名】烏飯，蘇頌曰：　按陶隱居《登真隱訣》載，太極真人青精乾石䭀飯法，䭀音信，䭀爲言飧也，謂以酒、蜜、藥、草輩溲而暴之也。亦作𥓓，凡內外諸書，並無此字，惟施於此飯之名耳。陳藏器《本草》名烏飯。【色】青黑。【製】蘇頌曰：《登真隱訣》載南燭草木名狀注，見本部本條下，其作飯法：以生白粳米一斛五斗舂治，淅取一斛二斗，用南燭木葉五斤，燥者三斤，亦可雜莖皮煮取汁，極令清冷，以溲米，米釋炊之。從四月至八月末，用新生葉，色皆深；九月至三月，用宿葉，色皆淺，可隨時進退其斤兩。又採軟枝莖皮，于石臼中搗碎，假令四五月中作，可用十許斤，熟舂，以斛三斗湯浸染得一斛也。此來只以水浸一二宿，不必用湯漉而炊之。初米正作紅色，蒸過，便如紺色，若色不好，亦可淘去，更以新汁漬之，曬蒦皆用此汁，惟令飯作正青色乃止，高格曝乾，當三蒸曝，每蒸輒以葉汁溲，令浥浥，每日可服二斤，勿復血食，填胃補髓，消滅三蟲。《上元寶經》云子服草木之王氣與神通；子食青燭之津命不復殞，此之謂也。今茅山道士亦作此飯，或以寄遠。重蒸過，食之甚香甘也。陳藏器曰：烏飯法：取南燭莖葉，搗碎漬汁，浸粳米，九浸九蒸九曝，米粒緊小，黑如瑿珠，袋盛，可以適遠方也。李時珍曰：此飯乃仙家服食之法，而今之釋家多於四月八日造之，以供佛耳。造者又入柹葉、白楊葉數十枚以助色。或又加生鐵一塊者，止知其上色，不知乃服食家所忌也。【味】甘。
【性】平。

清・章穆《調疾飲食辯》卷二　青精飯　出陶隱居《登真隱訣》，云神仙所食，言頗荒誕。《拾遺》曰：烏飯，用南燭枝、葉搗取汁，浸粳米，九浸九蒸九曝，米粒緊小，黑如瑿珠，作飯能益顏色，堅筋骨。按：南燭即南天燭，本腎家補藥，堅筋骨之言或有可信。若今釋家四月八日所作之青精飯，皆用糯米，採雜木葉染成青色，病人斷不宜食。

清・戴葆元《本草綱目易知錄》卷二　烏飯青精飯　甘，平。填胃補髓，消滅三蟲，益顏色，堅筋骨能行，日進一合，久服變白却老。【略】葆按：我婺鄉人於四月八日造飯，復雜以五葷鮮味，拌蒸食。雖適口味，更非服食家所宜。

粥

宋・李昉《太平御覽》卷八五九　糜粥　《周書》曰：黄帝始烹穀為粥。《記》曰：仲秋養衰老，授几杖，行糜粥飲食。行，酒賜也。《釋名》曰：糜，煮米使糜爛也。粥，濯於糜粥粥然也。寒粥，米投寒水中也。《史記》曰：左師觸龍見趙太后曰：食得無衰乎？太后曰：恃粥耳。又曰：陽盧侯趙章病，淳于意診其脉，曰：迵音洞。風。迵風者，五日而死。後七日乃死，曰：其人嗜粥，故中藏實，故過期。又曰：朱桓除餘姚長，遇疫癘，穀食荒貴，桓分部良吏，隱親醫藥，食粥相繼，士民感戴之。

宋・唐慎微《證類本草》卷二六米穀部下品〔唐・陳藏器《本草拾遺》〕
寒食麥人粥　有小毒。主咳嗽，下熱氣，調中。和杏人作之佳也。
〔宋・唐慎微《證類本草》〕《千金方》：治蛟龍病，寒食强餳。開皇六年，有人正月食芹得之，其病發似癇，面色青黄，服寒食强餳二升，日三，吐出蛟龍有兩頭，大驗。

宋・張杲《醫說》卷七　粥能暢胃生津液　張文潛《粥記》贈潘邠老，張安道每晨起食粥一大盌。空腹胃虚，穀氣便作，所補不細，又極柔膩，與腸腑相得，最為飲食之良妙。齊和尚說：山中僧每將旦一粥甚繫利害，如或不食，則終日覺臟腑燥渴，蓋能暢胃氣，生津液也。今勸人每日食粥以為養生之要，必大笑。大抵養生性命求安樂，亦無深遠難知之事，正在寢食之間耳。或者讀之果笑文潛之說。然予觀《史記》，陽虚侯相趙章病，太倉公診其脉曰：法五日死。後十日乃死。所以過期者，其人嗜粥，故中臟實，故過期。師言曰：安穀者過期，不安穀者不過期。由是觀之，則文潛之言又似有證。後又見東坡一帖云：夜飢甚，吳子野勸食白粥，云能推陳致新，利膈養胃。僧家五更食粥，良有以也。粥既快美，粥後一覺不可說。尤不可說。

明・滕弘《神農本經會通》卷四　寒食麥人粥　陳又云：有小毒。主咳嗽，下熱氣，調中。和杏人作之，佳也。

明・方穀《本草纂要》卷六　粥　味甘、淡，氣平，入胃則易化。主扶元氣，大助精神，上輸于脾，水精四布，五經並行，下輸膀胱，通徹小水，清利濕熱。此吾身灌溉臟腑，榮養氣血，有病可用之物也。何期近時醫家，以傷寒有熱而禁絕穀味，致使飲湯不可到口，待熱清而方與食也。殊不知元本有餘，固可禁止，元本不足，反爲所害。不若臨症之時，果視有餘之症，食結中膈，腹滿大熱，大便不通，恐與之食聚成脹滿，誠爲無益，固可禁止。設若元本不足，當此傷寒自汗自利而榮衛空虚，或津液乍亡而元氣不續，或□□返陰而厥逆肢冷，或下後不止而大便遺泄，或汗後不收而津液結燥，或吐後自汗而脉來空脱，或類似傷寒而時行疫症，是皆可食之病類。穀味以養生，豈可禁絕穀味，而不與之食也？至若禁食日久，元本空虚，當下難下，當汗難汗，致使戰而不復，下而生痰，遂致不救之患也。亦不知粥食之甚美，元虚之人，發汗而汗不來，飲可以助汗，行下而下不行，飲可以助下，此汗下之不可無者，而况於禁止之者乎？

明・王文潔《太乙仙製本草藥性大全》卷四《仙製藥性》 寒食麥仁粥有小毒。主咳嗽，下熱氣，調中，和杏仁作之佳也。 寒食飯：主滅瘢痕。有舊瘢及雜瘡，並細研傅之。飯灰主病後食勞。 補註：治蛟龍瘕，寒食餳三升，每服五合，一日三服，遂吐出蛟龍，有兩頭及尾也。

明・李時珍《本草綱目》卷二五穀部・造釀類 粥《拾遺》

〔釋名〕糜時珍曰：粥字象米在釜中相屬之形。《釋名》云：煮米爲糜，使糜爛也。粥濁於糜，育育然也。厚曰饘，薄曰酏。

小麥粥 〔主治〕止消渴煩熱時珍。

寒食粥用杏仁和諸花作之。 〔主治〕咳嗽，下血氣，調中藏器。

糯米○秫米○黍米粥 〔氣味〕甘，温，無毒。 〔主治〕益氣，治脾胃虚寒，泄痢吐逆，小兒痘瘡白色時珍。

粳米○秈米○粟米○粱米粥 〔氣味〕甘，温、平，無毒。 〔主治〕利小便，止煩渴，養脾胃時珍。

〔發明〕時珍曰：按羅天益《寶鑑》云：粳、粟米粥，氣薄味淡，陽中之陰也。所以淡滲下行，能利小便。韓忞《醫通》云：一人病淋，素不服藥。予令專啖粟米粥，絶去他味。旬餘減，月餘痊。此五穀治病之理也。又張耒《粥記》云：每晨起，食粥一大碗。空腹胃虚，穀氣便作，所補不細。又極柔膩，與腸胃相得，最爲飲食之妙訣。齊和尚説：山中僧，每將旦一粥，甚繫利害。如不食，則終日覺臟腑燥涸。蓋粥能暢胃氣，生津液也。大抵養生求安樂，亦無深遠難知之事，不過寢食之間爾。故作此勸人每日食粥，勿大笑也。又蘇軾帖云：夜飢甚。吴子野勸食白粥，云能推陳致新，利膈益胃。粥既快美，粥後一覺，妙不可言也。此皆著粥之有益如此。諸穀作粥，詳見本條。古方有用藥物、粳、粟、粱米作粥，治病甚多。今略取其可常食者，集於下方，以備參考云。

赤小豆粥：利小便，消水腫脚氣，辟邪癘。 緑豆粥：解熱毒，止煩渴。 御米粥：治反胃，利大腸。 薏苡仁粥：除濕熱，利腸胃。 蓮子粉粥：健脾胃，止泄痢。 芡實粉粥：固精氣，明耳目。 菱實粉粥：益腸胃，解内熱。 栗子粥：補腎氣，益腰脚。 薯蕷粥：補腎精，固腸胃。 芋粥：寬腸胃，令人不飢。 百合粉粥：潤肺調中。 蘿蔔粥：消食利膈。 胡蘿蔔粥：寬中下氣。 馬齒莧粥：治痹消腫。 油菜粥：調中下氣。 莙薘菜粥：健胃益脾。 波薐菜粥：和中潤燥。 薺菜粥：明目利肝。 芹菜粥：去伏熱，利大小腸。 芥菜粥：豁痰辟惡。 葵菜粥：潤燥寬腸。 韭菜粥：温中暖下。 葱豉粥：發汗解肌。 茯苓粉粥：清上實下。 松子仁粥：潤心肺，調大腸。 酸棗仁粥：治煩熱，益膽氣。 枸杞子粥：補精血，益腎氣。 薤白粥：治老人冷利。 生薑粥：温中辟惡。 花椒粥：辟瘴禦寒。 茴香粥：和胃治疝。 胡椒粥、茱萸粥、辣米粥：並治心腹疼痛。 麻子粥、胡麻粥、郁李仁粥：並潤腸治痹。 蘇子粥：下氣利膈。 竹葉湯粥：止渴清心。 猪腎粥、羊腎粥、鹿腎粥：並補腎虚諸疾。 羊肝粥、鷄肝粥：並補肝虚，明目。 羊汁粥、鷄汁粥：並治勞損。 鴨汁粥、鯉魚汁粥：並消水腫。 牛乳粥：補虚羸。 酥蜜粥：養心肺。 鹿角膠入粥食，助元陽，治諸虚。 炒麪入粥食，止白痢。 燒鹽入粥食，止血痢。

明・姚可成《食物本草》卷五穀部・炊蒸類 粥一名糜。煮米為糜，使糜爛也。厚曰饘，薄曰（飩）〔酏〕。諸穀作粥，詳見本條。更有藥物、果品作粥。能治諸病，略具於後。

小麥粥：止消渴煩熱。 寒食粥：用杏仁和諸花作之。主咳嗽，下血氣，調中。 糯米、秫米、黍米粥：味甘，溫，無毒。主益氣，治脾胃虚寒，洩痢吐逆，小兒痘瘡白色。 粳米、秈米、粟米、粱米粥：味甘，溫、平，無毒。主利小便，止煩渴，養脾胃。○按羅天益《寶鑑》云：粳、粟米粥，氣薄〔味淡，陽〕中之陰也。所以淡滲下行，能利小便。〔一人病〕淋，素不服藥。醫令專啖粟米粥，絶去他味。旬餘減，月餘痊。此五穀治病之理也。又張耒《粥記》云：每晨起，食粥一大椀。空腹胃虚，穀氣便作，所補不細。又極柔膩，與腸胃相得，最為飲食之妙訣。齊和尚説，山中僧，每將旦一粥，甚繫利害。如不食，則終日臟腑燥涸。蓋粥能暢胃氣、生津液也。大抵養生求〔安〕樂，亦無深遠難知之事，不過寢食之間爾。故作此勸人，每日食粥，勿大笑也。又蘇軾帖云：夜飢甚。吴子野勸食白粥，云能推陳致新，利膈益胃。粥既快美，粥後一覺，妙不可言也。此皆著粥之有益如此。 赤豆粥：利小便，消水腫脚氣，辟邪厲。 緑豆粥：解熱毒，止煩渴。 御米粥：即罌粟粥。 治反胃，利大腸。 薏苡仁粥：除溼熱，利腸胃。 蓮子粉粥：健脾胃，止洩痢。 芡實粉粥：固精氣，明耳目。 菱實粉粥：益腸胃，解內熱。 栗子粥：益腸胃，補腎氣，益腰脚。 薯蕷粥：即山藥粥。 補腎精，固腸胃。 芋粥：寬腸胃，令人不飢。 百合粥：潤肺調中。 蘿蔔

〔粥〕：〔消〕食利膈。　波菜粥：和中潤燥。　茯苓〔粉粥〕：〔清上實下〕。〔松〕子仁粥：潤心肺，調大腸。　胡麻粥、麻仁粥：竝潤腸治痹。

蘇子粥：下氣利膈。　竹葉湯粥：止渴清心。

明・施永圖《本草醫旨・食物類》卷二　粥　小麥粥：治：止消渴煩熱。　寒食粥：用杏仁和諸花作之。治：咳嗽下血，益氣調中。　糯米、秫米、黍米粥：味：甘，溫，無毒。治：益氣，治脾胃虛寒，泄痢吐逆，小兒痘瘡白色。　粳米、秈米、粟米、粱米粥：味：甘，平，溫，無毒。治：利小便，止煩渴，養脾胃。粟米粥：氣薄，味淡，陽中之陰也，所以淡滲下行，能利小便。一人病淋，素不服藥，予令專啖粟米粥，絕去他味，旬餘減，月餘痊，此五穀治病之理也。每晨起食粥一大碗，空腹胃虛，穀氣便作，所補不細，又極柔膩，與腸胃相得，最為飲食之妙訣。赤小豆粥：利小便，消水腫，脚氣，辟邪癘。　綠豆粥：解熱毒，止煩渴。

御米粥：治反胃，利大腸。　蘿蔔粥：消食利膈。　薏苡仁粥：除濕熱，利腸胃。　胡蘿蔔粥：寬中下氣。　蓮子粉粥：健脾胃，止洩痢。馬齒莧粥：治痹，消腫。　芡實粉粥：固精氣，明耳目。　油菜粥：調中下氣。　菱實粉粥：益腸胃，解內熱。　碁蓬菜粥：健胃益脾。　粟子粥：補腎氣，益腰脚。　波蔆菜粥：和中潤燥。　薯蕷粥：補精，固腸胃。　薺菜粥：明目利肝。　芋粥：寬腸胃，令人不飢。　芹菜粥：去伏熱，利大小腸。　百合粉粥：潤肺調中。　芥菜粥：豁痰辟惡。葵菜粥：潤燥寬腸。　花椒粥：辟瘴禦寒。　韮菜粥：溫中暖下。茴香粥：和胃治疝。　葱豉粥：發汗解肌。　蘇子粥：下氣利膈。茯苓粉粥：清上實下。　竹葉湯粥：止渴清心。　松子仁粥：潤心肺，調大腸。　枸杞子粥：補精血，益腎氣。　酸棗仁粥：治煩熱，益膽氣。

薤白粥：治老人冷痢。　胡椒粥、茱萸粥、辣米粥：並治心腹疼痛。麻子粥、胡麻粥、郁李仁粥：並潤腸，治痹。　生薑粥：溫中辟惡。　酥蜜粥：養心肺。　猪腎粥、羊腎粥、鹿腎粥：並補腎虛諸疾。　羊肝粥、鷄肝粥：並補肝虛明目。　牛乳粥：補虛羸。　羊汁粥、鷄汁粥：並治勞損。　鴨汁粥、鯉魚汁粥：並消水腫。　鹿角膠入粥食，助元陽，治諸虛。　炒麪入粥食，止白痢。○燒鹽入粥食，止血痢。

清・王逊《藥性纂要》卷三　粥　【略】東圃按：仲景云：穀入於胃，脉道乃行。水入於經，其血乃成。汗者，本乎水穀之精氣也。人以水穀入胃，薰蒸津液以資生，擠泌糟粕渣滓，而出於二便。日用之際，有穀不可無水，有水不可無穀，是以謂之飲食。然各隨己之量，而因時以節度，故不可失時而飢渴，亦不可縱口而過傷，過與不及，皆致成病。若在病中，飲食尤宜善調，一須病人自己量腹而節所受，一須調理病者之人善為體貼而予之得當。若不當飲食而強進，則非惟無益而有損。當進而不進，則胃無取資，而中氣益虛。予見近時人稟益薄，即微有感冒，多因勞傷裏虛而致。每見人俱謂停食外感，不拘四時，輒號傷寒，無分老少，皆為禁食，遂令輕病日重，重病就危，乃求益於參、朮，而仍不講飲食調理之法，以致夭其天年，豈不可歎。要知外受風寒，內停飲食而病者，謂之兩感，其人必身熱無汗，不大便或胸滿腹脹；傷食必惡食，若不惡食而思食者，雖有外邪，即不大便，亦未可竟為絕粒，但以糜粥養之，所謂大氣一轉，邪氣乃散也。羅天益《寶鑑》云：粳、粟米粥氣薄味淡，陽中之陰也。所以淡滲下行，能利小便。韓悉《醫通》云：一人病淋，素不服藥。予令專啖粟米粥，絕去他味，旬餘減，月餘痊。此五穀治病之理也。張來《粥記》云：每晨起食粥一大椀，空腹胃虛，穀氣便作所補不細，又極柔膩，與腸胃相得，最為飲食之妙訣。大抵養生求安樂，亦無深遠難知之理，不過寢食之間耳。古方用藥物，粳、粟、粱米作粥治病甚多，今取其可常食者，集於下以備条考云。【略】

東圃曰：穀入於胃，五藏六府皆受其氣以養之，飯耐飢而緩於運化，粥易消而速於流行，故以藥入粥相引同行於熟由之徑，如置郵傳命也。且憚煩服藥者，用此無苦口之難，而得暗助之力，雖頻不厭，誠良法耳。

清・浦士貞《夕庵讀本草快編》卷三　粥《拾遺》、糜　粥字象米在釜中相屬之形，使糜爛為佳也。粥始于黃帝，所謂糜饘是也。諸穀俱可作粥，惟粳粟者為佳。取其味淡氣薄，陽中之陰，上可以悅脾暢胃，下可以利便治淋。故張耒記曰：晨起食粥，所補不細。齊和尚亦曰：日不飲粥便覺臟腑燥涸。東坡帖云：吳子野勸食白粥，謂能利膈益胃，粥既快美，粥後一覺，妙不可言。雖皆譽其功，然亦有所本也。天正之日以粥養幼穉，仲秋之月以粥益衰老。周公相武王，因其雪也，而却寒之粥可進。顏子從尼父，雖云貧也，而陋巷之饘粥可供。大抵頤養之士，欲求安樂，亦無深遠難知之事，不過寢食之間得宜耳。況澹泊可以明志，飧粥可以糊口。顏魯公乞米帖云：生計當疎，舉家食粥數日。秦少游每對人言：食貧甚苦，闔門啖粥多時。范文正劃粥勤讀，梁簡文設粥待士。蓋儉以養廉，適足砥礪其品，以成其學也。至若赤粱粥可以供御而尚食；白膏粥可以祈神而得蠶；防風粥賜于金鑾，而翰林之齒頰俱香；桃花粥煮于寒食，而洛陽之風土稱勝。則知粥有光于編簡，豈徒充腹而已哉？

清·吴儀洛《本草從新》卷四　粥　糯米、秫米、黍米〔補氣溫胃。〕甘，溫。益氣。治脾胃虛寒，泄痢吐逆，小兒痘瘡白色。

附：糯米、秈米、粟米、粱米粥〔補氣養胃，利小便。〕甘，平。益氣，養脾胃，利小便，止煩渴。《衛生寶鑑》〔羅天益《衛生寶鑑》。〕云：糯粟米粥，氣薄味淡，陽中之陰也，所以淡滲下行，能利小便，韓忞《醫通》云：一人病淋，素不服藥，予令專啖粟米粥，絕去他味，旬餘減，月餘痊。此五穀治病之理也。又《粥記》〔張來《粥記》。〕云：每晨起食粥一大碗，空腹胃虛，穀氣便作，所補不細，又極柔膩，與腸胃相得，最為飲食之妙訣。齊和尚說山中僧，每將旦一粥，甚繫利害，如不食則終日覺臟腑燥涸。蓋粥能暢胃氣，生津液也。蘇軾帖云：夜飢甚，吴子野勸食白粥，云能推陳致新，利膈益胃，粥既快美，粥後一覺，妙不可言也。一種痰飲之人，不宜食之。嘉言曰：粥飲之，化為痰甚易。予每晨食粥甚覺合宜，夜膳進粥即不爽快，正以粥易成痰。早晨行陽二十五度，不致成痰，即得粥之益；晚間行陰二十五度，即易成痰，則受粥之害。一物也，早晚宜否之異如此，亦見修養家過午不食，為有理也。

題清·徐大椿《藥性切用》卷六　糯米粥　性味甘溫，溫胃益氣，除脾胃虛寒，止泄瀉吐逆，為溫養胃氣妙品。粳米粥，甘平益氣，養胃除煩，止渴利溲，為資生化育神丹。

清·章穆《調疾飲食辯》卷一　白粳米粥、白秈米粥：《爾雅》作鬻，糜也。郭注曰：淖糜。又曰：餬，饘也。郭注曰：糜也。邢疏曰：稠者曰糜，淖者曰鬻。饘餬是其別名。《左傳》曰：饘於是，鬻於是，以餬其口。劉熙《爾雅》釋名曰：煮米使糜爛也。故凡食粥，必須久煮極爛，使無完米。性能養脾胃，生津液，利小便，消脹滿，調中健脾，除煩止渴，利膈益氣，推陳致新。萬症皆宜，平人亦妙，其功不可殫述。《綱目》曰：每早食粥，胃中空無他雜物，穀氣先入，所補不細。又極柔膩，與腸胃相得，最為飲食妙品。薄者為淖，凡病腹中氣脹，小便不利，渴者，煩者，水泄者，及表虛不能大發汗者，乘熱儘量啜之，初覺脹滿，轉瞬即快然矣。厚者為饘、為餬，凡病脾胃虛寒嘔泄者，乘熱漸次啜之，其效皆捷於藥餌。又極虛久泄腸滑，隨食隨出，百藥不能止者，作夾飲粥，食之即止。其法：用未經油膩瓦罐入米煮，俟米熟汁出，撈去米，再入米煮極稠食之。是兩次米汁俱在一粥之中，真能回元氣於無有之鄉。此而不效，乃真死症也。無識之醫，乃為首禁，謂其堵氣。詎知其為行氣通腸，利水消脹之第一物乎。故凡病未必遂無生機，無奈醫者禁其食粥，又不能食乾飯，則胃氣空虛，病必日甚。胃虛不能宣布傳達，則藥必無功。加以炒米湯，則胃氣死矣。明理之人，廣為傳說，俾病人不致餓死，其功德必無量也。又粥之愈疾，全在於熱。出鍋即啜，啜時自覺陽和滿腹，遍身汗意津津，乃有奇效。若稍冷，則真能堵氣，慎不可啖。又熱飲能解誤服大黃，冷飲能解誤服巴豆，均有神驗。　粟米粥：性能養脾胃，百病不忌。與秈米、粳米同，而粟熟於秋末冬初，秉清涼之氣。故《別錄》曰：養腎，去脾胃中熱，利小便，解煩渴。又治熱痢、熱淋。韓忞《醫通》曰：有人病淋，不肯服藥，予令專啖粟米粥，絕去他味，旬餘減，月餘痊。觀此，則凡病症屬熱者，宜多啖之。　秫米粥：性雖黏滯，煮為粥則易消，能清肺中百藥不能清之熱。《靈樞》治多年不寐，半夏湯中用之，取其益陰而清肺也。血淋、血痢、肺癰、肺痿、熱、渴、煩、汗等症，均宜多食，中寒者切忌。　糯米粥：秉秋金之氣而成，質又黏滯，故性寒。功專補肺，治肺虛熱欬。惟其補肺，故又能固表，肺主皮毛也。肺虛表熱，漏汗不止最宜。肺寒欬嗽，表邪未散，脾虛飲食不化切忌。而《別錄》謂其溫中令人多熱，《綱目》乃誤信之，力詆《圖經》《食療》性寒之說，為謬。至謂冷泄病及老人便數，皆食糯米即止，謬極，萬不可信。　綠豆粥：主解熱毒，止煩渴。凡病稍近熱者，無不宜之。平人暑月常食此粥，亦極佳。　大麥米粥：磨如粟米大煮粥，主寬中下氣。和熟蜜少許代茶飲，治淋痛。出《聖惠方》。又久食治皮裏膜外水氣。出《聖濟總錄》。

粥能滋養，虛實百病固已。若因病所宜，用果、菜、魚、肉及藥物之可入食料者同煮食之，是飲食即藥餌也，其功更奇更速。方書所載甚多，摘錄數十種於後。　葱白粥：細切葱白，俟粥將成時投入，煮熟熱啜取汗，主散表寒，行氣。又主胃寒嘔吐、泄瀉，氣痢，腹痛。葱不宜過多。　薤白粥：主奔豚冷氣，胃寒吐逆，胸脇脹痛，老人冷痢。氣實者略煮帶生，虛人煮極熟用。　生薑粥：主散表寒。又主胃寒吐逆，上氣乾嘔。又《奇效方》有神仙粥法，治感冒風寒，暑濕頭疼、骨痛，四時疫氣流行初起。用糯米半合，生薑五大片搗爛，共入沙鍋內，水二升，煮至米熟，入連鬚葱十數莖，再煮稠，加真米醋二三匕。乘熱啜，溫覆取汗。　花椒粥：川產最妙，隨處土產者亦可用，但宜陳耳。研末，纖少入粥，主胸腹脹滿，冷痢刺痛。又主蚘蟲上膈，煩躁吐涎。　蘇子粥：　微炒研末入粥，主上氣喘急，肺寒欬嗽，乾欬無痰，或用紫蘇嫩葉切碎入粥，更能散寒。又消胎氣脹滿，行婦人一切血中之氣。　杏仁粥：　去衣炒研入粥，主治同上。或加蘇子。　萊菔粥：　主消食利膈，痢疾腹痛，裏急後重。無萊菔時，以子炒研去油代之。或乾萊菔絲切碎入粥亦妙。　菠薐粥：　切碎入粥煮爛，主大便燥結。　芥子粥：　炒研去油入粥，主豁痰利氣。痰氣甚者，芥子取辣用。取辣法：　生芥子研末，以瓷甌入沸湯內泡熱，盛芥子，溫水調如糊，濕紙封口，覆地上半刻許，取出辣如新芥菜。　麻仁粥：　主津枯便閉。用火麻子炒，去殼研末入粥。或加皂角子炒熟同研。能治大腸風閉。皂角子減三之二。　脂麻粥：　用黑脂麻炒，研極細入粥。不細則敗脾作泄。主治同上。又主乾欬無痰。痰清者忌食。　葱豉粥：　主發散表寒。　赤小豆粥：　即飯豆，主利小便，消水腫。又治脚氣，用赤小豆多米二三倍，先煮爛，撈去豆，然後入米煮食。　薏苡仁粥：　亦須多用苡仁，如煮赤豆粥法。主除濕，利腰脚。然性專下行，故久食令人身重，降令太過也。《本草》乃云久服輕身，不可悞信。　郁李仁粥：　主消水腫，潤腸通痹。　酸棗仁粥：　主膽虛煩熱不寐，炒熟研末入粥。　小麥粥：　主寧神斂汗，止渴除煩。先煮小麥熟，撈去麥，取汁入米，煮粥食。陳者良。　蓮子粉粥：　主健脾胃，止精滑泄利，氣虛者用白蓮，氣血兩虛者用紅蓮，去皮、心研為粉，同米煮。氣滯中滿，及大便濇者忌食。　芡實粉粥：　功用同上，力遠不及。　菱實粉粥：　主益氣健脾，厚腸胃，止暑泄，氣滯者忌食。　薯蕷粉粥：　主益氣健脾，固精滑，止久泄。氣滯者、便難者皆忌食。　金櫻子粥：　先用金櫻子煮濃汁，布巾濾去渣，入米煮粥。主腎虛精滑，泄利脫肛，婦人產後子腸不收。　百合粥：　主補脾肺，止虛汗、虛泄，定虛喘、虛嗽。　芋粥：　用生芋細切如芡實大，同米煮。主寬腸胃，益脾氣，消虛腫，氣滯者忌食。　藕粉粥：　主補心脾，澀精滑，及婦人產後血虛、血滯。內熱人忌食。　葛粉粥：　主熱病後津液不回，口中燥渴。此物能引津液上潮於口。生者尤佳。又解酒毒。　麥門冬粥：　用麥門冬杵爛，先煮濃汁去渣，入米煮。主熱病後氣虛，呼吸微弱熱則傷氣，及津液不回，咽乾口渴，心煩不寐。又主肺熱久嗽、虛喘、虛汗。　天門冬粥：　煮法如麥冬粥。主潤腎燥，治老人痰嗽，及少年人乾欬。又補腎虛，治相火上炎，虛熱，虛汗。　黃精粥：　切碎同米煮，主一切諸虛百損，不拘陰陽氣血衰憊，無不宜之。　黃耆粥：　用北地真箭耆，味甜如蜜者，煮濃汁去渣，入米煮粥。主表虛自汗，痘疹不起，癰疽內潰，不能成漿，及一切虛陽下陷，子腸不收，脫肛等症。　龍眼粥：　主安心神，定魂魄，斂汗液。內有火者禁用。　膃肭臍粥：　主陽痿不舉，精寒無子，火衰溏泄，及一切腎虛之症。　海參粥：　主一切腎陰虧損之症。　燕窩粥：　主一切氣虛及表虛之症。　人參粥：　主一切脾肺氣虛之症。　猪腎、羊腎、鹿腎粥：　主一切腎虛之症。鹿為最，羊次之，猪又次之。　猪肝、羊肝、雞肝粥：　並主肝虛目暗，多年冷淚，瞳人散大，羞明怕日等症。羊為最，雞次之，猪又次之。　羊汁、雞汁粥：　並主勞損，又大補產後蓐勞。血分有火者禁用。又大補瘦人，肥人禁用。　鴨汁粥：　主虛勞，肺熱欬嗽，肺癰，肺痿等症，又消水腫。　鯉魚汁粥：　專消水腫，一觔以上者佳，愈大愈妙。勿去鱗。　牛乳、羊乳粥：　大補陰血，八月以後佳，春夏勿用。　酥蜜粥：　南方酥不可得，以牛、羊乳代之。酥宜多，蜜半之。又蜜須煉至滴水成珠，方同米煮。主養心肺，潤藏府燥涸，及一切津枯血少。又主肺虛久嗽，乾欬無痰。　炒麪粥：　見前小麥下。　茴香粥：　平肝和胃，治胸脇脹痛，疝氣偏墜，研末入粥。　甘菘粥：　研末入粥，主胃寒作嘔，脾氣不運。又最能引胃氣上升，令病人思食。　橘皮粥：　用陳廣橘皮研末入粥，或漳州餹餞橘餅切碎，同米煮。治脾氣不運，食物作脹。　石灰粥：　炒石灰和些須入粥，其味甚甘。然大熱，能令人吐血、衄血、便血，不宜久食。惟寒濕作脹，腹中窄狹者，暫食最佳。

右所列粥五十餘種，大半出《本草綱目》，非杏雲老人剏造也。然實散見各書，乃歷古相傳之舊法，亦不自《綱目》始也。《素問・玉機真藏論》曰：　粥漿入胃，泄注止，則虛者活，是以粥代參耆也。《傷寒論》桂枝湯方後曰：　啜熱稀粥一升，以助藥力，取微似汗，是以粥代麻黃、葛根也。神明變化，觸類引伸，雖千百種亦奚不可？其各種粥，通用白粳米或秈米，惟熱病用粟米，表虛、肺熱用糯米、秫米。妙用總在熱啜，尤須久煮極爛。蓋諸藥溫涼補瀉，性各不同，一飲下咽，總由胃氣傳布，病人胃氣既不能速行，停留片刻，藥之氣味即殊。試觀平人飲食，偶有不順，轉瞬噯出，即成酸水。故凡用藥，行速則有功，行遲則無力。古法所以有人行十里、五里、一里之限也。若其停蓄不行，變為酸水，尚何功效之與有。惟以穀氣助其胃，以熱氣速其行，而桴鼓之應，乃迥非湯劑所能及。此古人用粥治病之精理，千載無人道破者也。即使不以粥為藥，亦必以食為天。水之與穀，實後天生命之原，無水穀，安望有生乎。今日禁人食粥之醫，謂其堵氣。請問此語見於何書、何人所說？爾自閲歷以來，曾見何人受粥之害。蓋彼不過借醫糊口，何曾讀書，不過人云亦云，何曾實有所見。雖死者目接於目，猶以為死於病耳。烏知其橫遭餓死哉。願遍天下醫人，平心細繹之，清夜猛省之。

麨

明・王文潔《太乙仙製本草藥性大全》卷四《仙製藥性》 糗　除寒中熱渴，更實大腸。　補註：糗一名麨昌少切。味酸，寒。和水服之解熱煩，止洩，實大腸，壓石熱，止渴。河東人以麥爲之，麄者爲乾糗糧。東人以粳米爲之，炒乾磨而成也。

明・李時珍《本草綱目》卷二五穀部・造釀類　麨尺沼切。○《拾遺》。校正：原附粟下，今分出。

【釋名】糗去九切。時珍曰：麨以炒成，其臭香。故糗從臭，麨從炒省也。劉熙《釋名》云：糗，齲也。飯而磨之，使齲碎也。　【集解】恭曰：麨蒸米、麥熬過，磨作之。藏器曰：河東人以麥爲之，北人以粟爲之，東人以粳米爲之，炒乾飯磨成也。粗者爲乾糗糧。

米麥麨　【氣味】甘、苦，微寒，無毒。藏器曰：酸，寒。　【主治】寒中，除熱渴，消石氣蘇頌。和水服，解煩熱，止泄，實大腸藏器。炒米湯：止煩渴時珍。

明・姚可成《食物本草》卷五穀部・炊蒸類　麨尺沼切。一名糗。河東人以麥為之，北人以粟為之，東人以粳米為之，炒乾飯磨成也。粗者為乾糗糧。

米麥麨：味甘、苦，微寒，無毒。主寒中，除熱渴，消石氣。和水服，解煩熱，止洩，實大腸。炒米湯：止煩渴。

清・章穆《調疾飲食辯》卷二　麨　《爾雅》曰糗。《孟子》曰：舜之飯糗茹草。《爾雅》釋名曰：糗，齲也。飯而磨之，使齲齒也。按：此或米或麥皆可作。吾鄉以粳米蒸為飯，曝乾炒之，名曝米。或冬月蒸糯米，俟凍過，然後曝炒，名凍米。或以大麥生炒，不必蒸曝，名焦麥，均可。磑為細麪，湯泡，加餹蜜食。不再炊煮，取其便也，故為舜微時所食。焦麥粉久食，最消腹中氣脹。《拾遺》曰：性能健脾胃，解煩熱，止泄利，實大腸。蓋味甘氣香，為脾胃之所愛，而與炒米之失其本性者，不可同年而語也。惟糯米作者難化。又固表，外感及中虛人忌之。俗以脂麻、黑豆、早糯米同磨粉食，名三合粉。云甚益人，則極不知物理者，詳早糯米下。

清・戴葆元《本草綱目易知錄》卷二　麨糗　米麥麨，甘、苦，微寒。【略】葆按：吾鄉以糯米為之，宜退火食，免熱。　粳米炒湯泡食，止煩渴，暢脾胃，進飲食。磨粉，和消補藥，健土益五臟，小兒宜之。　糯米炒湯泡食，厚腸胃，實大腸，耐飢補氣。磨粉，水調服，固氣止瀉，堅大便，縮小便。葆增：俱宜退火食。糯米者，中滿證忌。

麪食

明・姚可成《食物本草》卷五穀部・炊蒸類　饅頭諸葛武侯任孟獲，或曰蠻方多邪術禱神，假陰兵以助之，故彼俗殺人，以其頭祭神。而武侯繇此，惟用羊、豕炙，裹麪以象人頭祀神，故謂之饅頭自此始。○小麥麪和以村醪澄底濃厚者為之，謂之籠炊，輕鬆適口。今世賓筵所不可缺。

饅頭：味甘、辛。主益脾胃，和臟腑。燒灰存性，消麪積。　餛飩：以水和麪作皮，包菜、肉、糖、蜜等餡，湯炊煮熟，象混沌不正之義。今俗祀先者多用之。餛飩，味甘。五月五日吞五枚，壓鬼邪。六月六日以茄作餡食之，療百疾。　飥餎：以麪團煮熟食之，曰麪飥餎。飥餎，味甘。食之，養胃充飢，易於消化，多食不傷。

清・章穆《調疾飲食辯》卷二　小麥麪索　米粉索壅氣，麪索似不壅氣。然未經發酵，令人作渴。多飲茶水，必破脾作泄，甚為腹胃之害。今人每遇有病，不論內傷、外感，必食此物。多入胡椒，辣味至不堪入口，云可以發散。甚或每日食之。其後雖遇明醫，無可解救。而愚俗習為故常，不知歸咎。五十年中，見死於此者，蓋不止千百人矣。願舉世醫人、病人猛省之，切戒之。推原其所以相習成俗之故，蓋以病之中人，重症少，輕症多。輕症遇此，不過加重幾分，未必盡死，遂自以為得計。若其症本重，未解表先傷其胃氣，刼其營血，不死奚待哉。又市肆擀為薄餅，切作條者，名切麪。其助熱發渴，傷中作泄之害同。又平人、病人食索麪，不助熱，不發渴法：煮須極熟，令如糜，則受水足，入胃中不能復受水，津液不被其滲，故不發渴，且受調和，又須略入醋一二匕，則麪有所制，不助熱，且倍添滋味。又須少用油，則不滑泄。今人食麪，群嗜生食，好油膩，必不肯用醋，不可解也。

餺飥　或作飦飥，又作不托。以小麥麪入少油作餅，内包葱、韭，或餹或肉，煠食之，即《餅賦》牢九之類也。《丹鉛錄》曰：《餅賦》本作牢丸，乃湯餅也。《酉陽雜俎》有籠上牢丸，湯中牢丸。蘇文忠誤以真一酒對牢九具。然《歸田錄》引《餅賦》饅頭、薄持、起溲、牢九，作久近之久，安知段成式非誤以牢九為牢丸。吾鄉呼燒餅，亦曰火燒。觀其名，知性之熱矣。雖無大損，不宜多食。

餛飩：　餛亦作餫。以小麥麪和綠豆粉作薄皮。包葱、韭或肉，瀹食。或不用包，切肉、菜如糜，和綠豆粉為丸，入湯瀹之。其來亦古，唐宋時有蕭家餫飩、庾家餫飩。每晨食之，謂之頭腦湯。雖無甚益，然湯瀹則不熱不滯，必無損也。

糕

明・李時珍《本草綱目》卷二五穀部・造釀類　餻《綱目》

【釋名】粢時珍曰：　餻以黍、糯合粳米粉蒸成，狀如凝膏也。單糯粉作者曰粢。米粉合豆末、糖、蜜蒸成者曰餌。《釋名》云：　粢，慈軟也。餌，而也，相粘而也。揚雄《方言》云：餌謂之餻，或謂之粢，或謂之餘，音令，或謂之餣，音浥。然亦微有分别，不可不知之也。

【氣味】甘，温，無毒。時珍曰：　粳米餻易消導。粢餻最難克化，損脾成積，小兒尤宜禁之。　【主治】粳餻：　養胃厚腸，益氣和中。○粢餻：　益氣暖中，縮小便，堅大便，效。○時珍。

【發明】時珍曰：　晚粳米餻，可代蒸餅，丸脾胃藥，取其易化也。糯米粢，可代糯糊丸丹藥，取其相粘也。九日登高米餻，亦可入藥。按《聖惠方》治山瘴瘧有餻角飲：　九月九日取米餻角陰乾半兩，寒食飯二百粒，豉一百粒，獨蒜一枚，恒山一兩，以水二盞，浸一夜，五更煎至一盞，頓服，當下利爲度。

【附方】新一。　老人泄瀉：　乾餻一兩，薑湯泡化，代飯。《簡便方》。

明・應麐《食治廣要》卷八　糕粽子附。　氣味：　甘，溫，無毒。粳米者，養胃厚腸，益氣和中。糯米者，名粢糕，最難尅化，損脾傷胃，小兒尤宜禁之。又，粽子亦粘滯難化，不可多食，老人、小兒更忌。

明・姚可成《食物本草》卷五穀部・炊蒸類　餻一名粢。餻以黍、糯合粳米粉蒸成，狀如凝膏也。單糯粉作者曰粢。米粉合豆末、糖、蜜蒸成者曰餌。

餻：　味甘，溫，無毒。　粳餻：　養胃厚腸，益氣和中。　粢餻：　益氣暖中，縮小便，堅大便。粳米餻易消導。粢餻最難尅化，損脾，或成積，小兒尤宜禁之。

明・孟笨《養生要括・穀部》　糕　味甘，溫，無毒。粳糕養胃厚腸，益氣和中。糯糕益氣暖中，縮小便，堅大便，效。粳者易消，糯者難化。

明・施永圖《本草醫旨・食物類》卷二　糕以黍糯合粳米磨粉而成者。又以粢米粉合豆末、糖、蜜蒸成者，曰餌。　味：　甘，溫，無毒。粳米糕易消導，粢糕難尅化，損脾或積，小兒尤宜禁之。　粳糕：　養胃厚腸，益氣和中。　粢糕：　益氣暖中，縮小便，堅大便，效。

附方　老人泄瀉：　乾糕一兩，薑湯泡化，成飯。

清・趙學敏《本草綱目拾遺》卷八諸穀部　陳久年糕　燒灰治痢。

寒具

宋・李昉《太平御覽》卷八六〇　寒具　《周禮》曰：　朝事之籩。〔其實麷蕡。〕鄭司農云：　朝事，謂清朝未食，先〔進〕寒具口實之籩。　《通俗文》曰：　寒具，謂之餲。　桓譚《新論》曰：　孔子，匹夫耳。而晫然名著，至其冢墓，高者牛羊雞豚而祭之，下及酒脯、寒具，致敬而去。　張逸《遺令》曰：　閉口寒具不得入。

明・李時珍《本草綱目》卷二五穀部・造釀類　寒具《綱目》

【釋名】捻頭錢乙　環餅《要術》　饊時珍曰：　寒具冬春可留數月，及寒食禁煙用之，故名寒具。捻頭，捻其頭也。環餅，象環釧形也。饊，易消散也。服虔《通俗文》謂之餲，張揖《廣雅》謂之粰梳，《楚辭》謂之粔籹，《雜字解詁》謂之膏環。　【集解】時珍曰：　《錢乙方》中有捻頭散，葛洪《肘後》有捻頭湯，醫書不載。按鄭玄注《周禮》云：　寒具，米食也。賈思勰《要術》云：　環餅一名寒具，以水溲，入牛羊脂和作之，入口即碎。林洪《清供》云：　寒具，捻頭也。以糯粉和麪，麻油煎成。以糖食之，可留月餘，宜禁煙用。觀此，則寒具即今饊子也。以糯粉和麪，入少鹽，牽索紐捻成環釧之形，油煎食之。劉禹錫《寒具詩》云：　纖手搓成玉數尋，碧油煎出嫩黃深。夜來春睡無輕重，壓褊佳人纏臂金。

【氣味】甘，鹹，温，無毒。　【主治】利大小便，潤腸，温中益氣時珍。

【附方】新二。　錢氏捻頭散：　治小兒小便不通。用延胡索、苦楝子等分，爲末。每服半錢或一錢，以捻頭湯食前調下。如無捻頭，滴油數點代之。《錢氏小兒方》。　血痢不止：　地榆曬研爲末。每服二錢，摻在羊血上，炙熱食之，以捻頭煎湯送下。或以地榆煮汁，熬如飴狀，一服三合，捻頭湯化下。

明·應麐《食治廣要》卷八　寒具　氣味：甘、鹹，溫，無毒。主利大小便，潤腸，溫中益氣。按：寒具，即今饊子，一名捻頭。林洪《清供》云：寒具，捻頭也。以糯米粉和麪，麻油煎成，可留月餘，宜禁烟用。觀此，則寒具即今饊子也。劉禹錫《寒具詩》云：纖手搓成玉數尋，碧油煎出嫩黃深。夜來春睡無輕重，壓扁佳人纏臂金。

明·姚可成《食物本草》卷五穀部·炊蒸類　寒具一名環餅，一名饊。冬春可留數月，及寒食禁烟用之，故名寒具。環餅，象環釧形也。饊，易消散也。吳俗釋道修齋，用麪作環狀，油內煎熟，名曰饊子，供養上真。或以糯粉和麪，入少鹽，牽索紐捻成環釧之形，油煎食之。劉禹錫《寒具詩》云：纖手搓成玉數尋，碧油煎出嫩黃深。夜來春睡無輕重，壓褊佳人纏臂金。　寒具，味甘、鹹，無毒。利大小便，潤腸，溫中益氣。

明·孟笨《養生要括·穀部》　寒具即今(徹)〔饊〕子也。　味甘，鹹，溫，無毒。利大小便，潤腸，溫中益氣。

明·施永圖《本草醫旨·食物類》卷二　寒具名捻頭，又名環餅，即今饊子也。以糯粉和麪，入鹽，捻成環釧之形，油煎食之。　味：甘、鹹，無毒。治：利大小便，潤腸胃，溫中益氣。

清·浦士貞《夕庵讀本草快編》卷三　寒具《綱目》、捻頭　即今之饊子是也。古用粉，今用麪，捻搓而成。油煎可留，禁烟日用之，故有諸名。寒具，米食也，甘鹹而溫。方書少載，惟錢乙治小兒小便不通有捻頭散，葛洪治血痢不止有捻頭湯，則知其溫中潤腸，益氣利便爾。劉禹錫詩云：纖手搓成玉數尋，碧油煎出嫩黃深。夜來春睡無輕重，壓褊佳人纏臂金。可稱韻而且典矣。

清·王道純《本草品彙精要續集》卷三　寒具無毒。

寒具：主利大小便，潤腸，溫中益氣《本草綱目》。　【名】撚頭、環餅、饊。李時珍曰：寒具，冬春可留數月及寒食禁煙用之，故名寒具。撚頭，撚其頭也；環餅象環釧形也；饊，易消散也。服虔《通俗文》謂之餲。張楫《廣雅》謂之粰䊀。《楚辭》謂之粔籹。《雜字解詁》謂之膏環。按鄭玄注《周禮》云：寒具，米食也。錢乙方中有撚頭散，葛洪《肘後》有撚頭湯，醫書不載。賈思勰《要術》云：環餅，一名寒具，以水溲入牛乳脂和作之，入口即碎。林洪《清供》云：寒具，撚頭也，以糯粉和麵、麻油煎成，以糖食之，可留月餘，宜禁煙用。觀此，則寒具即今饊子也。以糯粉和麵，入少鹽，牽索紐撚成環釧之形，油煎食之。劉禹錫《寒具詩》云：纖手搓成玉數尋，碧油煎出嫩黃深，夜來春睡無輕重，壓匾佳人纏臂金。　【味】甘，鹹。　【性】溫。

【合治】錢氏撚頭散，治小兒小便不通，用延胡索、苦楝子等分爲末，每服半錢或一錢，以撚頭湯，食前調下，如無撚頭，滴油數點代之。〇血痢不止，地榆曬研爲末，每服二錢，摻在羊血上，炙熱食之，以撚頭煎湯送下，或以地榆煮汁熬如飴狀，一服三合，撚頭湯化下。

清·李文培《食物小錄》卷下　饊子　甘、鹹，溫，無毒。利大小便，潤腸，溫中益氣。古人謂之寒具，蓋冬春可留數月至寒食禁烟用之，故名。劉禹錫詩曰：纖手搓成玉數尋，碧油煎出嫩黃深。夜來春睡經輕重，壓褊佳人纏臂金。

清·章穆《調疾飲食辯》卷二　寒具　一名捻頭，一名環餅，一名饊子。《綱目》曰：服虔《通俗》曰餲，張揖《廣雅》曰粰䊀，《雜字詁解》曰膏環，《楚辭》曰粔籹。小麥麪、糯米粉俱可作。《齊民要術》曰以牛、羊脂合作。吾鄉以小麥作者為油繖，糯米作者為油粢、油團、油餃。均用油煎食，困脾作泄，極非所宜。糯粉尤甚。然其來甚古，鄭康成注《周禮》云：寒具，米食也。又晉桓元宴客，盛陳名畫、法書，客有食寒具不濯手者，汚其畫。元大不懌，自是宴客不設寒具。又蘇東坡《寒具詩》曰：纖手搓成玉數尋，碧油煎出嫩黃深。夜來春睡無輕重，壓扁佳人纏臂金。六經無餻字，乃有寒具乎，詩中豪聊以自解也。

清·戴葆元《本草綱目易知錄》卷二　饊寒具、捻頭　甘、鹹，溫。溫中益氣，潤腸，利大小便。葆按：饊有數種，以麥粉和𪎊、白礬，作條入油內煎，俗名油条，又名油糍，以条摧作線團，作餅煎。《本草》名環餅，俗名麵線。又以糯米粉作餅，油內煎，俗名糯米油糍。俱劫津液，動風助火，敗胃生痰，勿多食。

油堆

明·姚可成《食物本草》卷五穀部·炊蒸類　油堆上元日，以糯米粉捻成餅，餡以糖、果諸物，沸油煎熟，食之甚美。　油堆，味甘。燈夕食之，令人一歲無病，〔家〕道寬舒。

巧果

明·姚可成《食物本草》卷五穀部·炊蒸類　巧果民間於〔七〕夕日，以白麪、〔水溲〕糖拌，各成一片，然後相合捲束，薄切〔柳葉〕形，沸油煎熟，紋理間黃、白縷縷相錯，或成花朵，餽獻延賓，奇巧可愛。

巧果： 味甘。七夕，與茶葉置器中，露一宿，以邀牛、女。次蚤食之，破人昏懵，益人巧慧。 蜂糕： 民俗於重九日，以麥麪和以酒酵，雜以百果，籠甑蒸炊，切開，蜂窠宛然，食之以助登高之興。 蜂糕，味甘、辛。九月九日取糕角半兩，陰乾。寒食飯二百粒，豆豉一百粒，獨蒜一枚，恒山一兩，水二盞，浸一夜。五更煎至一盞服下，治山嵐瘴瘧，當下利為愈。

梅蘇

明·姚可成《食物本草》卷一六味部·雜類 梅蘇此出于人為者，以烏梅、紫蘇葉合沙糖搗成膏子，或印成花鳥人物，餽遺致遠，甚為雜味佳品。 梅蘇，味甘、酸，平。主消痰利氣，生津液，止煩渴，退熱，止嘔開胃進食。

粽

明·李時珍《本草綱目》卷二五穀部·造釀類 糉《綱目》

〖釋名〗角黍時珍曰： 糉俗作粽。古人以菰蘆葉裹黍米煮成，尖角，如糉櫚葉心之形，故曰糉，曰角黍。近世多用糯米矣。今俗五月五日以爲節物相饋送。或言爲祭屈原，作此投江，以飼蛟龍也。

〖氣味〗甘，温，無毒。 〖主治〗五月五日取糉尖，和截瘧藥，良時珍。

明·姚可成《食物本草》卷五穀部·炊蒸類 糉一名角黍，俗作粽。古人以菰蘆葉裹黍米煮成，尖角，如糉櫚葉，故曰糉、曰角黍。近世多用糯米矣。今俗五月五日以為節物相餽送。或言為祭屈原，作此投江，以飼蛟龍也。 糉，味甘，溫，無毒。五月五日取糉尖，和截瘧藥，良。

明·孟笨《養生要括·穀部》 角黍 味甘，溫，無毒。五月五日，取粽尖和截瘧藥，良。

明·施永圖《本草醫旨·食物類》卷二 糉名角黍，俗作粽，五月五日為祭屈原，作此投江，以飼蛟龍也。 味： 甘，溫，無毒。治： 五月五日，取糉尖和截瘧藥，良。

清·王道純《本草品彙精要續集》卷三 糉無毒。

糉： 主五月五日取糉尖和截瘧藥良《本草綱目》。 〖名〗角黍。李時珍曰： 糉，俗作粽，古人以菰蘆葉裹黍米，煮成尖角如棕櫚葉心之形，故曰糉、曰角黍。近世多用糯米矣。今俗五月五日以爲節物相饋送，或言爲祭屈原，作此投江以飼蛟龍也。 〖味〗甘。 〖性〗溫。

清·李文培《食物小錄》卷下 糉作粽非。 甘，平，無毒。五月五日取糉尖和截瘧藥，良。今人以為饋儀。

清·章穆《調疾飲食辯》卷二 糉 亦曰角黍，是以黍為之。今用糯米，裹以箬葉，如牛角形。五月五日設之，云屈原以是日溺死汨羅江，楚人憐其忠，投角黍以食蛟龍，免戕其屍也。一云蛟龍最畏糯米，故投之。性黏滯難化，病人勿食。

清·戴葆元《本草綱目易知錄》卷二 糭葆增。角黍。 白水煮者，補中，堅二便，與餻同性。亦粘滯難化，勿多食。端午日，取糭角尖，合截瘧藥良。鹻水煮者，雖適口而助火生痰，動風停積，呆胃澁氣，胃弱人少食，小兒尤宜禁之。

蒸餅

宋·李昉《太平御覽》卷八六〇 餅 《釋名》曰： 餅，并也。溲麥使合并也。胡餅，作之大漫汗，亦言以胡麻着上也。蒸餅、湯餅、髓餅之屬，皆隨形而名之也。 李固《別傳》曰： 質帝暴得疾，云食煮餅，腹中悶，遂崩。《說文》曰： 餅，麪餈也。 《雜五行書》曰： 十月亥日食餅，令人無病。《食經》有髓餅法，以髓脂合和麪。

明·王文潔《太乙仙製本草藥性大全》卷四《仙製藥性》 蒸餅 即熟饅頭，去皮漬水。 主治： 打糊調上焦藥，爲丸下咽即化。 補註： 一切傷折，寒食蒸餅不限多少，末，酒服之效。〇治頭上皮虛腫，薄如蒸餅狀足裹水，以口嚼麪傅之。

明·李時珍《本草綱目》卷二五穀部·造釀類 蒸餅《綱目》

〖釋名〗時珍曰： 按劉熙《釋名》云： 餅者，并也，溲麪使合并也。有蒸餅、湯餅、胡餅、索餅、酥餅之屬，皆隨形命名也。 〖集解〗時珍曰： 小麥麪修治食品甚多，惟蒸餅其來最古，是酵糟發成單麪所造，丸藥所須，且能治疾，而本草不載，亦一缺也。惟臘月及寒食日蒸之，至皮裂，去皮懸之風乾。臨時以水浸脹，擂爛濾過，和脾胃及三焦藥，甚易消化。且麪已過性，不助濕熱。其以果菜、油膩諸物爲餡者，不堪入藥。

〖氣味〗甘，平，無毒。 〖主治〗消食，養脾胃，温中化滯，益氣和血，止汗，利三焦，通水道時珍。

〖發明〗時珍曰： 按《愛竹談藪》云： 宋寧宗爲郡王時，病淋，日夜凡三百起。國醫罔措，或舉孫琳治之。琳用蒸餅、大蒜、淡豆豉三物搗丸，令以温水下三十丸。曰： 今日進三服，病當減三之一，明日亦然，三日病除。已而果然。賜以千緡。或問其說。琳曰：小兒何緣有淋，只是水道不利，三物皆能通利故爾。若琳者，其可與語醫矣。

〔附方〕新六。　積年下血：寒食蒸餅，烏龍尾各一兩，皂角七挺去皮酥炙，爲末，蜜丸。米飲每服二十丸。《聖惠方》。　下痢赤白：治營衛氣虚，風邪襲入腸胃之間，便痢赤白，臍腹疞痛，裏急後重，煩渴脹滿，不進飲食。用乾蒸餅蜜拌炒二兩，御米殼蜜炒四兩，爲末，煉蜜丸芡子大。每服一丸，水一盞，煎化熱服。《傳信適用妙方》。　崩中下血：陳年蒸餅，燒存性，米飲服二錢。　盗汗自汗：每夜卧時，帶飢吃蒸餅一枚，不過數日即止。《醫林集要》。　一切折傷：寒食蒸餅爲末，每服二錢，酒下，甚驗。《肘後方》。　湯火傷灼：饅頭餅燒存性，研末，油調塗傅之。《肘後方》。

明·倪朱謨《本草彙言》卷一四　蒸餅即俗名饅頭。　味甘，氣平，無毒。

李氏曰：造蒸餅，以小麥麪水調，加以酵水和之，蒸熟成餅，其來最古。凡藥所須，且能治疾，而《本草》不載，亦缺典也。取蒸餅懸挂，風乾百日，其麪已過性，臨用以水浸脹，擂爛入藥用。如裹葷、素、油、鹽、葱、韭諸物作餡者，不堪入藥。

蒸餅：消食化滯，養脾胃，利三焦，時珍通水道之藥也。酈氏鹿江曰：小麥之氣，多濕熱而性頗沉滯。今作餅，已受酵氣蒸發，再加日受風日之氣，濕熱沉滯之體，已轉化輕虚鬆燥之物矣，故李氏方治宿食不消，腹脹滿悶，脾胃不和，爲隔，爲噎，爲臌，爲淋，凡屬脾胃二藏，虚羸壅閉成疾者，服此虚者能補，寒者能溫，滯者能通，脹滿者能消散矣。《本草綱目》再按李時珍述：《愛竹談藪》云：宋寧宗爲郡王時，忽病淋閉不通，數日後愈甚，日夜凡三百起，國醫罔措。或舉民醫孫琳治之。琳用大蒜肉、淡豆豉、蒸餅三物各等分，搗爛，水和爲丸梧子大，以溫湯吞百丸，曰：今日進三服，病當減三之一，明日亦然，三日病除。已而果然，賜以千緡。或問其方，琳曰：小孩兒何緣有淋？只是水道不利故也。三物皆能通利故爾。若琳者，其可與語醫矣。又戴元禮以此三物如法作丸，治隔噎病、臌脹病、小便淋閉不通病，皆得獲效。見戴氏《類方》。予亦依法修合，試用屢效，特表而書之。

明·應廫《食治廣要》卷八　蒸餅　氣味：甘，平，無毒。主治：消食，養脾胃，溫中化滯，益氣和脾，利三焦，通水道。臘月及寒食日，以酵糟發成，單麪蒸之，至皮裂，去皮，懸之風乾，以水浸脹，擂爛，和脾胃等藥，最妙。取其麪已過性，不助濕熱故也。

明·姚可成《食物本草》卷五穀部·炊蒸類　蒸餅餅者，并也。溲麪使合并也。有蒸餅、湯〔餅〕、胡餅、索餅、酥餅之屬，皆隨形命名也。○小麥麪脩治食品甚多，惟蒸餅其來最古，是酵糟發成單麪所造。中納以果、菜、糖、蜜諸物，為日用供啖佳品。　蒸餅，味甘，平，無毒。消食，養脾胃，溫中化滯，益氣和血，止汗，利三焦，通水道。○按《愛竹談藪》云：宋寧宗為郡王時，病淋，日夜凡三百起。國醫罔措，或舉孫琳治之。琳用蒸餅、大蒜、淡豆豉三物搗丸。令以溫水下三十丸。曰：今日進三服，病當減三之一，明日亦然，三日病除。已而果然。賜以千緡。或問其說。琳曰：小兒何緣有淋，只是水道不利，三物皆能通利故爾。若琳者，其可與語醫矣。

明·孟笨《養生要括·穀部》　蒸餅　味甘，平，無毒。養脾胃，溫中化滯，益氣和血，止汗，利三焦，通水道。

明·施永圖《本草醫旨·食物類》卷二　蒸餅以小麥麪為之。　味：甘，平，無毒。治：消食，養脾胃，溫中化滯，益氣和血，止汗，利三焦，通水道。

附方　積年下血：寒食蒸餅，烏龍尾各一兩，皂角七挺，去皮，酥炙為末，蜜丸，米飲，每服二十丸。　崩中下血：陳年蒸餅，燒存性，米飲服二錢。　盗汗自汗：每夜卧時帶飢吃蒸餅一枚，不過數日乃止。　一切折傷：寒食蒸餅，為末，每服二錢，酒下甚驗。　湯火傷灼：饅頭餅燒存性，研末，油調遍傅之。

明·李中梓《本草通玄》卷上　蒸餅　甘，平。　溫中健脾，消食化滯，和血止汗，利三焦，通水道。　單麪所造，酵水發成，惟臈月及寒食日蒸之，至皮裂去皮，懸之風乾，以水浸脹，擂爛用。

清·穆石鉋《本草洞詮》卷五　蒸餅　味甘，氣平，無毒。主消食化滯，益氣和血，養脾胃，利三焦，通水道。取臘月及寒食日造者，至皮裂去皮，懸之風乾，以水浸脹，擂爛濾過，和脾胃藥，甚易消化。且麪已過性，不助濕熱也。宋寧宗為郡王時，病淋，日夜凡三百起，孫琳用蒸餅、大蒜、淡豆豉三物，搗丸，令以溫水下三十丸，日三服，三日病除。或問其説，琳曰：小兒何緣有淋？只是水道不利，三物皆能通利故爾。

清·郭章宜《本草匯》補遺　蒸餅　味甘，氣平。消食養脾胃，溫中化滯氣。止汗利三焦，和血通水道。

按：蒸餅，和脾之品，亦通利之劑也。故于淋症有功。營衛氣虚，風邪襲入腸胃之間，以至便痢赤白，飲食不進，用以同御米殼，蜜丸化服。若治淋病，與大蒜、淡豆豉搗丸，湯下甚妙也。

臘月及寒食日，用小麥麪酵音教糟發成，蒸之至皮裂，去皮懸之風乾。臨時以水浸脹，擂爛，濾過用。

清・张璐《本經逢原》卷三　蒸餅　甘，平，無毒。寒食日以單麪所造酵水發成。　發明：　溫中健脾，消食化滯，和血止汗，利三焦，通水道。用以打糊丸，健脾胃良藥。

清・浦士貞《夕庵讀本草快編》卷三　蒸餅《綱目》　劉熙《釋名》云：　餅，并也。溲麪為之，隨形命名爾。　蒸餅近號籠炊，其來最古，取其蒸過，易於消化，不助濕熱。故能消食積而化滯氣，利三焦而通水道，食之固美，和丸亦佳。是以孫琳用治宋寧宗兒時患淋，深有得也。諸家本草不載，亦一缺爾。近代雜以椒油，入爐烙炙，但可甘嗜，未見入藥，故採附數説，以資談藪。如趙岐避亂販餅，孫嵩買之市中，稔知其為處士之狀；壺公掃迹賣藥，費長房進餅樓上，便結為神仙之侶。更有餾餅蹲踞，王長文為辭別駕之徵；食餅自如，王右軍得就東床之選。束晳之賦有云：　柔似春綿，白若秋練，氣鬱勃以布揚，香飛散而遠遍。吳筠又曰：　細似華山之玉屑，白如梁甫之銀泥，既聞香而口悶，亦見色而心迷。可謂善比而善頌矣。

清・王道純《本草品彙精要續集》卷三　蒸餅無毒。

蒸餅：　主消食，養脾胃，溫中化滯，益氣和血，止汗，利三焦，通水道《本草綱目》。　【名】李時珍曰：　按劉熙《釋名》云：　餅者，並也。溲麪，使令並也。有蒸餅湯、胡餅、索餅、酥餅之屬，皆隨形命名也。　【味】甘。　【性】平。　【製】李時珍曰：　小麥麪，修治食品甚多，惟蒸餅其來最古，是酵糟發成單麪所造，丸藥所須，且能治疾，而《本草》不載，亦一缺也。惟臘月及寒食日蒸之，至皮裂去皮，懸之風乾，臨時以水浸脹，搗爛濾過，和脾胃及三焦藥，甚易消化，且麪已過性，不助濕熱。其以果、菜、油膩諸物爲餡者，不堪入藥。

【治】療：　崩中下血。陳年蒸餅，燒存性，米飲服三錢。〇盜汗、自汗，每夜臥時帶飢吃蒸餅一枚，不過數日即止。〇一切折傷，寒食蒸餅爲末，每服二錢，酒下，甚驗。〇湯火傷灼，饅頭餅燒存性，研末，油調塗傅之。　【合治】李時珍曰：　按《愛竹談藪》云：　宋甯宗爲郡王時，病淋，日夜凡三百起，國醫罔措。或舉孫琳治之，琳用蒸餅、大蒜、淡豆豉三物，搗丸，令以溫水下三十九，曰：　今日進三服，病當減三之一，明日亦然，三日病除，已而果然。賜以千緡。或問其説，琳曰：　小兒何緣有淋，只是水道不利，三物皆能通利，故爾。若琳者，其可語醫矣。〇積年下血，寒食蒸餅、烏龍尾各一兩，皂角七挺去皮酥炙爲末，煉蜜丸，米飲，每服二十丸。〇下痢赤白，營衛氣虛，風邪襲入腸胃之間，便痢赤白，臍腹疞痛，裏急後重，煩渴脹滿，不進飲食，用乾蒸餅蜜拌炒二兩，御米殼蜜炒四兩爲末，煉蜜丸芡子大，每服一丸，水一盞，煎化熱服。

清・王子接《得宜本草・中品藥》　蒸餅　味甘。功專消穀利水。得大蒜、淡豆豉治久淋。

清・吳儀洛《本草從新》卷四　蒸餅〔通，利水，消食。〕　甘，平。消食養脾胃，和中化積滯，活血止汗，利三焦，通水道。《愛竹談藪》云：　宋寧宗為郡王時，病淋，日夜凡三百起，國醫罔措。或舉孫琳治之，琳用蒸餅、大蒜、淡豆豉三物搗丸，令以溫水下三十丸。曰：　今日進三服，病當減三之一，明日亦然，三日病除。已而果然。或問其説，琳曰：　小兒何緣有淋，只是水道不利，三物皆能通利故爾。　陳久者良。　小麥麪修治食品甚多，唯蒸餅其來最古，是酵糟發成，單麪所造。凡藥所須，且能治疾，唯臘月及寒食日，蒸之至皮裂，去皮懸之風乾。臨用時，以水浸脹，擂爛濾過，和脾胃及三焦藥甚易消化，且麪已過性，不助濕熱。其以果菜油膩諸物為餡者，不堪入藥。

清・嚴潔等《得配本草》卷五　蒸餅　甘，平。消食化滯，益氣養脾，和血止汗。利三焦，通水道。　得御米殼、白蜜，共炒為末，蜜丸，治下痢腹痛。炒用。

題清・徐大椿《藥性切用》卷六　蒸餅　性味甘平，消食開胃，通三焦，利水道，陳久者良。即小麥麪酵糟發成，臘月寒食日並宜蒸之。

清・章穆《調疾飲食辯》卷二　餅餌總説　束晳《餅賦》曰：　三春之初，陰陽交際，寒氣既消，溫不至熱，於時宴享，饅頭宜設。炎律方回，純陽布暢，服絺飲水，隨陰而涼，此時為餅，莫若薄壯。商風既厲，大火西移，鳥獸氄毛，樹木疏枝，殺饌尚溫，則起溲可施。元冬猛寒，清晨之會，涕凍鼻中，霜成口外，充虛解渴，湯餅為最。此隨四時氣侯，適飲食之寒溫，非言物性也。若以物性論，四方餅餌製法何止萬千。雖揚子《方言》《齊民要術》諸書，且不能得夫百一。然綜其大概，不外乎米、麪、麻、豆諸種，油、餹二料。病人以不食為佳。必欲食之，小麥麪粉為上，米粉為中，麻、豆為下。以麪粉易化不壅，米粉壅氣困脾，麻、豆則敗脾作泄也。調和之物，水與酵為優，油為劣。以水與酵不滑，油則滑而熱也。肉食為餡者，隨病有忌有宜。餹則極不宜多，多則百病及平人皆忌。不能悉數，錄常見之數種以見意，餘可類推也。

蒸餅：《餅賦》曰饅頭，俗呼包子，乃小麥麪發酵而成。麪已過性，不助濕熱，且易消化，百病不忌。性能消食導滯，養脾益胃，利三焦，通水道。又大消脹滿，故古方治水腫、氣腫，多以蒸餅打調和丸。長食尤佳，無餡者良。如用肉、菜、餹霜諸物為餡者，隨病各有宜忌。泰考之，自得其全也。又烈火焙燒存性，熱酒沃之，乘熱飲酒，并食其焦黑之渣，極消病後虛腫出《必效方》。又治腋氣，一名狐臭，《千金方》論作胡息，《教坊記》作慍羝。用熱蒸餅擘開，摻密佗僧細末錢許，緊挾，候冷棄之出《奇效良方》。

粢、餻、餌：《綱目》曰：糯米粉作者曰餻，粳米粉合豆末作者曰餌，黍糯合粳米作者曰餻。吾鄉則論所作之形：大塊方正曰餻；小而圓扁曰粢，又曰粑，又曰果，歲終相餉曰年粑，或不設餡，或用餻霜及綠豆、赤豆、脂麻為餡，或以米麪粉裹蔗餹、脂麻及肉、菜等作。長扁如梭形，中為摺疊曰餃。新正則以糯粉裹蔗餹為小丸，煮、煠食，名元宵果。揚子雲《方言》曰：餌，謂之餻，或曰粢，或曰䬴，或曰餣。然則諸物本無一定之名也，劉郎不敢題餻，豈以子雲之説，猶未足為典要乎？總難尅化，且寒中滯氣，有損無益也。

麪餅 水調生麪，就釜烙為薄餅，或用餹、蜜蘸食，或包葱、韭諸菜諸肉食。北人以此為飯，南人習食粳米，病中食此，不免助熱。

清·戴葆元《本草綱目易知錄》卷二 蒸餅 甘，平。益氣和血，消食止汗，溫中化滯，養脾胃，利三焦，通水道，陳者良。燒炭末，米飲下二錢，止崩血。研末，油調，傅湯火灼傷。

清·陳其瑞《本草撮要》卷五 蒸餅 味甘，平，入足太陰、陽明經。功專消穀利水，得大蒜、淡豆豉為丸，治久淋。

春杵頭細糠

宋·唐慎微《證類本草》卷二五米穀部中品〔《別錄》〕 春杵頭細糠 主卒噎。

〔梁·陶弘景《本草經集注》〕云： 食卒噎不下，刮取含之即去，亦是春擣義爾。天下事理，多有相影響如此也。自草部今移。

〔宋·掌禹錫《嘉祐本草》〕按： 日華子云： 平，治噎煎湯呷。

〔宋·唐慎微《證類本草》〕《聖惠方》： 治膈氣，咽喉噎塞，飲食不下。用碓觜上細糠，蜜丸如彈子大，非時含一丸嚥津。《子母秘録》： 令易產。以糠燒末，服方寸匕。《丹房鏡源》： 糠火力倍常。《莊子》云： 瞽者愛其子，不免以糠枕枕之，以損其目。

宋·王繼先《紹興本草》卷一二 春杵頭細糠 紹興校定云：《本經》雖不載性味，然固當同米性矣。止云主卒噎，蓋借意為用而已。

宋·張杲《醫説》卷五 糠治卒噎 春杵頭細糠治卒噎。陶隱居云： 食卒噎不下，刮取含之即去，亦是春擣義爾。天下事理，多有相影響如此也。日華子云： 平，治〔卒〕噎，煎湯呷《本草》。

明·劉文泰《本草品彙精要》卷三六 春杵頭細糠無毒。

春杵頭細糠： 主卒噎。名醫所錄。 〔地〕陶隱居云： 舊不載所產，今在處皆有。治食卒噎不下，刮取含之即去，亦是春擣之義爾。天下事理，多有相影響如此者。紹興校定云：《本經》雖不載性味，然固當同米性矣。止云主卒噎，蓋借意爲用而已。 〔時〕生： 無時。採： 無時。 〔色〕黃白。 〔味〕甘。 〔性〕平。 〔氣〕氣之薄者，陽中之陰。 〔臭〕香。 〔主〕噎食。 〔治〕療： 陶隱居云： 治卒噎不下，刮取含之即去。《別錄》云： 燒末服方寸匕，令易產。 〔合治〕合蜜丸如彈子大，不拘時含一丸嚥津，治膈氣，咽喉噎塞，飲食不下。 〔禁〕不可作枕與小兒枕，枕之能損目。

明·王文潔《太乙仙製本草藥性大全》卷四《仙製藥性》 杵頭細糠 堪治卒噎，蜜丸彈大，無時含之，能送食飯過喉。斯亦春搗義也。 補註： 治膈氣咽喉噎塞，飲食不下，用碓觜上細糠，蜜丸如彈子大，無時含一二丸，點汁。〇令易產，以糠燒末，服方寸〔匕〕。 糠粃 勿用築枕，枕則令人損明，因火力倍常，切不可悞犯。

明·李時珍《本草綱目》卷二五穀部·造釀類 春杵頭細糠《別録》中品。

校正： 禹錫曰： 自草部移入此。

〔集解〕時珍曰： 凡穀皆有糠，此當用粳、稻、粟、秫之糠也。北方多用杵，南方多用碓，入藥並同。丹家言糠火煉物，力倍於常也。

〔氣味〕辛，甘，熱。 震亨曰： 穀殼屬金，糠之性則熱也。

〔主治〕卒噎，刮取含之《別録》。〇亦可煎湯呷之。燒研，水服方寸匕，令婦人易產。時珍。〇出《子母秘録》。

〔發明〕弘景曰： 治噎用此，亦是春搗義爾。天下事理，多相影響如此。

〔附方〕舊一，新一。膈氣噎塞：飲食不下。用碓觜上細糠，蜜丸彈子大，時時含咽津液。《聖惠》。咽喉妨礙：如有物吞吐不利。杵頭糠、人參各一錢，石蓮肉炒一錢，水煎服，日三次。《聖濟總録》。

明・趙南星《上醫本草》卷一 舂杵頭細糠 時珍曰：凡穀皆有糠，此當用粳稻、粟秫之糠也。北方多用杵，南方多用碓，入藥並同。丹家言：糠火鍊物，力倍于常也。穀殼屬金，糠之性則熱也。 辛、甘，熱。 主治：卒噎，刮取含之，煎湯呷之亦可。

附方 膈氣噎塞，飲食不下：用碓觜上細糠，蜜丸彈子大，時時含，嚥津液。 婦人難產：用杵頭糠燒研，水服方寸匕，即易產。

清・劉雲密《本草述》卷一四 杵頭細糠 氣味：辛，甘，熱。 丹溪曰：穀殼屬金，糠之性則熱也。 弘景曰：治噎病。

附方 膈氣噎塞，飲食不下，用碓觜上細糠，蜜丸彈子大，時時含咽津液。 咽喉妨礙如有物，吞吐不利，杵頭糠、人參各一錢，石蓮肉炒一錢，水煎服，日三次。

清・王子接《得宜本草・上品藥》 杵頭糠 味辛、甘。主治(鬲)〔膈〕氣噎塞。得人參、石蓮治咽喉不利。

清・楊時泰《本草述鉤元》卷一四 杵頭糠 味辛、甘，氣熱。治噎病。穀殼屬金，糠性則熱丹溪。膈氣噎塞，飲食不下，用碓嘴上細糠，蜜丸彈子大，時時含嚥津液。嚥喉妨礙如有物，吞吐不利，杵頭糠、人參各一錢，石蓮肉炒一錢，水煎服，日三次。

清・趙其光《本草求原》卷一四穀部 舂杵頭糠即碓嘴上細糠。 甘，熱。蜜丸，含咽津液，治噎膈，取其運動之性，磨胃之陳積，惟暴噎宜之。 咽喉不利，如有物礙。同炒石蓮、人參煎服，日三次。

清・劉善述、劉士季《草木便方》卷二穀糧豆菜部 米糠 米糠甘平利胃腸，下氣消積噎膈良。臼內老糠能利產，磨消積塊陳久強。

清・陳其瑞《本草撮要》卷五 杵頭糠 味辛甘，入足陽明經。 功專治膈氣噎塞。得人參、石蓮治咽喉不利。

米粃

明・盧和、汪穎《食物本草》卷一穀類 粃米 味甘，平。通腸開胃，下氣，磨積塊。 製作糗食，延年不飢，充滑膚體，可以頤養。昔陳平食糠而肥。粃米，即精米上細糠也。

明・李時珍《本草綱目》卷二五穀部・造釀類 米粃《食物》

〔釋名〕米皮糠時珍曰：粃，亦紕薄之義也。 〔集解〕穎曰：米粃，即精米上細糠也。昔陳平食糠核而肥也。 時珍曰：糠，諸粟穀之殼也。其近米之細者爲米粃，味極甜。儉年人多以豆屑或草木花實可食者，和劑蒸煮，以救飢云。

〔氣味〕甘，平，無毒。 〔主治〕通腸開胃，下氣，磨積塊。 作糗食不飢，充滑膚體，可以頤養汪穎。

明・姚可成《食物本草》卷五穀部・稻類 米粃即細糠。 味甘，平，無毒。主通腸開胃，下氣，磨積塊。作糗食，不飢，充滑膚體，可以頤養。 舂杵頭細糠，味辛、甘，熱。主卒噎，刮取含之。燒研，水服方寸匕，令婦人易產。

明・孟笨《養生要括・穀部》 米粃糠 味甘，平，無毒。通腸開胃，下氣磨積塊，作糗食不飢，充滑膚體，可以頤養。

明・施永圖《本草醫旨・食物類・五穀類》 粃米即精米上糠粃也。 味：甘，平。通腸胃，下氣消積，充澤膚體。年荒可以充飢，昔陳平食糠而肥是也。

清・王道純《本草品彙精要續集》卷三 米粃無毒。 米粃：主通腸開胃，下氣，磨積塊，作糗食不飢，充滑膚體，可以頤養汪穎。 〔名〕米粃糠。李時珍曰：粃，亦紕薄之義也。 〔質〕《食物本草》米粃，即精米上細糠也。昔陳平食糠覈而肥也。李時珍曰：糠，諸粟穀之殼也。其近米之細者，爲米粃，味極甜，儉年人多以豆屑或草木花實可食者和劑蒸煮，以救饑云。 〔味〕甘。 〔性〕平。

清・嚴潔等《得配本草》卷五 米皮糠即米粃。 甘，平。入手足陽明經。 蜜丸服，通腸開胃，下氣磨積。

清・章穆《調疾飲食辯》卷二 粃 《綱目》曰：諸穀粟之殼為糠，其近米之皮為粃。 粃，〔紕〕薄之義也。 味極甜，凶年可以濟饑。《食物本草》曰：作糗食，能充滑膚體，可以頤養。 按：此乃米之精華，實能益脾開胃，長肌肉，悅顏色。《史記》：陳平食糠覈而肥。《晉書》：王戎子萬有美名，少而大肥。戎令食糠，而肥愈甚。 皆粃也。古人互稱。 或蒸或炒，熟拌糖、蜜，或拌猪肉汁食。 病後虛羸，肌膚枯瘠者，極宜之。 以此乃米之皮，故長肌肉、潤皮膚之力多也。

清・吴汝紀《每日食物却病考》卷上　粃米　即精米上細糠也。味甘，平。通腸開胃，下氣，磨積塊，作糗食不飢，充滑膚體。故曰：陳平食糠而肥。荒年可和荳屑等物佐食。

穀芽

明・滕弘《神農本經會通》卷四　穀芽　即稻穀芽。　味甘，氣溫，無毒。東云：養脾。

明・鄭寧《藥性要略大全》卷四　穀芽　養脾進食。　味甘，性平，無毒。

明・穆世錫《食物輯要》卷八　穀芽　味甘，平，無毒。養胃健脾，消食破積，順氣，能補能消。　麥芽：味甘，平，無毒。開胃，止嘔，化痰，消米麵諸菓之積，散胸腹脹滿，但虚弱者勿用。能催生。

明・李中梓《醫宗必讀・本草徵要下》　穀芽味甘，苦，溫，無毒。　消食與麥芽同等，溫中乃穀蘗偏長。味甘氣和，具生化之性，故為消食健脾，開胃和中之要藥。

明・蔣儀《藥鏡》卷一溫部　穀蘗　能健脾，使食自消而氣自下。能和胃，使中自暖而熱自除。

清・郭章宜《本草匯》卷一三　穀芽　味甘、苦，溫。消食與麥芽同等，溫中乃穀蘗偏長。

按：穀芽即大米穀水浸生芽者。具生化之性，故為消食健脾，開胃和中之要藥。

水浸脹滿，候生芽，晒乾，去鬚，取其中米，炒研麪用。

麥芽　味鹹甘，溫，陰中之陽，可升可降，入足陽明經。熟腐五穀，消導而無停。運行三焦，宣通而不滯。療寒脹與痰飲，亦催生而墮胎。

按：麥芽，即大麥水浸生芽者，以穀消穀，有類從之義，無推蕩之峻，但有積者能消，無積者久服則損腎消元。然須同白朮諸藥兼用，方為無害。初熟時人多炒食，有火能生熱病，不可不知。造法同穀芽。

清・汪昂《本草備要》卷四　穀芽宣，健脾，消食。　甘，溫。開胃快脾，下氣和中，消食化積。炒用。

清・顧靖遠《顧氏醫鏡》卷八　穀芽甘、苦，溫。　快脾開胃，和中下氣，消食化積。　麥芽鹹，溫。入脾胃二經。炒黃，研。　和中下氣，消食化積。除煩悶，去脹滿。消導之功。消化米麪諸菓食積，無積則消腎氣。脾虚有積者，須同氣藥用。能墮胎，妊娠無故勿服。

清・姚球《本草經解要》卷四　穀芽　氣溫，味苦，無毒。主寒中下氣，除熱。　穀芽氣溫，稟天春生之木氣，入足厥陰肝經。味苦無毒，得地南方之火味，入手少陰心經。氣味升多於降，陽也。中者，脾胃也。穀食入土，溫能散寒，故主寒中。味苦下洩，所以下氣除熱也。　製方：穀芽同炙草、砂仁、白术丸，名穀神丸，啟脾進食。同山藥、白茯、白芍、白术、陳皮，治脾虚不食。

清・王子接《得宜本草・中品藥》　穀蘗　味甘。功專快脾開胃。得砂仁、白朮能使人進食。

清・嚴潔等《得配本草》卷五　穀芽　甘，溫。入足陽明、太陰經。快脾開胃，消食下氣，溫中化積，為健脾溫中之聖藥。　麥芽：鹹，溫。入足陽明經。除痰飲，化癥結。治一切米麥果積，治婦人乳秘成癰。　得川椒、乾薑，治穀勞嗜臥。　炒黑用。　多服傷腎氣。孕婦禁用。

清・陳修園《神農本草經讀》附録　穀芽　氣味苦，溫，無毒。主寒中，下氣，除熱《別録》。　陳修園曰：凡物逢春萌芽而漸生長，今取乾穀透發其芽，更能達木氣以制化脾土，故能消導米穀積滯。推之麥芽、黍芽、大豆黃卷，性皆相近。而麥春長夏成，尤得木火之氣，凡怫鬱致成膨膈等症，用之最妙。人但知其消穀，不知其疏肝，是猶稱驥以力也。

清・葉桂《本草再新》卷七　穀芽味甘，性溫，無毒。入脾、肺二經。　健脾開胃，潤肺舒氣，和中消食，化積寬腸。

清・趙其光《本草求原》卷一四穀部　穀芽　甘，溫，達肝以疏土，故開胃快脾，下氣消食化積，寬中兼補。甘故也。麥芽則鹹，兼行上焦滯血，使營通而衛乃暢，血行而脾濕走，故其消克更甚。炒用。

清・劉善述、劉士季《草木便方》卷二穀糧豆菜部　穀蘗　穀芽寬中開胃氣，消食化積和中易。穀殼黃疸末酒服，稻稈黃病腸痔利。

清・陳其瑞《本草撮要》卷五　穀芽　味甘，溫，入手足太陰、陽明經。功專開胃醒脾，下氣和中，消食化積。炒用。得砂仁、白术能使人進食，婦人食之斷乳。

元・尚從善《本草元命苞》卷九　大麥蘖　為使。味甘，溫，無毒。伐戊己，腐熱水穀，溫中焦，消化宿食，開胃。止霍亂，除煩祛痰。破癥結冷氣，去心腹脹滿。落胎孕，催生。水漬生芽為蘖，久服令人消腎。

元・朱震亨《本草衍義補遺》　麥蘖　行上焦之滯血，腹中鳴者用之。○化宿食，破冷氣良。并見前大麥條。

明・蘭茂《滇南本草》（叢本）卷下　大麥芽　乳汁不通，煎湯服。

明・葉文齡《醫學統旨》卷八　麥蘖　氣溫，味鹹、甘。無毒。凡用炒杵去皮。治宿食停滯，胸膈脹滿；破癥結冷氣，霍亂；下氣消痰，補脾開胃，寬腸化食，催生落胎；亦行上焦滯血，產後秘結，膨脹不通。胃氣虛人宜服，以伐戊己腐熟水穀。又久食、多食消腎，戒之。

明・許希周《藥性粗評》卷三　大麥蘖戊己寬仁。大麥蘖，大麥芽也。略見上文大麥條下。蜜為之使。味甘、鹹，性溫，無毒。入足太陰脾、陽明胃經。主治霍亂煩滿，消渴膨脹，溫中下氣，消痰破結，催生落胎，消飲食。海藏云：氣虛人宜服之，以代戊己腐熟水穀。戊胃，己脾也。與豆蔻、縮砂、芍藥、木瓜、五味子、烏梅為之使。丹溪云：麥芽行上焦之滯血，腹中鳴者用之。

單方：頭髮不白：孟詵云：大麥久食之，頭髮不白。和針砂、沒石子等染髮黑色。此當附大麥條下。妊娠打胎：凡妊娠得病，不□□□□升為末，調蜜一升，服之即下。

明・鄭寧《藥性要略大全》卷四　麥芽　助脾化食，除脹滿，破冷氣。胃氣虛者宜少服。久服消腎。《十書》云：溫中下氣，開胃，止霍亂，除煩，消痰，破癥結。能催生落胎。治產後秘結，膨脹不通。味甘、鹹，性溫、平，無毒。水漬大麥生芽。蜜為之使。與豆蔻、砂仁、木瓜、芍藥、五味子、烏梅為之使。炒熟，搗去殼用。

明・皇甫嵩《本草發明》卷五　大麥蘖中品。味甘、鹹，性溫、微寒，無毒。發明曰：大麥蘖，性溫。能益脾胃，故能消化宿食，開胃，止霍亂，除煩去痰，破癥結冷氣，去心腹脹滿。又治產後秘結，鼓脹不通，催生落胎，行上焦滯血。虛人宜服，以代戊己腐熟水穀。氣虛人少服，恐消腎水。杵細炒黃，取麵用。○豆蔻、砂仁、木瓜、芍藥、五味子為之使。

題明・薛己《本草約言》卷二《藥性本草》　麥蘖麵　味鹹、甘，氣溫，無毒。陰中之陽，可升可降。有健脾開胃之能，兼消食化滯之妙。○初熟人多炒而食之，有火能生熱病。水浸之生芽為蘖，化宿食，寬脹滿，行上焦之滯血，除腹中之寒鳴，然多用久服消腎。炒黃色，搗細，取麵用之。

明・杜文燮《藥鑒》卷二　大麥蘖　氣溫，味甘、鹹。此劑代戊己土以腐熟水穀之要領也。氣虛者，取粉服之，大補元氣。蓋五穀稟天地生發之氣以養人也。麥而曰蘖，尤含生發之機於未盡露者也。故取粉服之，所以借五穀生發之氣，以助育吾人之元氣耳。此劑能行上焦之滯血，除腹中之雷鳴，惟其甘也，能補脾胃中之虛弱。惟其鹹也，能軟產後腹中之膨脹。

明・李中梓《藥性解》卷一　麥芽　味甘、鹹，性溫，無毒，入脾、胃二經。主溫中下氣，開胃健脾，催生下胎，去宿食，除脹滿，止吐逆，破癥結，消痰痞，炒去芒，再炒焦黃研用，蜜為之使。按：麥芽甘而且溫，宜職中州。夫麥性泥滯，不過水浸生芽，氣雖少清，性猶未化。功效何若是殊哉？全在多炒，使其性枯爾，不然是積食矣，豈復能消耶？丹溪云：大麥有火，能生熱病，其芽能行上焦滯血，除腹內寒鳴，然多用久服，令人消腎。

明・繆希雍《本草經疏》卷二五　麥蘖　蘇頌云：化宿食，破冷氣，止心腹脹滿。日華子：溫中，下氣，開胃，止霍亂，除煩，消痰，破癥結。

『疏』麥蘖，以水漬大麥而成。其味鹹，氣溫，無毒。功用與米蘖相同，而此消化之力更緊。鹹能輭堅，溫主通行。其發生之氣，又能助胃氣上升，行陽道而資健運。故主開胃補脾，消化水穀及一切結積冷氣脹滿，如上所言等證也。好古曰：麥芽、神麴二藥，胃氣虛人宜服之，以代戊己腐熟水穀。豆蔻、縮砂、烏梅、木瓜、芍藥、五味子為之使。『主治參互』麥蘖同山查、紅麴、橘皮、草果、砂仁、厚朴、蒼朮，消食積。快膈進食，麥芽四兩，神麴二兩，白朮、橘皮各一兩，為末，蒸餅丸梧子大。每人參湯下三五十丸。李絳《兵部手集》產後腹脹不通轉，氣急，坐臥不安，以麥蘖一合，為末，和酒服，良久通轉，神驗。《婦人經驗方》產後青腫，乃血水積也。乾漆、大麥蘖等分，為末。新瓦中鋪漆一層，蘖一層，重重令滿，鹽泥固濟，煅赤，研末。熱酒調服二錢，產後諸疾竝宜。丹溪方產後回乳，產婦無子食乳，乳不消，令人發熱惡寒，用大麥蘖二兩炒，為末。每服五錢，白湯下，甚良。『簡誤』麥蘖能消導米麵諸菓食積。無積滯，脾胃虛者，不宜用。久服消腎氣，墮胎。

明・顧逢柏《分部本草妙用》卷三脾部・温瀉　麥芽　甘、鹹，溫，無毒。豆蔻、砂仁、烏梅、木瓜、芍藥、五味子為使。　主治：　消食和中，消痰，催生落胎。有積消積，無積消元氣。　麥性泥滯，水漬生芽，氣雖少清，性猶未化。全在多炒，惟枯為佳。專消五穀之積，與神麴同功。

明・李中梓《醫宗必讀・本草徵要下》　麥蘖味甘、鹹，溫，無毒。入胃經。炒黄去芒，留芽用。　熟腐五穀，消導而無停；運行三焦，宣通而不滯。療腹鳴與痰飲，亦催生而墮胎。古人惟取穬麥為芽，今人多用大麥者，非也。以穀消穀，有類從之義，無推蕩之峻，胃虛停穀食者宜之。然有積化積，無積消腎氣，墮胎。

明・蔣儀《藥鏡》卷一温部　大麥芽　萌蘖機生，育長元氣，代脾化食，助胃消痰。挾半夏耗上焦之血，隨澤瀉消下腎之陰。一味炒服湯下，能令產婦乳回氣轉，甘以補之也。乾漆同煅酒服，更令產婦腫退瘀消，鹹以軟之也。

明・李中梓《頤生微論》卷三　麥芽　味甘、鹹，性溫，無毒。入脾、胃二經。豆蔻、砂仁、烏梅、木瓜、芍藥、五味子為使。　炒焦，去芒留芽用。　消食和中，化痰，催生落胎。

按：　麥性粘滯，水漬生芽，氣雖少清，性猶未化，全在多炒至于焦色，反有功力。專主五穀之積，與山查異。古人有麥芽消腎之說，為其伐胃故也。《經》云：　胃為水穀氣血之海，化營衛而潤宗筋。又曰：　陰陽總宗筋之會，而陽明為之長，故胃傷者，陽事衰也，豈非消腎之確證歟？　李時珍曰：　有積消積，無積消元氣。前賢于攻伐之劑，雖平善如麥芽，恐人過用損真，猶諄諄告戒，況硝、黃、巴、硇之屬，其可嘗試而漫為哉？　世之喜于消導者，至此亦當瞿然矣。

明・張景岳《景岳全書》卷四九《本草正》　麥芽　味甘、微鹹，氣溫。善於化食和中，破冷氣，消一切米麪諸果食積。去心腹脹滿，止霍亂，除煩熱，消痰飲，破癥結，寬腸下氣。病久不食者，可借此穀氣以開胃。元氣中虛者，毋多用此以消腎。亦善催生落胎。單服二兩，能消乳腫。其耗散血氣如此，而脾胃虛弱，飲食不消方中，每多用之何也？　故婦有胎妊者，不宜多服。

明・賈九如《藥品化義》卷五脾藥　大麥芽　屬陽，體輕，色黃，氣炒香，味甘云鹹非，性溫，能升能降，力散米麵，性氣與味俱薄，入脾胃二經。　大麥芽為五穀之長，甘溫入脾，以此發芽，取其體輕性鋭，輕可去實，鋭能消散，炒香開胃，以除煩悶，生用力猛，主消麥麵食積，癥瘕氣結，胸膈脹滿，鬱結痰涎，小兒傷乳，又能止上焦滯血。若女人氣血壯盛，產後無兒食乳，乳房脹痛，丹溪用此二兩炒香，搗去皮為末，分作四服，立消。其性氣之鋭，散血行氣迅速如此，勿輕視之。凡痰火哮喘及孕婦切不可用。

明・李中梓《本草通玄》卷上　麥芽　即大麥水浸生芽者。　開胃下氣，消食和中。　穀芽：　即大米穀水浸生芽者。　啟脾進食，寬中消穀。

清・丁其譽《壽世秘典》卷三　麥芽　氣味：　鹹，溫，無毒。主開胃和中，破癥結，除煩悶，去心腹脹滿，能催生落胎，消化一切米麪諸果食積。發明李時珍曰：　凡粟、黍、穀、麥、豆皆可用水浸脹，候生芽，曝乾去鬚，取其中米，炒研麪用，其功皆主消導。但有積者能消化，無積而久服則消腎氣墮胎。若久服者，須同白术諸藥兼消則可無害矣。

清・張志聰《侶山堂類辯》卷下　麥芽　麥春長夏成，得木火之氣，故為肝之穀。透發其芽，能達木氣，以制化脾土，故能消米穀之實。《經》云：　食氣入胃，散精于肝，淫氣于筋。人之食飲不化，而成反胃咽膈者，多因肝氣鬱怒所致。予治此證，于調理脾胃藥中，倍加麥芽，多有應手。蓋醫者，但知消穀，而不知疎肝。〇玉師曰：　可類推于穀芽、黍芽、大豆黃卷。

清・蔣居祉《本草擇要綱目・溫性藥品》　穬麥蘖一名麥芽。　氣味：　鹹，溫，無毒。　主治：　消食和中，破冷氣，去心腹脹滿，開胃，止霍亂，除煩悶，消痰飲，破癥結，能催生落胎。補脾胃虛，寬腸下氣，腹鳴者用之。麥蘖、穀芽、粟蘖，皆能消化一切米麪諸果食積，其麥芽、神麯二藥，胃氣虛人宜服之，以代戊己腐熟水穀，豆蔻、縮砂、烏梅、木瓜、芍藥、五味子為之使。但有積者能消化，無積而久服則消人元氣也，不可不知。若久服者，須同白术諸藥兼用，則無害矣。　穀蘖一名穀芽。　氣味：　甘，溫，無毒。　主治：　快脾開胃，下氣和中，消食化積。

清・王翃《握靈本草》卷六　麥蘖以大麥罨出芽，炒用。　主治：　麥蘖，鹹，溫，無毒。主消食和中，破癥結，催生落胎。消化米麪諸果食積。　選方：　【略】小兒夏月痘瘡潰爛，不能着席，以麥麩置夾褥中臥，性涼而軟，誠妙法也。

清・汪昂《本草備要》卷四　大麥芽宣，開胃健脾；　瀉，行氣消積。　鹹，溫。能助胃氣上行，而資健運，補脾寬腸，和中下氣，消食除脹，散結祛痰，鹹能軟堅。化一切米麵果食積，通乳下胎。《外臺方》：麥芽一升，蜜一升，服，下胎神驗。薛立齋治一婦人，喪子乳脹，幾欲成癰，單用麥芽一二兩炒，煎服立消，其破血散氣如此。《良方》云：神麯亦善下胎，皆不可輕用。久服消腎氣。王好古曰：麥芽、神麯，胃虛人宜服之，以代戊己腐熟水穀。胃爲戊土，脾爲己土。李時珍曰：無積而服之，消人元氣。與白朮諸藥，消補兼施，則無害也。炒用。豆蔻、砂仁、烏梅、木瓜、芍藥、五味爲使。

清・陳士鐸《本草新編》卷四　麥芽　大麥芽：味鹹，氣溫，無毒。入胃、脾二經。最化米食，消痰亦效。孕婦勿服，多用恐墮胎元，若止用一二錢，亦無妨。惟大麥煎糖，孕婦切戒多食，極消腎水，必損胎元矣。

或問：麥芽亦米穀之類，何以能消米食？不知麥雖與米穀同類，而氣味相左，麥鍾四時之氣，而尤得于夏氣俱多；米穀則得秋氣者也。夏氣尅秋，米穀逢麥，猶秋得夏氣也，安得不消化乎？

或問：麥芽消食，亦能消痰，江北中州之人最善食麵，宜痰食之咸化矣，何以傷食多痰之比比乎？夫麥芽，乃大麥之芽，非小麥之芽也。大麥與小麥性殊，而功用各別，小麥養人而大麥傷人，且麥芽與未發芽之麥，功用亦殊。未芽之大麥性靜，已芽之大麥性動，動則變，變則化。又何疑乎？

或問：小麥亦得夏氣，何以不尅米穀？不知小麥雖與大麥同類，而早晚之性實異。大麥得夏之初氣，小麥得夏之中氣，初氣尅削，中氣和平。故大麥消穀，而小麥養胃，且小麥無鬚芒，房亦易脫，形體亦甚不同。試看大麥芒能消無形之水腫，而小麥之房不能消濕，非一補一消之明驗乎。

清・李熙和《醫經允中》卷一八　麥芽　荳蔻、砂仁、烏梅、木瓜、芍藥、五味子為使。　甘、鹹，溫，無毒。主治消食除脹，催生落胎，有積消積，無積消元氣，不可視為平常而輕用也。多用久服令人消腎。穀芽消食與麥芽同，但溫中開胃為勝耳。

清・王子接《得宜本草・上品藥》　麥蘖　味鹹。入足三陰經。主治消食下氣，產後退乳。得川椒、乾薑治穀勞嗜臥，得蜜能下胎。

清・吴儀洛《本草從新》卷四　麥蘖〔宣，開胃健脾；瀉，行氣消積。〕甘，溫。能助胃氣上行而資健運，快脾寬腸，和中下氣，消食除脹，散結祛痰，化一切米麵果食積，尤善通乳。薛立齋治一婦人喪子，乳脹欲成癰，單用麥芽一二兩炒，煎服立消。其破血散氣如此。以穀消穀，有類從之義。停穀食者宜之，然有積消積，無積消腎氣，墮胎。古人唯取穬麥為芽，今人多用大麥者，非也。炒用。

穀芽〔宣，健脾消食。〕甘，溫。快脾開胃，下氣和中，消食化積。功同麥芽，而性不損元。味甘氣和，具生化之性，故為健脾溫中聖藥。炒用。

清・黄宫繡《本草求真》卷四　麥芽耑消穀食。　麥芽耑入胃。　味甘氣溫，功耑入胃消食，又味微鹹，能軟堅，溫主通行，其生發之氣，能助胃氣上行以資健運。故能消食化穀，及治一切宿食冷氣，心腹脹滿，溫中下氣除煩，止霍亂，消痰飲，破癥結等症。然真火不充，則精液不溉，徒以溫胃之品，以為殺蟲之具。王好古曰：麥芽、神麯，胃虛人宜服之，以代戊己腐熟水穀。李時珍曰：無積而服之，消人元氣，與白术諸藥消補兼施，則無害也。雖於逐堅破積，偶有見效，而精華實失，腎氣先損，豈胃長服之味也乎？是以孕婦勿食，恐墜胎元。《外臺》方：麥芽一升服，下胎神驗。薛立齋治一婦人喪子乳脹，幾欲成癰，單服麥芽一二兩，炒煎服，立消。其破血散氣如此。虛者少煎。防消腎水，故必雜於補劑內用，則無慮耳。炒用，荳蔻、砂仁、烏梅、木瓜、芍藥五味為使。

清・沈金鰲《要藥分劑》卷二　麥芽　【略】鰲按：麥芽功用與穀芽相似，而消食之力更緊，補益則不如穀也。但能墮胎，妊婦勿用。

清・羅國綱《羅氏會約醫鏡》卷一七穀部　麥芽味甘鹹，溫，入胃經。炒黄用。　善於化食，除脹，散結，消痰，破癥，鹹能軟堅。補脾寬腸，和中行氣，通乳下胎。同蜜服，下胎神驗。〇婦人喪子乳脹，用二兩炒服之即消，其破氣散血如此。虛人慎用。

按：人若無積，即消腎氣，不得單用久用。

清・黄凱鈞《藥籠小品》　麥芽　健胃快脾，消積滯，化一切米麵食積。尤善通乳。能墮胎，炒用。

清・吴鋼《類經證治本草・足陽明胃腑藥類》　麥芽　【略】誠齋曰：治子斷乳，下母乳輒脹痛者，麥芽一兩，山查七枚，蟬殼五個，煎服，不消更作一服。

清・葉桂《本草再新》卷七　麥芽味甘，性平，無毒。入脾、胃二經。　寬中理氣，健脾土，利腸分，消食。

清・趙其光《本草求原》卷一四穀部　麥芽　亦溫中消食，除脹滿，寬腸下氣，散結祛痰。鹹能軟堅。但既經發萌，不免耗血傷精。凡麥、穀、大豆浸之發芽，皆得生升之氣達肝以制化脾土，故能消導。麥尤得木火之氣，凡怫鬱致成膨膈等症用之甚妙。人知其消穀，而不知其疏肝也，故化一切米麵果食積，下胎，同蜜煎服立下。通乳，消腫，一婦喪子乳腫，炒煎服，立消。作麵煮糊，治胃熱而患纏喉風，透芽升發，故不動風，亦無燥熱，勝於小麥。然補益則不及小麥矣。其平胃耗伐腎氣可知。與神麯皆消人元氣、下胎，無積者勿輕用，與參、朮等消補兼施則無害，炒用。豆蔻、砂仁、烏梅、五味、木瓜、白芍為使，炒枯用，則麥之滯性益去。

清・文晟《新編六書》卷六《藥性摘錄》　麥芽　味甘，氣溫，微鹹。入胃消穀食，軟堅，治宿食，冷氣心腹脹滿，除煩，止霍亂痰飲，破癥結等症。然虛弱者少煎，防消腎水。當雜於補脾藥中，炒用之。○孕婦勿食。○炒用。豆蔻、砂仁、烏梅、木瓜、芍藥、五味為使。

清・張仁錫《藥性蒙求・穀部》　麥蘖三錢　麥蘖甘溫袪痰消食。下氣寬腸，運脾須入。即麥芽。能助胃氣上升而運化，一切米麵果食之積，尤善通乳。炒用。

穀芽三錢：　穀芽甘溫，快脾開胃。下氣調中，和平可貴。功同麥芽，而性不損元。炒用。得砂仁、白朮，能使人進食。味甘氣和，具生化之性，故為健脾溫中之聖藥。

清・戴葆元《本草綱目易知錄》卷二　麥芽穬麥蘖：　鹹，溫。能助胃氣上行而資健運，消食和中，破冷氣，去心腹脹滿，開胃，止霍亂，除煩悶，消痰飲，破癥結，催生落胎。補脾胃虛，寬腸下氣，腹鳴者用之，消化一切米麵諸菓食積。

清・黃光霽《本草衍句》　麥芽　鹹耗腎氣，溫主通行。資脾土之健運，助胃氣以上升。故補脾胃，和中寬腸。破冷氣，食積脹滿；　消痰飲，散結摧生。古人云：　麥芽消腎，神麯下胎。其破血散氣可知。得乾薑、川椒治穀勞嗜卧。立齋治一婦喪子，乳房腫脹，欲成癰者，以麥芽一二兩，炒熟煎服。快膈進食，麥芽四兩，神麯二兩，白朮、橘皮各一兩，為末和丸，人參湯下。妊娠去胎，用麥芽一升，蜜一升，服之即下。

穀芽：　甘溫開胃，順氣和中，快脾消食。

清・陳其瑞《本草撮要》卷五　麥芽　味鹹，入足太陰、少陰、厥陰經。功專消食下氣，產後退乳。得川椒、乾薑治穀勞嗜卧，得蜜能下胎。乳脹欲成癰，單用一二兩炒煎服立消，並消果食積。

蘖米

唐・孫思邈《千金要方》卷二六《食治・穀米》　蘖米　味苦，微溫，無毒。主寒中，下氣，除熱。

附：　日・丹波康賴《醫心方》卷三〇　（孼）〔蘖〕米

《本草》云：　味苦，無毒。主寒中下氣，除熱。陶〔弘〕景注云：　此是以米為（孼）〔蘖〕耳，非別米名也。末其米脂，和傅面，亦使皮膚悅澤。蘇敬注云：　（孼）〔蘖〕者，生不以理之名也，皆當以可生之物為之。陶稱以米為（孼）〔蘖〕，其米豈更能生乎。崔禹〔錫〕云：　味少苦，冷，無毒。下氣，去熱，合乳作粥食之，益面色，延年。

宋・唐慎微《證類本草》卷二五米穀部中品〔《別錄》〕　蘖米　味苦，無毒。主寒中，下氣，除熱。

〔梁・陶弘景《本草經集注》〕云：　此是以米爲蘖爾，非別米名也。末其米脂和傅面，亦使皮膚悅澤，爲熱不及麥蘖也。

〔唐・蘇敬《唐本草》〕注云：　蘖者，生不以理之名也，皆當以可生之物爲之。陶稱以米爲蘖，其米豈更能生乎？　止當取蘖中之米爾。按《食經》稱用稻蘖，稻即穬穀之名，明非米作。

〔宋・掌禹錫《嘉祐本草》〕按：　日華子云：　蘖米，溫。能除煩，消宿食，開胃。又名黃子。可作米醋。

〔宋・唐慎微《證類本草》〕《唐本餘》：　取半生者作之。

宋・寇宗奭《本草衍義》卷二〇　蘖米　此則粟蘖也，今穀神散中用之，性又溫於大麥蘖。

宋・劉明之《圖經本草藥性總論》卷下　蘖米　味苦，無毒。主寒中下氣，除熱。日華子云：　溫。除煩，消宿食，開胃。

宋・陳衍《寶慶本草折衷》卷一九　蘖米　一名穀蘖。見續說。○一名黃子。○所出與稻米等同。○今諸處以水漬穀，抽芽，暴乾。

味苦，溫，無毒。○主寒中，下氣。○《唐本》註云：　止當取蘖中之米。○日華子云：　除煩，消宿食，開胃。○寇氏曰：　又溫於大麥蘖。

續說云：　自古以蘖米立條，諸方以穀蘖稱之。《唐本》註謂用稻，稻即糯也。寇氏乃謂用粟。今人用粳者亦多。然稻也、粟也、粳也，均之為穀也。蘖中之米，通可入藥，宜諸方總以穀蘖稱也。

明・滕弘《神農本經會通》卷四　蘖米　陶云：　此是以米為蘖爾，非別米名也。《唐本》注云：　蘖者，生不以理之名也，皆當以可生之物為之。陶稱以米為蘖，其米豈能更生乎？　止當取蘖中之米爾。按《食經》稱用稻蘖，稻即穬穀之名，明非米爾。此即是穀芽。

味苦，無毒。《本經》云：主寒中，下氣，除熱。陶云：末其米，脂和傅面，亦使皮膚悅澤。為熱不及麥蘗也。日華子云：蘗米，温。能除煩，消宿食，開胃。又名黄子，可作米醋。

明・劉文泰《本草品彙精要》卷三六 蘗米無毒。

蘗米：主寒中，下氣，除熱。名醫所録。【苗】陶隱居云：此是以米爲蘗爾，非別米名也。《唐本》注云：蘗者，生不以理之名也，皆當以可生之物爲之，即麥作蘗之義。陶稱以米爲蘗，其米豈能更生乎？止當取蘗中之米爾。按《食經》稱用稻蘗，稻即穬穀之名，明非米作。《衍義》曰：蘗米，即稻蘗米也。若已作米則難生蘗矣。今穀神散中用之，性又温於大麥蘗也。【收】暴乾。【用】蘗。【色】黄白。【味】苦，甘。【性】微温。【氣】氣厚於味，陽中之陰。【臭】香。【主】消宿食，開胃口。【製】研碎用。【治】療：日華子云：除煩，消宿食，開胃。

明・王文潔《太乙仙製本草藥性大全》卷四《本草精義》 蘗米 即以米爲蘗耳，非別米名也。其米脂和傅面，亦使皮膚悅澤。爲熱不及麥蘗也。《唐本》注云：蘗者，生不以理之名也，皆當以可生之物爲之。陶稱以米爲蘗，其米豈更能生乎？止當取蘗中之米爾。按《食經》稱用稻蘗，稻即穬穀之名，明非米作。

明・王文潔《太乙仙製本草藥性大全》卷四《仙製藥性》 蘗米 味苦，氣溫，無毒。主治：除煩熱如神，消宿食效捷。寒中下氣仙方，開胃助脾妙劑。補註：悅澤顔色，用米脂和傅面塗之效。○又《衍義》云：蘗米即粟米也。今穀神散用之。

明・皇甫嵩《本草發明》卷五 蘗米即粟蘗。味苦，性溫于大麥蘗。主寒中下氣，除熱。又云：能除煩，消宿食，開胃。今穀神散中用之。又名黄子，可作米醋。春杵頭細糠，治食卒噎不下，刮取含之即去。亦是捨搗義耳。○治噎，煎湯呷。又方治膈氣，咽喉噎塞，食不下用之，蜜丸彈大，不時含之，能下食。

明・李時珍《本草綱目》卷二五穀部・造釀類 蘗米《别録》中品

【釋名】弘景曰：此是以米作蘗，非別米名也。恭曰：蘗猶孼也，生不以理之名也。皆當以可生之物生之，取其蘗中之米入藥。按《食經》用稻蘗，稻即穬穀之總名。陶謂以米作蘗，非矣。米豈能更生乎？【集解】宗奭曰：蘗米，粟蘗也。時珍曰：《別録》止云蘗米，不云粟作也。蘇恭言凡穀皆可生者，是矣。有粟、黍、穀、麥、豆諸蘗，皆水浸脹，候生芽曝乾去鬚，取其中米，炒研麪用。其功皆主消導。今併集於左方。日華子謂蘗米爲作醋黄子者，亦誤矣。

粟蘗一名粟芽。【氣味】苦，温，無毒。宗奭曰：今穀神散中用之，性温於麥蘗。【主治】寒中，下氣，除熱《别録》。除煩，消宿食，開胃《日華》。爲末和脂傅面，令皮膚悅澤陶弘景。

稻蘗一名穀芽。【氣味】甘，温，無毒。【主治】快脾開胃，下氣和中，消食化積時珍。

【附方】新一。啓脾進食：穀神丸：用穀蘗四兩爲末，入薑汁，鹽少許，和作餅，焙乾，入炙甘草、砂仁、白术麩炒各一兩，爲末，白湯點服之，或丸服。《澹寮方》。

穬麥蘗一名麥芽。【氣味】鹹，温，無毒。【主治】消食和中《别録》。破冷氣，去心腹脹滿《藥性》。開胃，止霍亂，除煩悶，消痰飲，破癥結，能催生落胎《日華》。補脾胃虚，寬腸下氣，腹鳴者用之元素。消化一切米麪諸果食積時珍。

【發明】好古曰：麥芽、神麴二藥，胃氣虚人宜服之，以代戊己腐熟水穀。豆蔻、縮砂、烏梅、木瓜、芍藥、五味子爲之使。時珍曰：麥蘗、穀芽、粟蘗，皆能消導米麪諸果食積。觀造餳者用之，可以類推矣。但有積者能消化，無積而久服，則消人元氣也，不可不知。若久服者，須同白术諸藥兼消，則無害也矣。

【附方】舊三，新五。快膈進食：麥蘗四兩，神麴二兩，白术、橘皮各一兩，爲末，蒸餅丸梧子大。每人參湯下三五十丸，效。穀勞嗜卧：飽食便卧，得穀勞病，令人四肢煩重，嘿嘿欲卧，食畢輒甚。用大麥蘗一升，椒一兩，並炒，乾薑三兩，搗末。每服方寸匕，白湯下，日三。《肘後》。腹中虛冷：食輒不消，羸瘦弱乏，因生百疾。大麥蘗五升，小麥麪半斤，豉五合，杏仁二升，皆熬黄香，搗篩糊丸彈子大。每服一丸，白湯下。《肘後方》。產後腹脹：不通，轉氣急，坐卧不安。以麥蘗一合，爲末。和酒服，良久通轉，神驗。此乃供奉輔太初傳與崔郎中方也。李絳《兵部手集方》。產後青腫：乃血水積也。乾漆、大麥蘗等分，爲末。新瓦中鋪漆一層，蘗一層，重重令滿，鹽泥固濟，煅赤研末。熱酒調服二錢。產後諸疾並宜。《婦人經驗方》。產後秘塞：五七日不通。不宜妄服藥丸。宜用大麥芽炒黄爲末，每服三錢，沸湯調下，與粥間服。《婦人良方》。妊娠去胎：《外臺》：治妊娠欲去胎。麥蘗一升，蜜一升，服之即下。○《小品》用大麥芽一升，水三升，煮二升，分三服，神效。產後回乳：產婦無子食乳，乳不消，令人發熱惡寒。用大麥蘗二兩，炒爲末。每服五錢，白湯下，甚良。《丹溪纂要方》。

明・吳文炳《藥性全備食物本草》卷一　蘗米　即穀芽也。去殼，止取蘗中之米，故曰蘗米。味苦，溫，無毒。主寒中下氣，開胃消食，除煩熱。性溫於麥芽。

明・趙南星《上醫本草》卷一　蘗米　粟蘗也。時珍曰：有粟、黍、穀、麥、豆諸蘗，皆水浸脹，候生芽曝乾去鬚，取其中米炒研麵，用其功皆主消導。

粟蘗：一名粟芽。苦，溫，無毒。主治：開胃，寒中，下氣，除熱，除煩，消宿食。為末和脂傅面，令皮膚悅澤，令穀神散中用之，性溫於麥蘗。有積者能消化。無積而久服，則消人元氣也。

明・倪朱謨《本草彙言》卷一四　蘗米粟芽、穀芽、麥芽，三種通稱。　味苦、甘，氣溫，無毒。通入脾胃二經。李氏曰：凡粟、黍、穀、麥、豆諸蘗，其法俱用水浸，草罯生芽曬乾，取其中米仁炒黃，入藥用。

粟芽：消宿食，下結氣之藥也。穀芽：消宿食，行滯氣之藥也。麥芽：消宿食，和中氣之藥也。

按：皇甫心如稿三芽功用，皆主消宿食，化滯氣，散時行濕熱寒三氣爲瘴，心腹脹滿，發痰發熱，食飲不進者，三物并皆治之。凡一切米麵食積，服此立消。爲湯劑，爲散子，爲丸藥，三物皆可充用。

王少宇曰：此三芽俱炒黃，磨細粉合用。每早晚和白糖少許，白湯調食數錢，於老人小兒脾胃不和者極相宜。勝如八珍散子。

明・姚可成《食物本草》卷五穀部・醃造類　蘗米此是以米作蘗，非別米名也。凡穀皆可生者，是矣。有粟、黍、穀、麥、豆諸蘗，皆水浸脹，候生芽曝乾去鬚，取其中米，磨粉食之。味愈甘美，功主消導。

稻蘗：一名穀芽。今人每於初夏作穀芽餅食，甚佳。味甘，溫，無毒。主快脾開胃，下氣和中，消食化積。粟蘗：一名粟芽。味苦，溫，無毒。主寒中下氣，除熱除煩，消宿食開胃。為末和脂傅面，令皮膚悅澤。麥蘗：一名麥芽。味鹹，溫，無毒。主消食和中，破冷氣，去心腹脹滿，開胃，止霍亂，除煩悶，消痰飲，破癥結，能催生落胎。補脾胃虛，寬腸下氣，腹鳴者用之。消化一切米麪諸果食積。

已上諸蘗，雖有消導之能，多食不免剋伐之患。觀造(錫)〔餳〕者用之，可以類推矣。但有積者能消化，無積而久服，則消人元氣也，不可不知。若久服者，須同白朮諸藥兼消，則無害也矣。

明・黃承昊《折肱漫録》卷三　大麥芽　能消食如神麯，但能消腎水，不宜多用。

明・施永圖《本草醫旨・食物類・五穀類》　蘗米即發芽穀也。　性溫，味苦，無毒。除煩，消食，與麥芽同功。

明・盧之頤《本草乘雅半偈》帙八　蘗米《別錄》中品　穬麥蘗：　氣味：鹹，溫，無毒。主：消食和中。

粟蘗：　氣味：苦，溫，無毒。主：寒中，下氣，除熱。

覈曰：諸蘗米，各以其穀，日用水潤，候其芽生，曝乾去鬚，取其中米，研麪用。

条曰：稻、黍、稷、麥、菽曰五穀，皆可區萌達蘗也。蘗者，生不以時，人力可為耳。此從艮而震，自癸而甲，繇終而始矣。《經》云：五穀為養，各有專司。當別五穀蘗，合五藏神，物各從其類也。《別錄》秖列穬麥蘗，旁收粟蘗。時珍續補稻蘗，失采黍蘗、稷蘗、菽蘗。粟，即黍類。《爾雅翼》云：古不以粟為穀之名，但米之有孚殼者皆稱粟。孔子曰：粟之為言續也。為陸種之首，此指細圓者之為粟矣。今人以穀之最細而圓者為粟。既以粟為蘗，不若黍為蘗，黍承帝氣南火之正令，專司心藏故也。近世僅用穬麥蘗，併黍、稷、稻、菽四蘗而棄置之。更稱穬麥蘗曰麥芽，穬麥蘗名號，世亦不復見聞矣。麥者，東南木藏之穀也。接絶續乏之曰麥，雖承帝氣出而達蘗，為五行五氣之先。蓋即所以成其始，亦即所以成其終。第各有專司，不無各有專向之為性矣。然穀府之受盛五穀，本具木火土金水之五行，升出中降入之五氣，乃能敷布化育，宣五穀味，開發上焦，與上焦開發，宣五穀味，事同而理則異矣。然則木火金水，當建土為本，土者行之長也；升出降入，當標中為樞，中者氣之機也。其所以為本為樞，主宰陽出陰入者，吾身中黃之生氣也。與天樞八方之帝氣，揆度萬物之出為震，入為艮，同一機衡耳。諸家易釋，僅解萬物之生曰帝出乎震，未解帝出乎震，萬物承帝氣以生之為震也。帝出乎震，莫看呆了萬物，各承帝氣以生之為震，則無物不予，無時不然，此自強不息之機焉。能作如是觀，轉觀萬物之生，曰帝出乎震，亦何等活潑。舉一該五，攝五歸一，六根互用，敵應不窮。東垣脾胃論僅解胃具木火金水之四行，升出降入之四氣。未解四行之以土為本，四氣之以中為樞，及所以為本為樞，主宰陽出陰入者，即吾身中黃之生氣也。是以中黃之生氣出，則穀味宣，宣則開發上焦，熏膚充身澤毛若霧露之溉矣。中黃之生氣入，則穀味成，成則淫氣于五藏而五藏安，散精于五形而五形駐。斯府精神明，留于四藏，氣歸權衡，權衡以平，氣口成寸矣。蓋中黃生氣，固為五行五氣之主，亦須行氣均平，始得承生氣之出以出，生氣之入以入，互為關鍵爾。設行氣有少廢，生氣亦即為之少息。是必察何行何氣之缺陷，而以專司之穀糵，養之充之，即以成其所自始，亦即以成其所自終也。如麥實有孚甲，肝之穀也；黍莠善舒散，心之穀也；稷為五穀長，脾之穀也；稻粒如秋霜，肺之穀也；菽實孚甲堅，腎之穀也。故五穀為五藏養，五糵為形氣充。充之養之，所以承吾身中黃之生氣，以出以入，效天樞八方之帝氣，揆度萬物之出為震，入為艮耳。至于主療疾疢，此其末務，詳主治形證，則得之矣。更能推廣五穀五糵之功力，為用真無盡藏矣。設少陽不生，肝氣內變者生之，逆之則傷肝，夏為寒變者順之，生之順之，宜麥糵也。太陽不長，心氣內洞者長之，逆之則傷心，秋為痎瘧者順之，長之順之，宜黍糵也。至陰不平，張精乃絕者續之，逆之則傷脾，四維相代者順之，續之順之，宜稷糵也。太陰不收，肺氣焦滿者收之，逆之則傷肺，冬為飧泄者順之，收之順之，宜稻糵也。少陰不藏，腎氣獨沈者藏之，逆之則傷腎，春為痿厥者順之，藏之順之，宜菽糵也。然則五穀功力，豈獨快脾健胃，消食化積而已。《別錄》以粟糵主寒中。寒中即內洞，此得五行之火五氣之出之機矣。粟即黍類，南方火藏之穀故也。時珍以稻糵主下氣。氣下即容平，此得五行之金，五氣之降之機矣。稻者西方金藏之穀故也。《別錄》以穬麥糵主和中。和中即發陳，此得五行之木，五氣之升之機矣。麥者東方木藏之穀故也。(糵)〔概〕菽、稷二糵，理可類推。若五穀糵，舍充養吾身中黃之生氣，亦不能具五行、具五氣，安望其為本為樞，為本之長，為樞之機者乎。

清・穆石鮑《本草洞詮》卷五　糵米　糵，芽也，猶孽也。生不以理之名也。麥芽味鹹，穀芽味甘，並氣溫，無毒。主快脾開胃，消食和中。人之食積，多是穀麥，生芽則氣已清，而又炒使性枯，則能化食。大略麥芽、神麯二藥，以代戊己腐熟水穀。但有積者能消化，無積而久服，則消人元氣也。須同參、朮諸藥，消補兼施，則無害矣。

清・劉雲密《本草述》卷一四　糵米　稻糵：一名穀芽。氣味：甘，溫，無毒。主治：快脾開胃，下氣和中，消食化積時珍。希雍曰：穀糵具生化之性，故為消食健脾，開胃和中之要藥。

麥糵：一名麥芽。氣味：鹹，溫，無毒。主治：開胃日華子。消食和中《別録》。消痰飲日華子。破冷氣除脹滿《藥性》。能消化一切米麪諸果食積時珍。潔古曰補脾胃虛寬腸下氣，腹鳴者用之。丹溪曰：麥糵行上焦之滯血，腹中鳴者用之。海藏曰：麥芽、神麴二藥，胃氣虛人宜服之，以代戊己腐熟水穀。豆蔻、縮砂、烏梅、木瓜、芍藥、五味子為之使。希雍曰：麥糵，味鹹，氣溫，無毒。功用與米糵同。而此消化之力更緊，鹹能軟堅，溫主通行，其發生之氣又能助胃氣上升，行陽道而資健運，故其主治如此。

附方　快膈進食，麥糵四兩，神麴二兩，白朮、橘皮各一兩，為末，蒸餅，丸梧子大，每人參湯下三五十丸，效。產後腹脹不通，轉氣急，坐臥不安，以麥糵一合，為末，和酒服，良久通轉，神驗。產後青腫，乃血水積也，乾漆、大麥糵等分，為末，新瓦中鋪漆一層，糵一層，重重令滿，鹽泥固濟，煅赤，研末，熱酒調服二錢，產後諸疾並宜。產後秘塞，五七日不通，不宜妄服藥丸，宜用大麥芽炒黃，為末，每服三錢，沸湯調下，與粥間服。

愚按：二芽俱能開發胃氣，宣五穀味。第稻稟金氣，麥稟水氣，以升出為開發者，其功較勝。況微鹹能行上焦滯血，使營和而衛益暢，更能腐化水穀。且脾主溼，血和而溼行，溼行而脾運，尤非穀芽所可幾也。

中梓曰：大麥性泥滯，雖化芽，性猶未化，須多炒令其性枯。希雍曰：無積滯，脾胃虛者不宜用，久服消腎氣，墮胎。時珍曰：不可久服，若久服須同白朮諸藥用，則無害。

修治　二芽皆炒黃，杵去皮用。

之頤曰：稻、黍、稷、麥、菽，曰五穀，皆可區萌達糵也。糵者，生不以時，人力可為耳。此從艮而震，自癸而甲，繇終而始矣。《經》云：五穀為養，各有專司，當別五穀糵，合五臟神物，各從其類也。然穀府之受盛，五穀本具水、火、土、金、水之五行，升出中降入之五氣，乃能敷布化育宣五穀味開發上焦，與上焦開發宣五穀味，事同而理則異矣。然則木、火、金、水當建土為本，土者行之長也。升出降入，當標中為樞，中者氣之機也。其所以為本為樞，主宰陽出陰入者，吾身中黃之生氣也，與天樞八方之帝氣，揆度萬物之出為震，入為艮同一機衡耳。是以中黃之生氣出，則穀味宣，宣則開發上焦，熏膚充身澤毛，若霧露之溉矣。中黃之生氣入，則穀味成，成則淫氣於五臟而五臟安，散精於五形而五形駐。斯腑精神明留於四臟，氣歸權衡，權衡以成氣口成寸矣。蓋中黄生氣，固為五行正氣之主，亦須行氣均平，始得承生氣之出以出，生氣之入以入，互為關鍵爾。設行氣有少廢，生氣亦即為之少息，是必察何行何氣之缺陷，而以專司之穀蘖養之充之，即以成其所自始，亦即以成其所自終也。如麥實有孚甲肝之穀也，黍莠善舒散心之穀也，稷為五穀長脾之穀也，稻粒如秋霜肺之穀也，菽實孚甲堅腎之穀也。故五穀為五臟養，五蘖為形氣充，充之養之，所以承五身中黄之生氣，以出以入，效天樞八方之帝氣，揆度萬物之出為震入為艮耳。至於主療疾疢，此其末務，詳主治形證則得之矣。然則五穀功力，豈獨快脾健胃，消食化積而已乎？

清・朱本中《飲食須知・穀類》 蘖米粃糠 味甘、苦，性溫，即發芽穀也，與麥芽同功。粃糠，味甘，性平。年荒亦可充飢。

清・閔鉞《本草詳節》卷七 蘖米 【略】按：麥芽、神麴二藥，胃氣虛人宜服之，以代戊己腐熟水穀，諸果食積所必用也。久服亦須白术諸藥兼用。

題清・徐大椿《藥性切用》卷六 焦麥芽 性味甘溫，溫中化滯，專消穀食。生用亦能散滯，禁忌與神麯不殊。 穀芽：性味甘溫，溫中化氣，開胃進食。生則升胃氣下陷為宜，亦能助發斑疹。熟則降胃氣虛閉為宜，亦能助胃化食。稟性中和，全無禁忌。

清・黄凱鈞《藥籠小品》 穀芽 快脾開胃，下氣和中，消食化積。生用運化為多，炒用開導為多。味甘氣和，健脾之良藥也。

清・張德裕《本草正義》卷下 穀芽 甘，溫。得氣之正，中和不偏，人賴以養生。用芽者，取發生之義，用其助土化食耳。 麥芽：甘，平。能消一切米麵果食諸積，化食和中。亦善催生落胎。單服二兩，能消乳脹，其耗散氣血可知。

清・楊時泰《本草述鉤元》卷一四 蘖 穀芽：氣味甘溫。快脾開胃，下氣和中，消食化積瀕湖。具生化之性，故為脾胃要藥仲淳。 麥芽：味鹹，氣溫。開胃消食和中，行上焦之滯血。句本丹溪。消痰飲，破冷氣，除脹滿，寬腸下氣，腹鳴者用之二語潔古。能消一切米麪諸果食積瀕湖。胃氣虛人，宜服麥芽、神麴二藥，以代戊己熟腐水穀。豆蔻、縮砂、烏梅、木瓜、芍藥、五味為之使海藏。功用與穀芽同，而消化之力更緊，鹹能軟堅，溫主通行，其發生之氣，又能助胃氣上升，行陽道而資健運仲淳。快膈進食，麥芽四兩，神麴二兩，白术、橘皮各一兩，為末，蒸餅丸梧子大，每人參湯下三五十丸。產後腹脹不通轉，氣急，坐臥不安，以麥芽一合，為末，和酒服，良久通轉，神驗。產後青腫，乃血水積也，乾漆、大麥芽等分，為末，新瓦中鋪漆一層，麥芽一層，重重令滿，鹽泥固濟，煅赤研末，熱酒調服二錢，產後諸疾並宜。產後便秘，五七日不通，不宜妄服藥丸，用大麥芽炒黄為末，每服三錢，沸湯調下，與粥間服。

論：二芽俱能開發胃氣，宣五穀味。第稻稟金氣，而麥稟水氣以升出為開發者，其功較勝，況麥芽微鹹，能行上焦滯血，血和而濕行，濕行而脾運，尤非穀芽所可幾。

大麥性泥滯難化，芽性尤未化，須多炒，令其性粘士材。脾胃虛而無積滯者，不宜用。久服消腎氣，墜胎仲淳。同白术諸藥用，則久服無害瀕湖。

修治：二芽皆炒黄，杵去皮用。

附錄：盧子繇云：稻、黍、稷、麥、菽五穀，皆可區萌達蘖。蘖者從艮而震，自癸而甲，由終而始，生不以時，可以人力為之。《經》云：五穀為養。當別五穀蘖，合五臟神物，各從其類也。然穀府之受盛五穀，本具木火土金水之五行，升出中降入之五氣，乃能敷布化育，宣五穀味開發上焦，與上焦開發宣五穀味，事同而理則異矣。然則木火金水，當建土以為之本，土者，行之長也；升出降入，當標中以為之樞，中者，氣之機也。其所以為本，為樞，主宰陽出陰入者，吾身中黄之生氣也。中黄之生氣出則穀味宣，宣則開發上焦，熏膚充身澤毛，若霧露之溉矣；中黄之生氣入則穀味成，成則淫氣於五臟，而五臟安，散精於五形，而五形駐矣。蓋中黄生氣，固為五行正氣之主，亦須行氣均平，始得承生氣之出以出，生氣之入以入。設行氣有少廢，生氣亦即為之少息。是必察何行何氣之缺陷，而以專司之穀蘖養之充之，即以成其所自始，亦即以成其所自終也。如麥實有孚甲，肝之穀也；黍莠善舒散，心之穀也；稷為五穀長，脾之穀也；稻粒如秋霜，肺之穀也；菽實孚甲堅，腎之穀也。故五穀為五臟養，五蘖為形氣充，充之養之，所以承吾身中黄之生氣，而以出以入者，至於主療疾疢，殆其末務也。

清・鄒澍《本經續疏》卷五 蘖米 【略】盧子繇曰：稻、黍、稷、麥、菽曰五穀，皆可區萌達蘖。蘖者，生不以時，人力可為，是從止而動，由終而始矣。《經》云：五穀為養，各有所入。則蘖者亦當各從其類。蓋五穀本具水火土金木五行，升出中降入五氣，故宣五穀味開發上焦，與上焦開發宣五穀味，事同而理異。木火金水當建土為本，土者，行之長也。升出降入當標中為樞，中者，氣之機也。其所以為本為樞，主宰陽出陰入者，人身中黃之生氣也。中黃之生氣出，則穀味宣，宣則開發上焦，薰膚充身澤毛，若霧露之溉。中黃之生氣入，則穀味成，成則淫氣於五臟而五臟安，散精於五形而五形駐。斯腑精神明，留於四臟，氣歸權衡，權衡以平，氣口成寸矣。然中黃生氣，固為正氣之主，亦須行氣均平，始得承生氣之出以出，生氣之入以入，以互為關鍵。設正氣稍有廢馳，則亦為之少息，是必察何臟之有歉，何行之失和，而以專司之穀蘖養之充之，即以成其所自始，亦即以成其所自終也。如麥實有莩甲為肝穀，黍莠善舒散為心穀，稷長五穀為脾穀，稻粒如秋霜為肺穀，菽實莩甲堅為腎穀，五穀為五臟養，則五蘖為形氣充，充之養之，正承中黃生氣以出以入耳。然則穀蘖功力，豈獨快脾健胃，消食化積而已乎？

飴糖

唐・孫思邈《千金要方》卷二六《食治・穀米》 粭 味甘，微溫，無毒。補虛冷，益氣力，止腸鳴、咽痛，除唾血，却卒嗽。

附：日・丹波康賴《醫心方》卷三〇 飴糖 《本草》云：味甘，微溫。主補虛乏，止渴去血。陶〔弘〕景注云：今酒用麴，糖用(孽)〔蘖〕猶同，是米麥而為中上之異。糖當以和潤為優，酒以薰亂為劣。《七卷食經》云：置飴糜粥中食之，殺人，未詳。

宋・李昉《太平御覽》卷八五二 餳 《禮記・內則》曰：棗、栗、飴、蜜以甘之。《方言》曰：餳謂之餦餭，即乾飴也。飴謂之餕音該，餳謂之餹。江東皆言糖也。凡飴謂之餳，自關而東，陳、魏、宋、楚、衛之間通語。《說文》曰：飴，米蘖煎也。餳，飴，和饊也。《釋名》曰：餳，洋也，煮米消爛洋洋然也。飴，小弱於餳，形怡怡然也。哺，餔也，如餳而濁可哺也。《淮南子》曰：柳下惠見飴曰：可以養生。盜跖見飴曰：可以粘牡。見物同而用之異也。張衡《七辨》曰：沙飴、石蜜，遠國貢儲。崔寔《四民月令》曰：十月先水凍，作煮餳，煮暴飴。

宋・龐元英《文昌雜錄》卷一 昔在金陵，有一士子，為魚鯁所苦，累日不能飲食。忽見賣白餳者，因買食之，頓覺無恙。然後知餳能治魚鯁也。後見孫真人書，已有此方矣。

宋・唐慎微《證類本草》卷二四米穀部上品〔《別錄》〕 飴音貽糖 味甘，微溫，主補虛乏，止渴，去血。〔梁・陶弘景《本草經集注》〕云：方家用飴糖，乃云膠飴，皆是濕糖如厚蜜者，建中湯多用之。其凝强及牽白者，不入藥。今酒〔用〕麴，糖用蘖，猶同是米麥，而爲中上之異。糖當以和潤爲優，酒以醺亂爲劣也。〔宋・掌禹錫《嘉祐本草》〕按：《蜀本圖經》云：飴即軟糖也，北人謂之餳。粳米、粟米、大麻、白朮、黃精、枳音止椇音矩子等並堪作之，惟以糯米作者入藥。孟詵云：餳糖，補虛，止渴，建脾胃氣，去留血，補中。白者以蔓菁汁煮，頓服之。日華子云：益氣力，消痰止嗽并潤五藏。〔宋・唐慎微《證類本草》〕《食療》：主吐血，建脾。凝强者爲良。主打損瘀血，熬令焦，和酒服之，能下惡血。又，傷寒大毒嗽，於蔓菁、薤汁中煮一沸，頓服之。《外臺秘要》：誤吞錢。取飴糖一斤，漸漸盡食之，鐶及釵便出。《肘後方》：魚骨哽在喉中，衆法不能去。飴糖丸如雞子黃大吞之。不出，大作丸用，妙。

宋・寇宗奭《本草衍義》卷二〇 飴糖 即餳是也，多食動脾風，今醫家用以和藥。糯與粟米作者佳，餘不堪用，蜀黍米亦可造。不思食人少食之，亦使脾胃氣和。唐白樂天詩一碟較牙餳者是此。

宋・王繼先《紹興本草》卷一二 飴糖 紹興校定：飴糖，製蘖所成，乃餳也。但滋中消穀，諸方頗用，以佐他藥取效，當云味甘、微溫、無毒是矣。

宋・張杲《醫說》卷五 食飴至噎 吳廷紹為太醫令，烈祖因食飴喉中噎，國醫皆莫能愈。廷紹尚未知名，獨謂當進楮實湯，一服疾失去，群醫默識之。他日取用皆不驗，或扣之。答曰：噎因甘起，故以楮實湯治之《南唐書》。

宋・陳衍《寶慶本草折衷》卷一九 飴音貽。糖諸糖在內。○餳糟續附。一名餳。音成，一作餳。○一名膠飴，一名餳糖，一名軟糖。○所出與糯米及諸米等〔諸〕物同。○以糯米入蘖煎成。今諸處皆能之。

味甘，微溫。○主補虛乏，止渴。○陶隱居云：是濕糖如厚蜜者。建中湯多用之。其凝強及牽白者不入藥。○《蜀本》云：飴，粳米、粟米、大麻、白朮、黃精、枳椇子等並堪作之。惟以糯米作者入藥。枳，音止；椇，音矩。○孟詵云：建脾胃氣，去留血，補中。○日華子云：消痰止嗽，潤五藏。

〇《食療》云：主打損瘀血，熬令焦，和酒服之。〇《肘後方》：魚骨哽喉中，飴糖丸如鷄子黄大，吞之。〇量度而用，以防噎塞。〇寇氏曰：多食動脾風。蜀黍米亦可造。

續説云：《經驗方》甘露湯，用乾餳糟頭陸分，及和皮生薑肆分，并杵爛細，團為餅，或曬或焙令乾。每拾兩，入炙甘草貳兩同碾細。當以貳錢，沸湯入鹽，無時點服，能治飜胃嘔吐，快膈進食。蓋餳糟者，蘖米之餘力尚存，復有甘味，又得生薑辛而溫，故成其效。

元・王好古《湯液本草》卷六　飴即膠飴。　氣温，味甘，無毒。　入足太陰經藥。《液》云：補虚乏，止渴，去血。以其色紫凝如深琥珀色，謂之膠飴。色白而枯者，非膠飴，即餳糖也，不入藥用。中滿不宜用，嘔家切忌。為足太陰經藥。仲景謂嘔家不可用建中湯，以甘故也。

元・忽思慧《飲膳正要》卷三　餳　味甘，微溫，無毒。補虚乏，止渴，去血，健脾，治嗽。小兒誤吞錢，取一斤，漸漸盡食之，即出。

元・尚從善《本草元命苞》卷九　飴糖　味甘，微溫，無毒。補虚乏，止渴，健脾胃。消痰去留血，益氣潤五臟，調中。消打損瘀血，止勞傷痰嗽濕。如厚蜜者佳，凝強牽白不爾。

元・吴瑞《日用本草》卷八　飴糖　北人為餳。粳米、粟皆可造。入藥當用稬米者，熬令稠厚如蜜，建中湯用之。味甘，寒，無毒。稀者名飴，乾者名餳。主補虚乏，止渴益氣，消痰定嗽，健脾胃。

元・朱震亨《本草衍義補遺》　飴　屬土。成於火，大發濕中之熱。《衍義》云動脾風，是言其末而遺其本也。〇此即飴糖。乃云膠飴，乃是濕糖，用米麥而為即(錫)〔餳〕也。

元・徐彦純《本草發揮》卷三　飴糖　成聊攝云：《内經》曰：脾欲緩，急食甘以緩之。膠飴、大棗之甘，以緩中也。海藏云：此即濕餳糖也。以其色紫如深琥珀色，故謂之膠飴。色白而枯者，即乾餳糖也，不入藥。中滿者不宜用，嘔家切忌之。為太陰藥。仲景謂嘔家不可用建中湯，以甘故也。丹溪云：飴屬土，成之於火，大發濕中之熱。《衍義》云：其動脾風，是言其末而遺其本也。

明・王綸《本草集要》卷五　飴糖　味甘，氣微溫，無毒。入足太陰經。糯與粟米作者佳，餘不堪用。　主補虚乏，止渴，消痰潤肺，和脾胃。魚骨(硬)〔鯁〕喉中，與誤吞錢鐶，服之出。中滿不宜用，嘔吐家忌之。仲景謂嘔家不可用建中湯，以甘故也。丹溪云：大發濕中之熱。

明・滕弘《神農本經會通》卷四　飴糖　糯與粟米作者佳，餘不堪用。即膠飴。　味甘，氣微溫。《湯》云：氣溫，味甘，無毒。入足太陰藥。

《本經》云：主補虚乏，止渴，去血。陶云：方家用飴糖，乃云膠飴，皆是濕糖，如厚蜜者，健中湯多用之。其凝強及牽白者，不入藥。今酒〔用〕麴糖用蘖，猶同是米麥，而為中上之異。糖當以和潤為優，酒以醺亂為劣也。《蜀圖經》云：飴，即軟糖也。北人謂之餳，粳米、粟米、大麻、白术、黄精、枳椇子等，并堪作之，惟以糯米者入藥。孟詵云：餳糖，補虚止渴，健脾胃氣，去留血。白者以蔓菁汁煮，頓服之。日華子云：益氣力，消痰止嗽，并潤五臟。《液》云：補虚乏，止渴，去血。以其色紫，凝如深琥珀色，謂之膠飴。色白而枯者，非膠飴，即餳糖也，不入藥用。中滿不宜用，嘔家切忌。為足太陰經藥。仲景謂嘔家不可用徤中湯，以甘故也。丹溪云：屬土成於火，大發濕中之熱。《衍義》云：動脾風是言其末而遺其本也。又云：此即飴糖，乃云膠飴，乃是濕〔糖〕，用米麥而為，即餳也。又誤吞錢，服之便出。魚骨哽在喉中不能去，大作丸用，妙。飴糖，補虚羸，健中，歛汗。

明・劉文泰《本草品彙精要》卷三五　飴糖無毒。　煎煉成。

飴音貽糖：主補虚乏，止渴，去血。名醫所録。〔地〕《蜀本圖經》曰：飴即軟糖也，乃作蘖所成。北人謂之餳，以粳米、粟米、大麻、白术、黄精、枳音止椇音矩子等並堪作之。今醫家用以和藥，惟糯與粟米作者入藥爲佳，餘不堪用。蜀黍米亦可造，唐白樂天詩一楪較牙餳者是也。《湯液本草》云：其色紫凝，如深琥珀色，謂之膠飴。色白而枯者，非膠飴即餳糖也。不入藥用，中滿不宜用，嘔家切忌。仲景謂嘔家不用建中湯，以甘故也。〔收〕磁器貯之。〔用〕糯米作者佳。〔色〕紫、赤。〔味〕甘。〔性〕微溫。〔氣〕氣之厚者，陽也。〔臭〕香。〔行〕足太陰經。〔治〕療：日華子云：消痰，止渴。孟詵云：止渴，去留血。《别録》云：止吐血。誤吞錢及鐶釵，漸食一斤便出。魚骨鯁在喉中，爲丸如雞子黄大，吞之即差。補：日華子云：益氣力，潤五臟。孟詵云：補虚乏，健脾胃氣，益中。〔合治〕合酒服，療打損瘀血。〇合蔓菁薤汁中煮沸服，治傷寒大毒嗽。〔禁〕多食動脾風，中滿不宜用。〔忌〕嘔家勿用。

明・盧和、汪穎《食物本草》卷四味類　飴糖　味甘，溫，無毒，入足太陰經。有紫色濕軟者，有白色枯硬者。主補虛乏，止消渴，去惡血，潤肺，和脾胃。魚骨鯁喉中及誤吞錢環，服之出。中滿不宜用。嘔吐家忌之。仲景謂嘔家不可用建中湯，以甘故也。糯與粟米作者佳，餘不堪用。多食發脾風。丹溪云：大發濕中之熱。

明・葉文齡《醫學統旨》卷八　飴糖　氣微溫，味甘。無毒。入足太陰經。糯米、粟米作者佳，餘不堪用。補虛乏，止渴消痰潤肺，和脾胃；魚骨鯁喉中及悞吞錢環，服之出。中滿不宜用，嘔吐家忌之。丹溪云：大發濕中之熱。

明・許希周《藥性粗評》卷三　飴糖餳糖也。乃米麥所造而成。亦有單用麥者，以麥不拘多少，水潤濕，待芽長成塊，乃分碎，水浸一夜，去渣，取汁煉之，候稠凝，取出貯之。禹錫謂惟以糯米作者入藥。餘說《本草》不載。　味甘，性微溫，無毒。主治欬嗽虛乏，消渴補中，益氣健脾胃，下瘀血。嘔家不宜用之。丹溪云：飴成之於火，大發濕中之熱。《衍義》謂動脾風，是言其末而遺其本也。此較之乳糖尤為可戒。

單方：　丹毒：《肘後方》云：丹者，惡毒之瘡，五色無常，蜜和乾薑末傅之。愚嘗見小兒多生此症，終為無救者亦多矣。　面斑：凡面生斑䵟者，以茯苓末和白蜜塗之，七日後便差。　便結不通：凡患熱病，大便不通，體弱不可服藥者，以蜜微火煎，令凝稠可丸，作一指大，長三寸許，用清油塗之，納下部，須臾大便湧出，不損人。　少年髮白：凡少年頭中白，非血衰也，乃世俗所謂蒜髮耳，拔去白者，以白蜜塗其孔中，即生黑髮。另方凡髮不生者，取梧桐子搗取汁，塗上，亦生黑髮。　誤吞骨鯁：凡食魚及他物，有鯁喉中者，以蜜煉成稠丸，吞之，當下。飴糖亦可煉吞。　打撲血瘀：凡被打撲及墜跌成傷，腹內有瘀血者，以飴糖和酒熱服之，當下，不下再服。

明・鄭寧《藥性要略大全》卷四　飴糖　斂汗，健中，補虛羸，止渴消痰，治嗽。去宿血，補中益氣。　東垣云：開五臟，健脾胃。中滿及嘔家切忌服此。　味甘，微溫，無毒。入足太陰脾經。以糯米煮粥，候冷入麥芽，澄清再熬成飴。諸米皆可作糖，惟糯米者入藥。

明・陳嘉謨《本草蒙筌》卷五　飴糖　味甘、苦，氣微溫。無毒。稠粘如粥，故名飴糖。係糯或粟熬成，入脾能補虛乏。因色紫類琥珀，方中又謂膠飴。乾枯名餳，不入湯藥。和脾潤肺，止渴消痰。建中湯內用之，蓋亦取其甘緩。治喉鯁魚骨，療悞吞錢環。中滿莫加，嘔吐切忌。小兒多食，損齒生蟲。丹溪書內曾云，大發濕中之熱。

明・寧源《食鑒本草》卷下　餳糖　味甘，溫，無毒。多食生濕中之熱，動脾中之風。

明・王文潔《太乙仙製本草藥性大全》卷四《本草精義》　飴糖　稠粘如粥，故名飴糖。係糯米或粟秫水浸炊飯，用麥蘖、穀蘖煎，水浸前飯待飯爛，濾汁入鍋煎煮而成。入脾能補虛乏。因色紫類琥珀，方中又謂膠飴。乾枯名餳，不入湯藥。

明・王文潔《太乙仙製本草藥性大全》卷四《仙製藥性》　飴糖　味甘、苦，氣微溫，無毒。　主治：和脾潤肺，止渴消痰。建中湯內用之，蓋亦取其甘緩。治喉鯁魚骨，療悞吞錢環。中滿莫加，嘔吐切忌。小兒多食，損齒生蟲。丹溪書內曾云：大發濕中之熱。

明・皇甫嵩《本草發明》卷五　飴糖上品。即餳也。味甘，溫，無毒。入足太陰經。　發明曰：飴糖甘溫，入脾能補虛乏，和脾去血止渴。又云：益氣力，止嗽，潤五臟。建中湯內用之，取其甘緩也。故中滿及嘔吐家忌之。丹溪云：大發濕中之熱，以其甘能滋濕，溫以助熱也。然則消痰之說，恐未的。○魚鯁喉中及誤吞錢環，服之即出。小兒多食，損齒生蟲。

明・李時珍《本草綱目》卷二五穀部・造釀類　飴餹《別録》上品

〔釋名〕餳音徐盈切。時珍曰：按劉熙《釋名》云：餹之清者曰飴，形怡怡然也。稠者曰餳，强硬如錫也。如餳而濁者曰餔，《方言》謂之餦餭，音長皇。《楚辭》云粔籹蜜餌（用）〔有〕餦餭，是也。嘉謨曰：因色紫類琥珀，方中謂之膠飴，乾枯者名餳。

〔集解〕弘景曰：方家用飴，乃云膠飴，是濕餹如厚蜜者。其凝強及牽白者餳糖，不入藥用。韓保昇曰：飴，即軟餹也。北人謂之餳，糯米、粳米、秫粟米、蜀秫米、大麻子、枳椇子、黄精、白术並堪熬造。惟以糯米作者入藥，粟米者次之，餘但可食耳。時珍曰：飴餳用麥蘖或穀芽同諸米熬煎而成，古人寒食多食餳，故醫方亦收用之。

〔氣味〕甘，大温，無毒。入太陰經。宗奭曰：多食動脾氣。震亨曰：飴餹屬土而成於火，大發濕中之熱。寇氏謂其動脾風，言末而遺本矣。時珍曰：凡中滿吐逆、秘結牙䘌、赤目疳病者，切宜忌之，生痰動火最甚。甘屬土，腎病毋多食甘，甘傷腎，骨痛而齒落，皆指此類也。

〔主治〕補虛乏，止渴去血《別録》。補虛冷，益氣力，止腸鳴咽痛，治唾血，消痰潤肺止嗽思邈。健脾胃，補中，治吐血。打損瘀血者，熬焦酒服，能下惡血。又傷寒大毒嗽，於蔓菁、薤汁中煮一沸，頓服之，良孟詵。脾弱不思食人少用，能和胃氣。亦用和藥寇宗奭。解附子、草烏頭毒時珍。

【發明】弘景曰：古方建中湯多用之。餹與酒皆用米蘖，而餹居上品，酒居中品。是餹以和潤爲優，酒以醺亂爲劣也。成無己曰：脾欲緩，急食甘以緩之。膠飴之甘以緩中也。好古曰：飴乃脾經氣分藥也。甘能補脾之不足。時珍曰：《集異記》云：邢曹進，河朔健將也。爲飛矢中目，拔矢而鏃留於中，鉗之不動，痛困俟死。忽夢胡僧令以米汁注之必愈。廣詢於人，無悟者。一日一僧丐食，肖所夢者。叩之。僧云：但以寒食餳點之。如法用之，清凉，頓減酸楚。至夜瘡痒，用力一鉗而出。旬日而瘥。

【附方】舊二，新九。老人煩渴：寒食大麥一升，水七升，煎五升，入赤餳二合，渴即飲之。《奉親書》。蛟龍癥病：凡人正二月食芹菜，誤食蛟龍精者，爲蛟龍病，發則似癇，面色青黄。每服寒食餳五合，日三服。吐出蛟龍，有兩頭可驗。吐蛔者勿用。《金匱要略》。魚臍疔瘡：寒食餳塗之，良。乾者燒灰。《千金方》。瘭疽毒瘡：臘月飴餹，晝夜塗之，數日則愈。《千金方》。誤吞稻芒：白餳頻食。《簡便方》。魚骨鯁咽：不能出。用飴餹丸鷄子黄大吞之。不下再吞。《肘後方》。誤吞錢釵：及竹木。取飴餹一斤，漸漸食盡，便出。《外臺》。箭鏃不出：（醫說良）〔見發明〕。服藥過劑：悶亂者。飴餹食之。《千金》。草烏頭毒：及天雄、附子毒。並食飴餹即解。《總録》。手足瘑瘡：炒臘月餹，薄之。《千金方》。火燒成瘡：白餹燒灰，粉之即燥，易瘥。《小品方》。

題明・薛己《本草約言》卷二《藥性本草》 飴糖 味甘，氣微溫，無毒。陽中之陰，可升可降。除煩止渴，益氣和中。足太陰經藥，糯與粟米作者佳，餘不堪用。《内經》曰：脾欲緩，急食甘以緩之。飴糖、大棗之甘，以緩中也。亦能消痰潤肺，但中滿嘔家切忌之。仲景謂嘔家不可用建中湯，以甘故也。丹溪云：大發濕中之熱。糖多食能生胃中之火，此損齒之因，非土制水，乃濕土生火也。食棗多者齒病齲，亦此意焉。

明・梅得春《藥性會元》卷中 飴糖 味甘，氣溫，無毒。糯米、粟米造者佳。入足太陰脾經。主補虚乏，止渴，消痰潤肺，和脾胃，去血，魚骨鯁喉中，及誤吞錢環，服之出。中滿不宜，嘔吐並忌。能大發濕中之熱。

明・王肯堂《傷寒證治準繩》卷八 膠飴 氣溫，味甘，無毒。入太陰經。成：脾欲緩，急食甘以緩之。膠飴之甘，以緩中也。海：飴，乃脾經氣分藥也。甘能補脾之不足。寇宗奭云：多食動脾氣，亦助胃火。

明・穆世錫《食物輯要》卷八 飴糖 味甘，性溫，無毒。解附子、烏頭毒。養胃健脾，進飲食，益氣力，消痰潤肺止嗽，治咽痛唾血。熬焦酒服，下惡血。多食，動脾風。患中滿吐逆，目赤，牙䘌、疳疾者，忌食。

明・李中立《本草原始》卷五 飴餹 北人謂之餳。糯米、粳米、黍、粟米、蜀秫米、大麻子、枳椇子、黄精、白术，並堪熬造。惟以糯米作者入藥，粟米者次之，餘但可食耳。李時珍曰：飴餳用麥蘖或穀芽，同諸米熬煎而成。古人寒食多食餳，故醫方亦收用之。按劉熙《釋名》云：餹之清者曰飴，形怡怡然也。稠者曰餳，強硬如錫也。如餳而濁者曰餔，《方言》謂之餦餭。陳嘉謨曰：因色紫類琥珀，方中謂之膠飴，乾枯名餳。飴餹：氣味：甘，大溫，無毒。主治：補虚乏，止渴去血。○補虚冷，益氣力，止腸鳴，咽痛，治唾血，消痰，潤肺止嗽。○健脾胃，補中。治吐血。打損瘀血者，熬焦酒服，能下惡血。又傷寒火毒嗽，於蔓菁、薤汁中煮一沸，頓服之，良。○脾弱不思食人，少用能和胃氣。亦用和藥。

入太陰經。凡中滿吐逆，秘結，牙䘌、赤目，疳病者，切宜忌之。《集異記》云：邢曹進，河朔健將也，為飛矢所中，鉗之不動，痛困俟死。忽夢胡僧，令以米汁注之必愈。廣詢于人無悟者。一日一僧丐食，肖所夢者。叩之，僧云：但以寒食餳點之。如法用之，清凉，頓減酸楚，至夜瘡痒，用力一鉗而出，旬日而瘥。老人煩渴，寒食大麥一升，水七升，煎五升，入赤餳二合，飲之。

明・張懋辰《本草便》卷二 飴糖 味甘，氣微溫，無毒。入足太陰經。糯與粟米作者佳。主補虚乏，止渴，消痰潤肺，和脾胃，魚骨哽喉中。中滿不宜用，嘔吐家忌之。

明・吴文炳《藥性全備食物本草》卷四 飴糖 稠粘如粥，故名飴糖。係糯米或粟秫水浸炊飯，用麥蘖、穀蘖煎水浸前飯，待飯爛濾汁入鍋，煎煮而成。入脾能補虚乏。如琥珀紫色軟者謂之膠飴，建中湯多用之。其牽白凝強者謂之餳，不入湯藥。諸米皆可作飴，惟糯米者佳，無毒，入足太陰經。補虚乏，潤肺止渴，消痰止嗽，斂汗。又補中氣，健脾胃，進飲食，去留血，止吐血。又打損瘀血，熬焦和酒服之，能下惡血。骨鯁喉中及誤吞錢鐶，服之便出。惟中滿及嘔吐忌之。丹溪云屬土而成於火，大發濕中之熱。《衍義》謂動脾風，是言其末也。有患目赤牙䘌疳疾者並忌食之。

明·李中梓《藥性解》卷一 飴糖 味甘，微溫無毒，入肺脾二經。主和脾潤肺，補虛止渴，消痰理嗽，建中斂汗。 按：肺喜潤，脾喜甘，宜飴糖之入二經也。建中湯用之，取其甘緩。丹溪以為能生胃火，此損齒之因，非土制水，乃濕土生火也。中滿嘔吐及濕熱之症，皆不宜服。

明·繆希雍《本草經疏》卷二四 飴糖 味甘，微溫。主補虛乏，止渴，去血。

〖疏〗飴糖用麥蘗或穀蘗同諸米漬熬煉而成，故其味甘氣溫無毒。入足太陰，亦入手太陰經。甘入脾，而米麥皆養脾胃之物，故主補虛乏，仲景建中湯用之是也。肺胃有火，則發渴。火上炎迫血妄行，則吐血。甘能緩火之標，則火下降而渴自止，血自去也。思邈又謂其有消痰，潤肺，止嗽，治咽痛、吐血等功。〖主治參互〗入建中湯，治脾虛腹痛。《簡便方》誤吞稻芒，白餳頻食，效。《千金方》：服藥過劑，悶亂者，飴糖食之。〖簡誤〗飴糖成於濕熱，少用雖能補脾潤肺，然而過用之則動火生痰。凡中滿吐逆，酒病牙疳，咸忌之。腎病尤不可服。

明·倪朱謨《本草彙言》卷一四 飴糖 味甘，氣溫，無毒。入足陽明、太陰經氣分之藥。 李氏曰：飴糖，用粟、黍、穀、麥同糯、粳諸米煎熬而成，柔稠如蜜，形怡怡然也，故名飴。若熬老能牽扯如成白絲者，名曰餳糖。餳，錫也，白而堅硬成塊也。拌脂麻只供茶食，不入藥用。

飴糖：孟詵養胃溫中，《蜀本草》益氣止泄之藥也。吳涵宇抄成無己曰：脾欲緩，急食甘以緩之。飴糖之甘，以緩中也。如眩暈，如消渴，如消中，如怔忡煩亂，如忍飢五內顛倒四體欲傾，如產婦失血過多卒時煩暈，如勞人嘔血盈盆上逆不止，如老人泄瀉頻仍中氣陷下，如暴受驚怖失神喪志，如讀書作文勞心瘁思神氣無主，已上諸證，皆係中焦營氣暴傷之故。急以飴糖之甘，滾水調和飲之，諸證立定，神氣清明，即以甘緩之之驗也。此一段出易思蘭《大藏鈔》。如傷寒陽脉濇，陰脉弦，法當腹中急痛，以小建中湯。用飴膠之甘溫，爰稼穡之土德，更協甘草、大棗之甘平，桂枝、薑、芍之辛潤，佐土德以培陽令，溫裏氣以和營衛，建中緩急而腹中急痛自止。如陽脉之濇，陰脉之弦，安有不轉緩滑之狀乎？所以仲景用此，亦取甘以緩之之意也。然此藥用米麥浸蒸煎煉而成于濕熱，雖能補脾潤肺，而過用之大發濕中之熱，生痰動火最甚。凡中滿吐逆，酒病牙病，秘結目赤等疾，咸忌用之。小兒多食損齒生蟲。一切腎家受病，尤不可服。

集方：仲景小建中湯治傷寒裏氣虛寒，腹中急痛。用飴糖三錢，桂枝、白芍藥各一錢，甘草七分，生薑五片，大棗五枚。○《簡便方》治悞吞稻芒骨鯁之類，隔拒喉間。用硬餳糖搓成彈丸，吞之即下。○《千金方》治服藥過劑，悶亂者。用餳糖，食數片即安。○治胎墜不安。用飴糖五錢，以砂仁泡湯化服。○治大人小兒頓咳不止。用白蘿蔔搗汁一碗，飴糖五錢蒸化，乘熱緩緩呷之。○治大便乾結不通。用飴糖撚成指頭大，用香油塗拌綠礬末，塞穀道內即通。

明·應廩《食治廣要》卷八 飴餹 氣味：甘，大溫，無毒。補虛冷，益氣力，消痰，潤肺止嗽，健脾和胃。 按：飴餳用麥蘗或穀芽同諸米熬煎而成，乃屬土，而成於火，大發濕中之熱。凡中滿，吐逆，秘結，牙䘌，赤目，疳病，切宜忌之，生痰動火最甚。甘屬土，腎病毋多食甘，甘傷腎，骨痛而齒落，皆指此類也。

明·姚可成《食物本草》卷一五味部·造釀類 飴餹一名餳，音巡。糯米、粳米、秫粟米、蜀秫米並堪熬造。○李時珍曰：飴餳用麥蘗或穀芽同諸米熬煎而成。古人寒食多食餳。 飴餹，味甘，大溫，無毒。補虛乏，止渴去血，益氣力，止腸鳴咽痛。治吐血消痰，潤肺止嗽，健脾胃補中。治吐血打損瘀血者，熬焦酒服，能下惡血。又傷寒大毒嗽，於蔓菁、薤〔汁〕中煮一沸，頓服之，良。脾弱不思食人少用，能和胃氣。亦用和藥，解附子、烏頭毒。凡中滿吐逆、秘結牙䘌、赤目疳病者忌之，生痰動火最甚。甘屬土，腎病毋多食甘，甘傷腎，骨痛而齒落，皆指此類也。成無己曰：脾欲緩，急食甘以緩之，飴餹之甘以緩中也。《集異記》云：邢曹進，河朔健將也。為飛矢中目，拔矢而鏃留於中，鉗之不動，痛困俟死。忽夢胡僧，令以米汁注之必愈。廣詢於人，無悟者。一日，一僧丐食，肖所夢者。叩之，僧云：但以寒食餳傅之。如法用之，〔頓減〕酸楚，至夜瘡痒，用力一鉗而出，頓獲清涼，數日而安。

附方：治魚骨鯁咽不能出。用飴糖丸雞子黃大吞之，不下再吞。誤吞竹木、稻芒及銅鐵等物，俱用餳糖一斤，漸漸食盡便出。 治服藥過劑悶亂者。飴餹食之即安。 治蛟龍癥病。凡人正、二月食芹菜，誤食蛟龍精者，為蛟龍病。發則似癇，面色青黃，每服寒食餳五合，日三服，吐出蛟龍，有兩頭可驗。吐蚘者勿用。

明·顧逢柏《分部本草妙用》卷九穀部　飴糖又名餳，糖之精而軟者，曰飴。稠硬如餳，曰餳。如餳而濁者，曰餔。惟糯米作者入藥，別粟造服食。入太陰經，多食傷脾。甘，溫，無毒。主治：補虛乏，止渴，去血，潤肺止嗽，健脾補中。治吐血，打損瘀血。熬焦酒服，入蔓菁、薤汁中煮一沸，頓服，治傷寒大毒。和胃和藥，解附子、草烏頭毒。成無己曰：脾欲緩，急食甘以緩之。膠飴甘以緩中也，所以補脾不足，為脾經氣分藥。建中湯多用之。

明·孟筌《養生要括·穀部》　飴糖飴糖屬土而成於火，大發濕中之熱。凡中滿吐逆、秘結牙䘌、赤目疳病者，切宜忌之。　味甘，大溫，無毒。補虛乏，止渴去血。補虛冷，益氣力，止腸鳴咽痛，治唾血，消痰，潤肺止嗽，健脾胃，補中，治吐血。打損瘀血者，熬煎酒服，能下惡血。脾弱不思食人少用。能和胃氣，亦用和藥。解附子、草烏頭毒。

明·李中梓《醫宗必讀·本草徵要下》　飴糖味甘，溫，無毒。入脾經。　止嗽化痰，《千金方》每嘉神效；脾虛腹痛，建中湯累奏奇功。瘀血熬焦和酒服，腸鳴須用水煎嘗。按：飴糖雖能補脾潤肺，然過用之，反能動火生痰。凡中滿吐逆，酒病牙疳咸忌之，腎病尤不可服。

明·鄭二陽《仁壽堂藥鏡》卷三　飴即膠飴。　海藏云：即濕餳糖也。氣溫，味甘，無毒。入足太陰經。成聊攝云：《內經》云：脾欲緩，急食甘以緩之。膠飴、大棗之甘以緩中也。《液》云：補虛乏，止渴，去血。以其色紫，凝如深琥珀色，謂之膠飴。色白而枯者，非膠飴，即飴糖也，不入藥用。中滿不宜用。嘔家切忌。為足太陰經藥。仲景謂嘔家不可用建中湯，以甘故也。丹溪云：飴屬土，成之於火，大發濕中之熱。《衍義》云：其動脾風，是言其末而遺其本也。日華子云：膠飴益氣力，消痰止嗽，并潤五臟。

明·蔣儀《藥鏡》卷一溫部　飴糖　少用能補脾潤肺，多食則動火生痰。如誤食稻芒，藥過悶亂相宜。凡中滿吐逆，酒病牙疳均忌。

明·李中梓《頤生微論》卷三　飴糖　味甘，性溫，無毒。入脾經。主脾虛腹痛，痰多喘嗽，瘀血腸鳴。新補。　按：飴本米穀腐化，味極甘溫，為中州所喜。痰嗽方中，用少許加入，潤肺化痰，頗著奇功。然用之太過，反能動火生痰。凡中州吐逆，酒病牙疳，腎病，俱不可服。

明·施永圖《本草醫旨·食物類》卷二　飴糖用麥糵或穀芽煎熬而成者。　味：甘，大溫，無毒。多食動脾氣。飴糖屬土，而成於火，大發濕中之熱。凡中滿吐逆、秘結、牙䘌、赤目、疳病者，切宜忌之。生痰動火最甚，甘屬土，腎病毋多食甘。甘傷腎，骨痛而齒落皆指此類也。　治：補虛乏，止渴去血，補虛冷，益氣力，止腸鳴、咽痛。治吐血，消痰潤肺，止嗽，健脾胃，補中，治吐酸。打損瘀血者，熬焦酒服，能下惡血。又傷寒大毒嗽，於蔓菁、薤汁中煮一沸，頓服之，良。脾弱不思食人，少用。能和胃氣，亦用和藥。解附子、草烏頭毒。

明·盧之頤《本草乘雅半偈》帙八　飴糖《別錄》上品　氣味：甘，大溫，無毒。　主治：主補虛乏，止渴，去血。

覈曰：飴，軟糖也。稻、秔、秫、粟、蜀秫、大麻子、枳椇子、黃精、白朮，並堪熬造。惟以稻作者入藥，秫粟者次之，餘供食物耳。稻即糯，秔即粳，秫即粟之糯而黃者。近世用麥糵、穀芽，及諸米煎熬而成，醫方亦有采用者。

先人云：糵米造飴，宛似水穀入胃，醞釀作汁出入未定之時也，可以澄飲，可以成血。然甘能緩中，投之不當，反致濡滯。

条曰：稻、秔、粟、麥、秫，皆可萌糵造飴。《釋名》云：糖之濡弱者飴，其形怡怡然。餌之怡怡和悅也。蓋物之成終而成始者艮；帝之所出，物即乘氣以出者震；繇微而著，鮮潔均齊者巽；嚮明而治，形色並昭者離。受前此之火，生後此之金，致役者坤，理氣充足，懽然交適者兌也。然則稻、秔、粟、麥、秫之為艮，其始乎震，及悅乎兌，而怡怡然，不唯具土之體，復具土之用矣。誠土爰稼穡，藉離麗之火而稼穡甘，成坤之至，兌之悅矣。緣土以能生為用，稼穡即所生之形物耳。是以穀入于胃，賴土用以宣五行五氣之與味，乃得奉火歸赤，獨行經隧，溉灌形藏，以成化育。若物戰乎乾，慰勞乎坎，為形氣寧定歸宿之所也。復若至此自有而無，從前生意，此成其終，亦自無而有，嗣後生意。此成其始，此則帝氣之成言乎艮者。自震而遞相化育者也。設土大頑頹，則體用廢。致物不能乘帝氣以出，而遞相化育者，不致役乎坤故爾。《別錄》主補虛乏，即補土大體用之虛乏也。致失于溉灌而消渴，失行經隧而血溢，穀府上竅不納而咽痛，下竅不決而腸鳴，與遊溢轉輸，無以上注于肺而為嗽為涸者，飴糖輔土之體，宣土之用。且也自震而兌，穀味因之以化育。何患其不戰乎乾，勞乎坎，成言乎艮，其所以致役者坤，亦即土體之與用歟。麥糵功力，不能成始者，始而終之；飴糖功力，不能成終者，終而始之。始終終始，大須體認。

明・李中梓《本草通玄》卷上 飴糖 甘，溫。 補中健胃，潤肺止嗽，消痰止血，解渴解毒。 熬焦酒服，能下惡血。 邢曹進，飛矢中目，拔矢而鏃留於中，痛困俟死，一僧，教以寒食飴點之，至夜瘡癢，一鉗而出，旬日而瘥。

清・顧元交《本草彙箋》卷七 飴糖 甘能入脾，而米麥皆養脾胃之物，故主補虛乏，仲景建中湯用之是也。 肺胃有火則發渴，火上炎，迫血妄行則吐血。 甘能緩火之標，則火下降，而渴自止，血自去也。 但飴糖既屬土，而成於火，大發濕中之熱。 凡中滿吐逆，秘結，牙䘌，赤目疳病，切宜禁之。 生痰動火爲甚，腎病毋多食甘，甘傷腎，骨痛而齒落，皆指此類。

清・穆石匏《本草洞詮》卷五 飴餹 味甘，氣大溫，無毒。 主補虛冷，益氣力，止腸鳴咽痛。 蓋甘能補脾之不足。 然屬土，而成于火，大發濕中之熱，生痰動火最甚。 凡中滿吐逆，秘結，牙䘌，赤目，疳病者，切宜忌之。 濕餹如厚蜜者曰飴，凝結及溹白者餳。 方家多用膠飴，是濕餹也。

清・丁其譽《壽世秘典》卷四 飴餹劉熙《釋名》云： 餹之清者曰飴，稠者曰餳。 一云，紫色濕軟者謂之膠飴，白色乾硬者名餳。 用麥蘖或穀芽同諸米熬煎而成，糯米、粳米、粟米、蜀秫米並堪熬造，古人寒食多食餳，故醫方亦收用之。 惟以糯米作者入藥，粟米者次之，餘但可食耳。 氣味： 甘，大溫，無毒。 主健脾胃補中，止腸鳴、咽痛，治唾血，消痰潤肺，寧嗽思邈。 解附子、草烏頭毒。 發明朱震亨曰： 飴餹屬土而成于火，大發濕中之熱。 寇氏謂之多食動脾氣，言未而遺本矣。 李時珍曰： 凡中滿、吐逆、牙䘌、赤目、酒病者咸忌之，生痰動火最甚。 甘屬土，腎病毋多食甘，甘傷腎，骨痛而齒落，皆指此類也。

清・劉雲密《本草述》卷一四 飴餹飴，音怡； 餳餹也。 餳，音晴。 餹之清者曰飴，形怡怡然也。 稠者曰餳，强硬若餳也。 小建中湯用膠飴，用其未乾硬，色類琥珀者耳。 覈曰： 飴，軟糖也。 稻、〔秔〕秫粟、蜀(秔)秫、大麻子、枳椇子、黄精、白朮，並堪熬造。 惟以稻作者入藥，秫粟者次之，餘供食物耳。 稻即糯，秔即粳，秫即粟之糯而黄者。 近世用麥蘖、穀芽及諸米煎熬而成。 醫方亦有采用耳。

氣味： 甘，大温，無毒。 入太陰經。 海藏曰： 飴乃脾經氣分藥。 主治： 補虛冷思邈。 健脾補中孟詵。 润肺消痰思邈。 止渴《別録》。 治吐血，由打損瘀者，熬焦酒服，能下惡血孟詵。 脾弱，不思飲食，少用能和胃氣宗。 解附子、草烏毒時珍。

弘景曰： 餹與酒皆用米蘖，而餹居上品，酒居中品，是餹以和潤為優，酒以醺亂為劣也。 成無己曰： 傷寒陽脈濇，陰脈弦，法當腹中急痛，先與小建中湯。 蓋作裏有虛寒治之，故桂枝、芍藥、甘草，君以膠飴甘温，温中散寒。 盧復曰： 蘖米作飴，宛似水穀入胃，醖釀作汁出入未定之時也，可以澄飲，可以成血。 然甘能緩中，投之不當，反致濡滯。 時珍曰： 《集異記》云一河朔健將為飛矢中目，拔矢而鏃留於中，鉗之不動，痛困待死。 遇一異僧，教以寒食餳點之，如法用之，頓減酸楚，至夜瘡癢，用力一鉗而出，旬日即愈。化血即出矢鏃者，可徵。 其解烏附毒者，亦即其化血中之凝，而毒不留也。

愚按： 飴餹之用，類以為甘能補脾，又能緩中而已。 夫甘味之如是奏功者，何獨一飴餹？ 而建中湯乃必需之，且稻之味獨非甘乎？ 又何取於熬煎以成飴者乎？ 試取陶貞白以和潤為優，合於盧復宛似水穀入胃醖釀作汁之說，因悟天生五穀，分養五臟，如稻之甘者，自是脾穀，而為脾益，乃從烹煉之餘，使氣温者更為大温，俾暢中土生發之氣，即從氣取汁變化精微和而且润，俾中氣之生者，能化若痰之凝血之瘀，此味固以化液化血者，對待之液能化則氣益生，此胃氣之所以和，而虛乏之所以能補也。 豈徒執甘補脾緩中套語，謂足以表其功哉？

丹溪曰： 飴餹屬土，而成於火，大發溼中之熱。 希雍曰： 飴餹能發溼熱，少用固補脾潤肺，過用則無益有害。 凡中滿吐逆，酒病，牙疳，咸忌之。 腎病尤忌，以腎病多食甘，即傷腎也。

清・郭章宜《本草匯》卷一三 飴餹 味甘，大溫，陽中之陰，可升可降，入足太陰經氣分。 止嗽化痰，《千金方》每嘉神効。 脾虛腹痛，建中湯累奏奇功。 瘀血熬焦和酒服，腸鳴須用水煎嘗。 《本草》言補虛乏者，甘入脾，而米麥皆養脾胃之物也。 又止渴去血者，肺胃有火則發渴，火炎迫上則血妄行。 甘能緩火之標，則火降而渴血自止。

按： 飴餹屬土，而成于濕熱，少用雖能補脾潤肺，然多用之，則生痰動火最甚。 大發濕中之熱，生胃中之火，此損齒之因，非土制木，乃濕土生火也。 甘傷腎，故腎病毋多食甘也。 中滿吐逆，切宜忌之。 而仲景謂嘔家不可用建中湯者，以甘故也。

大米作者入藥，粟米次之。

清・尤乘《食鑒本草・五味類》 飴糖　味甘，溫，無毒。消痰潤肺，止嗽補中，健脾。打損瘀血者熬焦酒服，能下惡血。解附子、草烏毒。腎病忌甘，甘傷腎，骨痛、齒病者皆忌。

清・朱本中《飲食須知・味類》 飴糖　味甘，性溫。多食生痰助火，動脾風，發濕熱。患中滿、吐逆、秘結、牙䘌、赤目、疳病者，切忌食之。勿同猪心肺食。服半夏、菖蒲者忌之。

清・何其言《養生食鑒》卷下 飴糖用麥蘖、糯米熬煎而成者。　味甘，性溫，無毒。解附子、烏頭毒，養胃健脾，進飲食，益氣力，消痰潤肺止嗽，治咽痛唾血。熬焦，酒服下惡血。凡中滿、吐逆、秘結、牙䘌、赤目疳病者，切宜忌之。多食生痰、動火。

清・蔣居祉《本草擇要綱目・溫性藥品》 飴糖《釋名》餳音徐。餹之清者曰飴，稠者曰餳。色紫類琥珀者，方中謂之膠飴。乾枯者名餳，方家用飴。乃云膠飴，是濕餹如厚蜜者，其(寧)〔凝〕結及牽白者餳餹，不入藥用。　氣味：　甘，大溫，無毒。入太陰經。　主治：　補虛乏，止渴去血，補虛冷，益氣力。止腸鳴咽痛，治吐血，消痰潤肺止嗽。健脾胃，補中。打損瘀血者，熬焦酒服，能下惡血。又傷寒大毒嗽，於蔓菁、薤汁中煮一沸，頓服之良。脾弱不思食人，少用能和胃氣。亦用和藥，解附子、草烏頭毒。古方建中湯多用之。餹與酒皆用米蘖，而飴居上品，酒居中品，是餹以和潤為優，酒以醺亂為劣。脾欲緩，急食甘以緩之，飴之甘以緩中也。飴乃脾經氣分藥也，甘能補脾之不足。

清・王翃《握靈本草》卷六 飴糖即餳也。乃麥蘖、穀芽同諸米造成者。　主治：　飴糖，甘，大溫，無毒。主補虛乏，止渴，去血，治唾血，消痰，潤肺止嗽。

清・王逊《藥性纂要》卷三 飴餹《別錄》上品、餳餹　音旬。　東圃曰：　飴餹，古作湯劑，仲景建中湯用之。今只供食品，而方藥罕用。予每以此療病有殊功。是物用麥芽同諸米煎成，去渣取汁，塊然成形，而入口即化。味甘補脾，氣溫和中。凡病胃弱，食物難消而又飢虛腹餒者，食此不費運化之力，而有填補之功，所謂建中也。《經》云：　脾欲緩，急食甘以緩之。如腹中急痛者，宜倍用甘草。膠飴之號建中，亦此義也。凡虛火欬嗽者，頻食少許，潤肺養胃，降火消痰，宜同豆腐漿蒸化，頻進甚良。齒落之人，可以頤老。脫力傷飢，腹中急痛，未便飽食，啖此甚妙。惟小兒多食損齒，新產婦及痘瘄後忌之。

清・顧靖遠《顧氏醫鏡》卷八 餳糖甘，溫。入肺脾二經。　補脾治腹痛，米麥熬造，故能補脾虛腹痛。潤肺止嗽痰。凡中滿、牙疳、嘔家、酒家，俱忌。

清・李熙和《醫經允中》卷二二 飴糖　惟糯米作者入藥，別粟造食，入太陰傷脾。　甘，溫，無毒。主治止渴潤肺，止嗽健脾，補中，和藥，解毒，療喉骾魚骨，及悞吞銅錢。多食則生痰動火，大發濕中之熱，中滿嘔吐，切忌沾脣。小兒多食，損齒生蟲。

清・馮兆張《馮氏錦囊秘錄・雜症痘疹藥性主治合參》卷六 飴糖用麥蘖或穀蘖，同諸米浸熬煉而成。味甘，氣溫，無毒。入足太陰、手太陰經。味甘入脾，而米麥又皆脾胃之穀，故主補虛乏。仲景建中湯用之。肺胃有火則發渴，火上炎迫血則吐血。甘能緩火之標，則火下降而渴自已，血自止也。故思邈謂其有消痰潤肺止嗽，治咽痛吐血等功。然本成於濕熱，少用能補脾潤肺，過用則動火生痰。凡中滿吐逆，酒病牙疳，咸忌之。腎病尤不可服。　飴糖，入脾能補虛乏，止渴去血，潤肺止嗽，化痰調脾，補中和胃，和藥。建中湯用取其甘緩，中滿嘔吐勿用。小兒多食，損齒生蟲。丹溪云大發濕中之熱，故腎病濕熱之病忌之。

清・张璐《本經逢原》卷三 膠飴即餳糖。　甘，溫，無毒。白色者良。　發明：　飴糖甘溫，入脾經氣分，潤肺氣，止暴嗽，補虛冷，益津氣，除唾血，仲景建中湯用治腹痛，取稼穡之甘以緩之也。治傷寒腎虛，尺脈不至，是實土以隄水，非伐腎也。而中滿吐逆疳病，皆不可食，以其生痰助火最甚也。丹溪云大發濕中之熱，小兒多食損齒生蟲。熬焦酒服，能消食積，下瘀血，解附子、烏頭毒。拌輕粉熬焦為丸，噙化，療齁哮喘嗽，大吐稠痰即愈。

清・汪啟賢等《食物須知・諸米》 飴糖　味甘、苦，氣微溫，無毒。稠粘如粥，故名飴糖。係糯或粟熬成，入脾能補虛乏，和脾潤肺，止渴消痰，喉鯁魚骨，誤吞錢環。中滿莫食，嘔吐切忌。

清・浦士貞《夕庵讀本草快編》卷三 飴餹《別錄》、餳　清者曰飴，形怡怡然也；　稠者曰餳，強硬如錫也。　飴餹甘而大溫，脾經氣分藥也。故能補虛冷而益氣力，去腸鳴而療咽痛，止血消痰，寧嗽潤肺。故傷寒寒邪傳裏與正相搏，腸鳴泄瀉而痛者用建中湯，以飴為君。《經》云脾欲緩，急食甘以緩之是也。若曰沃箭傷而止痛，下跌打之積瘀，亦謂其脾統血，甘能緩爾。但性雖屬土而質成于火，大發濕中之熱。凡中滿吐逆，牙䘌目赤者宜切忌之。寇氏但云動脾風，是舉末而忘本矣。

清・姚球《本草經解要》卷四　飴糖　氣大溫，味甘，無毒。主補虚乏，止渴，去血。　飴糖氣大溫，稟天春和之木氣，入足厥陰肝經。味甘無毒，得地中正之土味，入足太陰脾經。氣味俱升，陽也。肝者，生生之藏，生氣生血之經也。脾者，後天之本，萬物之母也。飴糖氣溫達肝，肝氣升，則陽氣充。味甘益脾，脾血潤，則陰氣盛，所以主虚乏也。味甘益脾，脾陰足則渴止。氣溫溫肝，肝藏血，血溫則瘀者行，所以去血也。　製方：　飴同白芍、甘草、桂枝、生薑、大棗，名建中湯，治肝脾血不足。同川椒、炮薑、人參，名大建中湯，治腹痛不可觸。

清・葉盛《古今治驗食物單方》　飴糖　魚骨骾咽，飴糖丸鷄子黄大，吞之。　誤吞錢釵及竹木，用飴糖一觔，漸漸食之。　咳嗽不愈，飴糖燒於燈上，乘熱咽之，繼以杏仁嚼爛頻咽，相間而服，可使立效。

清・王子接《得宜本草・上品藥》　飴糖　味甘。入足太陰經。　功專和藥性。　得桂枝能建中。

清・黄元御《長沙藥解》卷一　膠飴　味甘，入足太陰脾、足陽明胃經。功專扶土，力可建中，入太陰而補脾精，走陽明而化胃氣。生津潤辛金之燥，養血滋乙木之風，善緩裏急，最止腹痛。　《傷寒》小建中湯，膠飴一升，芍藥六兩，桂枝、甘草、生薑各三兩，大棗十二枚。治少陽傷寒，陽脈濇，陰脈弦，寸為陽，尺為陰。法當腹中急痛者。以甲乙二木，表裏同氣，甲木不降則陽脈濇，乙木不升則陰脈弦。甲木不降，必剋戊土，法當痛見於胸脇；　乙木不升，必剋己土，法當痛見於腹脇。木氣枯硬，是以其痛迫急。少陽膽從相火化氣，厥陰肝以風木主令，肝膽合邪，風火鬱生，中氣被賊，勢在迫急。膠飴、甘草，補脾精而緩裏急，薑、桂、芍藥，達(水)〔木〕鬱而清風火也。治少陽傷寒，心中悸而煩者。以病傳少陽，相火鬱隆，不可發汗。汗亡少陽之津，木枯土弱，必傳陽明，五行之理，病則傳其所勝也。胃氣調和則病愈，胃土煙鬱而不和，其心中必生煩悸。蓋少陽甲木，化氣於相火，而下交癸水者，戊土培之也。汗泄中脘之陽，土弱胃逆，不能降蟄相火，相火飛騰，升炎於上，心液消鑠，故生鬱煩。膽胃上壅，阻礙厥陰升降之路，是以動悸。以枯木而賊弱土，燥熱鬱生，傷耗胃脘之精液，則中宫敗矣。膠飴、甘草、大棗補脾而生胃液，薑、桂、芍藥疏木而清相火也。小建中證，即炙甘草證之輕者，煩悸不已，必至經脈結代。《金匱》治虚勞裏急腹痛，悸衄，夢而失精，四肢痠痛，手足煩熱，咽乾口燥者。以中氣衰弱，凝鬱莫運，甲木不降，累及厥陰，升路鬱阻而生動悸，相火刑金，收令不行而生吐衄。肺津消爍，則咽乾口燥。乙木不升，生氣莫遂，賊傷己土，則腹痛裏急。木鬱風動，疏泄不藏，則夢而失精。手之三陽，足之三陰，陷而不升，則手足煩熱而肢節疼痛。膠飴、甘、棗補土養精而緩裏急，薑、桂、芍藥疏木達鬱而清風也。　《金匱》大建中湯，膠飴一升，人參一兩，乾薑四兩，蜀椒二合。治心胸大寒痛，嘔不能飲食，腹中寒氣，上衝皮(毛)〔起〕，頭足出現，上下走痛，而不可觸近。以火虚土弱，水邪無制，中侮脾胃，上淩心火，火土雙敗，中上寒甚，嘔痛齊作，飲食俱廢。飴、參培土而建中，乾薑、蜀椒補火而溫寒也。　黄芪建中湯，黄芪兩半，膠飴一升，芍藥六兩，桂枝三兩，甘草二兩，生薑三兩，大棗十二枚。治虚勞裏急，諸不足。虚勞之病，土敗木遏，菀槁不榮《素問》語，是以裏急。生氣失政，緣於陽虚。膠飴、甘、棗補脾精而緩裏急，薑、桂、芍藥疏木鬱而清風燥，黄芪補衛陽而生營陰也。　乙木生於癸水而植於己土，甲木生於壬水而培於戊土，中氣旺則戊土右降而甲木不逆，己土左升而乙木不陷。乙木直升，故腹脇鬆暢而不滿急；　甲木順降，故胸脇沖和而不痞鞕。中氣頽敗，不能四運，甲木上逆而賊戊土，乙木下陷而賊己土。土木逼迫，則痞鞕滿急，疼痛驚悸、吐衄遺泄、乾燥煩熱之病生焉。總以根本失養，枝幹不榮，故變和緩而為急切，作盜賊以犯中原也。風木相火，鬱生燥熱，内耗脾胃之精液，外鑠肝膽之精血。久而生意枯槁，中氣亡敗，則性命傾矣。膠飴溫潤淳濃，補脾精而養肝血，緩急切而潤風燥，是以建中三方皆用之，以補中而緩急。　蓋中氣者，交濟水火之樞，升降金木之軸。中氣健旺，樞軸輪轉，水木升而火金降，寒熱易位，精神互根，自然邪去而正復，是強中禦外之良規也。審其木燥而用芍藥，木寒則用椒、薑，氣弱則加黄芪，血虚則加當歸，解此四法，膠飴之用，備建中立極之妙矣。

清・吳儀洛《本草從新》卷四　飴糖〔補中緩脾。〕　甘，溫。益氣補中，健脾化痰，潤肺止嗽。仲景建中湯用之，取其甘以補脾緩中也。　過用能動火生痰，凡中滿吐逆，酒病牙疳咸忌之，腎病尤不可服。

清・汪紱《醫林纂要探源》卷二　飴　甘，溫。米糖也。凡米皆可作，稬米尤良。炊飯拌麥芽，再和水，入鍋，以漫火溫護，飯化乃榨其汁熬成。　和中補脾，故建中湯用之。　消痰，陳者始能，以其化有為無也。　緩肝。能舒筋急。　多食損齒中滿。土味過則水虧也，甘緩之過則生濕。

清・嚴潔等《得配本草》卷五　飴糖　甘，溫。入足太陰經。補中益氣，健脾化痰，潤肺止嗽。治咽痛，止吐血。解附子、草烏頭毒。　中滿、吐逆、牙疳及腎病者忌用。

題清・徐大椿《藥性切用》卷六　飴糖　性味甘溫，緩中益氣，潤燥除痰，為建中內托耑藥。中滿忌之。

清・黃宮繡《本草求真》卷一　飴糖溫脾潤肺。　飴糖耑入脾肺。氣味甘溫，據書言能補脾潤肺，化痰止嗽，並仲景建中湯用此以為補中緩脾。蓋以米麥本屬脾胃之穀，而飴糖即屬穀麥所造，凡脾虛而肺不潤者，用此氣味甘緩以補脾氣之不足。成無己曰：脾欲緩，急食甘以緩之。膠飴之甘，以緩之也。兼因甘潤以制肺燥之有餘，是以脾虛而痰不化，固可用此以除痰。脾虛而嗽不止，固可用此以除嗽。即中虛而邪不解，亦得用此以發表。中虛而煩渴時見，亦得用此以除煩止渴。寒食大麥一升，水七升，煎五升，入赤餳二合，渴即飲之。他如草烏毒中，其性橫烈，固可用此以為甘緩。芒刺誤吞，痛楚異常，更可用此以為柔軟。然糖經煉成，濕而且熱，其在氣虛痰盛，中虛火發，固可用此(溫)〔濕〕除。若使中滿氣逆，實火實痰，非惟治痰，且更動痰，非惟治火，且更生火。震亨曰：飴糖屬土而成於火，火發濕中之熱。寇氏謂其動風，言末而遺本矣！至於小兒多食，尤易損齒生蟲。蟲喜甘，齒屬腎，土補而水尅。不可不慎，牽白者不入藥用。

清・沈金鰲《要藥分劑》卷一〇　飴糖【略】鰲按：本草諸米皆可作飴，惟以糯米作者入藥，以糯米能補益臟氣也。

清・李文培《食物小錄》卷下　飴餹　甘，溫，微酸，無毒。補虛冷，益氣力，止腸鳴，健脾胃，消痰，潤肺止嗽，補中。用穀芽、麥芽造作，凝結色白而堅者，古稱為餳，今人謂之米糖。

清・陳修園《神農本草經讀》附録　飴糖　氣味甘，大溫，無毒。主補虛氣，止渴，去血《別錄》。

清・黃凱鈞《藥籠小品》　飴糖即餳也。　和平潤肺止嗽，有痰火者忌之。建中湯用之，取其甘緩和平也。

清・章穆《調疾飲食辯》卷二　餳　諸穀果之無油者，可作酒，俱可作餳，糯米為勝。《爾雅》釋名曰：清者為飴，吾鄉呼小餹。稠者為餳，稠而濁者為餔。吾鄉呼水餹。《離騷》謂之餦餭。色本紫，拔而牽之則變白。古人清明、寒食食之。吹簫而賣，故唐宋詩詞，賣餳簫皆點綴春景之句。其入藥，能和胃補中，稼穡作甘之義也，仲景建中湯用之。又治蛟龍病，見芹菜下。多食傷脾敗胃，作脹作泄。(蘖)〔蘗〕性善消，故傷中耗氣也。又甘能傷腎，又生蟲。又經火煉，極助濕熱。脾虛腎虛，中州有熱及脹滿者，蟲病及齒病者，均切忌。

清・王龍《本草纂要稿・穀部》　飴糖　氣味甘苦而溫。和脾潤肺，止渴消痰。治喉鯁魚骨，療悞吞銅錢。中滿莫加，嘔吐切忌。建中湯用之，取甘以能緩。

清・張德裕《本草正義》卷上　飴糖　甘，平。能潤肺，消痰止嗽，益中補土。亦能止吐血。

清・楊時泰《本草述鉤元》卷一四　飴糖　餹之硬者曰餳，清者曰飴，小建中用膠飴，用其色類琥珀者。稻、〔秔〕、秫粟、蜀(秔)秫、大麻子、枳椇子、黃精、白朮，並堪熬造。惟以糯作者入藥，秫、粟者次之。近世用穀蘖、麥芽及諸米煎熬而成，醫方亦有采用者。

味甘、酸，氣大溫。脾經氣分藥。補虛冷，健脾補中，治脾弱不思飲食，潤肺消痰，止渴，療吐血由打損成瘀者。熬焦酒服，能下惡血，少用能和胃氣，解附子、草烏毒。化血中之凝而毒不留。餹與酒皆用米蘖，而餹居上品，酒居中品，是餹以和潤為優，酒以醺亂為劣也貞白。傷寒陽脈澀，陰脈弦，法當腹中急痛，先與小建中湯，即桂枝君以芍藥，入以膠飴，作裏有虛寒治之無己。一健將為飛矢中目，鏃留於中，鉗之不動，痛困待死。遇異僧教以寒食餳點之，酸楚頓減，至夜瘡癢，用力一鉗而出，旬日即愈。即此可徵化血之功瀕湖。

論：陶貞白謂餹與酒皆用蘖米，而餹以和潤為優。盧子繇謂蘖米作餹，宛似水穀入胃，醖釀作汁，而出入未定之會。夫五穀分養五臟，如稻之甘，自是脾穀而為脾益，乃從烹鍊後，氣之溫者，更為大溫，暢中土生發之氣，即從氣取汁，變化精微，和而且潤，俾中土之生者能化。若痰之凝，血之瘀，胥以化液化血者對待之。液能化則氣益生，此胃所以和而虛乏所以能補也。

飴糖屬土而成於火，大發濕中之熱丹溪。少用補脾潤肺，過用無益有害。凡中滿吐逆，酒病、牙疳，咸忌之。腎病尤忌，以甘多傷腎也仲淳。

餳糟，味甘，氣溫。治反胃吐食，暖脾胃，化飲食，益氣緩中。甘露湯，治反胃嘔吐不止，利胸膈，養脾胃，進飲食，用乾餳糟六兩，生薑四兩，同搗作餅，或焙或曬，入炙甘草末二兩，鹽少許，點湯服之。脾胃虛弱，平胃散等分，末一斤，入乾餳糟炒二斤半，生薑一斤半，紅棗肉三百個，焙乾為末，逐日點湯服。

清·葉桂《本草再新》卷七　飴糖味甘，性溫，無毒。入脾、肺二經。　補中益氣，和胃健脾，潤肺止欬，寬腸利水。

清·趙其光《本草求原》卷一四穀部　飴糖一名軟糖，硬者名餳糖。　麥穀芽合諸米煎熬而成。麥與穀本甘溫入脾，藉烹煉則大溫。故能大暢脾氣，補虛冷。且煎熬取汁為之，精微所化，宛似水穀入胃，醞釀作汁，變化可以成精成血。和而且潤，故緩中，止腹痛，建中湯用之。潤肺止咳益津，由氣化之液，還以益氣生津。止吐唾血，消痰。脾氣暢，則血液化。熬焦，酒服，能消食積，下瘀血。昔有箭頭留肉中，痛不能拔，以此塗之，痛減可拔，亦化血之力也。解附子、烏頭毒。化血中之凝，則毒不留，且甘能解毒。拌輕粉熬焦為丸，治齁哮。含化，大吐稠痰而愈。但屬土，而成於火，甘緩濡滯，大發濕中之熱。凡酒病，牙疳、中滿、嘔逆、腎病，建中湯治尺脈不至，是實土防水，非伐腎也。勿用。即應用過食亦助火，損齒生蟲。

清·文晟《新編六書》卷六《藥性摘錄》　飴糖　甘，溫。潤肺溫脾，治虛火痰嗽，除煩止渴。〇若實火實痰，中滿氣逆者切忌。小兒多食，損齒生蟲。

清·張仁錫《藥性蒙求·穀部》　飴糖半鍾　飴糖味甘，潤肺和脾。補中止嗽，多用不宜。甘，溫。過用則動火生痰。凡中滿吐逆，酒病牙疳都忌之。腎病尤不可服。

清·王孟英《隨息居飲食譜·穀食類》　飴稀者為飴，乾者為餳。諸米皆可熬，以粳米熬者為勝。　甘，溫。補中益氣，養血，能助濕熱，動火生痰。凡中滿吐逆，疸瘧、疳膨、便秘、牙痛、水腫、目赤等證，皆忌之。　魚臍疔，瘭疽瘍瘡，並用飴糖塗。　稻芒、魚骨鯁喉及誤吞竹木錢釵，中天雄、附子、草烏毒，並宜頻食飴糖。　解銀黝毒，日用飴糖四兩，作小丸，不時以麻油吞下，須服過有日外方無慮。　火燒成瘡，餳糖燒灰傅。

清·田綿淮《本草省常·穀類》　白糖　即飴糖。性溫。快脾潤肺，消食化痰，補虛損，益氣力。多食動痰火，發濕熱，損齒。服半夏、菖蒲、故紙者忌之。

清·戴葆元《本草綱目易知錄》卷二　飴糖餳　甘，大溫。補中調血，潤肺消痰，止渴止嗽，補虛冷，益氣力，健脾胃，止腸鳴咽痛，治唾血吐血，胎產腹痛。炒焦酒服，能下惡血。療打損瘀血。脾弱不思食人少用，能和胃氣。解附子、草烏毒。能生痰動火，中滿吐逆，秘結、赤目、牙疳諸人，忌服。

清·陳其瑞《本草撮要》卷五　飴糖　味甘，溫，入手足太陰、陽明經。功專補中益氣，健脾化痰，潤肺止嗽。中滿吐逆，酒病牙疳咸忌，腎病尤不可服。誤吞稻芒，頻食飴即愈。按：用之建中，得桂枝為良。

清·吳汝紀《每日食物却病考》卷下　飴糖附餳。　諸穀米皆可造，惟糯米及粟者佳。濕如厚蜜者為飴，結硬牽白者為餳。並大溫，無毒。補虛乏，止渴，健脾胃，消痰，潤肺，止嗽。魚骨及諸竹木鯁喉中者，服之出。凡中滿吐逆，秘結、牙病、疳病者，並忌之。多食生痰動火，以其發濕中之熱也。

清·周巖《本草思辨錄》卷二　飴糖　土爰稼穡作甘，飴糖乃稼穡精華中之精華。脾土位居中央，若虛乏而當建中，建中而不旁騖者，惟飴糖為然。枚仲聖方凡名建中，必有飴糖，否則不與以是名。

補脾之物有五，曰人參，曰大棗，曰粳米，曰甘草，曰飴糖，皆能治脾虛之腹痛，而皆有宜有不宜。虛而挾寒，則必君以驅寒之品，如大建中湯之以參飴協椒、薑是也。寒在下焦不宜，如當歸生薑羊肉湯、烏頭桂枝湯之無此五物是也。附子粳米湯，治腹中寒氣雷鳴切痛，胸脇逆滿嘔吐，何嘗不是下焦之寒，何以有粳米、甘草、大棗，又何以無參、飴？曰：此無味不確切，須就其證細審之耳。寒在腹中而痛，實由下焦濁陰上泛，致胸脇逆滿嘔吐。附子所以溫腎，半夏所以止嘔，脾虛宜補，而有嘔吐之虛，則中不宜滯，陰則宜益，米、棗、甘草，所以補虛而益陰。人參嫌其升氣，飴嫌其滯中，故避之。小建中甘草用炙而此不炙，亦以其滯故也。脇鞕當去棗，而此不避，以其脇滿而非鞕也。可謂頭頭是道矣。

鄒氏謂桂枝加芍藥湯主腹滿痛，小建中湯主腹急痛，蓋芍藥酸而破陰，飴糖甘而緩急，此言是矣。然小建中治急痛，而芍藥仍在者有故也。徐氏云，桂枝湯，外證得之為解肌、調營衛。內證得之為化氣、和陰陽。桂、薑協草、棗，所以化陽。芍藥協草、棗，所以化陰。芍藥不止治腹滿，故小建中於虛勞裏急、悸衄等證皆主之。惟以治滿痛，則於桂枝湯原方加一倍，而飴糖則擯之耳。

鄒氏於建中大小之分，創為勢合勢分，力專力薄二說，而斷之以君尊而臣從命，君卑而臣擅命。實則終無一當也。何以言之？小建中所治不一，而其扼要在建中。以云建中，猶建中之小者耳。若大建中則專治中藏虛寒，不兼顧他經之證。腹中寒句是主，餘皆腹寒之所波及。周揚俊云：中氣虛則陽氣不布，故所積者為寒飲，所沖者為寒氣。尤在涇云：陰凝成象，腹中蟲物乘之而動。二說極當。溫脾無過乾薑，補脾無過人參、膠飴。椒能由脾達腎，以消飲而殺蟲，亦溫脾之要藥。此四物大溫大補，不出中宮，建中有大於是者乎。觀於大建中惟入腹滿一門，小建中則分隸於《傷寒論》與《金匱》之血痹黃癉，婦人雜病各門，仲聖製劑標名之意，更灼然可見。自來注家無論及此者，殊足怪也。

白沙糖

唐・孟詵、張鼎《食療本草》卷子本 沙糖 寒。 右功體與石蜜同也。多食令人心痛。養三蟲，消肌肉，損牙齒，發疳䘌，不可多服之。又，不可與鯽魚同食，成疳蟲。又，不可共笋食之，〔使〕笋不消，成癥病，心腹痛，〔身〕重不能行(李)〔履〕。

宋・李昉《太平御覽》卷八五七 沙餳 張衡《七辯》曰：沙餳、飴、石蜜，遠國貢儲。 盛翁子《與劉頌書》曰：沙餳，西垂之產。

宋・唐慎微《證類本草》卷二三果部中品〔唐・蘇敬《唐本草》〕 沙糖 味甘，寒，無毒。功、體與石蜜同。而冷利過之。笮音詐甘蔗汁，煎作。蜀地、西戎、江東並有之。《唐本》先附。

〔宋・掌禹錫《嘉祐本草》〕按：孟詵云：沙糖，多食令人心痛。不與鯽魚同食，成疳蟲。又，不與葵同食，生流澼。又，不與笋同食，使笋不消，成癥，身重不能行履耳。

〔宋・唐慎微《證類本草》〕《圖經》：文具甘蔗條下。《食療》云：主心熱，口乾。多食生長蟲，消肌肉，損齒，發疳䘌。不可長食之。《子母秘録》：治腹緊。白糖以酒二升煮服，不過再差。

宋・寇宗奭《本草衍義》卷一八 沙糖 又次石蜜，蔗汁清，故費煎煉，致紫黑色，治心肺大腸熱，兼啖駝馬。今醫家治暴熱，多以此物爲先導，小兒多食則損齒，土制水也，及生蟯蟲。裸蟲屬土，故因甘遂生。

宋・王繼先《紹興本草》卷一四 沙糖 紹興校定：沙糖出自甘蔗，煎製而成，固非療病之物。然善利大腸，當云味甘、微寒、無毒是矣。閩廣、蜀川皆有之。又糖霜一種，乃煎糖之精英也，然其性一矣。今《經》注不載，理當附之。

宋・陳衍《寶慶本草折衷》卷一八 沙糖糖霜續附。 出蜀地，及江東、西戎。○又云：出泉、福、吉、廣州，榨甘蔗汁煎作。○忌鯽魚、葵及笋。○續附：糖霜，黃魯直云，一名雈霜。劉望之云：一名□冰，出遂寧。○又出廣地者名竹枝霜，於冬月儲沙糖淨器中，蘸以竹枝，結而成霜。○《雲麓漫鈔》云：大食國多石山，秋時露降，朝陽曝之，即成糖霜，蓋甘露也。各是一物，偶然同名，今未之見。

味甘，寒，無毒。○主心腹熱脹，口乾渴。用石蜜功體云。○孟詵云：多食令人心痛。不與鯽魚同食，成疳蟲；不與葵同食，生流澼；又不與笋同食，成癥身重。○日華子云：潤心肺，解酒毒。分甘蔗條，下同。○《圖經》曰：用竹蔗笮煉沙糖，惟荻蔗但可煎稀糖。○《食療》云：多食生長蟲，消肌肉，損齒，發疳䘌。○寇氏曰：紫黑色。治心肺大熱。小兒多食損齒，生蟯蟲。

續說云：沙糖本寒，復感陰氣，凝結成霜。其寒當倍矣，故《楊氏方》治咽喉腫痛，及眼熱疼，並資以佐藥。然色或黃或赤，堅亮而澤，其塊之大小亦皆不定。

元・忽思慧《飲膳正要》卷三 沙糖 味甘，寒，無毒。主心腹熱脹，止渴，明目。即甘蔗汁熬成沙糖。

元・吳瑞《日用本草》卷八 蔗糖 蔗汁煎成，乾者為沙糖，毬者名毬糖，稀者為蔗糖。 味甘，寒，無毒。多食令人心痛。同鯽魚食成疳蟲，同葵菜食生流澼，同笋食不消成癥。 主冷痢，潤心肺，殺蟲解酒毒。 糖霜 沙糖中凝結如石，破之如沙，透明、白。性味同沙糖。

元・朱震亨《本草衍義補遺》 糖 多食能生胃中之火，此損齒之因也，非土製水，乃濕土生火熱也。食棗多者齒病齲，亦此意也。

明・王綸《本草集要》卷五 沙糖 味甘，氣寒，無毒。 主心肺大腸熱，和中助脾。小兒多食，損齒發疳䘌生蟯蟲，甘生濕，濕生火也。與鯽魚同食，成疳蟲。葵菜同食，生流澼。與笋同食，笋不消，成癥。

明・劉文泰《本草品彙精要》卷三三 沙糖無毒。

沙糖 主心腹熱脹，口乾渴，功、體與石蜜同，而冷利過之。名醫所錄。

【地】《圖經》曰：出蜀地、西戎，江東並有之。蔗有荻蔗、竹蔗。於經霜後，人取竹蔗，笮其汁以爲沙糖。今泉、福、吉、廣州多作之。荻蔗，惟蜀川。煎作稀糖亦堪噉，商人所貨者，其糖多以荻蔗爲之，而竹蔗者少也。《衍義》曰：沙糖次於石蜜，蔗汁清，故費煎鍊，致紫黑色。今醫家治暴熱，多以此物爲先導，小兒多食則損齒，土制水也。及生蟯蟲。裸蟲屬土，故因甘遂生。【收】以磁器貯之。【色】紫黑。【味】甘。【性】寒，緩。【氣】氣之薄者，陽中之陰。【臭】香。【主】心熱，口渴。【製】去葉，用笮取汁，煎鍊成糖，去滓用。【治】療：日華子云：潤心肺，殺蟲。《衍義》曰：退心、肺、大腸熱及暴熱。【合治】白糖合酒煮服，治腹緊。【禁】多食令人心痛，生長蟲，消肌肉，損齒，發疳䘌。不宜與鯽魚同食，成疳蟲。與葵同食，生流澼。與笋同食，使笋不消，成癥，身重不能行履。【解】酒毒。

明·盧和、汪穎《食物本草》卷四味類 砂糖 味甘，寒，無毒，性冷利。主心肺大腸熱，和中助脾，殺蟲，解酒毒。多食損齒，發疳，心痛，生蟲，消肌，小兒尤忌。同鯽魚食，成疳蟲。同筍食，筍不化成癥。同葵菜食，生流澼。丹溪云：砂糖甘，屬土，甘生濕，濕生胃中之火，所以損齒也。

明·葉文齡《醫學統旨》卷八 砂糖 氣寒，味甘。無毒。與鯽魚同食生疳蟲；葵菜同食生流澼；與笋同食，笋不消成癥。 治心肺大腸熱，和中助脾。小兒多食損齒，發疳䘌，生蟯蟲，甘生濕，濕生火也。中滿嘔家不宜用，以甘故也。

明·方穀《本草纂要》卷五 蔗糖 即沙糖也。味甘，氣溫，無毒。主和中健脾，補益心肺之藥也。但緩中不行，勿以多食。又曰：甘溫有生濕熱，亦此意也。蓋小兒多食，必損齒、發疳。又云：與鯽魚同食，腹中生蟲；葵菜同食，內成流澼；與笋同食，笋不消而成癥。此糖亦有不可食之理也。至若產後惡露瘀積，非糖不能破血以行瘀；跌撲傷損氣血有以積滯，非糖不能破滯以行積，此糖猶有破血養血之美也。臨治用當辨之。

明·寧源《食鑒本草》卷下 沙糖 味甘，寒，無毒。多食生長蟲，消肌肉，損牙齒，發疳䘌，致心痛。《衍義》曰：與鯽魚同食生疳蟲，與笋同食生癥澼。

明·王文潔《太乙仙製本草藥性大全》卷四《本草精義》 沙糖 即甘蔗汁煎熬而成者。出江南、閩廣。霜下後或立冬後將甘蔗槌碎，笮其汁煎熬鍊至紫黑色而止，惟蜀川作之荻蔗，但堪噉。或云亦可煎稀糖，商人販貨至都下者荻蔗多而竹蔗少也。出蜀及嶺南爲勝，並煎爲沙糖，今江東甚多，而劣於蜀者，亦甚甘美，時用煎爲稀沙糖也。

明·王文潔《太乙仙製本草藥性大全》卷四《仙製藥性》 砂糖 味甘，氣寒，無毒。 主治：主心熱而止口乾，潤心肺而解酒毒。多食生長蟲，令人心腹痛。消肌肉，發疳䘌，損齒。 補註：臘月（瓶封）窖糞坑中，患天行熱狂人，絞汁服甚良也。○治腹緊，白糖以酒二升（汁）煮服，不過再差。按：《衍義》云：沙糖又次石蜜，蔗汁清，故費煎鍊致紫黑色。治心肺大腸熱，兼噉駝、馬，今醫家治暴熱多以此物爲先導。小兒多食則損齒，土制水也，及生蟯蟲，裸蟲屬土，故得甘遂生。

明·皇甫嵩《本草發明》卷四 沙糖甘蔗汁煎。甘，寒，無毒。 主心肺大腸熱，涼心和中助脾，小兒多食損齒，發疳䘌，生蟯蟲，蓋以甘滋生熱也。與鯽魚同（濕）食，成疳蟲；與葵菜同食，生流澼；與笋同食，不消，成血瘕。

明·李時珍《本草綱目》卷三三果部·蓏類 沙糖《唐本草》

【集解】恭曰：沙糖出蜀地，西戎、江東並有之。笮甘蔗汁煎成，紫色。瑞曰：稀者爲蔗糖，乾者爲沙糖，毬者爲毬糖，餅者爲糖餅。沙糖中凝結如石，破之如沙，透明白者，爲糖霜。時珍曰：此紫砂糖也。法出西域，唐太宗始遣人傳其法入中國。以蔗汁過樟木槽，取而煎成。清者爲蔗餳，凝結有沙者爲沙糖。漆甕造成，如石、如霜、如冰者，爲石蜜、爲糖霜、爲冰糖也。紫糖亦可煎化，印成鳥獸果物之狀，以充席獻。今之貨者，又多雜以米餳諸物，不可不知。

【氣味】甘，寒，無毒。恭曰：冷利過于石蜜。詵曰：性溫不冷。多食令人心痛，生長蟲，消肌肉，損齒，發疳䘌。與鯽魚同食，成疳蟲；與葵同食，生流澼；與笋同食，不消成癥，身重不能行。

【主治】心腹熱脹，口乾渴《唐本》。潤心肺大小腸熱，解酒毒。臘月瓶封窖糞坑中，患天行熱狂者，絞汁服，甚良大明。和中助脾，緩肝氣時珍。

【發明】宗奭曰：蔗汁清，故費煎鍊致紫黑色。今醫家治暴熱，多用爲先導；兼啖駝、馬，解熱。小兒多食則損齒生蟲者，土制水，倮蟲屬土，得甘即生也。震亨曰：糖生胃火，乃濕土生熱，故能損齒生蟲，與食棗病䘌同意，非土制水也。時珍曰：沙糖性溫，殊於蔗漿，故不宜多食。與魚、筍之類同食，皆不益人。今人每用爲調和，徒取其適口，而不知陰受其害也。但其性能和脾緩肝，故治脾胃及瀉肝藥用爲先導。《本草》言其性寒，蘇恭謂其冷利，皆昧此理。

【附方】舊一，新五。 下痢禁口：沙糖半斤，烏梅一個，水二椀，煎一椀，時時飲之。《摘玄方》。　腹中緊脹：白糖以酒三升，煮服之。不過再服。《子母秘録》。　痘不落痂：沙糖，調新汲水一盃服之，白湯調亦可，日二服。《劉提點方》。　虎傷人瘡：水化沙糖一椀服，并塗之。《摘玄方》。　上氣喘嗽：煩熱，食即吐逆。用沙糖、薑汁等分，相和，慢煎二十沸。每嚥半匙，取效。　食韭口臭：沙糖解之。《摘要方》。

明·梅得春《藥性會元》卷中　沙糖　味甘，氣寒，無毒。與鯽魚同食生疳蟲，與葵菜同食生流澼。與竹笋同食，不消化成癥。　主治心腹大腸熱，和中助脾，小兒多飡損齒，發疳䘌、蟯蟲。甘能生濕，濕生火也。中滿、嘔家不宜用，以其甘故也。

明·穆世錫《食物輯要》卷八　白沙糖　味甘，性寒，無毒。比紫沙糖稍勝，不冷利。多食助熱，損齒生蟲。有輕白如霜者，為糖霜；　堅白如冰者，為冰糖。性味相同。

明·張懋辰《本草便》卷二　沙糖　味甘，氣寒，無毒。　主心肺、大腸熱，和中助脾。小兒多食損齒、發疳。

明·趙南星《上醫本草》卷二　沙餹　時珍曰：其性能和脾緩肝，故治脾胃及瀉肝藥用為先導。《本草》言其性寒，蘇恭謂其冷利，皆昧此理。甘，寒，無毒。主治：心腹熱脹，口乾渴，和中助脾，緩肝氣，潤心肺大小腸熱，解酒毒。　震亨曰：餹生胃火，乃濕土生熱，故能損齒生蟲，與食棗病䶩同意，非土制水也。時珍曰：沙餹性溫，殊于蔗漿，故不宜多食。與魚、笋之類同食，皆不益人。今人每用為調和，徒取其適口，而不知陰受其害也。

明·繆希雍《本草經疏》卷二三　沙糖　味甘，寒，無毒。功用與石蜜同，而冷利過之。

【疏】沙糖，蔗汁之清而煎煉至紫黑色者。本經雖云與石蜜同功，然而不逮石蜜多矣。既經煎煉之久，則未免有濕熱之氣，故多食損齒生蟲，發疳脹滿，令人心痛等害。與鯽魚同食成疳蟲，與葵同食生流澼，與笋同食不消成癥，身重不能行。今醫家用作湯，下小兒丸散，殊為未當。

明·倪朱謨《本草彙言》卷一五　沙糖　味甘，氣溫，無毒。　李氏曰：沙糖係甘蔗汁煎煉而成，色紫黑如醬。其法出西域，唐太宗遣人傳其法，以蔗汁過樟木槽，取而煎成。清者爲蔗餳，凝結有沙者爲沙糖，甕中造成如石、如霜、如冰塊者，爲石蜜，爲糖霜，爲冰糖也。糖霜亦可煎化，印成鳥獸果物之狀，以充席獻。今之貨者，又多雜以米餳諸物，不可不知。

沙糖：方龍潭和中暖胃，活血行瘀之藥也。梅青子曰：此係蔗汁煎煉至紫黑色而成，則寒質而轉爲熱體矣。故方氏稱爲和中暖胃，則嘔泄諸證，屬虛寒者，往往與烏梅煎湯，飲之立安。又如產後惡露不盡，瘀滯攻痛，與山查、乾薑煎湯飲之，立止。又如北方多食烟火，有中毒者，與菉豆、燈心煎湯飲之立消。但甘溫發熱，多食反致動火生痰，小兒多食，則病疳損齒、生蟲發脹等害。如西北地高多燥，服此有益。東南地下多濕，食之有助熱也。

明·應慶《食治廣要》卷八　沙糖　氣味：甘，寒，無毒。主治：心腹熱脹，口乾渴，潤心、肺，大小腸熱，解酒毒。孟詵云：性溫不冷，多食令人心痛，生長蟲，消肌肉，損齒。不可與鯽魚、葵、笋同食。此以甘蔗汁煎成者，法出西域，唐太宗始遣人傳其法入中國。又有凝結作餅塊如石者，為石蜜。輕白如霜者，為餹霜。堅白如冰者，為冰餹。皆一物，精粗之異也。以白餹煎化，模印成人物、獅象之形者，為饗餹。《後漢書》註所謂猊糖是也。以石蜜，和諸果仁及橙橘皮、縮砂、薄荷之類，作成餅塊者，為餹纏。以石蜜和牛乳、酥酪，作成餅塊者，為乳餹。皆一物數變也。丹溪曰：餹生胃火，乃濕土生熱，故能損齒生蟲。與食棗病䶩同意，非土制水也。李時珍曰：沙餹性溫，殊於蔗漿，故不宜多食。與魚筍之類同食，皆不益人。今人每用為調和，徒取其適口，而不知陰受其害也。但其性能和脾緩肝，故治脾胃及瀉肝藥，用為先導。《本草》言其性寒，蘇恭言其冷利，非昧此理哉。

明·姚可成《食物本草》卷一五味部·造釀類　沙糖蘇恭曰：沙糖，出蜀地，西戎、江東竝有之。笮甘蔗汁煎成。紫色。稀者為蔗糖，乾者為沙糖，毬者為毬糖，餅者為糖餅，沙糖中凝結如石，破之如沙，透明瑩白者為糖霜。○李時珍曰：此紫沙糖也。法出西域，唐太宗始遣人傳其法入中國。以蔗汁入樟木槽，取而煎成。清者為蔗餳，凝結有沙者為沙糖，漆甕造成，如石、如霜、如冰者，為石蜜、為糖霜、為冰糖也。紫糖亦可煎化，印成鳥獸果物之狀，以充席獻。今之貨者，又多雜以米餳諸物，不可不知。

沙糖，味甘，寒，無毒。治心腹熱脹，口乾渴。潤心肺大小腸熱，解酒毒。臘月瓶封，窖糞坑中，患天行熱狂者，絞汁服甚良。和中助脾緩肝氣。多食令人心痛，生長蟲，消肌肉，損齒，發疳䘌。與鯉魚同食，成疳蟲；與葵同食，生流澼；與筍同食，不消成癥，身重不能行。○寇宗奭曰：蔗汁清，故費煎鍊，致紫黑色。今醫家治暴熱，多用為先導，兼啖駝馬，解熱。小兒多食則損齒生蟲者，土制水，倮蟲屬土，得甘即生也。○朱丹溪曰：糖生胃火，乃溼土生熱，故能損齒生蟲，與食棗病齒同意，非土制水也。○李時珍曰：沙糖性溫，殊於蔗漿，故不宜多食。與魚、筍之類同食，皆不益人。今人每用為調和，徒取其適口，而不知陰受其害也。但其性能和脾緩肝，故治脾胃及瀉肝藥用為先導。本草言其性寒，豈亦昧昧也耶。

附方：治下痢禁口。用沙糖半斤，烏梅一箇，水二椀，煎一椀，時時飲之。

明・顧逢柏《分部本草妙用》卷九果部　白沙糖　甘，寒、冷，利，無毒。主治：心腹熱脹，口乾，潤肺生津，治嗽消熱，助脾緩肝。損齒生蟲，與黑餹同。

明・顧逢柏《分部本草妙用》卷九果部　沙餹　甘，寒，無毒。多食心痛，生蟲，消肌肉，損齒發疳。不可與鯽魚、葵、筍同食。主治：心腹熱脹，口乾渴，潤心肺，大小腸熱，和中助脾，緩肝氣。臘月瓶封，窖糞坑中，患天行熱狂，絞汁服。　食餹多損齒生蟲，不可以此拌藥，為誘小兒服藥之媒。

明・孟笨《養生要括・果部》　沙糖〔甘蔗汁煎成。沙糖中凝結如石，白者為糖霜，多食令人心痛，生長蟲，消肌肉，損齒，發疳䘌。〕　味甘，寒，無毒。治心腹熱脹，口乾渴，潤心肺，大小腸熱，解酒毒。臘月瓶封窖糞坑中，患天行熱狂者，絞汁服，良。和中助脾，緩肝氣。

明・李中梓《醫宗必讀・本草徵要下》　白砂糖味甘，寒，無毒。入脾經。生津解渴，除咳消痰。紅砂糖功用與白者相倣，和血乃紅者獨長。紅白二種，皆蔗汁煎成。多食能損齒生蟲，作湯下小兒丸、散者誤矣。中滿者禁用。

明・蔣儀《藥鏡》卷三平部　白沙糖　主腹心熱脹，能止渴生津。甘蔗除熱和中，消痰解渴，助脾氣而清酒毒，治噎隔而潤燥便。黑沙糖功遜于石蜜，而甘溫過之，助熱且濕，多食齒傷。嚼共鯽魚，疳蟲孕育。吞同鮮筍，癥積俄成。

明・施永圖《本草醫旨・食物類》卷三　沙糖笮甘蔗汁煎成紫色，稀者為蔗糖，乾者為沙糖，毬者為毬糖，餅者為糖餅。沙糖中凝結如石，破之如沙，透明白者為糖霜，此紫沙糖也。　味：甘，寒，無毒。冷利過於石蜜，性溫不冷，多食令人心痛，生長蟲，消肌肉損齒，發疳䘌。與鯽魚同食成疳蟲，與葵同食生流澼，與筍同食令不消成癥，身重不能行。治：心腹熱脹，口乾渴，潤心肺，大小腸熱，解酒毒。臘月瓶封，窖糞坑中，患天行熱狂者，絞汁服甚良。和中助脾，緩肝氣。小兒多食則損齒生蟲者，土制水，倮蟲屬土，得甘即生也。與魚、筍之類同食，皆不益人。今人每用為調和，徒取其適口，而不知陰受其害也。但其性能和脾緩肝，故治脾胃及瀉肝藥用為先導。

附方　下痢禁口：沙糖半斤，烏梅一箇，水二椀，煎一椀，時時飲之。腹中緊脹：白糖以酒三升煮，服之，不過再服。痘不落痂：沙糖調新汲水一盃服之，白湯調亦可，日二服。上氣喘嗽：煩熱，食即吐逆，用沙糖、薑汁等分相和，慢煎二十沸，每噙半匙取效。食韭口臭：沙糖解之。

清・丁其譽《壽世秘典》卷三　白沙餹一名石蜜，乃甘蔗汁煎而曝之，則凝如石而體甚輕故名。川浙者最佳，其味厚。他處皆次之。王灼《餹霜譜》云：古者惟飲蔗漿，其後煎為蔗餳，又曝為石蜜。唐初以蔗為酒，而糖霜則自大曆間有鄒和尚者，來住蜀之遂寧山，始傳造法。凝結作餅塊如石者為石蜜，輕白如霜者為餹霜，堅白如冰者為冰餹。以白餹煎化，模印成人物、獅、象之形者為饗餹。《後漢書》注所謂猊餹是也。以石蜜和諸果仁及橙皮、薄荷之類，作成餅塊者，為餹纏。以石蜜和牛乳、酥酪作成餅塊者，為乳餹。皆是一物而數變也。

氣味：甘，寒，無毒。主潤心肺燥熱，治嗽消痰，解酒，和中，助脾氣，緩肝氣。

發明李時珍曰：石蜜、餹霜、冰餹比之紫沙餹性稍平，功用相同，入藥勝之，若久食則助熱、損齒、生蟲之害，同也。

清・尤乘《食鑒本草・果類》　沙糖　多食心痛，鯽魚同食成疳；筍同食成瘕，身重不能行。小兒不宜食，生疳損齒。和藥用則有緩肝調脾之効。

清・朱本中《飲食須知・味類》　白沙糖　味甘，性寒。多食助熱，損齒生蟲。輕白如粉者，為糖霜。堅白如冰者，為晶糖。性味相同。

清・何其言《養生食鑒》卷下　白沙糖〔瀑〕〔曝〕之潔白如益，謂之白沙糖；凝結作餅塊如石者，謂之石蜜；堅白如冰者，謂之冰糖。　味甘，性微溫，無毒。潤心肺燥熱，止嗽消痰，解酒和中，助脾氣，緩肝氣。多食助熱，損齒。石蜜、冰糖其功皆同，性稍冷利耳。

清・王翃《握靈本草》卷七　沙餹蔗汁熬成，色紫如霜者為石蜜，即糖霜。　主治：沙餹，甘，寒，無毒。一云：性溫。潤心肺，大小腸熱，解酒毒。助脾緩肝。

清・顧靖遠《顧氏醫鏡》卷八　白沙糖甘，寒。入脾經。　和中助脾，脾主中州，甘先入脾也。潤肺緩肝。蔗漿煎晒，凝結如石，故名石蜜。能潤心肺燥熱。肝苦急，急食甘以緩之，故能緩肝火。生津止渴，除咳消痰。甘寒除熱之功。多食亦能害脾，以其味太甘耳。紅者功用相倣，和血偏長。煎煉之久而至紫黑，則未免有濕熱之氣，故多食損齒生蟲。

清・李熙和《醫經允中》卷二二 沙糖 多食心痛，生蟲損齒發疳。勿與鯽魚、笋食。 主治潤心肺、大小腸熱，和中助脾，緩肝氣。不可以為小兒服藥之媒，致損齒生蟲之患。

白沙糖 主治與黑糖同。

清・馮兆張《馮氏錦囊秘錄・雜症痘疹藥性主治合參》卷八 沙糖白沙糖，一名石蜜。乃榨甘蔗汁晒之，凝如石，而體甚輕。味甘，氣寒。其用在脾，故主心腹熱脹，除熱生津止渴，及咳欬生痰也。多食亦能害脾，以味太甘耳。黑砂糖，乃蔗汁之清，而煎煉至紫黑色，味亦甘，寒，功同白蜜。但冷利過之，且有潤燥和血，消瘀化滯之功，故產婦用此沖湯和酒服之者，取其消瘀也。小兒丸散用此調服者，取其化滯也。多食損齒生蟲，發疳脹滿，令人心痛。食同葵筍、鯽魚，變生疳瓣。甘蔗，稟地中之沖氣，故味甘，氣寒，無毒。入手足太陰、足陽明經。甘為稼穡之化，其味先入脾，故能助脾氣和中，甘寒除熱潤燥，故主下氣，利大腸，心胸煩熱，消痰止渴，噎膈反胃，大便燥結，并解酒毒，皆取其除熱生津潤燥之功也。俗以為熱，獨不觀詩云：飽食不須愁內熱，大官還有蔗漿寒。

沙糖，係甘蔗汁熬成。功用與白者相倣，和血乃紅者獨長。殺疳蟲潤肺，除寒熱涼心。共筍食成血癥，同葵食生(沉)〔流〕僻。小兒多食，損齒消肌。甘蔗甘寒瀉火，入藥搗汁，助脾氣，和中，解酒毒，止渴，下逆氣，治噎膈，利大小腸，益氣，祛天行時熱，定狂。勿共酒食，令人發痰。胃寒嘔吐，中滿滑瀉者忌之。臘月窖諸糞坑，夏取汁服，尤治時行熱狂。

主治痘疹合參：痘初熱，俗以甘蔗啖之者，以性祛天行時熱耳。但宜搗汁飲之。不可太多，并不可恣嚼，以傷損口舌。

清・汪啟賢等《食物須知・諸果》 沙糖 係汁熬出。殺疳蟲潤肺，除寒熱涼心。共笋食則成血瘕，同葵食則生沉澼。小兒多食，損齒消肌。

清・葉盛《古今治驗食物單方》 沙糖 噤口痢，沙糖半觔，烏梅一個，水二碗，煎一碗服。 痘不落痂，沙糖、新汲水調服。 虎咬傷，水化沙糖飲之，并敷之。

清・吳儀洛《本草從新》卷四 白沙糖〔補，和中。〕 甘，溫。蔗漿寒，經火煎煉成糖則溫。補痺緩肝，潤肺和中，消痰治嗽。中滿者勿服。多食助熱，損齒生蟲。凝結作餅塊，如石者為石蜜，輕白如霜者為糖霜，堅白如冰者為冰糖。

清・汪紱《醫林纂要探源》卷二 白糖 甘，寒。晒蔗汁凝如霜，精英者結白，次則散白，濁者在下則赤黑。和中，消痰清熱，利水潤肺。 沙糖 甘，熱。亦曰紅糖，煎蔗汁而成。性反熱。煖胃，補脾，緩肝，去瘀活血，潤腸。多食損齒。

題清・徐大椿《藥性切用》卷六 白沙糖 即雪花糖，又名冰花。性味甘平，緩中和脾，潤肺益氣。紅糖，甘溫入血分，緩中和血，能助濕熱。中滿者均當忌之。 凝結如石者，名石蜜，俗名冰糖。為緩中消積耑藥。

清・黃宮繡《本草求真》卷七 沙糖甘蔗除熱潤燥，沙糖導血通滯，白糖溫補脾肺。 沙糖耑入肝。本於甘蔗所成，甘蔗氣稟沖和，味甘氣寒，已為除熱潤燥之味。其治則能利腸解煩，消痰止渴。至於沙糖，經火煆煉，性轉為溫，色變為赤。與蔗又似有別。時珍曰：沙糖，本草言其性寒，蘇恭謂其冷利，皆昧此理。故能行血化瘀，是以產婦血暈，多有用此與酒沖服，取其得以入血消瘀也。小兒丸散用此調服，取其溫以通滯也。烟草用以解毒，亦取其有開導之力也。然性溫則消則下，故虛熱過服則有損齒消肌之病，味甘主緩主壅，故痰濕過服，則有戀膈脹滿之弊，此又不可不深思而熟察耳。時珍曰：沙糖性溫，殊於蔗漿，故不宜多食。與魚笋之類同食，皆不益人。今人每用為調和，徒取其適口，而不言陰受其害也。白糖因晒浮結而成，種類造法不一。體輕味甘色白，主治亦頗相似。然紫入血，而白入氣，久食反有熱壅上膈之虞。書言能以清熱，似非正談。時珍曰：石蜜糖比之紫沙糖性稍平，功用相同，入藥勝之。然不冷利，若久食則助熱損齒生蟲之害也。試以口燥之會食此，其燥益甚。口冷之會食之，其冷即除。且致轉為燥渴生痰，於此可覘大概矣。又奚必過為辨論哉！

清・李文培《食物小錄》卷下 沙餹冰餹、白餹、潮餹。 甘，溫，無毒。和中助脾，暖肝氣，滑痰，解酒。沙餹、白餹、冰餹、潮餹，名雖數種，皆蔗汁所成，乃一物精粗之各異也。

清・羅國綱《羅氏會約醫鏡》卷一七菓部 白砂糖一名石蜜。煎甘蔗汁為之，味甘氣寒，入脾經。 補脾和中，消痰治嗽，緩肝潤肺。多食損齒生蟲。

黑砂糖乃蔗汁之清者，煉至紫黑色。 功與白砂糖同，而潤燥和血、消瘀化滯之功過之。產婦用此沖湯，和酒服之，取其消瘀也。 多食損齒消肌。

清・章穆《調疾飲食辯》卷四 沙餹 蔗性本溫，煎煉成餹則近熱。《唐本草》謂其冷利，治心腹熱脹，大謬。《食療本草》曰：性溫不冷，多食令人生長蟲，消肌肉，助脹助嘔，發疳䘌。同鯽魚食生疳蟲，同筍食成積。凡疳蟲、脹滿嘔吐及齒病人忌食。而其為用，《綱目》云：和中助脾，緩肝氣。蓋溫則能和，甘則能緩，凡腹中急痛，宜沙餹泡水熱服，加木香或枳殼尤妙。又能破血，婦人產後血滯，宜攪熱酒服二三次，但不宜多。《神授方》治跌撲傷筋折骨：雞骨炭獨木柴所燒之炭，圓如雞骨，故名。其炭堅結，擲地有聲者佳，鬆如麩炭者不堪用。不拘多少，燒令內外通赤，入研槽中，同沙餹急研令稀稠得所，乘熱敷之。《日華本草》曰：除大小腸熱，解酒，亦誤矣。

白餹　一名餹霜，一名白沙餹，一名乳餹。用紫沙餹煎煉，加牛羊乳，今惟用猪油。俟其凝結，逐層刮取，潔白如霜。吾鄉吉、贛、虔、寧諸郡，及浙、閩、粵東皆產，潮州者為上。性較紫沙餹稍平。《食療本草》曰：潤肺生津。《綱目》曰：潤肺消痰治嗽，和中助脾緩肝。《唐本草》亦謂其冷利，能治熱脹，大非。多食助熱助脹、損齒生蟲之害，與紫沙餹同。蓋蔗性本平，加以火煉為沙餹則熱，沙餹再經煎煉始為白餹，性反稍平者，得力於乳及猪脂之潤也，故有潤燥生津消痰治嗽諸用。獨其能消蛋積，凡諸禽卵與此同食，味佳而易化。食卵成積，泡濃湯熱飲之，立消。此則物理之難究者也。

清·張德裕《本草正義》卷上　沙糖　蔗汁熬成。甘，平。解酒毒，潤心肺，緩脾益中。多食損齒生蟲，脾滯者少食。

清·戴葆元《本草綱目易知錄》卷三　砂糖　甘，溫。和中助脾，暖肝氣，潤心肺，解酒毒，散瘀血。利大小腸熱，治心腹熱脹，口乾燥渴。臘月，瓶盛封固，安窖糞坑中，至春取出，收藏，患天行熱狂者，絞汁服，甚良。多食，損齒生蟲，發疳及心氣痛。【略】葆驗方，治產後腹疼，瘀血不下，少腹塊痛。砂糖一兩，查肉五錢，拌勻，入鍋內炒焦起煙，入酒水各一盌，煎數沸，取起濾去滓服，或用煎生化湯服之，更良。

白糖冰糖同　甘，平。理嗽消痰，解酒和中，明目止渴，助脾氣，緩肝氣。治心腹熱脹，目中熱膜。和棗肉、脂麻擣丸，噙之，潤心肺躁熱，助五臟生津。和生薑、葱白泡湯飲，能發表散寒。白糖、冰糖，氣清味平，潤肺化痰力勝。而沙糖氣濁味厚，消食下瘀功良葆元。然多食亦助熱，損齒生蟲。

清·陳其瑞《本草撮要》卷三　白沙糖　味甘，溫，入足太陰經，功專補脾緩肝，潤肺和中，消痰治嗽。堅白如冰者為冰糖。食韭口臭，糖湯可解。

清·吳汝紀《每日食物却病考》卷下　砂糖　溫，無毒。和中助脾，暖肝氣，解酒毒。多食損齒，發疳，生蟲。不可與魚、筍之類同食，小兒尤忌之。

赤沙糖

明·穆世錫《食物輯要》卷八　紫沙糖　味甘，性寒，無毒。解酒，和中，助脾，緩肝氣，潤心肺大小腸。治心腹熱，口渴痰嗽。多食，令人心痛，生長蟲，消肌肉，損齒，發疳。同鯽魚食，生疳蟲。同葵菜食，成流癖。同筍食，成瘕，令身重不能行。

清·丁其譽《壽世秘典》卷三　紫沙餹榨甘蔗汁煎成紫色，謂之紫沙餹，法出西域。唐太宗始遣人傳其法入中國，以蔗汁過樟木槽，取而煎成。稀者為蔗餹，凝結有沙者為沙餹。漆甕造成如石、如霜、如冰者，為石蜜、為餹霜、為冰餹。　氣味：甘，寒，無毒。主潤心、肺、大小腸熱，解酒毒，和中助脾，緩肝氣。

發明孟詵曰：性溫不寒，多食令人損齒、生蟲、消肌肉、發疳䘌，與鯽魚同食成疳蟲，與葵同食生流澼，與笋同食不消成癥癖。李時珍曰：沙餹性溫，殊于蔗漿，故不宜多食。與魚、筍之類同食，皆不益人。今人每用為調和，徒取其適口，而不知多食則陰受其害。但其性能和脾緩肝，故治脾胃及瀉肝藥用為先導。本草言其性寒，蘇恭謂其冷利，皆昧此理。

清·郭章宜《本草匯》卷一四　紅沙糖　甘，溫。功用與白者倣，和血乃紅者獨長。

按：沙糖，蔗汁之清而鍊至紫黑色者。雖云與白者同功，然而不逮白者多矣。既經煎鍊，則未免有濕熱之氣，故多食能損齒生蟲，糖生胃火故也。發疳脹滿。與鯽魚同食成疳蟲，與笋同食，不消成癥，身重不能行。今人每用為調和，徒取適口，而不知陰受其害矣。但其性能和脾緩肝，故治脾胃及瀉肝藥中，用為先導。《本草》言其性寒，蘇恭謂其冷痢，皆昧此理。作湯下小兒丸散者，非也。

清·朱本中《飲食須知·味類》　黑沙糖　味甘，性溫。多食令人心痛，生長蟲，消肌肉，損齒發疳。同鯽魚食，生疳蟲。同葵菜食，成流癖。同笋食，成瘕，令身重不能行。今人每用為調和，徒取其適口，而不知陰受其害也。

清·何其言《養生食鑒》卷下　紫砂糖蔗汁煎煉，紫黑色成片者，俗謂之黃糖，全黑者次之。　味甘，性溫，無毒。治心腹熱脹，口乾渴，解酒毒。大小腸熱燥，調水食良。多食生長蟲，損齒，發疳，小兒尤忌之。不可與鯽魚、葵菜并筍同食。

清·张璐《本經逢原》卷三　沙糖色黑如油者是。　甘，溫，無毒。　發明： 沙糖性溫，能和脾緩肝，故治脾胃及瀉肝藥，用為先導。今人好吸煙草受其毒者，用此點湯解之。但性助濕熱，不可多食。熬焦治產婦敗血衝心及虛羸老弱，血痢不可攻者最效。

清・吳儀洛《本草從新》卷四 紫沙糖（補，和中，和血。） 功用與白者相仿而稍遜。和血則紫者為優。今產後服之，取血和而惡露自行也。 蔗漿煎煉至紫黑色，其性較白沙糖更溫。生胃火，助濕熱，損齒生蟲，作湯下小兒丸散，誤矣。

清・嚴潔等《得配本草》卷六 沙糖又呼紫沙糖。 甘，溫。入足太陰經。和中助脾，緩肝和血。潤心肺，治痰嗽。得烏梅，治噤口痢。得新汲水，治痘不落痂。得薑汁，煎服，治吐逆喘嗽。 酒煎飲，活血。多食助熱，損齒生蟲。同笋食成瘕。

題清・徐大椿《藥性切用》卷六 紫砂糖 甘溫微鹹，入血分而散瘀和血，止痛緩中。炒黑最能清瘀止血，產後及尋常血滯，並需之。

清・葉桂《本草再新》卷五 紫沙糖味甘，性溫，無毒。入肝、脾、肺三經。 補脾潤肺，養肝和中，消痰止渴。

清・趙其光《本草求原》卷一二果部 紫砂糖即黃片糖。 甘，溫，蔗經煎煉即溫，如甘草遇火即熱，麻油遇火即冷，物性之異也。和脾，緩肝。瀉肝藥用為先導。解煙草毒； 熬焦治產婦敗血沖心及虛人血痢。但助濕熱，與酒食則發痰。

清・文晟《新編六書》卷六《藥性摘錄》 紅砂糖 甘，溫。入肝導血，通滯消瘀。○治產婦血暈。○解煙草毒。○小兒丸散用此調服，取其溫以通滯。○有痰濕者，勿多服。○白糖，體輕味甘，色白。主治略同。然白入氣分，溫補脾胃，過食有熱壅上膈，燥渴生痰之虞。

清・文晟《新編六書》卷六《藥性摘錄》 黃沙糖 甘，溫。入脾。導血通滯，消瘀。○白糖，味甘，溫。補脾肺。○飴糖，甘，溫。潤肺溫脾，治虛火痰嗽，除煩止渴。以上若實痰實火，有濕熱者，勿服。小兒尤不可多服。

清・田綿淮《本草省常・氣味類》 紅糖 一名沙糖。性溫。補脾暖肝，活血溫中。多食中滿生胃火，助濕熱，損齒生蟲。同鯽魚食，生疳蟲；同笋食，成癥瘕； 同葵菜食，生流澼。惟同粘粿食，則易化。小兒忌之。白糖 一名洋糖。性平。補脾潤肺，寧嗽化痰。多食損齒生蟲。小兒忌之。

清・陳其瑞《本草撮要》卷三 紫沙糖 味甘，溫，入足太陰、陽明經，功用與白相倣，惟白者炎上，紫者達下。產後同益母草膏和服，下惡露。

石蜜

宋・唐慎微《證類本草》卷二三果部中品〔唐・蘇敬《唐本草》〕 石蜜乳糖也 味甘，寒，無毒。主心腹熱脹，口乾渴，性冷利。出益州及西戎。煎煉沙糖為之，可作餅塊，黃白色。

〔唐・蘇敬《唐本草》〕注云： 用水牛乳、米粉和煎，乃得成塊。西戎來者佳。江左亦有，殆勝蜀者。云用牛乳汁和沙糖煎之，並作餅，堅重。

〔宋・馬志《開寶本草》〕注： 此石蜜，其實乳糖也。前卷已有石蜜之名，故注此條爲乳糖。 唐本先附。

〔宋・掌禹錫《嘉祐本草》〕按： 孟詵云： 石蜜，治目中熱膜，明目。蜀中、波斯者良。東吳亦有，並不如兩處者。此皆煎甘蔗汁及牛乳汁，則易細白耳。和棗肉及巨勝末丸，每食後含一兩丸，潤肺氣，助五藏津。

〔宋・唐慎微《證類本草》〕《圖經》： 文具甘蔗條下。

唐・孟詵、張鼎《食療本草》卷子本 石蜜寒。 右心腹脹熱，口乾渴。波斯者良。注少許於目中，除去熱膜，明目。蜀川者為次。今東吳亦有，並不如波斯。此皆是煎甘蔗汁及牛（膝）〔乳〕汁，煎則細白耳。又，和棗肉及巨勝人作末為丸，每食後含一丸如李核大，咽之津，潤肺氣，助五藏津。

宋・寇宗奭《本草衍義》卷一八 石蜜 川、浙最佳。其味厚，其他次之。煎煉成，以鉶象物，達京都。至夏月及久陰雨，多自消化。土人先以竹葉及紙裹，外用石灰埋之，仍不得見風，遂免。今人謂乳糖，其作餅黃白色者，今人又謂之撚糖，易消化，入藥至少。

宋・王繼先《紹興本草》卷一四 石蜜 紹興校定： 石蜜即乳糖也，非蟲魚部石蜜。《本經》雖具主治，固非療病之物。《本經》云味甘、寒、無毒是也。惟蜀中一種甘蔗可以煎製，多食亦致滑腸矣。

宋・劉明之《圖經本草藥性總論》卷下 石蜜 乳糖也。味甘，寒，無毒。主心腹熱脹，口乾。性冷利，煎沙糖和牛乳為之。沙糖，味性功與石蜜同。多食令人心痛。

宋・陳衍《寶慶本草折衷》卷一八 石蜜 一名乳糖，一名捻糖。出益州，及西戎、江左、東吳、川浙、波斯。○又云： 出會稽。○用水牛乳、米粉、沙糖煎成塊，密器收藏。

味甘，寒，無毒。○主心腹熱脹，口乾渴，作餅塊，黄白色。○孟詵云：治目中熱膜，明目。亦和棗肉、巨勝末丸，食後含壹兩丸。潤肺氣，助五藏津。巨勝即胡麻也。○寇氏曰：石蜜，川浙最佳，味厚，其他次之。

元・尚從善《本草元命苞》卷八　乳糖　味甘，性寒，無毒。主心腹熱脹，治口乾煩渴。性冷利。出益州、西戎。煎蔗汁及牛乳為之。《唐本》注云：用水牛乳、米粉和煎，乃淂成塊。西戎來者佳。孟詵云：此皆煎甘燕汁及牛乳汁，則易細由耳。

元・吴瑞《日用本草》卷八　石蜜　即沙糖中乳煎煉成，俗呼為乳糖也。味甘，寒，無毒。主心腹熱脹，口乾渴。

元・朱震亨《本草衍義補遺》　石蜜　甘喜入脾，其多之害，必生於脾。而西北人得之有益，東南人得之未有不病者，亦氣之厚薄不同耳。雖然，東南地下多濕，宜乎其得之為害也。西北地高多燥，宜乎其得之為益也。○石蜜，今謂之乳糖也。川浙最佳。用牛乳汁炒糖，相和煎之，並作餅，堅重。○《本草》云：石蜜，除眾病，和百藥。

元・徐彦純《本草發揮》卷三　乳糖　丹溪云：石蜜，甘。喜入脾。其多之害，必生於脾。而西北人得之有益，東南人得之未有不病者，亦氣之厚薄不同耳。雖然東南地下多濕，宜乎其得之為害也。西北地高多燥，宜乎其得之為益也。又云：糖多食能生胃中之火，此損齒之因也。非土制水，乃濕土生火熱也。食棗多者，齒病齲，亦此意也。

明・劉文泰《本草品彙精要》卷三三　石蜜無毒　煎鍊成。

石蜜　主心腹熱脹，口乾渴，性冷利。名醫所録。【名】捻糖、乳糖。【地】《圖經》曰：此即乳糖也。鍊沙糖和牛乳爲之，可作餅塊。《唐本》注云：用水牛乳、米粉乃得成塊。西戎來者佳，江左亦有，殆勝蜀。人云：用牛乳汁和沙糖煎之，作餅堅重。此與蟲部石蜜同名而異類也。孟詵云：波斯國來者良，東吴亦有此，皆煎甘蔗汁及牛乳汁，則易細白耳。《衍義》曰：川、浙最佳，其味厚，其他次之，煎鍊成，以錋象物，達遠，至夏月及久陰雨，多自消化。土人先以竹葉及紙裹外，用石灰埋之，仍不得見風，遂免。今人謂乳糖，其作餅黄白色者，謂之捻糖，易消化，入藥至少。【收】包裹，勿令見風。【色】黄、白。【味】甘。【性】寒，緩。【氣】氣之薄者，陽中之陰。【臭】香。【主】生津止渴。【治】療：孟詵云：目中熱膜，明目。陶隱居云：去熱，止渴。【合治】合棗肉、巨勝子末爲丸含之，潤肺氣，助五臟津液。

明・王文潔《太乙仙製本草藥性大全》卷四《本草精義》　石蜜　一名乳糖，又名白雪糖。出益州及西戎。用水牛乳汁、米粉和沙糖煎鍊作餅塊，黄白色，而堅重。川浙者爲佳。

明・王文潔《太乙仙製本草藥性大全》卷四《仙製藥性》　石蜜即白糖，又名乳糖。味甘，氣寒，無毒。主治：主心腹熱脹神方，治目中熱膜妙劑。口乾渴可止，目昏闇能明。補註：潤肺氣，助五臟津，和棗肉及巨勝末爲丸，每食後含一兩丸效。

明・皇甫嵩《本草發明》卷四　石蜜即乳糖煎。沙糖和牛乳為之。可作餅塊，黄白色。味甘，寒。主心腹熱脹，口乾渴。性冷利也。

明・李時珍《本草綱目》卷三三果部・蓏類　石蜜《唐本草》

【釋名】白沙糖恭曰：石蜜即乳糖也，與蟲部石蜜同名。時珍曰：按萬震《凉州異物志》云：石蜜非石類，假石之名也。實乃甘蔗汁煎而曝之，則凝如石而體甚輕，故謂之石蜜也。

【集解】志約曰：石蜜出益州及西戎，煎鍊沙糖爲之，可作餅塊，黄白色。恭曰：石蜜用水、牛乳、米粉和煎成塊，作餅堅重。西戎來者佳，江左亦有，殆勝于蜀。詵曰：自蜀中、波斯來者良。東吴亦有，不及兩處者。皆煎蔗汁、牛乳，則易細白耳。宗奭曰：石蜜，川、浙者最佳，其味厚，他處皆次之，煎鍊以型象物，達京師。至夏月及久陰雨，多自消化。土人先以竹葉及紙裹包，外用石夾埋之，不得見風，遂可免。今人謂之乳糖。其作餅黄白色者，謂之捻糖，易消化，入藥至少。時珍曰：石蜜，即白沙糖也。凝結作餅塊如石者爲石蜜，輕白如霜者爲糖霜，堅白如冰者爲冰糖，皆一物有精粗之異也。以白糖煎化，模印成人物獅象之形者爲饗糖，《後漢書》註所謂猊糖是也。以石蜜和諸果仁，及橙橘皮、縮砂、薄荷之類，作成餅塊者，爲糖纏。以石蜜和牛乳、酥酪作成餅塊者，爲乳糖。皆一物數變也。《唐本草》明言石蜜煎沙糖爲之，而諸註皆以乳糖即爲石蜜，殊欠分明。按王灼《糖霜譜》云：古者惟飲蔗漿，其後煎爲蔗餳，又曝爲石蜜，唐初以蔗爲酒。而糖霜則自大曆間有鄒和尚者，來住蜀之遂寧繖山，始傳造法。故甘蔗所在植之，獨有福建、四明、番禺、廣漢、遂寧有冰糖，他處皆顆碎、色淺、味薄。惟竹蔗緑嫩味厚，作霜最佳，西蔗次之。凡霜一甕，其中品色亦自不同。惟疊如假山者爲上，團枝次之，甕鑒次之，小顆塊又次之，沙脚爲下；紫色及如水晶色者爲上，深琥珀色次之，淺黄又次之，淺白爲下。

【氣味】甘，寒，冷利，無毒。【主治】心腹熱脹，口乾渴《唐本》。治目中熱膜，明目。和棗肉、巨勝末爲丸噙之，潤肺氣，助五臟，生津孟詵。潤心肺燥熱，治嗽消痰，解酒和中，助脾氣，緩肝氣時珍。

【發明】震亨曰：石蜜甘喜入脾，食多則害必生于脾。西北地高多燥，得之有益；東北地下多濕，得之未有不病者，亦兼氣之厚薄不同耳。時珍曰：石蜜、糖霜、冰糖，比之紫沙糖性稍平，功用相同，入藥勝之。然不冷利，若久食則助熱，損齒、生蟲之害同也。

明・繆希雍《本草經疏》卷二三 石蜜乳糖也。 味甘，寒，無毒。主心腹熱脹，口乾渴，性冷利。

【疏】石蜜乃煎甘蔗汁曝之，凝如石，而體甚輕，今之白沙糖也。其味甘，其氣寒，其用在脾，故主心腹熱脹。甘寒能除熱生津液，故止口乾渴及咳嗽生痰也。多食亦能害脾，以其味太甘耳。

明・姚可成《食物本草》卷一五味部・造釀類 石蜜即白沙糖。《涼州異物志》云：石蜜非石類，假石之名也。實乃甘蔗汁煎而曝之，則凝如石而體甚輕，故謂之石蜜也。出益州及西戎，煎鍊沙糖為之，可作餅塊，黃白色。○李時珍曰：石蜜即白沙糖也。凝結作餅塊如石者為石蜜，輕白如霜者為餹霜，堅白如冰者為冰糖，皆一物，有精粗之異也。以白糖煎化，模印成人物獅象之形者為饗糖，《後漢書》註所謂猊糖是也。以石蜜和諸果仁及橘橙皮、縮砂、薄荷之類作成餅塊者，為糖纏。以石蜜和牛乳、酥酪作成餅塊者，為乳糖。皆一物數變也。按王灼《餹霜譜》云：古者惟飲蔗漿，其後煎為蔗餳，又曝為石蜜，唐初以蔗為酒。而餹霜則自大曆間有僧來往蜀之遂寧繖山，僧為文殊現身，獨憩一菴，惟以白驢自隨。每用錢繫驢耳，驢輒入市易薪蔬，人亦知為菴僧所遣，交相貿易。或所與不足，則不去也。一夕誤入鄰舍蔗園，蹂躪傷蔗。鄰人白僧，僧曰：不難，為汝倍息。乃傳造法。故甘蔗所在植之，獨有福建、四明、番禺、廣漢、遂寧有冰糖，他處皆顆碎，色淺、味薄。惟竹蔗綠嫩味厚，作霜最佳，西蔗次之。凡霜一甕，其中品色亦自不同。惟疊如假山者為上，團枝次之，甕鑒次之，小顆塊又次之，沙脚為下；紫色及如水晶色者為上，深琥珀色次之，淺黃又次之，淺白為下。

石蜜，味甘，寒，無毒。治心腹熱脹，口乾渴，目中熱膜，明目。和棗肉、巨勝末為丸噙之，潤肺氣，助五臟，生津。潤心肺燥熱，治嗽消痰，解酒和中，助脾氣，緩肝氣。○李時珍曰：石蜜甘，喜入脾，食多則害必生於脾。西北地高多燥，得之有益；東北地下多溼，得之未有不病者，亦兼氣之厚薄不同耳。○李時珍曰：石蜜、糖霜、冰糖，比之紫沙糖性稍平，功用相同。若久食，則助熱、損齒、生蟲之害同也。

明・鄭二陽《仁壽堂藥鏡》卷五 乳糖即蜂蜜。《衍義》云：乳糖，川、浙最佳，其味厚。其他次之。本出西戎。味甘，寒，無毒。治心腹熱脹。

丹溪云：石蜜：甘，喜入脾。其多之害，必生於脾。而西北人得之有益，東南人得之未有不病者，亦氣之厚薄不同耳。雖然，東南地下多濕，宜乎其得之為害也；西北地高多燥，宜乎其得之為益也。又云：糖多食能生胃中之火，此損齒之因也，非土制水，乃濕土生火熱也。食棗多者，齒病齲，亦此意也。

明・施永圖《本草醫旨・食物類》卷三 石蜜名白沙糖。凝結作餅塊如石者，為石蜜。輕白如霜者，為糖霜。堅白如冰者，為冰糖。皆一物，有精粗之異也。 味：甘，寒，冷利，無毒。治：心腹熱脹，口乾渴。治目中熱膜，明目，和棗肉、巨勝末為丸，噙之。潤肺氣，助五臟，生津，潤心肺燥熱。治嗽消痰，解酒和中，助脾氣，緩肝氣。石蜜甘，喜入脾，食多則害必生於脾。西北地高多燥，得之有益；東(北)〔南〕地下多濕，得之未有不病者，亦兼氣之厚薄不同耳。

明・李中梓《本草通玄》卷下 石蜜 甘溫。生津解渴，除咳消痰，潤心肺燥熱，助脾暖肝。

按：石蜜即白沙糖，蔗汁煎曝而成是也。甘入脾，多食則病脾。西北人宜之，東南人少餌。比之紫沙糖、紅沙塘，功用相同，若多食損齒一也。

清・郭章宜《本草匯》卷一四 石蜜即白沙糖 甘，溫，入足太陰經。生津解渴，除咳消痰。潤心肺燥熱，助脾氣緩肝。

按：白沙糖，即蔗汁煎而曝之，凝結作餅塊者是也。甘喜入脾，多食則害必生于脾。西北地高多燥，得之有益。東南地下多濕，得之未有不病者。比之紫沙糖，性稍平，功用實相同也。入藥畧勝，若久食，助熱損齒之害一也。中滿者禁用。

清・张璐《本經逢原》卷三 石蜜即冰糖也。散白如霜者曰糖霜，與山蜂蜜結石上者不同。 甘，平，無毒。 發明：凝結成塊如石者為石蜜，輕白如霜者為糖霜。比紫沙糖稍平，功用雖同，但白入氣分，紫入血分為異。白糖霜亦能解煙草之毒，惟色黃者性熱，有濕熱者遠之。世言糖性濕熱，多食令人齒䘌生疳。近見患口疳者，細嚼冰糖輒愈，取其達疳以磨濕熱凝滯也。又暴得欬嗽，吐血乍止，以冰糖與燕窩菜同煮連服，取其平補肺胃而無止截之患也。惟胃中有痰濕者令人欲嘔，以其甜膩戀膈故也。

清・嚴潔等《得配本草》卷六 石蜜一名自沙糖。一名冰糖。 甘，寒。入足太陰經。潤心肺，治痰嗽，解酒和中，助脾陰，緩肝氣。配棗肉、巨勝子，助臟生津。

清・章穆《調疾飲食辯》卷四 冰餹 一名石蜜。王灼《餹霜譜》曰：唐大曆間，有鄒和尚者來往蜀之遂寧繖山，始傳造法。故甘蔗所在植之，獨福建、四明、番禺、廣漢、遂寧有冰餹。紫色及如水晶者為上，深琥珀色次之，淺黄又次之，淺白為下。

按：冰餹，閩之福、漳二州為上，色皆瑩白，其塊大者可數斤。諸本草皆與白餹同列，蓋其性亦略同也。

清・葉桂《本草再新》卷五 冰糖味甘，性平，無毒。入脾、肺二經。 補中益氣，和胃潤肺，止欬嗽，化痰涎。

清・趙其光《本草求原》卷一二果部 石蜜即冰糖、白糖。白糖一名糖霜。與蜂蜜之石蜜不同。 甘，平。功同砂糖。但黄入血分，白入氣分，潤肺、消痰止嗽，治口疳，細嚼即愈，取其達疳以磨濕熱凝滯也。世言多食生疳者，謬。暴嗽，吐血乍止，同燕窩煮食，取其平補肺胃。但多食令人齒䘌；胃有痰濕，食之則動嘔。甘膩戀膈故也。

清・田綿淮《本草省常・氣味類》 冰糖 一名石蜜。性寒。清心肺煩熱，止渴生津。

香料

清・章穆《調疾飲食辯》卷一下 諸香料 其類不一，用處亦廣，不拘肉食、菜食、果餌中均可加入。雖辛香者總不免於耗熱，然所用不多，無甚損益，獨浸酒飲，虚人忌之。又薑、桂古人並入食料，所謂老而愈辣也。今因價昂，用桂者少。蓼屢見於《禮記》，今亦不聞有用者。至若砂仁、白豆蔻、益智仁、草果、蓽澄茄、吳茱萸、鹽麩子、蓽撥等，皆入食品。有癖嗜之者，多則耗氣助火，少亦無甚損益也。

油

宋・莊綽《雞肋編》卷上 油，通四方可食與然者，惟胡麻為上，俗呼脂麻。言其性有八拗，謂雨暘時則薄收，大旱方大熟；開花向下，結子向上；炒焦壓搾才得生油，膏車則滑，鑽鍼乃澀也。而河東食大麻油，氣臭，與荏子皆堪作雨衣。陝西又食杏仁、紅藍花子、蔓菁子油，亦以作鐙。祖珽以蔓菁子薰目以致失明，今不聞為患。山東亦以蒼耳子作油，此當治風有益。江、湖少胡麻，多以桐油為鐙，但煙濃污物，畫像之類尤畏之。沾衣不可洗，以冬瓜滌之乃可去。色清而味甘，誤食之，令人吐利。飲酒或茶，皆能蕩滌，蓋南方酒中多灰爾。嘗有婦人誤以膏髮，黏結如椎，百治不能解，竟髡去之。又有旁毗子油，其根即烏藥，村落人家以作膏火，其煙尤臭，故城市罕用。烏桕子油如脂，可灌燭，廣南皆用，處、婺州亦有。潁州亦食魚油，頗腥氣。宣和中，京西大歉，人相食，煉腦為油以食，販於四方，莫能辨也。

清・丁其譽《壽世秘典》卷四 燈窩油 氣味：辛、苦，有毒。治一切急病，中風，喉痹，痰厥，用鵝翎掃入喉內，取吐即效。又塗一切惡瘡、疥癬。

清・章穆《調疾飲食辯》卷一下 油 凡草木、穀果、蔬菜之實不能釀酒者，均可榨油，故油之類不一，而烹飪必資之，性之美惡可弗究乎？

清・王孟英《歸硯錄》卷一 章氏云：《詩》八穀禾、麻、菽、麥，後人以脂麻當之。夫脂麻本名胡麻，來自大宛，漢時始入中國，僅可榨油及作餅餌，不堪為飯，安得三代時即列於八穀？

古人救饑用火麻，即《本經》之大麻，其為八穀之麻無疑。至醫書、本草所載香油，皆謂脂麻油，俗以芸薹油為香油，大謬。愚按：所辨皆是。若云芸薹油能使女人不孕，雖見於古書，然世人以之為烹飪常食之物者廣矣，其可盡信乎？惟餚饌所需，各有所宜耳。至論其性，則欖仁油、猪油最良，茶油、麻油、豆油次之，芸薹油為下，其餘等諸自鄶。凡麻、菜諸油皆香，而方言不同，或以麻油為香油，或以菜油為香油，習俗難移，用者貴審其宜。若筆之於書，必明言何油，庶免疑誤。至烏桕子殼內之仁榨油，名青油，雖香而有毒，燃燈煤重，鼠亦不食，夏月合蘇油、黄蠟造燭，不堪重按，而曬反堅，世人又往往與他油之久窨無脚名清油者相混。須知此曰青油者，所以別於殼外白皮之名白油也。白油色白如蠟，造燭最良，又名桕油、皮油。若皮與仁同榨者，曰緑油，造燭不佳，性冷利。凡瘡藥中用青油、白油，皆取其殺蟲。並不可食，誤食之必吐利。章氏謂為大熱可食者，誤也。桕燭以石灰收之，可久藏不壞。

《南中紀聞》云：茶油樹葉四季常青，每於八九月間開花，色白而香，晝舒夜斂，結實凡十餘月，直至次年六月，方采掇榨油，足備周歲之氣，以故色味清和不滑，此食品中最宜脾胃者也。愚按衢、嚴亦有用其渣者，可以浣衣去垢，故閨閣中以此油加香料蒸熟澤髮，則髮黑而不膩，蓋諸油惟此最清也。

菜部

題解

《靈樞經・五味第五十六》　五菜：葵甘，韭酸，藿鹹，薤苦，葱辛。

宋・李昉《太平御覽》卷九七六菜茹部　《爾雅》曰：菜謂之蔌，蔬不熟為饉。蔌，菜總名，見《詩》。凡草菜可食，通名為蔬也。

明・李時珍《本草綱目》卷二六菜部　李時珍曰：凡草木之可茹者謂之菜。韭、薤、葵、葱、藿，五菜也。《素問》云：五穀爲養，五菜爲充。所以輔佐穀氣，疏通壅滯也。古者三農生九穀，場圃蓺草木，以備饑饉，菜固不止於五而已。我國初周定王圖草木之可濟生者四百餘種，爲《救荒本草》，厥有旨哉。夫陰之所生，本在五味；陰之五宮，傷在五味。謹和五味，臟腑以通，氣血以流，骨正筋柔，腠理以密，可以長久。是以《內則》有訓，食醫有方，菜之於人，補非小也。但五氣之良毒各不同，五味之所入有偏勝，民生日用而不知。乃搜可茹之草，凡一百五種爲菜部。分爲五類：曰葷辛，曰柔滑，曰蓏，曰水，曰芝栭。舊本菜部三品，共六十五種。今併入五種，移十三種入草部，六種入果部。自草部移入及併二十三種，自穀部移入一種，果部移入一種，外類有名未用移入三種。

明・穆世錫《食物輯要》卷三　右蔬菜者，有疏通之義，食之使腸胃宣暢，而無壅滯之患。但生菜性多冷滑，患瘧新瘥後多食，防手足發青。凡病後，皆宜少食也。十月被霜菜久食，發腫痛，目澀，面色不華，遵生者慎之！

明・應麐《食治廣要》卷三　《內經》曰：五穀為養，五菜為充，所以輔佐穀氣疏通壅滯。聖人防民縱恣之故，而曰養、曰充，厥有旨哉。

明・姚可成《食物本草》卷七菜部・芝栭類　右諸菜，皆地產陰物，所以養陰，固宜食之。丹溪云：司疏洩者，菜也。謂之蔬，有疏通之義焉。食之，則腸胃宣暢，而無壅滯之患。先儒曰：人若咬得菜根，則百事可做。故食菜既足以養身，又有以養德也。

清・章穆《調疾飲食辯》卷三　菜類　養生以粒食為主，粒食而外，似可無煩注意也。然古聖王經理邦國，言饑而不敢忽乎饉，故蓺草木於場圃，以備民食。小者可為百穀之輔，大者且濟百穀之偏。菜之為益，豈淺鮮哉！又況《內則》詳諸菜之名，《素問》明五菜之用，其於病也，所係更大且多矣。至於穀之有諸粥、諸酒，是以穀代刀圭也。而菜者性備寒溫，功兼補瀉，因病而施，合宜而用，何莫非方劑之良也。若夫力有其偏，性有其毒，則古人炯戒具存，悉著於編覽者，其無忽焉。

論說

唐・歐陽詢《藝文類聚》卷八二　菜蔬　《毛詩》曰：其蔌維何，惟筍及蒲。又曰：我有旨蓄，亦以禦冬。《爾雅》曰：菜謂之蔬，不熟曰饉。《周禮・春官》曰：春入學舍，采合舞。《禮記》曰：仲秋之月，乃命有司趣民務蓄菜。《論語》曰：雖蔬食菜羹，瓜祭必齋如也。《孔叢子》曰：菜，謂之蔬。《莊子》曰：顏回不茹葷三月。《呂氏春秋》曰：菜之美者，崑崙之蘋。壽木之華，赤木之葉，餘務之南有菜，名嘉樹，其色若碧。《漢書・西域傳》曰：罽賓地溫和，冬食生菜。《魏志》曰：倭國地溫和，冬夏食生菜。《漢武內傳》曰：西王母曰：仙之上藥，有碧芝琅菜。王充《論衡》曰：董仲舒讀《春秋》三年，不窺園菜。《孝子傳》曰：洛陽公輦水作漿，兼以給過者，公補屩不取其直，天神化為書生。問公何不種菜？曰：無種。即遺數升。公種之，化為白璧，餘皆為錢。公得以娶婦。

大夫有汙瀦之宮，雖有美菜，有義之士不食。《莊子》曰：宣尼窮於陳蔡之間，顏回擇菜。《文選》曰：野有菜蔬之色。《儀禮》曰：婚禮舅姑既沒，則婦三月乃奠菜蔬，蓋用待告。《漢書》張竦曰：古叛逆之國，瀦其宮室以為汙池，名曰凶墟，雖生菜蔬，而民不食菜之美者，具區之菁。范宣挑菜傷指，大啼曰：身體髮膚，不敢毀傷，故啼。《蜀都賦》曰：五肉土菜，勝掩腥臊。《廣州先賢傳》曰：丁密，蒼梧人，非家織布不衣，非已耕種菜果不食。《杜蘭香別傳》曰：香降張碩，賚瓦榼酒，七子樏，樏多菜而無他味，亦有世間常菜，輒有三種，色或丹或紫，一物與海蛤相象，并有非時菜。碩云：食之亦不甘。然一食七八日不飢。

啓　梁皇太子《謝勅賚河南菜啓》曰： 海水無波來，因九譯周原，澤洽味備，百羞堯韭，未儔姬歡非喻。又《謝勅賚大菘啓》曰： 吳愧千里之蓴，蜀慙七菜之賦，是知泮宫採芹，空入魯詩，流火烹葵，徒傳豳曲。

明・盧和、汪穎《食物本草》卷二菜類 右諸菜，皆地産陰物，所以養陰固宜食之。丹溪云： 司疏洩者菜也。謂之蔬，有疏通之義焉，食之則腸胃宣暢而無壅滯之患。先儒曰： 人若咬得菜根斷，則百事可做。故食菜既足以養身，又有以養德也。

明・吳文炳《藥性全備食物本草》卷一 右蔬菜者，有疏通之義，食之使腸胃宣暢而無壅滯之患。但生菜性多冷滑，患瘧新瘥後多食，防手足發青，凡病後皆宜少食也。十月被霜菜，久食發腫痛，目澁，面色不華。

《食鑒》云： 葱多食昏人神。葱韭初生芽者，食之傷人心氣。生葱和雄雞、雉、白犬肉食之，令人經年血流。生葱合貚狸食得病。生葱不可共蜜食之殺人。生葱和雞子食，令人變嗽。葱味辛能通利肺壅。蒜，凡食小蒜不可噉生魚，令人奪氣，陰核疼。小蒜不可久食，損人心力。獨頭蒜不可共蜜，食之殺人。蒜多食令人眼暗，昏沉好睡。韭味酸，補肝，治百病。韭春食則香，夏食則臭，多食則昏神。未出糞土為韭黄，最不益人，食之即滯氣。霜韭凍不可生食，動宿飲，盛必吐水。韭能充肝氣。韭多食昏神暗目，酒後尤忌；不可與蜜同食。薤味苦，補心，宜食，治百病。薤、韭不可共牛肉作羹，食之成瘕疾。薤白色者最好，雖有辛氣，不葷人五臟。學道人長服之可通神明，不可多食。夜不宜食薑，損心。紫芥多食之動風。芥大葉者煮食之動氣，生食發丹石；其子有辛氣，能通利五臟；其葉不可多食；又細葉有毛者殺人。茄子不可多食，動氣及痼疾；熱者少食無畏。莧菜不可與鱉同食。薄荷與鱉相反。

清・毛祥麟《對山醫話》卷四 《經》云： 五穀為養，五蔬為充。蔬者疏也，所以佐穀氣而疏通壅滯也。時珍曰： 凡草木之可茹者，為韭、薤、葵、葱、藿五菜。然菜固不止於五。《説原》蔬植三百有六十，《綱目》僅收一百五種，餘俱不可考。今民生日用之常，更不及十之三四耳。按蔬品惟蒜、胡荽、苜蓿，漢時得之西域。唐貞觀中泥婆羅國，又獻菠薐菜、渾提葱，至今傳種不絶。近通泰西諸國，其蔌果攜入内地，土人覓種植之，市以獲利，而華人亦有以之充饌者。今略摘數種，辨其氣味，以備考證。卷心菜，俗名哈喇菜，葉捲如球，色青，經霜後微紫，去數層，内葉嫩黄脆美，俟其自放，其大如蓋，氣味甘平，利腸清胃，大抵似菘而味不及耳。花菜，來自花旗，故名。葉缺刻如細芥，色淺黄，味甘淡，潤肺化痰，性亦和平。笋，色白細長，形如玉箸，味淡微辛，中實無節，固非竹類。土人因其形似笋芽，故名之耳。然南菘北植，即化蕪菁，今隔數萬里重洋，而仍不失色味，是亦不可解也。

葷辛分部

綜述

韭

唐・孫思邈《千金要方》卷二六《食治・菜蔬》 韭　味辛、酸，温，濇，無毒。辛歸心，宜肝，可久食。安五藏，除胃中熱。不利病人，其心腹有固冷者，食之必加劇。其子： 主夢泄精、尿色白。根： 煮汁以養髮。黄帝云： 霜韭，凍不可生食，動宿飲，飲盛必吐水。五月勿食韭，損人滋味，令人乏氣力。二月、三月宜食韭，大益人心。

附： 日・丹波康賴《醫心方》卷三〇 韮　《本草》云： 味辛酸，温，無毒。主安五藏，除胃熱，利病人，可久食。根，主養髮。陶注云： 是養性所忌。孟詵云： 冷氣人，可煮長服之。《拾遺》云： 温中下氣，補虚，調和府藏，令人能食。止洩白膿，腹冷痛，蒸煮食之。葉根，擣絞汁服，解諸藥毒、狂犬咬人，亦殺虵、虺、蠍、惡蟲毒。又： 汁多服，主胸痹骨痛。俗云韮菜是草鍾乳，言其宜人。信然也。

宋・唐慎微《證類本草》卷二八菜部中品〔《别録》〕　韭　味辛、微酸，温，無毒。歸心，安五藏，除胃中熱，利病人，可久食。

子： 主夢泄精，溺白。

根： 主養髮。

〔梁・陶弘景《本草經集注》〕云： 韭子入棘刺諸丸，主漏精；用根，入生髮膏；用葉，以煮鯽魚鮓，斷卒下痢多驗。但此菜殊辛臭，雖煮食之，便出猶奇薰灼，不如葱、薤熟即無氣，最是養性所忌也。

〔宋・馬志《開寶本草》〕按：陳藏器《本草》云：韭，溫中下氣，補虛，調和藏腑，令人能食，益陽，止洩白膿，腹冷痛，並煮食之。葉及根，生擣絞汁服，解藥毒。療狂狗咬人欲發者，亦殺諸蛇、虺、蠍、惡蟲毒。取根擣和醬汁，灌馬鼻蟲顙。又擣根汁多服，主胸痹骨痛不可觸者。俗云韭葉是草鍾乳，言其宜人，信然也。

〔宋・掌禹錫《嘉祐本草》〕按：《爾雅》云：藿，山韭。釋曰：《說文》云：菜名，一種而久者，故謂之韭。山中生者名藿。《韓詩》云六月食鬱及薁是也。孟詵云：熱病後十日，不可食熱韭，食之即發困。又，胸痹，心中急痛如錐刺，不得俛仰，白汗出；或痛徹背上，不治或至死。可取生韭或根五斤，洗，擣汁灌少許，即吐胸中惡血。蕭炳云：韭子合龍骨服，甚補中。小兒初生，與韭根汁灌之，即吐出惡水，令無病。日華子云：韭，熱，下氣，補虛，和腑藏，益陽，止泄精，尿血，暖腰膝，除心腹痼冷，胸中痹冷，痃癖氣及腹痛等。食之肥白人。中風失音，研汁服。心脾骨痛甚，生研服。蛇、犬咬并惡瘡，擣傅。多食昏神暗目，酒後尤忌，不可與蜜同食。又云：子暖腰膝，治鬼交甚效。入藥炒用。

〔宋・蘇頌《本草圖經》〕曰：韭，舊不著所出州土，今處處有之。謹按許慎《說文解字》云：菜名，一種而久者，故謂之韭。故圃人種蒔，一歲而三四割之，其根不傷，至冬壅培之，先春而復生，信乎一種而久者也。在菜中，此物最溫而益人，宜常食之。《易稽覽圖》云：政道得則陰物變爲陽。鄭康成注云：若葱變爲韭是也。然則葱冷而韭溫，可驗矣。又有一種山韭，形性亦相類，但根白，葉如燈心苗。《爾雅》所謂藿羊六切，山韭。《韓詩》云：六月食鬱及薁，皆謂此也。山中往往有之，而人多不識耳。韭子得桑螵蛸、龍骨，主漏精。葛洪、孫思邈皆有方。崔元亮《海上方》治腰脚，韭子一升，揀擇，蒸兩炊已來，暴乾，簸去黑皮，炒令黃，擣成粉。安息香二大兩，水煮一二百沸，訖，緩火炒令赤色。二物相和，擣爲丸，如乾，入蜜亦得。每日空腹以酒下二十丸以來訖，以飯三五匙壓之，大佳。根亦入藥用。

〔宋・唐慎微《證類本草》〕陳藏器注云：取子生吞三十粒，空心鹽湯下，止夢泄精及溺白，大效。《食療》：亦可作葅，空心食之，甚驗。此物煠熟，以鹽、醋空心喫一楪，可十頓已上。甚治胸膈咽氣，利胸膈，甚驗。初生孩子，可擣根汁灌之，即吐出胸中惡血，永無諸病。五月勿食韭。若值時饉之年，可與米同地種之，一畝可供十口食。《聖惠方》：治虛勞腎損，夢中洩精。用韭子二兩，微炒爲散。食前酒下二錢匕。《外臺秘要》：治虛勞尿精。新韭子二升，十月霜後採，好酒八合漬一宿。明旦日色好，童子向南擣一萬杵。平旦溫酒服方寸匕，日再服，立差。佳。《千金方》：治百蟲入耳。擣韭汁灌耳中，即差。又方：治喉腫不下食。以韭一把，擣熬傅之，冷即易之。《肘後方》：卧忽不寤，勿以火照之，殺人；但痛嚙拇指甲際而唾其面，則活。取韭擣汁吹鼻孔，冬月用韭根取汁，灌於口中。又方：卒上氣鳴息，便欲絕。擣韭絞汁，飲一升愈。又方：男女夢與人交，精便泄出，此內虛邪氣感發。熬韭子搗末酒漬，稍稍服。《經驗方》：治五般瘡癬。以韭根炒存性，旋擣末，以猪脂油調傅之，三度差。《食醫心鏡》：止水穀痢，作羹、粥、煠、炒，任食之。又云：韭能充肝氣。又云：正月之節，食五辛以辟厲氣。蒜、葱、韭、薤、薑。又方：卒中惡，擣韭汁灌鼻中。《斗門方》：治漆咬，用韭葉研傅之。《食醫心鏡》同。《子母秘録》：治小兒患黃。擣韭根汁，滴兒鼻中，如大豆許。又方：治小兒腹脹。韭根擣汁，和猪脂煎服一合。又方：卒刺手水腫。擣韭及藍置上，以火灸，熱徹即差。黃帝云：霜韭凍，不可生食，動宿飲，令人必吐水出。五月勿食，損人滋味，令人乏氣力。秦運副云：有人消渴，引飲無度，或令食韭苗，其渴遂止。法要日喫三五兩，或炒或作羹，無入鹽，極效。但喫得十斤即佳，過清明勿喫，入醬無妨。

宋・寇宗奭《本草衍義》卷一九 韭 春食則香，夏食則臭，多食則昏神。子，止精滑甚良。未出糞土爲韭黃，最不益人，食之即滯氣。蓋含噎鬱未〔升〕之氣，故如是。孔子曰：不時不食，正爲此輩。花，食之動風。

宋・鄭樵《通志》卷七五《昆蟲草木略》 韭之性溫，故謂之草鍾乳。《易稽覽圖》云：政道得，則陰物變為陽。鄭玄注謂若葱變為韭是也。可知葱冷而韭溫。然葷臭，非養性所宜，多食亦昏神。

宋・劉明之《圖經本草藥性總論》卷下 韭 味辛、微酸，溫，無毒。歸心，安五藏，除胃中熱利。子，主夢泄精，溺白。日華子云：熱。下氣，補虛乏，和藏府，暖腰膝，除心腹痼冷，胸中痺冷痃氣，及腹痛。子，暖腰膝，治鬼交甚效。入藥炒用。

宋・張杲《醫說》卷一〇 胸痺 古有患胸痺者，心中急痛如錐刺，不得俛仰。蜀醫為胸府有惡血故也。遂取生韭數斤，擣汁，令服之，即果吐出胸中惡血，遂差。又蕭（病）〔炳〕謂小兒初生，宜與韭根汁灌之，吐出惡血，長則無病。驗韭能歸心氣，而去包中惡氣，治胸中也《名醫録》。

宋・陳衍《寶慶本草折衷》卷二〇 韭汁在内。○根附。 一名韭菜，一名草鍾乳，一名藿。○藿，音育。生處處有之，及圃人種蒔。○生於山者名薁，一名山韭。○並忌蜜。○薁，羊六切。

味辛、微酸，溫，無毒。○歸心。安五藏。○陳藏器云：溫中下氣，補虛，調和藏府，益陽。○孟詵云：熱病後不可食熱韭。又胸痹，心中急痛如錐刺，白汗出，取生韭或根洗，擣汁灌少許，吐胸中惡血。○日華子云：止泄精，尿血，暖腰膝，除痼冷，癖氣，中風失音，研汁服。蛇犬咬，并惡瘡，擣傅。多食昏神，暗目，酒後尤忌，切不可與蜜同食。○《圖經》曰：一種去聲，蒔也。而久，故謂之韭。一歲三四割之，最溫而益人。○寇氏曰：春食則香，夏食則臭，未出土為韭黃，食之滯氣。

附：根。汁在內。○主養髮。又擣汁服，解藥毒，療狂狗、蛇、蠍、惡蟲咬毒，及胸痹，骨痛。若小兒初生，與汁灌之，吐出惡水，令無病也。又治五般瘡癬，以韭根炒，旋擣末，以猪脂油調傅之，差。

新分韭子 衆方用者，名家韭子。○所出與韭同。○十月霜後採。

味辛，溫，無毒。○主夢泄精，溺白。自前條分。○日華子云：暖腰膝，入藥炒用。○《圖經》曰：得桑螵蛸、龍骨，主漏精。

元・王好古《湯液本草》卷六 韭白 氣溫，味辛，微酸，無毒。《本草》云：歸心，安五臟，除胃中熱，利病人，可久食。子，主夢泄精，溺白。根，養髮。陰物變為陽。

元・忽思慧《飲膳正要》卷三 韭 味辛，溫，無毒。安五藏，除胃熱，下氣，補虛。可以久食。

元・尚從善《本草元命苞》卷九 韭 辛、酸，溫，無毒。歸心變陰為陽，冬焙春生。安五臟，除胃中之熱。補虛損，益陽事不興。除心腹痼冷，暖腰膝虛寒。破胸痺痃癖氣塊。和臟腑。尿血，泄精。子合龍骨，補下元衰憊。根，生擣汁，吐胸中惡血。先春食辟癘，立夏餌損人。

元・吳瑞《日用本草》卷七 韭 圃中種者是，山中生者名藿。葉名草鍾乳。圃人種蒔，一歲而三、四割之。春食則香，夏食則臭。多食則昏人神。味辛，溫，無毒。同牛肉食令人生塊病，及染瘟黃。不可同蜜食。 主歸心，安五臟，除胃中熱，補虛益陽，下氣，利病人，可久食。熱病後十日不可食葱、韭，即發困。 子： 主夢泄精，虛勞，腎損尿白，炒二兩為末，食前酒調下。

元・朱震亨《本草衍義補遺》 韭 研取其汁冷飲，細呷之，可下膈中瘀血，甚效。以其屬金而有水與土，且性急。○韭能充肝氣。又多食則昏神。其子止精滑甚良。又，未出糞土為韭黃，最不宜食之，滯氣。蓋含噎鬱未升之氣，故如是。孔子曰不時不食，正謂此也。又花，食之動風。戒之！

元・徐彥純《本草發揮》卷三 韭 丹溪云：韭，屬金而有水與土。其性急，研取（真）〔其〕汁冷飲，細細呷之，以下膈中瘀血甚効。

明・蘭茂原撰，范洪等抄補《滇南本草圖說》卷八 韮菜 氣味辛、微酸，性溫，無毒。主治：解肉脯毒，歸心和臟腑，下氣，散血利水，除胸腹冷痛。多食昏神損目。酒後勿食。春食宜人，夏食臭，冬食動宿飲。近根白者，溫中下氣，益陽止洩。

明・蘭茂撰，清・管暄校補《滇南本草》卷下 韮菜 性溫，味辛、鹹。溫中下氣，補虛益陽。入腎興陽，泄精，（出）〔除〕噎散結。主治吐血，衄血、尿血。生擣汁服，除胃脘瘀血。熟吃滑潤腸胃中積，或食金、銀、銅器於腹內，吃之立下。昔一婦人悞吞金手圈一個於肚內，得此方服之，金手圈從大便中韮菜裹之同糞而出。韮菜不拘多少，無切，滾水炸熟，芝蔴油拌服。一小兒悞吞銅錢入腹，此方立效。 韮菜子：焙黃，去白皮。性溫，味辛、鹹。補腎肝，暖腰膝，興陽道，治陽痿，種玉方中不可無。婦人多食，生白淫白帶。 按：韮菜多食動痰，動邪火，興陽泄精。婦人多吃生白帶。同牛肉食，令人生嘈雜病，昏神，昏眼目。

明・蘭茂《滇南本草》〔叢本〕卷下 韭菜 一人吞金圈一個於腹中，家有見之，恐懼，得此方吃之，金圈從大便中裹定韭菜同糞齊帶出。又一小兒悞吞銅錢，用韭菜葉不拘多少，勿切，煮熟食，芝蔴油同拌吃，效驗。一切金、銀、銅、鐵、錫入肚，皆可用之。 韭子，治婦人白淫白帶。按：韭菜不宜多吃，多吃動痰，動邪火，興陽泄精。婦人多吃生白帶。同牛肉吃，令人胃中生嘈雜之症，昏神昏目。

明・王綸《本草集要》卷五 韭 味辛微酸，氣溫。性急。無毒。忌與蜜同食。其子入藥，炒用。 歸心，安五臟，除胃中熱，充肝氣，利病人，可久食。○韭汁生研，冬月用根，細飲之，下膈間瘀血甚效。又中風失音，心脾痛，上氣鳴息，胸膈氣結滯，及中惡腹脹，俱擣飲之。小兒初生，灌之即吐惡血，令無病。狂犬咬，蛇虺蟲毒，并惡瘡，搗傅之。多食昏人目。○未出糞土為韭黃，滯氣，不宜食。○花，食之動風。○子，主夢泄精滑、溺白甚良。

明・滕弘《神農本經會通》卷五 韭白 不可與蜜同食。 味辛、微酸，氣溫，無毒。《湯》同。《疌》云：安五臟。可久食，利病人，除胃熱。

《本經》云：歸心，安五臟，除胃中熱。利病人，可久食。根，主養髮。陳藏器云：韭，溫中下氣，補虛，調和臟腑，令人能食。益陽，止洩白膿，腹冷痛，并煮食之。葉及根，生搗絞汁服，解藥毒，療狂狗咬人欲發者，亦殺諸蛇、虺、蠍、惡蟲毒。取根搗，和醬汁，灌馬鼻蟲顙。又搗根汁，多服，主胸痺骨痛不可觸者。孟詵云：熱病後十日，不可食熱韭，食之即發困。又胸痺，心中急痛如錐刺，不得俛仰，白汗出，或痛徹背上，不治或至死，可取生韭或根五斤，洗，搗汁，灌少許，即吐胸中惡血。日華子云：韭熱，下氣，補虛乏，和腑臟，益陽，止泄精尿血，暖腰膝，除心腹痼冷，胸中痺冷痃癖氣，及腹痛等。食之肥白人。中風失音，研汁服。心脾骨痛甚，生研服。蛇犬咬并惡瘡，搗傅。多食昏神暗目，酒後尤忌。不可與蜜同食。《圖經》云：此物最溫而宜人，宜常食之。政道得，則陰物變為陽，若葱變為韭，是也。《湯》云：韭子、根，同《本經》。丹溪云：研取其汁，冷飲，細呷之，可下膈中瘀血，甚効。冬月用根，以其屬金而有水與土，且性急，又能充肝氣。又多食則昏神。《局》云：韭菜辛溫能有補，溫中下氣益元陽。遺精夢泄便漩白，入藥須知用子良。韭，專補腎，益元陽，溫中下氣。子，主夢泄遺精。

韭子：入藥炒用。　味辛，氣溫，無毒。東云：助陽，醫白濁。《叀》云：治夢泄，固精。《本經》云：主夢泄精，溺白。（肖）〔蕭〕炳云：韭子，合龍骨服，甚補中。小兒初生，與韭根汁灌之，即吐出惡水，令無病。日華子云：子，暖腰膝，治鬼交甚効。入藥炒用。《圖經》云：韭子，得桑螵蛸、龍骨，主漏精。丹溪云：其子止精滑甚良。又未出糞土為韭黃，最不宜人，食之滯氣，蓋含噎鬱未和之氣，故如是。又花，食之動風，戒之。

明·劉文泰《本草品彙精要》卷三九　韭無毒。　叢生。

韭：歸心，安五臟，除胃中熱，利病人，可久食。○子，主夢泄精，溺白。○根，主養髮。名醫所錄。　〔苗〕《圖經》曰：初生如麥，秋深抽莖著花，乃菜種之最久者，故謂之韭。圃人種蒔，一歲而三四次割之，其根不傷，至冬壅培，先春復生，信乎一種而久者也。此物最溫而益人，宜常食之。《易稽覽圖》云：政道得則陰物變爲陽，若葱變爲韭是也。然則葱寒而韭溫，可驗矣。又有一種山韭，形性亦相類，但葉如燈心苗爲異，《爾雅》所謂藿於六切，山韭也。山中往往有之，而人多不識耳。《衍義》曰：春食則香，夏食則臭，其未出土者爲韭黃，最不益人，食之滯氣，蓋含抑鬱未達之氣故也。孔子所謂不時不食，正謂此輩。〔地〕《圖經》曰：處處有之。〔時〕生：春生苗。採：無時。〔用〕葉、根、實。〔色〕青綠。〔味〕辛，微酸。〔性〕溫。〔氣〕氣厚味薄，陽中之陰。〔臭〕臭。〔主〕益陽，泄精，尿血。〔製〕搗汁用。〔治〕療：日華子云：止尿血，除心腹痼冷，胸中痹冷，痃癖氣，并腹痛及中風失音，研汁服。心脾骨痛甚，生研服。蛇、犬咬并惡瘡，擣傅。○子，治鬼交。陳藏器云：溫中下氣，令人能食，止洩白膿，腹冷痛，並煮食之。○葉及根，療狂犬咬人欲發者，亦殺諸蛇、虺、蠍、惡蟲毒。○根，擣汁服，除胸痹骨痛不可觸者。○韭子生吞三十粒，空心鹽湯下，止夢泄精及溺白。孟詵云：胸痹，心中急痛如錐刺，不得俯仰，自汗，或痛徹背上，不治或至死，可取生韭或根五斤，洗擣汁，灌少許，即吐胸中惡血。蕭炳云：小兒初生，與韭根汁灌之，即吐出惡水。《別錄》云：百蟲入耳，擣韭汁灌耳中，差。喉腫不下食，以韭一把擣熬傅之，冷則易之。又卧忽不寤，勿以火照之，殺人，但痛齧拇指甲際而唾其面則活，取韭汁吹鼻孔，冬月取根汁灌口中亦得。又卒上氣鳴息，便欲絕，擣韭汁飲一升，愈。止水穀痢，作羹、粥、煠、炒，任食。又漆瘡，韭葉研傅。又小兒患黃，擣韭根汁滴鼻中如大豆許。

補：日華子云：補虛，和腑臟，益陽，止泄精，暖腰膝，食之令人肥白。

〔合治〕子合桑螵蛸、龍骨，療漏精。○葉合煮鯽魚鮓，斷卒下痢。○根擣，合醬汁，灌馬鼻蟲顙。○子合龍骨服，甚補中。○韭子二兩微炒爲散，食前合酒下二錢匕，治虛勞腎損，夢中泄精。○韭根炒存性，旋擣末，合豬脂油，傅五般瘡癬上，三五度，差。〔禁〕多食昏神暗目。霜韭不可生食。花食動風。酒後及熱病後勿食，食之發困。〔忌〕不可與蜜同食。〔解〕藥毒。

明·盧和、汪穎《食物本草》卷一菜類　韮菜　味辛微酸，溫，無毒，歸心。安和五臟六腑，除胸中熱，下氣，令人能食，利病人，可久食。又云：益陽，止洩尿血，暖腰膝，除胸腹冷痛、痃癖。春食香，夏食臭，冬食動宿飲，五月食昏人乏力。不可合牛肉食，酒後忌食。丹溪云：韮汁冷飲，下膈中瘀血，甚驗。以其屬金而有水與土，其性急，又能克肝氣，多食則昏神。其子，治虛勞損腎夢洩良。又，未出土者為韮黃，食之即滯氣，最不宜〔人〕。韮花，食之動風。根，治諸癬。大抵葱、韮皆常食，但葱冷而韮溫，於人有益。

明·葉文齡《醫學統旨》卷八　韭汁　氣溫，味辛。無毒。生研，冬月用根，搗取汁。久食昏人目。　治中風失音，心脾痛；下膈間瘀血，上氣鳴息，胸膈氣結滯及中惡腹脹。○子治夢遺精滑白濁，助陽道，暖腰膝。

明·許希周《藥性粗評》卷三 韭下中瘀之血。

韭菜，薤類也，比薤差小，四季常生，凡刈之不數日復出，蓋菜中之最久者，其名為韭或以此歟。秋初發薹，開白花，成叢，結黑子如米大。南北園圃處處有之，善蒔者種之，長一畦，壅以沃糞，前刈後長，周而復始，取之不窮，雖常食亦有益無損。其根成叢，可以分布種之，秋末冬初採子，收貯入藥，炒用。餘說《本草》不載。味辛、苦，微酸，性溫，無毒。其氣下行。主治虚冷痃癖，胸膈不利，水穀痢疾，喘逆脹滿，四肢濕痹，腰膝損弱，遺精洩白，溫中下氣，補虚益陽，行滯破積，下瘀血，壯元氣，和臟腑，尤與病人相宜。《圖經》云：菜中此物最溫，宜常食之。根：主養髮。陶隱居云：根入生髮膏用。

單方：瘀血：凡被打撲胸膈積有瘀血，及婦女患瘕左脇下有血塊者，可用韭一握，切，搗絞汁，細細呷之，血當自破。夢遺：凡男子腎虚，夜夢遺精，并流白不止者，韭子二兩，微炒，搗為細末，食前溫酒調下二錢匕，日二，佳。或用韭子二升，好酒八合，浸一宿，明日帶濕，令童子日中向南杵一萬下，當極爛，每服食前溫酒調下方寸匕，日再。此又一法也。小兒初生：凡小兒初生，口中有血一塊，哭便吞下，不及取出，及腹中積石，胎內惡毒，可取韭根搗絞汁，灌與食之，即吐出惡水等物，無患永免，諸病易養。百蟲入耳：搗韭汁灌入耳中，即出。喉腫不下食：以韭一把，略搗熬熱，外傳頸上，冷即易之。昏睡如鬼迷：凡人臥忽不寤，或中惡，或如鬼迷者，慎勿以火照之，其魂難復，殺人，但嚙其拇指甲際令痛，且唾其面，當活，如不活，搗韭取汁，灌入鼻中即活。冬月韭根搗汁，灌口中。

明·鄭寧《藥性要略大全》卷四 韮子 助陽而醫白濁，止夢泄精滑，補腎溫中。味辛、微酸，氣溫。性急無毒。忌同蜜食。韮汁：極止吐血。○根止牙疼。

明·陳嘉謨《本草蒙筌》卷六 韭 味辛、微酸，氣溫。性急。屬金，有水與土。無毒。各處鄉村，俱種園圃。久刈不乏，故以韭名。字畫因之，亦合九數。雖充菜品，最利病人。春食則香，夏食則臭。溫中下氣，歸心益陽。暖膝胻，和臟腑。除胸腹痃癖痼冷，止莖管白濁精遺。又搗如泥，加鹽少許。蛇犬傷毒，作厚箍頻換立安。刑杖打血凝，薄敷連拍即散。同鯽魚鮓煮食，斷卒下痢。同牛肉煮食，生寸白蟲。食同蜜糖，殺人誠驗。病後食發困，酒後食昏神。久食過多，兩目易暗。根汁絞出，湯劑可加。清胃脘瘀血殊功，下胸膈結氣捷效。開中風音失，消中惡腹膨。仍有韭黃，未出糞土極嫩；作葅悅口，每為祭品所珍。食不益人，甚能滯氣。子止精濁遺漏，較渠根葉尤靈。

明·方穀《本草纂要》卷七 韭 味辛、微甘，氣溫，性急，無毒。主安五臟，除胃熱，充肝氣，利小便，清濕熱，興陽道，下瘀血，破滯氣，解中惡之奇物也。又搗汁用治中風失音，及心脾痛，上氣喘息，胸膈結氣，中惡腹脹等症。如韭子主夢泄、精滑、溺白甚良。花食之動風發氣。若未出糞土爲韭黃，主滯氣，不宜食。大抵韭歸心，葱歸目，蒜歸脾，薤歸骨，芥歸鼻，蓼歸舌，此氣味各有所歸也。用者法之。

明·寧源《食鑒本草》卷下 韭 味辛，溫，微酸，無毒。歸腎、心，安五臟，除胃中熱，補虚，壯陽事，暖腰膝。根主養髮。子：主腎虚，遺精白濁，為末，空心溫酒調服方寸匕。

明·王文潔《太乙仙製本草藥性大全》卷五《本草精義》 韭 舊不著所出州土，今處處有之。謹按：許慎《說文解字》云：菜名，一種而久者。故圃人種蒔，一歲久刈不乏，故以韭名，字畫因之亦合九數。雖充菜品，最利病人。春食則香，夏食則臭。而三四割之，其根不傷，至冬壅培之，先春而復生，信乎一種而久者也。在菜中此物最溫而益人，宜常食之。《易稽覽圖》云：政道得則陰物變爲陽。鄭康成注云：若葱變爲韭是也。然則葱冷而韭溫可驗矣。又有一種山韭，形性亦相似，但根白，葉如燈心苗。《爾雅》所謂藿羊六切，山韭。《韓詩》云六月食鬱及藿，皆謂此也。山中往往有之，而人多不識耳。韭子，得桑螵蛸、龍骨主漏精。韭黃：未出糞土，極嫩，作葅悅口，每爲祭品所珍。食不益人，甚能滯氣。消渴引飲無度，或令食韭苗，其渴遂止，法要：日喫三五兩，或炒或作羹，無入鹽，極致但喫得十斤即佳。過清明勿食，入醬無效。

明·王文潔《太乙仙製本草藥性大全》卷五《仙製藥性》 韭 味辛、微酸，氣溫，性急，屬金有水與土，無毒。主治：溫中下氣，歸心益陽。暖膝胻，和臟腑。除胸腹痃癖痼冷，止莖管白濁精遺。又搗如泥加鹽少許，蛇犬傷毒，作厚箍頻換立安。刑杖打血凝，薄敷連拍即散。同鯽魚鮓煮食，斷卒下痢。同牛肉煮食，生寸白蟲。食同蜜糖，殺人誠驗。病後食發困，酒後食昏神。久食過多，兩目易暗。補註：百蟲入耳，搗汁灌之即差。○卒上氣，喘息便欲絶，搗韭絞汁飲一升，愈。止水穀痢，作羹、粥，炸、炒任食之。○漆瘡，用韭葉研傅之。《食醫心鏡》。喉腫不下食，以韭一把，搗熬傅之，冷即易之。○卒刺手水腫，搗韭及藍罯上，以火炙熱徹即差。○卒中惡，搗汁灌鼻中。根汁絞出，湯劑可加。清胃脘瘀血殊功，下胸膈結氣捷效。開中風音失，消中惡腹脹。補註：五般瘡癬，以根炒存性，旋搗末，以猪油調傅三度差。○小兒患黄，搗根汁滴兒鼻中如大豆許。○臥忽不寤，勿以火照之，殺人。但痛齧拇指甲際而唾其面，則活。取韭搗汁，吹鼻孔，冬月用韭根取汁灌口中。○小兒腹脹，韭根搗汁和猪脂煎服一合。○小兒初生，與韭根汁灌之，即吐出惡水，令無病。○胸痹，心中急痛如錐刺，不得俛仰，自汗出，或痛徹背上，不治或至死。可取生韭或根五斤，洗搗汁灌少許，即吐胸中惡血。○益陽，止洩血膿，腹冷痛，並煑食之。葉及根生搗絞汁服，解藥毒。療狂狗咬人欲發者，亦殺諸蛇虺蠍惡蟲毒。取根搗和醬汁，灌馬鼻蟲纇。又搗根汁多啖，〔主胸痹骨痛不可觸者〕。子：止精濁遺漏，較渠根葉尤靈。

補註：治虚勞腎損，夢中泄精，用韭子二兩，微炒爲散，食前酒下二錢。○虚勞尿精，新韭子二升，十月霜後採，好酒八合，漬一宿，明旦日色好，童子向南搗一萬杵，平旦溫酒服方寸〔匕〕，日再服立差。○男女夢與人交，精便泄出，此内虚，邪氣感發。熬韭子，搗末酒漬，稍稍服。○治腰脚，韭子一升，揀擇，蒸兩炊已來，暴乾，簸去黑皮，炒令黄，搗成粉。安息香二大兩，水煮一二百沸訖，緩火炒令赤色。二物相和，搗爲丸，如乾入蜜亦得，每日空腹以酒下二十丸以來訖，以飯三五匙壓之大佳。根亦入藥用。○取子生吞三十粒，空心鹽湯下，止夢泄精及溺白大效。

明・皇甫嵩《本草發明》卷五

韭中品。氣溫，味辛、微酸，性急，無毒。屬金有水與土。雖充菜品，最利病人。春食香，夏食則臭。　發明曰：韭菜，氣味溫辛，故主溫中下氣，歸心，安五臟，除胃中熱，令人能食。又云：益陽，和藏府，暖肹膝，除胸腹痃癖痼冷，止白濁遺精。久食多食，昏目。○同鯽魚食，斷卒痢。搗泥，加鹽少許，消蛇犬傷毒。厚箍頻換，安打傷血凝。同牛肉煮食，生寸白蟲。同蜜糖食，殺人。五月勿食。韭根，主養髮。搗汁，清胃脘瘀血，下胸膈結氣，開中風失音，消中惡毒腹脹。小兒初生，與韭根汁灌之，吐出惡水，令無病。○子，止遺精濁下。此根葉尤勝，亦可熏牙蚛。

明・李時珍《本草綱目》卷二六菜部・葷菜類

韭《別録》中品

【釋名】草鍾乳《拾遺》　起陽草《侯氏藥譜》　頌曰：案許慎《説文》：韭字象葉出地上形。一種而久生，故謂之韭。一歲三四割，其根不傷，至冬壅培之，先春復生，信乎久生者也。藏器曰：俗謂韭是草鍾乳，言其溫補也。時珍曰：韭之莖名韭白，根名韭黄，花名韭菁。《禮記》謂韭爲豐本，言其美在根也。薤之美在白，韭之美在黄，黄乃未出土者。

【集解】時珍曰：韭叢生豐本，長葉青翠。可以根分，可以子種。其性内生，不得外長。葉高三寸便剪，剪忌日中。一歲不過五剪，收子者只可一剪。八月開花成叢，收取腌藏供饌，謂之長生韭，言剪而復生，久而不乏也。九月收子，其子黑色而扁，須風處陰乾，勿令浥鬱。北人至冬移根於土窖中，培以馬屎，暖則即長，高可尺許，不見風日，其葉黄嫩，謂之韭黄，豪貴皆珍之。韭之爲菜，可生可熟，可葅可久，乃菜中最有益者也。羅願《爾雅翼》云：物久必變，故老韭爲莧。頌曰：鄭玄言政道得則陰物變爲陽，故蔥變爲韭，可驗蔥冷而韭溫也。

【氣味】辛，微酸，溫，澀，無毒。時珍曰：生：辛，澀。熟：甘，酸。大明曰：熱。宗奭曰：春食則香，夏食則臭，多食則能昏神暗目，酒後尤忌。詵曰：熱病後十日食之，即發困。五月多食，乏氣力。冬月多食，動宿飲，吐水。不可與蜜及牛肉同食。

【主治】歸心，安五臟，除胃中熱，利病人，可久食。《別録》。時珍曰：案《千金方》作可久食，不利病人。葉：煮鯽魚鮓食，斷卒下痢。根：入生髮膏用弘景。根、葉：煮食，溫中下氣，補虚益陽，調和臟腑，令人能食，止泄血膿，腹中冷痛。生搗汁服，主胸痹骨痛不可觸者，又解藥毒，療狂狗咬人數發者，亦塗諸蛇虺、蝎蠆、惡蟲毒藏器。煮食，充肺氣，除心腹痼冷痃癖。搗汁服，治肥白人中風失音《日華》。煮食，歸腎壯陽，止泄精，暖腰膝甯原。煠熟，以鹽、醋空心吃十頓，治胸膈噎氣。搗汁服，治胸痹刺痛如錐，即吐出胸中惡血甚驗。又灌初生小兒，吐去惡水惡血，永無諸病詵。主吐血唾血，衄血尿血，婦人經脈逆行，打撲傷損及膈噎病。搗汁澄清，和童尿飲之，能消散胃脘瘀血，甚效震亨。飲生汁，主上氣喘息欲絶，解肉脯毒。煮汁飲，止消渴盗汗。熏產婦血運，洗腸痔脱肛時珍。

【發明】弘景曰：此菜殊辛臭，雖煮食之，便出猶熏灼，不如蔥、薤，熟即無氣，最是養生所忌。頌曰：菜中此物最溫而益人，宜常食之。昔人正月節食五辛以辟癘氣，謂韭、薤、蔥、蒜、薑也。宗奭曰：韭黄未出糞土，最不益人，食之滯氣，蓋含抑鬱未申之氣故也。孔子曰：不時不食，正謂此類。花食之亦動風。思邈曰：韭味酸，肝病宜食之，大益人心。時珍曰：韭，葉熱根溫，功用相同。生則辛而散血，熟則甘而補中。入足厥陰經，乃肝之菜也。《素問》言心病宜食韭，《食鑒本草》言歸腎，文雖異而理則相貫。蓋心乃肝之子，腎乃肝之母，母能令子實，虚則補其母也。道家目爲五葷之一，謂其能昏人神而動虚陽也。有一貧叟病噎膈，食入即吐，胸中刺痛。或令取韭汁，入鹽梅、鹵汁少許，細呷，得入漸加，忽吐稠涎數升而愈。此亦仲景治胸痹用薤白，皆取其辛温能散胃脘痰飲惡血之義也。震亨曰：心痛有食熱物及怒鬱，致死血留於胃口作痛者，宜用韭汁、桔梗加入藥中，開提氣血。有腎氣上攻以致心痛者，宜用韭汁和五苓散爲丸，空心茴香湯下。蓋韭性急，能散胃口血滯也。又反胃宜用韭汁二杯，入薑汁、牛乳各一杯，細細温服。蓋韭汁消血，薑汁下氣消痰和胃，牛乳能解熱潤燥補虚也。一人臘月飲刮剁酒三杯，自後食必屈曲下膈，硬澀微痛，右脈甚澀，關脈沉。此污血在胃脘之口，氣因鬱而成痰，隘塞食道也。遂以韭汁半盞，細細冷呷，盡半斤而愈。

〔附方〕舊十一，新廿一。 胸痹急痛：詵曰：胸痹痛如錐刺，不得俯仰，白汗出，或痛徹背上，不治或至死。可取生韭或根五斤，洗搗汁，服之。《食療本草》。 陰陽易病：男子陰腫，小腹絞痛，頭重眼花，宜猳鼠屎湯主之。用猳鼠屎十四枚，韭根一大把，水二盞，煮七分，去滓再煎二沸，温服，得汗愈。未汗再服。《南陽活人書》。 傷寒勞復：方同上。 卒然中惡：搗韭汁，灌鼻中，便蘇。《食醫心鏡》。 卧忽不寤：勿以火照之，但痛嚙拇指甲際而唾其面則活。取韭搗汁吹入鼻中，冬月則用韭根。《肘後方》。 風忤邪惡：韭根一把，烏梅十四個，吴茱萸炒半升，水一斗煮之。仍以病人櫛内入，煮三沸。櫛浮者生，沉者死。煮至三升，分三服。《金匱要略》。 喘息欲絶：韭汁飲一升，效。 夜出盗汗：韭根四十九根，水二升，煮一升，頓服。《千金方》。 消渴引飲：韭苗日用三五兩，或炒或作羹，勿入鹽，入醬無妨。吃至十斤即住，極效。過清明勿吃。有人病此，引飲無度，得此方而愈。秦憲副方。 喉腫難食：韭一把，搗熬傅之，冷即易。《千金方》。 水穀痢疾：韭葉作羹粥、煠、炒，任食之，良。《食醫心鏡》。 脱肛不收：生韭一斤切，以酥拌炒熟，綿裹作二包，更互熨之，以入爲度。《聖惠》。 痔瘡作痛：用盆盛沸湯，以器蓋之，留一孔。用洗净韭菜一把，泡湯中。乘熱坐孔上，先熏後洗，數次自然脱體也。《袖珍方》。 小兒胎毒：初生時，以韭汁少許灌之，即吐出惡水惡血，永無諸疾。《四聲本草》。 小兒腹脹：韭根搗汁，和猪肪煎服一合。間日一服，取愈。《秘録》。 小兒患黄：韭根搗汁，日滴鼻中，取黄水取效。同上。 痘瘡不發：韭根煎湯服之。《海上方》。 産後嘔水：産後因怒哭傷肝，嘔青緑水。用韭葉一斤取汁，入薑汁少許，和飲，遂愈。《摘玄方》。 産後血運：韭菜切，安瓶中，沃以熱醋，令氣入鼻中，即省。《丹溪心法》。 赤白帶下：韭根搗汁，和童尿露一夜，空心温服取效。《海上仙方》。 鼻衄不止：韭根、葱根同搗棗大，塞入鼻中，頻易，兩三度即止。《千金方》。 五般瘡癬：韭根炒存性，搗末，以猪脂和塗之。數度愈。《經驗方》。 刺傷中水：金瘡出血：韭汁和風化石灰日乾。每用爲末傅之效。《瀕湖集簡方》。 漆瘡作痒：韭葉杵傅。《斗門方》。 猘狗咬傷：七日當一發。三七日不發，乃脱也。急於無風處，以冷水洗净，即服韭汁一碗。隔七日又一碗，四十九日共服七碗。須百日忌食酸、鹹，一年忌食魚腥，終身忌食狗肉，方得保全。否則十有九死。徐本齋云：此法出《肘後方》。有風犬一日咬三人，止一人用此得活，親見有效。《簡便》。 百蟲入耳：韭汁灌之即出。《千金方》。 聤耳出汁：韭汁日滴三次。《聖惠方》。 牙齒蟲䘌：韭菜連根洗搗，同人家地板上泥和，傅痛處腮上，以紙蓋住。一時取下，有細蟲在泥上，可除根。〇又方：韭根十個，川椒二十粒，香油少許，以水桶上泥同搗，傅病牙頰上。良久有蟲出，數次即愈也。 解肉脯毒：凡肉密器蓋過夜者爲鬱肉，屋漏沾着者爲漏脯，皆有毒。搗韭汁飲之。張文仲《備急方》。 食物中毒：生韭汁服數升良。《千金》。

韭子 〔修治〕大明曰：入藥揀净，蒸熟暴乾，簸去黑皮，炒黄用。 〔氣味〕辛，甘，温，無毒。時珍曰：陽也。伏石鍾乳、乳香。 〔主治〕夢中泄精，溺血《别録》。暖腰膝，治鬼交，甚效《日華》。 補肝及命門，治小便頻數、遺尿，女人白淫、白帶時珍。

〔發明〕頌曰：韭子得龍骨、桑螵蛸，主漏精補中。葛洪、孫思邈諸方多用之。弘景曰：韭子入棘刺諸丸，主漏精。時珍曰：棘刺丸方見《外臺秘要》，治諸勞泄，小便數，藥多不録。案《梅師方》治遺精。用韭子五合，白龍骨一兩，爲末，空心酒服方寸匕。《千金方》治夢遺，小便數。用韭子二兩，桑螵蛸一兩，微炒研末，每旦酒服二錢。《三因方》治下元虚冷，小便不禁，或成白濁，有家韭子丸。蓋韭乃肝之菜，入足厥陰經。腎主閉藏，肝主疏泄。《素問》曰：足厥陰病則遺尿。思想無窮，入房太甚，發爲筋痿，及爲白淫。男隨溲而下。女子綿綿而下。韭子之治遺精漏泄、小便頻數、女人帶下者，能入厥陰，補下焦肝及命門之不足。命門者藏精之府，故同治云。

〔附方〕舊三，新四。 夢遺溺白：藏器曰：韭子，每日空心生呑一二十粒，鹽湯下。〇《聖惠》治虚勞傷腎，夢中泄精。用韭子二兩，微炒爲末。食前温酒服二錢匕。 虚勞溺精：用新韭子二升，十月霜後採之，好酒八合漬一宿。以晴明日，童子向南搗一萬杵。平旦温酒服方寸匕，日再服之。《外臺秘要》。 夢泄遺尿：韭子一升，稻米二斗，水一斗七升，煮粥取汁六升，分三服。《千金方》。 玉莖强中：玉莖强硬不痿，精流不住，時時如針刺，捏之則痛，其病名强中，乃腎滯漏疾也。用韭子、破故紙各一兩，爲末。每服三錢，水一盞，煎服。日三即住。《經驗方》。 腰脚無力：韭子一升揀净，蒸兩炊久，暴乾，簸去黑皮，炒黄搗粉。安息香二大兩，水煮一二百沸，慢火炒赤色，和搗爲丸梧子大。如乾，入少蜜。每日空腹酒下三十丸。以飯三五匙壓之，大佳。崔元亮《海上方》。 女人帶下：及男子腎虚冷，夢遺。用韭子七升，醋煮千沸，焙研末，煉蜜丸梧子大。每服三十丸，空心溫酒下。《千金方》。　煙燻蟲牙：　用瓦片煆紅，安韭子數粒，清油數點，待煙起，以筒吸引至痛處。良久以溫水漱，吐有小蟲出爲效。未盡再熏。《救急易方》。

題明・薛己《本草約言》卷二《藥性本草》　韭　屬金而有水與土。性急。取汁細呷之，可下膈中瘀血，甚效。多食則昏神，其子止精滑甚良。

明・梅得春《藥性會元》卷中　韭　味辛，氣溫，無毒。主治中風失音，心脾痛，下膈間瘀血，胸膈結氣及中惡腹脹。歸心，安五臟，除胃中熱，補腎益元陽，溫中下氣。　子：　味辛，微酸。治夢遺精滑及白濁，助陽道，暖腰膝。　根：　主養髮。丹溪云：　治膈中瘀血，搗汁呷之甚效。性急，能充肝氣，多食則神昏。若未出糞土韭黃，最不宜食，令滯氣。蓋含噎鬱不和之氣。故孔子曰：　不時不食。正謂此耳。又韭花食之動風。　生研。　冬月用根搗取汁。不可與蜜同食。

明・穆世錫《食物輯要》卷三　韭菜　味辛、微酸，性溫，無毒。解肉脯毒。歸心，和臟腑，下氣散血，利水，除胸腹冷痛痃癖。多食，昏神損目，酒後尤忌。同蜜食、同牛肉食，成瘕。經霜韭不可食，動宿飲，令人吐。一過清明後，宜食。有心腹痼冷病，食之加劇。韭汁和童便服，散胃脘瘀血。《陳氏養老書》云：　春食香，宜人；　夏食臭，冬食動宿飲。韭花不宜多食，動風。　冬天未出土者，名韭黃，食之滯氣。高郵云：　食韭口臭，啖諸餹可解。

明・李中立《本草原始》卷六　韭　叢生豐本，長葉青翠。可以根分，可以子種。葉高三寸便翦，翦忌日中。一歲三四割之，其根不傷。收子者只可一翦。八月開花成叢，九月收子，其子黑色而扁。許慎《說文》曰：　一種而久者，故謂之韭。《蒙筌》云：　久刈不乏，故以韭名。字畫因之，亦合九數。《綱目》云：　韭之莖名韭白，根名韭黃，花名韭菁。《禮記》謂韭為豐本，言其美在根也。因溫補，故《本草拾遺》名草鍾乳。因益陽，故《侯氏藥譜》名起陽草。

韭　氣味：　辛、微酸，溫，濇，無毒。　主治：　歸心，安五臟，除胃中熱，利病人，可久食。〇葉煮鯽魚鮓食，斷卒下痢。根入生髮膏用。〇根葉煮食，溫中下氣，補虛益陽，調和臟腑，令人能食。止洩血膿，腹中冷痛。生搗汁服，主胸痹骨痛不可觸者。又解藥毒，療狂狗咬人數發者，亦塗諸蛇虺、蠍蠆、惡蟲毒。〇煮食充肺氣，除心腹痼冷痃癖。搗汁服，治肥白人中風失音。〇煮食歸腎壯陽，止洩精，暖腰膝。〇煠熟，以鹽醋空心吃十頓，治胸膈噎氣。搗汁服，治胸痹刺痛如錐，即吐出胸中惡血，甚驗。又灌初生小兒，吐去惡水惡血，永無諸病。〇主吐血、唾血、衄血、尿血，婦人經脉逆行，打撲傷損及膈噎病。搗汁澄清，和童便飲之，能消散胃脘瘀血，甚效。〇飲生汁，主上氣喘息欲絕，解肉脯毒。煮汁飲，止消渴盜汗。熏產婦血運，洗腸痔脫肛。

韭子：　氣味：　辛、甘，溫，無毒。主治：　夢中洩精，溺血。〇暖腰膝，治鬼交，甚效。〇補肝及命門，治小便頻數，遺尿，女人白淫，白帶。

韭，《別錄》中品。【圖略】修治：　韭子揀淨蒸熟，暴乾，簸去黑皮，炒黃用。

宗奭曰：　春食則香，夏食則臭。多食則能昏神暗目，酒後尤忌。熱病後十日，食之即發。不可與蜜及牛肉同食。花，食之動風。韭黃，未出糞土，最不益人，食之滯氣，蓋含抑鬱未申之氣故也。孔子曰不時不食，正謂此輩。金瘡出血，韭汁和風化石灰日乾，每用為末，傅之良。

明・張懋辰《本草便》卷二　韭　味辛、微酸，氣溫，性急，無毒。忌與蜜同食。

歸心，安五臟，除胃中熱，充肝氣，利病人，可久服。韭汁生研，下膈間瘀血甚效。又中風失音，心脾痛，上氣喘息，胸膈氣結滯，及中惡腹脹，俱搗飲之。見初生灌之，能吐惡血。多食昏人目。〇花食之動風。〇子主夢泄精滑，溺白甚良。

明・吳文炳《藥性全備食物本草》卷一　韭　味辛帶微酸，無毒。溫中，除心腹痼冷作痛。又除胃中客熱，中風失音及中惡腹心急痛如刺，俱搗汁飲之。善消胸膈間瘀血凝滯，痃癖冷痛，止尿血瀉血及卒下痢。《衍義》云：　春食則香，夏食則臭，令人乏氣；　冬食動痰，令人吐水。五月及酒後尤不可食。孔子謂不時不食者，正謂此輩。未出土者為韭黃，食之滯氣。凡好食韭者，多神昏目暗。入藥搗汁，冬月用根，搗時臭於葱薤，養生者忌之。又不可與蜜同食。　子：　主陽衰精冷，夢泄白濁，暖腰膝，壯陽道，入藥微炒。花：　主動氣。　根：　主養髮。高郵云：　食韭口臭，啖諸餹可解。

明・趙南星《上醫本草》卷三　韭　一名草鍾乳，又名起陽草。韭叢生豐本，長葉青翠，可以根分，可以子種。九月收子，其子黑色而扁，須風處陰乾，勿合浥鬱。韭之為菜，可生、可熟、可菹、可久，乃菜中最溫而有益人者也，宜常食之。昔人正月節食五辛以辟癘氣，謂韭、薤、葱、蒜、薑也。《禮記》謂韭為豐本，言其美在根也。俗謂韭是草鍾乳，言其溫補也。《素問》言：心病宜食韭。時珍曰：　葉根溫，功用相同，生則辛而散血，熟則甘而補中。

辛、微酸，溫，濇，無毒。主治：　歸心，除胃中熱，利病人，可久食。治吐血、唾血、衄血、尿血，打撲傷損及婦人經脉逆行。煮食，溫中下氣，補虛益陽，調和臟腑，令人能食，止洩血膿，腹中冷痛。歸腎，止洩精，暖腰膝，充肺氣，除心腹痼冷痃癖。煠熟，以鹽醋空心喫，治胸膈噎氣。擣汁服，治胸痹骨刺痛如錐不可觸者，即吐出胸中惡血，甚驗。治上氣喘息欲絕，肥白人，中風失音。又解藥毒、肉脯毒，療狂狗咬人數發者，亦塗諸蛇虺、蠍蠆、惡蟲毒。及灌初生小兒，吐去惡水惡血，永無諸病。擣汁澄清，和童尿飲之，能消散胃脘瘀血，甚効。煮汁飲，止消渴盜汗，熏產婦血暈，洗腸痔脫肛。葉煮鯽魚鮓食，斷卒下痢。根入生髮膏用。有一貧叟病噎膈，食入即吐，胸中刺痛，或令取韭汁入鹽梅鹵汁少許，細呷，得入漸加，忽吐稠涎數升而愈。　春食則香，夏食則臭，多食則能昬神暗目，而動虛陽也。酒後尤忌。熱病後十日食之即發困。五月多食宜氣力。冬月多食動宿飲吐水。不可與蜜及牛肉同食。韭黃未出糞土，最不益人，食之滯氣，蓋含抑鬱未申之氣故也。孔子曰不時不食，正謂此類。花，食之亦動風。

附方　喘息欲絕：　韭汁飲一升，効。　卒然中惡：　擣韭汁，灌鼻中，便甦。　夜出盜汗：　韭根四十九根，水二升，煮一升，頓服。　消渴引飲：　韭苗，日用三五兩，或炒或作羹，勿入鹽，入醬無妨。吃至十斤即住，極効。過清明勿喫。有人病此，引飲無度，得此方而愈。　水穀痢疾：　韭葉作羹粥、煠炒，任食之，良。　喉腫難食：　韭一把，擣熬傅之，冷即易。　鼻衄不止：　韭根、葱根同擣棗大，塞入鼻中，頻易，兩三次即止。　百蟲入耳：　韭汁灌之即出。　產後血暈：　韭菜切，安瓶中，沃以熱醋，令氣入鼻中，即省。　赤白帶下：　韭根擣汁，和童尿露一夜，空心溫服，取効。　痘瘡不發：　韭根煎湯服之。　脫肛不收：　生韭一斤，切，以酥拌炒熟，綿裹作二包，更互熨之，以入為度。　痔瘡作痛：　用盆盛沸湯，以器蓋之，留一孔。用洗淨韭菜一把，泡湯中。乘熱坐孔上，先熏後洗，數次自然脫體也。　五般瘡癬：　韭根炒存性，擣末，以猪脂和塗之，數度愈。　解肉脯毒：　凡肉，密器蓋過夜者為鬱肉，屋漏沾著者為漏脯，皆有毒。擣韭汁飲之。　食物中毒：　生韭汁服數升，良。

韭子：　入藥。揀淨，蒸熟，暴乾，簸去黑皮，炒黃用。　辛、甘，〔溫〕，無毒。主治：　夢中洩精，溺白，暖腰膝，治鬼交，甚効。

附方　煙熏蟲牙：　用瓦片煅紅，安韭子數粒，清油數點，待煙起，以筒吸引至痛處。良久，以溫水漱，吐有小蟲出為效。未盡再熏。

明・李中梓《藥性解》卷六　韭　味辛，性溫，無毒，入肺、脾、腎三經。主下氣和中，補腎益陽，利腰膝，和臟腑，除胸腹痃癖痼冷，止白濁遺精。其根搗汁，下膈中瘀血殊效。其子較根葉猶勝，忌糖蜜及牛肉。按：　丹溪云：　韭屬金而有土與水，宜入肺脾腎以主三經之症。然不宜多食，令人神昬目暗。

明・繆希雍《本草經疏》卷二八　韭　味辛、微酸，溫，無毒。歸心，安五藏，除胃中熱，利病人，可久食。

〔疏〕韭稟春初之氣而生，兼得金水木之性，故其味辛，微酸，氣溫而無毒。生則辛而行血，熟則甘而補中、益肝、散滯、導瘀，是其性也。以其微酸，故入肝而主血分。辛溫能散結，凡血之凝滯者，皆能行之，是血中行氣藥也。心主血，專理血分，故曰歸心。五藏之結滯去，則氣血條暢而自安矣。胃中熱，乃胃中有瘀滯而發熱也，瘀血行，熱自除矣。病人之氣抑鬱者多，凡人氣血，惟利通和，韭性行而能補，故可久食。　韭子味辛、甘，溫，無毒。主夢中洩精，溺血。蓋韭乃入足厥陰、少陰經。腎主閉藏，肝主疏洩。《素問》云：　足厥陰病則遺尿。思想無窮，入房太甚，發為筋痿，及為白淫。韭子入厥陰而甘溫，補肝及命門之不足，故主洩精溺血。　〔主治參互〕有一貧叟，病噎膈，食入即吐，胸中刺痛。或令取韭汁，入鹽梅、鹵汁少許，細呷，得入漸加，忽吐稠涎數升而愈。此亦仲景治胸痹痛用薤白，皆取辛溫能散胃脘痰飲惡血之義也。　一人臘月飲酒三盃，自後食必屈曲，下膈硬濇微痛，右脈甚濇，關脈沉。此污血在胃脘之口，氣因鬱而成痰，隘塞食道也。以韭汁半盞，細細冷呷，盡半斤而愈。　《食療本草》胸痹急痛如錐刺，不得俛仰，自汗出，或徹背上，不治或至死。取生韭及根五斤，洗搗汁，服之瘥。　《金匱要略》風忤邪惡，韭根一把，烏梅十四個，吳茱萸炒半升，水一斗，煮之，仍以病人櫛內入，煮三沸。櫛浮者生，沉者死。煮至三升，分三服。　《千金方》刺傷中水腫痛，煮韭熱搨之。　〔簡誤〕韭性辛溫通利，雖曰補益，然多食能令人神昬，最為養性所忌。胃氣虛而有熱者勿服。韭黃未出于土者勿服，食之滯氣，以其氣尚抑鬱未申故也。花食之亦動風。

明・倪朱謨《本草彙言》卷一六　韭　味辛、甘、酸，氣溫，性濇，有毒。入手少陰、足厥陰經血分。　李氏曰：　韭，叢生豐本，長葉青翠。可以根分，可以子種。其性內生，不得外長。葉高三寸便剪，剪忌日中。一歲可五六剪。收子者，只可一剪。八月開花成叢，九月收子，其子黑色而扁，須風處陰乾，勿令浥鬱。北人至冬，移根於土窖中，培以馬糞，暖則即長，高可尺許，不見風日，其葉黃嫩，謂之韭黃，豪貴家饌皆珍之。　王氏曰：　韭者久也，剪而復生，久而不乏也。可生可熟，可醃可菹，乃菜中最有益也。

韭菜：　汪石山利氣行血之藥也。夏碧潭曰：　生則辛而行血，如《丹溪方》治吐血唾血，嘔血衄血，淋血尿血，婦人經脉逆行上衝之血；　傷寒熱蓄于裏，內傷營分下行之血，打撲跌傷瘀結之血；　或中惡卒死，人事昏迷；　或胸痹急痛，錐刺欲死；　或脇肋攢痛，難以轉側，并搗汁飲之。熟則甘而補中，如藏器方治陽虛腎冷，陽道不振；　或腰膝冷疼，遺精夢泄；　或久痢膿血，下腹脹墜；　或膈噎不通，飲食少下；　或痃癖積飲，否塞中宮，并宜炒熟食之。益人之氣，抑鬱者多，凡人氣血，惟利通和，不利阻滯。韭性行而能補，故可久食而無損也。但性本通利而氣味辛烈，前古雖稱補益，然多食亦令人神昏，最爲養性家所忌，能善發相火故也。肝、腎、胃家有火者勿服。瘡毒食之，愈增痛癢；　疔腫食之，令病轉劇。

集方：　已下四方俱出《方脉正宗》治吐血、唾血、嘔血、衄血、淋血、尿血及一切血證。用韭菜十斤搗汁，生地黃五斤切碎，浸韭菜汁內，烈日下曬乾，以生地黃黑爛，韭菜汁乾爲度，入石(椿)〔臼〕內搗數千下，如爛膏無渣者，爲丸彈子大。每早晚各服二丸，白蘿蔔煎湯化下。〇治婦女經脉逆行，血室上衝，或吐或嘔。用韭菜三斤搗汁，當歸、川芎、牡丹皮、丹參各二兩，玄胡索、木香各一兩俱炒，大黃四兩酒浸三日曬乾炒焦黑，共爲末，韭菜汁和丸彈子大。每服一丸，燈心湯化下。〇治傷寒邪熱，隨經入裏。　用白茯苓二兩爲末，韭菜十兩搗汁和熟，印成錠子，重三錢，人參湯調下。〇治打撲傷損，瘀血內脹。用韭菜一斤搗汁，和熱酒三分之一，徐徐飲之。〇《心鏡》治中惡卒死，人事昏迷，并療臥魘不寤。　用韭菜搗汁一碗，徐徐灌之。〇《食療本草》治胸痹急痛，錐刺欲死，不得俯仰，自汗出，或痛徹背胛，或脇肋攢痛，難以轉側，并取生韭菜三斤，搗汁飲。〇以下五方俱出《方脉正宗》治陽虛腎冷，陽道不振，或腰膝冷疼，遺精夢泄。用韭菜白八兩，和胡桃肉去皮二兩，同脂麻油炒熟，日食之，一月愈。〇治久痢膿血，下腹脹墜。用韭菜白八兩，和黃牛肉四兩切薄片，同脂麻油炒熟，日食之，一月愈。〇治膈噎不通，飲食不下。用韭菜汁一碗，和茯苓末四兩，作細丸綠豆大。每服一錢，白湯吞下。〇治痃癖積飲，否塞胸腹。用韭菜白八兩，和熟犬肉四兩，脂麻油同炒熟，日食之，一月愈。〇治抑鬱憂悶之人，胃脘有痰飲惡血，或脹或痛者。用韭菜白一把，白滾湯略菹，不可過熟，和醬油、薑、醋拌，日食之，一月愈。〇《袖珍方》治痔瘡腫痛。用韭菜一把，泡滾湯中，以器蓋之，留一孔，乘熱坐孔上，先熏後洗，數次愈。〇《四聲本草》治小兒胎毒。初生時，以韭菜汁數匙灌之，即吐出惡水涎沫，永無諸病。〇《集簡方》治跌撲傷損出血，并金瘡出血不止。以韭汁和風化石灰日乾，每用爲末，傅之立止。〇《肘後方》治風犬咬傷。用冷水洗淨傷處，用韭菜搗汁一碗飲之，渣隨傅傷處，七日再如法搗汁飲，并渣換傅，以四十九日共飲汁七碗，渣換七次。忌食魚、猪、鷄、鵝、犬肉百日。

韭子：　味辛，甘，氣溫，無毒。通淋濁，利小水之藥也。白尚之抄李氏曰：　腎主閉藏，肝主疏泄。韭乃肝之菜，臭氣歸腎，善疏泄閉藏抑鬱之氣，故淋濁可通，溺閉可利，又遺尿不禁可止。按《素問》曰：　思想無窮，與入房太甚，發爲筋痿，及爲白淫，男隨溲而出，女子綿綿而下，乃足厥陰肝病也。此藥專治遺精漏泄、淋濁，小便不通、不禁，女子帶下者，能入厥陰，甘溫而補肝及命門之不足，故專治下焦諸證云。

韭黃：　乃韭芽之未出土者。味甘，辛，氣溫，有小毒。酒席中以此供饌，甚可口，官家常珍之。然食之滯氣，發瘡疥，以含抑鬱未申之氣故也。

明・應廖《食治廣要》卷三　韭山韭附。　氣味：　辛、微酸，溫，澀，無毒。主治：　歸心，安五藏，除胃中熱。根葉煮食，溫中下氣，補虛益陽，調和藏腑，令人能食。擣汁飲，治胸痹刺痛，吐、唾、衄、尿諸血，婦人經脉逆行，打撲損傷，膈噎諸疾。春食則香，夏食則臭，多食昏神損目，酒後尤忌。熱病後亦不宜食。五月多食，乏氣力。冬月多食，動宿飲，吐水。不可與蜜及牛肉同食。韭黃，未出糞土者，食之滯氣，蓋含抑鬱未伸之氣故也。

又有一種山韭，諸家本草不載，惟《千金方》收之。其形亦類家韭，但根白，葉如燈心苗耳。氣味：　鹹，寒，濇，無毒。主治：　宜腎，去大小便數、煩熱，潤毛髮。陳直《奉親養老書》用山韭四兩，鯽魚〔肉〕五兩，煮羹，下五味，少加麪，三五日一作。能治老人脾胃氣弱，飲食不強。

明・姚可成《食物本草》卷五菜部・葷辛類　韭韭字象葉出地上形。一種而久生，故謂之韭。一歲三四割，其根不傷，至冬壅培之，先春復生，信乎久生者也。韭叢生豐本，長葉青翠。可以根分，可以子種。葉高三寸便剪，收子者只可一剪。八月開花成叢，收取醃藏供饌，謂之長生韭，言剪而復生，久而不乏也。九月收子，其子黑色而扁，須風處陰乾，勿令浥鬱。北人至冬移根於土窖中，培以馬屎，暖則即長，高可尺許，不見風日，其葉黃嫩，謂之韭黃，豪貴皆珍之。韭之為菜，可生可熟，可菹可久，乃菜中最有益者也。鄭玄言政道得(利)〔則〕陰物變為陽，故葱變為韭，可驗葱冷而韭溫也。

韭：味辛、微酸，溫、澀，無毒。主歸心，安五臟六腑，除胃中熱，利病人，可久食。歸腎壯陽，止泄精，暖腰膝，治吐血唾血，衄血尿血，婦人經脉逆行，打撲損傷及膈噎病。擣汁澄清，和童便飲之，能消散胃脘瘀血。煮鯽魚食，斷卒下痢。生擣汁服，治胸痹骨痛不可觸者。煮食，充肺氣，除心腹痼冷痃癖，治肥人中風失音。又解藥毒，療狂犬咬人，亦塗諸蛇虺、蠍蠆、惡蟲毒。煠熟，以鹽、醋空心喫十頓，治胸膈噎氣。春食香，夏食臭，冬食動宿飲，五月食昏人乏力。不可與牛肉同食。○昔人正月節食五辛以辟厲氣，謂韭、薤、葱、蒜、薑也。春日獻韭，元日薦辛，以其助發生而辟邪穢也。　花：食之動風。　根：治諸癬。　子：治夢中洩精，溺血。暖腰膝，祛鬼交，補肝及命門，治(小)〔小〕便頻數、遺尿，女人白淫、白帶。研末，治白痢，白糖拌；赤痢，黑糖拌。陳米飲下，神效。

附方：有一貧叟病噎膈，食入即吐，胸中刺痛。或令取韭汁，入鹽梅、鹵汁少許，細呷，得入漸加。忽吐稠涎數升而愈。　治產後血暈。用韭菜切入瓶中，沃以沸醋，令氣入鼻中即甦。　治衄血不止。韭根、葱根同搗棗大，塞入鼻中，頻易，兩三度即止。　治人被鬼夢中魘死。勿以火照之，但痛齧大拇指甲際而唾其面則活。取韭搗汁，吹入鼻中。冬月則用韭根。

明・顧逢柏《分部本草妙用》卷九菜部　韭　辛、酸，溫，濇，無毒。主治：歸腎壯陽，止洩精，暖腰膝。鹽醋空心喫，治胸膈噫氣，吐唾衄尿等血，行經，去傷利。童便飲之，能消胃脘瘀血，甚効。熏產婦血運，洗腸痔脫肛。

按：韭，為足厥陰肝之菜也。《素問》言心病宜食韭，《本草》言歸腎。總心為肝子，腎為肝母，虛補母而子實，則心并受其益矣。故心痛、胃脘痛者，其汁宜之。　韭子，補肝及命門，治小便頻數遺尿，女子白淫白帶。又云：韭子同龍骨、桑螵蛸，主漏精，補中，入棘刺諸丸，可治漏精。

明・孟筌《養生要括・菜部》　韭韭之美在黃，黃乃未出土者。春食則香，夏食則臭，多食則能昏神暗目，酒後尤忌，熱病後亦忌。五月多食乏氣力，冬月多食動宿飲吐水。生則辛而散血，熟則甘而補中，乃肝之菜也。　味辛、微酸，溫，濇，無毒。

葉：煮鯽魚鮓食，斷卒下痢。　根葉：煮食，溫中下氣，補虛益陽，調和臟腑，止洩血膿、腹中冷痛。搗汁服，治胸痹刺痛如錐，即吐出心中惡血，甚驗。治肥白人中風失音。療狂犬咬人，亦塗諸蛇虺、蠍蠆、惡蟲毒。煮食歸腎，壯陽，止洩精，暖腰膝。煠熟，以鹽醋空心喫十頓，治胸膈噎氣。又灌初生小兒，吐去惡水惡血，永無諸病。主吐血、唾血、衄血、尿血，婦人經絡逆行，打撲傷損。搗汁澄清，和童便飲之，能消散胃脘瘀血，甚效。飲生汁，主上氣喘息欲絕，解肉脯毒，煮汁飲，止消渴，益汗。熏產婦血運，洗腸痔脫肛。〔狂犬咬者，急於無風處，以冷水洗淨，即服韭汁一碗，隔七日又一碗，四十九日共飲七碗。須百日忌食酸、鹽，一年忌食魚腥，終身忌食犬肉。〕　韭子：味辛、甘，溫，無毒。治夢中洩精溺血，暖腰膝，治鬼交，甚效。補肝及命門，治小便頻數遺尿，女人白淫白帶。

明・李中梓《醫宗必讀・本草徵要下》　韭味辛，溫，無毒。　固精氣，暖腰膝，強腎之功也；止瀉痢，散逆冷，溫脾之力歟！消一切瘀血，療喉間噎氣。韭子固精、生精，助陽止帶。古方用韭專治瘀血，蓋酸入肝，辛散溫下也。多食神昏目暗。

明・鄭二陽《仁壽堂藥鏡》卷四　韭白　氣溫，味辛、微酸，無毒。《本草》云：歸心。安五臟，除胃中熱，利病人。可久食。子：主夢泄精，溺白。根：養髮。陰物變為陽。　丹溪云：韭屬金而有水與土。其性急，研取其汁，冷飲，細細呷之，以下膈中瘀血甚效。　子：止精滑、溺白。燒烟吸，齒去蟲。　《衍義》云：韭春食則香，夏食則臭。多食則昏神。不可與蜜同食。　《食醫心鏡》云：正月節食五辛，以辟厲氣。蒜、葱、韭、薤、薑是也。

明・蔣儀《藥鏡》卷一溫部　韭菜　清濕火，利小便。生則導瘀散鬱，熟則和中益肝，故能去五藏之結膠，降胃脘之痰熱。其根搗汁，下膈中血脉之瘀。其子壯陽，醫白濁夢洩之症。《素問》曰：足厥陰病則遺尿，思想無窮，房勞太甚，發為筋痿，或為男濁女帶，韭子能入厥陰，補肝及命門之不足。命門者，藏精之府，故同治云。

明・張景岳《景岳全書》卷四九《本草正》　韭菜　味辛、甘，微濇，性溫。善溫中，安五藏，和胃氣，健脾氣，除濁氣。開胃進食，祛心腹痼冷痃癖，隔噎滯氣，止消渴，瀉痢膿血，腹中冷痛，壯腎氣，暖腰膝。療洩精帶濁。俱宜常煮食之，大能益人。若欲消胃脘瘀血作痛，及中風痰盛失音，上氣喘急，或中飲食藥毒，或暴見吐血衄血尿血，打撲瘀血，婦人經滯血逆，上衝心腹，或被狂犬、蛇、蟲惡毒，勢在危急者，俱宜擣生韭汁服之，或從吐出，或從內消，皆得愈也。或用煎湯薰產婦血暈，亦可洗腸痔脫肛。

韭子　味辛，性溫。陰中陽也。宜炒黃用之。主夢洩遺精尿血，暖腰膝，壯陽道，治鬼交，補肝腎命門，止小便頻數遺尿，及婦人白淫白帶，陰寒小腹疼痛。

明・施永圖《本草醫旨・食物類》卷二　韭菜　味：辛、微酸，溫，無毒。歸心下氣，安五臟，除腸熱，令人能食，利病人，可久食。又云，益陽事，暖腰膝，止洩尿血，除胸腹冷痛痃癖。春食香，夏食臭，冬食動宿飲，五月食昏人乏力。不可與牛肉、與蜜同食，酒後亦宜忌食。〇丹溪云：韭汁冷飲，下腸中瘀血甚驗。以其屬金而有水與土，其性急，又能充肝氣。多食則神昏。初生小兒以汁灌之，即吐惡血，永無病。其子治虛勞損腎，夢遺滑精溺白。用子為末，空心溫酒調服。未出土者為韭黃，食之動滯氣。其花動風。根治諸癬，主養髮。大抵葱、韭皆宜常食，葱冷而韭溫，於人最有益。

明・李中梓《本草通玄》卷下　韭　味：辛，溫。溫中下氣補虛，益陰固精，止痢，除噎，散結。主吐血、唾血、衄血、尿血，女人經脉逆行，打撲損傷。生擣汁服，散胃脘瘀血，理胸痺刺痛。《素問》言心病宜食韭，《本草》言其歸腎，文雖異而理則相貫。蓋心乃肝之子，腎乃肝之母，母能令子實，虛則補其母也。韭子補腎肝，暖腰膝，主男子精滑溺頻，女人白淫白帶。曝乾，去黑皮，炒黃。

清・顧元交《本草彙箋》卷七　韭合韭子。　韭，生則辛而行血，熟則甘而補中，益肝散滯導瘀，是其性也。以其微酸，故入肝，主血分。辛溫能散結，故凡血之凝滯者，皆能行之，爲血中行氣之藥。韭子，下氣壯陽，鼓動坎中之火，故韭菜一名起陽草。凡下元虛冷，致小便不禁，或成白濁者，用韭子丸。蓋足厥陰病則遺尿，思想無窮，入房太甚，發爲筋痿，及爲白淫，男隨溲而下，女子綿綿而下。韭子之治遺精漏泄，小便頻數，女子帶下者，能入厥陰，補下焦肝及命門之不足。命門者，藏精之府，故同治云。　韭黃未出土者，食之滯氣，蓋含抑鬱未伸之氣故也。

一貧叟病噎膈，食入即吐，胸中刺痛。或令取韭汁，入鹽梅、鹵汁少許，細呷，得入漸加，忽吐稠涎數升而愈。此亦仲景治胸痺痛，用薤白皆取辛溫，能散胃脘痰飲惡血之義。心痛，有食熱物及怒鬱，致死血留於胃口作痛者，宜用韭汁、桔梗，加入藥中，開提氣血。有腎氣上攻，以致心痛者，宜用韭汁和五苓散爲丸，空心茴香湯下。蓋韭性急，能散胃口血滯也。又反胃，宜用韭汁二盃，入薑汁、牛乳各一盃，細細溫服。蓋韭汁消血，薑汁下氣消痰和胃，牛乳能解熱潤燥補虛也。夢遺溺白，以韭子每日空心生呑一二十粒，鹽湯下。或微炒爲末，食前溫酒服二錢。或用韭子七升，醋煮千沸，焙研末，煉蜜丸梧子大，每服三十丸，空心溫酒下，以治女人帶下及男子腎虛。

清・穆石匏《本草洞詮》卷七　韭韭汁、韭子　韭，象葉出地上之形，一本而久生，一歲三五剪，其根不傷，俗稱草鍾乳，言其溫補也。昔人正月節食五辛以辟癘氣，謂韭、薤、葱、蒜、薑也。根葉，氣味辛微酸，溫，無毒。入足厥陰經。溫中下氣，補虛益陽。飲生汁治上氣喘息欲絕，解肉脯毒。煮汁飲止消渴，盜汗，熏產婦血運，洗腸痔脫肛。蓋韮乃肝之菜也。《素問》言：心病宜食韭。《食鑒本草》言：歸腎。何也？心乃肝之子，腎乃肝之母，子能令母實，虛則補其母也。一人病噎膈，或令取韮汁，入鹽梅鹵汁少許，細呷，忽吐稠涎數升而愈。蓋韮汁能散痰飲惡血故也。道家目為五葷之一，謂其昏人神而動虛陽也。韭黃未出土者，食之滯氣，以含抑鬱未伸之氣故也。韭子，辛甘，溫，無毒。補肝及命門，主漏精。腎主閉藏，肝主疏洩，《素問》曰：足厥陰病則遺尿，思想無窮，入房太甚，發為筋痿，及為白淫，男隨溲而下，女子綿綿而下。韭子之治遺精漏泄，小便頻數，女人帶下者，能入厥陰，補下焦不足。命門者，藏精之府，故同治云。

清・丁其譽《壽世秘典》卷三　韭陳藏器曰：俗謂韭是草鍾乳，又名起陽草，言其溫補也。　氣味：辛，溫，微酸，無毒。主歸心腎，安臟腑，除胃中熱，補虛益陽，止洩精，暖腰膝，治吐血、衄血、尿血，婦人經脉逆行，打撲損傷及膈噎病。〇生搗汁，澄清和童便飲之，能消散胃脘瘀血，熏產婦血運，洗腸痔脫肛。

發明蘇頌曰：菜中此物最溫而益人，宜常食之。昔人正月節食五辛以辟厲氣，謂韭、薤、葱、蒜、薑也。寇宗奭曰：春食則香，夏食則臭，多食則能昏神暗目，酒後尤忌。孟詵曰：五月多食(之)[乏]氣力，冬月多食動宿飲，不可與蜜糖及牛肉同食。未出土者為韭黃，食之動滯氣。花食之動風。李時珍曰：韭葉熱，根溫，功用相同。生則辛而散血，熟則甘而補中，入足厥陰經，乃肝之菜也。《素問》言心病宜食之，又《食鑒本草》言歸腎，文雖異而理則相貫。蓋心乃肝之子，腎乃肝之母，母能令子實，虛則補其母也。道家目為五葷之一，謂其能昏人神而動虛陽也。

韭子：氣味：辛、甘，溫，無毒。主補肝及命門，遺精白濁，小便頻數，女人白淫白帶。

清・劉雲密《本草述》卷一五

韭一名草鍾乳。壯陽草也。韭叢生豐本，長葉青翠，可以根分，可以子種，一歲三四割用。其根不傷，至冬壅培之，八月開花，成叢，九月收子。

氣味：辛、微酸，溫濇，無毒。時珍曰：生辛濇，熟甘酸。主治：除心腹痼冷痃癖。生搗汁服治胸痹刺痛如錐，即吐出胸中惡血，甚驗。主吐血、唾血、衄血、尿血，婦人經脈逆行，打撲傷損，及膈噎病。搗汁澄清，和童尿飲之，能消散胃脘瘀血，甚效。痰滯血絲出，生韭汁、童便二物合，加鬱金研入，內服之，其血自清。又灌初生小兒，吐去惡水惡血，永無諸病。煮食根葉，溫中下氣，歸腎益陽。熏產婦血暈，洗腸痔脫肛。

思邈曰：韭味酸，肝病宜食之。時珍曰：韭葉熱，根溫，功用相同。生則辛而散血，熟則甘而補中。入足厥陰經，乃肝之菜也。《素問》言心病宜食韭菜。《食鑑本草》言歸腎。文雖異，而理則相貫。蓋心乃肝之子，腎乃肝之母，母能令子實，虛則補其母也。有一貧叟病噎膈食，入即吐，胸中刺痛。或令取韭汁入鹽梅、鹵汁少許，細呷，得入漸加，忽吐稠涎數升而愈。此亦仲景治胸痹痛用薤白，皆取辛溫能散胃脘痰飲惡血之義也。

按：仲景治胸痺痛，用薤白與用韭菜汁者不同。

丹溪曰：心痛有食熱物及怒鬱致死血留於胃口作痛者，宜用韭汁、桔梗，加入藥中，開提氣血。有腎氣上攻，以致心痛者，宜用韭汁和五苓散為丸，空心茴香湯下。蓋韭性急，能散胃口血滯也。又反胃宜用韭汁二盃，入薑汁、牛乳各一盃，細細溫服。蓋韭汁消血，薑汁下氣消痰和胃，牛乳能解熱潤燥補虛也。一人臘月飲刮剁酒三杯，自後食必屈曲，下膈硬濇微痛，右脈甚濇，關脈沉，此污血在胃脘之口，氣因鬱而成痰，隘塞食道也。以韭汁半盞，細細冷呷，盡半斤而愈。希雍曰：韭稟春初之氣而生，兼得金水木之性，故其味辛微酸，氣温而無毒。微酸故入肝而主血分，辛温故能散諸血之凝滯，是血中行氣藥也。熟之則甘而補中。

附方　消渴引飲，韭苗日用三五兩，或燒，或作羹，勿入鹽，入醬無妨，喫至十斤即佳，極效。過清明勿喫。有人病此，引飲無度，得此方而愈。脫肛不收，生韭一斤，切，以酥拌炒熟，綿裹作二包，更互熨之，以入為度。痔瘡作痛，用盆盛沸湯，以器蓋之，留一孔，用洗淨韭菜一把，泡湯中，乘熱坐孔上，先熏後洗，數次自然脫體也。

愚按：辛為陽，肝喜辛者，媾於金而上承乎陽，還以達陰也。酸為陰，肺喜酸者，媾於木而下依於陰，還以達陽也。韭根之在土者，先春而生，且微酸而性溫，《經》乃謂肝之菜也。然而味辛，故上承陽之用以達陰。凡血中之污以為病者，祛之固最捷。蓋本乎陰中之陽，而達乎陽中之陰，較與諸行血藥有不同，所云血中行氣藥者是也。雖然，勿以為僅能散胃口血滯，試觀其主治諸血出於丹溪，即尿血亦用之。又如腎氣上攻，以致心痛者，豈徒活腎氣哉？固亦行血中氣也。簡方書而痛風滯血證且為要藥，以此思其功，功可知矣。然其性味未移在生用者如此，至煮食則辛而化甘酸溫者，本於出地之陽，更合於中土之甘，助以後天生氣，故溫中下氣。如陳藏器所云，又甘附於酸溫，仍還歸於腎，以益元壯陽，亦如甯原所云，然亦存其議論而已矣。

韭子　氣味：辛、甘，溫，無毒。主治：夢中洩精並溺血《別録》。補命門及肝，治小便頻數，遺尿，女人白淫白帶時珍。

時珍曰：陽也。《三因方》治下元虛冷，小便不禁，或成白濁，有家韭子丸。蓋韭乃肝之菜，入足厥陰經。腎主閉藏，肝主疎洩。《素問》曰：足厥陰病則遺尿，思想無窮，入房太甚，發為筋痿，及為白淫，男隨溲而下，女子綿綿而下。韭子之治遺精漏泄，小便頻數，女人帶下者，能入厥陰，補下焦肝及命門之不足。命門者，藏精之府。故同治云。

愚按：韭子之益，多在遺精及小溺數。肝主溺，腎主精，精溺原係二道。時珍第木其入肝者言之，但云命門為藏精之府，故得同治也可乎？夫韭葉辛矣，而最後有微酸，生用絕無甘，乃韭子結於季秋，稟金氣之專而已無酸，況其兼有甘，以合於氣之溫，尚得執入肝以論乎？夫辛者，肺之味，味歸形，形歸氣，氣者，肺所主也。此味得降收之氣，是為肺氣專精，以至於胃即其辛甘合而下行者，仍歸於氣之所始，不歸於命門，而何歸哉？蓋人身先天元氣，全藉後天以施化，是由此而升，即由此而降之玄機也。此韭子所以效下焦之用如此，且不僅治溺數，而且療遺精也。夫元氣根於命門，而三焦為之使。《經》云：三焦者，中瀆之府，水道出焉。肝固主溺，然已包舉於三焦之中，下焦衛氣能化水而出，即能約三焦以為行水之節度，雖足厥陰原與命門通，而三焦之包舉上中下者，固以三焦為本也。時珍乃舍本而齊末，是亦未之精察矣。

附方　治玉莖强硬不痿，精流不住，時時如針刺，捏之則痛，其病名强中，乃腎滯漏疾也。用韭子、破故紙各一兩，為末，每服三錢，水一盞，煎服，日三，即住。

希雍曰：韭性辛溫通利，雖曰補益，然多食能昏人神，最為養性所忌。胃氣虛而有熱者勿服。韭黃未出於土者，勿服，為其氣尚抑鬱，食之還滯氣也。花食之亦動風。

按：韭子所主，皆下焦之元陽虛而有滯以為漏者，得上焦辛甘施化，乃得奏功。若陰虛為病者，則宜慎之。

清・郭章宜《本草匯》卷一三　韭　味辛、微酸，氣溫。時珍曰：熱。入足厥陰經。固精氣，暖腰膝，强腎之功也。止瀉痢，散逆冷，溫脾之力與。消一切瘀血，療胸膈噎氣。産婦血運熏止，以韭，切安瓶中，沃以熱醋，令氣入鼻。脫肛腸痔洗佳。擣汁服，治胸痺刺痛如錐。和童尿，散胃脘瘀血甚効。

按：韭屬金而有水與木，生則辛而行血，熟則甘而補中。凡血之凝滯者，皆能行之，是血中行氣藥也。血留胃口作痛者，宜用韭汁、桔梗，加入藥中，開提氣血。有腎氣上攻以致心痛者，宜用韭汁和五苓散為丸，空心茴香湯下。《素問》言心病宜食，《本草》言其歸腎。文雖異而理則貫。蓋心乃肝之子，腎乃肝之母，母能令子實，虛則補其母也。反胃者，宜用韭汁與薑汁、牛乳溫服。韭汁消血，薑汁下氣消痰和胃，牛乳解熱潤燥補虛。然多食能昏神暗目，最為養性所忌。若□虛而有熱者，勿用。鬱土未出者，食之滯氣，戒之。

生辛濇，熟甘酸。春食則香，夏食則臭。多食昏神暗目，酒後尤忌。五月多食乏氣力，冬月多食動宿飲吐水。不可與蜜及牛肉同食。

韭子　味辛、甘，溫，陽也，入厥陰經。補肝腎，暖腰膝。主男子夢滑溺頻，治女人白淫白帶。

按：韭子一物，治鬼交甚効。《梅師方》治遺精，用韭子五合，白龍骨一兩，為末，空心酒服。《三因方》治下元虛冷，小便不禁，或成白濁，有家韭子丸。蓋韭乃肝之菜，入足厥陰經。腎主閉藏，肝主疎泄。《素問》曰：足厥陰病則遺尿，思想無窮，入房太甚，發為筋痿，及為白淫，男隨溲而下，女綿綿而下。韭子之治遺精便帶者，能入厥陰，補下焦肝及命門之不足。命門者，藏精之府，故同治云。

爆乾，簸去黑皮，炒黃用。

清・尤乘《食鑒本草・菜類》　韭菜　歸心，下氣止洩，尿血，治心腹冷痛。多食助陽，昏目。春食香，夏食臭，冬食動宿疾，五月食昏人乏力。不可同牛肉及蜜食。未出土為韭黃，食之動氣病。子治夢洩。

清・朱本中《飲食須知・菜類》　韭菜　味辛、微酸，性溫。春食香，益人，夏食臭，冬食動宿飲，五月食之昏人乏力。冬天未出土者，名韭黃。窖中培出者，名黃芽韭。食之滯氣，蓋含抑鬱未伸之故也。經霜韭食之，令人吐。多食昏神暗目，酒後尤忌。有心腹痼冷病，食之加劇。熱病後十日食之，能發困。不可與蜂蜜及牛肉同食，成癥瘕。食韭口臭，啖諸糖可解。

清・何其言《養生食鑒》卷上　韭菜　味辛、微酸，性溫，無毒。解肉脯毒，歸心和腎。下氣，散血，利水，除胸腹冷痛，痃癖。多食昏神，損目，酒後尤忌。同蜜食成瘕。經霜韭不可食，動宿食，令人吐。一遇清明後，宜食。有心腹痛冷病，食之加劇。五月忌食，昏人，乏力。韭汁和童便服，散胃脘瘀血。陳氏《養老書》云：春食香，宜人，夏食臭，冬食動宿飲。近根白者，溫中下氣，益陽止洩，暖腰膝。花、子功同。不宜多食，動風。冬天未出土者，名韭黃，食之滯氣。高郵云：食韭口臭，啖諸糖可解，黑棗亦妙。

清・蔣居祉《本草擇要綱目・熱性藥品》　韭子入藥揀淨，蒸熟暴乾，簸去黑皮，炒黃用。　氣味：辛、甘，溫，無毒。陽也。　主治：夢中洩精溺血，暖腰膝，治鬼交甚效。補肝及命門，治小便頻數，遺尿，女人白淫白帶。故《三因方》治下元虛冷，小便不禁。或成白濁，有家韭子丸。蓋韭乃肝之菜，入足厥陰經。腎主閉藏，肝主疎洩。《素問》云：足厥陰病則遺尿，思想無窮，入房太甚，發為筋痿及為白淫，男隨溲而下，女子綿綿而下。韭子之治遺精漏泄，小便頻數，女人帶下者，能入厥陰補下焦肝及命門之不足。命門者，藏精之府，故同治云。

清・王翃《握靈本草》卷六　韭　主治：　韭，辛、微酸，溫，濇，無毒。歸心，溫中下氣，補虛壯陽。主吐血、唾血、衄血、尿血、逆經，胸痺，跌打損傷及膈噎病。擣汁和童尿飲之，能消散胃脘瘀血。　韭子：　蒸熟晒乾，簸去黑皮，然後炒黄用。主治：　韭子，辛、甘，溫，無毒。主洩精溺血，暖腰膝，治鬼交，小便數，遺尿，女人白淫白帶。

清・汪昂《本草備要》卷四　韭補陽，散瘀。　辛，溫，微酸。肝之菜也，入血分而行氣。歸心益胃，助腎補陽，一名土鍾乳，言溫補也。除胃熱，充肺氣，散瘀血，逐停痰。治吐衄損傷，一切血病。搗汁，童便和服。噎膈反胃。能消瘀血停痰在胃口致反胃及胃脘痛。丹溪曰：　有食熱物及鬱怒，致死血留胃口作痛者，宜加韭汁、桔梗入藥，開提氣血；　有腎氣上攻，致心痛者，宜韭汁和五苓散爲丸，空心茴香湯下。治反胃宜用牛乳加韭汁、薑汁，細細溫服。蓋韭汁散瘀，薑汁下氣消痰和胃，牛乳解熱潤燥補虛也。《單方總錄》曰：　食不得入，是有火也；　食久反出，是無火也。治法雖有寒熱虛實之別，要以安其胃氣爲本，使陰陽升降平均，嘔逆自順而愈矣。解藥毒、食毒，狂犬、蛇、蟲毒。多食昏神。　忌蜜、牛肉。昂按：　今人多以韭炒牛肉，其味甚佳，未見作害。○《經》曰：　毒藥攻邪，五穀爲養，五畜爲益，五菜爲充，五果爲助。氣味合而服之，以補精益氣。五菜：　韭、薤、葱、葵、藿也。五果，桃、李、棗、杏、栗也。藥醫病，食養人。　韭子：　辛、甘而溫。補肝腎，助命門，暖腰膝。治筋痿遺尿，尿、溺，并去声，俱音吾弔切。泄精溺血白帶白淫。《經》曰：　足厥陰病則遺尿。思想無窮，入房太甚，發爲筋痿及爲白淫。韭子同龍骨、桑螵蛸，能治諸病，以其入厥陰補肝、腎、命門。命門者，藏精之府也。蒸暴，炒研用。燒烟熏牙蟲。

清・陳士鐸《本草新編》卷四　韭韭子　韭：　味辛，微散，氣溫，性急。溫中下氣，歸心益陽，暖膝胻，和臟腑，除胸腹痃癖痼冷，止莖管白濁遺精，活血解毒。少用則有益于腎，多食則有損于心。蜜食殺人，不可不戒。韭子善止遺精，功勝于葉，然亦不可多食。

或問：　《神農本草》云病人可久食韭，而吾子曰不可多食，豈神農非歟？　嗟乎！　《神農本草》因傳世既久，遺落誤傳耳。夫韭性辛溫，尤善通利。雖曰益腎，未免消多于補，多食能令人神昏，正傷心之明驗。此予所以戒之也。

清・顧靖遠《顧氏醫鏡》卷八　韭辛，溫。生搗汁用，熟則歸腎壯陽。　專消瘀血，故吐血及胸痺痛如錐刺，併損傷，並用之。能療噎膈。以其能消散胃脘之瘀血也。胃氣虛而有熱者，勿用。

清・李熙和《醫經允中》卷二二　韭　同牛肉食生寸白蟲。蛇犬傷毒，作厚箍頻換立安。　辛、酸，溫濇，無毒。主暖腎壯陽，止泄精，暖腰膝。鹽醋空心喫，治膈噫氣，吐唾衄尿等血；　童便和飲之，能消胃脘瘀血。熏產婦血暈，洗腸痔脫肛。按：　韭為足厥陰肝之菜也。《素問》言心病宜食。韭《本草》歸腎，以心為肝子，腎為肝母，虛補母而子實，則心受其益矣。故心痛、胃脘痛者，其汁宜之。子補肝及命門，女子白淫白帶，男子泄精溺血。多食神昏目暗。

清・馮兆張《馮氏錦囊秘錄・雜症痘疹藥性主治合參》卷七　韭稟春初之氣而生，兼得金水木之性。故味辛、微酸，氣溫，無毒。生則辛而行血，熟則甘而補中。辛能散結，溫能通行，兼有微酸，故入肝而主血。凡血之凝滯者，皆能行之，是血中行氣藥也。心主血，專理血分，故曰歸心，腸胃瘀滯即去，則氣血調暢，五臟安而胃熱除矣。病人之氣，抑鬱者多，凡人氣血，惟利通和。韭性行而能補，故曰最利病人。其暖膝除癖，止濁止遺，皆溫中兼補之力也。韭子，味辛、甘，溫，無毒。主夢中洩精，溺血。蓋韭乃入足厥陰、少陰經。腎主閉藏，肝主疏洩，《經》云：　足厥陰病則為遺尿，及為白淫，韭子入厥陰，甘溫補肝及命門之不足，故主之。【略】　韭，雖充菜品，最利病人，春食則香，夏食則臭。溫中下氣，歸心益陽，消一切瘀血，療喉間噎氣，暖膝胻，和臟腑，除胸腹痃癖痼冷，止莖管白濁精遺，安五臟，除胃熱。又搗如泥，加鹽少許，蛇犬傷毒，作厚箍頻換立安；　刑杖打血凝，薄敷連拍即散。同鯽魚鮓煮食，斷卒下痢。同牛肉煮食，生寸白蟲。食同蜜糖，殺人誠驗。病後食發困，酒後食昏神。久食過多，兩目易暗。根汁絞出，湯劑可加，清胃脘瘀血殊功，下胸膈結氣捷效。開中風音失，消中惡腹脹。仍有韭黄，未出糞土極嫩，作葅悅口，每為祭品所珍。食不益人，甚能滯氣，以其氣尚抑鬱未申故也。子，止精濁遺漏，助陽止帶，補肝腎，暖腰膝。

清・张璐《本經逢原》卷三　韭　生，辛，濇；　熟，甘，溫，無毒。葉細根紫者良。韭子入藥，蒸熟曝乾，簸去黑〔皮〕，炒黄研用。韭初生芽，食之傷人心氣。　發明：　韭入足厥陰經，下散血積。生用治死血留於胃口作痛，及婦人經脈逆行，打撲損傷，搗汁和童便飲。然須善食便實者宜之。有腎氣上攻心痛者，宜用韭汁和五苓散為丸，空心茴香湯下。昔人言治噎膈，惟死血在胃者宜之。若胃虛而噎勿用，恐致嘔吐也。其心腹有痼冷者勿食，食之必加劇，《黃帝》云，凍韭不可生食，動宿飲，飲盛必吐水。〇韭花食之動風，風氣人勿食。〇韭子辛溫壯火，治夢泄尿血，白帶白淫，男子隨溲而下，女子綿綿而下。惟腎氣過勞不能收攝者為宜。若陰虛火旺，及亢陽不交，獨陰失合，誤用是抱薪救焚矣。大抵韭之功用，全在辛溫散結。子則包含少火未散，故能濇精。而壯火熾盛，則為戈戟。今人以韭子薰齲齒出蟲，然能傷骨壞齒，不可不知。

清·汪啟賢等《食物須知·諸菜》 韭 味辛、微酸，氣溫。性急，屬金，有水與土。各處鄉村俱種園圃，久刈不乏，故以韭名。字畫因之，亦合九數。雖充菜品，最利病人。春食則香，夏食則臭。溫中下氣，歸心益陽。暖膝脛，和臟腑。除胸腹痃癖痼冷，止莖管白濁遺精。又搗如泥，加鹽少許。蛇犬傷毒作，厚箍頻換，立安；刑杖打血凝，薄敷連拍，即散。同鯽魚鮓煮食，斷卒下痢；同牛肉煮食，生寸白蟲。食同蜜糖，殺人誠驗。病後食發困，酒後食昏神。久食過多，兩目易暗。

清·浦士貞《夕庵讀本草快編》卷三 韭《別錄》、起陽艸 《說文》云：韭象葉出地上之形。一歲三四割，其根不傷，至冬壅培，先春後生，信乎能久者也。古云：薤美在白，韭美在黃。黃者謂其未出土之芽也。于菜中最為補益，故號起陽。韭性葉熱根溫，功用相倣。生則辛而散血，熱則甘而補中，乃足厥陰之味也。故能益陽道而止泄精，開噎膈而消痃癖。如跌撲瘀滯，吐咯便尿，俱不可缺。《內經》所謂心病宜食韭。《食鑑》云：食韭先歸腎。二者文雖異而理相通。蓋心乃肝之子，腎為肝之母，母能令子實，故虛則補其母也。道家為五葷之一，春食則香，夏食發臭。古人正月之重辛盤也，少食則補氣，多食則昏神，又養生之所宜節也。凡虛陽泛上，口燥津枯者，宜遠之。至于子不惟走肝，且入命門，而為泄精白帶之要劑。夫命門為藏精之府，肝為生化之源，倘思想無窮，或入房太甚，發為筋痿及為白淫，男隨溲而出，女子綿綿而下，宜用韭子合龍骨、桑蛸溫暖之，則頻數自禁，真陰可復爾，《外臺》之棘刺丸是也。

清·葉盛《古今治驗食物單方》 韮菜 臥忽不寤，韮菜搗汁，吹入鼻中，冬月用韮根。 夜出盜汗，韮根四十九窠，水煎一鍾，頓服。 消渴，日服韮菜愈。 產後血暈，韮菜切，安瓶中，沃以熱醋，令氣入鼻，即安。 赤白帶下，韮根搗汁，和童便，露一宿，空心溫服。 鼻衄，以葱、韮根同搗，捏棗大，塞鼻孔，頻易兩三度，即止。 漆瘡，韮汁掃之。 百蟲入耳，韮汁灌之，聤耳亦然。

清·黃元御《玉楸藥解》卷四 韭子 味辛，性溫。入足少陰腎、足厥陰肝經。秘精斂血，暖膝強腰。韭子溫補腎肝，治白淫赤帶，腰膝軟弱，宗筋下痿，精液常流。韭菜汁治吐衄便溺諸血，行打撲損傷諸瘀。療女子經脈逆行，止胸膈刺痛如錐，消散胃脘瘀血。

清·吳儀洛《本草從新》卷四 韭〔補陽，散瘀。〕以下葷辛類。 辛，溫，微酸。溫脾益胃，止瀉痢而散逆冷；助腎補陽，固精氣而暖腰膝；散瘀血，逐停痰，入血分而行氣。治吐衄損傷，一切血病，搗汁，童便和服。噎膈反胃，胃脘痛。能消瘀血、停痰在胃口致反胃及胃脘痛。治反胃噎膈，宜用韭汁、薑汁、牛乳細細溫服。韭汁散瘀，薑汁下氣消痰和胃，牛乳解熱潤燥補虛也。有食熱物及鬱怒致死血留胃中作痛者，宜加韭汁、桔梗入藥，開提氣血。有腎氣上攻致心痛者，宜韭汁和五苓散為丸，空心茴香湯下。解藥毒、食毒、狂犬蛇蟲毒。《經》曰：毒藥攻邪，五穀為養，五畜為益，五菜為充，五果為助。五果，桃李棗杏栗也。五菜，韭薤葱葵藿也。大蒜，自漢張騫使西域，始得種入中國，故一名葫。多食神昏目暗。忌蜜。 附：韭子 辛甘而溫。補肝腎，助命門，暖腰膝。治筋痿遺尿，泄精溺血，白帶白淫。《經》曰：足厥陰病則遺尿。思想無窮，入房太甚，發為筋痿，及為白淫。韭子同龍骨、桑螵蛸能治諸病，以其入厥陰補肝腎命門不足。命門者，藏精之府也。下部有火而陰氣不固者勿服。蒸曬炒研。

清·汪紱《醫林纂要探源》卷二 韭 甘，辛，溫，微酸。氣味亦薰辛，而轉有酸味。巽木之氣，補肝而能瀉，行血中之氣，能充聚肺氣，散瀉瘀血。以其酸也。寧心，收心之散。助腎，潤腎之燥。和胃，辛能和陽，酸能和陰。逐痰，辛以行之。療解一切毒。葷味皆能辟毒。治吐血衄血。辛行酸瀉也。和童便飲之。療反胃噎隔。辛潤甘緩酸斂也。用汁尤行瘀，合牛乳、薑汁溫服，治三陽結。此方最妙，餘皆不及。忌蜜。 韭子：甘，辛，溫。補肝潤腎，助命火。能暖腰膝，治筋痿，及遺精白濁，溺血遺溺諸證，亦以其兼有濇味。〇炒研用。 韭根：甘，辛，酸，熱。大補命火，去瘀血，續筋骨，逐陳寒，療損傷。加酒用之，回陽救急。

清·嚴潔等《得配本草》卷五 韭菜韭黃、韭子 辛，溫。入足厥陰經，血中行氣。入足少陰經，壯陽助腎。能散瘀血，逐停痰，寬胸膈，治反胃。開中風失音，消中惡腹脹，止遺精白濁，除胸腹痃癖。　得桔梗，治血留胃脘作痛。右脈澀，關脈沉。得鼠糞為引，解至陰燥熱。得鹽少許，搗箍蛇犬傷。配半夏，治胸痹刺痛。和五苓散，治腎氣攻心。和薑汁，治產怒嘔綠水。和童便，止經脈逆行。炙猳鼠屎，治陰陽易病。　生行血，熟補中。根汁下瘀血。治噎隔，用鹽、醋拌。治下痢，葉煮鯽魚食。　同牛肉食，生寸白蟲。同蜜食，殺人。病後食，多困。酒後食，昏神。久食多食，兩目不明。　怪症：發熱有光，以手近之，如猛火燒炙，用韭汁一茶杯，和酒下，連進數服，吐如蛇狀即愈。　韭黃：未出土者。多滯氣，以其抑鬱不伸也。食之傷人心氣。

治牙蟲，燒煙熏。　韭子：伏乳香、石鍾乳。　辛，溫。入足厥陰經。補肝及命門。除鬼交，止泄精溺血，及遺尿帶濁，筋痿膝冷。　得龍骨、桑螵蛸，治漏精。配破故紙，治強中。玉莖強硬不痿，精流不住，時時如針刺，捏之則痛，病名強中。　揀淨蒸熟，曬乾去黑皮，炒用。治帶濁，醋炒酒下。　腎火盛而遺精者禁。

題清・徐大椿《藥性切用》卷六　韮菜　辛溫微酸，活血助陽，散瘀止血，為血瘀噎膈耑藥。搗汁用。韮子，辛甘性溫，入肝腎命門，興陽固精，為夢泄遺溺耑藥。炒研用。

清・黃宮繡《本草求真》卷七　韭菜活血通滯。　韭菜耑入肝、腎、腸、胃。味辛微酸，氣溫無毒，按辛則能散，溫則能行。滯氣客於腸胃，則血因氣而益阻；胃氣不通於五臟，則腰膝冷而痃癖生。肝主疎泄，腎主閉藏，肝腎虛則啟閉非時。《經》曰：足厥陰病則為遺尿，及為白淫，服此氣行血散，肝補腎固，而病安有不愈乎？　故書有云韭味最利病患，凡一切血瘀氣滯等症，俱能使之立效。震亨曰：心痛有食熱物及怒鬱致死血留於胃口作痛者，宜用韭汁、桔梗加入藥中，開提氣血。有腎氣上攻以致心痛者，宜用韭汁和五苓散為丸，空心茴香湯下。蓋韭性急能散胃口氣血滯也。又反胃宜用韭汁二盃，入薑汁、牛乳各一盃，細細溫服。蓋韭汁消血，薑汁下氣、消痰和胃，牛乳能解熱潤燥補虛也。《單方總錄》曰：食不得入，是有火，食久反出，是無火也。士材又謂此不必拘，但察脈大有力，嘔吐酸臭，當作熱治；脈小無力，嘔吐清水，當作寒醫。色之黃白而枯者為虛寒，紅赤而澤者為實熱，能合色脈，庶乎無誤。　如犬蛇傷，用此搗爛如泥，加鹽少許，作厚箍頻換則安。　被刑杖及打血凝，薄敷運動即散。　久病下痢不止，同鯽魚煮食即止。　但火甚陰虛，用之為最忌焉。　忌蜜、牛肉。汪昂曰：今人多以韭炒牛肉，其味甚佳，亦未見其作害。又按《經》曰：毒藥攻邪，五穀為養，五畜為益，五菜為充，五菓為助，氣味合而明之，以補精益氣。五菜，韭、薤、葱、葵、藿也。五菓：桃、李、棗、杏、栗也。使韭果忌牛肉，則《經》何以又不言其有忌乎？　韭子功治略同，但治遺精白濁更勝。《素問》曰：足厥陰病則遺尿，思想無窮，入房太甚，發為筋痿及為白淫，男隨溲而下，女子綿綿而下。韭子之治遺精漏泄，小便頻數，女人帶下者，能入厥陰補下焦肝及命門之不足。命門者藏精之府，故同治云。　蒸暴炒研用。《救急易方》用瓦片煅紅，安韭子數粒，清油數點，待烟起，以筒吸引至痛處。良久，以溫水漱，吐有小蟲出為效。未盡，再薰。

清・李文培《食物小錄》卷上　韭　辛、微酸，溫、澀，無毒。歸心，安五臟，除胃中熱，充肺氣。歸腎，壯陽，止洩精，暖腰膝。利病人食，可久食。花，亦可醃食。汁，解肉脯毒。子，辛，溫，甘，無毒。補肝及命門。

清・羅國綱《羅氏會約醫鏡》卷一七菜部　韭菜味辛，氣溫，微酸，入肝經。辛能散結，溫能通行，兼有微酸，故入肝而主血，凡血之凝滯者，皆能行之，是血中行氣藥也。固精氣，暖腰膝，止遺濁，除瀉痢，進飲食，皆溫中兼補之力也。散一切瘀血，治吐衄血病，搗汁童便和服。噎膈反胃，凡瘀血停痰在胃脘，致反胃刺痛，宜韭汁桔梗入藥，開提氣血。有腎氣上攻致心痛者，宜韭汁和五苓散為丸，茴香湯下。和臟腑，除胃熱，助腎補陽。但多食昏神昏目，慎之！

韭子：味辛甘而溫，入肝、腎、命門三經。補精血，助相火，暖腰膝。治筋痿、遺尿、洩精、溺血、白帶、白淫。《經》曰：足厥陰病則遺尿；思想無窮，入房太甚，發為筋痿及為白淫。韭子同龍骨、桑螵蛸能治諸病，以其入厥陰補肝腎命門。命門者，藏精之府也。蒸暴，炒研用。

清・黃凱鈞《藥籠小品》　韭　辛，溫，補腎，暖腰膝，散瘀血，治噎膈翻胃，多食神昏目暗，忌蜜。韭子辛溫補腎，助命門，故五子衍宗丸用之，蒸晒炒研。

清・章穆《調疾飲食辯》卷三　韭　熟食甘溫，益脾腎，助陽益陰，利氣補血。宜極熟，不可帶生。故又名草鍾乳，又名起陽草。生食辛熱，破血行氣，行一切敗血，治胸脇血凝氣滯諸痛，跌撲損傷，產後兒枕作痛。極走泄真氣，凡症屬虛者忌之。又多食傷目，生者尤甚。《千金方》治喘息欲絕，生韭汁頻飲。又治喉腫：韭葉搗爛，炒熟敷，冷即易。又治百蟲入耳，生韭汁灌之即出。《食醫心鏡》治卒然中惡，生韭汁灌鼻中。又治水穀痢疾：韭菜煮粥，或煠炒，任意食。赤白痢亦佳。《活人書》用治陰陽易，陰腫，小腹絞痛，頭重眼花，頃刻不救：宜豭鼠屎十四枚兩頭尖者，韭根一把，水二盌，煎七分，去滓，再煎二沸，溫服，得汗即瘥，未汗再作。《簡便方》治猘犬咬傷，七日必一發，三七日不發，乃為真愈。初咬時，急於無風處冷水洗淨，服生韭汁一盌，隔七日又一盌，四十九日共服七盌。須百二十日忌食酸鹹，一百五十日忌聞金鼓聲，一年忌食魚腥，終身忌食狗肉。

按：此法出《肘後方》，一本作薤汁，未知驗否，而徐本齋云甚效，且隨處皆有，故録之，為醫藥不便處救急之用。《摘元方》治產後怒哭傷肝，嘔青緑水：韭汁一琖，入薑汁一匙，同飲。丹溪治產後血運：韭葉搗爛，入酒壺內，沃以熱醋，將壺嘴對鼻，頻開合其蓋，令氣沖射入鼻中即醒。《千金方》治衄血不止：韭根、葱根同搗如棗大，塞鼻孔，頻易，以止為度。又治刺傷中水腫痛，刺雖出，因盥濯為生水所傷，復作腫痛，不治必作膿潰：韭菜杵爛，炒熱敷。跌撲傷亦可用，加醋更佳。若挑去刺時，淋以熱尿，隔二三日不見水，則無此患。刀傷亦然。瀕湖方治金瘡血出：韭汁和風化石灰，晾乾為末敷。若用雞骨炭、松香等分研末，生韭汁調作餅，臨時再研細，敷金瘡血不能止，尤妙。《備急方》用解肉脯毒。凡熟肉未冷，用密器蓋過夜，絲毫不透風者，為鬱肉；沾茅屋漏者，為漏脯，皆有毒傷人。並搗韭汁生飲。又《千金方》：治食物中毒，不知其毒，當作若何解法，飲生韭汁最佳。又凡諸病宜用細辛、牙皂搐鼻者，不如俱代以生韭汁更便更穩。《綱目》曰：《內則》韭曰豐本，言其美在黃也。大誤。《本草衍義》曰：韭黃未出糞土，含抑鬱未申之氣，病人切忌。此確論也。蓋《禮》所謂豐本者，言其根茂可以屢剪，非貴其黃也。至鄭康成謂葱變韭，《爾雅翼》謂老韭變莧，均幻談也。

野生者名藿，《爾雅》曰：藿，山韭。其性不佳。韭子溫補下元，主夢中洩精，肝虛溺血出《別録》。暖腰膝，治夢與鬼交出《日華本草》。又主小便頻數，夢中遺尿，及女人白帶、白淫出《本草綱目》。又燒煙可熏蟲牙出《救急方》。

清·王龍《本草纂要稿·菜部》 韭 味辛，微溫，性急。溫中下氣，歸心益陽。暖腰膝，和臟腑。除胸腹痃癖痼冷，止莖管白濁遺精。根汁絞出，湯劑可加，清胃脘瘀血殊功，去胸膈結氣甚捷。開中風失音，消中惡腹脹。仍有韭子，止精濁遺漏，較根葉尤靈。

清·吳鋼《類經證治本草·足少陰腎臟藥類》 韭菜 【略】誠齋曰：韭汁，能漱含走馬牙疳及牙癰，立效。根葉並同用。忌與牛肉同食。○子：【略】誠齋曰：治遺尿及精物出不止，神效。

清·張德裕《本草正義》卷下 韭菜 生涼熟溫，甘而微辛。安五臟，和脾胃，壯腎氣，暖腰膝。生搗汁服，可治胃脘瘀血，經逆上衝。若被狂犬、蛇蟲毒傷，危急者，亦可搗汁服之。 韭子：辛，溫。陰中陽也。治夢洩遺精，壯陽道，暖腰膝，止小便頻數，婦人帶下。

清·楊時泰《本草述鉤元》卷一五 韭 一名草鍾乳，壯陽草也。可以根分，可以子種，一歲三四割，八月開花成叢，九月收子。 生味辛濇，熟味甘酸，氣溫。入足厥陰經。主治心腹痼冷痃癖。生搗汁服，治胸痺刺痛如錐，吐出胸中惡血，甚驗。主吐血唾血衄血尿血，婦人經脉逆行，打撲損傷及膈噎病。煮食，溫中下氣，歸腎益陽。熏產婦血暈，洗腸痔脫肛。

葉熱根溫，生則辛而散血，熟則甘而補中，為足厥陰肝之菜。《素問》言心病宜食韭，《食鑒本草》言歸腎，乃肝之子母臟也瀕湖。搗汁澄清，和童尿飲之，能消散胃(腕)〔脘〕淤血，甚效。痰帶血絲出，生韭汁、童便二物合，加鬱金研入，內服之，其血自清。又灌初生小兒，吐去惡水惡血，永無諸病。一貧叟病噎膈，胸中刺痛，或令取韭汁入鹽梅鹵少許，細呷，得入漸加，忽吐稠涎數升而愈。反胃，用韭汁二盃，入薑汁、牛乳各一盃，細細溫服。蓋韭汁消血，薑汁消痰，牛乳潤燥補虛而解熱也。一人臘月飲刮剁酒三盃，自後食必屈曲，下膈硬濇微痛，右脉甚濇，關脉沉，此污血在胃脘之口，氣因鬱而成積，隘塞食道也。以韭汁半盞細細冷呷，盡半升而愈。心痛有食熱物及怒鬱致死血留於胃口而成者，宜加韭汁、桔梗入藥中，開提氣血丹溪。腎氣上攻心痛，韭汁和五苓散為丸，空心茴香湯下，以韭性急能散胃口血滯也。消渴引飲，韭苗日用三五兩，或炒或做羹，勿入鹽，入醬無妨，喫至十斤，即住，極效。過清明勿喫。脫肛不收，生韭一斤切，以酥拌，炒熟，綿裹入二包，更互熨之，以入為度。痔瘡作痛，用洗淨韭菜一把，泡湯盆盛，以器蓋之，留一孔，乘熱坐孔上，先熏後洗，數次，自然脫體。

論：味辛為陽，肝喜辛者，媾於金而上承乎陽，還以達陰也。酸為陰，肺喜酸者，媾於木而下依於陰，還以達陽也。韭根先春而生，微酸性溫，《經》故謂肝之菜。然其味辛，辛則上承陽之用以達陰。凡血中之污以為病者，袪之最捷，繆氏指為血中行氣藥是也。其主治諸血，即尿血亦用之，而痛風滯血證且為要藥，以此思功，功可知矣。顧此惟生用為然，至煮食則辛已化甘，本於出地之陽，更和於中土之甘，其功在溫中下氣，又甘附於酸溫，則當還歸於腎，以益元壯陽，如甯原所云矣。

韭子：味辛、甘，氣溫，陽也。能入厥陰，補下焦肝及命門之不足。治夢中洩精，並溺血，療小便頻數遺尿，女人白淫白帶。《三因方》治下元虛冷，小便不禁，或成白濁，有家韭子丸。莖強不痿，精流不住，時如針刺，捏之則痛，病名強中，乃腎滯漏疾也。用韭子、破故紙各一兩，為末，每服三錢，水一盞，煎服，日三。按韭子主治強中，乃下焦元陽虛而有滯以為漏者，得上焦辛甘施化，是以奏功。若陰虛為病，則慎之。

論：夫韭葉辛矣，最後有微酸，生用絕無甘。若韭子則結於季秋，稟金氣之專，已無酸味。唯辛兼有甘，合於氣之溫，故不得尚執入肝以論。夫辛者肺味，味歸形，形歸氣，氣者，肺所主也，是物得降收之氣，為肺氣專精，以至於胃，即其辛甘合而下行者，乃歸氣之所始，不歸於命門而何歸哉。人身先天元氣，全藉後天以施化，是由此而升，即由此而降之元機，所以效下焦之用，不僅治溺數，且療遺精也。第元氣根於命門，而三焦為之使。《經》云：三焦者，中瀆之府，水道出焉。肝固主溺，然已包舉於三焦之中，下焦衛氣，能化水而出，即能約三焦以為行水之節度，雖足厥陰原與命門通，而三焦之包舉上中下者，故以三焦為本矣。

多食能昏人神，最為養性所忌。胃氣虛而有熱者，勿服仲淳。韭黃，未出於土者，其氣抑鬱，食之滯氣。韭花，食之動風。

清·葉桂《本草再新》卷六 韮菜味辛，性溫，無毒。入脾、肺二經。宣肺健脾，壯陽益陰。暖腰膝，散瀉痢。味辛而上通下達，故能宣肺氣，治瀉痢。理血分，走經絡，治諸惡毒。韮子：味辛，性溫，無毒。入肝、腎二經。養肝補腎，助命門，暖腰膝。治筋骨疼痛，遺精溺血，赤白二帶。

清·吳其濬《植物名實圖考》卷三 韭《別錄》中品。《本草拾遺》謂之草鍾乳，醃韭汁治吐血極效。北地冬時培作韭黃，味美，即漢時溫養之類。陶隱居以其辛臭為養生所忌，而諸醫以為溫而宜人，有草鍾乳、起陽草諸名。治噎膈及胃口死血作痛用韭汁，治漏精用韭子，根葉之用尤多，亦蔬中良藥也。一種屢翦，古諺云：日中不翦韭，而夜雨留賓，遂為詩人膾炙。然則翦忌日而喜雨，其物性宜耶？昔人謂韭黃，豪貴所珍，東坡詩：漸覺東風料峭寒，青蒿黃韭試春盤。蒿生而韭黃，非窖藏之時矣。放翁詩：雨足韭頭白。蓋紀實也。韭花逞味，實謂珍饈，鼎雉禁臠，得之尤妙。石崇冬月得韭蓱齏，亦何足異。但薊門春盤，亦多以麥苗雜之，庾郎食鮭二十七種，李令公一食十八種，一以貧而誇，一以富而侈。《三國·世略》謂北齊後宮，冬月皆食韭芽，然則韭芽帶土蕨如拳，癯儒用簋比玉食矣。朝事之豆，其實韭菹。司農訓菁菹亦為韭菹，一物再薦，見韭祭韭，《小正》特書，豈果有取於性溫而種能久耶？政道得則陰物變為陽，若葱變為韭，後秦周隋皆有之矣，果何道而致此？張耒詩注：俗言：八月韭，佛開口。味肥而忘其葷，甚美甚惡，孰則辨之？

清·趙其光《本草求原》卷一五菜部 韭 氣溫，初微酸，肝之菜也。後辛，是上承肺陽以達陰，為血中行氣之品。生則辛而散血。治血留胃口作痛，及吐衄、撲打、下血、尿血、噎膈、亦瘀血在胃所致，若胃虛而噎勿用。俱酒汁和童便飲。停痰、反胃及痰帶血絲。皆血滯痰也。取汁，童便和鬱金末服。熟則甘而補，除心腹痼冷痃癖，助腎益陽。丹溪曰：心痛，有因死血留胃者。韭汁、桔梗加入藥中，開提氣血。有腎寒氣上攻心者，韭汁和五苓散為丸，茴香湯空心下。反胃宜牛乳加韭汁、薑汁細溫服。蓋韭汁散瘀，薑汁下氣、消痰、和胃，牛乳解熱、潤燥補虛也。噎膈胸痛，食入即吐，取汁和鹽梅鹵汁服，亦散熱消瘀之意耳。韭作羹和醬食，不用鹽，食之十斤，消渴自止，為其本於陰中之陽，以達陽中之陰也。痔瘡痛，泡韭湯熏洗數次即愈，脫肛亦可。解藥毒、食毒、狂犬蛇蟲毒。多食神昏。冬韭不可生食，動宿飲必吐。

韭子：辛甘而溫。補肝，溫達三焦，令肺胃合氣下降，以歸於命門。治夢泄、遺精、溺血、溺數、遺尿、白帶、白淫、筋痿、下元虛冷，暖腰膝。肝主溺，腎主精，肝與命門通，而三焦為命門之使。《經》曰：三焦者，中瀆之府，水道出焉。韭子得降收之氣以效下焦之用，能化水而出，即能約水之行，肝不疏泄則腎精益藏。《經》曰：足厥陰病則遺尿。思想無窮，入房太甚，發為筋痿及為白淫。同龍骨、桑螵以治諸病。同故紙為末，滾水下，治莖強不萎，精流刺痛，是其治下焦皆元陽虛，而有滯以為漏者，得上焦辛甘施化而病愈，通上以攝下也。蓋韭之功在辛溫散結。子則包含少火未散，故收精壯火。

陰虛有火人勿用，多食令人昏，燒煙熏牙蟲亦傷骨壞齒。蒸曬炒研用。花能動風。清明後食韭佳。五月及霜後忌多食，食之口臭，諸糖可解。

清・文晟《新編六書》卷六《藥性摘錄》　韭菜　味辛，微酸，性溫。解肉脯毒，歸心和臟腑，下氣，散血利水，除胸腹冷痛痃癖。多食昏神損目。酒後尤忌。同蜜食成瘕。經霜韭不可食。清明後宜食之。五月忌食。近根白者，溫中下氣，益陽止泄，暖腰膝。○花與子功同。不宜多食，動風。○冬天未出土者，名韭黃，食之滯氣。○食韭口臭，噉糖可解，黑棗亦妙。餘詳藥部。

韭菜　味辛，微酸，氣溫。入肝腎、腸胃。活血通滯。○治遺尿白淫，血瘀氣滯，及久病下痢不止。同鯽魚煮食，即止。○搗敷刑杖，打撲血凝，並犬吠蛇傷。○但火盛陰虛者，勿服。○韭子，功用畧同。治遺精白濁，蒸暴炒研用。

清・張仁錫《藥性蒙求・菜部》　韭子　韭味辛溫，補陽助土。行氣散瘀，損傷宜佐。治吐衄損傷，一切血病。噎膈反胃脘病。解狂犬、蛇毒，搗汁服。○韭子辛、甘，溫。補肝腎，助命門，暖腰膝。治筋痿遺尿，洩精溺血，白帶白淫，夢與鬼交神效。腎氣過勞，不能收攝者尤宜。○韭子薰䘌齒出血，但壞齒，不可不知。

清・王孟英《隨息居飲食譜・蔬食類》　韭　辛、甘，溫。暖胃補腎，下氣調營，主胸腹腰膝諸疼，治噎膈、經產諸證，理打撲傷損，療蛇狗蟲傷。秋初韭花亦堪供饌，韭以肥嫩為勝。春初早韭尤佳。多食昏神。目證、瘧疾、瘡家、痧痘後均忌。　產後血運，切韭，安缾中，沃以熱醋，令氣入鼻中。　產後怒哭傷肝，嘔青綠水，韭汁入薑汁少許，和服。　卒然中惡，韭汁注鼻中。　漏脯、鬱肉、諸食物毒，韭汁灌之。

清・劉善述、劉士季《草木便方》卷二穀糧豆菜部　草鍾乳　韭根辛溫散瘀烈，損傷停血除胃寒。子擒蟲牙淋帶濁，筋痿失尿洩精血。葉治蛇犬蟲傷毒，解中百藥止血捷。

清・田綿淮《本草省常・菜性類》　韭　一名起陽草，一名草鍾乳。性溫。生食令人心嘈，宜熟食。溫中益胃，補虛壯陽，固精氣，散瘀血，解酒食毒、藥毒、蟲毒。多食令人目暗神昏，同酒食之尤甚。同牛肉食成瘕症，同蜜食殺人。

清・戴葆元《本草綱目易知錄》卷三　韭　辛、微酸，溫，濇。肝之菜也。和根煮食，歸心歸腎，溫中下氣，補虛養陽，調和臟腑，充肺氣，安五臟，除胃熱，暖腰膝，壯陽道，止洩精，除心腹痼冷痃癖，止瀉膿血，腹中冷痛。　生擣汁服，治噎膈反胃，胸痹刺痛如錐，即吐出惡物為驗，及中風失音，吐衄尿血，婦人經血逆行，打撲損傷，止消渴盜汗，上氣喘息欲絶，解肉脯毒。　煠熟，以鹽醋和，空心食，治胸腹噎氣；　擣汁，和童便飲，能和胃脘瘀血；　和醋煎，熏產婦血暈；　洗腸痔脫肛，解藥毒狂犬咬毒；　摘汁滴鼻內，止衄血，塗蛇蠍蜂蠆惡蟲毒。　春食香，夏食臭，多食昏神暗目，忌蜜、牛肉同食。【略】　韭子：　辛、甘，溫。溫下焦，暖腰膝，補肝及命門，治下元虛冷，小便頻數及遺尿，女子白淫白帶，男子洩精溺血，夢與鬼交，脈數。有相火者慎服。　炒用。

清・黃光霽《本草衍句》　韮菜甘，溫，微酸。　下氣溫中，壯陽歸腎。調和臟腑，入血分而行氣。善暖腰膝，充肺氣而歸心。經脈逆行，產婦血暈。消散瘀血停痰，吐衄尿血；　一切血病。能除胃熱噎膈，續骨傷筋。心痛有食熱物，及怒鬱致死血留於胃口作痛者，宜用韮汁、桔梗入藥中，開提氣血。腎氣上攻，以致心痛，宜用韮汁和五苓散為丸，空心，茴香湯下。蓋韮性急，能散胃口滯血。又反胃，宜用韮汁二杯，入薑汁、牛乳各一杯，細細溫服。蓋韮汁消血，薑汁下氣消痰和胃，牛乳能解熱潤燥補虛也。　陰陽易病，男子陰腫，小腹絞痛，頭重眼花，宜猳鼠湯主之。猳鼠矢十四枚，韮根一大把，溫服，得汗愈，未汗再服。　傷寒勞復，方同上法。　產後血暈，韮菜切，安瓶中，沃以熱醋，令氣入鼻中，即省。　鼻衄不止，韮根、葱根同擣棗大，塞入鼻中，即止。　韮菜子：　甘，溫。治筋痿而暖腰膝，補肝腎以助命門。小便頻數，遺尿鬼交甚效；　夢中洩精，溺血帶下白淫。得龍骨、桑螵蛸，主漏精補中。《三因方》治下元虛冷，小便不禁，或成白濁，有家韮子丸，蓋韮乃肝之菜，入厥陰經。腎主閉藏，肝主疎洩。《素問》曰：　足厥陰病則遺尿，思想無窮，入房太甚，發為筋痿及為白淫，男隨溲而下，女子綿綿而下。韮子之治遺精漏洩，小便頻數，女人帶下者，能入厥陰經，補下焦肝及命門之不足。命門者，藏精之府也。　夢遺溺白，韮子每日空心生吞三十粒，鹽湯下。　玉莖強中，玉莖強硬不痿，精流不住，時時如針刺，捏之即痛，其病名曰強中，乃腎滯漏疾也。用韮子、故紙各一兩，為末，每服三錢，水煎服。　煙薰蟲牙，用瓦片燒紅，安韮子數粒，清油數點，待煙起，以筒吸引至痛處，良久以溫水漱，吐有小蟲出，甚效。未盡再薰。

清・陳其瑞《本草撮要》卷四　韭菜　味辛溫微酸，入足厥陰經，功專溫脾益胃，止瀉痢而散逆冷，助腎補陽，固精氣而暖腰膝，散瘀血，逐停痰。入血分而行氣，治吐衄損傷一切血病，以生蟹與韭菜搗爛，童便、黃酒煎服，治跌打損傷神效。得薑汁、牛乳治反胃噎膈，得桔梗治死血留胃中作痛。得五苓散為丸，茴香湯下，治腎氣上攻，致心腹作痛。多食昏目，忌蜜。百蟲入耳，韭汁灌之即出。聤耳出水，韭汁日滴三次效。漆瘡作癢，韭葉杵敷之立愈。　韭子：　味辛甘，溫，入足少陰、厥陰經，功專補肝腎。得龍骨、桑螵蛸治遺尿洩精溺血，白帶白淫等症。下部有火，陰氣不固者勿服。每日空心生吞廿粒，鹽湯下，治夢遺溺白。燒熏蟲牙痛良。韭花食之動風。

清・吳汝紀《每日食物却病考》卷上　韭菜　味辛、微酸，溫，無毒，歸心。安五臟，除胸中熱，下氣，令人能食，補虛，益陽，暖腰膝。搗汁服，治胸脾刺痛如錐，即吐出惡血，甚驗。治吐血、衄血、尿血，乃菜中之益人者。春食香，夏食臭，冬食動宿飲。多食則昏神，五月多食乏氣力。不可同蜜及牛肉食。其子治虛勞夢洩，益腎。其未出土者為韭黃，雖美，滯氣，最不宜食。

清・周巖《本草思辨錄》卷二　韭、根葉同用。韭子　《素問》：　食氣入胃，濁氣歸心。韭味辛臭濁，故歸心尤易。以其歸心，故《素問》謂心病宜食韭葉。然必心為陰壅，陽不能達，借韭以達之，非可療一切心病也。

胃脘有瘀血作痛者，飲韭汁極效。蓋韭以入胃之濁氣歸心，即以留胃之濁質治胃，推此以治胸痹、吐衄、膈噎諸證，亦即下氣散瘀之功。

《別錄》韭子主夢中泄精溺白。鄒氏以《素問》陰藏精而起亟，陽衛外而為固釋之，極是。蓋陽不維陰，則陰不起亟而藏精；陰不維陽，則陽不為固而衛外。夢中泄精者，陽不維陰也。溺白者，陰不維陽也。韭豐本而子又入腎，甘溫足以起亟，酸溫足以為固。兼斯二長，所以為夢中泄精與溺白之妙品。此但陰陽兩不相維，若虛甚而患是證，則韭子無能為役，或當更加以溫固之劑矣。

薤韭

明・朱橚《救荒本草》卷下之後　薤韭　一名石韭。生輝縣太行山山野中。葉似蒜葉而頗窄狹，又似肥韭葉微闊。花似韭花頗大，根似韭根甚麄。味辣。　救飢：　採苗葉煠熟，油鹽調食。生亦可食。冬月採取根煠食。

山韭

唐・孫思邈《千金要方》卷二六《食治・菜蔬》　藿　味鹹，寒，濇，無毒。宜腎，主大小便數，去煩熱。

明・朱橚《救荒本草》卷下之後　澤蒜　又名小蒜。生田野中，今處處有之。生山中者名蒚力的切。苗似細韭，葉中心攛葶，開淡粉紫花，根似蒜而甚小。味辛，性溫，有小毒。又云熱，有毒。　救飢：　採苗根作羹，或生醃，或煠熟油鹽調，皆可食。　治病：　文具《本草》菜部小蒜條下。

明・李時珍《本草綱目》卷二六菜部・葷菜類　山韭《千金》

【釋名】藿音育。　韱音纖。並未詳。　【集解】頌曰：　藿，山韭也。山中往往有之，而人多不識。形性亦與家韭相類，但根白，葉如燈心苗耳。《韓詩》云，六月食鬱及薁，謂此也。時珍曰：　案《爾雅》云：　藿，山韭也。許慎《說文》云：　韱，山韭也。金幼孜《北征錄》云：　北邊雲臺戍地多野韭、沙葱，人皆採而食之。即此也。蘇氏以《詩》之鬱即此，未知是否。又呂忱《字林》云：　蘞，音嚴，水韭也。野生水涯，葉如韭而細長，可食。觀此，則知野韭又有山、水二種，氣味或不相遠也。

【氣味】鹹，寒，澀，無毒。　【主治】宜腎，主大小便數，去煩熱，治毛髮《千金》。

【發明】時珍曰：　藿，腎之菜也，腎病宜食之。諸家《本草》不載，而孫思邈《千金方》收之。他書藿字多訛作藿字，藿乃豆葉也。陳直《奉親養老書》有藿菜羹，即此也。其方治老人脾胃氣弱，飲食不強。用藿菜四兩，鯽魚肉五兩，煮羹，下五味並少麵食。每三五日一作之。云極補益。

明・姚可成《食物本草》卷六菜部・葷辛類　山韭山中往往有之，而人多不識。（其）性亦與家韭相類，但根白，葉如燈心苗耳。金幼孜《北征錄》云：　北邊雲臺戍地多野韭、沙葱，人家采而食之。即此也。又有野生水涯，葉如韭而細長，可食。觀此，則知野韭又有山、水二種，氣味或不相遠也。　山韭，味鹹，寒，澀，無毒。治小便數，去煩熱，治毛髮。腎之菜也，腎病宜食之。陳直《奉親養老書》有藿菜羹，藿，音育。即山韭也。其方治老人脾胃氣弱，飲食不強。用藿菜四兩，鯽魚肉五兩，煮羹，下五味并少麪食。每三五日一作之。云大補益。

清・吳其濬《植物名實圖考》卷三　山韭　《爾雅》：　藿，山韭。《千金方》始著錄。今山中多有之。《救荒本草》有背韭，似韭而寬，根如葱；　又有柴韭，亦可食。《韓詩》：　六門食鬱及藿，《爾雅翼》本其說，以為山韭可以食賤老，但其形似燈心，不甚似韭。輝縣九山、咸陽野韭澤、鄉寧縣硃砂山、句容仙韭山、定遠縣韭山、安化縣韭菜崙、重慶府邑梅司韭山，皆以產韭得名。志謂比家韭長大，而咸陽澤坦鹵不生五穀，惟野韭自生於蓬蒿莎草中，則又偏及原澤，而非宗生高岡。《北征錄》北邊雲臺戍地多野韭、沙葱，人採食之。許有壬詩：　西風吹野韭，花發滿沙陀。氣較葷蔬媚，功於肉食多。濃香跨薑桂，餘味及瓜茄。我欲收其實，歸山種澗阿。蓋皆此物。玩許詩乃勝於家韭也。滇南山韭，亦似燈心草，《滇本草》一名長生草，味甘，能養血健脾，壯筋骨，添氣力。根汁治跌損，同赤石脂搗擦刀斧傷，為金瘡聖藥。與《奉親養老書》藿菜羹治老人脾弱同功而加詳。唯山草似韭者尚多，或可食不可食，孝文韭、諸葛韭，雖因人命名，然形味不具，非若野葱、野蒜，處處攟摭助匕箸也。《北戶錄》水韭生池塘中，引《字林》蓋水中野韭，與《說文》韱，山韭，音同，宜可通。

清·田綿淮《本草省常·菜性類》　山韭　一名諸葛韭，一名韱。性寒，宜熟食。去煩熱，益毛髮。生食傷中。韱，音暹。

清·戴葆元《本草綱目易知錄》卷三　山韭　鹹，寒，濇。腎之菜也。去煩熱，治毛髮，主大小便數，老人脾胃虛弱，飲食不強，和鯽魚食。

孝文韭

宋·唐慎微《證類本草》卷六草部上品（唐·陳藏器《本草拾遺》）　孝文韭　味辛，溫，無毒。主腹內冷脹滿，泄痢腸澼，溫中補虛。生塞北山谷。如韭，人多食之能行。云昔後魏孝文帝所種。以是爲名。又有山韭，亦如韭，生山間，主毛髮。又有石蒜，生石間。又有澤蒜，根如小蒜，葉如韭，生平澤，並溫補下氣。又滑水源。又有諸葛亮韭而長，彼人食之，是蜀魏時諸葛亮所種也。

宋·鄭樵《通志》卷七五《昆蟲草木略》　孝文韭　人多食之，能行。後魏孝文帝好食此，故得名。

明·李時珍《本草綱目》卷二六菜部·葷菜類　孝文韭時珍曰：此亦山韭也，但因人命名耳。

明·姚可成《食物本草》卷六菜部·葷辛類　孝文韭　味辛，溫，無毒。主腹內冷脹滿，洩痢（腸澼），溫中補虛，令人能行。生塞北山谷，狀如韭，人多食之，云是後魏孝文帝所種。又有諸葛韭，孔明所種。此韭更長，彼人食之。李時珍曰：此亦山韭也，但因人命名耳。

草鼓

宋·唐慎微《證類本草》卷六草部上品（唐·陳藏器《本草拾遺》）　草鼓　味辛，平，無毒。主惡氣，調中，益五藏，開胃，令人能食。生巴西諸國。草似韭，鼓出花中，人食之。

明·姚可成《食物本草》卷六菜部·葷辛類　草鼓生巴西諸國。草似韭狀，鼓出花中，彼人食之。　草鼓，味辛，平，無毒。主惡氣，調中，益五臟，開胃，令人能食。

清·章穆《調疾飲食辯》卷三　草鼓　《拾遺》曰：生巴西諸國。葉似韭，鼓出花中。主調中開胃去惡氣。按：此菜南方絕無，觀其所主，性必辛溫，熱病忌之。

山韭菜

明·蘭茂原撰，范洪等抄補《滇南本草圖說》卷六　山韭菜　形與園內所種之韭無異，但葉寬一撮。味性寒平。主治：跌打損傷，包敷患處，可散瘀血，而止疼痛。

明·蘭茂撰，清·管暄校補《滇南本草》卷上　山韮菜名不死草，一名野韮，一名野麥冬，一名書帶草。　味甘。生山中，形似家韮，其葉梢大。作菜食，能養血健脾，強筋骨，增氣力。連根搗汁，治跌打損傷，敷患處。根，同赤石脂搗爛，晒乾為末，捻刀斧傷神效，此刀傷之聖藥也。四時常青，不畏霜雪，不開花，不落葉，作盆景佳。

清·趙學敏《本草綱目拾遺》卷四草部中　不死草　《珍異藥品》：出柳州：高一二尺，狀如茅。食之延年，暑時置盤中，食物不腐，并可辟蠅。

葱

唐·歐陽詢《藝文類聚》卷八二　葱　《禮記》曰：凡進食之禮，葱渫處末。又曰：膾春用葱脂，用葱為君子，擇葱薤則絶其本末。《爾雅》曰：茖山葱，細莖大葉。劉向《別傳》曰：都尉有種葱，書曹公既與，先生言細人覘之，見其拔葱。《莊子》曰：徐無鬼見武侯，武侯曰：先生居山林，厭葱韮，今老，欲甘酒肉之味邪？又曰：春月飲酒加葱，以通五臟。《春秋元命苞》曰：天門山上有葱，所種畦隴悉着，行人拔取者悉絶，若精神而求，即不拔自出，奇異辛香。《漢書》曰：龔遂勸民，令人一口種五十本葱，一畦韭，百本薤。《西河舊事》曰：葱嶺在燉煌西八十里，其山高大，上生葱，故曰葱嶺。《列仙傳》曰：阮丘蛆山上種葱，百餘年乃去。《晉令》曰：居洛陽內，園菜欲課以當者耳，其引長流灌紫葱，可各三畝。《東觀漢記》曰：孔奮字君魚，為姑臧長，時天下亂，河西獨安，姑臧長居數月，輒致資產，奮在姑臧四年，財物不增，唯老母妻子但菜食，或謂奮曰：置脂膏中，亦不能自潤。《漢武內傳》曰：西王母曰：仙人上藥有玄都綺葱。

邵信臣曰：大官園種冬葱，生不時之物，有傷於人也。

唐·孫思邈《千金要方》卷二六《食治·菜蔬》 葱實 味辛，溫，無毒。宜肺，辛歸頭。明目，補中不足。其莖白：平，滑，可作湯。主傷寒寒熱，骨肉碎痛，能出汗，治中風、面目浮腫、喉痺不通，安胎，殺桂。其青葉：溫，辛，歸目。除肝中邪氣，安中，利五藏，益目精，發黃疸，殺百藥毒。其根鬚：平。主傷寒頭痛。葱中涕及生葱汁：平，滑。止尿血，解藜蘆及桂毒。黃帝云：食生葱即啖蜜，變作下利。食燒葱并啖蜜，擁氣而死。正月不得食生葱，令人面上起遊風。

附：日·丹波康賴《醫心方》卷三〇 葱 《本草》云：葱實，味辛，溫，無毒。主明目，補中不足。莖，主傷寒寒熱，出汗，中風，面目腫，喉痹不通，安胎，除肝邪氣，利五藏，殺百藥毒。崔禹〔錫〕云：其莖白者，性冷，青者性熱。根，主傷寒頭痛。《七卷經》云：味辛，溫。不可食，傷人心氣。

宋·李昉《太平御覽》卷九七七 葱 《金樓子》曰：名山之下生葱。葱，薤者，是古人食石種也。故語曰：寧得一把五茄，不用金玉一車。寧得一片地榆，不用明月寶珠。五茄，一名金鹽。地榆，一名玉豉。唯此二物，可煑石。又曰：用紫芝煑石，石美如脂，食之可更調五味，下橘皮葱豉。

宋·唐慎微《證類本草》卷二八菜部中品〔《本經·別錄》〕 **葱實 味辛，溫，無毒。主明目，補中不足。其莖葱白，平，可作湯，主傷寒，寒熱，出汗，中風，面目腫**，傷寒骨肉痛，喉痹不通，安胎，歸目，除肝邪氣，安中，利五藏，益目睛，殺百藥毒。

葱根：主傷寒頭痛。

葱汁：平，溫，主溺血，解藜蘆毒。

〔唐·蘇敬《唐本草》〕注云：葱有數種，山葱曰茖葱，療病以胡葱，主諸惡載七吏切，狐尿刺毒，山溪中沙蝨、射工等毒。煮汁浸或擣傅大效，亦兼小蒜、茱萸輩，不獨用也。其人間食葱，又有二種：有凍葱，即經冬不死，分莖栽蒔而無子也；又有漢葱，冬即葉枯。食用入藥，凍葱最善，氣味亦佳。

〔宋·掌禹錫《嘉祐本草》〕按：《蜀本圖經》云：葱有冬葱、漢葱、胡葱、茖葱，凡四種。冬葱夏衰冬盛，莖葉俱軟美。山南、江左有之。漢葱冬枯，其莖實硬而味薄。胡葱莖葉麤短，根若金燈，能療腫毒。茖葱生於山谷，不入藥用。《爾雅》云：茖，山葱。釋曰：《說文》云：葱生山中者名茖，細莖大葉者是也。孟詵云：葱，溫。根主瘡中有水，風腫疼痛者。冬葱最善，宜冬月食，不宜多。虛人患氣者，多食發氣，上衝人，五藏閉絕，虛人胃。開骨節，出汗，故溫爾。日華子云：葱，治天行時疾，頭痛，熱狂，通大小腸，霍亂轉筋及賁豚氣，脚氣，心腹痛，目眩及止心迷悶。取其莖葉，用鹽研，罯蛇蟲傷并金瘡。水入皸腫，煨研罯傳。中射工溪毒，鹽研罯傳。子，溫中，補不足，益精，明目。根，殺一切魚肉毒，不可以蜜同食。

〔宋·蘇頌《本草圖經》〕曰：葱實，《本經》不載所出州土，今處處有之。葱有數種：入藥用山葱、胡葱；食品用凍葱、漢葱。山葱生山中，細莖大葉，食之香美於常葱。一名茖古百切葱。《爾雅》所謂茖，山葱是也。胡葱類食葱而根莖皆細白。又云：莖葉微短如金燈者是也。舊別有條云：生蜀郡山谷，似大蒜而小，形圓皮赤，稍長而鋭。凍葱，冬夏常有，但分莖栽蒔而無子，氣味最佳，亦入藥用，一名冬葱。又有一種樓葱，亦冬葱類也，江南人呼龍角葱，言其苗有八角，故云爾。淮、楚間多種之。漢葱莖實硬而味薄，冬即葉枯。凡葱皆能殺魚肉毒，食品所不可闕也。唐韋宙《獨行方》主水病兩足腫者，剉葱葉及莖，煮令爛，漬之，日三五作乃佳。煨葱治打撲損，見劉禹錫《傳信方》，云得於崔給事，取葱新折者，便入煻灰火煨，承熱剝皮擘開，其間有涕，便將罯損處。仍多煨取，續續易熱者。崔云：頃在澤潞，與李抱真作判官，李相方以毬杖按毬子，其軍將以杖相格，便乘勢不能止，因傷李相拇指并爪甲擘裂，遽索金創藥裹之，强坐，頻索酒喫，至數盞已過量，而面色愈青，忍痛不止。有軍吏言此方，遂用之，三易，面色却赤，斯須云已不痛。凡十數度用熱葱并涕纏裹其指，遂畢席笑語。又葱花亦入藥，見崔元亮《海上方》，治脾心痛，痛則腹脹如錐刀刺者。吳茱萸一升，葱花一升，以水一大升八合，煎七合，去滓，分二服，立效。

〔宋·唐慎微《證類本草》〕《食療》：葉，溫。白，平。主傷寒壯熱，出汗，中風，面目浮腫，骨節頭疼，損髮鬢。葱白及鬚，平。通氣，主傷寒頭痛。又，治瘡中有風水，腫疼。取青葉、乾薑、黃蘗相和，煮作湯，浸洗之，立愈。冬月食不宜多，只可和五味用之，上衝人，五藏閉絕。虛人患氣者，多食發氣。爲通和關節，出汗之故也。少食則得，可作湯飲。不得多食，恐拔氣上衝人，五藏悶絕。切不得與蜜相和，食之促人氣，殺人。又，止血衄，利小便。《外臺秘要》：治腸痔，大便常血。取葱白三五斤，煮作湯，盆中坐，立差。又方：治大小腸不通。擣葱白以酢和，封小腹上。又方：治急氣淋，陰腎腫。泥葱半斤煨過，爛擣貼臍上。《千金方》：治中惡，葱心黃刺鼻孔中血出，良。《肘後方》：腦骨破及骨折。葱白細研和蜜，厚封損處，立差。《經驗方》：治小便淋澁，或有血。以赤根樓葱近根截一寸許，安臍中上，以艾灸七壯。《梅師方》：治胎動不安，以銀器煮葱白羹服之。又方：治驚，金瘡出血不止。取葱炙令熱，挼取汁，傅瘡上，即血止。又方：治霍亂後煩躁，卧不安穩。葱白二十莖，大棗二十枚，以水三升，煎取二升，分服。《孫真人食忌》：正月勿多食生葱，食之發面上遊風。若燒葱和蜜食，殺人。

《食醫心鏡》：主赤白痢。以葱一握細切，和米煮粥，空心食之。又方：理眼暗，補不足。葱實大半升爲末，每度取一匙頭，水二升，煮取一升半，濾取滓，葺米煮粥食，良久食之。又擣葱實，丸蜜和，如梧子大，食後飲汁服一二十丸，日二三服，亦甚明目。又方：主傷寒寒熱，骨節碎痛，出汗。治中風，面目浮腫，喉咽不通，安胎，歸目，除肝藏邪氣，安中，利五藏，益目睛，殺百藥。葉作羹粥，煠作虀食之，良。《勝金方》：治鼻衄血，以葱白一握，擣裂汁，投酒少許，抄三兩滴入鼻內，差。《兵部手集》：治蜘蛛囓，偏身成瘡。青葱葉一莖，去小尖頭作孔子，以蚯蚓一條入葱葉中，緊捏兩頭，勿令通氣，但搖動，即化爲水，點咬處，即差。杜壬：治喉中瘡腫。葱鬚陰乾爲末，蒲州膽礬一錢，葱末二錢，研勻一字，入竹管中，吹病處。《傷寒類要》：治婦人妊娠七月，若傷寒壯熱，赤斑變爲黑斑，溺血。以葱一把，水三升，煮令熱服之，取汗，食葱令盡。《楊氏產乳》：主胎動，五六個月，困篤難較者。葱白一大握，水三升，煎取一升，去滓頓服。又方：主胎動，腰痛搶心，或下血。取葱白不限多少，濃煮汁飲之。《三洞要録》：神仙消金玉漿法：葱者，菜之伯，雖臭而有用，消金、玉、錫、石也。又以冬至日，取葫蘆盛葱汁根莖埋於庭中，到夏至發之，盡爲水，以漬金、玉、銀、青石，各三分，自消矣。曝令乾如飴，可休糧，久服神仙，亦曰金漿也。

宋・寇宗奭《本草衍義》卷一九　葱實　葱初生名葱針，至夏則有花。于秋月植，作高溝壟，旋壅起，以備冬用，曰冬葱，其實一也。又有龍角葱，每莖上出歧如角。皮赤者名樓葱，可煎湯渫下部。子皆辛，色黑，有皺紋，作三瓣。此物大抵以發散爲功，多食昏人神。

宋・劉明之《圖經本草藥性總論》卷下　葱實　味辛，溫，無毒。主明目，補中不足。其莖葱白，平。可作湯，主傷寒寒熱，出汗，中風面目腫，傷寒骨肉痛，喉痺不通，安胎，歸目，除肝邪氣，安中，利五藏，益目睛，殺百藥毒。葱根，主傷寒頭痛。葱汁，平，溫。主溺血，解藜蘆毒。孟詵云：葱根，主瘡中有水，風腫疼痛者。冬葱最善。日華子云：葱，治天行時疾，頭痛熱狂，通大小腸，霍亂轉筋，及賁豚腳氣，心腹痛，目眩，及止心迷悶。取其莖葉，用鹽研，署蛇蟲傷，并金瘡。水入皸腫，煨研，署傅。中射工溪毒，鹽研，署傅。子，溫中，補不足，益精明目。根，殺一切魚肉毒。不可以蜜同食。

宋・王介《履巉巖本草》卷中　葱　味辛。溫中消穀，下氣，殺蟲，久食傷神損性，令人多忘，損目明，尤發痼疾，患狐臭人不可食。四月宜少食，多食令氣喘多驚。

宋・張杲《醫說》卷七　熱葱涕愈傷指　崔給事頃在澤潞，與李抱真作判官，李相方以毬杖按毬子，其軍將以杖相格，承勢不能止。因傷李相指拇并爪甲擘裂，遽索金瘡藥裹之，強坐，頻索酒，飲至數盃已過量，而面色愈青，忍痛不止。有軍吏言取葱新折者，便入塘灰火煨熟，剝皮擘開，其間有涕，取罨損處，仍多煨取續，續易熱者，凡三易之，面色却赤，斯須云已不痛。凡十數度易，用熱葱并涕裹纏，遂畢席笑語《本事方》。

宋・陳衍《寶慶本草折衷》卷二〇　葱實諸葱之實通用，惟凍葱無實。○諸葱莖、葉、根、汁附。○葱餅續附。其山葱，一名茖葱。其凍葱，一名冬葱，俗號四季葱，不結子，分莖栽蒔。其樓葱，一名龍角葱。生山南山谷，及江左、江南、蜀郡，淮楚。今處處種有之。○附：葉，一名葱，其初生者，名葱針。○附：葉中涕，又云一名葱苒。艾氏云：服藥中有細辛者，忌生葱。○又附：根，忌蜜。○苒，音漸。

味辛，溫，無毒。○主明目，補中不足。○日華子云：益精。○《圖經》曰：葱有數種，山葱、胡葱、凍葱、樓葱、漢葱。○寇氏曰：子皆色黑有皺紋，作三瓣，多食昏神。

附：莖白。○平，冷。作湯，主傷寒寒熱，骨肉痛，喉痹，可出汗，及中風，面目腫，安胎。歸目，除肝邪，安中，利五藏，殺百藥毒。又治大小腸不通，擣葱白和酢封小腹上。其白雖冷，而青則熱。青，葉也。治傷寒湯，不得令有青也。兼括薤條。　附：葉。○味辛，溫。通大小便，霍亂轉筋，及賁豚氣，腳氣，心腹痛，目眩，止心迷悶，及中射工溪毒，並鹽研署。又蛇蟲傷，並金瘡，水入皸音軍，折也。腫，煨研署傅。又主水病，兩足腫，剉，煮，漬之。凡葱皆殺魚肉毒，惟冬葱最善，宜冬月食。或虛人患氣者，多食則發氣衝五藏。　附：葉中涕。○治打撲損。新折葱便入灰火煨，承熱剝皮，擘開，其間有涕，將署損處。仍多煨，易熱者，凡十數度，用熱葱並涕裹之。　附：根。○主傷寒頭痛，及瘡中有水，風腫痛，殺魚肉毒。不可以蜜同食。　附：根鬚。○平。主通氣。　附：汁。○平，溫。主溺血。解藜蘆毒。

續說云：《活人書》治傷寒陰厥，及陽氣虛脫，四體冷麻，脈息欲絕，不省人事，有葱餅之法。用葱大束，以索就莖白上纏定，切去根葉，留白寸餘，亦如餅樣。須作三四餅，每餅用烈火炙一面熱，勿至灼人。或取葱白爛杵，炒熱，團成餅子，並可安於病者臍中，連臍之下，以熨斗貯火熨餅，令熱氣入臍，蒸徹於內。其餅稍冷，則易以他餅，待病者手足溫和，微汗，即止，然後投以補劑。

元・王好古《湯液本草》卷六　葱白　氣溫，味辛，無毒。　入手太陰經，足陽明經。《液》云：以通上下之陽也。《活人書》：傷寒頭痛如破，連鬚葱白湯主之。《心》云：通陽氣，辛而甘，氣厚味薄，陽也。發散風邪。《本草》云：葱實，主明目，補中不足。其莖白，平。可作湯，主傷寒寒熱，出汗，中風，面目腫，傷寒骨肉痛，喉痹不通，安胎，歸目，除肝邪氣，安中，利五臟，益目精，殺百藥毒。葱根，主傷寒頭痛。葱汁，平溫，主溺血，解藜蘆毒。

元・忽思慧《飲膳正要》卷三　葱　味辛，溫，無毒。主明目，補不足，治傷寒，發汗，去腫。

元・尚從善《本草元命苞》卷九　葱白　辛，溫，性平，無毒。通上下陽氣，散風寒表邪，入太陰陽明經。手太陰、足陽明。殺魚、肉、百藥毒。治傷寒骨節頭疼，療中風面目浮腫。主喉痺不通，除肝經邪氣。安胎要藥，發汗良方。虛人發氣，同蜜殺人。

元・吳瑞《日用本草》卷七　葱　有數種，山葱〔曰〕茖葱，赤皮名樓葱，冬即葉枯名漢葱，葉上生根名龍爪葱。似大蒜而小，形圓皮赤，稍長而銳，名胡葱。經冬不死，分莖栽蒔而無子，名凍葱。入藥胡葱、凍葱最佳。和五味，大底發散為功。葱、薤有冷熱，白冷、青熱，傷寒中用，不得有青也。　味辛，溫，無毒。多食昏人神，發疸疾，動氣上衝，開關節，出汗。冬月不宜多食。虛人不可同菘菜及蜜食。服常山藥人忌食。　主傷寒寒熱，天行時氣，頭痛出汗，中風面目浮腫，骨肉疼痛，喉痹不通；安胎益氣，除邪，利五臟，通大小腸，霍亂轉筋，賁豚氣，脚氣心腹痛。益精明目，並連根用。殺一切魚肉百藥毒。

元・佚名氏《珍珠囊・諸品藥性主治指掌》〔見《醫要集覽》〕　葱白　味辛，性溫，無毒。升也，陽也。其用有二：散傷風陽明頭痛之邪，主傷寒陽明下痢之苦。

元・徐彥純《本草發揮》卷三　葱莖白　成聊攝云：腎苦燥，急食辛以潤之。葱白之辛，以通陽氣。　海藏云：味辛，溫。以通上下之陽氣也。《活人書》云：傷寒頭痛如破，連鬚葱白湯主之。入手太陰經、足陽明經。

明・蘭茂原撰，范洪等抄補《滇南本草圖說》卷八　葱　氣味辛，葉性溫，根鬚平，無毒。主治：利五臟，達表和裏，通關節，利二便。散風濕麻痹，腳氣。安胎最良。亦能治跌打損傷。

明・蘭茂撰，清・管暄校補《滇南本草》卷中　葱白通治多已收入前方。婦人胎漏，用葱白煎汁飲之。　疔腫及無名惡毒，用葱白同蜜杵敷。　腹中初有積聚，用葱白切做細絲半盞，香油半盞，煉過，二味炒黃色，入水二盞，煎至一盞，空心溫服，通利後以米湯飲，調養二三日。

明・蘭茂撰，清・管暄校補《滇南本草》卷下　葱白　性溫，味辛。入手太陰經，入足陽明經。引諸藥遊於四經，耑主發散，以通上下陰陽之氣。傷寒頭疼，用之良效。忌同蜜吃，吃之令腹疼，嘔吐。多吃昏神，致傷性命。切忌相犯。

明・蘭茂《滇南本草》〔叢本〕卷下　葱白　傷寒頭疼，用葱薑辦醬生吃效。少陰下利清穀，氣表熱外寒，古人白通湯主之，亦有葱白之名。忌同蜜吃，吃之殺人，令少腹疼。多吃昏神。

明・王綸《本草集要》卷五　葱實　味辛，氣溫，無毒。葱忌與蜜同食。主明目，補中不足。○其莖葱白，入手太陰經、足陽明經。可作湯，主傷寒寒熱，出汗中風，面目腫，喉痹不通，安胎，歸目，除肝邪氣，利五臟，殺百藥毒，通大小腸，霍亂轉筋，及賁豚氣，腳氣心腹痛，及心迷悶。連根用，主傷寒頭痛如破。又莖葉用鹽研，署蛇蟲傷，并金瘡水入（歎）〔皸〕腫痛，治蚯蚓毒。大抵發散為功，多食昏人神。

明・滕弘《神農本經會通》卷五　葱白　葱不可與蜜同食，殺人。《圖經》云：葱有數種，入藥用山葱、胡葱，食品用凍葱、漢葱。山葱生山中，細莖大葉，食之香美於常葱，一名茖，胡葱類。胡葱，類食葱，而根莖皆細白。凍葱，冬夏常有，但分莖栽蒔而無子，氣味最佳。又有一種樓葱，亦冬葱類。凡葱皆能殺魚肉毒，食品所不可闕也。《本草》云樓葱。

味辛，氣平。《湯》云：氣溫，味辛，無毒。入手太陽經、足陽明經。通中發汗。又云：升也。散傷寒陽明頭痛之邪，止傷寒陽明下痢之苦。珍云：發散風寒。《疌》云：解表，止陽明頭痛，及傷寒下痢，止痛，除風。

《本經》云：其莖葱白，平。可作湯，主傷寒寒熱出汗，中風面目腫，傷寒骨肉痛，喉痺不通，安胎，歸目，除肝邪氣，利五臟，益目睛，殺百藥毒。劊云：蔥白辛溫能解表，陽明頭痛急投之。傷寒下痢服之効，止痛除風又自奇。《局》云：蔥白辛平可作湯，傷寒寒熱是單方。安胎止痛除風腫，治氣能通大小腸。蔥，主頭疼，發散，通大小腸。白，可安胎，止痛。

蔥實：陶云：山蔥曰茖蔥。療病以胡蔥。人間食蔥又有二種，有凍蔥，經冬不死，無子。又有漢蔥，冬即葉枯。食用入藥，凍蔥最善，氣味亦佳。

味辛，氣溫，無毒。《本經》云：主明目，補中不足。

蔥根：《本經》云：主傷寒頭痛。

蔥汁：氣平，溫。《本經》云：主溺血，解藜蘆毒。孟詵云：蔥，溫。根，主瘡中有水風腫疼痛者，冬蔥最善。宜冬月食，不宜多。虛人患氣者，多食發氣，上衝人，五臟閉絶，虛人胃。開骨節出汗，故溫爾。日華子云：蔥治天行時疾，頭痛熱狂，通大小腸，霍亂轉筋，及賁豚氣，脚氣，心腹痛，目眩，及止心迷悶。又莖葉，用鹽研，署蛇蟲傷，并金瘡。水入皸腫痛，煨研，署傳。中射工溪毒，鹽研，署傳。子，溫中，補不足，益精明目。根，殺一切魚肉毒。不可以蜜同食也。《液》云：以通上下之陽也。《活人書》：傷寒頭痛如破，連鬚蔥白湯主之。《心》云：通陽氣，辛而甘，氣厚味薄，陽也。發散風邪。《湯》云：《本草》同《本經》。《集》云：大抵發散為功，多食昏人神。

明・劉文泰《本草品彙精要》卷三九　蔥實無毒。　植生。

蔥實出《神農本經》：**主明目，補中不足。**○莖，可作湯，主傷寒，寒熱，出汗，中風，面目腫。以上朱字《神農本經》。蔥白，平，傷寒骨肉痛，喉痹不通，安胎，歸目，除肝邪氣，安中，利五臟，益目睛，殺百藥毒。○蔥根，主傷寒，頭痛。○蔥汁，平，溫，主溺血。以上黑字名醫所錄。【名】山蔥、凍蔥、漢蔥、茖蔥、冬蔥、樓蔥、胡蔥。【苗】《圖經》曰：蔥有數種，入藥用山蔥、胡蔥。食品用凍蔥、漢蔥。山蔥生山中，細莖大葉，食之香美於常蔥。一名茖蔥，《爾雅》所謂茖，山蔥是也。胡蔥，類食蔥而根莖皆細白。又云：莖、葉細短，如金燈者是也。舊云：生蜀郡山谷，似大蒜而小，形圓皮赤，梢長而鋭。凍蔥，冬夏常有，但分莖栽蒔而無子，氣味最佳，亦入藥用，一名冬蔥。又有一種樓蔥，亦冬蔥類也，江南人呼龍角蔥，言其苗有八角故爾，淮、楚間多種之。漢蔥，莖、實硬而味薄，冬即葉枯。凡蔥，皆能殺魚肉毒，食品所不可闕也。【地】《圖經》曰：處處有之。【時】生：春生苗，三月開花。採：五月收實。【收】暴乾。【用】實、莖、根。【色】黑。【味】辛。【性】溫。【氣】氣厚味薄，陽也。【臭】腥。【主】蔥白，行手太陰經，足陽明經。【治】療：《圖經》曰：葉及莖，去水病，兩足腫者，煮令爛，漬之，日三五次，愈。又打撲損傷，取蔥新折者，便入煻火煨熱，剝去皮，擘開，其間有涕，便將署損處，仍多煨取，續續易熱者佳。日華子云：蔥，止天行時疾，頭痛，熱狂，通大小腸，霍亂轉筋及賁豚氣，脚氣，心腹痛，目眩，并止心迷悶。金瘡，水入皸腫，煨研署傳。《蜀本》注云：胡蔥，能消腫痛。孟詵云：根，主瘡中有水，風腫疼痛者。《食療》云：蔥，止血衄，利小便。○蔥鬚及白，通氣，主傷寒頭痛。《別錄》云：腸痔，大便常血，取白三五斤，煮作湯，盆中坐，立差。又急氣淋，陰腎腫，用泥蔥半斤煨過，爛貼臍上。又胎動五六個月，困篤難救者，蔥白一大握，水三升煎取一升，去滓，頓服。【合治】胡蔥合小蒜、茱萸煮汁浸或擣，傅諸惡截，狐尿刺毒，及山溪中沙蝨、射工等毒。○莖葉合鹽研，署蛇蟲傷處及中射工溪毒。○蔥花一升，合吳茱萸一升，以水一大升八合，煎七合，去滓，分二服，止脾心痛，痛則腹脹如錐刀刺者。○青葉合乾薑、黃蘗煮作湯，浸洗患瘡中有風水腫疼者。○蔥白合酢擣封小腹上，治大小便不通。○蔥白二十莖，合大棗二十枚，以水三升煎取二升，分服，療霍亂後煩躁，臥不安穩。○蔥合米煮粥，空心食，療赤白痢。○蔥鬚陰乾爲末二錢，合蒲州膽礬一錢，研勻，以一字入竹管中，吹喉中瘡腫病處。【禁】不可多食，食則拔氣上衝人，五臟悶絶。虛人患氣者，多食發氣。【忌】不可與蜜同食，食則促氣，殺人。【解】殺一切魚肉毒。

明・盧和、汪穎《食物本草》卷一菜類　蔥　葉溫，白與鬚平，味辛，無毒。主明目，補中不足。其莖白入手太陰經、足陽明經，可作湯。主傷寒寒熱，中風，面目腫，骨肉疼，喉痹不通，安胎。歸目，除肝邪，利五臟，益瞳睛，殺百藥毒，通大小腸。療霍亂轉筋、奔豚氣、腳氣、心腹痛，目眩及心迷悶，止衄，殺一切魚肉毒。又治打撲損并刀杖瘡。連根用，主傷寒頭痛如破。又，莖葉用鹽研，貼蛇蟲傷、水腫痛，治蚯蚓毒。此凍蔥也，經冬不凋，不結子，分莖蒔種，莖葉俱軟，氣味香佳，食用最宜。忌與蜜同食。有一種樓蔥，即龍角蔥，亦凍類。又胡蔥、漢蔥、茖蔥，數種不同，大抵以發散為功，多食昏人神，只調和食品可也。

明・葉文齡《醫學統旨》卷八　蔥白　氣溫，味辛。無毒。入手太陰、足陽明經。忌與蜜同食。　治傷寒頭痛如破，寒熱出汗，中風面目腫，咳痺不通，安胎，益目，利五臟，殺百藥毒；　利小便，安中，通和關節。　多食昏人神。

明・許希周《藥性粗評》卷三　葱莖帶連鬚之白，汗發須臾。

葱白，葱有數種，所謂山葱、胡葱、凍葱、漢葱是也。凍葱冬夏常有，隨栽而成，無花實，氣味最嘉，食品不可缺，亦堪入藥，餘不能悉具。南北園圃處處有之。凡用連鬚。不可與蜜同食，促人氣。　味辛，性溫，無毒。入手太陰肺、足陽明胃經。　主治傷寒中風，頭痛喉痹，面目浮腫，安中明目，發汗，通關竅，安胎止痛，通大小腸，解百藥毒。成聊攝云：　腎苦燥，急食辛以潤之。　葱白之辛，以通陽氣。按仲景治傷寒無汗，麻黃湯中必加葱白。而《活人書》亦云：　傷寒頭痛如破，連鬚葱白湯主之。又葱實主明目，葱汁主溺血，解藜蘆毒。

單方：　明目：　凡患眼暗，氣虛不能了了者，葱實半升，研為末，每取一匙頭，水二升，煮取一升半，濾去滓，用水煮粥食之，日三。又葱實為細末，蜜丸如梧桐子大，每食後用米飲送下二十丸，日三二。法俱甚明目。　安胎：　妊婦胎動不安，取葱白切碎，用銀器煮羹食之，如無銀器，銅器亦可。一法但取葱白，不限多少，濃煮湯飲之。　金瘡：　凡手足被刀刃所傷，出血不止，速取葱白，炙熱挼取汁傅之，其血立止。　淋痛：　凡患小便淋澀，或有血，痛不可忍者，取赤根樓葱近根一寸許，安臍內上，以艾灸七壯。　傷寒發汗：　凡傷寒中風欲得汗者，取連鬚葱白十餘莖，加薑七八片，濃煎湯一碗，乘熱服之，用被蓋覆，自汗。筋骨折傷：　凡手足或頭腦被打破，或閃肭折傷，痛不可忍者，取葱白不限多少，塘灰中煨熟，取內汁如涕者，點傅傷處，再四，復以其葱封之，用布裹住，痛當止。

明・鄭寧《藥性要略大全》卷四　葱白　散傷風陽明頭痛之邪，止傷寒陽明下痢之苦。　《湯液》云：　能通上下之陽，發散風邪。主傷寒寒熱，出汗，中風，面目腫，傷寒骨肉痛，喉痹不通，除肝經邪氣。安中，利五臟。安胎止痛。殺百藥毒。　味辛，性溫，無毒。升也，陽也。入手太陰、足陽明。忌與蜜同食。　葱根：　主傷寒頭痛。　葱汁：　平，溫。主溺血，解藜蘆毒。《活人書》云：　傷寒頭痛如劈，連鬚葱白湯主之。　葱子：　安胎，明目，補中不足，制百藥毒，制蚯蚓毒。忌蜜。味同前。

明・陳嘉謨《本草蒙筌》卷六　葱　味辛，氣溫。味薄氣厚，升也，陽也。無毒。四時常有，各處俱栽。每用食品中，調和五味。同蜜菘菜啖，易致殺人。　若服常山，亦須戒忌。凡資治療，務取白根。入足陽明胃經，及手太陰肺臟。　出汗踈通骨節，歸目敺逐肝邪。理霍亂筋轉難當，治傷寒頭痛如破。殺魚肉毒，通大小腸。散面目腫浮，止心腹急痛。去喉痹，愈金瘡，安妊娠，塞衄血。腳氣賁肫氣，連鬚煎可除；　蛇傷蚯蚓傷，和鹽罯即解。功專發散，食多神昏。病屬氣虛，尤勿沾口。葉煎湯，入乾薑黃蘗共劑；　洗瘡疥，去風水腫痛如神。花同吳茱萸水煎，亦治心脾間痛甚。實補不足，溫中益精。　葱汁平溫，又主溺血。

明・方穀《本草纂要》卷七　葱白　味辛、甘，氣溫平，無毒。入手太陰經、足陽明經，主傷寒，寒熱無汗；　中風，面目浮腫；　賁豚腳氣攻心；　大小腸、胃不利，霍亂轉筋，嘔逆中寒，頭痛如破，是皆陰寒之症，惟此可以攻之。吾見世嘗諸肉之內，俱用葱食，非取其香美可用，而亦解百物之毒也。是故蛇蟲所傷，同鹽搗爛，罯即解之；　濕熱風腫，同椒搗爛，盦即散之。大抵此物辛散之性最甚，而發散之功最多，是則多食有昏頭目，頓人元氣。或謂葱白解表，葱實明目，葱葉去毒，葱根止頭痛，甚有理也。

明・寧源《食鑒本草》卷下　葱　味辛，溫，無毒。主傷寒寒熱，骨肉疼痛，汗不出。能達表和裏，除肝經邪氣，明目。治中風，面目浮腫，咽喉不通，安胎止血，解百藥毒，殺魚肉毒。　白：　治磕打傷損，頭腦骨破，及手腳骨折，或指頭破裂，血流不止。用葱白搗爛，焙熱，封裹損處，神效。　《產乳方》：　治妊娠四五箇月，動胎下血者，取葱白一大把，煎湯飲之，效。　《集要方》：　治大小便不通，杵葱白填臍中，艾火灸七壯。

明・王文潔《太乙仙製本草藥性大全》卷五《本草精義》　葱　《本經》不著所出州土，今處處有之。葱有數種，入藥用山葱、胡葱，食品用凍葱、漢葱。山葱生山中，細莖大葉，食之香美於常葱，一名茖(古百切)葱。《爾雅》所謂茖，山葱是也。胡葱類食葱而根莖皆細白，又云莖葉微短如金燈者是也。舊別有條云，生蜀郡山谷，似大蒜而小，形圓皮赤，梢長而銳。凍葱冬夏常有，但分莖栽蒔而無子，氣味最佳，亦入藥用，一名冬葱。又有一種樓葱，亦冬葱類也。江東人呼龍角葱，言其苗有八角，故云爾，淮楚間多種之。漢葱莖實硬而味薄，冬即葉枯。凡葱皆能殺魚肉毒，每用食品中調和五味。同蜜、菘菜啖，易致殺人。若服常山，亦須戒忌。凡資治療，務取白根。入足陽明胃經及手太陰肺臟。

《食療》云：　葉溫，白平。主傷寒，壯氣熱，出汗中風，面目浮腫，骨節頭疼，損髮鬢。葱白及鬚平，通氣，主傷寒頭痛，又治瘡中有風水腫疼。取青葉、乾薑、黄蘗相和，煮作湯浸洗之立愈。冬月食不宜多，只可和五味用之，上冲人五臟閉絶。虚人患氣者多食發氣，爲通和關節出汗之故也。少食則得，可作湯飲。不得多食，恐拔氣上冲人五臟閉絶。切不得與蜜相和食之，促人氣，殺人。又止血衄，利小便。

明·王文潔《太乙仙製本草藥性大全》卷五《仙製藥性》 葱　味辛，氣溫，味薄氣厚，升也，陽也，無毒。　主治：出汗，踈通骨節；掃目，毆逐肝邪。理霍亂筋轉難當，治傷寒頭痛如破。殺魚肉毒，通大小腸。散面目腫浮，止心腹急痛。去喉痹，愈金瘡，安妊娠，塞衄血。脚氣賁豘氣，連鬚煎可除。蛇傷蚯蚓傷，和鹽罯即解。功專發散，食多神昏，病屬氣虚，尤勿沾口。葉煎湯，入乾薑、黄蘗共劑。洗瘡疥，去風水腫痛如〔神〕。花同吴茱萸水煎，亦治心脾間痛甚。實補不足，溫中益精。葱汁平溫，又主溺血。　補註：腸痔，大便常血，取葱白三五斤，煮作湯，盆中坐，立差。○中惡，葱心黄刺鼻中，血出良。○大小腸不通，搗葱白，以醋和封小腹上。○腦骨破及骨折，葱白細研，和蜜厚封損處。○急氣淋，陰腎腫，泥葱半斤，煨過爛搗，貼臍上。○小便淋澁，或有血，以赤根樓葱，近根切一寸許，安臍中，上以艾灸七壯。○金瘡出血不止，取葱炙令熱，挼取汁傅瘡上即止。○胎動不安，以銀器煮葱白羹服之。○霍亂後煩燥，臥不安，葱白二十莖，大棗二十枚，水煎取服。○理眼暗，補不足，葱實大半升，爲末，每服取一匙頭，水煮，濾取滓，葺米煮粥食。良久又搗葱實，蜜和如梧子大，食後飲湯，三二十丸效。○赤白痢，以葱白一握，細切，和米煮粥，空心食。○傷寒寒熱，骨節碎痛，出汗中風，面目浮腫，喉咽不通，安胎，歸目，除肝藏邪氣，安中，利五臟，益目睛，殺百藥。　葉作羹粥，煤作虀食之良。○水病兩足腫，取葱葉及莖，煮令爛，漬之三五度佳。○打撲損傷，葱新折者，入煻灰火煨令熱，剝皮擘開，其間有涕，便將罯損處，仍多煨取，續續易熱者。○蜘蛛嚙，偏身成瘡，青葱葉一莖，去小尖頭，以蚯蚓一條，入葱葉中，緊捏兩頭，勿令通氣，但搖動即化爲水，點咬處差。○鼻衄血，以葱白一握，搗汁入酒，滴入鼻內差。○喉中瘡腫，葱鬚陰乾爲末，蒲州膽礬一錢，葱末二錢，研勻，一字納竹管吹病處。○妊娠七月，若傷寒壯熱，赤斑變爲黑斑，溺血。以葱一把，水煮令熱服，取汁食盡。○主胎動腰痛，搶心或下血，取葱白不拘多少，濃煮汁飲之。○脾心疼痛如錐刀刺者，吴茱萸一升，葱花一升，以水煎，去滓，分三服效。

明·皇甫嵩《本草發明》卷五 葱中品。氣溫，味辛。味薄氣厚，升也，陽也。無毒。入手太陰、足陽明經。

發明曰：葱白，辛溫通陽，功專發散。故《本草》主傷寒寒熱出汗，頭痛如破，骨肉痛，中風，面目浮腫，疏通関節及喉痺不通，逐肝邪。又云：理霍亂轉筋，通腸開胃，(上)〔止〕心腹急痛，金瘡，安胎孕，脚氣，賁豘氣，皆連鬚用。若多食，昏神氣。虚人勿啖，以其專于辛散故也。大都逐邪發汗為專功。○葱實，主明目，補中不足。又云：溫中益精，若蛇傷、蚯蚓傷，和鹽搗罯即解。○葉，煎湯，入乾薑、黄柏，洗瘡疥，去風水腫毒。○花，同吴茱萸水煎，亦治心脾間痛甚。○葱，煮，主溺血。葱同蜜與菘菜食，易殺人。○解藜蘆毒。

明·李時珍《本草綱目》卷二六菜部·葷菜類 葱《别録》中品

【釋名】芤《綱目》　菜伯同　和事草同　鹿胎時珍曰：葱從囱。外直中空，有囱通之象也。芤者，草中有孔也，故字從孔，芤脈象之。葱初生曰葱針，葉曰葱青，衣曰葱袍，莖曰葱白，葉中涕曰葱苒。諸物皆宜，故云菜伯、和事。

【集解】恭曰：葱有數種，山葱曰茖葱，療病似胡葱。其人間食葱有二種：一種凍葱，經冬不死，分莖栽蒔而無子；一種漢葱，冬即葉枯。食用入藥，凍葱最善，氣味亦佳也。保昇曰：葱凡四種：冬葱即凍葱也，夏衰冬盛，莖葉俱軟美，山南、江左有之；漢葱莖實硬而味薄，冬即葉枯；胡葱莖葉粗硬，根若金燈；茖葱生於山谷，不入藥用。頌曰：入藥用山葱、胡葱，食品用冬葱、漢葱。又有一種樓葱，亦冬葱類，江南人呼爲龍角葱，荆楚間多種之，其皮赤，每莖上出歧如八角，故云。瑞曰：龍角即龍爪葱，又名羊角葱。莖上生根，移下蒔之。時珍曰：冬葱即慈葱，或名太官葱。謂其莖柔細而香，可以經冬，太官上供宜之，故有數名。漢葱一名木葱，其莖粗硬，故有木名。冬葱無子。漢葱春末開花成叢，青白色。其子味辛色黑，有皺紋，作三瓣狀。收取陰乾，勿令浥鬱，可種可栽。

葱莖白　【氣味】辛，平。葉：溫。根鬚：平。並無毒。弘景曰：葱有寒熱，白冷青熱，傷寒湯中不得用青也。宗奭曰：葱主發散，多食昏人神。詵曰：葱宜冬月食。不可過多，損鬚髮，發人虚氣上冲，五臟閉絶，爲其開骨節出汗之故也。思邈曰：正月食生葱，令人面上起游風。生葱同蜜食，作下利。燒葱同蜜食，壅氣殺人。張仲景曰：生葱合棗食，令人病；合犬、雉肉食，多令人病血。時珍曰：服地黄、常山人，忌食葱。

【主治】作湯，治傷寒寒熱，中風面目浮腫，能出汗《本經》。傷寒骨肉碎痛，喉痺不通，安胎，歸目益目睛，除肝中邪氣，安中利五臟，殺百藥毒。根：治傷寒頭痛《别録》。主天行時疾，頭痛熱狂，霍亂轉筋，及奔豚氣、脚氣，心腹痛，目眩，止心迷悶大明。通關節，止衄血，利大小便孟詵。治陽明下痢、下血李杲。達表和裏，止血竅原。除風濕，身痛麻痹，蟲積心痛，止大人陽脱，陰毒腹痛，小兒盤腸内釣，婦人妊娠溺血，通乳汁，散乳癰，利耳鳴，塗猘犬傷，制蚯蚓毒時珍。殺一切魚、肉毒士良。

【發明】元素曰：葱莖白，味辛而甘平，氣厚味薄，升也，陽也。入手太陰、足陽明經，專主發散，以通上下陽氣。故《活人書》治傷寒頭痛如破，用連鬚葱白湯主之。張仲景治少陰病，下利清穀，裏寒外熱，厥逆脈微者，白通湯主之，内用葱白。若面色赤者，四逆湯加葱白。腹中痛者，去葱白。成無已解之云：腎惡燥，急食辛以潤之。葱白辛温以通陽氣也。時珍曰：葱乃釋家五葷之一。生辛散，熟甘温，外實中空，肺之菜也，肺病宜食之。肺主氣，外應皮毛，其合陽明。故所治之症多屬太陰、陽明，皆取其發散通氣之功，通氣故能解毒及理血病。氣者血之帥也，氣通則血活矣。金瘡磕損，折傷血出，疼痛不止者，王璆《百一方》，用葱白、砂糖等分研封之。云痛立止，更無痕瘢也。葱葉亦可用。又葱管吹鹽入玉莖内，治小便不通及轉脬危急者，極有捷效。余常用治數人得驗。

【附方】舊十二，新卅二。

感冒風寒：初起。即用葱白一握，淡豆豉半合，泡湯服之，取汗。《瀕湖集簡方》。

傷寒頭痛：如破者。連鬚葱白半斤，生薑二兩，水煮温服。《活人書》。

時疾頭痛：發熱者。以連根葱白二十根，和米煮粥，入醋少許，熱食取汗即解。《濟生秘覽》。

數種傷寒：初起一二日，不能分别者，用上法取汗。

傷寒勞復：因交接者，腹痛卵腫。用葱白搗爛，苦酒一盞，和服之。《千金方》。

風濕身痛：生葱擂爛，入香油數點，水煎，調川芎藭、鬱金末一錢服，取吐。《丹溪心法》。

妊娠傷寒：赤斑變爲黑斑，尿血者。以葱白一把，水三升，煮熱服汁，食葱令盡，取汗。《傷寒類要》。

六月孕動：困篤難救者。葱白一大握，水三升，煎一升，去滓頓服。《楊氏産乳》。

胎動下血：病痛搶心。用葱白煮濃汁飲之。未死即安，已死即出。未效再服。一方：加川芎。一方：用銀器同米煮粥及羹食。《梅師方》。

卒中惡死：或先病，或平居寢臥，奄忽而死，皆是中惡。急取葱心黄刺入鼻孔中，男左女右，入七八寸，鼻、目血出即蘇。〇又法：用葱刺入耳中五寸，以鼻中血出即活也。如無血出，即不可治矣。相傳此扁鵲秘方也。《崔氏纂要》。

小兒卒死：無故者。取葱白納入下部，及兩鼻孔中，氣通或嚏即活。陳氏《經驗方》。

小兒盤腸：内釣腹痛。用葱湯洗兒腹，仍以炒葱搗貼臍上。良久，尿出痛止。湯氏《嬰孩寶鑑》。

陰毒腹痛：厥逆唇青卵縮，六脈欲絶者。用葱一束，去根及青，留白二寸，烘熱安臍上，以熨斗火熨之，葱壞則易，良久熱氣透入，手足温有汗即瘥，乃服四逆湯。若熨而手足不温，不可治。朱肱《南陽活人書》。

脱陽危症：凡人大吐大泄之後，四肢厥冷，不省人事，或與女子交後，小腹腎痛，外腎搐縮，冷汗出厥逆，須臾不救。先以葱白炒熱熨臍，後以葱白三七莖擂爛，用酒煮灌之，陽氣即回。此華佗救卒病方也。

卒心急痛：牙關緊閉欲絶。以老葱白五莖去皮鬚，搗膏，以匙送入咽中，灌以麻油四兩，但得下咽即蘇。少頃，蟲積皆化黄水而下，永不再發。累得救人。《瑞竹堂方》。

霍亂煩躁：坐卧不安。葱白二十莖，大棗二十枚，水三升，煎二升，分服。《梅師方》。

蛔蟲心痛：用葱莖白二寸，鉛粉二錢，搗丸服之，即止。葱能通氣，粉能殺蟲也。《楊氏經驗方》。

腹皮麻痹：不仁者。多煮葱白食之，即自愈。《危氏方》。

小便閉脹：不治殺人。葱白三斤，剉炒帕盛，二個更互熨小腹，氣透即通也。許學士《本事方》。

大小便閉：搗葱白和酢，封小腹上。仍灸七壯。《外臺秘要》。

大腸虚閉：匀氣散：用連鬚葱一根，薑一塊，鹽一捻，淡豉三七粒，搗作餅，烘掩臍中，扎定。良久，氣通即通。不通再作。楊氏《直指方》。

小兒虚閉：葱白三根煎湯，調生蜜、阿膠末服。仍以葱頭染蜜，插入肛門。少頃即通。《全幼心鑑》。

急淋陰腫：泥葱半斤，煨熱杵爛，貼臍上。《外臺》。

小便淋澀：或有白者。以赤根樓葱近根截一寸許，安臍中，以艾灸七壯。《經驗方》。

小兒不尿：乃胎熱也。用大葱白切四片，用乳汁半盞，同煎片時，分作四服即通。不飲乳者，服之即飲乳。若臍四旁有青黑色及口撮者，不可救也。《全幼心鑑》。

腫毒尿閉：因腫毒未潰，小便不通。用葱切，入麻油煎至黑色，去葱取油，時塗腫處，即通。《普濟》。

水癊病腫：葱根白皮煮汁，服一盞，當下水出。病已困者，取根搗爛，坐之取氣，水自下。《聖濟録》。

陰囊腫痛：葱白、乳香搗塗，即時痛止腫消。又方：用煨葱入鹽，杵如泥，塗之。

小便溺血：葱白一握，鬱金一兩，水一升，煎二合，温服。一日三次。《普濟方》。

腸痔有血：葱白三斤，煮湯熏洗立效。《外臺》。

赤白下痢：葱白一握細切，和米煮粥，日日食之。《食醫心鏡》。

便毒初起：葱白炒熱，布包熨數次，乃用傅藥，即消。〇《永類方》：用葱根和蜜搗傅，以紙密護之。外服通氣藥，即愈。

癰疽腫硬：烏金散：治癰癤腫硬無頭，不變色者。米粉四兩，葱白一兩，同炒黑，研末，醋調貼。一伏時又换，以消爲度。〔又〕《外科精義》。

一切腫毒：葱汁漬之，日四五度。

乳癰初起：葱汁一升，頓服即散。並《千金》。

疔瘡惡腫：刺破，以老葱、生蜜杵貼。兩時疔出，以醋湯洗之，神效。《聖濟録》。

小兒禿瘡：冷泔洗净，以羊角葱搗泥，入蜜和塗之，神效。《楊氏》。

刺瘡金瘡：百治不效。葱煎濃汁漬之，甚良。

金瘡瘀血：在腹者。大葱白二十枚，麻子三升，杵碎，水九升，煮一升半，頓服。當吐出膿血而愈。未盡再服。並《千金方》。

血壅怪病：人遍身忽然肉出如錐，即痒且痛，不能飲食，名血壅。不速治，必潰膿血。以赤皮葱燒灰淋洗，飲豉湯數盞自安。夏子益《怪病奇方》。

解金銀毒：葱白煮汁飲之。《外臺秘要》。

腦破骨折：蜜和葱白搗匀，厚封立效。《肘後方》。

自縊垂死：葱心刺耳、鼻中有血出，即甦。

葉　【主治】煨研，傅金瘡水入皸腫。鹽研，傅蛇、蟲傷及中射工、溪毒《日華》。主水病足腫蘇頌。利五臟，益目精，發黃疸思邈。

【發明】頌曰：煨葱治打撲損，見劉禹錫《傳信方》，云得於崔給事。取葱新折者，煻火煨熱剥皮，其間有涕，便將罨損處。仍多煨，續續易熱者。崔云：頃在澤潞，與李抱真作判官。李相方以毬杖按毬子，其軍將以杖相格，因傷李相拇指並爪甲劈裂。遽索金創藥裹之，强索酒飲，而面色愈青，忍痛不止。有軍吏言此方，遂用之。三易面色却赤，斯須云已不痛。凡十數度，用熱葱並涕纏裹其指，遂畢席笑語。時珍曰：按張氏《經驗方》云：金創折傷血出，用葱白連葉煨熱，或鍋烙炒熱，搗爛傅之，冷即再易。石城尉戴堯臣，試馬損大指，血出淋漓。余用此方，再易而痛止。翌日洗面，不見痕迹。宋推官、鮑縣尹皆得此方，每有殺傷氣未絶者，亟令用此，活人甚衆。又凡人頭目重悶疼痛，時珍每用葱葉插入鼻内二三寸并耳内，氣通即便清爽也。

【附方】舊三，新二。　水病足腫：葱莖葉煮湯漬之，日三五次妙。韋宙《獨行方》。

小便不通：葱白連葉搗爛，入蜜，合外腎上，即通。《永類鈐方》。　瘡傷風水：腫痛。取葱青葉和乾薑、黄蘗等分，煮湯浸洗，立愈。《食療》。　蜘蛛咬瘡：遍身生瘡。青葱葉一莖去尖，入蚯蚓一條在内，待化成水，取點咬處即愈。李絳《兵部手集》。

代指毒痛：取萎黄葱葉煮汁，熱漬之。《千金方》。

汁　【氣味】辛，温，滑，無毒。　【主治】溺血，飲之。解藜蘆及桂毒《别録》。散瘀血，止衄止痛，治頭痛耳聾，消痔漏，解衆藥毒時珍。能消玉爲水，化五石，仙方所用弘景。

【發明】時珍曰：葱汁即葱涕，功同葱白。古方多用葱涎丸藥，亦取其通散上焦風氣也。《勝金方》：取汁入酒少許滴鼻中，治衄血不止，云即覺血從腦散下也。又唐瑶《經驗方》，以葱汁和蜜少許服之，亦佳。云鄰媪用此甚效，老僕試之亦驗。二物同食害人，何以能治此疾？恐人脾胃不同，非甚急不可輕試也。慎微曰：《三洞要録》云：葱者菜之伯也，能消金、錫、玉、石。神仙消金玉漿法：於冬至日，以壺盧盛葱汁及根〔莖〕，埋庭中。次年夏至發出，盡化爲水。以法漬金、玉、銀青石各三分，自消矣。暴乾如飴，食之可休糧，亦曰金漿也。

【附方】舊四，新一。　衄血不止：方見上。　金瘡出血：不止。取葱炙熱，挼汁塗之即止。《梅師方》。　火焰丹毒：從頭起者。生葱汁塗之。　痔瘻作痛：葱涎、白蜜和塗之，先以木鱉子煎湯熏洗，其冷如冰即效。一人苦此，早間用之，午刻即安也。《唐仲舉方》。　解鈎吻毒：面青口噤欲死。以葱涕啖之，即解。《千金》。

鬚　【主治】通氣孟詵。療飽食房勞，血滲入大腸，便血腸澼成痔，日乾，研末，每服二錢，温酒下時珍。

【附方】舊一。　喉中腫塞：氣不通者。葱鬚陰乾爲末，每用二錢，入蒲州膽礬末一錢，和勻。每用一字，吹之。《杜壬方》。

花　【主治】心脾痛如錐刀刺，腹脹。用一升，同吴茱萸一升，水八合，煎七合，去滓，分三服，立效。頌。〇出《崔元亮方》。

實　【氣味】辛，大温，無毒。　【主治】明目，補中氣不足《本經》。温中益精《日華》。宜肺，歸頭思邈。

【附方】舊一。　眼暗補中：葱子半升爲末，每取一匙，〔水二升〕，煎湯一升半，去滓，入米煮粥食之。亦可爲末，蜜丸梧子大，食後米湯服一二十丸，日三服。《食醫心鏡》。

題明・薛己《本草約言》卷二《藥性本草》　葱白　味辛，氣温，無毒。陽也，升也，入手太陰、足陽明經。散陽明面風若腫，療傷寒首痛如破。脚氣奔豚氣，連鬚煎可除；蛇傷蚯蚓傷，和鹽醬即解。大抵功專發散，食多昏神。病人氣虚，尤勿沾口。同〔密〕〔蜜〕、菘菜食，致殺人。

明・佚名氏《醫方藥性・草藥便覽》　葱白　其性溫。散諸邪氣，發汗之良。

葱草　其性熱。通〔吼〕〔孔〕竅，生血，補腎。

明・梅得春《藥性會元》卷中　葱　味辛，氣溫，無毒。入手太陰肺經、足陽明胃經。　主治傷寒頭痛如破，療傷寒骨肉周痛，治中風面目腫脹，令小便關節俱通。利五臟而殺百藥之毒，除喉閉咳寒之痹。　凡使，連鬚葉安胎；　去葉用白留鬚，除傷寒寒熱，退散肝經之邪氣，益目之睛光；　同麻黄發太陽膀胱風邪，頭痛腰脊强，又能安中出汗。忌燒熟同蜜食，殺人。正月莫食生葱，發面上遊風。

汁：　治溺血，解藜蘆毒，勿多食，令人神昏。

實：　主明目，補中不足。

明・王肯堂《傷寒證治準繩》卷八　葱白　氣平，味辛，無毒。氣厚味薄，升也，陽也。入手太陰、足陽明經。專主發散，以通上下陽氣，故《活人書》治傷寒頭痛如破，用連鬚葱白湯主之。張仲景治少陰病，下利清穀，裏寒外熱，厥逆，脉微者，白通湯主之，内用葱白。若面色赤者，四逆湯加葱白；腹中痛者，去葱白。成無己解之曰：腎惡燥，急食辛以潤之。葱白辛温以通陽氣也。珍：葱乃釋家五葷之一，生辛散，熟甘温，外實中空，肺之菜也，肺病宜食之。肺主氣，外應皮毛，其合陽明，故所治之證，多屬太陰、陽明，皆取其通氣發散之功。通氣故能解毒及理血病。氣者，血之帥也，氣通則血活矣。故金瘡等用之，皆有殊效。

明・穆世錫《食物輯要》卷三 蔥 味辛，葉性溫，根鬚平，無毒。解百藥毒，殺一切魚鱉毒。歸目和中，利五臟，達表和裏，通關節，利二便。治傷寒頭疼，面目浮腫，心腹痛，散風濕麻痹腳氣，安胎，通乳。多食，令虛氣上沖，損鬚髮。同棗肉食，令臚脹；同雞雉食、同犬肉食多，並患血病。胡葱同青魚食，生蟲蛆。如龍角蔥、漢蔥，皆能發散，並與蜜相反。

明・李中立《本草原始》卷六 葱 有冬葱、漢葱、胡葱、茖葱，凡四種。冬葱，夏衰冬盛，莖葉俱軟美，分莖栽蒔而無子也；漢葱冬枯，其莖實硬而味薄；胡葱莖葉粗短，根若金燈；茖葱生于山谷。入藥冬葱最善，氣味亦佳。《醫學入門》曰：葱，空也，其葉中空，故名葱。一云：葱，青白色也。《爾雅翼》云：西域有葱嶺，其山高大，上悉生葱，故以名焉。

葱莖白：氣味：辛，平。葉：溫。根鬚：平。並無毒。主治：作湯，治傷寒寒熱，中風面目浮腫，能出汗。〇傷寒骨肉碎痛，喉痹不通，安胎，歸目，益目睛，除肝中邪氣，安中利五臟，殺百藥毒。根治傷寒頭痛。〇主天行時疾，頭痛熱狂，霍亂轉筋，及奔豚氣、腳氣、心腹痛，目眩，止心迷悶。〇通關節，止衄血，利大小便。〇治陽明下痢、下血。〇達表和裏，止血。〇除風濕，身痛麻痹，蟲積心痛，止大人腸脫，陰毒腹痛，小兒盤腸內釣，婦人妊娠溺血，通乳汁，散乳癰，利耳鳴，塗猘犬傷，制蚯蚓毒。〇殺一切魚、肉毒。汁：能消玉為水，化五石。實：俗呼葱子。氣味：辛，大溫，無毒。主治：明目，補中氣不足。〇溫中益精。

葱初生曰葱針，葉曰葱青，衣曰葱袍，莖曰葱白，葉中涕曰葱苒，根曰葱鬚。葱，《別錄》中品。【圖略】元素曰：味辛而甘平，氣厚味薄，升也，陽也。入手太陰、足陽明經。宗奭曰：葱主發散，多食昏人神。思邈曰：正月食生葱，令人面上起遊風。生葱同蜜食，作下利。燒葱同蜜食，壅氣殺人。崔氏《纂要》：治卒中惡死，或先病，或平居寢臥，奄忽而死，皆是中惡。急取葱心黃刺入鼻孔中，男左女右，入七八寸，鼻、目血出即甦。〇又法：用葱針入耳中五寸，以鼻中血出即活也。如無血出，即不可治矣。此扁鵲秘方也。崔給事頃在澤、潞，與李抱真作判官。李相方以毬杖按毬子，其軍將以杖相格，承勢不能止，因傷李相拇指，並爪甲擘裂。遽索金瘡藥裹之，強坐頻索酒，飲至數杯已過量，而面色愈青，忍痛不止。有軍吏言，取葱新折者，使入煻灰火，煨熟剝皮，擘開，其間有涕，取傅損處。仍多煨取，續續易熱者。凡三易之，面色却赤，斯須云已不痛。凡十數度易，用熱葱并涕裹纏，遂畢席笑語。蚯蚓化水：葱一枝，將蚯蚓去泥，以鹽塗之，內入中化為水。見《食物本草》。

明・張懋辰《本草便》卷二 葱白 味辛，氣溫，無毒。入手太陰經、足陽明經。忌與蜜同食。主傷寒頭痛如破，發散風邪出汗，面目腫，咳痹不通，安胎，利五臟，殺百藥毒，通大小腸。莖同用。實主明目，補中不足。

明・龔廷賢《壽世保元》卷一〇 葱白治驗神效葱熨法 虛怯人肢體患腫塊，或作痛，或不痛，或風襲於經絡，肢體疼痛，或四肢筋攣，骨痛流注，并跌撲傷損腫痛，用葱頭細切，搗爛，炒熱敷患處，冷則易之，再熨腫處，即已。此外補陽氣，而逐散壅滯之法也。刀斧傷破，血流不止，痛苦難禁，急將葱白搗爛，炒熱，敷傷處，痛與血隨止。葱冷再三易，遂不復痛。小便不通，小腹脹滿，不急治，即殺人，急用連根葱白一斤，搗爛炒熱，以帛裹，分兩處，更替熨臍下，即通。加些麝香在內。婦人胎漏，時時下血，用葱白一把，濃煎汁飲之。婦人吹乳乳癰，腫痛不可忍，用葱連根搗爛，鋪乳患處，上用瓦罐盛火，蓋在葱上，一時蒸熱，汗出即愈。白虎風，走注痛癢，用三年陳釅醋二碗，葱白一斤，煮一沸濾出，布帛熱裹，當患處熨之。疔腫瘡，無名腫毒，以葱白共蜜搗如泥，貼患處立愈。一人因傷其拇指，并爪甲劈裂，索金瘡藥裹之，其痛不止，急取葱白，入煻灰火煨蒸熱，剝皮劈開，其間有涕，取罨損處，仍多煨取，續續易熱者，凡三易之，立愈。又，一人因誤截去一指，亦用此法，則血止痛消，亦不潰，良方也。

明・吳文炳《藥性全備食物本草》卷一 葱白 葱，空也，其葉中空，惟虛乃聰也。一云葱青白色也。葱白即莖也。無毒，味辛，葉性溫，根鬚平，氣厚味薄，升也，陽也，入手太陰、足陽明經。主傷寒傷風頭痛欲破，骨節痛，寒熱出汗。東垣云：散傷風陽明頭痛之邪，止傷寒陽明下痢之苦。又治中風面目浮腫，喉痺不通，霍亂轉筋及奔豚脚氣心腹痛。此藥利關節，通大小腸。又能通腎陽氣，俾陰症回陽，除肝邪氣，明目安胎，止血和中，利五臟，殺百藥毒及一切魚肉毒。又莖葉用鹽搗罯射工溪毒，蜈蚣、狐尿刺、蛇蟲傷，並撲損金瘡，水入皸腫痛。大抵發散為功，多食昏人神，拔氣上沖，虛人正月食之，發面上遊風。若燒葱和蜜食殺人。葱實：主明目，溫中，補不足，益精。葱汁：平，主吐衄溺血，解藜蘆毒。凡葱有數種，惟經冬不死，分莖栽植而無子者入藥最佳。同棗肉食令臚脹，同雞雉食、同犬肉食並患血病，胡葱同青魚食生蟲蛆。如龍角葱、漢葱皆能發散，並與蜜相反。又不可與菘菜同食，殺人。若服常山亦須戒忌。　胡葱：類食葱而根莖皆細白，又云莖葉微短如金燈者是也。生蜀郡山谷，似大蒜而小，形〔圓〕皮赤，稍長而鋭，五六月採。主消穀能食，久食之多盲眼，發痼疾，又患胡臭䘌齒人不可食，越令轉甚。

明・趙南星《上醫本草》卷三　葱　一名芤，又名菜伯，亦名和事草、鹿胎。葱凡四種。冬葱，即凍葱也。夏衰冬盛，莖葉俱軟美，山南江左有之。漢葱，莖實硬而味薄，冬即葉枯。胡葱，莖葉粗硬，根若金燈。茖葱，生于山谷，不入藥用。入藥用山葱、胡葱，食品用冬葱、漢葱。又有一種樓葱，亦冬葱類，江南人呼為龍角葱，淮楚間多種之。其皮赤，每莖上出歧如八角，故云龍角，即龍爪葱，又名羊角葱。莖上生根，移下蒔之。冬葱即慈葱，或名大官葱，謂其莖柔細而香，可以經冬，大官上供宜之，故有數名。漢葱，一名木葱，其莖粗硬，故有木名。冬葱無子。漢葱春末開花成叢，青白色，其子味辛，色黑，有皺文，作三瓣狀。收取陰乾，勿令浥鬱，可種可栽。葱有寒熱，白冷、青熱，傷寒湯中不得用青也。葱主發散，宜冬月食，為其開骨節，出汗之故也。

葱莖白：辛，平。葉：溫。根鬚：平。竝無毒。主治：作湯，治傷寒骨肉猝痛，喉痹不通，寒熱中風，面目浮腫，能出汗。歸目，益目睛，除肝邪氣，安中，利五臟。主天行時疾，頭痛熱狂，霍亂轉筋，奔豚氣，腳氣，目眩，止心迷，通關節，止衄血，利大小便，治陽明下痢、下血。達表和裏，除風濕身痛麻痹，蟲積心痛。止大人陽脫陰毒腹痛，利耳鳴，及安胎，治妊娠溺血，通乳汁，散乳癰。又治小兒盤腸內釣。塗猘犬傷，制蚯蚓毒，殺百藥毒及一切魚肉毒。根，治傷寒頭痛。煨葱，治打撲損。見劉禹錫《傳信方》云：得于崔給事取葱新折者，煻火煨熟，剝皮，其間有涕，便將罨損處，仍多煨，續續易熱者。　多食昏人神，損鬚髮，發人虛氣。正月食生葱，令人面上起遊風。生葱同蜜食，作下利。合棗食，令人病。合犬、雉肉食，多令人病血。燒葱同蜜食，壅氣殺人。服地黃、常山人，忌食之。

附方　傷寒頭痛如破者：連鬚葱白半斤，生薑二兩，水煮溫服。　時疾頭痛發熱者：以連根葱白二十根，和米煮粥，入醋少許，熱食取汗即解。數種傷寒初起一二日，不能分別者，用上法取汗。　傷寒勞復：因交接者，腹痛卵腫，用葱白擣爛，苦酒一盞，和服之。　卒中惡死：或先病，或平居寢臥，奄忽而死，皆是中惡。急取葱心黃，刺入鼻孔中，男左女右，入七八寸，鼻目血出，即甦。又方：用葱刺入耳中五寸，以鼻中血出即活也。如無血出，即不可治矣。　卒心急痛：牙關緊閉欲絕，以老葱白五莖，去皮鬚擣膏，以匙送入咽中，灌以麻油四兩，但得下咽，即甦。少頃，蟲積皆化黃水而下，永不再發。累得救人。　霍亂煩躁，坐臥不安：葱白二十莖，大棗二十枚，水【缺】　蚘蟲心痛：用葱莖白二寸，鉛粉二錢，擣丸服之，即止。葱能通氣，粉能殺蟲也。　赤白下痢：葱白一握，細切，和米煮粥，日日食之。　小便不通及轉脬危急者：用葱管吹鹽入玉莖內，極有捷效。　小便閉脹：不治殺人。葱白三斤，剉炒，帕盛二個，更互熨小腹，氣透即通也。　大小便閉：擣葱白，和醋，封小腹上，仍灸七壯。　大腸虛閉：〔匀氣散〕用連鬚葱一根，薑一塊，鹽一捻，淡豉三七粒，擣作餅，烘掩臍中，紮定。良久，氣通即通。不通再作。　陰囊腫痛：葱白、乳香擣塗，即時痛止腫消。又方：用煨葱入鹽，杵如泥，塗之。　金瘡磕損：折傷血出，疼痛不止者。王璆《百一選方》用葱白、砂糖等分研封之，云痛立止，更無痕瘢也。　葱葉亦可用。　一切腫毒：葱汁漬之，日四五度。

葉：主治：水病足腫，利五臟，益目精，發黃疸。煨研，傅金瘡，水入皸腫。鹽研，傅蛇蟲傷及中射工溪毒。　花：主治：心脾痛如錐刀刺，腹脹，用一升，同吳茱萸一升，水八合，煎七合，去滓，分三服，立效。　實：辛，大溫，無毒。主治：明目，補中氣不足，溫中，益精，宜肺，歸頭。

明・李中梓《藥性解》卷六　葱白　味辛，性溫，無毒，入肺、胃、肝三經。善發汗，通骨節，逐肝邪，明眼目，去喉痹，愈金瘡，安胎氣，止鼻衄，治霍亂轉筋，理傷寒頭痛，殺魚肉毒，通大小腸，散面目浮腫，止心腹急疼，腳氣奔豚氣。連鬚擣，可除蛇傷蚯蚓傷。畏蜜、菘菜、常山，同食殺人。　按：皮毛腠理，肺所司也，風淫木旺，肝所患也。邪傳入裏，胃所疾也。葱白功專發散，又主通中，三經之入有由來矣。多食則伐氣昏神，虛者戒之。

明・繆希雍《本草經疏》卷二八　葱白　辛，平。可作湯，主傷寒寒熱，出汗，中風面目腫，傷寒骨肉痛，喉痹不通，安胎，歸目，除肝邪氣，安中利五藏，益目睛，殺百藥毒。　葱實：　味辛，溫，無毒。主明目，補中不足。　葱根：　主傷寒頭痛。　葱汁：　平，溫。主溺血，解藜蘆毒。弘景云：　葱有寒熱，白冷青熱。傷寒湯中不用青也。

【疏】葱稟天之陽氣，得地之金味，中空象肺，其味辛平，平即涼也，而性無毒。氣厚味薄，升也，陽也。入手太陰、足厥陰、足陽明經。辛能發散，能解肌，能通上下陽氣，故外來怫鬱諸證，悉皆主之。傷寒寒熱，邪氣并也。中風面目腫，風熱鬱也。傷寒骨肉痛，邪始中也。喉痹不通，君相二火上乘于肺也。辛涼發散，得汗則火自散，而喉痹通也。肝開竅于目。散肝中邪熱，故云歸目，除肝邪氣。邪氣散則正氣通，血自和調，而有安胎、安中、利五藏之功矣。其曰益目睛，殺百藥毒者，則是辛潤利竅而兼解散通氣之力也。　【主治參互】《活人書》治傷寒頭痛如破，連鬚葱白半斤，生薑二兩，水煎溫服。　《濟生秘覽》時疾頭痛發熱者，以連根葱白二十根，和米煮粥，入醋少許，熱食取汗即解。數種傷寒一二日，初起不能分别者，亦用之取汗。　風濕身痛，用生葱擣爛，入香油數點，水煎，調川芎、鬱金末一錢服，取吐。　《楊氏產乳》六月孕動，困篤難救者，葱白一大握，水三升，煎一升，去滓頓服。　《深師方》胎動下血，病痛搶心，用葱白煮濃汁飲之，未死即安，已死即出。未效再服。一方加川芎。　陰毒腹痛厥逆，唇青，卵縮，六脈欲絶者，用葱一束，去根及青，留白二寸，烘熱，安臍上，以熨斗火熨之。葱壞則易，良久熱氣透入，手足溫，有汗即瘥。乃服四逆湯。若熨而手足不溫，不可治。　華佗救卒病方，脫陽危證，凡人大吐大泄之後，四肢厥冷，不省人事，或與女子交後少腹堅痛，外腎搐縮，冷汗出，厥逆，須臾不救。先以葱白炒熱熨臍，後以葱白三七莖，擣爛，用酒煮灌之，陽氣即回。加人參為要。　《本事方》小便閉脹，不治殺人。葱白三斤，剉炒，帕盛二個，更互熨小腹，氣透即通。　劉禹錫《傳信方》打撲損見血，取葱新折者，煻火煨熱，剝皮，其間有涕，便將罨損處，仍多煨，續續易熱者，立愈。

張氏《經驗方》金瘡折傷出血，用葱白連葉煨熱，或鍋烙炒熱，擣爛傅之，冷即再易，神驗。　【簡誤】病人表虚易汗者，勿食。病已得汗，勿再進。

明·倪朱謨《本草彙言》卷一六　葱　味辛、甘，氣溫，無毒。氣厚味薄，可升可降，陽也。通行手足十二經。韓氏曰：　葱有四種，南北東西皆有之。山谷者曰茖葱，陸地者曰胡葱、凍葱、漢葱。漢葱又名大葱，其莖粗硬而味淡。春時開花，作子卒黑，味辛而三瓣。凍葱又名冬葱，或名大茖葱，其莖柔軟而香，不結子，分莖栽蒔，夏衰冬盛，上供多用之。胡葱莖葉俱粗大而硬，味辛烈。茖葱似胡葱而稍細。茖葱療病相宜，凍葱入食料最美，辟腥氣。外有一種五爪葱，荆楚人多種之，其皮微赤，每莖上出歧如角，角下生根，五月摘下種之，成叢，不結子，亦可充食料。今浙人亦種盆內，云能辟邪。

葱白：　發散寒邪，疏通逆氣，《寧氏本草》流散血鬱之藥也。方龍潭曰：　味辛應金，中空象肺，前人主傷寒邪在太陽經，寒熱頭痛，無汗氣促者。又治霍亂轉筋，懊悶腹疼者。凡陰寒之證，惟此可攻。如喉痹不通，腮頤腫脹，或溲便阻閉，小腹急墜；　或胎孕不安，腰腹疼痛；　或心胃攻疼，寒熱蟲積；或奔豚瘕疝，走痛上下；　或脚氣內攻，腹脹厥逆，凡氣閉之證，惟此可行。凡諸肉食之味，用葱調制，不但取其香烈辟腥，而亦可解百物之毒也，生則辛散而發越表裏寒邪，熱則甘補而通達上下陽氣。氣者血之帥也，氣通則血活矣。故陳氏勝金丹方：　每製乳香、没藥，俱擣葱汁煮之，能使氣行血和之意。大抵此劑，辛烈之性最甚，而發散之功最多。若多食則昏人頭目，損人元氣，蓋因走散之力大也。分而論之，或謂葱白解表，葱實補中，葱葉去毒，葱根止頭痛。極有理也。　盧子繇先生曰：　葱也，白根層理，綠莖空中。上達橫遍，陽氣前通之象也。方之奇方、急方，劑之宣劑、通劑也。故力能內開骨節，外達毫竅，上徹巔頂，下及趺踵，故主陽氣閉塞，致寒風外侮。作湯蕩滌之，前通陽氣，揚液為汗也。其氣開出，當入太陰；　其性通明，當入陽明。倘陽明闔機不及者，投之寧免走泄之失。

集方：　《活人書》治傷寒頭痛如破，發熱無汗、氣促者。用連根葱白八兩，生薑二兩，水煮溫服。初起一二日用此取汗。○《千金方》治傷寒因交接勞復者，腹痛卵腫。用葱白二兩擣爛，和入米醋一鍾，白滾湯一碗，調和飲之。○《深師方》治霍亂煩躁，坐臥不安者。用葱白二十莖，大棗十枚，水二升，煎一升，溫和服。○同前治喉痹不通，腮頤腫脹。用桔梗五錢，甘草一錢，水煎，臨服時和入葱汁半盞，徐徐飲之。○《本事方》治小便阻閉不通，小腹急墜。用葱白三斤，剉炒，用帛盛二個，更互熨摸小腹，氣透即通也。○治胎孕不安，腰腹疼痛，或胎上逼心，坐臥不得。用葱白一斤，煮濃汁飲之。未死即安，已死即出，未效再服。一方加當歸、川芎各三錢同煮。○《瑞竹堂方》治心胃攻痛，不拘寒熱、蟲積，甚至牙關緊閉欲絶者。以老葱十莖擣爛，入滾湯數匙，帛裹，絞汁半盞，再和脂麻油廿餘匙，灌入，但得下咽即甦，少頃，蟲積皆化黄水而下，永不再發。○《方脉正宗》治奔豚瘕疝，走痛上下。用葱白一兩，茯苓、生薑各五錢，胡盧巴三錢，水煎服。外再用葱白八兩搗膏，炒熱，用帛裹熨小腹臍間上下。○湯氏《寶鑒》治小兒盤腸内釣腹痛。用葱白二兩煎湯，洗兒腹上，再以葱白連鬚者三兩搗膏，炒微熱，貼臍上。良久尿出痛自止。○《方脉正宗》治脚氣内攻，腹脹厥逆。用葱白四兩，枳殼、檳榔、牛膝各五錢，大黄酒製、附子童便製各三錢，水煎，徐徐灌之。

續補集方：《南陽活人書》治陰毒腹痛厥逆，唇青卵縮，六脉將絶者。用葱一大束，去根及青，取白二寸，用綫扎成墩子，烘熱安臍上，以熨斗盛火熨之，葱壞即止。良久熱氣透入，手足溫而有汗即瘥。乃服四逆、理中、參附諸湯。若熨而手足不溫，不可治。○《華佗救急方》治脱陽危證。凡人大吐大泄之後，四肢厥冷，不省人事；或與婦人交後，小腹絞痛，外腎收縮，冷汗出。先以葱白炒熱熨臍上，再以葱白三七莖搗爛，用酒煮灌之，陽氣即回。○崔氏方治大人小兒無故卒然死絶，名爲中惡。急取葱白心一段，刺入鼻孔中，男左女右，鼻中血出即甦。○《聖濟錄》治水腫。用葱白一把，煮水二碗，徐徐服，當下水出病已。垂困者，取葱搗爛坐之。○《千金方》治諸般腫毒、疔毒。以葱汁煎稠，和煉熟蜜少許，乘熱不時塗之○《肘後方》治腦破骨折。用葱白搗膏，和生蜜少許，再加小麥粉和勻，厚封傷處，效。

明·應麐《食治廣要》卷三　葱　氣味：辛，平。葉，溫。根鬚，並無毒。達表利裏，通關節，止血，殺一切魚、肉毒。寇宗奭曰：葱主發散，多食昏人神。孟詵曰：葱宜冬月食。不可過多，損鬚髮，發人虚氣上沖，五藏閉絶，為其開骨節出汗之故也。孫真人曰：正月食生葱，令人面上起遊風。生葱共蜜食，下利。燒葱同蜜食，壅氣殺人。張仲景曰：生葱同棗食，及犬、雉肉食，令人病血。《綱目》云：服生地、常山者，忌之。種類不同，氣味無異。凡跌撲損傷，青腫見血，生葱不計多寡，切碎，炒令汁乾，乘熱敷患處，外以帛束之，立刻止痛止血散腫。此百發百中良方，勿以易而忽之也。

明·姚可成《食物本草》卷六菜部·葷辛類　葱葱凡四種：冬葱即凍葱也，夏衰冬盛，莖葉俱軟美，山南、江左有之；漢葱莖實硬而味薄，冬即葉枯；胡葱莖葉粗硬，根若金燈；茖葱生於山谷。又有一種樓葱，亦冬葱類，即龍爪葱，每莖上出歧，如龍爪狀。冬葱又名太〔官〕葱，謂其莖柔細而香，可以經冬，太官上供〔宜〕之。漢葱又名木葱，以其形粗硬也。冬葱無子。漢葱春末開花成叢，青白色。其子味辛色黑，有皺文，作三瓣狀。收取陰乾，勿令浥鬱，可栽可種。

葱莖白：味辛，平，無毒。作湯，治傷寒寒熱，中風面目浮腫。入手太陰肺經，能出汗。又入足陽明胃經，治傷寒骨肉疼痛，喉痹不通，安胎。歸目，益目睛，除肝中邪氣，安中利五臟，殺百藥毒，通大小腸。療霍亂轉筋，奔豚氣、脚氣，心腹痛，目眩，心迷悶。通關節，止衄血，利二便。治陽明下痢、下血。達表和裏，除風溼，身痛麻痹，蟲積心痛，止大人陽脱，陰毒腹痛，小兒盤腸内釣，婦人妊娠溺血，通乳汁，散乳癰，利耳鳴。塗猘犬咬傷，制蚯蚓毒，殺一切魚、肉毒。生葱不可與蜜同食，能殺人。多食昏神。只調和食品可也。　葱葉：煨研，傅金瘡水入皸腫。鹽研，傅蛇、蟲傷及中射工、溪毒。主水病足腫，利五臟，益目精，發黄疸。　葱汁：味辛，溫，滑，無毒。主溺血。飲之，解藜蘆及桂毒。散瘀血，止衄止痛，治頭痛耳聾，消痔漏。能消玉為水，化五石。仙方所用。　葱鬚：主通氣，療飽食房勞所傷，血滲入大腸便血，腸澼成痔。研末，每服二錢，溫酒下。　葱花：主心脾痛如刀刺，同吳茱萸水煎服，效。　葱實：味辛，大溫，無毒。主明目，補中氣不足，溫中益精，宜肺，歸頭。

附方：《張氏經驗方》：金瘡折傷血出，用葱白連葉煨熱，搗爛傅之，冷即再易。石城尉戴堯臣，試馬損大指，血出淋漓。余用此方，再易而痛止，翌日洗面，不見痕跡。宋推官、鮑縣尹皆得此方。每有殺傷氣未絶者，亟用之，活人甚眾。　煨葱治打撲損，見劉禹錫《傳信方》，其法：以葱入灰火煨熱，剝皮，其間有涕，便將罨損處，仍多煨，續續頻易熱者。昔李抱真作判官時，其軍將以毬杖相格，因傷抱真拇指，并爪甲劈裂。遽索金創藥裹之，強索酒飲，而面色愈忍愈青，痛苦不勝。有軍吏言此方，遂用之。三易，面色紅活，須臾云已不痛。凡十數度，用熱葱并涕纏裹其指，遂畢席笑語。　凡人頭目重悶疼痛，用葱插入鼻内并耳内，氣通即便清爽也。　自縊死者。葱心刺耳鼻中，有血出即甦。　治傷寒頭痛如破者。連鬚葱白半斤，生薑二兩，水煮溫服。　治傷寒因交接勞復，腹痛卵腫。用葱白擣爛，苦酒一盞，和服之。　治妊娠傷寒，赤斑變黑，尿血者。以葱白一把，水三升，煮熟服汁，食葱令盡，取汗。　治妊娠五六月胎動困篤難救者。葱白一大握，水三升，煎一升，去滓頓服。　治胎動下血，病痛搶心。用葱白煮濃汁飲之，未死即安，已死即出。未效再服。一方：加川芎。一方：用銀器同米煮粥及羹食。

治卒中邪惡及寢臥奄忽而死。急取葱心黄刺入鼻孔中，男左女右，入三四寸，鼻、目血出即活。或刺入耳中五寸，以鼻中血出為驗，如無血出死也。　治小兒無故卒死。取葱白納入下部及兩鼻孔中，氣通噴嚏即活。　治小兒盤腸內釣腹痛。用葱湯洗兒腹，仍以炒葱擣貼臍上。良久，尿出痛止。　治陰毒腹痛，厥逆唇青卵縮，六脉欲絶者。用葱一束，去根及青，留白二寸，烘熱安臍上，以熨斗火熨之，葱壞則易。良久熱氣透入，手足溫有汗即瘥，乃服四逆湯。若熨而手足不溫，不可治。　治脱陽危症。凡人大吐大泄之後，四肢厥冷，不省人事，或與女子交後，小腹腎痛，外腎搐縮，冷汗出，厥逆，須臾不救。先以葱白炒熱熨臍，後以葱白三七莖擂爛，用酒煮灌之，陽氣即回。此華佗方也。　治急心痛，牙關緊欲絶。以老葱白五莖去皮鬚，擣膏，以匙送入咽中，灌以蔴油四兩，但得下咽即甦。少頃，蟲積皆化黄水而下。　治小腹閉脹，水道不利，不急治殺人。用葱白三升，剉炒，帕盛二个，更互熨之，小腹氣透即通也。　治乳癰初起。葱汁一升，頓服即散。　治疔腫惡瘡。刺破，以老葱、生蜜杵貼兩時，疔出，以醋湯洗之，神效。　治人身忽肉出如錐，痛痒不一，名血壅，不治必死。以葱燒灰淋洗，飲豉湯數盞，自安。

明・顧逢柏《分部本草妙用》卷九菜部　葱　辛，平。葉溫，根鬚竝無毒。　主治：傷寒頭痛寒熱，中風，面目浮腫，能出汗。除肝邪，和五臟，霍亂轉筋，奔豚腳氣，目眩心迷，通關節，止衄血，利大小便。治陽明下痢下血，除風濕身痛麻痺。蟲痛，陽脱，陰毒。妊娠溺血，殺一切魚肉毒。　葱莖白氣厚味薄，升也。入手太陰、足陽明經。專主發散，以通上下陽明，故治傷寒頭痛如破，用連鬚葱白。少陰病下利清穀，裏寒外熱，厥逆脉微，白通湯用之。面色赤者，四逆湯加之。其外實中空，肺之菜也，肺病宜之。故所治症，多屬太陰、陽明，取其發散通氣之功也。及能解毒，理血症者，氣為血之帥，氣通而血自活矣。金瘡磕損，和擣塗之。

明・孟笨《養生要括・菜部》　葱主發散，多食昏人神。肺之菜也，肺病宜食之。　味辛，平，無毒。治傷寒寒熱，中風，面目浮腫，能出汗，通關節，止衄血，利大小便。治陽明下痢下血，達表和中，止血。除風濕，蟲積心痛，止大人陽脱，陰毒腹痛，小兒盤腸內釣，婦人妊娠溺血。通乳汁，散乳癰，利耳鳴，塗猘犬傷，制蚯蚓毒，殺一切魚肉毒。治傷寒骨肉碎痛，喉痺不通，除肝中邪氣。安中，利五臟，殺百藥毒。根，治傷寒頭痛。

明・李中梓《醫宗必讀・本草徵要下》　葱白味辛，平。入肺、胃二經。忌棗、蜜、犬、雉肉。　通中發汗，頭疼風濕總蠲除；利便開關，腳氣奔豚通解散。跌打金瘡出血，砂糖研傅；氣停蟲積為殃，鉛粉丸吞。專攻喉痺，亦可安胎。葱味最辛，肺之藥也，故解散之用居多。按：多食葱，令人神昏髮落，虚氣上衝。

明・鄭二陽《仁壽堂藥鏡》卷四　葱白　氣溫，味辛，無毒。　入手太陰經，足陽明經。　《液》云：以通上下之陽也。《活人書》：傷寒頭痛如破，連鬚葱白湯主之。　《心》云：通陽氣。辛而甘，氣厚味薄，陽也。發散風邪。　《本草》云：葱實：主明目，補中不足。其莖白，平。可作湯，主傷寒寒熱，出汗，中風，面目腫。傷寒骨肉痛，喉痺不通，安胎。歸目。除肝邪氣。安中，利五臟，益目精，殺百藥毒。葱根：主傷寒頭痛。葱汁：平、溫，主溺血。解藜蘆毒。管：吹鹽入玉莖內，治小便不通。莖葉：擣爛，烙熱，傅打撲損傷，冷即再易。　孟詵云：多食發氣，上衝人五臟。開骨節，出汗。　日華子云：葱殺一切魚肉毒。不可以同蜜食。　熨心腹急痛。功專發散，多食昏神。

明・蔣儀《藥鏡》卷一溫部　葱白頭　發表通中，傷風頭痛。濃為汁而淪以川芎，能安下血胎搖，及病痛搶心危篤。貼諸臍而烘以熨斗，能救陰毒腹痛，與厥逆卵縮唇青。煨熱罨金瘡撲傷，出血立止。炒熱熨少腹，小便閉脹旋通。擣爛配鹽，解蛇蟲之傷毒。研勻椒和，龕濕熱之腫風。　葱實主目明，葱汁主血溺。

明・張景岳《景岳全書》卷四九《本草正》　葱　味辛，性溫。善散風寒邪氣，通關節，開腠理，主傷寒寒熱，天行時疾頭痛，筋骨酸疼，行滯氣。除霍亂轉筋，奔豚脚氣，陰邪寒毒，陽氣脱陷，心腹疼痛，及蟲積氣積，飲食毒百藥毒，利大小便，下痢下血，小兒盤腸內釣，婦人溺血，通乳汁，散乳癰，消癰疽腫毒。擣罨傷寒結胸，及金瘡折傷血瘀血出，疼痛不止。塗猘犬傷，亦制蚯蚓毒。

明・賈九如《藥品化義》卷一一風藥　葱頭　屬陽，體潤，色白，氣臭，味大辛，性溫，能升，力發散，性氣與味俱厚而濁，入肺胃二經。　葱頭去青，止用白頭，辛溫通竅，專主發散。凡一切表邪之症，大能發汗逐邪，疏通關節。

蓋風濕之氣，感於皮膚經絡之間，而未深入臟腑之內，宜速去之。開發毛竅，放邪氣出路，則榮衛通暢。但發表之意，用法不同，須知溫熱寒涼，皆能通表解散。若外寒風寒，邪止在表，入麻黄羌活紫蘇白芷辛溫之劑，專主發散。若內蓄鬱熱，邪遏在表，加入寒涼與辛溫並用之劑，一則清腸胃而祛積熱，一則開元府而逐鬱邪，故有雙解通解之意。若邪在半表半裏，加入柴胡葛根苦涼之劑以和解之。如用之無法，留邪於內，則費力不易治也。 葱頭同黄柏煎湯洗瘡毒，能去腫毒。葱頭入蜜搗爛，敷火丹甚效。但葱蜜不可同食。

明·施永圖《本草醫旨·食物類》卷二 葱 葱葉溫，白與鬚平，味辛，無毒。主明目，補中不足。其莖白，入手太陰經、足陽明經，可作湯，主傷寒寒熱，中風面目腫，骨肉疼，喉痹不通，安胎歸目，除肝邪，利五臟，益瞳精，殺百藥毒，通大小腸，療霍亂轉筋、奔豚氣、脚氣、心腹痛、目眩及心迷悶，止衄。汗蔽不出，能達表和裏，除肝經邪氣，解百藥毒，殺一切魚肉毒，又治打撲損并刀傷杖瘡。連根用，主傷寒頭痛。莖葉用鹽研，貼蛇傷水腫，治蚯蚓毒。此凍葱也，經冬不凋，不結子，分莖蒔種，莖葉俱軟，氣味香佳，切忌與蜜同食。又一種樓葱，即龍爪葱，亦凍類。又胡葱、漢葱、茖葱，數種不同，大抵以發散為功，多食昏神，只調和食品可也。花： 與吳茱萸煎服，治心痛。葱白： 治磕打傷損，頭腦破骨及手脚骨折，或指頭破烈，血流不止，用葱白搗爛焙熱，封裹損處，甚效。〇《產乳方》： 治妊娠四五箇月，初胎下血者，取葱白一大把，煎湯飲之即安。〇《集要方》： 治大小便不通，杵葱白填臍中，艾火灸七壯立下。

明·盧之頤《本草乘雅半偈》帙六 葱莖白《本經》中品 氣味： 辛平，無毒。 主治： 作湯，主傷寒寒熱，中風，面目浮腫，能出汗。

覈曰： 所在有之。凡四種： 山谷者，曰茖葱。陸地者，曰胡葱、凍葱、漢葱。漢葱一名木葱，莖薄味淡，春時開花，作子卒黑而三瓣； 凍葱，一名冬葱，又名慈葱，或名大官葱，莖柔而香，不結子，分莖栽蒔，夏衰而冬盛； 胡葱，莖葉粗硬； 茖葱，似胡葱而稍細。葱療病，凍葱入藥最美也。 臭腐中具大神奇，故種種功力不可思議。以能前通陽氣，自然偏周四大，則心肝脾胃、爪生髮長，筋轉脈搖，誠合明了。

叅曰： 白根層理，綠莖空中，上達橫偏，陽氣前通之象也。方之奇方、急方； 劑之宣劑、通劑也。故主陽氣閉塞，致寒風外侮，作湯蕩滌之，前通陽氣，揚液為汗也。先人云： 葱葉離白轉大，去根氣味更勝，故從根柢直徹巔頂。仲景云： 少陰病面赤者，四逆湯加葱白主之。先人云： 陰經面赤，謂之戴陽。葱白不離于陰，以通陰中之陽也。蘄陽云： 葱管吹鹽入玉莖內，治小便不通，及轉胞。先人云： 雖是吹入，實是透出，雖是下通，實是上達。《活人書》云： 頭痛如破者，連根葱白半斤，佐生薑二兩，水煮溫服。先人云： 病頭用根，欲從甲乙，直作丙丁，邪始淨盡。《深師方》云： 胎動下血，痛極搶心，葱白煮濃汁飲之，未死即安，已死即出。先人云： 葱白雖通陰分之陽，其機輕捷，使邪遽出，無容留礙，故中氣無損，妊娠為宜。宗奭云： 葱主發散，多食昏神。先人云： 發散心王之邪，其機數數，寧免自傷。又云： 其氣開出，當入太陰，其性通明，當入陽明，倘陽明闔機不及者，投之為害不淺。又云： 卒中悶絕，多屬陽氣閉塞，葱力內開骨節，外達毫竅，下及趺踵，上徹巔頂，可使生陽偏周四大，若出入之神機廢弛，無能為矣。

明·李中梓《本草通玄》卷下 葱白 辛，溫，入手太陰、足陽明經。專主發散，以通上下陽氣，故傷寒頭痛用之。少陰下利清穀，裏寒外熱，厥逆脉微，白通湯主之，亦有葱白。面赤者，四逆湯加葱白。成註云： 腎惡燥，急食辛以潤之。葱白辛溫以通陽氣也。 陰症厥逆唇青，用葱一束，去根及青，留白二寸，烘熱，安臍上以熨斗熨之，葱壞則易，熱氣透入，服四逆湯即瘥。 葱同蜜食，能殺人。

清·顧元交《本草彙箋》卷七 葱莖白 專主發散，以通上下陽氣。其性兼寒熱，白冷青熱，故傷寒湯中不得用青。外實中空，爲肺之菜。肺主氣，外應皮毛，故能通氣於表。

傷寒頭痛如破者，連鬚葱白半觔，生薑二兩，水煮溫服。 少陰病下利清穀，裏寒外熱，厥逆脈微者，白通湯主之。若面色赤者，四逆湯加葱白。腹中痛者，去葱白。 蓋腎惡燥，急食辛以潤之。葱白辛溫，以通陽氣也。 陽毒腹痛，厥逆唇青，卵縮，六脈欲絕者，以葱一束，去根及青，留白二寸，烘熱，安臍上，熨斗熨之，葱壞則易，良久熱氣透入，手足溫，有汗即瘥。乃服四逆湯。若熨而手足不溫，不可治。

清·穆石匏《本草洞詮》卷七 葱 外直中空，悤通之象。味辛，莖氣平，葉氣溫，無毒。肺之菜也。治傷寒頭痛寒熱，中風面目浮腫，喉痺不通，安胎，除肝中邪氣，能出汗。蓋葱生則辛散，熟則甘溫，專主發散，以通上下陽氣。肺主氣，外應皮毛，其合陽明，故所治之證，多屬太陰、陽明，皆取發散通氣之功。氣者，血之帥也。氣通則血活矣。勝金方取汁，入酒少許，滴鼻中，治衄血不止，即覺血從腦散下也。凡頭目重悶疼痛，用葱管插鼻內二三寸，并耳內，氣通即便清爽。凡金瘡折傷，血出疼痛不止者，用葱白連葉煨熟，搗爛傅之，立止。冷即再易，更無瘢痕。李瀕湖言：殺傷氣未絕者亟用之，用此活人甚眾。又葱管吹鹽入玉莖內，治小便不通，及轉脬危急者，俱有捷效。然多食昏人神，發散故也。冬月多食損鬚髮，發人虛氣，為其開骨節，出汗也。與蜜同食，壅氣殺人。

清·丁其譽《壽世秘典》卷三

葱 葱，諸物皆宜，故一名菜伯，又名和事草。有二種。一種凍葱，經冬不死，又名冬葱，其莖柔細而香，大官上供宜之。漢葱，莖粗硬而味薄，冬即葉枯。冬葱無子。漢葱春末開花成叢，青白色，其子味辛、色黑，有皺紋，作三瓣狀。此皆食品所用者。又有胡葱，莖葉粗硬，根若金燈。茖葱生於山谷，不入藥用。 氣味：辛，溫，無毒。治傷寒頭痛，達表和裏，安胎止血，除風濕身痛麻痹，止大人陽脫陰毒腹痛，小兒盤腸內釣，塗癰腫，利耳鳴，殺一切魚肉毒。 發明 陶弘景曰：葱有寒熱，白冷，青熱，根鬚平，傷寒湯中不得用青也。寇宗奭曰：葱主通陽發散，多食昏人神。病人表虛易汗者，勿食。病已得汗，勿再進，與蜜同食能殺人。李時珍曰：葱乃釋家五葷之一，生辛散，熟甘溫，外實中空，肺之菜也，肺病宜食之。肺主氣，外應皮毛，其合陽明，故所治之症多屬手太陰、足陽明經，皆取其發散通氣之功。服地黃、常山人，忌食葱。

清·劉雲密《本草述》卷一五

葱所在有之。凡四種，山谷者曰茖葱，陸地者曰胡葱、凍葱、漢葱。

葱莖白：氣味：辛，平，葉溫，根鬚汁並無毒。弘景曰：葱有寒熱，白冷青熱。傷寒湯中不得用青也。主治：傷寒傷風頭痛欲破，寒熱骨節痛，喉痹不通，傷寒陽明及少陰下痢，治陰毒腫痛，並脫陽證，女勞復，療水腫並小便不通，除風溼身痛，小兒盤腸內釣，達表和裏之劑也。

潔古曰：葱莖白，味辛而甘平，氣厚味薄，升也，陽也，入手太陰、足陽明經。專主發散，以通上下陽氣。故《活人書》治傷寒頭痛如破，用連鬚葱白湯主之。張仲景治少陰病下利清穀，裏寒外熱，厥逆脈微者，白通湯主之，內有葱白。若面色赤者，四逆湯加葱白；腹中痛者，去葱白。成無己解之云：腎惡燥，急食辛以潤之。葱白辛溫，以通陽氣也。東垣曰：散傷風陽明頭痛之邪，止傷寒陽明下痢之苦。門曰：此味利關節，通大小腸，又能通腎陽氣，俾陰證回陽。時珍曰：葱外實中空，其所治證皆取發散通氣之功，不惟通氣，而且活血氣者，血之帥也，氣通則血活矣。金瘡磕損，折傷血出疼痛不止者，王璆《百一方》用葱白、砂糖等分，研封之，云痛立止，更無痕瘢也。葱葉亦可用，又葱管吹鹽入玉莖內，治小便不通及轉脬危急者，極有捷效。余常用治數人，得驗。盧復曰：葱葉離白，轉大去根，氣味更勝，故從根柢直徹巔頂。仲景云少陰病面赤者，四逆湯加葱白主之。愚意陰經面赤，謂之戴陽，葱白不離於陰，以通陰中之陽也。蘄陽云：葱管吹鹽入玉莖內，治小便不通及轉胞，愚謂雖是吹入，實是透出，雖是下通，實是上達。《深師方》云：胎動下血，痛極搶心，葱白煮濃汁飲之，未死即安，已死即出。愚謂葱白雖通陰分之陽，其機輕捷，使邪遽出，無容留礙，故中氣無損娠妊為宜。又云：其氣開出，當入太陰。其性通明，當入陽明。尚陽明闔機不及者，投之為害不淺。

愚按：食用入藥，俱宜冬葱。即所謂凍葱也。唯此一種夏衰冬盛，其得名者以此，已覘透陽於陰之氣矣。盧復謂葱葉離根轉大，氣味更勝，故從根柢直透巔頂，是用葱白者，為其不離於陰，以通陰中之陽也。斯語誠為中的，所以對待傷寒亦為的劑，蓋能透陽於陰中以出也。若寒證之陽明頭痛，以及下利，胥收其效者，緣陽出地中，則先麗於土，傷乎陽，亦即病於土也。太陽原屬寒水，氣者，水所化，能透陽於陰中，轉使氣化以行水，故方書用治水腫，及小水不通之證也。至於陰毒腹痛，並脫陽證須之熨臍，以通陽氣於痼陰。盧復所云治小水閉者，雖是吹入，實是透出，其義可通於斯證矣。如治傷寒女勞復，妊娠傷寒發斑，何莫不推透陽之義，以善其用乎？此外若風濕身痛，陰囊腫痛，便毒初起，小兒盤腸等證，其所以主治，皆可思也。是茲物取效，有殊焉者，可以其微而置之哉？

附方 感冒風寒初起，即用葱白一握，淡豆豉半合，泡湯服之，取汗。陽明頭痛，葛根葱白湯。少陰下痢，脈微者，白通湯。俱見《傷寒》。陰毒腹痛，厥逆唇青，卵縮，六脈欲絕者，用葱一束，去根及青，留白二寸，烘熱，安臍上，以熨斗火熨之，葱壞則易，良久熱氣透入，手足溫，有汗即瘥，乃服四逆湯。若熨而手足不溫，不可治。脫陽危證，凡人大吐大泄之後，四肢厥冷，不省人事，或與女子交後，小腹腎痛，外腎搐縮，冷汗出，厥逆，須臾不救，先以葱白炒熱，熨臍，後以葱白三七莖，擂爛，用酒煮灌之，陽氣即回。此華陀救卒病方也。　傷寒女勞復，因交接者腹痛卵腫，用葱白搗爛，苦酒一盞，和服之。　妊娠傷寒，赤斑變為黑斑，尿血者，以葱白一把，水三升，煮熱服汁，食葱令盡，取汗。　水腫，烏鯉魚一尾，赤小豆、桑白皮、白朮、陳皮，已上各三錢，葱白五莖，用水三碗，同煮，不可入鹽，先喫魚，後服藥，不拘時候。

小便不通，小腹膨急，氣上衝心，悶絶欲死，此由暴氣乘膀胱，或從驚憂氣無所伸鬱，閉而不流，氣衝胞系不正，陳皮三兩，葵子一兩，葱白三莖，剉散，水五升，煮取二升，分三服。　又熏方，桃枝、柳枝、木通、旱蓮子、漢椒、白礬枯各一兩，葱白一握，燈心一束，細剉，以水三斗，煎至一斗五升，用磁瓶一所，熱盛一半藥汁，熏外腎週迴，以被圍繞，輒不得外風入，良久便通。　如赤豆汁若冷，即換之。　其功甚大。　一方無旱蓮子。　風溼身痛，生葱擂爛，入香油數點，水煎，調川芎窮、鬱金末一錢，服取吐。　便毒初起，用葱根和蜜搗傅，以紙密護之，外服通氣藥，即愈。

葱鬚：　主治：　通氣孟詵。　療飽食房勞，血滲入大腸便血，腸澼成痔，口乾，研末，每服二錢，温酒下時珍。　詵曰：　葱不可多食，發人虛，氣上冲，五臟閉絶，為其開骨節出汗之故也。　希雍曰：　病人表處易汗者勿食，病已得汗，勿再進。　思邈曰：　燒葱同蜜食，壅氣殺人。

清・郭章宜《本草匯》卷一三　葱莖白　味辛，平，氣厚味薄，升也，陽也，入手太陰、足陽明經。通中發汗，頭疼風濕總蠲除。　利便開關，脚氣奔豚通解散。　達表和裏逐邪，脫陽陰毒皆良。

按：　葱有寒熱，白寒青熱。傷寒湯中，不得用青也。　其功長于解散，以通上下陽氣，故傷寒頭痛如破，用連鬚葱白湯主之。張仲景治少陰下利清穀，裏寒外熱，厥逆脉微者，白通湯主之。面赤者，四逆湯加葱白。腹中痛者，去葱白。成註云：　腎惡燥，急食辛以潤之。　葱白辛溫，以通陽氣也。　生則辛散，熟則甘溫。　外實中空，肺之菜也。　肺病宜食之。　肺主氣，外應皮毛，其合陽明，故所治之症，多屬太陰、陽明，皆取其發散通氣之功也。　然多食令人昏神。　陰症厥逆唇青，用葱一束，去根及青，留白二寸，烘熱，安臍上，以熨斗熨之，葱壞則易，熱氣透入，服四逆湯即瘥。　病人表虛易汗者，勿食。

正月食生葱，令人面上起遊風。　冬月宜食，不可過多，損鬚髮，虛氣上冲。　同蜜食殺人。　服地黃忌食。

清・尤乘《食鑒本草・菜類》　葱　與蜜同食作脹，下痢腹痛。　燒葱同蜜食壅氣死。　葱與雞、雉、白犬肉同食，九竅出血死。　大抵葱功只可發汗，多則昏神。

清・朱本中《飲食須知・菜類》　葱　味辛，葉溫，根鬚平。　正月食生葱，令人面上起遊風。　多食令人虛氣上沖，損鬚髮，五臟閉絶，昏人神。　為其主發散開骨節出汗之故也。　生葱同蜜食，作下利。　燒葱同蜜食，壅氣殺人。　生葱合棗食，令人臚脹。　合雉肉雞肉、犬肉食多，令人病血。　同雞子食，令氣短。　勿同楊梅食。　胡葱久食傷神，令人多忘，損目明，絶血脈，發痼疾，患狐臭。　䘌齒人食之轉甚。　同青魚食，生蟲蛆。　四月勿食胡葱，令人氣喘多驚。　服地黃、何首烏、常山者，忌食葱。　諸葱並與蜜相反。

清・何其言《養生食鑒》卷上　葱　味辛，葉性溫，根鬚平，無毒。　解百藥毒，殺一切魚、鱉、肉毒，利五臟，達表和裏，通關節，利二便，散風濕麻痹，脚氣，安胎通乳。　多食，虛氣上沖，損鬚髮。　同棗肉食，令臚脹。　跌打損傷，連根搥爛，煨熟，敷之良。　類有數種，其性略同，並與蜜相反。　服地黃、常山人，忌食。　大抵以發散為功，多食昏人神，只調和食品可也。

清・蔣居祉《本草擇要綱目・平性藥品》　葱莖白　氣味：　辛，平。　葉溫，根鬚平。　俱無毒。　升也，陽也。　入手太陰、足陽明經。　主治：　發散以通上下陽氣，故《活人書》治傷寒頭痛如破，用連鬚葱白湯主之。　仲景治少陰病下利清穀，裏寒外熱，厥逆脈微者，白通湯主之，內用葱白。　若面色赤者，四逆湯加葱白。　腹中痛者去葱白。　總以腎惡燥，急食辛以潤之。　葱白之辛溫，以通陽氣也。　又葱管吹鹽入玉莖內，治小便不通，及轉脬危急之症。　但白冷青熱，傷寒湯中不得用青。　又春食生葱，令人面上起遊風。　生葱同蜜食作下利，燒葱同蜜食壅氣殺人，生葱合棗食令人病，合犬、雉肉同食令人病血。

清・閔鉞《本草詳節》卷七　葱莖白　【略】按：　葱白專發散解肌，通上下陽氣。　夫陽氣為人身主宰，或寒邪外束不得發越，或陰氣內塞埋沒無餘，其害在於頃刻。　惟用連鬚葱白，可以急救，勿以尋常而厭忽之也。　虛人及已得汗者，勿用。

清・王翃《握靈本草》卷六　葱白葱，白者冷，青者熱，入藥不得用青。不可同蜜食，食則下利，能殺人。食地黃、常山人，忌食葱。　主治：　葱白，辛，平，無毒。　主作湯，治傷寒寒熱，中風面目浮腫，能出汗，通喉痺，安胎，陰毒腹痛。

清・汪昂《本草備要》卷四 葱輕，發表和裏；宣，通陽活血。 生辛散，熟甘溫。陶弘景曰：白冷青熱，傷寒湯中不得用青。 外實中空，肺之菜也。肺主皮毛，其合陽明大腸。故發汗解肌，以通上下陽氣，仲景白通湯、通脉四逆湯，并加之，以通脉回陽。益目睛，白睛屬肺。利耳鳴，通二便。時珍曰：葱管吹鹽入玉莖中，治小便不通及轉脬危急者，極效。治傷寒頭痛，時疾熱狂，陰毒腹痛。陰症厥逆，用葱白安臍上熨之。氣通則血活，氣爲血帥。故治吐血衄血，便血痢血，《食醫心鏡》：葱煮粥食，治赤白痢，薤粥亦良。折傷血出，火煨研封，止痛無瘢。乳癰風痹，通乳安胎。婦人妊娠傷寒，葱白一物湯，發汗而安胎，加生薑亦佳。《删繁方》合香豉、阿膠，治胎動。通氣故能解毒，殺藥毒、魚肉毒、蚯蚓毒、猘犬毒。諸物皆宜，故曰菜伯，又曰和事草。取白連鬚用。亦有用青者。同蜜食殺人，同棗食令人病。《百一方》：患外痔者，先用木鱉煎湯熏洗，以青葱涎對蜜調敷，其凉如冰。《獨行方》：水病足腫，煮湯漬之，日三五度佳。

清・吴楚《寶命真詮》卷三 葱白 【略】專主發散，以通上下陽氣，發汗。療傷寒頭痛，除風濕，利便閉，解脚氣奔豚。跌打金瘡，砂糖研傅。氣停蟲積，鉛粉丸合。專攻喉痺，亦可安胎。 味最辛，故解散之用居多。

清・陳士鐸《本草新編》卷四 葱 味辛，氣溫，升也，陽也，無毒。入足陽明胃經，及手太陰肺脈。疎通關節，祛逐肝邪，理霍亂轉筋，治傷寒頭痛，殺魚肉之毒，通大小腸，散面目腫浮，止心腹急痛，去喉痹，愈金瘡，折傷血出疼痛，搗爛炒熱，傅之立止。安娠妊，塞衄血，除脚氣奔豚之邪，療蛇傷蚯蚓之毒，功專發散，食多神昏。病屬氣虛，尤勿沾口。可為佐使，而亦可為君臣。大約為佐使者內治也，為君臣者外治也。外治宜多，內治宜少。葱有益而亦有損。益者，通氣而散邪。損者，昏目而神奪也。北人喜食葱，往往壞目，習俗使然，不能禁耳。

葱善通脉，仲景夫子所以制通脉湯也。蓋葱空中而善通氣，通氣即通脉也。溫其裏之寒，解其表之熱，故脉之不通者即通。世人疑用葱以散邪，則失用葱之意矣。

清・顧靖遠《顧氏醫鏡》卷八 葱白辛，溫。入肺胃二經。大忌與蜜同食。 發表出汗，治傷寒頭痛而即安。通氣利竅，熨小便不通而立至。表虛易汗者勿用。多食令人神昏髮落，因熱便秘者勿熨。

清・李熙和《醫經允中》卷二一 葱 同蜜糖、菘菜食殺人，誠驗。辛，平，葉溫，根鬚並無毒。主治傷寒頭痛寒熱，中風，面目浮腫，發汗，除肝邪，霍亂轉筋，奔豚脚氣，通關節，止衄血，利大小便。治赤白痢，除風濕身痛麻痺；殺一切魚肉毒。葱莖白氣厚味薄，升也。入手太陰、足陽明經。專主發散，故治傷寒頭痛如破，用蓮鬚葱白。少陰病下利清穀，裏寒外熱厥逆，脉微，白通湯用之。外實中空，肺之菜也，肺病宜食之。金瘡磕損，和搗塗之；蛇傷、蚯蚓傷，和鹽罯即解。多食神昏髮落，虛氣上衝。

清・馮兆張《馮氏錦囊秘錄・雜症痘疹藥性主治合參》卷七 葱白稟天之陽氣，得地之金味，中空象肺。味辛平，平即凉也，而性無毒。葱有寒熱，白冷青熱，故傷寒湯中不用青也。入手太陰、足厥陰、足陽明經。以辛能發散解肌，能通上下陽氣，故外來拂鬱諸證，悉皆主之，為辛凉辛潤利竅，解散通氣之用。

葱白入肺、胃經。出汗，疏通骨節，傷寒頭痛，通大小腸，散面目浮腫，心腹急疼。去喉痹，安妊娠。如脚氣、賁独氣，連鬚煎服。若脱陽厥逆症，炒熨臍間。新折剝皮有涕，塗敷撲損金傷。不可與蜜、菘菜、常山同用，否則殺人。葉，入藥煎湯，洗瘡疥并風水腫痛。子，補不足，溫中益精。根，主傷寒頭痛。

主治痘疹合參：痘初發熱，用此解肌。夏月忌之。

按：葱白最辛，肺之菜也，多食令人神昏髮落，虛氣上衝，其走利之故歟。

清・张璐《本經逢原》卷三 葱胡葱良，蟠葱即龍爪葱。 辛，平，無毒。服地黄、常山、蜜、桂者，犯之無效。生葱尤忌。生葱與雞雉犬肉食之，令人動血。《本經》作湯，治傷寒寒熱中風，面目浮腫，能作汗。 發明：葱莖白味辛溫，上升入手太陰、足陽明經，專主發散，以通上下陽氣，即《本經》作湯已下主治，故傷寒頭痛如破，用連鬚葱白香豉湯。少陰病下利清穀，裏寒外熱，厥逆脈微者，白通湯內用葱白，以其辛溫通陽氣也。妊娠風邪喘嗽，非葱白、橘皮不除，且能安胎順氣。金瘡折傷血出疼痛不止者，用葱連葉煨熟傅之，冷即頻易，其痛立止，更無瘢痕也。以葱葉專散血氣。葱鬚專行經絡。葱花主心痺痛如刀刺。葱子明目，補中氣不足。蟠葱專主冷熱疝氣。胡葱化五石，消桂為水，療腫毒。

清・汪啟賢等《食物須知・諸菜》 葱 味辛，氣溫，味薄，氣厚。升也，陽也，無毒。四時常有，各處俱栽。每用食品，調和五味。同蜜、菘菜啖，易致殺人。若服常山，亦須忌戒。凡資治療，務取白根。入足陽明胃經及手太陰肺臟。出汗，疎通骨節；歸目，驅逐肝邪。理霍亂，筋轉難當；治傷寒，頭痛如破。殺魚肉毒，通大小腸。散面目浮腫，止心腹急痛。去喉痹，愈金瘡，安姙娠，塞衄血。脚氣、賁豚氣，連鬚煎可除；蛇傷、蚯蚓傷，和鹽罨即解。攻專發散，食多神昏。病屬氣虛，尤勿沾口。

清·浦士貞《夕庵讀本草快編》卷三　葱《別錄》、芤　草之有孔者名芤，故芤脉取之以象中空之形也。葱白味甘而辛，氣厚味薄，中空外實，入手太陰、足陽明二經。故專主發散，以通上下陽氣，乃肺之菜也。夫肺主皮毛，其合陽明，如傷寒頭痛，風濕麻痺，霍亂脚氣，傷損血疾，無不用之。蓋取其散表而和中耳。故仲景治少陰下利清穀，裏寒外熱，厥逆脉微者，白通湯主之。《活人書》治傷寒頭痛如破，用連鬚葱白湯，皆此義也。若用葱管吹入玉莖，可通小便，救轉脬危急。同砂糖搗敷金瘡折傷，此又外治之妙矣。

清·何諫《生草藥性備要》卷上　綠葱花　味甜，性寒。下乳汁，宜炒煲肉食。其根，治白濁，亦能利小便。

清·姚球《本草經解要》卷四　葱白　氣平，味辛，無毒。作湯，治傷寒寒熱，中風，面目浮腫，能出汗。　葱白氣平，稟天秋涼之金氣，入手太陰肺經。味辛無毒，得地西方燥金之味，入足陽明燥金胃經。氣味升多於降，陽也。太陽寒水經，為人身外藩者也。寒水虛，則外邪傷，病名傷寒。傷寒有五，風、寒、濕、熱、溫也。當初傷太陽，太陽為病，必發寒熱，故可從表散之。葱白入肺，肺合皮毛。味辛可散，所以主傷寒寒熱表邪也。風為陽邪，陽邪傷上，風勝則浮腫。辛平可以散風，所以主之。氣平入肺，肺合皮毛。味辛發散，則胃氣充而穀精化汗，故能出汗也。製方：葱白同生薑，治傷寒頭痛。同人參，治脫陽危症。炒熨小腹，治小便閉脹。擣敷金瘡出血。

清·葉盛《古今治驗食物單方》　葱白　跌撲損傷，搗爛，罨患處。腹痛，同麥麩半升，鮮薑四兩，麝香二分，共搗爛，炒熱，絹包熨患處。小腸氣攻腹徹心，加胡椒四兩，炒熨之。交骨不開，葱四五觔，酒水煎湯，坐桶上薰之，即開。傷寒頭痛如破，連鬚葱白半觔，生薑二兩，水煎溫服。刀傷血流不止，葱白煻火煨熟，搗爛敷，即不爛。六月孕動，困篤難救者，葱一大握，水煎頓服，即安。胎動下血，葱白水煎飲之，未死即安，已死即出。卒中惡死，用葱刺入耳中五寸，令鼻中出血即甦。小兒以葱尖刺鼻，得嚏則愈。蚘肚痛，葱白二寸，鉛粉二錢，搗丸，服之即止。小便閉脹欲死，葱白三觔，切炒，絹包，乘熱熨小腹，以尿通為度。淋急、陰腫，泥葱半觔，煨熱，搗爛，罨臍上。赤白痢，葱白一握，細切，和米煮粥，日日食之。便毒，葱白炒熱，布包，熨數次即消。乳癰初起，取葱汁一鍾，飲之即散。小兒禿瘡，冷米泔洗淨，以羊角葱搗爛，入蜜和塗之，神效。腦破、骨折，蜜和葱白，搗勻厚封，立效。

清·修竹吾廬主人《得宜本草分類·痢疾門》　葱　〔腫脹〕莖葉煎湯，治水病足腫，一日三五次。

清·黃元御《長沙藥解》卷三　葱白　味辛，氣溫。入手太陰肺經。固臟腑之利泄，起經脈之芤減。發達皮毛，宣揚鬱遏。《傷寒》白通湯，葱白四莖，乾薑一兩，生附子一枚。治少陰病下利。以寒水侮土，清氣下陷而為泄利。薑、附溫水土之寒，葱白升清氣之陷也。通脈四逆散方在甘草治少陰病下利，脈微，面色赤者，加葱九莖。以陽鬱不能外達，故面赤；加葱白，以宣陽氣之鬱也。《金匱》旋覆花湯方在旋覆花治婦人脈體芤減，用之以通經氣之鬱澀也。葱白辛溫發散，升陷達鬱，行經發表，厥有功焉。其諸主治，下乳汁，散乳癰，消腫痛，止麻痺，療下血，熨便癃，通淋澀，調泄痢。

清·吳儀洛《本草從新》卷四　葱白〔輕，發表和裏；宣，通陽活血。〕辛散而平。弘景曰：白冷青熱，傷寒方中不得用青。發汗解肌，通上下陽氣。仲景白通湯、通脈四逆湯并加之以通脈回陽，若面赤而格陽於上者尤須用之。治傷寒頭痛，時疾熱狂，陰毒腹痛，陰證厥逆，安臍上熨之。脚氣奔豚。益目睛，白睛屬肺。利耳鳴，通二便。時珍曰：葱白吹鹽入玉莖中，治小便不通及轉脬危急者極效。氣通則血活，氣為血帥。故治吐血衄血，便血痢血，折傷出血，火煨研封，止痛無瘢。乳癰風痺。通乳安胎。合香豉、阿膠治胎動。通氣故能解毒，殺藥毒、魚肉毒、蚯蚓毒，塗猘犬傷。多食令人神昏髮落，虛氣上沖。取白連鬚用。同蜜食殺人。《百一方》〔王璆《百一選方》。〕患外痔者，先用木鱉煎湯熏洗，以青葱涎對蜜調敷，其涼如冰。同棗食令人病，合犬雉肉食令人病血。青葉，治水病足腫。莖葉煮湯漬之。日三五次，妙。

清·汪紱《醫林纂要探源》卷二　葱　甘，辛，溫。陶氏謂白冷青熱，此卻不然。但全用則行通身，根與白行肌膚，青與尖專行達肌表，上頭目。又生用則外行，泡湯則表散，熟之則中守。震雷之氣，補肝瀉肺，是以能升散鬱陽，故解熱。施行雲雨，故發汗。攻決淫寒，故散寒。且能治陰毒。通行血脈，外直中通而升散，氣行則血脈行矣。故亦能治吐衄便利諸血證。無所不通。通明耳目，通乳，通大小便。外敷治擊傷折傷，生搗用。解飲食蛇蟲諸毒。熟用。○種不一，漢葱春生冬死，寒葱冬夏皆生，結實者子黑色如蠶沙，皆可用。惟樓葱，又名鹿角葱，形粗大而分枝，性熱，不甚香，不足用。多用亦耗氣。忌同蜜殺人及棗食。葱急棗甘緩，兩不相得也。

清・嚴潔等《得配本草》卷五 葱莖白 忌食蜜。辛，平、溫。入手太陰、足陽明經氣分。通陽氣而達表，行經絡而散寒。治面目浮腫，心腹急痛。其根發汗，無微不達。得紫蘇，通血壅。得鬱金，治溺血。得川芎，治胎痛搶心下血。得乳香，搗塗陰囊腫痛。配大棗，治霍亂煩躁。配淡豆豉、生薑、鹽，熨臍，治大小便閉。合鉛粉，止蛔蟲心痛。入粳米粥，治赤白痢疾。和蜜，搗敷疔瘡惡腫。煎生薑飲，治妊娠傷寒。蔥管吹鹽入玉莖內，治小便不通，及轉脬危急。青熱、白冷，連鬚用。脚氣賁豚，連鬚煎服。脫陽厥逆，炒熨臍間。跌撲金瘡，炒熟搗爛，乘熱塗之，冷即再易。瘡疥水腫，煎葉頻洗。虛氣上升者禁用。服地黃、常山人忌食蔥。怪症：面上及遍體生瘡，光彩如貓眼，絕無膿血，痛癢非常，飲食減少，名曰寒瘡。多將蔥、韭拌雞、魚、肉食之自愈。

題清・徐大椿《藥性切用》卷六 葱白 辛散性平，解肌發汗，通陽安胎。取白，連鬚用。葱青，辛散性溫，能治水病足腫。葱汁，塗金瘡出血。

清・黃宮繡《本草求真》卷三 葱葉入肺宣寒，發汗解肌。葱葉耑入肺，兼入肝。生辛而散，熟甘而溫，外實中空，能入肺經，發汗解肌，以通上下之陽，《活人書》治傷寒頭痛如破，用連鬚葱白湯。仲景治少陰病下利清穀，裏寒外熱，厥逆脉微，用白通湯。若面色赤者，四逆湯加葱白，皆取以通陽氣。故書號為肺菜。其力則能明目利耳通便。中空則通。及治傷寒頭痛，時疾熱狂，陰毒腹痛之謂。因辛則邪外散。又氣通則血活，氣為血帥，血隨氣活。故書又載能止諸般血出不調，如赤白痢，有用葱煮粥食。以治折傷血出，有用葱火煨研封，止痛無瘢。胎動，有用葱豉阿膠以安。且氣通則毒解。故書又言能治諸般惡毒。如魚肉、蚯蚓、猘犬、藥毒之類。即是以思，則知氣血之凝聚，是即寒氣之未散，寒氣之既散，是即血氣之既理，又安有毒氣不解，而云是藥之莫治乎？陽春一回，草木甲折，其勢然也，故葱號為葱伯，又曰和事草，其意在斯。取白連鬚用，亦有用青者。弘景曰：葱有寒熱，白冷青熱，傷寒湯中不得用青也。但過食亦損鬚髮以辛刼陰故。及有虛氣上沖，汗出不止之弊。以辛散氣故。同蜜食如何殺人，以蜜性最脹，葱性最發，同葱則脹益發，而不可解矣，不死何待。思邈曰：正月食生葱，令人面上起遊風。生葱同蜜食，作下利。燒葱同蜜食，壅氣殺人。同棗食亦令人病，其義可以例推，因並記之。

清・李文培《食物小錄》卷上 葱 白辛，平；葉溫，根鬚平，並無毒。歸目，益目精，安胎，安中，利五臟，通關節，利耳明目，殺一切魚肉毒。同蜜食殺人。

清・羅國綱《羅氏會約醫鏡》卷一七菜部 葱味辛平，入肺胃二經，忌棗、蜜、犬雞肉。辛能發散，出汗解肌，疏通骨節，以通上下陽氣。用白不用青，白冷而青熱。治傷寒頭痛身疼、時疾狂熱、鼻塞聲重。散肺寒邪。除陰毒腹痛，陰症厥逆，用葱白安臍上熨之。通大小便，療下血、下痢、葱煮粥食，以氣通則血活。折傷出血、火煨研封，止痛無瘢。乳癰、風痹、通乳、安胎、孕婦傷寒，葱白一物，發汗而安胎，加生薑亦佳。合豆豉、阿膠，治胎動。霍亂轉筋、奔豚、脚氣。搗罨傷寒結胸，專攻喉痹，亦解諸毒。按：葱味辛，肺之菜也，故解散之用居多。但多食神昏髮落，虛氣上衝，其走利之故歟？

清・陳修園《神農本草經讀》卷三中品 葱白 氣味辛，平，無毒。作湯，治傷寒寒熱，中風面目浮腫，能出汗。陳修園曰：葱白辛平發汗。太陽為寒水之經，寒傷於表則發熱惡寒，得葱白之發汗而解矣。風為陽邪，多傷於上，風勝則面目浮腫，得葱白之發汗而消矣。此猶人所易知也。至於仲景通脈四逆湯，面赤者加葱，非取其引陽氣以歸根乎？白通湯以之命名者，非取其葉下之白，領薑、附以入腎宮，急救自利無脈，命在頃刻乎？二方皆回陽之神劑，回陽先在固脫。仲師豈反用發汗之品？學者不參透此理，總屬誤人之庸醫。

清・黃凱鈞《藥籠小品》 葱白 辛散，發汗解肌，通陽氣，多食神昏。青葱管同紅花、杏仁，能入絡，治肋痛。

清・章穆《調疾飲食辯》卷三 葱 《綱目》曰：一名菜伯，一名和事草，一名鹿胎，一名芤，草之有孔者也。有數種：一種名冬葱，又名凍葱，又名慈葱，無子，分根而種，頗易繁衍，吾鄉呼四季葱；一種名漢葱，結子可種，宿根仍可復栽。又有茖葱、野生之名。《爾雅》曰：茖，山葱。樓葱、龍角、羊角、水晶等葱。其性熟甘溫，能和中利氣；生辛熱，能通竅散寒。凡內有寒滯，外感風寒，人均宜食之。且熱而不燥，故不刼陰。世俗治感冒風寒，妄用生薑、胡椒為食料，炮薑、附子、吳茱萸為藥餌，刼陰傷液，致寒變為熱，遂成不起者，比比然矣。不知《肘後》葱豉湯發散表寒，乃歷古相傳之妙法。而《千金》《外臺》《活人》諸書，葱、豉、葛根、白芷等，皆表病初起一定之方。無輕用薑、附、茱萸先奪其營血，以為發汗散邪之理也。蓋風寒外入為陽邪，發熱惡寒為陽症，雖治寒以熱，理所必然，而外解肌膚之表熱，與內攻直中之陰寒，殊不可同年而語。病家每不知此，無足怪矣。醫家而不知此，令人輕病致重，重病致死，尚得云醫乎？清夜捫心，能無愧且懼乎？故《濟生秘覽》治時行感冒，頭痛發熱： 葱二十根，碎切，和米煮粥。入醋少許，乘熱食，汗出立解。又治各種傷寒初起，不能分別何經，亦用上方。《類要》治娠妊傷寒，尿血，赤斑變黑： 葱一握，搗爛煮汁，熱服盡，取汗。《千金方》治傷寒後交接勞復，腹痛陰腫：葱、和醋一琖，搗汁服，取汗。此症若遇張景岳，必用右歸飲。遇趙養葵，必用八味丸。烏知此病由餘邪乘虛內陷，故汗解之。與《外臺》方之用竹皮二升，煎汁服，治餘熱內陷，同一法也。古人精理，詎可以曉流俗哉？願後人平心閱之，無偏執取咎也。至如《活人書》治傷寒頭痛如劈： 葱半斤，薑一兩，水煎，分數服。此因表寒甚，故助之以薑，而葱多薑少，亦不致大傷陰分也。以上葱白散寒之用。而其開閉通竅也，《經驗方》治小兒無故卒死： 葱搗爛，納入肛門及兩鼻孔，氣通或嚏即生。此法大人中惡卒死亦可用。《嬰孩寶鑒》治小兒盤腸腹痛，內釣搐搦： 葱湯洗兒腹，仍以葱炒熱敷臍上，得尿即愈。《本事方》治小便閉脹： 葱三斤，炒熱帕包，更互熨小腹，氣通即通。《外臺》方治大小便閉： 葱和醋炒，敷小腹，灸七壯。又治急淋陰腫，熱葱搗貼臍上。《獨行方》治氣閉耳聾： 生葱搗爛塞之。《全嬰心鑒》治小兒胎熱，不尿或不乳： 葱白乳煎，灌數匙。良久未通，再灌。惟臍四旁青色及口撮者不治。《危氏方》治腹皮麻痹，煮葱多食自愈。《折肱漫錄》載其家西賓，患水腫腹脹如鼓，頭面四肢俱腫，小便閉而大便泄，偶食葱煎豆腐，小便遂通，乃連食半生熟葱不輟，腫消而愈。開閉之功又如此。至其安和藏府，華佗《中藏經》治脫陽危症，由大吐大瀉，大汗後脫陽，勿用此方。及與女子交接後，四肢厥冷，不省人事，小腹陰莖搐縮，須臾不救： 外以炒葱熨臍，內灌酒煎葱汁，陽回即活。《南陽活人書》治陰毒腹痛，四肢厥冷，唇青卵縮，六脈全伏： 內服大劑四逆湯，外用葱炒熱貼臍上，熨斗熨之，手足漸溫必愈。若良久不溫，不可救也。《深師方》治霍亂煩燥，坐臥不安，至危症也： 葱二十莖搗，大棗二十枚擘，水煮，分二服。《食醫心鏡》治赤白痢腹痛： 葱煮粥，日日食之。《瑞竹堂方》治卒急心痛，牙關緊閉，諸藥不效： 葱五根搗爛，以匙送入喉，灌以麻油四兩，但得下咽即甦。不拘蟲痛、積痛，皆下。又其於雜病也，《普濟方》治陰囊腫痛，葱白、乳香搗塗。或煨葱半熟，入鹽少許，搗塗。《千金方》治乳癰初起： 生葱汁和熱酒服，取汗。重者須二三次。醫藥不便處宜知。又治一切腫毒： 葱汁漬，日四五度。《外臺》治血痔痛甚： 葱三斤，煮湯熏洗。《聖濟總錄》治疔瘡惡腫： 刺破，擠去敗血，生葱、生蜜同搗，貼兩時，用醋盪溫洗之。《洗冤錄》治自刎將死： 葱搗爛，炒熱敷。又暑月熱渴欲死，道中倉猝無水，嚼生葱二寸，和津嚥下，可抵飲水二升。《奇疾方》治血壅怪病，人身上忽然肉出如錐，痛癢不能飲食，名血壅，不速治，必潰為膿血： 以赤皮葱燒灰淋洗，多飲豉汁即安。韋宙《獨行方》治水病足腫： 煮湯浸足，日三五度。《永類鈐方》用同蜜搗，敷腎囊，治小便不通。皆妙方也。又解鉤吻、藜蘆及桂毒。然亦走泄真氣，凡體虛忌之。又不可同蜜食。又久食傷目。葱子功同韭子，而力不及，然治膀胱冷氣作痛，力更勝於韭子也。

清·王龍《本草纂要稿·菜部》 葱 氣味辛溫。出汗疏通骨節，歸目善逐肝邪。理霍亂轉筋，治傷寒頭痛。殺魚肉毒，通大小腸。散面目浮腫，止心腹急疼。去喉痺，愈金瘡，安妊娠，塞鼻血。療脚氣奔豚氣，敷蛇傷蚯蚓傷。氣虛宜忌，多服昏神。

清·張德裕《本草正義》卷上 青葱 辛，溫。香竄。善散風寒邪氣，通關節，開腠理，行滯氣，除霍亂轉筋，陽氣脫陷，小兒盤腸內釣，通乳汁，散乳癰，腫毒瘡疽，折損傷血，及鶴膝風，俱可搗敷。

清·楊時泰《本草述鉤元》卷一五 葱 凡四種： 山谷者曰茖葱，陸地者曰胡葱、凍葱、漢葱。

葱白青葱附： 氣味辛、甘，平，其葉溫。氣厚味薄，升也，陽也。入手太陰、足陽明經。《別錄》葱白冷，葱青熱，故熱病不得用青。發散通陽，達表合裏，治傷寒、傷風，頭痛欲破，寒熱，骨節痛，喉痺不通，傷寒陽明及少陰下痢，療水腫，並小便不通，除風濕身痛，治陰毒腹痛，並脫陽證，能通腎陽氣，俾陰證回陽。女勞復，小兒盤腸內釣諸本草。外實中空，其所治皆取發散通氣之功瀕湖。其氣開出，當入太陰，其性通明，當入陽明，倘陽明闔機不及者，投之為害不淺不遠。葱葉離白轉大，去根氣味更勝，故從根柢直徹巔頂。仲景云：

少陰病面赤者，四逆湯加葱白主之。寓意陰經面赤，謂之戴陽，葱白不離於陰，以通陰中之陽也又。《深師方》胎動下血，痛極搶心，葱白煮濃汁飲之，未死即安，已死即出。愚謂葱白雖通陰分之陽，其機輕捷，使邪遽出，無容留阻礙，故中氣無損，妊娠為宜又。金瘡磕損，折傷血出，疼痛不止者，王璆方用葱白、砂糖等分，研封之，立能止痛，更無瘢痕。葱葉亦可用。又葱管吹鹽入玉莖內，治小便不通及轉脬危急者捷效。愚謂雖是吹入，實是透出，雖是下通，實是上達又。感冒初起，用葱白一握，淡豆豉半合，泡服取汗。陰毒腹痛厥逆，唇青卵縮，六脈欲絕者，用葱一束，去根及青，留白二寸，烘熱安臍上，以熨斗火熨之，葱壞則易，良久熱氣透入，手足溫，有汗即瘥，乃服四逆湯。若熨而手足不溫，不可治。凡人大吐大瀉之後，四肢厥冷，不省人事，或與女子交後，小腹堅痛，外腎搐縮，冷汗厥逆，須臾不救，證名脫陽。先以葱白炒熱熨臍，後以葱白三七莖，擂爛久煮灌之，陽氣即回華佗方。傷寒後交接，為女勞復，腹痛卵腫，用葱白搗爛，苦酒一盞，合服之。妊娠傷寒，赤斑變黑，尿血者，以葱白一把，水三升，煮熟服之，食葱令盡，取汗。水腫，鯉魚一尾，赤小豆、桑白皮、白朮、陳皮各三錢，葱白五莖，用水三盌同煮，不可入鹽，先喫魚，後服藥，不拘時。氣衝胞系不正，溺塞不通，小腹膨急，衝心悶絕，此由暴氣乘膀胱，或從驚憂，氣無所伸，鬱閉而不流。用陳皮三兩，葵子一兩，葱白二莖，剉散，水五升，煮取二升，分三服。又熏方：桃枝、柳枝、木通、漢椒、枯白礬各一兩，葱白一握，燈心一束，細剉，用水三斗，煮至一斗五升，以磁瓶乘熱盛藥汁一半熏外腎，週迴以被圍繞，不入外風，冷即換之。良久便通如赤豆汁，其功甚大。風濕身痛，生葱擂爛，入香油數點，水煎，調川芎、鬱金末一錢服，取吐。便毒初起，葱根和蜜搗敷，以紙密護之，外服通氣藥即愈。

論：食用入藥，俱宜冬葱即凍葱，以此種夏衰冬盛，足覘透陽於陰之氣。盧氏謂葱葉離根轉大，氣味更勝，故從根柢直透巔頂，是用葱白者，為其能通陰中之陽也。所以對待傷寒為的劑。陽出地中先麗於土，傷於陽亦即病乎土，故寒證之陽明頭痛及下利者胥用之。太陽屬寒水，氣者水所化，能透陽於陰中，使氣轉化以行水，故水腫及小水不通亦用之。至於陰毒腹痛，並脫陽證須之熨臍，以通陽氣於痼陰，正如盧氏所云：治小水閉者，葱管吹鹽入玉莖內。雖是吹入，實是透出之義。他若傷寒女勞復，妊娠傷寒發斑，以及風濕身痛，陰囊腫痛，便毒初起，小兒盤腸等證，皆可推透陽之義，以思其主治矣。

葱鬚：主通氣。療飽食房勞，血滲入腸，便血，腸澼成痔，口乾，研末，每服二錢，溫酒下。

多食葱，發人虛氣上沖，五臟閉絕，為其開骨節出汗故也詵。病人表虛易汗者，弗食，病已得汗，弗再進仲淳。燒葱同蜜食，壅氣殺人真人。

清・葉桂《本草再新》卷六 葱白味辛，性溫，無毒。入肝、脾、肺三經。散邪發表，出汗除風。達陽氣，散陰寒，止頭痛腹痛，理脚氣，利水消濕，聰耳明目，止痢療瘡。○青葱管，清火，消水腫，散風去濕，聰耳明目。

清・吳其濬《植物名實圖考》卷三 葱正作蔥，今從俗。葱，《本經》中品。有冬葱、漢葱、胡葱、樓葱，野生為山葱。冬葱即小葱，一曰慈葱；漢葱莖硬，一名木葱；胡葱根大似蒜；樓葱即羊角葱，一名龍爪葱；山葱即茖，汁為葱涕。西北樓葱肥白，少辛氣，寸斷烹茹。《內則》注：渿，蒸葱也。《清異錄》趙魏間有盤盞葱，大如柱杖，粗盈尺。孔奮在姑臧，但食葱菜。劉先主歸曹瞞，聞雷失箸，曹瞞覘之，方披葱，使廝人為之不端正，以杖擊之。屈突通莅官勁正，語曰：寧食三斗葱，不逢屈突通。蓋不比江左芼羹用大官葱，但呼曰和事草也。葱葉無可味，麥飯葱葉，食之寠者，故井丹推去之。然其中空，用以通耳鼻諸竅，皆有驗。東坡詩：總角黎家三小童，口吹葱葉送迎翁。小兒遊戲即蘆笙矣。若其治脫陽、金瘡、便閉、卒死諸危症，回陽氣於須臾，盤飧中有靈妙寶丹，非他蔬所敢儕輩也。

清・趙其光《本草求原》卷一五菜部 葱 生，辛散；熟，甘溫。白冷，青熱，傷寒方中不得用青。外實中空，肺之菜也。肺主皮毛，其合陽明大腸，故發汗解肌，以透陰中之陽直達巔頂。仲景白通湯通脈，四逆湯並加之，以通脈回陽。益目睛，白睛屬肺。利耳鳴，陽上達之效。通二便，葱管吹鹽入玉莖中，治小便閉及轉脬，上達則下通也。治水腫。陽氣通則氣化而水行。合鯉魚同赤小豆、桑白、白朮、陳皮煮食，最消水腫。治傷寒頭痛，連根用。女勞復、腹痛、卵腫，取汁和醋服。妊娠傷寒、赤斑變黑，煮葱白熱服取汁。時疾熱狂，陽透則熱除。陰毒腹痛，厥逆卵縮，葱白安臍上，炙之，熨之，陽透則陰不滯。脫陽肢冷，脈欲絕。熨臍後，以葱汁合熱酒灌之，隨服四逆湯。治吐血、衄血、尿血、便血、赤白痢，葱煮粥，薤粥俱佳。氣為血帥，氣通則血活也。金瘡折損血出，煨研，同白糖封之，止痛無瘢。乳癰、風痹、通乳、安胎，合香豉、阿膠用。風邪喘嗽，同橘皮用。風濕身痛，取汁，入香油少許煎，調鬱金、川芎末服。便毒初起，取根和蜜搗敷之。陰囊腫痛，小兒盤腸，皆陽鬱陰中。飽食房勞，血滲大腸，便血腸澼成痔。取根，乾為末，溫酒下。解藥毒、魚肉毒、蚯蚓毒、狂犬毒。氣通則毒解。服地黃、常山、玉桂者，犯之無效。同雞、雉、犬肉食，則動血；同蜜食，殺人；同棗食，令人病；多食，令虛氣上沖。

葉，專散血氣。葱根，專行經絡。葱花，主心痹痛。葱子，明目，補中氣。患外痔者，先用木鱉煎湯熏洗，以青葱涎對蜜敷之，其涼如水。水病足腫，煮湯漬之，日三度佳。小便閉，小腹脹急，氣上沖心，此由氣鬱乘膀胱而沖胞系，不得正也。合陳皮、葵子煎服，或合桃柳枝、木通、川椒、枯礬、燈心煎，熏洗外腎，避風。表虛易汗人忌之。

清·葉志詵《神農本草經贊》卷二 葱實 味辛，溫。主明目，補中不足，其莖可作湯，主傷寒寒熱出汗，中風面目腫。䪥，味辛，溫。主金創，創敗。輕身不飢，耐老。生平澤。

脂膏相潤，切實醯柔。鹿胎白潔，龍角青浮。強宗霆擊，實政風流。金銀蘊實，本末捐投。

《禮》：脂用葱，膏用䪥。又：切葱若䪥，實諸醯以柔之。李時珍曰：一名鹿胎葱。蘇頌曰：一名龍角葱。《後漢書·傳》：龐參曰：拔大本薤者，欲吾擊強宗也。蔡邕碑：討惡如霆擊。《晉書傳》：庾亮噉薤留白以種。陶侃歎曰：非惟風流，兼有為政之實。《酉陽雜俎》：山上有葱，下有銀。山上有薤，下有金。《禮》：為君子擇葱，䪥則絕其本末。

清·文晟《新編六書》卷六《藥性摘錄》 葱 辛，溫。根鬚平。解百藥毒，殺一切魚鱉、肉毒，利五臟，達表和裏，通關節，利二便，散風濕麻痹腳氣，安胎通乳。多食虛氣上沖，損鬚髮。同棗肉食，令膽脹。和蜜食殺人。服地黃、常山者，並忌之。餘詳藥部散寒。

蔥 生辛而散，熟甘而溫。入肺宣寒，發汗解肌，治傷寒頭痛，時疾熱狂，陰毒腹痛，止諸般血出不調，治諸般惡毒。取白，連鬚用。○蔥青，帶熱，傷寒湯中勿用。○過食亦損鬚髮，汗出不止。○與棗不宜。同蜜食，殺人。

清·張仁錫《藥性蒙求·菜部》 葱白蟠葱二三個 葱白辛溫，通陽散表。順氣安胎，傷瘀亦效。入肺、肝、胃三經。為解散之品。又能利耳鳴，通大小便。○張路玉云：妊娠風邪喘嗽，非葱白、陳皮不除。金瘡折傷，血出瘀痛不止者，用葱連葉煨熟，敷之，冷即頻易，其痛立止，更無瘢痕也。以葱葉專散血氣，葱鬚專行經絡。以用胡葱良，取白連鬚用，兼療腫毒。○蟠葱：即龍爪葱。專主冷熱疝氣。○多食令人神昏髮落。同蜜、棗二者食忌。

清·王孟英《隨息居飲食譜·蔬食類》 蔥 辛、甘，平。利肺通陽，散癰腫，祛風達表，安胎止痛，通乳，和營，主霍亂轉筋，奔豚腳氣，調二便，殺諸蟲，理跌撲金瘡，制魚肉諸毒。四季不凋，味辛帶甘而不臭者良。氣虛易汗者，不可單食。又忌同蜜食。 胎動下血，蔥白煎濃汁飲，未死即安，已死即下，未效再飲。 中惡卒死，急取蔥心黃，刺入鼻中，男左女右，入七八寸，血出即愈。併以蔥刺入耳中五寸，亦治自縊垂死。 小兒無故卒死，以蔥白納入下部及兩鼻孔內，氣通或噎即生。 小兒盤腸內釣腹痛，以蔥湯洗兒腹，仍擣蔥帖臍上，良久溺出痛止。 小便閉脹，蔥白三斤，剉炒，帊包二箇，更互熨小腹。 陰囊腫痛，蔥入鹽杵爛，塗。 赤白痢，蔥白一握，細切，和米煑粥，日日食之。 一切腫毒，蔥白杵爛，和蜜塗。併治跌打杖傷，金瘡挫朒，流注走痛，筋骨痹疼，腦破血流，癰毒初起，均宜厚傅，可取立效。 乳癰初起，蔥白煑汁飲。併解金銀毒。

清·田綿淮《本草省常·菜性類》 葱 一名芤，一名菜伯，一名鹿胎，一名和事草。性溫。生食傷心氣，宜熟食。發汗，通陽氣，活血，溫中，殺一切魚肉毒。多食令人虛氣上沖，神昏髮落。同棗食，令人臟腑不和；同犬、雉肉食，令人七竅流血；同蜜食，殺人。服肉桂、地黃、何首烏、遠志、桔梗、細辛、烏梅、常山、鍾乳者忌之。

清·戴葆元《本草綱目易知錄》卷三 葱 莖白，生辛散，熟甘溫。外實中空，肺之菜也。肺主皮毛，其合陽明，發汗解肌，以通上下陽氣。益目睛，利耳鳴，通關節，利二便，治傷寒頭痛，骨肉碎痛，面目浮腫，喉痹不通，時疾熱狂，能達表和裏。治陽明經下痢下血，霍亂轉筋，奔豚脚氣，風濕痹痛，蟲積心痛，止大人陽脫，陰毒腹痛，小兒盤腸內弔，氣通則血活，治吐衄便血，折傷瘀血，婦人經血阻滯，妊娠溺血胎動。通乳汁，散乳癰，止鼻衄，消囊腫。以葱管吹鹽入玉莖內，治小便閉甚，轉脬危急，極有捷效。殺一切魚肉毒，塗猘犬傷，制蚯蚓毒。服地黃、常山藥，忌。同蜜食，壅氣殺人。【略】卒心氣急痛，牙關緊閉，欲絕，葱白五莖，去皮鬚，擣膏，以匙送入咽中，灌麻油四兩，得下咽即甦，少頃，蟲積皆出，化黃水而下，斷根。葆按：此治蟲積實症方，若真心氣痛勿投。

清·黃光霽《本草衍句》 葱生辛，散；熟甘，溫。外直中空，通行血脈。施行雲雨，升散鬱陽。解肌發汗，傷寒寒熱頭疼；瀉肺補肝，中風面目浮腫。陰毒腹痛，脚氣奔豚。吐衄血利，兼療通利二便；葱管吹鹽入玉莖中，治小便不通，及轉脬危急者效。折擊金傷，並治下乳安娠。凡金瘡磕損折傷，血出疼痛不止者，用葱白、砂糖等分，研封之，痛立止，更無瘢痕也。葱葉亦可用也。腹皮麻痹不仁，多煮葱白食之，即愈。小便閉脹，不治殺人，葱白三斤，剉炒，帕盛二個，更互熨小腹，氣透即通也。大腸虛閉，勻氣散用（蓮）〔連〕鬚葱白一根，薑一塊，鹽一捻，淡豉六七粒，擣作餅，烘掩臍中，紮定，良久氣通即通，不通再作。傷寒勞復因交接者，腹痛卵腫，用葱白搗爛，苦酒調服。陰毒腹痛厥逆，唇青卵縮，六脈欲絕者，用葱一束，去根及青，留白二寸，烘熱，安臍上，以熨斗火熨之，葱壞即易，良久熱氣（退）〔透〕入，手足溫，有汗即瘥。乃服四逆湯。若熨而手足不溫，不可治。並治脫陽危症。血壅怪疾，人忽然（偏）〔徧〕身肉出如錐，既痒且痛，不能飲食，名血壅。不速治，必潰膿血。以赤皮葱燒灰，濃洗，飲豉湯數杯，自安。

清・陳其瑞《本草撮要》卷四　葱白　味辛散平，入手太陰、足陽明經。功專發汗解肌，通上下陽氣。得附子、乾薑、人尿、猪膽汁治面赤格陽於上，熱藥不入。得香豉、阿膠治胎動。若患外痔，先用木鼈煎洗，以葱涎對蜜調敷，其涼如冰，數次即愈。葱管吹鹽入玉莖中，治小便不通及轉脬危急者極效。以葱白安臍上，熨陰毒腹痛。並燒灰塗折傷，止痛無般。以莖葉煎湯頻洗水病足腫，奇效。能解藥毒、魚肉毒、蚯蚓毒，塗猘犬傷。同蜜食，毒如砒。同大棗、犬、雉食，令人病。

清・吳汝紀《每日食物却病考》卷上　葱　莖白辛平，葉溫，根鬚平，並無毒。除肝邪，利五臟，能發汗，治頭痛，殺一切魚肉毒，忌與蜜同食。葱有數種不同，大抵發散為功。多食昏神，只調和食品可也。

清・周巖《本草思辨錄》卷二　葱白　葱之為物，莖則層層緊裹，而色白氣涼，葉則空中銳末，而色青氣溫。凡仲聖方用葱無不是白，其層層緊裹之中，即含有欲出未出之青葉，是為陽涵於陰，猶少陰寓有真陽，其生氣上出，含有青葉，則又似厥陰，色白又似肺，信乎其為肝腎為肺藥矣。通脈四逆湯證，面色赤者，陰格陽也，陰既格之，必當使陰仍向之。薑、附能扶陽驅陰，而不能聯陰陽之睽隔，惟葱白升陰以為之招，陽乃飄然而返，陽返而面不赤。然則白通湯證無面赤，何為亦升其陰？夫陽在上宜降，陰在下宜升，少陰下利一往不返，失地道上行之德。薑、附能扶陽而不能升陰以通陽，陽不通，則陰下溜而利不止，故以葱白冠首，而名之曰白通，通非通脈之謂也。旋覆花湯治肝著，欲人蹈其胸上，有上下不交之象，以旋覆散結而降陽，葱白升陰而上濟，新絳佐旋覆，並能通陰陽之路，俾上下交而成泰。至婦人半產漏下，肝腎之陰已下沉矣，非通其血中結滯之氣，與挽之使上不可，旋覆、新絳所以通之，葱白所以挽之。玩此三方，葱白之用於肝腎者悉見矣。特是《本經》主出汗，後世亦多用於表劑，義又安在。蓋心與腎，手足少陰相通者也。汗為心液，葱白升腎陰，即入心營，色白味辛，則又能開肺衛之鬱，此汗之所以出也。

樓子葱

明・朱橚《救荒本草》卷下之後　樓子葱　人家園圃中多栽。苗、葉、根、莖俱似葱，其葉梢頭又生小葱四五枝，疊生三四層，故名樓子葱。不結子，但掐音恰下小葱栽之便活。味甘辣，性溫。救飢：採苗莖連根，擇去細鬚，煠熟，油鹽調食。生亦可食。治病：與《本草》菜部下葱同用。

茖葱

唐・孫思邈《千金要方》卷二六《食治・菜蔬》　格葱　味辛，微溫，無毒。除瘴氣惡毒，久食益膽氣，強志。其子：主洩精。

明・朱橚《救荒本草》卷下之後　山葱　一名隔葱，又名鹿耳葱。生輝縣太行山山野中。葉似玉簪葉微團，葉中攛七官切葶似蒜葶，甚長而澁，梢頭結蓇葖音骨突似葱蓇葖，微小，開白花，結子黑色，苗味辣。救飢：採苗葉煠熟，油鹽調食。生醃食亦可。

明・李時珍《本草綱目》卷二六菜部・葷菜類　茖葱音格。《千金》。【釋名】山葱　【集解】保昇曰：茖葱生山谷，不入藥用。頌曰：《爾雅》云：茖，山葱也。《說文》云：茖葱生山中，細莖大葉。食之香美於常葱，宜入藥用。時珍曰：茖葱，野葱也，山原平地皆有之。生沙地者名沙葱，生水澤者名水葱，野人皆食之。開白花，結子如小葱頭。世俗不察胡葱即蒜葱，誤指此爲胡葱。詳見胡葱下。保昇言不入藥用，蘇頌言入藥宜用山葱、胡葱。今考孫思邈《千金・食性》，自有茖葱功用，而諸本失收，今採補之。【氣味】辛，微温，無毒。時珍曰：佛家以茖葱爲五葷之一。見蒜下。【主治】除瘴氣惡毒。久食，强志益膽氣思邈。主諸惡截、狐尿刺毒，山溪中沙蝨、射工等毒。煮汁浸，或擣傅，大效。亦兼小蒜、茱萸輩，不獨用也蘇恭。

子　【氣味】同葱。【主治】泄精思邈。

明・姚可成《食物本草》卷六菜部・葷辛類　茖葱茖，音格。茖葱生山谷，細莖大葉。食之香美於常葱。〇茖葱，野葱也。山原平地皆有之。生沙地者名沙葱，生水澤者名水葱，野人皆食之。開白花，結子如小葱頭。世俗不察胡葱即蒜葱，誤指此為胡葱。詳見胡葱下。〇佛家以茖葱為五葷之一。

茖葱：味辛，微溫，無毒。除瘴氣惡毒。久食，強志益膽氣。主諸惡蛓、狐尿刺毒，山溪中沙蝨、射工等毒。煮汁浸，或搗傅，大效。子：治洩精。

清·吴其濬《植物名實圖考》卷三　山葱　《爾雅》：茖，山葱。《千金方》始著錄。《救荒本草》謂之鹿耳葱。山石原澤皆有之。而澤葱細嫩叢生，故詩人以為翠管。《西河舊事》：葱嶺山高大，上生葱，故曰葱嶺。《淮南子》：山上有葱下有銀。此山葱也，生沙地曰沙葱，曹唐詩隴上沙葱葉正齊是也。晉令有紫葱，《唐書·西域傳》：泥婆羅獻渾提葱，皆葱肆所不具。《西域聞見錄》：不雅斯類野蒜，頭大如雞子，葉似葱而不中空，味辛。甘肅人呼為沙葱，回人嗜之，其渾提類耶？

清·田綿淮《本草省常·菜性類》　山葱　一名茖。性溫。除瘴氣，辟惡毒。多食傷人。

沙葱

清·趙學敏《本草綱目拾遺》卷八諸蔬部　沙葱　《西北遊記》：口外沙石中生野葱，一名楞葱，一名沙葱。石楞中所產，故名楞；沙磧中所產，故名沙。其葉與家葱同，大更過之，味辣於家葱。根絕似蒜頭，大更過之，味亦辣於蒜。善食辣辛者，不能罄一枚。雖細如草莛，攢生於沙磧甚密。醃之調羹，勝如韭，雉羹兔羹尤宜。又有沙葱草，與沙葱相似，人食之，心迷亂。馬食之，腹隱痛。惟宜於槖駝。採者折以辨之，沙葱本脆折易斷，此草柔韌難折。入藥取根。《西域聞見錄》：丕雅斯類野蒜，頭大如雞子，葉如葱而不中空，味辛。甘肅人呼為沙葱，回人嗜之。

寬中下氣，消食解肌，活血發汗，表風寒，滌宿滯。

風葱

清·趙學敏《本草綱目拾遺》卷八諸蔬部　風葱　《臺志》：出臺灣。療風疾。

胡葱

宋·唐慎微《證類本草》卷二九菜部下品〔宋·馬志《開寶本草》〕　胡葱　味辛，溫中消穀，下氣，殺蟲。久食傷神損性，令人多忘，損目明，尤發痼疾。患胡臭人不可食，令轉甚。其狀似大蒜而小，形圓皮赤，稍長而銳。生蜀郡山谷。五月、六月採今附。

〔宋·唐慎微《證類本草》〕《圖經》：文具葱實條下。雷公云：凡使，採得依文碎擘，用綠梅子相對拌蒸一伏時，去綠梅子，於砂盆中研如膏，新瓦器中攤，日乾用。《食療》：胡葱，平。主消穀，能食。久食之令人多忘。根發痼疾。又，食著諸毒肉，吐血不止，痿黃悴者。取子一升，洗煮使破，取汁停冷。服半升，日一服，夜一服，血定止。又，患胡臭、䘌齒人不可食，轉極甚。謹按：利五藏不足氣，亦傷絕血脉氣。多食損神，此是熏物耳。孫真人：四月勿食胡葱，令人氣喘，多驚。

宋·陳衍《寶慶本草折衷》卷二〇　胡葱　生蜀郡山谷。縉雲云：今處處有之。并載葱實條。〇五六月採。

味辛，平。〇溫中消穀，下氣殺蟲，久食傷神損目，發痼疾。患胡臭人不可食。〇《圖經》曰：根、莖皆細白，莖、葉微短，似大蒜而少，形圓皮赤而銳。〇分葱實條。〇孫真人云：四月勿食，令人氣喘多驚。

元·忽思慧《飲膳正要》卷三　回回葱　味辛，溫，無毒。溫中消穀，下氣殺蟲。久食發病。

明·滕弘《神農本經會通》卷五　胡葱　狀似大蒜而小，形負皮赤，稍長而銳，五六月採。《本經》云：味辛。溫中，消穀，下氣，殺蟲。久食傷神損性，令人多忘，損目明，尤發痼疾。患狐臭人不可食，令轉甚。

明·劉文泰《本草品彙精要》卷四〇　胡葱無毒。　植生。

胡葱：溫中，消穀，下氣，殺蟲。久食傷神損性，令人多忘，損目明，尤發痼疾。患胡臭人不可食，令轉甚。名醫所錄。〔苗〕《圖經》曰：胡葱，類食葱，根莖皆細，其頭似大蒜而小，形圓，肉白皮赤，稍長而銳。又云：莖葉微短，如金燈也。〔地〕《圖經》曰：生蜀郡山谷，今處處皆有之。〔時〕生：春生新葉。採：五月、六月。〔收〕陰乾。〔用〕子。〔質〕類大蒜而小。〔色〕白。〔味〕辛。〔性〕溫，散。〔氣〕氣之厚者，陽也。〔臭〕臭。〔主〕消穀。〔製〕《雷公》云：凡使，採得依文碎擘，用綠梅子於砂盆中研如膏，新瓦器中攤，日乾用。〔治〕療：《食療》云：胡葱，消穀，能食，利五臟不足氣，亦治傷絕血脉氣。〔禁〕根食之，發痼疾。四月勿食胡葱，令人氣喘，多驚。患䘌齒人，勿食。〔解〕食著諸毒肉，吐血不止，痿黃悴者，取子一升洗，煮使破，取汁停冷，服半升，日夜各一服，血定止。

明・盧和、汪穎《食物本草》卷二菜類　胡葱　味辛，溫平。消穀下氣，殺蟲。久食傷神損性，令人多忘，損目明，尤發痼疾。患胡臭人不可食，令轉甚。

明・王文潔《太乙仙製本草藥性大全》卷五《本草精義》　胡葱　類食葱而根莖皆細白。又云：莖葉微短如金燈者是也。舊本不著所出州土，生蜀郡山谷，似大蒜而小，形〔圓〕皮赤，稍長而銳。五月六月採，主消穀能食。久食之多盲眼，發痼疾。又患胡臭、䘌齒人不可食，轉極甚。謹按：利五臟不足氣，亦傷絶血脉氣，多食損神，此是熏物耳。

明・王文潔《太乙仙製本草藥性大全》卷五《仙製藥性》　胡葱　味辛，氣溫，無毒。　主治：溫中消穀屢效，下氣殺蟲尤靈。諸惡蠚狐尿刺毒能治，山溪中沙蝨射工毒亦醫。多食傷神損性，令人多忘；多服損目失明，尤發痼疾。患狐臭人不可食，越令轉甚。　補註：諸惡蠚狐尿刺，沙蝨射工等毒，每煮汁或擣傅大效。亦兼小蒜、茱萸輩同用良。孫真人云：四月勿食胡葱，令人氣喘多驚。○食着諸毒肉，吐血不止，痿黃悴者。取子一升洗，煮使破，取汁，停冷服半升，日一服，夜一服，血定止。　太乙曰：凡使採得依紋碎，取用綠梅子相對拌蒸一伏時，去綠梅子，於砂盆中研如膏，新瓦器中日乾用。

明・李時珍《本草綱目》卷二六菜部・葷菜類　胡葱宋《開寶》

〔釋名〕蒜葱《綱目》　回回葱時珍曰：按《孫真人食忌》作葫葱，因其根似葫蒜故也。俗稱蒜葱，正合此義。元人《飲膳正要》作回回葱，似言其來自胡地，故曰胡葱耳。

〔集解〕詵曰：胡葱生蜀郡山谷。狀似大蒜而小，形圓皮赤，梢長而銳。五月、六月採。保昇曰：葱凡四種：冬葱夏枯；漢葱冬枯；胡葱莖葉粗短，根若金燈；茖葱生於山谷。頌曰：胡葱類食葱，而根莖皆細白。或云：根莖微短如金燈。或云：似大蒜而小，皮赤而銳。時珍曰：胡葱即蒜葱也，孟詵、韓保昇所説是矣，非野葱也。野葱名茖葱，似葱而小。胡葱乃人種蒔，八月下種，五月收取，葉似葱而根似蒜，其味如薤，不甚臭。江西有水晶葱，蒜根葱葉，蓋其類也。李（廷）〔鵬〕飛《延壽書》言胡葱即葛子，蓋因相似而誤爾。今俗皆以野葱爲胡葱，因不識蒜葱，故指茖葱爲之，謬矣。

〔修治〕斅曰：凡採得依紋擘碎，用綠梅子相對拌蒸一伏時，去梅子，砂盆中研如膏，瓦器曬乾用。

〔氣味〕辛，温，無毒。時珍曰：生則辛平，熟則甘温。詵曰：亦是薰物。久食，傷神損性，令人多忘，損目明，絶血脈，發痼疾。患胡臭、䘌齒人，食之轉甚。思邈曰：四月勿食葫葱，令人氣喘多驚。

〔主治〕温中下氣，消穀能食，殺蟲，利五臟不足氣孟詵。療腫毒保昇。

〔發明〕時珍曰：方術煮溪澗白石爲糧，及煮牛、馬、驢骨令軟，皆用胡葱，則亦軟堅之物也。陶弘景言葱能化五石，消桂爲水，則是諸葱皆能軟石。故今人採茖葱煮石，謂之胡葱也。

〔附方〕新一。　身面浮腫：小便不利，喘急。用胡葱十莖，赤小豆三合，硝石一兩，以水五升，煮葱、豆至熟，同擂成膏，每空心温酒服半匙。《聖惠方》。

子　〔主治〕中諸肉毒，吐血不止，萎黃悴者，以一升，水煮，冷服半升，日一夜一，血定乃止孟詵。

明・姚可成《食物本草》卷六菜部・葷辛類　胡葱其種來自胡地，故名。狀似大蒜，乃人種蒔，不比茖葱野生。八月下種，五月收取，葉似葱而根似蒜，其味如薤，不甚臭。江西有水晶葱，蒜根葱〔葉〕，蓋其類也。　胡葱：味辛，溫，無毒。主溫中下氣，消穀能食，殺蟲，利五臟不足氣。療腫毒。久食，傷神損性，令人多忘，昏目，絕血脉，發痼疾。患胡臭、䘌齒人，食之轉甚。孫真人曰：四月勿食葫葱，令人氣喘多驚。　子：治中諸肉毒，吐血不止，萎黄瘁者，以一斤水煮半升，冷服。

明・孟笨《養生要括・菜部》　胡葱　味辛，溫，無毒。溫中下氣，消穀殺蟲，利五臟不足氣，療腫毒。

明・施永圖《本草醫旨・食物類》卷二　胡葱　味：辛，溫，平。消穀下氣，殺蟲。久食傷神，令人多忘，損目發痼。胡臭人不可食，食之臭愈甚。

清・田綿淮《本草省常・菜性類》　胡葱　一名回回葱。性溫。溫中下氣，消穀殺蟲。多食傷神損性，令人氣喘。久食令人多忘多驚。四月食之，傷人尤甚。

薤

唐・孫思邈《千金要方》卷二六《食治・菜蔬》　薤　味苦、辛，溫，滑，無毒。宜心，辛歸骨。主金瘡瘡敗，能生肌肉，輕身不飢，耐老，菜芝也。除寒熱，去水氣，溫中，散結氣，利產婦病人。諸瘡中風寒水腫，生擣傅之。鯁骨在咽不下者，食之則去。黃帝云：薤不可共牛肉作羹食之，成瘕疾。韭亦然。十月、十一月、十二月，勿食生薤，令人多涕唾。

附：日・丹波康賴《醫心方》卷三〇　薤　《本草》云：味辛、苦，溫，無毒。主金瘡瘡敗，輕身不飢，耐老，除寒熱，溫中，利病人。《拾遺》云：調中，主久利不差，大腹內常惡者，但多煮食之。蘇敬云：薤有赤、白二種，白者補而美，赤主金瘡。崔禹〔錫〕云：食，長毛髮。孟詵云：長服之可通神靈，甚安魂魄，續筋力。

宋・唐慎微《證類本草》卷二八菜部中品〔《本經・別錄》〕 **薤** **味辛、**苦，溫，無毒。**主金瘡瘡敗，輕身不飢，耐老，**歸於骨。菜芝也。除寒熱，去水氣，溫中，散結，利病人。諸瘡中風寒水腫，以塗之。生魯山平澤。

〔梁・陶弘景《本草經集注》〕云：葱、薤異物，而今共條。《本經》既無韭，以其同類故也，今亦取爲副品種數。方家多用葱白及葉中涕，名葱苒音冉，無復用實者。葱亦有寒熱，白冷，青熱，傷寒湯不得令有青也。能消桂爲水，亦化五石，仙方所用。薤又溫補，仙方：及服食家皆須之，偏入諸膏用，不可生噉，葷辛爲忌。

〔唐・蘇敬《唐本草》〕注云：薤乃是韭類，葉不似葱，今云同類，不識所以然。薤有赤、白二種：白者補而美；赤者主金瘡及風，苦而無味，今別顯條於此也。

〔宋・馬志《開寶本草》〕按：陳藏器《本草》云：薤，調中，主久痢不差，腹內常惡者，但多煮食之。赤痢取薤致黃蘗者服之，差。

〔宋・掌禹錫《嘉祐本草》〕按：《蜀本圖經》云：形似韭而無實。山薤一名葝，莖葉相似，體性亦同。葉皆冬枯，春秋分蒔。《爾雅》云：葝，山䪥。釋曰：《說文》云：䪥，菜也。生山中者名葝。又云：䪥，鴻薈。釋曰：䪥，一名鴻薈。孟詵云：薤，療諸瘡中風水腫，生擣，熱塗上，或煮之。白色者最好。雖有辛不葷五藏。學道人長服之，可通神，安魂魄，益氣，續筋力。日華子云：輕身，耐寒，調中，補不足。食之能止久痢冷瀉，肥健人。生食引涕唾。不可與牛肉同食，令人作癥瘕。四月不可食也。

〔宋・蘇頌《本草圖經》〕曰：薤，生魯山平澤，今處處有之。似韭而葉闊，多白無實。人家種者，有赤、白二種，赤者療瘡生肌，白者冷補。皆春分蒔之，至冬而葉枯。《爾雅》云：䪥與薤同，鴻薈烏外切。又云：葝目盈切，山䪥。山䪥莖葉亦與家薤相類，而根長，葉差大，僅若鹿葱，體性亦與家薤同，然今少用。薤雖辛而不葷五藏，故道家長餌之，兼補虛，最宜人。凡用葱、薤，皆去青留白，云白冷而青熱也，故斷赤下方，取薤白同黃蘗煮服之，言其性冷而解毒也。唐韋宙《獨行方》主霍亂，乾嘔不息。取薤一虎口，以水三升，煮取半，頓服，不過三作即已。又卒得胸痛差而復發者，取薤根五斤，擣絞汁，飲之，立止。

〔宋・唐慎微《證類本草》〕《食療》：輕身耐老。療金瘡，生肌肉。生擣薤白，以火封之。更以火就灸，令熱氣徹瘡中，乾則易之。白色者最好。雖有辛氣，不葷人五藏。又，發熱病，不宜多食。三月勿食生者。又，治寒熱，去水氣，溫中，散結氣。可作羹。又，治女人赤白帶下。學道人長服之，可通神，安魂魄，益氣，續筋力。骨鯁在咽不去者，食之即下。《肘後方》：救死，或先病，或常居寢臥奄忽而絕，皆是中惡。以薤汁鼻中灌。又方：手指赤，隨月生死。以生薤一把，苦酒中煮沸，熟出以傅之，即愈。《葛氏方》：治疥瘡。煮薤葉洗亦佳；擣如泥傅之亦得。又方：諸魚骨鯁。小嚼薤白令柔，以繩繫中，吞薤到鯁處引之，鯁即隨出。又方：悞吞釵。取薤白曝令萎黃，煮使熟，勿切，食一大束，釵即隨出。又方：若已中水及惡露風寒，腫痛。杵薤以傅上，炙熱榻瘡上，便愈。又方：虎、犬咬人。杵汁傅，又飲一升，日三，差。又方：食鬱肉脯，此並有毒。杵汁服二三升。《梅師方》：有傷手足而犯惡露，殺人，不可治。以薤白爛擣，以帛囊之，着煻火使薤白極熱，去帛，以薤傅瘡，以帛急裹之，冷即易；亦可擣作餅子，以艾灸之，使熱氣入瘡中，水下，差。又方：灸瘡腫痛。薤白切一升，猪脂一升細切，以苦酒浸經宿，微火煎三上三下，去滓傅上。《食醫心鏡》：主赤白痢下。薤白一握，切，煮作粥食之。又方：治諸瘡敗。能生肌，輕身，不飢，耐老。宜心歸骨，菜芝也。除寒熱，去氣，溫中散結氣，利病人。諸瘡中風寒水腫，生杵傅之。鯁骨在咽，煮食佳，作羹粥食之，煠作虀菹，炒食並得。黃帝云：薤不可共牛肉食之，成瘕疾。冬月勿食生薤，多涕唾。范汪：治目中風腫痛。取薤白截，仍以膚上令遍膜，皆差。頭卒痛者，止之。又方：産後諸痢。宜煮薤白食之，惟多益好。用肥羊肉去脂，作炙食之；或以羊腎脂炒薤白食，尤佳。《楊氏産乳》：療疳痢。薤白二握，生擣如泥，以粳米粉二物蜜調相和，捏作餅，炙取熟與喫，不過三兩服。

宋・寇宗奭《本草衍義》卷一九 薤 葉如金燈葉，并狹而更光。故古人言薤露者，以其光滑難竚之義。《千金》治肺氣喘急，用薤白，亦取其滑洩也。與蜜同擣，塗湯火傷，其效甚速。

宋・鄭樵《通志》卷七五《昆蟲草木略》 薤 與韮同類，雖辛而不葷五藏，所以學道之人服之。有赤白二種，白者補而美，赤者主金創不結子，一名鴻薈。《爾雅》云：䪥，鴻薈。

宋・劉明之《圖經本草藥性總論》卷下 薤 味辛、苦，溫，無毒。主金瘡，除寒熱，去水氣，溫中散結。日華子云：調中，補不足，止久痢冷瀉，治目疼痛。

宋・陳衍《寶慶本草折衷》卷二〇 薤白及粥在內。 一名䪥，一名鴻薈，一名菜芝。○䪥與薤同。生魯山平澤。今處處種有之。○生於山者名山薤，一名山䪥，一名葝。○並忌牛肉。○葝，巨盈切。

味辛、苦，溫，無毒。〇主金瘡，瘡敗。歸骨。除寒熱，去水氣，溫中，散結，利諸瘡中風寒水腫。〇孟詵云：益氣，續筋力。〇日華子云：調中，補不足，止久痢、冷瀉。不與牛肉同食，作癥瘕。四月不可食。〇《圖經》曰：薤似韭而葉闊，多白無實。雖辛而不葷五藏。〇葷，呼云切。補虛宜人。白冷而青熱。斷赤下，取薤白同黄蘗煮服。〇《食醫心鏡》：主赤白痢下，薤白切煮，作粥食之。〇寇氏曰：治肺氣喘急用薤白，取其滑也。與蜜同擣，塗湯火傷效。

元・王好古《湯液本草》卷六 薤白 氣温，味苦、辛，無毒。入手陽明經。《本草》云：主金瘡瘡敗。輕身不飢，耐老。除寒熱，去水氣，温中散結，利病人。諸瘡中風寒水腫，以此塗之。下重者，氣滯也，四逆散加此，以泄氣滯。《心》云：治泄痢下重，下焦氣滯，泄滯氣。

元・尚從善《本草元命苞》卷九 薤 味辛、苦，性溫，無毒。泄滯氣，入太陰經。性滑利，行陽明路。手太陰、手陽明。耐老不飢，歸骨宜心。除寒熱，去水散結氣。溫中療諸瘡中風寒水腫，下咽喉內骨鯁難禁。味辛不暈五臟，性滑能補三焦。除久痢不差，止霍亂如神。與牛肉同食作瘕，共黄柏合餌解毒。生魯山平澤，今處處有之。似韭葉潤，多白無實。

元・吴瑞《日用本草》卷七 薤 白者最佳，赤者次之。味辛，溫，無毒。白者最好，雖有辛，不葷五臟，學道人長服之，可通神，安魂魄，益氣，續筋力。合牛肉食成癥疾。主除寒熱，去水氣，溫中。散結氣，調中，補不足，止赤白痢下冷瀉，諸瘡中風寒水腫。或卒死，常居寢臥，奄忽而絕，皆是中惡，取薤汁灌鼻中，能甦。薤白：味辛、苦，溫，無毒。《千金》治肺氣喘急，用薤白，亦取其滑泄也。與蜜同搗，塗湯火瘡，其効甚速。

元・徐彦純《本草發揮》卷三 薤 海藏云：瀉痢下重者，下焦氣滯也。四逆湯加薤白，以瀉氣滯。入手陽明經。

明・王綸《本草集要》卷五 薤 味辛苦，氣溫。入手陽明經。無毒。取白良，白冷青熱。忌與牛肉同食。主金瘡瘡敗，諸瘡中風寒水腫，生搗熱塗之。與蜜同搗，塗湯火瘡甚效。宜心，歸骨，菜芝也。輕身不飢耐老，除寒熱，去水氣，溫中散結，利病人，止久痢冷瀉。同黄栢煮食，斷赤痢。霍亂乾嘔，煮汁服之。胸膈卒痛，肺氣喘急，俱搗生汁細飲之。

明・滕弘《神農本經會通》卷五 薤白 取白良。白冷青熱。不可與牛肉同食。《唐本》注云：薤乃是韭類，葉不似葱，而陶云同類，不識所以然。有赤白二種，白者補而美，赤者主金瘡及風，苦而無味。

味辛、苦，氣溫，無毒。《湯》云同。入手陽明經。《疌》云：主金瘡，耐飢，溫中，去水，除風熱。中風寒水腫，塗之。珍云：通痢泄。

《本經》云：主金瘡，瘡敗，輕身不飢，耐老。歸於骨，菜芝也。除寒熱，去水氣，溫中散結，利病人。諸瘡風寒水腫，擣以塗之。陳藏器云：調中，主久痢不差，腹內常惡者，多煮食之。赤痢，取薤同黄蘗，煮服之，差。孟詵云：療諸瘡中風水腫，生擣，熱塗上。或煮之。白色者最好。雖有辛，不葷五臟，學道人長服之。可通神，安魂魄，益氣，續筋力。日華子云：輕身耐寒，調中，補不足。食之能止人痢，冷瀉，肥健人。生食，引涕唾。不可與牛肉同食，令人作癥瘕。四月不可食也。《圖經》云：赤者療瘡，生肌。白者冷補，然今少用。兼補虛，最宜人。凡用葱、薤，皆去青留白，云白冷而青熱也，故斷赤下方取薤白，同黄蘗煮服之，言其性冷而解毒也。《獨行方》：主霍亂，乾嘔不息，取薤一虎口，以水三升，煮取半，頓服，不過三作即已。又卒得胸痛，差而復發者，取薤根五斤，擣絞汁，飲之立止。《湯》云：下重者，氣滯也，四逆散加此，以泄氣滯。餘同《本經》。《心》云：治泄痢下重，下焦氣滯，泄滯氣。《集》云：宜心歸骨，菜芝也。《局》云：薤味辛溫能止痢，調中益氣止金瘡。諸瘡中水風寒腫，用此生研傅即良。

明・劉文泰《本草品彙精要》卷三九 薤無毒。叢生。

薤出《神農本經》：**主金瘡瘡敗，輕身，不飢，耐老。**以上朱字《神農本經》。歸於骨，菜芝也。除寒熱，去水氣，溫中，散結，利病人。諸瘡中風寒水腫，以塗之。以上黑字名醫所錄。

【名】䪥與薤同、鴻薈烏胃切、葝巨盈切、山䪥。【苗】《圖經》曰：薤，似韭而葉闊，多白，無實。人家種者有赤、白二種，皆春分蒔之，至冬而葉枯。《爾雅》云：䪥，鴻薈。又云：葝，山䪥。莖、葉亦與家薤相類而根長，葉差大，僅若鹿葱，體性亦與家薤同。然今少用，薤雖辛而不葷五臟，故道家常餌之，兼補虛，最宜人。凡用葱、薤，皆去青留白，蓋白冷而青熱故也。【地】〔生〕魯山平澤，今處處有之。【時】生：春生苗。採：無時。【用】薤白。【質】類韭而葉闊，多白。【色】青、白。【味】辛，苦。【性】溫，散。【氣】氣厚味薄，陽中之陰。【臭】臭。【主】療瘡，生肌。【行】手陽明經。【製】去葉用。【治】療：《圖經》曰：薤白，止霍亂，乾嘔不息。○薤根，除卒得胸痛，差而復發者，擣汁飲之，立止。日華子云：薤，止久痢，冷瀉。《食療》云： 薤白，止金瘡，生肌肉，生擣封之。更以火就炙，令熱氣徹瘡中，乾則易之。作羹食之，除女子赤白帶下。并骨鯁在咽不下者，食之即下。《衍義》曰： 薤白，治肺氣喘急，取其滑泄也。《別錄》云：薤白，治誤吞釵，取暴令萎黃，煮使熟，勿切，長食一大束，釵即隨出。及止赤白痢，取一握切，煮作粥食之。又除目中風腫痛并頭卒痛者。○薤汁，治中惡，或先病者，或常居寢臥奄忽而絕者，灌鼻中，差。及治虎、犬咬人，飲一升，日三，差。若傷手足，已中水毒及犯惡露風寒，腫痛，杵薤，炙熱搨瘡上，便愈。補： 日華子云： 薤，輕身耐寒，調中，補不足，肥健人。孟詵云：學道人常食之，可通神，安魂魄，益氣，續筋骨。【合治】薤白切一升，豬脂一斤細切，合苦酒浸經宿，微火煎三上三下，去滓，傅灸瘡腫痛。○薤白二握，生擣如泥，合粳米粉、蜜調相和，捏作餅，炙取熟，不過三兩服，止疳痢。○薤白合蜜同擣，塗湯火瘡，其效甚速。【禁】薤不可與牛肉同食，食之令人成癥瘕。冬月勿食生薤，多涕唾。三月、四月不可生食。發熱病人不宜食。【解】薤白同黃蘗煮服之，解毒。及食鬱肉脯毒，杵汁，服二三升，即解。

明・盧和、汪穎《食物本草》卷一菜類 薤 味辛苦，氣溫，入手陽明經，無毒。主金瘡、瘡敗，輕身不飢，耐老，宜心，歸骨，菜芝也。除寒熱，去水氣，溫中散結，利病人，止久痢，冷洩、赤白帶，通神，安魂魄，益氣，續筋骨，解毒。骨鯁，食之即下。有赤、白二種，白者補而美； 赤者主金瘡風，苦而無味。又云： 白色者最好，雖有辛而不暈五臟。又云： 凡用葱薤，皆去青留白，以白冷而青熱也。故斷赤痢方，取薤白同黃蘗煮服之，言性冷而解毒矣。又治霍亂乾嘔不息。煮汁又治疥瘡，搗汁又治犬虎咬，又治產後諸痢并湯火傷。但發熱病，不宜多食。又不可與牛肉同食，令人作癥瘕也。

明・許希周《藥性粗評》卷三 薤回四逆之春。

薤菜，似韭，或謂韭之大者。一說即俗所謂萑也。有赤白二種，高尺許，春秋分蒔，無花實，至冬葉枯。南北園圃處處有之。亦有山薤，北家種者殊小。家薤白者補，赤者主散。又根寒葉熱，故入藥取薤白，不用葉。或曰薤雖辛，不葷五臟，是以道家不忌，理或然也。《衍義》云： 薤如金燈葉，差狹而光，故古人言薤露者，以其光滑有難竚之義。餘說《本草》不載。味辛、苦，性溫，無毒。其氣下行，入手陽明大腸經。主治傷寒中風，冷毒，四肢厥逆，水氣瀉痢，中毒卒死，金瘡，中風，外科生肌止痛，女人赤白帶下，調中益胃，久服輕身耐老，頗為服食家所重。海藏云： 瀉痢下重者，下焦氣滯也，四逆湯加薤白，以瀉滯氣。

單方： 卒死： 凡人奄忽無故卒死者，中惡也，速以薤白搗汁，灌入鼻中，當活。虎傷： 凡被虎咬，未死可救者，取薤白不計多寡，搗汁傅之，及時飲一升，日三，差。骨鯁在咽： 凡食魚中鯁在咽，及他物不出者，取薤白嚼令柔，以〔絲〕線繫中，吞入至鯁處，提之，便隨薤出，如未出，再作效。赤白痢下： 取薤白一握，切和米煮粥食之，便止。

明・陳嘉謨《本草蒙筌》卷六 薤 味辛、苦，氣溫。無毒。赤白殊種，家園多栽。白者雖辛不葷，赤者兼苦無味。其葉類韭，稍闊而光。故古云薤露之言，以光滑難貯之義。《千金》書名治肺喘急，亦取滑泄而然。為歸骨菜芝，入陽明手腑。頗利病者，但少煮嘗。除寒熱調中，去水氣散結。耐寒止冷，瀉肥健身。主女婦帶下久來，治老幼洩痢後重。諸瘡中風寒水腫，生搗熱塗上立差。又療湯火金瘡，和蜜搗敷即愈。新正宜食，辟癘敺邪。牛肉同餐，作癥成瘕。生噉引涕唾，多食防熱侵。骨鯁在喉，煮食即下。

明・王文潔《太乙仙製本草藥性大全》卷五《本草精義》 薤 生魯山平澤，今處處有之。似韭而葉闊多白，無實。人家種者有赤白二種，白者雖辛，不葷，冷補； 赤者兼苦，無味，療瘡生肌。其葉類韭稍闊而光，故古云薤露之，言以光滑難貯之義。皆春分蒔之，至冬而葉枯。《爾雅》云： 䪥與薤同，鴻薈烏外切。又云： 葝巨盈切，山䪥。山䪥莖葉亦與家薤相類，而根長，葉差大，僅若鹿葱，體性亦與家葱同，然今少用。薤雖辛而不葷五臟，故道家長餌之。兼補虛最宜。人凡用薤、葱，皆去青留白，云白冷而青熱也。故斷赤下方，取薤白同黃蘗煮服之，言其性冷而解毒也。唐韋宙《獨行方》，主霍亂乾嘔不息，取薤一虎口，以水三升，煮取半，頓服，不過三作即已。又卒得胸痛，差而復發者，取薤根〔五〕斤，搗絞汁飲之差。諸瘡中風寒水腫，生杵傅之。骾骨在咽，煮食佳。作羹粥食之，煠作虀菹，炒食並得。

《食療》云： 輕身耐老。療金瘡，生肌肉，生搗薤白，以火封之，更以火就炙，令熱氣徹瘡中，乾則易之。白色者最好，雖有辛氣，不葷人五臟。又發熱病，不宜多食。三月勿食。生者又治寒熱，去水氣，溫中散結氣，可作羹。又治女人赤白帶下。孝道人長服之，可通神安魂魄，益氣續筋力。

明・王文潔《太乙仙製本草藥性大全》卷五《仙製藥性》 薤 味辛、苦，氣溫，無毒。　主治：《千金》書名治肺喘急，亦取滑泄而然。爲歸骨菜芝，入陽明手腑，頗利病者，但少煮嘗。除寒熱調中，去水散結。耐寒，止冷瀉，肥健身。主女婦帶下久來，治老幼洩痢後重。諸瘡中風寒水腫，生搗熟塗上立差。又療湯火金瘡，和蜜搗敷即愈。新正宜食，辟厲毆邪。牛乳同餐，作癥成瘕。生噉引涕唾，多食防熱侵。骨骾在喉，煮食即下。　補註：救死，或先病，或常居寢卧，奄忽而絶者，是中惡。薤汁鼻中灌。○虎犬咬人，杵汁傅，又飲一升，日三差。○手指赤，隨月生死，以生薤一把，苦酒中煮沸，熟出以傅之即愈。○食鬱肉脯，此並有毒。杵汁服二三升。○疥瘡，煮薤葉洗亦佳，搗如泥傅之亦得。○悮吞釵，取薤白曝令萎黄，煮使熟，勿切，食一大束，釵即隨出。○諸魚骨鯁，小嚼薤白令柔，以繩繫中，吞薤到鯁處，引之鯁即隨出。○若已中水及惡露，風寒腫痛，杵薤以傅上，炙熱榻瘡上便愈。○有傷手足，而犯惡露，殺人不可治。以薤白爛搗，以帛裹之，着煻火，使薤白極熱，去帛急裹之，冷即易。亦可搗作餅子，以艾灸之，使熱氣入瘡中，水下差。○炙瘡腫痛，薤白切一升，猪脂一升，細切，以苦酒浸經宿，微火煎三上三下，去滓傅上。○主赤白痢下，薤白一握，切煮作粥食之。○目中風腫痛，取白截，仍以膚上令遍膜皆差。頭卒痛者止之。○產後諸痢，宜煮薤白食之，惟多益好。用肥羊肉去脂，作炙食之，或以羊腎脂炒薤白食之尤佳。○疳痢，用薤白二握，生搗如泥，以粳米粉，二物蜜調相和，捏成餅，炙取熟與喫，不過三兩服。

明・皇甫嵩《本草發明》卷五

薤中品。氣溫，味苦，無毒。色白者，雖辛不葷。赤者，兼苦無味。生(敢)〔噉〕引涕唾，多食防熱侵。　發明曰：薤，味辛、溫。多溫中散結，性亦滑。古云薤露之言，光滑難貯之義。故主肺喘急，去寒熱，調中，去水氣，散結氣，耐寒，止冷瀉，老幼(澁)〔泄〕痢後重，婦女帶下，肥健身，入陽明手腑。○生搗熱塗，療諸瘡中風寒水腫。又療湯火金瘡，和蜜搗敷。煮食，下骨(綆)〔骾〕在喉。新正宜食，辟疫毆邪。與牛肉同食，作瘕癥。

明・李時珍《本草綱目》卷二六菜部・葷菜類

薤音械。○《别録》中品。

【釋名】藠子音叫。或作蕎者非。　莜子音釣　火葱《綱目》　菜芝《别録》　鴻薈音會。　時珍曰：薤本文作䪥，韭類也。故字從韭，從㪅，音概，諧聲也。今人因其根白，呼爲藠子，江南人訛爲莜子。其葉類葱而根如蒜，收種宜火熏，故俗人稱爲火葱。羅願云：物莫美於芝，故薤爲菜芝。蘇頌復附莜子於蒜條，誤矣。

【集解】《别録》曰：薤生魯山平澤。恭曰：薤是韭類。葉似韭而闊，多白而無實。有赤、白二種：白者補而美，赤者苦而無味。頌曰：薤處處有之。春秋分蒔，至冬葉枯。《爾雅》云：䪥，山薤也。生山中，莖葉與家薤相類，而根差長，葉差大，僅若鹿葱，體性亦與家薤同。今人少用。宗奭曰：薤葉如金燈葉，差狹而更光。故古人言薤露者，以其光滑難佇之義。時珍曰：薤八月栽根，正月分蒔，宜肥壤。數枝一本，則茂而根大。葉狀似韭。韭葉中實而扁，有劍脊。薤葉中空，似細葱葉而有稜，氣亦如葱。二月開細花，紫白色。根如小蒜，一本數顆，相依而生。五月葉青則掘之，否則肉不滿也。其根煮食、芼酒、糟藏、醋浸皆宜。故《内則》云：切葱、薤實諸醯以柔之。白樂天詩云酥暖薤白酒，謂以酥炒薤白投酒中也。一種水晶葱，葱葉蒜根，與薤相似，不臭，亦其類也。按王禎《農書》云：野薤俗名天薤。生麥原中，葉似薤而小，味益辛，亦可供食，但不多有。即《爾雅》山薤是也。

薤白　【氣味】辛，苦，溫，滑，無毒。好古曰：入手陽明經。頌曰：薤宜去青留白，白冷而青熱也。詵曰：發熱病，不宜多食。三四月勿食生者。大明曰：生食引涕唾。不可與牛肉同食，令人作癥瘕。

【主治】金瘡瘡敗。輕身，不飢耐老《本經》。歸骨，除寒熱，去水氣，溫中散結氣。作羹食，利病人。諸瘡中風寒水氣腫痛，搗塗之《别録》。煮食，耐寒，調中補不足，止久痢冷瀉，肥健人《日華》。治泄痢下重，能泄下焦陽明氣滯。李杲。好古曰：下重者，氣滯也。四逆散加此以泄氣滯。治少陰病厥逆泄痢，及胸痹刺痛，下氣散血，安胎時珍。心病宜食之。利產婦思邈。治女人帶下赤白，作羹食之。骨哽在咽不去者，食之即下孟詵。補虛解毒蘇頌。白者補益，赤者療金瘡及風，生肌肉蘇恭。與蜜同搗，塗湯火傷，〔效〕甚速宗奭。溫補，助陽道時珍。

【發明】弘景曰：薤性溫補，仙方及服食家皆須之，偏入諸膏用。不可生啖，葷辛爲忌。詵曰：薤，白色者最好，雖有辛，不葷五臟。學道人長服之，可通神安魂魄，益氣續筋力。頌曰：白薤之白，性冷而補。又曰：莜子，煮與蓐婦飲，易產。亦主脚氣。時珍曰：薤味辛氣溫。諸家言其溫補，而蘇頌《圖經》獨謂其冷補。按杜甫《薤詩》云：束比青芻色，圓齊玉箸頭。衰年關膈冷，味暖並憂無。亦言其溫補，與經文相合。則冷補之說，蓋不然也。又按王禎云：薤生則氣辛，熟則甘美。種之不蠹，食之有益。故學道人資之，老人宜之。然道家以薤爲五葷之一，而諸氏言其不葷何耶？薛用弱《齊諧志》云：安陸郭坦兄，得天行病後，遂能大餐，每日食至一斛。五年，家貧行乞。一日大飢，至一園，食薤一畦，大蒜一畦。便悶極卧地，吐一物如(籠)〔龍〕，漸漸縮小。有人撮飯於上，即消成水，而病尋瘳也。按此亦薤散結、蒜消癥之驗也。宗奭曰：薤葉光滑，露亦難佇。《千金》治肺氣喘急方中用之，亦取其滑泄之義。

【附方】舊十五，新八。　胸痹刺痛：張仲景栝樓薤白湯：治胸痹，痛徹心背，喘息咳唾短氣，喉中燥痒，寸脈沉遲，關脈弦數，不治殺人。用栝樓實一枚，薤白半升，白酒七升，煮二升，分二服。○《千金》治胸痹，半夏薤白湯，用薤白四兩，半夏一合，枳實半兩，生薑一兩，栝樓實半枚，㕮咀，以白截漿三升，煮一升，温服，日三。○《肘後》治胸痛，瘥而復發。薤根五升，搗汁飲之，立瘥。○截音在，酢漿也。　卒中惡死：卒死，或先病，或平居寢卧奄忽而死，皆是中惡。以薤汁灌入鼻中，便省。《肘後》。　霍亂乾嘔：不止者。以薤一虎口，以水三升，煮取一半，頓服。不過三作即已。韋宙《獨行方》。　奔豚氣痛：薤白搗汁飲之。《肘後方》。　赤痢不止：薤同黃蘗煮汁服之。陳藏器。　赤白痢下：薤白一握，同米煮粥，日食之。《食醫心鏡》。　小兒疳痢：薤白生搗如泥，以粳米粉和蜜作餅，炙熟與食。不過三兩服。《楊氏產乳》。　產後諸痢：多煮薤白食，仍以羊腎脂同炒食之。《范汪方》。　妊娠胎動：腹内冷痛。薤白一升，當歸四兩，水五升，煮二升，分三服。《古今録驗》。　鬱肉脯毒：杵薤汁，服二三升良。《葛洪方》。　瘡犯惡露：甚者殺人。薤白搗爛，以帛裹煨熟，去帛傅之，冷即易換。亦可搗作餅，以艾灸之，熱氣入瘡，水出即瘥也。《梅師方》。　手指赤色：隨月生死。以生薤一把，苦酒煮熟，搗爛塗之，愈乃止。《肘後方》。　疥瘡痛癢：煮薤葉，搗爛塗之。同上。　灸瘡腫痛：薤白一升，猪脂一斤，切，以苦酒浸一宿，微火煎三上三下，去滓塗之。《梅師方》。　手足瘑瘡：生薤一把，以熱醋投入，以封瘡上取效。《千金》。　毒蛇螫傷：薤白搗傅。《徐王方》。　虎犬咬傷：薤白搗汁（一升）飲之，並塗之。日三服，瘥乃止。《葛洪方》。　諸魚骨哽：薤白嚼柔，以繩繫中，吞到哽處，引之即出。同上。　誤吞釵鐶：取薤白曝萎，煮熟（勿）切，食一大束，釵即隨出。《葛洪方》。　目中風翳：作痛。取薤白截斷，安膜上令遍。痛作復爲之。《范汪方》。　咽喉腫痛：薤根醋搗傅腫處。冷即易之。《聖惠》。

明·梅得春《藥性會元》卷中　薤　味辛，温，無毒。　主治金瘡，除寒熱，去水氣，温中散結，利病人。諸瘡中風寒水腫，以塗之。

明·穆世錫《食物輯要》卷三　薤　味辛、苦，性温滑，無毒。有赤白二種。赤者苦而無味，祛風，助陽道，療金瘡，生肌肉。白者生食氣辛，引涕唾；熟食氣香，宜心歸骨，温中，肥健人，續筋骨，去水氣，泄大腸滯氣，安胎，利產婦。治久痢赤白帶，消骨鯁。但發熱者勿食。同牛肉食，成瘕。學道人常食通神。

明·張懋辰《本草便》卷二　薤　味辛、苦，氣温，入手陽明經，無毒。忌與牛肉同食。　主金瘡，除寒熱，去水氣，温中散結，利病人，止久痢、冷瀉。

明·吴文炳《藥性全備食物本草》卷一　薤　味辛、苦，性温滑，無毒。有赤白二種，赤者苦而無味。輕身耐老。療金瘡，生肌肉，生搗薤白，以火封之，更以火就灸，令熱氣徹瘡中，乾則易之。白色者最好，雖有辛氣，不葷入五臟。又發熱病，不宜多食。三月勿食生者。又治寒熱，去水氣，温中散結氣，可作羹。又治女人赤白帶下。學道人長服之，可通神，安魂魄，益氣續筋力。

明·倪朱謨《本草彙言》卷一六　薤白　味辛、苦，氣温，性滑，無毒。可升可降，陽也。入手陽明經。　李氏曰：薤，又名火葱，又名菜芝。生魯山平澤，今所在亦有。八月栽根，九月分蒔，宜肥壤之地。種法：一本率七八支，支多者科輒圓大，故以七八爲率也。狀似韭，但韭葉中實而扁，有劍脊。薤葉中空而稍圓，有棱綫，嗅如葱。三月作花，細碎、紫白色，不結實。《爾雅翼》云：薤似韭而無實也，亦不甚葷。古禮脂用葱，膏用薤。膏，犬豕之屬；脂，羊、牛、麋鹿之類。蓋物各有所宜，故薤與牛肉同啖，令人癥瘕是矣。蓋雖葷物，迺能去腥。第狼食之迷，虎啖之憒，鼠吞之毛落，狗嚼之反胃，獨與獸不相宜也。今圃人種薤者，每用大蒜置硫黃其中，久則種分爲薤。閩人日作素蔬，飯僧供佛，交天祀神，非此不稱敬。別有一種水晶葱，蒜根葱葉，與薤相似，其臭不臭，亦其類也。按王禎《農書》云：野薤，俗名天蒜，生麥原中，似薤而小，味益辛，亦可供食，但不多有。《爾雅》所謂山韭者是矣。

薤白：《別録》温陽暖胃，行滯氣，王好古禁洩痢之藥也。邵起寰曰：按李時珍言：道家以薤爲五葷之一，其性温補，服食家皆須之。又按杜氏詩云：束比青芻色，圓如玉筯頭。衰年關膈冷，味暖併無憂。又按王禎《農書》云：生則辛疏，能引涕唾；熟則温補，能利陽道。植之不蠹，嚼之有益。老者怡之，少者懷之。學道人資之，疾病人賴之。如孟氏《本草》云：服之可通神明，安魂魄，益中氣，續筋力。據此諸說，則薤之一物，補陽暖胃，非虛語矣。但温辛性熱，如陰虛發熱病，不宜食也。

集方：《食醫心鏡》治赤白久痢。用薤白和白米煮粥食之。此方又治產後諸痢。小兒疳痢同法。○仲景方治胸痹刺痛，喘息欬唾短氣者。用薤白八兩，栝樓實一枚，水二升，煮半升服。一方加半夏、生薑、枳實各五錢。○《肘後方》治卒中惡死。用薤白搗汁，灌入鼻中即省。○范汪方治產後諸痢。用薤白一把，同羊卵炒食。○《古今錄驗》治妊娠胎動腹痛。用薤白一兩，當歸五錢，水煎服。○《聖惠方》治咽喉腫痛。用薤根搗爛，熱醋調塗腫處。○治血向口鼻中出如湧泉，諸藥止之不效者。用生薤白、生韭白、生薑各五錢，生地黄、生荷葉、生藕節、生茅根各一兩，俱搗汁，冷飲之。○薤白湯：治一切腹痛之總司。腹痛有寒、熱、食、血、濕、痰、蟲、實、虛，九般之別。用薤白三錢，香附、川芎、白芷、茯苓、黑山梔、陳皮、乾薑各一錢五分，水煎服。○腹痛綿綿無增減者，寒也，本方加吴茱、木香、砂仁、肉桂；腹痛乍痛乍止，口渴而小便澀者，火也，加黄連、黄芩、白芍、天花粉；腹痛而瀉，瀉而痛減者，食積也，加山查、枳實、蘿蔔子、厚朴；腹痛着一處不移者，是死血也，加桃仁、歸尾、玄胡索、川芎、肉桂、紅花；腹痛而小便不利者，是濕痰也，加蒼朮、猪苓、澤瀉、半夏；腹痛而鈞引脇下有聲者，是痰飲也，加蒼朮、南星、烏藥、木香、半夏、厚朴；腹痛而時止時作，面白唇紅者，是蟲積也，加烏梅、花椒、檳榔、苦楝子、牽牛；頭疼腹痛，以手按之，腹軟而痛止者，虛也，加人參、白朮、當歸、黄耆、白芍藥、熟地黄；腹痛手不可按者，是實痛也，加枳實、檳榔、瓜蔞仁、大黄。

明・應慶《食治廣要》卷三 薤音械。一名藠子，音叫。 氣味：辛、苦，溫，滑，無毒。白者補益，赤者療金瘡。孟詵曰：發熱病，不宜多食。三四月勿生食。大明曰：生食引涕唾。與牛肉同食，令人〔作〕癥瘕。按：此即古人所謂薤露，以其光滑難貯也。五月葉青即掘其實，煮食，糟藏，醋浸並宜。白樂天詩云酥暖薤白酒，謂以酥炒薤白投酒中也。又王禎《農書》云：〔野薤俗名天薤。生麥原中，葉似薤而小，味益辛，亦可供食，但不多有。即《爾雅》山薤是也。又按王禎云：〕薤生則氣辛，熟則甘美。種之不蠹，食之有益。故學道人資之，老人宜之。然道家以為五葷之一，而諸書不言其葷，何哉？

明・姚可成《食物本草》卷六菜部・葷辛類 薤音械。八月栽根，正月分蒔，宜肥壤。數株一本，則茂而根大。葉狀似韭。韭葉中實而扁，有劍脊；薤葉中空，似細葱葉而有稜，氣亦如葱。二月開紫白細花。根如小蒜，一本數顆，相依而生。五月葉青則掘之，否則肉不滿也。其根煮食、糟藏、醋浸皆宜。故《内則》云：切葱、薤實諸醯以柔之。白樂天詩云酥暖薤白酒，謂以酥炒薤白投酒中也。一種水晶葱，葱葉蒜根，與薤相似，不臭，亦其類也。又有一種野薤，俗名天薤。生麥原中，葉似薤而小，味益辛，亦可供食，但不多有，即《爾雅》山薤是也。 薤白，味辛、苦，溫，無毒。入手陽明經。主金瘡瘡敗。輕身，不飢耐老。歸骨，除寒熱，去水氣，溫中散結氣，利病人。諸瘡中風寒，水氣腫痛，搗塗之。煮食，耐寒，調中補不足，止久痢冷瀉，肥健人。治洩痢下重，能泄下焦陽明氣滯。治少陰病厥逆洩痢及胸痹刺痛，散血下氣，安胎。利産婦。治女人帶下赤白，骨鯁在咽不去者，食之即下。有赤、白二種，白者補益，赤者療金瘡。與蜜同擣塗湯火傷，效甚速。不可與牛肉同食，令人作癥瘕。安陸郭坦兄，得天行病後，遂能大餐，每日食至一斛。五年，家貧行乞。一日大飢，至一園，食薤一畦，大蒜一畦。便悶極臥地，吐一物如龍，漸漸縮小。有人撮飯於上，即消成水，而病尋瘳也。按此亦薤散結、蒜消癥之驗也。○薤葉光滑，露亦難貯。《千金》治肺氣喘急方中用之，亦取其滑泄之義。

附方：治卒中邪惡，奄忽而死，或平居寢臥魘死。以薤汁灌入鼻中，便甦。 治霍亂乾嘔，腹中大痛欲死。取薤一把，水三升，煎取一半服之，不過三次即已。 治奔豚氣痛。薤白搗汁飲之，大效。 治赤痢不止。薤同黄蘗煮汁服之，即愈。 治赤白痢下。薤白一握，同米煮粥，日食之。 治小兒疳痢。薤白生搗如泥，以粳米粉和蜜作餅，炙熟與食。 治産後諸痢。多煮薤白食，仍以羊脂同炒食之。 治胎動不安，腹内冷痛。薤白一升，當歸四兩，水五升，煮二升，分三服。 治諸魚骨鯁。薤白嚼柔，以繩繫中，吞到鯁處，引之即出。 治虎犬咬傷。薤白搗汁飲之，并塗之。日三次，瘥乃止。 治小兒誤吞錢物。薤白煮熟食之，即出。

明・顧逢柏《分部本草妙用》卷九菜部 薤 辛、苦，溫，滑，無毒。入手陽明經。同牛肉食，令人作癥瘕。白者補益，赤者療金瘡。 主治：歸腎，除寒熱，去水氣，止久痢，冷瀉下重。泄下焦陽明氣滯，散血安胎。心病宜之。利産婦，治赤白帶下，骨鯁，助陽道。 薤性溫補，白者最佳。長服可通神，安魄益氣，續筋骨，仙方食服須之。葉，治肺氣喘急，取其滑滯意。

明・孟笨《養生要括・菜部》 薤有赤白二種：白者，補而美；赤者，苦而無味。入手陽明經，宜去青留白，白冷而青熱也。多食發熱病。 薤白：味辛、苦，溫，滑，無毒。歸骨。除寒熱，去水氣，溫中，散結氣。煮食，耐寒，調中，補不足，止久痢冷瀉，肥健人。能洩下焦陽明氣滯，治胸痹刺痛，下氣散血，安胎。治女人帶下赤白，作羹食之。骨鯁在咽者，食之即下。與蜜同搗，塗湯火傷甚速。溫補助陽道。

明·鄭二陽《仁壽堂藥鏡》卷四　薤白薤本作䪥，音械。　氣溫，味苦、辛。無毒。　入手陽明經。　《本草》云：　主金瘡瘡敗，輕身不飢，耐老。除寒熱，去水氣，溫中散結，利病人。諸瘡中風寒水腫，以此塗之。下重者，氣滯也。四逆散加此，以泄氣滯。　《心》云：　治泄痢下重，下焦氣滯，泄滯氣。日華子云：　薤能止久痢、冷瀉。不可與牛肉同食，令人生癥瘕病。

明·施永圖《本草醫旨·食物類》卷二　薤即小蒜也。　味：　辛、苦，氣溫，入手陽明經，歸脾經，無毒。　主金瘡瘡敗，輕身不飢耐老，宜心歸骨，菜中之芝也。除寒熱，溫中消穀，主霍亂，腹中不安，散結痢，止久痢冷泄及婦人赤、白帶下，通神安魄，續筋骨。解骨鯁，食之即下。有赤白二種。白者味美而補，赤者苦而無味。又云，白色者雖有辛而不葷五臟。凡用薤宜去青留白，以白冷而青熱也。故斷赤痢，取薤白同黃蘗煮服，以其性冷而解毒也。又治霍亂乾嘔不息，煮汁服之。又搗生汁，治疥瘡及犬虎咬。又治產後諸痢并湯火傷。但發熱病，不宜多食。又不可與牛肉同食，令人作癥瘕也。○又與蜂蜜相反。○《千金方》：　治蛇蟲沙蝨咬毒，搗小蒜敷之即愈。

明·盧之頤《本草乘雅半偈》帙一一　薤《別錄》中品　氣味：　辛味，溫滑，無毒。　主治：　主金瘡瘡敗。輕身，不飢，耐老。歸骨除寒熱，去水氣，溫中，散結氣。作羹食，利病人。諸瘡中風寒水氣腫痛，搗塗之。　日華曰：　煮食耐寒，調中，補不足，止久利、冷瀉，肥健人。

覈曰：　薤，一名藠音叫子、莜音釣子、火葱、菜芝、鴻薈。生魯山平澤，所在亦有。八月栽根，正月分蒔，宜白輭良地。種法：　一本率七八支，支多者科輙圓大，故以七八為率。《爾雅》云：　䪥，鴻薈。即此是也。狀似韭，但韭葉中實而扁，有劍脊。薤葉中空而稍圓，有稜線，嗅如葱。三月作花，細碎，紫白色，不結實。《爾雅翼》云：　薤似韭而無實也。亦不甚葷，古禮脂用葱，膏用薤。膏，犬豕之屬；脂，羊牛麋鹿之類。蓋物各有所宜，故薤與牛肉同啖，令人癥瘕是矣。《少儀》云：　為君子擇葱薤，則絕其本末，有萎乾者也，麋鹿魚為泣，麕為辟雞，野豕為軒，兔為宛脾，切葱若薤以實之，醯以柔之。言此四物，其作之狀，以醋與葷菜淹之，悉皆濡熟，殺肉及腥。蓋雖葷物，廼能去腥，故古人不去而用之。第狼食之迷，虎啖之憒，鼠吞之毛落，狗嚼之反胃，獨與獸不相宜也。今圃人種薤者，每用大蒜置硫磺其中，久則種分為薤。薤有赤、白兩種：　赤者苦無味，白者肥且美，可供食饌，充藥用。閩人日作素蔬，飯僧供佛，交天祀神，非此不稱敬。別有一種，水晶葱，蒜根葱葉，與薤相似，其臭不臭，亦其類也。按王禎《農書》云：　野薤，俗名天蒜。生麥原中，似薤而小，味益辛，亦可供食，但不多有。《爾雅》所謂山薤者是矣。

条曰：　薤赤者，苦無味，主金瘡，療風水。薤白者肥甘，氣熗臭爽，充溢乎形氣之間，空可滿而滿可空，實可虛而虛可實也。傳云：　五葷鍊形，薤其一矣。夫物之英華之美者，莫如芝，如蓮曰水芝，芋曰土芝，蜜曰衆口芝，薤曰菜芝，蓋書之記務光翦薤，以入清冷之淵，今薤葉篆，傳者以為務光所作。杜甫詩云：　束比青芻色，圓齊玉筯頭，衰年關膈冷，味暖併無憂。王禎云：　生則辛踈，熟堪溫補，植之不蠹，嚼之有益，老者怡之，少者懷之，學道人資之，疾病人賴之。未豈狼餐虎噬，狗偷鼠竊，所能味其味哉。《齊諧志》有〔安〕陸郭〔坦〕之兄，罹天行疾後頗善啖，日食非(石)〔一〕斛不飽。經十載，致家貧行乞。一日飢極，遇圃有薤蒜者，各啖一畦，卒悶絕仆地，頃吐物如(籠)〔龍〕，漸大如牛馬，行人置粒飯于上，漸縮小，久消成水，已而病尋瘳也。顧此不唯癥瘕之可柔，飢瘡之可療，併可治中消，懲貪吏之腹矣。漢世太官圃，冬種葱薤菜茹，覆以屋廡，晝夜爇蘊以火，助其溫灟乃生。召信臣為少府，以為不時之物，食之傷人，不可以奉供養，奏罷之。又漢孔奮為姑臧長妻也，但食葱薤菜茭，而義熙中太常謝澹生，遣四人還家種葱菜，免官人之貪，其貪廉之不同如此。今人多不採用，獨《金匱》有薤白白酒湯，治胸痹。《卒病論》有薤白白飲，主少陰四逆，下利，後重。閉者使之通，洩者使之闔，樞機之用乎。

清·穆石匏《本草洞詮》卷七　薤　薤亦韭類。古人言薤露者，以其色滑難竚之義。道家以薤為五葷之一。而諸氏言雖辛不葷，其性溫補，服食家皆須之。氣味辛苦溫，無毒。主溫中，散結氣，助陽道，利產婦。骨骾在咽不去者，食之即下。能泄下焦陽明氣滯，故又治洩痢。《齊諧志》曰：　一人得天行病後，遂能大餐，每日食至一斛，五年家貧行乞，一日大飢，至一園食薤一畦，大蒜一畦，便悶極臥地，吐一物如籠，漸漸縮小，即消成水，而病尋瘳。此亦薤散結，蒜消癥之驗也。

清·丁其譽《壽世秘典》卷三　薤葉狀似韭，韭葉中實而扁，有劍脊；　薤葉中空似細葱葉而有稜，氣亦如葱。二月開細花紫白色，根如小蒜，一本數顆，相依而生，其根煮食、芼酒、糟藏、醋浸皆宜。有赤、白二種，白者補而美，赤者苦而無味。一種水晶葱，葱葉蒜根，與薤相似不臭，亦其類也。　氣味：辛、苦，溫，無毒。主溫中散結氣，止洩痢及胸脾刺痛，散血安胎，溫補，助陽道。　發明《日華本草》云：生食引涕唾，不可與牛肉同食，令人作癥瘕。

清·劉雲密《本草述》卷一五　薤音械。一名藠子音叫。　恭曰：薤是韭類，葉似韭而濶，多白而無實。有赤、白二種，白者補而美。〔赤〕苦而無味。

薤白：　氣味：辛、苦，温，滑，無毒。主治：温中散結氣，調中補不足，治胸痹刺痛，止久痢冷洩及洩痢下重，能治下焦陽明氣滯，並少陰病厥陰洩痢。與蜜同搗，塗湯火瘡甚速。

頌曰：與蓐婦飲易產，亦主脚氣。　宗奭曰：薤葉光滑，露亦難竚，古人言薤露者此也。《千金》治脚氣喘急方中用之，亦取其滑泄之義。　時珍曰：薤味辛氣温，諸家言其温補，而蘇頌《圖經》獨謂其冷補。按杜甫《薤詩》云：束比青芻色，圓齊玉筯頭。衰年關膈冷，味暖併無憂。亦言其温補，與《經》文相合。則冷補之説，蓋不然也。又按王禎云：薤生則氣辛，熟則甘美。種之不蠹，食之有益，故學道人資之，老人宜之。

附方　胸痹刺痛，張仲景栝樓薤白湯治胸痹痛徹心背，喘急咳唾，短氣，喉中燥癢，寸脈沉遲，關脈弦數，不治殺人。用栝樓實一枚，薤白半升，白酒七升，煮二升，分二服。　霍亂乾嘔不止者，以薤一虎口，以水三升，煮取一半，頓服，不過三作即已。　奔豚氣痛，薤白搗汁飲之。

愚按：薤以八月栽根，正月分種，二月開花，五月葉青則掘之，否則肉不滿也。是非稟金氣以生，乃醞釀水木生化之氣，至大火乃告成乎？故謂其溫中散結氣也是矣。又謂其調中補不足者，亦未盡妄。蓋由金水之含育，歸於木之達，火之成，則豈但以散結為功，而不能以調中補乏乎？故治胸痹，療冷泄及少陰厥陰洩痢下重，即霍乱乾嘔者可已，奔豚氣痛者可回，則其從上而下之用，當思從金水以至水火，乃為氣之畢暢，而仍返其所自始者，固非僅僅散結下氣之所能盡也。謂於老人最宜，則可以思其功矣。

清·朱本中《飲食須知·菜類》　薤　味辛、苦，性溫、滑。一名藠子。其葉似細葱，中空而有稜，其根如蒜。有赤、白二種，赤者味苦，白者生食辛、熟食香，發熱病不宜多食。三四月勿食生者，引涕唾，不可與牛肉同食，令人作癥瘕。一云，與蜂蜜相反。

清·何其言《養生食鑒》卷上　薤音械，即藠子，其葉類葱，而根如荇。藠，音翹，上聲。　味辛、苦，性溫、滑，無毒。祛風，助陽道，療金瘡，生肌肉，續筋骨，去水氣，泄大腸滯氣，安胎，利產婦。治久病赤白帶，作羹食良。骨（硬）〔鯁〕在咽不去者，食之即下。同蜜搗，塗湯火傷，甚效。但發熱并有火者，勿食。不可與牛肉同食。王頊云：薤生則氣辛，熟則甘美，種之不蠹，食之有益，故學道人資之，老人宜之。多食，亦能動火。

清·王翃《握靈本草》卷六　薤處處有之。葉似韭而闊，多白而無實，白者補。　主治：薤，辛、苦，溫，滑，無毒。治洩痢下重，泄下焦陽明氣滯，洩痢，胸痺，散血，安胎。

清·汪昂《本草備要》卷四　薤一名藠子，音叫。滑，利竅，助陽。　辛、苦，溫，滑。調中助陽，散血生肌，泄下焦大腸氣滯。治泄痢下重，王好古曰：下重者，氣滯也。四逆散加此以泄滯。按：後重亦有氣虛、血虛、火熱、風燥之不同。胸痺刺痛，仲景用栝蔞薤白白酒湯。肺氣喘急。安胎利產，塗湯火傷。和蜜搗用。《肘後方》：中惡卒死者，用薤汁灌鼻中，韭汁亦可。　葉似韭而中空，根如蒜。取白用。忌牛肉。其葉光滑，露亦難竚，故云薤露。

清·李熙和《醫經允中》卷二二　薤　入手陽明經。同牛〔肉〕食令人作癥瘕。　辛、苦，溫滑，無毒。主治調中補腎。白者補益，赤者療金瘡。去水氣，治久痢冷瀉，散血。心病宜食，利產婦，治赤白帶下，骨鯁，助陽道。　葉治肺氣喘急，取其滑滯也。

清·馮兆張《馮氏錦囊秘錄·雜症痘疹藥性主治合參》卷七　薤味辛，氣溫，無毒。　薤葉似韮，稍闊而光，根白者佳。同牛肉食成癥瘕。除寒熱調中，去水氣散結。久痢冷瀉，陽明氣滯。散血安胎，赤白帶下。風寒水腫，骨鯁喉間。赤者和蜜搗敷，金瘡即愈。

清·张璐《本經逢原》卷三　薤　辛、苦，溫，無毒。似韭而葉闊者是。黃帝云薤不可共牛肉作羹，食之成瘕。韭之氣味相類，功用亦相類，如無薤處，以韭代之。　《本經》治金瘡瘡敗，輕身不飢，耐老。　發明：薤白味辛氣溫，入手陽明。除寒熱，溫中去水，專泄氣滯。故四逆散加此，治泄利下重胸痹。薤白白酒湯專用以泄胸中痹氣也。《本經》治金瘡瘡敗，取辛以泄氣、溫以長肉也。弘景云，仙方及服食家皆須之。即《本經》輕身不飢耐老之謂。《金匱》諸瘡中，風寒水腫，生搗敷之。搗汁生飲，能吐胃中痰食蟲積，屢驗。

救卒死，搗汁灌鼻中效。薤葉治肺氣喘急，《千金方》用之，以薤善散結，蒜能消癥，各適其用也。

清・汪啟賢等《食物須知・諸菜》 薤　味辛、苦，氣溫，無毒。赤白殊種，家園多栽。白者，雖辛不葷；赤者，兼苦無味。其葉類韭，稍闊面光。古云薤露之言，以光滑難貯之義。治肺痿喘急，亦取滑泄而然，頗利病者。但少煮嘗，除寒熱，調中，去水氣，散結，耐寒止冷，多食防熱侵。

清・浦士貞《夕庵讀本草快編》卷三 薤《別錄》、藠子　薤本韭類，故字從韭。今人因其根白，呼為藠子。藠音叫。其葉光滑，故古人言薤露者，以其難佇之義。　薤性溫補，白者為良，乃手陽明藥也。故善能瘳泄痢而健中宮，益產婦而除崩帶。生則氣濁，熟則甘美，種之不蠹，服之資生。杜甫詩云：束比青芻色，圓齊玉筯頭。衰年關膈冷，味暖併無憂。是也。《內則》云：切葱薤，實宜醯以柔之。白樂天云：酥暖薤白酒。何重于古而棄于今耶？

清・張志聰、高世栻《本草崇原》卷中 薤白　氣味辛、苦，溫，滑，無毒。主治金瘡瘡敗，輕身，不飢，耐老。　薤處處有之，正月發苗，葉狀似韭，韭葉中實而扁，有劍脊，薤葉中空似細葱，而有棱，氣亦如葱。二月開細花紫白色，一莖一根，根如小蒜，葉青根白，入藥只用其根，故曰薤白，與韭白、葱白同一義也。根之色亦有微赤者，赤者苦而不辛，白者辛而不苦，入藥以白者為佳。　薤用在下之根，氣味辛溫，其性從下而上，主助生陽之氣上升者也。《金匱》胸痹證，有瓜蔞薤白白酒湯、瓜蔞薤白半夏湯，枳實薤白桂枝湯，皆取自下而上從陰出陽之義。金瘡瘡敗，則皮肌經脈虛寒。薤白辛溫，從內達外，故能治之，生陽上升，則輕身不飢耐老。

清・姚球《本草經解要》卷四 薤白　氣溫，味辛、苦，滑，無毒。主金瘡瘡敗，輕身不飢耐老。　薤白氣溫，稟天春和之木氣，入足厥陰肝經。味辛苦，滑，無毒，得地西南金火之味，而有潤澤之性，入手太陰肺經、手少陰心經。氣味升多於降，陽也。金瘡，氣虛則瘡口不合。氣溫可以益氣，所以主瘡敗也。氣溫達肝，肝氣條暢，則氣血日生，所以輕身。溫暖脾土，土健所以不飢。味辛潤血，血華所以耐老也。　製方：薤白同瓜蔞、白酒，治胸痹，心背痛。同瓜蔞、白酒、半夏，治胸痹不臥，心痛徹背。同枳實、桂枝、厚朴、瓜蔞，治胸痹胸滿、脇下逆搶心。

清・王子接《得宜本草・中品藥》 薤白　味辛、苦，溫。功專滑利散結。得栝樓、半夏治胸痺刺痛。

清・黃元御《長沙藥解》卷三 薤白　味辛，氣溫。入手太陰肺、手陽明大腸經。開胸痺而降逆，除後重而升陷。最消痞痛，善止滑泄。　《金匱》栝蔞薤白白酒湯，栝蔞薤白半夏湯二方在栝蔞，枳實薤白桂枝湯方在枳實，並用之治胸痺心痛，以其破壅而降逆也。　《傷寒》四逆散方在甘草，治少陰病，四逆，泄利下重者，加薤白三升，以其行滯而升陷也。　肺病則逆，濁氣不降，故胸膈痺塞；　腸病則陷，清氣不升，故肛門重墜。　薤白辛溫通暢，善散壅滯，辛金不至上壅，故痺者下達，而變沖和，庚金不至下滯，故重者上達，而化輕清。　其諸主治，斷泄痢，除帶下，安胎妊，散瘡瘍，療金瘡，下骨鯁，止氣痛，消咽腫，緣其條達凝鬱故也。

清・吳儀洛《本草從新》卷四 薤〔滑，利竅泄滑。〕一名藠子。　辛，苦，溫，滑。下氣調中，散血生肌，泄下焦大腸氣滯。治泄痢下重，好古曰：下重者，氣滯也，四逆散加此以泄滯。按：裏急後重，有氣虛血虛、火熱風燥之不同，宜隨證施治，勿專執一說。胸痺刺痛，肺氣喘急。取其滑泄。安胎和產。塗湯火傷。和蜜搗。滑利之品，無滯勿用。補虛之說，切勿信之，葉似韭而中空，其葉光滑，露亦難貯，故云薤露。根如蒜。取白用。

清・汪紱《醫林纂要探源》卷二 薤　甘，酸，辛，溫。似韭而葉闊，色白光滑，辛薰之氣則薄於韭。李時珍以藠當之，大誤也。藠葉方而中空，薤葉扁而闊，絕不相類。兌澤之氣，補肺而能瀉，行氣中之血，故利大腸，去大腸內之滯氣，而去其瘀，治泄痢後重。泄喘逆。斂安肺氣，而瀉其邪熱。療胸痺刺痛，胸中心肺所居，氣血之會也。酸以斂正，辛以去邪，故合栝蔞用之。忌蜜。古人用薤白近根處，則白非藠子也。　藠：甘，辛，苦，溫。似葱而色青，中空而外方，且長大於葱，根下成椎如蒜而色白，不分瓣，汁如涕而滑，古無所謂藠名，疑即小蒜也。搗汁，可塗治擊傷、火傷。多食昏氣昏目。忌蜜。以上皆葷菜，然俗以藠為素菜也。

清・嚴潔等《得配本草》卷五 薤　辛、苦，溫，滑。入手陽明經。調中助陽，散血生肌。泄大腸氣滯，消風寒水腫。配瓜蔞，治胸痺作痛。加白酒更好。配當歸，治胎動冷痛。佐川柏，治赤痢不止。和羊腎炒，治產後諸痢。與牛肉同食，成瘕。

題清・徐大椿《藥性切用》卷六 薤白　一名藠子。辛苦滑溫，散滯泄滿，為胸痺滯下喘藥。俗名小蒜。梗，主散滯通中。取白用。

清・黃宮繡《本草求真》卷四　薤通肺氣，利腸胃。　薤喘入肺、大腸，即藠子。亦動滑藥耳。故書皆載調中助陽，散血疏滯，定喘，安胎利產，及治湯火傷損。緣薤味辛則散，散則能使在上寒滯立消；味苦則降，降則能使在下寒滯立下；氣溫則散，散則能使在中寒滯立除；體滑則通，通則能使久痼寒滯立解。是以下痢可除，王好古曰：下重者氣滯也，四逆散加此以洩滯。瘀血可散，《本經》治金瘡瘡敗，取辛以洩氣，溫以長肉也。喘急可止，是風寒喘急，《千金方》用之。水腫可敷，是風寒水腫，生搗敷之，搗汁生飲。胸痺刺痛可愈，仲景用栝蔞薤白白酒湯。胎產可治，俱指寒滯而言。湯火及中惡卒死可救。湯火傷和蜜搗用。《肘後方》治中惡卒死，用薤汁灌鼻中，韭汁亦可。實通氣滑竅助陽佳品也。功用有類於韭，但韭則止入血行氣及補腎陽，此則喘通寒滯及兼滑竅之為異耳。取白用，忌牛肉。黃帝云：薤不可同牛肉作羹，食之成瘕。

清・李文培《食物小錄》卷上　薤音械，即藠子。　辛、苦，溫，滑，無毒。益目精，除肝中邪氣，溫中，散結氣。作羹食，利病人。煮食，耐寒，補虛，解毒，心病宜食之。

清・李文培《食物小錄》卷上　藠頭　性味功用與薤同。醋浸，陳者良。

清・羅國綱《羅氏會約醫鏡》卷一七菜部　薤味辛，氣溫，入肺大腸二經。調中助陽，散血生肌。泄大腸氣滯，治泄痢後重、此氣滯也，四逆散加薤以洩之。但後重亦有氣虛、血虛、火熱、風燥之不同。肺氣喘急，安胎利產。葉似韭而中空，根如蒜，取白用。忌牛肉。其葉光滑，露亦難竚，故云薤露。

清・黃凱鈞《藥籠小品》　薤白　辛溫而滑，下氣調中，治胸痺刺痛，肺氣喘急。滑利之品，無滯勿用。

清・章穆《調疾飲食辯》卷三　薤　《爾雅》曰：䪥，鴻薈。邢疏曰：一名菜芝。《綱目》誤混藠子為一。其葉似葱，中空無稜；根似小蒜，圓長。薤葉雖空而有三稜，全不似葱，且虬曲不能植立。色碧綠亦不似葱、藠之青。質極光滑，露難久竚，故輓歌曰薤露，喻人生之不久也。其根下子正圓如櫧子，白色亦不似藠子之圓長。又謂薤收子宜火烘，故又名火葱。不知宜火烘者，即是漢葱。漢者，熯之譌也。薤子不必火烘。王氏《農書》曰：薤生則辛散，熟則甘補。凡氣結中寒，胸痹刺痛，下焦冷滯，食薤宜帶生；中虛脾陽不足，食少難化，久痢，冷瀉，虛呃，宜煮極熟。《金匱》栝蔞薤白白酒湯、栝蔞實連皮、子一枚，薤白半升，白酒七升，煮二升。治胸痹痛徹心背，喘息欬唾，短氣，喉中燥癢，不治則死，此方甚驗。《千金》半夏薤白湯、治前症，薤白四兩，半夏一合，枳實半兩，生薑一兩，栝蔞實半枚連皮同搗爛，白截漿三升，煮一升。注：白截漿，酢漿也。蓋醋甕底之渾濁者。《肘後》薤白一味生搗汁飲，治奔豚冷氣。用其散也；范汪治產後冷痢，同羊腎煮食，用其補也。此外如《肘後》治中惡卒死，或先病，或本無病，寢寐奄忽而死，皆是中惡，生薤汁灌鼻中。《獨行方》治霍亂乾嘔：生薤一把，水煮，頓服。《心鏡》治赤白痢：薤同米煮粥，每日食。《拾遺》治血痢，薤同黃蘗煮汁飲，熱甚者宜黃連。《梅師方》治患瘡毒人早行沾被冷露，腫痛，身發寒戰，甚者殺人：薤白煨熟搗爛，敷瘡中，出水即愈。《聖惠方》治咽喉腫痛，薤白同醋搗敷。又治氣閉呃逆，一息一聲聞隔舍，水煮薤汁飲。然辛能助熱，且耗散真氣，凡內熱及陰虛者忌之。《圖經》乃云性冷，謬極矣。久食傷目，熱中。

山薤：《爾雅》曰：葝，山䪥。《農書》：野薤。吾鄉呼烏蒜。山居者亦採以供饌。生麥畦中，根、葉俱似薤。但薤無花，不結實。此物抽薹開細碎紫花，結小實，氣味似家薤。性宜亦略同，古方未經採用。

藠〔子〕：一名莜子。《綱目》誤以為薤，《圖經》誤以為蒜。其葉條直，不類薤之虬曲。根似葱，不似蒜，尤不似薤。葉老有筋，不堪食，惟根可醋浸、鹽醃食，故吾鄉呼藠頭。性亦頗利氣，但係生物，不宜多食。

清・張德裕《本草正義》卷下　薤白　辛，溫。苦滑。除寒熱，去水氣，散結氣，泄陽明氣滯，胸痺刺疼。亦能下氣散血。

清・楊時泰《本草述鉤元》卷一五　薤　韭類，一名藠音叫。子葉似韭而闊，多白而無實。有赤、白二種，白者補而美，赤者苦而無味。

薤白：味辛、苦，氣溫，性滑。溫中散結氣，調中補不足，治胸痺刺痛，止久痢冷洩及洩痢下重，能治下焦陽明氣滯，並少陰病厥逆洩痢。與蜜同搗，塗湯火瘡，甚速。與蓐婦飲，易產，亦主脚氣頌。薤生則氣辛，熟則甘美，種之不蠹，食之有益，故學道人資之，老人宜之王禎。《千金》治脚氣喘急方中用之，取其滑泄也宗奭。栝蔞薤白湯，治胸痺痛徹心背，喘急咳唾短氣，喉中燥癢，寸脉沉遲，關脉弦數，不治殺人。用栝蔞實一枚，薤白半升，白酒七升，煮二升，分二服。霍亂乾嘔不止者，以薤一虎口，水三升，煮取一半，頓服，三作即已。奔豚氣痛，薤白搗汁，飲之。

論：薤八月栽根，稟精氣以生，自正月分種，二月開花，五月葉青則掘之，否則肉不滿。釀水木生化之氣，至大火乃告成。是由金水之含育，歸於木之達，火之成，故能溫中散結下氣，而調中補乏，當亦有功。其自上而下之用，當思從金水以至木火，乃為氣之畢暢，而仍返其所自始，非尋常散結下氣之劑可比，故於老人最宜也。

清・葉桂《本草再新》卷六　薤味辛，苦，性溫，無毒。入心、脾二經。調中下氣，散血滑腸，治泄痢，胸痺氣喘，安胎和產。

清・吴其濬《植物名實圖考》卷三　薤《爾雅》作䪥，《禮記》作薤，俗皆從薤。薤，《本經》中品。《爾雅》：䪥，鴻薈。李時珍以為即藠子，開花如韭而色紫白，其根層層作皮，與蒜異。炒食或醋浸。江西、湖南極多，或云非薤也。老杜詩：衰年關鬲冷，味暖並無憂。蓋栝樓薤白湯、半夏薤白湯，皆治胸痺。《內則》膏用薤，又切葱若薤實，諸醢以柔之。今湖湘人炒食，醋浸，其亦猶行古之道也。薤美在白。《圖經》以為性冷，故食之留白，是殆不然。庚元規、溫太真同推陶侃為盟主，元規矯情，談宴啖薤留白，謬云可種。是時侃方慮朝廷猜疑，見元規舉止瑣屑，以為易與，故相稱嘆。豈真服其有為政之實耶？韓滉盛帳延賓，晚間詰責所費，為人所輕。舉大事者，安得猥碎？薤本相連，拔薤喻抑強宗。東坡詩：細思種薤五十本，大勝取禾三百廛。龔遂傳令人口種百本薤，蓋取屬對耳。香山詩：酥暖薤白酒。或謂以酥炒薤白投酒中，此味吾所不解。

清・趙其光《本草求原》卷一五菜部　薤白俗作藠子。辛、苦，溫，滑。溫中助陽，祛風，散結下氣。治胸痹刺痛，仲景有栝蔞薤白白酒湯。泄下焦大腸氣滯，生肌續筋骨。治冷泄、瀉痢下重、氣滯所致，四逆散加此。腳氣、喘急，安胎，易產。皆滑泄之功。奔豚氣痛，搗汁飲。霍亂乾嘔。煮濃頓服。救卒死，生汁滴鼻中，韭汁亦可。赤痢，同黃柏煎汁。吐胃中痰食蟲積，關隔，搗汁生飲。塗湯火瘡，和蜜搗。金瘡、瘡敗。辛泄氣散血，溫長肉。葉，光滑，露亦不貯。治肺氣喘急。忌牛肉。同食令人作癥瘕。八月栽根，五月掘種，含金水之精，歸於木之達火之成，故能暢金氣以歸於下。

清・文晟《新編六書》卷六《藥性摘錄》　薤即藠。(古)辛而微苦。通肺氣，利腸胃，散血疏滯，定喘安胎，利產。○治下痢後重，風寒喘急，胸(脾)〔痹〕刺痛，消上中下久痼寒滯。○生搗，敷水腫。和蜜搗，敷湯火傷。○以汁灌鼻，救卒死。韭汁亦可。○取白用。忌牛肉。

薤即藠子。味辛苦，性溫滑。除風，助陽道，去水氣，泄大腸滯氣，安胎利產。婦久病赤白帶，作羹食良。骨哽在咽，食之即下。○同蜜搗，塗湯火傷甚効。但發熱有火者，勿食。不可與牛肉同食。並見藥部溫散。

清・張仁錫《藥性蒙求・菜部》　薤白頭八分　薤白辛溫，下氣調中。胸中痺痛，氣滯能鬆。滑利之品，無滯者勿用。心痛宜食，大利產婦。

清・王孟英《隨息居飲食譜・蔬食類》　薤　辛，溫。散結定痛，寬胸，止帶安胎，活血，治痢。多食發熱。忌與韭同。　奔豚氣痛，擣薤汁服。赤白痢、產後痢、小兒疳痢，薤白和米煮粥食。湯火傷，薤白和蜜杵，塗。

清・劉善述、劉士季《草木便方》卷二穀糧豆菜部　苦藠　苦藠辛苦解暑毒，胸腹刺痛中惡服。泄痢下重熱毒退，安胎利產湯火塗。

和事菜　火葱辛溫除傷風，頭目風痛鼻塞通。消乳癰腫安生胎，解中魚肉風狗工。芤菜。

清・田綿淮《本草省常・菜性類》　薤　一名火葱，一名藠子，一名莜子，一名鴻薈，一名菜芝。性溫。生食多涕唾，宜熟食。下氣散血，利竅助陽。多食動邪火。同牛肉食成瘕症，同蜜食殺人。藠，伊烏切。

清・戴葆元《本草綱目易知錄》卷三　薤白藠子　辛、苦，溫，滑。下氣散血，補虛調中，安胎解毒，散結氣，除寒熱，歸骨，溫補助陽道。治胸痺刺痛，肺氣喘急，奔豚氣痛，霍亂乾嘔。療少陰病厥逆瀉痢，能瀉下焦陽明氣滯下重。止久痢，去水氣，利產婦，心病宜食之；女人帶下赤白，作羹食之；諸骨鯁咽，煮食則下。與蜜同擣，塗湯火灼傷。和醋擣泥，傅咽喉腫痛。勿同牛肉食，令人作癥瘕。

清・黃光霽《本草衍句》　薤白辛、苦，溫，滑。溫中助陽，滑痢散結。調中下之氣，行氣中之血。肺氣喘急，上除胸痺刺疼。瀉痢後重，下泄大腸氣滯。帶下赤白，可塗湯火金瘡。和蜜搗塗。利產安胎，能除水腫寒熱。胸痺刺痛，張仲景栝蔞薤白湯治胸痺痛徹心背，喘息咳吐短氣，喉中燥痒，寸脈沉遲，關脈弦數，不治殺人。用栝蔞實一枚，薤白半斤，白酒煎服。《千金方》治胸痺半夏薤白湯，用薤白四兩，半夏、枳實、生栝蔞實，截白漿煎服。　奔豚氣痛，薤白搗汁飲之。　赤白痢下，薤白一握，同米煮粥食之。　妊娠胎動，腹內冷痛，薤白一升，當歸四兩，煎服。

清・陳其瑞《本草撮要》卷四　薤白　味苦辛，溫，入手太陰、陽明經。

功專散，滑利散結。得栝蔞、半夏治胸痹刺痛。若中惡猝死，即擣汁灌鼻中。奔豚氣痛，擣汁飲神效。忌牛肉。

清・吴汝紀《每日食物却病考》卷上　薤　味、苦，溫，無毒。主金瘡，除寒熱，去水氣，溫中，散結氣，調中，補不足，治洩痢。有赤、白二種，白者補益，赤者療金瘡。與蜜同搗，治湯火傷。但發熱病不宜多食。葉狀似韭而中空，如細葱而有稜，根如小蒜，一本數顆相依而生。又一種野薤，差小，味益辛，生原野中，即山薤也。

清・仲昴庭《本草崇原集説》卷中　薤白　【略】〔批〕草木頭生下，下得地氣，上得天氣，薤白，薤之頭也，生陽之氣從下而上故云然。

清・鄭奮揚著，曹炳章注《增訂偽藥條辨》卷二　薤白　薤白氣味辛溫，無毒。根如小蒜，色白者辛而不苦。近有以鬼蒜偽充，擘開無瓣。噫！薤白為處處皆有之藥，值亦甚賤，胡昧良者，偏以偽亂真乎？　炳章按：薤白各處皆產。生土墳上，即俗謂素葱之根。葉如細韭菜，色綠空心，根如小蒜頭，若採時去鬚莖，蒸熟晒乾，則質堅緊，不致脱皮，且晒之易燥。若生晒則質鬆，層層脱皮，且不易乾燥。故近今皆用蒸晒者多，惟偽者少見。

清・周巖《本草思辨録》卷三　薤白　藥之辛溫而滑澤者，惟薤白為然。最能通胸中之陽與散大腸之結。故仲聖治胸痹用薤白，治泄利下重亦用薤白。但胸痹為陽微，痢則有冷有熱，第藉以疏利壅滯，故《外臺》於冷痢熱痢，皆有治以薤白者。

柴韭

明・朱橚《救荒本草》卷下之後　柴韭　生荒野中。苗葉形狀如韭，但葉圓細而瘦，葉中攛葶，開花如韭花狀，粉紫色。苗葉味辛。　救飢：採苗葉煠熟，水浸淘淨，油鹽調食。生醃食亦可。

野韭

明・朱橚《救荒本草》卷下之後　野韭　生荒野中。形狀如韭，苗葉極細弱，葉圓，比柴韭又細小，葉中攛葶，開小粉紫花，似韭花狀。苗葉味辛。救飢：採苗葉煠熟，油鹽調食。生醃食亦可。

背韭

明・朱橚《救荒本草》卷下之後　背韭　生輝縣太行山山野中。葉頗似韭菜而甚寬大，根似葱根。味辣。　救飢：採苗葉煠熟，油鹽調食。生醃食亦可。

山薤

清・吴其濬《植物名實圖考》卷三　山薤　《爾雅》：葝，山韰。《本草拾遺》有蓼蕎。李時珍以為即山薤。今湖南山中亦有之。葝山何在，羅願所訶？《農書》亦云天薤不多有，蓋白薤負霜久，非魯衛之《詩》，雖有稆菜，亦與菟葵、燕麥搖動春風耳。湘人呼曰野藠頭，唯其有之。是以識之。《思州府志》：薤，俗名藠頭，小者名苦藠，大者名鵝腿藠，山薤或即苦藠。《救荒本草》謂之柴韭，山西亦呼野韭。

蓼蕎

宋・唐慎微《證類本草》卷六草部上品〔唐・陳藏器《本草拾遺》〕　蓼蕎　味辛，溫，無毒。主霍亂，腹冷脹滿，冷氣攻擊腹內不調，産後血攻，胸脇刺痛。煮服之，亦食其苗如葱韭。亦擣傅蛇咬瘡。生高原，如小蒜而長。産後作羹，食之良。

明・李時珍《本草綱目》卷二六菜部・葷菜類　蓼蕎時珍曰：此亦山薤之類，方名不同耳。

葫

唐・孫思邈《千金要方》卷二六《食治・菜蔬》　葫　味辛，溫，有毒，辛歸五藏。散癰疽，治䘌瘡，除風邪，殺蠱毒氣。獨子者最良。黄帝云：生葫合青魚鮓食之，令人腹内生瘡，腸中腫，又成疝瘕。多食生葫，行房傷肝氣，令人面無色。四月、八月勿食葫，傷人神，損膽氣，令人喘悸，脇肋氣急，口味多爽。

附：日・丹波康賴《醫心方》卷三〇　葫　《本草》云：味辛，溫，有毒。散癰腫䘌瘡，除風邪，殺毒氣。獨子者亦佳。歸五藏，久食傷人，損目明。陶注云：葫為大蒜，蒜為小蒜，俗人作齏，以噉膾肉，損性伐命，莫此之甚。《拾遺》云：葫，大蒜，去水惡瘴氣，除風濕，破冷氣。爛痃癖，伏邪惡，宣通溫補，無已加之。初食不利目，多食却明，使毛髮白。合皮截却兩頭吞之名為内灸。崔禹〔錫〕云：味辛韰，大溫。殺鬼毒諸氣。云獨子者曰葫，少者如百合，片者曰蒜。以作齏，合蟲、魚、肉、鳥食之為快味。或云久食損性伐命者，今常噉之無有損，是事為不可信耳。但服藥曰慎辟之。馬琬云：不益藥性，若直爾噉之，亦應通氣。《千金方》云：多食生葫，行房傷肝氣，令人面色無。

宋・唐慎微《證類本草》卷二九菜部下品〔《别錄》〕　葫蒜也：　味辛，溫，有毒。　主散癰腫䘌瘡，除風邪，殺毒氣。　獨子者亦佳。　歸五藏。　久食傷人，損目明。　五月五日採。

〔梁・陶弘景《本草經集注》〕云：　今人謂葫爲大蒜，謂蒜爲小蒜，以其氣類相似也。性最熏臭，不可食。俗人作虀以噉鱠肉，損性伐命，莫此之甚。此物惟生食，不中煮，以合青魚鮓食，令人發黃。取其條上子，初種之，成獨子葫，明年則復其本也。

〔唐・蘇敬《唐本草》〕注云：　此物煮爲羹臛，極俊美，熏氣亦微。下氣，消穀，除風，破冷，足爲饌中之俊。而注云不中煮，自當是未經試爾。

〔宋・馬志《開寶本草》〕按：　陳藏器《本草》云：　大蒜，去水惡瘴氣，除風濕，破冷氣，爛痃癖，伏邪惡，宣通溫補，無以加之。初食不利目，多食却明，久食令人血清，使毛髮白，療瘡癬。生食去蛇、蟲、溪、蠱等毒。昔患痃癖者，嘗夢人教每日食三顆大蒜，初時依夢，遂至瞑眩，口中吐逆，下部如火，後有人教令取數片合皮，截却兩頭吞之，名爲内灸，依此大效。又魚骨鯁不出，以蒜内鼻中即出。獨顆者殺鬼，去痛，入用最良。

〔宋・掌禹錫《嘉祐本草》〕按：　《蜀本圖經》云：　大蒜，今出梁州者最美而少辛，大者徑二寸；　涇陽者皮赤甚辣，其餘並相似也。孟詵云：　蒜，久服損眼傷肝。治蛇咬瘡，取蒜去皮一升，擣，以小便一升，煮三四沸，通人，即入漬損處，從夕至暮。初被咬未腫，速嚼蒜封之，六七易。又，蒜一升去皮，以乳二升，煮使爛。空腹頓服之，隨後飯壓之。明日依前進服，下一切冷毒風氣。又，獨頭者一枚，和雄黃、杏人研爲丸，空腹飲下三丸，靜坐少時，患鬼氣者當汗出，即差。日華子云：　蒜，建脾，治腎氣，止霍亂轉筋，腹痛，除邪，辟溫，去蠱毒，療勞瘧，冷風，痃癖，溫疫氣，傳風拍冷痛，蛇蟲傷，惡瘡疥，溪毒，沙蝨，並擣貼之，熟醋浸之，經年者良。

〔宋・蘇頌《本草圖經》〕曰：　葫，大蒜也。舊不著所出州土，今處處有之，人家園圃所蒔也。每頭六七瓣，初種一瓣，當年便成獨子葫，至明年則復其本矣。然其花中有實，亦葫瓣狀而極小，亦可種之。五月五日採。謹按《本經》云：　主散癰腫。李絳《兵部手集方》：　療毒瘡腫，號叫卧不得，人不别者。取獨頭蒜兩顆，細擣，以油麻和，厚傅瘡上，乾即易之。頃年，盧坦侍郎任東畿尉，肩上瘡作，連心痛悶，用此便差。後李僕射患腦癰，久不差，盧與此方便愈。絳得此方，傳救數人，無不神效。葛洪《肘後方》灸背腫令消法云：　取獨顆蒜，横截厚一分，安腫頭上，炷艾如梧桐子，灸蒜上百壯，不覺消，數數灸，惟多爲善，勿令大熱，若覺痛即擎起蒜，蒜焦更換用新者，勿令損皮肉，如有體幹不須灸。洪嘗苦小腹下患一大腫，灸之亦差。每用灸人，無不立效。又今江寧府紫極宫刻石記其法云：　但是發背及癰疽、惡瘡、腫核等，皆灸之。其法與此略同，其小别者，乃云初覺皮肉間有異，知是必作瘡者。切大蒜如銅錢厚片，安腫處灸之，不計壯數。其人被苦初覺痛者，以痛定爲準；初不覺痛者，灸至極痛而止。前後用此法救人，無不應者。若是疣贅之類，亦如此灸之，便成痂自脱，其效如神。乃知方書之載無空言，但患人不能以意詳之，故不得盡應耳。

〔宋・唐慎微《證類本草》〕《食療》：　除風，殺蟲。《外臺秘要》：　治牙齒疼痛，獨頭蒜煨之，乘熱截，用頭以熨痛上，轉易之。亦主蟲痛。又方：　關格脹滿，大小便不通。獨頭蒜燒熟去皮，綿裹納下部，氣立通。又方：　治金瘡中風，角弓反張。取蒜一大升，破去心，無灰酒四升，煮令極爛，并滓服一大升已來。須臾得汗則差。《千金方》：　治暴痢，擣蒜兩足下貼之。又方：　治血出，逆心煩悶，心痛。生蒜擣汁，服二升則差。《葛氏方》：　丹者，惡毒之瘡。五色無常，又發足踝者，擣蒜厚傅之，乾即易之。《梅師方》：　若腹滿，不能服藥導之方：　取獨顆蒜，煨令熟去皮，綿裹内下部中，冷即易。又方：　治蜈蚣咬人痛不止。獨頭蒜摩螫處，痛止。又方：　治射工毒。以獨頭蒜切之，厚三分已來，貼瘡上，灸之蒜上，令熱氣射入，差。又方：　治蛇虺螫人。以獨頭蒜、酸草擣絞，傅所咬處。《孫真人食忌》：　正月之節食五辛以辟厲氣，一曰蒜。又，食多白髮早。《食醫心鏡》：　蒜虀著鹽醬，擣食之。蒜苗作羹，煮食並得。主下氣，溫中，消穀。黄帝云：　合青魚鮓食之，令人腹内生瘡，腸中腫，又成疝瘕。多食生蒜傷肝氣，令人面無顔色。四、八月勿食生蒜，傷人神，損膽氣。《簡要濟衆》：　治鼻血不止，服藥不應。宜用蒜一枚，去皮細研如泥，攤一餅子如錢大，厚一豆許，左鼻血出，貼左脚心；　右鼻血出，貼右脚心；　如兩鼻血出，即貼兩脚下，立差。血止，急以溫水洗脚心。《子母秘録》：　治産後中風，角弓反張，不語。大蒜三十瓣，以水三升，煮取一升，拗口灌之，差。又方：　小兒白禿瘡，凡頭上團團然白色，以蒜揩白處，早朝使之。後魏李道念，褚澄視之曰：　公有重病。答曰：　舊有冷痰，今五年矣。澄診之曰：　非冷非熱，當時食白瀹雞子過多。令取蒜一頭煮之，服藥乃吐一物如升，涎唾裹之，開看乃雞雛，翅羽爪頭具全。澄曰：　未盡。更服藥，再吐十三頭。又華佗行道，見車載一人病咽塞，食不下，呻吟。佗曰：　餅店家蒜虀，大酢三升飲之，當自痊。果吐大蛇一枚而愈。

宋・寇宗奭《本草衍義》卷一九　葫　大蒜也，其氣極葷，然置臭肉中，掩臭氣。中暑毒人，爛嚼三兩瓣，以溫水送之下咽，即知。仍禁飲冷水。又患暴下血，以葫五七枚，去梗皮，量多少入豆豉，擣爲膏，可丸，即丸梧子大，以米飲下五六十丸，無不愈者。又鼻衄，爛研一顆，塗兩足心下，纔止便拭去。又將紫皮者，横切作片子，厚一分，初患瘡發於背脇間未辨癰疽者，若陽滯於陰，即爲癰；　陰滯於陽，即爲疽。癰即皮光赤，疽即皮肉紋起不澤。並以葫片覆之，用艾灸。如已痛，灸至不痛；　如不痛，灸至痛；　初覺，即便灸，無不效者。仍審度正於中心貼葫灸之。世人往往不悟此瘡，初見其瘡小，不肯灸，惜哉。

宋・鄭樵《通志》卷七五《昆蟲草木略》　葫　大蒜也。蒜，小蒜也。小蒜，一名薍子。

宋・高文虎《蓼花洲閑錄》　治惡瘡，用蒜泥作餅疾上灸，不痛者灸痛即止，痛者灸不痛止。

宋・王介《履巉巖本草》卷下　大蒜　味辛，溫，有毒。主散癰腫䘌瘡，除風邪，殺毒氣。獨子者亦佳。歸五藏，久食傷人損目。建脾，治腎氣，止霍亂吐瀉腹痛，除邪辟溫，去蠱毒，療勞瘧，冷風痃癖，瘟疫氣。治鼻血不止，搗作餅子，左鼻血出貼左脚心，或右鼻血出貼右脚心，如兩鼻出，貼兩脚心。纔止，即以溫水洗去。

宋・陳衍《寶慶本草折衷》卷二〇　葫入平胃散法及蒜餅法續附。　一名大蒜。又云：一名葷菜。○葷，呼云切。生梁州，及涇陽。今處處園圃所蒔有之。○又云：生雲夢。○五月採。艾氏云：三月戒用之。○忌鱠肉及青魚鮓。○又與醋相宜。

味辛，溫，有毒。○主散癰腫䘌瘡，除風邪，殺毒氣。獨子者亦佳。歸五藏，久食損目。○陶隱居云：作齏以噉鱠肉，損伐之甚。以合青魚鮓食，令人發黄。○《唐本》註云：下氣，消穀，破冷。○陳藏器云：去水惡瘴氣，痃癖，宣通，溫補。○《蜀本》云：梁州者最美而大。○孟詵云：治蛇咬，取去皮擣，以小便煮，漬損處。初咬未腫，速嚼封之。又和雄黄、杏人研丸，下鬼氣，當汗出即差。○日華子云：建脾，治腎氣，止霍亂轉筋，腹痛，辟溫，去蠱毒，療勞瘧、溪毒、沙蝨。○《圖經》曰：每頭六七瓣，初種壹瓣，便成獨子葫，至明年則復其本矣。療毒瘡腫，細擣，以麻油和，厚傅，乾即易。又發背癰疽，惡瘡腫核，初覺有者，切大蒜如錢厚片，安腫處灸，不計壯數。其初痛者，以痛定為準；初不覺痛者，灸至極痛而止。若疣贅之類，亦如此灸，成痂自脫。○《子母秘錄》：治產後中風，角弓反張，不語。大蒜以水煮，灌之良。○寇氏曰：中暑毒人。爛嚼叁兩瓣，溫水下，仍禁冷水。又患暴下血，以葫去皮，量多少入豆豉，擣丸梧子大，米飲下伍陸拾丸。又鼻衄，爛研壹顆，塗兩足心，纔止便拭去。又將紫皮者横切片，厚壹分。初患瘡發於背脇間，未辨癰疽者，若陽滯於陰，即為癰；陰滯於陽，即為疽。癰即皮光赤；疽則皮肉紋起不澤。以葫片覆，審度正於中心，貼葫灸之。按《三因方》云：凡初發背，欲結未結，赤熱腫痛者，以濕紙覆其上，立候，視紙先乾處，即是結癰疽頭，早灸為上，遲則小有效也。

續說云：諸書言癰疽新發，覆大蒜片以灸者，蓋以大蒜之能通氣，亦除惡氣也。而姚耆寅論此灸法，可施於貴勝不能忍艾火者爾。初覺勢輕，固亦可用。如其赤黑勢盛，急欲皮破泄毒，正當灸其患處。若憑蒜力難矣哉。又《資生經》謂消渴至百餘日，最忌灼艾，則瘡漏變成癰疽。凡渴後發癰疽者，不可行灸，當别施治也。或滑瀉寒瘧，以大蒜去皮醋煮熟，功饒而臭泯。與《局方》平胃散合研得所，元如梧桐子大，每服伍陸拾元，食前米飲咽下。至於虛憊痼冷，霍亂吐瀉，并陰證傷寒，氣脱厥逆，口噤脉沉者，爛擣大蒜炒熱，貼兩足心，仍團作厚餅貼之，於臍用熨斗置火熨其餅，則熱氣透內，即得回陽逐陰。繼進暖藥，勝於葱餅也。

元・尚從善《本草元命苞》卷九　葫　為大蒜。辛，溫，有毒。散癰腫䘌瘡，除冷風痃癖。去水惡瘴氣邪，療蟲蛇蠱毒患。健脾胃消食，止霍亂轉筋。辟溫疫勞瘧，治腹痛殺蟲。初食不利目，多餌則目明。久服血清，毛髮早白。煨熱，熨齒痛。生揩，去禿瘡。其四八月食之傷神。（狗膽）合青魚鮓餌之，腹內生瘡。獨顆殺鬼去痛。立春服食辟溫。五月五採取，用決病如神。

元・吴瑞《日用本草》卷七　葫　大蒜也。園中以蒜種蒔成。蒜子種名獨蒜，五月五收之。　味辛，溫，有小毒。其氣性薫臭。和臭肉中食，掩臭氣。不可久食，損目明。　主散癰腫䘌瘡，健脾胃，消穀食，止霍亂吐瀉腹痛，除勞瘧痃癖。中暑毒人爛嚼三兩瓣，以溫水送下。癰疽並用獨蒜，切片，灸之三炷一換。初灸痛，灸至不痛住，不痛灸至痛住。鼻衄不止，左鼻出，用蒜研塗左足心；右鼻出，塗右足心；兩鼻出，塗兩足心。

元・朱震亨《本草衍義補遺》　大蒜　性熱喜散，善化肉，故人喜食。屬火，多用於暑月，其傷脾傷氣之禍，積久自見。化肉之功，不足言也。有志養生者，宜自知之。○久食傷肝氣，損目，令人面無顏色。

元・徐彥純《本草發揮》卷三　大蒜　丹溪云：大蒜，屬火，性熱，喜散。善化肉，故食肉者喜用之。多在暑月，其傷氣之禍，積久自見，化肉之功，不足言也。有志於養生者，宜自思之。

明・蘭茂撰，清・管暄校補《滇南本草》卷下　大蒜　性溫，味辛，有小毒。祛寒痰，久吃生痰動火。興陽道，泄精。少用健胃，消穀食，化肉食，解水毒。按：大蒜，胃中有痰積食之，令人肚腹疼，嘔吐，氣脹。有胃氣疼者，忌食，食之發胃氣疼。咳嗽忌食。有背寒面寒者，忌食。久食令人昏神，昏眼目，動肝氣。多食傷脾。

明・蘭茂撰，清・管暄校補《滇南本草》卷中 大蒜通治 一切無名腫毒初起，用蒜塗。痢疾，用陳石灰，和蒜杵為丸，米湯下。心痛，用獨蒜五個，入黃丹二兩，于端午日同杵為丸，臨用以醋磨下。關隔，大小便不通，用大獨蒜一個，燒熟，去皮，棉包納穀道中。

明・蘭茂《滇南本草》〔叢本〕卷下 大蒜 按：大蒜，胃中有痰積吃之，發胃氣痛，肚腹疼，嘔吐，氣脹。有氣疼者，咳嗽者，面寒背寒者，忌之。以上三者勿吃，吃之令人昏神昏目，發動肝氣，多吃傷肺。

明・王綸《本草集要》卷五 葫大蒜也。 味辛，氣溫。屬火。有毒。獨子者入藥佳。五月五日採。 主散癰腫䘌瘡，除風邪，殺毒氣，健胃，善化肉，破冷氣，爛痃癖，辟溫疫氣瘴氣，蠱毒、蛇蟲溪毒。治中暑毒，霍亂轉筋腹痛，爛嚼，溫水送之。又鼻衄不止，爛搗，塗脚心，止即拭去。醋浸之，經年者良。此物氣極葷，煮為羹臛，極俊美，熏氣亦微，下氣溫中，消穀。生食久食，傷肝氣，損目明，又傷肺傷脾，引痰，宜戒之。癰疽發背，惡瘡腫核初發，取紫皮獨頭蒜，橫切作片子，厚一分，貼腫頭中心，炷艾如梧桐子，灸蒜上，勿令大熱，若覺痛即擎起蒜，蒜焦更用新者，如已痛者灸至不痛，不痛者灸至痛，以多為善，無不效者。疣贅之類，亦依此灸。

明・滕弘《神農本經會通》卷五 葫 大蒜也。獨子者入藥佳。五月五日採。 味辛，氣溫，有毒。《畫》云：散癰腫，治䘌瘡，除風熱，殺毒氣。久食傷目損明。

《本經》云：主散癰腫䘌瘡，除風邪，殺毒氣。獨子者亦佳。歸五臟。久食傷人，損目明。陶云：俗人作齏以噉鱠肉，損性伐命，莫此之甚。《唐本》注云：此物煮為羹臛，極俊美，熏氣亦微。下氣消穀，除風破冷，足為饌中之俊。陳藏器云：去水惡瘴氣，除風濕，破冷氣，爛痃癖，伏邪惡，宣通溫補，療瘡癬。生食去蛇蟲、溪蠱等毒。又魚骨鯁不出，以蒜內鼻中，即出。獨顆者，殺鬼，去痛，入用最良。孟詵云：久服損眼傷肝。治蛇咬瘡，冷毒風氣。日華子云：健脾，治腎氣，止霍亂，轉筋，腹痛，除邪辟溫，去蠱毒，療勞瘧，冷風痃癖，溫疫氣。傳風拍冷痛，蛇蟲傷，惡瘡疥，溪毒、沙蝨，并擣貼之。《手集方》：療熟醋浸之，經年者良。《圖經》云：按《本經》云，主散療腫。《手集方》：療毒瘡腫號叫，臥不得，人不別者，取獨頭蒜兩顆，細擣，以油和麻厚傅瘡上，乾即易之。又肩上瘡作，連心痛悶，用此便差。《肘後方》灸背腫令消，法云：取獨顆蒜，橫截厚一分，安腫頭上，炷艾如梧桐子，灸蒜上百壯，不覺消，數數灸，惟多為善，勿令大熱。若覺痛，即擎起蒜，蒜焦更換用新者，勿令損皮肉，如有體幹不須灸。又發背及癰疽惡瘡腫核等，皆灸之，其法與此略同。其小別者，乃云初覺皮肉間有異，知是必作瘡者，切大蒜如錢厚片，安腫處，灸之，不計壯數。其人被苦初覺痛者，以痛定為準。初不覺痛者，灸至極痛而止。若是疣贅之類，其効如神。丹溪云：性熱喜散，善化肉，故人喜食。屬火，多用於暑月，其傷脾傷肺之禍，積久自見。化肉之功，不足言也。有志養生者，宜自知之。又久食傷肝氣，損目，令人面無顏色。

明・劉文泰《本草品彙精要》卷四〇 葫有毒。 叢生。

葫：主散癰腫，䘌瘡，除風邪，殺毒氣。獨子者亦佳，歸五臟，久食傷人，損目明。名醫所錄。 【名】大蒜。 【苗】謹按：葫，乃大蒜也，八月佈種於熟地，數日生葉，如蒲而短輭，經冬不凋，至三四月抽苗，長尺餘，人以淹藏食之。花生莖端，結實作瓣，亦似葫狀而極小，亦可種之。其近根者，俗呼爲蒜頭，有六七瓣，惟獨頭者入藥爲勝。【地】《圖經》曰：舊不著所出州土，今處處皆有之。 【時】生：春生新葉。採：五月五日取。 【收】日乾。

【用】獨根子者佳。 【色】白。 【味】辛。 【性】溫。 【氣】氣之厚者，陽也。 【臭】臭。 【主】除邪辟穢，溫中消食。 【治】療：《圖經》曰：發背及癰疽、惡瘡、腫核等，若初覺皮肉間有異，知是必作瘡者，切大蒜如銅錢厚片，安腫處灸之，不計壯數。其人被苦初覺痛者，以痛定爲准；初不覺痛者，灸至極痛而止。若是疣贅，亦如此灸之，便成痂自脫，其效如神。《唐本》注云：下氣，消穀，除風，破冷。日華子云：健脾，治腎氣，止霍亂轉筋，腹痛，除邪辟溫，去蠱毒，療勞瘧，冷風，痃癖，溫疫氣，傳風拍冷痛，蛇蟲傷，惡瘡疥，溪毒，沙蝨，並擣貼之。陳藏器云：去水惡瘴氣，除風濕，破冷氣，爛痃癖，伏邪惡。又魚骨鯁不出，以蒜內鼻中即出。《食療》云：除風，殺蟲。《別錄》云：牙齒疼痛，用獨頭蒜煨，乘熱截以熨痛上，冷易之，亦主蟲痛。又關格脹滿，大小便不通，獨頭蒜燒熟去皮，綿裹內下部，氣立通。又暴痢，擣蒜兩足下貼之。又血氣逆心煩悶痛，生擣汁，服二升即差。又丹毒惡瘡，五色無常及發足踝者，擣蒜厚傅，乾則易之。又腹滿不能服藥，取獨顆蒜煨令熟，去皮，綿裹內下部中導之，冷則易。又蜈蚣咬人痛不止，獨蒜摩螫處即止。又鼻血不止，服藥不應，宜用獨蒜一枚，去皮，細研如泥，攤一餅子如錢大，厚一豆許，左鼻血出貼左脚心，右鼻血出貼右脚心，如兩鼻出即貼兩脚心，立瘥。血止，急以溫水洗去。〔合治〕蒜去皮一升擣，合小便一升，煮三四沸，通手漬蛇咬瘡，從旦至暮。及初被咬未腫者，速嚼蒜封之，六七易，差。○蒜一升去皮，合乳二升，煮使爛，空腹頓服，隨後用飯壓之，明日依前進服，下一切冷毒風氣。○獨頭蒜一枚，合雄黃杏仁研爲丸，空心飲下三丸，靜坐少時，患鬼氣者，當汗出即差。○獨頭蒜兩顆，細擣，合油麻和厚傅瘡上，乾則易之，療癰腫毒瘡，〔號〕叫臥不得，人不別者，此方神效。○蒜一大升，破去心，合無灰酒四升，煮令極爛，并滓服一大升，療金瘡，中風，角弓反張者，須臾得汗，愈。○獨頭蒜，合酸草擣，傅蛇虺螫人處。〔禁〕久食令人血清，使毛髮白。多食傷肝，令人無顏色。四月、八月勿食，傷人神，損膽氣。〔忌〕合青魚鮓食之，令人腹內生瘡，腸中腫，又成疝瘕。

明・盧和、汪穎《食物本草》卷一 菜類　大蒜　味辛，氣溫，有毒，屬火。主散癰腫䘌瘡，除風邪，殺毒氣，消食下氣健胃，善化肉行濕，破冷氣，爛痃癖，辟瘟疫氣、瘴氣，伏邪惡蠱毒、蛇蟲溪毒。治中暑毒，霍亂轉筋、腹痛，爛嚼，溫水送之。又鼻衄不止，搗碎塗脚心，止即拂去。醋浸經年者良。此物性熱，氣極葷，煮為羹臛極俊美。動氣，亦微下氣，溫中，消穀。雖曰人喜食多於暑月，但生食久食，傷肝氣，損目明，面無顏色，又傷肺傷脾，引痰，宜戒之。葉亦可食。獨子者攻毒，如癰疽發背、惡瘡腫核初發，取紫皮獨頭者切片貼腫心，炷艾灸其上，覺痛即起。焦者，用新者再灸。瘡初痛者灸不痛，不痛者灸痛，痒者亦如之。以多灸為良，無不効者。疣贅之類，亦依此灸之。

明・鄭寧《藥性要略大全》卷四　大蒜　主散癰腫䘌瘡，除風邪，殺毒氣。久食損肝氣，損目。　味辛，性溫，有小毒。獨子愈佳。

明・陳嘉謨《本草蒙筌》卷六　葫即大蒜。　味辛，氣大溫。屬火。有毒。大者曰葫，多種園內；小者名蒜，自產山中。端午採收，性最熏臭。為菜歸五臟，入藥擇獨頭。同黃連丸治腸風，加平胃散治噎氣。納兩鼻，提魚骨鯁即出；置臭肉，掩熏臭氣不聞。散〔癰〕〔疣〕癢䘌瘡，除勞瘧痃癖。辟瘟瘴疫癘，制蛇犬咬傷。中脘卒得冷疼，嚼之即解；旅途忽中暑毒，用此可敺。癰疽初生，急切橫片。若痛灸至不痛，不痛灸至痛來。艾炷連燒，以多為善。鼻衄不止，快搗成膏。左出塗左足心，右出塗右足心。兩鼻齊出，雙足俱塗。仍解蠱毒殺蟲，更化肉積消穀。生噉傷肝氣損目，久食傷脾肺引痰。

明・陳嘉謨《本草蒙筌》卷六　蒜　亦辛溫，善治鷄瘕。去溪毒惡蠱沙蝨，卻霍亂吐瀉轉筋。　謨按：丹溪曰：葫蒜屬火，性熱。善散快膈，故人喜食之，多用于暑月。其傷脾傷氣之禍，積久自見。化肉之功，不足言也。有志養生者，宜自知警。

明・方穀《本草纂要》卷七　蒜　味辛，氣溫，屬火，有毒。主散癰腫，破滯氣，殺邪毒，除穢惡，定腹痛，爛痃癖，健脾胃，安中脘，止嘔逆，驅瘴氣，灸疽癤，消穀食之美物也。但生則可破，熟則可補，醋浸陳久者良。虛人勿用，雖起陽之物，而有妄動於中。又南人勿食，多食則損目。

明・寧源《食鑒本草》卷下　大蒜　味辛，溫，有毒。燥脾胃，化肉食，辟瘟疫，殺毒氣，驅邪祟，散癰腫。治䘌瘡。久食傷肝膽，損目明，生痰助火，昏神。《救急方》：治魚骨鯁，以蒜塞鼻中，自出。《外科集》：治腫毒惡瘡，疼痛不安，人所不識者。取獨頭蒜三四顆，搗細，入麻油和研，厚貼腫處，乾再易之。《千金翼》：治蟲蛇咬，搗傅之，效。

明・王文潔《太乙仙製本草藥性大全》卷五《本草精義》　葫　一名大蒜。舊不著所出州土，今處處有之，人家園圃所蒔也。每頭六七瓣，初種一瓣，當年便成。獨子葫至明年則復其本大。然其花中有實，亦葫之狀而極小，亦可種之。五月五日採收。性最熏臭。爲菜歸五臟，入藥擇獨頭。《食醫心鏡》云：蒜虀着鹽、醬搗食之，蒜苗作羹煮食並得。主下氣溫中，消穀。黃帝云：合青魚鮓食之，令人腹內生瘡，腹中腫，又成疝疾。多食生蒜傷肝氣，令人面無顏色。四八月勿食生蒜，傷人神，損膽氣。

明・王文潔《太乙仙製本草藥性大全》卷五《仙製藥性》　葫　味辛，氣大溫，屬火，有毒。　主治：同黃連丸治腸風，加平胃散治噎氣。納兩鼻提魚骨鯁即出，置臭肉掩熏氣不聞。散疣癢䘌瘡，除勞瘧痃。辟瘟瘴疫癘，制蛇犬咬傷。中脘卒得冷痛，嚼之即解。旅途忽中暑毒，用此可敺。癰疽初生，急切橫片。若痛灸至不痛，不痛灸至痛來。艾炷連燒，以多爲善。鼻衄不止，快搗成膏。左出塗左足心，右出塗右足心。兩鼻齊出，雙足俱塗。仍解蠱毒殺蟲，更化肉積消穀。生噉傷肝氣損目，久食傷脾肺引痰。補註：牙齒疼痛，獨頭蒜煨之，乘熱截，用頭以熨痛上，轉移之，亦主蟲痛。○關格脹滿，大小便不通，獨頭蒜煨熱去皮，綿裹納下部，氣立通。○暴痢，搗蒜，兩足下貼之。○金瘡中風，角弓反張，取蒜一大升，破去心，無灰酒四升，煮令極爛，并滓服一大升已來，須臾得汗。○血出，逆心煩悶，心痛，生蒜搗汁服一升則差。○蜈蚣咬人，痛不止，獨頭蒜摩螫處，痛止。○蛇虺螫人，以獨頭蒜、酸草搗絞傅咬處。○射工毒，以獨頭蒜切之厚三分已來，貼瘡上，灸之蒜〔上〕，令熱氣射人差。○丹者，惡毒之瘡，五色無常，又發足踝。搗蒜厚傅之，乾即易之。○腹滿不能服藥導之方：取獨頭蒜，煨令熱，去皮，綿裹，內下部中，冷即易之。○產後中風，角弓反張，不語，大蒜三十瓣，以水三升，煮取一升，拗口灌之差。○小兒白禿瘡，凡頭上團團然白色，以蒜揩白處，早朝使之。○患暴下血，以葫五七枚，去梗皮，量多少入豆豉，搗爲膏，可丸即丸梧子大，以米飲下五六十丸，無不愈者。

明·皇甫嵩《本草發明》卷五　葫中品。即大蒜。氣大溫，味辛。屬火。有毒。獨頭者亦佳。

發明曰：葫蒜大溫，性氣熱，善散快膈，故主散癰腫䘌瘡，除風邪，殺毒氣。註云：治中脘卒冷疼，化食積，消穀，除勞瘧痃癖，辟瘟瘴疫癘，蛇蟲傷。○加平胃散，治噎氣。同黃連丸，治腸風。散疣瘰癰腫䘌瘡，解暑毒。切片，灸癰疽初起，痛灸至不痛，不痛者灸至痛為妙。

明·李時珍《本草綱目》卷二六菜部·葷菜類　葫《別録》下品

【釋名】大蒜弘景　葷菜弘景曰：今人謂葫爲大蒜，蒜爲小蒜，以其氣類相似也。時珍曰：按孫愐《唐韻》云：張騫使西域，始得大蒜、葫荽。則小蒜乃中土舊有，而大蒜出胡地，故有胡名。二蒜皆屬五葷，故通可稱葷。詳見蒜下。

【集解】《別録》曰：葫，大蒜也。五月五日採，獨子者入藥尤佳。保昇曰：葫出梁州者，大徑二寸，最美少辛；涇陽者，皮赤甚辣。頌曰：今處處園圃種之。每顆六七瓣，初種一瓣，當年便成獨子葫，至明年則復其本矣。其花中有實，亦作葫瓣狀而極小，亦可種之。時珍曰：大、小二蒜皆八月種。春食苗，夏初食薹，五月食根，秋月收種。北人不可一日無者也。

【氣味】辛，温，有毒。久食損人目。弘景曰：性最熏臭，不可食。俗人作齏以啖鱠肉，損性伐命，莫此之甚。惟可生食，不中煮也。恭曰：此物煮爲羹臛爲饌中之俊，而陶云不中煮，當是未經試耳。藏器曰：初食不利目，多食却明。久食令人血清，使毛髮白。時珍曰：久食傷肝損眼。故嵇康《養生論》云：葷辛害目，此爲甚耳。今北人嗜蒜宿炕，故盲瞽最多。陳氏乃云多食明目，與《別録》相左何耶？震亨曰：大蒜屬火，性熱喜散，快膈，善化肉，暑月人多食之。傷氣之禍，積久自見，養生者忌之。化肉之功，不足論也。頌曰：多食傷肺、傷脾、傷肝膽，生痰助火昏神。思邈曰：四月、八月食葫，傷神，令人喘悸，口味多爽。多食生葫行房，傷肝氣，令人面無色。生葫合青魚鮓食，令人腹內生瘡，腸中腫，又成疝瘕，發黃疾。合蜜食，殺人。凡服一切補藥，不可食之。

【主治】歸五臟，散癰腫䘌瘡，除風邪，殺毒氣《別録》。下氣，消穀，化肉蘇恭。去水惡（痒）〔瘴〕氣，除風濕，破冷氣，爛痃癖，伏邪惡，宣通温補，療瘡癬，殺鬼去痛藏器。健脾胃，治腎氣，止霍亂轉筋腹痛，除邪祟，解温疫，療勞瘧冷風，傅風損冷痛，惡瘡、蛇蟲、蠱毒、溪毒、沙蝨，並搗貼之。熟醋浸，經年者良《日華》。温水搗爛服，治中暑不醒。搗貼足心，止鼻衄不止。和豆豉丸服，治暴下血，通水道宗奭。搗汁飲，治吐血心痛。煮汁飲，治角弓反張。同鯽魚丸，治膈氣。同蛤粉丸，治水腫。同黃丹丸，治痢瘧、孕痢。同乳香丸，治腹痛。搗膏敷臍，能達下焦消水，利大小便。貼足心，能引熱下行，治泄瀉暴痢及乾濕霍亂，止衄血。納肛中，能通幽門，治關格不通時珍。

【發明】宗奭曰：葫氣極葷，置臭肉中反能掩臭。凡中暑毒人，爛嚼三兩瓣，温水送之，下咽即知，但禁飲冷水。又鼻衄不止者，搗貼足心，衄止即拭去。時珍曰：葫蒜入太陰、陽明，其氣熏烈，能通五臟，達諸竅，去寒濕，辟邪惡，消癰腫，化癥積肉食，此其功也。故王禎稱之云：味久不變，可以資生，可以致遠，化臭腐爲神奇，調鼎俎，代醯醬。携之旅塗，則炎風瘴雨不能加，食餲腊毒不能害。夏月食之解暑氣。北方食肉麪尤不可無。乃《食經》之上品，日用之多助者也。蓋不知其辛能散氣，熱能助火，傷肺損目，昏神伐性之害，荏苒受之而不悟也。嘗有一婦，衄血一晝夜不止，諸治不效。時珍令以蒜傅足心，即時血止，真奇方也。又葉石林《避暑録》云：一僕暑月馳馬，忽仆地欲絶。同（食）〔舍〕王相教用大蒜及道上熱土各一握研爛，以新汲水一盞和取汁，抉齒灌之，少頃即蘇。相傳徐州市門，忽有版書此方，咸以爲神仙救人云。藏器曰：昔有患痃癖者，夢人教每日食大蒜三顆。初服遂至瞑眩吐逆，下部如火。後有人教取數片，合皮截却兩頭吞之，名曰內灸，果獲大效也。頌曰：《經》言葫散癰腫。按李絳《兵部手集方》云：毒瘡腫毒，號叫卧眠不得，人不能別者，取獨頭蒜兩顆搗爛，麻油和，厚傅瘡上，乾即易之。屢用救人，無不神效。盧坦侍郎肩上瘡作，連心痛悶，用此便瘥。又李僕射患腦癰久不瘥，盧與此方亦瘥。又葛洪《肘後方》云：凡背腫，取獨顆蒜橫截一分，安腫頭上，炷艾如梧子大，灸蒜百壯，不覺漸消，多灸爲善。勿令大熱，若覺痛即擎起蒜。蒜焦更換新者，勿令損皮肉。洪嘗苦小腹下患一大腫，灸之亦瘥。數用灸人，無不應效。又江寧府紫極宮刻石記其事云：但是發背及癰疽惡瘡腫核初起有異，皆可灸之，不計壯數。惟要痛者灸至不痛，不痛者灸至痛極而止。疣贅之類灸之，亦便成痂自脫，其效如神。乃知方書無空言者。但人不能以意詳審，則不得盡應耳。時珍曰：按李迅《論蒜錢灸法》云：癰疽之法，着灸勝於用藥。緣熱毒中鬲，上下不通。必得毒氣發泄，然後解散。凡初發一日之内，便用大獨頭蒜切如小錢厚，貼頂上灸之。三壯一易，大概以百壯爲率。一使瘡不開大，二使内肉不壞，三瘡口易合，一舉而三得之。但頭及項以上，切不可用此，恐引氣上，更生大禍也。又史源記蒜灸之功云：母氏背胛作痒，有赤暈半寸，白粒如黍。灸二七壯，其赤隨消。信宿，有赤流下長二寸。舉家歸咎於灸。外醫用膏護之，日增一暈，二十二日，横斜約六七寸，痛楚不勝。或言一尼病此，得灸而愈。予奔問之。尼云：劇時昏不知人，但聞范奉議坐守灸八百餘壯方蘇，約艾一篩。予亟歸，以炷如銀杏大，灸十數，殊不覺；乃灸四旁赤處，皆痛。每一壯燼則赤隨縮入，三十餘壯，赤暈收退。蓋灸遲則初發處肉已壞，故不痛，直待灸到好肉方痛也。至夜則火焮滿背，瘡高阜而熱，夜得安寢矣。至曉如覆一甌，高三四寸，上有百數小竅，色正黑，調理而安。蓋高阜者，毒外出也。小竅多，毒不聚也。色正黑，皮肉壞也。非艾火出其毒於壞肉之裏，則内逼五臟而危矣。庸醫傳貼凉冷消散之説，何可信哉？

【附方】舊十六，新三十一。

背瘡灸法：凡覺背上腫硬疼痛，用濕紙貼尋瘡頭。用大蒜十顆，淡豉半合，乳香一錢，細研。隨瘡頭大小，用竹片作圈圍定，填藥於内，二分厚，着艾灸之。痛灸至痒，痒灸至痛，以百壯爲率。與蒜錢灸法同功。《外科精要》。

疔腫惡毒：用門臼灰一撮羅細，以獨蒜或新蒜薹染灰擦瘡口，候瘡自然出少汁，再擦，少頃即消散也。雖發背癰腫，亦可擦之。

五色丹毒：無常色，及發足踝者。搗蒜厚傅，乾即易之。《肘後方》。

關格脹滿：大小便不通。獨頭蒜燒熟去皮，綿裹納下部，氣立通也。《外臺秘要》。

乾濕霍亂：轉筋。用大蒜搗塗足心，立愈。《永類鈐方》。

水氣腫滿：大蒜、田螺、車前子等分，熬膏攤貼臍中，水從便漩而下，數日即愈。象山民人患水腫，一卜者傳此，用之有效。仇遠《稗史》。

山嵐瘴氣：生、熟大蒜各七片，共食之。少頃腹鳴，或吐血，或大便泄，即愈。《攝生〔衆〕妙〔用〕方》。

瘧疾寒熱：《肘後》用獨頭蒜炭上燒之，酒服方寸匕。○《簡便》用桃仁半片，放内關穴上，將獨蒜搗爛罨之，縛住，男左女右，即止。鄰嫗用此治人屢效。○《普濟方》：端午日，取獨〔父〕〔頭〕蒜煨熟，入礬紅等分，搗丸芡子大，每白湯嚼下一丸。

寒瘧冷痢：端午日，以獨頭蒜十個，黄丹二錢，搗丸梧子大。每服九丸，長流水下，甚妙。《普濟方》。

泄瀉暴痢：大蒜搗貼兩足心。亦可貼臍中。《千金方》。

下痢禁口：及小兒泄痢。方並同上。

腸毒下血：蒜連丸：用獨蒜煨搗，和黄連末爲丸，日日米湯服之。《濟生方》。

暴下血病：用葫五七枚，去皮研膏，入豆豉搗，丸梧子大。每米飲下五六十丸，無不愈者。寇宗奭《本草衍義》。

鼻血不止：服藥不應。用蒜一枚，去皮研如泥，作錢大餅子，厚一豆許。左鼻血出，貼左足心；右鼻血出，貼右足心；兩鼻俱出，俱貼之，立瘥。《簡要濟衆方》。

血逆心痛：生蒜搗汁，服二升即愈。《肘後》。

鬼疰腹痛：不可忍者。獨頭蒜一枚，香墨如棗大，搗和醬汁一合，頓服。《永類鈐方》。

心腹冷痛：法醋浸至二三年蒜，食至數顆，其效如神。李時珍《瀕湖集簡方》。

夜啼腹痛：面青，冷證也。用大蒜一枚煨研日乾，乳香五分，搗丸芥子大。每服七丸，乳汁下。《危氏得效方》。

寒濕氣痛：端午日收獨蒜，同辰粉搗，塗之。唐瑶《經驗方》。

鬼毒風氣：獨頭蒜一枚，和雄黄、杏仁研爲丸，空腹飲下三丸。静坐少時，當下毛出即安。孟詵《食療本草》。

狗咽氣塞：喘息不通，須臾欲絶。用獨頭蒜二枚削去兩頭，塞鼻中。左患塞右，右患塞左。候口中膿血出，立效。《聖惠》。

喉痹腫痛：大蒜塞耳、鼻中，日二易之。《肘後方》。

魚骨哽咽：獨頭蒜塞鼻中，自出。《十便良方》。

牙齒疼痛：獨頭蒜煨，熱切熨痛處，轉易之。亦主蟲痛。《外臺秘要》。

眉毛動摇：目不能交睫，唤之不應，但能飲食。用蒜三兩杵汁，調酒飲，即愈。夏子益《奇疾方》。

腦瀉鼻淵：大蒜切片貼足心，取效止。《摘玄方》。

頭風苦痛：《易簡方》用大蒜研汁嗃鼻中。○《聖濟録》用大蒜七個去皮，先燒紅地，以蒜逐個於地上磨成膏子。却以殭蠶一兩，去頭足，安蒜上，碗覆一夜，勿令透氣。只取蠶研末，嗃入鼻内，口中含水，甚效。

小兒驚風：《總録》：方同上。

小兒臍風：獨頭蒜切片，安臍上，以艾灸之。口中有蒜氣，即止。黎居士《簡易方》。

小兒氣淋：宋寧宗爲郡王時病淋，日夜凡三百起。國醫罔措。或舉孫琳治之。琳用大蒜、淡豆豉、蒸餅三物搗丸，令以温水下三十丸。曰：今日進三服，病當減三之一，明日亦然，三日病除。已而果然，賜以千緡。或問其説。琳曰：小兒何緣有淋？只是水道不利，三物皆能通利故也。愛竹翁《談藪》。

産後中風：角弓反張，不語。用大蒜三十瓣，以水三升，煮一升，灌之即蘇。張傑《子母秘録》。

金瘡中風：角弓反張。取蒜一升去心，無灰酒四升煮極爛，並滓服之。須臾得汗即瘥。《外臺秘要》。

婦人陰腫：作痒。蒜湯洗之，效乃止。《永類鈐方》。

陰汗作痒：大蒜、淡豉搗丸梧子大，朱砂爲衣，每空腹燈心湯下三十丸。

小便淋瀝：或有或無。用大蒜一個，紙包煨熟，露一夜，空心新水送下。《朱氏集驗方》。

小兒白禿：團團然。切蒜日日揩之。《秘録》。

閉口椒毒：氣閉欲絶者。煮蒜食之。《張仲景方》。

射工溪毒：獨頭蒜切三分厚，貼上灸之，令蒜氣射入即瘥。《梅師方》。

蜈蝎螫傷：獨頭蒜摩之，即止。《梅師》。

蛇虺螫傷：孟詵曰：即時嚼蒜封之，六七易。仍以蒜一升去皮，以乳二升煮熟，空心頓服。明日又進。外以去皮蒜一升搗細，小便一升煮三四沸，浸損處。○《梅師》用獨頭蒜、酸草搗絞傅咬處。

脚肚轉筋：大蒜擦足心令熱，即安。仍以冷水食一瓣。《攝生方》。

食蟹中毒：乾蒜煮汁飲之。《集驗方》。

蛇瘕面光：發熱，如火炙人。飲蒜汁一碗，吐出如蛇狀，即安。《危氏方》。

題明・薛己《本草約言》卷二《藥性本草》　大蒜　性熱喜散，善化肉，故人喜食，然傷脾耗氣，傷肝損目，令人面無顏色，積久自見。

明・梅得春《藥性會元》卷中　葫　味辛，溫，有毒。即大蒜也。　主散癰腫䘌瘡，除風邪，殺毒氣。獨子者尤佳。歸五臟。久食傷人損目。能辟厲氣。食多白髮，大傷肝氣，令人面無顏色。性熱喜散，善化肉，故人喜食。多用于暑月。其傷脾、傷氣之禍，積久自有。化肉之功，不足言也。有志養生者，宜自知之。

明・穆世錫《食物輯要》卷三　大蒜　味辛，性溫，有小毒。解蠱毒，辟邪下氣，歸脾腎，(濕)〔溫〕胃，止霍亂，消肉積，多食，生痰助火昏目。同生魚食，令人奪氣發黃，及陰核痛。疫病後勿食。風疾者、脚氣者忌食。中暑毒者，急嚼下可愈，禁冷水。勿喫蒜行房，恐損肝氣。

明・李中立《本草原始》卷六　葫　大蒜也。處處有之。每顆六七瓣，初種一瓣，當年便成獨子葫，至明年則復其本矣。其花中有實，亦作葫瓣狀而極小，亦可種之。張騫使西域得大蒜，則此物漢始有之。以其自胡中來，故名葫。蒜，小蒜也。處處有之，根苗皆如葫而細小。許氏《說文》謂之葷菜。《爾雅》曰蒚，即此也。中國初惟有此，後因漢得葫于西域，遂呼此為小蒜。蒜，字從祘，音蒜，諧聲也，又象蒜根之形。

葫：　氣味：　辛，溫，有毒。久食損人目。主治：　歸五臟，散癰腫䘌瘡，除風邪，殺毒氣。〇下氣，消穀，化肉。〇去水惡(痒)〔瘴〕氣，除風濕，破冷氣，爛痃癖，伏邪惡，宣通溫補，療瘡癬，殺鬼去痛。〇健脾胃，治腎氣，止霍亂轉筋腹痛，除邪祟，解溫疫，療勞瘧冷風，傅風損冷痛，惡瘡、蛇蟲、蠱毒、溪毒、沙蝨，並擣貼之。熟醋浸經年者良。〇溫水擣爛服，治中暑不醒。擣貼足心，止鼻衄。和豆豉丸服，治暴下血，通水道。

蒜：　氣味：　辛，溫，有小毒。主治：　歸脾腎，主霍亂腹中不安，消穀，理胃溫中，除邪痹毒氣。〇主溪毒。〇下氣，治蠱毒。傅蛇蟲、沙蝨瘡。〇塗丁腫甚良。

葫蒜，《別錄》下品。【圖略】蒜，大小二種，皆八月下種。春食苗，夏初食薹，五月食根。北人食之最多。

震亨曰：　大蒜屬火，性熱喜散，快膈，善化肉，暑月人多食之。傷氣之禍，積久自見。養生者忌之。化肉之功，不足論也。　穎曰：　多食傷肺、傷脾，傷肝膽，生痰助火，昏神。〇合蜜食殺人。　葉石林《避暑錄》云：　一僕暑月馳馬，忽仆地欲絕，同舍王相教用大蒜及道上熱土各一握，研爛，以新汲水和之，去滓，決齒灌之，少頃即甦。相傳徐州市門，忽有版書此方，咸以為神仙救人云。　按：　李絳《兵部手集方》云：　毒瘡腫毒，號叫臥眠不得，人不能別者，取獨頭蒜兩顆，擣爛，麻油和，厚傅瘡上，乾即易之，屢驗。盧坦侍郎肩上瘡作，連心痛悶，用此便差。又李僕射患腦癰久不差，用此亦差。又葛洪《肘後方》云：　凡背腫，取獨蒜橫截一分，安腫頭上，炷艾如梧子大，灸蒜百壯，不覺漸消，多灸為善，勿令太熱，若覺痛即擎起蒜。蒜焦更換新者，勿損皮肉。洪嘗苦小腹下患一大腫，灸之亦差。又江寧府紫極宮刻石記其事云：　但是發背癰疽，惡瘡腫核，初起有異，皆可灸之，不計壯數。惟要痛者灸至不痛，不痛者灸至痛極而止。疣贅之類灸之，亦便成痂自脫，其效如神。乃知方書無空言者。但人不能以意詳審，則不得盡應耳。

明・張懋辰《本草便》卷二　葫大蒜也。　味辛，氣溫，屬火，有毒。獨子者入藥佳。　主散癰腫，除風邪，殺毒氣，善化肉，破冷氣。治中暑毒，霍亂轉筋腹痛，爛嚼，溫水送之。　久食傷肝氣，損目明；　又傷肺傷脾引痰，宜戒之。獨頭蒜橫切作片，貼諸惡毒上，以艾火灸之，能消去。

明・龔廷賢《壽世保元》卷一〇　大蒜治驗　蜈蚣咬傷，痛不止，用獨頭蒜擦螫處，痛立止。　一切無名腫痛惡毒，發背癰疽，用蒜掐斷擦患處，立消。

痢疾，用古墓中石灰，大蒜搗，為丸如梧子大，米湯送下。　心痛，五月五日午時，取獨蒜五個，搗如泥，入黄丹三兩，為丸鷄頭子大，晒乾，醋磨一丸服之。　蒜味辛熱，為陽中之陽，令人氣實悶亂而自吐。若蛇蟲蠱瘕，尤為宜之。褚澄以蒜一升，吐李道念之鷄雛。《齊諧記》云：　郭坦之兒，食蒜一畦，吐消食籠於頃刻。蒜之妙用如此。　小兒白禿瘡，凡頭上團團然白色，以蒜揩白處，早朝使之。　治關格脹滿，大小便不通，用獨頭大蒜，燒熟去皮，棉裹納下部，氣立通。又，治腹滿不能服藥，以此導之，冷則易之，效。

明・吴文炳《藥性全備食物本草》卷一　大蒜　味辛，溫，有毒。食之白人頭髮，若多筭者之鬚易白也。主癰疽惡瘡疼痛，人所不識者，取獨頭蒜三四枚，搗爛，入麻油和研，厚貼腫處，乾即易之，一切疥癬、丹毒、䘌瘡，蛇蟲蜈蚣咬，並搗貼之；　或隔蒜用艾灸之亦好。辟水惡瘴氣、疫氣、蠱毒，勞瘧。中暑霍亂轉筋腹痛，嚼爛，溫水送下。性屬火，善散化肉食，故人喜食之。破冷氣，爛痃癖。昔有患癖及食雞子過多者，每日食三枚，口吐涎物，下部如火即效。此物氣味極葷，煮為羹臛極俊美。熏氣亦微下氣，溫中消食，傷肉食者喫一飡最妙。醋浸經年者良，熟食亦可。若生氣久食，傷肝損目，傷肺引痰，傷腎竭精，傷心清血，傷脾損氣。四八月食之損神，損膽腎氣。又合青魚鮓食，令腹內生蟲，或腫或成疝疾。有目疾者尤宜忌之，損性伐命，莫此為甚。

明·繆希雍《本草經疏》卷二九　葫蒜也。　味辛，溫，有毒。主散癰腫䘌瘡，除風邪，殺毒氣。獨子者亦佳。歸五藏，久食傷人，損目明。

〔疏〕葫，大蒜也。稟火金之氣以生。故其味辛氣溫。辛溫太甚，故其性有毒，熏臭異常，不宜多食。入足陽明、太陰、厥陰經。辛溫能辟惡散邪，故主除風邪，殺毒氣及外治散癰腫䘌瘡也。辛溫走竄，無處不到，故主歸五藏。脾胃之氣最喜芳香，熏臭損神耗氣，故久食則傷人。肝開竅於目，目得血而能視，辛溫太過，則血耗而目損矣。總之其功長於通達走竅，去寒濕，辟邪惡，散癰腫，化積聚，暖脾胃，行諸氣。故蘇恭主下氣消穀，化肉。藏器主風濕，破冷氣，爛痃癖，伏邪惡，宣通溫補。日華子主健脾胃，治腎氣，止霍亂轉筋腹痛，除邪祟解溫疫等用也。　〔主治參互〕《外臺秘要》關格脹滿，大小便不通，獨頭蒜燒熟，去皮綿裹，納下部，氣立通。　又方：治金瘡中風，角弓反張。取蒜一大升，破去心，無灰酒四升，煮令極爛，并滓服一大升，須臾得汗則瘥。　《簡要濟眾》治鼻血不止，服藥不應，用蒜一枚，去皮，細研如泥，攤一餅子如錢大，厚一豆許。左鼻血出，貼左腳心；右鼻血出，貼右腳心。兩鼻俱出，皆貼之，立瘥。血止，急以溫水洗腳心。　《外科精要》背瘡灸法，凡覺背上腫硬疼痛，以濕紙貼尋瘡頭。用大蒜十顆，淡豆豉半合，乳香一錢，細研勻，隨瘡頭大小，用竹片作圈圈定，填藥於內，二分厚，著艾灸之。痛灸至痒，痒灸至痛，以百壯為率，效。《永類鈐方》乾濕霍亂轉筋，用大蒜搗塗足心，立愈。　《普濟方》寒瘧冷痢，端午日以獨頭蒜十箇，黃丹二錢，搗丸梧子大。每服九丸，長流水下，妙。　《衍義》暴下血病，用葫五七枚，去皮研膏，入豆豉，搗丸梧子大。每米飲下五六十丸，無不愈者。　華佗行道，見車載一人，病咽塞食不下，呻吟。佗視曰：　餅店家蒜虀、大酢三升，飲之當自痊。果吐大蛇一枚而愈。

〔簡誤〕蒜性溫，屬火，氣味臭烈。凡肺胃有熱，肝腎有火，氣虛血弱之人，切勿沾唇。雖有暖脾胃、祛寒濕之功，亦宜暫用，切勿過施。過則生痰動火，傷神散氣，損目耗血。切戒！切戒！

明·應麐《食治廣要》卷三　葫《別録》云：　即蒜之屬也。　氣味：　辛，溫，有毒。久食損人目。主治：　歸五藏，散癰腫，殺毒氣，消穀化肉。與上參用。　按：　韓保昇曰：　葫出梁州者，大徑二寸，最美，少辛。涇陽者，皮赤甚辣。北人不可一日無者。嵇叔夜《養生論》云：　葷辛害目，此為甚耳。不可不察。

明·應麐《食治廣要》卷三　蒜一名葫蒜，一名小蒜。　氣味：　辛，溫，有小毒。主治：　歸脾，止霍亂、腹中不安，消穀，理胃溫中，除邪痹毒氣、溪毒蠱毒、蛇蟲沙虱疔腫。此乃五葷之一。許氏《說文》謂之葷菜。五葷即五辛，謂其辛臭昏神伐性。練形家以小蒜、大蒜、芸薹、韭、胡荽為五葷，佛家以大、小蒜、興渠即阿魏、慈葱、茖葱為五葷。道家以韭、薤、蒜、芸薹、胡荽為五葷。雖各不同，皆辛熏之物，生食增恚，熟食發婬，有損性靈，故絕之也。陶弘景曰：　味辛性熱，損人，不可長食。孫真人曰：　無毒。三月勿久食，傷人志性。《黃帝書》云：　同生魚食，令人奪氣，陰核疼。吳瑞曰：　腳氣風病人及時病後，忌食。

明·姚可成《食物本草》卷六菜部·葷辛類　葫一名大蒜。今人謂葫為大蒜，蒜為小蒜，以其氣類相似也。強騫使西域，始得大蒜、胡荽。則小蒜乃中土舊有，而大蒜出胡地，故有胡名。大、小二蒜，皆八月種。春食苗，夏初食薹，五月食根，秋月收種。北人不可一日無者也。　葫，味辛，溫，有毒。主歸五臟，散癰腫䘌瘡，除風邪，殺毒氣。下氣，消穀，化肉。去水惡（痒）〔瘴〕氣，除風濕，破冷氣，爛痃癖，伏邪惡，宣通溫補，療瘡癬，殺鬼去痛。健脾胃，治腎氣，止霍亂轉筋腹痛，除邪祟，解溫疫，療勞瘧冷風，傅風損冷痛。惡瘡，蛇蟲蠱毒、溪毒、沙虱，并搗貼之。熟醋浸經年者良。溫水搗爛服，治中暑不醒。搗貼足心，治鼻衄不止。和豆豉丸服，治暴下血，通水道。搗汁飲，治吐血心痛。煮汁飲，治角弓反張。同鯽魚丸，治膈氣。同蛤粉丸，治水腫。同黃（疸）〔丹〕丸，治痢瘧、孕痢。同乳香丸，治腹痛。搗膏敷臍，能達下焦消水，利大小便。貼足心，能引熱下行，治洩瀉暴痢及乾濕霍亂，止衄血。納肛中，能通幽門，治關膈不通。多食損人目。李時珍曰：　葫蒜之氣薰烈，能通五臟，達諸竅，去寒濕，辟邪惡，消癰腫，化癥積肉食，此其功也。故王禎稱之云：　味久不變，可以資生，可以致遠，化臭腐為神奇，調鼎俎，代醯醬。携之旅塗，則炎風瘴雨不能加，食餲腊毒不能害。夏月食之解暑氣。北方食肉麪尤不可無。乃《食經》之上品，日用之多助者也。蓋不知其辛能散氣，熱能助火，傷肺損目，昏神伐性之害，荏苒受之而不悟也。嘗有一婦，衄血一晝夜不止，諸治不效。時珍令以蒜傅足心，即時血止，真奇方也。又葉石林《避暑録》云：一僕暑月馳馬，忽仆地欲絶。同(食)〔舍〕王相教用大蒜及道上熱土各一握研爛，以新汲水一盞和取汁，決齒〔灌〕之，少頃即甦。相傳徐州市門，忽有版書此方，咸〔以〕為神仙救人云。〇昔有患痃癖者，夢神教每日食大蒜三顆。初服遂至瞑眩吐逆，下部如火。後有人教取數片，合皮截却兩頭吞之，名曰內灸，果獲大效也。〇李絳《兵部手集方》云：毒瘡腫毒，號叫臥眠不得，人不能別者。取獨頭蒜兩顆搗爛，麻油和，厚傅瘡上，乾即易之。屢用救人，無不神效。盧坦侍郎肩上瘡作，連心痛悶，用此便瘥。又李僕射患腦癰久不瘥。盧與此方亦瘥。又葛洪《肘後方》云：凡背腫，取獨顆蒜橫截一分，安腫頭上，炷艾如梧桐子大，灸蒜百壯，不覺漸消，多灸為善。勿令太熱，若覺痛即擎起蒜。蒜焦更換新者，勿令損皮肉。洪嘗苦小腹下患一大腫，灸之亦瘥。數用灸人，無不應效。又江寧府紫極宮刻石記其事云：但是發背及癰疽、惡瘡、腫核初起，皆可灸之，不記壯數。惟要痛者灸至不痛，不痛者灸至痛極而止。疣贅之類灸之，亦便成痂自脫，其效如神。乃知方書無空言者，但人不能以意詳(慎)〔審〕，則不能盡應耳。按李迅《論蒜錢灸法》云：癰疽之法，着灸勝於用藥。緣熱毒中鬲，上下不通。必得毒氣發洩，然後解散。凡初發一日之內，便用大獨頭蒜切小如錢厚，貼頂上灸之。三壯一易，大概以百壯為率。一使瘡不開大，二使內肉不壞，三使瘡口易合，一舉而三得之。但頭及項以上，切不可用此，恐引氣上，更生大禍也。又史源記蒜灸之功云：母氏背(脾)〔胛〕作癢，有赤暈半寸，白粒如黍，灸二七壯，其赤隨消。信宿，有赤流下長二寸。舉家歸咎於灸。外醫用膏護之，日增一暈，二十二日，橫斜約六七寸，痛楚不勝。或言一尼病此，得灸而愈。予奔問之。尼云：劇時昏不知人，但聞范奉議坐守灸八百餘壯方甦，約艾一篩。予亟歸，以炷如銀杏大，灸十數，殊不覺；乃灸四旁赤處，皆痛。每一壯燼則赤隨縮入，三十餘壯，赤暈收退。蓋灸遲則初發處肉已壞，故不痛，直待灸到好肉方痛也。至夜則火焮滿背，瘡高阜而熱，夜得安寢矣。至曉如覆一甌，高三四寸，上有百數小竅，色正黑，調理而安。蓋高阜者，毒外出也。小竅多，毒不聚也。色正黑，皮肉壞也。非艾火出其毒於壞肉之裏，則內逼五臟而危矣。庸醫傅貼涼冷消散之劑，何可信哉？

附方：治鼓脹。用大蒜入自死黑魚肚內，濕紙包，火內煨熟，同食之。忌用椒、鹽、葱、醬，多食自愈。此方試過，非浪謬也。灸法治發背。凡覺〔背〕上腫硬疼痛，用溼紙貼尋瘡頭。用大蒜十顆，淡豉半合，乳香一錢，細研。隨瘡頭大小，用竹片作圈圍定，填藥於內，二分厚，着艾灸之。痛灸至痒，痒灸至痛，以百壯為率。與蒜錢灸法同功。治疔腫惡毒。用門臼灰一撮羅細，以獨蒜或折蒜薹染灰擦瘡口，候瘡自然出少汁，再擦，少頃即消散也。雖發背癰腫，亦可擦之。治關格脹滿，大小便不通。獨蒜燒熟去皮，綿裹納穀道，氣立通也。治乾濕霍亂轉筋。大蒜搗塗足心，立愈。治水氣腫滿。大蒜、田螺、車前子等分，熬膏攤貼臍中，水從便漩而下，數日即愈。象山民人患水腫，一卜士傳此，用之得效。治禁口痢。用大蒜搗貼兩足心。又可罨臍內。治婦人陰腫作痒。蒜湯洗之，效乃止。治閉口椒毒，氣閉欲絶者。煮蒜食之，即愈。治魚骨鯁。獨蒜塞鼻中，自出。

明・顧逢柏《分部本草妙用》卷九菜部　蒜　辛，溫，有小毒。主治：霍亂，腹中不安，消穀，理胃溫中，除邪痺毒氣，下氣治蠱。傅蛇蟲、沙蝨瘡。塗疔腫甚良。葉，主心煩痛，解諸毒，小兒丹疹。蒜切板，隔火艾灸毒，絕妙。按：李道念食白瀹雞子過多，取蒜一升煮食，吐如雞雛，涎裹而出，凡二十枚而愈。〇華陀治噎食不得下，飲汁二升，吐一蛇，有頭。面上有光，手近之如火熾者，此中蠱也。蒜汁半兩，和酒飲之，吐蛇狀而愈。然不可多食，多食則損肝昏目，助火傷肺，迷神伐性之物也。

明・孟笨《養生要括・菜部》　蒜春食苗，夏初食薹，五月食根。辛能散氣，熱能助火，傷肺損目，昏神伐性。凡發背癰疽，取獨頭蒜橫截一分安腫頭上，炷艾灸之，不計壯數。惟要痛者灸至不痛，不痛者灸至痛極而止。疣贅之類，灸之成痂自脫，神效。醋浸經年良。

大蒜：味辛，溫，有毒。歸五臟，散癰腫䘌瘡，除風邪，殺毒氣，下氣，消穀化肉，去水惡痒氣，除風濕，破冷氣，爛痃癖，伏邪惡，宣通溫補。療瘡癬，殺鬼去痛，健脾胃，治腎氣，止霍亂轉筋腹痛，除邪祟，解瘟疫，療勞瘧。水搗爛服，治中暑不醒。搗貼足心，止鼻衄不止。和豆豉丸服，治(瀑)〔暴〕下血，通水道。搗汁飲，治吐血心痛。煮汁飲，治角弓反張。同鯽魚丸，治膈氣。同蛤粉丸，治水腫。同黄丹丸，治瘧痢、孕痢。同乳香丸，治腹痛。搗膏敷臍，能達下焦消水，〔利大小便。貼足心，能引熱下行，治泄瀉暴痢及乾濕霍〕亂，止衄血。納肛中，能通幽門，治關(脉)〔格〕不通。

明・李中梓《醫宗必讀・本草徵要下》 大蒜味辛，溫，有毒。入脾、腎二經。忌蜜。消穀化食，辟鬼驅邪。破痃癖多功，灸惡瘡必效。搗貼胸前，痞格資外攻之益；研塗足底，火熱有下引之奇。大蒜用最多，功至捷，外塗皮肉，發疱作疼，則其入腸胃而搜刮，概可見矣。按：性熱氣臭，凡虛弱有熱之人，切勿沾唇，即宜用者，亦勿過用，生痰動火，損目耗血，謹之！

明・鄭二陽《仁壽堂藥鏡》卷四 蒜 味辛，氣溫。有小毒。主消穀、化肉，破冷氣，辟瘟疫瘴氣及蠱毒、蛇蟲諸毒，中暑、霍亂腹痛。久食傷肝損目，令人面無顏色。丹溪云：大蒜屬火，性熱喜散，善化肉。故食肉者喜用之。多在暑月，其傷氣之禍，積久自見；化肉之功，不足言也。有志於養生者，宜自思之。治瘧方：用蒜於五月五日，不拘多少，研極爛，和黄丹少許，以聚為度，丸如雞頭子大，每服一丸，新汲水面東服，至妙。

明・蔣儀《藥鏡》卷二熱部 大蒜 止霍亂轉筋，除吐瀉脘痛。溫中消食，解毒散癰。生用則破，熟用則補。多食則血耗目昏，且肺傷脾損。燒熟獨頭蒜，綿裹納下部，兩便氣閉立通。剝皮生搗爛，捏餅貼足心，鼻血流紅自住。

明・張景岳《景岳全書》卷四九《本草正》 蒜 味辛，性溫，有小毒。善理中溫胃，行滯氣，辟肥膩，開胃進食，消寒氣寒痰，麪積食積，魚肉諸積，邪痹膨脹，宿滯不安。殺溪毒、水毒、蠱毒、蛇蟲毒。擣爛可灸癰疽，塗疔腫，傅蛇蟲沙虱毒甚良。

明・施永圖《本草醫旨・食物類》卷二 大蒜 味：辛，氣溫，有毒，屬火。主散癰腫䘌瘡，除風邪，殺毒氣，消食下氣，健胃，化肉食，破冷氣，爛痃癖，辟瘟疫瘴氣，伏邪惡蠱毒、蛇蟲溪毒。治中暑，霍亂轉筋腹痛，爛嚼溫水送之。又，鼻衄不止，搗碎，塗脚心，止即拂去。此物性最熱，氣極葷，煮為羹臛甚俊美，熏氣亦微，下氣溫中，消穀。生食傷肝氣，損目光，面無顏色，又傷肺傷脾，引痰助火，昏神。醋浸經年者佳。葉：亦可食。獨子者：攻毒。如癰疽發背，惡瘡腫核初發，取紫皮獨頭者，切片貼腫心，炷艾灸其上，覺痛即起，焦者用新者再灸。瘡初痛者灸不痛，不痛者灸痛，癢者亦然，以多灸為良，無不效者。疣贅之類，亦以此灸之。〇一切腫毒，用獨頭蒜三四顆搗爛，入麻油和研，厚貼腫處，乾再易之。又治魚骨鯁，以蒜塞鼻中，自出。〇又治毒蛇咬，搗蒜敷，立愈。

明・李中梓《本草通玄》卷下 大蒜 辛，溫。健脾下氣。消穀化肉。破結殺鬼。擣爛同道上熱土，新汲水服，能救中暑。擣汁飲，主吐血心痛。同黄丹治瘧痢。擣塗臍，能下焦消水，利二便。貼足心，引熱下行，止吐衄。納肛，通幽門，治關格。隔蒜片，灸一切毒腫。辛能散氣，熱能助火，久食多食，傷肺損目，昏神伐性。患痃癖者，每日取三顆，截却兩頭吞之，名曰内灸，必效。

清・顧元交《本草彙箋》卷七 葫 大蒜也。其功長於通達走竅，溫中消食，止霍亂轉筋，除吐瀉，及中脘冷痛。又傅疔腫甚良。携之旅塗，則炎風瘴雨不能加，食餲腊毒不能害。調鼎俎代醯醬，化臭腐爲神奇，誠食經之不可缺者。但其辛能散氣，熱能助火，傷肺損目，耗血昏神，爲害滋大。凡肺胃有火，肝腎有熱，氣虛血弱之人，切勿沾唇。背瘡灸法：凡覺背上腫硬疼痛，用濕紙貼尋瘡頭，用大蒜十顆，淡豆豉半合，乳香一錢，細研，隨瘡頭大小，用竹片作圈圍定，填藥於内，二分厚，艾灸之，痛灸至癢，癢灸至痛，以百壯爲率。蓋發毒處皮肉已壞，非艾蒜火攻出其毒於壞肉之裏，則内逼五臟而危矣。

清・穆石匏《本草洞詮》卷七 葫 大蒜也。氣味辛溫，有毒。入手太陰、陽明經。通五臟，達諸竅，去寒濕，辟邪惡，消癰腫，化癥積。其性喜散快膈，善化肉，置臭肉中反能掩臭。味久不變，可以致遠，化臭腐為神奇。調鼎俎代醯醬，攜之旅塗，則炎風瘴雨不能加，食餲腊毒不能害。然辛能散氣，熱能助火，傷肺損目，昏神伐性之害，荏苒受之而不覺矣。陳藏器謂：初食不利目，多食却明。然北人嗜蒜宿坑，盲瞽最多，而謂明目，似不然也。納肚中能通幽門，治關格不通。貼足心能引熱下行。一婦衄血，一晝夜不止，以蒜傅足心，即時血止。葉石林云：一僕暑月馳馬，忽仆地欲絕，用大蒜及道上熱土各一握，研爛，以新汲水和，取汁，决齒灌之，少頃即甦。相傳徐州市門，忽有書此方，咸以為神仙救人云。有患痃癖者，夢人教食大蒜三顆，初服瞑眩吐逆，下部如火，後有人教取數片，合皮截兩頭吞之，名曰内灸，果獲大效。蘇頌云：毒瘡腫毒，號叫不得眠，人不能別者，取獨頭蒜兩顆，搗爛，麻油和，傳瘡上，乾即易之，屢用無不神效。又江寧府紫極宮刻石云，但是發背及癰疽，惡瘡腫核，初起皆可灸之，不計壯數，惟要痛者灸至不痛，不痛者灸至痛極而止。疣贅之類，灸之亦便成痂自脫，其效如神。李迅《論蒜錢灸法》云：癰疽治法，著灸勝於用藥。緣熱毒中隔，上下不通，必得毒氣發洩，然後解散。凡初發一日之內，便用大獨頭蒜，切如小錢厚，貼頂上，灸之三壯一易，大概百壯為率，一使瘡不開大，二使內肉不壞，三使瘡口易合，一舉而三得之。但頭及項以上不可用灸，恐引氣上也。史源云：母氏背作痒，有赤暈半寸，白粒如黍，灸二七壯，其赤隨消，信宿有赤流下長二寸，舉家歸咎於灸，用膏護之，日增一暈，二十二日橫斜約六七寸，痛楚不勝。或言一尼病此，得灸而愈。予奔問之，尼曰：劇時昏不知人，灸八百餘壯方甦，約艾一篩。予亟歸，以炷如銀杏大，灸十數殊不覺，乃灸四旁赤處，皆痛，每一壯燼，則赤隨縮入，三十餘壯，赤暈收退。蓋初發處肉已壞，故不痛，直待灸到好肉方痛也。至夜則火焮滿背，瘡高阜而熱，夜得安寢，至曉高三四寸，上有百數小竅色黑，調理而安。蓋高阜者，毒外出也。小竅多者，毒不聚也。色黑者，皮肉壞也。非艾火出其毒於壞肉之裏，則內逼五臟而危矣。庸醫敷貼寒涼消散之說，何可信哉？

清・穆石匏《本草洞詮》卷七　蒜　俗謂葫為大蒜，蒜為小蒜，以氣類相似也。蒜乃五葷之一。五葷即五辛，謂其辛臭，昏神伐性也。練形家以小蒜、大蒜、韭、芸薹、胡荽為五葷。道家以韭、薤、蒜、芸薹、胡荽為五葷。佛家以大蒜、小蒜、興渠、慈葱、茖葱為五葷。雖各不同，然皆辛薰之物，生食增恚，熟食發淫，有損性靈，故絕之也。蒜氣味辛溫，有小毒。治霍亂腹中不安，消穀，理胃溫中，除邪痺毒氣，治蠱毒，傅蛇蟲沙虱瘡，塗丁腫。《南史》載：李道念食雞子過多，病五年，褚澄取蒜一升煮食，吐出雞雛十二而愈。《後漢書》載：華陀治一人病噎，取蒜虀二升，飲之，立吐一蛇而愈。則蒜乃吐蟲要藥也。但腳氣風病人忌食之。

清・丁其譽《壽世秘典》卷三　葫即今大蒜也。　氣味：辛，溫，有毒。主歸五臟，散癰腫，䘌瘡，辟邪惡，殺毒氣，健脾胃，下氣，消穀化肉，止霍亂轉筋腹痛，久食損人目。　發明孫思邈曰：生蒜合青魚鮓食，令人腹內生瘡，腸中腫，又成疝瘕，發黃疾。合蜜食殺人。凡服一切補藥，不可食之。李時珍曰：大蒜入太陰、陽明，其氣熏烈，能通五臟，達諸竅，去寒濕，辟邪惡，消癰腫，化癥積肉食，此其功也。故王禎稱之云：味久不變，可以資生，可以致遠，化臭腐為神奇。調鼎俎代醯醬，攜之旅途，則炎風瘴雨不能加，食餲腊毒不能害。夏月食之解暑氣，食肉、麵尤不可無。乃《食經》之上品，日用之多助者也。蓋不知其辛能散氣，熱能助火，傷肝損目，荏苒受之而不悟也。○蘇頌言：褚澄以蘇治李道念食雞子病。李時珍曰：乃蒜，非蘇也。

清・劉雲密《本草述》卷一五　葫一名大蒜。以其自胡地來者，故名曰葫。有小蒜，根莖俱小而瓣少，其味辣甚。大蒜根莖俱大而瓣多，辛而帶甘。大、小蒜皆八月種，春食苗，夏初食薹，五月食根，八月收種。今處處園圃種之，每顆六七瓣，初種一瓣，當年便成獨子葫，至明年則復其本矣。

氣味：辛，温，有毒。主治：歸五臟，通達走竅，行諸氣，除風溼，破冷氣，解邪惡，化積聚，消水腫，解瘴毒疫氣。加平胃散治噎氣，同黃丹丸治寒瘧冷痢，搗汁飲治角弓反張，同道上熱土治中暑不醒。貼足心療衄血不止并腦瀉鼻淵，止泄瀉暴痢及下痢禁口。同梔子鹽花塗臍，通小便。同殭蠶[口畜]鼻中，療頭風。納肛中通幽門，治關格不通。連艾炷灸癰疽百遍，大撤毒氣。

時珍曰：葫蒜入太陰陽明，其氣熏烈，能通五臟，達諸竅行諸氣，去寒溼，辟邪惡，消癰腫，化癥積，此其功也。嘗有一婦，衄血一晝夜不止，諸治不效。時珍令以蒜傅足心，即時血止，真奇方也。又葉石林《避暑錄》云：一僕暑月馳馬，忽仆地欲絕，同行王相教用大蒜及道上熱土各一握，研爛，以新汲水一盞，和取汁，決齒灌之，少頃即甦。但此味辛能散氣，熱能助火傷肺損目神昏伐性之害，荏苒受之而不悟也。　頌曰：《經》言葫散癰腫。按李絳《兵部手集》方云，毒瘡腫毒，號叫卧眠不得，人不能別者，取獨頭蒜兩顆，搗爛，麻油和，厚傅瘡上，乾即易之，屢用救人，無不神效。　江寧府紫極宮刻石記曰：但是發背及癰疽，惡瘡腫核初起有異，皆可灸之，不計壯數，惟要痛者灸至不痛，不痛者灸至痛極而止。疣贅之類，灸之亦便成痂自脫，其效如神。　李迅《論蒜錢灸法》云：癰疽之發，着灸勝於用藥。緣熱毒中鬲，上下不通，必得毒氣發洩，然後解散。凡初發一日之內，便用大獨頭蒜，切如小錢，厚貼頂上，灸之三壯一易，大槩以百壯為率，一使瘡不開大，二使內肉不壞，三瘡口易合，一舉而三得之。但頭及項以上切不可用此，恐引氣上，更生大禍也。《外科精義》曰：凡背上覺腫硬疼痛，便用溼紙貼尋瘡頭，乃隨瘡頭大小灸之。

愚按：大蒜之用，用者類以為辛温行諸病，通達走竅，如諸家所說各證，皆得療之。雖然，無論辛溫之味居多，即辛温而通竅者亦不乏也，何以茲物能有如是之效乎？詎知《別録》《本草》首言其歸五臟，則已察茲物之異於他辛温者，為其本陽而歸陰，以致其氣化之陽獨有殊效也。故如寒溼氣痛，心腹冷痛，一切痃癖，水氣腫滿，寒瘧冷痢，此皆陰不得陽以化也，而陰反困陽，此味能導陽以歸陰，陰還化於陽，而陽不困矣。又如二便不通，衄血不止，暴痢瀉泄，產後金瘡中風，癰疽腫毒，腦瀉鼻淵，此又陽不得陰以化也，而陽乃傷陰，茲物能馭陽以歸陰，陽得徹於陰而陽乃和矣。是當陽之隔者而使之合，似為能通其壅氣。陽之淫者而使之和，似為能宣其勝氣。諸方書謂為通達走竅，能行諸氣，斯語亦近似之矣。但於達陽歸陰之義，尚未探討，若止以宣通盡之，則如上諸證便有能有不能，安得悉此味之所長而用之乎？且不究其歸陰，而止謂假其辛熱以為功，則如衄血，中暑，大小便閉等證，又何所藉而用之乎？悉此義是辛温有毒，不必為茲物諱，但投其所宜，即因此收功而除患，亦何可少也？苟違其所宜，如快散邪之留於氣麗於血者，非有餘之氣血不足以勝之矣，豈非無益而有損乎？至久食多食，如時珍所云荏苒不悟者，其說良不謬也。

附方　水氣腫滿，大蒜、田螺、車前子等分，熬膏，攤貼臍中，水從便漩而下，數日即愈。　寒瘧冷痢，端午日以獨頭蒜十個，黄丹二錢，搗丸梧子大，每服九丸，長流水下，甚妙。　關格脹滿，大小便不通，獨頭蒜燒熟，去皮，綿裹納下部，氣立通也。　暴痢瀉泄，大蒜搗貼兩足心，亦可貼臍中。　下痢禁口及小兒泄痢，方同上。　產後中風，角弓反張，不語，用大蒜三十瓣，以水三升，煮一升，灌之即甦。　腦瀉鼻淵，大蒜切片，貼足心，取效止。　頭風苦痛，用大蒜七個，去皮，先燒紅地，以蒜逐個於地上磨成膏子，却以殭蠶一兩，去頭足，安蒜上，碗覆一夜，勿令透氣，只取殭蠶研末，嗃入鼻內，口中含水，甚效。

希雍曰：　蒜性温屬火，氣味臭烈。凡肺胃有熱，肝腎有火，氣虛血弱之人，切勿沾唇。雖有暖脾胃祛寒溼之功，亦宜暫用，切勿過施，過則生痰動火，傷神散氣，損目耗血，切戒！　切戒！

清·郭章宜《本草匯》卷一三　大蒜　辛，溫，有毒，入足陽明、太陰、厥陰經。消穀化肉，辟鬼驅邪。破痃癖多功，灸惡瘡必效。搗貼胸前，痞膈資外功之益。研塗足底，火熱有下引之奇。

按：　大蒜薰烈走竄，能通五藏，達諸竅，去寒濕，其功至捷。外塗皮肉，發疱作疼，則其入腸胃而搜刮，槩可見矣。多食傷肺損目。肝開竅于目，目得血而視，辛溫太過，則血耗矣。大蒜屬火，性熱喜散，快膈傷氣之禍，積久自見，養生者忌之。中暑毒人，搗爛，同道上熱土，温水服之，下咽即知。禁飲冷水。鼻衄不止者，研如泥，作餅，貼足心，左貼右，右貼左，兩鼻俱出齊貼，立瘥，即去。大抵毒瘡、腫毒不能別者，取獨頭蒜兩顆，擣爛，麻油和，厚傅瘡上，乾即易之，神効。或背瘡初起，一日之內，將濕紙貼尋瘡頭，用大蒜十顆，淡豆豉半合，乳香一錢，細研，隨瘡大小，用竹片作圈圍定，填藥于內二分厚，灼艾灸之，痛至痒，痒至痛為率。但頭及項以上，切不可用此，恐引氣上也。肺胃有熱，肺腎有火，氣虛血弱之人，切勿沾唇。傷氣故也。雖有暖脾胃，祛濕寒之功，亦宜暫用，切勿過施。

不可同蜜食，殺人。

清·尤乘《食鑒本草·菜類》　蒜　辟瘟疫惡氣，快胃消滯。久食生痰動火，傷肝損目，弱陽。食蒜行房令面無顏色。治魚骨鯁，塞鼻即出。又治寒傷，搗敷立効。忌魚鮓、蜜同食。

清·朱本中《飲食須知·菜類》　大蒜　味辛，性溫，有毒。生食傷肝氣，損目光，面無顏色，傷肺傷脾。生蒜合青魚鮓、鯽魚食，令人腹內生瘡，腸中腫，又成疝瘕，發黄疾。合蜜食，殺人。多食生痰，助火昏目。四八月食之傷神，令人喘悸。多食生蒜行房，損肝失色。凡服一切補藥及地黄、牡丹皮、何首烏者，忌之。能解蠱毒，消肉積。同雞肉食，令瀉痢。同雞子食，令氣促。勿同犬肉食。妊婦食之，令子目疾。

清·何其言《養生食鑒》卷上　大蒜　味辛，性溫，有小毒。解蠱毒，辟邪惡、疫氣瘴氣、蛇蟲溪毒。治中暑，霍亂轉筋腹痛，爛嚼，溫水送之。鼻衄不止，搗，塗脚心，止則拂去。癰疽腫毒初起，同豆豉搗成餅，蓋上，多用艾灸，痛至不痛，〔不痛〕至痛即消，惟頭項者，不宜。少食，能消食下氣，健胃化肉，行濕，破冷氣痃癖。多食，生痰，動火，昏目。同生魚食，令人奪氣、發黄及陰核痛。病後勿食。風疾者、脚氣者，忌食。勿悮蒜行房，恐損肝氣。

清·閔鉞《本草詳節》卷七　大蒜　【略】按：　蒜氣熏烈，能通五臟，達諸竅，去寒濕，辟邪惡，消癰腫，化癥積肉食。北方食麪，尤不可無。但辛散氣，熱助火，有傷肺損目，昏神伐性之害。灸法用之，勝于用藥，令毒氣發泄，自然解散。惟頭及項以上，切不可用，恐引氣上，更生大禍也。

清·王翃《握靈本草》卷六 大蒜獨子者入藥更良。 主治： 大蒜辛，溫，有小毒。主下氣，消穀化肉，健脾胃，治腎氣，止霍亂轉筋，腹痛，除邪祟，解溫疫，蛇蟲蠱毒，中暑泄痢，乾霍亂，關格。

清·汪昂《本草備要》卷四 大蒜宣，通竅，辟惡。張騫使西域，始得種入中國，故一名葫。 辛，溫。開胃健脾，通五藏，達諸竅，凡極臭極香之物，皆能通竅。去寒濕，解暑氣，辟瘟疫，消癰腫，搗爛，麻油調敷。破癥積，化肉食，殺蛇蟲蠱毒。治中暑不醒，搗和地漿，溫服。鼻衄不止，搗貼足心，能引熱下行。關格不通，搗納肛中，能通幽門。敷臍能達下焦，消水，利大小便。切片爍艾，灸音九一切癰疽，惡瘡腫核。獨頭者尤良。李迅曰：癰疽着灸，勝于用藥。緣熱毒中膈，上下不通，必得毒氣發泄，然後解散。初起便用獨頭大蒜，切片灸之，三壯一易，百壯爲率。但頭項以上，切不可灸，恐引氣上，更生大禍也。史源曰：有灸至八百壯者，約艾一篩。初壞肉不痛，直灸到好肉方痛至夜火焮，滿背高阜，頭孔百數，則毒外出，否則内逼五藏而危矣。《綱目》曰：《精要》謂頭上毒不得灸，此言過矣。頭爲諸陽所聚，艾宜小如椒粒，炷宜三五壯而已。又按：東垣灸元好問腦疽，艾大如兩核許，灸至百壯，始覺痛而痊。由是推之，頭毒若不痛者，艾大壯多，亦無妨也。然其氣薰臭，多食生痰動火，散氣耗血，損目昏神。五葷皆然，而蒜尤甚。《楞嚴經》云：五葷熟食發淫，生啖增恚，故釋氏戒之。釋家以大蒜、小蒜、興渠、慈葱、茖葱爲五葷。慈葱，冬葱也；茖葱，山葱也；興渠，西域菜，云即中國之荽。道家以韭、薤、蒜、胡荽、芸薹爲五葷。芸薹，油菜也。 忌蜜。

清·吴楚《寶命真詮》卷三 大蒜【略】消穀化食，辟鬼除邪，破痃癖，灸惡瘡。 搗貼胸前，外攻痞格。研塗足底，火熱有下引之奇。

清·陳士鐸《本草新編》卷四 蒜 大蒜： 味辛，氣大溫，有毒。入五臟。解毒去穢，除瘧辟瘟，消肉消食，止吐止瀉。外治塗足心，可以止衄。此物亦可救急，但不宜多食，過傷損胃脾之氣耳。

古人云： 蒜有百益，其損在目。然而損不止在目也。耗肺氣，傷心氣，動胃氣，消脾氣，伐腎氣，觸肝氣，發膽氣，此人之未知也。但有損而有益，祛寒氣，辟臭氣，止逆氣，解毒氣，除瘧氣，消肉氣，此則人之所知也。兩相較之，損多而益少，未可謂益百而損一也。

清·李熙和《醫經允中》卷二二 蒜 辛，溫，有小毒。主治溫中消穀，開胃健脾，吐腹中蟲積，除邪痺毒氣，去寒解暑，利水，治蠱；傳蛇犬、蟲咬傷； 塗疔腫，切片隔火艾灸毒妙。多食則生痰發嗽，損肝昏目，助火傷肺，迷神之物也。

清·馮兆張《馮氏錦囊秘錄·雜症痘疹藥性主治合參》卷七 葫稟火金之氣以生，味辛，氣溫，故性有毒。入足陽明、太陰、厥陰。辛溫能辟惡散邪，走竄無處不到，故主除風邪，殺毒氣，去寒濕，散癰腫，化積聚，暖脾胃，行諸氣，去痃癖，止霍亂，解溫疫也。雖能快氣利膈，但辛溫太過，久食損神，散氣耗血，目昏氣虛血弱之人，尤戒勿食。外塗皮肉發泡，入腸搜利，概可知也。 葫，即大蒜。氣大溫，屬水，有毒。入藥獨頭者佳。同黃連丸治腸風，加平胃散治噎氣。納二鼻，提魚骨鯁即出。灸腫毒癰疽，初生可散。敷蛇蟲蠆瘡。除勞瘧痃癖，辟瘟瘴疫癘。制蛇犬咬傷。中脘卒得冷疼，嚼之即解。旅途忽中暑毒，用此可敺。鼻衄不止，搗塗足心，左塗右，右塗左，兩鼻俱出，雙足俱塗。仍解蠱毒殺蟲，華佗用以吐出蛇形蠱毒。更化肉積消穀，李氏煮食，吐出涎裹雞雛。但性熱雖能快膈，然實傷脾傷肺，傷血損目，不可久食。

清·张璐《本經逢原》卷三 蒜小者曰蒜，大者曰葫。 辛，溫，小毒。服雲母人切禁，胡蒜、獨顆蒜尤忌。 發明： 葫之與蒜功用彷彿，並入手太陰、陽明。氣味薰烈，能通五藏，達諸竅，去寒濕，辟邪惡，消癰腫，化癥積肉食，主溪毒下氣。治蠱傳蛇蟲沙蝨瘡，此其功也。夏月食之解暑，多食傷氣損目。養生者忌之。艾火灸用獨顆蒜甚良，以其力專也。凡中暑毒人，爛嚼三四瓣下咽即知。又鼻衄不止者，擣貼足心，衄止即拭去之。蒜齏水頓服二升，吐腹中蟲積。噎膈食不得下，腹熱如火，手不可近者，皆效。但胃虛少食者，誤投是速其咎也。腳氣風病，及時行病後忌食，為其能鼓舞餘毒也。服雲母、鍾乳人勿食，為其能攪散藥力，犯之必腹痛泄利，前功盡棄也。〇小蒜主霍亂腹中不安，溫中，除邪痺毒氣。黃帝云，食小蒜、噉生魚，令人奪氣，陰核疼。不可共韭食，令人身重。

清·汪啟賢等《食物須知·諸菜》 大蒜 味辛，氣大溫，屬火，有毒。大者曰葫，多種園内； 小者名蒜，自產山中。端午採收，性最熏臭，為菜，歸五臟。納兩鼻，提魚鯁即出。置鼻内，掩熏臭氣不聞。散疣癥蠹瘡，除勞瘧痃癖，辟瘟瘴疫癘，制蛇犬咬傷。中脘卒得冷疾，嚼之即解； 旅途急中暑毒，用此可驅。仍解蠱毒殺蟲，更化肉積消穀。生啖，傷肝氣損目； 久食，傷脾肺損痰。丹溪云：葫蒜屬火，性熱善散，快膈，故人喜食之，多用於暑月。其傷脾傷氣之禍，積久自見。化肉之功，不足信也。有志養生者，宜自知警。

清・浦士貞《夕庵讀本草快編》卷三　葫《別錄》、大蒜　張騫得種西域，因名，以別小蒜。入藥取獨子者佳。　葫蒜屬火，性熱喜散，乃太陰、陽明之味也。其氣薰烈，能通五臟，達諸竅，去寒濕，辟邪惡，消癰腫，化癥積，乃其功也。故王禎稱之曰：味久不變，可以資生，可以致遠，調鼎俎，代醯醬，攜之旅塗，炎風瘴雨不能加，食餲腊毒不能害。北方喜葷，猶不可缺。南人畏暑，藉此最良。乃食經之上品，日用之多助者也。雖然，祇可暫用，不宜頻服，恐其辛能散氣，熱能佐火，傷肺、損目、昏神、伐性之害耳。

清・葉盛《古今治驗食物單方》　大蒜　時氣溫病，初得頭痛壯熱，脉大，即以蒜取汁一二盞，頓服，不過二次愈。　霍亂轉筋，以小蒜、食鹽各一兩，搗，敷臍中，灸七壯，立止。　瘧疾，小蒜研如泥，入黄丹少許，丸如芡實大，每服一丸，面東，新汲水下。　頸項腫核，小蒜、吴茱萸等分，搗敷即散。　蛇咬、蝎螫，蒜搗汁服，以滓敷之，蜈蚣咬亦然。　大小便不通，獨蒜燒熟，納丹田，立通。　水腫，大蒜、田螺、車前子等分，熬膏，攤貼臍中，水從便出。　小兒臍風，獨頭蒜切片，安臍上，以艾灸之，口中有蒜氣即止。　脚肚轉筋，大蒜擦足心，令熱即安，仍以冷水食一瓣。

清・王子接《得宜本草・下品藥》　蒜　味辛，溫。主治邪痺蠱毒。得黄丹能止瘧。

清・修竹吾廬主人《得宜本草分類・痢疾門》　大蒜　味辛，温。得蛤粉治水腫。

清・吴儀洛《本草從新》卷四　大蒜〔宣，通竅闢惡。〕即葫。　辛，熱，有毒。開胃健脾，消穀化食，肉食尤驗。辟穢驅邪，通五臟，達諸竅，凡極臭極香之物皆能通竅。去寒滯，解暑氣，辟瘟疫，消癰腫，搗爛，麻油調敷。破癥積，搗貼亦妙。殺蛇蟲蠱毒。治中暑不醒。搗，和地漿溫服。搗貼足心，能引熱下行，治鼻衄不止。搗納肛門，能通幽門，治關格不通。敷臍能達下焦，消水，利大小便。切片灼艾，灸一切癰疽惡瘡腫核。李迅〔李迅《癰疽方論》。〕云：癰疽着灸，勝於用藥。緣熱毒中膈，上下不通，必得毒氣發泄，然後解散。初起便用獨頭大蒜切片灸之，三壯一易，百壯為率。但頭項以上切不可灸，恐引氣上，更生大禍也。史源云：有灸至八百壯者，約艾一篩，初壞肉不痛，直灸到好肉方痛，至夜火焮，滿背高阜，頭孔數百則毒外出，否則內逼五臟而危矣。　性熱氣臭，生痰動火，散氣耗血，昏目損神伐性，五葷皆然，而蒜尤甚。《楞嚴經》云：五葷，熟食發淫，生啖增恚。釋氏以其有損性靈，故絕之也。煉形家以小蒜、大蒜、韭、芸薹、胡荽為葷，道家以韭、薤、蒜、芸薹、胡荽為五葷，佛家以大蒜、小蒜、興渠、慈葱、茖葱為五葷。慈葱，冬葱也。茖葱，山葱也。興渠，西域之菜，云即中國之荽，一說即阿魏也。　虛弱有熱之人，切勿沾唇。獨頭者佳。忌蜜。

清・汪紱《醫林纂要探源》卷二　大蒜　辛，甘，熱。此胡蒜也。漢張騫得自西域。古中國只有小蒜，今竟不知為何物。李時珍以小而色赤辛甚者為小蒜，大而色白味甘者為大蒜。此不然也。赤白辛甘，因土之肥瘠而異，非二種也。竊謂小蒜，乃今之藠子，其根下成椎，故古以蒜名。蒜者，算籌也。生則辛多性烈，熟則甘多稍緩。　命火之氣，潤腎補肝，宣達九竅，攻決六淫，陽氣宣達，故凡風寒暑濕清暍之邪，皆能驅之。且能辟瘟疫，消癰腫，破癥結，消肉食，殺蛇蟲毒。大要性似附子，但無其毒，且味甘則尚有和緩意。和胃健脾，以味甘色白，入氣分。行水，以辛行。利膈，通上下。無所不通。不能如葱之發表，非若其中通外直，能瀉肺而開腠理也。多食生痰動火，散耗氣血，損目昏神。為害同酒，命火上炎之過，壯火食氣，熱生濕成痰，且陽盛陰虧，火盛水衰，則散而昏瞀矣。忌蜜。

清・嚴潔等《得配本草》卷五　葫一名大蒜。　辛，溫，有毒。入足太陰、陽明經。通五臟，達諸竅，破冷氣，去風濕，除邪惡，化癥瘕，消水腫，制陰毒。得川連，治腸風下血。煨熟搗丸。配平胃散，治噎氣。配淡豆豉、蒸餅搗丸，治小兒氣淋。合黄丹，治瘧痢。煨熟搗丸。合乳香，治腹痛。煨熟搗丸。蘸鯽魚食，治膈氣。搗田蠃貼臍，治水腫。搗膏貼足心，能引熱下行，治乾濕霍亂，吐血衄血，腦瀉鼻淵，泄瀉暴痢，腳肚轉筋。　獨頭者尤佳。中暑，和地漿搗服。灸瘡，切片，上加艾灸之。消癰，和麻油調敷。　多食傷脾肺，耗肝血，損目昏神。　內有痰火、服補藥者禁用。同蜜食殺人。　怪症：眉毛動搖，目不能交睫，喚之不應，但能飲食，經日不愈。用蒜三兩取汁，酒下。

題清・徐大椿《藥性切用》卷六　大蒜　性味辛溫，通竅辟穢，導滯殺腥，為中暑卒厥通竅耑藥。多食昏目損神。大蒜梗，能治疝連宗筋。

清・黄宮繡《本草求真》卷四　大蒜宣竅逐寒辟惡。　大蒜耑入脾、胃諸竅。時珍曰：按孫愐《唐韻》云：張騫使西域，始得大蒜、胡荽，則小蒜乃中土舊有，而大蒜出胡地，故一名葫。　氣味辛溫，開胃健脾，宣竅辟惡，為祛寒除濕，解暑散痰，消腫散毒第一要劑。然究皆因味辛則氣可通，性溫則寒可辟，而諸毒、諸惡、諸濕、諸熱、諸積、諸暑，莫不由此俱除矣！是以書云，功能破堅，化肉殺蟲。宗奭曰：葫氣極葷，置臭肉，反能掩臭。此其功也。時珍曰：葫蒜其氣薰烈，能通五臟，達諸竅，去寒濕，辟邪惡，消癰腫，化癥積肉食。此其功也。暨用此貼足，則鼻衄能止。引陽歸陰。用此導閉，則幽明能通。辛以散寒。用此敷臍，則下焦水氣能消。辛能散水。用此切片艾灸，則癰毒、惡毒、瘡腫核能起。江寧府紫極宮刻石記其事云，但是發背，及癰疽惡瘡腫核初起有異，皆可灸之，不計壯數。惟要痛者灸至不痛，不痛者灸至痛極而止。疣贅之類灸之，亦便成痂自脫，其效如神。李迅曰：癰疽着灸勝於用藥，緣熱毒中隔，上下不通，必得毒氣發洩，然後解散，初起便用獨頭大蒜切片灸之，三壯一易，百壯為率。但頭項以上，切不可灸，恐引氣上行更生大禍也。史源曰：有灸至八百壯者，約艾一篩，初壞肉不痛，直灸到好肉方痛，至夜火焮滿背，瘡高阜而熱，非艾火出其毒於壞肉之裏，〔否〕則內逼五臟而危矣！　但其氣薰臭，多食恐能生痰動火，散氣耗血，損目昏神。藏器曰：初食不利目，多食却明。久食令人血清，使毛髮白。時珍曰：久食傷肝損眼，今北人嗜蒜宿炕，故盲瞽最多。亦忌與蜜同食。與蜜得葱益脹意相同。

清·李文培《食物小録》卷上　蒜　蒜苗、蒜頭、小蒜功味略同。　辛，溫，有毒。歸五臟，消穀化肉食，下氣健脾胃，宣通溫補。醋浸經年者良，解水毒。

清·羅國綱《羅氏會約醫鏡》卷一七菜部　大蒜　味辛溫，有毒，入脾腎二經。　忌蜜。　開胃健脾，消穀化食。辟瘟疫，消癰腫，搗爛，麻油調敷。化肉食。用蒜醋則不悶。治中暑不醒，搗和地漿溫服。鼻衄不止，搗貼足心，引熱下行。關格不通。搗納肛中，能通幽門。搗貼臍，能達下焦，消水腫，利二便。切片爍艾，解一切癰疽惡瘡腫核。凡癰疽大毒，覓獨頭蒜切片貼毒上，以陳艾揉軟，安蒜上灸之。痛則易之，不須燒至泡起傷肉，三壯易蒜，以百壯為率。來日又如是灸之。初灸壞肉不痛，到好肉方痛，則毒外出。初起即散，已成者易愈，否則內逼五臟而危矣。　毆寒氣寒痰，療腸風，同黃連丸。噎氣，同平胃散。　除蠱毒，敷蛇蟲沙虱溪毒甚良。　按：性熱氣臭，凡虛熱之人勿用，即宜用者亦勿過用。若久食，動火傷肺，損目耗血，謹之！

清·趙學敏《本草綱目拾遺》卷八諸蔬部　蒜梗　此大蒜近瓣處中心短梗也，乾者入藥用。

治瘡成管：年希堯《集驗方》：用大蒜梗燒灰存性，搽患處，其管自消。

坐板瘡：《黃氏醫抄》：用蒜梗燒灰為末，先洗淨去靨，將藥末搽上。

洗漏立驗：《良朋彙集》云：夏應遴試效過，防風、荆芥、地骨皮、川椒、蘄艾、瓦松各五錢，槐條一兩，陳蒜梗二兩，共入麻布袋內，熬滾熱盪，止痛神效。

熏痔瘡：《救生苦海》：蒜梗陰乾，以火盆置微火，將梗投入，移火盆於木桶中。令患者坐熏之，四圍以衣被塞緊，勿走洩烟，三次自愈。

凍瘡：《種福堂方》：大蒜煎湯洗之。

清·黃凱鈞《藥籠小品》　大蒜　辛熱有毒，開胃健脾，消食去寒滯，利小便，消水腫，其氣鑽筋入髓，與麝臍同功。生痰助火，散氣耗血，昏神損目，虛熱之人，切勿沾唇。獨頭者切片灼艾，治一切癰疽惡瘡妙。

清·章穆《調疾飲食辯》卷三　蒜　有大、小二種。《古今注》曰茆蒜。《說文》曰葷菜。《綱目》曰：鍊形家以小蒜、大蒜、韭、芸薹、胡荽為五葷，道家以韭、薤、蒜、芸薹、胡荽為五葷，佛家以大蒜、小蒜、興渠阿魏也、慈葱、茖葱為五葷。《蜀本草》曰蒚。《農書》曰澤蒜。《衍義》曰宅蒜，蓋澤字之譌。以上諸名，皆小蒜也。葉如韭，根僅如薤。今所蒔者為大蒜，本名葫，又名胡蒜，漢時始自西域入中國。二蒜生熟異性，其理與葱、韭、薤同。能溫中化食，理脾胃，除邪痹，止霍亂，消脹滿。凡醬藏、鹽藏、醋浸蒜瓣，均能開胃進食。又能解各種毒：一麪毒，食小麥麪，搗蒜如泥，加鹽、醋為調和，即不作渴；一水毒，春夏大雨暴漲，山中腐草、蛇蟲諸毒，流入谿澗或井中，飲之令人腹脹作泄，或食蒜，或每日搗蒜數瓣浸水缸中，俱解；一暑毒，葉石林《避暑錄話》曰：一僕夫暑月馳馬，忽仆地欲絕，用大蒜及道上熱土同研爛，新汲水和，取汁，抉齒灌之即醒；一飲食腥羶蟲魚毒，魚、肉腐敗，搗生蒜入，臭氣即為所掩，食之有味，且不傷人，《農書》所謂化腐臭為神奇，調鼎俎代鹽酪也；一蛇毒，凡被毒蛇螫，急飲白芷、雄黃煎酒，白芷宜多，煎酒汁濃，盡量飲，略醒又進，常令醺醺，藥氣不斷。多食生、熟大蒜，則毒不內攻入腹。《食療本草》曰：蛇螫，用大蒜搗爛封之，日六七易。另以蒜一升去皮，人乳二升，煮熟，空心頓服，明日又進。又以蒜一升搗爛，人尿一升，煮三四沸，浸傷處。《梅師方》用獨頭蒜，同酸莓草即破銅錢草搗敷。一閉口椒毒，花椒閉口者有毒，能殺人。即開口者，藥中、食中用之太過，中其毒亦可殺人，性熱故也。煮蒜食出《金匱》方。一蟹毒，令人瞀亂發狂，或吐血，或便血、溺血，不急治亦殺人。蒜瓣煮汁飲。又治心腹冷痛，醋煮大蒜，每日食。又治血逆心痛，用行氣散寒藥不效者，生蒜搗汁頻飲。並出《肘後方》。又治氣淋，腹脹，大便時閉時泄，小便淋瀝，為氣淋，大蒜煨熟，每日空心食。出《集驗方》。又治暴下血，用滋陰涼血藥愈甚者，大蒜五七枚，去衣搗爛，豆豉數百粒，同搗為丸梧子大，每米飲下五六十丸。出《衍義》。又治腸毒下血，獨頭蒜煨熟，同黃連末搗為丸，日日米飲服。出《濟生方》。又治積年心痛，煮蒜，勿着鹽，飽食。出《兵部手集》。又能吐蟲、吐蠱。《綱目》曰：李延壽《南史》云：李道念病五年，丞相褚澄診之云：食白瀹雞子過多，取蒜一升，煮食，吐出雞鶵翅足俱全，凡十二枚而愈。《後漢書》云：一人病噎食不得下，華佗令飲蒜虀三升，立吐一蛇。《奇疾方》曰：人頭面上有光，他人手近之如火熾者，中蠱也。蒜汁半兩，和酒服，當吐物如蛇狀。又云：眉毛動搖，目不交睫，喚之不應，但能飲食，亦用前方。其外用也，一灸艾，疔腫、發背及一切內症用灸者，均必須此。有二法：李迅曰：蒜瓣切薄片如錢厚，炷火灸三壯一易，能使瘡不開大，又能使內肉不壞，瘡口易合。《外科精義》曰：用醋浸紙封瘡上，視先乾處為瘡頭。隨瘡頭大小，以蒜十顆，淡豉數十粒，乳香一錢，同搗爛，貼瘡頭二分厚，着火灸之，痛灸至癢，癢灸至痛。一搗敷足心，治霍亂轉筋，下利噤口惡症。又治傷寒久熱，不省人事，四肢厥冷；又治鼻衄不止，皆能引熱氣下行。一搗敷臍中，治寒瀉、冷痢，小兒臍風。敷訖灸之，灸至口中有蒜氣則愈。或用鹽、蒜同搗敷臍，灸七壯。亦可治霍亂轉筋。一汁噙鼻中，治頭風疼痛。一煨熟搗爛塞入肛門，治關格，大小便閉。一燒熱揩牙，治胃火及蟲牙腫痛。此物之功，在性熱而能散熱，故不刼陰，而反能解暑毒、蛇毒、麪毒及椒、蟹諸熱毒。且外敷腫毒。蓋腫毒屬陽者，敷寒涼藥本不為誤，而熱結則不散，愈用寒藥冰之，則愈不散。惟大蒜搗汁和大黃末敷，或加醋，最為良法。凡性熱者，皆散寒，皆能助熱，獨此熱而散熱。即外敷足心、敷臍、納下部、噙鼻諸法，總一散熱之效也。而其害則在熏辛葷臭，故多食耗氣傷血，損目昏神。凡葱、韭、薤、胡荽、芥、萊菔等俱損目，惟蒜為最。《拾遺》乃云：初食昏目，久食反明目。大誤。蒜葉、蒜臺即二三月抽出之莖，俗名蒜心，又呼蒜苗。功不及蒜瓣，害亦少。殺乾蒜梗、葉，煎湯洗凍瘡，極佳。若每年至冬必凍者，於五月五日、六月六日，以此湯浸洗一次，即不凍。孫氏曰：大蒜不可同生魚食，魚鱠、魚鮝皆生物。令人陰核作痛。又不可同蜜食。野生者名蒚。《爾雅》曰：蒚，山蒜。

清·張德裕《本草正義》卷上 大蒜頭 辛，溫，有小毒。善能溫中行滯，破氣消脹，療夏秋沙氣，乾霍亂，生食數枚極效。消邪痺皷脹腹疼，化麵食、魚肉諸積。搗爛作餅，蒜上加艾灸癰毒惡疔，甚驗。

清·楊時泰《本草述鉤元》卷一五 葫 自胡地來。一名大蒜。小蒜根莖俱小而瓣少，其味辣甚。大蒜莖大瓣多，辛而帶甘。皆八月種，春食苗，夏初食薹，五月食根，八月收種。

味辛氣溫，熏烈有毒。入太陰陽明經。主治歸五臟，通達走竅，行諸氣，去寒濕，破冷氣，辟邪惡，化積聚，消水腫，解瘴毒疫氣。加平胃散，治噎氣。同黃丹丸，治寒瘧痢。搗汁飲，治產後中風角弓反張。同道上熱土治中暑不醒。貼足心，療衄血不止，并腦瀉鼻淵。貼兩足心或臍中，止泄瀉暴痢及下痢噤口。同梔子、鹽花塗臍，通小便。同殭蠶噙鼻中，療頭風。納肛中，通幽門，治關格不通。連艾炷，灸癰疽百遍，大撤毒氣。毒瘡腫毒，號叫，眠臥不得，人不得別者。取獨頭蒜兩顆搗爛，麻油和，厚傅瘡上，乾即易之，屢用神效。凡癰疽發背，惡瘡腫核，初起有異，皆可用獨蒜頭，切如小錢厚，貼瘡頂上，灸三壯一易，大約百壯為率，要令痛者灸至不痛，不痛者灸痛極止。能使瘡不開大，又使內肉不壞，并瘡口易合，一舉而三得之。惟頭及項以上切不可灸，恐引氣上，更生大禍。疣贅之類灸之，亦便成痂自脫，其效如神。水氣腫滿，大蒜、田螺、車前子等分，熬膏，攤貼臍中，水從便漩而下，數日即愈。寒瘧冷痢，端午日以獨頭蒜十個，黃丹二錢，搗丸梧子大，每服九丸，長流水下，甚妙。關格脹滿，大小便不通，獨頭蒜燒熟去皮，綿裹納下部，氣立通。產後中風，角弓反張，不語，用大蒜三十瓣，水三升，煮一升，灌之即甦。頭風苦痛，大蒜七個去皮，先燒紅地，以蒜逐個於地上磨成膏子，卻以殭蠶一兩去頭足安蒜上，碗覆一夜，弗令透氣，只取殭蠶，研末，噙入鼻內，口中含水，甚效。

論：《別錄》《本草》首言大蒜歸五臟，達諸竅，為其本陽而歸陰，以致其氣化之陽，獨有殊效也。故如寒濕氣痛，心腹冷痛，一切痃癖，水氣腫滿，寒瘧冷痢，此皆陰不得陽以化而反困陽之病，大蒜能導陽以歸陰，陰還化於陽而陽不困矣。又如二便不通，暴痢泄瀉，產後，金瘡，中風，癰疽腫毒，衄血腦瀉鼻淵，此又陽不得陰以化而乃傷陰之證，大蒜能馭陽以歸陰，陽得徹於陰而陽乃和矣。當陽之隔而使之合，似為能通其壅氣。當陽之淫而使之和，似為能宣其勝氣。諸書判以通達走竅行諸氣，似亦近之，但不究及其歸陰。而若只假其辛熱，則如衄血中暑大小便秘等證，何所藉而用之乎。總之，辛溫有毒，不必為玆物諱，而邪之留於氣麗於血者，非有餘之氣血，固不足以勝之。

瀕湖云：散氣助火，傷肺損目，昏神伐性之害，人多茌苒受之。仲淳言：凡肺胃有熱，肝腎有火，氣虛血弱之人，切弗沾唇。脾胃寒濕，亦止宜暫用，切弗過施，過則生痰動火，傷耗實多。

清・葉桂《本草再新》卷六 大蒜味辛，性熱，有小毒。入脾、胃二經。 健脾消食，驅邪解穢。通五臟，達諸竅，去寒，解瘟疫，消癰腫，殺蟲敗毒。

清・吴其濬《植物名實圖考》卷三 蒜 《別錄》下品，葫，《別錄》下品。小蒜為蒜，大蒜為葫。諸家說同。唯李時珍以瓣少者為小蒜，瓣多者為大蒜，其野生小蒜，別為山蒜。范石湖，在蜀為蒜所薰，致形譏嘲，若北地則頓頓伴食，同於不徹，行炙而不得鹽蒜，其能敩張融搖指半日，而口不言耶？祈寒暑暍得之者，以為滹沱粥、清涼散。《避暑錄話》：一僕暑月馳馬，仆地欲絕，王相教用大蒜及道上熱土各一握研爛，以新汲水一盞和取汁，抉齒灌之即甦。今官道勞人，囊盛而趨，活人殆無算也。曾見負戴者蹲而大嚼，不止晉帝盡兩盂燥蒜矣，然目不赤而腹不螫，異於袁子所覿。食治葛而粥硫黃，性固有偏。五月五日食卵及蒜，哀牢以東風俗同之。《小正》納卵蒜之訓，奕禩遵行，順民情也。損性伐命，服食所忌。然裴晉公有言，雞猪魚蒜，遇着即食，何況餘子閔仲叔含菽飲水，周黨遺以生蒜，受而不食。李恂為兖州刺史，所種小麥、胡蒜，悉付從事而不留，清介之士，不取一介如此。

雩婁農曰：《離騷》索胡繩之纚纚，王逸注：香草，言紉索胡繩，令澤好，以善自約束；洪慶善云：胡繩謂草有莖葉，可作繩索者。皆望文生義而不能名其物。吴仁傑《草木疏》以胡為葷菜，本陶隱居；今人謂大蒜為葫也，以繩為繩毒，本《廣雅》蛇床，一名繩毒也。蛇床氣味微芬，宜近香澤；葫氣至穢。一薰一蕕，十年有臭。無乃移鮑魚之肆，以近芝蘭之室乎？草木名胡者多矣，固不可盡以葫當之。而胡繩一物，古無確詁，以為虺床，尚各從其類耳。

清・趙其光《本草求原》卷一五菜部 大蒜一名胡蒜。 辛，溫，小毒。能導陽氣歸於五臟，以宣陰中之滯氣通竅。凡辛香臭極皆通竅，而此獨能引陽歸陰。治寒濕氣痛，心腹冷痛，一切痃癖、水氣腫滿、寒瘧冷痢、皆陰中無陽以化也。二便不通、衄血、腦瀉、鼻淵、暴痢、泄瀉、產後、金瘡、中風、癰疽腫毒。皆陽鬱陰中也。 辟邪惡，散濕，消穀化肉，磨積，解暑，除疫，殺蛇蟲蠱毒，中暑不醒，搗和地漿溫服。行諸氣以治有餘之病。多食生痰動火、散氣耗血、損目昏神。陰虛切忌。搗貼塗腳心，治鼻衄及乾濕霍亂轉筋。

同田螺、車前子熬膏，貼臍中，能消下焦水腫，從尿而出。搗納肛中，治關格二便閉。同黃丹為丸，長流水下，治寒瘧冷痢。搗貼足心，又治暴痢泄瀉及噤口痢，腦瀉鼻淵。皆引熱下行也。 煮水灌產後中風。先燒紅地，以蒜磨地上成膏，將僵蠶去頭足，安蒜上，碗覆一夜，取僵蠶為末嗃鼻，口含清水，治頭風痛。同梔子、鹽塗臍，通小便。和熱土搗，入新汲水取汁，灌中暑欲絕。搗和麻油，厚敷一切瘡腫，乾即易，最效。又貼瘡上灸之，能消一切癰疽。或曰：頭上忌灸。然不知痛者雖頭毒不妨。昔東垣治腦疽，灸百壯始知痛而愈。 同齏水頓服，吐腹中蟲積，噎膈不下，腹熱如火、手不可按者，皆效。夏月食之解暑。一法用熟雞蛋去黃，以爛蒜填滿，覆瘡上，加艾灸之，最散毒。

服雲母、鍾乳人勿食，犯之則腹痛泄痢。忌韭、蜜、生魚同食。

清・文晟《新編六書》卷六《藥性摘錄》 大蒜 辛，溫。（問）〔溫〕胃健脾，宣竅辟惡，為除寒除濕，解暑散痰，消腫敗毒第一要藥。並能破堅化肉，殺蟲。貼足則止鼻衄，敷臍則消水氣。切片艾灸，則癰腫惡瘡能起發。○多食恐生痰動火，散氣耗血，損目昏神，亦忌與蜜同食。

大蒜 氣味辛溫。開胃健脾，宣竅辟惡，祛寒去濕，解暑散痰，消腫敗毒。並能破堅化肉，殺蟲。多食恐生痰動火。亦忌蜜。詳藥部。

清・張仁錫《藥性蒙求・菜部》 大蒜 大蒜辛溫，溫中消穀。辟惡祛邪，食多傷目。去寒滯，破癥積。搗貼足心，能引熱下行，治鼻衄不止。獨頭者佳。虛弱有熱者，切勿沾唇。

清・王孟英《隨息居飲食譜・蔬食類》 葫今名大蒜，漢時自西域來。 生辛熱，熟甘溫。除寒濕，辟陰邪，下氣，暖中，消穀化肉，破惡血，攻冷積，治暴瀉腹痛，通關格便祕，辟穢解毒，消痞，殺蟲，外灸癰疽，行水止衄，制腥臊鱗介諸毒。入藥以獨子者良。昏目損神，不宜多食。陰虛內熱、胎產、痧痘、時病、瘡瘧、血證、目疾、口齒喉舌諸患，咸忌之。子苗皆可鹽藏，葉亦可茹，性味相似。 乾濕霍亂轉筋，噤口痢，鼻淵、鼻衄不止，並擣蒜，貼湧泉穴。 喉痹腫痛，諸物鯁喉，竝水腫溺閉，大蒜、田螺、車前子等分，杵，攤臍中。 陰疽陰毒，以蒜片安瘡頂，艾炷灸之。 蛇蝎蜈蚣齩，杵蒜封之。 心腹冷痛，虛寒瀉痢，陳年醋浸大蒜，食數顆。

清・劉善述、劉士季《草木便方》卷二穀糧豆菜部 胡蒜 獨蒜辛溫通關竅，消腫殺蟲蛇毒要。葉梗解毒寒濕痛，小兒丹毒煎洗妙。

清・田綿淮《本草省常・菜性類》 蒜 一名葫，一名葷菜。性熱。解百毒，開胃健脾，通竅辟惡，破癰消腫。多食動火生痰，散氣耗血，損目昏神。久食鬚髮易白。食蒜行房傷肝氣，令人變顏色。同雞鴨食滯氣；同魚鮓食令人腹肉腫；同犬肉、蜂蜜食殺人。服地黄、何首烏、丹皮、鍾乳者忌之。

清・戴葆元《本草綱目易知録》卷三 大蒜葫，葷菜。 辛，溫，有毒。入太陰陽明經。健脾開胃，消穀下氣。其氣薰烈，能通五臟，達諸竅，去寒濕，解暑氣，除邪祟，辟瘟疫。療瘡癬，消癰腫，爛痃癖，化肉食，殺蚘蟲，止霍亂轉筋腹痛。溫水擣服，治中暑不醒。擣汁飲，治吐血心痛。煮汁飲，治角弓反張。擣貼足心，能引熱下行，治鼻衄不止及泄瀉暴痢噤口，乾濕霍亂。擣納肛中，能通幽門，治關格不通。和豆豉丸服，治暴下血，通水道。同鯽魚丸，治膈氣。同乳香丸，治腹痛。同黄丹丸，止瘧痢妊痢。同蛤粉丸，治水腫。擣敷臍，能達下焦，消水利大小便。切片，爍艾，灸一切癰疽。但性辛熱，多食傷脾肺肝膽，散氣生痰，助火昏神，損目。同蜜食，殺人。醋浸年久者，敷風損冷痛。惡瘡、蛇蟲、蠱毒、溪毒、沙蝨，並擣貼之。葆按：蒜分大小兩種。瓣分形似百合，味辛烈者，大蒜也。近出建德所產，葉青根白，無瓣分者，小蒜也。人家園内種蒔，作香點。

清・陳其瑞《本草撮要》卷四 大蒜 味辛，溫，入手足太陰、陽明經。功專開胃健脾，通五臟，達諸竅。搗爛麻油調敷消癰腫，破癥積。搗和地漿溫服，治中暑不醒。搗貼足心，治鼻衄。搗納肛門，治關格不通。敷臍消水利大小便。切片灼艾灸一切外瘍邪痹腫毒。得黄丹止瘧。然性熱氣臭，生痰動火，散氣耗血，昏目，損神伐性。有熱者，切勿沾唇。忌蜜。

清・吴汝紀《每日食物却病考》卷上 大蒜附小蒜。 辛，溫，有毒。消食，下氣，健胃，善化肉食。散癰腫，辟疫瘴氣，伏邪惡、蛇蟲、溪毒。鼻衄不止，搗塗脚心，止即拂去。醋浸經年者良，暑月少食之可也。但生食、多食傷肝損目，面無顔色，又傷肺傷脾引痰，宜戒之。獨子者，攻毒。如癰疽惡瘡初腫，取紫皮獨頭者，切片貼腫心，炷艾灸其上，覺痛即去。焦者，又换新者再灸。瘡初痛者灸不痛，不痛者灸痛，痒者亦如之。以多灸為良，無不効者。家蒜有二種，《正義》云：帝登蒚山，遭蕕芋毒將死，得蒜食乃解，遂收植之。《唐韻》云：張騫使西域，始得大蒜。故以古之所有蒚山移植者，稱為小蒜，以別之。根莖差小而瓣少，辣甚之。又有以小蒜稱蒜，而大蒜稱葫者，主治大蒜為良。又一種山野生者，曰山蒜，其用不如也。

還魂丹

清・吴其濬《植物名實圖考》卷一〇 還魂丹 還魂丹生四川山中。根如大蒜，黑褐色；葉似葧臍而更細密。土醫云治跌打有起死之功，亦極難得。

小蒜

唐・孫思邈《千金要方》卷二六《食治・菜蔬》 小蒜 味辛，溫，無毒。辛歸脾、腎。主霍亂、腹中不安，消穀，理胃氣，溫中，除邪痹毒氣。五月五日採，暴乾。葉：主心煩痛，解諸毒、小兒丹癣。不可久食，損人心力。黄帝云：食小蒜噉生魚，令人奪氣，陰核疼求死。三月勿食小蒜，傷人志性。

附：日・丹波康賴《醫心方》卷三〇 蒜 《本草》云：味辛，溫，無毒。歸脾腎，主霍亂，腹中不安。消穀理胃，溫中，除邪痹毒氣。崔禹〔錫〕云：性溫。薰臭，中風冷霍亂，煮飲汁至良。或云：主腹中生瘡及疝瘕。《七卷經》云：損人，不可長食。孟詵云：大蒜，熱，除風殺蟲毒氣。

宋・唐慎微《證類本草》卷二九菜部下品〔《別録》〕 蒜小蒜也。 味辛，溫，有小毒。歸脾、腎。主霍亂，腹中不安，消穀，理胃，溫中，除邪痹毒氣。五月五日採之。

〔梁・陶弘景《本草經集注》〕云：小蒜生葉時，可煮和食。至五月葉枯，取根名亂音亂子，正爾噉之，亦甚熏臭。味辛，性熱，主中冷。霍亂，煮飲之。亦主溪毒。食之損人，不可長服。

〔唐・蘇敬《唐本草》〕注云：此蒜與胡葱相得，主惡蛓毒、山溪中沙蝨水毒大效。山人俚獠時用之也。

〔宋・掌禹錫《嘉祐本草》〕按：《蜀本圖經》云：小蒜野生，小者一名亂，一名蒚。苗、葉根、子似葫而細數倍也。《爾雅》云：蒚，山蒜。釋曰：《說文》云：葷菜也。一云菜之美者，雲夢之葷菜。生山中者名蒚。孟詵云：小蒜亦主諸蟲毒，丁腫，甚良。不可常食。日華子云：小蒜，熱，有毒。下氣，止霍亂吐瀉，消宿食，治蠱毒，傅蛇蟲、沙蝨瘡。三月不可食。

〔宋・蘇頌《本草圖經》〕曰：蒜，小蒜也，舊不著所出州土，今處處有之。生田野中，根、苗皆如葫而極細小者是也。五月五日採。謹按《爾雅》蒚力的切，山蒜。釋曰：《說文》云：蒜，葷菜也。一云菜之美者，雲夢之葷。生山中者名蒚。今《本經》謂大蒜爲葫，小蒜爲蒜。而《爾雅》《說文》所謂蒜，葷菜者，乃今大蒜也。蒚乃今小蒜也。書傳載物之別名不同，如此用藥不可不審也。古方多用小蒜治霍亂，煮汁飲之。南齊褚澄用蒜治李道念雞瘕，便差。江南又有一種山蒜，似大蒜臭。山人以治積塊及婦人血瘕，以苦醋摩服多效。又有一種似大蒜而多瓣，有葷氣，彼人謂之莜子，主脚氣。宜煮與蓐婦飲之，易產。江北則無。

〔宋・唐慎微《證類本草》〕《食療》：主霍亂，消穀，治胃溫中，除邪氣。五月五日採者上。又，去諸蟲毒、丁腫、毒瘡，甚良。不可常食。《肘後方》：治霍亂，心腹脹滿氣，未得吐下。小蒜一升，㕮咀，以水三升，煮取一升，頓服。又方：毒蛇螫人。杵小蒜飲汁，以滓傅瘡上。《葛氏方》：水毒中人，一名中溪，一名中濕，一名水病，似射工而無物。以小蒜三升㕮咀，於湯中莫令大熱，熱即無力，捩去滓，適寒溫以浴。若身體發赤斑文者，無異。《食醫心鏡》：主霍亂，腹中不安，消穀，理胃氣，溫中，除邪痹，毒氣，歸脾腎，煎湯服之。《兵部手集》：治心痛不可忍，十年、五年者，隨手效。以小蒜釅醋煮，頓服之取飽，不用著鹽。絳外家人患心痛十餘年，諸藥不差，服此更不發。又方：蚰蜒入耳。小蒜汁理一切蟲入耳，皆同。治瘧用蒜不拘多少，研極爛，和黄丹少許，以聚爲度，丸如雞頭大，候乾。每服一丸，新汲水下，面東服，至妙。《廣韻》：張騫使大宛，食之損目。黄帝：不可久食，損人心力。食小蒜，啖生魚，令人奪氣。

宋・寇宗奭《本草衍義》卷一九 蒜小蒜也。又謂之蒚，苗如葱針，根白，大者如烏芋，子兼根煮食之。又謂之宅蒜，華佗用蒜虀，是此物。

宋・劉明之《圖經本草藥性總論》卷下 蒜 味辛，溫，有小毒。歸脾腎，主霍亂，腹中不安，消穀理胃，溫中，除邪痺毒氣。孟詵云：主諸蟲毒丁腫甚良。不可常食。日華子云：（熟）〔熱〕，有毒。下氣，止霍亂吐瀉，消宿食，治蟲毒，傅蛇蟲、沙蟲瘡。一云：主脚氣，治瘧疾。煮與蓐婦飲之，易產。

宋・王介《履巉巖本草》卷下 小蒜 味辛，溫，有小毒。主霍亂，腹中不安，消穀理胃溫中，除邪痹毒氣。五月五日採者甚佳。又去諸毒丁腫毒瘡甚良。不可常食。治心痛不可忍，十年五年者，隨手效。以小蒜同釅醋煮，頓服之，立見功效。

宋・張杲《醫說》卷八 不食蒜 黄仙君口訣：服食藥物，不欲食蒜及石榴子、豬肝、犬頭肉。

宋・陳衍《寶慶本草折衷》卷二〇 蒜別種蒜在内。 一名小蒜，一名宅蒜，一名虈子，一名虈。〇虈，魚患切。出大宛。今處處田野中有之。〇生於山者，名山蒜，一名蒚。〇並五月採根。〇並忌生魚。〇蒚，力約切。

味辛，溫，有小毒。〇歸脾胃。主霍亂，腹中不安，消穀理胃，溫中，除邪痹毒氣。〇《唐本》註云：主惡𧏾七吏切。毒，沙蝨水毒。〇孟詵云：主諸蟲毒丁腫。〇日華子云：下氣，消宿食，治蠱毒，傅蛇蟲瘡。三月勿食。〇《圖經》曰：根如葫而細。江南又有一種山蒜，似大蒜臭。治積塊及婦人血瘕，以醋磨服。又一種似大蒜而多瓣，有葷氣，謂之莜子。主脚氣。宜煮與蓐婦飲之，易產。江北則無。〇《兵部手集》：治心痛十年，以小蒜釅醋煮服，取飽，不著鹽。〇又有方：治瘧。用蒜研極爛，和黄丹以聚為度，丸如雞頭大，候乾。每服壹丸，新汲水下，面東服。〇按：今人多用大蒜以當，發日五更服。〇《廣韻》云：張騫使大宛，食之損目。〇黄帝云：食小蒜啖生魚，令人奪氣。〇寇氏曰：根白大者如烏芋。

元・忽思慧《飲膳正要》卷三 蒜 味辛，溫，有毒。主散癰腫，除風邪，殺毒氣。獨顆者佳。

元・吴瑞《日用本草》卷七 蒜 即小蒜。生田野中，根苗皆如葫而極細小者是也。 味辛，溫，有小毒。三月忌食，不可常食，損人。脚氣風病人，忌食魚、蒜、匏等。 主歸脾腎，霍亂，腹中不安，消穀，理胃，溫中，除邪痹氣。

明・蘭茂原撰，范洪等抄補《滇南本草圖說》卷八 青蒜 氣味辛溫，有小毒。主治：解蠱毒，辟疫惡瘴氣、蛇毒。亦療轉筋腹痛。虚人服者反生痰，多食昏神。

明・蘭茂撰，清・管暄校補《滇南本草》卷下 青蒜 性溫，味辛。醒脾氣，消穀食。動痰動氣，膨脹。按：青蒜多吃令人胃中痰動，心胃嘈雜，傷肝，昏眼目。咳嗽忌食。

明・蘭茂撰，清・管暄校補《滇南本草》卷上 青蒜 味平，微寒。治肺中生痰帶咳嗽，此能脫舊痰，生新痰。解百毒，敷瘡神效。多食，動火損目。

明・蘭茂《滇南本草》〔叢本〕卷下 青蒜 味甘甜，性溫。醒脾氣，消肉積，消穀食，動氣脹。按：青蒜不宜多吃，多吃令人胃中生痰，動心嘈雜，傷肝昏目。咳嗽忌用。

明・王綸《本草集要》卷五 小蒜 味辛，氣溫，有小毒。歸脾腎。主霍亂腹中不安，消穀理胃，溫中，除邪痹毒氣。華佗用蒜虀吐人惡物，云是此，又云是大蒜。

明・滕弘《神農本經會通》卷五　蒜　小蒜也。根苗皆如葫，而極細小者是也。五月五採之。

味辛，氣溫，有小毒。《本經》云：歸脾腎。主霍亂，腹中不安，消穀，理胃溫中，除邪痺毒氣。陶云：味辛，性熱。主中冷霍亂，煮飲之。亦主溪毒。食之損人，不可長服。《蜀本》注云：主諸蟲毒丁腫甚良。不可常食。日華子云：熱，有毒。下氣，止霍亂吐瀉，消宿食，治蠱毒，傅蛇蟲、沙蝨瘡。《圖經》云：《說文》所謂蒜葷菜者，乃今大蒜也。《局》云：大蒜散療除冷氣，載之本草作葫名。辟瘟療瘧止霍亂，久食令人損目明。

明・劉文泰《本草品彙精要》卷四〇　蒜有小毒。叢生。　名醫

蒜：歸脾、腎，主霍亂，腹中不安，消穀，理胃，溫中，除邪痹毒氣。名醫所錄。【名】薍音亂子、蒚力的切、葷菜、宅蒜。【苗】《圖經》曰：此乃小蒜也，根苗皆如葫而極細小。《爾雅》云：蒚，山蒜。釋曰：葷，蒜也。一云：菜之美者，雲夢之葷。生山中者名蒚，《本經》謂大蒜爲葫，小蒜爲蒜。《爾雅》《說文》所謂蒜，葷菜者，乃今之大蒜，蒚乃今之小蒜也。一種山蒜，似大蒜臭，山人以治積塊及婦人血瘕，以苦醋磨服效。又有一種似大蒜而多瓣，有葷氣，彼人謂之莜子，主脚氣，宜煮與蓐婦食之，易產。江北則無。書傳載物之別名不同如此，用藥不可不審。《衍義》曰：苗如葱鍼，根白，大者如烏芋，子兼根煮食之。又謂之宅蒜，華佗用蒜齏，是此物也。【地】《圖經》曰：舊不著所出州土，今田野中處處有之。【時】生：九月生苗。採：五月五日取。【收】陰乾。【用】根。【質】類大蒜，細小。【色】青白。【味】辛。【性】溫。【氣】氣之厚者，陽也。【臭】臭。【主】理胃，溫中，消穀，解毒。【治】療：陶隱居云：中冷霍亂，煮飲之。日華子云：下氣及霍亂吐瀉，消宿食并蠱毒，傅蛇蟲沙蝨瘡。孟詵云：傅諸蟲毒疔腫，甚良。《別錄》云：療乾霍亂，心腹脹滿氣，未得吐下，用蒜一升，㕮咀，以水三升，煮取一升，頓服，差。毒蛇螫人，杵汁飲之，以滓傅瘡上。又水毒中人，一名中溪，一名中濕，一名水病，似射工而無物。若身體發赤斑紋者是也，用蒜三升，㕮咀，於湯中煮，勿令大熱，熱即無力，濾去滓，適寒溫浴患處。【合治】蒜不拘多少，研極爛，合黃丹少許擣，得所爲度，丸如雞頭大，候乾，每服一丸，新汲水面東服，治瘧至妙。○合釅醋煮，不可著鹽，食之飽，療心痛不可忍，十年、五年諸藥不效者，服此，隨手差，更不再發。【禁】不可久食，損人心力。

明・盧和、汪穎《食物本草》卷一　菜類　小蒜　味辛，溫，有小毒，歸脾腎。主霍亂，腹中不安，消穀，理胃溫中，除邪痹毒氣、丁瘡等毒。華佗用蒜葅吐人惡物，云是此。又云，大蒜久食損人目，傷肝，不可與魚膾同食。

明・許希周《藥性粗評》卷三　色取仁而行違何足蒜也。

蒜，大者為葫，小者為蒜。秋後以瓣下種，明年夏採，若以葆上子種之，則成獨蒜，以復種之，則又成瓣矣。南北園圃處處有之。五月五日採者堪入藥。餘說《本草》不載。　味辛、辣，熏臭，性溫，有小毒。主治風邪惡毒，膨脹痃癖，水氣瘴癘，癰腫螫蠆，消食下氣，破堅積，助脾胃以腐肉穀。夏月飲水及飲食多者宜之。然最傷氣敗血，食之雖若快人，而實無益，髮白目昏，皆其驗也。丹溪云：有志於養生者，宜自思之。

單方：骨鯁：凡食魚被骨所鯁，以蒜納鼻中，須臾自出。　蛇傷：初被蛇咬，未腫時連嚼蒜封其咬處，其毒自消，不拘諸蟲所螫，皆可依此法。　贅疣：凡患發背腫毒，及結核贅疣者，取獨蒜，切如錢厚，置其上，以艾當蒜上灸之，每二三壯換蒜一片，不計壯數，但初灸覺疼灸至不疼，初灸不疼灸至於疼而止，無不神效。　白禿：凡小兒患白禿瘡，團團起白色者，以蒜揉白處，日二三，效。

明・寧源《食鑒本草》卷下　小蒜　味辛，溫，有小毒。與蜂蜜相反。歸脾經，溫中消穀。主霍亂，腹中不安。《千金翼》：治蛇蟲、沙蝨咬毒，擣傅之。

明・王文潔《太乙仙製本草藥性大全》卷五《本草精義》　蒜　即小蒜也。（一名）野生小者一名薍，一名蒚，一名葷菜。人家園圃多種蒔，山谷亦生。苗葉根子似葫而細數倍也。生葉時可煮和食，至五月葉枯，取根名薍子，正爾噉之，亦甚熏臭。食之損人，不可長食。

按：丹溪曰：葫蒜屬火，性熱善散，快膈，故人喜食之，多用于暑月。其傷脾傷氣之禍，積久自見，化肉之功，不足言也。有志養生者，宜自知警。

明・王文潔《太乙仙製本草藥性大全》卷五《仙製藥性》　蒜　味辛，氣溫，有毒。　主治：主歸脾腎，善治鷄瘕。去溪毒惡蛓沙蝨，却霍亂吐瀉轉筋。破蠱毒疔腫，除邪痹毒氣。理胃溫中，消穀化食。　補註：蛇咬瘡，取蒜去皮一升，搗，以小便一升煮三四沸逼人，即入漬損處，從旦至暮。初咬未腫，速嚼蒜封之，六七易。又蒜一升，去皮，以乳二升，煮使爛，空腹頓服之，

隨後飯壓之，明日依前進服。〇一切冷毒風氣，又獨頭者一枚，和雄黃、杏仁，研爲丸，空腹飲下三丸，靜坐少時，患鬼氣者當毛出，即差。〇勞瘧，冷風痃癖，溫疫氣，傳風拍冷痛。蛇蟲傷，惡瘡疥，溪毒，沙蝨，並搗貼之。熟醋浸之，經年者良。〇毒瘡腫，號叫臥不得，人不别者。取獨頭蒜兩顆，細搗，以麻油和，厚傅瘡上，乾即易之。

明・皇甫嵩《本草發明》卷五　蒜即小蒜。辛，溫，有小毒。　歸脾腎。　主霍亂，腹中不安，消穀，理胃溫中，除邪痺毒氣，治雞瘕，去溪毒，惡蛓沙蝨。〇胡蒜辛快，人喜食之。多用于夏暑月。生啖，傷肝氣，損目。久食，傷脾肺，引痰。其禍自見，養生者節慎之。《心鏡》云：正月之節，宜食五辛，以辟疫癘，葱、韮、薤、蒜、薑是也。四、八月勿食葫蒜。又不可同青魚食。〇小蒜多生野田中，處處有之。根苗皆如葫，而極細小者，是也。　獨頭葫，歸五藏，殺鬼疰。取一枚，和雄黃研為丸，空腹服三丸，端坐少許，患鬼氣者當從毛竅出，即差。〇單方：煨獨頭蒜，熨牙疼。又煨熟，去皮，綿裹納下部，通関膈脹滿，大小便不通，用之妙。

明・李時珍《本草綱目》卷二六菜部・葷菜類　蒜《别録》下品

【釋名】小蒜《别録》　茆蒜音卯　葷菜時珍曰：蒜字從祘，音蒜，諧聲也。又象蒜根之形。中國初惟有此，後因漢人得葫蒜於西域，遂呼此爲小蒜以别之。故崔豹《古今注》云：蒜，茆蒜也，俗謂之小蒜。胡國有蒜，十子一株，名曰胡蒜，俗謂之大蒜是矣。蒜乃五葷之一，故許氏《説文》謂之葷菜。五葷即五辛，謂其辛臭昏神伐性也。練形家以小蒜、大蒜、韭、芸薹、胡荽爲五葷，道家以韭、薤、蒜、芸薹、胡荽爲五葷，佛家以大蒜、小蒜、興渠、慈葱、茖葱爲五葷。興渠，即阿魏也。雖各不同，然皆辛熏之物，生食增恚，熟食發淫，有損性靈，故絶之也。　【集解】《别録》曰：蒜，小蒜也。五月五日採之。弘景曰：小蒜生葉時，可煮和食。至五月葉枯，取根名薍子，正爾啖之，亦甚熏臭。保昇曰：小蒜野生，處處有之。小者一名薍，音亂；一名蒚，音力。苗、葉、根、子皆似葫，而細數倍也。《爾雅》云：蒚，山蒜也。《説文》云：蒜，葷菜也。菜之美者，雲夢之葷。生山中者，名蒚。頌曰：《本草》謂大蒜爲葫，小蒜爲蒜，而《説文》所謂葷菜者，乃大蒜也，蒚即小蒜也。書傳載物之别名不同如此，用藥不可不審。宗奭曰：小蒜即蒚也。苗如葱針，根白，大者如烏芋子。兼根煮食，謂之宅蒜。時珍曰：家蒜有二種：根莖俱小而瓣少，辣甚者，蒜也，小蒜也；根莖俱大而瓣多，辛而帶甘者，葫也，大蒜也。按孫炎《爾雅正義》云：帝登蒚山，遭蕕芋毒，將死，得蒜嚙食乃解，遂收植之，能殺腥膻蟲魚之毒。又孫愐《唐韻》云：張騫使西域，始得大蒜種歸。據此則小蒜之種，自蒚移栽，從古已有。故《爾雅》以蒚爲山蒜，所以别家蒜也。大蒜之種，自胡地移來，至漢始有。故《别録》以葫爲大蒜，所以見中國之蒜小也。又王禎《農書》云：一種澤蒜，最易滋蔓，隨劚隨合。熟時採子，漫散種之。吴人調鼎多用此根作菹，更勝葱、韭也。按此正《别録》所謂小蒜是也。其始自野澤移來，故有澤名，而寇氏誤作宅字矣。諸家皆以野生山蒜、澤蒜解家蒔之小蒜，皆失於詳考。小蒜雖出於蒚，既經人力栽培，則性氣不能不移。故不得不辨。

蒜小蒜根也。　【氣味】辛，溫，有小毒。弘景曰：味辛性熱。損人，不可長食。思邈曰：無毒。三月勿久食，傷人志性。《黄帝書》云：同生魚食，令人奪氣，陰核疼。瑞曰：脚氣風病人及時病後，忌食之。　【主治】歸脾腎，主霍亂，腹中不安，消穀，理胃溫中，除邪痺毒氣《别録》。主溪毒弘景。下氣，治蠱毒，傅蛇、蟲、沙蝨瘡。《日華》。恭曰：此蒜與胡葱相得。主惡蛓毒，山溪中沙蝨、水毒，大效。山人俚獠時用之。塗丁腫甚良孟詵。

葉　【主治】心煩痛，解諸毒，小兒丹疹思邈。

【發明】頌曰：古方多用小蒜治中冷霍亂，煮汁飲之。南齊褚澄治李道念鷄瘕，便瘥。宗奭曰：華佗用蒜齏，即此蒜也。時珍曰：按李延壽《南史》云：李道念病已五年。丞相褚澄診之。曰：非冷非熱，當是食白瀹鷄子過多也。取蒜一升煮食，吐出一物涎裹，視之乃鷄雛，翅足俱全。澄曰：未盡也。更吐之，凡十二枚而愈。或以蒜字作蘇字者，誤矣。范曄《後漢書》云：華佗見一人病噎，食不得下，令取餅店家蒜齏大酢二升飲之，立吐一蛇。病者懸蛇於車，造佗家，見壁北懸蛇數十，乃知其奇。又夏子益《奇疾方》云：人頭面上有光，他人手近之如火熾者，此中蠱也。用蒜汁半兩，和酒服之，當吐出如蛇狀。觀三書所載，則蒜乃吐蠱要藥，而後人鮮有知者。

【附方】舊七，新七。　時氣溫病：初得頭痛，壯熱脈大。即以小蒜一升，杵汁三合，頓服。不過再作便愈。《肘後方》。　霍亂脹滿：不得吐下，名乾霍亂。小蒜一升，水三升，煮一升，頓服。《肘後方》。　霍亂轉筋：入腹殺人。以小蒜、鹽各一兩，搗傅臍中，灸七壯，立止。《聖濟録》。　積年心痛：不可忍，不拘十年、五年者，隨手見效。濃醋煮小蒜食飽勿着鹽。曾用之有效，再不發也。《兵部手集》。　水毒中人：一名中溪，一名中濕，一名水病，似射工而無物。初得惡寒，頭目微疼，旦醒暮劇，手足逆冷。三日則生蟲，食〔人〕下〔部〕，〔肛中有瘡〕，不癢不痛。過六七日蟲食五臟，注下不禁。以小蒜三升，煮微熱，大熱即無力，以浴身。若身發赤斑文者，毋以他病治之也。《肘後方》。　射工中人：成瘡者。取蒜切片，貼瘡上，灸七壯。《千金》。　止截瘧疾：小蒜不拘多少，研泥，入黄丹少許，丸如芡子大。每服一丸，面東新汲水下，至妙。唐慎微。　陰腫如刺：汗出者。小蒜一升，韭根一升，楊柳根二斤，酒三升，煎沸乘熱熏之。《永類方》。　惡核腫結：小蒜、吴茱萸等分，搗傅即散。《肘後》。　五色丹毒：無常，及發足踝者。杵蒜厚傅，頻易。葛氏。　小兒白禿：頭上團團白色。以蒜切口揩之。《子母秘録》。　蛇蝎螫人：小蒜搗汁服，以滓傅之。《肘後》。　蜈蚣咬瘡：嚼小蒜塗之，良。《肘後方》。　蚰蜒入耳：小蒜洗净，搗汁滴之。未出再滴。李絳《兵部手集》。

明・吴文炳《藥性全備食物本草》卷一　小蒜　有毒，氣味似大蒜，其形小者是也。歸脾腎，下氣溫中，止霍亂腹中不安，消穀和胃，除風邪痺毒，諸蠱毒，傅疔腫、蛇蟲、沙虱瘡，久服損心力，損目。合生魚食令人奪氣。　又一種山蒜，似大蒜而臭，山人以治積塊及婦人血瘕，醋摩服之效。

明・趙南星《上醫本草》卷三　蒜　一名小蒜，又名茆蒜音卯，亦名葷菜。胡國有蒜，十子一株，名曰胡蒜，俗謂之大蒜是矣。按孫炎《爾雅正義》云：帝登蒚山音力，遭蕕芋毒將死，得蒜，囓食乃解，遂收植之，能殺腥羶蟲魚之毒。此蒜與胡葱相得，主惡蟚毒、山溪中沙虱水毒，大効。山人俚獠時用之。

蒜：根也。五月五日採，獨子者入藥尤佳。辛，溫，有小毒。主治：歸脾、腎，主霍亂，腹中不安，消穀理胃，溫中下氣，除邪痹毒氣，主溪毒蠱毒，傅蛇蟲、沙虱瘡，塗丁腫甚良。　葉：　主治：　心煩痛，解諸毒，小兒丹疹。蒜乃五葷之一，故許氏《說文》謂之葷菜，五葷即五辛，謂其辛臭，昏神伐性也。鍊形家以小蒜、大蒜、韭、芸薹、胡荽為五葷；　佛家以大蒜、小蒜、興渠、慈葱、茖葱為五葷。興渠即阿魏也。雖各不同，然皆辛熏之物，生食增恚，熟食發婬，有損性靈，故絶之也。

附方　時氣溫病：　初得頭痛，壯熱脉大。即以小蒜一升，杵汁三合，頓服。不過再作，便愈。　霍亂脹滿：　不得吐下，名乾霍亂。小蒜一升，水三升，煮一升，頓服。　霍亂轉筋：　入腹殺人，以小蒜、鹽各一兩，擣傅臍中，灸七壯，立止。　積年心痛：　不可忍，不拘十年、五年者，隨手見効。濃〔醋〕煮小蒜食飽，勿着鹽。曾用之有効，再不發也。　心腹冷痛：　法醋浸至二三年蒜，食至數顆，其効如神。　鼻血不止：　服藥不應，用蒜一枚，去皮，研如泥，作錢大餅子，厚一豆許，左鼻血出貼左足心，右鼻血出貼右足心，兩鼻俱出俱貼之，立瘥。　止截瘧疾：　小蒜不拘多少，研泥，入黄丹少許，丸如芡子大，每服一丸，面東，新汲水下，至妙。　泄瀉暴痢：　大蒜擣貼兩足心，亦可貼臍中。　下痢禁口及小兒泄痢：　方并同上。　牙齒疼痛：　獨頭蒜煨，熱切熨痛處，轉易之，亦主蟲痛。　蚰蜒入耳：　小蒜洗淨，擣汁滴之，不出再滴。　惡核腫結：　小蒜，吴茱萸等分，擣傅即散。　小兒白秃，頭上團團白色：　以蒜切口揩之。

明・李中梓《藥性解》卷六　蒜　味辛，性大溫，有小毒，入脾、胃二經。主溫中消食，止霍亂轉筋，除吐瀉及中脘冷痛，瘟疫瘴癘，蠱毒疔腫，邪痹毒氣。　按：　蒜味辛溫，故入脾胃以理諸症。丹溪云：　性熱快膈，人皆喜食，多用則傷脾損肺，壞肝昏目，生痰發嗽，面無顏色，化肉之功，不足多也，有志頤生者，宜知自警。

明・姚可成《食物本草》卷六菜部・葷辛類　蒜一名小蒜。中國初惟有此，後因漢人得葫蒜於西域，遂呼此為小蒜以別之。蒜為五葷之一。五葷即五辛，謂其辛臭昏神伐性也。練形家以小蒜、大蒜、韭、芸薹、胡荽為五葷，道家以韭、薤、蒜、芸薹、胡荽為五葷，佛家以大蒜、小蒜、興渠、慈葱、茖葱為五葷。興渠，即阿魏也。雖各不同，然皆辛熏之物，生食增恚，熟食發婬，有損性靈，故絶之也。○李時珍曰：　家蒜有二種：　根莖俱小而瓣少，辣甚者，蒜也，小蒜也；　根莖俱大而瓣多，辛而帶甘者，葫也，大蒜也。按《爾雅正義》云：　帝登蒚山，遭蕕芋毒，將死，得蒜囓食乃解，遂收植之。能殺腥羶蟲魚之毒。

蒜，味辛，溫，有小毒。歸脾腎，止霍亂，腹中不安，消穀，理胃溫中，除邪痺毒氣。主溪毒，下氣，治蠱毒，傅蛇、蟲、沙虱瘡，療疔腫甚良。　蒜葉：主心煩痛，解諸毒，小兒丹疹。李道念病已五年，丞相褚澄診之。曰：　非冷非熱，當是食雞子過多也。取蒜一升煮食，吐出一物涎裹，視之乃雞雛，翅足俱全。澄曰：　未盡也。更吐之，凡十二枚而愈。華佗見一人病噎，食不得下，令取餅店家蒜虀汁二升飲之，立吐一蛇。病者懸蛇於車，造佗家，見壁北懸蛇數十，乃知其奇。又《奇疾方》云：　人頭面上有光，他人手近之如火熾者，此中蠱也。用蒜汁半兩，和酒服之，當吐出如蛇狀。觀此，則蒜乃吐蠱要藥，而後人鮮有知者。

明・孟笨《養生要括・菜部》　小蒜　味辛，性熱，有小毒。歸脾、腎。主霍亂，腹中不安，消穀理胃，溫中，除邪痺毒氣。下氣，治蠱毒。傅蛇蟲、沙虱瘡，塗丁腫甚良。　葉：　治心煩痛，解諸毒，小兒丹疹。

明・施永圖《本草醫旨・食物類》卷二　小蒜　味：　辛，溫，有小毒。歸脾腎。主霍亂，腹中不安，消穀理胃，溫中，除邪痺、毒氣、丁瘡等毒。華佗用蒜萡吐人惡物，云即是此。不可與魚膾同食，與蜜相反。○《千金方》：　治蛇蟲沙蝨咬毒，搗小蒜敷之。

清・丁其譽《壽世秘典》卷三　蒜俗謂之小蒜，中國初惟有此，後因張騫使西域，始得大蒜種歸，遂呼此為小蒜，以別之。 氣味： 辛，溫，有小毒。主歸脾腎，治霍亂，腹中不安，消穀，理胃溫中，除邪痹毒氣，治蠱毒，傅蛇蟲沙虱瘡。 發明 陶弘景曰： 味辛性熱損人，不可長食。 吳瑞曰： 腳氣風病人及時病後忌食之，不可與魚膾同食，又與蜂蜜相反。

清・朱本中《飲食須知・菜類》 小蒜 味辛，性溫，有小毒。其葉和煮食物，其根比大蒜頭小而瓣少。三月勿食，傷人志性。同魚膾、雞子食，令人奪氣，陰核疼。腳氣、風病人及時病後，忌食之。一云，與蜜相反。 生食增恚，熟食發淫，有損性靈也。

清・王孟英《隨息居飲食譜・蔬食類》 蒜今名小蒜，俗曰夏蒜，相傳此爲中國之蒜。 辛溫。下氣止痛，殺蟲。發風損目，病後忌之。

清・戴葆元《本草綱目易知錄》卷三 蒜小蒜 根，辛，溫，有小毒。溫中下氣，理胃消穀。除邪痹毒氣，治霍亂腹中不安。療蠱毒溪毒，塗疔腫甚良。傅蛇蟲沙虱瘡。腳氣風病人及時病後忌食。 葆按： 此小蒜，係園內種蒔，充作香點者。

山蒜

明・李時珍《本草綱目》卷二六菜部・葷菜類 山蒜《拾遺》

【釋名】蒚音歷 澤蒜 【集解】頌曰： 江南一種山蒜，似大蒜而臭。藏器曰： 澤蒜根如小蒜，葉如韭。又生石間者名石蒜，與蒜無異。時珍曰： 山蒜、澤蒜、石蒜，同一物也，但分生於山、澤、石間不同耳。人間栽蒔小蒜，始自三種移成，故猶有澤蒜之稱。《爾雅》云： 蒚，山蒜也。今京口有蒜山，產蒜是也。處處有之，不獨江南。又呂忱《字林》云： 䓫，水中蒜也。則蒜不但產於山，而又產於水也。別有山慈姑、水仙花、老鴉蒜、石蒜之類，根葉皆似蒜而不可食，其花亦異。並見草部下。

【氣味】辛，溫，無毒。 【主治】山蒜： 治積塊，及婦人血瘕，用苦醋磨傅多效蘇頌。 澤蒜、石蒜： 並溫補下氣，滑水源藏器。

明・姚可成《食物本草》卷六菜部・葷辛類 山蒜山蒜、澤蒜、石蒜，同一物也。但分生於山、澤、石間不同耳。人間栽蒔小蒜，始自三種移收，故猶有澤蒜之稱。今京口有蒜山，產蒜是也。處處有之，不獨江南。

山蒜： 味辛，溫，無毒。治積塊及婦人血瘕，用苦醋磨傅大效。 澤蒜、石蒜： 並溫補下氣，滑水源。

清・吳其濬《植物名實圖考》卷三 山蒜 山蒜，《爾雅》： 蒚，山蒜。《本草拾遺》始著錄，《救荒本草》澤蒜，又曰小蒜。黃帝登蒚山得蒜，其說近創，然京口之山，以蒜得名，則軒轅所歷，無妨以蒚名矣。在山曰山，在澤曰澤，今原隰極繁，顆大如指，甘脆多漿，洵非圃中物可伍。自來醫者以此為小蒜，宜為李時珍所斥。

清・田綿淮《本草省常・菜性類》 山蒜 一名澤蒜，一名蒚。性溫。下氣，滑水源。多食傷神，令人頭痛目昏。 蒚，音力。

五辛菜

明・李時珍《本草綱目》卷二六菜部・葷菜類 五辛菜《拾遺》

【集解】時珍曰： 五辛菜，乃元旦立春，以葱、蒜、韭、蓼、蒚、芥辛嫩之菜，雜和食之，取迎新之義，謂之五辛盤，杜甫詩所謂春日春盤細生菜是矣。

【氣味】辛，溫，無毒。 時珍曰： 熱病後食，多損目。 【主治】歲朝食之，助發五臟氣。常食，溫中去惡氣，消食下氣藏器。

芥

唐・孫思邈《千金要方》卷二六《食治・菜蔬》 芥菜 味辛，溫，無毒。歸鼻。除腎邪，大破欬逆，下氣，利九竅，明耳目，安中，久食溫中。又云： 寒中。其子： 味辛，辛亦歸鼻，有毒。主喉痺，去一切風毒腫。黃帝云： 芥菜不可共兔肉食，成惡邪病。

附： 日・丹波康賴《醫心方》卷三〇 芥 《本草》云： 味辛，溫，無毒。歸鼻，主除腎邪氣，利九竅，明耳目，安中，久食溫中。陶〔弘〕景注云： 似菘而有毛，味韰。崔禹〔錫〕云： 食之安中。又： 芥類多，有鼠芥，鼠食其花，而皮毛皆頓落，故以名之。又有雀芥，雀食其子，而獲能飛翔，故以名之。《七卷經》云： 芥有兩種，大芥、小芥，是治無異之。孟詵云： 生食發丹石，不可多食。

宋・李昉《太平御覽》卷九八〇 芥 《魏子》曰： 蓼蟲在蓼則生，在芥則死，非蓼仁芥賊，本不可失也。 《嶺南異物志》曰： 唐孟琯嘗於嶺表買芥菜，置壁下忘食，數日皆生四足，有首尾，能行走，大如蝳蝂，但腰身細長。

又曰： 南土芥高者五六尺，子如鷄卵，廣州人以巨芥為鹹葅，埋地中有三十年者，貴尚親賓，以相餉遺。 《嶺表録異》曰： 廣州地熱，種麥則苗而不實，北人將蔓菁子就彼種者，出土即變為芥。 《吳氏本草》曰： 芥葅，一名水蘇，一名勞祖。

宋・唐慎微《證類本草》卷二七菜部上品〔《別錄》〕 芥 味辛，溫，無毒。歸鼻。主除腎邪氣，利九竅，明耳目，安中，久食溫中。

〔梁·陶弘景《本草經集注》〕云：似菘而有毛，味辣，好作葅，亦生食。其子可藏冬瓜。又有莨音郎，以作葅，甚辣快。

〔唐·蘇敬《唐本草》〕注云：此芥有三種：葉大麄者，葉堪食，子入藥用，熨惡疰至良；葉小子細者，葉不堪食，其子但堪爲虀爾；又有白芥，子麄大白色，如白粱米，甚辛美，從戎中來。《别録》云：子主射工及疰氣發無常處，丸服之，或擣爲末，醋和塗之，隨手有驗。

〔宋·掌禹錫《嘉祐本草》〕按：《蜀本圖經》云：一種葉大，子白且麄，名曰胡芥。嗽之及藥用最佳，而人間未多用之。孟詵云：芥，煮食之亦動氣，生食發丹石，不可多食。日華子云：除邪氣，止欬嗽上氣，冷氣疾。子，治風毒腫及麻痹，醋研傅之。撲損瘀血，腰痛腎冷，和生薑研，微暖，塗貼。心痛，酒、醋服之。

〔宋·蘇頌《本草圖經》〕曰：芥，舊不著所出州土，今處處有之。似菘而有毛，味極辛辣，此所謂青芥也。芥之種亦多，有紫芥，莖、葉純紫，多作虀者，食之最美；有白芥，子麄大色白，如粱米，此入藥者最佳。舊云從西戎來，又云生河東，今近處亦有。其餘南芥、旋芥、花芥、石芥之類，皆菜茹之美者，非藥品所須，不復悉録。大抵南土多芥，亦如菘類。相傳嶺南無蕪菁，有人擕種至彼，種之皆變作芥，言地氣暖使然耳。《續傳信方》：主腹冷夜起，以白芥子一升，炒熟，勿令焦，細研，以湯浸蒸餅，丸如赤小豆，薑湯吞七丸，甚效。

〔宋·唐慎微《證類本草》〕《食療》：主欬逆下氣，明目，去頭面風。大葉者良。煮食之動氣，猶勝諸菜。生食發丹石，其子，微熬研之，作醬香美，有辛氣，能通利五藏。其葉不可多食。又，細葉有毛者殺人。《聖惠方》：治走注風毒疼痛。用小芥子末，和雞子白，調傅之。又方：婦人中風，口噤，舌本縮。用芥子一升，細研，以醋三升，煎取一升。用傅頷頰下，立效。《外臺秘要》：治聾。芥子擣碎，以人乳調和，綿裹塞耳，差。孫真人：芥菜合兔肉食之成惡瘡。《廣濟方》：治瘻有九種，不過此方。取芥子擣碎，以水及蜜和，滓傅喉上下，乾易之。《子母秘録》：小兒緊唇。擣馬芥子汁，令先揩唇血出，傅之，日七遍。馬芥即刺芥也。《左傳》：季氏與郈氏鬬雞，季氏金其距，郈氏芥其羽。注云：施芥于羽令辛。

宋·寇宗奭《本草衍義》卷一九 芥 似蕪菁，葉上紋皺起，色尤深綠爲異。子與苗皆辛，子尤甚，多食動風。一品紫芥，與此無異，紫色可愛，人多食之，然亦動風。又白芥子，比諸芥稍大，其色白，入藥用。

宋·王繼先《紹興本草》卷一二 芥 紹興校定：芥，色類不一，俱可作茹，但食之過度，善發諸疾，而療病即未聞也。《本經》云味辛、溫、無毒是矣。處處種產之，唯子入藥，白者可用，自有下條。

宋·陳衍《寶慶本草折衷》卷一九 青芥諸芥在內。○子附。○今從《圖經》加以青字。 一名芥菜。生蜀州。今處處有之。○忌兔肉。

味辛、辣，溫，無毒。○歸鼻。主除腎邪氣，利九竅，明目，安中。○孟詵云：煮食亦動氣。生食發丹石，不可多食。○日華子云：止咳嗽上氣，冷氣疾。○《圖經》曰：似菘而有毛。芥種亦多，紫芥作虀食最美。有白芥、南芥、旋芥、花芥、石芥，皆菜之美者，不復悉録。○其白芥見後條。○孫真人云：芥菜合兔肉食，成惡瘡。○寇氏曰：葉紋皺起，色深綠。多食動風。

附：子。○味辛、辣，溫，無毒。熨惡疰，入藥用之。治風毒腫，麻痹，醋研傅之。撲損瘀血，腰痛腎冷。和生薑研，微暖塗貼。又治心痛，酒、醋服之。作葅甚辣快。

元·忽思慧《飲膳正要》卷三 芥 味辛，溫，無毒。主除腎邪氣，利九竅，明目，安中。

元·吳瑞《日用本草》卷七 芥菜 似菘而有毛，極辛，味辣，名青芥。莖葉純紫名紫芥，多作齏食之。粗大，色如白粱米，甚辛美，名白芥，入藥最佳。花芥、石芥，皆菜品之美者。味辛，溫，無毒。香辣歸鼻。多食動氣，患心疼。生食發丹石。同兔肉食，令人生積病。同鯽魚食，令人水腫。凡芥雖醒酒，能破血，發頭風。辣芥子：味辛，無毒。凡食之，不可無醋。治風及麻痹，撲損瘀血，腰痛，醋研傅。止鼻衂，貼頂心。

明·蘭茂原撰，范洪等抄補《滇南本草圖說》卷八 芥菜 味辛，性溫。利九竅而開胃，化痰。

明·王綸《本草集要》卷五 芥 味辛，氣溫，無毒。歸鼻，主除腎邪氣，利九竅，明耳目，安中，久食溫中。又云：多食動氣。○子，治風腫毒，及麻痹，醋研傅之。撲損瘀血，腰痛腎冷，和生薑研，微暖，塗貼之。心痛，酒、醋服。

明·滕弘《神農本經會通》卷五 芥 似菘而有毛，味極辛辣，是青芥也。葉大粗者堪食，子入藥用。葉小子細者不堪食。芥之種亦多，有紫芥，莖葉純紫，多作虀者，食之最美。有白芥，子粗大，色白如粱米，入藥最佳。餘芥皆菜茹之美者，非藥品所須。又細葉有毛者，殺人。

味辛，氣溫，無毒。《本經》云：歸鼻，主除腎邪氣，利九竅，明耳目，安中，久食溫中。孟詵云：芥，食之亦動氣，生食發丹石，不可多食。日華子云：除邪氣，止欬嗽上氣，冷氣疾。《食療》云：主咳逆，下氣，明目，去頭面風。大葉者良。煮食之，動氣，其菜不可多食。日華子云：子，治風毒腫及麻痺，醋研，傅之。撲損瘀血，腰痛腎冷，和生薑研，微暖塗貼。心痛，酒醋服之。《圖經》云：《傳信方》主腹冷夜起，以白芥子一升，炒熟，勿令焦，細研，以湯浸，蒸餅丸如赤小豆，薑湯吞十丸，甚效。《食療》云：子，微熬研之，作醬香美，有辛氣，能通利五臟。

明・劉文泰《本草品彙精要》卷三八　芥無毒。叢生。

芥：歸鼻。主除腎邪氣，利九竅，明耳目，安中，久食溫中。名醫所錄。

【名】青芥、南芥、花芥、紫芥、旋芥、石芥。【苗】《圖經》曰：芥，似菘而有毛，味極辛辣，此即青芥也。芥之種亦多，有紫芥，莖、葉純紫，多作虀食之，最美。又有南芥、旋芥、花芥、石芥之類，皆菜茹之美者，非藥品所須，不復悉錄。《唐本》注云：葉大麤者，葉堪食，子入藥用，熨惡疰至良。葉小子細者，葉不堪食，其子但堪作虀也。【地】《圖經》曰：處處有之。【道地】蜀州。【時】生：春種。採：夏收子。【收】暴乾。【用】莖、葉及子。【質】似菘而有毛。子：類菟絲子。【色】青紫。實：紫。【味】辛。【性】溫，散。【氣】氣之厚者，陽也。【臭】腥。【治】療：日華子云：芥，除邪氣，止咳嗽及冷氣疾。《食療》云：治欬逆，下氣，明目，去頭風。《別錄》云：馬芥子，治小兒緊唇，擣汁，令先揩唇血出，傅之，日七遍。馬芥即刺芥也。【合治】子擣爲末，合醋和，塗射工毒及疰氣，發無常處。〇合醋研，傅風毒腫及麻痹。〇合生薑研，暖，塗貼撲損瘀血，腰痛腎冷。〇合酒、醋服，止心痛。〇合雞子白調，傅走疰風毒疼痛。〇子一升，醋三升，煎取一升，治婦人中風，口噤，舌本縮，傅頷頰下，立效。〇擣碎，合人乳調和，綿裹塞耳內，治聾。〇擣碎，合水及蜜和，滓傅喉上下，乾即易之，治瘻有五種，不過此方。【禁】芥，煮食之動氣，生食之發丹石。葉，不可多食。細葉有毛者殺人。【忌】與兔肉同食，生惡瘡。

明・盧和、汪穎《食物本草》卷一菜類　芥菜　味辛，氣溫，無毒。歸鼻，除腎邪，利九竅，明耳目，安中。除邪氣，止咳嗽冷氣，去頭面風。多食動風氣，發丹石。不可同兔肉食，生惡瘡。同鯽魚食，發水腫。子，主傅射工及疰氣、疝氣，發汗，胸膈痰冷，面黃。又，和藥為膏，治骨節痛。丹溪云：痰在皮裏膜外，非此不能達。又，遊腫諸毒，為末，猪膽和如泥，傅之。但其類多：青芥葉麄大，味辣，好；紫芥作虀佳；白芥尤辛美。俱入藥，出太原。

明・盧和、汪穎《食物本草》卷四味類　芥　辣芥菜子研之作醬，香辛，通五臟，歸鼻眼，又可藏冬瓜。

辣菜　味辛辣，氣大熱，有毒。破氣燒脾，發五痔癰瘍，昏耳目，致浮腫虛恚。子，榨油，味甘，溫，又愈百病。

明・方穀《本草纂要》卷七　芥　味辛，氣溫，無毒。主寬中利氣，通腸開胃，或下行而直除腎邪，或上行而速開鼻竅。《本草》云：利氣之藥，辛歸于鼻。故嘗食芥之辛，掩鼻而待氣過也。又曰：白芥子主發汗除寒，胸中冷氣；或麻痹不仁，痰涎壅滯。丹溪云：痰在皮裏膜外，非此不能達，痰在四肢兩脇，非此不能通。大抵芥爲利氣之藥，芥因開痰之用。故世嘗以芥辣而充豆粉食之，亦此意也。

明・寧源《食鑒本草》卷下　芥　味辛，溫，無毒。歸肺，利九竅，溫中，除腎經邪氣。有便血痔疾忌之。新增孫真人云：芥菜合兔肉食之，令人成惡瘡。

明・王文潔《太乙仙製本草藥性大全》卷五《本草精義》　青芥　舊不著所出州土，今處處有之。似菘而有毛，味極辛辣，此所謂青芥也。芥之種亦多，有紫芥，莖葉純紫，多作虀者食之最美。其餘南芥、旋芥、花芥、石芥之類，皆菜茹之美者，非藥品所須，不復悉録。大抵南土多芥，亦如菘類。相傳此芥有三種：葉大子麄者，葉堪食，子入藥用，熨惡注至良；葉小子細者，葉不堪食，其子但堪爲虀爾；又一種葉大子白且麄，名白芥，啖之及藥用最佳，而人間未多用之。孟云：芥煮食之亦動氣，生食發丹石，不可多食。孫真人云：芥菜合兔肉食成惡瘡。

明・王文潔《太乙仙製本草藥性大全》卷五《仙製藥性》　青芥　味辛，氣溫，無毒。主治：生食發丹石，發毒；煮食動膈氣，動風。合兔肉同餐，成惡瘡尤驗，亦堪主療。嘗載《本經》利竅明耳目。溫中歸鼻，除邪氣止欬。子：細青色，作醬甚香。撲損瘀血冷疼，生薑研貼。麻痹風毒腫痛，酸醋和敷。酒調末下咽，心脾痛竟止。又紫芥、花芥、石芥，種却多般；惟採取作茹作虀，不復分別。補註：走注風毒疼痛，用子爲末，雞子白調傅之。○婦人中風口噤，舌本縮，用子一升，細研，以醋煎，傅額頰下立效。○耳聾，用子杵碎，以人乳調，綿裹塞耳差。○瘻有五種，不過此方：以子搗碎，用水及蜜和滓傅喉上下，乾易之。○小兒緊唇，搗馬芥子汁，令先揩唇血出，傅之，日七遍，馬芥即刺芥也。

明・皇甫嵩《本草發明》卷五 青芥味辛、辣。 大葉者為美，堪烹食。生食發丹石發毒，煮食多動膈氣動風。亦主利竅，明耳目，溫中，歸鼻，除邪氣。○子細，青色，作醬香辣。撲損瘀血及腰腎冷痛，生薑研貼。麻痺風毒腫痛，醋和敷之。酒和末，下咽止心脾痛。葉小子細者不堪食。其子可為辣虀。又云：葉細有毛者毒人。

明・李時珍《本草綱目》卷二六菜部・葷菜類 芥《別録》上品

〖釋名〗時珍曰：按王安石《字説》云：芥者，界也。發汗散氣，界我者也。王禎《農書》云：其氣味辛烈，菜中之介然者，食之有剛介之象，故字從介。〖集解〗弘景曰：芥似菘而有毛，味辣，可生食及作葅。其子可以藏冬瓜。又有莨，音郎，作葅甚辣。恭曰：芥有三種：葉大子粗者，葉可食，子入藥用；葉小子細者，葉不堪食，子但作齏；又有白芥子，粗大白色，如白粱米，甚辛美，從西戎來。頌曰：芥處處有之。有青芥，似菘，有毛，味極辣。紫芥，莖葉純紫可愛，作齏最美。有白芥，見本條。其餘南芥、旋芥、花芥、石芥之類，皆菜茹之美者，不能悉録。大抵南土多芥。相傳嶺南無蕪菁，有人携種至彼種之，皆變作芥，地氣使然耳。時珍曰：芥有數種：青芥，又名刺芥，似白菘，有柔毛。有大芥，亦名皺葉芥，大葉皺紋，色尤深緑。味更辛辣。二芥宜入藥用。有馬芥，葉如青芥。有花芥，葉多缺刻，如蘿蔔英。有紫芥，莖葉皆紫如蘇。有石芥，低小。皆以八九月下種。冬月食者，俗呼臘菜；春月食者，俗呼春菜；四月食者，謂之夏芥。芥心嫩薹，謂之芥藍，瀹食脆美。其花三月開，黄色四出。結莢一二寸，子大如蘇子，而色紫味辛，研末泡過爲芥醬，以侑肉食，辛香可愛。劉恂《嶺南異物志》云：南土芥高五六尺，子大如鷄子。此又芥之異者也。

莖葉 〖氣味〗辛，温，無毒。詵曰：煮食動氣與風，生食發丹石，不可多食。大葉者良，細葉有毛者害人。甯原曰：有瘡瘍、痔疾、便血者忌之。思邈曰：同兔肉食，成惡邪病。同鯽魚食，發水腫。 〖主治〗歸鼻，除腎經邪氣，利九竅，明耳目，安中。久食温中《別録》。止咳嗽上氣，除冷氣《日華》。主咳逆下氣，去頭面風孟詵。通肺豁痰，利膈開胃時珍。

〖發明〗時珍曰：芥性辛熱而散，故能通肺開胃，利氣豁痰。久食則積温成熱，辛散太盛，耗人真元，肝木受病，昏人眼目，發人瘡痔；而《別録》謂其能明耳目者，蓋知暫時之快，而不知積久之害也。《素問》云：辛走氣，氣病無多食辛，多則肉胝而唇褰。此類是矣。陸佃云：望梅生津，食芥墮淚，五液之自外至也。慕而涎垂，愧而汗出，五液之自内生也。

〖附方〗新四。 牙齦腫爛：出臭水者。芥菜稈燒存性，研末，頻傅之，即愈。飛絲入目：青芥菜汁點之如神。《摘玄方》。 漆瘡搔痒：芥菜煎湯，洗之。《千金方》。 痔瘡腫痛：芥葉搗餅，頻坐之。談埜翁《經效方》。

子 〖氣味〗辛，熱，無毒。時珍曰：多食昏目動火，泄氣傷精。 〖主治〗歸鼻，去一切邪惡疰氣，喉痹弘景。疰氣發無常處，及射工毒，丸服之，或搗末醋和塗之，隨手有驗蘇恭。治風毒腫及麻痹，醋研傅之。撲損瘀血，腰痛腎冷，和生薑研塗貼之。又治心痛，酒調服之《日華》。研末作醬食，香美，通利五臟孟詵。研末水調，塗頂顖，止衄血吴瑞。温中散寒，豁痰利竅，治胃寒吐食，肺寒咳嗽，風冷氣痛，口噤唇緊，消散癰腫瘀血時珍。

〖發明〗時珍曰：芥子功與菜同。其味辛，其氣散，故能利九竅，通經絡，治口噤、耳聾、鼻衄之證，消瘀血、癰腫、痛痹之邪。其性熱而温中，故又能利氣豁痰，治嗽止吐，主心腹諸痛。白芥子辛烈更甚，治病尤良。見後本條。

〖附方〗舊五，新十八。 感寒無汗：水調芥子末填臍内，以熱物隔衣熨之，取汗出妙。楊起《簡便單方》。 身體麻木：芥菜子末，醋調塗之。《濟生秘覽》。 中風口噤：舌本縮者。用芥菜子一升研，入醋二升，煎一升，傅頷頰下，效。《聖惠方》。 小兒唇緊：用馬芥子搗汁曝濃，揩破，頻塗之。崔氏《纂要方》。 喉痹腫痛：芥子末，水和傅喉下。乾即易之。又用辣芥子研末，醋調取汁，點入喉内。待喉内鳴，却用陳麻骨燒煙吸入，立愈。並《聖惠方》。 耳卒聾閉：芥子末，人乳汁和，以綿裹塞之。《外臺秘要》。 雀目不見：真紫芥菜子，炒黑爲末，用羊肝一具，分作八服。每用芥末三錢，捻肝上，笥籜裹定，煮熟冷食，以汁送下。《聖濟總録》。 目中翳膜：芥子一粒，輕手挼入眼中。少頃，以井華水、鷄子清洗之。《總録》。 眉毛不生：芥菜子、半夏等分，爲末，生薑自然汁調搽，數次即生。孫氏《集效方》。 鬼疰勞氣：芥子三升研末，絹袋盛，入三斗酒中七日，温服，一日三次。《廣濟方》。 熱痰煩運：方見白芥。 霍亂吐瀉：芥子搗細，水和傅臍上。《聖濟總録》。 反胃吐食：芥子末，酒服方寸匕，日三服。○《千金方》。 上氣嘔吐：芥子末，蜜丸梧子大。井華水寅時下七丸，申時再服。《千金方》。 臍下絞痛：方同上。 腰脊脹痛：芥子末調酒，貼之立效。《摘玄方》。 走注風毒：作痛。用小芥子末，和鷄子白塗之。《聖惠》。 一切癰腫：猪膽汁和芥子末貼之，日三上。猪脂亦可。《千金翼》。 癰腫熱毒：家芥子末同柏葉搗塗，無不愈者，大驗。得山芥更妙。《千金翼》。 熱毒瘰癧：小芥子末，醋和貼之。看消即止，恐損肉。《肘後》。　五種瘻疾：　芥子末，以水、蜜和傅，乾即易之。《廣濟方》。　射工中人：　有瘡。用芥子末和酒厚塗之。半日痛即止。《千金方》。　婦人經閉：　不行，至一年者，臍腹痛，腰腿沉重，寒熱往來。用芥子二兩，爲末。每服二錢，熱酒食前服。《仁存方》。　陰證傷寒：　腹痛厥逆。芥菜子研末，水調貼臍上。《生生編》。

明·穆世錫《食物輯要》卷三　芥菜　味辛，性溫，無毒。歸鼻，利九竅，通肺開胃，利膈豁痰，除冷氣，去腎邪。多食昏目，動風發氣。同鯽魚食，患水腫；同兔肉食，成惡病。有瘡痔失血者，忌食。生食，發丹砂藥毒。凡細葉有毛者，害人。芥薹同五味煮食，頗適口。多食，助火生痰，發瘡動血；酒後食多，緩人筋骨。子性溫，以醋浸，研爛絞汁食，解冷氣，開胃豁痰。不宜多用。

明·張懋辰《本草便》卷二　芥　味辛，氣溫，無毒。主除腎邪氣，利九竅，明耳目。多食動氣。子治風腫毒及麻痹，撲損瘀血，腰痛腎冷。

明·趙南星《上醫本草》卷三　芥　處處有之。有青芥，似菘有毛，味極辣；紫芥，莖葉純紫可愛，作虀最美。有白芥見本條。其餘南芥、旋芥、花芥、石芥之類，皆菜茹之美者，不能悉錄。時珍曰：芥性辛熱而散，故能通肺開胃，利氣豁痰。

莖葉：辛，溫，無毒。主治：歸鼻，除腎經邪氣，利九竅，明耳目，安中，久食溫中，止欬嗽上氣，除冷氣欬逆，下氣，去頭面風，通肺豁痰，利膈開胃。久食則積溫成熱，辛散大盛，耗人真元，肝木受病，昏人眼目，發人瘡痔。而《別錄》謂其能明耳目者，蓋知暫時之快，而不知積久之害也。《素問》云辛走氣，氣病無多食辛，多則筋急而爪枯，此類是矣。陸佃云：望梅生津，食芥墮淚，五液之自外至也；慕而涎垂，媿而汗出，五液之自內生也。

附方　牙齦腫爛，出臭水者：芥菜稈燒存性，研末，頻傅之，即愈。

子：辛，熱，無毒。主治：溫中散寒，豁痰利竅。治胃寒吐食，肺寒欬嗽，風冷氣痛，口噤唇緊，消散癰腫瘀血。研末作醬食香美，通利五臟。多食昏目，動火泄氣傷精。

附方　風毒腫及麻痹：醋研傅之。撲損瘀血：腰痛腎冷，和生薑研，塗貼之。心痛：酒調末服之。衄血不止：研末，水調，塗頂顖。感寒無汗：水調芥子末填臍內，以熱物隔衣熨之，取汗出，妙。反胃吐食：芥子末，酒服方寸匕，日三服。霍亂吐瀉：芥子擣細，水和傅臍上。

上氣嘔吐：芥子末，蜜丸梧子大，井華水寅時下七丸，申時再服。喉痹腫痛：芥子末，水和傅喉下，乾即易之。又方：用辣芥子研末，醋調取汁，點入喉內。待喉內鳴，却用陳麻骨燒烟吸入，立愈。耳卒聾閉：芥子末，人乳汁和，以綿裹，塞之。熱毒瘰癧：小芥子末，醋和貼之。看消即止，恐損肉。婦人經閉：不行至一年〔者〕，臍腹痛，腰腿沉重，寒熱往來。用芥子二兩，為末，每服二錢，熱酒食前服。

明·繆希雍《本草經疏》卷二七　芥　味辛，溫，無毒。歸鼻。主除腎邪氣，利九竅，明耳目，安中。久食溫中。

〔疏〕芥所稟與白芥同。今人以醋、椒同芥心作辣虀食之，則腦額酸楚，淚涕俱出，即歸鼻利竅，明耳目之驗也。辛溫能利氣消痰，開胃辟寒，故主安中及久食溫中也。其主除腎邪氣者，辛能潤腎，溫能暖水臟故也。子功用與白芥子相同，力稍不逮。〔主治參互〕治肺癰，用百年芥菜鹵，久窨地中者，飲數匙立效。其義以芥菜辛溫，得鹽水久窨之氣，變為辛寒。辛寒能散痰熱，芥菜主通肺氣，所以治肺癰，真良法也。〔簡誤〕與白芥子同。其主利九竅，明耳目者，蓋言辛散走竄，豁痰引涎，暫用一時，使邪去而正自復，非謂其真能利竅明耳目也。用者詳之。

明·應麐《食治廣要》卷三　芥　氣味：辛，溫，無毒。主治：利九竅，溫中，除冷氣咳逆，去頭面風，通肺豁痰，利膈開胃。孟詵曰：煮食動風氣，生食發丹石毒，不可多食。大葉者良，細葉有毛者有毒。甯源曰：能發瘡瘍、痔疾、便血。同兔肉食，成惡邪病。同鯽魚食，發水腫。芥有數種。七八月下種。冬月食者，俗呼臘芥；春月食者，曰春芥；四月食者，為夏芥。芥心嫩薹，謂之芥藍，瀹食脆美。結莢有子，其味亦辛，研末炮過為芥醬，以侑肉食。陸佃云：望梅生津，食芥墮淚。積溫成熱，不可不知。

明·姚可成《食物本草》卷一六味部·調飪類　芥辣南人以芥菜和水研爛，入食物中，或和醋研細，拌索粉及豆腐食之，味極辛香適口。　芥子，味辛，熱，無毒。歸鼻。去一切邪惡疰氣，喉痹，通利五臟，豁痰利竅。治胃寒吐食，肺寒欬嗽，風冷氣痛，口噤唇緊，消散癰腫瘀血。

明·姚可成《食物本草》卷六菜部·柔滑類　藏菜處處種之。長于秋末冬初，而盛于冬仲。莖白者圓渾如箭幹，莖青者扁而更香美。人家每于冬至前後醃藏入甕，以備冬春之需。　藏菜，味甘，平，無毒。和脾胃，利臟腑。煮食、醃食，雖多而不傷，以其預得陽和溫暖之氣也。或蒸作乾茹，更良。

明・姚可成《食物本草》卷六菜部・葷辛類 芥菜氣味辛烈，菜中之介然者，食之有剛介之象，故字從介。李時珍曰：芥有數種：青芥，又名刺芥，似白菘，有柔毛。有大芥，亦名皺葉芥，大葉皺紋，色尤深綠，味更辛辣。有馬芥，葉如青芥。有花芥，葉多缺刻，如蘿蔔英。有紫芥，莖葉皆紫如蘇。有石芥，莖幹低小。皆以八九月下種。冬月食者，俗呼臘菜；春月食者，俗呼春菜；四月食者，謂之夏芥。芥心嫩薹，謂之芥藍，瀹食脆美。其花三月開，黃色四出。結莢一二寸，子大如蘇子，而色紫味辛，研末泡過為芥醬，以侑肉食，辛香可愛。劉恂《嶺南異物志》云：南土芥高五六尺，子大如雞子。此又芥之異者也。

芥菜：味辛，溫，無毒。主歸鼻，除腎經邪氣，利九竅，明耳目，安中。久食溫中。止欬嗽上氣，除冷氣。去頭面風，通肺豁痰，利膈開胃。大葉者良。細葉有毛者害人。同兔肉食，成惡病。同鯽魚食，發水腫。有瘡瘍、痔疾、便血者忌之。〇芥性辛熱而散，故能通肺開胃，利氣豁痰。久食則積溫成熱，辛散太盛，耗人真元，肝木受病，昏人眼目，發人瘡痔。而《別錄》謂其明耳目者，蓋知暫時之快，而不知積久之害也。《素問》云：辛走氣，氣病無多食辛，多則肉胝而唇褰。此類是矣。陸佃云：望梅生津，食芥墮淚，五液之自外至也。慕而涎垂，媿而汗出，五液之自內生也。子：味辛，熱，無毒。主歸鼻，去一切邪惡疰氣，喉痹。疰氣發無常處，及射工毒，丸服之，或搗末醋和塗之，隨手有驗。治風毒腫及麻痹，醋研傅之。撲損瘀血，腰痛腎冷，和生薑研塗貼之。又治心痛，酒調服之。研末作醬食，香美，通利五藏。研末水調，塗頂顖，止衄血。服之，又主溫中散寒，豁痰利竅，治胃寒吐食，肺寒欬嗽，風冷氣痛，口噤唇緊，消散癰腫瘀血。芥子功與菜同。其味辛，其氣散，故能利九竅，通經絡，治口噤、耳聾、鼻衄之證；消瘀血、癰腫、痛痹之邪。其性熱而溫中，故又能利氣豁痰，治嗽止吐，主心腹諸痛。白芥子辛烈更甚，治病尤良。〇芥菜嫩心，生切入甕，潑以滚醋、醬油等料，汁過半指，封固候冷聽用。味極香烈，辣竄爽口，為食品之一助。或以嫩芥切寸許榨乾，用椒、鹽、茴香拌和，入甕泥口待用。氣香味美。惟有目疾、痰嗽、瘡疥等症者，忌之。

附方：治傷寒無汗。水調芥子末填臍內，以熱物隔衣熨之，取汗出妙。治身體麻木。芥菜子末，醋調塗之。治牙齦潰爛出臭水者。芥菜稈燒存性，研末，頻傅之即愈。治飛絲入目。青芥菜汁點之，如神。治漆咬。芥菜煎湯洗之。治喉痹。芥子末水和傅喉下。乾即易之。〇又方：用芥子研末，醋調取汁，點入喉內。待喉內鳴，却用陳麻骨燒烟吸入，立愈。治雀目不見。真紫芥菜子炒黑為末，用羊肝一具，分作八服。每用芥末三錢，捻肝上，筍籜裹定，煮熟冷食，以汁送下。治婦人經閉不行，至一年者，臍腹痛，腰腿〔沉重〕，寒熱往來。用芥子二兩，為末。每用二錢，空〔心酒下〕。治陰症傷寒，腹痛厥逆。芥子研末，水調貼〔臍〕上。治瘰癧，芥子末醋和貼之。

明・顧逢柏《分部本草妙用》卷九菜部 芥菜 辛，溫，無毒。主治：歸鼻，除腎經邪氣，利九竅，明耳目，安中。久食溫中，止嗽上氣，除冷氣，通肺豁痰，利膈開胃。芥性辛熱而散，故能通肺開胃，和氣豁痰。久食積濕成痰，辛散真元，肝木受病，昏目發瘡，可暫而不可久食也。入藥須用白芥子，能去皮裏膜外之痰。青芥子止堪作醬，入醋為爽口之物。

明・孟笨《養生要括・菜部》 芥菜其種甚多，大葉者良，細葉有毛者害人。有瘡瘍、痔疾、便血者忌之。性辛熱而散，故能通肺開胃，利氣豁痰。久食辛散太甚，耗人真元，肝木受病，昏人眼目。莖葉：味辛，溫，無毒。歸鼻，〔除〕腎經（除其）邪氣，利九竅，明耳目。安中，久食溫中。止欬嗽上氣，除冷氣。主欬逆下氣，去頭面風。通肺豁痰，利膈開胃。子：味辛，熱，無毒。治風毒腫及麻痹，醋研傅之。撲損瘀血，腰痛腎冷，和生薑研塗貼之。又治心痛，酒調服之。研末作醬食香美，通利五臟。研末水調，塗頂顖，止衄血。治胃寒吐食，風冷氣痛，口噤唇緊。餘功同菜。〔霍亂吐瀉：用芥子搗細，和傅臍上。反胃吐食：芥子末，酒服方寸匕，日三服。白芥子辛烈更甚，治病尤良。〕

明・黃承昊《折肱漫録》卷七 崇正戊寅之冬，武塘錢仲馭進士患肺癰，諸藥不效。有人教服陳年醃芥菜滷，一服輒效，甚以為奇。後晤友人沈聖思言，其母氏當年曾患斯症，亦賴斯物以救瀕危。又一僕人母亦然。此滷頗有藏之者，天寧寺某僧房慣貯之，詢知用醃芥菜滷貯于磁罈埋地中，其地須有人往來踐踏者方有效，埋數年乃用之，愈久愈妙，但飲一二甌即效。繆慕臺《本草疏經》亦載此方，則云用百年芥菜滷久窨地中者，飲數匙立效，其義以芥辛溫，得鹽水久窨之氣，變為辛寒，辛寒能散痰熱；芥菜主通肺氣，所以治肺癰有神效也。然不須百年，窨數年即可用矣。《本草經疏》中魚腥草下又註，單用搗汁，入年久芥菜滷飲之，治肺癰有神。然可不須也肺癰。

明・施永圖《本草醫旨・食物類》卷二　芥菜　味：辛，氣溫，無毒，歸鼻。除腎邪，利九竅，明耳目，安中，除邪氣，止咳嗽冷氣，去頭面風。多食動風氣，生食發丹石。不可同兔肉食，食則生惡瘡。同鯽魚食，發水腫。

子：主傅射工及疰氣、疝氣，發汗，胸膈痰冷，面黃。又和藥為膏，治骨節痛。治風腫毒及麻痹，醋研傅之。撲損瘀血，腰痛腎冷，和生薑研，微暖，塗貼。心痛，酒醋服。丹溪云：痰在皮裏膜外，非此不能達。又治游腫諸毒，用子為末，猪膽調和如泥，傅之。但其類多。青芥，葉麤大，味辣妙；紫芥，作虀佳；白芥，尤辛美，俱入藥。出太原。〇有便血、痔漏者忌之。

明・盧之頤《本草乘雅半偈》帙八　芥《別錄》上品　芥莖、葉　氣味：辛，溫，無毒。主治：主歸鼻，除腎經邪氣，利九竅，明耳目，安中。久食溫中。

芥子　氣味：辛，溫，無毒。主治：主歸鼻，去一切邪惡、疰氣、喉痹。

白芥子　氣味：辛，溫，無毒。主治：主發汗，胸膈痰冷，上氣，面目黃赤。醋研，傅射工毒。

覈曰：南地多芥。相傳嶺南無蕪菁，土人移種種之，盡變為芥，地土使然耳。今北地亦多芥，南地亦有蕪菁矣。八月布種，冬茂者曰冬芥，春茂者曰春芥，夏尤可食者曰夏芥，春末抽臺，謂之芥藍，瀹食脆美。頃則作花。正黃四出，莢長一二寸，子粒如蘇子，色紫褐，味極辛，研調作漿，以侑蔬品，香辣爽人。白芥子稍肥大，色黃白，入藥充啖，臭味轉勝也。種類亦多，有青芥，似菘而毛，色青綠，一名刺芥，味極辛；有大芥，葉大而皺，色深綠，味更辣，俱為藥用。有馬芥，葉如青芥而無毛；有花芥，葉多缺刻而如菘；有紫芥，莖葉俱紫而如蘇；有石芥，莖繁細碎而低小；有旋芥，葉紋旋繞如大芥；有南芥，高五六尺，子大如雞卵。劉恂《異物志》云出嶺南，多此芥，此又芥之持異者。白芥，一名胡芥，原從（大）〔太〕原河東來，今近道亦有。但種蒔者少。六八月布種，冬月可食。春末起臺，高三四尺，葉花有叉如花芥，色青白。莖中虛，質極脆，疾風大雪，須謹獲之，否則易于損折。三月黃花，香郁可愛，角子亦如芥〔角〕，但少肥壯，色黃白耳。又有一種，莖大而中實，子粒更大，雖屬芥類，形色迥別，入藥則勝于諸芥也。孫思邈曰：同兔食，發惡疾；同鯽魚食，發水腫。大葉者良，細葉有毛者，食之有損無益耳。

糸曰：《農書》云：氣味辛烈，菜中之介然者。食之令人剛介，故字從介。《說文》云：芥者，界也。發汗散氣，畍我者也。《左傳》曰：介人之寵。《楚辭》云：悲江介之遺風。蓋人身一皮，二膚，三肌，四脇，五胸，六腹，七胃，各有定界，邪氣入經，漫然難以分裂者，芥義可以界矣。顧食芥墮淚，望梅生津，此五液之自外至也。愧而汗發，慕而涎垂，此五液之自內至也。是以芥氣歸鼻，涕淚交注。《經》言：清陽走上竅，濁陰歸下竅。芥則兩得之矣。主治證形，正諸陽之不走上竅，致濁陰之不歸下竅耳。所謂陽無界然，我不立而畛畦失矣。激朗清厲，隨光之介也。牢刺拂戾，諸責之氣也。為此春酒，以介眉壽，神之聽之，介爾景福，軸轤千里，名卒億計。運茲威以赫怒，清海隅之蔕芥。

明・李中梓《本草通玄》卷下　白芥子　辛，熱，入手太陰與足陽明。溫中散寒，豁痰利竅，止心腹痛，散癰腫瘀血。多食則昏目動火，泄氣傷精。丹溪曰：痰在脇下及皮裏膜外，非白芥子莫能達。虛火痰嗽，白芥子同蘇子、蔔子煎好，入蜜與薑汁各一匙，殊妙。

清・穆石匏《本草洞詮》卷七　芥莖葉、子、白芥子　芥，性辛烈。菜中之介然者，食之有剛介之象，故字從介。莖葉，氣味辛溫，無毒。主通肺開胃，利氣豁痰。久食則積溫成熱，辛散太盛，耗人真元。陸佃云：慕而垂涎，愧而汗出，五液之自內生也。望梅生津，食芥墮淚，五液之自外至也。《素問》云：辛走氣，氣病無多食辛，多則肉胝而唇褰，此類是矣。而《別錄》謂明耳目者，蓋知暫時之快，而不知積久之害也。芥子功與菜同，去一切邪惡疰氣，治口噤、耳聾、鼻衄，消瘀血，癰腫，痛痺。白芥子利氣豁痰，溫中開胃，消腫辟惡，功用竝同。而其辛辣更甚，入藥尤良。疾在脇下及皮裏膜外者，非白芥子不能達，故古方控涎丹用之。韓懋云：凡老人苦痰氣喘嗽，胸滿懶食，不可妄投燥利之藥，反耗真氣。懋因人求治其親，靜中處三子養親湯，白芥子白色，主痰，下氣寬中；紫蘇子紫色，主氣，定喘止嗽；蘿蔔子白種者，主食，開痞降氣；各微炒，研破，看所主為君，每劑三四錢，用生絹袋盛，煮湯飲之，勿煎太過，則味苦辣，若大便實者，入蜜一匙，冬月加薑一片尤良。

清・丁其譽《壽世秘典》卷三　芥李時珍曰：芥有數種，青芥又名刺芥，似白菘有柔毛。有大芥，亦名皺葉芥，大葉皺紋，色尤深綠，味更辛辣。白芥莖高二三尺，其葉花而有丫如花芥，葉青白色，莖易起而中空，性脆，最畏風雪，謹護乃免折損。三種宜入藥用。有馬芥，葉如青芥；有花芥，葉多缺刻如羅蔔英；有紫芥，莖葉皆紫如蘇；有石芥低小。其子俱大如蘇子而色紫，味辛，研末，泡過為芥醬，以侑肉食，甚香美。 氣味： 辛，溫，無毒。主歸鼻，除腎經邪氣，利九竅，明耳目，安中，久食溫中《別錄》。通肺豁痰，利膈開胃《綱目》。

子： 氣味： 辛，熱，無毒。溫中散寒，豁痰利竅，治胃寒吐食，肺寒欬嗽，風冷氣痛，口噤唇緊，消散癰腫瘀血。 發明： 孟詵曰： 大葉者良，細葉有毛者害人。有目疾、瘡瘍、痔疾便血者忌之。同兔肉食，生惡瘡； 同鯽魚食，發水腫。 李時珍曰： 芥性辛熱而散，故能通肺開胃，利氣豁痰，久食則積溫成熱，辛散大盛，耗人真元，肝目受病，昏人眼目，發人瘡痔，而《別錄》謂其能明耳目者，蓋知暫時之快而不知積久之害也。芥子功與菜同，研末作醬，甚香美。 多食昏目、動火、泄氣、傷精。 白芥子，粗大白色，辛烈更甚，入藥尤良。 朱震亨曰： 痰在脇下及皮裏膜外，非白芥子莫能達。

清・尤乘《食鑒本草・菜類》 芥菜 歸鼻，利九竅，止冷嗽冷氣。多食動風，不可同鯽魚食，發水腫。同兔肉發惡瘡。子能消痰，治風痺腫毒，醋研敷。

清・朱本中《飲食須知・菜類》 芥菜芥子 味辛，性溫。多食昏目，動風發氣。同鯽魚食，患水腫。同兔肉、鼈肉食，成惡瘡病。有瘡瘍痔疾便血者，忌之。生食發丹石藥毒。細葉有毛者，害人。芥薹，多食助火生痰，發瘡動血。酒後食多，緩人筋骨。芥子，味辛，性熱，多食動火昏目，泄氣傷精。勿同雞肉食。

清・何其言《養生食鑒》卷上 芥菜一（莫）〔葉〕上有紅筋者，尤妙。 味辛，性溫，無毒。利九竅，通肺，開胃，利胸，豁痰，除冷氣，去腎邪。多食，昏目，動風發氣。同鯽魚食，患水腫。同兔肉食，成惡病。有瘡痔失血者，忌食。生食，發丹砂藥毒。凡細葉有毛者，勿食。芥薹，即菜心，同五味煮食，頗適口。多食助火生痰，發瘡動血。酒後食多，（煖）〔緩〕人筋骨。

清・李熙和《醫經允中》卷二二 芥菜 細葉有毛者損人。 辛，溫，無毒。主治除腎經邪氣，利九竅，除冷氣，通肺歸鼻，豁痰利膈，開胃。久服辛散傷神，昏目。有瘡瘍痔疾便血者，俱忌。白芥子治皮裏膜外痰。

清・汪啟賢等《食物須知・諸菜》 芥菜 味辛，氣溫，無毒。原種來從西戎，白脆，作茹甚美。冷氣堪卻，五臟能安。芥子，生北地，芥略麄，色白，與粱米相類，善驅疰氣，最辟鬼邪。

清・浦士貞《夕庵讀本草快編》卷三 芥《別錄》 附： 白芥子。 芥之氣味疎豁，食之有剛介之象態，字從介。 芥性辛熱，疎散之品，故能通肺開胃，利氣豁痰，取快一時，不宜久服，恐其積溫成熱，耗損真元，肝木受病，多生目盲瘡痔之疾。《素問》所謂辛走氣，氣病無多食辛，多則肉胝而唇褰。此類是也。陸佃云： 望梅生津，食芥墮淚，五液之自外而至也； 慕而涎垂，媿而汗出，五液之自內而生也。夫白芥益進乎辛辣，而子善攻脇下積痰及皮裏膜外者，非此莫達。故控涎丹、三子養親湯皆用之，功更捷於平常芥子焉。

清・葉盛《古今治驗食物單方》 芥菜 牙齦腫痛臭爛，芥菜梗燒存性，研末，敷之。 漆瘡，芥菜煎湯浴之。 痔瘡痛，芥菜搗餅坐之。

清・汪紱《醫林纂要探源》卷二 芥 辛，溫。種不一，有青芥，人所常食。 有白芥子，可入藥。 有紫芥，尤辛辣。 有芥藍，可作靛染綠。 性獨寒，多食腹痛。 多食動氣發瘡。

清・嚴潔等《得配本草》卷五 芥菜子 辛，溫。入手太陰經。利膈開胃，通肺豁痰，能除腎經邪氣。 多食昏眼發瘡。 同鯽魚食發水腫。

子： 辛，熱。入手太陰經。利九竅，通經絡，溫中散寒，下氣豁痰。治嘔吐咳嗽，麻痺癰腫，及婦人經閉。 研末水調塗頂囟，止衄血。 調豬膽，塗癰毒腫痛。 搗汁，曬濃，擦小兒唇緊。 搗生薑，塗撲損瘀血。 炒用。 多食動火昏目，泄氣傷精。 陰虛火盛、氣虛久嗽者禁用。 怪症： 手足指甲，忽生倒肉刺，痛不可忍，此濕氣結於脾土也。 煮芥菜常食之。 白芥子： 辛，溫。入手太陰經氣分。 通經絡，散水飲，除瘧癖，治喘嗽。 痰在脇下皮裏膜外，非此不達。 炒研蒸餅丸，治腹中冷氣。 生研，水調貼足心，引毒歸下，令痘疹不入目。 肺氣虛、胃中熱者禁用。

清・黃宮繡《本草求真》卷九 芥菜開肺胃痰氣閉塞。 芥菜耑入肺胃，兼入腎。一食品耳。何書載能通肺開胃，和氣豁痰。又載久食則人真氣有虧，眼目昏暗，並或發人瘡痔。是明指其於目有害。而書又有言能明目，其故何居，蓋緣芥性辛熱。凡因陰濕內壅，而見痰氣閉塞者，服此痰無不除，氣無不通，故能使耳益聰，而目益明也！ 若使臟素不寒，止因一時偶受寒濕，而氣不得宣通，初服得此稍快，久則積溫成熱，其目愈覺不明，而諸痔瘡瘍，靡不因是而至矣。《素問》云： 辛走氣，氣病無多食辛，食則肉胝而唇褰，此之謂歟！ 如其平素熱盛，竟無濕閉寒閉等症，其菜不必多服，但此一入人口，而凡燥熱等症，無不因是即形，又奚止便血發痔害目而已哉？ 詵曰： 煮食動氣與風，生食發丹石毒。寧源曰：有瘡瘍痔疾便血者，忌之。孫思邈曰：同兔〔肉〕食成惡邪，同鯽魚食發水腫。至於食芥而淚即墮，是亦淚為肝液，木受辛尅而液不克勝耳。陸佃云：望梅生津，食芥墮淚，五液之自內生也。慕而垂涎，愧而汗出，五液之自外至也。無他義也。用此當細審辨可耳，故寧以多為戒。芥子義詳溫散部內，所當合參。

清・李文培《食物小錄》卷上　芥菜即花葉芥。　辛，溫，無毒。利九竅，明耳目，安中通肺，滑痰利膈，開胃。子，研末作醬食香美，通利五臟，散寒豁痰，利竅。多食，昏目損肺。

清・趙學敏《本草綱目拾遺》卷八諸蔬部　陳芥菜滷汁　味鹹，性涼，治肺癰喘脹。用陳久色如泉水，緩呷之，下痰清熱定嗽，真能起死回生。〇作法：以芥滷貯甕中，埋行人處，三五年取用。

清・章穆《調疾飲食辯》卷三　芥　《農書》曰：其味辛烈，菜中之介然者。《綱目》曰：芥有數種：青芥，又名刺芥，葉有柔毛。大芥，又名皺葉芥，色深綠，葉有皺紋。馬芥，葉有花歧。紫芥，莖葉皆紫。石芥，低小，其性彷彿。能豁痰利氣，然助熱傷中，損神耗氣動血，熱病及氣虛人切忌。葉煎湯可洗漆瘡。三月起薹，取嫩心，瀹存性，入瓶中罨一二日，辣尤甚，謂之芥藍。薑、桂之性，老而愈辣，此獨嫩者最辣，食之令人涕淚齊出，耗氣助火倍於老芥。《埤雅》曰：望梅津生，食芥淚墮，五液之自外至者也；慕而涎垂，媿而汗出，五液之自內生者也。若用鹽水煮熟，曝乾，再蒸，曝之，俗名鹽菜，辣味全失，病人可食。其子古方用之，能散寒，利氣，豁痰。今惟用白芥子矣。《嶺表録異》曰南土芥子大如雞卵，未知果否。

白芥：性與芥同，熱過之。《綱目》曰：其種來自西戎而盛於蜀，故又名胡芥，又名蜀芥。子白色，取辣入食料，甚辛美。入藥能溫中下氣，豁痰消腫。《聖惠方》治喉痹腫痛：辣芥子末醋調取汁，點入喉內，待喉內鳴，却用陳麻骨燒煙吸入，立愈。《千金翼》治癰腫熱毒，芥子末同柏葉擣塗。《摘元方》治腰脊脹痛，氣滯在經絡，故脹。芥子末酒調敷。外用新麻布酒噴濕，火上烘熱，緊束之，立愈。《瀕湖方》治腫毒初起，醋調芥子末塗。《濟生方》治身體麻木，方同上。取辣法，見二卷芥子粥條。

清・葉桂《本草再新》卷一二　陳乾菜味苦，鹹，性平，無毒。入肺、腎二經。　治肺火欬嗽，化痰理氣，治喉疼失音，益陰滋水。味鹹，故能益陰滋水。

清・吳其濬《植物名實圖考》卷三　芥　《別録》上品。有青芥、紫芥、白芥，又有南芥、旋芥、花芥、石芥。南土多芥，種類殊夥。宋《開寶本草》別出白芥，今入藥多用之。又《上海縣志》：矮小者曰黃農芥，更有細莖扁心名銀絲芥，亦名佛手芥。《長洲縣志》有雞腳芥，湖南有排菜，蓋即銀絲芥。然老圃所常藝者兩種耳：其科大根小曰辣菜，根大葉瘦曰芥圪荅，亦曰大頭菜。南方芥為常膳，而王世懋乃以燕京春不老為最，蓋南芥辛多甘少，北芥甘多辛少；南菘色青，北菘色白；南芥色淡綠，北芥色深碧。此其異也。江西芥尤肥大，煮以為羹，味清滑，不似晦翁《南芥》詩輟餐時擁鼻也。寧都州冬時生薹如萵苣，筍甚腴，土人珍之，曰菜腦。南昌則二月中有之，寒暖氣遲早耳。滇中一歲數食之。東坡詩：芥藍如菌蕈，脆美牙齒響。余謂其味美於回，勝於良蕈，一爽無餘。石芥、紫芥，皆未得入饌。錢起《石芥》詩：山芥綠初嘗。吳寬《紫芥》詩：此種乃野生。又云：氣味既不辛，卻與芥同行，蓋非圃〔鮭〕〔畦〕，亦芥之別宗耳。

清・趙其光《本草求原》卷一五菜部　芥菜　辛，溫，無毒。利九竅，通肺，開胃，利胸，豁痰，除冷氣。多食動風發氣昏目。忌同鯽魚、兔肉食，痔瘡失血人忌。葉上有紅筋者良，葉有毛者勿用。其心和醋食，適口；多食〔緩人〕助火，生痰，動血，發瘡；酒後多食〔緩人〕筋骨。

清・趙其光《本草求原》卷一五菜部　陳乾菜　苦，鹹，平，無毒。治肺火咳嗽，化痰理氣。治喉疼失音，益陰滋水。鹹故也。

清・文晟《新編六書》卷六《藥性摘録》　芥菜　辛，微熱。開肺胃痰氣閉塞。久食發痔昏目，便血。若平素熱盛無濕寒閉症，勿服。〇芥子，治皮裏膜外之痰。並詳藥部溫散。

清・王孟英《隨息居飲食譜・蔬食類》　芥　辛，甘而溫。禦風濕。根味尤美。補元陽，利肺豁痰，和中通竅。醃食更勝，開胃，性平。以冬收細葉無毛，青翠而嫩者良。一名雪裏蕻。晴日刈之，晾至乾癟，洗淨，每百斤以燥鹽五斤，壓實，醃之，數日後鬆缸一伏時，俾滷得浸漬，如滷少泡，鹽湯候冷加入，仍壓實，一月後開缸，分裝壜瓮，逐壜均以滷灌滿浸為法，設滷不敷，仍以冷鹽湯加之，緊封壜口，久食不壞，生熟皆宜，可為常饌。若將醃透之菜，於晴燥時一日曬極乾，蜜裝乾潔壜內，陳久愈佳。香能開胃，最益病人，用時切食，葷素皆宜。以之燒肉，雖盛暑不壞，或切碎醃裝小壜，毋庸滷浸，但須築實密封，尤堪藏久。醃芥滷，煮食物味甚鮮美。若壜盛埋土中，久則清澈如水，為肺癰喉證神藥。春芥發風動氣。亦可醃食，病人忌之。白芥子研末，水調如糊，以紙密封半時，可作食料，辛熱爽胃，殺魚腥、生冷之毒。多食動火，內熱者忌之。入藥治痰在脇下，及皮裏膜外者。

清・田綿淮《本草省常・氣味類》 芥末　即芥菜子也。性熱。發汗散寒，溫中開胃，利氣豁痰，止痛消腫。多食目昏，發瘡動火，泄氣傷精。同鼈食，殺人；同兔肉食，生瘡癤。

清・田綿淮《本草省常・菜性類》 芥菜　性溫。利竅溫中，除腎經邪氣，動風發熱，耗人真元。同鯽魚食發水腫，同雞兔食生惡瘡，同鼈食殺人。瘡痔、便血者忌之。

清・戴葆元《本草綱目易知錄》卷三 芥菜　莖、葉辛熱而散，溫中通肺，豁痰利膈，開胃，歸鼻。除腎經邪氣，利九竅，除冷氣。止咳嗽上氣，主咳逆下氣，去頭面風。久食，生風動氣，耗真元，昏眼目，發痔瘡。【略】

子：味辛，氣寒。利九竅，通經絡，溫中散寒，豁痰利氣。治胃寒吐食，肺寒咳嗽，風冷氣痛，口禁脣緊，散癰腫瘀血，歸鼻。去一切邪惡鬼氣、疰氣喉痹發無常處。研末，醋調傅風毒腫痛，麻痹走注，熱毒瘰癧。薑汁調塗撲損瘀血，腰痛腎冷。治心痛，酒調服之。末，水調，塗頂顖，止鼻衄。末，作醬食香美，通利五臟。多食，昏目動火，洩氣傷精。葆按：此芥菜子，係本處園內種蒔作蔬。有青芥、馬芥、刺芥數種，其性俱同。

清・吳汝紀《每日食物却病考》卷上 芥菜　辛，溫，無毒，歸鼻通肺。除腎邪，利九竅，去頭面風，豁痰利膈，開胃。蓋辛熱而散，故能通肺開胃豁痰。久食則積溫成熱，辛散太甚，耗人真元，肝木受病，有昏目、發痔之患。謂其明耳目者，暫時之快耳。其種不一，有青芥，葉大味辣；有花芥、紫芥，但可蔬食；又有白芥，黃白色，子粗更辛烈，入藥。大抵芥雖古人所重，宜食而不宜多也。

清・吳汝紀《每日食物却病考》卷下 芥子　功與菜同，辛熱能散，故利九竅，通經絡，豁痰，消瘀血癰腫諸病。研末，調和食品，香美。

排菜

清・吳其濬《植物名實圖考》卷六 排菜　排菜產長沙，芥屬也。花葉細長，細莖叢茁，數十莖為族，春抽葶如扁雞冠，闊幾二寸，葶上細莖與花雜放，花如芥菜花，頭重莖彎如屈鉤，生不中噉，土人瀹以為齏，酸頗醒脾，賣菜者皆焯以入市，黃色如金，羹臛油灼，蓋每食必設也。《上海縣志》：芥有細莖扁心，名銀絲芥，或即是此菜。味以酸辛為上，芥之品盛於南，嗜辛者多也。不辛則鬱積而使之酸，乃津津有味。沈石田戲為《疏介夫傳》有曰：平生口刺刺，抉人是非，不少假借，被其中者，或至流淚、出涕、發汗。每食芥輒憶其語，為之噴飯。夫出涕發汗，而人猶嗜之。毋亦肺腑中有所甚樂，欲已而不能者？彼一味於甘而不知他味者，必其胸間有物據焉。如小兒嗜土炭矣。

野麻菜

清・吳其濬《植物名實圖考》卷一三 野麻菜　野麻菜生廣饒田澤。長葉布地，花叉如芥，近根微紅，根如白菜根，或云可食。

芥藍

清・何其言《養生食鑒》卷上 芥蘭　味甘、辛，性冷，無毒。寬胸解酒。多食耗氣損血。病人勿食。患瘡者忌之。

附：泰西・石鐸琭《本草補》 芥藍　王禎《農書》：芥之嫩者為芥藍，極脆。東坡云：芥藍如菌蕈，脆美牙頰響。是中國久食矣。其根如芋大。今西士攜種來植者，其根大如斗。初生葉紛披四布，取而啖之。及後生短葉，包裹其心。心雪白，尤脆美，并根食之。五六月栽，七月食起，至次年三月，可供(八)(閱)月之需，然匪僅贍蔬菜而已，其利益多端焉。泄瀉，用芥藍煮以清水，去水再煮，去水食之。大便不通，煮熟芥藍，取汁飲之。同此一物，去水則止泄，飲水則開利，物理節宣之妙如此。眼視不甚分明，與手常顫動，久服芥藍，自然漸輕。膝骨、脛骨腫痛，或生瘡，以芥藍同油與白麪，大麥者良。擣爛敷患處，以布包之。頭痛，擣爛芥藍，取自然汁吸入鼻內。膀胱痛，以芥藍蘸醋生食。說話無聲，擣取自然汁服之。背痛，取芥藍抽心作莖者，連根用之。惟不用葉。鍋內炙乾，同生豬膏留久者為妙。擣爛擦之。或背有瘡，亦可治。嗜酒無厭，燒熟芥藍，擣爛置酒內服之，即不嗜矣。

清・吳其濬《植物名實圖考》卷六 芥藍　嶺南及寧都多種之。一作芥蘭。《南越筆記》謂其葉有鉛，不宜多食。按此是烹食其葉，亦擘取之，肥厚冬生，土人嗜之，其根細小，與北地撇藍迥別。自來紀述家多併為一種。蓋北人知擻藍不見芥藍，閩、廣知芥藍不見擻藍，但取呼名相類耳。《嶺南雜記》：芥蘭甘辛如芥，葉藍色，鍊之能出鉛。又名隔藍。

僧云六祖未出家時為獵戶，不茹葷血，以此菜與野味同鍋隔開，煮熟食之，故名。《閩書》：芥藍菜葉如藍而厚，青碧色。蜀中萬年青極相類，但此一年一種，萬年青累歲不易，味稍苦耳。則蜀中亦產，不止閩粵。《廣東志》諺曰：多食馬藍，少食芥藍。則不惟形狀與擻藍異，性亦迥異。

清・趙其光《本草求原》卷一五菜部 芥蘭 甘，辛，冷，無毒。寬胸解酒。但耗氣損血，病後及患瘡忌之。

清・文晟《新編六書》卷六《藥性摘錄》 芥蘭 甘辛，性冷。寬胸解酒。多食耗氣血，病人勿食。患瘡疥者，忌之。

擻藍

明・蘭茂原撰，范洪等抄補《滇南本草圖說》卷八 掰藍 味甘、辛，性冷。主治：寬中利膈，解酒。多損氣，患惡瘡者忌食。

清・趙學敏《本草綱目拾遺》卷四草部中 茄連 《延綏鎮志》：葉如藍草而肥厚，種之畦塍，根圓大類葵，露出土外，開黃花，京師謂之擻藍。能解煤毒。

清・吳其濬《植物名實圖考》卷四 甘藍 《本草拾遺》始著錄，云是西土藍。《農政全書》：北人謂之擘藍。按：此即今北地擻藍，根大有十數斤者，生食、醬食，不宜烹飪也。《山西志》謂之玉蔓菁，縷以為絲，皓若爛銀，浸之井華，劑以醯醢，脆美爽喉。一入沸湯，辛軟不任咀嚼矣。葉以為齏，曰酸黃菜，尤美。《滇本草》沿作苤藍，治脾虛火盛，中膈存痰，腹內冷痛，夜多小便。又治大麻瘋癩等症，服之立效。生食止渴；煨食治大腸下血；燒灰為末，治腦漏，鼻痔；吹鼻治中風不語。葉貼瘡，皮治淋症最效。

雩婁農曰：蔓菁、蘿蔔二物也，醫者或誤一之。甘藍盛於西北，俗書擘擻，乃無正字。醫者以為大葉冬藍，可謂按圖索驥矣。余移種湘中，久不坼芽，視之腐矣。畏濕喜燥，其性然也。滇南終歲可得，夏秋尤美。此物根生土上，復有直根如插橛，花繁葉碩，與風搖動，若懸擢然。初覩者或以為奇。余生長於北，終日食之而不識其狀。西南萬里，藝之小圃，朝夕晤對，彼足不至西北者，雖欲一物不知以為深恥，將如之何？

苤蘭

明・蘭茂撰，清・管暄校補《滇南本草》卷上 苤蘭 味辛，澀。治脾虛火盛，中隔存痰，腹內冷疼。又治小便淋濁。又治大麻風，疥癩之疾。生食止渴化痰，煎服治大腸下血。燒灰為末，能治腦漏鼻痔；吹鼻，治中風不語。葉，可敷惡瘡。皮，能止渴淋。

白芥

宋・唐慎微《證類本草》卷二七菜部上品〔宋・馬志《開寶本草》〕 白芥 味辛，溫，無毒。主冷氣。色白，甚辛美，從西戎來。子，主射工及疰氣，上氣發汗，胸膈痰冷，面黃。生河東。今附。

〔宋・掌禹錫《嘉祐本草》〕按：陳藏器云：白芥，生太原。如芥而葉白，爲茹食之，甚美。日華子云：白芥，能安五藏，功用與芥頗同。子，燒及服，可辟邪魅。

〔宋・唐慎微《證類本草》〕《圖經》：文具芥條下。陳藏器云：主冷氣。子主上氣，發汗，胸膈痰冷，面目黃赤，亦入鎮宅用之。《外臺秘要》：治氣。小芥子一升，擣碎以絹袋盛，好酒二升浸七日。空心溫服三合，日二服。《千金方》：治反胃，吐食上氣。小芥子日乾爲末，酒服方寸匕。又方：三種射工即水弩子，以芥子杵令熟，苦酒和，厚傅上。半日，痛即便止。又方：治遊腫諸癰。以芥子末、猪膽，和如泥傅上，日三易之。《肘後方》：治中風，卒不得語。以苦酒煮芥子，傅頸一周，以帛包之，一日一夕乃差。

宋・陳衍《寶慶本草折衷》卷二〇 白芥子附。 又云：一名胡芥。生西戎及河東、太原。○又云：今處處有之。

味辛，溫，無毒。○主冷氣。○陳藏器云：葉白，為茹食之甚美。○日華子云：安五藏。

附：子。○味辛，溫，無毒。主射工及疰氣，上氣，發汗，胸膈痰冷，面黃。治遊腫，諸癰，為末，以猪膽和傅。又治中風不語，以苦酒煮，傅頸一周，帛包二日夕乃差。又主腹冷，夜起，炒熟細研，湯浸蒸餅，丸如赤豆，薑湯吞柒丸，效。其子麤大，白如粱米。兼括青芥條。

元・尚從善《本草元命苞》卷九 白芥子 味辛，溫。安五臟，發汗，消胸膈痰冷，去面目黃赤。除撲損瘀血。游腫諸瘡，猪膽和之塗上。中風失語，苦酒煮之傅。類生太原，色白而大，葉作茹，辛美可食。

明・王綸《本草集要》卷五 白芥 味辛，氣溫，無毒。主冷氣。○

子，主傳射工及疰氣，上氣發汗，胸膈痰冷，面黃。丹溪云：痰在皮裏膜外，非此不能達。又遊腫諸毒，為末，猪膽和如泥，傅之，日三易。

明·滕弘《神農本經會通》卷五 白芥 功用與芥頗同。味辛，氣溫，無毒。《本經》云：主冷氣。色白，辛美。子，主射工及疰氣，上氣，發汗，胸膈痰冷，面黃。日華子云：能安五臟。子，燒及服，可辟邪。丹溪云：痰在皮裏膜外，非此不能達。《局》云：白芥，辛，溫。除冷氣、射工、疰氣，子尤良。更攻上氣，除翻胃，胸膈多痰及面黃。白芥子，寬胸膈痰拘。

明·劉文泰《本草品彙精要》卷三八 白芥無毒。附子。叢生。

白芥：主冷氣。○子，主射工及疰氣，上氣，發汗，胸膈痰冷，面黃。名醫所錄。

【苗】《圖經》曰：芥類頗多，此亦是一種也。莖葉雖白，與諸芥相似，但其子獨麤大，甚辛，色白，如粱米，入藥惟以此種最佳也。其葉作茹甚美。【地】《圖經》曰：生河東，今處處亦有。【道地】西戎、太原爲佳。【時】生：春生苗。採：夏取實。【收】暴乾。【用】實。【質】似菘而有毛。實：類菟絲子。【色】白。【味】辛。【性】溫。【氣】氣之厚者，陽也。【臭】腥。【主】冷氣，安五臟。子：主脇下痰癖。【治】療：日華子云：白芥，安五臟。子，燒之及服，可辟邪魅。【合治】子一升，擣碎，以絹袋盛，好酒二升浸七日，空心溫服三合，日二服，治氣。○日乾爲末，合酒服方寸匕，治反胃，吐食上氣。○杵令熟，合苦酒，厚傅三種射工毒，半日痛即止。○爲末，合豬膽和如泥，傅遊腫諸癰，日三易，效。○合苦酒煮，治中風卒不語，傅頸一周，以帛包之，一日夕，差。○炒熟，勿令焦，細研，以湯浸，蒸餅丸如赤小豆大，合生薑湯吞七丸，治肚腹冷，夜起甚效。

明·葉文齡《醫學統旨》卷八 白芥子 氣溫，味辛。無毒。炒研用。治痰在皮裏膜外，非此不能達；及疰氣上氣發汗，胸膈痰冷面黃。

明·許希周《藥性粗評》卷三 子高白芥，坦胸膈以多寬。

白芥子，芥菜有三種，白青曰白，曰紫，俱可作葅。白者葉大，子麄，其子亦白，如粱米，八月下種，葉似蕪菁，冬後發薹，開黃花，高可四五尺，其實結角。河北園圃處處有之，世說其種來自西戎，然今則柔延矣，江南間亦有之。春後葉落採實，待乾挼之，入藥微炒。餘說《本草》不載。味辛，性溫，無毒。其氣下行。主治中風冷氣，翻胃吐食，喘逆痰結，胸膈脹滿，懊憹不快，面黃疰氣，遊腫諸癰，寬中下氣，發汗祛風，通經絡，安五臟，辟射工毒。

單方：胸膈冷氣：凡患冷氣上攻，翻胃吐食，胸膈不利者，芥子一升，擣碎，絹袋盛，入好酒二升，浸七日，每空心溫服三合，日再，當差。走注遊風：凡身體暗生風毒，走注疼痛者，芥子擣末，以雞子清調和，隨痛處傅之。

明·陳嘉謨《本草蒙筌》卷六 白芥 味辛，氣溫。無毒。原種來從西戎，白脆作茹甚美。冷氣堪卻，五臟能安。子生比他芥略麄，色白與粱米相類。善敺疰氣，最辟鬼邪。研醋敷射工，煎液消痰癖。久瘧蒸成癖塊，須此敷除；皮裏膜外痰涎，必用引達。故三子養親湯方中，加蘿蔔子消食，蘇子定喘，此卻消痰。是皆切中老人病也。○青芥極辣，似菘有毛。細葉者殺人，大葉者為美。生食發丹石發毒，煮食動膈氣動風。合兔肉同餐，成惡瘡尤驗。亦堪主療，嘗載《本經》。利竅明耳目溫中，歸鼻除邪氣止欬。子細青色，作醬甚香。撲損瘀血冷疼，生薑研貼。麻痹風毒腫痛，釅醋和敷。酒調末下咽，心脾痛竟止。○又紫芥花芥石芥，種卻多般；惟採取作茹作虀，不復分別。

明·寧源《食鑒本草》卷下 白芥 味辛，溫，無毒。新增主冷氣。色白，正辛美，從西戎來。

明·王文潔《太乙仙製本草藥性大全》卷五《本草精義》 白芥 舊本不載所出州土，今在處有之，生河東田野，又云從西戎來。其苗葉如芥，而葉(白)白，甚辛(辛)美，爲茹食之甚美。其子粗大色白，白如粱米，此入藥佳。主上氣，冷氣，發汗，胸膈痰冷，面目黃赤。亦入鎮宅用之。

明·王文潔《太乙仙製本草藥性大全》卷五《仙製藥性》 白芥 味辛，氣溫，無毒。主治：冷氣堪却，五臟能安。子：生比他芥略麄，色白與粱米相類。善敺疰氣，最辟鬼邪。研醋敷射工，煎液消痰癖。久瘧蒸成癖塊，須此敷除。皮裏膜外痰涎，必用引達。故三子養親湯方中加蘿蔔子消食，蘇子定喘，此却消痰，是皆切中老人病也。補註：治氣，用子一升，擣碎，以絹袋盛，好酒二升，浸七日，空心溫服三合，日二服。○反胃吐食上氣，取子曝乾爲末，酒服方寸〔匕〕。○三種射工，即水弩子，以子杵熟，苦酒和，厚傅半日，痛止。○遊腫諸癰，以子爲末，猪膽和如泥，傅上，日三易之。○中風卒不得語，以苦酒煮子，傅頸一周，以帛包之，一夕乃差。○腹冷夜起，以子一升，炒熟勿令焦，細研，以湯浸，蒸餅丸如赤小豆，薑湯吞十丸甚效。

明·皇甫嵩《本草發明》卷五 白芥上品。味辛，溫，無毒。 發明曰：白芥菜辛溫，能卻冷氣，故其子主疰氣上氣，發汗，胸膈冷痰，面黃，消皮裏膜外痰涎及兩脇痰癖尤捷。又主敷射工。研醋調，敺疰氣鬼邪，久瘧成癖。其菜色白，辛美，可作茹。不比他芥子，略粗大，色白者入藥。

明・李時珍《本草綱目》卷二六菜部・葷菜類　白芥宋《開寶》附

【釋名】胡芥《蜀本草》　蜀芥時珍曰：其種來自胡戎而盛於蜀，故名。

【集解】恭曰：白芥子粗大白色，如白粱米，甚辛美，從戎中來。藏器曰：白芥生太原、河東。葉如芥而白，爲茹食之甚美。保昇曰：胡芥近道亦有之，葉大子白且粗，入藥及啖最佳，而人間未多用之。時珍曰：白芥處處可種，但人知蒔之者少爾。以八九月下種，冬生可食。至春深莖高二三尺，其葉花而有丫，如花芥葉，青白色。莖易起而中空，性脆，最畏狂風大雪，須謹護之，乃免折損。三月開黃花，香郁。結角如芥角，其子大如粱米，黃白色。又有一種莖大而中實者尤高，其子亦大。此菜雖是芥類，迥然別種也，然入藥勝於芥子。

莖葉　【氣味】辛，溫，無毒。時珍曰：《肘後方》言熱病人不可食胡芥，爲其性暖也。

【主治】冷氣藏器。安五臟，功與芥同《日華》。

子　【氣味】辛，溫，無毒。　【主治】發汗，主胸膈痰冷，上氣，面目黃赤。又醋研，傅射工毒《別録》。禦惡氣遁尸飛尸，及暴風毒腫流四肢疼痛弘景。燒煙及服，辟邪魅。《日華》。藏器曰：入鎮宅方用。　咳嗽，胸脇支滿，上氣多唾者，每用溫酒吞下七粒思邈。利氣豁痰，除寒暖中，散腫止痛，治喘嗽反胃，痹木脚氣，筋骨腰節諸痛時珍。

【發明】震亨曰：痰在脇下及皮裏膜外，非白芥子莫能達。古方控涎丹用白芥子，正此義也。時珍曰：白芥子辛能入肺，溫能發散，故有利氣豁痰、溫中開胃、散痛消腫辟惡之功。按韓悉《醫通》云：凡老人苦於痰氣喘嗽，胸滿懶食，不可妄投燥利之藥，反耗真氣。悉因人求治其親，靜中處三子養親湯治之，隨試隨效。蓋白芥子白色主痰，下氣寬中；紫蘇子紫色主氣，定喘止嗽；蘿蔔子白種者主食，開痞降氣。各微炒研破，看所主爲君。每劑不過三四錢，用生絹袋盛入，煮湯飲之。勿煎太過，則味苦辣。若大便素實者，入蜜一匙。冬月加薑一片尤良。南陵未齋子有辭贊之。

【附方】舊一，新八。　反胃上氣：白芥子末，酒服一二錢。《普濟方》。　熱痰煩運：白芥子、黑芥子、大戟、甘遂、芒硝、朱砂等分爲末，糊丸梧子大。每服二十丸，薑湯下。名白芥丸。《普濟方》。　冷痰痞滿：黑芥子、白芥子、大戟、甘遂、胡椒、桂心等分爲末，糊丸梧子大。每服十丸，薑湯下。名黑芥丸。《普濟方》。　腹冷氣起：白芥子一升，微炒研末，湯浸蒸餅丸小豆大。每薑湯吞十丸，甚妙。《續傳信方》。　脚氣作痛：方見白芷。　小兒乳癖：白芥子研末，水調攤膏貼之，以平爲期。《本草權度》。　防痘入目：白芥子末，水調塗足心，引毒歸下，令瘡疹不入目。《全幼心鑑》。　腫毒初起：白芥子末，醋調塗之。《瀕湖集簡方》。　胸脇痰飲：白芥子五錢，白朮一兩，爲末，棗肉和搗，丸梧子大，每白湯服五十丸。《摘玄方》。

題明・薛己《本草約言》卷二《藥性本草》　白芥子　味辛，氣溫，無毒。去疰氣，辟鬼邪。除久瘧蒸成癖塊，去皮裏膜外痰涎。故三子養親方中用蘿蔔子消食，蘇子定喘，此能消痰，皆切中老人病也。菜却冷氣，安五臟。

明・梅得春《藥性會元》卷中　白芥子　味辛，氣溫，無毒。凡使，炒研用。　主治痰在脇下及在皮裏膜外，非此不能達。又療上氣，並胸膈有痰、有冷，面黃疰氣。又辛能發汗。

明・李中立《本草原始》卷六　白芥　生太原、河東。葉如芥而白，子粗大如白粱。王禎《農書》云：其氣味辛烈，菜中之介然者，食之有剛介之象，故字從介。其種來自胡戎，而盛於蜀，故一名胡芥，一名蜀芥。

莖、葉：　氣味：　辛，溫，無毒。主治：　歸鼻，除腎經邪氣，利九竅，明耳目，安中，久食溫中。○止咳嗽上氣，除冷氣。○主欬逆下氣，去頭面風。○通肺豁痰，利膈開胃。○安五臟。

子：　氣味：　辛，溫，無毒。主治：　發汗，主胸膈痰冷上氣，面目黃赤。又醋研傅射工毒。○熨惡氣，遁尸飛尸，及暴風毒腫流四肢疼痛。○燒煙及服，辟邪魅。欬嗽，胸脇支滿，上氣多唾者，每用溫酒吞下七粒。○利氣豁痰，除寒暖中，散腫止痛。治喘嗽反胃，痹木脚氣，筋骨腰節諸痛。

白芥，宋《開寶》。【圖略】花黃，結角。性暖，熱病及患痔漏者不可食。

《本草權度》治小兒乳癖，白芥子研末，水調，攤膏貼之，以平為度。

明・張懋辰《本草便》卷二　白芥子　味辛，氣溫，無毒。　主傅射工及疰氣，上氣發汗，胸膈痰冷面黃；　病在皮裏膜外，非此不能達。

明・吳文炳《藥性全備食物本草》卷一　白芥菜　味辛、辣，有剛介之性。青紫白三種。○白芥甚辛美，氣溫，無毒。能發汗，散腹中冷氣作痛。其子微炒研碎入藥，利胸膈痰，止翻胃吐食，痰嗽上氣，中風不語，面目色黃，安五臟，止夜多小便。丹溪云：　痰在皮裏膜外，非此不除。又治走注風毒疼痛，如遊風腫毒諸癰，為末，猪膽汁調傅，日三易之。兼辟邪魔射工鬼疰，氣發無常，撲損瘀血。

紫芥：　作虀食之甚美，入藥不及白者力大。○青芥：　極辣歸鼻，溫中，除腎寒邪氣，心痛腰痛風痺，利九竅。三芥子葉大同，多食俱動風氣，有便血痔疾者忌之。同鯽魚食患水腫，同蟲肉食成惡病。又發丹石藥毒。凡細葉有毛者害人。芥臺同五味煮食順適口，多食助火生痰，發瘡動血，酒後食多緩人筋骨。

明・趙南星《上醫本草》卷三　白芥　一名胡芥，又名蜀芥。白芥生太原河東，葉如芥而白，為茹食之，甚美。其子入藥勝于芥子。痰在脇下及皮裏膜外，非白芥子莫能達。古方控涎丹用白芥子，正此義也。按韓懋《醫通》云：凡老人苦于痰氣喘嗽，胸滿懶食，不可妄投燥利之藥，反耗真氣。懋因人求治其親，靜中處三子養親湯治之，隨試隨效。蓋白芥子白色主痰，下氣寬中；紫蘇子，紫色主氣，定喘止嗽；蘿蔔子白種者，主食，開痞降氣。各微炒（研）破，看所主為君。每劑不過三四錢，用生絹袋盛，入煮湯飲之。勿煎太過，則味苦辣。若大便素實者，入蜜一匙，冬月加薑一片，尤良。南陵未齋子有辭贊之。　莖葉：辛，溫，無毒。主治：冷氣，安五臟，功與芥同。

熱病人不可食，為其性暖也。　子：辛，溫，無毒。主治：利氣豁痰，除寒暖中，發汗，胸膈痰冷，面目黃赤，喘嗽反胃，痹木。熨惡氣、脚氣，遁尸、飛尸，及暴風毒腫流四肢，筋骨腰節諸痛。醋研，傅射工毒。燒煙及服，辟邪魅入鎮宅方用。欬嗽，胸脇支滿，上氣多唾者，每用溫酒吞下七粒。

附方　反胃上氣：白芥子末，酒服一二錢。　胸脇痰飲：白芥子五錢，白朮一兩，為末，棗肉和搗，丸梧子大，每白湯服五十丸。

明・李中梓《藥性解》卷六　白芥子　味辛，性溫無毒，入肺胃二經。主下氣，止翻胃，消瘧癖，辟鬼邪，毆疰氣，除皮裏膜外痰涎；醋研可敷射工毒；其莖葉，堪却冷氣，能安五臟。　按：白芥子辛宜於肺，溫宜於胃，故俱入之。氣虛及肺胃中有火者，咸禁食之。

明・繆希雍《本草經疏》卷二七　白芥　味辛，溫，無毒。主冷氣。色白，甚辛美。　子：　主射工，及疰氣，上氣，發汗，胸膈痰冷，面黃。

【疏】芥稟火金之氣以生，而白芥則又得金氣之勝，故味辛氣溫無毒。辛溫入肺而發散，故有溫中除冷，發汗辟邪，豁痰利氣之功。朱震亨云：痰在脇下及皮裏膜外，非白芥子莫能達。古方控涎丹用之，正此義爾。【主治參互】韓懋《醫通》云：凡老人，苦于痰氣喘嗽，胸滿懶食，不可妄投燥利之藥，反耗真氣。因有人求治其親，遂制三子養親湯治之，隨試隨效。用白芥子、紫蘇子、白萊菔子，各微炒研破，看所主為君，每劑不過三四錢，用絹袋盛，入湯煮飲之。勿煎大過，則味苦辣。若大便素實者，入蜜一匙。冬月加薑一片。　蘇恭：　主疰氣發無常處及射工毒，以芥子丸服之。或搗末醋和塗之，隨手有驗。　【簡誤】白芥子，味極辛，氣溫，能搜剔內外痰結，及胸膈寒痰，冷涎壅塞者殊效。然而肺經有熱，與夫陰火虛炎，咳嗽生痰者，法在所忌。其莖葉煮食，動風動氣，有瘡瘍痔疾便血者，咸忌之。

明・倪朱謨《本草彙言》卷一六　白芥子　味辛，氣溫，無毒。

李氏曰　白芥，生太原河東，但處處可種。今人知蒔者少。以八九月下種，冬生苗葉可食，至春深莖高二三尺，其葉花而有椏如花芥葉，青白色。莖易起而中空性脆，最畏狂風大雪，須用竹枝謹護，乃免折損。三月開黃花，香郁。結角如芥角，其子大如粱米，黃白色。又有一種莖大而中實者尤高，其子亦大。此菜雖是芥類，迥然別種也。入藥勝于芥辣子。

白芥子：孫思邈化痰消痞之藥也。沈孔庭曰：按李氏方云：辛能利氣，溫能發散，故其功用專于豁痰平逆氣，推爲上劑。如痰在膜脇關節之間，胸膈藏府之內，非此不能通達。古方控涎丹用此，正此義也。又按《韓氏醫通》云：凡老人苦於痰氣喘嗽，胸滿懶食，不可妄投燥利之藥，宜三子養親湯治之，隨手獲效。蓋白芥子主痰而下氣寬中，紫蘇子主氣而定喘止嗽，蘿蔔子主食而消滯降氣，各微炒研末，每劑不過三四錢，煮湯飲之。如大便素實者，入白蜜二三匙，冬月加薑一二片尤良。如陰虛勞瘵，血虛生痰之證，禁用之。

集方：《摘玄方》治胸脇痰飲。用白芥子五錢，白朮一兩爲末，棗肉和搗爲丸梧子大，每清晨白湯下百丸。○《方脉正宗》治風濕涎痰結成痞塊。外用白芥子爲末，醋調敷患上。內用白芥子爲末，神麯打糊丸梧子大，每服三錢，清晨參、棗湯下。○《普濟方》治痰火煩運。用白芥子、黑芥子、大戟、甘遂、芒硝、硃砂各等分，爲極細末，神麯打糊爲丸如梧子大。每食後服一錢，生薑湯下。○同上治冷痰痞滿。用白芥子、黑芥子、大戟、甘遂、胡椒、肉桂各等分爲末，神麯打糊丸梧子大。每服一錢。生薑湯下。○瀕湖《集簡方》治腫毒初起。用白芥子研末，醋調塗之。治氣膈臌脹名五子散。用白芥子、山查子、香附子、紫蘇子、白蘿蔔子各五錢微炒，共研爲細末。每早晚各食前服三錢。白湯調下。○治肺癰吐膿血，咳嗽面腫。用陳年芥菜鹵久埋地中者，每日取十數匙，溫湯頓熱飲之立愈。真仙方也。

明·姚可成《食物本草》卷六菜部·葷辛類　白芥一名胡芥，一名蜀芥。其種來自胡戎而盛于蜀，故名。○白芥處處可種，但人知蒔之者少爾。以八九月下種，冬生可食。至春深莖高二三尺，葉青白色，莖易起而中空，性脆，最畏狂風大雪，須謹護之，乃免折損。三月開黃花，香郁。結角如芥角，其子大如粱米，黃白色。又有一種莖大而中實者尤高，其子亦大。此菜雖是芥類，迥然別種也。

白芥：味辛，溫，無毒。主冷氣，安五臟，功與芥同。　子：味辛，溫，無毒。主發汗，主胸膈痰冷，上氣，面目黃赤。又醋研，傅射工毒。熨惡氣遁尸飛尸及暴風毒腫流四肢疼痛。燒烟及服，辟邪魅。又入鎮宅方用。欬嗽，胸脇支滿上氣，多唾者，每用溫酒吞下七粒。利氣豁痰，除寒暖中，散腫止痛，治喘嗽反胃，痹木脚氣，筋骨腰節諸痛。痰在脇下及皮裏膜外，非白芥子不能達。

附方：防痘入目中。用白芥子末，水調塗足心，引毒歸下，令瘡疹（不入）目。　治胸脇痰飲，皮白或腫而不紅作痛。白芥子五錢，白朮一兩，為末，棗肉和搗，丸梧子大，每白湯下五十丸。

明·顧逢柏《分部本草妙用》卷四肺部·溫瀉　白芥子　辛，熱，無毒。多食昏目動火，泄氣傷精。　主治：歸鼻，除邪疰氣，喉痺。醋和，塗疰氣及風毒腫麻痺。薑和貼，撲損瘀血，腰痛腎冷。酒服，心痛。水調塗頂顖，止衄血。溫中散寒，豁痰利竅，治胃寒吐食，肺寒欬嗽，風冷，主皮裏膜外痰。

按：白芥子功與菜同。辛散之味能利九竅，通經絡，治口噤，耳聾，鼻衄，消瘀血癰腫痛痺。熱能溫中，故能利氣豁痰。治嗽止血，并心腹痛，皮裏膜外痰症及疰氣尤神。老人、虛人量用之。

明·李中梓《醫宗必讀·本草徵要下》　白芥子味辛，熱，無毒。入肺經。解肌發汗，利氣疎痰。溫中而冷滯冰消，辟邪而祟魔遠遁。酒服而反胃宜痊，醋塗而癰毒可散。痰在脇下及皮裏膜外者，非白芥子不能達。煎湯不可太熱，便減力量。按：肺經有熱，陰虛火亢者勿服。莖葉動風動氣，有瘡傷、痔疾、便血者俱忌。

明·鄭二陽《仁壽堂藥鏡》卷四　白芥子　《圖經》云：芥子：生河東。微炒碾碎，能通利五臟。　味辛，性溫，無毒。　入肺經。　隱居曰：發汗，冷痰上氣，屍氣，暴風毒腫。丹溪曰：痰在皮裏膜外，非白芥子不能達。時珍曰：辛能入肺，溫能發散，故有利氣豁痰，溫中開胃之功。　按：白芥子大辛大散，中病即已。久用散真氣，令人眩運損目。　久瘧蒸成癖塊，須此敷。除疰氣、射工，亦堪研傅。

明·蔣儀《藥鏡》卷一溫部　白芥子　除皮裏膜外之寒痰，疏胸前脇下之冷氣。脾醒酒解，尠似葛花。嗽止濕行，效同薑汁。下走則直卻腎邪，上行則速開鼻竅。

明·李中梓《頤生微論》卷三　白芥子　味辛，性溫，無毒。入肺經。解肌發汗，利氣疏痰，溫中去滯辟邪，療反胃。　按：丹溪曰：痰在皮裏膜外，非白芥子不能達，煎湯不可太熟，熟則力減。大辛大散，用須中病即已，久用損真氣，令人眩運損目。肺經有熱，陰虛火亢，當遠謝之。

明·張景岳《景岳全書》卷四九《本草正》　白芥子　味大辛，氣溫。善開滯消痰，療欬嗽喘急，反胃嘔吐，風毒流注，四肢疼痛。尤能祛辟冷氣，解肌發汗，消痰癖瘧痞，除脹滿極速。因其味厚氣輕，故開導雖速而不甚耗氣。既能除脇肋皮膜之痰，則他近處者不言可知。善調五藏，亦熨散惡氣，若腫毒乳癖痰核初起，研末用醋或水調傅甚效。

明·賈九如《藥品化義》卷八腎藥　白芥子　屬陽，體細而銳，色白。氣，研碎雄，味大辛辣，性溫，能降橫行，力散結痰，性氣與味俱銳，入肺經。白芥子味辣橫行甚捷，體細通利甚銳，專開結痰，痰屬熱者能解，屬寒者能散。痰在皮裏膜外，非此不達；在四肢兩脇，非此不通。若結胸證，痰涎邪熱固結胸中，及咳嗽失音，以此同蘇子枳實瓜蔞杏仁芩連，為解熱下痰湯，誠利氣寬胸神劑。　揀淨沙土。略炒性緩，生則力猛，酌用。

清·顧元交《本草彙箋》卷七　白芥子　芥稟火金之氣，而白芥則又得金氣之勝，故辛烈爲甚。蓋味辣能橫行，體細能銳利，專開結痰。痰在皮裏膜外者，非此不達。在四肢兩脇者，非此不通。若結胸證，痰涎邪熱固結胸中，及咳嗽失音，以此同蘇子、枳實、瓜蔞、杏仁、芩、連，解熱下痰，爲利氣寬胸神劑。　凡用，略炒性緩，生則力猛，隨症酌之。

凡老人苦於痰氣喘嗽，胸滿懶食，不可妄投燥利之藥，宜服三子養親湯，用白芥子主痰，下氣寬中；紫蘇子主氣，定喘止嗽；蘿蔔子主食，開痞降氣；各微炒，研破，看所主爲君，每劑三四錢，生絹袋盛入煮湯飲之，勿煎太過，則味苦辣。若大便素實者，入蜜一匙。冬月加薑一片。　治肺癰，用百年芥菜鹵久窨地中者，飲數匙，立效。其義以芥菜辛溫，得鹽水久窨之，氣變爲辛寒，辛寒散痰熱，芥菜主通肺也。

清・劉雲密《本草述》卷一五　白芥　藏器曰：白芥生太原、河東。葉如芥而白，為茹食之甚美。　時珍曰：白芥處處可種，但人知蒔之者少爾。以八九月下種，冬生可食。至春深莖高二三尺，其葉花而有丫，如花芥葉，青白色。莖易起而中空，性脆，最畏狂風大雪，須謹護之，乃免折損。三月開黄花，香鬱，結角如芥角，其子大如粱米，黄白色。又有一種莖大而中實者，尤高，其子亦大，此菜雖是芥類，迥然別種也。然入藥勝於芥子。

子　氣味：辛，溫，無毒。主治：發汗，療胸膈痰冷上氣，面目黄赤《別録》。暴風毒腫流四肢疼痛弘景。利氣豁痰，除寒暖中，治喘嗽反胃，痺木脚氣，筋骨腰節諸痛時珍。　丹溪曰：痰在脇下及皮裏膜外，非白芥子莫能達。古方控涎丹用白芥子，正此義也。　時珍曰：白芥子辛能入肺，溫能發散，故有利氣豁痰，溫中開胃，散痛消腫辟惡之功。　希雍曰：芥固稟火金之氣，而白芥則又得金氣，故溫中除冷，雖同而其子之利氣豁痰，則更勝於芥子也。

愚按：白芥以秋深下種，是稟受金氣也。乃生於冬而長於春，若以歸藏之時為茁出，以萌芽之候為長養，豈非稟金氣之涼而反得溫者乎？是已具金媾於木之體矣。故結實於季春，而味更辛，乃金效木之用，至斯時以為成功也。雖與他芥同其生長華實之時，然其子較大，色且黄白，是固金效木用而有迥異者也。所以一切主治，當思其於凝結之患而得開發，於逆上之窮而得降折，二者可以分任，亦可以合奏，如求其所因，使主輔得宜，謂此味者詎止以豁痰利氣求之哉？瀕湖所列主治諸疾，或不妄也。

附方　反胃上氣，白芥子末酒服一二錢。　脚氣腫痛，白芷、芥子等分，為末，薑汁和塗之，效。　胸脇痰飲，白芥子五錢，白术一兩，為末，棗肉和搗丸梧子大，每白湯服五十丸。　防痘入目，白芥子末水調，塗足心，引毒歸下，令瘡疹不入目。　希雍曰：白芥子味極辛，氣溫能搜剔內外痰結，及胸膈寒痰冷涎壅塞者殊效。然而肺經有熱，與夫陰火虚炎咳嗽生痰者，法在所忌。其莖葉煮食動風動氣，有瘡瘍痔疾便血者，咸忌之。

修治　他芥子子大如蘇子，色紫，味辛。白芥子子大如粱米，而色黄白。研用。

清・郭章宜《本草匯》卷一三　白芥子　辛，熱，入手太陰與足陽明經。散寒發汗，利氣疏痰。溫中而冷滯冰消，辟邪而祟魔遠遁。酒服而反胃宜痊，醋塗而癰毒可散。

按：白芥子，大辛烈之物也。辛能入肺，溫能發散，故豁痰利氣有功。震亨云：痰在脇下及皮裏膜外，非此莫能達。古方控涎丹用白芥子，正此義也。而三子養親方中，用蘿蔔子開痞降氣，紫蘇子止喘定嗽，白芥子消痰寬中，皆切中老人。然每劑不過三四錢，各微炒，研破，看所主為君。老人痰氣喘嗽，胸滿懶食，不可妄投燥利之藥，耗其真氣也。　若肺經有熱，與夫陰火虚炎咳嗽生痰者，法在所忌。其莖葉動風動氣，有瘡瘍痔疾便血者，咸忌之。微焙，擊碎，用生絹袋盛入煑，勿煎太過，則味苦辣。若大便素實者，入蜜與薑汁各一匙，尤妙。

清・蔣居祉《本草擇要綱目・溫性藥品》　白芥子　氣味：辛，溫，無毒。主治：胸膈痰冷上氣。醋研，傅射工毒。辛能入肺，溫能發散，有利氣豁痰，溫中開胃，散痛消腫辟惡之功。凡痰在脇下皮裏膜外者，非此不能達。古方控涎丹用之，執此義也。

清・王翃《握靈本草》卷六　白芥子處處可種。葉青莖空，子如粱米。　主治：白芥子，辛，熱，無毒。主溫中散寒，豁痰利竅，散痛消腫，口禁，耳聾，鼻衄。

清・汪昂《本草備要》卷四　白芥子宣，利氣，豁痰。　辛，溫，入肺。通行經絡，溫中開胃，發汗散寒，利氣豁痰，消腫止痛。痰行則腫消，氣行則痛止。爲末醋調敷，消癰腫。治咳嗽反胃，痺木脚氣，筋骨諸病。痰阻氣滯。久嗽肺虚人禁用。丹溪曰：痰在脇下及皮裏膜外，非此不能達行。古方控涎丹用之，正此義。韓懋三子養親湯，白芥子主痰，下氣寬中；紫蘇子主氣，定喘止嗽；萊菔子主食，開痞降氣。各微炒研，看病所主爲君。治老人痰嗽、喘滿、懶食。　北産者良。煎湯不可過熟，熟則力減。芥菜子豁痰利氣，主治略同。

清・王逊《藥性纂要》卷三　白芥子【略】東圃曰：白芥子，辛辣破氣，非實痰勿服。熬膏，外貼有餘之症，其效殊速。

清・陳士鐸《本草新編》卷四　白芥子　味辛，氣溫，無毒。入肝、脾、肺、胃、心與包絡之經。能祛冷氣，安五臟，逐膜膈之痰，辟鬼祟之氣，消癖化瘧，降息定喘，利竅明目，逐瘀止疼，俱能奏效。能消能降，能補能升，助諸補藥，尤善收功。近人不知用白芥以化痰，而頻用半夏、南星以耗氣，所不解也。白芥子善化痰涎，皮裏膜外之痰，無不消去，實勝于半夏、南星。半夏性燥而爍陰，南星味重而損胃。獨白芥子消化痰涎，又不耗損肺、胃、肝、心之氣，入于氣分而實宜，即用于血分而亦當者也。

或疑白芥子止能消膜膈之痰，而不能消胃肺之痰，似乎消肺之痰必須貝母，消胃之痰必須半夏也。而誰知不然。夫膜膈之痰，統胃、肺而言之也。胃、肺中之膜膈，尤善藏痰者也。白芥子消膜膈之痰，是有痰之處，無不盡消，況肺、胃淺近之間，豈有反不能消之理。試看瘧疾，正痰藏于膜膈之中也。用白芥子一兩，炒為末，米飲為丸，一日服盡，而久瘧頓止，非消痰之明驗乎，瘧止之後，神氣不倦，非消痰而不耗氣之明驗乎。故白芥子消痰，實勝于貝母、半夏，誰謂肺、胃之痰不能消也。

或謂白芥子雖消膜膈之痰，未必氣之不耗，天下安有消痰之藥而不耗氣者乎？曰：白芥子實不耗氣，能安五臟。耗氣則五臟不安矣，豈有五臟安而耗氣者乎。其餘消痰之藥，或安肺而不安胃，或安胃而不安脾，總不如白芥子之能安五臟也。此所以實勝于各消痰之藥耳。

或疑白芥子消痰而不耗氣，然用之而痰仍未消，是消膜膈之痰，未可全信也。曰：白芥子止可消膜膈之痰，而腎中之痰，不能消也。服白芥子而仍有痰者，宜補其腎，腎足而痰自化，何疑白芥子非消膜膈之痰乎。

或疑白芥子消陰分之痰，不消陽分之痰，然乎？曰：非也。白芥子陰分、陽分之痰無不盡消，不必分陰陽也。但腎經水泛火沸之痰不能化，餘則盡消而無疑。

或問：白芥子即芥菜之子，人食芥菜，覺消食之甚多，是白芥子大能消食，似未可多食也。誰知芥菜消食，而芥子消痰，各不相同，不可疑其葉，而戒其子也。

或疑白芥子消膜膈之痰而不耗氣，發明幾無遺議，但不知膜膈之痰在于何處？曰：在胃脘之上下之中，而不在胃脘上下之外。雖痰分五臟六腑，要皆存于胃脘膜膈之中。白芥子善消膜膈之痰，亦于胃脘中消之，豈各入于五臟六腑而後消之乎。

清·顧靖遠《顧氏醫鏡》卷八　白芥子辛、熱。入肺經。研用。　善豁寒痰，能除冷飲。若痰在脇下及皮裏膜外，非此不能達。去胸膈之痰，是其剩技耳。　陰虛痰嗽者，甚戒。莖葉，有瘡痔便血者，大忌。

清·李熙和《醫經允中》卷一八　白芥子　辛，熱，無毒。主治溫中散寒，豁痰利竅，治皮裏膜外痰。研末和半夏、南星等，敷久瘧癖塊及麻痺陰毒，濕痰腫痛，屢奏奇功。多食昏目，動火泄氣。久嗽肺虛人禁用。

清·馮兆張《馮氏錦囊秘錄·雜症痘疹藥性主治合參》卷七　白芥子稟火金之氣以生，而白芥則又得金氣之勝，故味辛，氣溫，無毒。辛溫入肺而發散，故有溫中除冷，發汗辟邪，豁痰利氣之功。凡痰在脇下皮裏膜外，非白芥子莫能達。蓋取其辛溫之性，能搜剔內外痰結，及胸膈寒痰，冷涎壅塞者，殊有神效。莖葉煮食，動風動氣，有瘍瘡痔疾便血者勿食。其青芥菜，與白芥所稟相同，氣味無異，溫而且辛，食則氣先歸鼻，故竅利而耳目明也。辛散溫行，故能利氣，消痰開胃，辟寒也。其主除腎邪氣者，辛能潤腎，溫能暖水臟也。然亦動風發氣，功不掩過者耳。子與白芥子相近，而功微不及。百年陳芥鹵久窨地中者，以辛溫之性，得鹽水久窨土中之氣，變為辛寒，所以極散痰熱。且芥通肺氣，故神治肺癰喉痹，飲以數匙立消。【略】　白芥子，消痰癖，治皮裏膜外痰涎，久瘧蒸成癖塊。解肌發汗，利氣疏痰，溫中而消冷滯，醋塗而散癰毒。（菜）〔葉〕，冷氣堪除，五臟能補。青芥子，撲損瘀血冷疼，生薑研貼。麻痹風毒腫痛，釅醋和敷。酒調末服，心脾痛止。（菜）〔葉〕溫中，歸鼻，利九竅，明耳目。去頭面風，咳嗽冷氣。煮食動膈氣風氣，生食發丹石毒。同兔肉生惡瘡，同鯽魚發水腫。

按：白芥子，誠為利氣疏痰、溫中去滯、凡痰在皮裏膜外之要藥。然大辛大散，中病即已，久服耗傷真氣，令人眩暈損目。若肺熱陰虛，火盛者，忌之。

清·张璐《本經逢原》卷三　白芥子　辛，溫，微毒。　發明：痰在脇下及皮裏膜外，非此不能達，控涎丹用白芥子正此義也。辛能入肺，溫能散表，故有利氣豁痰，散痛消腫辟惡之功。昔有脇痛，諸治不效，因食芥齏而愈者，偶中散結開痰之效。其治射工疰氣，上氣發汗者，亦取辛散祛毒力耳。此雖日常用品，然多食則昏目動火，洩氣傷精。肺經有熱、虛火亢者切忌。○陳年鹹芥滷治肺癰，吐盡臭痰穢毒即愈，然惟初起未潰宜之。

清·姚球《本草經解要》卷四　白芥子　氣溫，味辛，無毒。發汗，主胸膈痰冷，上氣，面目黃赤。醋研敷射工毒。　芥子氣溫，稟天春升之木氣，入足厥陰肝經。味辛無毒，得地西方之金味，入手太陰肺經。氣味俱升，陽也。味辛入肺，肺合皮毛。辛溫發散，所以發汗。胸者，肺之分也。膈者，肝之分也。白芥子辛溫疎散，所以入肝肺之分，而消痰冷也。肺主氣，氣溫則下行，所以主上氣也。面目黃赤，肝乘脾也。氣溫達肝，肝不乘脾，黃赤自退也。醋研，主射工毒，亦辛溫條達之功效也。　製方：白芥子同白朮、棗肉丸，治胸膈痰飲。同甘遂、大戟、蝎尾、巴霜、辰砂丸，名控涎丹，治痰迷心竅。

清·黃元御《玉楸藥解》卷四　白芥子　味辛，氣溫。入手太陰肺經。破壅豁痰，止喘寧嗽。白芥子辛溫利氣，掃寒痰冷涎，破胸膈支滿。治欬逆喘促，開胃止痛，消腫辟惡皆良。

清·吴儀洛《本草從新》卷四　白芥子〔宣，利氣豁痰。〕　辛，溫。入肺。通行經絡，發汗散寒，溫中開胃，利氣豁痰，丹溪曰：痰在脇下及皮裏膜外，非此不能達行。韓悆三子養親湯，白芥子主痰，下氣寬中；蘇子主氣，定喘止嗽；萊菔子主食，開痞降氣；各微炒研，看所主為君。治老人痰嗽喘滿，懶食而氣實者。消腫止痛。痰行則腫消，氣行則痛止。為末，醋調敷，消癰腫。治咳嗽反胃，痺木脚氣，筋骨諸痛。痰氣阻滯。陰虛火亢，氣虛久嗽者勿服。北產者良。煎湯不可太熟，熟則力減。芥菜子，豁痰利氣，主治略同。芥菜，辛熱而散，能通肺開胃，利氣豁痰。久食則積溫成熱。辛散太甚，耗人真元，昏目發瘡。

清·汪紱《醫林纂要探源》卷二　白芥子　辛，溫。補肝瀉肺，功專行痰，去支飲。辛能行。而生春月濕地，性尤專行濕痰。色青，專肝木，行於兩脇。肝氣不能行水，則成支飲。子專入肝經，故行脇下支飲。炒研用，非脇痰不必用。久嗽氣虛，禁用。溫中開胃，發汗祛寒，力輕。亦治風痺，補肝也。痰腫。外敷之。

芥醬：　辛，溫。用青芥子炒略熱，研碎，湯泡和勻，紙封之，覆土地半日即成，辛美。開胃，豁痰，利氣，殺魚腥毒。故《內則》食魚膾以芥醬配之。

題清·徐大椿《藥性切用》卷六　白芥子　性味辛溫，入肺而通行經絡，利氣豁痰，能徹皮裏膜外。芥菜，辛熱性散，久食耗人。

清·黃宮繡《本草求真》卷四　白芥子除脇下皮裏膜外風痰。　白芥子耑入肺。氣味辛溫，書載能治脇下及皮裏膜外之痰，非此不達。古方控涎丹用之，正是此義。蓋辛能入肺，溫能散表，痰在脇下皮裏膜外，得此辛溫以為搜剔，則內外宣通，而無阻隔窠囊留滯之患矣。是以咳嗽，反胃痺木，脚氣，筋骨癰毒腫痛，因於痰氣阻塞，法當用溫用散者，無不藉此以為宣通。韓悆用三子養親湯以治老人痰氣。蓋白芥子主痰下氣寬中，紫蘇子主氣定喘止嗽，萊菔子主食開痞降氣，各微炒研，看病所主為君。然此大辛大熱，中病即已。久服耗損真氣，令人眩暈損目。若肺熱陰虛火盛者忌之。芥菜豁痰利氣，主治略同，但較北芥子力微有別。

清·李文培《食物小錄》卷上　白芥　辛，溫，無毒。安五臟，功勝花葉者，其子入藥最佳。

清·楊璿《傷寒溫疫條辨》卷六消劑類　白芥子　味大辛，氣溫。調五藏，消痰癖，除脹滿，平喘急，寬中利膈，開結散滯，辟除冷氣。然味厚氣輕，故開導雖速，而不甚耗氣。能去脇肋皮膜之痰，則他處可知，過煎則無力。三子養親湯：白芥子、紫蘇子、萊菔子。合二陳湯更妙。

清·羅國綱《羅氏會約醫鏡》卷一七菜部　白芥子味辛溫，入肺經。　溫中開胃，利氣疏痰。痰在脇下及皮裏膜外者，非此不能行。治胸脇冷滯脹痛、喘急、咳嗽肺病、反胃，酒調服。發汗解肌，辛溫利肺。消癰腫痛。痰行則腫消，氣行則痛止。醋調末，散癰腫。按：久嗽肺虛，陰虛火亢者禁用。煎湯不可過熟，熟則力減。莖葉動風，有瘡瘍便血者忌用。

芥菜子：　豁痰利氣，主治略同，而功不及耳。

清·陳修園《神農本草經讀》附録　白芥子　氣味辛，溫，無毒。發汗，主胸膈痰冷，上氣，面目黃赤。醋研，敷射工毒《別錄》。

清·黃凱鈞《藥籠小品》　白芥子　辛溫入肺，能發汗散寒，祛皮裏膜外之痰，消腫止痛。芥菜辛熱，多食昏目發瘡。

清·章穆《調疾飲食辯》卷一下　芥末　白芥子生研末取辣，取辣法見穀類芥子粥下。入食料辛辣如芥臺，芥菜嫩心也。頗爽口，宜拌豬羊腸肚食。然性熱而散，耗氣助火，食不可多，不可久。素有內熱、血疾、目疾、咽喉瘡瘍、痘後、孕婦俱禁食。《千金方》用治痰在胸脇，欬嗽支滿，上氣多唾，每橘皮湯下芥末二三分。又利氣散結，凡結核在項下、耳前後、胸脇者，藥中均不可無此體虛者炒用。　餘見菜類。

清·王龍《本草纂要稿·菜部》　白芥子　氣味辛溫。善驅疰氣，最辟鬼邪。研醋消射工，煎液除痰癖。久瘧蒸成痞塊，須此敷除。皮裏膜外涎痰，必用引達。

清·張德裕《本草正義》卷上　白芥子　大辛，氣溫。開滯消痰，治咳嗽喘急，風毒流疰四肢疼痛，消痰癖瘧痞，除脹滿極速。亦能解肌發汗。虛脹虛喘，悞服損人。

清・楊時泰《本草述鉤元》卷一五　白芥子　生太原、河東。葉如芥而白藏器。八九月下種，冬生可食，至春莖高二三尺，其葉花而有丫，其莖中空，性脆，三月開黃花，結角，其子大如粱米，黃白色。一種莖大而中實者，其子亦大，雖是芥類迥然別種也瀕湖。

氣味辛溫。主發汗辟惡，療胸膈痰冷上氣，面目黃赤，除暴風毒腫流入四肢疼痛，利氣豁痰，凡痰在脇下及皮裏膜外非此莫達，去寒暖中，治喘欬反胃，痺木脚氣，筋骨腰節諸痛。芥稟火金之氣，而白芥又得金氣，故溫中除冷雖同，而其子之利氣豁痰，更勝於芥子仲淳。反胃上氣，白芥子末，酒服一二錢。脚氣腫痛，白芷、白芥子等分，為末，薑汁和，塗之。胸脇痰飲，白芥子五錢，白术一兩，為末，棗肉和搗，丸梧子大，每白湯服五十丸。防痘入目，白芥子末，水調塗足心，引毒歸下。

論：白芥秋深下種，生於冬，而長於春。若以歸藏之時為苗出，以萌芽之候為長養，故秉金氣之涼而反得溫，已具金媾於木之體矣。其實結於季春，而味更辛，乃金效木之用，至斯以告成功，所以一切主治，大能於凝結之患而得開發，於逆上之窮而得降折，二者可分任，亦可合奏。如求其所因，而適主輔之宜，詎止豁痰利氣盡其功哉。

繆氏云：能搜剔內外痰結及胸膈寒痰冷涎壅塞者，然肺經有熱，與陰火虛炎，欬嗽生痰者，法在所忌。莖葉煮食，動風動氣，有瘡瘍、痔疾便血者，忌之。

辨治：他芥子大如蘇子而色紫，此品大如粱米而色黃白，碾用。

清・鄒澍《本經續疏》卷三　白芥　【略】曰芥子布種於秋盡，採實於夏初，以生以長咸在冬春，而於夏秋反若無所與者。殊不知發生於冬，長養於春，皆其胚胎之際，而夏秋則其原始要終之會也。味之辛得於秋盡，氣之溫得於夏初，是辛感於水而生，溫孕於寒而育。溫不能離辛，辛不能離溫，則辛溫之用，皆萃於水矣。辛者所以通，溫者所以發，痰冷阻中，則氣難橫達而一於上行為上氣，氣難橫達，則痰冷益無所洩，而留於胸膈，於是礙脾之磨蕩，而黃發於面。一溫而胸膈痰冷，無不發越；一辛而氣機上逆，無不宣通。皆由橫達之功，並非洩降之力。故後世稱其能除皮裏膜外之痰。四支骨節之痛亦為此耳。然得謂凡痰凡痛，皆可治以是歟？蓋亦有界限矣。夫大則空虛，小則堅實，他物之恒情。惟白芥之莖，小者反中空，大者反中實，仍係一類二種，可同為用。中空者，象痰之逼窄氣道。中實者象痰之壅腫徑隧。是故用以治內，其證必兼上氣。用以治外，其證必兼腫痛。則凡痰在骨節及皮裏膜外之候，必裏有痰，而外為腫痛已久，而按之不空者，方與此宜。以是為其畛域可也。

清・葉桂《本草再新》卷六　白芥子味辛，性溫，無毒。入肺、胃二經。　通行經絡，發汗散寒，溫中開胃，利氣滑痰，消腫止痛，治欬嗽，反胃，痺木，脚氣筋骨諸痛。

清・趙其光《本草求原》卷一五菜部　白芥子　辛，降肺；溫，達肝散結。故除冷、利氣、豁痰、痰在皮裏膜外及胸膈脇下寒痰、冷涎壅塞，非此莫達。故控涎丹用之。散痛、消腫、辟惡。痰行則腫消，氣行則痛止，辛散則惡毒祛。為末，醋調敷，消癰腫。通經絡、發汗、面目黃赤、暴風毒腫、喘嗽、痞塊、反胃、痹麻木、腳氣、筋骨腰節諸痛。痰阻氣滯。陰虛肺熱勿用。北產黃白者良。煎湯不可過熟，熟則力減。芥菜子主治略同。

為末酒下，治反胃上氣。同白芷末、薑汁調，塗腳氣。同白术、棗肉丸，治胸脇痰飲。為末水調，塗足心，治痘疹入目，能引毒下行。同蘇子，定喘；萊菔子，消食。各微炒研，煮飲，名三子養親湯，治老人痰喘，胸滿，便秘。加蜜研用，又治喉痹。陳年鹹芥菜鹵，治肺癰初起未潰，飲之，吐臭痰而愈。芥本動風動氣，瘡痔便血當忌。得鹽水久窨，變為辛寒，能降散痰熱，真良法也。

清・文晟《新編六書》卷六《藥性摘錄》　白芥子　辛，溫。入肺。除脇下皮裏膜外風痰。○治痰壅咳嗽，反胃，痹木脚氣，筋骨癰毒腫痛，由於痰氣阻塞者，皆藉此宣通。然大辛大熱，中病則已。○久服耗真氣，令人眩暈損目。若肺熱，陰虛火盛者，忌之。○芥菜，豁痰利氣，性畧同。

清・張仁錫《藥性蒙求・菜部》　白芥鹹芥錢半、滷三錢　白芥辛溫，通行經絡。利氣豁痰，虛人勿服。入肺。發汗散寒，消腫止痛，皆痰氣阻滯之病。痰在脇下及皮裏膜外，非此不能達行。炒研用。○陰虛火亢，氣虛久嗽者勿服。○陳年鹹芥滷治肺癰，吐盡臭痰穢毒即愈。然惟初起未潰宜之。

清・劉善述、劉士季《草木便方》卷二穀糧豆菜部　白芥　白芥辛溫療折傷，子治痰咳風濕瘡。消腫止痛筋骨疼，跌打損傷接續方。　青菜子治頭目風，腰膝心痛塗金瘡。

清・趙晴初《存存齋醫話稿》卷二　白芥子氣味辛溫，善能利氣豁痰。觀治冷哮，用白芥子末塗肺俞、膏肓、百勞等穴，塗後麻瞀疼痛。防痘入目，用白芥子末塗足心，引毒歸下。外用功效如是，其性烈從可知矣。其末水發，擂入食品，食些少，輒令人目淚鼻涕交出，其性開發走液，亦從可知矣。繆仲醇《本草經疏》云：能搜剔内外痰結，及胸膈寒痰冷涎壅塞者。然肺經有熱，與陰火虚炎，咳嗽生痰者，法在所忌。奈世醫狃於三子養親湯一方，不論燥證火證，動輒用之，甚且用至數錢，其意原在利氣豁痰，殊不知辛烈之品，爍液刼津，耗氣動火，其害甚大。余嘗見風溫咳嗽證，誤用白芥子，致動血見紅，甚至喉痛聲啞，但罔有歸咎於白芥子者。損人而不任過，白芥子抑何幸歟？諸本草均云肺經有熱，虚火亢者忌用，豈未之見耶？

清・戴葆元《本草綱目易知錄》卷三　白芥子　辛，溫。入肺。通行經絡，溫中開胃，發汗散寒，利氣豁痰，消腫止痛。主胸膈痰冷，上氣面目黄赤。治喘嗽反胃，痹木脚氣，胸脇痰飲，欬嗽多唾，筋骨腰節諸痛，痰在脇下及皮裏膜外，非此莫達。熨惡氣，遁尸飛尸及暴風毒腫，四肢疼痛。燒煙鎮宅及服辟邪魅。久嗽熱痰，老人氣喘症，非痰喘者，慎用。其莖葉，功與芥菜同。葆按：此名胡芥，原從胡戎種來，今近道亦有。

清・黄光霽《本草衍句》　白芥子　辛瀉肺而利氣，溫暖中而散寒。豁痰利竅，開胃補肝。痰在脇下皮裏膜外者，非此莫達。飲留胸脇支滿多吐者，用之可安。通經絡，能止痛消腫；痰行則腫消，氣行則痛止。治咳嗽，兼解肌發汗。胸脇痰飲，芥子五錢，白朮一兩，為末，棗肉和丸，白湯下。反胃上氣，芥子研末，酒服二錢。腫毒初起，用白芥子末，醋調塗之。

清・陳其瑞《本草撮要》卷四　白芥子　味辛，溫，入手足太陰經。功專通行經絡，發汗散寒，溫中開胃，利氣豁痰。研末酒服一錢，治反胃上氣。與白芷等分為末，薑汁和塗脚氣腫痛神效。有瘡瘍痔疾便血者，俱忌。芥菜子主治略同。

蕪菁

晉・嵇含《南方草木狀》卷上草類　蕪菁　嶺嶠以南俱無之，偶有士人因官攜種，就彼種之，出地則變為芥。亦橘種江北為枳之義也。至曲江方有菘，彼人謂之秦菘。

唐・孫思邈《千金要方》卷二六《食治・菜蔬》　蕪菁及蘆菔菜　味苦，冷，濇，無毒。利五藏，輕身益氣，宜久食。蕪菁子：明目。九蒸暴，療黄疸，利小便，久服神仙。根：主消風熱毒腫。不可多食，令人氣脹。

附：日・丹波康賴《醫心方》卷三〇　蕪菁　《本草》云：味苦，溫，無毒。主利五藏，輕身益氣，可長食。蘇敬注云：蕪菁，北人名蔓菁。《拾遺》云：子，主急黄黄疸，腸結不通。又云：蔓菁園中無蜘蛛，是其相畏也。崔禹(錫)云：食之利五藏，其根蒸，傅脚腫即消。又：取子一斗擣研，以水三斗，煮取一斗汁，濃服之，除癥瘕積聚，及霍亂心腹脹滿，為妙藥。《神農經》云：根不可多食，令人氣脹。蘇敬《脚氣論》云：患脚氣人，不宜食蔓菁。《七卷經》云：陳楚謂之豐，魯齊謂之蕘，關之東西謂之蕪菁，趙魏謂之大芥。

宋・李昉《太平御覽》卷九七九　蕪菁　《呂氏春秋》曰：菜之美者，具區之菁，浸淵之草，名曰土英。《荆楚歲時記》曰：仲冬是月也，菜結霜，蕪菁、葵等雜菜乾之，並為鹹葅。有得其和者，並作金釵色。今南人作鹹葅，以糯米熬搗為末，并研胡麻汁和釀之，石笮音責令熟，葅既甜(汁)脆，汁亦酸美，呼其莖為金釵股，醒酒所宜也。

宋・唐慎微《證類本草》卷二七菜部上品〔《別錄》〕　蕪菁及蘆菔　味苦，溫，無毒。主利五藏，輕身益氣，可長食之。蕪菁子，主明目。

〔梁・陶弘景《本草經集注》〕云：蘆菔是今溫菘，其根可食，葉不中噉。蕪菁根乃細於溫菘，而葉似菘，好食。西川惟種此，而其子與溫菘甚相似，小細爾。俗方無用，服食家亦煉餌之，而不云蘆菔子，恐不用也。俗人蒸其根及作葅，皆好，但小薰臭爾。又有孛根，細而過辛，不宜服之。

〔唐・蘇敬《唐本草》〕注云：蕪菁，北人又名蔓菁，根、葉及子，乃是菘類，與蘆菔全別，至於體用亦殊。今言蕪菁子似蘆菔，或謂蘆菔葉不堪食，兼言小薰體，是江表不産二物，斟酌注詺，理喪其真爾。其蔓菁子，療黄疸，利小便。水煮三升，取濃汁服，主癥瘕積聚；少飲汁，主霍亂，心腹脹；末服，主目暗。其蘆菔別顯後條。

〔宋・馬志《開寶本草》〕按：陳藏器《本草》云：蕪菁，主急黄，黄疸及内黄，腹結不通。擣爲末，水絞汁服，當得嚏，鼻中出黄水及下痢。仙經云：長服可斷穀，長生。和油傅蜘蛛咬，恐毒入肉，亦擣爲末酒服。蔓菁園中無蜘蛛，是其相畏也。爲油入面膏，令人去黒䵟。今并、汾、河朔間，燒食其根，呼爲蕪根，猶是蕪菁之號，蕪菁，南北之通稱也。塞北種者，名九英蔓菁，根大，并將爲軍糧。菘菜，南土所種多是也。

〔宋·掌禹錫《嘉祐本草》〕按：《爾雅》云：須，蕵蕪。釋曰：《詩·谷風》云：采葑采菲。毛云：葑，須也。先儒即以須葑蓯當之。孫炎云：須，一名葑蓯。郭注云：蕵蕪似羊蹄，葉細，味酢，可食。《禮·坊記》注云：葑，蔓菁也。陳、宋之間謂之葑。陸璣云：葑，蕪菁，幽州人謂之芥。《方言》云：蘴、蕘，蕪菁也。陳、楚謂之蘴，齊、魯謂之蕘，關西謂之蕪菁，趙、魏之部謂之大芥。蘴、葑音同，然則葑也，須也，蕪菁也，蔓菁也，蕵蕪也，蕘也，芥也，七者一物也。孟詵云：蔓菁，消食下氣。其子，九蒸九暴，擣爲粉，服之長生。壓油塗頭，能變蒜髮。又，研子入面脂，極去皺。又，擣子，水和服，治熱黃，結實不通。少頃當瀉，一切惡物、沙石、草、髮並出。又利小便。又，女子妬乳腫，取其根生擣後，和鹽、醋、漿水煮，取汁洗之，五六度差。又擣和雞子白封之，亦妙。蕭炳云：蔓菁子，別入丸藥用，令人肥健，尤宜婦人。劉禹錫《嘉話録》云：諸葛亮所止，令兵士獨種蔓菁者，取其纔出甲，可生啖，一也；葉舒可煮食，二也；久居則隨以滋長，三也；棄不令惜，四也；迴則易尋而採，五也；冬有根可斸而食，六也。比諸蔬屬，其利不亦博矣。三蜀之人，今呼蔓菁爲諸葛菜，江陵亦然。日華子云：蔓菁，梗短葉大，連地上生，闊葉紅色者，是蔓菁。

〔宋·蘇頌《本草圖經》〕曰：蕪菁及蘆菔，舊不著所出州土，今南北皆通有之。蕪菁即蔓菁也，蘆菔即下萊菔音蔔，今俗呼蘿蔔是也。此二菜，北土種之尤多。蕪菁，四時仍有，春食苗，夏食心，亦謂之薹子，秋食莖，冬食根，河朔尤多種，亦可以備饑歲。菜中之最有益者惟此耳。常食之，通中益氣，令人肥健。《嘉話録》云：諸葛亮所止，令兵士獨種蔓菁者，取其纔出甲，可生啖，一也；葉舒可煮食，二也；久居則隨以滋長，三也；棄不令惜，四也；回即易尋而採之，五也；冬有根可斸食，六也。比諸蔬屬，其利不亦博乎。劉禹錫曰：信矣。三蜀、江陵之人，今呼蔓菁爲諸葛菜是也。其實夏秋熟時採之。仙方亦單服。用水煮三過，令苦味盡，暴乾，擣篩，水服二錢匕，日三。久增服，可以辟穀，又治發黃，下小腸藥用之。又主青盲。崔元亮《海上方》云：但瞳子不壞者，療十得九愈。蔓菁子六升，一物蒸之，看氣遍，合甑下，以釜中熱湯淋之，乃暴令乾，還淋，如是三遍，即取杵篩爲末。食上清酒服二寸匕，日再。塗面膏亦有用者。又療乳癰痛寒熱者，取蔓菁根并葉，淨擇去土，不用水洗，以鹽擣傅乳上，熱即換，不過三五易之，即差。冬月無葉，但空用根，亦可，切須避風耳。南人取北種種之，初年相類，至二三歲則變爲菘矣。萊菔功用亦同，然力猛更出其右。斷下方亦用其根燒熟入藥，尤能制麪毒。昔有婆羅門僧東來，見食麥麪者云：此大熱，何以食之。又見食中有蘆菔，云賴有此以解其性。自此相傳，食麪必啖蘆菔。凡人飲食過度飽，宜生嚼之，佳。子，研水服，吐風涎甚效。此有大、小二種，大肉堅宜蒸食，小者白而脆宜生啖。《爾雅》所謂葖，蘆肥。郭璞云：紫花菘也。俗呼溫菘，似蕪菁，大根。一名葖，俗呼雹突。然則紫花菘、溫菘，皆南人所呼也。吳人呼楚菘，廣南人呼秦菘。河朔蘆菔極有大者，其說舊矣。而江南有國時，有得安州、洪州、信陽者，甚大，重至五六斤，或近一秤，亦一時種蒔之力也。又今醫以治痟渴，其方：出了子蘿蔔三枚，淨洗，薄切，暴乾，一味擣羅爲散。每服二錢，煎猪肉湯，澄清調下，食後臨卧日三服，漸增至三錢，差。

〔宋·唐慎微《證類本草》〕《食療》：溫。下氣，治黃疸，利小便。根主消渴，治熱毒風腫。食令人氣脹滿。《聖惠方》：治風瘮入腹，身體强，舌乾躁硬。用蔓菁子三兩爲末，每服溫酒下一錢匕。《外臺秘要》：治心腹脹。蔓菁子一大合，揀淨擣熟，研水一升，更和研，濾取汁，可得一盞，頓服之。少頃自得轉利，或亦自吐，腹中自寛，或得汗，愈。又方：陰黃，汗染衣，涕唾黃。取蔓菁子擣末，平旦以井花水服一匙，日再，加至兩匙，以知爲度。每夜小便重浸少許帛子，各書記日色，漸退白則差，不過服五升已來。又方：輕身益氣，明目。蕪菁子一升，水九升，煮令汁盡，日乾。如此三度，搗末。水服方寸匕，日三。又方：治瘰疽着手足肩背，累累如米起，色白，刮之汁出，復發熱。蕪菁子熟搗，帛裹傅之，爛止。《千金方》：治頭禿。蕪菁子末，酢和傅之，日三。又方：治血䵟面皺。取子爛研，入常用面脂中良。又方：常服明目，洞視，肥腸。蕪菁子三升，以苦酒三升，煮令熟，日乾，末下篩。以井花水服方寸匕，加至三匕，日三，無所忌。《肘後方》：治豌豆瘡。蔓菁根搗汁，挑瘡破，傅在上，三食頃，根出。又方：犬咬人重發。治之，服蔓菁汁佳。《葛氏方》：卒腫毒起，急痛。蕪菁根大者，削去上皮熟擣，苦酒和如泥，煮三沸，急攪之，出傅腫，帛裹上，日再三易。《經驗後方》：治虚勞眼暗。採三月蔓菁花，陰乾爲末。以井花水每空心調下二錢匕。久服長生，可夜讀書。《孫真人食忌》：治黃疸，皮膚、眼睛(加)〔如〕金色，小便赤。生蔓菁子末，熟水調下方寸匕，日三。又方：主一切熱腫毒。取生蔓菁根一握，鹽花入少訖和擣，傅腫上，日三易。《集療》：男子陰腫如斗大，核痛，人所不能治者，蕪菁根擣傅之。《兵部手集》：治奶癰，疼痛，寒熱，傅救十餘人方：蔓菁根、葉，淨擇去土，不用洗，以鹽擣傅乳上。熱即換，不過三五度。冬無葉即用根，切須避風。《傷寒類要》：神仙教子法：立春後有庚子日，溫蕪菁汁，合家大小並服，不限多少，可理時疾。又方：急黃。服蔓菁子油一盞，頓服之。臨時無油，則蔓菁子杵汁，水和之服亦得。候顔色黃，或精神急，用之有效。《子母秘録》：治姙娠小便不利。蕪菁子末，水服方寸匕，日二。《楊氏産乳》同。《抱朴子》：大醋煮蕪菁子令熟，日乾爲末，井花水服方寸匕，日三，盡一斗，能夜視有所見。《荆楚歲時記》：採經霜者乾之。《詩》云：我有旨蓄，可以禦冬。

宋·寇宗奭《本草衍義》卷一九 蕪菁、蘆菔 二菜也。蘆菔，即蘿蔔也。蕪菁，今世俗謂之蔓菁。夏則枯，當此之時，蔬圃中復種之，謂之雞毛菜。食心，正在春時。諸菜之中，有益無損，于世有功。採擷之餘，收子爲油。根過食動氣。河東、太原所出極大，他處不及也，又出吐谷渾。後於萊菔條中，《爾雅》釋：但名蘆菔，今謂之蘿蔔是也。則蕪菁條中，不合更言及蘆菔二字，顯見重複。從《爾雅》爲正。

宋・王繼先《紹興本草》卷一二 蕪菁 紹興校定：蕪菁即蔓菁是也。唯子多入于方，然明目之效，固顯有之。其葉與根，世之菜品，即未聞起疾之驗。然根小者為蔓菁，大者呼為臺子。當云味苦甘、平、無毒為定。處處産之，其蘆菔自有條，難與此物作一類矣。

宋・鄭樵《通志》卷七五《昆蟲草木略》 蕪菁 亦作蔓菁。塞北名九英。此菜多生邊塞，一名須，一名蕵蕪，一名葑蓯。見《爾雅》。春食苗，夏食心，秋食莖，冬食根，菜之最益人者，惟此爾。多種可以備饑歲。昔諸葛孔明所止，輒令兵士種蔓菁，云取其才出則可生啖，一也；葉舒可煮食，二也；久居則隨以滋長，三也；棄不令惜，四也；回則易尋而採之，五也；冬有根可斸而食，六也。比諸蔬屬，其利溥乎。今三蜀、江陵人猶呼此為諸葛菜。大槩似菘而有頭，南人取而種之，初年相類，至二三歲則變為菘矣。惟河朔最多。《詩・谷風》云：采葑采菲。此即葑也。

宋・陳衍《寶慶本草折衷》卷一九 蕪菁子附。 一名蔓菁，一名諸葛菜，一名葑蓯，一名葑，一名蘴，一名須，一名蕵蕪，一名蕘，一名芥，一名大芥，一名雞毛菜。○又云：一名蕪菁菜。○其心，一名臺子。○葑、蘴，並音風。生西川、太原即并州。及北土，及關西、河朔、河東、江陵及汾州，蔬圃種之。○塞北種者，名九英蔓菁。○並春夏採。○附：蔓菁子，一名蕪菁子。夏秋採。

味苦，溫，無毒。○主利五藏，益氣。○陳藏器云：主黄疸，內黄腹結，搗末，水絞汁服。○孟詵云：消食，下氣。○日華子云：梗短葉大，連地生。○又云：葉闊厚短肥，梗細。分菘條。○亦有梗長葉不光者。○《圖經》曰：蕪菁是菜之最有益者。商人取北種種之，幼年相類，至二三歲則變為菘矣。

附：蔓菁子。油在內。○味苦。主明目，目暗，青盲。又療黄疸，利小便，水煮，取濃汁服。主瘕積，少飲汁。治風癥入腹，身強，舌燥硬，用為末，溫酒下壹錢。治頭禿，為末，酢和傅之，日三。壓油塗頭，能變蒜髮。又極去皺，研入面脂用。其子如菘子，紫赤而細，其菘子則黑。○兼括菘說。

續說云：《楊邦光奇方》治溺血，以諸葛菜煮羹，食之效甚捷也。然此菜微物，易地而蒔，則性狀因地而變，故知用藥，必須擇州土所宜。所以古人謂諸藥所生，皆的有境界。如上黨人參、川蜀當歸、齊州半夏、華陰細辛，其力具足。出他處者，雖著於書，其力亦虧矣。今居北人而種南藥，居南人而種北藥。本真互失，豈宜用哉。

元・忽思慧《飲膳正要》卷三 沙吉木兒 味甘，平，無毒。溫中益氣，去心腹冷痛。即蔓菁根。

蔓菁 味苦，溫，無毒。主利五藏，輕身，益氣。蔓菁子明目。

元・吳瑞《日用本草》卷七 蕪菁 葉即蔓菁，根即萊菔。今呼蘿蔔。夏則枯，繼種而生甲，白，名雞毛菜。 味苦，溫，無毒。多食令人氣脹。四時皆有，春〔食〕苗，夏食心，亦謂之臺子，秋食莖，冬食根，多種可以備饑歲。菜中有益，可常食。 主利五臟，通中，益氣，消食。 菜子油：取蕪菁子壓油，塗頭變蒜髮。入面脂去皺。研子，水和服，治熱結不通，當瀉下惡物，沙石草木並出。又利小便。

明・王綸《本草集要》卷五 蕪菁 味苦，氣溫，無毒。 主利五臟，輕身益氣，消食，可長食之，令人肥健，諸菜之中，最有益者。昔諸葛亮所止令兵士獨種此，為其有六利。今三蜀江陵人呼為諸葛菜。○根，主消渴，傅熱毒風腫。○子，主明目。

明・劉文泰《本草品彙精要》卷三八 蕪菁無毒。 叢生。

蕪菁：主利五臟，輕身益氣。○子，主明目。名醫所錄。 〖名〗蔓菁、蕵蕪、葑蓯、葑、芥、大芥、蘴、蕘、臺子、諸葛菜、風蓯、須。 〖苗〗《圖經》曰：蕪菁，即蔓菁也，梗短，葉大，連地上生。闊葉紅花，四時仍有。春食苗，夏食心，亦謂之臺子，秋冬食根，亦可以備饑歲，菜中之最有益者，惟是此耳。諸葛亮所止，令兵士獨種蔓菁者，取其纔出甲，可生啖，一也；葉舒可煮食，二也；久居則隨以滋長，三也；棄不令惜，四也；回即易尋而採之，五也；冬有根可斸竹足切食，六也。比諸蔬屬，其利不亦博乎？今三蜀、江陵呼蔓菁爲諸葛菜是也。 〖地〗《圖經》曰：舊出河朔，今處處有之。 〖時〗生：春苗，四時不凋。採：春苗夏葉，秋冬取根。 〖用〗苗、葉、根、子。 〖質〗類菘菜。 〖色〗青。 〖味〗苦。 〖性〗溫，泄。 〖氣〗味厚於氣，陰中之陽。【臭】腥。【主】通中益氣。【製】子，九蒸九暴。【治】療：《圖經》曰：實，久服可以辟穀，除發黄，利小腸，并治青盲。《唐本》注云：子，治癥瘕，積聚，水煮二升，取濃汁服。止霍亂，心腹脹，取汁少飲。治目暗，爲末服。陳藏器云：蕪菁，消黄疸及急黄，内黄，腹結不通，擣爲末，水絞汁服，當得嚏，鼻中出黄水及下痢。○子爲油，入面膏，令人去黑皯。孟詵云：蔓菁，消食下氣。○子，壓油，塗頭能變蒜髮。又研入面脂，極去皺。又擣，水和服，除熱黄，結實不通，少頃當瀉，一切惡物、沙石、草、髮並出。《食療》云：根，止消渴，并熱毒風腫。《别錄》云：子，治陰黄，汗染衣，涕唾黄者，擣末，平旦以井花水服一匙，日再加至兩匙，以知爲度，色漸退白則差，不過服五升愈。及瘭疽着手足肩背，累累如米起，色白，刮之水出，復發熱，以蕪菁子熟擣，帛裹傅之，即止。妊娠小便不利，爲末，水服方寸匕。○蕪菁，常食之，通中益氣，令人肥健。○根，治豌豆瘡，擣汁，挑瘡破，傅之，食頃根出。及男子陰腫如斗大，核痛，以根擣傅之。○虚勞眼暗，三月採蔓菁花，陰乾爲末，以井花水每空心調下二錢匕，久服長生，可夜讀書。○蔓菁汁，治犬咬傷，服之佳。又立春後庚子日，以蕪菁汁，合家大小並溫服，不限多少，可除時疾。補：《圖經》曰：子，九蒸九暴，擣爲粉，服之長生。蕭炳云：子，入丸藥用，令人肥健，尤宜婦人。【合治】蕪菁和油，傅蜘蛛咬，恐毒入肉，亦擣末合酒服。○根生擣，和鹽、醋、漿水煮汁，洗女子妒乳腫，洗五六度，差。又擣，和雞子白封之，妙。○根葉淨擇去土，不用水洗，以鹽擣，傅乳癰痛寒熱者，傅上，熱即换，不過三五易之，差。冬月無葉即用根，宜避風。○根大者削去皮，熟擣，合苦酒和如泥，煮三沸，急攪之，出，傅卒起腫毒急痛。○以帛裹上，日三易之。○蔓菁子六升一物蒸之，看氣遍合甑下，以釜中熱湯淋之，暴乾還淋，如是三遍，即杵篩爲末，食後清酒服二寸匕，治青盲瞳子不壞者，十得九愈。○蔓菁子三兩，爲末，每合溫酒服一錢匕，治風疹入腹，身體強，舌乾燥硬。○合酢和，傅禿瘡。○蕪菁子三升，以苦酒三升煮令熟，日乾爲末，以井花水服方寸匕，加至三匕，常服明目，洞視腸肥。【禁】根，多食令人氣脹滿。【解】麵毒。

明·盧和、汪穎《食物本草》卷一 菜類 蔓菁 味溫，無毒。利五臟，消食益氣，令人肥健，可常食。北方種之甚多，春食苗，夏食心，秋食莖，冬食根，菜中最有益於用者。南方地不同，所種形類已變矣。

明·寧源《食鑒本草》卷下 蔓青菜 味甘，微涼。清胃解熱，疏通腸胃，利大小便。

蕪菁 味辛，涼。即蘿蔔苗也。治乳癰初腫，疼痛作寒熱。取蕪菁根葉，去土不洗，用鹽少許搗，傅乳，覺熱易之。冬無葉，根亦可。子：治黄疸，皮膚、眼睛如金色，小水赤少。碾為末，白湯調服方寸匕，日三次。《產寶方》：治妊娠水道不通，為末，燈心煎湯調方寸匕，日三服。《千金方》：治黄汗染衣皆黄，為末，水調方寸匕，日三服。丹溪方：水研，吐風痰，甚效。

明·王文潔《太乙仙製本草藥性大全》卷五《本草精義》 蕪菁 一名蔓菁。一名須，蕵蕪。一名須，葑蓯。一名風蓯，又呼爲蕪根。一名蘴，蕘。一名大芥。舊不著所出州土，今南北皆通有之。蕪菁即蔓菁也。蕪菁梗短葉大，連地上生；闊葉紅色者是蔓菁，此菜北土種之尤多。蕪菁四時仍有，春食苗，夏食心，亦謂之薹子，秋食莖，冬食根。河朔尤多種，亦可以備饑歲，菜中之最有益者惟此耳。常食之通中益氣，令人肥健。《嘉話録》云：諸葛亮所止，令兵士獨種蔓菁者，以其纔出甲可生啖一也，葉舒可煮食二也，久居則隨以滋長三也，棄不令惜四也，回即易尋而採之五也，冬有根可斲食六也，比諸蔬屬，其利不亦博乎？劉禹錫曰：（訖）〔信〕矣三蜀、江陵之人，今呼蔓菁爲諸葛菜。是也。其實夏秋熟時採之。仙方亦單服用，水煮三過，令苦味盡，曝乾搗篩，水服二錢匕，日三，久增服可以辟穀。又治發黄，下小腸藥用之。又主青盲。崔元亮《海上方》云，但瞳子不壞者，療十得九愈：蔓菁子六升，一物蒸之，看氣遍合甑下，以釜中熱湯淋之，乃暴令乾，返淋，如是三遍即取杵篩爲末，食上清酒服二寸匕，日再。塗面膏亦有用者。又療乳癰痛寒熱者，取根葉，擇淨去土不用，水洗，以鹽搗傅之，熱即退，不過三五易即差。冬月無葉，但空用根亦可，切須避風耳。《神仙教子法》：立春後有庚子日，溫蕪菁汁，合家大小並服，不拘多少，可理時疾。

明·王文潔《太乙仙製本草藥性大全》卷五《仙製藥性》 蕪菁 味苦，氣溫，無毒。主治：宜常啖食，易至健肥。益氣通中，下氣消穀。子：主黄疸，利水。又治霍亂，除膨，去目暗青盲，消癥瘕積聚。九蒸九曝，爲粉食之，斷穀長生。研細入面脂中，揭皺轉潤；壓油攙面膏內，黑皯回明。蜘蛛咬傷，搗末酒服。故蔓菁園中無蜘蛛，是其相畏也。根：治熱毒風腫，消渴亦可解除，但食之多，令人脹滿。　補註　根：卒腫毒起，急痛，用根取大者，削去皮，擣如泥，苦酒煮三沸，急攪，出傅腫，帛裹，日三易。○一切熱腫毒，取生根一握，鹽花少入，和擣傅腫上，日三易。○犬咬人重發，治之服汁佳。○男子陰腫如斗大，核痛，人所不能治者，擣根傅之即差。○豌豆瘡，用根擣汁，挑瘡上，三食頃根出。　子：瘭疽着手足肩背，累累如米起，色白，刮之汁出，復發熱。以子熟擣，帛裹傅之，爛止。○頭禿，子末酢和傅之，日三。○黄疸，皮膚、眼睛如金色，小便赤，用生子爲末，熟水調下方寸〔匕〕，日三即差。○血䵟面皺，取子爛研，入常用面脂中良。○常服明目，洞視，肥腸，用子三升，苦酒三升，煮令熟，日乾，爲末，井花水服方寸〔匕〕。○急黄，服子油一盞，頓服之。臨時無油，則葉與子杵汁，水和服亦得，候顔色黄或精神急用之可。○妊娠小便不利，子爲末，水服方寸匕，日二易之。○虚勞眼暗，採三月蔓菁花，陰乾爲末，以井花水，每空心調下二錢，久服長生，可夜讀。○風瘮入腹，身體強，舌乾燥硬，用子三兩爲末，每服溫酒下一錢。○心腹脹，以子一大合，擇净，擣熟研，水濾取汁一盞，頓服自愈。○陰黄汗染衣，涕唾黄，取子爲末，平旦以井水服一匙，日再加至兩匙，以知爲度。○輕身益氣，明目，用子一升，水九升，煮令盡，日乾，如此三度，可末，水服方寸〔匕〕。　按：《衍義》云：蕪菁、蘆菔，二菜也。蘆菔即蘿蔔也。蕪菁今世俗謂之蔓菁。夏則枯，當此之時，蔬圃中復種之，謂之鷄毛菜。食心，正在春時。諸菜之中，有益無損，於世有功。採擷之餘，收子爲油。根，過食動氣。河東太原所出極大，他處不及也。

明・皇甫嵩《本草發明》卷五　蕪菁一名蔓菁。味苦，溫，無毒。上品。　發明曰：蕪菁苦溫，消導中亦有補益。故《本草》主益五臟，輕身益氣。註云：通中下氣，消穀，宜常啖食，易至肥健。○子，主黄(瘟)〔疸〕，利水，擣之，水和服。兼療心腹脹。又治霍亂除膨，去目睛青盲瞳子未壞者。蒸曝，末之，酒調服，消癥瘕積聚。九蒸九曝，為粉服之，斷穀。研細，入面脂中，揭皺轉潤。壓油，攙面膏內，黑䵟可去。別入丸藥用，令人肥健，尤宜婦人。蜘蛛咬傷，擣末酒服。○根，治熱毒風腫，女人妬乳腫痛寒熱，除消渴。又云：多食令人脹滿。昔諸葛武侯令兵士種此，以為有六利，故江陵呼為諸葛菜。○春食苗，夏食心，謂之薹子，秋食莖，冬食根，可以備饑。

明・李時珍《本草綱目》卷二六菜部・葷菜類　蕪菁《別録》上品

【釋名】蔓菁《唐本》　九英菘《食療》　諸葛菜藏器曰：蕪菁北人名蔓菁。今并汾、河朔間燒食其根，呼爲蕪根，猶是蕪菁之號。蕪菁，南北之通稱也。塞北、河西種者，名九英蔓菁，亦曰九英菘。根葉長大而味不美，人以爲軍糧。禹錫曰：《爾雅》云：須，蕵蕪。《詩・谷風》云：采葑采菲。毛萇注云：葑，須也。孫炎云：葑，一名葑蓯。《禮・坊記》云：葑，蔓菁也。陳、宋之間謂之葑。陸璣云：葑，蕪菁也。幽州人謂之芥。郭璞云：蕵蕪似羊蹄，葉細，味酢可食。揚雄《方言》云：蘴、蕘，蔓菁也。陳、楚謂之蘴，齊、魯謂之蕘，關西謂之蕪菁，趙、魏謂之大芥。然則葑也，須也，蕪菁也，蔓菁也，蕵蕪也，蕘也，芥也，七者一物也。時珍曰：按孫愐云：蘴，蔓菁苗也。其説甚通。掌禹錫以蕵蕪釋蔓菁，陳藏器謂蕵蕪是酸模，當以陳説爲優。詳見草部酸模下。劉禹錫《嘉話録》云：諸葛亮所止令兵士獨種蔓菁者，取其纔出甲，可生啖，一也；葉舒可煮食，二也；久居則隨以滋長，三也；棄不令惜，四也；回則易尋而採，五也；冬有根可食，六也。比諸蔬其利甚博。至今蜀人呼爲諸葛菜，江陵亦然。又朱輔《溪蠻叢話》云：貓、獠、猺、狫地方産馬王菜，味澀多刺，即諸葛菜也。相傳馬殷所遺，故名。又蒙古人呼其根爲沙吉木兒。

【集解】弘景曰：《別録》蕪菁、蘆菔同條。蘆菔是今温菘，其根可食，葉不中啖。蕪菁根細於温菘而葉似菘，好食，西川惟種此。其子與温菘甚相似，而俗方無用，惟服食家煉餌之，而不言蘆菔子，恐不用也。俗人蒸其根及作菹食，但小薰臭爾。恭曰：蕪菁，北人名蔓菁，根、葉及子皆是菘類，與蘆菔全別，體用亦殊。陶言蕪菁似蘆菔，蘆菔葉不堪食，是江表不産二物，理喪其真也。菘子黑色，蔓菁子紫赤色，大小相似，蘆菔子黄赤色，而大數倍，且不圓也。大明曰：蔓菁比蘆菔梗短而細，葉大，連地上生，厚闊短肥(而痹)，其色紅。頌曰：蕪菁南北皆有，北土尤多。四時常有，春食苗，夏食心，亦謂之薹子，秋食莖，冬食根。河朔多種，以備饑歲。菜中之最有益者惟此爾。其子夏秋熟時採之。宗奭曰：蔓菁夏月則枯。當此之時，蔬圃復種，謂之鷄毛菜。食心，正在春時。諸菜之中，有益無損，於世有功。採擷之餘，收子爲油，燃燈甚明，西人食之。河東、太原所出，其根極大，他處不及也。又出西番吐谷渾地。機曰：葉是蔓菁，根是蘆菔。時珍曰：《別録》以蕪菁、蘆菔同條，遂致諸説猜度。或以二物爲一種，或謂二物全別，或謂在南爲萊菔，在北爲蔓菁，殊無定見。今按二物根、葉、花、子都別，非一類也。蔓菁是芥屬，根長而白，其味辛苦而短，莖粗葉大而厚闊；夏初起薹，開黄花，四出如芥，結角亦如芥；其子均圓，似芥子而紫赤色。蘆菔是菘屬，根圓，亦有長者，有紅白二色；其味辛甘而永；葉不甚大而糙，亦有花葉者；夏初起薹，開淡紫花；結角如蟲狀，腹大尾尖；子似胡盧巴，不均不圓，黄赤色。如此分之，自明白矣。其蔓菁六月種者，根大而葉蠹；八月種者，葉美而根小；惟七月初種者，根葉俱良。擬賣者純種九英，九英根大而味短，削净爲菹甚佳。今燕京人以瓶腌藏，謂之閉瓮菜。

根葉　【氣味】苦，温，無毒。時珍曰：辛，甘，苦。宗奭曰：多食動氣。　【主治】利五臟，輕身益氣，可長食之《別録》。常食通中，令人肥健蘇頌。消食，下氣治嗽，止消渴，去心腹冷痛，及熱毒風腫，乳癰妒乳寒熱孟詵。

【發明】詵曰：九英菘出河西，葉大根亦粗長。和羊肉食甚美，常食都不見發病。冬日作菹煮羹食，消宿食，下氣治嗽。諸家商略其性冷，而本草云温，恐誤也。

【附方】舊八，新四。　預禳時疾：立春後遇庚子日，温蔓菁汁，合家大小並服之，不限多少，一年可免時疾。《神仙教子法》。　鼻中衄血：諸葛菜生搗汁飲。《十便良方》。　大醉不堪：連日病困者。蔓菁菜入少米煮熟，去滓，冷飲之良。《肘後方》。　飲酒辟氣：乾蔓菁根二七枚，蒸三遍，碾末。酒後水服二錢，即無酒氣也。《千金》。　一切腫毒：生蔓菁根一握，入鹽花少許，同搗封之，日三易之。《肘後方》用蔓菁葉不中水者，燒灰和臘猪脂封之。　丁腫有根：用大針刺作孔，削蔓菁根如針大，染鐵生衣刺入孔中。再以蔓菁根、鐵生衣等分，搗塗於上。有膿出即易，須臾根出立瘥。忌油膩、生冷、五辛、粘滑、陳臭。《肘後》。　乳癰寒熱：蔓菁根並葉去土，不用水洗，以鹽和搗塗之。熱即換，不過三五次即瘥。冬月只用根。此方已救十數人。須避風。李絳《兵部手集》。　女子妒乳：生蔓菁根搗，和鹽、醋、漿水煮汁洗之，五六度良。又搗和鷄子白封之亦妙。《食療》。　陰腫如斗：生蔓菁根搗封之，治人所不能治者。《集療方》。　豌豆斑瘡：蔓菁根搗汁，挑瘡研塗之。三食頃，根出矣。《肘後方》。　犬咬傷瘡：重發者。用蔓菁根搗汁服之，佳。《肘後》。　小兒頭禿：蕪菁葉燒灰，和脂傅之。《千金》。　飛絲入眼：蔓菁菜揉爛帕包，滴汁三兩點，即出也。《普濟方》。

子　【氣味】苦，辛，平，無毒。　【主治】明目《別録》。療黄疸，利小便。水煮汁服，主癥瘕積聚。少少飲汁，治霍亂心腹脹。末服之，主目暗。爲油入面膏，去黑䵟皺文蘇恭。和油傅蜘蛛咬藏器。壓油塗頭，能變蒜髮孟詵。入丸藥服，令人肥健，尤宜婦人蕭炳。

【發明】藏器曰：仙經言蔓菁子九蒸九曝，搗末長服，可斷穀長生。蜘蛛咬者，恐毒入內，搗末酒服，亦以油和傅之。蔓菁園中無蜘蛛，是其相畏也。時珍曰：蔓菁子可升可降，能汗能吐，能下能利小便，又能明目解毒，其功甚偉，而世罕知用之，何哉？夏初採子，炒過榨油，同麻油煉熟一色無異，西人多食之。點燈甚明，但煙亦損目。北魏祖珽囚地窖中，因蕪菁子油燈傷明，即此也。

【附方】舊四，新十八。　明目益氣：蕪菁子一升，水九升，煮汁盡，日乾。如此三度，研細。水服方寸匕，日三。亦可研水和米煮粥食。《外臺秘要》。　常服明目：使人洞視，腸肥。用蕪菁子三升，以苦酒三升煮熟日乾，研篩末。以井華水服方寸匕，日三，無所忌。《抱朴子》云：服盡一斗，能夜視有所見物。《千金方》。　青盲眼障：但瞳子不壞者，十得九愈。用蔓菁子六升，蒸之氣遍，合甑取下，以釜中熱湯淋之，乃曝乾還淋，如是三遍，即收杵爲末。食上清酒服方寸匕，日再服。崔元亮《海上方》。　虚勞目暗：方同上法。《普濟方》。　補肝明目：蕪菁子淘過一斤，黄精二斤同和，九蒸九曬爲末。每空心米飲服二錢，日再服。〇又方：蔓菁子二升，決明子一升和勻，以酒五升煮乾，曝爲末。每服二錢，温水調下，日二。〇並《聖惠》。　風邪攻目：視物不明，肝氣虚者。用蔓菁子四兩，入瓷瓶中燒黑，無聲取出，入蛇蛻二兩，又燒成炭，爲末。每服半錢，食後酒下，日三服。《聖濟總録》。　服食辟穀：蕪菁子熟時採之，水煮三過，令苦味盡，曝搗爲末。每服二錢，温水下，日三次。久可辟穀。蘇頌《圖經本草》。　黄汗染衣：涕唾皆黄。用蔓菁子搗末，平旦以井華水服一匙，日再服。加至兩匙，以知爲度。每夜以帛浸小便，逐日看之，漸白則瘥，不過服五升已來也。《外臺秘要》。　黄疸如金：睛黄，小便赤。用生蔓菁子末，熱水服方寸匕，日三服。《孫真人食忌》。　急黄黄疸：及內黄，腹結不通。用蔓菁子搗末，水絞汁服。當得嚏，鼻中出黄水，及下利則愈。以子壓油，每服一盞更佳。陳藏器《本草拾遺》。　熱黄便結：用蕪菁子搗末，水和絞汁服。少頃當瀉一切惡物，沙、石、草、髮並出。孟詵《食療本草》。　二便關格：脹悶欲絶。蔓菁子油一合，空腹服之即通。通後汗出勿怪。《聖惠方》。　心腹作脹：蔓菁子一大合揀净搗爛，水一升和研，濾汁一盞，頓服。少頃自利，或自吐，或得汗，即愈。《外臺秘要》。　霍亂脹痛：蕪菁子，水煮汁，飲之。《瀕湖集簡方》。　妊娠溺澀：蕪菁子末，水服方寸匕，日二服。《子母秘録》。　風疹入腹：身體强，舌乾硬。用蔓菁子三兩爲末，每温酒服一錢。《聖惠方》。　瘭疽發熱：疽着手、足、肩、背，累累如米起，色白，刮之汁出，復發熱。用蕪菁子熟搗帛裹，展轉其上，日夜勿止。《肘後方》。　骨疽不愈：愈而復發，骨從孔中出者。蕪菁子搗傅之，用帛裹定，日一易之。《千金方》。　小兒頭禿：蔓菁子末，和酢傅之。一日三上。《千金方》。　眉毛脱落：蔓菁子四兩炒研，醋和塗之。《聖惠》。　面黶痣點：蔓菁子研末，入面脂中，夜夜塗之。亦去面皺。《聖惠方》。

花　【氣味】辛，平，無毒。　【主治】虚勞眼暗。久服長生，可夜讀書。三月三日採花，陰乾爲末，每服二錢，空心井華水下慎微。

明・穆世錫《食物輯要》卷三　蕪菁　味苦，性溫，無毒。利五臟，消食下氣，去熱毒。多食，動風。北方多用。春食苗，夏食心，秋食莖，冬食根。

明・吴文炳《藥性全備食物本草》卷一　蔓菁亦云蕪菁，一名蕪根。北土種之尤多，四時仍有。春食苗，夏食心，秋食莖，冬食根。河朔尤多種，亦可以備饑歲，菜中之最有益者惟此耳。常食通中益氣，令人肥健。《語録》云諸葛亮所止，令軍士獨種蔓菁者，以其纔出甲可生啖一也，葉舒可煮食二也，久居則隨以滋長三也，棄不令借四也，回即易尋而採之五也，冬有根可斵食六也，比諸蔬屬，其利不亦博乎。劉禹錫曰：（訖）〔信〕矣，三蜀江陵之人，今呼為諸葛菜。是也。其實夏秋熟時採之。

子：主黃疸利水。又治霍亂，除膨，去目暗青盲，消癥瘕積聚。九蒸九晒，為粉食之，斷穀長生。研細入面脂中，揭皺轉潤；壓油攙面膏內，黑䵟回明。蜘蛛咬傷，搗末酒服，故蔓菁園中無蜘蛛，是其相畏也。

根：治熱毒風腫，消渴亦可解除。但食之多，令人脹滿。按《衍義》云：蔓菁、萊菔，二菜也。萊菔即蘿蔔也，蔓菁即蕪菁。夏則枯，當此之時，蔬圃中復種之，謂之雞毛菜，食心正在春時，諸菜之中，有益無損，於世有功，採擷之餘，收子為油。根過食動氣。河東太原所出極大，他處不及也。

明・趙南星《上醫本草》卷三　蔓菁　一名蕪菁，又名九英菘，亦名諸葛菜。《爾雅》云：須，薞蕪。《詩・谷風》云：采葑采菲。毛萇注云：葑，須也。孫炎云：葑，一名葑蓯。《禮・坊記》云：葑，蔓菁也。劉禹錫《嘉話錄》云：諸葛亮所止，令兵士獨種蔓菁者，取其纔出甲可生啖一也，葉舒可煮食二也，久居則隨以滋長三也，棄不令惜四也，回則易尋而採五也，冬有根可食六也。比諸蔬其利甚博，至今蜀人呼為諸葛菜，江陵亦然。又朱輔山《溪蠻叢話》云：苗僚瑤佬地方產馬王菜，味澀，多刺。即諸葛菜也。相傳馬殷所遺，故名。又蒙古人呼其根為沙吉木兒。九英菘出河西，葉大，根亦粗長，和羊肉食甚美，常食都不見發病。冬日作菹煮羹食，消宿食，下氣治嗽。蔓菁夏月則枯，當此之時蔬圃復種，謂之鷄毛菜。食心，正在春時。諸菜之中，有益無損，於世有功。採擷之餘，收子為油，燃燈甚明，西人食之。河東大原所出，其根極大，他處不及也。又出西番吐谷渾地。

根葉：苦，溫，無毒。主治：利五臟，輕身益氣，消食下氣，治嗽，止消渴，去心腹冷痛及熱毒風腫，乳癰妬乳寒熱。常食通中，令人肥健。多食動氣。

附方　預禳時疾：立春後遇庚子日，溫蔓菁汁，合家大小并服之，不限多少，一年可免時疾。此神仙教子法。鼻中衄血：諸葛菜擣汁飲。大醉不堪：連日病困者，蔓菁菜入少米，煮熟，去滓，冷飲之，良。陰腫如斗：生蔓菁根擣，封之，治人所不能治者。小兒頭禿：蕪菁葉燒灰，和脂傅之。

子：時珍曰：蔓菁子可升可降，能汗能吐能下，能利小便，又能明目解毒，其功甚偉，而世罕知用之何哉。夏初采子，炒過榨油，同蘇油鍊熟一色無異，西人多食之。點燈甚明，但烟亦損目。北魏祖珽囚地窖中，因蕪菁子油燈傷明，即此也。苦、辛，平，無毒。主治：明目，療黃疸，利小便。水煮汁服，主癥瘕積聚。少少飲汁，治霍亂心腹脹。末服之，主目暗。入丸藥服，令人肥健，尤宜婦人。為油入面膏，去黑䵟皺紋。和油，傅蜘蛛咬。壓油塗頭，能變蒜髮。

附方　明目益氣：蔓菁子一升，水九升，煮汁盡，晒乾，如此三度。研細，水服方寸匕，日三。亦可研水和米煮粥食。常服明目：使人洞視，腸肥，用蔓菁子三升，以苦酒三升，煮熟，晒乾，研，篩末。以井華水服方寸匕，日三，無所忌。《抱朴子》云：服盡一斗，能夜視，有所見物。青盲眼障：但瞳子不壞者，十得九愈。用蔓菁子六升，蒸之氣遍，合甑取下，以釜中熱湯淋之，乃曝乾還淋，如是三遍，即收杵為末。食上清酒服方寸匕，日再服。二便關格，脹滿欲絕：蔓菁子油一合，空腹服之即通。通後汗出勿怪。心腹作脹：蔓菁子一大合，揀淨擣爛，水一升和研，濾汁一盞，頓服。少頃自利，或自吐，或得汗，即愈。霍亂脹痛：蔓菁子，水煮汁，飲之。小兒頭禿：蔓菁子末，和醋傅之，一日三上。面黶痣點：蔓菁子研末，入面脂中，夜夜塗之。亦去面皺。

花：辛，平，無毒。主治：虛勞眼暗。久服長生，可夜讀書。三月三日采花，陰乾為末，每服二錢，空心，井華水下。

明・應廮《食治廣要》卷三　蕪菁一名諸葛菜，一名蔓菁。氣味：苦，溫，無毒。利五藏，輕身益氣，常食通中，令人肥健，消食，下氣治嗽，止消渴。《別録》以蕪菁、萊菔同條，殊未辨別也。

明・姚可成《食物本草》卷六菜部・葷辛類　蕪菁一〔名〕蔓菁。南北皆有，北土尤多。四時常有。春〔食〕苗，夏食心，亦謂之薹子，秋食莖，冬〔食〕根。河朔多種，以備饑歲。菜中之最有益者惟此爾。其子夏秋熟時采之。又曰：葉是蔓菁，根是蘆菔。李時珍曰：《別録》以蕪菁、蘆菔同條，遂致諸說猜度。或以二物為一種，或謂二物全別，或謂在南為萊菔在北為蔓菁，殊無定見。今按二物根、葉、花、子都別，非一類也。蔓菁是芥屬，根長而白，其味辛苦而短，莖粗葉大而厚闊。夏初起〔薹，開黃花〕，四出如芥。其子均圓，如芥子而紫赤色。蘆蔔是菘屬，根圓，亦有長者，有紅白二色。其味辛甘，葉不甚大而糙，亦有花葉者。

夏初起薹，開淡紫花。結角如蟲狀，腹大尾尖，子似胡盧巴，不均不圓，黃赤色。如此分之，自明白矣。其蔓菁六月種者，根大而葉蠹；八月種者，葉美而根小；惟七月初種者，根葉俱良。今燕京人以瓶醃藏，謂之閉甕菜。

蕪菁根、葉：味苦，溫，無毒。主利五臟，輕身益氣，可長食之。常食通中，令人肥健。消食，下氣治嗽，止消渴，去心腹冷痛及熱毒風腫，乳癰妬乳寒熱。　子：味苦、辛，平，無毒。主明目，療黃疸，利小便。水煮汁服，治癥瘕積聚。少少飲汁，治〔霍〕亂心腹脹。末服之，主目暗。為油入面膏，去黑皯皺文。和油傅蜘蛛咬。壓油塗頭，能變蒜髮。入丸藥服，令人肥健。尤宜婦人。李時珍曰：蔓菁子可升可降，能汗能吐，能下能利小便，又能明目解毒，其功甚偉，而世罕知用之，何哉？夏初采子，炒過榨油，同麻油煉熟一色無異，西人多食之。點燈甚明，但烟亦損目。北魏(吴)〔祖〕珽因地窖中因蕪菁子油傷明，即此也。　花：味辛，平，無毒。主虛勞眼暗。久服長生，可夜讀書。三月三日采花，陰乾為末。每服二錢，空心井華水下。

附方：預防疫病。立春後遇庚子日，溫蔓菁汁，合家大小竝服之，不拘多少，一年不犯瘟疫。　治鼻中出血不止。蔓菁生搗汁飲，立瘥。　治一切腫毒。生蔓菁根一〔把〕，入鹽花少許，同搗封之，大效。　治青盲不見。蔓菁子六升，蒸透，即以釜中滚湯淋之，乃曝乾。如是三次，杵末。每日酒下方寸匕。　治乳癰。蔓菁根并葉去土，不用水洗，以鹽和搗塗之。熱即換，不過三五次即瘥。冬月只用根，極效。　治疝腫如斗。蔓菁根搗封之，大效。

治遊絲入目。蔓菁菜搗爛帕包，滴汁三兩點，即出也。　治狗咬。用蔓菁根搗汁服之。　治黃疸如金。生蔓菁子末，服方寸匕，日三。

明·施永圖《本草醫旨·食物類》卷二　蔓菁又名蕪菁，其根即萊菔類。味：溫，無毒。利五臟，消食益氣，令人肥健，可常食。其子，能明目。北方種之甚多，春食苗，夏食心，秋食莖，冬食根，菜中最有益於用者。南方地不同，所種形類皆變。

清·丁其譽《壽世秘典》卷三　蕪菁一名蔓菁，又名諸葛菜，塞北河西種者名九英菘。

氣味：辛、甘、苦，溫，無毒。主利五臟，消食下氣，常食通中，令人肥健。

發明：孟詵曰：蔓菁出河西，葉大，根亦粗長，和羊肉食，甚美，常食不見發病。冬日作菹煮羹食，消宿食下氣。李時珍曰：昔人以蕪菁、萊菔二物混註，遂致諸說猜度，或以二物為一種，或謂二物有別，或謂在南為萊菔在北為蔓菁，殊無定見。今按二物根、葉、花、實都別，非一類也。蔓菁是芥屬，根長而白，其味辛苦而短，莖粗葉大而厚闊，夏初起薹，開黃花四出如芥，結角亦如芥，其子均圓似芥子而紫赤色。萊菔是菘屬，根圓亦有長者，有紅、白二色，其味辛甘而永，葉不甚大而糙，亦有花葉者，皆有細柔毛。夏初起薹，開淡紫花，結角如蟲狀，腹大尾尖，子似胡盧巴，不均，不圓，黃赤色。如此分之，自明白矣。

清·朱本中《飲食須知·菜類》　蕪菁　味辛、苦，性溫。即諸葛菜。北地尤多，春食苗，夏食心，秋食莖，冬食根。多食動風氣。

清·何其言《養生食鑒》卷上　蕪菁即蔓菁。　味苦，性溫，無毒。利五臟，消食益氣，令人肥健。和羊肉食，甚美。多食動風氣。北方種之甚多。春食苗，夏食心，秋食莖，冬食根，菜中最有益於用者。南方耑種取子以(窄)〔榨〕油，地土不同，形類已變。常見多食而作衄血者，豈性亦轉而為大熱？諸家商略其性冷，未然也。

清·汪昂《本草備要》卷四　蔓菁子即蕪菁。瀉熱，利水，明目。　苦，辛。瀉熱解毒，利水明目。古方治目，用之最多。治黃疸，搗服。腹脹，搗研濾汁飲，或吐或利，腹中自寬，得汗愈。癥瘕積聚，小兒血痢，蜜和汁服。一切瘡疽。凡癰疽搗敷皆良。醋調敷禿瘡，鹽搗敷乳癰。冬取根用。敷蜘蛛咬毒。陳藏器曰：蔓菁園中無蜘蛛。李時珍曰：蔓菁子可升可降，能汗能吐能下，能利小便，明目解毒，其功甚偉，世罕知用，何哉？　根：搗敷陰囊腫大如斗。末服解酒毒。和芸薹根油菜也。搗汁，鷄子清調，塗諸熱毒。單鹽搗，不用芸薹亦可。

清·李熙和《醫經允中》卷二二　蔓青子　即諸葛菜。　苦、辛，瀉熱解毒，利水明目。傳一切瘡疽、蜘蛛咬毒。

清·张璐《本經逢原》卷三　蕪菁一名蔓菁，即諸葛菜。　苦，溫，無毒。發明：蔓菁治熱毒風腫乳癰寒熱，和鹽少許，生搗塗之，熱即易，不過三五次瘥。子能明目。《千金》面脂方用之，令人面潔白悅顏色。但不可久食，令人氣脹。

清·汪啟賢等《食物須知·諸菜》　附蕪菁　匝地生葉，又名蔓菁。兩呼與萊菔全差，毋以真認假。多種河朔，可備饑年。昔諸葛亮出征駐營，每令兵士栽種，謂有六利，詳載史書。至今三蜀江陵呼為諸葛菜也。宜常啖食，易至肥健。益氣通中，下氣消穀。

清·浦士貞《夕庵讀本草快編》卷三　蕪菁《別錄》、蔓菁　《詩》云：采葑采菲。《禮坊記》云：葑，蔓菁也。陸璣云：葑，蕪菁，則知一物無疑矣。

蔓菁根葉苦溫，南北皆有，利五臟而輕身，益氣而健中，治嗽止渴，久服亦不發疾者也。和羊肉食之為美，冬月作葅更佳。立春服汁可禳時疫，菜中之最有益者矣。若其子，味則辛平，可升可降，能汗能吐，能下能利小便，又能明目解毒。如炒過榨油能變蒜髮而去面黑䵟皺，兼塗蜘蛛咬傷，功俱偉矣。而世人罕知，何哉？按劉禹錫云：諸葛武侯所止，令兵士獨種蔓菁者，取其纔出甲可生啖，一也；葉舒可煮食，二也；久居則隨以滋長，三也；棄不令惜，四也；回則易尋而採，五也；冬有根可食，六也。比諸蔬，其利甚溥，又不傷人，故先賢蒔之，豈無意耶？

清・吳儀洛《本草從新》卷四　蔓菁子〔瀉熱，利水，明目。〕即蕪菁，一名諸葛菜。　苦，辛，平。瀉熱解毒，利水明目。古方治目用之最多。治黃疸搗服。腹脹，搗研濾汁飲。或吐或利，腹中自寬，得汗愈。癥瘕積聚，小兒血痢，蜜和汁服。一切瘡疽。搗敷皆良。醋調敷禿瘡，鹽調敷乳癰。冬采根用。敷蜘蛛咬毒。藏器曰：蔓菁園中無蜘蛛。時珍曰：蔓菁子可升可降，能汗能吐，能下能利，利小便，明目解毒，其功甚偉，世罕知用，何哉？實熱相宜，虛寒勿使。根，解酒毒，末服。塗諸熱毒，和芸薹根搗汁，鷄子清調，或不用芸薹，單鹽搗亦可。搗敷陰囊腫大如斗。葉，利五臟，消食下氣。治嗽。

清・汪紱《醫林纂要探源》卷二　葑　辛，寒。蔓菁也。今曰大頭菜，又曰狗頭芥。莖葉似菘，亦似芥，根魁如蘿蔔。江北多，南方少，南人多不識。或以為即蘿蔔，誤甚矣。利水解熱，下氣寬中。功用略同蘿蔔。　子：益肝行氣，去鬱熱，攻積聚，殺蟲毒。皆辛寒之效也。益肝故明目。去鬱熱，故治疸。○蔓菁園中無蜘蛛，治蟲毒可知。○搗敷，治瘡腫。

題清・徐大椿《藥性切用》卷六　蔓菁　一名蕪菁，即諸葛菜。苦辛性平，瀉熱解毒，利水明目。根，解酒毒，搗敷陰囊腫大如斗。葉，利五藏，絞汁點飛絲入目。

清・李文培《食物小錄》卷上　蕪菁即諸葛菜。　辛、甘、苦，微溫，無毒。利五臟，輕身益氣。常食令人肥健。葉、梗、根、苗皆可食。子，研末明目，益氣。花，治虛勞目暗。久服長生，可夜讀書。

清・章穆《調疾飲食辯》卷三　蕪菁　《唐本草》曰蔓菁。《食療本草》曰九英菘。掌禹錫曰：《爾雅》云：須，薞蕪。《詩・谷風》曰：采葑采菲。毛萇註曰：葑，須也。《爾雅正義》曰：一名葑蓯。《禮・坊記》註曰：葑，蔓菁也。《詩疏》曰：即蕪菁也。揚氏《方言》曰：蘴、蕘，蔓菁也。陳、楚謂之蘴，齊、魯謂之蕘，關西謂之蕪菁，趙、魏謂之大芥。《爾雅》註曰：葑也，須也，蕪菁也。薞蕪，葑蓯也，蘴、蕘也，大芥也，一物也。《嘉話錄》曰：諸葛武侯令兵士種之，故又名諸葛菜。取其四時根葉俱可啖也。至《三國》史謂先主閉門種蕪菁，不過自韜，非有取於此也。南方種者絕少。《唐本草》謂北土無菘，有人將子往種二年，盡變為蕪菁。若將蕪菁子南種，亦二年盡變為菘。誤說也。菘菜北土極多且美，南方遠不及北產，且每年必有大半變為芸薹，不變蕪菁。又《別錄》列蕪菁、萊菔為同條，或以其根、葉皆可食也，後人遂以為一物，亦誤也。《綱目》曰：蕪菁是芥屬，萊菔是菘屬。亦誤也。萊菔與菘，根、葉、花、實俱不相似。但所云蕪菁根長而白，味辛苦，莖粗，葉大而厚，夏初起薹，黃花四出，子亦如芥，則詮解明晰。《食物本草》曰：性能止渴，消食下氣，去心腹冷痛，熱毒風腫，乳癰寒熱，止嗽。其性當冷。或云溫者，恐誤也。予意此菜性必微溫，觀所主之病可知矣。溫而又能止渴者，津汁多，如萊菔亦有止渴之效也。治熱毒者，辛能散，如大蒜亦能消癰腫也。苦以為冷，則世間豈有味辛而性冷者乎？子明目，壓油塗頭，能變蒜髮。少年髮白也，《輟耕錄》作算髮，謂心多思慮所致，實乃稟氣也。出《東齋紀事》。

清・葉桂《本草再新》卷六　蔓菁子味苦、辛，性平，無毒。入肝、脾二經。　瀉熱解毒，利水明目，治黃疸腹脹，癥瘕積聚，小兒血痢，一切瘡疽。

清・吳其濬《植物名實圖考》卷三　花芥　芥之別，本草諸書詳矣，然不及其根。王世懋《蔬疏》：芥之有根者，想即蔓菁。京師大而脆，為蔬中佳味。攜子歸種之，移植他所輒不如初。如所言則江以南芥無大根，宜諸書不詳，而《蔬疏》誤以為蔓菁也。蔓菁根圓味甘而大，芥根味辛而小，形微長，北地呼為芥矻磱。醬漬者為大頭菜，醃而封之，辛辣刺鼻，謂之閉甕菜。往往誤買蔓菁，則味甘而無趣。《嶺南異物志》：南土芥高者五六尺，子如雞卵，為鹹葅，埋地中有三十年者。疑以其根為子。《遵義府志》：大頭菜各邑俱產，滇中尤多，花葉卵根，辛爽可人，醬醃與京華相埒。《淄川縣志》：圃種者根葉肥大，俱可食。昔人屢著芥辣法，而未知根之辣妙於子莖，日用飲食，非必忽焉不察，殆地宜之囿人矣。

蕪菁　《別錄》上品。即蔓菁。昔人謂葑、須、芥、薞、蕪、蕘、蕪菁、蔓菁七名一物，蜀人謂之諸葛菜。今辰、沅有馬王菜，亦即此。袁滋《雲南記》：

嶲州界緣山野間有菜，大葉而粗莖，其根若大蘿蔔。土人蒸煮其根葉而食之，可以療飢，名之為諸葛菜。云武侯南征，用此菜蒔於山中，以濟軍食。亦猶廣都縣山櫟木謂之諸葛木也。袁氏殆未知其為蔓菁耶？《周禮》菁葅，鄭司農以為韭葅，康成破謂蔓菁，二說皆通。若包匭菁茅，蠻方貢菜，則茘支龍眼，不為疲尉堠矣。恐亦非物土之宜。先主在曹，閉門種蕪菁；陸遜聞韓扁為敵所獲，方催人種葑豆，軍行齎種，蓋亦兵家之常。孟信為趙平守，素木盤盛蕪菁葅，清德可風，亦西土之美。放翁詩：往日蕪菁不到吳，如今幽圃手親鉏。楊誠齋詩：早覺蔓菁撲鼻香。南方舊已有種者。蕪菁、蘿蔔，《別錄》同條。陶隱居亦有分曉，後人乃以葉根強別，兼明書不知其誤，而博引以實之，何未一詢老圃？

雩婁農曰：吾觀《麗江府志》，而知食蔓菁之法，武侯之遺，不僅為行軍利也，世以此為蔬耳。而《志》云夏種冬收，戶戶曬乾囤積，務足一歲之糧，菽餁稗粥外，饔飧必需，惟廣積之家，用以代料飼馬。麗江西陲苦寒，春盡無青草，土人至以燕麥為乾餱，大麥作饅首，煮蔓菁湯咽之。小麥非享客不敢用，稻惟沿江產，其與貉俗異者幾希。蔓菁耐寒，割而復生，又為復生菜。然則蔓菁之用於維西也大矣。余留滯江湖，久不覩蕪菁風味，自黔入滇，見之圃中。因為《諸葛菜賦》，以蔓菁六利、諸葛種之為韻，其詞曰：

魏闕霄三，滇山仞萬；駕余馬兮將煩，加余餐兮孰勸？時則稷霰天霏，葭霜夕噴，敗蒲枯葦，林渡冰澌，蔓草荒榛，楂城風健。惆悵煨芋之爐，棖觸折秔之飯；穴有凍雀之號，塊無野人之獻。顧見園菁，向陽舒蔓；寒畦擢穎，膏壤萬榮。玉樑猶潤，金耜纔耕；耐冬不萎，踏雪復生。試共采衛原之菲，何殊貢荊匭之菁？辨葑葰之同異，味蘴芥之生烹；偉此伶仃之小草，猶留宇宙之大名！憶昔武侯，時逢逐鹿，居南陽而就顧者三，表北征而未解者六。方其志變中原，先以威戡南服；地入不毛，士持半菽。怨春日兮祁蘩，牧秋原兮苜蓿。碧雞滇海，誰備裹荷？白飯浮圖，難分寶粥。慮同斜谷之乏糧，計效湟中之屯穀；披草萊於索嶺盤江，攜蔬種於蠶叢魚腹。小駐儲胥，預謀旨蓄。興古新封，句町舊地。瓜戍雲屯，芑田芑萃。麾羽扇以經營，拄杖筇而布置，竹落布而紓青，柳營開而含翠。人閑賨叟，暫作園官；峰接烏蒙，頓成葱肆。況乃薇蕨易生，亦復菅蒯可棄，豈比咼種之千金，信為軍儲之六利。方其龍川春早，犁水風徐，士輕藤甲，日暖毳廬。三尺鹿盧之劍，一肩鴉嘴之鋤，隴上蘆笙，齊來挑菜；帳中銅斗，小煮摘蔬。苞香綠濕，葉嫩紅舒，芬超五弋，馨越七葅。爰調和以蒟醬，應儕輩夫桃諸。若乃萬柵森寒，千屯曠闊；風卷旄頭，葉飛木末。冰堅黑水，尚有凍荄；雪壓蒼山，猶存枯枿。斸玉根兮芳肥，提筠籃兮襭捋；踏金馬以遄歸，喜木牛之初達。數聲蠻鼓，士飽馬騰；萬竈寒烟，香升翠潑。不數豌巢，無論菘葛。迄於今白國皆饒，朱提徧種；染釵股而同餐，薦木盤而常供。非堯韭之祥珍，豈姬菖之鄭重？寒庖則羹憶老蘇，方物則圖傳小宋；長卿之嘉話猶傳，昌黎之感詩可誦。疇則懷日食之二升，而緬天威於七縱。試思當時，雲棧出師，文書夜掃，壘壁晨移。刈比成周之麥，踐同魯國之葵。臨渭愴屯田之役，閬門想種菜之疑。中興不再，舊陣空遺；浮雲變古，野蔌如斯。遙悵望兮無盡，輒流連而賦之！

清・趙其光《本草求原》卷一五菜部　諸葛菜即蔓菁、蕪菁。苦，溫，無毒。治熱毒風腫，乳癰寒熱。和鹽敷。子能明目，作面脂，令人面白美顏。多食則氣脹。

清・文晟《新編六書》卷六《藥性摘錄》　蔓菁　苦，溫。利五臟，消食益氣，令人肥健。多食動風氣。北產者良。〇子，可榨油，勿常食。

清・王孟英《隨息居飲食譜・蔬食類》　蕪菁即蔓菁，一名九英菘，一名諸葛菜。一種根如蘆菔者，名大頭菜。向產北地，今嘉興亦種之。　醃食鹹甘。下氣開胃，析酲消食。葷素皆宜，肥嫩者勝。諸病無忌。其子入藥，明目養肝。

清・田綿淮《本草省常・菜性類》　蔓菁（根）　一名蕪菁，一名九英菘，一名諸葛菜。性平。利五臟，消食，止嗽，調氣和中。久食肥健人。多食動氣。行遠路者，煮粗豆腐食之，免生不服水土之病。根，解酒毒。

清・戴葆元《本草綱目易知錄》卷三　蔓菁蕪菁、葑、諸葛菜。　根、葉，辛、甘、苦。利五臟，止消渴，通中，消食下氣，治嗽，輕身益氣，令人肥健，可常食之。主心腹冷痛，及熱毒風腫，乳癰妬乳寒熱。【略】《纂要》云：又名葑，辛，寒。利水解熱，下氣寬中。自註云：蔓菁，今名大頭菜。江北多，南方少，人不識，以為萊菔，悞矣。

清・陳其瑞《本草撮要》卷四　蔓菁子　味辛，平。瀉熱解毒，入手太陰、足厥陰經，功專利水明目。擣服治黃疸腹脹，和蜜服治癥瘕積，小兒血痢。醋調末敷禿瘡，鹽調末敷乳癰蜘蛛咬毒。根解酒毒，並敷陰囊腫大如斗神效。葉利五臟，消食下氣治嗽。若飛絲入眼，用葉挼爛滴汁三兩點自出。一名諸葛菜。

清・吴汝紀《每日食物却病考》卷上　蔓菁　味苦，溫，無毒。利五臟，輕身益氣，消食，令人肥健。可常食，北方多種之。南方地不同，所種形類自變，北人以瓶醃藏，謂之閉甕菜。《詩》云：采葑采菲。《禮訪記》云：葑，蔓菁也。

野蔓菁

明・朱橚《救荒本草》卷下之後　野蔓菁　生輝縣栲栳音考老圈山谷中。苗葉似家蔓菁葉而薄小，其葉頭尖艄，葉腳花叉甚多，葉間攛出枝叉，上開黄花，結小角，其子黑色。根似白菜根頗大。苗葉根味微苦。救飢：採苗葉煠熟，水浸淘淨，油鹽調食。或採根換水煮去苦味，食之亦可。

石芥

明・朱橚《救荒本草》卷上之前　石芥　生輝縣鴉子口山谷中。苗高一二尺，葉似地棠菜葉而闊短，每三葉或五葉攢生一處，開淡黄花，結黑子。苗葉味苦，微辣。救飢：採嫩葉煠熟，換水浸去苦味，油鹽調食。

山芥菜

明・朱橚《救荒本草》卷上之前　山芥菜　生密縣山坡及崗野中。苗高一二尺，葉似家芥菜葉瘦短微尖，而多花叉開小黄花，結小短角兒。味辣微甜。救飢：採苗葉揀淨，煠熟，油鹽調食。

山葥菜

明・朱橚《救荒本草》卷上之前　山葥菜　生密縣山野中。苗初搨地生，其葉之莖背圓面窊五化切，葉似初出冬蜀葵葉，稍小，五花叉，鋸齒邊；又似蔚臭苗葉而硬厚，頗大，後攛莖叉，莖深紫色，梢葉頗小。味微辣。救飢：採苗葉煠熟，换水浸，淘淨，油鹽調食。

油頭菜

清・吴其濬《植物名實圖考》卷六　油頭菜　油頭菜，贛州有之。似大頭菜而扁，葉如蘿蔔。土人以根為蔬，生食甘脆，亦以飣盤。此即蔓菁種類，葉亦有芥味。贛州山地堅瘦，故所產根不能肥大。寧都州呼為柿餅蘿蔔，形味俱肖。

雩婁農曰：贛處萬山中，石田沙隴，商賈行坐，以通閩、粤。生齒日益繁，百穀成，不能足一歲之儲，山之民有不粒食者矣。果如橘柚，皆不堪與南城、南豐為臺隸，如油頭菜者，亦登上客之筵，風亦僿矣。顧其地饒，松、杉、桐、茶、烏臼、甘蔗，嶺南之鹺與牢盆，擅薪油鹽鹺之利，五嶺之間一都會也。又聞其山多奇卉靈藥，佘屨至，皆以深冬，出燒田萊，搜採少所得，至今耿耿。

萊菔

附：日・丹波康賴《醫心方》卷三〇　蘆茯　《本草》云：味辛、甘，溫，無毒。主大下氣，消穀去痰澼，服健人。生擣汁服，主消渴，誠大有驗。崔禹〔錫〕云：味辛薰，溫。消五穀。反魚肉毒。又云：其葉嫩美，亦為生菜之主，啖之消食和中，利九竅，益人。《七卷經》云：久在土中，食之不利人。馬琬云：夜食不用啖蘆茯根，氣不散，不利人。孟詵云：蘿菔，冷。利五藏關節，除五藏中風，輕身益氣。根，消食下氣。又云：甚利關節，除五藏中風，練五藏中惡氣，令人白淨。

宋・李昉《太平御覽》卷九八〇　蘆服　《方言》曰：蕪菁紫者，謂之蘆菔。《廣志》曰：蘆服，別名雹葖。《正論》曰：理世不得眞賢，猶治病無眞藥，當用人參，反得蘆菔根。《雲南記》曰：嶲州界緣山野間，有菜大葉而麁莖，其根若大蘿蔔，土人蒸煮其根葉而食之，可以療飢，名為武侯菜。云武侯南征，用此菜子蒔於山中，以濟軍食。亦猶廣都縣山櫪林，謂之諸葛木也。

宋・唐慎微《證類本草》卷二七菜部上品〔唐・蘇敬《唐本草》〕　萊菔音蔔根　味辛，甘，溫，無毒。散服及炮煮服食，大下氣，消穀，去痰癖，肥健人。生擣汁服，主消渴，試大有驗。

〔唐・蘇敬《唐本草》〕注云：陶謂溫菘是也。其嫩葉為生菜食之。大葉熟啖，消食和中。根效在蕪菁之右。

〔宋・馬志《開寶本草》〕注：俗呼爲蘿蔔。《唐本》先附。

〔宋・掌禹錫《嘉祐本草》〕按：《蜀本圖經》云：名蘆蔔，生江北，秦、晉最多。《爾雅》云：葖，蘆萉，釋曰：紫花菘也。俗呼溫菘，似蕪菁，大根，一名葖，俗呼雹葖，一名蘆菔，今謂之蘿蔔是也。蕭炳云：蘿蔔根，消食，利關節，理顔色，練五藏惡氣，制麵毒。凡人飲食過度，生嚼嚥之，便消。研如泥制麵，作餺飥佳，飽食亦不發熱。亦主肺嗽吐血。酥煎食，下氣。孟詵云：蘿蔔，性冷。利五藏，輕身。根，服之令人白淨肌細。日華子云：蘿蔔，平，能消痰止欬，治肺痿吐血。溫中，補不足，治勞瘦，欬嗽，和羊肉、鯽魚煮食之。子，水研服，吐風痰。醋研消腫毒。不可以地黃同食。

〔宋·唐慎微《證類本草》〕《圖經》：文具蕪菁條下。孫真人：久服澀榮衛，令人髮早白。《食醫心鏡》：治消渴口乾。蘿蔔絞汁一升，飲之則定。又方：主積年上氣咳嗽，多痰喘促，唾膿血。以子一合，研煎湯，食上服之。又方：下氣，消穀，去痰癖，肥健，作羹食之。生絞汁服，理消渴。《簡要濟衆》：治消渴獨勝散：出子了蘿蔔三枚，淨洗薄切，日乾爲末。每服二錢，煎猪肉汁澄清調下，食後并夜卧，日三服。《勝金方》：治風痰。以蘿蔔子爲末，溫水調一匙頭，良久吐出涎沫。如是攤緩風，以此吐後，用緊踈藥服，踈後服和氣散，差。又方：治肺疾咳嗽。以子半升，淘擇洗，焙乾，於銚子內，炒令黃熟，爲末。以沙糖丸如彈，綿裹含之。《洞微志》：蘿蔔解麪毒。《楊文公談苑》：江東居民，歲課種藝，初年種芋三十畝，計省米三十斛。次年種蘿蔔三十畝，計益米三十斛。可知蘿蔔消食也。《爾雅》：葖，蘆萉。郭璞注萉爲菔。蕪菁屬，紫花大根，俗呼雹突。更始敗，掖庭中宮女數百人，幽閉殿門內，掘庭中蘆菔根食之。今蘿蔔是也。偏頭疼用生蘿蔔汁一蜆殼，仰卧注之鼻，左痛注左，右痛注右，左右俱注亦得，神效。

宋·寇宗奭《本草衍義》卷一九 萊菔根 即前條所謂蘆菔，今人止謂之蘿蔔，河北甚多，登、萊亦好。服地黃、何首烏人食之，則令人髭髮白。世皆言草木中，惟此下氣速者，爲其辛也。不然如生薑、芥子又辛也，何止能散而已。萊菔辛而又甘，故能散緩而又下氣速也。散氣用生薑，下氣用萊菔。

宋·王繼先《紹興本草》卷一二 萊菔根 紹興校定：萊菔根乃蘿蔔是也。性味、主治已載《本經》。大率下氣之性多矣。當云味辛甘、平、無毒為定。其子諸方頗用。處處種產之。

宋·鄭樵《通志》卷七五《昆蟲草木略》 萊服 一名雹葖，一名溫菘，一名紫花菘。吳名楚菘，嶺南名秦菘，河朔名蘆菔。《爾雅》曰：葖，蘆菔。俗呼蘿蔔。鎮州者一根可重十六斤。

宋·周密《癸辛雜識》前集 葖 今成都麪店中呼蘿蔔為葖子，雖曰市井語，然亦有謂。按《爾雅》曰：葖，蘆菔也。郭璞以萉為菔，俗呼雹葖，先北反。或作蔔，釋曰：紫花松也，一名葖，蓋其性能消食、解麪毒。《談苑》云：江東居民歲課藝，初年種芋三十畝，計省米三十斛；次年種蘿菔三十畝，計益米三十斛，可見其能消食。昔有波羅門僧東來，見人食麪，駭云：此有大熱，何以食之！及見蘿菔，曰：賴有此耳。《洞微志》載齊州人有《病狂歌》曰：五靈葉蓋晚玲瓏，天府由來汝府中。惆悵此情言不盡，一丸蘿菔火吾宮。後遇道士作法治之，云：此犯天麥毒，按醫經蘆菔治麪毒。即以藥并蘿菔食之，遂愈，以其能解麪毒故耳。

宋·劉明之《圖經本草藥性總論》卷下 蘿蔔 根，味辛、甘，溫，無毒。大下氣，消穀，去痰癖，主消渴。蕭炳云：消食，利關節，理顏色，練五臟惡氣，亦主肺嗽吐血，亦不發熱。

宋·張杲《醫說》卷四 偏頭疼 裕陵傳王荊公偏頭疼方，云是禁中祕方。用生萊菔汁一蜆殼，仰臥，注鼻中，左痛注右，右痛注左，或兩鼻皆注亦可，數十年患，皆二注而愈。荊公與僕言已愈數人矣《良方》。

鼻衄 饒州市民李七常苦鼻衄，垂至危困。醫授以方，取蘿蔔自然汁，和無灰酒，飲之則止。醫云：血隨氣運轉，氣有滯逆，所以妄行。蘿蔔最下氣，而酒導之，是以一服效。經五日復如前，僅存喘息。而張思順以明州刋王氏單方，刮人中白置新瓦上，火逼乾，以溫湯調服，即時血止，至今十年不作。張監潤之江口鎮，適延陵鎮官曾棠入府，府委至務同視海舶，曾着白茸毛背子，盛服濟潔，正對談之次，血忽出如傾，變所服為紅色，駭曰：素有此疾，特不過點滴耳，今猛烈可畏，覺頭空空然，殆有性命之慮。張曰：君勿憂，我當漸治一藥。移時而就，持與之，血亦止，不復作。人中白者，旋盆內積溓垢是也。蓋秋石之類，特不多用火力。治藥時勿使其人知，恐其以穢濁不肯服。此方可謂神矣。

宋·陳衍《寶慶本草折衷》卷一九 萊菔音蔔。汁在內。〇苗、葉及胡蘿蔔續附。

一名蘿蔔，一名萊菔根，一名蘆蔔，一名蘆菔，一名蘆萉，一名雹葖，一名葖。〇又云：一名蘿菖。〇《博濟方》用者名蘿菔，枯者名仙人骨。〇萉，音肥；葍，音福。生江北及河北、江東，秦、晉、登、萊州。〇又云：生河朔。今南北皆種有之。〇服藥中有地黃、何首烏，皆忌食此。或云服當歸者，亦忌之。〇續附：苗葉，俗號蘿蔔菜。〇又續附：胡蘿蔔，是處可種。

味辛、甘，平，冷，無毒。〇大下氣，消穀，去痰癖，主消渴。〇蕭炳云：利關節，練五藏惡氣，制麪毒。凡飲食過度，生嚼嚥之便消。〇日華子云：治肺痿吐血，勞瘦咳嗽。和羊肉、鯽魚煮食之。〇《圖經》曰：斷下方亦用，燒熟入藥。安州、洪州、信陽者，有重五、六斤，或近壹秤。治消渴。出了子蘿蔔，淨洗，薄切，暴乾擣散。每服貳錢，煎猪肉湯，澄清調下，食後、臨卧服，日三。〇分蕪菁條。〇楊文公云：江東居民歲課種藝，初年種芋三十畝，計省米三十斛。次年種蘿蔔三十畝，計益米三十斛，可知蘿蔔消食也。○又有方：治偏頭疼，用生蘿蔔汁壹蜆殼，仰臥，左痛注左，右痛注右，左右俱注亦得。○注鼻中也。○蜆，音顯，亦蛤之類也。○寇氏曰：萊菔，服地黄、何首烏人食之則髭髮白。世皆言惟此下氣速者，為其辛也。不然，如生薑、芥子，又辛也，何止能散而已？萊菔辛而又甘，故能散緩，而又下氣速也。散氣用生薑，下氣用萊菔。

續說云：蘿蔔苗、葉如芥而光硬，《是齋方》治打撲血聚皮不破者，細研此葉，厚貼絹帛包之，自然消散。若摘為蔬茹，最發冷疾，人春尤甚。更有一種胡蘿蔔，其根略似人參之形，微有連珠之節。其味純甜，乾而體實，嘗於人參條陳之矣。煮食無損無益。葉似細蒿，子如葶藶。葉與子皆無用也。

新分蘿蔔子　又云：一名蘆菔子。○所出與萊菔同。○忌地黄。

味辛，微寒，無毒張松。○水研服，吐風痰。醋研，消腫毒。不可以地黄同食。分前條日華說。○《唐本》註云：黄赤色，大數倍大於菘菜之子，復不圓也。分菘條。○《食醫心鏡》：主上氣咳嗽，喘促，吐膿血，以壹合研，煎湯，食上服之。

續說云：張松謂蘿蔔子治氣結成塊，心腹脹滿，小腸氣痛，及下水滯，消宿食，今多炒用。而《錄驗方》以蘿蔔子壹兩，巴豆肉半兩，不去油，剉破，同炒焦，棄巴豆而取此子，入散積泄氣諸藥中，使略利過。老人、虛人宜量酌用。

金・元好問《續夷堅志》卷二　救熏死　辛未冬，德興西南磨石窑，居民避兵其中，兵人來攻，窑中五百人，悉為煙火熏死。內一李帥者，迷悶中，摸索得一凍蘆菔，嚼之，汁才咽而甦，因與其兄，兄亦活。五百人者，因此皆得命。蘆菔細物，活人之功乃如此。【略】又言炭煙熏人，往往致死，臨臥削蘆菔一片，着火中，即煙氣不能毒人。

元・忽思慧《飲膳正要》卷三　蘿蔔　味甘，溫，無毒。主下氣消穀，去痰癖，治渴，制麵毒。

元・尚從善《本草元命苞》卷九　萊菔　名蘿蔔。性冷，味辛、甘。主肺痿吐血，消痰止嗽，去痿癖。肥健，下氣溫中，補不足，利五臟。治勞瘦，消宿食，利關節，理顔色。療消渴，制麵毒。水研服，可吐風痰。炒糖丸，能醫咳嗽。《勝金方》治肺疾咳嗽，以子半升，焙乾，炒為末，以砂糖丸如彈，綿裹噙。久服澀榮衛，令人髮早白。

元・吳瑞《日用本草》卷七　萊菔　今呼蘿蔔。嫩葉可生食，大葉宜熟噉。消食和中，夏生〔又〕名夏蘿蔔。夏至節前，則發氣；冬月有益。一種形小而白黄，有根，多蒸食之，名蔓菁蘿蔔。味辛、甘，溫，無毒。能制麵及豆腐毒。凡飲食過度，生食一枚便消。煮食，大下氣。和羊肉、鯽魚煮食。治勞瘦咳嗽，宜久食之。同猪肉食，補益人。服地黄、何首烏，食之則鬚髮白。主消穀食，去痰癖，利關節，止咳嗽肺痿，補不足。生搗汁服，主消渴，吐血、衄血。

元・朱震亨《本草衍義補遺》　萊菔根　屬土而有金與水。《本草》言下氣速。往往見煮食之多者，停滯膈成溢飲病，以其甘多而辛少也。其子，推墻倒壁之功。○俗呼為蘿蔔。亦治肺痿吐血。又其子水研服，吐風痰甚驗。《衍義》曰：散氣用生薑，下氣用萊菔。

元・徐彥純《本草發揮》卷三　萊菔　丹溪云：萊菔根，屬土而有金與木。《本草》言煑食之，大下氣。往往見煑食之多者，停膈間成溢飲病，以其甘多而辛少也。其子有推墻倒壁之功。

明・蘭茂原撰，范洪等抄補《滇南本草圖說》卷八　蘿蔔　即萊菔。氣味辛甘，性溫。生食破血寬腸，熱食解酒，消食化痰。○利五臟而補中。○葉，解一切參毒熱邪。○煮水，治天行疫疾。

明・蘭茂撰，清・管暄校補《滇南本草》卷下　蘿蔔　性平。生味辛、甘，熟味甜平。入脾肺二經。寬中消膨脹，下氣消宿食，消麥麪積。熟食寬中醒脾氣，化痰涎。生食動痰，逆氣上升。咳嗽忌用。

萊菔子：即蘿蔔子。性溫，味辛。入脾肺二經。下氣寬中，消膨脹，消痰涎，消宿食，消麪積滯。降痰，定吼喘。攻腸胃積滯，治痞塊，治單腹疼。

附：萊菔丹，耑治男婦單腹脹，形如鑼鍋，腫硬脹滿，小兒肚大筋青，神效。萊菔子五錢，白豆蔻仁，去殼，五錢。牙皂二錢五分，吳神粬五錢，巴豆殼五錢，過山龍，五錢，酒炒。草血結一兩五錢，川鬱金五錢，檳榔五錢，木香二錢，沉香三錢；面目浮腫，足腫，加土狗。一兩，去足翅。共為細末，水為丸，或為末亦可，滚水服二錢，服至二十一日後，全愈。此丹耑治諸氣不調，停滯不化，氣逆不舒，胸膈脹滿，嘔吐惡心，心腹膨脹，吞酸吐酸，飽悶打呃，心脾氣疼，〔痛〕〔酒〕積食積，每服二錢，滚水送下。一治九種胃氣疼痛，此病因內傷七情，外感六慾，客寒犯胃，內外相搏，氣道閉塞，鬱於中焦，遂成胃氣疼痛之症。每服二錢，荔枝核三個，火上燒，為末，同茴香子一錢，煨湯送下。奶母、孕婦勿服。忌魚、羊、蛋、蒜、生冷、麵食。

白蘿蔔：桿葉紅、白二種。經霜陰乾。性溫，味甘。入脾胃二經。治脾胃不和，宿食不消，胸膈膨脹，醒脾氣，開胃寬中，噎膈打呃，硬食膨脹，嘔吐酸水，赤白痢疾。婦人乳結乳腫，經閉。昔一劉姓老人，年六十餘歲，因喫飯著氣，得噎食病，胸膈膨脹，肚腹嘈飽，喫飯脹疼，打呃，食積在胸膈不消，或噎或硬，張口吐痰涎。用藥不效，服此方全愈。白蘿蔔桿，五錢，鍋內微炒。吳神麯三錢，白蔻仁三錢，共為細末，每服三錢，淡薑湯送下。此方并治紅白痢疾，加枳殼炒、山查，各等分，煎服。

紅蘿蔔桿葉：性溫，味甘平。入陽明胃經。行血破血，乳汁不通，奶硬紅腫疼痛，婦人經閉，血痢裹急後重。

附單方：治紅痢血痢，腹疼，裹急後重。紅蘿蔔桿三錢，神麯二錢，山查三錢，沙糖二錢，水煎服。又單方：治婦人奶結，紅腫疼痛，乳汁不通，或被壓著，或小兒吹著。紅蘿蔔桿葉，不拘多少，搗汁一杯，新鮮更好，煨熱，點水酒，或燒酒服亦可。

明·蘭茂《滇南本草》〔叢本〕卷下　蘿蔔　生味辛，熟味甘，性溫。入脾肺二經。寬中下氣，消宿食，解香油毒。治麥麵積熱。吃之醒脾氣，化痰涎。生吃破血，動逆氣上升，咳嗽忌用。

萊菔子，奇方：治男子單腹脹如鍋大，腫硬脹滿，小兒肚大筋青神效。萊菔子三錢、白蔻仁五錢、巴豆殼五錢、猪牙皂二錢半、過江龍、五錢，酒炒用。草血(結)〔竭〕一兩五錢、廣檳榔五錢、廣木香三錢、吳神麯五錢、沉香麵三錢、鬱金三錢。面目脚浮腫，加土狗，一兩，去足。共為末，水牒為丸，或為末亦可，每服二錢，滚水下，二十一日全愈。此方功效甚速，治效數十人。單腹脹用此方不效者死。此方治諸風不調，鬱結不升，上焦閉塞，脾胃不和，飲食不化，氣逆不舒，胸膈飽脹，嘔吐惡心，吞吐酸水，飽悶打呃，心脾氣疼，酒積食積，每服二錢，滚水下。一治九種胃氣疼，此症因傷七情六慾，客寒犯胃，內外相搏，氣道閉塞，鬱於中焦，遂成胃寒氣疼之症。每服二錢，用荔枝核三個，燒，同茴香子一錢，煨湯。忌魚、羊、蒜、蛋、生冷、麵食，孕婦忌服，千萬不可悮用，慎之！慎之！

白蘿蔔乾，治酸水，赤白痢疾，婦人乳結，吹乳經閉。昔一劉姓，一老人年六十餘，因吃飯着氣後，得哽食病，胸膈膨脹，肚腹嘈餓，及食飯則痛，嘔吐打呃，胸膈不消，飲食不下，口吐痰涎，服藥不效。後得此方奇效，白蘿蔔乾，五錢，微炒。吳神麯三錢、白蔻仁，三錢，去淨殼研碎。共為細末，每服三錢，淡薑湯送下。若紅白痢，加枳殼、炒山查，煨湯送下。

紅蘿蔔乾，入陽明經，行血破血，治乳汁不通，奶硬腫痛，婦人經閉，血痢，裹急腹脹，紅蘿蔔乾五錢、神麯二錢、山查三錢，沙糖二錢，水煎服，不用引。單方：治婦人奶汁不通，或小兒咬着吹着。紅蘿蔔乾不拘多少，搗汁一鍾，點水酒、燒酒，皆可服之。

明·王綸《本草集要》卷五　萊菔根俗名蘿蔔。　味辛甘，氣溫，平，無毒。忌與地黄、何首烏同食，令髮白。大下氣消穀，去痰癖，主咳嗽，解麵毒。生擣汁服，主消渴，治肺痿，能止血消血。《衍義》云：散氣用生薑，下氣用萊菔。〇子，治喘嗽，下氣消食，水研服。吐風痰，醋研，塗消腫毒。

明·滕弘《神農本經會通》卷五　萊菔根　俗名蘿蔔。忌與地黄同食，令髮白。　味辛、甘，氣溫，無毒。一云：冷。一云：平。東云：去膨脹，下氣，制麵毒。

《本經》云：散服，及炮煮服食，大下氣，消穀，去痰癖，肥健人。生擣汁服，主消渴，試有大驗。本注云：嫩葉，為生菜食之。大葉，熟噉，消食和中。(肖)〔蕭〕炳云：根，消食，利關節，理顏色，練五臟，惡氣，制麵毒。凡人飲食過度，生嚼嚥之便消。亦主肺嗽吐血，下氣。孟詵云：蘿蔔，性冷。利五臟，輕身。根，服之令人白淨，肌細。日華子云：蘿蔔，平。能消痰止欬，治肺痿吐血，溫中，補不足，治勞瘦欬嗽。子，水研服，吐風痰。醋研，消腫毒。不可以地黄同食也。丹溪云：屬土而有金與水，《本草》言下氣速，往往見煮食之多者，停滯膈，成溢飲病，以其甘多而辛少也。其子有推牆倒壁之功，水研服，吐風痰甚驗。《衍義》曰：散氣用生薑，下氣用萊菔。《集》云：子，治喘嗽，下氣，消食。萊菔子，搗汁，止頭疼，喘嗽，風痰。

明·劉文泰《本草品彙精要》卷三八　萊菔根無毒。附子。　叢生。

萊菔音蔔根：散服及炮煮服食，大下氣，消穀，去痰癖，肥健人。生擣汁服，主消渴，試大有驗。名醫所錄。　〔名〕蘿蔔、雹葖、蘆菔、溫菘、葖蘆葩。

〔苗〕《圖經》曰：有大小二種，大者肉堅，宜蒸食之；小者白而脆，宜生啖也。　謹按：萊菔，即蘿蔔也。六月初伏內佈子於熟地，苗葉漸長尺餘，似白菘菜，莖半圓而微赤，莖葉俱有細毛，至秋深，其根堅實。小者如拳，大者如椀，圃人欲留其作種，故不採其根也。北地九月則採之，藏於窖中，至春復種於地，仍生苗葉，三月開紫白花，四月作莢。其實如馬藺子，圓匾而赤，洪州、信陽亦有甚大者，重五六斤，或近一秤。又有一種小者，初春播種之即生苗葉，根白，脆長，甘而少辛，隨可生食。夏末開花時，不中食之，俗呼爲水蘿蔔是也。　【地】《圖經》曰：出河北，秦、晉甚多，登、萊者最佳，今處處有之。　【時】生：夏生苗。採：秋取根。　【用】根、子。　【質】類蕪菁而大。　【色】白。　【味】辛，甘。　【性】溫，散。　【氣】氣之厚者，陽也。

【主】消飲食，下滯氣。　【治】療：《圖經》曰：根，治飲食過多。飽脹，宜生嚼之。〇子，水研服，吐風涎，甚效。《唐本》注云：葉，消食和中。日華子云：根，消痰止欬及治肺痿，吐血。蕭炳云：根，消食，利關節，理顏色，滌五臟惡氣。孟詵云：利五臟。《別錄》云：治偏頭風，用生蘿蔔汁一蜆殼，仰臥注之鼻中，左痛注左，右痛注右，左右俱注，亦得神效。〇積年上氣，咳嗽多痰，喘促，唾膿血，以子一合，研煎湯，食上服之。補：日華子云：蘿蔔，溫中，補不足。孟詵云：食之，令人肌細白淨。　【合治】蘿蔔合羊肉、鯽魚煮食之，治勞瘦欬嗽。〇子合醋研，消腫毒。〇出了子蘿蔔三枚，淨洗，薄切，日乾爲末，每服二錢合煎豬肉汁，澄清調下，治消渴，食後并夜臥，日三服，謂之獨勝散。〇子半斤，淘洗，焙乾，於銚子內炒令黃熟，爲末，以沙糖丸如彈，綿裹含之，治肺痿咳嗽。　【禁】服地黃、何首烏人勿食蘿蔔，若同食之，則令人髭髮易白，乃損血故也。　【解】蘿蔔，解麵毒。

明・盧和、汪穎《食物本草》卷一菜類　蘿蔔　味甘，溫平，無毒。散氣，及炮煮食，大下氣消穀，去痰癖，利關節，鍊五臟惡氣，治麵并豆腐毒，止咳嗽，療肺痿吐血，溫中，補不足，肥健人，令膚肌白細。生汁，主消渴，禁口痢，大驗。同猪羊肉、鯽魚煮食，更補益。服地黃、何首烏者，食之髮白。其莖、葉，氣性大率相類。丹溪云熟者多食，停滯膈間成溢飲，以其甘多辛少也。《本草》謂之萊菔。《衍義》云：散氣用生薑，下氣用萊菔子。治喘嗽，下氣消食。水研服吐風痰，醋研塗消腫毒。一種胡蘿蔔，味甘而用不及。

明・葉文齡《醫學統旨》卷八　蘿蔔子　氣溫平，味辛、甘。無毒。炒研用。治喘嗽膨脹，下氣消食，有推墻倒壁之功。水研服，吐風痰；醋塗消腫毒。

明・許希周《藥性粗評》卷三　衝痰化穀，莫辭萊菔之咀。

萊菔，即蘿蔔也。四時俱可種，根葉生熟俱可作蔬。味辛、甘，性溫，無毒。主治痰嗽消渴，下氣化食，養胃，補五臟。以熟食為宜。其子亦善滑痰，年老者宜之。根葉欲生啖者，不可貪，多便至敗血，令髮早白，此又不可不知。

單方：欬痰：凡患積年上氣，咳嗽吐痰者，每用萊菔子一合，研，煎湯，食後服之，一二次當愈。消渴：擣萊菔，絞汁飲之。

明・鄭寧《藥性要略大全》卷四　蘿蔔　消膨脹，下氣，制麵毒。〇蔔子治喘嗽，消食。　味辛、甘，性溫、平，無毒。忌與地黃、何首烏同食，令人髮白。根腦及葉，人作蔬食之。熟啖，消食和中，去氣去痰，肥肌，健人精神。七潭云：遇吐血症，擣自然汁一二椀，服之立止。其子降氣，沖墻倒壁。與牽牛同功。

明・陳嘉謨《本草蒙筌》卷六　萊菔根　味辛、甘，氣溫。屬土，有金與水。無毒。南北郡州，處處俱種。一名蘿蔔，逢冬拔收。根啖可生，葉啖須煮。制白麵豆腐二毒，忌何首烏地黃同餐。倘悞犯之，鬚髮易白。消穀食，去痰癖，止咳嗽，解渴消。擣生汁，磨墨下咽；止吐血，去血甚捷。《衍義》云：散氣用生薑，下氣用萊菔。但煮食多者，亦停膈間，以成溢飲之證，蓋味甘多辛少故爾。子劫喘欬下氣，功誠倒壁衝牆。水研服即吐風痰，醋研敷立消惡毒。〇蕪菁匝地生葉，又名蔓菁兩呼。與萊菔全差，毋以真認假。多種河朔，可備饑年。昔諸葛亮出征駐營，每令兵士栽種，謂有六利，詳載史書。至今三蜀江陵，呼為諸葛菜也。宜常啖食，易至健肥。益氣通中，下氣消穀。子主黃疸利水，又治霍亂除膨。去目睛青盲，消癥瘕積聚。九蒸九曝為粉，服之斷(殼)〔穀〕長生。研細入面脂中，揭皺轉潤；壓油攙面膏內，黑黚回明。蜘蛛咬傷，擣末酒服。故蔓菁園中無蜘蛛，是其相畏也。根治熱毒風腫消渴，亦可解除。但食之多，令人脹滿。

明・方穀《本草纂要》卷七　萊菔根　一名蘿蔔是也。味辛、甘，氣溫、平，無毒。主大下中氣，痰涎結氣，胸膈脹氣，穀食壅氣。又治肺痿痰澼，消血止血甚速之藥。《衍義》云：散氣用生薑，下氣用萊菔，去之易而復之難也。施治之士，要必揣其有餘可用，而不足宜禁。獨不觀衣污血，萊菔可以去血，胸有食，萊菔可以消食，若山谷之應響也，可不顯乎？　萊菔子治喘嗽下氣，亦有餘之症也。中滿鬱痞，亦清氣之謂也。又見水研服，可吐風痰；醋研塗可消腫毒，以用辛散之故也。萊菔菜又下氣寬中，清痰健胃，亦同萊菔根，生瀉熟補之用也。若搗爛盦瘡腫，散濕熱，洗浮脹，除湯火，又辛散理血之謂也。

明·寧源《食鑒本草》卷下　白蘿蔔　味辛，溫，無毒。解麵毒。利五臟，寬胸膈，消食下氣，利大小便。久食之白髮。大者堅而宜熟食之，化痰消穀；小者脆而宜生啖之，止渴寬中。

明·王文潔《太乙仙製本草藥性大全》卷五《本草精義》　萊菔根　一名蘿蔔，一名葖，俗呼雹葖，一名蘆菔，一名葖蘆葩，俗呼爲溫菘，南人呼秦菘。《本經》不著所出州土，今處處田野多種有之。其苗葉似菘而薄細，亦是菘類，其嫩葉爲生菜，宜生食之，大葉熟噉消食和中。其根大似蕪菁，此有大小，一種大者肉堅，宜蒸食；小者白而脆，宜生啖。逢冬拔收根用，燒熟入藥，尤能制麵毒。昔有婆羅門僧東來，見食麥麪者，云：此大熱，何以食之。又見食中有蘆菔，云：賴有此以解其性。自此相傳食麪必啖蘆菔。凡人飲食過度飽，宜生嚼之佳。子研水服，吐風涎甚效。忌何首烏、地黄同飡，倘誤犯之，鬚髮易白。

明·王文潔《太乙仙製本草藥性大全》卷五《仙製藥性》　萊菔根　味辛、甘，氣溫，屬土有金水，無毒。主治：消穀食，去痰癖，止咳嗽，解渴消。搗生汁磨墨下咽，止吐血，去血甚捷。《衍義》云：散氣用生薑，下氣用萊菔。但煮食多者，亦停膈間以成溢飲之證，蓋味甘多辛少故爾。子：刼喘咳下氣，功誠倒壁衝墻。水研服即吐風痰，醋研敷立消惡毒。補註：偏頭疼，用根汁一蜆殼注之鼻，左痛注左，右痛注右，左右俱注亦得，神效。〇消渴口乾，絞汁一升飲之則定。〇積年上氣咳嗽多痰，喘促唾膿血，以子一合，研煎湯食上服之。〇下氣消穀，去痰癖，肥健，作羹食之。生絞汁服理消渴。〇消渴獨勝散：出子者三枚，净洗薄切，日乾爲末，每服二錢，煎猪肉汁澄清調下。〇風痰，以子爲末，溫水調一匙，良久吐出涎沫。如是攤緩風，以此吐後用緊踈藥服，踈後服和氣散差。肺疾咳嗽，以子半升，淘擇洗焙乾，於銚子內炒令黄熟，爲末，以沙糖丸如彈，綿裹含之。按：《衍義》云：萊菔根即蘆菔，今人正謂之蘿蔔。河北甚多，登萊亦好。服地黄、何首烏人食之，則令人髭髮白。世皆言草木中惟此下氣速者，爲其辛也。不然如生薑、芥子又辛也，何止能散而已。萊菔辛而又甘，故能散緩而又下氣速也。散氣用生薑，下氣用萊菔。

明·皇甫嵩《本草發明》卷五　萊菔根上品。氣溫，味辛、甘。屬土有金與水。無毒。一名蘿蔔。

發明曰：萊菔辛溫，大略耗血消導，故主大下氣，消食，去痰癖，肥壯人。生搗汁，主消渴有效。又云：止咳嗽，治肺痿吐血，溫中補不足，治勞瘦咳嗽，和羊肉、鯽魚煮食之。搗汁，生磨墨，止吐血衄血瘀血，去血甚捷。能制白麪、豆腐二毒。《衍義》云：散氣用生薑，下氣用萊菔。但煮食多者，停膈間成溢飲之症。蓋熟則味甘多而辛少故耳。忌何首烏、地黄。〇子，刼喘咳，下氣消食。水研服，即吐風痰，有推墻倒壁之功。醋研，能敷消腫毒。

明·李時珍《本草綱目》卷二六菜部·葷菜類　萊菔音來北。《唐本草》

【釋名】蘆葩郭璞云：蘆，音羅。葩，音北。與菔同。　蘿蔔音羅北。　雹突《爾雅注》　紫花菘同上　温菘同上　土酥保昇曰：萊菔俗名蘿蔔。按《爾雅》云：突，蘆葩。孫炎注云：紫花菘也。俗呼温菘。似蕪菁，大根。俗名雹突，一名蘆菔是矣。頌曰：紫花菘、温菘，皆南人所呼。吴人呼楚菘。廣南人呼秦菘。時珍曰：按孫愐《廣韻》言：魯人名菈遝，音拉答。秦人名蘿蔔。王禎《農書》言：北人蘿蔔，一種四名：春曰破地錐，夏曰夏生，秋曰蘿蔔，冬曰土酥，謂其潔白如酥也。珍按：菘乃菜名，因其耐冬如松、柏也。萊菔乃根名，上古謂之蘆葩，中古轉爲萊菔，後世訛爲蘿蔔，南人呼爲蘿瓟，瓟與雹同，見晋灼《漢書注》中。陸佃乃言萊菔能制麪毒，是來麰之所服，以菔音服，蓋亦就文起義耳。《王氏博濟方》稱乾蘿蔔爲仙人骨，亦方士謬名也。

【集解】弘景曰：蘆菔是今温菘，其根可食。俗人蒸其根及作菹食，但小薰臭爾。葉不中啖。又有突，根細而過辛，不宜服之。恭曰：萊菔即蘆菔也。嫩葉爲生菜食，大葉可熟啖。陶氏言不中食，理喪其真也。江北、河北、秦、晋最多，登、萊亦好。頌曰：萊菔南北通有，北土尤多。有大小二種：大者肉堅，宜蒸食；小者白而脆，宜生啖。河朔極有大者，而江南、安州、洪州、信陽者甚大，重至五六斤，或近一秤，亦一時種蒔之力也。瑞曰：夏月復種者，名夏蘿蔔。形小而長者，名蔓菁蘿蔔。時珍曰：萊菔今天下通有之。昔人以蕪菁、萊菔二物混注，已見蔓菁條下。圃人種萊菔，六月下種，秋採苗，冬掘根。春末抽高臺，開小花紫碧色。夏初結角。其子大如大麻子，圓長不等，黄赤色。五月亦可再種。其葉有大者如蕪菁，細者如花芥，皆有細柔毛。其根有紅、白二色。其狀有長、圓二類。大抵生沙壤者脆而甘，生瘠地者堅而辣。根、葉皆可生可熟，可菹可醬，可豉可醋，可糖可腊，可飯，乃蔬中之最有利益者，而古人不深詳之，豈因其賤而忽之耶？抑未諳其利耶？

【氣味】根：辛，甘。葉：辛，苦，温，無毒。詵曰：性冷。思邈曰：平。

不可與地黃同食，令人髮白，爲其澀營衛也。時珍曰：多食萊菔動氣，惟生薑能制其毒。又伏硇砂。

【主治】散服及炮煮服食，大下氣，消穀和中，去痰癖，肥健人；生擣汁服，止消渴，試大有驗《唐本》。利關節，理顔色，練五臟惡氣，制麪毒，行風氣，去邪熱氣蕭炳。利五臟，輕身，令人白净肌細孟詵。消痰止咳，治肺痿吐血，温中補不足。同羊肉、銀魚煮食，治勞瘦咳嗽《日華》。同猪肉食，益人。生擣服，治禁口痢汪穎。擣汁服，治吐血衄血吴瑞。寬胸膈，利大小便。生食，止渴寬中；煮食，化痰消導甯原。殺魚腥氣，治豆腐積汪機。主吞酸，化積滯，解酒毒，散瘀血，甚效。末服，治五淋。丸服，治白濁。煎湯，洗脚氣。飲汁，治下痢及失音，並煙燻欲死。生擣，塗打撲湯火傷時珍。

【發明】頌曰：萊菔功同蕪菁，然力猛更出其右。斷下方亦用根，燒熟入藥。尤能制麪毒。昔有婆羅門僧東來，見食麥麪者，驚云：此大熱，何以食之。又見食中有蘆菔，乃云：賴有此以解其性。自此相傳，食麪必啖蘆菔。炳曰：擣爛制麪，作餺飥食之最佳，飽食亦不發熱。酥煎食之，下氣。凡人飲食過度，生嚼咽之便消。慎微曰：按楊億《談苑》云：江東居民言種芋三十畝，計省米三十斛；種蘿蔔三十畝，計益米三十斛。則知蘿蔔果能消食也。宗奭曰：服地黄、何首烏人食萊菔，則令人髭髮白。世皆以爲此物味辛、下氣速也。然生薑、芥子更辛，何止能散而已。蓋萊菔辛而又甘，故能散緩，而又下氣速也。所以散氣用生薑，下氣用萊菔。震亨曰：萊菔屬土，有金與水。寇氏言其下氣速，人往往煮食過多，停滯成溢飲，豈非甘多而辛少乎。時珍曰：萊菔根、葉同功，生食升氣，熟食降氣。蘇、寇二氏止言其下氣速，孫真人言久食澀營衛，亦不知其生則噫氣，熟則泄氣，升降之不同也。大抵入太陰、陽明、少陽氣分，故所主皆肺、脾、腸、胃、三焦之病。李九華云：萊菔多食滲人血。則其白人髭髮，蓋亦由此，非獨因其下氣、澀營衛也。按《洞微志》云：齊州有人病狂，云夢中見紅裳女子引入宫殿中，小姑令歌，每日遂歌云：五靈樓閣曉玲瓏，天府由來是此中。惆悵悶懷言不盡，一丸蘿蔔火吾宫。有一道士云：此犯大麥毒也。少女心神，小姑脾神。醫經言蘿蔔制麪毒，故曰火吾宫。火者，毁也。遂以藥並蘿蔔治之果愈。又按張杲《醫説》云：饒民李七病鼻衄甚危，醫以蘿蔔自然汁和無灰酒飲之即止。蓋血隨氣運，氣滯故血妄行，蘿蔔下氣而酒導之故也。又云：有人好食豆腐中毒，醫治不效。忽見賣豆腐人言其妻誤以蘿蔔湯入鍋中，遂致不成。其人心悟，乃以蘿蔔湯飲之而瘳。物理之妙如此。又《延壽書》載李師逃難入石窟中，賊以煙燻之垂死，摸得蘿蔔菜一束，嚼汁咽下即蘇。此法備急，不可不知。

【附方】舊二，新二十一。

食物作酸：蘿蔔生嚼數片，或生菜嚼之亦佳，絶妙。乾者、熟者、鹽腌者，及人胃冷者，皆不效。《瀕湖集簡方》。

反胃噎疾：蘿蔔蜜煎浸，細細嚼咽良。《普濟方》。

消渴飲水：獨勝散：用出了子蘿蔔三枚，净洗切片，日乾爲末。每服二錢，煎猪肉湯澄清調下，日三服，漸增至三錢。生者擣汁亦可，或以汁煮粥食之。《圖經本草》。

肺痿咳血：蘿蔔和羊肉或鯽魚，煮熟頻食。《普濟方》。

鼻衄不止：蘿蔔擣汁半盞，入酒少許熱服，並以汁注鼻中皆良。或以酒煎沸，入蘿蔔再煎，飲之。○《衛生易簡方》。

下痢禁口：蘿蔔擣汁一小盞，蜜一盞，水一盞，同煎。早一服，午一服。日晡米飲吞阿膠丸百粒。如無蘿蔔，以子擂汁亦可。一方：加枯礬七分，同煎。一方：只用蘿蔔菜煎湯，日日飲之。○《普濟方》：用蘿蔔片，不拘新舊，染蜜噙之，咽汁。味淡再换。覺思食，以肉煮粥與食，不可過多。

痢後腸痛：方同上。

大腸便血：大蘿蔔皮燒存性，荷葉燒存性，蒲黄生用，等分爲末。每服一錢，米飲下。《普濟》。

腸風下血：蜜炙蘿蔔，任意食之。昔一婦人服此有效。《百一選方》。

酒疾下血：連旬不止。用大蘿蔔二十枚，留青葉寸餘，以井水入罐中，煮十分爛，入淡醋，空心任食。《壽親養老方》。

大腸脱肛：生萊菔擣，實臍中束之。覺有瘡，即除。《摘玄方》。

小便白濁：生蘿蔔剜空留蓋，入吴茱萸填滿，蓋定簽住，糯米飯上蒸熟，取去茱萸，以蘿蔔焙研末，糊丸梧子大。每服五十丸，鹽湯下，日三服。《普濟》。

沙石諸淋：疼不可忍。用蘿蔔切片，蜜浸少時，炙乾數次，不可過焦。細嚼鹽湯下，日三服。名瞑眩膏。《普濟》。

遍身浮腫：出了子蘿蔔、浮麥等分，浸湯飲之。《聖濟總録》。

脚氣走痛：蘿蔔煎湯洗之。仍以蘿蔔曬乾爲末，鋪襪内。《聖濟總録》。

偏正頭痛：生蘿蔔汁一蜆殼，仰卧，隨左右注鼻中，神效。王荆公病頭痛，有道人傳此方，移時遂愈也。以此治人，不可勝數。《如宜方》。

失音不語：蘿蔔生擣汁，入薑汁同服。《普濟方》。

喉痹腫痛：蘿蔔汁和皂莢漿服，取吐。同上。

滿口爛瘡：蘿蔔自然汁，頻漱去涎妙。《瀕湖集簡方》。

煙燻欲死：方見發明下。

湯火傷灼：生蘿蔔擣塗之。子亦可。《聖濟總録》。

花火傷肌：方同上。

打撲血聚：皮不破者。用蘿蔔或葉擣封之。《邵氏方》。

子

【氣味】辛，甘，平，無毒。

【主治】研汁服，吐風痰。同醋研，消腫毒《日華》。下氣定喘治痰，消食除脹，利大小便，止氣痛，下痢後重，發瘡疹時珍。

【發明】震亨曰：萊菔子治痰，有推墻倒壁之功。時珍曰：萊菔子之功，長於利氣。生能升，熟能降。升則吐風痰，散風寒，發瘡疹；降則定痰喘咳嗽，調下痢後重，止内痛，皆是利氣之效。予曾用，果有殊績。

【附方】舊二，新十四。

上氣痰嗽：喘促唾膿血。以萊菔子一合，研細煎湯，食上服之。《食醫心鏡》。

肺痰咳嗽：萊菔子半升淘净焙乾，炒黄爲末，以糖和，丸芡子大。綿裹含之，咽汁甚妙。《勝金方》。

齁喘痰促：遇厚味即發者。蘿蔔子淘净，蒸熟曬研，薑汁浸蒸餅丸綠豆大。每服三十丸，以口津咽下，日三服。名清金丸。《醫學集成》。

痰氣喘息：蘿蔔子炒，皂莢燒存性，等分爲末，薑汁和，煉蜜丸梧子大。每服五七十丸，白湯下。《簡便單方》。　久嗽痰喘：蘿蔔子炒，杏仁去皮尖炒，等分，蒸餅丸麻子大。每服三五丸，時時津咽。《醫學集成》。　高年氣喘：蘿蔔子炒，研末，蜜丸梧子大。每服五十丸，白湯下。《濟生秘覽》。　宣吐風痰：《勝金方》：用蘿蔔子末，温水調服三錢。良久吐出涎沫。如是攤緩風者，以此吐後用緊疏藥，疏後服和氣散取瘥。○丹溪吐法：用蘿蔔子半升擂細，漿水一碗濾取汁，入香油及蜜些須，温服。後以桐油浸過曬乾鵝翎探吐。　中風口噤：蘿蔔子、牙皂莢各二錢，以水煎服，取吐。《丹溪方》。　小兒風寒：蘿蔔子生研末一錢，温葱酒服之，取微汗大效。《衛生易簡方》。　風秘氣秘：蘿蔔子炒一合擂水，和皂莢末二錢服，立通。《壽域神方》。　氣脹氣蠱：萊菔子研，以水濾汁，浸縮砂一兩一夜，炒乾又浸又炒，凡七次，爲末。每米飲服一錢，如神。《朱氏集驗方》。

小兒盤腸：氣痛。用蘿蔔子炒黃研末，乳香湯服半錢。楊仁齋《直指方》。　年久頭風：萊菔子、生薑等分，搗取汁，入麝香少許，搐入鼻中，立止。《普濟方》。　牙齒疼痛：蘿蔔子十四粒生研，以人乳和之。左疼點右鼻，右疼點左鼻。　瘡疹不出：蘿蔔子生研末，米飲服二錢，良。《衛生易簡方》。

花　【主治】用糟下酒藏，食之甚美，明目士良。

題明・薛己《本草約言》卷二《藥性本草》　蘿蔔子　味辛、甘，氣平，無毒。陽也，降也。下肺氣之喘嗽，消腸胃之食滯。入手、足太陰經。治喘消食，除脹下氣。水研服，吐風痰；醋研塗，消腫毒。○萊菔辛溫，大略耗血消導，故主大下氣，消穀食，去痰癖，止咳嗽，解麵毒，生搗汁服主消渴。又云：散氣用生薑，下氣用萊菔。但煮多食，停膈間成溢飲病，以熟則味甘多而辛少故也。　東垣云：亦去膨脹。

明・梅得春《藥性會元》卷中　蘿蔔子　味辛、甘，氣溫、平，無毒。一名萊菔子。炒研用。　主治哮喘咳嗽、膨脹下氣，制麵消食，有推牆倒壁之力。水研服，能吐風痰；醋調塗，能消腫毒；蒸熱為丸，能治因厚味發哮喘。蘿蔔煮、煨熟食之，能消食下氣，去痰癖，肥健人。生食敗血，搗汁止渴及療口瘡。多食停滯胸膈，成溢飲病，以其甘多辛少也。又治肺痿吐血。《衍義》云：散氣用生薑，下氣用萊菔，久服濇榮衛，令人髮蚤白。

明・穆世錫《食物輯要》卷三　萊菔　味辛、甘，性溫，無毒。解豆腐、麪毒，殺魚腥。生食散血寬膈，熟食解酒，消穀化痰，利五臟。同猪肉食，益脾；同羊肉食，養胃；同鯽魚食，治嗽。多食動風，生薑可解。莖葉性溫，利膈下氣。子消麪積，寬膨脹。

明・李中立《本草原始》卷六　萊菔　生江北，秦、晉最多，今天下通有之。六月下種，其葉如蕪菁。秋采苗，冬掘根。春末抽高薹，開小花紫碧色。夏初結角，其子大如急性子，圓長不等，黃赤色。五月亦可再種，其根有紅、白二色，其狀有圓、長二類。按《爾雅》云：葖，蘆葩。孫炎註云：紫花菘也，俗呼溫松。一名雹突，一名蘆菔。頌曰：紫花菘、溫菘，皆南人所呼。吳人呼楚菘，廣南人呼秦菘。按：菘乃菜名，因其耐冬如松，故名松。萊菔乃根名。上古謂之蘆葩，中古轉為萊菔，後世訛為蘿蔔。陸佃乃言萊菔能制麪毒，是(萊麥)〔來麰〕之所服，以菔因服，蓋亦就文起意耳。萊菔，音來北，菔、蔔俱音北。

氣味：辛、甘，溫，無毒。主治：散服及炮煮服食，大下氣，消穀和中，去痰癖，肥健人；生擣汁服，止消渴，試大有驗。○利關節，理顏色，練五臟，惡氣，制麪毒，行風氣，去邪熱氣。○利五臟，輕身，令人白淨肌細。○消痰止欬，治肺痿吐血，溫中補不足。同羊肉、銀魚煮食，治勞瘦欬嗽。○同猪肉食，益人。生擣服，治噤口痢。○擣汁服，治吐血、衄血，寬胸膈，利大小便。生食止渴寬中，煮食化痰消導。○殺魚鯹氣，治豆腐積。

子：氣味：辛、甘，平，無毒。主治：研汁服，吐風痰；同醋研，消腫毒。下氣定喘，治痰，消食除脹，利大小便，止氣痛，下痢後重，發瘡疹。子，入藥微炒。

《唐本草》。【圖略】根葉可生可熟，可醬可醋，蔬中之最有利益者。

頌曰：萊菔功同蕪菁，然力猛，更出其右。斷下方亦用其根，燒熟入藥，尤能制麪毒。昔有婆羅門僧東來，見食麥麪者，驚云：此大熱，何以食之？又見食中有萊菔，乃云：賴有此以解其性。自此相傳，食麪啖萊菔。思邈曰：萊菔，平，不可與地黃同食，令髮白，為其澀營衛也。時珍曰：多食動氣，惟生薑能制其毒。又伏硇砂。《醫說》云：饒州市民李(太)〔士哲〕，常苦鼻衄，遂至危困，醫授以方，取蘿蔔自然汁，和無灰酒飲之，則止。

裕陵傳王荊公偏頭疼方云：是禁中秘方，用生蘿蔔汁一蜆殼，仰臥注鼻中，左痛注右，右痛注左，或兩鼻俱注，亦可數十年患，皆一注而愈。《洞微志》云：齊州有人病狂，云夢中見紅裳女子，引入宮殿中。小姑令歌，每日遂歌云：五靈樓閣曉玲瓏，天府由來是此中。惆悵悶懷言不盡，一丸蘿蔔火吾宮。有一道士云：此犯大麥毒也。少女心神，小姑脾神。醫經言蘿蔔制麵毒，故曰火吾宮。火者，毀也，遂以藥并蘿蔔治之，果愈。

明・張懋辰《本草便》卷二　萊菔根俗名蘿蔔是。　味辛、甘，氣溫、平，無毒。畏地黃、何首烏。同食令髮白。　大下氣，消穀去痰癖，止欬嗽，解毒，生擣汁服，主消渴，治肺痿，能止血消血。　子治喘嗽，下氣消食；水研服吐風痰；醋研塗，消腫毒。

明・龔廷賢《壽世保元》卷一〇　蘿蔔治驗　酒疾大便下血，旬日不止，用生蘿蔔，揀稍大圓實者二十枚，青葉寸餘及下根，用磁瓶取井水煮，令十分熟爛，薑、米、淡醋，空心任意食之，立止。用銀器重湯煮尤佳。　腹內初有積聚，服此利下如鵝卵大，即愈。用蘿蔔切如麪條半盞，熟香油半盞，一處同炒黃色，入水二盞，煎至一盞，連蘿蔔空心溫服。通後，以米飲調養二三日。

吐血并衄血，用蘿蔔擣汁一鍾，入鹽少許，服之即止。或以蘿蔔汁、藕汁同飲，及滴入鼻中亦妙。　牙宣出血，用白蘿蔔一碗，加鹽一錢，不時漱口，即止。　疥瘡搔癢不止，用蘿蔔一個，內剜取一孔，納硫黃，不拘多少，仍塞口，灰火中燒成汁，取出搗爛，再加豬油同搗，外加硫黃、銀硃各少許，搽疥效。

聲音不出，用蘿蔔三個切片，入皂角二挺，去皮、子，水一碗，煎至半碗以下，服之。不過三服，能語聲出。

明・吳文炳《藥性全備食物本草》卷一　萊菔　味甘、辛，氣平。性能制來麰麪毒，故名。俗云溫菘，又云蘿蔔無毒。大者肉堅，蒸食煮食能消穀，去胸膈痰凝氣滯；小者白脆，生啖或搗汁飲之，止消渴，寬中甚驗；又治肺痿吐血，咳嗽勞瘦，和羊肉、鯽魚煮食之妙，總為調脾潤肺之劑。故丹溪云：屬土而有金與水。《本草》雖言下氣最速，但熟食則辛散味去，而甘緩獨存，反滯膈停飲，澁榮衛，令人髮白早。　子：吐風痰，治喘嗽，膨脹，癥瘕積聚，黃疸，和五臟及大小二便，有推牆倒壁之功，兼治頭痛，明目去風。孕婦水道不通，單為末，燈心湯下。諸癰，醋研塗之。入丸散略炒，研用。　蕪菁：即蘿蔔苗也。和油傅蜘蛛咬，恐毒入內，為末酒下。又治犬咬。一方乳癰初腫，疼痛作寒熱，取根葉入鹽少許搗傅，覺熱易之。　花：陰乾為末，空心水調服，治虛勞眼暗，久服長生，可夜讀書。

明・趙南星《上醫本草》卷三　蘿蔔音羅北。　萊菔音來北，蘆萉，蘆音羅，萉音北，與菔同。雹突，一名紫花菘，又名溫菘，亦名土酥。炳曰：擣爛制麵，作餺飥食之最佳，飽食亦不發熱。酥煎食之，下氣。凡人飲食過度，生嚼嚥之便消。慎微曰：楊億《談苑》云，江東居民言種芋三十畝，計省米三十斛；種蘿蔔三十畝，計益米三十斛，則知蘿蔔果能消食也。宗奭曰：服地黃、何首烏人，食萊菔則令人髭髮白。世皆以為此物味辛下氣速也，然生薑、芥子更辛，何止能散而已。蓋萊菔辛而又甘，故能散緩而又下氣速也。所以散氣用生薑，下氣用萊菔。張杲《醫說》云：饒民李七病鼻衄甚危，醫以蘿蔔自然汁和無灰酒飲之，即止。蓋血隨氣運，氣滯故血妄行，蘿蔔下氣而酒導之故也。又云：有人好食豆腐中毒，醫治不効。忽見賣豆腐人言其妻誤以蘿蔔湯入鍋中遂致不成，其人心悟，乃以蘿蔔湯飲之而瘳。物理之妙如此。又《延壽書》載，李師逃難入石窟中，賊以烟熏之，垂死，摸得蘿蔔一束，嚼汁嚥下即甦。此法備急，不可不知。

根：辛、甘。葉：辛、苦，溫，無毒。主治：吞酸，化積滯，通關節，理顏色，利五臟，輕身，令人白淨肌細，消痰止欬。治肺痿，溫中，補不足，寬胸膈，利大小便，散瘀血，制麵毒、豆腐積，練惡氣，行風氣，去邪熱氣，殺魚腥氣，解酒毒。同羊肉、銀魚煮食，治勞瘦欬嗽。同猪肉食益人。散服及炮煮服食，化痰消導，大下氣消穀，和中去痰癖，肥健人。生擣服，治禁口痢。擣汁服，治吐血、衄血、下痢及失音，并烟熏欲死，止消渴，試大有驗。生食，止渴寬中。末服，治五淋。丸服，治白濁。煎湯，洗脚氣。生擣，塗打撲湯火傷。時珍曰：多食萊菔動氣，惟生薑能制其毒，又伏硇砂。

附方　食物作酸：蘿蔔生嚼數片，或生菜嚼之亦佳，〔絕妙〕。乾者、熟者、鹽醃者，及人胃冷者，皆不効。　反胃噎疾：蘿蔔蜜煎浸，細細嚼嚥，良。　鼻衄不止：蘿蔔擣汁半盞，入酒少許，熱服，并以汁注鼻中，皆良。或以酒煎沸，入蘿蔔再煎，飲之。　偏正頭痛：生蘿蔔汁一蜆殼，仰臥，隨左右注鼻中，神効。王荊公病頭痛，有道人傳此方，移時遂愈也。以此治人，不可勝數。　失音不語：蘿蔔生擣汁，入薑汁同服。　喉痹腫痛：蘿蔔汁和皂莢漿服，取吐。　滿口爛瘡：蘿蔔自然汁，頻漱去涎，妙。　湯火傷灼：生蘿蔔擣塗之，子亦可。　大腸便血：大蘿蔔皮燒存性，荷葉燒存性，蒲黃生用，等分為末。每服一錢，米飲下。　腸風下血：蜜炙蘿蔔，任意食之。昔一婦人服此有効。沙石諸淋：疼不可忍，用蘿蔔切片，蜜浸少時，炙乾數次，不可過焦。細嚼，鹽湯下，日三服，名瞑眩膏。

子：震亨曰：萊菔子治痰，有推墻倒壁之功。時珍曰：萊菔子之功長，子利氣，生能升，熟能降。升則吐風痰，散風寒，發瘡疹；降則定痰喘欬嗽，調下痢後重，止內痛。皆是利氣之効，予曾用果有殊績。辛、甘，平，無毒。主治：下氣定喘，治痰，消食除脹，利大小便，止氣痛、下痢後重，發瘡疹。研汁服，吐風痰。同醋研，消腫毒。

附方　上氣痰嗽：喘促，唾膿血，以萊菔子一合，研細，煎湯，食上服之。

肺痰欬嗽：萊菔子半斤，淘淨焙乾，炒黃，為末，以糖和丸芡子大。綿裹，含之嚥汁，甚妙。　齁喘痰促：遇厚味即發者，蘿蔔子淘淨，蒸熟，晒研，薑汁浸蒸餅丸綠豆大。每服三十丸，以口津嚥下，日三服。名清金丸。

痰氣喘息：蘿蔔子炒，皂莢燒存性，等分為末，薑汁和，煉蜜丸梧子大。每服五七十丸，白湯下。　久嗽痰喘：蘿蔔子炒，杏仁去皮尖炒，等分。蒸餅丸麻子大。每服三五丸，時時津嚥。　高年氣喘：蘿蔔子炒，研末，蜜丸梧子大。每服五十丸，白湯下。

花：主治：用糟下酒藏，食之甚美，明目。

明・李中梓《藥性解》卷六　萊菔　味辛、甘，性溫，無毒，入肺、脾二經。主下氣消食，除痰止嗽，解渴化癖。搗汁磨墨，堪止吐血；熟者補脾。其子下氣猶捷，有推牆倒壁之功；水研可吐風痰；醋研可敷惡毒。俗名蘿蔔，解麪毒。按：萊菔辛宣肺部，甘走脾家，故兩入之。生者下氣，多食耗血，以辛多于甘也。熟者補脾，多食滯氣，以甘多于辛也。其子力倍，虛者戒之。

明・繆希雍《本草經疏》卷二七　萊菔音蔔。　根味辛、甘，溫，無毒。散服及炮煮服食，大下氣，消穀，去痰癖。肥健人。生搗汁服，主消渴，試大有驗。

【疏】萊菔根稟土金之氣以生。本經味辛甘，氣溫，無毒。孟詵云：性冷。大明云：平。詳其功用，應是生者味辛性冷，熟者味甘溫平。故本經下氣，消穀，去痰癖，肥健人及溫中補不足，寬胸膈，利大小便，化痰消導者，煮熟之用也。止消渴，制麪毒，行風氣，去邪熱氣，治肺痿吐血，肺熱痰嗽，下痢者，生食之用也。大抵入手足太陰、手足陽明經。故所主皆脾、肺、腸、胃之病。　子：味辛過于根。生研汁服，吐風痰。同醋研，消腫毒。炒熟，下氣定喘，消食除脹，止氣痛。以其性辛甚，故升降之功亦烈于根也。朱震亨云：萊菔子治痰，有推牆倒壁之功。是矣！【主治參互】《醫學集成》齁喘痰促，遇厚味即發者。用蔔子淘淨，蒸熟晒研，薑汁浸，蒸餅丸菉豆大。每服三十丸，以口津嚥下，日三服。治年遠脾泄，百藥不效。單煮白萊菔，終日啖之不輟，必差。【簡誤】萊菔根葉皆可食，生熟皆宜，乃蔬中之至賤，而能止渴充飢者。歉歲，農人種之最有利益。但性專下氣，復能耗血，故多食則髭髮早白。服地黃、何首烏者，不可食。

子，消痰下氣更速，凡虛弱人忌之。

明・倪朱謨《本草彙言》卷一六　萊菔子　味辛、甘，氣平，無毒。可升可降，陰中陽也。入手足太陰經。　蘇氏曰：萊菔南北皆有，北土尤多。有大小二種，小者肉堅宜蒸食，大者肉脆宜生啖。河朔有極大者，而江南安州、洪州、信陽者極大，重至五六斤，亦一時種蒔之力也。　李氏曰：性喜燒土，隨地可植。夏末布種，秋末刈苗，冬末采根，春末抽薹，高五六尺，開細花紫碧色。夏初結角，其子如大麻子，紫赤色，圓長不等。其葉有大者如蕪菁，細者如花芥，皆有細柔毛。其根色白，其狀有大小、長短、圓扁、粗滑、上銳下尖、細腰巨腹、歧尾叉頭、有鬚無鬚之別。大抵生沙壤者脆而甘淡，生肥土者堅而甘辣。可生可熟，可菹可醬，可豉可醋，可糖可鹽，可飯可羹，乃蔬中之最有利益者。與地黃同食，令人髮白。

萊菔子：消食化痰，李時珍下氣定喘之藥也。陸平林贊曰：萊菔味辛性劣，有薑之操，有芥之烈。散血消食，下氣降痰，功效甚捷。其子味更辛利，故日華方：研汁飲，吐風痰，利大小便，解積痢後重。又醋調敷，消腫毒，去脹滿，散跌撲損傷，瘀血內結諸證，皆利氣之效也。丹溪方謂：蘿蔔子治痰有推墻倒壁之功，然其治痰蓋本于利氣矣。如元虛氣弱之人，有痰喘氣閉者，當與補養藥同用，庶幾乎？

集方：治老人痰氣喘嗽。用萊菔子，合白芥子、蘇子，名三子養親湯。方見前白芥子《韓氏方》中。○《勝金方》治一切痰嗽喘急。用萊菔子一兩爲極細末，甘草三錢爲細末，煉蜜丸彈子大，黃昏或五更時噙口內，徐徐嚥之，痰自消，食自化矣。○治氣脹氣蠱。用萊菔子四兩，研水絞汁，浸砂仁二兩，浸一夜，炒燥，再浸炒，凡三四次，爲末，用一錢，米湯調服。○《衛生易簡方》治瘡疹欲出不出。用萊菔子生研末，米湯調服一二錢。○已下六方出《方脉正宗》　治風痰壅閉，脹滿昏塞。用萊菔子二兩生研末，白湯調和，絞汁飲，一切痰結立時湧出。○治大小二便不通。用萊菔子二兩煎湯，立通。○治痢疾有積，後重不通。用萊菔子五錢，白芍藥三錢，大黄一錢，木香五分，水煎服。○治腫毒疼痛不消。用萊菔子一兩，生研爛，和米醋調敷，消腫減毒氣。○治痰蠱食膨。用萊菔子一兩，生研爛，和米醋調敷臍腹上，漸消。○治跌打損傷，瘀血脹痛。用萊菔子二兩，生研爛，熱酒調敷，漸消。　治痢疾久不止。用萊菔子二兩，白酒一鍾浸一宿，取起搗汁，和酒濾出，加蜜一鍾同煎滾，調勻溫服立止。　六聖膏：治一切痞塊積氣，癖痰，肚大青筋，氣喘上壅，或發熱咳嗽，吐血衄血。用萊菔子、大黄、肥皂肉、生薑、生葱、大蒜頭去衣各八兩，右共搗爛，用水百碗，煎將乾，濾去渣，再熬汁成膏，黑色爲度，乘熱攤絹帛上，貼患上。　治小兒臍風撮口。用萊菔子、生薑、葱白、田螺肉各等分，共搗爛，搭臍四旁一指厚，抱住，一時有屁下泄而愈。

論臍風：多因斷臍之時，被風濕所侵。視按其臍必硬直，定有臍風，必自臍發出一道青筋，却分兩岔，行至心必死。于青筋初發，急燈草蘸油燃青筋頭幷岔行盡處，燎之，使截住不致攻心。更以外灸中脘三壯，內服萬億丸一二粒，以泄其胎毒也。　論撮口：由胎氣挾風熱之邪入臍，毒流心脾，故令舌强唇青，聚口啼哭不得，當視其齒根之上有小泡子如粟米狀，急以針挑破，即開口便安。或用牛黄五釐，將白湯調滴入口即愈。

明・應麐《食治廣要》卷三　萊菔俗名蘿蔔。　根：　氣味辛、甘。　葉，苦、辛，溫，無毒。　煮食下氣，消穀和中，去痰癖，消渴，止嗽吐衄諸血，寬胸膈，利大小便，解酒毒、麪毒、豆腐積。多食能動氣，生薑能解之。與地黄同食，令人髮白。

明・姚可成《食物本草》卷六菜部・葷辛類　萊菔即蘿蔔。天下通有之。六月下種，秋采苗，冬掘根。春末抽高薹，開小花紫碧色。夏初結角。其子大如大蔴子，圓長不等，黄赤色。五月亦可再種。其葉有大者如蕪菁，細者如花芥，皆有細柔毛。其根有紅、白二色，其狀有長、圓二類。大抵生沙壤者脆而甘，生瘠地者堅而辣。根、葉皆可生可熟，可菹可醬，可豉可醋，可糖可腊可飯，乃蔬中之最有利益者，而古人不深詳之。豈因其賤而忽之耶？抑未諳其利耶？

萊菔：　味：　根辛、甘；　葉辛、苦，溫，無毒。散服及炮煮服食，大下氣，消穀和中，去痰癖，肥健人；　生搗汁服，止消渴，利關節，理顔色，練五臟惡氣，制麪毒，行風氣，去邪熱氣。利五臟，輕身，令人白淨肌細。消痰止欬，治肺痿吐血，溫中補不足。同羊肉、銀魚煮食，治勞瘦欬嗽。同猪肉食，益人。生搗服，治禁口痢。又治吐血衄血。寬胸膈，利大小便。生食，止渴寬中；　煮食，化痰消導。殺魚腥氣，治豆腐積。主吞酸，化積滯，解酒毒，散瘀血，甚效。末服，治五淋；　丸服，治白濁；　煎湯，洗脚氣；　飲汁，治下痢及失音，並烟熏欲死；　生搗，塗打撲湯火傷。○萊菔尤能制麪毒。昔有婆羅門僧東來，見食麥麪者，驚云：此大熱，何以食之？又見食中有蘿蔔，乃云：賴有此以解其性。自此相傳，食麪必啖蘿蔔。搗爛製麪，作餺飥食之最佳，飽食亦不發熱。酥煎食之，下氣。凡人飲食過度，生嚼嚥之便消。○江東居民言種芋三十畝，計省米三十斛；種蘿蔔三十畝，計益米三十斛。則知蘿蔔果能消食也。○服地黄、何首烏人食萊菔，則令人髭髮白。世皆以為此物味辛，下氣速也。然生薑、芥子更辛，何止能散而已？蓋萊菔辛而又甘，故能散緩，而又下氣速也。所以散氣用生薑，下氣用萊菔。○按《洞微志》云：齊州有人病狂，言夢中見紅裳女子引入宮殿中，小姑令歌，每日遂歌云：五靈樓閣曉瓏璁，天府由來是此中。惆悵悶懷言不盡，一丸蘿蔔火吾宮。有一道士云：此犯大麥毒也。少女心神，小姑脾神。醫經言蘿蔔制麪毒，故曰火吾宮。火者，毀也。遂以藥并蘿蔔治之，果愈。又按張杲《醫説》云：饒民李七病鼻衄甚危，醫以蘿蔔自然汁和無灰酒飲之即止。蓋血隨氣運，氣滯故血妄行，蘿蔔下氣而酒導之故也。又曰：有人好食豆腐中毒，醫治不效。忽見賣豆腐人言其妻誤以蘿蔔湯入鍋中，遂致不成。其人心悟，乃以蘿蔔湯飲之而瘳。物理之妙如此。又《延壽書》載李師逃難入石窟中，賊以烟熏之垂死，摸得蘿蔔菜一束，嚼汁咽下即甦。此法備急，不可不知。多食萊菔動氣，惟生薑能制其毒。　子：　味辛、甘，平，無毒。研汁服，吐風痰。同醋研，消腫毒。下氣定喘治痰，消食除脹利大小便，止氣痛，下痢後重，發瘡疹。丹溪曰：萊菔子治痰，有推墻倒壁之功。李時珍曰：萊菔子之功，長于利氣。生能升，熟能降。升則吐風痰，散風寒，發瘡疹；降則定痰喘咳嗽，調下痢後重，止內痛，皆是利氣之效。予曾用，果有殊績。

花：　用糟下酒藏，食之甚美，明目。

附方：　治食物作酸。蘿蔔生嚼數片，或生菜嚼之亦佳。乾者、熟者、鹽醃者，皆不效。　治反胃。　蘿蔔蜜煎浸，細細嚼嚥良。　治肺瘻欬血。　蘿蔔和羊肉或鯽魚，煮熟頻食。　治鼻中衄血不止。　蘿蔔搗汁半盞，入酒少許熱服，并以汁注鼻中皆良。或以酒煎沸，入蘿蔔再煎，飲之。　治禁口痢。　蘿蔔搗汁一小盞，蜜一盞，水一盞，同煎。早一服，午一服。如無蘿蔔，以子擂汁亦可。　一方：　只用蘿蔔菜煎湯，日日飲之。○又方：　用蘿蔔片，不拘新舊，染蜜噙之，嚥汁。味淡再換。覺思食，以肉煮粥與食，不可過多。　治大便下血。大蘿蔔皮燒存性，荷葉燒存性，蒲黄生用，等分為末。每用一錢，米飲下。又方：　蜜炙蘿蔔，任意食之。昔一婦人服此有效。　治傷酒下血。用蘿蔔二十枚，留青葉寸餘，以井水入罐中，煮十分爛，入淡醋，空心任意食之。　治肛門脱出。搗生蘿蔔，填臍中束之。覺有瘡，即除。大效。　治小便白濁。生萊菔剜空留蓋，入吴茱萸填滿，蓋定簽住，糯米飯上蒸熟，去茱萸，止食萊菔。日日食之，以效為度。　瞑眩膏治砂石淋，痛不可忍。　用萊菔切片，蜜浸少時，炙乾，數次，不可過焦。細嚼鹽湯下，日三服。　治偏正頭疼。生萊菔汁一蜆殼，仰卧，隨左右注鼻中，神效。王荊公病此，有道人病與之同，傳得是方，移時遂愈也。以此治人，不可勝數。　治哮喘遇厚味即發者。萊菔子淘淨，蒸熟晒研，薑汁浸蒸餅，丸菉豆大。每服三十丸，以口津嚥下。　治年久頭風。萊菔子、生薑等分，搗取汁，入麝香少許，滴入鼻中，立止。　治牙齒疼痛。萊菔子十四粒生研，以人乳和之。左疼點右鼻，右疼點左鼻。　治小兒盤腸氣痛。用萊菔子炒黄研末，乳香湯下半錢。

明·姚可成《食物本草》卷一六味部·調飪類　蘿蔔子今人以蘿蔔子研入食物中代椒，味辛辣更勝。　蘿蔔子，味辛、甘，平，無毒。主吐風痰，消腫毒，下氣定喘，消食除脹，利大小便，止氣痛，下利後重，發瘡疹，散風寒，解麪毒。

明·顧逢柏《分部本草妙用》卷四肺部·温瀉　萊菔子　辛、甘，無毒。生薑制之，伏硇砂。　主治：　研汁服去風痰；同醋研，消腫毒，下氣定喘。治痰消食，除脹，利大小便，止氣痛，下痢後重，發瘡疹。　丹溪曰：　萊菔子治痰有推墻倒壁之功，長于利氣。生能升，熟能降。升則吐風痰，散風寒，發痘疹。降則定痰喘欬嗽，調下痢後重，止內痛。皆成利氣之功。

明·顧逢柏《分部本草妙用》卷九菜部　萊菔即蘿蔔　根，辛、甘。　葉，辛、苦，温，無毒。　多食萊菔動氣，薑能制之。又伏硇砂。　主治：　下氣，消穀和中，去痰癖。生食止渴，行風氣，去邪熱，肺瘻吐血，補勞瘦。同諸肉煮食俱補。煎湯，治腳氣。飲汁，治下痢及失音。搗汁，塗打撲、湯火良。　萊菔功同蕪菁，然力猛更出其右。最解麪食毒，消食最捷之物。　生則噫氣，熟則洩氣。多服滲血，少食寬中，竝解久食腐毒。

蘿蔔　甘，平、微温，無毒。　主治：　下氣，補中，利胸膈腸胃，安五臟，令人健食，有益無損。子，治久痢。

明·孟笨《養生要括·菜部》　蘿蔔屬土，有金與水，生食升氣，熟食降氣。入太陰、陽明、少陽氣分，故所主解肺、脾、腸胃之病，凡人飲食過度，生食嚥之便消。多食動氣，惟生薑能解其毒。　根：　辛、甘。　葉：　辛、苦，温，無毒。利關節，理顏色，煉五臟惡氣，制麪毒，行風氣，去邪熱氣。消痰止欬，治肺瘻吐血，温中補不足。同羊肉、銀魚煮食，治癆瘦咳嗽。同猪肉益人。生搗服，治噤口痢。搗汁服，治吐血衄血，寬胸膈，利大小便。生食，止渴寬中。煮食，化痰消導。殺魚腥氣，治豆腐積。主吞酸，化積滯，解酒毒，散瘀血，甚效。末服，治五淋。丸服，治白濁。煎湯，洗腳氣。飲汁，治下痢及失音，并煙熏欲死。生搗，塗打撲湯火傷。　子：　味辛、甘，平，無毒。研汁服，吐風痰。同醋研，消腫毒。下氣定喘，治痰，消食，除脹，利大小便，止氣痛，下痢後重，發瘡疹。

明·黄承昊《折肱漫録》卷二　予中年患痔，點洗都不效，惟白蘿蔔煎湯頻洗差佳。近讀《瑯嬛集》中載經霜冬瓜皮，同朴硝煎洗翻花痔立愈。又法，以白蘿蔔代冬瓜亦效。冬瓜未之試，蘿蔔已驗矣。

明·黄承昊《折肱漫録》卷三　予家有僕婦患小便不通之症，時師藥以九節湯，腹漸滿而終不通，幾殆矣。有草澤醫人，以白蘿蔔子炒香，白湯吞下數錢，小便立通。此予親見之者。

明·李中梓《醫宗必讀·本草徵要下》　萊菔子味辛，温，無毒。　下氣定喘，消食除膨。生研堪吐風痰，醋調能消腫毒。丹溪云：　萊菔子治痰，有推牆倒壁之功。表其性烈也。按：　虚弱人服之，氣淺難布息。

明·鄭二陽《仁壽堂藥鏡》卷四　萊菔　蕭炳云：　萊菔，今謂蘿蔔是也。寬中，利五臟惡氣。制麪毒。不可與地黄同食。《衍義》云：　散氣用生薑，下氣用萊菔。　丹溪云：　萊菔根，屬土而有金與水。《本草》言煮食之，大下氣。往往見煮食之多者停膈間，成溢飲病，以其甘多而辛少也。其子有推牆倒壁之功。　蘿蔔子：　味甘、辛，氣温，無毒。　主下氣消穀，去痰嗽，解麪毒。水研服，吐風痰。醋研塗，消腫毒。根、葉同功。多食滲人血。孫真人云：即昔謂萊菔子是也。久服耗榮衛，令人髮早白。

明・蔣儀《藥鏡》卷一温部 萊菔 辛冷在生，搗汁磨墨，吐血堪醫。甘溫在熟，下氣利膈，消痰化穀。生用則升，升則發瘡疹。熟用則降，降則鬆後重。衣裳污血，揉洗亡痕。杵爛醋調，盦瘡滅毒。研勻頻換，抹湯火而生涼。子散風痰，定喘嗽而消麵。去膨脹，除蠱毒，散積垢。

明・李中梓《頤生微論》卷三 萊菔子 即蘿蔔子。味辛，性溫，無毒。入肺、胃二經。微炒，研細。下氣定喘，消食除膨，祛痰，消腫毒。新補。

按：丹溪曰：萊菔子治痰，有推墻倒壁之功，虛弱人服之，氣淺難以布息。昔胡僧入中國，見人食麪，驚曰：食之安得不病？及見食萊菔，乃曰：賴有此耳。又《洞微志》云：有人病狂，夢中見紅衣女子引入宮殿中，小姑歌云：五雲樓閣曉玲瓏，天府由來是此中，惆悵悶懷言不盡，一丸萊菔火吾宮。一道士云：此犯大麥毒也。紅衣女，心神也；小姑，脾神也。萊菔制麪毒，故曰火吾宮也，遂以藥及萊菔子治之，果愈。嗣是用菔子治麪積，頗著神異。

明・張景岳《景岳全書》卷四九《本草正》 蘿蔔子 味大辛，氣溫。氣味俱厚，降也。善於破氣消痰，定喘除脹，利大小便，有推牆倒壁之功。研水攙薄飲之，立吐風痰盡出。胃有氣食停滯致成鼓脹者，非此不除。同醋研敷，大消腫毒。中氣不足，切忌妄用。

明・賈九如《藥品化義》卷一氣藥 蘿蔔子 屬陽，體細而內潤，色肉白皮黃，氣炒香，味甘辛，性溫而銳，能降，力下氣，性氣與味俱厚，入脾胃二經。

蘿蔔子體細性銳，味辛能降，用之寬中滿，解鬱痞，除喘嗽，祛風痰。且氣香，和脾助胃化食，治老幼之佳珍也。略炒香，研碎用，不宜久宿。

明・施永圖《本草醫旨・食物類》卷二 蘿蔔子即萊菔子，苗即蔓菁也。味：甘，溫，平，無毒。散氣，利大小便。及炮煮食，大下氣，消穀，去痰癖，利關節，煉五臟惡氣。制麪毒并豆腐毒，止咳嗽，療肺痿吐血。溫中，補不足，能肥健人，潤膚肌。生汁，主消渴。治噤口痢大驗。同猪羊肉、鯽魚煮食，更補。服地黃、何首烏等藥者，食之無補，且髮白。大者堅而皆熟食之，化痰消穀；小者脆而宜生啖之，止渴寬中。〇丹溪云：熟者多食，停滯膈間，成溢飲，以其甘多辛少也。苗：名蕪菁。味：辛，涼。治乳癰初腫痛，作寒熱，取以去土，不必洗淨，用鹽少許搗和，敷乳患處，熱即換之。冬無葉，根亦可代。子：即萊菔。治黃疸，皮膚及目黃如金色，小水熱赤。用子碾為末，白滾湯調服。〇《產寶方》：治妊娠水道不通，用子為末，燈心湯下。《千金方》：治黃汗，染衣皆黃，用子為末，水調下。〇丹溪方：用萊菔子治喘嗽，下氣消食，以衝牆〔倒〕壁。水研服，吐風痰；醋研塗，消腫毒。

明・盧之頤《本草乘雅半偈》帙九 萊菔《唐本草》 氣味：辛、甘，平，無毒。主治：主下氣，消穀，和中，去痰癖，肥健人，根汁尤良。

覈曰：萊菔，菘菜也。似蔓菁而稍大，舊說北種菘萊，初年半為蔓菁，二年菘種都絕，蔓菁南種亦然。蓋菘之不宜于北，猶橘之不踰于淮，今則南北俱有矣。《爾雅》云：苞突，蘆菔。孫炎註云：紫花菘也。南人呼秦菘，吳人呼楚菘，魯人呼菈蘧音拉答，秦人呼溫菘。北人四呼之：春曰破地錐，夏曰夏裏生，秋曰蘿蔔，冬曰地酥。杜詩曰土酥，蒙古曰篤魯馬，《唐本》曰萊菔。萊菔者，麳麰之所服，此亦就文取義耳。今遵《唐本》為正。性喜燒土，隨地可植。夏末布種，秋末刈苗，冬末采根，春末抽薹。高五七尺，開紫碧色花。夏初結角子，如大麻實，圓長不等，色黃而赤，遂可布種。葉大者如蔓菁，細者如花芥，表裏有茸毛。根色有紅白，根形有大小長短，圓扁粗滑，上銳下尖，細腰巨腹，歧尾叉頭，有鬚無鬚之別。小者如拇指，大者滿一秤，重者十百觔。或因種變，或隨水土，大率沙壤者肥甘而脆，瘠地者堅苦而辣。可生可熟，可菹可醬，可豉可醋，可糖可腊，可飣可羹，菜蔬之最有益者。與地黃同食，令人髮白，多啖動氣，薑能制之。伏硇砂、乾鉛汞。

条曰：偏歷四時，具備五氣，有松之操，有芥之烈。三焦咸輔，五液並行，氣中之用，血中之氣也。其根白，其味辛，其皮革，禀從革之金象，故力服麳麰。前人只說得箇有松之操，更条出箇有芥之烈，何等親切。《唐本》只闡得箇上焦開發，宣五穀味，熏膚充身澤毛若霧露之溉；更条出箇三焦咸輔，五液並行，氣中之用，血中之氣，方纔盡得箇命名氣味主治功能的大意。古人用汁，今人用實，繇此觀之，汁勝實矣。

明・李中梓《本草通玄》卷下 蘿蔔 辛、甘。下氣消食，和中化痰，解醒散血，大治吞酸。擣汁服，治吐衄血，消渴；塗跌打湯火傷；解麪毒。楊億云：種芋三十畝，省米三十斛；種蔔三十畝，益米三十斛。則蘿蔔果能消食也。服地黃、何首烏，忌食蘿蔔，令人髭髮白。有人被賊火熏垂死，以蘿蔔菜生嚼汁，嚥即甦。子能定喘消痰，消食除脹，利大小便，消癰腫毒。生用能升，熟用能降。

清·顧元交《本草彙箋》卷七　萊菔子　萊菔，根葉同功。辛走肺，甘走脾。生食下氣，多食耗血，以辛多於甘也。熟食補脾，多食滯氣，以甘多於辛也。其子下氣尤捷，水研，可吐風痰，醋研，可傅惡毒。炒熟，下氣定喘，消食除脹，止氣痛，以其性辛甚，故升降之功，亦烈於根。

用萊蔔子略炒，研碎，不宜久宿。

清·穆石鉋《本草洞詮》卷七　萊菔萊菔子　萊菔，能制麵毒。中來麰之所服也，故名。萊菔俗訛蘿蔔。《談苑》云：種芋三十畝，省米三十斛，種蘿蔔三十畝，益米三十斛。言蘿蔔能消食也。根辛甘，葉辛苦，竝溫，無毒。消痰止渴，去邪熱，除五臟惡氣。生擣汁服，止消渴。炮煮食，下氣，消穀和中，去痰癖。孫思邈謂：與地黃同食，令髮白，為其澀營衛也。寇宗奭謂：與地黃、何首烏同食，令髭髮白，為其味辛下氣速也。然薑芥更辛，何以不白人髮？蓋萊菔辛而又甘，故能散能緩，而又下氣。李九華謂：多服滲人血，則其白人髭髮，蓋亦繇此。《洞微志》云：一人病狂，夢紅裳女子引入宮殿中，小姑令歌，遂歌云：五靈樓閣曉玲瓏，天府繇來是此中。惆悵悶懷言不盡，一丸蘿蔔火吾宮。一道士云：此犯大麥毒也。少女心神，小姑脾神，蘿蔔制麵毒，故曰火吾宮也。遂以蘿蔔治之，頓愈。東垣云：一人病鼻衄甚危，以蘿蔔自然汁和無灰酒飲之，即止。蓋血隨氣運，氣滯故血妄行，蘿蔔下氣，而酒導之故也。一人食豆腐中毒，醫治不効，賣腐人言誤以蘿蔔湯入鍋中，遂不成。遂以蘿蔔湯飲之而瘳。《延壽書》載：李師逃難入石窟中，賊以烟薰之垂死，得蘿蔔一束，嚼汁嚥下即甦。物理之妙如此。萊菔子，辛甘平，無毒。主下氣消食，治痰除脹，利大小便。生能升，熟能降，升則吐風痰，散風寒，發瘡疹。降則定痰喘欬嗽，調下痢後重，止內痛。皆利氣之效也。丹溪謂蘿蔔子治痰，有推牆倒壁之功，然其治痰則本於利氣矣。

清·丁其譽《壽世秘典》卷三　萊菔音來北，俗名蘿蔔。　根：　氣味：　辛甘，葉辛苦，溫，無毒。主利膈寬中，消食下氣，去痰癖，止咳嗽，生食止渴，煮食化痰消導，性能制麪，解酒毒，治豆腐積。　子：　氣味：　辛、甘，平，無毒。主下氣定喘，治痰，消食除脹，利大小便，止氣痛，下痢後重，發瘡疹。

發明：　寇宗奭曰：　服地黃、何首烏人食萊菔，則令人髭髮白，以其味辛而下氣速也。孫思邈曰：不可與地黃同食，令人髮白，為其澀營衛也。李時珍曰：　萊菔根、葉同功。寇氏止言其下氣速。孫真人言久食澀營衛，亦不知其生則噫氣，熟則洩氣，升降之不同也。大抵入手足太陰、陽明、少陽氣分，故所主皆肺、脾、腸胃、三焦之病。李九華云：　萊菔多食耗血，則其白人髭髮，蓋亦由此，非獨因其下氣，澀營衛也。萊菔子長于利氣，生能升，熟能降，升則吐風痰，散風寒，發瘡疹；　降則定痰喘欬嗽，調下痢後重，止氣痛，皆是利氣之効。朱震亨曰：　萊菔子消痰下氣更速，有推牆倒壁之功，氣虛者忌之。

清·劉雲密《本草述》卷一五　萊菔音來北。　覈曰：　萊菔，菘菜也。似蔓菁而稍大。舊說北種菘菜，初年半為蔓菁，二年菘種都絕。蔓菁南種亦然。蓋菘之不宜於北，猶橘之不踰於淮。今則南北俱有矣。性喜燒土，隨地可植。夏末布種，秋末刈苗，冬末采根，春末抽薹，高五七尺，開紫碧色花，夏初結角子，如大麻實，圓長不等，色黃而赤，遂可布種，根色有紅、白，根形有大小長短，種種不同。萊菔有兩種，一種八月布種，秋冬之交即或采根食之，次年春三月開花結子，此種子到秋還布於圃。又一種正月布種，即前子留至春初布於地耳，其根於春末夏半皆可食，但較前種之根差小，而其味亦少遜也。此在楚中為然。後種不結子。

氣味：　根辛甘。葉辛苦，溫，無毒。詵曰：　冷。思邈曰：　平。不可與地黃同食，令人髮白，為其濇營衛也。主治：　生啖或擣汁飲之，止消渴，寬中，去邪熱氣，療鼻衄，制麪毒，解酒毒。

丹溪曰：　此菜屬土而有金與水，昔人雖言其下氣最速，但熟食則辛散味去而甘緩獨存，反滯膈停飲。　之頤曰：　偏歷四時，具備五氣，有松之操，有芥之烈。三焦咸輔，五液並行，氣中之用，血中之氣也。　希雍曰：　萊菔根稟土金之氣以生，《本經》味辛甘，氣溫，無毒。孟詵云性冷，日華子云平。詳其功用，大抵生熟異性，主治宜審之。

附方　食物作酸，蘿蔔生嚼數片，或生菜嚼之亦佳絕妙。乾者、熟者、鹽醃者，及人胃冷者，皆不效。　鼻衄不止，蘿蔔擣汁半盞，入酒少許，熱服，并以汁注鼻中，皆良。或以酒煎沸，入蘿蔔再煎，飲之。

子　氣味：　辛、甘，平，無毒。　主治：　吐風痰日華子。下氣定喘，治痰消食，除脹，利大小便，止氣痛，下痢後重，發瘡疹時珍。

丹溪曰：　萊菔子治痰有推牆倒壁之功。　時珍曰：　萊菔子之功，長於利氣，生能升，熟能降，升則吐風痰，散風寒，發瘡疹，降則定痰喘咳嗽，調下痢後重，止內痛，皆是利氣之效。予曾用，果有殊績。

愚按：　萊菔布種於夏，而歸根於冬，抽苗於春，而結子於夏。今日用之所須者，根也。稟火土之氣，歷金而宿於水，是丹溪所謂屬土而有金與水也，是由火之水以順於下，故言其下氣最速。但其味始甘次辛，生則全乎辛，而致順下之氣。熟則去其辛，而獨存歸根之水，丹溪謂煮食反滯是也。如子為葉餌所須，根於水之氣，歷木而聚精於火，是所謂火大種子，以翕聚致發越之用者也。乃其味初微甘，而後純辛，生用則金益火之勢，丹溪謂有推牆倒壁之功者此也。生升熟降，在時珍豈臆說乎？故治痰證喘促諸方必用炒，而宣吐風痰則用生，此非其確證歟？是則凡用之以降者，無不以炒，俾殺金燥之勢，以和火大之力，謂善其用而乃奏績者。其在茲味歟，抑茲味利氣有功，乃於痰證較著，得勿以氣行則痰化乎？曰：是固然矣。第金火相合，則之頤血中之氣一語最為破的。痰固液不能化血而凝也，至於液不能化血而凝痰，則上氣喘促諸證蜂起矣。用此味者，須識此義。

附方　宣吐風痰，丹溪方用蘿蔔子半升，擂細，以水一碗，濾取汁，入香油及蜜些須溫服，後以桐油浸過，曬乾，鵝翎探吐。　齁喘痰促，遇厚味即發者，蘿蔔子淘淨，蒸熟，曬研，薑汁浸，蒸餅，丸綠豆大，每服三十丸，以口津咽下，日三服。　痰氣喘急，蘿蔔子炒，皂莢燒存性，等分，為末，薑汁和煉蜜丸梧子大，每服五七十丸，白湯下。　高年氣喘，蘿蔔子炒，研末，蜜丸梧子大，每服五十丸，白湯下。　風秘氣秘，蘿蔔子炒一合，擂水，和皂莢末二錢服，立通。　氣脹氣蠱，萊菔子研，以水濾汁，浸(宿)〔縮〕砂一兩一夜，炒乾，又浸又炒，凡七次，為末，每米飲服一錢，如神。脹滿證甚者，加蘿蔔子炒一錢，麪食傷尤宜用。

希雍曰：子消痰下氣更速，凡虛弱入忌之。

清·郭章宜《本草匯》卷一三　萊菔根　辛、甘，氣溫，入手足太陰、陽明、少陽氣分。下氣消穀，和中去癖。生食止渴寬中，煮服化痰消導。解醒散血，大治吞酸，消麪毒，治腐積。

按：萊菔根葉同功，屬土而有金與水。生則升氣，熟則降氣。散氣用生薑，下氣用萊菔。所主皆肺、脾、腸、胃、三焦之病。服地黃、何首烏者，忌之。為其澀營衛，令人髮白也。

多食動氣，惟生薑能制其毒。

萊菔子　辛溫，甘平。下氣定喘，消食除膨。生研堪吐風痰，醋調能消腫毒。

按：萊菔子其性甚烈，治痰有推牆倒壁之功。生能升，熟能降，手足太陰之藥也。升則吐風痰，散風寒，發瘡疹。降則定痰喘欬嗽，調下利後重，止內痛，皆是利氣之效。凡虛弱人忌之。

清·尤乘《食鑒本草·菜類》　白蘿蔔　消痰下氣，解麪毒、豆腐毒。久食耗肺氣，生食滲血。忌與人參、地黃、首烏同食，令人鬚髮白。丹溪曰：熟者多食成溢飲。苗治乳癰初腫痛，取鮮者，去土，不用洗，加鹹少許，搗傅，熱即換之，冬無葉，根可代。子治黃疸及目如金，小水熱赤，為末，白滾湯調服。水研服吐風痰。醋研塗消癰毒。

清·朱本中《飲食須知·菜類》　萊菔　根辛、甘，葉辛、苦，性溫，即蘿蔔。能解豆腐、麪毒。不可與地黃同食，令人髮白。多食動氣，生薑可解。服何首烏諸補藥忌食。

清·何其言《養生食鑒》卷上　萊菔即蘿蔔，有大小數種，其功用同。惟大者，白美可食。　味甘，性溫，無毒。解豆腐、麪毒，殺魚腥。生食，散血，寬膈。熟食，解酒，消穀，化痰，利五臟。同猪肉食，益脾；同羊肉食，養胃；同鯽魚食，治嗽。多食動風，生薑可解。服何首烏、地黃人，忌食，犯之髮白。痘疹食之落眼。有目病人忌食，誤用起膜難開。莖葉性溫，利膈下氣。一種小脚而綱者，名諸葛菜，治軍中疫痢、時行熱病，煮水溫服，即解；乾者亦可。子消麪積，寬膨脹。

清·蔣居祉《本草擇要綱目·溫性藥品》　萊菔子　氣味：辛、甘，平，無毒。　主治：生能升，熟能降。升則吐風痰，散風寒，發瘡疹。降則定痰喘咳嗽，調下痢後重，止內痛，利氣治痰，有推牆倒壁之功。萊菔屬土有金與水。大抵入陽明、少陽氣分，太陰氣分，下氣之功居多。久服則滲人血，故與地黃、何首烏同服，則令髭髮皆白矣。

清·王翃《握靈本草》卷六　萊菔俗名蘿蔔。南北皆有之。本草稱其最有利益。

主治：萊菔，辛、甘。子，辛、甘，平，無毒。生搗汁，主消渴，禁口痢，大驗。吐血、衄血，消痰下氣，定喘，消食。

清·汪昂《本草備要》卷四　萊菔俗作蘿蔔。宣，行氣，化痰，消食。　辛、甘屬土。生食升氣，熟食降氣。寬中化痰，散瘀消食。丹溪曰：氣升則食自降。治吐血衄血，咳嗽吞酸，利二便，解酒毒，制麪毒、豆腐積。昔有人病，夢紅裳女子引入宮殿，小姑歌云：五靈樓閣曉玲瓏，天府由來是此中。惆悵悶懷言不盡，一丸萊菔火吾宮。一道士云：此犯大麥毒也。女子，心神。小姑，脾神。醫經萊菔制麪毒，遂以藥幷萊菔治之，果愈。腐漿見萊菔則難收。生搗治噤口痢，止消渴，塗跌打、湯火傷。多食滲血，故白人髭髮。服何首烏、地黃者忌之。生薑能制其毒。夏月食其菜數斤，秋不患痢。冬月以菜葉攤屋瓦上，任霜雪打壓，至春收之，煎湯飲，治痢。得效方：人避難入石洞中，賊燒烟熏之，口含萊菔一塊，烟不能毒。嚼汁擂水飲之亦可。王荊公患偏頭痛，搗萊菔汁，仰臥，左痛注右鼻，右痛注左鼻，或兩鼻齊注，數十年患，二注而愈。萊菔子：辛入肺，甘走脾。長于利氣。生能升，熟能降。升則吐風痰，散風寒，寬胸膈，發瘡疹；降則定痰喘咳嗽，調下痢後重，止內痛。皆利氣之功。丹溪曰：萊菔子治痰，有衝墻倒壁之功。《食醫心鏡》：研湯煎服，治氣嗽痰喘，吐膿血。炒用。

清·吴楚《寶命真詮》卷三　蘿蔔子【略】定喘消痰，消食除脹，利大小便，消癰腫毒。搗汁服，治吐衄血，消渴，塗跌打、湯火傷，解麪毒。

清·陳士鐸《本草新編》卷四　萊菔子即蘿蔔子。蘿蔔子：味辛、辣，氣溫，無毒。入胃、脾二經。却喘欬下氣甚神，解麪食至效。治風痰，消惡瘡，善止久痢，除脹滿亦奇，但宜少少用之。補氣之藥，得之而無大過之憂。利濕之劑，入之而有善全之妙。多服則損氣，久服則傷陰也。

或疑蘿蔔子能治喘脹，然古人用于人參之中，反奏功如神。人參原是除喘消脹之藥。萊菔子最解人參，何以同用而奏功乎？夫人參之除喘消脹，乃治虛喘虛脹也。虛症反現假實之象，人參遽然投之，直至其喘脹之所，未能驟受，往往服之而愈喘愈服者有之。雖所增之喘脹，乃一時之假象，少頃自然平復，然終非治之之善。少加蘿蔔子以制人參，則喘脹不敢增，而反得消喘消脹之益，此所謂相制而相成也。

或問：蘿蔔子專解人參，用人參而一用蘿蔔子，則人參無益矣。此不知蘿蔔子，而併不知人參者也。人參得蘿蔔子，其功更神。蓋人參補氣，驟服氣必難受，非止喘脹之症爲然，得蘿蔔子，以行其補中之利氣，則氣平而易受。是蘿蔔子平氣之有餘，非損氣之不足，實制人參以平其氣，非制人參以傷其氣也。世人動謂蘿蔔子解人參，悮也。

清·顧靖遠《顧氏醫鏡》卷八　萊菔子辛，溫。炒研用。下氣治痰定喘，治痰有推墻倒壁之功。消食除膨止痛。生研汁服，而吐風痰。生用則升。醋調末塗，而消腫毒。辛散之功。虛弱人忌之。

清·李熙和《醫經允中》卷一八　萊菔子　生薑制之。伏硇砂。辛、甘，無毒。主治下氣去脹，寬中消食。同醋研消腫毒。研汁服去風痰。萊菔子治痰有推牆倒壁之功，長于利氣，生能升，熟能降也。升則吐風痰，散風寒，降則定痰喘咳嗽，皆成利氣之功。

清·李熙和《醫經允中》卷二二　萊菔　即蘿蔔。多食動氣。薑能制之。伏礵砂。根辛、甘，葉辛、苦，溫，無毒。主下氣消穀，去痰癖。生食止消渴，行風氣，去邪熱，肺痿吐血。同諸肉煮食俱補。汁治下痢及失音；搗塗湯火傷、打撲傷。小兒丹瘤遊風，拔血散瘀，解麪毒、腐毒。生則噫氣，熟則泄氣。多食滲血，少食寬中。

清·馮兆張《馮氏錦囊秘錄·雜症痘疹藥性主治合參》卷七　萊菔根稟土金之氣以生。生者味辛性冷，熟者味甘溫平。故下氣消穀，去痰癖，肥健人，及溫中補不足，寬胸膈利大小便。化痰消導者，煮熟之用也。止消渴，制麪毒，行風氣，去邪熱氣，治肺痿吐血，肺熱痰嗽，下痢者，生食之用也。入手足太陰、陽明經，故所主皆脾肺腸胃之病。但性專下氣，復能耗血，多食則髭髮早白。服地黃、首烏者不可食。子，味辛過於根，生研汁服，吐風痰。同醋研，消腫毒。炒熟下氣，定喘消食，除脹，止氣痛。其性辛甚，故升降亦烈於根，治痰有推牆倒壁之功也。萊菔根啖可生，葉啖須煮。制白麪、豆腐二毒。忌首烏、地黃同餐，倘誤犯之，鬚髮易白。消穀食，去痰癖，止欬嗽，解渴消。搗生汁，磨墨下咽，止吐血下血甚捷。《衍義》云：散氣用生薑，下氣用萊菔。但煮食多者，亦停膈間，以成溢飲之證，蓋味甘多辛少故爾。子，劫喘欬下氣，功誠倒壁衝墻。水研服，即吐風痰。醋研敷，立消腫毒。入肺下氣而定喘，入脾消食以寬膨。生則能升可吐，熟則能降可利。按：丹溪曰：萊菔子治痰，有推牆倒壁之功，虛弱人服之，氣淺難以布息。

清·张璐《本經逢原》卷三　萊菔子　辛、甘，平，微溫，無毒。其子多種，惟春種夏收，子細而色黯者佳。服地黃、何首烏人忌之。發明：菔子治痰有推牆倒壁之功，長於利氣。生能升，熟能降，升則吐風痰，降則定痰嗽，皆利氣之效。同蘇子、白芥子為三子散，治痰喘胸滿。其根，生升，熟降。生則尅血消痰，熟則生痰助濕。生萊菔汁治火傷垂死，灌之即甦。打撲損傷青紫，搗爛罨之即散。煨熟指摩凍瘃，二三日即和。偏頭風痛，取近蒂青色者半寸許，搗汁滴鼻孔，左痛滴右，右痛滴左，左右俱痛兩鼻皆滴，滴後臥少頃，日滴一次，不過六七日，永不復發。欲令鬚髮白者，以生地黃汁一升，合生萊菔汁一升，飲之即白，傷血之驗可徵也。小兒丹瘤遊風，搗塗即消。能消麪積，解附子毒。性最耗氣傷血，故脾胃虛寒，食不化者勿食。丹方取苗葉陰乾治痢，隨色之紅白用，赤者砂糖調服，白者糖霜調服，然惟初痢為宜。若久痢胃虛畏食者，不可用也。

清・汪啟賢等《食物須知・諸菜》　蘿蔔　味甘，辛，氣温。屬土，有金與水，無毒。南北郡州處處俱種，一名萊菔。逢冬拔收，根啖可生，葉啖須煮。制白麵、豆腐二毒；忌何首烏、地黄同餐。倘誤犯之，鬚髮易白。消穀食，去痰癖，止咳嗽，解消渴。搗生汁磨墨，下咽止吐血，去血甚捷。《衍義》云：散氣用生薑，下氣用萊菔。但煮食多者，亦停膈間，以成溢飲之證。蓋味甘多辛少故爾。

清・浦士貞《夕庵讀本草快編》卷三　萊菔《唐本草》、蘿蔔　附葫蘿蔔。萊菔能制麪毒，是來麰之所服。蓋就文起義耳。　蘿蔔根葉辛辣，子帶微甘，入太陽、陽明、少陽，為痰氣之要劑。且生升熟降，更多開導之功，如升則吐風痰，散風寒，發瘡瘮，消痞積；　降則定哮喘，止咳嗽，調痢重，除腹痛，皆其功也。更能救鼻衄之危殆，療麪腐之毒積，別有神矣。按《洞微志》云：齊州有人病狂，夢中見紅裳女子引入宮殿中，小姑令歌。每日遂歌曰：五靈樓閣曉玲瓏，天府由來是此中。惆悵悶懷言不盡，一丸蘿蔔火吾宮。後遇一道士，云：此犯小麥毒也。少女心神，小姑脾神，火者毀也，遂用蘿蔔治之而愈。斯人也，可謂細心物理，善揣病機，堪與言醫者矣。楊億《說苑》云：江東居民言種芋省米，種蔔益米，則知萊菔果能消食也。若久食，令人鬚髮早白，乃是滲血之故。更有紅黄色者，乃元時移栽中土，氣味與萊菔相倣，故得同名。其功亦能補中下氣，利膈寬腸，令人健食，有益無損者也。子可治痢，并及之。

清・葉盛《古今治驗食物單方》　蘿蔔　食物胸中作酸，生嚼蘿蔔即解。　反胃，噎食，蘿蔔蜜煎，細細嚼咽。　噤口痢，煎蘿蔔湯飲之，或用蘿蔔切片，染蜜噙之，味淡再換，覺思食，以肉粥與之，不可過多。　大腸紅，蘿蔔皮燒存性，荷葉燒存性，生蒲黄等分為末，每服一錢，米飲下。　腸風下血，蜜炙蘿蔔，任意食之。　沙石等淋，蘿蔔切片，蜜浸炙乾數次，不可過焦，細嚼，鹽湯下，日三服，愈。　偏正頭風，生蘿蔔汁一蜆殼，仰臥，隨左右注鼻中，神效。　失音不語，蘿蔔汁、薑汁同服。　湯火傷，蘿蔔汁塗之。

清・王子接《得宜本草・下品藥》　萊菔子　味辛、甘。功專治痰下氣，消食除脹。

清・黄元御《玉楸藥解》卷四　萊菔子　味辛，氣平。入手太陰肺經。下氣止喘，化痰破鬱。萊菔子辛烈疏利，善化痰飲，最止喘嗽，破鬱止痛，利氣消穀。生研吐老痰。

清・吳儀洛《本草從新》卷四　萊菔子〔宣，破氣，除痰，消食。〕辛，溫。長於利氣。行用能吐風痰，散風寒，發瘡疹。炒熟能定咳嗽痰喘，丹溪曰：治痰有衝牆倒壁之功。調下痢後重，止內痛，消食除膨。虛弱者服之，氣喘難布息。俗名蘿蔔子。　萊菔〔宣，破氣化痰，消食。〕辛，甘，平。生食升氣。熟食降氣，寬中消食，化痰散瘀。治吐衄咳嗽吞酸。利二便，解酒毒，制麪毒，豆腐積。腐漿見萊菔則難收。生搗塗跌打湯火傷。治噤口痢。耗氣滲血，白人鬚髮。服首烏、地黄者尤忌之。生薑能制其毒。萊菔菜，辛、苦，溫。功用略同，亦甚消伐。

清・汪紱《醫林纂要探源》卷二　來服　辛，甘，寒。蘿蔔菜也。莖葉上氣，根魁下氣，生食上氣，熟食下氣。宜分別之。生食解酒毒，清肺熱，除煩治渴，止痢。須乾久者。療打傷火傷。辛而上行，以瀉肺邪也。熟食寬中化痰，散瘀消食，止吞酸，利二便。辛而下行，以行肝氣，和脾胃也。亦治吐衄咳嗽，亦清肺之功。解麪毒，以寒消熱。能滲血，最破積聚。微有鹹味，而辛散兼之，故凡作豆腐，及澄治葛粉、蕨粉，中入一片，則皆消散成水，其破積聚可知。故服地黄者忌。　子：辛甘，平。生用吐風痰，寬胸膈，託瘡疹。熟用下氣，消痰，攻堅積，療後重。生搗，泡熟，炒用。

清・嚴潔等《得配本草》卷五　蘿蔔即萊菔根。子。　伏硇砂。　辛、甘，冷。入手足太陰、陽明、少陽經。祛邪熱，寬胸膈，制酒麪毒，消豆腐積。治喉痹口瘡，偏正頭痛，肺痿失音，咳嗽吐衄，痰癖食積，噤口痢疾，大腸脫肛，小便淋濁，及湯泡火灼，跌撲損傷。　搗取自然汁，或和薑汁，或和白蜜服，或生搗敷罨。　氣陷血少者禁用。服何首烏、地黄諸補藥者，忌之。　子即萊菔子。　辛、甘，平。生升熟降。升則吐痰涎，散風寒，發瘡疹。降則化食除脹，下氣消痰。有推牆倒壁之功。利二便，除氣痛。　配牙皂煎服，吐中風口噤。配杏仁，治久嗽。　和水生研汁服，吐風痰。和醋研，敷腫毒。　虛弱者禁用。服補藥者忌之。

題清・徐大椿《藥性切用》卷六　萊菔子　生用辛平，化痰破氣。炒熟辛溫，消食行痰。服參作脹，非此不消。　萊菔：辛甘性平，生食升氣，熟食降氣，並能寬中，化痰散瘀消食。多食滲血，白人鬚髮。服地黄、何首烏人，均忌。出過空萊菔，即名地（枯蔞）〔骷髏〕，力能寬脹治臌。萊菔菜，辛苦性溫，功耑消化積滯。痢疾初起，宜醃熟，拌醋食之。

清・黃宮繡《本草求真》卷三　萊菔子 萊菔子生吐氣痰，炒熟下氣定喘。菔根生用消痰除血，菔根熟用生痰助濕。　萊菔子耑入脾肺。氣味甚辛，生用研汁，能吐風痰，有倒牆推壁之功，迅利莫禦。若醋研敷，則癰腫立消。炒熟則下氣定喘，消食寬膨。一生一熟，性氣懸殊，菔根性亦類子，生升熟降。但生則尅血消痰，治痢。汪昂云：夏月食其菜數觔則不患痢，秋月以菜葉攤屋瓦上，任霜雪打壓，至春收之，煎湯飲，治痢得效。熟則生痰助濕，以故火傷垂絕，用生萊菔汁灌之即甦。方人避難，入石洞中，賊燒煙薰之，口含萊菔一塊，煙不能毒。嚼汁擂水飲之亦可。打撲損傷青紫，搗爛罯之即散，煨熟擦摩凍瘃，二三日即和。偏頭風取近蒂青色半寸許，搗汁滴鼻孔，左痛滴右，右痛滴左，左右俱痛，兩鼻皆滴，滴後少傾，日滴一次，不過六七日，永不再發。欲令鬚髮白者，以生地黃汁一升，合生萊菔汁飲之即白，傷血之騐可徵也。生地黃涼血，萊菔汁破氣，鬚髮安得不白。是以人服何首烏、地黃者，切忌萊菔，犯之惟用生薑以制。　小兒瘤瘠遊風，塗之即愈，并能消麵毒、《洞微志》云：齊州有人患狂病，云夢中見紅裳女子引入宮殿中，小姑令歌，每日遂歌云：五靈樓閣曉玲瓏，天府由來是此中。惆悵悶懷言不盡，一丸蘿（苩）〔蔔〕火吾宮。有一道士云：此犯大麥毒也。少女心神，小姑脾神。醫經言蘿（苩）〔蔔〕制麵毒，故曰火吾宮。火者，毀也。遂以藥并蘿（苩）〔蔔〕治之，果愈。腐積。腐漿見蘿（苩）〔蔔〕不成。并解附子毒。但其性總屬耗氣傷血，故脾胃虛寒，食不化者為切忌焉！子炒用。

清・李文培《食物小錄》卷上　萊菔即蘿蔔。根辛、甘，葉辛、苦，溫，無毒。煮食，下氣消穀，和中去痰癖，肥健人，利關節，理顏色，練五臟惡氣，制麵毒，利五臟，輕身，溫中，補不足。同猪肉食益人，令人白淨。寬胸膈，利大小便。生食，止渴寬中；煮食，化痰消導。殺魚腥，解酒毒。可生、可熟，鹽醃、醋浸、糖餞、醬藏皆可。

清・楊璿《傷寒溫疫條辨》卷六消劑類　萊菔子　味大辛，氣溫，氣味俱厚，可升可降。入脾、肺。下氣消痰食，有推牆倒壁之功。搗汁攙薄荷汁服，立吐痰食。磨墨服止血。凡胃有氣食痰飲停滯，致成膨脹者，非此不除。合皂角燒去皮子弦，等分為末，薑汁入，煉蜜丸，白水下二錢，治一切痰氣。生升氣，炒降氣。升則散風寒，吐痰食，寬胸膈；降則定痰喘，止咳嗽，却內疼，除後重，皆利氣之功。　萊菔：即蘿蔔也。生搗汁，調蜜服，治噤口痢。重者用黑羶羊肝一（頁）〔具〕，以箸戳數十孔，入甘草末四兩，煮熟，續喫效。止消渴，塗跌傷、燙火傷；炒熟用寬中降氣，化痰消瘀，治吐衄咳喘，吞酸利便，制麵毒、豆腐積。服何首烏、熟地忌之，恐白鬚髮，以多食滲血故也。古方滋補丸：萊菔汁、藕汁、梨汁、人乳各一碗，熬成膏，入煉蜜一觔，用小黑藥豆炒焦為末，同蜜膏和令得所，每丸重一錢五分，丹砂為衣，細嚼，滾水送，日三服。

清・羅國綱《羅氏會約醫鏡》卷一七菜部　萊菔即蘿蔔。味辛甘，入脾肺經。辛甘屬土。生者升氣，止消渴，制麪毒，化豆腐積，治肺熱咳嗽、下痢，止偏頭風痛。搗萊菔汁，仰臥注鼻。冬月以菜葉攤屋瓦上，任霜雪打壓，春收煎湯，治痢最效。熟者降氣，寬中化痰，散瘀消食，利大小便，肥健人，溫中補不足。但性下氣耗血，多食則鬚髮早白。服地黃、何首烏者忌之，生薑能制其毒。　萊菔子：味辛甘，入肺脾二經。辛入肺，甘走脾，長於利氣。生能升，研末調服，善吐風痰，散風寒，寬胸膈。炒熟能降，定痰喘、咳嗽，調下痢後重，止內痛，皆利氣之功。消宿食，解腫毒。研醋調服。其性辛甚，治痰猛烈，虛弱人勿多用。

清・趙學敏《本草綱目拾遺》卷一水部　雞神水　《太元玉格新書》有造雞神水法，《眼科要覽》選其方。　製法：擇大蘿蔔一個，開一大孔，須近莖邊一頭開，勿傷其根，方可活。孔內入雞蛋一枚，仍種地上，俟其發葉長成，取雞蛋內水點眼，其明如童。　明目去障。

清・趙學敏《本草綱目拾遺》卷八諸蔬部　野蘿蔔地骷髏、三生蘿蔔　一名紫金皮，又名巴壁虎。○《百草鏡》云：野萊菔苗、葉、根形與家種者無二。肉雖白，而皮色帶黃為異。○王氏《博濟方》以乾萊菔為仙人骨，俗又呼地骷髏。《雁山志》：山蘿蔔性寒，狀如圃種者，土人用治癰疽，搗汁服之，渣塗亦可。庚戌，予來臨安，署內有廢圃，多商陸，土人呼為山蘿蔔，與此名同物異。

治肺癰：《百草鏡》：以七枚搗汁服。

地骷髏　按：地骷髏，乃刈萊菔時偶遺未盡者，根入地，瘦而無肉，老而多筋，如骷髏然，故名。能大通肺氣，解煤炭熏人毒，非乾萊菔也。王禺中所言，尚未明晰。

痞塊：《醫宗彙編》：陳年木瓜一個，地骷髏，即蘿蔔種枯根四兩。煎汁，時常服一小盞，數日除根。氣痞、食痞俱治。　萬應丹：海昌方：治黃疸變為臌脹，氣喘翻胃，胸膈飽悶，中脘疼痛，并小兒疳疾結熱，噤口痢疾，結胸傷寒，傷力黃腫，并脫力黃各症。用人中白以露天不見糞者方佳，火煅醋淬七次。

一兩，神麴、白蔔子、地骷髏即土中蘿蔔。各五錢，砂仁二錢，以上俱炒，陳香櫞一個，共為末，蜜丸桐子大，每服三、五、七丸，或燈草湯下，或酒下。

三生蘿蔔　此乃人工製造者。唐正聲傳此法，云得自祕授：取水蘿蔔一枚，周圍鑽七孔，入巴豆七粒，入土種之，待其結子，取子又種，待蘿蔔成，仍鑽七孔，入巴豆七粒再種，如此三次，至第四次，將開花時，連根拔起，陰乾，收貯罐內。遇臌脹者，取一枚搥碎煎湯服之，極重者二枚立愈。

清・王學權《重慶堂隨筆》卷下　蘆菔　能制麵毒，故一名來服，言來麰之所服也。俗作萊菔、蘿蔔，失其旨矣，種類甚多，厥功甚大。生用能解風火、溫燥、濕熱之邪，故煙毒、煤毒、酒毒、火毒，失音、痰閉、中風、咽喉諸病，無不立奏神效。熟用補脾肺，和腸胃，耐風寒，肥健人，可以代糧救荒，鄉人廣種以充糧食，終身啖之而康強壽考，且有垂老而髮不白者。此人所共睹之事，何以修本草者，獨貿貿也。

清・黃凱鈞《藥籠小品》　萊菔子　辛，溫，長於利氣。生用豁風痰，散風寒；炒熟定痰嗽，消食除膨。肺虛者勿服。萊菔生食升氣；熟食降氣。制麵毒。

清・章穆《調疾飲食辯》卷一下　萊菔汁　《綱目》曰：《爾雅》曰：突，蘆葩。邢疏曰：紫花菘。俗名溫菘。大者為雹突，吾鄉於諸物之大者皆曰雹頭，蓋本諸此。又名蘆菔。《廣韻》曰：魯人名菈遝，秦人名蘿蔔。《農書》曰：四時可種，春生者小，名破地錐；夏曰夏生，秋曰蘿蔔，冬曰土酥。有長、圓二類，紅、白二色。其紅者，皮紅肉白，色如渥丹，然味短肉硬不堪啖。《漢書》注曰：南人呼為蘿瓟。《埤雅》曰萊菔。性能溫中利氣，快膈寬腸。生辛而升，食則噯氣；熟甘而降，食則洩氣。大抵此物熟食甘多辛少，故同猪肉煮最宜。又解小麥毒，消豆腐積。《延壽書》云解豆腐毒，非也。《本草會編》云消豆腐積，則是。豆腐醃熏乾硬，及肆中所售腐乾，皆難消化。但煮萊菔，隨意食，生者亦可。然味雖甘，而紋形如車轂，老則中空似木通、防己，故性主行而不主補。藥中原有用形之理。木通、防己，惟中空，故能行上下、走經絡。《唐本草》謂其肥健人，日華子謂其治勞嗽，皆非也。而朱震亨謬云屬土有金與水，此六字，實實費解。煮食過多，往往停滯成溢飲。夫消耗過甚，成中虛則有之，豈反停滯乎。古語云：上床蘿蔔下床薑。正取其消食也。在震亨，開口必欲扯入痰字，故捏造溢飲等字，乃醫家之邪魔外道，切勿信之。其奈後世愚夫，惑於其說，名之曰土人參。而凡一切氣滯脹滿之病，畏不敢食，可咲可怪。楊文公《談苑》云：種芋三十畝，可省米三十斛；種蘿蔔三十畝，計益米三十斛。可知此物果能消也。生食止消渴，除痰癖，開胸利膈，治噤口痢。杏雲治痢數十年，不論噤口與否，必用生萊菔搗汁和藥，無則以乾萊菔絲煎汁代茶。其噤口者，生萊菔汁、生苦蕒汁和熱水服，往往得效。熱甚者加梨汁，胃口不納者略加熟薤汁。外用大蒜敷足心，或田螺敷臍下。無則以乾萊菔絲煮汁多飲，獲救者不止十人之九。又《普濟方》治痢疾裏急後重，及諸滯脹痛，痢後腸痛，並用生萊菔汁和煉熟蜜飲。又治喉痹腫痛，和皂角末少許服，吐之。《瀕湖方》治食物作酸，生食萊菔或梗、葉俱可。又治滿口爛瘡，生萊菔汁頻漱，取涎吐之。《普濟方》治喉痹脹痛，生萊菔汁同牙皂末服，取吐。《摘元方》治大腸脫肛，腸中有滯氣重墜，服升補收澀藥不效者，生萊菔每日搗敷臍中。《折肱漫錄》治翻花諸痔，萊菔煎湯，每日洗。《急救方》解中煤炭烟毒，搗汁灌，移向風吹即活。《如聖方》治偏正頭痛，仰臥凳上，以鼻孔向天，生萊菔汁滴鼻中。凡中氣虛弱人勿生食，熟者亦不宜多。其醬藏、糟藏，及隔年蘿蔔絲，性味平和，百病不忌。惟服地黃人忌食。子治肺喘欬嗽，行氣消腫，生研末，溫水調服二三錢。能涌吐，凡傷寒熱在膈上，反覆顛倒，心中懊憹即梔子症。及卒中風痰，不省人事，攪腸沙痛，上下不通諸危急症，並宜用之。若服後如人行半里不吐，宜再服，或用雞翅毛探之。張景岳曰：此物能涌吐，又能行氣。凡停痰滯飲，吐之不盡者，必下行腸胃而去，其功殆勝於瓜蒂、藜蘆。誠確論也。又凡諸般食物不消，莫如以此吐之，較消導方更捷、更穩。又梔子症用此，莫如即以梔子豉湯調之。又《折肱漫錄》云：有僕婦患小便不通，諸藥無效，一醫以白蘿蔔子炒香，白湯服數錢，立通。此亦理之可信者也。以上用萊菔子諸方，治痰氣宜炒，涌吐宜生。

清・王龍《本草纂要稿・菜部》　萊菔子　氣味辛溫。劫痰喘下氣，制麵毒尤靈。水研服即吐風痰，醋研敷立消惡毒。

清・張德裕《本草正義》卷上　蘿蔔　大辛，氣溫。氣味俱厚。善於破氣消痰，定喘除脹，有推墻倒壁之功。若氣實停滯，致成鼓脹者，非此不除。氣虛犯之，為害不淺。

清・楊時泰《本草述鉤元》卷一五　萊菔　即菘菜也。似蔓菁而稍大，種菘不宜於北，猶蔓菁不宜於南，今則南北具有。性喜燒土，隨地可植，夏末布種，秋末刈苗，冬末采根，春末抽薹，開紫碧花，夏初結子，圓長不等，遂可布種，根色有紅白，形有大小長短不同顯。有兩種：一種八月布，秋冬之交即可食根，次春開花結子，到秋還布。其一正月布種，至春末夏半皆可食根，但較前差小，味亦少遜而不結子。

根：氣味辛、甘。葉味辛、苦，氣溫平。生啖或搗汁飲之，止消渴寬中，去邪熱氣，療鼻衄，制麪毒，解酒毒。同地黃食，濇營衛，令人髮白。屬土而有金與水，生者下氣，熟食則辛散味去，而甘緩猶存，反滯膈停飲丹溪。偏歷四時，具備五氣，有松之操，有芥之烈，三焦咸輔，五液並行，氣中之用，血中之氣也子餘。食物做酸，蘿蔔生嚼數片，或生菜嚼之，絕妙。乾者，熟者，醃者，及胃冷人皆不效。鼻衄不止，蘿蔔搗汁半盞，入酒少許，熱服，並以汁注鼻中，或以酒煎沸，入蘿蔔再煎，飲之。

萊菔子：味辛、甘，氣平。生用，主吐風痰，發瘡疹。炒熟，下氣定喘，治嗽消食，除脹利大小便，止氣痛，下痢後重。治痰有推牆倒壁之功丹溪。宣吐風痰，蘿蔔子半升，擂細，水濾取汁，入香油及蜜些須，溫服，後以鵝翎桐油浸過晒乾。探吐。齁喘痰促，遇厚味即發者，蘿蔔子淘淨，蒸熟晒碾，薑汁浸蒸餅丸綠豆大，每服三十丸，口津咽下，日三服。痰氣喘急，蘿蔔子炒，皂莢燒存性，等分為末，薑汁和煉蜜丸梧子大，每服五七十丸，白湯下。高年氣喘，蘿蔔子炒，碾末，蜜丸梧子大，每服五十丸，白湯下。風秘氣秘，蘿蔔子炒一合，擂水，和皂莢末二錢服，立通。氣脹氣蠱，萊菔子研，以水濾汁，浸縮砂一兩一夜，炒乾，又浸又炒，凡七次，為末，每米飲服一錢，如神。脹滿證甚者，加蘿蔔子炒一錢，麪食傷，尤宜用。

論：萊菔布種於夏，而歸根於冬，抽苗於春，而結子於夏。其根稟火土之氣，歷金而宿於水，丹溪所謂屬土而有金與水也。由火之水以順於下，故下氣最速。但其味始甘次辛，生則金乎辛，而致順下之氣；熟則去其辛，而存歸根之水，丹溪故謂煮食反滯也。其子根於水氣，歷木令而聚精於火，所謂火大種子以翕聚致發越之用者也，乃其味初微甘，後純辛，生用則金益火之勢，故有推牆倒壁之功。且生主升，熟主降。治痰證喘促必用炒，而宣吐風痰則用生。凡炒用者，殺金燥之勢以和火大之力，故能降也。抑茲味利氣於痰證較著，得弗以氣行則痰化乎。詎知以氣論，則金水相合，正屬血中之氣，痰固液之不能化血而凝者，人身至液不化血而凝痰，則上氣喘促諸證蠭起矣，用此味者，須識此義。

繆氏：其子消痰下氣更速，凡虛弱人忌之。

清·葉桂《本草再新》卷六 白蘿蔔味甘、辛，性微涼，無毒。入心、肺二經。搜風滑痰，瀉火涼血破血，止頭目痛。白蘿蔔皮，能走皮膚，除寒涼，消積聚，行濕寬腸。蘿蔔纓：味淡而苦，性微涼，無毒。入脾、肺二經。化痰止欬，消食理氣。

清·葉桂《本草再新》卷六 萊菔子味辛，性溫，無毒。入肝、肺二經。化痰除風，散邪發汗，止欬嗽，利二便，消食，發瘡痧疹痘諸毒。

清·吴其濬《植物名實圖考》卷四 萊菔 《爾雅》：葖，蘆葩。注：葩宜為菔。《唐本草》始著錄。種類甚夥，汁子皆入藥。《滇海虞衡志》滇產紅蘿蔔頗奇，通體玲瓏如胭脂，最可愛玩，至其內外通紅，片開如紅玉板，以水浸之水即深紅。粵東市上亦賣此片，然猶以蘇木水發之，茲則本汁自然之紅水也。羅次人刨而乾之以為絲，拌糟不用紅麴，而其紅過之。《寧州志》蘿蔔紅者名透心紅，移去他郡則變，亦即此。食法生熟皆宜。東坡詩中有蘆菔根尚含曉露清，以蔓菁同為羹，固可鬭勝酥酪，至搥根爛煮，研米為糝，寬胸助胃，不必以味勝矣。寇萊公同地黃並餌，髭鬚早白，物性相制，驗之不爽。近人服何首烏者，食之亦能白髮。蓋引消散之品入血分也。消食醒酒，紀載備述。小說謂一老醫病嗽，飲村民煮蘿蔔乾水稍止，即以此治一官，久嗽尋愈，亦蘿蔔子治喘嗽之效。而味甘平於久嗽氣虛尤宜。《緗素雜記》以萊菔為菘，《甕牖閒評》斥之是矣，然譏東坡山丹如瑪瑙盤、沈括鈴鈴草為蘭為非，亦不自知其誤也。

雩婁農曰：蘿蔔，天下皆有佳品，而獨宜於燕薊。冬飆撼壁，圍爐永夜，煤燄燭窗，口鼻炱黑，忽聞門外有賣水蘿蔔賽如梨者，無論貧富耄稚，奔走購之，唯恐其過街越巷也。瓊瑤一片，嚼如冰雪，齒鳴未已，眾熱俱平。當此時曷異醍醐灌頂？都門市諺有冷官熱做、熱官冷做之語。余謂畏寒而火，火盛思寒，一時之間，氣候不同。而調劑適宜，則冷而熱、熱而冷，如環無端，亦唯自解其妙而已。

清·趙其光《本草求原》卷一五菜部 萊菔 俗名蘿蔔。根，辛、甘。生搗汁飲，則辛全。辛主升，氣升而後降。下氣、消痰、止渴、寬中、去邪熱。治吐衄血，汁和酒溫飲，兼滴鼻中。消食，制麵毒，解酒毒、火傷，雖死，灌之即甦。食物作酸。同豬羊肉，益脾胃；同鯽魚止嗽。痘疹忌之。敷跌打傷紫，散瘀。搯凍瘃，煨熟搯之。治偏頭風痛，取近蒂青色者，取汁滴鼻；左痛滴右，右痛滴左。噤口痢、丹瘤遊風，搗塗。解附子毒，但耗氣傷血。與生地、首烏同食，白人髭髮。生薑能制其毒。夏月多食其菜，冬不患痢。冬月取菜葉陰乾，或攤屋瓦上，任霜雪打壓，至春收之，赤痢砂糖煮，白痢糖霜煮服，初痢最宜，久痢胃虛勿用。日含萊菔或飲其汁，可辟煙熏。根熟食，則辛去甘存，反滯膈停飲，或謂熟降者謬。

其子微甘而辛。利血中之氣，生則升。能吐風痰，以水擂取汁，和香油、蜜溫服，鵝翎探吐。散風寒，寬胸膈，發瘡疹。炒熟則降氣。殺辛燥以和於火，金火相合，則液化血而不化痰。消痰定喘，炒研，和皂莢灰、薑汁，蜜為丸，白湯下。治面積氣脹、氣蠱，以汁浸砂仁一夜，炒乾，再浸再炒，凡七次，為末，米飲下如神。風秘、氣秘，搗水，和皂莢末服，立通。下痢後重，止氣痛，消麵食。下氣甚速，氣行則痰化，故丹溪謂其治痰則破牆倒壁之功，虛人忌之。葉、莖溫膈下氣，久露，曬乾食，永無喉疾。

清・梁章鉅《浪跡叢談》卷八 《居易録》云：京師煤炭皆有毒，惟室中貯水盆盎中，毒即解。又或削蘆菔一片著火中，即煙不能毒人，如無蘆菔之時，預乾為末，用之亦佳。

清・文晟《新編六書》卷六《藥性摘錄》 萊菔子 味甘辛，入脾肺。生用吐風痰，炒熟下氣定喘，消食，寬膨脹。○醋研，敷癰腫立消。菔根，亦類子，生則尅血消痰，治痢。熟則生痰助濕。○凡火傷垂危，生搗蘿蔔汁，灌之即効。○並消麪毒腐積，解附子毒。治偏頭風，用近蒂青色寸許，搗汁，隨左右注鼻，兩邊痛并注之，日三四次，數日不復發。○脾胃虛寒者，切忌。○反地黃、首烏。

萊菔 即蘿蔔。味辛甘，性溫。解豆腐、麪毒，殺魚腥。生食散血，寬膈解酒，消穀化痰，利五臟。同鯽魚煮食，治嗽。多食動氣，生薑可解。服何首烏、地黃者，食之髮白。○痘疹及有目病人，忌食。誤用起瘼難開。○子，消麪積，寬膨脹。○莖葉，性溫。利膈下氣。○一種小而剛者，名諸葛菜。治軍中疫癘，時行熱病，煮水溫服，即解。乾者亦可。並詳藥部吐散。

清・張仁錫《藥性蒙求・菜部》 萊菔子葉錢半、二錢 萊菔子辛，消痰定喘。生用散寒，疹療亦擅。俗名蘿蔔子。味辛，溫。丹溪謂治痰有推墻倒壁之功。生用能吐風痰，散風寒，發瘡疹。炒熟能定欬嗽痰喘，調下痢後重，止內痛，消食除膨。○服地黃、首烏忌，虛人尤忌。○訒菴云：冬月以萊菔葉攤屋上，任霜雪打，至立春收之，煎湯治痢及咽喉痛。又曰：夏日食萊菔葉，秋不患痢。

清・王孟英《歸硯錄》卷二 蘆菔可代糧救荒。《膳夫經》云：貧窶之家，與鹽、飯偕行，號為三白。【略】。蘆菔之功，先曾祖《隨筆》中已發明之矣。冬時采其葉，懸掛樹上，或攤屋瓦上，至立春前一日收入甕中，藏固；如不乾燥，收掛屋內，候極燥入甕。凡一切喉證，洗淨濃煎，覆杯立已。並治時行、客感、斑疹、瘧痢，及飲食停滯，脹瀉疳疸痞滿諸證，無不神效。價廉功敏，極宜備之。又《瀛寰志略》云：佛郎西蘆菔造糖，味同蔗。惜未傳其法也。

清・王孟英《隨息居飲食譜・蔬食類》 蘆菔俗名蘿蔔。 生者辛、甘，涼。有去皮即不辛者，有皮味亦不辛，生啖勝于梨者，特少耳。潤肺化痰，祛風滌熱，治肺痿吐衄，欬嗽失音，塗打撲、湯火傷，救烟熏欲死，噤口毒痢，二便不通，痰中類風，咽喉諸病，解酒毒、煤毒並擣汁飲、麪毒。一名來服。言來麰之所服也。俗作萊菔。茄子毒，消豆腐積，殺魚腥氣。熟者甘溫。下氣和中，補脾運食，生津液，禦風寒，肥健人，已帶濁，澤胎養血，百病皆宜。四季有之，可充糧食，故《饍夫經》云：貧窶之家，與鹽飯偕行，號為三白，不僅為蔬中聖品已。種類甚多，以堅實無筋，皮光肉脆者勝。葷肴素饌無不宜之，亦可醃曬，作臘醬，製為脯。 守山糧，用堅實蘆菔不拘白赤，洗淨，蒸熟，俟半乾，擣爛，再以稉米舂白浸透蒸飯，擣如糊，二物等分，合杵勻，泥竹壁上，待其自乾，愈久愈堅，不蛀不爛，如遇兵荒，鑿下掌大一塊，可煑成稀粥一大鍋，食之耐飢。或做成土坯式砌牆亦可，有心有力者，不可不知之。 反胃噎食，沙石諸淋，噤口痢疾，腸風下血，蜜炙蘆菔，細嚼，任意食之。 肺痿欬血，蘆菔和羊肉或鯽魚，頻煑食。 消渴，蘆菔煑猪肉頻食，或搗汁和米煑粥食亦可。 渾身浮腫及濕熱腹脹，出了子蘆菔名地骷髏煎濃飲。 葉辛、苦。瀹過可鮮茹，可醃食，可曬乾久藏。或生菜挂乾，俟蘆菔罷時，洗淨，浸去苦味，切碎，和米煑飯，儉鄉雖有年亦爾，不僅為救荒之食也。若於立冬日采而露之，任其雨淋日曬，雪壓風吹，至立春前一日入瓮封藏，如不燥透，收懸屋內，俟極乾入瓮，(尺)〔治〕一切喉證，時行瘟疫，斑疹，瘧痢，水土不服，飲食停滯，痞滿，疳疸，脹瀉，腳氣，痧毒諸病，洗淨，濃煎服之，並效。 子，入藥治痰嗽，齁喘氣鼓，頭風，溺閉，及誤服補劑。

清·屠道和《本草匯纂》卷一吐散 萊菔子　耑入脾、肺。氣味辛甘，平，無毒。生用研汁，能吐風痰。有推牆倒壁之功，迅利莫禦。若醋研敷，則癰腫立消。炒熟則下氣定喘，消食寬膨。一生一熟，功用懸殊。菔根性味類子，生升熟降，生則剋血，消痰治痢。熟則生痰助濕。火傷垂絕，用萊菔生汁灌之即甦。打撲損傷青紫，用搗爛罯之即散。煨熟擦摩凍瘡，二三日即和。偏頭風，取近蒂青色半寸許，搗汁滴鼻孔，左痛滴右，右痛滴左，左右俱痛兩鼻皆滴，滴後仰臥少頃，日滴一次，不過六七日，永不再發。同地黃生汁服之白鬚髮，蓋生地涼血，萊菔汁破氣，安得不白。小兒瘤癥遊風，塗之即愈。並能消麵毒腐積，更解附子毒。性總耗氣傷血，脾胃虛寒，食不化者切忌。虛弱者服之，氣喘難布息。俗名蘿蔔子。

清·劉善述、劉士季《草木便方》卷二穀糧豆菜部 萊菔　老蘿蔔頭甘氣悅，氣滯腫脹除水隔。葉塗熱毒湯火瘡，子耑下氣治痰咳。

清·田綿淮《本草省常·菜性類》 水蘿蔔科　性平。下氣寬中，利大小便。

蘿蔔　一名萊菔，一名蘆菔，一名雹突，一名土酥，一名溫菘。生，性微寒；熟，性微溫。生熟皆宜，量人用之。下氣消食，散瘀化痰，利二便，解酒毒、麪毒、豆腐毒。多食耗氣滲血，令人髮白。服人參、地黃、何首烏者忌之。有紅、白色不同，化痰宜用白，散瘀宜用紅。

清·戴葆元《本草綱目易知錄》卷三 萊菔　根，辛、甘。葉，辛、苦，溫。入太陰、陽明、少陽經氣分。所主脾、肺、腸、胃、三焦之病。生食升氣。擣汁飲，消食寬中，消痰止嗽，利五臟，寬胸膈，止消渴，制麵毒，利關節，行風氣，去五臟邪惡氣，利大小便。治噤口毒痢，吐血衄血，肺痿吐血。塗打撲湯火傷。然多食則噎氣。煮熟食降氣化痰消導，主吞酸，化積滯，散瘀血，解酒毒，殺魚腥氣，治豆腐積。而多食則洩氣。同羊肉、銀魚煮食，治勞瘦咳嗽。同猪肉食益人。末服，通五淋。丸服，治白濁。煎湯洗脚氣。飲汁，治下痢及失音并煙熏欲死。多食動氣，滲人血，令人白髮。忌地黃同食，亦髮白。子：辛入肺。甘走脾。長於利氣，生能升，熟能降。升則吐風痰，散風寒，寬胸膈，發瘡疹。降則定痰喘咳嗽，調下痢後重，止內痛，下氣除脹，利大小便。

清·黃光霽《本草衍句》 萊菔子辛、甘。　入肺下氣而定喘，入脾消食以除脹。生則能升，故吐風痰而寬胸膈；熟則能降，故療後重而攻積堅。治痰有倒壁沖牆之功。　齁喘痰促，遇厚味即發，菔子淘淨，蒸餅丸，每服三十丸，津液下。　久嗽痰喘，用菔子、杏仁等分，丸服。　氣脹氣蠱，用菔子研，浸汁，炒一兩，浸炒七次，為末，米飲服。

清·陳其瑞《本草撮要》卷四 萊菔子　味辛，溫平，入手太陰經，功專長於利氣。生用吐風痰，散風寒，發瘡疹。炒熟定咳嗽痰喘，調下痢後重，止內痛，消食除膨。虛弱者忌服。得生薑搗汁，入麝少許搐鼻內，治年久頭風。

萊菔：味辛甘，平，生食升氣，熟食降氣，入手太陰經，功專寬中消食，化痰瘀散。治吐衄咳嗽吞酸，利二便，解酒毒，制麵毒，豆腐積。生搗塗跌打湯火傷。噤口痢及老人痰喘，瓦罐炖熟淡食良。反首烏、地黃，忌薑。以薑能制其毒。多食耗氣滲血。同生地食，令人白鬚髮。

清·吳汝紀《每日食物却病考》卷上 蘿蔔　一名萊菔。根：辛、甘。葉：辛、苦，溫，無毒，散氣。煮食，大下氣消穀，去痰癖，肥健人，溫中，補不足。汁服，止渴，治禁口痢，吐血衄血。同羊肉、猪肉、鯽魚煮食，益人。服地黃、何首烏者忌之。治麵及荳腐毒，故作荳腐以蘿蔔湯入其內即不成，是治腐毒之驗也。

蔊菜

宋·李昉《太平御覽》卷九八〇 蔊音竿。　《字林》曰：蔊，辛菜也。

宋·鄭樵《通志》卷七五《昆蟲草木略》 獐菜　《字林》云，味辛。南人食之，去冷氣。

明·盧和、汪穎《食物本草》卷一菜類 蔊菜　味辛。生山谷泉石間，根、葉皆可食，根尤佳。

明·李時珍《本草綱目》卷二六菜部·葷菜類 蔊菜音罕。《綱目》。校正：併入草部《拾遺》蔊菜。

【釋名】獐菜音罩。　辣米菜時珍曰：蔊味辛辣，如火焊人，故名。亦作獐。陳藏器《本草》有獐菜，云辛菜也，南人食之。不著形狀。今考《唐韻》《玉篇》並無獐字，止有蔊字，云辛菜也。則獐乃蔊字之訛爾。　【集解】時珍曰：蔊菜生南地，田園間小草也。冬月布地叢生，長二三寸，柔梗細葉。三月開細花，黃色。結細角長一二分，角內有細子。野人連根、葉拔而食之，味極辛辣，呼爲辣米菜。沙地生者尤伶仃。故洪舜俞《老圃賦》云：蔊有拂士之風。林洪《山家清供》云：朱文公飲後，輒以蔊莖供蔬品。蓋盱江、建陽、嚴陵人皆喜食之也。

【氣味】辛，温，無毒。李(廷)〔鵬〕飛曰：蔊菜細切，以生蜜洗伴或略汋食之，爽口消食。多食，發痼疾，生熱。【主治】去冷氣，腹内久寒，飲食不消，令人能食藏器。利胸膈，豁冷痰，心腹痛時珍。

明·趙南星《上醫本草》卷三 辣辣菜 一名蔊菜音罕，葤菜音罩，辣米菜。時珍曰：蔊味辛辣，如火焊人，故名，亦作䓍。陳藏器《本草》有葤菜，云辛菜也，南人食之不著形狀。今攷《唐韻》《玉篇》，並無〔此〕葤字，止有蔊字，云辛菜也，則葤乃蔊字之訛爾。蔊菜生南地，田園間小草也。冬月布地叢〔生〕，長二三寸，柔梗細葉，三月開細花黄色，結細角長一二分，角内有細子。野人連根葉拔而食之，味極辛辣，呼為辣米菜。沙地生者尤伶仃，故洪舜俞《老圃賦》云：蔊有拂士之風。林洪《山家清供》云：朱文公飲後，輒以蔊莖供蔬品。蓋盱江、建陽、嚴陵人皆喜食之也。辛，溫，無毒。主治：去冷氣，腹内久寒。飲食不消，令人能食。利胸膈，豁冷痰，心腹痛。李鵬飛曰：蔊菜細切，以生蜜洗伴，或略汋食之，爽口消食。多食發痼疾，生熱。

明·姚可成《食物本草》卷六菜部·葷辛類 蔊菜音罕。蔊菜生南地，田園間小草也。冬月布地叢生，長二三寸，柔梗細葉。三月開細花，黄色。結細角長一二分，角内有細子。野人連根、葉拔而食之，味極辛辣，呼為辣米菜。沙地生者尤伶仃。故洪舜俞《老圃賦》云：蔊有拂士之風。林洪《山家清供》云：朱文公飲後，輒以蔊莖供蔬品。蓋盱江、建陽、嚴陵人皆喜食之也。蔊菜，味辛溫，無毒。去冷氣，腹内久寒，飲食不消，令人能食。利胸膈，豁冷痰，心腹痛。○蔊菜細切，以生蜜洗拌或略汋食之，爽口消食。多食，發痼疾，生熱。

明·施永圖《本草醫旨·食物類》卷二 蔊菜多食發痼疾，生熱。味：辛，溫，無毒。治：腹内冷氣，消食，利胸膈，豁冷疾心腹痛。

清·何其言《養生食鑒》卷上 蔊菜音罕。味辛，性溫，無毒。去冷氣，利胸膈，豁冷痰，治心腹痛，令人能食。多食生熱，發痼疾。

清·趙學敏《本草綱目拾遺》正誤 蔊菜 好生高山泉源石上，與石菖一類，其味辛辣。山谷言孫崿以沙臥蔊食其苗。李東壁謂為田園小草，則誤。

清·章穆《調疾飲食辯》卷三 蔊菜 《拾遺》名葤菜，又名辣米菜。《綱目》曰：蔊味辛辣如火烘，故名。考《唐韻》《玉篇》並無葤字，止有蔊字，則葤乃蔊之謁也，生南方小草也。冬月布地叢生，長二三寸，柔梗細葉，二月開小黄花，結莢長一二分，内有細子。野人連根、葉食，味極辛辣。林洪《山家清供》曰：朱文公每酒後喜食此。考亭食性如此，格物之儒乃不知物理乎。稍有内熱者，是自速其死也。《拾遺》又曰：主久寒冷氣，飲食不消。李(廷)〔鵬〕飛曰：蔊菜拌生蜜汋食，爽口。然發痼疾，生熱病。好食辛辣人愛其爽口，與服春方人喜其縱慾，事不同而理則一。發疾，異日之憂，何暇計哉。此物性味若此，設使内無寒冷食積，長食、多食何處着落。刼陰助火，理勢必然。《素問》曰：人年四十，陰氣自半。陰氣者，精與血也。一身之中，百年之内，本自無多，加以辛熱，日日刼之，豈長有生命之理哉？司空表聖曰：六龍飛轡長相窘，更忍乘危自着鞭。言之可為寒心也。

清·吴其濬《植物名實圖考》卷六 蔊菜 《本草綱目》收之。俗呼辣米子。田野多有，人無種者，蓋野菜也。《江西志》以朱子供蔬，遂矜為奇品。云生源頭至潔之地，不常有。亦耳食之論。吾鄉人摘而醃之為菹，殊清辛耐嚼。伶仃小草，其與薺殆辛甘，各據其勝，然薺不擇地而生，此草惟生曠野，喜清而惡濁，蓋有之矣。

清·文晟《新編六書》卷六《藥性摘錄》 焊菜 出廣西萍鄉，大安里亦有之。辛，溫。去冷氣，利胸膈，豁冷痰，治心腹痛。多食生熱，發痼冷。

清·田綿淮《本草省常·菜性類》 辣菜 一名蔊菜。性熱。去腹中冷氣，豁寒痰，發痼疾。多食生邪火，齒痛目昏，或大便燥疼。瘡痔者忌之。蔊，音空。

野蘿蔔

明·姚可成《食物本草》卷首王西樓《救荒野譜》 野蘿蔔食葉。葉似蘆菔，故名。熟食。野蘿蔔，生平陸。匪蔓菁，若蘆菔。求之不難烹易熟，飢來獲之勝粱肉。

明·周履靖《茹草編》卷二 野蘿菔 開山種黄獨，黄獨凍不生。田中野蘿菔，味澹意頗真。瓦鐺石鼎幽事足，土膏雨潤生芳馨。道人肌骨已如許，閒來但註《黄庭經》。葉似蘿菔，故名。香油、鹽炒食之。

風花菜

明・朱橚《救荒本草》卷上之前　風花菜　生田野中。苗高二尺餘，葉似芥菜葉而瘦長，又多花叉，梢間開黄花如芥菜花。味辛微苦。　救飢：採嫩苗葉煠熟，換水浸，淘去苦味，油鹽調食。

大蓬蒿

明・朱橚《救荒本草》卷上之後　大蓬蒿　生密縣山野中。莖似黄蒿，莖色微帶紫，葉似山芥菜葉而長大，極多花叉，又似風花菜葉，花叉亦多，又似漏蘆葉，却微短，開碎瓣黄花。苗葉味苦。　救飢：採葉煠熟，水浸淘去苦味，油鹽調食。

水芥菜

明・朱橚《救荒本草》卷下之後　水芥菜　水邊多生。苗高尺許，葉似家芥菜葉極小，色微淡緑，葉多花叉，莖叉亦細，開小黄花，結細短小角兒。葉味微辛。　救飢：採苗葉煠熟，水浸去辣氣，淘洗過，油鹽調食。

明・朱橚《救荒本草》卷下之後　水蘿蔔　生田野下濕地中。苗初搨地生，葉似薺菜形而厚大，鋸齒尖花葉，又似水芥葉，亦厚大。後分莖叉，梢間開淡黄花，結小角兒，根如白菜根而大。味甘辣。　救飢：採根及葉煠熟，油鹽調食。生亦可食。

清・何諫《生草藥性備要》卷上　水芥菜　味苦，性寒。治小腸氣發，消熱毒，洗癬癩。

清・吴其濬《植物名實圖考》卷一三　水芥菜　水芥菜，江西瀕湖多有之。初生葉如菠菜葉，微帶紫色，抽莖開小黄花如穗。按《救荒本草》水芥葉多花叉，與此微異。或開花後葉老多叉耳。

牛耳朵菜

明・朱橚《救荒本草》卷下之後　牛耳朵菜　一名野芥菜。生田野中。苗高一二尺，苗莖似萵苣色，葉似牛耳朵形而小，葉間分攛葶叉，開白花，結子如粟粒大。葉味微苦辣。　救飢：採苗葉淘洗淨，煠熟，油鹽調食。

銀條菜

明・朱橚《救荒本草》卷下之後　銀條菜　所在人家園圃多種。苗葉皆似萵苣細長，色頗青白，攛葶高二尺許，開四瓣淡黄花，結蒴似蕎麥蒴而圓，中有子如油子大，淡黄色。其葉味微苦，性涼。　救飢：採苗葉煠熟，水浸淘淨，油鹽調食。生揉音柔亦可食。

閩骨草

清・吴其濬《植物名實圖考》卷一〇　閩骨草　産湖南寶慶山阜。鋪地生，葉如初生芥菜葉而尖，面青背白，圓齒齊匀；夏抽莖，細莖，開小白筩子花，下垂結角，子尤細。俚醫用之。

水⿱艹焯仔

明・佚名氏《醫方藥性・草藥便覽》　水⿱艹焯仔　其性溫。通水路，解蛇毒，封疔背。

生薑

唐・孫思邈《千金要方》卷二六《食治・菜蔬》　生薑　味辛，微溫，無毒，辛歸五藏。主傷寒頭痛，去痰下氣，通汗，除鼻中塞，欬逆上氣，止嘔吐，去胸膈上臭氣，通神明。黄帝云：八月、九月勿食薑，傷人神，損壽。胡居士云：薑殺腹内長蟲，久服令人少志少智，傷心性。

附：日・丹波康賴《醫心方》卷三〇　生薑　《本草》云：味辛，微溫。主傷寒頭痛，鼻塞，欬逆上氣，止嘔吐。久服去臭氣，通神明。《神農經》云：令少志少智，傷心性，不可過多耳。今案：《拾遺》云：今食薑處亦未聞人愚，無薑處未聞人智，為浪説。《膳夫經》云：食甜粥訖，勿食薑，即交吐成霍亂。空腹勿食生薑，喜令渴。崔禹（錫）云：食之去痰下氣，除風邪，味辛甜，是物為調食之主。《食科》云：男子多食者，令人尻肛緩大，女人者令其陰器緩大。孟詵云：食之除鼻塞，去胸中臭氣。《養生要集》云：微溫。食之尤良。然不可過多耳，傷心氣。又云：空腹食，喜令揚上，善為骨蒸及作癰癤。

宋・李昉《太平御覽》卷九七七　薑　《韓詩外傳》曰：宋玉因其友見楚（相）〔王〕，楚（相）〔王〕待之無以異，讓其友，其友曰：夫薑桂因地而生，不因地而辛。女因媒而嫁，不因媒而親。子之於王，未也，何怨于我也。《博物志》曰：伏波将軍，唐蜀人。煞薑法：先洒掃，別麄細為三輩，盛着籠中，作沸湯没籠，着湯中須臾，取一塊横截斷視其熟否，既熟訖，便内着甖中，細擣米末以覆上，令薑不見，訖，以向湯令復沸，便相掩，消息令甖中當自沸，沸便陰乾之。　又曰：妊娠者，不可啖生薑，令兒多指。《嶺表録異》曰：山薑，花莖葉即薑也，根不堪食。而于葉間吐花，穗如麥粒，嫩紅色。南人選未坼開者，以鹽淹藏，入甜糟中，經冬如琥珀，香辛，可重用，為膾無加也。又曰：以鹽藏曝乾，煎湯服之，極能治冷氣。

宋・唐慎微《證類本草》卷八草部中品〔《本經・別錄・藥對》〕 生薑

味辛，微溫。主傷寒頭痛鼻塞，欬逆上氣，止嘔吐。久服去臭氣，通神明。生犍爲川谷及荆州、揚州。九月採。秦椒爲之使，殺半夏、莨菪毒，惡黄芩、黄連、天鼠糞。

〔梁・陶弘景《本草經集注》〕云：乾薑，今惟出臨海、章安，兩三村解作之。蜀漢薑舊美，荆州有好薑，而並不能作乾者。凡作乾薑法，水淹三日畢，去皮，置流水中六日，更去皮，然後曬乾，置甕缸中，謂之釀也。又云：生薑，歸五藏，去痰下氣，止嘔吐，除風邪寒熱。久服少志少智，傷心氣。如此則不可多食長御，有病者是所宜爾。今人啖諸辛辣物，惟此最常。故《論語》云：不徹薑食。言可常噉，但勿過多爾。

〔唐・蘇敬《唐本草》〕注云：薑，久服通神明，主風邪，主痰氣。生者尤良。《經》云：久服通神明，即可常噉也。今云：少智少志，傷心氣，不可多食者，謬爲此說，檢無所據。

〔宋・馬志《開寶本草》〕注：陶注生薑，別出菜部韭條下，今並《唐本》注移在本條。

〔宋・掌禹錫《嘉祐本草》〕按：《藥性論》云：乾薑，臣，味苦、辛。治腰腎中疼冷，冷氣，破血去風，通四肢關節，開五藏六腑，去風毒冷痹，夜多小便。乾者治嗽，主溫中，用秦艽爲使。主霍亂不止，腹痛，消脹滿，冷痢，治血閉。病人虚而冷，宜加用之。又云：生薑，使。主痰水氣滿，下氣。生與乾並治嗽，療時疾，止嘔逆，不下食。生和半夏，主心下急痛。若中熱不能食，擣汁和蜜服之。又汁和杏人作煎，下一切結氣實，心胸擁隔，冷熱氣，神效。蕭炳云：生薑，一名母薑。孟詵云：生薑，溫。去痰下氣，多食少心智，八、九月食傷神。又冷痢，取椒烙之爲末，共乾薑末等分，以醋和麵作小餫飩子，服二七枚。先以水煮，更稀飲中重煮，出停冷，吞之，以粥飲下，空腹〔一〕日一度作之良。謹按：止逆，散煩悶，開胃氣。又薑屑末和酒服之，除偏風。汁作煎，下一切結實，衝胸膈惡氣，神驗。陳藏器云：生薑，本功外，汁解毒藥，自餘破血，調中，去冷，除痰，開胃。須熱即去皮，要冷即留皮。日華子云：乾薑，消痰，下氣，治轉筋，吐瀉，腹藏冷，反胃乾嘔，瘀血，撲損，止鼻洪，解冷熱毒，開胃，消宿食。

〔宋・蘇頌《本草圖經》〕曰：生薑，生犍爲山谷及荆州、揚州，今處處有之，以漢、溫、池州者爲良。苗高二三尺，葉似箭竹葉而長，兩兩相對。苗青根黄，無花實。秋採根，於長流水洗過，日曬爲乾薑。漢州乾薑法：以水淹薑三日，去皮，又置流水中六日，更刮去皮，然後曝之，令乾，釀於瓮中，三日乃成也。近世方有主脾胃虚冷，不下食，積久羸弱成瘵者，以溫州白乾薑一物，漿水煮，令透心潤濕，取出焙乾，擣篩，陳廩米煮粥飲，丸如梧子。一服三五十枚，湯使任用，其效如神。又《千金方》主痰澼，以薑附湯治之，取生薑八兩，附子生用四兩，四破之，二物以水五升，煮取二升，分再服。亦主卒風。禁猪肉、冷水。崔元亮《集驗方》載：敕賜薑茶治痢方，以生薑切如麻粒大，和好茶一兩椀，呷，任意，便差。若是熱痢即留薑皮，冷即去皮，大妙。劉禹錫《傳信方》：李亞治一切嗽及上氣者，用乾薑，須是合州至好者，皂莢炮去皮子取肥大無孔者，桂心紫色辛辣者削去皮，三物並別擣下篩了。各秤等分，多少任意，和合後更擣篩一遍，鍊白蜜和搜，又擣一二千杵。每飲服三丸，丸稍加大如梧子，不限食之先後。嗽發即服。日三五服。禁食葱、油、鹹、腥、熱麪，其效如神。劉在淮南與李同幕府，李每與人藥而不出方，或譏其吝。李乃情話曰：凡人患嗽，多進冷藥，若見此方用藥熱燥，即不肯服，故但出藥多效，試之信然。李卿換白髮方云：刮老生薑皮一大升，於鐺中以文武火煎之，不得令過沸，其鐺惟得多油膩者尤佳，更不須洗刷，便以薑皮置鐺中，密固濟，勿令通氣。令一精細人守之，地色未分，便須煎之，緩緩不得令火急。如其人稍疲，即換人看火，一復時即成，置於甆鉢中，極研之。李云：雖曰一復時，若火候匀，即至日西藥成矣。使時先以小物點取如麻子大，先於白鬚下點藥訖，然後拔之，再拔以手指熱撚之，令入肉。第四日當有黑者生，神效。

〔宋・唐慎微《證類本草》〕《食療》：生薑，溫。去痰下氣，除壯熱，治轉筋，心滿，去胸中臭氣，通神明。又，胃氣虚，風熱，不能食。薑汁半雞子殼，生地黄汁少許，蜜一匙頭，和水三合，頓服立差。又，皮寒，性溫。作屑末和酒服，治偏風。又，薑汁和杏人汁煎成膏，酒調服，或水調下，善下一切結實衝胸膈。《外臺秘要》：治霍亂，注痢不止，轉筋入腹欲死。生薑三兩擣破，以酒一升，煮三四沸，頓服。又方：久患咳噫，連咳四五十聲者。取生薑汁半合，蜜一匙頭，煎令熟，溫服。如此三服，立效。又方：治咳噫。生薑四兩爛擣，入蘭香葉二兩，椒末一錢匕，鹽和麵四兩，裹作燒餅熟煨，空心喫，不過兩三度。又方：去燥糞。生薑削如小指，長二寸，鹽塗之，內下部中，立通。《千金方》：治乾噦，若手足厥冷。宜食生薑，此是嘔家聖藥。又治心下痞堅不能食，胸中嘔噦。生薑八兩細切，以水三升，煮取一升，半夏五合洗去滑，以水五升，煮取一升，二味合煮取一升半，稍稍服之。又方：治喉閉并毒氣。生薑二斤擣汁，好蜜五合，慢火煎令相得，每服一合，日五服。又方：治産後穢污下不盡，腹滿。生薑二斤，以水煮取汁服，即出。《肘後方》：治霍亂，心腹脹痛，煩滿短氣，未得吐下。生薑一斤切，以水七升，煮取二升，分作三服。《經驗方》：善治狐臭，用生薑汁塗腋下，絶根本。梅師方：治霍亂吐下不止，欲死。生薑五兩，牛兒屎一升，切薑以水四升，煎取二升，分溫服。又方：治腹滿不能服藥。煨生薑綿裹，内下部中，冷即易之。孫真人：治小兒咳嗽，用生薑四兩，煎湯沐浴。孫真人《食忌》：正月之節，食五辛以辟癘氣，一曰薑。又方：八月、九月食薑，至春多眼患，損壽，減筋力。《食醫心鏡》：治嘔吐，百藥不差。生薑一兩切如菉豆大，以醋漿七合，於銀器中煎取四合，空腹和滓旋呷之。又，生薑歸五藏，理傷寒，頭痛，去痰下氣，通汗，除鼻塞，欬逆上氣，止嘔吐，去骨熱，胸膈中臭氣，除風邪，傷寒，調和飲食。湯壺居士云：薑殺腹內長蟲，久食令人少智惠，傷心性。《兵部手集》：治反胃，羸弱不欲動。母薑二斤爛搗，絞取汁作撥粥服。作時如葛粉粥法。楊氏《産乳》：胎後血上衝心。生薑五兩切，以水八升，煮三升，分三服。唐崔魏公：鉉夜暴亡，有梁新聞之，乃診之曰：食毒。僕曰常好食竹雞，多食半夏苗，必是半夏毒，命生薑捩汁，折齒而灌之，活。

宋・寇宗奭《本草衍義》卷九　生薑　治暴噎氣，嚼三兩皂子大，下嚥定，屢服屢定。初得寒熱痰嗽，燒一塊，冷，齧之，終日間嗽自愈。暴赤眼無瘡者，以古銅錢刮淨薑上取汁，于錢唇點目，熱淚出。今日點，來日愈。但小兒甚懼，不須疑，已試良驗。

宋・洪邁《夷堅志・三志己》卷八　楊立之喉癰　楊立之自廣府通判歸楚州，喉間生癰，既腫潰而膿血流注，曉夕不止，寢食俱廢，醫者為之束手。適楊吉老來赴郡守招，立之兩子走往邀之。至，熟視良久曰：不須看脈，已得之矣。此疾甚異，須先啗生薑片一斤，乃可投藥，否則無法治也。語畢即去。子有難色曰：喉中潰膿痛楚，豈宜食薑？立之曰：吉老醫術通神，其言必不妄。試以一二片啗我，如不能進，則屏去無害。遂食之。初時殊為甘香，稍復加益；至半斤許，痛處已寬；滿一斤，始覺味辛辣，膿血頓盡，粥餌入口無滯礙。明日，招吉老謝而問之。對曰：君官南方，必多食鷓鴣。此禽好啗半夏，久而毒發，故以薑制之。今病源已清，無用服他藥也。予記唐小說載崔魏公暴亡，醫梁新診之曰：中食毒。僕曰：常好食竹雞。梁曰：竹雞多食半夏苗，蓋其毒也。命捩生薑汁折齒而灌之，遂復活。甚與此相類。

金・張元素《潔古珍珠囊》〔見元・杜思敬《濟生拔粹》卷五〕　生薑　辛純陽。益脾胃，散風寒。

宋・劉明之《圖經本草藥性總論》卷上　生薑　味辛，微溫。主傷寒頭痛鼻塞，欬逆上氣，止嘔吐，去臭氣。《藥性論》云：使。主痰水氣滿，下氣。生與乾並治嗽，療時疾，止嘔逆，不下食。生和半夏，主心下急痛。若中熱不能食，搗汁和蜜服。又汁和杏仁作煎，下一切結氣實，心胸壅隔冷熱氣神効。陶隱居云：多食傷心氣。陳藏器云：汁解毒藥，自餘破血調中，去冷除痰，開胃。須熱去皮，要冷即畱皮。秦椒為之使。殺半夏、莨菪毒。惡黃芩、黃連、天鼠糞。

宋・張杲《醫說》卷三　寒嗽　晉之姪事觀音甚謹，適苦嗽，踰月夜夢老僧呼謂之曰：汝嗽只是感寒，吾有方授汝，但用生薑一物，切作薄片，焙乾為末，糯米糊元芥子大，空心米飲下三十元。覺如其言，數服而愈《癸志》。

宋・張杲《醫說》卷六　薑茶治痢　憲宗賜馬摠治瀉痢腹痛方，以生薑和皮切碎如粟米，用一大盞并草茶相等，煎服之。元祐二年，文潞公得此疾，百藥不效，而予傳此方而愈。同上。

元・王好古《湯液本草》卷六　生薑　氣溫，味辛。辛而甘，微溫，氣味俱輕，陽也。無毒。《象》云：主傷寒頭痛鼻塞，欬逆上氣。止嘔吐，治痰嗽。生與乾同治。與半夏等分，治心下急痛，銼細用。《心》云：能制半夏、厚朴之毒。發散風寒，益元氣，大棗同用。辛溫，與芍藥同用，溫經散寒，嘔家之聖藥也。辛以散之，嘔為氣不散也。此藥能行陽而散氣。《珍》云：益脾胃，散風寒。久服去臭氣，通神明。孫真人云：為嘔家之聖藥。或問東垣曰：生薑辛溫入肺，如何是入胃口？曰：俗皆以心下為胃口者，非也。咽門之下，受有形之物，係胃之繫，便為胃口。與肺同處，故入肺而開胃口也。又問曰：人云夜間勿食生薑，食則令人閉氣，何也？曰：生薑辛溫，主開發，夜則氣本收斂，反食之開發其氣，則違天道，是以不宜食，此以平人論之可也。若有病則不然。薑屑比之乾薑，不熱；比之生薑，不潤。以乾生薑代乾薑者，以其不僭故也。《本草》云：秦椒為之使。殺半夏、莨菪毒。惡黃芩、黃連、天鼠糞。

元・忽思慧《飲膳正要》卷三　生薑　味辛，微溫。主傷寒頭痛，欬逆上氣，止嘔，清神。

元・吳瑞《日用本草》卷七　子薑　即生薑之嫩者。秋社前，人收糟藏之。味辛，性溫。醋食之，發眼疾，上壅痔病，動脚氣，發灸瘡。主調中開胃，止嘔下氣。

元・吳瑞《日用本草》卷八　生薑　味辛，微溫，無毒。主傷寒頭痛鼻塞，咳嗽上氣，止嘔吐，不下食，去風邪寒熱，心下急痛，調中去冷，除痰，開胃，為諸藥使，解菌蕈及諸物毒。○搗薑汁和蜜水服之，能治中熱不能食。

元・朱震亨《本草衍義補遺・新增補》　生薑：辛，溫。俱輕陽也。主傷寒頭痛鼻塞，欬逆上氣，止嘔吐之聖藥。治咳嗽痰涎多用者，此藥能行陽而散氣故也。又〔或問〕東垣曰：生薑辛溫入肺，如何是入胃口？曰：俗皆以心下為胃口者，非也。咽門之下，受有形之物，係(謂)〔胃〕之系，便為胃口，與肺同處，故入肺而開胃口也。又問曰：人云夜間勿食生薑，食則令人閉氣，(可)〔何〕也？曰：生薑辛溫，主開發，夜則氣本收斂，反食之開發其氣，則違天道，是以不宜。若有病則不然。若破血調中，去冷除痰開胃，須熱即去皮，若要冷即留皮。

元·佚名氏《珍珠囊·諸品藥性主治指掌》〔見《醫要集覽》〕 生薑 味辛，性溫，無毒。升也，陽也。其用有四：製半夏有解毒之功，佐大棗有厚腸之益，溫經散表邪之風，益氣止胃翻之噦。

元·徐彥純《本草發揮》卷二 生薑 成聊攝云：薑、棗味辛、甘，固能發散，而又不特專於發散之用，以脾主為胃行其津液。薑、棗之用，專行脾之津液，而和榮衛者也。潔古云：生薑性溫，味辛、甘，氣味俱厚，浮而升，陽也。其用有四：制厚朴、半夏毒，一；發散風邪，二；溫中去濕，三；益脾胃藥之佐，四。東垣云：生薑為嘔家之聖藥。辛以散之，嘔為氣不散也，此物能行陽而散氣。又云：生薑消痰下氣，益脾胃，散風寒，主傷寒頭痛鼻塞，通四肢關節，開五臟六腑。又云：生薑與大棗同用，調和脾胃；辛溫與芍藥同用，溫經散寒。海藏云：孫真人言生薑為嘔家聖藥，或則東垣曰生薑辛溫入肺，如何是開胃口？俗指心下為胃口者，非也。咽門之下，受有形之物，係胃之系，便為胃口，與肺同處，故入肺而開胃口也。又問曰：人言夜間勿食生薑，食則令人閉氣，何也？曰：生薑辛溫，主開發。夜則氣本收斂，反食生薑開發其氣，則違天道，是以不宜食。此以平人論之可也，若有病則不然也。薑屑比之乾薑不熱，比之生薑不潤，以乾生薑代乾薑者，以其不僭也。

明·寇平《全幼心鑒》卷一 薑 薑味辛，微溫，無毒。生發散寒邪，炮和胃守中。

明·王綸《本草集要》卷三 生薑使 味辛甘，氣微溫。氣味俱輕，陽也。無毒。去皮即熱，留皮則冷。殺半夏毒。生者尤良。主傷寒頭痛，鼻塞，咳上氣，入肺，開胃口，益脾胃，散風寒，治痰嗽，止嘔吐，為嘔家之聖藥。久服去臭氣，通神明。無病人夜不宜食之，夜氣宜靜，薑動氣故也。佐大棗能厚腸。生和半夏，主心下急痛。搗汁，和蜜服，主中熱不能食。又汁和杏仁泥，煎成膏，水調服，下一切結氣實，心胸擁隔冷熱氣，神效。〇治痢，切如麻粒大，和好茶，煎一兩碗，任意呷之，大妙。霍亂注痢，轉筋欲死，取三兩，搗破，以酒一升煮三四沸，頓服。狐臭，用汁塗腋下，絕根本。暴赤眼，無瘡者。以古銅錢刮淨，薑上取汁，於錢唇點目，熱淚出，今日點，來日愈。

明·滕弘《神農本經會通》卷一 生薑 使也。秦椒為之使。殺半夏、莨菪毒。惡黃芩、黃連、天鼠糞。去皮則熱，留皮則冷。生者尤良。味辛，氣微溫。《湯》云：味辛，氣溫。辛而甘，微溫，氣味俱輕，陽也，無毒。東云：升也，陽也。制半夏有解毒之功。佐大棗，有厚腸之力。溫經，散表邪之風。益氣，止番胃之噦。又云：發散。《珍》云：下氣消痰，益脾胃，溫中，去濕，散風寒，行陽散氣，嘔者靈丹。《疌》云：主欬逆，痰涎嘔吐，開胃，除痰，治頭痛鼻塞。

《本經》云：主傷寒頭痛鼻塞，欬逆上氣，止嘔吐，久服去臭氣，通神明。陶云：歸五臟，去痰下氣，止嘔吐，除風邪寒熱。久服少志少智，傷心氣，不可多食。長御有病者所宜。《唐注》云：久服通神明，主風邪，主痰氣，生者尤良。《經》云久服通神明，即可常噉也。今云少智傷心氣者，謬。《藥性論》云：使。主痰水氣滿，下氣，生與乾並治嗽，療時冷，止嘔逆，不下食。生和半夏，主心下急痛。若中熱不能食，擣汁和蜜服。又汁和杏仁作煎，下一切結實，心胸擁隔冷熱氣，神効。孟詵云：謹按止逆，散煩悶，開胃氣。又薑屑末和酒服之除偏風。汁作煎下一切結實，衝胸膈惡氣。陳藏器云：本功外，汁解毒藥，自餘破血，調中，去冷，除痰，開胃。須熱即去皮，要冷即留皮。《圖經》云：治痢方，以生薑，切如麻粒大，和好茶一兩椀，呷任意，便差。若是熱痢即留皮，冷即去皮。《象》云：治痰嗽，生與乾同治。與半夏等分，治心下急痛，銼細用。《心》云：能制半夏、厚朴毒，發散風寒，益元氣。大棗同用，辛溫。與芍藥同用，溫經散氣，嘔家之聖藥也。辛以散之，嘔為氣不散也，此藥行陽而散氣。《珍》云：益脾胃，散風寒。久服去臭氣，通神明。孫真人云：為嘔家之聖藥。或問：東垣曰生薑辛溫入肺，入肺如何是入胃口？曰：俗皆以心下為胃口者，非也。咽門之下，受有形之物，係胃之系，便為胃口，與肺同處，故入肺而開胃口也。又問曰：人云夜間勿食生薑，食則令人閉氣，何也？曰：生薑辛溫，主開發，夜則氣本收斂，反食之開發其氣，則違天道，是以不宜食。此以平人論之可也，若有病則不然。薑屑比之乾薑不熱，比之生薑不潤，以乾生薑代乾薑者，以其不借故也。丹溪云：主傷寒頭痛鼻塞，欬逆上氣，止嘔吐之聖藥。治欬嗽痰涎多用者，此藥能行陽而散氣，故也。若破血，調中，去冷，除痰，開胃，須熱即去皮，要冷即留皮。劊云：生薑辛制半夏毒，佐大棗有厚腸功。濕經散表除風氣，止噦之能効最工。《局》云：生薑為使味辛溫，下氣除痰治胃翻。發散傷寒除欬逆，嘔家聖藥不虛言。（辛）（生）薑，大熱。生者則嘔家聖藥，乾者除霍亂心疼。

明·劉文泰《本草品彙精要》卷三九

生薑無毒。叢生。

生薑：主傷寒，頭痛，鼻塞，欬逆上氣，止嘔吐。久服去臭氣，通神明。名醫所錄。

【名】母薑。【苗】《圖經》曰：苗高二三尺，葉似箭竹葉而長，兩兩相對，苗青根黃，無花實。圃人種蒔用葦箔棚覆其上以避日，至深秋採之。爲嘔家之聖藥也。【地】《圖經》曰：生犍爲川谷及荊州、揚州，今處處有之。【道地】漢州、溫州、池州者良。【時】生：春生苗。採：八九月取根。【收】以濕土培藏。【用】根。【色】黃白。【味】辛，甘。【性】溫，散。【氣】氣味俱輕，陽也。【臭】香。【主】嘔逆，去痰下氣。【助】秦椒爲之使。【反】惡黃芩、黃連、天鼠糞。【製】洗去土，去皮即熱，留皮則冷。入藥切片或擣汁用。【治】療：陶隱居云：歸五臟，止嘔吐，除風邪寒熱。《藥性論》云：消痰水氣滿，止嗽及時疾，嘔逆不下食。陳藏器云：破血，調中，去冷，開胃氣。孟詵云：止逆，散煩悶。○汁，作煎，下一切結實，衝胸膈惡氣。《食療》曰：除壯熱，轉筋，心滿，去胸中臭氣，通神明。《湯液本草》云：益脾胃，散風寒。《別錄》云：止乾嘔。若手足厥冷，宜食生薑。又產後穢污下不盡，腹滿，生薑二斤，以水煮取汁服，即下。患霍亂，心腹脹痛，煩滿短氣，未得吐下，生薑一斤切，以水七升煮取二升，分作三服。治狐臭，生薑塗腋下，絕根。又小兒咳嗽，用四兩煎湯沐浴。又胎後血上衝心，以五兩切，用水八盞煮三盞，分三服。【合治】合半夏，療心下急痛。○擣汁合蜜服，治中熱不能食。○汁合杏仁作煎服，治一切結氣實，心胸壅隔，冷熱氣。○以八兩，合生附子四兩四破之，二物同水五升煮取二升，分再服，療痰澼及卒風。服此禁豬肉、冷水。○以生薑切如麻粒大，合好茶一兩椀，呷，任意，治痢。若熱痢薑留皮，冷痢去皮用。○合大棗，散風寒，益元氣。○合芍藥，溫經散寒。○薑汁半雞子殼，合生地黃汁少許，蜜一匙頭，和水三合，頓服，治胃氣虛，風熱不能食。○皮作屑末合酒服，療偏風。○以三兩擣破，合酒一升煮三四沸，頓服，療霍亂，注痢不止，轉筋入腹欲死者。○汁半合，合蜜一匙頭，煎令熟，溫服，如此三服，療久患咳噫，連咳四五十年者。○以八兩細切，用水三升煮取一升，半夏五合，洗去滑，以水五升煮取一升，二味合煮取一升半，稍稍服之，治心下痞堅不能食，胸中嘔噦。【禁】夜間勿食，令人閉氣。【解】殺半夏、莨菪毒。又制厚朴毒。

明·盧和、汪穎《食物本草》卷二菜類

薑　味辛甘，微溫。主傷寒，頭痛鼻塞，止氣入肺，開胃口，益脾胃，散風寒痰嗽，止嘔吐之聖藥，通神明，去穢惡。子薑性熱，母薑存皮性微溫，去皮性熱。無病之人，夜間勿食，蓋夜氣收斂，薑動氣故也。

明·葉文齡《醫學統旨》卷八

生薑　氣溫，味辛、甘。無毒。浮而升，陽也。去皮即熱，留皮則冷。殺半夏毒。無病人夜不宜食，夜宜靜，薑動氣故也。治傷寒頭痛鼻塞，寒熱欬上氣入肺；開胃，益脾胃，散風寒，消痰嗽，下氣去食，止嘔吐，為嘔家之聖藥。久服去臭氣，通神明。

明·許希周《藥性粗評》卷一

生薑，秦椒為之使，殺半夏、厚朴、南星、莨菪之毒，惡黃芩、黃連、天鼠糞。餘見乾薑條下。味辛，性溫，無毒。入手太陰肺、足陽明胃經。主治傷寒冒風，頭痛鼻塞，咳逆嘔吐，除痰下氣，調中去穢，益脾胃，散風寒。朱子謂其通神明，去穢污。孫思邈謂其為嘔家聖藥。行陽散氣故也。其皮涼，治熱病則留之以行外，治冷病則去之以行內。東垣云：與大棗同用，則調和脾胃；與芍藥同用，則溫經散寒。大抵二藥調理脾胃，發散風寒所必須者也。

單方：水瀉：乾薑搗末，米飲調下一錢。瘧瘵：乾薑炒黑存性，為末，臨發時以溫酒調下二錢，若已發，次日照此再服。咳噫連聲：生薑搗取汁半合，蜜一匙，調合煎熟，服之二三次，自效。男女陰症：凡男女相交而得陰陽易病，其症危急者，乾薑四兩，搗末，熟水調下，蓋覆取汗即解。轉筋入腹：凡患霍亂吐瀉，轉筋入腹欲死者，生薑三兩，搗破，酒一升，煮三四沸，頻服之。咳嗽頭旋：凡患內冷氣結，傷風咳嗽，頭旋眼花者，并以乾薑搗末，熱酒調下半錢。腹脹心煩：生薑半斤，切碎，水三升，煮取升半，分二服服之。以治霍亂吐瀉亦可。拔白變黑：老薑皮刮取一大升，入常用鍋中，有油膩者更佳，封蓋完密，勿令通氣，侵晨以文武慢火乾煎，至日西開視，如焦黑則成矣，研末收貯，每以小物點取一麻子大，於白鬚下點訖，拔之，彼必復生，再拔去，點藥穴內，以手擦之，務令入內，如此者三四次，再生必變黑矣。《孫真人食忌》：正月之節食五辛以辟厲氣，一曰薑謂初一日則食薑；八月、九月勿食薑，至春多眼患，減筋力。餘月不忌。

明·鄭寧《藥性要略大全》卷四 生薑 製半夏，有解毒之功。佐大棗有厚腸之說。溫經益氣，發散表邪之風寒；開胃益脾，兼止胃翻之噦嘔。《經》云：主傷寒頭痛，發散風邪鼻塞，咳逆上氣，止嘔吐，治痰嗽及心下急痛，益元氣，與大棗同用。若與芍藥同用，溫經散寒。嘔家之聖藥也。或問：生薑辛溫入肺，如何是入胃口？東垣曰：俗皆以心下為胃口，非也，咽門之下，受有形之物者為之胃口，與肺同處，故入肺而開胃口也。書曰：嘔者氣不散也。以薑之辛，能散其氣，故曰嘔家之要藥。味辛，性微溫，無毒。去其皮則熱，留其皮則涼。平，升也，陽也。秦椒為之使。殺半夏、莨菪毒。惡黃芩、黃連、天鼠糞。薑皮：性寒，無毒。

明·賀岳《醫經大旨》卷一《本草要略》 生薑 性溫，味辛微帶甘。辛本屬肺，心之柔也，心惟得其所勝，則氣通而宣暢，故能通神明，神明通，是心氣勝，而一身之氣皆為吾所使，而亦勝矣。一身之氣勝，則邪氣不能容矣，故能去穢惡。抑且辛甘發散，則能散在表在上之邪也。故生薑能治咳嗽痰涎，止嘔吐，開胃口，主傷風傷寒頭痛發熱，鼻塞咳逆等證。《補遺》謂夜間勿食生薑，恐令人閉氣者也。夜本收斂，薑性發散，食之反開發其氣，則違天道，是以不宜。又曰欲熱即去皮，去皮則守中而熱存也；要冷即留皮，留皮則行表而熱散也，非皮之性本冷也。

明·陳嘉謨《本草蒙筌》卷六 薑 味辛，氣微溫。氣味俱輕，升也，陽也。無毒。荊揚多種，荊州屬湖廣，揚州註前。秋月採根。沙藏常得新鮮，四時不缺。應用製莨音浪菪音蕩半朴，莨菪子、半夏、厚朴。惡鼠糞芩連。天鼠糞、黃芩、黃連。為使秦椒，入藥憑證。去皮熱，留皮涼。佐大棗益氣厚腸，兼竹(溺)〔瀝〕豁痰利竅。殺半夏毒，不麻戟咽喉。潤地黃炒，免滯泥胸膈。同陳茶葉多年者佳煎汁，疫痢禁口者可甦；拌生鹽炒泡湯，宿食裹痰者即吐。益脾開胃口，或問：生薑辛溫入肺，何是入胃口？東垣曰：俗皆以心下為胃口，非也。咽門之下受有形物者，謂之胃口，與肺同處，故入肺而開胃口也。止胃翻作嘔仙丹；溫經散寒邪，解頭疼發熱聖藥。霍亂轉筋欲死，醇酒攙汁飲佳。赤腫痛眼無瘡，銅錢刮汁點效。行津液調合榮衛，去狐臭通暢神明。宜啖春初，辟癘且助生發。勿食秋後，洩氣猶損壽元。夜氣斂收，尤全禁忌。《論語》雖曰：不撤薑食。然必食之以時，又不可過於多爾。薑屑比乾薑不熱，比生薑不潤。和酒服，能治偏風；薑皮作散調，五皮散用。堪消浮腫。去皮日曝，又名乾薑。漢州造乾薑法：以水淹薑三日，去皮，又置流水中六日，更刮去皮，方曝乾，釀于甕中三日乃成。乾則味辛，炮則味苦。氣溫大熱，氣味厚多。半浮半沉，陽中陰也。使惡併制，並與前同。乾辛專竄而不收堪治表，解散風寒濕痹鼻塞頭疼，發熱之邪；炮苦能止而不移可溫中，調理痼冷沉寒霍亂腹痛吐瀉之疾。表證肺寒欬嗽，仗五味子相助建功；裏證脉絕無陽，資黑附子為引取効。若療血虛寒熱，加入補陰藥煎；能引血藥上升，入於氣分生血。故產血去多，熱發驟盛者，倍用治之，而弗疑也。炒黑止唾血痢血良，煨研塞水瀉溏瀉妙。遇陰陽易證，用取汗立差。一云：瀉脾非瀉正氣。蓋脾中寒濕，須乾薑辛熱以燥之，故曰瀉耳。

明·方穀《本草纂要》卷七 薑 味辛，氣溫，無毒。氣味俱厚也。有二種：曰生，曰乾。生則解表，乾則溫中；生則其性散，乾則其性守；生則入太陽陽明，乾則入太陰厥陰；生則散肌表之風寒，乾則攻腸胃之寒濕；生則止嘔而泄瀉自利，乾則止痛而臍腹攻疼；生則散結開鬱而暢脾胃，乾則益陰回陽而厥逆溫中；生則佐大棗而厚腸胃，乾則君黃連而瀉陰火；生則配二陳而治寒尤絕，乾則配歸萸而治疝最良。然而血症不可用熱藥，以其血熱則行也。又姙娠禁用乾薑，以其辛能走血也。近時醫家有於吐血下血及崩漏淋產等症，迫血妄行，血藥之中反用炒黑乾薑以佐之，可以止血者，其故何也？蓋物極則反，血去多而陰不復，使陽無所附，亦得炒薑之溫，助陽之生，則陰復而歸於陽矣，奚血有不止之理乎？又生薑爲治寒之藥，而治火尤佳。吾見芩連之劑，反拌薑炒，以薑從熱之性，使熱從而受之，殊不知苦寒之劑，因其從而治其熱也，何薑之不可用乎？大抵薑之一劑，隨其性而用之，可也。設使血症而遂用乾薑，必有悮投；熱症而妄用生薑，亦有悮治。豈曰薑能通神明，去穢惡而概可用之乎？

明·寧源《食鑒本草》卷下 生薑 性純陽，味辛，溫。《經》云：帶皮用則涼，去皮用則熱。治傷寒、傷風頭疼，九竅不利，入肺開胃，止嘔吐、咳嗽喘急，去腹中寒氣，解臭穢，散風寒，通神明。《經驗方》：治霍亂吐瀉，轉筋欲死者。用生薑三兩搗碎，清酒煎三四沸，徐徐服。《活人書》：治一切咳呃欲死者。用生薑三兩，半夏一兩，水二升，煎三四沸，作三四次服。

明·王文潔《太乙仙製本草藥性大全》卷二《本草精義》 生薑 處處有

之。生犍爲川谷及荊州、揚州，以漢、溫、池三州者爲勝。苗高二三尺，葉似箭竹，葉兩對。八九月採用。若去其皮則熱，留其皮則冷。殺半夏、莨菪毒。惡黃芩、黃連、天鼠糞。薑皮：性寒無毒。

《賦》云：制半夏有解毒之功，佐大棗有厚腸之説。溫經益氣，發散表邪之風寒；開胃益脾，兼止胃翻之噦嘔。

明·王文潔《太乙仙製本草藥性大全》卷二《仙製藥性》 生薑臣 味辛、甘，氣性微溫，無毒。氣味俱輕，升也，陽也。秦椒爲之使。 主治：《經》云主傷寒頭痛，發散風邪，鼻塞，咳逆上氣，入肺，開胃口，益脾胃，散風寒，止嘔吐。治痰嗽及心下急痛，益元氣與大棗同。若與芍藥同用，溫經散寒。嘔家之聖藥。久服去臭氣，通神明，恐損目。 補註：無病人夜不宜食之，夜宜凈，薑動氣故也。佐大棗能厚腸。生和半夏主心下急痛。搗汁和蜜服，主中熱不能食。又汁和杏仁泥煎成膏，水調服，下一切結氣實，心胸擁隔，冷熱氣，神效。〇治痢，切如麻粒大，和細茶煎一兩椀，任意呷之大妙。〇霍亂注痢轉筋欲死，取三兩，搗破，以酒一升，煮三四沸即服。〇狐臭，用汁塗腋下，絕根本。〇暴赤眼無瘡者，以古銅錢刮凈薑上取汁，於錢唇點目，熱淚出，今日點來日愈。

明·皇甫嵩《本草發明》卷二 生薑中品之上，臣。氣溫，味辛，無毒。氣味俱輕，陽也。去皮即熱，留皮稍寒。 發明曰：生薑味辛，入肺胃散寒邪，益脾胃止嘔聖藥。故《本草》主傷寒頭痛，鼻塞，欬逆上氣，嘔吐，去臭氣，通神明。又主痰水氣滿，下氣，與乾薑同治嗽，療時疾，由辛能入肺，以散其邪也。入肺間，胃口即開，故止嘔吐，去穢惡，能入胃以益其氣也。〇同大棗用，益脾氣，和榮衛。同芍藥用，溫經散寒。生和半夏，主心下急痛。擣汁和蜜服，治熱不能食。和杏仁作煎，下一切結氣，心胸壅膈氣冷。〇春初食之辟癘，助生發。秋後食洩氣，損壽元。夜氣收斂，尤忌食。大冬食之，避寒。宜少食。

明·李時珍《本草綱目》卷二六菜部·葷菜類 生薑《別録》中品。校正：原附乾薑下，今分出。今自草部移入此。

【釋名】時珍曰：按許慎《説文》，薑作蘁，云禦濕之菜也。王安石《字説》云：薑能彊禦百邪，故謂之薑。初生嫩者其尖微紫，名紫薑，或作子薑；宿根謂之母薑也。【集解】《別録》曰：生薑、乾薑生犍爲山谷及荆州、揚州。九月採之。頌曰：處處有之，以漢、溫、池州者爲良。苗高二三尺。葉似箭竹葉而長，兩兩相對。苗青根黃。無花實。秋時採根。時珍曰：薑宜原隰沙地。四月取母薑種之。五月生苗如初生嫩蘆，而葉稍闊似竹葉，對生，葉亦辛香。秋社前後新芽頓長，如列指狀，採食無筋，謂之子薑。秋分後者次之，霜後則老矣。性惡濕洳而畏日，故秋熱則無薑。《呂氏春秋》云：和之美者，有楊樸之薑。楊樸地名，在西蜀。《春秋運斗樞》云：璇星散而爲薑。

【氣味】辛，微溫，無毒。藏器曰：生薑溫，要熱則去皮，要冷則留皮。元素曰：辛而甘溫，氣味俱厚，浮而升，陽也。之才曰：秦椒爲之使。殺半夏、莨菪毒。惡黃芩、黃連、天鼠糞。弘景曰：久服少志少智，傷心氣。今人啖辛辣物，惟此最常。故《論語》云，每食不撤薑。言可常食，但不可多爾。有病者是所宜矣。恭曰：《本經》言薑久服通神明，主痰氣，即可常啖。陶氏謬爲此説，檢無所據。思邈曰：八九月多食薑，至春多患眼，損壽減筋力。孕婦食之，令兒盈指。杲曰：古人言：秋不食薑，令人瀉氣。蓋夏月火旺，宜汗散之，故食薑不禁。辛走氣瀉肺，故秋月則禁之。晦庵《語録》亦有秋薑夭人天年之語。時珍曰：食薑久，積熱患目，珍屢試有准。凡病痔人多食兼酒，立發甚速。癰瘡人多食，則生惡肉。此皆昔人所未言者也。《相感志》云：糟薑瓶内入蟬蛻，雖老薑無筋。亦物性有所伏耶。

【主治】久服去臭氣，通神明《本經》。歸五臟，除風邪寒熱，傷寒頭痛鼻塞，咳逆上氣，止嘔吐，去痰下氣《別録》。去水氣滿，療咳嗽時疾。和半夏，主心下急痛。又和杏仁作煎，下急痛氣實，心胸擁隔冷熱氣，神效。搗汁和蜜服，治中熱嘔逆不能下食甄權。散煩悶，開胃氣。汁作煎服，下一切結實，衝胸膈惡氣，神驗孟詵。破血調中，去冷氣。汁，解藥毒藏器。除壯熱，治痰喘脹滿，冷痢腹痛，轉筋心滿，去胸中臭氣、狐臭，殺腹内長蟲張鼎。益脾胃，散風寒元素。解菌蕈諸物毒吴瑞。生用發散，熟用和中。解食野禽中毒成喉痹。浸汁，點赤眼。搗汁和黃明膠熬，貼風濕痛甚妙時珍。

乾生薑【主治】治嗽溫中，治脹滿，霍亂不止，腹痛，冷痢，血閉。病人虛而冷，宜加之甄權。薑屑，和酒服，治偏風孟詵。肺經氣分之藥，能益肺好古。

【發明】成無己曰：薑、棗味辛、甘，專行脾之津液而和營衛。藥中用之，不獨專於發散也。杲曰：生薑之用有四：制半夏、厚朴之毒，一也；發散風寒，二也；與棗同用，辛溫益脾胃元氣，溫中去濕，三也；與芍藥同用，溫經散寒，四也。孫真人云，薑爲嘔家聖藥，蓋辛以散之。嘔乃氣逆不散，此藥行陽而散氣也。或問：生薑辛溫入肺，何以云入胃口。曰：俗以心下爲胃口者，非矣。咽門之下，受有形之物，及胃之系，便是胃口，與肺系同行，故能入肺而開胃口也。曰：人云夜間勿食生薑，令人閉氣，何也？曰：生薑辛溫主開發。夜則氣本收斂，反開發之，則違天道矣。若有病人，則不然也。生薑屑，比之乾薑則不熱，比之生薑則不濕。以乾生薑代乾薑者，以其不僭故也。俗言上牀蘿蔔下牀薑。薑能開胃，蘿蔔消食也。時珍曰：薑辛而不葷，去邪辟惡，生啖熟食，醋、醬、糟、鹽、蜜煎調和，無不宜之。可蔬可和，可果可藥，其利博矣。凡早行山行，宜含一塊，不犯霧露清濕之氣，及山嵐不正之邪。案方廣《心法附餘》云：凡中風、中暑、中氣、中毒、中惡、乾霍亂，一切卒暴之病，用薑汁與童尿服，立可解散。蓋薑能開痰下氣，童尿降火也。頌曰：崔元亮《集驗方》載：敕賜薑茶治痢方：以生薑切細，和好茶一兩碗，任意呷之，便瘥。若是熱痢，留薑皮；冷痢，去皮，大妙。楊士瀛曰：薑能助陽，茶能助陰，二物皆消散惡氣，調和陰陽，且解濕熱及酒食暑氣之毒，不問赤、白通宜用之。蘇東坡治文潞公有效。

【附方】舊二十，新三十。痰澼卒風：生薑二兩，附子一兩，水五升，煮取二升，分再服。忌猪肉、冷水。《千金》。胃虛風熱：不能食。用薑汁半杯，生地黄汁少許，蜜一匙，水二合，和服之。《食療本草》。瘧疾寒熱：脾胃聚痰，發爲寒熱。生薑四兩，搗自然汁一酒杯，露一夜。於發日五更面北立，飲即止。未止再服。《易簡》。寒熱痰嗽：初起者。燒薑一塊，含咽之。《本草衍義》。咳嗽不止：生薑五兩，餳半升，火煎熟，食盡愈。段侍御用之有效。初虞世《必效方》。久患咳噫：生薑汁半合，蜜一匙煎，溫呷三服愈。《外臺秘要》。小兒咳嗽：生薑四兩，煎湯浴之。《千金方》。暴逆氣上：嚼薑兩三片，屢效。寇氏《衍義》。乾嘔厥逆：頻嚼生薑，嘔家聖藥也。嘔吐不止：生薑一兩，醋漿二合，銀器〔中〕煎取四合，連滓呷之。又殺腹内長蟲。《食醫心鏡》。心痞嘔噦：心下痞堅。生薑八兩，水三升，煮一升。半夏五合洗，水五升，煮一升，取汁同煮一升半，分再服。《千金》。反胃羸弱：《兵部手集》用母薑二斤，搗汁作粥食。〇《傳信適用方》用生薑切片，麻油煎過爲末，軟柹蘸末嚼咽。霍亂欲死：生薑五兩，牛兒屎一升，水四升，煎二升，分再服，即止。《梅師方》。霍亂轉筋：入腹欲死。生薑三兩搗，酒一升，煮三兩沸服。仍以薑搗貼痛處。《外臺秘要》。霍亂腹脹：不得吐下。用生薑一斤，水七升，煮二升，分三服。《肘後方》。腹中脹滿：綿裹煨薑，内下部。冷即易之。《梅師》。胸脇滿痛：凡心胸脇下有邪氣結實，硬痛脹滿者。生薑一斤，搗渣留汁，慢炒待潤，以絹包於患處，款款熨之。冷再以汁炒再熨，良久豁然寬快也。陶華《傷寒槌法》。大便不通：生薑削，長二寸，塗鹽内下部，立通。《外臺》。冷痢不止：生薑煨研爲末，共乾薑末等分，以醋和麪作餛飩，先以水煮，又以清飲煮過，停冷，吞二七枚，以粥送下，日一度。《食療》。消渴飲水：乾生薑末一兩，以鯽魚膽汁和，丸梧子大。每服七丸，米飲下。《聖惠》。濕熱發黄：生薑時時周身擦之，其黄自退也。一方：加茵蔯蒿，尤妙。《傷寒槌法》。暴赤眼腫：宗奭曰：用古銅錢刮薑取汁，於錢唇點之，淚出。今日點，明日愈，勿疑。〇一治暴風客熱，目赤睛痛腫者。臘月取生薑搗絞汁，陰乾取粉，入銅青末等分。每以少許沸湯泡，澄清溫洗，淚出妙。舌上生胎：諸病舌胎，以布染井水抹，後用薑片時時擦之，自去。《陶華方》。滿口爛瘡：生薑自然汁，頻頻漱吐。亦可爲末搽之，甚效。牙齒疼痛：老生薑瓦焙，入枯礬末同擦之。有人日夜呻吟，用之即愈。《普濟方》。喉痹毒氣：生薑二斤搗汁，蜜五合，煎匀。每服一合，日五服。食鳩中毒、食竹鷄毒、食鷓鴣毒：方並見禽部本條。中萵苣毒、中諸藥毒、猘犬傷人：並飲生薑汁即解。《小品》。虎傷人瘡：内服生薑汁。外以汁洗之，用白礬末傅上。《秘覽》。蝮蛇螫人：薑末傅之，乾即易。《千金》。蜘蛛咬人：炮薑切片貼之，良。《千金》。刀斧金瘡：生薑嚼傅，勿動。次日即生肉，甚妙。《扶壽方》。閃拗手足：生薑、葱白搗爛，和麪炒熱，盦之。跌撲傷損：薑汁和酒調生麪貼之。百蟲入耳：薑汁少許滴之。腋下狐臭：薑汁頻塗，絶根。赤白癜風：生薑頻擦之，良。並《易簡》。兩耳凍瘡：生薑自然汁熬膏塗。《暇日記》。發背初起：生薑一塊，炭火炙一層，刮一層，爲末，以猪膽汁調塗。《海上方》。疔瘡腫毒：方見白芷下。諸瘡痔漏：久不結痂。用生薑連皮切大片，塗白礬末，炙焦研細，貼之勿動，良。《普濟》。產後血滯：冲心不下。生薑五兩，水八升，煮服。產後肉綫：一婦產後用力，垂出肉綫長三四尺，觸之痛引心腹欲絶。一道人令買老薑連皮三斤搗爛，入麻油二斤拌匀炒乾。先以熟絹五尺，折作方結。令人輕輕盛起肉綫，使之屈曲作三團，納入產户。乃以絹袋盛薑，就近熏之，冷則更換，熏一日夜縮入大半，二日盡入也。云此乃魏夫人秘傳怪病方也。但不可使綫斷，斷則不可治之矣。脈溢怪症：有人毛竅節次血出不止，皮脹如鼓，須臾目、鼻、口被氣脹合，此名脈溢。生薑自然汁和水各半盞服，即安。並夏子益《奇疾方》。

薑皮　【氣味】辛，凉，無毒。【主治】消浮腫腹脹痞滿，和脾胃，去翳。時珍。

【附方】舊一。拔白換黑：刮老生薑皮一大升，於久用油膩鍋内，不須洗刷，固濟勿令通氣。令精細人守之，文武火煎之，不得火急，自旦至夕即成矣，研爲末。拔白後，先以小物點麻子大入孔中。或先點鬚下，然後拔之，以指捻入。三日後當生黑者，神效。季卿用之有驗。蘇頌《圖經本草》。

葉　【氣味】辛，溫，無毒。【主治】食鱠成癥，搗汁飲，即消。張機。

【附方】新一。打傷瘀血：薑葉一升，當歸三兩，爲末。溫酒服方寸匕，日三。范汪《東陽方》。

題明·薛己《本草約言》卷一《藥性本草》　生薑　味辛，氣溫，無毒。氣味俱輕，陽也，可升可降。制半夏有解毒之功；佐大棗，有厚腸之力。入胸腹，散逆氣之嘔噦；達玄府，散風寒之抑鬱。江云：薑汁消痰止嘔吐，暖脾胃，辛以散之。欲熱則去皮，去皮則守中而熱存。要冷則留皮，留皮則行表而熱散，非皮之本冷也。〇辛屬心肺，甘溫屬脾胃，心肺得其所勝，則氣通而宣暢，主宰而精靈，故能通神明，神明通，則心氣益勝，而一身之氣皆為吾所使，而亦勝矣。一身之氣勝，則中焦之元氣亦定，而脾胃出納之令行，邪氣不能容矣，故能去穢惡。抑且辛甘發散，又能散在表、在上之邪也。〇春初食，辟癘助生發。秋後食，洩氣損壽元。夜氣收斂，尤忌食。大冬食之避寒，宜少食。

明・梅得春《藥性會元》卷中 生薑 味辛，性溫。陽也。無毒。秦椒為使。殺半夏毒。惡黃芪。 或謂夜不宜食，以其辛溫發散之故。夜本氣靜宜收斂，食之反發散其氣，是違天道，若有病則不拘。主製半夏有解毒之功。佐大棗有厚腸之妙。溫散表邪之風，益氣，止胃翻之噦，大能發散，止痰嗽，嘔吐惡心，有痰、有熱、有虛皆可用之。為主治傷寒頭痛，鼻塞欬逆，上氣，去臭氣，止咳嗽，化痰涎，用之以其能行陽而散氣也。若破血調中，去冷除痰開胃，須去皮則性熱，若留皮其性冷也。

明・杜文夔《藥鑒》卷二 生薑 味辛，性溫，無毒。氣味俱厚，升也，陽也。製半夏，有解毒之功。佐大棗，有厚腸之益。溫經散表邪之風，益氣止翻胃之疾。古云通神明，去穢惡者，何哉？蓋以本屬肺心之系也。心惟得其所勝，則氣通而宣暢，故能通神明。神明通是心氣勝，而一身之氣皆為吾所使而亦勝矣，一身之氣勝則邪氣不能容，故能去穢惡。抑且辛甘發散，則能散在表在上之邪也。故生薑能治咳嗽痰涎，止嘔吐，開胃口，主傷寒傷風頭疼發熱，鼻塞咳逆等症。又曰：欲熱即去皮，去皮則守中而熱存也。要冷即留皮，留皮則行表而熱散，非皮之性本冷也。

明・王肯堂《傷寒證治準繩》卷八 生薑 氣微溫，味辛。氣味俱厚，浮而升，陽也。無毒。成：薑、棗味辛甘，專行脾之津液，而和榮衛。藥中用之不獨專於發散也。垣：生薑之用有四：制半夏、厚朴之毒，一也；發散風寒，二也；與棗同用，辛溫益脾胃元氣，溫中去濕，三也；與芍藥同用，溫經散寒，四也。孫真人云：薑為嘔家聖藥。蓋辛以散之，嘔乃氣逆不散，此藥行陽而散氣也。或問：生薑辛溫，入肺，何以云入胃口？曰：俗以心下為胃口者，非也。咽門之下，受有形之物及胃之系，便是胃口，與肺系同行，故能入肺而開胃口也。曰：人云夜間勿食生薑，令人閉氣，何也？曰：生薑辛溫，主開發，夜則氣本收斂，反開發之，違天道矣。若有病人，則不然也。生薑屑比之乾薑則不熱，比之生薑則不濕。以乾生薑代乾薑者，以其不僭故也。俗言上牀蘿蔔下牀薑，薑能開胃，蘿蔔消食也。要熱去皮用，要冷留皮用。

明・穆世錫《食物輯要》卷八 生薑 味辛、甘，肉性溫，皮性寒。解半夏、菌蕈、野禽之毒。生用發散，熟用溫中開胃。去穢惡，治風寒鼻塞，濕痰嘔吐。多食，損心氣，發目疾，五痔失血。凡生癤人食之，長惡肉。淮南王云：夜不食薑，以免動氣。勿食秋薑，以瀉真氣。古人亦有秋薑夭人天年之語。一云：糟老薑，入蟬蛻則無筋。

明・李中立《本草原始》卷六 生薑、乾薑 生犍為山谷及荊州、揚州，今處處有之，以漢、溫、池州者為良。苗高二三尺，葉似箭竹葉而長，兩兩相對。苗青根黃，無花實。秋採根，於長流水洗過，日曬為乾薑。漢州乾薑法：以水淹三日，去皮，又置流水中六日，更刮去皮，然後曝之令乾，釀於瓮中，三日乃成也。今人呼為白乾薑，又曰均薑。按許慎《說文》：薑，作蔃，云禦濕之菜也。王安石《字說》云：薑，能疆禦百邪，故謂之薑。初生嫩者，其尖微紫，名紫薑，或作子薑。宿根謂之母薑也。生薑：氣味：辛，微溫，無毒。主治：久服去臭氣，通神明。〇歸五臟，除風邪寒熱，傷寒頭痛鼻塞，欬逆上氣，止嘔吐，去痰下氣。〇去水氣滿，療欬嗽時疾。和半夏主心下急痛。和杏仁作煎，下急痛氣實，心胸擁隔冷熱氣，神效。擣汁和蜜服，治中熱嘔逆，不能下食。〇散煩悶，開胃氣。汁作煎服，下一切結實，衝胸膈惡氣，神驗。〇破血調中，去冷氣。汁解藥毒。〇除壯熱，治痰喘脹滿，冷痢腹痛，轉筋心滿，去胸中臭氣、狐臭，殺腹內長蟲。〇益脾胃，散風寒。〇解菌蕈諸物毒。〇生用發散，熟用和中。解食野禽中毒成喉痹。浸汁點赤眼。擣汁和黃明膠熬，貼風濕痛甚妙。〇薑屑和酒服，治偏風。〇薑皮主消浮腫，腹脹痞滿，和脾胃，去瞖。

明・張懋辰《本草便》卷一 生薑使 味辛、甘，氣微溫，氣味俱輕，陽也，無毒。去皮即熱，留皮則冷。殺半夏毒。生者尤良。主傷寒頭痛，鼻塞，欬上氣入肺，開胃口，益脾胃，散風寒，治痰嗽，止嘔吐，爲嘔家之聖藥。無病人夜不宜食之，夜氣宜靜，薑動氣故也。

明・龔廷賢《壽世保元》卷一〇 生薑治驗 嘔吐不止，用生薑一大塊，薄切，勿令折斷，層層摻鹽在內，用水濕苧麻布裹之，外用紙裹，水濕火煨，令紙乾，取出麻布并紙，將薑搗爛，和稀米湯呷服即止。北方無苧麻，用夏布亦可。　咳嗽，連嗽四五十聲者，用連皮生薑自然汁一合，加白蜜二茶匙，同放茶鍾內，燉滾，溫服，三四次即愈。　感冒風寒，發熱頭疼腹痛，用連皮生薑一大塊，連根葱白七根，連殼核桃三枚打碎，細茶一撮，水三碗，煎熱服，蓋被出汗。　痔瘡突出，疼痛不止，坐立不便，先用韭菜洗淨，以沸湯煎，於瓦木器內薰之，用手沃洗即愈。如未消，用生薑切薄片，放在痔上痛甚處，以熟艾作炷，於上灸三壯，黃水即出，自消。若肛門上有三兩個痔，三五日後，如前法逐一灸之，屢效。　老人咳嗽喘息，煩熱不下食，食即吐逆，腹脹滿，生薑汁十五合，白砂糖四兩，二味相和，微火溫之，一二十漱即止。每度含半匙，漸漸下汁。　傷寒胸膈不寬，一切寒結、熱結、水結、食結、痞結、血結、痰結、大小便結、痞氣結者，俱用生薑搗爛如泥，去汁取渣，炒熱絹包，漸漸揉熨心胸脇下，其滿痛豁然自愈。如薑渣冷，再入薑汁，再炒再熨。熱結不用炒。

明・趙南星《上醫本草》卷一　生薑　時珍曰：薑，禦濕之菜也。初生嫩者，其尖微紫，名紫薑，或作子薑，宿根謂之母薑也。性惡濕洳而畏日，故秋熱則無薑。《呂氏春秋》云：和之美者，有楊樸之薑。楊樸，地名，在西蜀。生薑之用有四：制半夏、厚朴之毒一也；發散風寒二也；與棗同用，辛溫益脾胃元氣，溫中去濕三也；與芍藥同用，溫經散寒四也。孫真人云：薑為嘔家聖藥。蓋辛以散之，嘔乃氣逆不散，此藥行陽而散氣也。案〔方〕廣《心法附餘》云：凡中風、中暑、中氣、中毒、中惡、乾霍亂，一切卒暴之病，用薑汁與童尿服，立可解散。蓋薑能開痰下氣，童尿降火也。辛，微溫，無毒。要熱則去皮，要冷則留皮。主治：益脾胃，散煩悶，開胃氣，歸五臟，除風邪寒熱，傷寒頭痛、鼻塞，欬逆上氣，止嘔吐，去痰下氣，除壯熱，治痰喘脹滿，冷痢腹痛轉筋，破血去冷氣，去水氣滿，療咳嗽時疾。久服通神明，去胸中臭氣、狐臭，殺腹內長蟲，解菌蕈諸物毒。和半夏，主心下急痛。和杏仁作煎，下急痛，氣實心胸，擁膈冷熱氣，神效。擣汁和蜜服，治中熱嘔逆，不能下食。和黃明膠熬，貼風濕痛甚妙。汁作煎服，下一切結實，衝胸膈惡氣，神驗。生用發散，熟用和中，解食野禽中毒成喉痺。浸汁，點赤眼。古人言：秋不食薑，令人瀉氣。蓋夏月火旺，宜汗散之，故食薑不禁。辛走氣瀉肺，故秋月則禁之。晦菴《語錄》亦有秋薑夭人天年之語。《相感志》云糟薑瓶內入蟬蛻，雖老薑無筋，亦物性有所伏耶。

附方　敕賜薑茶治痢方：以生薑切細，和好茶一兩盌，任意呷之，便瘥。若是熱痢，留薑皮；冷痢，去薑皮。崔元亮《集驗方》。　冷痢不止：生薑煨，研為末，共乾薑末等分，以醋和麵作餛飩，先以水煮，又以清飲煮過，停冷，吞二七枚，以粥送下，日一度。　瘧疾寒熱：脾胃聚痰，發為寒熱。生薑四兩，擣自然汁一酒盃，露一夜。于發日五更面北立，飲即止。未止再服。

欬嗽不止：生薑五兩，餳半升，火煎熟，食盡，瘉。段侍御用之有效。

小兒欬嗽：生薑四兩，煎湯浴之。　暴逆氣上：嚼薑兩三片，屢效。　乾嘔厥逆：頻嚼生薑，嘔家聖藥也。　嘔吐不止：生薑一兩，醋漿二合，銀器〔中〕煎取四合，連滓呷之。又殺腹內長蟲。　心痞嘔噦，心下痞堅：生薑八兩，水三升，煮一升；半夏五合，洗，水五升，煮一升。取汁同煮一升半，分再服。　反胃羸弱：母薑二斤，擣汁作粥食。〇又方：生薑切片，麻油煎過，為末，軟柿蘸末嚼嚥。　霍亂轉筋，入腹欲死：生薑三兩擣，酒一升，煮三兩沸服。仍以薑擣貼痛處。　霍亂腹脹，不得吐下：用生薑一斤，水七升，煮二升，分三服。　胸脇滿痛：凡心胸脇下有邪氣結實，硬痛脹滿者，生薑一斤，擣渣留汁，慢炒待潤，以絹包于患處款款熨之。冷再以汁炒，再熨，良久豁然寬快也。　暴赤眼腫：用古銅錢刮薑取汁，于錢唇點之，淚出。今日點，明日愈，勿疑。　暴風客熱，目赤睛痛腫者：臘月取生薑擣絞汁，陰乾取粉，入銅青末等分。每以少許沸湯泡，澄清溫洗，淚出，妙。

滿口爛瘡：生薑自然汁，頻頻漱吐，亦可為末擦之，甚效。　牙齒疼痛：老生薑瓦焙，入枯礬末，同擦之。有人日夜呻吟，用之即愈。　喉痺毒氣：生薑二斤擣汁，蜜五合，煎勻。每服一合，日五服。　跌撲傷損：薑汁和酒，調生麵貼之。　百蟲入耳：薑汁少許滴之。　兩耳凍瘡：生薑自然汁，熬膏塗。　發背初起：生薑一塊，炭火炙一層，〔刮一層〕為末，以猪膽汁調塗。

乾生薑：主治：治嗽溫中，治脹滿，霍亂不止，腹痛冷痢，血閉。病人虛而冷，宜加之。肺經氣分之藥能益肺。薑屑和酒服，治偏風。　薑皮：辛，涼，無毒。主治：消浮腫，腹脹痞滿，和脾胃，去翳。　薑葉：辛，溫，無毒。主治：食(繪)〔膾〕成癥，擣汁飲，即消。

明・李中梓《藥性解》卷六　生薑　味辛，性溫，無毒，入肺、心、脾、胃四經。主通神明，去穢惡，散風寒，止嘔吐，除泄瀉，散鬱結，暢脾胃，療痰嗽，制半夏。和藥要熱去皮，要冷留皮。惡黃芩。按：生薑辛入肺，肺得所勝，則氣通宣暢，主宰精靈，故能通神明，神明通則一身之氣皆為我使，而亦勝矣。一身之氣勝，則中焦之元氣定，而脾胃出納之令行，邪氣不能容矣，故能去穢惡。經云秋不食薑者，蓋以燥金主令，天道斂收。薑則味辛，善散肺氣，人肖天地以生，未有干天地之和而猶受其益者。諺所謂夜不食薑，亦以夜氣斂而薑性散爾。如療病則不可泥也，宜常用而不宜多用。

明・繆希雍《本草經疏》卷八　生薑　味辛，微溫。主傷寒頭痛鼻塞，欬逆上氣，止嘔吐。久服去臭氣，通神明。

【疏】生薑所禀與乾薑性氣無殊。第消痰止嘔，出汗散風，祛寒止泄，疏肝導滯，則功優於乾者。　主治、簡誤，竝與前同。

明・倪朱謨《本草彙言》卷一六　生薑　味辛、甘，氣溫，無毒。氣味俱厚，浮而升，陽也。入肺脾腸胃諸經。　李氏曰：薑，生漢、溫、池州，江西、浙江諸處。宜原隰沙地。四月取母薑種之，五月生苗如初生嫩蘆，又似竹葉而稍潤，兩葉對生，葉亦辛香，無花實。性惡濕洳而又畏日。如秋熱則無薑。設一莖稍黴則根病矣。秋社前後新牙頓長如列指狀。一種可生百指，皆分歧而上，即宜取出母薑，否則子母俱敗。秋分采芽，脆嫩可口，霜降後則生筋而老矣。日乾即爲乾薑。又《春秋運斗樞》云：璇星下散而爲薑。

薑：能通神明，朱文公去穢惡，散風寒，張元素和脾胃之藥也。邵起寰稿 蓋生用發散，乾則溫中。凡中風、中暑、中氣、中毒，乾嘔霍亂，一切卒暴之證，用薑汁與童便和服，立可解散。然薑能開痰下氣，童便能降火也。又生薑性散，能驅肌表之風寒；乾薑性守，能攻腸胃之寒濕。生薑止嘔而治泄瀉自利，乾薑止痛而治臍腹攻疼。生薑佐大棗而厚腸胃，乾薑君黃連而瀉陰火。生薑配二陳而治痰尤捷，乾薑配歸、茱而治疝最良。然而血證不可用熱藥，以其血熱則行也。又於吐血下血及崩漏迫血妄行，反用炒黑乾薑以佐之，可以止血，其故何也？蓋物極則反，血去多而陰不復，使陽無所附，得炒薑之溫，助陽之生，則陰復而歸於陽矣，豈血有不止之理乎？又生薑爲治寒之藥，而治火尤佳。若芩、連之劑以薑拌炒，使苦寒之劑因其從而治其熱也，何薑之不可用乎？大抵薑之一劑，從其性而用之可也。設使血證而遂用炒薑，必有誤投；熱證而妄用生薑，必有誤治。而且病痔之人，兼酒立發癰瘍之證，多食即生惡肉，豈曰薑能通神明、去穢惡而概用之乎？

沈則施先生曰：按前賢成無已云：薑、棗味辛甘，專行脾之津液而和營衛。藥中用此，亦可逐邪出汗而解。而李時珍謂：去邪辟惡，生啖熟食，醋、醬、糟、鹽、糖、蜜浸製，無所不宜。可蔬可茶，可果可藥，其用博矣。凡早行山行，宜嚼一片，不犯霧露清濕之邪及山嵐不正之氣也。　金靈昭先生曰：按前賢朱丹溪云：薑本辛熱，炒陰出陽，所以引氣藥入血分而補血，引血藥入血分而止血。如血虛發熱，產後大熱，必須用之。止血痢腸紅，及唾血、吐血、嘔血、下血，血脫面色白而夭不澤，六脉濡弱，有陰無陽者，大宜加之。如古方有用四君子配當歸、熟地，加炒黑乾薑而治氣虛血脫者；有用四物湯配人參、黃耆，加炒黑乾薑而治血虛氣弱者，有陽生陰長，陰和陽合之義云。　倪朱謨曰：生薑、乾薑，統治百病，不拘寒熱虛實，幷外感內傷及不內外因諸證。寒則爲桂、附使，熱則爲芩、連使，虛則爲參、耆、歸、芍使，實則爲枳、朴、檳、陳使。從芒硝、大黃則攻下而行，從熟地、石斛則凝斂而止。從燥藥則燥，從潤藥則潤。應外用者，或搗汁塗，或搗渣熨。治病萬種，應變無方，顧人用之何如耳。惟癰瘍痔血之證，宜禁用之。

集方：已下十二方出《方脉正宗》。治中風痰迷，人事不清。用生薑一兩，半夏、人參、白朮各五錢，水煎服。○治中暑熱極煩渴。用生薑三片，黃連一錢，知母、石膏各五錢，甘草五分，水煎，臨服時加童便一盞。○治中氣昏厥，亦有痰閉者。用生薑五錢，半夏、陳皮、木香各一錢五分，甘草八分，水煎，臨服時加童便一盞。○治中一切禽獸、蟲魚、草木諸毒。用生薑汁半盞，和糞清半盞，微溫服。○治霍亂轉筋，不吐不瀉。用生薑汁半盞，和童便半盞，食鹽五分，調勻，冷服。○治感冒風寒。用生薑五片，紫蘇葉一兩，水煎服。○治泄瀉自利。用生薑一兩，烏梅五個，煎湯調沙糖五錢，飲之。○治臍腹冷疼。用乾薑一兩，吳萸、砂仁各三錢，水煎服。○治吐血逆湧盈盆。用炒薑炭一兩，懷熟地、白芍藥各五錢，茯苓、羚羊角屑各二錢，甘草一錢，水煎服。如四肢厥冷，脉細欲脫者，加製附子、人參各五錢。○治嘔吐久不止。用炒薑炭、白朮各一兩，水煎服。○治時行寒瘧。用生薑四兩，白朮二兩，草果一兩，水五大碗，煎二碗，于未發時早飲。○治冷痰嗽。用生薑二兩，餳糖一兩，水三碗，煎至碗半，溫和徐徐飲。

續補集方：寇氏方治暴逆氣上。用生薑三片嚼之立定。○《千金方》治心下痞脹兼嘔噦者。用生薑四兩，半夏二兩，水十碗，煮二碗，徐徐服。○《外臺秘要》方治霍亂轉筋，入腹欲死。用生薑三兩搗細，入白酒內煮滚，徐徐飲，以薑渣乘熱敷痛處。○陶氏《傷寒》方治胸脇滿痛，結實硬脹者。以生薑一斤搗細炒熱，布包于患處款款熨之，冷再易。○《外臺》方治大便不通。用生薑醬內淹一日，削成尖條，納入穀道中。○陶氏《傷寒》方治濕熱發黄。用生薑周身時時擦之，漸退。○寇氏方治暴赤腫眼。用古銅錢刮薑取汁，于錢上點之，次日即愈。○陶氏方治諸病舌上生胎，以生薑片蘸鹽湯擦之自去。○《方脉正宗》治滿口爛瘡。用生薑搗汁，頻頻汩漱，甚良。○《普濟方》治齒牙疼痛。用老生薑，切成碎米，用枯礬等分拌勻，時時擦之。○《扶壽方》治刀斧金瘡。用生薑，搗極爛敷上，扎定，次日即生肉。○王千戶方治閃肭手足拌跌撲內傷。用生薑和葱白搗爛，和麪炒熱盦之。○《海上方》治腫毒初起。用老薑一塊磨汁，時時塗之，漸消。○《千金方》治一切禽獸百蟲，咬人中毒。用生薑搗汁，外敷內服，自解。○《方脉正宗》治中一切草藥食毒。用生薑搗汁半盞，徐徐飲之，即解。○同上治血痢不止。用乾薑炒成炭末五錢，真阿膠、麥麪拌炒成珠六錢，甘草、川黄連各三錢，共爲末，和勻，每服一錢，米湯調服。

薑皮：味辛而散，去表寒，消浮腫，李時珍化痞滿腹脹之藥也。煎湯代茶飲，其效立見。

薑葉：味辛而溫，散水結，張機殺魚膾生冷諸積之藥也。搗汁和酒飲，其驗如神。

治陰毒傷寒，惡寒無熱，嘔吐泄瀉，呃逆吐蛔，口鼻冷氣，水漿不入，甚至大小便不禁，語言無聲，目睛凝定，四肢厥逆，身冷如冰，先用葱搗爛炒，乘熱熨臍上，如冷再炒，换熨。內服加味理中湯：乾薑、大附子炮、人參、白朮、肉桂各一兩，甘草五錢，水煎，溫和徐徐灌之。

明・應㕑《食治廣要》卷三 生薑 氣味：辛，微溫，無毒。主人通神明，除風邪寒熱，傷寒頭痛鼻塞，欬逆上氣，〔止〕嘔吐，開胃去痰。陳藏器曰：生薑性溫，要熱則去皮，要冷則留皮。今藥引多有用薑棗者，以辛溫能益脾胃也。病目、痔疾、癰瘡，不可食。《語》云不撤薑食，然亦不可多。朱晦翁《語錄》有秋薑夭人天年之說，不可不信。《相感志》云：糟薑瓶內入蟬蛻，雖老薑無筋。亦物類有所伏耶。

明・姚可成《食物本草》卷六菜部・葷辛類 生薑 薑宜原隰沙地。四月取母薑種之。(而)〔五〕月生苗如初生嫩蘆，而葉稍闊，如竹葉對生，葉亦辛香。秋社前後新芽頓長，如列指狀，采食無筋，謂之子薑。秋分後者次之，霜後則老矣。性惡濕洳而畏日，故秋熱則無薑。

生薑：味辛，溫，無毒。久服去臭氣，通神明。歸五臟，除風邪寒熱，傷寒頭痛鼻塞，欬逆上氣，止嘔吐，去痰下氣。去水氣滿，療欬嗽時疾。和半夏，主心下急痛。和杏仁作煎，下急痛氣實，心胸擁隔冷熱氣，神效。搗汁和蜜服，治中熱嘔逆不能下食。散煩悶，開胃氣。汁作煎服，下一切結實，衝胸膈惡氣，神效。破血調中，去冷氣。汁解藥毒，除壯熱，治痰喘脹滿，冷痢腹痛，轉筋心滿，去胸〔中臭〕氣、狐臭，殺腹內長蟲。益脾胃，散風寒。解菌蕈諸物毒。生用發散，熟用和中。解食野禽中毒成喉痹。浸汁，點赤眼。擣汁和黄明膠熬，貼風濕痛甚妙。孫真人曰：八九月多食薑，至春多患眼，損壽減筋力。孕婦食之，令兒多指。李時珍曰：食薑久，積熱患目。予屢試有准。凡病痔人多食兼酒，立發甚速。癰瘡人多食，即生惡肉。此皆昔人所未言者也。《相感志》云：糟薑瓶內入蟬蛻，雖老薑無筋。亦物性有所伏耶？○生薑之用有四：制半夏、厚朴之毒，一也；發散風寒，二也；與棗同用，辛溫益脾胃元氣，溫中去濕，三也；與芍藥同用，溫經散寒，四也。薑為嘔家聖藥，蓋辛以散之，嘔乃氣逆不散。○夜間勿食生薑。夜氣收斂，反開發之，則違天道矣。俗言上牀蘿蔔下牀薑，薑能開胃，蘿蔔消食也。薑辛而不葷，去邪辟惡，生啖熟食，醋、醬、糟、鹽，蜜煎調和，無不宜之，可蔬可和，可果可藥，其利溥矣。凡早行山行，宜含一塊，不犯霧露清濕之氣及山嵐不正之邪。案《心法附餘》云：凡中風、中暑、中氣、中毒、中惡、乾霍亂，一切卒暴之病，用薑汁與童尿服，立可解散。蓋薑能開痰下氣，童尿降火也。崔元亮《集驗方》載敕賜薑茶治痢方：以生薑切細，和好茶一兩盌，任意呷之，便瘥。若是熱痢，留薑皮；寒痢，去皮，大妙。薑能助陽，茶能助陰，二物皆消散惡氣，調和陰陽，且解濕熱及酒食暑氣之毒，不問赤白通宜用之。蘇東坡治文潞公有效。

薑皮：辛，涼，無毒。消浮腫腹脹痞滿，和脾胃，去瞖。

薑葉：味辛，溫，無毒。治食鱠成癥，搗汁飲，即消。

附方：治産後肉線。一婦産後用力，至出肉線長三四尺，觸之痛引心腹欲絶。一道人令買老薑連皮三斤搗爛，入蔴油二斤拌勻炒乾。先以熟絹五尺，折作方結。令人輕輕盛起肉線，使之屈曲作三團，納入産戶。乃以絹袋盛薑，就近熏之，冷則更換。熏一日夜縮入大半，二日盡入也。云此乃魏夫人秘傳怪病方也。但不可使線斷，斷則不可治之矣。　一人毛竅節次血出不止，皮脹如鼓，須臾目、鼻、口被氣脹合，此名脉溢。　生薑自然汁和水各半盞服，即安。竝夏子益《奇疾方》。

明・顧逢柏《分部本草妙用》卷九菜部　生薑　辛溫，無毒。要熱則去皮，要冷則留皮。秦椒為使，殺半夏、莨菪毒，惡黃芩連，天鼠糞。秋季忌食，慮來春發目疾。　主治：去臭氣，通神明，除風邪寒熱，傷寒頭痛鼻塞，欬逆上氣。止嘔吐，去痰下氣。療水止嗽，逐冷熱嘔，下一切結實。殺長蟲，益脾胃。生用發散，熟用和中，解菌蕈、野禽諸毒。和黃明膠熬，貼風濕痛甚妙。　生薑之用有四：制半夏、厚朴毒；外散風寒；同棗肉辛溫，益脾胃，溫中去濕；與芍藥溫經散寒。思邈曰：薑為嘔家聖藥，辛以散之也。胃與肺係同行，故能入肺而開胃口也。

明・顧逢柏《分部本草妙用》卷四肺部・温瀉　薑　辛，溫，無毒。秦椒為使。殺半夏、莨菪毒。惡黃芩、黃連、天鼠糞。　主治：風邪寒熱，傷風頭痛，鼻塞欬逆，嘔吐，去痰下氣，散煩開胃，胸膈惡氣，冷痢腹痛轉筋，解毒。乾生薑，治嗽溫中，虛冷益肺，為肺經氣分藥。　薑之用有四：制半夏、厚朴毒；發散風寒；同棗用，益脾胃，溫中去濕；同芍藥溫經散寒。止嘔驅痰，散寒開胃之聖藥也。○凡中風、中寒、中暑、中氣、中毒、中惡，乾霍亂，一切卒暴之病，用薑汁與童便服立解，便降火毒，開痰下氣也。茶、薑各一兩，煎湯呷下，治痢，冷痢去皮，熱痢留皮，妙。

明・孟笨《養生要括・菜部》　生薑要熱則去皮，要冷則留皮。久服傷心氣，積熱患目。凡病痔多食兼酒，立發癰瘡。多食生惡肉，甚驗。　味辛，微溫，無毒。去臭氣，通神明，歸五臟，除風邪寒熱，傷寒頭痛，鼻塞欬逆上氣，止嘔吐，去痰下氣，去水氣滿。和半夏，主心下急痛。和杏仁作煎，下急痛氣實，心胸擁隔冷熱氣，神效。搗汁和蜜服，治中熱嘔逆，不能下食。散煩悶，開胃氣，破血調中。汁解藥毒。治痰喘脹滿，冷痢腹痛，轉筋心痛，殺腹內長蟲。益脾胃，散風寒，解菌蕈諸物毒。生用發散，熟用和中。解食野禽中毒，成喉痹。浸汁，點赤眼。搗汁和黃明膠熬，貼風濕痛甚妙。〔凡中風、中暑、中氣、中毒，一切卒暴之病，用薑汁與童便飲，立可解散。治痢方，以生薑切細，和好茶一兩碗，任意呷之。熱痢留皮，冷痢去皮，大妙。〕

明・李中梓《醫宗必讀・本草徵要下》　生薑味辛，熱，無毒。入肺、胃二經。要熱去皮，要冷留皮。　生能發表，熟可溫中。開胃有奇功，止嘔為聖劑。氣脹腹疼俱妙，痰凝血滯皆良。刮下薑皮，脹家必用。凡中風、中暑、中氣、中毒、中惡、霍亂，一切卒暴之症，用薑汁和童便服之。薑汁能開痰，童便能降火也。古方以薑茶治痢，熱痢留皮，冷痢去皮，大妙。忌服同乾薑。

明・鄭二陽《仁壽堂藥鏡》卷四　生薑　陶隱居云：生薑荊州出，九月採。　氣溫，味辛。辛而甘，微溫。氣味俱輕，陽也。無毒。《象》云：主傷寒頭痛鼻塞，欬逆上氣，止嘔吐，治痰嗽。生與乾同治。與半夏等分，治心下急痛，銼細用。　成聊攝云：薑、棗味辛、甘，固能發散，而又不特專於發散之用。以脾主為胃行其津液，薑、棗之用，專行脾之津液而和榮衛者也。　潔古云：生薑，性溫，味辛、甘。氣味俱厚，浮而升，陽也。其用有四：制厚朴、半夏毒，一；發散風邪，二；溫中去濕，三；益脾胃藥之佐，四。東垣云：生薑為嘔家之聖藥。辛以散之，嘔為氣不散也。此物能行陽而散氣。又云：生薑消痰下氣，益脾胃，散風寒，主傷寒頭痛鼻塞，通四肢關節，開五臟六腑。又云：生薑與大棗同用，調和脾胃。辛溫，與芍藥同用，溫經散寒。　海藏云：孫真人言生薑為嘔家聖藥。或問東垣曰：生薑辛溫入肺，如何是開胃口？俗指心下為胃口者，非也。咽門之下，受有形之物，係胃之系，便為胃口。與肺同處，故入肺而開胃口也。人問曰：人言夜間勿食生薑，食則令人閉氣，何也？曰：生薑辛溫，主開發，夜則氣本收斂，反食生薑開發其氣，則違天道，是以不宜食。此以平人論之可也，若有病則不然也。薑屑比之乾薑不熱，比之生薑不潤，以乾生薑代乾薑者，以其不僭也。　珍曰：生用發散，熟用和中。　按：生薑，辛入肺。肺氣暢，一身之氣皆為吾使，中焦之元氣定，而脾胃出納之令行，邪氣不能容矣。凡中風、中暑、中氣、中毒、中惡、中酒、食厥、痰厥、屍厥、冷厥、霍亂、昏運，一切卒暴之病，得之立救。且開鬱回陽，鬼魅不敢近。《本草》云：秦椒為之使。殺半夏、莨菪毒。惡黃芩、黃連、天鼠糞。

明・蔣儀《藥鏡》卷一温部　生薑　止嘔吐不分乎冷熱，定喘嗽獨效乎風痰。通鼻塞于發熱發寒，療頭疼于中寒中暑。製半夏而解毒，佐大棗以厚腸。去皮則守中而熱存，留皮則行表而熱散。然薑本治寒，而又能治火，何也？蓋製炒芩、連，每拌薑汁，以薑性辛熱，使熱從而受之，所以苦寒之劑，因其從而殺其熱也。

明·李中梓《頤生微論》卷三 生薑 味辛，性溫，無毒。入肺、胃二經。隔年老者良。通神明，去穢惡，主咳逆嘔吐，痰氣，解鬱，開胃消食，散風寒脹滿，冷痢腹痛轉筋，殺蟲解毒。生用發散，熟用和中。要熱去皮，要冷留皮。按：生薑辛溫之品，而張鼎謂其除壯熱，何也？夫壯熱之原，非外感風邪，即內傷飲食，薑能發散，又能消導故也。東垣曰：生薑為嘔家聖藥。蓋辛以散之，嘔乃氣逆不散也。或問辛溫入肺，何云入胃？曰咽門之下，受有形之物及胃之系，便是胃口，與肺系同行，故能開胃。夜勿食薑者，夜則主歛，反開發之，違天道矣。秋勿食薑，亦同此義。有病則不論也。夫辛能入肺，肺旺則一身之氣皆為吾用，中焦之元氣定，而脾胃出納之令行，邪氣不能容矣。凡中風中暑，中氣中毒，中惡中酒，食厥痰厥，屍厥冷厥，霍亂昏暈，一切卒暴之病，得之立救，且開鬱回陽，鬼魅不敢近，藥中之神聖也。

明·賈九如《藥品化義》卷八肾藥 薑汁 屬純陽，體滑，色黃，氣雄，味辛辣，氣熱而竄，能橫行而降，力行痰，性氣與味俱烈，入肺脾二經。薑汁味辛，辛可行滯，大能橫行散氣開痰。故竹瀝荆瀝梨汁，皆能滑利之品，然非薑汁佐之不能行痰，以此監制諸味，豁痰利竅，相須而用。其味濃性竄，只宜他汁十分之一，量用加之。

明·賈九如《藥品化義》卷一一風藥 生薑 屬陽，體潤，色黃，氣雄，味大辛，性熱云溫非，能升。力發散，性氣與味俱厚，入脾肺胃三經。生薑辛竄，單用善豁痰利竅，止寒嘔，去穢氣，通神明。助葱白頭，大散表邪。一切風寒濕熱之症，合黑棗柴甘，所謂辛甘發散為陽。治寒熱往來，及表虛發熱，佐燈心通竅利肺氣寧咳嗽。入補脾藥，開胃和脾止泄瀉。取薑皮辛涼，勿大發散，有退虛熱之功。善制南星半夏毒。

明·蕭京《軒岐救正論》卷三 生薑、煨薑、炮薑、薑皮 薑，生者同葱白主療外感，初症發汗通經，所必用也。煨者，主溫暖脾胃，性主守。炮者，性却平，止嘔吐，燥太陰之寒濕及治產後發熱有功。但患陰虛咳嗽及病久陽虛者禁之。誤用必致脫汗。薑皮性平，能引藥達表。

明·施永圖《本草醫旨·食物類》卷二 生薑能彊禦百邪，故謂之薑。味：辛，微溫，無毒。去皮則熱，留皮則涼。辛而甘溫，氣味俱厚，浮而升陽也。○秦椒為之使，殺半夏、莨菪毒，惡黄芩、黄連、天鼠糞。治：久服去臭氣，通神明，歸五臟，除風邪寒熱，傷寒頭痛鼻塞，欬逆上氣，止嘔吐，去痰下氣，去水氣滿。療欬嗽時疾。和半夏，主心下急痛。和杏仁作煎，下急痛氣實，心胸擁隔，冷熱氣，神效。擣汁和蜜服，治中熱嘔逆，不能下食，散煩悶，開胃氣。汁作煎服，下一切結實衝胸膈惡氣，神驗。除壯熱，治痰喘，脹滿，冷痢，腹痛，轉筋，心滿，去胸中臭氣，狐臭，殺腹內長蟲。益脾胃，散風寒，解菌蕈諸物毒。生用發散，熟用和中。解食野禽中毒成喉痹。浸汁，點赤眼。擣汁和黄明膠熬，貼風濕痛，甚妙。乾生薑：主：治嗽溫中，治脹滿，霍亂不止，腹痛冷痢，血閉。病人虛而冷，宜加之。薑屑，和酒服，治偏風。肺經氣分之藥，能益肺。薑棗味辛甘，專行脾之津液，而和榮衛藥中用之，不獨專於發散也。○生薑之用有四：制半夏、厚朴之毒，一也；發散風寒，二也；與棗同用，辛溫益脾胃元氣，溫中去濕，三也；與芍藥同用，溫經散寒，四也。○薑為嘔家聖藥，蓋辛以散之，嘔乃氣逆不散，此藥行陽而散氣也。夜間勿食生薑，薑氣溫，主開發，夜則氣本收斂，反開發之，則違天道矣。若有病人，則不然也。俗言：上牀蘿蔔下牀薑。薑能開胃，蘿蔔消食也。凡早行山行，宜含一塊，不犯霧露清濕之氣及山嵐不正之邪。凡中風、中暑、中氣、中毒、中惡、乾霍亂，一切卒暴之病，用薑汁與童尿服，立可解散。蓋薑能開痰下氣，童尿降火也。○治痢方：以生薑切細，和好茶一兩盌，任意呷之，便瘥。若是熱痢，留薑皮；冷痢，去皮。因薑能助陽，茶能助陰，二物皆消散惡氣，調和陰陽，且解濕熱及酒食暑氣之毒，不問赤白通宜用。

附方 痰澼卒風：生薑二兩，附子一兩，水五升，煮取二升，分再服。忌猪肉、冷水。胃虛風熱：用薑汁半盃，生地黄汁少許，蜜一匙，水三合，和服之。瘧疾寒熱：生薑四兩，搗自然汁一酒杯，露一夜，於發日五更面北立飲即止，未止再服。寒熱痰嗽：初起者，燒薑一塊，含咽之。欬嗽不止：生薑五兩，餳半升，火煎熱食，服三四次即效。久患欬噫：生薑汁半合，蜜一匙，煎溫呷服，三服愈。小兒欬嗽：生薑四兩，煎湯浴之。暴逆氣上：嚼薑兩三片，屢效。乾嘔厥逆：頻嚼生薑，嘔家聖藥也。嘔吐不止：生薑一兩，醋漿二合，銀器煎取四合，連滓呷之。又殺腹內長蟲。心痞嘔噦：心下痞堅，生薑八兩，水三升，煮一升；半夏五合，洗，水五升，煮一升。取汁同煮一升半，分再服。反胃羸弱：用母薑二斤，搗汁作粥食。○用生薑切片，麻油煎過為末，軟柹醮末嚼嚥。霍亂欲死：生薑五兩，牛兒屎一升，水四升，煎二升，分再服，即止。霍亂轉筋：入腹欲死。生薑三兩，擣，酒一升，煮三兩沸，服，仍以薑擣，貼痛處。霍亂腹脹：不得吐下，用生薑一斤，水七升，煮二升，分三服。腹中脹滿：綿裹煨薑，內下部，冷即易之。胸脇滿痛：生薑一片，擣渣留汁，慢炒待潤，以絹包于患處款款熨之，冷再以汁炒，再熨，良久豁然寬快也。大腸不通：生薑削長二寸，塗鹽，內下部立通。消渴飲水：乾生薑末一兩，以鯽魚膽汁和丸梧子大，每服七丸，米飲下。濕熱發黃：生薑時時周身擦之，其黃自退也。一方加茵蔯蒿尤妙。暴赤眼腫：用古銅錢刮薑，取汁，于錢唇點之淚出，今日點明日愈。○一治暴風客熱，目赤睛痛腫者，臘月取生薑擣絞汁，陰乾取粉入銅青末等分，每以少許沸湯泡，澄清溫洗，淚出妙。舌上生胎：諸病熱胎，以布染井水抹後，用薑片時時擦之，自去。滿口爛瘡：生薑自然汁，頻頻漱吐，亦可為末搽之，甚效。牙齒疼痛：老生薑，瓦焙，入枯礬末，同擦之。有人日夜呻吟，用之即愈。喉痹毒氣：生薑二斤擣汁，蜜五合，煎勻，每服一合，日五服。中萵苣毒、中諸藥毒、猘犬傷人：並飲生薑汁即解。虎傷人瘡：內服生薑汁，外以汁洗之，用白礬末傅上。蝮蛇螫人：薑末傅之，乾即易。蜘蛛咬人：炮薑切片，貼之良。刀斧金瘡：生薑嚼，傅，勿動，次日即生肉，甚妙。閃拗手足：生薑、葱白搗爛，和麪炒熱，盦之。跌撲傷損：薑汁和酒調生麪，貼之。百蟲入耳：薑汁少許，滴之。腋下狐臭：薑汁頻塗，絕根。赤白癜風：生薑頻擦之，良。兩耳凍瘡：生薑自然汁熬膏塗。發背初起：生薑一塊，炭火炙一層，刮一層，為末，以猪膽汁調塗。諸瘡痔漏：用生薑連皮切大片，塗白礬末炙焦，研細，貼之勿動，良。產後血滯：沖心不下，生薑五兩，水八升，煮服。產後肉線：老薑連皮三斤，搗爛，入麻油二斤，拌勻炒乾，先以熟絹五尺折作方結，令人輕輕盛起肉線，使之屈曲，作三團納入產戶，乃以絹袋盛薑就近熏之，冷則更換，熏一日夜，縮入大半，二日盡入也。脉溢怪症：生薑自然汁和水各半盞，服即安。〔蝮蛇螫人：薑末敷之，乾即易。〕

薑皮：味：辛，涼，無毒。治：消浮腫，腹脹痞滿，和脾胃，去翳。

葉：味：辛，溫，無毒。治：食鱠成癥，擣汁飲即消。

附方 打傷瘀血：薑葉一升，當歸三兩，為末，溫酒服。

明·李中梓《本草通玄》卷下 生薑 辛，溫，肺脾藥也。益脾肺，散風寒，通神明，去穢惡，止嘔吐，化痰涎，除煩悶，去水氣，消脹滿，定腹痛，殺長蟲，消宿食，理冷痢，通血閉。生用發散，熟用和中。要熱則去皮，要冷則留皮。秋多食薑，至春患眼。癰疽食薑，則生惡肉。孕婦食薑，令兒多指。孫真人云：薑為嘔家聖藥，嘔乃氣逆不散，薑則辛以散之也。夜勿食薑者，夜令主闔，而薑性主闢也。秋勿食薑者，秋令主收，而薑性主散也。早行含一塊，不犯霧露清濕之氣，山嵐不正之邪。凡中風、中暑、中氣、中毒、中惡、霍亂，一切卒暴之病，薑汁與童便同服，立效。薑能開痰下氣，童便降火也。薑皮，性涼，和脾胃，消水腫，除脹滿，去目翳。

清·顧元交《本草彙箋》卷七 薑 生薑辛竄，去皮則熱，留皮則冷。凡豁痰利竅，止寒嘔，去穢氣，則用生薑。合葱白頭，則大散表邪。合黑棗，則辛甘發散，以治寒熱往來，及表虛發熱。佐燈心，利肺氣而寧咳嗽。入補脾藥，開胃和脾，而止洩瀉。蓋取留皮則辛涼，勿大發散，有退虛熱之功。又虛症用煨生薑者，生薑解表，煨生薑解裏之表。若浮腫，腹脹痞滿之症，則專用薑皮。薑汁辛以散滯，大能橫行。凡竹瀝、荊瀝、梨汁等物，雖皆滑利之品，非薑汁佐之，不能散氣開結，其味濃，性竄，只宜他汁十分之一二加用之。生薑屑比之乾薑則不熱，比之生薑則不濕。又或以乾生薑代乾薑者，以其不僣上也。乃若乾薑乾久，體質收束，氣則走泄，味則含蓄，比生薑辛熱過之，所以止而不行，專散裏寒。配以甘草，亦取辛甘合化爲陽之義。炮之變爲苦溫，用入肝經血分。蓋肝本溫，虛則涼，以此溫養肝經，退虛熱，加二三片，助逍遙散，療血虛發熱。故產後大熱者，亦用以溫肝，則表熱自解。又能去惡養新，有陽生陰長之意。若唾血痢血，俱用炒黑乾薑，蓋微炒則溫中和胃，炒黑則止泄溫腎，故吐血之用炒黑，非黑能止血之謂也。中氣得溫，而血自各歸於經耳。

孕婦食乾薑，令兒內消，不可不知。凡早行山行，或往病家，口含生薑，可以不犯邪惡之氣。大便不通，用薑導法，以生薑削長二寸，塗鹽，內下部，立通。腋下狐臭，薑汁頻塗，可以絕根。赤白癜風，生薑頻擦之。

清·穆石皰《本草洞詮》卷七 薑 《春秋運斗樞》云：璇星散而為薑。王安石《字說》云：薑能彊禦百邪，故謂之薑。薑性惡濕洳而畏日，故秋熱則無薑。糟薑瓶內入蟬蛻，雖老薑無筋，物性有所伏也。生薑，辛，微溫，無毒。入肺經氣分。去惡氣，通神明，除風邪寒熱，頭痛鼻塞，欬逆上氣，止嘔吐，去痰除濕。生能發散，熟則和中。與芍藥同用，溫經散寒。與棗同用，辛甘相合，甲己化土，益脾胃元氣。孫思邈云：薑為嘔家聖藥。嘔乃氣逆不散，薑能行陽而散氣也。凡早行山行，宜含一塊，不犯霜露清濕之氣，及山嵐不正之邪。方廣云：凡中風，中暑，中氣，中毒，乾霍亂，一切卒暴之病，用薑汁與童便合服，立可解散。蓋薑能開痰下氣，童便能降火也。崔元亮有薑茶治痢方，以二物調和陰陽，且解暑及酒食溫熱之毒，熱痢留皮，冷痢去皮，以薑溫而皮冷也。古人言秋不食薑，晦翁《語錄》亦云：秋薑夭人天年。蓋夏月暑盛，宜汗散之，辛能走氣泄肺，故秋月禁之也。夜間勿食生薑，令人閉氣。蓋夜氣收斂，薑以發之，則違天道矣。若有病人則不然也。食薑久，積熱患目。凡病痔人兼酒立發，癰瘡人多食則生惡肉，皆當戒之。乾薑，辛溫，無毒。主溫中，消痰下氣，消宿食，通關節，宣諸絡脉，逐風濕痺。張潔古謂：乾薑陽中之陰，又謂陽中之陽，其用有四：通心助陽，一也；去臟腑沉寒痼冷，二也；發諸經之寒氣，三也；治感寒腹痛，四也。腎中無陽，脉氣欲絶者，合黑附子煎服，名薑附湯，亦治中焦寒邪，寒淫所勝，以辛散之也。乾薑本辛，炮之稍苦，性便止而不移，能治裏寒，非若附子行而不止，故仲景理中湯用之。多用則耗元氣，壯火食氣故也。凡服乾薑，以治中者必僭上，不可不知。《太清外術》云：孕婦不可食乾薑，令胎内消。蓋性熱而辛散故也。

清・丁其礐《壽世秘典》卷三　生薑初生嫩者，其尖微紫，名紫薑或作子薑，宿根謂之母薑也。性惡濕洳而畏日，故秋熱則無薑。　氣味：辛，溫，無毒。主通神明，歸五臟，除風邪寒熱，傷寒頭痛，鼻塞欬逆上氣，止嘔吐，去痰下氣。生用發散，熟用和中。解食野禽中毒及菌蕈諸物毒。　發明陳藏器曰：生薑溫，要熱則去皮，要冷則留皮。李杲曰：古人言秋不食薑，令人瀉氣。蓋夏月火旺，宜汗散之，故食薑不禁。辛走氣瀉肺，故秋月則禁之。晦菴《語録》亦有秋薑夭人天年之語。又云：夜間勿食薑，夜氣收斂，反開發之，則違天道矣，病人則不忌。李時珍曰：食薑久，積熱患目，屢驗。凡病痔人多食兼酒，立發甚速。癰瘡人多食，則生惡肉，此皆昔人所未言者也。凡早行、山行宜含一塊，不犯霧露清濕之氣，及山嵐不正之邪。方廣《心法附餘》云：凡中風、中暑、中氣、中毒、中惡、乾霍亂，一切卒暴之病，用薑汁與童便服，立可解散。蓋薑能開痰下氣，童便降火也。薑皮，辛，涼，無毒。能消浮腫、腹脹痞滿，和脾胃，去腎利，益弘多。

清・劉雲密《本草述》卷一五　薑　生薑：氣味：辛，微溫，無毒。潔古曰：辛而甘溫，氣味俱厚，浮而升陽也。主治：入肺開胃，止嘔吐，消痰下氣，開五臟六腑，通四肢關節，歸五臟，除風邪寒熱，並咳逆上氣。生和半夏主心下急痛。汁和杏仁泥煎成膏，水調服，下一切急痛氣實，心胸壅隔冷熱氣。搗汁合蜜服，治中熱嘔逆，不能下食。浸汁點赤眼。搗汁和黄明膠熬，貼風溼痛甚妙。《本經》曰：久服通神明。　成無己曰：薑、棗味辛甘，固能發散而又不特專於發散之用，以脾主為胃行其津液，薑、棗之用，專行脾之津液，而和營衛者也。　杲曰：生薑之用有四，制半夏、厚朴之毒，一也；發散風寒，二也；與棗同用，辛温益脾胃元氣，温中去溼，三也；與芍藥同用，溫經散寒，四也。孫真人云：薑為嘔家聖藥。蓋辛以散之，嘔乃氣逆不散，此藥行陽而散氣也。又曰：生薑消痰化氣。《類明》曰：生薑去溼，只是溫中益脾胃，脾胃之氣溫和健運，則溼氣自去矣。其消痰者，取其味辛辣，有開豁冲散之功也。愚按：溼去則痰自消。　又曰：生薑行陽者，使陽氣流行也。散氣者，使滯氣開散也。蓋能行陽，故散氣也。其能然者，性溫味辛甘之功。　時珍曰：薑辛而不葷，去邪辟惡。凡早行山行，宜含一塊，不犯霧露清溼之氣，及山嵐不正之邪。按方廣《心法附餘》云：凡中風、中暑、中氣、中毒、中惡、乾霍亂，一切卒暴之病，用薑汁與童便服，立可解散。蓋薑能開痰下氣，童便降火也。

附方　瘧疾由脾胃聚痰，發為寒熱，生薑四兩，搗自然汁一酒盃，露一夜，於發日五更，面北立飲，即止。咳嗽不止，生薑五兩，餳半升，火煎熟，食盡愈。　乾嘔厥逆，頻嚼生薑，嘔家聖藥也。　嘔吐不止，生薑一兩，醋漿二合，銀器煎取四合，連滓呷之，又殺腹内長蟲。　心下痞堅，嘔噦，生薑八兩，水三升，煮一升，半夏五合，洗，水五升，煮一升，取汁，同煮一升半，分再服。

愚按：凡物皆有表裏，與人身無二。生薑味辛，留皮者本入肺而開胃，肺胃合而陽氣乃行，故能開五臟六腑，通四肢關節，是其由表入裏，本為行陽達氣之味，不止治風寒一證。然風寒乃傷乎表者，固其的對耳。若乾薑之兩去皮，則有裏而無表，又似自裏而徐達之經也。朱丹溪先生之論極確。乾生薑乃留皮自乾者，與生薑之用不殊，但不潤，可入丸散，較之乾薑則不熱也。

乾薑　造乾薑法：取生者水淹三日，去皮，置流水中六日，更刮去皮，曬乾，置磁甕中釀三日，紫色乃成。

按：丹溪曰：留皮則冷，去皮則熱，非皮之性本冷也。蓋留皮則行表而熱去，去皮則守中而熱存耳。

氣味：辛，溫，無毒。　齊司徒褚澄曰：苦辛。　潔古曰：乾薑氣薄味厚，半沉半浮，可升可降，陽中之陰也。又曰：大辛大熱，陽中之陽。好古曰：大熱。　生用味辛，與留皮生薑較熱。然散邪走表不異，主治寒嗽胸滿，咳逆上氣，溫中出汗，逐風溼痹。炮用則味苦性守，以守為行，與生薑異，溫脾胃，治裏寒水泄下痢，霍亂脹滿，脾寒瘧疾，及心腹或腰腎冷痛，一切下焦寒溼，沉寒痼冷，腎中無陽，脈氣欲絶，傷寒陰陽易病。童便炒黑，止鼻衄唾血，血痢崩漏；與補陰藥同用，能引血藥入氣分生血，治血虛發熱，及產後血虛大熱。　潔古曰：乾薑其用有四，通心助陽，一也；去臟腑沉寒痼冷，二也；發諸經之寒氣，三也；治感寒腹痛，四也。腎中無陽，脈氣欲絕，黑附子為引，水煎服之，名薑附湯，亦治中焦，故理中湯用之，寒淫所勝，以辛散之也。　杲曰：乾薑生辛炮苦，陽也。生則遂寒邪而行表，炮則除胃冷而守中。乾薑用炮以守中者，除中氣之寒，非干外邪也。仲景治少陰下痢，便膿血，桃花湯中乾薑不炮；治傷寒熱利，赤石脂丸中，乾薑炮，有黃連、當歸，此又當条，氣虛而熱利者，即是中氣之寒也。故曰：乾薑之辛熱，以散裏寒。同五味子用以溫肺，同人參用以溫胃。　好古曰：乾薑，心脾二經氣分藥也。故補心氣不足。又曰：主心下寒痞，目睛久赤。　丹溪曰：乾薑入肺中利肺氣，入胃中燥下溼，入肝經引血藥生血，同補陰藥亦能引血藥入氣分生血，故血虛發熱，產後大熱者用之。產後大熱，能佐人參收耗散而補陰。止唾血痢血，須炒黑用。有血脫色白面夭不澤，脈儒者，此大寒也，宜乾薑之辛溫以益血，大熱以溫經。　希雍曰：乾薑生用，同橘皮、烏藥、白豆蔻，除胸滿咳逆上氣。繆氏主治，条互此條極當。

同紫蘇、桂枝，能溫中出汗，加朮則能逐風溼痹。　同朮、茯苓、人參、甘草，治下痢寒冷腹痛。　炒黑同生地黃、白芍藥、當歸、牛膝，治產後惡露不盡，血虛發熱。　同地黃、地榆、芍藥、麥門冬、人參、黃芪、甘草、升麻，治腸澼下血。　同藿香、縮砂、橘皮、紫蘇、木香，治中惡。　去木香加木瓜，則治霍乱脹滿。　加桂枝并治風邪諸毒，皮膚間結氣。　同橘皮、人參，止胃虛嘔逆。　同橘皮、朮、貝、茯苓，治痰瘧久不愈。　同人參、朮、桂枝、橘皮治寒瘧。　同人參、朮、甘草治虛寒泄瀉，中寒作泄。

附方　脾胃虛弱，飲食減少，易傷難化，無力肌瘦，用乾薑頻研四兩，以白餳切塊，水浴過，入鐵銚溶化，和丸梧子大，每空心米飲下三十丸。　頭暈吐逆，胃冷生痰也，用川乾薑炮二錢半，甘草炒一錢二分，水一鍾半，煎減半服。　中寒水泄，乾薑炮，研末，粥飲服二錢，即效。　寒痢青色，乾薑切大豆大，每米飲服六七枚，日三夜一，累用得效。　血痢不止，乾薑燒黑存性，放冷為末，每服一錢，米飲下，神效。　脾寒瘧疾，乾薑炒黑，為末，臨發時以溫酒服三錢匕。

愚按：薑之味辛，辛者，金也。然四月種種，五月生苗，至秋社前後，新芽頓長，秋分采芽，柔嫩可口，霜後則老而多筋。即此觀之，豈非金以火始，火以金終者歟？火為金之始，故當盛夏而葉即辛香可爱，金為火之終，故秋熱則無薑。盧氏云點火成金，金復歸火，盡金之性，所以全火之用之數語者可參，此《本經》所以謂其久服通神明，《別錄》所以謂其歸五臟也。若猶是泛泛辛溫之物，何以通神明，歸五臟乎。《經》所云毛脈合精，行氣於府，府精神明，留於四藏者，非此味能事之一證乎。雖然，此生薑之能事也，乃炮而用之，其效殊多，不與秋熱則無薑之義戾耶？曰：薑雖以辛而屬金，然生則盡火之用，炒則存火之體，如諸本草有言其散標寒。而生用者，如治寒嗽胸滿，咳逆上氣，出汗，逐風溼痹，有言其治裏寒。而炮用者，如因寒泄痢，霍乱脹滿，脾寒瘧疾，又腹中並腰腎冷痛，一切病人虛冷，是固然矣。第未深悉於生用者，盡金之性所以全火之用也。炒用者存火之體，所以全金之性也。先哲曰：生用味辛，炮用味苦，苦者，火也。又曰：炮者善守，以守為行，其義又不徒言除裏寒已也。葢氣者，火之靈，生於火而統於金。生者，金之氣暢，而火之用乃暢。炒者，火之體守，而金之氣乃存。人知其為治裏寒，不知病本乎中氣者，久則虛寒，無論純乎寒之證，即中氣虛而化熱，須此守中而後可酌用治熱之劑。氣虛化熱，熱化痰，治用炒乾薑。案見痰熱條。此先哲隱而未發之旨也。抑引血藥入氣分而生血者，是義何若？夫陽中之太陽，心也。陽中之少陰，肺也。離中原有坎，更肺得腎氣之上至者，下降入心，火中之水得此，如紅爐點化，而合於胃中之鼓煽，其血乃成，所以炮用者，歛金之性，歸火之用，使火中之水藉其母氣而生化爾。至止唾血痢血而用炒黑者，葢火從水化，使浮陽不僭，以守中者入涼血劑中，使寒不凝，而血乃和，是固妙有調劑耳。然須知其性味，即一物而殊，有留皮去皮之異。生薑、乾生薑，留皮者也。製乾薑，去皮者也。留皮者，從表而之裏。去皮者由中而之經。乾薑又有生用、炮用之異，生用者熱而猶散，炮用者熱而善守。炮薑又有黑與不黑之異，不黑者溫中寒，即治血分虛寒而無熱，若產後血虛發熱之類；黑者治中氣虛而化熱，因以傷血，如唾血痢血之類。然治化熱傷血，須同童子便炒黑。所以用乾薑者，除病之因於寒者可以生用，此外皆炮用，但因其所病而炮有微甚耳。即治中氣虛冷，亦未可生用，恐反散氣也。其主治歷歷有別，未可混投也。

東垣曰：多用則耗散元氣，葢辛以散之，則壯火食氣，須生甘草緩之。

海藏曰：服乾薑以治中者必僣上，不可不知。希雍曰：乾薑大辛，能散氣走血，久服損陰傷目，陰虛內熱，陰虛咳嗽吐血，表虛有熱，汗出、自汗、盜汗，臟毒下血，因熱嘔惡，火熱腹痛，法並忌之。

清・郭章宜《本草匯》卷一三 生薑 辛，溫，氣味俱厚，浮而升，陽也，入手足太陰、足陽明經。生能發表，熟可溫中。調胃有奇功，止嘔為聖藥。除風寒，去惡氣。通神明，療鼻塞。氣脹腹疼俱妙，痰凝血滯皆良。和半夏主心下急痛，同杏仁下氣實擁膈。

按：生薑，行陽而散氣之藥也。所禀與乾薑性氣無殊，第消痰止嘔，出汗散風祛寒，止泄疏肝導滯，則功優于乾薑耳。生薑之用有四：制半夏、厚朴之毒，一也；發散風寒，二也；與棗同用，辛溫益脾胃元氣，溫中去濕，三也；與芍藥同用，溫經散寒，四也。不獨專于發散也，兼能和榮衛而行脾之津液焉，入肺而開胃口。孫真人云：薑為嘔家聖藥，潤而不燥。嘔乃氣逆不散，薑則辛以散之也。東垣云夜勿食薑者，夜主闔，而薑主闢也。秋勿食薑者，秋主收，而薑主散也。古人云：秋不食薑，令人瀉氣。夏月火旺，宜汗散之，故食薑不禁。早行含薑，不犯霧露之氣，及山嵐不正之邪。凡中風、中氣、乾霍亂，一切卒暴之病，薑汁與童便同服立効。蓋薑能開痰下氣，童尿降火也。同棗用，益脾胃而去濕。與芍藥，溫經而散寒。古方以薑茶治痢，熱痢留皮，冷痢去皮，薑助陽，而茶助陰，且解濕熱暑氣之毒，甚妙。

去皮則熱，留皮則冷。秦椒為之使。殺半夏毒。惡黄芩、黄連。病痔人忌之。癰瘡人多食，則生惡肉。《相感志》云糟薑瓶內入蟬蛻，雖老薑無筋，亦物性有所伏耶。

清・尤乘《食鑒本草・菜類》 生薑 專開胃，主嘔吐，行藥滯，制半夏毒。諺云上床蘿蔔下床薑，蓋夜食則蘿蔔可消，清晨則薑能禦風解穢開胃通神。九月九日忌食，損壽。

清・朱本中《飲食須知・味類》 生薑 味辛、甘，肉性溫，皮性寒。生發散，熟溫中。多食損心氣，發目疾、五痔、失血。凡患瘡癤人食之，長惡肉。妊婦多食生薑，助胎熱，令子生瘡疥，或生多指。多食辛辣，皆能損胎。夜不食薑，免耗真氣。忌同猪肉、牛肉、馬肉、兔肉食。秋薑宜少食，能瀉氣夭年。乾薑久食，令人目暗。妊婦食之，令胎內消，蓋其性大熱而辛散也。糟老薑入蟬蛻，則無筋。

清・何其言《養生食鑒》卷下 生薑嫩者，名子薑；老者，名母薑。入藥用老者，子薑只可作菜，不宜多食。 味辛，性溫，無毒。去皮則熱，留皮則冷，解半夏、菌蕈、野禽之毒。生用，發散。熟用，溫中開胃，去穢惡，治風寒鼻塞，濕痰嘔吐。多食損心氣，發目疾。五痔、腸風下血、生瘡癤人食之，長惡肉。夜間勿食。秋天宜少用，恐洩真氣。

清・蔣居祉《本草擇要綱目・熱性藥品》 生薑 氣味：辛，微溫，無毒。浮而升，陽也。 主治：久服去臭氣，通神明。其用有四：制厚朴、半夏毒，發散風邪，溫中去濕，益脾胃藥中之佐。主傷寒頭痛鼻塞，通四肢關節，開五臟六腑。與大棗同用，調和脾胃。與芍藥同用，溫經散寒。或問生薑辛溫入肺，何以云入胃口？曰：俗以心下為胃口者，非也。咽門之下，受有形之物，及胃之系便是胃口，與肺系同行，故能入肺而開胃口也。又或問：夜間勿食生薑，令人閉氣何也？曰：生薑辛溫，主開發，夜則氣本收斂，反開發之，則違天道，故夜不宜食也。凡早行山谷，口含少許，不犯霧露清濕之氣及山嵐不正之邪。凡中風、中暑、中氣、中毒、中惡、乾霍亂，一切卒暴之病，用薑汁與童便服之，立可解散。不徹薑食，言可常食，以通神明也。不多食，恐其太辛走氣也。秋不食薑，令人瀉氣。以夏月火旺，宜汗散之，故食之不禁。秋則肺氣宜收，所當禁也。去皮用則溫，留皮則涼。

清・閔鉞《本草詳節》卷七 生薑 【略】按：生薑之用有四：制半夏、厚朴毒，一也；發散風寒，二也；與棗同用，行脾之津液，而和營衛，不專於發散，三也；與芍藥同用，溫經散寒，四也。孫真人云：薑為嘔家聖藥。蓋嘔乃氣逆不散，薑辛行陽而散氣也。人但知為胃藥，而不知胃系與肺系同行，肺系入心，故又通心肺，心肺氣正，則一身之氣正，而邪氣不能容矣。丹溪云：留皮則冷，去皮則熱。蓋留皮則行表而熱去，去皮則守中而熱存耳。又謂補肝虛者，肝氣鬱，得其辛散而鬱舒，故云補也。

清・王翃《握靈本草》卷六 生薑今出宣州。 主治：生薑，辛，微溫，無毒。主去(鼻)〔臭〕氣，通神明，除風邪寒熱，頭痛鼻塞，欬逆上氣，止嘔吐，去痰下氣。生用發散，熟用和中。

清・汪昂《本草備要》卷四 生薑宣，散寒發表，止嘔開痰。 辛，溫。行陽分而祛寒發表，宣肺氣而解鬱調中，暢胃口而開痰下食。治傷寒頭痛，傷風鼻塞，辛能入肺，通氣散寒。咳逆嘔噦，有聲有物爲嘔，有聲無物爲噦，有物無聲爲吐。其症或因寒、因熱、因食、因痰，氣逆上衝而然。生薑能散逆氣，嘔家聖藥。東垣曰：辛藥生薑之類治嘔吐，但治上焦氣壅表實之病。若胃虛穀氣不行、胸中閉塞而嘔者，惟宜益胃、推揚穀氣而已，勿作表實用辛藥瀉之。丹溪曰：陰分咳嗽者，多屬陰虛，宜用貝母，勿用生薑，以其辛散也。昂按：人特知陳皮、生薑能止嘔，不知亦有發嘔之時。以其性上升，如胃熱者非所宜也。藿香亦然。胸壅痰膈，寒痛濕瀉。消水氣，行血痹，產後血上衝心，及污穢不盡，煎服亦良。通神明，去穢惡，救暴卒，凡中風、中氣、中暑、中惡暴卒等症，薑汁和童便飲效。薑汁開痰，童便降火也。療狐臭，薑汁頻塗。搽凍耳。熬膏塗。殺半夏、南星、菌蕈、野禽毒，野禽多食半夏，故有毒，生薑能解之。辟霧露山嵐瘴氣。早行含之。搗汁和黃明膠熬，貼風濕痹痛。久食兼酒，則患目發痔積熱使然。瘡癰人食之則生惡肉。薑皮：辛，涼。和脾行水。治浮腫脹滿。以皮行皮，五皮散用之。成無己曰：薑、棗辛甘，能行脾胃之津液而和營衛，不專于發散也。東垣曰：夜不食薑者，夜主闔而薑主闢也。秋不食薑者，秋主收而薑主散也。妊婦多食薑，令兒歧指，象形也。秦椒爲使。惡黃連、黃芩、夜明砂。糟薑內入蟬蛻，雖老無筋。

清・陳士鐸《本草新編》卷四 生薑 味辛、辣，大熱。通暢神明，辟疫癘，且助生發之氣，能祛風邪。薑通神明，古誌之矣。然徒用一二片，欲遽通神明，亦必不得之數。或用人參，或用白术，或用石菖蒲，或用丹砂，彼此相濟，而後神明可通，邪氣可辟也。生薑性散，能散風邪，傷風小恙，何必用桂枝。用生薑三錢，搗碎，加薄荷二錢，滚水沖服，邪即時解散，真神妙方法。

或問：生薑發汗，不宜常服，有之乎？曰：生薑四時皆可服，但不宜多服，多服散氣，豈特發汗哉。

或問：生薑辛散，既能散氣，似不宜常服，然而多服則正氣受傷，少服則正氣無害，又不可過于避忌，坐視而不收其功也。至于偶受陰寒，如手足厥逆，腹痛繞腹而不可止，不妨多用生薑，搗碎炒熱，熨于心腹之外，以祛其內寒也。

清・顧靖遠《顧氏醫鏡》卷八 生薑辛，熱。入肺胃二經。制半夏毒。生則發表，熟則溫中。故能治脹滿，止腹痛。開痰有效，熱痰則忌之。止嘔宜求。孫真人云：嘔乃氣逆不散，此能行陽而散氣。東垣言其止嘔，但治表寔氣壅。仲淳言嘔兼寒者宜用，挾熱者則忌。薑皮，治瘡疾無汗，或寒多，或寒甚，或兼嘔者，兼用。若病人陰虛而有熱者，雖嘔亦忌。消浮腫腹脹。藥之辛者輕者，可使走表，用以治水氣腫脹，開鬼門之義也。凡早行山行，宜含一塊，不犯霧露清濕之氣及山嵐不正之氣。忌同乾薑。人云夜不宜食，夜則氣本收斂，反開發之，則違天道矣。

清・李熙和《醫經允中》卷一八 薑 殺半夏、莨菪毒。辛，溫，無毒。主治風邪寒熱，傷寒頭痛，鼻塞欬逆，嘔吐洩瀉，腹痛轉筋，溫中開胃，去穢解毒。凡中風、中寒、中毒、中惡，一切卒暴之症，用薑汁與童便服之立解。以薑止嘔驅痰，散寒開胃之聖藥也。秋後不宜多食，洩氣損壽。姙婦多食薑，生兒歧指。目疾、病痔人與生瘡毒者忌食。又曰：陽虛自汗，陰虛吐血宜少用。古方治痢：薑茶各一兩，煎湯呷下。冷痢去皮，熱痢留皮炒。

清・李熙和《醫經允中》卷二一 生薑 去皮則熱，留皮稍冷。秦椒為使。殺半夏、莨菪毒。惡黃芩、連。秋季忌食，恐來春發目疾。辛，溫，無毒。主治去臭氣，通神明，除邪寒熱，傷寒頭痛，鼻塞欬逆上氣，止嘔吐，去痰下氣，止嗽逐冷，下一切結實；殺長蟲，益脾胃。生用發散，熟用和中。解菌蕈、野禽諸毒。生薑之用有四：制半夏、厚朴毒；外散風寒；同棗肉辛溫益脾胃，溫中去濕；與芍藥溫經散寒。為嘔家聖藥，辛以散之也。擣汁則走經絡。同竹瀝去熱痰，同半夏去寒痰。凡中風中暑，及犯山嵐瘴霧毒氣，薑汁同童便灌之立解。

清・馮兆張《馮氏錦囊秘錄・雜症痘疹藥性主治合參》卷七 生薑乾薑，稟天地之陽氣，故味辛而氣溫，雖大熱而無毒。辛可散邪理結，溫可除寒通氣。○入發散藥用生薑，入辛涼藥用薑皮，入溫中藥用炮薑，係乾薑水洗，火炙鬆黃。入補血止血及引火下趨藥，用黑薑，係乾薑切塊炒紅，以器悶息為炭。入脾胃止瀉藥用煨薑，係老生薑去皮，濕紙裹煨熟。生薑，性竄而不收，解風寒濕痹，痰壅鼻塞，頭疼外感，皮膚間結氣。通神明，辟惡氣，霍亂脹滿。一切中惡諸毒，瘧症痰症。能和榮衛而行脾之津液，入肺而開胃口。脾胃諸病，皆所重焉。但陰虛火盛，汗門血門，心氣耗散，火熱腹痛，並切忌之。生薑皮，消浮腫腫脹。煨薑，塞溏瀉水瀉。乾薑，破血消痰，腹痛胃翻均可服；溫中下氣，癥瘕積脹悉皆除。開胃扶脾，消食去滯。生行則發汗有靈，炮黑則止血頗驗。炮薑能止而不移，故功專溫中，卻沉寒痼冷，亡陽絕脉。炒黑止吐血痢血。

主治痘疹合參：炮薑能溫脾理中，內虛吐利，臟腑沉寒，脾胃虛冷，中氣不足，身涼痘白者，宜用。內實壯熱者，忌之。煨薑，治痘吐瀉，痘瘡灰白不起者用之，以止嘔和中，助陽發表，佐參芪之力。生薑隔年老者佳，去寒邪頭痛，鼻塞，主欬嘔吐痰。解鬱開胃，消食散寒，脹滿冷痢，腹痛轉筋。生用發散，熟用溫中。要熱去皮，要涼留皮。治痘惟宜於初起，重冒風寒者暫用。

按：生薑辛溫，謂其能除壯熱，何也？蓋壯熱之原，非外感風邪，即內傷飲食，以能發散，又能消導也。東垣曰：生薑為嘔家聖藥，潤而不燥。蓋嘔乃氣逆不散，辛以散之也。夜勿食薑者，夜則主斂，反開發之，違天道矣。秋勿食薑，亦同此義。然有病則不論也。夫辛能入肺，肺旺則一身之氣皆為吾用，中焦之元氣充，而定脾胃出納之令，壯而行邪氣，不能容矣。凡中風中暑，中氣中毒中酒，食厥痰厥，屍厥冷厥，霍亂昏暈，一切暴病，得之立救。早行含薑，不犯霧露之氣，及山嵐不正之邪，皆以其能開提中正上，生則逐寒邪而發表，炮則除胃冷而守中。多服久服，散氣耗血損陰。神明之氣，而辟穢惡不正之邪，藥中之神聖也。　按：薑味大辛，辛能僭書云孕婦食乾薑，令胎內消之語可見矣。凡血虛發熱，產後大熱，吐血痢血，須炒黑用，則辛竄上行之勢全無，苦鹹下走之捷乃見，能引血藥入血氣藥入氣，去惡生新，有陽生陰長之意。且黑為水色，血不妄行，從治之法也。況乾薑苦辛，炮製則苦，守而不移，非若附子，行而不止。若至炒黑，則辛辣變為苦鹹，味既下走，黑又止血，辛熱之性雖無，辛涼之性尚在，故能去血中之鬱熱而不寒，止吐血之妄行而不滯。較之別藥，徒以黑為能，止血為事者，功勝十倍。血寒者可多用，血熱者不過三四分，為向導而已。

清・张璐《本經逢原》卷三　生薑宿根謂之母薑。　辛，溫。無毒。解半夏、莨菪、厚朴毒。　《本經》久服去臭氣，通神明。　發明：生薑辛溫而散，肺脾藥也。散風寒，止嘔吐，化痰涎，消脹滿，治傷寒頭痛，鼻塞欬逆，上氣嘔吐等病。辛以散之，即《本經》去臭氣，通神明，不使邪穢之氣傷犯正氣也。同大棗行脾之津液，而和營衛。凡藥中用之，使津液不致沸騰，不獨專於發散也。煨熟則降而不升，止腹痛泄利，扶脾氣，散鬱結，故逍遙散用之。同蜂蜜熬熟，治風熱欬逆痰結，取蜜之潤，以和辛散之性也。生薑搗汁則大走經絡，與竹瀝則去熱痰，同半夏則治寒痰。凡中風中暑，及犯山嵐霧露毒惡卒病，薑汁和童便灌之立解。薑能開痰下氣，童便降火也。甄權云：搗汁和蜜食，治中熱嘔逆，不能下食，取薑以治嘔，蜜以和胃也。薑為嘔家聖藥，蓋辛以散之。嘔乃氣逆不散，以其能行陽散氣也。〇乾生薑溫中主嗽，治脹滿霍亂嘔吐不止，腹痛者宜之。較生薑稍守，較乾薑稍緩，為屑和酒服，治偏風頭痛。〇薑皮辛涼，能消四肢浮腫，腹脹痞滿，五皮散用之。古云秋不食薑，令人瀉氣，而新薑尤當忌之。目疾、痔瘡勿食。患癰疽人食之則生惡肉。妊婦嗜食，令子餘指。

清・汪啟賢等《食物須知・諸菜》　薑　通暢神明。宜啖春初，辟厲且助生發；勿食秋後，洩氣猶損壽元。夜氣斂收，尤全禁忌。《論語》雖曰不撤薑食，然必食之以時，又不可過於多爾。治表，解散風寒，濕痹，鼻塞頭痛，腹痛吐瀉，肺寒咳嗽，皆可服。

清・浦士貞《夕庵讀本草快編》卷三　生薑《別錄》　乾薑，俗作姜，非。

王安石云：薑能彊禦百邪，故名。漢襄人以老薑法造則成乾薑。《呂氏春秋》云：和之美者有楊樸之薑。楊樸，西蜀地名。《運斗樞》云：璇星散而為薑。　生薑辛溫，氣味俱厚，可升可降，能散能收，驅嵐解霧，通神辟惡之品也。《語》云不徹薑食，不多食。蓋取其調營和衛，順肺開胃耳。且能制半夏、厚朴之毒，散氣行陽而為嘔逆之神劑。每與大棗、白芍同行者，蓋取其溫經散寒，去濕守中之効，乃仲景治傷寒敘方之大意也。故中外諸疾無不宜之。或問生薑辛溫入肺，何又云入胃口？曰：俗以心下為胃口，非矣！咽門之下，受有形之物，及胃之系，便是胃口，與肺系同行，故能入肺而開胃口，何疑乎。夫乾薑乃薑之母，已經法造，愈熱愈辛，生則逐寒邪而發表，炮則除胃冷而溫中，通心脾二經氣分。如臟府痼冷，中寒腹痛，腎虛無陽，脉氣欲絕者，薑附湯主之，所謂寒淫所勝，以辛散之也。若四逆，若理中，並皆用之，以回陽返本，但不可多服，恐壯火食氣，反耗真元矣。且其入肺則利肺氣，入腎則燥下濕，入肝則益陰血，故凡血虛發熱，產後大熱者，非此不能去惡生新，乃得陽生陰長之理。若吐衂便尿，色脫脉濡，有陰無陽者，亦宜投之，此又熱因熱用，從治之妙矣。其性守而不走，非桂、附可比，更用生甘艸制之，益無僭上之虞爾。孕婦不可服者，恐其辛熱有消胎之患。

清・姚球《本草經解要》卷四　生薑　氣微溫，味辛，無毒。久服去臭氣，通神明。　生薑氣微溫，稟天初春之木氣，入足少陽膽經、足厥陰肝經。味辛無毒，得地西方之金味，入手太陰肺經。氣味俱升，陽也。臭氣，陰濁之氣也，久服辛溫益陽，陽能去陰，所以去臭氣也。神者，陽之靈也。明者，陽之光也。辛溫為陽，久服陽勝，所以通神明也。　製方：生薑取自然汁晒粉，同甘草、半夏、陳皮、白茯為末，治中焦濕鬱之痰。

清・楊友敬《本草經解要附餘・考證》　生薑　舊附乾薑下，《綱目》始分出另列，且云食薑久積熱患目，病痔人多食兼酒立發，癰瘡人多食則生惡肉。是皆昔人所未及，所謂好而知其惡者，此也。

清・葉盛《古今治驗食物單方》　生薑　治瘧來四五發後，不令人知。以薑一塊，研如泥，團作餅如指大，置于尋常膏藥中心，以火烙熱，貼于頸項後，從上數至第三節中合縫間，須于未發前先貼，其瘧如失。　瘧疾寒熱，薑汁一盃，露一宿，于發日五更，面北立飲，即止。　嘔吐，生薑一兩，醋、醬二合，煎服。　咳嗽不止，生薑五兩，飴糖半斤，煎熟，食盡愈。　霍亂轉筋，搗薑一兩，酒一升，煮沸服，仍以薑搗貼痛處。　凡胸脇腹中滿痛，薑切碎，炒熱，熨之即快。　濕熱發黃，生薑時擦周身，其黃即退。　牙疼，老薑焙乾，同枯礬為末擦之。　金瘡，嚼生薑，敷。　手足閃剉，薑、葱搗爛，和麵炒熱罨之，跌撲損傷亦然。　狐臭，薑汁頻塗絕根，亦治赤白癜風。　兩耳凍瘡，自然汁熬膏敷。

清・王子接《得宜本草・中品藥》　生薑　味辛，溫。功專散邪和中。得大棗能和營衛，得附子能溫經散寒，得杏仁下胸鬲冷氣，得露水治暑瘧。

清・黃元御《長沙藥解》卷一　生薑　味辛，性溫，入足陽明胃、足太陰脾、足厥陰肝、手太陰肺經。降逆止嘔，泄滿開鬱，入肺胃而驅濁，走肝脾而行滯，蕩胸中之瘀滿，排胃裏之壅遏，善通鼻塞，最止腹痛，調和臟府，宣達營衛，行經之要品，發表之良藥。《傷寒》生薑泄心湯，生薑四兩、人參三兩、甘草三兩、大棗十二枚、乾薑一兩、半夏半升、黃芩三兩、黃連一兩。治太陽傷寒，汗出表解，胃中不和，乾噫食臭，心下痞鞕，脇下有水氣，腹中雷鳴下利者。以汗後中氣虛寒，水穀不消，胃逆脾陷，土木皆鬱。脾陷而賊於乙木，則腹中雷鳴而下利。胃逆而迫於甲木，則心下痞鞕而噫臭。甲木化氣於相火，君相皆升，必生上熱。參、甘、薑、棗，溫補中氣之虛寒，黃連、黃芩清泄上焦之鬱熱，半夏、生薑降濁氣之衝逆，消痞鞕而止噦噫也。　黃芩加半夏生薑湯方在半夏治太陽少陽合病，下利而作嘔者。　黃芩湯方在黃芩治太少之下利，加半夏、生薑，降胃逆而止嘔也。　《金匱》生薑半夏湯，生薑一升、半夏半升。治病人胸中似喘非喘，似嘔非嘔，似噦非噦，心中憒憒然無奈者。　以肺胃上逆，濁氣熏衝，胸膈鬱煩，不可名狀。　生薑、半夏降逆氣而掃瘀濁也。　《傷寒》真武湯方在茯苓治少陰病，腹痛下利，嘔者去附子，加生薑足前成半斤。　通脈四逆湯方在甘草治少陰病，下利清穀，脈微欲絕，嘔者，加生薑二兩。《金匱》理中丸方在人參治霍亂吐利，吐多者，去朮加生薑三兩，以中鬱胃逆，故作嘔吐，生薑降胃逆而豁鬱濁，善止嘔吐也。　《傷寒》當歸四逆加吳茱萸生薑湯，方在吳茱萸治厥陰傷寒，手足厥冷，脈細欲絕，內有久寒者。以肝司營血，久寒在肝，營血冷濇不行。當歸四逆補營血而通經脈，吳茱萸、生薑溫寒凝而行瘀濇也。　新加湯方在人參治傷寒汗後身疼痛，脈沉遲者，桂枝加人參三兩，芍藥、生薑各一兩，以經絡寒濇，生薑溫血海而行經脈也。　《金匱》當歸生薑〔羊肉〕湯方在當歸治寒疝，腹脇痛，裏急，並產後腹痛，寒多者加生薑一斤。厚朴七物湯方在厚朴治腹滿痛，寒多者，加生薑半斤，生薑溫中寒而止腹痛，力遜乾薑，然亦有良效也。　人身之氣，清陽左升於肝脾，濁陰右降於肺胃。胃土沖和，氣化右轉，則辛金清降，息息歸根，壬水順行，滴滴歸源，霧露灑陳，津液流布，下趨溪壑，川瀆注泄，是以下不虛空而上不壅滿。肺胃不降，則氣水俱逆，下之膀胱癃閉溲尿不行，上之胸膈堙塞津液不布，於是痰飲喘嗽、噁心嘔噦之病生焉。生薑疏利通達，下行肺胃而降濁陰，善止嘔噦而掃瘀腐，清宮除道之力，最為迅捷。緣肺胃主收，收令不旺，則逆行而病堙塞。生薑開蕩堙塞，復其收令之常，故反逆而為順也。本為泄肺之品，泄其實而不至損其虛，循良之性，尤可貴焉。　氣盛於肺胃，而實本於肝脾，血中之溫氣，肺氣之根也。陽氣初生於乙木之中，未及茂長，是以肝脾之氣，易病抑鬱。生薑辛散之性，善達肝脾之鬱，大棗氣質醇濃，最補肝脾，而壅滿不運，得生薑以調之，則精液游溢，補而不滯。桂枝湯方在桂枝用之於甘棗桂芍之中，既以和中，又以發表。凡經絡凝澀，沉遲結代，宜於補益營衛之品加生薑以播宣之，則流利無阻。炙甘草、新加湯、當歸四逆皆用之，以溫行經絡之瘀澀也。

清・吳儀洛《本草從新》卷四　生薑〔宣，散寒發表，開痰止嘔。〕　辛，溫。行陽分而祛寒發表，宣肺氣而解鬱調中，暢胃口而開痰下食。治傷寒頭痛，傷風鼻塞，辛通入肺。咳逆嘔噦，有聲有物為嘔，有聲無物為噦，有物無聲爲吐。其證或因寒、因熱、因食、因痰，氣逆上冲而然，生薑能散逆氣，嘔家聖藥。胸壅痰膈，寒痛濕瀉。消水氣，行血痺，通神明，去穢惡。殺半夏、南星、菌蕈、野禽毒，野禽多食半夏，故有毒。生薑能解之。辟霧露山嵐瘴氣。早行含之。　薑汁〔潤，開痰。〕　辛溫而潤。治噎膈反胃，同韭汁、梨汁、竹瀝、童便、人乳、蜂蜜、驢尿、地栗汁、蔗漿、藕汁等出入酌用。救卒暴，凡中風、中氣、中暑、中惡暴卒等證，薑汁和童便飲，效。薑汁開痰，童便降火也。療狐臭，頻塗。搽凍耳，熬膏塗。貼風濕痺痛。和黃明膠熬。　薑皮〔和脾行水。〕　辛，涼。和脾行水。治浮腫脹滿。以皮行皮，五皮散用之。古方以薑茶治痢，熱痢留皮，冷痢去皮，大妙。　煨薑〔和中止嘔。〕　用生薑懼其散，用乾薑懼其燥，唯此略不燥散。凡和中止嘔，及與大棗并用，取其行脾胃之津液而和營衛最為平妥。老薑洗淨，用濕粗草紙包，炭火內煨，令草紙純焦并薑外皮微焦，中心深黃色則透矣。切片。

清·汪紱《醫林纂要探源》卷二　薑　辛，溫。宣達陽氣，嚴毅正性，通神明，去穢惡。肝木之藥也。辛味本得之金，故嚴毅方正，而收極而散，則辛能補肝，用根在下，故專入肝，補肝木則生心火，而宣達其光明，故通神明，秉陽令而消陰翳，故去穢濁也。　生薑：辛，溫。上行升達於肺，則暢胃氣，胃氣上會膻中。瀉肺邪，外入之邪，皆能瀉之，故治傷寒頭痛，鼻塞咳嗽，行痰去濕，開胸膈，納飲食，此皆生用，以達生氣於上，而去其收濇之邪。通腠理，皮毛者，肺之合，瀉肺則毛孔開，故發汗。辟邪，山嵐瘴氣皆能辟。殺毒。半夏、南星之毒皆能殺。然多食亦耗氣生熱，以上諸證，因於陰邪閉塞者則宜之，若陰虛多火則不宜。與酒同食尤不宜。暫以禦寒則可，若多食則有發痔損目之病，且反能發嘔反胃。〇《周禮》《內則》皆言秋和多辛，以秋令收斂，恐其過斂，故多辛以取其平也。今人乃曰秋不食薑，夜不食薑，是大背於經矣。〇孕婦忌薑，以其熱耳。

清·嚴潔等《得配本草》卷五　生薑乾生薑。　秦椒為之使。惡黃芩、黃連、天鼠糞。殺半夏、南星、莨菪毒。　辛，溫。入手太陰、足陽明經氣分。祛寒發表，解鬱調中。開寒痰，止嘔噦，薑為嘔家聖藥。去穢惡，通神明。　得梓皮，泄肌表濕熱。配大棗，和營衛。佐杏仁，下胸膈冷氣。佐半夏，治心痞嘔噦。和梨汁、竹瀝，能橫行散結。和雨茶，治下痢。入二陳、四君，止嘔吐水瀉。合蔥白，發表邪。搗汁和童便，治五中卒暴，乾霍亂。五中者，中風、中氣、中暑、中毒、中惡。　生薑、蔥頭、萊菔子，共研炒熱，絹包罨胸脹處，分兩包，冷則輪換罨，治虛人結胸，汗出而愈。　生用，發散。熟用，和中。搗汁，通竅、開隔、豁痰。救卒暴，治水腫，用皮。止嘔瀉，煨用。血症，炒炭。　多食令人寒熱。　怪症：毛竅出血不止，皮脹如鼓，須臾目鼻口被氣脹合，此名脈溢。急飲生薑汁并水各二杯，自愈。不愈，再服。又產時用力太過，育膜受傷，出有肉線一條，長數尺，痛苦欲絕。先服失笑散，用生薑三斤，搗碎，拌麻油二斤，炒至油盡，用熟絹五尺，摺作數層，將線輕輕盛起，屈曲一團，納入水道，再用絹袋兜薑，縛在肉線下熏之。薑冷，熨斗熨熱，使受薑氣。如薑氣已過，再用前法，再熨治之。四五日內線必然收入。若肉線一斷，無可救藥矣。　乾生薑，辛，溫。入手太陰經氣分。治嗽溫中。治脹滿霍亂，腹痛冷痢，血閉。病人虛而冷，宜加之。

題清·徐大椿《藥性切用》卷六　生薑　性味辛溫，入肺而散寒，止嘔解鬱，祛痰通神明，去穢惡，殺半夏、南星一切毒。薑葉，搗汁溫飲，能消癥疾。　薑汁：辛溫微潤，能治噎膈反胃，救諸卒中，宜灌之。　薑皮：辛涼行水，治皮膚浮腫效。　煨薑：辛溫微苦，溫胃氣而和中止嘔，與生薑並可同大棗以行胃氣，而和營衛。切片，濕紙包煨熟用。

清·黃宮繡《本草求真》卷三　生薑發表除寒止嘔。　生薑耑入肺。氣味辛竄，走而不守。據書開載主治甚多，然總發表除寒，開鬱散氣，辟惡除邪，數端而已。薑性意義，一索盡貫。其曰傷寒頭痛，傷風鼻塞可用者，以其主有宣散通肺之力也。辛主散。咳逆口噦而必用者，以其具有開提散鬱之義也。孫真人云：薑為嘔家聖藥。蓋辛以散之，嘔乃氣逆不散，此藥行陽而散氣也。或問生薑辛溫入肺，何以云入胃口。曰：俗以心下為胃口者非矣，咽門之下，受有形之物及胃之系，便是胃口，與肺系同行，故能入肺而開胃口也。水氣濕瀉血痹而必用者，以其具有逐陰行陽，除濕開導之力也。血痹沖心不下，生薑五兩，水八升，煮服。他如凍耳可擦，辛以散寒。狐臭可療，薑汁頻擦，力能祛寒辟穢。諸毒可解。凡半夏、南星、菌蕈、野禽諸毒可解。亦何莫不由宣發之力以為辟除。時珍曰：薑辛而不葷，去邪辟惡，生啖熟食，醋醬糟鹽蜜煎調和，無不宜之。可蔬可和，可菓可藥，其利溥矣。夫辛入肺，肺旺則一身之氣皆為吾用。中焦之元氣充而足，脾胃出納之令壯而行，邪氣不能容矣！凡中風、中暑、中氣、中毒、中酒，食厥、痰厥、屍厥、冷厥，霍亂昏暈，一切暴病得之必救。暴病方宜，方廣心云，凡一切卒暴之症，用薑汁與童便服，立可解救。以薑能開痰下氣，童便降火也。早能含薑，不犯霧露之氣，薑能除濕。及山嵐不正之邪，皆能以正神明而辟穢惡，真藥中之神聖也。但積熱患目及因熱成痔者切忌。時珍曰：食薑久，積熱患目，及病痔人多食兼酒，其發甚速。癰瘡人多食則生惡肉，此皆昔人所未言者也。至書有言，夜主闔而薑不宜食；秋主收而薑不宜食；與孕婦食薑而令兒指象形。此雖就其時令及以物類相感立說，然亦未可盡拘。薑皮辛涼和脾，利水消腫，取其皮以行皮之義。秦(皮)〔椒〕為使，惡黃連、黃芩、夜明砂。《相感志》云：（相）〔糟〕薑瓶內入蟬蛻，雖老薑無筋，亦物性有所伏耶！

清・李文培《食物小錄》卷上　生薑　辛，溫，無毒。久服去臭氣，通神明，歸五臟，除風邪，去痰下氣，散煩悶，開胃氣，破血，調中益脾胃，解菌蕈諸菜物諸毒。可生用、可醃、可醬。少食宜人，故《論語》云不撤薑，食不多食。

清・羅國綱《羅氏會約醫鏡》卷一七菜部　生薑味辛熱，入肺胃二經。要熱去皮，要冷留皮。　辛溫，行陽分而祛寒。治傷寒頭痛身疼、畏寒無汗、生能發表。傷風鼻塞、欬嗽。辛散肺邪。開胃下食，祛痰止嘔，腹脹瘧症悉除。熱可溫中。療痢疾，熱痢留皮，冷痢去皮，以茶等分煎服。救暴卒，凡中風、中暑、中氣、中惡、中毒等症，用薑汁和童便服，以薑汁開痰，童便降火也。辟霧露山嵐瘴氣。早行含之。

按：　陰虛火盛、汗症、血症、心氣耗散、火熱腹痛，並切忌之。

薑皮：　辛涼，和脾行水，治浮腫脹滿。以皮行皮，五皮散用之。

清・陳修園《神農本草經讀》卷三中品　生薑　氣味辛，微溫，無毒。久服去臭氣，通神明。　陳修園曰：　凡藥氣溫屬厥陰風木，大溫為熱屬少陰君火，微溫稟春初之木氣則專入足少陽膽經也。味辛屬陽明燥金，大辛屬手太陰肺、手陽明大腸，微辛為土中之金則專入足陽明胃經也。仲景桂枝湯等，生薑與大棗同用者，取其辛以和肺衛，得棗之甘以養心營，合之能兼調營衛也。真武湯、茯苓桂枝湯用之者，以辛能利肺氣，氣行則水利汗止，肺為水之上源也。大小柴胡湯用之者，以其為少陽本經之藥也。吳茱萸湯用之者，以其安陽明之氣，陽明之氣以下行為順，而嘔自止矣。少陰之氣上交於陽明中土，而利亦止矣。凡此之類，《本經》雖未明言，而仲景於氣味中獨悟其神妙也。久服去臭氣通神明者，以臭氣為濁陰之氣，神明為陽氣之靈，言其有扶陽抑陰之效也。今人只知其散邪發汗，而不知其有匡正止汗之功，每於真武湯、《近效》白朮湯，輒疑生薑而妄去之，皆讀書死於句下過也。又病家每遇方中有生薑，則曰素有血疾，或曰曾患眼赤及喉痹等症，不敢輕服。是亦自置死地也，又何怨哉？

清・趙學敏《本草綱目拾遺》卷八諸蔬部　三寶薑　《香祖筆記》：　產臺灣鳳山縣，相傳明初三寶太監所植，治百病有效。

清・黃凱鈞《藥籠小品》　生薑　辛溫，行陽分，祛寒發表，宣肺解鬱，和胃止嘔。薑皮辛涼行水，故五皮飲用之。煨薑與大棗並用，行脾胃之津液，和營衛之氣。

清・章穆《調疾飲食辯》卷三　薑　《說文》作蘁。此物性極剛猛，亦極偏僻。散寒發表者其功，助熱刼陰者其害。入食料，在平人為佳品，在病人為忌物。平人胃氣總宜溫暖，不宜寒涼，故為佳品胃中非溫暖之氣不能蒸腐食物。且又能殺腥羶，添滋味。《呂氏春秋》曰：　和之美者楊樸地名之薑。人多愛之而遂狎之，不知其偏於辛而無回味，即偏於熱而無回性也。食之斷不宜多，斷不宜久。夫性稍偏於溫，久食猶有積溫成熱之害，故《內經》曰：　氣增而久，夭之由也。況極辛大熱乎。孫氏曰：　多食薑，患眼損壽，減筋力。《綱目》曰：　食薑久，積熱害目。蒜性熱而散熱，故不積熱。食蒜昏目，不食則愈。食薑害目，必生努肉，起紅筋，無藥可解。此皆為平人言。若其於病，則惟感冒寒邪，藉其辛熱而解表；　胃寒嘔吐，藉其溫中而散逆；　蟲症，藉其辛辣以制蟲。其他萬千病症屬內傷者，並無用表散之法，亦無不重陰血之理，其為大禁，不待言矣。若屬外感，似乎宜散，而薑性偏熱，止能散寒，不能散風、暑、濕、燥、火。外感原有此六症，《素問》名曰六淫之邪，非僅一寒氣能傷人也。多服生薑、炮薑，營血受傷，津液被刼，外感變為內傷，雖有良醫，無從解救。至《論語》記聖人飲食，不曰必以薑食，亦不曰無薑不食，而曰不撤薑食。撤字從手，撿而去之也。蓋指聖人作客而言。凡作客者，於主人所設，各隨其便，不宜當食講究烹調。《曲禮》曰：　毋絮羹，毋歠醢。絮羹、歠醢，是臨食時加入調和，撤薑是臨食時撿去調和，皆非作客之禮。薑雖有害，少食亦自不妨。調和之內業已有薑，聖人必不於食時令其撿去，但不多食而已。然則此句當連下句成文，始為通貫，今竟解作無薑不食。其誤亦不始於《朱子集注》，漢、晉人注疏，已有通神明、去穢惡之說。而漢人則又出於《神農本草經》，穢惡作臭惡，言能調和滋味也。而通神明殊不可解，神明指人身何物。蓋此書傳自上古，其中為後人附益處甚多，須善讀也。而陶隱居曰久食少志傷心氣，辛辣物惟此最常，故《論語》云不撤薑食，言可常食，但不可多。既云久食有害，又云可常食；　既云可常食，又云不可多，曲為漢人文過，遂不自覺其言之矛盾也。若《朱子語錄》，則亦曰秋薑夭人天年，是亦明知其非佳物也。不知《大學》可增可改，《易》之象數可亡，《詩》之小序可削，《春秋》之三傳可背，此不過漢人誤注，何必不可正之也。又有善啖此物不見其害者，往年一傭工，每日可食生薑二三斤。此乃藏氣極偏，不可以常理論。如夏竦之日服鍾乳不熱，周維岳之飲酒數甕不醉，舉以藉口者，皆自伐其生機也。然力既剛猛，用之得當，治病未嘗無功。凡寒嗽，痰澼卒倒，心痞嘔噦，胸脇脹滿，冷痢冷瀉，及諸虛寒無火之症，均必需之。《急救方》治凍死救活及尚未死者：　生薑二兩，陳皮五錢，煎湯頻服。《扶壽方》治刀斧傷：　生薑搗爛敷。《易簡方》治跌撲傷：　和麪搗爛，炒熱盦。《元和紀用經》治寒嘔不止：　橘皮四錢，甘草、生薑各二錢，半夏三錢，煎湯分三次服。《衍義》治寒眼腫痛，鼻塞流淚，古銅錢刮薑汁點之。若畏點薑汁，宜內服羌、獨、荊、防、菊花、白芷、蔓荊子、蟬蛻、當歸、蒺藜散之，連服數劑，無不愈者。夏子益《奇疾方》治產婦用力太過，垂出肉線長三四尺，觸之痛引心腹：　用老薑連皮三斤，入麻油二斤，拌炒至乾，油恐是二兩，若二斤不能令乾。絹袋盛作二包，輕輕盤起肉線，作三團，納入產戶。以薑袋就近熏之，冷則更換，至二日夜可收入，切不可斷，斷則死。又脈溢怪病，毛竅血出不止，皮脹如鼓，目、鼻、口俱脹合：　生薑自然汁和水各半盞，服即安。至陶華《傷寒六書》用擦舌胎變黑，《普濟方》用治口瘡、牙痛，《楊氏醫說》薑茶治痢方，並無理不通。又方廣云能治乾霍亂，尤為謬極。乾霍亂即攪腸沙，但一滴薑湯入口，即必死無救。凡腹中急痛，不吐不瀉者切戒之。吐瀉者即非此症，生薑、沙餹、陳皮同煎服最佳。又孕婦食之，令兒盈指枝指也，且助胎熱，令兒多疾。癰瘍人食之，則生惡肉。薑皮，性較薑稍平，能行氣消脹。《拾遺》乃云皮性涼，用薑要熱則去皮，要冷則留皮，大謬。豈有薑而可用為冷藥乎。

清・王龍《本草纂要稿・菜部》　生薑　氣味辛溫。通暢神明而去穢惡。春初宜啖，辟癘且助生發。秋後勿食，洩氣尤損壽元。夜氣收斂，尤全忌之。　薑皮：　堪消浮腫，合散用之。

清・張德裕《本草正義》卷上　生薑　辛，熱。入肺、胃。散風寒，除嘔吐，疎肺和胃，止嗽消痰，通神明，去穢惡。生用散邪，熟用溫中，同棗調營衛。

清・楊時泰《本草述鉤元》卷一五　薑　生薑：　辛而甘溫。氣味俱厚，浮而升陽也。行陽散滯，辟惡祛邪，入肺。開胃，止嘔吐，嘔乃氣逆不散，生薑行陽散氣。消痰，兼溫中去濕，開豁衝散之功。下氣，開五臟六腑，通四肢關節，歸五臟，除風邪寒熱，並咳逆上氣，久服通神明。生和半夏，主心下急痛。取汁和杏仁泥煎成膏，水調服，下一切急痛氣實，心胸壅隔冷熱氣。搗汁合蜜服，治中熱嘔逆，不能下食。浸汁點赤眼。搗汁和黃明膠熬，貼風濕痛甚妙。能制半夏、厚朴之毒。與棗同用，辛溫益脾胃元氣，溫中去濕。與芍藥同用，溫經散寒東垣。生薑去濕只是溫中益脾胃，脾胃之氣溫和健運，則濕氣自去，濕去則痰自消《類明》。凡早行山行，口含一塊，不犯霧露清濕之氣及山嵐不正之邪。凡中風、中暑、中氣、中毒、中惡、乾霍亂，一切猝暴之病，用薑汁與童便服，立可解散。蓋下氣開痰，更假童便以降火也。瘧疾由脾胃聚痰，發為寒熱，生薑四兩，搗自然汁一酒盃，露一宿，於發日五更，面北立飲，即止。咳嗽不止，生薑五兩，餳半升，煎熟，食盡愈。乾嘔厥逆，頻嚼生薑，取效。嘔吐不止，生薑一兩，醋漿二合，銀器煎取四合，連渣呷之。又殺腹內長蟲。心下痞堅，嘔噦，生薑八兩，水三升，煮一升，半夏五合洗，水五升，煮一升，取汁同煮一升半，分服。

論：　凡物皆有表裏，與人身無二。生薑味辛，留皮者入肺而開胃，肺胃合而陽氣乃行，故能開五臟六腑，通四肢關節，由表入裏，為行陽達氣之劑，非止可治風寒，而風寒之傷乎表者，尤其的對。若乾薑兩次去皮，有裏而無表，則似自裏而徐達之經也。

乾生薑：　乃留皮自乾者。與生薑之用不殊，但不潤，可入丸散，較之乾薑則不熱。

乾薑：　造法，取生者水淹三日，去皮，置流水中六日，更刮去皮，曬乾，置磁甕中釀三日，紫色乃成。薑留皮則冷，去皮則熱，非皮性本冷也，蓋留皮則行表而熱去，去皮則守中而熱存耳丹溪。

氣味生辛，炮苦。氣薄味厚，半沉半浮，可升可降，陽中陰也。為心脾二經氣分藥。潔古云：　大辛大熱，陽中之陽，補心氣不足。生用味辛，較留皮生薑為熱，而散邪走表不異。治寒嗽胸滿，咳逆上氣，溫中出汗，逐風濕痺。炮用味苦性守，以守為行，與生薑異，溫脾胃，治裏寒，主心下寒痞，目睛久赤，水泄下痢，霍亂脹滿，脾寒瘧疾及心腹腰腎冷痛，一切下焦寒濕痼冷，腎中無陽，脈氣欲絕，黑附子為引，水煎同服。傷寒陰陽易病。同補陰藥用，能引血藥入氣分生血，治血虛發熱及產後血虛大熱。產後大熱，能佐人參收耗散而補陰。童便炒黑，止鼻衄、唾血、血痢、崩漏。其用有四：　通心助陽，去臟腑沉寒痼冷，發諸經之寒氣，治感寒腹痛潔古。生則逐寒邪而行表，炮則除胃冷而守中東垣。按：　用炮薑以守中者，除中氣之寒，非干外邪也。仲景治少陰下痢便膿血，桃花湯中，乾薑不炮，治熱利；　赤石脂丸中，乾薑炮，有黃連、當歸，參此則知氣虛而熱利者，即中氣之寒也。同五味子用以溫肺，同人參用以溫胃東垣。乾薑入肺中利肺氣，入胃中燥下濕，入肝經引血藥生血丹溪。生用同橘皮、烏藥、白蔻，除胸滿欬逆上氣。同紫蘇、桂枝，能溫中出汗，加术則能逐風濕痺。同參、术、苓、甘，治下痢寒冷腹痛。有血脫色白，面夭不澤，脈濡者，此大寒也，宜乾薑之辛溫以益血，大熱以溫經，須炒黑用。炒黑同生地、白芍、當歸、牛膝，治產後惡露不盡，血虛發熱。同地、芍、榆、麥、芪、甘、人參、升麻治腸澼下血。同藿香、木香、砂仁、橘皮、紫蘇，治中惡；去木香加木瓜，治霍亂脹滿；加桂枝，并治風邪諸毒，皮膚間結氣。同橘皮、人參，止胃虛嘔逆。同橘皮、苓、术、貝母，治痰瘧久不愈。同參、术、陳皮、桂枝，治寒瘧。同參、术、甘草，治虛寒泄瀉，中寒作瀉。脾胃虛弱，飲食減少，易傷難化，無力肌瘦，用乾薑頻研四兩，以白餳切塊，水浴過，入鐵銚熔化，和丸梧子大，每空心米飲下三十丸。頭暈吐逆，胃冷生痰也，用炮薑二錢半，炙草一錢二分，水一鍾半，煎減半服。中寒水瀉，炮薑研末，粥飲服二錢。血痢不止，乾薑燒黑存性，放冷為末，每服一錢，米飲下神效。脾寒瘧疾，乾薑炒黑為末，臨發時，以溫酒服三錢匕。

論：薑之味辛，辛者金也。然以四月種，五月苗，至秋社前後新芽頓長，秋分采芽，柔嫩可口，霜後則老而多筋，此非金以火始，火以金終之證歟。惟火為金之始，故當盛夏而葉即辛香，惟金為火之終，故秋熱則無薑。盧氏云：點火成金，金復歸火，盡金之性，所以全火之用，參此則知《本經》所謂通神明，《別錄》所謂歸五臟之旨矣。《經》云：毛脈合精，行氣於府，府精神明，留於四臟，此正生薑之能事。至炮而用之，似與秋熱無薑之義戾。不知薑雖以辛屬金，然生則盡火之用，炒則存火之體，炮者味苦屬火。如《本草》言散標寒宜生，治裏寒宜炮，猶未深悉於生用者。盡金之性，所以全火之用，炒過者存火之體，所以全金之性也。夫氣為火之靈，生於火而統於金，生者金之氣暢，而火之用乃暢，炒者火之體守，而金之氣乃存。人但知用治裏寒，不知凡病本乎中氣者，久則虛寒，無論純乎寒之證，即中氣虛而化熱，亦須假此守中，而後可酌施治熱之劑，氣血化熱，熱化痰，治用炒乾薑，案見痰熱條。此先哲隱而未發之旨也。其引血藥入氣分生血者，以陽中之太陽心也，陽中之少陰肺也，離中有坎，肺更得腎氣之上至者，下降入心，火中之水得此，如紅爐點化，而合於胃中之鼓煽，其血乃成。所以炮用者，斂金之性，歸火之用，使火中之水，藉母氣而生化爾。至用炒黑乾薑以止唾血、痢血，則因火從水化，而浮陽不僭。又以守中者，入涼血劑中，使寒不凝，而血乃和，是固妙有調劑耳。要知一物之用，性味各殊，生薑、乾生薑以留皮而從表之裏，製乾薑以去皮而由中達經，乾薑又有生用炮用之異，生用則熱而猶散，炮用則熱而善守，炮薑又有黑與不黑之異，不黑者溫中寒，治血分虛寒無熱，若產後血虛發熱之類。黑者治中氣虛而化熱，因以傷血，如唾血、痢血之類，然治化熱傷血，須同童便炒黑用。其主治歷歷有別，未可混投也。用乾薑者，除病因於寒，可以生用，此外皆炮用，但因所病而炮有微甚耳。即治中氣虛冷，亦未可生用，恐反散氣也。

多用則耗散元氣，須生甘草以緩之東垣。服乾薑以治中者，必僭上，不可不知海藏。乾薑大辛，久服損陰傷目，凡陰虛內熱諸病及表虛有熱汗出者，法並忌之。仲淳

清・葉桂《本草再新》卷六

生薑味辛，性溫，無毒。入脾、肺二經。祛寒發表。宣肺氣而解鬱，和脾土以溫中。化痰下食，治頭痛，心腹冷痛，利濕行水。去穢惡，止嘔吐。○薑汁，能化痰，治膈噎反胃。薑皮：味辛，性溫，無毒。入脾、肺二經。和脾降肺，行水消腫，治膈噎脹滿。煨薑：味辛，性溫，平，無毒。入脾、肺二經。和中止嘔，暖胃健脾。

清・趙其光《本草求原》卷一五菜部

薑 生者味辛，屬金，入肺、大腸。苦、微辛，則為土中金，入胃。氣微溫，初春之木氣入肝、膽；若大溫為熱則入心益火。無毒。久服去臭氣，臭為濁陰之氣，薑能扶陽抑陰。通神明，開五臟六腑，通四肢關節，《經》曰：毛脈合精，行氣於府，府精神明，留於四臟。言神明為陽氣之靈，必金火合而陽氣通，乃得暢達。薑苗於夏，芽於秋，霜後則多筋無薑，是金以火始，火以金終，故能暢金氣以全火之用。開胃，止嘔吐，吳萸湯用之，陽氣流行，胃氣自降也。消痰下氣，陽和健運，則濕去而痰自消。除風邪寒熱，並咳逆上氣，辛和肺衛，和大棗之甘，以養心營，則營衛調，而氣自通降，故桂枝等湯用之。按同大棗，又能行脾胃津液，使濁氣散而不上逆，不特專於發散也，故為治嘔聖藥。同白芍則溫經散寒。利水止汗，肺為水之上源，肺氣行，則水利汗止，故真武湯、茯苓桂枝湯用之，今人罕知。止利。少陰之氣，上交於胃則止，故吳萸湯用之。凡中風、中暑、中氣、中惡、中毒、乾霍亂一切暴病，合童便立解。薑開痰下氣散邪，童便降火。凡早行含生薑，不犯山嵐濕霧惡氣。行血痹，去穢惡上沖。療狐臭，薑汁頻塗。搽凍耳，熬膏搽。殺半夏、南星、菌蕈、野禽毒。禽食半夏則毒。搗汁，和明膠熬，貼風濕痹痛。久食兼酒，則患目發痔。積熱故。瘡癰人食之，則生

惡肉；妊婦多食，令兒歧指。象形也。　生和半夏，主心下急痛。汁和杏仁煎成膏，治一切急痛、心胸壅隔、冷熱氣。汁和蜜食，治中熱嘔逆不能下食。取薑治嘔，蜜和胃也。　薑汁大走經絡，與竹瀝則去熱痰，同半夏則去寒痰。汁和酒露一宿飲之，止痰瘧。和餳煎食，止咳嗽。同醋漿，止嘔，殺蟲。同半夏煮汁，治心下痞堅、嘔噦。

薑皮：行表，和脾行水。治浮腫脹滿，以皮行皮。故薑留皮則熱減，去皮則守中而熱存。連皮生曬乾，功同生薑，可入丸散，較乾薑則不熱。生薑治表實氣壅之嘔，若胃虛氣不行而嘔，宜主以益胃之品。煨薑則降而不升，止腹痛泄利，扶脾氣，散鬱結，故逍遙散用之。　同蜜治風熱咳逆痰結。取蜜之潤以和辛散也。　然陰虛咳嗽者，終非所宜。

秦椒為使，惡芩、連、夜明砂。

清·文晟《新編六書》卷六《藥性摘錄》　生薑　辛竄，走而不守。入肺除寒，開鬱散氣，除邪發表，止嘔。○治傷寒頭痛，傷風鼻塞，咳逆口噦，水氣濕瀉，血痹，中風，中暑中氣，中毒中酒，食厥屍厥，痰厥冷厥，霍亂昏暈等症。○但積熱患目，及因熱成痔者，切忌。○孕婦勿食紫薑。夜不宜食，秋勿多食。○皮，辛涼和脾，利水消腫。○秦（皮）〔椒〕為使，惡黃連、黃芩、夜明砂。

清·文晟《新編六書》卷六《藥性摘錄》　薑　入肺。生辛竄，發表除寒，開鬱散氣，辟惡除邪，（正）〔止〕嘔。○薑皮，辛，涼。和脾，利水消腫。○乾薑，辛，熱。○炮薑，溫中。凡積熱患目，及因熱成痔者，均忌。惡黃連、黃芩、夜明砂。餘詳藥性。

清·張仁錫《藥性蒙求·菜部》　生薑薑片一片、煨薑二片　生薑辛溫，能通神明。散寒止痛，嘔吐為君。散寒發表，辟霧露山嵐瘴氣，宜早行含之，通神明，不使邪穢之氣傷犯正氣也。得大棗能和營衛，得附子能溫經散寒，得杏仁下胸膈冷氣，得露水治暑瘧。○薑汁辛溫而潤，治噎膈反胃。救暴卒，則和童便飲，薑汁開痰，童便降火故也。○自乾者，治脾胃寒濕。○煨薑之說，因生薑懼其散，乾薑懼其燥，惟此略不燥散，凡和中止嘔，及與大棗并用，取其行脾胃之津液，而和營衛，最為平妥。煨法，以老薑洗淨，用濕粗紙包，炭火內煨，粗紙純焦，薑外皮亦微焦，中心深黃色，則透矣。切片用。　薑皮三分、五分：薑皮辛涼，行水和脾。能療浮腫，脹滿亦醫。

清·王孟英《歸硯錄》卷一　章氏云：《論語》記聖人飲食，不曰必以薑食，亦不曰無薑不食，而曰不撤薑食。撤字從手，檢而去之也。蓋指聖人作客而言。凡作客者，於主人所設，各隨其便，不宜當食講究烹調。《曲禮》曰：毋絮羹，毋歠醢。絮羹、歠醢，是臨食時加入調和，撤薑是臨食時檢出調和，皆非作客之禮。薑雖有害，少食亦自不妨。調和之內，業已有薑，聖人必不於食時令其檢去，但不多食而已。然則此句當連下句成文，始為通貫，乃竟講作無薑不食。其誤不始於宋儒，漢晉人已有通神明、去穢惡之說。漢人則本於《神農本草經》穢惡作臭惡言，能去食物中腥惡之臭也；而通神明殊不可解，神明指人身何物？蓋此書雖傳自上古，其中為後人附益處甚多，須善讀也。《朱子語錄》亦云：秋薑夭人天年。是亦明知其非佳物矣。夫偏於辛而無回味，即偏於熱而無回性也。食之斷不宜多，斷不可久。入藥亦止能散寒，苟無寒邪而誤用之，則營血受傷，津液被劫，外感變而為內傷矣。雖有良藥，無從解救，慎之！愚謂神明似指心臟而言，以心藏神，或為陰邪所侵，寒痰所蔽，則神為之蒙，而君主不明矣。並可灌以薑汁者，陰寒之病藉辛以通之，而神明自復也。因《論語集注》而誤信，以致大病者，余有治吳永言、徐樂亭兩案可參。《檀弓》有云：喪有疾，食肉飲酒，必有草木之滋焉，以爲薑、桂之謂也。薑非古人日用之品，此說足以爲證。二郊附注。

清·王孟英《隨息居飲食譜·蔬食類》　薑　辛，熱。散風寒，溫中，去痰濕，止嘔，定痛，消脹，殺蟲，治陰冷諸疴，殺鳥獸、鱗介穢惡之毒。可醬漬，可糖醃。多食久食耗液傷營。病非風寒外感、寒濕內蓄而內熱陰虛，目疾喉患，血證瘡瘍，嘔瀉有火，暑熱時瘧，熱哮火喘，胎產，痧脹及時病後痧痘後，均忌之。　閃拗手足、跌打損傷，生薑、蔥白杵爛，和麪炒熱，罨。　初伏日以生薑穿線，令女子貼身佩之，年久愈佳，治虛陽欲脫之證甚妙，名女佩薑。

清·屠道和《本草匯纂》卷一散寒　生薑　耑入肺。氣味辛竄，微溫，無毒，走而不守。生用發散，熟用補中。散煩悶，開胃氣。發表除寒，止嘔開鬱，散氣，辟惡除邪。治傷寒頭痛，鼻塞欬逆，上氣去痰。破血調中，去冷氣，除壯熱。治痰喘脹滿，冷痢腹痛，去胸中臭氣、狐臭，殺腹內長蟲，解食野禽肉中毒成喉痺。解菌蕈諸物毒。和半夏，主心下急痛。和杏仁作煎，下急痛氣實，心胸壅膈冷熱氣，神效。擣汁和蜜服，治中熱嘔逆，不能下食。擣汁和黃明膠熬，貼風濕痛甚妙。汁作煎服，下一切結實衝胸膈惡氣神驗。凍耳可擦，狐臭可療，諸毒可解。早能含薑，不犯霧露之氣及山嵐不正之邪。積熱患目及因熱成痔者，切忌。皮性涼，和脾，利水消腫。

清·劉善述、劉士季《草木便方》卷二穀糧豆菜部 生薑 薑皮辛涼行水強，身面浮腫脹滿良。和中脾胃退目瞖，葉溫治食解積傷。

清·田綿淮《本草省常·菜性類》 薑 性溫。宜熟食。通神明，逐穢惡，開胃，下氣利痰，止嘔，發表散寒，辟霧露山嵐瘴氣，殺半夏南星毒、菌蕈毒、野禽毒。多食傷肺，生食尤甚。孕婦食之，令子多指。服元參、白薇者忌之。

清·戴葆元《本草綱目易知錄》卷三 生薑 辛，溫。行陽分而祛寒發表，宣肺氣而解毒和中，暢胃口而開痰下食。生用發表，熟用和中。散煩悶，開胃氣，除壯熱，止嘔吐，歸五臟，除風邪寒熱。治傷寒頭痛，傷風鼻塞，咳嗽時疾，咳逆上氣，去痰下氣，下一切結實，衝胸膈惡氣及冷熱氣。療痰喘脹滿，冷痢腹痛，轉筋心滿，去胸中臭氣。殺腹內長蟲，去水氣滿。行血痹，通神明，去穢惡，救暴卒，解藥毒，搽凍耳，塗狐臭。殺半夏、南星、菌蕈諸物毒。解食野禽中毒成喉痹，辟霧露山嵐瘴氣。擣汁，和黃明膠貼風濕痛。久食漸積熱及同酒飲傷肺，俱患目疾，發痔瘡。瘡癰人食，生惡肉。妊婦食，令兒盈指。【略】舌上諸病生苔，以青布染井水抹，後以薑切片擦之。葆按：驗。生白苔，此方效。若是黃苔，以薄荷末拭，勿用薑。【略】 乾生薑：溫中理嗽，治脹滿霍亂不止，腹痛冷痢血閉。病人虛冷者，宜加之。葆按：取生薑乾者一塊，常置貼肉袋內。凡遇途間中寒、中暑、霍亂、嘔瀉及腹痛、厥逆、陰寒等症，或生嚼，開水服，俱效。【略】

薑皮：辛，涼。和脾胃，去目翳，達皮膚葆元。行水氣，消浮腫，治腹脹痞滿。葆按：五皮飲，治脾不能為胃行其津液，故浮腫。生薑皮、陳皮、茯苓皮、桑白皮、大腹皮等分，煎服。皆用皮者，水溢皮膚，以皮行皮之意。

清·黃光霽《本草衍句》 薑辛，溫。宣達陽氣，嚴殺正性。去穢惡，通神明。生行陽分而祛寒發表，宣肺氣而解鬱調中。暢胃口而開痰下食，止嘔吐而咳嗽傷風。乾則溫經暖胃，去寒冷而守中。炮理沉寒積濕，達陽氣於太陰。引附子能回脈絕無陽。黑則補肝堅腎，靜妄行之陽。去瘀生新，止吐下之血。皮辛以和脾寒，能止汗外達皮毛，驅風行水。故治水腫風熱，同五味利肺氣而治寒嗽。東垣云：生薑為嘔家之聖藥，潤而不燥。凡血虛發熱，產後大熱，吐血痢血，須炒黑用，則辛竄上行之勢全無，苦鹹下走之捷乃見。能引血藥入血分，氣藥入氣分，去瘀生新，有陽生陰長之意。黑為水色，故去血中之鬱熱而不寒，止吐血之妄行而不滯。 產後肉線，一婦產後用力垂出肉線，長三四尺，觸之痛引心腹欲絕。一道人令買老薑，連皮三斤，擣爛，入麻油二斤，拌勻，炒乾，先以絲絹五尺，折作方結，令輕盛起肉線，使之屈曲作三團，納入陰戶，乃以絹袋盛薑，就近薰之，冷則更換，薰一日夜，縮一大半，二日盡入也。云此乃魏夫人秘傳怪病方也。 脈溢怪症，有人毛竅節次血出不止，皮脹如鼓，須臾目、鼻、口被氣脹合，此名脈溢。生薑自然汁，和水各半盞〔服〕，自安。 心脾冷痛，暖胃消痰，二薑丸。用乾薑、良薑等分，為丸，猪皮湯下。 脾寒瘧疾，方同上。陰陽易病，傷寒後婦人得病，雖差未滿百日，不可與男合。為病拘急，手足拳，腹痛欲死。丈夫名陰易，婦人名陽易。速宜汗之愈。滿四日不可治也。用乾薑四兩，為末，每用半兩，白湯調服，覆被出汗後，手足伸即愈。

清·陳其瑞《本草撮要》卷四 生薑 味辛，溫，入手太陰、足陽明經，功專散邪和中。得大棗和營衛，得附子溫經散寒，得杏仁下胸膈冷氣，得露水治暑瘧。殺半夏、南星、菌蕈、野禽毒，辟露霧山嵐瘴氣。葉擣汁飲，消食鱠成癥。 薑汁：味辛，溫潤，入手太陰、足陽明經，功專治噎膈反胃。得童便治痰中暴卒。合黃明膠熬膏，貼風濕痹痛。 薑皮：味辛，涼，入足太陰經，功專和脾行水。治浮腫脹滿，得茶治痢，熱痢留皮，冷痢去皮大妙。 煨薑：味辛，入手少陰、手足太陰陽明經，功專和營衛。不散不燥，與大棗並用，行脾胃之津液。

清·吳汝紀《每日食物却病考》卷上 生薑 辛、甘，微溫。通神明，歸五臟，除風邪頭痛鼻塞，開胃益脾，散痰嗽，止嘔吐之聖藥。子薑性熱，母薑微溫。皮性涼，去皮則溫。生用發散，熟用和中。解食野禽、菌蕈諸物毒。但久食積熱。患目、痔病人，多食兼酒，立發甚速。癰瘡人多食，生惡肉。糟薑瓶內入蟬蛻，雖老薑無筋，其宜忌制伏有如此。

清·仲昴庭《本草崇原集說》卷中 生薑 【略】仲氏曰：《經讀》詮釋生薑，結出病家陋習，尤足以振聵發聾。又曰：生薑宣通陽明胃氣，胃氣宣通，便有日暖風和氣象，故與少陽相宜。《經讀》因微溫二字，斷為少陽本經之藥，則犯實矣。

清·毛祥麟《對山醫話》卷四 昔人言生薑調中益胃，能除肺經諸病，而為嘔家聖藥。按：薑性辛溫，用以宣肺氣，開寒痰，平嘔逆，若為肺胃必需之品則不然。蓋胃為陽土，性喜甘柔，肺應秋金，亦宜清肅，辛散之品，恐非所宜。余謂但可用以醒胃，不當用以益胃。或問：《本草》言夜間勿食薑，食之令人氣閉，何也？曰：肺以氣順為安，臥則氣血寧靜，若以辛溫劫之，使痰氣上壅，而阻氣道。諺云：早除蘿蔔夜除薑。亦此意也。

清・周巖《本草思辨錄》卷三　生薑　生薑是老薑所生之子薑，乾薑則老薑造成者。故乾薑得秋氣多，功兼收斂。生薑得夏氣多，功主橫散。乾薑溫太陰之陰，生薑宣陽明之陽。一藏一府，亦治分母子。

生薑氣薄發泄，能由胃通肺以散邪。凡外感鼻塞，與噫氣嘔吐，胸痹，喉間凝痰結氣皆主之。惟不能治咳。小柴胡湯咳去生薑，痰飲門凡言咳者，亦皆無生薑。以生薑純乎辛散，適以傷肺，不能止咳。太陽病表不解而有咳，如小青龍湯尚不用生薑，何論他經。乃肺痿門之咳有用之者，肺家邪實，非太陽之表病比，正不妨與麻黃同泄肺邪。厚朴麻黃湯有麻黃而不用生薑者，以脈浮則外達自易，已有麻黃散表，石膏清熱，便當以乾薑溫而斂之。澤漆湯無麻黃而即用生薑者，脈沉則有伏飲在裏，澤漆、紫參輩之苦寒，所以驅之於下，生薑、桂枝等之辛甘，所以和之於上，用麻黃則失之上散，用乾薑則嫌於中守也。

或曰：小青龍湯、射干麻黃湯、真武湯，皆有水飲而咳，而一用乾薑，一用生薑，一生薑、乾薑並用，何治之不侔若是耶？曰：此正方義之當尋究者矣。小青龍湯外寒與內飲相搏，麻黃、桂枝所以散外寒，細辛、半夏所以蠲內飲，以芍藥輔辛、夏，則水氣必由小便而去，此內外分解之法，不宜重擾其肺，使內外連橫，故溫肺之乾薑，斂肺之五味則進之，而劫肺之生薑則退之也。射干麻黃湯喉中水雞聲，乃火吸其痰，痰不得下而作聲，其始必有風寒外邪，襲入於肺，故咳而上氣，與小青龍相似而實有不同。彼用麻黃為發太陽之表邪，必得加桂；此用麻黃但搜肺家之伏邪，不必有桂。彼以辛、夏蠲飲，法當溫肺，溫肺故用乾薑；此以辛、夏蠲飲，法當清肺，清肺故用射干。彼導心下之水走小便，故加芍藥；此散上逆之痰在喉中，故加生薑。蓋乾薑不獨增肺熱，而亦非肺家散劑也。真武湯因發汗太過，引動腎水上泛，為悸，為眩，為身瞤，非真陽本虛，不至於是。方名真武，是表熱不足慮，而寒水必當亟鎮。附子補陽，白朮崇土，所以鎮寒水者至矣。驅已泛之水以歸於壑，則苓、芍不可無。散逆氣、逐陰邪，以旋轉其病機，則生薑尤不可缺。若寒水射肺而有咳，亦即治以肺咳之藥，加細辛、乾薑、五味，咳非主病，與小青龍有間，故小青龍細辛、乾薑各三兩，而此止各一兩。生薑乃證中要藥，不以有乾薑而去之也。生薑瀉心湯，有生薑又用乾薑，以生薑治乾噫食臭，乾薑治腹鳴下利也。通脈四逆湯，有乾薑又加生薑，以乾薑止利通脈，生薑散寒治嘔也。生薑去臭氣通神明，其用全在於肺胃，而胃與脾以膜相連，故脾家氣分有治之者，如厚朴生薑甘草半夏人參湯治腹脹是也。血分亦有治者，如當歸生薑羊肉湯治腹痛是也。驅使之妙，不在一物而在全方，是故製方尤難於識藥。薑、棗調營衛與薑多於棗之義，詳見大棗。其有生薑無大棗者，仲聖每與桂枝、半夏、橘紅等物並用，重在鬯陽，故不取大棗之甘壅。

乾薑

唐・孫思邈《千金要方》卷二六《食治・菜蔬》　乾薑　味辛，熱，無毒。主胸中滿，欬逆上氣，溫中，止漏血、出汗，逐風濕痹、腸澼下利、寒冷腹痛、中惡霍亂、脹滿、風邪諸毒、皮膚間結氣，止唾血。生者尤良。

宋・唐慎微《證類本草》卷八草部中品〔《本經・別錄》〕　**乾薑　味辛，**溫、大熱，無毒。**主胸滿，欬逆上氣，溫中，止血，出汗，逐風濕痹，腸澼下痢，**寒冷腹痛，中惡霍亂，脹滿，風邪諸毒，皮膚間結氣，止唾血。**生者尤良。**

〔宋・掌禹錫《嘉祐本草》〕按：《唐本》又云：治風，下氣，止血，宣諸絡脉，微汗，久服令〔人〕眼暗。

〔宋・唐慎微《證類本草》〕《圖經》：文具生薑條下。《外臺秘要》：治瘧不瘥。乾薑、高良薑等分爲末。每服一錢，水一中盞，煎至七分服。又方：治卒心痛。乾薑爲末，米飲調下一錢。《千金方》：治齆鼻。以乾薑末蜜和塞鼻中。《肘後方》：治身體重，小腹急，熱必衝胸膈，頭重不能舉，眼中生翳，膝脛拘急。乾薑四兩，末。湯和溫服，覆取汗得解。又方：治寒痢。切乾薑如大豆，米飲服六七十枚，日三夜一服。痢青色者爲寒痢，累服得效。又方：治虎、犬咬人。乾薑末以內瘡中，立差。又方：治蝎螫人，嚼乾薑塗之。王氏《博濟方》：治瘧。乾薑炒令黑色，搗爲末。臨發時以溫酒調三錢服，已發再服。《廣利方》：治諸蛇毒螫人欲死，兼辟蛇。乾薑、雄黃等分，同研，用小絹袋盛，繫臂上，男左女右，蛇聞藥氣逆避人。螫毒傅之。又方：治鼻衄出血。乾薑削令頭尖，微煨，塞鼻中。孫真人：治水瀉無度。乾薑末，粥飲調一錢服，立效。《集驗方》：治血痢神妙。乾薑急於火內燒黑，不令成灰，甆椀合，放冷，爲末。每服一錢，米飲調下。又方：治咳嗽，冷氣結脹。乾薑爲末，熱酒調半錢服。兼治頭旋眼眩，立效。《傷寒類要》：治傷寒，婦人得病雖差，未滿百日，不可與男交合，爲陰陽之病，必拘急，手足拳欲死，丈夫病名爲陰易，婦人名爲陽易，速當汗之可愈，滿四日不可療，宜令服此藥。乾薑四兩爲末，湯調頓服。覆衣被出汗得解，手足伸遂愈。

金·張元素《潔古珍珠囊》〔見元·杜思敬《濟生拔粹》卷五〕 乾薑辛純陽。《經》曰：寒淫所盛，以辛散之。見火後稍苦，故止而不走也。

宋·劉明之《圖經本草藥性總論》卷上 乾薑 味辛，溫、大熱，無毒。主胸滿欬逆上氣，溫中，止血出汗，逐風濕痺，腸澼下痢，寒冷腹痛，中惡霍亂脹滿，風邪諸毒，皮膚間結氣，止唾血。生者尤良。一云：治風下氣，止血，宣諸絡脉，微汗。久服令人眼暗。《藥性論》云：臣。味苦、辛。治腰腎中疼冷氣，破血，去風，通四肢關節，開五臟六腑，去風毒冷痺，夜多小便，治嗽，主溫中。用秦艽為之使。主霍亂不止腹痛，消腫滿，冷痢，治血閉，病人虛而冷，加用之。日華子云：消痰下氣，治轉筋吐瀉，腹藏冷，反胃乾嘔，瘀血撲損，止鼻洪，解冷熱毒，開胃，消宿食。

元·王好古《湯液本草》卷六 乾薑 氣熱，味大辛。辛，大熱，味薄氣厚，陽中之陽也。辛，溫，無毒。《象》云：治沉寒痼冷，腎中無陽，脈氣欲絕，黑附子為引，用水煎二物，名薑附湯。亦治中焦有寒。水洗，慢火炮。《心》云：發散寒邪，如多用則耗散元氣，辛以散之，是壯火食氣故也，須以生甘草緩之。辛熱，散裏寒，散陰寒、肺寒。與五味同用治嗽，以勝寒邪。正氣虛者散寒，與人參同補藥，溫胃腹中寒，其平以辛熱。《珍》云：寒淫所勝，以辛散之。經炮則味苦。《本草》云：主胸滿欬逆上氣，溫中止血，出汗。逐風濕痹，腸澼下利，寒冷腹痛，中惡霍亂，脹滿，風邪諸毒，皮膚間結氣，止唾血。生者尤良，主胸滿，溫脾燥胃，所以理中，其實主氣而泄脾。易老云：乾薑能補下焦，去寒，故四逆湯用之。乾薑本味辛，及見火候稍苦，故止而不移，所以能治裏寒。非若附子行而不止也。理中湯用此者，以其四順也。或云：乾薑味辛熱，人言補脾，今言泄而不言補者，何也？東垣謂：泄之一字，非泄脾之正氣也，是泄脾中寒濕之邪，故以薑辛熱之劑燥之，故曰泄脾也。

元·忽思慧《飲膳正要》卷三 乾薑 味辛，溫熱，無毒。主胸膈欬逆，止腹痛霍亂，脹滿。

元·吴瑞《日用本草》卷八 乾薑 味辛，大熱，無毒。主胸滿欬逆上氣，溫中消痰，止血，撲損瘀血，出汗，逐風濕痹，腸澼下痢，寒冷腹痛，中惡，霍亂。

元·朱震亨《本草衍義補遺》 乾薑 散肺氣。與五味子同用治嗽。見火則止而不移。治血虛發熱，該與補陰藥同用。入肺中利肺氣，入腎中燥下濕，入氣分引血藥入血也。《象》云：治沉寒痼冷，腎中無陽，脉氣欲絕，黑附子為引用。又云：發散寒邪，如多用則耗散元氣，辛以散之，是壯火食氣故也。見火候故止而不移，所以能治裏寒，非若附子行而不止也。凡止血，須炒令黑用之。生尤良，主胸滿，溫脾燥胃，取以理中，其實主氣而泄脾。又：人言乾薑補脾，今言泄脾而不言補者，何也？東垣謂泄之一字，非泄脾之正氣，是泄脾中寒濕之邪，故以薑辛熱之劑燥之，故曰泄脾也。

元·佚名氏《珍珠囊·諸品藥性主治指掌》〔見《醫要集覽》〕 乾薑 生則味辛，炮則味苦。可升可降，陽也。其用有二：生則逐寒邪而發表，炮則除胃冷而守中。

元·徐彥純《本草發揮》卷二 乾薑 成聊攝云：辛以潤之。乾薑之辛，以固陽虛之汗。又云：乾薑之辛，以散裏寒。又云：寒淫所勝，平以辛熱。薑、附之辛熱以勝寒。又云：乾薑之辛，以溫胃散寒。潔古云：治沉寒錮冷，腎中無陽，脉氣欲絕，黑附子為引，用水同煎二物，薑附湯是也。亦治中焦有寒。《主治秘訣》云：性熱味辛，氣味俱厚，半浮半沉，可升可降，陽中陰也。其用有四：通心氣，助陽，一也；去臟腑沉寒，二也；發散諸經之寒氣，三也；治感寒腹痛，四也。又云：辛溫，純陽。《內經》云：寒淫所勝，以辛散之。此之謂也。乾生薑氣溫味辛，主傷寒頭痛，鼻塞上氣，止嘔吐咳嗽。生與乾同治，與半夏等分，以治心下急痛。東垣云：乾薑味苦，辛溫，純陽。主溫中，治霍亂，腹冷痛，除冷氣，治寒嗽，溫經破血，去風。又云：主發散寒邪。如多用則耗散元氣，蓋辛以散之，則壯火食氣故也。須以生甘草緩之。辛熱散內寒，散陰寒、肺寒，與五味子同用治嗽，以勝寒邪。正氣虛者發寒，與人參同用。補脾溫胃，去腹中寒甚，平以辛熱也。海藏云：經炮則味苦，溫脾燥胃，所以理中。其實主氣而泄脾。易老云：乾薑能去下焦之寒，故四逆湯用之。乾薑本味辛，及見火後稍苦，故止而不行，所以能治裏寒，非若附子行而不止也。理中湯用此者，以其四順也。或問東垣曰：乾薑一味辛熱，又云補脾，今言泄脾，而不言補，何也？泄之一字，非泄脾之正氣，是泄脾中寒濕之邪氣。蓋以辛熱之劑燥之，故曰泄脾也。　丹溪云：　治血虛發熱，須以補陰藥同用。入肺中利肺氣，入腎中燥下濕，入氣分引血藥以生血。

明・王綸《本草集要》卷三　乾薑臣　味辛，氣溫，大熱。味薄氣厚，陽中之陽。無毒。秦椒為之使。惡黃芩、黃連。　主胸滿，咳逆上氣，溫中止血，出汗，逐風濕痹，腸澼下痢。　生用辛，能發散寒邪，去風寒濕痹。入肺，利肺氣，肺寒咳嗽，與五味子同用以勝寒。炮之則微苦，故止而不移，能溫脾理中，治裏寒泄痢，霍亂脹滿，腹中冷痛，中下焦寒濕。　又沉寒痼冷，腎中無陽，脈氣欲絶，黑附子為引用。又炮之，與補陰藥同用，能引血藥入氣分生血，治血虛發熱，故産後大熱必用之。　炒黑，能止唾血、痢血。　水瀉無度，炙，為末，粥飲調一錢，立效。　血痢，燒黑，不令成灰，為末，每服一錢，米飲調下。　傷寒後陰陽易病。取四兩，為末，湯調頓服，覆衣被，出汗愈。

明・滕弘《神農本經會通》卷一　乾薑　臣也。秦椒為之使。惡黃芩、黃連、天鼠糞。《局》云：　炮令裂用。　味辛，氣溫，大熱，無毒。《湯》云：　氣熱，味大辛。辛，大熱，味薄氣厚，陽中之陽也。辛，溫，無毒。東云：　生則味辛，炮則味苦，可升可降，陽也。　生則逐寒邪而發表，炮則除胃冷而守中。　又云：　暖中。《珍》云：　溫中，治霍亂，去臟腑沉寒，或寒在諸經，并復感，或成欬嗽痛疼時，通心氣，助陽。　又破血，去風。　多用則耗散元氣。《疌》云：　逐風濕氣痺，止吐血，主霍亂，欬逆，通肢節，治腹冷疼，消脹破血。

《本經》云：　主胸滿，欬逆上氣，溫中，止血，出汗，逐內濕痺，腸澼下痢，寒冷腹痛，中惡，霍亂脹滿，風邪諸毒，皮膚間結氣，止唾血。　生者尤良。《唐本》注云：　治風，下氣止血，宣諸絡脉微汗。　久服令眼暗。《藥性論》云：　臣。　味苦辛。　治腰腎中疼冷，冷氣，破血，去風，通四肢關節，開五臟六腑，去風毒冷痺，夜多小便。　乾者治嗽，主溫中。　用秦艽為使。　主霍亂不止，腹痛，消腹滿，冷痢，治血閉。　病人虛而冷，宜加用之。　日華子云：　消痰下氣，治轉筋吐瀉，腹臟冷，反胃乾嘔，瘀血撲損，止鼻洪，解熱毒，開胃，消宿食。《圖經》云：　近世方有主脾胃虛冷，不下食，積久羸弱成瘵者，以溫州白乾薑一物，漿水煮令透心潤濕，取出焙乾，擣末，陳廩米煮粥飲，丸桐子大，一服三五十枚，湯使任用，神効。《象》云：　治沉寒痼冷，腎中無陽，脉氣欲絶，黑附子為引，用水煎二物，名薑附湯。　亦治中焦有寒，水洗，慢火炮。《心》云：　發散寒邪。　如多用，則耗散元氣，辛以散之，是壯火食氣故也。　須以生甘草緩之。辛熱，散裏寒，散陰寒、肺寒。　與五味同用治嗽，以勝寒。　正氣虛者，散寒，與人參同補藥，溫胃腹中寒，其平以辛熱。《珍》云：　寒淫所勝，以辛散之。　經炮則味苦。　東垣云：　主胸滿，溫脾燥胃，所以理中。　其實主氣而泄脾。　易老云：　乾薑，能補下焦，去寒，故四逆湯用之。　乾薑本味辛，及見火候稍苦，故止而不移，所以能治裏寒，非若附子行而不止也。　理中湯用此者，以其四順也。　或云：　乾薑味辛熱，人言補脾，今言泄而不言補者，何也？東垣謂泄之一字，非泄脾之正氣也，是泄脾中寒濕之邪，故以薑辛熱之劑燥之，故曰泄脾也。　丹溪云：　治血虛發熱，故産後發熱必用之。　炮之與補陰藥同用，入肺中利肺氣，入腎中燥下濕，入氣分引血藥入氣分生血。　凡止血，須炒令黑，生尤良。　餘同《心》云、《象》云、易老云。　劄云：　乾薑生辛炮則苦，利肺氣入氣血行。　生逐寒邪而發表，炮除胃冷可調中。《局》云：　乾薑治欬除胸滿，逐散渾身濕痺風。　止痢溫中仍止血，更除霍亂腹心疼。

明・劉文泰《本草品彙精要》卷三九　乾薑無毒。

乾薑出《神農本經》：　**主胸滿，欬逆上氣，溫中，止血，出汗，逐風濕痹，腸澼，下痢。生者尤良。**以上朱字《神農本經》。　寒冷腹痛，中惡，霍亂，脹滿，風邪諸毒，皮膚間結氣，止唾血。以上黑字名醫所錄。

〔地〕《圖經》曰：　乾薑乃秋取生薑，於長流水洗過，日曬爲之。　漢州所作之法：　以水淹三日，去皮，又置流水中六日，更刮去皮，然後暴之令乾，釀於瓮中，三日乃成也。　陶隱居云：　出臨海、章安，惟兩三村解作之。　蜀漢薑舊美，荊州有好薑，而並不能作乾者。　今溫州及池州出一種白色者，謂之白乾薑，入藥最勝。　〔收〕日乾。　〔色〕蒼褐。　〔味〕辛。　炮之則苦。　〔性〕溫，大熱。　〔氣〕氣之厚者，陽也。　〔臭〕香。　〔主〕生則逐寒邪而發表，炮則除胃冷而守中。　〔製〕洗淨，以濕紙裹，入灰火中炮之令熱透，取出，剉碎用。　〔治〕療：《唐本》注云：　治風止血，宣諸絡脉，發汗。《藥性論》云：　除腰腎中冷疼，冷氣，破血，去風，通四肢關節，開五臟六腑，去風毒冷痹，夜多小便，止嗽，溫中及血閉。　病人虛冷者，宜加用。　日華子云：　治轉筋吐瀉，腹臟冷，反胃，乾嘔，撲損瘀血。　止鼻洪，解冷熱毒，開胃，消宿食，除痰下氣。《湯液本草》云：　補下焦，去裏寒及脾中寒熱邪氣。《別録》云：　蠍螫人，嚼塗患處。　又鼻衄，以乾薑削令頭尖，微煨塞鼻中即止。　傷寒陰陽易，病手足拘急欲死者，以四兩爲末，湯調連服，被覆出汗，得手足伸即愈。　猘音制，惡犬也。　犬咬人，爲末內瘡中，立差。〔合治〕合秦艽，療霍亂腹痛不止，及消脹滿，冷痢。○合高良薑等分爲末，用一錢，水一中盞，煎至七分，服治瘧不瘥者。○作末合蜜和丸，塞鼻中，治齆鼻。○合黑附子爲引，用名薑附湯，治傷寒，沉寒痼冷，腎中無陽，脉氣欲絕者，效。○合雄黃等分同研，用小絹袋盛，男左女右，繫臂上，辟蛇，毒蛇聞藥氣逆避之。及治蛇毒螫人欲死者，擣傅螫毒處。○乾薑火燒令黑存性，椀蓋候冷，爲末，合米飲調一錢服之，治〔血〕痢，神效。○作末合酒調服一錢，治寒嗽，冷氣結脹。又治頭旋眼眩。○白乾薑，以漿水煑令透濕，焙乾，擣爲末，合陳廩米粥飲，爲丸如梧子大，一服三五十枚，湯使任用，療脾胃虛冷，不下食，羸弱成瘵者。○爲末，合粥飲，調服一錢，療水瀉無度及止卒心痛。〔禁〕久服令人眼暗，多用則耗散元氣。

明・葉文齡《醫學統旨》卷八　乾薑　氣熱，味辛。無毒。半浮半沉，可升可降，陽中陰也。秦椒為之使；惡黄芩、黄連。生用辛散，炮用溫中。　治胸滿欬逆上氣，腹痛；溫中出汗，逐風濕痺，發散寒邪，腸澼下痢；利肺氣，止寒嗽。若炮之則微苦，故止而不移，能溫脾理中，裏寒泄痢，霍亂脹滿，腹中冷痛，中下焦寒濕。沉寒痼冷，腎中無陽，脉氣欲絕，黑附子為引用；與補陰藥同用，能引血藥入氣分生血。治血虛發熱，故產後大熱必用之。炒黑止唾血痢中崩漏。

明・許希周《藥性粗評》卷一　乾薑理中部之陰，并生薑以散寒止嘔。

乾薑，生薑所製也，水浸三日，去皮，又置長流水中六日，復刮去皮，晒乾，封甆瓮中三日則成矣，別為收貯。薑春生苗，高二三尺，似箭竹葉而長，蒂不相對，無花實。江南園圃、隄岸處處有之。秋初採根為子薑，居首者此也，秋後則為老薑矣。春以老薑栽土內，待生子薑，而老薑仍可取出用之，因名母薑，日用所不能缺，《語》云不徹薑食，則不但入藥而已矣。味辛，性大熱，無毒。入手太陰肺、足陽明胃經。主治中部不足，寒冷風濕，霍亂嘔吐，脹滿咳逆，腹痛氣結，衄血下痢，溫中發表，生脉回陽。成聊攝云：乾薑之辛，以固陽虛之汗，經散裏寒，多用則耗元氣，須以生甘草緩之；與五味子同用，以治嗽勝寒；與人參同用，以補脾溫胃。易老云：乾薑能去下焦之寒，故四逆湯用之。乾薑本辛，及見火煨後稍苦，故止而不行，所以能治裏寒，非若附子行而不止也。理中湯用之者，以其四(逆)〔順〕也。四逆調陰毒，四肢厥冷，以此逆而回之。丹溪云：治血虛發熱，須以補陰藥同用；入肺中利肺氣，入腎中燥下濕，入氣分引血藥以生血。

明・鄭寧《藥性要略大全》卷四　乾薑　生則逐寒邪而發表，炮則除胃冷而暖中。《經》云：和肺氣，引血入經，治產後大發熱，補下焦，去腎冷。不宜多服，能耗散元氣。辛以散之，是壯火食氣也。孕婦忌食乾薑，令胎內消。《金匱》云：治胸滿咳逆上氣，溫脾燥胃，除寒冷腹痛，中惡霍亂脹滿，止血，出汗，逐風濕痹，風邪皮膚間結滯，止唾血，腸風下痢。生者尤良。久服損目。《湯液》云：治腰腎中冷氣痛，破血去風，通四肢關節，開臟腑溫中。或問：乾薑補脾，《本草》言瀉脾，何也？東垣曰：非瀉脾之正氣，是瀉脾中寒濕之邪爾。生則味辛、性熱，炮則味苦、性溫。可升可降，陽也，無毒。秦椒為之使。惡黄芩、黄連。或炒，或炮紫黑色，或生，隨症施治。

明・賀岳《醫經大旨》卷一《本草要略》　乾薑　生用味辛，能發散寒邪，行表，與生薑同功。熟用帶苦，能除胃冷，守中，與生薑異同。生用入發散藥，能利肺氣而治嗽。熟用入補中藥，能和脾家虛寒。入補陰藥，能治血虛發熱，故產後發熱當用之。蓋以熱用則性溫，能守能助，性補故也。又入腎中燥下濕，此又濕同寒治也。又治沉寒痼冷，腎中無陽，脉氣欲絕者，黑附子為引用。又曰多用能耗散元氣，是壯火食氣故也。

明・王文潔《太乙仙製本草藥性大全》卷二《本草精義》　乾薑　在處有，惟臨海章安者爲良。苗葉同前。漢州造乾薑法：以水淹薑三日，去皮，又置流水中六日，更刮去皮，方曝乾，于甕中三日乃成。薑屑比乾薑不熱，比生薑不潤，和酒服能治偏風。《賦》云：生則逐寒邪而發表，炮則除胃冷而暖中。

明・王文潔《太乙仙製本草藥性大全》卷二《仙製藥性》　乾薑臣　味辛，氣溫、大熱，味薄氣厚，可升可降，陽中之陰，無毒。秦椒爲之使。主治：主胸滿欬逆上氣，溫中止血，出汗，逐風濕痹，腸澼下痢。生用辛能發散寒邪，去風寒濕痹。入肺利肺氣，肺寒咳嗽與五味子同用以勝寒。炮之則微苦，故止而不移，能溫脾理中，治裏寒泄痢，霍亂，脹滿，腹中冷痛，中下焦寒濕。又況寒痼冷，腎中無陽，脉氣欲絕，黑附子爲引用。又炮之與補陰藥同用，能引血藥入氣分生血，治血虛發熱，故產後大熱必用之。炒黑能止唾血、痢血孕婦。補註：水瀉無度，炙爲末，米飲調，一服即止。○血痢，炮過，不令成炭，爲末，每服一錢，米飲調下。○傷寒後陰陽易病，取四兩爲末，每用白湯調服，覆衣被汗出即愈。

明・皇甫嵩《本草發明》卷二　乾薑中品之上，臣。氣溫、大熱，味辛。味薄氣厚，半浮半沈，陽中陰也。　發明曰：　乾薑與生薑同治而辛熱，過之發散寒邪，大溫中氣。故《本草》主出汗，逐風濕痺，皮膚間結氣風邪諸毒，通四肢，開關節，以能散標寒也。主腸澼下利，腹冷痛，中惡，霍亂脹滿，欬逆上氣，腰腎冷痛，冷氣冷痢，病人虛冷，宜加用，以能溫裏寒也。《經》云：　寒淫所勝，治以辛溫。但生乾薑竄而不收，治表散風寒，利肺氣寒嗽，仗五味子相助。炮用則苦，止而不移，溫中，調痼冷沈寒裏證。○腎中無陽，脉欲絕，黑附子為引。若療血虛寒熱，用入補陰藥中，引血上行。入於氣分，能生血。故產後血去，多發熱驟盛，宜炒黑用。又止唾血泄血痢血，煨研。塞水瀉溏泄，陰陽易症，用取汗立瘥。一云瀉脾，非瀉正氣，脾中寒濕，須此辛熱燥之，除去寒濕，故云瀉耳。久服令人眼暗，抑過於辛散，致耗(日)〔目〕中神水歟。○薑屑比乾薑不熱，比生薑不潤，和酒服，能治偏風。○薑皮作散，堪消浮腫，故五皮散用之。　漢州乾薑，以水淹薑三日，去皮，置流水中六日，刮去皮，曝之令乾，釀甕中三日乃成。溫州乾薑色白，亦好。○秦艽為之使。殺半夏、莨菪毒。惡黃芩、黃連、天鼠糞。

明・李時珍《本草綱目》卷二六菜部・葷菜類　乾薑《本經》中品。校正：自草部移附此。

【釋名】白薑見下　【集解】弘景曰：　乾薑今惟出臨海、章安，數村〔解〕作之。蜀漢薑舊美，荊州有好薑，而不能作乾者，凡作乾薑法：　水淹三日，去皮置流水中六日，更刮去皮，然後曬乾，置瓷缸中釀三日，乃成。頌曰：　造法：　採根於長流水洗過，日曬爲乾薑。以漢、温、池州者爲良。陶説乃漢州乾薑法也。時珍曰：　乾薑以母薑造之。今江西、襄、均皆造，以白淨結實者爲良，故人呼爲白薑，又曰均薑。凡入藥並宜炮用。

【氣味】辛，温，無毒。褚曰：　苦，辛。好古曰：　大熱。保昇曰：　久服令人目暗。餘同生薑。時珍曰：　《太清外術》言：　孕婦不可食乾薑，令胎内消。蓋其性熱而辛散故也。

【主治】胸滿咳逆上氣，温中止血，出汗，逐風濕痹，腸澼下痢。生者尤良《本經》。寒冷腹痛，中惡霍亂脹滿，風邪諸毒，皮膚間結氣，止唾血《別録》。治腰腎中疼冷、冷氣，破血去風，通四肢關節，開五臟六腑，宣諸絡脈，去風毒冷痹，夜多小便甄權。消痰下氣，治轉筋吐瀉，腹臟〔冷〕，反胃乾嘔，瘀血撲損，止鼻紅，解冷熱毒，開胃，消宿食大明。主心下寒痞，目睛久赤好古。

【發明】元素曰：　乾薑氣薄味厚，半沉半浮，可升可降，陽中之陰也。又曰：　大辛大熱，陽中之陽。其用有四：　通心助陽，一也；　去臟腑沉寒痼冷，二也；　發諸經之寒氣，三也；　治感寒腹痛，四也。腎中無陽，脈氣欲絶，黑附子爲引，水煎服之，名薑附湯。亦治中焦寒邪，寒淫所勝，以辛散之也。又能補下焦，故四逆湯用之。乾薑本辛，炮之稍苦，故止而不移，所以能治裏寒，非若附子行而不止也。理中湯用之者，以其回陽也。李杲曰：　乾薑生辛炮苦，陽也。生則逐寒邪而發表，炮則除胃冷而守中。多用則耗散元氣，辛以散之，是壯火食氣故也，須以生甘草緩之。辛熱以散裏寒，同五味子用以温肺，同人參用以温胃也。好古曰：　乾薑，心、脾二經氣分藥也，故補心氣不足。或言：　乾薑辛熱而言補脾。今理中湯用之，言泄不言補，何也？　蓋辛熱燥濕，泄脾中寒濕邪氣，非泄正氣也。又云：　服乾薑以治中者，必僭上，不可不知。震亨曰：　乾薑入肺中利肺氣，入腎中燥下濕，入肝經引血藥生血，同補陰藥亦能引血藥入氣分生血，故血虚發熱、産後大熱者用之。止唾血、痢血，須炒黑用之。有血脱色白而夭不澤脈濡者，此大寒也。宜乾薑之辛温以益血，大熱以温經。時珍曰：　乾薑能引血藥入血分，氣藥入氣分，又能去惡養新，有陽生陰長之意，故血虚者用之；　而人吐血、衄血、下血，有陰無陽者，亦宜用之。乃熱因熱用，從治之法也。

【附方】舊十六，新十二。　脾胃虚冷：　不下食，積久羸弱成瘵者。用温州白乾薑，漿水煮透，取出焙乾搗末，陳廩米煮粥飲丸梧子大。每服三五十丸，白湯下。其效如神。蘇頌《圖經》。　脾胃虚弱：　飲食減少，易傷難化，無力肌瘦。用乾薑頻研四兩，以白餳切塊，水浴過，入鐵銚溶化，和丸梧子大。每空心米飲下三十丸。《十便方》。　頭運吐逆：　胃冷生痰也。用川乾薑炮二錢半，甘草炒一錢二分，水一鍾半，煎減半服。累用有效。《傳信適用方》。　心脾冷痛：　暖胃消痰。二薑丸：　用乾薑高良薑等分，炮研末，糊丸梧子大。每食後，猪皮湯下三十丸。《和劑局方》。　心氣卒痛：　乾薑末，米飲服一錢。《外臺秘要》。　陰陽易病：　傷寒後，婦人得病雖瘥，未滿百日，不可與男合。爲病拘急，手足拳，腹痛欲死，丈夫名陰易，婦人名陽易，速宜汗之即愈。滿四日，不可治也。用乾薑四兩，爲末。每用半兩，白湯調服。覆衣被出汗後，手足伸即愈。《傷寒類要方》。　中寒水瀉：　乾薑炮研末，粥飲服二錢，即效。《千金方》。　寒痢青色：　乾薑切大豆大。每米飲服六七枚，日三夜一。累用得效。《肘後方》。　血痢不止：　乾薑燒黑存性，放冷爲末。每服一錢。米飲下，神妙。姚氏《集驗》。　脾寒瘧疾：　《外臺》用乾薑、高良薑等分，爲末。每服一錢，水一盞，煎至七分服。○又：　乾薑炒黑爲末，臨發時以温酒服三錢匕。　冷氣咳嗽：　結脹者。乾薑末，熱酒調服半錢。或餳糖丸噙。《姚僧坦方》。　咳嗽上氣：　用合州乾薑炮，皂莢炮，去皮子及蛀者，桂心紫色者去皮，並搗篩等分，煉白蜜和搗三千杵，丸梧子大。每飲服三丸，嗽發即服，日三五服。禁食葱、麪、油膩。其效如神。禹錫在淮南與李亞同幕府，李每治人而不出方，或誚其吝。李曰：　凡人患嗽，多進冷藥。若見此方用藥熱燥，必不肯服，故但出藥即多效也。試之信然。劉禹錫《傳信方》。　虚勞不眠：　乾薑爲末，湯服三錢，取微汗出。《千金方》。　吐血不止：　乾薑爲末，童子小便調服一錢良。 鼻衄不止：乾薑削尖煨，塞鼻中即止。 鼽鼻不通：乾薑末，蜜調塞鼻中。《廣利方》。 冷淚目昏：乾薑粉一字炮，湯點洗之。《聖濟録》。 赤眼澀痛：白薑末，水調貼足心，甚妙。《普濟方》。 目忽不見：令人嚼母薑，以舌日舐六七次，以明爲度。《聖濟録》。 目中卒痛：乾薑削圓滑，内眦中，有汁出拭之。味盡更易。《千金》。 牙痛不止：川薑炮、川椒等分爲末，摻之。《御藥院方》。 斑豆厥逆：斑豆服凉藥多，手足厥冷，脈微。用乾薑炮二錢半，粉甘草炙一錢半，水二鍾，煎一鍾服。龐安常《傷寒論》。 癰疽初起：乾薑一兩，炒紫研末，醋調傅四圍，留頭，自愈。此乃東昌申一齋奇方也。《諸症辨疑》。 瘰癧不斂：乾薑爲末，薑汁打糊和作劑，以黄丹爲衣。每日隨瘡大小，入藥在内，追膿盡，生肉口合爲度。如不合以葱白汁調大黄末搽之，即愈。《救急方》。 虎狼傷人：乾薑末傅之。《肘後》。 猘犬傷人：乾薑末，水服二匕，生薑汁服亦良，並以薑炙熱熨之。 蛇蝎螫人：乾薑、雄黄等分爲末，袋盛佩之。遇螫即以傅之，便定。《廣利方》。

題明·薛己《本草約言》卷一《藥性本草》 乾薑 生則味辛，氣大熱；炮則味苦而大溫；炒黑則苦而溫矣。蓋假火以殺其性也。無毒。味薄氣厚，陽中之陽也，生則浮，熟則守，可升可降，入手太陰肺陽明大腸、足太陰脾少陰腎。生則逐寒邪而發表，炮則除胃冷而守中。炮熟與補陰同用，治血虚發熱之妙。炒黑與凉血同用，療血熱溢泄之功。治血虚，引血藥入氣分而生血。療血熱，引凉藥與火性而相從。亦去寒邪嘔吐而止腹痛。○生用，入發散藥，能利肺氣而治嗽。熟用，入補中藥，能和脾家虚寒。入補陰藥，能治血虚發熱，故産後發熱當用之。又入腎中，燥下濕，此又濕同寒治也。又治沉寒痼冷，腎中無陽，脉氣欲絶者，黑附子為引用。又多用能耗元氣，蓋辛以散之，則壯火食氣故也。須以生甘草緩之。○能利肺氣寒嗽，須仗五味子相助。炮用則止而不移，所以能治裏寒，非若附子行而不止也。用止血，須炒令黑。○乾薑補脾，而東垣又言泄脾者何？蓋泄之一字，非泄脾之正氣，是泄脾中寒濕之邪也。生用味辛，能發散寒邪行表，與水薑同功。熟用帶苦，能除胃中冷，守中之功，與生者異。薑皮作散，堪消浮腫，故五皮散用之。《發明》云：乾薑與生薑同治，而辛熱過之。發散寒邪，大溫中氣。

明·梅得春《藥性會元》卷中 乾薑 味辛，溫、大熱，生則味辛，炮則味苦。可升可降，陽也。無毒。取生薑汁淹三日，去皮，剉片，晒乾，置磁瓶中。其性生則逐寒邪而發表，炮則除胃冷而守中。治霍亂心疼，胸滿咳逆上氣，溫中止血，出汗，逐風寒濕痹，腸澼下痢，寒冷腹痛，風邪脹滿，去皮膚間結氣。辛熱以滌中寒。炒黑味苦，斂肺氣下降，使陰血生，且能兼製。又養血，治陰虚内熱及發虚熱，産後大熱，能利肺中氣。入肝分，引血藥生血，須與補陰藥同用。炒黑成灰，取其不走，吐紅不止用。乾薑炮為末，再炒黑，童便調服，從治也。

明·杜文燮《藥鑒》卷二 乾薑 氣熱，味大辛。氣味俱厚，可升可降，陽也。散肺氣，與五味子同用，能治咳嗽。與實陰藥同用，能治血虚發熱。入肺藥中，能利肺氣。入腎藥中，能燥下濕。引氣藥入氣分，引血藥入血分。主治沉寒痼冷，腎中無陽，脉氣欲絶者，黑附子為使。又云：發散寒邪，不可多用，多用則耗散元氣，辛以散之，是壯火食氣故也。見火候，故止而不移，所以能治裏寒。故丹溪曰：生用入發散中，能利肺氣而治嗽；熟用入補中藥，能和脾家虚寒。既曰理中，又曰泄脾，何也？蓋泄之一字，非泄脾之正氣，是泄脾中寒濕之邪，故以辛熱之劑燥之，此以名泄也。痘家灰白之症用之，若實熱紅紫者，切宜禁忌。孕婦勿用。

明·王肯堂《傷寒證治準繩》卷八 乾薑 氣溫，味辛，無毒。潔：氣薄味厚，半浮半沉，可升可降，陽中之陰也。大辛大熱，陽中之陽。其用有四：通心助陽，一也；去藏府沉寒痼冷，二也；發諸經之寒氣，三也；治感寒腹痛，四也。腎中無陽，脉氣欲絶，黑附子為引，水煎服之，名薑附湯。亦治中焦寒邪，寒淫所勝，以辛散之也。又能補下焦，故四逆湯用之。乾薑本辛，炮之稍苦，故止而不移，所以能治裏寒，非若附子行而不止也。理中湯用之者，以其回陽也。垣：乾薑生辛炮苦，陽也。生則逐寒邪而發散，炮則除胃冷而守中。多用則耗散元氣，辛以散之，是壯火食氣故也。須以生甘草緩之，辛熱以散裏寒。同五味子用，以溫肺。同人參用，以溫胃也。海：乾薑，心脾二經氣分藥也，故補心氣不足。或言乾薑辛熱，而言補脾，今理中湯用之。言泄不言補，何也？蓋辛熱燥濕，泄脾中寒濕邪氣，非泄正氣也。白淨結實者良，宜炮用。

明·李中立《本草原始》卷六 乾薑 氣味：辛，溫，無毒。主治：胸滿，欬逆上氣，溫中止血，出汗，逐風濕痹，腸澼下痢，生者尤良。○寒冷腹痛，中惡，霍亂脹滿，風邪諸毒，皮膚間結氣，止唾血。○治腰腎中疼，冷氣，破血去風，通四肢關節，開五臟六腑，宣諸脉絡，去風毒冷痹，夜多小便。○

消痰下氣，治轉筋吐瀉，腹臟冷，反胃乾嘔，瘀血撲損，止鼻紅，解冷熱毒，開胃消宿食。〇主心下寒痞，目睛久赤。

生薑，《別錄》草部中品。今移入此。【圖略】漢州白乾薑，白淨結實，俗呼為均薑，入藥最良。他處乾薑皮色黑黃，肉不結實，市賣通是此類。

藏器曰：　生薑溫，要熱則去皮，要冷則留皮。　元素曰：　辛而甘溫，氣味俱厚，浮而升，陽也。　修治：　乾薑，火炮用。　之才曰：　秦椒為之使，殺半夏、莨菪毒，惡黄芩、黄連、天鼠糞。　弘景曰：　久服少志，少智傷心氣。今人噉辛辣物，惟此最常，故《論語》云不撤薑食，言可常食，但不可多爾。有病者，是所宜矣。　思邈曰：　八九月多食薑，至春多患眼，損壽減筋力。孕婦食之，令兒盈指。〇《晦庵語錄》亦有秋薑夭人天年之語。久患咳噫，連咳四五十聲者，取生薑汁半合，蜜一匙，煎熟溫服，如此三服立效。生薑，使。《傷寒類要》：　治婦人傷寒雖差，未滿百日，不可與男交合。為陰陽易之病，必手足拘拳欲死。丈夫病名為陰易，婦人名為陽易，速當汗之可愈，滿四日不可療，宜令服此藥。乾薑四兩為末，湯調頓服，覆衣被，出汗得解，手足伸遂愈。《千金方》：　治中寒水瀉，乾薑炮，研末，粥飲服二錢，立效。

明・張懋辰《本草便》卷一　乾薑臣　味辛，氣溫、大熱，味薄氣厚，陽中之陽，無毒。惡黃芩、黃連。　主胸滿欬逆上氣，溫中止血，出汗逐風濕痹，腸澼下痢。生用：　辛能發散寒邪，入肺，利肺氣，肺寒咳嗽。炮之則微苦，能溫脾理中，治裏寒泄痢，霍亂脹滿，腹中冷痛，中下焦寒濕；　又沉寒痼冷，腎中無陽，脉氣欲絕，黑附子爲引用。又炮之與補陰藥同用，能引血藥入氣分，故產後大熱必用之。炒黑能止唾血、痢血。

明・趙南星《上醫本草》卷一　乾薑　一名白薑。乾薑，今惟出臨海，章安數村作之。蜀漢薑舊美，荊州有好薑，而不能作乾者。凡作乾薑法：　水淹三日，去皮，置流水中六日，更刮去皮，然後晒乾，置瓷缸中釀三日乃成。頌曰：　造法：　采根于長流水洗過，日晒為乾薑，以漢、溫、池州者為良。陶說：　乃漢州乾薑法也。時珍曰：　乾薑以母薑造之，今江西、襄、均皆造。以白淨結實者為良，故人呼為白薑，又曰均薑。凡入藥並宜炮用。元素曰：乾薑，大辛，大熱，陽中之陽。其用有四：　通心助陽，一也；　去臟腑沉寒痼冷，二也；　發諸經之寒氣，三也；　治感寒腹痛，四也。李杲曰：　乾薑生辛，炮苦，陽也。生則逐寒邪而發表，炮則除胃冷而守中，多用則耗散元氣。辛以散之，是壯火食氣故也，須以生甘草緩之。辛熱以散裏寒，同五味子用以溫肺，同人參用以溫胃也。　辛，溫，無毒。主治：　胸滿欬逆上氣，溫中止血，出汗，逐風濕痹，腸澼下痢，生者尤良。寒冷腹痛，中惡霍亂脹滿，風邪諸毒，皮膚間結氣。止唾血，腰腎中疼冷、冷氣。破血去風，通四肢關節，開五臟六腑，宣諸絡脉，去風毒冷痹，夜多小便，消痰下氣。治轉筋吐瀉，反胃乾嘔，瘀血撲損，止鼻紅，解冷熱毒，開胃，消宿食。治心下寒痞，目睛久赤。

保昇曰：　久服乾薑，令人目暗，餘同生薑。時珍曰：《太清外術》言，孕婦不可食乾薑，令胎內消。蓋其性熱而辛散故也。

附方　脾胃虛冷，不下食，傾久羸弱成瘵者：　用溫州白乾薑，漿水煮透，取出，焙乾擣末，陳廩米煮粥飲丸梧子大。每服三五十丸，白湯下。其效如神。　脾胃虛弱，飲食減少，易傷難化，無力肌瘦：　用乾薑頻研四兩，以白餳切塊，水浴過，入鐵銚溶化，和丸梧子大。每空心米飲下三十丸。　心脾冷痛，暖胃消痰，二薑丸：　用乾薑、高良薑等分，炮，研末，糊丸梧子大。每食後，豬皮湯下三十丸。　心氣卒痛：　乾薑末，米飲服一錢。　中寒水瀉：　乾薑炮研末，粥飲服二錢，即效。　寒痢青色：　乾薑切大豆大，每米飲服六七枚，日三夜一。累用得效。　血痢不止：　乾薑燒黑存性，放冷為末。每服一錢，米飲下，神妙。　脾寒瘧疾：　乾薑、高良薑等分，為末。每服一錢，水一盞，煎至七分服。〇又方：　乾薑炒黑為末，臨發時以溫酒服三錢匕。　冷氣欬嗽結脹者：　乾薑末，熱酒調服半錢，或餳糖丸噙。　吐血不止：　乾薑為末，童子小便調服一錢，良。　冷淚目昏：　乾薑粉一字，炮湯點洗之。　赤眼澀痛：　白薑末，水調貼足心，甚妙。　目忽不見：　令人嚼母薑，以舌日舐六七次，以明為度。　牙痛不止：　川薑炮，川椒等分，為末，摻之。　蛇蠍螫人：　乾薑、雄黃等分，為末，袋盛佩之。遇螫即以傅之，便定。

明・李中梓《藥性解》卷六　乾薑　味辛，性大熱，有毒，入肺、大腸、脾、胃、腎五經。生者味辛，能行血，逐寒邪而發表。熟者味苦，能止血，除胃冷而守中，沉寒痼冷。腎中無陽，脉氣欲絕者，用黑附為引。　按：　乾薑之辛，本職肺家，以其性熱，故又入脾胃大腸。至于少陰之人，黑附為之引耳。夫血遇熱則走，生者行之，固其宜也。而吐衄下血崩漏淋產症，熟者反能止之，何也？　蓋物極則反，血去多而陰不復，則陽無所附，得此以助陽之生，而陰復矣。且見火則味苦色黑，守而不走，血安得不止耶？然必病久氣虛，亡陽而多盗汗及手足冷者宜用，若初病火熾，遽爾投之，是抱薪救火，危亡立至矣！可不謹乎？丹溪曰：乾薑散肺氣，同五味能止嗽，治血虛發熱。該與補陰藥同用。入肺中利肺氣，入腎中燥下濕，入氣分引血藥入血也。東垣云：多用能耗元氣，壯火食氣故也。乾薑辛熱，皆言補脾，海藏獨言泄脾，何也？泄之一字，非泄脾之正氣，是泄脾中寒濕之邪。蓋以辛熱之劑燥之，故曰泄脾也。生者能墮胎。

明・繆希雍《本草經疏》卷八　乾薑　味辛，溫、大熱，無毒。主胸滿，欬逆上氣，溫中止血，出汗，逐風濕痹，腸澼下痢，寒冷腹痛，中惡霍亂脹滿，風邪諸毒，皮膚間結氣，止唾血。生者尤良。

〔疏〕乾薑稟天地之陽氣，故味辛而氣溫，雖熱而無毒。辛可散邪理結，溫可除寒通氣，故主胸滿欬逆上氣，溫中出汗，逐風濕痹，下痢因於寒冷，止腹痛。其言止血者，蓋血虛則發熱，熱則血妄行，乾薑炒黑，能引諸補血藥入陰分，血得補則陰生而熱退，血不妄行矣。治腸澼亦其義也。生薑能通神明，辟惡氣，故主中惡霍亂脹滿，風邪諸毒，皮膚間結氣。惟唾血定非寒證，《別錄》載之誤矣！〔主治參互〕乾薑生用，同橘皮、烏藥、白豆蔻，除胸滿欬逆上氣。同紫蘇、桂枝，能溫中出汗。加术則能逐風濕痹。同术、茯苓、人參、甘草，治下利寒冷腹痛。炒黑，同生地黃、白芍藥、當歸、牛膝，治產後惡露不盡，血虛發熱。同生地黃、白芍藥、麥門冬、人參、黃耆、甘草、升麻，治腸澼下血。同藿香、縮砂、橘皮、紫蘇、木香，治中惡。同去木香，加木瓜，則治霍亂脹滿。加桂枝，并治風邪諸毒，皮膚間結氣。同橘皮、人參，止胃虛嘔逆。同橘皮、术、貝母、茯苓，治痰瘧久不愈。同人參、术、桂枝、橘皮，治寒瘧。同人參、术、甘草，治虛寒泄瀉，中寒作泄。〔簡誤〕乾薑大辛，辛能散氣走血。久服損陰傷目。陰虛內熱，陰虛欬嗽吐血，表虛有熱汗出，自汗盗汗，臟毒下血，因熱嘔惡，火熱腹痛，法竝忌之。

明・顧逢柏《分部本草妙用》卷六兼經部・溫瀉　乾薑　辛，溫，無毒。入心脾二經氣分，復引血藥入血分，引氣藥入氣分。主治：欬逆，溫中止血，寒冷腹痛，中惡霍亂，胸腹滿，皮膚結氣，治腰腎中疼冷，開臟腑，宣經脉，消痰下氣，心下寒痞，轉筋吐瀉。按：乾薑，其用有四：通心助陽，其用一也；去臟腑沉寒痼冷，其用二也；發諸經之寒氣，三也；治感寒腹痛腎寒，四也。且性雖辛散，止而不走，專治裏寒，非若附子之奔裂，故理中湯用之以回陽。生逐寒邪而發表，炮除胃冷而守中。多用則耗神，須以生甘草緩之。同五味則溫肺，同人參則溫胃也。丹溪曰：入肺則利肺氣，入腎則燥下濕，入肝則引血藥生血，同補陰藥亦引血藥入氣分生血，故血虛發熱，產後大熱者竝用之。血脫而色白，脉濡者，大寒症也，亦宜之，竝以陽生陰長之義也。惟唾血痢血炒黑用。然性主泄而不主補，惟在佐使得宜為妙。

明・李中梓《醫宗必讀・本草徵要下》　乾薑味辛，熱，無毒。入肺、脾二經。破血消痰，腹痛胃翻均可服；溫中下氣，癥瘕積脹悉皆除。開胃扶脾，消食去滯。生行則發汗有靈，炮黑則止血頗驗。乾薑本辛，炮之則苦，守而不移，非若附子行而不止也。其止血者，蓋血虛則熱，熱則妄行，炒黑則能引補血藥入陰分，血得補則陰生熱退，且黑為水色，故血不妄行也。然血寒者可多用，血熱者不過用三四分，為向導而已。按：薑味大辛，辛能僭上，亦能散氣走血，久服損陰傷目，凡陰虛有熱者勿服。

明・鄭二陽《仁壽堂藥鏡》卷四　乾薑　陶隱居云：乾薑出臨海、章安兩三村。可晒乾。氣熱，味大辛。辛，大熱。味薄氣厚，陽中之陽也。辛，溫，無毒。《象》云：治沉寒痼冷，腎中無陽，脉氣欲絕。黑附子為引，用水煎二物，名薑附湯。亦治中焦有寒。水洗，慢火炮。《心》云：發散寒邪。如多用則耗散元氣。辛以散之，是壯火食氣故也。須以生甘草緩之。《本草》云：主胸滿，欬逆上氣，溫中止血，出汗，逐風濕痹，腸澼下利，寒冷腹痛，中惡霍亂脹滿，風邪諸毒，皮膚間結氣，止唾血。生者尤良。主胸滿，溫脾燥胃，所以理中，其實主氣而泄脾。易老云：乾薑能補下焦，去寒，故四逆湯用之。乾薑本味辛，及見火候，稍苦，故止而不移，所以能治裏寒。非若附子行而不止也。理中湯用此者，以其四順也。或云：乾薑味辛熱，人言補脾，今言泄而不言補者，何也？東垣謂泄之一字，非泄脾之正氣也，是泄脾中寒濕之邪，故以薑辛熱之劑燥之，故曰泄脾也。《主治秘訣》云：性熱，味辛，氣味俱厚，半浮半沉，可升可降，陽中陰也。其用有四：通心氣，助陽，一也；去臟腑沉寒，二也；發散諸經之寒氣，三也；治感寒腹痛，四也。又云：辛溫，純陽。東垣曰：生則逐寒邪而發表，炮則除胃冷而守中。多用散氣。須生甘草緩之。好古曰：寒痞，目久赤。

或言辛熱。丹溪曰：血虛發熱、產後大熱者用之。止吐血、痢血，須炒黑用。時珍曰：能引血藥入血，氣藥入氣。去惡養新，有陽生陰長之意。故血虛吐衄下血者用之，乃熱因熱用，從治之法也。丹溪云：治血虛發熱，須以補陰藥同用。入肺中利肺氣，入腎中燥下濕。入氣分，引血藥以生血。

按：保升曰：久服目暗。《太清外術》曰：孕婦勿食乾薑，令胎內消。此皆為平人言耳。若涉虛寒，此為要藥。《外臺秘要》云：治寒瘧，用乾薑、高良薑等分，為末，每服一錢，水二鍾，煎八分服。炒黑存性，治產後血虛發熱，吐衄下血，用之引血歸經。

明·蔣儀《藥鏡》卷二熱部　乾薑　脾胃之寒結開，心肺之冷嗽散。熱為血虛能止血，因冷滯能行。搶痛嘔之結陰，扶脉絕之陽痿。生逐寒而散表，炙溫胃以守中。君黃連瀉陰火，配歸、萸疏疝氣。痘家灰白，用以更容。至若吐衄崩淋，諸般妄行之血，反佐黑薑以止之者，何也？蓋物極則反，血去多而陰不復，則陽無所附，得炒薑之溫，助陽之生，則陰復而歸于陽矣，血奚不止乎。

明·李中梓《頤生微論》卷三　乾薑　味辛，性溫，無毒。入肺、脾二經。切薄片，炮紫色，經年後用之良。溫中補脾，消食去滯，主腹痛脹滿，風寒濕痺，腸澼下利，反胃吐瀉，痰多，腰腎冷疼，止血散風寒。

按：乾薑生則逐寒邪而發表，炮則除胃冷而守中。多用散氣，須生甘草緩之；多服僭上，令人目暗喉痺。孕婦食乾薑，令胎內消。丹溪曰：血虛發熱，產後大熱用之，止吐血痢血，須炒黑用。時珍曰：能引血藥入血，氣藥入氣，去惡養新，有陽生陰長之意，故血虛吐衄、下血者用之，乃熱因熱用，從治之法也。夫乾薑本辛，炮之則苦，守而不移，非若附子行而不止也。其止血者，蓋血虛則熱，熱則妄行，炒黑則能引補血藥入陰分，血得補則陰生熱退，且黑為水色，故血不妄行也。然血寒者可多，血熱者不過用三四分為向導而已。

明·張景岳《景岳全書》卷四九《本草正》　乾薑　味辛、微苦，性溫熱。生者能散寒發汗，熟者能溫中調脾。善通神明，去穢惡，通四肢關竅，開五藏六府，消痰下氣。除轉筋霍亂，逐風濕冷痹，陰寒諸毒，寒痞脹滿，腰腹疼痛，撲損瘀血，夜多小便。孫真人曰：嘔家聖藥是生薑。故凡脾寒嘔吐宜兼溫散者，當以生薑煨熟用之。若下元虛冷而為腹疼瀉痢，專宜溫補者，當以乾薑炒黃用之。若產後虛熱虛火盛而唾血痢血者，炒焦用之。若炒至黑炭，已失薑性矣，其亦有用以止血者，用其黑澁之性已耳。若陰盛隔陽，火不歸元，及陽虛不能攝血而為吐血衄血下血者，但宜炒熟留性用之，最為止血之要藥。若陰虛內熱多汗者，皆忌用薑。

明·賈九如《藥品化義》卷一三寒藥　炮薑　屬陽中有微陰，體輕，色黑，氣和，味苦辛，性溫，能守，力退虛熱，性氣與味俱輕，入肺脾肝三經。炮薑煨黑，味本辛熱，變為苦溫，發散之性已去，所以守而不移，用入肝經血分。蓋肝本溫，虛則涼，以此溫養肝經。退虛熱加二三片，助逍遙散療血虛發熱有汗，神妙。又能溫脾經，治泄瀉日久陰虛，便血於下，以此佐補陰藥，領血上行，使血自止。因肝藏血，產後敗血過多，致肝虛發熱驟盛，用二三分以溫肝臟，表熱自解。此丹溪妙法，非元機之士孰能至此。　用老薑，以濕粗紙包裹煨黑，或炒黑亦可。

明·賈九如《藥品化義》卷一三寒藥　乾薑　屬純陽，體乾而堅，色黃，氣雄竄，味大辛，性熱，能浮能沉，力溫中氣，性氣薄而味厚，入肺脾腎三經。乾薑乾久，體質收束，氣則走泄，味則含蓄，比生薑性熱過之，所以止而不行，專散裏寒。如腹痛身涼作瀉，完穀不化，配以甘草，取辛甘合化為陽之義。入五積散助散標寒，治小腹冷痛。入理中湯定寒霍亂，止大便溏瀉。助附子以通經寒，大有回陽之力。君參朮以溫中氣，更有返本之功。生薑主散，乾薑主守，一物大相迴別。孕婦勿用。

明·施永圖《本草醫旨·食物類》卷二　乾薑作乾薑法：水淹三日，去皮，置東流水中六日，更刮去皮，晒乾，置瓷罈中，釀三日，乃成。　味：辛，溫，無毒。久服令人目暗。餘同生薑，孕婦不可食乾薑，令胎內消，蓋其性熱，而辛散故也。　治：胸滿，欬逆上氣，溫中止血，出汗，逐風濕痺，腸澼下痢，生者尤良。寒冷腹痛，中惡霍亂脹滿，風邪諸毒，皮膚間結氣，止唾血，治腰腎中疼冷，冷氣破血，去風，通四肢關節，開五臟六腑，宣諸絡脉，去風毒冷痺，夜多小便，消痰下氣。治轉筋吐瀉，腹臟反胃，乾嘔，瘀血撲損，止鼻紅，解冷熱毒，開胃，消宿食，主心下寒痞，目睛久赤。乾薑氣薄味厚，半沉半浮，可升可降，陽中之陰也。又曰：大辛大熱，陽中之陽。其用有四：通心助陽，一也；去臟腑沉寒痼冷，二也；發諸經之寒氣，三也；治感寒腹痛，四也。生則逐寒邪而發表，炮則除胃冷而守中。同五味子用以溫肺，同人參用以溫胃。乾薑入肺中利肺氣，入腎中燥下濕，入肝經引血藥生血，同補陰藥亦能引血藥入氣分生血。故血虚發熱，産後大熱者用之。止唾血、痢血，須炒黑用之。有血脫色白而夭不澤脉濡者，此大寒也，宜乾薑之辛溫以益血，甘熱以溫經。

附方　脾胃虚冷：乾薑漿水煮透，取出焙乾，擣末，粥飲丸梧子大，每服三五十丸，白湯下。脾胃虚弱：飲食難化，無力肌瘦，用乾薑炒研四兩，以白餳切塊，水浴過，入鐵銚溶化，和丸梧子大，每空心米飲下三十丸。頭暈吐逆：胃冷生痰也，用川乾薑炮二錢半，甘草炒一錢二分，水一鍾半，煎減半服，累用有效。心脾冷痛：用乾薑、高良薑等分，炮，研末，糊丸梧子大，每食後，猪皮湯下三十丸。心氣卒痛：乾薑末，米飲服一錢。中寒水瀉：乾薑炮研，粥飲服二錢，立效。寒痢青色：乾薑切大豆大，每米飲服六七枚，日三夜一，累用得效。血痢不止：乾薑燒黑存性，放冷，為末，每服一錢，米飲下。神妙。脾寒瘧疾：用乾薑、高良薑等分為末，每服一錢，水一盞，煎至七分服。冷氣欬嗽：乾薑末，熱酒調服半錢，或餳糖〔丸噙〕。虚勞不眠：乾薑為末，湯服三錢，取微汗出。吐血不止：乾薑為末，童子小便調服二錢，良。鼻衄不止：乾薑削尖，煨，塞鼻中即止。齆鼻不通：乾薑末蜜調，塞鼻中。冷淚目昏：乾薑粉一字，泡湯，點洗之。赤眼澀痛：白薑末，水調，貼足心，甚妙。目忽不見：令人嚼母薑，以舌日舐六七次，以明為度。目中卒痛：乾薑削圓內眦中，有汁出拭之。未盡更易。牙痛不止：薑炮、川椒等分，為末，摻之。癰疽初起：乾薑〔一〕兩，炒紫研末，醋調，傅四圍留頭，自愈。瘰癧不斂：乾薑為末，薑汁打糊，和作劑，以黄丹為衣，每日隨瘡大小入藥在內，追膿盡，生肉口合為度。如不合，以葱白汁調大黄末，搽之即愈。虎狼傷人：乾薑末傅之。猘犬傷人：乾薑末，水服二匕，生薑汁服亦良，并以薑炙熱熨之。蛇蠍螫人：乾薑、雄黄等分為末，袋盛佩之。蠍螫，即以傅之，便定。

明·盧之頤《本草乘雅半偈》帙六　乾薑《本經》中品　氣味：辛，溫，無毒。主治：主胸滿欬逆上氣，溫中，止血，出汗，逐風濕痹，腸澼下痢。生者尤良。久服主臭氣，通神明。

覈曰：出漢、溫、池州、江西、浙江諸處。宜原隰沙地。四月種種，五月生苗，如嫩蘆，而葉稍闊，兩兩相對，惡濕洳，而畏日，故秋熱則無薑。設一莖稍黴，則根病矣。社前後，新芽頓長，如列指狀，一種可生百指，皆分歧而上，即宜取出種薑，否則子母俱敗。母薑作種，子薑頓長，母薑便宜，取出即子母更相生長之意。白淨結實具金之色與形，乃能存金之味，盡金之用。秋分采芽，柔嫩可口。霜後，則老而多筋，乾之，即曰乾生薑。乾薑者，即所取薑種，水淹三日，去皮，置流水中，漂浸六日，更刮去皮，然後晒乾，入瓷缸中，覆釀三日乃成，以白淨結實者為良。故人呼為白薑，入藥則宜炮用。

先人云：辛溫夏長，色相微紅，具火大之力，通心王之令。若降下之陰不及，醖藉之德稍遜者，所當避忌。點火成金，金復歸火，循環之理，非擬議所到。又云：血病有二陽乘陰而血溢者，其治在陽，以寒待之。陰乘陽而血溢者，其治在陰，以溫待之。

参曰：薑，疆也，界也。如營衛氣血，陰陽表裏，踰越疆界者，能使之各各旋歸，有如捍禦外侮之侵犯邊疆者。味辛氣溫，宣發生陽之氣，充益火大之源，以消陰翳冷氣，寒酸木僵，設火毒熾盛，豈堪僭服。盡金之性，所以全火之用，乃能備暖熱之火體，以火緣物以顯用，因用以見體故也。遊溢水穀，正疆界所司之事。故治胸滿欬逆之因肺氣浮越，血衄妄行之因陰氣乘陽，嘗自汗出之因營弱衛強，風濕成痹之因氣不宣通，腸澼下痢之因脾胃虚寒，致水穀失于遊溢。生者宣發，乾者溫中，去臭氣者，生陽能辟濁陰也，生陽宣發，即通神明之驗耳。金曰從革，從革作辛。薑以辛勝，禀庚辛之味獨專。新秋前後，三庚曰三伏，正所以緩火刑也。秋熱，則爍金殆甚，金且難于從革，從革更難作辛矣。故秋熱則無薑，薑之畏日，亦此意也。

明·李中梓《本草通玄》卷下　乾薑　乃江西所造，水浸三日，去皮浸六日，更刮去皮，晒乾，置瓷缸中釀三日，始成。辛熱之性，肺脾藥也。溫中下氣，止嘔消痰，破瘀生新，摻寒攻濕，盡有生薑之功而力量更雄也。生則逐寒邪而發表，炮〔製〕則除胃冷而守中。多用則耗散元氣，蓋辛以散之，壯火食氣也，須生甘草緩之。服乾薑者，多僭上，不可不知。引血藥入血分，氣藥入氣分，去瘀養新，有陽生陰長之意，故吐衄、腸風血虚者多宜黑薑。乃熱因熱用從治之法也。

清·郭章宜《本草匯》卷一三　乾薑　苦、辛，大熱，氣薄味厚，半沉半浮，可升可降，陽中之陽也。入手太陰陽明、足太陰少陰四經。破瘀散濕，腹痛翻胃均可服。溫中下氣，風痺積脹悉皆除。生者逐寒邪而護表，炮者除胃冷而守中。炮熟與補陰同用，治血虚發熱之妙。炒黑與涼血同劑，療血熱溢泄之功。血虚引血藥入氣分而生血，血熱引涼藥與火性而相從。除腰腎間冷疼，并宣諸絡關節。遲脉必用于理中，血虚可施于産熱。命門火衰，佐以附子。真陽脫絕，濟此功多。乾薑之用有四，通心膈陽，一也；去藏府沉寒，二也；發諸經之寒氣，三也；治感寒腹痛，四也。孕婦不可食。《本經》言其止血者，蓋血虚則熱，熱則血妄行，炒黑則能引諸補血藥入陰分，血得補則陰生而熱退，且黑為水色，故血不妄行矣。又主胸滿欬逆，濕痺下痢者，辛以散結，溫可除寒之効也。

按：乾薑稟天地之陽氣，生辛炮苦，盡有生薑之功，而力量較雄。專却藏府之痼冷，發諸經之寒痛。腎中沉寒無陽，脉氣欲絕者，黑附子為引用。多則耗散元氣，蓋辛以散之，壯火食氣故也。須以生甘草緩之。肺寒咳嗽，仗五味為相助。同五味則溫肺，同人參則溫胃。然炮則止而不移，非若附子行而不止也。好古言其補脾，東垣理中，又言泄不言補，何也？蓋泄非泄脾之正氣，是泄脾中寒濕之邪也。亦治中焦寒邪，寒淫所勝，以辛散之。又補下焦，故四逆亦用之。能引血藥入血分，氣藥入氣分，去瘀養新，有陽生陰長之意。故凡血虛，有陰無陽者，多宜黑薑，乃熱因熱用，從治之法也。生用同橘皮、烏藥、肉蔻，除胸滿欬逆。炒黑同生地、白芍、當歸、牛膝，治產後惡露不盡。血虛發熱，多服損陰傷目。陰虛內熱，表虛有汗，因熱下血，火熱腹痛，法並忌之。

此乃江西所造，水浸三日，去皮，浸六日，更刮去皮，晒乾，置瓷缸中釀三日，始成。薑皮作散，堪消浮腫，故五皮散用之。

清・蔣居祉《本草擇要綱目・熱性藥品》 乾薑 氣味：辛，溫，無毒。半浮半沉，可升可降，陽中之陰也。又云：大辛，大熱。為陽中之陽。主治：其用有四：通心助陽，去臟腑沉寒痼冷，發諸經之寒氣，療感寒腹痛。故腎中無陽，脈氣欲絕，附子為引，名薑附湯，亦治中焦寒邪淫勝之症，又能補下焦，故四逆湯用之以治裏寒，理中湯用之以回陽氣。或言乾薑為心脾二〔經〕氣分之藥，則當補心氣之不足，補脾胃之空虛，今理中湯用之，言泄不言補，何也？蓋辛熱燥濕，泄脾中寒濕邪氣，非泄正氣也。邪去而正自升，只言其泄之功可也。又或云服乾薑以治中者，恐其僭上，不可不知，何也？蓋乾薑入肺中利肺氣，入腎中燥下濕，入肝經引血藥生血，同補陰藥亦能引血藥入氣分。然溫肺必和之以五味，溫胃必和之以人參，而概緩之以甘草之甘，庶不致壯火而食氣也。久服令人目暗，孕婦不可食，恐令胎內消。炒黑為灰，能引血藥入血分，引氣藥入氣分，另有奇功。

清・閔鉞《本草詳節》卷七 乾薑 【略】按：乾薑辛熱，盡有生薑之功，而力量更雄。辛入肺，乃其本也。又入脾、胃、大腸、腎經，則黑附為之引耳。其止血者，蓋物極則反，血去多而陰虧，致陽氣飛越，無所依附，得此以助陽之生，而陰復矣。故血虛發熱，產後大熱，用此而熱自退，亦無非助陽生陰，而從治之法得其中也。且炮則味苦，色黑，守而不走，血安得不止，熱安不退？然必病久，氣虛亡陽而多盜汗，及手足冷者，方宜用之。今理中湯，明是用以回陽，反言泄，不言補者，蓋辛熱能泄脾中寒濕邪氣，非泄正氣也。又云：服乾薑以治中者必僭上，令人目暗喉痺，佐使回互，不可不講。《經》云：壯火食氣，則多用亦耗散元氣，須生甘草緩之，得其用矣。惟孕婦忌食，令胎內消，性熱而辛散故也。然血寒者可多，血熱者用三四分為向導可耳。

清・王翃《握靈本草》卷六 乾薑 乾薑以母薑造之，今江西、襄陽皆造。凡入藥並宜炮用，亦有宜生用者。 主治：乾薑，辛，溫，無毒。主欬逆上氣，溫中止血，出汗，逐風濕痺，腸澼下利，寒痞宿食。

清・汪昂《本草備要》卷四 乾薑、黑薑燥，回陽；宣，通脉。 生用辛溫，逐寒邪而發表；炮則辛苦大熱，除胃冷而守中。辛則散，炮則稍苦，故止而不移，非若附子走而不守。溫經止血，炮黑止吐衄諸血，紅見黑則止也。定嘔消痰，去藏府沉寒痼冷。能去惡生新，使陽生陰長，故吐衄下血、有陰無陽者宜之。亦能引血藥入氣分而生血，故血虛發熱、產後大熱者宜之。此非有餘之熱，乃陰虛生內熱也，忌用表藥寒藥。乾薑能入肺利氣，能入肝引血藥生血，故與補陰藥同用。合血藥亦能補陰。乃熱因熱用，從治之法，故亦治目睛久赤。引以黑附，能入腎而祛寒濕，能回脉絕無陽。仲景四逆、白通、薑附湯，皆用之。同五味利肺氣而治寒嗽。肺惡寒。燥脾濕而補脾，脾惡濕。通心助陽而補心氣，苦入心。開五藏六府，通四肢關節，宣諸脉絡。治冷痹寒痞，反胃下痢。多用損陰耗氣，孕婦忌之。辛熱能動血。王好古曰：服乾薑以治中者必僭上，宜大棗輔之。東垣曰：宜甘草以緩之。母薑曬乾者爲乾薑，炮黑爲黑薑。

清・吳楚《寶命真詮》卷三 黑薑 吐血衄血，腸風血虛者，多宜黑薑，乃熱因熱用，從治之法也。 引補藥入陰分，血得補則陰生熱退，且黑為水色，故血不妄行也。然血寒者可多用，血熱者不過三四分，為向導而已。○陰虛有熱勿服。

清・李世藻《元素集錦・本草發揮》 乾薑 炒黑，與炙甘草同用，能引血藥至氣分而生血，補中最宜。丹溪云：產後大發熱必用乾薑，為其能調和氣血也，是以有至神之名。予有至神湯用之甚效，當知其妙。

清・王遜《藥性纂要》卷三　乾薑　【略】東圃曰：乾薑，炮黑為炭存性，辛辣之氣已去，而黑能止血。然必須虛寒者用之耳。李杲曰：乾薑，生辛炮苦，陽也。生則逐寒邪而發表，炮則除胃冷而守中。多用則耗元氣，辛以散之，是壯火食氣故也。須以生甘草緩之，辛熱以散裏寒。同五味子用以溫肺，同人參用以溫胃。王好古云：服乾薑以治中者必僭上，不可不知。時珍曰：乾薑能引血藥入血分，氣藥入氣分，又能去惡養新，有陽生陰長之意，故血虛者用之。

清・陳士鐸《本草新編》卷四　乾薑炮薑　味辛。炮薑味苦。皆氣溫大熱，半浮半沉，陽中陰也。解散風寒濕痹、鼻塞頭痛、發熱之邪者，乾薑也；調理痼冷沉寒、霍亂腹痛吐瀉之痰者，炮薑也。蓋乾薑治表，而炮薑溫中。其所以治表者，乾薑走而不收，能散邪于外也；其所以溫中者，炮薑止而不動，能固正于內也。雖然薑性大熱而辛散，俱能散邪補正，安在炮製而異宜。乾薑散邪之中，未嘗無溫中之益。炮薑固正之內，未嘗無治表之功。但乾薑散多于溫，而炮薑固多于散耳。

或問：乾薑用之于理中湯中，佐附子以成功，豈有妙義乎？曰：無妙義，仲景夫子不用之矣。理中湯，理中焦也。雖有白朮是理中焦之藥，然氣味與附子溫熱之性尚不相同，故又用乾薑之辛熱，與附子同性，專顧中焦，則附子亦顧戀同氣而不上越，共逐中焦之寒，以成其健脾還陽之功也。

或問：傷寒門中有薑附湯，其用乾薑之義，想亦與理中湯同意？曰：薑附湯中用人參，似與理中湯相同，而孰知別有意義。理中湯，理中焦；薑附湯，治下焦也。附子領人參直入于至陰之中，專祛腹中之寒，而驅外皮膚之寒邪，則未遑驅逐。加乾薑走而不守，如大將親搗巢穴，而偏裨旁掠于外，自然內外肅清，遠近安奠也。倘止用附子、人參，未嘗不可奏功，然而攻彼失此，仲景夫子所以必加入乾薑，使同隊而並逐也。

或問：四逆湯亦用乾薑，其義豈有異乎？夫四逆湯之用乾薑，又非前二條之意。四逆湯，乃救逆也。救氣之逆，必須同群共濟，故用附子、肉桂為君，必用乾薑為副，否則，氣逆而不能遽轉矣。

或問：乾薑用之于白通湯中以通脈，吾懼其散氣，則脈隨氣而散矣，又何以通脈哉？嗟乎！脈非氣通，又用何物以通之。乾薑原非通脈之藥，正取其通氣耳，氣通則脈通矣。夫脈之不通者，乃寒凝而不通，非氣絕而不通也。用乾薑以散寒，寒氣散，脈氣有不通乎。

或問：乾薑既能通氣，用乾薑足矣，何以又用葱耶？曰：葱性亦散氣者也。單用乾薑，恐通氣有餘而通脈則不足，單用葱，恐通脈有餘，而通氣又不足。合而用之，氣通又不傷脈，脈通又不傷氣，兩相濟而成功，何傷氣之足憂乎。

或問：乾薑炒熟入于健脾藥中，謂能補脾以生氣，然乎？曰：乾薑溫熱，原有益于脾氣，何在炒熟始能補土以生氣。但乾薑性走，脾氣不獨受其惠。一經炮製，則乾薑守而不走，獨留于脾中，諸經不得而奪之，自然較生用更效也。

清・顧靖遠《顧氏醫鏡》卷八　乾薑辛，大熱。入肺脾二經。生用則辛，逐寒邪而發表。炮用則苦，除胃冷而守中。守而不移，非若附子之行而不止也。能引血藥入血分，引氣藥入氣分。又能去惡養新，有陽生陰長之意，故產後方中用之，所由來也。大辛大熱，辛能僭上，辛能散氣走血，久服損陰傷目，病非寒冷，切勿妄投。孕婦服之，令胎內消。

清・李熙和《醫經允中》卷二〇　乾薑　入心脾二經氣分。辛，溫，無毒。主治溫中止嘔，消痰，開臟腑，宣經脈，冷痺寒痞，轉筋吐瀉。其用有四：通心助陽，一也；去臟腑沉寒痼冷，二也；發諸經之寒氣，三也；治感寒腹痛腎寒，四也。止而不走，專治裏寒，非若附之奔裂。生逐寒邪而發表，泡除胃冷而守中，同補陰藥能引血藥入氣分生血，故產後血虛身熱者用之，陽生陰長之義也。孕婦食之致消胎氣，炒黑炭能入陰分而生陽，吐血失血用之，脈微小者同補陰藥煎尤妙。但多服耗神。

清・张璐《本經逢原》卷三　乾薑其嫩者曰白薑。辛，熱，無毒。或生用，或炮黑用。炮法：厚切，鐵銚內烈火燒，勿頻動，俟銚面火然，略噀以水，急挑數轉，入罈中勿泄氣，俟冷，則裏外通黑，而性不烈也。《本經》主胸滿欬逆上氣，溫中止血，出汗，逐風濕痹，腸澼下痢，生者尤良。發明：乾薑稟陽氣之正，雖烈無毒，其味本辛，炮之則苦，專散虛火。用治裏寒，止而不移，非若附子行而不守也。生者，能助陽，去藏府沉寒，發諸經寒氣，腹中冷痛，霍亂脹滿，皮膚間結氣，止嘔逆，治感寒腹痛，腎中無陽，脈氣欲絕，黑附子為引，理中湯用之，以其溫脾也。四逆湯用之，以其回陽也。生則逐寒邪而發表，胸滿欬逆上氣，出汗風濕痹宜之。炮則除胃冷而守中，溫中止血，腸澼下利宜之。曷觀小青龍、四逆等方並用生者，甘草乾薑湯獨用炮者，其理中丸中雖不言炮，在溫中例治不妨隨緩急裁用。然亦不可過多，多用則耗散元氣。辛以散之，是壯火食氣也。少用則收攝虛陽，溫以順之，是少火生氣也。同五味子以溫肺，同人參以溫胃，同甘草以溫經。凡血虛發熱，產後大熱，須炮黑用之。有血脫色白、夭然不澤、脈濡者，宜乾薑之辛溫以益血，乃熱因熱用，從治之法也。又入肺利氣，入腎燥濕，入肝引血藥生血，於亡血家有破宿生新、陽生陰長之義。如過用涼藥，血不止、脈反緊疾者，乃陽虧陰無所附，加用炮薑、炙甘草可也。陰虛有熱、血熱妄行者勿用，以其散氣走血也。

清・張志聰、高世栻《本草崇原》卷中　乾薑　氣味辛，溫，無毒。主治胸滿咳逆上氣，溫中，止血，出汗，逐風濕痹，腸澼下痢，生者尤良。乾薑用母薑曬乾，以肉厚而白淨，結實明亮如天麻者為良，故又名白薑。臨海、章安，漢、溫、池州諸處皆能作之，今江西、浙江皆有，而三衢開化者佳。　太陰為陰中之至陰，足太陰主濕土，手太陰主清金。乾薑氣味辛溫，其色黃白，乃手足太陰之溫品也。胸滿者，肺居胸上，肺寒則滿也。咳逆上氣者，手足太陰之氣不相通貫，致肺氣上逆也。溫中者，言乾薑主治胸滿咳逆上氣，以其能溫中也。脾絡虛寒，則血外溢。乾薑性溫，故止血也。出汗者，辛以潤之，開腠理，致津液通氣也。逐風濕痹者，辛能發散也。腸澼下痢，乃脾臟虛寒。《傷寒論》云：脾氣孤弱，五液注下，下焦不合，狀如豚肝。乾薑能溫脾土，故治腸澼下痢。生者尤良，謂生薑能宣達胃氣，用之尤良。

按：桂枝、葛根、柴胡諸湯，並胃逆嘔吐，表寒諸證，多用生薑。夫生薑乃老薑所生之子薑，主宣達陽明胃土之氣，陽明為太陰之府，故乾薑治脾，生薑治胃，臟腑者，子母之謂也。

按：《神農本經》只有乾薑、生薑，而無炮薑，後人以乾薑炮黑，謂之炮薑。《金匱要略》治肺痿，用甘草乾薑湯，其乾薑亦炮，是炮薑之用，仲祖其先之矣。薑味本辛，炮過則辛味稍減，主治產後血虛身熱，及裏寒吐血，衄血，便血之證。若炮製太過，本質不存，謂之薑炭，其味微苦不辛，其質輕浮不實，又不及炮薑之功能矣。即用炮薑，亦必須三衢開化之母薑，始為有力。今藥肆中多以傷水變味之生薑，曬乾炮用，未免有名無實。

清・姚球《本草經解要》卷四　乾薑　氣溫，味辛，無毒。主胸滿欬逆上氣，溫中，止血，出汗，逐風濕痹，腸澼下痢。生者尤良。炮　乾薑氣溫，稟天春升之木氣，入足厥陰肝經。味辛無毒，得地西方之金味，入手太陰肺經。炮灰色黑，入足少陰腎經。氣味俱升，陽也。胸中者，肺之分也。肺寒則金失下降之性，氣壅於胸而滿也，滿則氣上，所以欬逆上氣之症生焉。其主之者，辛散溫行也。中者，脾與胃也。脾胃為土，土賴火生。炮薑入腎助火，火在下，謂之少火，少火生氣，氣充則中自溫也。血隨氣行，氣逆火動，則血上溢。炮薑入腎，腎溫則浮逆之火氣皆下，火平氣降，其血自止矣。出汗者，辛溫能發散也。逐風濕痹者，辛溫能散風濕而通血閉也。腸澼下痢，大腸之症，蓋大腸寒則下痢腥穢。肺與大腸為表裏，辛溫溫肺，故大腸亦溫而下痢止也。生者其性尤烈，所以尤良。　製方：炮薑同北味，斂火下行。同人參，溫中益氣。同生地、白芍、牛膝、歸身，治產後發熱。同人參、陳皮，治胃虛嘔逆。同陳皮、白朮、貝母、白茯，治痰瘧。同人參、白朮、桂枝、陳皮，治寒瘧。同人參、白朮、甘草，名理中湯，治虛寒洩瀉。

清・楊友敬《本草經解要附餘・考證》　乾薑　造法以老薑水浸三日，去皮，置流水中六日，更刮皮淨，然後晒乾，置瓷缸中釀三日乃成。以白淨結實者為良，又名白薑。《綱目》言孕婦不可食，恐使胎內消，以其性熱而辛散也。入藥宜炮黑。《本經》云生者尤良，蓋指上文濕痢諸病。東垣云生則逐寒邪而發表，炮則除胃冷而守中，是也。六地產薑，藥肆所貨，或連皮略晒，尚帶泥沙。正《綱目》生薑後附載乾生薑者。《湯液本草》於生薑稱氣溫味辛，氣味俱輕，陽也。謂薑屑比之乾薑則不熱，比之生薑則不濕。薑屑即乾生薑也。於乾薑稱氣熱味大辛，味薄氣厚，陽中之陽也。薑附四逆、理中等湯用之，則不獨生薑、乾薑有別，即乾薑、乾生薑，未可概施明矣。

清・周垣綜《頤生秘旨》卷八　乾薑　發散寒邪，溫中之藥也。微炒則溫中和胃，炒黑則止瀉涼腎。如產後發熱用乾薑從治，引血上行于氣分，能生血也。脾或虛寒，專去補腎，恐患水來侮土，用此則溫腎兼補脾也。與生薑同治嘔。然久服至耗目中神水。

清・王子接《得宜本草・中品藥》　乾薑　味辛。入手足太陰經。生能散表，炮能溫中。得良薑治脾寒瘧疾，得錫餹治肺冷咳嗽。

清・徐大椿《神農本草經百種錄》中品　乾薑　味辛，溫。主胸滿，寒邪之在胸者則散之。欬逆上氣，辛能潤肺降逆。溫中止血，血得暖而歸經。出汗，辛能散逐寒氣，使從汗出。逐風濕痹，治寒邪之在筋骨者。腸澼下痢，治寒邪之在腸胃者。生者尤良。辛散之品，尤取其氣性之清烈也。久服去臭氣，通神明。辛甚氣烈，故能辟穢通陽。凡味厚之藥主守，氣厚之藥主散。乾薑氣味俱厚，故散而能守。夫散不全散，守不全守，則旋轉于經絡臟腑之間，驅寒除濕，和血通氣，所必然矣。故性雖猛峻，而不妨服食也。

清・黃元御《長沙藥解》卷一　乾薑　味辛，性溫，入足陽明胃、足太陰脾、足厥陰肝、手太陰肺經。燥濕溫中，行鬱降濁，補益火土，消納飲食，暖脾胃而溫手足，調陰陽而定嘔吐，下衝逆而平咳嗽，提脫陷而止滑泄。真武湯加減：下利者，去芍藥，加乾薑。《傷寒》乾薑附子湯，乾薑一兩，生附子一枚。治太陽傷寒，下後復汗，晝日煩躁不得眠，夜而安靜，不嘔不渴，脈沉，無表證，身無大熱者，以火土俱敗，寒水下旺，微陽拔根，不得寧宇。乾薑溫中以回脾胃之陽，附子暖下以復肝腎之陽也。柴胡桂薑湯，柴胡半斤，黃芩三兩，甘草二兩，桂枝三兩，栝蔞根四兩，乾薑三兩。治少陽傷寒，汗後復下，胸脇滿結，小便不利，渴而不嘔，但頭汗出，心煩，往來寒熱。以汗下傷其中氣，土敗木鬱，不能行水，故小便不利。膽胃上逆，經氣纏迫，故胸脇滿結。相火升炎，發為煩渴。而表病未解，故往來寒熱。柴胡疏甲木之滯，桂枝達乙木之鬱，牡蠣消胸脇之滿結，栝蔞潤心肺之煩躁，薑、甘溫中而補土也。乾薑芩連人參湯，乾薑、人參、黃芩、黃連各三兩。治厥陰病，本自寒下，醫復吐下之，寒格，更逆吐下。以中氣虛寒，脾陷為利，相火升炎，而生上熱。芩、連清泄君相以除煩熱，參、薑溫補脾胃以止吐利也。《金匱》薑甘苓朮湯，乾薑、甘草各二兩，茯苓、白朮各二兩。治腎着，身重腹重，腰中冷痛，如坐水中，小便自利，飲食如故。以身勞汗出，衣裏冷濕，浸淫經絡，以犯腎臟。腎位於腰，故腰中冷痛。苓、朮利水而泄濕，薑、甘溫中而培土也。《傷寒》甘草乾薑湯方在甘草治傷寒汗後，煩躁吐逆。《金匱》桂枝人參湯方在人參治胸痹心痞，脇下搶心。理中丸方在人參治霍亂吐利。傷寒甘草泄心湯治傷寒下後，心不痞鞕，乾嘔心煩，雷鳴下利。半夏泄心湯方在半夏治少陽下後，心下痞滿。黃連湯方在黃連治太陰腹痛，欲作嘔吐，桃花湯方在粳米治少陰腹痛，下利膿血。《金匱》大建中湯方在阿膠治心胸寒痛，嘔不能食。膠薑湯方在阿膠治婦人陷經，漏下黑色。溫經湯方在茱萸治婦人帶下，下利不止。皆用之以溫脾胃而止嘔吐也。　桂苓五味甘草去桂加乾薑細辛湯，茯苓四兩，五味半升，甘草、乾薑、細辛各三兩。治痰飲，咳逆胸滿。以中虛胃逆，肺氣鬱阻，是以咳滿，薑、辛破壅而降逆也。《傷寒》小柴胡湯方在柴胡治少陽傷寒，咳者，去人參、大棗、生薑，加五味、乾薑。四逆湯方在甘草治少陰病，四逆腹痛，欬者，加五味、乾薑。真武湯方在茯苓治少陰病，腹痛下利，咳者，加五味、辛、薑，薑、辛、五味，善下氣逆，而治咳滿。小青龍湯方在麻黃治傷寒，心下有水氣，乾嘔，發熱而咳。厚朴麻黃湯方在厚朴治咳而脈浮者，皆用之，以其下衝而降逆也。　火性炎上，有戊土以降之，則離陰下達而不上炎，水性潤下，有己土以升之，則坎陽上達而不下潤。戊己旋轉，坎離交互，故上非亢陽而不至病熱，下非孤陰而不至病寒。中氣既衰，升降失職，於是水自潤下而病寒，火自炎而病熱。戊土不降，逆於火位，遂化火而為熱，己土不升，陷於水位，遂化水而為寒，則水火分離，戊土燥熱而己土濕寒者，其常也。而戊土之燥熱，究不勝己土之濕寒。蓋水能勝火，則寒能勝熱，是以十人之病，九患寒濕而不止也。乾薑燥熱之性，甚與濕寒相宜，而健運之力，又能助其推遷，復其旋轉之舊。蓋寒則凝而溫則轉，是以降逆升陷之功，兩盡其妙。仲景理中用之，迴旋上下之機，全在於此，故善醫泄利而調霍亂。凡咳逆齁喘，食宿飲停，氣膨水脹，反胃噎膈之倫，非重用薑苓，無能為功，諸升降清濁，轉移寒熱，調養脾胃，消納水穀之藥，無以易此也。　五臟之性，金逆則生上熱，(水)〔木〕陷則生下熱。吐衄嘔噦，咳嗽喘促之證，不無上熱；崩漏帶濁，淋澀泄利之條，不無下熱。而得乾薑，則金降木升，上下之熱俱退，以金逆而(水)〔木〕陷者，原於中宮之濕寒也。乾薑溫中散寒，運其輪轂，自能復升降之常，而不至於助邪。其上下之邪盛者，稍助以清金潤木之品，亦自並行而不悖。若不知溫中，而但清上下，則愈清愈熱，非死不止！此庸工之遺毒，而千載之奇冤，不可不辨也。　血藏於肝，而原於脾，調肝暢脾，暖血溫經。凡女子經行腹痛，陷漏紫黑，失妊傷胎，久不產育者，皆緣肝脾之陽虛，血海之寒凝也，悉宜乾薑，補溫氣而暖血海。　溫中略炒用，勿令焦黑。

清・吳儀洛《本草從新》卷四　乾薑（燥，溫經逐寒；宣，發表通脈。）辛，熱。逐寒邪而發表溫經，燥脾濕而定嘔消痰，同五味利肺氣而治寒嗽。開五臟六腑，通四肢關節，宣諸絡脈。治冷痺寒痞，反胃下利，腹痛癥瘕積脹。開胃扶脾，消食去滯。母薑曬乾為乾薑。白淨結實者良。如懼其散，炒黃用或炒微焦。　黑薑〔燥，回陽。〕　辛苦，大熱。除胃冷而守中。辛則散，炮則稍苦，故止而不移，非若附子走而不守。去臟腑沉寒錮冷，能去惡生新，使陽生陰長，故吐衄下血，炮黑止吐衄諸血，紅見黑則止也。有陰無陽者宜之。亦能引血藥入氣分而生血，故血虛發熱，產後大熱者宜之。此非有餘之熱，乃陰虛而陽無所附也，忌用表藥寒藥。炮薑能入肝，引眾藥生血，故與補陰藥同用而熱自退，乃熱因熱用，從治之法。故亦治目睛久赤。引以黑附，能入腎而祛寒濕，能回脈絕無陽，通心助陽而補心氣。苦入心。乾薑炮黑為黑薑。按：薑味大辛，辛能僭上，好古曰：服乾薑以治中者，必僭上，宜大棗輔之。亦能散氣走血，辛熱最能動血。損陰傷目，凡陰虛有熱者勿服，孕婦尤忌。

清・汪紱《醫林纂要探源》卷二　乾薑　辛，熱。生則氣升散，故溫。乾則陽氣皆中守，故更熱。暖胃溫經，中守於肝。不發汗，專除中州積寒陰翳，治寒嘔，消寒痰，化冷食，通月經。　炮薑：　辛苦，大熱。濕紙包，微煨。去沉寒，祛積濕，達陽氣於太陰。太陰，脾也。苦能燥脾瀉濕，故沉寒積濕，以此勝之。　黑薑：　辛苦，溫。煨至黑。去下部沉寒積濕，回陽氣於至陰，潤腎堅腎。色黑則入腎經，火化則不熱，而止於溫，苦堅腎水，辛補命火，續絕回陽。　薑炭：　苦辛，平。煨成炭，存性，則苦味多而辛熱之性平矣。堅腎補肝，止妄行之陽，宣而有守。子母相守也。黑能止血，苦能降泄，故止吐衄。　薑皮：　辛，寒。凡皮多反本性，故寒。達於皮毛，行水驅風。以皮達皮，辛則能行，故治水浮腫，去皮膚之風熱。止汗。薑發汗，則薑皮止汗，且微寒也。○薑為醫藥之用至多，故於互考之尤詳焉。

清・嚴潔等《得配本草》卷五　乾薑炮薑　畏、惡、反、使，與生薑同。辛，熱。入手少陰、足太陰經氣分。生則逐寒邪而發散，熟則除胃冷而守中。開臟腑，通肢節，逐沉寒，散結氣。治停痰宿食，嘔吐瀉痢，霍亂轉筋，寒濕諸痛，痞滿癥積，陰寒諸毒，撲損瘀血。　得北味，攝膀胱之氣。配良薑，溫脾以祛瘧。佐人參，助陽以復陰。合附子，回腎中之陽。　母薑去皮曬乾者為乾薑，白淨結實，又曰白薑。凡入藥并宜炮用。入止瀉藥，煨用。入溫中藥，泡用。入止血藥，炒炭用。　孕婦服之，令胎內消。氣虛者服之，傷元。陰虛內熱多汗者禁用。　服乾薑以治中者必僭上，宜大棗補之，甘草緩之。炮薑即乾薑水淨炙黃者。　辛、苦，熱。入足太陰經血分，守而不走。燥脾胃之寒濕，除臍腹之寒痞，暖心氣，溫肝經。心本熱，肝本溫，虛則寒冷。能去惡生新，使陽生陰長，故吐衄下血，有陰無陽者宜之。　佐當歸，治血痢。中氣溫，血自歸經。入四物，治產熱。木土得養而熱退。　止血，炒炭。忌用同乾薑。　痢亦有因熱而下血者，產後多因血虛而生熱者，若概用炮薑治之，益增內熱，而血不止，愈爍其陰，而熱更甚。急宜涼補養其血，以去其熱，炮薑非所治也。

題清・徐大椿《藥性切用》卷六　乾薑　性味辛熱，入脾胃而祛寒止痛，溫胃燥脾，為暖中散冷耑藥。傷寒陰盛必需之。　炮薑：　即乾薑炮黑。辛苦大熱，入脾胃而守中逐冷，救急回陽，為溫中止血耑藥。產後虛冷必需之。即設假熱外浮，非炮薑導之不可。按：二薑具戰守不同，乾薑辛熱，逐裏寒而（毒）表寒自解。炮薑辛苦，除內寒而虛陽自回。但薑性辛熱，孕婦均宜忌之。

清・黃宮繡《本草求真》卷四　乾薑溫中散寒。　乾薑耑入胃。其味本辛，炮製則苦，大熱無毒，守而不走。凡胃中虛冷，元陽欲絕，合以附子同投，則能回陽立效。故書則有附子無薑不熱之句，與仲景四逆、白通、薑附湯皆用之。元素曰：乾薑氣薄味厚，半沉半浮，可升可降，陽中之陰也。又曰：大辛大熱，陽中之陽，其用有四：通心助陽，一也；去臟腑沉寒痼冷，二也；發諸經之寒氣，三也；治感寒腹痛，四也。且同五味則能通肺氣而治寒嗽，同白术則能燥濕而補脾，同歸、芍則能入氣而生血。故凡因寒內入，而見臟腑痼蔽，關節不通，經絡阻塞，冷痹寒痢，反胃膈絕者，無不藉此以為拯救。除寒。炒黑，其性更純，味變苦鹹。力主下走，黑又止血，辛熱之性雖無，而辛涼之性尚在，故能去血中之鬱熱而不寒，止吐血之妄行而不滯。較之別藥，徒以黑為能止血為事者，功勝十倍矣！血寒者可多用，血熱者不過三四分為嚮導而已。白淨結實者良，母薑晒乾為乾薑，炒炮為炮薑，炒黑為黑薑。

清・楊璿《傷寒溫疫條辨》卷六熱劑類　乾薑　味辛，大熱。生用發汗，炮熟溫中調脾，通神明，去穢惡。凡脾寒而為嘔吐者，鮮者煨熟用之。凡虛冷而為腹疼瀉泄者，乾者炒黃色用之。仲景理中湯皆治之。產後虛熱者，炒黃黑色用之。虛火盛而吐血痢血者，炒黑灰用之。按：乾薑炒為黑灰，已將失其性矣，其亦可以止血者，取血色屬火、黑色屬水之義，亦取薑灰性濇之義耳。若陰盛隔陽，火不歸原而上見血者，仍留性為妙，汗多者忌之。

清・許豫和《許氏幼科七種・怡堂散記》卷下　炮薑　柯韻（栢）〔伯〕《傷寒註》云：凡治傷寒，當知惜津液，津液一傷，病不能解。炮薑為損津液之第一藥，以辛溫大熱之性，而更炮之以烈火，胃無真寒，何以堪此，唇焦齒稿，四肢反厥，吾見多矣。欲求病解，得乎？　仲景為製方之祖，《傷寒》《金匱》二書，如四逆、真武、理中、白通諸方，為救急驅寒之重劑，皆用乾薑，無所謂炮薑者。即丹溪、河間、東垣諸方，亦未之見。喻家言治卒中寒邪，講明仲景救急回陽之法，亦從古法用乾薑。則炮薑為後世之製可知，俗醫不察，動輒輕投，殺人多矣。　桂、附之純陽，天之陽也。天之陽，陽中必有陰。桂之有油，即有陰矣。附子置器中，久之則器潤，即有陰矣。乾薑雖極辛辣，其中尚含生氣，炮之以烈火，生氣何在？　其有四時感冒之症，多見惡寒指冷，只宜生薑以溫散，乾薑尚不可用，況炮薑乎？　藥之炮炙有二：脾胃藥，穀芽、神麯、芪、朮、甘草之類，宜炙者，脾喜燥，火生土，借火力而為用也。芩、連、知、栢，有宜酒炒者，制其苦寒之過，借酒力而達表也。乾薑之性，秉天地之陽業已溫矣，何待於炮？　或謂止血之藥多炒黑，用如荊芥、蒲黃之類皆是。予曰：荊芥本血分藥，炒黑故能去血分之風而止血。蒲黃性濇，炒黑亦能止血。血之為病，熱則妄行，炮薑豈容輕試？或曰：荊芥、蒲黃，輕浮之性，炮薑力猛，直達下焦，去惡生新，能引血藥至氣分而生血，子何訾之深也？予曰：大劑四物，少加熟附佐之，未常不可，若必藉炮薑止血，吾恐其逼血妄行，血海為之竭矣。此係有關生命之藥，故諄諄及之。　薑以川產者力勝，故書稱蜀薑，取色淡黃者為上，肉黑者不中用。

清・羅國綱《羅氏會約醫鏡》卷一七菜部　乾薑味辛熱，入脾胃二經。　生用辛溫，逐寒邪而發表；　炮則辛苦大熱，乾薑水浸，火炙焦黃色。除胃冷而守中。辛則散，炮之稍苦，故止而不移，非若附子走而不守。去臟腑沉寒痼冷，逐風濕冷痺、陰寒諸毒，使陽生陰長。若陰盛隔陽，火不歸元，及陽虛不能攝血，而為大吐、大衄、下血，宜炒黃留性用之，最為止血之要藥。引以熟附，甚者宜生用。入腎而祛寒濕，能回脉絕無陽。仲景四逆、白通、薑附湯皆用之。療寒嗽同五味、寒痞、反胃、滑痢。多用損陰，孕婦忌之。辛熱動血。服乾薑必僭上，用大棗輔之，甘草緩之。

黑乾薑：　乾薑切片，炒紅，以器悶息為炭，辛辣變為苦鹹，耑入血分。　辛熱之性雖無，辛涼之性尚在，凡血虛發熱，產後大熱者宜之。此非有餘之熱，乃陰虛生內熱也，忌用表藥涼藥。黑薑引血藥補血，去惡生新，有陽生陰長之意。且黑為水色，血不妄行，凡吐血痢血悉治之。血寒者可多用，血熱者不過三四分為向導而已。

煨薑：　生薑去皮，濕帋包煨。治胃寒泄瀉吞酸。

清・陳修園《神農本草經讀》卷三中品　乾薑　氣味辛，溫，無毒。主胸滿咳逆上氣，溫中止血，出汗，逐風濕痹，腸澼下痢。生者尤良。

陳修園曰：乾薑氣溫，稟厥陰風木之氣，若溫而不烈，則得沖和之氣而屬土也。味辛，得陽明燥金之味，若辛而不偏，則金能生水而轉潤矣，故乾薑為臟寒之要藥也。胸中者，肺之分也，肺寒則金失下降之性，氣壅於胸中而滿也，滿則氣上，所以咳逆上氣之症生焉，其主之者，辛散溫行也。中者，土也，土虛則寒，而此能溫之。止血者，以陽虛陰必走，得暖則血自歸經也。出汗者，辛溫能發散也。逐風濕痹者，治寒邪之留於筋骨也。治腸澼下痢者，除寒邪之陷於腸胃也。以上諸治皆取其雄烈之用，如孟子所謂剛大浩然之氣，塞於天地之間也。生則辛味渾全，故又申言曰生者尤良。即《金匱》治肺痿用甘草乾薑湯自注炮用，以肺虛不能驟受過辛之味，炮之使辛味稍減，亦一時之權宜，非若後世炮黑、炮灰，全失薑之本性也。葉天士亦謂炮黑入腎，何其陋歟？

清・黃凱鈞《藥籠小品》　乾薑　辛，熱，能溫經散寒邪。客寒犯胃作痛，厥陰濁陰上僭，必用之品。同五味子治寒嗽，通關節，宣脈絡，為用甚廣。

炮薑：　辛苦，大熱，能使陽生陰退。故吐衄下血，有陰無陽者宜之。亦能引血藥入氣分，故入四物湯。血虛發熱，產後大熱者宜之。即乾薑炮黑。陰虛有火者勿服。孕婦尤忌。

清・王龍《本草纂要稿・菜部》　乾薑　氣味辛熱。散風寒濕痺之邪，驅頭痛鼻塞之症。煨研，塞水瀉溏瀉。瀉脾非瀉正氣，脾中寒濕，須辛熱燥之。　炮薑：　氣味甘溫。去臟腑之沉寒，療諸經之寒氣。驅胃冷而溫中，蠲感寒而腹痛。除霍亂瀉痢，却血虛發熱。治胸滿，安蛔蟲。通心助陽，止而不移。能起脉絕無陽，資附子為引。可療肺寒咳嗽，伏五味建功。引血氣上升，入氣分而生血。

清・吳鋼《類經證治本草・足陽明胃腑藥類》　乾薑　【略】誠齋曰：乾薑溫氣，燒黑溫血。取母薑晒乾為乾薑，燒黑為黑薑。今用炮薑，鍋內炒不過皮上微黑，大失前人之製。

清・張德裕《本草正義》卷下　乾薑　辛，熱。生能散寒發汗，熟能溫胃暖脾，通神明，去穢惡，除霍亂轉筋，風濕冷痺，為嘔家聖藥。故曰薑、草達胃，桂、附回陽。多汗者忌之，以其辛能散也。炒炭為用，止取其溫澁而已。

清·葉桂《本草再新》卷六　乾薑味辛，性熱，無毒。入脾、胃二經。燥濕止嘔，消痰利水。宣肺氣，和脾胃，通經絡，利關節，除積寒，消癥瘕。

清·吴其濬《植物名實圖考》卷三　乾薑　《本經》中品。生薑，《別録》中品。又有乾生薑，性畏日喜陰，亦有花，與山薑同，而抽莖長尺餘。余於贛南薑區見之。《呂氏春秋》：和之美者，楊樸之薑，薑桂之滋。古以為味而已。《齊民要術》有蜜薑法，梅都官糟薑詩：醃芽費糟邱。此法吴中尚之。又有梅薑，《遵生八牋》所謂五美薑也。李義山詩：蜀薑供煮陸璣蓴。今人以水蔬為茹，必加薑以制其性，其來舊矣。《東坡雜記》有僧服薑四十年，其法取汁貯器中，澄去其上黄而清者，取其下白而濃者，乾刮取如麪，謂之薑乳飦，溲為丸或末，置酒食茶飲中食之。無力治此，和皮嚼爛，溫水嚥之。初固稍辣，久則甘美云。五味皆有偏勝，習慣則甘。今江湖人茹之、飲之、咀嚼之，非此不能勝濕。食蓼不知辛，殆有斯須不能去者。東坡詩：先社薑芽肥勝肉。蜀固多薑，乃甘於肉。東坡又云：食薑粥甚美，一甌夢足，得不汗出如漿耶？陶隱居謂：久服少智，少志，傷心氣。《唐本草》注：《本經》言久服通神明，陶氏謬為此說。朱子詩：薑云能損心，此謗誰與雪？則蘇氏已雪之於前矣。劉原父戲為道非明民，將以愚之之說，誠堪解頤。然孔稱不徹，裴乃不食人之所嗜，固自不同。《史記》：千畦薑韭，其人與千戶侯等。蓋為和、為蔬、為果、為藥，用芽、用老、用乾、用炮、用汁，其為用甚廣。諺曰：養牛種薑，子利相當。此言非謬。李杲謂：秋不食薑，走氣瀉肺，故禁之。《晦翁語録》亦有秋薑夭人天年之語，李時珍謂積熱、患目、病痔人多食兼酒，立發；癰瘡人多食則生惡肉。此皆覆鑒，好而知惡者鮮矣。

清·趙其光《本草求原》卷一五菜部　乾生薑水浸去皮，再浸再刮皮，曬乾，甕中釀三日。氣溫，溫而不大熱，得春天沖和之氣，入肝木以和胃。味辛，得陽明燥金之味，使金生水而轉潤。無毒，為臟寒要藥。主胸滿咳逆上氣，胸為肺分，肺寒失下降之性，則逆而滿。溫中，土虛則中寒。止血，陽虛陰必走，得暖則血自歸經。出汗，雖去皮，而生乾，其走表不異，且更熱。逐風濕痹，寒邪留於筋骨之病。腸澼下痢，寒邪陷於腸胃之病。仲景治少陰下痢、便膿血，桃花湯用乾薑不炒，因外邪內乾也。

同五味，溫肺；同人參，溫胃；同參，引血藥入心肺生血，治血虛發熱；肺得腎氣上至，下降於心而合於胃，汁乃成血，是火中之水藉肺母以生化也。同橘皮、台烏、白蔻，除月滿咳逆上氣。

炒乾薑：味變苦，屬火。治氣虛之裏寒。氣者，火之靈，生於火，而統於金；生者，暢金之氣，以全火之用；炒者，守火之體，以全金氣。故無論純寒與中氣虛而化熱，須此守中，生散而熟守也。主一切沉寒痼冷，心下寒痞，目睛久赤，虛火上浮之病。若血虛生熱之病。宜與陰藥同用為反佐，以生血。此皆取其雄烈之用。故《本經》中言生者尤良，言不論外內寒皆可用生也。今人則以氣虛中冷生用，懼其散氣。至血虛發熱，產後大熱及氣虛化熱，以致傷血而唾血、痢血、吐血，必須以童便加炒至略黑，以殺其辛味，蓋肺虛不能驟用過辛也。同四物加牛膝，治產後惡血，血虛發熱。同參、甘、芪、升、冬、芍、生地、地榆，治腸澼下血。《金匱》治肺萎，炮薑合甘草即此意。後世遇失血，每用薑炭，以為火從水化，使浮陽不僭，而血自止。不知薑炭全失薑之本性，止宜炒以守中，配入涼血之味，使寒不凝而血乃和。葉天士亦謂炮黑入腎陋甚。傷寒熱痢，仲景用赤石脂丸，以炮薑配川連、當歸，於此可參。炒乾薑末，白餳為丸米飲下，治寒痢、水瀉胃虛、少食難化、冷痰吐逆；黑薑末米飲下，治血痢；酒下，治寒瘧；過用涼藥血不止，脈反緊疾者，宜炮薑炙甘。

清·葉志詵《神農本草經贊》卷二　乾薑　味辛，溫。主胸滿欬逆上氣，溫中止血，出汗，逐風濕痹，腸澼下利。生者尤良，久服去臭氣，通神明。生川谷。

羶腥拂徹，味美和調。柔尖日瑩，老辣霜驕。含辛比桂，禦濕分椒。贈甘非意，雪謗神超。

張衡賦：蘇蔱紫薑，拂徹羶腥。《呂氏春秋》：和之美者，楊樸之薑。劉子翬詩：映日瑩如空，柔尖帶淺紅。長編晏亨曰：薑、桂之性，到老愈辣。徐淮詩：秋氣挾霜驕。《文心雕龍》：桂薑同地，辛在本性。《孝經援神契》：椒薑禦濕。梅堯臣詩：贈辛非贈甘，此意當自求。朱子詩：薑云能損心，此謗誰能雪。請論去穢功，神明看朝徹。

清·文晟《新編六書》卷六《藥性摘録》　乾薑　味辛。炮製則苦，大熱。入胃，溫中散寒。○同附子能回陽。○黑乾薑，苦、鹹、微辛，力主下走，治血中之欝熱而不寒，止吐血之妄行而不滯。血寒用一錢，血熱用二四分。

清·張仁錫《藥性蒙求·菜部》　乾薑三分、八分　乾薑辛熱，解表逐寒。溫經燥濕，痰嘔能安。母薑晒乾為乾薑，白淨結實者良。如懼其散，或炒黃，或炒微焦用。東垣云：乃心脾二經氣分藥，宜甘草緩之。服乾薑以治中者，必上僭，宜大棗輔之。同五味子則利肺氣而治寒嗽。〇蘇郡醫家將乾薑泡淡用之，不知何解。張路玉云：同人參以溫胃，同甘草以溫經。凡血虛發熱，產後大熱，須泡黑用之。

炮薑三分、八分　炮薑苦熱，除冷回陽。生新去惡，血分為良。乾薑炮黑為炮薑。味辛、苦。除胃冷而守中，去臟腑沉寒痼冷，使陽生陰長，故吐衄下血，有陰無陽宜之。能止吐衄，諸血紅見黑則止也，最驗。亦能引血藥入氣分而生血，故血虛發熱，產後大熱者宜之。〇引以黑附，能入腎而祛寒濕，又能回脈絕無陽，通心助陽，補心氣。〇薑味大辛，散氣損陰，凡陰虛有熱者勿服，孕婦尤忌。

清・屠道和《本草匯纂》卷一溫散　乾薑　耑入胃，其味本辛，炮製則苦，大熱，無毒。守而不走，溫中散寒，消痰開胃。治胸滿欬逆上氣，心下寒痞，目睛久赤，反胃乾嘔，霍亂，止唾血鼻洪，寒冷腹痛，腰腎間冷痛，皮間結氣，瘀血撲損，風邪諸毒，腸澼下痢及夜多小便。去風痺，消宿食，通四肢關節，開五臟六腑，宣諸絡脈。凡胃中虛冷，元陽欲絕，合附子同投，則能回陽立效，故書有附子無薑不熱之句。仲景四逆、白通、薑附等湯，皆用之。元素曰：乾薑氣薄味厚，半浮半沉，可升可降，陽中之陰也。又曰：大辛大熱，陽中之陽。其用有四：通心助陽一也，去臟腑沉寒痼冷二也，發諸經之寒氣三也，治感寒腹痛四也。且同五味則通肺氣而治寒嗽，同白术則燥濕而補脾，同歸、芎則入氣而生血。炒黑，其性更純，味變苦鹹，力主下走。黑又止血，辛熱之性雖無，而辛涼之性尚在，故能除血中之鬱熱而不寒，止吐血之妄行而不滯，較之別藥徒以黑能止血者，功勝十倍矣。血寒者可多用，血熱者不過三四分為嚮導而已。白淨結實者良。母薑曬乾為乾薑，炒炮為炮薑，炒黑為黑薑。

清・戴葆元《本草綱目易知錄》卷三　乾薑、炮薑白薑、均薑。　乾薑，辛，溫。逐寒邪而發表。炮薑，辛、苦，大熱。除胃冷而守中。溫經止血，定嘔消痰，去臟腑沉寒痼冷，能去惡生新，使陽生陰長，故吐衄下血，有陰無陽者，宜之。亦能引血藥入氣分而生血，故血虛發熱，產後大熱者宜之。引以附子入腎經而祛寒濕，能回脈絕無陽。同五味，利肺氣而治寒嗽。同人參，溫胃寒而燥脾陽，又能通心助陽而補心氣，開五臟六腑，通四肢關節，宣諸絡脈，去冷風濕痹，止夜多小便。治咳逆上氣，寒冷腹痛，中惡霍亂轉筋，吐瀉反胃乾嘔。止唾血鼻衄，腸澼下痢，瘀血撲損。去心下寒痞，目睛久赤，開胃口，消宿食，解冷熱毒。多用損陰耗氣。溫熱燥邪及妊婦忌之。

清・戈仁壽《神農本草經指歸》　乾薑　【略】釋名白薑。時珍曰：乾薑以母薑造之，今江西襄均皆造。以白淨結實者為良，故人呼為白薑。又曰均薑。乾讀干，乾燥也。《易經》乾卦，乾，健也。畺字象乾卦也，乾為天為陽。畺中二田字，上田指胃土，胃土辰土也，下田指脾土，脾土，戊土也。辰土居東南，戊土居西北，八方卦位，乾居西北，西北之地最高，其土最厚，非天之太陽大氣內藏西北，其土中之，水陰何能運轉上下左右四方？人身一小天地，《傷寒論》中云：六經太陽大氣，亦象天之太陽大氣，內藏西北，其戊土中之水陰，得太陽大氣運行上下左右四方，其陽氣藏戊土中，以生土水之陰。其陰氣合陽氣，從子辰中左開。陽得陰氣生助，運行半表上，生長萬物，從午辰中右闔。陰得陽氣生助，運行半裏下，收藏萬物，陰陽開闔表裏互相生助，不失其常，此乾薑氣味，如乾健之陽氣，運行表裏上下左右不息，命名之義也。辛金味溫，木氣陽氣內藏，得天之金氣固之，下降內藏。戊土以生其陰，外開得春令之木氣，上升其陰至辰土，以生其陽，陰陽互相生助無偏，曰乾薑。氣味辛溫，無毒，胸中之陰失，下之陽氣上升，天之陰氣不下降，則胸中滿，以乾薑辛之金味固陽內藏，土得陽溫，地之陽氣上升，天之陰氣下降，胸滿之病自解，曰主治胸滿。陽氣浮上不降，亥水之陰亦浮上不降，阻碍氣道呼吸，升降之氣不利而欬，以乾薑辛之金味外固陽氣，內溫土氣，土溫陽藏，亥水之陰亦藏，水不阻碍氣道呼吸，升降氣利，其欬自止，曰欬逆上氣。中，中土也。陽不內藏，戊土不溫，其絡中之血亦隨陽氣逆上不藏，從口外吐，從鼻竅外出，以乾薑辛之金味固陽內藏，土得陽溫，其絡中之血，隨陽氣運轉，表裏不逆於上，吐血衄血自止，曰溫中止血。汗，土中水氣也。風，陽氣也。濕，水氣也。痹，閉也，人身肌肉屬土，陽氣內藏，在上之水氣亦藏，土之陰得陽溫氣運水行，下之陰液外達肌表，其閉開，曰出汗。逐風濕痹，陽氣內藏，腸外間之水得陽氣運行，自不下利，曰腸澼下利。生者謂半裏，陰得陽生，半表陽得陰生，陰陽之氣運轉表裏不息則良，曰生者尤良。

清・陳其瑞《本草撮要》卷四　乾薑　味辛，熱，入手少陰、足太陰經，功專逐寒邪而發表溫經，燥脾濕而定嘔消痰。同五味利肺氣而治寒嗽。開五臟六腑，通四肢關節，宣諸絡脈，治冷痹寒痞反胃，下痢腹痛，癥瘕積脹，開胃扶脾，消食去滯。母薑曬乾，白淨結實者良。　黑薑：味辛苦，大熱，入手足太陰、陽明經，功專去惡生新，使陽生陰長。得芎、歸、甘草、紅花名生化湯，為產後去瘀要藥。惟性易僭上，凡以之治中，宜佐大棗。多服損陰傷目。孕婦尤忌。

清・李桂庭《藥性詩解》 賦得乾薑暖中得薑字。湯克家。 欲使中焦暖，輕乾獨有薑。脾溫寒可去，胃壯嘔堪匡。 按： 乾薑性大熱，味辛，無毒。開五臟六腑，通四肢關節，逐風寒濕痺。主霍亂吐瀉，宣諸絡脉，療寒冷心腹之痛，治腸澼下痢。溫脾胃，消宿結之食。炮則溫中，生則發表。若止血，須炒黑用之。乾薑見火則止而不移，所以能治裏寒也。多用則耗散正氣，須以生甘草緩之。

清・仲昴庭《本草崇原集說》卷中 乾薑 【略】仲氏曰： 湯飲必先入胃，胃為燥土，喜涼潤而惡辛溫，濕土反是，後人只憑胃之喜惡，所以炮淡炮黑，不留餘地。

又曰： 此以氣味辛溫索解，實與仲景方治為難，於是《經讀》變通氣味之說，能使乾薑不畔《本經》，亦不畔聖方，論議精確，不似滑稽，宜其高出《經解》也。

清・鄭奮揚著，曹炳章注《增訂偽藥條辨》卷三 北乾薑 土北薑，溫州所產，質鬆不結，味淡不辛。又有一種洋北薑，氣味尤劣，更不可用。按北乾薑氣味辛溫，其色黃白兼見，乃手足太陰之溫藥也。凡製乾薑、炮薑，當以三衢、開化產者為佳。用母薑水浸，晒乾，以肉厚而白淨，結實明亮如天麻者良，故又名白薑。近今藥肆，且有以傷水變味之生薑，晒乾炮用，未免有名無實，誤人匪淺。 炳章按： 乾薑，湖南均州出，小雙頭，內白色，為均薑，最佳。浙江台州出者為台薑，個小肉黃黑色者次。其他江南、江西、寧國、四川皆出，總要個大堅實，內肉色白為佳。

清・周巖《本草思辨錄》卷三 乾薑 乾薑以母薑去皮依法造之，色黃白而氣味辛溫，體質堅結，為溫中土之專藥。理中湯用之，正如其本量。其性散不如守，故能由胃達肺而無泄邪、出汗、止嘔、行水之長。炮黑亦入腎，而無附子、烏頭之大力。凡仲聖方用乾薑，總不外乎溫中，其故可玩索而得也。

通脈四逆湯，即四逆湯倍加乾薑，脈不出又加人參，似乾薑與人參皆能通脈，功不止於溫中矣。不知壅遏營氣令無所避是謂脈。營出中焦，中焦泌糟粕，蒸津液。下利則中焦失職，焉得不脈微欲絕。欲脈之出，自非溫中止利不可。必利止而脈不出，則其故不在中焦而在主脈之心。然後加以補心通血脈之人參，非乾薑不通脈，非通脈不關溫中也。

肺痿有得之燥熱，有得之虛冷。虛冷之痿，以甘草乾薑湯治之，謂乾薑溫肺，是固然矣。豈知金生於土，土不溫者上必虛，上虛則不能制下，其頭眩，多涎唾者上虛也，遺尿、小便數者下虛也，而皆由於中之不溫也。然則乾薑非不溫肺，惟不越脾以溫肺耳。

或曰： 傷寒誤攻其表，服甘草乾薑湯，便厥愈足溫，則乾薑不獨溫中，且更溫下矣。曰： 乾薑詎能溫下，惟炮之而後能耳。然雖炮用，其溫下之氣猶不畢貫，更進以芍藥甘草湯，而不貫者始貫，脚始伸而不攣，此其旨甚微，非一二言所得罄焉。夫脈浮、自汗出、心煩、微惡寒者，邪在表也。小便數、脚攣急者，太陽寒邪襲入少陰。或先有伏寒，因而致劇也。醫以桂枝湯但攻其表，內有芍藥酸寒入裏，反增下寒，於是得之即厥。始而心煩、微惡寒者，茲更腎寒而躁，陰中之陽，又隨桂枝外發之勢而欲越，故咽乾與吐逆並作。此時自汗之表邪，已受治於桂枝，但以炮薑溫下，炙草和中，未有不陽復而自愈者。而足溫而攣急如故，寧非溫下之力猶有歉哉。然非真陽虧損，附子可無用也。前為芍藥所誤者，今乃以芍藥伸脚矣。芍藥何以能然，正惟炮薑以芍藥抑之，而後能盡復其陽也。肺痿何以不更進芍藥甘草湯，以但遺尿小便數而脚不攣急，且炮薑並欲其溫肺也。則謂乾薑若不炮，溫中而不溫下可也。

諸四逆湯治少陰病而用乾薑，似乾薑亦所以溫下，不知少陰寒甚，必上侮及脾，用附子以斬將搴旗，猶當佐乾薑以儲糧堅壁。理中丸乾薑用三兩，以溫中固乾薑責也。四逆湯乾薑用兩半，以溫少陰有附子任之，乾薑為附子後殿也。更觀腎著湯病屬下焦，而方中有脾藥無腎藥，益以見溫下之必當溫中矣。

四逆湯重在厥逆，下利是兼證，有乾薑不必有葱白。白通湯治少陰下利，是正病無兼證，不升其陰氣以與陽通，則利終不止，故君葱白而協以薑、附。桃花湯乾薑止一兩，則少而又少矣，且無附子，無葱白，何以為解？曰： 此非少陰純寒之證也，以石脂、粳米固下和中，略施乾薑，使就溫化，不利其便，不清其血，而但止其利，法之至超至妙者也。若赤石脂禹餘糧湯，利在下焦而治以中焦藥不應，則桃花湯之有乾薑，不尚於中宮有涉哉。

乾薑溫脾而上及肺，以治肺咳而下連脾，正為相當。如小青龍湯以乾薑治寒咳而用至三兩，微利亦不去乾薑是也。

《本經》乾薑主止血，仁齋《直指》云：血遇熱則宣行，故止血多用涼藥，然亦有氣虛挾寒，陰陽不相為守，營氣虛散，血亦錯行者，竊謂血統於脾，有出中焦，營氣虛散之證，非溫中土不可。《金匱》膠艾湯無乾薑，而《千金方》有之。黃土湯雖無乾薑，而灶中黃土，其用與乾薑無二。乾薑溫中，自有止血之理。雖然不能無佐使之品也。大抵吐血而至不止，則在上者宜抑之，漏血而至不止，則在下者宜舉之。凡用柏葉、阿膠之類為佐使者，所以導血歸經。用黃芩、童便之類為佐使者，所以養陰和陽，非能抑之能舉之也。獨柏葉湯之用馬通，有匪夷所思者。馬之氣最盛者，能使血隨汗出，而一身之物，非性寒即有毒，惟通溫而無毒，雖穢滓乎，固化氣化血行脈絡之餘，而性能下行者也。此佐乾薑，以抑為止者也。婦人陷經漏下黑不解，膠薑湯主之，黑多由於熱，而虛寒之人，血出絡而凝，漸漸變紫變黑，亦未嘗無之，膠薑湯之薑，其為乾薑無疑。乃陳修園以此二味治是證，一再用之不差，後易乾薑為生薑，並加阿膠、大棗，煎服立止，謂生薑散寒升氣，合陷者舉之之義，此與馬通一抑一舉，可為對待。然先服之乾薑未必無功，或如仲聖法以生乾並用，當收效尤捷耳。

仲聖方乾薑、黃連並用之證，必兼有嘔。嘔屬少陽，故方中必有黃芩、人參少陽專門之藥。蓋少陽為三陽之樞，以黃連降胃陽，乾薑升脾陰，脾升胃降，少陽乃得轉樞，此少陽無往來寒熱之治法，治在此而效見於彼者也。

天竺乾薑

宋・唐慎微《證類本草》卷六草部上品〔唐・陳藏器《本草拾遺》〕 天竺乾薑　味辛，溫，無毒。主冷氣寒中，宿食不消，腹脹下痢，腰背疼，痃癖氣塊，惡血積聚。生婆羅門國，似薑小黃。一名胡乾薑。

紫薑

清・吳其濬《植物名實圖考》卷六 紫薑　紫薑花生雲南，夏時開淡紫花。

陽藿

清・吳其濬《植物名實圖考》卷六 陽藿　湖南、雲南皆有之。《黔志》作陽荷，葉如薑而肥，根如薑而瘦，夏時根傍發苞如筍籜，色紫，籜拆有纖筍十餘枝，筍中開花，微似蘭花，色深紫，三瓣，一大二小，其跗有嫩籜反卷，如淡黃花瓣。湘中摘其筍並花，與薑芽同醃食之，味亦辛。《辰谿志》載里諺曰：八月陽藿拌紫薑。以為珍味。長沙人但呼為薑花，亦曰薑筍。《廣西志》：洋百合形如百合，色紫，與薑同器則色亦紫。又曰洋百合，即蘘荷，未識與此種同異。桂馥《札樸》：野薑花生葉傍，色紫，即此。特以為即狗脊，殊不可解。余過黔，索陽荷，里人以此進，且云：此外無所謂陽荷者。然則長沙以此為薑花者。道其實，而辰谿、黔中則相承以為陽藿、陽荷，荷、藿一聲輕重耳。考《說文》蘘荷一名葍蒩；《子虛賦》作猼且；《漢書》作巴且；王逸作蓴菹；顏師古云：根傍生筍，可以為菹；《古今注》蘘荷似葍苴而白，葍苴色紫，花生根中，花未敗時可食，久置則爛。今湘中亦呼此為薑筍，為即蘘荷，而黔呼陽荷，湘中呼陽藿，皆為蘘、荷轉音，似葍苴、蘘荷為一物。惟《古今注》謂蘘荷似葍苴色白，則一類而異。然則吳中所謂蘘荷者，其即《古今注》之蘘荷歟？其莖葉殊不相似，要皆人家圃中所蒔，與《急就篇》冬日藏之語相合，二種皆分別圖之，必有一當於蘘荷者，不似芭蕉、甘露，非可鹽藏冬儲也。

雩婁農曰：《南越筆記》謂粵中草多似蕉與竹，故有衣蕉、食蕉，衣竹、食竹之諺，余以為介於蕉與竹之間，薑是也。似薑以薑名，不以薑名者，不可勝計。然三者皆喜暖而惡燥，喜陰而惡寒。而薑則以不見日而生，夫物得陽則舒，得陰則鬱。薑鬱於陰，而為辛烈。其於人也，上至天庭，下及湧泉，發揚排擊，無所不靡。然則人之鬱鬱而不得遂者，其發揚排擊，豈不如草木哉？和風甘雨，舒物之鬱者也；震雷嚴霜，絕物之鬱者也。故為治者，準天之道，無使隱僻之民有所鬱焉，則無形之患絕。

土風薑

清・吳其濬《植物名實圖考》卷九 土風薑　生南安。根似薑而有鬚，葉莖似薑而細瘦，微似初生細蘆。氣味辛溫，治風損，行周身。

美人蕉

清・何諫《生草藥性備要》卷下 美人蕉　用心搥爛敷瘡，消紅腫。

清・趙學敏《本草綱目拾遺》卷五草部下 虎頭蕉　出福建、臺灣，五虎山者佳。一莖獨上，葉抱莖生，不相對，形類蕉而小，苗高五六寸，秋時起莖，開花似蘭，色紅，結實有刺，類蓖麻子外面苞狀。若高三四尺者，名美人蕉，係一類二種也。今閩沙縣亦出。 《草寶》： 虎頭蕉性溫力猛，有毒，能治風痹。凡服者不得過二錢，服後須避風，倘不謹慎，必發風疹。 治風痹，性熱去風。 治血淋白帶，一切吐血。《舟車經驗方》： 用芭蕉一大片，入鍋內炒乾存性，為末，黄酒調服。立效。此方亦治一切吐血，若用美人蕉，更妙。

清・吴其濬《植物名實圖考》卷二六 美人蕉 《楓牕小牘》： 廣中美人蕉大都不能過霜節，惟鄭皇后宅中鮮茂倍常，盆盎溢坐，不獨過冬，更能作花。 《群芳譜》： 美人蕉產福建福州府者，其花四時皆開，深紅照眼，經月不謝，中心一朵曉生甘露。又有一種葉與他蕉同，中出紅葉一片者； 一種葉瘦類蘆箬，花正紅如榴花，日坼一兩葉，其端一點鮮綠可愛者。俱亦有美人蕉之名。

按閩廣紅蕉，並非北地所生美人蕉，但同名耳。余在廣東見之。北地生者結黑子，如豆極堅，種之即生。

彎薑

清・趙學敏《本草綱目拾遺》卷八諸蔬部 彎薑 《滇南記》： 產雲南百夷中。餌一刀圭，終其世斷絶人道。土人以飼牡馬，不之宦也。

茼蒿

唐・孫思邈《千金要方》卷二六《食治・菜蔬》 茼蒿 味辛，平，無毒。安心氣，養脾胃，消痰飲。

宋・唐慎微《證類本草》卷二七菜部上品〔宋・掌禹錫《嘉祐本草》〕 同蒿 平。主安心氣，養脾胃，消水飲。又動風氣，熏人心，令人氣滿，不可多食。

宋・王繼先《紹興本草》卷一二 茼蒿 紹興校定： 茼蒿乃菜品。《本經》云安心氣，復云熏人心。但安心即未聞，其動風氣固有之，即非起疾之物。《本經》不載其味，當云味辛、平、無毒為定。處處種產之。

宋・陳衍《寶慶本草折衷》卷一九 同蒿 平。〇主安心氣，養脾胃，消水飲。又動風氣，熏人心，令人氣滿，不可多食。

元・忽思慧《飲膳正要》卷三 蓬蒿 味甘，平，無毒。主通利腸胃，安心氣，消水飲。

元・吴瑞《日用本草》卷七 同蒿 開黄花，如菊大，一二寸，食其莖〔葉〕。又有纍蒿，其味甚脆美，性味則一。 味辛，平，無毒。多食動風氣，薰人心，令人氣滿。 主安心氣，養脾胃，消水飲。

明・朱橚《救荒本草》卷下之後 同蒿 處處有之。人家園圃中多種。苗高一二尺，葉類胡蘿蔔葉而肥大，開黄花，似菊花。味辛，性平。 救飢： 採苗葉煠熟，水浸淘淨，油鹽調食。不可多食，動風氣，熏人心，令人氣滿。 治病： 文具《本草》菜部條下。

明・蘭茂原撰，范洪等抄補《滇南本草圖説》卷八 同蒿 味甘、辛，平。安心養脾，化痰，利腸胃。多食動風。

明・蘭茂撰，清・管暄校補《滇南本草》卷下 茼蒿菜： 性微寒，味辛、微苦。行肝氣，止疝氣疼，治偏墜氣疼，利小便。

明・蘭茂《滇南本草》〔叢本〕卷下 桐蒿菜 味辛、苦，性微寒。行肝氣，止疝氣，利小便。

明・滕弘《神農本經會通》卷五 同蒿 《本經》云： 平。主安心氣，養脾胃，消水飲。又動風氣，熏人心，令人氣滿，不可多食。

明・劉文泰《本草品彙精要》卷三八 茼蒿無毒 叢生。

茼蒿： 主安心氣，養脾胃，消水飲。名醫所録。 〔名〕蓬蒿。 〔苗〕謹按： 茼蒿，不限時月播子於畦，至旬日而苗葉漸生，及月遂繁茂，開碎黄花，作莢而生細子。其葉似蓬，又謂蓬蒿。人取其嫩者，以作菜茹，或入菜食之更香美，然治療之功則未可據。 〔地〕人家園圃皆種之。 〔時〕生： 無時。採： 無時。 〔收〕陰乾。 〔用〕莖、葉。 〔色〕青綠。 〔味〕辛。 〔性〕平，散。 〔氣〕氣厚味薄，陽中之陰。 〔臭〕香。 〔禁〕不可多食，動風氣，熏人心，令人氣滿。

明・盧和、汪穎《食物本草》卷一菜類 茼蒿 平。主安氣，養脾胃，消水飲。多食動風氣，薰心，令氣滿。

明・寧源《食鑒本草》卷下 同蒿 味辛，平。安心氣，養脾胃，消水穀。多食動風氣。

明・王文潔《太乙仙製本草藥性大全》卷二《仙製藥性》 同蒿 與黄菊近似，安心養脾。按： 諺云二月茵陳四月蒿，人每誦之，只疑兩藥一種，因分老嫩而異名也。殊不知，葉雖近似，種却不同。草蒿葉背面俱青，且結花實； 茵陳葉面青背白，花實全無。況遇寒冬，尤大差異。茵陳莖簳不凋，至春復舊榦上發葉，因榦陳老，故名茵陳；　草蒿莖榦俱凋，至春再從根下起苗，如草重出，乃名草蒿。　發舊榦者三月可採，産新苗者四月纔成，是指採從先後爲云，非以苗分老嫩爲說也。

明・皇甫嵩《本草發明》卷三　同蒿與黃菊近似。　安心養（痺）〔脾〕。

明・皇甫嵩《本草發明》卷五　茼蒿上品。　氣平。　主安心氣，養脾胃，消水飲。　又動風氣，熏人心，令人氣滿，不可多食。

明・李時珍《本草綱目》卷二六菜部・葷菜類　茼蒿宋《嘉祐》

〔釋名〕蓬蒿時珍曰：　形氣同乎蓬蒿，故名。　〔集解〕機曰：　本草不著形狀，後人莫識。　時珍曰：　茼蒿八九月下種，冬春採食肥莖。花、葉微似白蒿，其味辛甘，作蒿氣。四月起薹，高二尺餘。開深黃色花，狀如單瓣菊花。一花結子近百成毬，如地菘及苦賈子，最易繁茂。　此菜自古已有，孫思邈載在《千金方》菜類，至宋嘉祐中始補入本草，今人常食者。而汪機乃不能識，輒敢擅自修纂，誠可笑慨。

〔氣味〕甘、辛，平，無毒。　禹錫曰：　多食動風氣，熏人心，令人氣滿。　〔主治〕安心氣，養脾胃，消痰飲，利腸胃思邈。

明・周履靖《茹草編》卷二　桐蒿　桐花鳳皇食，何以雜蓬蒿。　金蘭出紫棘，玉蕙叢黃茅。世間名與實，豈必空嘈嘈。碧梧有清蔭，悵望秋天高。

採取，沸湯焯過，薑、醋拌食。

明・穆世錫《食物輯要》卷三　茼蒿　味甘、辛，平，無毒。　安心養脾，消痰飲，利腸胃。　多食，動風，薰人心，令氣滿。

明・趙南星《上醫本草》卷三　同蒿　一名蓬蒿。　甘、辛，平，無毒。主治：　安心氣，養脾胃，消痰飲，利腸胃。　多食動風氣，薰人心，令人氣滿。

明・應廖《食治廣要》卷三　茼蒿蘘蒿附。　氣味：　甘、辛，平，無毒。主安心氣，養脾胃，消痰飲，利腸胃。　掌禹錫曰：　多食動風氣，薰人心，令人氣滿。　今金陵、真潤諸州廣種。

蘘蒿：　牛水澤中，葉似艾，青白色，長數寸。香脆而美，可供茶食。

明・姚可成《食物本草》卷六菜部・葷辛類　同蒿同蒿八九月下種，冬春采食肥莖。花、葉微似白蒿，其味辛甘，作蒿氣。　四月起薹，高二尺餘。開深黃色花，狀如單瓣菊花。一花結子近百成毬，如地菘及苦賈子，最易繁茂。　同蒿，味辛，平，無毒。　主安心氣，養脾胃，消痰飲，利腸胃。　多食動風氣，薰人心，令人氣滿。

明・施永圖《本草醫旨・食物類》卷二　茼蒿一名蓬蒿。　味：　甘，平，無毒。　主：　安心氣，養脾胃，消痰飲，利腸胃。　多食動風氣，熏人心，令氣滿。

清・丁其譽《壽世秘典》卷三　同蒿八九月下種，冬春采食，莖肥，花葉微似白蒿，作蒿氣。四月起薹，高二尺餘，開深黃色花，狀如單瓣菊花，一花結子近百成毬，最易繁衍。　氣味：　辛、甘，無毒。　主安心氣，養脾胃，消痰飲，利腸胃。

發明：　掌禹錫曰：　多食動風，熏人心，令人氣滿。

清・尤乘《食鑒本草・菜類》　蓬蒿　安心氣，養脾胃，消痰飲。　多食動風發氣。

清・朱本中《飲食須知・菜類》　茼蒿　味甘、辛，性平。　多食動風氣，薰人心，令氣滿。

清・何其言《養生食鑒》卷上　茼蒿　味甘、辛，平，無毒。　安心，養脾，消痰飲，利腸胃。　多食動風，薰人心，令人氣滿。

清・张璐《本經逢原》卷三　茼蒿　甘，溫，無毒。　發明：　茼蒿氣濁，能助相火。　禹錫言多食動風氣，熏人心，令人氣滿。《千金》言安心氣，養脾胃，消痰飲，利腸胃者，是指素稟火衰而言，若腎氣本旺，不無助火之患。

清・吳儀洛《本草從新》卷四　蓬蒿菜宣，消痰利便。古名同蒿。　甘、辛，涼。　安心氣，和脾胃，消痰飲，利腸胃。

清・汪紱《醫林纂要探源》卷二　茼蒿　甘，溫。　即菊花菜。花葉似菊，莖脆中空，春末即花，結實如苦賈子。○蒿類甚多，蘩，白蒿也。菣，青蒿也。蓬，野艾也。苹，籟蒿也。莪，蘿蒿也。蔚，牡蒿也。鼠麴，黃蒿也。金鈴，茵蔯蒿也。又斜蒿、蔞蒿，或可為蔬，或以入藥，此不具錄。而茼蒿則園圃所植，尤脆香美。　開胃和脾。　多食動氣。

清・嚴潔等《得配本草》卷五　蒿菜　辛，溫。　入足陽明經。　利腸胃，通血脈，除膈中臭氣。　泄瀉者禁用。

題清・徐大椿《藥性切用》卷六　蓬蒿菜　古名同蒿。　甘辛微涼，消痰和胃，清心利腸，乃菜中佳品。

清・黃宮繡《本草求真》卷九　同蒿通心化痰利水。　茼蒿耑入心、脾、腸、胃、腎。　一名蓬蒿。　其味辛而且甘，其性溫，其氣濁。　凡相火內熾，症見諸般燥候者，服之令人氣滿頭昏，目眩心煩舌強，是即氣溫助火之一驗也。　若使素稟火衰，則食又能消痰利水，安脾和胃養心，是即《千金》所言能安心氣之說也。總之，凡物辛溫，施於陰臟無火則宜，施於陽臟有火，為大忌耳！

清・李文培《食物小錄》卷上　茼蒿　甘、辛，平，無毒。安心氣，養脾胃，消痰飲，利腸胃，亦能發瘡疥。

清・章穆《調疾飲食辯》卷三　茼蒿　葉似蒿，花黃如單瓣野菊。掌禹錫曰：多食動風氣，熏人心，令人氣滿。孫氏曰：安心氣，養脾胃，消痰飲，利腸胃。蓋此物煮極熟，能溫中下氣。氣滯脹滿者食之，氣從下泄而解。有升必有降也。虛人食之反作脹。掌氏指氣虛者言，孫氏指氣滯者言也。而僭上之物動風動氣，亦理所有也。又性善升者必發，患瘡毒人忌之。

清・葉桂《本草再新》卷六　蓬蒿菜味甘、苦，性涼，無毒。入心、脾二經。涼心瀉火，和脾胃，消痰飲。

清・吴其濬《植物名實圖考》卷四　茼蒿　《嘉祐本草》始著錄。開花如菊，俗呼菊花菜。汪機不識茼蒿，殆未窺園。李時珍斥之固當，但茼蒿究無蓬蒿之名，蓬、茼音近，義不能通。《千金方》以茼蒿入菜類。蓬蒿野生，細如水藻，可茹而非園蔬。若大蓬蒿則即白蒿，與此別種。此菜葉如青蒿輩，氣亦相近，而黃花散金，自春徂暑，老圃容華，增其縟麗，可為晚節先導。

清・文晟《新編六書》卷六《藥性摘錄》　同蒿　辛甘。一名逢蒿。陰臟火衰者服之，消痰利水，和胃養心。相火內熾者服之，氣滿頭昏，目眩心煩，舌強。

清・王孟英《隨息居飲食譜・蔬食類》　同蒿一名蓬蒿，亦呼蒿菜。甘、辛，涼。清心養胃，利府化痰。葷素咸宜。大葉者勝。

清・田綿淮《本草省常・菜性類》　茼蒿　一作蓬。性平。利腸胃，消痰飲，動風。多食令人氣滿。

清・戴葆元《本草綱目易知錄》卷三　同蒿蓬蒿、菊花菜。　甘、辛，平。安心氣，養脾胃，消痰飲，利腸胃。多食動風薰人心，令人氣滿。患目疾人忌食葆元。

清・陳其瑞《本草撮要》卷四　蓬蒿菜　味甘辛，涼，入足太陰、陽明經，功專安心氣，和脾胃，消痰飲，利腸胃。

清・吴汝紀《每日食物却病考》卷上　茼蒿　味辛，平，無毒。安心氣，養脾胃，消痰飲，利腸胃。多食動風氣。葉心令氣滿。

野木耳菜

清・吴其濬《植物名實圖考》卷六　野木耳菜　野木耳生南安。斑莖，葉如菊而無杈歧，花如蒲公英，長蒂短瓣，不甚開放，花老成絮，土人食之，亦野菜也。

石莧

清・汪紱《醫林纂要探源》卷二　石莧　酸、鹹，寒。色赤，莖葉似莧而厚，俗名觀音莧。摘蒔土中即生，味作松香氣。可治火毒。蓋如景天、龍芽草之類，以得金水之氣多也。接斷傷。

清・吴其濬《植物名實圖考》卷六　木耳菜　產南安。一名血皮菜。紫莖，葉面綠，背亦紫，長葉如莧而多疎齒。土人嗜之，味滑如落葵。亦治婦科血病，酒煎服有效云。十八灘篙工皆贛人，既喜茹其土之所產，又以價賤，買而齏之、曝之，篷窗餘綠，菜把堆紅，樹零山瘦，霜隕灘清，滿如載丹葉而出秋林也。余戲謂贛人赤米、血菜、紅蘿蔔、紫甘藷，蔞葉賁灰，醉潮登頰，一飯之間，何止二紅？

清・戴葆元《本草綱目易知錄》卷三　石莧　酸、鹹，寒。治火毒，接斷傷。《纂要》云：石莧，色赤，莖葉似莧而厚，俗名觀音莧。嗅之，作松香氣。

紫背砂

清・趙其光《本草求原》卷三隰草部　紫背砂　葉似豬䏲菍，梗葉紅。專治血沙，遍身血點，瘙癢非常，煎洗。並治血熱毒，血斑。白沙葉同白欖煎洗，功亦同。

胡荽

唐・孫思邈《千金要方》卷二六《食治・菜蔬》　胡荽子　味酸，平，無毒。消穀，能復食味。葉：不可久食，令人多忘。華佗云：胡荽菜，患胡臭人、患口氣臭䘌齒人食之加劇。腹內患邪氣者，彌不得食，食之發宿病。金瘡尤忌。

附：日・丹波康賴《醫心方》卷三〇　胡〔葰〕〔荽〕　崔禹〔錫〕云：味辛臭，食之調食下氣。凡河海之鳥、魚膾者，尤是為要也。孟詵云：食之消穀，久食之多忘。晤玄子張云：利五藏不足，不可多食。損神。

宋・唐慎微《證類本草》卷二七菜部上品〔宋・掌禹錫《嘉祐本草》〕　胡荽　味辛，溫，一云微寒。微毒。消穀，治五藏，補不足，利大小腸，通小腹氣，拔四胑熱，止頭痛，療沙瘮，豌豆瘡不出，作酒歕之，立出，通心竅。久食令人多忘，發腋臭，脚氣，根發痼疾。

子：主小兒禿瘡，油煎傅之。亦主蠱，五痔及食肉中毒下血。煮，冷取汁服。并州人呼爲香荽，入藥炒用。

〔宋·唐慎微《證類本草》〕陳藏器：胡荽，防風。注蘇云：防風子似胡荽，味辛，溫。消穀，久食令人多忘，發腋臭，根發痼疾。子主小兒禿瘡，油煎傅之。亦主蠱毒，五野雞病及食肉中毒下血。煮令子拆，服汁。石勒諱胡，并、汾人呼爲香荽也。《食療》：平。利五藏，補筋脉。主消穀能食。若食多則令人多忘。又，食着諸毒肉，吐、下血不止，頓痞黃者，取淨胡荽子一升，煮食腹破，取汁停冷，服半升，一日一夜二服即止。又，狐臭，䘌齒病人不可食，疾更加，久冷人食之，脚弱。患氣，彌不得食。又，不得與斜蒿同食。食之令人汗臭，難差。不得久食，此是薰菜，損人精神。秋冬擣子，醋煮熨腸頭出，甚效。可和生菜食，治腸風。熱餅裹食甚良。《外臺秘要》：主齒疼。胡葈子五升，應是胡荽子也。以水五升，煮取一升，含之。《經驗後方》：治小兒胗豆，欲令速出。宜用胡荽三二兩切，以酒二大盞煎令沸沃胡荽，便以物合定，不令洩氣。候冷去滓，微微從項已下噴，一身令遍，除面不噴。孫真人：食之令人多忘，發痼疾，胡臭，䘌齒，口氣臭，金瘡。《兵部手集》：治孩子赤丹不止，以汁傅之差。譚氏方同。《必效方》：治蠱毒神驗。以根絞汁半升，和酒服之，立下。又治熱氣結殢，經年數發。以半斤，五月五日採，陰乾，水七升，煮取一升半，去滓分服。未差更服，春夏葉、秋冬莖、根並用，亦可預備之。《子母秘録》：治肛帶出。切一升燒，以煙熏肛，即入。

宋·王繼先《紹興本草》卷一二　胡荽　紹興校定：胡荽，俗呼園荽是也。《本經》雖具主治，然近世多以漬酒服，發小兒瘡疹，此實非所宜也。蓋小兒瘡疹，皆積熱所發，其誤傷者，近世頗多，不可將此為良法。但性頗熏烈，即非有毒，當云味辛、溫、無毒是矣。其《外臺》治齒痛一方，用胡葈子五升，竊詳胡葈子乃葈耳子也，不應附此。今移於葈耳實條下。

宋·王繼先《紹興本草》卷一二　香菜　味辛，平，無毒。乃世之菜品矣，然合諸菜食之氣香，辟腥。多食即使人口爽。又呼為茵陳蒿，處處種產之。以《本經》不載，今當收附菜部。紹興新添。

宋·鄭樵《通志》卷七五《昆蟲草木略》　胡荽　曰胡葈。并州人呼為香荽，亦為石勒諱也。

宋·劉明之《圖經本草藥性總論》卷下　胡荽　味辛，溫，微毒。消穀，治五臟，補不足，利大小腸，通小腸氣，止頭痛，療沙瘮、豌豆瘡不出，主蠱毒五痔。《食療》云：平。利五藏，補筋脈，主消穀。

宋·陳衍《寶慶本草折衷》卷一九　胡荽子附。一名香荽，一名香薰菜。生并、汾州。春夏採葉。○艾氏云：服藥中有牡丹者，忌食之。○附：子，一名胡葈子。○葈，魚列切。

味辛，平，微寒，微毒。○利大小腸，通小腹氣，拔四胑熱，止頭痛。療沙瘮、豌豆瘡不出，作酒飲之。酒煎以飲，立出。通心竅，久食令人多忘，發腋臭、脚氣。○《食療》云：利五藏，補筋脉。

附：子。汁在內。○主小兒禿瘡，油煎傅之。主蠱五痔，及食肉中毒，下血，煮冷，取汁服。又主齒疼，水煮含之。

元·忽思慧《飲膳正要》卷三　芫荽子　辛，溫，無毒。消食，治五藏不足，殺魚肉毒。

芫荽　味辛，溫，微毒。消穀，補五藏不足，通利小便。一名胡荽。

元·尚從善《本草元命苞》卷九　胡荽　辛，溫。一曰微寒。平五臟，助不足，通心竅，補筋脉，利大小腸，消穀能食，通小腹氣。治蠱神驗。拔四肢熱，止頭家痛。瘢瘮豆瘡不出，作酒歕之。食肉中毒下血，煮汁冷飲。久食令人多忘，又發脚氣痼疾。

元·吳瑞《日用本草》卷七　胡荽　一名薰草。性頗薰烈，損人神。俗呼為葫子，苗如小蒜，根有小槌。子味亦如蒜。一名香荽。味辛，溫、微寒，微毒。久食令人多忘，發脚氣，腋臭，䘌齒，口氣臭，金瘡及發痼疾。主消穀，治五臟，補不足，利大小腸氣，拔四肢熱，止頭痛，療沙瘮。豌豆瘡不出，作酒飲之立出。

明·王綸《本草集要》卷五　胡荽　味辛，氣溫，微毒。子入藥，炒用。主消穀，利大小腸，通小腹氣痛、心竅。久食損人精神，令人多忘，發腋臭脚氣。主小兒禿瘡，油煎傅之。亦主蠱五痔，及食肉中毒下血，煮，冷取汁服。

小兒豆疹不出，欲令速出，用胡荽二三兩，切，酒二大盞，煎令沸沃之，便以物合定，不令洩氣，候冷去滓，微微從項以下，噴一身令遍，除面不噴。

明·滕弘《神農本經會通》卷五　胡荽　子，入藥炒用。

味辛，氣溫，微毒。《本經》云：消穀，治五臟補不足，利大小腸，通小腹氣，拔四肢熱，止頭痛。療沙瘮、豌豆瘡不出，作酒歕之，立出。通心竅。久食令人多忘，發腋臭、脚氣。根，發痼疾。子，主小兒禿瘡，油煎傅之。亦主蟲，五痔，及食肉中毒，下血，煮冷取汁服。入藥炒用。胡荽，酒煎噴痘，自然紅潤。

明・劉文泰《本草品彙精要》卷三八 胡荽微毒。附子。 叢生。

胡荽：消穀，治五臟，補不足，利大小腸，通小腹氣，拔四肢熱，止頭痛，療沙瘮。豌豆瘡不出，作酒歕之立出。通心竅。〇子，主小兒秃瘡，油煎傅之。亦主蠱、五痔及食肉中毒下血，煮，冷取汁服。名醫所錄。【名】香荽、芫荽。【苗】謹按：胡荽，即今芫荽也。佈子熟地。生苗、葉似芹而圓小，嫩時食之，其味香美。至春暮開白花，結實如防風子。其莖經冬不萎，焚之亦可以辟穢也。【地】《圖經》曰：出并州，今處處有之。【時】生：春、秋皆蒔。採：夏收子，五月五日取。《別錄》云：春夏取葉，秋冬取莖根。【收】陰乾。【用】莖、葉及子。【色】青綠。【味】辛。【性】溫。【氣】氣之厚者，陽也。【臭】香。【主】補益筋脉，消穀能食。【製】子炒用。【治】療：陳藏器云：子，治蟲毒，五野雞病。《食療》云：胡荽，利五臟。《別錄》云：小兒赤丹不止，擣汁傅之，差。脫肛，細切一升，燒煙熏即入。〇齒痛，以子五升，水五升，煮取一升，含之。〇根，治熱氣經滯，經年數發，以五月五日採半斤，陰乾，水七升煮取一升半，去滓分服，未差更服，春夏用葉，秋冬用莖根。補：《食療》云：益筋脉。【合治】子合醋煮，熨腸頭出，甚效。〇合生菜食，治腸風，熱餅裹食，甚良。〇胡荽二三兩，切，合酒二大盞，煎令沸沃胡荽，便以物合定，不令洩氣，候冷去滓，治小兒瘮痘，欲令速出者，微微從頂已下噴遍身，除面不噴。〇根絞汁半斤，合酒服之，立下蠱毒，神驗。【禁】胡荽，久食令人多忘，損精神，發腋臭及䘌齒，口氣臭。患金瘡者不可食，食之疾更加。久冷人食之脚弱。根發痼疾。【解】食諸毒肉，吐、下血不止，頓痿黃者，取淨胡荽子一升，煮令腹破，取汁停冷，服半升，一日一夜二服即止。

明・盧和、汪穎《食物本草》卷一 菜類 胡荽 味辛，氣溫，微毒。主消穀，治五臟，補不足，利大小腸，通小腹氣，通心竅，拔四肢熱，止頭痛。久食損人精神，令人多忘，發腋臭、口臭、脚氣、金瘡。久病人食之脚弱。根，發痼疾。子，主小兒秃瘡，油煎傅之。亦主蠱、五痔，及食肉中毒，吐下血不止，煮，冷取汁服。又治小兒豆疹不出，欲令速出，用酒煎沸，勿令洩氣，候冷去滓，微從項以下噴身令遍，除面不噴，包暖即出。

明・許希周《藥性粗評》卷三 葉美胡荽，通心神於有竅。

胡荽葉，一名元荽，俗名鵝不食草，時人謂之薰菜。冬春下種，葉圓而碎，莖紫，高七八寸，夏後發薹，高可一二〔尺〕，盡開白碎花，結實粟米大。江南園圃處處有之，夏初採子，陰乾，入藥炒用。尋常以其葉烹茶，有香味。餘說《本草》不載。 味辛，性溫，無毒一云微毒。主治傷寒頭疼，沙瘮豌豆，蠱毒，痔漏，胃冷翻食，齒痛痞黃，小兒秃瘡、赤丹，溫中消穀，通心竅，利大小腸，拔四肢熱，補五臟不足。久食令人多忘，發腋臭、脚氣、痼疾、牙疳，凡此當知所戒。

單方：脫肛：凡小兒腸熱脫肛，胡荽葉暴乾，切一升，燒煙薰之，須臾自入。種豆：凡小兒時疫，種豆發瘮，欲令速出者，胡荽菜一把，切，以新酒二三碗，煎沸取出，以物蓋之，勿令洩氣，待溫去荽，從項以下遍身噴之，用被微微蓋之，須臾痘出，惟面不可噴。齒痛：胡荽子水煮濃汁，含之，唾去復含。 中蠱：凡覺中蠱，心腹脹痛者，胡荽根去土，擣絞汁，和酒服之，立下。

明・鄭寧《藥性要略大全》卷四 胡荽 消穀，通心竅，補五臟，利大小便，辟邪氣，止頭痛。久食令人多忘事。 煎酒噴痘，體自然紅潤。麻痘不出者，援酒搽之立出。 味辛，性溫，微小毒。

明・陳嘉謨《本草蒙筌》卷六 胡荽 味辛，氣溫，微毒。此係熏菜，常種冬時。饜酒點茶，生啖最妙。善通氣小腹，能拔熱四肢。開心竅，上止頭疼；散沙瘮，內消穀食。利五臟，順二腸。豌豆瘡出不齊，用之煎酒可噴。多食發脚氣腋臭，久食損精神健忘。食同邪蒿，令人汗臭。根食之發痼疾，子煎油敷秃瘡。

明・方穀《本草纂要》卷七 胡荽 味辛、甘，氣溫、平，無毒。主消穀食，解諸肉中毒，與茶同食，則能利氣通腸；與酒同食，則能行血通心，若小兒痘瘮不出，欲令速出，用酒服之，亦此意耳。《本草》云：利氣通腸之藥，不可多服，久服則傷人元本，更發脚氣；開心通竅之物，不可多食，久食則損人精神，遇事多忘。意可見也。噫！胡荽固爲日用之物，而有在人傷損之論，亦不可輕易而多用，若有消穀解毒之美，尤不可禁絕而不用，但知者各因其所宜，而用之可也。

明・寧源《食鑑本草》卷下 芫荽 味溫，辛，平、微涼。利五臟，補筋脉，消穀化氣，通大小腸結氣。治頭疼齒病，解魚肉毒，消蠱毒。 孫真人云：通心竅，久食多忘。有腋臭者忌之。 《痘瘮方》：小兒痘瘮不出，擂酒噴臥處，立出。

明・王文潔《太乙仙製本草藥性大全》卷五《本草精義》 胡荽 蘇云：防風子似胡荽。今在處有之。葉似芹而細小，并、汾州人呼爲香荽也。《食療》云：平利五臟，補筋脉，主消穀能食。若食多則令人多忘。又食著諸毒肉，吐、下血不止，頓痞黄者，取净胡荽子一升，煮食腹破，取汁停冷服半升，一日一夜二服即止。又狐臭䘌之病人不可食，疾更加。久冷人，食之脚弱。患氣，彌不得食。又不得與斜蒿同食，食之令人汗臭難(産)〔差〕。不得久食，此是薰菜，損人精神。秋冬擣子醋煮，熨腸頭出甚效。可和生菜食，治腸風，熱餅裹食甚良。

明・王文潔《太乙仙製本草藥性大全》卷五《仙製藥性》 胡荽 味辛，氣溫，微毒。主治：善通氣小腹，能拔熱四肢。開心竅，上止頭疼；散沙疹，内消穀食。利五臟，順二腸。豌豆瘡出不齊，用之煎酒可噴。多食發脚氣、腋臭。久食損精神、健忘。食同邪蒿，令人汗臭。根：食之發痼疾。子：煎油敷秃瘡。補註：小兒疹痘欲令速出，宜用胡荽三五兩，以酒二大盞，煎令沸，沃胡荽，便以物合定，不令洩氣，候冷去滓，微微從項已下噴一身令遍，除面不噴。○孩兒赤丹不止，以汁傅之差。○蠱毒神驗，以根絞汁半升，和酒服之立下。熱氣結殢經年數發，以半斤，五月五日採陰乾，水七升，煮取一升半，去滓分服，未差更服。春夏葉，秋冬莖根並用，亦可預備之。○肛帶出，切一升，燒以烟薰肛即入。○主蠱五痔及食肉中毒下血，查汁取冷服良。○齒疼，用子五升，以水五升，煮取一升呑之。

明・皇甫嵩《本草發明》卷五 胡荽上品。氣溫，微寒，味辛，無毒。發明曰：胡荽性味辛溫，能宣散，故《本草》主消穀，利大小腸，通小腹氣，拔四肢熱，止頭疼。療沙(疼)〔疹〕。豌痘瘡不出，作酒歕立出。通心竅，補五臟不足。抑或宣邪滯而養正氣歟。多食久食令人多忘，發腋臭脚氣。根，發痼疾。○子，主小兒秃瘡，油煎傅之。亦主蠱，五痔及食肉中毒下血，煮，冷取汁服。○切胡荽，酒煎沸，以物合之，勿泄氣，使冷，去滓，微微從頭項以下噴一身遍，除面不噴，痘瘡速出。

明・李時珍《本草綱目》卷二六菜部・葷菜類 胡荽宋《嘉祐》

【釋名】香荽《拾遺》 胡菜《外臺》 蒝荽時珍曰：荽，許氏《説文》作葰，云薑屬，可以香口也。其莖柔葉細而根多鬚，綏綏然也。張騫使西域始得種歸，故名胡荽。今俗呼蒝荽，蒝乃莖葉布散之貌。俗作芫花之芫，非矣。藏器曰：石勒諱胡，故并、汾人呼胡荽爲香荽。

【集解】時珍曰：胡荽處處種之。八月下種，晦日尤良。初生柔莖圓葉，葉有花歧，根軟而白。冬春採之，香美可食，亦可作葅。道家五葷之一。立夏後開細花成簇，如芹菜花，淡紫色。五月收子，子如大麻子，亦辛香。按賈思勰《齊民要術》云：六七月布種者，可竟冬食。春月挼子沃水生芽種者，小小供食而已。王禎《農書》云：胡荽於蔬菜中，子、葉皆可用，生、熟俱可食，甚有益於世者。宜肥地種之。

【正誤】李(廷)〔鵬〕飛曰：胡荽，蒿子也。吴瑞曰：胡荽俗呼藒子，根、苗如蒜。時珍曰：蒿子即藒子，乃薤也。李、吴二氏云並作胡荽，誤矣。

根葉 【氣味】辛，温，微毒。詵曰：平，微寒，無毒。可和生菜食。此是葷菜，損人精神。華佗云：胡臭、口臭、䘌齒及脚氣、金瘡人，皆不可食，病更加甚。藏器曰：久食令人多忘。根，發痼疾。不可同邪蒿食，令人汗臭難瘥。時珍曰：凡服一切補藥及藥中有白术、牡丹者，不可食此。伏石鍾乳。 【主治】消穀，治五臟，補不足，利大小腸，通小腹氣，拔四肢熱，止頭痛，療沙疹、豌豆瘡不出，作酒噴之，立出。通心竅《嘉祐》。補筋脈，令人能食。治腸風，用熱餅裹食，甚良孟詵。合諸菜食，氣香，令人口爽，辟飛尸、鬼疰、蠱毒吴瑞。辟魚、肉毒甯原。

【發明】時珍曰：胡荽辛温香竄，内通心脾，外達四肢，能辟一切不正之氣。故痘瘡出不爽快者，能發之。諸瘡皆屬心火，營血内攝於脾，心脾之氣，得芳香則運行，得臭惡則壅滯故爾。按楊士瀛《直指方》云：痘疹不快，宜用胡荽酒噴之，以辟惡氣。牀帳上下左右皆宜掛之，以禦汗氣、胡臭、天癸、淫佚之氣。一應穢惡所不可無。若兒虚弱，及天時陰寒，用此最妙。如兒壯實，及春夏晴暖、陽氣發越之時，加以酒麯助虐，以火益火，胃中熱熾，毒血聚畜，則變成黑陷矣，不可不慎。

【附方】舊五，新四。 疹痘不快：用胡荽二兩切，以酒二大盞煎沸沃之，以物蓋定，勿令泄氣。候冷去滓，微微含噴，從項背至足令遍。勿噀頭面。《經驗後方》。 熱氣結滯：經年數發者。胡荽半斤，五月五日採，陰乾，水七升，煮取一升半，去滓分服。未瘥更服。春夏葉、秋冬根莖並可用。《必效方》。 面上黑子：蒝荽煎湯，日日洗之。《小説》。 孩子赤丹：胡荽汁塗之。《譚氏方》。 産後無乳：乾胡荽煎湯飲之效。《經驗方》。 小便不通：胡荽二兩，葵根一握，水二升，煎一升，入滑石末一兩，分三四服。《聖濟總録》。 肛門脱出：胡荽切一升，燒煙燻之，即入。《子母秘録》。 解中蠱毒：胡荽根擣汁半升，和酒服，立下神驗。《必效方》。 蛇虺螫傷：胡荽苗、合口椒等分，擣塗之。《千金方》。

子　〔氣味〕辛、酸，平，無毒。炒用。　〔主治〕消穀能食思邈。蠱毒五痔，及食肉中毒，吐下血，煮汁冷服。又以油煎，塗小兒秃瘡藏器。　發痘疹，殺魚腥時珍。

〔附方〕舊三，新四。　食諸肉毒：吐下血不止，痿黃者。胡荽子一升煮令發裂，取汁冷服半升，日、夜各一服，即止。《食療本草》。　腸風下血：胡荽子和生菜，以熱餅裹食之。《普濟方》。　痢及瀉血：胡荽子一合，炒搗末。每服二錢，赤痢砂糖水下，白痢薑湯下，瀉血白湯下，日二。《普濟方》。　五痔作痛：胡荽子炒，爲末。每服二錢，空心溫酒下。數服見效。《海上仙方》。　痔漏脱肛：胡荽子一升，粟糠一升，乳香少許，以小口瓶燒煙燻之。《儒門事親》。　腸頭挺出：秋冬擣胡荽子，醋煮熨之，甚效。孟詵《食療本草》。　牙齒疼痛：胡菜子，即胡荽子五升，以水五升，煮取一升，含漱。《外臺秘要》。

明・穆世錫《食物輯要》卷三　胡荽　味辛，性溫，微毒。辟一切不正之氣，解魚肉之毒。內通心脾，外達四肢，和五臟，消穀食，通心竅。多食傷神，健忘出汗。同諸菜食，令口爽。有胡臭、口氣、齒痛、脚氣、金瘡者，並不可食。同斜蒿食，令人汗臭。常服補藥人勿食根，尤發痼疾。凡天氣陰寒，小兒出痘瘮難發者，噴胡荽酒良。

明・李中立《本草原始》卷六　胡荽　始生胡地，今處處有之。許氏《說文》作葰，云薑屬，可以香口也。故《本草拾遺》名香荽，一名胡菜。今俗呼為蒝荽。其莖柔，葉細而根多鬚，綏綏然也。張騫使西域，始得種歸，故名胡荽。蒝，乃莖葉散布之貌。俗作芫花之芫，非矣。根、葉：　氣味：　辛，溫，微毒。　主治：　消穀，治五臟，補不足，利大小腸，通小腹氣，拔四肢熱，止頭痛。○療沙瘮、豌豆瘡不出，作酒噴之，立出。通心竅。○補筋脉，令人能食。治腸風，用熱餅裹食甚良。○合諸菜食，氣香，令人口爽。辟飛尸、鬼疰、蠱毒。○辟魚肉毒。　子：　氣味：　酸，平，無毒。　主治：　消毒能食。○蠱毒五痔，及食肉中毒吐下血，煮汁冷服。又以油煎，塗小兒秃瘡。

胡荽，宋《嘉祐》。【圖略】八月下種，晦日尤良。五月收子。

凡服一切補藥，及藥中有白术、牡丹者，不可食此。伏石鍾乳。《經驗後方》：治小兒瘮痘不快，用胡荽二兩，切，以酒二大盞，煎令沸沃，以物合定，勿令洩氣，候冷去滓，微微含噴，從項背至足令遍，勿噀其面。

明・吴文炳《藥性全備食物本草》卷一　胡荽　味辛，氣溫，微毒。胡，狐也；荽，臊也。久食令人腋氣如狐臊也。止頭疼，拔四肢熱，消穀，通心竅，通大小腸，通小腹氣。小兒豆瘡不出，用酒煎沸，以物蓋定候冷，去渣，微從項已下遍身噴之，除面不噴，其痘速出。久食損人精神，多忘，發胡臭脚氣痼疾。

子：　主腸風五痔，蠱毒，及食肉中毒，下血不止，頓痞黃者，煮冷汁服之；　齒痛煎湯含之；　小兒秃瘡，油煎傅之。入藥炒用。

明・趙南星《上醫本草》卷三　芫荽　一名蒝荽，又名香荽，亦名胡荽。時珍曰：　荽，許氏《說文》作葰，云薑屬，可以香口也。其莖柔，葉細，而根多鬚綏綏然也。張騫使西域，始得種歸，故名胡荽。今俗呼為蒝荽，蒝乃莖葉布散之貌，俗作芫花之芫，非矣。藏器曰：　石勒諱胡，故并汾人呼胡荽為香荽。

根葉：　辛，溫，微毒。主治：　消穀，治五臟。補不足，補筋脉，令人能食。利大小腸，通小腹氣，拔四肞熱，止頭痛。療沙瘮、豌豆瘡不出，作酒飲之立出。通心竅，治腸風，用熱餅裹食甚良。合諸菜食，氣香令人口爽。辟飛尸、鬼疰蠱毒，及辟魚肉毒。　久食令人多忘，根發痼疾。時珍曰：　凡服一切補藥及藥中有白朮、牡丹者，不可食此。伏石鍾乳，道家為五葷之一。

附方　瘮痘不快：　用胡荽二兩，切，以酒二大盞煎沸沃之，以物蓋定，勿令洩氣。候冷去滓，微微含噴，從項背至足令遍。勿噀頭面。　面上黑子：　蒝荽煎湯，日日洗之。　產後無乳：　乾胡荽，煎湯飲之，效。　肛門脱出：　胡荽切一升，燒煙熏之，即入。　子：　辛、酸，平，無毒。主治：　消穀能食，發痘疹，殺魚腥。煮汁冷服，治蠱毒、五痔及食肉中毒吐下血。油煎，塗小兒秃瘡。

附方　痢及瀉血：　胡荽子一合，炒，擣末，每服二錢。赤痢，沙糖水下；　白痢，薑湯下；　瀉血，白湯下。日二。　牙齒疼痛：　胡荽子五升，以水五升，煮取一升，含漱。

明・李中梓《藥性解》卷六　胡荽　味辛，性溫，微毒，入肺、脾二經。主通小腹氣，除四肢熱，止頭疼，消穀食，散沙疹，齊痘瘡。其子煎油，可敷秃瘡。忌斜蒿同食，令人汗死。　按：　胡荽味辛，肺所樂也。性溫，脾所快也，故皆入之。肺主皮毛，脾主肌肉，所以理沙痘等症。多食損精神，發痼疾，令人健忘。脚氣狐臭者，食之愈甚。

明・繆希雍《本草經疏》卷二七　胡荽　味辛，溫一云微寒，微毒。消穀，治五藏，補不足，利大小腸，通小腹氣，拔四肢熱，止頭痛。療沙瘮、豌豆瘡不出，作酒歕之，立出，通心竅。

【疏】胡荽稟金氣多，火氣少，故味辛香，氣温微毒。入足太陰、陽明經。辛香走竄而入脾，故主消穀，利大小腸，通少腹氣。脾胃為邪熱所干，則頭痛四肢熱。辛温發散二經之邪，則頭痛四肢熱自拔。沙瘮、痘瘡出不快者，外為風寒所侵，或穢氣所觸也。辛温祛風寒，香竄辟穢氣，則腠理通暢而沙瘮痘瘡皆出矣。通心竅，治五臟補不足者，總言其辛香内通心脾，外達腸胃，除一切不正之氣，則真氣安和，斯有補益之道耳。　子：亦能發痘瘮，殺魚腥。

【主治参互】《經驗後方》瘮痘出不快，用胡荽二兩切，以酒二大盞，煎沸沃之，以物蓋定，勿令洩氣。候冷去滓，微微含噴，從項背至足令遍，勿噀頭面。　《子母秘錄》肛門脱出，胡荽一升切，燒烟熏之，即入。　《外臺秘要》牙齒疼痛，胡荽子五升，水五升，煮取一升，含嗽。

【簡誤】胡荽，辛香發散，氣虚人不宜食。瘮痘出不快，非風寒外侵及穢惡之氣觸犯者，不宜用。孟詵云：　多食損人精神。華佗云：　胡臭、口臭、䘌齒，脚氣，皆不可食，令病加甚。陳藏器云：　久食令人多忘，發腋臭。根發痼疾。凡服一切補藥及藥中有白朮、牡丹者，咸忌之。

明・倪朱謨《本草彙言》卷一六　蒝荽　味辛，氣温，無毒。可升可降，陽中陰也。入手少陰、足太陰厥陰經。　李氏曰：　蒝荽，南北處處有之。八月下種，初生柔莖，圓葉有花歧，根軟而白。冬春采之，香美可食。亦可作菹。立夏後開細花，淡紫色如芹菜花。五月收子，如大麻子，亦辛香。於蔬菜中，子葉俱可用，生熟俱可食。宜肥地種之。

蒝荽：　通心氣，《嘉祐本草》辟惡氣，發痘疹之藥也。吴養元曰：　此藥辛温香竄，内通心脾，外達肢體，能辟一切不正之邪，能發一切鬱逆之氣，故痘瘡沙瘮，發出不快透者，以此煎飲。又將根莖數枝，臥床上下左右懸掛。聞此香氣，即百邪可祛，百病可出，和胃散風，開鬱導閉。設有胡臭汗氣，天癸穢血之氣，用此大能辟除。　若天令陰寒，兒體虚弱，用此最妙也。

集方：　錢氏方治痘瘡出不快。用蒝荽三錢，煎湯飲之。如再不透，再用蒝荽二兩切碎，入罐内，以酒一壺，煎滚沃之。以物蓋定，勿令洩氣。候冷去渣，微微含噴，從項背至足令遍，勿噴頭面。○《經驗方》治産後無乳。用蒝荽煎湯飲之。○《聖濟總録》治小便不通。用蒝荽煎湯飲之。○《必效》治中蠱毒。用蒝荽根擣汁半升，和酒服立解。○《普濟方》治腸風下血，或赤白痢。用蒝荽五錢，甘草二錢，煎湯頻飲，未效再用。

治小兒盤腸氣痛，則腰曲乾啼，頭上出汗者是也。此是感受風冷所致。急用蒝荽一把，葱白二十莖，煎湯熨洗其腹，良久尿自湧出，其痛自止。

明・應囊《食治廣要》卷三　胡荽一名蒝荽。　氣味：　辛，温，微毒。消穀，利大小腸，止頭痛，療沙疹，噴痘瘡不出，通心竅，辟魚肉毒。爲五葷之一，久食令人多忘，損人精神，發人痼疾。服白朮、牡丹皮及諸補藥者，忌之。

明・姚可成《食物本草》卷六菜部・葷辛類　胡荽一名香荽，一名胡菜，一名原荽。張騫使西域始得種歸，故名胡荽。今俗呼為蒝荽，蒝乃莖葉布散之貌。石勒諱胡，故并、汾人呼為香荽。今處處種之。八月下種，晦日尤良。初生柔莖圓葉，葉有花歧，根軟而白。冬春采之，香美可食，亦可作菹。道家五葷之一。立夏後開細花成簇，如芹菜花，淡紫色。五月收子，子大如蔴子，亦辛香。王禎《農書》云：　胡荽於蔬菜中，子、葉皆可用，生、熟俱可食，甚者有益於世者，宜肥地種之。

胡荽，味辛，温，無毒。主消穀，治五臟，補不足，利大小腸，通小腹氣，拔四肢熱，止頭痛。療痧疹、豌豆瘡不出，作酒歕之，立出。通心竅，補筋脉，令人能食。治腸風，用熱餅裹食，甚良。合諸菜食，氣香，令人口爽，辟飛尸、鬼疰、蠱毒。辟魚肉毒。胡臭、口臭、䘌齒及脚氣、金瘡人，皆不可食，病更加甚。久食令人多忘。根，發痼疾。不可與邪蒿同食，令人汗臭難(産)〔瘥〕。凡服一切補藥及藥中有白朮、牡丹者，不可食此。　李時珍曰：　胡荽辛温香竄，内通心脾，外達四肢，能辟一切不正之氣。故痘瘡出不爽快者，能發之。諸瘡皆屬心火，營血内間于脾，心脾之氣，得芳香則運行，得臭惡則壅滯故爾。按《直指方》云：　痘疹不快，宜用胡荽酒歕之，以辟惡氣。牀帳上下左右皆宜掛之，以禦汗氣、胡臭、天癸、淫佚之氣。一應穢惡，所不可無。若兒虚弱及天時陰寒，用此最妙。如兒壯實及春夏晴暖，陽氣發越之時，加以酒麴助虐，以火益火，胃中熱熾，毒血聚畜，則變成黑陷矣，不可不慎。

子　味辛、酸，平，無毒。主消穀能食。蠱毒五痔及食肉中毒，吐下血，煮汁冷服。又以油煎，塗小兒禿瘡。發痘疹，殺魚腥。

明・顧逢柏《分部本草妙用》卷九菜部　胡荽　辛，温，無毒。　主治：消穀，治五臟，補不足，利大小腸，通小腹氣。療沙疹、豌豆瘡不出，作酒歕之立出。通心竅，補筋脉，治腸風，用熱餅裹食甚良。辟飛尸鬼疰蠱毒，辟魚肉毒。　時珍曰：　胡荽辛溫香竄，可通心脾，外達四肢，能辟一切不正之氣，故痘出不快者，能發之。諸瘡皆屬火，血攝于脾，心脾得芳香則運行，得臭惡則壅滯，故用胡荽，香以宣之，以酒歕之，以辟惡氣，床帳上下左右，皆宜掛之，以禦汗氣也。

明・蔣儀《藥鏡》卷一温部　胡荽　味辛悅肺，故使少腹氣通。溫性快脾，故能散瘮齊痘。止頭疼而除肢熱，消穀食而利二便。泡食同茶，則竅通毒解。漬吞配酒，則血散神傷。其子煎油，禿瘡可傅。酒煎噴痘，紅潤堪誇。

明・施永圖《本草醫旨・食物類・蔬菜類》　胡荽又名芫荽。　味：　辛，氣溫，微毒。主消穀，治五臟，補不足，利大小腸，通小腹氣及心竅，拔四肢熱，止頭痛。久食損人精神，令人多忘，發腋臭、口臭、脚氣、金瘡。久病人食之，脚軟。　根：　發痼疾。　子：　主小兒禿瘡，油煎傅之。主蠱、五痔及食肉中毒，吐下血不止，煮，令取汁服。○又治小兒痘瘮不出，欲令速出，用酒煎沸，勿令洩氣，候冷去滓，微微從項以下噴身令遍，除面勿噴，包暖即出。

明・李中梓《本草通玄》卷下　胡荽　辛，平。　消穀進食，通心發痘，利大小腸，通小腹氣，拔四肢熱，解魚肉毒，辟鬼邪氣。

清・顧元交《本草彙箋》卷七　胡荽　俗稱蒝荽。　辛溫香辣，內通心脾，外達四肢，能辟一切不正之氣。痘瘡出不快者能發之。諸瘡皆屬心火，營血內攝於心脾，心脾之氣得芳香則運行，得臭惡則壅滯故也。石勒諱胡，并汾人又呼爲香荽。

凡胡臭、口臭、䘌齒、脚氣，皆不可食，令病加甚。凡服補藥，及藥中有白术、丹皮者，咸忌之。即瘮痘出不快，若係氣虛，非風寒外侵，及穢惡之氣觸犯者，亦不宜用。

清・穆石匏《本草洞詮》卷七　胡荽　荽亦薑屬。莖柔葉細，而根多鬚，綏綏然也。張騫使西域得種歸，故名胡荽，俗呼蒝荽。蒝，乃莖葉布散之貌。氣味辛溫，微毒。補筋脉，令人能食，利大小腸，辟飛尸鬼疰，蠱毒，魚肉毒。蓋荽氣香竄，內通心脾，外達四肢，能辟一切不正之氣。凡痘瘡出不爽快者能發之。諸瘡皆屬心火，營血內攝於脾，心脾之氣得芳香則運行，得臭惡則壅滯故爾。楊士瀛謂：　痘瘮不快，宜飲胡荽酒，以辟惡氣。床帳上下左右，皆宜掛之，以禦汗氣。胡臭，天癸淫佚之氣。按此論惟兒虛弱及冱寒時宜之。若兒壯實，及春夏晴暖，陽氣發越之時不可用也。凡服白术、牡丹者忌之。

清・丁其譽《壽世秘典》卷三　胡荽俗呼蒝荽。　氣味：　辛，溫，微毒。主消穀，治五臟，補不足，利大小腸，通小腹氣及心竅，拔四肢熱，止頭痛，解魚肉毒。

發明：　陳藏器曰：　久食令人多忘，根發痼疾，不可同邪蒿食，令人汗臭、難產，胡臭、口臭及脚氣。金瘡人皆不可食。凡服一切補藥及藥中有白术、牡丹者，不可食。李時珍曰：　蒝荽辛溫香竄，內通心脾，外達四肢，能辟一切不正之氣，故小兒痘瘮出不快者，能發之。

清・劉雲密《本草述》卷一五　胡荽一名蒝荽。《準繩・內科》不見用。

根葉：　氣味：　辛，溫，微毒。　詵曰：　平，微寒，無毒。　主治：　消穀，利大小腸，通小腹氣。療沙瘮痘瘡不出，作酒噴之立出。通心竅。　時珍曰：　胡荽辛溫香竄，內通心脾，外達四肢，能辟一切不正之氣，故痘瘡出不爽快者能發之。諸瘡皆屬心火，營血內攝於脾。心脾之氣得芳香則運行，得臭惡則壅滯故爾。按楊士瀛《直指方》云：　痘瘮不快，宜用胡荽酒噴之，以辟惡氣，床帳上下左右，皆宜挂之，以禦汗氣。胡臭，天癸淫佚之氣，一應穢惡，所不可無。若兒虛弱及天時陰寒，用此最妙。如兒壯實及春夏晴暖，陽氣發越之時，加以酒麴助虐，以火益火，胃中熱熾，毒血聚畜，則變成黑陷矣，不可不慎。　希雍曰：　胡荽稟金氣多，火氣少，故味辛香氣溫微毒，入足太陰、陽明經。其辛香走竄，兼以氣溫，故內通心脾，外達腸胃，能除一切不正之氣。

附方　痘瘮不快，用胡荽二兩，切，以酒二大盞，煎沸沃之，以物蓋定，勿令洩氣，候冷去滓，微微含噴，從項背至足令徧，勿噀頭面。

子：　氣味：　辛、酸，平，無毒炒用。　主治：　能發痘瘮，殺魚腥時珍。

附方　痔漏脫肛，胡荽子一升，粟糠一升，乳香少許，以小口瓶燒烟熏之。　希雍曰：　胡荽辛香，發。　氣虛人不宜食。痘瘮出不快，非風寒外侵，穢惡之氣觸犯者，不宜用。

清・郭章宜《本草匯》卷一三　胡荽即蒝荽。　辛，溫，微毒，入手足太陰、陽明經。走竄入脾通心腹。香辛疏氣辟邪尸。熱氣結滯服之必効，肛門脫出薰之即良。《嘉祐》治沙瘮痘瘡出不快者，外為風寒所侵，或穢氣所觸也。辛溫祛風寒，香竄辟穢氣，則腠理通暢，而瘮痘自發矣。

按：胡荽稟金氣多，火氣少，其辛香內通心脾，外達四肢，除一切不正之氣，故痘疹不出及出不快者，同酒煎沸，蓋候冷微微含噴令遍，勿噀頭面，即皆出矣。蓋諸瘡皆屬心火，心脾之氣得芳香則運行，得臭惡則壅滯故也。《直指方》云：痘疹出不快，宜用此掛牀帳左右，以禦淫佚穢惡不正之氣。若兒虛弱，及天時陰寒，用此最妙。若非風寒外侵，及觸惡之氣者，不宜用也。如壯實者，與夫春夏晴暖，亦不可用。凡服一切補藥，有白朮、丹皮者，咸忌之。

清·尤乘《食鑒本草·菜類》　胡荽　久食令人健忘，脚軟。根發痼疾，惟發痘疹用之。

清·朱本中《飲食須知·菜類》　芫荽　味辛，性溫，微毒。即胡荽。多食傷神，健忘出汗，有狐臭、口氣、䘌齒、脚氣、金瘡者，並不可食。久病人食之脚軟。同斜蒿食，令人汗臭難瘥。根發痼疾。凡服一切補藥及白朮、牡丹皮者，忌之。勿同猪肉食，妊婦食之，令子難產。

清·何其言《養生食鑒》卷上　胡荽即原荽。　味辛，性溫，微毒。辟一切不正之氣，解魚肉之毒，內通心脾，外達四肢，和五臟，消穀食，通心竅。多食傷神，健忘，出汗。同諸菜食，氣香令人口爽。有胡臭、口氣、齒痛、脚氣、金瘡者，並不可食。凡服一切補藥及藥中有白朮、牡丹者，忌食。根發痼疾。凡天氣陰寒，小兒出痘疹難發者，用胡荽煮酒噴衣被中，即起。

清·閔鉞《本草詳節》卷七　胡荽葉　【略】按：胡荽辛溫香竄，內通心脾，外達四肢，辟一切不正之氣。其發痘瘡者，以諸瘡皆屬心火，營血內攝於脾，心脾之氣得芳香則運行，得臭惡則壅滯故爾。惟兒虛弱，天時陰寒，用此最妙。否則，反助熱毒，變成黑陷，又不可不慎。

清·汪昂《本草備要》卷四　胡荽宣，發痘疹，辟惡氣。　辛溫香竄。內通心脾，外達四肢。辟一切不正之氣。沙疹、痘瘡不出，煎酒噴之。心脾之氣，得芳香而運行。含噴遍身，勿噀頭面。痘疹家懸挂，辟邪惡。胡荽久食，令人多忘。病人不宜食胡荽、黃花菜。

清·李熙和《醫經允中》卷二二　胡荽　辛，溫，無毒。主治消穀，利大小腸，辟惡氣，療沙疹痘瘡不出，作汁歎之立出。通心竅，補筋脉。治腸風用熱餌裹食。堪辟魚肉毒。多食損精神，發痼疾，令人健忘。脚氣狐臭者食之愈甚。

清·馮兆張《馮氏錦囊秘錄·雜症痘疹藥性主治合參》卷七　胡荽稟金氣多火氣少，故味辛香，氣溫，微毒。以辛香氣溫走竄之功，故內通心脾達少腹，除一切不正之氣。外行腠理，達四肢，散風寒及穢氣之侵。所以發熱頭痛能除，穀食停滯俱消，痧瘮痘瘡皆出矣。但辛香發散，氣虛人不宜食之，久食多食損人精神，令人多忘。能發腋臭、脚氣痼疾。及服一切補藥，內有白朮、牡丹者，咸忌之。其子亦能發痘瘮，殺魚腥毒。　胡荽，善通氣小腹，能拔毒四肢。開心竅，上止頭疼。散痧瘮，內消穀食。利五臟，順二腸。痘瘡不齊，煎酒可噴。塞之鼻中，能去目翳。但多食發脚氣、腋臭，久食損精神、健忘。食同邪蒿，令人汗臭。

主治痘疹合參：　凡痧疹痘瘡難出，用胡荽一二兩，切碎酒煎，除去頭面，從項以下遍身俱用噴之，避風立出。又可噴痘家床帳衣服，避惡除穢。

清·张璐《本經逢原》卷三　胡荽一名芫荽。　辛，溫，微毒。服白朮、牡丹皮者忌食。　發明：　胡荽辛溫香竄，內通心脾，外達四肢，能辟一切不正之氣，酒後煎湯漱洗則絕無酒氣。痘瘡出不快者，搗漢衣被發之。如春夏陽氣發越時用之，反助熱毒，恐變黑陷，不可不慎。華佗云，患狐臭人勿食，口氣䘌齒人食之加劇。服雲母、鍾乳人勿食，為其辛溫能解諸藥之力也。

清·汪啟賢等《食物須知·諸菜》　胡荽　味辛，氣溫，微毒。此係熏菜，常種。冬時，饜酒點茶，生啖最妙。善通氣小腹，能拔熱四肢。開心竅，上止頭疼；　散沙疹，內消穀食。利五臟，順二腸。豌豆瘡出不齊，用之煎酒可噴。　多食，發脚氣腋臭；　久食，損精神健忘。食同邪蒿，令人汗臭。　根食之，發痼疾。

清·浦士貞《夕庵讀本草快編》卷三　蒝荽宋《嘉祐》、香荽　張騫得種西域，故名。荽，《說文》作葰，薑屬，可以香口。莖柔葉細而根多鬚，綏綏然也，為五葷之一。　蒝荽氣味辛溫而有微毒，生熟俱可，蔬中之有益者。且其香竄，內通心脾，外達四肢，凡痘瘡出不爽快者，用胡荽酒噀之。床帳上下皆宜懸掛，亦避一切穢惡淫泆不正之氣，兼能祛飛尸鬼疰。蓋謂諸瘡皆屬心火，營血內含于脾，此物芳香，為心脾所喜，自能運行臭惡壅滯而轉泰耳。倘若天時溫暖，兒體壯實，胃中熱熾，忌用此法，恐以火益火，反成黑陷矣。

清·葉盛《古今治驗食物單方》　芫荽　痘疹出不快，芫荽二兩，酒二大盞，煎沸沃之，蓋定，勿令洩氣，候冷，去渣，微微含噴，從項背至足令遍，勿噀頭面。　小兒赤目，芫荽汁塗之。　脫肛，芫荽切一升，燒烟薰之即入。

清・吳儀洛《本草從新》卷四 胡荽〔宣，發痘瘡，闢惡氣。〕 辛，溫，微毒。主消穀，止頭痛，通小腹氣及心竅，利大小腸，其香竄辟一切不正之氣。痧疹痘瘡不出，煎湯噴之。痘疹不出，用酒煎沸，勿令泄氣，候冷去滓，微微從項以下噴身令遍，除頭面勿噴，蓋覆令暖即出。久食損人精神，令人多忘，病人食之脚軟。

清・汪紱《醫林纂要探源》卷二 芫荽 辛，溫。一名胡荽。葉似芹而圓闊光潤，莖細如縷，布地蔓衍，結實圓小，中含細子，氣葷甚。升散陽氣，辟邪氣，發汗托疹。補肝瀉肺，升散無所不達，發表如葱，但專行氣分。多食昏目，耗氣。補肝之過。○或指為藒，尤謬。但昏目同耳。

題清・徐大椿《藥性切用》卷六 胡荽 辛溫香竄，發痘疹，辟惡氣。服食損人，煎湯薰洗。

清・黃宫繡《本草求真》卷四 胡荽通心脾，達小腹，辟惡發痘。 胡荽耑入心脾。辛溫香竄，内通心脾小腹，外行腠理，達四肢，散風寒，及除一切不正之氣。是以發熱頭痛能除，穀食停滯俱消，痘瘡不齊，煎酒噴之即出。時珍曰：諸瘡皆屬心火，營血内攝於脾，心脾之氣，得芳香則運行，得臭惡則壅滯耳。《直指方》云：痘疹不快，宜用胡荽酒噴之以辟惡氣。床帳上下左右，皆宜掛之以禦汗氣、胡臭、天癸淫佚之氣。一應穢惡所不可無。若兒虚弱及天時陰寒，宜用此。目翳不退，塞之鼻中即袪，然多食久食，損人精神，令人多忘，能發液臭，非同補藥可以常服。

清・李文培《食物小録》卷上 蒝荽 辛，溫，有小毒。消穀，治五臟，補不足，通心竅，利大小腸，補筋脈，令人能食。合諸菜食爽口，辟魚肉毒，發諸瘡。凡服一切補藥及藥中有白术、丹皮者，不可食。

清・羅國綱《羅氏會約醫鏡》卷一七菜部 胡荽： 味辛，氣溫，入肺胃二經。内通心脾，外行腠理，辟一切不正之氣芳香。散風寒，發熱頭痛，消穀食停滯，辛走表，溫行脾。順二便，去目翳，用以塞鼻。善發痘疹。凡痘疹出之不快，用胡荽一二兩，切碎酒煎，除頭面從項以下，遍身噴之，立出，却當避風。又可噴衣服床帳，懸掛房中，辟邪去穢。但辛香發散，多食損神，發痼疾，氣虚人忌之。反白术、丹皮。子亦同功。

清・章穆《調疾飲食辯》卷三 胡荽 《説文》作葰。《綱目》曰：本作蒝荽，俗誤作芫。《拾遺》曰：石勒時諱胡字，呼香荽。《日用本草》以為藒子，云根、苗如蒜。大誤。其氣葷辛香烈，經霜則色微紫，故入心、脾、肺血分，外達皮膚，生熟皆可食。痘出不快者，楊士瀛《直指方》用酒煎胡荽噴，或浴之。此法反惹外風加感冒，大不佳。不如内服藥中加入少許更穩、更捷，麻症更宜。《嘉祐本草》亦云發痧瘮。凡麻痘之家，床榻間宜多掛此菜。無則以子研末撒之。可辟汗臭、胡臭、天癸、淫泆，一切穢氣。又治肺寒欬嗽，煮汁飲。又解蠱毒：用根擣汁半升，和酒服。出《必效方》。蛇螫：合口椒研末，同苗擣敷。出《千金方》。食肉中毒，下血不止，面色痿黄：子一升，煮汁俟冷，分二次服。出《食療本草》。腸風下血：子研末，以米麪餅裹食。出《普濟方》。痔瘡疼痛：子研末，空心溫酒服二錢，數服效。出《海上方》。痔漏、脱肛：子一升，粟糠一升，乳香少許，同入小口瓶内，燒煙熏出《儒門事親》。牙痛百藥不止，子煎汁含漱。出《外臺秘要》。但氣味俱厚，葷辛耗散，凡虚弱人不宜用。又患脚氣及金瘡者，藥中有牡丹皮、白术者，均切忌。《拾遺》曰：不可同邪蒿食，令人汗臭難産。汗臭猶小，難産則關係大矣。總之，耗血傷氣之物，雖無邪蒿，妊婦亦不宜食。又食猪肉不宜食此，能爛人臍。又不可用鮓魚食。

清・楊時泰《本草述鉤元》卷一五 胡荽 一名蒝荽。根葉： 氣味辛溫，微毒。入足太陰陽明經。辛香走竄，内通心脾，下及腸胃，外達四肢，能辟一切不正之氣。療痧疹、痘瘡不出，治消穀，通心竅，利大小腸，通小腹氣。諸瘡皆屬心火，營血内攝於脾，心脾之氣，得芳香則運行，得臭惡則壅滯，故痘疹不快，用胡荽酒噴之，以辟惡氣，床帳上下左右，皆宜挂之，以禦汗氣胡臭天癸淫佚諸氣。若兒虚弱及天時陰寒，用此最妙。如兒壯實及春夏晴暖，加以酒麴助虐，益火聚熱，變成黑陷矣，不可不慎瀕湖。胡荽稟金氣多，火氣少，故辛香氣溫微毒仲淳。痘疹不快，胡荽二兩切，以酒二大盞，煎沸沃之，蓋定，勿令洩氣，候冷去渣，微微含噴，從項背至足令徧，勿噴頭面。

蒝荽子： 味辛、酸，氣平。炒用能發痘疹，殺魚腥。痔漏脱肛，胡荽子一升，粟糠一升，乳香少許，以小口瓶燒烟熏之。

繆氏： 氣虚人不宜食。痘疹出不快，非風寒外侵穢惡氣觸者，不宜用。

清・葉桂《本草再新》卷六 芫荽味清苦，性涼，無毒。入肝、脾、肺三經。 專發斑疹痧痘毒氣，能清熱，能除煩。

清・吳其濬《植物名實圖考》卷四 胡荽 《嘉祐本草》始著録。《南唐書》謂種胡荽者，作穢語則茂。今多呼蒝荽。《東軒筆録》：呂惠卿語王安石，園荽能去面䵟，蓋皆有所本。

清・趙其光《本草求原》卷一五菜部　胡荽即原荽，俗作圓緒。　辛，達腸胃；　溫、香，通心、脾、四肢。消穀，行小腹氣，辟穢惡，起痘疹。凡兒虛弱及天時陰寒，或觸犯不正，如汗氣及狐臭、天癸、一切穢惡壅滯心脾，致痘疹痧出不快，以之掛於床帳上下，兼取根、葉或子，煎酒數沸，物蓋。勿令泄氣。候冷含噴，從項直至足令遍，勿噴頭面。　春溫時及壯實胃熱勿用。　其子，同米糠等分，乳香少許，燒煙熏痔瘻、脫肛效。

清・文晟《新編六書》卷六《藥性摘錄》　胡荽　即芫荽。辛，溫。香竄。內通心脾小腸，外行腠理達四肢，散風寒，除邪氣。〇痘瘡不齊，煎酒噴之，即出。〇目翳不退，搓塞鼻中，即除。　然多食久食，損神多忘，發狐腋臭。　並詳藥部溫散。

清・文晟《新編六書》卷六《藥性摘錄》　胡荽　即芫荽。　辛溫香竄，內通心脾小腹，外行腠理，達四肢，散風寒，辟惡氣，除發熱頭痛，消穀食停滯。〇痘瘡不齊，和酒噴之，好出。〇目翳不退，塞鼻即祛。〇多食久食損精神，令人多忘，能發腑臭。

清・佚名氏著，錢沛補《治疹全書》卷上　胡荽考　一名蒝荽，蒝乃莖葉布散之貌，俗作芫，非。　時珍曰：　處處種之，八月下種，晦日尤良。　初生柔莖圓葉，葉有花歧，根軟而白，冬春采之，香美可食，立夏後開細花成簇，如芹菜花，淡紫色，五月收子，如大麻子，亦辛香。〇按李（延）〔鵬〕飛以為即蕎子，吳瑞以為即葍子。　蕎子，即葍子，根苗如蒜，乃薤也，非胡荽也。

清・王孟英《隨息居飲食譜・蔬食類》　蒝荽本名胡荽。　辛，溫。　散寒，辟邪解穢，殺蟲止痛，下氣通腸，殺魚腥，發痘疹。　多食損目。　凡病忌之。　子性味略同。

右七品，二氏以為葷菜，謂其損性靈也。

痘疹不達，胡荽二兩，切碎，以酒二大錢，煎沸沃之，蓋定勿令泄氣，候冷去滓，微微含噴，從項背至足令徧。　勿噀頭面。　按《直指方》云痘疹不快，用此噴之，以辟惡氣。　牀帳上下左右皆宜挂之，以禦天癸淫佚，寒濕諸氣，一應穢惡所不可無。　然惟兒體虛寒，天時陰冷，噴之故妙。　若兒壯實，及春夏晴暖，陽氣發越之時，用之助虐，以火益火，胃中熱熾，毒血聚蓄，則必變黑陷也，不可不慎。　今人治痘疹不辨證之寒熱，時之冷暖，輒用蒝荽子入藥者，誤人多矣。

清・劉善述、劉士季《草木便方》卷二穀糧豆菜部　蒝荽　（鹽）〔蒝〕荽辛溫解邪氣，瘢點痘疹煎酒利。內通心脾外四肢，天行邪氣除之易。

清・田綿淮《本草省常・菜性類》　蒝荽　一名香荽，一名胡荽，一名胡菜。性溫。　辟惡氣，發汗，發痘疹風疾。　多食洩陽氣，令人表虛。　久食損精神，令人忘事。　同豬肉食爛人臍，病人食之脚軟。服蒼白朮、丹皮、鍾乳者忌之。

清・戴葆元《本草綱目易知錄》卷三　蒝荽胡荽　根葉辛，溫。　香竄。內通心脾，外達四肢，辟一切不正之氣，痘疹出不快者，和酒發之。　利大小腸，通小腹氣，拔四肢熱，止頭痛，補筋脈，令人能食。　治腸風下血，用熱餅裹食甚良。　合諸菜食，氣香令人口爽。　辟飛尸鬼疰，蠱毒魚肉毒。　燒煙熏脫肛。　久食發痼疾，損精神，令人多忘。【略】

子：　辛、酸，平。　發痘疹，殺魚腥，消穀能食，解蠱毒及食肉中毒。　治吐血下血，煮汁，冷服。　油煎，塗小兒禿瘡。

清・陳其瑞《本草撮要》卷四　胡荽　味辛，溫，微毒，入足太陰、陽明經，功專消穀，止頭痛，通小腹氣及心竅，利大小腸。　其香竄辟一切不正之氣。　痧疹痘瘡不出，煎酒噴之。　除頭面勿噴，蓋覆令暖即出。　並取汁塗赤丹，煎湯洗面上黑子。　久食損神，令人多忘，病人食之脚軟。　一名蒝荽。

清・吳汝紀《每日食物却病考》卷上　胡荽　《博物志》云：　張騫使大宛，得胡荽種以歸，故名胡荽。　今俗呼原荽，俗有作芫者非。　辛，溫，微毒。可和生菜食，消穀，利大小腸，療疹痘，通心竅，止頭痛。　但此葷菜，多食損人精神，健忘，發痼疾。　凡胡臭、口臭、脚氣、金瘡人，皆不可食，食之更甚。　治小兒痘疹不出，用酒煎沸，勿令洩氣，候溫去滓，微微從項下噴身令遍，除面不噴，包暖即出。

野園荽

明・朱橚《救荒本草》卷上之前　野園荽音錐　生祥符西北田野中。　苗高一尺餘，苗葉、結實皆似家胡荽，但細小瘦窄。　味甜、微辛香。　救飢：　採嫩苗葉煠熟，油鹽調食。

清・吳其濬《植物名實圖考》卷五　野園荽　《救荒本草》。　按野園荽，南方廢圃砌陰極多，似野胡蘿蔔而科瘦根小，春時開花結子，五六月即枯，野胡蘿蔔多生田野，至秋深尚有之。

胡蘿蔔

宋·王繼先《紹興本草》卷一二 胡蘿蔔 味甘，平，無毒。主下氣，調利腸胃，乃世之常食菜品矣。然與蕪菁相類，固非一種。處處産之。以《本經》不載，今當收附菜部。紹興新添。

元·忽思慧《飲膳正要》卷三 胡蘿蔔 味甘，平，無毒。主下氣，調利腸胃。

明·劉文泰《本草品彙精要》卷三九 胡蘿蔔無毒 叢生。

胡蘿蔔： 主下氣，調利腸胃。今補。 〔苗〕謹按： 胡蘿蔔，乃世之常食菜品也，然與萊菔相類，固非一種。今圃人五月佈種，生苗高尺許，葉似胡荽葉而大，其根色黄，頭大尾鋭，至霜後採之，味甘美。值冬覆養，至春末莖端作叢，開淡白花，結實如小茴香也。 〔地〕處處有之。 〔時〕生： 夏生苗。採： 九月取根。 〔用〕根。 〔色〕黄。 〔味〕甘。 〔性〕平。〔氣〕氣之薄者，陽中之陰。 〔臭〕香。

明·寧源《食鑒本草》卷下 胡蘿蔔 味甘、辛，無毒。寬中下氣，散胃中邪滯。

明·李時珍《本草綱目》卷二六菜部·葷菜類 胡蘿蔔《綱目》

〔釋名〕時珍曰： 元時始自胡地來，氣味微似蘿蔔，故名。 〔集解〕時珍曰： 胡蘿蔔今北土、山東多蒔之，淮、楚亦有種者。八月下種，生苗如邪蒿，肥莖有白毛，辛臭如蒿，不可食。冬月掘根，生、熟皆可啖，兼果蔬之用。根有黄、赤二種，微帶蒿氣，長五六寸，大者盈握，狀似鮮掘地黄及羊蹄根。三四月莖高二三尺，開碎白花，攢簇如傘狀，似蛇牀花。子亦如蛇牀子，稍長而有毛，褐色，又如蒔蘿子，亦可調和食料。按周定王《救荒本草》云： 野胡蘿蔔苗、葉、花、實，皆同家胡蘿蔔，但根細小，味甘，生食、蒸食皆宜。花、子皆大於蛇牀。又金幼孜《北征録》云： 交河北有沙蘿蔔，根長二尺許，大者徑寸，下支生小者如箸。其色黄白，氣味辛而微苦，亦似蘿蔔氣。此皆胡蘿蔔之類也。

根 〔氣味〕甘、辛，微温，無毒。 〔主治〕下氣補中，利胸膈腸胃，安五臟，令人健食，有益無損時珍。

子 〔主治〕久痢時珍。

明·穆世錫《食物輯要》卷三 胡蘿蔔 味甘、淡，性微溫，無毒。安五臟，利胸膈腸胃，令人强食。

明·趙南星《上醫本草》卷三 胡蘿蔔 時珍曰： 元時始自胡地來，氣味微似蘿蔔，故名。

根： 甘、辛，微溫，無毒。主治： 下氣補中，利胸膈腸胃，安五臟，令人健食，有益無損。

子： 主治： 久痢。

明·應麐《食治廣要》卷三 胡蘿蔔 氣味： 甘、辛，微溫，無毒。主治： 下氣補中，利胸膈腸胃，安五臟。以元時自胡地移來，氣味微似蘿蔔，故得此名耳。

明·姚可成《食物本草》卷六菜部·葷辛類 胡蘿蔔元時始自胡地來，氣味微似蘿蔔，故名。今處處蒔之。八月下種，生苗如邪蒿，肥莖有白毛，辛臭如蒿，不可食。冬月掘根，生、熟皆可啖，兼果蔬之用。根有黄、赤二種，微帶蒿氣，長五六寸，大者盈握。三四月莖高二三尺，開碎白花，攢簇如傘狀，似蛇床花。子亦如蛇床子，稍長而有毛，褐色，又如蒔蘿子，亦可調和食料。 胡蘿蔔，味甘、辛，微溫，無毒。主下氣補中，利胸膈腸胃，安五臟，令人健食，有益無損。

子 主久痢。

明·孟筌《養生要括·菜部》 胡蘿蔔 味甘、辛，無毒。下氣補中，利胸膈腸胃，安五臟，令人健食，有益無損。

子： 治久痢。

明·施永圖《本草醫旨·食物類》卷二 胡蘿蔔 味： 甘，平，無毒。寬中下氣，散腸胃邪滯。

清·丁其譽《壽世秘典》卷三 胡蘿蔔 氣味： 甘，平，無毒。主下氣補中，利胸膈腸胃，安五臟，令人健食。

清·尤乘《食鑒本草·菜類》 胡蘿蔔 寬中下氣，散腸胃邪滯。

清·朱本中《飲食須知·菜類》 胡蘿蔔 味甘、辛，性微溫。有益無損，宜食。

清·何其言《養生食鑒》卷上 胡蘿蔔即黄蘿蔔。 味甘、淡，性微溫，無毒。下氣，補中，利胸膈、腸胃，安五臟，人人健食。

清·李熙和《醫經允中》卷二二 胡蘿蔔 甘，平，微溫，無毒。主治補中利膈，安五臟，有益無損。子治久痢。

清·吳儀洛《本草從新》卷四 胡蘿蔔〔寬中散滯。〕 甘，平。寬中下氣，散腸胃滯氣，元時始自胡地來，氣味微似萊菔，故名。有黄赤二種。子似蒔蘿，可和食料。

清・汪紱《醫林纂要探源》卷二　胡蘿蔔　甘、辛，溫。根如蘿蔔而形長，有紅、黃二色，莖葉如川芎，花實似蛇牀，又似茴香，根苗皆可食，而根為香美，生微辛苦，熟則純甘。潤腎命，壯元陽，暖下部，除寒濕。甘補辛潤，故壯陽暖下，功用似蛇牀。根實皆可用，而今人不知。蕃舶葫蘆巴實，亦此物耳。

題清・徐大椿《藥性切用》卷六　胡蘿蔔　性味甘平，寬中散滯。有黃、赤二種，功力不甚相遠。子，治時痢。

清・黃宮繡《本草求真》卷九　胡蘿蔔治腸胃邪氣。　胡蘿蔔耑入肺，兼入脾。始於元時胡地而至。形似蘿蔔，故以是名。按書所列主治，止是寬中下氣，及散腸胃邪氣數種，他則無有論及。蓋因味辛則散，味甘則和，質重則降。蘿蔔甘辛微溫，其質又重，故能寬中下氣，而使腸胃之邪與之俱去也。第書有言補中健食，非是中虛得此則補，中虛不食得此則健，實因邪去而中受其補益之謂耳！蒿不可食，子可以作食料。

清・李文培《食物小錄》卷上　胡蘿蔔　甘、辛，微溫，無毒。下氣補中，利胸膈腸胃，安五臟，令人健食，有益無損。有黃、赤二種。鹽藏可久收。

清・章穆《調疾飲食辯》卷三　胡蘿蔔　元時始自胡地入中國，根似小萊菔，故名。色赤。煮熟能下氣補中，利胸膈。今惟用鹽醃，生食質硬難化，病人不宜。

清・吳其濬《植物名實圖考》卷六　胡蘿蔔　《本草綱目》始收入菜部。南方秋冬方食，北地則終年供茹。或云元時始入中國，元之東也，先得滇，故滇之此蔬尤富而巨，色有紅、黃二種，然其味與邪蒿為近，嗜大尾羊者必合而烹之，其亦元之食憲章歟？

清・趙其光《本草求原》卷一五菜部　黃蘿蔔　即胡蘿蔔。甘，淡，微溫。下氣補中，利胸膈腸胃，安臟，進食。

清・文晟《新編六書》卷六《藥性摘錄》　胡蘿蔔　色黃。甘，淡，微溫。下氣補中，利胸膈腸胃，安五臟。〇子，可作食料。〇蒿，不可食。

清・王孟英《隨息居飲食譜・蔬食類》　胡蘆菔皮肉皆紅，亦名紅蘆菔。然有皮肉皆黃者。　辛、甘，溫。下氣寬腸。氣微臊，雖可充食，別無功用。

清・田綿淮《本草省常・菜性類》　胡蘿蔔　生，性寒；熟，性平。宜熟食。寬中散滯，利胸膈，安五臟。黃者養氣，紅者養血。久食令人強健。多食損脾難消，生食傷胃。

清・戴葆元《本草綱目易知錄》卷三　胡蘿蔔　甘、辛，微溫。下氣補中，安五臟，利胸隔腸胃，令人健食。

子：治久痢。【略】有黃、赤二種，長五六寸。葆按：胡蘿蔔，今赤者產自江陵上元諸縣。味甘，清香適口。而黃者產吉安臨江諸縣。味較遜，俱鹽醃者，市人販售。

清・陳其瑞《本草撮要》卷四　胡蘿蔔　味甘，平，入手足陽明經。功專寬中下氣，散腸胃滯氣。元時始自胡地來，氣味似萊菔，微有羊臊氣，有黃赤二種，子似蒔蘿。可和食料，以鍋底灰煨之，去外皮，治痰喘並治時痢。

清・吳汝紀《每日食物却病考》卷上　胡蘿蔔　根甘、辛，微溫，無毒。下氣，補中，利胸膈腸胃，安五臟，令人健。食其葉，辛臭如蒿，不堪食。元時始自胡地來，氣味微似蘿蔔，故名之。

邪蒿

唐・孫思邈《千金要方》卷二六《食治・菜蔬》　邪蒿　味辛，溫，濇，無毒。主胸膈中臭惡氣，利腸胃。

宋・唐慎微《證類本草》卷二七菜部上品〔宋・掌禹錫《嘉祐本草》〕　邪蒿　味辛，溫、平，無毒。似青蒿細軟。主胸膈中臭爛惡邪氣，利腸胃，通血脉，續不足氣。生食微動風氣，作羹食良，不與胡荽同食，令人汗臭氣。

〔宋・唐慎微《證類本草》〕《食醫心鏡》：治五藏邪氣厭穀者，治脾胃腸澼，大渴熱中，暴疾惡瘡。以煮令熟，和醬、醋食之。

宋・王繼先《紹興本草》卷一二　邪蒿　紹興校定：邪蒿，亦青蒿之類也。《本經》雖具性味主治，但諸方未聞用驗，亦非常食之菜，正乃野生之物，世亦罕用之。

元・吳瑞《日用本草》卷七　邪蒿　似青蒿細軟，但食其根。　味辛，溫，平，無毒。生食微動氣，作羹食良。同胡荽食，令人臭氣。　主胸膈中臭爛惡邪氣，利腸胃，通血脉，治脾胃腸澼，大渴熱中，暴疾，煮令熟，和醬、醋食之。

明・劉文泰《本草品彙精要》卷三八　邪蒿無毒　植生。

邪蒿：主胸膈中臭爛，惡邪氣，利腸胃，通血脉，續不足氣，作羹食，良。名醫所錄。　【名】山花、群蒿。　【苗】謹按：邪蒿，春生苗葉，其莖微方，高一二尺，節間敷葉，葉似青蒿而細軟，至夏繁茂，開黃白細花，作穗，秋末莖葉凋殘。嫩時人亦採作羹食之。【地】出山野，及園圃中皆有之。【時】生：春苗。採：無時。【收】陰乾。【用】莖、葉。【色】青綠。【味】辛。【性】溫，平。【氣】氣之厚者，陽中之陰。【臭】腥香。【主】利腸胃，通血脉。【合治】煮令熟，和醬、醋食之，治五臟邪氣厭穀者及腸澼，大渴，熱中，暴疾，惡瘡。【禁】不可與胡荽同食，令人汗臭氣。

明・王文潔《太乙仙製本草藥性大全》卷五《本草精義》 邪蒿 舊本不著所出州土，今在處有之，人家園圃多種之。苗似青蒿而細軟，春生苗葉，收採無時。不宜與胡荽同食，令人汗臭氣。

明・王文潔《太乙仙製本草藥性大全》卷二《仙製藥性》 邪蒿 似青蒿細軟，利腸胃，通血脉，續不足有功。

明・王文潔《太乙仙製本草藥性大全》卷五《仙製藥性》 邪蒿 味辛，氣溫、平，無毒。主治：主胸膈中臭爛惡邪氣，通血脉而續不足氣。但生食微動風氣，作羹食利腸胃良。補註：治五臟邪氣，厭穀者。治脾胃腸澼大渴，熱中暴疾，惡瘡。以煮令熟，和醬、醋食之。

明・皇甫嵩《本草發明》卷三 邪蒿似青蒿，細軟。利腸胃，通血脉，續不足。

明・皇甫嵩《本草發明》卷五 邪蒿上品。味辛，溫、平，無毒。似青蒿細軟。不可與胡荽同食，令人汗出。發明曰：邪蒿辛溫，散利中有補益，故主胸膈中臭惡邪氣，利腸，通血脉，續不足氣。生食微動風氣，作羹食良。

明・李時珍《本草綱目》卷二六菜部・葷菜類 邪蒿宋《嘉祐》

【釋名】時珍曰：此蒿葉紋皆邪，故名。【集解】藏器曰：邪蒿根、莖似青蒿而細軟。時珍曰：三四月生苗，葉似青蒿，而色淺不臭。根、葉皆可茹。

【氣味】辛，溫，平，無毒。詵曰：生食微動風，作羹食良。不與胡荽同食，令人汗臭氣。【主治】胸膈中臭爛惡邪氣，利腸胃，通血脈，續不足氣孟詵。煮熟和醬、醋食，治五臟惡邪氣厭穀者，治脾胃腸澼，大渴熱中，暴疾惡瘡《食醫心鏡》。

明・吴文炳《藥性全備食物本草》卷一 邪蒿 味辛，性溫平，無毒。苗似青蒿而細軟，春生苗葉，收採無時。主胸膈中臭爛惡邪氣，通血脉，續不足氣。但生食微動風氣；作羹食利腸胃良。不宜與葫荽同食，令人汗臭氣。

明・姚可成《食物本草》卷六菜部・葷辛類 邪蒿根、莖似青蒿而細軟。三四月生苗，葉似青蒿，紋理帶邪，色淺不臭。根、葉皆可茹。邪蒿，味辛，溫、平，無毒。主胸膈中臭爛惡邪氣，利腸胃，通血脉，續不足氣。煮熟和醬、醋食，治五臟惡邪氣厭穀者。治脾胃腸澼，大渴熱中，暴疾惡瘡。不可與胡荽同食，令人汗氣臭。

清・丁其譽《壽世秘典》卷三 邪蒿此蒿葉紋皆邪，故名。莖葉似青蒿而細軟，色淺不臭，根、葉皆可茹。氣味：辛，溫，無毒。治五臟，惡邪氣，利腸胃，通血脉。

清・章穆《調疾飲食辯》卷三 邪蒿《綱目》曰：四月生苗，似青蒿，葉紋皆邪，色淺不臭，生熟皆可食。《食醫心鑒》曰：煮食治五藏惡邪氣。大約辛香能寬中理氣耳。又治熱中大渴，腸澼，暴疾。辛溫之物，安能有此功用。虚病及熱病忌之，勿為所誤。《齊書》：邢峙以經授太子，廚宰進邪蒿，令去之，曰：此菜有不正之名，殿下不宜食。顯宗聞而嘉之。

清・吴其濬《植物名實圖考》卷四 邪蒿 《嘉祐本草》始著録。葉紋即邪，味亦非正，人鮮食之。紋斜遂以邪名。味辛亦多艾氣。北齊邢峙授經東宫，命廚宰去邪蒿，曰：此菜有不正之名，非殿下所宜食。養正之功，固在慎微。

清・田綿淮《本草省常・菜性類》 邪蒿 葉紋皆邪，故名。性溫。生食動風，宜鹽醃食。利腸胃，除五臟氣。同蔯荽食，令人汗臭。

水芹

唐・孫思邈《千金要方》卷二六《食治・菜蔬》 芹菜 味苦、酸，冷濇，無毒。益筋力，去伏熱，治五種黄病。生擣絞汁，冷服一升，日二。

黄帝云：五月五日勿食一切菜，發百病。凡一切菜，熟煮熱食。時病瘥後食一切肉并蒜，食竟行房，病發必死。時病差後未健，食生青菜者，手足必青腫。時病差未健，食青菜竟行房，病更發必死。十月勿食被霜菜，令人面上無光澤，目濇痛，又瘧發，心痛腰疼，或致心瘧。發時手足十指爪皆青，困痿。

附：日・丹波康頼《醫心方》卷三〇 芹 《本草》云：味甘，平。主療女子赤沃，止血，養精，保血脉。益氣，令人肥健嗜食。一名冰英。《拾遺》云：莖葉汁，小兒暴熱，大人酒熱毒，鼻塞身熱，利大小腸。崔禹〔錫〕云：味甘，少冷，無毒。利小便，除水脹。孟詵云：食之養神益力，殺石藥毒。馬琂玄子張云：於醋中食之，損人，齒黑色。若食之時不如高田者，宜人。其水者，有蟲生子，食之與人患。《養生要集》云：芹菜細葉有毛，食之殺人。

宋・唐慎微《證類本草》卷二九菜部下品（《本經・別錄》）水斳音芹 **味甘，平，無毒。主女子赤沃，止血，養精，保血脉，益氣，令人肥健，嗜食。一名水英。**生南海池澤。

〔梁・陶弘景《本草經集注》〕云：論斳主療，合是上品，未解何意，乃在下。其二月、三月作英時，可作菹及熟爚音藥食之。又有渣音樝芹，可爲生菜，亦可生噉，俗中皆作芹字。

〔唐・蘇敬《唐本草》〕注云：芹花，味苦。主脉溢。

〔宋・馬志《開寶本草》〕按：別本注云：即芹菜也。芹有兩種：荻芹，取根，白色；赤芹，取莖葉，並堪作菹及生菜。味甘，《經》云平，其性大寒，無毒。又按：陳藏器《本草》云：水芹莖葉，擣絞取汁，去小兒暴熱，大人酒後熱毒，鼻塞身熱，利大小腸。莖、葉、根並寒。子，溫，辛。

〔宋・掌禹錫《嘉祐本草》〕按：《蜀本圖經》云：生水中，葉似芎藭，花白色而無實，根亦白色。《爾雅》云：芹，楚葵。注：今水中芹菜。孟詵云：水芹，寒。養神益力，殺藥毒。置酒、醬中香美。又，和醋食之損齒。生黑滑地名曰水芹，食之不如高田者宜人。餘田中皆諸蟲子在其葉下，視之不見，食之與人爲患。高田者名白芹。日華子云：治煩渴，療崩中，帶下。

〔宋・唐慎微《證類本草》〕陳藏器云：渣芹，平。主女子赤白沃，止血，養精神，保血脉，益氣，嗜飲食，利人口齒，去頭中熱風。和醋食之，亦能滋人。患鼈瘕不可食。《食療》云：寒。養神益力，令人肥健。殺石藥毒。《聖惠方》：三月、八月勿食芹菜，恐病蛟龍瘕。發則似癲，面色青黄，小腹脹，狀如懷妊也。《食醫心鏡》：芹菜，主益筋力，去伏熱，治五種黄病，女子白沃，漏下，止血，養精，保血脉，嗜食。作虀菹及煮食並得。《金匱方》：春秋二時，龍帶精入芹菜中。人遇食之爲病，發時手青，肚滿痛不可忍，作蛟龍病。服硬糖三二升，日二度，吐出如蜥蜴三二，便差。《子母秘録》：主小兒霍亂，吐痢。芹葉細切，煮熟汁飲，任性多少，得止。

宋・鄭樵《通志》卷七五《昆蟲草木略》 芹 亦作斳。《爾雅》曰：芹，楚葵。《詩》曰：言采其芹。一名水英，一名楚葵。

宋・王介《履巉巖本草》卷上 水芹 味辛，有毒。性大熱。能伏硫黄，善死水銀。多入爐火藥用。水芹水芹，識者不貧。硫黄見死，能枯水銀。

宋・陳衍《寶慶本草折衷》卷二〇 水斳音芹。汁在內。渣芹附。○渣，音樝。一名芹菜，一名水芹，一名水英，一名楚葵。白者名荻芹，一名白芹。赤者名赤芹。生南海池澤，及水田中。○二三月採莖、葉。其荻芹則取根。高田者宜人。○並忌醋。○荻，且留切。

味甘，平，寒，無毒。○主女子赤沃，保血脉。○陶隱居云：作英時可作菹，及熟爚食之。○爚，音藥。○陳藏器云：擣汁去小兒暴熱，大人酒後熱毒，鼻塞，利大小腸。○孟詵云：置酒醬中香美，和醋食損齒。○日華子云：治煩渴。○《食療》云：殺石藥毒。

附：渣芹。○平。主女子赤白沃，保血脉，去頭中熱風，和醋食之。患鼈瘕，不可食。

元・忽思慧《飲膳正要》卷三 水芹 味甘，平，無毒。主養神益氣，令人肥健，殺藥毒，療女人赤沃。

元・尚從善《本草元命苞》卷九 水斳音芹。味甘，性平，無毒。主女子赤沃，保血脉養精。止帶下，除崩中血。益氣力，解石藥毒。嗜食令人肥健，療渴，利人口齒。生南海池澤，今水中皆有。葉似芎藭，無實花白。二三月作英，可採之為菹。音咀。

元・吴瑞《日用本草》卷七 水斳音芹 即芹菜也。一名水英。味甘，性寒，無毒。置酒醬中，香美。和醋食之，損齒生黑。主女子赤沃，止血，養精，行血脉，益力，令人肥健。殺藥毒。搗汁治熱喉閉。

明・朱橚《救荒本草》卷下之後 水蘄音勤 俗作芹菜。一名水英。出南海池澤，今水邊多有之。根莖離地二三寸，分生莖叉，其莖方，窊面四楞，對生葉，似痢見菜葉而闊短，邊有大鋸齒，又似薄荷葉而短。開白花似蛇床子花。味甘，性平，無毒。又云大寒。春秋二時龍帶精入芹菜中，人遇食之，作蛟龍病。救飢：發英時採之煠熟食。芹有兩種：秋芹取根，白色；赤芹取莖葉，並堪食。又有渣音相芹，可为生菜食之。治病：文具《本草》菜部條下。

明・蘭茂原撰，范洪等抄補《滇南本草圖說》卷八 芹菜 味甘，性平。補中益氣，兼治黄疸。亦治婦人崩中帶下，止煩燥最良。

明・蘭茂撰，清・管暄校補《滇南本草》卷上 水芹菜 味辛，微寒。治婦人白帶。又能損目。

明・蘭茂撰，清・管暄校補《滇南本草》卷中 水芹菜 性微溫，味辛、微苦。能發汗，與麻黄同功。

附方：　治小兒發熱，月餘不凉，得此方良效。水芹菜、大麥芽、車前子，水煎服。

明・蘭茂《滇南本草》〔叢本〕卷下　水芹菜　味辛、苦，性温。主治發汗，與麻黄同功。一小兒發熱，月餘不凉，得此方良效。水芹菜、大麥芽、車前子，水煎服效。

明・王綸《本草集要》卷五　水蘄芹菜也。　味甘，氣平，寒，無毒。主女子赤沃，止血養精，保血脈，益氣，令人肥健嗜食，治煩渴。三月八月龍帶精入芹菜中，人遇食之，病蛟龍瘕，發則似癲，面色青，小腹滿痛，狀如懷妊，服硬糖三二升，日二度，吐出如蜥蜴。

明・滕弘《神農本經會通》卷五　水蘄　即芹菜也。

味甘，氣平，無毒。　《本經》云：　主女子赤沃，止血，養精，保血脈，益氣，令人肥健，嗜食。陳藏器云：　莖葉，搗絞取汁，去小兒暴熱，大人酒後熱毒，鼻塞，身熱，利大小腸。莖、葉、根并寒。子，温，辛。孟詵云：　水芹，寒。養神益力，殺藥毒。置酒醬中香美。又和醋食之，損齒。生黑滑地高田者宜人，餘田中皆諸蟲子在其葉下，視之不見，食之與人為患。日華子云：　治煩渴，療崩中帶下。《聖惠》《金匱》云：　三八月勿食芹，龍帶精入芹菜中，人遇食之，病蛟龍瘕，發則似癲，面色青黄，小腹脹，狀如懷妊，服硬糖三二升，日二度，吐出如蜥蜴三二，便差。

明・劉文泰《本草品彙精要》卷四〇　水蘄無毒　植生。

水蘄音芹：　主女子赤沃，止血，養精，保血脉，益氣，令人肥健，嗜食。《神農本經》。　〔名〕水英、萩芹、赤芹、楚葵、渣芹、白芹。　〔苗〕《圖經》曰：生水中，葉似芎藭，花白色而無實，根亦白色。《爾雅》云：　芹，楚葵，即今水中芹菜也。然有兩種，萩芹取根白，赤芹取莖葉，並堪作菹。又有渣芹，可爲生菜，亦可生噉，俗中皆作芹字也。　〔地〕《圖經》曰：　生南海池澤，今處處有之。　〔時〕生：　春初。採：　二、五、六月取。　〔用〕根及莖、葉。〔色〕葉青，根白。　〔味〕甘。　〔性〕平。　〔氣〕氣之薄者，陽中之陰。〔臭〕香。　〔主〕益氣血，養精神。　〔治〕療：　《唐本》注云：　芹花，主脉溢。○莖葉，治小兒暴熱，大人酒後熱毒，鼻塞身熱，利大小腸，並擣汁服之。日華子云：　治煩渴及崩中帶下。陳藏器云：　利人口齒，去頭中熱風。《別錄》云：　去伏熱及治五種黄病，並女子白沃，漏下，作菹及煮食之。亦治小兒霍亂，吐痢，以芹葉細切，煮汁飲之。補：　孟詵云：　養神益力。〔禁〕患鼈瘕人不可食。三月、四月勿食芹菜，恐病蛟龍瘕，發則似癲，面手青黄，肚腹脹滿，痛不可忍，狀如懷妊，急服硬糖三二升，日二度，吐出，即瘥。〔忌〕不可與醋同食，能損齒。　〔解〕殺藥石毒。

明・盧和、汪穎《食物本草》卷一菜類　蘄菜　味甘，無毒。主女子崩中帶下，止血養精，保血脉，益氣，令人肥健嗜食。又止煩熱渴，去伏熱，殺藥毒。置酒醬中香美，和醋食亦滋人，但損齒生黑。作虀菹、煮食、生啖並得。一種荻蘄，用莖葉。水蘄，水濕地所生者，不及高田者宜人。三月、八月勿食，恐病蛟龍瘕。

明・陳嘉謨《本草蒙筌》卷六　水蘄　味甘，氣平，無毒。多生池澤，一名水英。葉似芎藭甚香，花開白色無實。其葉下常有蟲子，視之不見。儻悮取不免為殃。凡採之時，勿厭洗淨。作虀菹甘味爽口，置酒醬香氣熏人。能益氣養精，令肥健嗜食。止煩渴，殺諸石藥毒；保血脉，退五腫急黄。利大小二腸，亦利口齒；　止赤沃帶下，仍止崩中。小兒身暴熱可毆，大人酒後熱能解。勿和醋食，損齒須防。八月食之，患蛟龍瘕。其時龍帶精入芹中故也。

明・寧源《食鑒本草》卷下　芹菜　味甘，平，無毒。養精神，益氣血，利口齒，令人肥健，嗜食。又治婦人赤白帶下。

明・王文潔《太乙仙製本草藥性大全》卷五《本草精義》　水蘄　一名水英，一名楚葵。舊本不載所出州土，今在處有之。生南海川澤水中。葉似芎藭，花白色而無實，根亦白色。又云：　生黑滑地，名曰水蘄，食之不如高田者宜人。餘田中皆諸蟲子在其葉，乍視之不見，食之爲患。高田者名曰田芹，二月三月作英時可作菹，及熟爚食。芹花，味苦，主脉溢。芹有兩種，萩芹取根，白色；　赤芹取莖葉，並堪作菹及生噉。

明・王文潔《太乙仙製本草藥性大全》卷五《仙製藥性》　水蘄　味甘，氣平，無毒。　主治：　能益氣養精，令肥健嗜食。止煩渴，殺諸石藥毒。保血脉，退五腫急黄。利大小二腸，亦利口齒。止赤沃帶下，仍止崩中。小兒身暴熱可毆，大人酒後熱能解。勿和醋食，損齒須防。八月食之患蛟龍瘕，其時龍帶精入芹中故也。　補註：　三月、八月勿食芹菜，恐病蛟龍瘕，發則似癲，面色青黃，小腹脹，狀如懷妊也。○春秋二時龍帶精入芹菜中，人遇食之爲病，發時手青，肚滿痛不可忍，作蛟龍病。服硬餳三二升，日二度，吐出如蜥蜴三二便差。○主小兒霍亂吐痢，芹葉細切，煮熟汁飲，任性多少，立止。○去小兒暴熱，大人酒後熱毒，鼻塞身熱，利大小腸，取莖葉，搗絞取汁服。

明・皇甫嵩《本草發明》卷五　水蘄即水芹。味甘，平。　主女子赤沃，止血，保血脉，養精益氣，令人肥健，嗜食。○本註云：有兩種，青芹取根，白色。赤芹取莖葉，並堪作葅。陳藏器云：莖葉，搗絞取汁，去小兒暴熱，大人酒後熱毒，鼻塞身熱，利大小腸。莖、葉、根並寒，子辛溫。生高田者，名白芹，最良。三八月勿食芹菜。

明・李時珍《本草綱目》卷二六菜部・葷菜類　水蘄音芹。《本經》下品。

【釋名】芹菜《別録》　水英《本經》　楚葵弘景曰：蘄字俗作芹字。論其主治，合在上品，未解何意乃在下品？二月、三月作英時，可作葅及熟瀹食。故名水英。時珍曰：蘄當作蘄，從艸、蘄，諧聲也。後省作芹，從斤，亦諧聲也。其性冷滑如葵，故《爾雅》謂之楚葵。《呂氏春秋》：菜之美者，有雲夢之芹。雲夢，楚地也。楚有蘄州、蘄縣，俱音淇。羅願《爾雅翼》云：地多産芹，故字從芹。蘄亦音芹。徐鍇注《説文》，蘄字，從艸，靳〔聲〕。諸書無靳字，惟《説文》別出菦字，音銀，疑相承誤出也。據此，則蘄字亦當從靳作蘄字也。【集解】《別録》曰：水蘄生南海池澤。恭曰：水蘄即芹菜也。有兩種：荻芹白色取根，赤芹取莖、葉。並堪作葅及生菜。保昇曰：芹生水中，葉似芎藭，其花白色而無實，根亦白色。詵曰：水芹生黑滑地，食之不如高田者宜人，置酒醬中香美。高田者名白芹。餘田者皆有蟲子在葉間，視之不見，食之令人爲患。弘景曰：又有渣芹，可爲生菜，亦可生啖。時珍曰：芹有水芹、旱芹。水芹生江湖陂澤之涯；旱芹生平地，有赤、白二種。二月生苗，其葉對節而生，似芎藭。其莖有節稜而中空，其氣芬芳。五月開細白花，如蛇牀花。楚人採以濟飢，其利不小。《詩》云：觱沸檻泉，言采其芹。杜甫詩云：飯煮青泥坊底芹。又云：香芹碧澗羹。皆美芹之功。而《列子》言鄉豪嘗芹，蜇口慘腹，蓋未得食芹之法耳。

莖　【氣味】甘，平，無毒。思邈曰：苦，酸，冷，澀，無毒。詵曰：和醋食，損齒。鱉瘕不可食。李（廷）〔鵬〕飛曰：赤芹害人，不可食。　【主治】女子赤沃，止血養精，保血脈，益氣，令人肥健嗜食《本經》。去伏熱，殺石藥毒，搗汁服孟詵。飲汁，去小兒暴熱，大人酒後熱，鼻塞身熱，去頭中風熱，利口齒，利大小腸藏器。治煩渴，崩中帶下，五種黃病大明。　【發明】張仲景曰：春秋二時，龍帶精入芹菜中。人誤食之爲病，面青手青，腹滿如妊，痛不可忍，作蛟龍病。俱服硬餳三二升，日三度。吐出蜥蜴便瘥。時珍曰：芹菜生水涯。蛟龍雖云變化莫測，其精那得入此？大抵是蜥蜴、虺蛇之類，春夏之交，遺精於此故爾。且蛇喜嗜芹，尤爲可證。別有馬芹見後。

【附方】舊一，新二。　小兒吐瀉：芹菜切細，煮汁飲之，不拘多少。《子母秘録》。　小便淋痛：水芹菜白根者，去葉搗汁，井水和服。《聖惠方》。　小便出血：水芹搗汁，日服六七合。《聖惠方》。

花　【氣味】苦，寒，無毒。　【主治】脈溢蘇恭。

明・梅得春《藥性會元》卷中　水芹　味甘，氣平，無毒。　主治女子赤沃，止血，養精，保血脉，益氣，令人肥健，嗜食。

明・穆世錫《食物輯要》卷三　蘄菜　味甘，平，無毒。殺藥石毒，解酒，去伏熱，止煩渴，通鼻塞，利大小腸。多食，益氣血，肥健人。置酒漿食，香美。和醋食，損齒。妻居中云：春秋二時，防龍蛇入芹。誤食，令面手發青，胸腹脹痛。服飴糖二三碗，令吐出，可瘥。凡取近水澤地者，良；高田生者，勿用。一種赤蘄有毒，忌食。

明・張懋辰《本草便》卷二　水蘄芹菜也。　味甘，氣平、寒，無毒。　主女子赤沃，止血，養精保血脉，益氣，令人肥健，嗜食治寒渴。

明・倪朱謨《本草彙言》卷一六　芹菜　味甘，氣寒，無毒。沉也，降也。

李氏曰：芹有水旱二種。水芹生江湖陂澤之涯，旱芹生路園陸地。又有赤白二種。二月生苗，其莖有節。其葉對節而生，似芎藭，莖有稜而中空。其氣芬芳。五月開細白花，如蛇牀花。楚人以濟飢，其利溥哉。《詩》云：觱沸檻泉，言采其芹。

芹菜：解酒熱丹石藥毒、烟火煤火之毒之藥也。黄正暘曰：日華子治五種熱疸黄病，婦人血熱暴崩，天行時火煩渴諸證。蓋凉而清利之物也。調鹽醋食可充蔬菜。如脾胃虛弱，中氣寒乏者禁食之。二八月宜少食，恐蜥蜴虺蛇之精，常伏其中，誤食多有病瘕者。

集方：治已上諸病，俱用芹菜鹽醋調和食之，不配他藥兼用者。如治五種疸黄病，僅用米醋一味調食，鹽味鹹，又不可加入也。

明・應麐《食治廣要》卷三　芹菜　氣味：甘，平，無毒。止血養精，和血脉，益氣，令人肥健嗜食。去伏熱，殺藥石毒，諸熱煩渴，崩中帶下，五積黄病。

水芹：生江湖陂澤之涯。

旱芹：　生平地，亦有種蒔者。李鵬飛曰：　赤芹害人，不可多食。和醋食損齒。

明・姚可成《食物本草》卷六菜部・葷辛類　水蘄一名芹菜。有水芹、旱芹。水芹生江湖陂澤之涯；　旱芹生平地，有赤、白二種。二月生苗，其葉對節而生，似芎藭。其莖有節稜而中空，其氣芬芳。五月開細白花，如蛇牀花，楚人采以濟飢，其利不小。《詩》云：　觱沸檻泉，言采其芹。杜甫詩云：　飯煮青泥坊底芹。又云：　香芹碧澗羹。皆美芹之功。而《列子》言鄉豪嘗芹，蜇口慘腹，蓋未得食芹之法耳。〇水芹生黑滑地，食之不如高田者宜人，置酒醬中香美。高田者皆有蟲子在葉間，視之不見，食之令人為患。　水蘄，味甘，平，無毒。主女子赤沃，止血養精，保血脉，益氣，令人肥健嗜食。去伏熱，治石殺毒，擣汁服。飲汁，去小兒暴熱，大人酒後熱，鼻塞身熱，去頭中風熱，利口齒，利大小腸。治煩渴，崩中帶下，五種黃病。和醋食，損齒。赤芹害人，不可食。有鼈瘕不可食。〇張仲景曰：　春秋二時，龍帶精入芹菜中。人誤食之為病，面青手青，腹滿如妊，痛不可忍，作蛟龍病。俱服硬餳二三升，日三度。吐出〔如〕蜥蜴便瘥。李時珍曰：　芹菜生水涯，蛟龍雖云變化莫測，其精那得入此？大抵是蜥蜴、虺蛇之類，春夏之交，遺精於此故爾。且蛇喜嗜芹，尤為可證。

明・顧逢柏《分部本草妙用》卷九菜部　水芹　苦，平，無毒。主治：能益氣血，養精神，消煩渴，除黃疸崩帶。須洗淨食之，恐有蛇蟲子在上。

明・施永圖《本草醫旨・食物類》卷二　水芹　味：　甘，平，寒，無毒。主女子赤白帶下，止血，養精益氣，保血脉，消煩渴，令人肥健嗜食，利齒。

蘄菜　味甘，無毒。主女子崩中帶下，止血養精，保脉益氣，令人肥健嗜食。又止煩熱渴燥，去伏熱，殺藥毒。置酒醬中香美。和醋食，損齒。作虀，煮食、生噉並得。又有荻蘄、赤蘄、水蘄。荻蘄根美；　赤蘄莖、葉俱佳；　水蘄滑地所生，不及高田者宜人。三八月勿食，恐病蛟龍瘕。

清・穆石匏《本草洞詮》卷七　水蘄　冷滑如葵，故《爾雅》謂之楚葵。《呂氏春秋》載：　菜之美者，有雲夢之芹，此也。氣味甘平，無毒。利大小腸，去伏熱，殺石藥毒。仲景謂：　龍帶精入芹菜中，人誤食之，病面青手青，腹滿如妊。夫芹菜生水涯，蛟龍雖云變化，其精那得入此？大抵是蜥蜴、虺蛇之類遺精於此爾。且蛇嗜芹故也，不可不慎。

清・丁其譽《壽世秘典》卷三　芹菜芹有水芹、旱芹。水芹生江湖陂澤之崖，旱芹生平地。有赤、白二種，並堪作菹及生菜，其氣芬芳，開細白花如蛇床花。　氣味：　甘，平，無毒。主養精益氣，保血脉，令人肥健嗜食。又治婦人赤白帶下。

發明：　孟詵曰：　和醋食，損齒。李時珍曰：　芹菜生水涯者，春夏之交，恐有蜥蜴、虺蛇之類遺精于中，悞食之成瘕瘕。一種馬芹與芹同類而異種，處處卑濕地有之，一本叢出如蒿，白毛蒙茸，嫩時可茹，益脾胃，利胸膈，去冷氣。其根白色，長者尺許，氣亦香而堅硬不可食，俗稱胡芹即此。別有芹菜野生，非人所種，葉似蕺菜，花紫色，亦旱芹也，其性滑利。一種黃花者，有毒殺人，即毛芹也。

清・尤乘《食鑒本草・菜類》　蘄菜　生高田者宜人。荻蘄根美，置酒醬中香美，和醋損齒。三八月勿食水蘄，恐成蛟龍瘕。

清・朱本中《飲食須知・菜類》　芹菜　味辛、甘，性平。殺丹石毒。和醋食損齒，有鼈瘕人不可食。春秋二時，宜防蛇虺遺精，悞食令面手發青，胸腹脹痛，成蛟龍癥。服餳糖二三碗，日三度吐出，便瘥。種近水澤者良，高田生者勿用。一種赤芹，有毒，忌食。

清・何其言《養生食鑒》卷上　芹菜　味甘，性平，無毒。殺藥石毒，解酒，去伏熱，止煩渴，通鼻塞，利大小腸，治女子崩中帶下、五種黃病。多食，益氣血，令人肥健嗜食。置酒醬中，香美。和醋食，亦滋人，但損齒。有疥瘡癬患者，忌之。三月、八月，勿食，恐病蛟龍瘕云。

清・李熙和《醫經允中》卷二二　水芹　食之須洗淨，恐蛇蟲子在上。和醋食損齒。赤芹害人。　甘，平，無毒。主能益氣血，消煩渴，除黃疸崩帶。

清・馮兆張《馮氏錦囊秘錄・雜症痘疹藥性主治合參》卷七　水蘄一名水英。味辛、微苦，性溫，平，無毒。辛能入肺而益氣，香能入胃而助食。苦能退黃除熱，利二便也。其葉下常有蟲子，視之不見，倘誤食，不免為殃。凡採務須洗淨，堪作虀菹，可置酒醬。

水蘄，能益氣養精，令肥健嗜食。止煩渴，殺諸石藥毒。保血脉，退五種急黃。利大小二腸，亦利口齒。止赤沃帶下，仍止崩中。小兒身暴熱可毆，大人酒後熱可解。勿和醋食，損齒須防。八月食之，患蛟龍蟲，其時龍帶精入蘄中故也。

清・张璐《本經逢原》卷三　蘄俗名水芹。　甘、微辛，小毒。《本經》主女子赤沃下血，養精，保血脈，益氣，令人肥健，嗜食。　發明：　按蘄有兩種，一種生平田者，曰旱蘄，禀青陽之氣而生，氣味辛竄。能清理胃中濁濕，故《本經》主女子赤沃，濁濕去則胃氣清純，而精血有賴，令人肥健嗜食。一種生陂澤者，曰水蘄，得濕淫之氣而生，氣味辛濁。有蟲子在葉間，視之不見，食之令人為患，面青手青，腹滿如妊，痛不可忍，作蛟龍病，但服鞕餳二三升，吐出便瘥，大抵是蛇虺之毒爾。其根白，盈尺者曰馬蘄，食之令人發瘡疥，以其濕熱之氣最盛也。和醋食之損齒，有鱉瘕人不可食。

清・汪啟賢等《食物須知・諸菜》 水蘄 味甘，氣平，無毒。多生池澤，一名水英。葉似芎藭，甚香；花開白色，無實。其葉下常有蟲子，視之不見，倘誤取不免為殃。凡採之時，勿厭洗淨。作虀葅，甘味爽口；置酒醬，香氣熏人。能益氣養精，肥健嗜食。止煩渴，殺諸藥石毒；保血脈，退五種急黃。利大小二腸，亦利口齒；止赤沃帶下，仍止崩中。小兒身暴熱可驅，大人酒後熱能解。勿和醋食，損齒。須防八月食之，患蛟龍瘕，其時龍帶精入芹中故也。

清・浦士貞《夕庵讀本草快編》卷四 苦蘄《本經》 蘄今作芹。呂氏云：菜之美者，有雲夢之蘄。芹有二種，甘平無毒，菜之美者也。故能保血脈而主婦人赤沃，益精氣而令人健食。煩渴病黃、酒熱鼻塞者宜之。《詩》云：觱沸檻泉，言采其芹。杜甫云：飯煮青泥坊底芹。又云：香芹碧澗羹。皆美其功也。但仲景有云：春秋二時，龍帶精入芹，人誤食之，則病面青手青，腹脹如娠，痛而移動者，宜食餳數升，吐出蜥蜴便瘥。雖然蛟龍變化莫測，或偶有之，大抵蛇虺喜芹，遺精為多也。食者宜細擇之，無患矣。

清・葉盛《古今治驗食物單方》 芹菜 下淋，取芹根搗汁，井水下，小便出血亦然。

清・吳儀洛《本草從新》卷四 水芹（通，去伏熱。） 甘，平。去伏熱及頭中風熱，利口齒及大小腸。治煩渴，崩中帶下，五種黃疸。

清・汪紱《醫林纂要探源》卷二 芹 甘、鹹，溫。水陸不一種，家芹為佳。方莖而高，至秋乃花，曰馬芹，味最下。白根而夏初即花，曰水芹。人謂三月後不可食此，亦不然。但揀擇宜淨耳。 補心，鹹能護心，生水中，能交心腎。去瘀，鹹滲血。續傷。根斷復生。〇可為夾棍藥，赤紫芹尤效。又名強盜草。多食亦發瘡。

清・嚴潔等《得配本草》卷五 水芹 甘，平。去熱除煩，養精保血。退急黃，利二便，女子赤白帶下，男子尿血淋痛。 芹有赤白二種，赤芹害人不可食。蛇喜嗜芹，春夏之交，遺精於此，恐誤食中毒。

題清・徐大椿《藥性切用》卷六《菜部》 水芹 性味甘涼，去熱除風，利口齒及大小腸。可充菜蔬，醃熟，醋拌食。

清・黃宮繡《本草求真》卷九 芹菜芹菜辛多於苦則能以治寒濕苦，多於辛則能以治熱毒。 芹菜耑入肺、胃、肝。 地出，有水有旱，其味有苦有甘，有辛有酸之類。考之張璐有言：旱芹得青陽之氣而生，氣味辛竄，能理胃中濕濁；水芹得濕淫之氣而生，氣味辛濁。考之綱目有言，旱芹氣味甘寒，能除心下煩熱；水芹氣味甘平，能治女子赤沃，兩說絕不相類。詎知旱芹種類，或有得於陽氣之厚，故味多辛而燥，得於陽氣之微，故味苦而多濕。水芹種類，得於陽氣之最，則氣雖濁而仍清，得於陰氣之勝，則味既苦而且濁。不得謂水芹盡屬陰類，旱芹盡屬陽類也。惟察辛多於苦，則芹多燥而不涼，苦勝於辛，則芹多寒而不溫，辛勝於苦，則治當如《本經》所云，能治女子赤沃，俾濁濕去，胃氣清，而精血有賴，令人肥健嗜食。苦勝於辛，及質粘滑，則治當如《唐本》所云，能治癰腫馬毒，又安能入脾以助食，入陰以助精，入肝以保血乎！但芹在水，須防有蟲在於葉間，春夏之交，多有蜥蝎虺蛇在於此處遺精。視之不見，令人為患面青手青，腹滿如妊，痛不可忍，作蛟龍痛，須服硬餳二三斤，吐出便瘥。其根白盈尺者曰馬蘄，食之令人發瘡疥，以其濕熱之氣最盛也，和醋食之損齒，有鱉瘕人不可食。

清・李文培《食物小錄》卷上 水蘄 甘，平，微辛，無毒。養精，保血脈，益氣，令人肥健嗜食，利口齒，利大小腸。

野芹菜 辛辣，有毒。水生者可食，旱生者不宜人。

蘄菜 甘，滑，微寒，無毒。利腸胃，不宜多食。

清・章穆《調疾飲食辯》卷三 水芹 《綱目》曰：古作蘄，後省文作芹。《魯頌》曰：思樂泮水，薄采其芹。則芹字亦古矣。性冷滑如葵，故《爾雅》謂之楚葵。此誤也，芹不冷滑。《呂氏春秋》曰：菜之美者，雲夢之芹。雲夢，楚地。楚有蘄州、蘄水縣。《爾雅翼》曰：因其地多產蘄，故名。據此，則芹字不從芹，亦不從蘄，當作蘄矣。然芹音勤，蘄音淇，二字原不相涉。且《晉書・地理志》：豫州所屬，譙郡有蘄縣，弋陽郡有蘄春縣。豈亦因其產芹乎？諸書皆附會《呂覽》之言而誤也。又徐鍇注《說文》曰：蘄字從艸，從斳。考諸書無斳字，惟《說文》別出菦字。據此，則蘄州當作芹州，或作菦州矣。亦誤也。此菜有赤、白二種。《延壽書》曰：赤者害人。白者，《本經》言能保血、養精、益氣。語不可信。《綱目》引《詩》觱沸檻泉，言采其芹，及杜工部香芹碧澗羹，謂皆美芹之功，亦不可從。蓋其形狀氣味，皆似芎藭，性能僭上，上盛下虛人食〔之〕，多走泄真氣。若夙有頭痛、頭眩，及上焦火重，常患咽喉、口齒瘡痛人，尤不宜食。《金匱》言春、秋二時，蛟龍帶精入芹菜，《綱目》曰：非蛟龍，乃蜥蜴、蛇虺之屬，極是。人食之，面手青色，腹滿如孕，名蛟龍病，當服鞕餳三二升，吐出蛟龍乃愈。大抵此物香竄辛烈，溫中、理氣、開胃、引清氣上行則有之，其性必不平和。故《列子》曰蜇口慘腹，凡病屬虛者忌之。惟生搗汁飲，能治小便淋痛。又治小便出血，日二三合。出《聖惠方》。

清・吳鋼《類經證治本草・足少陰腎臟藥類》 水芹菜 【略】誠齋曰：水中芹菜也。莖葉上有毛者，服之殺人。

清・葉桂《本草再新》卷六 芹菜味甘，性寒，無毒。入心、肺二經。除煩解熱，化痰下氣。治血分，消瘰癧結核。

清・吳其濬《植物名實圖考》卷三 水斳 《本經》下品。陶隱居以為合在上品，未解何意乃在下品？《別錄》謂生南海池澤。此是常蔬，不識何以云生南海？殆非人所種者耶？芹葅加豆之實，而《列子》云：人有美戎菽，甘枲莖芹萍子者，對鄉豪稱之，鄉豪取而嘗之，蜇於口，慘於腹。其所謂芹子，必非園圃中物矣。按《詩》：觱沸檻泉，言采其芹。蓋古時以為野蔬。青州有芹泉，榆林有芹葉水。老杜詩多言芹，青泥、烏鵲，亦自生之藪耳。《二老堂詩話》：蜀人縷鳩為膾，配以芹菜。或為詩云：本欲將勤補，那知弄巧成。言雖謔而可諷。

雩婁農曰：羊鼻公嗜醋芹，此常饈耳。《龍城錄》三杯食盡之說，近狎侮矣。太宗敬文貞甚至，不應有此。臣執作從事，獨僻此收斂物。文貞豈以口腹之故，而為嗇夫喋喋者？昌歜羊棗，聖賢不以為病，若於飲食之間而覘朝臣所短，則漢景賜食而不設箸，孫歆燕飲，澆灌取足，豈盛德事哉？昔人謂《龍城錄》為偽書，其言猶信。

清・趙其光《本草求原》卷一五菜部 芹菜 有二種：一生平田者，曰旱芹，稟青陽之氣以生，甘辛宣達，無毒。能清理胃中濁濕，使胃氣清純，精血有賴。故治血崩、赤白帶，養精、保血脈，益氣，去伏熱，通鼻塞，解酒，止煩渴，利二腸，治黃病，令人肥健嗜食，《本經》所載指此。若生陂澤者，曰水芹，得濕淫之氣以生，不益人，且恐蛇蟲遺毒，令人腹滿痛甚，須服鞕餳二三升，吐出方安。和醋多食，亦損齒、發瘡疥，以濕熱之氣盛也。有鱉瘕人忌之。

清・葉志詵《神農本草經贊》卷三 水(斳)〔蘄〕 味甘，平。主女子赤沃，止血養精，保血脈益氣，令人肥健嗜食。一名水英。生池澤。

潔清是尚，菜美芹荑。瓊田玉本，碧澗青泥。豆加芬實，盤餽春齊。至尊思獻，德偏氓黎。

《詩疏》：采芹尚潔清也。《呂氏春秋》：菜之美者，雲夢之芹。朱子詩：瓊田何日種，玉本一時生。高啟詩：飯煮憶青泥，羹炊思碧澗。《周禮》：加豆之實，芹葅兔醢。《四時寶鏡》：東晉李鄂，立春日以蘆菔芹菜為菜盤相餽貽。嵇康書：野人有快炙背而美芹子者，欲獻之至尊。《詩》：群黎百姓，徧為爾德。

清・文晟《新編六書》卷六《藥性摘錄》 芹菜 有旱芹、水芹。辛多於苦者，除寒濕，去女子赤白帶下，及五種黃病。苦多於辛者，治癰腫熱毒。○春夏之交，防有虺毒。

清・王孟英《隨息居飲食譜・蔬食類》 芹 甘，涼。清胃，滌熱祛風，利口齒、咽喉、頭目，治崩帶、淋濁。諸黃白嫩者良。煮勿太熟。旱芹味遜，性味略同。

清・劉善述、劉士季《草木便方》卷一草部 水菫菜 水芹菜甘性最平，崩帶保血養精神。腰脚虛腫筋骨疼，風濕寒痹痒洗靈。

清・田綿淮《本草省常・菜性類》 芹菜 一作斳，一名水英，一名楚葵。其類甚多，澤生者名水芹，野生者名旱芹，又有紫芹、赤芹、馬芹、牛芹之說，皆非人種不可食。惟園中所種白芹可食。性寒。清熱除煩，利水消腫，令人嗜食。和好醋食傷人齒。

清・戴葆元《本草綱目易知錄》卷三 水芹苦斳 莖甘，平。益氣養精，止血，保血脈，嗜飲食，利口齒，去伏熱，解煩渴。去頭中風熱，利大小腸。治崩中帶下，五種黃疸。擣汁服，治小兒暴熱，大人酒後身熱鼻塞。殺百藥毒。和醋食，損齒。赤者害人。【略】《纂要》云：根白，夏初開花，名水芹。筋斷敷食可生，可為夾棍藥，紫色者尤效。又名強盜草。

清・陳其瑞《本草撮要》卷四 水芹 味甘，平，入手足太陰、陽明經，功專去伏熱及頭中風熱，利口齒及大小腸，治煩渴崩中帶下，五種黃病。小便出血，擣汁煎服愈。

清·吴汝紀《每日食物却病考》卷上　芹菜　生陂澤者曰水芹，生平地者曰旱芹，有赤、白二種。種高田白者良。甘，平，無毒。治女人崩中帶下，止血，養精，益氣，止煩熱，殺藥毒，令人健。食生水涯者，春夏慎之。昔，人誤食為病，腹滿痛不可忍，服硬餳二三觔，日三度吐出蜥蜴，便瘥。蓋蛇喜食芹，春夏之間，蜥蜴虺蛇遺精於此故爾。

旱芹

宋·唐慎微《證類本草》卷二九菜部下品〔唐·蘇敬《唐本草》〕　堇汁味甘，寒，無毒。主馬毒瘡，擣汁洗之并服之。堇，菜也。出《小品方》。《萬畢方》云：除蛇蠍毒及癰腫。

〔唐·蘇敬《唐本草》〕注云：此菜野生，非人所種。俗謂之堇菜，葉似蕺，花紫色。唐本先附。

〔宋·掌禹錫《嘉祐本草》〕按：《爾雅》云：齧，苦堇。注：今堇葵也，葉似柳，子如米，汋之滑。《疏》云：齧，一名苦堇，可食之菜也。《内則》云堇、荁、枌、榆是也。《本草》云：味甘，此苦者，古人語倒，猶甘草謂之大苦也。孟詵云：堇，久食除心煩熱，令人身重懈惰。又令人多睡，只可一兩頓而已。又，擣傅熱腫，良。又，殺鬼毒，生取汁半升服，即吐出。

〔宋·唐慎微《證類本草》〕《食療》：堇菜，味苦。主寒熱，鼠瘻，瘰癧，生瘡，結核，聚氣，下瘀血。葉主霍亂，與香葇同功。蛇咬，生研傅之，毒即出矣。又，乾末和油煎成，摩結核上，三五度差。《丹房鏡源》：勒堇灰制朱砂、流黄。

宋·鄭樵《通志》卷七五《昆蟲草木略》　堇　曰齧，曰苦堇。《爾雅》云：齧，苦堇。今人亦謂之堇菜。野出，味雖苦而甘，黄花者殺人。唐武后寘諸食中，以毒賀蘭氏暴死者，蓋此種也。

宋·王介《履巉巖本草》卷中　旱芹　性溫，無毒。治濕氣，不以多少，乾爲細末，麪糊爲元，如梧桐子大，每服三十元至四十元。空心食前溫酒鹽湯服之，大能殺百蟲。

明·蘭茂原撰，范洪等抄補《滇南本草圖說》卷四　芹菜　性溫，味辛。入肝、肺二經。發瘡癰，攻瘡毒。主治：食熱，止頭疼，袪風。滇中作菜食。有積疢者發痛。

明·蘭茂撰，清·管暄校補《滇南本草》卷上　南芹菜　味甘。治婦人赤白帶下，同南蘇葉煎服。

明·蘭茂撰，清·管暄校補《滇南本草》卷中　雲芎　俗名芹菜。川為川芎，理為理芎。性溫，味辛。入肝肺二經。發散瘡癰，攻瘡毒，治濕熱，止頭疼，袪風。滇中作菜食。肚腹有積滯，食之令人發病。

附方：治婦人白帶，頭暈耳鳴，腰痛，惡寒怕冷。芹菜、螺螄蛋，煮喫。無螺螄蛋，即以螺螄尾煑喫亦可。入椒料亦可。

明·蘭茂《滇南本草》〔叢本〕卷中　雲芎俗作有理芎、芹菜、川芎。　味辛，性溫。入肺肝二經。發散癰疽，攻瘡毒，治濕熱，止頭痛。滇中作菜食，肚腹有積滯，食之令人發病。單方：治婦人白帶，頭暈耳鳴，腦疼，惡寒怕冷。芹菜、螺螄蛋，螺螄尾亦可，煑食，名醬胡椒。

明·劉文泰《本草品彙精要》卷四○　堇無毒　植生。

堇汁：主馬毒瘡，擣汁洗之并服之，出《小品方》。《萬畢方》云：除蛇蠍毒及癰腫。名醫所錄。

【名】堇葵、苦堇。　【苗】《唐本》注云：此菜野生，非人所種，俗謂之堇菜。葉似蕺，花紫色。按《爾雅》云：齧，苦堇。注：今堇葵也，葉似柳，子如米，汋食之滑。《内則》曰堇、荁、枌、榆是也。《本草》云：味甘，此云苦者，古人語倒，正猶甘草謂之大苦之義也。　【地】處處有之。　【時】生：春生苗。採：無時。　【用】莖、葉。　【色】青緑。　【味】甘。　【性】寒。　【氣】氣之薄者，陽中之陰。　【治】療：孟詵云：久食，除心煩熱。及擣，傅熱腫。殺鬼毒，生取汁半升服，即吐出。《食療》云：主寒熱鼠瘻，瘰癧，瘡，結核，聚氣，下瘀血。○葉，主霍亂。及生擣傅蛇咬瘡，其毒即出。　【合治】乾末合油煎成膏，摩結核上，三五度，差。　【禁】久食令人身重，懈惰多睡。

明·盧和、汪穎《食物本草》卷一菜類　芎苗　味辛，溫，無毒。主欬逆，定驚風，辟邪惡，除蠱毒鬼疰，去三蟲。久服通神。川中產者良。本地者點茶，亦清頭目。

明·盧和、汪穎《食物本草》卷二菜類　堇菜　味甘，寒，無毒。主蛇蠍毒及癰腫。此菜野生，久食除心煩熱，令人身體懈墮多睡。一云：苦，主寒熱，功同香葇。

明·李時珍《本草綱目》卷二六菜部·葷菜類　堇音勤。《唐本草》。

【釋名】苦堇《爾雅》　堇葵《唐本》　旱芹《綱目》。禹錫曰：《爾雅》云：嚙，苦堇也。郭璞云：即堇葵。《本草》言味甘，而此云苦堇，古人語倒，猶甘草謂之大苦也。時珍曰：其性滑如葵，故得葵名。［集解］恭曰：堇菜野生，非人所種。葉似蕺菜，花紫色。禹錫曰：《説文》云：堇，根如薺，葉如細柳，子如米，蒸汋食之，甘滑。《内則》云堇、荁、枌、榆是矣。時珍曰：此旱芹也。其性滑利。故洪舜俞賦云：烈有椒桂，滑有堇榆。一種黄花者，有毒殺人，即毛芹也。見草部毛茛。又烏頭苗亦名堇，有毒。各見本條下。

菜 ［氣味］甘，寒，無毒。 ［主治］擣汁，洗馬毒瘡，並服之。又塗蛇蝎毒及癰腫《唐本》。久食，除心下煩熱。主寒熱鼠瘻，瘰癧生瘡，結核聚氣，下瘀血，止霍亂。又生擣汁半升服，能殺鬼毒，即吐出孟詵。 ［發明］詵曰：堇葉止霍亂，與香茙同功。香茙即香薷也。

［附方］舊二，新一。 結核氣：堇菜日乾爲末，油煎成膏。摩之，日三五度，便瘥。孟詵《食療》。 濕熱氣：旱芹菜日乾爲末，糊丸梧子大。每服四十丸，空心温酒下。大殺百蟲毒。《壽域神方》。 蛇咬瘡：生杵堇汁塗之。《萬畢術》。

明·姚可成《食物本草》卷六菜部·菫辛類 菫音勤。菫菜野生，非人所種。葉似蕺菜，花紫色。蒸汋食之，甘滑適口。李時珍曰：此旱芹也。其性滑利。故洪舜俞賦云：烈有椒桂，滑有堇榆。一種黄花者，有毒殺人，即毛芹也。 堇菜，味甘，寒，無毒。擣汁，洗馬毒瘡，并服之。又塗蛇蝎毒及癰腫。久食，除心下煩熱。主寒熱，鼠瘻瘰癧，生瘡結核，聚氣，下瘀血，止霍亂。又生擣汁半升服，能殺鬼毒，即吐出。

明·施永圖《本草醫旨·食物類》卷二 堇菜此下四種皆遠方所出。○葉止霍亂，與香薷同功。 味：甘，寒，無毒。主蛇蝎毒及消癰腫。擣汁，洗馬毒瘡，治鼠瘻瘰癧、生瘡結核，下瘀血，止霍亂，久食除心煩熱。

清·朱本中《飲食須知·菜類》 水芹旱芹、赤芹、胡芹。 味辛、甘，性平。生地上者名旱芹，其性滑利。一種黄花者有毒，殺人，即毛芹也。赤芹，生於水濱，狀類赤芍藥，其葉深緑，而背甚赤。其性温，味酸，有毒。胡芹，生卑濕地，三四月生苗，一本叢出如蒿，白毛蒙茸，嫩時可茹。其味甘、辛，性温。蛇喜嗜芹，春夏之交，防遺精於上，悮食成蛟龍瘕。和醋食，令人損齒。忌同芹菜。

清·何諫《生草藥性備要》卷下 旱芹菜 味辛，性温。補血，祛風，去濕，敷洗諸風之症。生疥癩人勿服。一名本地當歸。

清·吴儀洛《本草從新》卷四 旱芹〔瀉，散結。〕 甘，寒。除心下煩熱。療鼠瘻瘰癧，結核聚氣。下瘀血，止霍亂。

題清·徐大椿《藥性切用》卷六 旱芹 性味甘平，除煩散結，瀉熱消癭。充菜羮食，同水芹。

清·李文培《食物小録》卷上 旱堇 甘，寒，無毒。久食除心下煩，芳香利齒嗜食，以其芳香故。入泮謂之采芹。

清·章穆《調疾飲食辯》卷三 旱芹 《唐本草》作堇，《爾雅》曰：齧，苦堇。郭注云：即堇葵也。《綱目》曰：烏喙苗，亦名堇。與此不同。《嘉祐本草》曰：此《内則》所謂堇、荁、枌、榆也。氣味辛香，與芎藭更相近，俗呼川芎芹。昏神耗氣，助上焦火，比水芹加甚，上盛下虚人尤不宜食。《淮南萬畢術》云：生擣汁，可塗蛇咬。《綱目》云：芹菜花紫色，黄者有毒殺人。今旱芹花皆黄，未聞有毒。不知古人誤乎，抑傳寫之譌乎。存考。

清·吴其濬《植物名實圖考》卷三 堇

蘄，同芹；堇，音謹。《爾雅》：芹，楚葵。注：今水中芹菜。而《唐本草》別出堇菜，云野生，非人所種。葉似蕺菜，花紫色。李時珍以為即旱芹。按《爾雅》：齧，苦堇。注：今堇葵也。葉似柳，子如米，汋食之滑，與蘄菜殊不類。近時亦無蒸芹而食之者，唯疏引《唐本草》堇菜釋之。余疑本草堇別一種，惟諸家皆以為水蘄，當有所據。又按《詩》：堇荼如飴。傳：堇菜也。疏以為烏頭。烏頭毒草，豈可釋菜？《内則》堇、荁同列，未必異物。《士虞禮》：冬用荁，夏用葵。然則堇其葵之類耶？《爾雅》：芹與苦堇兩釋，究不可定為一種，烏頭之堇，音覲，與堇葵亦異讀。

清·吴其濬《植物名實圖考》卷三 紫芹 宋《圖經》始著録，莖紫葉肥，根白長，香甜。河南多種之。

清·劉善述、劉士季《草木便方》卷二穀糧豆菜部 旱堇 旱芹菜甘解熱毒，癰腫瘰癧鼠癰塗。蛇蝎馬瘡除煩熱，霍亂氣下瘀血服。

清·陳其瑞《本草撮要》卷四 旱芹 味甘，寒，入足陽明、厥陰經，功專除心下煩熱，下瘀血，止霍亂。凡結核氣，旱芹曬乾為末，油煎成膏摩之，日三五度便愈。

馬芹

宋·唐慎微《證類本草》卷二九菜部下品〔唐·蘇敬《唐本草》〕 馬芹子 味甘、辛，温，無毒。主心腹脹滿，下氣，消食。調味用之，香似橘皮，而無苦味。

〔唐・蘇敬《唐本草》〕注云：生水澤傍，苗似鬼鍼、菾菜等，花青白色，子黄黑色，似防風子。《唐本》先附。

〔宋・掌禹錫《嘉祐本草》〕按：《蜀本圖經》云：花若芹花，子如防風子而扁大。《爾雅》云：茭，牛蘄。釋曰：似芹，可食菜也。而葉細鋭，一名茭，一名牛蘄，一名馬蘄。子入藥用。孟詵云：和醬食，諸味良。根及葉不堪食。卒心痛，子作末，醋服。日華子云：馬芹，嫩時可食。子治卒心痛，炒食令人得睡。

宋・鄭樵《通志》卷七五《昆蟲草木略》 馬芹 《爾雅》曰：茭，牛蘄。俗謂胡芹。其根葉不可食，惟子香美，可調飲食。所謂野人快炙背而美芹子是也。

宋・陳衍《寶慶本草折衷》卷二〇 馬芹子 一名馬蘄子，一名牛蘄，一名茭。〇蘄，音耆。生水澤傍。

味甘、辛，溫，無毒。〇主心腹脹滿，下氣消食。調味香似橘皮而無苦味。〇《唐本》註云：子，黄黑色。〇日華子云：治卒心氣痛。炒食令人得睡。

明・劉文泰《本草品彙精要》卷四〇 馬芹子無毒 叢生。

馬芹子：主心腹脹滿，下氣消食。名醫所録。【名】茭、牛蘄、馬蘄子。【苗】《唐本》注云：苗似鬼鍼、菾菜輩，花青白色，如芹花，子黄黑色，似防風子而匾大。《爾雅》云：茭，牛蘄。釋曰：似芹，可食者也。其葉但鋭，子可調味用之，香似橘葉而無苦味，亦入藥用，惟根、葉不堪食也。【地】《唐本》注云：生水澤旁。【時】生：春生苗。採：秋取實。【收】暴乾。【用】子。【色】黄黑。【味】甘。【性】溫。【氣】氣之厚者，陽也。【臭】香。【治】療：日華子云：治卒心痛，炒食令人得睡。【合治】作末合醋服，除卒心痛。

明・王文潔《太乙仙製本草藥性大全》卷五《本草精義》 馬芹子 一云茭，牛蘄。舊本不著所出州土，今處處有之，生水澤傍。苗似鬼針菾菜等，開花青白色，若芹，結子黄黑色，似防風子而扁大，子入藥用。《食療》云：黄菜，味苦，主寒熱鼠瘻、瘰癧、生瘡、結核聚氣，下瘀血。葉主霍亂，與香菽同功。

明・王文潔《太乙仙製本草藥性大全》卷五《仙製藥性》 馬芹子 味甘、辛，氣溫，無毒。主治：主心腹脹滿，能下氣消食。善理卒心氣，炒食令人得睡。〇調和五味而後用之，香似橘皮而無苦味。補註：卒心氣痛，子炒爲末，食之令人得睡。〇蛇咬，生杵傅之，其毒即出矣。又乾末和油煎成，摩結核上，三五度便差。

明・李時珍《本草綱目》卷二六菜部・葷菜類 馬蘄音芹。《唐本草》。

【釋名】牛蘄《爾雅》 胡芹《通志》 野茴香《綱目》。時珍曰：凡物大者多以馬名，此草似芹而大故也。俗稱野茴香，以其氣味子形微似也。《金光明經》三十二品香藥，謂之葉婆你。

【集解】恭曰：馬蘄生水澤旁。苗似鬼針、菾菜等，嫩時可食。花青白色。子黄黑色，似防風子，調食味用之，香似橘皮而無苦味。保昇曰：花若芹花，子如防風子而扁大。《爾雅》云：茭，牛蘄也。孫炎釋云：似芹而葉細鋭，可食菜也。一名茭，一名馬蘄子，入藥用。時珍曰：馬蘄與芹同類而異種，處處卑濕地有之。三四月生苗，一本叢出如蒿，白毛蒙茸，嫩時可茹。葉似水芹而微小，似芎藭葉而色深。五六月開碎花，攢簇如蛇牀及蒔蘿花，青白色。結實亦似蒔蘿子，但色黑而重爾。其根白色，長者尺許，氣亦香而堅硬，不可食。蘇恭所謂鬼針，即鬼釵草也。方莖椏葉，子似釵脚，着人衣如針。與此稍異。

苗 【氣味】甘、辛，温，無毒。【主治】益脾胃，利胸膈，去冷氣，作茹食時珍。

子 【氣味】甘、辛，温，無毒。【主治】心腹脹滿，開胃下氣消食，調味用之《唐本》。炒研醋服，治卒心痛，令人得睡孟詵。温中暖脾，治反胃時珍。

【附方】新一。慢脾驚風：馬芹子、丁香、白殭蠶等分，爲末。每服一錢，炙橘皮煎湯下。名醒脾散。《普濟方》。

明・姚可成《食物本草》卷六菜部・葷辛類 馬蘄音芹。馬蘄與芹同類而異種，處處卑溼地有之。三四月生苗，一本叢出如蒿，白毛蒙茸，嫩時可茹。葉似水芹而微小，似芎藭葉而色深。五六月開碎花，攢簇如蛇牀及蒔蘿花，青白色。結實亦似蒔蘿子，但色黑而重爾。其根白色，長者尺許，氣亦香而堅硬，難食。 馬蘄，味甘、辛，溫，無毒。主益脾胃，利胸膈，去冷氣，作茹食。

子 味甘、辛，溫，無毒。主心腹脹滿，開胃下氣消食，調味用之。炒研醋服，治卒心痛，令人得睡，溫中暖脾，治反胃。

清・章穆《調疾飲食辯》卷三 馬蘄 《爾雅》曰：茭，牛蘄。孫炎《正義》曰：一名馬蘄。鄭樵《通志》作胡芹。俗呼野茴香。《綱目》曰：三四月生卑濕地，一本叢生如蒿，白毛蒙茸。葉似水芹而小。五六月開細碎如蛇床花。結實似蒔蘿子。作菜食，益脾胃，利胸膈，祛冷氣。此物氣香而性熱，寒病則宜，熱病忌之。子醋炒，研末服，治寒氣心痛。出《食療本草》。

清·吳其濬《植物名實圖考》卷三 馬芹 《唐本草》始著錄。多生廢圃中，高大易長，南人不敢食之。滇南水濱，高與人齊，通呼水芹。《滇本草》謂主治發汗，與麻黄同功。一小兒發熱月餘，得一方：水芹菜、大麥芽、車前子，水煎服，效。

高河菜

清·吳其濬《植物名實圖考》卷六 高河菜 生大理點蒼山。《滇黔紀遊》云：七八月生，紅莖碧葉，味辛如芥。桂馥《札璞》蒼山有草類芹，紫莖，辛香可食，呼為高和菜。沿南詔舊名。《古今圖書集成》引舊志云：若高聲則雲霧驟起，風雨卒至，蓋高河乃龍湫也。余遣人致其腊者，審其葉多花叉，參差互生，微似菊葉而無柄，味亦不辛，卻有清香。漬之水，水為之綠；以為齏，在菘芥之上；以烹肉，絕似北地乾菠菜而加清雋，誠野蔬中佳品也。但蒼山高峻，傳聞皆以為不易得，而此菜製如家蔬，或以鶩更雞耶？抑有老圃移而滋之於圃耶？顧其色味皆佳，每咀嚼之輒曰：縱未得真高河菜，得此嘉蔬，亦足豪於嚙斷數十甕黄酸齏者。《琅鹽井志》有嬾菜，七八月治地布種，不須灌溉，至冬可茹，狀微相類而老莖柴瘠，幾同齕藁矣。吾鄉凡菜不經移種者皆曰嬾婆菜，以不經培蒔，則生機速而易老，科本密而多腊，故老圃賤之。而琅井之菜，獨以嬾得名，然則人之以嬾成其高者，得無如高河菜之孤據清絕，令人仰其臥雪吸雲而不易致，而琅井之蔬，不假剔抉，乃全其天真也耶？翟湯對庾亮曰：使君自敬其枯木朽株。然則對斯菜也，亦當推食起敬。

琉璃草

清·趙學敏《本草綱目拾遺》卷四草部中 琉璃草 出始興玲瓏巖，莖如芹梗，與肇慶風藥相類，食之治風。

茴香

唐·孫思邈《千金要方》卷二六《食治·菜蔬》 茴香菜 味苦、辛，微寒，濇，無毒。主霍亂，辟熱，除口氣。臭肉和水煮，下少許即無臭氣，故曰茴香。醬臭，末中亦香。其子：主蛇咬瘡久不差，擣傅之。又治九種瘻。

宋·唐慎微《證類本草》卷九草部中品〔唐·蘇敬《唐本草》〕 蘹音懷香子 味辛，平，無毒。主諸瘻，霍亂及虵傷。

〔唐·蘇敬《唐本草》〕注云：葉似老胡荽，極細，莖麄，高五六尺，叢生。

〔宋·馬志《開寶本草》〕注：一名茴香子。亦主膀胱、腎間冷氣，及盲腸氣，調中止痛，嘔吐。《唐本》先附。

〔宋·掌禹錫《嘉祐本草》〕按：《藥性論》云：蘹香亦可單用，味苦、辛。和諸食中甚香，破一切臭氣。又卒惡心，腹中不安，取莖、葉煮食之，即差。川中多食之。日華子云：得酒良，治乾濕脚氣并腎勞，㿗疝氣，開胃下食，治膀胱痛，陰疼。入藥炒。

〔宋·蘇頌《本草圖經》〕曰：蘹香子亦名茴香。《本經》不載所出，今交廣諸蕃及近郡皆有之。入藥多用蕃舶者，或云不及近處者有力。三月生葉似老胡荽，極踈細，作叢。至五月高三四尺。七月生花，頭如傘蓋，黄色。結實如麥而小，青色。北人呼爲土茴香。茴、蘹聲近，故云耳。八九月採實，陰乾。今近地人家園圃種之甚多。古方療惡毒癰腫，或連陰髀間疼痛急攣，牽入少腹不可忍，一宿則殺人者。用茴香苗葉，擣取汁一升，服之，日三四，用其滓以貼腫上。冬中根亦可用。此外國方，永嘉以來用之，起死神效。

〔宋·唐慎微《證類本草》〕《食療》云：國人重之，云有助陽道，用之未得其方法也。生擣莖葉汁一合，投熱酒一合服之。治卒腎氣衝脇如刀刺痛，喘息不得。亦甚理小腸氣。孫真人云：治瘴瘧，渾身熱連背項。蒜、茴香子擣取汁服。《經驗後方》：治脾胃進食。茴香二兩，生薑四兩，同擣令勻，淨器内濕紙蓋一宿。次以銀、石器中，文武火炒令黄焦爲末，酒丸如梧子大。每服十丸至十五丸，茶酒下。《食醫心鏡》：茴香治霍亂，辟熱除口氣臭，煮作羹及生食並得。

宋·寇宗奭《本草衍義》卷一〇 蘹香子 今人止呼爲茴香，治膀胱冷氣及瘇痛。亦調和胃氣。《唐本》注：似老胡荽。此誤矣。胡荽葉如蛇牀，蘹香徒有葉之名，但散如絲髮，特異諸草。枝上時有大青蟲，形如蠶，治小腸氣甚良。

宋·鄭樵《通志》卷七五《昆蟲草木略》 蘹香 即茴香。

宋·劉明之《圖經本草藥性總論》卷上 蘹香子 味辛，平，無毒。主諸瘻，霍亂及蛇傷。《藥性論》云：可單用。味苦、辛。和諸食中甚香，破一切臭氣。又卒惡心腹中不安，取莖葉煮食之，即差。日華子云：得酒良。治乾濕脚氣，并腎勞㿗疝氣，開胃下食，治膀胱痛陰疼。古方療惡毒癰腫。一云：有助陽道。

元·王好古《湯液本草》卷三 茴香 氣平，味辛，無毒。入手足少陰經、太陽經藥。《象》云：破一切臭氣，調中止嘔下食。炒黄色，碎用。《本草》云：主諸瘻、霍亂及蛇傷。又能治腎勞，㿗疝氣，開胃下食。又治膀胱陰痛，脚氣，少腹痛不可忍。《液》云：茴香本治膀胱藥，以其先丙，故云小腸也，能潤丙燥。以其先戊，故從丙至壬。又手足少陰二藥，以開上下經之通道，所以壬與丙交也。

元・忽思慧《飲膳正要》卷三　茴香　味甘，溫，無毒。主膀胱、腎經冷氣，調中止痛，住嘔。

元・吳瑞《日用本草》卷八　茴香　一名蘹香子。味苦、辛，平，無毒。得酒良，破一切臭氣。主霍亂，卒心腹痛，乾濕脚氣，膀胱陰㿗、疝氣疼痛及蛇傷。

元・朱震亨《本草衍義補遺・新增補》　茴香　氣平，味辛。手足少陰、太陽經藥也。破一切臭氣，調中止嘔，下食。《本草》云：主腎勞㿗疝。《液》云：本治膀胱藥，以其行丙，故云小腸也。能潤丙燥，以其先戊，故從丙至壬。又手少陰二藥，以開上下經之通道，所以壬與丙交也。○即蘹香子也。

元・徐彥純《本草發揮》卷二　茴香　潔古云：茴香破一切臭氣，調中止嘔，下食。東垣云：補命門不足之藥。海藏云：茴香本是治膀胱藥，以其先丙，故云小腸也。能潤丙燥，以其先戊，故從丙至壬，入手足少陰，二藥相合，以開上下經之通道，所以丙與壬交也，手足太陽藥。

明・朱橚《救荒本草》卷上之前　茴香　一名蘹音懷香子，北人呼為土茴香。茴、蘹聲相近，故云耳。今處處有之，人家園圃多種。苗高三四尺，莖麄如筆管，傍有淡黃袴葉，布莖而生，袴葉上發生青色細葉，似細蓬葉而長，極踈細如絲髮狀，袴葉間分生叉枝，梢頭開花，花頭如傘蓋，黃色，結子如蒔蘿子微大而長，亦有線瓣。味苦辛，性平，無毒。救飢：採苗葉煠熟，換水淘淨，油鹽調食。子調和諸般食，味香美。治病：文具《本草》草部蘹香子條下。

明・王綸《本草集要》卷三　蘹香子一名茴香。　味辛，氣平，無毒。入手足少陰經、太陽經。陰乾。得酒良。入藥炒用。　主諸瘻，霍亂。和諸食中甚香，破一切臭氣，開胃下食，止嘔吐，調中止痛。主乾濕脚氣，膀胱冷氣腫痛，或連陰髀間疼痛，攣引入小腹不可忍，腎勞㿗疝。又療惡毒腫毒。取苗葉，搗汁服之，日三四，用滓貼腫上。冬月用根。

明・滕弘《神農本經會通》卷一　蘹香子　亦名茴香。得酒良。入藥炒用，陰乾。《局》云：酒浸一宿，焙乾。味辛，氣平，無毒。《湯》云：入手足少陰經、太陽經藥。東云：治疝氣腎疼。《疌》云：開胃調中，主胎腹疼，霍亂，通膀胱腎氣。《本經》云：主諸瘻，霍亂，及蛇傷。《今注》主膀胱腎間冷氣，及育腸氣，調中，止痛，嘔吐。《藥性論》云：亦可單用。味苦、辛。和諸食中甚香，破一切臭氣。又卒惡心腹中不安，取莖葉煑食之，即差。日華子云：得酒良。治乾濕脚氣，并腎勞㿗疝氣，開胃下食，治膀胱痛，陰疼。入藥炒。《圖經》云：古方療惡毒癰腫，或連陰髀間疼痛，急攣牽入小腹不可忍，一宿則殺人者，用茴香苗葉，擣汁服之，其滓以貼腫上。冬中，根亦可用。《象》云：破一切臭氣，調中，止嘔下食。炒黃色，碎用。《液》云：茴香，本治膀胱藥，以其先丙，故云小腸也，能潤丙燥，以其先戊，故從丙至壬。又手足少陰二藥，以開上下經之通道，所以壬與丙交也。丹同。《衍義》曰：治膀胱冷氣及腫痛，亦調和胃氣，治小腸甚良。劄云：（懷）［蘹］香子是小茴香，開胃調中得酒良。主治腹疼并霍亂，更通腎氣及膀胱。即《局方》茴香治霍亂轉筋，通腎氣。

明・劉文泰《本草品彙精要》卷一一　茴香子無毒　叢生。

茴香子：主諸瘻，霍亂及蛇傷。名醫所錄。【名】蘹音懷香子。【苗】《圖經》云：三月生葉，似老胡荽，極疏細，作叢，至五月高三四尺，七月生花，頭如傘蓋，黃色，結實如麥而小，青色。北人呼爲土茴香者是。今人家園圃種之甚多。《衍義》曰：茴香葉似老胡荽，此誤矣。胡荽葉如蛇牀，茴香徒有葉之名，但散如絲髮，特異諸草。其枝上時有大青蟲，形如蠶。亦治小腸氣，甚良。【地】《圖經》曰：《本經》不載所出，今交、廣諸蕃及近郡皆有之。【道地】簡州。【時】生：春生葉。採：八月、九月取實。【收】陰乾。【用】實。【色】青褐。【味】辛。【性】平，散。【氣】氣厚于味，陽也。【臭】香。【主】腎勞，㿗疝。【行】手太陽經、少陰經，足太陽經、少陰經。【助】得酒良。【製】微炒，搗碎用。【治】療：《圖經》曰：除惡毒，癰腫，或連陰髀間疼痛急攣，牽入小腹不可忍，一宿則殺人者，用茴香苗葉搗取汁，服之，其滓以貼腫上，冬間根亦可用。《唐本》注云：茴香子，主膀胱、腎間冷氣，及育腸氣，調中，止痛，嘔吐。《藥性論》云：破一切臭氣，又卒惡心，腹中不安，取莖葉煮食之，即瘥。日華子云：茴香子，除乾濕脚氣，開胃下食，及膀胱痛，陰疼。《衍義》曰：茴香子，療膀胱腫痛，調和胃氣，並小腸氣。　【合治】茴香子合生薑同搗，令匀，淨器內，濕紙蓋一宿，次以銀石器中文武火炒，令黃焦，爲末，酒丸桐子大，服十丸，茶酒下，理脾胃，進食。○生搗莖葉汁合熱酒等分服之，療卒腎氣衝脇，如刀刺痛，喘息不得，亦理小腸氣。

明·盧和、汪穎《食物本草》卷四味類　茴香　味辛，平，無毒。主破一切臭氣，開胃下氣，止嘔吐霍亂，調中止痛，主脚氣，膀胱冷氣，腫痛或連陰髀，引入小腹不可忍，腎勞癩疝及惡毒腫痛。

明·葉文齡《醫學統旨》卷八　小茴香　氣平，味辛，無毒。入手足少陰、太陽經。得酒良。入藥炒。　治膀胱冷氣腫痛，乾濕脚氣，或陰脾間痛，牽引入小腹疼不可忍，腎勞癩疝，霍亂；　破一切臭氣，開胃下食，止嘔吐，調中定痛，助陽道，理小腸氣。

明·許希周《藥性粗評》卷二　腎胱有厄，問消息於茴香。　茴香，一名懷香子。三月抽莖，內虛，葉似老胡荽，踈細作叢，至夏高三五尺，秋初開碎花黃色，作叢如傘蓋形，結實如小麥，大青色熟變淺紫色。出交廣諸蕃，今江南近道園圃中多植之。八九月採實，陰乾。《圖經》曰：入藥以蕃舶來者佳。或云不如近道者有力。得酒良，凡用酒浸一宿，焙乾。所使并所畏惡，《本草》不載。　味辛、甘，性平、微寒，無毒。入手、足少陰心、腎、大腸、小腸、膀胱經。　主治霍亂嘔吐，腎癆疝痛，膀胱冷氣，諸瘻腫毒，開胃下食，調中止痛，補益腰腎，助陽道，破一切臭氣。東垣云：補命門不足之藥也。

單方：惡心不寧：取莖葉煮如菜法，食之。　調胃進食：茴香子二兩，生薑四兩，同搗令勻，淨器中以濕紙封蓋一宿，次日入銀石器內，慢火炒令黃焦，復搗為細末，酒丸如梧桐子大，每服十丸至十五丸，不拘時，或茶或酒送下。　腎氣沖痛：不拘疝氣、小腸氣，沖脇作痛，其至不能喘息者，取莖葉生搗，取汁一合，投熱酒一合，服之自定，累試有效。　腫毒牽攣：不拘惡毒癰腫，或連陰髀攣痛，牽入小腹，不可忍者，生搗莖葉，取汁服之，以楂貼其腫上，愈。

明·鄭寧《藥性要略大全》卷六　大小茴香　治疝氣腎痛，及一切風及腎氣冷痛，膀胱陰痛，脚氣，育腸氣，調中，止腹痛霍亂嘔吐，開胃進食，破一切臭氣，療蛇傷。　味甘、辛，氣平，無毒。入手足太陰、太陽二經，治膀胱之劑。陰乾，得酒良。小茴香入藥炒用，大茴香不必炒。

明·陳嘉謨《本草蒙筌》卷二　大茴香即懷香子。　味辛，氣平，無毒。鄉落多生，秋月方採。殼有八角，子赤藏中。嚼甚香甜，鹽酒炒用。入心腎二臟及小腸、膀胱。主腎勞疝氣，小腸吊氣攣疼；　理乾熱脚氣，膀胱冷氣腫痛。開胃止嘔下食，調饌止臭生香。為諸瘻霍亂捷方，補命門不足要藥。療惡腫癰毒，搗根葉汁吞。○又小茴香，家園栽種。類蛇床子，色褐輕虛。亦治疝散疼，每同煎取効。飲饌大料，增入尤奇。○別種蒔蘿，出自閩廣。顆粒似蔓椒開口，俗呼蒔蘿椒，內有黑子，但皮薄色褐不紅耳。氣味比茴香更辛。散氣除脇肋膨，調饌殺魚肉毒。消食開胃，溫中健脾。

明·方穀《本草纂要》卷六　茴香　味辛、甘，氣平性溫，無毒。入手足少陰經、太陽經。　主治心腹冷氣，陰癩疝氣，寒濕脚氣，小腸弦氣，膀胱水氣，腰腎虛氣，暴疼心氣，嘔逆胃氣，腫滿惡氣，陰汗濕氣，陰子冷氣，陰腫木氣，陰瘻滯氣，蓋此藥能溫中散寒，故善行諸氣，乃小腹少腹至陰之分之要藥也。

明·王文潔《太乙仙製本草藥性大全》卷二《本草精義》　大茴香　一名懷香子，一名八角茴香。《本經》不載所出，今交廣諸番及近郡皆有之。入藥多用番舶者，或云不及近處者有力。三月生花，似老胡荽，極辣，細作叢生，五月高三四尺，七月生花頭如傘蓋，黃色，結實如麥而小，青色。北人呼爲土茴香，懷聲近，故耳。八九月採實陰乾。今近道人家園囿種甚多。

小茴香　家園種者尤多。其苗高二三尺，葉似水芹，而花二三月開花，其色白，結實類蛇床子，色褐而輕虛，與蒔蘿種類相同，四五月收採，曝乾用。

明·王文潔《太乙仙製本草藥性大全》卷二《仙製藥性》　大茴香即懷香子。　味辛，氣平，無毒。入手少陰心經、足太陽膀胱經。得酒良。　主治：開胃止嘔下食，主腎勞疝氣，小腸吊氣攣疼；　理乾濕脚氣，膀胱冷氣腫痛。調饌止臭生香。爲諸瘻霍亂捷方，補命門不足要藥。　根：療腫紅癰毒，惡腫疽瘡背發，善療陰髀（療病）。　莖葉：急攣小腹急痛，搗汁服之，用渣貼腫。　補註：惡毒癰腫或連陰髀刺痛急攣小腹不可忍，不然則殺，用苗葉搗汁一升服之，其滓貼腫上。○卒腎氣衝脇如刀刺痛，喘息不得，生搗莖葉汁一合，投熱酒一合服之。亦治小腸氣。○治脾胃進食，以二兩，同生薑四兩，搗令勻，甆器內濕紙蓋一宿，次以銀石器中，文武火炒令黃焦，爲末，酒丸如梧子大，每服十丸至十五丸，茶酒下。○霍亂，辟熱除口氣臭，煮作羹，及生食亦得。

小茴香　味甘、辛，氣平，無毒。類蛇床子。　主治：治疝氣腎痛大效。理膀胱冷痛尤奇。止腹痛而調中，止霍亂與嘔吐。飲食大料，增入殊奇。凡入藥炒之爲良。

明・皇甫嵩《本草發明》卷二 懷香子中品下，臣。氣平，味辛，無毒。入手足少陰經、太陽經藥。一名茴香。 發明曰：茴香，辛能散邪。《本草》止云主諸瘻，霍亂及蛇傷，並不及腎、膀症候。然本膀胱藥也。蓋壬與丙交，又能潤丙燥，而理小腸。又云：手足少陰二經藥者，蓋丙壬屬心腎之腑，故本註亦主腎勞(癩)〔癩〕疝，止膀胱、腎間冷氣及腫痛，(陰)〔除〕小腸弔氣攣痛，甚牽小腹。故云命門不足要藥。並脚氣病，又開胃止嘔，下食調中，亦以辛香能逐散邪氣耳。○戴氏治腎虛腰痛，不能轉側，疲弱者，茴香末夾猪腎，煨熟食之。治卒腎氣衝脇，如刀刺痛，喘息不得，生搗莖葉汁一合，投熱酒服之。古方亦用苗葉汁服，治惡瘡癧腫，或連陰髀疼急攣，牽入小腹危急，□仍以查貼上，神效。○小茴香亦治疝散痛。○蒔蘿氣味更辛溫。能散氣，主小兒氣腸，霍亂吐逆，腹冷。又除腹脹，消食開胃，逐寒，補水藏。今用和五味，不聞入藥。

明・李時珍《本草綱目》卷二六菜部・葷菜類 懷香《唐本草》。校正：自草部移入此。

〔釋名〕茴香 八月珠頌曰：懷香，北人呼爲茴香，聲相近也。弘景曰：煮臭肉，下少許，即無臭氣，臭醬入末亦香，故曰回香。時珍曰：俚俗多懷之衿衽咀嚼，恐懷香之名，或以此也。

〔集解〕頌曰：今交、廣諸番及近郡皆有之。入藥多用番舶者，或云不及近處者有力。三月生葉似老胡荽，極疏細，作叢。至五月莖粗，高三四尺。七月生花，頭如傘蓋，黃色。結實如麥而小，青色。北人呼爲土茴香。八九月採實陰乾。今近道人家園圃種之甚多。川人多煮食其莖葉。宗奭曰：云似老胡荽者誤矣，胡荽葉如蛇牀。雖有葉之名，但散如絲髮，特異諸草也。時珍曰：茴香宿根，深冬生苗作叢，肥莖絲葉，五六月開花，如蛇牀花而色黃。結子大如麥粒，輕而有細稜，俗呼爲大茴香，今惟以寧夏出者第一。其他處小者，謂之小茴香。自番舶來者，實大如柏實，裂成八瓣，一瓣一核，大如豆，黃褐色，有仁，味更甜，俗呼舶茴香，又曰八角茴香，廣西左右江峒中亦有之，形色與中國茴香迥別，但氣味同爾。北人得之，咀嚼薦酒。

子 〔氣味〕辛，平，無毒。思邈曰：苦，辛，微寒，澀。權曰：苦，辛。得酒良。炒黃用。好古曰：陽也，浮也。入手足少陰、太陽經。 〔主治〕諸瘻，霍亂及蛇傷《唐本》。膀胱胃間冷氣及育腸氣，調中，止痛，嘔吐馬志。治乾濕脚氣，腎勞癩疝陰疼，開胃下氣大明。補命門不足李杲。暖丹田吳綬。 〔發明〕詵曰：茴香國人重之，云有助陽道，未得其方法也。好古曰：茴香本治膀胱藥，以其先丙，故曰小腸也，能潤丙燥；以其先戊，故從丙至壬，又手、足少陰二藥，以開上下經之通道，所以壬與丙交也。時珍曰：小茴香性平，理氣開胃，夏月祛蠅辟臭，食料宜之。大茴香性熱，多食傷目發瘡，食料不宜過用。古方有去鈴丸：用茴香二兩，連皮生薑四兩，同入坩器內淹一伏時，慢火炒之，入鹽一兩，爲末，糊丸梧子大。每服三五十丸，空心鹽酒下。此方本治脾胃虛弱病。茴香得鹽則引入腎經，發出邪氣。腎不受邪，病自不生也。亦治小腸疝氣有效。

〔附方〕舊四，新十六。 開胃進食：茴香二兩，生薑四兩，同搗勻，入淨器內，濕紙蓋一宿。次以銀、石器中文武火炒黃焦爲末，酒糊丸梧子大。每服十丸至二十五丸，溫酒下。《經驗方》。 瘴瘧發熱：連背項者。茴香子搗汁服之。《孫真人方》。 大小便閉：鼓脹氣促。八角茴香七個，大麻仁半兩，爲末。生葱白三七根，同研煎湯。調五苓散末服之，日一服。《普濟》。 小便頻數：茴香不以多少，淘淨，入鹽少許，炒研爲末，炙糯米糕蘸食之。 傷寒脫陽：小便不通。用茴香末，以生薑自然汁調傅腹上。外用茴香末，入益元散服之。《摘玄方》。 腎消飲水：小便如膏油。用茴香炒，苦楝子炒，等分爲末。每食前酒服二錢。《保命集》。 腎邪冷氣：力弱者。用大茴香六兩，分作三分；用生附子一個去皮，分作三分。第一度：用附子一分，茴香一分，同炒黃，出火毒一夜，去附子，研茴香爲末，空心鹽酒下一錢。第二度：用二味各一分，同炒存性，出火毒，以附子去一半，留一半，同茴香爲末，如前服。第三度：各一分，同炒存性，出火毒，全研爲末，如前服之。《朱氏集驗方》。 腎虛腰痛：茴香炒研，以猪腰子批開，摻末入內，濕紙裹煨熟。空心食之，鹽酒送下。戴原禮《要訣》。 腰痛如刺：《簡便方》用八角茴香炒研，每服二錢，食前鹽湯下。外以糯米一二升，炒熱袋盛，拴於痛處。○《活人心統》思仙散：用八角茴香、杜仲各炒研三錢，木香一錢，水一鍾，酒半鍾，煎服。 腰重刺脹：八角茴香炒爲末，食前酒服二錢。《直指方》。 疝氣入腎：茴香炒作二包，更換熨之。《簡便方》。 小腸氣墜：《直指》用八角茴香、小茴香各三錢，乳香少許，水服取汗。○孫氏《集效方》：治小腸疝氣，痛不可忍。用大茴香、荔枝核炒黑各等分，研末。每服一錢，溫酒調下。○《瀕湖集簡方》用大茴香一兩，花椒五錢，炒研。每酒服一錢。 膀胱疝痛：《本事方》用舶茴香、杏仁各一兩，葱白焙乾五錢，爲末。每酒服二錢，嚼胡桃送下。○《集要》：治疝氣膀胱小腸痛。用茴香鹽炒，晚蠶沙鹽炒，等分爲末，煉蜜丸彈子大。每服一丸，溫酒嚼下。 疝氣偏墜：大茴香末一兩，小茴香末一兩，用牙猪尿胞一個，連尿入二末於內繫定，罐內以酒煮爛，連胞搗，丸如梧子大。每服五十丸，白湯下。仙方也。鄧才《筆峰雜興》。 脇下刺痛：小茴香一兩炒，枳殼五錢麩炒，爲末。每服二錢，鹽酒調服，神效。《袖珍方》。 辟除口臭：茴香煮羹及生食，並得。昝殷《食醫心鏡》。 蛇咬久潰：小茴香搗末，傅之。《千金》。

莖葉　【氣味】與子同。　【主治】煮食，治卒惡心，腹中不安甄權。　治小腸氣，卒腎氣衝脇，如刀刺痛，喘息不得。生擣汁一合，投熱酒一合，和服孟詵。【發明】頌曰：《范汪方》：療惡毒癰腫，或連陰卵髀間疼痛攣急，牽入小腹不可忍，一宿即殺人者。用茴香苗葉，擣汁一升服之，日三四服。其滓以貼腫上，冬月用根。此是外國神方，永嘉以來用之，起死回生神驗。

題明・薛己《本草約言》卷一《藥性本草》　茴香　味辛，氣平，無毒。陽中之陰，可升可降，入手足少陰、太陽經。開胃口而下食，止嘔吐而調中，疝氣急痛可療，脚氣上逆能攻，破一切之臭氣，除下焦之冷氣，此最藥也。○辛能散邪，以上諸症，大抵是辛香能逐散邪氣耳。炒黄色，碎用。又名蘹香子。

江云：木瓜理下焦脚氣之濕痛，茴香治疝氣腰腎之虚痛。

明・佚名氏《醫方藥性・草藥便覽》　小茴香　其性溫，入腎、胃之陽明。又且寬氣。

明・梅得春《藥性會元》卷上　茴香　味辛，氣平，無毒。一名蘹香子，另是小茴香。入手少陰心經、手太陽小腸經、足少陰腎經、足太陽膀胱經藥。得酒良，入藥微炒。　主治膀胱冷氣，腫痛，乾濕脚氣，或陰間疝痛牽小腹，疼不可忍，腎勞癩疝，霍亂轉筋。更通腎氣，開胃調中，破一切臭氣，止嘔下食，定痛，助陽道，理小腸氣。本治膀胱，以其先丙後壬，故云小腸也。蘹香子即小茴香，主治諸瘻、霍亂及蛇傷。與大茴香俱入飲饌用，能殺腥辟臭氣。若患偏墜疝氣，用大八角茴香為末，老酒調服，以收小為度，效。

明・杜文燮《藥鑒》卷二　茴香　氣溫，味甘、辛，無毒。治一切臭氣，調中止嘔下食溫劑，為諸瘻霍亂之捷方，補命門不足之要藥也。男子疝氣，婦人帶白者，用之俱驗。大都甘能補正，辛能散邪，有補以為之先，有散以為之後，此疝氣帶白之症，所以去也。

明・穆世錫《食物輯要》卷八　大茴香　味辛、甘，性熱，無毒。暖下元，助陽道，治膀胱寒疝。多食，昏目發瘡。有實火人忌食。

小茴香　味辛、甘，性微溫，無毒。開胃調中，去穢氣，暖丹田，治腎勞癩疝及脚氣。得酒良。有實火人勿食。

蒔蘿：味辛，性溫，無毒。滋食味，殺魚肉毒。開胃健脾，消食利膈，補水臟。治霍亂，痞滿腹痛，兩肋氣脹。有實熱者勿食。根，有大毒。誤食，殺人。

明・李中立《本草原始》卷六　蘹香　今交廣諸番及近郡皆有之。宿根經冬，生苗作叢。肥莖絲葉，五六月開花如蛇床花而色黄。結子大如麥粒，輕而有細稜。北人呼為茴香，聲相近也。弘景曰：煮臭肉下少許即無臭氣。臭醬入末亦香，故曰茴香。今人謂之小茴香。

《唐本草》，草部移入此。【圖略】八九月採實，形圓有稜，色青黄，氣香。夏月祛蠅辟臭。食料宜之。

子　氣味：辛，平，無毒。　主治：諸瘻，霍亂及蛇傷。○膀胱胃間冷氣及育腸氣，調中，止痛、嘔吐。○治乾濕脚氣，腎勞，癩疝陰疼，開胃下氣。○補命門不足，暖丹田。修治：得酒良，炒黄用。入腎經。鹽製。好古曰：陽也，浮也。入手足少陰、太陽經。

莖、葉　主治：煮食治卒惡心，腹中不安。○治小腸氣，卒腎氣衝脇，如刀刺痛，喘息不得，生擣汁一合，投熱酒一合，和服。○氣味與子同。《袖珍方》：治脇下刺痛，小茴香一兩炒，枳殼五錢麩炒，為末，每服二錢，鹽酒調服，神。《范汪方》：療惡毒癰腫，或陰卵髀間疼痛，攣急，牽入小腹不可忍，一宿即殺人者，用茴香苗葉，擣汁一升服之，日三四服。其滓貼腫上，冬月用根。此是外國神方，永嘉以來用之，起死回生，神驗。

明・張懋辰《本草便》卷一　茴香　味辛，氣平，無毒。入手足少陰經、太陽經。　主霍亂，破臭氣，開胃下食，止嘔吐，調中止痛，主乾濕脚氣，膀胱冷氣腫痛。又療惡毒。

明・吴文炳《藥性全備食物本草》卷四　小茴香　味辛、甘，性微溫，無毒。開胃調中，去穢氣，暖丹田，治腎勞癩疝及脚氣。得酒食良。有實火人勿食。

明・趙南星《上醫本草》卷一　大茴香　即蘹香。時珍曰：茴香宿根深，冬生苗作叢，肥莖絲葉，五六月開花如蛇牀花而色黄，結子大如麥粒，輕而有細稜，俗呼為大茴香。今惟以寧夏出者第一，其他處小者謂之小茴香。自番舶來者，實大如柏實，裂成八瓣，一瓣一核，大如豆，黄褐色有仁，味更甜，俗呼舶茴香，又曰八角茴香。廣西左右江峒中亦有之，形色與中國茴香迥別，但氣味同爾。北人得之，咀嚼薦酒。

子：辛，平，無毒。得酒良，炒黄用。主治：補命門不足，暖丹田，諸瘻霍亂，膀胱、胃間冷氣，及育腸氣，調中止痛，嘔吐，乾濕脚氣，腎勞癩疝陰疼,開胃下氣,及治蛇傷。　時珍曰:小茴香性平,理氣開胃,夏月祛蠅辟臭,食料宜之。大茴香性熱,多食傷目發瘡,食料不宜過用。

附方　去鈴丸:用茴香二兩,連皮生薑四兩,同入坩器內淹一伏時,慢火炒之,入鹽一兩,為末,糊丸梧子大。每服三五十丸,空心鹽酒下。此方本治脾胃虛弱病,茴香得鹽則引入腎經,發出邪氣。腎不受邪,病自不生也。亦治小腸疝氣有效。　開胃進食:茴香二兩,生薑四兩,同擣勻,入淨器內,濕紙蓋一宿。次以銀石器中,文武火炒黃焦,為末,酒糊丸梧子大。每服十丸至二十五丸,溫酒下。　大小便閉,鼓脹氣促:八角茴香七個,大麻仁半兩,為末,生葱白三七根,同研煎湯,調五苓散末服之,日一服。　小便頻數:茴香不以多少,淘淨,入鹽少許,炒研為末,炙糯米糕蘸食之。　腎消飲水,小便如膏油:用茴香炒,苦楝子炒,等分為末。每食前,酒服二錢。　疝氣入腎:茴香炒作二包,更換熨之。　小腸氣墜:用八角茴香、小茴香各三錢,乳香少許,水服取汗。○又方:治小腸疝氣,痛不可忍。用大茴香、荔枝核,炒黑,各等分,研末。每服一錢,溫酒調下。○又方:用大茴香一兩,花椒五錢,炒研。每酒服一錢。　膀胱疝痛:用舶茴香、杏仁各一兩,葱白焙乾五錢,為末。每酒服二錢,嚼胡桃送下。○又方:治疝氣,膀胱小腸痛。用茴香鹽炒、晚蠶沙鹽炒,等分,為末,煉蜜丸彈子大。每服一丸,溫酒嚼下。　疝氣偏墜:大茴香末一兩,小茴香末一兩,用牙猪尿胞一個,連尿入二末于內,繫定,罐內以酒煮爛,連胞擣丸如梧子大。每服五十丸,白湯下。仙方也。

莖葉:辛,平,無毒。主治:卒惡心,腹中不安,煮食。〔治〕小腸氣,卒腎氣衝脇,如刀刺痛,喘息不得,生擣汁一合,投熱酒一合,和服。

明・李中梓《藥性解》卷三　茴香　味辛、甘,性溫,無毒,入心、脾、膀胱三經。主一切臭氣,腎臟虛寒,癲疝腫痛及蛇傷。調中止嘔,下氣寬胸。又有一種小茴,氣味稍薄,然治膀胱冷痛疝氣尤奇。　按:茴香氣厚,為陽中之陽,故入少陰、太陰、太陽,以理虛寒諸症。　雖辛溫快脾,亦能耗氣,今內相都入煎煿油膩之物,與火無異,久則致疾,深宜戒之。

明・繆希雍《本草經疏》卷九　蘹香子　味辛,平,無毒。主諸瘻,霍亂及蛇傷。

〔疏〕蘹香得土金之沖氣,而兼稟乎天之陽,故其味辛平,亦應兼甘無毒。辛香發散,甘平和胃,入足太陰、陽明、太陽、少陰經,故主霍亂。香氣先入脾,脾主肌肉,故主諸瘻。脾主四肢,故主脚氣。通腎氣,膀胱為腎之腑,故主膀胱腎間冷氣及治疝氣。胃和則熱解,熱解則口臭自除。　〔主治參互〕蘹香酒炒,得川楝子、荔枝核、橘核、肉桂、蒼朮、木瓜、牛膝,治寒濕成疝。　得炒砂仁、食鹽,則主中惡腹痛,霍亂腹痛吐逆。　古方:惡毒癰腫,或連陰髀間疼痛急攣,牽入少腹不可忍,一宿則殺人者,用蘹香苗葉擣取汁一升,服之,日三四進,用其滓以貼腫上。冬間根亦可用。此外國方,永嘉已來用之,起死神效。　〔簡誤〕蘹香辛溫,胃腎多火,陽道數舉,得熱則嘔者,勿服。

明・倪朱謨《本草彙言》卷一六　蘹香即茴香　味辛、甘,平,氣溫,臭香,無毒。可升可降,陽也。入手足太陰、少陰經。　李氏曰:蘹香,深冬宿根再發,莖叢生,似蒿,高三四尺,細葉,嫩綠似藻。五六月開花,花頭如傘蓋,又似蛇床花而色黃。結子似麥粒,有細棱而輕浮,俗呼小茴香。所在皆有,惟寧夏者稱第一。番舶來者,子大如柏實,裂成八瓣,一瓣一核,核似豆,黃褐色,臭更芳香,味更甜蜜,俗呼八角茴香。廣西左右江峒中亦有之,形與中原者迥別,第氣味相同。北人得之,咀嚼薦酒,入藥最良。　修治者,焙燥研細用。八角者,去梗及子。

蘹香:溫中快氣之藥也。方龍潭曰:此藥辛香發散,甘平和胃,故《唐本草》:善主一切諸氣,如心腹冷氣,暴疼心氣,嘔逆胃氣,腰腎虛氣,寒濕脚氣,小腹弦氣,膀胱水氣,陰癩疝氣,陰汗濕氣,陰子冷氣,陰腫木氣,陰脹滯氣。其溫中散寒,立行諸氣,乃小腹少腹至陰之分之要品也。倘胃腎多火,得熱即嘔,得熱即痛,得熱即脹諸證,與陽道數舉,精滑夢遺者,宜斟酌用也。

集方:治一切諸氣爲病。用小茴香一兩,炒研爲末。每服三錢不拘時,隨證用藥湯導引。○治心腹冷氣。用木香、吳茱萸。○治暴疼心氣。用玄胡索、香附。○治嘔逆胃氣。用砂仁、白朮、乾薑。○治腰腎虛氣。用杜仲、補骨脂。○治寒濕脚氣。用蒼朮、獨活。○治小腹弦氣。用荔枝核、橘核、川椒。○治膀胱水氣。用猪苓、澤瀉、木通、乾薑。○治陰癩疝氣。用荔枝核、橘核、吳茱萸。○治陰汗濕氣。用蒼朮、蘄艾、木香。○治陰子冷氣。用肉桂、吳茱萸、製附子。○治陰腫木氣。用紅花、桃仁、肉桂、玄胡索。○

治陰脹滯氣。用牛膝、木香、肉桂、龍膽草。〇治卵核大痛欲死，厥陰冷寒之氣。用肉桂、乾薑、木香、製附子，已上俱用小茴香爲主，隨證配藥一二錢，煎湯調服。出《方脉正宗》。

治痔瘡痔漏方：痔者成瘺未破也，宜服開鬱火、清大腸藥。漏者，潰出膿血也，宜服解毒清火，調理氣血藥。痔有五種，曰牡、曰牝、曰脉、曰腸、曰氣也。牡痔者，肛門邊發露肉珠，狀如鼠奶，時時滴潰膿血也；牝痔者，肛門邊生瘡腫突，一見膿潰即散也；脉痔者，腸口顆顆發瘺，且痛且癢，血出淋漓也；腸痔者，肛門內結核，有血，寒熱往來，登厠脫肛也；氣痔者，遇七情怒氣即發，肛門腫痛，氣散即消也。又有酒痔，每遇醉酒即發，即腫痛流血；血痔者，遇大便則血出不止。諸痔若久不愈，必至穿穴爲漏矣。許玄慮口傳治痔煎藥方：用小茴香一錢，槐角子、玄參、黃柏、荆芥、苦參、白芍藥、當歸、生地、甘草、地榆、連翹各三錢，金銀花五錢，水二碗，煎一碗，食前服。〇又方：治痔瘡膿血內潰者。用小茴香末一錢，黑白牽牛子取頭末三錢，用獖猪腰子一個剖開，入藥末在內，綫扎紙裹，水濕，灰火內煨熟，去紙，空心嚼吃。忌飲食半日，至巳時，腹中打下先膿後血，毒氣出盡，永不再發。〇內托丸：用小茴香五錢，黃耆、白朮、當歸、白芍、茯苓、熟地黃、川芎各一兩，人參、肉桂各五錢，煉蜜丸，空心服。外有熏洗方幷生肌散，俱見馬齒莧下。治痔漏只有一孔者，用此藥不過十日全愈。用小茴香一兩，白芷三兩，白礬一兩，三味共爲細末，鐵杓內熔成餅，再炭火煅令烟盡，取出去火毒，爲細末，用麫糊和爲錠，成條插入漏內。直透裏痛處爲止，每日用三次，七日爲止，二十餘日結痂而愈。

明・應麐《食治廣要》卷三　蘹香即茴香。　氣味：辛，平，無毒。主治：膀胱胃間冷氣，調中，止痛，除嘔吐，腎勞，㿗疝，陰痛，補命門不足。

明・姚可成《食物本草》卷一六味部・調飪類　茴香出交、廣諸番，及近郡皆有之。深冬於宿根生苗作叢，肥莖絲葉。五六月開花，如蛇牀花而色黃。結子形如粃穀，輕而有細稜。俗呼為大茴香者，大如麥粒，今惟以寧夏出者為第一。其他處小者，謂之小茴香。自番舶來者，實大如柏實，裂成八瓣，一瓣一核，大如豆，黃褐色，有仁，味更甜，俗呼八角茴香，又呼為舶茴香。廣西左右江峒中亦有之，形色與中原者迥別，但氣味同爾。北人得之，咀嚼薦酒。〇凡煮臭肉，入茴香少許，即無臭氣。臭醬入末亦佳。今人作雞、猪肉脯，以茴香和醬炒炙之，味甚香美。　茴香子　味辛，平，無毒。治諸瘻、霍亂及蛇傷，膀胱、胃間冷氣及育腸氣，調中。嘔吐，止痛，治乾濕脚氣，腎勞㿗疝，陰疼。開胃下氣，補命門不足，暖丹田。夏月祛蠅辟臭，食料宜之。損目助火，不宜過用。

莖葉　煮食，治卒惡心腹不安。生搗汁一合，投熱酒一合和服，治小腸氣，卒腎氣沖脇，如刀刺痛，喘息不得。

附方：治疝氣。用八角茴香、小茴香各三錢，乳香少許，共為末，水服取汗。治口臭。茴香煮羹及生食，竝佳。

明・顧逢柏《分部本草妙用》卷六兼經部・溫瀉　蘹香　辛，平、溫，無毒。得酒良。炒黃用。入手足少陰、太陽經。　主治：諸瘻，霍亂，蛇傷，膀胱胃間冷氣，調中止嘔止痛。補命門不足，暖丹田，及乾濕脚氣，勞㿗疝陰疼，開胃下氣。小茴香性平，理氣開胃。大茴香性熱，多食傷目發瘡，能治脾胃虛弱，得鹽引入腎經，發出邪氣，并治小腸疝氣如神。

明・顧逢柏《分部本草妙用》卷九菜部　茴香子　辛，平，無毒。主治：諸瘻霍亂，膀胱胃間冷氣，及育腸氣，調中止痛，嘔吐，乾濕脚氣，腎勞㿗疝，陰疼，開胃下氣，補腎，暖丹田。按：茴香，膀胱藥，以其先丙，故曰小腸能潤丙燥；以其先戊，故從丙至壬。又手足少陰之藥，以開上下經之通道，所以壬與丙交也。時珍曰：小茴香性平，理氣開胃，夏月祛蠅辟臭，食科宜之。大茴香性熱，多食傷目發瘡，不宜過用。入鹽引腎，去腎邪，而疝氣良効。

明・孟笨《養生要括・菜部》　茴香　味辛，平，無毒。治諸瘻，霍亂及蛇傷，膀胱胃間冷氣及育腸氣，調中止痛，嘔吐。治乾濕脚氣，腎勞，㿗疝陰疼，開胃下氣。補命門不足，暖丹田。

明・李中梓《醫宗必讀・本草徵要上》　蘹音茴香味辛，溫，無毒。入胃、腎二經。主腹痛疝氣，平霍亂吐逆。辛香宜胃，溫性宜腎，故其主治不越二經。按：蘹香辛溫，若陽道數舉，得熱則吐者均戒。八角者名大茴香，小如粟米者力薄。

明・鄭二陽《仁壽堂藥鏡》卷一〇下　茴香　《圖經》云：茴香，今出廣南。番舶者佳。　氣平，味辛，無毒。　入手足少陰經、太陽經藥。　《象》云：破一切臭氣，調中止嘔，下食。炒黃色，碎用。　《本草》云：主諸瘻，霍亂及蛇傷。又能治腎勞㿗疝氣。開胃下食。又治膀胱陰痛，脚氣，少腹痛不可忍。　《液》云：茴香本治膀胱藥，以其先丙，故云小腸也，能潤丙燥。以其先戊，故從丙至壬。又手、足少陰二藥，相合以開上下經之通道，所以壬與丙交也。孫真人云：治瘴瘧，渾身熱，連背項。茴香搗取汁服。鹽、酒浸透炒，開胃止嘔下食，調饌止臭生香。助陽氣之虛，補命門不足。

明・蔣儀《藥鏡》卷一溫部　小茴香　開胃口寒痰之噎膈，散膀胱冷疝之冲心。調中而霍亂以平，止嘔而諸瘘立起。破臭氣，入兩少陰，利小便，止諸腹痛。蓋辛溫而快脾，宜多防其耗氣。另有一種八角茴香，氣味稍厚，功用略同。

明・李中梓《頤生微論》卷三　茴香　味辛，性溫，無毒。入胃、腎二經。主腹痛疝氣，霍亂吐逆，通命門，助陽事。新補。

按：茴香辛香宜胃，溫暖宜腎，故主治不越二經。若陽道數舉，上有火症者禁用。八角者名大茴香，粟大者名小茴香，主用相倣，小者力差薄耳。

明・張景岳《景岳全書》卷四九《本草正》　大茴香　味辛，氣溫。入心腎二藏。氣味香甜，能升能降，最暖命門。故善逐膀胱寒滯，疝氣腰疼，亦能溫胃止吐，調中止痛，除霍亂反胃，齒牙口疾，下氣解毒，兼理寒濕脚氣。調和諸饌，逐臭生香。

明・張景岳《景岳全書》卷四九《本草正》　小茴香　氣味略輕，治亦同前。但大茴性更暖，而此則稍溫耳。

明・賈九如《藥品化義》卷一三寒藥　小茴香　屬陽，體輕而細，色青，氣香，味辛，性溫，能沉，力溫散，性氣厚而味薄，入腎肝膀胱三經。茴香辛香能散邪，性溫能去寒，氣厚能沉下，專入腎膀胱下部。主治陰囊冷痛，濕氣成疝，腎虛腰痛不能轉側，血虛腿痛不能行動。製用鹽酒炒香，蓋鹽以入腎，酒引陽道，香能通氣，助滋陰藥溫肝腎間元氣，奏效甚捷。吳茱萸性熱，能代附子溫腎經。同肉果、骨脂、五味為四神丸，治腎瀉。合黃連，為左金丸，治吞吐酸水。

明・施永圖《本草醫旨・食物類》卷一　茴香煮臭肉下少許即無臭氣，醬入末亦香，故曰回香。大茴香，性熱，多食傷目，發瘡。食料不宜過用。　子：味：辛，平，無毒。苦、辛，微寒，濇。苦、辛，得酒良，炒黃用。陽也，浮也，入手足少陰、太陰經。治：諸瘻，霍亂及蛇傷，膀胱胃間冷氣及育腸氣，調中止痛，嘔吐。治乾濕脚氣，腎勞，癩疝陰疼，開胃下氣，補命門不足，暖丹田。

附方　瘴瘧發熱：連背項者，茴香子擣汁服之。大小便閉：鼓脹氣促，八角茴香七箇，大麻仁半兩，為末，生葱白三七根，同研，煎湯調五苓散末服之，日一服。小便頻數：茴香不拘多少，淘淨，入鹽少許，炒研為末，炙糯米糕蘸食之。傷寒脫陽：用茴香末，以生薑自然汁調傅腹上。外用茴香末，入益元散服之。腎虛腰痛：茴香炒研，以猪腰子剖開，摻末入內，濕紙裹，煨熟，空心食之，鹽酒送下。腰痛如刺：用八角茴香炒研，每服二錢，食前鹽湯下。外以糯米一二升炒熱袋盛，拴於痛處。腰重刺脹：八角茴香炒為末，食前，酒服二錢。疝氣入腎：茴香炒，作二包，更換熨之良。小腸氣墜：用八角茴香、小茴香各三錢，乳香少許，水服取汗。〇用大茴香一兩，花椒五錢，炒研，每酒服一錢。膀胱疝痛：用舶茴香、杏仁各一兩，葱白焙乾五錢，為末。每酒服二錢，嚼胡桃送下。脇下刺痛：小茴香一兩炒，枳殼五錢麩炒，為末，每服二錢，鹽酒調服，神效。辟除口臭：茴香煮羹及生食並得。蛇咬久潰：小茴香擣末敷之。　莖葉：味：與子同。治：煮食，治卒惡心，腹中不安。治小腸氣，卒腎氣衝脇，如刀刺痛，喘息不得，生擣汁一合，投熱酒一合，和服。惡毒癰腫，用茴香苗葉擣汁一升服之，日三四服，其滓以貼腫上。冬月用根。

明・盧之頤《本草乘雅半偈》帙九　蘹香《唐本草》　氣味：辛，平，無毒。

主治：主諸瘻霍亂，及蛇傷。

覈曰：深冬宿根再發，叢生似蒿，細葉整密，嫩綠似藻。五六月開花，花頭如蓋，似蛇床花而色黃，結子似麥粒，粒有細稜，質頗輕浮，俗呼小茴香。所在雖有，寧夏者稱第一。番舶者，子大似栢實，裂成八瓣，一瓣一核，核似豆，黃褐色，臭轉芳，味轉甘，俗呼八角茴香，廣西左右江峒中亦有之，形與中原者迥別，第氣味相同。北人得之咀嚼薦酒，入藥最良。修事：隔紙焙燥，研極細。八角者，去梗及子，修事同。

先人云：深冬生苗，有來復義。葉絲整密，有肌腠義。合入心脾，為心脾用藥也。然以冬藏之生物，禀辛溫之氣味，并可入腎，宜乎偏向于右。右為命門火，壬干之陽也。

条曰：長至宿根再發，効純乾剝落，至復而一陽始生，因名蘹香。《說文》云：本有去意，回來就已也，故主陽消而陰剝者。歸乎歸乎，盈吾懷乎。大海洋洋水所歸，高賢愉愉民所懷。

明・李中梓《本草通玄》卷下　茴香　辛，溫。暖下焦，逐膀胱胃間冷氣，調中進食，療諸疝腹痛，吐瀉〔胃寒〕。形如麥粒，為小茴香。性溫，宜入食料〔中〕。形如柏實，裂成八瓣者，為大茴香。性熱損目，不宜入食料。微炒。

清・顧元交《本草彙箋》卷七　蘹香　有大小二種，俱辛溫之藥。小茴走少陰與氣海，大茴厥陰肝經要品。俱主下氣寬胸，開胃進食，及理腎臟虛寒，癩疝腫痛，製宜鹽酒炒香，鹽以入腎，酒引陽道，香能通氣，助滋陰藥溫肝腎，開元氣，奏效甚捷。大抵大茴氣味沉厚，小茴香味稍薄，而行散過之。

開胃進食，茴香二兩，生薑四兩，同擣勻，入淨器內，濕紙蓋一宿，次以銀石器中，文武火炒黄焦，爲末，酒糊丸梧子大，每服十丸至二十五丸，溫酒下。

脇下刺痛，小茴一兩，炒，枳殼五錢，麸炒，爲末，每服二錢，鹽、酒調服。

清・穆石匏《本草洞詮》卷七　蘹香　煮臭肉下少許，即無臭氣。臭醬入末亦香，故曰茴香。俚俗多懷之衿衽咀嚼，蘹香之名，或以此也。氣味辛平，無毒。主開胃下氣，暖丹田，補命門不足。古方有去鈴丸，用茴香二兩，連皮生薑四兩，慢火炒之，入青鹽一兩，為末，糊丸，治脾胃虛弱病。蓋茴香得鹽則引入腎經，發出邪氣，腎不受邪，病自不生也。亦治小腸疝氣甚效。

清・丁其譽《壽世秘典》卷四　蘹香俗呼茴香。生苗作叢，肥莖絲葉，五六月開花如蛇床花而色黃，結子大如麥粒，輕而有細稜，俗呼為大茴香。今惟以寧夏出者第一，其他處小者謂之小茴香。自番舶來者，實大如柏實，裂成八瓣，一瓣一核，大如豆，黃褐色有仁，味更甜，俗呼八角茴香，形色迥別，氣味相同。　氣味：苦、辛，無毒。　主開胃下氣，調中止痛，暖丹田，治膀胱、胃間冷氣，腎勞，癩疝陰疼，破一切臭氣。

發明　甄權曰：茴香得酒良，炒黃用。李時珍曰：小茴香性平，理氣開胃，夏月祛蠅辟臭，食料宜之。大茴性熱，治小腸疝氣有效，多食傷目發瘡，食料不宜過用。

清・劉雲密《本草述》卷一五　蘹香子　時珍曰：　茴香宿根深冬生苗作叢，肥莖絲葉，五六月開花，結子大如麥粒，輕而有細稜，俗呼為大茴香。今惟以寧夏出者第一，其他處小者謂之小茴香。自番舶來者實大如柏實，裂成八瓣，一瓣一核，大如豆，黃褐色，有仁味更甜，俗呼舶茴香，又曰八角茴香。

子：　氣味：　辛，平，無毒。　思邈曰：　苦、辛，微寒，濇。　權曰：　苦、辛，得酒良。炒黃用。　好古曰：　陽也，浮也，入手足少陰、太陽經。

中梓曰：　味辛性温，入胃腎二經。

諸本草主治：　胃間膀胱冷氣痛，開胃下氣，止嘔吐，及育腸氣，並腎勞癩疝，陰痛少腹痛，暖丹田。

方書主治疝證居多，次腰痛，泄瀉積聚，傷飲食，虛勞氣，呃逆，腹痛滯下，小便數，遺精，傷勞倦，傳屍勞，惡寒水腫，咳嗽喘，嘔吐霍亂，諸逆衝上，畜血頭痛脇痛，脚氣淋，小便不禁，前陰諸疾，耳證。　此以用之多少為次。

之頤曰：　長至宿根，再發效純，乾剝落至復，而一陽始生，因名蘹香。《說文》云：　本有去意，回來就已也，故主陽消而陰剝者。　東垣曰：　茴香補命門不足之藥。　好古曰：　本是治膀胱藥，以其先丙，故云小腸也，能潤丙燥，以其先戊，故從丙至壬，入手足少陰，二藥相合，以開上下經之通道，所以丙與壬交也。　先戊，故從丙至壬，王海藏先生可謂精詣矣。《類明》曰：　夫癩疝之證，丹溪言專本肝經，與腎絕無相干。然亦不離乎腎與膀胱二經。《丹經》云：　癩疝是溼熱無寒，則茴香之辛溫又不宜用也。然只有外寒固閉而內熱不透泄者，茴香辛溫散外寒，衝內熱，似或有功，此所以古方治疝之藥，多有用者。　《醫畧》曰：　調胃妙方日間常用小茴香最妙，脾腎俱虛，破故紙、肉果炒粳米尤妙。脾氣雖强，而腎氣不足，故飲食下咽，而六腑為之飡泄也。脾腎之氣交通，則水穀自然尅化。　希雍曰：　茴香得土金之冲氣，而兼秉平天之陽，故其味辛平亦應兼甘，無毒，辛香發散，甘平和胃，入足太陰、陽明、太陽、少陰經。　蘹香酒炒，得川楝子、荔枝核、橘核、肉桂、蒼术、木瓜、牛膝，治寒溼成疝。　得炒砂仁、食鹽，則主中惡腹痛，霍亂腹痛吐逆。

附方　大小便閉，鼓脹氣促，八角茴香七個，大麻仁半兩，為末，生葱白三七根，同研，煎湯調五苓散末服之，日一服。　小便頻数，茴香不拘多少，淘淨，入鹽少許，炒研為末，炙糯米糕蘸食之。　按六腑之病，取之於合大小腸，合於胃之巨虛下廉也。

愚按：　茴香本宿根，而於深冬生苗，正之頤所謂回陽於剝之時。　李東垣先生所云補命門不足者，不妄也。　然用之以治寒水膀胱，以膀胱為腎之腑，膀胱藉腎氣以施化，膀胱寒水之為病，皆腎中陽氣虛之所致。　腎中陽氣，即命门之元陽也。　然既治膀胱，何以又治小腸，一水一火，而皆宜耶？　王海藏先生言之矣，以其先戊，故從丙至壬，蓋寒水收引，必藉火土以達其氣，故入腎者先入陽明胃，其味始辛而嗣有大甘，甘入中土，甘後又有微苦，是所謂胃氣通於腎也。　然胃脘之陽固根於腎中之元陽，而此味本陰中之陽，達於辛甘以歸中土，中土先受其元陽孕育者，得致其回寒布暖之氣，而宣於火腑手太陽，遂由甘而苦，以至下並歸於水腑足太陽，乃反其始以竟其用，是非具有勝復妙理哉？　達火土之氣，即以治其氣於寒水，無漸次無等待也。其治㿗疝者，即是此義。蓋在下之寒水收引，如東垣所云太陽膀胱之氣逆上迎，手太陽小腸之脈下行，致足厥陰之脈不得伸，其任脈並厥陰之脈逆，則如巨川之水，使陽氣下墜，致兩睾腫大，謂之曰疝，大甚則為㿗。又在中之冷氣，致陽氣不紓而下墜，亦為疝痛。手太陽火腑，主上焦之陽氣，其曰下行者，為寒水收引，致陽氣不舒，隨之下陷也。陽鬱於陰，致風木所以透寒水之化，為足厥陰，其脈不得伸矣，故任脈即因之並逆而成疝也。皆不越胃陽之合於腎者以達之，俾火麗於土，以勝寒水而復之，且睾丸所絡之筋，非盡由厥陰，而太陰陽明之筋亦入絡也。况療諸病必本於胃氣，謂散冷回陽能外乎哉？然又入手足少陰者，蓋心腎為水火之原，既於水火之腑有專功，寧能外心腎乎？此所謂上下經之通道，固在坎離相見也。

又按茴香之主治，在疝證，由手太陽以至足太陽，俾寒水生化之氣暢，而後厥陰風木乃得布其出地之用，是即坎中有離，用此味者似同於由火降而致水升，以神其功者也。然皆由腑而達臟，海藏所謂入手足少陰、太陽者是矣。第世醫漫謂㿗疝，有溼熱不宜用，殊不知疝之初起，皆由於寒水之鬱而氣化不宜乃有溼，由溼鬱不化乃有熱，是初起之疝，固即宜用之矣。至溼鬱不化而為熱，雖曰宜酌，然熱之成者，因於溼也，溼之為病者，由於陽虛也，就外淫而論，固未有不因於寒以鬱熱者，即不因於外受，亦必由腎中之陽虛，乃致陰不得化而邪盛，令陰中之陽轉鬱，遂病於肝，以為疝也。試參攖寧生滑壽伯仁氏及杜名醫之治案，俱用楝實、茴香，蓋別有利溼熱之味，以助其奏功，斷不能舍此温散的劑，能致火於水者，俾正入膀胱寒水之經以責效也。至於專屬小腹或膀胱，非病於疝者，則此二腑若因熱以為患，又能不切切致慎乎哉？或曰：此味所療，如腰痛，泄瀉積聚，虛勞腹痛種種諸證，亦藉其致火於水，以益腎中之元陽乎？曰：諸證投此味，或輔或使，種種不離前義，然不如治疝之專，而且多者，以其為功於寒水之經有最切耳。第與附子補陽除溼之義，各有攸當也，須細審之。

附案　滑伯仁云一人病氣在臍下，築築漸至心下，嘔涌痛滿，手足皆青，喉中淫淫而癢䅲，本痠疼，目不欲視，頭不欲舉，神昏欲睡而不寐，惡食氣，睾丸控引，小便數而欠，年未三十，尫瘠尤甚，脈沉弦而濇。曰是得憂鬱憤怒，寒溼風雨乘之，為肝疝也。肝欲急，以辛散之。遂以吳茱萸佐以薑、桂，及治氣引藥，兼以茴、楝等丸，每日一温利之，三月安。此證可以丹溪內熱外寒之類推之。杜名醫云：三十七太尉患小腸氣痛，眾醫用藥皆不效，每一發幾死。上召杜至，進藥數服亦不驗。太尉自以為數當盡也，上召杜問其所以。杜對曰：臣依古方書用藥，皆不獲愈，今日别撰一方，且未敢進上，先合藥以進如言，太尉一服十愈八九，再服全愈。然後進方名曰救命通心散，川烏頭一兩，用青鹽一錢，酒一盞，浸一宿，去皮尖，焙乾，川楝子一兩，用巴豆二十一粒同炒，候黑色，去巴豆，茴香半兩，石燕一對，土狗五枚，芥子一錢六分，合眾味為末，每服三錢，入羊石子內，溼紙煨香熟，夜半時用好酒半升，入鹽細嚼石子，以酒咽下，不得作聲，小便大利，其病遂去。此方用川烏、川楝、茴香，破其外寒，用石燕、土狗輩利其鬱熱，可以用五苓之義推之。

附方　腎消飲水，小便如膏油，用茴香炒，苦楝子炒，等分為末，每食前酒服二錢。腰痛如刺，用八角茴香、杜仲各炒研三錢，木香一錢，水一鍾，酒半鍾，煎服。小腸氣墜，用八角茴香、小茴香各三錢，乳香少許，水服取汗。按同乳香用，以小腸為化血之腑也。膀胱疝痛，用舶茴香、杏仁各一兩，葱白焙乾五錢，為末，每酒服二錢，嚼胡桃送下。治疝氣膀胱，小腸痛，用茴香鹽炒，晚蠶沙鹽炒，等分為末，煉蜜丸彈子大，每服一丸，温酒嚼下。疝氣偏墜，大茴香末一兩，小茴香末一兩，用牙豬尿胞一個，連尿入二末於內，繫定，罐內以酒煮爛，連胞搗丸如梧子大，每服五十丸，白湯下，仙方也。脇下刺痛，小茴香一兩炒，枳殼五錢麩炒，為末，每服二錢，鹽酒調服，神效。

希雍曰：蘹香辛温，胃腎多火，陽道數舉，得熱則嘔者，勿服。大抵此味之治，切於寒者或虛寒者，若小腸膀胱並胃腑之證患於熱者，投之反增其疾也。時珍曰：小茴香性平，理氣開胃，夏月祛蠅辟臭，食料宜之。大茴香性熱，多食傷目發瘡，食料不宜過用。

修治　隔紙焙燥，研極細，八角者亦同此治，但去梗及子耳。上行似宜酒炒，下行宜鹽水炒。

清・郭章宜《本草匯》卷一三　茴香　辛，溫，陽也，浮也，入手足太陰、陽明、太陽、少陰經。逐膀胱胃間冷氣，暖丹田命門不足。療諸疝腹痛吐瀉，治乾濕脚氣陰疼。

按：茴香本治膀胱藥，以其先丙，故曰小腸也。能潤丙燥，以其先戊，故從丙至壬，開上下經之通道，所以壬與丙交也。腎消飲水，小便如膏油，用茴香炒，苦楝子炒，等分為末，食前酒服二錢。腎虚腰痛，茴香炒研，以猪腰子批開，摻末入内，濕紙裹煨熟，空心食之，鹽酒送下。小腸氣墜不可忍，用大茴香、荔枝核炒黑，各等分，研末，每服一錢，温酒服。偏墜，用大茴香一兩，小茴末一兩，牙猪尿胞一個連尿，入二藥繫定，以酒煮爛，連胞搗丸，白湯送下五十丸，仙方也。惡毒癰腫，或連陰卵，牽入小腹不可忍，一宿即殺人者，用茴香葉搗汁一升，服之，日三四服，其滓以貼腫上。冬月用根，神驗。

形如麥粒為小茴香，性温，宜入料食。形如栢實，裂成八瓣者，為大茴香，性熱損目，不宜入食料。微炒得鹽，則入腎經，酒炒良。

清·尤乘《食鑒本草·菜類》 大茴香　開胃下氣，逐膀胱冷氣，補命門不足，暖丹田，煮臭肉少許即解。多食傷神發瘡。

清·朱本中《飲食須知·味類》 小茴香　味辛、甘，性微温。力緩於大茴。有實火人宜少食之。其莖、葉與子，性味相同。

蒔蘿，味辛，性温。殺魚肉毒。有實熱者少食。其根有大毒，誤食殺人。

清·何其言《養生食鑒》卷下 小茴香　味辛、甘，性微温，無毒。開胃調中，去穢氣，暖丹田，治腎勞、㿗疝及脚氣，得酒良。有實火人，勿食。

蒔蘿即土茴香，葉亦可食。　味辛，性温，無毒。滋食味，殺魚肉毒，開胃健脾，消食利膈，補水臟，治霍亂，痞滿腹痛，兩肋氣脹。實熱人勿食。

清·蔣居祉《本草擇要綱目·温性藥品》 蘹香　氣味：辛，平，無毒。陽也，浮也。　主治：　蘹香本治膀胱之藥，以其先丙，故入小腸而潤丙燥。以其先戊，故從丙至壬。又手足少陰二藥，以開上下經之通道，所以壬與丙交也。又曰小蘹香性平，理氣開胃。大蘹香性熱，暖丹田，補命門不足。俱入手足太陽、少陰經。

清·閔鉞《本草詳節》卷七 茴香子　【略】按：　茴香本是治膀胱藥，以其先丙，能潤丙燥，丙與壬合，故入手足少陰、太陽，以開上下三經之通道，而回陽散冷也。用入食料，小茴宜之。大茴過食，損目發瘡。

清·王翃《握靈本草》卷六 蘹香子茴香有大小二種，大者八瓣，一瓣一核，出(市)〔番〕舶。小者如麥粒，處處有之。　主治：　蘹香子辛，平，無毒。主膀胱間冷氣，開胃下氣，補命門，暖丹田。

清·汪昂《本草備要》卷二 茴香古作蘹香。燥，補腎命門，治寒疝。　大茴辛熱。入腎、膀胱。暖丹田，補命門，開胃下食，調中止嘔。療小腸冷氣，㿗疝陰腫，疝有七種，氣、血、寒、水、筋、狐、㿗也。肝經病，不屬腎經，以厥陰肝脉絡陰器也。多因寒濕所致，亦有挾虚者，當加參、朮于温散藥中。乾濕脚氣。多食損目發瘡。小茴辛平。理氣開胃，亦治寒疝。食料宜之。　大如麥粒，輕而有細稜者名大茴，出寧夏。他處小者名小茴。自番舶來，實八瓣者，名八角茴香。炒黄用，得酒良。得鹽則入腎，發腎邪，故治陰疝。受病于肝，見症于腎。大小茴各一兩爲末，猪脬一個，連尿入藥，酒煮爛，爲丸服。

清·顧靖遠《顧氏醫鏡》卷七 大茴香辛，大温。入胃腎二經。小如粟者力薄。補命門真火，治小腸疝氣。

清·李熙和《醫經允中》卷二〇 蘹香　入手足太陽、少陰經。得酒良，炒黄用。　辛，温，無毒。主治膀胱胃間冷氣，止嘔下食，補命門不足，小腸疝氣。多食損目發瘡。小茴香家園栽種，類蛇床子，亦治疝散疼，理氣開胃。蒔蘿，氣味更辛，開胃温中，殺魚蟲毒。

清·馮兆張《馮氏錦囊秘録·雜症痘疹藥性主治合參》卷二 大茴香得土金之冲氣，兼稟乎天之陽氣，故味辛甘，性温，無毒。入心、腎二臟及胃、小腸、膀胱。祛寒散結之要藥，而為霍亂諸疝之必需。　大茴香，入心、腎二臟及小腸、膀胱。主腎勞疝氣，小腸弔氣攣疼，理乾濕脚氣，膀胱冷氣腫痛，開胃止嘔下食。為諸瘻霍亂捷方，補命門不足要藥。小茴香亦治疝散疼，每同煎取效。

主治痘疹合參：　主開胃下食，止嘔吐，調中療惡毒腫毒。然肺胃有熱及熱毒盛者禁用。

按：　茴香辛香宜胃，温暖宜腎，主治不越二經。若火症而陽事數舉者禁用。八角者名大茴香，小如粟米者力薄。

清·张璐《本經逢原》卷三 茴香　辛，温，小毒。去子用。小而味淡者，曰木蟹，不入藥。　發明：　舶上茴香性熱味厚，性入肝經，散一切寒結，故黑錫丹用之。若陰虚肝火從左上衝頭面者，用之最捷。蓋茴香與肉桂、吳茱萸皆厥陰之藥，萸則走腸胃，桂則走肝藏，茴則走經絡也。得鹽引入腎經，發出邪氣，故治疝氣有效。但耗血發熱，目病、瘡瘍忌之。

清·张璐《本經逢原》卷三 蘹香　辛，平，無毒。　發明：　草蘹香入足太陽、手足少陰，能開胃進食。專治膀胱疝氣，及腎氣衝脇如刀刺痛，喘息不便者，生搗熱酒絞服，以其辛香不竄，善降濁陰之氣也。下焦多火，強陽易舉者勿食。

清・汪啟賢等《食物須知・諸葷饌》 大茴香　味辛，氣平，無毒。鄉落多生，秋月方採。殼有八角，俗名八角脂。此子赤，藏中，嚼甚香甜。鹽酒炒用，入心、腎二臟及小腸、膀胱。主腎勞、疝氣、小腸吊氣攣疼。　理乾熱、腳氣、膀胱冷氣腫痛。開胃止嘔，下食調饌，止臭生香。

清・浦士貞《夕庵讀本草快編》卷三 蘹香《唐本草》　北人呼為茴香，聲相近也。蘹有二種，一生中土，一從番舶，故有大小之別。然其氣香味辛，浮而屬陽，入手足少陰太陽則同也。故善能理氣開胃。腳氣癩疝，命門不足，丹田虛冷者宜之。以其能助食料而益陽氣，開上下經之通道，能令壬與丙交也。有去鈴丸以生薑佐之，扶脾導腎，疝亦自愈。且夏月驅蚊辟惡有驗。但其性過熱，久食恐傷目發瘡，用者慎之。

清・劉漢基《藥性通考》卷六 茴香　味辛，熱，入腎、膀胱。暖丹田，補命門，開胃下食，調中止嘔。療小腸冷氣，疝氣陰腫，乾濕腳氣。多食損目發瘡。○小茴辛平，理氣開胃，亦治寒疝，食料宜之。大如麥粒，輕(則)(而)有細稜者，名大茴。出寧夏，他處小者名小茴，自番邦來，實八瓣者名八角茴香。炒黃用。得酒良，得鹽則入腎，發腎邪，故治陰疝疝氣也。

清・姚球《本草經解要》卷一 小茴香　氣溫，味辛，無毒。主小兒氣脹，霍亂嘔逆，腹冷，不下食，兩肋痞滿。　小茴氣溫，稟天春升之木氣，入足厥陰肝經。味辛無毒，得地西方之金味，入手太陰肺經。氣味俱升，陽也。小兒皆肝氣有餘，肝滯則氣脹。小茴辛溫益肝，兼通三焦之真氣，所以主脹也。肺為百脈之宗，司清濁之運化，肺寒則清濁亂於胸中，揮霍變亂而嘔逆矣。小茴辛入肺，溫散寒，故主霍亂嘔逆也。腹屬太陰脾經，冷則火不生土，不能化腐水穀，而食不下矣。小茴辛溫益肺，肺亦太陰，芳香溫暖而脾亦暖，食自下也。肋屬厥陰肝經，痞滿者，肝寒而氣滯也。小茴辛可散痞，溫可祛寒，所以主兩肋痞滿也。　製方：　小茴同生地、北味、白芍、甘草、歸身、山藥，治膈症。同山藥、白芍、甘草、白茯、焦米，治食不下。同磁石、白芍、木瓜，治氣脹。同荔枝核治疝。

清・葉盛《古今治驗食物單方》 茴香　腎消，小便如膏，茴香、炒苦楝子各等分，為末，空心酒服二錢。　腎虛腰痛，茴香炒，研，以猪腰批開，摻末在內，濕紙裹，煨熟，空心鹽酒送下，或以木香、茴香、杜仲，水酒煎服。　疝氣痛，茴香炒，研，絹包，更換熨之。或以大小茴各三錢，乳香少許，水煎服。或以大茴、荔枝核炒黑，為末，各等分，每服酒下一錢。　疝氣偏墜，大小茴末各一兩，用猳猪水胞一個，連尿入二末于內，繫定，以酒煮爛，搗丸桐子大，每服五十丸，白湯下。

清・王子接《得宜本草・中品藥》 蘹香　味辛。入奇經。主治膀胱冷氣，乾濕腳氣。得生薑、鹽治睾丸腫大，得川楝子治腎消飲水，得杏仁、葱白治膀胱疝痛。

清・黃元御《玉楸藥解》卷一 大茴香　味辛，微溫。入足陽明胃、足少陰腎經。降氣止嘔，溫胃下食，暖腰膝，消癀疝。茴香性溫下達。治水土濕寒，腰痛腳氣，固瘕寒疝之證。

清・吳儀洛《本草從新》卷四 大茴香〔燥，補腎命，治寒疝。〕古作蘹香。辛，溫。暖丹田，補命門，開胃下食，調中止嘔。療小腸冷氣，癩疝陰腫，疝有七種：氣、血、寒、水、筋、狐、癩也。屬肝經病，以厥陰肝經絡陰器也。多因寒濕所致，亦有挾虛者，當加參、朮於溫散藥中。腹痛霍亂。乾濕腳氣。能昏目發瘡。若陽道數舉，得熱則吐者均戒。產寧夏。大如麥粒，輕而有細稜。

清・汪紱《醫林纂要探源》卷二 茴香　甘、辛，溫。直莖分枝，細葉如絲，色黃綠，披紛可愛，實攢聚莖端，如川芎、蛇牀輩。出寧夏者大如麥粒，有細稜，輕虛芬烈，謂之大茴。潤腎補腎甘補，補命門，暖丹田，開胃調中，上達膻中，舒肝木，達陰鬱，舒筋，下除腳氣。氣味厚重，形質輕浮，故大補命門，而升達於膻中之上。命門相火固，則脾胃能化水穀而氣血生，諸寒皆散矣。肝膽亦行命門之火，肝木氣行，則水濕不留，虛風不作，故其功亞於附子，但力稍緩耳。

清・嚴潔等《得配本草》卷五 小茴香　辛，平。入足少陰經。運脾開胃，理氣消食。治霍亂嘔逆，腹冷氣脹，閃挫腰疼。　炒研用。　肺胃有熱及熱毒盛者禁用。

題清・徐大椿《藥性切用》卷六 大茴香　古名蘹香。性味辛溫，入腎命而祛寒，治疝開胃調中。鹽水炒用。多食昏目。

清・黃宮繡《本草求真》卷四 大茴香除肝經絡沉寒痼冷。　大茴香耑入肝，兼入腎、膀胱、小腸。古作懷香也。辛甘性熱，據書所載，功專入肝燥腎。凡一切沉寒痼冷，而見霍亂癩疝，陰腫腰痛，及乾濕腳氣，并肝經虛火從左上衝頭面者用之，服皆有效。有腫謂濕腳氣，無腫謂乾腳氣。　蓋茴香與肉桂、吳茱萸皆屬厥陰燥藥，但萸則走腸胃，桂則能入肝腎，此則體輕能入經絡也。必得鹽引入腎，發出陰邪，故能治疝有效。若挾陽邪者休用，按疝有血、氣、寒、水、筋、狐、癩七種之分，其病亦有寒熱虛實不同，所當分症施治，疝有病發於肝，而見症於腎，以肝脈絡陰器故也。茴香能散厥陰經絡陰邪，故多用此施治。余按茴香形類不一，據書所載，有言大如麥粒，輕而有細棱者，名大茴。出寧夏。市中鮮有。他處小者，名小茴，自番舶來，實八瓣者名八角香。今市所用大茴，皆屬八角，而寧夏之茴未見。余細嚼審八角茴味，其香雖有，其味甚甘，其性溫而不烈，較之吴茱萸、艾葉等味更屬不同。若以八角大茴甘多之味，甘多則滯。而謂能除沉寒痼冷，似於理屬有礙。似應用寧夏茴為勝。管見如斯，未知有合後之同志否。鹽水炒用，得酒良。

清・黄宮繡《本草求真》卷四 小茴香功遜大茴。 小茴耑入肝胃，兼入腎、膀胱、小腸。形如粟米，辛香氣溫，與寧夏大茴功同，入肝燥腎溫胃，但其性力稍緩，不似大茴性熱，仍看症候緩急，分別用之耳！時珍曰：小茴性平，理氣開胃，夏月祛蠅辟臭，食料宜之。大茴性熱，多食傷目發瘡，食料不宜過用。酒炒鹽水炒，各隨病症活用。

清・羅國綱《羅氏會約醫鏡》卷一六草部 小茴香 如粟米而扁者，功用與大茴略同，亦治疝痛。凡化膀胱之氣，而使小便通暢，為更優耳。

清・陳修園《神農本草經讀》附録 小茴香 氣味辛，溫，無毒。主小兒氣脹，霍亂嘔逆，腹冷，不下食，兩脇痞滿《拾遺》。

清・黄凱鈞《藥籠小品》 大茴香 產寧夏，辛，溫，暖丹田，補命門，療小腸冷氣。癩疝陰腫。疝有七腫，皆屬於肝。 小茴香辛平理氣，入腎治腰痛；入肝治腹痛，並療陰疝。

清・章穆《調疾飲食辯》卷三 茴香 又作蘹香，俗呼小茴。子名八月珠。陶隱居曰：煮臭肉，入少許即不臭。臭醬入末，即變為香，故名茴香。苗粗莖絲，葉嫩時可為蔬。氣香而不竄，味辛而不烈，佳品也。《藥性本草》曰：煮食治卒惡心，心中似嘈雜非嘈雜，似脹滿非脹滿，欲吐又不能吐，為惡心。卒惡心者，謂本無其病，倉卒而起也。腹中不安。《食療本草》曰：卒腎氣衝脇，如刀刺痛，喘息不得，生搗汁，和熱酒服。《圖經》曰：《范汪方》療惡毒癰腫，或連陰卵髀間髎骨疼痛攣急，牽入小腹，一宿即殺人：用茴香苗、葉，搗汁一升，和酒服，范汪時一升，以《晉書・律曆志》積一千四百四十一寸斛率，用劉徽考定《九章・商功》法算之，得今時官量三合二勺有奇。日三四次。渣敷之。冬月用根。無根用子，以上諸方皆然。子溫丹田、腎藏，治膀胱冷氣，疝氣，偏墜，腎寒腰痛如刺，腰脇脹痛、刺痛，茴香一兩，枳殼五錢，各炒為末，每酒服二錢。出《袖珍方》。又治便數，茴香入鹽少許，同炒為末，糯米和山藥作餻，蘸食。出《摘元方》。又治蛇咬久爛，茴香同白芷研末敷。出《千金方》。番舶上八角茴香，近時粵東西俱有，俗呼大茴。形雖不同，功用相近。然味辛性熱加甚。

清・王龍《本草纂要稿・草部》 大茴香 氣味辛平。主腎勞疝氣，小(氣)〔腸〕吊氣攣疼。理乾濕脚氣，膀胱冷氣，消腫毒。開胃止嘔，辟臭生香。補命門不足，治霍亂諸瘻。入心、腎、小腸、膀胱之經。 小茴香：治疝散疼，同煎取效。

清・張德裕《本草正義》卷上 大茴香 辛，溫。入心、腎。暖命門，善逐膀胱寒滯，疝氣止痛，調中，兼理寒濕脚氣。調饌逐臭生香。

清・張德裕《本草正義》卷上 小茴香 畧同。大茴香暖而力厚，此則溫而力輕。

清・翁藻《醫鈔類編》卷二三《本草》 小茴 形如粟米，辛香氣溫。與寧夏大茴功同。入肝燥腎溫胃，但其性力稍緩，不似大茴性熱。仍看證候緩急，分別用之耳。時珍曰：小茴性平，理氣開胃。夏月祛蠅辟臭，食料宜之。大茴性熱，多食傷目發瘡，食料不宜過用。酒炒、鹽水炒，各隨病證活用。

清・楊時泰《本草述鉤元》卷一五 蘹香 寧夏出者，大如麥粒，輕而有細稜，為大茴香。他產小者，為小茴香。自番舶來者，子大如柏實，裂成八瓣，瓣核如豆，褐色味甜，曰八角茴香，即舶茴香。

子：氣味辛香，大甘微苦，性溫。陽也，浮也。入胃腎二經，兼入心、小腸、膀胱經。開胃下氣，止嘔吐，暖丹田，為補命門不足之藥。主膀胱冷氣痛及小腸氣，並腎勞癩疝，陰痛，少腹痛。方書治腰腹脇痛泄瀉，積聚傷飲食虛勞咳喘呃逆，諸逆衝上惡寒，水腫，霍亂，脚氣，滯下，小便數，遺精，淋，小便不禁，前陰諸疾。長至宿根再發，效純。(乾)〔幹〕剝落至復陽回，故名茴香。用主陽消而陰剝之病之頤。得土金之沖氣而兼秉乎天之陽，故其味甘辛而氣溫仲淳。本是治膀胱藥，以其先丙，故云小腸也，能潤丙燥，以其先戊，故從丙至壬，入手足少陰，二藥相合，以開上下經之通道，所以丙與壬交也海藏。丹溪論癩疝，是濕熱無寒，則茴香之辛溫，又不宜用。然只有外寒固閉，而內熱不透泄者，茴香散外寒衡內熱，似或有功，所以古方治疝，多用之類明。調胃方： 日間常用小茴香最妙，如脾氣強而腎氣不足，則飲食下咽，六腑為之飧泄，用故紙、肉果炒粳米，俾脾腎之氣交通，則水穀自然尅化《醫略》。得酒炒茴香，得川楝子、荔枝核、橘核、肉桂、蒼朮、木瓜、牛膝，治寒濕成疝。得炒砂仁、食鹽，主中惡腹痛，霍亂腹痛吐逆。大小便閉，鼓脹氣促，八角茴香七個，大麻仁半兩，為末，生葱白三七根，同研煎湯，調五苓散服之，日一服。小便頻數，茴香不拘多少，淘淨入鹽少許，炒研為末，炙糯米糕蘸食之。按六腑之病，取之於合，大小腸合於胃之巨虛、下廉也。有病氣在臍下築築，漸至心下，嘔涌痛滿，手足皆青，喉中淫淫而癢，眉本痠疼，目不欲視，頭不欲舉，神昏欲睡而不寐，惡食氣，睾丸控引，小便數欠，脈沉弦而濇，是由憂鬱憤怒，寒濕風雨乘之，為肝疝也。肝欲急，以辛散之，用吳茱佐以薑、桂及治氣引藥，兼茴、楝等為丸，每日一溫利之，三月安。按此可以丹溪內熱外寒之類推之。救命通心散，治小腸氣痛，每一發幾死，川烏頭一兩，用青鹽一錢，酒一盞，浸一宿，去皮尖，焙乾。川楝子一兩，用巴豆二十一粒同炒，候黑色，去巴豆。茴香半兩，石燕一對，土狗五枚，芥子一錢六分，合眾味為末，每服三錢，入羊石子內，濕紙包煨香熟，夜半時，用好酒半升，入鹽，細嚼石子，以酒嚥下，不得作聲，小便大利，其病遂去。按此用川烏、茴、楝破其外寒，用石燕、土狗輩利其鬱熱，可以用五苓之義推之。腎消飲水，小便如膏油，用茴香、苦楝子等分，炒為末，每食前，酒服二錢。腰痛如刺，八角茴香、杜仲各炒研三錢，木香一錢，水一鍾，酒半鍾，煎服。小腸氣墜，八角茴香、小茴香各三錢，乳香少許，水服取汗，按二茴同乳香用，以小腸為化血之腑也。膀胱疝痛，舶茴香、杏仁各一兩，葱白焙乾五錢，為末，每酒服二錢，嚼胡桃送下。治疝氣膀胱小腸痛，茴香、晚蠶沙等分，俱鹽炒為末，煉蜜丸彈子大，每服一丸，溫酒嚼下。疝氣偏墜，大小茴香末各一兩，用牙豬尿胞一個，連尿，入二末於內，繫定入罐，以酒煮爛，連胞搗丸，如梧子大，每服五十丸，白湯下。脇下刺痛，小茴香炒一兩，枳殼麩炒五錢為末，每服二錢，鹽酒調服，神效。

論： 茴香本宿根，深冬生苗，盧氏所謂回陽於剝之時，正東垣所云補命門不足也。其味始辛，嗣有大甘，甘入中土，甘後又有微苦，是胃氣通於腎也。夫胃脘之陽，根於腎之元陽，此味本陰中之陽，達辛甘以歸中土，中土先受元陽之孕育，以致其回寒布暖之氣，而宣於火腑，遂由甘而苦，以下歸於水腑，達火土之氣，即以治其氣於寒水，無漸次，無等待，乃反其始以竟其用也。夫癩疝由寒水之收引，如東垣所云： 足太陽膀胱之氣逆上，迎手太陽小腸之脈下行，致足厥陰之脈不得伸，其任脈並厥陰之脈逆，如巨川之水，使陽氣下墜，兩睾腫大，謂之曰疝，大甚則為癩。又在中之冷氣，致陽氣不舒而下墜，則為痛。太陽火腑，本主上焦陽氣，此曰下行者，為寒水收引，致陽氣不舒，隨之下陷也，陽鬱於陰，則風木所以透寒水之化者，其脈不得伸矣，厥陰不伸，則任脈因之並逆而成疝矣。治之之法，皆不越胃陽之合於腎者以達之，俾火麗於土，以勝寒水而復之，且睾丸所絡之筋，非盡由厥陰，即太陰陽明之筋，亦入絡也。況療諸病，必本於胃氣，而謂散冷回陽，能外火土之達氣於寒水也哉。其又入手足少陰者，以心腎為水火之原，既於水火之腑有專功，即不能外乎心腎，所謂上下經之通道，固在坎離相見也。茴香主治在疝證，由手太陽以至足太陽，俾寒水生化之氣暢，而後厥陰風木，乃得布其出地之用，似由火降而致水升，以神其功者也。世醫漫謂癩疝有濕熱，不宜用，不知疝之初起，皆由寒水之鬱，氣化不宣而有濕，漸由濕鬱不化而有熱，是初起即宜用之矣。至濕鬱為熱，雖宜酌投，然熱之成，本因於濕，濕之為病，又因於陽虛，就外淫論，固未有不因寒以鬱熱者，即不因外受，亦必由腎中陽虛，陰不得化而邪盛，至陰中之陽轉鬱，遂病於肝以為疝也，安得舍此溫散的劑，功能致火於水者，俾正入寒水之經以責效哉？又此味所療如腰痛、泄瀉、積聚、虛勞、腹痛諸證，亦藉其致火於水，以益腎中之元陽，第與附子補陽除濕之義，各有攸當耳。凡胃腎多火，陽道數舉，得熱則嘔者，勿服仲淳。小腸膀胱有熱者，投之增疾。小茴性平，夏月能祛蠅辟臭，食料宜之。大茴性熱，多食傷目發瘡，食料不宜過用瀕湖。

修治： 隔紙焙燥，研極細，八角者亦同此治。得酒良，上行宜酒炒黃，下行鹽水炒用。

清・鄒澍《本經續疏》卷四 蘹香子 【略】蘹香子之主諸瘻，非以其葉至莖杪轉即下垂耶。諸瘻之在頸腋，原以痰氣不得上下故耳。蘹香子之主霍亂，非以其葉上出不矗過莖端，下垂不重引莖屈耶。霍亂之為吐利，原以中宮不支，遂致崩潰故耳。古人曲體物情，深諳病本，徵理按旨，帖切求合者蓋如此。學者所宜三致意也。然是物也，唐人始筆之書，而《千金方》於霍亂僅一二用，於諸瘻則不用。《外臺秘要》於諸瘻嘗一二用，於霍亂則不用。自日華子著其有治乾濕脚氣，腎勞，癩疝陰痛，開胃下氣之功，後之人遂一以為治疝之劑，非特忘其能主諸瘻、霍亂，并所謂乾濕脚氣，腎勞陰痛，胥弁髦置之矣。用蘹香子者，世宗日華，則當究日華所以用之之故。凡物感深冬之氣，區萌達蘖，其屬陽者，定非天之陽。凡藥物能生發地中之陽者甚多，然其為用不過驅陰霾，助蒸騰，強陽氣，行脾著，有一端已耳。惟蘹香則自生長至成實，經歷四時，蔚然長青，生氣葱鬱，而枝枝挺直，葉葉倒垂，如絲如縷，極清析而不亂。是其伸於上者，皆行於下之先機。比之腎中有陽，乃萎頓而不伸，遂致下部陰氣盤旋屈伏，比連壅腫者，適相反對。而其味辛氣平，不剛不燥，伸其固有之陽，開其障蔽之氣，行於下而不冒於上。試思脚氣、癩疝陰疼，有一病在腎之上否？曰腎勞者，明腎因勞而陽不伸，因陽不伸而濁氣遏之，遂使清氣不能周於下也。疝病非一，有寒疝，有癩疝。寒疝者寒勝，癩疝者氣勝。寒疝病於少腹，癩疝病於睪丸。茲曰腎勞癩疝，亦可知其疝之非因寒，而為腹中癩痛者矣。開胃下氣者，緣其氣之平而芳，味之辛後有甘也。於此更可見諸瘻之升不能升，降不能降，與霍亂之過於升，并過於降為一體，其用蘹香可愈，均以其能開胃下氣，而諸氣自條達升降合度耳。

清・葉桂《本草再新》卷六　大茴香味辛，性溫，無毒。入脾、腎二經。　開胃氣，消水腫，益腎水，治疝氣，調中下食。

清・葉桂《本草再新》卷六　小茴香味辛，性平，無毒。入脾、胃、腎三經。　開胃理氣，却寒濕，散風邪，治寒疝陰疝。

清・吳其濬《植物名實圖考》卷四　蘹香　《唐本草》始著錄，圃中亦種之，土呼香絲菜。

清・趙其光《本草求原》卷一五菜部　大茴香古作蘹香，俗名八角。　辛，熱。入心、腎、小腸、膀胱，暖丹田，補命門，散一切寒結。凡陰虛，肝火從左上沖頭目必用。與吳萸、玉桂皆治肝。吳走腸胃，桂走肝臟，茴走經絡，專治癩疝陰腫，小腸冷氣；　次治腰痛、泄瀉、開胃、下食、調中、止嘔、火生土則運化。止呃、腹痛、霍亂。同砂仁、食鹽用。　腎氣沖脇，喘息不便。生研，熱酒下。　按茴香本舊根而苗於冬，能回陽於剝落之時，故能補腎中陽氣，而膀胱遂藉之以施化。且其味辛中有甘，而後微苦，辛而甘，則能達腎陽以歸中土，故為調脾胃之妙品；　由甘而苦，故又能下歸以宣小腸火腑之用。

太陰陽明厥陰之筋，俱絡陰器，脾胃為寒水收引，則陽氣下陷，鬱於陰中；　而任與厥陰之脈亦不得伸，故為疝痛囊腫。此味暢小腸之火氣，以行膀胱寒水之化，而後厥陰風木乃得布其出地之陽。世人以疝多濕熱不宜用，不知皆由陽虛致寒鬱而生濕，濕鬱乃生熱，必須此香辛之品散外寒以沖內熱，更佐利濕熱之味以奏功。一人臍下築築，喉癢，心下痛滿嘔吐，眉疼，目不欲視，頭不舉，神昏惡食，睾丸控引，尿數少，脈沉弦而澀，此因憂鬱寒濕乘肝而為疝也。以吳萸佐薑、桂、茴、楝及治氣引藥治之，肝苦急，以辛散之也。

合故紙、玉果炒米，治脾腎虛，少食飧泄。酒炒，同川楝、荔、橘核、桂、蒼、川瓜、牛膝，治寒濕成疝。同麻仁，入五苓散，以葱白、田七湯下，治二便閉，鼓脹氣促。鹽炒為末，糯米糕蘸食，治小便頻數。同川楝炒為末，酒下，治腎消飲水，小便如膏。同杜仲炒，入木香為末，水酒煎服，治腰痛。

炒黃用，得酒上行，得鹽則入腎而降濁陰。

清・趙其光《本草求原》卷一五菜部　小茴　辛，平。理氣，開胃。治脇下刺痛，一兩同麵炒。炒枳殼五錢，為末，鹽、酒調下。祛蠅辟臭，食料宜之。大茴性熱，多食傷目，發瘡。亦治寒疝。隔紙焙燥研。按小茴最調胃，故《拾遺》用治小兒氣脹、霍亂嘔逆、腹冷不下食。

清・文晟《新編六書》卷六《藥性摘錄》　大茴香　辛甘，性熱。入肝燥腎，凡肝經絡沉寒痼冷，而見癩疝陰腫，腰痛，及乾濕脚氣，並肝經虛火從左上升，而見頭痛，服之皆効。○若挾陽邪，有實熱者，切忌。○鹽水炒用。得酒良。

大茴香　辛甘，性熱。暖下元，治疝。

小茴香　辛甘，微溫。開胃調中，暖丹田，治疝及脚氣。得酒良。○此二味多食傷目，有實火人勿食。○蒔蘿，性署同。並詳藥部溫散。

小茴香　辛香氣溫，入肝腎，兼入膀胱、小陽。入肝燥腎，溫胃功力遜於大茴。酒炒，鹽水炒，隨症用。

清・張仁錫《藥性蒙求・菜部》　大茴香四分、六分　大茴香辛，溫燥袪寒。疝氣脚氣，嘔痛除蠲。古作蘹香。辛，溫。暖丹田，補命門，治小腸冷氣，癩疝陰腫，腹痛霍亂。

小茴香八角茴香四分、六分　小茴香辛平，專療疝氣。又降濁陰，下焦妙劑。理氣開胃，食料宜之。炒黃，得酒良。得鹽則入腎，發腎邪。八角茴香，又名舶茴香。辛、甘，平。功用略同。○張路玉云：　茴香、吳萸、肉桂，皆厥陰之藥，萸則走腸胃，桂則走肝藏，茴則走經絡也。

清・王孟英《隨息居飲食譜・調和類》 茴香　辛、甘，溫。調中開胃，止痛散寒，治霍亂、蛇傷，癩疝，脚氣，殺蟲辟穢。肴饌所宜，制魚肉腥臊、冷滯諸毒。　小便頻數而色清不渴者，茴香淘淨，鹽炒，研末，炙粳米餻蘸食。

清・劉善述、劉士季《草木便方》卷一草部　茴香根　茴香根葉辛平溫，能暖丹田通腎經。腎氣衝心卒惡痛，納氣歸腎酒服生。大小同性。

清・戴葆元《本草綱目易知錄》卷三　小茴蘹香　子，色青入肝，氣香舒脾，本膀胱藥，壬與丙交，故能入手足少陰，以開上下經之通道。理氣開胃，調中止痛，暖丹田，補命門，調衝任，暖子宮葆元。治霍亂嘔吐，乾濕脚氣，小便閉澁，膀胱冷氣，男子腎勞癩疝，女人陰癀帶下。擣末，傅蛇蛟久潰不愈。

大茴八角茴：辛，溫。氣烈芳香暢脾，酒服治腰痛如刺，大小便閉，疝氣偏墜，腰重刺脹。其小茴性平，理氣開胃，食料宜之。大茴性熱，動火發瘡，多食損目，食料不宜過用。葆元按：大小茴香，《綱目》未分，統名蘹香。時珍註：小茴處處種蒔，唯寧夏產者為最。其大茴來自番舶，形八角，角俱含子，亦未分列。葆故照《綱目》主治及附方所用，分別列名，以便爽目。【略】

清・黃光霽《本草衍句》　茴香大茴辛，熱；小茴辛，平。　潤腎補腎，舒木舒筋。開胃止嘔，補命門之不足。調中下食，暖丹田之元陽。下除脚氣，上達膻中。擅祛寒散結之能，陰瘻腫痛。逐小腸膀胱之氣寒冷之氣，寒疝陰癩。得生薑、鹽，治睪丸腫大；得川楝子治腎消飲水，小便如膏油；得杏仁、葱白、胡桃，酒服治膀胱疝痛；得蠶沙鹽炒，治疝氣膀胱小便痛。茴香得鹽即引入腎經，則發出邪氣，腎不受邪，病自不生也。　腎虛腰痛，茴香炒研，以猪腰批開，搽末入內，濕紙裹，煨熟，空心鹽酒下。　腰痛如刺，思仙散，大茴、杜仲各炒研，木香一錢，水煎服。　脇下刺痛，小茴、枳殼炒研末，每二錢，鹽、酒服。　小腸氣墜，用大茴、小茴各三錢，乳香煎服，取汗。　孫氏方治小腸疝痛不可忍，用大茴、荔枝核炒黑，研末，溫酒下。　《瀕湖集》方用大茴、花椒研，酒調下。

清・陳其瑞《本草撮要》卷一　小茴香　味辛，溫，入足陽明、少陰經，功專理氣開胃，寒疝食料宜之。治陰疝，以大小茴香各一兩為末，猪胞一個，連尿入藥，酒煮爛為丸，每服五十丸。一名蒔蘿，一名八角茴香，一名舶茴香，功用略同。自番舶來，實大如柏實，裂成八瓣，一瓣一核，黃褐色者佳。

清・陳其瑞《本草撮要》卷一　茴香　味辛。入足陽明、少陰經，功專散膀胱冷氣，乾濕脚氣。得生薑、鹽治睪丸腫大，得川楝子治腎消飲水，得杏仁、葱白治膀胱疝痛。炒黃用。得酒良，得鹽入腎。疝氣入腎，茴香炒作二包，更換熨之。若陽道數舉，得熱則吐，勿服。古名蘹香，產寧夏者佳。

清・鄭奮揚著，曹炳章注《增訂偽藥條辨》卷二　小茴香　偽名洋小茴。顆粒甚小，毫無香味。按茴香一名蘹香，有大小之別。小茴性平，大茴性熱。以甯夏產者第一，功能理氣開胃，調中止嘔，匪特為治疝聖藥。若此種不香之小茴，既失茴香命名之義，又安能治病乎？　炳章按：小茴，陝西甯夏出者，其氣香，粒粗短，黃綠色者，道地。去灰屑及梗用。山東出，粒細色綠者次。

野茴香

宋・王介《履巉巖本草》卷上　野茴香　其味辛，平，無毒。主諸瘻，霍亂及蛇傷。辟邪，除口氣，治脾胃，進食。治乾(溫)〔濕〕脚氣，并腹中不安，取莖葉煮食之即差。一名蘹香子。可入墨用。治瘴瘧渾身熱，背項拘急，用生茴香子擣取汁服。

明・朱橚《救荒本草》卷上之前　野茴香　生田野中。其苗初搨地生，葉似抪音布娘蒿葉，微細小，後於葉間攛七官切葶分生莖叉，梢頭開黃花，結細角，有小黑子。葉味苦。　救飢：　採苗葉煠熟，水浸淘去苦味，油鹽調食。

掃天晴明草

明・蘭茂撰，清・管暄校補《滇南本草》卷上〔掃天晴明草〕　味甘、酸、苦，無毒，性熱。形似茴香，其葉細小。主治一切跌打損傷，筋骨打斷，敷之即愈，其效如神。受刑不疼。做刀傷藥，敷大毒瘡，痢疾，血淋，服之神效。服治婦人血鼠，治五淋白濁，治大腸下血，治血淋疼痛，治婦人血崩。

蒔蘿

宋・唐慎微《證類本草》卷九草部中品〔宋・馬志《開寶本草》〕　蒔蘿　味辛，溫，無毒。主小兒氣脹，霍亂嘔逆，腹冷食不下，兩肋痞滿。生佛誓國，如馬芹子，辛香。亦名慈謀勒今附。

〔宋・掌禹錫《嘉祐本草》〕按：　日華子云：　健脾，開胃氣，溫腸，殺魚肉毒，補水藏及壯筋骨，治腎氣。

〔宋・蘇頌《本草圖經》〕曰：　蒔蘿，出佛誓國，今嶺南及近道皆有之。三月、四月生苗，花，實大類蛇床而香辛。六月、七月採實。今人多以和五味，不聞入藥用。

〔宋・唐慎微《證類本草》〕《海藥》云：　謹按《廣州記》云：　生波斯國。馬芹子即黑色而重，蒔蘿子即褐色而輕。主膈氣，消食溫胃，善滋食味，多食無損。即不可與阿魏同合，奪其味爾。

宋・劉明之《圖經本草藥性總論》卷上　時蘿　味辛，溫，無毒。主小兒氣脹，霍亂嘔逆，腹冷，食不下，兩肋痞滿。日華子云：　建脾開胃氣，溫腸，補水藏，及壯筋骨，治腎氣。《海藥》云：　主膈氣，消食溫胃，善滋食味，多食無損。即不可與阿魏同合，奪其氣味。殺魚肉毒。出佛誓國，今所在皆有之。

元・忽思慧《飲膳正要》卷三　蒔蘿　味辛，溫，無毒。健脾開胃，溫中，補水藏，殺魚肉毒。

元・吳瑞《日用本草》卷八　蒔蘿　味辛，溫，無毒。殺魚肉毒，和五味佳。多食無損，不可同阿魏食。主霍亂吐逆，腹冷，食不消，健脾，治腎氣，小兒氣脹。

明・滕弘《神農本經會通》卷一　蒔蘿　生佛誓國。味辛，氣溫，無毒。《本經》云：　主小兒氣脹，霍亂嘔逆，腹冷，食不下，兩肋痞滿。《圖經》云：　今人多以和五味，不聞入藥用。

明・劉文泰《本草品彙精要》卷一二　蒔蘿無毒　叢生。

蒔蘿：　主小兒氣脹，霍亂，嘔逆，腹冷，食不下，兩肋痞滿。名醫所錄。【名】慈謀勒。【苗】《圖經》曰：　三月、四月生苗，花實大，類蛇牀而香辛。今人多以和五味，不聞入藥用。善滋食味，多食無損。若與阿魏同合，奪其味耳。【地】《圖經》曰：　出佛誓國，今嶺南及近道皆有之。【時】生：　春生苗。採：　六月、七月取實。【收】暴乾。【用】實。【質】類馬芹子而輕。【色】青褐。【味】辛。【性】溫，散。【氣】氣之厚者，陽也。【臭】香。【主】健脾，開胃氣。【製】水洗，微炒用。【治】療：　日華子云：　溫腸，治腎氣。《別錄》云：　治膈氣，消食，溫胃。補：　日華子云：　益水臟，壯筋骨。【解】殺魚肉毒。

明・盧和、汪穎《食物本草》卷四味類　蒔蘿　辛，溫，殺魚肉毒，健脾，腹冷，食不消，霍逆，腎氣，小兒脹。

明・鄭寧《藥性要略大全》卷六　蒔蘿　主小兒氣脹，霍亂嘔逆，腹冷食不下，兩肋痞滿，健脾開胃，溫腸，療腎氣。可與阿魏同食，奪其氣味。

明・王文潔《太乙仙製本草藥性大全》卷二《本草精義》　蒔蘿　一名慈謀勒。出佛誓國，今嶺南及近道皆有之。三月、四月生苗，花實大類蛇床子而香辛，即褐色而輕；　如馬芹子即黑色而重。又云出自閩廣，顆粒似蔓椒開口，俗呼蒔蘿椒，內有黑子，但皮薄色褐不紅耳，氣味比茴香更辛。

明・王文潔《太乙仙製本草藥性大全》卷二《仙製藥性》　蒔蘿　味辛，氣溫，無毒。　主治：　散氣除脇肋膨，調饌殺魚肉毒。消食開胃，溫中健脾。治氣脹霍亂、嘔逆，療腹冷、兩肋痞滿皆效。

明・李時珍《本草綱目》卷二六菜部・葷菜類　蒔蘿宋《開寶》。校正：　自草部移入此。

【釋名】慈謀勒《開寶》　小茴香時珍曰：　蒔蘿、慈謀勒，皆番言也。

【集解】藏器曰：　蒔蘿生佛誓國，實如馬芹子，辛香。珣曰：　按《廣州記》云：　生波斯國。馬芹子色黑而重，蒔蘿子色褐而輕，以此爲別。善滋食味，多食無損。即不可與阿魏同食，奪其味也。頌曰：　今嶺南及近道皆有之。三月、四月生苗，花實大類蛇牀而簇生，辛香，六七月採實。今人多用和五味，不聞入藥用。時珍曰：　其子簇生，狀如蛇牀子而短，微黑，氣辛臭，不及茴香。嘉謨曰：　俗呼蒔蘿椒。內有黑子，但皮薄色褐不紅耳。

苗　【氣味】辛，溫，無毒。【主治】下氣利膈時珍。

子　【氣味】辛，溫，無毒。【主治】小兒氣脹，霍亂嘔逆，腹冷不下食，兩肋痞滿藏器。健脾，開胃氣，溫腸，殺魚肉毒，補水臟，治腎氣，壯筋骨《日華》。主膈氣，消食，滋食味李珣。

【附方】新二。　閃挫腰痛：　蒔蘿作末，酒服二錢匕。《永類鈐方》。　牙齒疼痛：　舶上蒔蘿、芸薹子、白芥子等分，研末。口中含水，隨左右㗜鼻，神效。《聖惠方》。

明・李中立《本草原始》卷六　蒔蘿　生佛誓國。苗、莖、花、實亦類蛇床而簇生，辛香。六七月採實。《開寶本草》名慈謀勒。李時珍曰：　蒔蘿、慈謀勒，皆番語也。子：　氣味：　辛，溫，無毒。主治：　小兒氣脹，霍亂嘔逆，腹冷不下食，兩肋痞滿。○健脾開胃氣，溫腸，殺魚肉毒，補水臟，治腎氣，壯筋骨。○主膈氣，消食，滋食味。

【圖略】蒔蘿類蛇床子而圓小，有稜，氣香。今人每呼土茴香為蒔蘿。

《永類鈐方》：　治閃挫腰痛，用蒔蘿碾為細末，無灰酒調服二錢匕。

明・吳文炳《藥性全備食物本草》卷四　蒔蘿　味辛，性溫，無毒。滋食味，殺魚肉毒，開胃健胃，消食利膈，補水臟，治霍亂，痞滿腹痛，兩肋氣脹。有實熱者勿食。

根：有大毒，誤食殺人。

明·趙南星《上醫本草》卷一 小茴香 一名蒔蘿，又名慈謀勒。按《廣州記》云：生波斯國，馬芹子色黑而重，蒔蘿子色褐而輕，以此為別。善滋食味，多食無損。

苗：辛，溫，無毒。主治：下氣利膈。

子：辛，溫，無毒。主治：健脾，開胃氣，溫腸，補水臟，治膈氣腎氣，壯筋骨，滋食味，殺魚肉毒。及治小兒氣脹，霍亂嘔逆，腹冷不下食，兩肋痞滿。

附方 脇下刺痛：小茴香一兩炒，枳殼五錢麩炒，為末，每服二錢，鹽酒調服，神效。閃挫腰痛：蒔蘿作末，酒服二錢匕。牙齒疼痛：舶上蒔蘿、芸薹子、白芥子等分，研末。口中含水，隨左右㗜鼻，神效。

明·應䴢《食治廣要》卷三 蒔蘿 氣味：辛，溫，無毒。主治：小兒氣脹，霍亂嘔逆，腹冷不下食。健脾開胃，殺魚肉毒。

明·姚可成《食物本草》卷一六味部·調飪類 蒔蘿生佛誓國及波斯國，今嶺南及近道皆有之。三月、四月生苗，花實大類蛇床而簇生，辛香，色褐而輕。今人同用和五味。

蒔蘿子 味辛，溫，無毒。主膈氣消食，健脾開胃氣，溫腸，殺魚肉毒。補水臟，治腎氣，壯筋骨。小兒氣脹，霍亂嘔逆，腹冷不下食，兩肋痞滿。

明·孟筌《養生要括·菜部》 蒔蘿即小茴香。 子：氣味辛，溫，無毒。治小兒氣脹，霍亂嘔逆，腹冷不下食，兩肋痞滿。健脾，開胃氣，溫腸，殺魚肉毒，補水臟，治腎氣，壯筋骨，主膈氣，消食，滋食味。

明·施永圖《本草醫旨·食物類》卷二 蒔蘿即小茴香。 苗：味：辛，溫，無毒。治：下氣利膈。 子：味：辛，溫，無毒。治：小兒氣脹，霍亂嘔逆，腹冷不下食，兩肋痞滿，健脾開胃氣，溫腸，殺魚肉毒，補水臟，治腎氣，壯筋骨，主膈氣消食，滋食味。

清·丁其譽《壽世秘典》卷四 蒔蘿花類蛇床，其子簇生，狀如蛇床子而短，色褐而輕，氣辛臭，不及茴香善滋食味，食之無損。 氣味：辛，溫，無毒。主健脾開胃，溫腸，治腎氣，殺魚肉毒。

清·尤乘《食鑒本草·菜類》 蒔蘿即小茴香。下氣利膈，小兒氣脹，殺魚肉毒，補腎氣，壯筋骨。

清·汪啟賢等《食物須知·諸葷饌》 又種，蒔蘿，出自閩廣。顆粒似蔓椒，開口，氣味比茴香更辛。散氣，除脇肋膨脹。調饌，殺魚肉毒。消食開胃，溫中健脾。

清·吳儀洛《本草從新》卷四 小茴香（理氣開胃。）一名蒔蘿。 辛，平。理氣開胃。亦治寒疝。食料宜之。煮臭肉，下少許即無臭氣，臭醬入末亦香，大茴尤捷，故名茴香。小如粟米，炒黃，得酒良。得鹽則入腎，發腎邪，故治陰疝。受病於肝，見證於腎。大小茴各一兩，為末，猪胞一個連尿入藥，酒煮爛為丸，每服五十丸。八角茴香，又名舶茴香。辛、甘，平。功用略同。自番舶來。實大如柏實，裂成八瓣，一瓣一核，黃褐色。

清·汪紱《醫林纂要探源》卷二 小茴 治寒疝。亦名蒔蘿。粒甚小，餘功亦同，但力尤緩，以調食味，能茴臭惡之氣，故名。

題清·徐大椿《藥性切用》卷六 小茴香 一名蒔蘿。味辛微溫，醒脾治疝，殊勝大茴。鹽水炒用。

清·李文培《食物小錄》卷上 蒔蘿即小茴。 辛，溫，無毒。下氣利膈，健脾開胃，溫腸，殺魚肉毒，補水臟。治腎氣，壯筋骨，消食，滋食味。

清·章穆《調疾飲食辯》卷三 蒔蘿 《開寶本草》名慈謀勒，俗亦呼小茴香。形狀、氣味皆似茴香，而味加辛，性加烈。《綱目》曰：苗作蔬食，下氣利膈。子治一切氣病，《拾遺》曰：主腹冷氣脹，兩脇痞滿，霍亂嘔逆。殺魚肉毒。添滋味。研末酒服二錢，治閃挫腰痛出《永類鈐方》。

清·吳其濬《植物名實圖考》卷四 蒔蘿 《開寶本草》始著錄。即小回香子，以為和治腎氣，方多用之。

清·王孟英《隨息居飲食譜·水飲類》 蒔蘿一名小茴。 辛、甘，溫。開胃健脾，散寒止痛，殺蟲，消食，調氣，止嘔，定腰齒之疼，解魚肉之毒。

清·田綿淮《本草省常·氣味類》 小茴香 一名蒔蘿，一名慈謀勒。性溫。理氣和脾，暖腰膝，壯筋骨，解魚肉腥氣。治寒疝小腹疼。

清·吳汝紀《每日食物却病考》卷下 蒔蘿 今嶺南近地皆有之，三四月生苗，結實類蛇床子而細短，簇生，氣香。味甘、辛，溫，無毒。開胃溫腸，殺魚肉毒，治腎氣，消食滋食。味雖不及茴香，而多用無損也。

池德勒

宋・唐慎微《證類本草》卷六草部上品〔唐・陳藏器《本草拾遺》〕 池德勒 味辛，溫，無毒。主破冷氣，消食。生西國。草根也，胡國人用之。

蜀胡爛

宋・唐慎微《證類本草》卷六草部上品〔唐・陳藏器《本草拾遺》〕 蜀胡爛 味辛，平，無毒。主冷氣，心腹脹滿，補腎除婦人血氣，下痢，殺牙齒蟲，生安南，似蘹香子。

數低

宋・唐慎微《證類本草》卷八草部中品〔唐・陳藏器《本草拾遺》〕 數低 味甘，溫，無毒。主冷風冷氣，下宿食不消，脹滿。生西蕃，北土亦無有，似茴香，胡人作羹食之。

變豆菜

明・朱橚《救荒本草》卷上之後 變豆菜 生輝縣太行山山野中。其苗葉初作地攤音灘科生，葉似地牡丹葉極大，五花叉，鋸齒尖，其後葉中分生莖叉，梢葉頗小，上開白花。其葉味甘。 救飢：採葉煠熟，作成黃色，換水淘淨，油鹽調食。

山芹菜

明・朱橚《救荒本草》卷上之後 山芹菜 生輝縣山野間。苗高一尺餘，葉似野蜀葵葉，稍大而有五叉，又似地牡丹葉，亦大，葉中攛生莖叉，梢結刺毬，如鼠粘子刺毬而小，開花黲白色。葉味甘。 救飢：採苗葉煠熟，水浸淘淨，油鹽調食。

紫堇

宋・唐慎微《證類本草》卷三〇外草類〔宋・蘇頌《本草圖經》〕 紫堇 味酸，微溫，無毒。元生江南吳興郡。淮南名楚葵，宜春郡名蜀堇，豫章郡名苔菜，晉陵郡名水萄菜。惟出江淮南。單服之，療大小人脫肛等。其方云：紫堇草，主大小人脫肛。每天冷及喫冷食，即暴痢不止，肛則下脫，久療不差者。春間收紫堇花二斤，暴乾，擣爲散，加磁毛末七兩，相和，研令細，塗肛上，肉入。既內了，即使人噀冷水於面上，即吸入腸中，每日一塗藥噀面，不過六七度即差。又以熱酒半升，和散一方寸匕，空腹服之，日再，漸加至二方寸匕，以知爲度。若五歲已下小兒，即以半杏子許散，和酒令服之，亦佳。忌生冷、陳倉米等。

明・劉文泰《本草品彙精要》卷四一 紫堇無毒 植生。

紫堇：主大小人脫肛，每天冷及喫冷食即暴痢不止，肛則下脫，久療不瘥者。取花二斤，暴乾，擣爲散，加磁毛末七兩，相和，研令細，塗肛上肉既入，內了，即使人噀冷水於面上，即吸入腸中。每日一塗藥噀面，不過六七度即瘥。又以熱酒半升，和散一方寸匕，空腹服之，日再，漸加至二方寸匕，以瘥爲度。若五歲已下小兒，即以半杏子許散，和酒令服，亦佳。出《圖經》。

〔名〕楚葵、蜀堇、苔菜、水萄菜。〔地〕《圖經》曰：生江南吳興郡。淮南名楚葵，宜春郡名蜀堇，豫章郡名苔菜，晉陵郡名水萄菜。惟出江淮南。單服之，能療脫肛之疾。〔時〕生：春初生苗。採：二三月取花。〔收〕暴乾。〔用〕花。〔味〕酸。〔性〕微溫。〔氣〕氣厚於味，陽中之陰。〔忌〕食生冷及陳倉米。

明・李時珍《本草綱目》卷二六菜部・葷菜類 紫堇音芹。○宋《圖經》。

〔釋名〕赤芹《綱目》 蜀芹《圖經》 楚葵同上 苔菜同上 水萄菜時珍曰：堇、蘄、芹、菦，四字一義也。詳下。

〔集解〕頌曰：紫堇生江南吳興郡。淮南名楚葵，宜春郡名蜀芹，豫章郡名苔菜，晉陵郡名水萄菜也。時珍曰：蘇頌之說，出於唐玄宗《天寶單方》中，不具紫堇形狀。今按《軒轅述寶藏論》云：赤芹即紫芹也，生水濱。葉形如赤芍藥，青色，長三寸許，葉上黃斑，味苦澀。其汁可以煮雌，制汞，伏朱砂，擒三黃。號爲起貧草。又《土宿真君本草》云：赤芹生陰厓陂澤近水石間，狀類赤芍藥。其葉深綠而背甚赤，莖葉似蕎麥，花紅可愛，結實亦如貔蕎麥。其根似蜘蛛，嚼之極酸苦澀。江淮人三四月採苗，當蔬食之。南方頗少，太行、王屋諸山最多也。

苗 〔氣味〕酸，平，微毒。

花 〔氣味〕酸，微溫，無毒。 〔主治〕大人、小兒脫肛蘇頌。

〔附方〕舊一。 脫肛：凡大人、小兒脫肛，每天冷及吃冷食，即暴痢不止，肛則下脫，久療不瘥者。春間收紫堇花二斤，曝乾爲散，加磁毛末七兩，相和研細。塗肛上納入，即使人噀冷水於面上，即吸入腸中。每日一塗藥噀面，不過六七度即瘥矣。又以熱酒半升，和散一方寸匕，空腹服之，日再服。漸加至二方寸匕，以瘥爲度。若五歲以下小兒，即以半杏子許，和酒服之。忌生冷、陳倉米等物。《天寶單方》。

明・佚名氏《醫方藥性・草藥便覽》 山黃連 其性苦。能解腸熱，去熱毒。

明・姚可成《食物本草》卷六菜部・菫辛類　紫菫即赤芹，生水濱。葉形如赤芍藥，青色，長三寸許，葉上黄斑，味苦澀。其汁可以煮雌、制汞、伏硃砂、擒三黄。號為起貧草。又《土宿真君本草》云：　赤芹生陰厓陂澤近水石間，狀類赤芍藥。其葉深緑而背甚赤，莖葉似蕎麥，花紅可愛，結實亦如貌蕎麥。其根似蜘蛛，嚼之極酸苦澀。江淮人三四月采苗，當蔬食之。南方頗少，太行、王屋諸山最多也。　紫菫，味酸，平，微毒。治大人、小兒脱肛。

八角茴香

明・劉文泰《本草品彙精要》卷一三　八角茴香

八角茴香：　主一切冷氣及諸疝㽲痛。今補。　〖地〗謹按：《大明一統志》所載：　土産占城國，今四川、湖廣永州府祁陽等縣所貢，多由舶上來者。茴葉傳聞，未諳其的。據其形，大如錢，有八角，如車輻而鋭，赤黑色，每角中有子一枚，如皂莢子小，匾而光明可愛，今藥中多用之。又四川雅州出一種木蟹，其形與此無異，但六角，味酸無香爲別，然不聞入藥，而市人多以此亂真用者，當細辨耳。〖用〗八角者佳。〖色〗赤黑。〖味〗辛，甘。〖性〗溫，散。〖氣〗氣之厚者，陽也。〖臭〗香。〖製〗細剉，火炒用。〖合治〗合木香、乳香、川楝子、丁香、破故紙、香附子、葫蘆巴、京三稜、甘草各一兩，杜仲五錢，共爲末，酒糊爲丸如桐子大，每服三十丸加至五十丸，空心用溫酒或鹽湯送下，日進三服，治男子小腸氣，肚疼，一切氣積，及補下元虚冷，脾胃不和，並宜服之，有效。〇合沉香、木香、青鹽、食鹽各一錢，川楝肉、小茴香各二錢，新荔枝核十四個燒存性，爲末，每服三錢，空心用熱酒調下，治疝氣，陰核腫大，痛不可忍。〇合木香、木通、檳榔、當歸、赤芍藥、青皮、澤瀉、橘皮、甘草，入桂少許，薑三片，每服三錢，煎服，治冷氣凝滯，小便淋澀作痛，身體冷。〖贗〗木蟹爲僞。

明・李中立《本草原始》卷三　大茴香　出閩、廣。殼赤色，大如錢，有八角，子藏殼中。秋月收采。嚼甚香甜。治膀胱腎間冷氣，大有回陽散冷之功，故名大茴香。氣味：　辛，平，無毒。主治：　腎勞疝氣，小腸吊氣攣疼，乾濕脚氣，膀胱冷氣腫痛。開胃止嘔下食。調饌，止臭生香。為諸瘻霍亂捷方，補命門不足要藥。理腰痛，療惡瘡。

大茴香，新增。【圖略】紫色，八角，俗呼八角茴香。修治：　鹽、酒炒。入心、腎二臟及小腸、膀胱。亦有微炒為末用者。

明・吴文炳《藥性全備食物本草》卷四　大茴香　味辛、甘，性熱，無毒。暖下元，助陽道，治膀胱寒疝。多食昏目發瘡。有實火人忌食。

清・朱本中《飲食須知・味類》　八角茴香　味辛，性熱。多食傷目力，耗心氣，發瘡瘍。食料不宜過用。

清・何其言《養生食鑒》卷下　大茴香俗名八角。　味辛、甘，性熱，無毒。暖下元，助陽道，治膀胱寒疝。多食傷目發瘡，食料不宜過用。有火人尤忌之。

清・汪紱《醫林纂要探源》卷二　八角茴　甘，辛，熱。功用同。大木所生，來自海外，今閩廣亦有。子分八瓣，如盤，每角中含圓子，色紫赤，圓而有尖，香尤烈。

清・嚴潔等《得配本草》卷五　茴香俗呼八角茴香。　辛、甘，溫。入手足少陰、太陽經氣分。補命門，暖丹田，開胃下食，調中止嘔。治膀胱冷氣，㿗疝陰疼，胸腹冷痛，霍亂脹悶，乾濕脚氣。得枳殼，麩炒研末，鹽酒調服，治脇下刺痛。得杏仁、葱白，治疝氣。配荔枝核，治小腸氣墜。配川楝子，等分為末酒服，治腎消飲水。小便如膏油。　鹽水炒，或酒炒。　多食損目發瘡。

清・李文培《食物小録》卷上　蘹香即八角。　辛，平，無毒。開胃進食，下氣，補命門不足，暖丹田。多食傷目，發瘡疥。食料不宜過用。

清・羅國綱《羅氏會約醫鏡》卷一六草部　大茴香味辛、微苦，性溫，入心、腎及胃、小腸、膀胱五經。出寧夏，自番舶來，形八瓣。炒黄，得酒良，得鹽則入腎。　暖丹田，補命門。治小腸冷氣疝痛、陰腫腰痛，性溫宜腎，暖命門也。　調中止痛，平霍亂吐逆，辛香入胃。并理乾濕脚氣。

按：　大茴辛溫，若陽旺及得熱則吐者均戒。

附：　琉球・吴繼志《質問本草》外篇卷四　野茴香　木高數丈，春開花結實，至秋熟。　野茴香，非產於蜀中者，不堪入藥。甲辰，孫景山、陳文錦。舶茴香，一名八角茴香，氣味辛平，無毒。主治補火，祛諸冷氣。乙巳，邵元世。　形似大茴香，一名八角茴香。乙巳，徐子靈。　兹質實是大茴香，載在《本草綱目》菫辛類，可稽。徐子靈再校定。　繼志嘗客於薩摩之日，遇善西鑾語者，其人曰：　安永丙申游長崎，從鑾醫某請官而採藥近效，鑾偶指此種，云此是茴香也。向清全魁周煌為冊封使於我時，從官中有製大茴香者，亦認此種曰：　此即大茴香。邦人某從之，得其法，乃採此種製之，與賈舶載來者，功形全同。又搾其核為油膩，有香氣，令髮滑澤，能殺蟲，螽蝗為災，亦用此除之。某子照喜名，相嗣能之。今以此二件，參於孫、陳、邵、徐之所見，充莽草之説，却堪可疑，他日鑒評全定，則選之内篇。

清・翁藻《醫鈔類編》卷二三《本草》 大茴香 【略】愚按：茴香形類不一。據書所載，有言大如麥粒，輕而細稜者名大茴。出寧夏。市中鮮有。他處小者名小茴。自番舶來，寔八瓣者名八角香。今市所用大茴皆屬八角。其香雖有，其味甚甘，其性溫而不（裂）〔烈〕。若以八角大茴，甘多之味，甘多則滯。而謂能除沉寒痼冷，似於理有碍。似應用寧夏茴為勝。鹽水炒用，得酒良。

清・田綿淮《本草省常・氣味類》 大茴香 即八角茴，一名舶茴香。煮臭肉，下少許即香，故名。古作蘹香。性溫。補命門，暖丹田，開胃下食，溫中止嘔。治小腸冷氣，寒疝陰腫，乾濕脚氣，寒濕腹疼。多食昏目發瘡。

清・吴汝紀《每日食物却病考》卷下 茴香附小茴香 自番舶來者，裂成八瓣，每瓣一核，如豆而扁，黄褐色，俗稱大茴香，又曰八角茴香。中國各處所種茴香，宿根，冬春生苗作叢，肥莖絲葉，五六月開花，如蛇床花而色黄，結子如細麥，輕而有細稜，俗呼小茴香。氣味畧同而少異，皆能開胃下氣，止嘔吐，調中止痛，治脚氣，補命門，暖丹田。小茴香性平，祛蠅辟臭，食料宜之。大茴香性熱，食料不宜過多，恐傷目，發瘡，入藥則用大者。治膀胱□腎，亦治疝氣。

羅勒

唐・孫思邈《千金要方》卷二六《食治・菜蔬》 羅勒 味苦、辛，溫、平，濇，無毒。消停水，散毒氣。不可久食，濇榮衛諸氣。

宋・唐慎微《證類本草》卷二七菜部上品〔宋・掌禹錫《嘉祐本草》〕 羅勒 味辛，溫，微毒。調中消食，去惡氣，消水氣，宜生食。又療齒根爛瘡，爲灰用甚良。不可過多食，壅關節，澀榮衛，令血脉不行。又動風，發脚氣，患啘，取汁服半合定。冬月用乾者煮之。子，主目瞖及物入目，三五顆致目中，少頃當濕脹，與物俱出。又療風赤眵淚。根，主小兒黄爛瘡，燒灰傅之，佳。北人呼爲蘭香，爲石勒諱也。此有三種：一種堪作生菜；一種葉大，二十步内聞香；一種似紫蘇葉。

〔宋・唐慎微《證類本草》〕陶隱居：術家取羊角、馬蹄燒作灰，撒於濕地，遍踏之，即生羅勒。俗呼爲西王母菜，食之益人。《外臺秘要》：治面上滅瘢方：木蘭香一斤，以三歲米醋浸令沒，百日出暴乾，爲末，以傅之。用醋漿漬，百日出，日乾，末服方寸匕。

宋・王繼先《紹興本草》卷一二 羅勒 紹興校定：羅勒乃蘭香菜是也。《本經》雖具性味及主治之宜，然但未聞必驗之據。若食過多而動疾者有之，即非有毒。當云味辛、溫、無毒是矣，處處種產之。其根與子今罕見用。

宋・鄭樵《通志》卷七五《昆蟲草木略》 羅勒 俗呼西王母菜，北人呼為蘭香，為石勒諱也。

宋・陳衍《寶慶本草折衷》卷一九 羅勒灰及汁在内。○子附。 一名蘭香，一名西王母菜。○附：子，《是齋方》用者，名蘭香子。

味辛，溫，微毒。○調中消食，去惡氣，消水氣，宜生食。又療齒根爛瘡，為灰用。多食壅關節，澀榮衛，血脉不行。又動風，發脚氣。患啘，取汁服半合，定。冬用乾者煮之。此有三種：一種堪作生菜；一種葉大，二十步内聞香；一種似紫蘇葉。

附：子。○主目瞖及物入目，又療風赤眵淚。叄伍顆致目中，少頃濕，障與物俱出。○《是齋方》以壹粒用筯頭點眦内，閉目，即覺藥在目中團團而轉，須臾自隨眵淚出，惹翳膜如魚眼，再易用之。○障，元作脹。

明・劉文泰《本草品彙精要》卷三八 羅勒微毒 叢生。

羅勒：調中消食，去惡氣，消水氣，宜生食。又療齒根爛瘡，爲灰用甚良。不可過多食，壅關節，澀榮衛，令血脉不行。又動風，發氣，患啘，取汁服半合定。冬月用乾者煮之。○子，主目瞖及物入目，三五顆致目中，少頃當濕脹，與物俱出。又療風赤眵淚。○根，主小兒黄爛瘡，燒灰傅之，佳。名醫所録。

【名】蘭香、王母菜。【苗】陶隱居云：術家取羊角、馬蹄燒作灰，撒於濕地，遍踏之，即生羅勒。俗呼爲王母菜，食之益人。此有三種：一種堪作生菜；一種葉大，二十步内聞香；一種似紫蘇葉也。【地】舊不著所出州土，今近處皆有之。【時】生：無時。採：無時。【收】陰乾。【用】莖、葉、實、根。【味】辛。【性】溫，散。【氣】氣之厚者，陽也。【臭】香。【合治】合木蘭香一斤，以三歲米醋浸令沒，百日出，暴乾爲末，傅面上，滅瘢。合醋、醬漬，百日出，日乾，末服方寸匕。

明・盧和、汪穎《食物本草》卷二 羅勒菜 味辛，溫，微毒。調中消食，去惡氣，消水氣，宜生食。多食壅關節，澁榮衛，令血脉不行，動風，發脚氣。

療齒根爛瘡，為灰用，甚良。子，主目翳，風赤眵淚。根，主小兒黄爛瘡，燒灰傅之。北人呼為蘭香是也。

明·王文潔《太乙仙製本草藥性大全》卷五《本草精義》 羅勒 北人呼爲蘭香，又名石勒，諱也。術家取羊角、馬蹄燒灰，撒於濕地，遍踏之即生羅勒，俗呼爲西王母菜，食之益人。此有三種：一種堪作生菜，一種葉大二十步內聞香，一種似紫蘇葉。

明·王文潔《太乙仙製本草藥性大全》卷五《仙製藥性》 羅勒 味辛，氣溫，有微毒。 主治 苗：生食而調中消食，去惡氣而消水氣。燒灰療齒齦爛瘡。多食壅關節，澁榮衛，令血脉不行。動風，發脚氣，患啘，取汁服半合定，冬用乾者煮之。 子：主目瞖及物入，日以三五粒致目中，少頃當濕脹與物俱出。又療風赤瞖淚。 根：主小兒黄爛瘡，燒灰傅之愈。 補註：治面上滅瘢方：水蘭香一斤，以三歲米醋浸令沒，百日出，曝乾爲末以傅之。以醋漿漬百日出，日乾，末，服方寸〔匕〕。

明·李時珍《本草綱目》卷二六菜部·葷菜類 羅勒宋《嘉祐》附

【釋名】蘭香《嘉祐》 香菜《綱目》 翳子草禹錫曰：北人避石勒諱，呼羅勒爲蘭香。時珍曰：按《鄴中記》云：石虎諱言勒，改羅勒爲香菜。今俗人呼爲翳子草，以其子治翳也。

【集解】禹錫曰：羅勒處處有之。有三種：一種似紫蘇葉；一種葉大，二十步內即聞香；一種堪作生菜。冬月用乾者。子可安入目中去翳，少頃濕脹，與物俱出也。時珍曰：香菜須三月棗葉生時種之乃生，否則不生。常以魚腥水、米泔水、泥溝水澆之，則香而茂。不宜糞水。《臞仙神隱書》言：園邊水側宜廣種之，饑年亦可濟用。其子大如蚤，褐色而不光，七月收之。弘景曰：術家取羊角、馬蹄燒作灰，撒濕地遍踏之，即生羅勒。俗呼爲西王母菜，食之益人。

【氣味】辛，温，微毒。禹錫曰：不可多食，壅關節，澀營衛，令人血脈不行，又動風，發脚氣。

【主治】調中消食，去惡氣，消水氣，宜生食。療齒根爛瘡，爲(使)〔灰〕用之甚良。患啘嘔者，取汁服半合，冬月用乾者煮汁。其根燒灰，傅小兒黄爛瘡禹錫。主辟飛尸、鬼疰、蠱毒吳瑞。

【發明】時珍曰：按羅天益云，蘭香味辛氣温，能和血潤燥，而掌禹錫言，多食澀營衛，血脈不行，何耶？又東垣李氏治牙疼口臭，神功丸中用蘭香，云無則以藿香代之，此但取其去惡氣而已。故《飲膳正要》云，與諸菜同食，味辛香能辟腥氣，皆此意也。

【附方】新二。 鼻疳赤爛：蘭香葉燒灰二錢，銅青五分，輕粉二字，爲末，日傅三次。錢乙《小兒方》。 反胃咳噫：生薑四兩搗爛，入蘭香葉一兩，椒末一錢，鹽和麪四兩，裹作燒餅，煨熟。空心吃，不過兩三度效。反胃，入甘蔗汁和之。《普濟方》。

子 【主治】目翳及塵物入目，以三五顆安目中，少頃當濕脹，與物俱出。又主風赤眵淚《嘉祐》。 【發明】時珍曰：按《普濟方》云：昔盧州知録彭大辨在臨安，暴得赤眼後生翳。一僧用蘭香子洗曬，每納一粒入眦內，閉目少頃，連膜而出也。一方：爲末點之。時珍常取子試之水中，亦脹大。蓋此子得濕即脹，故能染惹眵淚浮膜爾。然目中不可着一塵，而此子可納三五顆亦不妨礙，蓋一異也。

【附方】新二。 目昏浮翳：蘭香子每用七個，睡時水煎服之，久久有效也。《海上名方》。 走馬牙疳：小兒食肥甘，腎受虛熱，口作臭息，次第齒黑，名曰崩砂；漸至齦爛，名曰潰槽；又或血出，名曰宣露；重則齒落，名曰腐根。用蘭香子末、輕粉各一錢，蜜陀僧醋淬研末半兩，和勻。每以少許傅齒及齦上，立效。內服甘露飲。《活幼口議》。

明·吳文炳《藥性全備食物本草》卷一 羅勒菜 北人呼為蘭香，術家取羊角、馬蹄燒灰撒於濕地，遍踏之即生。俗呼為西王母菜，食之益人。此有三種：一種堪作生菜；一種葉大，二十步內聞香；一種似紫蘇葉。生食調中益氣，消食，去惡氣，多食壅關節，澁榮衛，令血脉不行，動風發脚氣，患啘，取汁服半合即定。如冬月用乾者煮之。

子：主目翳入目，以三五粒致目中，少頃當濕脹，與物俱出。又療風赤翳淚。

根：主小兒黄爛瘡，燒灰傅之愈。

明·趙南星《上醫本草》卷三 香菜 一名羅勒。禹錫曰：北人避石勒諱，呼羅勒為蘭香。時珍曰：按《鄴中記》云：石虎諱言勒，改羅勒為香菜。今俗人呼為瞖子草，以其子治瞖也。處處有之，有三種。一種似紫蘇葉；一種葉大，二十步內即聞香；一種堪作生菜，冬月用乾者。子可安入目中去瞖，少頃濕脹與物俱出也。須三月棗葉生時，種之乃生，否則不生。常以魚星水、米泔水、泥溝水澆之，則香而茂，不宜糞水。《臞仙神隱書》言：園邊水側宜廣種之，饑年亦可濟用。其子大如蚤，褐色而不光，七月收之。弘景曰：術家取羊角、馬蹄燒作灰，撒濕地遍踏之，即生羅勒。俗呼為西王母菜，食之益人。 《飲膳正要》云：與諸菜同食，味辛香能辟腥氣。 辛，溫，微毒。 主治：調中消食，去惡氣，消水氣。宜生食，不可多食，壅關節，澀營衛，令人血脉不行，又動風發脚氣。

附方 子：時珍曰：按《普濟方》云：昔盧州知錄彭大辨在臨安，暴得赤眼後生瞖，一僧用香菜子洗晒，每納一粒入眦內，閉目少頃連膜而出也。一方為末點之。時珍常取子試之水中，蓋此子得濕即脹，故能染惹眵淚浮膜爾。然目中不可著一塵，而此子可納三五顆亦不妨礙，蓋一異也。　主治：目瞖及塵物入目，以三五顆安目中，少頃，當濕脹與物俱出。又主風赤眵淚。

附方　目昏浮瞖：香菜子每用七個，睡時水煎服之，久久有効也。

明・倪朱謨《本草彙言》卷一六　羅勒　味辛，氣溫，微毒。可升可降，陽也。入手足太陰、手足陽明經。　劉氏曰：羅勒又名蘭香菜。南北處處有之。有三種：一種似紫蘇葉，一種似生菜葉，一種葉大者極香。三種俱於三月種之乃生，否則不生。常以魚腥水、米泔水澆灌則香而茂，但不宜糞水也。宜溝旁水側廣種之，饑年亦可濟用。其子褐色如蜜，七月收之。

羅勒：調中和胃，劉禹錫消食去惡氣之藥也。按《吳瑞本草》云：能辟飛尸鬼疰，蠱毒。而李東垣治牙疼口臭，神功丸用此，但取其去惡氣而已。故《飲膳正要》云：與諸菜同食味辛香，能辟腥氣，皆此意也。　其子去目中翳障極驗。用羅勒子洗曬，每納一粒入眦內，閉目少頃，連膜而出。李瀕湖謂取子試之水中，亦脹大。蓋此子得濕即脹，故能染惹眵障浮膜爾。然目中不可着一塵，而此子可納三五顆亦不妨礙，此一異也。

集方：治汗出染衣，黃如柏汁，此名黃汗。其證發熱汗出而渴，身體浮腫，此因出汗時，受風冷水寒之氣，入于汗孔得之。宜服四仙散，用羅勒二錢，桂枝三錢，黃耆、白芍藥各五錢，水酒各一碗，煎服。

明・姚可成《食物本草》卷六菜部・葷辛類　羅勒處處有之。有三種：一種似紫蘇葉；一種葉大，二十步內即聞香；一種堪作生菜。冬月用乾者。子可安入目中去翳，少頃濕脹，與物俱出也。〇李時珍曰：香菜須三月棗葉生時種之乃生，否則不生。常以魚腥水、米泔水、泥溝水澆之，則香而茂。不宜糞水。《臞仙神隱書》言：園邊水側宜廣種之，饑年亦可濟用。其子大如蚤，褐色而不光，七月收之。　羅勒，味辛，溫，微〔毒〕。主調中消食，去惡氣，消水氣，宜生食。療齒根爛瘡，為(使)〔灰〕用之甚良。啘嘔之患者，取汁服半合，冬月用乾者煮汁。其根燒灰，傅小兒黃爛瘡。主辟飛尸、鬼疰、蠱毒。〇《飲膳正要》謂其與諸菜同食，味辛香能辟腥氣。但不可多食，壅關節，澀營衛。令人血脉不行。又動風，發脚氣。

子　治目翳及塵物入目，以三五顆安目中，少頃當濕脹，與物俱出。又主風赤眵淚。李時珍曰：按《普濟方》云：昔盧州知錄彭大辨在臨安，暴得赤眼後生翳。一僧用蘭香子洗晒，每納一粒入眦內，閉目少頃，連膜而出也。一方：為末點之。予嘗取子試之水中，亦脹大。蓋此子得濕即脹，故能染惹眵淚浮膜爾。然目中不可着一塵，而此子可納三五顆亦不妨礙，蓋一異也。

明・施永圖《本草醫旨・食物類》卷二　蘿勒菜　味：辛，溫，微毒。調中消食，去惡氣，消水氣，宜生食。多食壅關節，澀榮衛，令血脉不行，動風，發脚氣。燒灰，療齒根爛瘡。　子：主目翳，風赤眵淚。　根：主小兒黃爛瘡，煅末傅之甚效。北人呼之為蘭香是也。

清・穆石匏《本草洞詮》卷七　羅勒　北人避石勒諱，呼為蘭香。氣味辛溫，微毒。能和血潤燥，調中消食。東垣治牙疼口臭神功丸中用蘭香，云無則以霍香代之。蓋取其去惡氣也。凡病眼中生瞖，用蘭香子洗晒，每納一粒入眦內，閉目少頃，連膜而出。李瀕湖謂：取子試之水中亦脹大，蓋此子得濕即脹，故能染惹眵淚浮膜爾。然目中不可着一塵，而此子可納三五顆亦不妨礙，亦一異也。

清・何諫《生草藥性備要》卷下　山薄荷　味辛，性溫。祛風濕，壯筋骨，浸酒；亦用其葉。似香花菜，一名千搥草，一名十一層。

清・章穆《調疾飲食辯》卷三　羅勒　《鄴中記》曰：石勒時改呼香菜。吾鄉呼香草。《嘉祐本草》曰：一名蘭香。葉形如紫蘇，色不紫，香聞二十步。作蔬食，調中消食，去惡氣，消水氣，宜生食不如熟食。多食澀營衛，壅關節，令人血脈不行。又動風發脚氣。《綱目》曰：此菜能和血潤燥，《嘉祐》謂其壅澀，非也。

按：此物辛香性熱，多食則傷陰血，非壅澀也。《綱目》謂其和血，亦非辛熱之物所能，與《嘉祐》兩失之矣。子大如蚤，褐色，能治瞖，可安三五枚入目中，少頃濕脹，與瞖俱出。目中不可着一塵，獨此可安三五顆。然但能取去熱淚，去瞖則不能。陶隱居曰：羖羊角、馬蹄燒作灰，撒濕地遍踏之，即生羅勒，俗呼西王母菜。是此物無種自生，未知果否。

清・吳其濬《植物名實圖考》卷四　羅勒　《嘉祐本草》始著録。即蘭香也。術家以羊角、馬蹄燒灰，撒濕地即生羅勒云。《救荒本草》：香菜，伊洛間種之，即此。《甕牖閑評》不識羅勒，乃斥《事物紀原》因石勒諱改名蘭香為非，且援鄭穆夢蘭為證，是直以蘭香為蘭草矣！金銀白及，泚筆便誤。多識下問，固當不妄雌黃。

清·田綿淮《本草省常·菜性類》 香菜　一名蘿勒，一名瞖子草。性溫，微毒。調中消食，去惡氣，消水氣。多食壅關節，令人血脉不行。

清·戴葆元《本草綱目易知録》卷三 羅勒香菜、翳子草。　苗，辛，溫，微毒。和血潤躁，調中消食，去惡氣，消水氣，宜生食。療齒根爛瘡為使用之。患啘嘔者，取汁服半合。其根燒灰，傅小兒黃爛瘡，辟飛尸鬼疰蠱毒。多食，壅關節，澁腸胃，動風，發脚氣，令人血脈不行。

香菜

宋·蔡絛《鐵圍山叢談》卷六 薑芥　一名假蘇。《本草》謂性溫。不然，實微涼。吾竄嶠嶺，數見食黃頷魚偶犯薑芥者，必立死，甚於鉤吻毒矣。物性相反，有可畏如是，世於是禁，殆不可不知。

元·忽思慧《飲膳正要》卷三 香菜　味辛，平，無毒。與諸菜同食，氣味香，辟腥。

元·吳瑞《日用本草》卷七 香菜　味辛，平，無毒。乃世之菜品，飲食所需，使人口爽。合諸菜，氣香。主辟飛尸、鬼疰，蠱毒，發脚氣。

明·朱橚《救荒本草》卷下之後 香菜　生伊洛間，人家園圃種之。苗高一尺許，莖方窊五化切面，四稜，莖色紫，稔葉似薄荷葉微小，邊有細鋸齒，亦有細毛，稍頭開花作穗，花淡藕褐色。味辛、香，性溫。　救飢：　採苗葉煠熟，油鹽調食。

明·劉文泰《本草品彙精要》卷三九 香菜無毒　植生。

香菜：　與諸菜同食，氣味香，辟腥。今補。　【苗】謹按：　香菜，至春宿根，分時而生，苗高尺許，莖方色紫，葉似薄荷葉而小。今人採葉入諸羹中，由其味香以辟腥氣，但不聞入藥用之。　【地】北地多產之。　【時】生：　春生苗。　採：　春夏取葉。　【用】葉。　【色】青綠。　【味】辛。　【性】平。　【氣】氣厚於味，陽中之陰。　【臭】香。

草石蠶

元·忽思慧《飲膳正要》卷三 甘露子　味甘，平，無毒。利五藏，下氣，清神。名滴露。

元·吳瑞《日用本草》卷六 甘露子　一名地蠶。根如蠶稍長。　味甘，平，無毒。食之無害，可作煎用。不食柘葉不食桑，何須走入地中藏。不能作繭不上簇，如何也蒙賜湯沐？　呼我果謂之果，呼我蔌謂之蔌。　唐林晁錯莫逢他，高陽酒徒咀爾不搖牙。

明·朱橚《救荒本草》卷下之後 甘露兒　人家園圃中多栽。葉似地瓜兒葉，甚闊，多有毛澁，其葉對節生，色微淡綠，又似薄荷葉，亦寬而皺。開紅紫花，其根呼為甘露兒，形如小指，而紋節甚稠，皮色黲白，味甘。　救飢：　採根洗淨，煠熟，油鹽調食。　生醃食亦可。

明·劉文泰《本草品彙精要》卷三九 甘露子無毒　叢生。

甘露子：　利五臟，下氣，清神。今補。　【名】滴露、地蠶。　【苗】謹按：　甘露子，莖高尺餘而方枝，葉兩兩相對如薄苛，有毛，七八月莖端作穗如水蘇，開紫花，其根即甘露子也。世人作菜食之，稀入藥用。　其形如蠶，故又呼爲地蠶也。　【地】處處有之。　【時】生：　春生苗。　採：　十月取根。　【用】根。　【質】形似蠶。　【色】白。　【味】甘。　【性】平。　【氣】氣之薄者，陽中之陰。　【臭】朽。

明·盧和、汪穎《食物本草》卷一菜類 地蠶　生郊野麥園中，葉如薄荷，少狹而尖，亦微綿，欠光澤，根白色，狀如蠶。四月採根，以滾水瀹之，和以鹽，為菜茹。

明·李時珍《本草綱目》卷二七菜部·柔滑類 草石蠶《拾遺》。　校正：　自草部移入此。

【釋名】地蠶《日用》　土蛹《餘冬録》　甘露子《食物》　滴露《綱目》　地瓜兒

時珍曰：　蠶蛹皆以根形而名，甘露以根味而名。或言葉上滴露則生，珍常時之，無此説也。其根長大者，《救荒本草》謂之地瓜兒。　【集解】藏器曰：　陶氏注蟲部石蠶云：　今俗用草根黑色。按草石蠶生高山石上，根如箸，上有毛，節如蠶，葉似卷柏。山人取食之。　頌曰：　草根之似蠶者，亦名石蠶。出福州及信州山石上，四時常有。其苗青，亦有節。三月採根用。　機曰：　草石蠶徽州甚多，土人呼爲地蠶。肥白而促節，大如三眠蠶。生下濕地及沙磧間。秋時耕犁，遍地皆是。收取以醋淹作葅食。冬月亦掘取之。　穎曰：　地蠶生郊野麥地中。葉如薄荷，少狹而尖，文微皺，欠光澤。根白色，狀如蠶。四月採根，水瀹和鹽爲菜茹之。　時珍曰：　草石蠶即今甘露子也。荆湘、江淮以南野中有之，人亦栽蒔。二月生苗，長者近尺，方莖對節，狹葉有齒，並如雞蘇，但葉皺有毛耳。四月開小花成穗，一如紫蘇花穗。結子如荆芥子。其根連珠，狀如老蠶。五月掘根蒸煮食之，味如百合。或以蘿蔔鹵及鹽葅水收之，則不黑。亦可醬漬蜜藏。既可爲菜，又可充果。陳藏器言石蠶葉似卷柏者，若與此不同也。

根　【氣味】甘，平，無毒。　時珍曰：　不宜生食及多食，生寸白蟲。與諸魚同食，令人吐。

〔主治〕浸酒，除風破血。煮食，治溪毒藏器。焙乾，主走注風，散血止痛。其節亦可擣末酒服蘇頌。和五臟，下氣清神《正要》。

明・周履靖《茹草編》卷二　甘露子一名玉環菜。曾同漢主慕長生，仙掌承來沆瀣清。想是金莖餘妙液，千年化作露華精。其色如脂，其粲若粢。山中隱者，薄言茹之，頤頤四皓，何勞採之。燦燦玉環，瑩瑩如瑜。江妃解珮，神女遺珠。清霜白露，薄言採之。野夫為饌，可以忘飢。冬月取根煮食，味甘而美。

明・佚名氏《醫方藥性・草藥便覽》　地蠶　其性甘，去吐衄血。

明・趙南星《上醫本草》卷三　地瓜兒　一名滴露，一名甘露子。根：　甘，平，無毒。主治：　浸酒除風破血。　時珍曰：　不宜生食及多食，生寸白蟲，與諸魚同食，令人吐。

明・繆希雍《本草經疏》卷一一　草石蠶　生高山石上，根如箸，上有毛，節如蠶，葉似卷柏。山人取浸酒，除風破血，主溪毒，煮食之。

〔疏〕按草石蠶，本經無氣味。予見明州好事者，以水漬羊肚石種之，盤生石上儼類蠶形。得水石之氣，性必清寒，故能解毒。予少時見一老醫，治毒痢下血久不愈，方中有之。後予按其法試用，良驗。〔主治參互〕草石蠶，同川黃連、白芍藥，各酒浸炒，肉豆蔻，糯粉裹煨，蓮肉、白藊豆俱炒，橘皮、炙甘草、升麻、山查，和為末，蜜湯調服，治久痢不止，往往獲效。當是涼血、破瘀血、消積滯之功也。無別用，故不著簡誤。

明・姚可成《食物本草》卷七菜部・柔滑類　草石蠶一名土蛹，一名甘露子。蠶，蛹皆以根形而名，甘露以根味而名。生郊野麥地中。葉如薄荷，少狹而尖，文微皺，欠光澤。根白色，狀如蠶。四月采根，水瀹和鹽為菜茹之。○李時珍曰：　草石蠶即今甘露子也。荊湘、江淮以南野中有之，人亦栽蒔。二月生苗，長者近尺，方莖對節，狹葉有齒，竝如雞蘇，但葉皺有毛耳。四月開小花成穗，一如紫蘇花穗。結子如荊芥子。其根連珠，狀如老蠶。五月掘根蒸煮食之，味如百合。或以蘿蔔滷及鹽菹水收之，則不黑。亦可醬漬、蜜藏。既可為菜，又可充果。　草石蠶，味甘，平，無毒。和五藏，下氣，清神。浸酒，除風破血。煮食，治溪毒。焙乾，主走注風，散血止痛。其節亦可擣末酒服。不宜生食及多食，生寸白蟲。與諸魚同食，令人吐。

明・施永圖《本草醫旨・食物類》卷二　甘露子　味：　甘，平，無毒。一名滴露。利五臟，下氣，清神。

明・施永圖《本草醫旨・食物類》卷二　草石蠶即今甘露子也。五月掘根，蒸煮食之，味如百合，可為菜，又可充果。　味：　甘，平，無毒。不宜生食及多食，生寸白蟲。與諸魚同食，令人吐。治：　浸酒，除風破血。煮食，治溪毒。焙乾，主走注風，散血止痛。其節亦可擣末，酒服，和五臟，下氣，清神。

清・丁其譽《壽世秘典》卷三　甘露子一名地蠶，葉如薄荷，少狹而尖，文微皺，不光澤。其根連珠白色，狀如老蠶，故名。采根，水瀹和鹽為菜茹之，亦可醬漬、蜜藏。《食物本草》分為二物，殊誤。　氣味：　甘，平，無毒。主治：　和五臟，下氣，清神。發明李時珍曰：　地蠶以根形而名，甘露以根味而名。或言葉上滴露則生，珍常蒔之，無此說也。其根長大者，《救荒本草》謂之地瓜兒，不宜生食及多食，生寸白蟲。與諸魚同食，令人吐。

清・朱本中《飲食須知・果類》　甘露子　味甘，性平，即草石蠶。不宜生食，多食令生寸白蟲。與諸魚同食，令人吐。或以蘿蔔滷及鹽菹水收之，則不黑。亦可醬漬蜜藏。

清・李熙和《醫經允中》卷二二　甘露子　甘，寒，無毒。主利五臟，下氣通補。

清・吳其濬《植物名實圖考》卷四　草石蠶　《本草會編》始著錄。即甘露子，莖花與水蘇同而根如連珠，北地多種之以為蔬。按《拾遺》雖有草石蠶之名，而謂根有毛節，葉如卷柏，生山石上，此即俗呼返魂草。已入石草，非甘露也。惟《本草會編》所述地蠶形狀，正是《救荒本草》甘露兒，衹可供茹。若除風破血，恐無此功用，姑仍《綱目》舊標而辨正之。

雩婁農曰：　地蠶味腴，處處食之。而本草不載，其無當於君臣佐使耶？楊升庵以芭蕉之甘露為蘘荷，後人復因甘露之名，以地蠶為蘘荷。但古今不聞以芭蕉為蔬者，或者附會以為其根可茹，而無人試之，可信否耶？甘露兒未必即蘘荷，然以補蘘荷之缺，奚不可者？屠本畯《玉環菜》詩云：甘露草生何闌珊，堪綴步搖照玉環。則玉環即此菜矣。明人不識蘘荷，而屠本畯云：　白者白蘘，赤者赤蘘。此何物耶？其味辛，蓋薑類。

清・劉善述、劉士季《草木便方》卷二穀糧豆菜部　地笋子　地蠶子甘性微平，調和五臟安心神。走注流風活血痛，酒浸除風溪毒靈。老姆蟲。

清・田綿淮《本草省常・果性類》　地瓜　一名地蠶，一名地蛹，一名滴露，一名甘露子。性平，宜入甜醬內漬之。利五臟，下氣清神。熟食，除風破血。多食生寸白蟲，生食尤甚。同諸魚食，令人吐。

清·戴葆元《本草綱目易知錄》卷三　草石蠶　根，甘，平。補五臟，下氣清神。焙服，治走注風，散血止痛。亦可研末，酒服。浸酒飲，除風散血。煮食，治溪毒。【略】葆按：《本草從新》載：冬蟲夏草形似，而主治異。俟考。

清·吳汝紀《每日食物却病考》卷上　地蠶　生郊野中，方莖，葉對節如薄荷，少狹而尖，亦微縐有毛，根白色如蠶。甘，平，無毒。四五月採根，以滾湯淪之，和鹽為茹，亦可作糖煎。

香科科

清·吳其濬《植物名實圖考》卷二三　香科科　生雲南。細莖，高五六寸，對葉如薄荷葉，亦微有香；梢開白花如豆花，層層開放。

白花菜

明·盧和、汪穎《食物本草》卷二　白花菜　味甘，氣臭，性寒。生食苦，淹以為葅。動風氣，下氣，滯臟腑，多食令人胃悶滿，傷脾。一種黃花菜，同此類。

明·李時珍《本草綱目》卷二六菜部·葷菜類　白花菜《食物》

【釋名】羊角菜。【集解】時珍曰：白花菜三月種之。柔莖延蔓，一枝五葉，葉大如拇指。秋間開小白花，長蕊。結小角，長二三寸。其子黑色而細，狀如初眠蠶沙，不光澤。菜氣羶臭，惟宜鹽葅食之。穎曰：一種黃花者，名黃花菜，形狀相同，但花黃也。

【氣味】苦、辛，微毒。穎曰：多食，動風氣，滯臟腑，令人胃中悶滿，傷脾。【主治】下氣汪穎。煎水洗痔，搗爛敷風濕痹痛，擂酒飲止瘧時珍。

明·穆世錫《食物輯要》卷三　白花菜　味苦、辛，性涼，無毒。下氣。多食，動風氣，困脾發悶。擂汁，和酒服，止瘧。

明·李中立《本草原始》卷六　白花菜　三月種之，柔莖延蔓，一枝五葉，葉大如拇指。秋開小白花，長蕋，結小角長二三寸。其子黑色而細，狀如初眠蠶沙，不光澤。菜氣羶臭，惟宜鹽葅食之。因花色白，故名。白花菜：氣味：苦、辛，微毒。主治：下氣。○煎水洗痔。搗爛敷風濕痹痛。擂酒飲止瘧。子，今人治癖疾藥多用。

白花菜《食物本草》。【圖略】氣臭。

穎曰：多食動風氣，滯臟腑，令人胃中悶滿。傷脾。　其莢六七月采，略晒，以鹽、椒揉熟，少晾，安置罐中發過，油醋調食，香美。

明·吳文炳《藥性全備食物本草》卷一　白花菜　味苦、辛，性涼，無毒。下氣，多食令動風氣，困脾發悶。擂汁和酒服止瘧。

明·姚可成《食物本草》卷六菜部·葷辛類　白花菜三月種之。柔莖延蔓，一枝五葉，葉大如拇指。秋間開小白花，長蕋。結小角，長二三寸。其子黑色而細，狀如初眠蠶沙，不光澤。菜氣羶臭，惟宜鹽葅食之。一種黃花者，名黃花菜，形狀相同，但花黃也。白花菜，味苦、辛，微毒。主下氣。煎水洗痔，擣爛敷風溼痹痛，擂酒飲止瘧。多食，動風氣，滯臟腑，令人胃中悶滿，傷脾。

明·施永圖《本草醫旨·食物類》卷二　白花菜一名羊角菜。又一種名黃花菜，即同此類。　味：甘，氣臭，性寒。生食苦，淹以為葅。治：下氣。煎洗痔，敷風濕痹痛，酒止瘧。多食動風氣，滯腑臟，令人胃悶滿，傷脾。

清·朱本中《飲食須知·菜類》　白花菜　味苦、辛，性涼。一名羊角菜。多食動風氣，滯臟腑，困脾發悶。不可與猪心肺同食。

清·何其言《養生食鑒》卷上　白花菜　味苦、辛，性涼，無毒。下氣，多食動風氣，(因)[困]脾發悶。擂汁和酒服，止瘧。

清·王道純《本草品彙精要續集》卷八　白花菜無毒

白花菜：主下氣汪穎。煎水洗痔，搗爛傅風濕痹痛，擂酒飲止瘧《本草綱目》。

【名】羊角菜。【苗】李時珍曰：白花菜，柔莖延蔓，一枝五葉，葉大如拇指，秋間開小白花，長蕊，結小角長二三寸，菜氣羶臭，惟宜鹽葅食之。汪穎曰：一種黃花者，名黃花菜，形狀相同，但花黃也。【時】三月種之。【質】其子黑色而細，狀如初眠蠶沙，不光澤。【禁】汪穎曰：多食動風氣，滯臟腑，令人胃中悶滿傷脾。【臭】羶。【味】苦，辛。

清·何諫《生草藥性備要》卷下　廖折草　味甜，性平。治跌打，罨蛇咬。一名白花菜。

清·吳其濬《植物名實圖考》卷四　白花菜　《食物本草》收之。圃中亦有種者，味近臭，惟宜醃食。亦有黃花者，白瓣黃鬚，裊裊有致，而氣味乃不得相近。圃人種而自食，不知其味若何，久而不聞其臭，彼固日在鮑魚之肆也。存此以見窮民惡食，未必即以臭為香。

清·田綿淮《本草省常·菜性類》　白花菜　一名羊角菜。性平，微毒。下氣動風。多食傷脾，令人中滿。

金剛尖

清・吳其濬《植物名實圖考》卷六　金剛尖　生雲南山中。獨莖多細枝，一枝五葉，似獨帚而更尖長。山人摘以為蔬。昆明採其嫩葉芼以為羹，清爽微苦，饒有風味，呼為良旺頭。

野香櫞花

清・吳其濬《植物名實圖考》卷三六　野香櫞花　一名小毛毛花。生雲南五華山麓。樹高近尋，長葉如夾竹桃葉，綠潤柔膩，映日有光。春開四尖瓣白花，間以綠蒂，徑不逾半寸；長蕊茸茸，密似馬纓上綴褐點，花瘦蕊繁，隨風紛靡，頗有姿度；亦具清香，惟玉縷冰絲，離枝易瘁，不堪摧折，難供嗅玩耳。

樹頭菜

清・吳其濬《植物名實圖考》卷三六　樹頭菜　《滇志》石屏者佳。樹色灰赭，一枝三葉，微似楷木葉。初生如紅椿芽而瘦。味苦，臨安人鹽漬之以為廊蘁。與黃連茶即楷樹牙。皆取木葉作蔬，咀其回味，如食諫果也。

辣椒

明・姚可成《食物本草》卷一六味部・調飪類　番椒出蜀中，今處處有之。木本低小，人植盆中，以作玩好。結實如鈴，內子極細，研入食品極辛辣。　番椒，味辛，溫，無毒。主消宿食，解結氣，開胃口，辟邪惡，殺腥氣、諸毒。

清・汪紱《醫林纂要探源》卷二　番椒　辛，溫。一名辣椒。非椒也，以味得名。莖葉扶疏，葉圓有尖，開白花，結實短者如雞心，長者如指，嫩青老赤，鮮紅可愛。子色白，形扁如茄子，可充食料，辛美而烈。海外番人嘗果食。開胃，除寒熱，潤腸，療痔瘻。大辛溫，而能療腸風痔瘻者，以其實下垂，性下行，色赤入血分，味辛瀉肺，導火以下行，故雖熱而能去熱。若吳茱萸亦然。

清・李文培《食物小錄》卷下　辣椒　生甘、辛，溫、大熱；熟甘、辛，平、溫，無毒。去濕利竅，通關節，殺腥氣。亦不宜多食。

清・趙學敏《本草綱目拾遺》卷八諸蔬部　辣茄　人家園圃多種之，深秋山人挑入市貨賣，取以熬辣醬及洗凍瘡用之，所用甚廣，而《綱目》不載其功用。陳炅堯《食物宜忌》云：食茱萸即辣茄，陳者良。其種類大小方圓黃紅不一，惟一種尖長名象牙辣茄，入藥用。又一種木本者，名番薑。范咸《臺灣府志》：番薑木本，種自荷蘭，開花白瓣，綠實尖長，熟時朱紅奪目，中有子辛辣，番人帶殼啖之，內地名番椒。更有一種結實圓而微尖，似柰種，出咬𠺕吧，內地所無也。《藥檢》云：辣茄，一名臘茄，臘月熟，故名，亦入食料。苗葉似茄葉而小，莖高尺許，至夏乃花，白色五出，倒垂如茄花，結實青色，其實有如柿形，如秤錘形，有小如豆者，有大如橘者，有仰生如頂者，有倒垂葉下者，種種不一。入藥惟取細長如象牙，又如人指者，作食料皆可用。《食物宜忌》云：性辛、苦，大熱，溫中下氣，散寒除溼，開鬱去痰消食，殺蟲解毒。治嘔逆，療噎膈，止瀉痢，祛脚氣，食之走風動火，病目發瘡痔，凡血虛有火者忌服。《藥檢》云：味辛，性大熱，入口即辣舌，能祛風行血，散寒解鬱，導滯止澼瀉，擦癬。《百草鏡》：熏壁蝨，洗凍瘃，浴冷疥，瀉大腸，經寒澼。　外痔：《百草鏡》：以象牙辣茄紅熟者，剉細，甜醬拌食。毒蛇傷：《百草鏡》：用辣茄生嚼十一二枚即消腫定痛，傷處起小泡出黃水而愈，食此味反甘而不辣。或嚼爛敷傷口，亦消腫定痛。　祛臭蟲方：《經驗廣集》：用羊骨頭一個，秦椒半觔，共入火盆內，同鋸木屑燒之，門窗閉緊，勿令出烟，其蝨自死。

敏按：木屑用樟木者佳。　凍瘃：蔡雲白方：剝辣茄皮貼上，即愈。痢積水瀉：《醫宗彙編》：辣茄一個為丸，清晨熱豆腐皮裹吞下，即愈。

敏按：《花鏡》，番椒一名海瘋藤，俗呼辣茄，本高一二尺，叢生白花，秋來結子，儼如禿筆頭倒垂，初綠後朱紅，懸掛可觀，其味最辣，人多採用，研極細，冬月以代胡椒。蓋其性熱而散，能入心脾二經，亦能祛水溼。癸亥，予在臨安，有小僕於暑月食冷水臥陰地，至秋瘧發，百藥罔效，延至初冬，偶食辣醬，頗適口，每食需此，又用以煎粥食，未幾，瘧自愈。良由胸膈積水變為冷痰，得辛以散之，故如湯沃雪耳。又名秦椒。李成裕遼載：秦椒，一名番椒，形如馬乳，色似珊瑚，非《本草》秦地之花椒，即中土辣茄也。龍柏《藥性考》：秦地乃草本辣椒，《綱目》諸註，誤為秦地花椒，不知即今之辣茄，又名辣虎。性熱味辣，溫中散寒，除風發汗，去冷癖，行痰逐溼。多食眩旋，動火故也。久食發痔，令人齒痛咽腫。

清・章穆《調疾飲食辯》卷三　辣枚子　近數十年，群嗜一物，名辣枚，又名辣椒，亦蔊菜之類也。葉如蒼蔔而薄，枝幹高尺餘，四五月開小白花。結子前後相續，初青後赤。味辛辣如火，食之令人唇舌作腫，而嗜者眾。或鹽醃，或生食，或拌鹽豉煠食，不少間斷。至秋時最後生者，色青不赤，日乾碾粉，猶作醬食。其形狀不一，有本大末小者，有本小末大者，有大如拇指長一二寸者，有小如筋頭短僅一二分者，有四稜如柿實形者，有圓如紅琅玕、火齊珠者，植盆中為玩可也。今食者十之七八，而痔瘡、便血、吐血，及小兒痘殤亦多十之七八。父母嗜食辛辣，其精血必熱，故遺害於兒女。夫先師所慎者三疾居其一。《鄉黨》一章，所載不食之物多端，雖未嘗作疾，猶當謹之，況明明有害而反嗜之哉。明理之人，飲食以沖淡和平為正。醲厚之味，久必傷生；毒劣之物，嗜之損壽。乃食此而不盡夭者，以體無內熱也。若有內熱，死安能不速耶。讀吾書者，幸毋倔強也。

清·吴其濬《植物名實圖考》卷六　辣椒　處處有之，江西、湖南、黔、蜀種以為蔬。其種尖、圓、大、小不一，有柿子、筆管、朝天諸名。《蔬譜》《本草》皆未晰，惟《花鏡》有番椒，即此。《遵義府志》：番椒通呼海椒，一名辣角，每味不離。長者曰牛角，仰者曰纂椒，味尤辣。柿椒或紅或黄，中盆玩，味之辣至此極矣，或研為末，每味必偕；或以鹽醋浸為蔬，甚至熬為油煿諸火而噉之者，其胸膈寒滯，乃至是哉。古人之食，必得其醬。所以調其偏而使之平。故有食醫掌之。後世但取其味，膏腴炰炙，既為富貴膏肓，貧者茹生菜，山居者或淡食。而產蔗之區乃以飴為鹹。雖所積不同，而其留著胸中格格不能下則一也。薑桂之性，尚可治其小患，至脾胃抑塞，攻之不可，則必以烈山焚澤，去其頑梗而求通焉，番椒之謂矣。

清·陸以湉《冷廬醫話》卷五　藥品　辣茄性大熱，章杏雲《調疾飲食辨》以為近數十年群嗜之，食者十之七八，父母嗜食辛熱，其精血必熱，故遺害於兒女。飲食以沖淡和平為正，醲厚之味，久必傷生，毒劣之物，嗜之損壽，乃食此而不盡夭者，以體無內熱也。若有內熱，死安能不速耶？其言可謂切至，以此推之，非獨辣茄不當嗜也，凡胡椒、生薑、韮、蒜等辛溫之品，皆足以劫陰而傷生，慎毋多食。

清·王孟英《隨息居飲食譜·調和類》　辣茄一名㮨，一名欓，亦名越椒，俗名辣子，亦曰辣椒、辣虎、辣枚子，各處土名不一，其實即古人重九所佩之食茱萸也。　辛苦熱。溫中燥濕，禦風寒，殺腥，消食，開血閉，快大腸。種類不一，先青後赤，人多嗜之。往往致疾，陰虛內熱尤宜禁食。

清·劉善述、劉士季《草木便方》卷二穀糧豆菜部　蔊米菜　海蔊辛溫性大熱，胸腹冷氣陳寒絕。飲食不消令人食，豁痰止嘔利胸隔。

清·戴葆元《本草綱目易知錄》卷三《菜部》　番椒辣椒：辛，溫。開胃，除寒熱，潤腸，療痔瘻。

紅絲線

清·吴其濬《植物名實圖考》卷九　紅絲線　產南安。綠莖有毛，葉如山茶葉而薄，長柄下垂，結實如珠，生青熟紅，綠蒂托之。一名血見愁。俚醫擣敷紅腫，以為良藥。

柔滑分部

綜述

芸薹

唐·孫思邈《千金要方》卷二六《食治·菜蔬》　芸薹　味辛，寒，無毒。主腰脚痺。若舊患腰脚痛者，不可食，必加劇。又治油腫丹毒。益胡臭，解禁呪之輩，出《五明經》。其子：主夢中泄精與鬼交者。胡居士云：世人呼為寒菜，甚辣。胡臭人食之，病加劇。隴西氏羌中，多種食之。

宋·唐慎微《證類本草》卷二九菜部下品〔唐·蘇敬《唐本草》〕　芸薹　味辛，溫，無毒。主風游丹腫，乳癰。

〔唐·蘇敬《唐本草》〕注云：《别録》云，春食之，能發膝痼疾。此人間所噉菜也。

〔宋·馬志《開寶本草》〕按：别本注云：破癥瘕結血。今俗方病人得喫芸薹，是宜血病也。又按陳藏器《本草》云：芸薹破血，産婦煮食之。子，壓取油，傅頭令頭髮長黑。又煮食，主腰脚痺。擣葉傅赤遊瘮。久食弱陽。唐本先附。

〔宋·掌禹錫《嘉祐本草》〕按：孟詵云：若先患腰膝，不可多食，必加極。又，極損陽氣，發口瘡，齒痛。又，能生腹中諸蟲。道家特忌。日華子云：芸薹，涼。治産後血風及瘀血。胡臭人不可食。

宋·寇宗奭《本草衍義》卷一九　芸薹　不甚香，經冬根不死，辟蠹，於諸菜中，亦不甚佳。

宋·鄭樵《通志》卷七五《昆蟲草木略》　芸臺　亦作雲臺。《爾雅》云：

臺，夫須。

宋・陳衍《寶慶本草折衷》卷二〇　芸薹子油附。　縉雲云：　一名芸薹菜。

味辛，涼，無毒。○主風游丹腫，乳癰。○《唐本》註云：　春食發膝痼疾。○別本註云：　破癥瘕結血。○陳藏器云：　產婦煮食之，久食弱陽。○孟詵云：　若先患腰膝，不可多食，必加極，又發口瘡齒痛，生腹中諸蟲。道家特忌。○日華子云：　治產後血風。胡臭人不可食。○寇氏曰：　辟蠹。

元・忽思慧《飲膳正要》卷三　芸薹　味辛，溫，無毒。主風熱，丹腫，乳癰。

附：　子壓油。○傳頭，令髮長黑。

元・吳瑞《日用本草》卷七　芸薹　味辛，溫，無毒。春食發痼疾，道家特忌。患腰脚，不可多食。損陽氣，發口瘡，齒痛。胡臭人不可食。又能生腹中諸蟲。　主風遊丹腫，乳癰，產後血風，瘀血腰痛。

明・朱橚《救荒本草》卷下之後　芸薹菜　今處處有。葉似菠菜葉，比菠菜葉下兩傍多兩叉，開黃花，結角似蔓菁角，有子如小芥子大。味辛，性溫，無毒。經冬根不死，辟蠹音渡。　救飢：　採苗葉煠熟，水浸淘洗淨，油鹽調食。　治病：　文具《本草》菜部條下。

明・滕弘《神農本經會通》卷五　芸薹　味苦，氣溫，無毒。《本經》云：　主風游丹腫，乳癰，發病，生蟲，又敗陽。《局》云：　芸薹最不宜多食，發病生蟲極損陽。主破癥瘕通結血，更除丹腫乳癰瘡。

明・劉文泰《本草品彙精要》卷四〇　芸薹無毒　叢生。

芸薹：　主風游丹腫，乳癰。名醫所錄。　【苗】《唐本》注云：　此人間所噉菜也。《衍義》曰：　芸薹，不堪香，經冬根不死，辟蠹，於諸菜中，亦不甚佳。○謹按《埤雅》云：　芸薹，香草也，仲冬之日始生，類豌豆而作叢，又似苜蓿，葉似雅蒿極芬香，可食。秋後葉間微白如粉，經冬根亦不死，故《淮南子》云：　芸草，死而復生是也，採之著於衣、書，可以辟蠹。在漢時種於蘭臺藏書之府，今南人採置席下，亦可以去蚤虱，又謂七里香也。　【地】舊不著所出州土，今在處有之。　【時】生：　春生苗。　採：　夏秋取。　【收】陰乾。【用】葉及實。　【味】辛。　【性】溫，散。　【氣】氣之厚者，陽也。　【臭】香。　【治】療：　《唐本》注云：　芸薹，破癥瘕，結血。日華子云：　治產後血風及瘀血。陳藏器云：　破血，產婦宜食之。○子，壓油，傅頭，令頭髮長黑。○葉擣，傅赤遊疹。　【禁】春勿食，能發膝痼疾。久食極損傷氣。若先患腰脚病，不可多食，及發口瘡，齒痛。又能生腹中諸蟲。患胡臭人不宜食。

明・盧和、汪穎《食物本草》卷二菜類　油菜　味甘。主滑胃，通結氣，利大小便。冬種春長，形色俱佀白菜，根微紫，抽嫩心，開黃花，取其薹為菜茹甚佳。子，枯，取以榨油，味如麻油，但略黃耳。一種黃瓜菜，形似油菜，但味少苦，野生平澤中，取為羹茹，亦甚香美。

芸薹　味辛，溫，無毒。主風游丹腫，乳癰。煮食，主腰脚痹，破癥瘕結血。多食損陽氣，發瘡，口齒痛，又主腹中諸蟲。

明・許希周《藥性粗評》卷三　發病生蟲，休慕芸薹之味。

芸薹，俗名薹菜是也。其根經冬不死。南北園圃處處有之。味辛，性溫，無毒。主治乳癰風遊丹腫，破積血。然能發腰脚、口齒痼疾，食之轉甚；又極損陽氣，并生腹中諸蟲，無所益於人者也。

明・鄭寧《藥性要略大全》卷六　芸薹　破癥瘕，通結血，消乳癰。不宜多食，最損氣。生腹中長蟲，敗陽發病。　味辛，氣溫，有毒。

明・寧源《食鑒本草》卷下　芸薹菜　味辛，溫，無毒。散遊風丹毒，消乳癰，破血瘕，下產後瘀血。　《野人閒話》：　治女人吹乳，小兒火丹，擣傅之。

明・王文潔《太乙仙製本草藥性大全》卷五《本草精義》　芸薹　舊本不著所出州土。苗葉莖子舊俱不載，亦不敢強註。人家園圃多種之，亦人間所噉菜也。

明・王文潔《太乙仙製本草藥性大全》卷五《仙製藥性》　芸薹　味辛，氣溫，又云氣涼，無毒。　主治：　主遊風丹腫，破癥瘕結血。損陽氣而發瘡，治血風及瘀血。患口齒疼痛用之立愈，生腹中諸蟲服之即痊。病腰脚不宜多食，胡臭氣多食流連。　補註：　血病產婦食之立破。○赤遊風瘮，擣葉傅良。○頭白，將子壓油搽之，能令髮黑。　按：　《衍義》云：　芸薹不甚香，經冬根不死，辟蠹，於諸菜亦不甚佳。

明・李時珍《本草綱目》卷二六菜部・葷菜類　芸薹《唐本草》

【釋名】寒菜《胡居士方》　胡菜同上　薹菜《埤雅》　薹芥《沛志》　油菜《綱

目》。時珍曰：此菜易起薹，須採其薹食，則分枝必多，故名芸薹；而淮人謂之薹芥，即今油菜，爲其子可榨油也。羌隴氏胡，其地苦寒，冬月多種此菜，能歷霜雪，種自胡來，故服虔《通俗文》謂之胡菜。而胡洽居士《百病方》謂之寒菜，皆取此義也。或云塞外有地名雲臺戍，始種此菜，故名，亦通。【集解】恭曰：《别録》云：芸薹乃人間所啖菜也。宗奭曰：芸薹不甚香，經冬根不死，辟蠹，於諸菜中亦不甚佳。時珍曰：芸薹方藥多用，諸家注亦不明，今人不識爲何菜？珍訪考之，乃今油菜也。九月、十月下種，生葉形色微似白菜。冬、春採薹心爲茹，三月則老不可食。開小黄花，四瓣，如芥花。結莢收子，亦如芥子，灰赤色。炒過榨油黄色，燃燈甚明，食之不及麻油。近人因有油利，種者亦廣云。

莖葉【氣味】辛，温，無毒。大明曰：凉。《别録》曰：春月食之，能發膝痼疾。又能訛曰：先患腰脚者，不可多食，食之加劇。又損陽氣，發瘡及口齒病。胡臭人不可食。又能生腹中諸蟲。道家特忌，以爲五葷之一。【主治】風游丹腫，乳癰《唐本草》。破癥瘕結血《開寶》。治産後血風及瘀血《日華》。煮食，治腰脚痹。擣葉，傅女人吹奶藏器。治瘭疽、豌豆瘡，散血消腫。伏蓬砂時珍。

【發明】藏器曰：芸薹破血，故産婦宜食之。馬志曰：今俗方言病人得吃芸薹，是宜血病也。思邈曰：貞觀七年三月，予在内江縣飲多，至夜覺四體骨肉疼痛。至曉頭痛，額角有丹如彈丸，腫痛。至午通腫，目不能開。經日幾斃。予思本草芸薹治風游丹腫，遂取葉擣傅，隨手即消，其驗如神也。亦可擣汁服之。

【附方】新八。赤火丹毒：方見上。天火熱瘡：初起似痱，漸如水泡，似火燒瘡，赤色，急速能殺人。芸薹葉擣汁，調大黄、芒硝、生鐵衣等分，塗之。《近效方》。風熱腫毒：芸薹苗葉根、蔓菁根各三兩，爲末，以鷄子清和貼之，即消。無蔓菁，即以商陸根代之，甚效也。《近效方》。手足瘭疽：此疽喜着手足肩背，纍纍如赤豆，剥之汁出。用芸薹葉煮汁服一升，並食乾熟菜數頓，少與鹽、醬。冬月用子研水服。《千金方》。異疽似癰：而小有異，膿如小豆汁，今日去，明日滿。用芸薹擣熟，布袋盛，於熱灰中煨熟，更互熨之，不過三二度。無葉用乾者。《千金》。豌豆斑瘡：芸薹葉煎湯洗之。《外臺秘要》。血痢腹痛：日夜不止。以芸薹葉擣汁二合，入蜜一合，温服。《聖惠方》。腸風下血〔原缺〕。

子【氣味】辛，温，無毒。【主治】夢中泄精，與鬼交思邈。取油傅頭，令髮長黑藏器。行滯血，破冷氣，消腫散結，治産難、産後心腹諸疾，赤丹熱腫，金瘡血痔時珍。

【發明】時珍曰：芸薹菜子、葉同功。其味辛氣温，能温能散。其用長於行血滯，破結氣。故古方消腫散結，治産後一切心腹氣血痛，諸游風丹毒熱腫瘡痔諸藥咸用之。經水行後，加入四物湯服之，云能斷産。又治小兒驚風，貼其頂顖，則引氣上出也。《婦人方》治産難歌云：黄金花結粟米實，細研酒下十五粒。靈丹功效妙如神，難産之時能救急。

【附方】新十二。芸薹散：治産後惡露不下，血結衝心刺痛。將來纔遇冒寒踏冷，其血必往來心腹間，刺痛不可忍，謂之血母。並治産後心腹諸疾。産後三日，不可無此。用芸薹子炒、當歸、桂心、赤芍藥等分。每酒服二錢，趕下惡物。《楊氏産乳》。産後血運：芸薹子、生地黄等分，爲末。每服三錢，薑七片，酒、水各半盞，童便半盞，煎七分，温服即蘇。温隱居《海上方》。補血破氣：追氣丸：治婦人血刺，小腹痛不可忍。亦可常服，補血虚、破氣塊甚效。用芸薹子微炒、桂心各一兩，高良薑半兩，爲末，醋糊丸梧子大，每淡醋湯下五丸。沈存中《靈苑方》。腸風臟毒：下血。芸薹子生用，甘草炙，爲末。每服二錢，水煎服之。《普濟方》。頭風作痛：芸薹子一分，大黄三分，爲末，嗃鼻。風熱牙痛：芸薹子、白芥子、角茴香等分，爲末。嗃鼻，左嗃右，右嗃左。《聖惠》。小兒天釣：芸薹子、生烏頭去皮尖各二錢，爲末。每用一錢，水調塗頂上。名塗頂散。《聖濟總録》。風瘡不愈：陳菜子油，同穿山甲末熬成膏，塗之即愈。《攝生衆妙方》。傷損接骨：芸薹子一兩，小黄米炒二合，龍骨少許，爲末，醋調成膏，攤紙上貼之。《乾坤秘韞》。湯火傷灼：菜子油調蚯蚓屎，搽之。楊起《簡便單方》。蜈蚣螫傷：菜子油傾地上，擦地上油摻之即好。勿令四眼人見。陸氏《積德堂方》。

明·穆世錫《食物輯要》卷三　芸薹菜　味辛，性溫，無毒。伏硼砂。散血消腫，治脚痹痛，産後血風瘀滯。多食，發口齒痛，損陽道，發瘡疾，生蟲積。春月食之，發膝中痼疾。有腰脚病者、胡臭病者，並勿食。道家忌食，為五葷之一。

明·趙南星《上醫本草》卷三　芸薹　一名薹菜，又名薹芥，亦名油菜。時珍曰：此菜易起薹，須採其薹食，則分枝必多，故名芸薹。而淮人謂之薹芥，即今油菜，為其子可榨油也。九月十月下種，生葉形色微似白菜，冬春採薹心為茹，三月則老，不可食。開小黄花，四瓣，如芥花。結莢收子，亦如芥子，灰赤色。炒過榨油，黄色，燃燈甚明，食之不及蔴油。芸薹破血，故産婦宜食之。

莖葉：辛，溫，無毒。主治：破癥瘕結血，風遊丹腫，瘭疽，豌豆瘡，散血消腫，伏蓬砂，及治産後血風及瘀血。煮食，治腰脚痹。擣，傅女人吹奶乳癰。春月食之，能發膝痼疾，先患腰脚者，不可多食，食之加劇。又損陽氣，發瘡及口齒病。胡臭人不可食。又能生腹中諸蟲。道家特忌，以五葷之一。

附方　赤火丹毒，風遊丹腫：取葉擣傅，隨手即消，其驗如神也，亦可擣汁服之。

子：辛，溫，無毒。主治：行滯血，破冷氣，消腫散結，夢中洩精與鬼交，及治產難，產後心腹諸疾，赤丹熱腫，金瘡血痔。取油傅頭，令髮長黑。

附方　產難歌云：黃金花結粟米實，細研酒下十五粒。靈丹功効妙如神，難產之時能救急。風熱牙痛：芸薹子即榨油菜子、白芥子、角茴香等分，為末。嗃鼻，左嗃右，右嗃左。湯火傷灼：菜子油調蚯蚓屎，搽之。

明・應麐《食治廣要》卷三　芸薹即油菜，其子可榨油者。氣味：辛，溫，無毒。主治：風遊丹腫，乳癰。破癥瘕結血。《别録》曰：能發痼疾。孟詵曰：患腰脚者，不可多食。又損陽氣，發瘡及口齒病。道家亦為五葷之一。

明・姚可成《食物本草》卷六菜部・葷辛類　芸薹一名寒菜，一名油菜，俗名塌科菜。收子榨油，其用頗廣。九十月下種，生葉形色微似白菜。冬、春採薹心為茹，三月則老不可食。開小黄花，四瓣，如芥花。結莢收子，亦如芥子，灰赤色。炒過榨油黄色，燃燈甚明，食之不及蔴油。近人因有油利，種者亦廣云。　芸薹，味辛，溫，無毒。治風遊丹腫，乳癰。破癥瘕結血。治產後血風及瘀血。煮食治腰脚痹。擣葉傅女人吹奶。治瘭疽、豌豆瘡，散血消腫。伏蓬砂。芸薹破血，產婦宜食之。孫思邈曰：貞觀七年三月，予在内江縣飲多，至夜覺四體骨肉疼痛。至曉頭痛，額角有丹如彈丸，腫痛。至午通腫，目不能開。經日幾斃。予思本草薹菜治風遊丹腫，遂取葉搗傅，隨手即消，其驗如神也。亦可擣汁服之。

子　味辛，溫，無毒。主夢中洩精，與鬼交。取油傅頭，令髮長黑。行滯血，破冷氣，消腫散結，治產難，產後心腹諸疾，赤丹熱腫，金瘡血痔。《婦人方》治產難歌曰：黃金花結粟米實，細研酒下十五粒。靈丹功效妙如神，難產之時能救急。

附方：治手足瘭疽，此疽喜着手足肩背，累累如赤豆，剝之汁出。用芸薹葉煮汁服一升，并食乾熟菜數頓，少與鹽、醬。冬月用子研水服。　治血痢腹痛，日夜不止。以芸薹葉搗汁二合，入蜜一合，溫服。　芸薹散治產後惡露不下，血結衝心。用芸薹子炒，當歸、桂心、赤芍藥等分。每酒服二錢，逐下惡物。　治產後血暈。芸薹子、生地黄等分，每三錢，薑七片，酒、水各半盞，童便半盞，煎七分，溫服即甦。　治腸風臟毒下血。芸薹子生用，甘草炙，為末。每服三錢，水煎飲。　治偏頭痛。芸薹子一分，大黄三分，為末，吹入鼻中，即愈。　治折傷骨節。用芸薹子一兩，黄米炒二合，龍骨少許，為末，醋調成膏，攤紙上貼之。　治小兒天釣。芸薹子、生烏頭去皮尖各二錢，為末。每用一錢，水調塗頂上。

明・姚可成《食物本草》卷七菜部・柔滑類　油菜處處有之。冬種春長，味勝他菜。二月、三月抽嫩心，開黄花。取其薹作葅，更佳。春暮夏初結角，内子黑色，榨油以供世用。

油菜，味甘，平，無毒。主滑胃，通結氣，利大小便。

明・姚可成《食物本草》卷一六味部・雜類　菜油即芸薹菜，俗名菜花菜。收子榨油，其用頗廣。　菜油，傅頭，令髮長黑，行滯血，破冷氣，消腫散結。治產難，產後心腹諸疾，赤丹熱腫，金瘡血痔。

明・顧逢柏《分部本草妙用》卷九菜部　芸薹　主治：破癥瘕，通結血，除丹腫乳癰瘡。多食發病，生蟲損陽。

明・孟笨《養生要括・菜部》　油菜先患腰脚者，不可多食。又損陽氣，發瘡及口齒病。又能生腹中諸蟲。一名芸薹，即薹菜也。今分二種。　莖葉：味辛，溫，無毒。治風遊丹腫、乳癰，破癥瘕結血，治產後血氣及瘀血。煮食，治腰脚痹。搗葉，傅女人吹奶。治瘭疽、豌豆瘡，散血消腫，伏蓬砂。

子：治夢中洩精，與鬼交。取油傅頭，令髮長黑。行滯血，破冷氣，消腫散結，治產難，產後心痛諸疾，赤丹熱腫，金瘡血痔。〔天炮瘡：用油菜擣汁，調大黄、芒硝、生鐵衣等分，塗之，即愈。血痢腰痛：以芸薹菜葉搗汁一合，入蜜一合，溫服。〕

明・施永圖《本草醫旨・食物類》卷二　芸薹菜胡臭人不可食。道家特忌，以為五葷之一。　味：甘，溫，無毒。散游風丹腫，乳癰。煮食，主腰脚痹，破癥瘕結血。多食損陽氣，發瘡，口齒痛，又生腹中諸蟲。　子：取油，傅頭髮，長而黑，下產後瘀血。○治女人吹乳，小兒火丹，搗爛敷之。有人骨肉疼痛，額角紅腫，痛不可忍，取葉搗傅，隨手而愈。

明・施永圖《本草醫旨・食物類》卷二　油菜　味：甘。主：滑胃，通結氣，利大小便。冬種春長，形色俱似白菜，根微紫，抽嫩心，開黄花，取其薹為菜茹甚佳。　子：枯，取以榨油，味如麻油，但略黃耳。

清・穆石匏《本草洞詮》卷七　芸薹葉、子　此菜易起薹，須採其薹食，則分枝必多，故名芸薹。子可榨油，又名油菜。　葉氣味辛溫，一云涼，無毒。治風遊丹腫，乳癰，治產後血風，其功長於散血消腫，故主諸證。孫思邈云：予因飲多覺四體疼痛，至曉頭痛，額角有丹如彈丸，腫痛，至午通腫，經日幾斃。予思《本草》芸薹治風遊丹腫，遂取葉擣傅，隨手即消，其驗如神也。道家以為五葷之一，能損陽氣，發瘡，生腹中諸蟲也。芸薹子辛溫，無毒。行滯血，破冷氣，消腫散結，治產難，赤丹熱腫，金瘡血痔，夢中泄精與鬼交。又治小兒驚風，貼其頂顖，則引氣上出也。

清・丁其譽《壽世秘典》卷三　芸薹此菜易起薹，春初採薹心為茹，故名芸薹。即今油菜，為其子可榨油。燃燈甚明，食之不及麻油。　氣味：甘，溫，無毒。　主治遊風丹毒，破癥瘕，通結氣，散血消腫。

發明李時珍曰：芸薹菜子、葉同功，其味辛氣溫，能溫能散，其用長于行血滯，破結氣，故古方消腫散結，治產後一切心腹氣血痛，諸遊風、丹毒、熱腫、瘡痔，諸藥咸用之。

清・丁其譽《壽世秘典》卷四　菜油　氣味：辛，溫，無毒。治癰腫瘡毒，燃燈甚明，塗頭黑髮。調治食物不及香油。

清・劉雲密《本草述》卷一五　芸薹即今油菜。　時珍曰：芸薹，方藥多用之。九月、十月下種，生葉形色微似白菜，冬春采薹心為茹，三月便老，不可食。開小黃花，四瓣，如芥花，結莢收子，亦如芥子，灰赤色，炒過榨油，燃燈甚明。

莖葉：氣味：辛，溫，無毒。　日華子曰：涼。　主治：風遊丹腫《唐本草》。破癥瘕結血《開寶》。煮食治腰脚痹藏器。治產後血風及瘀血日華子。并乳癰《唐本草》。擣葉傅女子吹奶。一切丹毒者，為人身體忽然變赤如丹之狀，故謂之丹毒也。或發手足，或發腹上，如手大，皆風熱惡毒所為。

子：氣味：與莖葉同。時珍曰：葉子同功。　主治：行滯血，破冷氣，消腫散結，治產難，產後心腹赤疾，赤丹熱腫，金瘡血痔時珍。　藏器曰：芸薹破血，故產婦宜食之。　馬志曰：今俗方言病人得喫芸薹，是宜血病也。　思邈曰：貞觀七年三月，予在內江縣飲多，覺四體骨肉疼痛，至曉頭痛，額角有丹如彈丸，腫痛，至午通腫，目不能開，經日幾斃。予思《本草》芸薹治風遊丹腫，遂取葉搗傅，隨手即消，其驗如神也。亦可搗汁服之。凡丹毒偏身，或連腰腹周匝，百方不能治，惟此輒能治之。此是用子，如無青者，以乾者為末，水調傅。　時珍曰：《婦人方》治產難歌云：黃金花結粟米實，細研酒下十五粒。靈丹功效妙如神，難產之時能救急。

愚按：芸薹之用，醫類以為行滯血，散結氣耳。殊不知其種於冬月，能歷霜雪，由冬而春，采其薹心為茹，至三月遂老，則其氣味辛溫，已知暢氣宣血，雖微物亦有精專者，能由陰育陽，從陽暢陰以為用，不祇以疏決為功也。即其三月遂老，葢因專精於血臟，以畢其用，乃如此爾。血臟即指肝，屬水，過三月即非水司令之時也。《準繩》行痹證三方用之。《本草》首主遊風丹腫，及產後血風，并□腹諸疾為最切者，因風臟原是血臟，能鼓陽而化陰，惟在斯臟，是則風化行而乃得血化，然血不化，即還致風淫，是固相因以為生化，相因以為變眚也。則茲味功能，固不得以其微而忽之矣。

附方　風熱腫毒，芸薹苗葉根、蔓菁根各三兩，為末，以雞子清和，貼之即消，無蔓菁即以商陸根代之，甚效也。　異疽似癰，而小有異，膿如小豆汁，今日去，明日滿，用芸薹搗，熟布袋盛，於熱灰中煨熟，更互熨之，不過三二度，無葉用乾者。　補血破氣，追氣丸治婦人血刺，小腹痛不可忍，亦可常服，補血虛，破氣塊甚效，用芸薹子微炒，桂心各一兩，高良薑半兩，為末，醋糊丸梧子，每淡醋湯下五丸。　傷損接骨，芸薹子一兩，小黃米炒二合，龍骨少許，為末，醋調成膏，攤紙上貼之。　詵曰：先患腰脚者，不可多食，食之加劇。又損陽氣，發瘡及口齒病，又能生腹中諸蟲。

清・尤乘《食鑒本草・菜類》　油菜　多種春長，形如白菜，通結利便。根微紫，抽嫩心，開黃花，取其薹為菜茹甚佳。子取榨油，味同蔴油，色略黃耳。

清・朱本中《飲食須知・菜類》　芸薹菜　味辛，性溫。即今之油菜。多食發口齒痛，損陽道，發瘡疾，生蟲積。春月食之，發膝中痼冷。有腰脚病者，食之加劇。狐臭人并服補骨脂者，忌食之。

清・汪昂《本草備要》卷四　芸薹宣，散血，消腫。　辛，溫。散血消腫，搗貼乳癰丹毒。孫思邈曰：搗貼丹毒，隨手即消，其效如神。動疾發瘡。　即油菜。道家五葷之一。子與葉同功，治產難。

清・李熙和《醫經允中》卷二二　芸薹菜　其子打油塗癰疽、痔漏中生蟲即盡。　主治散癥瘕結血，除丹腫，乳癰。多食發病，生蟲損陽。

清・张璐《本經逢原》卷三 芸薹即油菜。 辛，溫，無毒。 發明：芸薹破血，故產婦宜食之，然須藏久者，庶無泄瀉之虞。若舊患脚氣者不可食，胡臭人不可食，食之加劇。遊風丹腫，取葉搗敷如神。無葉時以子代之。時病瘥後不可食一切生菜，令手足腫。○其子打油，名香油，癰疽及痔漏中生蟲，以香油塗之即盡。臘肉蛀孔中滴入，其蟲即滅，治蟲之功可知。

清・浦士貞《夕庵讀本草快編》卷三 蕓薹《唐本草》、油菜 塞外有地名雲臺戍，此菜始產於此，其子多油，故得此名。 蕓薹子葉同功，其味辛，其氣溫，能行能散，化滯血，破結氣之味也。故古方消腫散結，治產後心腹氣血作痛，并諸遊風丹毒及熱瘇瘡痔，皆亦用之。又治小兒驚風，貼其頂顖則引氣上出，若欲斷產，加子於四物湯服，永不再生。更治艱於坐蓐，其歌曰：黄金花結粟米實，細研酒下十五粒。靈丹功効妙如神，難產之時能救急。

清・吳儀洛《本草從新》卷四 芸薹〔宣，散血消腫。〕一名油菜。 辛，溫，散血消腫。搗貼游風丹腫孫思邈身驗神效。及乳癰。多食動疾發瘡。子，功用略同，治難產。油，敷頭令髮長黑。

清・汪紱《醫林纂要探源》卷二 芸薹辛，溫。即今油菜。似白菜而小，子可榨油，道家以列五葷。行血消腫。治遊丹，消乳癰，亦以辛溫能行能散也。而不能如葱、蒜之專達。多食動氣，發瘡。由冬寒而春溫，不正之氣亦隨發焉。 菜油：氣味同，而尤燥熱。

清・嚴潔等《得配本草》卷五 芸薹一名油菜。子。 伏硼砂。 辛，溫。入手太陰經。破血散結。治游風丹腫，產後血風，乳吹乳癰。 配蔓菁根、雞子清，貼風熱腫毒。和蜜，治血痢腹痛。 搗汁調大黄、芒硝、生鐵衣，塗天火熱瘡。初起似疿，漸如水泡，似火燒，瘡赤色，急速能殺人。 酒拌蒸，治風。醋拌蒸，治血。 陽氣虛，腰脚痼疾者，禁用。 子 辛，溫。行血破氣，消腫散結。止夢泄，治鬼交，及一切赤丹熱腫，血痔金瘡，產難，產後心腹諸疾。

配當歸、桂心、赤芍，等分酒服，治產後心腹諸痛。配炙甘草，治臟毒。子生用。配生地、薑酒、童便，治產後血逆。 治產難歌：黄金花結粟米實，細研酒下十五粒，露丹功效妙如神，難產之時能救急。或童便蒸，或酒蒸，或炒用。 血虛者禁用。

題清・徐大椿《藥性切用》卷六 芸薹 一名油菜。性味辛溫，散血消腫。子，治產難，擂汁飲。油，殺蟲䘌。腸滑者忌。

清・黄宫繡《本草求真》卷九 油菜行血破氣。 油菜耑入肺，兼入肝脾。一名芸薹。據書皆載氣味辛溫，而大明獨指其性曰涼，其義何居？緣五味五氣，於人氣血不甚傷損，則或投以辛散，而真氣不失，自不得以涼名，如其用辛破血，審於真氣有礙，則辛氣既投，涼氣自至，又曷能使辛為溫，而其氣不得以涼名乎？ 油菜氣味雖辛，油菜，道家號為五葷之一。其用長於行血破氣，如產後一切氣痛血痛，並諸遊風丹毒，熱腫瘡痔等症，其咸用之。與經水行後，加入四物湯服之，云能斷〔產〕，亦並治小兒驚風。貼其頂顖，引氣上出，婦人難產亦同。歌云：黄金花結粟米實，細研酒下十五粒。靈丹功效妙如神，難產之時能救急。而究氣行而氣無復，血破而血莫生，謂之為涼，誰曰不宜。是以書載下產，須以藏久者為佳，否則恐有泄瀉之虞。又曰：舊患脚氣者不宜食，狐臭人不宜食，食之加劇。及或動疾發瘡，使果是溫非涼，不曷為服之而有若是之症乎？ 子打油，善治癰疽及塗痔漏中蟲。薰肉生蟲，以此油塗即滅。

清・李文培《食物小錄》卷上 芸薹即油菜。 辛，溫，微苦，無毒。春食之，能發腰膝痼疾。其子炒過榨油，燃燈甚明。

清・李文培《食物小錄》卷下 菜油 辛，溫，無毒。行滯血，破冷氣，消腫散結。燃燈甚明，塗頭髮長黑。

清・羅國綱《羅氏會約醫鏡》卷一七菜部 芸薹即油菜，味辛溫。 散血消腫，搗敷乳癰丹毒。其效如神。多食發瘡。子與葉同功，治產難。

清・趙學敏《本草綱目拾遺》卷八諸蔬部 糞金子 凡油白菜收子作種者，其中心老根內，必有一子。枯時搖之有聲，剖出，名糞金子。以其得糞力，而花實幹中子，又得菜之生氣，大能益人。曰金子，重之也。田種者，其子更佳。 王聖俞云：糞金子在收菜種子時，其中幹內剖出，形如鼠糞而黑色，如麥粒大小，千百幹中不過數十粒。蓋有生不生之別，不能每幹皆產也。

治血症，取三錢炒研，白湯調服，立愈。 治慢驚神效王聖俞。

清・章穆《調疾飲食辯》卷一下 芸薹油 即菜子油，為諸油中第一劣物，能敗陽發病，損精神又損腰脚，生寸白蟲見《食物本草》。又能使女人不孕。見《綱目》。凡生產不順，欲斷產者，及師尼寡婦慮受私胎者，諸古方皆用油菜子，則不孕之說，豈虛語哉。 吾鄉反貴之，呼真香油，而以攙和脂麻者為假香油，香油載在醫書、本草不知幾千百，見皆謂脂麻油，無道及芸薹者。市儈不知，以此為價之低昂，無足深責，醫人豈皆無目，何竟憒憒也。 認賊作子，認子作賊，可發軒渠。獨其外用消腫解毒，與脂麻油同，亦愈陳愈妙，過陳者尤不可食。

清・章穆《調疾飲食辯》卷三　芸薹　《埤雅》名薹菜，《胡居士方》名寒菜，又名胡菜。《沛縣志》名薹芥。俗呼油菜。菜中賤品也。菘菜之佳者收子稍老，或地土不宜，皆變為油菜。而油菜不能變菘，亦猶秈白米之漸變為紅，紅米不能變白。蓋不能葆其本真，則必流於污下，人與物同也。苗、葉味短且傷血，惟春初嫩莖味鮮腴。近人因子可榨油，種之甚廣。春時花放阡陌間，如給孤祇園，現黃金世界，足供玩賞。《閒情偶寄》云：香風導酒客尋帘，錦蝶與遊人爭路。《食療本草》曰：損陽氣，發瘡，患腰脚人食之加劇。又生腹內諸蟲。獨能外治瘡瘍。孫氏曰：赤遊丹腫，取葉搗敷即愈。亦可搗汁服。又手足瘭疽，四肢肩背累累如赤豆，掐之汁出，油菜葉煮汁服。并食其葉數頓，少用鹽醬，無葉用子研水服。又異疽似癰而小，膿如小豆汁，擠去復滿。油菜葉搗，煨熱布包，更互熨，不過二三度。無葉用乾者。並出《千金方》。豌豆斑瘡，煎汁洗。出《外臺秘要》。子破血，消腫及遊風丹毒、熱腫方中用之。性能傷婦人子宮。古方經水行後，服四物湯加油菜子，能斷產，極非佳物也。又婦人方用子十五粒，何其少也。研末酒服，云催生神效，似乎難信。但產難大事，此物易得，且必無他害，存其方加而用之，以備緩急可也。

清・楊時泰《本草述鉤元》卷一五　芸薹　即今油菜。九十月下種生葉，冬春采薹心為茹，三月便老不可食，開花結子皆如芥，炒過榨油，燃燈甚明。

莖葉：氣味辛涼。治風遊丹腫。人體忽然變赤如丹之狀，謂之丹毒，或發手足，或發腹上，如手大，皆風熱惡毒所為。腰脚痺，破癥瘕結血，療產後血風及瘀血，并乳癰，搗葉傅女子吹奶諸本草。丹腫欲發，初覺四體骨肉疼痛，漸見頭痛，額角有丹如彈而痛，逾時通腫，目不能開，經日幾斃。芸薹葉搗傅，隨手即消，其效如神，亦可搗汁服之孫真人。凡丹毒偏身，或連腰腹周匝，百方不能治，惟此輒能治之。風熱腫毒，芸薹苗葉根蔓菁根各三兩，為末，雞子清和，貼之即消，無蔓菁即以商陸根代之，甚效。異疽似癰而小有異，膿如小豆汁，今日去，明日滿，用芸薹搗熟，布袋盛，於熱灰中煨熱，更互熨之，不過三二度瘥。無葉，用乾者。

芸薹子：氣味同莖葉。主治行滯血，破冷氣，消腫散結，療產難，細研十五粒，酒下。及產後心腹赤疾，赤丹熱腫，如無青者，以乾者為末，水調傅。金瘡、血痔。芸薹破血，故產婦宜食之藏器。病人得食芸薹，是宜血病馬志。婦人血刺，小腹痛不可忍，用芸薹子微炒桂心各一兩，高良薑半兩，為末，醋糊丸梧子大，每淡醋湯下五丸，亦可常服，補血虛，破氣塊，甚效。傷損接骨，芸薹子一兩，小黃米炒二合，龍骨少許，為末，醋調成膏，攤紙上貼之。

論：芸薹之用，類以為行滯血，散結氣耳。詎知自種於冬月經歷霜雪，至春抽薹，其辛溫之性，暢氣宣血，雖微物也有精專者。即其老於三月，自應歸功血臟，以畢其用。血臟屬肝木，過三月即非木司令時。大約由陰育陽，從陽暢陰，不衹以踈決為能也。《本草》首主遊風丹腫及產後血風，并切於心腹諸疾者，因風臟原是血臟，鼓陽化陰，惟在於此，故風化行而血乃得化，血不化即還致風淫，相因以為功，亦相因以變眚也。茲味功能，不得以其微而忽之矣。

孟詵云：先患腰脚者，食之加劇，又損陽氣，多食發瘡及口齒病，又能生腹中諸蟲。

清・葉桂《本草再新》卷六　芸薹味甘，性溫，無毒。入肝、脾二經。散血消腫，化痰，治乳癰，安產。

清・吴其濬《植物名實圖考》卷四　芸薹菜　《唐本草》始著錄。即油菜。冬種冬生，葉薹供茹，子為油，莖肥田，農圃所亟。菜為五葷之一，非唯道家所忌，士大夫亦賤之。然有油辣菜、油青菜二種，辣菜味濁而肥，莖有紫皮，多涎，微苦。武昌尤喜種之。每食易厭。油青菜同菘菜，冬種生薹，味清而腴，逾於萵筍。佐菌芼羹，滑美無倫，以廁葱韭，可謂蒙垢。李時珍以為羌隴氐胡，其地苦寒，冬月種此，故謂之寒菜。今北地凍圃如滌，有此素蔬，老傖不擅酪矣。近時沿淮南北，水旱之祲，冬輒耬種於田，民雖菜色，道免餓饉，穭生亦時有之。若其積雪初消，和風潛扇，萬頃黃金，動連山澤，覺桃花淨盡菜花開，語為倒置。古人詩如范石湖菘心青嫩芥薹肥，楊誠齋菘薹正自有風味，皆指芥菜。得非以其葷而不置齒牙間乎？

清・趙其光《本草求原》卷一五菜部　芸薹即油菜。辛，溫。暢氣宣血，散結消腫。搗貼乳癰、丹毒。最效。煮食，治腰脚痺、血風、血積、難產、為末酒下，如無子，用葉妙。接骨。同小黃米炒，加龍骨少許，醋調貼之，傷損亦效。動疾發瘡，損陽氣，令人腹中生蟲，不可多食。漱炒，同桂各一兩，良薑五錢為末，醋為丸，淡醋下，治血結氣塊腹痛。

清・文晟《新編六書》卷六《藥性摘錄》　油菜　辛，涼。一名雲薹菜。

行血破氣，治產後一切氣痛血痛，並敷洗遊風丹毒，熱腫瘡痔。〇小兒驚風，搗貼頂囟。多食動痰發瘡。舊患脚氣及有狐臭者，切忌之。〇子，打油，善治癰疽，及塗痔漏中蟲。

清・王孟英《隨息居飲食譜・蔬食類》 芸薹 辛滑甘溫。烹食可口。散血消腫，破結通腸。子可榨油，故一名油菜。形似菘而本削，莖狹葉鋭，俗呼青菜，以色較深也。發風動氣，凡患腰脚、口齒諸病，及產後、痧痘、瘡家錮疾，目證、時感，皆忌之。 遊風丹毒，婦人乳吹，並以油菜擣敷。兼可煎洗諸瘡。

清・王孟英《隨息居飲食譜・調和類》 菜油 甘、辛，溫。潤燥，殺蟲，散火丹，消腫毒。熬熟可入烹炮。凡時感痧脹，目疾喉證，欬血，瘡瘍，痧痘，瘧疾，產後，並忌之，以有微毒而能發風動疾也。世俗以其氣香而尚之，罔知其弊，以致疾病纏緜而不察。惟外用塗湯火傷，刮痧，調瘡藥皆妙。肆中或以花生、蘇子等油羼之。

清・劉善述、劉士季《草木便方》卷一草部 芸薹 野油菜辛性寒平，寒熱諸瘧截之靈。跌損折撲搗酒服，金刃杖傷妙如神。五勞內傷失血分，逆經鼻衄去瘀停。

清・劉善述、劉士季《草木便方》卷二穀糧豆菜部 芸薹 油菜辛溫散熱毒，乳癰丹毒漆瘡塗。子油同功下胎衣，消腫熱毒產難服。

清・田綿淮《本草省常・氣味類》 菜油 性寒。涼血解毒，明目利水。

清・田綿淮《本草省常・菜性類》 芸薹 一名薹菜，一名薹芥，一名胡菜，一名寒菜，一名油菜，俗名春不老。性溫。散血消腫。多食損陽氣。同豬肉食生瘡癤。服常山、細辛、破故紙者忌之，孕婦亦忌。

清・戴葆元《本草綱目易知錄》卷三 芸薹油菜 莖葉辛，溫。散血消腫。煮食，破癥瘕結血，腰脚麻痹，產後血風及瘀血。擣，傅風遊丹腫，乳癰，婦人吹奶，瘰疽，豌豆瘡。

子：辛，溫。行滯血，破冷氣，消腫散結。治產難及產後血運，心腹諸疾，夢中洩精，鬼交。赤丹熱腫，金瘡血痔。取油搽頭，令髮長黑。

清・陳其瑞《本草撮要》卷四 芸薹 味辛，溫，入手足太陰經，功專散血消腫。搗貼遊風丹腫乳癰難產，神效。多食動疾發瘡。子治婦人血刺，小腹痛不可忍，微炒加桂心一兩良，薑半兩為末，醋糊丸梧子大，每淡醋湯下五丸神效。油殺蟲。一名油菜。

清・吳汝紀《每日食物却病考》卷上 芸薹附油 即油菜也。以其薹易起，采其薹食分枝愈多，故名芸薹。味辛、甘，無毒。除遊風丹腫搗傅極驗，又治女人吹乳癥瘕結血。多食損陽氣，發瘡，口齒痛，生腹中諸蟲。 油：傅頭令髮長黑。

菘

唐・孫思邈《千金要方》卷二六《食治・菜蔬》 菘菜 味甘，溫，濇，無毒。久食通利腸胃，除胸中煩，解消渴。本是蔓菁也，種之江南即化為菘。亦如枳橘，所生土地隨變。

附：日・丹波康賴《醫心方》卷三〇 菘菜 《本草》云：味甘，溫，無毒。主通利腸胃，除胸中煩，解消渴。《拾遺》云：去魚腥，動病。又：南土無薑，盡為此物所用。崔禹〔錫〕云：味甘，少冷，無毒。菜中菘尤為常食。和中，無餘逆忤，合多食。孟詵云：腹中冷病者不服，有熱者服之亦不發病。其菜性冷。

宋・唐慎微《證類本草》卷二七菜部上品〔《別錄》〕 菘音嵩 味甘，溫，無毒。主通利腸胃，除胸中煩，解酒渴。

〔梁・陶弘景《本草經集注》〕云：菜中有菘，最爲常食，性和利人，無餘逆忤，今人多食。如似小冷，而又耐霜雪。其子可作油，傅頭長髮；塗刀劍，令不鏥，音秀。其有數種，猶是一類，正論其美與不美爾。服藥有甘草而食菘，即令病不除。

〔唐・蘇敬《唐本草》〕注云：菘菜不生北土，有人將子北種，初一年半爲蕪菁，二年菘種都絕，將蕪菁子南種，亦二年都變。土地所宜，頗有此例。其子亦隨色變，但麁細無異爾。菘子黑，蔓菁子紫赤，大小相似。惟蘆菔子黃赤色，大數倍，復不圓也。其菘有三種：有牛肚菘，葉最大厚，味甘；紫菘，葉薄細，味少苦；白菘似蔓菁也。

〔宋・掌禹錫《嘉祐本草》〕按：陳藏器云：去魚腥，動氣發病，薑能制其毒。葉大多毛者是。蕭炳云：北人居南方，不勝土地之宜，遂病足，尤宜忌菘菜。又云：消食下氣，治瘴氣，止熱氣嗽，冬汁尤佳。日華子云：涼，微毒。多食發皮膚風瘙痒。梗長，葉瘦，高者爲菘，葉闊厚短肥而痹及梗細者，爲蕪菁菜也。陳士良云：紫花菘，平，無毒。行風氣，去邪熱氣。花可以糟下酒藏，甚美。《爾雅》云：苞葵菜，吳人呼楚菘，廣南人呼秦菘，此菘薹不毒，宜食之。

〔宋・蘇頌《本草圖經》〕曰：菘，舊不載所出州土，今南北皆有之。與蕪菁相類，梗長葉不光者爲蕪菁；梗短葉闊厚而肥（痺）者爲菘。舊說菘不生北土，人有將子北土種之，初一年半爲蕪菁，二年菘種都絕，猶南人之種蕪菁而今京都種菘，都類南種，但肥厚差不及耳。揚州一種菘，葉圓而大，或若箑，嗽之無滓，絕勝他土者，此所謂白菘也。又有牛肚菘，葉最大厚，味甘，疑今揚州菘。近之紫菘，葉薄細，味小苦。北土無有菘，比蕪菁有小毒，不宜多食，然能殺魚腥，最相宜也。多食過度，惟生薑可解其性。

〔宋・唐慎微《證類本草》〕《食療》：溫。治消渴。又發諸風冷。有熱人食之亦不發病，即明其性冷。《本草》云：溫。未解。又，消食，亦少下氣。九英菘，出河西，葉及大，根亦麁長。和羊肉甚美。常食之，都不見發病。其冬月作菹，煮作羹食之，能消宿食，下氣治嗽。諸家商略，性冷，非溫，恐誤也。又，北無菘菜，南無蕪菁。其蔓菁子細，菜子麁也。《聖惠方》：治酒醉不醒。用菘菜子二合，細研，井華水一盞調，爲二服。《食醫心鏡》：主通利腸胃，除胸中煩熱，解酒渴。菘菜二斤，煮作羹啜之，止渴。作虀菹食亦得。《傷寒類要》：辟溫病。菘菜如粟米，酒服方寸匕，日三，辟五年溫。又方：治發背。杵地菘汁一升，日再服，以差止。《子母秘録》：主小兒赤遊，行於上下，至心即死。杵菘菜傅上。

宋・寇宗奭《本草衍義》卷一九 菘菜 張仲景《傷寒論》，凡用甘草皆禁菘菜者，是此菘菜也。葉如蕪菁，綠色，差淡，其味微苦，葉嫩、稍闊，不益中，虛人食之覺冷。

宋・王繼先《紹興本草》卷一二 菘 紹興校定：菘，惟作菜品之外，餘無為用。《本經》雖具性味、主治之宜，而未聞起疾之驗。當云味甘、平、無毒。其云子亦可作油，但世之罕為用矣。處處種產之。

宋・陳衍《寶慶本草折衷》卷一九 菘音嵩。一名菘菜，吴人名楚菘，南人名秦菘。葉大而厚者，名牛肚菘；葉薄而細者，名紫菘。一名紫花菘，似蔓菁者名白菘，一名苞葖菜。○又云：一名溫菘。○又云：一名犻耳。○苞，音包；葖，音突。生南土種之。河西出者名九英菘。○服藥中有甘草者忌食之。○畏生薑。

味甘、小苦，平，涼，微毒。○主通利腸胃，除胸中煩，解酒渴。○陶隱居云：菘有數種。服藥有甘草而食菘，即令病不除。○蕭炳云：消食下氣，治瘴，止熱嗽。○日華子云：多食發皮膚風瘙痒。梗長，葉瘦，高。亦有梗短而葉肥者。○陳士良云：去邪熱。○《圖經》曰：菘不生北土。人有將子北土種之，初年半為蕪菁，二年菘種都絕。揚州一種菘，葉圓而大，若箑色洽切，扇也。嗽之無滓，勝他土者，此所謂白菘也。能殺魚腥。多食過度，生薑可解。○《食療》云：九英菘葉及根亦麤長，和羊肉甚美，常食不發病。○寇氏曰：葉如蕪菁，綠色差淡。易地，形色則變，葉嫩稍闊。不益中虛人，食之覺冷。

元・忽思慧《飲膳正要》卷三 白菜 味甘，溫，無毒。主通利腸胃，除胸中煩，解酒渴。

元・吴瑞《日用本草》卷七 菘菜 夏月有之，名夏菘。夏至節前即發氣動疾病，發脚氣。服藥有甘草，忌食之。味甘，溫，無毒。菜中有菘，最為常食，性利人。主通利腸胃，除胸中煩熱，解酒渴，消食下氣。冬月作齏菹汁，辟瘴氣，止熱咳嗽。

明・蘭茂原撰，范洪等抄補《滇南本草圖說》卷八 白菜 《本草》謂之白菘。味甘，性涼，無毒。去魚腥，和中消食，解酒，利腸胃。多食發膚痒。胃寒有足疾者，勿食。

明・蘭茂撰，清・管暄校補《滇南本草》卷下 白菜 性平和，味甘。主消痰，止咳嗽，利小便，消肺熱。

明・劉文泰《本草品彙精要》卷三八 菘菜無毒 叢生。

菘音嵩：主通利腸胃，除胸中煩，解酒渴。名醫所錄。【名】白菜。【苗】《圖經》曰：其苗與蕪菁相類，梗長，葉不光者爲蕪菁；梗短葉闊厚而肥（痹）者爲菘。舊說菘不生北土，人有將子北土種之，初一年半爲蕪菁，二年菘種都絕，南人種蕪菁亦然。其有數種，牛肚菘葉最大厚，味甘。紫菘葉薄細，味小苦。揚州一種，葉圓而大，若箑，重有一二十斤，生嗽之脆美無柤，絕勝他土者，此謂之白菘也。《衍義》曰：張仲景《傷寒論》凡用甘草皆禁菘菜者，是此菘菜也。葉如蕪菁，綠色差淡，其味微苦而嫩，稍闊耳。【地】《圖經》曰：舊不載所出州土，今南北皆有之。【道地】揚州者爲勝。【時】生：春生苗。採：夏秋取。【用】莖、葉、實。【質】類蕪菁。【色】淡綠。【味】甘。【性】溫。【氣】氣之厚者，陽也。【臭】腥。【治】療：蕭炳云：消食下氣，祛瘴氣，止熱嗽。冬取汁飲爲佳。陳士良云：紫花菘，行風氣，去邪熱。《食療》云：菘，止消渴，冬月作菹，煮作羹食之。《別錄》云：作羹啜之，通利腸胃，除胸中煩熱，及治小兒赤遊，行於上下，至心即死，杵菘菜傅之。治發背，杵地菘汁一升，日再服，差。○治酒醉不醒，用菘子二合細研，井花水一盞，調爲二服。【合治】菘菜和粟米，酒服方寸匕，辟瘟病。〔禁〕服藥有甘草者，勿食菘菜，令病不除。多食動氣，發病，不益人。又發諸風冷虚人勿食，食之覺冷。〔忌〕北人居南方，不伏地土遂病足，忌食菘菜。〔解〕殺魚腥，解酒渴。多食過度，惟生薑能制其毒。

明・盧和、汪穎《食物本草》卷一菜類 菘菜 味甘，溫，無毒。利腸胃，除煩，解酒渴，去魚腥，消食下氣，治瘴，止熱嗽、胸膈悶。不益人，食之覺冷，薑能制之。一云：夏至前食，發皮膚風痒，動氣發病。紫花菘，行風氣，去邪熱。花，糟食甚美。服甘草勿食，令病不愈。北人往南患足疾者勿食。牛肚菘，葉最厚，味甘；紫菘，葉薄細，味少苦；白菘，似蔓菁，猶一類也。北地無菘，有種者形亦變。

明・寧源《食鑒本草》卷下 菘菜 味甘，溫，無毒。新增主通利腸胃，除胸中煩，解酒渴。

明・王文潔《太乙仙製本草藥性大全》卷五《本草精義》 菘菜 《爾雅》云：苞葵菜，吳人呼楚菘，廣南人呼秦菘。此菘蘽不毒，宜毒，宜食之。舊本不著所出州土，今南北皆有之。與蕪菁相類，梗長葉不光者爲蕪菁，梗短葉闊厚而肥腴者爲菘。舊説菘不生北土，人有將子北土種之，初一年半爲蕪菁，二年菘種都絶，猶南人之種蕪菁。而今京都種菘，都類南種，俱肥厚，差不及耳。揚州以種菘，葉圓而大，或若箑，噉之無滓，絶勝他土者，此所謂白菘也。又有牛肚菘，葉最大厚，味甘，疑今揚州菘近之。紫菘，葉薄細，味小苦，北土無有。菘比蕪菁白，小毒，不宜多食，若過度，生薑可解。其菘有三種：有牛肚菘，葉最大厚，味甘；紫菘葉薄細，味少苦；白菘似蔓菁也。陳藏器云：去魚腥，動氣發病，薑能制其毒，葉大多毛者是。蕭炳云：北人居南方，不勝土地之宜，遂病足，尤宜忌菘菜。

明・王文潔《太乙仙製本草藥性大全》卷五《仙製藥性》 菘菜 味甘，氣溫，無毒。主治：主通利腸胃之聖藥，除胸中煩熱之捷方。消食下氣爲最，治瘴止熱尤良。多食發皮膚風瘙痒。能解酒渴，治嗽，去邪熱氣。補註：酒醉不醒，用子二合，細研，井花水一盞，調爲二服。○發背，杵汁一升，日再服，以差止。○通利腸胃，除胸中煩熱，解酒渴，用葉二斤，煮作羹啜之。止渴作虀葅食亦得。○溫病，菜如粟米，酒服方寸匕，日三，辟五年溫。小兒赤遊，行於上下，至心即死，杵葉傅上。按：《衍義》云：菘菜，張仲景《傷寒論》凡用甘草皆禁菘菜者，是此菘菜也。葉如蕪菁，綠色，差淡，其味微苦，葉嫩稍闊，不益中，虚人食之覺冷。

明・皇甫嵩《本草發明》卷五 菘菜上品。味甘，溫，無毒。主通利腸胃，除留中煩，解酒渴。菘菜乃常食，性和利人，無餘逆忤。南北皆有，與蕪菁相近。蔓菁梗短，葉大連地生，闊葉紅色，葉不光。菘比蔓菁梗短，葉闊厚而肥，為菘。日華子云：涼，微毒。多食發皮膚瘙痒。

明・李時珍《本草綱目》卷二六菜部・葷菜類 菘《別録》上品

〔釋名〕白菜時珍曰：按陸佃《埤雅》云：菘性淩冬晚凋，四時常見，有松之操，故曰菘。今俗謂之白菜，其色青白也。

〔集解〕弘景曰：菘有數種，猶是一類，正論其美與不美，菜中最爲常食。宗奭曰：菘葉如蕪菁，綠色差淡，其味微苦，葉嫩稍闊。頌曰：揚州一種菘葉，圓而大，或若箑，啖之無渣，絶勝他土者，疑即牛肚菘也。時珍曰：菘，即今人呼爲白菜者，有二種：一種莖圓厚微青，一種莖扁薄而白。其葉皆淡青白色。燕、趙、遼陽、揚州所種者，最肥大而厚，一本有重十餘斤者。南方之菘畦内過冬，北方者多入窖内。燕京圃人又以馬糞入窖壅培，不見風日，長出苗葉皆嫩黄色，脆美無滓，謂之黄芽菜，豪貴以爲嘉品，蓋亦仿韭黄之法也。菘子如芸薹子而色灰黑，八月以後種之。二月開黄花，如芥花，四瓣。三月結角，亦如芥。其菜作葅食尤良，不宜蒸曬。

〔正誤〕恭曰：菘有三種：牛肚菘葉最大厚，味甘；紫菘葉薄細，味少苦；白菘似蔓菁也。菘菜不生北土。有人將子北種，初一年即半爲蕪菁，二年菘種都絶；將蕪菁子南種，亦二年都變。土地所宜如此。頌曰：菘，南北皆有之，與蔓菁相類，梗長葉不光者爲蕪菁，梗短葉闊厚而肥腴者爲菘。舊説北土無菘，今京洛種菘都類南種，但肥厚差不及爾。機曰：蔓菁、菘菜恐是一種。但在南土，葉高而大者爲菘，秋冬有之；在北土，葉短而小者爲蔓菁，春夏有之。時珍曰：白菘即白菜也。牛肚菘即最肥大者。紫菘即蘆菔也，開紫花，故曰紫菘。蘇恭謂白菘似蔓菁者，誤矣。根葉俱不同，而白菘根堅小，不可食。又言南北變種者，蓋指蔓菁、紫菘而言。紫菘根似蔓菁而葉不同，種類亦別。又言北土無菘者，自唐以前或然，近則白菘、紫菘南北通有。惟南土不種蔓菁，種之亦易生也。蘇頌漫爲兩可之言，汪機妄起臆斷之辨，俱屬謬誤，今悉正之。

莖葉 〔氣味〕甘，温，無毒。大明曰：涼，微毒。多食發皮膚風瘙痒。詵曰：發風冷内虚人不可食，有熱人食亦不發病，性冷可知。《本草》言性温，未解其意。弘景曰：性和利人，多食似小冷。張仲景言藥中有甘草食菘，即令病不除也。頌曰：有小毒，不可食多，多則以生薑解之。瑞曰：夏至前食，發氣動疾。有足疾者忌之。時珍曰：氣虚胃冷人多食，惡心吐沫，氣壯人則相宜。〔主治〕通利腸胃，除胸中煩，解酒渴《別録》。消食下氣，治瘴氣，止熱氣嗽。冬汁尤佳蕭炳。和中，利大小便甯源。

〔附方〕舊一，新二。 小兒赤遊：行於上下，至心即死。菘菜擣傅之，即止。張傑《子母秘録》。　漆毒生瘡：白菘菜搗爛塗之。　飛絲入目：白菜揉爛帕包，滴汁三二點入目，即出。《普濟方》。

子　【氣味】甘，平，無毒。【主治】作油，塗頭長髮，塗刀劍不鏥。音秀。弘景。

【附方】舊一。　酒醉不醒：菘菜子二合細研，井華水一盞調，爲二服。《聖惠方》。

明·穆世錫《食物輯要》卷三　白菜　味甘，性凉，無毒。去魚腥，和中消食，解酒，利腸胃。多食，發膚痒。胃寒人食多，令惡心吐沫，作瀉，生薑可制；夏至前食多，發風動疾。有足病者，忌食。

明·吴文炳《藥性全備食物本草》卷一　白菜　味甘，性涼，無毒。去魚腥，和中消食，解酒，利腸胃。多食發膚痒；胃寒人食，多令惡心吐沫作瀉，生薑可制。夏至前食多發風動疾，有足病者忌食。

明·吴文炳《藥性全備食物本草》卷一　菘菜　味甘，氣溫，無毒。主通利腸胃，除胸中煩熱，消食下氣，治瘴止熱。多食發皮膚風瘙痒，能解酒渴，治嗽去邪熱氣。張仲景《傷寒論》凡用甘草皆禁菘菜。葉如蕪菁，綠色差淡，其味微苦，葉嫩稍闊。不益中虛人，食之覺冷。又小兒赤遊，行於上下，至心即死，杵葉傅上安。又葉晒令半乾，次早取入罎內，以熱飯飲浸之，三日後則酸如醋，謂之齏水，入藥可吐痰涎，和五味作湯食，益脾胃，解麪毒、酒毒。

明·趙南星《上醫本草》卷三　菘　一名白菜。時珍曰：按《埤雅》菘性淩冬晚凋，四時常見，有松之操，故曰菘。今人呼為白菜者，其色青白也。有二種。一種莖圓厚微青，一種莖扁薄而白，其葉皆淡青白色。南方生者畦内過冬，北方多入窖內。圃人以馬糞入窖壅培，不見風日，長苗皆嫩黃色，脆美無滓，謂之黄芽菜，蓋亦仿韭黄之法也。菘子如芸薹子而色灰黑，八月以後種之。作菹食尤良。

莖葉：甘，溫，無毒。主治：通利腸胃，除胸中煩，解酒渴，消食下氣，治瘴氣，止熱氣嗽，冬汁尤佳。和中，利大小便。時珍曰：氣虛胃冷人多食，惡心吐沫，氣壯人則相宜。弘景曰：性和利人，多食似小冷。張仲景言：藥中有甘草，食菘即令病不除。瑞曰：夏至前食，發足疾。

附方　小兒赤遊：行于上下，至心即死。菘菜擣傅之，即止。　漆毒生瘡：白菘菜擣爛塗之。　飛絲入目：取白菜〔揉爛帕包，滴〕汁二三點入目，即出。

子：甘，平，無毒。主治：作油塗頭長髮，塗刀劍不鏥。

附方　酒醉不醒：用菘菜子二合研細，井華水一盞調為二服。

明·應麐《食治廣要》卷三　菘即白菜。　氣味：甘，溫，無毒。主治：通利腸胃，除胸中煩，解酒渴，消食下氣，和中，利大小便。陶弘景曰：性和利人，多食似小冷。張仲景曰：服甘草人食菘，即令病不除也。

明·姚可成《食物本草》卷六菜部·葷辛類　菘菜菘，即今人呼為白菜者。有二種：一種莖圓厚微青，一種莖扁薄而白。其葉皆淡青白色。燕、趙、遼陽、揚州所種者，最肥大而厚，一本有重十餘斤者。南方之菘畦內過冬，北方者多入窖內。燕京圃人又以馬糞入窖壅培，不見風日，長出苗葉皆嫩黃色，脆美無滓，謂之黃芽菜，豪貴以為嘉品。蓋亦倣韭黃之法也。菘子如芸薹子而色灰黑，八月以後種之。二月開黃花，如芥花，四瓣。三月結角，亦如芥。其菜作菹食尤良，不宜蒸晒。　菘菜，味甘，溫，有小毒，又云：無毒。主通利腸胃，除胸中煩，解酒渴。消食下氣，治瘴氣，止熱氣嗽。冬汁尤佳。和中，利大小便。

子　味甘，平，無毒。作油，塗頭長髮，塗刀劍不鏽。

明·姚可成《食物本草》卷七菜部·柔滑類　白菜江南北皆有之。吳中稱為水白菜。莖扁闊而色雪白，葉青，多細白經，葉端有齒缺如紫蘇。冬種春長，高一二尺，亦開黃花，味極美。至春盡則老，不堪食矣。　白菜，味甘，溫，無毒。主通利腸胃，除胸煩，解酒毒。

樗菜樗，音癡。非人所蒔者。每種白菜變成此種，形類略同。莖帶青色，不扁，葉邊雖有刻缺而不細，易起薹，味下劣，不堪啖。　樗菜，味甘，平，無毒。主利二便。無他長，蔬中下賤之物。

明·顧逢柏《分部本草妙用》卷九菜部　菘菜　甘，溫，無毒。　主治：通利腸胃，除胸煩酒渴，消食下氣。治瘴氣，止熱和中，利大小便。

明·孟笨《養生要括·菜部》　白菜多食發皮膚風騷痒，有足疾者忌之。氣虛胃冷人，多食惡心吐沫。氣壯人則相宜。

莖葉　味甘，溫，無毒。通利腸胃，除胸中煩，解酒渴。消食下氣，治瘴氣，止熱氣嗽，冬汁尤佳。和中，利大小便。〔飛絲入目，白菜揉爛，帕包，滴汁三二點入目，即出。〕

子：作油，塗頭長髮。

明・施永圖《本草醫旨・食物類》卷二　白菜　味：甘，溫，無毒。主通利腸胃，除胸煩，解酒毒。

菘菜　味：甘，溫，無毒。利腸胃，除胸中煩，解酒渴，去魚腥，消食下氣，治瘴，止熱嗽，胸膈悶。或食之覺冷，薑能制之。一云，夏至前食發皮膚風痒，動氣發病。紫花菘行風氣，去邪熱。其花頭，糟食美，服甘草勿食。其子作油，傅頭長髮，塗刀不鏥音秀。北人居南方，不勝地土之宜遂病，忌菘菜。牛肚菘，葉最厚，味甘；紫菘，葉薄細，味少苦；白菘，似蔓菁，猶一類也。北地無菘，即傳種到彼，形色俱變。

清・丁其譽《壽世秘典》卷三　菘菘即今人呼為白菜者。有二種，一種莖圓厚微青，一種莖扁薄而白，其葉皆淡青白色。一本有重十餘斤者。燕京圃人以馬糞入窖壅培，不見風日，長出苗葉皆嫩黃色，脆美無渣，謂之黃芽。　氣味：甘，涼，無毒。主通利腸胃，除胸中煩，消食下氣，解酒渴。

發明李時珍曰：氣虛胃冷人多食，惡心吐沫，以生薑解之，氣壯人則相宜。

清・尤乘《食鑒本草・菜類》　白菜　主通利腸胃，除煩熱，解酒毒。

菘菜　利腸胃，消食下氣，解酒渴，去魚腥。或食之覺冷，薑汁能制之。一云夏至前食，發皮膚風痒，動氣發病。

清・朱本中《飲食須知・菜類》　菘菜　味甘，性溫。即白菜。多食發皮膚瘙癢，胃寒人食多，令惡心，吐沫，作瀉。夏至前食多，發風動疾。有足病者忌食。藥中有甘草，忌食菘菜，令人病不除。北地無菘，彼人到南方，不勝地土之宜，遂病，忌菘菜。其性當作涼，生薑可解。服蒼白朮者，忌之。

清・何其言《養生食鑒》卷上　白菜　味甘，性涼，無毒。去魚腥，和中消食，解酒，利腸胃。多食，發膚痒。胃寒人食，多令惡心，吐沫，作瀉，生薑可制。亦發風疾。有足病者，勿食。

清・李熙和《醫經允中》卷二二　菘菜　甘，溫，無毒。主治通利腸胃，除胸煩酒渴，利大小便。有小毒，以生薑解之。

清・葉盛《古今治驗食物單方》　白菜　小兒赤遊風，行于上下，至心即死，白菜搗汁，敷之即愈。　飛絲入目，白菜揉爛，絹包，滴汁二三點入目，即出。

清・吳儀洛《本草從新》卷四　白菜〔和中，疏通臟腑。〕一名菘菜。　甘，平。利腸胃，除胸中煩，解酒渴，消食下氣。治瘴氣。止熱氣嗽，和中，利大小便。莖圓厚者，名白菜；莖扁而白，黃嫩脆美者，名黃芽菜，尤美而益人。

清・汪紱《醫林纂要探源》卷二　菘　甘、辛，寒。白菜也。種不一，有箭幹白，白菘也。有黃芽白，黃菘也，又名牛肚菘。有三月青，黑菘也，又名瓢兒菜。有雪裏紅，紫菘也，與芥菜相似。作淡虀則酸。煮汁，除煩熱，醒酒。以有辛寒之性存焉。鹽乾之，為黑鹽虀。泡湯，能治傷寒輕者，開聲音。亦以辛能表，能瀉肺邪也。

清・嚴潔等《得配本草》卷五　白菜　利二便，止熱嗽，敷丹腫。

題清・徐大椿《藥性切用》卷六　白菜　一名菘菜。性味甘辛，除煩利腸。大便不實者忌之。黃〔茅〕〔芽〕菜，甘美宜人，少滑腸之害，珍饈用之。

清・黃宮繡《本草求真》卷九　白菘菜利腸胃，解煩熱。　白菘菜耑入腸胃。因何命名，以其經冬不凋，故以菘稱。因色青白，故以白號。但菘有三：一曰牛肚菘，其葉最大而味甘；一曰紫菘，即蘆菔；一曰白菘，根堅小而不可食。三種南北通有。時珍曰：蘇恭言南北變種者，蓋指蔓荊、紫菘而言，紫菘根似蔓荊，而葉又不同耳。而氣則一，本草言其性溫，大明言其性涼。蓋涼則是而溫則非也。時珍云：氣虛胃冷人多食，則惡心吐沫，氣壯人則相宜。詵曰：發風冷內虛人不可食。有熱人食不發病，則其性冷又屬可知。頌曰：有小毒，不可多食，多則以生薑解之。瑞曰：夏至前食發氣動疾，有足疾者忌之。　即據《別錄》載能通利腸胃，除胸中煩，解渴。蕭炳載能消食下氣，治瘴氣，止熱氣嗽，冬汁尤佳。寧源載能和中利大小便，並列丹方，載治小兒赤遊，赤遊行於上下，至心則死，菘菜搗敷即止。飛絲入目，白菜揉爛，帕包，滴汁二三點，入目即出。漆毒生瘡，用白菘菜搗爛，塗之即退。亦何莫不是氣涼之故，而能使其諸病悉除也。後人不解其意，反以味辛曰溫。生則辛冷，熟則甘寒。嗟嗟，性既溫矣，安有止煩除渴，消食下氣解熱之功乎？於此可徵其概矣。

清・李文培《食物小錄》卷上　菘即白菜。　甘，涼，無毒。通利腸胃，除胸中煩，解酒渴，消食下氣，利大小便。其子榨油，塗頭長髮，塗刀劍不鏽。莖圓小者，名蔓菜。

清・趙學敏《本草綱目拾遺》卷八諸蔬部　黃矮菜　一名黃芽菜。咸湻《臨安志》：冬間取巨菜覆以草，積久而去其腐，葉黃白鮮瑩，故名黃芽。萬曆《杭州府志》：杭人訛為黃雅菜。《戒庵漫筆》：黃矮菜，杭州呼為花交菜。《群芳譜》：燕京圃人以馬糞入窖，壅培菘菜，令不見風日，長生苗葉，皆嫩黃色，脆美無滓，謂之黃芽菜，乃白菜別種，莖葉皆扁。　甘，溫，無毒，利腸胃，除胸煩，解酒渴，利大小便，和中止嗽，冬汁尤佳。《食物宜忌》：味甘，性溫，滑利竅。陳堯士云：補虛羸。

按：黄矮菜有南、北二種，南産者，惟杭城太平門外沙地産者為最，他處悉高大粗鬆，絕無捲心密葉，味亦較遜；北産糧艘帶來者，味更美，質更細，且無粗筋，有重至十餘觔一顆者，南中亦不易得也。陳確齋云：食之潤肌膚，利五臟，且能降氣清音聲。惟性滑洩，患痢人勿服。

清・趙學敏《本草綱目拾遺》卷八諸蔬部　乾冬菜陳冬菜鹵、陳芥菜鹵、糞金子　冬菜乃白菜。杭俗小雪前後，居人率市白菜，以鹽醃之作虀，藏為禦冬及春時所食，名曰冬菜。頗利膈下氣，其滷汁煮豆及豆腐食，能清火益肺，誠食中佳品也。至春分後，天漸暖，菜亦漸變黑色，味苦不堪食，以之曬作乾，飯鍋上蒸黑，再曬再蒸，如此數次，乃曝之極燥，貯缶器中，可久藏不壞，名曰徽乾菜，即乾冬菜也。年久者，出之頗香烈開胃，噤口痢及産蓐，以之下粥，大有補益。蓋白菜本能和中下氣，利三焦，通二便，含土德之精，有生金之用。乾之則苦，返其初，而從母化也。久蒸久曬，則味反甘，全其德，故有中和之運，功與參耆等。惜乎世多忽而不知，余故特為表之。瀕湖《綱目》菘下無乾菜之用，殊為缺略。近日筧橋人所市者，乃蘿蔔英所乾，與芥菜乾蒸曬成者，皆不入藥。須人家冬白菜醃作，蒸曬年久者為佳。《群芳譜》：有造黑醃虀法：用白菜如法醃透，取出，挂於桁上，曬極乾，上甑蒸熟，再曬乾收之，極耐久藏，夏月以此虀和肉炒，可以久留不臭，即今乾冬菜也。開胃下氣，益血生津，補虛勞，已痰嗽。年久者泡湯飲，治聲音不出。和酒搗爛，塗湯火傷。白火丹：《黃氏傳方》：此症形如水脹，肢體俱腫，皮膚色白，飽脹不食，畏見燈火，用冬菜勿落水，陰乾，陳三年者可用，愈陳愈妙，煎湯洗浴，并煎服之，立消如神。

陳冬菜滷汁　清肺火痰嗽，解咽喉腫毒。《物理小識》：鹽乾菜水滴蜈蚣即死。以鹽菜炒雞，蜈蚣亦不食。

清・章穆《調疾飲食辯》卷三　菘　又名白菜，又名黄芽菜。葉層層相裹，一株重一二斤。北方者可至十餘斤。秋末即為晚菘，寒早也。南方秋後始栽，正月猶可食。性味甘平，能和中退熱，止渴除煩。惟藥中用甘草者忌食。陶隱居曰：張仲景言甘草同菘菜食，令病不除。故《千金》《外臺》諸方後多忌之，以此也。葉生搗塗漆瘡，勝於芥汁。又可點飛絲入目。又塗小兒赤遊丹，火行於上下，至心則死出《子母秘錄》。又有黑菘、白菘二種。白菘圓莖者名箭幹菜，扁莖者名瓦溝菜。黑菘圓莖者名瓢兒菜，扁莖者名春不老。味遠不及菘，性亦和平。惟暑月所種白菘，每日澆灌，成於人力非時催逼，且受濕熱鬱蒸之氣，病人食之多腹脹作泄，并生病後虛腫不時，所以不食也。

清・吴其濬《植物名實圖考》卷三　菘　《別錄》上品。相承以為即白菜。北地産者肥大，昔人謂北地種菘，變為蔓菁。殊不然。考《嶺表錄異》：嶺南種蔓菁，即變為芥。今北地種芥多肥大，亦似變為蔓菁也。按菘菜種類有蓮花白、箭幹鈴、杵杓白各種，惟黄芽白則肥美無敵。王世懋謂為蔬中神品，不虛也。北無菘菜，前人已為洗謗。南方之種多從燕薊攜歸。《閩書》謂張燕公自函京攜種，歸曲江種之，閩中呼為張相公菘。以余所至，如湖廣之襄陽、施南、辰州、沅州，皆産之。可與黄芽為廝輿。湖南之長沙縣有數區地宜種，則燕薊之雲礽也。聞廣東雷州亦佳，然羊城初筵，皆海舶冬致，東吴、兩浙、江右，糧艘歸帆，不脛而走。味勝於肉，亦非無食肉相者所能頓頓捫腹也。滇南四時不絕，亦少渣滓。似此菜根，良有滋味。惟怪古人歌詠不及，范石湖《田園雜興》詩：撥雪挑來搨地菘，味如蜜藕更肥濃。此尚是黑葉白菜之類。若北地大雪，菜皆僵凍，瓊漿玉液，頓成枯桲矣。又菘以心實為貴，其覆地者北人謂之窮漢菜，亦曰帽纓子，誠賤之也。《清異錄》江右多菘菜，粥筍者惡之，詈曰心子菜。蓋筍虛中而菘實中也。《雒南縣志》：有圓根者，療飢濟荒，與蔓菁同功。今北地連根煮食，味亦甘，微作辛氣。李時珍謂根堅小，不可食，亦少所見。

清・趙其光《本草求原》卷一五菜部　白菜　甘，涼，無毒。辟魚腥，和平，消食，解酒，利腸胃。多食惡心、膚癢、發風疾。胃寒人忌。生薑可製。

清・文晟《新編六書》卷六《藥性摘錄》　白菘菜　辛，涼。利腸胃，解煩熱，下氣消食，治瘴氣，止熱氣嗽。冬白菜尤佳。能和中利便，治小兒赤游丹。反漆瘡，切搗爛敷，塗即止。飛絲入目，搗爛帕包，滴汁數點，即出。壯人宜食，氣虛胃冷者勿食。多食惡心吐沫。生薑可解。

清・王孟英《隨息居飲食譜・蔬食類》　菘一名白菜，以其莖色白也。亦有帶青色者，然本豐莖闊，迥非油菜。　甘，平。養胃，解渴生津。葷素咸宜，蔬中美品。種類不一，冬末最佳，醃食，曬乾，並如上法，諸病不忌。喻氏嘗云：白飯青蔬，養生妙法，肉食者鄙，何可與言？鮮者滑腸，不可冷食。

清・田綿淮《本草省常・菜性類》 白菜 一名菘，江南呼為黃芽菜。性平。利腸胃，安五臟，除煩熱，解酒毒，消食下氣，止嗽和中。久食令人肥健。服甘草、蒼白术者忌之。 根：性熱，助大腸火，春來食之發痔瘡。

清・戴葆元《本草綱目易知錄》卷三 白菜菘 莖葉甘，微涼。和中，通利腸胃，消食下氣，除胸中煩，利大小便。治瘴氣，解酒渴，止熱氣嗽。冬汁尤佳。多食壅氣動痰，發皮膚風瘙癢。氣虛胃冷人及足疾者忌。

清・陳其瑞《本草撮要》卷四 白菜 味甘，平，入手足陽明經，功專利腸胃，除胸中煩，解酒，消渴食下氣。治瘴氣，止熱嗽，和中利大小便。搗生汁敷小兒赤遊丹、漆毒均效。黃芽菜尤美而益人。一名菘菜，山東直隸者最佳。

清・吳汝紀《每日食物却病考》卷上 菘 即白菜也，以四時常見，有松之操，故名菘。有數種，葉梗青白大小少有不同，乃隨地之異耳。總謂之菘，即北之黃芽，南之夏青菜，皆其類也。味甘，涼，無毒。利腸胃，除煩，解酒渴，消食下氣，除瘴止熱。內虛人不可多食。覺冷，薑能解之。夏至前食，發風痒，有足疾者忌之。服甘草者勿食，令藥不效。取臺糟食甚美。子油，塗刀劍不鏽。飛絲入目者，滴汁入目即出。

舌頭菜

明・朱橚《救荒本草》卷上之前 舌頭菜 生密縣山野中。苗葉搨地生，葉似山白菜葉而小，頭頗團，葉面不皺，比山白菜葉亦厚，狀類猪舌形，故以為名。味苦。 救飢： 採葉煠熟，水浸去苦味，換水淘淨，油鹽調食。

南芥菜

明・朱橚《救荒本草》卷下之後 南芥菜 人家園圃中亦種之。苗初搨地生，後攛葶叉，葉似芥菜葉，但小而有毛澁，莖葉梢頭開淡黃花，結小尖角兒。葉味辛辣。 救飢： 採苗葉煠熟，水浸，淘去澁味，油鹽調食。生焯過，醃食亦可。

山白菜

明・朱橚《救荒本草》卷下之後 山白菜 生輝縣山野中。苗葉頗似家白菜，而葉莖細長，其葉尖艄邊有鋸齒叉，又似莙薘菜葉而尖瘦，亦小。味甜，微苦。 救飢： 採苗葉煠熟，水淘淨，油鹽調食。

山宜菜

明・朱橚《救荒本草》卷下之後 山宜菜 又名山苦菜。生新鄭縣山野中。苗初搨地生，葉似薄荷葉而大，葉根兩傍有叉，背白，又似青莢兒菜葉，亦大。味苦。 救飢： 採苗葉煠熟，油鹽調食。

地麻風

清・吳其濬《植物名實圖考》卷一〇 地麻風 生寶慶山中。鋪地長莖，莖色青赤，葉似白菜，面深綠，背淡青，葉有圓暈，面凹背凸，白脈數縷。俚醫用之。

劉隱菜

明・姚可成《食物本草》卷七菜部・柔滑類 劉隱菜產直隸績溪縣北六十里大嶅山。其菜如玉。世傳劉叟修隱於此，食玉菜仙去。故後人呼為劉隱菜。 劉隱菜，味甘，無毒。主補精神，生津液。久食神仙。

黃芽白菜

明・蘭茂撰，清・管暄校補《滇南本草》卷下 黃芽白菜 性微寒，味微酸。走經絡，動痰火，利小便。

明・蘭茂《滇南本草》〔叢本〕卷下 黃芽白菜 味甘、酸，性寒。走經絡，動痰，利小便。

明・姚可成《食物本草》卷七菜部・柔滑類 黃芽菜產燕地。根似萊菔。和葷素諸物煮食，極佳。移種別處，則形味俱變矣。 黃芽菜，味甘，平，無毒。主益元，補胃，悅顏色。

清・李文培《食物小錄》卷上 黃芽菜 甘，平，無毒。和中，利腸胃。

清・王孟英《隨息居飲食譜・蔬食類》 黃矮菜一作黃芽菜。 甘，平。養胃。葷素皆宜。雪後更佳。但宜鮮食。北產更美，味勝珍羞。亦可為葅，諸病不忌。

甘藍

唐・孫思邈《千金要方》卷二六《食治・菜蔬》 藍菜 味甘，平，無毒。久食大益腎，填髓腦，利五藏，調六腑。胡居士云： 河東隴西羌胡多種食之，漢地尠有。其葉長大厚，煮食甘美，經冬不死，春亦有英。其花黃，生角結子。子甚治人多睡。

宋・唐慎微《證類本草》卷二七菜部上品〔唐・陳藏器《本草拾遺》〕 甘

藍　平，補骨髓，利五藏六腑，利關節，通經絡中結氣，明耳目，健人，少睡，益心力，壯筋骨。此者是西土藍，闊葉，可食。治黃毒者作菹，經宿漬色黃，和鹽食之，去心下結伏氣。

〔宋・唐慎微《證類本草》〕《食醫心鏡》：甘藍菜作鹽菹，煮食並得。壺居士：隴西多種食之，漢地少有，多食令人少睡。

明・滕弘《神農本經會通》卷五　甘藍　《本經》云：平。補骨髓，利五臟六腑，利關節，通經絡中結氣，明耳目，健人少睡，益心力，壯筋骨。此者是西土藍，濶葉，可食。治黃毒，煮作菹，經宿漬色黃，和鹽食之，去心下結伏氣。壺居士隴西多種食之，漢地少有，多食令人少睡。

明・盧和、汪穎《食物本草》卷二　甘藍　平。補骨髓，利臟腑并關節，通經絡中結氣，明耳目，健人少睡，益心力，壯筋骨，治黃毒。煮作菹食，去心結伏氣。

明・李時珍《本草綱目》卷一六草部・隰草類下　甘藍《拾遺》。校正：自菜部移入此。

【釋名】藍菜《千金》　【集解】藏器曰：此是西土藍也。葉闊可食。時珍曰：此亦大葉冬藍之類也。按胡洽居士云：河東、隴西羌胡多種食之，漢地少有。其葉長大而厚，煮食甘美。經冬不死，春亦有英。其花黃，生角結子，其功與藍相近也。

【氣味】甘，平，無毒。【主治】久食，大益腎，填髓腦，利五臟六腑，利關節，通經絡中結氣，心下結伏氣，明耳目，健人，少睡。益心力，壯筋骨。作菹經宿色黃，和鹽食，治黃毒藏器。

子　【主治】人多睡思邈。

明・姚可成《食物本草》卷一八草部・隰草類　甘藍此是西土藍也。葉闊可食。○李時珍曰：此亦大葉冬藍之類也。河東、隴西、羌胡多種食之，漢地少有。其葉長大而厚，煮食甘美，經冬不死。春亦有英，其花黃，生角結子，其功與藍相近也。　甘藍，味甘，平，無毒。久食，大益腎，填髓腦，利五臟六腑。利關節，通經絡中結氣，心下結伏氣。明耳目，健人少睡，益心力，壯筋骨。作菹經宿色黃。和鹽食，治黃毒。

子　治人多睡。

明・施永圖《本草醫旨・食物類》卷二　甘藍　味：平。補骨髓，利五臟，利關節，通經絡中結氣，明耳目，健人，少睡，益心力，壯筋骨，治黃毒。煮作菹食，去心結伏氣。

清・吳其濬《植物名實圖考》卷三　葵花白菜　生山西。大葉青藍如（劈）〔擘〕藍，四面披離，中心葉白如黃芽白菜，層層緊抱如覆椀，肥脆可愛，汾、沁之間，菜之美者，為齏，為羹，無不宜之。《山西志》無紀者，日食菜根，乃缺蔬譜，俗訛為回子白菜。

薺菜

唐・歐陽詢《藝文類聚》卷八二　薺　《爾雅》曰：菥蓂，大薺。似薺，葉細。又曰：蒫，薺實。《說文》曰：薺草，可食也。《毛詩》曰：誰謂荼苦，其甘如薺。《禮記》曰：孟夏之月，靡草死。《淮南子》曰：薺，麥冬生而夏死。《抱朴子》曰：薺麥大蒜，仲夏而枯。

唐・孫思邈《千金要方》卷二六《食治・菜蔬》　薺菜　味甘，溫，濇，無毒。利肝氣，和中，殺諸毒。其子：主明目，目痛淚出。其根：主目濇痛。

宋・李昉《太平御覽》卷九八〇　薺　《春秋繁露》曰：薺以美冬水氣也。薺甘味也，乘於水氣。故美者，甘勝寒也。薺之言濟，所以濟大水也。《吳氏本草》曰：菥蓂，一名析目，一名榮冥，一名馬駒。雷公、神農、扁鵲：辛。李氏：小温。四月採，乾二十日。生道傍。細辛、乾薑、苦參、薺實，神農：甘，毒。生野田。五月五日採，陰乾。治腹脹。

附：日・丹波康賴《醫心方》卷三〇　薺　《本草》云：味甘，溫，無毒。主利肝氣，和中。孟詵云：補五臟不足。葉，動氣。陶〔弘〕景注云：《詩》云：誰謂荼苦，其甘如薺。崔禹〔錫〕云：食之甘香，補心脾。

宋・唐慎微《證類本草》卷二七菜部上品〔《別錄》〕　薺　味甘，溫，無毒。主利肝氣，和中。其實，主明目，目痛。

〔梁・陶弘景《本草經集注》〕云：薺類又多，此是今人可食者，葉作菹羹亦佳。《詩》云誰謂荼苦，其甘如薺是也。

〔宋・掌禹錫《嘉祐本草》〕按：《藥性論》云：薺子，味甘，平。患氣人食之，動冷疾，主青盲病不見物，補五藏不足。其根、葉燒灰，能治赤白痢，極效。孟詵云：薺子，入治眼方中用。不與麪同食，令人背悶。服丹石人不可食。陳士良云：實，亦呼菥蓂子。主壅，去風毒邪氣，明目，去障翳，解熱毒。久食，視物鮮明。四月八日收實，良。其花捋去席下辟蟲。日華子云：薺菜，利五藏。根，療目疼。

〔宋・唐慎微《證類本草》〕《聖惠方》：治暴赤眼，疼痛碜澀。薺菜根汁點目中。

宋·王繼先《紹興本草》卷一二 薺 紹興校定：薺乃薺菜也。唯實與根療目疾頗用之，莖葉未聞起疾之驗。多野生，處處有之。《本經》云（唯）〔味〕甘、溫，無毒是矣。

宋·鄭樵《通志》卷七五《昆蟲草木略》 薺之菜甚小，自生園圃，其實曰蒫。《爾雅》云：蒫，薺實。《詩》云：其甘如薺。謂此菜之美也。或以薺為薺苨。

宋·王介《履巉巖本草》卷中 薺菜花 性暖，無毒。治瀉痢日久不止，不以多少，曒乾爲細末，每服叁大錢，空心棗湯調服。

宋·陳衍《寶慶本草折衷》卷二〇 薺實、根及花附。 一名薺菜。○附：實，一名菥蓂子。○四月採，忌麪。○菥，音昔；蓂，音覓。味甘，溫，無毒。○主利肝氣，和中。○日華子云：利五藏。附：實。○味甘，平。主明目，目痛，去障翳，青盲。又主壅，去風毒，熱毒，邪氣。服丹石人不可食。不與麪同食，令人背悶。附：根汁。灰亦在內。○治赤眼疼痛磣初甚切。澀，以根汁點目中。又根、葉燒灰，治赤白痢。附：花○捋，去席下辟蟲。

元·吴瑞《日用本草》卷七 薺菜 不可與麪同食，令人背悶。服丹石人不可食。味甘，溫，無毒。發瘡疥，動氣。主利肝氣，和中，補五臟氣不足。實：主明目，目痛。

明·朱橚《救荒本草》卷下之後 薺菜 生平澤中，今處處有之。苗搨地生，作鋸齒葉，三四月出葶，分生莖叉，梢上開小白花，結實小似菥蓂子。苗葉味甘，性溫，無毒。其實亦呼菥蓂音錫覓子。其子味甘，性平。患氣人食之動冷疾；不可與麪同食，令人背悶；服丹石人不可食。救飢：採子，用水調攪良久成塊，或作燒餅，或煮粥食，味甚粘滑。葉煠作菜食，或煮作羹，皆可。治病：文具《本草》菜部條下。

明·王綸《本草集要》卷五 薺 味甘，氣溫，無毒。主利肝氣，和中。○其實名菥蓂子，主明目，目暴赤痛，去障翳。根汁，點目中亦效。根葉燒灰，治赤白痢。

明·滕弘《神農本經會通》卷五 薺 實名菥蓂子。四月八日收實良。味甘，氣溫，無毒。《本經》云：主利肝氣，和中。其實主明目，目痛。《藥性論》云：薺子，味甘，平。患氣人食之動冷疾。主目青盲病，不見物，補五臟不足。其根葉燒灰，治赤白痢。陳士良云：實名菥蓂子。主壅，去風毒邪氣，明目，去障翳，解熱毒。久食視物鮮明。《聖惠方》云：治暴赤眼疼痛，磣澁。薺根汁點目中。

明·劉文泰《本草品彙精要》卷三八 薺無毒 散生。

薺：主利肝氣，和中。○實，主明目，目痛。名醫所錄。〔苗〕謹按：薺，春生最先以諸菜，似菠菜，小而著地，散生，葉有鋸齒而青綠有毛。其根色白，二月抽臺，高尺許，莖有小葉，三月開細白花，結三尖莢子，四月成實。其葉霜後則微赤，而經冬不凋也。〔地〕處處有之。〔時〕生：春生新葉。採：四月八日取實。〔收〕陰乾。〔用〕子及根、葉。〔質〕類菠菜而小。〔色〕青綠。〔味〕甘。〔性〕溫。〔氣〕氣之厚者，陽也。〔臭〕香。〔主〕散風毒，消障翳。〔治〕療：《藥性論》云：子，治目青盲不見物。○根、葉，燒灰，能治赤白痢，極效。日華子云：薺菜，利五臟。○根，治目痛。孟詵云：子，治眼疾。《別錄》云：根汁，治暴赤眼疼痛，磣澀，點目中，效。補：《藥性論》云：五臟不足。〔禁〕患氣人食其子，動冷疾。及不可與麪同食，令人背悶。服丹石人，亦不可食之。

明·盧和、汪穎《食物本草》卷一菜類 薺菜 味甘，氣溫，無毒。主利肝氣，和中。其實名菥蓂子，主明目，目暴赤痛，去障瞖。根，汁點目中亦效。燒灰治赤白痢。

明·姚可成《食物本草》卷首王西樓《救荒野譜》 薺菜兒食莖葉。春月采之，生熟皆可食。 薺菜兒，年年有，采之一二遺八九。今年纔出土眼中，挑菜人來不停手。而今狼籍已不堪，安得花開三月三？

明·寧源《食鑒本草》卷下 薺菜 味辛，涼，甘，平。疏利五臟，涼肝明目。其根葉燒存性，蜜湯調，治痢疾，效。花：辟諸蟲。三月三日日未出採，放床席下。

明·皇甫嵩《本草發明》卷五 薺味甘，溫。 主利肝氣，和中。其實主明目，目痛。薺，苦菜也。子名菥蓂子。未否。

明·李時珍《本草綱目》卷二七菜部·柔滑類 薺《別録》上品

〔釋名〕護生草時珍曰：薺生濟濟，故謂之薺。釋家取其莖作挑燈杖，可辟蚊、蛾，謂之護生草，云能護衆生也。 〔集解〕普曰：薺生野中。弘景曰：薺類甚多，此是今人所食者。葉作葅羹亦佳。《詩》云誰謂荼苦，其甘如薺是也。時珍曰：薺有大、小數種。小薺葉花莖扁，味美。其最細小者，名沙薺也。大薺科、葉皆大，而味不及。其莖硬有毛者，名菥蓂，味不甚佳。並以冬至後生苗，二三月起莖五六寸。開細白花，整整如一。結莢如小萍，而有三角。莢内細子，如葶藶子。其子名蒫，音嵯，四月收之。師曠云：歲欲甘，甘草先生，薺是也。菥蓂、葶藶皆是薺類。葶藶見草部隰草類。

【氣味】甘，温，無毒。【主治】利肝和中《别録》。利五臟。根：治目痛大明。明目益胃時珍。根、葉：燒灰，治赤白痢極效甄權。

【附方】舊一，新二。暴赤眼：痛脹磣澀。薺菜根杵汁滴之。《聖惠》。眼生翳膜：薺菜和根、莖、葉洗浄，焙乾爲細末。每夜卧時先洗眼，挑末米許，安兩大眦頭。澀痛忍之，久久膜自落也。《聖濟總録》。腫滿腹大：四肢枯瘦，尿澀。用甜葶藶炒、薺菜根等分，爲末，煉蜜丸彈子大。每服一丸，陳皮湯下。只二三丸，小便清；十餘丸，腹如故。《三因》。

蒫實普曰：三月三日採，陰乾。士良曰：亦名菥蓂子。四月八日收之，良。周王曰：饑歲採子，水調成塊，煮粥，作餅甚粘滑。【氣味】甘，平，無毒。權曰：患氣人食之，動冷氣。詵曰：不與麪同食，令人背悶。服丹石人不可食。【主治】明目，目痛《别録》。青盲不見物，補五臟不足甄權。治腹脹吴普。去風毒邪氣，治壅去翳，解熱毒。久服，視物鮮明士良。

花【主治】布席下，辟蟲。又辟蚊、蛾士良。陰乾研末，棗湯日服二錢，治久痢大明。

明・周履靖《茹草編》卷二 野菜 班斕兩蝴蝶，春來常繞籬。籬根有野菜，故故向人飛。柔根嫩葉不堪洗，玉盤纖手呈金虀。金虀侑新酒，嬌兒解人意。滿壁簪花柳，但令野菜足吾生，日日花間開咲口。冬月採之，水滌，香油、椒、鹽炒食之。

明・穆世錫《食物輯要》卷三 薺菜 味甘，性温，無毒。利肝氣，和五臟。根益胃，清目。

明・吴文炳《藥性全備食物本草》卷一 薺 味甘，温，無毒。薺，齊也，好也。《詩》云：其甘如薺。葉作葅羹味佳，和中，利五臟及肝氣。凡患氣及服丹石人食之動痼疾。又與麪同食令人背悶。

子：亦呼為菥蓂子。味甘，平，主目痛，青盲，翳膜，解熱毒，補五臟不足。四月、八日收之良。

根：葉燒灰，治赤白痢，蜜湯下；根汁點暴赤眼痛。煮薺法：取薺一二升許，淨洗入淘了米三合，冷水三升，生薑二指大，生油一蜆殼，不用鹽醋，又不須攪動，俟羹熟取食，能引血歸肝明目。治瘡，與夜讀熊膽之意同，此幽人山居之，禄不可忽也。

明・趙南星《上醫本草》卷三 薺 一名護生草。時珍曰：薺生濟濟，故謂之薺。釋家取其莖作挑燈杖，可辟蚊蛾，謂之護生草，云能護衆生也。薺有大小數種。小薺，葉花莖扁，味美。其最細小者，名沙薺也。大薺，科葉皆大而味不及。莖硬有毛者，名菥蓂，味不甚佳。並以冬至後生苗，二三月起莖五六寸，開細白花，整整如一，結莢如小萍而有三角，莢内細子如葶藶子，其子名蒫音嵯，四月收之。師曠云：歲欲甘，甘草先生，薺是也。菥蓂、葶藶皆是薺類。甘，温，無毒。主治：利五臟，和中明目，益胃。根，治目痛。根葉燒灰，治赤白痢，極效。

附方 腫滿腹大：四肢枯瘦，尿澀，用甜葶藶炒、薺菜根等分，為末，煉蜜丸彈子大。每服一丸，陳皮湯下。只二三丸，小便清；十餘丸，腹如故。

暴赤眼：痛脹磣澀，薺菜根杵汁滴之。眼生瞖膜：薺菜和根、莖、葉洗淨，焙乾為細末。每夜卧時先洗眼，挑末米許，安兩大眦頭。澀痛忍之，久久膜自落也。

蒫實：甘，平，無毒。主治：腹脹。補五臟不足，去風毒邪氣，治壅。去瞖明目，目痛青盲不見物，解熱毒，久服視物鮮明。患氣人食之，動冷氣。不與麵同食，令人背悶。

花：主治：布席下辟蟲，又辟蚊蛾。

附方 久痢：用薺花陰乾研末，每服二錢，棗湯下。

明・鮑山《野菜博録》卷一 春踏菜 一名賽薺。苗搨地生，葉有鋸齒，葉與薺菜二樣。稍間開小白花，結實似菥蓂子。味甘，性温，無毒。 食法：採嫩葉煠熟，淘去苦味，油鹽調食。

明・鮑山《野菜博録》卷二 薺菜 生田野中。苗搨地生，葉有鋸齒。三四月出葶，分生莖叉。稍上開小白花，結實似菥蓂子小。葉味甘，性温，無毒。 食法：採苗葉煠熟，油鹽調食。

明・倪朱謨《本草彙言》卷一六 薺菜 味甘，氣温，無毒。吴氏曰：薺生野中，處處有之。其類有大小二種，小者莖扁，花葉亦小，味美，其最細者名沙薺也；大者根莖皆大而味稍苦。《詩》云：誰謂荼苦，其甘如薺者是也。冬至後生苗，正二月起莖五六寸，開細白花，整整如一。結莢如小萍而有三角，莢内細子如葶藶子，四月收之。李氏曰：釋家取花莖作挑燈杖，可辟蚊蛾，謂之護生草。

薺菜：《别録》和中，利五藏之藥也。蔡心吾曰：《甄氏方》取根葉燒灰，白湯調服二三錢，治赤白久痢極效。作羹食亦利腸胃，解酒積，去滯而又能收斂浮氣也。花葉對生，整齊如一，故名薺，而又止齊一身之氣，故治痢去積滯不行者可通，久痢多行者可止。蓋取此齊之之義云。

明·應麐《食治廣要》卷三 薺 氣味：甘，溫，無毒。主治：利肝和中，通五藏。其根明目，又止目痛。其類甚多，隨地發生。師曠云：歲欲甘，甘草先生，薺之屬是矣。

又按蘇長公與徐十二書略云：今日食薺，極美。天然之珍，雖不甘于五味，而有味外之美。君若知此味，則陸海八珍皆可厭也。天生此物，以為幽人山居之祿。輒以奉傳，不可忽之。

明·姚可成《食物本草》卷六菜部·柔滑類 薺菜一名護生草。其莖硬有毛者，名菥蓂，味不甚佳。竝以冬至後生苗，二三月起莖五六寸。開細白花，整整如一。結莢如小萍，而有三角。莢内細子，如葶藶子。其子名蒫，四月收之。師曠云，歲欲甘，甘草先生，薺是也。釋家取其莖作挑燈杖，可辟蚊、蛾，謂之護生草，云能護衆生也。 薺菜，味甘，溫，無毒。主利肝和中，利五臟。

根 治目痛。明目益胃。

根、葉 燒灰，治赤白痢極效。

蒫實音嵯。亦名菥蓂子。四月八日收之，良。饑歲采子，水調成塊，煮粥、作餅甚粘滑。 味甘，平，無毒。主明目，目痛，青盲不見物，補五臟不足。治腹脹，去風毒邪氣，治壅去瞖，解熱毒。久服，視物鮮明。

花 布席下，辟蟲。又辟蚊、蛾。陰乾研末，棗湯日服二錢，治久痢。

明·孟笨《養生要括·菜部》 薺菜 味甘，溫，無毒。利肝和中，利五臟，明目益胃。

根葉：燒灰治赤白痢，極效。

子：治腹脹。去風毒邪氣，治壅去瞖，解熱毒，久服視物鮮明。

花：布席下，辟蟲，又辟蚊蛾。陰乾研末，棗湯日服二錢，治久痢。

明·施永圖《本草醫旨·食物類》卷二 薺菜即野菜。 味：甘，氣溫，無毒。主利肝氣，和中。 其實：名菥蓂子。主明目，目暴赤痛，去障瞖。根汁點目中，亦效。 根：燒灰，治赤白痢，蜜湯調。 其花：辟諸蟲，三月三日，日未出，採放牀席下，甚妙。

清·穆石匏《本草洞詮》卷七 薺 薺生濟濟，故謂之薺。《詩》云：其甘如薺。師曠云：歲欲甘，甘草先生，薺是也。釋家取其莖為挑燈杖，可辟蚊蛾，謂之護生草。氣味甘溫，無毒。主利肝和中，明目益胃。

清·丁其譽《壽世秘典》卷三 薺薺有大小數種。小薺，葉花莖扁，味美，其最細小者，名沙薺。大薺，科葉皆大而味不及。其大而莖硬有毛者名菥蓂，味不甚佳。並以冬至後生苗，二三月起莖，開細白花，整整如一。釋家取其莖作挑燈杖，可辟蚊蛾，謂之護生草，云能護衆生也。三月三日未出，採放席下，辟諸蟲，又辟蚊蛾。 氣味：甘，平，無毒。主利五臟，涼肝明目。根、葉燒存性，蜜湯調，治赤白痢効。

清·尤乘《食鑒本草·菜類》 薺菜即野菜。 利肝氣，和中。子主明目，去瞖赤痛。根燒灰治赤白痢，蜜湯調。

清·朱本中《飲食須知·菜類》 薺菜 味甘，性溫。取其莖作挑燈杖，可辟蚊蛾，謂之護生草。其子名蒫食，味甘，性平。饑歲采之，水調成塊，煮粥甚粘滑。患氣病人食之，動冷氣。不與麵同食，令人背悶。服丹石人不可食。

清·何其言《養生食鑒》卷上 薺菜釋人收其根，作挑燈杖，可辟蚊蛾，謂之護生草，云能護衆生也。 味甘，性溫，無毒。利肝氣，和五臟。

根 益胃，和目。連莖燒灰，治赤白痢極效。

清·吳儀洛《本草從新》卷四 薺菜〔利臟和中。〕 甘，溫。利五臟，益肝和中。根，益胃明目，治目痛。同葉燒灰，治赤白痢極效。蜜湯調。 釋家取其莖作挑燈杖，可辟蚊蛾，謂之護生草，以能護衆生也。

附：子〔明目。〕名蒫實，又名菥蓂子。 甘，平。去風熱毒，明目。治目痛青盲。饑歲采子，水調成塊，煮粥作餅甚粘滑。 花，治久痢。陰乾研末，棗湯日服二錢。辟蚊蛾。布席下，辟諸蟲。

清·汪紱《醫林纂要探源》卷二 薺 甘，平。冬至後布地生葉，似蘿蔔菜而甚小，根直下如線，抽莖直上，三月初開小白花，結莢，扁而三角如扇，清香，交夏則死。一名芊菜，一名雞心菜。 利水和脾，辟蚤蝨，散鬱熱。略似夏枯草，但不入血分。〇上巳戴

其花，又煎水沐浴，以辟蚤蝨，除不祥。亦采蔄意也

清・嚴潔等《得配本草》卷五　薺菜根。　甘，涼。入足厥陰經。利肝益胃，和中明目。　治痢，燒炭用。　根　配葶藶，等分為末蜜丸，陳皮湯下，治腫滿腹大。

題清・徐大椿《藥性切用》卷六　薺菜　性味甘溫，和中利藏。燒灰，治赤白痢良。　薺菜子：一名蒫實，即菥蓂子。　性味甘平，去熱除風，明目。花，亦治赤白下痢。

清・李文培《食物小錄》卷上　地菜即薺菜。　甘，平、微溫，無毒。有長葉、圓葉、花葉、線葉、紫葉、青葉、高矮大小數十種，其功用性味皆同。能開胃，行肺氣。連根食香美，花子並可服。多食無損，發諸瘡。

清・章穆《調疾飲食辯》卷三　薺　《綱目》曰：釋家謂其莖作挑燈杖，可辟蟲、蛾，故稱護生草。俗呼地菜。有大、小二種。小者名沙薺，大薺稍大。其莖硬而有毛者，名菥蓂。《爾雅》曰：菥蓂，大薺。《本經》名大蕺。《吳普本草》曰：一名析目，一名榮目，一名馬駒，一名馬辛。亦可食。皆以冬至後生苗。葉末圓長，近本處有刻缺，類黃瓜菜。春暮起莖五六寸。開細白花。結莢如小萍而有三角莢，內細子如葶藶子。子名蒫。《詩》曰：誰謂荼苦，其甘如薺。性能補肝，利五藏，功專明目，眼生瞖膜者，宜長久食之。子為末，每夜點大眦，澀痛忍之，能退雲瞖，消努肉。出《聖濟總錄》。又《三因方》治腫滿腹大，四肢枯瘦，溺澀難便：葶藶子、薺菜根等分為末，丸如彈子大，每服一丸，橘皮湯下。

清・吳其濬《植物名實圖考》卷三　薺　《別錄》上品。《爾雅》：蒫，薺實。湖南候暖，冬初生苗，已供匕筯。春初即結實，其花能消小兒乳積，投之乳中，旋化為水；肉食者可以蕩滌腸胃。俗亦謂之淨腸草。故燒灰治紅白痢有效。陸放翁詩目有食薺糝甚美，蓋蜀人所謂東坡羹也。今燕京歲首亦作之，呼為翡翠羹。牛乳抨酥，洵無此色味。放翁又有《食薺》詩云：挑根擇葉無虛日，直到開花如雪時。真知食菜者矣。《清異錄》：俗號薺為百歲羹。言至貧亦可具，雖百歲可常享。然金李獻能詩：曉雪沒寒薺，無物充朝飢。則苦寒之地，有求之不得者。《珍珠船》：池陽上巳日，以薺花點油，祝而灑之，謂之油花卜。《物類相感志》：三月三日收薺菜花，置燈檠上，則蚊蟲飛蛾不敢近。伶仃小草，有益食用如此。

雩婁農曰：孟東野云：食薺腸亦苦。放翁亦云：傳誇真欲嫌荼苦，自笑何時得瓠肥。咬斷菜根者，得不令人疑其勉而為瘠耶？冰壺先生沉醉大嚼，適然之妙，非必醒酒鮓也。高力士氣味不改一語，王右丞、鄭司戶恐未能道。薺為靡草，阨於夏，南方不可居些。金生而生，水王而王，木茂而茂。歲欲甘，甘草先生，薺成而告甘焉。乾端坤倪，牙於小草，故君子曰慎微。

清・文晟《新編六書》卷六《藥性摘錄》　薺菜　甘，溫。利肝氣，和五臟。

清・佚名氏著，錢沛補《治疹全書》卷上　田蒔花存疑　按《本草》並無田蒔，婺東人呼薺菜為甜薺，故誤作田蒔耳。謹將薺菜附考於後，未知果是否也。　薺菜考：薺有大小數種，小薺葉花莖扁，味美，即《詩》所謂其甘如薺者也。其最細小者名沙薺，大薺科葉皆大，而味不及，其莖硬，有毛者，即《爾雅》所謂菥蓂，大薺者也。味不甚佳，並以冬至後生苗，二三月起莖五六寸，開細白花，整整如一，結莢如小萍而有三角，莢內細子如葶藶子，釋家取其莖作挑燈杖，可辟蚊蛾，謂之護生草。今人取其根莖花實，治赤白痢極效，蓋和中益胃之妙品也。

清・王孟英《隨息居飲食譜・蔬食類》　薺　甘，平。明目，養胃和肝，治痢，辟蟲。病人可食。

清・田綿淮《本草省常・菜性類》　小薺　俗名薺薺菜，《詩》云其甘如薺是也。一名護生草。性平。利五臟，和中明目。

清・陳其瑞《本草撮要》卷四　薺菜　味甘，溫，入手少陰太陰、足厥陰經，功專利五臟，益肝和中。根益胃明目，治目痛。同葉燒灰，治赤白痢極效。蜜湯調。子明目，名蒫實，又名菥蓂子。花治久痢，為末棗湯服。布席下辟諸蟲。釋家取其莖作挑燈杖，可辟蚊蛾，謂之護生草即此。

清・吳汝紀《每日食物却病考》卷上　薺菜　甘，溫，無毒。利肝和中。子名蒫實，又名菥蓂子。明目，治目暴赤痛，去障瞖。根汁點目中亦効；燒灰，治赤白痢極効。

江薺

明・姚可成《食物本草》卷首王西樓《救荒野譜》　江薺食莖葉。生臘月。生熟皆可用。花時不宜，但可作齏。　江薺青青江水綠，江邊挑菜女兒哭。爺娘新死兄趁熟，止存我與妹看屋。

明·周履靖《茹草編》卷一　江薺　彼江之濱，水甘沙麗。含滋吐潤，乃生江薺。芃芃其葉，莖而未花。三山採秀，五色生瓜。烟波進艇，豈羨魚鰕。　生臘月。生熟皆可用。開花時不可食，但可作齏。

倒灌薺

明·姚可成《食物本草》卷首王西樓《救荒野譜》　倒灌薺食葉。采之熟食，亦可作齏。　倒灌薺，生旱田，上無雨露下有泉。抱甕不來還自鮮，造物冥冥解倒懸。

明·周履靖《茹草編》卷二　倒灌蒿　昔有漢陰叟，机事息已久。春江抱甕汲，運鎌露雙肘。園中蒿生五尺強，根苗枝葉絲如韮。天公雨露豈有私，蒿名倒灌良非偶。良非偶，意有然，還元返本玄家言。但知倒灌醍醐味，浣髓湔腸骨可仙。　採之，香油、椒、鹽炒食，亦可作齏。

蒿柴薺

明·姚可成《食物本草》卷首王西樓《救荒野譜》　蒿柴薺食葉。正二月采，熟食。又可作(薺)〔齏〕。　蒿柴薺，我獨憐；葉可食，稭可燃。連朝風雪攔郵路，飢寒不能出門去。

明·周履靖《茹草編》卷一　蒿柴薺　山深茅屋朝無烟，樵青束翠青山巔。青山巍巍白雲滿，忽逢山下蒿纖纖。蒿纖纖，煬可爨，煮可飧。瓦鐺石鼎幽事足，一斛香醪詩百篇。　正二三月採之，香油椒、鹽炒食，又可作齏。

掃帚薺

明·姚可成《食物本草》卷首王西樓《救荒野譜》　掃箒薺食莖葉。春采，熟食。　掃箒薺，青簇簇，去年不收空倚屋。但願今年收兩熟，場頭掃箒掃盡禿。此種俗名落帚苺者。嫩者可采。其老可束為掃帚，故名之。

明·周履靖《茹草編》卷二　掃箒蒿　掃箒蒿，黯深綠，花葉蕭踈榦常禿。不生空谷滿林曲，掬泉漫煮充朝腹。紅塵拂盡清思多，落花曾映山人月。　正二三月採取，水滌，香油、鹽炒，或湯焯，鹽、油拌食。

芽兒拳

明·姚可成《食物本草》卷首王西樓《救荒野譜》　芽兒拳食葉。正二月采之，熟食。　芽兒拳，生樹邊；白如雪，軟似綿。煮來不食淚如雨，昨朝兒賣他州府。

明·周履靖《茹草編》卷一　芽兒拳　芽兒拳，發春前，柔白宛可愛，幻作兜羅綿。山厨野饌，泉香酒甘。玉女笋纖纖，仙人掌堪玩。咲看撚指，漫說擎天。　正二月採取，香油、鹽炒食。

板蕎蕎

明·姚可成《食物本草》卷首王西樓《救荒野譜》　板蕎蕎食葉。正二月和(羹)〔菱〕采之，炊食。三四月結角，老不堪用。　板蕎蕎兮吾不識，出無路兮入無室。將學道兮歸空山，艸為衣兮木為食。

明·周履靖《茹草編》卷一　板蕎蕎　板蕎蕎，架危石，誅豊草，結幽宅。清風飄飄塵事息，草堂穩睡午不醒，板橋泥滑無行跡。　正二月和梗採之炊食，三四月結角，老不堪食。

季菜

明·蘭茂撰，清·管暄校補《滇南本草》卷下　季菜　性平，味微辛苦。消肺熱咳嗽，除小腸經邪熱，利小便。

附方：治肺熱咳嗽，季菜煎雞蛋吃。

明·蘭茂《滇南本草》〔叢本〕卷下　季菜　味辛、苦，性平。清肺熱，消痰，止咳嗽，除小腸經邪熱，利小便。單方：治肺熱咳嗽，用雞蛋煑吃。

菥蓂

宋·唐慎微《證類本草》卷六草部上品〔《本經·別錄·藥對》〕　**菥**音錫**蓂**音覓**子**　**味辛，微溫**，無毒。**主明目，目痛淚出，除痹，補五藏，益精光**，療心腹腰痛。**久服輕身不老。一名蔑菥，一名大蕺，一名馬辛**，一名大薺。生咸陽川澤及道傍。四月、五月採，暴乾。得荆實、細辛良，惡乾薑、苦參。

〔梁·陶弘景《本草經集注》〕云：今處處有之，人乃言是大薺子，俗用甚稀。

〔唐·蘇敬《唐本草》〕注云：《爾雅》云是大薺，然驗其味甘而不辛也。

〔宋·掌禹錫《嘉祐本草》〕按：《蜀本》云：似薺菜而細，俗呼爲老薺。《藥性論》云：菥蓂子，苦參爲使。能治肝家積聚，眼目赤腫。陳藏器云：菥蓂子，《本經》一名大薺。蘇引《爾雅》爲注云：大薺。按：大薺即葶藶，非菥蓂也。菥蓂大而褊，葶藶細而圓。二物殊別也。

〔宋·蘇頌《本草圖經》〕曰：菥蓂子，生咸陽川澤及道傍，今處處有之。《爾雅》云：菥蓂，大薺。郭璞云：似薺，細葉，俗呼之曰老薺。蘇恭亦云是大薺。又云：然菥蓂味辛，大薺味甘。陳藏器以大薺當是葶藶，非菥蓂，菥蓂大而扁，葶藶細而圓，二物殊也。而《爾雅》自有葶藶，謂之蕇音典。注云：實、葉皆似芥，一名狗薺，大抵二物皆薺類，故人多不能細分，乃爾致疑也。四月、五月採，暴乾。古今眼目方中多用之。崔元亮《海上方》療眼熱痛，淚不止，以菥蓂子一物，搗篩爲末，欲卧以銅筯點眼中，當有熱淚及惡物出，并去努肉。可三四十夜點之，甚佳。

宋·鄭樵《通志》卷七五《昆蟲草木略》 菥蓂曰蕿菥，曰大蕺，曰馬辛。《爾雅》曰：姚莖，涂薺。又曰：菥蓂，大薺。以似薺而大也。

明·朱橚《救荒本草》卷下之後 遏藍菜上音惡 生田野中下濕地。苗初搨地生，葉似初生菠菜葉而小，其頭頗團，葉間攛葶分叉，上結莢兒似榆錢狀而小。其葉味辛香、微酸，性微溫。救飢：採苗葉煠熟，水浸取酸辣味，復用水淘淨，作虀，油鹽調食。

明·滕弘《神農本經會通》卷一 菥蓂覓子 得荊實、細辛良。惡乾薑、苦參。

味辛，氣微溫，無毒。《本經》云：主明目，目痛淚出，除疸，補五臟，益精光，療心腹腰痛。久服輕身不老。《藥性》云：治肝家積聚，眼目赤腫。《局》云：菥蓂微溫味氣辛，末之點眼令光明。能安五臟輕身體，心腹腰疼益婦人。

明·劉文泰《本草品彙精要》卷八 菥蓂子無毒 植生。

菥音錫**蓂**音覓**子**出《神農本經》：**主明目，目痛，淚出，除痹，補五臟，益精光。久服輕身不老。**以上朱字《神農本經》。療心腹腰痛。以上黑字名醫所錄。

【名】蕿菥、大蕺、馬辛、大薺。【苗】《圖經》曰：菥蓂，大薺。郭璞云：似薺，細葉，俗呼之曰老薺。蘇恭亦云是大薺。又云：然菥蓂味辛，大薺味甘。陳藏器云：大薺當是葶藶，非菥蓂。菥蓂大而扁，葶藶細而圓，二物殊也。而《爾雅》自有葶藶，謂之蕇音典，注云：實、葉皆似芥，一名狗薺，大抵二物皆薺類，故人多不能細分，乃爾致疑也。【地】《圖經》曰：生咸陽川澤及道傍，今處處有之。【時】生：春生苗。採：四月、五月取子。【收】暴乾。【用】子。【質】類葶藶而匾大。【色】淡黃。【味】辛。【性】微溫，散。【氣】氣之厚者，陽也。【臭】焦。【主】肝熱，明目。【助】得荊實、細辛良。【反】惡乾薑、苦參。【製】搗碎用。【治】療：《名醫別錄》云：爲細末，療眼熱痛，淚不止，欲卧時用銅箸點眼中，當有熱淚及惡物出，並去胬肉。【合治】以苦參爲使，能治肝家積聚，眼目赤腫。

明·王文潔《太乙仙製本草藥性大全》卷二《本草精義》 菥蓂子 一名蕿菥，一名大蕺，一名馬辛，一名大薺。生咸陽川澤及道傍，今處處有之。其苗似薺，細葉，俗呼之白老薺。陳藏器云：大薺當是葶藶，非菥蓂，菥蓂大而匾，葶藶細而圓，二物殊也。註云：實葉皆是薺，一名狗薺，大抵二物皆薺類，故人多不能辨，乃致疑也。四五月採，曝乾。惡乾薑。

明·王文潔《太乙仙製本草藥性大全》卷二《仙製藥性》 菥蓂子 味辛，氣微溫，無毒。得荊芥實、細辛良。苦參爲之使。主治：治肝家積熱，目赤腫，主明目，痛淚不乾。補五臟，益精而有準。療心腹并腰痛而最良。除痹如神，點眼最捷。久服輕身，尤能耐老。補註：眼熱痛，淚出不止，以子爲極細末，無聲欲卧，以銅筯點眼中，當有熱淚及惡物並出。去努肉可三四十夜點之，甚佳。

明·皇甫嵩《本草發明》卷三 菥蓂子上品上，君。氣微溫，味辛，無毒。發明曰：此辛溫能和肝益血，故《本草》主明目，目痛淚出，益精光，補五藏，療心腹腰痛。苦參為使，治肝家積聚，眼目赤腫，其散肝熱，和肝益血，大畧見矣。得荊實、細辛良。惡乾薑、苦參。形似葶藶，但大而匾，葶藶子細而圓。菜部內云是苦（萊）〔菜〕薺之子，去風毒邪氣，明目。

明·李時珍《本草綱目》卷二七菜部·柔滑類 菥蓂音錫覓。○《本經》上品。校正：自草部移入此。

【釋名】大薺《別録》 大蕺《本經》 馬辛時珍曰：諸名不可解。《吴普本草》又云：一名析目，一名縈目，一名馬駒。【集解】《別録》曰：菥蓂生咸陽山澤及道旁。四月、五月採，暴乾。弘景曰：今處處有之。是大薺子也。方用甚希少。保昇曰：似薺葉而細，俗呼爲老薺。恭曰：《爾雅》云：菥蓂，大薺也。注云：似薺，俗呼爲老薺。然其味甘而不辛也。藏器曰：《本經》菥蓂一名大薺。蘇氏引《爾雅》爲注。案大薺即葶藶，非菥蓂也，菥蓂大而扁，葶藶細而圓，二物殊別也。頌曰：《爾雅》葶藶謂之蕇，音典，子、葉皆似薺，一名狗薺。菥蓂即大薺。大抵二物皆薺類，故人多不能細分，乃爾致疑也。古今眼目方多用之。時珍曰：薺與菥蓂一物也，但分大、小二種耳。小者爲薺，大者爲菥蓂，菥蓂有毛。故其子功用相同，而陳士良之《本草》，亦謂薺實一名菥蓂也。葶藶與菥蓂同類，但菥蓂味甘花白，葶藶味苦花黄爲異耳。或言菥蓂即甜葶藶，亦通。

苗 【氣味】甘，平，無毒。【主治】和中益氣，利肝明目時珍。

菥蓂子 【氣味】辛，微温，無毒。恭曰：甘而不辛。普曰：神農、雷公：辛。李當之：小温。之才曰：得蔓荆實、細辛良。惡乾薑、苦參。一云：苦參爲之使。

【主治】明目目痛淚出，除痹，補五臟，益精光。久服輕身不老《本經》。療心腹腰痛《別録》。治肝家積聚，眼目赤腫甄權。

【附方】舊一，新一。 眼目熱痛： 淚出不止。菥蓂子搗篩爲末。卧時銅箸點少許入目，當有熱淚及惡物出，甚佳。 眼中弩肉： 方同上，夜夜點之。崔元亮《海上方》。

明・趙南星《上醫本草》卷三 大薺 一名大蕺，又名菥蓂音錫覓，亦名馬辛，似薺葉而細，俗呼為老薺。

苗：甘，平，無毒。主治： 和中益氣，利肝明目。

子：辛，微溫，無毒。主治： 心腹腰痛，肝家積聚，眼目赤腫，明目，目痛淚出。除痹，補五臟，益精光，久服輕身不老。

附方 眼目熱痛，淚出不出： 菥蓂子，擣篩為末。卧時，銅簪點少許入目，當有熱淚及惡物出，甚佳。 眼中弩肉： 方同上，夜夜點之。

明・姚可成《食物本草》卷六菜部・柔滑類 菥蓂薺與菥蓂一物也，但分大、小二種耳。小者為薺，大者為菥蓂，菥蓂有毛。其子功用相同。或言葶藶與菥蓂同類，但菥蓂味甘花白，葶藶味苦花黄為異耳。 菥蓂，味甘，平，無毒。 主和中益氣，利肝明目。

子 味辛，甘，微溫，無毒。主明目，目痛淚出，除痹，補五臟，益精光。久服輕身不老，療心腹腰痛，治肝家積聚，眼目赤腫。

清・张璐《本經逢原》卷三 菥蓂子薺菜。 辛，微溫，無毒。 《本經》明目，治目痛淚出，除痹，補五藏，益精光。 發明： 菥蓂，即薺之大而有毛者，與薺之性不甚相遠。其子專於明目，《千金》治目暗去瞖方用之，亦治目中胬肉，擣篩為末，夜夜點之，久久其膜自落。甄權以薺治青盲不見物，補五藏不足，二薺之性總不出《本經》主治也。

清・吴其濬《植物名實圖考》卷三 菥蓂 《本經》上品。《爾雅》： 菥蓂，大薺。俗呼花薺，味不如薺。《蜀本草》： 似薺而細者是。

清・吴其濬《植物名實圖考》卷五 遏藍菜 《救荒本草》。按此草湖南山坡春時有之，俗呼犁頭草，象其形。有為蝨嚙者，嚼葉敷之，止癢。

清・葉志詵《神農本草經贊》卷一 析蓂子 味辛，微溫。主明目，目痛淚出，除痹，補五藏，益精光。久服輕身不老。一名蓮蕿菥，一名大蕺，一名馬辛。生川澤及道旁。

川潦道周，萋然美盛。七葉乖和，五輪瞀病。積瀉傾杯，明回借鏡。續壽標靈，樂含腹詠。

《詩箋》： 葛覃葉，萋然，喻其容色美盛也。甄權曰： 治肝家積聚。《史記・傳》： 肝左三葉，右四葉。蘇軾詩： 吾於五輪間。《莊子》： 適有瞀病。《黄帝内經》曰： 肝脈微急為肥，氣在脇下若覆杯。《新論》： 人目短於自見，故借鏡以觀形。歐陽修帖子： 寶曲標靈日，萬壽續天長。《吳志・傳》： 胡綜心歌腹詠，樂於歸附。吳普曰： 五月五日采。治腹脹。

清・田綿淮《本草省常・菜性類》 大薺 一名大蕺，一名菥蓂，或云即甘葶藶苗也。性平。調中益氣，利肝明目。

黄瓜菜

明・李時珍《本草綱目》卷二七菜部・柔滑類 黄瓜菜《食物》

【釋名】黄花菜時珍曰： 其花黄，其氣如瓜，故名。 【集解】穎曰： 黄瓜菜野生田澤。形似油菜，但味少苦。取爲羹茹，甚香美。時珍曰： 此菜二月生苗，田野遍有，小科如薺。三四五月開黄花，花與莖、葉並同地丁，但差小耳。一科數花，結細子，不似地丁之花成絮也。野人茹之，亦採以飼鵝兒。

【氣味】甘，微苦，微寒，無毒。 【主治】通結氣，利腸胃汪穎。

明・穆世錫《食物輯要》卷三 黄瓜菜 味甘，微苦，性涼，無毒。通結氣，利腸胃。其色黄，其氣似瓜，其形似薤。

明・姚可成《食物本草》卷六菜部・柔滑類 黄瓜菜一名黄花菜。其花黄，其氣如瓜，故名。野生田澤。形似油菜，但味少苦。取為羹茹，甚香美。此菜二月生苗，田野偏有，小科如薺。三四五月開黄花，花與莖、葉竝同地丁，但差小耳。一科數花，結細子，不似地丁之花成絮也。野人茹之，亦采以飼鵝兒。 黄瓜菜，味甘，微苦，微寒，無毒。通結氣，利腸胃。

明・施永圖《本草醫旨・食物類》卷二 黄瓜菜名黄花菜。 形似油菜，但味少苦，微寒，無毒。治： 通結氣，利腸胃。性亦相類，生平澤中，取為羹茹亦甚香美。

清・丁其譽《壽世秘典》卷三 黄花菜二月生苗，田野偏有，小科如薺，三四五月開黄花，其氣如瓜，又名黄瓜菜，取為羹茹甚香美。 氣味： 甘、微苦，寒，無毒。通結氣，利腸胃。

清・朱本中《飲食須知・菜類》 黄瓜菜 味甘、微苦，性涼。其色黄，其氣似瓜，其菜形如薤。

清・王道純《本草品彙精要續集》卷八 黄瓜菜無毒

黃瓜菜：主通結氣，利腸胃汪穎。【名】黃花菜。李時珍曰：其花黃，其氣如瓜，故名。【地】汪穎曰：黃瓜菜，野生田澤，形似油菜，但味少苦，取爲羹茹，甚香美。【苗】李時珍曰：此菜田野遍有，小科如薺花，與莖葉並同地丁，但差小耳。一科數花，結細子，不似地丁之花成絮也。野人茹之，亦採以飼鵝兒。【時】二月生苗，三四五月開黃花。【味】甘、微苦。【性】微寒。

清・吳儀洛《本草從新》卷四　黃瓜菜（通結利腸。）一名黃花菜。甘、微苦，微寒。通結氣，利腸胃。

題清・徐大椿《藥性切用》卷六　黃瓜菜　一名黃花菜。甘苦微寒，利腸胃，通經閉。

清・章穆《調疾飲食辯》卷三　黃瓜菜　一名黃花菜。春初生野田卑濕處，小科如薺。四月開黃花。《食物本草》曰：味甘微苦。作羹甚美。能退內熱，通結氣，利腸胃。熱病後宜食，熱結者尤宜多食。又煮汁飲，治虎咬傷。渣敷傷處，立止疼痛。或以飼豕，可辟瘟。飼鵝兒易長大。

清・吳其濬《植物名實圖考》卷四　黃瓜菜　《食物本草》始著錄，似苦賈而花甚細。《救荒本草》黃鵪菜即此，此草與薺苣齊生，而味肥俱不如，彼為膏粱，此為草芥矣。翦以飼鵝，蓋鷄鶩不與爭也。

清・田綿淮《本草省常・菜性類》　黃花菜　此田澤中小菜，非金針也。因氣如瓜，又名黃瓜菜。性微寒。利腸胃，通結氣。

清・陳其瑞《本草撮要》卷四　黃瓜菜　味甘微苦，寒，入手陽明經，功專通結利腸。一名黃花菜。

青菜

明・蘭茂《滇南本草》（叢本）卷下　青菜一名苦菜。味苦，性大寒。涼血熱，寒脾，發肚中諸積，利小便。紫苦搗汁，治婦人乳結紅腫，臨服點水酒為引。

明・寧源《食鑒本草》卷下　青菜　味甘，平。四季所有者。疏通腸胃結滯，利大小便，和中下氣。

明・施永圖《本草醫旨・食物類》卷二　青菜　味：甘，平。四季常有。通腸胃結滯，利大小便，和中下氣。

清・尤乘《食鑒本草・菜類》　青菜　四季常有，通腸胃結滯，利大小便，和中下氣。

清・田綿淮《本草省常・菜性類》　青菜　一名青菘，江北呼為蠻白菜。性平，通腸胃結氣，利二便，消食和中。服甘草、蒼白朮者忌之。

蹋菜

明・姚可成《食物本草》卷六菜部・柔滑類　蹋菜南土有之。生於歲暮。其葉蹋地不起，味極肥美。交春氣熱則老而無味矣。　蹋菜，味甘，平，無毒。滑腸疏肝，利五臟。此菜生於冬，冬季陽氣藏腹，故食之雖寒不妨。

清・吳其濬《植物名實圖考》卷三　烏金白　即菘菜之黑葉者。湖南產者葉圓少皺，色青黑有光，味稍遜，其箭桿白與他處同。

芝麻菜

明・蘭茂撰，清・管暄校補《滇南本草》卷上　芝麻菜　味微寒。治中風中寒，併暑熱之症。

清・吳其濬《植物名實圖考》卷六　芝麻菜　生雲南。如初生菘菜，抽莖開四瓣黃花，有黑縷，高尺許，生食味如白苣而微埴氣。《滇本草》：性微寒，治中風暑熱之證。

無心菜

清・吳其濬《植物名實圖考》卷一三　無心菜　江西、湖、廣平野多有之。春初就地鋪生，細莖似三葉酸漿，葉大如小指而頂有缺，密排莖上。湖北人多摘以為茹，亦呼為豆瓣菜。

菠菜

宋・唐慎微《證類本草》卷二九菜部下品〔宋・掌禹錫《嘉祐本草》〕　菠薐　冷，微毒。利五藏，通腸胃熱，解酒毒。服丹石人食之佳。北人食肉麪即平，南人食魚鼈水米即冷。不可多食，冷大小腸。久食令人脚弱不能行。發腰痛，不與䱇魚同食，發霍亂吐瀉。劉禹錫《嘉話録》云：菠薐，本西國中有，自彼將其子來，如苜蓿、蒲萄，因張騫而至也。本是頗陵國將來，語訛爾，時多不知也。

宋・鄭樵《通志》卷七五《昆蟲草木略》　菠薐菜　本出頗陵國，張騫帶來，語訛為菠。

宋・王介《履巉巖本草》卷下　菠菜　味甘，冷，無毒。多食滑腸，動痼冷，利五藏，通腸胃熱，解酒毒，服丹石人食之佳。北人食肉麪即平，南人食魚鱉水米即冷。不可多食，冷大小腸，令人脚弱，大率性冷爾。

宋・陳衍《寶慶本草折衷》卷二〇　菠薐　生西國。又本是頗陵國將來，語訛之爾。今南北皆有之。〇忌蛆魚。

冷，微毒。〇利五藏，通腸胃熱，解酒毒。服丹石人食之佳。北人食肉麪即平，南人食魚鼈水米即冷。多食冷大小腸，脚弱腰痛，不與蛆魚同食。發霍亂吐瀉。

元・忽思慧《飲膳正要》卷三　菠薐　味甘，冷，微毒。利五藏，通腸胃熱，解酒毒。即赤根。

元・吴瑞《日用本草》卷七　菠薐　味甘，冷，微毒。不可多食，冷大小腸。令人脚弱，發腰痛。不與鮰魚同食，發霍亂吐瀉。　主利五臟，通腸胃熱，解酒毒。服丹石人食之佳。北人食肉麪即平，南人食魚鱉水米即冷。

明・蘭茂原撰，范洪等抄補《滇南本草圖説》卷八　菠菜　一名紅根菜。味甘，性冷、平。解酒，潤腸通血。

明・蘭茂撰，清・管暄校補《滇南本草》卷下　波菜子又名刺蒺藜。　性微溫，味微辛、甜。入脾肺二經。祛風明目，開通關竅，利腸胃。

按：　波菜傷腸胃。傷風忌食，引風邪入臟腑經絡，令人咳嗽。

明・滕弘《神農本經會通》卷五　菠薐　《本經》云：　冷，微毒。利五臟，通腸胃熱，解酒毒，服丹石人食之佳。北人食肉麪即平，南人食魚鼈水米即冷。不可多食，冷大小腸，久食令人脚弱不能行，發腰痛。不與鮰魚同食，發霍亂吐瀉。

明・劉文泰《本草品彙精要》卷四〇　菠薐微毒　叢生。

菠薐：　利五臟，通腸胃熱。解酒毒。服丹石人食之佳。北人食肉麪即平，南人食魚鼈水米即冷。不可多食，冷大小腸。久食令人脚弱不能行，發腰痛。不與鮰魚同食，發霍亂吐瀉。名醫所録。　【名】赤根菜。　【苗】劉禹錫《嘉話録》云：　菠薐，本西國中有，自彼將其子來，如苜蓿、葡萄因張騫而至也。本是頗陵國將來，語訛爾，時多不知也。今據圃人播子於畦，其葉漸長，繁茂而有三尖者，名爲火焰菠薐。根、葉柔嫩，作茹食之甘美。至六七月，莖高二三尺，作莢生子，頗類蒺藜子，其根色赤，故北人呼爲赤根菜也。【時】生：　秋初生苗。採：　九月、十月取。　【用】莖、葉。　【色】青緑。【味】甘。　【性】冷。　【氣】氣之薄者，陽中之陰。

明・盧和、汪穎《食物本草》卷一菜類　菠薐菜　冷，微毒。利五臟，通腸胃熱，解酒毒。北人多食肉麪，食此則平。南人多食魚鱉水味，食此則冷，不可多食，冷大小腸，發腰痛，令人脚弱不能行。一云：　服丹石人食之佳。劉禹錫《佳話錄》云：　此菜來自西域頗稜國，誤呼菠薐。《藝苑雌黄》亦云。

明・寧源《食鑒本草》卷下　菠菜　味甘，寒，無毒。利五臟，解熱毒、酒毒。

明・王文潔《太乙仙製本草藥性大全》卷五《本草精義》　菠薐菜　出本西國中，自彼將其子來，如苜蓿、葡萄因張騫而至也。本是頗陵國將來，語訛爾。其葉似苦蕒薄而帶花，莖根淡紅，其味極美，生啖亦妙。

明・王文潔《太乙仙製本草藥性大全》卷五《仙製藥性》　菠薐菜　氣冷，有微毒。　主治：　利五臟，通腸胃熱，解酒毒及丹石毒。北人食肉麪即平，南人喫魚米最冷。多食冷大小腸，久食腰痛脚軟。不與鮰魚同食，動發霍亂吐瀉。

明・皇甫嵩《本草發明》卷五　菠薐冷。　利五藏，通腸胃，解熱酒毒、丹石毒。久食令人脚軟不能行。

明・李時珍《本草綱目》卷二七菜部・柔滑類　菠薐宋《嘉祐》

【釋名】菠菜《綱目》　波斯草《綱目》　赤根菜慎微曰：　按劉禹錫《嘉話録》云：菠薐種出自西國。有僧將其子來，云本是頗陵國之種。語訛爲波稜耳。時珍曰：　按《唐會要》云：　太宗時尼波羅國獻波稜菜，類紅藍，實如蒺藜，火熟之能益食味。即此也。方士隱名爲波斯草云。　【集解】時珍曰：　波稜，八月、九月種者，可備冬食；　正月、二月種者，可備春蔬。其莖柔脆中空。其葉緑膩柔厚直出一尖，旁出兩尖，似鼓子花葉之狀而長大。其根長數寸，大如桔梗而色赤，味更甘美。四月起薹尺許。有雄雌。就莖開碎紅花，叢簇不顯。雌者結實，有刺，狀如蒺藜子。種時須砑開，易浸脹。必過月朔乃生，亦一異也。

菜及根　【氣味】甘，冷，滑，無毒。士良曰：　微毒。多食令人脚弱，發腰痛，動冷氣。先患腹冷者，必破腹。不與鮰魚同食，發霍亂。取汁煉霜，制砒、汞，伏雌黄、硫黄。

【主治】利五臟，通腸胃熱，解酒毒。服丹石人食之佳孟詵。通血脈，開胸膈，下氣調中，止渴潤燥。根尤良時珍。

【發明】詵曰：　北人食肉麪，食之即平；　南人食魚鱉水米，食之即冷，故多食冷大小腸也。時珍曰：　按張從正《儒門事親》云：　凡人久病，大便澀滯不通，及痔漏之人，宜常食菠薐、葵菜之類，滑以養竅，自然通利。

【附方】新一。　消渴引飲：　日至一石者。菠薐根、鷄内金等分，爲末。米飲服一錢，日三。《經驗方》。

明・穆世錫《食物輯要》卷三　菠菜　味甘，性冷滑，無毒。制丹石毒，解酒，潤腸，通血脉，利臟腑，去腸胃熱及五痔，根尤良。多食，動冷氣，令腰腳軟。同䱻食，發霍亂。

明・趙南星《上醫本草》卷三　菠菜　一名菠薐，又名波斯草，亦名赤根菜。慎微曰：按劉禹錫《嘉話錄》云：菠薐種出自西國，有僧將其子來，云本是頗陵國之種，語訛為波稜耳。時珍曰：按《唐會要》云，太宗時，尼波羅國獻波稜，菜類紅藍，實如蒺藜，火熟之，能益食味，即此也。方士隱名為波斯草云。按張從正《儒門事親》云：凡人久病，大便澀滯不通及痔漏之人，宜常食菠薐、葵菜之類，滑以養竅，自然通利。

菜及根：甘，冷，滑，無毒。主治：利五臟，通腸胃熱，解酒毒，服丹石人食之佳。通血脉，開胸膈下氣，調中止渴，潤燥，根尤良。北人食肉麪，食之即平。南人食魚鼈水米，食之即冷，故多食冷大小腸也。

附方　消渴引飲，日至一石者：菠薐根、雞內金等分，為末。米飲服一錢，日三。

明・應廖《食治廣要》卷三　菠薐　氣味：甘，冷，滑，無毒。利五藏，通腸胃，解丹石、酒毒，通血脉，開胸膈，下氣調中，止渴潤燥。多食令人脚弱。患腹冷者食之破腹。與䱻魚同食，發霍亂。〔取汁煉霜，制砒、汞，伏雌黃、硫黃。〕張子和云：久病大便澁滯不通，及痔漏之人，宜常食之。老人、血枯便難者，常作羹食之佳。

明・姚可成《食物本草》卷六菜部・柔滑類　菠薐菜一名菠菜。其種出自西國。有僧將其子來，云本是頗陵國之種，語訛為菠薐耳。菠薐八月、九月種者，可備冬食；正月、二月種者，可備春蔬。其莖柔脆中空，其葉綠膩柔厚，直出一尖，旁出兩尖，似鼓子花葉之狀而長大。其根長數寸，大如桔梗而色赤，味更甘美。四月起薹尺許。有雄雌。就莖開碎紅花，叢簇不顯。雌者結實，有刺，狀如蒺藜子。種時須研開，易浸脹。必過月朔乃生，亦一異也。

菠薐菜及根：味甘，冷，滑，無毒。主利五臟，通腸胃熱，解酒毒。服丹石人食之佳。通血脉，開胸膈，下氣調中，止渴潤燥。不可與䱻魚同食，發霍亂。北人食肉麪，食之即平；南人食魚鼈水米，食之即冷，故多食冷大小腸也。凡人久病，大便澀滯不通及痔漏之人，宜常食菠薐、葵菜之類，滑以養竅，自然通利而無枯涸之害也。

明・顧逢柏《分部本草妙用》卷九菜部　菠菜　甘，冷，滑，無毒。多食令人脚弱，發腰痛，動冷氣。取汁煉霜，制砒、汞，〔服〕〔伏〕雌黃、硫黃。主治：利五臟，通腸胃熱，解酒毒。服丹石人食之佳。通血脉，開胸膈，下氣調中，止渴潤燥。根尤良。北人食肉麪，食之即平。南人食魚鼈水米，食之即冷大小腸。《儒門事親》云：久病大便澀滯，及痔漏之人，常宜食菠葵菜之類，滑以養竅，自然通利。

明・孟笨《養生要括・菜部》　菠薐菜多食令人脚弱，發腰痛，動冷氣。先患腹冷者，必破腹。凡人久病大便溜滯不通及痔漏之人，宜常食之，滑以養竅，自然通利。　菜及根：味甘，冷，滑，無毒。利五臟，通腸胃熱，解酒毒，服丹石人食之佳，通血脉，開胸膈，下氣調中，止渴潤燥，根尤良。

明・施永圖《本草醫旨・食物類》卷二　菠薐菜　味冷，微毒。利五臟，通腸胃，解熱毒酒毒。北人多食肉與麪，食此則平；南人多食魚鱉水米，食此則冷。故多食冷大小腸，發腰痛，令人脚弱不能行。一云，服丹石人食之佳。劉禹錫《佳話錄》云：此菜來自西域頗稜國，誤呼菠薐。《藝苑雌黃》亦云。

清・穆石匏《本草洞詮》卷七　菠薐　氣味甘冷滑，無毒。主調中止渴，利五臟，通腸胃，解酒毒。張子和云：凡大便澀滯及痔漏之人，宜嘗食菠薐、葵菜之類，滑以養竅，自然通利也。

清・丁其譽《壽世秘典》卷三　菠菜一名菠薐，其根赤，又名赤根菜。　氣味：甘，冷，滑，無毒。主利五臟，通腸胃熱，解酒毒。服丹石人食之，佳《食療本草》。通血脉，開胸膈，下氣調中，止渴潤燥，根尤良《綱目》。

發明：陳士良曰：多食令人脚弱，發腰痛，動冷氣。張從正云：凡人久病，大便澀滯不通及痔漏之人，宜常食菠薐、葵菜之類，滑以養竅，自然通利。

清・尤乘《食鑒本草・菜類》　波菜　多食滑大小腸，令人脚弱不能行。

清・朱本中《飲食須知・菜類》　菠菜　味甘，性冷滑。多食令人脚弱，發腰痛，動冷氣，先患腹冷者必破腹。不可與䱻魚同食，發霍亂。北人食煤火薰炙肉麪，食此則平。南人食濕熱魚米，食此則冷，令大小腸冷滑也。

清・何其言《養生食鑒》卷上　菠菜　味甘，性冷，滑，無毒。制丹石毒，解酒，潤腸，通血脈，利臟腑，去腸胃熱及五痔，根尤良。多食動冷氣，令腰脚軟，同黃鱓食，發霍亂。

清・李熙和《醫經允中》卷二二　菠菜　甘，冷，滑，無毒。多食令人脚弱，發腰痛，動冷氣，利五臟，通腸胃熱，解酒毒，服丹石人食之佳。根止渴潤燥，大便澀滯及痔病人宜食之，以其滑竅也。

清・張璐《本經逢原》卷三　菠薐　甘，冷，滑，無毒。　發明：　凡蔬菜皆能疏利腸胃，而菠薐冷滑尤甚，多食令人脚弱，發腰痛，動冷氣。與䱉魚同食發霍亂。取汁煉霜，制砒、汞，伏雌黄、硫黄毒。

清・葉盛《古今治驗食物單方》　菠薐　消渴引飲無算者，菠薐根、鷄内金等分，為末，米飲服二錢。　菠薐，寒潤之物，宜于大腸血燥、脾約之人。

清・王子接《得宜本草・中品藥》　菠菜　味甘，冷滑。入手太陽、陽明經。功專通腸利臟。得雞内金治消渴引飲。

清・吳儀洛《本草從新》卷四　菠菜〔通臟腑血脈。〕一名波菱。以下柔滑類。　甘，澀，古本草皆言其冷，今人歷試之，但見其熱，不覺其冷。滑，微毒。利五臟，通血脈，開胸膈，解酒毒，宣腸胃熱，下氣調中，止渴潤燥。根尤良。

清・汪紱《醫林纂要探源》卷二　菠稜　甘、酸，寒，滑。葉似酸（莫）〔模〕而色深綠，根大如指而色赤，叢生地上如盤，抽莖結實似蒺藜。斂陰和血。然多食發瘡。肺過斂則皮膚反燥。

清・嚴潔等《得配本草》卷五　菠菜即菠薐。　制砒、汞。伏雌黄、硫黄。甘，冷，滑。入手太陽、陽明經。通腸胃，利臟腑。行血脈，解酒毒，下氣調中，止渴潤燥。　多食令人脚軟。腹冷者禁食。

題清・徐大椿《藥性切用》卷六　菠菜　即菠薐菜。甘澀微滑，止渴潤燥，充胃利腸。菜根亦良，禁忌同白菜。

清・黄宫繡《本草求真》卷九　菠薐通利腸胃熱毒。　菠薐耑入腸胃。出自西域。頗稜國，誤呼菠薐。何書皆言能利腸胃，蓋因滑則通竅，菠薐質滑而利。凡人久病大便不通及痔漏閉塞之人，宜咸用之。又言能解熱毒、酒毒。蓋因寒則療熱，菠薐氣味既冷。凡因癰腫毒發，並因酒濕成毒者，須宜用此以服。且毒與熱，未有不先由胃而始及腸，故藥多從甘入，菠薐既滑且冷，而味又甘，故能入胃清解，而使其熱與毒盡從腸胃而出矣。然此服之過多，為害不淺。張璐云：　凡蔬菜皆能疏利腸胃，而菠薐冷滑尤甚。又曰：　多食令人脚弱，發腰痛，動冷氣，與䱉魚同食，發霍亂，則知此即可以供蔬，而用又當斟酌於其中也。北人多食肉麵，食此則平。南人多食魚鱉水米，食此則冷。

清・李文培《食物小錄》卷上　菠菜　甘，冷、滑，無毒。利五臟，通腸胃熱，解酒毒。服丹石人食之佳，通血脈，開胸膈，下氣調中，止渴，潤燥。根尤良。多食發瘡。患痔瘺人宜常服。

清・趙學敏《本草綱目拾遺》卷八諸蔬部　波斯菜　即今紅菜，一名洋菜。汪連仕云：　生長海陽者佳。根本紅豔，色鮮麗。　止血。治刑杖瘀血攻心，搗汁沖酒服，即散，可理跌打。

清・黄凱鈞《藥籠小品》　菠菜　取老菠菜直下根，治老人大便難下最妙。須佐補氣養血之藥。

清・章穆《調疾飲食辯》卷三　菠薐　一名菠菜，《證類本草》曰：　劉禹錫云出頗陵國，訛為菠薐，誤也。菠者其名，薐者，因其子有稜角如菱芰也。《唐會要》曰：　太宗時，尼波羅國獻波稜菜，類紅藍花。《綱目》曰：　有雌雄，就莖間開碎紅花，攢簇不顯，實似蒺藜。亦誤也。菠薐花全綠，與葉同色。類紅藍花者，謂其莖、葉之形，非謂花色也。但有雌雄，雄者開花無子，雌者結子無花，異物也。種之難出，有云必過月朔乃生者，試之不然。性甘涼而滑，調中止渴，潤燥利藏府，開胸膈。張子和曰：　久患大便滯澀者宜常食。《食性本草》曰：　令人脚弱，發腰痛。俗醫云：　發瘡毒。皆大不然。惟素病腹冷者，久食破腹，則或有之。

清・吳其濬《植物名實圖考》卷四　菠薐　《嘉祐本草》始著錄。《嘉話錄》種自頗陵國移來，訛為菠薐。味滑，利五臟，此菜色味皆佳，廣舶珊瑚，以色如菠菜莖者為貴，則亦可名珊瑚菜矣。南中四時不絶，以早春初冬時嫩美。東坡詩：　北方苦寒今未已，雪底菠薐如鐵甲。豈知吾蜀富冬蔬，霜葉露芽寒更茁。大抵江以南皆富冬蔬，而北地之窖生者色尤碧，味尤脆也。惟此菜忽有澁者，乃不能下咽。豈瘠土不材耶？北地三四月間，菜把高如人，肥壯無筋，焯而腊之入湯，鮮綠可愛，目之曰萬年青，聞黑龍江菠薐厚勁如箭鏃，則洵如鐵甲矣。

清・趙其光《本草求原》卷一五菜部　菠菜　甘，冷，滑，無毒。潤腸，通血脈，利臟腑，清腸胃，五痔。根尤良。解酒，制丹石毒。忌同鱔食。

清・文晟《新編六書》卷六《藥性摘錄》　菠菜　性冷。利腸胃，解熱毒。凡因癰腫毒發，並因酒濕成毒者，宜服。多食令脚弱，發腰痛，動冷氣。與䱉魚同食，發霍亂。北人多食肉麪，食此則平。南人多食魚鱉水米，食此則冷。

清・王孟英《隨息居飲食譜・蔬食類》　菠薐亦名菠菜。　甘、辛，澀。開胸膈，通腸胃，潤燥，活血，大便澀滯及患痔人宜食之。根味尤美。秋種者良。驚蟄後不宜食。病人忌之。

清・田綿淮《本草省常・菜性類》　菠菜　一名赤根菜。性平。調中下氣，潤燥滑腸，除煩熱，解酒毒，利五臟，通血脉。多食令人作瀉。久食令人腰痛脚軟。

清・戴葆元《本草綱目易知錄》卷三　菠菜菠薐菜　甘，冷，滑。利五臟，通血脈，開胸膈，解酒毒，通腸胃熱，下氣調中，潤躁止渴。根尤良。凡久病，大腸澁不通及患痔病，并服丹石人食之佳。多食，令人脚弱，動冷氣，發腰痛，冷大小腸。

清・陳其瑞《本草撮要》卷四　菠菜　味甘，冷滑，入手太陽、陽明經，功專通腸利臟，得雞肫皮治消渴引飲。

清・吴汝紀《每日食物却病考》卷上　菠菜　名菠薐，有僧采自西域頗陵國之種，故相傳為菠薐。味甘，冷滑，微毒。利五臟，通腸胃熱，解酒毒。多食冷大小腸，發腰痛，令人脚弱。

莙薘

唐・孫思邈《千金要方》卷二六《食治・菜蔬》　莙菜　味甘、苦，大寒，無毒。主時行壯熱，解風熱惡毒。

宋・唐慎微《證類本草》卷二八菜部中品〔《別錄》〕　莙音甜菜　味甘、苦，大寒。主時行壯熱，解風熱毒。

〔梁・陶弘景《本草經集注》〕云：即今以作鮓蒸者。莙，作甜音，亦作忝。時行熱病初得，便擣汁皆飲得除差。

〔唐・蘇敬《唐本草》〕注云：此菜似升麻苗，南人蒸缹音缶食之，大香美。

〔宋・馬志《開寶本草》〕按：別本注云：夏月以其菜研作粥解熱，又止熱毒痢。擣傅灸瘡，止痛，易差。又按《陳藏器本草》云：莙菜，擣絞汁服之，主冷熱痢，又止血生肌。人及禽獸有傷折，傅之立愈。又收取子，以醋浸之，揩面，令潤澤有光。

〔宋・掌禹錫《嘉祐本草》〕按：《蜀本圖經》云：高三四尺，莖若蒴藋，有細稜，夏盛冬枯。孟詵云：莙菜，又，擣汁與時疾人服，差。子，煮半生，擣取汁，含，治小兒熱。陳士良云：莙菜，葉似紫菊而大，花白，食之宜婦人。日華子云：甜菜，冷，無毒。炙作熟水飲，開胃，通心膈。

宋・唐慎微《證類本草》卷二九菜部下品〔宋・掌禹錫《嘉祐本草》〕　莙薘　平，微毒。補中下氣，理脾氣，去頭風，利五藏。冷氣，不可多食，動氣。先患腹冷，食必破腹。莖灰淋汁洗衣，白如玉色。已上五種新補。見孟詵、陳藏器、陳士良、日華子。

宋・陳衍《寶慶本草折衷》卷二〇菜部下品　莙一作甜菜汁在內。　味甘，寒，無毒。○主時行壯熱，解風熱毒。○陳藏器云：擣汁服，主冷熱痢。又止血生肌。○陳士良云：葉似紫菊而大，花白，食之宜婦人。○日華子云：炙作熟水飲，開胃，通心膈。

莙其隕切薘　平，微毒。○補中，下氣，去頭風，利五藏，多食動氣。先患腹冷，食必破腹。

元・忽思慧《飲膳正要》卷三　出莙薘兒　味甘，平，無毒。通經脉，下氣，開胸膈。即莙薘根也。

莙薘　味甘，寒，無毒。調中下氣，去頭風，利五藏。

元・吳瑞《日用本草》卷七　莙薘　味甘，平滑，微毒。多食動氣。先患腹冷，食必破腹。莖燒灰，淋汁洗衣，白如玉色。主補中下氣，理脾胃，去頭風，利五臟。

明・朱橚《救荒本草》卷下之後　莙薘菜　所在有之。人家園圃中多種。苗葉搨地生，葉類白菜而短，葉莖亦窄，葉頭稍團，形狀似糜匙樣。味鹹，性平、寒，微毒。　救飢：採苗葉煠熟，以水浸洗淨，油鹽調食。不可多食，動氣破腹。　治病：文具《本草》菜部條下。

明・蘭茂撰，清・管暄校補《滇南本草》卷上　甜菜　味甘，平。治中隔冷痰，胃中食積。不宜多食。

明・蘭茂撰，清・管暄校補《滇南本草》卷下　甜菜　一名牛皮菜。性平，味甜。入陽明經。動痰，走經絡。

按：甜菜吃之有損無益，動肝氣，發胃氣疼，發背寒面寒，發痰火。如筋骨疼，腹中有積，不宜食。無積，不宜多食。

明・蘭茂《滇南本草》〔叢本〕卷下　甜菜　味甘，性平。入陽明經。發胃動痰，走經絡。按：甜菜吃之有損無益，動肝氣，發胃氣，面背寒，發痰火、筋骨疼痛。肚有疾者，吃之發病。

明・滕弘《神農本經會通》卷五　莙薘　《本經》云：平，微毒。補中下氣，理脾氣，去頭風，利五臟冷氣。不可多食，動氣。先患腹冷，食必破腹。

明・劉文泰《本草品彙精要》卷三九　菾菜無毒　叢生。

菾音甜菜：　主時行壯熱，解風熱毒。名醫所錄。　〔苗〕《圖經》曰：　苗似升麻，葉似紫菊而大。春秋播種於畦而生，莖高一二尺，若蒴藋而有細稜，四月開白花，六月結子，其莢與諸菜不同，此菜夏盛而冬枯也。　〔地〕處處有之。　〔時〕生：　春生苗。　採：　五月取。　〔收〕煠過，日乾。　〔用〕莖、葉及子。　〔色〕青綠。　〔味〕甘，苦。　〔性〕大寒。　〔氣〕味厚於氣，陰也。　〔臭〕腥。　〔主〕除冷熱痢，止血生肌。　〔治〕療：　陶隱居云：　菾菜，除時行熱病，初得便擣汁飲之，差。《唐本》注云：　夏月以此菜研作粥食之，解熱及止熱毒痢。并擣傅灸瘡，止痛，易差。日華子云：　炙作熱水飲，開胃，通心膈。陳藏器云：　菾菜，止冷熱痢，擣汁服之，及止血生肌，亦治人與禽獸有折傷處，傅之立愈。孟詵云：　子，煮半生，擣汁含，止小兒熱。陳士良云：　菾菜食之，宜婦人。　〔合治〕子合醋浸之，揩面，令面潤澤有光。

明・劉文泰《本草品彙精要》卷四〇　莙薘微毒　叢生。

莙薘：　補中，下氣，理脾氣，去頭風，利五臟，冷氣。不可多食，動氣。先患腹冷，食必破腹。○莖灰淋汁洗衣，白如玉色。名醫所錄。　〔苗〕謹按：　圃人春間以子水浸數日，俟其萌動，播種於畦，苗葉漸高尺許。至夏繁茂，抽莖著碎黄花，於其端作莢生子。刈其莖燒灰，淋汁浣衣，大能去油垢也。　〔地〕舊不著所出州土，今在處有之。　〔時〕生：　春生苗。　採：　春夏取。　〔用〕莖、葉。　〔色〕青綠。　〔味〕甘。　〔性〕平。　〔氣〕氣之薄者，陽中之陰。　〔臭〕腥。

明・盧和、汪穎《食物本草》卷一菜類　莙薘　味平，微毒。補中下氣，理脾胃，去頭風，利五臟冷氣。多食則動氣。先患腹冷人食之破腹。莖灰淋汁洗衣，白如玉色。

菾菜　味甘苦，大寒。主時行壯熱，解風熱毒，止熱毒痢，開胃通膈，又治小兒熱。其花白，婦人食之宜。

明・寧源《食鑑本草》卷下　菾菜　味苦、甘，大寒，無毒。治天行疫癘，解風熱毒，解暑熱，攻毒痢。夏月作粥最良。

明・王文潔《太乙仙製本草藥性大全》卷五《本草精義》　莙薘　舊不載所出州土，今人家園圃多種之。苗莖葉〔似〕蕉扇，綠黑色，三月抽條開花。

菾菜　一名甜菜。舊本不著所出州土，今處處有之。此菜似升麻，苗高三四尺，莖若蒴藋，有細稜，葉似野菊，開白花，結子，夏盛冬枯，收採無時。

明・王文潔《太乙仙製本草藥性大全》卷五《仙製藥性》　莙薘　味甘，氣平，有微毒。　主治：　利五臟而祛頭風，理脾氣而消冷氣。補中甚妙，下氣尤良。不可多食，食多動氣。先患腹冷，食必破腹。莖灰淋汁洗衣，其色雪白如玉。

菾菜　味甘、苦，氣大寒，無毒。　主治：　主時行壯熱，止熱毒洩痢。解風熱如神，破熱毒尤勝。開胃通心膈而有準，折傷生肌肉而極靈。　補註：　時行熱病，用搗汁飲差。○冷熱痢，搗絞汁服效。○止血生肌，人及禽獸有傷折，搗敷立愈。○開胃膈，炙作熟水飲。○小兒熱，子煮半生，杵汁含之。又取子醋浸，搗汁揩面，令潤澤有光。

明・皇甫嵩《本草發明》卷五　莙薘菜平，微毒。　補中，下氣理脾氣，去頭風，利五藏冷氣。多食之動氣。先患腹冷，食必破腹。莖灰淋汁，洗衣白如玉色。

明・李時珍《本草綱目》卷二七菜部・柔滑類　菾菜菾音甜。○《別録》中品。校正：　併入《嘉祐》莙薘菜。

〔釋名〕莙薘菜時珍曰：　菾菜，即莙薘也。菾與甜通，因其味也。莙薘之義未詳。

〔集解〕弘景曰：　菾菜，即今以作鮓蒸者。恭曰：　菾菜葉似升麻苗，南人蒸(缶)〔炰〕食之，大香美。保昇曰：　苗高三四尺，莖若蒴藋，有細稜，夏盛冬枯。其莖燒灰淋汁洗衣，白如玉色。士良曰：　葉似紫菊而大，花白。時珍曰：　菾菜正二月下種，宿根亦自生。其葉青白色，似白菘菜葉而短，莖亦相類，但差小耳。生、熟皆可食，微作土氣。四月開細白花。結實狀如茱萸梂而輕虚，土黄色，内有細子。根白色。

〔氣味〕甘、苦，大寒，滑，無毒。禹錫曰：　平，微毒。冷氣人不可多食，動氣。先患腹冷人食之，必破腹。　〔主治〕時行壯熱，解風熱毒，搗汁飲之便瘥《別録》。夏月以菜作粥食，解熱，止熱毒痢。搗爛，傅灸瘡，止痛易瘥蘇恭。搗汁服，主冷熱痢。又止血生肌，及諸禽獸傷，傅之立愈藏器。煎湯飲，開胃，通心膈，宜婦人大明。補中下氣，理脾氣，去頭風，利五臟《嘉祐》。

根　〔氣味〕甘，平，無毒。　〔主治〕通經脈，下氣，開胸膈《正要》。

子　〔主治〕煮半生，搗汁服，治小兒熱孟詵。醋浸揩面，去粉滓，潤澤有光藏器。

〔附方〕新一。　痔瘻下血：　莙薘子、芸薹子、荆芥子、芫荽子、萵苣子、蔓菁子、蘿蔔子、葱子等分，以大鯽魚一個去鱗、腸，裝藥在內，縫合，入銀石器內，上下用火煉熟，放冷爲末。每服二錢，米飲下，日二服。

明・穆世錫《食物輯要》卷三　甜菜　味甘、苦，性寒滑，無毒。通心開胃，快膈利水。有熱病赤痢者，宜食。胃寒人食之，動氣發瀉。

明・吴文炳《藥性全備食物本草》卷一　莙薘　味甘，平，微毒。補中下氣，理脾氣，去頭風，利五臟冷氣。多食動氣，先患腹冷，食必破腹。莖燒灰淋汁洗衣白如玉。

菾菜即甜菜。　味甘甜，大寒。葉似紫菊而大，花白，食之宜婦人，開胃，通心膈，治天行疫癘，解風熱毒、暑毒、痢毒，夏月作粥最良。南人蒸食大香美。胃寒人食之動氣發瀉。

明・趙南星《上醫本草》卷三　莙薘菜　一名菾菜菾音甜。時珍曰：菾菜，即莙薘也。菾與甜通，因其味也。　甘、苦，大寒，滑，無毒。主治：補中下氣，理脾氣，去頭風，利五臟。煎湯飲，開胃，通心膈，宜婦人。擣汁飲，治時行壯熱，冷熱痢，又止血生肌，解風熱毒。夏月以菜作粥食，解熱，止熱毒痢。擣爛，傅灸瘡，止痛易瘥。傅諸禽獸傷，立愈。　禹錫曰：平，微毒。冷氣人不可多食。動氣，先患腹冷人食之必破腹。

根：甘，平，無毒。主治：通經脉下氣，開胸膈。

子：主治：醋浸揩面，去粉滓，潤澤有光。煮半生，擣汁服，治小兒熱。

附方　痔瘻下血：莙薘子、芸薹子、荊芥子、芫荽子、萵苣子、蔓菁子、蘿蔔子、葱子等分，以大鯽魚一個去鱗、腸，裝藥在內，縫合，入銀石器內，上下用火煉熟，放冷為末。每服二錢，米飲下，日二服。

明・應廩《食治廣要》卷三　菾菜　氣味：甘、苦，大寒，滑，無毒。補中下氣，理脾，去頭風，利五藏。多食動氣。先患腹冷人，食之破腹。

明・姚可成《食物本草》卷六菜部・柔滑類　菾菜菾，音甜。一名莙薘菜，即今以作鮓蒸者。正二月下種，宿根亦自生。其葉青白色，似白菘菜葉而短，莖亦相類，但差小耳。生、熟皆可食，微作土氣。四月開細白花。結實狀如茱萸梂而輕虛，土黄色，肉有細子。根白色。　菾菜，味苦、甘，大寒，滑，無毒。主時行壯熱，解風熱毒，擣汁飲之便瘥。夏月以菜作粥食，解熱，止熱毒痢。擣爛，傅灸瘡，止痛易瘥。擣汁服，主冷熱痢。又止血生肌，及諸禽獸傷，傅之立愈。煎湯飲，開胃，通心膈，宜婦人。補中下氣，理脾氣，去頭風，利五臟。能動氣，不可多食。

根　味甘，平，無毒。主通經脉，下氣，開胸膈。

子　煮半生，搗汁服，治小兒熱。醋浸揩面，去滓，潤澤有光。

莖　灰淋汁洗衣，白如玉色。

甜菜處處種之。五月六月生長，色青。葉形圓厚光滑，味不甚美。菜之下品。　甜菜，味甘，平，無毒。潤腸和胃。多食令人泄瀉。

明・孟笨《養生要括・菜部》　菾菜菾，音甜。　味甘、苦，大寒，滑，無毒。治時行壯熱，解風熱毒，夏月以菜作粥食，解熱，止熱毒痢。搗爛，傅灸瘡，止痛易瘥。搗汁服，主冷熱痢，又止血生肌，及諸禽獸傷傅之，立愈。煎湯飲，開胃通心膈，宜婦人。補中下氣，理脾氣，去頭風，利五臟。

根：通經脉，下氣開胸膈。

子：煮半生搗汁服，治小兒熱。醋浸揩面去粉滓，潤澤有光。

明・施永圖《本草醫旨・食物類》卷二　莙薘即莙蒿菜。道家忌之。　味：平，淡，微毒。補中下氣，理脾胃，去頭風，利五臟冷氣。多食則動氣，先患腹冷人食之破腹。莖灰淋汁，洗衣潔白如玉色。

菾菜一名莙薘菜。冷氣人不可食，多食則動氣破腹。　味：甘、苦，大寒。主時行壯熱，解風熱毒，止熱痢，開胃通膈，又治小兒熱毒。其花與根，婦人宜食。○夏日作飯最涼。

清・丁其譽《壽世秘典》卷三　菾菜音甜，一名莙薘菜。其葉青白色，似白菘菜葉而短，莖亦相類，但差小耳。生熟皆可食，微作土氣。　氣味：甘、苦，大寒，滑，無毒。主理脾氣，利五臟，治時行壯熱，解風熱毒，搗汁飲之，便瘥。

發明：掌禹錫曰：冷氣人不可多食，動氣。先患腹冷人食之，必破腹。

清・朱本中《飲食須知・菜類》　菾菜　味甘、苦，性寒滑。即甜菜。一名莙薘菜，道家忌之。其莖燒灰淋汁洗衣，白如玉色。胃寒人食之，動氣發瀉。先患腹冷人食之，必破腹。

清・何其言《養生食鑒》卷上　菾菜音甜，即莙薘菜。　味甘、苦，性寒、滑，無毒。通心開胃，快膈利水。有熱病赤痢者，宜食。胃寒人食之，動氣發瀉。莖灰淋汁洗衣，白如玉色。

清・吴儀洛《本草從新》卷四　菾菜〔瀉熱通腸。〕菾，音甜。一名莙薘菜。　甘、苦，涼，滑，微毒。利五臟，通心膈，解風熱毒。療時行壯熱，俱搗汁飲。止熱毒痢。夏月以菜作粥。又搗敷禽獸傷。禹錫曰：食之動氣，冷氣人食之，必破腹。

清・汪紱《醫林纂要探源》卷二　莙蓬　甘，寒。一名菾菜。亦或謂之菠菜。形似白菜，莖肥正白，葉厚而脆，煮食有土氣。今人或以為菠稜，反謂菠稜為莙蓬。兩易其名，誤也。益脾，利腸胃。以甘而有土氣也。多食尤發瘡。土固無不發，且過緩生濕，腠理反澀而生燥，血凝不行也。

清・嚴潔等《得配本草》卷五　菾菜一名莙蓬菜。　甘、苦，大寒，滑。通心膈，利五臟。解時熱毒痢。

清・黄宫繡《本草求真》卷九　（蓁）〔菾〕菜解時行諸熱毒。　菾專入腸胃。解熱療風。搗敷禽獸傷。子，用醋浸，揩擦，能去面上粉滓。

題清・徐大椿《藥性切用》卷六　菾菜　即甜菜。甘苦涼滑，通腸利藏，即俗所言〔甜〕菜者是也。味苦而甘，大寒體滑微毒。禹錫曰：氣平。考書言此搗汁以飲，能治時行壯熱，及解風熱諸毒。夏月以菜作粥，及或搗汁，亦能解熱治毒，止痢止血生肌，搗葉以敷禽獸諸傷灸瘡，此皆以寒療熱之法耳！若使脾虛人服之，則有腹痛之患，氣虛人服之，則有動氣之憂，與腸滑人服之，則有泄瀉之虞。至云治能補中理脾，皆是書中語欠分闢，徒以啟人妄用之階，非實義也。莖燒灰淋汁洗衣，潔白如玉。

清・李文培《食物小録》卷上　莙蓬菜　甘、苦，大寒，滑，微毒。以菜作粥食，解熱；煎湯飲，開胃，通心膈，宜婦人，補中下氣，理脾，去頭風，利五臟。不可多食。先患腹冷人，食之必破腹。

清・章穆《調疾飲食辯》卷三　莙蓬菜　一名菾菜。《綱目》曰：二月下種，宿根亦自生。葉青白，如白菘而短，生熟皆可食。四月開細白花。結實如茱萸梂而輕虛，黄色，内有細子。根白色。《嘉祐本草》曰：性涼，内熱人宜食，素患腹冷者忌之。《别録》曰：生搗汁飲，治時行壯熱，解熱毒風腫。《唐本》曰：夏月作粥食，解熱毒，止熱痢甚者亦宜生飲其汁。敷灸瘡及湯火傷，止痛易瘥。

清・吴其濬《植物名實圖考》卷四　菾菜　《别録》中品。即莙蓬菜。湖南謂之甜菜。有紅莖者不中噉，人種以為玩。按莙蓬，《嘉祐本草》始著録，李時珍以菾、甜聲近，遂併為一物。然與諸說葉似升麻及蒴藋皆不類，姑仍其說。菜味甜而不正，品最劣，易種易肥，老圃之惰孏者植之。與《唐本》注蒸炰食之大香美殊異。又夏月與菜作粥食，解熱，近時亦無以為粥者。《滇本草》治中膈冷，痰存於胸中。不可多食，滇多珍蔬，固宜見擯。

雩婁農曰：人之嗜甘同也，甘而苦者雋，甘而酸者爽，甘而辛者疏，甘而鹹者津，一於甘，若琴瑟之專壹，誰能聽之？然甘而清、甘而腴，猶有嗜者。嗜之久則齒蟲與胃蚘蠹生焉。穀之飛，亦為蠱甘而無所制也。至甘而濁且邪，則士大夫、農圃皆賤之，菾菜是也。人之以甘悦人者多矣，而有悦有不悦，豈獨非同嗜乎？毋亦如菾之濁且邪，為人所賤耶？諛人者、好諛者必能辨之。

清・趙其光《本草求原》卷一五菜部　莙蓬菜　俗名石菜。　甘、澀，寒，滑，無毒。通心開胃，疏膈利水，清熱痢。胃寒人忌。莖灰，淋汁洗衣，皎如白玉，其消削可知。

清・文晟《新編六書》卷六《藥性摘録》　莙蓬菜　即菾菜。苦甘，體滑，微毒。解時行熱毒，五六月以菜作粥，解熱治痢止血。脾虛氣弱者，勿服。

清・王孟英《隨息居飲食譜・蔬食類》　菾菜亦白甜菜。　甘、苦，涼。清火祛風，殺蟲解毒，滌垢濁，稀痘瘡，止帶調經，通淋，治痢。婦人小兒尤宜食之。老者良。先用清水煮去苦味，其湯浣衣最去油垢。然後再煮食之。或云即古之葵菜也。

清・田綿淮《本草省常・菜性類》　菾菜　一名莙蓬菜。性寒。解風熱毒。多食動氣、腹冷泄瀉。菾，音甜。

清・戴葆元《本草綱目易知録》卷三　蓬菜菾菜、莙蓬菜。　甘、苦，大寒，滑。煎湯飲，利五臟，開胃口，理脾氣，通心膈，去頭風，補中下氣。夏月以菜作粥食，解熱，止熱毒痢。擣汁飲，主冷熱痢及時行壯熱，解風熱毒，止血生肌。療諸禽獸傷，傅之立愈。灸瘡擣傅，止痛易瘥。多食動氣，滑大便。

清・陳其瑞《本草撮要》卷四　菾菜　味甘苦，涼滑，微毒，入手足太陰經，功專療時行壯熱。搗汁服並敷禽獸傷。食之動氣，冷氣人食之必瀉。子醋浸揩面，去粉刺，潤澤有光。一名君蓬菜，又名君達菜。

火焰菜

明・朱橚《救荒本草》卷下之後　火焰菜　人家園圃多種。苗葉俱似菠菜，但葉梢微紅，形如火焰，結子亦如菠菜子。苗葉味甜，性微冷。救飢：採苗葉煠熟，水淘洗淨，油鹽調食。

灰藋

宋·唐慎微《證類本草》卷二四米穀部上品 灰藋 味甘，平，無毒。主惡瘡，蟲、蠶、蜘蛛等咬。擣碎和油傅之，亦可煮食。亦作浴湯去疥癬風瘙。燒爲灰，口含及內齒孔中，殺齒䘌甘瘡。取灰三四度淋取汁，蝕息肉，除白癜風，黑子面䵟，著肉作瘡，子炊爲飯，香滑，殺三蟲。生熟地葉心有白粉，似藜。而藜心赤，莖大堪爲杖，亦殺蟲，人食爲藥，不如白藋也。新補。見陳藏器。〔宋·唐慎微《證類本草》〕：雷公：金鎖天，時呼爲灰藋，是金鎖天葉，撲蔓翠上，往往有金星，堪用也。若白青色，是忌女莖，不入用也。若使金鎖天葉，莖高低二尺五寸，妙也。若長若短，不中使。凡用，勿令犯水，先去根，日乾，用布拭上肉毛令盡，細剉，焙乾用之。

宋·王繼先《紹興本草》卷一二 灰藋 紹興校定云：灰藋乃野生之物。《本經》主治多以外用。其子炊飯，殺蟲，但未聞用驗之據。村人或以作菜煮食也。

宋·鄭樵《通志》卷七五《昆蟲草木略》 灰藋 曰金瑣天。葉心有粉，如鹽而不鹹。灰藋與藜亦是同類，但藜大，可為杖也。

宋·王介《履巉巖本草》卷上 灰藋音銚 味甘，平，無毒。主惡瘡，蟲蠶蜘蛛等咬，擣碎和油傅之，亦可煮食。亦作浴湯，去疥癬風瘙，燒爲灰，口噙及內齒孔中，殺齒䘌疳瘡。取灰三四度淋取汁，蝕瘜肉，除白癜風，黑子面䵟。著肉作瘡。子：炊爲飯，香滑，殺三蟲。

明·朱橚《救荒本草》卷下之後 灰菜 生田野中，處處有之。苗高二三尺，莖有紫紅線楞，葉有灰𦻐音勃，結青子，成穗者甘，散穗者微苦，性暖。生牆下、樹下者不可用。救飢：採苗葉煠熟，水浸淘淨去灰氣，油鹽調食。晒乾煠食尤佳。穗成熟時採子，搗為米，磨麵作餅蒸食，皆可。

明·蘭茂原撰，范洪等抄補《滇南本草圖說》卷一一 灰汞草 又名灰桃葉。味甘、苦。採取。主治：一切五痔漏瘡，煎水洗之，其效如神。即治癩亦佳。

明·蘭茂撰，清·管暄校補《滇南本草》卷上 灰挑銀粉菜 味辛。生有水處。綠葉細子，葉上有銀霜。作菜食，令人無噎食反胃。煎湯食，治赤眼腫疼。洗眼，去風熱。

明·劉文泰《本草品彙精要》卷三五 灰藋無毒 植生。

灰藋：主惡瘡，蟲、蠶、蜘蛛等咬，擣碎，和油傅之，亦可煮食。亦作浴湯，去疥癬風瘙。燒爲灰，口含及內齒孔中，殺齒䘌疳瘡。取三四度淋取汁，蝕瘜肉，除白癜風，黑子面䵟，著肉作瘡。子炊爲飯，香滑，殺三蟲。名醫所錄。〔名〕金鎖天。〔苗〕《圖經》曰：生熟地葉心有白粉，似藜，而藜心赤，莖大堪爲杖，亦殺蟲。人食爲藥，不如白藋也。《雷公》云：時呼爲灰藋，是金鎖天。葉撲蔓翠上，往往有金星，堪用。若白青色，是忌女莖，不入用也。紹興校定云：灰藋，乃野生之物，《本經》主治多以外用，其子炊飯殺蟲，但未聞用驗之據，村人或以作菜煮食也。〔地〕處處有之。〔時〕生：春生苗。採：夏秋取。〔收〕日乾。〔用〕莖、葉。〔色〕白。〔味〕甘。〔性〕平。〔氣〕氣厚於味，陽也。〔臭〕香。〔主〕殺三蟲，除疥癬。〔製〕雷公曰：若使金鎖天葉，莖高低二尺五寸妙也，若長若短不中使。凡用，勿令犯水，先去根，日乾，用布拭上肉毛令盡，細剉，焙乾用之。

明·姚可成《食物本草》卷首王西樓《救荒野譜》 灰條食葉。葉大而赤者，為藜藿；葉小而青者，俗名灰蓼頭。俱用汋過，油鹽伴食。灰條復灰條，采采何辭勞。野人當年飽藜藿，凶歲得此為嘉殽。東家鼎食滋味饒，徹却少牢羹太牢。

明·王文潔《太乙仙製本草藥性大全》卷二《本草精義》 灰藋 即金鎖匙。生熟地，大葉，莖高二尺五寸，葉心有白粉，似藜，而藜心赤，莖大，堪爲杖。亦殺蟲，人食爲藥，不如白藋也。

明·王文潔《太乙仙製本草藥性大全》卷二《仙製藥性》 灰藋 味甘，氣平，無毒。主治：主惡瘡、疥癬、風瘙，除白癜、黑子、面䵟。蟲蠶蜘蛛咬堪除，三蟲齒䘌、疳瘡能治。補註：惡瘡、蟲蠶蜘蛛咬，搗碎和油傅之，亦可煮食。○疥癬風瘙，用煎湯浴之。○齒䘌疳瘡，燒灰，口含內齒孔中。○蝕息肉、白癜風、面䵟黑子，灰淋汁，點上即去。

明·李時珍《本草綱目》卷二七菜部·柔滑類 灰藋音狄。○宋《嘉祐》。

校正：原自草部移入穀部，今復移入此。

〔釋名〕灰滌菜《綱目》 金鎖夭時珍曰：此菜莖葉上有細灰如沙，而枝葉翹趯，故名。梁簡文帝《勸醫文》作灰滌菜，俗訛爲灰條菜。《雷公炮炙論》謂之金鎖夭。〔集解〕藏器曰：灰藋生於熟地。葉心有白粉，似藜。但藜心赤莖大，堪爲杖，入藥不如白藋也。其子炊爲飯，香滑。時珍曰：灰藋處處原野有之。四月生苗，莖有紫紅綫稜。葉尖有刻，面青背白。莖心、嫩葉背面皆有白灰。爲蔬亦佳。五月漸老，高者數尺。七八月開細白花。結實簇簇如毬，中有細子，蒸暴取仁，可炊飯及磨粉食。《救荒本草》云：結子成穗者味甘，散穗者微苦，生墻下、樹下者不可用。

【修治】斆曰：灰藋即金鎖夭葉，撲蔓翠[上]，往往有金星，堪用。若白青色者，是忌女莖，不中用也。若使金鎖夭，莖高二尺五六寸爲妙。若長若短，皆不中使。凡用勿令犯水，去根日乾，以布拭去肉毛令盡，細剉，焙乾用之。時珍曰：妓女莖即地膚子苗，與灰藋莖相似而葉不同，亦可爲蔬。詳見本條。

莖葉【氣味】甘，平，無毒。【主治】惡瘡，蟲蠶蜘蛛等咬，搗爛和油傅之。亦可煮食。作湯，浴疥癬風瘙。燒灰納齒孔中，殺蟲䘌。含漱，去甘瘡。以灰淋汁，蝕瘜肉，除白癜風、黑子、面䵟。着肉作瘡藏器。

【附方】新一。疗瘡惡腫：野灰藋菜葉燒灰，撥破瘡皮，唾調少許點之，血出爲度。《普濟方》。

子仁【氣味】甘，平，無毒。【主治】炊飯磨麵食，殺三蟲藏器。

明・周履靖《茹草編》卷一 灰條即灰莧。農家蚤耕作，野火燒枯荑。生意久未斷，春來已淒淒。灰紫蕩欲散，條翠森相齊。斗酒自可飲，何必操豚蹄。此菜二種，一種葉大而赤，即藜藋。一種葉小而青，即今所圖者。湯焯過，炒，油鹽拌食。

明・穆世錫《食物輯要》卷三 灰條菜 味甘、澀，平，無毒。殺刺毛蟲，蜘蛛咬毒。同鹽煮食，充腸胃。子磨粉炊飯食，殺三尸蟲。

明・姚可成《食物本草》卷七菜部・柔滑類 灰藋此菜莖葉上[有細]灰[如沙，而]枝葉翹[趯]，故名。梁簡文帝《勸醫文》作[灰]滌菜，俗訛為灰條菜。〇灰藋處處原野有之。四月生苗，莖有紫紅線稜。葉尖有刻，面青背白。莖心、嫩葉背面皆有白灰。為蔬亦佳。五月漸老，高者數尺，堪為拄杖。七八月開細白花。結實簇簇如球，中有細子，蒸曝取仁，可炊飯及磨粉食。《救荒本草》云：結子成穗者味甘，散穗者味苦，生墻下、樹下者不可食。灰藋，味甘，平，無毒。主惡瘡，蟲蠶蜘蛛等咬，搗爛和油傅之。亦可煮食。作湯，浴疥癬風瘙。燒灰納齒孔中，殺蟲䘌。含漱，去疳瘡。以灰淋汁，蝕瘜肉，除白癜風、黑子、面䵟。着肉作瘡。

子仁 味甘，平，無毒。炊飯磨麪食，殺三蟲。

明・施永圖《本草醫旨・食物類》卷二 灰藋其子炊為飯，香滑。若生牆下、樹下者，不可用。 莖葉：味：甘，平，無毒。治惡瘡、蟲蠶蜘蛛等咬，擣爛和油傅之。亦可煮食，作湯浴疥癬風瘙，燒灰納齒孔中殺蟲䘌，含漱去甘瘡，以灰淋汁蝕瘜肉，除白癜風、黑子、面䵟着肉作瘡。

附方 疗瘡惡腫：野灰藋菜葉燒灰，撥破瘡皮，唾調少許，點之血出為度。 子仁：味：甘，平，無毒。治：炊飯磨麵食，殺三蟲。

清・丁其譽《壽世秘典》卷三 灰藋音狄。梁簡文帝《勸醫文》作灰滌菜，俗訛為灰條菜。莖有紫紅綿稜，葉尖有刻，面青背白，莖心嫩，葉背面皆有白灰如沙，為蔬亦佳。五月漸老，七八月開細白花，結實簇簇如毬，中有細子，蒸曝取仁，可炊飯及磨粉食。結子成穗者，味甘。散穗者，微苦。生牆下、樹下者，不可食。 氣味：甘，平，無毒。主治惡瘡、蟲咬，搗爛和油敷之。作湯浴疥癬、風瘙。燒灰納齒孔中，殺蟲䘌。以灰淋汁，蝕瘜肉，除白癜風、黑子面䵟，着肉作瘡。

清・朱本中《飲食須知・菜類》 灰滌菜 味甘，性平。殺刺毛蟲、蜘蛛咬毒。其子可磨粉炊飯。

清・李文培《食物小錄》卷上 灰條莧 甘，平，有微毒。功同紫莧，味勝諸莧。

清・章穆《調疾飲食辯》卷三 灰翟 梁簡文帝《勸醫文》作灰滌，俗訛為灰條。《炮炙論》名金鎖夭。《綱目》曰：所在有之，二月生苗，莖有紫紅線稜，葉尖有刺，面青背白，中心嫩葉背面皆有白灰。三月則老不堪食。性能殺蟲。

清・吴其濬《植物名實圖考》卷四 灰藋 《嘉祐本草》始著錄，即灰條菜。其紅心者為藜；一種圓葉者名和尚頭，味遜。《爾雅》：釐，蔓華。說者云：釐即萊。陸璣《詩疏》：萊即藜也，其子可為飯。《救荒本草》謂之舜芒穀。藜藿之羹，昔賢所甘。唐宋詩人，猶形歌詠，而後人或以為落帚。《蓬窗續錄》乃以為苜蓿，何其陋也。《詢芻錄》古稱藜即灰莧，老可為杖，蓋藜杖也。余鄉居時，摘而焯為蔬，味微鹹，特未蒸以為羹耳。其莖秋時伐為杖，輕而有致，髹以漆則堅耐久，杖鄉者曳扶至便，比戶奉之，非難識也。北地採其子以備荒。菸中有所謂蘭花子者，皆是物充之。王世懋《蔬疏》藜蒿多生江岸，得不誤為蔞耶？明饒介詩序：藜科旅生庭中，白露日割而為帚，是日取藜無蟻。諺云藜未聞可帚，亦恐誤為落帚也。二草絕不相蒙，雷斆云：白青色是妓女莖，不知何故以為一類？富貴之家，不噉粗食，窗前草芟夷勿使能植，何由得見？敝襟不掩肘，藜羹常乏斟耶？《滇本草》：灰滌銀粉菜，作菜食，令人不噎隔反胃；煎服，治火眼疼痛；洗眼，去風熱。可補諸本草。《爾雅》：拜，蔏藋。注：亦似藜。疏引《莊子》：藜藋柱宇，蓋紅者為藜，白者為藋。

按《爾雅》郭注：王蔧似藜。《說文繫傳》：今落帚或謂落藜。初生可食，藜之類也。二物皆生穢地，科茂如樹，葉俱可茹。故曰同類。其實枝葉自迥別。《救荒本草》有水落藜，亦是灰藋，非落帚也。又《繫傳》藋，釐草也。徐鍇謂即灰藋。《爾雅》：拜，蔏藋。郭注亦似藜。《說文》舉其一類，郭注別其二種，本自明顯。徐氏不以釐釋藜，《爾雅正義》以萊、釐、藜為一物，而釋蔏藋，仍以有紅線者為灰藋，不採《嘉祐本草》白藋入藥、紅藜堪杖之說。皆偏舉而未融貫也。

清・劉善述、劉士季《草木便方》卷二穀糧豆菜部 灰小米 灰莧菜甘平惡瘡，疥癬風瘙蟲蠶傷。牙䘌面瘡蝕瘜肉，子甘服殺三蟲方。灰仙米。

清・田綿淮《本草省常・菜性類》 灰藋菜 本名灰藋，有赤、白二種。赤者名藜，又名鶴頂草。性平，微毒。殺蟲損胃。藋，音狄。

清・戴葆元《本草綱目易知錄》卷三 灰藋〔音〕狄 【略】《纂要》云：藜，今灰藋也。甘，寒，去濕熱，又名灰莧、灰蒴。生莧菜中，莖葉似莧葉，糙有刻缺，近本處有灰。拌莧蒸茹，經宿不餿敗。葆按時珍註：藜，即灰藋之紅心者。莖稍大，老可為杖，嫩時亦可食。詳述省目。

三仙菜

明・蘭茂撰，清・管暄校補《滇南本草》卷上 三仙菜 味甘美，無毒。此草生有水處。形似灰挑菜，有子，子大如天茄大，青色。連根葉同熬成膏，每日服一二錢，延年益壽，百病不生。治一切瞽目能明，不拘遠年近年，癱瘓痿軟，其效如神。作菜食之，令人肥胖。忌大蒜、兒茶。

藜

明・朱橚《救荒本草》卷下之後 舜芒穀 俗名紅落藜。生田野及人家田莊窠音科上多有之。科苗高五尺餘，葉似灰菜葉而大，微帶紅色，莖亦高麤，可為拄杖，其中心葉甚紅，葉間出穗，結子如粟米，顆灰青色，味甜。救饑：採嫩苗葉晒乾，揉音柔去灰，煠熟，油鹽調食。子可磨麵做燒餅蒸食。

明・李時珍《本草綱目》卷二七菜部・柔滑類 藜《綱目》

【釋名】萊《詩疏》 紅心灰藋《玉册》 鶴頂草《土宿本草》 胭脂菜詳下文

【集解】時珍曰：藜處處有之。即灰藋之紅心者，莖、葉稍大。河朔人名落藜，南人名胭脂菜，亦曰鶴頂草，皆因形色名也。嫩時亦可食，故昔人謂藜藿與膏粱不同。老則莖可爲杖。《詩》云：南山有臺，北山有萊。陸璣注云：萊即藜也。初生可食。譙沛人以鷄蘇爲萊，三蒼以茱萸爲萊，皆名同物異也。《韻府》謂藜爲落帚，亦誤矣。《寶藏論》云：鶴頂龍芽，其頂如鶴，八九月和子收之，入外丹用。

葉 【氣味】甘，平，微毒。時珍曰：按《庚辛玉册》云：鶴頂，陰草也。搗汁煮粉霜，燒灰淋汁煎粉霜，伏礬石，結草砂，制硫，伏汞及雌黃、砒石。 【主治】殺蟲藏器。煎湯，洗蟲瘡，漱齒䘌。搗爛，塗諸蟲傷，去癜風時珍。

【附方】新一。 白癜風：紅灰藋五斤，茄子根莖三斤，蒼耳根莖五斤，並曬乾燒灰，以水一斗煎湯淋汁熬成膏，別以好乳香半兩，鉛霜一分，膩粉一分，煉成牛脂二兩，和勻，每日塗三次。《聖惠方》。

莖 【主治】燒灰，和荻灰、蒿灰等分，水和蒸，取汁煎膏。點疣贅、黑子，蝕惡肉時珍。

明・趙南星《上醫本草》卷三 落藜 一名藜，一名萊，一名紅心灰藋，一名鶴頂草，一名臙脂菜。時珍曰：藜處處有之，即灰藋之紅心者，莖葉稍大，河朔人名落藜，南人名臙脂菜，亦曰鶴頂草，皆因形色名也。嫩時亦可食，故昔人謂藜藿與膏粱不同，老則莖可為杖。《詩》云：南山有臺，北山有萊。陸璣註云：萊即藜也。初生可食，譙沛人以雞蘇為萊，三蒼以茱萸為萊，皆名同物異也。《韻府》謂藜為落帚，亦誤矣。《寶藏論》云：鶴頂龍芽，其頂如鶴，八九月和子收之，入外丹用。

葉：甘，平，微毒。主治：殺蟲，煎湯洗蟲瘡，漱齒䘌，擣爛塗諸蟲傷，去癜風。

莖：主治：燒灰，和荻灰、蒿灰等分，水和，蒸取汁，煎膏，點疣贅、黑子，蝕惡肉。

明・姚可成《食物本草》卷七菜部・柔滑類 藜處處有之。即灰藋之紅心者，莖、葉稍大。河朔人名落藜，南人名臙脂菜，亦曰鶴頂草，皆因形色名也。嫩時亦可食，故昔人謂藜藿與膏粱不同。老則莖可為杖。《詩》云：南山有臺，北山有萊。萊即藜也，初生可食。 藜，味甘，平，微毒。主殺蟲。煎湯，洗蟲咬，漱齒䘌。擣爛，塗諸蟲傷，去癜風。

莖 燒灰，和荻灰、蒿灰等分，水和，蒸取汁煎膏。點疣贅、黑子，蝕惡肉。

明・孟筌《養生要括・菜部》 藜葉 味甘，平，微毒。殺蟲。煎湯，洗蟲瘡，漱齒䘌。搗爛，塗諸蟲傷，去癜風。

明·施永圖《本草醫旨·食物類》卷二　藜菜處處有之，即灰藋之紅心者。

葉：味：甘，平，微毒。治：殺蟲。煎湯，洗蟲瘡，漱齒䘌。擣爛，塗諸蟲傷，去癜風。

附方　白癜風：紅灰藋五斤，茄子根莖三斤，蒼耳根莖五斤，並晒乾燒灰，以水一斗，煎湯淋汁，熬成膏。別以好乳香半兩，鉛霜一分，膩粉一分，鍊成牛脂二兩，和勻，每日塗三次。莖：治：燒灰，和荻灰、蒿灰等分，水和，蒸取汁，煎膏點疣贅黑子，蝕惡肉。

清·丁其譽《壽世秘典》卷三　藜一名落藜，即灰藋之紅心者，亦曰鶴頂草，皆因形色名也。《詩》云：南山有臺，北山有萊。萊即藜也，嫩時可食，老則莖可為杖。氣味：甘，平，微毒。葉主殺蟲，煎湯洗蟲咬，漱齒䘌，擣爛塗諸蟲傷、癜風。莖：燒灰，和荻灰、蒿灰等分，水和，蒸取汁，煎膏，點疣贅黑子，蝕惡肉。

清·王道純《本草品彙精要續集》卷八　藜微毒

藜葉：主殺蟲陳藏器。煎湯洗蟲瘡，漱齒䘌，搗爛塗諸蟲傷，去癜風《本草綱目》。根，主燒灰和荻灰、蒿灰等分，水和蒸，取汁煎膏點疣贅、黑子、蝕惡肉《本草綱目》。〔名〕萊、紅心灰藋、鶴頂草、胭脂菜。〔地〕藜，處處有之。〔苗〕藜，即灰藋之紅心者，莖葉稍大，河朔人名落藜，南人名胭脂菜，亦曰鶴頂草，皆形色名也。嫩時亦可食，故昔人謂藜藿與膏粱不同，老則莖可爲杖。《詩》云南山有萊，北山有臺。陸璣注云：萊，即藜也。初生可食，譙沛人以雞蘇爲萊，皆名同物異也。《韻府》謂藜爲落帚，亦誤矣。《寶鑒論》云：鶴頂龍芽，其頂如鶴，入外丹用。〔收〕八九月和子收之。〔用〕李時珍曰：按《庚辛玉冊》云：鶴頂，陰草也。搗汁煮粉霜，燒灰淋汁，煎粉霜，伏礬石、結草、砂制硫、伏汞及雌黃、砒石。〔味〕甘。〔性〕平。〔合治〕紅灰藋五斤，茄子根莖三斤，蒼耳根莖五斤，並曬乾，燒灰，以水一斗，煎湯淋汁熬成膏，別以好乳香半兩，鉛霜一分，膩粉一分，煉成牛脂二兩，和勻，每日塗三次，治白癜風。

清·汪紱《醫林纂要探源》卷二　藜　甘，寒。今灰藋也。又名灰莧。雜生莧菜中，莖葉似莧，而葉糙有刻缺，近本處有灰，有紅灰、白灰二種，赤灰者有小毒。去濕熱。拌莧蒸茹，能使經宿不餿敗。

清·章穆《調疾飲食辯》卷三　藜　即灰翟之紅心者，故又名鶴頂草，又名臙脂菜。嫩時可食，老則莖可為杖。劉向校書天祿閣，太乙下觀，吹杖頭出火，所謂太乙燃藜者是也。《詩》：南山有臺，北山有萊。《陸疏》曰：萊，藜也。性亦不過殺蟲。灰翟、秦荻藜皆藜類，皆非佳物，病人忌食。

和尚菜

明·朱橚《救荒本草》卷上之後　和尚菜　田野處處有之。初生搨地布葉，葉似野天茄兒葉而大，背微紅紫色，後攛苗高二三尺，葉似莙薘葉，短小而尖，又似紅落藜葉，而色不紅，結子如灰菜子。葉味辛、酸，微鹹。救飢：採嫩葉煠熟，換水浸去邪味，淘淨，油鹽調食。或晒乾煠食亦可。或云：不可多食久食，令人面腫。

秦荻藜

宋·唐慎微《證類本草》卷二八菜部中品〔唐·蘇敬《唐本草》〕　秦荻梨味辛，溫，無毒。主心腹冷脹，下氣，消食。人所噉者，生下濕地，所在有之。《唐本》先附。

〔宋·掌禹錫《嘉祐本草》〕按：孟詵云：秦荻梨，於生菜中最香美，甚破氣。又，末之和酒服，療卒心痛，悒悒塞滿氣。又，子，末和大醋，封腫氣，日三易。陳藏器云：五辛菜，味辛，溫。歲朝食之。助發五藏氣，常食溫中，去惡氣，消食，下氣。《荊楚歲時記》亦作此說，熱病後不可食之，損目。

〔宋·唐慎微《證類本草》〕《食醫心鏡》：秦荻梨，取和醬、醋食之，理心腹冷脹，下氣消食，空腹食之最佳。

明·劉文泰《本草品彙精要》卷三九　秦荻梨無毒。附五心菜。　叢生。

秦荻梨：主心腹冷脹，下氣消食。名醫所錄。〔苗〕孟詵云：秦荻梨，於生菜中最香美，人所噉者，甚破氣之物也。一種五辛菜，味辛，溫，歲朝食之，助發五臟氣，常食溫中，去惡氣，消食，下氣。《荊楚歲時記》亦作此說。熱病後勿食，食之損目。〔地〕《圖經》曰：生下濕地，所在有之。〔味〕辛。〔性〕溫。〔氣〕氣之厚者，陽也。〔臭〕香。〔合治〕秦荻梨爲末合酒服，治卒心痛，悒悒寒滿氣。○子末合醋，封腫氣，日三易。

明·盧和、汪穎《食物本草》卷二　秦荻梨　味辛，溫，無毒。主心腹冷脹，下氣消食。於生菜中最香美，甚破氣。又名五辛菜。

明·王文潔《太乙仙製本草藥性大全》卷五《本草精義》　秦荻藜　舊本

不著所出州土，生下濕地，在處有之。於生菜中最香美甚。陳藏器云：五辛菜，味辛，溫，歲朝食之，助發五臟氣，常食溫中。《荊楚歲時記》亦作此說，熱病後不可食之，食則損目。

明・王文潔《太乙仙製本草藥性大全》卷五《仙製藥性》　秦荻藜　味辛，氣溫，無毒。　主治：主心腹冷脹神效，消穀食下氣奇方。常食溫中，能去惡氣。

明・李時珍《本草綱目》卷二七菜部・柔滑類　秦荻藜《唐本草》附

【釋名】時珍曰：按《山海經》云：秦山有草，名曰藜，如荻，可以爲菹。此即秦荻藜也。蓋亦藜類，其名亦由此得之。　【集解】恭曰：秦荻藜生下濕地，所在有之。人所啖者。詵曰：此物於生菜中最香美。

【氣味】辛，溫，無毒。　【主治】心腹冷脹，下氣消食，和醬、醋食之《唐本》。破氣甚良。又末之和酒服，療心痛，悒悒塞滿氣孟詵。

子　【主治】腫毒，搗末和醋封之，日三易孟詵。

明・穆世錫《食物輯要》卷三　秦狄藜　味辛，性溫，無毒。和醬醋食，良。下氣消食。治心腹冷脹作痛。

明・吴文炳《藥性全備食物本草》卷一　秦荻藜　味辛，性溫，無毒。和醬醋食良。下氣消食，治心腹冷脹作痛，常食溫中，去惡氣。陳藏器云：五辛菜味辛溫，歲朝食之助發五臟氣，常食溫中。熱病後不可食之，食則損目。

明・姚可成《食物本草》卷七菜部・柔滑類　秦荻藜秦山有草，名曰藜，如荻，可以為菹。此即秦荻藜也。蓋亦藜類，其名亦由此得之。○秦荻藜生下溼地，所在有之。人所噉者。○此物于〔生〕菜中最〔香〕美。　秦荻藜，味辛，溫，無毒。主心腹冷脹，下氣消食。和醬、醋食之。破氣甚良。又末之和酒服，療心痛，悒悒塞滿氣。

子　治腫毒，搗末和醋封之，日三易。

明・施永圖《本草醫旨・食物類》卷一　秦荻藜生下濕地，所在有之，人所噉者。○此物於生菜中最香美。　味：辛，溫，無毒。治：心腹冷脹，下氣消食。和醬、醋食之，破氣甚良。又，末之，和酒服，療心痛，悒悒塞滿氣。　子：治：腫毒。擣末，和醋封之，日三易。

清・朱本中《飲食須知・菜類》　秦荻藜　味辛，性溫。於生菜中最稱香美。

清・何其言《養生食鑒》卷上　秦荻藜　味辛，性溫，無毒。和醬醋食良。下氣消食，治心腹冷脹作痛。

清・章穆《調疾飲食辯》卷三　秦荻藜　《山海經》所謂秦山有草，名曰藜，如荻。今所在皆有。《食療本草》曰：菜中最為香美。性能破氣，療心腹冷脹。

水落藜

明・朱橚《救荒本草》卷上之前　水落藜　生水邊，所在處處有之。苗高尺餘，莖色微紅，葉似野灰菜葉而瘦小。味微苦澁，性涼。　救飢：採苗葉煠熟，換水浸淘洗淨，油鹽調食。晒乾煠食尤好。

土荊芥

清・何諫《生草藥性備要》卷上　土荊芥　味辛，性溫。一門祛風止痛，宜煎水洗。小兒痲痘脫靨後洗此，勝過蜆水。

清・劉善述、劉士季《草木便方》卷一草部　牛蚊子草　大野荊芥鹹性寒，腰脊疼痛不得眠。熱毒血脹下氣浴，杖打損傷塗安然。

鹻蓬

明・朱橚《救荒本草》卷上之前　鹻蓬音減　一名鹽蓬。生水傍下濕地。莖似落藜，亦有線楞，葉似蓬而肥壯，比蓬葉亦稀踈，莖葉間結青子，極細小。其葉味微鹹，性微寒。　救飢：採苗葉煠熟，水浸去鹻味，淘洗淨，油鹽調食。

清・趙學敏《本草綱目拾遺》卷三草部上　鹽蓬、鹻蓬　《藥性考》：二種皆產北直鹹地，土人割之，燒灰淋湯，煎熬得鹽，其葉似蒿圓長。至秋時，莖葉俱紅，燒灰煎鹽，勝海水煮者。　味鹹性涼，清熱消積。

蕹菜

晉・嵇含《南方草木狀》卷上草類　蕹　葉如落葵而小，性冷味甘。南人編葦為筏，作小孔，浮於水上。種子於水中則如萍，根浮水面，及長，莖葉皆出於葦筏孔中，隨水上下。南方之奇蔬也。冶葛，有大毒。以蕹汁滴其苗，當時萎死。世傳魏武能噉冶葛至一尺，云先食此菜。

宋・唐慎微《證類本草》卷二九菜部下品〔宋・掌禹錫《嘉祐本草》〕　雍菜　味甘，平，無毒。主解野葛毒，煮食之。亦生擣服之。嶺南種之，蔓生，花白，堪爲菜。雲南人先食雍菜，後食野葛，二物相伏，自然無苦。又，取汁滴野葛苗，當時菸死，其相殺如此。張司空云：魏武帝噉野葛至一尺。應是先食此菜也。

宋·鄭樵《通志》卷七五《昆蟲草木略》　雍菜　主解野葛毒，南人先食雍菜，後食野葛，自然無苦。又取汁滴野葛苗，當時菸死。張司空云：魏武帝噉野葛至一（赤）〔尺〕，應是先食此也。

元·吴瑞《日用本草》卷七　雍菜　嶺南人種，蔓生，花白，堪為菜。味甘，平，無毒。南人先食雍菜，後食野葛，二物相伏，自然無苦。　主解野葛毒。取汁滴野葛苗，當時萎死。

明·劉文泰《本草品彙精要》卷四〇　雍菜無毒　蔓生。

雍菜：　主解葛毒，煮食之。亦生擣服之。名醫所錄。【苗】《圖經》曰：　嶺南種之，蔓生，花白，堪爲菜。云南人先食雍菜，後食野葛，二物相伏，自然無苦。又取汁滴野葛苗，當時菸死，其相殺如此。張司空云：魏武帝噉野葛至一尺。應是先食此菜也。【地】《圖經》曰：　生嶺南。【時】生：　春生苗。採：　無時。【色】綠。【味】甘。【性】平，緩。【氣】氣之薄者，陽中之陰。【臭】朽。【製】生擣，或煮汁飲之。

明·盧和、汪穎《食物本草》卷一菜類　雍菜　味甘，平，無毒。蔓生花白，摘其苗以土壅之即活。與野葛相伏，取汁滴野葛即死。張司空云：魏武帝噉野葛至尺許，應是先食此菜無害也。一名甕菜。

明·王文潔《太乙仙製本草藥性大全》卷五《本草精義》　雍菜　出嶺南。蔓生，花白，堪爲菜。或雲南人先食雍菜，後食野葛，二物相伏，自然無苦。又取汁滴野葛苗，當時萎死，其相殺如此。張司空云：　魏武帝噉野葛至一尺，應是先食此菜也。

明·王文潔《太乙仙製本草藥性大全》卷五《仙製藥性》　雍菜　味甘，氣平，無毒。　主治：　主解野葛之毒，煮食生搗服良。

明·李時珍《本草綱目》卷二七菜部·柔滑類　蕹菜蕹，去聲。〇宋《嘉祐》。

【釋名】時珍曰：　蕹與壅同。此菜惟以壅成，故謂之壅。　【集解】藏器曰：　蕹菜嶺南種之。蔓生，開白花，堪茹。時珍曰：　蕹菜今金陵及江夏人多蒔之。性宜濕地，畏霜雪。九月藏入土窖中，三四月取出，壅以糞土，即節節生芽，一本可成一畦也。幹柔如蔓而中空，葉似菠薐及蟚頭形。味短，須同猪肉煮，令肉色紫乃佳。段公路《北户録》言其葉如柳者，誤矣。按嵇含《草木狀》云：　蕹菜葉如落葵而小。南人編葦爲筏，作小孔，浮水上。種子於水中，則如萍根浮水面。及長成莖葉，皆出於葦筏孔中，隨水上下，南方之奇蔬也。則此菜，水、陸皆可生之也。

【氣味】甘，平，無毒。　【主治】解胡蔓草毒，即野葛毒，煮食之。亦生搗服藏器。搗汁和酒服，治產難。時珍。〇出《唐瑶方》。

【發明】藏器曰：　南人先食蕹菜，後食野葛，二物相伏，自然無苦。取汁滴野葛苗，當時萎死，相殺如此。張華《博物志》云：　魏武帝啖野葛至一尺。應是先食此菜也。

明·穆世錫《食物輯要》卷三　蕹菜　味甘，平，無毒。解葛毒，快氣調中，難產婦人宜食。

明·吴文炳《藥性全備食物本草》卷一　蕹菜　味甘，平，無毒。解野葛毒，快氣調中，難產婦人宜食。張司空云：　曹操噉野葛至一尺，應是先食此菜也。有取汁滴野葛苗，當時菸死，其相殺如此。

明·鮑山《野菜博録》卷二　蕻菜　一名貢菜。延地如藤，叢生，莖梗皆空心，葉似菠菜葉頗小。獨南京人多種此菜。其味甘苦，性燥，有毒。　食法：　採梗葉煠熟，油鹽調食。

明·應麐《食治廣要》卷三　蕹菜即甕菜也。　氣味：　甘，平，無毒。解野葛毒。擣汁和酒服，亦治產難。今金陵江夏多蒔之。醃食糟藏並佳。

明·姚可成《食物本草》卷六菜部·柔滑類　蕹菜蕹，去聲。蕹與壅同。此菜惟以壅成，故謂之蕹。出山野間，北地有之，南方不產。今金陵及江夏人亦多蒔之。性宜溼地，畏霜雪。九月藏入土窖中，三四月取出，壅以糞土，即節節生芽，一本可成一畦也。幹柔如蔓而中空，葉似菠薐及蟚頭形。味短，須同猪肉煮，令肉色紫乃佳。南人編葦為筏，作小孔，浮水上。種子於水中，則如萍根浮水面，及長成，莖葉皆出於葦筏孔中，隨水上下，南方之奇蔬也。則此菜水、陸皆可生之也。能殺諸藥毒。　蕹菜，味甘，平，無毒。主解胡蔓草毒，即野葛毒，煮食之。亦生擣服。取汁和酒服，治產難。南人先食蕹菜，後食野葛，二物相伏，自然無苦。取汁滴野葛苗，即萎死。魏武帝噉野葛至一尺，應先是食此菜而無害也。

明·施永圖《本草醫旨·食物類》卷二　雍菜　味：　甘，平，無毒。治：　解胡蔓草毒，即葛根毒，煮食之。擣汁和酒服，治難產。蔓生花白，摘其苗以土壅之即活。與野葛相伏，取汁滴野葛即死。

清·朱本中《飲食須知·菜類》　蕹菜　味甘，性平。難產婦人宜食。解野葛毒，取汁滴野葛苗，當時萎死。

清・何其言《養生食鑒》卷上 蕹菜一名甕菜。味甘，性平，無毒。快氣調中，解胡蔓草毒。搗爛調蜜，敷蛇瘡、惡瘡良。患瘡疥者，勿食。難產婦人，宜之。因食蛇肉，汗出污衣，煮水洗之，愈。

清・张璐《本經逢原》卷三 蕹菜　甘，平，無毒。發明：蕹菜幹柔如蔓而中空，以之横地，節節生根，南方之奇蔬也。專解野葛毒，生搗服之尤良。搗汁和酒服治難產，取汁滴野葛苗，當時萎死，其相畏如此。

清・汪紱《醫林纂要探源》卷二 蕹　甘、鹹，寒，滑。蕹音甕。出南蕃。又曰無心菜，葉如犂尖，莖中空，蔓地節節生根，有水蕹，尤脆美，無花實。有蛇蕹，花實皆似牽牛，而花色淡紅。此二種，近水乃生。解蠱毒及砒石毒，補心血，行水。鹹以輭之之功也。搗汁，解蠱毒最效。

清・黃宫繡《本草求真》卷九 蕹菜通滑腸胃。蕹菜耑入腸胃。按書別無所論，惟言氣味甘平，幹柔如蔓，中空如葱，以之横地，節節生根，號為南方奇蔬。又言專解野葛毒，生搗服之尤良。取汁滴野葛苗，當時即死。搗汁和酒服，能治難產，則其性氣通滑可知，是以脾胃虚寒，大便滑脱，服最深忌。但此其氣稍平，較之菠薐、莧菜、菾菜為更勝耳。凡平臟服之最宜。繡按蕹菜形狀似腸，故入腸胃，中空不實，故利腸胃。

清・李文培《食物小録》卷上 蕹菜即無心菜。甘，平，無毒。多食作氣。

清・章穆《調疾飲食辯》卷三 蕹菜　宜濕地，《南方草木狀》曰：南人編葦為筏，浮水上種之。不須土養。性滑利，能和中解熱，大便不快及閉結者宜多食。葉妙於梗，又能解野葛毒。《綱目》曰：《唐瑶方》搗汁和酒飲，治產難。滑可知矣。

清・吴其濬《植物名實圖考》卷四 蕹菜　詳《南方草木狀》、《嘉祐本草》始著録。花葉與旋花無異，惟根不甚長，解冶葛毒。湖南誤食水莽草，亦以此解之。江右、湖南種之，不減閩粤。余疑與葍葍苗為一物。南方種為蔬，北地則野生麥田中，徒供腯豕耳。其心空中，嶺南夏秋間疑有蛭藏於內，多不敢食。種法如番薯，掐蔓插之即活，一畦足供八口之食，味滑如葵。在嶺南則為嘉蔬。王世懋云：南京有之，移植不生，易生物亦有不遷地者，何異匹夫不可奪志？

雩婁農曰：余壯時以盛夏使嶺南，瘴暑如焚，日啜冷齏；抵贛驟茹蕹菜，未細咀而已下咽矣。每食必設，乃與五穀日益親。蓋其性滑能養竅，中空能疏滯，寒能抑熱。近時阿芙蓉毒天下，有倡為蕹菜膏者，云可以已癮。余疑鴉片膏中必雜以冶葛，故生吞者毒烈立斃；吸其煙則灼熏，積於肺腑，毒發稍緩。如服硫黄然。蕹者，冶葛之所畏也，因其畏而治之，如人面瘡之畏貝母，心腹蟲之畏藍與地黄歟？否則藉其寒滑以為利導，而熄無根之火耳。然必受害淺者或可以已，不然者吾以為杯水車薪之喻。

清・文晟《新編六書》卷六《藥性摘録》 甕菜　搗汁，同酒服，可治難產。中野葛毒者，生搗服，尤良。惟脾胃虚寒，大便滑脱者，忌之。

清・田綿淮《本草省常・菜性類》 蕹菜　性平。解一切野菜毒。

甘薯

清・汪紱《醫林纂要探源》卷二 番藷　甘，平。根似藷而蔓生著地。出廣、閩。止渴醒酒，益肺寧心。生用之效。益氣充飢，佐穀食。熟用之效，熟則甜甚。

清・趙學敏《本草綱目拾遺》卷八諸蔬部 甘儲粳粉、甘儲酒　一作甘薯，又名朱薯，以其皮有紅者也，一名金薯，今俗通呼為番薯，或作番茹。有紅皮、白皮二色。紅皮者，心黄而味甜；白皮者，心白而味淡。南方各省俱植之，沿海及島中居民以此代穀。其入藥之功用亦廣，而諸家本草皆未載，李瀕湖特補列《綱目》中。惜其所言者，惟補虚乏、益氣力、健脾胃、強腎陰而已，他皆未之及焉。乾隆五十一年冬，今上特允閣學侍郎張若渟之請，勅直省廣勸栽植甘薯，以為救荒之備。陸中丞耀有《甘薯録》之輯，所載衛生一門，實足補李氏所未及，因擇録之，以補其遺。

陸公原序云：甘薯，即薯蕷之屬，見於陳祈暢《異物志》、嵇含《南方草木狀》。中土之有此物，其來舊矣。第不甚貴重，栽植者少。明季有閩人陳經綸，復自呂宋移其種歸。巡撫金公學曾勸民樹藝，閩人德之，號為金薯。然自是長樂謝肇（浙）〔淛〕、黄州李時珍、新城王象晉，各有論述，皆不及經綸事。而其裔孫世元父子，復為《金薯傳習録》，盛侈其先世傳自呂宋之功，一似中國素非所產者，此考證之疎也。夫以一物之微，足以備荒療疾，而又不費功力，其為功於民食，實不淺尠。前任布政使李公渭，嘗舉以教山東之民。其性又喜沙土高地，於山海之區，尤屬相宜。

《五雜俎》：百穀之外，有可以當穀者，芋也，薯蕷也。而閩中有番薯，似山藥，而肥白過之，種沙地易生而極蕃衍，饑饉之民，多賴全活，此物北方亦可種也。

《群芳譜》：朱薯，一名番薯，大者名玉枕薯。形圓而長，本末皆銳，皮紫肉白，質理膩潤，與芋及薯蕷自有各種氣香，生時似桂花，熟者似薔薇露。撲地纏生，一莖蔓延數十百莖，節節生根，一畝種數十石，勝種穀二十倍。閩廣人以當米穀，有謂性冷者，非。二三月及七八月俱可種，但卵有大小耳。卵八九月始生，冬至乃止，生便可食。若未大者，勿頓掘，令居土中，日漸大，到冬至須盡掘出，不則敗爛。金氏學曾曰：薯傳外番，因名番薯。形如王瓜、藕臂，如拳如指，如卵如棗，大小不一，實同種別，皮有紫有白，有深淺紅，有濃淡黃，肉亦如之。蒸熟勻膩如脂，甘平益胃，性同薯蕷，海隅人以供饗飧。蔓延極速，節節有根，入地即結。每畝可得數千觔，勝種五穀幾倍。徐氏元扈曰：昔人謂蔓菁有六利，柿有七絕，予謂甘薯有十二勝：收入多，一也；白色味甘，諸土種中特為夐絕，二也；益人與薯蕷同功，三也；徧地傳生，剪莖作種，今歲一莖，次年便可種數十畝，四也；枝葉附地，隨節生根，風雨不能侵損，五也；可當米，凶歲不能災，六也；可充籩實，七也；可釀酒，八也；乾久收藏，屑之旋作餅餌，勝用餳蜜，九也；生熟皆可食，十也；用地少，易於灌溉，十一也；春夏下種，初冬收入，枝葉極盛，草薉不容，但須壅培，不用鋤耘，不妨農，十二也。陸公《薯錄》有溉、種、藏、製諸法，雖無關於藥病，而有濟於備荒，故并錄之。種薯宜高地、沙地，起脊尺餘，種在脊上，遇旱可汲井澆灌。即遇澇年，若水退在七月中，氣候既不及藝五穀，即可翦藤種薯。至於蝗蝻為害，草禾蕩盡，惟薯根在地，薦食不及，縱令莖葉皆盡，尚能發生。若蝗信到時，急令人發土偏壅，蝗去之後，滋生更易，是天災物害皆不能為之損。人家凡有隙地，但只數尺，仰見天日，便可種得石許，此救荒第一義也。歲前深耕，以大糞壅之，春分後下種。若地非沙土，先用柴灰或牛馬糞和土中，使土脈散緩與沙土同，可行根，重耕起要極深。將薯根每段截三四寸長，覆土深半寸許，每株相去縱七八尺，橫二三尺。俟蔓生既盛，苗長一丈，留二尺作老根，餘翦三葉為一段，插入土中，每栽苗相去一尺，大約二分入土，一分在外，即又生薯，隨長隨翦，隨種隨生，蔓延與原種者不異。凡栽薯須順栽，若倒栽則不生。節在土上則生枝，在土下則生卵。約各節生根，即從其連綴處斷之，令各成根苗，每節可得卵三五枚。凡藤蔓已徧地不能容者，即為游藤，宜翦去之，及掘根時捲去藤蔓，俱可飼牛羊豕，或曬乾冬月喂，皆能令肥脂。二三月種者，每株用地方二步有半，而卵徧焉，每官畝約用薯三十六株；四五月種者，地方二步，而卵徧焉，畝約六十株；六月種者，地方一步有半，而卵徧焉，約一百六株有奇；七月種者，地方三尺以内，得卵細小矣，畝約九百六十株。種種疎密，略以此準之；九月畦種，生卵如箸如棗，擬作種，此松江法也。

金氏曰：薯苗入地即活，東西南北，無地不宜，得沙土高地，結尤多；天時旱澇，俱能有秋。養苗地宜鬆，耕過須起町，高四五寸。春分後，取薯種科置町內，發土薄蓋，縱橫相去尺許。半月即發芽，日漸蔓延，長一丈或五六尺，割七八寸為一莖，勿割盡，留半寸許，當割處復發，生生不息。若養蔓作苗，須用稍長尺許，密密栽豎，如養葱蒜法。栽莖使牛耕町，寬二尺許，高五六寸，將莖斜插町心，約以七分在町內，三分在町外，町內者結實，町外者滋蔓，每莖相去一尺餘。十餘日，町兩旁使牛耕開令曬。又七八日，以糞壅之，仍使牛培土，每町可得薯三四觔。若雨多，須將蔓掇町上，毋令浮根匝地。然實結地內，蟲不能災，葉如食盡，亦能復發。早栽宜稀，晚栽宜密。三四月栽者，實粗大；七八月栽者，實細小。秋末實始加大，冬至前當掘盡，不掘盡，亦不能大。熟時須先割蔓置町下，俟乾捲起，冬月剉喂牲畜。若北地早寒，則遲一個月栽，早一個月掘，宜遲宜早，亦看天氣寒暖耳。

《甘薯疏》云：江南田汙下者不宜薯，若高仰之地，平時種藍、種豆者，易以種薯，有數倍之獲。大江以北，土更高，地更廣，即其利百倍不啻矣。倘慮天旱，則此種畝收十石，數口之家，止種一畝，縱旱甚而汲井灌溉，一至成熟，終歲足食，又何不可。

取種之法，《群芳譜》云：九月、十月間掘薯卵近根先生者，勿令損傷，用軟草包裹，掛通風處陰乾；一法，於八月中揀近根老藤，翦七八寸長，每七八根作一小束，耕地作畦，將藤束栽如栽韭法。過月餘，每條下生小卵如蒜頭狀，冬月畏寒，稍用草蓋覆，至來春分種；一法，霜降前取近根卵稍堅實者，陰乾，以軟草作襯，另以軟草裹之，置無風和暖、不近霜雪、不受冰凍處；一法，霜降前收取根藤，曬令乾，於竈下掘窖，約深一尺五六寸，先用稻糠三四寸，次置種其上，更加稻糠三四寸，以土蓋之；一法，七八月取老藤，種入木筩或磁瓦器中，至霜降前，置草篅中，以稻糠襯置向陽近火處，至春分後，依前法種。

金氏曰：存薯之法不一，在人變通，或存木斛、草囤、瓷甕、竹籠中俱可，但性畏寒又畏熱，置避風和暖處，用草浮蓋，俾通氣。若封固，則發熱壞爛。

敏：前在東甌玉環，見其島民少穀食，多以茹為糧。彼土有地，率多種茹，土人云，其利十倍於穀，以茹糧多者為富。其收茹之法，多曝乾切條，以竹席圍如囤儲之，久亦不蛀，用則以水煮代飯。云食之多力鮮病，蓋其味甘，能補脾土故也。

金氏曰：薯初結即可食，味淡多汁，及時則甜，煨食、煮食、煿食、蒸食，亦可生食，切片曬乾，碾作饘粥，磨作粉餌，滾水灼，可作丸。拌麪，可作酒。舂細，水濾去渣，澄曬成粉，其葉可作蔬。

范咸《臺灣府志》：長而色白者是舊種，圓而黃赤者出自文來國，金姓者攜回，故名金薯。

《諸羅縣志》：他物下種，必用子、用仁，或原物根芽，獨薯不然，取一條片片切之，只留皮一面，種之發根生苗，亦一異也。

氣味甘平無毒，主治補中活血，暖胃肥五臟。白皮白肉者，益肺氣生津，中滿者不宜多食，能壅氣。煮時加生薑一片，調中，與薑棗同功。紅花煮食，可理脾血，使不外洩。敏按：甘儲俗傳能發諸病，患痔漏者，愈後食之復發，亦以性能下行而滯氣故也。

痢疾下血：《傳習錄》云：痢疾之起，多因脾胃先虛，而後積滯成痢。其有脾氣虛甚，欲健中焦者，必宜甘溫之藥；其有命門不暖，欲實下焦者，必宜純熱之藥；至若溼熱所致，煩熱口燥，腹痛純紅，小水黃赤以及下血者，用此薯蒸熟，以芍藥湯頻頻嚼服，或薯粉調冬蜜服，亦愈。

酒積熱瀉：《傳習錄》云：泄瀉之症不一，或水土相亂，併歸大腸而瀉；或土不制水，清濁不分而瀉；或小腸受傷，氣化無權而瀉；或真陰虧損，元陽枯涸而瀉者，此皆各從其類治之。若酒溼入脾，因而飧泄者，用此薯煨熟食。

溼熱黃疸：黃疸之症有四：一曰陰黃，由氣血敗也；一曰表邪發黃，即傷寒症也；一曰膽黃，驚恐所致也；更有陽黃一症，或風溼外感，或酒食內傷，因溼成熱，因熱成黃者，用此薯煮食，其黃自退。

遺精淋濁：遺精之與淋濁，症有不同，故治亦不同。然大要責在心、脾、腎，故凡遇此症，無論有夢無夢，有火無火，或氣淋、血淋、膏淋、勞淋，總宜調養心脾，每早晚用此粉調服，大有奇功。

血虛經亂：婦人血虛，或遲或早，經多不定，故陽虛補其陽，陰虛補其陰，氣滯順其氣。其有不宜辛燥寒涼而宜於清和者，用此薯饔飧頻服，調養其脾，使脾健生化，經期自定。

小兒疳積：疳者，乾也。在小兒為五疳，在大人為五勞。其病由於哺食乾燥之品，嗜啖肥厚之物，妄服峻利之藥以致津液乾涸，延而成疳。此薯最能潤燥生津，安神養胃，使常服之，則舊積化而疳愈矣。

甘薯粳：《群芳譜》云：造粳，將糯米水浸五七日，以米酸為度，淘淨曬乾，搗成細粉。看晴天，將糯米粉入生水，和作團子如杯口大。即將薯根拭去皮，洗淨沙石土，徐徐磨作漿，要極細，勿攙水。將糯團煮熟，撈入瓶中，用木杖盡力攪作糜，候熱得所，大約以可入手為度。將薯漿傾入，每糯粉三斗，入薯漿一觔，攪極勻。先將乾小粉篩平板上，次將糜置粉上，又著乾粉捍薄，曬半乾，切如骰子樣，曬極乾，收藏。用時慢火燒鍋令熱，下二合許，慢火炒，少刻漸軟，漸發成圓球子，次下白糖、芝麻，或更加香料炒勻，候冷極浮脆。每粳二升，可炒一斗，芋漿、山藥漿俱可作。按此物食之，厚腸胃，健脚力，縮痰涎，解毒活血，甚妙。

甘薯粉：功同甘薯。造法：用薯根，粗布拭去皮，水洗淨，和水磨細，入水中，淘去浮渣，取澄下細粉曬乾，同豆粉用。此粉水作丸，與珍珠沙穀米無異。

按：此粉，余前在閩中及玉環俱有，土人造以售客，販行遠方。近日甯波及乍浦多有販客市粉，價賤於麪粉。近日餅餌鋪中，率多買此攙和麥麪中，作果餌以售。其粉亦高低不同，有曰淨粉，則依前法所造者，滾水沖之，儼如藕粉，故藕粉店中亦多買此攙和，非有識者莫辨。有曰行粉，則連浮渣一切皆磨細和入，只可作餅餌用，其色亦黃而不白。然其又有甜苦二種，沙土細滲者，則其茹作粉甜。倘先一年種烟，其地次年種茹，則苦澀人不售之，惟堪作粉，味亦苦矣。但以味甘有清香，化開色如玉者佳。

甘薯酒：和脾暖胃，止瀉益精。造法：用薯根不拘多少，寸截斷，曬乾，甑炊熟，取出揉爛，入瓶中，用酒藥研細搜和按實，中作小坎，候漿到看老，如法下水，用絹袋濾過，或生或煮熟任用。其入甑寒暖，酒藥分兩，下水升斗，或用麯蘖，或加藥物，悉與米酒同法。若造燒酒，即用薯酒入鍋，如法滴糟成。頭子燒酒即用薯糟造，當用燒酒，亦與酒糟造燒酒同。此酒福建最多，土人名土瓜酒，燒酒曰土瓜燒，其酒味微帶苦，峻烈不醨，不善飲者，食之頭目微有昏眩，亦無大害，閩中紹酒價貴，此酒值廉，土人相率飲此，亦以餉客。

清·章穆《調疾飲食辯》卷三　甘藷　又名翻藷，其蔓宜數翻動，否則節節生藷。力分而藷小矣。味甘美，性能健脾胃，補虛乏，強腎陰。長食代糧，可以辟穀。《南方草木狀》《本草綱目》《說鈴》皆極言其功，為天下第一利濟無窮之物。較芋尤美，芋須培壅，此得培壅更佳，無培壅所收亦倍於芋，且十倍於禾稻。芋耐旱，須沃壤沙土，倘硬黄土地，亦不能耐。此不論地土，均能耐旱，均可多收。但不能耐水，此可擇地而種，淹處少，不淹處多也。芋長食未能勝於米麥，此物長食使人多壽，此藷原出呂宋國，其地專食甘藷，不食五穀，人多壽考。或謂其人多壽，乃水土所生，未必由甘藷之力。不知食物為後天生命之源，甘藷設非佳物，水土生之，甘藷亦必害之，今食甘藷而得此，水土之功即甘藷之功也。且不勞而得。乃種蒔者僅一閩省，近數十年，江西吉、贛南、寧南、瑞、袁、臨、撫、建諸郡，亦稍稍種之。自吾饒以西以北，甘受水旱凶災之苦，無一人肯試種之，豈不怪哉，豈不怪哉！憶乾隆四五十年間，因河南旱災，普行蠲賑，旋發帑金收買閩中藷種，擇老農若干人，至豫省教民種蒔。嗣命天下有司，每春出示，普勸各直省農民廣種。迄今二三十年，竟無一人遵而行之。使果遵而行之，何水旱之足憂哉。又其最小行鞭之藷，可以搗澄為粉。苗、葉煮食甚佳，糝蒸尤美，取以飼豕，可代米麥，餘用猶有如此。誠哉，其利濟無窮也。

清·翁藻《醫鈔類編》卷二四《本草》　土瓜一名番薯，一名地瓜。　味甘，氣寒，無毒。治消渴內痺，瘀血月閉，寒熱酸痛，益氣愈聾。療諸邪氣熱結鼠瘻，散癰腫留血，止小便數遺不禁，除黄疸，行乳汁，通經水。此瓜蔓生嫩時可食。根如栝蔞，有紅白黄數種，可以充飢，亦可澄粉用。生食亦佳。

清·吴其濬《植物名實圖考》卷六　甘藷　詳《南方草木狀》，即番藷。《本草綱目》始收入菜部。近時種植極繁。山人以為糧，偶有以為蔬者。南安十月中有開花者，形如旋花。又《遵義府志》有一種野生者，俗名茅狗薯。有製以亂山藥者。饑年人掘取作餈。

按甘藷，《南方草物狀》謂出武平、交阯、興古、九真，其為中華產也久矣。《閩書》乃謂出西洋呂宋，中國人截取其蔓入閩，何耶？《海澄縣志》載余應桂為令，嗜番薯，或啖不去皮，因有番薯之稱。今紅白二種，味俱甘美。湖南洞庭湖壖尤盛，流民掘其遺種，冬無饑饉。徐光啟《甘藷疏》諄諄仁人之言，惜未及見是物之踰汶踰淮也。

雩婁農曰：南北剛柔燥濕，民生其間者異宜。然數百年必遷移雜糅，而後有傑者出焉。漢焚老上之庭，而金日磾奕葉珥貂於長安；晉之東遷，而王謝盛於江左，豈以非是不能變其剛柔，而蕃其族類乎？中華之穀蔬草木，不可勝食，不可勝用矣。苜蓿、葡萄，天馬偕來；胡麻、胡瓜，相傳攜於鑿空之使。近時木棉、番藷，航海逾嶺而江，而淮，而河，而齊、秦、燕、趙；冬日之陽、夏日之陰，不召自來，何其速也？夫食人、衣人，造物何不自生於中土，必待越鯷壑，探虎穴而後以生、以息，豈從來者艱，而人始知寶貴耶？抑中土實有之，而培植取用不如四裔之精詳耶？《易》之為書，八卦相錯，然則東西南朔之氣，必參伍錯綜，通變極數，而後大生、廣生，無方、無體歟！

清·趙其光《本草求原》卷一五菜部　番薯　甘，平，滑，無毒。涼血活血，寬腸胃，通便秘，去宿瘀臟毒，舒筋絡，熱瘻以片糖煎食最妙。止血熱渴，產婦最宜。和鯽魚、鱧魚食，調中補虛。紅皮白肉、白皮紅肉者勝。葉，敷蟲蛇傷，並癰腫毒痛，毒箭。同鹽搗。汁塗蜂螫。

清·趙其光《本草求原》卷三隰草部　番薯葉　醋蒸，貼爛囊癰並爛脚、瘀毒。

清·王孟英《隨息居飲食譜·穀食類》　甘藷一名番薯，一名地瓜，亦名山薯。甘，溫。煮食補脾胃，益氣力，禦風寒，益顏色。種類不一，以皮赤無筋，味純甘者良。亦可生啖。凡渡海注船者，不論生熟，食少許即安。磽瘠之地，種亦蕃滋，不勞培壅，大可救飢。切而蒸曬，久藏不壞。切碎同米煮粥食，味美益人。惟性大補，凡時疫、瘧痢、腫脹、便祕等證，皆忌之。

清·劉善述、劉士季《草木便方》卷二穀糧豆菜部　白苕　白苕甘平補虛靈，滋腎助胃強脾經。虛損勞傷清痰嗽，瀉痢崩帶除遺精。野白苕、山藥同性。

清·戴葆元《本草綱目易知錄》卷三　甘藷番藷，紅薯。　甘，平。補虛乏，益氣力，健脾胃，強腎陰。功同薯蕷。【略】葆按：山民取鮮生者，蒸煮食。未經風乾，味厚性粘，脾胃虛及小兒多食，壅胃礙脾，多成瘧痢脹滿。《纂要》云：生食止渴醒酒。煮熱食益氣充飢，佐穀食。

玉瓜

清·趙學敏《本草綱目拾遺》卷八諸蔬部 玉瓜 即廣昌土瓜，出江西。常中丞《宦遊筆記》：廣昌土瓜，本草不載，形甚拙，圓者如瓠，或磊砢如贅疣，無瓣無瓤。長沙土中，外汙內潔，細肌密理，剖之白如冰玉，入口清甘無滓，消煩釋滯，或熟食之，亦佳。殆瓜中異品也。其性蔓生，春種而秋成，冬初始入市。無種，春深後，切瓜連皮成小塊，用沙土覆於室內，久之芽生，於是就沙地為窖，令深而寬，藉以茅，欲其中通而根可旁達。既長，密葉蔓生纍纍，插竹引之上行，培以雞糞，乃繁碩，土人又名玉瓜。《抱朴子》云：五原蔡誕入山而還，語家人曰：予至崑崙得玉瓜。以玉瓜井水洗之，乃軟可食，是豈其遺種耶。江西他縣亦有產者，然小而渣多，惟廣昌附郭五里內為佳。予食於元宵後，喜其味美，至郡覓之，東風送暖，瓜即不可留矣。味甘，性平，調中益氣，舒鬱化滯，消食，清大小腸火，生津滋血，和營衛，熟食補脾健胃。

東風菜

宋·唐慎微《證類本草》卷二九菜部下品〔宋·馬志《開寶本草》〕 東風菜 味甘，寒，無毒。主風毒壅熱，頭疼目眩，肝熱眼赤，堪入羹臛，煮食甚美。生嶺南平澤。莖高三二尺，葉似杏葉而長，極厚軟，上有細毛。先春而生，故有東風之號。今附。

明·劉文泰《本草品彙精要》卷四〇 東風菜無毒 植生。

東風菜：主風毒壅熱，頭疼目眩，肝熱眼赤。名醫所錄。【苗】《圖經》曰：莖高二三尺，葉似杏葉而長，極厚軟，上有細毛，先春而生，故有東風之號。堪入羹臛，及煮食之甚美。【地】《圖經》曰：生嶺南平澤。【時】生：先春生苗。採：春夏取。【色】青綠。【味】甘。【性】寒，緩。【氣】氣之薄者，陽中之陰。【臭】腥。

明·盧和、汪穎《食物本草》卷二 東風菜 味甘，寒，無毒。主風毒壅熱，頭痛目眩，肝熱眼赤。入羹臛煮食甚美。此菜生平澤，莖高二三尺，葉倡杏葉而長，極厚軟，上有細毛，先春而生，故有東風之號。

明·王文潔《太乙仙製本草藥性大全》卷五《本草精義》 東風菜 生嶺南平澤。莖高二三尺，葉似杏葉而長，極厚大軟，上有細毛，先春而生，故有東風之號也。

明·王文潔《太乙仙製本草藥性大全》卷五《仙製藥性》 東風菜 味甘，氣寒，無毒。主治：主風毒壅熱頭疼神效，治目眩肝熱眼赤殊功。亦堪入羹臛，煮食之尤美。

明·李時珍《本草綱目》卷二七菜部·柔滑類 東風菜宋《開寶》

【釋名】冬風志曰：此菜先春而生，故有東風之號。一作冬風，言得冬氣也。【集解】志曰：東風菜生嶺南平澤。莖高二三尺，葉似杏葉而長，極厚軟，上有細毛，煮食甚美。時珍曰：按裴淵《廣州記》云：東風菜，花、葉似落妊娠，莖紫。宜肥肉作羹食，香氣似馬蘭，味如酪。

【氣味】甘，寒，無毒。【主治】風毒壅熱，頭痛目眩，肝熱眼赤，堪入羹臛食《開寶》。

明·穆世錫《食物輯要》卷三 東風菜 味甘，性寒，無毒。治肝熱目赤，風毒壅熱，頭痛眩運。有冷積人勿食。

明·吴文炳《藥性全備食物本草》卷一 東風菜 味甘，氣寒，無毒。主風毒壅熱，頭疼目眩，肝熱眼赤。生嶺南平澤。莖高二三尺，葉似杏葉而長，極厚大軟，上有細毛，先春而生，故名。

明·姚可成《食物本草》卷六菜部·柔滑類 東風菜此菜先春而生，故有東風之號。生嶺南平澤。莖高二三尺，葉似杏葉而長，極厚軟，上有細毛，煮食甚美。東風菜，味甘，〔寒〕，無毒。主風毒壅熱，頭痛目眩，肝熱眼赤，堪入羹臛食。

清·朱本中《飲食須知·菜類》 東風菜 味甘，性寒。有冷積人勿食。

清·何其言《養生食鑒》卷上 東風菜生平澤中，莖高二三尺，葉似杏葉而長，極厚軟，上有細毛，先春而生。味甘，性寒，無毒。主風毒壅熱，頭痛目眩，肝熱眼赤。入羹臛食，甚美。

清·吴其濬《植物名實圖考》卷四 東風菜 《開寶本草》始著錄。嶺南多有之，與菘菜相類。

清·趙其光《本草求原》卷三隰草部 紫背菜即東風菜，應入菜部。甘、淡，平，調氣、消黃。治紅痢，敷瘡，止痛散毒。根消熱毒，理痰火。同豬肉食。葉能裝傷，敷之即黑；亦消熱毒。

清·文晟《新編六書》卷六《藥性摘錄》 東風菜 （性）〔生〕平澤。莖高二三尺，葉似杏葉而長，（桂）〔極〕厚軟，上有細毛。甘，寒。主風毒熱壅，

（熱）頭痛目眩，肝熱眼赤。入羹味美。

清・田綿淮《本草省常・菜性類》 東風菜 一作冬風菜。性寒。清熱明目。

蒲公英

宋・唐慎微《證類本草》卷一一草部下品〔唐・蘇敬《唐本草》〕 蒲公草 味甘，平，無毒。主婦人乳癰腫。水煮汁飲之及封之，立消。一名搆耨草。

〔唐・蘇敬《唐本草》〕注云： 葉似苦苣，花黃，斷有白汁，人皆噉之。《唐本》先附。

〔宋・掌禹錫《嘉祐本草》〕按：《蜀本圖經》云： 花如菊而大。莖、葉斷之俱有白汁，堪生食。生平澤田園中，四月、五月採之。

〔宋・蘇頌《本草圖經》〕曰： 蒲公草，舊不著所出州土，今處處平澤田園中皆有之。春初生苗，葉如苦苣，有細刺。中心抽一莖，莖端出一花，色黃如金錢。斷其莖，有白汁出，人亦噉之。俗呼爲蒲公英。語訛爲僕公罌是也。水煮汁以療婦人乳癰。又擣以傅瘡皆佳。又治惡刺及狐尿刺，摘取根，莖白汁塗之，惟多塗立差止。此方出孫思邈《千金方》，其序云： 余以貞觀五年七月十五日夜，以左手中指背觸著庭木。至曉遂患痛不可忍。經十日，痛日深，瘡日高大，色如熟小豆色。嘗聞長者之論有此方，遂依治之。手下則愈，痛亦除，瘡亦即差，未十日而平復。楊炎《南行方》亦著其效云。

〔宋・唐慎微《證類本草》〕《梅師方》： 治産後不自乳兒，畜積乳汁結作癰。取蒲公草擣傅腫上，日三四度易之。

宋・寇宗奭《本草衍義》卷一二 蒲公草 今地丁也。四時常有花，花罷，飛絮，絮中有子，落處即生，所以庭院間亦有者，蓋因風而來也。

宋・王介《履巉巖本草》卷下 地丁草 性暖，有毒。多入瘡癤等藥。亦入爐火藥用，大能服水銀、硫黃毒。

元・朱震亨《本草衍義補遺》 蒲公草 又名蒲公英。屬土。開黃花，似菊花。化熱毒，消惡腫結核有奇功。在處田間路側有之。三月間黃花，味甘。解食毒，散滯氣。可入陽明、太陰經。洗淨細剉，同忍冬藤煎濃湯，入少酒佐之，以治乳癰。服罷隨手欲睡，是其功也。睡覺，病已安矣。〇麥熟有之，質甚脆，有白汁，四時常花，花罷飛絮。絮中有子，落處即生，即今之地丁也。治丁腫有奇功，故書之。

元・徐彥純《本草發揮》卷二 蒲公草 丹溪云： 蒲公英屬土。開黃花，似菊花而小，折斷有白汁，莖中空虛。化熱毒，消惡腫結核有奇功。在處田間路側有之。二月開黃花，似菊。味甘，解食毒，散滯氣，可入陽明、太陰經，洗淨細剉，同忍冬藤煎濃湯，入少酒佐之，以治乳癰，服罷隨手欲睡，是其功也，睡覺病已安矣。 東垣云： 微苦，寒，足少陰腎經君藥，治本經須用。

明・朱橚《救荒本草》卷下之後 孛孛丁菜 又名黃花苗。生田野中。苗初搨地生，葉似苦苣葉，微短小，葉叢中間攛葶，梢頭開黃花，莖葉折之皆有白汁，味微苦。 救飢： 採苗葉煠熟，油鹽調食。

明・蘭茂原撰，范洪等抄補《滇南本草圖說》卷九 蒲公英 一名黃花綠葉草。得水之沖氣，故味甘平，無毒。入肝胃二經。解毒。形似車前草之葉，微瘦小細長，獨苗，開黃花，葉上微有白毛。主治： 小兒痘疹後，感疔毒癰疽，鎖喉偏腫，或楊梅等症，服之立效。

明・蘭茂撰，清・管暄校補《滇南本草》卷下 蒲公英又名婆婆丁。 性微溫，味苦平。治婦人乳結乳癰，紅腫疼痛，乳筋梗硬作脹，服之立效。敷諸瘡腫毒，疥癩癬瘡。利小便，祛風，消諸瘡毒，散瘰癧結核。止小便血，治五淋濃閉，利膀胱。

附奇方： 治瘰癧結核，痰核繞項而生，立效。蒲公黃三錢，香附一錢，羊蹄根一錢五分，山慈菇一錢，大薊獨根二錢，虎掌草二錢，小一枝箭二錢，小九牯牛一錢，水煎，點水酒服。

明・蘭茂《滇南本草》〔叢本〕卷下 蒲公英，奇方： 治瘰癧結核，痰核繞項而生者效。大薊二錢、公英三錢、羊蹄根錢半、香附一錢、山慈菇一錢、小一支箭二錢，引水酒服。虎掌草一錢、小九牯牛一錢。單方： 治乳汁不通，蒲公英三錢，不效用五錢。水酒煎服。

明・王綸《本草集要》卷三 蒲公英一名地丁。 味甘，氣平，無毒。入陽明經、太陰經。四月五月採。 主婦人乳癰腫，水煮汁，佐以少酒飲之，及封之，立消。傅丁腫諸瘡，及惡刺，化熱毒，消結核有奇功。解石毒，散滯氣。

明・滕弘《神農本經會通》卷一 蒲公草 一名地丁。四五月採，三月開黃花似菊，麥熟時有之，斷其莖，有白汁。

味甘，氣平，無毒。 《本經》云： 主婦人乳癰腫，水煑汁飲之，及封之，立消。《圖經》云： 擣以傅瘡，佳。又治惡刺及狐尿刺，擣取根莖白汁，多塗之，差止。丹溪云： 屬土。化熱毒，消惡腫結核有奇功。解石毒，散滯氣。入陽明經、太陰經。洗淨，細剉，同忍冬藤煎濃湯，入少酒佐之，以治乳癰。又治丁腫有奇功。

明・劉文泰《本草品彙精要》卷一五 蒲公草無毒 植生。

蒲公草：主婦人乳癰腫，水煮汁飲之及封之，立消。名醫所錄。【名】構耨草、蒲公英、地丁。【苗】《圖經》曰：春初生苗，葉如苦苣有細刺，中心抽一莖，莖端出一花，色黄如金錢。斷其莖，有白汁出，人亦啖之。《衍義》曰：蒲公草，今地丁也。四時常有花如菊，花罷飛絮，絮中有子，落處即生。所以庭院間亦有者，蓋因風而來也。【地】《圖經》曰：舊不著所出州土，今處處平澤、田園皆有之。【時】生：春生苗。採：四月、五月取。【收】暴乾。【用】根、莖。【色】青緑。【味】甘。【性】平，緩。【氣】氣之薄者，陽中之陰。【主】乳癰，瘡腫。【治】療：《圖經》曰：擣傅諸瘡及惡刺、狐尿刺，摘取根莖白汁，塗之，惟多塗立瘥。《别録》云：治產後不乳兒，畜積乳汁，結作癰毒，取此草擣傅腫上，日三四度易之，即瘥。

明・姚可成《食物本草》卷首王西樓《救荒野譜》 白鼓釘食莖葉。一名蒲公英。四時皆有，惟極寒天，小而可用。采，熟食。白鼓釘，白鼓釘，豐年賽社鼓不停，凶年罷社鼓絕聲。鼓絕聲，社公惱，白鼓釘，化為艸。

明・許希周《藥性粗評》卷三 夏採蒲公英，疼消百腫。

薄公英，一名耩耨草，俗名地丁。葉如苦苣，斷其莖有白汁。好生道傍，二三月開黄花似菊。江南處處有之。夏採莖葉，陰乾。味苦，性寒，無毒。手足陽明、太陰，并足少陰腎經。主治諸色惡瘡腫毒，婦人乳癰，消熱散血，解食毒，散滯氣，頗與忍冬藤同功。

單方：乳癰：蒲公英洗淨，剉，同忍冬藤煎湯，入酒少許，一碗服罷，垂手欲睡，是其功也，最驗。腫毒：蒲公英擣爛，和醋傅之，須臾自消。

明・鄭寧《藥性要略大全》卷七 蒲公草 消熱毒疔腫，散滯氣有奇功。治婦人乳癰及諸瘡，皆立效。味苦、甘，平，無毒。春初生苗葉，如苦苣，有細毛刺。中心抽一莖，莖端開一花如菊，色黄如金錢。斷其莖葉，皆有白汁。人亦以為野蔬啖之。〇專治女人乳癰，水煮汁，少佐以酒服之，及擣敷患處。一名構耨，一名苦板。

明・陳嘉謨《本草蒙筌》卷三 蒲公草即黄花地丁草。味苦，氣平。無毒。一名耩耨草，俗呼孛孛丁。田側道傍，逢春滿地。葉如苦苣有細刺，花類金錢開莖端。斷其莖莖中空如葱狀。白汁竟流，開罷花飛絮隨起。絮中有子，落地則生。庭院有之，因風吹至。採宜四月五月，經入陽明太陰。煎汁同忍冬，臨服加醇酒。潰堅腫，消結核屢著奇功；解食毒，散滯氣每臻神効。

明・王文潔《太乙仙製本草藥性大全》卷二《本草精義》 蒲公草 一名蒲公英，一名紫花地釘草，一名耩耨草，一名苦板，俗呼孛孛丁。舊不載所出州土，今處處有之。春初生苗，葉如苦苣，有細刺，中心抽一莖，莖端出一花，色黄如金錢，斷其莖莖中虚如葱狀。白汁竟流，開罷花飛絮隨起，絮中有子，落地則生，庭院有之，因風吹至。四月、五月採用。

明・王文潔《太乙仙製本草藥性大全》卷二《仙製藥性》 蒲公草即黄花地丁草。味苦，氣平，無毒。主治：煎汁同忍冬，臨服加醇酒，治婦人乳癰、諸瘡，消男子熱毒、疔腫；潰堅腫，消結核屢著奇功；解食毒，散滯氣每臻神效。補註：婦人乳癰，採取水煮汁服，擣汁以傅瘡皆佳。〇惡刺及狐尿刺，摘取根莖白汁塗之，多塗立差。〇治產後不自乳兒，畜積乳汁結作癰，取擣傅腫上，日三四度易之。

明・皇甫嵩《本草發明》卷三 蒲公英下品下，佐使。氣平，味甘、苦，平，無毒。入陽明經、太陰經。即名黄花地丁。發明曰：蒲公英攻堅散滯，故《本草》主婦人乳癰腫，煮汁飲及封之立消。煎汁，同忍冬加醇酒服，潰堅腫結核，解食毒，散滯氣。擣汁敷瘡，又治惡刺、狐尿刺，并手觸木腫痛，瘡色惡者，取根莖白汁，多塗之，立差。

明・李時珍《本草綱目》卷二七菜部・柔滑類 蒲公英《唐本草》。校正：自草部移入此。

【釋名】耩耨草音搆糯 金簪草《綱目》 黄花地丁時珍曰：名義未詳。孫思邈《千金方》作鳧公英，蘇頌《圖經》作僕公罌，《庚辛玉册》作鵓鴣英。俗呼蒲公丁，又呼黄花地丁。淮人謂之白鼓釘，蜀人謂之耳瘢草，關中謂之狗乳草。按《土宿本草》云：金簪草一名地丁，花如金簪頭，獨脚如丁，故以名之。

【集解】保昇曰：蒲公英草生平澤田園中。莖、葉似苦苣，斷之有白汁，堪生啖。花如單菊而大。四月、五月採之。頌曰：處處有之。春初生苗，葉如苦苣，有細刺。中心抽一莖，莖端出一花，色黄如金錢。俗訛爲僕公罌是也。宗奭曰：即今地丁也。四時常有花，花罷飛絮，絮中有子，落處即生。所以庭院間皆有者，因風而來。時珍曰：地丁，江之南北頗多，他處亦有之，嶺南絕無。小科布地，四散而生，莖、葉、花、絮並似苦苣，但小耳。嫩苗可食。《庚辛玉册》云：地丁葉似小莴苣，花似大旋葍，一莖聳上三四寸，斷之有白汁。二月採花，三月採根。可制汞，伏三黄。有紫花者，名大丁草，出太行、王屋諸山。陳州亦有，名燒金草。能煅朱砂。一種相類而無花者，名地膽草，亦可伏三黄、砒霜。

苗【氣味】甘，平，無毒。【主治】婦人乳癰水腫，煮汁飲及封之，立消恭。解食毒，散滯氣，化熱毒，消惡腫，結核，丁腫震亨。摻牙，烏鬚髮，壯筋骨時珍。白汁：塗惡刺、狐尿刺瘡，即愈頌。

【發明】杲曰：蒲公英苦寒，足少陰腎經君藥也，本經必用之。震亨曰：此草屬土，開黄花，味甘。解食毒，散滯氣，可入陽明、太陰經。化熱毒，消腫核，有奇功。同忍冬藤煎湯，入少酒佐服，治乳癰，服罷欲睡，是其功也。睡覺微汗，病即安矣。頌曰：治惡刺方，出孫思邈《千金方》。其序云：邈以貞觀五年七月十五日夜，以左手中指背觸着庭木，至曉遂患痛不可忍。經十日，痛日深，瘡日高大，色如熟小豆色。常聞長者論有此方，遂用治之。手下則愈，痛亦除，瘡亦即瘥，未十日而平復如故。楊炎《南行方》亦著其效云。時珍曰：薩謙齋《瑞竹堂方》有擦牙烏鬚髮還少丹，甚言此草之功，蓋取其能通腎也。故東垣李氏言其爲少陰本經必用之藥，而著《本草》者不知此義。

【附方】新五。還少丹：昔日越王曾遇異人得此方，極能固齒牙，壯筋骨，生腎水。凡年未及八十者，服之鬚髮返黑，齒落更生。年少服之，至老不衰。得遇此者，宿有仙緣，當珍重之，不可輕泄。用蒲公英一斤，一名耩耨草，又名蒲公罌，生平澤中，三四月甚有之，秋後亦有放花者，連根帶葉取一斤洗淨，勿令見天日，晾乾，入斗子。解鹽一兩，香附子五錢，二味爲細末，入蒲公草內淹一宿，分爲二十團，用皮紙三四層裹扎定，用六一泥即蚯蚓糞如法固濟，入竈內焙乾，乃以武火煅通紅爲度，冷定取出，去泥爲末。早晚擦牙漱之，吐、咽任便，久久方效。《瑞竹堂方》。乳癰紅腫：蒲公英一兩，忍冬藤二兩，搗爛，水二鍾，煎一鍾，食前服。睡覺病即去矣。《積德堂方》。疳瘡疔毒：蒲公英搗爛覆之，即黄花地丁也。別更搗汁，和酒煎服，取汗。《唐氏方》。多年惡瘡：蒲公英搗爛貼。《救急方》。蛇螫腫痛：方同上。

題明・薛己《本草約言》卷一《藥性本草》 蒲公英 味甘，氣平，無毒。陽也，可升可降，入陽明、太陰經。行滯氣而消結腫，化熱毒而療癰瘡。化毒行滯，乃為妙劑；婦人乳腫，更為奇藥。一名地丁。〇蒲公英攻堅散滯，故《本草》主婦人乳癰腫，煮汁少佐以酒飲，及封之立消。細剉同忍冬煎汁，加醇酒服亦妙。若傅疔腫諸瘡及惡刺，有奇功。

明・周履靖《茹草編》卷一 蒲公英 春山明，春水平，黏天芰草夾岸青。蒲公英，蒲公英，春日易陰晴，江鄉社皷鳴，黄蜂粉蝶時輕盈。一名白皷釘。四時皆有，惟寒天嫩而可食。採取，油、鹽、椒炒。

明・梅得春《藥性會元》卷上 蒲公英 味甘，平，無毒。即蒲公草，開黄花似菊花，處處有之。三月開花，麥熟有之，質甚脆，折之有白汁；四時常開花，花罷飛絮，絮中有子，落處即生。入陽明、太陰二經。一名地丁。主化熱毒，消惡腫結核，解食毒，散滯風。同忍冬藤煎，入酒引之，治婦人乳癰，服之即睡，睡覺，其病可安。搗爛封之，亦消癰及疔腫效。

明・穆世錫《食物輯要》卷三 蒲公英 味甘，性溫，無毒。伏三黄、砒、硫毒，解食毒，散滯氣，消乳癧諸癰腫。一名黄花地丁草。

明・李中立《本草原始》卷六 蒲公英 處處有之。春初生苗，葉如苦苣。中心抽莖，莖端出花，色黄如金錢，如單菊而大。又似金簪頭，故《土宿本草》名金簪草。《千金方》作鳧公英。《圖經》作僕公罌。《庚辛玉冊》作鵓鴣英。《本經》作蒲公草。俗呼蒲公丁，又呼黄花地丁。苗：氣味：甘，平，無毒。主治：婦人乳癰，水腫，煮汁飲及封之，立消。〇解食毒，散滯氣，化熱毒，消惡腫結核丁腫。〇摻牙，烏鬚髮，壯筋骨。〇白汁塗惡刺、狐尿刺瘡，即愈。

蒲公英，《唐本草》。**【圖略】**北人呼黄花，苗斷之有白汁出。堪生噉，有光葉者，亦有花葉者。足少陰腎經君藥也。

昔日越王曾遇異人得此方，極能固牙齒，壯筋骨，生腎水。凡年未及八十者，服之鬚髮返黑，齒落更生。年少服之，至老不衰。得遇此者，宿有仙緣，當珍重之，不可輕泄。用蒲公英一斤，洗淨，勿令見天日，晾乾，入斗子。解鹽一兩，香附子五錢，二味為細末，入蒲公英淹一宿，分為二十團，用皮紙三四層裹扎定，用六一泥即蚯蚓糞，如法固濟，入灶內焙乾，乃以武火煅通紅為度。冷定取出，去泥為末，早晚擦牙。漱之，吐嚥任便，久久自效。係《積德堂方》名還少丹。

明・張懋辰《本草便》卷一 蒲公草一名地丁。 味甘，氣平，無毒。主婦人乳癰腫，消諸瘡及惡刺，解石毒，散滯氣。

明・吴文炳《藥性全備食物本草》卷一 蒲公英 味甘，性溫，無毒。伏三黄砒硫毒，解食毒，散滯氣，消乳癧諸癰腫。一名黄花地丁草。

明・趙南星《上醫本草》卷三 蒲公英 一名耩耨草音搆糯，又名金簪草，亦名黄花地丁。震亨曰：此草屬土，開黄花，味甘，解食毒，散滯氣，可入陽明、太陰經，化熱毒，消腫核有奇功。同忍冬藤煎湯，入少酒佐服，治乳癰，服罷欲睡，是其功也。睡覺微汗，病即安矣。頌曰：治惡刺，方出孫思邈《千金方》，其序云，邈以貞觀五年七月十五日夜，以左手中指背觸著庭木，至曉遂患痛不可忍，經十日，痛日深，瘡日高大，色如熟小豆色，常聞長者論有此方，遂用治之，手下則愈，痛亦除，瘡亦即瘥，未十日而平復如故。楊炎《南行方》亦著其効云。時珍曰：薩謙齋《瑞竹堂方》有擦牙烏鬚髮還少丹，甚言此草之功，蓋取其能通腎也。故東垣李氏言其為少陰本經必用之藥，而著本草者不知此義。

苗：甘，平，無毒。主治：解食毒，散滯氣，化熱毒，消惡腫結核，丁腫。摻牙烏鬚髮，壯筋骨。白汁塗惡刺、狐尿刺瘡，即愈。

附方　還少丹：昔日越王曾遇異人得此方，極能固齒牙，壯筋骨，生腎水。凡年未及八十者，服之鬚髮返黑，齒落更生。年少服之，至老不衰。得遇此者，宿有仙緣，當珍重之，不可輕泄。用蒲公英一斤，一名耩耨草，又名蒲公罌，生平澤中，三四月甚有之，秋後亦有放花者。連根帶葉取一斤，洗淨，勿令見天日，晾乾，入斗子。解鹽一兩，香附子五錢，二味為細末，入蒲公草內淹一宿，分為二十團，用皮紙三四層裹扎定，用六一泥，即蚯蚓糞，如法固濟，入竈內焙乾，乃以武火煆通紅為度，冷定取出，去泥為末。早晚擦牙漱之，吐、嚥任便，久久方效。　消一切腫毒，止痛：蒲公英、金銀花各等分，用酒熬，熱飲之，其渣傅腫處，極効。　婦人乳癰，水腫：蒲公英煮汁飲，及封之，立消。　多年惡瘡：蒲公英擣塗貼。　蛇螫腫痛：方同上。

明・李中梓《藥性解》卷四　蒲公英　味苦、甘，性寒，無毒，入脾、胃二經。化熱毒，消惡瘡結核，解食毒，散滯氣。細剉，同忍冬藤取汁入酒，以治乳癰，服罷欲睡，是其功也，睡覺，病已安矣。按：丹溪云：蒲公英花黃屬土，宜入太陰陽明經。有一種花葉莖相類而高大者，非也。其真者短小塌地，質輕脆，斷之有白汁，其花幹如葱管空者是也。四時常花，花罷結實，絮中有子，落處則生，則其稟天地中和之性可見矣，故治諸毒。又為黃花地丁者，以治疔毒者名也。

明・繆希雍《本草經疏》卷一一　蒲公草　味甘，平，無毒。主婦人乳癰腫，水煮汁飲之，又封之，立消。

【疏】蒲公英得水之沖氣，故其味甘平，其性無毒，當是入肝、入胃，解熱涼血之要藥。乳癰屬肝經，婦人經行後，肝經主事，故主婦人乳癰腫，乳毒，竝宜生噉之良。　【主治參互】蒲公草，得夏枯草、貝母、連翹、白芷、栝樓根、橘葉、甘草、頭垢、牡鼠糞、山豆根、山慈菰，治一切乳癰毒腫痛及治乳巖為上藥。　《圖經》治惡刺及狐尿刺，摘取根莖白汁塗之，惟多塗立差。此方出孫思邈《千金方》。其序云：余以貞觀五年七月十五日夜，以左手中指背觸着庭木，至曉遂患痛不可忍。經十日，痛日深，瘡日高大，色如熟小豆色。嘗聞長者之論有此方，遂依治之，手下即愈，痛亦除，瘡亦即瘥，未十日而平復如故。楊炎《南行方》亦著其效云。　《梅師方》治產後不自乳兒，蓄積乳汁結作癰。取蒲公草搗傅腫上，日三四度，易之。　此草單治乳癰及腫毒，性既甘平無毒，又乏他用，故無簡誤。

明・倪朱謨《本草彙言》卷一六　蒲公英　味甘，氣寒，無毒。沉也，降也，入足少陰經。　李氏曰：蒲公英，江之南北平澤地上，他處亦有，嶺南絕無也。小科布地，四散而生。一莖直上，莖端開花，色黃如金，形如單菊而大。莖長三四寸，斷之有白汁，嫩苗可充蔬食。二月采花，三月采根。有紫花者，名大丁草。又一種相類而無花者，名地膽草。治療各別，三種俱能制汞伏砒。

蒲公英：化熱毒，解疔腫癰瘍之藥也。周士和抄《蘇氏方》治婦人乳癰結核，惡腫疔毒。同忍冬藤用生酒煎服，一睡即安，真仙方也。

集方：薛氏方治乳癰并一切惡毒未成，一服即消。用蒲公英一兩，金銀花八錢，當歸三錢，瓜蔞一個連皮搗爛，乳香、沒藥各一錢五分，甘草二錢，酒水各二大碗，煎碗半，徐徐服。〇《方脉正宗》治牙齒不堅固，取蒲公英曬乾，燒灰擦牙妙。

明・應麐《食治廣要》卷三　蒲公英　氣味：甘，平，無毒。主婦人乳癰水腫，解食毒，散滯氣，化熱毒，消惡腫，結核。

明・姚可成《食物本草》卷六菜部・柔滑類　蒲公英一名金簪草，一名黃花地丁。花如金簪頭，獨脚如丁，故名。生平澤田園中。莖、葉似苦苣，斷之有白汁，堪生噉。花如單菊而大，四月、五月采之。〇蒲公英處處有之。春初生苗，葉如苦苣，有細刺。中心抽一莖，莖端出一花，色黃如金錢。俗訛為僕公罌是也。〇蒲公英即今地丁也。四時常有花，花罷飛絮，絮中有子，落處即生。所以庭院間皆有者，因風而來。〇地丁，江之南北頗多，他處亦有之，嶺南絕無。小科布地，四散而生，莖、葉、花、絮竝似苦苣，但差小耳。嫩苗可食。

蒲公英，味甘，平，無毒。主婦人乳癰、水腫，煮汁飲及封之，立消。解食毒，散滯氣，化熱毒，消惡腫、結核、疔腫。摻牙，烏鬚髮，壯筋骨。白汁：塗惡刺、狐尿刺瘡，即愈。此草屬土，開黃花，味甘。解食毒，散滯氣，可入陽明、太陰經。化熱毒，消腫核，有奇功。同忍冬藤煎湯，入少酒佐服，治乳癰，服罷欲睡，是其功也。睡覺微汗，病即安矣。○治惡刺方，出孫思邈《千金方》。其序云：邈以貞觀五年七月十五日夜，以左手中指背觸着庭木，至曉遂患痛不可忍。經十日，痛日深，瘡日高大。常聞長者論有此方，遂用治之，痛即止，瘡即瘥，未十日而平復如故。

附方：還少丹，昔日越王曾遇異人得此方，極能固齒牙，壯筋骨，生腎水。凡年未及八十者，服之鬚髮返黑，齒落更生。年少服之，至老不衰。得遇此者，夙有僊緣，當珍重之，不可輕也。用蒲公英一斤，連根帶葉洗淨，勿令見天日，陰乾，入斗內。鹽一兩，香附五錢，二味為細末，入蒲公英內淹一宿，分為二十團，用皮紙三四層裹扎定，用六一泥即蚯蚓屎。如法固濟，入竈內焙乾，乃以武火煅通紅為度，冷定取出，去泥為末。早晚擦牙漱之，吐、嚥任便，久久方效。治乳癰。用蒲公英一兩，忍冬藤二兩，擣爛，水二鍾，煎一鍾，食前服。睡覺病即去矣。

明・顧逢柏《分部本草妙用》卷五腎部・寒瀉 蒲公英 甘、辛，無毒。主治：婦人乳癰，水腫立消。解食毒，散滯氣，化熱毒，消腫核疔瘡。白汁塗惡刺狐尿。此草属土，味甘，解熱消毒有奇功。忍冬藤煎湯，入少酒佐服，治乳癰如神。用以擦牙，能烏鬚髮，故為腎經本藥。

明・鄭二陽《仁壽堂藥鏡》卷一〇下 蒲公英 丹溪云：蒲公英屬土，開黃花，似菊花而小。折斷有白汁，莖中空虛。化熱毒，消惡腫結核有奇功。在處田間路側有之。三月開黃花。味甘。解食毒，散滯氣，可入陽明、太陰經。洗淨細剉，同忍冬藤煎濃湯，入少酒佐之，以治乳癰。服罷隨手欲睡，是其功也。睡覺，病已安矣。東垣云：微苦，寒。足少陰腎經君藥，治本經須用。《衍義》云：蒲公英，治婦人乳岩聖藥。

明・蔣儀《藥鏡》卷四寒部 蒲公英 化熱毒，消惡瘡。忍冬藤兮同取汁，入酒溫服，散乳癖。取莖和根擣白汁，惡刺狐尿刺塗濺。

明・張景岳《景岳全書》卷四九《本草正》 蒲公英即黃花地丁。味微苦，氣平。獨莖一花者是，莖有椏者非。入陽明、太陰、少陽、厥陰經。同忍冬煎汁，少加酒服，潰堅消腫，散結核瘰癧最佳。破滯氣，解食毒，出毒刺俱妙。若婦人乳癰，用水酒煮飲，以渣封之立消。

明・施永圖《本草醫旨・食物類》卷二 蒲公英 苗：味：甘，平，無毒。治：婦人乳癰水腫，煮汁飲及封之，立消。解食毒，散滯氣，化熱毒，消惡腫、結核、丁腫。摻牙，烏鬚髮，壯筋骨。白汁塗惡刺、狐尿刺瘡即愈。

附方 還少丹：越王曾遇異人得此方，至老不衰，用蒲公英一斤。一名耩耨草，又名蒲公罂，生平澤中，三四月甚有之，秋亦有花。連根帶葉取一斤，洗淨，勿令見天日，陰乾，入斗子。解鹽一兩，香附子五錢，二味為細末，入蒲公草內淹一宿，分為二十團，用皮紙三四層裹，扎定，用六一泥，即蚯蚓糞，如法固濟，入竈內焙乾，乃以武火煅通紅為度，冷定取出去泥為末，早晚擦牙漱之，吐嚥任便，久久方效。

清・穆石匏《本草洞詮》卷七 蒲公英 氣味苦寒，無毒。足少陰經之藥，兼入太陰陽明經。解食毒，散滯氣，化熱毒，消腫核有奇功。同忍冬藤煎湯，入少酒佐服，治乳癰，服罷欲睡，睡覺微汗，病即安矣。薩謙齋有擦牙烏鬚還少丹，甚言此草之功，蓋取其能通腎也。

清・劉雲密《本草述》卷九下 蒲公英 江之南北頗多，他處亦有，嶺南絕無，小科布地四散而生。莖葉似苦苣，有細刺，但小耳，斷之有白汁，四時常有花，如單菊而大，色黃如金錢，花罷飛絮中有子，落處即生。

苗：氣味：甘，平，無毒。東垣曰：苦，寒。丹溪曰：甘。

主治：婦人乳癰，化一切熱毒，消惡腫，結核疔腫，擦牙，烏鬚髮，壯筋骨。東垣曰：蒲公英苦寒，足少陰腎經君藥也，本經必用之。丹溪曰：此草屬土，開黃花，味甘。解食毒，散滯氣，可入陽明、太陰經。化熱毒，消惡腫結核有奇功。同忍冬藤煎湯，入少酒佐服，治乳癰，服罷欲睡，是其功也。睡覺微汗，病即安矣。又曰：治疔腫有奇功，故收之。時珍曰：薩謙齋《瑞竹堂經驗方》有擦牙烏鬚髮還少丹，甚言此草之功，蓋取其能通腎也，故東垣言其為少陰本經必用之藥。而著《本草》者，不知此義。希雍曰：蒲公英得水之冲氣，故其味甘平，其性無毒，當是入肝入胃，解熱涼血之要藥。乳癰屬肝經，婦人經行後，肝經主事，故主婦人乳癰腫，乳毒，並宜生噉之良。得夏枯草、貝母、連翹、白芷、栝樓根、橘葉、甘草、頭垢、牡鼠糞、山豆根、山慈菰，治一切乳癰毒腫痛，及治乳巖為上藥。

附方 還少丹，昔日越王曾遇異人得此方，極能固齒牙，壯筋骨，生腎水。凡年未及八十者，服之鬚髮返黑，齒落更（主）〔生〕，年少服之，至老不衰。用蒲公英一斤，一名耩耨草，又名蒲公罌，生平澤中，三四月甚有之，秋後亦有放花者，連根帶葉，取一斤，洗淨，勿令見天日，晾乾，入斗子，解鹽一兩，香附子五錢，二味為細末，入蒲公英草，內淹一宿，分為二十團，用皮紙三四層裹紥定，用六一泥，即蚯蚓糞如法固濟，入竈內焙乾，乃以武火煅通紅為度，冷定取出，去泥，為末，早晚擦牙漱之，吐咽任便，久久方效。

愚按：蒲公英，即所謂黃花地丁也。《本草》甘平，故丹溪言其可入陽明、太陰，東垣言其苦寒，為足少陰君藥，而希雍又謂其入胃入肝。然細味之甘而微餘苦，是甘平而兼有微寒者也。希雍有曰：甘平之劑，能補肝腎。味此一語，則知其入胃而兼入肝腎矣。不然，安能涼血烏鬚髮，以合於衝任之血臟乎？即是思之，則東垣所謂腎經必用者，尤當推而廣之，不當止以前所主治盡之也。

清・郭章宜《本草匯》卷一二　蒲公英　味苦、甘，寒，氣平，陽也，可升可降，足少陰經君藥，又入陽明、太陰經。散滯氣而消結腫，化熱毒而療惡瘡。摻牙烏鬚，乃為妙劑。乳癰水腫，更為奇藥。

按：蒲公英，攻堅散滯之物也。為足少陰腎經藥，《本經》必用。化毒消腫核，有奇功。同忍冬藤煎湯，少佐以酒，服畢欲睡，是其功也。睡覺微汗，病即安矣。薩謙齋《瑞竹堂方》，有擦牙烏鬚還少丹，用蒲公英一斤，連根帶葉，洗淨，陰乾，入斗子，解鹽一兩，香附子五錢，二味為細末，與蒲公草同淹一宿，分為二十團，用皮紙三四層裹扎，用六一泥，即蚯蚓糞，如法固濟，入竈內焙乾，乃以武火煅通紅為度，冷定，去泥為末，早晚擦牙漱之，吐嚥任便，久服方効。

清・朱本中《飲食須知・菜類》　蒲公英　味甘，性溫。嫩苗可食，解食毒，一名黃花地丁草。

清・何其言《養生食鑒》卷上　蒲公英一名黃花地丁。　味甘，性溫，無毒。伏三黃、砒、硫毒，解食毒，散滯氣，消乳癰。諸癰腫，酒擂汁飲，渣外敷，良。

清・蔣居祉《本草擇要綱目・平性藥品》　蒲公英　氣味：甘，平，無毒。入足少陰腎經君藥。　主治：婦人乳癰水腫，散滯氣，化熱毒。擦牙，烏鬚髮，壯筋骨。亦可入陽明、太陰經。凡治乳癰，以忍冬藤同煎湯，入酒佐服，服罷欲睡，睡覺微汗，是其效也。

清・王翃《握靈本草》補遺　蒲公英一名黃花地丁。三、四月採葉，尖如苣，有細刺，中心抽莖，出花色黃如金，花罷飛絮。　甘，平，無毒。主化熱毒，消腫核，有奇功。

清・汪昂《本草備要》卷二　蒲公英一名黃花地丁。瀉熱，解毒。　甘，平。花黃屬土，入太陰、陽明。脾、胃。化熱毒，解食毒，消腫核。耑治乳癰乳頭屬厥陰，乳房屬陽明。同忍冬煎，少入酒服，搗敷亦良。疔毒，亦爲通淋妙品。諸家不言治淋，試之甚驗。擦牙，烏髭髮。《瑞竹堂》有還少丹方，取其通腎。東垣曰：苦寒，腎經君藥。白汁塗惡刺。凡螳螂諸蟲，盛夏孕育，游諸物上，必遺精汁，乾久則有毒。人手觸之成疾，名狐尿刺，燥痛不眠，百療難效，取汁厚塗即愈，《千金方》極言其功。　葉如萵苣，花如單瓣菊花。四時有花，花罷飛絮。斷之莖中有白汁。鄭方升曰：一莖兩花，高尺許者，掘下數尺，根大如拳，旁有人形拱抱。搗汁酒服，治噎膈如神。

清・陳士鐸《本草新編》卷四　蒲公草　味苦，氣平，無毒。入陽明、太陰。潰堅腫，消結核，解食毒，散滯氣。至賤而有大功，惜世人不知用之。陽明之火每至燎原，用白虎湯以瀉火，未免大傷胃氣。蓋胃中之火盛，由于胃中之土衰也，瀉火而土愈衰矣。故用白虎湯以瀉胃火，乃一時之權宜，而不可恃之為經久也。蒲公英，亦瀉胃火之藥，但其氣甚平，既能瀉火，又不損土，可以長服、久服而無礙。凡係陽明之火起者，俱可大劑服之，火退而胃氣自生。試看北地婦女，當饑饉之時，三五成群，採蒲公草以充食，而人不傷者，正因其瀉火以生土也。夫飢餓之人，未有不胃火沸騰者，用之實有相宜。不可以悟蒲公英之有益而無損乎。但其瀉火之力甚微，必須多用一兩，少亦五六錢，始可散邪輔正耳。

或問：蒲公英既有大功，自宜多用，以敗毒去火，但其體甚輕，不識可煎膏以入于藥籠之中乎？夫蒲公英煎膏，實可出奇，尤勝于生用也。而煎膏之法若何？每次必須百觔，石臼內搗爛，鐵鍋內用水煎之，一鍋水煎至七分，將渣瀝起不用，止用汁，盛于布袋之內瀝取清汁。每大鍋可煮十觔，十次煮完，俱取清汁，入于大鍋內，再煎至濃汁。然後取入砂瓶內盛之，再用重湯煮之，俟其汁如蜜，將汁傾在盆內，牛皮膏化開入之，攪均勻為膏，晒之自乾矣。大約濃汁一觔，入牛皮膏一兩，便可成膏而切片矣。一百觔蒲公英，可取膏七觔，存之藥籠中，以治瘡毒、火毒，最妙，凡前藥內該用草一兩者，止消用二錢，最簡妙法也。無鮮草，可用乾草，乾則不必百觔，三十觔便可熬膏取七觔也。

或問：蒲公英止可治瘡毒，而先生謂可瀉火，豈瀉火即所以治瘡毒乎？此又不盡然也。夫瘡毒雖多成于火，而火症不盡生瘡癰。蒲公英妙在善能消瘡毒，而又善于消火，故可兩用之也。

或問：蒲公英瀉火，止瀉陽明之火，不識各經之火，亦可盡消之乎？曰：火之最烈者，無過陽明之焰。陽明之火降，而各經餘火無不盡消。蒲公英雖非各經之藥，而各經之火，見蒲公英而盡伏，即謂蒲公英能瀉各經之火，亦無不可也。

或問：蒲公英與金銀花，同是消癰化瘍之物，二味畢竟孰勝？夫蒲公英止入陽明、太陰之二經，而金銀花則無經不入，蒲公英不可與金銀花同論功用也。然金銀花得蒲公英，而其功更大。蓋蒲公英攻多于補，非若金銀花補多于攻也。

或問：《圖經》載治惡刺及狐尿刺，摘取蒲公英根莖白汁，塗之立瘥，果有之乎？曰：此思邈孫真人自言其效，不出十日全愈，此則可信者也。但愚見取蒲公英之汁，以塗瘡口之上，更須用其根葉一兩煎湯，內外合治，更易收功也。狐尿刺乃狐所傷，亦用莖汁塗之，而更服湯為妙耳。

或問：蒲公英北地甚多，野人取以作菜，未見不生瘡毒也。嗟乎！瘡毒之成，成于旦夕。野人作羹，能日日用之哉？野人採取之時，半在春間，而瘡毒之成，又在夏秋之際，安知春間之毒，不因食此而消乎。

清・顧靖遠《顧氏醫鏡》卷七　蒲公英甘，平。入肝腎二經。　專治乳巖癰毒，涼血解毒之功。主塗惡刺腫疼。《千金方》云：余以手背偶觸庭木，遂痛難忍，十日瘡高大，以此塗之即愈。

清・李熙和《醫經允中》卷一九　蒲公英　甘、辛，無毒。主治散滯氣，消結核。化熱解毒固稱妙劑，婦人乳腫尤奏奇功。　此草屬土，解熱消毒有効，同忍冬藤煎湯，少入酒佐服，治乳癰腫如神。用以擦牙，能烏鬚髮。《備要》載：一莖兩花，高尺許者，掘下數尺，根大如拳，旁有人形拱抱，搗汁酒服，治噎膈如神。

清・馮兆張《馮氏錦囊秘錄・雜症痘疹藥性主治合參》卷二　蒲公草得水之冲氣，故味甘，平，無毒。入肝、入腎，解毒涼血之要藥。故乳癰乳巖首所重焉，水煮內服，外敷，神效。入劑同夏枯草、貝母、連翹、白芷、瓜蔞根、橘葉、頭垢、牡鼠糞、山荳根、山慈菰，專療乳巖。其根莖白汁，可塗惡瘡腫毒，日塗三四，毒散腫消。　蒲公草，即黃花地丁草。潰堅腫，消結核，屢建奇功，解食毒，散滯氣，並臻神效。主治痘疹合參：凡痘後餘毒，癰疽可用。

清・张璐《本經逢原》卷三　蒲公英俗名奶汁草，苗高尺餘者良。　甘，平，無毒。　發明：蒲公英屬土，開黃花，味甘。解食毒，散滯氣。然必鮮者搗汁和酒服，治乳癰效速。服罷欲睡是其功驗，微汗而愈。

清・浦士貞《夕庵讀本草快編》卷四　蒲公英《唐本草》　英，花也。蒲公，愚意其始用之人姓氏以成名也。　蒲公英味苦性寒，足少陰腎經主藥也。其花色黃而屬土，味亦帶甘，宜入陽明、太陰。故能化熱毒，消腫核，並有奇効。古方有烏鬚還少丹，明其通腎也。東垣李氏著其能壯筋骨，為少陰本經必用之劑。世人不察，但用敷腫，可不哂哉？

清・何諫《生草藥性備要》卷上　蒲公英　味甜，性寒。治乳癰，消疽惡毒瘡，滋陰，黑髮。一名殘飛墜。一名黃花地丁。

清・王子接《得宜本草・中品藥》　蒲公英　味甘。入足少陰經。功專化熱毒，消腫核。得忍冬藤治乳癰。

清・黃元御《玉楸藥解》卷一　地丁　味苦、辛，微寒。入手少陰心、足少陽膽經。消毒腫，療瘡疥，行經泄火，散腫消毒。治癰疽、瘰癧、疔毒、惡瘡，敷食皆佳。紫花地丁更勝白花者，亦名蒲公英。

清・吳儀洛《本草從新》卷四　蒲公英〔瀉熱解毒。〕一名黃花地丁。　苦、甘，寒。東垣曰：苦寒入腎。曰：花黃味甘，可入陽明、太陰經。化熱毒，解食毒，消腫核。專治疔毒乳癰。乳頭屬厥陰，乳房屬陽明。同忍冬煎，入少酒服，搗敷亦良。亦為通淋妙品。擦牙，烏鬚髮。《瑞竹堂方》〔薩謙齋《瑞竹堂經驗方》。〕有還少丹方，取其通腎。白汁塗惡刺。凡螳螂諸蟲孕育，游諸物上，必遺精汁，乾久則有毒，人手觸之成疾，名狐尿刺，慘痛不眠，百治難效，取原汁塗即愈。《千金方》極言其功。　葉如萵苣，花如單瓣黃菊，四時有花，花罷飛絮，斷之莖中有白汁。

清・汪紱《醫林纂要探源》卷二　蒲公英　甘、苦，平。　苗葉似萵苣而小，抽寸許作黃花，如菊，莖中空，斷之有白汁，花罷飛絮，亦如萵苣。一名黃花地丁。又曰鳧公英。補脾和胃，瀉火。花黃汁白，葉亦淡黃。宜歸脾胃，能化熱毒，解食毒，消腫核，療疔毒乳癰，皆瀉火安土之功。通乳汁，以形用也。固齒牙，去陽明熱也。染鬚髮，汁久則黑，血之類也。可解蟲螫，人言一莖兩花，高尺許，根下大如拳，旁有人形拱抱，搗汁酒和，治噎隔神效。吾所見者，皆一莖一花，亦鮮高及尺者。然以治噎隔，則有可得效之理也。亦可茹。

清・嚴潔等《得配本草》卷五　蒲公英一名黃花地丁。　辛、苦，微寒。入足太陰、陽明經。解食毒，散滯氣，化熱毒，消疔腫。治淋通乳，敷諸瘡，塗狐刺。諸蟲精汁遺諸物上，乾久有毒，人手觸之成疾者，〔名〕狐尿刺，慘痛不眠，取厚汁塗之即愈。同忍冬藤煎湯，入少酒服，治乳癰。擣汁和酒服。

題清・徐大椿《藥性切用》卷六 蒲公英 一名黃花地丁。味苦甘寒，瀉熱解毒，消腫治疔，為外科敷治岩藥。服引亦可。

清・黃宮繡《本草求真》卷七 蒲公英消胃熱，涼肝血，療乳癰、乳岩。 蒲公英岩入胃肝。即黃花地丁草也。味甘性平，能入陽明胃、厥陰肝，涼血解熱，故乳癰、乳巖為首重焉！且能通淋，淋症多屬熱結，用此可以通解。擦牙染鬚塗刺，莖斷有白汁，凡螳螂諸蟲遊諸物上，必遺精汁，乾久則有毒，人手觸之成疾，名狐尿刺。慘痛不眠，百療難效，取汁厚塗即愈，《千金方》極言其功。及解食毒疔毒，緣乳頭屬肝，乳房屬胃，乳癰乳巖，多因熱盛血滯，用此直入二經，外敷散腫臻效。同忍冬煎入少酒服，擣敷亦良。內消須同夏枯、貝母、連翹、白芷等藥同治，況此屬土。花黃，故於食滯可解，毒氣可散，又能入腎涼陰，故於鬚髮可染，獨莖一花者是。有椏者非。

清・楊璿《傷寒溫疫條辨》卷六寒劑類 蒲公英 味甘苦，性寒。入脾、胃、腎。擦牙，烏髭髮，通淋稱妙品。潰堅腫，消結核，屢著奇功。解食毒，散滯氣，每臻神效。蒲公英五兩，同金銀花或籐，取汁入酒，日三服盡，治乳癰。按：蒲公英花黃屬土，質脆，斷之有白津。塗狐尿刺。莖如葱管而細，四時常花，花罷飛絮，絮中有子，落處即生。稟天地中和之性，故善解毒。又名地丁者，以其消疔毒也。白汁點之。

清・羅國綱《羅氏會約醫鏡》卷一六草部 蒲公英一名黃花地丁。味甘平，入脾胃二經。 化熱毒，解食毒，散滯氣，消腫核。岩治乳癰。乳頭屬厥陰，乳房屬陽明。同忍冬煎，少入酒服，外用擣敷。亦為通淋妙品。

清・趙學敏《本草綱目拾遺》卷八諸蔬部 白鼓釘 《宦遊筆記》：口外白鼓釘，即內地蒲公英，葉有鋸齒，婆娑鋪地，與內地生者迥殊。內地者，花早開單瓣。生沙漠者，花開於夏至前，宛似黃菊，一望燦然滿地，其蕊瓣重疊，顏色嬌媚，暮春草甫萌芽。口外啖此味，用之不竭，不啻春韭秋菘也。採食之，清火，亦為通淋妙品。其莖中折斷有白汁，諸蟲盛夏孕育，人手觸之成疾，百藥難效，取汁厚塗，即愈。 鄭方升云：一莖兩花，高尺餘者，掘下數尺，根大如拳，旁有人形拱抱。擣汁酒服，治噎膈如神。 按上所載，皆《綱目》未及言者。且口外所產，又與內地異，《綱目》蒲公英入柔滑類，歸草部。今沙漠所產，人以作菜茹，故入菜部，亦各從其類也。 清火毒鬱熱，通乳通淋，消腫，治膈噎，療一切毒蟲蛇傷。

清・黃凱鈞《藥籠小品》 蒲公英 苦甘，寒，化熱毒，消腫核，治乳癰乳積之聖藥。

清・王龍《本草纂要稿・草部》 蒲公英 氣味苦平。潰堅腫，消結核屢著奇功。解食毒，散滯氣每臻神效。

清・張德裕《本草正義》卷上 蒲公英一名黃花地丁。 苦，平。入脾、胃、肝、膽。治婦人乳癰，同金銀花煎汁，少加酒服之。亦能潰堅消腫，散瘰癧結核，最良。

清・楊時泰《本草述鉤元》卷九 蒲公英 一名耩耨草，即黃花地丁。江之南北頗多，他處亦有，嶺南絕無。小科布地，四散而生，莖葉似苦苣，有細刺，斷之有白汁，四時開黃花，如單菊而大，花罷飛絮中有子，落處即生。

苗味甘、微苦，氣平，寒。入足陽明，並入足厥陰、少陰經。化一切熱毒，消惡腫結核，疔腫，治婦人乳癰，擦牙烏鬚髮，壯筋骨，解食毒，散滯氣。此草屬土，得水之沖氣，當是入肝入胃解熱涼血之要藥，婦人經行後，肝經主事，故主乳癰腫毒，並宜生噉之仲淳。同忍冬藤煎湯，入少酒佐服，治乳癰。服罷欲睡，是其功也。睡覺微汗，病即安。得夏枯草、貝母、連翹、白芷、栝蔞根、橘葉、甘草、頭垢、牡鼠糞、山豆根、山慈菰，治一切乳癰腫痛及乳岩。《瑞竹堂方》有擦牙烏鬚髮還少丹，甚言此草之功，取其能通腎也。故東垣謂為少陰本經君藥。還少丹，越王遇異人得此方。極能固齒牙，壯筋骨，生腎水。凡年未八十者服之鬚髮返黑，齒落更生。年少服之，至老不衰。用蒲公英連根帶葉一斤，洗淨，陰室中晾乾，入斗子，解鹽一兩，香附末五錢，醃一宿，分作二十團，用皮紙三四層裹紮定，六一泥固濟，入竈內焙乾，乃以武火煅通紅為度，冷定取出，去泥為末，早晚擦牙漱之，吐咽任便，久久方效。

論：蒲公英味甘而微餘苦，是甘平而兼有微寒者也。繆氏謂甘平之劑，能補肝腎，則入胃而兼入肝腎可知，不然，安能涼血烏鬚髮，以合於衝任之血臟乎。東垣所云腎經必用者，尤當推而廣之，不止以前所主治盡之矣。

清・葉桂《本草再新》卷六 蒲公英味甘、苦，性寒，無毒。入肝經。 化熱解毒，消腫結核，治疔瘡，消乳癰。

清・吳其濬《植物名實圖考》卷一四　蒲公草　《唐本草》始著錄。即蒲公英也。《野菜譜》謂之白鼓釘，又有孛孛丁、黄花郎、黄狗頭諸名。俚醫以為治腫毒要藥。淮江以南，四時皆有，取採良便。

清・趙其光《本草求原》卷三隰草部　蒲公英即黄花地丁。　甘而微苦，平而微寒，補肝、腎、心、胃之血，以合於衝任。化熱毒，消惡腫、結核、疔腫、乳癰，同銀花服。乳巖，同夏枯、川貝、連翹、白芷、花粉、橘葉、甘草、頭垢、兩頭尖、山豆根、山慈菇，兼治一切瘡。乳屬肝。擦牙，烏鬚髮，壯筋骨。陰乾，用鹽、香附末醃焙為末擦之，吐咽任便，皆通腎之功，為腎經所必用，不以前證主治盡也。甘寒解毒，苦瀉滯氣，猶淺視之矣，疝氣聖藥。

清・文晟《新編六書》卷六《藥性摘錄》　蒲公英　即黄花地丁。甘，平。消胃熱，涼肝血。〇治乳癰、乳岩。〇並解食毒疔毒，通淋。〇擦牙染鬚。〇塗狐尿刺。〇獨莖一花者是，有椏者非。

清・文晟《新編六書》卷六《藥性摘錄》　蒲公英　味甘，微苦，性寒。通結氣，利腸胃。野人茹之，亦采以飼鵝。

清・張仁錫《藥性蒙求・菜部》　蒲公英三錢　蒲公英苦，瀉熱解毒。消腫通淋，癰疽宜服。味苦，甘，寒。一名黄花地丁。專治疔毒癰。

清・王孟英《隨息居飲食譜・蔬食類》　蒲公英一名黄花地丁。　甘，平。清肺利膈，化痰，散結消癰，養陰涼血，舒筋固齒，通乳益精。嫩可為蔬，老則入藥，洵為上品。今人但以治乳患，抑何陋耶？別有紫花地丁，一名如意草。甘涼，清熱，補虛，消癰涼血，耐飢，益氣，為救荒仙草。以生嚼無草氣，故可同諸草木葉咀食充飢也。

清・屠道和《本草匯纂》卷二涼血　蒲公英　耑入胃、肝。味甘，性平，微寒，無毒。清胃熱，涼肝血。化熱毒，解食毒，散滯氣，消腫核。專治疔毒乳癰，亦為通淋妙品。擦牙，染鬚髮，壯筋骨。白汁塗惡刺狐尿刺瘡，即愈。緣乳頭屬肝，乳房屬胃，乳(邕)〔癰〕乳巖，多因熱盛血滯，用此宜入胃肝二經，故婦人乳癰水腫，煮汁飲及外敷立消。用忍冬同煎，入酒少許服尤良。內消須同夏枯、貝母、連翹、白芷等藥同用。又能入腎涼陰，故於鬚髮可染。獨莖一花者是，有椏者非。莖斷有白汁，凡螳螂諸蟲游諸物上，必遺精汁，乾久則有毒，人手觸之成疾，名狐尿刺，慘痛不眠，百療難效。取汁厚塗即愈，《千金》極言其功。

清・劉善述、劉士季《草木便方》卷一草部　(卜)〔鋪〕地蜈蚣　蒲公英甘平化毒，疔疽乳癰消腫速。能通五淋扒毒刺，外科要藥腫毒服。鬼燈籠，黄花地丁。

清・田綿淮《本草省常・菜性類》　蒲公英　一名耩耨草，一名金簪草，一名奶汁草，一名黄花地丁，俗名婆婆丁。性寒。瀉熱解毒，消腫通淋。

清・戴葆元《本草綱目易知錄》卷三　蒲公英　甘，平。花黄，屬土，入太陰、陽明。化熱毒，解食毒，散滯氣，消腫核。耑治乳癰疔毒，亦為通淋妙品。摻牙，烏髭髮，壯筋骨。白汁，塗惡刺，狐尿刺瘡。擣貼惡瘡，蛇螫腫痛。

清・陳其瑞《本草撮要》卷一　蒲公英　味甘平苦寒，入足陽明、厥陰、少陰經，功專化熱毒，解食毒。治腫核通淋，得忍冬與酒煎服。以渣搗塗乳癰良。掘其根大如拳，旁有人形拱抱者，取以搗汁酒服，治噎膈良。多年惡瘡，以之搗爛貼塗均妙。一名黄花地丁。

清・吳汝紀《每日食物却病考》卷上　蒲公英　甘，平，無毒。不惟可作蔬食，而主治之功甚大。解食毒，散滯氣，化熱毒，消腫核。婦人乳癰水腫，煮汁飲及封之，立消。同忍冬藤用，更有奇功。服後欲睡，是其驗也，睡而微汗即安矣。又製擦牙還少丹，世傳神妙。

地纓子

明・蘭茂原撰，清・范洪等抄補《滇南本草圖說》卷四　地纓子　形似蒲公英，根細如絲，月白青色，亦名土細辛。氣味辛溫，無毒。主治：欬逆上氣，頭痛，百結拘攣，風濕(脾)〔痹〕痛，久服明目，輕身延年，亦利九竅。耑治遠年近日諸般眼疾，或內障外障，白翳遮睛，同青羊肝，為末服，即愈。

羊奶地丁

明・蘭茂撰，清・管暄校補《滇南本草》卷中　羊奶地丁　性微寒，味苦。入肝經。退熱，治寒熱往來，子午潮熱，散風寒，解汗。附方：治男婦虛癆發熱，忽寒忽熱。羊奶地丁五錢，水煨，點水酒，童便服。

苦菜

唐・孫思邈《千金要方》卷二六《食治・菜蔬》　苦菜　味苦，大寒，滑，無毒。主五藏邪氣，厭穀，胃痺，腸澼，大渴熱中，暴疾惡瘡。久食安心，益氣，聰察，少臥，輕身，耐老，耐飢寒。一名荼草，一名選，一名遊冬。冬不死。四月上旬採。

宋・李昉《太平御覽》卷第九九七　茶　《爾雅》曰：茶，苦菜。苦菜可食。《毛詩・谷風》曰：誰謂茶苦，其甘如薺。《廣雅》曰：遊冬，苦菜也。

宋・唐慎微《證類本草》卷二七菜部上品〔宋・掌禹錫《嘉祐本草》〕　苦苣　味苦，平一云寒。除面目及舌下黃，强力不睡。折取莖中白汁，傅丁腫，出根。又取汁滴癰上，立潰。碎莖、葉傅蛇咬。根主赤白痢及骨蒸，並煮服之。今人種爲菜，生食之。久食輕身，少睡，調十二經脉，利五藏，霍亂後胃氣逆煩。生擣汁飲之，雖冷，甚益人。不可同血食，一本作蜜。食作痔疾，苦苣即野苣也，野生者，又名褊苣。今人家常食爲白苣。江外、嶺南、吳人無白苣，嘗植野苣，以供廚饌新補。

宋・唐慎微《證類本草》卷二九菜部下品〔宋・掌禹錫《嘉祐本草》〕　苦蕒　冷，無毒。治面目黃，强力，止困，傅蛇蟲咬。又，汁傅丁腫，即根出。蠶蛾出時，切不可取拗，令蛾子青爛。蠶婦亦忌食。野苦蕒五六回拗後，味甘滑於家苦蕒，甚佳。

宋・唐慎微《證類本草》卷二七菜部上品〔《本經・別錄》〕　苦菜　**味苦，寒，無毒。主五藏邪氣，厭**於協切，伏也。**穀胃痹**，腸澼，渴熱中疾，惡瘡。**久服安心益氣，聰察，少卧，輕身耐老**，耐飢寒，高氣不老。**一名茶草，一名選**，一名遊冬。生益州川谷，山陵道傍，淩冬不死。三月三日採，陰乾。

〔梁・陶弘景《本草經集注》〕云：疑此即是今茗。茗一名茶，又令人不眠，亦淩冬不凋，而嫌其止生益州。益州乃有苦菜，正是苦蘵音式爾。上卷上品白英下已注之。《桐君録》云：苦菜，三月生扶踈，六月華從葉出，莖直黃，八月實黑；實落根復生，冬不枯。今茗極似此，西陽、武昌及廬江、晉熙皆好，東人正作青茗。茗皆有浡，飲之宜人。凡所飲物，有茗及木葉、天門冬苗，并菝葜，皆益人，餘物並冷利。又巴東間別有真茶，火煏作卷結，爲飲亦令人不眠，恐或是此。俗中多煮檀葉及大皂李作茶飲，並冷。又南方有瓜蘆木，亦似茗，苦澀。取其葉作屑，煮飲汁，即通夜不睡。煮鹽人惟資此飲，而交、廣最所重，客來先設，乃加以香芼音耄輩。

〔唐・蘇敬《唐本草》〕注云：苦菜，《詩》云：誰謂茶苦。又云：菫茶如飴。皆苦菜異名也。陶謂之茗，茗乃木類，殊非菜流。茗，春採爲苦茶，音遲遐反，非途音也。按：《爾雅・釋草》云：茶，苦菜。《釋木》云：檟，苦茶。二物全別，不得爲例。又《顏氏家訓》按《易通卦驗玄圖》曰：苦菜，生於寒秋，經冬歷春，得夏乃成。一名遊冬。葉似苦苣而細，斷之有白汁，花黃似菊。此則與桐君略同，今所在有之。苦蘵乃龍葵爾，俗亦名苦菜，非茶也。

〔宋・掌禹錫《嘉祐本草》〕按：《蜀本圖經》云：春花夏實，至秋復生，花而不實，經冬不凋。陳藏器云：苦蘵，味苦，寒，有小毒。擣葉傅小兒閃癖，煮汁服，去暴熱目黃，秘塞。葉極似龍葵，但龍葵子無殼，苦蘵子有殼。蘇云：是龍葵，誤也。人亦呼爲小苦耽。崔豹《古今注》云：苦蘵，一名蘵子，有實，形如皮弁子，圓如珠。

〔宋・唐慎微《證類本草》〕《月令》：王瓜生，苦菜秀。

宋・寇宗奭《本草衍義》卷一九　苦苣　擣汁傅丁瘡，殊驗。青苗陰乾，以備冬月，爲末，水調傅亦可。

苦菜　四方皆有，在北道則冬方彫斃，生南方則冬夏常青。此《月令》小滿節後，所謂苦菜秀者是此。葉如苦苣，更狹，其綠色差淡，折之白乳汁出，常常點瘊子，自落。味苦，花與野菊相似，春、夏、秋皆旋開花。去中熱，安心神。

宋・王繼先《紹興本草》卷一二　苦菜　紹興校定：苦菜，《本經》雖具性味主治，然近世未聞驗據，亦非常食菜品，乃川蜀野生之物。當從《本經》味苦、寒、無毒是也。

宋・鄭樵《通志》卷七五《昆蟲草木略》　苦苣　野生者曰褊苣，人家常食者曰白苣。

苦菜　曰茶，曰選，曰游冬。《爾雅》云：茶，苦菜。《詩・國風》云：誰謂茶苦，其甘如薺。《月令》云：苦菜秀。

宋・王介《履巉巖本草》卷上　天苦蕒　性涼，無毒。治風毒赤眼，用少許擣爛貼眼，不過三兩次，其眼疾腫毒自散。或貼兩太陽上亦得。

宋・王介《履巉巖本草》卷下　苦蕒　味苦，冷，無毒。治面目黃，强力，止困，傅蛇蟲咬即差。又汁傅丁腫，即根出。雖分家種、野生，其性亦無多異。

宋・陳衍《寶慶本草折衷》卷一九　苦菜汁在內。　一名茶草，一名茶苦，一名遊冬，一名選。〇茶，並同都切。生益州川谷，及西陽、武昌、廬江、晉熙。今四方山陵、道傍有之。在北道則冬彫，生南方則冬夏常青。〇三四月採，陰乾。

味苦，寒，無毒。〇主五藏邪氣，厭穀胃痹，腸澼，渴熱中疾，惡瘡。〇寇氏曰：葉如苦苣，更狹，綠色差淡，折之白乳汁出。常常點瘊胡鈞切，疣疾也。

子自落，花與野菊相似。

宋・陳衍《寶慶本草折衷》卷二〇　苦蕒埋解切。汁及野苦蕒在內。　家園多種之。〇艾氏云：不可合血同食。〇蠶蛾出時不可拗，令蛾子青爛。　冷，無毒。〇治面目黃，止困。傅蛇蟲咬。又汁傅丁腫根出。蠶婦忌食野苦蕒。五六回拗後，味甘滑於家苦蕒，甚佳。

元・忽思慧《飲膳正要》卷三　天淨菜　味苦，平，無毒。除面目黃，強志清神，利五藏。即野苦蕒。

苦蕒菜　味苦，冷，無毒。治面目黃，強力，止困，可傅諸瘡。

元・吴瑞《日用本草》卷七　苦菜　村人以此當蔬，名苦葴。莖葉赤色如蕎麥，冬不凋。　味苦，寒，無毒。　主蠼螋溺瘡。多食令人氣喘，發虛弱，損陽氣，消精髓。素有脚弱之病尤忌之。茸瘡熱腫，取汁蓋之，至瘡上開孔，以歇熱毒，冷即易之，瘥。

元・吴瑞《日用本草》卷七　苦蕒　野生葉大，其味不甚佳，主治一同。　味苦，冷，無毒。人家養蠶蛾，初出時，不可取拗，令蛾子赤爛。蠶婦亦忌食之。　主面目黃，強力止困，蛇蟲咬瘡及疔瘡，取苦蕒汁敷之。

明・朱橚《救荒本草》卷下之後　苦蕒菜　俗名老鸛菜。所在有之。生田野中。人家園圃種者為家苦蕒。脚葉似白菜小葉，抪莖而生，梢葉似鴉嘴形，每葉間分叉，攛葶如穿葉狀，梢間開黃花。味微苦，性冷，無毒。　救飢：採苗葉煠熟，以水浸洗淘淨，油鹽調食。出蠶蛾時切不可取拗，令蛾子赤爛；蠶婦忌食。　治病：文具《本草》菜部條下。

明・蘭茂原撰，范洪等抄補《滇南本草圖説》卷八　苦菜　味苦，平，性寒。解五經之邪熱。

明・蘭茂撰，清・管暄校補《滇南本草》卷下　青菜一名苦菜。　性大寒，味苦。涼血熱，寒胃，發肚腹中諸積，利小便。

附方：治婦人乳結，紅腫疼痛。紫苦菜搗汁，水煎，點水酒服。

明・滕弘《神農本經會通》卷五　苦苣　即野苣也。不可同血食，作痔疾。今人家常食，為白苣。

味苦，氣平。一云：寒。　《本經》云：主面目及舌下黃，強力不睡。折取莖中白汁，傅丁腫出根。又取汁，滴癰上，立潰。碎莖葉，傅蛇咬。根，主赤白痢及骨蒸，并煮服之。今人種為菜，生食之，久食輕身，少睡，調十二經脉，利五臟，霍亂後胃氣逆煩。生擣汁飲之，雖冷，甚益人。

明・滕弘《神農本經會通》卷五　苦菜　一名（茶）〔荼〕。非茶也。《爾雅・釋草》云：（茶）〔荼〕，苦菜。《月令》云苦菜秀是也。三月三日採，陰乾。

味苦，氣寒，無毒。　《本經》云：主五臟邪氣，厭穀胃痺，腸澼，渴熱，中疾，惡瘡。久服安心氣益氣，聰察少臥，輕身，耐老飢寒，高氣不老。

明・滕弘《神農本經會通》卷五　苦蕒　《本經》云：冷，無毒。治面目黃，強力，止困。傅蛇蟲咬。又汁傅丁腫，即根出。蠶蛾出時，切不可取拗，令蛾子青爛。蠶婦亦忌食。野苦蕒，五六回拗後，味甘滑於家苦蕒，甚佳。

明・劉文泰《本草品彙精要》卷三八　苦菜無毒　植生。

苦菜出《神農本經》：主五臟邪氣，厭於協切，伏也。穀，胃痹。久服安心益氣，聰察，少卧，輕身耐老。以上朱字《神農本經》。腸澼，渴熱中疾，惡瘡，耐飢寒，豪氣不老。以上黑字名醫所錄。　【名】荼草、游冬、堇荼、選。　【苗】《衍義》曰：苦菜，葉似苦苣而狹，綠色差淡，折之有白汁出，常常點瘊子自落。花與野菊相似，春、夏、秋皆旋開花。四方皆有，在北道則冬方凋斃，生南方則冬夏常青，此《月令》小滿節後所謂苦菜秀者是也。又有一種苦蘵，味苦，寒，有小毒，擣葉傅小兒閃癖。煮汁服，去暴熱，目黃，秘塞。然其葉極似龍葵，但龍葵子無殼，苦蘵子有殼，如皮弁子，圓如珠，人亦呼爲小苦耽也。　【地】《圖經》曰：生益州川谷、山陵道旁。　【道地】蜀川。　【時】生：春苗。採：三月三日。　【收】陰乾。　【用】莖、葉。　【質】葉類苦苣而狹。　【色】青。　【味】苦。　【性】寒，洩。　【氣】味厚於氣，陰也。　【臭】腥。　【主】除腸澼，去邪氣。　【治】療：《衍義》曰：花，去中熱，安心神。

明・劉文泰《本草品彙精要》卷四〇　苦蕒無毒　叢生。

苦蕒：治面目黃，強力，止困，傅蛇蟲咬。又汁傅疔腫，即根出。蠶蛾出時，切不可取拗，令蛾子青爛，蠶婦亦忌食。野苦蕒五六回拗後，味甘滑於家苦蕒，甚佳。名醫所錄。　【名】天淨菜。　【苗】謹按：春生苗，摘其葉有白汁出，人多採以生啖之，亦可蒸作茹。若遠行，人馬皆可食也。　【地】處處有之。　【時】生：春生苗。採：夏月取。　【用】莖、葉。　【色】綠。　【味】苦。　【性】冷。　【氣】氣薄味厚，陰也。　【臭】腥。

明・盧和、汪穎《食物本草》卷一菜類　苦蕒　冷，無毒。療面目黃，強力止困，傳蛇蟲咬良。又汁傳丁腫，根即出。蠶婦食之壞蠶蛾。

明・盧和、汪穎《食物本草》卷二　苦菜　味苦，寒，無毒。主五臟邪氣，厭穀胃痹，腸澼，渴熱中疾，惡瘡。久服安心益氣，聰察少臥，輕身耐老，耐飢寒。此菜生北地，方冬即凋。生南地則冬夏常青，《月令》所謂苦菜秀者是已。即今之茶也。出山田及澤中，得霜甜脆而美。

明・許希周《藥性粗評》卷三　近處輕身之列，苦苣為高。

苦苣，菜名也。野生，一名褊苣。與白苣不同，今人亦種之為家菜，生亦可食。味苦，性平一云寒，無毒。主治面目熱黃，丁瘡癰腫，骨蒸白痢，蛇蟲諸毒，利五臟，調十二經，久服輕身少睡。生擣汁飲之，雖冷亦甚益人。此蓋近而有遠功者也。但不可同血食之，反作痔疾血一作蜜。

單方：丁腫：取苦苣折莖，取汁傅之，根出。　骨蒸：常以苦苣煮食之，良。

明・鄭寧《藥性要略大全》卷六　苦苣即苦蕒也。　主面目及舌下黃，強〔力〕不眠。久食輕身少睡。治霍亂氣逆。雖冷，甚益人，不可同血食。　味苦，平，氣寒，無毒。蠶子出時，不可取拗，令蠶子青爛。蠶婦亦忌食。

明・王文潔《太乙仙製本草藥性大全》卷五《本草精義》　苦菜　一名荼草，一名選，一名遊冬，一名苦蘵，人呼爲小苦耽。生益州川谷、山陵、道傍，四方皆有之。在北道則冬方凋斃，南方則冬夏常青。此《月令》小滿節後，所謂苦菜秀者是也。田圃云：苦菜生於寒秋，經冬歷春，得夏乃成。葉似苦苣而細更狹，其綠色差淡，折之白乳汁出，常常點瘊子自落。花黃似菊，春花夏葉，秋復生花，不實，經冬不凋。《桐君録》：苦菜三月生扶蘇，六月花從葉出，莖直色黃，八月實黑，實落根復生，凌冬不死。三月三日採，陰乾用。

苦蕒　舊不著所出州土，今處處有之。苗葉似白苣而粗大，開白花，子亦如白苣子，黑色。

明・王文潔《太乙仙製本草藥性大全》卷五《仙製藥性》　苦菜　味苦，氣寒，無毒。　主治：主五臟邪氣而厭穀胃痹，治腸澼渴熱與中疾惡瘡。去中熱極驗，安心神最良。久服益氣，聰明耳目，少臥輕身，耐老，耐飢寒，豪氣不老。　補註：小兒閃癖，擣葉傅之良。〇去暴熱目黃，秘結，用之煮汁服良。

苦苣：味苦，氣平，一云寒，無毒。　主治：除面目及舌下黃，治骨蒸併赤白痢。煮食強力不睡，服治胃氣逆煩。調諸經而利五臟，正霍亂而治酒癰。折莖汁點疔腫之有準，碎莖葉敷蛇咬之神功。若生食之，令人輕身。　補註：疔腫折取莖中白汁，點之良。〇酒癰，用根取汁立漬效。〇蛇咬，碎莖葉傳之妙。〇赤白痢及骨蒸，取根煮服之佳。〇霍亂後胃氣逆煩，生擣汁飲之。

苦蕒　氣冷，無毒。　主治：治面目黃疸，能強力止困。汁傅蛇蟲咬，根罯疔腫瘡。蠶蛾出時切不可取拗，令蛾子青爛，蠶婦亦忌食。野苦蕒五六回拗後，味甘滑於家苦蕒，甚佳。

明・皇甫嵩《本草發明》卷五　苦菜味苦，寒。　主五臟邪氣，厭穀胃痹，腸澼，渴熱中疾，惡瘡，久服安心，益氣聰察，少臥，輕身耐老，耐飢寒。一名荼草，《月令》所謂小滿苦菜秀是也。似苦苣，更狹，色淡綠，折之白乳汁出，花與野菊似。

明・李時珍《本草綱目》卷二七菜部・柔滑類　苦菜《本經》上品。校正：併入《嘉祐》苦苣、苦蕒。

【釋名】荼音茶。《本經》。　苦苣《嘉祐》　苦蕒《綱目》　游冬《別録》　褊苣《日用》　老鸛菜《救荒》　天香菜時珍曰：苦荼以味名也。經歷冬春，故曰游冬。許氏《說文》苣作蘆。吳人呼爲苦蕒，其義未詳。《嘉祐本草》言嶺南、吳人植苣供饌名苦苣，而又重出苦苣及苦蕒條。今並併之。

【集解】《別録》曰：苦菜生益州川谷、山陵、道旁。凌冬不死。三月三日採，陰乾。《桐君藥録》曰：苦菜三月生扶疏。六月花從葉出，莖直花黃。八月實黑，實落根復生，冬不枯。恭曰：《爾雅》云：荼，苦菜也。《易通卦驗玄圖》云：苦菜生於寒秋，經冬歷春，得夏乃成。一名游冬。葉似苦苣而細，斷之有白汁，花黃似菊，所在有之。其說與桐君略同。苦蘵俗亦名苦菜，非此荼也。保昇曰：春花夏實，至秋復生花而不實，經冬不凋。宗奭曰：此《月令》四月小滿節後苦菜秀者也。四方皆有，在北道者則冬方凋，生南方者冬夏常青。葉如苦苣而狹，綠色差淡。折之白乳汁出，味苦。花似野菊，春夏秋皆旋開。時珍曰：苦菜即苦蕒也，家栽者呼爲苦苣，實一物也。春初生苗，有赤莖、白莖二種。其莖中空而脆，折之有白汁。胼葉似花蘿蔔菜葉而色綠帶碧，上葉抱莖，梢葉似鸛嘴，每葉分叉，攛挺如穿葉狀，開黃花，如初綻野菊。一花結子一叢，如同蒿子及鶴蝨子，花罷則收斂，子上有白毛茸茸，隨風飄颺，落處即生。士良曰：蠶蛾出時不可折取，令蛾子青爛。蠶婦亦忌食之。然野苣若五六回拗後，味反甘滑，勝於家苦蕒也。

【正誤】弘景曰：苦菜疑即茗也。茗一名荼，凌冬不凋，作飲能令人不眠。恭曰：《詩》云誰謂荼苦，即苦菜異名也。陶氏謂荼爲茗，茗乃木類。按《爾雅・釋草》云：荼，苦菜也。音途。《釋木》云：檟，苦荼也。音遲遐切。二物全別，不得比例，陶說誤矣。

菜　【氣味】苦，寒，無毒。張機曰：野苣不可共蜜食，令人作（肉）〔內〕痔。時珍曰：脾胃虛寒人，不可食。

【主治】五臟邪氣，厭延葉反，伏也。穀胃痹。久服安心益氣，聰察少卧，輕身耐老《本經》。腸澼渴熱，中疾惡瘡。久服耐飢寒，豪氣不老《别録》。調十二經脈，霍亂後胃氣煩逆。久服强力，雖冷甚益人《嘉祐》。擣汁飲，除面目及舌下黄。其白汁，塗丁腫，拔根。滴癰上，立潰藏器。點瘊子，自落《衍義》。傅蛇咬大明。明目，主諸痢汪機。血淋痔瘻時珍。

【發明】宗奭曰：苦苣擣汁傅丁瘡，殊驗。青苗陰乾，以備冬月爲末，水調傅之。時珍曰：按《洞天保生録》云：夏三月宜食苦蕒，能益心和血通氣也。又陸文量《菽園雜記》云：凡病痔者，宜用苦苣菜，或鮮或乾，煮至熟爛，連湯置器中，横安一板坐之，先熏後洗，冷即止。日洗數次，屢用有效。

【附方】新六。血淋尿血：苦蕒菜一把，酒、水各半，煎服。《資生經》。血脈不調：苦蕒菜曬乾，爲末。每服二錢，温酒下。《衛生易簡方》。喉痹腫痛：野苦蕒擣汁半盞，燈心以湯浸，捻汁半盞，和匀服。《普濟方》。對口惡瘡：野苦蕒擂汁一鍾，入薑汁一匙，和酒服。以渣傅。一二次即愈。唐瑶《經驗方》。中沙蝨毒：沙蝨在水中，人澡浴則着人身，鑽入皮裏。初得皮上正赤，如小豆、黍、粟，摩之痛如刺，三日後寒熱發瘡毒，若入骨殺人，嶺南多此。即以茅葉刮去，以苦菜汁塗之，佳。《肘後方》。壺蜂叮螫：苦蕒汁塗之，良。《摘玄方》。

根【主治】赤白痢及骨蒸，並煮服之《嘉祐》。治血淋，利小便時珍。

花子【氣味】甘，平，無毒。【主治】去中熱，安心神宗奭。黄疸疾，連花、子研細二錢，水煎服，日二次，良汪穎。

明・吴文炳《藥性全備食物本草》卷一 苦菜 味苦，氣寒，無毒。此《月令》小滿節後，所謂苦菜秀者是也。莖似苦苣而細，折之白汁出，常常點瘊子自落。花黄似菊，淩冬不死，主五臟邪氣，厭穀胃痺，腸澼渴熱中疾，惡瘡，久服安心益氣，聰察少卧。三月三日採，陰乾。

明・趙南星《上醫本草》卷三 苦菜 一名荼，一名苦巨，一名苦蕒，一名游冬，一名褊苣，一名老鸛菜，一名天香菜。時珍曰：案《洞天保生録》云：夏三月，宜食苦蕒，能益心和血，通氣也。此《月令》四月小滿節後，苦菜秀者也。四方皆有，在北道者則冬方凋，生南方者冬夏常青。葉如苦苣而狹，緑色差淡，折之白乳汁出，味苦，花似野菊，春夏秋皆旋開。

菜：苦，寒，無毒。主治：五臟邪氣，厭延叶反，伏也。穀胃痹，腸澼，渴熱中疾，諸痢，血淋，痔瘻，惡瘡。又能明目，調十二經脉，霍亂後胃氣煩逆。久服安心益氣，强力聰察，少卧，輕身，耐飢寒，豪氣不老，雖冷甚益人。擣汁飲，除面目及舌下黄。其白汁，塗丁腫拔根，滴癰上立潰，點瘊子自落，及傅蛇咬。

附方 血淋尿血：苦菜一把，酒、水各半，煎服。對口惡瘡：野苦蕒擂汁一鍾，入薑汁一匙，和酒服，以渣傅，一二次即愈。壺蜂叮螫：苦菜汁塗之良。

根：主治：赤白痢及骨蒸，並煮服之，治血淋，利小便。

明・繆希雍《本草經疏》卷二七 苦菜 味苦，寒，無毒。主五藏邪氣，厭伏也穀胃痹，腸澼，渴熱中疾，惡瘡。久服安心益氣，聰察少卧，輕身耐老，耐飢寒，高氣不老。

【疏】苦菜與苦苣、苦蕒一物，而形稍異，功用則相同也。稟天地之陰氣，故其味苦氣寒，無毒。入心、脾、胃三經。其主五藏邪氣者，邪熱客于心也。胃痹、渴熱中疾者，熱在胃也。腸澼者，熱在大腸也。惡瘡者，熱瘀傷血肉也。苦寒總除諸熱，故主之也。熱去則神自清，故久服安心益氣，聰察少卧也。輕身耐老，耐飢寒，高氣不老者，總言其熱退陰生，安心益氣之極功也。

【主治參互】寇宗奭《衍義》治疔瘡，以苦苣擣汁傅之，殊驗。青苗葉陰乾，以備冬月需用，為末，水調傅之。唐瑶《經驗方》對口惡瘡，野苦苣，擂汁一鍾，入薑汁一匙，和酒服，以渣傅，一二次即愈。《肘後方》中沙虱毒，沙虱在水中，人澡浴則著人身，鑽入皮裏。初得皮上正赤，如小豆、黍、粟，摩之痛如刺，三日後發寒熱，發瘡毒，若入骨殺人，嶺南多此。即以茅葉刮去，以苦菜汁塗之，佳。

【簡誤】脾胃虚寒者忌之。

明・應廛《食治廣要》卷三 苦菜一名苦蕒。 氣味：苦，寒，無毒。調十二經脈，霍亂後胃氣煩逆。久服强力，雖冷甚益人。張仲景曰：野苣不可共蜜食，令人作肉痔。《綱目》曰：脾胃虚寒人，不可食。

明・姚可成《食物本草》卷六菜部・柔滑類 苦菜一名苦苣，一名荼。春初生苗，有赤莖、白莖二種。其莖中空而脆，折之有白汁。胼葉似花蘿蔔菜葉而色緑帶碧，上葉抱莖，稍葉似鸛嘴，每葉分叉，攛挺如穿葉狀。開黄花，如初綻野菊。一花結子一叢，如茼蒿子及(鸛)〔鶴〕虱子，花罷則收斂，子上有白毛茸茸，隨風飄揚，落處即生。蠶蛾出時，不可折取，令蛾子青爛。蠶婦亦忌食之。 苦菜，味苦，寒，無毒。主五藏邪氣，厭穀胃痹。久服安心益氣，聰察少卧，輕身耐老。耐飢寒，豪氣不老，强力。雖冷甚益人。又治腸澼渴熱，中疾惡瘡。調十二經脉，霍亂後胃氣煩逆。擣汁飲，除面目及舌下黄。其白汁，塗丁腫，拔根。滴癰上，立潰。點瘊子，自落。傅蛇咬。明目，主諸痢，血淋痔瘻。野苣不可共蜜食，令人作（肉）〔内〕痔。脾胃虚寒人不可食。凡病痔者，宜用苦苣菜，或鮮或乾，煮至熟爛，連湯置器中，横安一板坐之，先熏後洗，冷即止。日洗數次，屢用有效。

根　主赤白痢及骨蒸，竝煮服之。治血淋，利小便。

花及子　味甘，平，無毒。去中熱，安心神。黄疸疾，連花、子研細二錢，水煎服，日二次，良。

附方：治對口惡瘡。野苦苣擂汁一鍾，入薑汁一匙，和酒服，以渣傅。一二次即愈。治喉痹腫痛。用野苦蕒擂汁半盞，又用燈心以湯浸，捻汁半盞，和匀服。

明・施永圖《本草醫旨・食物類》卷二　苦菜　味：苦，寒，無毒。主：五臟邪氣，傷穀，胃痹腸澼，消熱，并治惡瘡。久服，安心益氣，聰察少卧，輕身耐老，耐飢寒，調十二經脉，雖冷甚益人。擣汁飲，除面目及舌下黄。其白汁，塗疔腫拔根，滴癰上立潰，點痣自落，敷蛇咬，明目，治諸痢、血淋痔。

苦蕒野生，葉大，味欠佳。　味：冷，無毒。療面目黄，強力止困，傅蛇蟲咬良。又，汁傅疔腫，根即出。蠶婦食之壞蠶蛾。

清・丁其譽《壽世秘典》卷三　苦菜苦菜即苦蕒也，家栽者呼為苦苣，實一物也。春初生苗，有赤莖、白莖二種，其莖中空而脆，折之有白汁，味苦，葉似花蘿蔔菜葉，而色緑帶碧，花黄似菊，春夏秋皆旋開。　氣味：苦，寒，無毒。主五臟邪氣，明目，治諸痢、血淋、痔瘻，搗汁塗疔腫拔根，點瘊子自落。

發明《洞天保生録》云：夏三月宜食苦蕒，能益心、和血、通氣，脾胃虚寒人不可食。

清・朱本中《飲食須知・菜類》　苦菜　味苦，性寒，即苦蕒。家種者，呼為苦苣。不可合蜜食，令人作内痔。脾胃虚寒者忌食。蠶婦不可食，令蛾子青爛。野苣，若五六回拗後，味反甘滑，勝於家種也。

清・何其言《養生食鑒》卷上　苦蕒

味苦，性寒，無毒。療霍亂後胃氣煩逆，除面目黄，強力止困。脾胃虚寒人，不可食。同蜜食，令作内疾。敷蛇蟲咬良。以汁塗疔腫，拔根。滴癰上，立潰。蠶婦食之，壞蠶蛾。治血淋、尿血，每取一把，酒水各半煎服，效。

清・馮兆張《馮氏錦囊秘録・雜症痘疹藥性主治合參》卷七　苦菜與苦苣一物而形稍異，功用則相同也。稟天地之陰氣，故味苦，氣寒，無毒。入心、脾、腎三經。其主五臟邪氣者，邪熱容於心也。胃痹渴熱中疾者，熱在胃也。腸澼者，熱在大腸也。惡瘡者，熱瘀傷血肉也。苦寒總除諸熱，故主之也。熱去則神自清，故久服安心益氣，聰察少卧也。耐飢耐寒，輕身不老者，總言其熱退陰生，安心益氣之極功也。　苦菜，味苦，寒，無毒。主五臟邪氣，厭穀，胃痹腸澼，渴熱中疾惡瘡，久服安心益氣，聰察少卧，耐飢耐寒，輕身不老。

清・汪紱《醫林纂要探源》卷二　苦蕒　苦，寒。古曰芑，又曰荼，蓋一物而二種。肥者苦而甘，瘠者尤苦。如今野生者，有所謂老鴉苦蕒，即荼也。葉色青白，亦有紅筋者，其莖斷之有白汁，抽莖作花如單瓣小菊，結實甚秕，上有白蓊飛絮。己土之氣，芑字，從己，火退而土任事。瀉心解暑，去熱除煩。苦瀉心，盛夏生食之，甚養心氣。大熱煩渴，飲汁即安。解一切煎煿火毒。通乳。莖中空而有白汁故也。心有熱邪，則血沸騰而就涸，心熱去則水安流就道，而乳汁通矣。

清・黄宫繡《本草求真》卷九　苦菜解心、胃、大腸熱。

苦菜耑入心、胃、大腸。稟氣至陰，故味苦寒而不溫，而經所列病症，有言能治五臟邪氣者，邪熱客於心也；胃痹渴熱中疾者，熱在胃也；腸澼者，熱在大腸也；　惡瘡者，熱瘀傷血肉也；　苦寒總除諸熱，故主之也。熱去則神自清，故久服安心益氣，聰明少卧也。耐飢耐寒，輕身不老者，總言其熱去陰生，心安氣益之神功也。此與苦苣同為一物，而形色稍異，治與苦苣相同。宗奭曰：苦苣擣汁，敷疔瘡殊驗，青茵陰乾，以備冬月，為末水調敷之。《雜記》云：凡病痔者，宜用苦苣菜，或鮮或乾，煮至熟爛，連湯置器中，横安一板坐之。先薰後洗，冷即止，日洗數次，屢用有效。但脾胃虚人切忌。張機曰：野苣不可共蜜食，令人作肉痔。士良曰：蠶蛾出時不可扴取，令蛾子青爛，蠶婦亦忌食之。

清・李文培《食物小録》卷上　苦蕒　苦，寒，無毒。久服安心益氣，聰察少卧，輕身耐老。

清・羅國綱《羅氏會約醫鏡》卷一七菜部　苦菜味苦，氣寒，入心、脾、腎三經。　苦寒，能退諸熱，則陰自生，故腸澼熱渴、惡瘡、五臟邪熱悉痊。久服安心益氣，輕身不老。

清・章穆《調疾飲食辯》卷三　苦蕒　《綱目》曰：《本經》曰荼，《説文》曰蘧。又名游冬，又名苦苣，又名褊苣，又名老鸛菜，又名天香菜。《詩》曰：誰謂荼苦。注：苦菜也。陶隱居曰：苦菜即茗。《唐本草》曰：苦菜即苦蕒，苦蘵亦名苦菜，與此不同，見後。茗乃木類。《爾雅・釋草》云：荼，苦菜。

即此。《釋木》云：檟，苦茶。即茗。二物全別，陶説誤矣。葉狹長有丫歧，淡碧色。莖中空，折之亦有白汁。黃花如野菊，結子如茼蒿子，有毛如絮。味苦平，性涼，能涼血解毒，平素血熱好生瘡毒人宜長久食。主腸澼，熱痢，熱淋，熱渴，霍亂後胃氣煩逆，天行熱病。凡有以上諸病人，尤宜多食。或生食，或生飲其汁，可以起死。《本經》曰：久食安心益氣。《嘉祐本草》曰：性雖冷，甚益人。《洞天保生經》曰：夏三月宜食苦蕒，能益心，和血通氣。《菽園雜記》曰：痔瘡痛，宜苦蕒煎湯頻熏洗，可解毒止痛。生搗敷一切癰瘍疔腫，搗汁和酒飲，渣敷之。《治對》曰：惡瘡多服取效。出《經驗方》。又能拔疔腫，取白汁厚塗。出《拾遺》。又可敷蛇咬，出日華子。及壺蜂叮螫。出《摘元方》。壺蜂言其大也。《離騷》曰：南方元蜂若壺。又解沙蝨毒，此物在水中，細小不可見，人澡浴遇之，鑽入皮裏。初得赤如黍豆，痛如刺。三日後發寒熱，成瘡毒，入骨則死。嶺南多此。但以茅葉刮去，苦蕒生汁塗。出《肘後方》。又治喉痹腫痛：生苦蕒汁，燈心湯泡捻取汁，各半盞和服。出《普濟方》。又白汁可點疣子。出《衍義》。又治血尿，血淋，血痢，並生飲汁。其根，《嘉祐本草》云：煮汁飲，退骨蒸。蓋性主涼血，善入陰經，宜有此效，但須多服耳。

清・葉志詵《神農本草經贊》卷一 苦菜 味苦，寒。主五藏邪氣，厭穀，胃痹。久服安心，益氣聰察，少臥，輕身耐老。一名荼草。一名選。生山谷。

菜美天香，游冬景邁。黃訛龍葵，白猜馬薤。和米炊香，浮羹嚼快。如薺如飴，苦甘深喟。

李時珍曰：一名天香菜。《埤雅》：此草經冬不凋，故名游冬。傅休弈歌：歲晏景邁。《顏氏家訓》：江南別有苦菜，乃《爾雅》蘵黃蒢也。河北謂之龍葵，梁世講禮者，以此當之大誤。《兼明書・月令》：孟夏苦菜秀。孔穎達云：菜似馬薤而花白，味極苦。今驗四月秀者，野人呼為苦蔞。春初取煮和米粉作餅食之。《月令》所書苦菜，即苦蔞也。穎達所見，別是一物，不可引以解此。黃正色詩：嫩綠浮羹讓滑。王惲詩：今朝過喜一嚼快。《詩》：誰謂荼苦，其甘如薺。又堇荼如飴。李祁詩：幽然發深喟。

清・文晟《新編六書》卷六《藥性摘錄》 苦菜 即苦苣。味苦，寒。解心、胃、大腸熱，治五臟邪氣，胃痹渴熱，中（痰）〔疾〕腸澼，惡瘡。但胃虛人勿食。蠶婦忌食。

清・王孟英《隨息居飲食譜・蔬食類》 苦菜本名荼，一名苦苣，亦名苦蕒，北人甚珍之。 苦，寒。清熱明目，補心，涼血除黃，殺蟲。解暑，療淋痔，愈疔癰，入饌先瀹去苦味。盛暑以之煨肉猶凝，故脾胃虛寒者忌之。不可共蜜食。或云蠶婦亦不宜食。 血淋溺血，苦蕒一把，酒、水各半，煎服。 諸疔，擣苦蕒汁塗，能拔根。或預采青苗，陰乾研末，水調傅亦妙。

清・田綿淮《本草省常・菜性類》 苦菜 一名甘苦，一名褊苣，一名苦蕒，一名遊冬，一名天香菜，一名老鸛菜，一名茶。《詩》云誰謂荼苦是也。性寒。安心益氣，除五臟邪熱。久食耐飢寒，高氣不老。脾胃虛寒者，不宜食。

山苦蕒

明・朱橚《救荒本草》卷下之後 山苦蕒 生新鄭縣山野中。苗高二尺餘，莖似萵苣葶而節稠，其葉甚花，有三五尖叉，似花苦苣葉，甚大，開淡棠褐花，表微紅。味苦。 救飢：採嫩苗葉煠熟，水淘去苦味，油鹽調食。

苦苣菜

明・朱橚《救荒本草》卷下之後 苦苣菜 《本草》云：即野苣也。又名褊音扁苣，俗名天精菜。舊不著所出州土，今處處有之。苗搨地生，其葉光者似黃花苗葉，葉花者似山苦蕒菜，莖葉中皆有白汁。味苦，性平。一云性寒。 救飢：採苗葉煠熟，用水浸去苦味，淘洗淨，油鹽調食。生亦可食。雖性冷，甚益人，久食輕身少睡，調十二經脉，利五臟。不可與血同食，作痔疾。一云不可與蜜同食。 治病：文具《本草》菜部條下。

光葉苦蕒

清・吳其濬《植物名實圖考》卷三 光葉苦蕒 與苣蕒絕相類，而根不白，亦無赤脈，開花極繁，與家種者無異，味極苦，賣苣蕒者斷其根，羼之多不能辨。

諸葛菜

清・吳其濬《植物名實圖考》卷六 諸葛菜 北地極多，湖南間有之。初生葉如小葵，抽葶生葉如油菜，莖上葉微寬有圓齒，亦抱莖生。春初開四瓣紫花，頗嬌。亦有白花者。耐霜喜寒，京師二月已舒萼矣。瀹食甚滑，細根，非蔓菁，一名諸葛菜也。按《爾雅》：菲，蒠菜。郭注：菲草生下濕地，似蕪菁，華紫赤色，可食。陸璣《詩疏》：菲似葍，莖麤葉厚而長有毛，三月中蒸鬻為茹滑美，可作羹。幽州人謂之芴，今河內人謂之宿菜。按其形狀正是此菜。北地至多，皆生廢圃中，無種植者。因宿根而生，故呼宿菜，不知何時誤呼諸葛也。江西有一種藤菜，與此相類而葉似蘿蔔，然二菜皆無大根，非蔓菁比。《爾雅》又有菲、芴，郭注以為土瓜，固同名而異物矣。

野山菊

清・吴其濬《植物名實圖考》卷九　野山菊　南贛山中多有之。叢生，花葉抱莖如苦蕒而歧，齒不尖，莖瘦無汁；梢端發杈，秋開花如寒菊。土醫以根葉擣敷瘡毒。

山苦菜

明・蘭茂原撰，范洪等抄補《滇南本草圖說》卷五　山苦菜　俗名紫背鹿含草，味苦，性寒。耑治傷寒太陽頭痛，身熱脊強，脉浮緊，發汗可解。虚人無病忌服。俗悮作痰症治之，反亂言發迷。

明・蘭茂撰，清・管暄校補《滇南本草》卷下　紫貝草一名山苦菜。　性寒，味苦。解表發汗，諸經客熱，癆燒發熱，攻瘡疥膿窠瘡，涼血，解熱毒。又子午發熱，面黄，形體消瘦，午刻後怕冷作寒，手足冷麻，頭疼，飲食無味，不思飲食，申刻五心煩熱，煩渴飲茶水，遍身熱如火爍，咳嗽吐痰，三更以後微汗方涼，頭暈耳鳴，心慌怔忡。先吃此藥，身有大汗，熱止後吃健脾滋陰之藥，全愈。紫貝草三錢，點水酒、童便服。

又方：紫貝草，攻毒瘡膿窠疥癩，點酒服。

明・蘭茂《滇南本草》〔叢本〕卷中　紫貝草一名山苦菜。　味苦，性寒。解表發汗，退諸經客熱，勞燒發熱，攻瘡疥，涼血，解熱毒。

苦蕒

明・蘭茂原撰，范洪等抄補《滇南本草圖說》卷四　苦蕒菜　性大寒，味苦。按：純陰之性，故在陰處而生。主治：吐血嘔血咯血，大腸下血，一切血症，服之神效。

明・吴文炳《藥性全備食物本草》卷一　苦蕒　性冷，無毒。治面目黄疸，強力止困，汁傅蛇蟲咬。根罯疔腫瘡。蠶蛾出時切不可取，拗令蛾子青爛，蠶婦亦忌食。野苦蕒五六回拗後，味甘滑於家苦蕒，甚佳。單苦蕒飲治尿血，酒與水煎服之効。

清・吴其濬《植物名實圖考》卷三　野苦蕒　南北多有，葉附莖，有歧如蒻，根苦。北地春時多採食之。小兒提籃以售。《救荒本草》：苦蕒菜俗名老鸛菜，生田野中。脚葉似白菜小葉，抪莖而生，梢葉似鴉嘴形，每葉間分叉攛葶，如穿葉狀，梢開黄花。即此。《釋草小記》：苣蕒葉末略似劍形，近本處有歧出者，厚而勁，乃正相類，但莖瘦色赭，根極細短，與苣蕒迥別。《救荒本草》但言苗葉煠熟，油鹽調食，不言其根可茹，與苣蕒洵非一種矣。

清・戴葆元《本草綱目易知錄》卷三　苦蕒　苦，寒。安心益氣，明目輕身。治五臟邪氣，厭穀胃痹，腸澼渴熱，血淋痔瘻，諸痢惡瘡，調十二經脈，霍亂後胃氣煩逆。擣汁飲，除面上及舌下黄。其白汁，塗疔腫拔根，滴癰上立消，點瘊子自落，傅蛇蟲蜂叮。脾胃虚寒人少食。

滇苦菜

清・吴其濬《植物名實圖考》卷三　滇苦菜　即李時珍所謂胼葉似花蘿蔔菜葉，上葉抱莖，似老鸛嘴，每葉分叉攛挺如穿葉狀。而《別錄》以為生益州，淩冬不死者也。滇人亦呼苦馬菜，貧人摘食之，四季皆有，江湖間亦多。故李時珍以為即苦菜，與北地苦蕒迥異。中州或謂為蒲公英，用治毒亦效，蓋性皆苦寒，所主固可同耳。《畿輔通志》：苦益菜生溝塹中，可生食，亦可徽乾。即此。

白苣

附：日・丹波康賴《醫心方》卷三〇　白苣　崔禹〔錫〕云：味苦，冷，無毒。主明目，進食者為要。孟詵云：寒。主補筋力。膳玄子張云：利五藏，開胸膈，擁寒氣，通經脉，養筋骨，令人齒白淨，聰明少睡，可常食之。有小冷氣，人食之雖亦覺腹冷，終不損人。又產後不可食之，令人寒中，少腹痛。

宋・唐慎微《證類本草》卷二九菜部下品　白苣　味苦，寒一云平。主補筋骨，利五藏，開胸膈擁氣，通經脉，止脾氣，令人齒白，聰明，少睡。可常食之。患冷氣人食，即腹冷，不至苦損人。產後不可食，令人寒中，小腹痛。陳藏器云：白苣如萵苣，葉有白毛。

萵苣：冷，微毒。紫色者入燒鍊藥用，餘功同白苣。新補。見孟詵、陳藏器、蕭炳。

〔宋・唐慎微《證類本草》〕《聖惠方》：治腎黄。用萵苣子一合，細研，水大一盞，煎至五分，去滓，非時服。《外臺秘要》：魚臍瘡，其頭白似腫，痛不可忍方：先以針刺瘡上及四畔作孔，以白苣汁滴孔中，差。《肘後方》：治沙蝨毒。傅萵苣菜汁，差。

孫真人：白苣不可共飴食，生蟲。《丹房鏡源》：萵苣用硫黃種結砂子，制朱砂。

宋・王繼先《紹興本草》卷一二 白苣 紹興校定云：白苣、萵苣，然分兩名，其形少異，性即一也。又與前條苦苣性亦不遠。惟萵苣乃世之常食菜品，多食能昏人目也。

宋・陳衍《寶慶本草折衷》卷二〇 白苣汁在內。○萵苣附。 同萵苣，四方皆有之。○萵，音窩。

味苦，平，寒。○主利五藏，胸膈擁氣，通經脉，止脾氣，令人少睡。患冷氣人食即腹冷。產後不可食，令人寒中小腹痛。○陳藏器云：葉有白毛。○《外臺秘要》：治魚臍瘡，頭白腫痛。先以針刺瘡四畔作孔，以汁滴孔中。○按：《病源論》丁腫瘡形狀多矣，亦有如魚臍狀者，即名魚臍瘡，其實丁腫瘡也。

附：萵苣。汁在內。○味苦，平，冷，微毒。堪生噉，多食昏人眼。又治蟲入耳，以汁滴耳中，蟲自出。蛇亦畏之，其紫者入燒鍊藥用。

元・吳瑞《日用本草》卷七 白苣 葉如萵苣，主有白毛。 味苦，寒，無毒。忌與酪、乳、蜜同食，令人生䘌蟲。產後不可食，食令人寒中，小腹痛。主補筋骨，利五臟，開胸膈壅氣，通經脉，止脾氣，令人齒白、聰明。

明・劉文泰《本草品彙精要》卷四〇 白苣無毒。附萵苣。 叢生。

白苣：主補筋骨，利五臟，開胸膈壅氣，通經脉，止脾氣，令人齒白，聰明少睡，可常食之。名醫所錄。 【苗】陳藏器云：白苣如萵苣，葉有白毛。萵苣冷，微毒，紫色者人燒煉藥用，餘功與白苣同也。《紹興校定》云：白苣、萵苣，然分兩名，其形少異，性即一也。又與前條苦苣性亦不遠，惟萵苣乃世之常食菜品，多食能昏人目也。 謹按：白苣，初春佈種，葉似蔓菁，有鋸齒而柔軟，但可生食，至夏抽薹，嫩時去皮葉醃食之脆美，今謂之萵筍也。 【地】處處有之。 【時】生：春生苗。採：春夏取。 【用】葉、莖及子。 【質】葉類蔓菁，小而柔軟。 【色】綠。 【味】苦。 【性】寒，洩。 【氣】味厚於氣，陰也。 【臭】腥。 【治】療：《別錄》云：治魚臍瘡，其頭白似腫，痛不可忍，先用鍼刺瘡上及四畔作孔，以白苣汁滴孔子，差。○治腎黃，用萵苣子一合，細研，水一大盞，煎至五分，去滓，不拘時服。 【禁】白苣不可共飴食，能生蟲。患冷氣人產後不可食，令人寒中，小腹痛。

明・盧和、汪穎《食物本草》卷一菜類 白苣 味苦，寒。一云：平。補筋骨，利五臟，開胸膈擁氣，通經絡，止脾氣，令人齒白，聰明少睡，可常食。產後不可食，令人寒中小腸痛。患冷人食即冷腹。葉心抽薹，名萵筍，或淹，或糟，曝乾食之甚佳。一種萵苣，一種苦苣，治丁腫諸痢。

明・寧源《食鑒本草》卷下 生菜 味苦，寒，種類藍。解熱毒，消酒毒，止消渴，利大小腸。

明・王文潔《太乙仙製本草藥性大全》卷五《本草精義》 白苣 舊本不著所出州土，今在處有之，人家園圃種蒔俱同。葉如萵苣，有白毛者是。紫色者人燒蔬藥用，餘功同白苣。收採無時。

明・王文潔《太乙仙製本草藥性大全》卷五《仙製藥性》 白苣 味苦，氣寒，一云氣平，有微毒。 主治：補筋骨極靈，利五臟有驗。開胸膈壅氣，通經止脾氣。令人齒白，聰明少睡。飴食去蟲，患冷氣食之即腹冷，不至〔苦〕損人。產後不可食，令寒中而小腸痛。 補註：腎黃，用子一合，細研，水一盞，煎至五分，去滓，非時服。○魚臍瘡，其頭白似腫，痛不可忍方：先以針刺瘡上及四畔作孔，以汁滴孔中差。○沙蝨毒，用汁傅之差。

明・皇甫嵩《本草發明》卷五 白苣味苦，寒。 發明曰：此苦寒之味，通利中有補益，故主補筋骨，利五臟，開胸膈擁氣，通經脉，止脾氣，令人齒白，聰明少睡。產後不可食，令人寒中，小腸痛。白首如萵苣葉，有白毛，其形味自不同萵苣，微冷毒。紫色者人燒煉藥用。今人家常食苦苣為白苣。江南吳人無白苣，嘗植野苣供廚。患冷氣人服，腹冷，不至損人。

明・李時珍《本草綱目》卷二七菜部・柔滑類 白苣宋《嘉祐》

【釋名】石苣《綱目》 生菜時珍曰：白苣、苦苣、萵苣俱不可煮烹，皆宜生挼去汁，鹽、醋拌食，通可曰生菜，而白苣稍美，故獨得專稱也。王氏《農書》謂之石苣。陸璣《詩疏》云：青州謂之芭。可生食，亦可蒸茹。 【集解】藏器曰：白苣似萵苣，葉有白毛。時珍曰：處處有之。似萵苣而葉色白，折之有白汁。正二月下種。四月開黃花如苦蕒，結子亦同。八月、十月可再種。故諺云：生菜不離園。按《事類合璧》云：苣有數種：色白者爲白苣，色紫者爲紫苣，味苦者爲苦苣。

菜 【氣味】苦，寒，無毒。炳曰：平。患冷氣人食之即腹冷，亦不至苦損人。產後不可食，令人寒中，小腸痛。思邈曰：不可共酪食，生蟲䘌。 【主治】補筋骨，利五臟，開胸膈擁氣，通經脈，止脾氣，令人齒白，聰明少睡，可煮食之孟詵。解熱毒、酒毒，止消渴，利大小腸竅原。

〔附方〕舊一。魚臍瘡：其頭白似腫，痛不可忍，先以針刺破頭及四畔，以白苣滴孔中，良。《外臺秘要》。

明・穆世錫《食物輯要》卷三　白苣菜　味苦，性寒，無毒。與萵苣同功。同酪食，生蟲䘌。多食，令小腸痛。患冷氣者勿食。產後食之，令腹冷作痛。

明・吳文炳《藥性全備食物本草》卷一　白苣　苦，平，補筋骨，利五臟，開胸膈壅氣，通經脉，去口氣，令人齒白，聰明少睡，可常食之。惟患冷氣及產後食之寒中、小腸痛，薑汁可解。

明・應麐《食治廣要》卷三　白苣形似萵苣，葉有白毛。　氣味：苦，寒，無毒。主治：補筋骨，利五藏，開胸膈壅氣，通經脉，和脾氣，令人牙白，聰明少睡。煮食，解熱毒、酒毒，止消渴，利大小腸。

明・姚可成《食物本草》卷六菜部・柔滑類　白苣一名生菜。處處有之。似萵苣而葉色白，折之有白汁。正二月下種。四月開黄花如苦蕒，結子亦同。八月、十月可再種。故諺云：生菜不離園。白苣、苦苣、萵苣俱不可煮烹，皆宜生挼去汁，鹽、醋拌食通可，故曰生菜。而白苣稍美，故獨得專稱也。按《合璧事類》云：苣有數種，色白者為白苣，色紫者為紫苣，味苦者苦苣。　白苣菜，味苦，寒，無毒。補筋骨，利五藏，開胸膈擁氣，通經脉，止脾氣，令人齒白，聰明少睡，可煮食之。解熱毒、酒毒，止消渴，利大小腸。產後不可食，令人寒中，小腸痛。患冷人食之即腹冷。不可共酪食，生蟲䘌。

明・孟笨《養生要括・菜部》　生菜　味苦，寒，無毒。補筋骨，利五臟，開胸膈擁氣，通經絡，止脾氣，令人齒白，聰明少睡，可煮食之，解酒毒、熱毒，止消渴，利大小腸。

明・施永圖《本草醫旨・食物類》卷二　生菜　味：苦，寒。解熱毒，消酒毒，止渴，利大小腸。

白苣　味：苦，寒，無毒。治：補筋骨，利五臟，開胸膈擁氣，通經絡，止脾氣，令人齒白，聰明少睡。可煮食之，解熱毒，酒毒，止消渴，利大小腸。

清・丁其譽《壽世秘典》卷三　白苣似萵苣而葉色白，折之亦有汁，其味稍美，故獨得專稱也。　氣味：苦，寒，無毒。主解熱毒、酒毒，利大小腸。發明李鵬飛曰：久食昏人目。患冷氣人食之，即腹冷。產後不可食，令人寒中，小腸痛。彭乘《墨客揮犀》云：萵苣有毒，百蟲不敢近，蛇虺觸之則目瞑不見物。人中其毒，以薑汁解之。

清・朱本中《飲食須知・菜類》　白苣菜　味苦，性寒。似萵苣，葉有白毛。同酪食，生蟲䘌。多食令小腸痛。患冷氣者勿食。產後食之，令腹冷作痛。

清・何其言《養生食鑒》卷上　白苣菜即生菜。李時珍曰：白苣、苦苣、萵苣俱不可煮烹，皆宜生挼去汁，鹽、醋拌食，通可曰生菜，而白苣稍美，故得專稱也。　味苦，性寒，無毒。補筋骨，利五臟，開胸膈擁氣，通經絡，止脾氣，令人齒白、聰明、少睡。產後不可食，令人寒中。多食，令小腸痛。患冷氣人，勿食。同酪食，生蟲䘌。同蜜食，發內痔。葉心苗薹名萵笋，或淹，或糟，曬乾食之，甚佳。雖分三種，其性頗同也。

清・吳儀洛《本草從新》卷四　生菜〔瀉熱利腸。〕一名白苣。　苦，寒。利五臟，通經脈，開胸膈壅氣，解熱毒酒毒，止渴利腸。

題清・徐大椿《藥性切用》卷六　生菜　一名白苣。性味苦寒，通經宣壅，解熱利腸。

清・黃宮繡《本草求真》卷九　白苣開胸利膈，通腸滑胃。　白苣耑入腸胃。有似萵苣。葉有白毛，折有白汁。味苦氣寒，無毒，故治亦載開胸利膈，通腸滑胃，然冷氣人食之，其氣益冷，產後食之，寒入小腸而痛甚迫，與酪酥同食，則能生蟲之為害耳。

清・李文培《食物小錄》卷上　白苣似萵苣，葉有白毛。　苦，寒，無毒。補筋骨，利五臟，開胸膈壅氣，通經脈，令人齒白，聰明，少睡。可煮食，解熱毒、酒毒，止消渴，利大小腸。平日患冷氣人，食之即腹冷，亦不至太損人。產後不可食。

清・吳鋼《類經證治本草・手陽明大腸腑藥類》　白苣　苦寒。利藏，通經解熱。誠齋曰：此白萵苣也，折之有白汁。又名生菜。

清・吳其濬《植物名實圖考》卷三　家苣蕒　江西種之成畦。高至五六尺，披其葉茹之。《齊民要術》所謂畦種足水繁茂，甜脆，勝野生者也。《嘉祐本草》謂江外、嶺南、吳人無白苣，嘗植野苣以供廚饌。然則此本野生，特移植肥壯耳，非別一種。但謂為苦苣味苦，不知其回甘也。近時江右亦有白苣，惟葉瘦不如北地生菜脆肥，萵苣亦然。江右有一種柳蕒，與苣蕒無異，而葉白有紫縷，抽莖長四五尺，莖葉細長如柳，故名。

清・吳其濬《植物名實圖考》卷四　白苣　《嘉祐本草》始著録。與萵苣同而色白，剝其葉生食之，故俗呼生菜，亦曰千層剝。

清・趙其光《本草求原》卷一五菜部　生菜即白苣菜。　甘，寒，無毒。利五臟、筋骨，開胸膈熱壅，通經絡，快脾，令人齒白，聰明，少睡。中寒、産後、小腸氣痛人，均忌。

清・文晟《新編六書》卷六《藥性摘録》　白苣　苦，寒。有似萵苣，葉有白毛，折有白汁。開胸利膈，通腸滑胃。冷氣人及産後，切勿食之。

清・田綿淮《本草省常・菜性類》　生菜　一名白苣，一名石苣。性寒。解熱毒、酒毒，利五臟，通血脉，開胸膈壅氣。多食令人腹冷，産婦忌之。服常山、細辛者忌之。

清・陳其瑞《本草撮要》卷四　生菜　味苦，寒，入手少陰太陰、足厥陰經，功專利五臟，通經脈，開膈寬胸，解熱毒酒毒，止渴利腸。魚臍瘡頭白痛甚，以鍼刺破頭，將白苣汁滴孔中良。一名白苣。

清・吳汝紀《每日食物却病考》卷上　白苣　即生菜也。味苦，寒，無毒。利五臟，開胸膈壅氣，通經脈，解熱毒酒毒。患冷氣人食之即腹冷。産後不可食，令人寒中小腸痛。

萵苣

宋・寇宗奭《本草衍義》卷一九　萵苣　今菜中惟此自初生便堪生啗，四方皆有，多食昏人眼，蛇亦畏之。蟲入耳，以汁滴耳中，蟲出。諸蟲不敢食其葉，以其心置耳中，留蟲出路，蟲亦出。有人自長立禁此一物不敢食，至老目不昏。

宋・王介《履巉巖本草》卷下　萵苣　味苦，平，無毒。治魚臍瘡，其白腫痛不可忍者，先以針刺瘡上及四畔，作孔，以白苣取汁滴入孔中，其痛即止。世之常食菜品，多食令人昏目。有云：若要遠顧，勿食萵苣。

宋・張杲《醫説》卷六　中萵菜毒　王舜求云：萵菜出咼國，有毒，百蟲不敢近，蛇虺過其下，誤觸之則目瞑不見物。人有中其毒者，唯生薑汁解之《遯齋閑覽》。

元・忽思慧《飲膳正要》卷三　萵苣　味苦，冷，無毒。主利五藏，開胸膈擁氣，通血脉。

元・吳瑞《日用本草》卷七　萵苣　菜心抽薹，名為萵筍，可糟食之。味苦，冷，微毒。可常食。患冷氣人不宜食。主利氣，堅筋骨，久食疎利臟腑。

明・蘭茂撰，清・管暄校補《滇南本草》卷上　窩笋　味苦，寒。冷積蟲積，痰火凝結，氣滯不通。常食目痛，素有目疾者，切忌。

明・寧源《食鑒本草》卷下　萵苣　味苦，寒，平。利五臟，補筋骨，開膈熱，通經脉，去口氣，白牙齒，明眼目。

明・王文潔《太乙仙製本草藥性大全》卷五《仙製藥性》　丹黄　萵苣用硫黄種，結砂子制硃砂。

明・李時珍《本草綱目》卷二七菜部・柔滑類　萵苣《食療》

【釋名】萵菜　千金菜時珍曰：按彭乘《墨客揮犀》云：萵菜自咼國來，故名。

【集解】藏器曰：萵苣有白者、紫者。紫者入燒煉藥用。時珍曰：萵苣正二月下種，最宜肥地。葉似白苣而尖，色稍青，折之有白汁粘手。四月抽薹，高三四尺。剥皮生食，味如胡瓜。糟食亦良。江東人鹽曬壓實，以備方物，謂之萵筍也。花、子並與白苣同。

菜　【氣味】苦，冷，微毒。李(廷)〔鵬〕飛曰：久食昏人目。患冷人不宜食。時珍曰：按彭乘云：萵苣有毒，百蟲不敢近。蛇虺觸之，則目瞑不見物。人中其毒，以薑汁解之。藏器曰：紫萵苣有毒，入燒煉用。《丹房鑑源》曰：萵苣用硫黄種，結砂子，制朱砂。又曰：紫色萵苣和土作器，火煅如銅也。　【主治】利五臟，通經脈，開胸膈，功同白苣藏器。利氣，堅筋骨，去口氣，白齒牙，明眼目甯原。通乳汁，利小便，殺蟲、蛇毒時珍。

【附方】舊一，新五。　乳汁不通：萵苣菜煎酒服。《海上方》。　小便不通：萵苣菜擣傅臍上即通。《衛生易簡方》。　小便尿血：同上方，甚效。《楊氏方》。　沙蝨水毒：萵苣菜擣汁塗之，良。《肘後方》。　蚰蜒入耳：萵苣葉乾者一分，雄黄一分，爲末，糊丸棗核大。蘸生油塞耳中，引出。《聖惠方》。　百蟲入耳：萵苣擣汁滴入，自出也。《聖濟總録》。

子入藥炒用。　【主治】下乳汁，通小便，治陰腫、痔漏下血、傷損作痛時珍。

【附方】舊一，新五。　乳汁不行：萵苣子三十枚，研細酒服。○又方：萵苣子一合，生甘草三錢，糯米、粳米各半合，煮粥頻食之。　小便不通：萵苣子擣餅，貼臍中，即通。《海上仙方》。　腎黄如金：萵苣子一合細研，水一盞，煎五分服。《外臺秘要》。

陰囊癩腫： 萵苣子一合搗末，水一盞，煎五沸，温服。 閃損腰痛： 趁痛丸： 用白萵苣子炒三兩，白粟米炒一撮，乳香、没藥、烏梅肉各半兩，爲末，煉蜜丸彈子大。每嚼一丸，熱酒下。《玉機微義》。 髭髮不生： 癤瘡疤上不生髭髮。先以竹刀刮損，以萵苣子拗猢猻薑末，頻頻擦之。《摘玄方》。

明・穆世錫《食物輯要》卷三 萵苣菜 味甘、微苦，性冷，微毒。 殺蛇蟲，利五臟，通經脉，堅筋骨，散逆氣，通乳汁，利小水。 多食，昏目痿陽。 王盤云： 苣有毒，百蟲不敢近，蛇虺觸之則目瞑。人中其毒，薑汁可解。

明・吴文炳《藥性全備食物本草》卷一 萵苣 味甘、微苦，性寒，無毒。《衍義》云： 苣，大也，莖葉大而味苦。又名苦苣，即野苣也。人家常食者為白苣。江外、嶺南、吴人無白苣，常植野苣以供廚饌，無毒。

根： 主骨蒸，赤白痢，並煮服之；更除面目及舌下黄。又折取莖中白汁，傅疔腫出根，取汁滴癰上立潰碎。莖葉蛇觸之則目盲，故傳蛇咬有驗。今人種為菜，生食之開胃，強力，利五臟，調十二經脉。多食輕身少睡。霍亂後胃氣逆煩，生搗汁飲之。惟冷，甚益人。惟同蜜食作痔疾，用傅疔腫甚効。青苗陰乾，以備冬月水調敷。

明・趙南星《上醫本草》卷三 萵苣 一名萵菜，又名千金菜。

菜： 苦，冷，微毒。主治： 利五臟，通經脉，開胸膈，功同白苣。利氣，堅筋骨，去口氣，白齒牙，明眼目，通乳汁，利小便，殺蟲蛇毒。 李鵬飛曰： 久食昏人目，患冷人不宜食。 時珍曰： 按彭乘云，萵苣有毒，百蟲不敢近，蛇虺觸之，則目瞑不見物，人中其毒，以薑汁解之。 附方： 小便不通： 萵苣菜，擣傅臍上，即通。《衛生易簡方》。 小便尿血： 同上方，甚効。 百蟲入耳： 萵苣擣汁滴入，自出也。

子： 入藥炒用。 主治： 下乳汁，通小便，治陰腫，痔漏下血，傷損作痛。

附方 小便不通： 萵苣子擣餅，貼臍中，即通。 閃損腰痛： 趁痛丸，用白萵苣子炒三兩，白粟米炒一撮，乳香、沒藥、烏梅肉各半兩，為末，煉蜜丸彈子大。每嚼一丸，熱酒下。

明・應廔《食治廣要》卷三 萵苣 氣味： 苦，冷，微毒。 利五藏，通經脉，開胸膈，利氣，堅筋骨，去口氣，白齒牙。 李鵬飛曰： 久食昏人目，患冷人不宜食。又按彭乘云： 萵苣有毒，百蟲不敢近。蛇虺觸之，則目瞑不見物。人中其毒，以薑汁解之。若此，則此物亦不宜多食也。

明・姚可成《食物本草》卷六菜部・柔滑類 萵苣萵苣菜自咼國來，故名。今處處有之。正二月下種，最宜肥地。葉似白苣而尖，色稍青，折之有白汁粘手。四月抽薹，高三四尺。剝皮生食，味如胡瓜。糟食亦良。江南人鹽晒壓實，以備方物，謂之萵苣筍也。亦堪點茶，不使茶味變易。 萵苣菜，味苦，冷，微毒。 利五藏，通經脉，開胸膈，功同白苣。利氣，堅筋骨，去口氣，白齒牙，明眼目。通乳汁，利小便，殺蟲蛇毒。久食昏人目，患冷人不宜食。萵苣有毒，百蟲不敢近。 蛇虺觸之，則目瞑不見物。人中其毒，以薑汁解之。

子 下乳汁，通小便，治陰腫、痔漏下血、傷損作痛。

附方： 治乳汁不通。萵苣菜煎酒服之。 治小便不通及尿血。俱用萵苣菜搗傅臍上，大效。 治百蟲入耳。萵苣搗汁滴入，自出也。 治陰囊脹大如斗。萵苣子一合搗末，水煎服。 治閃挫腰痛。用白萵苣子炒三兩，白粟米炒一撮，乳香、沒藥、烏梅肉各半兩，為末，煉蜜丸彈子大。每嚼一丸，熱酒下。 治黄疸如金。萵苣子一合研，水煎服。

明・顧逢柏《分部本草妙用》卷九菜部 萵苣菜 苦，冷，微毒。久服昏目，患冷人不宜食。 主和臟通〔經〕〔開胸〕膈，功同白苣。利〔益〕〔氣〕，堅筋骨，去口氣，白齒牙，明眼目，通乳汁，利小便，殺蟲蛇毒。

明・孟笨《養生要括・菜部》 萵苣菜〔萵苣有毒，百蟲不敢近，蛇虺觸之則目瞑不見物。人中其毒，以薑汁解之。〕 味苦，冷，微毒。 煎酒服，通乳汁，殺蟲蛇毒，餘功同生菜。

子： 治陰腫痔漏，下血傷損作痛。小便不通，搗餅貼臍中即通。

明・施永圖《本草醫旨・食物類》卷二 萵苣 味： 苦，冷，微毒。 久食昏人目，患冷人不宜食。 〇萵苣有毒，百蟲不敢近，蛇虺觸之，則目瞑不見物。人中其毒，以薑汁解之。〇紫萵苣有毒，入燒煉用。 治： 利五臟，通經脉，開胸膈，功同白苣。利氣，堅筋骨，去口氣，白齒牙，明眼目，通乳汁，利小便，殺蟲蛇毒。

附方 乳汁不通： 萵苣菜煎酒服。 小便不通： 萵苣菜擣傅臍上，即通。 小便尿血： 同上方，甚效。 沙蝨水毒： 萵苣菜擣汁塗之，良。 蚰蜒入耳： 萵苣葉乾者一分，雄黃一分，為末，糊丸棗核大，蘸生油塞耳中，引出。 百蟲入耳： 萵苣擣汁，滴入自出也。

子：　主治：　下乳汁，通小便，治陰腫，痔漏下血，傷損作痛。

清・穆石匏《本草洞詮》卷七　萵苣　苣菜自咼國來，故名萵苣。氣味苦冷，微毒。主通乳汁，利小便，殺蟲蛇毒。患冷人不宜食。彭乘云：萵苣有毒，百蟲不敢近，蛇虺觸之則目瞑不見物，人中其毒，以薑汁解之。《丹房鑒源》曰：紫色萵苣和土作器，火煅如銅也。

清・丁其譽《壽世秘典》卷三　萵苣《合璧事類》云：苣有數種，色白者為白苣，色紫者為紫苣，味苦者為苦苣，俱不可煮烹，皆宜生挼去汁，鹽醋拌食。　氣味：苦，寒，微毒。主利五臟，開胸膈，通經脉，去口氣，白齒牙，通乳汁，利小便，殺蟲蛇毒。

清・尤乘《食鑒本草・菜類》　萵苣　利水。久食昏人目。殺蟲蛇毒。

清・朱本中《飲食須知・菜類》　萵苣菜　味甘、苦，性冷，微毒。多食昏人目，痿陽道。患冷人不宜食。紫色者有毒，百蟲不敢近，蛇虺觸之，則目瞑不見物。人中其毒，以薑汁解之。

清・王翃《握靈本草》補遺　萵苣有紫白二種，紫者入燒煉，白者用。　通利乳汁、小便。主治云明目。一云：久食昏人目。

清・李熙和《醫經允中》卷二二　萵苣菜　久服昏目。患冷人不宜食。苦，冷，微毒。主通乳汁，利小便，殺蟲蛇毒。

清・葉盛《古今治驗食物單方》　萵苣菜　乳汁不通，萵苣菜煎酒服。小便不通或尿血，萵苣菜擣敷臍上，即通。

清・吴儀洛《本草從新》卷四　萵苣〔瀉熱利腸。〕　苦，冷，微毒。中其毒者，以薑汁解之。功同白苣，又能通乳汁，殺蟲蛇毒。自咼國來，故名。江南人，鹽曬壓實，以備方物，名咼苣筍。　附子　下乳汁，通小便。治痔漏陰腫下血，損傷作痛，炒用。

清・汪紱《醫林纂要探源》卷二　萵苣　苦、甘，寒。瀉心，去熱，解燔炙火毒。有白苣、紫苣、生菜數種。白苣莖肥，可醃食，又名萵筍。莖葉略似苦藚，葉較柔滑，異其糙澀，花實亦同，最宜生食。北人多炙煿，故解以生菜，其除煩祛暑通乳之功，不及苦藚。而味之脆美較勝。或云多食昏目，未必然也。

題清・徐大椿《藥性切用》卷六　萵苣　性味苦冷，功近白苣。尤能下乳，殺蟲，善解蛇毒。子，亦下乳。炒研用。

清・黃宮繡《本草求真》卷九　萵苣除胸膈腸胃濕熱，水道不通。萵苣耑入腸胃。由於自咼國來，故以萵名。味苦氣冷，微毒。萵苣蟲不敢近，蛇虺觸之，則目瞑不見物。人中其毒，以薑汁解之。紫萵苣有毒，入燒煉用，江南人鹽晒壓實，以備方物，名萵苣筍。治專通經達絡，利水通道，解毒殺蟲。凡人病因熱濕，而見胸膈填脹，眼目昏暗，乳汁不通，小便閉塞等症，用此治無不效。如乳汁不通，則用萵苣菜煎酒以服。小便不解及或尿血，則用萵苣菜擣敷臍上。沙蟲水毒，則用萵苣菜擣汁以塗。蚰蜒與蟲入耳，則用萵苣菜擣汁以滴，及或和雄黃等分為丸，蘸油入耳以引之類。凡此因其味苦，苦則能以降氣，因其氣寒，寒則能以解熱故耳。至書既言治能明目，而又言其多食則使人目昏，無非因其熱極傷目，則目得此以明。過服生寒，而目不明，則目又得因此而暗，無他義也。子能下乳利水，並治陰腫、痔漏下血、傷損作痛，功與萵苣菜略同。

清・李文培《食物小錄》卷上　萵苣　苦，冷，微毒。利氣，堅筋骨，去口氣，白齒明目，通乳汁，利小便。久食昏人目，患冷人不宜食。人中其毒者，以薑汁解之。薹名萵筍，剝皮食，味如胡瓜。糟食、醬食亦良。

清・章穆《調疾飲食辯》卷三　萵苣　《綱目》曰：一名千金菜。有三種：青者名萵苣；紫者名紫苣，葉光滑；白者名白苣，葉有細毛。《農書》謂之石苣。《詩疏》曰：青州謂之芑，其根、葉折之有白汁粘手。諸本草云苦寒、苦冷，皆過也。味甘淡微苦，性亦和平，熱病最宜，能通乳汁，利小便。《食鑒本草》曰：解熱毒、酒毒，利大小腸，令人齒白。《拾遺》曰：利五藏，通經脈，開胸膈。紫者有毒，入燒煉用。《丹房鑒源》曰：和土作器，火煅如銅。《墨客揮犀》曰：萵苣自咼國來，此國諸史無考。性有毒，百蟲不敢近，蛇虺觸之則目不見物。謬說也。此菜無毒。《綱目》曰：一名生菜，宜生食，不宜蒸煮。亦誤也。此菜生熟皆佳。其葉漸剝梗漸高，可一二尺，名萵筍。削去外皮，鹽醃、醬藏、餹蜜餞皆脆美。但稍難尅化，脾胃虛寒人忌食。

清・吴其濬《植物名實圖考》卷四　萵苣　《食療本草》始著錄。《墨客揮犀》謂自咼國來，故名。有紫花、黃花兩種，醃其薹食之，謂之萵筍，亦呼為薹乾。李時珍謂苦苣、萵苣、白苣，俱不可煮食，通可曰生菜。然苦苣生食固已，萵苣葉薹，爓之、羞之，五味皆宜，唯白苣則北人以葉包飯食之，脆甘無儕。且耐大嚼，故以生菜屬之。而萵苣之美，則在薹，鹽脯禦冬，響牙齏也。

老杜《種萵苣詩序》：堂下理小畦，種一兩席許萵苣，向二旬矣，而苣不拆甲，獨野莧青青，傷時君子，或晚得微祿，轗軻不進，野莧滋蔓，是誠然矣。苣不拆甲，毋乃種不以法？淺根孤露，栽培未至，雖易生之物，植者希矣。菠薐過朔乃生，園荽經雨乃茁。凡物有用於人，皆有本性用之而拂之。其轗軻又誰咎耶？萵苣一名千金菜。《清波雜志》云：紹興中，車駕巡建康新豐鎮，頓物皆備，忽索生菜兩籃，前頓傳報，生菜遂為珍品。物有時而貴千金，其適然矣。

清・文晟《新編六書》卷六《藥性摘錄》 萵苣　味苦，氣冷，微毒。通經絡，利水道，解毒殺蟲。凡病因濕熱，而見胸膈填脹，眼目昏暗者，皆治。若乳汁不通，煎酒以服；小便閉，或溺血，搗敷臍上；沙虱水毒，搗汁以塗；諸蟲入耳，搗汁以滴。皆効。多食昏目。〇子，能下乳，利水，並治陰腫下血，傷損作痛。功與菜同。

清・王孟英《隨息居飲食譜・蔬食類》 萵苣　微辛、微苦，微寒，微毒。通經脈，利二便，析酲消食，殺蟲蛇毒。可醃為脯，病人忌之。莖葉性同，薑汁能制其毒。

清・田綿淮《本草省常・菜性類》 萵苣　一名萵筍，一名千金菜，俗名薹子菜，又名筍薹子。性冷，微毒。瀉熱利腸，止渴通乳，殺蟲蛇毒。久食益筋骨，白齒牙，昏人目。同蜜食令人下利。〇中毒者，薑汁解之。

清・陳其瑞《本草撮要》卷四 萵苣　味苦，冷，微毒，入手少陰經，功專通乳汁，殺蟲蛇毒。小便不通，搗葉敷臍上良。

清・吳汝紀《每日食物却病考》卷上 萵苣　江東人謂之萵筍也。苦，冷，微毒。利五臟，通經脈，開胸膈，功用與白苣相似。久食，昏人目，患(令)〔目〕人不宜食。彭乘云：百蟲不敢近，蛇虺觸之目瞑。人中其毒，以生薑解之。

山萵苣

明・朱橚《救荒本草》卷下之後 山萵苣　生密縣山野間。苗葉搨地生，葉似萵苣葉而小，又似苦苣葉而却寬大，葉脚花叉頗少，葉頭微尖，邊有細鋸齒，葉間攛葶，開淡黃花。苗葉味微苦。救飢：採苗葉煠熟，水浸淘去苦味，油鹽調食。生揉亦可食。

黃鵪菜

明・朱橚《救荒本草》卷下之後 黃鵪菜　生密縣山谷中。苗初搨地生，葉似初生山萵苣葉而小，葉脚邊微有花叉；又似孛孛丁葉，而頭頗團。葉中攛生葶叉，高五六寸許，開小黃花，結小細子，黃茶褐色。葉味甜。救飢：採苗葉煠熟，換水淘淨，油鹽調食。

燕兒菜

明・朱橚《救荒本草》卷下之後 鷰兒菜　生密縣山澗邊。苗葉搨地生，葉似匙頭樣，頗長，又似牛耳朵菜葉而小，微澀，又似山萵苣葉，亦小頗硬，而頭微團。味苦。救飢：採苗葉煠熟，換水浸淘淨，油鹽調食。

苦苣

唐・孫思邈《千金要方》卷二六《食治・菜蔬》 野苣　味苦，平，無毒。久服輕身少睡。黃帝云：不可共蜜食之，作痔。白苣：味苦，平，無毒。益筋力。黃帝云：不可共酪食，必作蟲。

宋・王繼先《紹興本草》卷一二 苦苣　紹興校定：苦苣葉莖根，《本經》各具主治之宜。然外用間有之，在服餌未聞起疾之驗。當云味苦、平、無毒為定。處處種產之。

宋・陳衍《寶慶本草折衷》卷二〇 苦苣汁在內。〇根附。　一名野苣，一名褊苣。生江外，及嶺南、吳中野間植之。〇收青苗，蔭乾。〇忌血及蜜。　味苦，平，寒。〇除面目及舌下黃，折取莖汁，傅丁腫，出根。又汁滴癰上，立潰，碎莖葉傅蛇咬。今生食利五藏。霍亂後胃氣逆煩，生搗汁飲之。不可同血一作蜜食，作痔疾。〇寇氏曰：傅丁瘡，冬月為末，水調傅。

附：根。〇主赤白痢及骨蒸。並煮服。

元・吳瑞《日用本草》卷七 苦苣　即田中野生者，又名褊苣。常食名白苣。外江、嶺南、吳人無白苣，常植野苣以供廚饌。　味苦，平、寒，無毒。同血食作痔疾。　主除面目及舌下黃，強力，不睡。折取莖中白汁，傅疔瘡。莖、葉傅蛇咬。根主赤白痢及骨蒸，並煮服。

明・王綸《本草集要》卷五 苦苣　味苦，氣平。不可同血食，作痔疾。除面目及舌下黃。折取莖中白汁，傅丁腫，出根。又滴癰上，立潰。碎莖葉，傅蛇咬。根，主赤白痢及骨蒸，並煮服之。

明・劉文泰《本草品彙精要》卷三八 苦苣　叢生。

苦苣：　除面目及舌下黄，強力不睡。折取莖中白汁，傅疔腫，出根。又取汁滴癰上，立潰。碎莖、葉，傅蛇咬。根，主赤白痢及骨蒸，並煮服之。今人種爲菜，生食之，久食輕身，少睡，調十二經脉，利五臟，霍亂後胃氣逆煩。生擣汁飲之，雖冷，甚益人。不可同血食一本作蜜，食發痔疾。名醫所錄。〔名〕褊苣、白苣。　〔苗〕《本經》云：　苦苣，即野苣也。春生苗，葉青綠色，其莖折之有白汁，堪作菜茹，亦可生食。又有野生者，名褊苣。今人家常食爲白苣，江外、嶺南、吴人無白苣，嘗植野苣，以供廚饌也。　〔地〕舊不著所出州土，今山郭處皆有之。　〔時〕生：　春生苗。採：　夏取莖葉，秋取根。〔收〕陰乾。　〔用〕莖、葉及根。　〔味〕苦。　〔性〕平，洩。一云：　寒。〔氣〕味厚於氣，陰也。　〔臭〕腥。　〔製〕爲末或生擣汁用。　〔治〕療：《衍義》曰：　擣汁，傅疔瘡，殊驗。青苗陰乾，以備冬月，爲末，水調傅。

明・王文潔《太乙仙製本草藥性大全》卷五《本草精義》　苦苣　即野苣也。野生者又名曰褊苣。舊本不著所出州土，今在處有之，人種之以爲菜。人家常食者爲白苣。江外、嶺南無白苣，常植野苣以供廚饌也。收採無時。

明・皇甫嵩《本草發明》卷五　苦苣味苦，平。一云寒。　發明曰：　此苦寒能除温熱毒，故主除面目及舌下黄，強力少睡。註云：　調十二經絡，利五臟霍亂後胃氣逆煩，生搗汁飲之。雖冷，甚益人。取莖中白汁，傅疔腫出根，滴癰上立潰。碎莖葉，傅蛇咬。主赤白痢及骨蒸，並煮服。不可同血食，一本作蜜。食作痔。此即野苣，今種為菜生食之。

明・穆世錫《食物輯要》卷三　苦苣　味苦，性寒，無毒。安心益氣，治胃虚煩逆熱渴，及腸癖血淋疔腫。久食強力。同蜜食，發内痔。子性寒，治黄疸。

紫花苦苣

清・吴其濬《植物名實圖考》卷三　紫花苦苣　山西平隰有之。夏開紫花，餘無異。土人謂黄花為甜苣，語重如鐵苣，此為苦苣。

梠莖菜

附：　日・丹波康賴《醫心方》卷三〇　梠莖菜　崔禹〔錫〕云：　食之止利。味甘苦，少冷，有小毒。主心熱煩嘔。一名蕗。又取根搗傅釘腫瘡，瘡根即拔之。

薰蕖

附：　日・丹波康賴《醫心方》卷三〇　薰蕖　崔禹〔錫〕云：　味辛，溫，無毒。食之止欬嗽，冷利，止噦。

赤蕢仔

明・佚名氏《醫方藥性・草藥便覽》　赤蕢仔　其性溫。治飛瘍，散血。

水苦蕒

宋・唐慎微《證類本草》卷三〇外草類〔宋・蘇頌《本草圖經》〕　半邊山生宜州溪澗。味微苦、辛，性寒。主風熱上壅，喉咽腫痛，及項上風癧。以酒摩服。二月、八月、九月採根，其根狀似白术而軟。葉似苦蕒，厚而光。一名水苦蕒，一名謝婆菜。

明・劉文泰《本草品彙精要》卷四一　半邊山　植生。

半邊山：　主風熱上壅，喉咽腫痛，及項上風瀝，以酒磨服。出《圖經》。〔名〕水苦蕒、謝婆菜。　〔苗〕《圖經》曰：　其根壯似白术而輭，葉似苦蕒，厚而光。　〔地〕《圖經》曰：　生宜州溪澗。　〔時〕生：　春生苗。採：　二月、八月、九月取根。　〔用〕根。　〔味〕微苦，辛。　〔性〕寒。　〔氣〕氣薄味厚，陰中之陽。

明・許希周《藥性粗評》卷三　半邊山壓倒喉風。

半邊山，一名水苦蕒。根似白术而軟，□□溪澗處處有之。二八月採根，陰乾。味苦、辛，性寒，無毒。主治風熱上竄，咽喉腫痛，瘰癧惡瘡。俱以酒磨服。

明・李時珍《本草綱目》卷二七菜部・柔滑類　水苦蕒宋《圖經》。校正：自外類移入此。

〔釋名〕謝婆菜《圖經》　半邊山　〔集解〕頌曰：　水苦蕒生宜州溪澗側。葉似苦蕒而厚，光澤。其根似白术而軟。二八九月採其根食之。

根　〔氣味〕微苦、辛，寒，無毒。　〔主治〕風熱上壅，咽喉腫痛，及項上風癧，以酒磨服蘇頌。

清・吴其濬《植物名實圖考》卷一三　野苦麻　處處有之，多生麥田陂澤中。莖葉俱似苦蕒花，如小薊而鋮細軟，花罷成絮。固始呼為禿女頭。江西田中多蓄之以為肥，儉歲亦摘食。

按宋《圖經》：　水苦蕒生宜州。葉如苦蕒而厚，根似蒼术，不著其花。此草柔莖，花葉似蕒而根似术，或即水苦蕒耶？

仙人杖草

明・李時珍《本草綱目》卷二七菜部・柔滑類　仙人杖草《拾遺》。校正：自草部移入此。

【集解】藏器曰：仙人杖生劍南平澤。葉似苦苣，叢生。陳子昂《觀玉篇序》云：予從補闕喬公北征，夏四月次於張掖。河洲草木無他異者，惟有仙人杖往往叢生。予家世代服食者，昔常餌之。因爲喬公言其功，甘心食之。人或謂喬公曰，此白棘也。公乃譏予。因作《觀玉篇》焉。頌曰：仙人杖有三物同名：一種是菜類，一種是枯死竹笋之色黑者，枸杞一名仙人杖是也。此仙人杖乃作菜茹者，白棘木類，何因相似。或曰：喬公所謂白棘乃枸棘，是枸杞之有針者。《本經》枸棘無白棘之名，又其味苦，此菜味甘。乃知草木之類，多而難識，使人惑疑似之言，以真爲僞，宜乎子昂論著之詳也。時珍曰：別有仙人草，生階除間，高二三寸。又有仙人掌草，生於石壁上。皆與此名同物異，不可不審。並見石草類。

【氣味】甘，小温，無毒。【主治】作茹食，去痰癖，除風冷大明。久服長生，堅筋骨，令人不老藏器。

明・姚可成《食物本草》卷六菜部・柔滑類　仙人杖草仙人杖草有三物同名：一種是菜類，一種是枯死竹笋之色黑者，枸杞一名仙人杖是也。此仙人杖乃作菜茹者。李時珍曰：別有仙人草，生堦除間，高二三寸。又有仙人掌草，生于石壁上。皆與此名同物異，不可不審。

仙人杖草，味甘，小溫，無毒。作茹食，去痰癖，除風冷。久服長生，堅筋骨，令人不老。

苣蕒菜

清・吴其濬《植物名實圖考》卷三　苣蕒菜　北地極多，亦曰甜苣。長根肥白微紅，味苦回甘，野蔬中佳品也。以餹與醬拌食，或焯熟茹之。其葉長數寸，鋸齒森森，中露白脈，開花正如蒲公英。《齊民要術》引《詩義疏》藘、苦葵，青州謂之芑是也。陸璣《詩疏》云：芑似苦菜，西河鴈門尤美。曰似苦菜，則與苦菜異物。今山西野生者極肥，土人嗜之，元恪之言，信有徵矣。南方多種以為蔬，沃土澆溉，形味稍異。《釋草小記》云：葉如劍形，而本有歧莖，老時如此。又有一種野苦蕒，亦相類，具別圖。

百合

唐・歐陽詢《藝文類聚》卷八一　百合　《吴氏本草》曰：百合，一名重邁，一名中庭，一名重匡。生宛朐及荊山。

詩　梁宣帝《詠百合詩》曰：接葉有多重，開花無異色。含露或低垂，從風時偃抑。

宋・唐慎微《證類本草》卷八草部中品〔《本經・別録》〕　百合　**味甘，平，無毒。主邪氣腹脹心痛，利大小便，補中益氣，**除浮腫臚脹，痞滿，寒熱，通身疼痛，及乳難，喉痹，止涕淚。一名重箱，一名摩羅，一名中逢花，一名强瞿。生荊州川谷。二月、八月採根，曝乾。

〔梁・陶弘景《本草經集注》〕云：近道處處有。根如胡蒜，數十片相累。人亦蒸煮食之。乃言初是蚯蚓相纏結變作之。俗人皆呼爲强仇，仇即瞿也，聲之訛爾。亦堪服食。

〔唐・蘇敬《唐本草》〕注云：此藥有二種：一種細葉，花紅白色；一種葉大莖長，根麁花白，宜入藥用。

〔宋・掌禹錫《嘉祐本草》〕按：《藥性論》云：百合，使，有小毒。主百邪鬼魅，涕泣不止，除心下急滿痛，治脚氣，熱欬逆。吳氏云：百合一名重邁，一名中庭。生冤朐及荊山。日華子云：白百合，安心定膽，益志，養五藏，治癲邪啼泣、狂叫、驚悸，殺蠱毒，氣熁、乳癰、發背及諸瘡腫，并治産後血狂運。又云：紅百合，涼，無毒。治瘡腫及療驚邪。此是紅花者，名連珠。

〔宋・蘇頌《本草圖經》〕曰：百合，生荊州川谷，今近道處處有之。春生苗，高數尺。莖麁如箭，四面有葉如雞距，又似柳葉，青色，葉近莖微紫，莖端碧白。四五月開紅、白花，如石榴觜而大。根如胡蒜，重疊生二三十瓣。二月、八月採根，暴乾。人亦蒸食之，甚益氣。又有一種，花黃有黑斑，細葉，葉間有黑子，不堪入藥。徐鍇《歲時廣記》：二月種百合法，宜雞糞。或云百合是蚯蚓所化，而反好雞糞，理不可知也。又百合作麪最益人，取根暴乾擣細篩，食之如法。張仲景治百合病，有百合知母湯、百合滑石代赭湯、百合雞子湯、百合地黃湯。凡四方，病名百合，而用百合治之，不識其義。

〔宋・唐慎微《證類本草》〕《食療》云：平。主心急黃。蒸過蜜和食之，作粉尤佳。紅花者名山丹，不甚良。《聖惠方》：治肺藏壅熱煩悶。新百合四兩，蜜半盞，和蒸令軟，時時含一棗大，咽津。又方：治傷寒，腹中滿痛。用百合一兩，炒令黃色，擣爲散，不計時候，粥飲調下二錢服。孫真人《食忌》：治陰毒傷寒。煮百合濃汁，服一升良。《勝金方》：治耳聾疼痛。以乾百合爲末，溫水調下二錢匕，食後服。

宋・寇宗奭《本草衍義》卷九　百合　張仲景用治傷寒壞後百合病，須此也。莖高三尺許，葉如大柳葉，四向攢枝而上。其顛即有淡黃白花，四垂向下覆，長蘂。花心有檀色，每一枝顛須五六花。子紫色，圓如梧子，生於枝葉間。每葉一子，不在花中，此又異也。根即百合，其色白，其形如松子殼，四向攢生，中間出苗。

宋・鄭樵《通志》卷七五《昆蟲草木略》　強瞿　曰重邁，曰中庭，曰重箱，曰摩羅，曰中逢花。即百合也。俗呼強瞿。根如葫蒜，根美食，花美觀，舊云蚯蚓化成。有二種，白花者良；其紅花者，一名山丹，一名連珠，俗呼川強瞿。莖上抽花，葉間結子。

宋・劉明之《圖經本草藥性總論》卷上　百合　味甘，平，無毒。主邪氣腹脹心痛，利大小便，補中益氣，除浮腫，臚脹痞滿寒熱，通身疼痛，及乳難喉痺。《藥性論》云：使。主百邪鬼魅，涕泣不止，除心下急滿痛，治脚氣熱，欬逆。日華子云：安心定膽，養五藏，殺蠱毒。療乳癰發背瘡腫，并産後血狂暈疾。

宋・王介《履巉巖本草》卷中　麻百合　性溫，無毒。治脾胃不和，大能消食快氣。不以多少，曬乾爲細末，米飲湯調服，薑湯亦得，只服一錢至二錢。

元・王好古《湯液本草》卷四　百合　氣平，味甘，無毒。《本草》云：主邪氣腹脹心痛，利大小便，補中益氣，除浮腫臚脹，痞滿寒熱，遍身疼痛，及乳難喉痺，止涕淚。仲景治百合病，百合知母湯、百合滑石代赭石湯，有百合雞子湯、百合地黄湯。或百合病已經汗者，或未經汗下吐者，或病形如初，或病變寒熱。並見《活人書》。治傷寒腹中疼，百合一兩，炒黄為末，米飲調服。孫真人云：治百合陰毒，煮百合濃汁，服一升。

元・吴瑞《日用本草》卷六　百合　根如蒜，數瓣似蓮花。白花者名百合，紅花者名強仇。味甘，平，無毒。主邪氣腹脹，心痛。補中益氣，除浮腫，理傷寒。人多蒸食之。強仇：涼，無毒。治瘡腫，療驚邪。

明・朱橚《救荒本草》卷上之後　百合　一名重箱，一名摩羅，一名中逢花，一名強瞿。生荊州山谷，今處處有之。苗高數尺，薛麄如箭，四面有葉如雞距，又似大柳葉而寬，青色稀踈，葉近莖微紫，莖端碧白。開淡黄白花如石榴觜而大，四垂向下覆長蘂，花心有檀色，每一顛須五六花，子色圓如梧桐子，生於枝葉間，每葉一子，不在花中，此又異也。根色白，形如松子，殼四向攢生，中間出苗，又如葫蒜，重疊生二三十瓣。味甘，性平，無毒。一云有小毒。又有一種開紅花，名山丹，不堪用。救飢：採根煮熟食之，甚益人氣。又云：蒸過與蜜食之，或為粉尤佳。治病：文具《本草》草部條下。

明・蘭茂撰，清・管暄校補《滇南本草》卷中　百合花　性微寒，味甘、平，微苦。入肺。止咳嗽，利小便，安神寗心，定志。味甘清肺氣，易於消散。味酸斂肺，有風邪者忌用。

附方：治老弱虚暈，有痰有火，頭目眩暈，百合花三朵，皂角子，七個，微焙。或蜜、或沙糖同煎服。

明・蘭茂《滇南本草》〔叢本〕卷下　（白）〔百〕合花，單方　治老弱虚暈，痰火頭目眩昏。有風邪忌用。（白）〔百〕合花三朵、皂角子，七個，焙炒。蜜糖煎服。

明・王綸《本草集要》卷三　百合使　味甘，氣平，無毒。花白者入藥佳。主邪氣腹脹心痛，利大小便，補中益氣。除浮腫臚脹，痞滿寒熱，通身疼痛，百邪鬼魅，涕泣不止，狂叫驚悸。殺蠱毒，乳難，喉痹發背，及諸瘡腫。張仲景治傷寒壞後百合病須此，病名百合，而治以百合，不識其義。

明・滕弘《神農本經會通》卷一　百合　使也。根如胡蒜重數，生數十片相累，人亦蒸煑食之。此有二種，一種細葉花紅，名山丹，不堪食。一種葉大莖長，根粗花白，宜入藥用。二八月採根，曝乾。

味甘，氣平，無毒。《湯》同。東云：斂肺勞，嗽痿。《疌》云：辟鬼邪，安心定膽。療咳痺心疼，治癰瘡乳癰，及蠱毒，浮腫。

《本經》云：主邪氣腹脹心痛，利大小便，補中益氣，除浮腫臚脹，痞滿寒熱，通身疼痛，及乳難，喉痺，止涕淚。《藥性論》云：百合，使。有小毒。主百邪鬼魅，涕泣不止，除心下急滿痛，治脚氣熱，欬逆。日華子云：白百合，安心，定膽，益志，養五臟，治顛邪啼泣狂叫，驚悸，殺蠱毒氣，熁乳癰發背，及諸瘡腫。并治産後血狂運。又云：紅百合，涼，無毒。治瘡腫，及療驚邪。此是紅花者，名連珠。《圖經》云：甚益氣。張仲景治傷寒壞後百合病，有百合知母湯，百合滑石代赭湯，百合雞子湯，百合地黄湯，凡四方，病名百合，而用百合治之，不識其義。《聖惠方》治肺臟壅熱煩悶，新百合四兩，蜜半盞和蒸，令軟，時時含一棗大，嚥津。又治傷寒百合病，腹中滿痛，用百合一兩，炒令黄色，為末，不計時，米飲調下二錢。孫《食忌》治陰毒傷寒，煮百合濃汁服。《湯》云：或百合病，已經汗者，或未經汗下吐者，或病如初，或病變寒熱，並見《活人書》。《局》云：百合甘平除熱欬，安心定膽治邪癲。更攻發背癰瘡疾，消脹仍通大小便。百合，寧心，可補欬痰有病。

明・劉文泰《本草品彙精要》卷一〇　百合無毒　植生。

百合出《神農本經》：**主邪氣腹脹，心痛，利大小便，補中益氣。**以上朱字《神農本經》。除浮腫，臚脹，痞滿，寒熱，通身疼痛，及乳難，喉痹，止涕淚。以上黑字名醫所錄。　〔名〕重箱、摩羅、強瞿、重邁、中庭、中逢花。　〔苗〕《圖經》曰：　苗高數尺，幹粗如箭。四面有葉如雞距，又似柳葉，青色，葉近莖微紫，莖端碧白。四五月開紅、白花，如石榴嘴而大。根如胡蒜，重疊生二三十瓣。又一種花黄有黑斑，細葉，葉間有黑子，不堪入藥。《衍義》云：　莖高三尺許，葉如大柳葉，四向攢枝而上。其顛有長蕊，開淡黄白花，四垂向下覆長蕊，花心有檀色。每一枝顛須五六花。子紫色，圓如梧子，生於枝葉間。每葉一子，不在花中。　〔地〕《圖經》曰：　生荆州川谷。吴氏云：　冤句荆山及近道處處皆有之。〔道地〕滁州、成州。　〔時〕生：　春生苗，四五月開花。採：　二月、八月取。　〔收〕暴乾。　〔用〕根下子瓣。　〔質〕類胡蒜而有瓣。　〔色〕白。　〔味〕甘。　〔性〕平，緩。　〔氣〕氣之薄者，陽中之陰。〔臭〕腥。　〔主〕傷寒百合病。　〔製〕蒸熟用。　〔治〕療：　《藥性論》云：　袪百邪鬼魅，除心下急滿痛，並腳氣，熱欬逆。日華子云：　安心定膽，並顛邪啼泣，狂叫驚悸，殺蠱毒，氣脇乳癰，發背，諸瘡腫毒，及產後血狂暈。孫真人云：　煮濃汁服，治陰毒傷寒。補：　日華子云：　益志，養五臟。　〔合治〕合蜜蒸令軟，時含棗大一塊咽津，療肺臟壅熱，煩悶。

明・盧和、汪穎《食物本草》卷一菜類　百合　味甘，平，無毒。主邪氣腹脹，浮腫，心痛、乳難、喉痹，利大小便，補中益氣，止顛狂涕淚，定心志，殺蠱毒，療癰腫、產後血病。蒸煮食之，和肉更佳。搗粉作麵食，最益於人。

明・葉文齡《醫學統旨》卷八　百合　氣平，味甘。無毒。花白者入藥佳。治邪氣腹脹心痛，利大小便；　補中益氣，除浮腫鼓脹，痞滿寒熱，遍身疼痛，百邪鬼魅，涕泣不止，狂躁驚悸，肺臟壅熱，肺癰肺痿，乳癰喉痺，發背及諸瘡腫；　傷寒百合病，殺蠱毒。

明・許希周《藥性粗評》卷三　欬痰有血，服百合以何妨。

百合，俗名強瞿。根如蒜頭，其瓣疊生。江南山谷處處有之。二八月採根，暴乾。其花紅白色者入藥；　黄黑有斑，葉間生子，不堪入藥。土人蒸食之以充飢。種法以雞糞壅之，世傳乃蚯蚓相纏結變而生者，未知是否？　味甘，性平，無毒。　主治寒熱，遍身疼痛浮腫，臚脹痞滿，欬逆吐血，喉痹，脚氣，驚悸顛狂，乳癰發背，諸瘡腫毒，安心定膽，補中益氣，清肺養血，通乳汁，利大小便。又治傷寒壞病，飲食坐臥皆不能定，此仲景所以有百合知母、百合地黄諸湯也。

單方：　肺熱欬逆：　凡患肺部壅熱，欬逆煩悶者，新百合四兩，和蜜半盞，蒸軟，時時含一棗大，嚥津自愈。　陰毒傷寒：　百合四五個，煮濃汁一升，熱服良。

明・鄭寧《藥性要略大全》卷六　白百合一名強瞿，一名強仇。　主邪氣，腹脹心痛，除心下急滿，治咳逆。　補益氣血，安心定膽，益志，養五臟，止顛邪，啼泣狂叫驚悸，除浮腫，痞滿寒熱，遍身疼痛，及乳難喉閉，乳癰，諸瘡腫，產後血狂運。　《經》云：　治咳嗽痰中帶血，除熱結，通大小便，攻發背瘡癰，寧心消脹。　味甘、鹹，氣平，無毒。

紅百合一名連珠，一名山丹。　治瘡腫，療驚邪。〇百合有赤白二種，葉細花紅者不入藥，葉大、莖長、根粗、花白者宜入藥。

明・陳嘉謨《本草蒙筌》卷三　百合　味甘，氣平。　無毒。　洲渚山野俱生，花開紅白二種。　根如葫蒜，小瓣多層。　人因美之，稱名百合。白花者，養臟益志，定膽安心。　逐驚悸狂叫之邪，消浮腫痞滿之氣。　止遍身痛，利大小便。　辟鬼氣，除時疫欬逆；　殺蠱毒，治外科癰疽。　乳腫喉痹殊功，發背搭肩立効。又張仲景治傷寒壞後，已成百合病證，用此治之，固取名同，然未識有何義也。　蒸食能補中益氣，作麵可代糧過荒。　赤花者，僅治外科，不理他病。凡採待用，務必分留。

明・王文潔《太乙仙製本草藥性大全》卷二《本草精義》　百合　一名重翁，一名摩羅，一名中逢花，一名強瞿，一名重邁，一名中庭。生荆州川谷，今近道處處有之。　春生苗，高數尺，幹粗如箭，四面有葉如鷄距，又似柳葉，黄青色，葉近莖微紫，莖端白。四五月開紅白花，如石榴嘴而大，根如葫蒜，重疊生二三十瓣。二月、八月採根曝乾。　人亦蒸食之，甚益氣。　又有一種，花黄有黑斑，細葉，葉間有黑子，不堪入藥。

按：　《衍義》云：　莖高三尺許，葉如大柳葉，四向攢枝而上，其顛即有淡黄白花，四垂向下覆長葉，花心有檀色，每一枝顛頂五六花，紫色，圓如梧子，生於枝葉間，每葉一子，不在花中，此又異也。　根即百合，其色白，其形如松子殼，四向攢生，中間出苗。

明・王文潔《太乙仙製本草藥性大全》卷二《仙製藥性》　百合使　味甘，氣平，無毒。　主治：　白花者養臟益志，定膽安心。　逐驚悸狂叫之邪，消浮腫痞滿之氣。止遍身痛，利大小便。辟鬼氛，除時疫欬逆；殺蠱毒，治外科癰疽。乳腫、喉痹殊功，發背、搭肩立效。又張仲景治傷寒壞後已成百合病證，用此治之，固取名同，然未識有何義也？蒸食能補中益氣，作麵可代糧過荒。赤花者僅治外科，不理他病。凡採用務必分留。補註：云平，主心急黄，蒸過蜜和食之，作粉尤佳。紅花者名山丹，不甚良。○肺藏壅熱煩悶，新百合四兩，蜜半盞，和蒸令軟，時時含一棗大，嚥津。○傷寒腹中滿痛，用一兩，炒令黄色，爲末，不計時候，米飲調下二錢。○陰毒傷寒，煮濃汁，服一升良。○耳聾疼痛，以乾者爲末，溫水調下二錢，食後服。

明・皇甫嵩《本草發明》卷三 百合中品上，臣。味甘，平，無毒。

發明曰：百合甘平，瀉火，解利，平補之劑。故《本草》除邪氣，腹脹心痛，浮腫，臚脹痞滿，寒熱心痛，利大小便，補中益氣，乳難喉痺。《本經》無花紅白之分。註云：白花者宜入藥，白百合安心定膽，益志，養五臟，治顛邪鬼魅，啼泣狂叫驚悸，殺蠱毒及乳癰發背，諸瘡腫，産後血狂暈，治脚氣，熱欬逆，心下急滿。又云：紅百合涼，專治外科瘡腫，驚邪等，不理他症。○仲景傷寒壞症後百合病須此。孫真人治百合陰毒，煮百合濃汁一升，服良。取花白者，八月採根，暴乾，蒸食之，甚益氣。作麪，可代糧過荒。

明・李時珍《本草綱目》卷二七菜部・柔滑類 百合《本經》中品。校正：自草部移入此。

【釋名】䪥音藩 强瞿《别録》 蒜腦藷《别録》曰：一名摩羅，一名重箱，一名中逢花。吴普曰：一名重邁，一名中庭。弘景曰：百合，俗人呼爲强仇，仇即瞿也，聲之訛耳。時珍曰：百合之根，以衆瓣合成也。或云專治百合病故名，亦通。其根如大蒜，其味如山藷，故俗稱蒜腦藷。顧野王《玉篇》亦云，䪥乃百合蒜也。此物花、葉、根皆四向，故曰强瞿。凡物旁生謂之瞿，義出《韓詩外傳》。

【集解】《别録》曰：百合生荆州山谷。二月、八月採根，陰乾。弘景曰：近道處處有之。根如葫蒜，數十斤相累。人亦蒸煮食之，乃云是蚯蚓相纏結變作之。亦堪服食。恭曰：此有二種：一種葉大莖長，根粗花白者，宜入藥；一種細葉，花紅色。頌曰：百合三月生苗，高二三尺。簳粗如箭，四面有葉如鷄距，又似柳葉，青色，近莖處微紫，莖端碧白。四五月開紅白花，如石榴嘴而大。根如葫蒜，重疊生二三十瓣。又一種花紅黄，有黑斑點，細葉，葉間有黑子者，不堪入藥。按徐鍇《歲時廣記》：二月種百合，法宜鷄糞。或云百合是蚯蚓化成，而反好鷄糞，理不可知也。時珍曰：百合一莖直上，四向生葉。葉似短竹葉，不似柳葉。五六月莖端開大白花，長五寸，六出，紅蕊四垂向下，色亦不紅。紅者葉似柳，乃山丹也。百合結實略似馬兜鈴，其内子亦似之。其瓣種之，如種蒜法。山中者，宿根年年自生。未必盡是蚯蚓化成也。蚯蚓多處，不聞盡有百合，其説恐亦浪傳耳。

【正誤】宗奭曰：百合莖高三尺許。葉如大柳葉，四向攢枝而上。其顛即開淡黄白花，四垂向下覆長蕊，花心有檀色。每一枝顛，須五六花。子紫色，圓如梧子，生於枝葉間。每葉一子，不在花中，亦一異也。根即百合，白色，其形如松子，四向攢生，中間出苗。時珍曰：寇氏所説，乃卷丹，非百合也，蘇頌所傳不堪入藥者，今正其誤。葉短而闊，微似竹葉，白花四垂者，百合也。葉長而狹，尖如柳葉，紅花，不四垂者，山丹也。莖葉似山丹而高，紅花帶黄而四垂，上有黑斑點，其子先結在枝葉間者，卷丹也。卷丹以四月結子，秋時開花，根似百合。其山丹四月開花，根小少瓣。蓋一類三種也。吴瑞《本草》言白花者名百合，紅花者名强仇，不知何所據也。

根【氣味】甘，平，無毒。權曰：有小毒。【主治】邪氣腹脹心痛，利大小便，補中益氣《本經》。除浮腫臚脹，痞滿寒熱，通身疼痛，及乳難喉痹，止涕淚《别録》。百邪鬼魅，涕泣不止，除心下急滿痛，治脚氣熱咳甄權。安心定膽益志，養五臟，治顛邪狂叫驚悸，産後血狂運，殺蠱毒氣，脇癰乳癰發背諸瘡腫大明。心急黄，宜蜜蒸食之孟詵。治百合病宗奭。温肺止嗽元素。

【發明】頌曰：張仲景治百合病，有百合知母湯、百合滑石代赭湯、百合鷄子湯、百合地黄湯，凡四方。病名百合而用百合治之，不識其義。穎曰：百合新者，可蒸可煮，和肉更佳；乾者作粉食，最益人。時珍曰：按王維詩云：冥搜到百合，真使當重肉。果堪止淚無，欲縱望江目。蓋取《本草》百合止涕淚之説。

【附方】舊三，新十三。百合病：百合知母湯：治傷寒後百合病，行住坐卧不定，如有鬼神狀，已發汗者。用百合七枚，以泉水浸一宿，明旦更以泉水，煮取一升，却以知母三兩，同泉水二升煮一升，同百合汁再煮取一升半，分服。○百合鷄子湯：治百合病已經吐後者。用百合七枚，泉水浸一宿，明旦更以泉水二升，煮取一升，入鷄子黄一個，分再服。○百合代赭湯：治百合病已經下後者。用百合七枚，泉水浸一宿，明旦更以泉水二升，煮取一升，却以代赭石一兩，滑石三兩，水二升，煮取一升，同百合汁再煮取一升半，分再服。○百合地黄湯：治百合病未經汗吐下者。用百合七枚，泉水浸一宿，明旦更以泉水二升，煮取一升，入生地黄汁一升，同煎取一升半，分再服。○並仲景《金匱要略方》。百合變渴：病已經月，變成消渴者。百合一升，水一斗，漬一宿，取汁温浴病人。浴畢食白湯餅。陳延之《小品方》。百合變熱者：用百合一兩，滑石三兩，爲末，飲服方寸匕。微利乃良。《小品方》。百合腹滿：作痛者。用百合炒爲末，每飲服方寸匕，日二。《小品》。陰毒傷寒：百合煮濃汁，服一升良。《孫真人食忌》。肺臟壅熱：煩悶咳嗽者。新百合四兩，蜜和蒸軟，時時含一片，吞津。《聖惠方》。肺病吐血：新百合搗汁，和水飲之。

亦可煮食。《衛生易簡》。　耳聾耳痛：乾百合爲末，温水服二錢，日二服。《千金方》。　拔白換黑：七月七日，取百合熟搗，用新瓷瓶盛之，密封掛門上，陰乾百日。每拔去白者摻之，即生黑者也。《便民圖纂》。　游風隱疹：以楮葉摻動，用鹽泥二兩，百合半兩，黄丹二錢，醋一分，唾四分，搗和貼之。《摘玄方》。　瘡腫不穿：野百合同鹽搗泥，傅之良。《應驗方》。　天泡濕瘡：生百合搗塗，一二日即安。《瀕湖集簡方》。　魚骨鯁咽：百合五兩研末，蜜水調圍頸項包住，不過三五次即下。《聖濟錄》。

花　【主治】小兒天泡濕瘡，暴乾研末，菜子油塗，良。時珍。

子　【主治】酒炒微赤，研末湯服，治腸風下血。思邈。

明・佚名氏《醫方藥性・草藥便覽》　百合　其性溫、甘。治婦人病乳，去邪(母)〔毒〕。

題明・薛己《本草約言》卷一《藥性本草》　百合　味甘，氣平，無毒。陽中微陰，降也。治傷寒百合之奇邪，療神昏狂亂之鬼擊，除心腹不利之脹滿，下肺臟熱壅之氣逆。花白者入藥佳。〇江云：斂肺之痿衰。

明・梅得春《藥性會元》卷上　百合　味甘，氣平。無毒。花白者佳。主斂肺，治勞嗽癰痿，攻發背瘡毒，寧心，療痰咳帶血，除熱嗽，消腫脹，利大小便，補中益氣，療鼓脹、痞滿、寒熱，遍身疼痛，及乳癰、喉痹，百邪鬼魅，涕泣不止，狂叫驚悸，殺蠱毒，諸瘡。仲景云：治傷寒後百合之病，此其義也。

明・穆世錫《食物輯要》卷六　百合　味甘，平，無毒。主百合病，安神益智，潤肺止嗽，養五臟，消浮腫，利二便。產後病者亦宜食，和肉尤良。

明・李中立《本草原始》卷二　百合　始生荊州川谷，今近道處處有之。春生苗，高數尺，幹粗如箭，四面有葉如雞距，又似柳葉，青色，近莖處微紫，莖端碧白；　四五月開紅白花，如石榴觜而大；　根如葫蒜，重疊生二三十瓣。因根以衆瓣合成，故名百合。或云專治百合病，故名百合。　百合：氣味：　甘，平，無毒。　主治：　邪氣腹脹心痛，利大小便，補中益氣。〇除浮腫臚脹，痞滿寒熱，通身疼痛，及乳難、喉痹，止涕淚。〇百邪鬼魅，涕泣不止，除心下急滿痛，治腳氣熱欬。〇安心，定膽，益志，養五臟；　治顛邪，狂叫驚悸；　產後血運，殺蠱毒氣，脇癰發背，諸瘡腫。〇心急黄，宜蜜蒸食之。〇溫肺止嗽。〇治百合病。

百合，《本經》中品。**【圖略】**　百合瓣似蓮花瓣，鮮者色白，乾者色黄白。二月、八月采，日乾。　修治：　搥破入藥。　鮮者可蒸可煮，和肉更美；　乾者作粉食，益人。

《聖惠方》：　治傷寒百合病，腹中滿痛，用百合一兩，炒令黄色，搗為散，不計時候，粥飲調下二錢服。　百合，使。

明・張懋辰《本草便》卷一　百合使　味甘，氣平，無毒。　主邪氣，腹脹心痛，利大小便，補中益氣，除浮腫，臚脹痞滿。殺蠱毒，乳難，喉痹發背，及諸瘡腫。

明・吴文炳《藥性全備食物本草》卷二　百合　味甘，平，無毒。安神益智，潤肺止嗽，養五臟，消浮腫，利二便，產後病者亦宜食，和肉尤良，治傷寒壞症，百合病及陰毒，傷寒心下急痛脇滿，肺癰肺痿肺熱，喉痺煩悶，寒熱遍身疼痛，治癲邪涕泣狂叫及驚悸，心膽不寧，兼治乳癰發背，諸瘡腫，殺蠱毒，補中氣，通耳竅，亦滲利中之美藥。

花：　白者佳，採根日乾。

明・趙南星《上醫本草》卷三　百合　一名䚡音藩，一名強瞿，一名蒜腦藷，一名摩羅，一名重箱，一名中逢花。

根白花者宜入藥。紅花、黄花，有黑斑點者，不可入藥。　甘，平，無毒。　主治：　邪氣腹脹心痛，利大小便，補中益氣。

明・李中梓《藥性解》卷三　百合　味甘，性平，無毒，入心、肺、大小腸四經。主鬼魅邪氣，熱咳吐血，潤肺寧心，定驚益志。攻發背，消癰腫，除脹滿，利二便。　按：　百合性潤，故入心肺諸經，雖能補益，亦傷肺氣，不宜多服。

明・鮑山《野菜博錄》卷二　百合　一名摩羅。　生(田)野中。　苗高數尺，幹麄如箭，四面生葉，似大柳葉寬，青色。開淡黄白花，如大蒜瓣。根如葫蒜，重疊生二三十。　味甘，性平，無毒。　食法：　採根煮食。

明・繆希雍《本草經疏》卷八　百合　味甘，平，無毒。　主邪氣腹脹心痛，利大小便，補中益氣，除浮腫臚脹，痞滿寒熱，通身疼痛，及乳難喉痹，止涕淚。

〔疏〕百合得土金之氣，而兼天之清和，故味甘平，亦應微寒無毒。入手太陰、陽明，亦入手少陰。　故主邪氣腹脹，所謂邪氣者，即邪熱也。　邪熱在腹故腹脹，清其邪熱則脹消矣。解利心家之邪熱，則心痛自瘳。腎主二便，胷與大腸二經有熱邪，則不通利，清二經之邪熱，則大小便自利。甘能補中，熱清則氣生，故補中益氣。清熱利小便，故除浮腫臚脹，痞滿寒熱，通身疼痛。乳難，足陽明熱也。喉痹者，手少陽三焦，手少陰心家熱也。涕淚，肺肝熱也。清陽明、三焦、心部之熱，則上來諸病自除。【主治參互】仲景治傷寒病百合證，有柴胡百合湯。同知母、貝母、天門冬、麥門冬、百部、桑根白皮、薏苡仁、枇杷葉，治肺熱欬嗽及吐膿血。同麥門冬、白芍藥、甘草、通脱木，利大小便。同知母、柴胡、竹葉，治寒熱邪氣，通身疼痛。同白芍藥、炙甘草、麥門冬、五味子，補中益氣。同白芍藥、白茯苓、車前子、桑根白皮，治浮腫。【簡誤】中寒者勿服。

明・倪朱謨《本草彙言》卷一六 百合 味甘、苦，氣平，無毒。入手足太陰、手足厥陰、手足陽明經。《别錄》曰：百合，生荆州山谷者良，今近道處處亦有之。李氏曰：二月生苗，一幹直起，葉如竹葉而短，衆葉環列，無旁枝。莖端開花，長四五寸。有二種，一丹黄色，間紫黑斑點，初開内拱如掬，次早翻列如毬，而不結子，别着葉蒂間，赤碧如貝。根微苦，頃亦轉甜。一純白如巵，連莖傾側，花瓣六出，夜間發香，清藴，葉蒂間不着子。根肥而甘，形如胡蒜，重疊十餘瓣。二月八月采根，陰乾用。

百合：養肺氣，潤脾燥之藥也。張仰垣曰：此藥根色純白屬金，根形疊瓣似肺，故《元素方》治肺熱咳嗽，吐膿血，骨蒸寒熱。《别錄》方治脾火燥結，大腸乾澀，四肢浮腫，胸腹臚脹。《仲景方》治五藏神氣内亂，驚駭顛狂，傷寒熱邪百合，行住坐卧不寧。《大氏方》治心下急脹，脚氣癰腫，相火暴發諸疾。已上衆病，悉屬氣虚而火邪病藏之證，百合力能安定。倘如中虚胃寒，泄瀉不食，爲脹爲咳，爲陰躁陽潰，神散顛亂諸證，此藥無與力也。

集方：繆氏《家珍》治肺熱咳嗽吐膿血，兼骨蒸寒熱者。用新鮮百合八兩，配知母、川貝母、天門冬、麥門冬、懷生地、薏苡仁、北沙參各四兩，熬膏煉蜜收。每早晚各服十餘匙，人參湯調服。○《方脉正宗》治脾熱便閉，火燥乾結，大小俱不利者。用新鮮百合水煮爛，頻食妙。○治脾熱氣滯，四肢浮腫，胸腹臚脹，大小不通利者，方同上法。○《金匱方》治五藏神氣内亂，驚駭顛狂，及傷寒熱邪百合，行住坐卧不寧，有四方：一方：百合知母湯，治傷寒百合病，行住坐卧不定，如有鬼附狀，已發汗者，用百合七枚，知母三兩，水八碗，煮取二碗服。一方：百合鷄子湯，治百合病已經吐後者。用百合七枚，水五碗，煮取三碗，入鷄子一個，青、黄皆挎入，煮數沸服。一方：百合代赭石湯，治百合病已經下後者。用百合七枚，代赭石一兩，滑石三兩，水五碗，煎取二碗服。一方：百合地黄湯，治百合病未經汗吐下者。用百合七枚，懷生地黄八兩，水八碗，煮取三碗服。○陳延之《小品方》治傷寒百合病，或變渴，或變熱，或變腹滿。俱用百合四兩，煎湯頻頻飲。○《方脉正宗》治相火暴發，心下急脹，或脚氣腫痛，或癰疽腫痛。用新鮮百合四兩搗汁，和生白酒少許，溫和服，取渣，可傅腫痛處。○《外科方》治瘍毒腫脹不穿。用百合搗爛，和食鹽少許傅之，良。○李氏《集簡方》治天泡濕瘡。用新鮮百合搗爛塗之，一二日即安。

治諸燥結，大便不通。用百合一兩，當歸、生地黄、火麻仁去殼各五錢，桃仁、杏仁俱去皮各三錢，枳殼、厚朴、黄芩各二錢，甘草八分，水煎，早晨服。

身熱煩渴，大便不通者，是熱閉也，本方酒煮大黄一錢。久病元虚，大便不通者，是虚閉也，加熟地黄、人參各二錢，羊肉二兩。因汗出過多，大便不通者，是津液枯竭而閉也，加麥門冬一兩，人參二錢。風證大便不通者，是風閉也，加防風二錢，葳蕤、天麻、枸杞子、蔞仁各五錢。老人大便不通者，是血氣枯燥而閉也，加熟地、枸杞子各五錢，臨服和人乳或牛乳一鍾。虚弱人并産婦及失血，大便不通者，是血虚而閉也，加熟地黄一兩。多食醇酒炙煿辛熱之物，大便不通者，是實熱火閉也，加黄連，天花粉各二錢，綠豆二合。

明・應廫《食治廣要》卷三 百合 氣味：甘，平，無毒。主治：邪氣腹脹心痛，利大小便，補中益氣。除浮腫痞滿，喉痹涕泣。

明・姚可成《食物本草》卷七菜部・柔滑類 百合一名䪥，音藩。一名强瞿。一名蒜腦藷。百合之根，以衆瓣合成。或云專治百合病，故名，亦通。其根如大蒜，其味如山藷，故俗稱蒜腦藷。顧野王亦云：䪥乃百合蒜也。此物花、葉、根皆四向，故曰强瞿。凡物旁生謂之瞿，義出《韓詩外傳》。百合近道處處有之。根如葫蒜，數十片相累。人亦蒸煮食之，乃云是蚯蚓相纏結變作之物。亦堪服食。○李時珍曰：百合一莖直上，四向生葉。葉似短竹葉，不似柳葉。五六月莖端開大白花，長五寸，六出，紅蕋四垂向下，色亦不紅。紅者葉似柳，乃山丹也。百合結實略似馬兜鈴，其内子亦似之。其瓣種之，如種蒜。深山中者，宿根年年自生。未必盡是蚯蚓化成也。蚯蚓多處，不聞盡有百合。其説恐亦浪傳耳。

百合，味甘，平，無毒。主邪氣腹脹心痛，利大小便，補中益氣。除浮腫臚脹，痞滿寒熱，通身疼痛及乳難喉痹，止涕淚。百邪鬼魅，涕泣不止。除心下急滿痛，治脚氣熱欬。安心定膽益志，養五藏，治顛邪狂叫驚悸，產後血狂血暈，殺蠱毒氣，脇癰乳癰發背諸瘡腫。治百合病，溫肺止嗽。心下急黃，宜蜜蒸食之。

花　治小兒天泡溼瘡，暴乾研末，菜油塗之，良。

子　酒炒微赤，研末湯服，治腸風下血。

附方：治肺病吐血。新百合擣汁，和水飲之。亦可煮食，良。　治百合病，用百合知母湯。此症乃傷寒變病。百脉一宗，舉體受邪，行、住、坐、臥不定，如有鬼神狀。已發汗者，用百合七枚，以泉水浸一宿，明旦更以泉水〔二升〕，煮取一升，却以知母三兩，同泉水二升煮一升，同百合汁再煮取一升半，分服。○百合雞子湯治百合病已經吐後者。用百合七枚，泉水浸一宿，明旦更以泉水二升，煮一升，入雞子黃一个服。○百合代赭湯，治百合病已經下後者。用百合七枚，如前法浸煮取汁，却以代赭一兩、滑石三兩、水二升，煮取一升，同百合汁再煮取一升半，分再服。○百合地黃湯，治百合病未經汗吐下者。如前法，入生地黃汁一升，同煎取一升半，分再服。

明・顧逢柏《分部本草妙用》卷四肺部・溫補　百合　甘，平溫，無毒。主治：　補中益氣，止涕淚，除心下急滿，腳氣，熱欬，肺臟壅熱，肺病吐血。溫肺止嗽，治傷寒百合病。產後血運，安心定膽。　百合象肺，為肺虛欬嗽要品。仲景治百合病，傷寒後如有鬼神狀，不得坐臥者，服百合知母湯。已吐後者，用百合雞子湯。已經汗吐下者，用百合地黃湯，以物合病，從治之義也。

明・孟筌《養生要括・菜部》　百合　根：　味甘，平，無毒。　治邪氣腹脹心痛，利大小便，補中益氣，除浮腫臚脹，痞滿，寒熱，通身疼痛，及乳難，喉痹，止涕淚。安心定膽，益志，養五臟，治顛邪狂叫，驚悸，產後血狂運，殺蠱毒氣，脇癰，乳癰發背，諸瘡腫。心急黃，宜蜜蒸食之。　溫肺止嗽。

花：　治小兒天泡濕瘡。暴乾研末，菜子油塗良。

子：　酒炒微赤，研末湯服，治腸風下血。

明・李中梓《醫宗必讀・本草徵要上》　百合味甘，微寒，無毒。入心、肺二經。花白者入藥。　保肺止欬，驅邪定驚，止涕淚多，利大小便。　君主鎮定，邪不能侵；　相傅清肅，咳嗽可療。　涕淚，肺肝熱也；　二便不通，腎經熱也。清火之後，復何患乎？　仲景云：　行、住、坐、臥不定，如有神靈，謂之百合病，以百合治之，是亦清心安腎之效歟！　按：　百合通二便，中寒下陷者忌之。

明・鄭二陽《仁壽堂藥鏡》卷一〇下　百合《本草》云：　百合生荊州川谷。今近道處處有之。　氣平，味甘，無毒。　《本草》云：　主邪氣腹脹心痛，利大小便，補中益氣，除浮腫臚脹，痞滿，寒熱，遍身疼痛，及乳難喉痹，止涕。　甄權曰：　百邪鬼魅，涕泣不止，心下急痛，脚氣，熱欬。　大明曰：　安心，定膽，益志。　治顛邪狂叫驚悸，產後血狂運，殺蠱毒，脇癰，乳癰，發背，諸瘡腫。　潔古曰：　溫肺止嗽。　按：《金匱要略》云：　行住坐臥不定，如有神靈，謂之百合病。取百合治之。由是觀之，則其安神逐祟之功，具可想見。《野圃戴》云：　久服使人心志歡和，不憂不懼。命名之義，或因乎此！仲景治百合病，百合知母湯、百合滑石代赭石湯，有百合雞子湯、百合地黃湯，或百合病已經汗者，或未經汗者、下吐者，或病形如初，或病變寒熱，並見《活人書》。治傷寒腹中疼。百合一兩，炒黃為末，米飲調。

明・蔣儀《藥鏡》卷三平部　百合　潤肺，咳血以停。　散癰，諸熱得解。退腹內之熱則脹消，蘇心內之煩則痛歇。腎主二便，熱去則便水津淫。甘能補中，熱清則氣海充溢。　產後血狂可鎮，顛邪膽惑能澄。　香隆子夜，夜服之而功多，晝茹之效或淺也。

明・李中梓《頤生微論》卷三　百合　味甘、微苦，性平，無毒。入心、肺二經。白花者良。補中保肺，止嗽安神，除百邪鬼魅，顛狂邪叫，一切癰瘡，通大小便。

按：《金匱要略》云：　行住坐臥不定，如有神靈，謂之百合病。以百合治之，則其清心安神，從可想見，久服使人心志歡和。但腸滑者勿用。

明・張景岳《景岳全書》卷四九《本草正》　百合　味微甘、淡，氣平功緩。以其甘緩，故能補益氣血，潤肺除嗽，定魄安心，逐驚止悸，緩時疫咳逆，解乳癰喉痹，兼治癰疽，亦解蠱毒，潤大小便，消氣逆浮腫。仲景用之以治百合證者，蓋欲藉其平緩不峻，以收失散之緩功耳。　虛勞之嗽，用之頗宜。

明・賈九如《藥品化義》卷六肺藥　百合　屬陽，體乾，色白，氣清香，味甘帶苦者次，性平，能升，力補肺，性氣與味俱清，入肺心膽三經。　百合體瓣象肺，色白性平，專入肺部，主治肺熱咳嗽，痰中帶血，必不可缺。若肺勞嗽痿，咳久痰火，同薏米補肺收功，擊其惰歸之神藥也。取其味甘而不甜，氣香而不竄，又能補中益氣，和合百脈。蓋肺為百脈之宗也，服之令心氣歡和，安神益膽，調養五臟，皆在其中。仲景定百合湯治傷寒壞證，東垣製和中飲治百病，用之為君，良有意也。取色白大科，名麝香百合為佳。別名夜合，用治肺虛，須夜服之，順其性也。

明・施永圖《本草醫旨・食物類》卷二　百合　根：味：甘，平，無毒。治：邪氣腹脹心痛，利大小便，補中益氣，除浮腫臚脹痞滿，寒熱，通身疼痛及乳難喉痹，止涕淚，百邪鬼魅，涕泣不止，除心下急滿痛。治脚氣熱欬，安心定膽，益志，養五臟，治顛邪狂叫，驚悸，產後血狂運，殺蠱毒氣，脇癰乳癰，發背諸瘡。心急，黃疸，宜蜜蒸食之。治百合病，溫肺止嗽。花：主治：小兒天泡濕瘡，暴乾研末，菜子油塗良。子：主治：酒炒微赤，研末湯服，治腸風下血。

明・盧之頤《本草乘雅半偈》帙五　百合《本經》中品　氣味：甘，平，無毒。主治：主邪氣，腹脹，心痛，利大小便，補中，益氣。

覈曰：近道雖有，唯荊州山谷者良。二月生苗，一幹特起，百葉環列，無旁枝，至杪作花，有二種。一丹黃色，間紫黑點，初開內拱如捲，次早外列如球，而不結子，別着葉蒂間，赤碧如貝，根微苦，頃亦轉甜。一純白如卮，連莖傾側，花瓣六出，夜分作香，葉蒂間不着子，根肥而甘。此非異類，宜別雌雄，有子者雌，無子者雄。

參曰：百合，百瓣合成也。雌雄二種，雄主藏用，雌主藏體。俱入心主包絡，心主百脈故也。腹滿心痛，便不利，此夏氣病藏之邪，百合力能益氣，以補中虛，則邪無所容，從內以出，即夏大張布于外者，亦無內顧之虞矣。用以氣言，天道也；體以形言，地道也。《金匱》云：百合病者，百脈一宗悉致其病也。即假藥象，以著病形爾。蓋心主為病，則時間時甚，故無嘗證可擬，象形從治法也。客曰：《別錄》主入肺藏，悅皮毛，安藏府，定權衡，此亦象形乎。頤曰：《經》云肺朝百脈，輸精皮毛，毛脈合精，行氣于府，府精神明，留于四藏，氣歸權衡，權衡以平，氣口成寸，一線穿成，不煩造作，此正象形也。

明・李中梓《本草通玄》卷下　百合　甘，平。溫肺止嗽，補中益氣，利大小便，安和心膽，止涕淚，主百合病，辟邪鬼魅。

清・顧元交《本草彙箋》卷七　百合　溫肺止嗽，安神清心，利二便。若中寒下陷者，忌之。張仲景治百合病，各湯中俱用百合，不知何義。

清・穆石匏《本草洞詮》卷七　百合　百合之根，以眾瓣合成也。或云專治百合病，故名。氣味甘平，無毒。補中益氣，治邪氣腹脹心痛，通身疼痛，及乳難喉痺，利大小便。王維詩：果堪止淚無，欲縱望江目。蓋因《本草》有百合止涕淚之文也。張仲景治百合病，凡四方，皆用百合，病名百合，而用百合治之，其義何居？

清・丁其譽《壽世秘典》卷三　百合一莖直上，四向生葉，葉短而闊，微似竹葉。五六月莖端開大白花，四垂向下者，百合也。結實略似馬兜鈴，其內子亦似之。根以眾瓣合成，故名。葉長而狹，尖如柳葉，紅花不四垂者，山丹也。莖葉似山丹而高，紅花蒂黃而四垂，上有黑斑點，其子黑，先結在枝葉間者，卷丹也。卷丹以四月結子，秋時開花，根似百合不堪食。其山丹四月開花，根小而瓣少，食之不甚良。蓋一類三種也。《歲時廣記》二月種百合法，宜雞糞。

氣味：甘，平，無毒。主邪氣腹脹心痛，利大小便，補中益氣《本經》。安心定志，溫肺止嗽《元素》。

發明《芷園臆草》云：百合別名夜合。花開夜劇香，日不覺也。有肺疾者，須夜間服之，順其性也。

清・劉雲密《本草述》卷九下　百合　時珍曰：百合之根，以眾瓣合成也。其根如大蒜，其味如山藷。

又曰：此味一類有三種，葉短而闊，微似竹葉，白花四垂者，百合也。葉長而狹，尖如柳葉，紅花，不四垂者，山丹也。莖葉似山丹而高，紅花帶黃而四垂，上有黑斑點，其子先結在枝葉間者，卷丹也。卷丹以四月結子，秋時開花，根似百合。其山丹四月開花，根小少瓣。此各種自是不同，因前人所述多誤，故正之。

根：氣味：甘，平，無毒。

主治：邪氣腹脹心痛，及寒熱通身疼痛，利大小便，除浮腫，補中益氣，止嗽，療肺痿肺癰。中梓曰：味甘，微苦，性平。入心肺二經。補中，保肺止嗽，安神。門曰：養五臟，補中氣，亦滲利和中之美藥。希雍曰：百合得土金之氣，而兼天之清和，故味甘平，亦應微寒，無毒，入手太陰、陽明，亦入手少陰。甘能補中，甘寒能除熱，故主邪氣腹脹。邪氣，即邪熱也。邪熱在腹則脹，在周身則寒熱，通身疼痛，至浮腫，大小便不利，皆邪氣壅正氣之故也。此味補中氣，而清邪氣，故諸證自瘳也。

仲景治傷寒病百合證，有柴胡百合湯。同知母、貝母、天麥二冬、百部、桑根白皮、薏苡仁、枇杷葉，治肺熱咳嗽，及吐膿血。同麥門冬、白芍藥、甘草、通脫木，利大小便。同知母、柴胡、竹葉，治寒熱邪氣，通身疼痛。同白芍藥、炙甘草、麥門冬、五味子，補中益氣。同白芍藥、白茯苓、車前子、桑根白皮，治浮腫。

愚按：百合之功，在益氣而兼之利氣，在養正而更能去邪。故李氏謂其為滲利和中之美藥也。如傷寒百合病，《要略》言其行住坐臥皆不能定，如有神靈。此可想見，其邪正相干，亂於胸中之故。而此味用之以為主治者，其義可思也。第此味似專主於氣分，當為手太陰之劑。然謂其兼入手少陰心者，蓋上焦營諸陽，心肺固上焦氣分，必金火合德，乃可以言營諸陽而為氣也。《經》云：毛脈合精，行氣於府，府精神明，留於四藏，即百合證有欲食不能食等語，非志不能帥氣，氣不能為志用，而毛脈不能合精以行氣於腑之一證乎？又百合主治，在《本經》以邪氣腹脹，心痛連說，適可與前義相參也。《本經》隨言其補中益氣，豈非能使毛脈合精行氣於腑之義乎？以此思其功，則所謂益氣而兼之利氣養正，而更能去邪者，良不謬。但因證奏效，貴於主輔之適宜耳。第如世醫安神一語，殊為夢夢。

希雍曰：中寒者勿服。

清·郭章宜《本草匯》卷一三 百合 甘，平，陽中微陰，降也，入手太陰、陽明，亦入手少陰經。治傷寒百合之奇邪，療神昏狂亂之鬼擊。除心腹不利之脹滿，下肺臟熱壅之氣逆。安和心胆，溫肺止嗽。

按：百合，得土金清和，蓋清陽明三焦心部之熱，故君主鎮定，邪不能侵。相傳清肅，欬嗽可療。肝熱腎熱，皆能治之。仲景用以治百合病者，是亦清以安神之効也。能通二便，中寒下陷者忌之。

有三種，葉短而濶，微似竹葉，白花四垂者，百合也。葉長而狹，尖如柳葉，紅花不四垂者，山丹也。莖葉似山丹而高，紅花帶黄而四垂，上有黑斑點，其子先結在枝葉間者，卷丹也。入藥宜用白花者良。和肉煑更佳，作粉最益人。

清·尤乘《食鑒本草·菜類》 百合 溫肺止嗽，利二便，除浮腫痞滿，蒸食良。花治小兒天泡瘡，晒乾研末，菜油調塗。子治腸風下血，酒炒研末，酒服。紅花者名山丹，治瘡腫，女人崩中。花蕊、根功同，敷疔腫効。

清·何其言《養生食鑒》卷上 百合 味甘，性平，無毒。主邪氣腹脹，利大小便，消乳癰諸瘡，治脚氣，熱咳，產後血病。蒸煮食之，和肉更佳，搗粉作麵食最益人。

清·蔣居祉《本草擇要綱目·平性藥品》 百合 氣味：甘，平，無毒。主治：補中益氣，止涕淚。除心下急滿，潤肺止嗽。仲景治百合病，有百合知母湯、百合滑石代赭湯、百合雞子湯、百合地黃湯。凡四方病名百合，而用百合治之，不知何義。

清·王翃《握靈本草》卷六 百合近道皆有之。根粗花白者宜入藥，紅者名山丹，不入藥。主治：百合，甘，平，無毒。主邪氣腹脹心痛，利大小便，補中益氣，溫肺止嗽。治百合病。

清·汪昂《本草備要》卷四 百合潤肺止嗽。甘，平。潤肺寧心，清熱止嗽，益氣調中，止涕淚，涕淚，肺肝熱也。《經》曰：肺爲涕，肝爲淚，心爲汗，脾爲涎，腎爲唾。利二便。治浮腫臚脹，痞滿寒熱，瘡腫乳癰，傷寒百合病。行住坐臥不安，如有鬼神狀。蘇頌曰：病名百合，而用百合治之，不識其義。李士材曰：亦清心安神之效耳。朱二允曰：久嗽之人，肺氣必虛，虛則宜斂。百合之甘斂，勝于五味之酸收。花白者入藥。

清·吳楚《寶命真詮》卷三 百合 【略】 保肺止欬，驅邪定驚，君主鎮定，邪不能侵。止涕淚多，利大小便。涕淚，肺肝熱也。二便不通，腎經熱也。清火之後，復何患乎？○行住坐臥不定，如有神靈，謂之百合病，以百合治之，是亦清心安神之效也。中寒下陷者忌之。

清·王逊《藥性纂要》卷三 百合 【略】東圃曰：余治吐血症，以鮮者多用煑汁。入藥煎服，往往有效。

清·陳士鐸《本草新編》卷三 百合 味甘，氣平，無毒。入肺、脾、心三經。安心益志，定驚悸狂叫之邪，消浮腫痞滿之氣，止遍身疼痛，利大小便，辟鬼氣時疫，除咳逆，殺蟲毒，治癰疽、乳腫、喉痹，又治傷寒壞症，兼能補中益氣。此物和平，有解紛之功，扶弱鋤強，祛邪助正。但氣味甚薄，必須重用，其功必倍，是百合可為君主，而又可為佐使者也，用之可至一二兩。若止用數錢，安能定狂止痛，逐鬼消癰。倘用之安心益志，益氣補中，當與參、术同施，又不必多用也。

或問：百合能止喘。百合非止喘之藥也，但能消痞滿耳。喘生于痞滿，痞滿消而喘脹除，故言痞滿，而治喘在其中矣。

或問：傷寒症中有百合病，特用百合為湯治之，而子何以不言耶？曰：傷寒門中之百合病，即將成之壞症也。言壞症，而百合在其內矣。夫壞症何以用百合。正取其氣味之和平，解各經之紛紜，即定各經之變亂也。

清・顧靖遠《顧氏醫鏡》卷八　百合甘，微寒。入心肺二經。白花者可用。保肺止咳，相傳清肅，咳嗽可止。驅邪定驚。君主鎮定，邪魅可驅，驚悸可療。仲景用治行住坐臥不定，如有神靈，謂百合病，是亦清心安神效。止涕淚多，清肺肝熱之功。利大小便。清腎熱之效，以腎主二便也。中寒者勿用。

清・李熙和《醫經允中》卷一八　百合　白花者入藥。　甘，平，溫，無毒。主治溫肺止嗽，清心安神，治傷寒百合病已經汗吐下者，用地黃煎効。外科用以敷乳腫、發背搭肩殊功。

清・馮兆張《馮氏錦囊秘錄・雜症痘疹藥性主治合參》卷三　百合得土金之氣，兼天之清和，故味甘，平，微寒，無毒。入手太陰、陽明，亦入手少陰。

百合，養臟益志，潤肺寧心。逐驚悸時疫，除邪熱消腫。斂久嗽，療肺痿，止涕淚，利二便。不獨保肺之功，仲景定百合湯，治百合病，更有寧神清心之效也。

按：久嗽之人，肺氣必虛，虛則宜斂，百合之甘斂，勝于五味之酸斂多矣。《金匱》云：行住坐臥不定，如有神靈，謂之百合病，仲景以百合湯治之。則其清心安神，從可想見。久服使人心志歡和，但腸滑者勿用。

清・张璐《本經逢原》卷三　百合　甘，平，無毒。白花者補脾肺，赤花者名山丹，散瘀血藥用之。《本經》主邪氣腹脹心痛，利大小便，補中益氣。

發明：百合能補土清金，止咳利小便，仲景百合病兼地黃用之，取其能消瘀血也。《本經》主邪氣腹脹心痛，亦是散積蓄之邪，今世所昧也。其曰利大小便者，性專降泄耳。其曰補中益氣者，邪熱去而脾胃安矣。然性專降泄，中氣虛寒、二便滑泄者忌之。〇紅花者活血，治婦人崩中。其蕊敷疔腫惡瘡，按《中吳紀聞》云，百合乃蚯蚓所化，此洵有之。余親見包山土罅中有變化未全者，大略野生百合，蚓化有之。其清熱解毒，散積消瘀，乃蚓之本性耳。

清・汪啟賢等《食物須知・諸果》　百合　味甘，氣平，無毒。洲渚山野俱生，花開紅、白二種。根如葫蒜，小瓣多層。人因美之，稱為百合。白花者養臟益智，定膽安心。逐驚悸狂叫之邪，消浮腫痞滿之氣。止遍身痛，利大小便。辟鬼氣，除時疫欬逆；殺蟲毒，治癰疽乳腫。喉痹殊功，發背搭背立效。蒸食能補中益氣，作麵可代糧過荒年。

清・浦士貞《夕庵讀本草快編》卷四　百合《本經》　其根眾瓣合成，其功專治百合病，名從二者而得。百合甘平，補中益氣，溫肺止嗽之品也。善能安心定膽，益志除邪，如鬼魅顛狂，驚悸涕泣，腹脹浮腫，喉痺熱咳，無不宜之。故仲景治傷寒百合病、行住坐臥不得者，分為四症，各因其宜以佐之，功俱神也。其鮮者可蒸、可煮，和肉更良。王維詩云：冥搜到百合，真使當重肉。果堪止淚無，欲縱望江目。蓋從《別錄》止涕淚之說也。且其花至夜香，凡用，當於夜服更妙。

清・張志聰、高世栻《本草崇原》卷中　百合　氣味甘，平，無毒。主治邪氣腹脹心痛，利大小便，補中益氣。　百合近道山谷處處有之。三月生苗，高二三尺，一莖直上，葉如竹葉，又似柳葉，四向而生，五月莖端開白花，芬芳六出，四垂向下，晝開夜合，故名夜合花。其根如蒜，細白而長，重疊生二三十瓣。煮食甘美，取瓣分種，如種蒜法，一種花紅不四垂者，山丹也。一種花紅帶黃而四垂，上有黑斑點，其子黑色，結在枝葉間者，卷丹也。其根皆同百合，皆可煮食，而味不美。蓋一類三種，唯白花者入藥，餘不可用。百合色白屬金，味甘屬土，晝開夜合，應天道之晝行於陽，夜行於陰，四向六合，應土氣之達於四旁。主治邪氣腹脹心痛者，邪氣下乘於脾，則地氣不升而腹脹。邪氣上乘於肺，則天氣不降而心痛。蓋腹者脾之部，肺者心之蓋也。利大小便者，脾氣上升，肺氣下降，則水津四布，糟粕運行矣。補中者，補脾。益氣者，益肺也。

清・姚球《本草經解要》卷一　百合　氣平，味甘，無毒。主邪氣腹脹心痛，利大小便，補中益氣。　百合氣平，稟天秋平之金氣，入手太陰肺經。味甘無毒，得地中正之土味，入足太陰脾經。氣降味和，陰也。肺主氣，氣逆則腹脹心痛。謂之邪者，蓋非其位，則為邪也。氣平下降，所以主之。膀胱者，州都之官，津液氣化則出。肺主氣，而與大腸為合。脾者，又為胃行津液者也。百合甘平，平則氣降，氣化及於州都，則小便利。甘則脾潤，脾行胃之津液，則大便利也。脾為中州，補中者，味甘，益脾也。肺主氣，益氣者，氣平肅肺也。

製方：百合同麥冬、白芍、甘草、木通，利大小便。同知母、柴胡、竹葉，治寒熱邪氣，通身疼痛。同麥冬、五味、白芍、甘草，補中益氣。同白芍、白茯、車前、桑皮，治皮毛浮腫。

清・周垣綜《頤生秘旨》卷八　百合　甘平，瀉火解利，平補之藥也。安心定膽益志，養五臟。仲景傷寒壞症後百合病須此。

清・葉盛《古今治驗食物單方》　百合　主治百合病，百合七枚，知母三兩，水煎服。　肺熱咳嗽，新百合四兩，蜜拌蒸軟，時含嚼咽之。　天泡瘡，生百合搗敷。

清・王子接《得宜本草・中品藥》　百合　味甘、苦。入手少陰、太陰經。得欸冬花治痰嗽帶血。

清・徐大椿《神農本草經百種錄》中品　百合　味甘，平。主邪氣，腹脹心痛，肺氣不舒之疾。利大小便，肺為水源。補中，甘能補脾。益氣。肺主氣，補肺則氣益矣。　此以形為治也，百合色白而多瓣，其形似肺，始秋而花，又得金氣之全者，故為清補肺金之藥。

清・黃元御《長沙藥解》卷三　百合　味甘，微苦，微寒。入手太陰肺經。涼金泄熱，清肺除煩。　《金匱》知母百合湯，百合七枚，知母二兩。治百合病發汗後者。傷寒之後，邪氣傳變，百脈皆病，是為百合。其證眠食俱廢，吐利皆作，寒熱難分，坐臥不安，口苦便赤，心煩意亂，不能指其為何經何臟之病也。然百脈之氣，受之於肺，肺者，百脈之宗也，是宜清肺。其在發汗之後者，津枯而金爍，百合清肺而生津，知母涼金而泄熱也。　滑石代赭湯，百合七枚，滑石三兩，碎，代赭石雞子大。治百合病，下之後者。下敗中脘之陽，土濕胃逆，肺熱鬱蒸。百合清肺而泄熱，滑石、代赭滲濕而降逆也。　百合雞子湯，百合七枚，煎湯，入雞子黃一枚，調勻煎。治百合病吐之後者。吐傷肺胃之津，金土俱燥，百合清肺熱而生津，雞子黃補脾精而潤燥也。　百合地黃湯，百合七枚，生地黃汁一斤，入百合湯煎服，大便當如漆。治百合病，不經發汗吐下，病形如初者。不經發汗吐下，而瘀熱淫蒸，敗濁未泄。百合清金而泄熱，生地黃汁涼泄腸胃而下垢濁也。　百合洗方，百合一斤，水一斗，漬一宿，洗身。洗後食煮餅，勿以鹽。治百合病一月不解，變成渴者。火炎金燥，則肺熱不解，變而為渴。肺主皮毛，百合洗皮毛以清肺熱也。　百合滑石散，百合一兩，滑石二兩，為散，飲方寸匕，日三服，微利止服，熱則除。治百合病，變發熱者。　濕動胃逆，肺鬱生熱。百合清金而泄熱，滑石利水而除濕也。　百合涼金潤燥，泄熱消鬱，清肅氣分之上品。其諸主治，收涕淚，止悲傷，開喉痺，通肺癰，清肺熱，療吐血，利小便，滑大腸，調耳聾耳痛，理脇癰、乳癰、發背、諸瘡。　水漬一宿，白沫出，去其水，更以泉水，煎湯用。

清・吳儀洛《本草從新》卷四　百合〔潤肺止嗽。〕　甘，平。潤肺寧心，清熱止嗽，朱二允曰：久嗽之人，肺氣必虛，虛則宜斂。百合之甘斂勝於五味之酸收。利二便，止涕淚。涕淚，肺肝熱也。《經》曰：肺為涕，肝為淚，心為汗，脾為涎，腎為唾。治浮腫臚脹痞滿，寒熱瘡腫乳癰，傷寒百合病。行住坐臥不定，如有鬼神狀。蘇頌曰：病名百合而用百合治之，不識其義。士材曰：亦清心寧嗽之效。　善通二便，中寒下陷者忌之。花白者入藥。

清・汪紱《醫林纂要探源》卷二　百合　甘，苦，濇，平。一名䔢瞿。根魁分瓣如蒜，一莖，頂花，葉則附幹旁出，白花者入藥。澄粉食之亦良。○凡濇與酸同用。　補肺降逆。收散肺金之藥也。甘補肺，苦降逆，濇斂肺，兼能收心，故清肺寧心，去熱止嗽，而治百病不安之證。斂下而上直達於肺，以收為用。色白入肺，獨莖直達，亦能利二便，消浮水，開痞滿，療乳癰。然要知此以斂為用，內不足而虛熱、虛嗽、虛腫者宜之，與薑之用正相反也。

清・嚴潔等《得配本草》卷五　百合　甘、苦，平。入手太陰及手少陰經。潤肺寧心，清熱止嗽，利二便，除浮腫，療虛痞，退寒熱，定驚悸，止涕淚，治傷寒百合病。行住坐臥不定，如有鬼神狀。　得川貝母，降肺氣。配款冬花，治痰血。　白花者入藥。鮮者可煎可煮，乾者作粉食，最益人。　腸滑者禁用。多服傷脾氣。中氣寒則下陷。

題清・徐大椿《藥性切用》卷六　乾百合　甘微苦寒，潤肺止嗽，清熱甯心。鮮者可供茶點。多食損胃。

清・黃宮繡《本草求真》卷七　百合清心肺餘熱。　百合耑入心肺。甘淡微寒，功有利於肺心，而能斂氣養心，安神定魄。朱二允曰：百合之甘斂，勝於五味之酸收。然究止屬清邪除熱利濕之品，因其氣味稍緩，且於甘中有收，故於心肺最宜，而不致與血有凝耳。是以餘熱未靖，坐臥不安，咳嗽不已。朱二允曰：久嗽之人，肺氣必虛，虛則宜斂。涕淚不收。涕淚係肝肺之邪，有寒有熱，當察其因，不可概作熱治，但此專就餘熱言。《經》曰：肺為涕，肝為淚，心為汗，脾為涎，腎為唾。胸浮氣脹，狀有鬼神，用此治其餘孽，收其殘虜，安養撫恤，恩威不驟，故能安享無事，豈非寧神益氣之謂乎？仲景用此以治百合病症，義亦由此。但初嗽不宜遽用。花白者入藥。

清・李文培《食物小錄》卷上　百合　甘，平，無毒。補中氣，安心，定膽益志，養五臟，溫肺止嗽。其粉亦佳。

清・楊璿《傷寒溫疫條辨》卷六潤劑類　百合白花入藥，紅花者不可用。味甘淡，氣平。故益氣補血，安心定魄，調中潤肺，逐驚悸，止涕淚，緩風濕咳嗽，散乳癰喉痹，解蠱毒，潤大小便秘。仲景用治百合病，有百合地黃湯。蓋借其平緩不峻，收失散之緩功耳。並治肺傷勞嗽，喘咳痰血。蕺菴百合固金湯：百合、生地二錢，熟地三錢，麥冬錢半，元參、當歸、白芍、貝母、桔梗、甘草一錢，此以甘寒培本，不以苦寒傷生發之氣也。

清・羅國綱《羅氏會約醫鏡》卷一六草部　百合味甘，微寒，入心肺二經。潤肺寧心。治虛勞久嗽，勞嗽肺必虛，百合之甘斂，勝於五味之酸收。定驚悸心寧，止涕淚，涕為肺熱，淚為肝熱。療肺痿，清熱保肺。利二便，微寒解熱。除百合病。行住不寧，如有神靈，謂百合病，仲景以百合湯治之，亦清心安神之效也。

按：百合氣平功緩，難圖速效，若中寒者勿用。

清・王學權《重慶堂隨筆》卷下　又全州西延六洞諸山中，土人皆以種百合為業，大者每枚重五六十斤，最小者亦六七斤，其形與吾鄉白花百合等，惟龐然特異耳。土人澄為粉，每斤售銀五六分，物多價賤，皆不以奇物視之也。按觀此益見神仙服食之說為虛誕不足信。

清・黃凱鈞《藥籠小品》　百合　象肺，保肺之藥，百合固金湯是也。若肺家有邪，疏之不暇，固之豈無害乎？

清・章穆《調疾飲食辯》卷三　百合　《綱目》曰：《韓詩外傳》名強瞿。俗名強仇，又名摩羅，又名重相，又名中逢花。《吳氏本草》名重邁，又名中庭。或名蒜腦藷，因其根形相似也。顧野王《玉篇》曰：䪥，百合，蒜也。竟呼為蒜，則比之不倫矣。性能溫肺補肺，止虛嗽，健脾胃，安心神。凡脾、肺、心三藏氣分虛者，宜食之。《別錄》謂其治浮腫，消脹滿。《元和紀用經》用桑白皮三兩，漢防己兩半，茯苓、郁李仁、百合各一兩，治水腫。每日一服，忌食鹽。《藥性本草》曰：治百邪鬼魅，涕淚不止。故王右丞詩曰：果堪止淚無，欲縱望江目。溫肺宜同蜜煮。補諸虛宜猪、牛、羊肉煮。生者可搗塗天泡濕瘡。出《瀕湖方》。又治骨鯁久不下：百合五兩，和蜜搗，圍頸項，包住，不過三五次必下。出《聖濟總錄》。

清・王龍《本草纂要稿・草部》　百合　氣味甘平。斂肺勞之嗽痿，養臟安心。消浮腫之痞滿，利大小便。治百合之壞證，辟鬼祟之交侵。除時疫咳逆，止偏身疼痛。逐驚悸狂叫之邪，療癰疽喉痺之疾。

清・張德裕《本草正義》卷下　百合　微甘，氣平。能補益氣血，潤肺止嗽。亦療乳癰喉痺，利大小便，消氣逆浮腫。用治虛勞之嗽頗宜。

清・楊時泰《本草述鉤元》卷九　百合　其根以眾瓣合成，故名。類有三種：葉短而闊，微似竹葉，白花四垂者，百合也。葉長而狹，尖如柳葉，四月開紅花，不四垂者，山丹也。莖葉似山丹而高，秋開紅花帶黃而四垂，上有黑點，其子入夏先結在枝葉間者，卷丹也。

味甘微苦，氣平。入手太陰、少陰，並入手陽明經。保肺止嗽，養五臟，補中氣，滲利和中，治邪氣，即邪熱也。腹脹心痛，及寒熱通身疼痛，利大小便，除浮腫，皆邪氣壅正氣之故。療肺痿、肺癰。得土金之氣，而兼天之清和，故性應微寒仲淳。同知貝母、天麥冬、百部、桑皮、薏仁、枇杷葉，治肺熱欬嗽及吐膿血。同麥冬、白芍、甘草、木通，利大小便。同知母、柴胡、竹葉，治寒熱邪氣通身疼痛。同白芍、炙草、麥冬、五味，補中益氣。同白芍、茯苓、車前子、桑白皮，治浮腫。

論：百合之功在益氣，而兼之利氣，在養正而更能去邪，故李氏謂為滲利和中之美藥。夫心肺屬上焦氣分，必火金合德，乃可言營諸陽而為氣。《經》云：毛脈合精，行氣於府，府精神明，留於四臟。即傷寒百合病，有行住坐臥不能定，欲食不能食等候，非志不能帥氣，氣不為志用，而毛脈不能合精以行氣於腑之一證乎。用此味為主治，則其功力可思。

中寒者勿服仲淳。

清・葉桂《本草再新》卷六　白花百合味甘，性寒，無毒。入脾、肺二經。潤肺清熱，止欬化痰。治吐血，利小便。

清・吳其濬《植物名實圖考》卷三　百合　《本經》中品。生山石上者，根嫩，多汁，瓣小；種生沙地者，根大，開大白花。《南都賦》：藷、蔗、薑、䪥。䪥，百合蒜也。近以嵩山產者為良。江西廣饒，懸崖倒垂，玉綻蓮馨，根謝土膏，味含雲液，療嗽潤肺。洵推此種。夷門植此為業，以肥甘不苦者為佳。滇南土沃，乃至翦採如薪，供瓶經夏。《本草綱目》引王維詩：冥搜到百合，真使當重肉。按全詩云：少陵晚崎嶇，天隨自寂寞。《輞川集》豈應有此？蓋宋王右丞，非摩詰也。又云：果堪止淚無。用本草止涕淚之說，肺氣固則五液斂也。

清·趙其光《本草求原》卷三隰草部　百合　甘，平，微苦，能清心養肺和胃，以生氣而兼利氣，火不刑金則不致食氣。主邪氣，腹脹、心痛、寒熱，心肺和合，乃能行陽而為氣。《經》曰：毛脈合情，行氣於府，府精神明，留於四臟。若毛脈不合，邪熱相干，亂於胸中，而生諸病。或者志氣不相為用，而百脈俱病，坐臥不安，欲食不食，如有神靈，小便不利，病名百合是也。遍身痛，二便不利，浮腫，皆邪熱壅閉正氣故。補中，陰者中之守，熱去則胃陰生。益氣，毛脈合則氣行，行即生。止咳嗽，療脚氣、産後血病、肺痿、肺癰、乳癰、乳難，喉痹、顱脹痞滿，皆熱壅病。安神。即府精神明之義。中寒勿服。同綠豆敷痘後遺毒，能移能消。

清·葉志詵《神農本草經贊》卷二　百合　味甘，平。主邪氣腹脹，心痛，利大小便，補中益氣。生山谷。

蒜結蓮含，夜深香引。四向旁歧，中逢合緊。味勝蹲鴟，化傳結蚓。似柳如萱，莳連畦畛。

陶弘景曰：根如胡蒜。《爾雅翼》：狀如白蓮花。陳淳詩：夜深香滿屋。李時珍曰：此物花葉根皆四向。名醫曰：一名中逢花。宋闕名詩：軟溫甚蹲鴟。《歲時廣記》或云是蚯蚓相纏結變作之。《群芳譜》：山丹紅花，葉如柳葉，卷丹，花如萱花，根俱似百合而迥別。石貫賦：致誠不味於畦畛。

清·文晟《新編六書》卷六《藥性摘錄》　百合　甘，淡，性微寒。消肺熱，斂氣安神。仲景用此治百合病。咳嗽初起，勿用。詳藥部平散。

清·文晟《新編六書》卷六《藥性摘錄》　百合　甘，淡，微寒。清心肺熱，斂氣安神。○凡餘熱未靖，坐臥不安，咳嗽不已，涕淚不收，胸浮氣脹，狀有鬼神，皆治。即仲景用以此治百合病之義。○但初嗽不宜遽用。○花白者入藥。

清·莫枚士《研經言》卷三　百合病用百合解　仲景以百合治百合病專方也，諸家注從未有能道其故者。案《本草經》百合除邪氣，利大小便。百合病症狀雖變幻不一，要之小便赤黃一症則有定。仲景於至無定中求其有定者，以立診治之準，此百合病所以必用百合也。百合病重在小便，故於頭痛、頭淅淅、頭眩諸足以卜愈期者，皆於小便時診之。凡辨疑難症，皆當準此。夫古人至奇之法，實有至常之理。淺人泥於百合補肺之說，因以肺朝百脈為之解，淺也。又百合病者，由於餘邪逗留，血氣不潤所致。如意欲食而或美，及欲臥欲行云云，狀其無大邪之抑，正氣有時得伸也；復不能食至不用、聞臭，不能臥、不能行云云，狀其氣血少潤也。如寒如熱，肌中不潤而滯濇也；無寒無熱，餘邪不能作勢也；口苦，胃液被餘邪所吸，不能消淨食物也；得藥劇吐利，胃液不充，反為藥所勝也；脈微數，微為血氣少，數為邪氣止也；溺時痛見於頭者，溺為去液之事，故病液少者，卜之於此，下虛則上實也。此證之於症而合者也。其治法，專以滋潤為主，故本方於百合外，加生地汁，津血並潤也。汗下吐皆傷液，故隨上下之所傷而救之。知母、雞黃皆滋潤之品。滑石為潤下之品。惟赭則逐邪，欲乘其方下而逐之也。變渴，則栝蔞、牡蠣；變發熱，則滑石。無非取乎其潤。此證之於方而合者也。然後知《本經》百合除邪氣、利大小便云云，皆潤之之效也。大抵病至邪留正虛之時，攻則害正，補則礙邪，惟有潤之使正紓邪浮，始可設法逐邪。其逐邪之法，總不出傷寒差已後更發熱者，小柴胡湯主之，脈浮者以汗解之，脈沉實者以下解之數語，決不以百合數方了事也。惟至此時，則病之局勢已移，不得仍以百合稱，故百合病止此耳！讀仲景書，如讀《春秋左傳》，當取他傳續此傳後，而後紀事之本末始全。

清·張仁錫《藥性蒙求·菜部》　百合二錢　百合味甘，甯心補肺。欬嗽虛勞，白花益氣。味甘，平。白花者入藥。張路玉云：白花者補脾肺，赤花者名山丹皮，散瘀血藥用之。得欵冬花治痰嗽帶血。○肺病吐血，鮮百合搗汁，和水飲之。亦可煮食。○《本經》主利大小便，是性專降，泄中氣。虛寒二便滑泄者，忌之。

清·王孟英《隨息居飲食譜·果食類》　百合　甘，平。潤肺補胃，清心定魄，息驚，澤膚，通乳，祛風滌熱，化濕散癰，治急黃，止虛嗽，殺蠱毒，療悲哀，辟諸邪，利二便，下平脚氣，上理咽喉。以肥大純白味甘而作檀香氣者良。或蒸或煮，而淡食之，專治虛火勞嗽。亦可煮粥、煨肉、澄粉食，竝補虛羸，不僅充飢也。入藥則以山中野生彌小而味甘者勝。風寒痰嗽，中寒便滑者勿食。

清·田綿淮《本草省常·果性類》　百合（山丹）　一名翻，一名強瞿，一名蒜腦藷。性平。調中下氣，潤肺安心，寧嗽定喘，清邪熱，止涕淚，通三焦，利二便。中寒泄瀉者忌之。赤花者名山丹，與百合形相似，而性迴別，不可食。

清・戴葆元《本草綱目易知録》卷三 百合 甘，平，微濇。溫肺止嗽，安心定膽，補中益志，利大小便。治浮腫，臚脹，痞滿，寒熱，腹脹，心痛，身疼，急黄，乳難，喉痹，脚氣，熱咳。療癲邪狂叫，驚悸，傷寒，百合病，產後血狂運，脇癰乳癰，發背瘡腫，百邪鬼魅，涕泣不止，殺蠱毒氣。然性濇，嗽初起，外邪未清者，慎用。生者，可蒸煮及和肉食。澄粉食，益人。

清・黄光霽《本草衍句》 百合 甘補肺而益氣，澀斂肺以收心。斂下而上，直達於肺，以收為用。消浮腫痞滿，止涕泣嗽頻。久嗽之人，肺氣必虚，虚則宜斂，百合之甘斂，勝於五味之酸收。通利二便，不獨調中。溫肺統治百合，《金匱》云：傷寒後行(往)〔住〕坐卧不定，如有神靈，謂之百合病。仲景有百合四方。更見清熱寧神。百合知母湯治傷寒後已發汗者，用百合七枚，知母三兩，同百合汁煮服。百合雞子湯治已經吐後，用百合七枚，泉水浸煮汁，入鷄子黄一個服。百合代赭湯，治已經下後者，用百合七枚，泉水浸，入代赭石一兩，滑石三兩，同煮服。百合地黄湯治未經汗吐下者，百合七枚，泉水浸，入地黄汁一升，同煎服。 百合變熱者，用百合一兩，滑石三錢，為末，服方寸匕。 肺藏壅熱煩悶，咳嗽者，新百合四兩，蜜和服。 肺病吐血，新百合擣汁，和水飲之，亦可煮服。 痰嗽帶血，百合、欵冬花，同煎服。

清・陳其瑞《本草撮要》卷四 百合 味甘苦，入手少陰、太陰經，功專清肺。得款冬花治痰嗽帶血。獨用煎服，治百合病及吐血。

清・李桂庭《藥性詩解》 賦得百合斂肺勞之嗽瘻得合字。王德潤。 性味甘平斂，虚勞用百合。肺癰功甚厚，嗽瘻力偏多。 按：百合性平味甘，清熱止嗽，潤肺寧心，利二便，止涕淚。療傷寒百合之病，斂肺勞耗散之津。又治乳癰，發背瘡腫，及百邪鬼魅，啼泣蠱毒。性平而斂，凡咳嗽風熱未清，痰熱未淨者，皆不可用。必於嗽久音空，肺氣欲散之際，用之庶可保肺於未瘻，斂津於未散，故古有百合固金一湯也。生山野。而花有紅白兩種，白者入藥，紅者不堪用。

清・吴汝紀《每日食物却病考》卷上 百合 甘，平，無毒。治邪氣腹腫，利大小便，補中益氣，止涕淚，殺蟲毒，療顛狂及癰腫，產後血病。蒸煮食之，和肉味佳。搗粉食，益人。

清・仲昴庭《本草崇原集說》卷中 百合 【略】仲氏曰：百合形象肺，《金匱》用治百合病，以百脈朝於肺也，故病與藥同名。

修園謂：長沙諸方，皆上古相傳之經方，至斯益信。

又曰：修園以百合一兩，烏藥三錢，名百合湯，治氣鬱心口痛多驗。又以百合湯半劑，加蔞皮、貝母各三錢，薤白八錢，白蔻一錢五分，治胸痹而痛亦驗。此皆因辛熱不效，而用二方。一自《海壇》得來，一自《真傳》參出，君以百合，效有明徵，可見用藥能體《本經》者無不動中機竅。

卷丹

清・汪紱《醫林纂要探源》卷二 紅百合 甘，鹹，平。山丹花也。乾之亦佳。 性味略同。萱花可治吐衄。

清・吴其濬《植物名實圖考》卷三 卷丹 葉大如柳葉，四向攢枝而上，其顛開紅黄花，斑點星星，四垂向下，花心有檀色長蕊，枝葉間生黑子，根如百合。《本草衍義》所述百合形狀即此。京師花圃，藝之為玩，不以入饌；或謂根種一年，則梢開一花云。《草花譜》番山丹、《花木記》黄百合、《群芳譜》珍珠花紅有黑點，皆此花也。滇南謂之倒垂蓮，燕薊謂之虎皮百合，東坡錯落瑪瑙盤句應是詠此。潁濱詩：山丹非佳花。又云：盈尺爛如綺山丹，不能盈尺亦嘉卉，以詠卷丹則稱。

清・吴其濬《植物名實圖考》卷六 紅百合 生雲南山中。大致如卷丹，葉短花肥，瓣色淡紅，内有紫點，綠心黄蘂，中出一長鬚，圓突如乳，比卷丹為雅。

綠百合

清・吴其濬《植物名實圖考》卷六 綠百合 雲南有之。花色碧綠，紫斑繡錯，香極濃，根微苦。

山丹

元・忽思慧《飲膳正要》卷三 山丹根 味甘，平，無毒。主邪氣腹脹，除諸瘡腫。一名百合。

明・李時珍《本草綱目》卷二七菜部・柔滑類 山丹《日華》

〖釋名〗紅百合《日華》 連珠同 川强瞿《通志》 紅花菜 〖集解〗詵曰：百合紅花者名山丹。其根食之不甚良，不及白花者。時珍曰：山丹根似百合，小而瓣少，莖亦短小。其葉狹長而尖，頗似柳葉，與百合迥别。四月開紅花，六瓣不四垂，亦結小子。燕、齊人採其花跗未開者，乾而貨之，名紅花菜。卷丹莖葉雖同而稍長大。其花六瓣四垂，大於山丹。四月結子在枝葉間，入秋開花在顛頂，誠一異也。其根有瓣似百合，不堪食，别一種也。

根　〔氣味〕甘，涼，無毒《正要》云：平。　〔主治〕瘡腫、驚邪大明。女人崩中時珍。

花　〔氣味〕同根。　〔主治〕活血。其蕊，傅疔瘡惡腫時珍。

明・吳文炳《藥性全備食物本草》卷一　紅花菜　味甘，平，無毒。益人，和中氣，散瘀血。妊娠勿食。

明・趙南星《上醫本草》卷三　山丹　一名紅花菜，一名紅百合，一名連珠，一名川強瞿。

花：主治：活血。其蕊，傅疔瘡惡腫。

明・應廩《食治廣要》卷三　山丹一名紅百合，一名紅花菜。　氣味：甘，涼，無毒。主治：瘡腫，驚邪，崩中。活血，敷疔瘡惡腫。

明・姚可成《食物本草》卷七菜部・柔滑類　山丹百合紅花者名山丹。其根食之，味稍劣，不及白花者。〇山丹根似百合，小而瓣少，莖亦短小，其葉狹長而尖，頗似柳葉，與百合迥別。四月開紅花，六瓣不四垂，亦結小子。燕、齊人采其花跗未開者，乾而貨之，名紅花菜。卷丹莖葉雖同而稍長大。其花六瓣四垂，大于山丹。四月結子在枝葉間，入秋開花在顛頂，誠一異也。其根有瓣似百合，不堪食，別一種也。

山丹根　味甘，涼，無毒。主瘡腫，驚邪，女子崩中。

花　主活血。

蕊　傅疔瘡惡腫。

明・施永圖《本草醫旨・食物類》卷二　山丹即紅百合。燕齊人采其花之未開者，乾而貨之，名紅花菜。　根：味：甘，涼，無毒。治：瘡腫，驚邪，女人崩中。　花：味：同根。治：活血。其蕊，傅丁瘡惡腫。

清・丁其譽《壽世秘典》卷三　山丹根似百合小而瓣少，莖葉短小，其葉狹長而尖，頗似柳葉。四月開紅花六瓣，不四垂，亦結小子，一名紅百合，今人采其花跗未開者，乾而貨之，名紅花菜。

氣味：甘，涼，無毒。主瘡腫，驚邪，女人崩中。

花：氣味：同根。主活血。蕊，傅疔瘡惡腫。

清・章穆《調疾飲食辯》卷三　山丹、卷丹　此百合同類異種也。《綱目》曰：葉短而闊，白花者，百合也；葉長而狹，紅花者，山丹也；葉似山丹而莖高，四月結子在枝間，七八月乃開黃花，帶紅色有黑點者，卷丹也。三物功用相近。入藥用百合，充食可不必拘。《綱目》謂山丹與百合迥別，卷丹似百合，不堪食，未為確論。至陶隱居云蚯蚓所化，更屬幻談。

清・吳其濬《植物名實圖考》卷三　山丹　葉狹而長，枝莖微柔，花紅四垂，根如百合而小，少瓣。《洛陽花木記》有紅百合，即此。或曰渥丹。花殷紅有欿，陳傅良詩：　山丹吹出青藜火。摹其四照也。朱子詩：　昔遊嶺海間，幾見蠻卉折。素英溥夕露，朱蘤爛晴日。歸來今幾年，晤對祇寒碧。因君賦山丹，怳復見顏色。嶺南花多朱殷，他處如此炫晃者蓋少。前賢掉詠無妄語如此。《群芳譜》：根大者供食，味與百合無異。

清・王孟英《隨息居飲食譜・果食類》　山丹俗呼紅花百合。種類不一，亦有黃花者。　甘，苦，涼。清營滌暑，潤燥通腸。剝去外一層，水浸去苦味，或蒸或煑，加白洋糖食之，耐飢。亦可煑粥，澄粉，補力雖遜，似亦益人。忌同上。

按：藕粉、百合粉之外，尚有嘉定澄造之天花粉，陰虛內熱及便燥者，服之甚宜，餘者止可充平人之食，不可調養病人。最不堪者，徽州之葛根粉，非風寒未解者，皆不可食。

清・吳汝紀《每日食物却病考》卷上　山丹　甘，涼，無毒。根治瘡腫，花活血，其蕊傅疔瘡惡腫。形類百合而小，採其花乾食之，名紅花菜。又一種卷丹，大如百合，花瓣四垂而有黑斑點，子結在葉間，根似百合而不堪食。

摩羅

明・周履靖《茹草編》卷二　摩羅即百合根　百子池頭百合花，黃昏開處細看賒。郎歡宜夜合，妾恨向秋加。花既凋零，根可充廚。不學藕絲輕斷續，還將烹飪勝龍鬚。　七八月取根，水滌煑食，甘美。

山百合

清・趙學敏《本草綱目拾遺》卷八諸蔬部　山百合　此百合之野生者，瓣狹長而味甘，山人採貨之。《藻異》云：百合有三種：一名山百合，花遲不香；二名檀香百合，可食；三名虎皮百合，食之殺人。《百草鏡》：百合白花者入藥，紅花者名山丹，黃花者名夜合，今惟作盆玩，不入藥。百合以野生者良，有甜、苦二種，甜者可用，取如荷花瓣無蒂無根者佳。能利二便，氣虛下陷者忌之。《逢原》云：余親見包山土罅中，蚓化百合，有變化未全者，大略野生百合，蚓化有之，其清熱解毒、散積消瘀，乃蚓之本性耳。《應驗方》：癰疽無頭，野百合同鹽搗爛敷。甘入肺，清痰火，補虛損，治肺癰。《救生苦海》：取白花者三兩搗爛，白酒和絞，取汁一盌，不拘時服，七服全愈。

清·吴其濬《植物名實圖考》卷六　山百合　生雲南山中。根葉俱如百合，花黄緑有黑縷，又有深緑者，尤可愛。

佛手草

清·趙學敏《本草綱目拾遺》卷五　佛手草　朱烺齋《任城日鈔》：杭州秦亭山聖帝殿廚房後石臺基上有草，狀如百合，名百合草，一名佛手草。寺僧藉以貨售香客以入藥。治瘡，不論何種惡瘡，以此草煎湯洗之，即愈。敏按：王安《采藥方》，射干一名佛手草，不治瘡，與此别。

虎鬚草

明·蘭茂原撰，范洪等抄補《滇南本草圖説》卷三　虎鬚草　形似劍尖，緑葉。入手太陰、足陽明。氣味辛苦。主治：諸虛百損，婦人勞。久服延年，五經虛熱最良。

明·蘭茂撰，清·管暄校補《滇南本草》卷下　虎鬚草　性溫，味辛、微苦。入肺脾二經。主治虛癆發熱，服之悦人顔色，身體健胖。服用羊蹄同煨食。但肺有痰火者，食之令人作喘。肺虛寒者良，肺熱者忌。

粉條兒菜

明·朱橚《救荒本草》卷上之前　粉條兒菜　生田野中。其葉初生就地叢生，長則四散分垂，葉似萱草葉而瘦細微短，葉間攛葶，開淡黄花。葉味甜。　救飢：採葉煠熟，淘洗淨，油鹽調食。

清·吴其濬《植物名實圖考》卷九　肺筋草　江西山坡有之。葉如茅芽，長四五寸，光潤有直紋，春抽細葶，開白花，圓而有叉，如石榴花；蒂大如米粒，細根亦短。

清·劉善述、劉士季《草木便方》卷一草部　肺經草　肺金草甘清肺經，久嗽化痰鬱熱清。酒色勞傷氣喘滿，虛火尅金能清心。大小同性。

茭

元·吴瑞《日用本草》卷七　菰根　一名茭笋。江南人呼為茭首。生茭葉中，近根而白，間有黑點，生笋甜美堪啖。　味甘，大寒，滑，無毒。多食令人下焦冷，發冷氣，傷陽道。忌同蜜食。服巴豆藥人不可食。　主五臟邪氣，腸胃痼熱，心胸浮熱，消渴，利小便。

明·王綸《本草集要》卷二　菰根　味甘，氣大寒，無毒。南人呼為茭。主腸胃痼熱，消渴，止小便利。

明·盧和、汪穎《食物本草》卷一菜類　茭白　味甘，冷。去煩熱。又云：主五臟邪氣，腸胃痼熱，心胸浮熱，消渴，利小便。多食令人下焦冷，發冷氣，傷陽道。不可同蜜食。糟食之甚佳。

明·姚可成《食物本草》卷首王西樓《救荒野譜》　茭兒菜食葉。入夏生水澤中，即茭芽也。生熟皆可食。　茭兒菜，生水底。若蘆芽，勝菰米。我欲充飢采不能，滿眼風波淚如洗。家茭有苔，野茭有芽。又茭苗生穗，其茭米亦可食。

明·寧源《食鑒本草》卷下　茭白　味大寒，無毒。治腸胃積熱，止渴，利小水。

明·周履靖《茹草編》卷一　茭兒菜　夏木陰森，暑篁淒清。芳樽時御，茭菜薦新。葉分江翠，鷗隊鳬群。香浮羹腴，詩肴酒珍。竹萌蒲蒻，足配清芬。　入夏生水澤中，即茭芽也。生熟可食。

明·穆世錫《食物輯要》卷三　茭白　味甘、淡，性冷，無毒。解消渴，除五臟邪氣，心胸浮熱，腸胃積熱。多食，令下焦冷。同生菜、蜂蜜食，發痼疾，損陽道。宜用糟食。

明·吴文炳《藥性全備食物本草》卷一　茭白　味甘淡，性冷，無毒。解消渴，除五臟邪氣，心胸浮熱，腸胃積熱。多食令下焦冷。同生菜、蜂蜜食發痼疾，損陽道。宜用糟食。

明·倪朱謨《本草彙言》卷七　菰筍又名茭白。　味甘淡，氣冷，性滑，無毒。　韓氏曰：茭白，生湖田陂澤中。二月生白茅，葉如蔗，中抽心，潔白如小兒臂，久則根盤而厚。生熟皆可啖，甘滑而利。歲有二刈，惟秋中結臂，内有黑灰色，人食之，終不如春月白嫩甘美也。　茭筍：潤大腸，時珍疏結熱之藥也。馬少川稿甘滑冷利。《孟氏方》主五藏熱結，止消渴，除疸黄，解酒毒，藏器化丹石毒發，誠爲專劑。如脾胃虛冷作瀉之人，勿食。

明·應廖《食治廣要》卷三　茭白　氣味：甘，冷，滑，無毒。主治：五藏邪氣，腸胃痼熱，心胸浮熱，消渴，利小便。多食發冷氣，傷陽道。糟食之味美，同蜜食損人。

明·姚可成《食物本草》卷七菜部·柔滑類 菰筍一名茭白。江湖陂澤中皆有之。生水中。葉如蒲葦，刈以秣馬甚肥。春末、秋仲二時生白茅如筍，即菰菜也，又謂之茭白。生、熟皆可啖。晉張翰思吳中蓴菰即此。

菰筍，味甘，冷，滑，無毒。利五藏邪氣，酒皶面赤，白癩癧瘍，目赤熱毒風氣，卒心痛，可鹽、醋煮食之。又去煩熱止渴，除目黃，利大小便。同鯽魚作羹食，開胃口，解酒毒，壓丹石毒發。

菰手菰生水中，久則根盤而厚，夏月生菌堪啖，名菰菜。三年者，中心生白臺如藕狀，似小兒臂而白軟，中有黑脉堪啖者，名菰手也。菰手小者擘之，內有黑灰如墨者，名烏鬱，人亦食之。 味甘，冷，滑，無毒。治心胸中浮熱風氣，滋人齒。煮食止渴及小兒水痢。不可同蜜食，發痼疾。

菰根 味甘，大寒，無毒。治腸胃痛熱，消渴止小便利，擣汁飲之。燒灰和雞子白，塗火燙。

葉 利五藏。

明·施永圖《本草醫旨·食物類》卷二 茭白即雕胡。 味：甘，冷，無毒。去煩熱。又云，主五臟邪氣，腸胃痼熱，心胸浮熱，消渴，利小便。又名菰根。多食令人下焦冷，發冷氣，傷陽道。糟食之甚佳。不可與蜜同食。

清·丁其譽《壽世秘典》卷三 菰生江湖陂澤中，葉如蒲葦，春末生白臺如筍，謂之茭筍，又名茭白，即菰菜也，生熟皆可啖。其中心似小兒臂而白軟，中有黑脉堪啖者，名菰手。作菰首者，非矣。至秋，開花如葦，結實乃彫胡米也，可為粥食，濟饑。杜甫詩波漂菰米沉雲黑是也。其根亦如蘆根，冷利更甚。

茭白： 氣味：甘，冷，滑，無毒。 主去煩熱，止渴，除目黃，利五臟邪氣，腸胃痼熱。

發明蘇頌曰： 菰之各類皆極冷滑，令人下焦寒，傷陽道，不可過食，甚不益人。惟服金石人相宜耳。

清·尤乘《食鑑本草·菜類》 茭白 不可合生菜食及蜂蜜食，損陽氣，發冷疾。糟食頗佳。

清·朱本中《飲食須知·菜類》 茭白 味甘、淡，性冷滑。多食令下焦冷。同生菜、蜂蜜食，發痼疾，損陽道。服巴豆人忌之。

清·何其言《養生食鑑》卷上 茭筍即菱筍，一名菰菜，一名菰手，謂形如孩子手也。 味甘，淡，性冷，無毒。解消渴，除五臟邪氣，心胸浮熱，腸胃積熱。多食，令下焦冷。同生菜、蜂蜜食，發痼疾，損陽道。宜用糟食。

清·李熙和《醫經允中》卷二二 茭白 性寒，無毒。主消渴，利小便，敗陽損齒。不可同生菜、蜜食。

清·馮兆張《馮氏錦囊秘錄·雜症痘疹藥性主治合參》卷三 菰根 江南呼為茭草。四時採根，搗爛絞汁，解渴而利小便，除煩而清胃熱。久浮水面者，燒灰，用雞清調敷，延片火灼瘡愈。 菰菜，即春生茭筍，煮食治心腹卒疼。須防滑中，不宜多食。

清·吳儀洛《本草從新》卷四 茭白〔瀉熱，通，利腸。〕一名茭筍，一名菰筍，一名菰菜。以下水菜類。 甘，冷，滑。利五臟，去煩熱，除目黃，解酒毒，利二便。治酒皶面赤，白癩癧瘍，風熱目赤。滑利而冷，甚不益人。根，名菰根，冷利甚於蘆根。形亦相似。實，名彫胡米，歲饑可以當糧。

清·汪紱《醫林纂要探源》卷二 茭白 甘，淡，寒。茭草根芽，又曰茭筍。

清·嚴潔等《得配本草》卷五 菰即茭白。 解熱除煩。利小便，清胃熱，取汁飲。 燒炭調雞子清，敷腫毒。

題清·徐大椿《藥性切用》卷六 茭白 一名茭筍，一名菰米。甘冷性滑，去熱除煩，退黃利便。根名菰根，冷利甚於蘆根。實名彫胡米，救荒亦可暫充糧食。

清·李文培《食物小錄》卷上 苞菜一名茭兒菜，老者似蒲。 甘，平，無毒。開胃和中。

清·李文培《食物小錄》卷上 茭瓜 甘，平，無毒。開胃下氣。

清·葉桂《本草再新》卷六 茭白味甘，性涼，無毒。入肝、脾二經。 利五臟，去煩熱，除目黃，解酒毒，通二便，治百癩瘡瘍。

清·吳其濬《植物名實圖考》卷一八 菰 《別錄》下品。或謂之茭，亦謂之蔣。中心臺謂之菰首，俗呼茭白，亦曰茭瓜。宋《圖經》謂：《爾雅》：出隧，蘧蔬。即此。秋時結實，謂之彫胡米。《救荒本草》：菰根謂之茭筍，今京師所謂茭耳菜也。《湘陰志》：茭草吐穗，開小黃花，實結莖端，細子相膠，大如指，色黑。小兒剝出，煨熟食之。味亦香美，謂之茭粑，即菰米也。

清·文晟《新編六書》卷六《藥性摘錄》 茭筍 甘，淡，性冷。除心浮熱，腸胃積熱，（鮮）〔解〕消渴。多食令下焦冷。同生菜、蜂蜜食，發痼疾，損陽道。

清・田綿淮《本草省常・菜性類》 茭筍　一名菰筍，俗名茭白。性冷。解酒除煩，利二便，發冷疾。同生菜、蜂蜜食，損陽氣。服巴豆者忌之。

清・陳其瑞《本草撮要》卷四 茭白　味甘，冷，入手足太陰經，功專利五臟，去煩熱，除目黄，解酒毒，利二便，治酒皶面赤白癩瀝瘍風熱目赤。惟滑利而冷，甚不益人，宜少吃為妙，有病者尤忌。實名彫胡米，飢可作糧。

清・吴汝紀《每日食物却病考》卷上 茭白　味甘，冷。去煩熱，主五臟邪氣，腸胃痼熱，心胸浮熱，消渴，利小便。多食，令人下焦冷，損陽。不可同蜜食。糟、醬皆宜。

繁縷

唐・孫思邈《千金要方》卷二六《食治・菜蔬》 蘩蔞　味酸，平，無毒。主積年惡瘡、痔不愈者。五月五日日中採之，即名滋草，一名雞腸草，乾之燒作焦灰用。扁鵲云：丈夫患惡瘡，陰頭及莖作瘡膿爛，疼痛不可堪忍，久不差者，以灰一分，蚯蚓新出屎泥二分，以少水和研，緩如煎餅麪，以泥瘡上，乾則易之。禁酒、麪、五辛并熱食等。黄帝云：蘩蔞合鮑鮓食之，發消渴病，令人多忘。別有一種，近水渠中溫濕處，冬生，其狀類胡荽，亦名雞腸菜，可以療痔病，一名天胡荽。

宋・李昉《太平御覽》卷一〇〇〇 蘩縷　《爾雅》曰：蔜，音敖。〔蓃〕縷。今蘩縷也。或曰雞腸草。范汪《治淋方》曰：取蘩縷草，蒲兩手，以水煮之，亦可常飲。

附：日・丹波康賴《醫心方》卷三〇 蘩蔞　《本草》云：味酸，平，無毒。主積年惡瘡不愈。蘇敬云：即是雞腸。《七卷經》云：食之主消渴，雜瘡。賠玄子張云：煮作羹食之，益甚人。

宋・唐慎微《證類本草》卷二九菜部下品〔《別錄》〕 蘩蔞　味酸，平，無毒。主積年惡瘡不愈。五月五日日中採，乾用之。

〔梁・陶弘景《本草經集注》〕云：此菜，人以作羹。五月五日採，暴乾，燒作屑，療雜瘡，有效。亦雜百草取之，不必止此一種爾。

〔唐・蘇敬《唐本草》〕注云：此草即是雞腸也，俱非正經所出，而二處說異。多生濕地坑渠之側。流俗通謂雞腸，雅士總名蘩蔞。《爾雅》物重名者，並云一物兩名。

〔宋・馬志《開寶本草》〕按：《陳藏器本草》云：蘩蔞，主破血。產婦煮食之，及下乳汁。產後腹中有塊痛，以酒炒絞取汁，溫服。又取暴乾爲末，醋煮爲丸，空腹服三十丸，下惡血。

〔宋・掌禹錫《嘉祐本草》〕按：《蜀本圖經》云：葉青，花白，採苗入藥。《藥性論》云：蘩蔞，亦可單用，味苦。主治產後血塊。炒熱和童子小便服，良。長服惡血盡出，治惡瘡有神驗之功。

〔宋・蘇頌《本草圖經》〕曰：蘩蔞音縷，即雞腸草也。舊不著所出州土，今南中多生於田野間，近京下濕地，亦或有之。葉似荇菜而小，夏秋間生小白黄花，其莖梗作蔓，斷之有絲縷，又細而中空似雞腸。因得此名也。《本經》作兩條，而蘇恭以爲一物二名。謹按《爾雅》蔜五高切，蓃縷與縷同。釋曰：蔜，一名蓃縷，一名蘩縷，一名雞腸草，實一物也。今南北所生，或肥瘠不同，又其名多，人不盡見者，往往疑爲二物也。又葛氏治卒淋方云：用雞腸及蘩縷若菟絲，並可單煮飲。如此又似各是一物也。其用大概主血，故婦人宜食之。五月五日採，陰乾用。今口齒方燒灰，以揩齒宣露。然燒灰減力，不若乾作末有益矣。范汪治淋，用蘩蔞滿兩手，水煮飲之，亦可常飲。

〔宋・唐慎微《證類本草》〕《食療》：不用令人長食之，恐血盡。或云蔶蔞即藤也，人恐白軟草是。《外臺秘要》：治淋。取蘩蔞草滿兩手握，水煮服之。

宋・寇宗奭《本草衍義》卷一九 蘩蔞音縷、雞腸草　一物也。今雖分之爲二，其雞腸草條中，獨不言性味，故知一物也。雞腸草，春開小花如菉豆大，莖、葉如園荽，初生則直，長大即覆地。小戶收之爲虀，食之烏髭髮。

宋・鄭樵《通志》卷七五《昆蟲草木略》 蘩蔞　曰蔜。《爾雅》云：蔜，蓃縷。生於園圃，蔓細弱，田野人食之，可作牙藥。

宋・陳衍《寶慶本草折衷》卷二〇 蘩蔞音縷。灰及汁在內。〇此後元有雞腸草，與此蘩蔞《圖經》及寇氏皆訂為一物，今合以為條。　一名蘩蔞草，一名雞腸草。見條下注。〇一名蔶蔞，一名蘩縷，一名蓃藪，一名蔜。〇藪，音縷；蓃，素老切；蔜，五高切。生南中，及近京。今南北田野間或下濕地多有之。〇五月採苗，日乾。

味酸、苦，平，溫，無毒。〇主惡瘡。〇陳藏器云：主破血，下乳汁。〇《藥性論》云：治產後血塊。炒熱，和童子小便服，惡血盡出。〇又云：洗手足水爛，主遺尿，治蠼螋尿瘡，生挼傅三四度。〇孟詵云：作灰和鹽，療瘡及風丹徧身。又燒蜃，亦療小兒赤白痢，取汁和蜜服之。〇《圖經》曰：莖、梗作蔓，斷之有絲縷，中空似雞腸，因得此名。大概主血，婦人宜食。〇《食療》云：不用長食，恐血盡。〇《外臺秘要》：治淋，取滿手握，水煮服之。〇寇氏曰：初生則直，長大即覆地。為蠶食，烏髭髮。

元・尚從善《本草元命苞》卷九　蘩蔞音縷。　味酸，平，又云雞腸草。治腫毒，小便自利。療惡瘡，逾年不效。主產後惡血，醫小兒瀉痢。南中生於田野，葉似荇菜而小，夏秋間開花黃白，其莖梗斷為絲縷，又細而中空，如雞腸，得名。五月五採，陰乾。口齒，燒灰，入藥。

明・蘭茂撰，清・管暄校補《滇南本草》卷下　鵝(掌)(腸)菜　性平，味甘淡。補中益氣，消痰，止頭目眩暈，利小便。治肺積肥氣，止玉莖疼痛。治癆淋赤白便濁，婦人白帶。昔一婦人得頭暈病，每發頭眩暈，眼見黑花，惡心嘔吐，飲食不下。後得此方，服效。鵝(掌)(腸)菜不拘多少，猪肚一個，煎食，二次全愈。

又方：鵝掌菜不拘多少，煮雞蛋食。

明・蘭茂《滇南本草》(叢本)卷下　鵞(管)(腸)菜　味性淡平。補中益氣，消痰，止頭疼，頭目眩暈，利小便，治肺積肥氣，止玉莖疼，治勞淋便濁，婦人赤白帶下。昔一婦人患發眩暈，眼見黑花，嘔吐惡心，飲食不下，得此方效。鵞(管)(腸)菜不拘多少，猪肚一個，洗淨，煎服，二次效。或煮雞蛋食，亦效。

明・王綸《本草集要》卷五　蘩蔞即雞腸草　味酸，氣平，無毒。五月五日日中取，乾用。主積年惡瘡不愈有神效。又主破血，宜產婦。口齒方，燒灰或作末，揩齒宣露。治淋，取滿兩手握，水煮服。

明・劉文泰《本草品彙精要》卷四〇　蘩蔞無毒　蔓生。

蘩蔞：主積年惡瘡不愈及主毒腫，止小便利。名醫所錄。【名】雞腸草、蔜五高切、䕸素老切蔞與縷同、蘩蔞。【苗】《圖經》曰：蘩蔞，即雞腸草也，葉似荇菜而小，夏秋間開小白黃花，其莖梗作蔓，斷之有絲縷，又細中空，似雞腸，因得此名也。《本經》作兩條，而蘇恭以為一物二名，《爾雅》釋曰：蔜，一名䕸蔞，一名雞腸草，實一物也。今南北所生或肥瘠不同，又其名多，人不盡見，故往往疑爲二物也。《唐本》注云：雞腸草，即蘩蔞是也，原在草部下品，剩出此條，詳其主療相似，其實一物，今宜併之。【地】《圖經》曰：舊不著所出州土，今南中多生於田野間，近京下濕地亦或有之。【時】生：春生苗。採：五月五日午時取。【收】暴乾。【用】苗。【質】葉類荇菜而小。【色】青。【味】酸。【性】平。【氣】味厚於氣，陰中之陽。【臭】腥。【主】破積血，消瘡腫。【治】療：《圖經》曰：牙齒宣露，燒灰揩擦，然燒灰力減，不若乾末尤勝。又治淋，取兩手把以水煮飲之。陶隱居云：燒爲末，療雜瘡，有效。《藥性論》云：洗手足水爛，治遺尿及蠼螋尿瘡，挼汁傅之。陳藏器云：主破血，產婦煮食之及下乳汁。孟詵：燒灰，傅疳𧏾。《食療》云：治一切惡瘡，搗汁傅之，五月五日取者驗。《別錄》云：治發背欲死，擣傅，良。【合治】合酒炒擣取汁，溫服或炒熱，和童子小便服，俱療產後腹中有血塊痛。〇暴乾爲末，合醋煎爲丸，空腹服三十丸，下惡血。〇燒作灰，和鹽擣，封一切瘡及風丹徧身如棗大，癢痛者。〇擣取汁一合，和蜜服之，治小兒赤白痢。〇以一斤合豉汁中煮，作羹食之，止小便利，作粥亦佳。【禁】勿常食，恐血盡。

明・盧和、汪穎《食物本草》卷二　蘩蔞　味酸，氣平，無毒。主積年惡瘡不愈，有神效。又主破血，宜產婦口齒，方燒成灰或作末，揩齒宣露。治淋，取滿兩手，以水煮服。此菜生田野中，人取以作羹，或生食之，或煮食，益人。即鷄腸草也。

明・許希周《藥性粗評》卷二　雞腸豈懼於瘡疼。

雞腸菜，即蔞也，《爾雅》謂之蔜。春生苗，葉似荇菜，可生食，亦可作羹。夏秋間生小白黃花，其莖梗作蔓，斷之有絲縷，又細而中空，似雞腸，故名。好生田野及濕地坑渠之處，江南處處有之。五月五日採莖葉，日乾。所使并所畏惡，《本草》不載。味酸，性平，無毒。主治積年惡瘡，發背癰腫，遍體丹風，產婦血塊，赤白痢疾，下淋散血，止痛消腫。

單方：發背欲死：取莖葉生搗傅之最良，如無生者，乾為末，醋調傅之亦可。產後腹疼：以酒炒，絞取汁服之。丹風：煮湯洗之，或生擣封上五六日，可。牙病：燒灰，以煅過鹽少許為末，相和，擦牙有功。

明・王文潔《太乙仙製本草藥性大全》卷五《本草精義》　蘩蔞：一名䕸蔞，一名鷄腸草，實一物也。舊不著所出州土，今南中多生於田野間，近京下濕地亦或有之。葉似荇菜而小，夏秋間生小白黃花，莖梗作蔓，斷之有絲縷。又細而中空，似鷄腸，因得此名也。《本經》作兩條，而蘇恭以爲一物二名，其用大概主血，故婦人宜食之。五月五日採，陰乾用。

明・王文潔《太乙仙製本草藥性大全》卷五《仙製藥性》　蘩蔞　味酸，氣平，無毒。主治：治產後血塊，主積年惡瘡。下惡血，破血而大效。療齒痛，淋瀝而甚良。　補註：　下乳汁，産後腹中有塊，痛，以酒炒絞取汁溫服。又取曝乾爲末，醋煮爲丸，空腹服三十丸，下惡血。○血塊，炒熟和童子小便服良。長服惡血盡出，治惡瘡有神效。○口齒方：　燒灰，揩齒宣露。然燒灰威力不若乾作末有益矣。《范汪》治淋，用蘩蔞滿兩手，水煮飲之，亦可常飲。　按：　《食療》云：　不用令人長食之，恐血盡。或云蘩蔞即藤也，又恐白軟草是。

明・皇甫嵩《本草發明》卷五　蘩婁，下品。味酸，平，無毒。　主積年惡瘡不愈，又主破血。宜産婦口齒，燒灰或作末，揩齒宣露。治淋。五月五日採，乾用之。野田濕地多生。葉似荇菜而小，莖梗作蔓，斷之有絲縷，細而中空，似雞腸，又名雞腸草。夏秋生白黄花。

又考雞腸草。　味苦。　主毒腫，止小便利。另是一種。今云即雞腸草，功用槩同，主瘡主血。婦人宜食。

明・李時珍《本草綱目》卷二七菜部・柔滑類　繁縷《別録》下品

【釋名】蔜縷《爾雅》　蔜音敖　藧縷郭璞　滋草《千金》　鵝腸菜時珍曰：　此草莖蔓甚繁，中有一縷，故名。俗呼鵝兒腸菜，象形也。易於滋長，故曰滋草。《古樂府》云：　爲樂當及時，何能待來滋。滋乃草名，即此也。

【集解】《別録》曰：　繁縷五月五日日中採。乾用。　恭曰：　此即是鷄腸也。多生濕地坑渠之側。流俗通謂鷄腸，雅士總名繁縷。　詵曰：　繁縷即藤也。又恐白軟草是之。保昇曰：　葉青花白，採苗入藥。頌曰：　即鷄腸也。南中多有之，生於田野間。近汴下濕地亦或有之。葉似荇菜而小。夏秋間生小白黄花。其莖梗作蔓，斷之有絲縷。又細而中空，似鷄腸，因得此名。《本草》繁縷、鷄腸作兩條，蘇恭以爲一物。謹按郭璞注《爾雅》云：　蔜縷一名鷄腸草，實一物也。今南北所生，或肥瘠不同，故人疑爲二物。而葛洪《肘後方》治卒淋云：　用鷄腸及繁縷。如此又似是二物。其用大概主血，故人宜食之。時珍曰：　繁縷即鵝腸，非鷄腸也。下濕地極多。正月生苗，葉大如指頭。細莖引蔓，斷之中空，有一縷如絲。作蔬甘脆。三月以後漸老。開細瓣白花。結小實大如稗粒，中有細子如葶藶子。吳瑞《本草》謂黄花者爲繁縷，白花者爲鷄腸，亦不然。二物蓋相似。但鵝腸味甘，莖空有縷，花白色；　鷄腸味微苦，咀之涎滑，莖中無縷，色微紫，花亦紫色，以此爲別。

【氣味】酸，平，無毒。　權曰：　苦。　時珍曰：　甘，微鹹。　詵曰：　温。　思邈曰：　黄帝云：　合䱉鮓食，發消渴，令人多忘。

【主治】積年惡瘡、痔不愈《別録》。破血，下乳汁，産婦宜食之。産後腹有塊痛，以酒炒絞汁溫服。又暴乾爲末，醋糊和丸，空腹服五十丸，取下惡血藏器。

【發明】弘景曰：　此菜五月五日採，暴乾，燒作屑，療雜瘡有效。亦雜百草服之，不止此一種也。　詵曰：　治惡瘡有神效之功，搗汁塗之。作菜食，益人。須五月五日者乃驗。　詵曰：　能去惡血。不可久食，恐血盡。

【附方】舊一，新三。　食治烏髭：　繁縷爲齏，久久食之，能烏髭髮。《聖惠方》。

小便卒淋：　繁縷草滿兩手，水煮，常常飲之。范汪《東陽方》。　産婦有塊：　作痛。繁縷方見上。　丈夫陰瘡：　莖及頭潰爛，痛不可忍，久不瘥者。以五月五日繁縷燒焦五分，入新出蚯蚓屎二分，入少水，和研作餅，貼之。乾即易。禁酒、麪、五辛及熱食等物。甚效。《扁鵲方》。

明・穆世錫《食物輯要》卷三　蘩蔞　味酸，平，無毒。　散惡血，下乳汁，利産婦，多食，烏鬚髮。同魚鮓食，發消渴病，令人健忘。

明・姚可成《食物本草》卷六菜部・柔滑類　繁縷一名鵝腸菜，一名滋草。此草莖蔓甚繁，中有一縷，故名。俗呼鵝兒腸菜，象形也。易于滋長，故又曰滋草。繁縷五月五日日中采，乾用。或云：　即是雞腸也。多生濕地坑渠之側。流俗通謂雞腸，雅士總名繁縷。　繁縷即鵝腸，非雞腸也。下溼地極多。正月生苗，葉大如指頭。細莖引蔓，斷之中空，有一縷如絲，作蔬甘脆，三月以後漸老。開細瓣白花。結小實大如稗粒，中有細子如葶藶子。或謂黄花者為繁縷，白花者為雞腸。亦不然。二物蓋相似。但鵝腸味甘，莖空有縷，花白色；　雞腸味微苦，咀之涎滑，莖中無縷，色微紫，花亦紫色，以此為別。

繁縷，味酸，平，無毒。　主積年惡瘡、痔不愈。破血，下乳汁，産婦宜食之。産後腹有塊痛，以酒炒絞汁溫服。又暴乾為末，醋糊和丸，空腹服五十丸，取下惡血。作菜食，益人。須五月五日者乃驗。能去惡血。不可久食，恐血盡。不可同䱉、鮓食，發消渴，令人多忘。

附方：

治丈夫玉莖潰爛，痛不可忍，久不瘥者。以五月五日繁縷燒焦五分，入新出蚯蚓屎二分，入少水，和研作餅，貼之。乾即易。禁酒、麪、五辛及熱物。甚效。

明・孟笨《養生要括・菜部》　鵝腸菜　味酸，平，無毒。治積年惡瘡痔不愈。破血，下乳汁，産婦宜食之。産後腹有塊痛，以酒炒絞汁溫服。又暴乾為末，醋糊和丸，空腹服五十丸，取下惡血。〔治惡瘡，有神效之功，搗汁塗之。作菜食益人，須五月五日者乃驗。〕

明・施永圖《本草醫旨・食物類》卷二　繁縷一名鵝腸菜。　味：　酸，平，無毒。合䱉鮓食發消渴，令人多忘。　治：　積年惡瘡、痔不愈，破血，下乳汁，產婦宜食之。產後腹有塊痛，以酒炒，絞汁溫服。又暴乾為末，醋糊和丸，空腹服五十丸，取下惡血。治惡瘡有神效之功，搗汁塗之，作菜食，益人。須五月五日者乃驗。○能去惡血，不可久食，恐血盡也。

附方　食治烏髭：繁縷為虀，久久食之，能烏髭髮。小便卒淋：繁縷草滿兩手，水煮，常常飲之。產婦有塊：方見上。丈夫陰瘡：莖及頭潰爛，痛不可忍，久不瘥者，以五月五日繁縷燒焦五分，入新出蚯蚓屎二分，入少水，和研作餅貼之，乾即易。禁酒、麪、五辛及熱食等物，甚效。

清·朱本中《飲食須知·菜類》　蘩蔞　味酸，性平。一名鵝腸菜。同魚鮓食，發消渴病，令人健忘。性能去惡血，不可久食，恐血盡也。

清·何其言《養生食鑒》卷上　蘩蔞一名鵝腸草。　味酸，平，無毒。散惡血，下乳汁，利產婦。多食烏鬚髮。同魚鮓食，發消渴病，令人健忘。

清·汪紱《醫林纂要探源》卷二　鵝腸　苦，寒。一名田眼。似苦板而黃花。同上。

清·嚴潔等《得配本草》卷五　繁縷一名鵝腸菜。　甘、微鹹。破血，下乳。治積年瘡痔。燒焦，搗和蚯蚓糞，敷陰瘡潰爛，痛不可忍。禁酒、麪、五辛熱食。五月五日采，陰乾用。

清·章穆《調疾飲食辯》卷三　蘩縷　《綱目》曰：《爾雅》云：蔜，蕿蔞。郭注曰雞腸草，誤。《千金方》曰滋草，言其易長也。俗呼鵝腸菜。古樂府曰：為樂當及時，何能待來滋。滋即此草也。此解牽強。今茲、來茲，詩文常用字面，若加點作滋，則不可解。《唐本》《圖經》皆誤以為雞腸草，不知《別錄》列蘩縷於菜，列雞腸於草，明是二物，形相似耳。蘩縷蔓方，折之中空，內有一縷，故名。花黃、白二色。雞腸蔓圓不空，花紫，內無縷。蘩縷能破血。《別錄》曰：治惡瘡、痔久不愈。《拾遺》曰：產後宜食，既去瘀血，又能通乳。若腹中血積成塊不下，酒炒絞汁溫服，即可取下。《食療本草》曰：惡瘡，搗汁塗，五月五日者神效。《東陽方》治淋閉，常煮汁飲。血淋尤妙。但作蔬不宜久食，傷血故也。

清·吳其濬《植物名實圖考》卷四　繁縷　《別錄》下品。《爾雅》：蔜，蕿蔞。注：今繁縷也，或曰雞腸草。《唐本》相承無異。李時珍以為鵝兒腸非雞腸。今陰濕地極多。

雩婁農曰：余初至滇，見有粥鵝腸菜於市者，甚怪之，以為此江湘間盈砌彌坑，結縷糾蔓，薙夷不能盡者。及廈行園不獲一見，命園丁蒔之畦中，亦不甚蕃，始知滇以尠而售也。李時珍以為易於滋長，故曰滋草，殆不然矣。滇城郭外皆田疇，無雜草木。而山花之可簪、可瓶，野草之可藥、可浴，根核果蓏之可茹、可玩者，玀玀皆持以入市。故不出戶庭，而四時之物陳於几案。

清·劉善述、劉士季《草木便方》卷一草部　鵝兒腸　鵝耳腸酸破血烈，惡瘡痔瘻功效捷。產後瘀血痞塊痛，酒煎空服下惡血。

清·田綿淮《本草省常·菜性類》　鵝腸菜　一名蔜。性平。破血下乳。

鵝兒腸

明·朱橚《救荒本草》卷上之前　鵝兒腸　生許州水澤邊。就地妥莖而生，對節生葉，葉似蟛豆葉而薄；又似佛指甲葉微觧，葉間分生枝叉。開白花，結子似葶藶子。其葉味甜。救飢：採苗葉煠熟，油鹽調食。

筋骨草

明·蘭茂原撰，范洪等抄補《滇南本草圖說》卷五　筋骨草　生大川石上，亦有綠葉，無花。氣味甘酸，無毒。主治：筋骨疼痛，濕氣流痰，手戰腳軟，以燒酒為使，立瘥。筋骨草有二種，當細辨之。

明·蘭茂撰，清·管暄校補《滇南本草》卷上　筋骨草　《普濟方》治反胃吐食。暖骨草，獨科，夷人經驗，治一切腫毒初起，敷之即消。接骨用酒服末五錢，三劑即愈。忌蛋、蒜。

筋骨草，味甘、辛，無毒。生田野間。苗生於春，高尺餘，莖圓，葉長有齒，至夏抽三四穗，開黃花，結實三棱，類蓖麻子，五月採取。治風濕，有暖骨（滲）〔祛〕風之功，故名筋骨〔草〕，又名暖骨〔草〕，亦名接骨（猛）〔草〕。即夷人用接骨，敷傷止血，治一切風濕筋骨疼痛拘攣，寒濕脚氣，遍身癬瘡疥癩。泡酒治一切痿軟痰氣，五癆七傷，服之如神。入藥苗花并用。形與馬鞭草大不相同。馬鞭草，花葉如菊，紫花。暖骨草，尖葉黃花。治療亦異，用者宜審。

清·劉善述、劉士季《草木便方》卷一草部　筋骨連　筋骨草辛溫筋骨，腰膝風濕疼痛除。損傷筋骨消瘀血，脇肋脹悶酸輭服。

天蓬草

清·吳其濬《植物名實圖考》卷一五　天蓬草　一名涼帽草，生建昌河壖。鋪地，細莖如亂髮，百餘莖為族，莖端有葉三兩片，如初生小柳葉，黑根，粗如指。土人以洗腫毒。

天蓬草又一種　比前一種莖赤而韌，附莖對葉，梢開小白花如菊，根細短。

千針萬線草

明·蘭茂原撰，范洪等抄補《滇南本草圖説》卷三　千針萬線草　形軟枝碎葉，根似菊花參之根，一撮，肥而白，又似百部，一條一條。氣味甘平，無毒。主治：　補肝健脾養腎，生血合血，退五熱，降火，止耳鳴，心神不寧。能升能降，婦人最良。採服止咳血良效。

明·蘭茂撰，清·管暄校補《滇南本草》卷下　千鍼萬線草　性微溫，味甘。補肝脾腎陰血虛弱，精神短少，頭暈，心慌耳鳴，眼中起坐生黑花者，及五心煩熱，午夜怕冷，夜間發熱，小肚脹墜，腰疼脚酸，步履難行。婦人白帶漏下，淋瀝等症。此藥調養精神，補養肝腎，任督二脈虧損，婦人虛損要藥。附方：　治婦人白帶年久，頭暈耳鳴，腰痛，夜間發熱，精神短少，飲食無味。千鍼萬線草三錢，水牛肉三兩，煎食三四次效。

明·蘭茂《滇南本草》〔叢本〕卷中　千針萬線草　味甘，性微溫。補脾腎陰血虛弱，神氣短少，頭暈耳鳴，心慌。目中起翳生花，五心煩熱，午後怕冷，夜間發熱，小肚脹墜，腰疼脚酸，步行艱難。婦人白帶，漏下淋瀝等症。調養精神，補養腎肝，任督二脈虧損，婦人虛弱要藥。單方：　婦人白帶日久，頭暈耳鳴，腰疼〔痛〕，夜間發熱，精神短少，飲食無味，治效。千針萬線草三錢，水牛肉三五兩，煨吃好。

雞腸草

宋·唐慎微《證類本草》卷二九菜部下品〔《別録》〕　雞腸草　主毒腫，止小便利。

〔梁·陶弘景《本草經集注》〕云：　人家園庭亦有此草，小兒取挼汁，以捋蜘蛛網，至黏，可掇蟬。療蠼螋溺也。

〔唐·蘇敬《唐本草》〕注云：　此草，即蘩蔞是也，剩出此條，宜除之。

〔宋·馬志《開寶本草》〕按：　雞腸草，亦在草部下品。唐注以爲剩出一條，詳此主療相似，其一物乎？今移附蘩蔞之下。

〔宋·掌禹錫《嘉祐本草》〕按：　《蜀本》云：　雞腸草，平，無毒。小便利通用藥云：　雞腸草，微寒。《爾雅》云：　蔜，薞蕿。釋曰：　蔜，一名薞蕿，一名雞腸草。《藥性論》云：　雞腸草亦可單用，味苦。洗手足水爛，主遺尿，治蠼螋尿瘡，生挼傅三四度。孟詵云：　雞腸草，溫。作灰和鹽，療一切瘡及風丹偏身如棗大。痒痛者，擣封上，日五六易之。亦可生食，煮作菜食，益人。去脂膏毒氣。又，燒傅疳䘌。亦療小兒赤白痢，可取汁一合，和蜜服之，甚良。

〔宋·唐慎微《證類本草》〕《圖經》：　文具蘩蔞條下。

《食療》：　溫。作菜食之，益人。治一切惡瘡，擣汁傅之，五月五日者驗。《肘後方》：　治發背欲死。雞腸草傅，良。《食醫心鏡》：　主小便利。以一斤於豉汁中煮，調和作羹食之，作粥亦得。《博物志》：　蠼螋溺人，影亦隨所著作瘡。以汁傅之效。

宋·鄭樵《通志》卷七五《昆蟲草木略》　雞腸　似蓼而小，不辛，《本草》以合於蘩蔞共條，故蘇恭誤謂即蘩蔞也。

宋·王介《履巉巖本草》卷上　鷄腸草　性平，無毒。主腫毒，止小便利，療一切瘡及風丹(編)〔遍〕身如棗大，痒痛者，擣爛傅之。亦療小兒赤白痢，可取汁一合，和蜜服之甚良。治發背欲死，用鷄腸草擣敷之。治小兒牙疳，爛擣貼患處。

明·鄭寧《藥性要略大全》卷七　雞腸草　治發背瘡瘍，丹風初起，杵爛塗之。

味酸、甘，氣平，無毒。處處有之。閩人以為菜。一名草蘩蔞。

明·王文潔《太乙仙製本草藥性大全》卷五《本草精義》　鷄腸草　舊不著所出州土。此草即蘩蔞是也，剩出此條宜除之。今按：　鷄腸草，原在草部下品，《唐注》以爲剩出一條，詳以主療相似，其一物乎？今移附蘩蔞之下。亦可生食，煮作菜食之益人，去脂膏，毒氣。五月五日採收驗。

明·王文潔《太乙仙製本草藥性大全》卷五《仙製藥性》　鷄腸草　味苦，氣平，又云氣溫，無毒。　主治：　治腫毒發背如神，利小便遺溺甚良。療小兒赤白痢症，傅蠼螋蟲溺作瘡。　補註：　小便利，以一斤，於豉汁中煮，調和作羹食之，作粥亦得。○疳䘌，燒灰傅之良。○一切惡瘡，擣汁傳之。○蠼螋蟲溺人影迹挨著作瘡，以汁傳之效。○發背欲死，擣傳之良。○一切瘡及風丹遍身如棗大，痒痛，作灰和鹽擣傳，日五六易之。○小兒赤白痢，可取汁一合，和蜜服之良。

明·李時珍《本草綱目》卷二七菜部·柔滑類　鷄腸草《別録》下品。校正：　原在草部，《唐本》移入此。

【集解】弘景曰：人家園庭亦有此草。小兒取挼汁以捋蜘蛛網，至粘，可掇蟬。恭曰：此即繁縷也，剩出此條。時珍曰：鷄腸生下濕地。二月生苗，葉似鵝腸而色微深。莖帶紫，中不空，無縷。四月有小莖開五出小紫花。結小實，中有細子。其苗作蔬，不如鵝腸。故《别録》列繁縷於菜部，而列此於草部，以此故也。蘇恭不識，疑爲一物，誤矣。生嚼涎滑，故可掇蟬。鵝腸生嚼無涎，亦自可辨。鄭樵《通志》謂鷄腸似蓼而小，其味小辛，非繁縷者，得之。又石胡荽亦名鷄腸草，與此不同。

【氣味】微辛，苦，平，無毒。權曰：苦。之才曰：微寒。【主治】毒腫，止小便利《别録》。療蠼螋溺瘡弘景。主遺溺，洗手足傷水爛甄權。五月五日作灰和鹽，療一切瘡及風丹遍身痒痛；亦可擣封，日五六易之。作菜食，益人，去脂膏毒氣。又燒傅疳䘌。取汁和蜜服，療小兒赤白痢，甚良孟詵。研末或燒灰，揩齒，去宣露蘇頌。

【附方】舊二，新七。止小便利：鷄腸草一斤，於豆豉汁中煮，和米作羹及粥，頻食之。《食醫心鏡》。小兒下痢：赤白。鷄腸草擣汁一合，和蜜服，甚良。孟詵《食療》。氣淋脹痛：鷄腸草三兩，石韋去毛一兩。每用三錢，水一盞，煎服。《聖濟總録》。風熱牙痛：浮腫發歇，元臟氣虚，小兒疳蝕。鷄腸草、旱蓮草、細辛等分，爲末。每日擦三次。名祛痛散。《普濟方》。發背欲死：鷄腸草擣傅之。《肘後方》。反花惡瘡：鷄腸草研汁拂之。或爲末，猪脂調搽，極效。《醫林正宗》。一切頭瘡：鷄腸草燒灰，和鹽傅之。孟詵《食療》。漆瘡瘙痒：鷄腸草擣塗之。《肘後方》。射工中人：成瘡者。以鷄腸草擣塗之，經日即愈。《盧氏方》。

明·張懋辰《本草便》卷二 蘩蔞即雞腸草 味酸，氣平，無毒。主積年惡瘡不愈有神效。又主破血。

明·吳文炳《藥性全備食物本草》卷一 雞腸草即繁蔞。味酸，氣平，無毒。散惡血，下乳汁，利產婦。多食烏鬚髮。同魚鮓食發消渴病，令人健忘。

明·姚可成《食物本草》卷六菜部·柔滑類 雞腸菜人家園庭亦有此草。小兒取挼汁以捋蜘蛛網，至粘，可掇蟬。雞腸生下濕地。三月生苗，葉似鵝腸而色微深。莖帶紫，中不空，無縷。四月有小莖，開五出小紫花。結小實，中有細子。其苗作蔬，不如鵝腸。生嚼涎滑，故可掇蟬。鵝腸生嚼無涎，亦自可辨。

雞腸菜，味辛、苦，平，無毒。主毒腫，止小便利。療蠷螋溺瘡。主遺溺，洗手足傷水爛。五月五日作灰和鹽，療一切瘡及風丹遍身癢痛；亦可擣封，日五六易之。作菜食，益人，去脂膏毒氣。又燒傅疳䘌。取汁和蜜服，療小兒赤白痢，甚良。研末或燒灰，揩齒，去宣露。

明·孟笨《養生要括·菜部》 鷄腸草 味微辛、苦，平，無毒。治毒腫，止小便利，主遺溺，洗手足傷水爛。五月五日作灰和鹽，療一切瘡及風丹，遍身痛痒。取汁和蜜服，療小兒赤白痢，甚良。

明·施永圖《本草醫旨·食物類》卷二 雞腸草 味：微辛、苦，平，無毒。治：毒腫，止小便利，療蠼螋溺瘡，主遺溺，洗手足傷水爛。五月五日，作灰和鹽，療一切瘡及風丹遍身痒痛，亦可擣封，日五六易之。作菜食，益人，去脂膏毒氣。又燒傅疳䘌。取汁和蜜服，療小兒赤白痢甚良。研末或燒灰揩齒，去宣露。

清·汪紱《醫林纂要探源》卷二 雞腸 甘，平。一名蕿縷草，作蔓，葉圓尖對節，莖空而中含一筋，故有嫂縷名。

清·吳其濬《植物名實圖考》卷一三 附地菜 生廣饒田野，湖南園圃亦有之。叢生，軟莖，葉如枸杞，梢頭夏間開小碧花，瓣如粟米，小葉緑苞，相間開放。或云北地呼為野苜蓿。

附地菜又一種 生田野。比前一種葉長大有星；莖有微毛亦勁，開五圓瓣小碧花，結小蒴如鈴；雲南生者葉柔厚多毛，茸茸如鼠耳，俗呼牛舌頭花，又名狗屎花。土醫用之。《滇南本草》：狗屎花一名倒提壺，一名一把抓。味苦，性寒。入肝、腎二經。升降肝氣，利小便，消水腫，瀉胃中濕熱，治黃疸、眼珠發黃、周身黃如金，止肝氣疼，治七種疝氣。白花者治白帶，紅花者治赤帶，瀉膀胱熱。

清·吳其濬《植物名實圖考》卷一三 雞腸菜 生陰濕處。初生鋪地，葉柄長半寸許，深齒疎紋，如初生車前，葉大抽葶發小葉，開五瓣小粉紅花，花瓣不甚分破，四瓣平翹，一瓣下垂；又似雲頭樣，微有黃心。鄉人茹之。與《救荒本草》兩種皆異，此以其葶細長而名。

清·田綿淮《本草省常·菜性類》 雞腸菜 性平。止小便數。

清·戴葆元《本草綱目易知錄》卷三 雞腸草 【略】指頭破傷，或因下水作腐爛，雞腸草，擣傅，極效。葆驗。【略】

鵝不食草

宋·王介《履巉巖本草》卷下 鵝不食草 性溫，無毒。通關竅，多入嚏鼻藥。

藍布裙

清・趙學敏《本草綱目拾遺》卷四草部中　藍布裙　《四川通志》：草本，出松潘衛。　治脚氣，壯筋骨。

蠍子花菜

明・朱橚《救荒本草》卷上之前　蠍子花菜　又名虼音吃蚤花，一名野菠菜。生田野中。苗初搨地生，葉似初生菠菜葉而瘦，細葉間攛生莖叉高一尺餘，莖有線楞，梢間開小白花。其葉味苦。　救飢：　採嫩葉煠熟，水淘淨，油鹽調食。

苜蓿

唐・孫思邈《千金要方》卷二六《食治・菜蔬》　苜蓿　味苦，平，濇，無毒。安中，利人四體，可久食。

宋・唐慎微《證類本草》卷二七菜部上品〔《別錄》〕　苜蓿　味苦，平，無毒。主安中，利人，可久食。

〔梁・陶弘景《本草經集注》〕云：　長安中乃有苜蓿園，北人甚重此，江南人不甚食之，以無味故也。外國復別有苜蓿草，以療目，非此類也。

〔唐・蘇敬《唐本草》〕注云：　苜蓿莖、葉平，根寒。主熱病，煩滿，目黃赤，小便黃，酒疸。擣取汁，服一升，令人吐利，即愈。

〔宋・掌禹錫《嘉祐本草》〕按：　孟詵云：　患疸黃人，取根生擣，絞汁服之，良。又，利五藏，輕身；　洗去脾胃間邪氣，諸惡熱毒。少食好，多食當冷氣入筋中，即瘦人。亦能輕身健人，更無諸益。　日華子云：　涼，去腹藏邪氣，脾胃間熱氣，通小腸。

〔宋・唐慎微《證類本草》〕《食療》：　彼處人採根，作土黃耆也。又，安中，利五藏，煮和醬食之，作羹亦得。

宋・寇宗奭《本草衍義》卷一九　苜蓿　唐李白詩云天馬常銜苜蓿花，是此。陝西甚多，飼牛、馬。嫩時，人兼食之，微甘淡，不可多食，利大小腸。有宿根，刈訖又生。

宋・王繼先《紹興本草》卷一二　苜蓿　紹興校定：　苜蓿採根為用。《本經》雖具主治，而未聞起疾之驗據。當從味苦、平、無毒是矣。但以雜偽作黃耆，世之不能辨者，多誤用，宜審識之。

宋・陳衍《寶慶本草折衷》卷二〇　苜蓿根附。　生長安中園，及江南、陝西。○縉雲云：　生所在有之。　味苦、微甘，淡，平，涼，無毒。○主安中，利人。○孟詵云：　去諸惡、熱毒，少食好，多食冷氣入筋，即瘦人。○日華子云：　去腹藏邪氣，脾胃間熱氣，通小腸。

附：　根。汁在内。○寒。　主熱病，煩滿，目黃赤，小便黃，酒疸，痘黃，生搗汁服。又和醬作羹亦得。　彼處人採根，作土黃耆也。

明・朱橚《救荒本草》卷下之後　苜蓿　出陝西，今處處有之。　苗高尺餘，細莖分叉而生，葉似錦雞兒花葉，微長，又似豌豆葉頗小，每三葉攢生一處，梢間開紫花，結彎角兒，中有子如黍米大，腰子樣。味苦，性平，無毒。一云微甘、淡。一云性涼。　根寒。　救飢：　苗葉嫩時採取煠食。江南人不甚食。多食利大小腸。　治病：　文具《本草》菜部條下。

明・劉文泰《本草品彙精要》卷三八　苜蓿無毒　叢生。

苜蓿：　主安中，利人，可久食。名醫所錄。　〔苗〕陶隱居云：　長安中乃有苜蓿園，北人甚重之，江南人不甚食，以其無味故也。外國別有苜蓿草，以療目疾，蓋非此類。《衍義》曰：　唐李白詩云：　天馬常銜苜蓿花。是此。陝西甚多，以飼牛、馬，嫩時人亦食之，微甘淡，不可多食，利人大小腸。有宿根，刈訖，又生其根，酷似黃芪。故土人採之以亂黃芪也。　〔時〕生：　春生苗。　採：　夏秋取。　〔收〕陰乾。　〔用〕莖、葉及根。　〔色〕綠。　〔味〕苦。　〔性〕平，洩。　〔氣〕味厚於氣，陰中之陽。　〔臭〕腥。　〔治〕療：《唐本》注云：　莖、葉、根，治熱病，煩滿，目黃赤，小便黃，酒疸，擣汁服一升，令人吐利，即愈。　日華子云：　去腹臟邪氣，脾胃間熱氣，通小腸。　孟詵云：　患疸黃人，取根生擣，絞汁服之，良。又利五臟，洗去脾胃間邪氣及諸惡熱毒。補：　孟詵云：　能輕身健人。　〔合治〕和醋作羹食之，安中，利五臟。　〔禁〕不宜多食，多則冷氣入筋，瘦人。　又利大小腸。

明・盧和、汪穎《食物本草》卷二　苜蓿　味甘，淡。　嫩採食之，利大小腸。　煮羹甚香美，乾食益人。

明・王文潔《太乙仙製本草藥性大全》卷五《本草精義》　苜蓿　舊本《圖經》俱不著所出州土，并苗莖根葉，云長安有苜蓿園。　苜蓿有根，刈訖又生。北人甚重此，江南人不甚食之，以無味故也。　少食好，多食當冷氣入筋中即瘦人，亦能輕身健人，更無諸毒。　彼處人採根作土黃耆也。

明・王文潔《太乙仙製本草藥性大全》卷五《仙製藥性》　苜蓿　味苦，

氣平，又云莖葉平，根寒，無毒。 主治： 療腹臟邪氣，治脾胃熱氣，祛諸惡。解熱毒而大效，退酒疸而神靈。利通小腸，安中益氣。 補註： 熱病煩滿，目黄赤，酒疸，搗取汁服，令人吐利即愈。〇患疸黄，取根生搗絞汁服之良。〇安中利五臟，煮和醬食之，或以作羹食之亦妙。 按：《衍義》云： 苜蓿，唐李白詩云天馬常銜苜蓿花，是此。 陝西甚多，飼牛馬，嫩時人兼食之，微甘淡，不可多食。

明·皇甫嵩《本草發明》卷五 苜蓿味苦，平，無毒。 主安中，利人，可久食。又云： 涼，去腹藏邪氣，脾胃間熱氣，通小腸。 註云： 苜蓿莖葉平，根寒，主熱病煩滿，目黄赤，小便赤，黄疸病，取根生搗絞汁，服之良。 長安中乃有苜蓿園，北人甚重。

明·李時珍《本草綱目》卷二七菜部·柔滑類 苜蓿《别録》上品

〔釋名〕木粟《綱目》 光風草時珍曰： 苜蓿，郭璞作牧宿。 謂其宿根自生，可飼牧牛馬也。 又羅願《爾雅翼》作木粟，言其米可炊飯也。 葛洪《西京雜記》云： 樂游苑多苜蓿。 風在其間，常蕭蕭然。 日照其花有光彩。 故名懷風，又名光風。 茂陵人謂之連枝草。《金光明經》謂之塞鼻力迦。 〔集解〕弘景曰： 長安中乃有苜蓿園。 北人甚重之。 江南不甚食之，以無味故也。 外國復有苜蓿草，以療目，非此類也。 詵曰： 彼處人採其根作土黄芪也。 宗奭曰： 陝西甚多，用飼牛馬，嫩時人兼食之。 有宿根，刈訖復生。 時珍曰：《雜記》言苜蓿原出大宛，漢使張騫帶歸中國。 然今處處田野有之，陝、隴人亦有種者，年年自生。 刈苗作蔬，一年可三刈。 二月生苗，一科數十莖，莖頗似灰藋。 一枝三葉，葉似决明葉，而小如指頂，緑色碧艷。 入夏及秋，開細黄花。 結小莢圓扁，旋轉有刺，數莢纍纍，老則黑色。 内有米如穄米，可爲飯，亦可釀酒，羅願以此爲鶴頂草，誤矣。 鶴頂，乃紅心灰藋也。

〔氣味〕苦，平，澀，無毒。 宗奭曰： 微甘，淡。 詵曰： 涼。 少食好。 多食令冷氣入筋中，即瘦人。 李(廷)〔鵬〕飛曰： 同蜜食，令人下利。 〔主治〕安中利人，可久食《别録》。 利五臟，輕身健人，洗去脾胃間邪熱氣，通小腸諸惡熱毒，煮和醬食，亦可作羹孟詵。 利大小腸宗奭。 乾食益人蘇頌。

根 〔氣味〕寒，無毒。 〔主治〕熱病煩滿，目黄赤，小便黄，酒疸，搗服一升，令人吐利即愈。蘇恭。 搗汁煎飲，治沙石淋痛時珍。

明·吴文炳《藥性全備食物本草》卷一 苜蓿 味甘、苦，平，無毒。 北人甚重，江南不甚食之，以無味故也。 去臟腹邪氣，脾胃間熱氣，通小腸，治酒疸。 多食令人吐利，少食則安。

根： 名土黄芪。《衍義》云： 李白詩云天馬常啣苜蓿花是此。 陝西甚多，飼牛馬，嫩者人兼食之，微甘淡，不可多食。

明·趙南星《上醫本草》卷三 苜蓿 一名木粟，又名光風草。 時珍曰： 苜蓿，郭璞作牧宿，謂其宿根自生，可飼牛馬也。 又羅願《爾雅翼》作木粟，言其米可炊飯也。 葛洪《西京雜記》云： 樂遊苑多苜蓿，風在其間，常蕭蕭然，日照其花有光采，故名懷風，又名光風。 茂陵人謂之連枝草，《金光明經》謂之塞鼻力迦。

苗： 苦，平，濇，無毒。 主治： 安中利人，可久食。 利五臟，輕身健人，洗去脾胃間邪熱氣，通小腸。 諸惡熱毒，煮，和醬食，亦可作羹。 乾食益人。 宗奭曰： 微甘、淡。 詵曰： 涼，少食好，多食令冷氣入筋中，即瘦人。 李鵬飛曰： 同蜜食，令人下利。

根： 寒，無毒。 主治： 熱病煩滿，目黄赤，小便黄。 酒疸，擣服一升，令人吐利即愈。 沙石淋痛，擣汁煎飲。

明·繆希雍《本草經疏》卷二七 苜蓿 味苦，平，無毒。 主安中利人，可久食。

〔疏〕苜蓿，草也，嫩時可食，處處田野中有之，陝隴人亦有種者。 本經云苦平無毒。 主安中利人。 可久食。 然性頗涼，多食動冷氣，不益人。 根苦寒，主熱病煩滿，目黄赤，小便黄，酒疸。 搗汁一升服，令人吐利，即愈。 其性苦寒，大能泄濕熱故耳。 以其葉煎汁多服，專治酒疸大效。

明·應廖《食治廣要》卷三 苜蓿 氣味： 苦，平，濇，無毒。 利五藏，輕身健人，洗去脾胃間邪熱氣，通大小腸。

按《雜記》言，原出大宛，漢使張騫帶歸中國。 隴西人有種者，年年自生，刈苗作蔬。 今處處田野有之。

明·姚可成《食物本草》卷六菜部·柔滑類 苜蓿如灰蓼頭而高大。長安中乃有苜蓿園。 北人甚重之。 江南不甚復生，以無味故也。 陝西甚多，用飼牛馬，嫩時人兼食之。 有宿根，刈訖復生。 李時珍曰： 苜蓿原出大宛，漢使張騫帶歸中國。 然今處處田野有之，陝、隴人亦有種者，年年自生。 刈苗作蔬，一年可三刈。 二月生苗，一科數十莖，莖頗似灰藋。 一枝三葉，葉似决明葉，而小如指頂，緑色碧寂艷。 入夏及秋，開細黄花。 結小莢圓扁，旋轉有刺，數莢累累，老則黑色。 内有米如穄米，可為飯，亦可釀酒。

苜蓿，味苦，平、濇，無毒。 主安中利人，可久食，利五臟，輕身健人，洗去脾胃間邪熱氣，通小腸諸惡熱毒，煮和醬食，亦可作羹。 利大小腸。 乾食益人。

根　味寒，無毒。主熱病煩滿，目黄赤，小便黄，酒疸，擣服一升，令人吐利即愈。擣汁煎飲，治沙石淋痛。苜蓿不可同蜜食，令人下利。

明・孟笨《養生要括・菜部》　苜蓿謂其宿根自生，北人甚重之，江南不甚食，以無味也。內有米如穄，米可為飯，亦可釀酒，多食瘦人。　味苦，平，濇，無毒。安中利人，可久食。利五臟，輕身健人，洗去脾胃間邪熱，通小腸諸惡毒，煮和醬食，亦可作羹。利大小腸，乾食益人。

明・施永圖《本草醫旨・食物類》卷二　苜蓿如灰料頭而高大。○多食令冷氣入筋中，即瘦人。同蜜食，令人下痢。　味：甘，淡。嫩採食之，利大小腸，去脾胃間邪熱。乾食益人。

清・穆石鉋《本草洞詮》卷七　苜蓿　郭璞作牧宿，謂其宿根自生，可飼牧牛馬也。《爾雅翼》作木粟，言其米可炊飯也。氣味苦涼，無毒。主安中，利大小腸，可久食。一云久食瘦人。

清・丁其譽《壽世秘典》卷三　苜蓿處處田野有之，宿根自生，陝隴人亦有種者，用飼牛馬，嫩時刈苗作蔬。彼處人採其根，作土黄芪，食之瘦人。一科數十莖，莖頗似灰藋，一枝三葉，葉似決明葉而小如指，頂綠色碧豔。入夏及秋開細黄花，結小莢，圓扁旋轉有刺，數莢累累，老則黑色，內有米如穄米，可為飯，亦可釀酒。

氣味：甘，淡，無毒。主去脾胃間邪熱氣，利大小腸諸惡熱毒。根寒，擣汁煎飲，治沙石淋痛。

清・朱本中《飲食須知・菜類》　苜蓿　味苦、濇，性平。多食令冷氣入筋中，即瘦人。同蜜食，令人下痢。

清・何其言《養生食鑒》卷上　苜蓿　味甘、淡，性平，無毒。安中健人，去脾胃間氣熱，利大小腸。煮和醬食，亦可作羹。乾食，益人。多食，令冷氣入筋瘍人。同蜜食，令人下利。

清・章穆《調疾飲食辯》卷三　苜蓿　《綱目》曰：《爾雅翼》作木粟，因其米可炊飯也。《爾雅》注作牧宿。《西京雜記》曰：樂遊苑多苜蓿，風在其間，常蕭蕭然。日照其花有光彩，故名光風草，又名懷風草。茂陵人呼連枝草。張騫使西域始得其種，見《史記・大宛列傳》。今北土處處有之，年年自生，歲可三刈。嫩時作蔬，老則以飼牛馬。明湯胤績《塞上詩》曰：苜蓿含花草露斑，奚奴擾擾出沙灣。塵飛大夏三千里，泥滿東風十二閑。

按：苜蓿賤而易得如此。又苦而無味，故貧士之家曰苜蓿齋頭。唐薛令之為東宮侍讀，官署閒冷，作詩曰：盤中何所有，苜蓿長闌干。長平聲，作上聲者誤。闌干，横斜也。言物既微賤，烹飪割切又失宜，極形貧家況味也。或加木旁作欄杆，尤大謬。又廣文署亦曰苜蓿齋。明沈自然，贈以教職而參戎幕府者，曰：苜蓿階庭春漸肥，榆關滇海雁書稀。管城亦有封侯骨，磨盾看君試短衣。足令讀書人增氣。其性，《別錄》曰：安中利人，可久食。《食療本草》曰：補五藏，輕身健人。又曰：少食好，多則冷氣入筋中，令人瘦。以理揆之，苦寒之物必不中和，惟熱病及素有內熱人宜之。《衍義》曰：利大、小腸。《食療》亦曰：去脾胃間邪熱。其根，《唐本草》曰：熱病煩滿，小便赤，發黄者，擣汁一升服，得吐、利則愈。《綱目》曰：擣汁煎飲，治沙石淋痛，皆有驗也。

清・吴其濬《植物名實圖考》卷三　苜蓿

苜蓿，《別錄》上品。西北種之畦中，宿根肥雪，綠葉早春，與麥齊浪，被隴如雲，懷風之名，信非虛矣。夏時紫萼穎豎，映日爭輝。《西京雜記》謂花有光采，不經目驗，殆未能作斯語。《釋草小記》：藝根審實，敍述無遺，斥李說之誤，褒群芳之核，可謂的矣。但李說黄花者，亦自是南方一種野苜蓿，未必即水木樨耳。亦別圖之。滇南苜蓿，穭生圃園，亦以供蔬，味如豆藿，訛其名為龍鬚。

雩婁農曰：按《史記・大宛列傳》祇云馬嗜苜蓿，《述異記》始謂張騫使西域，得苜蓿菜。晉華廙苜蓿園，阡陌甚整，其亦以媚盤飧耶？山西農家，摘茹其稚，亦非常饈，大利在肥牧耳。土人謂芻秣壯於棧豆，谷量牛馬者，其牧必有道矣。《元史》世祖初，令冬社防饑年，種苜蓿，未審其為騋牝、為黔黎也。陶隱居云：南人不甚食之，以其無味。唐薛令之《苜蓿闌干詩》清況宛然。《山家清供》謂羹茹皆可，風味不惡，膏粱芻豢，濟以野蔌，正如敗鼓、韡底，皆可烹飪，豈其本味哉？階前新綠，雨後繁葩，忽誦宛馬總肥秦苜蓿句，令人有撻伐之志。

清・文晟《新編六書》卷六《藥性摘錄》　苜蓿　甘，淡。安中健人，去脾胃間熱，利大小腸。多食令冷氣入骨。

清・田綿淮《本草省常・菜性類》　苜蓿　一名木粟，一名風光草。性微寒。利五臟，去腸胃邪熱。久食令人輕健，多食令人瘦。同蜜食，令人下利。

清・吴汝紀《每日食物却病考》卷上 苜蓿 苦，平，濇，無毒。安中，利大小腸。煮羹香美，乾食益人。今處處田野有之。二月生苗，一棵數十莖，莖似灰藋，一枝三葉，葉似決明而小。夏秋間開細黄花，結小莢，旋轉有刺，數莢累累。老黑有米如穄，可為飯，亦可釀酒。

野苜蓿

清・吴其濬《植物名實圖考》卷三 野苜蓿 俱如家苜蓿而葉尖瘦，花黄三瓣，乾則紫黑。唯拖秧鋪地，不能植立，移種亦然。《群芳譜》云紫花，《本草綱目》云黄花，皆各就所見為説。《釋草小記》斥李説，以為黄花是水木犀。按水木犀，園圃所植，婦稚皆知，李氏不應孤陋如此。或程徵君偶為人以水木犀相誑耳。

草決明

明・吴文炳《藥性全備食物本草》卷一 草決明 味甘，性涼，無毒。清心明目，治頭風眩運。春採為蔬，花子皆堪點茶。

清・吴其濬《植物名實圖考》卷三 野苜蓿又一種 野苜蓿生江西廢圃中，長蔓拖地，一枝三葉，葉圓有缺，莖際開小黄花，無摘食者。李時珍謂苜蓿黄花者當即此，非西北之苜蓿也。宜為《釋草小記》所訶。

老蝸生

清・吴其濬《植物名實圖考》卷一六 老蝸生 生長沙田塍。鋪地細蔓，似三葉酸漿而蔓赭葉小，根大如指，微硬。俚醫以治損傷。

鹿藿

宋・李昉《太平御覽》卷第九九四 鹿豆 《爾雅》曰：蔨音卷切，鹿藿也。其實莥。郭璞曰：今鹿豆也。葉似大豆，根黄而香，蔓延生。莥，音紐也。《説文》曰：莥，鹿藿之實也。《本草經》曰：鹿藿，味苦，平，無毒。主治蠱毒，女子腰腹痛，不樂，腸癰瘰癧瘍氣。生汶山山谷。

宋・唐慎微《證類本草》卷一一 草部下品〔《本經・別録》〕 **鹿藿 味苦，平，**無毒。**主蠱毒，女子腰腹痛，不樂，腸癰，瘰癧，瘍氣。**生汶山山谷。

〔梁・陶弘景《本草經集注》〕云：方藥不復用。人亦罕識，葛根之苗，又一名鹿藿。

〔唐・蘇敬《唐本草》〕注云：此草所在有之，苗似豌豆，有蔓而長大，人取以爲菜，亦微有豆氣，名爲鹿豆也。

〔宋・掌禹錫《嘉祐本草》〕按：《蜀本圖經》云：山人謂之鹿豆，亦堪生噉。今所在有。五月、六月採苗，日乾之。《爾雅》云：蔨，鹿藿。其實莥。釋曰：蔨，一名鹿藿。其實名莥。郭云：鹿豆也。葉似大豆，根黄而香，蔓延生。

〔宋・唐慎微《證類本草》〕梁簡文帝《勸醫文》：鹿藿，止救頭痛之疴。

宋・鄭樵《通志》卷七五《昆蟲草木略》 鹿藿 《爾雅》曰：蔨，鹿藿，其實莥。田野呼為鹿豆。

明・劉文泰《本草品彙精要》卷一四 鹿藿無毒 蔓生。

鹿藿：主蠱毒，女子腰腹痛，不樂，腸癰，瘰癧，瘍氣。《神農本經》。

〔名〕鹿豆、蔨、莥實名。〔苗〕《唐本》注云：此草苗似豌豆，有蔓而長大，人取以爲菜，亦微有豆氣，名爲鹿豆也。《爾雅》云：蔨，鹿藿，其實莥。郭云：鹿豆也，葉似大豆，根黄而香，蔓延而生。〔地〕《圖經》曰：生汶山山谷，今所在有之。〔時〕生：春生苗。採：五月、六月取苗。〔收〕日乾。〔用〕苗。〔質〕類豌豆苗而長大。〔色〕青緑。〔味〕苦。〔性〕平，泄。〔氣〕味厚于氣，陰中之陽。〔臭〕腥。〔主〕瘡瘍。〔治〕療：《別録》云：止頭痛。

明・姚可成《食物本草》卷首王西樓《救荒野譜》 野緑豆食葉。俗名艸裏菉。莖葉似菉豆而小，生野田，多藤蔓。生熟皆可食。

野菉豆，匪耕耨。不種而生，不萁而秀。摘之無窮，食之無臭。百穀不登，爾何獨茂？

明・周履靖《茹草編》卷二 野菉荳 楊生種荳南山前，落而為萁真可憐。吾家不種自然獲，青藤紫荐相糾纏。剝來顆顆競輕圓，瑲琅的歷落翠盤。詩翁自有珠璣腹，一唾須傾十萬錢。 莖葉似菉荳而小，生野田蔓，生熟皆可食。

明・王文潔《太乙仙製本草藥性大全》卷二《本草精義》 鹿藿 即葛根苗，實名莥，又名鹿豆。在處有之。苗似豌豆，又似大豆，有蔓，延生而長大。人取以爲菜，亦堪生啖，亦微有豆氣，根黄。五月、六月採苗，日乾收貯聽用。

明・王文潔《太乙仙製本草藥性大全》卷二《仙製藥性》 鹿藿 味苦，氣平，無毒。 主治：主蠱毒脹癰瘰癧瘍氣神效，治女子腰腹疼痛不樂殊功。

明·李時珍《本草綱目》卷二七菜部·柔滑類 鹿藿《本經》下品。校正：自草部移入此。

【釋名】鹿豆郭璞 䕷豆音勞。亦作𧿒。 野緑豆時珍曰：豆葉曰藿，鹿喜食之，故名。俗呼䕷豆，䕷、鹿音相近也。王磐《野菜譜》作野緑豆。《爾雅》云蔨，音卷，鹿藿也。其實莥，音紐。即此。 【集解】《别録》曰：鹿藿生汶山山谷。弘景曰：方藥不用，人亦無識者。但葛苗一名鹿藿。恭曰：此草所在有之。苗似豌豆，而引蔓長粗。人採爲菜，亦微有豆氣，山人名爲鹿豆也。保昇曰：鹿豆可生啖。五月、六月採苗，日乾之。郭璞注《爾雅》云：鹿豆葉似大豆，蔓延生，根黄而香。是矣。時珍曰：鹿豆即野緑豆，又名䕷豆，多生麥地田野中。苗葉似緑豆而小，引蔓生，生、熟皆可食。三月開淡粉紫花，結小莢。其子大如椒子，黑色。可煮食，或磨麪作餅蒸食。

【氣味】苦，平，無毒。 【主治】蠱毒，女子腰腹痛不樂，腸癰瘰癧，癧瘍氣《本經》。止頭痛梁簡文《勸醫文》。

明·繆希雍《本草經疏》卷一一 鹿藿 味苦，平，無毒。主蠱毒，女子腰腹痛，不樂，腸癰，瘰癧，瘍氣。

〔疏〕鹿藿稟地中之陰氣以生，故其味苦、氣平、無毒。入足陽明、太陰、厥陰經。解毒涼血之藥也。惟其解毒，故主蠱毒。惟其涼血，故主腸癰，瘰癧，瘍氣。女人以血為主，血虛有熱則腰腹痛、不樂。得苦涼之氣，則熱退而血得所養，故主女人腰腹痛不樂也。方藥不復用，人亦罕識。故不著參互及簡誤。

明·姚可成《食物本草》卷七菜部·柔滑類 鹿藿此草所在有之。苗似豌豆，而引蔓長粗。人采為菜。李時珍曰：鹿藿即野緑豆，多生麥地田野中。苗葉似緑豆而小，引蔓生，生、熟皆可食。三月開淡粉紫花，結小莢。其子大如椒子，黑色。可煮食，或磨麪作餅蒸食。

鹿藿，味苦，平，無毒。主蠱毒，女子腰腹痛不樂，腸癰瘰癧，癧瘍氣。止頭痛。

明·施永圖《本草醫旨·食物類》卷二 鹿藿名野緑豆，鹿喜食之，故名。其子大如椒子，黑色，可煮食，或磨麪作餅蒸食。 味：苦，平，無毒。治：蠱毒，女子腰腹痛，腸癰，瘰癧。療瘍氣，止頭痛。

清·丁其譽《壽世秘典》卷三 䕷豆音勞。一名鹿豆，即野綠豆，苗葉似綠豆而小，引蔓生，三月開淡粉紫花，結小莢，其子大如椒子，黑色，可煮食，或磨麪作餅蒸食。

氣味：苦，平，無毒。治蠱毒，女子腰腹痛，腸癰，瘰癧，瘍氣。

清·朱本中《飲食須知·菜類》 鹿藿 味苦，性平。即野緑豆。生熟皆可食，其子可煮食，或磨麵作餅蒸。

清·章穆《調疾飲食辯》卷三 鹿藿 《爾雅》曰：蔨，鹿藿，其實莥。郭注云：鹿豆根黄而香。《綱目》曰：豆葉曰藿，此葉鹿喜食之，故名。俗呼䕷豆。《野菜譜》名野緑豆。生麥地及野中。苗、葉似緑豆而小引蔓。三月開淡粉紫花，結小莢子，大如椒目，黑色。可煮，亦可碾粉。

按：此與薇、翹搖三物，所在皆有，形略相似，但翹搖蔓細而短，此稍長大。《本經》收為下品，後世本草皆失載，至《綱目》始著其形狀，云治蠱毒，女子腰腹疼，腸癰，瘰癧，癧瘍風。主治如此，其性必不平和，病人不宜輕食。

清·吳其濬《植物名實圖考》卷三 鹿藿 《本經》下品。《爾雅》：蔨，鹿藿。其實莥。注：今鹿豆。葉似大豆，根黄而香，蔓延生。又曰䕷豆。《救荒本草》圖説詳晰，湖南山坡多有之。俗呼餓馬黄，以根黄而馬喜齕也。俚醫用以殺蟲。李時珍以《野菜譜》野菉豆為𥝅豆，殊不類。

清·葉志詵《神農本草經贊》卷三 鹿藿 味苦，平。主蠱毒，女子腰腹痛不樂，腸癰瘰癧瘍氣。生山谷。

溷生麥隴，名共葛苗。蔓紛淮豌，莢纈蜀椒。黄香氣潤，粉紫風飄。喜招鹿飼，漫具烹調。豌音剜。

陶弘景曰：葛苗，一名鹿藿。蘇恭曰：苗似豌豆，而引蔓長。《農書》：豌豆大者，名淮豆。《爾雅注》：葉似大豆，蔓延生根黄而香。李時珍曰：多生麥地，三月開淡粉紫花，結小莢，其子大如椒子黑色，生熟皆可食。豆葉曰藿，鹿喜食之，故名。陸游詩：豉香鹽白自烹調。

清·田綿淮《本草省常·菜性類》 鹿藿菜 一名野緑豆。性平，止頭痛。

山菉豆

明·朱橚《救荒本草》卷下之前 山菉豆 生輝縣太行山車箱衝山野中。苗莖似家菉豆，莖微細，葉比家菉豆葉狹窄尖艄，開白花，結角亦瘦小，其豆黲緑色。味甘。 救飢：採取其豆煮食，或磨麵攤煎餅食亦可。

山黄豆

清·吳其濬《植物名實圖考》卷二 山黄豆 蔓生，花葉俱如豆，花白，作穗。蓋鹿藿之類。

翹搖

宋·李昉《太平御覽》卷第九九八　翹摇　《爾雅》曰：　柱夫，摇草。郭璞曰：　蔓生，細葉紫花。可食，今俗呼翹摇草。

宋·唐慎微《證類本草》卷二七菜部上品〔唐·陳藏器《本草拾遺》〕　翹搖　味辛，平，無毒。主破血，止血，生肌。亦充生菜食之。又主五種黄病，絞汁服之。生平澤，紫花，蔓生，如勞豆。《詩義疏》云：　苕饒，幽州人謂之翹饒。《爾雅》云：　柱夭，搖車也。

〔宋·唐慎微《證類本草》〕《食療》：　療五種黄病。生擣汁，服一升，日二，差。甚益人，利五藏，明耳目，去熱風，令人輕健。長食不厭，煮熟喫，佳。若生喫，令人吐水。

明·蘭茂原撰，范洪等抄補《滇南本草圖説》卷一二　翹搖　即田蠶荳，大巢菜。味性辛平，無毒。主治：　利五臟，明目聰耳。去熱風，令人輕健，長食不厭。止暑瘧，活血平胃。擣汁服之，破血生肌。療五種黄病，最良。

明·盧和、汪穎《食物本草》卷二　翹搖菜　味辛，平，無毒。主破血，止血生肌。充生菜食之，又主五種黄病。煮熟甚益人，和五臟，明耳目，去熱風，令人輕健，長食不厭。此菜生平澤，紫花，蔓生，如勞豆是也。

明·李時珍《本草綱目》卷二七菜部·柔滑類　翹摇《拾遺》

【釋名】摇車《爾雅》　野蠶豆《綱目》　大巢菜藏器曰：　翹摇，幽州人謂之苕摇。《爾雅》云杜夫摇車，俗呼翹車是矣。蔓生細葉，紫花可食。時珍曰：　翹摇言其莖葉柔婉，有翹然飄摇之狀，故名。蘇東坡云：　菜之美者，蜀鄉之巢。故人巢元修嗜之，因謂之元修菜。陸放翁詩序云：　蜀蔬有兩巢：　大巢即豌豆之不實者；小巢生稻田中，吴地亦多，一名漂摇草，一名野蠶豆。以油煠之，綴以米糝，名草花，食之佳，作羹尤美。　【集解】藏器曰：　翹摇生平澤。蔓生如營豆，紫花。時珍曰：　處處皆有。蜀人秋種春採，老時耕轉壅田。故薛田詩云：　剩種豌巢沃晚田。蔓似營豆而細，葉似初生槐芽及蒺藜，而色青黄。欲花未萼之際，採而蒸食，點酒下鹽，芼羹作餡，味如小豆藿。至三月開小花，紫白色。結角，子似豌豆而小。

【氣味】辛，平，無毒。詵曰：　煮食佳，生食令人吐水。　【主治】破血，止血生肌。擣汁服之，療五種黄病，以瘥爲度藏器。利五臟，明耳目，去熱風，令人輕健，長食不厭，甚益人孟詵。止熱瘧，活血平胃時珍。

【附方】新二。　活血明目：　漂摇豆爲末，甘草湯服二錢，日二服。《衛生易簡方》。　熱瘧不止：　翹摇杵汁服之。《廣利方》。

明·姚可成《食物本草》卷七菜部·柔滑類　翹搖翹搖言其莖葉柔婉，有翹然飄搖之狀，故名。蘇東坡云：　菜之美者，蜀鄉之巢。故人巢元脩嗜之，因謂之元脩菜。陸放翁詩序云：　蜀蔬有兩巢：　大巢即豌豆之不實者，小巢生稻田中，吴地亦多，一名漂搖草，一名野蠶豆。以油炒之，綴以米糝，名草花，食之佳，作羹尤美。

翹搖，味辛，平，無毒。主破血，止血生肌。擣汁服之，療五種黄病，以瘥為度。利五藏，明耳目，去熱風，令人輕健，長食不厭，甚益人。止熱瘧，活血平胃。煮食佳，生食令人吐水。

明·孟笨《養生要括·菜部》　野蠶豆　味辛，平，無毒。破血止血，生肌。擣汁服之，療五種黄病，以瘥為度。利五臟，明耳目，去熱風，令人輕健。長食不厭，甚益人。止熱瘧，活血平胃。

明·施永圖《本草醫旨·食物類》卷二　翹搖菜生平澤中，紫花，蔓生。味：　辛，平，無毒。主破血止血，生肌。充生菜食之，又主五種黄病。煮熟食，甚益人，和五臟，明耳目，去熱風，令人輕健。〇活血明目：　用豆為末，甘草湯日服二錢。熱瘧不止：　擣汁服之。

清·丁其譽《壽世秘典》卷三　翹搖翹搖言其莖葉柔婉，有翹然飄搖之狀，故名。蔓生，細葉似初生槐葉及蒺藜，而色青黄，開小花紫白色，一名野蠶豆。欲花未萼之際，采而蒸食，或以油煠之，綴以米糝食之佳。生食，令人吐水。

氣味：　辛，平，無毒。主利五臟，明耳目，止熱瘧，活血平胃。

清·朱本中《飲食須知·菜類》　翹搖　味辛，性平，即野蠶豆。生食令人吐水。

清·何其言《養生食鑒》卷上　翹搖即野蠶荳，名大巢菜。

味辛，性平，無毒。利五臟，明耳目，去熱風，令人輕健，長食不厭，止熱瘧，活血平胃。擣汁服之，破血止血，生肌，療五種黄病。

題清·徐大椿《藥性切用》卷六　翹搖　即巢菜。性味辛平，利藏明目，去熱除風。俗名花草。花草子，治活血，明目。世偽沙蒺藜人。

清·章穆《調疾飲食辯》卷三　翹搖　《爾雅》曰：　柱夫，搖車。郭注曰：　俗呼翹搖車。《拾遺》曰：　幽州謂之苕搖。《綱目》曰：　蘇子瞻云：　菜之美者，蜀鄉之巢。蓋《詩疏》有大巢、小巢二種。小巢即此，大巢乃薇也。生稻田中。一名漂搖草，一名野蠶豆。作羹甚美。《食療本草》曰：　利五藏，止煩渴，去熱風，令人輕健，長食不厭，甚益人。又療五種黄病，每日食之，以愈為度。

清・吴其濬《植物名實圖考》卷四 翘摇 《爾雅》：柱夫，搖車。注：蔓生，細葉紫華，可食，今俗呼翹搖車。《本草拾遺》始著録。吴中謂之野蠶豆；江西種以肥田，謂之紅花菜，賣其子以升計；湖北亦呼曰翹翹花；淮南北吴下鄉人尚以為蔬，士大夫蓋不知。東坡欲致其子於黄，殆未見田隴間春風翹搖者耶？然其詩曰：豆莢圓且小，槐芽細而豐。又曰：此物獨嫵媚。枝葉花態，詩中畫矣。放翁詩：此行忽似蟆津路，自候風爐煮小巢。亦以蜀中嗜之，非吴中無是物也。湘南節署，隙地徧生，紫萼緑莖，天然錦罽。滇中田野有之，俗呼鐵馬豆。《滇本草》治寒熱來往肝勞，與古法治熱瘧、活血明目同症。又有黄花者，名黄花山馬豆。滇中草花，多非一色，唯形狀不差耳。《詩》曰：邛有旨苕。苕，一名苕饒，即翹搖之本音，苕而曰旨，則古人嗜之矣。《野菜譜》有板蕎蕎，亦當作翹翹。

清・文晟《新編六書》卷六《藥性摘録》 翹搖 即野蠶豆，名大巢菜。辛，平。利五臟，明耳目，去熱風，止熱瘧。搗汁服之，破血止血，生肌，療五種黄病。

清・田綿淮《本草省常・菜性類》 翹搖 一名搖車，一名小巢菜，一名野蠶豆。性平。利五臟，去浮熱，和血平胃。生食令人吐水。

清・戴葆元《本草綱目易知録》卷三 翹搖野蠶豆 辛，平。破血止血，生肌平胃。擣汁服，療五種黄病，以瘥為度。煮食，利五臟，明耳目，止熱瘧，去熱風，令人輕健，甚益人。時珍曰：處處皆有，蜀人秋種春采。老時耕轉壅田，當欲花未萼之際，采而蒸食，作餡，味如小豆，三月開紫小花，結角子似豌豆而小。葆按：我婺俗名草紅花。農人耕壅田甚肥，妊婦忌。

清・陳其瑞《本草撮要》卷四 翹搖 味辛，平，入手足太陰、陽明經，功專利五臟，明耳目，去風熱，止熱瘧。即巢菜，俗名花草。其子活血明目。藥店以此子偽充沙苑蒺藜，性殊。

薇

宋・唐慎微《證類本草》卷六草部上品〔唐・陳藏器《本草拾遺》〕 薇 味甘，寒，無毒。久食不飢，調中，利大小腸。生水傍，葉似萍。《爾雅》曰：薇，垂也。《三秦記》曰：夷、齊食之三年，顏色不異。武王誡之，不食而死。《廣志》曰：薇葉似萍，可食，利人也。

〔宋・唐慎微《證類本草》〕《海藥》云：謹按：《廣州記》云：生海、池、澤中，《爾雅》注云：薇，水菜。主利水道，下浮腫，潤大腸。

宋・鄭樵《通志》卷七五《昆蟲草木略》 薇 生水傍，葉如萍。《爾雅》云：薇，垂水。《三秦記》，夷、齊食之，三年顏色不變，武王戒之，(乃)〔不〕食而死。然《詩》云采薇者，金櫻芽也。

宋・王介《履巉巖本草》卷中 飄搖豆 性凉，無毒。大能活血，明眼。不以多少，曒乾爲細末，每服壹錢至貳錢，濃煎甘草湯調服。

元・忽思慧《飲膳正要》卷三 薇菜 味甘，平，無毒。益氣潤肌，清神强志。

明・蘭茂原撰，范洪等抄補《滇南本草圖説》卷一二 馬豆草 氣味甘淡平，無毒。主治：外科癰疽發背，疔瘡鎖喉，楊梅結毒，便毒等症，敷之即愈。熬水，洗五痔神效。

明・劉文泰《本草品彙精要》卷三九 薇菜無毒 蔓生。

薇菜：益氣，潤肌，清神强志。今補。〔苗〕謹按：薇乃菜之微者，即今之野豌豆也。其苗蔓生，莖葉皆似小豆，而味亦相似，蜀人謂之巢菜。昔官園種之，以供宗廟祭祀也。〔地〕生山野，處處有之。〔時〕生：春生苗。採：嫩時取。〔用〕莖、葉。〔色〕青緑。〔味〕甘。〔性〕平。〔氣〕氣厚於味，陽中之陰。〔臭〕香。

明・姚可成《食物本草》卷首王西樓《救荒野譜》 絲蕎蕎食莖葉。二三月采，熟食。四月結角不用。

絲蕎蕎，如絲縷。昔為養蠶人，今作挑菜侣。養蠶衣整齊，挑菜衣襤褸。張家姑，李家女，隴頭相見淚如雨。

明・李時珍《本草綱目》卷二七菜部・柔滑類 薇《拾遺》。校正：自草部移入此。

〔釋名〕垂水《爾雅》 野豌豆《綱目》 大巢菜時珍曰：案許慎《説文》云：薇，似藿。乃菜之微者也。王安石《字説》云：微賤所食，因謂之薇。故《詩》以采薇賦戍役。孫炎注《爾雅》云：薇草生水旁而枝葉垂於水，故名垂水也。巢菜見翹搖下。〔集解〕藏器曰：薇生水旁，葉似萍，蒸食利人。《三秦記》云：夷、齊食之三年，顏色不異。武王誡之，不食而死。李珣曰：薇生海、池、澤中，水菜也。時珍曰：薇生麥田中，原澤亦有，故《詩》云山有蕨、薇，非水草也。即今野豌豆，蜀人謂之巢菜。蔓生，莖葉氣味皆似豌豆，其藿作蔬、入羹皆宜。《詩》云：采薇采薇，薇亦柔止。《禮記》云：芼豕以薇。皆此物也。《詩疏》以爲迷蕨，鄭氏《通志》以爲金櫻芽，皆謬矣。項氏云：巢菜有大、小二種：大者即薇，乃野豌豆之不實者；小者即蘇東坡所謂元修菜也。此説得之。

【氣味】甘，寒，無毒。【主治】久食不飢，調中，利大小腸藏器。利水道，下浮腫，潤大腸珣。

明・周履靖《茹草編》卷一 絲蕎蕎 絲蕎蕎，千縷萬縷隨風飄。一朝彤雲下密雪，窗前白髮同蕭蕭。不如酌酒對君子，愁腸百結如雲消。天孫有機杼，霞錦明清宵。促織露下冷，天高月白聲嘤嘤。秋來何物堪牽綰，惟有牀頭舊藥瓢。二三月採，水滌淨，香油、椒炒食。四月結角，不食。

明・吴文炳《藥性全備食物本草》卷一 薇 較蕨差大，味略苦，有芒，亦潤大腸，調中，利水，消浮腫。

明・姚可成《食物本草》卷七菜部・柔滑類 薇 薇似藿，乃菜之微者也。又微賤所食，因謂之薇。故《詩》以采薇賦戍役。薇生水旁，葉似萍，蒸食利人。夷、齊食之三年，顔色不異。武王誡之，不食而死。李時珍曰：薇生麥田中，原澤亦有，故《詩》云：山有蕨薇。非水草也。即今野豌豆，蜀人謂之巢菜。蔓生，莖、葉氣味皆似豌豆。其藿作蔬、入羹皆宜。《詩》云：采薇采薇，薇亦柔止。《禮記》云：芼豕以薇。皆此物也。

薇，味甘，寒，無毒。主久食不飢，調中，利大小腸，利水道，下浮腫，潤大腸。

明・孟笨《養生要括・菜部》 薇 味甘，寒，無毒。久食不飢，調中，利大小腸，利水道，下浮腫，潤大腸。

明・施永圖《本草醫旨・食物類》卷二 薇 薇生水旁，葉似萍，蒸食利人。味：甘，寒，無毒。治：久食不飢，調中，利大小腸，利水道，下浮腫，潤大腸。

清・丁其譽《壽世秘典》卷三 薇 薇即今野豌豆，蔓生，莖葉氣味皆似豌豆，其藿作蔬、入羹皆宜。氣味：甘，寒，無毒。主調中，利大小腸，久食不飢。

清・尤乘《食鑒本草・菜類》 薇 生水旁，葉似萍，蒸食利人，久食不飢，調中利水，治浮腫，潤大腸。

清・何其言《養生食鑒》卷上 薇 即野豌豆。味甘，性寒，無毒。久食不飢，調中，利大小腸。《詩》云采薇，即此也。

清・章穆《調疾飲食辯》卷三 薇 《爾雅》曰垂水。孫炎《正義》曰：生水旁，枝葉垂於水，故名。《綱目》曰：生麥田原野。《詩》曰：山有蕨薇。非水草也。一名野豌豆。蜀人謂之巢菜。蔓、葉皆似豌豆。其藿作蔬，味頗佳。《詩》曰：薇亦柔止。《禮》曰：芼豕以薇。皆此物。《詩疏》以為迷蕨。迷蕨似蕨而色紫，有花歧，味苦不堪食，非薇類。《通志》以為金櫻苗，皆誤也。《拾遺》曰：蒸食利人，久食調中，利大小腸。《海藥本草》曰：利水道，下浮腫，百病不忌。

清・吴其濬《植物名實圖考》卷四 薇 《爾雅》：薇，垂水。陸璣《詩疏》蔓生似豌豆。項安世以為即野豌豆之不實者。《本草拾遺》始著錄。《禮》：鉶芼羊苄豕薇。漢時官園種之，以供宗廟祭祀。而《字説》以為微者之食，何其謬耶？古今南北，飲食不同。地黄葉唯懷慶人得食之，亦將謂在下者之食耶。薇，垂水。注云：生於水邊。考據家以登山采薇，薇自名垂水，不可云水草。今河畔棄壖，蔓生尤肥，莖弱不能自立，在山而附，在澤而垂，奚有異也？杜詩今日南湖采蕨薇。蕨有山、水二種，薇亦然矣。《説文》薇似藿菜之微者，形義俱足。陳藏器以為葉似萍，亦與豌豆葉相類。而釋者或曰迷蕨，或曰金櫻芽，或曰白薇。宜為前人所詰。此菜亦有結實、不結實二種，結實者豆可充飢，不結實者莖葉可茹，余得之牧豎云。

清・文晟《新編六書》卷六《藥性摘錄》 薇 甘，寒。調中，利大小腸。

清・劉善述、劉士季《草木便方》卷一草部 野麻豌 野豌豆辛平活血，五黄疸腫利臟熱。(捷)〔截〕瘧平胃明耳目，破血止血生肌捷。

清・田綿淮《本草省常・菜性類》 薇 一名垂水，一名大巢菜，一名野豌豆。性平。調中利水，消浮腫，潤大腸。久食令人不飢。

野豌豆

宋・王介《履巉巖本草》卷上 野豌豆 性大熱，有大毒。治陰證瘡癤。多入爐火藥，能服水銀、硫黄毒。

明・朱橚《救荒本草》卷下之前 野豌豆 生田野中。苗初就地拖秧而生，後分生莖叉，苗長二尺餘，葉似胡豆葉稍大，又似苜蓿葉，亦大，開淡粉紫花，結角似家豌豆角，但秕音比小，味苦。救飢：採角煮食，或收取豆煮食，或磨麵，製造食用與家豆同。

清・吴其濬《植物名實圖考》卷四 野豌豆 生園圃中，田隴陂澤尤肥，結角長半寸許，豆可為粉，與薇一類而分大小。《野菜譜》謂之野菉豆。

瓜耳草

清·吴其濬《植物名實圖考》卷二一　瓜耳草　江西山坡有之。赭莖，長條挺立，不附莖；　傍發枝，排生圓葉，微似豆葉，厚綠茸茸，中有白紋一線。土人以治跌打，酒煎服。但未數見，不得確名。

歪頭菜

明·朱橚《救荒本草》卷上之前　歪頭菜　出新鄭縣山野中。細莖，就地叢生，葉似豇豆葉而狹長，背微白，兩葉並生一處，開紅紫花，結角，比豌豆角短小匾瘦。葉味甜。　救飢：　採葉煠熟，油鹽調食。

清·吴其濬《植物名實圖考》卷二三　山苦瓜　生雲南。蔓長拖地，莖葉俱澀，或二葉、三葉、四葉為一枝，長葉多鬚。

莧

唐·孫思邈《千金要方》卷二六《食治·菜蔬》　莧菜實　甘，寒，濇，無毒。主青盲白瞖，明目，除邪氣，利大小便，去寒熱，殺蚘蟲。久服益氣力，不飢輕身。一名馬莧，一名莫實，即馬齒莧菜也。治反花瘡。

小莧菜：　味甘，大寒，滑，無毒。可久食，益氣力，除熱。不可共鼈肉食，成鼈瘕。蕨菜亦成鼈瘕。

附：日·丹波康賴《醫心方》卷三〇　莧菜　《本草》云：　味甘，寒，無毒。主清盲白翳，明目，除邪，利大小便，去寒熱，殺蚘蟲，益氣力。蘇敬注云：　主諸腫瘻，疣目。《拾遺》云：　食鱉所忌，今以鱉細剉，和莧於水處置之，則變為生鱉。《七卷經》云：　味甘。益氣力，不飢。崔禹(錫)云：　食之益氣力。信陵之女，時年十八，未嫁而妊胎，父陵自迫問，何有妊哉？因(垂)(箠)煞之。女荅云：　僕都無所為，但好噉此莧菜耳，不知所以然，云云。父心含怪，而取少年婢，令食此莧菜，未出數十(月)(日)而妊胎，遂獲淨全之產。

宋·唐慎微《證類本草》卷二七菜部上品〔《本經·別錄》〕　**莧實**　**味甘，寒**、大寒，無毒。**主青盲**，白瞖，**明目**，**除邪，利大小便，去寒熱**，殺蚘蟲。**久服益氣力，不飢輕身。一名馬莧**，一名莫實，細莧亦同。生淮陽川澤及田中，葉如藍，十一月採。

〔梁·陶弘景《本草經集注》〕云：　李云即莧菜也。今馬莧別一種，布地生，實至微細，俗呼為馬齒莧，亦可食，小酸，恐非今莧實。其莧實當是白莧，所以云細莧亦同，葉如藍也。細莧即是糠莧，食之乃勝，而並冷利，被霜乃熟，故云十一月採。又有赤莧，莖純紫，能療赤下，而不堪食。藥方用莧實甚稀，斷穀方中時用之。

〔唐·蘇敬《唐本草》〕注云：　赤莧，一名蕢音匱。今莧實一名莫實，疑莫字誤矣。赤莧，味辛，寒，無毒。主赤痢，又主射工、沙蝨，此是赤葉莧也。馬莧，一名馬齒草，味辛，寒，無毒。主諸腫瘻，疣目，搗揩之飲汁，主反胃，諸淋，金瘡，血流，破血，癥癖，小兒尤良。用汁洗緊脣，面皰，馬汗、射工毒，塗之差。

〔宋·馬志《開寶本草》〕按：　陳藏器《本草》云：　忌與鼈同食。今以鼈細剉，和莧於近水濕處置之，則變爲生鼈。紫莧殺蟲毒。

〔宋·掌禹錫《嘉祐本草》〕按：　《蜀本》注云：　《圖經》說有赤莧、白莧、人莧、馬莧、紫莧、五色莧，凡六種。惟人、白二莧實入藥用。按人莧小，白莧大，馬莧如馬齒，赤莧味辛，俱別有功，紫及五色二莧不入藥。孟詵云：　莧，補氣，除熱。其子明目。九月霜後採之。葉亦動氣，令人煩悶，冷中損腹。日華子云：　莧菜，通九竅，子益精。

〔宋·蘇頌《本草圖經》〕曰：　莧實，生淮陽川澤及田中，今處處有之。即人莧也。《經》云：　細莧亦同，葉如藍是也。謹按：　莧有六種：　有人莧、赤莧、白莧、紫莧、馬莧、五色莧。馬莧即馬齒莧也，自見後條。入藥者，人、白二莧，俱大寒，亦謂之糠莧，亦謂之胡莧，亦謂之細莧，其實一也。但人莧小而白莧大耳，其子霜後方熟，實細而黑，主瞖目黑花，肝風客熱等。紫莧，莖、葉通紫，吳人用染菜、瓜者，諸莧中此無毒，不寒，兼主氣痢。赤莧亦謂之花莧，莖、葉深赤。《爾雅》所謂蕢，赤莧是也。根莖亦可糟藏，食之甚美。然性微寒，故主血痢。五色莧，今亦稀有。細莧，俗謂之野莧，猪好食之，又名猪莧。《集驗方》：治衆蛇螫人。取紫莧搗絞汁，飲一升，滓以水和塗瘡上。又射工毒中人，令寒熱發瘡，偏在一處，有異於常者，取赤莧合莖、葉擣絞汁，飲一升，日再，差。

〔宋·唐慎微《證類本草》〕陳藏器云：　陶以馬齒與莧同類，蘇亦於莧條出馬齒功用。按此二物，厥類既殊，合從別品。《食療》：　葉，食動氣，令人煩悶，冷中損腹。不可與鼈肉同食，生鼈癥。又取鼈甲如豆片大者，以莧菜封裹之，置於土坑內，上以土蓋之，一宿盡變成鼈兒也。又，五月五日採莧菜，和馬齒莧爲末，等分調，與妊娠服之，易產。

宋·寇宗奭《本草衍義》卷一九　莧實　入藥亦稀，苗又謂之人莧，人多食之。莖高而葉紅、黄二色者，謂之紅人莧，可淹菜用。

宋·王繼先《紹興本草》卷一二　莧實　紹興校定：　莧實乃莧菜子也。性味、主治雖載《本經》，然云利大小腸，復云益氣力，頗相違矣。大率非補助之物，其性亦非大寒，當云味苦甘，微寒，無毒是也，豈恃此而起疾。唯莖葉世之作菜品，過多即動氣。處處種產之。

宋·陳衍《寶慶本草折衷》卷一九　莧實諸莧在內。○葉附。○略註水莧於後。 小者名人莧，大者名白莧。《圖經》及蜀註云： 惟此二莧之實入藥。○一名莫實，一名糠莧，一名胡莧，一名細莧，一名野莧，一名猪莧。○其赤莧，一名花莧，一名藚。其馬莧，一名馬齒草，即下品之馬齒莧也。○藚，音匱。生淮陽川澤。今處處田中有之。○九、十一月採。○忌鼈。○附： 葉，一名莧菜，五月採，尤當忌與鼈肉同食。

味甘，寒，無毒。○主青盲，白瞖，明目。利大小便，去寒熱，殺蚘蟲。○《圖經》曰： 莧有六種，赤莧、紫莧、馬莧、五色莧，入藥者人、白二莧。但人莧小而白莧大。其實細而黑，主肝風客熱等。

附： 葉。諸莧菜也。○微寒。除熱，動氣，冷中，損腹。又主血痢，通九竅。可淹菜用。其葉如藍，有莖。高而葉紅黃者，謂之紅人莧。凡莧與鼈肉同食，生鼈癥。外有一種水莧，其性尤冷，可爛擣以罯熱風，但不堪食，其葉綠而稍銳，其莖蔓浮於河水及田地水面，與諸莧之狀全不相似也。

元・忽思慧《飲膳正要》卷三 莧 味苦，寒，無毒。通九竅。莧子，益精。〔莧〕菜，不可與鼈同食。

元・尚從善《本草元命苞》卷九 莧實 味甘，寒。即今馬齒莧。明目，去青盲白翳，除邪去寒熱，殺蟲。菜通九竅，汁療諸淋。忌鱉同食，赤能動風。生淮陽川澤田中，葉如藍，布地而生。凡有六種，惟用白仁。謹按： 莧有六種，有人莧、赤莧、白莧、紫莧、馬莧、五色莧，即馬齒莧也。入藥者，人、白二莧。俱大寒，亦謂之棣莧，亦謂之胡莧，亦謂之細莧，其實一也。但人莧小，而白莧大。實細而黑，霜後方熟。又名五行草，以其五色全。

元・吴瑞《日用本草》卷七 莧菜 有數種： 人莧葉小，白莧葉大，赤莧莖葉俱赤。 味甘，寒，無毒。多食動氣，令人煩悶，冷中損腹。不宜與鱉肉同食，令人生鱉癥。 主青盲白瞖，明目，除邪，利大小便，去寒熱，殺蚘蟲。

元・朱震亨《本草衍義補遺》 莧 《本草》分六種，而馬齒在其數。馬齒自是一種，餘莧皆人所種者。下血而又入血分，且善走。紅莧與馬齒同服，下胎妙。臨產時煮食，易產。○《本草》云利大小便，然性寒滑，〔根屬土〕故也。又，其節葉間有水銀。

元・徐彦純《本草發揮》卷三 莧 丹溪云： 《本草》分六種，而馬莧在其數。然馬莧自是一種。餘莧皆人所種者。下溫而又入血分，且善走。紅莧與馬齒莧同服，下胎妙。臨產時煑食之，易產。

明・朱橚《救荒本草》卷下之後 莧菜 《本草》有莧實。一名馬莧，一名莫實，細莧亦同，一名人莧。幽薊間訛呼為人杏菜。生淮陽川澤及田中，今處處有之。苗高一二尺，莖有線楞，葉如小藍葉而大，有赤白二色。家者茂盛而大，野者細小葉薄。味甘，性寒，無毒。不可與鼈肉同食，生鼈瘕。救飢： 採苗葉煠熟，水淘洗淨，油鹽調食。晒乾煠食尤佳。 治病： 文具《本草》菜部條下。

明・蘭茂原撰，范洪等抄補《滇南本草圖說》卷八 莧菜 味甘，性冷，無毒。青色分氣，除熱利竅。赤者治痢，產婦食之易產。紫莧解毒。諸莧利大小腸之熱結。兒脾胃虛弱者，忌食。

明・蘭茂撰，清・管暄校補《滇南本草》卷上 莧菜 味辛，平，有小毒。分二種，上有銀粉，葉微厚者，馬齒莧也。治大小便不通，化蟲，去寒熱，能通血脈，逐瘀血。但不可多食，恐耗散胃氣。忌鱉同食。

明・蘭茂撰，清・管暄校補《滇南本草》卷下 莧菜家園種，有赤、白兩種。性微溫，味鹹。白者入氣，赤者入血。白動疼，赤破血。

明・蘭茂《滇南本草》〔叢本〕卷下 （部）莧菜家園內赤白二種。 味酸、鹹，性微溫。白者祛痰積，赤者破傷胃積血。赤白同吃，打腹中毛髮之積，殺寸白蟲。下氣消脹，胃中有痰有蟲，吃之令人泄，成白痢。有血有毛，吃之令人泄，成紅痢。有積滯者，勿吃為妙。無積者食，平。可洗皮膚之風。

明・王綸《本草集要》卷五 莧實 味甘，氣寒，無毒。忌與鱉同食，細剉，和莧置濕處，則變為生鱉。 主青盲白翳，明目，除邪，利大小便，去寒熱，殺蚘蟲，久服益氣力，不飢輕身。

明・滕弘《神農本經會通》卷五 莧實 葉如藍，十一月採。陳云： 忌與鼈同食。今以鼈細剉，和莧置近水濕處，則變為生鼈。陶云： 莧實，當是白莧。藥方用莧實甚稀，斷穀方時用之。

味甘，氣寒、大寒，無毒。 《本經》云： 主青盲白瞖，明目，除邪，利大小便，去（塞）〔寒〕熱，殺蚘蟲。久服益氣力，不飢輕身。陳藏器云： 紫莧，殺蟲毒。孟詵云： 莧，補氣，除熱。其子明目，九月霜後採之。葉，亦動氣，令人煩悶，冷中損腹。日華子云： 通九竅。子，益精。《圖經》云： 赤莧根莖赤，可糟藏食之，甚美。然性微寒，故主血痢。

明・劉文泰《本草品彙精要》卷三八　莧實無毒　植生。

莧實出《神農本經》：主青盲，白瞖，明目，除邪，利大小便，去寒熱。久服益氣力，不飢，輕身。以上朱字《神農本經》。殺蚘蟲。以上黑字名醫所錄。【名】人莧、莫實、細莧、(糖)〔糠〕莧、紫莧、豬莧、胡莧、赤莧、花莧、白莧、蕢、五色莧。【苗】《圖經》曰：莧實，即人莧子也。《經》云：細莧亦同，其葉如藍是也。按莧有六種：有人莧、白莧、紫莧、馬莧、五色莧。馬莧即馬齒莧也，自見後條。入藥者惟人、白二莧，亦謂之糠莧、胡莧、細莧，其實一也。有細莧，俗謂之野莧，豬好食之，又名豬莧。但人莧小而白莧大耳，其子霜後方熟，實細而黑紫。莧莖葉通紫。赤莧亦謂之花莧，莖葉深赤，《爾雅》所謂蕢，赤莧也。根莖亦可糟藏，食之甘美。五色莧今亦稀用。【地】《圖經》曰：生淮陽川澤及田中，今處處有之。【時】生：春生苗。採：十一月取實。【收】日乾。【用】實。【色】青。【味】甘。【性】寒。【氣】氣之薄者，陽中之陰。【臭】朽。【主】明目，利小便。【治】療：《圖經》曰：子，主翳目黑花，肝風客熱。紫莧，主氣痢。又取擣汁飲一升，滓以水和，塗瘡上。○赤莧，主血痢，及射工毒中人，令寒熱發瘡，偏在一處，有異於常者，連莖葉擣汁，飲一升差。○豬莧，主衆蛇螫人。《唐本》注云：赤葉莧，主射工、沙蝨毒。日華子云：莧菜，通九竅。孟詵云：莧，除熱。補：日華子云：莧子，益精。孟詵云：莧，補氣。【合治】五月五日採莧菜，和馬齒莧等分爲末服之，治妊娠易產。【禁】不可與鼈同食，生鼈癥，以鼈細剉，和莧於近水濕處，置於土穴內，上以土蓋之，一宿盡成鼈也。

明・盧和、汪穎《食物本草》卷一菜類　莧菜　味甘，寒，無毒。通九竅。又云：食動風，令人煩悶，冷中損腹。子，主青盲白翳，明目，除邪，利大小便，去寒熱，殺蛔蟲。久服益氣力，不飢，輕身。葉，忌與鱉同食。丹溪云：莧有六種：人莧，赤莧，白莧，紫莧，五色莧，其一即馬齒莧也。下血，又入血分，且善走。馬齒莧同食下胎妙，臨產煮食易產。又有野生一種灰條莧，亦可食，亦入藥。

明・陳嘉謨《本草蒙筌》卷六　莧實　味甘，氣寒。無毒。園圃多種，夏月纔生。人劑拯疴，惟取其實。除邪利大便小水，明目退白瞖青盲。殺蚘蟲，去寒熱。葉忌與鼈同食，又入血分通經。逐瘀血殊功，下胎孕最捷。孕婦臨產，煮食易來。勿多食之，冷中損腹。○一種馬齒莧性滑，野地最多；主治與莧實頗同，瘡科尤善。杖瘡敷散血，疔腫敷出根。和梳垢封患處。一方：用燒灰和陳醋滓先灸後封，根即出。癰瘡、痘瘡、風結瘡，悉用敷愈；　馬咬、馬汗、射工毒，並取塗痊。種有兩般，惟小葉節間有水銀者妙，葉大者不堪用。感多陰氣，儻生食搗蒜先拌製過佳。

明・方穀《本草纂要》卷七　莧實　味甘，氣寒，無毒。主目盲少見，白翳浮脹，除邪辟惡，通利大小便，止赤白下痢，去寒熱往來，殺諸蟲積聚，破癥結癰疽，久服益氣不飢，輕身不老。與馬齒莧並同此治。馬齒莧俗名醬瓣菜也。味酸，氣斂，如諸瘡和醋能拔惡毒，性滑，治三十六種風寒濕氣，消七十二種無名腫毒；驅諸般濕熱脚氣，洗下疳腫脹疼痛。《湯液》曰：澁可以去脫，治瘡有收斂之功；滑可以去滯，治痢有散止之理。此馬齒莧猶妙於莧實之所治也。

明・寧源《食鑒本草》卷下　莧菜　味甘，寒，無毒。有紅、紫、青、白四種。瀉熱補氣，利九竅。治赤白痢疾及下血，利大小便。《催生方》：治姙婦臨月，煮二三次食之，滑胎易產。《茅亭客話》：若蛇蟲射工螫人，紫莧菜搗汁飲一升，相傅傷處。　子：治肝經風熱上攻，眼目赤痛，生翳遮障不明，青盲赤瞎，並宜服之。為末，每夜茶服方寸匕。

明・王文潔《太乙仙製本草藥性大全》卷五《本草精義》　莧實　一名蕢，一名莫實。種類甚多，有赤莧、白莧、人莧、馬莧、紫莧、五色莧，凡六種。生淮陽川澤及田野、園圃中。今處處有之，即人莧是也。《經》云：細莧亦同，葉如藍是也。入藥者，人、白二莧。俱大寒，亦謂之糠莧，亦謂之明莧，亦謂之細莧，其實一也。但人莧小而白莧大耳。其子霜後方熟，實細而黑，主瞖目黑花，肝風客熱等。紫莧莖葉通紫，吳人用染菜瓜者，諸莧中此無毒，不寒，兼主氣痢。赤莧亦謂之花莧，莖葉深赤。《爾雅》所謂蕢，赤莧是也。根莖亦可糟藏，食之甚美，然性微寒，故主血痢。五色莧今亦稀有。細莧俗謂之野莧，猪好食之，又名猪莧。子九月霜後採之。

明・王文潔《太乙仙製本草藥性大全》卷五《仙製藥性》　莧實臣　味甘，氣大寒，無毒。　主治：除邪利大便小水，明目退白瞖青盲。殺蚘蟲，去寒熱，益精氣。葉忌與鼈同食。又入血分，通經逐瘀血殊功，下胎孕最捷，孕婦臨產煮食易來。通九竅，補氣，能除熱。多食冷中損腹，久服輕身不飢。

補註：衆蚘螫人，取紫莧搗絞汁，飲一升，滓以水和，塗瘡上。又射工毒，中人，令寒熱發瘡，偏在一處有異於常者。取赤莧合莖葉搗絞取汁，飲一升，日再差。按：《衍義》云：莧實入藥亦稀，苗又謂之人莧，人多食之。莖高而葉紅、黄二色者，謂之紅人莧，可淹菜用。又《食療》云：莧葉食之動氣，令人煩悶，冷中損腹，不可與鼈肉同食，生鼈癥。又取鼈甲如豆片大者，以莧菜封裹之，置於土坑内，上以土蓋之一宿，盡變成鼈兒也。又五月五日採莧菜和馬齒莧爲末等分，調血，妊娠服之易産。

明・皇甫嵩《本草發明》卷五 莧實上品。味寒，無毒。治療與馬齒莧略同，不及馬齒莧治風熱瘡腫更優也。有六種，惟白莧、人莧實入藥。白莧小，人莧大。凡是莧菜，不可與鼈同食，恐生鼈癥。

明・李時珍《本草綱目》卷二七菜部・柔滑類 莧《本經》上品

【釋名】時珍曰：按陸佃《埤雅》云：莧之莖葉，皆高大而易見，故其字從見，指事也。

【集解】《别録》曰：莧實一名莫實，細莧亦同。生淮陽川澤及田中。葉如藍。十一月採。李當之曰：莧實即莧菜也。弘景曰：莧實當是白莧。所以云細莧亦同，葉如藍也。細莧即是糠莧，食之乃勝，而並冷利。被霜乃熟，故云十一月採。又有赤莧，莖純紫，不堪食。馬莧别一種，布地生，實至微細，俗呼馬齒莧，恐非莧實也。恭曰：赤莧一名蕢，音匱。《經》言莧實一名莫實，疑莫字誤矣。保昇曰：莧凡六種：赤莧、白莧、人莧、紫莧、五色莧、馬莧也。惟人、白二莧，實可入藥用。赤莧味辛，别有功用。頌曰：人莧、白莧俱大寒，亦謂之糠莧，又謂之胡莧，或謂之細莧，其實一也。但大者爲白莧，小者爲人莧耳。其子霜後方熟，細而色黑。紫莧莖葉通紫，吴人用染爪者，諸莧中惟此無毒，不寒。赤莧亦謂之花莧，莖葉深赤，根莖亦可糟藏，食之甚美，味辛。五色莧今亦稀有。細莧俗謂之野莧，猪好食之，又名猪莧。時珍曰：莧並三月撒種。六月以後不堪食。老則抽莖如人長，開細花成穗。穗中細子，扁而光黑，與青葙子、鷄冠子無别，九月收之。細莧即野莧也，北人呼爲糠莧，柔莖細葉，生即結子，味比家莧更勝。俗呼青葙苗爲鷄冠莧，亦可食。見草部。

菜 【氣味】甘，冷利，無毒。恭曰：赤莧：辛，寒。鼎曰：莧動氣，令人煩悶，冷中損腹。不可與鱉同食，生鱉癥。又取鱉肉如豆大，以莧菜封裹置土坑内，以土蓋之，一宿盡變成小鱉也。機曰：此説屢試不驗。【主治】白莧：補氣除熱，通九竅孟詵。赤莧：主赤痢，射工、沙蝨蘇恭。紫莧：殺蟲毒，治氣痢藏器。六莧：並利大小腸，治初痢，滑胎時珍。

【發明】弘景曰：人莧、細莧並冷利。赤莧療赤下而不堪食。方用莧菜甚稀，斷穀方中時用之。頌曰：赤莧微寒，故主血痢；紫莧不寒，比諸莧無毒，故主氣痢。詵曰：五月五日收莧菜，和馬齒莧爲細末，等分，與妊娠人常服，令易産也。震亨曰：紅莧入血分善走，故與馬莧同服，能下胎。或煮食之，令人易産。

【附方】舊三，新四。産後下痢：赤白者。用紫莧菜一握切煮汁，入粳米三合，煮粥，食之立瘥也。《壽親養老書》。小兒緊唇：赤莧搗汁洗之，良。《聖惠》。漆瘡搔痒：莧菜煎湯洗之。蜈蚣螫傷：取灰莧葉擦之即止。《談野翁方》。蜂蠆螫傷：野莧挼擦之。諸蛇螫人：紫莧搗汁飲一升，以滓塗之。《集驗方》。射工中人：狀如傷寒，寒熱，發瘡偏在一處，有異於常者。取赤莧合莖、葉搗汁飲一升，日再服之。《集驗方》。

莧實 【氣味】甘，寒，無毒。【主治】青盲，明目除邪，利大小便，去寒熱。久服益氣力，不飢輕身《本經》。治白翳，殺蛔蟲《别録》。益精大明。肝風客熱，翳目黑花時珍。

【發明】時珍曰：莧實與青葙子同類異種，故其治目之功亦仿佛也。

【附方】新一。利大小便：莧實爲末半兩，分二服，新汲水下。《聖惠》。

根 【主治】陰下冷痛，入腹則腫滿殺人，搗爛傅之時珍。

【附方】新一。牙痛：莧根曬乾，燒存性爲末，揩之。再以紅燈籠草根煎湯漱之。孫氏《集效方》。

明・梅得春《藥性會元》卷中 莧實 味甘，性寒，無毒。主治青盲白翳，明目，除邪，利大小便，殺蟲。久服益氣力，《本草》分六種，皆下血而入血分善走。紅莧與馬齒莧同服，下胎效速。臨産煮食，易産，其性寒滑故也。

明・穆世錫《食物輯要》卷三 莧菜 味甘，性冷，無毒。青者入氣分，除熱，通九竅。赤者入血分，治赤痢；臨産食，易産。紫莧殺蟲毒，治氣痢。諸莧並利大小腸，滑胎。多食，發風冷中。凡脾弱泄瀉者，勿食。同蕨粉食，生瘕。忌鱉。

明・張懋辰《本草便》卷二 莧實 味甘，氣寒，無毒。忌與鼈同食。主目盲白瞖，明目除邪，利大小便，去寒熱，殺蚘蟲。

明・吴文炳《藥性全備食物本草》卷一 莧實 味甘，性寒，無毒。《本草》云：莧者，見也，言其莖葉皆高大可見，故字從見，指事也。或云其子去翳膜，眼有所見也。莧有六種，惟白莧入藥。丹溪云下血而又入血分，且善走散寒熱，利大小便，性寒滑故也。治肝風客熱，青盲赤瞎，白翳黑花，為末，每夜茶下方寸匕。又殺蛔蟲，益氣益精。

葉： 補陰分氣虚，除熱，通九竅。多食動氣，令人煩悶，冷中損腹。若與鱉同食生鱉瘕。又素難產者，取莧和馬齒莧，臨月常食，令滑胎易產。赤莧莖純紫，味辛，寒，無毒。主赤痢氣痢，射工砂虱蟲毒。

明・趙南星《上醫本草》卷三 莧 凡六種：赤莧、白莧、人莧、紫莧、五色莧、馬莧也。惟人、白二莧，實可入藥用。人莧、白莧俱大寒，亦謂之糠莧，又謂之胡莧，或謂之細莧，其實一也。但大者為白莧，小者為人莧耳。其子霜後方熟，細而色黑。紫莧，莖葉通紫，吳人用染瓜者，諸莧中惟此無毒不寒。赤莧，亦謂之花莧，莖葉深赤，根莖亦可糟藏，食之甚美。細莧，即野莧也，北人呼為糠莧，柔莖細葉，生即結子，味比家莧更勝。

菜：甘，冷利，無毒。主治：白莧補氣除熱，通九竅；紫莧殺蟲毒，治氣痢；赤莧主赤痢，入血分善走，故與馬莧同服，能下胎，或煮食之，令人易產。六莧並利大小腸，治初痢、滑胎。莧動氣，令人煩悶，冷中損腹，不可與鼈同食，生鼈癥。又取鱉肉如豆大，以莧菜封裹，置土坑內，以土蓋之，一宿盡變成小鼈也。

附方 產後下痢赤白者：用紫莧菜一握，切，煮汁，入粳米三合，煮粥，食之立瘥也。蜂蠆螫傷：野莧挼擦之。〔諸蛇螫人：紫莧，擣汁，飲一升，以滓塗之。〕

莧實：甘，寒，無毒。主治：肝風客熱，白翳瞖目，黑花青盲，明目，除邪益精，利大小便，去寒熱，殺蚘蟲。久服益氣力，不飢輕身。

附方 利大小便：莧實為末，半兩，分二服，新汲水下。

根：主治：陰下冷痛，入腹則腫滿殺人，擣爛傅之。

明・倪朱謨《本草彙言》卷一六 莧菜 味甘，氣寒，性滑，無毒。李氏曰：莧有數種，有赤、白、大、小、家種、野生之不同，幷以三月發苗，四月刈其嫩葉作羹食。如六月以後，老則味苦不堪食也。開細花成穗，穗中細子，扁而光黑，與青葙子、雞冠子各別，八九月收之。莖老者長四五尺，野生者北人呼爲糖莧，柔莖細葉，味比家莧更勝。水煮曬乾，亦可療飢。

莧菜：滑腸利結之藥也。陸平林曰：《雲林方》善治老人血枯氣結，大便不行，取金華腌猪肉和莧菜煮食，即潤澤可通。又婦人胎前食此，可令易產。產後大便閉濇不通，食此亦可潤腸胃。如胃腸不實、大便溏泄者勿食。有蟲積脹滿病者勿食。又不可與鱉肉同食，食之生鱉瘕。取鱉肉切豆大，以莧菜封裹，埋土內一宿，盡變成小鱉也。

明・應麐《食治廣要》卷三 莧菜 氣味：甘，冷利，無毒。白者，補氣除熱，通九竅。赤者，主赤痢，射工、沙虱。紫莧，殺蟲毒，治氣痢。丹溪云：紅莧能下胎，孕婦食之易產。有忌同鱉食之說。《本草會編》云：不驗。予屢見同食者，果亦無恙。

明・姚可成《食物本草》卷六菜部・柔滑類 莧菜莧凡六種：赤莧、白莧、人莧、紫莧、五色莧、馬莧也。人、白二莧，可入藥用。赤莧味辛，别有功用。人莧、白莧俱大寒，亦謂之糠莧，又謂之胡莧，或謂之細莧，其實一也。但大者為白莧，小者為人莧耳。其子霜後方熟，細而色黑。紫莧莖葉通紫，吳人用染爪者，諸莧中惟此無毒，不寒。赤莧亦謂之花莧，莖葉深赤，根莖亦可糟藏，食之甚美。五色莧今亦稀有。細莧俗謂之野莧，猪好食之，又名猪莧。李時珍曰：莧竝三月撒種。六月以後不堪食。老則抽莖如人長，開細花成穗。穗中細子，扁而光黑，與青葙子、雞冠子無別，九月收之。細莧即野莧也，北人呼為糠莧，柔莖細葉，生即結子，味比家莧更勝。俗呼青葙苗為雞冠莧，亦可食者。莧菜，味甘，冷，無毒。

白莧 補氣除熱，通九竅。

赤莧 主赤痢，射工、沙虱。

紫莧 殺蟲毒，治氣痢。

六莧 竝利大小腸，治初痢，滑胎。莧動氣，令人煩悶，冷中損腹。不可與鼈同食，生鼈瘕。五月五日收莧菜，和馬齒莧為細末，等分，與妊娠人常服，令易產也。

莧實 味甘，寒，無毒。主青盲，明目，除邪，利大小便，去寒熱。久服益氣力，不飢輕身。治白翳，殺蚘蟲。益精。肝風客熱，翳目黑花。

根 主陰下冷痛，入腸則腫滿殺人，搗爛傅之。

明・顧逢柏《分部本草妙用》卷九菜部 莧菜 甘，冷利，無毒。主治：白莧補氣除熱，通九竅。赤莧主赤痢，射工、沙蝨。紫莧殺蟲毒，治氣痢。六莧竝利大腸，治初痢，滑胎。聞得五月五日收莧菜，和馬齒莧，為細末，等分，妊娠常服，令其易產。馬齒莧，散血消腫猶神，故內能下胎，外能塗毒。

明・孟笨《養生要括・菜部》 莧 味甘，冷利，無毒。

白莧：補氣除熱，通九竅。

赤莧：主赤痢，射工沙虱。

紫莧：殺蟲毒，治氣痢。六莧並利大小腸，治初痢，滑胎。

莧實：治青盲，明目除邪，利大小便，去寒熱，久服益氣力，不飢輕身。治白翳，殺蛔蟲，益精，肝風客熱，翳目黑花。

明·鄭二陽《仁壽堂藥鏡》卷四　莧　《本草》云：味甘，大寒，無毒。孟詵云：補氣，除熱。其子明目。九月霜後採之。《本草》云：利大小便。然性寒滑故也。又其節葉間有水銀。丹溪云：本草分六種，而馬莧在其數。然馬莧自是一種，餘莧皆人所種者。下血而又入血分，且善走。紅莧與馬齒莧同服，下胎妙。臨產時煮食之，易產。陳藏器云：忌與鱉同食。以鱉剉細，和莧放於近水濕地處，則變小鱉，可信驗矣。

明·施永圖《本草醫旨·食物類》卷二　莧菜　味：甘，寒，無毒。通九竅。又云，食之動風，令人煩悶，冷中損腹。子：主青盲白翳，明目，除邪，利大小便，利九竅。治赤白痢，去寒熱，殺蚘蟲，久服益氣力，輕身不飢。葉：忌與鼈同食。丹溪云：莧有六種。人莧、赤莧、白莧、紫莧、五色莧，其一即馬齒莧也。下血，又入血分，且善走。與馬齒同食，下胎，臨產煮食，易產。又有野生一種灰條莧，亦可食，亦入藥。〇治蛇蟲、射工螫者，以紫莧菜搗汁，傾一升，敷傷處，即愈。〇菜子，治肝經風熱上攻，眼目赤痛，生翳遮障不明，青盲亦瞎，並宜服之為末，每夜茶服方寸匕。

清·穆石鮑《本草洞詮》卷七　莧　氣味甘寒利，無毒。利大小腸。能滑胎，與妊娠人嘗服，令〔人〕易產也。

清·丁其譽《壽世秘典》卷三　莧莧凡六種，赤莧、白莧、人莧、紫莧、五色莧，其一即馬齒莧也。赤莧，亦謂之花莧，莖葉深赤。大者為白莧，小者為人莧，紫莧莖葉通紫，五色莧今亦稀有。馬齒莧詳見本條。一種細莧，即野莧也，俗呼為糠莧，柔莖細葉，生即結子，味比家莧更勝，猪好食之，又名猪莧。

氣味：甘，冷，利，無毒。六莧並除熱，利大小腸，治初痢，滑胎。

子：主肝風客熱，瞖目黑花。

發明：朱震亨曰：紅莧入血分，善走，故與馬齒莧同服，能下胎，妊娠常煮食之，令易產。鼎曰：莧冷中損腹，不可與鼈同食，生鼈瘕。取鼈肉如豆大，以莧菜封裹，置土坑內，以土蓋之一宿，盡變成小鼈也。

清·尤乘《食鑒本草·菜類》　莧菜　有六種。多食動氣，生煩悶。共鱉及蕨食成瘕。其一種馬齒莧，入血分，下胎，臨產煮食佳。又一種灰條莧，野生者亦可食。子治目翳赤障。

清·朱本中《飲食須知·菜類》　莧菜　味甘，性冷利。多食發風動氣，令人煩悶，冷中損腹。凡脾胃泄瀉者勿食。同蕨粉食，生瘕。妊婦食之滑胎，臨月食之易產。不可與鼈同食，生鼈瘕。取鼈肉如豆大，以莧菜封裹，置土坑內，以土蓋之，一宿盡變成小鼈也。

清·何其言《養生食鑒》卷上　莧菜　味甘，性冷，無毒。青者，入氣分，除熱，通九竅。赤者，入血分，治赤痢，臨產食，易產。紫莧，殺蟲毒，治氣痢。諸莧並利大小腸，滑胎。多食發風，冷中。凡脾弱泄瀉者，勿食。同蕨粉食，生瘕。忌鱉，尤甚。

清·李熙和《醫經允中》卷二二　莧菜　甘，冷，利，無毒。主治：白莧補氣除熱，通九竅。赤莧主痢，射工沙蝨。紫莧殺蟲毒，治氣痢。六莧並利大腸，滑胎。馬齒莧俗名醬瓣草，散血消腫尤神。一方用燒灰和陳醋淬，先灸後封，疔根即出。

清·馮兆張《馮氏錦囊秘錄·雜症痘疹藥性主治合參》卷七　莧實馬齒莧，稟天之陰寒，兼得地中之金氣，故葉節間有水銀，得金氣多也。味辛、苦，氣寒，無毒。其性辛寒，故能涼血散熱，所以癥結癰瘡，疔腫白禿，三十六腫風結疔瘡，搗敷則腫散疔根拔出，絞汁服則惡物當下。二便能利，蟲熱能除。目翳能返，胎孕能滑。皆辛寒滑利之功也。凡脾胃虛寒，腸滑者禁之。【略】

莧實除邪，利大便小水，明目，退白翳青盲，殺蚘蟲，去寒熱。葉，入血分通經，逐瘀血殊功，下胎孕最捷。孕婦臨產，煮食易來。勿多食之，冷中損腹。【略】

主治痘疹合參：馬齒莧，主癰瘡毒，利大小便。不宜多服，恐損胃氣，治痘後牙疳瘡，宜煅存性吹之。

清·张璐《本經逢原》卷三　莧子　甘，冷，利，無毒。《本經》主青盲明目，除邪，利大小便，去寒熱。發明：時珍曰：莧子去青盲白瞖，與青葙同類異種，故其治目之功彷彿。《聖惠》以莧子治大小便不利，無外乎《本經》主治也。

清·汪啟賢等《食物須知·諸菜》　莧實　味苦、甘，氣寒，無毒。園圃多種，夏月纔生。入劑拯疴，惟取其實。除邪，利大便小水；明目，退白翳青盲。殺蚘蟲，去寒熱，忌與鱉同食。又入血分，通經，逐瘀血殊功，下胎孕最捷。孕婦臨產，煮食易來。勿多食之，冷中損腹。

清・葉盛《古今治驗食物單方》 莧菜 漆瘡，莧菜煎湯洗之。 產後下痢，紫莧一握，切，煮汁入粳米三合，煮粥食之，立效。 蛇螫，紫莧汁飲之，以渣塗之。 陰痛而腫，馬齒莧搗敷之。 寸白蟲，馬齒莧水煮和鹽食之。 小兒臍瘡，馬齒莧燒灰敷之。 火丹，生莧搗汁塗之。 疔毒，馬齒莧，石灰為末，鷄蛋清調敷。

清・吴儀洛《本草從新》卷四 莧菜〔通竅利腸。〕 甘，冷，利。除熱，通九竅，利腸滑胎。 治初痢。 忌與鱉同食。 附： 子〔明目。〕 祛肝風客熱，明目。治青盲及眼見黑花。

清・汪紱《醫林纂要探源》卷二 莧 甘，酸，溫。赤白花綠，高下種類不一。赤者味厚，白者味薄。 和中，散血活血，色赤入血，微酸散血，性溫活血。 離火之氣，形高大而外見色赤。 中含溽暑，莧含濕熱蒸鬱之氣。 宜腸胃。 而多食作熱爛瘡，瘡家忌。 忌鼈。 鼈，介蟲，而亦有離象，語云青泥殺鼈，得莧復生。 蓋未必然，然同食或轉生蟲蠱耳。

清・嚴潔等《得配本草》卷五 莧菜子 甘，冷，利。入手太陽、陽明經。除熱通竅，滑胎逐瘀。 配粳米，治產後痢。紫者利氣，更好。 煎湯，洗漆瘡。 紅者入血分，紫者入氣分。 子 甘，寒。入足厥陰經。 治肝風客熱，療翳目黑花，利二便，殺蛔蟲。

題清・徐大椿《藥性切用》卷六 莧菜 味甘冷利，通竅滑胎，除熱治痢。 忌鱉同食，孕婦勿宜。

清・黃宮繡《本草求真》卷九 莧菜通陽利便。 莧菜耑入腸胃。 味甘氣寒，質滑。 按據諸書，無不皆言其性冷利，能治熱結血痢、蠱毒之症。恭曰：赤莧辛寒。 弘景曰： 大莧、細莧並冷利，赤莧療赤下而不堪食。 震亨曰： 紅莧入血分善走，故與馬莧同〔服〕能下胎，或煮食之，令人易產。 即人服之者，亦無不謂其通腸利便，是亦菜中最冷最滑之味也。 且又戒其多食，則令人動氣煩悶。 又曰：不可與鱉同食，生鱉癥。 試取鱉肉切如豆大，以莧菜封裹，置土坑內，用土掩蓋一宿，盡變成鱉。 按此事即未有，而其氣味之寒，氣味之冷，與於黿、鱉同為一類，故有如此箴規之詞矣。 豈止尋常冷利之味哉？ 然果臟陽不陰，及於暑時，挾有真正熱候，亦又何忌？ 惟在食之者之能審其所用可耳。 子治肝經風熱上攻眼目，赤痛生翳，遮障不明，青盲赤眼，並宜服之。 為末，每服方寸匕。

清・李文培《食物小錄》卷上 莧菜 甘，冷，無毒。 有白、紅、紫數色，白者良。 白莧，補氣除熱，通九竅。 凡莧皆利大腸。

清・章穆《調疾飲食辯》卷三 莧 《爾雅》曰： 蕢，赤莧。《蜀本草》謂有六種。 白莧稍耐老，赤莧、紫莧不堪久食。 味雖甘平，性則冷利，能滑腸破血，脾胃虚弱，下元不固，胎前及男、婦血分素虚者，均忌之。 又不可同鼈食，生鼈之説或未必然，有毒則確也。 凡病人，惟血痢初起，產後瘀血不行宜之。《談野翁方》用以煎湯洗漆瘡。《集驗方》治蛇咬，用紫莧搗汁，服一升，渣敷之。 其子，一名莫。 能明目去瞖，取其形色如目珠之光黑，與青葙子、雞冠子之明目同一理。 然莧實，《本經》謂久服益氣力，輕身。《日華本草》謂益精血，則實能補肝腎矣。 肝虚目暗者，宜多用之。

清・吴其濬《植物名實圖考》卷三 莧 《本經》上品。《蜀本草》莧凡六種： 赤莧、白莧、人莧、紫莧、五色莧、馬莧。《圖經》云： 五色莧今亦稀有，疑即雁來紅之屬。 人莧，北地通呼，亦謂之鐵莧。 白莧紫茄，以為常餌，蓋莧以白為美。《爾雅》： 蕢，赤莧。《説文》： 蕼，赤蕼也。 今江西土醫書野莧為野蕼。 蕢、蕼同部，當可通。《説文》不以蕢為莧名，而廁蕼於茜，殆以其汁赤如茜也。 或謂野莧炒食，比家莧更美，南方雨多，菜科速長味薄，野莧但含土膏，無灌溉催促，固當雋永。《列子》： 程生馬，馬生人。 馬者，馬莧之類； 人者，人莧之類。 宋方岳《羹莧》詩： 見説能醫射工毒，人間此物正騷騷。 可謂詩中本草。

清・趙其光《本草求原》卷一五菜部 莧菜 甘，冷，無毒。 除熱、通竅、利大小腸，滑胎易產。 青者，治氣痢； 赤者，治赤痢。 殺蠱毒。 但動風冷中，脾弱易瀉勿用。 惡蕨粉、鱉肉。

清・葉志詵《神農本草經贊》卷一 莧實 味甘，寒。 主青盲明目，除邪，利大小便，去寒熱。 久服益氣力，不飢輕身。 一名馬莧。 標高易見，指事深論。 種需雨候，老怯風掀。 丹還跛鼈，格壓膏豘。 荇呼哂誤，韮化機存。

王十朋詩： 標高語更妙。《埤雅》： 莧之莖葉高大易見，其字從見，指事也。 陸游詩： 農事更深論洛陽。《花木記》： 穀雨栽五色莧。 王安石詩： 紫莧淩風怯。《貴耳集》： 紅莧為跛鼈之還丹。 方岳詩： 琉璃蒸乳壓豘膏，未抵齋廚格調高。《顔氏家訓・詩》： 參差荇菜。 博士皆以參差者，莧菜也。呼人莧為人荇，可笑之甚。《淮南子》：老韭之為莧也，萬物皆出於機，皆入於機。

清·文晟《新編六書》卷六《藥性摘錄》 莧菜 甘，寒。質滑，通腸利便，治熱結血痢，蠱毒。多食動氣煩悶。與鱉同食，生鼈瘕。〇子，治肝經風熱，上攻眼目，赤痛生翳，遮障不明，青盲赤眼，研為末，每服一錢半。

清·王孟英《隨息居飲食譜·蔬食類》 莧 甘，涼。補氣，清熱明目，滑胎，利大小腸。種類不一，以肥而柔嫩者良。痧脹、滑瀉者忌之，尤忌與鼈同食。蛇、蜂、蜈蚣螫，擣莧汁服，渣傅患處。徐靈胎云：嘗見一人頭風痛甚，兩目皆盲，偏救良醫不效，有鄉人教用十字路口及人家屋腳邊野莧菜煎湯，注壺內，塞住壺嘴，以雙目就壺熏之，日漸見光，竟得復明。愚按《本草》莧通九竅，其實主青盲，明目。而莧字從見，益歎古聖取義之精。

清·田綿淮《本草省常·菜性類》 莧菜 凡五種，有赤莧、白莧、紫莧、人莧、五色莧，俗名蕓薹菜。性冷。瀉熱通竅，利腸滑胎。多食損腹，令人泄瀉。同鼈食，成鼈癥，或曰成小鼈，飲馬溺能解。服鼈甲者忌之。

清·戴葆元《本草綱目易知錄》卷三 莧菜 甘，冷，利。白莧補氣除熱，通九竅。赤莧，入血分，治赤痢，同馬齒莧服，滑胎利產，多服則破血下胎。紫莧殺蟲毒，治氣痢，其性竝利大小腸，滑胎產，治初痢。多食動氣，冷中損腹。忌同鼈肉食，生鼈瘕。鼎曰：取鼈肉如豆大，以莧菜封裹，置土坑內，以土蓋之，一宿盡變小鼈。機曰：此說屢試不驗。葆按：親見黟邑汪某，因病貪食，與鼈莧仝食，未幾病發而死，宜禁忌。

子：甘，寒。益精明目，去寒熱，殺蚘蟲，利大小便，治青盲白翳，肝風客熱，目翳黑花。葆驗。按：居鄉無藥，疹出不快，莧實一盃酒煮，以麻蘸拭。

清·陳其瑞《本草撮要》卷四 莧菜 味甘，冷，入手足陽明經，功專除熱，通九竅，利腸滑胎，治初痢。忌同鼈食。子明目。

清·吳汝紀《每日食物却病考》卷上 莧菜 味甘，寒，無毒。丹溪云：莧有六種，赤莧、白莧、人莧、紫莧、五色莧、馬齒莧。又細莧，即野莧也；又野生一種灰條莧，俱可食。人、白二莧，補氣除熱，通九竅。赤莧，主赤痢。紫莧，殺蟲毒治痢。凡各莧並利大小腸，治痢滑胎，忌與鱉同食。

後庭花

明·朱橚《救荒本草》卷下之後 後庭花 一名鴈來紅。人家園圃多種之。葉似人莧葉，其葉中心紅色，又有黃色相間，亦有通身紅色者，亦有紫色者；莖葉間結實，比莧實微大。其葉眾葉攢聚，狀如花朵，其色嬌紅可愛，故以名之。味甜，微澁，性涼。救飢：採苗葉煠熟，水浸淘淨，油鹽調食。晒乾煠食尤佳。

生瓜菜

宋·唐慎微《證類本草》卷三〇外草類〔宋·蘇頌《本草圖經》〕 生瓜菜 生資州平田陰畦間。味甘，微寒，無毒。治走疰攻頭面四肢，乃陽毒傷寒，壯熱頭痛，心神煩躁，利胸膈，俗用擣取自然汁飲之，及生擣貼腫毒。苗長三四寸，作叢生。葉青圓似白莧菜。春生莖葉，夏開紫白花，結黑細實。其味作生瓜氣，故以爲名。花實無用。

明·劉文泰《本草品彙精要》卷四一 生瓜菜無毒 叢生。

生瓜菜：治走疰攻頭面、四肢及陽毒傷寒，壯熱頭痛，心神煩躁，利胸膈。俗用擣自然汁飲之及生擣，貼腫毒。出《圖經》。〔苗〕《圖經》曰：苗長三四寸，作叢，春生莖葉。其葉青圓，似白莧菜。夏開紫白花，結黑細實，其味作生瓜氣，故以爲名。〔地〕《圖經》曰：生資州平田陰畦間。〔時〕生：春生苗。採：春夏取莖葉。〔用〕莖、葉。〔味〕甘。〔性〕微寒。〔氣〕氣之薄者，陽中之陰。

明·姚可成《食物本草》卷六菜部·柔滑類 生瓜菜生資州平田陰畦間。春生苗，長三四寸，作叢生。葉青而圓，似白莧菜。夏開紫白花，結細實，黑色。其味作生瓜氣，故以為名。

生瓜菜，味甘，微寒，無毒。主走注攻頭面四肢及陽毒傷寒，壯熱頭痛，心神煩躁，利胸膈，擣汁飲之。又生擣貼腫。

附方：治女人赤白帶下，孕婦亦可服生瓜菜，擣絞汁三合，和雞子白二枚，先溫令熱，乃下莧汁，微溫頓飲之，不過二次愈。陰腫痛，以生瓜菜擣傅之，良。治風齒腫痛，生瓜菜一把，嚼汁漬之，立效。治纏腰火丹，兩邊相湊即損人。用生瓜菜汁塗之。

明·施永圖《本草醫旨·食物類》卷二 生瓜菜 味：甘，微寒，無毒。治：走注攻頭面四肢及陽毒傷寒，壯熱頭痛，心神煩燥，利胸膈，擣汁飲之。又生擣，貼腫。

野莧菜

宋・蘇軾《格物粗談》卷上 蜂叮，以野莧菜擣敷之。

明・蘭茂撰，清・管暄校補《滇南本草》卷下 野莧菜 性微溫，味鹹。白者祛肺中痰積，赤者破腸胃中血積。赤、白仝用，打肚腹毛髮之積，消蟲積，殺寸白蟲。下氣消(腸)〔脹〕。胃中痰積食之，令人瀉，成白痢。肚腹中有血積、毛髮積，食之令人瀉，成紅痢。洗皮膚瘙癢，皮膚遊走之風。

明・姚可成《食物本草》卷首王西樓《救荒野譜》 野莧菜食葉。類家莧，夏采，熟食。

野莧菜，生何少，盡日采來充一飽。城中赤莧美且肥，一錢一束賤如艸。家莧葉大，野莧葉細。一云家白、野赤。

明・周履靖《茹草編》卷一 野莧菜 《易》云莧陸，生彼道周。彼其之子，挾我以遊。清陰夏木，山路軥輈。野莧可掇，其樂油油。杯羹麥飯，一飯奚求。 類家莧。夏月采取，香油、鹽、椒炒食。

假莧菜

清・何諫《生草藥性備要》卷上 假莧菜 不入服。迷魂，塞寢。專擦血癬，最妙。又名迷魂草。

馬齒莧

宋・唐慎微《證類本草》卷一〇草部下品〔唐・陳藏器《本草拾遺》〕 狆耳草 主溪毒射工。絞取汁服，滓傅瘡止血。

〔宋・唐慎微《證類本草》〕《百一方》：狆耳多種，未知何是？菘菜白葉者亦名狆耳。《顏氏家訓》：馬莧，一名狆耳，馬齒莧也。又車前葉圓者亦名狆耳。

宋・唐慎微《證類本草》卷二九菜部下品〔宋・馬志《開寶本草》〕 馬齒莧 主目盲，白瞖，利大小便，去寒熱，殺諸蟲，止渴，破癥結，癰瘡。服之長年不白。和梳垢封丁腫。又燒爲灰，和多年醋滓，先炙丁腫以封之，即根出。生擣絞汁服，當利下惡物，去白蟲。煎爲膏，塗白禿。又主三十六種風結瘡，以一釜煮，澄清，内蠟三兩，重煎成膏，塗瘡上，亦服之。

子：明目，《仙經》用之。今附。

〔宋・掌禹錫《嘉祐本草》〕按：《蜀本》云：馬莧，味酸，寒，無毒。主諸腫瘻疣目，屍脚，陰腫，胃反，諸淋，金瘡内流，破血癖，癥瘕；汁洗去緊脣，面皰，解射工、馬汗毒。一名馬齒莧。宜小兒食之。又注云此有二種，葉大者不堪用，葉小者，節葉間有水銀，每十斤有八兩至十兩已來。至難燥，當以槐木搥碎之，向日東作架曬之，三兩日即乾，如隔年矣。其莖無效，不入藥用，大抵此草能肥腸，令人不思食。孟詵云：馬齒莧，又主馬毒瘡，以水煮，冷服一升，并塗瘡上。濕癬、白禿，以馬齒膏和灰塗，效。治疳痢及一切風，傅杖瘡良。及煮一椀和鹽、醋等，空腹食之，少時當出盡白蟲矣。

〔宋・蘇頌《本草圖經》〕曰：馬齒莧，舊不著所出州土，今處處有之。雖名莧類，而苗、葉與人莧輩都不相似。又名五行草，以其葉青、梗赤、花黄、根白、子黑也。此有二種，葉大者不堪用，葉小者爲勝，云其節葉間有水銀，每乾之，十斤中得水銀八兩至十兩者。然至難燥，當以木搥擣碎，向日東作架暴之，三兩日即乾，如經年矣。入藥則去莖節，大抵能肥腸，令人不思食耳。古方治赤白下多用之。崔元亮《海上方》著其法云：不問老、稚、孕婦悉可服。取馬齒莧擣絞汁三大合，和雞子白一枚，先溫令熱，乃下莧汁，微溫，取頓飲之，不過再作則愈。又治溪毒，絞汁一升，漸以傅瘡上，佳。又療多年惡瘡，百方不差，或痛焮走不已者，並爛擣馬齒傅上，不過三兩遍。此方出於武元衡相國。武在西川，自苦脛瘡焮痒不可堪，百醫無效。及到京城，呼供奉石濛等數人療治無益，有廳吏上此方，用之便差。李絳紀其事云。

〔宋・唐慎微《證類本草》〕陳藏器云：破痃癖，止消渴。又主馬惡瘡蟲。此物至難死，燥了致之地猶活。雷公云：凡使，勿用葉大者，不是馬齒草，其内亦無水銀。《食療》：延年益壽，明目。患濕癬，白禿，取馬齒膏塗之。若燒灰傅之，亦良。作膏主三十六種風，可取馬齒一碩，水可二碩，蠟三兩，煎之成膏。亦治疳痢，一切風。又可細切煮粥，止痢，治腹痛。《聖惠方》：治馬咬人，毒入心。馬齒莧湯食之，差。又方：治反花瘡。用一斤燒作灰，細研，猪脂調傅之。《外臺秘要》：治癧。馬齒菜陰乾燒灰，臘月猪脂和。以暖泔漬洗瘡，拭乾傅之，日三。《千金方》：治諸腋臭。馬齒草杵，以蜜和作團，紙裹之，以泥泥紙上，厚半寸，日乾，以火燒熟破，取更以少許蜜和，仍令熱，先以生布揩之，以藥夾腋下，令極痛，久忍，然後以手巾勒兩臂，即差。又方：治小兒臍瘡，久不差者。燒菜末傅之。《肘後方》：療豌豆瘡。馬齒草燒灰傅瘡上，根須臾逐藥出。若不出，更傅，良。《食醫心鏡》：理脚氣，頭面浮腫，心腹脹滿，小便澁少。馬齒草和少粳米、醬汁煮食之。又方：主氣不調，作粥食之。又方：小兒血痢。取生馬齒莧絞汁一大合，和蜜一匙匕，空心飲之。又方：主青盲，白翳，除邪氣，利大小腸，去寒熱。馬齒莧實一大升，擣爲末。每一匙煮葱豉粥，和攪食之。煮粥及著米糝、五味作羹，亦得。《廣利方》：治小兒火丹，熱如火，遶腰即損。杵馬齒菜傅之，日二。《靈苑方》：治五毒蟲毛螫，赤痛不止。馬齒莧熟杵傅之。《産寶》：産後血痢，小便不通，臍腹痛。生馬齒菜杵汁三合，煎一沸下蜜一合，攪服。《丹房鏡源》：馬齒灰煮丹砂結汞，五色莧煮砂子。

宋·寇宗奭《本草衍義》卷一九　馬齒莧　人多食之，然性寒滑。青黛條中已著。

宋·鄭樵《通志》卷七五《昆蟲草木略》　馬齒莧　一名馬莧，可煮丹砂結(永)[汞]。又名五行草，以其葉青、梗赤、花黃、根白、子黑也。其葉間有水銀，可燒取。

宋·陳衍《寶慶本草折衷》卷二〇　馬齒莧灰及汁在內。　一名馬莧，一名五行草，謂其葉青、梗赤、花黃、根白、子黑也。○又云：一名馬齒草。○又云：一名豘耳。生處處有之。○又云：五月採。如欲乾則槌碎作架曬之。○又云：忌與鼈同食。

味酸，寒，無毒。○主目盲，白瞖，利大小便，去寒熱，殺蟲，止渴，破癥結，癰瘡。和梳垢封丁腫。又燒灰和醋滓先灸丁腫以封之，即根出。生擣汁服，下惡物，去白蟲。煎為膏塗百禿。白主風結瘡。○《蜀本》云：主諸腫瘻疣目，陰腫，諸淋，金瘡，破血癖癥瘕。汁洗緊脣面皰，解射工、馬汗毒。○孟詵云：塗瘡濕癬，以灰塗效。治疳痢及傳杖瘡。○《圖經》曰：雖名莧，而苗、葉與人莧輩不相似。有二種葉，大者不堪，葉小者勝。入藥去莖節。大抵能肥腸。

元·忽思慧《飲膳正要》卷三　馬齒　味酸，寒，無毒。主青盲白瞖，去寒熱，殺諸蟲。

元·吳瑞《日用本草》卷七　馬齒莧　又名五行草。葉青，梗赤，花黃，根白，子黑。有二種，葉大者不堪食，小者為勝。　味甘，寒，滑，無毒。　主目明，利大小便，去寒熱，殺諸蟲，止渴，破癥結。小兒血痢，取齒莧絞汁一合，和蜜一匕，空心飲之。

明·朱橚《救荒本草》卷下之後　馬齒莧菜　又名五行草。舊不著所出州土，今處處有之。以其葉青、梗赤、花黃、根白、子黑，故名五行草耳。味甘，性寒滑。　救飢：採苗葉，先以水焯音綽過，晒乾，煠熟，油鹽調食。治病：文具《本草》菜部條下。

明·蘭茂撰，清·管暄校補《滇南本草》卷上　馬齒莧　能催生下胎。葉，搗汁服，能解鉛毒。

明·蘭茂撰，清·管暄校補《滇南本草》卷下　馬齒莧菜　性微溫，味酸、鹹。入胃。益氣，清暑熱，寬中下氣，潤腸，消積滯，殺蟲。療瘡紅腫疼痛。

附方：一治赤白痢，用馬齒莧搗汁，合雞白服。一治多年惡瘡，用馬齒莧搗敷，兩三遍即瘥。一治禿瘡濕癬，用馬齒莧燒灰，煎膏塗之。一治小兒丹毒，用馬齒莧搗汁飲，渣塗之。

明·王綸《本草集要》卷五　馬齒莧　味酸，氣寒。性滑。無毒。用葉小者，節葉間有水銀，入藥去莖節。　主目盲白翳，利大小便，止赤白下，去寒熱，殺諸蟲，止渴，破癥結癰瘡，服之長年不白。和梳垢封丁腫。又燒為灰，和多年醋滓，先灸丁腫以封之，即根出。又傅豌豆瘡良。生搗絞汁服，當利下惡物，去白蟲，亦治疳痢。又主三十六種風結瘡，以一釜煮澄清，內蠟三兩，重煎成膏，塗之。又塗白禿濕癬，傅杖瘡，又療多年惡瘡。○子，明目，主清盲白翳，杵為末，每一匙，煮蔥豉粥和攪食之。

明·滕弘《神農本經會通》卷五　馬齒莧　葉大者不堪用。葉小者，節葉間有水銀，入藥則去節莖。《圖經》云：雖名莧類，而苗葉與人莧輩都不相似，以其葉青，梗赤，花黃，根白，子黑也。

《蜀本》云：味酸，氣寒，無毒。丹溪云：性寒，滑。

《本經》云：主目盲白瞖，利大小便，去寒熱，殺諸蟲，止渴，破癥結癰瘡。服之長年不白，和梳垢封丁腫。又燒為灰，和多年醋滓，先灸丁腫，以封之，即根出。生搗絞汁服，當利下惡物。去白蟲。煎為膏，塗白禿。又主三十六種風結瘡，以一釜煮，澄清，內蠟三兩，重煎成膏，塗瘡上。亦服之。子，明目，仙經用。《圖經》云：古方治赤白下，多用之，又療多年惡瘡，或痛焮走不已者，爛搗傅上，不過三兩遍。丹溪云：莧，《本草》分種，而馬齒在其數，馬齒自是一種，餘莧皆人所種者，下血而又入血分，且善走。紅莧與馬齒莧同服，下胎妙。臨產時煮食，易產。《本草》云利大小便，然性寒滑故也。又其節葉間有水銀。馬齒莧，散血，封瘡，傅火丹，殺蟲，磨翳。

明·劉文泰《本草品彙精要》卷四〇　馬齒莧無毒。附子。　叢生。

馬齒莧：主目盲，白瞖，利大小便，去寒熱，殺諸蟲，止渴，破癥結，癰瘡。服之長年不白。和梳垢，封疔腫。又燒爲灰，和多年醋滓，先灸疔腫以封之，即根出。生擣絞汁服，當利下惡物，去白蟲，煎爲膏，塗白禿。又主三十六種風結瘡，以一釜煮，澄清，內蠟三兩，重煎成膏，塗瘡上，亦服之。○子，明目，《仙經》用之。名醫所錄。【名】五行草。【苗】《圖經》曰：馬齒莧，雖名莧類，而苗葉與今莧輩都不相似，其葉青，梗赤，花黃，根白，子黑，因具五色，故又名五行草也。此有二種，葉大者不堪用，葉小者爲勝，云其節葉間有水銀，每乾之，十斤中得水銀八兩至十兩者，然至難燥，當以槐木搥擣碎，向日東作架暴之，三兩日即乾，如經年者。入藥去其莖節，則佳也。

〖地〗《圖經》曰：舊不著所出州土，今處處有之。〖時〗生：春生苗。採：夏秋取。〖收〗日乾。〖用〗小葉者爲好。〖色〗青。〖味〗酸。

〖性〗寒。〖氣〗氣薄味厚，陰也。〖臭〗腥。〖主〗消癰腫，殺諸蟲。

〖治〗療：《圖經》曰：除多年惡瘡，百方不差，或痛焮走不已者，爛擣傅上，不過三兩遍，差。《蜀本》注云：主諸腫瘻疣自，尸脚，陰腫，反胃，諸淋，金瘡流血，破血癖，癥瘕，用汁，治緊唇面皰。孟詵云：療馬毒瘡，以水煮，冷服一升，并塗瘡上。濕癬，白禿，杖瘡，以馬齒膏和灰，塗效。膏服之，治疳痢及一切風。陳藏器云：破痃癖，止消渴。又主馬惡瘡蟲。《別錄》云：馬咬人，毒入心，煮湯食之，瘥。又小兒臍瘡，久不瘥者，燒葉末傅之。又豌豆瘡，燒灰傅瘡上，根須臾逐藥出。若不出，更傅，良。又氣不調，作粥食。又小兒火丹遶腰，熱如火，杵傅之，日二次，愈。又五毒蟲毛螫，赤痛不止，熟杵，傅之。補：《食療》云：作膏服之，能延年益壽，明目。〖合治〗煮一椀，合鹽、醋空腹食之，少時，去寸白蟲。○雞子白一枚，先溫令熱，乃合莧汁三大合，微溫，取頓服，療赤白下。不過，再作則愈，不問老稚孕婦，悉可服。○燒灰細研，合豬脂調，傅反花瘡。○陰乾燒灰，合臘月豬脂，傅瘰瘡，先以暖泔清洗瘡，拭乾後傅之，日三次。○合少粳米、醬汁煮食之，理脚氣，頭面浮腫，心腹脹滿，小便澁少。○生絞汁一合，合蜜一匙，空心飲之，療小兒血痢。○生杵汁三合，煎一沸，下蜜一合，攪服，療產後血痢，小便不通，臍腹痛。

〖禁〗多食肥腸，令人不思食。〖解〗汁，解射工、馬汗毒。

明・盧和、汪穎《食物本草》卷一菜類 馬齒莧 味酸，氣寒，性滑，無毒。主目盲白翳，利大小便，止赤白下，去寒熱，殺諸蟲，止渴，破癥結癰瘡。服之長年不老。和梳垢，封丁腫。又，燒為灰，和陳醋滓，先灸丁腫以封之，根即出。又傅豌豆瘡良。生擣汁服，當利下惡物，去白蟲，亦治疳痢。又主三十六種風結瘡，以一釜煮，澄清，內蠟三兩，重煎成膏塗之。又塗白禿濕癬，傅杖瘡。又療多年惡瘡，又治馬咬，馬汗、射工毒。一種葉大者不堪，一種葉小節間有水銀者可用，去莖用葉。此葉感陰氣之多而生，食之宜和以蒜。餘見莧菜下。

明・姚可成《食物本草》卷首王西樓《救荒野譜》 馬齒莧食莖葉。有紅白二種。入夏采，沸湯淪過，曝乾，冬用。旋食亦可。楚俗，元旦食之。

馬齒莧，馬齒莧，風俗相傳食元旦。何事年來采更頻，終朝賴爾供飧飯。

水馬齒食葉。生水中，與陸地馬齒莧相似，熟食。

水馬齒，何時落；食玉粒，銜金嚼。我民餓殍盈溝壑，惟皇震怒剔厥齶，化為野艸充藜藿。

明・許希周《藥性粗評》卷三 馬齒兼一莧之紅，胎生頃刻。

馬齒莧，一名五行草。以其葉青、莖赤、花黃、根白、子黑故也。名雖為莧，而其形類殊與人莧不同。春初生葉，圓長而小如瓜子大，夏秋開花結子。江南園圃處處有之。採時用小葉，葉間折斷有水銀者勝。大葉者不堪入藥。然最難燥，須搥爛，日中架起暴之，二三日方乾。凡用去莖節。餘說《本草》不載。味酸，性寒，無毒。其氣下行，善走。主治頭面浮腫，寒熱煩渴，癥結痢疾，瘡腫丁毒，白禿五淋，三十六種風，殺蟲散血，消熱，寬中下氣，通經肥腸，下胎，利大小便。《圖經》云：馬齒莧能肥腸，不思飲食。丹溪云：與紅莧同服下胎妙，臨產時煮食之，易產。

子：主明目。

單方：白禿：馬齒莧燒灰，細研，以猪脂膏調，塗之，或但以灰傅之亦可。青盲：凡患青盲白翳，馬齒莧子一升，搗為末，每一匙，煮葱豉粥攪和，食之不拘。煮羹入內亦可。惡瘡：凡患諸色惡瘡，不拘新舊，百方難愈者，並將馬齒莧爛搗封之，乾即再易，不過三四遍，成痂而愈。浮腫：凡患脚氣，及頭面風氣浮腫，肚腹脹滿，小便短澁者，但以馬齒莧和粳米、醬汁，如作羹法煮食，不過數日，自消。婦人帶下：婦女凡患赤白帶下，以馬齒莧搗絞汁三大合，和雞子清一二枚，相攪溫熱，服之。小兒痘瘡：小兒種痘之時，欲其易出，且無虞者，以馬齒莧燒灰，研細，傅瘡上，須臾，根隨藥出，如不出，再傅之良。

明・鄭寧《藥性要略大全》卷六 馬齒莧 止渴，攻痢，摩眼翳，利便難、敷瘡、散血，治火丹，殺蟲。東垣云：主諸腫瘻疣目，屍腳陰腫，反胃，諸淋，金瘡內流，破血癖癥瘕。汁洗去唇面皰，解射工、馬汗毒。易老云：主治目盲、白翳，利大小便，去寒熱，殺諸蟲，止消渴，破癥瘕癰瘡。服之髮不白。

明・寧源《食鑒本草》卷下 馬齒莧 味酸、甘，寒，無毒。涼肝退翳，去寒熱，止煩渴，利大小便，殺諸蟲。子可明目。仙經用之又治三十六種風熱瘡，七十二等癰腫毒。生擣汁服一碗，即下所積惡物細蟲。《靈苑方》：治大人、小兒血痢，擣汁一合，入蜜二匙，空心溫飲之。《產寶方》：治產後血痢，臍腹疼痛，小便不利。擣汁三合，煎一沸，入蜜一合，攪服之。《廣利方》：治大人小兒一切無名腫毒，火丹惡瘡，擣汁傅之。新增雷公云：凡使，勿用葉大者，不是。

明・王文潔《太乙仙製本草藥性大全》卷五《本草精義》 馬莧 一名馬齒莧，一名五行草。今田野、園圃處處有之。名雖相類，而苗葉與莧全不相似，苗生布地，葉青如龍牙草形，莖赤花黃，根白子黑。有二種，大葉者不堪用，小葉者汁尤水銀，實重微細，呼爲馬齒莧，亦可食，小酸，恐非今莧實也。主諸腫瘻疣目，擣揩之。飲汁主反胃，諸淋金瘡血流，破血癥癖，小兒尤良。用汁洗緊脣面皰，馬汗、射工毒，塗之即差。

明・王文潔《太乙仙製本草藥性大全》卷五《仙製藥性》 馬莧 味辛，氣溫，無毒。 主治：與莧實頗同，治瘡科尤善。杖瘡敷散血，疔腫敷出根，和梳垢封患處。一方用燒灰和陳醋滓，先灸後封，根即出。癰瘡、痘瘡、風結瘡悉用敷愈。馬咬、馬汗、射工毒並取塗痊。種有兩般，惟小葉、節間有水銀者妙。葉大者不堪用。感多陰氣，倘生食，擣蒜先製過佳。 補註：妊娠，五月五日採莧菜和馬齒莧爲末，等分調服，立產無憂。○馬咬人，毒入心，煮湯食之差。○反花瘡，用一斤，燒作灰，細研，猪脂調傅。○瘰癧，取陰乾，燒灰，臘月猪脂和，以暖泔漬洗瘡，拭乾傅之。○諸腋臭，取杵爛，用蜜和作團，紙裹之，以泥紙上厚半寸，日乾，以火燒熟破，取以蜜和，仍令熱，先以生布揩之，以藥夾腋，令極痛，久忍，然後以手巾勒兩臂即差。○小兒臍瘡久不差者，燒末傅之。○豌豆瘡，燒灰傅瘡上，根須臾逐藥出，若不出，更傅之良。○理脚氣，頭面浮腫，心腹脹滿，小便澁少，用粳米、醬少許，和煮食之。氣不調，作粥食之。○小兒血痢，生絞汁和蜜一匙，空心飲之。○小兒火丹，熱如火，繞腰即損，杵傅之，日二易。○五毒蟲毛螫，赤痛不止，熟杵傅之。○產後血痢，小便不通，臍腹脹滿，擣汁二合，煎一服下，蜜一合攪服。 太乙曰：凡使勿用葉大者，不是馬齒莧，其內亦無水銀。

明・皇甫嵩《本草發明》卷五 馬齒莧下品。味酸，寒，無毒。 發明曰：馬齒莧能祛風散毒，故主目盲白瞖，利大小便，去寒熱，殺諸蟲，止渴，破癥結癰瘡。又主三十六種風結瘡。和梳垢封疔腫，又燒灰和陳醋滓，先灸疔腫以封之，即根出。生擣汁服，當利下惡物。去白蟲，煮，澄清，內蠟三兩重，煎成膏，塗瘡久，塗白禿、濕瘡。又云：馬毒瘡，以水煮，冷，服一升，并塗瘡。○子，明目，仙經用之。凡使，勿用葉大者，此與莧菜種類不同，莧菜作茹為佳，此品入藥為勝。《本草》菜部列之下品，不知人何義也。

明・李時珍《本草綱目》卷二七菜部・柔滑類 馬齒莧《蜀本草》

【釋名】馬莧《別録》 五行草《圖經》 五方草《綱目》 長命菜同上 九頭獅子草時珍曰：其葉比並如馬齒，而性滑利似莧，故名。俗呼大葉者爲㹠耳草，小葉者爲鼠齒莧，又名九頭獅子草。其性耐久難燥，故有長命之稱。《寶藏論》及《八草靈變篇》並名馬齒龍芽，又名五方草，亦五行之義。頌曰：馬齒莧雖名莧類，而苗、葉與莧都不相似。一名五行草，以其葉青、梗赤、花黃、根白、子黑也。藏器曰：《別録》以馬齒與莧同類，二物既殊，今從別品。

【集解】弘景曰：馬莧與莧別是一種，布地生，實至微細，俗呼馬齒莧，亦可食，小酸。保昇曰：此有二種：葉大者不堪用；葉小者節葉間有水銀，每十斤有八兩至十兩已來。然至難燥，當以槐木捶碎，嚮日東作架曬之，三兩日即乾如隔年矣。入藥須去莖，其莖無效。斅曰：凡使勿用大葉者，不是馬齒莧，亦無水銀。時珍曰：馬齒莧處處園野生之。柔莖布地，細(細)〔葉〕對生。六七月開細花，結小尖實，實中細子如葶藶子狀。人多採苗煮曬爲蔬。方士採取，伏砒結汞，煮丹砂，伏硫黃，死雄制雌，別有法度。一種水馬齒，生水中，形狀相類，亦可汋食。見王西樓《菜譜》。

菜 【氣味】酸，寒，無毒。恭曰：辛，溫。宗奭曰：人多食之，然性寒滑。

【主治】諸腫瘻疣目，擣揩之。破痃癖，止消渴藏器。能肥腸，令人不思食。治女人赤白下蘇頌。飲汁，治反胃諸淋，金瘡流血，破血癖癥瘕，小兒尤良。用汁治緊脣面皰，解馬汗、射工毒，塗之瘥蘇恭。治自尸脚陰腫保昇。作膏，塗濕癬、白禿、杖瘡。又主三十六種風。煮粥，止痢及疳痢，治腹痛孟詵。服之長年不白。治癰瘡，殺諸蟲。生擣汁服，當利下惡物，去白蟲。和梳垢，封丁腫。又燒灰和陳醋滓，先灸後封之，即根出《開寶》。散血消腫，利腸滑胎，解毒通淋，治產後虛汗時珍。

【發明】時珍曰：馬齒莧所主諸病，皆只取其散血消腫之功也。頌曰：多年惡瘡，百方不瘥，或痛焮不已者。並擣爛馬齒傅上，不過三兩遍。此方出於武元衡相國。武在西川，自苦脛瘡焮痒不可堪，百醫無效。及到京，有廳吏上此方，用之便瘥也。李絳記其事於《兵部手集》。

【附方】舊十五，新二十三。

三十六風：結瘡。馬齒莧一石，水二石，煮取汁，入蜜蠟三兩，重煎成膏，塗之。《食療》。

諸氣不調：馬齒莧煮粥，食之。《食醫心鏡》。

禳解疫氣：　六月六日，採馬齒莧曬乾。元旦煮熟，同鹽、醋食之，可解疫癘氣。唐瑤《經驗方》。　筋骨疼痛：　不拘風濕氣、楊梅瘡及女人月家病，先用此藥止疼，然後調理。乾馬齒莧一斤，濕馬齒莧二斤，五加皮半斤，蒼术四兩，舂碎，以水煎湯洗澡。急用葱、薑擂爛，冲熱湯三碗，服之。暖處取汗，立時痛止也。《海上名方》。　脚氣浮腫：　心腹脹滿，小便澀少。馬齒草和少粳米，醬汁煮食之。《食醫心鏡》。　男女瘧疾：　馬齒莧搗，扎手寸口，男左女右。　産後虛汗：　馬齒莧研汁三合服。如無，以乾者煮汁。《婦人良方》。　産後血痢：　小便不通，臍腹痛。生馬齒莧菜杵汁三合，煎沸入蜜一合，和服。《産寶》。　小兒血痢：　方同上。《心鏡》。　肛門腫痛：　馬齒莧葉、三葉酸草等分，煎湯熏洗，一日二次，有效。《瀕湖方》。　痔瘡初起：　馬齒莧不拘鮮乾，煮熟急食之。以湯熏洗。一月内外，其孔閉，即愈矣。《楊氏經驗方》。　赤白帶下：　不問老、稚、孕婦悉可服。取馬齒莧搗絞汁三大合，和鷄子白二枚，先温令熱，乃下莧汁，微温頓飲之。不過再作即愈。崔元亮《海上方》。　小便熱淋：　馬齒莧汁服之。《聖惠方》。　陰腫痛極：　馬齒莧搗傅之，良。《永類鈐方》。　中蠱欲死：　馬齒莧搗汁一升飲，並傅之。日四五次。《壽域》。　腹中白蟲：　馬齒莧水煮一碗，和鹽、醋空腹食之。少頃白蟲盡出也。孟詵《食療》。　緊唇面皰：　馬齒莧煎湯日洗之。《聖惠方》。　目中瘜肉：　淫膚、赤白膜。馬齒莧一大握洗净，和芒硝末少許，綿裹安上。頻易之。《龍木論》。　風齒腫痛：　馬齒莧一把，嚼汁漬之。即日腫消。《本事方》。　漏耳諸瘡：　治耳内外惡瘡，及頭瘡、肥瘡、㾿瘡。黄馬散：　用黄檗半兩，乾馬齒莧一兩，爲末。傅之。《聖惠》。　項上癧瘡：　《外臺》用馬〔齒〕莧陰乾燒研，臘猪脂合，以暖泔洗拭，傅之。○《簡便》：　治瘰癧未破。馬齒莧同靛花搗摻，日三次。　腋下胡臭：　馬齒莧杵，以蜜和作團，紙裹泥固半寸厚，日乾，燒過研末。每以少許和蜜作餅，先以生布揩之，以藥夾脇下，令極痛，久忍，然後以手巾勒兩臂。日用一次，以瘥爲度。《千金方》。　小兒火丹：　熱如火，繞臍即損人。馬莧搗塗。《廣利方》。　小兒臍瘡：　久不瘥者。馬齒菜燒研傅之。《千金》。　豌豆瘢瘡：　馬齒(草)〔莧〕燒研傅之，須臾根逐藥出。不出更傅。《肘後》。　丁瘡腫毒：　馬齒菜二分，石灰三分，爲末，鷄子白和，傅之。　反花惡瘡：　馬齒莧一斤燒研，猪脂和傅。　蛀脚臁瘡：　乾馬齒莧研末，蜜調傅上。一宿其蟲自出，神效。《海上方》。　足趾甲疽：　腫爛者。屋上馬齒莧、昆崙青木香、印(城)〔成〕鹽，等分和匀，燒存性，入光明朱砂少許，傅之。《外臺秘要》。　瘡久不瘥：　積年者。馬齒莧搗爛封之。取汁煎稠傅亦可。《千金》。　馬咬人瘡：　入心者。馬齒莧煮，食之。《聖惠》。　射工溪毒：　馬齒莧搗汁一升服，以滓傅之，日四五次良。崔元亮《海上方》。　毛蟲螫人：　赤痛不止。馬齒莧搗熟封之，妙。《靈苑方》。　蜂蠆螫人：　方同上。《張文仲方》。　蜈蚣咬傷：　馬莧汁塗之。《肘後》。　小兒白秃：　馬齒莧煎膏塗之。或燒灰，猪脂和塗。《聖惠方》。　身面瘢痕：　馬齒莧湯日洗二次。《聖惠方》。　雜物眯目：　不出。用東墻上馬齒莧燒灰研細，點少許於眦頭，即出也。《聖惠方》。

子　〔主治〕明目，仙經用之《開寶》。延年益壽孟詵。青盲白翳，除邪氣，利大小腸，去寒熱。以一升搗末，每以一匙用葱、豉煮粥食。或着米糝、五味作羹食《心鏡》。

〔附方〕新一。　目中出淚：　或出膿。用馬齒莧子、人莧子各半兩爲末，綿裹銅器中蒸熟，熨大眦頭膿水出處。每熨以五十度爲率，久久自絶。《聖惠》。

明·周履靖《茹草編》卷二　水馬齒　天馬來渥洼，嚼嚙黄金勒。臨流惜錦乾，紋齦落漪碧。不堪羈絡游，聯備盤飧職。山人齒豁輕雞肋，藉草眠花，閒中消息。　生水中，與旱馬齒相類。油、鹽炒食。

馬齒莧　紅韁絡馬鬛，白馬驕不行。鞭稍落馬齒，忽度春風津。春風離離吹血肉，遙青遠翠江頭生。江頭有人提竹筥，盈盈馬首隨黄雲。隨黄雲，胡不歸，羊腸馬頰今崔嵬。藥名五行草，俗名飯鍬頭。　入夏採，沸湯瀹過，晒乾冬用。旋食亦可。楚俗元旦食。

明·梅得春《藥性會元》卷中　馬齒莧　味酸，氣寒，無毒。凡使勿用葉大者，不是，其中無水銀。子能明目，仙經用之。　主治目盲白翳，利大小便，去寒熱，止渴，殺諸蟲，破癥結癰瘡。和梳垢封疔腫。燒灰，和陳醋渣，先灸疔腫，後封之，其根即出。　生搗汁服，能利下惡物，去白蟲。煎為膏，塗瘡。

明·穆世錫《食物輯要》卷三　馬齒莧　味酸，性寒滑，無毒。肥腸胃，消腫毒，散瘀血，破癥瘕，利二便，治赤白帶。和薑蒜食，良。一種葉大者，忌食。　子性寒，明目延年，通大小腸。

明·張懋辰《本草便》卷二　馬齒莧　味酸，氣寒，性滑，無毒。　主目盲白翳，利大小便，止赤白下，去寒熱，殺諸蟲，止渴，破癥結、癰瘡，又主三十六種風。

明·吴文炳《藥性全備食物本草》卷一　馬齒莧　味酸，性大寒，無毒。形如馬齒，兼治馬疥，故名。能涼肝血，治目翳昏暗，退寒熱，止消渴，破癥瘕，殺蟲，利大小便，治大人血痢，小兒疳痢，産後血痢；　又治諸淋，脚氣，心腹脹滿，頭面浮腫，反胃； 治三十六種風結瘡，七十二等癰腫毒，生搗汁服一碗即下所積惡物細蟲，外又煎膏塗之。此藥雖寒滑，能行血調氣肥腸，亦美劑也。燒灰和陳醋渣，先灸疔腫以封，即根出。馬汗毒瘡有蟲，內服外敷。凡使勿用大葉者，當用葉小節間有水銀者。每乾之十斤，得水銀八兩者佳。然至難燥，當搥碎晒兩三日即乾，入藥去莖節。

子： 主青盲白翳，明目，除邪氣，去寒熱，為末，每一錢煮葱豉五味粥和食之。

明・趙南星《上醫本草》卷三 馬齒菜 一名馬齒莧，一名馬莧，一名五行草，一名五方草，一名長命菜，一名九頭獅子草。時珍曰： 其葉比並如馬齒，而性滑利似莧，故名。俗呼大葉者為㹠耳草，小葉者為鼠齒莧，又名九頭獅子草。其性耐久難燥，故有長命之稱。《寶藏論》及《八草靈變篇》並名馬齒龍芽，又名五方草，亦五行之義。頌曰： 馬齒莧，雖名莧類，而苗、葉與莧都不相似。一名五行草，以其葉青、梗赤、花黃、根白、子黑也。

菜： 酸，寒，無毒。主治： 諸腫瘻疣目，擣揩之。破痃癖，止消渴，能肥腸，令人不思食。飲汁，治反胃，諸淋，金瘡流血，破血癖癥瘕，小兒尤良。用汁治緊唇面皰，解馬汗、射工毒，塗之瘥。治自尸脚陰腫。作膏塗濕癬，白禿，杖瘡，又主三十六種風。煮粥，止痢及疳痢，治腸痛。服之，長年不白。治癰瘡，殺諸蟲。生擣汁服，當利下惡物，去白蟲。和梳垢，封丁腫，又燒灰和陳醋滓，先灸後封之，即根出。散血消腫，滑胎，解毒通淋，赤白帶下，及產後虛汗。時珍曰： 馬齒莧所主諸病，皆只取其散血消腫之功也。頌曰： 多年惡瘡，百方不瘥，或痛焮不已者，並擣爛馬齒傅上，不過三兩遍。此方出于武元衡相國，武在西川，自苦脛瘡，焮痒不可堪，百醫無効，及到京，有廳吏上此方，用之便瘥也。李絳記其事于《兵部手集》。 人多食之，然性寒滑。

附方 禳解疫氣： 六月六日，采馬齒莧晒乾。元旦煮熟，同鹽、醋食之，可解疫癘氣。 筋骨疼痛： 不拘風濕氣、楊梅瘡及女人月家病，先用此藥止疼，然後調理。乾馬齒莧一斤，濕馬齒莧二斤，五加皮半斤，蒼朮四兩，舂碎，以水煎湯洗澡。急用葱、薑擂爛，衝熱湯三椀，服之。暖處取汗，立時痛止也。 產後血痢： 小便不通，臍腹痛，生馬齒莧菜，杵汁三合，煎沸，入蜜一合，和服。 小兒血痢： 方同上。 風齒腫痛： 馬齒莧一把，嚼汁漬之，即日腫消。 瘡久不瘥積年者： 馬齒莧擣爛封之，取汁煎稠傅亦可。 毛蟲螫人： 赤痛不止，馬齒莧擣熟封之，妙。 蜂蠆螫人： 方同上。 小兒白禿： 馬齒莧煎膏塗之，或燒灰，猪脂和塗。 雜物眯目不出： 用東墻上馬齒莧，燒灰〔研〕細，點少許于眦頭，即出也。

子： 主治： 明目，青盲，白瞖。延年益壽，除邪氣，利大小腸。去寒熱，以一升擣末，每以一匙，用葱豉煮粥食，或著米糝、五味作羹食。

附方 目中出淚： 或出膿，用馬齒莧子、人莧子各半兩，為末，綿裹，銅器中蒸熟，熨大眦頭膿水出處，每熨以五十度為率，久久自絕。

明・繆希雍《本草經疏》卷二九 馬齒莧 主目盲白翳，利大小便，去寒熱，殺諸蟲，止渴，破癥結，癰瘡。服之長年不白。和梳垢封疔瘡。又燒為灰，和多年醋滓，先灸疔腫，以封之，即根出。生搗絞汁服，當下惡物，去白蟲。煎為膏，塗白禿。又主三十六種風結瘡，以一釜煮，澄清，內蠟三兩，重煎成膏，塗瘡上，亦服之。

〔疏〕馬齒莧稟天之陰寒，兼得地中之金氣以生。故葉節間有水銀，以其得金氣多也。味應辛苦，氣寒，無毒。《經》云： 榮氣不從，逆於肉裏，乃生癰腫。《原病式》云： 諸痛痒瘡瘍，皆屬心火。辛寒能涼血散熱，故主癥結，癰瘡疔腫，白禿及三十六種風結瘡。搗敷則腫散疔根拔，絞汁服則惡物當下，內外施之皆得也。辛寒通利，故寒熱去，大小便利也。苦能殺蟲，寒能除熱，故主殺諸蟲，去寸白，止渴。辛寒能散肺家之熱，故主目盲白翳也。長年不白，總言其涼血、益血，病去身輕之功耳。方士多採取用，以其亦有代砂結汞之能也。 〔主治參互〕崔元亮治赤白〔帶〕下，不問老幼孕婦悉可服。取馬齒莧，搗絞汁三大合，和雞子白一枚，微溫頓服之。不過再作則愈。 又方： 療多年惡瘡，百方不瘥，或痛焮走不已者。竝爛搗馬齒莧敷上，不過三兩遍，即愈。 《廣利方》小兒火丹熱如火，遶臍即損人。馬齒莧搗塗之。 崔元亮方疔瘡腫毒，馬齒莧二分，石灰三分，為末，雞子白和傅之。 〔簡誤〕馬齒莧辛寒滑利，凡脾胃虛寒、腸滑作泄者，勿用煎餌。方中不得與鼈甲同入，令化作小鼈傷人也。

明・倪朱謨《本草彙言》卷一六 馬齒莧 味甘、酸，氣寒，無毒。 李氏曰： 馬齒莧，處處園野生之。柔莖布地，細葉對生。六七月開細黃花，結小尖莢，莢中細子如葶藶子。初夏采其苗煮曬乾，可爲蔬食。似莧而實非莧。今以莧名者，因其形類氣味與莧同也。又名五行草，其葉青，梗赤，花黄，根白，子黑也。　韓氏曰：此有二種，葉大者不堪用，葉小者節間有水銀，每十斤有六兩至八兩者，故方士采取，別有法度。伏砒結汞，煮丹砂，伏硫黄，死雄黄，制雌黄。又種水馬齒莧，生水中，形狀相似，亦可瀹食。

馬齒莧：療三十六種風毒，又散血消腫，解毒利大腸，滑胎氣，通淋結之藥也。朱正泉稿味本甘酸而性頗滑利，故《孟氏方》去風凉血，解毒利竅通淋。蓋本於氣寒而性利也。如脾胃虛寒與大便溏滑者，勿用可也。

集方：《海上方》治三十六種風毒結瘡。用馬齒莧百斤，水二百斤，煮爛取汁熬膏，不時塗之。〇《永類方》治小便腫痛。用馬齒莧搗爛傅之。〇《產寶方》治產後血痢，小便不通，臍腹痛。用生馬齒莧四兩，搗汁三合，煎熬減半，和白蜜十餘匙，再煎百沸，每早晚隔湯頓服。〇楊氏方治痔瘡初起。用馬齒莧水煮，和油醬食之，以湯熏洗，一月即愈。〇治老人、虛人、產後婦人大便閉澀不通。用馬齒莧煮熟，和油醬味食之。〇《聖惠方》治小便熱淋。用馬齒莧搗汁一碗，空心溫和服。〇《壽域方》治中蠱欲死。用馬齒莧搗汁一升飲。〇孟氏方治腹中有蟲。用馬齒莧一斤水煮熟，調醋醬味食之，少頃白蟲盡出也。〇治小兒臍爛不瘥。用馬齒莧燒灰，研細傅之。并治牙疳臭爛。〇《千金方》治諸瘡久不瘥。用馬齒莧曬乾，燒灰摻之。〇《肘後方》治毛蟲蜂蠆螫人，赤痛不止。用馬齒莧搗爛，塗之妙。〇《海上方》治筋骨疼痛，不拘風濕寒氣及楊梅毒，并婦人月信病。用馬齒莧二斤，五加皮半斤，蒼朮四兩，俱搗爛，以水煎湯洗澡畢，隨用葱頭十個，生薑一兩搗爛，泡湯二碗服之，用綿被蓋取汗，立時痛止。〇《食醫心鏡》治脚氣浮腫，心腹脹滿，小便澀少。用馬齒莧煮粥食之。　洗痔漏神方：用馬齒莧、茄根、葱頭各十餘莖，艾葉、五倍子、皮硝各三錢，花椒五十粒，右剉水煎，先熏後洗，當時痛止。〇治痔瘡潰爛，敷藥可止爛收濕。用馬齒莧曬乾燒灰一兩，輕粉二錢，寒水石煅、海螵蛸水煮過，各五錢，共爲極細末，敷摻患處，外用單油粉膏藥貼蓋，可收口。

明・應廖《食治廣要》卷三　馬齒莧　氣味：酸，寒，無毒。主治：諸腫瘻疣，破痃癖，止消渴，散血消腫，治淋。

明・姚可成《食物本草》卷六菜部・柔滑類　馬齒莧一名長命草。其葉似馬齒，而性滑利，故名。俗呼大葉者為㹠耳草，小葉者謂鼠齒莧，又名九頭獅子草。其性耐久難燥，故有長命之稱。馬齒莧雖名莧類，而苗、葉與莧都不相似。一名五行草，以其葉青、梗赤、花黄、根白、子黑也。李時珍曰：馬齒莧處處園野生之。柔莖布地，葉細對生。六七月開細花，結小尖實，實中細子如葶藶子狀。人多采苗煮晒為蔬。一種水馬齒，生水中，形狀相類，亦可瀹食。見王西樓《〔野〕菜譜》。

馬齒莧，味酸，寒，無毒。主諸腫瘻疣目，擣揩之。破痃癖，止消渴，能肥腸，令人不思食。治女人赤白下。飲汁，治反胃諸淋，金瘡流血，破血癖癥瘕，小兒尤良。用汁治緊唇面皰，解馬汗、射工毒，塗之瘥。作膏，塗濕癬、白禿、杖瘡。又主三十六種風。煮粥，止痢及疳痢，治腸痛。服之長年不白。治癰瘡，殺諸蟲。生擣汁服，當利下惡物，去白蟲。和梳垢，封疔腫。又燒灰和陳醋滓，先灸後封之，即根出。散血消腫，利腸滑胎，解毒通淋，治產後虛汗。此菜感陰氣之多而生，食之宜和以蒜。馬莧節葉間有水銀者佳。

子　主明目。

附方：多年惡瘡，百方不瘥，或痛焮不已者。竝擣爛馬齒莧傅上，不過三兩遍。此方出于武元衡相國。武在西川，自苦脛瘡焮癢不可忍，百醫無效。及到京，有廳吏上此方，用之便瘥也。　治婦人產後血痢，小便不通，臍腹大痛。馬齒莧生杵汁三合，煎沸入蜜一合，和服。　治疔瘡腫毒。馬莧二分，石灰三分，共為末，雞子白和傅之，立效。　治三十六種癘風。馬齒莧一石，水二石，煮取汁，入蜜蠟三兩，重煎成膏，塗之。　禳解疫氣。六月六日采馬齒莧，晒乾。元旦煮熟，同鹽、醋食之，一歲平安。　治癧子頸未穿者。用馬齒莧同青黛擣塗，良。　治臁瘡。用乾馬莧研末，蜜調傅瘡上，一宿蟲出愈。　治小便淋瀝。馬莧汁服之。　治脫肛及腫痛。馬莧煎湯洗之。　治痔疾。馬齒莧煮食之，以湯薰洗。一月內外孔閉即愈矣。　治中蠱毒欲死。馬莧擣汁飲之。　治雜物眯目。用東墻上馬莧燒研，點眦即出也。

明・孟笨《養生要括・菜部》　馬齒莧　味酸，寒，無毒。治諸種瘻、疣目，擣揩之。破痃癖，止消渴，能肥腸，令人不思食。女人赤白下，飲汁。治反胃諸淋、金瘡流血，破血癖癥瘕，小兒尤良。用汁，治緊唇面皰。解馬汗、射工毒，塗之瘥。治自尸脚陰腫。作膏，塗濕癬、白禿、杖瘡。又主三十六腫風，煮粥止痢及疳痢，主腸痛。

明・蔣儀《藥鏡》卷四寒部　馬齒莧　具代砂結汞之能，拘殺蟲利便之力。飲汁則癥結惡物俱下，搗擣則火丹疔瘇咸消。脾血凉，故赤白下痢迪吉。肺熱散，故目盲目翳生光。洗腫脹之下疳，驅脚氣諸濕熱。與莧實主治相同，而功力遜之。

明・施永圖《本草醫旨・食物類》卷二　馬齒莧又名五行草，欲名醬瓣草。

味酸，氣寒，性滑，無毒。主目盲白翳，利大小便，止赤白下，去寒熱，殺諸蟲，止渴，破癥結癰瘡。服之，長年不老。和梳垢，封丁腫。又燒為灰，和陳醋滓，先灸丁腫，後封之，根即出。又傅豌豆瘡，良。生搗汁服，當利下惡物，去白蟲，亦治疳痢。　子：可明目，又主三十六種風結瘡，以水煮澄清，內臘三兩，煎成膏，塗之。又塗白禿、濕癬，傅杖瘡，又療多年惡瘡，又治馬咬、馬汗、射工毒。　一種葉大者不堪，唯葉小而節間有水銀者可用，去莖用葉。此菜感陰氣之多，而生食之，宜和以蒜，餘見莧菜下。○治大人小兒血痢，搗汁一合，入蜜二匙，空心溫飲。○《產寶方》：治產後血痢，臍腹疼痛，小便不利，搗汁三合，煎沸入蜜一合，攪服之。○《廣利方》：治大人小兒一切腫毒，火丹惡瘡，搗汁敷之。

清・顧元交《本草彙箋》卷七　馬齒莧　辛寒能涼血散熱，故主癥結癰瘡疔腫諸症。但其性滑利，大不宜於脾胃虛寒、腸滑作泄之人。

此有二種，葉大者不堪用。葉小者節葉間有水銀，入藥須去莖，其莖無效。一名五行草。以其葉青梗赤，花黃，根白，子黑也。又名九頭獅子草。

凡多年惡瘡，百方不瘥，或(掀)〔焮〕痛不已者，並搗爛敷上，不過三兩次即愈。　產後血痢，小便不通，臍腹痛，生馬齒莧擣汁三合，煎滾，入蜜一合，和服，并治小兒血痢。　翻花瘡，馬齒莧一觔，燒研，猪脂和敷。

清・穆石匏《本草洞詮》卷七　馬齒莧　葉如馬齒，而性滑利似莧，故名。苗葉與莧不相似，《寶藏論》及《八草靈變篇》並名馬齒龍芽，亦名五行草。以葉青、梗赤、花黃、根白、子黑也。氣味酸寒，無毒。主散血消腫，利腸滑胎，解毒通淋，治產後虛汗。搗爛傅惡瘡，百方不瘥者，三兩遍即愈。此方出唐相國武元衡，苦脛瘡，焮痒不堪，百醫無効，有廳吏上此方，用之便瘥。李絳記其事於《兵部手集》。

清・丁其譽《壽世秘典》卷三　馬齒莧其葉如馬齒，而性滑利似莧，故名。《別錄》名馬莧，一名五行草，以其葉青、梗赤、花黃、根白、子黑也。有二種。葉大者不堪用，亦無水銀；葉小者，節葉間有水銀。采苗煮晒為蔬，其性耐久難燥，又有長命菜之稱，當以槐木搥碎，向日東作架，晒之三兩日即乾。入藥，須去莖，其莖無効。

氣味：　酸，寒，無毒。　散血消腫，利腸滑胎，解毒通淋。　治女人赤白下，服之長年不白。　治癰瘡，殺諸蟲，作膏塗濕癬、白禿、杖瘡。　又主三十六種風熱瘡。

發明：　繆希雍云：　馬齒莧苦寒，苦能殺蟲，寒能除熱，故主殺諸蟲，去寸白，寒能散肺家之熱，故主目盲白翳也。長年不白，總言其涼血益血、病去身輕之功耳。凡脾胃虛寒、腸滑作泄者，勿食。煎餌方中，不得與鼈甲同入，令化作小鼈，傷人也。

清・劉雲密《本草述》卷一五　馬齒莧一名長命菜，以其難燥也。

氣味：　酸，寒，無毒。　恭曰：　辛，溫。　宗奭曰：　人多食之，然性寒滑。

主治：　散血消腫，利腸解毒，療破傷風。　時珍曰：　馬齒莧所主諸病，皆只取其散血消腫之功也。　頌曰：　多年惡瘡，百方不瘥，或痛焮不已者，並搗爛馬齒傅上，不過三兩遍。此方出於武元衡相國，武在西川，自苦脛瘡，焮癢不可堪，百醫無效。及到京有廳吏上此方，用之便瘥也。

附方　赤白帶下，不問老、稚、孕婦，悉可服取馬齒莧，搗絞汁三大合，和雞子白二枚，先溫令熱，乃下莧汁，微溫，頓飲之，不過再作，即愈。　小便熱淋，馬齒莧汁服之。　足趾甲疽腫爛者，墻上馬齒莧陰乾一兩，青木香、鹽各二錢半，和勻，燒存性，入光明硃砂少許，傅之。此方《準繩・瘍科》亦有，其製法少異。

愚按：　馬齒莧本金中含水，却味有酸，是以金媾木也。入血臟而散血消腫，理亦宜然。然簡瘍科方書用之鮮者，何哉？內科破傷風之證，屬半表半裏者，同地榆、防風、地丁香而治之，則其入肝散血可知矣。抑何以驗其為金中含水，即其有水銀，更難得燥者，足徵也。附破傷風方：　地榆防風散治半表半裏頭微汗，身無汗，地榆、防風、地丁香、馬齒莧各一兩，右為細末，每服三錢，溫米飲調下。見《準繩》。

修治　韓保昇曰：　此有二種，葉大者不堪入藥，小者節葉間有水銀，然用之亦須去莖，其莖無效也。

清・朱本中《飲食須知・菜類》　馬齒莧　味酸，性寒滑。　一名九頭獅子草，俗名醬瓣草。一種葉大者忌食。　妊婦食之，令墮胎。

清・何其言《養生食鑒》卷上　馬齒莧　味酸，性寒、滑，無毒。　肥腸胃，消腫毒，散瘀血，破癥瘕，利二便，治赤白帶。　和薑蒜食，良。　同蜜搗，塗諸惡瘡爛脚，神效。　一種葉大者，忌用。

清・王翃《握靈本草》補遺　馬齒莧形如馬齒，布地而生。有二種，大者不堪用。其葉青梗赤，花黄根白，子黑，節間有水銀。花葉與莧都不相似，味小酸，最難燥，入藥須去莖。 主散血消腫，利腸，滑胎，通淋，治産後虚汗。

清・汪昂《本草備要》卷四 馬齒莧一名九頭獅子草。瀉熱，散血。 酸，寒。散血解毒，祛風殺蟲。治諸淋疳痢，《海上方》：搗汁和鷄子白服，治赤白痢。血癖惡瘡，多年惡瘡，敷兩三遍即瘥。燒灰煎膏，塗禿瘡濕癬。小兒丹毒，搗汁飲，以滓敷之。利腸滑産。 葉如馬齒，有大小二種，小者入藥。性至難燥，去莖用。亦忌與鱉同食。

清・張璐《本經逢原》卷三 馬齒莧 酸，寒，無毒。恭曰辛溫，即莧之赤色者。 發明： 馬齒莧功專散血消腫，故能治血瘤及多年惡瘡，搗敷不過兩三遍即愈。解馬汗射工毒，塗之瘥。燒灰和梳垢封丁腫，先灸後封之，其根即出。不可同鼈食，令成鼈瘕。

清・汪啟賢等《食物須知・諸菜》 一種馬齒莧，性滑，野地最多。主治與莧實頗同，瘡科尤善。杖瘡敷散血，疔瘡敷出根。種有兩般，惟小葉間有水銀者妙，葉大者不堪用。感多陰氣，倘生食，搗蒜先拌製過，佳。

附： 泰西・石鐸琭《本草補》 馬齒莧 隨處生者，馬齒莧也。又呼瓜仁莧。人亦知其解毒去熱，未審其功效甚廣與夫療治之法也。以至賤之物，而獲至切之用，所謂雞廱、豕零，是時為帝者，其是之謂歟？ 頭痛，同灰麪大麥更良。擣爛，置頭頂上。 腹内作熱，擣爛敷之。 吐血、瀉血，并腹有蛔蟲，煮爛馬齒莧食之。 刀傷等，以馬齒莧同灰麪擣爛敷。 烈日曬頭，因而頭痛。以馬齒莧同油與月季華玫瑰華尤妙。擣爛敷頭上。 暑氣，以馬齒莧同酒食，即能辟除。 取馬齒莧生嚼，不必吞下。常如此法，能固齒而去内熱。 潮熱，生嚼馬齒莧，如前法，其熱漸減。

清・何諫《生草藥性備要》卷下 馬齒莧 味甜，性平。治紅痢疾，消熱毒，洗痔瘡，疳疔。

清・黄元御《玉楸藥解》卷八 莧實 味甘，性寒。入手陽明大腸、足太陽膀胱、足厥陰肝經。去瞖明目，殺疣清風。莧實清利肝肺，治青盲瞽目，白瞖黑花，疏木殺蟲，滑腸利水，通利大小二便。

清・吴儀洛《本草從新》卷四 馬齒莧〔瀉熱散血。〕 酸，寒。散血解毒，祛風殺蟲。治諸淋疳痢，《海上方》搗汁鷄子服，治赤白痢。血癖惡瘡，多年惡瘡，敷兩三遍即瘥。煎膏，塗禿瘡濕癬。小兒丹毒。搗汁飲，以滓塗之。利腸滑産。 葉如馬齒，有小大二種，小者入藥。性至難燥。去莖。亦忌與鱉同食。 附： 子〔明目。〕 明目。治青盲及目中出淚或出膿。

清・汪紱《醫林纂要探源》卷二 馬齒莧 酸，寒。一名酸莧，一名九頭獅，以枝頭多也。葉排如馬齒，盤生莧菜地及陰濕處，節節著土，則復生根。有大小數種，金陵人曰安樂菜。 去瘀，酸瀉肝散血。 殺蟲，蟲見酸伏。 治痢，以酸補肺、大腸而去瘀，又寒勝熱也。 治淋，酸收心火之散，即去小腸之熱。 殺疳，以殺蟲去熱也。 滑胎，治遊丹。 其汁含水銀之氣，最去毒熱，而性下沉滑。 忌鼈。

清・嚴潔等《得配本草》卷五 馬齒莧 酸，寒。入手太陽、陽明經。散血解毒，去風殺蟲。利大便，退寒熱，治疳痢，療虚汗。 得五加皮、蒼术，治筋骨痛。汁和雞子白煎服，治赤白帶下。 搗汁，能利惡物。 搗敷，火丹惡瘡。和石灰三分之二，搗敷疔瘡。 脾胃不實，血虚氣浮者，禁用。

題清・徐大椿《藥性切用》卷六 馬齒莧 性味酸寒，瀉熱散血，解毒殺蟲。子，能明目。

清・李文培《食物小録》卷上 馬齒莧 酸，寒，無毒。止消渴，能肥腸，令人不思食。煮粥，止熱痢，解諸熱毒。大者名馬齒莧，小者名瓜仁菜，功用略同。諸莧皆不可同鼈食。

清・羅國綱《羅氏會約醫鏡》卷一七菜部 馬齒莧味酸寒。 散血解毒，瘡科尤善。拔疔，治痢、搗汁合雞子白服。 丹毒、惡瘡，多年惡毒頻敷即瘥。 利腸，滑胎。忌與鼈同食。

清・章穆《調疾飲食辯》卷三 馬齒莧 《綱目》曰：《别録》名馬莧。初生小莩甲似莧實，非莧類。《圖經》名五行草，内有水銀，曝之難燥，故又名長命菜。葉有大、小二種，俗呼大葉者為豘耳草，小葉者為鼠齒莧。《寶藏論》《八草靈變篇》並名馬齒龍牙，又名五方草。方士隱其名，曰九頭獅子草。與龍鬚草為同類。馬齒莧生陰濕地，能變龍鬚草；龍鬚草生乾地，亦變馬齒莧。 處處有之，野生，亦可種蒔。 作蔬宜大葉者，嫩而有味。 入藥則取小葉。《雷公炮炙論》曰： 凡使勿用大葉，内無水銀。 指入藥而言。 味酸性寒，能解百毒，暑月宜多食，好生瘡毒人尤宜多食。 又能散血消腫，利腸，滑胎，通淋，治産後虚汗。生搗汁和熱水服。出《婦人良方》。《産寶》方治産後血痢： 生搗汁三合，煎沸，和熟蜜一合服。《經驗方》治痔瘡初起： 馬齒莧煮熟食，以湯熏洗，一月不斷，愈。《瀕湖方》治肛門腫痛： 馬齒莧同三葉酸莓等分，煎湯熏洗，日二次。《聖惠方》治小便熱淋，生搗汁飲。《海上方》治蛀脚臁瘡久爛生蟲為蛀，研末蜜調敷。此菜耐燥，難以研末，不如和蜜搗爛。乾者略以水潤，亦可搗也。和生猪脂，可敷反花惡瘡。《靈苑方》治毛蟲螫痛，生搗塗。又痘後餘毒生手足者，可廢人肢體；生頭項、腹背、胸脇者，可殺人。稚時每見先君樸菴公，以豭猪蹄煮爛一兩，和馬齒莧四兩，搗如泥封之，皆愈。自後遇此，如法治之，無不愈者。又《唐書·順宗紀》：帝居諒陰，不御酒肉，惟食馬齒莧。此物雖微，亦曾入天廚供御膳矣。

清·楊時泰《本草述鉤元》卷一五　馬齒莧　葉大者，不堪入藥。小者，節葉間有水銀，然用之亦須去莖，莖固無效也。以其難燥，又名長命菜。

味酸，氣寒。性更寒滑。主治散血消腫，利腸解毒，療破傷風。多年惡瘡，百方不瘥，或痛焮不已者，並爛搗馬齒莧傅上，不過三兩遍效。赤白帶下，不問老稚孕婦，悉可服，搗取馬齒莧汁三合，用雞子白二枚，先溫令熱，乃下莧汁，微溫頓飲之，不過再作即愈。小便熱淋，馬齒莧搗汁服之。足趾甲疽腫爛，牆上馬齒莧陰乾一兩，青木香、鹽各二錢半，和勻，燒存性，入辰砂少許，傅之。地榆防風散：治破傷風，半表半裏，頭微汗身無汗者，地榆、防風、地丁香、馬齒莧各一兩，為細末，每服三錢，溫米飲調下。

論：馬齒莧本金中含水，莖有水銀且難得燥。卻有酸味，是金媾於木也，入血臟而散血消腫，理固宜然。

清·葉桂《本草再新》卷六　馬齒莧味酸、苦，性寒，無毒。入肝、脾二經。瀉脾火，清肝熱。散血補脾，解毒追風。

清·吳其濬《植物名實圖考》卷三　馬齒莧　《別錄》謂之馬莧，《蜀本草》始別出，俗呼長命菜，今為治痔要藥。《救荒本草》謂之五行草，淮南人家採其肥莖，以針縷之，浸水中揉去其澀汁，曝乾如銀絲，味極鮮，且可寄遠。杜詩：又如馬齒盛，氣擁葵荏昏。若得此法製之，則䖢刺痕皆為纏齒羊，當不咎園官送菜把。

雩婁農曰：《易》曰：莧陸夬夬。莧，馬齒莧；陸，商陸。陸有毒，能致鬼神。莧感一陰之氣而生，拔而暴諸日不萎，本草以為難死之草。九五與上六，比為諸陽之宗，而牽於柔，猶商陸與莧，毒而難去，故重言夬夬，欲其決而又決，勿宴安鴆毒，而使陰類伏而不死也。然陰之類終不能絕，上六孤乘，一變為姤，而其勢熾矣。唐之五王，不除三思；宋之司馬，不去蔡京。小人之難死，人事耶？抑天道耶？老杜於人莧浸淫，馬齒掩蔬，皆以傷君子不遇為比，蓋有本於《易》，非為觸物而泛及之。

清·趙其光《本草求原》卷一五菜部　馬齒莧一名九頭獅子草，又名命菜，以其難燥也。　酸，寒，含水氣以滋肝。專入血臟，散血、消腫，多年惡瘡，敷三二次即愈。燒灰煎膏，塗禿瘡、濕癬。利二腸，解毒。治破傷風屬半表半裏者。頭微汗，身無汗，地榆、防風、地丁、丁香同此等分末，米飲下。殺蟲，治血瘤、諸淋疳、赤白痢、赤白帶下、俱取汁合雞子白溫，令熱服。血癖、小兒丹毒、與熱淋俱取汁飲，以渣敷之。滑產，治足趾甲疽腫爛，陰乾一兩，青木香、鹽各二錢半，燒存性，加朱砂敷之。解馬汗射工毒，塗之。封疔腫，先炙之，乃燒灰和梳垢封之，根即出。

有大小二種，大者無用，葉小而節間有水銀者入藥，去莖用。不可與鱉同食，食成鱉瘕。同蜜敷惡瘡爛脚妙。

清·劉善述、劉士季《草木便方》卷一草部　馬齒莧　馬齒莧酸寒散血，祛風殺蟲痔瘡滅。濕毒疳痢通五淋，利腸滑產功最捷。

清·田綿淮《本草省常·菜性類》　馬生菜　一名馬齒莧，一名長命菜，一名五行草，一名九頭獅子草。性寒。清熱散血，解毒殺蟲，利腸滑胎。多食損腹。同鱉食成鱉癥。服鱉甲者忌之。

清·戴葆元《本草綱目易知錄》卷三　馬齒莧　酸，寒。散血消腫，利腸滑胎，解毒通淋，止消渴，破痃癖，去白蟲。飲汁，治反胃諸淋，金瘡流血，破血癖癥瘕，治自尸脚氣陰腫，女人赤白帶下，產後虛汗血痢。生擣汁服，療癰瘡，殺諸蟲，當利下惡物，擦緊唇面皰，塗馬汗射工毒。和米煮粥食，治痢及疳痢，療腸痛。作膏，塗濕癬白禿，杖瘡及三十六種風。和梳垢擣，封疔瘡及燒灰醋調後封之，根即出。諸腫瘻疣目，擣爛揩之。與莧性同，亦忌鱉。

清·陳其瑞《本草撮要》卷四　馬齒莧　味酸，寒，入手陽明、足厥陰經，功專散血解毒，祛風殺蟲。合雞子白煎服，治赤白帶下痢。小便熱淋，以之搗汁飲即愈。煎膏塗禿瘡濕癬惡瘡良。丹毒搗汁飲，以滓塗之。利腸滑胎。子治青盲及目中出淚出膿。亦忌魚鱉。

清·吳汝紀《每日食物却病考》卷上　馬齒莧　酸，寒，無毒。性滑，利大小便，止女人赤白下，治馬咬馬汗，射工毒。作膏，塗濕癬白禿、杖瘡。擣汁服，治癰，殺諸蟲。和梳垢，治丁毒。其葉大者不堪，葉小而節間有水銀者佳。

土人參

明・蘭茂原撰，范洪等抄補《滇南本草圖說》卷三　土人參　生陟山谷同遼東，其根形狀如玉竹而潤實，春生苗，產于深山背陰濕潤處。初生小者三四寸許，一椏五葉，四五年後生兩椏五葉，未有花，至十年後三椏五葉，年深者四椏，各有五葉，中心生一莖，俗名百尺杵。三月、四月有細花如粟，蕊如絲，紫白色，秋後結子，或七八枚，如豆大，〔生〕青熟〔紅〕，自落。根如人形者神。乃年深浸漸長成者。滇中陟山吳王時，人得此參，敬之王前者多矣。故《說文》曰人蓡。蓡字，從蓡，亦浸漸之義。蓡即浸字，後世因蓡字繁，遂以參之字代之，從簡便爾。然承誤日久，亦不能變矣。惟仲景《傷寒論》尚作蓡字，其或有階級，故《本經》名人參。其草背陽向陰，故《本經》名鬼蓋。其在五參，色黃屬土，補脾胃而生陰血，故吳普名黃參，《別錄》名血參。得地之精靈，故《別錄》名上參，《廣雅》名地精。《五行記》云：隋文帝時，上黨有人宅後每夜聞人呼聲，求之而不得，去宅一里許，見人枝葉異常，掘之入地五尺，得人蓡，一如人體，四肢畢滿，呼聲遂絕。觀此，則土精、地精之名，尤可證也。後改參字曰參，糸也。久服補元氣有糸贊之功，故名參。〇氣味甘，微溫，無毒。君藥也。〇主治：補五臟，安精神，定魂魄，止驚悸邪氣。明目，開心益智。久服輕身延年。〇療腸胃中冷，心腹鼓痛，胸脇逆滿，霍亂吐逆，調中，止消渴。通血脈，補堅積，令人不忘。〇主五勞七傷，虛損痰弱，止嘔噦，補中守神。消胸中痰，治肺痿及癇疾，冷氣逆上，傷寒不下食。凡虛而多夢紛紜者，加之。〇止煩燥，變酸水。〇消食開胃，調中治氣。殺金石藥毒。〇治肺脾陽氣不足，肺氣虛促，短氣少氣，補中緩中。瀉心肺脾胃中火邪，止渴生津液。〇治男婦一切虛勞，發熱自汗，眩暈頭痛，反胃吐食，痰瘧，滑瀉久痢，小便頻數淋瀝。中風中暑，痿痹，吐血下血，血淋，嗽血，血崩，胎前產後諸病。

明・蘭茂撰，清・管暄校補《滇南本草》卷上　土人參　味甘，寒。補虛損癆疾，婦人服之補血。

落葵

唐・孫思邈《千金要方》卷二六《食治・菜蔬》　落葵　味酸，寒，無毒。滑中，散熱實，悅澤人面。一名天葵，一名蘩露。

宋・李昉《太平御覽》卷九八〇　絡葵　《博物志》曰：人食絡葵為狗齧，則瘡不差或致死。

宋・唐慎微《證類本草》卷二九菜部下品〔《別錄》〕　落葵　味酸，寒，無毒。主滑中，散熱。實，主悅澤人面。一名天葵，一名繁露。

〔梁・陶弘景《本草經集注》〕云：又名承露，人家多種之。葉惟可飪飷音征鮓，性冷滑，人食之，爲狗所嚙作瘡者，終身不差。其子紫色，女人以漬粉傅面爲假色，少入藥用。

〔宋・馬志《開寶本草》〕注：一名藤葵，俗呼爲胡燕脂。

〔宋・掌禹錫《嘉祐本草》〕按：《蜀本圖經》云：蔓生，葉圓，厚如杏葉。子似五味子，生青熟黑，所在有之。孟詵云：其子悅澤人面，藥中可用之。取蒸暴乾，和白蜜塗面，鮮華立見。

〔宋・唐慎微《證類本草》〕《食療》：其子令人面鮮華可愛。取蒸，烈日中曝乾。挼去皮，取人細研，和白蜜傅之，甚驗。食此菜後被狗咬，即瘡不差也。

明・劉文泰《本草品彙精要》卷四〇　落葵無毒　蔓生。

落葵：主滑中，散熱。〇實，主悅澤人面。名醫所錄。〔名〕天葵、藤葵、胡燕脂、滑藤、繁露、承露、西洋菜。〔苗〕《圖經》曰：蔓生，葉如杏葉，圓厚而柔嫩。人家多種之，延引於籬落及樹上，嫩時採藤葉作羹，食之甚滑，故名滑藤。其實似五味子，生青熟黑，碎之則紫，女人以漬粉傅面爲假色，俗呼爲胡臙脂也，少入藥用。〔地〕所在有之。〔時〕生：春生苗。採：春夏取。〔收〕暴乾。〔用〕藤葉。〔色〕綠。〔味〕酸。〔性〕寒。〔氣〕氣薄味厚，陰也。〔臭〕腥。〔合治〕子蒸，烈日中暴乾，挼去皮，取仁細研，合白蜜傅面，令人面色鮮華可愛。〔禁〕此菜患狗咬瘡者勿食，食之終身不差。

明・盧和、汪穎《食物本草》卷二　落葵　味酸，寒，無毒。主滑中，散熱。子，主悅澤人面。人被犬咬，食此菜，終身不差。

明・寧源《食鑒本草》卷下　落葵菜　味酸，寒，無毒。俗名滕兒菜，又云胡臙脂。滑中散熱。子：新增陶隱居云：其子紫色，女人以漬粉傅面為假色，可以悅澤人面，鮮華可愛。取蒸晒乾，按去皮，取仁細研，和白蜜傅之，甚妙。

明・王文潔《太乙仙製本草藥性大全》卷五《本草精義》　落葵　一名天葵，一名藤葵，一名蘩露，一名承露。舊不著所出州土，今在處有之，人家多種植。蔓生，葉圓，厚如杏葉，今閩人呼爲藤君蓬，惟可飪飷，性冷。結實似五味子，生青熟紫，其子黑色，又呼爲胡臙脂。

明·王文潔《太乙仙製本草藥性大全》卷五《仙製藥性》 落葵即天葵菜。味酸，氣寒，無毒。主治： 主滑中至靈，散熱鬱尤妙。實主悅澤人面，俗呼胡臙脂。 補註： 其子悅澤人面，藥中亦用之。取莖晒乾爲末，和白蜜塗面，鮮華立見。 按：《食療》云： 其子令人面鮮華可愛，取蒸，烈日中曝乾，挼去皮，取仁細研，和白蜜傅之甚驗。食此菜後被狗咬即瘡不差也。

明·李時珍《本草綱目》卷二七菜部·柔滑類 落葵《別録》下品。

【釋名】蔠葵《爾雅》 藤葵《食鑒》 藤菜《綱目》 天葵《別録》 繁露同 御菜俗 燕脂菜志曰： 落葵一名藤葵，俗呼爲胡燕脂。時珍曰： 落葵葉冷滑如葵，故得葵名。釋家呼爲御菜，亦曰藤兒菜。《爾雅》云： 蔠葵，繁露也。一名承露。其葉最能承露，其子垂垂亦如綴露，故得露名，而蔠、落二字相似，疑落字乃蔠字之訛也。案《考工記》云： 大圭，終葵首也。注云： 齊人謂椎曰終葵。圭首六寸爲椎。然則此菜亦以其葉似椎頭而名之乎？

【集解】弘景曰： 落葵又名承露。人家多種之。葉惟可飪鮓食，冷滑。其子紫色，女人以漬粉傅面爲假色，少入藥用。保昇曰： 蔓生，葉圓厚如杏葉。子似五味子，生青熟黑。所在有之。時珍曰： 落葵三月種之，嫩苗可食。五月蔓延，其葉似杏葉而肥厚軟滑，作蔬、和肉皆宜。八九月開細紫花，纍纍結實，大如五味子，熟則紫黑色。揉取汁，紅如燕脂，女人飾面、點脣及染布物，謂之胡燕脂，亦曰染絳子，但久則色易變耳。

葉【氣味】酸，寒，滑，無毒。時珍曰： 甘，微酸，冷滑。脾冷人不可食。弘景曰： 曾爲狗嚙者，食之終身不瘥。【主治】滑中，散熱《別録》。利大小腸時珍。

子【主治】悅澤人面《別録》。可作面脂蘇頌。詵曰： 取子蒸過，烈日中暴乾，挼去皮，取仁細研，和白蜜塗面，鮮華立見。

明·吴文炳《藥性全備食物本草》卷一 落葵即藤葛蓮。 味酸，氣寒，無毒。滑中，散熱鬱。食此菜後被狗咬即瘡不瘥也。子： 悅澤人面，取蒸，日中晒乾，挼去皮取仁，細研，和白蜜塗面，鮮華立見。

明·姚可成《食物本草·救荒野譜補遺·草類》 落葵食葉。一名紫艸，蔓延籬垣。七月蕃茂，葉圓，光潤肥厚，汋熟可以濟飢。結實紫色，可入染彩。

采采落葵，賑我荒落。充我餱糧，代彼藜藿。藜藿今年食盡科，落葵存得有還無。采采落葵，濟我民飢。甑空若洗，釜欲生魚。那堪荒歲田家苦，桂視薪來米若珠。

明·姚可成《食物本草》卷七菜部·柔滑類 落葵一名承露。葉冷滑如葵，故得葵名； 其葉最能承露，故得露名。三月種之，嫩苗可食。五月蔓延，其葉似杏葉而肥厚軟滑，作蔬、和肉皆宜。八九月開細紫花，累累結實，大如五味子，熟則紫黑色。揉取汁，紅如胭脂，女人飾面、點唇及染布物，謂之胡燕脂，亦曰染絳子，但久則色易變耳。吳人稱為紫草，即此是矣。

落葵，味酸，寒，滑，無毒。主滑中，散熱。利大小腸。被狗咬，食之終身不瘥。

子 主悅澤人面，可作面脂，鮮華美麗。女人以漬粉傅面，為假色。

明·施永圖《本草醫旨·食物類》卷二 落葵菜又名胡胭脂，俗名藤兒菜。味： 酸，寒，無毒。主滑中，散熱。其子紫色，女人以漬粉傅面，鮮華可愛。取蒸晒乾，按去皮，取仁細研，和白蜜傅之甚妙。〇被犬咬者食此菜，終身不愈。

清·丁其譽《壽世秘典》卷三 落葵即終葵也，一名落葵，一名天葵，一名繁露，一名藤葵，人家多種之。《爾雅翼》云： 摘葵必待露解。語曰觸露不掐葵，日中不剪韭，各有宜也。俗呼燕脂菜，其葉似杏葉而肥厚軟滑，故得葵名，作蔬和肉皆宜。其子生青熟黑，揉取汁，紅如燕脂，但久則色易變耳。取子蒸過，烈日中曝乾，挼去皮，取仁細研，和白蜜塗面，鮮華可愛。

氣味： 微酸，寒，滑，無毒。主滑中，散熱，利大小腸。

發明： 陶弘景曰： 被犬咬者食之，終身不瘥。脾冷人，不可食。

清·朱本中《飲食須知·菜類》 落葵葉 味酸，性寒滑。即胭脂菜。脾冷人不可食，曾被犬嚙者食之，終身不瘥。

清·何其言《養生食鑒》卷上 落葵即藤菜。 味酸、滑，性寒，無毒。滑中，散熱，利大小腸。脾冷人不可食。曾被犬咬者食之，終身不瘥。

清·张璐《本經逢原》卷三 落葵一名藤葵，亦名燕脂菜，俗名染綠子。 酸，寒，滑，無毒。 發明： 落葵蔓生，葉圓厚如杏葉。子似五味子，生青熟紫，所在有之，揉取汁紅如臙脂，女人飾面點脣及染布帛。謂之胡燕脂，亦曰染綠子，但久即色易變。《別錄》言滑中散熱。時珍云，利大小腸。子仁可作面脂，和白蜜塗，鮮華立現。

清·章穆《調疾飲食辯》卷三 籐菜 《爾雅》曰： 蔠葵，繁露。一名承露。《別錄》名天葵，《食鑒本草》名籐葵，釋家呼御菜，俗呼胭脂菜。有二種： 一種味酸如馬齒莧者，吾鄉呼木耳菜。《綱目》曰： 三月種，五月蔓延，葉似杏葉而肥厚，故名木耳。軟滑性涼，利大、小腸，脾冷人不可食。《別錄》曰：滑中解熱。陶隱居曰：被狗咬者食之，終身不愈。一種味甘平不酸者，葉薄而長，不似木耳菜之圓厚，性較優。亦能解熱利腸。不助脾冷。

清・吳其濬《植物名實圖考》卷四　落葵　《別錄》下品。《爾雅》：終葵，繁露。注：承露也。大莖小葉，華紫黃色，即臙脂豆也。湖南有白莖綠葉者，謂之木耳菜，尤滑。

清・趙其光《本草求原》卷一五菜部　藤菜即落葵。　酸，寒，滑，無毒。散熱，利大小腸。滑脾，脾冷忌之，曾被犬傷尤忌。

清・田綿淮《本草省常・菜性類》　御菜　一名胭脂菜，一名落葵。性寒。散熱滑中，利二便。脾虛人忌之。

蕺

唐・孫思邈《千金要方》卷二六《食治・菜蔬》　蕺　味辛，微溫，有小毒。主蠼螋尿瘡。多食令人氣喘，不利人脚，多食脚痛。

附：日・丹波康賴《醫心方》卷三〇　蕺　《本草》云：味辛，微溫。多食令人氣喘。陶〔弘〕景注云：不利人肺，恐閉氣故也。

宋・唐慎微《證類本草》卷二九菜部下品〔《別錄》〕　蕺音戢　味辛，微溫。主蠼音劬螋溺瘡，多食令人氣喘。

〔梁・陶弘景《本草經集注》〕云：俗傳言食蕺不利人脚，恐由閉氣故也。今小兒食之，便覺脚痛。

〔唐・蘇敬《唐本草》〕注云：此物葉似蕎麥，肥地亦能蔓生，莖紫赤色，多生濕地、山谷陰處。山南、江左人好生食之，關中謂之菹菜。

〔宋・掌禹錫《嘉祐本草》〕按：《蜀本圖經》云：莖葉俱紫赤，英有臭氣。孟詵云：蕺菜，溫。小兒食之，三歲不行。久食之，發虛弱，損陽氣，消精髓，不可食。日華子云：蕺菜，有毒。淡竹筒內煨，傅惡創，白禿。

〔宋・蘇頌《本草圖經》〕曰：蕺菜，味辛，微溫。主蠼螋溺瘡。山谷陰處濕地有之。作蔓生，莖紫赤色。葉如蕎麥而肥。山南、江左人好生食之。然不宜多食，令人氣喘，發虛弱，損陽氣，消精髓，素有脚弱病尤忌之。一啖令人終身不愈。關中謂之菹菜者是也。古今方家亦鮮用之。

〔宋・唐慎微《證類本草》〕《經驗方》：主背瘡熱腫。取汁蓋之，至瘡上開孔以歇熱毒，冷即易之，差。

宋・鄭樵《通志》卷七五《昆蟲草木略》　蕺　曰蘵。《爾雅》云：蘵，黃蒢。葉似菥蓂，蔓生田野陰濕處。關中曰菹菜，以其生可為菹也。

宋・王介《履巉巖本草》卷中　魚腥草　性涼，無毒。大治中暑伏熱，悶亂不省人事。每用少許，搗爛取汁，以凉水浸服。

明・蘭茂原撰，范洪等抄補《滇南本草圖說》卷四　魚腥草　氣味苦辛，性寒平。治肺癰咳嗽成勞，或帶膿血，而痰多腥臭。亦治大腸熱毒，五痔皆痊。

明・蘭茂撰，清・管暄校補《滇南本草》卷中　魚腥草　性寒，味苦辛。治肺癰，咳嗽帶膿血者，痰有腥臭，火腸熱毒。療痔瘡。附方：治肺癰，吐膿吐血。魚腥草、天花粉、側柏葉，煎湯服之，即愈。

又方：治痔瘡，不論內外。魚腥草，煎湯，點水酒服，連進三服，其渣薰洗，有膿者潰，無膿者自消。

明・蘭茂《滇南本草》〔叢本〕卷上　魚腥草　味辛、苦，性寒。治肺癰咳嗽，吐膿血痰腥臭。（改）〔解〕大便熱毒，療痔瘡。單方：治痔瘡不拘內外，單劑水煎，微點水酒服三次，燻洗，有膿者潰，無膿者散。

明・劉文泰《本草品彙精要》卷四〇　蕺有毒　蔓生。

蕺音戢。主蠼音劬螋音搜溺瘡，多食令人氣喘。名醫所錄。〔名〕菹菜。

〔苗〕《圖經》曰：蔓生，莖紫赤色，葉如蕎麥而肥，英有臭氣，山南、江左人好生食之，關中謂之菹菜者是也。古今方家亦鮮用之。〔地〕《圖經》云：生江南，山谷陰處濕地有之。〔道地〕揚州、關中。〔用〕莖、葉。〔色〕紫赤。〔味〕辛。〔性〕微溫。〔氣〕氣之厚者，陽也。〔臭〕臭。〔治〕療：日華子云：淡竹筒內煨，傅惡瘡，白禿。《別錄》云：背瘡熱腫，擣汁傅瘡上，開孔以歇熱毒，乾即易之，瘥。〔禁〕久食令人氣喘，發虛弱，損陽氣，消精髓。素有脚弱病尤忌之，一啖令人終身不愈。小兒食之，三歲不能行。

明・盧和、汪穎《食物本草》卷二　蕺菜　味辛，微溫。主蠼螋溺瘡。多食令人氣喘。

明・王文潔《太乙仙製本草藥性大全》卷五《本草精義》　蕺菜　舊不著所出州土，今在處有之，生山谷陰處，濕地有之。作蔓生，莖紫赤色，葉如蕎麥而肥。山南、江左人好生食之。然不宜多食，令人氣喘發虛弱，損陽氣，消精髓，素有腳弱病尤忌之，一啖令人終身不愈。關中謂之菹菜者是也。方家亦鮮用之。

明·王文潔《太乙仙製本草藥性大全》卷五《仙製藥性》　蕺菜　味辛，氣微溫，有微毒。　主治：　主蠼螋溺瘡而有準，祛發背熱腫之殊功。多食令人氣喘，惡瘡白禿無蹤。　補註：　背瘡熱腫，取汁蓋之，至瘡上開孔以歇熱毒，冷即易之差。○惡瘡白禿，以入淡竹筒内煨過傅之。

明·李時珍《本草綱目》卷二七菜部·柔滑類　蕺音戢。○《别録》下品。

【釋名】葅菜恭　魚腥草時珍曰：蕺字，段公路《北户録》作蕊，音戢。秦人謂之葅子。葅、蕺音相近也。其葉腥氣，故俗呼爲魚腥草。　【集解】恭曰：蕺菜生濕地山谷陰處，亦能蔓生。葉似蕎麥而肥，莖紫赤色。山南、江左人好生食之。關中謂之葅菜。保昇曰：莖、葉俱紫，赤英，有臭氣。時珍曰：案趙叔文《醫方》云：魚腥草即紫蕺。葉似荇，其狀三角，一邊紅，一邊青。可以養猪。又有五蕺，即五毒草，花、葉相似，但根似狗脊。見草部。

葉　【氣味】辛，微温，有小毒。《别録》曰：多食，令人氣喘。弘景曰：俗傳食蕺不利人脚，恐由閉氣故也。今小兒食之，便覺脚痛。詵曰：小兒食之，三歲不行。久食，發虚弱，損陽氣，消精髓。思邈曰：素有脚氣人食之，一世不愈。　【主治】蠼螋尿瘡《别録》。淡竹筒内煨熟，搗傅惡瘡、白禿大明。散熱毒癰腫，瘡痔脱肛，斷痁疾，解硇毒時珍。

【附方】舊一，新六。　背瘡熱腫：蕺菜搗汁塗之，留孔以泄熱毒，冷即易之。《經驗方》。　痔瘡腫痛：魚腥草一握，煎湯熏洗，仍以草挹痔即愈。一方：洗後以枯礬入片腦少許，傅之。《救急方》。　疔(毒)〔瘡〕作痛：魚腥草搗爛傅之。痛一二時，不可去草，痛後一二日即愈。徽人所傳方也。陸氏《積德堂方》。　小兒脱肛：魚腥草擂如泥，先以朴硝水洗過，用芭蕉葉托住藥坐之，自入也。《永類方》。　蟲牙作痛：魚腥草、花椒、菜子油等分，搗匀，入泥少許，和作小丸如豆大。隨牙左右塞耳内，兩邊輪換，不可一齊用，恐閉耳氣。塞一日夜，取看有細蟲爲效。《簡便方》。　斷截瘧疾：紫蕺一握，搗爛絹包，周身摩擦，得睡有汗即愈。臨發前一時作之。《救急易方》。　惡蛇蟲傷：魚腥草、皺面草、槐樹葉、草决明，一處杵爛，傅之甚效。同上。

明·吴文炳《藥性全備食物本草》卷一　蕺菜　味辛，氣微溫，有微毒。治背瘡熱腫，蠼螋溺瘡，惡瘡白禿，取汁敷瘥。江左人好生食之。然不宜多食，令人氣喘，發虚弱，損陽氣，消精髓，素有脚弱病尤忌之，一啖令人終身不痊。關中謂之葅菜者是也。

明·繆希雍《本草經疏》卷二九　蕺　味辛，微溫。主蠼螋溺瘡。多食令人氣喘。俗呼魚腥草。

【疏】蕺，生於下濕之地，得陰中之陽，故其味辛，氣溫。入手太陰經。能治痰熱壅肺，發為肺癰吐膿血之要藥。辛溫主散，故能治蠼螋溺瘡。肺主氣，辛溫能散氣，故多食令人氣喘。肺與大腸為表裏，大腸濕熱盛則為痔瘡。得辛溫之氣，則大腸清寧，故又為痔瘡必須之藥。　【主治參互】單用搗汁，入年久芥菜滷飲之，治肺癰有神。《救急方》痔瘡腫痛。魚腥草一握，煎湯熏洗，仍以滓傅，即愈。　【簡誤】蕺，止能消肺癰，治痔瘡，餘非所長。況多食令人氣喘，發虚弱，損陽氣，發脚氣等害。慎之！慎之！

明·姚可成《食物本草》卷七菜部·柔滑類　蕺菜一名魚腥草。以其葉有腥氣，故名。生溼地山谷陰處，亦能蔓生。葉似蕎麥而肥，莖紫赤色。山南、〔江〕左人好生食之。關中謂之葅菜。越王〔勾踐嘗〕糞口臭，食此以解穢氣。○魚腥草即紫蕺。葉似荇，其狀三角，一邊紅，一邊青。可以養猪。

蕺菜，味辛，微溫，有小毒。主蛷螋尿瘡。淡竹筒内煨熟，擣傅惡瘡、白禿。散熱毒癰腫，瘡痔脱肛，斷痁疾，解硇毒。多食，令人氣喘。不利人脚。小兒食之，便覺脚痛。素有脚疾人食之，一世不愈。

附方：　治發背焮腫作痛。用蕺菜擣汁塗之，留孔以洩熱毒，冷即易之。　治小兒脱肛。魚鯹草擂如泥，先以朴硝水洗過，用芭蕉葉托住藥坐之，自入也。　治蟲牙作痛。用魚鯹草、花椒、菜子油等分，搗匀，入泥少許，和作小丸如豆大。隨痛左右塞耳内，兩邊輪換，不可一齊用，恐閉耳氣。塞一日夜，取看有細蟲為效。　治瘧疾。紫蕺一握，搗爛絹包，周身摩擦，得睡有汗即愈。臨發前一時作之。　治蛇咬蟲傷。用魚鯹草、皺面草、槐樹葉、決明草，一處搗爛，傅之甚效。

明·蔣儀《藥鏡》卷一温部　蕺　善理熱痰于肺内，故與陳年芥菜滷，同奏肺癰之功。兼清濕熱于大腸，故煎新莖葉洗薰，立止痔瘡之痛。

明·施永圖《本草醫旨·食物類》卷二　蕺菜名魚腥草。　葉：　味：辛，微溫，有小毒。多食令人氣喘。○食蕺不利人脚，恐由閉氣故也。今小兒食之，便覺脚痛。小兒食之，三歲不行。久食發虚弱，損陽氣，消精髓。○素有脚氣人食之，一世不愈。治蛷螋尿瘡。淡竹筒内煨熟，擣，傅惡瘡白禿。散熱毒癰腫，瘡痔脱肛，斷痁疾，解硇毒。

附方　背瘡熱腫：蕺菜擣汁塗之，留孔以洩熱毒，冷即易之。痔瘡腫痛：魚腥草一握，煎湯熏洗，仍以草挹痔即愈。疔毒作痛：魚腥草搗爛敷之，痛一二時不可去草，痛後一二日即愈。小兒脫肛：魚腥草擂如泥，先以朴硝水洗過，用芭蕉葉托住藥，坐之自入也。蟲牙作痛：魚腥草、花椒、菜子油等分擣勻，入泥少許，和作小丸如豆大，隨(着)〔牙〕左右塞耳內，兩邊輪換，不可一齊用，恐閉耳氣，塞一日夜，取看有細蟲為效。斷絕瘧疾：紫蕺一握，擣爛絹包，周身摩擦，得睡有汗即愈，臨發前一時作之。惡蛇蟲傷：魚腥草、皺面草、槐樹葉、草決明，一處杵爛，敷之甚效。

清·劉雲密《本草述》卷九下　蕺音戢。一名魚腥草。其葉腥氣，故俗呼之。時珍曰：按趙叔文《醫方》云：魚腥草即紫蕺，葉似荇，其狀三角，一邊紅，一邊青。

葉：氣味：辛，微溫，有小毒。希雍曰：蕺生於下溼之地，得陰中之陽，故其味辛，氣溫，入手太陰經。能治痰熱壅肺，發為肺癰，吐膿血之要藥。肺主氣，而此味辛溫能散，故治痰熱壅肺。肺與大腸為表裏，大腸溼熱甚，則為痔瘡。得辛溫之氣，則大腸清寧。故又為痔瘡必須之藥。

附方　治肺癰，用魚腥草搗汁，入年久芥菜滷，飲之神效。痔瘡腫痛，魚腥草一握，煎湯熏洗，仍以滓傅，即愈。按此種方書多未見用。因繆希雍所說，故收之。

希雍曰：蕺，止能消肺癰，治痔瘡，餘非所長。況多食人氣喘發虛弱，損陽氣，發脚氣等害。慎之！慎之！

清·朱本中《飲食須知·菜類》　蕺菜　味辛，性微溫，有小毒。一名魚腥草。多食令人氣喘。小兒食之，三歲不行，便覺脚痛。素有脚氣人食之，一世不愈。久食發虛弱，損陽氣，消精髓。

清·馮兆張《馮氏錦囊秘錄·雜症痘疹藥性主治合參》卷三　蕺俗名魚腥草。生於下濕之地，得陰中之陽，故其味辛，氣溫。入手太陰經。能治痰熱壅肺，發為肺癰，吐膿血之要藥。然肺主氣，辛溫能散氣，故多食令人氣喘也。肺與大腸為表裏，大腸濕熱盛，則為痔瘡，用此煎湯熏洗，仍以滓傅患處，則濕熱之氣散而自愈也，故又為痔瘡必用之藥。

清·张璐《本經逢原》卷三　蕺草一名魚腥草　辛，微溫，小毒。發明：魚腥草方藥罕用。近世僅以煎湯薰滌痔瘡，及敷惡瘡白禿。又治咽喉乳鵝，搗取自然汁灌吐頑痰殊效。《別錄》主蠼螋尿瘡，又云多食氣喘，患腳氣人勿食。《千金》言，素有腳氣人食之，一生不愈。時珍云，散熱毒癰腫，脫肛斷痁疾，解硇毒。合上諸治，總不出辟諸蟲毒、瘡毒。即治痔瘡，亦是濕熱生蟲之患，專取穢惡之氣，以治穢惡之疾，同氣相感之力也。

清·吴儀洛《本草從新》卷四　魚鯹草〔瀉熱解毒。〕古名蕺。　辛，微寒，有小毒。散熱毒癰腫，痔瘡脫肛，斷痁疾，解硇毒。敷惡瘡白禿。淡竹筒內煨搗。

清·汪紱《醫林纂要探源》卷二　蕺　甘，辛，鹹。俗名魚腥草，又名臭豬巢。生下濕地，葉如蕎麥而厚，面青背赤，花白，根紅白色，氣甚葷臭。可作蔬。行水攻堅，去瘴解暑。療蛇蟲毒，治腳氣，潰癰疽。氣重而力猛。去瘀血，補心血。

題清·徐大椿《藥性切用》卷六　魚鯹草　古名蕺菜。散熱消癰，解硇砂毒。

清·羅國綱《羅氏會約醫鏡》卷一六草部　蕺俗名魚腥草。味辛氣溫，入肺經。生下濕之地，得陰中之陽。治痰熱壅肺，發為肺癰，吐膿吐血之要藥清肺。療大腸濕熱盛則為痔瘡。用此煎湯熏洗，滓敷患處，以肺與大腸相表裏也。但辛溫散氣，多服令人氣喘。

清·章穆《調疾飲食辯》卷三　蕺菜　俗呼魚腥草，氣惡也。《唐本草》曰：葅菜生濕地則引蔓，葉似荍麥，莖紫赤。《綱目》曰：葉似茖，三角，半紅半青。陶隱居曰：蕺不利人脚。《食療本草》曰：小兒食之，三歲不能行。久食損陽氣，消精髓。孫氏曰：脚氣人食之，永不愈。然能治疔瘡發背，搗敷出《積德堂方》。又治蛇咬，同皺面草即杜牛膝、槐樹葉、草決明同搗，塗出《救急方》。

清·莫樹蕃《草藥圖經》　臭草根　又名魚腥草。春發葉，面青背紫，花如海棠，白色，子如(莗)〔華〕芟，瘡科要藥。味溫，無毒。

清·張德裕《本草正義》卷上　魚腥草　苦，涼。善解毒，尤療肺痿肺癰。

清·楊時泰《本草述鉤元》卷九　蕺　一名魚腥草。生下濕地。其葉似荇而腥氣，其狀三角，一邊紅一邊青。

葉味辛，氣微溫，有小毒。陰中之陽。入手太陰經。治痰熱壅肺，發而為癰，時吐膿血，又為痔瘡必須之藥。肺主氣，此味辛溫能散，故治痰熱壅肺，肺與大腸為表裏，大腸濕熱甚，則為痔瘡，得辛溫之氣，則大腸清寧。治肺癰，用魚腥草搗汁，入年久芥菜滷，飲之神效。痔瘡腫痛，魚腥草一握，煎湯熏洗，仍以渣傅即愈。

多食令人氣喘，發虛弱，損陽氣，發脚氣等害，慎之慎之仲淳。

清・葉桂《本草再新》卷六　魚鯹草味辛，性微寒，有小毒。入肝、肺二經。　散熱毒，消癰腫，瘡痔脱肛。

清・吴其濬《植物名實圖考》卷四　蕺菜　《别録》下品。即魚腥草。開花如海棠，色白，中有長緑心突出，以其葉覆魚，可不速餒。湖南夏時，煎水為飲以解暑。《爾雅》：蘵，黃蒢。注：草似酸漿，華小而白，中心黄，江東以作葅。《通志》以為即蕺，蕺、蘵音近，其狀亦相類。《吴越春秋》越王嘗糞惡之，遂病口臭。范蠡令左右食岑草以亂其氣。注：岑草，蕺也。凶年飢民劚其根食之。《齊民要術》有蕺葅法。今無食者，醫方亦鮮用。唯江湘土醫蒔為外科要藥。《遵義府志》側耳根即蕺菜，荒年民掘食其根，《本草》味辛，《山陰縣志》味苦，損陽消髓，聊緩溝壑瘠耳。

清・吴其濬《植物名實圖考》卷一三　魚腥草　生陰濕地。細莖短葉，秋作細穗如綫，三叉；天陰則氣腥，馬不食之；實極小，歉歲則茂。北地謂之熱草，亦採以充飢。

清・趙其光《本草求原》卷一山草部　魚腥草　專治囊癰及魚肚瘡。

清・劉善述、劉士季《草木便方》卷一草部　側耳根　側耳根苦辛寒平，解暑清熱逐水停。利水消脹除痞膨，熱毒腫塗沙石淋。

清・陳其瑞《本草撮要》卷四　魚鯹草　味辛，微寒，有小毒。入手太陰經，功專散熱毒，癰腫瘡痔脱肛，斷痁疾，解硇毒。敷惡瘡白禿。搗汁入陳久芥菜滷飲之，治肺癰神效。多食令人氣喘。

千屈菜

明・朱橚《救荒本草》卷上之前　千屈菜　生田野中。苗高二尺許，莖方四楞，葉似山梗菜葉而不尖，又似柳葉菜葉，亦短小，葉頭頗齊，葉皆相對生梢間，開紅紫花。葉味甜。　救飢：採嫩苗葉煠熟，水浸淘淨，油鹽調食。

水莧仔

明・佚名氏《醫方藥性・草藥便覽》　水莧仔　其性涼。治飛瘍。

清・劉善述、劉士季《草木便方》卷一草部　水莧菜　水莧菜涼解熱毒，一切火毒止痛速。利濕清熱消癰腫，盪火淋痢痔腫塗。

芋

唐・孫思邈《千金要方》卷二六《食治・果實》　芋　味辛，平，滑，有毒。寬腸胃，充肌膚，滑中。一名土芝，不可多食，動宿冷。

唐・孟詵、張鼎《食療本草》卷子本　芋平。　右主寬緩腸胃，去死肌，令脂肉悦澤。白淨者無味，紫色者良，破氣。煮汁飲之止渴。十月已後收之，曝乾。冬蒸服，則不發病，餘外不可服。又，和〔鯽魚、鱧〕魚煮為羹，甚下氣，補中焦。〔久食〕令人虚，無氣力。此物但〔先肥〕〔充飢〕而已。又，煮生芋汁，可洗垢膩衣，能潔白。又，〔煮汁浴之，去身上浮氣。浴了，慎風半日許〕。

宋・李昉《太平御覽》卷九七五　芋　《説文》曰：齊人謂芋為莒。《廣雅》曰：藉如，水芋也。亦曰烏芋。《本草經》曰：芋，土芝。八月採。

附：日・丹波康賴《醫心方》卷三〇　芋　《本草》云：味辛，平，有毒。主寬腸胃，充肌膚，滑中。一名雲芝。陶〔弘〕景注云：生則有毒，不可食。性滑下石。崔禹〔錫〕云：味鹹，小溫。滑中，多食之傷人性命。《神農經》云：不可多食，動宿冷。孟詵云：主寬緩腸胃，去死肌，令脂肉悦澤。《七卷經》云：有毒，能下石。《列仙傳》云：昔酒客為梁，使民益種芋。後三年，當大飢，梁民不飢死。兼名苑雲，一名長味，一名談善。《養生要集》云：芋種三年不收成，野芋食之殺人。又云：治野芋中毒方：煮大豆汁，冷飲之。又方：土漿飲之。

宋・唐慎微《證類本草》卷二三果部中品〔《别録》〕　芋　味辛，平，有毒。主寬腸胃，充肌膚，滑中。一名土芝。

〔梁・陶弘景《本草經集注》〕云：錢塘最多。生則有毒。薟音杴不可食。性滑，下石，服餌家所忌。種芋三年不採，成梠音吕芋。又别有野芋，名老芋，形葉相似如一根，並殺人。人不識而食之垂死者，佗人以土漿及糞汁與飲之，得活矣。

〔唐・蘇敬《唐本草》〕注云：芋有六種：有青芋、紫芋、真芋、白芋、連禪芋、野芋。其青芋細長，毒多，初煮要須灰汁，易水煮熟，乃堪食爾。白芋、真芋、連禪芋、紫芋毒少並正爾。蒸煮噉之。又宜冷噉，療熱止渴。其真、白、連禪三芋，兼肉作羹，大佳。蹲鴟之饒，蓋謂此也。野芋大毒，不堪噉也。

〔宋・掌禹錫《嘉祐本草》〕按：孟詵云：芋白色者，無味；紫色者，破氣。煮汁飲之止渴，十月後曬乾收之。冬月食，不發病，佗時月不可食。又，和鯽魚、鱧魚作臛良。久食令人虛勞無力。又，煮汁洗膩衣，白如玉。亦可浴去身上浮風。慎風半日。陳藏器云：芋本功外，食之令人肥白。小者極滑，吞之開胃及腸閉。產後煮食之，破血。飲其汁，止血渴。芋有八九種，功用相似。野芋，生溪澗，非人所種者，根葉相類耳。取根醋摩，傅蟲瘡疥癬，入口毒人。又有天荷，亦相似而大也。日華子云：芋，冷，破宿血，去死肌。其中有數種，有芽芋、紫芋。園圃中種者可食，餘者有大毒，不可容易食。薑芋辛辣，以生薑煮，又換水煮，方可食。和魚煮，甚下氣，調中補虛。葉，裹開了癰瘡毒，止痛。又云：芋葉，冷，無毒。除煩止瀉，療妊孕心煩迷悶，胎動不安。又鹽研傅蛇蟲咬并癰腫毒，及罯傅毒箭。

〔宋・蘇頌《本草圖經》〕曰：芋，《本經》不著所出州土，陶隱居注云：錢塘最多，今處處有之。閩、蜀、淮、甸尤殖此。種類亦多，大抵性效相近。蜀川出者，形圓而大，狀若蹲鴟，謂之芋魁。彼人蒔之最盛，可以當糧食而度饑年。左思《三都賦》所謂徇蹲鴟之沃，則以爲濟世陽丸是也。江西、閩中出者，形長而大，葉皆相類。其細者如卵，生於大魁傍，食之尤美，不可過多，乃有損也。凡食芋，並須園圃蒔者。其野芋有大毒，不可輒食，食則殺人。惟土漿及糞汁解之。《說文解字》云：齊人謂芋爲梠。陶云：種芋三年，不採成莒。二音相近，蓋南北之呼不同耳。古人亦單用作藥，唐韋宙《獨行方》：療癖氣，取生芋子一斤，壓破，酒五升漬二七日，空腹一杯，神良。

〔宋・唐慎微《證類本草》〕《唐本》云：多食動宿冷。其葉如荷葉而長，根類於薯預而圓。《圖經》云：其類雖多，葉蓋相似，葉大如扇，廣尺餘。白芋毒微，青芋多子，真芋、連禪芋、紫芋並毒少，而根俱不堪。生噉，蒸、煮冷噉，大治煩熱，止渴。今畿縣徧有，諸山南、江左唯有青、白、紫三芋而已。《食療》：煮汁浴之，去身上浮氣。浴了，慎風半日許。《史記》：蜀卓氏云：汶山之下，沃野有蹲鴟，至死不飢。注：蹲鴟，大芋也。沈存中《筆談》：處士劉湯，隱居王屋山。嘗於齋中，見一大蜂，罥于蛛網，蛛縛之，爲蜂所螫，墜地。俄頃，蛛鼓腹欲烈，徐徐行入草，嚙芋梗微破，以瘡就嚙處磨之。良久，腹漸消，輕躁如故，自後人有爲蜂螫者，挼芋梗傅之則愈。

宋・寇宗奭《本草衍義》卷一八 芋 所在有之，江、浙二川者，最大而長。京、洛者，差圓小，而惟東、西京者佳，他處味不及也。當心出苗者爲芋頭，四邊附芋頭而生者，爲芋子。八九月已後，可食；至時掘出，置十數日，却以好土匀埋，至春猶好。生則辛而涎，多食，滯氣困脾。唐杜甫詩曰園收芋栗不全貧者是此。以梗擦蜂螫處，愈。

宋・王繼先《紹興本草》卷一二 芋 紹興校定：芋，採根為用，形色大小不一，其性不異。性味主治雖具《經》（法）〔注〕，俱園圃中種者，人常炊煮食之，然多食善動風氣、痼疾，而未聞療病之驗。其經火熟者，當云味甘、平、無毒；生者食之戟人，乃有小毒。其野生者，生熟皆不可食矣。處處種之。

宋・江少虞《宋朝事實類苑》卷五一八 芋梗蜂螫 人有為蜂螫者，按芋梗敷之則愈。

宋・鄭樵《通志》卷七六《昆蟲草木略》 芋 曰土芝。其母曰芋魁。《史記》，蜀卓氏云：汶山之下，沃野有蹲鴟，至死不飢。正謂芋魁，蓋其形似也。

宋・陳衍《寶慶本草折衷》卷一八 芋諸芋在內。○葉附。 一名土芝，大者名蹲鴟，一名芋魁。○《廣志》云：最大者名君子芋。○蹲，一作踆。生錢塘，及汶山、閩蜀、淮甸、京洛、江浙、二川。○今處處園圃蒔有之。○八、九月取，十月後曝乾。○畏土漿及糞汁。

味辛，平，冷，有毒。○主寬腸胃，充肌膚。○《唐本》註云：芋有六種，青芋毒多，須灰汁易水煮熟，堪食。白芋、真芋、連禪芋、紫芋，毒少，並蒸煮噉之，療熱止渴。其野芋，大毒，不堪噉也。○孟詵云：冬月食，不發病，他時月不可食，令虛勞無力。煮汁浴去浮風。○陳藏器云：產後煮食破血，飲汁止血渴。野芋生溪澗，非人所種，入口毒人。又有天荷，亦相似而大也。○日華子云：破宿血，調中。○《圖經》曰：凡食芋須園圃蒔者，野芋則殺人，惟土漿及糞汁解之。○寇氏曰：當心出苗者，為芋頭；四邊附芋頭而生者，為芋子。生則辛而涎，多食滯氣困脾。

附：葉。○冷，無毒。治蛇蟲咬並癰腫毒及毒箭，並以鹽研傅罯。

元・忽思慧《飲膳正要》卷三 芋 味辛，平，有毒。寬腸胃，充肌膚，滑中。野芋不可食。

元・尚從善《本草元命苞》卷八 芋 辛，平，有毒。寬腸胃充飢。本功外食之肥白，破宿血，亦去死肌。和魚煮，補虛勞無力。熬汁，浴去身上浮風。葉，冷，無毒。除煩止瀉，療姙孕心煩迷悶，傅癰腫、蛇咬瘡毒。園圃種者堪食。野芋傷人，宜忌。生則有毒簽，不可餌。

明・朱橚《救荒本草》卷下之後 芋苗 《本草》一名土芝，俗名芋頭。生田野中，今處處有之。人家多栽種。葉似小荷葉而偏長，不圓，近蒂邊皆有一劐音霍兒，根狀如雞彈大，皮色茶褐，其中白色，味辛，性平，有小毒。葉冷，無毒。救飢：《本草》芋有六種：青芋細長，毒多，初煮須要灰汁，換水煮熟乃堪食；白芋、真芋、連禪芋、紫芋，毒少，蒸煮食之，又宜冷食，療熱止渴。野芋大毒，不堪食也。治病：文具《本草》果部條下。

明・蘭茂撰，清・管暄校補《滇南本草》卷上　芋頭　味甘，麻。治中氣不足，久服補肝腎，漆精益髓。又能橫氣。

明・滕弘《神農本經會通》卷三　芋　凡食芋，并須園囿蒔者可食，餘者有大毒，不可容易食。

味辛，氣平，有毒。《本經》云：主寬腸胃，充肌膚，滑中。陶云：別有野芋、白芋等，并殺人，大毒，不堪噉。垂死者以土漿及糞汁與飲之，則活矣。陳藏器云：芋本功外，食之令人肥白。小者極滑，吞之開胃及腸閉。產後煮食之，破血。飲其汁，止血渴。芋有八、九種，功用相似。野芋，生溪澗，非人所種者，根葉相類耳。取根醋摩，傅瘡疥癬。入口毒人。日華子云：芋，冷。破宿血，去死肌。園圃中種者可食，餘者有大毒，不可容易食。又云：芋葉，冷，無毒。除煩止瀉，療妊孕心煩迷悶，胎動不安。又鹽研傅蛇蟲咬，并癰腫毒，及罯傅毒箭。

明・劉文泰《本草品彙精要》卷三三　芋有毒　叢生。

芋：主寬腸胃，充肌膚，滑中。名醫所錄。【名】土芝、白芋、青芋、真芋、蓮禪芋、莒、紫芋。【苗】《圖經》曰：葉如荷葉而長，根類山藥而圓，其種類雖多，大抵性效相近，蜀川出者形圓而大，狀若蹲鴟，謂之芋魁。三年不採者謂之莒。彼人蒔之最盛，可以當糧食而度饑年。左思《三都賦》所謂徇蹲鴟之沃，則以爲濟世陽丸是也。江西、閩中出者，形長而大，葉皆相類，甚細者如雞卵，生于大魁旁，食之尤美，不可過多，乃有損也。凡食芋，並須園圃蒔者爲佳。其野芋生溪澗，非人所種者，根葉亦相類，不堪食也。《唐本》注云：此有六種，有青芋、紫芋、真芋、白芋、連禪芋、野芋。其青芋毒多，初煮要須灰汁，易水煮熟，乃堪食爾。白芋、真芋、連禪芋、紫芋毒少，蒸煮噉之，兼肉作羹亦佳。蹲鴟之饒，蓋此謂也。野芋有大毒而不可噉。《衍義》曰：江、浙二川者最大而長，京洛者差，圓而小，惟東西京者佳，他處味不及也。當心出苗者爲芋頭，四邊附芋頭而生者爲芋子，八九月已後可食，至時掘出，置十數日，却以好土勾埋，至春猶好。生則味辛而涎多，過食亦能滯氣困脾也。【地】《圖經》曰：錢塘最多，閩、蜀、淮、甸尤殖，今處處有之。《衍義》曰：江、浙、川、廣最佳。【時】生：春生苗。採：八九月已後取根。【收】曬乾。【用】根。【色】紫、青、白。【味】辛。【性】平，散。【氣】氣之薄者，陽中之陰。【臭】朽。【主】煩熱，止渴。【製】蒸煮熟爛，可食。【治】療：日華子云：芋，破宿血，去死肌。○葉，止瀉及妊孕，心煩迷悶，胎動不安。陳藏器云：小者，開胃及腸閉；產後煮食破血，及飲汁止血渴。孟詵云：紫色者破氣，作湯浴，去身上浮風。補：陳藏器云：食之令人肥白。【合治】野芋合醋摩，傅蟲瘡、疥癬。○薑芋合生薑并魚煮食，下氣，調中，補虛。○芋葉合鹽研，傅蛇蟲咬并癰腫毒及罯傅箭毒。【禁】久食，令人虛勞無力，滯氣困脾。冬月宜食，他時月不可食。○野芋有大毒，不可輒食，食則殺人。【解】中野芋毒，惟土漿及糞汁解之。

明・盧和、汪穎《食物本草》卷一菜類　芋　一名土芝，一名蹲鴟。味平。水田宜種之。莖可作羹臛及菹。又云：愈蜂螫。其頭大者為魁，小者為子，荒年可以度飢。小兒食之滯胃氣。有風疾者忌食之。

明・寧源《食鑒本草》卷下　芋頭　味辛，平，有毒。寬腸胃，充肌膚。多食困脾滯氣。葉：搗傅癰疽腫毒及諸蟲咬傷，神效。沈存中《筆談》：處士劉湯隱居王屋山，曾見一大蜂誤落蛛網，蛛縛之，為蜂所螫，墜地，俄頃蛛腹脹欲裂，徐徐行入草，咬芋梗微破，以傷就咬處磨之，良久腹漸消，輕躁如故。自後有被蜂螫者將芋梗傅之，即愈。

明・王文潔《太乙仙製本草藥性大全》卷五《本草精義》　芋　《本經》不著所出州土。陶注云：錢塘最多，今處處有之，閩、蜀淮甸尤殖此。種類亦多，大抵性效相近，蜀川出者形圓而大，狀若蹲鴟，謂之芋魁，彼人種之最盛，可以當糧食而度饑年。《唐本》註云：其類雖多，葉蓋相似，葉大如扇，高尺餘。白芋毒微，青芋多子，真芋、連禪芋、紫芋並毒少，而根俱不堪生噉，蒸煮冷噉，大治煩熱，止渴。芋有八種，有青芋、紫芋、真芋、白芋、連禪芋、野芋，其青芋細長毒多，初煮要須去汁，易水煮熟乃堪食爾。白芋、真芋、連禪芋、紫芋毒少，並正爾，蒸煮噉之，又宜冷噉，療熱止渴。其真、白、連禪三芋，兼肉作羹大佳，蹲鴟之饒，蓋謂此也。野芋大毒，不堪噉也。蓋云芋白色者無味，紫色者破氣，煮汁噉之止渴。十月後晒乾收之，冬月食不發病，他時月不可食。又和鯽魚、鯉魚作臛良久，食令人虛勞無力。又煮汁洗膩衣白如玉，亦可浴去身上浮風，慎風半日。野芋生溪澗，非人所種者，取根醋摩傅蟲瘡疥癬，入口毒人。薑芋辛辣，以生薑煮，又换水煮方可食。和魚煮甚下氣，調中補虚。葉貼癰毒止痛。

明・王文潔《太乙仙製本草藥性大全》卷五《仙製藥性》 蘋　味辛，氣平，有毒。　主治：　寬腸胃而止渴，充肌膚而滑中。破宿血而神靈，去死肌而立驗。葉冷無毒，止渴除煩。療妊婦心煩迷悶，胎動不安；　傅蛇咬癰腫瘡毒，箭毒止痛。　補註：　蟲瘡疥癬，入口毒人，取根醋摩傅效。○蛇蟲咬，并癰腫毒及罯傅，又鹽研根傅驗。○療癖氣，取生芋子一斤壓破，酒二升，漬二七日，空腹服一升神良。　按：　《衍義》云：　芋，所在有之，江浙一川者最大而長，京洛者差圓小，而惟東西京者佳，他味不及也。當心出葉者爲芋頭，四邊附芋頭而生者爲芋子。八九月已後可食，至時掘出置十數日，却以好土匀埋至春猶好。生則辛而涎多，食滯氣困倦。唐杜甫詩曰園收芋栗不全貧者是此。以梗擦蜂螫處愈。

明・皇甫嵩《本草發明》卷四 芋中品。辛，平，有毒。　主寬腸胃，充肌膚，滑中。芋類多，惟白芋、紫芋、真芋、連禪芋，兼肉作羹佳。須園中種者可食。○野芋，有大毒，不可食。中毒惟土漿、糞汁可解。凡芋八九月已後，多食滯氣困脾。

明・李時珍《本草綱目》卷二七菜部・柔滑類 芋《别録》中品。校正：　自果部移入此。

〖釋名〗土芝《别録》　蹲鴟時珍曰：　按徐鉉注《説文》云：　芋猶吁也。大葉實根，駭吁人也。吁音芋，疑怪貌。又《史記》：　卓(文君)〔氏〕云：　岷山之下，野有蹲鴟，至死不飢。注云：　芋也。蓋芋魁之狀，若鴟之蹲坐故也。芋魁，《東漢書》作芋渠。渠、魁義同。

〖集解〗弘景曰：　芋，錢塘最多。生則有毒，味蔹不可食。種芋三年，不採則成梠芋。又别有野芋，名老芋，形葉相似如一，根並殺人。恭曰：　芋有六種：　青芋、紫芋、真芋、白芋、連禪芋、野芋也。其類雖多，苗並相似。莖高尺餘，葉大如扇，似荷葉而長，根類薯蕷而圓。其青芋多子，細長而毒多，初煮須灰汁，更易水煮熟，乃堪食爾。白芋、真芋、連禪、紫芋，並毒少，正可煮啖之，兼肉作羹甚佳。蹲鴟之饒，蓋謂此也。野芋大毒，不可啖之。關陝諸芋遍有，山南、江左惟有青、白、紫三芋而已。頌曰：　今處處有之，閩、蜀、淮、楚尤多植之。種類雖多，大抵性效相近。蜀川出者，形圓而大，狀若蹲鴟，謂之芋魁。彼人種以當糧食而度饑年。江西、閩中出者，形長而大。其細者如卵，生於魁旁，食之尤美。凡食芋並須栽蒔者。其野芋有大毒，不可食。宗奭曰：　江浙、二川者最大而長。京洛者差圓小，然味佳，他處不及也。當心出苗者爲芋頭，四邊附之而生者爲芋子，八九月已後掘食之。時珍曰：　芋屬雖多，有水、旱二種：　旱芋山地可種，水芋水田蒔之。葉皆相似，但水芋味勝。莖亦可食。芋不開花，時或七八月間有開者，抽莖生花黄色，旁有一長萼護之，如半邊蓮花之狀也。按郭義恭《廣志》云：　芋凡十四種：　君子芋，魁大如斗；　赤鸇芋，即連禪芋，魁大子少；　百果芋，魁大子繁，畝收百斛；　青邊芋、旁巨芋、車轂芋三種，並魁大子少，葉長丈餘；　長味芋，味美，莖亦可食；　鷄子芋，色黄；　九面芋，大而不美；　青芋、曹芋、象芋，皆不可食，惟莖可作菹；　旱芋，九月熟；　蔓芋，緣枝生，大者如二三升也。

芋子　〖氣味〗辛，平，滑，有小毒。大明曰：　冷。弘景曰：　生則有毒，味蔹不可食。性滑下石，服餌家所忌。恭曰：　多食動宿冷。宗奭曰：　多食難剋化，滯氣困脾。

〖主治〗寬腸胃，充肌膚，滑中《别録》。冷啖，療煩熱，止渴蘇恭。令人肥白，開胃通腸閉。産婦食之，破血；　飲汁，止血渴藏器。破宿血，去死肌。和魚煮食，甚下氣，調中補虚大明。

〖發明〗詵曰：　芋，白色者無味，紫色者破氣。煮汁啖之，止渴。十月後曬乾收之，冬月食不發病。他時月不可食。又和鯽魚、鱧魚作臛良。久食，治人虚勞無力。又煮汁洗膩衣，白如玉也。大明曰：　芋以薑同煮過，换水再煮，方可食之。

〖附方〗舊二，新二。　腹中癖氣：　生芋子一斤壓破，酒五斤漬二七日。空腹每飲一升，神良。韋宙《獨行方》。　身上浮風：　芋煮汁浴之。慎風半日。孟詵《食療》。　頭上軟癤：　用大芋搗傅之，即乾。《簡便方》。

瘡冒風邪：　腫痛。用白芋燒灰傅之。乾即易。《千金方》。

葉、莖　〖氣味〗辛，冷，滑，無毒。　〖主治〗除煩止瀉，療妊婦心煩迷悶，胎動不安。又鹽研，傅蛇蟲咬，並癰腫毒痛，及罯毒箭大明。梗：　擦蜂螫尤良宗奭。汁：　塗蜘蛛傷時珍。　〖發明〗慎微曰：　沈括《筆談》云：　處士劉陽隱居王屋山，見一蜘蛛爲蜂所螫，墜地，腹鼓欲裂，徐行入草，嚙破芋梗，以瘡就嚙處磨之，良久腹消如故。自後用治蜂螫有驗，由此。

〖附方〗新一。　黄水瘡：　芋苗曬乾，燒存性研搽。《邵真人經驗方》。

明・佚名氏《醫方藥性・草藥便覽》 毛魚　其性甘。治諸風，止痛，飛瘍之毒，去血。

明・穆世錫《食物輯要》卷三 芋艿　味辛、甘，平滑，有小毒。寬腸胃，通便秘。産婦食之，破宿血，止血渴。多食困脾，動宿冷滯氣。和鯽魚、鱧魚食，調中補虚。崔浩云：　紫芋破氣。煮汁啖，止渴。十月後，晒乾收，冬月食，不發病。

明・穆世錫《食物輯要》卷六　香芋　味甘、淡，平，無毒。實胃健脾。多食，泥膈滯氣。小兒、產婦少食。

明・吴文炳《藥性全備食物本草》卷一　芋　【略】葉：冷，無毒。除煩止瀉，療姙娠心煩迷悶，胎動不安；又鹽搗敷蛇蟲咬、箭毒，并癰瘡腫毒止痛。梗擦蜂螫甚効。

明・趙南星《上醫本草》卷三　芋　一名土芝，一名蹲鴟。時珍曰：按徐鉉註《說文》云芋猶吁也，大葉實根，駭吁人也。吁音芋，疑怪貌。又《史記》：卓文君云：岷山之下，野有蹲鴟，至死不飢。註云：芋也。蓋芋魁之狀，若鴟之蹲坐故也。芋魁，《東漢書》作芋渠，渠、魁義同。詵曰：芋，白色者無味，紫色者破氣，煮汁啖之止渴。十月後晒乾收之，冬月食不發病，他時月不可食。又和鯽魚、鯉魚作臛良。久食，治人虛勞無力。又煮汁洗膩衣，白如玉也。大明曰：芋以薑同煮過，換水再煮方可食之。

芋子：辛，平，滑，有小毒。主治：寬腸胃，充肌膚，滑口，令人肥白，開胃通腸閉，破宿血，去死肌。產婦食之破血。飲汁，止血渴。冷啖，療煩熱止渴。和魚煮食甚下氣，調中補虛。多食動宿冷，難尅化，滯氣困脾。生則有毒，味莶不可食。性滑下石，服餌家所忌。

附方　頭上軟癤：用大芋擣傅之，即乾。

明・應麐《食治廣要》卷三　芋　氣味：辛，平，滑，有小毒。主治：寬腸胃，充肌膚。多食難剋化，滯氣困脾。

葉莖：主治除煩止泄。

梗：擦蜂螫。

汁：塗蜘蛛傷。

明・姚可成《食物本草》卷七菜部・柔滑類　芋一名土芝，一名蹲鴟。今處處有之。閩、蜀、淮、楚尤多植之。種類雖多，大抵性效相近。蜀川出者，形圓而大，狀若蹲鴟，〔謂〕之芋魁。彼人種以當糧食而度饑年。江西、閩〔中〕出者，形長而大。其細者如卵，生於魁旁，食之尤美。凡食芋竝須栽蒔者。其野芋有大毒，能殺人，不可食。〇江浙、二川者最大而長。京洛者差圓小，然味佳，他處不及也。當心出苗者為芋頭，四邊附之而生者為芋子，八九月以後掘食之。〇李時珍曰：芋屬雖多，有水旱二種：旱芋山地可種，水芋水田蒔之。葉皆相似，但水芋味勝。莖亦可食。芋不開花，時或七八月間有開者，抽莖生花黃色，旁有一長萼護之，如半邊蓮花之狀也。〇芋凡十四種：君子芋，魁大如斗；赤鸇芋，即連禪芋，魁大子少；百果芋，魁大子繁，畝收百斛；青邊芋、旁巨芋、車轂芋三種，竝魁大子少，葉長丈餘；長味芋，味美，莖亦可食；雞子芋，色黃；九面芋，大而不美；青芋、曹芋、象芋，皆不可食，惟莖可作菹；旱芋，九月熟；蔓芋，緣枝生，大者如二三升也。

芋頭，味辛，平，滑，有小毒。主寬腸胃，充肌膚，滑（口）〔中〕。冷啖，療煩熱，止渴。令人肥白，開胃通腸閉。破宿血，去死肌。產婦食之，破血；飲汁，止血渴。和魚煮食，甚下氣，調中補虛。芋，白色者無味，紫色者破氣。煮汁啖之，止渴。十月後晒乾收之，冬月食不發病。他時月不可食。又和鯽魚、鯉魚作羹良。久食，令人虛勞無力。又煮汁洗垢膩衣，白如玉也。杜甫詩：園收芋栗未全貧。芋，生則有毒，味莶不可食。多食難尅化，滯氣困脾。然必以薑同煮過，換水再煮，方可食。

莖、葉　味辛，冷、滑，無毒。主除煩止瀉，療妊婦心煩迷悶，胎動不安。又鹽研，傅蛇蟲咬，并癰腫毒痛及罯毒箭。

梗　擦蜂螫尤良。

汁　塗蜘蛛傷。

處士劉湯隱居王屋山，曾見一大蜂誤兜蜘網。蜘縛之，為蜂所螫，墮地，俄頃蜘腹脹欲裂，徐徐行入草中，咬開芋梗，以傷就咬處磨之，良久腹漸消，輕躁如故。自後有被蜂螫者，將芋梗傅之，即愈。

野芋　形葉與芋相似。芋種三年不采成梠芋，梠，音吕。竝能殺人。誤食之煩悶垂死者，惟以土漿及糞汁、大豆汁飲之，則活矣。

明・顧逢柏《分部本草妙用》卷九菜部　芋　辛，平，滑，有小毒。多食動宿冷，難消，滯氣困脾。主治：寬腸胃，充肌膚，滑中。產婦食之破血。飲汁，止血渴，破宿血，去死肌。和魚煮，甚下氣，補中補虛，和薑同煮妙。

明・孟笨《養生要括・菜部》　芋　子：味辛，平，滑，有小毒。寬腸胃，充肌膚，滑口。冷啖，療煩熱止渴，破宿血，去死肌。和魚煮食，甚下氣補虛。

葉莖：味辛，冷，滑，無毒。除煩止瀉，療妊婦心煩迷悶，胎動不安。又鹽研，傅蛇蟲咬，并癰腫毒痛，及罯毒箭。

梗擦蜂螫尤良。

汁：塗蜘蛛傷。多食難克化，滯氣困脾。煮汁，洗膩衣白如玉。

明・施永圖《本草醫旨・食物類》卷二　芋芋有六種，青芋、紫芋、真芋、白芋、連禪芋、野芋。野芋名老芋，形葉相似，如一根。有大毒，並殺人，不可食也。　芋子：

味：辛，平，滑，有小毒。生則有毒，味蔹不可食，性滑下石，服餌家所忌。○多食動宿冷。○多食難尅化，滯氣固脾。治：寬腸胃，充肌膚，滑口。冷啖，療煩熱止渴，令人肥白，開胃，通腸閉，產婦食之破血。飲汁，止血渴，破宿血，去死肌，和血。煮食，甚下氣，調中補虛。十月後晒乾，收之，冬月食不發病。○芋以薑同煮過，換水再煮，方可食之。

附方 腹中癖氣：生芋子一斤，壓破，酒五斤，漬二七日，空腹每飲一升，神良。身上浮風：芋煮汁浴之，慎風半日。瘡冒風邪：腫痛，用白芋燒灰，傅之，乾即易。頭上軟癤：用大芋，擣傅之，即乾。 葉莖：味：辛，冷滑，無毒。治：除煩止瀉，療妊婦心煩迷悶，胎動不安。又鹽研，傅蛇蟲蛟，并癰腫毒痛及罯毒箭。梗擦蜂螫尤良。汁塗蜘蛛傷。劉陽隱居王屋山，見一蜘蛛為蜂所螫，墜地，腹鼓欲裂，徐行入草，嚙破芋梗，以瘡就嚙處磨之，良久腹消如故。自後用治蜂螫驗。

附方 黃水瘡：芋苗晒乾，燒存性，研搽。 附錄 野芋：形葉與芋相似，芋種三年不采，成梠芋，並能殺人，誤食之煩悶垂死者，惟以土漿及糞汁、大豆汁飲之，則活矣。野芋根辛冷，有大毒。醋摩傅蟲瘡、惡癬。其葉搗，塗毒腫初起無名者，即消。亦治蜂蠆螫，塗之良。

清·穆石匏《本草洞詮》卷七 芋 芋葉大根實，魁啅之狀。卓文君云：岷山之下，野有蹲鴟，至死不飢。是也。氣味辛平滑，有小毒。寬腸胃，充肌膚，破宿血，去死肌。煮汁洗膩衣白如玉，則其滌腸去滯之功可知矣。昔劉陽隱居王屋山，見一蜘蛛為蜂所螫，腹鼓欲裂，徐行入草，嚙破芋梗，以瘡就嚙處磨之，良久腹消如故。自後用治蜂螫有驗。

清·丁其譽《壽世秘典》卷三 芋一名土芝，又名蹲鴟，形圓而大，若鴟之蹲坐故也。種類雖多，性効相近，生則有毒，味蔹不可食，以薑同煮過，換水再煮，方可食。其青芋多子，細長而毒多。別有野芋，形葉與芋相似，小于家芋，有大毒。悮食之煩悶垂死者，惟以地漿及糞汁、大豆汁飲之，則活。芋不開花，時或七八月間有開者，抽莖生花黃色，旁有一長萼護之，如半邊蓮花之狀也。

氣味：辛，平，滑，有小毒。主寬腸胃，充肌膚，滑口。

發明寇宗奭曰：多食動宿，冷難尅化，滯氣困脾。有風疾者，忌食之。冬月食之不病。煮汁洗垢膩，衣白如玉。《齊民要術》：芋可度饑饉，備凶年。《務本新書》云：芋宜沙白土，土宜深耕，二月種為上時，相去六、七寸，下一芋。芋羞三目，眾人來往，眼目多見並聞刷鍋聲處，多不滋胤。

葉莖：氣味：辛，冷，滑，無毒。主除煩，止瀉，療妊婦心煩迷悶，胎動不安。又鹽研，傅蛇蟲咬，並癰腫毒痛，及罯毒箭。梗，擦蜂螫尤良。汁，塗蜘蛛傷。

清·尤乘《食鑒本草·菜類》 芋 充飢寬胃。多食滯氣，冬月食不發病，和薑煮良。

芋葉、苗：治妊婦心煩迷悶，胎動不安。

清·朱本中《飲食須知·果類》 香芋 味甘、淡，性平。多食泥膈滯氣。小兒及產婦尤宜少食。

清·朱本中《飲食須知·菜類》 芋艿野芋 味辛、甘，性平滑，有小毒。生則味蔹有毒，不可食。性滑下利，服餌家所忌。多食困脾，動宿冷滯氣，難尅化。紫芋，破氣。野芋，形葉與家芋相似，有大毒，能殺人。誤食煩悶垂死者，以土漿及糞清、大豆汁解之。

清·何其言《養生食鑒》卷上 芋 味辛、甘，平、滑，有小毒。寬腸胃，通便秘。產婦食之，破宿血，止血渴。和鯽魚、鱧魚食，調中補虛。多食困脾，動宿冷滯氣。有風疾者，忌食。有黃、白、紫數種，其性稍異。紫者，破氣；黃者，發瘡疥；白者，無毒。一種大如椰子者，最美。十月後晒乾收，冬月食，不發病。

苗 同鹽搗，敷蛇蟲咬並癰腫毒痛，及罯毒箭。汁塗蜂螫良。用醋煮，亦可作蔬。脾弱忌食。

清·李熙和《醫經允中》卷二二 芋 家芋三年不收，花開如蓮者，食之殺人，急服人中黃可解。辛，平，滑，有小毒。多食動宿冷難消，滯氣困脾。小兒食之滯胃氣。有宿疾者忌食。

清·浦士貞《夕庵讀本草快編》卷四 芋《別錄》、蹲鴟 按徐鉉註《說文》云：芋猶吁也，大葉實根駭吁人也。《史記》卓文君云：岷山之下，野有蹲鴟，至死不飢。註：即芋也。芋有水旱二種，更有紫白之別，其味辛平，其體濡滑，小毒之物也。煮湯可以破產婦瘀血，更可除熱止渴。和魚作羹，能調中下氣，補虛而化血。生則味蔹，多食難尅。服餌家雖忌之，然充飢則有餘也。故卓氏遠徙，種於臨邛；薛包家蒔，以供卒歲；蕭寺僧杵爛築牆，得以免飢；梁郡丞率民栽種，賴以救死。杜甫詩云園收芋栗未全貧是也。說者曰：大亂不亂，大饑不飢，則為章刺史成都之誓。香似龍涎，味似牛乳，則為蘇學士玉糝之羹。以此觀之，蓋沃地而無凶年，全賴其力。土芝之號，信不誣矣。

清・何諫《生草藥性備要》卷上 芋苗 味甘，性溫。治傷寒，退油膩。花，治隔食，炒用。

清・葉盛《古今治驗食物單方》 芋艿 頭上軟癤，大芋搗敷，即乾。

清・吳儀洛《本草從新》卷四 芋〔寬胃通腸。〕 辛，平，滑，有小毒。宜與薑同煮，換水再煮，方可食之。 寬胃口，通腸閉。 和魚煮食甚下氣調中。 梗，擦蜂螫，良。

清・汪紱《醫林纂要探源》卷二 芋 甘，辛，平。有薟味，用同辛。 益氣充飢，行水。 多食壅氣。味如粉者，必壅。 芋荷： 甘，平。斂自汗盜汗。莖葉也，辛之反，則能斂能固。野生者尤良。

清・嚴潔等《得配本草》卷五 芋艿 辛，平，滑。寬腸胃，充肌膚，破宿血，去死肌。

題清・徐大椿《藥性切用》卷六 芋艿 味辛涼滑。生搗瀉熱解毒，熟食甘美充飢。梗，擦蜂螫良。

清・黃宮繡《本草求真》卷九 芋子潤腸胃，澤肌膚。 芋子耑入腸胃。種類甚多。芋有六種：青芋、紫芋、真芋、白芋、連禪芋、野芋。野芋名老芋。形葉相似，如一根，有大毒，並殺人，不可食，一名土芝，一名蹲鴟。有水旱二種，水種者味勝。其莖作羹甚美，浙人取羹作餳。名曰烏花餳。時珍曰：芋不開花，或七八月有開者。抽莖生花，黃色，旁有一長萼護之。如半邊蓮花之狀也。 據書述其功能，有言生用，則可以治腹中癖氣。用生芋子壹觔壓破，酒五觔漬二七日，空腹，每飲一斗神良。 頭上軟癤。用大芋搗敷即乾。 熟用則充飢澤膚，十月後晒乾收之，冬月食不發病，但有小毒，須以薑同煮過，換水再煮，方可食之。 解毒稀痘。小兒食之良。 冷啖則能止渴生津，療熱除煩，通腸開結，和血。 食則能下氣寬中，煮汁產婦食則能破血通瘀，及浴身上游風，燒灰則能以治瘡冒風邪。腫痛，用芋燒灰敷之，即乾。 然此生則簽喉，熟則滑滯。性滑則可以下石毒。 故書載此多食則不免有動氣發冷泄瀉，及難尅化之弊矣！ 若在芋葉與莖，味辛冷滑。 功能除煩止瀉，療妊娠心煩迷悶，胎動不安，並敷蛇蟲癰腫毒痛，痘瘡潰爛成瘡。用莖燒灰敷痘瘡無瘢，用芋苗晒乾，燒存性研搽。 慎微曰：沈括《筆談》云：處士劉陽隱居王屋山，見一蜘蛛為蜂所螫墜地，腹鼓欲裂，徐則入草嚙破芋梗，以瘡就嚙處磨之良久。腹消如故，自後用治蜂螫有驗由此。 野芋形葉與芋相似，芋種三年不採成梠，亦能殺人，食之宜用土漿糞汁大豆汁以飲。

清・李文培《食物小錄》卷上 芋頭苗 辛，平、滑，有小毒。寬腸，充肌膚，令人肥白，開胃通腸。和魚肉煮食，甚下氣調中，補虛。多食難尅化，滯氣困脾。生則麻口，可用生薑解之。

清・李文培《食物小錄》卷上 香芋 甘，濇，辛，香。利腸胃，益脾肺，通心氣。此物可蔬可果。

清・章穆《調疾飲食辯》卷一下 芋汁 《綱目》曰：《史記》卓文君曰：南山之下，野有蹲鴟，至死不飢。注曰：芋也。一名土芝。其大者，《後漢書》名芋渠，又名芋魁。《別錄》曰：寬腸胃，充肌膚。《唐本草》曰：冷啖，或冷飲其汁，療煩熱，止熱渴。《拾遺》曰：久食令人肥白，開胃，通腸閉，產婦食之破瘀血，飲汁止血渴。產後下血過多，血虛發熱而渴，大便難，無外感症，為血渴。《日華本草》曰：破宿血。和魚羹食，鱖魚、鱧魚最佳。甚下氣，調中補虛。凡脾虛不能攝氣，因而作腫，服行氣導滯藥，則更虛更腫。遽補其脾，又壅而更腫。惟芋性能益脾而質滑，食之即消，乃治虛腫之妙品。《衍義》曰：多食難尅化，滯氣困脾。此因過食致害，凡物皆有，不可不知。莖、葉俱可食，亦能除煩止渴。又療妊婦心煩迷悶，胎動不安，煮汁飲。又同鹽搗，敷蛇蟲咬；同醋搗，消癰腫出《日華本草》。又可擦蜂螫出《衍義》。又生芋搗爛敷軟癤出《簡便方》。

凡此皆芋實有之功。而不獨有功於病也，培壅足者，畝收一二百斛。又耐水、耐旱。長啖不厭，粒食可無，其功乃在百穀之上。不知世人何故不肯種之，偶一歉收，即啼飢號寒，轉死溝壑，不大可怪哉。陶隱居曰：芋掘取不盡，遺種自生者，名梠芋。又別有野芋，並殺人，慎不可食。又有一種土芋，《唐本草》曰：蔓生，根如小芋，肉白皮黃，梁、漢人呼黃獨。《拾遺》曰：食之去熱嗽，甘美不飢，厚人腸胃，可代穀。杜詩曰：長(欃)〔鑱〕長(欃)〔鑱〕白木柄，我(今)〔生〕託子以為命。黃獨無苗山雪盛，短褐單衣不掩脛。此非野芋一種，且蔓生不類芋，因根形似，故名土芋。無毒，且益人佳品也。

清・吳其濬《植物名實圖考》卷四 芋 《別錄》中品。芋種甚夥，大小殊形。湖南有開花者一瓣一蕊，長三四寸，色黃。野芋毒人，山間亦多。嶺南滇蜀，芋名尤眾。《南寧府志》：宜燥地者曰大芋，宜濕地者曰麪芋，有旱芋、狗爪芋、水芋、璞芋、韶芋。《蒙自縣志》有棕芋、白芋、麻芋。《會同縣志》有冬芋、水黎紅、口彈子、薑芋、大頭風芋。《瓊山縣志》有雞母芋、東芋。《石城縣志》有青竹芋、黃芋、番芋。《瑞安縣志》有兒芋、麪芋。蓋未可悉數。

《滇海虞衡志》以為滇芋巨甲天下，殆未確。札璞謂滇芋熟早味美，莍可作羹。蘇玉局《玉糝羹》詩有香如龍涎，味如牛乳之誇，而山谷《詠薯蕷》有略無風味笑蹲鴟之貶。放翁則曰莫笑蹲鴟少風味，賴渠撐拄過凶年。枵腸轉雷，玉延黃獨，托以為命，亦安所擇？然只是詠蹲鴟耳。若三吳芋奶，滑嫩如乳，調以蔗飴，入喉自下，亦何甘讓居玉延下耶？又《農政全書》謂芋汁洗膩衣，潔白如玉。《東坡雜記》云：蜀人接花果，皆用芋膠。其餘波尚供民用如此，枯葉煨芋，自是山人辟穀宿糧，若《雲仙雜記》燒絕品炭，以龍腦裹煨芋魁；《山家清供》大耐糕以大芋去皮心，焯以白梅、甘草，填以松子、欖仁，豈復有霜晚風味？唐馮光進校《文選》解蹲鴟云：即是著毛蘿蔔，肉食之人何由識農圃中物？奚唯面牆！

雩婁農曰：滇之芋有根紅而花者，其狀與海芋、南星同類也。斷其花之莍，剝而煠之，烹以五味，比芥藍焉。根螫不可食。夫蹲鴟濟世，厥功實偉，章貢之間，瀟湘之曲，其為芋田多矣。不覩其莩間有之詫為異，怯者或懼其為鴆。滇人飽其魁而羹之，而煨之，而屑之，又獨得有花者而餐之，儷於萱與藿。草木之在滇者，抑何阜耶？萬物生於東，成於西，滇居西南，歲多閶闔風物。在秋而遒，精華聚而升，故木者易華，草者易榮；晝煦以和，夜擊以肅，發之收之，勿俾其洩；早花而遲實，物勞而不憊。然滇之地有伏而莢，有臘而苞，景朝多陰，景夕多風，直其偏也，惟大理以東北，致役乎坤。

清・趙其光《本草求原》卷一五菜部　芋　本作薯，因有番薯，改讀為汙。《項羽本紀》：士卒食芋菽。《博物志》：芋以十二子為衛，應月之數是也。甘溫而滯。調中益氣，止瀉。多食，困脾滯氣。有黃、白、紫數種。紫者破氣，黃者發瘡疥，俱有小毒。白者無毒，其大如椰子者最美，冬月食，不發病。其苗，醋煮可作蔬。

清・文晟《新編六書》卷六《藥性摘錄》　芋　辛甘，平滑，有小毒。寬腸胃，通便秘。產婦食之，破宿血，止血渴。和鯽魚、鯉魚食，調中補虛。多食困脾，動宿冷滯氣，有風疾者忌食。芋有黃、白、紫數種，惟白者無毒，取大者，十月後曬乾收，冬月食不發病。

清・王孟英《隨息居飲食譜・蔬食類》　芋　煮熟甘滑利胎，補虛，滌垢。可葷可素，亦可充糧。消渴宜餐，脹滿勿食。生嚼治絞腸痧，擣塗癰瘍初起，丸服散瘰癧，竝奏奇功。煮汁洗膩衣，色白如玉。搗葉，罨毒箭及蛇蟲傷。

清・田綿淮《本草省常・果性類》　芋頭〔野芋〕　一名土芝，一名蹲鴟。性平。寬腸胃，充肌膚，益氣耐飢。多食困脾，滯氣。野芋，有毒，不可食。

清・戴葆元《本草綱目易知錄》卷三　芋　蹲鴟、土芝。　辛，平，滑，有小毒。開胃滑口，寬腸胃，充肌膚，通腸閉，破宿血，去死肌，除煩熱，冷啖止渴，令人肥白。產婦食之破血。飲汁止消渴。和鱧魚、鯽魚食，甚下氣。調中補虛。生則有毒，味薟不可食。煮熟，多食難化。滯氣困脾。【略】

莖葉：辛，冷，滑。除煩止瀉。煮食，治妊婦心煩迷悶，胎動不安。鹽研，傅蛇蟲咬，并癰腫毒痛及罯毒箭。擣汁，塗蜘蛛傷。梗，擦蜂螫尤良。【略】盜汗自汗，乾芋莖，煮食，效。葆驗。

清・陳其瑞《本草撮要》卷四　芋　味辛，平滑，有小毒。入手足陽明經，功專寬胃通腸，和魚煮食，下氣調中。

清・吳汝紀《每日食物却病考》卷上　芋　一名土芝，一名蹲鴟。有水、旱二種，但水芋勝。莖亦可食。其性皆平滑，有小毒。小兒食之滯胃氣。有風疾者不可食，服餌家所忌者。蜂螫，以芋梗傅之即愈。

野芋

明・李時珍《本草綱目》卷二七菜部・柔滑類　野芋弘景曰：野芋形葉與芋相似，芋種三年不採成梠芋，音呂，並能殺人。誤食之煩悶垂死者，惟以土漿及糞汁、大豆汁飲之，則活矣。藏器曰：野芋生溪澗側，非人所種者，根、葉相似。又有天荷，亦相似而大。時珍曰：小者為野芋；大者為天荷，俗名海芋。詳見草部毒草類。野芋根辛冷，有大毒。醋摩傅蟲瘡惡癬。其葉擣塗毒腫初起無名者即消，亦治蜂、蠆螫，塗之良。

清・尤乘《食鑒本草・菜類》　野芋　有毒。中其毒，土漿、糞汁可解。

清・趙學敏《本草綱目拾遺》卷八諸蔬部　野芋艿青芋、土芋藤、野芋頭、鬼芋《氾勝之農書》：芋有六種，五野芋、六青芋。野芋有大毒，殺人。凡芋三年不收，即成野芋，性滑，下石毒，服食皆忌之。青芋亦有毒，必須灰汁易水煮之，堪食，只宜蒸啖之。中野芋毒者，令人戟喉音啞，煩悶垂死，以大豆漿或糞汁解之，薑汁亦可。《葛祖遺方》：合麻藥，治跌打損傷，痔漏麻風，敷腫毒，止痛，治瘡癬，搗敷腫傷。乳癰：野芋頭和香糟搗敷。

青芋　療冷熱，止渴。

清・文晟《新編六書》卷六《藥性摘錄》　野芋　自生溪澗間，形差小，有毒，殺人。以地漿或大豆汁解之。 梠芋： 芋種三年不採名梠芋。有大毒，解法同野芋。 芋苗： 同鹽搗，敷蛇蟲咬，並癰腫毒及蟲毒箭。汁，塗蜂螫良。○芋子，搗敷軟癤良。

清・劉善述、劉士季《草木便方》卷一草部 野芋禾 野芋根辛滑解毒，煩熱血渴去死肉。 葉罯毒箭擦蜂蛇，根療惡癬腫毒塗。

清・戴葆元《本草綱目易知錄》卷三 野芋 辛，冷，大毒。食之殺人。醋摩，傅蟲瘡惡癬。其葉擣，塗毒腫初起無名者，即消。 蜂蠆螫，塗之良。

薯蕷

宋・李昉《太平御覽》卷第九八九 藷藇 《山海經》曰： 升山草多藷藇。上藷、署二音，下余、預二音。 《湘中記》曰： 永和初，有採藥衡山者，道迷粮盡。過巖下，見一老翁與四五年少對坐執書。告以飢，與之食物如薯蕷。指教所去，五六日至家，而不腹飢。 《范子計然》曰： 儲餘，本出三輔，白色者善。 《本草經》曰： 署豫，一名山芋。味甘，溫。生山谷。治傷中虛羸，補中益氣力，長肌肉，除邪氣寒熱，久服輕身，耳目聰明，不飢延年。(山)〔生〕嵩高。 《吳氏本草》曰： 署豫，一名諸署。秦楚名玉延，齊越名山芋，鄭趙名山羊，一名玉延，一名脩脆，一名兒草。 神農： 甘，小溫。 桐君、雷公： 甘，無毒。或生臨朐鍾山。始生赤莖細蔓，五月華白，七月實青黃，八月熟落根，中白皮黃，類芋。二月、三月、八月採根。惡甘遂。 曹毗《杜蘭香傳》曰： 蘭香降張碩與三署預實，曰： 食此可以辟霧露。碩食二懷一，欲以歸。香曰： 可自食，不得持去。 《異苑》曰： 署預，一名山羊。根既入藥，又復可食。若掘取，默默則獲，唱名者不可得。

附： 日・丹波康賴《醫心方》卷三〇 薯蕷 《本草》云： 味甘，溫，平，無毒。主傷中，補虛羸，除寒熱邪氣，補中益氣力，長肌肉。主頭面遊風，風頭目眩，下氣，止腰痛，充五藏，強陰，久服耳目聰明，輕身不飢，延年。一名山芋。秦楚名玉延，鄭越名土藷。陶〔弘〕景注云： 食之以充糧。蘇敬注云： 日乾，擣篩，為粉，食之大美。崔禹〔錫〕云： 食之長肌肉，強陰氣。《七卷經》云： 食之益氣力，充五藏。《膳夫經》云： 補中強陰，兼名菀雲，一名藷藇署預二音，一名延草。《雜要訣》云： 一名王芋。

唐・歐陽詢《藝文類聚》卷八一 薯蕷 《本草經》曰： 薯蕷一名山芋。益氣力，長肌肉，除邪氣，久服輕身，耳目聰明，不飢延年。 生嵩山。 吳氏曰： 薯蕷，一名諸薯。 《湘中記》曰： 永和初，有采藥衡山者，道迷糧盡。過息岩下，見一老公四五年少，對〔坐〕執書，告之以飢，與其食物如薯蕷，指教所去，六日至家而不復飢。 《異苑》曰： 薯蕷入藥，又復可食。野人謂之土藷。若欲掘取，嘿然而獲，唱名者便不可得。人有植者，隨所種之物而像之也。

頌 梁江淹《薯蕷頌》曰： 華不可炫，葉不足憐，微根儻餌，棄劒為仙，黃金共壽，青艧爭年，君謂無妄，我驗衡山。

宋・龐元英《文昌雜錄》卷一 禮部謝侍郎言乾山藥法： 刮去皮，以厚紙裹，掛於風中最良。又置焙籠中，下鋪茅數寸，以微火烘之，亦佳。

宋・唐慎微《證類本草》卷六草部上品〈《本經・別錄》〉 署預 **味甘，溫**，平，無毒。**主傷中，補虛羸，除寒熱邪氣，補中，益氣力，長肌肉**，主頭面遊風，風頭眼眩，下氣，止腰痛，補虛勞羸瘦，充五藏，除煩熱，强陰。**久服耳目聰明，輕身，不飢，延年。一名山芋**，秦、楚名玉延，鄭、越名土藷音除。生嵩高山谷。二月、八月採根，暴乾。紫芝爲之使，惡甘遂。

〔梁・陶弘景《本草經集注》〕云： 今近道處處有，東山、南江皆多，掘取食之以充糧。南康間最大而美，服食亦用之。

〔唐・蘇敬《唐本草》〕注云： 署預，日乾擣細，篩爲粉，食之大美，且愈疾而補。此有兩種： 一者白而且佳； 一者青黑，味亦不美。蜀道者尤良。

〔宋・掌禹錫《嘉祐本草》〕按： 《吳氏》云： 署預，一名諸署，齊、越名山羊，一名脩脆，一名兒草。神農： 甘，小溫。桐君、雷公： 甘，無毒。或生臨朐鍾山，始生赤莖細蔓，五月華白，七月實青黃，八月熟落，根中白，皮黃，類芋。《藥性論》云： 署預，臣。能補五勞七傷，去冷風，止腰疼，鎮心神，安魂魄，開達心孔，多記事，補心氣不足，患人體虛羸，加而用之。《異苑》云： 署預，野人謂之土藷。若欲掘取，嘿然則獲，唱名便不可得。人有植之者，隨所種之物而像之也。日華子云： 助五藏，彊筋骨，長志，安神，主泄精，健忘。乾者功用同前。

〔宋・蘇頌《本草圖經》〕曰： 署預，生嵩高山谷，今處處有之，以北都、四明者爲佳。春生苗，蔓延籬援。莖紫葉青，有三尖角似牽牛更厚而光澤。夏開細白花，大類棗花。秋生實於葉間，狀如鈴。二月、八月採根，今人冬春採，刮之白色者爲上，青黑者不堪，暴乾用之。法取麁根，刮去黃皮，以水浸，末白礬少許摻水中，經宿取，淨洗去涎，焙乾。近都人種之極有息。春取宿根頭，以黃沙和牛糞作畦種。苗生以竹梢作援，援高不得過一二尺，夏月頻溉之。當年可食，極肥美。南中有一種，生山中，根細如指，極緊實，刮磨入湯煮之，作塊不散，味更珍美，云食之尤益人，過於家園種者。又江湖、閩中出一種，根如薑、芋之類而皮紫。極有大者，一枚可重斤餘，刮去皮，煎煮食之俱美，但性冷於北地者耳。彼土人單呼爲藷音若殊，亦曰山藷。而《山海經》云：景山北望少澤，其草多藷萸音與署預同。郭璞注云：根似芋可食。今江南人單呼藷音儲語或有輕重耳。據此注，則薯蕷與藷乃一種。南北之産或有不同，故其形類差別。然字音殊、儲不同，蓋相傳之訛也。一名山芋。

〔宋・唐慎微《證類本草》〕《食療》：治頭疼，利丈夫，助陰力。和麪作餺飥，則微動氣，爲不能制麪毒也。熟煮和蜜，或爲湯煎，或爲粉，並佳。乾之入藥更妙也。《雷公》曰：凡使，勿用平田生二三紀內者，要經十紀者，山中生，皮赤，四面有髭生者妙。若採得，用銅刀削去上赤皮，洗去涎，蒸用。《聖惠方》：補虛損，益顏色。用署預於砂盆中細研，然後下於銚中，先以酥一匙熬令香，次旋添酒一盞煎，攪令勻，空心飲之。《食醫心鏡》：主下焦虛冷，小便數，瘦損無力。生署藥半斤，刮去皮，以刀切碎，研令細爛，於鐺中著酒，酒沸下署預，不得攪，待熟着少鹽、葱白，更添酒，空腹飲三二盃，妙。

宋・寇宗奭《本草衍義》卷七　山藥　按《本草》，上一字犯英廟諱，下一字曰蕷，唐代宗名（預）〔豫〕，故改下一字爲藥，今人遂呼爲山藥。如此則盡失當日本名，慮歲久以山藥爲别物，故書之。此物貴生，乾方入藥，其法：冬月以布裹手，用竹刀子剮去皮，於屋檐下風逕處，盛竹篩中，不得見日色。一夕乾五分，俟全乾收之，惟風緊則乾速。所以用乾之意，蓋生濕則滑，不可入藥；熟則只堪啖，亦滯氣。餘如經。

宋・鄭樵《通志》卷七五《昆蟲草木略》　薯蕷　曰山蕷，曰脩脆，曰藷蕷，曰兒草。秦、楚名玉延，鄭、越名土藷，齊名山芋。

宋・劉明之《圖經本草藥性總論》卷上　薯蕷　味甘，溫、平，無毒。主傷中，補虛羸，除寒熱邪氣，補中，益氣力，長肌肉。主頭面遊風，風頭眼眩，下氣，止腰痛，補虛勞羸瘦，充五臟，除煩熱，強陰。《藥性論》云：臣。能補五勞七傷，去冷風，止腰疼，鎮心神，安魂魄，補心氣不足。日華子云：助五臟，強筋骨，長志安神，主泄精。紫芝為之使。惡甘遂。

宋・王介《履巉巖本草》卷中　薯蕷　味甘，溫、平，無毒。主傷中，補虛羸，除寒熱邪氣，補中益氣力，長肌肉，主頭面遊風，風頭眼眩，下氣，止腰痛，補虛勞羸瘦，充五藏，除煩熱，强陰，久服耳目聰明，輕身不飢，延年。一名山芋。於砂盆中細研，然後下銚中，入酥一大匙，熬，次入酒壹盞，煎，攪令勻，空心食前飲之，能補虛益顏色。

元・王好古《湯液本草》卷三　山藥　氣温，味甘，平，無毒。手太陰經藥。《本草》云：主補中益氣，除熱強陰。主頭面遊風，風頭眼眩。下氣，充五臟，長肌肉，久服耳目聰明，輕身耐老，延年不飢。手太陰藥，潤皮毛燥，涼而能補，與二門冬、紫芝為之使，惡甘遂。東垣云：仲景八味丸用乾山藥，以其涼而能補也。亦治皮膚乾燥，以此物潤之。

元・忽思慧《飲膳正要》卷三　山藥　味甘，溫，無毒。補中益氣，治風眩，止腰痛，壯筋骨。

元・朱震亨《本草衍義補遺》　山藥　屬土而有金與水火。補陽氣。生者能消腫硬。《經》曰：虛之所在，邪必湊之。〔著〕而不去，其病為實，非腫硬之謂乎？故補血氣則留滯，自不容不行。○山藥即薯蕷也。《本草》不言山藥，言薯蕷者，蓋上一字犯今英廟諱，下一字曰蕷，唐代宗名預，故改下一字為藥。如此則盡失當日之本名，恐以山藥為別物，故書之。又乾之意者，蓋生濕則滑，不可入藥，熟則只堪啗，亦滯氣也。

元・徐彥純《本草發揮》卷一　薯蕷　味甘，平、溫，無毒。主傷中，補虛羸，益氣力，長肌肉，強筋骨，補五勞七傷，心氣不足，治泄精健忘。海藏云：入太陰之藥。潤皮毛之燥，涼而能補，與二門冬同。東垣云：仲景八味丸用乾山藥者，以其涼而能補也。亦治皮膚乾燥，以此物潤之。丹溪云：山藥屬土而有金與水火，補陽氣。生者能消腫硬。《經》云：虛之所在，邪必湊之。着而不去，其病為實，非腫硬之謂乎？故補其氣，則留滯自不容於不行矣。

明・朱橚《救荒本草》卷下之後　山藥　《本草》名薯蕷。一名山芋，一名諸薯，一名脩脆音翠，一名兒草。秦楚名玉延，鄭越名土藷音諸。出明州、滁州。生嵩山山谷，今處處有之。春生苗蔓，延籬援，莖紫色，葉青有三尖角，似千葉狗兒秧葉而光澤。開白花，結實如皂莢子大。其根皮色黲黃，中則白色。人家園圃種者肥大如手臂，味美。懷孟間産者入藥最佳。味甘，性溫、平，無毒。紫芝為之使。惡甘遂。救飢：掘取根蒸食甚美。或火燂熟食，或煮食，皆可。其實亦可煮食。治病：文具《本草》草部薯蕷條下。

明・蘭茂撰，清・管暄校補《滇南本草》卷上　山藥　味甘，溫，無毒。治傷中，補虛羸，除寒熱邪氣，補中益氣，長肌肉，強陰，久服之耳目聰明，輕身長肌，延年益壽。仙家用此作飯，百病可除，其功不可盡述。

明・王綸《本草集要》卷二 薯蕷臣。俗名山藥。 味甘，氣溫，平，無毒。手太陰經藥。二門冬、紫芝為之使。惡甘遂。日乾生用。懷慶者佳。 主傷中，補虛羸，除寒熱邪氣，補中，益氣力，長肌肉。治頭風眼眩，止腰痛，強陰。補心肺不足，除煩熱。涼而能補，亦潤皮毛乾燥。主泄精，健忘，開達心孔，多記事，久服耳目聰明，輕身不飢延年。

明・滕弘《神農本經會通》卷一 薯蕷 即山藥。臣也。二門冬、紫芝為之使。惡甘遂。以北都四明者為佳。白色者為上，青黑者不堪。二八月採根，暴乾，生用。凡使勿用平田生者，山中生皮赤，四面有髭，生者妙。

味甘，氣溫，平，無毒。《湯》云：手太陰經藥。東云：治腰濕。

《本經》云：主傷中，補虛羸，除寒熱邪氣，補中，益氣力，長肌肉。主頭面遊風，風頭眼眩，下氣，止腰痛，補虛勞羸瘦，充五臟，除煩熱，強陰，久服耳目聰明，輕身不飢延年。《藥性論》云：臣。補五勞七傷，去冷風，止腰疼，鎮心神，安魂魄，開達心孔，多記事，補心肺不足。患人體虛羸，加而用之。日華子云：助五臟，強筋骨，長志安神，主泄精，健忘。《湯》云：手太陰藥。潤皮毛燥，涼而能補，與二門冬為之使。東垣云：仲景八味丸用山藥，以其涼而能補也。亦治皮膚乾燥，以此物潤之。丹溪云：屬土而有金與水火，補陽氣。生者能消腫硬。《經》曰：虛之所在，邪必湊之。而不去其病為實，非腫硬之謂乎。故補其氣，則留滯自不容不行。又乾之意，蓋生濕則滑，不可入藥，熟則只堪啗，亦滯氣也。《局》云：薯蕷俗名山藥是，能安魂魄鎮心神。補虛下氣強筋骨，又治腰疼又益身。薯蕷，補中下氣，仍止腰疼。

明・劉文泰《本草品彙精要》卷七 山藥無毒 蔓生。

山藥出《神農本經》：**主傷中，補虛羸，除寒熱邪氣，補中，益氣力，長肌肉。久服耳目聰明，輕身不飢，延年。**以上朱字《神農本經》。主頭面遊風，頭風，眼眩，下氣，止腰痛，補虛勞羸瘦，充五臟煩熱。以上黑字名醫所錄。 【名】薯蕷、山芋、玉延、土藷、藷署、山羊、脩脆、兒草。 【苗】《圖經》曰：春生苗，蔓延援籬。莖紫葉青，有三尖角，似牽牛，更厚而光澤。夏開細白花，大類棗花。秋生實于葉間，其狀如鈴。南中有一種生山中，根細如指，極緊實，過於家園種者，味更珍美，食之尤益人。今江、湖、閩中出一種，根如薑、芋之類，皮紫，極有大者一枚可重斤餘，但性冷於北地者爾。吳氏云：始生赤莖細蔓，五月華白，七月實青黃，八月熟落。其根中白皮黃，類芋。 【地】《圖經》曰：生嵩高山谷及臨朐鍾山，今處處有之。陶隱居云：東山、南江、南康。《唐本》注云：蜀道。【道地】北都、四明，今河南者佳。 【時】生：春生苗。採：二月、八月取根。【收】暴乾或風乾。 【用】白色堅實不蛀者爲好。 【色】皮土褐，肉白。 【味】甘。 【性】溫，平，緩。 【氣】氣厚于味，陽中之陰。 【臭】朽。 【主】安神健脾。 【助】天門冬、麥門冬、紫芝爲之使。 【反】惡甘遂。 【製】取粗大者，用竹刀刮去黃皮，以水浸，末白礬少許摻水中，經宿取，淨洗去涎，風乾用。 【治】療：《藥性論》云：去冷氣，止腰疼，鎮心神，安魂魄，開達心孔，多記事。日華子云：長志，安神，療泄精，健忘。東垣云：涼而能補，亦治皮膚乾燥，此物潤之。

明・盧和、汪穎《食物本草》卷一 山藥 味溫平，無毒。主傷中，補虛羸，除寒熱邪氣，補中益氣力，長肌肉。又云：主頭面遊風，頭風眼眩，下氣，止腰痛，補勞瘦，充五臟，除煩熱，強陰。久服耳目聰明，輕身不飢，延年。生山中者良。又云：安魂魄，鎮心神。《本草》謂之薯蕷，江南人呼為藷。南地種之，但性冷於北地者耳。

明・葉文齡《醫學統旨》卷八 山藥 氣溫、平，味甘。無毒。手太陰經藥。二門冬、紫芝為之使。惡甘遂。懷慶者佳。 治泄精，鎮心安魂，補虛羸，益氣力，長肌肉，強陰，補五勞七傷，心氣不足，脾胃虛弱，久泄，止腰痛，強陰，補心肺，除煩熱，潤皮膚，開達心孔。

明・許希周《藥性粗評》卷二 補虛羸於薯蕷。

薯蕷，即今山藥也。一名藷薯。春生苗，蔓延林木，莖紫，葉背有〔三稜〕，尖角似牽牛，更孚而光澤，至霜降後其根可食，荒歲可充飢。此有三四種，有一種結實者，二月以其實種之，秋後取根，尤成大塊。南北山野處處有之，以北都并四明者為佳。土人切片種之家園，深掘坑渠，填以爛草或牛糞，上實以土，援以竹稍，秋後自爾肥大。然入藥不如山採者味真，且為服食家所重，亦仙品上藥也。紫芝為之使，惡甘遂。凡作丸散，以竹刀刮去麄皮，剉，於簷下當風陰乾，不得見日，候乾為末。 味甘，性平、微溫，無毒。主治五癆七傷，虛弱瘦損，頭面遊風，眼眩腰痛，泄精健忘，定志安神，生津補血，養胃厚腸，益氣力，長肌肉，助陰道，久服耳目聰明，延年不飢。丹溪云：山藥補陽氣，生用能消腫硬。

單方： 補養： 凡下焦虛冷，瘦損無力，小便動數，面色憔悴者，以生薯半斤，竹刀刮去粗皮，切碎研爛，先以酒一甌，入鐺中待沸，下薯煮之，不得攪動，待熟更下少鹽、葱白，又添酒再煮，空腹任意服之，妙。

明・鄭寧《藥性要略大全》卷二　山藥臣　主補中益氣力，除煩熱，強陰。治頭面遊風，頭風眼眩，下氣，充五臟，長肌肉。久服明目，輕身延年。潤皮毛之枯燥，鎮心安魂，開心補心，令人不忘。以其涼而能補也。《珠囊》云：治傷中，補虛勞羸瘦，除寒熱，治腰痛，去濕。註曰：味甘，苦，氣溫，平，無毒。入手太陰肺經。天麥門冬、紫芝為之使。惡甘遂。日乾生用，刮去黑皮。淮慶者佳。

明・陳嘉謨《本草蒙筌》卷一　薯蕷即山藥，又名山芋。　味甘，氣溫、平。無毒。南北州郡俱產，惟懷慶者獨良。秋採曝乾，灰藏不蛀。柴灰同藏罐內，則不蛀壞。性惡甘遂，共劑不宜。使天麥門冬紫芝，入手足太陰兩臟。治諸虛百損，療五勞七傷。益氣力潤澤皮膚，長肌肉堅強筋骨。除寒熱邪氣，煩熱兼除；卻頭面遊風，風眩總卻。羸瘦堪補，腫硬能消。開心孔聰明，澁精管洩滑。理脾傷止瀉，參苓白朮散頻加；逐腰痛強陰，六味地黃丸當用。搗篩為粉，作糊甚粘。久服不飢，延年耐老。

謨按：山藥能消腫硬，因能益氣補中故爾。《經》曰：虛之所在，邪必湊之。着而不去，其病為實。非腫硬之謂乎？故補其氣，則邪滯自不容不行。丹溪云：補陽氣生者，能消腫硬，正謂此也。

明・方穀《本草纂要》卷一　山藥　味甘，氣溫，無毒。入足太陰、陽明，并手足少陰，復入太陰肺經，益肺之不足，入少陰腎經，澁精之滑泄；上治心肺，下治腰膝，中能補中益氣，開達心孔，潤澤皮毛；或傷中羸弱，寒熱交作；或陰虛咳嗽，有聲無痰；或泄瀉痢久不止；或驚悸，恍惚不寧；或遺精，濁帶淋瀝，如用此藥，涼而能補。是以吾家秘法，治脾之症同參朮以用之；治心之症同參苓以用之；治肺之症同參麥以用之；治腎之症同參柏以用之。此乃臣使之藥，當用於平補之際，無毒可以常服，使能以乳製尤妙。

明・寧源《食鑒本草》卷下　山藥　味甘，溫，平，無毒。補諸虛百損，面上遊風，腰間冷氣。常食強陰，益精氣。

明・王文潔《太乙仙製本草藥性大全》卷一《本草精義》　山藥　一名薯蕷，一名芋綦，楚名玉延，鄭越名土藷。生嵩高山谷，今處處有之，有北都四明者為佳，春生苗蔓，延籬援莖，莖紫葉青，有三尖角，似牽牛更厚而光澤，更開細白花，大類棗花，秋生實於葉間狀如鈴。二月、八月採根，白色者為上，青黑者不堪，法取麄根刮去黃皮，以水浸，末白礬少許，摻水中經宿，取浄，洗去涎，焙乾用。

明・王文潔《太乙仙製本草藥性大全》卷一《仙製藥性》　山藥臣　甘、苦，氣溫平，無毒，入手太陰肺經。天門冬、紫芝為之使。《珠囊》云：治傷中，補虛勞羸瘦。除寒熱，治腰痛去濕。　主治：治傷中，補虛羸，除寒熱邪氣，補中益氣力，長肌肉，治頭風眼眩，止腰痛強陰，補心肺不足，陰煩熱，涼而能補，亦潤皮毛乾燥。主泄精健忘，開達心孔，多記事，久服耳目聰明，輕身不飢延年。　補註：諸虛百損，療五勞七傷，益氣力，潤澤皮膚，長肌肉，堅筋骨，除寒熱邪氣，煩熱兼除；卻頭面遊風，風眩總卻。羸瘦堪補，腫硬能消。開心孔聰明，澀精管洩滑。理脾傷止欬，參苓白朮散頻加；逐腰痛強陰，六味地黃丸常用。搗篩為粉，作糊甚粘。久服不飢，延年耐老。太乙曰：凡使。勿用平田生二三紀內者，要經十紀者，山中生，皮赤，四面有髭生者妙。若採得，用銅刀刮去赤皮，洗去涎，蒸用。

明・皇甫嵩《本草發明》卷二　薯蕷上品之上，君。氣溫，味甘，平，無毒。入手太陰，補足太陰、手足少陰，屬土而有金與水。名山藥。

發明曰：山藥甘溫，能補，入肺經而補心肺，滋腎養脾，三焦之潤劑也。然補肺為多，蓋肺主諸氣。今益氣以滋腎化源，故《本草》主補虛羸，補中益氣，強陰益氣力，強筋骨，長肌肉，充五藏，長志健忘，除腰痛，泄精勞傷等候也。肺居上部，主皮毛，故上而頭面游風，頭風目眩，外而除寒熱邪氣煩熱，又潤皮毛。肺腎惡燥，此潤劑主之。若潤肺養心，用天麥門冬、紫芝為使。又云消腫硬者何？蓋寒熱邪氣，乘虛而湊著不去，結為腫硬，此益養正氣，邪氣自除矣。生者性滑，能消腫硬。乾者滋補虛弱，煮熟者補而堪啗，多食亦滯氣。惡甘遂。

明・李時珍《本草綱目》卷二七菜部・柔滑類　薯蕷《本經》上品。校正：自草部移入此。

【釋名】藷萸音諸預　土藷音除　山藷《圖經》　山芋吳普　山藥《衍義》　玉延吳普吳普曰：薯蕷一名藷薯，一名兒草，一名修脆。齊、魯名山芋，鄭、越名土藷，秦、楚名玉延。頌曰：江、閩人單呼爲藷，音若殊及韶，亦曰山藷。《山海經》云：景山北望少澤，其草多藷萸，音同薯蕷。則是一種，但字或音殊，或音諸不一，或語有輕重，或相傳之訛耳。宗奭曰：薯蕷因唐代宗名(預)〔豫〕，避諱改爲薯藥；又因宋英宗諱(署)〔曙〕，改爲山藥，盡失當日本名。恐歲久以山藥爲别物，故詳著之。

【集解】《别録》曰：薯蕷生嵩高山谷。二月、八月採根暴乾。普曰：亦生臨朐鍾山。始生赤莖細蔓。五月開白花。七月結實青黄，八月熟落。其根内白外黄，類芋。弘景曰：近道處處有之，東山、南江皆多。掘取食之以充糧。南康間最大而美，服食亦用之。恭曰：此有兩種：一者白而且佳，日乾搗粉食大美，且愈疾而補；一者青黑，味殊不美。蜀道者尤良。頌曰：處處有，以北都、四明者爲佳。春生苗，蔓延籬援。莖紫，葉青有三尖，似白牽牛葉，更厚而光澤。夏開細白花，大類棗花。秋生實於葉間，狀如鈴。今人冬春採根，刮之白色者爲上，青黑者不堪。近汴洛人種之極有息。春取宿根頭，以黄沙和牛糞作畦種之。苗生似竹稍作援，高一二尺。夏月頻溉之。當年可食，極肥美。南中一種生山中，根細如指，極緊實，刮磨入湯煮之，作塊不散，味更真美，云食之尤益人，過於家園種者。又江湖、閩中一種，根如薑、芋之類而皮紫。極有大者，一枚可重數斤。削去皮，煎、煮食俱美，但性冷於北地者耳。彼土人呼爲藷。南北之産或有不同，故形類差别也。甄權曰：按劉敬叔《異苑》云：薯蕷，野人謂之土藷。根既入藥，又復可食。人植之者，隨所種之物而像之也。時珍曰：薯蕷入藥，野生者爲勝；若供饌，則家種者爲良。四月生苗延蔓，紫莖緑葉。葉有三尖，似白牽牛葉而更光潤。五六月開花成穗，淡紅色。結莢成簇，莢凡三稜合成，堅而無仁。其子别結於一旁，狀似雷丸，大小不一，皮色土黄而肉白，煮食甘滑，與其根同。王旻《山居録》云：曾得山芋子如荆棘子者，食之更愈於根。即此也。霜後收子留種，或春月採根截種，皆生。

【修治】頌曰：採白根刮去黄皮，以水浸之，糝白礬末少許入水中，經宿净洗去涎，焙乾用。宗奭曰：入藥貴生乾之，故古方皆用乾山藥。蓋生則性滑，不可入藥；熟則滯氣，只堪啖耳。其法：冬月以布裹手，用竹刀剮去皮，竹篩盛，置檐風處，不得見日，一夕乾五分，候全乾收之。或置焙籠中，微火烘乾亦佳。斅曰：凡使勿用平田生二三紀者，須要山中生經十紀者。皮赤，四面有鬚者妙。採得以銅刀刮去赤皮，洗去涎，蒸過暴乾用。

根【氣味】甘，温、平，無毒。普曰：神農：甘，小温。桐君、雷公：甘，凉，無毒。之才曰：紫芝爲之使。惡甘遂。【主治】傷中，補虚羸，除寒熱邪氣，補中，益氣力，長肌肉，强陰，久服，耳目聰明，輕身不飢延年《本經》。主頭面游風，頭風眼眩，下氣，止腰痛，治虚勞羸瘦，充五臟，除煩熱《别録》。補五勞七傷，去冷風，鎮心神，安魂魄，補心氣不足，開達心孔，多記事甄權。强筋骨，主泄精健忘大明。益腎氣，健脾胃，止泄痢，化痰涎，潤皮毛時珍。生搗貼腫硬毒，能消散震亨。

【發明】權曰：凡患人體虚羸者，宜加而用之。詵曰：利丈夫，助陰力。熟煮和蜜，或爲湯煎，或爲粉，並佳。乾之入藥更妙。惟和麪作餺飥則動氣，爲不能制麪毒也。李杲曰：山藥入手太陰。張仲景八味丸用乾山藥，以其凉而能補也。亦治皮膚乾燥，以此潤之。時珍曰：按吴綬云：山藥入手、足太陰二經，補其不足，清其虚熱。又按王履《溯洄集》云：山藥雖入手太陰，然肺爲腎之上源，源既有滋，流豈無益，此八味丸所以用其强陰也。又按曹毗《杜蘭香傳》云：食署蕷可以辟霧露。

【附方】舊一，新十。

補益虚損：益顔色，補下焦虚冷，小便頻數，瘦損無力。用薯蕷於沙盆中研細，入銚中，以酒一大匙熬令香，旋添酒一盞攪令匀，空心飲之。每旦一服。《聖惠方》。

心腹虚脹：手足厥逆，或飲或苦寒之劑多，未食先嘔，不思飲食。山藥半生半炒，爲末。米飲服二錢，一日二服，大有功效。忌鐵器、生冷。《普濟方》。

小便數多：山藥以礬水煮過，白茯苓等分，爲末。每水飲服二錢。《儒門事親》。

下痢禁口：山藥半生半炒，爲末。每服二錢，米飲下。《衛生易簡方》。

痰氣喘急：生山藥搗爛半碗，入甘蔗汁半碗，和匀。頓熱飲之，立止。《簡便單方》。

脾胃虚弱：不思飲食。山芋、白术一兩，人參七錢半，爲末，水糊丸小豆大，每米飲下四五十丸。《普濟方》。

濕熱虚泄：山藥、蒼术等分，飯丸，米飲服。大人小兒皆宜。《瀕湖經驗方》。

腫毒初起：帶泥山藥、蓖麻子、糯米等分，水浸研，傅之即散也。《普濟方》。

胯眼臀瘍：山藥、沙糖同搗，塗上即消。先以麪塗四圍，乃上此。《簡便單方》。

項後結核：或赤腫硬痛。以生山藥一挺去皮，蓖麻子二個同研，貼之如神。《救急易方》。

手足凍瘡：山藥一截磨泥，傅之。《儒門事親》。

題明・薛己《本草約言》卷一《藥性本草》 山藥 味甘，氣平、微凉，無毒。陽中微陰，可升可降。入手太陰經。上氣不足之頭眩，中氣不足之虚羸，下氣不足之泄精。凉而能補之藥也。江云：山藥專能補胃。○《賦》云：益氣補中，去頭面遊風眩運，强陰清熱，療皮膚肌肉虚羸。○山藥甘溫能補，入肺經而補心肺，滋腎養脾，三焦之潤劑也，然補肺為多。蓋肺主諸氣，今益氣以滋腎化源，故主補虚羸，除泄精等候。補肺為多，肺居上部，主皮毛，故主頭面皮膚等疾。山藥屬土而有金與水，大補陰氣，能消虚腫硬。《經》曰：虚之所在，邪必湊之，着而不去，其病為實。非腫硬之謂乎？故補則留滯自不容不行。舊名薯蕷因上字犯宋英宗諱，下字犯唐代宗名。故改此。

一云：山藥能消腫硬者，以益氣補中也，氣補則邪滯自不容以不行。

明・梅得春《藥性會元》卷上 山藥 味甘，性溫、平。無毒。入手太陰肺經。天、麥門冬、紫(苑)〔菀〕為使。惡甘遂。出懷慶者佳。生則滑，熟則滯氣，皆不可入藥，惟乾、色白者可入藥。一名薯蕷。主治泄精健忘，傷重，補虛羸癆疫，益氣力，溫中下氣。仍治腦腰疼，補心氣不足，鎮心神，去腰濕，長肌肉，強筋骨，補五勞七傷，脾胃虛弱，強陰補肺，除煩熱，潤皮膚，開達心孔，療頭面遊風，頭風眼眩，下氣，充五臟。久服耳目聰明。丹溪云：屬土而有金與水火，補陽氣；生者能消腫硬。《經》曰：虛之所在，邪必湊之而不去。其病為實，非腫硬之謂也。故補其氣則留滯，自不容不行矣。又能安胎，人所不知。

明・杜文燮《藥鑒》卷二　山藥　氣溫，味甘，平，無毒。手足太陰經藥也。治諸虛百損，療五勞七傷。益氣力，潤澤皮膚。長肌肉，兼強筋骨。除寒熱邪氣，却頭面遊風風眩。開心竅聰明，澁精管洩滑。理脾傷止欬，參苓白朮散頻加。逐腰痛強陰，六味地黄丸常用。其曰補虛羸者，以其甘助元陽，溫養肌肉也。其曰消硬滿者，何哉？蓋氣虛邪實，此硬滿之所由結也。今補中益氣，則正氣勝而邪自去，硬滿安能久存乎？二門冬為使。惡甘遂。

明・穆世錫《食物輯要》卷三　山藥　味甘，性涼，無毒。充五臟，養心健脾，補腎強陰，去頭面遊風，目眩。久食，補虛益氣，除煩熱。和蜜食，良；同鯽魚食，不益人；同麪食，動氣。入藥用，忌鐵。

明・李中立《本草原始》卷一　山藥　始生嵩高山谷，今處處有之。春生苗，延蔓，紫莖，青葉，有三尖，光澤。夏開細白花，亦有淡紅花者。秋結實于葉間，狀如鈴。有一種根如薑、芋之類而皮紫，極有大者；有一種生山中，根細如指，極緊實者，刮磨入湯煮食，味咸甘美。因根皮外黄如芋，山谷生者入藥為勝，故《吳普本草》名山芋，《圖經》名山藷。又一名藷萸，一名藷薯，一名土藷。彼土人呼為藷，其音相近，或語有輕重，或相傳之訛耳。其山藥正名薯蕷，因唐代宗名預，避諱改為薯藥；又因宋英宗諱署，改為山藥，蓋言山中之藥也。　氣味：甘，溫，平，無毒。主治：傷中，補虛羸，除寒熱邪氣，補中，益氣力，長肌肉，強陰，久服耳目聰明，輕身不飢延年。○主頭面遊風，頭風眼眩，下氣，止腰痛。治虛勞羸瘦，充五臟，除煩熱。○補五勞七傷，去冷風，鎮心神，安魂魄，補心氣不足，開達心孔，多記事。○強筋骨，主泄精健忘。○益腎健脾，止洩痢，化痰涎，潤皮毛。○生擣，貼腫硬毒，能消散。

山藥，《本經》上品。【圖略】皮黄多鬚，俗呼片子山藥堪食。肉白指細緊實者入藥，今人多用懷慶者。凡入藥白色者為上，青黑者不堪。修治：擇山產條直堅白者，生乾之，故古方皆用乾山藥。蓋生則性滑，熟則滯氣。只宜用竹刀刮去皮，竹篩盛，置檐風處，或置焙籠中微火烘乾亦佳。若晒乾，凡藥晒乾極多，則古人何必加乾字于山藥之上？

紫芝為之使。惡甘遂。入手足太陰二經。《普濟方》：治心脹，虛脹，手足厥逆，或飲苦寒之劑過多，未食先嘔，不思飲食，山藥半生半炒，為細末，米飲調服二錢，一日二服，大有功效。忌鐵器、生冷。山藥，臣。

明・張懋辰《本草便》卷一　薯蕷臣，俗名山藥。味甘，氣溫、平，無毒。手太陰經藥。惡甘遂。主傷中，補虛羸，除寒熱邪氣，補中益氣力，長肌肉；治頭風眼眩，止腰痛，強陰，補心肺不足，除煩熱乾燥，主泄精，健忘，久服耳目聰明。

明・吳文炳《藥性全備食物本草》卷一　山藥　味甘，性涼，無毒。充五臟，養心健脾，補腎強陰，去頭面遊風，目眩。久食補虛益氣，除煩熱，和蜜食良。同鯽魚食不益人，同麪食動氣。入藥用忌鐵。

明・趙南星《上醫本草》卷三　山藥　一名薯蕷，一名藷萸音諸預、土藷音除、山藷，一名山芋，一名玉延。宗奭曰：薯蕷因唐代宗名預，避諱改為薯藥，又因宋英宗諱署，改為山藥，盡失當日本名。恐歲久，以山藥為別物，故詳著之。入藥貴生乾之，故古方皆用乾山藥。蓋生則性滑，不可入藥，熟則滯氣，只堪啖耳。其法冬月以布裹手，用竹刀刮去皮，竹篩盛，置檐風處，不得見日，一夕乾五分，候全乾收之。或置焙籠中微火烘乾，亦佳。

根：甘，溫，平，無毒。主治：傷中，補虛羸，除寒熱邪氣，補中益氣力，長肌肉，補五勞七傷，去冷風，鎮心神，安魂魄，補心氣不足，開達心孔，多記事，強筋骨。主泄精健忘，益腎氣，健脾胃，止洩痢，化痰涎，潤皮毛。久服耳目聰明，輕身不飢延年。權曰：凡患人體虛羸者，宜加而用之。詵曰：利丈夫，助陰力，熟煮和蜜，或為湯煎，或為粉，並佳。乾之入藥更妙。李杲曰：山藥入手太陰，張仲景八味丸用乾山藥，以其涼而能補也。亦治皮膚乾燥，以此潤之。時珍曰：按吳綬云：山藥入手、足太陰二經，補其不足，清其虛熱。又，按王履《溯洄集》云：山藥雖入手太陰，然肺為腎之上源，源既有滋，流豈無益？此八味丸所以用其強陰也。又，按曹毗《杜蘭香傳》云：食薯蕷可以辟霧露。惟和麪作餺飥則動氣，為不能制麪毒也。

附方　補益虛損：益顏色，補下焦虛冷，小便頻數，瘦損無力。用薯蕷于沙盆中研細，入銚中，以酥一大匙熬令香，旋添酒一盞，攪令勻，空心飲之。每旦一服。　小便數多：　山藥以礬水煮過，白茯苓等分，為末，每水飲服二錢。　下痢禁口：　山藥半生半炒，為末，每服二錢，米飲下。　脾胃虛弱：　不思飲食，山藥、白术各一兩，人參七錢半，為末，水糊丸小豆大，每米飲下四五十丸。　濕熱虛泄：　山藥、蒼术等分，飯丸，米飲服。大人、小兒皆宜。

明・李中梓《藥性解》卷二　山藥　味甘，性溫，無毒，入脾、肺、腎二經。補陰虛，消腫硬，健脾氣，長肌肉，強筋骨，療乾咳，止遺泄，定驚悸，除瀉痢。乳製用。紫芝為使，喜門冬，惡甘遂。　按：　丹溪曰：　山藥屬土，而有金與水，宜入脾肺腎而補虛。《經》曰：　虛之所在，邪必湊之，腫硬之謂也。得補則邪自去，脾自健，於是土盛生金，金盛生水，功效相仍矣。然單食多食，亦能滯氣。

明・繆希雍《本草經疏》卷六　薯蕷今呼山藥。　味甘，溫、平，無毒。主傷中，補虛羸，除寒熱邪氣，補中，益氣力，長肌肉。主頭面遊風，頭風眼眩，下氣，止腰痛，補虛勞羸瘦，充五藏，除煩熱，強陰。久服耳目聰明，輕身不飢延年。

【疏】薯蕷得土之沖氣，兼稟春之和氣以生，故味甘，溫平，無毒。觀其生搗傅癰瘡，能消熱腫，是微寒之驗也。甘能補脾，脾統血而主肌肉；　甘溫能益血，脾治中焦，故主傷中，補虛羸，補中，益氣力，長肌肉，充五藏，除煩熱，強陰也。其主寒熱邪氣，及頭面遊風，頭風眼眩，下氣，止腰痛者，止以其甘能除大熱，甘能益陰氣，甘能緩中，甘溫平能補肝腎。《藥性論》云：薯蕷，臣，能補五勞七傷，去冷〔風〕是也。蓋寒熱邪氣者，陰不足則內熱，內虛則外邪客之。熱則生風，緩則下氣，下氣則陽交於陰。五勞既去，五藏既充，則久服耳目聰明、輕身延年之效自著矣。　【主治參互】同地黃、枸杞、牛膝、甘菊花、白蒺藜、五味子，則補肝腎，益陰氣，治一切虛羸，強陰，長肌，增力，明目。　同蓮肉、白藊豆、人參、白芍藥、茯苓、炙甘草、橘皮，則補脾健胃止泄瀉。加木瓜、藿香，安吐逆。　同羊肉、肉蓯蓉作羹，可扶衰補虛羸。　【簡誤】藷藇、薯蕷，確係兩種。譬諸米穀，其種有秔、糯、秈、黍、稷之不同是也。入藥必以冀州所產者為勝。總之南方不逮北地。《圖經》并載入四明，則誤矣。不宜與麪同食。

明・倪朱謨《本草彙言》卷一六　薯蕷又名山藥。　味甘，氣寒平，無毒。入手足太陰經。　《別錄》曰：　薯蕷生嵩山山谷。　吳氏曰：　今臨朐、鍾山、南廣、蜀道、北都、四明、山東、江南、懷慶諸處，春取宿根，以黃土和牛糞作畦種之。　苗長以竹稍作引高一二尺，夏月頻灌之。　李氏曰：　入藥野生者爲勝，供饌家種者爲良。春生苗，蔓延籬落，紫莖綠葉，葉有三尖，似白牽牛葉更厚而光澤。五六月開花成穗，淡紅色，結莢成簇，三棱合成，堅而無仁。其子別結葉旁，狀似雷丸，大小不一，皮色土黃，內肉清白，煮食甘滑。春冬采根，生時擲地如粉，乾則內實不虛，其色潔白如玉。青黑者不堪入藥。種植甚易，截作薄片者亦生，隨所杵之竅而像之也。南中一種，生山中，根細如指，極緊實，刮磨入湯煮之，作塊不散，味更甘美，食之尤益于人，勝于家種者。江浙閩中一種，根如薑芋，皮紫，極大者重數斤，煮食雖美，但氣寒於北地者。　修製：　勿用平田生二三紀者，須要山中生經十紀者。其皮赤，四面有鬚者良。采得以銅刀刮去赤皮，洗去涎，再蒸過，曬乾用。

薯蕷：　養脾胃，益心肺，滋腎陰之藥也。邵起寰抄方龍潭言：　甘能和脾，甘能補肝，甘能除大熱，甘能益陰氣，如六味丸所以用此以滋陰也。如脾弱泄瀉，久痢腸滑，養脾胃。　如驚悸怔忡，健忘恍惚，益心氣。　如皮膚憔悴，乾咳無痰，益肺氣。　如夢泄遺精，腰膝痿弱，滋腎陰。　必須此藥治之。甘涼而補，爲中正和平之用也。如東垣老人，君參、朮以補脾，君參、麥以補肺，君參、歸以補心，君參、地以補肝，君參、杞以補腎。無毒，可以常服，使之乳製尤妙。樓全善曰：　肺爲腎之上源，源既有滋，流豈無益？　如八味丸所以用此以強陰而養陽也。又《藥性論》言：　能補五勞七傷，作粉調食尤佳。

集方：　已下方俱出《方脉正宗》治脾弱泄瀉及久痢腸滑不禁。用山藥四兩，人參、白朮各二兩，三味用淨土一錢，研細，拌炒，北五味子一兩，訶子肉二兩，俱炒燥研末。每服五錢，空心米湯調下。〇治驚悸怔忡，健忘恍惚。用山藥四兩，人參一兩，當歸身三兩，酸棗仁五兩，俱炒燥研末，煉蜜丸梧子大。每服五錢，白湯送下。〇治皮膚憔悴，乾咳無痰。用山藥四兩，人參一兩，麥門冬八兩去心，知母三兩，鱉甲二兩，湯泡洗淨，火燒醋淬，蓮子百粒不去心，分作十劑，水煎服。〇治夢泄遺精，腰膝痿弱。用山藥四兩，人參一兩，枸杞六兩，懷生地、牛膝、木瓜、杜仲、葳蕤各三兩，俱炒燥，牡蠣二兩火燒，共研末，煉蜜丸梧子大。每服四錢，白湯下。

續補集方：　《簡便單方》治胯眼臖瘍。用山藥、沙糖各等分同搗，塗上即消，先以乾麪水調，塗四圍，乃上此藥。〇《急救良方》治項後結核或赤腫硬痛。用山藥二兩，蓖麻子肉十個同研，傅貼即消。〇《儒門事親》治手足凍瘡。用山藥一兩研末，以猪肉湯調塗。〇治肺癰膿血頻唾，咽乾口渴，面皮虛浮。用山藥、百合、薏苡仁、杏仁、川貝母、桑白皮、地骨皮、黄耆各三錢，枳殼、瓜蔞仁、當歸、桔梗、甘草各一錢，水煎服。喘急加蘇子。

明・應慶《食治廣要》卷三　薯蕷即山藥。　氣味：甘，溫、平，無毒。主治：補中益氣，充肌強陰。久食，耳目聰明。生搗，罨腫毒，能散。其功不能盡述。

明・姚可成《食物本草》卷七菜部・柔滑類　薯蕷一名山藥。因唐代宗名預，避諱改為薯藥；又因宋英宗諱署，改為山藥，盡失當日本名。恐歲久以山藥為別物，故詳著之。薯蕷生嵩高山谷。二月、八月采根曝乾。近來處處有之。人多掘取食之以充糧。南康間最大而美，服食亦用之。〇李時珍曰：薯蕷入藥，野生者為勝；若供饌，則家種者為良。四月生苗延蔓，紫莖綠葉。葉有三尖，似白牽牛葉而更光潤。五六月開花成穗，淡紅色。結莢成簇，莢凡三稜合成，堅而無仁。其子別結於一旁，狀似雷丸，大小不一，皮色土黄而肉白，煮食甘滑，與其根同。王旻《山居錄》云曾得山芋子如荊棘子者，食之更愈於根，即此也。霜後收子留種，或春月采根截種，皆生。

薯蕷，味甘，溫、平，〔無〕毒。主傷中，補虛羸，除寒熱邪氣，補中，益氣力，長〔肌肉〕，強陰。久服，耳目聰明，輕身不飢延年。去頭面遊〔風〕，頭風眼眩，下氣，止腰痛，治虛勞羸瘦，充五藏，除煩熱。補五勞七傷，去冷風，鎮心神，安魂魄，補心氣不足，開達心孔，多記事。強筋骨，主洩精健忘。益腎氣，健脾胃，止洩痢，化痰涎，潤皮毛。生擣貼腫硬毒，能消散。凡患人體虛羸者，宜加而用之。利丈夫，助陰力。熟煮和蜜，或為湯煎，或為粉，竝佳。乾之入藥更妙。惟和麪作餺飥則動氣，為不能制麪毒也。又食薯蕷可以辟霧露。

附方：　治噤口痢。用山藥半生半炒，為末。每服二錢，米飲下。

明・顧逢柏《分部本草妙用》卷三脾部・温補　山藥　甘，溫，平，無毒。紫芝為使，惡甘遂。　主治：補中益氣，長肌強陰。治虛勞，充五臟，除煩熱，補勞傷，開心益神。主泄精，健忘，益腎健脾，止瀉化痰。生擣，塗硬毒。

按：　山藥，為健脾之藥。而八味丸用之，以其滋肺，則能益腎也。土生金，金生水，遡源而下，所以為助陰不可少之藥耳。

明・孟笨《養生要括・菜部》　山藥　根：　味甘，溫，平，無毒。補五勞七傷，益氣力，長肌肉，鎮心神，安魂魄，補心氣不足，開達心孔，多記事，強筋骨，主泄精，益腎氣，健脾胃，止泄痢，化痰涎，潤皮毛，止腰痛，充五臟，除煩熱。生搗，貼腫硬毒，能消散。久服，耳目聰明，輕身不飢延年。〔山藥半生半炒為末，每服二錢，於下痢噤口甚效。〕痰氣喘急，生山藥搗爛半碗，入甘蔗汁半碗和勻，頓熱飲之，立止。

子：　味甘，溫，無毒。補虛損，強腰腳，益腎，食之不飢。

明・李中梓《醫宗必讀・本草徵要上》　薯蕷一名山藥。味甘，平，無毒。入心、脾、腎三經。蒸透用。　益氣長肌，安神退熱。補脾除瀉痢，補腎止遺精。山藥得土之沖氣，禀春之和氣，故主用如上。比之金玉君子，但性緩，非多用不效。按：　山藥與麪同食，不能益人。

明・鄭二陽《仁壽堂藥鏡》卷一〇上　山藥　《本草》云：　山藥生嵩高山谷，今近道處處有之。大白者佳。　氣溫，味甘，平，無毒。　手太陰經藥。　《本草》云：　主補中益氣，除熱強陰。主頭面遊風，風頭眼眩，下氣，克五臟，長肌肉，久服耳目聰明，輕身耐老。紫芝為之使。惡甘遂。　東垣云：　仲景八味丸用乾山藥，以其涼而能補也。亦治皮膚乾燥，以此物潤之。　丹溪云：　山藥屬土，而有金與水火。補陽氣，生者能消腫硬。《經》云：　虛之所在，邪必湊之。着而不去，其病為實，非腫硬之謂乎？故補其氣，則留滯自不容於不行矣。　日華子云：　助五臟，強筋骨，治下焦虛冷，小便澁數，瘦損無力，泄精健忘。

明・蔣儀《藥鏡》卷三平部　山藥　補脾與胃，心氣之煩渴以涼。填腎於腰，精髓之熱流并治。清頭風目眩之熱，則邪去脾健，而腫硬消。調腸枯便滑之虛，則土盛金生，而乾咳止。

明・李中梓《頤生微論》卷三　山藥　味甘，性平，無毒。入肺、脾、腎三經。喜麥門冬，惡甘遂。色白而膩者佳。飯上蒸透，切片炒黄用。補中益氣，長肌強陰，安神退熱，止瀉固精。

按：　山藥得土之沖氣，禀春之和氣，比之金玉君子，無往不宜。但性緩，非多用不效。與麪同食，不能益人。

明・張景岳《景岳全書》卷四九《本草正》　山藥　味微甘而淡，性微澁。所以能健脾補虛，澁精固腎。治諸虛百損，療五勞七傷。第其氣輕性緩，非堪專任，故補脾、肺必主參、朮，補腎水必君茱、地，滋帶濁須破故同研，固遺泄仗菟絲相濟。諸凡固本丸藥，亦宜搗末為糊。總之，性味柔弱，但可用為佐使。

明・賈九如《藥品化義》卷六肺藥　山藥　屬陽有土與金水，體輕，色白，氣微香，味甘，性溫，能浮能沉，力補肺脾，性氣與味俱薄，入肺脾腎三經。山藥生者性涼，熟則化涼為溫，所以古方特加一乾字。其色純白，專入肺部，溫補而不驟，微香而不燥，循循有調肺之功，治肺虛久嗽，何其穩當。因其味甘氣香，用之助脾，治脾虛腹瀉，怠惰嗜臥，四肢困倦，又取其甘則補陽，以能補中益氣，溫養肌肉，為肺脾二臟要藥。土旺生金，金盛生水，功效相仍，故六味丸中用之，治腎虛腰痛，滑精夢遺，虛怯陽痿。但性緩力微，劑宜倍用。

產懷慶，氣香色白者佳。西產者次之。生搗爛，敷傷寒發頤，及凍瘡甚妙。同生蜜搗罨，便毒立消。

明・施永圖《本草醫旨・食物類》卷二　山藥皮褐肉白名山藥，皮黃黑而扁名薯蕷，鄭越所生者名藷。　味：溫，平，無毒。主傷中，補虛羸，除寒熱邪氣，補中益氣力，長肌肉。又云主頭面遊風，頭風眼眩，下氣。主腰痛，補勞瘦，充五臟，除煩熱，強陰，涼而能補，潤皮毛，主泄精健忘，久服耳目聰明，輕身不飢，延年定魄。《本草》謂之薯蕷，江南人又呼為藷。南地種之，但性冷於北地者耳。

明・盧之頤《本草乘雅半偈》帙一　薯蕷《本經》上品　氣味：甘，平，無毒。　主治：主傷中，補虛羸，除寒熱邪氣，補中，益氣力，長肌肉，強陰。久服耳目聰明，不飢延年。

覈曰：薯蕷，古名也。避唐代宗諱，改作薯藥。又避宋英宗諱，改作山藥。後世惟名山藥，不知薯蕷名矣。生嵩山山谷，及臨朐、鍾山、南康、蜀道、北都，四明、山東、江南、懷慶諸處。入藥野生者為勝。供饌，家種者為良。春生苗，蔓延籬落。紫莖綠葉。葉有三尖，似白牽牛葉，更厚而光澤。五六月開花成穗，淡紅色。結莢成簇，三稜合成，堅而無仁。其子別結葉旁，狀似雷丸，大小不一，皮色土黃，內肉清白，煮食甘滑。春冬採根，生時擲地如粉，乾則內實不虛，其色潔白如玉。青黑者不堪入藥，種植甚易。截作薄片者亦生，隨所杵之竅而像之也。南中一種，生山中，根細如指，極緊實，刮磨入湯煮之，作塊不散，味更甘美，食之尤益于人，勝于家種者。江中閩中一種，根如薑、芋，皮紫，極大者重數觔。煮食雖美，但氣寒于北地者。修治勿用平田生二三紀者，須要山中生經十紀者。其皮赤，四面有鬚者良。採得以銅刀刮去赤皮，洗去涎，蒸過。暴乾用。六芝為之使。惡甘遂。

条曰：效所杵之竅以賦形，如預備署所，故稱薯蕷。假微薄之種，充氣淪結，建立中央，故治傷中。以致虛羸，而為寒熱邪氣者，乃若益氣力，長肌肉，即治傷中虛羸之驗也。而傷中之因，皆因陰氣萎靡。肥遯則無不利。薯蕷入土便生，陰森肥遯，寧不強陰，且其賦形效竅，則有竅處，寧不周到，雖假故物為胎，亦屬氣化所鍾，是與六芝交相為使。

明・李中梓《本草通玄》卷下　山藥　甘，平，脾肺藥也。補脾肺，益腎陰，養心神，除煩熱，止遺泄，固腸胃。生擣，貼腫毒，能消散。山藥色白歸肺，味甘歸脾。其言益腎者，金為水母，金旺則生水也。土為水仇，土安則水不受侮也。　炒黃用。

清・顧元交《本草彙箋》卷七　薯蕷　俗呼山藥。生則性涼，熟則化涼爲溫，所以古方特加一乾字。其色白入肺，溫補不驟，微香不燥，循循有調肺之功。治肺虛久嗽，何其穩當。因其味甘氣香，專補脾陰，爲脾肺子母相生之藥。土旺生金，金盛生水，功效相仿。故一切虛症，皆所必需。但性緩力微，劑宜倍用。若單食多食，亦能滯氣。

腫毒初起，帶泥山藥、蓖麻子、糯米等分，水浸，研，傅即散。項後結核，或赤腫硬痛，以生山藥一挺，去皮，蓖麻子二粒，同研，貼之如神。胯眼臖瘍，山藥、沙糖同搗，塗上即消。先以麪塗四圍，乃上此。

清・穆石匏《本草洞詮》卷七　薯蕷　避唐代宗諱（預）〔豫〕，改為薯藥。又避宋英宗諱（署）〔曙〕，改為山藥。盡失本名矣。氣味甘平，無毒。入手足太陰二經。補虛損，益氣力，健脾胃，止洩痢，化痰涎，潤皮毛。山藥雖入手太陰，然肺為腎之上源，源既有滋，流豈無益。此八味丸所以用其強陰也。古方皆用乾山藥，以生則性滑，熟則滯氣也。凡患人體虛羸者，加而用之。

清・丁其譽《壽世秘典》卷三　薯蕷一名土藷，又名山藷，今名山藥。寇宗奭曰：山藥本名薯蕷，因唐代宗諱豫，改為薯藥。宋英宗諱曙，改為山藥。盡失當日本名，今當云山蕷可也。《圖經》云：南中一種生山中，根細如指，極緊實，入湯煮之，作塊不散，味更甘美。云：食之尤益人，過于家園種者。又江、湖、閩中一種皮紫，極有大者，一枚可重數斤，煮食甚美，但性冷于北地者。入藥，野生者為勝。若供饌，則家種者為良。

氣味：甘，溫，平，無毒。主治傷中，補虛羸，除寒熱邪氣，補中，益氣力，長肌肉，強陰。久服，耳目聰明，輕身不飢，延年《本經》。益腎氣，健脾胃，止洩痢，化痰涎，潤皮毛《時珍》。

發明孟詵曰：利丈夫，助陰力，熟煮和蜜，或為湯煎，或為粉並佳。同羊肉、肉蓯蓉作羹，可扶衰，補虛羸，不宜與麪同食。入藥貴生乾之，故古方皆用乾山藥。蓋生則性滑，不可入藥，熟則滯氣，只堪啖耳。皮赤、四面有鬚者良。王履《溯洄集》云：山藥雖入手太陰，然肺為腎之上源，源既有滋，流豈無益，此張仲景八味丸所以用其強陰也。又曹毗《杜蘭香傳》云：食薯蕷，可以辟霧露。○《相感志》云：植之者隨所種之物而象之。手植則如手。鋤、鍬等物植，隨本物之形狀。

子：名零餘子，別結於一旁，大小長圓不一，煮食甘滑，與其根同。補虛損，強腰腳，益腎，食之不飢。

清·張志聰《侶山堂類辯》卷下 薯蕷 古名也，避唐宋帝諱，改名山藥。種植之法，切作薄片，隨所杵之竅而長之。盧子由先生治一血利久久不愈，曰此腸內有血管矣。山藥隨所杵之竅而長滿，性能塞管，用山藥為君，配血藥而愈。此乃意度之妙用。又百合之白花者，摘碎埋于土中，一瓣即生百瓣，而成一蒲。夫凡物切碎，皆成腐穢，二品所生之異，蓋得本體之精，感氣化而生長。山藥肉內多涎，仲景用百合湯，以水浸一宿，出其白沫。涎沫，乃其精也。氣生于精，二品得精氣之盛，故主補中益氣，長肉強陰。○元如曰：凡物多精汁者，皆主養精補血，益氣生肌。

清·劉雲密《本草述》卷一五 薯蕷一名山藥、山芋。 寇宗奭曰：薯蕷因唐代宗名豫，避諱改蕷為藷藥。又因本朝英宗諱曙，改薯為山藥。盡失當日本名，恐歲久以山藥為別物，故詳著之。

根：氣味：甘，溫，平，無毒。普曰：神農：甘，小溫。桐君、雷公：甘，涼，無毒。

主治：傷中，補虛羸，除煩熱，補心氣不足，養胃厚腸，止洩痢，益腎氣，理腰痛，潤澤皮毛。生搗貼腫硬毒，能消散。杲曰：仲景八味丸用乾山藥者，以其涼而能補也。亦治皮膚乾燥，以此味潤之。時珍曰：按吳綬云山藥入手足太陰二經，補其不足，清其虛熱。又按王履《溯洄集》云：山藥雖入手太陰，然肺為腎之上源，源既有滋，流豈無益，此八味丸所以用其强陰也。《類明》曰：薯蕷味甘性涼而润，故與天麥二門冬同有補助元氣之功，是手足太陰藥，而補脾肺之氣為的也。希雍曰：薯蕷得土之冲氣，兼秉春之和氣以生，故味甘溫平無毒。觀其生搗敷癰瘡能消熱腫，是微寒之驗也。其所主治皆以其甘平而兼有微寒之故耳。

同地黃、枸杞、牛膝、甘菊花、白蒺藜、五味子，則補肝腎，益陰氣，治一切虛羸，強陰，長肌增力，明目。同蓮肉、白藊豆、人參、白芍藥、茯苓、炙甘草、橘皮，則補脾健胃，止泄瀉。加木瓜、藿香安吐逆。同羊肉、肉蓯蓉作羹，可扶衰，補虛羸。

愚按：薯蕷之味甘，甘味固益中土也。其所取者根，根之質白，是味之歸形者。金在人身，肺也。且氣之溫而又有平，是形之歸氣者，亦金氣也。第其溫者何取？蓋足三陰固起於下，而脾陰實藉風木春溫之氣，以上達於天之陽而至肺，即至陰之腎，亦同脾而至之，則脾所藉於溫者，豈其微哉？第脾陰易虧，胃火易亢，唯溫而兼於平，則脾陰於胃陽，和合以行其化而寒熱邪氣自除，中氣自益，虛羸自補，是《本經》臚列其功，較他《本草》良足據也。但東垣謂其入手太陰，就味之歸形，形之歸氣者言。而潔古於肺更指此味為補母，亦謂由脾而肺，未有若此味之親切也。由脾而肺者，由於陰不慘而陽不亢，乃能由胃以至於肺耳。潔古更有深詣乎？雖然，脾能致其氣於肺，豈第除寒熱邪氣，而中氣益，虛羸補，唯脾還受其益哉？但此種清和之氣味，不任遺大投艱耳。抑為腎氣丸之用者何居？曰：脾脈注心中，而接乎手少陰經，乃腎肝亦由肺而注心中，則脾陰之至於肺，而注乎心者，固與腎同和水火之宗氣，以為胥益矣，是《本經》所謂强陰者，雖該指五臟之陰，然至陰之所歸，先於腎也，又何疑於腎氣丸之投此味乎？至於除煩熱，止虛瀉，散遊風，潤皮毛，消腫硬，無非由脾肺達至陰之氣，徹於中外以為益也，但其力薄而功緩耳。

附方 脾胃虛弱，不思飲食，山芋、白朮一兩，人參七錢半，為末，水糊丸小豆大，每米飲下四五十丸。 溼熱虛泄，山藥、蒼朮等分，飯丸，米飲服，大人小兒皆宜。 腫毒初起，帶泥山藥、蓖麻子、糯米等分，水浸，研，傅之，即散也。 項後結核，或赤腫硬痛，以生山藥一挺，去皮，蓖麻子二個，同研，貼之如神。

希雍曰：藷萸、薯蕷，確係兩種，譬諸米穀，其種有秔、糯、秈、黍、稷之不同是也。入藥必以冀州所產者為勝。總之，南方不迨北地，《圖經》并載入四明則誤矣。不宜與麪同食。

修治　熟則滯氣，溼則滑，惟乾實者入藥。六味丸用山藥，取其由肺入腎，以達茯苓、澤瀉之用，用時但微火烘乾，惟他丸散理脾可用薑汁炒過。

清・郭章宜《本草匯》卷一三　薯蕷即山藥　甘，平，陽中微陰，可升可降，入手足太陰經。上氣不足之頭眩，中氣不足之虛羸，下氣不足之泄精，安神退熱，益氣生精。止澀于滯下，和胃于虛經。膈泥之所忌，澀實之所輕。

按：山藥禀春初之和氣，能補陰力，利丈夫虛羸，補其不足，清其虛熱，皮膚乾燥者，用以潤之。仲景八味丸用此者，以其涼而能補也。其言益腎者，金為水母，金旺則水生也。土為水仇，土安則水不受侮也。但性緩，非多用不効。

銅刀刮去赤皮，糝白礬末少許，洗去涎，蒸曝用。野生者尤勝。惡甘遂。

清・尤乘《食鑒本草・菜類》　山藥　主和中補虛，生傅癰腫。南產性涼於北耳。零餘子即藤上結者，勝於山藥，補虛益腎。

清・朱本中《飲食須知・菜類》　山藥甘藷　味甘，性溫、平。同鯽魚食，不益人。同麪食動氣。入藥忌鐵器。甘藷，味甘，性平。

清・何其言《養生食鑒》卷上　山藥一名薯蕷，又薯類并詳。　味甘，性涼，無毒。充五臟，養心健脾，補腎強陰，去頭面遊風目眩。久食補虛益氣，能除煩熱。和蜜食，良。同鯽魚食，不益人。同麪食，動氣入經。用忌鐵。粵中一種生山中，根細如指，極緊實，刮磨入湯煮之，作塊不散，味甚美，食之益人。

粵中一種大如鵝卵，小如雞卵，身上有力，蒸食更甜美，名為甜薯，一名力薯，《本草》名為甘藷，其補與山藥同。

一種形如猪肝，大者重十餘斤，小者四五斤。其皮刮開紫色，煮食皆香美，粵名猪肝薯，亦能充飢益人。

一種皮紅，生食味甜者，名為紅薯，亦名番薯，煮食味美，最動風氣，發瘡疥，冷脾。多食成痢症，小兒尤忌食之。

清・蔣居祉《本草擇要綱目・溫性藥品》　山藥　氣味：甘，平，溫，無毒。入手足太陰經。主治：傷中，補虛羸，益氣力，長肌肉，強筋骨。補五勞七傷，心氣不足，泄精健忘。仲景八味丸用之，取其涼而善補，強陰益陽也。皮膚乾燥者，亦此滋潤之。

清・王翃《握靈本草》卷六　薯蕷即山藥。產懷慶者良。去皮，酒蒸用。不宜與麪同食。　主治：薯蕷，甘，溫，平，無毒。主傷中，補虛羸，除寒熱邪氣，消腫硬，開心孔，澁精理脾，止瀉。補心氣不足，長肌肉，強陰健陽，逐腰痛，久服延年。

清・汪昂《本草備要》卷四　山藥古名薯蕷。補脾肺，濇精氣。　色白入肺，味甘歸脾。入脾肺二經，補其不足，清其虛熱。陰不足則內熱，補陰故能清熱。固腸胃，潤皮毛，化痰涎，止瀉痢。滲濕，故化痰止瀉。《百一方》：山藥半生半炒，米飲下，治噤口痢。肺爲腎母，故又益腎强陰，治虛損勞傷。王履云：八味丸用之以强陰。脾爲心子，故又益心氣，子能令母實。治健忘遺精。昂按：山藥性濇，故治遺精泄瀉，而諸家俱未言濇。生搗，敷癰瘡，消腫硬。山藥能消熱腫，蓋補其氣，則邪滯自行。丹溪云：補陽氣，生者能消腫硬是也。色白而堅者入藥。

清・李世藻《元素集錦・本草發揮》　山藥　皆知入脾，至六味丸，亦言其兼補脾也。《本草》明言，入肺入腎，有何難知？甚為可笑。

清・陳士鐸《本草新編》卷二　山藥　味甘，氣溫、平，無毒。入手足太陰二臟，亦能入脾、胃。治諸虛百損，益氣力，開心竅，益知慧，尤善止夢遺，健脾開胃，止瀉生精。山藥可君可臣，用之無不宜者也，多用受益，少用亦受益，古今頗無異議。而余獨有微辭者，以其過于健脾也。夫人苦脾之不健，健脾則大腸必堅牢，胃氣必強旺而善飯，何故獨取而貶之？不知脾胃之氣太弱，必須用山藥以健之，脾胃之氣太旺，而亦用山藥，則過于強旺，反能動火。世人往往有胸腹飽悶，服山藥而更甚者，正助脾胃之旺也。人不知是山藥之過，而歸咎于他藥，此皆不明藥性之理也。蓋山藥入心，引脾胃之邪，亦易入心。山藥補虛，而亦能補實，所以能添飽悶也。因世人皆信山藥有功而無過，特為指出，非貶山藥也。山藥舍此之外，別無可議矣。

或問：山藥乃補陰精之物，而吾子謂是健脾胃之品，何子之好異也？曰：山藥益人無窮，損人絕少。余談《本草》，欲使其功過各不掩也。山藥有功而無過。言其能助脾胃之火者，是求過于功之中也。然而天下之人脾胃太旺者，千人中一二，不可執動火之說，概疑于脾胃之未旺者，而亦慎用之也。脾胃未旺，則腎氣必衰，健脾胃正所以補陰精也。予道其常，何好異之有。

或問：山藥補腎，仲景張公所以用之于六味地黃丸中也，然而山藥實能健脾開胃，意者六味丸非獨補腎之藥乎？曰：六味丸實直補腎水之藥也，山藥亦補腎水之藥，同群共濟何疑。然而，六味丸中之用山藥，意義全不在此。山藥，乃心、肝、脾、肺、腎無經不入之藥也。六味丸雖直補腎中之水，而腎水必分資于五臟，而五臟無相引之使，又何由分布其水，而使之無不潤乎。倘別用五臟佐使之品，方必雜而不純，故不若用山藥以補腎中之水，而又可遍通于五臟。此仲景張夫子補一顧五，實有鬼神難測之機也。

或問：山藥入于六味丸中之義，予既已聞之，不識入于八味丸中，亦有說乎？曰：八味丸，由六味而加增者也，似乎知六味，即可知八味之義矣。誰知八味丸中之用山藥，又別有妙義乎。六味，補腎中之水。而八味，則補腎中之火也。補腎中之火者，補命門之相火也。夫身之相火有二：一在腎之中，一在心之外。補腎中之相火，則心外之相火，必來相爭，相爭則必相亂，宜豫有以安之，勢必下補腎中之火，即當上補心下之火矣。然而既因腎寒而補其下，又顧心熱以補其上，毋論下不能溫其寒，而上且變為熱矣。用藥之雜，可勝嘆哉。妙在用山藥于八味丸中，山藥入腎者十之七，入心者十之三，引桂、附之熱，多溫于腎中，少溫于心外，使心腎二火各有相得，而不致相爭，使腎之氣通于心，而心之氣通于腎，使脾胃之氣安然健運于不息，皆山藥接引之功也。仲景公豈漫然用之哉。

或疑山藥不宜多用。何以六味地黃丸終年久服而無害也，得毋入于地黃丸可以多用，而入于他藥之中即宜少用耶？不知山藥可以多用而無忌。吾前言脾健之人宜忌者，慮助火以動燥，而非言其不可以多用也。

或疑山藥津滑，何能動燥？曰：山藥生精，自然非助燥之物。吾言其助燥者，助有火之人，非助無火之人也。

或問：山藥色白，何能烏鬚，何吾子用之為烏鬚聖藥？曰：山藥何能烏鬚哉。山藥入腎，而尤通任督。任督之脉，上行于唇頰，故借山藥用之于烏芝麻、黑豆、地黃、南燭、何首烏之內，導引以黑鬚鬢，非山藥之能自烏也。或又問山藥既為引導之藥，則不宜重用之為君矣。不知山藥雖不變白，而性功實大補腎水者也。腎水不足者，鬚鬢斷不能黑，我所以重用山藥而奏功也。

清・顧靖遠《顧氏醫鏡》卷八　山藥一名薯蕷。甘，平。入心肺脾腎四經。或蒸，或炒。健脾胃而止泄瀉，益腎氣而止遺精。治肌肉羸瘦，潤皮膚枯燥。能入脾肺二經，補其不足，清其虛熱，則肌肉自長，皮膚不枯，故體虛羸者，宜加而用之。能除虛脹，脾得補而脹自除。可鎮心神。能補心氣不足。性緩，非多用不效。

清・李熙和《醫經允中》卷一八　山藥　紫芝為使。惡甘遂，入脾肺二經。甘，溫、平，無毒。主治養脾陰，長肌肉，補虛勞，止泄精，健脾止瀉。同蒼朮煎靈，化痰排膿；生搗塗硬毒。按：山藥能消腫硬，益氣補中故也。久服不飢，延年耐老。

清・馮兆張《馮氏錦囊秘錄・雜症痘疹藥性主治合參》卷一　山藥一名薯蕷。味甘兼鹹，溫，平，無毒。一云微寒。專入心、脾、腎三經。○滋陰藥中宜生用入劑，健脾藥中宜炒黃入劑，如合入養胃培元藥中，宜囫圇大者飯內蒸透，切片晒乾炒黃。

山藥，諸虛百損，五勞七傷，益氣力，潤澤皮膚，長肌肉，堅強筋骨，除寒熱邪氣煩熱，兼除却頭面遊風，風眩總却，羸瘦堪補，腫硬能消，開心孔聰明，澁精管遺滑，理脾傷止瀉，參苓白朮散頻加。逐腰痛強陰，六味地黃丸必用。色白甘潤又能益肺。

主治痘疹合參：補中益氣，開胃健脾，能滋陰而更除濕，止泄瀉而兼進食。凡自痘將灌膿以及痘後補虛，俱所必用。氣虛之症尤所重焉。

按：山藥得土之沖氣，稟春之和氣，比之金玉君子，無往不宜。但性緩，非多用不效，大虛危症投之，難圖近功，因性太和平寬緩耳。與麵同食，不能益人。

清・张璐《本經逢原》卷三　薯蕷即山藥，因唐代宗名預，宋英宗名署，改名山藥。甘，平，無毒。同麫食發動氣，微焙用。《本經》治傷中補虛羸，除寒熱邪氣，補中益氣力，長肌肉強陰。久服耳目聰明，輕身不飢延年。發明：山藥入手足太陰。色白歸肺。味甘歸脾。大補黃庭，治氣不足而清虛熱。故《本經》治傷中寒熱邪氣，補而不滯，溫而不熱。又能益氣力，長肌肉，強陰固腎，止泄精小便頻數。肺為腎之上源，源既有滋，流豈無益，《金匱》八味丸用以強陰也，薯蕷丸以之為君。而主虛勞不足，風氣百病，甘溫平補而不凝久積之邪也。其鮮者，和生鯽魚腦搗敷腫，又搗爛和芎藭末、白糖霜，塗乳癖結塊，及諸痛日久堅硬不潰，但塗上奇癢不可忍，忍之良久漸止，不過數次即愈。○子名零餘子，補虛損，強腰腳，益腎。○一種曰甘藷，色較薯蕷稍紫，味較薯蕷稍甜，質較薯蕷稍膩，性較薯蕷稍溫，補脾強腎之功較薯蕷稍勝。廣人以之代糧，今徽、寧亦多種之，名曰薯，音孺，與薯字形，切音並相類，傳久之訛耳。

清·浦士貞《夕庵讀本草快編》卷四　薯蕷《本經》、山藥　附：零餘子

蕷〔音預，薯〕音殊，因唐代宗諱預，改為薯藥。宋英宗諱署，又改為山藥，盡失本來之名矣。　山藥甘溫平而無毒，入手足太陰二經，為五勞七傷之要劑。夫手太陰屬肺，為水之上源，源既得充，母令子實，腎受蔭矣。故仲景八味丸用之以強陰，取其涼而能補也。足太陰屬脾，為四藏之主，中氣得調化有自旺，故參苓白朮散用之以扶土，以其健而不燥也。肺足則皮膚澤而熱自清，脾固則痰涎化而洩痢止，且能通心孔而多記事，安魂魄而聰耳目，入藥固佳，和饌亦美，養生之士日不可缺也。若其子號曰零餘，餌之不飢，補虛更勝。

清·張志聰、高世栻《本草崇原》卷上　薯蕷　氣味甘，平，無毒。主傷中，補虛羸，除寒熱邪氣，補中，益氣力，長肌肉，強陰。久服耳目聰明，輕身不飢，延年。　薯蕷即今山藥，因唐代宗名〔預〕〔豫〕，避諱改為薯藥，又因宋英宗名〔署〕〔曙〕，避諱改為山藥。始出嵩高山谷，今處處有之，入藥野生者為勝。種薯蕷法，以杵打穴，截塊投於杵穴之中，隨所杵之竅而成形，如預備署，所因名薯蕷也，今時但知山藥，不知薯蕷矣。　山藥氣味甘平，始出中岳，得中土之專精，乃補太陰脾土之藥，故主治之功皆在中土。治傷中者，益中土也。補虛羸者，益肌肉也。除寒熱邪氣者，中土調和，肌肉充足，則寒熱邪氣自除矣，夫治傷中，則可以補中而益氣力。補虛羸，則可以長肌肉而強陰。陰強，則耳目聰明。氣力益，則身體輕健。土氣有餘，則不飢而延年。

凡柔滑之物，損即腐壞，山藥切塊，投於土中，百合分瓣種之，如種蒜法，地黃以根節多者，寸斷埋土中，皆能生長。所以然者，百合得太陰之天氣，山藥、地黃得太陰之地氣也。

清·劉漢基《藥性通考》卷五　山藥　味甘，氣平，無毒。色白，入脾、肺二經。補其不足，清其虛熱，陰不足則內熱，補陰故能清熱。固腸胃，潤皮毛，化痰涎，止瀉痢滲濕，故化痰止瀉。《百一方》山藥半生炒，米飲下，治噤口痢。肺為腎母，故又益腎強陰，治虛損勞傷。王履云：八味丸用之以強陰。脾為心子，又能益心氣，治健忘遺精。昂按：山藥性濇，故治遺精泄瀉，而諸家俱未言濇也。色白而堅者佳，乃補腎水、治腰痛之聖藥也。

清·姚球《本草經解要》卷一　山藥　氣溫，平，味甘，無毒。主傷中，補虛羸，除寒熱邪氣，補中益氣力，長肌肉，強陰。久服耳目聰明，輕身不飢，延年。炒用。　山藥氣溫平，稟天春升秋降之和氣，入足厥陰肝經、手太陰肺經。味甘無毒，稟地中正之土味，入足太陰脾經。氣升味和，陽也。脾為中州而統血。血者，陰也，中之守也。甘平益血，故主傷中。脾主肌肉，甘溫益脾，則肌肉豐滿，故補虛羸。肺主氣，氣虛則寒邪生。脾統血，血虛則熱邪生。氣溫益氣，味甘益血。血氣充，而寒熱邪氣除矣。脾為中州，血為中守。甘平而益脾血，所以補中。脾主四肢，脾血足，則四肢健；肺氣充，則氣力倍也。陰者，宗筋也。宗筋屬肝，氣溫稟春升之陽，所以益肝而強陰也。久服，氣溫益肝。肝開竅於目，目得血則明。氣平益肺而生腎，腎開竅於耳，耳得血則聰。味甘益脾，脾氣充則身輕，脾血旺則不飢，氣血調和，故延年也。

製方：山藥同生地、杞子、牛膝、甘菊、白蒺藜、五味，治肝腎虛怯。同蓮肉、扁豆、人參、白芍、白茯、甘草、陳皮，治脾虛洩瀉。同羊肉、肉蓯蓉作羹，治虛羸。

清·楊友敬《本草經解要附餘·考證》　山藥　《本經》名薯蕷。其改稱山藥，避唐代宗、宋英宗御名也。《唐本草》云：蜀道者良。今惟重懷慶產，然六地此種實佳。有自河北來者，云在彼煮服，尚不逮六產也。里有窶人，生兒乏乳，困瘁已甚，或教糜山藥飼之，始終此一物，竟得長成，且肥白無疾勝他兒。則《本草》稱補虛羸，信有徵矣。《綱目》云：入藥宜野生者。今六圃產，煮熟去皮，色白微碧而堅實。山中有自生者更勝。然但充果菜，若依法修治入藥，應不在懷慶下耳。《綱目》列菜部。

清·周垣綜《頤生秘旨》卷八　薯蕷　溫補心肺，滋腎養脾之藥也。肺主氣，益氣即滋腎化源也。故云男子佳珍。益養正氣，邪氣自除也，腫硬何容不退。

清·葉盛《古今治驗食物單方》　山藥　痰氣喘急，生山藥搗爛半碗，入甘蔗汁半碗，和勻，頓熱服。　腫毒初起，帶泥山藥、蓖麻子、糯米等分，水浸研敷。　項後結核，赤腫硬痛，以生山藥去皮，蓖麻子二個，同研貼之。

清·王子接《得宜本草·上品藥》　山藥　味甘。入足太陰經。得羊肉補脾陰，得熟地固腎精。

清·黃元御《長沙藥解》卷三　薯蕷　味甘，氣平。入足陽明胃、手太陰肺經。養戊土而行降攝，補辛金而司收斂。善息風燥，專止疏泄。《金匱》

薯蕷丸，薯蕷三十分，麥冬六分，桔梗五分，杏仁六分，當歸十分，阿膠七分，乾地黃十分，芍藥六分，芎藭六分，桂枝十分，大棗百枚，為膏，人參七分，茯苓五分，白朮六分，甘草二十分，神麯十分，乾薑三分，柴胡五分，白斂二分，豆黃卷十分，防風六分，蜜丸彈子大，空腹酒服一丸。治虛勞諸不足，風氣百疾。以虛勞之病，率在厥陰風木一經，厥陰風木，泄而不斂，百病皆生。肺主降斂，薯蕷斂肺而保精，麥冬清金而寧肺，桔梗、杏仁破壅而降逆，此所以助辛金之收斂也。肝主升發，歸、膠滋肝而養血，地、芍潤木而清風，芎藭、桂枝疏鬱而升陷，此所以輔乙木之生發也。升降金木，職在中氣，大棗補己土之精，人參補戊土之氣，苓、朮、甘草培土而泄濕，神麯、乾薑消滿而驅寒，此所以理中而運升降之樞也。賊傷中氣，是惟木邪，柴胡、白斂泄火而疏甲木，黃卷、防風燥濕而達乙木，木靜而風息，則虛勞百病瘳矣。陰陽之要，陽密乃固，陰平陽秘，精神乃治。陰陽離決，精神乃絕《素問》語。四時之氣，木火司乎生長，金水司乎收藏，人於秋冬之時，而行收藏之政，實嗇精神，以秘陽根，是謂聖人。下此於蟄藏之期，偏多損失，坎陽不密，木鬱風生，木火行疏泄之令，金水無封閉之權，於是驚悸、吐衄、崩帶淋遺之病，種種皆起，是以虛勞之證非一，無不成於乙木之不謐，始於辛金之失斂，究之總緣於土敗。蓋坎中之陽，諸陽之根，坎陽走泄，久而癸水寒增，己土濕旺，脾不能升，而胃不能降，此木陷金逆所由來也。法當溫燥中脘，左達乙木，而右斂辛金。薯蕷之性，善入肺胃而斂精，輔以調養土木之品，實虛勞百病之良藥也。

清・吳儀洛《本草從新》卷四　山藥（補脾肺，澀精氣。）一名薯蕷。　色白入肺，味甘歸脾，補其不足，清其虛熱。潤皮毛，化痰涎，薑汁拌炒。固腸胃，止瀉痢。肺為腎母，故又益腎強陰，治虛損勞傷。脾為心子，故又益心氣，子能令母實。治健忘遺精。性澀。生搗敷癰瘡，消腫硬毒。色白而堅者佳。形圓者為西山藥，形扁者為懷山藥，入藥為勝，俱係家種，野生者更勝。勿同麪食。零餘子，山藥藤上所結子。甘，溫。功用強於山藥。益腎強腰脚，補虛損，食之不飢。

清・汪紱《醫林纂要探源》卷二　山藥　甘，濇，平。有濇味，人不覺。和中，可上可下，而以清虛熱收散氣為用。藷蕷之緊小，色微赤，生於山而可入藥，故名山藥。懷慶產為良。色白微紅，上行則清肺熱，寧心神，治健忘，中守則固腸胃，化痰止瀉治痢，下行則斂胃氣，防溢水，固命火，澀遺精。生搗外敷則消癰腫。根長而下引，蔓延而上行，味甘淡而兼補五臟，故可上可下，視他藥所嚮導而行。　藷蕷：　甘，平。有白有紅，有長而肥大，有多歧如掌者。白者入氣分，紅者入血分。補中順氣，佐穀食。

清・嚴潔等《得配本草》卷五　薯蕷一名山藥。　紫芝為之使。惡甘遂。甘，平。入手足太陰經血分，兼入足少陰經氣分。補脾陰，調肺氣。治虛熱乾咳，遺精泄瀉，游風眼眩，驚悸健忘。生者搗敷瘡毒，能消腫硬。合蓖麻子更效。得菟絲子，止遺泄。配人參，補肺氣。佐羊肉，補脾陰。佐熟地，固腎水。合米仁，治泄瀉。入補脾藥，微炒。入補肺藥，乳拌蒸。治陰火，生用。恐氣滯，佐以陳皮。力薄須倍用。　陰虛火動者，久必脾氣衰敗，泄瀉不止，用白朮、米仁以燥土，腎水益致乾涸，惟此同芡實、蓮子以實之，則補土不妨於水，乃為善治。

題清・徐大椿《藥性切用》卷六　淮山藥　古名薯蕷。性味甘平，歸脾入肺。生用則補虛退熱，炒黃則健脾益陰，為滋補脾陰良藥。子，名零餘子。性稍溫和，功用不下山藥，救荒可以充飢。

清・黃宮繡《本草求真》卷一　山藥補脾陰。　山藥耑入脾，兼入肺腎。本屬食物，古人用入湯劑，謂其補脾益氣。氣益由於陰補，非正說也。除熱，然究色白入肺，味甘入脾，氣雖溫而却平，為補脾肺之陰。時珍曰：按吳綬云：山藥入手足太陰二經，補其不足，清其虛熱。是以能潤皮毛，長肌肉，與麪同食不能益人。誌曰：惟和麪作不飽則動氣，為不能制麪毒也。不似黃耆性溫能補肺陽，白朮苦燥能補脾陽也，且其性濇。汪昂曰：性濇故治遺精泄瀉，而諸家俱未言濇。能治遺精不禁，味甘兼鹹，又能益腎強陰，故六味地黃丸用此以佐地黃，然性雖陰而滯不甚，故能滲濕以止泄瀉。生搗敷癰瘡，消腫硬，亦是補陰退熱之意。至云補陽消腫，補氣除滯，理雖可通，語涉牽混，似非正說，至入湯劑以治火虛危症，難圖近功，必多用之方愈，以其秉性和緩故耳。入滋陰藥中宜生用，入補脾內宜炒黃用，淮產色白而堅者良，建產雖白不佳。

清・李文培《食物小錄》卷上　薯蕷即山藥　甘，平，微鹹，無毒。補中，益氣力，長肌肉，強陰。久服，耳目聰明，輕身不飢，延年，補五勞七傷，鎮心神，安魂魄，補心氣不足，開達心孔，多能記事，強筋骨，澀精，健忘，健脾胃。懷慶者良。

清・楊璿《傷寒溫疫條辨》卷六補劑類　山藥　味甘淡，性濇。健脾補肺，堅骨益心。治諸虛百損，療五勞七傷，健忘，滑精，瀉痢，癰腫。但其氣味輕緩，難勝專任，故補心肺必主參、朮；　滋腎水必主地、萸；　濇滯濁，須故紙同煎；固精滑，伏茯、菟相濟；止瀉痢，必借扁豆、蓮子與芡實。生擣敷毒，能消腫硬耳。諸凡固本丸藥，並可煮擣為糊。安道曰：仲景八味丸用之以強陰。

清・羅國綱《羅氏會約醫鏡》卷一六草部　山藥又名薯蕷，味甘微鹹，性澁，入肺、腎、脾三經。生用滋陰，炒黄補脾。治諸虚百損，五勞七傷。清虚熱補陰，固腸胃味甘，止瀉痢、遺精性澀、帶濁。同骨脂用。補中益氣，色白入肺。補腎健骨。味鹹入腎，同菟絲用。

按：山藥和平，無往不宜，但性緩，非多用無益，且難圖近功，忌與麪同食。

清・陳修園《神農本草經讀》卷一上品　薯蕷　氣味甘，平，無毒。主傷中，補虚羸，除寒熱邪氣，補中，益氣力，長肌肉，強陰。久服耳目聰明，輕身，不飢，延年。

陳修園曰：此藥因唐代宗名蕷，避諱改為山藥。山藥氣平入肺，味甘無毒入脾。脾為中州而統血，血者陰也，中之守也，唯能益血，故主傷中。傷中愈，則肌肉豐，故補虚羸。肺主氣，氣虚則寒邪生；脾統血，血虚則熱邪生，血氣充而寒熱邪氣除矣。脾主四肢，脾血足則四肢健；肺主氣，肺氣充則氣力倍也。且此物生擣，最多津液而稠粘，又能補腎而填精，精足則陰強、目明、耳聰、不飢，是脾血之旺；輕身，是肺氣之充；延年，是誇其補益之效也。

凡上品，俱是尋常服食之物，非治病之藥，故神農另提出久服二字。可見今人每取上品之藥，如此物及人參、熟地、葳蕤、阿膠、菟絲子、沙苑蒺藜之類，合為一方，以治大病，誤人無算。蓋病不速去，元氣日傷，傷極則死。凡上品之藥，法宜久服，多則終身，少則數年，與五穀之養人相佐，以臻壽考。若大病而需用此藥，如五穀為養脾第一品。脾虚之人，強令食穀，即可畢補脾之能事，有是理乎？然操此技者，未有不得盛名。薛立齋、張景岳、馮楚瞻輩，倡之於前。而近日之東延西請，日診百人者，無非是術，誠可慨也！

清・黄凱鈞《藥籠小品》　山藥　培脾益腎，強骨節。一切滋補藥，不能成丸者，用此收之。

清・章穆《調疾飲食辯》卷三　薯蕷　一名玉延。《圖經》曰：江、閩人呼為藷，音殊，或音諸，語音之輕重也。《衍義》曰：唐代宗諱（預）〔豫〕，改為薯藥。宋英宗諱（署）〔曙〕，改為山藥。盡失當日本名。有大、小二種：大者盈握而輕鬆，小者纔如拇指而結實，俱長尺餘。一種山中自生，不假培壅者，更結實，名山藷。俗誤呼甘藷為山藷，蓋翻字之轉而譌也。一種扁闊如薑者，一枚可重數斤。俱不及小者力厚。性能安心神，健脾胃，強腎陰。凡虚勞羸瘦、盜汗、怔忡等症，宜多食。味甘微澀，凡脾虚久泄、腎虚精滑、便數等症，尤宜多食。此與芋皆補氣補血上品。而主治不同者，芋甘而滑，故能利腸胃；此甘而澀，故能固腎脾也。鮮者能散血消腫。癰瘍初起，同鯽魚擣爛，加醋敷，可以內消。已潰者，周圍束之，亦能使根脚易斂。《食療本草》曰：山藥不宜和麪作餺飥，令人作脹。

清・王龍《本草纂要稿・草部》　薯蕷即山（岳）〔藥〕。氣味甘溫。健脾止渴，補羸瘦而潤澤肌膚。補虚強陰，益氣力而堅強筋骨。消硬腫，煩熱兼除。逐腰疼，精滑並治。驅頭面風眩，開心孔聰明。多服滯氣。入手足太陰經。

清・張德裕《本草正義》卷上　山藥　微甘，微澀而性平淡。能健脾補虚，濇精固腎。力薄，不堪專任。補脾肺，仗參、术補肝腎，賴地、萸但可為佐。

清・楊時泰《本草述鈎元》卷一五　薯蕷　一名山藥，乾者佳。唐避代宗諱，改蕷為薯藥，宋避英宗諱，改薯為山藥。熟則滯氣，濕則滑，惟乾實者入藥，必以翼州所産為勝。

根味甘，氣平。入手足太陰經。補脾肺之氣。主治傷中，補虚羸，除煩熱，補心氣不足，養胃厚腸，止洩痢，益腎氣，理腰痛，潤澤皮毛。皮膚乾燥，以此潤之。生擣，貼癰瘡硬毒，能消熱腫。乾山藥，涼而能補東垣。山藥入脾肺二經。補其不足，清其虚熱瀕湖。性涼而潤，故與天麥二冬，同有補助元氣之功《類明》。同地黄、牛膝、枸杞、甘菊、白蒺藜、五味子，補肝腎，益陰氣，強陰長肌，增力明目。同蓮肉、扁豆、人參、白芍、茯苓、甘草、陳皮，補脾健胃，止泄瀉。加木瓜、藿香，安吐逆。同羊肉、蓯蓉作羹，扶衰老，補虚羸。脾胃虚弱，不思飲食，山藥、白术一兩，人參七錢半，為末，水糊丸小豆大，每米飲下四五十丸。濕熱虚瀉，山藥、蒼术等分，飯丸，米飲服，大人小兒皆宜。腫毒初起，帶泥山藥、蓖麻子、糯米等分，水浸研，傅之即散。項後結核，或赤腫硬痛，以生山藥一挺去皮，蓖麻子二個，同研貼之，如神。

論：　薯蕷味甘，甘益中土，所取者根，其質白色，是味之歸形者，肺金也。其氣溫而兼平，是形之歸氣者，亦金氣也。夫氣之溫何取，以足三陰同起於下，而脾陰實藉風木春溫之氣，以上達天陽而至肺，即至陰之腎，亦同脾而至之，則脾所藉於溫者，豈其微哉？第脾陰易虧，胃火易亢，惟溫而兼平，則脾陰與胃陽和合以行其化，而寒熱邪氣自除，中氣自益，虛羸自補矣。東垣謂其入手太陰，但就味之歸形，形之歸氣者言。潔古於肺，更指此味為補母，乃謂由脾而肺，未有若斯之親切者也，由脾而肺者，陰不慘而陽不亢，乃能由胃以至於肺耳。至於除煩熱，止虛瀉，散遊風，潤皮毛，消腫硬，無非由脾肺達至陰之氣，徹於中外以為益也，但力薄而功緩，不任遺大投艱耳。腎氣丸之用山藥也，因脾脈注心中，而接乎手少陰經，腎肝亦由肺而注心中，則脾陰之至肺而注心者，固與腎同和水火之宗氣以為益矣。《本經》所謂強陰，雖概指五臟之陰，然至陰之所歸，先於腎也。

不宜與麪同食。仲淳

修治：　六味丸，取山藥由肺入腎以達茯苓、澤瀉之用，修合時，但微火烘乾。如以理脾，可用薑汁炒過。

清・王世鍾《家藏蒙筌》卷一六《本草》　山藥　味微甘、淡，性微澁。益腎氣，健脾胃，治諸虛百損，五勞七傷。色白甘潤，又能益肺，潤皮毛，化痰涎，止瀉痢，療腰疼。肺為腎母，故又補陰，治虛損勞傷。脾為心子，又能益心，治健忘遺精。但性平寬緩，不堪專任，只可用以為佐。如脾肺虛者，可用以佐參、朮；腎陰虧者，可用以佐茱、地。佐故紙可澁帶濁，佐菟絲能固遺泄。凡固本丸藥，用此搗末為糊極佳。

清・葉桂《本草再新》卷六　山藷味甘，性平，無毒。入脾、腎二經。　補中益氣，滋腎補陰，健脾壯胃。

清・葉桂《本草再新》卷六　山藥味辛，性涼，無毒。入肺、脾二經。　健脾潤肺，化痰止欬，開胃氣，益腎水，治虛癆損傷，止吐血遺精。

清・吴其濬《植物名實圖考》卷三　薯蕷　《本經》上品。即今山藥，生懷慶山中者白細堅實，入藥用之。種生者根粗。江西、湖南有一種扁闊者，俗呼脚板薯，味淡，其子謂之零餘子，野生者結莢作三棱，形如風車。雲南有一種，根長尺餘，色白而扁，葉圓。《滇本草》謂之牛尾參，蓋肖其形。按《物類相感志》謂藷手植如手，鋤鍬等物植隨本物形狀，似未可信，然種類實繁。《南寧府志》有人薯、牛脚、籬峒、鵝卵各薯；《瓊山縣志》有鹿肝薯、鈴蔓薯；《石城縣志》有公薯、木頭薯；《高要縣志》有雞步薯、胭脂薯；《番禺縣志》有掃帚薯；《漳浦縣志》有熊掌薯、薑薯、竹根薯。大要皆因形色賦名也。文與可有謝寄希夷陳先生服唐福山藥方詩，唐福在蜀江之東，其詩曰：壯士臂曰仙人掌。則亦牛尾、脚板之類，蓋野生者耳。《文昌雜錄》載乾山藥法，風掛、籠烘皆佳。《山家清供》謂以玉延磨篩為湯餅、索餅，取色香味為三絕。《宋史》：　王文正公旦病甚，帝手和藥并薯蕷粥賜之，今仕宦家不復入食單矣。唯《雲仙雜記》載李輔國大畏薯藥，或示之，必眼中火出，毛髮瀝血，其禽獸之腸與人異耶？

清・趙其光《本草求原》卷一五菜部　淮山一名薯蕷，又名山藥，又名山芋。　氣平，得秋分之涼氣，色白而潤，入肺。味甘，得土之沖氣入脾。無毒。　主傷中，脾位中州而統血，血屬陰，中之守也。甘平益血，故主之。　補虛羸，中氣足則肌肉豐。　除寒熱、肺氣虛則寒邪生，脾血虛則熱邪生。　邪氣，益氣力，脾血足則四肢健，肺氣充則力倍。　長肌肉強陰。陰者，宗筋也，肝主之。此物多脂液，又能補腎填精，精足則肝旺，況炒之則氣溫；　又能達肝陽於上，故陰強。　久服耳目聰明，目得血則明，耳得血則聰。　輕身不飢延年。皆脾血旺之功。　補心氣，肝、脾、腎脈皆由肺而注心中，肝陽上達肺、脾、腎之陰氣以歸心，則水火同和而腎益。　養胃，厚腸，止泄痢，潤皮毛，散遊風，皆由肺脾達至陰之氣徹於中外也。　益腎氣，理腰痛。此物補血，何以又補肺腎之氣？　蓋足三陰皆起於下，必藉肝陽上達以至於肺。故《經》曰：　三陰至於肺，一陰為獨使。一陰者，肝也。陰血足而肝陽不亢，則清和之氣上下皆受其益，故腎氣丸用之。

生搗，消腫硬。甘涼之效。　帶泥搗，合蓖麻子、糯米等分水浸研。　敷消腫毒及項後結核。　半生半炒，米飲下，治噤口痢。　熟則固腸胃，止瀉，滲濕、化痰而滯氣；　生則滑。　乾白堅者良。　同參、朮米飲，開胃。　又和鯽魚腦搗敷，或搗和川芎末、白糖，塗乳癖硬塊；　塗之必奇癢，忍之良久即止。　鹽炒澀精，薑汁炒理脾。

陳修園曰：　凡甘平，上品之藥，《本經》皆提出久服二字，是於無病之時緩緩填補，與五穀之養人相佐，以臻壽考也。若大病之時而徒用甘平之品，則病不速去，元氣日傷。如五穀為養脾第一品，豈脾虛之人強令食穀，遂可畢乃事乎？　今人每取此等及防、黨、熟地、玉竹、阿膠、沙苑、沙參之類，加減應酬，而常得盛名，誠可慨也。

按：廣東甘薯，色略紫，甜膩而溫，其補脾、強腎之功較勝，俗人稱為山薯。須野生乃佳，但性頗滯。

清·葉志詵《神農本草經贊》卷一　薯蕷　味甘，溫。主傷中，補虛羸，除寒熱邪氣，補中益氣力，長肌肉，久服耳目聰明，輕身不飢延年。一名山芋。生山谷。

景山升山，紫藤蕃秀。雲膩香酥，虹晴春透。白玉能延，黃金共壽。小劚頃筐，鼎烹察候。

《山海經》曰：景山其草多藷藇。又：升山其草多藷藇。龔璛歌：綠薜紫藤湘色子，種玉綿延春透髓，晴虹歲晚寒不起。四氣調神，經夏三月，此謂蕃秀。張鎡詞：雲香酥膩老來便。《廣雅》：玉延，署豫也。江淹頌：黃金共壽。朱子詩：小劚頃筐可代耕，石鼎何妨手自烹。

清·文晟《新編六書》卷六《藥性摘錄》　山藥　甘，平。補脾陰，益氣除熱。餘詳藥部。

山藥　味甘，氣平。補脾陰，益氣除熱。入滋陰藥生用，入補脾內宜炒黃。淮產色白而堅者良。

清·劉東孟傳《本草明覽》卷一　署預　【略】按：山藥能消腫硬者，以其能益氣補中故耳。《經》曰：虛之所在，邪必湊之。著而不去，其病為實。非腫硬之謂乎？故補其正氣，則邪滯不容不行。丹溪云：補陽氣生，能消腫硬，正謂此也。

清·張仁錫《藥性蒙求·菜部》　山藥錢半、三錢　山藥甘溫，補脾益腎。固氣濇精，懷山為勝。一名薯蕷。入心、脾、肺、腎四經。補脾肺，濇精氣，補其不足，清其虛熱。化痰涎，以薑汁拌炒。得羊肉補脾陰，得熟地固腎精。色白而堅佳。懷山者入藥為勝。野生者更勝。勿同麵食。

清·王孟英《隨息居飲食譜·水飲類》　薯蕷一名山藥。甘，平。煮食補脾腎，調二便，強筋骨，豐肌體，辟霧露，清虛熱。既可充糧，亦堪入饌。不勞灌溉，廣種為宜。子名零餘子，功用相同。腫脹、氣滯諸病均忌。　噤口痢，山藥半生半炒，研末，米飲下二錢。　諸腫毒，山藥擣爛，塗即散。

清·屠道和《本草匯纂》卷一溫補　山藥　耑入脾，兼入肺、腎。味甘，氣溫，性微濇。補脾陰，益氣退熱，除瀉痢，止遺精。色白入肺，味甘入脾氣，雖溫而却平，(為)補脾肺之陰，亦能退虛熱，潤皮毛，長肌肉，固腸胃，益心氣，化痰祛涎，益腎強陰。生擣，敷癰瘡，消腫硬。但氣輕性緩，非堪專任。且與麪同食，則不能益人。滋陰生用，補脾炒黃用。

清·劉善述、劉士季《草木便方》卷一草部　土山慈　野白苕甘苦溫平，補益勞傷健脾神。化痰清熱止瀉痢，生塗腫毒消硬靈。

清·田綿淮《本草省常·果性類》　山藥(雲藥)　一名山芋，一名山藷，一名土芋，一名藷萸，一名薯蕷，一名玉延，一名脩脆。性平。調中益氣，止瀉化痰，健脾胃，強筋骨，滋陰濇精，補虛勞，美顏色。久食聰耳明目，却病延年。服大戟、甘遂者忌之。薯，音孺。　雲藥，其形似雲，故名。又似薑，俗名薑藥。性同山藥，食之尤美。

清·吳達《醫學求是》二集　戒食生薯蕷　古稱薯蕷乃今之山藥，因唐代宗名蕷，改稱山藥，至今呼之。山藥乃藥物中上品，頗能益人。今之山薯乃食物，不堪入藥者也。產處甚多，吾常多產於宜興山中，謂之山芋。如泰等邑，謂之番芋。至北直等處，有謂為白薯者。兩湖有謂為紅薯者，閩廣人謂之地瓜，隨處皆植，農人畜以禦冬，等於粟菽。并有沿街支竈煮熟以售諸途人，值賤易飽，故人多喜之。而中虛人多食，往往滯氣而易病，然尚無大害也。至春時有析生薯為片者，浸以清水，頗解飢渴，人愈甘之。不知春氣發生，萬物萌動，生薯正當回青之時，食之最易發病，倘食而停滯，施治較難。小兒多食停積，則更難救藥矣。嘗有一友，行路口渴，飽啖生薯，立見腹滿脹痛。予為處方，內有麝香、肉桂，服之脣裂出血，易方仍不去桂、麝，三劑後痛定積消，改用調理而安。生生子云：瓜菓生冷之積，非桂、麝不除。故遵用之，以其人氣體尚盛也。若小兒柔嫩之體，火又易升，非可妄投麝、桂。乃春季之賣生薯者，到處皆有，小兒之買食者尤多。予目見食之停積，硬如鐵石，驟見腹脹嘔吐，亦有泄瀉，肢冷氣塞，不及救治者數人矣。人每習焉不察，用特誌之，以告喜食斯物者，并欲為保赤之一助云。

清·戴葆元《本草綱目易知錄》卷三　山藥薯蕷、白薯。甘，溫，平。入手足太陰經。補其不足，清其虛熱，健脾胃，止瀉痢，化痰涎，固洩精。然肺為腎之上源，源既有滋，流豈無益！故能入腎益腎氣，止腰疼，強陰固精，補虛勞羸瘦。而脾為心之子，子能受益，母亦安榮。又能鎮心神，安魂魄，補心氣不足，開達心孔，能多記事。去頭面遊風，及頭痛眼眩，潤皮膚乾燥。入藥曝用。野者良。生擣，貼腫硬，能消散。【略】項後結核，或赤腫硬，野生山藥一挺，去皮，蓖麻子仁兩粒，同研貼，神效。葆驗方：野山藥一挺，活鯽魚一尾，白糖一兩，仝搗爛，敷腫處，屢效。

清・黃光霽《本草衍句》 山藥甘，溫。入肺而清虚熱，入脾以固胃腸。益氣補中，能鎮心神安魄，強筋長肉，通治五勞七傷。眼眩頭風瀉痢，可止澀精防水。斂腎氣，防溢水。腎陰能強，益脾陰，運化痰涎。消硬腫，搗敷癰瘡。得羊肉補脾陰，得熟地固腎精。小便數多，山藥以礬水煮過，雲苓等分，為末，水服二錢。脾胃虚弱，不思飲食，山藥、白朮一兩，人參七錢，為末，丸，米飲下。濕熱虚泄，山藥、蒼朮，飯丸，米飲下，大人小兒皆宜。項後結核，或赤腫痛，以生山藥一挺，去皮，蓖麻子二粒，同研，貼之如神。

清・陳其瑞《本草撮要》卷四 山藥 味甘，入足太陰經。功專健脾。得羊肉補脾陰，得熟地固腎精。以礬水煮山藥曬乾，同茯苓等分為末，治小便數。山藥半生半炒米飲下，治噤口痢。忌與麵同食。

清・李桂庭《藥性詩解》 賦得山藥而腰濕能醫得腰字。田春芳。 山藥甘平淡，其功豈在腰。強陰煩可解，益脾濕能消。 按：山藥本屬脾腎甘補之品，益氣強陰，清煩解熱。性歸平緩，非多用弗能奏效。

前題李慶霖 甘淡懷山藥，能醫脾腎調。清陰堪却熱，利濕且強腰。山藥治腰，緣屬補益脾腎之力。脾屬土，腎主腰，脾腎強壯，自能勝濕而腰壯矣。

清・吳汝紀《每日食物却病考》卷上 山藥 味甘，溫，平，無毒。補虚羸，除寒熱邪氣，補中，益氣力，長肌肉，強陰。又治頭風眼眩，下氣，止腰痛，補心氣，安魂魄，益腎健脾。久服耳目聰明，輕身，不飢延年。生山野者入藥為勝，家種者供饌為良。《本草》謂之薯蕷，江南呼為薯。

清・仲昴庭《本草崇原集說》卷一 薯蕷 【略】〔批〕山藥氣味甘平，生搗又多津液，故補脾土。土、金，子母相生，肺氣之充，子受母蔭也。修園認定氣平入肺。將肺、脾平列，似失輕重，故節錄。

仲氏曰：五運在中，主神機之出入；六氣在外，應天氣之升降。傷中者，五運有傷，不相交會也。又曰：盧子由治一血痢，日久不痊。曰：腸內有血管矣，山藥隨所杵之竅而長滿，性能塞管，用山藥為君，配血藥而愈。

野山藥

明・朱橚《救荒本草》卷上之後 野山藥 生輝縣太行山山野中。妥他果切藤而生，其藤似葡萄條稍細，藤頗紫色，其葉似家山藥葉而大，微尖。根比家山藥極細瘦，甚硬，皮色微赤。味微甜，性溫平，無毒。救飢：採根煮熟食之。 治病：今人與《本草》草部下薯蕷同用。

清・李文培《食物小録》卷上 腳板薯 氣味功用略同山藥。

土芋

宋・唐慎微《證類本草》卷八草部中品〔唐・陳藏器《本草拾遺》〕 土芋 味甘，寒，小毒。解諸藥毒。生研水服，當吐出惡物盡便止。煮食之，甘美不飢，厚人腸胃，去熱嗽。蔓如豆，根圓如卵。鶗鴂食後彌吐，人不可食。

明・李時珍《本草綱目》卷二七菜部・柔滑類 土芋《拾遺》。校正：自草部移入此。

〔釋名〕土卵《拾遺》 黃獨《綱目》 土豆 〔集解〕藏器曰：土芋蔓生，葉如豆，其根圓如卵。鶗鴂食後彌吐，人不可食。又云：土卵蔓生，如芋，人以灰汁煮食之。恭曰：土卵似小芋，肉白皮黃。梁、漢人名爲黃獨。可蒸食之。

根 〔氣味〕甘，辛，寒，有小毒。 〔主治〕解諸藥毒，生研水服，當吐出惡物便止。煮熟食之，甘美不飢，厚人腸胃，去熱嗽藏器。

明・趙南星《上醫本草》卷三 土豆 一名土芋，又名土卵，亦名黃獨。藏器曰：土卵蔓生如芋，人以灰汁煮食之。恭曰：土卵似小芋，肉白皮黃。梁漢人名為黃獨，可蒸食之。

根：甘，辛，寒，有小毒。主治：解諸藥毒，生研水服，當吐出惡物便止。煮熟食之，甘美不（肌）〔飢〕，厚人腸胃，去熱嗽。 藏器曰：土芋蔓生，葉如豆，其根圓如卵，鶗鴂食後彌吐，人不可食。

明・姚可成《食物本草》卷七菜部・柔滑類 土芋蔓生，葉如豆，其根圓如卵。南人名香芋，北人名土豆。

土芋，味甘，辛，寒，有小毒。生研水服，當吐出惡物便止。煮熟食之，甘美不飢，厚人腸胃，去熱嗽。

明・顧逢柏《分部本草妙用》卷九菜部 土芋 甘，辛，寒，有小毒。南人名香芋，北人名土豆。主治：解諸藥毒，生研水服，當出惡物便止。煮熟食之，甘美不飢，厚人腸胃，去熱嗽。

清・丁其譽《壽世秘典》卷三 土芋一名土豆，蔓生，葉如豆，其根圓如卵，亦似小芋，肉白皮黃。梁漢人名為黃獨，俗呼香芋。

氣味：甘，平，有小毒。主厚腸胃，去熱嗽。

清·李熙和《醫經允中》卷二二 土芋 南人名香芋，北人名土豆。甘、辛，寒，有小毒。主治厚腸胃，去熱嗽，解諸藥毒。

清·张璐《本經逢原》卷三 黄獨即土芋。 甘、辛，寒，小毒。不可溺灌，灌之則苦。 發明：土芋解諸藥毒。生研水服，當吐出惡物便止。煮熟食甘美不飢，厚人腸胃，去熱嗽。小兒熟食能稀痘，解痘毒、瘡毒。其藤燒灰傅痘爛成瘡，可無瘢痕。

題清·徐大椿《藥性切用》卷六 土芋 即香芋。味甘辛寒，煮食厚腸止嗽，生研水服，能解藥毒。

清·吴儀洛《本草從新》卷四 土芋〔熟，礙腸胃；生，解藥毒。〕 甘，辛，寒，有小毒。煮熟食，厚腸胃，止熱嗽。生研水服，解諸藥毒。當吐出惡物便止。

清·趙學敏《本草綱目拾遺》卷八諸蔬部 土芋藤 土芋即黄獨，俗名香芋，肉白皮黄，形如小芋，一名土卵，與野芋不同。《綱目》野芋附家芋内，土芋另立一條，可知。然所引僅據陳藏器一説，不知其功能稀痘，小兒熟食，大解痘毒。其藤燒灰傅痘爛成瘡，可無瘢痕。 《群芳譜》：土芋，其根惟一顆而色黄，故名黄獨。

清·田綿淮《本草省常·果性類》 土豆 一名土芋，一名土卵，一名黄獨。性寒。厚腸胃，去熱嗽。生食令人吐。

清·陳其瑞《本草撮要》卷四 土芋 味甘辛，寒，有小毒。入手足陽明經。功專厚腸胃，生研水服解藥毒。俗名香芋。

清·吴汝紀《每日食物却病考》卷上 香芋附番芋 又名黄獨，又名土芋。甘，寒，有小毒。厚腸胃，去熱毒。以灰汁煮蒸，熱食香美。生汁作吐，不甚益人。 又一種甘藷，大如拳，有大半斤者，紫皮白肉，閩中人多種之。根生甚繁，名為番芋。熱食甚甜美，收以充糧，補虚健脾胃，功同山藥。

金線吊壺盧

清·吴其濬《植物名實圖考》卷二三 金線吊壺盧 金線吊壺盧生滇南山中。蔓生細莖，葉似何首烏而瘦；根相連綴，大者如拳，小者如雀卵，皮黄肉白；以煮雞肉，味甘而清，美於山蕷。滇中秋時粥於市，不知者或以為芋。俗云性能滋補，故嗜之。

甘藷

晉·嵇含《南方草木狀》卷上草類 甘薯 蓋薯蕷之類，或曰芋之類。根葉亦如芋，實如拳，有大如甌者，皮紫而肉白。蒸鬻食之，味如薯蕷，性不甚冷。舊珠崖之地，海中之人皆不業耕稼，惟掘地種甘薯，秋熟收之，蒸曬切如米粒，倉圌貯之，以充糧糗，是名薯糧。北方人至者，或盛具牛豕膾炙，而末以甘薯薦之，若粳粟然。大抵南人二毛者百無一二，惟海中之人壽百餘歲者，由不食五穀，而食甘薯故爾。

明·李時珍《本草綱目》卷二七菜部·柔滑類 甘藷《綱目》

〔集解〕時珍曰：按陳祈暢《異物志》云：甘藷出交廣南方。民家以二月種，十月收之。其根似芋，亦有巨魁。大者如鵝卵，小者如雞、鴨卵。剝去紫皮，肌肉正白如脂肪。南人用當米穀、果食，蒸炙皆香美。初時甚甜，經久得風稍淡也。又按嵇含《草木狀》云：甘藷，薯蕷之類，或云芋類也。根、葉亦如芋。根大如拳、甌，蒸煮食之，味同薯蕷，性不甚冷。珠崖之不業耕者惟種此，蒸切曬收，以充糧糗，名藷糧。海中之人多壽，亦由不食五穀，而食甘藷故也。

〔氣味〕甘，平，無毒。 〔主治〕補虚乏，益氣力，健脾胃，强腎陰，功同薯蕷時珍。

明·姚可成《食物本草》卷七菜部·柔滑類 甘藷出交廣南方。民家以二月種，十月收之。其根似芋，亦有巨魁。大者如鵝卵，小者如雞、鴨卵。剝去紫皮，肌肉正白如肌。南人用當米穀、果肉，蒸炙皆香美。初時甚甜，經久得風稍淡也。又《艸木狀》云：甘藷，薯蕷之類，或云芋類也。根、葉亦如芋。根大如茶甌，蒸煮食之，味同薯蕷，性不甚冷。珠厓之不業耕者惟種此，蒸切晒收，以充糧糗，名藷糧。海中之人多壽，亦由不食五穀而食甘藷故也。

甘藷，味甘，平，無毒。補虚乏，益氣力，健脾胃，强腎陰，功同薯蕷。

明·施永圖《本草醫旨·食物類》卷二 甘藷南人用當米穀果食，蒸炙皆香美。 味：甘，平，無毒。治：補虚乏，益氣力，健脾胃，强腎陰。功同薯蕷。

清·丁其譽《壽世秘典》卷三 甘藷薯蕷之類，或云芋類也，根葉亦如芋，大小如鵝鴨卵，剝去紫皮，肌肉正白如脂。南人用當米穀果食，蒸煮食之，味同薯蕷。初時甚甜，經久得風稍淡也。

氣味：甘，平，無毒。主補虚乏，益氣力，健脾胃，强腎陰。

清·王道純《本草品彙精要續集》卷八 甘薯無毒

甘薯：主補虚乏，益氣力，健脾胃，强腎陰。功同薯蕷《本草綱目》。

〔地〕李時珍曰：按陳祈暢《異物志》云：甘薯，出交廣南方。〔苗〕按嵇含《草木狀》云：　甘薯，薯蕷之類，或云芋類也，根葉亦如芋，根大如拳，甑蒸煮食之，味同薯蕷，性不甚冷。珠崖之不業耕者惟種此，蒸切曬，收以充糧糗，名薯糧。海中之人多壽，亦由不食五穀而食甘薯故也。　〔時〕以二月種，十月收之。　〔用〕根。　〔質〕其根似芋，亦有巨魁大者如鵝卵，小者如雞鴨卵，剝去紫皮，肌肉正白如肌，南人用當米穀果食，蒸炙皆香美，初時甚甜，經久得風稍淡也。　〔味〕甘。　〔性〕平。

清·吳儀洛《本草從新》卷四　甘薯〔補，益氣強陰。〕　甘，平。補虛乏，益氣力，健脾胃，強腎陰。即山薯。《異物志》〔陳祈暢《異物志》。〕云：　珠厓之人不業耕，唯種此，名薯糧。海中多壽，以不食五穀而食甘薯故也。

題清·徐大椿《藥性切用》卷六　甘藷　即山藷。生食甘涼伐氣，熟則甘平充飢。曬乾磨粉，尤能滯氣，多食損人。

清·李文培《食物小錄》卷上　甘薯即山薯　甘，平，無毒。補虛乏，益氣力，健脾胃，強腎陰，功同山藥。多食壅氣。

清·文晟《新編六書》卷六《藥性摘錄》　甘薯　粵中一種大如卵，長六七寸，或尺許，名甜薯。白者，甘，涼。補腎健脾，益氣強陰，功同山藥。〇一種形如豬肝，重數斤，亦能充飢益人。〇紅薯，名番薯。熟食味美。然頗動風氣，發瘡疥。多食或成痢症，小兒尤忌。

清·田綿淮《本草省常·果性類》　紅芋　一名紅薯，俗名紅鼠，因形似鼠故名。性溫。補中益氣。多食令人脹滿，生食傷脾胃。

清·陳其瑞《本草撮要》卷四　甘藷　味甘，平，入足太陰經。功專補虛乏，益氣力，健脾胃，強腎陰。即山藷。

零餘子

附：日·丹波康賴《醫心方》卷三〇　零餘子　《拾遺》云：　味甘，溫，無毒。主補虛，強腰背，不飢。並食曬乾，功用強於署預，此署預子在葉上生，大者如卵。

宋·唐慎微《證類本草》卷六草部上品〔唐·陳藏器《本草拾遺》〕　零餘子　味甘，溫，無毒。主補虛，強腰脚，益腎，食之不飢。曬乾，功用強於署預有數，此則是其一也。一本云：　大如雞子，小者如彈丸，在葉下生。

明·李時珍《本草綱目》卷二七菜部·柔滑類　零餘子《拾遺》。校正：　自草部移入此。

〔集解〕藏器曰：　零餘子，大者如鷄子，小者如彈丸，在葉下生。曬乾功用強於薯蕷。薯蕷有數種，此其一也。時珍曰：　此即山藥藤上所結子也。長圓不一，皮黃肉白。煮熟去皮食之，勝於山藥，美於芋子。霜後收之。墜落在地者，亦易生根。

〔氣味〕甘，溫，無毒。　〔主治〕補虛損，強腰脚，益腎，食之不飢藏器。

明·姚可成《食物本草》卷七菜部·柔滑類　零餘子大者如雞子，小者如彈丸，在葉下生。曬乾功用強於薯蕷。薯蕷有數種，此其一也。〇此即山藥藤上所結子也。長圓不一，皮黃肉白。煮熟去皮食之，勝於山藥，美於芋子。霜後收之。墜落在地者，亦易生根。

零餘子，味甘，溫，無毒。主補虛損，強腰脚，益腎，食之不飢。

明·施永圖《本草醫旨·食物類》卷二　零餘子即山藥藤上所結子也。長圓不一，皮黃肉白，煮肉去皮食之，勝於山藥，美於芋子。霜後收。　味：　甘，溫，無毒。治：　補虛損，強腰脚，益腎，食之不飢。

清·嚴潔等《得配本草》卷五　零餘子即山藥藤上所結之子。　甘，平。入足少陰經。補虛損，強腰脊，益腎水。

清·田綿淮《本草省常·果性類》　山藥零　一名零餘子。性微溫，功用強於山藥。久食令人不飢，輕身耐老。

清·戴葆元《本草綱目易知錄》卷三　零餘子　甘，溫。益腎固精，補虛損，強腰脚。煮食勝於山藥，令人耐飢。

陽芋

清·吳其濬《植物名實圖考》卷六　陽芋　黔滇有之，綠莖青葉，葉大小、疏密、長圓形狀不一，根多白鬚，下結圓實，壓其莖則根實，繁如番薯，莖長則柔弱如蔓，蓋即黃獨也。療飢救荒，貧民之儲。秋時根肥連綴，味似芋而甘；似薯而淡。羹臛煨灼，無不宜之。葉味如豌豆苗，按酒侑食，清滑雋永。開花紫筩五角，間以青紋，中擘紅的，綠蘂一縷，亦復楚楚。山西種之為田，俗呼山藥蛋。尤碩大，花色白。聞終南山氓種植尤繁，富者歲收數百石云。

睡菜

晉·嵇含《南方草木狀》卷上草類　綽菜　夏生於池沼間，葉類茨菰，根如藕條。南海人食之，云令人思睡，呼為瞑菜。

明·李時珍《本草綱目》卷二八菜部·水菜類　睡菜《綱目》

【釋名】瞑菜瞑音眠。　嬾菜　醉草　嬾婦葴《記事珠》　【集解】時珍曰：按嵇含《南方草木狀》云：綽菜夏生池沼間。葉類茨菰，根如藕條。南海人食之，令人思睡，呼爲瞑菜。段公路《北户録》云：睡菜五六月生田塘中。土人采根爲鹽菹，食之好睡。郭憲《洞冥記》有却睡草，食之令人不睡，與此相反也。珍按：苦菜、龍葵皆能使人不睡。却睡之草，其此類乎？

【氣味】甘、微苦，寒，無毒。　【主治】心膈邪熱不得眠時珍。

明·趙南星《上醫本草》卷三　睡菜　一名瞑菜瞑音眠、綽菜，一名醉草，一名懶婦葴。按嵇含《南方草木狀》云：綽菜夏生池沼間，葉類慈菇，根如藕條，南海人食之，令人思睡，呼為瞑菜。段公路《北戶錄》云：睡菜五六月生田塘中，土人采根為鹽葅，食之好睡。郭憲《洞冥記》有却睡草，食之令人不睡，與此相反也。

明·姚可成《食物本草》卷七菜部·水菜類　睡菜一名瞑菜。夏生池沼間。葉類慈菇，根如藕條。南海人食之，令人思睡，呼為瞑菜。○睡菜五六月生田塘中。土人采根為鹽葅，食之好睡。《洞冥記》有却睡草，食之令人不睡，與此相反也。按苦菜、龍葵皆能使人不睡。却睡之類即此。

睡菜，味甘，寒，無毒。主心膈邪熱，不得眠。

明·施永圖《本草醫旨·食物類》卷二　睡菜五六月生田塘中，土人采根，為鹽葅，食之好睡。　味：甘、微苦，寒，無毒。治：心膈邪熱，不得眠。

清·王道純《本草品彙精要續集》卷八　睡菜　主心膈邪熱不得眠《本草綱目》。　【名】瞑菜、綽菜、醉草、嬾婦葴。　【苗】李時珍曰：按嵇含《草木狀》云：綽菜，夏生池沼間，葉類茨菇，根如藕條。南海人食之令人思睡，呼爲瞑菜。郭憲《洞冥記》有卻睡草，食之令人不睡，與此相反也。《綱目》云：按苦菜、龍葵皆能使人不睡，卻睡之草，其此類乎。　【時】段公路《北戶錄》云：睡菜，五六月生田塘中，土人採根爲鹽菹食之好睡。　【味】甘，微苦。　【性】寒。

蓴

唐·孫思邈《千金要方》卷二六《食治·菜蔬》　蓴　味甘，寒，滑，無毒。主消渴、熱痹。多食動痔病。

宋·李昉《太平御覽》卷九八〇　蓴　《南越志》曰：石蓴似紫菜，色青。

附：日·丹波康賴《醫心方》卷三〇　蓴　《本草》云：味甘，寒。主消渴，熱痹。陶〔弘〕景注云：下氣。蘇敬注云：久食大宜人。孟詵云：多食動痔。《拾遺》云：案此物雖水草，性熱，擁氣，溫病起食者多死，為體滑，脾不能磨。常食壅氣，令關節氣急，嗜唾。蘇敬云：上品，主腳氣。《腳氣論》中令人食此之誤極深也。

宋·唐慎微《證類本草》卷二九菜部下品〔《别録》〕　蓴　味甘，寒，無毒。主消渴，熱痹。

〔梁·陶弘景《本草經集注》〕云：蓴性寒，又云：冷，補，下氣，雜鱧魚作羹，亦逐水。而性滑，服食家不可多噉。

〔唐·蘇敬《唐本草》〕注云：蓴，久食大宜人。合鮒魚爲羹，食之，主胃氣弱不下食者，至效。又宜老人，此應在上品中。三、四月至七、八月，通名絲蓴，味甜，體軟；霜降已後至十二月，名瑰蓴，味苦，體澀。取以爲羹，猶勝雜菜。

〔宋·馬志《開寶本草》〕按：《陳藏器本草》云：按此物，溫病起食者多死，爲體滑脾，不能磨，常食發氣，令關節急，嗜睡。若稱上品，主脚氣，脚氣論中令人食之，此誤極深也。常所居近湖，湖中有蓴及藕，年中大疫，既飢，人取蓴食之，疫病差者亦死。至秋大旱，人多血痢，湖中水竭，掘藕食之，闔境無他。蓴、藕之功，於斯見矣。

〔宋·掌禹錫《嘉祐本草》〕按：《蜀本圖經》云：生水中，葉似鳧葵，浮水上，採莖堪噉，花黄白，子紫色。三月至八月，莖細如釵股，黄赤色，短長隨水深淺，而名爲絲蓴；九月、十月漸麁硬；十一月萌在泥中，麁短，名瑰蓴，體苦澀，惟取汁味爾。孟詵云：蓴菜，和鯽魚作羹，下氣止嘔。多食發痔。雖冷而補。熱食之，亦擁氣不下。甚損人胃及齒，不可多食，令人顔色惡。又，不宜和醋食之，令人骨痿。少食，補大小腸虚氣；久食損毛髮。陳藏器云：蓴雖水草，性熱擁。又云：石蓴，味甘，平，無毒。下水，利小便。生南海石上。《南越志》云：似紫菜，色青。《臨海異物志》曰：附石生是也。日華子云：絲蓴，治熱疸，厚腸胃，安下膲，補大小腸虚氣，逐水，解百藥毒并蠱氣。

〔宋·唐慎微《證類本草》〕《晉書》：張翰每臨秋風，思鱸魚蓴羹，以下氣。

宋·鄭樵《通志》卷七五《昆蟲草木略》　蓴　滑而美，所以張翰思蓴羹而歸也。二月至八月採者，名絲蓴，味甘而體軟。霜降以後名瑰蓴，味苦而體澁。

宋·陳衍《寶慶本草折衷》卷二〇　蓴常倫切。　一名蓴菜，自春至秋名絲蓴，入冬名瑰蓴。生湖水中，浮水面。○採莖。○忌醋。

味甘，寒，無毒。○主消渴熱痹。○《唐本》註云：三四月至七八月，味甜體軟；霜降已後至十二月，味苦體澀。〇陳藏器云：溫。病起，食者多死，為滑脾不能磨。常食發氣，令關節急。〇孟詵云：和鯽魚作羹，下氣止嘔，多食發痔，熱食之亦擁氣，損胃及齒。又不宜和醋食，令人骨痿。〇日華子云：治熱疸，安下焦，逐水，解百藥毒并蠱氣。

元・吳瑞《日用本草》卷七　蓴菜　二月至八月，名絲蓴，味甜體軟；霜降後名瑰蓴，味苦體澁。取以為羹。　味甘，寒，無毒。雜鯉魚作羹，亦逐水。和鮒魚作羹，主胃氣弱，不下食；和鯽魚作羹，下氣止嘔。多食發痔疾。雖冷而補，熱食之，亦壅氣損胃。和醋食，令人骨痿。少食補大小腸，久食〔損〕毛髮。濕病起，食者多死。體滑，脾不〔能〕磨，常食發氣。　主消渴，熱痹，熱疸。解百藥蠱毒。

明・滕弘《神農本經會通》卷五　蓴　味甘，氣寒，無毒。《本經》云：主消渴，熱痺。陳藏器云：按此物，溫病起食者多死，為體滑，脾不能磨。常食發氣，令關節急，嗜睡。若稱上品，主脚氣，《脚氣論》中令人食之，此誤極深也。嘗所居近湖，湖中有蓴及藕，年中大疫，既飢，人取蓴食之，疫病差者亦死。至秋大旱，人多血痢，湖中水竭，掘藕食之，闔境無他。蓴藕之功，於斯見矣。又云：蓴，雖水草，性熱擁。孟詵云：蓴菜和鯽魚羹，下氣止嘔。多食發痔，雖冷而補，熱食之亦擁氣不下，甚損人胃及齒，不可多食，令人顏色惡。又不宜和醋食之，令人骨痿。少食補大小腸虛，久食損毛髮。

明・劉文泰《本草品彙精要》卷四〇　蓴無毒　水生。

蓴常倫切：主消渴，熱痹。名醫所錄。　【名】絲蓴、瑰蓴。　【苗】《圖經》曰：根生水底，葉似鳧葵，浮在水上，採莖堪噉。花黃白，實紫色，三月至八月莖細如釵股，黃赤色，短長隨水深淺，而名爲絲蓴。九十月漸麤硬，十一月萌在泥中麤短，名瑰蓴。體苦澀，惟取汁味爲羹甚美，猶勝雜菜也。　【地】出松江、三泖。　【時】生：春生苗。採：八月、九月、十月、十一月。　【收】陰乾。　【用】莖。　【質】莖如釵股，葉似鳧葵。　【色】黃赤。　【味】甘。　【性】寒。　【氣】氣之薄者，陽中之陰。　【臭】腥。　【主】下氣，止渴。　【治】療：日華子云：絲蓴，治疸，厚腸胃，安下焦，逐水。陳藏器云：蓴，下水，利小便。補：日華子云：少食，能補大小腸虛氣。　【合治】蓴合鮒魚爲羹，食之，治胃氣弱不下食，至效。〇合鯽魚作羹，食之，下氣止嘔。多食發痔，雖冷而補熱。　【禁】疫病起不宜食，食之多死。亦不宜常食，能發氣，令關節急，嗜睡及壅氣不下，甚損人胃與齒。不可多食，令人顏色惡。久食，損毛髮。　【忌】不宜和醋食之，令人骨痿。　【解】百藥毒并蠱氣。

明・盧和、汪穎《食物本草》卷一菜類　蓴　味甘，寒，無毒。主消渴熱痹。同鯽魚作羹食佳。下水，利小便，解百藥毒及蠱氣，下氣止嘔。其性滑不益脾，多食發痔，損胃及齒、髮、面色。

明・許希周《藥性粗評》卷三　食蓴秋後嘗與張翰之思。

蓴，水菜也。葉似鳧葵，浮水上，莖葉皆可食。三月至八月莖漸細如釵股大，九月、十月以後漸又麄硬，秋後採佳。味甘，性寒，無毒。主治消渴熱疸，厚腸胃，安下焦。合鯽魚作羹，能補胃氣之弱。晉張翰因秋風起而思蓴，為此故也。然多食亦令人骨痿，損毛髮，疫差者食之必復發，此又不可不知。

明・寧源《食鑒本草》卷下　蓴菜　味甘，寒。解百藥蠱蟲之毒，消渴，利小便，熱痹。

明・王文潔《太乙仙製本草藥性大全》卷五《本草精義》　蓴菜　舊本不著所出州土。然蓴雖水草，性熱。莖生水中，葉似鳧葵，浮水上，採莖堪噉。花黃白色，子紫色。三月至八月莖細如釵股，黃赤色，短長隨水淺深，而名爲絲蓴。九月、十月漸麄硬，十一月萌在泥中名曰瑰蓴。三四月至七八月通名絲蓴，味甜體軟。霜降已後至十二月名瑰蓴，味苦體硬，取以爲羹猶勝。又有石蓴，生南海石上，《南越志》云：似紫菜，色青，附石生是也。

明・王文潔《太乙仙製本草藥性大全》卷五《仙製藥性》　蓴菜　味甘，氣寒，無毒。　主治　絲蓴：補大小腸之虛氣，解百藥毒并蠱邪。治熱疸而厚腸胃之有效，主消渴而安下焦以何難。　石蓴：味甘，氣平，無毒。下水氣如影響，利小便若神靈。　瑰蓴：體苦澁，人惟取汁味。　補註：蓴菜久食大宜人，合鮒魚煎爲羹食之，主胃氣弱不下食者。補熱，食之亦擁氣不下，甚損人胃及齒，不可多食，令人顏色惡。又不宜和醋食之，令人骨痿。少食補人小腸虛氣，久食損毛髮。張翰每臨秋風思鱸魚蓴羹，以下氣。溫病起，食者多死，爲體滑脾，不能磨。常食發氣，令關節急，嗜睡。若稱上品，主脚氣，《脚氣論》中令人食之，此誤極深也！常所居近湖，湖中有蓴及藕，年中疫，既飢，人取蓴食之，疫病差者亦死。至秋大旱，人多血痢，湖中水竭，掘藕食之，闔境無他。蓴、藕之功於斯見矣！

明·皇甫嵩《本草發明》卷五 蓴味甘，寒。 主消渴熱痺。又云：冷。補下氣。雜鱧魚作羹，逐水而性滑。又云：合鮒魚為羹食，主胃氣弱，不下食，更宜老人。清明至中秋，通名絲蓴，味甘甜，躰軟。霜降至十二月名瑰蓴，味苦躰澁，取以為羹，猶勝雜菜。不可多啖，瘟疫病後食者多死。又不宜和醋食，令人骨痿。日華子云：蓴治熱疸，厚腸胃，安下焦，補大小腸氣，解百藥毒并蠱毒。

明·李時珍《本草綱目》卷一九草部·水草類 蓴《別録》下品

【釋名】茆卯、柳二音。 水葵《詩疏》 露葵《綱目》 馬蹄草時珍曰：蓴字本作蒓，從純。純乃絲名，其莖似之故也。《齊民要術》云：蒓性純而易生。種以淺深爲候，水深則莖肥而葉少，水淺則莖瘦而葉多。其性逐水而滑，故謂之蒓菜，並得葵名。顏之推《家訓》云：蔡朗父諱純，改蒓爲露葵。北人不知，以緑葵爲之。《詩》云薄採其茆，即蒓也。或諱其名，謂之錦帶。

【集解】保昇曰：蓴葉似凫葵，浮在水上。採莖堪啖。花黄白色，子紫色。三月至八月，莖細如釵股，黄赤色，短長隨水深淺，名爲絲蓴，味甜體軟。九月至十月漸粗硬。十一月萌在泥中，粗短，名瑰蓴，味苦體澀。人惟取汁作羹，猶勝雜菜。時珍曰：蓴生南方湖澤中，惟吴越人善食之。葉如荇菜而差圓，形似馬蹄。其莖紫色，大如箸，柔滑可羹。夏月開黄花。結實青紫色，大如棠梨，中有細子。春夏嫩莖未葉者名稚蓴，稚者小也。葉稍舒長者名絲蓴，其莖如絲也。至秋老則名葵蓴，或作豬蓴，言可飼猪也。又訛爲瑰蓴、龜蓴焉。餘見凫葵下。

【氣味】甘，寒，無毒。藏器曰：蓴雖水草，而性熱擁。詵曰：蓴雖冷補，熱食及多食亦擁氣不下，甚損人胃及齒，令人顔色惡，損毛髮。和醋食，令人骨痿。李（廷）〔鵬〕飛曰：多食性滑發痔。七月有蟲着上，食之令人霍亂。

【主治】消渴熱痹《別録》。和鯽魚作羹食，下氣止嘔。多食，壓丹石。補大小腸虚氣，不宜過多孟詵。治熱疸，厚腸胃，安下焦，逐水，解百藥毒並蠱氣大明。

【發明】弘景曰：蓴性冷而補，下氣。雜鱧魚羹食，亦逐水。而性滑，服食家不可多用。恭曰：蓴久食大宜人。合鮒魚作羹食，主胃弱不下食者，至效。又宜老人，應入上品。故張翰臨秋風思吴中之〔鱸〕魚蓴羹也。藏器曰：蓴體滑，常食發氣，令關節急，嗜睡。《脚氣論》中令人食之，此誤極深也。温病後脾弱不能磨化，食者多死。予所居近湖，湖中有蓴、藕。年中疫甚，飢人取蓴食之，雖病瘥者亦死。至秋大旱，人多血痢，湖中水竭，掘藕食之，闔境無他。蓴、藕之功，於斯見矣。

【附方】新三。 一切癰疽：馬蹄草即蓴菜，春夏用莖，冬月用子，就於根側尋取，搗爛傅之。未成即消，已成即毒散。用葉亦可。《保生餘録》。 頭上惡瘡：以黄泥包豆豉煨熟，取出爲末，以蓴菜油調傅之。《保幼大全》。 數種疔瘡：馬蹄草又名缺盆草、大青葉、臭紫草各等分，擂爛，以酒一碗浸之，去滓温服，三服立愈。《經驗良方》。

明·穆世錫《食物輯要》卷三 蓴菜 味甘，性寒滑，無毒。解百藥毒，解渴止嘔，下氣利水。多食，損胃傷齒，落髮發痔。同鯽魚食，佳。七月間多着蠟蟲，誤食令霍亂。

明·吴文炳《藥性全備食物本草》卷一 蓴菜 味甘，寒，無毒。主消渴，熱壅熱疸，厚腸胃，安下焦，補大小腸虚氣，逐水，解百藥毒、蠱毒。合鮒魚為羹食之良，胃氣弱不下食者至効。久食損齒髮。昔張翰思鱸魚蓴羹以下氣也。

明·倪朱謨《本草彙言》卷七 蓴 味甘，氣寒，無毒。 李氏曰：蓴，葉似凫葵，生南方澗澤中，唯吴越人善食之。葉如荇菜而差圓，形似馬蹄。其莖紫色，大如箸，柔滑可羹。夏月開黄色花，結實青紫色，大如棠梨，中有細子。莖之短長，隨水淺深。春夏嫩莖未葉者，名稚蓴。葉稍長者名絲蓴，其莖如絲也。至秋老則名猪蓴，僅可飼猪也。

蓴菜：凉胃療疸，日華散熱痹，孟詵解丹石藥毒之藥也。馬少川稿此草性冷而滑，和薑醋作羹食，大清胃火，消酒積，止暑熱成痢。但不宜多食久食，恐發冷氣，困脾胃，亦能損人。

明·應𢉃《食治廣要》卷三 蓴 氣味：甘，寒，無毒。其體柔滑，常食發氣，令關節急，嗜臥。脚氣、疫病後，脾弱不能磨化飲食者，食之即死。陳藏器曰：予所居近湖，湖中有蓴、藕。昔年疫甚，飢人取以食之，雖病瘥者亦死。至秋大旱，人多血痢，湖中水竭，掘藕食之，闔境獲安。蓴、藕之利害，于斯見矣。

明·姚可成《食物本草·救荒野譜補遺·草類》 蓴菜食葉。葉似凫葵，浮在水上。采而食之，味甜體軟。

水菜曰蓴，可以調烹。饑年食之，勝彼藜羹。藜羹藿食充貧窶，玉膾珍殽厭華綺。

明·姚可成《食物本草》卷一九草部·水草類 蓴葉似凫葵，浮在水上。采莖堪啖。花黄白色，子紫色。三月至八月，莖細如釵股，黄赤色，短長隨水淺深，名為絲蓴，味甜體軟。九月至十月漸粗硬。十一月萌在泥中，粗短，名瑰蓴，味苦體澀。人惟取汁作羹，猶勝襍菜。〇李時珍曰：蓴生南方河澤中，惟吴越人善食之。葉如荇菜而差圓，形似馬蹄。其莖紫色，大如筯，柔滑可羹。夏月開黄花。結實青紫色，大如棠梨，中有細子。春夏嫩莖未葉者名稚蓴。稚者，小也。葉稍舒長者名絲蓴，其莖如絲也。至秋老則名葵蓴，或作猪蓴，言可飼猪也。

蓴，味甘，寒，無毒。主消渴熱痹。和鯽魚作羹食，下氣止嘔。多食壓丹石。補大小腸虚氣，不宜過多。治熱疸，厚腸胃，安下焦，逐水，解百藥毒并蠱氣。〇孟詵曰：蓴雖冷補，熱食及多食亦擁氣不下，甚損人胃及齒，令人顏色惡，損毛髮。和醋食，令人骨痿。〇李（廷）〔鵬〕飛曰：多食性滑，發痔。七月有蟲着上，食之令人霍亂。〇陶弘景曰：蓴性冷而補，下氣。雜鱧魚作羹食，亦逐水。而性滑，服食家不可多用。〇蘇恭曰：蓴，久食大宜人。合鮒魚作羹食，主胃弱不下食者至效。又宜老人，應入上品，故張翰臨秋風思吳中之〔鱸〕魚蓴羹也。〇陳藏器曰：蓴體滑，常食發氣，令關節急，嗜睡。《脚氣論》中令人食之，此誤極深也。温病後脾弱不能磨化，食者多死。予所居近湖，湖中有蓴、藕。年中疫甚，飢人取蓴食之，雖病瘥者亦死。至秋大旱，（久）〔人〕多血痢。湖中水竭，掘藕食之，闔境無他。蓴、藕之功，於斯見矣。

明・施永圖《本草醫旨・食物類》卷二 蓴又一種石蓴，生南海石上，似紫菜，色青。

味：甘，寒，無毒。主消渴，熱痹。同鯽魚作羹，最佳。下水，利小便，解百藥毒及蠱氣，下氣，止嘔。其性滑，不益脾，多食發痔，損胃及齒髮、面色。三月至八月取者，味甜體滑；九月至十二月取者，味苦體澀。雖水草性冷，然食之擁氣，大抵不宜多食。

清・穆石匏《本草洞詮》卷一〇 蓴 本作蒓。蒓乃絲名，其莖似之。《齊民要術》云：蓴性純而易生，水深則莖肥而葉少，水淺則莖瘦而葉多。其性逐水而滑，故謂之蒓菜。氣味甘寒，無毒。治消渴熱痺，解百藥毒，並蠱氣。和鯽魚作羹食，下氣止嘔。故張翰臨秋風，思吳中魚蓴羹也。然其性滑，多食發痔，令關節急，嗜睡。溫病後脾弱不能磨化者，食之多死。

清・丁其譽《壽世秘典》卷三 蓴生南方池澤中，葉如荇菜而差圓，形似馬蹄，其莖紫色，大如箸，柔滑可羹。夏月開黄花，結實亦如荇子。春夏嫩莖細如釵股，短長隨水淺深，名絲蓴，味甘而體軟。至秋老，萌在泥中粗短名瑰蓴。張翰臨秋風思吳中之魚蓴羹即此，或作猪蓴，言可飼猪也。

氣味：甘，寒，無毒。治消渴熱疸，逐水，利小便，解百藥毒並蠱氣。和鯽魚作羹食，下氣止嘔，壓丹石毒。

發明孟詵曰：蓴性冷而滑，多食擁氣損胃及齒髮面色，和醋食，令人骨痿，多食發痔。〇疫病後，食之多死。

清・尤乘《食鑒本草・菜類》 蓴菜 生中性滑，發痔。

清・朱本中《飲食須知・菜類》 蓴菜 味甘，性寒滑。生湖澤中，葉如荇而差圓，形似馬蹄。多食及熱食，令擁氣不下，損胃傷齒，落毛髮，令人顏色惡，發痔瘡。七月間有蠟蟲着上，悮食令霍亂。和醋食，令人骨痿。時病後勿食。

清・何其言《養生食鑒》卷上 蓴菜 味甘，性寒、滑，無毒。解百藥毒，解渴，止嘔，下氣，利水。多食損胃，傷齒，落髮，發痔。同鯽魚食佳。七月間多着蠟蟲，誤食，令霍亂。

清・张璐《本經逢原》卷二 蓴 甘，寒，無毒。發明：蓴性味滑。常食發氣，令關節急。患痔漏、脚氣、積聚，皆不可食，為其寒滑傷津也。《千金方》治熱瀉嘔逆漏氣，澤瀉湯、麥門冬湯並用之。取其清胃脘之熱逆也。又能壓丹石，解百藥毒。

清・浦士貞《夕庵讀本草快編》卷三 蓴《别錄》、茆 蓴本作蒓。《齊民要術》云：蒓性純軟，易生種，以淺深為候，水深則莖肥而葉少，水淺則莖瘦而葉多。《詩》云言采其茆是也。予有采茆詩二十首甚悉。蓴菜味甘性冷，體滑逐水，取其風味作羹，不宜久食多食者也。惟消渴熱痺，嘔逆上氣，藥毒蠱毒，丹石毒發者宜之。蘇恭云：最宜久食，為老人之上品。又引張翰為證。斯言也，誤之甚矣！夫季鷹千里應辟，欲歸不得，見秋風而思故土之蓴、鱸，非取其養生也。孟詵謂其多食損胃擁氣，發痔足痿，老弱尤忌，微矣。

清・汪紱《醫林纂要探源》卷二 蓴 甘，鹹，寒，滑。蓴，音純。生水中，如荇菜而葉大如掌。除煩，解熱消痰。多食腹寒痛。

題清・徐大椿《藥性切用》卷六 蓴菜 一名馬蹄草。甘寒性滑，瀉熱解毒，消腫治瘡，為外科毒盛宜常用食物。

清・章穆《調疾飲食辯》卷三 蓴 《綱目》曰：本作蒓，一名茆，一名水葵。顔之推《家訓》曰：蔡朗父名蒓，改蒓為露葵。《蜀本草》曰：葉如梟葵，浮水面。三月至八月，莖細如釵股，短長隨水深淺，名絲蓴，味甘體軟。九十月，莖粗硬。冬時萌在土中，粗短，名瑰蓴。葉如荇而圓，形似馬蹄。莖紫色，大如筯，柔滑可羹。

按：蓴味甘而生於水，性近寒涼。《日華本草》謂其治熱痺，厚腸胃，逐水解毒。《唐本草》亦云久食宜人，主胃虛不能下食。而陳藏器、孟詵皆言不堪食，陳說至云食之多死，未免過情。且張翰因秋風起而思蓴鱸，則必為吳中常食之物，豈遂害人至死乎？亦豈有性味甘平反殺人乎？當以《日華》《唐本》之言為正。

清・葉桂《本草再新》卷六 蓴菜味甘，性寒，無毒。入肝、脾二經。止嘔下氣，消熱解渴。療百毒，消諸瘡。

清・吳其濬《植物名實圖考》卷一八 蓴 《別錄》下品。《詩經》：言采其茆。《陸疏》：茆與荇菜相類。江東謂之蓴菜，或謂之水葵。今吳中自春及秋皆可食，湖南春夏間有之，夏末已不中啖。昔人有謂張季鷹秋風蓴鱸及杜子美《祭房太尉詩》，為非蓴菜時者，蓋因湘中之蓴而致疑也。

清・文晟《新編六書》卷六《藥性摘錄》 蓴菜 甘，溫，滑。解百藥毒，解渴止嘔，下氣利水。多食損胃，傷齒，落髮，發痔。

清・王孟英《隨息居飲食譜・蔬食類》 蒓亦作蓴 甘，涼。柔滑。吳越名蔬。下氣止嘔，逐水治疸。柔嫩者勝。時病忌之。 一切癰疽，蒓菜擣傅，未成即消，已成即毒散。

清・劉善述、劉士季《草木便方》卷二穀糧豆菜部 菰蓴 （羔）〔茭〕笋甘寒性微滑，心胸腸胃痼熱瘥。水痢消渴小便清，根煅末塗湯火佳。

清・田綿淮《本草省常・菜性類》 蓴菜 一作蒓菜。性寒。利五臟，滑腸，發痔瘡。同醋食令人骨瘦。

清・戴葆元《本草綱目易知錄》卷二 蓴馬蹄草、露葵。 甘，寒。治熱疸，厚腸胃，安下焦。治消渴熱痺，補大小腸虛氣，解百藥毒，蠱毒。多食，壓丹石。和鯽魚作羹食，下氣止嘔。雜鱧魚食，逐水。性滑，過食壅氣發痔，損胃傷齒。

清・陳其瑞《本草撮要》卷四 蓴菜 味甘，寒滑，入足太陰、陽明經，功專消渴熱痹熱疸，逐水解百毒。

清・吳汝紀《每日食物却病考》卷上 蓴 甘，寒，無毒。治渴，去熱，利小便。同鯽魚作羹，佳。其性滑，不益脾，多食發痔，損胃及齒、髮。生湖澤中，吳越人善食之。三四月，莖似釵股，黃赤色，短長隨水之淺深，葉似荇而差圓，形似馬蹄。夏月，開黃花，結實青紫色，大如棠梨，中有細子。嫩莖未葉者，名稚蓴。葉稍舒長，名絲蓴。至秋老，名豬蓴，言止可飼豬也。

馬蹄草

明・蘭茂撰，清・管暄校補《滇南本草》卷下 馬蹄草 性寒，味苦。治子午潮熱，頭暈眩暈，怕冷作寒，肢體酸困，飲食無味，男婦童疳虛勞，發熱不退。熱者用之，利小便，水牛肉為引。

附方：治虛癆發熱，午後怕冷作寒，夜間發熱，天明自汗身涼，神氣短少，頭暈，心慌耳鳴。馬蹄草、羊蹄根、山薄荷，水煎，點水酒、童便服。

葛花菜

明・李時珍《本草綱目》卷二八菜部・芝栭類 葛花菜《綱目》

〔釋名〕葛乳時珍曰：諸名山皆有之，惟太和山采取，云乃葛之精華也。秋霜浮空，如芝、菌涌生地上，其色赤脆，蓋蕈類也。

〔氣味〕苦，甘，無毒。 〔主治〕醒神，治酒積時珍。《太和志》。

明・穆世錫《食物輯要》卷三 葛花菜 味苦甘，性涼，無毒。醒神氣，消酒積。諸名山皆有，色赤味脆，亦蕈類。

明・姚可成《食物本草》卷七菜部・芝栭類 葛花菜一名葛乳。諸名山皆有之，惟太和山采取，云乃葛之精華也。秋霜浮空，如芝、蕈涌生地上，其色赤脆，蓋蕈類也。

明・施永圖《本草醫旨・食物類》卷二 葛花菜惟太和山采取，云乃葛之精華也。

味：苦，甘，無毒。治：醒神，治酒積。

葛花菜，味苦，甘，無毒。主醒神，治酒積。

清・朱本中《飲食須知・菜類》 葛花菜 味苦，甘，性涼。產諸名山，秋霜浮空，如芝菌涌生地上，色赤味脆，亦蕈類也。

清・王道純《本草品彙精要續集》卷八 葛花菜無毒

葛花菜《本草綱目》： 主醒神，治酒積《太和志錄》。 〔名〕葛乳。 〔地〕李時珍曰：諸名山皆有之，惟太和山採取云，乃葛之精華也。秋霜浮空如芝菌湧生地上，蓋蕈類也。 〔色〕其色赤脆。 〔味〕苦，甘。

附：琉球・吳繼志《質問本草》外篇卷一 蛇菰鎖陽 生樹陰地，數日而枯。

蛇菰，土名。壬寅，潘貞蔚、石家辰。

清・趙學敏《本草綱目拾遺》卷八諸蔬部 葛乳 一名葛花菜，名山皆有，亦產高州。《粵志》：高州多種葛，雷州人市之為絺綌。秋霜時，有葛乳湧生地上，如芝如菌，赤色，味甘脆，微苦，乃葛之精華也，亦曰葛蕈。瀕湖僅據《太和山志》載其醒酒，與酒積成疾，他皆未及，故特補之。　性涼，解肌熱，散風火及陽明風熱瘕疹。

清・文晟《新編六書》卷六《藥性摘錄》　葛花菜　苦，涼。醒神氣，消酒積。諸名山皆有之。色赤味脆。亦蕈類。

雜錄

醍醐菜

宋・唐慎微《證類本草》卷二八菜部中品　醍醐菜　雷公云：　凡使，勿用諸件。草形似牛皮蔓，掐之有乳汁出，香甜入頂。採得，用苦竹刀細切，入砂盆中研如膏，用生稀絹裹，挼取汁出，暖飲。《千金方》：　治傷中崩絕赤。醍醐杵汁，拌酒煎沸，空心服一盞。又方：　治月水不利。以葉絞汁，和酒煎，服一盞。

明・劉文泰《本草品彙精要》卷三九　醍醐菜　蔓生。

醍醐菜：　治傷中崩絕及月水不利，並擣汁，和酒空心服。名醫所錄。

【苗】雷公曰：　形似牛皮，其蔓(搯)〔掐〕之有乳汁出，香甜入頂者是也。【臭】香。　【製】雷公曰：　採得去根，以苦竹刀細切，入砂盆中研如膏，用生稀絹裹，挼取汁出，暖飲。　【合治】醍醐杵汁，合酒煎沸，空心服一盞，治傷中崩絕。○葉絞汁，合酒煎服一盞，治月水不利。

明・李時珍《本草綱目》卷二七菜部・柔滑類　醍醐菜《證類》

【集解】時珍曰：　唐慎微《證類本草》收此，而形狀莫考。惟雷斆《炮炙論》云：　形似牛皮蔓，掐之有乳汁出，香甜入頂。採得以苦竹刀細切，入砂盆中研如膏，用生絹挼汁出，暖飲。然亦不云治何病也。

【氣味】甘，溫，無毒。　【主治】月水不利，搗葉絞汁，和酒煎服一盞《千金》。

【附方】舊一。　傷中崩赤：　醍醐杵汁，拌酒煎沸，空心服一盞。《千金方》。

明・姚可成《食物本草》卷七菜部・柔滑類　醍醐菜形似牛皮蔓，掐之有乳汁出。

醍醐菜，味甘，溫，無毒。　主月水不利，擣葉絞汁，和酒煎服一盞。

明・施永圖《本草醫旨・食物類》卷二　醍醐菜　味：　甘，溫，無毒。治：　月水不利，擣葉絞汁，和酒煎服一盞。

附方　傷中崩赤：　醍醐杵汁，拌酒煎沸，空心服一盞。

雞侯菜

宋・唐慎微《證類本草》卷六草部上品〔唐・陳藏器《本草拾遺》〕　雞侯菜　味辛，溫，無毒。久食溫中益氣。生嶺南。顧《廣州記》曰：　雞侯菜，似艾，二月生，宜雞羹，故名之。

明・姚可成《食物本草》卷七菜部・柔滑類　雞侯菜生嶺南，似艾，二月生苗，宜雞羹食之，故名。

雞侯菜，味辛，溫，無毒。久食，溫中益氣。

孟娘菜

宋・唐慎微《證類本草》卷六草部上品〔唐・陳藏器《本草拾遺》〕　孟娘菜　味苦，小溫，無毒。主婦人腹中血結，羸瘦，男子陰囊濕痒，強陽道，令人健行，不睡，補虛，去痔瘻、瘰癧、癭瘤，作菜。生四明諸山，冬夏常有。葉似升麻，方莖，山人取以爲菜，一名孟母菜，一名厄菜。

宋・鄭樵《通志》卷七五《昆蟲草木略》　孟娘菜　曰孟母菜，曰厄菜。葉似升麻，方莖。

明・皇甫嵩《本草發明》卷三　孟娘菜下品下。苦，溫，無毒。一名孟母菜。男子陰囊濕癢，強陽道，令人肥健不睡，補虛。去痔瘻、瘰癧、癭瘤。作菜。生四明諸山，冬夏常有，山〔人〕取之為菜。

明・姚可成《食物本草》卷七菜部・柔滑類　孟娘菜生四明諸山。冬、夏常有。葉似升麻，方莖。山人采茹之。

孟娘菜，味苦，小溫，無毒。主婦人血結，羸瘦；　男子陰囊癢濕，強陽道。令人健行，不睡，補虛。去痔漏、瘰癧、癭瘤。

優殿

宋・唐慎微《證類本草》卷八草部中品〔唐・陳藏器《本草拾遺》〕　優殿　味辛，溫。去惡氣，溫中消食。生安南，人種爲茹。《南方草木狀》曰：　合浦有優殿，人種之，以豆醬汁食，芳香好味。

宋・鄭樵《通志》卷七五《昆蟲草木略》　優殿　《南方草木狀》曰：　合浦人種之，用醬汁而食，芳香。

明・姚可成《食物本草》卷七菜部・柔滑類　優殿生安南。人種為茹。《南方艸木狀》云：合浦有優殿，人種之。以豆醬食之，芳香好味。

優殿，味辛，溫，無毒。溫中，去惡氣，消食。

猘菜

宋・唐慎微《證類本草》卷八草部中品〔唐・陳藏器《本草拾遺》〕 猘猪孝切菜 味辛，溫，無毒。主冷氣，腹内久寒，食飲不消，令人能食。《字林》曰：猘，辛菜，南人食之，去冷氣。

明・鮑山《野菜博錄》卷二 水馬齒 一名長命菜，一名蕹菜。生水中。葉類旱馬齒莧葉，梗赤、葉青、花黃、根白、子黑。味酸，性寒，無毒。食法：採葉煠煮，淘去酸味，油鹽調食。

回回青

元・忽思慧《飲膳正要》卷三 回回青 味甘，寒，無毒。解諸藥毒。可傳熱毒瘡腫。

明・顧逢柏《分部本草妙用》卷九菜部 茵 甘，溫，無毒。主治：開胃止瀉，益神魂。

蓏菜分部

綜述

茄

晉・嵇含《南方草木狀》卷上《草類》 茄 茄樹，交、廣草木經冬不衰，故蔬圃之中種茄，宿根有三五年者，漸長枝幹，乃成大樹。每夏秋盛熟，則梯樹採之。五年後樹老子稀，即伐去之，別栽嫩者。

宋・唐慎微《證類本草》卷二九菜部下品〔宋・馬志《開寶本草》〕 茄子 味甘，寒。久冷人不可多食，損人動氣，發瘡及痼疾。一名落蘇。處處有之。

根及枯莖、葉：主凍脚瘡，可煮作湯漬之，良。

苦茄：樹小有刺。其子，以醋摩療癰腫。根亦作浴湯。生嶺南。今附。

〔宋・掌禹錫《嘉祐本草》〕按：孟詵云：落蘇，平。主寒熱，五藏勞，不可多食，熟者少食無畏。又，醋摩之，傅腫毒。陳藏器云：茄子，味甘，平，無毒。今人種而食者名落蘇。嶺南野生者名苦茄，足刺，子小，主瘴。日華子云：茄子，治溫疾，傳尸勞氣。

〔宋・蘇頌《本草圖經》〕曰：茄子，舊不著所出州土，云處處有之，今亦然。段成式云：茄者，連莖之名，字當革遐反，今呼若伽，未知所自耳。茄之類有數種：紫茄、黃茄，南北通有之；青水茄、白茄，惟北土多有。入藥多用黃茄，其餘惟可作菜茹耳。又有一種苦茄，小株有刺，亦入藥。江南有一種藤茄，作蔓生，皮薄，似葫蘆，亦不聞中藥。江南方有療大風熱痰，取大黃老茄子，不計多少，以新瓶盛貯，埋之土中，經一年，盡化爲水，取出，入苦參末，同丸如梧子。食已及欲卧時，酒下三十粒，甚效。又治墜撲内損，散敗血，止痛及惡瘡、發背等。重陽日收取茄子百枚，去蒂，四破切之，消石十二兩，碎擣，以不津瓶器，大小約可盛納茄子者，於器中先鋪茄子一重，乃下消石一重覆之，如此令盡，然後以紙三數重，密密封之，安置淨處，上下以新塼㽬覆，不犯地氣，至正月後取出，去紙兩重，日中暴之。逐日如此，至二、三月，度已爛，即開瓶傾出，濾去滓，別入新器中，以薄綿蓋頭，又暴，直至成膏，乃可用。内損，酒調半匙，空腹飲之，日再，惡血散則痛止，血愈矣。諸瘡腫，亦先酒飲半匙，又用膏於瘡口四面塗之，當覺冷如冰雪，瘡乾便差。其有根本在膚腠者，亦可内消，若膏久乾硬，即以飯飲化動塗之。又治腰脚風血積冷，筋急拘攣疼痛者，取茄子五十斤，細切淨洗訖，以水五斗，煮取濃汁，濾去滓，更入小鐺器中煎至一斗以來，即入生粟粉同煎，令稀稠得所，取出搜和，更入研了麝香、朱砂粉，同丸如梧子。每旦日，用秫米酒送三十丸，近暮再服，一月乃差。男子、女人通用，皆驗。

〔宋・唐慎微《證類本草》〕陳藏器云：平，無毒。醋摩傅癰腫。莖、葉枯者，煮洗凍瘡。今人種食之，一名落蘇。又嶺南有野生者，名苦茄，足刺亦主瘴。《食療》云：平。主寒熱，五藏勞。不可多食，動氣，亦發痼疾。熟者少食之，無畏。患冷人不可食。又，根主凍脚瘡，煮湯浸之。《勝金方》：治搕撲損，肌膚青腫方：茄子留花種通黃極大者，切作片如一指厚，新瓦上焙乾爲末。欲卧酒調二錢匕，一夜消盡，無痕跡也。《靈苑方》：治腸風下血，久不止。茄蒂燒存性爲末，每服食前米飲調三錢匕。

附：日・丹波康賴《醫心方》卷三〇 茄子 崔禹〔錫〕云：味甘、鹹，溫，有小毒。主充皮膚，益氣力，脚氣人以苗葉煮濤脚，皆除毒氣，尤為良驗也。《七卷經》云：溫，平。食之多動氣，損陽。

宋・寇宗奭《本草衍義》卷一九 茄子 新羅國出一種，淡光微紫色，形長，味甘。今其子已遍中國蔬圃中，惟此無益，并無所治，止說損人。後人雖有處治之法，然終與《本經》相失。圃人又植於暖處，厚加糞壤，遂於小滿前後，求貴價以售，既不以時，損人益多。不時不食，於可忽也。

宋・王介《履巉巖本草》卷下　茄子　味甘，寒。治溫疾，傳尸勞氣。然久冷不可多食，損人動氣，發瘡及痼疾。一名落蘇。根及枯莖葉主凍脚瘡，可煮作湯，漬之良。〔子〕：醋摩療癰腫。根亦作浴湯。茄蒂：治腸風下血久不止，燒存性爲末，每服三錢，米飲調，食前服。

宋・陳衍《寶慶本草折衷》卷二〇　茄子諸茄在內。○根、莖、葉、蒂、灰及苦茄附。一名落蘇。其老者名黃茄，一名大黃老茄。○段成式云：一名崑崙瓜，謂紫茄也。出新羅國。今處處蔬圃種有之。○附：苦茄，生嶺南野中。味甘，平，寒，無毒。○多食動氣，發瘡及痼疾。○孟詵云：熟者小食無畏，又醋摩傅腫毒。○《圖經》曰：茄有數種，紫茄、重茄，南北通有之；青水茄、白茄，惟北土多有。入藥多用黃茄。按《局方》麝臍散中亦用之。其餘惟可作菜。江南有藤茄，蔓生，皮薄，似葫蘆，亦不聞中藥。

附：根及枯莖、葉。○主凍脚瘡，煮湯漬良。

附：蒂灰。○治腸風下血，食前米飲調服叁錢。○生蒂亦可蘸藥揩傳瘡癬。

附：苦茄。株小而多刺。○其子療癰腫，醋摩傅之。又主瘴，其根亦可作浴湯。

元・忽思慧《飲膳正要》卷三　茄子　味甘寒，有小毒。動風，發瘡及痼疾，不可多食。

元・尚從善《本草元命苞》卷九　茄子　味甘，寒。久冷不可食，損人動氣，發瘡。惟療傳尸勞氣。根、枯葉煮湯，主凍脚，漬之。茄子蒂燒灰，醫下血，飲服。蔬菜中最低，《本經》無治法。

元・吳瑞《日用本草》卷七　茄子　又名落蘇。　味甘，性寒，無毒。久冷人不可多食，損人，動氣發瘡及痼疾。熟者亦少食之，冷即損胃氣。主寒熱，五臟勞。根及枯莖葉，主凍脚瘡，可煮作湯，浸之良。腸風下血不止，用茄蒂燒灰存性，為末，每服一錢，食前米飲下。

元・朱震亨《本草衍義補遺》　茄　屬土，故甘而喜降（火府）〔大腸〕者也，易種者忌之。（食）〔實〕之拆者，燒灰治乳。○《本草》言味甘寒，久冷人不可多食，損人，動氣發瘡及痼疾。又，根煮湯，淋洗脚瘡（其）〔甚〕效。折蒂燒灰，以治口瘡。皆甘以緩火之急。

元・徐彥純《本草發揮》卷三　茄子　丹溪云：茄，屬土。故甘而喜降。（火腑）〔大腸〕易動者忌之。實之裂者，燒灰，以治乳裂。蒂本燒灰，以治口瘡。皆甘緩火之意。

明・蘭茂原撰，范洪等抄補《滇南本草圖說》卷八　茄子　味甘淡，性寒，無毒。性主善降而寬中，散血。多食動風氣，發痼疾、瘡疥。脾弱者勿食，秋後食之損目。

明・蘭茂撰，清・管暄校補《滇南本草》卷上　茄子　味甘，寒。治寒熱，五臟癆症，瘟疾尸勞。用醋磨，敷大腫毒，散血。止乳疼，消腫寬腸。燒灰，米湯飲，治腸內風，下血不止，及血痔。根葉，治凍瘡。蒸熱，治癱瘓。多食損目，肚疼下痢。婦人多食，傷子宮。又治偏墜如神。又京墨、（蚊）〔文〕蛤，入茄內三旬，取墨烏鬚。

明・蘭茂撰，清・管暄校補《滇南本草》卷下　茄子根名東風草。　性寒，味甘平。陰也。主發風積，動寒痰，吃之令人作嘔吐，面皮作癢。動肝積，食之令人左脇氣脹，損陰，不宜多吃。根梗，性寒，味甘、微苦。主治行肝氣，洗皮膚瘙癢之風，遊走之風。祛婦人下陰濕癢，陰濁瘡。

明・蘭茂《滇南本草》〔叢本〕卷下　東風草　味甘，性寒。主行肝氣。洗皮膚瘙痒之風，洗遊面走諸風，祛婦人下陰濕痒，陰蠋瘡。

明・王綸《本草集要》卷五　茄子根及枯莖葉　主凍腳瘡，煮湯漬之。

明・滕弘《神農本經會通》卷五　茄子　一名落蘇。

味甘，氣寒。《本經》云：久冷人不可多食，損人，動氣，發瘡及痼疾。根及枯莖、葉，主凍脚瘡，可煮作湯，漬之良。苦茄，樹小，有刺子。其子以醋摩，療癰腫。根，亦作浴湯。日華子云：茄子，治濕痰，傳尸勞氣。《圖經》云：入藥多用黃茄，其餘惟可作菜茹耳。又有一種苦茄，小株，有刺，亦入藥。江南有一種藤茄，作蔓生，皮薄似葫蘆，亦不聞中藥。丹溪云：屬土，故甘而喜降火府也。易種者，忌食之。折蒂收灰，治乳。又折茄蒂燒灰，以治口瘡。皆甘以緩火之急。水茄兒，生瘡，長痼，損精神。

明・劉文泰《本草品彙精要》卷四〇　茄子無毒　植生。

茄子：久冷人不可多食，損人動氣，發瘡及痼疾。○根及枯莖、葉，主凍脚瘡，可煮作湯漬之，良。○苦茄，樹小有刺，其子以醋摩癰腫，根亦作浴湯。名醫所錄。　〖名〗落蘇、苦茄。　〖苗〗《圖經》曰：茄之類有數種，紫茄、黄茄，南北通有之；青水茄、白茄，惟北土多有。入藥多用黄茄，其餘惟可作菜茹耳。又有一種苦茄，生嶺南，小株有刺，亦入藥用。【地】《圖經》曰：舊不著所出州土，今處處有之。【時】生：夏結實。採：夏秋取。【用】實。【色】黄。【味】甘。【性】寒。【氣】氣之薄者，陽中之陰。【臭】腥。【治】療：日華子云：治瘟疫，傳尸勞氣。陳藏器云：醋摩，傅腫，差。○苦茄，主瘴。孟詵云：療寒熱，五臟勞。又醋摩，傅臍腫，差。○苦茄，主瘴。孟詵云：療寒熱，五臟勞。又醋摩，傅腫毒。【合治】老黄茄子，不計多少，以新瓶盛貯，埋土中，經一年，盡化爲水，取出，合苦參末，丸如梧子大，飯後及卧時酒下三十粒，療大風熱痰，甚效。○重陽日收取茄子百枚，去蒂，四破切之，消石十二兩，碎擣。以不滲磁器，約大小可盛納茄子者，於器中先鋪茄子一重，乃下消石一重覆之，如此令盡。然後以紙三數重，密密封之，安置淨處，上下以新塼撢它甘切，勿令著地氣，至正月後取出，去紙兩重，日中暴之，逐日如此。至二三月，度已爛，即開瓶傾出，濾去滓，別入新器中，以薄綿蓋頭，又暴，直至成膏乃可用，治墜撲内損，散敗血，止痛及惡瘡、發背等。若内損者，酒調半匙，空腹飲之，日再，惡血散則痛止而愈。諸瘡腫，亦先酒飲半匙，仍用膏於瘡口四面塗之，當覺凉如冰雪，瘡乾便差。若瘡有根本在膚腠者，亦可内消，其膏久乾硬，即以飯飲化開塗之。○以茄子根五十斤，細切，淨洗訖，用水五斗煮取濃汁，濾去滓，更入小鐺器中，煎至一升以來，合生粟米粉同煎，令稀稠得所，取出搜和，再入麝香、硃砂細末，丸如梧子大，每旦用秫米酒送下三十丸，近暮再服，治腰脚風血積冷，筋急拘攣疼痛者，男女通用，皆驗。○茄子留作種，通黄極大者，切作片，如一指厚，新瓦上焙乾爲末，欲卧時酒調服二錢匕，療蹠撲損，肌膚青腫，一夜消盡無痕跡。○茄蒂燒存性爲末，每食前米飲調服三錢匕，療腸風下血，久不止者。【禁】不可多食，動氣及發痼疾。

明·盧和、汪穎《食物本草》卷一菜類 茄 味甘，寒。患冷人不可多食，熱者少食無畏。多食損人，動氣，發瘡及痼疾，菜中惟此物無益。丹溪謂茄屬土，故甘而喜降，火藥中用。根，煎湯洗足瘡。蒂，燒灰治口瘡，甚効。皆甘以緩火之意。

明·許希周《藥性粗評》卷三 熒惑守心，茄子三言而退舍。

茄子，一名落蘇。有數種，大小圓長紫白不一。三月下種，莖高一二尺，葉大，五六月開紫白花，結實至冬始衰，實老則皮黄，子細如米大口而圓，亦有留宿根以物蓋之，經冬明年復生，其實早而更大。南北處處有之。莖、葉、根、蒂、肉並皆入藥。作蔬不可多食。餘說《本草》不載。味甘，性寒，無毒。其氣下行，降火甚速。主治内熱，腸風下血，心竅不利，神思昏沉者宜之。愚故借宋人之事以形之。尋常多食亦不利人，主發瘡長痼，損元陽，動臟腑氣，久冷人，尤宜忌之。

單方：消青腫：凡磕撲傷損，青腫難消者，老茄子在樹黄熟者，取一枚，切片，新瓦上焙乾，研爲末，臨卧時溫酒調下二三錢，一夜消盡無痕。洗凍瘡：冬時採茄莖葉枯者，煎湯洗之，二三次愈。

明·鄭寧《藥性要略大全》卷六 茄兒一名落蘇 煎湯可洗潰凍瘡。不可多食，損人，動氣發瘡及痼疾，減人精神。味甘、鹹，性平、寒。無所畏。生瘡節者忌食。茄蒂：燒灰，治腸風。根、莖、葉煮汁，洗凍腳瘡。燒灰入外科。子：可摩醋傅癰腫。

明·陳嘉謨《本草蒙筌》卷六 茄子 味甘，氣寒。無毒。一名落蘇，處處俱種。有紫黄白數種，惟黄茄子拯疴。主寒熱，去五種癆；若食多，發痼疾。易生小疥，動大便。自裂茄用之燒灰，堪敷乳成癰綻裂。苦茄摩醋，癰腫亦敷。根及枯莖葉煎湯，冬月凍脚瘡可漬。亦追風濕，曾載方書。煮醇酒蚤晚頻吞，俾脚膝屈伸復舊。蒂用燒灰存性，口吻瘡疥敷差。丹溪云：茄屬土，故甘。用治瘡毒，悉獲奇効者，甘以緩火意也。

明·寧源《食鑒本草》卷下 茄子 味甘，寒。一名落蘇，處處有之。發瘡腫，動痼疾，損精神。不宜多食。《鬼遺方》：治磕打損傷，肌膚青腫，用枝上老黄大茄子一箇，切一指厚片，瓦上焙乾為末，臨睡酒調二錢服，一夜消盡。根莖：煎湯洗一切凍瘡。

明·王文潔《太乙仙製本草藥性大全》卷五《本草精義》 茄子 一名落蘇。舊本不載所出州土，云處處有之，今亦然。段成式云：茄者，蓮莖之名。字當革遐反。今呼苦茄、水茄、白茄，惟北土多有，入藥多用黄茄，其餘惟可作菜茹耳。又有一種苦茄，小株有刺，亦入藥。江南有一種藤茄，作蔓生，皮薄，似葫蘆，亦不聞中藥，江南方有。

明·王文潔《太乙仙製本草藥性大全》卷五《仙製藥性》 茄子 味甘，氣寒，無毒。主治：主寒熱，去五種癆。若食多發痼疾，易生小疥，動大便。自裂茄用之燒灰，堪敷乳成癰綻。脚瘡可漬，亦追風濕，曾載方書。煮醇酒早晚頻吞，俾脚膝屈伸復舊。蒂用燒灰存性，口吻瘡疥敷差。丹溪云：

茄屬土，故甘，用治瘡毒悉獲奇效者，甘以緩火意也。　補註：　治搕撲損肌膚青腫方：　茄子留花種通黃極大者，切作片，如一指厚，新瓦上焙乾爲末，欲臥酒調二錢匕，一夜消盡無痕迹也。○治腸風下血，用茄枝根蒂燒存性，爲末，每日一二服，用紅酒錢匕。○療大風熱痰，取大黃老茄子不計多少，以新瓶盛貯埋之土中，經一年盡化爲水，取出入苦參末，同丸如梧子，食已及欲臥時，酒下三十粒效。○又治墜撲內損，散敗血止痛，及惡瘡發背等，重陽日採取茄子百枚，去蒂，四破切之，消石十二兩，碎搗，以不津瓶器，大小約可盛納茄子者，於器中，先鋪茄子一重，乃下消石一重覆之，如此令盡，然後以紙三數重密封之，安置浄處，上下以新磚撢覆，勿犯地氣，至正月後取出，去帋兩重，日中曝之，逐日如此，至二三月，度已爛，即開瓶傾出，濾去滓，別入新器中，以薄綿蓋頭，又曝，直至成膏乃可用。內損，酒調半匙，空腹飲之，日再，惡血散則痛止而愈矣。○諸瘡腫，亦先酒飲半匙，又用膏於瘡口四面塗之，當覺冷如冰雪，瘡乾便差。其有根本在膚腠者，亦可內消，若膏久乾硬，即以飯飲化動塗之。○腰脚風血積冷，筋急拘攣疼痛者，取五十斤，細切，浄洗訖，以水五斗，煮濃汁，濾去滓，重入小鐺器中，煎至一斗，即入粟粉同煎，令稀稠得所，取搜和，更入麝香、硃砂粉丸如梧子，每旦淋米酒送下三十丸，近暮再服，一月乃差。

明・皇甫嵩《本草發明》卷五

茄子下品。味甘，寒。　久冷人不可多食，損人，動氣發瘡及痼疾。根與苦莖，主凍脚瘡，可煮作湯，漬之良。乾茄蒂，入風藥用。茄類亦多，入藥用黃茄妙。一名落蘇。

苦茄樹小，有刺，其子以醋摩，療癰腫，亦可作浴湯。

明・李時珍《本草綱目》卷二八菜部・蓏菜類

茄音伽。宋《開寶》。

【釋名】落蘇《拾遺》　崑崙瓜《御覽》　草鼈甲頌曰：　按段成式云：　茄音加，乃蓮莖之名。今呼茄菜，其音若伽，未知所自也。時珍曰：　陳藏器《本草》云：　茄一名落蘇。名義未詳。按《五代貽子録》作酪酥，蓋以其味如酥酪也，於義似通。杜寶《拾遺録》云：　隋煬帝改茄曰崑崙紫瓜。又王隱君《養生主論》治瘧方用乾茄，諱名草鼈甲。蓋以鼈甲能治寒熱，茄亦能治寒熱故爾。

【集解】頌曰：　茄子處處有之。其類有數種：　紫茄、黃茄，南北通有；　白茄、青水茄，惟北土有之。入藥多用黃茄，其餘惟可作菜茹爾。江南一種藤茄，作蔓生，皮薄似壺蘆，亦不聞中藥。宗奭曰：　新羅國出一種茄，形如鷄子，淡光微紫色，蒂長味甘。今中國已遍有之。時珍曰：　茄種宜於九月黃熟時收取，洗浄曝乾，至二月下種移栽。株高二三尺，葉大如掌。自夏至秋，開紫花，五瓣相連，五稜如縷，黃蕊緑蒂，蒂包其茄。茄中有瓤，瓤中有子，子如脂麻。其茄有團如栝樓者，長四五寸者。有青茄、紫茄、白茄。白茄亦名銀茄，更勝青者。諸茄至老皆黃，蘇頌以黃茄爲一種，似未深究也。王禎《農書》云：　一種渤海茄，白色而堅實。一種番茄，白而扁，甘脆不澀，生熟可食。一種紫茄，形紫，蒂長味甘。一種水茄，形長味甘，可以止渴。洪容齋《隨筆》云：　浙西常茄皆皮紫，其白者爲水茄；　江西常茄皆皮白，其紫者爲水茄。亦一異也。劉恂《嶺表録》云：　交嶺茄樹，經冬不凋，有二三年漸成大樹者，其實如瓜也。茄葉摘布路上，以灰圍之，則子必繁，謂之嫁茄。

茄子　【氣味】甘，寒，無毒。志曰：　凡久冷人不可多食，損人動氣，發瘡及痼疾。李鵬飛曰：　秋後食，多損目。時珍曰：　按《生生編》云：　茄性寒利，多食必腹痛下利，女人能傷子宫也。

【主治】寒熱，五臟勞孟詵。治温疾傳尸勞氣。醋摩，傅腫毒大明。老裂者燒灰，治乳裂震亨。散血止痛，消腫寬腸時珍。

【發明】宗奭曰：　蔬圃中惟此無益。《開寶本草》並無主治，止説損人。後人雖有處治之法，終與正文相失。圃人又下於暖處，厚加糞壤，遂於小滿前後求貴價以售。既不以時，損人益多。不時不食，烏可忽也。震亨曰：　茄屬土，故甘而喜降，大腸易動者忌之。老實治乳頭裂，茄根煮湯漬凍瘡，折蒂燒灰治口瘡，俱獲奇效，皆甘以緩火之意也。時珍曰：　段成式《酉陽雜俎》言茄厚腸胃，動氣發疾。蓋不知茄之性滑，不厚腸胃也。

【附方】舊五，新十。　婦人血黃：　黃茄子竹刀切，陰乾爲末。每服二錢，温酒調下。《摘玄方》。　腸風下血：　經霜茄連蒂燒存性爲末，每日空心温酒服二錢匕。《靈苑方》。　久患下血：　大茄種三枚，每用一枚，濕紙包煨熟，安瓶內，以無灰酒一升半沃之，蠟紙封閉三日，去茄暖飲。《普濟方》。　腹內鼈癥：　陳醬茄兒燒存性，入麝香、輕粉少許，脂調貼之。《壽域方》。　卵㿗偏墜：　用雙蒂茄子懸於房門上，出入用眼視之。茄蔫所患亦蔫，茄乾亦乾矣。又法：　用雙茄懸門上，每日抱兒視之二三次，釘針於上，十餘日消矣。劉松石《保壽堂方》。　大風熱痰：　用黃老茄子大者不計多少，以新瓶盛，埋土中，經一年盡化爲水，取出入苦參末，同丸梧子大。食已及臥時酒下三十丸，甚效。此方出江南人傳。蘇頌《圖經本草》。　腰脚拘攣：　腰脚風血積冷，筋急拘攣疼痛者。取茄子五十斤切洗，以水五斗煮取濃汁，濾去滓，更入小鐺中，煎至一升以來，即入生粟粉同煎，令稀稠得所，取出搜和，更入麝香、朱砂末，同丸如梧子大。每旦用秫米酒送下三十丸，近暮再服，一月乃瘥。男子、女人通用皆驗。《圖經本草》。　磕撲青腫：　老黃茄極大者，切片如一指厚，新瓦焙研爲末。欲臥時温酒調服二錢匕，一夜消盡，無痕迹也。《勝金》。　墜損跌撲：　散血止痛。重陽日收老茄子百枚，去蒂四破切之，消石十二兩擣碎，以不津器先鋪茄子一重，乃下消石一重，如此同鋪令盡，以紙數層密封，安置浄處，上下以新磚承覆，勿犯地氣。至正月後取出，去紙兩重，日中曝之。逐日如此，至二三月，度茄已爛，開瓶傾出，濾去滓，別入新器中，以薄綿蓋頭，又曝，至成膏乃可用。每以酒調半匙，空腹飲之，日再，惡血散則痛止而愈矣。若膏久乾硬，即以飯飲化動用之。《圖經本草》。　發背惡瘡：　用上方，以酒服半匙，更以膏塗瘡口四圍，覺冷如水，瘡乾便瘥。其有根本在膚腠者，亦可內消。同上。

熱毒瘡腫：　生茄子一枚，割去二分，去瓤二分，似罐子形，合于瘡上即消也。如已出膿，再用取瘥。《聖濟總録》。　牙齒腫痛：　隔年糟茄，燒灰頻頻乾擦，立效。《海上名方》。

蟲牙疼痛：　黄茄種燒灰擦之，效。《摘玄方》。　喉痹腫痛：　糟茄或醬茄，細嚼嚥汁。《德生堂方》。　婦人乳裂：　秋月冷茄子裂開者，陰乾燒存性研末，水調塗。《補遺方》。

蒂　【主治】燒灰，米飲服二錢，治腸風下血不止及血痔吴瑞。燒灰，治口齒瘡䘌。生切，擦癜風時珍。　【發明】時珍曰：　治癜風，用茄蒂蘸硫，附末摻之，取其散血也。白癜用白茄蒂，紫癜用紫茄蒂，亦各從其類耳。

【附方】新一。　風蚛牙痛：　茄蒂燒灰摻之。或加細辛末等分，日用之。《仁存方》。

花　【主治】金瘡牙痛時珍。

【附方】新一。　牙痛：　秋茄花乾之，旋燒研塗痛處，立止。《海上名方》。

根及枯莖葉　【主治】凍瘡皴裂，煮湯漬之良《開寶》。　散血消腫，治血淋下血，血痢陰挺，齒䘌口蕈時珍。

【附方】新八。　血淋疼痛：　茄葉熏乾爲末，每服二錢，温酒或鹽湯下。隔年者尤佳。《經驗良方》。　腸風下血：　方同上，米飲下。　久痢不止：　茄根燒灰、石榴皮等分爲末，以沙糖水服之。《簡便單方》。　女陰挺出：　茄根燒存性，爲末。油調在紙上，捲筒安入内。一日一上。《乾坤生意》。　口中生蕈：　用醋漱口，以茄母燒灰、飛鹽等分，米醋調稀，時時擦之。《摘玄方》。　牙齒䘌痛：　茄根擣汁，頻塗之。○陳茄樹燒灰傅之。先以露蜂房煎湯漱過。《海上名方》。　牙痛取牙：　茄科以馬尿浸三日，晒炒爲末。每用點牙即落，真妙。《鮑氏方》。　夏月趾腫：　不能行走者。九月收茄根懸檐下，逐日煎湯洗之。《簡便》。

苦茄《拾遺》。　【集解】藏器曰：　苦茄野生嶺南。樹小有刺。

子　【主治】醋摩，塗癰腫。根，亦可作湯浴。又主瘴氣藏器。

明・梅得春《藥性會元》卷中　茄　味甘，性寒，無毒。一名落蘇。損人，動氣發瘡及痼疾。久患虛冷人勿多食。　根及枯莖葉：　治凍脚瘡，煎，漬之良。又入膏藥。

明・穆世錫《食物輯要》卷三　茄　味甘、淡，性寒，無毒。氣善降，寬腸散血。多食，動風氣，發痼疾，發瘡疥。虛寒脾弱者勿食，諸病人莫食。秋後食之，損目。同大蒜食，發痔漏。婦人艱于受孕者，忌食。

明・李中立《本草原始》卷六　茄　處處有之。二月下種，生秧移栽。株高二三尺，葉大如掌。自夏至秋開紫花，五瓣相連，五稜如縷，黄蕋緑蒂，蒂包其茄。茄中有瓤，瓤中有子。子待九月黄熟時收取。按段成式云：茄，音加，乃蓮莖之名。今呼茄，其音若伽，未知所自也。陳藏器《本草》云：茄，一名落蘇。按五代《貽子錄》作酪酥，蓋以其味如酪酥也。杜寶《拾遺錄》云：　隋煬帝改茄為崑崙瓜。又王隱君《養生主論》，治瘧方用乾茄，諱名草鼈甲，蓋以鼈甲能治寒熱，茄亦能治寒熱故爾。

茄子：　氣味：　甘，寒，無毒。主治：　寒熱，五臟勞。○治溫疾，傳尸勞氣。醋摩，傅腫毒。○老裂者燒灰，治乳裂。○散血止痛，消腫寬腸。○治口齒䘌瘡。生切擦癜風。花，治金瘡牙痛。

茄，宋《開寶》。【圖略】

根及枯莖葉主治：　凍瘡皴裂，煮湯漬之良。根，飯上蒸過，治癱瘓。久冷人，不可多食，損人動氣，發瘡及痼疾。李（廷）〔鵬〕飛曰：　秋後多食損目。《生生編》云：　茄性寒利，多食必腹痛下利，女人能傷子宫也。劉松石《保壽堂方》治卵㿉偏墜，用雙蒂茄子懸于房門上，出入用眼視之。茄蔫所患亦蔫，茄乾亦乾矣。又法：　用雙蒂懸門上，每日抱兒視之二三次，釘針于上，十餘日消矣。治癜風，用茄蒂蘸薑汁，調硫黄、白附子末擦之，取其散血也。白癜用白蒂，紫癜用紫蒂，亦各從其類耳。《海上名方》：　治牙痛，秋茄花乾之，旋燒研，塗痛處，立止。鮑氏方：　治牙痛取牙方：　用茄科以馬尿浸三日，晒乾炒為末，每用點牙即落，真妙。

明・張懋辰《本草便》卷二　茄子、根、皮、枯莖、葉　六者主凍脚瘡，煮湯漬之。

明・吴文炳《藥性全備食物本草》卷一　茄一名落蘇。　味甘，性寒，無毒。茄者，連莖之名。有數種，入藥多用黄茄，治大風熱痰，取黄茄不計多少，以新瓶盛貯埋土中，經年盡化為水，取出入苦參末為丸，食後臨臥酒下三十丸効。又治腰脚風血積冷，筋急拘攣疼痛，取茄子五十斤細切洗淨，以水五斗煮濃，去渣再煎至一升，入粟米粉同煎令稀稠得所，更入麝香、硃砂末為丸梧子大，每旦及近暮酒下三十丸，一月乃瘥，男女通用。此膏又可傳發背乳癰惡瘡，冷如冰雪；又治撲損，肌膚青腫，用老黃茄種切片，瓦上焙為末，臨臥酒下二錢，惡血散而痛腫止，一夜消盡無痕。《本草》又云：久冷人不可多食，損人動氣，發瘡發痼疾。不與煎膏傳瘡之說相左耶？蓋熱瘡塗之則愈，久冷服之生瘡，夏月當時食之猶可。

蒂：燒灰和蜜調敷口瘡牙痛，酒調服治腸風下血，皆甘以緩火之意也。

根及枯莖葉：煎湯漬洗凍瘡良。又苦茄樹小有刺，其子主痺，醋磨塗癰腫効。按茄性寒，虛寒脾弱者勿食，諸病人莫食。秋後食之損目，同大蒜食發痔漏，婦人艱于受孕者忌食。

明・趙南星《上醫本草》卷三　茄音伽　頌曰：按段成式云：茄音加，乃蓮莖之名。今呼茄菜，其音若伽，未知所自也。杜寶《拾遺錄》云：隋煬帝改茄曰崑崙紫瓜。又王隱君《養生主論》治瘧方用乾茄，諱名草鼈甲。蓋以鼈甲能治寒熱，茄亦能治寒熱故爾。劉(珣)〔恂〕《嶺表錄》云：交嶺茄樹，經冬不凋，有二三年漸成大樹者，其實如瓜也。茄葉摘布路上，以灰圍之，則子必繁，謂之嫁茄。　甘，寒，無毒。　志曰：凡久冷人不可多食，損人動氣，發瘡及痼疾。李鵬飛曰：秋後食，多損目。時珍曰：按《生生編》云：茄性寒利，多食必腹痛下利，女人能傷子宮也。

附方　磕撲青腫：老黃茄極大者，切片如一指厚，新瓦焙，研為末，欲臥時，溫酒調服二錢。一辰消盡，無痕迹也。熱毒瘡腫：生茄子一枚，割去二分，去瓤二分，似罐子形，合于瘡上，即消也。如已出膿，再用取瘥。牙痛：用秋茄花乾之，旋燒研，塗痛處，立止。血淋疼痛：茄葉熏乾為末，每服二錢，溫酒或鹽湯下，隔年者尤佳。腸風下血：方同上，米飲下。久痢不止：茄根燒灰，石榴皮，等分，為末。以沙糖水服之。

明・繆希雍《本草經疏》卷二九　茄子　味甘，寒。久冷人不可多食，損人動氣，發瘡及痼疾。　根及枯莖葉：主凍腳瘡，可煮作湯漬之，良。

【疏】茄，內稟地中一陰之氣，外受南方熱火之陽，故其花實皆紫。本經雖云甘寒，必是濕中有火，使非濕熱，則不能動氣，發瘡及痼疾也。濕勝則久冷人多食有損，熱勝故能主凍腳瘡也。孟詵云：主寒熱五臟勞。大明：治溫疾，傳尸勞氣。皆非正治，惟腫毒家用之為當耳。【主治參互】《靈苑方》腸風下血，經霜茄，連蒂燒存性，為末。每日空心溫酒服二錢匕。丹溪方治乳頭裂，用茄子老黃者，燒灰傅之。鮮茄蒂、鮮何首烏，等分煮飲，治對口瘡有神。茄稈燒灰淋汁，和入桑磠、城等藥，諸癰腫疔瘡有效。【簡誤】茄，觀本經所說，止是損人，竝無利益，後人雖有處治之法，然終與本經相失。凡有痼疾及虛冷人，切不可食。近世為茹菜中常用之物，尊生者當慎之。

明・應嚳《食治廣要》卷三　茄俗名落蘇。　氣味：甘，寒，無毒。主治：寒熱，五藏勞。治瘟疫傳尸勞氣。醋磨，敷腫毒。多食，損人動氣，發瘡發痼疾。秋後食，多損目。

明・姚可成《食物本草》卷七菜部・蓏菜類　茄一名落蘇，一名崑崙瓜，一名草鼈甲。蘇頌曰：茄子處處有之。其類有數種：紫茄、黃茄，南北通有；白茄、青水茄，惟北土有之。江南一種藤茄，作蔓生，皮薄似壺盧。寇宗奭曰：新羅國出一種茄，形如雞子，淡光微紫色，蒂長味甘。今中國已遍有之。時珍曰：茄種宜于九月黃熟時收取，洗淨曝乾，至二月下種移栽。株高二三尺，葉大如掌。自夏至秋，開紫花，五瓣相連，五稜如縷，黃蕊綠蒂，蒂包其茄。茄中有瓤，瓤中有子，子如脂麻。其茄有團如栝樓者，長七八寸者。有青茄、紫茄、白茄。白茄亦名銀茄，更勝青者。諸茄至老皆黃，蘇頌以黃茄為一種，似未深究也。王禎《農書》：一種白色茄，形大而堅實。一種番茄，白而扁，甘脆不澁，生熟可食。一種紫茄，形紫，蒂長味甘。一種水茄，形長味甘，可以止渴。洪容齋《隨筆》云：浙西常茄皆皮紫，其白者為水茄；江西常茄皆皮白，其紫者為水茄。亦一異也。劉恂《嶺表錄》云：交嶺茄樹，經冬不彫，有二三年漸成大樹者，其實如瓜也。茄葉摘布路上，以灰圍之，則子必繁，謂之嫁茄。

茄子，味甘，寒，無毒。治寒熱、五臟勞及溫病傳尸勞氣。醋摩，傅腫毒。老裂者燒灰，治乳裂。散血止痛，消腫寬腸。○凡久冷人不可多食，損人動氣，發瘡及痼疾。李(廷)〔鵬〕飛曰：秋後食多損目。時珍曰：按《生生編》云：茄性寒利，多食則腹痛下利，女人能傷子宮也。寇宗奭曰：蔬圃中惟此無益。《開寶本草》竝無主治，止說損人。後人雖有處治之法，終與正文相失。圃人又下于暖處，厚加糞壤，遂于小滿前後求貴價以售。既不以時，損人益多。不時不食，烏可忽也。朱丹溪謂茄屬土，故甘而喜降。大腸易動者忌之。老實治乳頭裂，茄根煮湯治凍瘡，折蒂燒灰治口瘡，俱獲奇效，皆甘以緩火之意也。段成式《酉陽襍俎》言茄厚腸胃，動氣發疾。蓋不知茄之性滑，不厚腸胃也。

茄蒂　燒灰，米飲服二錢，治腸風下血不止及血痔。又傅口齒瘡䘌。生切擦癜風。

茄花　治金瘡，牙痛。

茄根及枯莖葉　治凍瘡皴裂，煮湯浸之良。散血消腫，治血淋下血，血痢陰挺，齒䘌口蕈。

苦茄子苦茄子野生嶺南，樹小有刺。　醋摩，塗癰腫。

根　亦可作湯浴，又治山嵐瘴氣。

附方：治腹內鼈瘕。用陳醬茄子燒存性，入麝香少許，輕粉一分，脂調貼之。治婦人血黃。用黃茄子竹刀切開，陰乾為末。每服二錢，酒下。治腸風下血。經霜茄連蒂燒存性為末，每日空心溫酒服二錢匕。治疝氣偏墜。用雙蒂茄子懸于房門上，出入用眼視之。茄蔫所患亦蔫，茄乾亦乾矣。又法：用雙茄懸門上，每日抱兒視之二三次，釘針于上，十餘日消矣。治喉痹腫痛。糟茄或醬茄，細嚼嚥汁。治跌撲重傷，散血止痛。重陽日收老茄子百枚，去蒂四破切之，硝石十二兩搗碎。以不津器先鋪茄子一重，乃下硝石一重，如此間鋪令盡，以紙數層密封，安置淨處，上下以新磚承覆，勿犯地氣。至正月後取出，去紙兩重，日中曝之。逐日如此。至二三月，度茄已爛，開瓶傾出，濾去滓，別入新器中。以薄綿蓋頭，又曝，至成膏乃可用。每以酒調半匙，空腹飲之，日再。惡血散則痛止而愈矣。若膏久乾硬，則以飯飲化開用之。治發背用前方。以酒服半匙，更以膏塗瘡口四圍，覺冷如冰，瘡乾便瘥。有根在內者，亦可消。治腫毒。生茄子一个，切去二分，剜去內肉二分，如罐子形，合於瘡上即消也。如已出膿，再用取瘥。治齒痛。用隔年糟茄子，燒灰頻頻乾擦，立效。治女人乳頭燥裂。秋月冷茄子裂開者，陰乾燒存性研末，水調塗。治血淋疼痛。茄葉熏乾為末，每服二錢，溫酒或鹽湯下。隔年者尤佳。治久痢不止。茄根燒灰，石榴皮等分為末，以沙糖水服之。治牙疼。秋茄花燒研塗痛處，立止。

明・顧逢柏《分部本草妙用》卷九菜部　茄子　甘，寒，無毒。主治：寒熱，五臟勞。醋摩傅腫毒。老裂者燒灰，治乳節，散血止痛，消腫寬腸。茄性寒利，多食必腹痛下利。女子能傷子宮也。秋後食損目。蒂燒灰末，飲服二錢，治腸風下血，血痔。燒灰，治口齒瘡䘌。生切，蘸硫附末擦癜風，白癜用白茄，紫癜用紫茄。

明・孟笨《養生要括・菜部》　茄子　味甘，寒，無毒。治寒熱五臟勞，治溫疾，傳尸勞氣。醋摩，傅腫毒。老裂者燒灰，治乳裂。散血止痛，消腫寬腸。〔多食必腹痛下痢，及癰瘡痼疾。秋後食，多損目。牙齒腫痛，來年糟茄燒灰，頻頻乾擦，立效。〕

蒂：　燒灰米飲服二錢，治腸風下血不止及血痔。治口齒瘡䘌。生切，擦癜風。

根及枯莖葉：　治凍瘡皺裂，煮湯漬之良。散血消腫，治血淋下血、血痢、陰挺、齒䘌口蕈。

明・鄭二陽《仁壽堂藥鏡》卷四　茄子　《本草》云：茄子：味甘，氣寒。多食損人，動氣發瘡及痼疾。丹溪云：茄屬土，故甘而喜降，大腸易動者忌之。實之裂者，燒灰以治乳裂。蒂木燒灰，以治口瘡。皆甘緩火之意。《圖經》曰：茄根，治筋急拘攣疼痛，可洗凍脚瘡。乾茄根，飯上蒸過，治諸毒氣風溫在骨節中，不能屈伸。

明・施永圖《本草醫旨・食物類》卷二　茄一名落蘇。　味：甘，寒，有小毒。動風，發瘡及痼疾，患冷人尤不可食。蔬圃中惟此無益。丹溪謂：茄屬土，故甘而喜降火。用根煎湯，洗足瘡。蒂燒灰，治口瘡甚效，皆甘以緩火之意。又，用根及枯莖并葉煎湯，洗凍瘡，并燒灰，敷穿爛處，即愈。〇秋茄尤不宜食。〇《鬼遺方》：治磕打損傷，肌膚青腫，用枝上老黃大茄子一箇，切作一指厚片，瓦上焙乾，為末，臨睡酒調二錢服，一夜即消。

清・穆石匏《本草洞詮》卷七　茄　一名落蘇。隋煬帝改茄曰崑崙紫瓜。氣味甘寒，無毒。主散血，止痛消腫，寬腸。茄實治乳頭裂，茄根煮湯漬凍瘡，茄蒂燒灰治口瘡，俱獲奇效，皆甘以緩火之意。王隱君治瘧方用乾茄，諱名草鼈甲，蓋以鼈甲治寒熱，茄亦治寒熱也。又治癜風，用茄蒂蘸硫、附末，摻之，取其散血也。白癜用白茄蒂，紫癜用紫茄蒂，各從其類耳。然蔬圃中此最無益，其性寒利，多食必腹痛下利，女人能傷子宮也。

清・丁其譽《壽世秘典》卷三　茄一名落蘇。其類有數種，有青茄、紫茄、白茄。白茄亦名銀茄，更勝青者。諸茄至老皆黃。蘇頌《圖經》以黃茄為一種，似未深究也。

氣味：甘，寒，無毒。主散血，止痛消腫，寬腸。多食冷臟腑，損陽氣，發瘡腫，動痼疾。

發明寇宗奭曰：蔬圃中惟此無益。《開寶本草》並無主治，止説損人。後人雖有處治之法，終與正文相失。凡有痼疾及虚冷人忌食。近世為菜中常用之物，尊生者，當慎之。李（廷）〔鵬〕飛曰：秋後食多損目。朱震亨曰：茄屬土，故甘而喜降，大腸易動者忌之。老茄燒灰治乳頭裂，根莖煎湯漬凍瘡，折蒂燒灰治口瘡，俱獲奇効，皆甘以緩火之意也。《生生編》云：茄性寒利，多食必腹痛下利，女人能傷子宫也。

清・劉雲密《本草述》卷一五 茄

茄子：氣味：甘，寒，無毒。主治：散血止痛，消腫寬腸時珍。丹溪曰：茄屬土，故甘而喜降。大腸易動者忌之。老黄治乳頭裂，茄根煮湯漬凍瘡，折蒂燒灰治口瘡，俱獲奇效，皆甘以緩火之意也。

附方 大風熱痰，用黄老茄子大者，不計多少，以新瓶盛埋土中，經一年盡化為水，取出，入苦參末同丸梧子大，食已及卧時，酒下三十丸，甚效。腰脚拘攣，腰脚風血積冷，筋急拘攣疼痛者，取茄子五十斤，切洗，以水五斗，煮取濃汁，濾去滓，更入小鐺中煎至一斗以來，即入生粟粉，同煎，令稀稠得所，取出，搜和，更入麝香、朱砂末，同丸如梧子大，每日用秫米酒送下三十丸，近暮再服，一月乃瘥。男子、女人通用皆驗。熱毒瘡腫，生茄子一枚，割去二分，去瓤二分，似罐子形，合於瘡上，即消也。如已出膿，再服取瘥。

蒂：主治：燒灰，米飲服二錢，治腸風下血不止及血痔吴瑞。燒灰治口齒瘡䘌。生切擦癜風時珍。時珍曰：治癜風，用茄蒂蘸硫、附末，摻之，取其散血也。白癜用白茄蒂，紫癜用紫茄蒂，亦各從其類耳。希雍曰：鮮茄蒂、鮮何首烏等分，煮飲，治對口瘡有神。

根及枯莖葉：主治：中風寒溼諸證，鶴膝風，癘風，散血消腫，治血淋下血，血痢，陰挺，齒䘌，口蕈，凍瘡皴裂，煮湯漬之良。

附方 血淋疼痛，茄葉熏乾為末，每服二錢，温酒或鹽湯下，隔年者尤佳。女陰挺出，茄根燒存性，為末，油調，在紙上捲筒，安入内，一日一上。牙齒䘌痛，陳茄樹燒灰傅之，先以露蜂房煎湯漱過。口中生蕈，用醋漱口，以茄母燒灰，飛鹽等分，米醋調稀，時時擦之。

希雍曰：茄稈燒灰淋汁，和入桑、硇、堿等藥，諸癰腫疔瘡有效。

愚按：茄之氣味甘寒，丹溪謂其屬土。但黄熟在於九月，業已稟金氣之深，故丹溪又謂其喜降也。夫人之胃土，乃血生化之地。然必胃中清氣上至於肺，而肺清中之濁者復降入胃，乃能使液化血焉。兹物適合，故謂其能散血也。然如中風、癘風，鶴膝風，藉其用何哉？曰：血不化則風病，風臟即血臟也。抑血之不化，多由於寒溼，如兹物即謂其寒利，是何能散血而用之？曰：用此治大風熱痰及熱毒瘡腫等證，誠為的劑。至於治寒溼風證，則有為主為輔者，達陽以行血之化，俾兹物入血分，而大能奏其功。况土主四氣，雖稟乎金氣之深，適以盡土之化耳，是豈偏於寒者，即中風類，如史國公浸酒方，及鶴膝風之换骨丹，與此味同隊者為何等藥，然皆以此味為主也，則其用固有不可舍者矣。

修治 頌曰：入藥多用黄茄，其餘惟可作菜茹耳。

時珍曰：宜於九月黄熟時收取，洗淨陰乾。

清・尤乘《食鑒本草・菜類》 茄子 性冷，發風動氣及瘡。蒂燒灰治口疳甚効。

清・朱本中《飲食須知・菜類》 茄子 味甘、淡，性寒，有小毒。多食動風氣，發痼疾及瘡疥。虚寒、脾弱者勿食，諸病人莫食，患冷人尤忌。秋後食茄損目。同大蒜食，發痔漏。多食腹痛下利，女人能傷子宫無孕。蔬中唯此無益。

清・何其言《養生食鑒》卷上 茄有青、白、紫數種，粤名矮瓜。味甘、淡，性寒，無毒。氣善降，寬腸，散血。多食動風氣，發痼疾，發瘡疥。虚寒脾弱者，勿食。諸病人莫食。秋後食之，損目。用大蒜食，多發痔漏，舊根尤甚。婦人難於受孕者，忌食。

清・閔鉞《本草詳節》卷七 茄子 【略】按：茄類易繁，南北均蒔為蔬。《開寶本草》言其損人，後賢亦言蔬圃中惟此無益，獨王隱君用之治瘧，有草鼈甲之稱。夫瘧久傷脾，痰血結而成痞，古方鼈甲煎丸主之。茄能散血，故與同功。史國公治中風癱瘓，用茄根為君，數倍他藥，亦以癱瘓之病，熱則筋急，筋以陽明為長，茄味甘入陽明，氣寒能散熱，所以治也。有云甘以緩（大）〔火〕，有云去風濕，有云散血消腫，皆約略言之，而未大有發明何也。若中冷者，避其寒利，又不必言。

清・汪昂《本草備要》卷四 茄根瀉，散血，消腫。散血消腫。煮汁漬凍瘡。史國公藥酒，用白茄根爲君。茄科以馬尿浸三日，曬炒爲末，點牙即落。茄子：甘，寒。散血寬腸，動風發病。

清・李熙和《醫經允中》卷二二 茄子 甘，寒，無毒。主治：醋摩敷腫毒。老裂者燒灰，治乳節，散血止痛。茄性寒利，多食必腹痛下痢，女子能傷子宮也。秋後食損目。蒂燒灰末，飲服二錢，治腸風下血及血痔；治口齒瘡䘌，生切蘸硫附末；擦癜風，白癜用白茄，紫癜用紫茄。

清・馮兆張《馮氏錦囊秘錄・雜症痘疹藥性主治合參》卷七 茄子稟地中一陰之氣，外受南方熱火之陽，故其花實皆紫。雖云甘寒，然外赤裏白，陽包乎陰，屬冷利滑潤之性。雖云主寒熱，去五勞，皆非正治。所以有久服生小疥，動大便，發痼疾之戒，虛人冷人切勿進食。止堪仗其屬土、甘寒之義，以敷凍瘡，消癰腫之需。治乳頭裂，用茄子自裂老黃者，燒灰傅之。鮮茄蒂、鮮何首烏等分，煮飲，治對口瘡有神。

茄子，有紫、黃、白數種，惟黃茄子拯痾。主寒熱，去五種勞。若食多發痼疾，生小疥，動大便。自裂茄燒灰，敷乳成癰綻裂。苦茄摩醋，癰腫亦敷。根及枯莖葉煎湯，冬月凍脚瘡可漬。亦追風濕，煮醇酒早晚頻吞，脚膝痹曲伸如舊。丹溪曰：茄屬土，故甘，用治瘡毒，故效。

清・张璐《本經逢原》卷三 茄一名落蘇 甘，寒，小毒。發明：茄性寒利，多食腹痛下利，女人能傷子宮發動痼疾，秋後多食損目。老裂者燒灰治乳裂。根治凍瘡皺裂，煮湯漬之良。其白茄根入風濕藥，浸酒服，其白茄蒂蘸硫黃末，擦白癜風。紫茄蒂蘸硫黃末，擦紫癜風，取其散風毒瘀血也。《丹方》治腦疽初起，用茄蒂燒灰存性，酒服，未潰即消。又方用茄蒂中骨七枚，生何首烏一兩煎服，連進三服即愈。

清・汪啟賢等《食物須知・諸菜》 茄子 味甘，氣寒，無毒。一名落酥。處處俱種，有紫、黃、白數種。惟黃茄子拯痾，主寒熱，去五種癆。若食多，易生小疥，動大便。

清・浦士貞《夕庵讀本草快編》卷四 茄宋《開寶》、草鱉甲 段成式云：茄，音加，乃連莖之名。王隱居治瘧用乾茄，諱其名曰草鱉甲。茄雖屬土，味甘性寒，故能治寒熱，療溫瘧，祛五藏之勞，以及傳尸疰氣，散血止痛，消腫寬腸。其老黃者，主婦人血黃，燒灰兼收乳漏，更愈腸紅。蒂灰可以抹口瘡，花英可以止牙痛，皆取其甘能緩血，寒能抑熱也。但性喜下降，大腸易動，子宮寒冷者宜忌。若其根，治久痢，收陰挺，薰血淋，洗凍拆有効，並未載其走筋骨，而史國公浸酒方用之，豈別有所據哉？

清・何諫《生草藥性備要》卷上 黃茄根 味腥，性溫。消痰、去腫、治跌打。黃腫，宜煲鷄肉食。

清・劉漢基《藥性通考》卷六 茄根 味甘，寒。散血消腫。煮汁漬凍瘡。史國公藥酒，用茄根為君。茄根以馬尿浸三日，炒晒為末，點牙即落。

清・葉盛《古今治驗食物單方》 茄子 腸風下血，經霜茄，連蒂燒存性，為末，空心溫酒服二錢。跌撲青腫，老黃茄極大者，切片一寸厚，新瓦焙乾，為末，酒調服。熱毒瘡腫，生茄一枚，割去二分，去（勷）〔瓤〕，如瘡腫大似罐子形，合于瘡上，即消也。牙齒腫痛，隔年糟茄，燒灰，頻擦立效。天蛇毒生于指端，以醬茄套之。牙痛，秋茄花陰乾，燒存性，研塗痛處，立止。取牙，茄根以馬尿浸三日，晒炒為末，每用點牙即落。

清・王子接《得宜本草・中品藥》 茄蒂 味澁。功專散血斂氣。得何首烏治對口瘡。

清・吳儀洛《本草從新》卷四 茄子〔瀉，寬腸。〕一名落蘇。以下蓏菜類。甘寒而利。散血寬腸，動風發病。宗奭曰：蔬圃中唯此無益。丹溪曰：大腸易動者忌之。《生生編》云：性寒利，女人能傷子宮。附：茄根〔瀉，散血消腫。〕散血消腫，煮汁漬凍瘡。

清・汪紱《醫林纂要探源》卷二 落蘇 甘，鹹，辛，寒。俗名茄子。本以味似乳酪，故曰酪酥。然有蔹麻之味，蔹與辛同性，故以辛言之。寬中，白者佳，純甘。散血，鹹，故散。紫者，入血分。止渴。白者可生食。多食動風，發痼疾。根：辛，鹹，寒。散熱消腫，治風痹。漬酒飲。療凍瘡。煮汁漬之。

清・嚴潔等《得配本草》卷五 茄蒂 甘，寒。散血消腫。老裂者燒灰，敷乳頭裂。醋磨，敷腫毒。經霜者，連蒂燒存性，為末酒服，治腸風下血。糟茄或醬茄，細嚼嚥汁，療喉痹腫痛。隔年糟茄燒灰，擦牙齒痛。蒂燒灰，治口瘡。鮮蒂，蘸硫黃末，擦癜風。白癜用白茄蒂，紫癜用紫茄蒂。

題清・徐大椿《藥性切用》卷六 茄子 即落蘇。甘寒性利，散血寬腸。多食動風損脾。腫病初愈切忌，犯之必復。茄根，散血消風，白者尤良。

清・黃宮繡《本草求真》卷九 茄子解熱散血，寬腸利氣。 茄子耑入腸胃。性稟地陰，外假陽火，皮赤肉白，陽包乎陰，花實香紫。故書載治寒熱臟痛，並或散血止痛，寬腸利氣。然味甘氣寒，質滑而利，服則多有動氣，生瘡損目，腹痛泄瀉之虞。孕婦食之，尤見有害，此瓜菜中無益之物也。李鵬飛曰：秋後食此損目。《生生編》云：女人服此，能傷子宮。宗奭曰：冷人食此，動氣發瘡及痼疾。蒂治腸風下血，及擦癜風。時珍曰：治癜風用茄蒂燒灰，同硫黃末擦之，取其滲血也。花治金瘡牙痛。燒灰塗痛處。根及枯根葉，皆治凍瘡皴裂，煮湯漬之。

清・李文培《食物小錄》卷上　茄　甘，寒，無毒。凡久患冷病人，不可食。秋後食損目，多食必動氣，腹痛。蔬圃中惟此無益。

清・羅國綱《羅氏會約醫鏡》卷一七菜部　茄根　散血消腫。治凍瘡，煮汁漬之。取牙齒。以馬尿浸三日，晒炒，為末，點之即落。茄子甘寒，散血寬腸。多食動風，發病。

清・趙學敏《本草綱目拾遺》卷一水部　黄茄水　梁侯瀛《集驗方》：　秋天黄老茄子，不計多少，以新瓶盛埋土中，一年化為水，取出聽用。治大風熱痰，能消痰成水，用茄水和苦參末為丸，桐子大，食後及臥時黄酒送下三十丸，甚效。

清・趙學敏《本草綱目拾遺》卷八諸蔬部　白茄葉、蒂　汪連仕方：　一名玉盤茄，有大、小二種，大者如雞卵，小者如指頭，初生色白，老則皮黄。能入骨追風，治一切癰瘓。根名白風藤，合酒蒸服，茄實蘸硫黄，擦白癜風，除大麻風。東粵茄園產者良，名茄丸。

葉：　治腸紅大便下血。劉羽儀《驗方》：　用白茄子葉，經霜方採，刷淨毛，去焦黄葉，陰乾，取三四葉，煎濃湯，如此喫三四次，其血即止，永不復發。此方，曾經邪犬咬過之人勿服。

蒂：　治發背及一切毒癰初起。《味水軒雜記》：　用白茄蒂七個、生首烏等分，酒煎服，即消。

醬茄糟茄　此即人家醬中食茄，入藥宜陳年者佳。　治耳癢出膿：《妙藥方》：　醬茄擠汁滴之。　治牙疼：《周氏家寶方》：　醬茄燒灰存性為末，掩患處。　腹內鼈瘕：　《壽域方》：　陳年醬茄燒存性，入麝香、輕粉少許，脂調貼之。

糟茄　《山海草函》：　燒灰存性，治鵝口瘡。

清・王學權《重慶堂隨筆》卷下　〔王昇〕校：　本草言茄子最不益人，女人食之傷子宮，而內君獨嗜之，雖有娠亦不忌，然生育頗易。可見穀肉果菜，皆是養人之物，不必講求服食，饕餮肥甘也。

清・章穆《調疾飲食辯》卷三　茄　《綱目》曰：　《拾遺》名落蘇，未詳其義。《五代貽子錄》云酪酥，言其味甘也，穿鑿之至。《太平御覽》名崑崙瓜。《開寶本草》曰：　多食動氣，發瘡及痼疾。李〔廷〕〔鵬〕飛曰：　秋後食多損目。《生生編》曰：　女子食多傷子宮婦人不孕及數墮胎者切戒。《酉陽雜俎》言其厚腸胃，大非，茄性滑敗腸胃也。今人或切碎曝乾醃食，或摘下即拌鹽生食，未經蒸煮，辣味全在，傷人更甚。

清・楊時泰《本草述鉤元》卷一五　茄　入藥多用黄茄，其餘惟可作菜茄耳頌。

茄子：　氣味甘寒。主治散血止痛，消腫寬腸瀕湖。茄屬土，故甘而喜降，大腸易動者，忌之丹溪。老黄，治乳頭裂，茄根煮湯，漬凍瘡，折蒂燒灰，治口瘡，俱獲奇效，皆甘以緩火之意也又。大風熱痰，黄老茄子大者，不計多少，取新瓶盛，埋土中期年，盡化為水，取出，入苦參末同丸梧子大，食已及臥時，酒下三十丸甚效。腰脚拘攣，此風血積冷，筋急疼痛者，取茄子五十斤切洗，水五斗，煮取濃汁，濾去渣，更入小鐺中，煎至斗許，即入生粟粉同煎，稀稠得所，取出搜和，更入麝香、硃砂末同丸梧子大，每日用秫米酒送三十丸，近暮再服，一月乃瘥，男女通驗。熱毒瘡腫，生茄子一枚，割去二分，去瓤二分，似罐子形，合於瘡上，即消，如已出膿，再服取瘥。

茄蒂：　燒灰，治口齒瘡䘌。米飲調灰服二錢，治腸風下血不止及血痔，生切，擦癜風。治癜風白者，用白茄蒂，紫者，用紫茄蒂，蘸硫、附末摻之，取其散血也瀕湖。鮮茄蒂、鮮首烏等分，煮飲，治對口瘡有神仲淳。

茄根及枯莖葉：　主治中風寒濕諸證，鶴膝風，癘風，散血消腫，治血淋下血，血痢，陰挺，齒䘌口蕈，凍瘡皴裂，煮湯漬之良。女陰挺出，茄根燒存性，為末，油調，用紙捲筒入內，一日一上。口中生蕈，用醋漱口，以茄母燒灰，飛鹽等分，米醋調稀，時時擦之。血淋疼痛，茄葉熏乾為末，每服二錢，溫酒或鹽湯下，隔年者尤佳。牙齒䘌痛，陳茄樹灰傅之，先以露蜂房煎湯漱過。茄稈燒灰淋汁，和入桑硇堿等藥，治諸癰腫，疔瘡有效仲淳。

論：　茄之氣味甘寒，丹溪謂其屬土，但黄熟在於九月，業已稟金氣之深，故又謂其喜降也。夫胃土為血液生化之地，必胃中清氣，上至於肺而在肺，清中之濁者，復降入胃，然後液能化血。茄稟金氣之深，適以盡土之化，用治大風熱痰，熱毒瘡腫等證，誠為的劑。如中風、癘風、鶴膝等藉其用，正以血不化則風病風臟，即血臟也。

修治：　宜於九月黄熟時收取，洗淨，陰乾用。

清・葉桂《本草再新》卷六　茄子味甘，性寒，無毒。入肝、脾二經。　散血寬腸，動風發病。

清·葉桂《本草再新》卷一二 茄根上蛀蟲味辛，性溫，有小毒。入肝、脾二經。 殺蟲敗毒，治楊梅惡瘡。

清·吳其濬《植物名實圖考》卷四 茄 《開寶本草》始著錄。《本草拾遺》一名落蘇，有紫、白、黃、青各種，長、圓、大、小亦異。《嶺表錄異》：茄樹其實如瓜。余親見之，茄蒂根燒灰治皸瘃；莖灰入火藥用。茄種既繁，鼎俎惟宜。《遵生八牋》有糖蒸、醋糟、淡乾、鶴鶉各法，然未盡也。水茄甘者，可以為果。山谷有《謝銀茄》詩云：君家水茄白銀色，絕勝埧裏紫彭亨。白固勝於紫。然唐以前但云崑崙紫瓜，白茄曰渤海、曰番茄，蓋後出也。段成式云：茄乃蓮莖之名，今呼茄菜，其音若伽，未知所自。小說有草下作佳、作召、作音之謔，《白獺髓》：趙希倉倅紹興，令庖人造燥子茄，欲書判食單，問廳吏茄字。吏曰草頭下着加，遂援筆書草下家字，都人目曰燥子蒙。

清·趙其光《本草求原》卷一五菜部 茄子 甘，寒。而熟於秋，能降肺陰，入胃以化血。故主散血，止痛，消熱毒瘡腫，生茄去瓤，合於瘡上。大風熱痰，老茄以瓶盛埋地中，經年化為水，入苦參末為丸，酒下。腰腳血熱生風，致拘攣筋急疼痛。血不化則病風，風藏即血藏也。以茄煮濃汁，入生米粉熬膏，和麝香、朱砂為丸，糯米酒下。若因寒濕而血不化，又宜達陽行血為主，少佐此味。入血以行金土之化。但性寒利，多食腹痛下利。大腸滑者忌之；女人能傷子宮、難孕，發動風氣痼疾。秋後多食損目。老黃者燒灰，治乳裂。入藥多用黃茴，宜九月黃熟時收取，洗淨陰乾。難孕人忌。

蒂：治腸風下血、血痔，燒灰，米飲下。口齒瘡䘌。燒灰擦。擦紫、白癜瘋，紫癜用紫蒂，白癜用白蒂，俱生切，點硫黃末擦，取其散風毒瘀血也。治對口瘡、腦疽。生茄蒂、生首烏等分煎飲。初起，以蒂燒灰，酒下即消。

根：治中風、寒濕諸症、鶴漆風、癘風。用白根為君，同風濕藥浸酒。散血消腫。宜赤根。治血淋，同葉乾為末，鹽、酒任下。下血，血痢，陰挺。燒灰，紙卷插入內。齒䘌，連根樹燒灰敷之，先以蜂房煎湯漱過。口中生蕈，或根、或子燒灰，鹽等分，醋調擦，先用醋漱口。諸癰腫疔瘡。燒灰淋汁，調各瘡藥。煮湯，漬凍瘡皴裂。茄根，用馬屎浸三日，曬乾為末，點牙即落。

茄同蒜食，發痔痛，舊根尤甚。

清·文晟《新編六書》卷六《藥性摘錄》 茄子 甘，寒。解熱散血，寬腸利氣。多食動氣，生瘡損目，腹痛泄瀉。孕婦尤忌。○蒂，治腸風下血，及擦癜風。○花，治金瘡牙痛，燒灰，塗患處。○根及枯莖葉，煮漬凍瘡破裂。

清·王孟英《隨息居飲食譜·蔬食類》 茄一名落蘇 甘，涼。活血止痛，消癰殺蟲，已瘧故一名草鼈甲，消腫寬腸，治傳屍勞、瘕疝諸病。便滑者忌之。種類不一，以細長、深紫、嫩而子少者勝。葷素皆宜。可醃曬為脯。秋後者微毒，病人勿食。 婦人血黃，老茄竹刀切片，陰乾，為末，溫酒下二錢。腸風下血，經霜茄子連蒂燒存性，研，每日空心酒服二錢匕。 㿗疝胎疝，雙蒂茄懸房門上，出入視之，茄蔫，所患亦蔫，茄乾亦乾矣。又法：雙茄懸門上，每日抱兒視之二三次，釘鍼於上，十餘日消矣。 磕傷青腫，老黃茄極大者，切如指厚，新瓦焙，研，溫酒服二錢匕，卧一宿，了無痕跡。 熱毒瘡腫，生茄一枚，割去二分，去瓤二分，似罐子形，合患處，即消；如已出膿，再用取瘳。 喉痹，糟茄，或醬茄，細嚼嚥汁。 乳裂，老茄裂開者，陰乾，燒存性，研，水調塗。

清·劉善述、劉士季《草木便方》卷二穀糧豆菜部 茄蒂 茄殼療口牙䘌疳，腸風下血血痔餐。根治凍瘡陰挺䘌，血痢血淋腫毒捐。

清·田綿淮《本草省常·瓜性類》 茄子 一名崑崙瓜，一名落蘇。性寒。散血，寬腸。動風氣，發瘡病痼疾。婦人常食傷子宮。秋後食之損目。生食損齒，傷脾胃。

清·戴葆元《本草綱目易知錄》卷三 茄落蘇 甘，寒。散血止痛，消腫寬腸。治寒熱溫疾，傳尸勞氣。醋摩，傅腫毒。老裂者，燒灰，塗乳裂。性寒，多食令人腹痛下痢。能損婦人子宮。秋後食損目。

清·陳其瑞《本草撮要》卷四 茄子 味甘寒而利，入手足太陰、陽明經，功專散血寬腸，動風發病。多食傷子宮。老黃茄子治乳頭裂。根煎汁洗凍瘡。折蒂燒灰治口瘡，俱獲奇效。以鮮茄蒂、鮮首烏等分煮飲，治對口瘡神驗。以馬尿浸根三日，酒炒為末，點牙即落。一名落蘇。

清·吳汝紀《每日食物却病考》卷上 茄子 甘，寒。患冷人不可多食，熱者可少食之。多食損人，動氣，發瘡及痼疾腹痛，女人傷子宮，菜中惟此物無益。根煮湯，洗足瘡凍瘡。蒂燒灰，治口瘡甚効。磕打傷青腫者，用枝上老黃大茄，切厚片，瓦上焙乾為末，酒服二錢，一夜盡消。

天茄

清・趙學敏《本草綱目拾遺》卷八諸蔬部　天茄　出廣中。如大拇指，其形如茄而有棱，黑色，堅如石，擊之不得碎。其蒂黄黑如醬色。一種牽牛花嫩子，蘇人采為蜜餞入食品者，亦名天茄，大能破氣，與此迥別。　胃脘痛：《救生苦海》：水磨服之，每服一枚見效。　蠍毒：《五雜俎》記閩中有天茄，可治蠍毒。

狗掉尾苗

明・朱橚《救荒本草》卷上之前　狗掉尾苗音釣　生南陽府馬鞍山中。苗長二三尺，拖蔓而生，莖方色青，其葉似歪頭菜葉，稍大而尖，艄色深綠，紋脉微多，又似狗筋蔓葉。梢間開五瓣小白花，黄心，眾花攢開，其狀如穗。葉味微酸。　救飢：採嫩葉煠熟，換水浸去酸味，淘淨，油鹽調食。

小金瓜

清・吴其濬《植物名實圖考》卷二一　小金瓜　長沙圃中多植之。蔓生，葉似苦瓜而小，亦少花杈；秋結實如金瓜，纍纍成簇，如雞心柿而更小，亦不正圓。《寧鄉縣志》作喜報三元，從俗也。或云番椒屬，其青脆時以鹽醋煼之可食。大抵以供几案，賞其紅潤，然不過三五日即腐。

青舍子條

明・朱橚《救荒本草》卷下之前　青舍子條　生密縣山谷間。科條微帶柿黄色，葉似胡枝子葉而光俊，微尖，枝條梢間開淡粉紫花，結子似枸杞子，微小，生則青，而後變紅，熟則紫黑色，味甜。　救飢：採摘其子紫熟者，食之。

緬茄

清・趙學敏《本草綱目拾遺》卷八諸蔬部　緬茄　高濂《珍異藥品》云：緬茄，一作沔茄，形如大栗，上有罩帽，如畫皮樣，出滇南緬甸地方，堅如石。《滇略》：緬茄枝葉皆類家茄，結實似荔枝核而有蒂，土人雕刻其上而繫之，拭眼去翳，亦解瘡毒。《滇南雜記》：緬茄出緬甸，大而色紫，蒂圓整，蠟色者佳。《粵志》：廣東高州府出木茄，上有方蒂，拭眼去昏障，即緬茄也。　水磨塗，治牙疼，抹眼眶，去火毒，又能解百藥毒。　治疔瘡走黄：《良朋彙集》：此方出寶坻張相公，百發百中，真神效方。凡疔瘡走黄，毒攻入内，不知人事，但有氣者可救。用緬茄一枚，以磁盌盛黄酒，將茄放盌内，磨得下磨不下，只管於酒内磨一鍾，約熟茶時，將酒裝入長頸錫壺内。再入連鬚葱二根，牙咬不令斷，白豇豆七粒，如蕎麥開花時，加蕎麥七粒，別時不用。又用小麥，令眾人口嚼成麪筋，封固壺口，放水鍋内，煮一炷香取出，熱服，出汗即愈。

瓜

清・浦士貞《夕庵讀本草快編》卷四　諸瓜總論　夫地生曰蓏，亦可以供蔬用也。如冬熟者名冬瓜，味甘氣寒，性走而急，經霜則皮白。予為其入肺利水之物，故考其所治曰：小便不利，上焦煩渴，胸滿面熱，癰腫熱毒，得非肺主皮毛，金為水之上源者乎？孟詵又曰：煮食練人藏，為其下氣，欲得體瘦輕健，不妨長食；若要體肥，則所當忌。此説證之。則其專入陽明胃，主肌肉更無疑矣。其子甘平，可充服餌，益氣不飢，悦顔耐老。《歲時紀》云七月采瓜犀以為面脂，亦作澡豆是爾。如絲瓜別號天羅，諸書未載，惟痘瘡出不快者用之。瀕湖言專取老者，謂其筋絡貫串，房隔連屬，如人脈絡藏腑之狀。故能去風解毒，消腫化痰，祛痛殺虫及諸血症，蓋以形治之也。絲羅之號，未必不因於此。若黄瓜，則甘寒而清熱，利水而消腫。填硝懸掛，又能消喉腫，點赤目，又取其小毒以攻疾也。凡天行瘧痢，一切病後，俱不可食，小兒尤忌。菜瓜雖能益腸胃，解酒毒，有暗人耳目之患。南瓜亦能補中宫，益氣力，善發黄疸脚氣之徵。若苦瓜即錦荔枝，閩廣人喜食之，為其苦寒，能除邪熱而解勞乏，清心明目，子更益氣壯陽，《生生編》重之此也。大抵瓜蓏之屬，不過佐五穀以養生，雖有大益，宜不宜多食。況損益相半耶！但食用之間，不可不察，欲其治疾，反覺苛求矣。

葫蘆

唐・孫思邈《千金要方》卷二六《食治・菜蔬》　甜瓠　味甘，平、滑，無毒。主消渴，惡瘡，鼻口中肉爛痛。其葉：味甘，平。主耐飢。扁鵲云：患脚氣虛脹者，不得食之，其患永不除。

宋・李昉《太平御覽》卷九七九　瓠　《魏略》曰：高辛氏有老婦人，居王宫，得耳疾，醫為挑之，得物大如繭，盛以瓠，覆以盤，化為犬，五色，因名盤瓠。　《晉書》曰：杜預病癭，吴人憚其智計，以瓠繫狗頸。每大樹有癭，斫使白，乃題曰：杜預頸，及城平。盡捕殺之。　《宋書》曰：徐文伯曾祖熙好黄老，隱于秦望山。有過〔客〕求飲，留一瓠瓢與之，曰：君子孫宜以道術救世，當得二千石。熙開之，乃扁鵲《醫經》一卷。王充《論衡》曰：干將之刃未磨，瓜瓠不能傷。又曰：婦人疎孕者子活，乳數者子死，譬苦瓠華多實少也。

宋・李昉《太平御覽》卷九七九　壺蘆　崔豹《古今注》曰：匏，壺蘆也。壺蘆，瓠之無柄者。匏有柄者，懸匏，可作笙，曲沃者尤善。秋乃可用，則漆其裏。

又曰：瓢，瓠也。其總曰瓠，瓢其別名。

元・忽思慧《飲膳正要》卷三　瓠　味苦，寒，有毒。主面目四肢浮腫，下水。多食令人吐。

元・忽思慧《飲膳正要》卷三　葫蘆　味甘，平，無毒。主消水腫，益氣。

元・吴瑞《日用本草》卷七　匏子　形圓而扁者，夏熟。形長似葫蘆者，近秋方熟。小而柄長者，名瓢，性味則一。味甘，性冷，無毒。主除煩止渴，去心熱，利小便，潤心肺，下水腫、石淋、脚氣，諸風冷氣，並忌房室、蒜、匏等。

明・蘭茂原撰，范洪等抄補《滇南本草圖説》卷八　葫蘆　氣味甘冷。主治：解熱除煩，潤肺，通淋，利小便。多食令人吐利，腳痛。

明・蘭茂撰，清・管暄校補《滇南本草》卷上　瓠子　即葫蘆，一名龍蜜瓜，一名天瓜。味甘，寒。處處皆有。治小兒初生遍身無皮，用瓠燒灰，調油搽之，神效。又治左癱右瘓，燒灰酒下。又治痰火腿脚疼痛，烤熱包之，即愈。又治諸瘡膿血流潰，楊梅結毒，横膽魚口，用蕎麵包患處，以火燒焦，去麵為末，服之。作菜不可多食，多則腹痛，心寒嘔吐。葉，治風癲作狂。根，治瘡倒靨。子，煎湯，治啞瘴，夷人治棒瘡跌打，搽之神效。與生薑同服，治咽喉腫疼。

明・蘭茂撰，清・管暄校補《滇南本草》卷上　瓠匏　味甘、苦。形似西瓜，名匏。腰細頭尖者為葫蘆，夷人呼為瓠，用以盛水。性甘者作菜食。又分甜苦二種，苦能下水，令人吐，除面目風邪，四肢浮腫。甜能利水通淋，除心肺煩熱。葉，晒乾搗碎，為末，盛於磁器內，隨身邊或走路口渴，用末一錢，入水飲，不中水毒。或蛇蟲、蛤蟆扒過，此末亦可解。加雄黄，能解啞瘴山嵐之毒。加松筆，解一切大毒。夷人毒藥，但可一二錢，開水送下。

明・蘭茂撰，清・管暄校補《滇南本草》卷下　葫蘆　性寒，味甘淡。陰也。動寒疾，有寒疾食之，肚腹疼。發腹中風濕痰積，有風濕積食之，肚腹疼痛，出風疹，不宜多食。

明・蘭茂《滇南本草》〔叢本〕卷下　葫蘆　味甘、淡，性寒，陰也。冷胃，動寒痰，有痰食之腹痛，發風熱風濕。痰積者吃之，令人肚疼，發出風疹瘙痒，不宜多吃。

明・劉文泰《本草品彙精要》卷三九　葫蘆無毒　蔓生。

葫蘆：主消水腫，益氣。今補。〔苗〕謹按：葫蘆，三月生苗，蔓延籬垣及屋上，其葉似瓠葉，五六月開白花，結實如瓜而大。嫩時甘者作茹，苦者不堪噉。經霜則枯，取以爲器。又有一種小者，名瓢，即瓠瓜也。亦有甘、苦二種。然苗、葉相似，但實形有異爾。〔地〕處處有之。〔時〕生：春生苗。採：秋取實。〔用〕實。〔色〕白。〔味〕甘。〔性〕平。〔氣〕氣之薄者，陽中之陰。〔臭〕朽。

明・盧和、汪穎《食物本草・菜類》卷一　葫蘆　夏秋間熟，形圓而匾，性味與瓠子同類。

明・陳嘉謨《本草蒙筌》卷六　瓠音護　味苦者氣寒，有毒；味甜者性冷，無毒。栽園圃俱同，發苗葉不異。因大小結實，故彼此命名。長大類冬瓜者瓠稱，圓矮似西瓜者匏喚。葫蘆腰細頭鋭，瓢子柄直底圓。為菜惟甜者獨佳，治病分甜苦兩用。苦能下水令吐，消面目四肢腫浮；甜可利水通淋，除心肺煩熱消渴。滴汁鼻內，尤退急黄。水煎滴入，即來黄水。皮煮熱解開熨小兒閃癖。瓢煮漬陰處，療小便閉難。

明・寧源《食鑒本草》卷下　葫蘆　味甘，微苦，無毒。利水道，消腫脹。多食令人吐。

明・王文潔《太乙仙製本草藥性大全》卷五《本草精義》　瓠匏　舊本不載所出州土，今在處有之。類同輩而有上下之殊，人家田野、園圃俱種植之。其苗葉與白冬瓜相類，苗莖蔓生，狀類冬瓜而葉細毛小而薄，開花色白，而結實有大小，故彼此而命名。長大類冬瓜者曰瓠，圓矮似西瓜者曰匏。葫蘆腰細頭鋭，瓢子柄直，底圓先後不一。收採無時。苦瓠，《唐本》注云：瓠與冬瓜、瓠瓤，全非類例。今此論性，都是苦瓠瓤爾。陶謂瓠中苦者，大誤矣！瓠中苦者不入藥用。冬瓜自依前説。瓠瓤與瓠又須辨之，此有三物，苗葉相似，而形實有異。瓠水皆甜，時有苦者，而似越瓜，長者尺餘，頭尾相似；其瓠瓢形狀大小非一，上夏便熟，秋末並枯。瓠瓢夏末始實，秋中方熟，取其爲器，經霜乃堪噉，無所主療，不入方用。而甘瓠瓢與瓠子噉之俱勝冬瓜。陶言不及，乃是未悉此等原種各別，非甘變而爲苦也。

明・王文潔《太乙仙製本草藥性大全》卷五《仙製藥性》 瓠音護匏 味苦者氣寒，有毒。味甜者性冷，無毒。 主治：長大類冬瓜者瓠稱，圓矮似西瓜者匏喚。葫蘆腰細頭銳，瓢子柄直底圓。爲菜惟甜者獨佳，治病分甜苦兩用。苦能下水令吐，消面目四肢腫浮；甜可利水通淋，除心肺煩熱。消渴滴汁鼻內，尤退急黃。水煎滴入，即來黃水。皮煮熱，解開熨小兒閃澼。瓤煮漬陰起，療小便閉難。 補註：蝕齒疼痛，用葫蘆，半升水煮，去滓，含漱吐之，莖葉亦可用。〇鼠瘻，用瓠花曝乾，爲末傅。〇眼暗，七月七日取瓠瓤白絞取汁一合，和酢、古錢七文，微火煎之減半，以沫內眼目中神驗。〇甜瓠，患腰脚腫氣，及虛腫者食之永不差。〇黃疸，以瓠子白瓤子熬令黃，搗爲末，每服半錢匕，日一服，十日愈。用瓠瓢存吐者，當詳之。

明・李時珍《本草綱目》卷二八菜部・蓏菜類 壺盧《日華》

【釋名】瓠瓜《說文》 匏瓜《論語》時珍曰：壺，酒器也。盧，飯器也。此物各象其形，又可爲酒飯之器，因以名之。俗作葫蘆者，非矣。葫乃蒜名，蘆乃葦屬也。其圓者曰匏，亦曰瓢，因其可以浮水如泡、如漂也。凡蓏屬皆得稱瓜，故曰瓠瓜、匏瓜。古人壺、瓠、匏三名皆可通稱，初無分別。故孫愐《唐韵》云：瓠音壺，又音護。瓠𤬛，瓢也。陶隱居《本草》作瓠瓢，云是瓠類也。許慎《說文》云：瓠，匏也。又云：瓢，瓠也。匏，大腹瓠也。陸璣《詩疏》云：壺，瓠也。又云：匏，瓠也。《莊子》云：有五石之瓠。諸書所言，其字皆當與壺同音。而後世以長如越瓜首尾如一者爲瓠，音護；瓠之一頭有腹長柄者爲懸瓠，無柄而圓大形扁者爲匏，匏之有短柄大腹者爲壺，壺之細腰者爲蒲盧，各分名色，迥異於古。以今參詳，其形狀雖各不同，而苗、葉、皮、子性味則一，故兹不復分條焉。懸瓠，今人所謂茶酒瓢者是也。蒲盧，今之藥壺盧是也。郭義恭《廣志》謂之約腹壺，以其腹有約束也。亦有大、小二種也。

【集解】弘景曰：瓠與冬瓜氣類同輩。又有瓠瓢，亦是瓠類。小者名瓢，食之乃勝瓠。此等皆利水道，所以在夏月食之，大約不及冬瓜也。恭曰：瓠與瓠瓢、冬瓜全非類例。三物苗、葉相似，而實形則異。瓠形似越瓜，長尺餘，頭尾相似，夏中便熟，秋末便枯。瓠瓢形狀大小非一，夏末始實，秋中方熟，取其爲器，經霜乃堪。瓠與甜瓠瓢體性相類，啖之俱勝冬瓜，陶言不及，是未悉此等原種各別也。時珍曰：長瓠、懸瓠、壺盧、匏瓜、蒲盧，名狀不一，其實一類各色也。處處有之，但有遲早之殊。陶氏言瓠與冬瓜氣類同輩，蘇氏言瓠與瓠瓢全非類例，皆未可憑。數種並以正二月下種，生苗引蔓延緣。其葉似冬瓜葉而稍團，有柔毛，嫩時可食。故《詩》云：幡幡瓠葉，采之烹之。五六月開白花，結實白色，大小長短，各有種色。瓤中之子，齒列而長，謂之瓠犀。竊謂壺匏之屬，既可烹晒，又可爲器。大者可爲甕盎，小者可爲瓢樽，爲(要)〔腰〕舟可以浮水，爲笙可以奏樂，膚瓤可以養豕，犀瓣可以澆燭，其利溥矣。

壺瓠 【氣味】甘，平，滑，無毒。恭曰：甘冷。多食令人吐利。扁鵲曰：患脚氣虛脹冷氣者食之，永不除也。【主治】消渴惡瘡，鼻口中肉爛痛思邈。利水道弘景。消熱，服丹石人宜之孟詵。除煩，治心熱，利小腸，潤心肺，治石淋大明。

【發明】時珍曰：按《名醫録》云：浙人食匏瓜，多吐瀉，謂之發暴。蓋此物以暑月壅成故也。惟與香葇同食則可免。

【附方】新一。腹脹黃腫：用亞腰壺盧連子燒存性，每服一個，食前溫酒下。不飲酒者，白湯下。十餘日見效。《簡便方》。

葉 【氣味】甘，平，無毒。【主治】爲茹耐飢思邈。

蔓鬚花 【主治】解毒時珍。

【附方】新一。預解胎毒：七八月，或三伏日，或中秋日，剪壺盧鬚如環子脚者，陰乾，於除夜煎湯浴小兒，則可免出痘。唐瑤《經驗方》。

子 【主治】齒齗或腫或露，齒摇疼痛，用八兩同牛膝四兩，每服五錢，煎水含漱，日三四次《御藥院方》。

明・穆世錫《食物輯要》卷三 壺蘆 味甘，性冷，無毒。解丹石毒，解熱除煩，潤心肺，通石淋。多食，令人吐利，發瘡疥。患腳氣、虛脹、冷氣者食之，並難愈。

明・吳文炳《藥性全備食物本草》卷一 葫蘆一名瓠。《詩》謂之壺。枯者可為瓢，生者可為茹。有甘有苦，苦如膽者堪渡水，不堪食與入藥。主面目浮腫，下水，令人吐，除煩止渴，治心熱，利小腸，潤心肺，下石淋，吐蛔蟲，療蠱毒吐血。又患脚氣及虛脹冷氣人不可食，惟服丹石人相宜。

花：日乾為末傅鼠瘻。

明・趙南星《上醫本草》卷三 壺盧 一名瓠瓜，一名匏瓜。孫愐《唐韻》云：瓠音壺，又音護。瓠𤬛，瓢也。陶隱居《本草》作瓠瓢，云是瓠類也。許慎《說文》云：瓠，匏也。又云：瓢，瓠也。匏，大腹瓠也。陸璣《詩疏》云：壺瓠也。又云：匏，瓠也。《莊子》云：有五石之瓠。諸書所言，其字皆當與壺同音。而後世以長如越瓜，首尾如一者為瓠，音護。甘，平，滑，無毒。主治：利水道，除煩，治心熱，利小腸，潤心肺，治石淋。恭曰：瓠甘冷，多食令人吐利。扁鵲曰：患腳氣虛脹、冷氣者，食之永不除也。

葉：甘，平，無毒。主治：為茹耐飢。

明·應廛《食治廣要》卷三 壺盧一名瓠瓜，一名匏瓜，其形略異。氣味：甘，平，滑，無毒。主治：消渴，利水，口鼻惡瘡肉爛。除煩熱，利小腸，潤心肺，治石淋。

明·姚可成《食物本草》卷七菜部·蓏菜類 壺盧一名瓠瓜，一名匏瓜。壺，酒器也。盧，飯器也。此物各象其形，又可為酒飯之器，因以名之。俗作葫蘆者，非矣。葫乃蒜名，蘆乃葦屬也。其圓者曰匏，亦曰瓢，因其可以浮水如泡、如漂也。凡蓏屬皆得稱瓜，故曰瓠瓜、匏瓜。古人壺、瓠、匏三名皆可通稱。初無分別。○李時珍曰：壺盧以正二月下種，生苗引蔓延緣。其葉似冬瓜葉而稍團，有柔毛，嫩時可食。故《詩》云：幡幡瓠葉，采之亨之。五六月開白花，結實白色，大小長短，各有種色。瓤中之子，齒列而長，謂之瓠犀。竊謂壺匏之屬，既可烹晒，又可為器。大者可為甕盎，小者可為瓢樽，為（要）〔腰〕舟可以浮水，為笙可以奏樂，膚瓤可以養豕，犀瓣可以澆燭，其利溥矣。

壺盧，味甘，平，滑，無毒。治消渴惡瘡，鼻口中肉爛痛。利水道，消熱，服丹石人宜之。除煩，治心熱，利小腸，潤心肺，治石淋。多食令人吐利。患脚氣人不可食。有一種細腰者不可食。

葉　味甘，平，無毒。為茹耐飢。

藤、鬚、花　主解毒。

子　治齒齗或腫或露，齒搖疼痛，用八兩同牛膝四兩，每服五錢，煎水含漱，日三四次。

附方：治腹脹黃疸。用亞腰壺盧連子燒存性，每服一个，食前溫酒下。如不飲酒者，白湯下。大效。預解胎毒。七八月，或三伏日，或中秋日，剪壺盧鬚如環子脚者，陰乾，於除夜煎湯浴小兒，可免出痘。

明·顧逢柏《分部本草妙用》卷九菜部 壺蘆　瓠苦，平，滑，無毒。主消渴，利水道，潤心肺，治石淋，消熱。多食發吐瀉。

明·孟笨《養生要括·菜部》 壺盧　味甘，平，滑，無毒。治消渴，惡瘡，鼻口中肉爛痛。除煩，治心熱。利小腸，潤心肺，治石淋。〔敗瓢，消脹殺蟲，治痔漏下血，崩中帶下赤白。苦瓢者為佳，年久者尤妙。〕

明·施永圖《本草醫旨·食物類》卷二 壺盧名匏瓜。○瓠與冬瓜氣類相同。又有瓠瓤，亦是瓠類。小者名瓢，食之乃勝瓠。此等皆利水道，所以在夏月食之。○俗作葫蘆。

壺瓠：味：甘，平，滑，無毒。甘冷。多食，令人吐利，患脚氣虛脹。冷氣者食之，永不除也。治：消渴，惡瘡，鼻口中肉爛痛，利水道，消熱，服丹石人宜之。除煩，治心熱，利小腸，潤心肺，治石淋。浙人食匏瓜，多吐瀉，謂之發暴，蓋此物以暑月壅成故也。惟與香葇同食，則可免。

附方　腹脹黃腫：用亞腰壺蘆連子燒存性，每服一箇，食前溫酒下，不飲酒者，白湯下，十餘日見效。　葉：味：甘，平，無毒。治：為茹耐飢。　蔓、鬚、花：治：解毒。

附方　預解胎毒：七八月或三伏日或中秋日剪壺蘆須，如環子脚者，陰乾，於除夜煎湯，浴小兒則可免出痘。　子：治齒齗，或腫或露，齒搖疼痛，用八兩同牛膝四兩，每服五錢，煎水含漱，日三四次。

清·丁其譽《壽世秘典》卷三 瓠一名瓠瓜，一名匏瓜，凡蓏屬皆得稱瓜，故曰瓠瓜、匏瓜。古人壺、瓠、匏三名，皆可通稱，初無分別。故孫愐《唐韻》云：瓠，音壺，又音護。許慎《說文》云：瓠，匏也。匏，大腹瓠也。陸璣《詩疏》云：壺，瓠也，又云瓠，匏也。諸書所言其字皆當與壺同音，而後世以長如越瓜，首尾如一者為瓠。瓠之一頭有腹，長柄者為懸瓠；無柄而圓大形扁者為匏；匏之有柄大腹者為壺；短壺之細腰者為蒲蘆。懸瓠，今人所謂茶酒瓢者是也。蒲蘆，今之藥壺盧是也，俗作葫蘆者非。名狀雖各不同，苗、葉、皮、子性味則一，故茲不復分條焉。○韓保昇曰：瓠有甘、苦二種，甘者大，苦者小也。

氣味：甘，平，微毒。主利水道，解熱除煩，服丹石人宜之。苦者，治面目四肢浮腫。

發明扁鵲曰：患腳氣虛脹冷氣者食之，永不除也。恭曰：甘冷，多食令人吐利。

清·尤乘《食鑒本草·菜類》 葫蘆匏　有毒，令人吐逆煩悶。

清·朱本中《飲食須知·菜類》 壺盧　味苦，性寒，有毒。有甘、苦二種。俗謂以雞糞壅之，或牛馬踏踐，則變而為苦。

清·何其言《養生食鑒》卷上 壺蘆一種味苦者，長者取殼以裝物件。　味甘，性冷，無毒。解丹石毒，解熱除煩，潤心肺，通石淋。多食令人吐利，發瘡疥。患脚氣虛脹、冷氣者食之，並難愈。

清·王翃《握靈本草》補遺 壺瓠經霜者用　甘，平，滑，無毒。主消渴，治石淋。

清·王逊《藥性纂要》卷三 葫蘆　《綱目》未載其名。東圃曰：此即陶氏所稱瓠，與冬瓜同類，而功則不及。蘇氏謂形似越瓜，長尺餘，首尾相似，夏中便熟，秋末便枯者是也。浙人以充蔬食，城鄉皆為恆用。而時珍未嘗鑒別，是泥於古而失於今也。至於匏，則村野多啖，城市罕食。大概藥中用者是匏，而非葫蘆。

味甘，氣平，性滑。多食令人吐利，患脚氣虛脹。冷氣者食之，永不除也。

清・李熙和《醫經允中》卷二二 葫蘆 苦，平，滑，無毒。主利水道，潤心肺，治石淋。多食發吐瀉。

清・馮兆張《馮氏錦囊秘錄・雜症痘疹藥性主治合參》卷七 瓠匏 長大如冬瓜者名瓠，圓矮似西瓜者名匏，腰細頭銳者名葫蘆，柄直底圓者名瓢子。為菜惟取甜者，入藥甜苦兩用，苦能下水令吐，消面目四肢浮腫。甜可利水，通淋，除心肺煩熱，消渴。滴汁鼻內，即來黃水，尤退急黃。

清・汪啟賢等《食物須知・諸菜》 瓠 味苦者氣寒，毒有；味甜者性冷，毒無。栽園圃俱有，發苗葉不異。因大小結實，故彼此僉名。長大類冬瓜者瓠稱，圓矮似西瓜者匏喚。葫蘆腰細頭銳，瓢子柄直底圓。為菜惟甜者獨佳，甜可利水通淋，除心肺煩熱消渴。滴汁鼻內，尤退急黃。水煎滴入，即來黃水。

清・黃元御《玉楸藥解》卷四 瓠蘆 味甘，氣平，性滑。入手太陰肺、足太陽膀胱經。清金潤燥，利水泄濕。瓠蘆清金利水，治心煩熱、溲溺淋澀、脹滿黃腫之證。鮮者作羹，甘滑清利。亞腰者連子燒研飲送，每服一枚，水脹腹滿，十餘日消。亦作葫蘆。瓠蘆甘寒泄水，排停痰宿飲，消水腫黃疸。煮汁漬陰，能通小便。煎湯滴鼻，即出黃水。療鼻塞牙疼，去努肉老瞖。治癰疽痔瘻，疥癬癩瘍。點鼻肉，吹耳膿，吐蟲毒，下死胎。炙下部懸癰，能吐能泄。

清・吳儀洛《本草從新》卷四 壺盧（通，利水消腫脹。）一名匏瓜，俗名葫蘆。甘，平，滑。利水。治腹脹黃腫。用亞腰壺盧連子燒存性，每服一個，食前溫酒下，不飲酒者白湯下。十餘日見效。

清・汪紱《醫林纂要探源》卷二 匏 甘，寒。有甘、苦二種。苦者不可食，甘者一名瓠，又名壺。形長，或圓而上銳，細腰者，曰葫蘆。有斑駁及白者，老則殼皆堅，可剖為杓。利二便。略同冬瓜。 苦匏： 湧吐。同甜瓜蒂。

題清・徐大椿《藥性切用》卷六 葫蘆 一名苦瓢。苦寒微甘，利水寬脹，散熱消腫。燒灰，治水臌尤良。

清・黃宮繡《本草求真》卷九 匏瓠 降氣利水，通淋消疸，解心肺熱邪。 匏瓠耑入心、胃、大小腸，兼入肺。種類，其形有大有小，有長有短，其味有甜有苦。《錦囊》曰： 長大如東瓜者名瓠，矮似西瓜者名匏，腰細頭銳者名葫蘆，柄直底圓者名瓢子，為菜瓠。有苦甜二種，甘者大，苦者小。又曰： 或以雞糞壅之，甘或變為苦耳。 其性有平有寒。甘多平，苦多寒。 其用有利有害，利則不但可作器用。 時珍曰： 壺匏之屬，既可烹晒，又可以為器，大者可為甕蓋，小者可為瓢樽，為(腰)舟可以浮水，為笙可以奏樂，膚瓠可以養豕，犀瓣可以澆燭，其利溥矣！ 且能下水降氣，利水通道，以治淋閉疸黃，面目浮腫之症。腹脹黃腫，用亞腰壺盧連子燒存性，每服一個，食前溫酒下。不飲酒者白湯下，十餘日見效。又用汁滴鼻內，即來黃水。 入心與肺，以除煩熱消渴之症。服丹石人最宜。 燒灰存性研末，以擦腋下癭瘤之症。長柄葫蘆最佳。 搗葉為茹，孫思邈稱其甘平，可以耐飢，花鬚陰乾。李時珍指其煎湯可以解毒稀痘。《經驗方》：七八月剪壺蘆鬚如環子脚者，陰乾，於除夜煎湯浴小兒，可以免痘。 至子則能入腎以治諸般齒病，及或目瞖鼻塞。齒齦或腫或露，齒搖疼痛，用八兩同牛膝四兩，每服五錢，煎水含漱，日三四次。鼻塞血瞖孥肉，用子煎汁以治。 此皆有利之處，蓋天生此一物，以為暑時必用之需也，其言有害之處，亦復不少。扁鵲云： 患虛脹者不得食之，食則患永不瘥。苦者尤傷胃氣，不可輕試。凡苦寒藥皆能伐胃，不獨此也。《本經》治大小浮腫。又云下水令人吐，大傷中氣。今人治黃疸水氣，大小便不通，或浸火酒飯上蒸，或實糖霜煅存性。必暴病實病，庶可劫之。若久病胃虛誤服，必致吐利不止，往往致斃，可不慎歟？

清・李文培《食物小錄》卷上 壺蘆 甘，平，滑，無毒。除煩熱，利小腸，潤心肺。多食令人吐利。患脚氣、虛脹、冷氣人，食之永不除。苦者不可食。

清・章穆《調疾飲食辯》卷三 壺盧 《說文》曰瓠瓜，《論語》曰匏瓜。《綱目》曰： 壺，酒器。盧，飲器。此物各象其形，故名。《詩・豳風》曰： 八月斷壺。俗作葫蘆，非。葫，蒜名。蘆，草名也。圓者曰匏，亦曰瓢。凡蓏屬皆得稱瓜，故曰匏瓜、瓠瓜。《說文》曰： 瓠，匏也。又曰： 瓢，瓠也。後人以長如越瓜者為瓠，瓠之一頭有腹長柄者為懸瓠，無柄而形扁者為匏，匏之有短柄大腹者為壺盧，壺之細腰者為蒲蘆。各分名色，其實一也。

按： 壺與瓠一類各種，性味誠不相遠。蔡虛齋據《埤雅》匏短瓠長，匏苦瓠甘，謂為二物。且引《論語》繫而不食以證之。不思瓠亦可稱苦，《國語》苦瓠不材，于人共濟而已。蓋匏有甘、苦，瓠亦有甘、苦，故可互稱。其一種生成味苦絕無甘者，乃別為一物，形似瓠，《本經》謂之瓠𤬏。不以匏名，安得云匏苦瓠甘乎。又匏可為樽，古人之祭天地及婚禮合巹用之。然《公劉篇》酌之用匏，則燕飲亦用之矣。又《風俗通》曰：燒穰可以殺瓠。注曰：黍穰也。故云：畜瓠之家不燒穰，種瓜之家不焚漆。物性相制也。

清·葉桂《本草再新》卷六 壺蘆味甘，性平，無毒。入脾、腎二經。 利水，治腹脹黃疸。

清·趙其光《本草求原》卷一五菜部 葫蘆瓜 有二種：甘甜者雖無毒，亦不益人。惟解丹石毒，通石淋，治大水浮腫及水氣黃癉，二便不通。火酒浸飯上蒸食。或實糖霜煅。存性用。 亦必暴病實症方宜，若久病，胃虛脾弱及腳氣虛脹犯之，必致吐利不止而死。平人多食，亦傷胃，發瘡疥，苦者尤甚。其子，煎汁或酒浸，治鼻氣窒塞，少少滴入。又目疾，努肉方用之，取苦寒以降火也。長柄瓠瓜，性治亦同，燒存性，擦腑下瘿瘤，以愈為度。

清·文晟《新編六書》卷六《藥性摘錄》 匏瓜 入心、胃、大小腸，兼肺。利水氣，通淋消疸，解心肺邪熱，除消渴，治面目浮腫。或浸火酒，飯上蒸，或實糖霜，煅存性用。惟患虛脹禁食。〇苦者尤傷胃氣，暴病、實病尚可，若久病胃虛，悮服每致傷生。

清·田綿淮《本草省常·瓜性類》 壺盧 即匏瓜，一作匏𤬏，俗作葫蘆。性寒。除煩止渴，瀉心火，利小腸。多食令人吐利。脚氣人忌之。苦者，有毒，不可食。

清·王孟英《隨息居飲食譜·蔬食類》 瓠𤬏亦作壺盧，俗作葫蘆，一名瓠瓜，俗呼蒲蘆。 甘，涼。清熱，行水，通腸，治五淋，消腫脹。其媆葉亦可茹，故《詩》云幡幡瓠葉，采之烹之也。種類不一，味甘者媆時皆可食，苦者名匏瓜，入藥用；老則皆可為器。

清·劉善述、劉士季《草木便方》卷二穀糧豆菜部 壺盧 瓠瓜殼平除煩熱，消渴利腸惡瘡滅。石淋丹毒潤心肺，口鼻肉爛疼痛歇。

清·戴葆元《本草綱目易知錄》卷三菜部 匏瓜匏、壺盧。 甘，滑。消熱除煩，潤心肺，利水道，清心熱，通小腸，治石淋。療消渴惡瘡，口鼻中肉爛痛。服丹石人宜之。多食令人吐利，患脚氣、虛脹、冷氣人忌。

清·陳其瑞《本草撮要》卷四 壺盧 味甘，平滑，入手太陰、足陽明經，功專利水通小便。治腹脹黃腫，以亞腰壺盧，連子燒存性，每服一個，食前溫服或白湯下，十餘日必愈。一名匏瓜。俗名葫蘆。

清·吳汝紀《每日食物却病考》卷上 葫蘆 夏秋間熱者，苦，寒，有毒。止可老作器用，不堪入饌。

瓠子

唐·孟詵、張鼎《食療本草》卷子本 瓠子冷。 右主治消渴。患惡瘡，患脚氣虛腫者，不得食之，加甚。案經：治熱風及服丹石人始可食之。除此，一切人不可食也。患冷氣人食之加甚，又發痼疾。

元·吳瑞《日用本草》卷七 瓠子 似越瓜，長尺餘，苗葉相似，實形有異。 味甘，寒，有毒。多食發痼疾、脚氣。患虛脹冷氣人忌食。今瓠忽有如膽苦者，不可食。 主大水，面目四肢浮腫，食之令人吐利。

明·盧和、汪穎《食物本草》卷一菜類 瓠子 苦者，氣寒有毒。主大水，面目四肢浮腫，下水，令人吐。甜者，性冷無毒。又云：微毒。除煩止渴，治心熱，利水道，調心肺，治石淋，吐蛔蟲，壓丹石。若患脚氣虛脹冷氣人食之，病增。此物夏熟，形長尺餘，兩頭相侶者，是也。

明·寧源《食鑒本草》卷下瓜菜 瓠子 味甘，平，無毒。利水道，止消渴，下熱氣。

明·姚可成《食物本草》卷七菜部·蓏菜類 扁蒲南北俱有。春月下種，就地牽藤。四月間夜開白花，結實蒂小末大，長一二尺，嫩時青色，老則色白無味，不堪生啖，止可油醬烹食。 扁蒲，味甘，平，滑，有小毒，以其夜華也。主利大腸，潤澤肌體。不可多食，能發瘡疥，洩瀉。

清·尤乘《食鑒本草·菜類》 匏子 滑腸，不宜人。

清·何其言《養生食鑒》卷上 匏子 粵名江葫，其形長尺餘，兩頭相似者是也。 性治宜忌，與壺蘆同，脾虛泄瀉尤忌食之。

清·李文培《食物小錄》卷上 瓠子 性味功用略同壺蘆。

清·吳其濬《植物名實圖考》卷四 瓠子 《唐本草》注：瓠味皆甘，時有苦者，面似越瓜。長者尺餘，頭尾相似，與甜瓠𤬏體性相類，但味甘冷，通利水道，止渴消熱，無毒。多食令人吐。按瓠子，方書多不載，而《唐本草》所謂似越瓜，頭尾相似，則即今瓠子，非匏瓠也。《滇本草》瓠子又名龍蛋瓜，又名天瓜。味甘，寒。治小兒初生周身無皮，用瓠子燒灰，調菜油擦之甚效。又治左癱右瘓，燒灰用酒服之。亦治痰火腿足疼痛，烤熱包之即愈。又治諸瘡膿血流潰、楊梅結毒、横膾、魚口，用蕎麪包好，入火燒焦，去麪為末，服之最效。作藥服之不宜多，恐腹痛心寒嘔吐。葉治瘋癲發狂，根治痘瘡倒靨，子煨湯服治啞瘴。夷人治棒瘡、跌打損傷，擦之甚效。用生薑同服，治咽喉腫痛甚效。按所治症甚夥，而自來《本草》遺之，足以補闕。

清·田綿淮《本草省常·瓜性類》 瓠子 一名瓠瓜。性寒。瀉煩熱，消水腫，止渴通淋。多食令人吐利。同稷米食傷人。脚氣人忌之。苦者，有毒，不可食。

清·吴汝紀《每日食物却病考》卷上 瓠子 苦者，性寒，有毒。甜者，性冷，無毒，又云微毒。除煩渴，治心熱，利水道。若患脚氣虛脹、冷氣人食之，病增。此物夏熟，形長尺餘，兩頭相似者是也。

苦瓠

附：日·丹波康賴《醫心方》卷三〇 苦瓠 《本草》云：味苦，寒，有毒。主大水，面目四支浮腫，下水，令人吐。蘇敬注云：瓠與冬瓜瓠，全非別類，味甘，冷。通利水道，止消渴。陶〔弘〕景注云：又有瓠瓤，亦是瓠類。小者名瓢，食之乃勝瓠。《拾遺》云：煎汁滴鼻中，出黄水，去傷寒，鼻塞，黄疸。又云：食苦瓠中毒者，煮黍穰汁飲之。《埤蒼》云：瓠瓤者，王瓜也。瓠瓢酌酒，琴書自娱也。

宋·唐慎微《證類本草》卷二九菜部下品〔《本經·別錄》〕 苦瓠 味苦，寒，有毒。**主大水，面目、四肢浮腫，下水，令人吐。**生晉地川澤。

〔梁·陶弘景《本草經集注》〕云：瓠與冬瓜氣類同輩，而有上下之殊，當是爲其苦爾。今瓠自忽有苦者如膽，不可食，非別生一種也。又有瓠瓤，音婁，亦是瓠類，小者名瓢，食之乃勝瓠。凡此等，皆利水道，所以在夏月食之，大理自不及冬瓜也。

〔唐·蘇敬《唐本草》〕注云：瓠與冬瓜、瓠瓤全非類例，今此論性，都是苦瓠瓤爾。陶謂瓠中苦者，大誤矣。瓠中苦者，不入藥用。冬瓜自依前說，瓠瓤與瓠，又須辨之。此三物苗葉相似，而實形有異，瓠味皆甜，時有苦者，而似越瓜，長者尺餘，頭尾相似。其瓠瓤，形狀大小非一。瓠，夏中便熟，秋末並枯；瓠瓤，夏末始實，秋中方熟，取其爲器，經霜乃堪。瓠與甜瓠瓤體性相類，但味甘冷，通利水道，止渴消熱，無毒，多食令人吐。苦瓠瓤爲療，一如《經》說，然瓠苦者不堪噉，無所主療，不入方用。而甜瓠瓤與瓠子，噉之俱勝冬瓜，陶言不及，乃是未悉。此等元種各別，非甘者變而爲苦也。其苦瓠瓤，味苦，冷，有毒。主水腫，石淋，吐呀嗽，囊結，疰蠱，痰飲。或服之過分，令人吐利不止者，宜以黍穰灰汁解之。又煮汁漬陰，療小便不通也。

〔宋·馬志《開寶本草》〕按：陳藏器《本草》云：苦瓠，煎取汁，滴鼻中出黄水，去傷寒，鼻塞，黄疸。又取一枚，開口，以水煮中攪取汁，滴鼻中，主急黄。又取未破者，煮令熱，解開熨小兒閃癖。

〔宋·掌禹錫《嘉祐本草》〕按：《蜀本》注云：陶云：瓠小者名瓢，按《切韻》瓢，注云：瓠也。又《語》曰：吾豈匏瓜也哉。是則此爲瓜匏之瓠也。今據瓜匏之瓠，非但不能療病，亦少見有苦者。謹按：瓠，固匏也。但匏字合作瓟，蓋音同字異爾。且瓟似瓠，可爲飲器。有甘、苦二種：甘者大，苦者小。則陶云小者名瓢是也，今人以苦瓠療水腫，甚效。亦能令人吐。此又與上說正同爾。《藥性論》云：苦瓠瓤，使。治水浮腫，面目肢節腫脹，下大水氣疾。孟詵云：瓠，冷。主消渴，惡瘡。又，患脚氣及虛脹，冷氣人不可食之，尤甚。又壓熱，服丹石人方可食，餘人不可輒食。日華子云：瓠，無毒，又云：微毒。除煩止渴，治心熱，利小腸，潤心肺，治石淋，吐蚘蟲。

〔宋·唐慎微《證類本草》〕《聖惠方》：治齲齒疼痛。用葫蘆半升，水五升，煮取三升，去滓，含漱吐之。莖、葉亦可用，不過二劑差。又方：治鼠瘻。用瓠花曝乾爲末，傅之。《外臺秘要》：治卒患腫滿。曾有人忽脚趺，腫漸上至膝，足不可踐地，主大水，頭面偏身大腫脹滿。苦瓠白瓤實，捻如大豆粒，以麪裹，煮一沸，空心服七枚。至午當出水一斗。二日水自出不止，大瘦乃差。三年内慎口味也。苦瓠須好者，無黶翳，細理，研淨者。不爾，有毒不用。《千金方》：治眼暗。取七月七日苦瓠瓤白，絞取汁一合，以酢一升，古錢七文，和漬，微火煎之減半。以沫内眼眥中，神驗。《肘後方》：療中蠱毒，吐血或下血，皆如爛肝者。苦瓠一枚，水二升，煮取一升服，立吐即愈。又方：用苦酒一升，煮令消，服，神驗。孫真人：甜瓠，患腰脚腫氣及虛腫者，食之永不差。《傷寒類要》：治黄疸。苦葫蘆瓤，如大棗許大，以童子小便二合，浸之三兩食頃。取兩酸棗許，分内兩鼻中，病人深吸氣，及黄水出，良。又方：治黄疸。以瓠子白瓤子熬令黄，擣爲末，每服半錢匕，日一服，十日愈。用瓠瓤有吐者，當先詳之。《丹房鏡源》：苦瓠煮汞。

宋·王繼先《紹興本草》卷一二 苦瓠 紹興校定：苦瓠，性味主治已具《本經》。然云治水，古方中間有用之，而未聞的驗。但味甘者，其性無異，乃世之菜品，餘無為用，俱當作微寒、無毒為定。處處種產之。

宋·陳衍《寶慶本草折衷》卷二〇　苦瓠苦瓠瓤及甜瓠〔瓤〕〔甊〕并子附。○西瓜、蒲瓜續附。

一名瓟，小者名瓢，一名葫蘆。○瓟，蒲包切，一作匏。瓢，婢饒切。生晉地川澤，夏秋採其小者，俟經霜色黃硬，或取之為器。○附：甜瓠甊，《毛詩》云：一名甘瓠。○續附：西瓜，生北方。○又續附：蒲瓜，今並處處種有之。○甊，力侯切。

味苦，寒，微毒。○主大水，面目、四肢浮腫，下水，令人吐。○陳藏器云：煎汁滴鼻中，出黃水，去傷寒鼻塞，黃疸。又取未破者，煮令熱，解開，熨小兒閃癖。○孟詵云：主消渴，惡瘡，患脚氣及虛脹、冷氣人，不可食。又壓熱，服丹石人可食。○日華子云：除煩，治心熱，利小腸，治石淋，吐蛔蟲。○《外臺秘要》：苦瓠須無曆於協切。翳，細理妍淨者，不爾有毒，不用。

附：苦瓠瓤。使。汁在內。○味苦，冷，有毒。主水腫，石淋，吐呀虛牙切。嗽，囊結，疰蠱，痰飲。又療小便不通，煮汁漬陰。又治眼暗。取七月七日苦瓠瓤白，絞汁壹合，以酢伍合，古錢柒文，和漬，微火煎之減半，以沫內眼眦中。○伍合，元作壹升。

附：甜瓠甊子在內。○味甘，冷，無毒。利水道，止渴，消熱，多食吐人。并其子噉之，俱勝冬瓜。

續說云：《松漠記聞》載西瓜，形如褊蒲而正，色極青翠，經歲則變黃。其瓞徒結切，小西瓜也。類甜瓜，味甘脆有汁，尤冷。今亦有別色者，僅可留數月，色仍不變。或曝乾，久苦目疾者，服之愈也。更有一種蒲瓜，乃甜瓠之屬，色味相似，其形或褊或長，其毒視瓠為尤甚。其花夜開日萎，感陰氣而生。凡患風冷、血氣諸疾者，皆當忌之。

元·尚從善《本草元命苞》卷九　苦瓠　為使。苦，寒，有毒。主大水，面目四肢浮腫。療蠱毒，下血爛若豚肝。止消渴除煩，潤心肺徹熱。似越瓜而長，其味苦可用。又一種瓠甊相似，甊，音婁。形大小性質不同，似當作器，入藥不堪。齲齒痛，煮莖葉含漱，吐之。黃疸證，炒瓤子，末，服兩字。脚氣不可食，虛脹尤宜忌。

明·王綸《本草集要》卷五　苦瓠　味苦，氣寒，有毒。　主大水，面目四肢浮腫，下水，令人吐。

明·滕弘《神農本經會通》卷五　苦瓠　有甘苦二種，甘者大，苦者小。使也。

味苦，氣寒，有毒。《本經》云：主大水面目四肢浮腫，下水，令人吐。《藥性論》云：苦瓠瓤，使。治水浮腫，面目肢節腫脹，下水，消氣疾。《唐本》注云：甜瓠，味甘，冷。通利水道，止渴消熱。無毒。多食令人吐。孟詵云：瓠，冷，主消渴，惡瘡。又患脚氣及虛脹冷氣，不可食之，尤甚。又壓熱，服丹石人方可食，餘人不可輒食。日華子云：瓠，無毒。又云：微毒。除煩止渴，治心熱，利小腸，潤心肺，治石淋，吐蛆蟲。

明·劉文泰《本草品彙精要》卷四〇　苦瓠有毒　蔓生。

苦瓠：主大水，面目四肢浮腫，下水，令人吐。《神農本經》。【苗】謹按：苦瓠，二月佈種，三月生苗，蔓延於地。莖葉都似葫蘆，青綠色而有毛，四月開白花，結實初大如指，五月方熟，長者尺餘，頭尾相似。人採其苦者入藥，甜者作菜食之。考之《唐本》注云：瓠與冬瓜、瓠、甊，此三物苗、葉相似而實形有異，瓠味皆甜，其有苦者是也。【地】《圖經》曰：生晉地川澤，今處處有之。【時】生：春生苗。採：夏取實。【收】暴乾。【用】肉及瓤。【色】白。【味】苦。【性】寒，洩。【氣】味厚於氣，陰也。【臭】腥。【主】消水腫。【治】療：《唐本》注云：苦瓠瓤，消水腫，石淋，吐呀虛牙切，張口貌。嗽，囊結，疰蠱，痰飲。又煮汁漬陰，療小便不通。○甜瓠甊，通利水道，止渴消熱。《藥性論》云：苦瓠瓤，消水浮腫，面目、肢節腫脹，下利，大消氣疾。日華子云：瓠，除煩止渴及心熱，利小腸，潤心肺，療吐蛔蟲。陳藏器云：苦瓠，煎汁，取滴鼻中出黃水，去傷寒，鼻塞，黃疸。及取一枚破開口，以水煮，攪取汁，滴鼻中，主急黃。又取未破者煮令熱，解開，熨小兒閃癖。孟詵云：止消渴及惡瘡。《別錄》云：療鼠瘻，用瓠花暴乾爲末，傅之。又除卒患腫滿者，曾有人忽脚趺，腫漸上至膝，足不可踐地，漸加大水，頭面偏身大腫脹滿者，用苦瓠白瓤實捻如大豆粒，以麵裹，煮一二沸，空心服七枚，至午當出水一斗，三日水自出不止，大瘦乃差，三年內忌口味。用苦瓠須無曆翳，細理，妍淨，不爾有毒。又黃疸，以瓠子白瓤子熬令黃，擣爲末，每服半錢匕，日一服，十日愈。用瓠數有吐者，當先詳之。中蠱毒，吐血或下血，皆如爛肝者，苦瓠一枚，水二升，煮取一升服，立吐即愈。【合治】七月七日取苦瓠瓤白絞取汁一合，合酢一升，古錢七文，和漬，微火煎之減半，以沫內眼眥中，治眼暗。【解】服之過分，令人吐利不止者，宜以黍穰灰汁解之。解丹石毒。　〔忌〕患脚氣及虛脹冷氣人不可食，食之尤甚。

明・王文潔《太乙仙製本草藥性大全》卷五《仙製藥性》　苦瓠　味苦，氣寒，有毒。　主治：除煩止渴，解熱開鬱。治石淋而吐蚘蟲，利小腸而潤心肝。主水氣面目四肢，消氣痰脚氣虛脹。惡瘡虛冷者不可食，過食令人吐。　補註：中蠱毒吐血或下血，皆如爛〔肝〕者，用一枚，水煮服立吐即愈。○黃疸，苦葫蘆瓤如大棗大，以童便二合，浸之三兩食頃，取兩酸棗許，分內兩鼻中，疾人深吸氣，及黃水出良。○卒患腫痛，又有人患脚趺痛，漸上至膝，足不可踐，主大水病，面及身腫脹滿。用苦瓠白實，捻如大豆粒，以麪裹，煮一夜，空心服七枚，至午吐出水一斗，二日水自出不止，大瘦乃差，二年內忌口味也。

明・皇甫嵩《本草發明》卷五　苦瓠味苦，寒，有小毒。下品。　主大水，面目四肢浮腫，下水。令人吐。又云：主水腫，石淋囊結，產蠱痰飲。或服之過分，令人吐利不止。宜以黍穰灰汁解之。

明・李時珍《本草綱目》卷二八菜部・蓏菜類　苦瓠《本經》下品

〔釋名〕苦匏《國語》　苦壺盧　〔集解〕《別録》曰：苦瓠生晉地。弘景曰：今瓠忽有苦者，如膽不可食，非別生一種也。又有瓠瓤，亦是瓠類。恭曰：《本經》所論，都是苦瓠瓤爾。陶謂瓠中苦者，大誤矣。瓠中時有苦者，不入藥用，無所主療，亦不堪啖。瓠與瓠瓤，原種各別，非甘者變爲苦也。保昇曰：瓠即匏也。有甘、苦二種：甘者大，苦者小。機曰：瓠壺有原種是甘，忽變爲苦者。俗謂以鷄糞壅之，或牛馬踏踐則變爲苦。陶説亦有所見，未可盡非也。時珍曰：《詩》云：匏有苦葉。《國語》云：苦匏不材，於人共濟而已。皆指苦壺而言，即苦瓠也。瓠、壺同音，陶氏以瓠作護音釋之，所以不穩也。應劭《風俗通》云：燒穰可以殺瓠。或云畜瓠之家不燒穰，種瓜之家不焚漆。物性相畏也。蘇恭言：服苦瓠過分，吐利不止者，以黍穰灰汁解之。蓋取乎此。凡有苦瓠，須細理瑩净無黶翳者乃佳，不爾有毒。

瓤及子　〔氣味〕苦，寒，有毒。　〔主治〕大水，面目四肢浮腫，下水，令人吐《本經》。利石淋，吐呀嗽囊結，疰蠱痰飲。又煮汁漬陰，療小便不通蘇恭。煎汁滴鼻中，出黃水，去傷冷鼻塞，黃疸藏器。吐蚘蟲大明。治癰疽惡瘡，疥癬齲齒有蟲䘌者。又可制汞時珍。

〔附方〕舊八，新十七。　急黃病：苦瓠一枚，開孔，以水煮之，攪取汁，滴入鼻中。去黃水。陳藏器。　黃疸腫滿：苦壺盧瓤如大棗許，以童子小便二合，浸之一時，取兩酸棗大，納兩鼻中，深吸氣，待黃水出良。○又方：用瓠瓤熬黃爲末，每服半錢，日一服，十日愈。然有吐者當詳之。《傷寒類要》。　大水脹滿：頭面洪大。用瑩净好苦瓠白瓤，捻如豆粒，以麪裹煮一夜，空心服七枚。至午當出水一斗。二日水自出不止，大瘦乃瘥。二年内忌鹹物。○《聖惠》用苦壺盧瓤一兩，微炒爲末，每日粥飲服一錢。　通身水腫：苦瓠膜炒二兩，苦葶藶五分，搗合丸小豆大。每服五丸，日三，水下止。○又用苦瓠膜五分，大棗七枚，擣丸。一服三丸，如人行十里許，又服三丸，水出更服一丸，即止。並《千金方》。　石水腹腫：四肢皆瘦削。用苦瓠膜炒一兩，杏仁半兩炒去皮尖，爲末，糊丸小豆大。每飲下十丸，日三，水下止。《聖濟總録》。　水蠱洪腫：苦瓠瓤一枚，水二升，煮至一升，煎至可丸，如小豆大，每米飲下十丸。待小便利，作小豆羹食。勿飲水。　小便不通：脹急者。用苦瓠子三十枚炒，螻蛄三個焙，爲末，每冷水服一錢。並《聖濟總録》。　小兒閃癖：取苦瓠未破者，煮令熱，解開熨之。陳藏器《本草》。　風痰頭痛：苦瓠膜取汁，以葦管灌入鼻中，其氣上衝腦門，須臾惡涎流下，其病立愈除根，勿以昏運爲疑。乾者浸汁亦效，其子爲末吹入亦效。年久頭風皆愈。《普濟方》。　鼻窒氣塞：苦壺盧子爲末，醇酒浸之，夏一日，冬七日。日日少少點之。《聖惠方》。　眼目昏暗：七月七日，取苦瓠白瓤絞汁一合，以酢二升，古錢七文，同以微火煎減半。每日取沫納眦中，神效。《千金》。　弩肉血瞖：秋間取小柄壺盧，或小藥壺盧，陰乾，於緊小處鋸斷，内挖一小孔如眼孔大。遇有此病，將眼皮上下用手挣開，將壺盧孔合定。初雖甚痛苦，然瘀肉、血瞖皆漸下，不傷睛也。劉松石《經驗方》。　齒䘌口臭：苦瓠子爲末，蜜丸半棗大。每旦漱口了，含一丸，仍塗齒齗上，涎出，吐去妙。《聖惠方》。　風蟲牙痛：壺盧子半升，水五升，煎三升，含漱之。莖葉亦可。不過三度。《聖惠方》。　惡瘡癬癩：十年不瘥者。苦瓠一枚，煮汁搽之，日三度。《肘後方》。　九瘻有孔：苦瓠四枚，大如盞者，各穿一孔如指大，湯煮十數沸，取一竹筒長一尺，一頭插瓠孔中，一頭注瘡孔上，冷則易之，用遍乃止。《千金方》。　痔瘡腫痛：苦胡盧、苦蕒菜煎湯，先熏後洗，乃貼熊膽、密陀僧、膽礬、片腦末，良。《摘玄方》。　下部懸癰：擇人神不在日，空心用井華水調百藥煎末一椀服之。微利後，却用秋壺盧，一名苦不老，生在架上而苦者，切片置瘡上，灸二七壯。蕭端式病此連年，一灸遂愈。《永類鈐方》。　卒中蠱毒：或吐血，或下血，皆如爛肝者。苦瓠一枚，水二升，煮一升服，立吐即愈。又方，用苦酒一升煮令消，服之取吐，神驗。《肘後方》。　死胎不下：苦壺盧燒存性，研末，每服一錢，空心熱酒下。《海上名方》。　聤耳出膿：乾瓠子一分，黃連半錢，爲末。以綿先繳净，吹入半字，日二次。《聖惠方》。　鼻中息肉：苦壺盧子、苦丁香等分，入麝香少許，爲末，紙撚點之。《聖惠方》。

花　〔主治〕一切瘻瘡，霜後收曝，研末傅之時珍。

蔓　〔主治〕麻瘡，煎湯浴之即愈。時珍。出仇遠《稗史》。

〔附方〕新一。　小兒白禿：瓠藤同裹鹽荷葉煎濃汁洗，三五次愈。《總録》。

明・梅得春《藥性會元》卷中　苦瓠　味苦，性寒，有毒。　主治面目四肢浮腫，下水，令人吐。患腰脚氣腫及虚腫者，食之永不瘥。

明・張懋辰《本草便》卷二　苦瓠　味苦，氣寒，有毒。　主面目四肢浮腫。令人吐。

明・倪朱謨《本草彙言》卷一六　苦壺盧　味苦，氣寒，有毒。　李氏曰：苦壺盧，即苦匏也，南北處處有之。《詩》云：匏有苦葉。《國語》云苦匏不材，於人其濟而已，皆指苦壺盧而言也。《風俗通》云：燒穰可以殺匏，或云：畜匏之家不燒穰，種瓜之家不焚漆。物性相畏也。　蘇氏言：服苦匏過分、吐利不止者，以黍穰灰汁解之。凡用苦匏，須文理瑩淨，無黶翳者乃佳。不爾有毒。

苦壺盧：寇宗奭行水之劫劑也。張龍泉曰：前古治大水漬肌肉中，面目四肢浮腫，以此煎水飲立消。故時賢諸方書，用治黄疸脚氣及水脹不行之證，捷如桴鼓，如胃家實而能食者，投之却當。倘胃虚不能食，脾元虧損而成水脹者，久病脾陽不運而成腫滿者，誤服立見危敗。

集方：《聖惠方》治大水脹滿，頭面四肢腫大。用瑩淨好苦匏白瓤，捻如豆粒，以麪裹，湯煮數沸，空心服七枚，至午即出水一斗，二日水出盡，大瘦乃瘥。須忌鹹味二年。〇《千金方》治通身水腫。用苦匏膜二兩，苦葶藶二兩，俱炒燥，研爲末，棗肉丸如小豆大。每服五丸，白湯下，日二次。水下止後服。〇《傷寒類要》治黄疸腫滿。用苦匏瓤如大棗許，以童子小便一合，浸一時許，取兩棗核大，納兩鼻中，深吸氣，待黄水出愈。〇劉松石方治努肉血翳遮睛。用小苦壺盧陰乾，於緊小處鋸斷，内挖一小孔如眼孔大，遇有此病，將眼皮上下用手掙開，將壺盧孔合定，初雖甚痛苦，然瘀肉血翳皆漸下，亦不傷睛。〇《千金方》治九瘻有孔。用苦匏四枚、大如盞者，各穿一孔如指大，湯煮十數沸，取一竹筒，長五寸，一頭插匏孔中，一頭注瘡孔上，冷即易之，用數遍乃止。〇《肘後方》治卒中蠱毒，或吐血，或下血如爛肝者。用苦匏一枚，水二升，煮一升服，立吐即愈。

明・姚可成《食物本草》卷七菜部・蓏菜類　苦瓠即苦壺盧。有原種是甘，忽變苦味如膽不可食。云是人家不知種法，以雞屎壅之，〔及〕尿其根，輒變味也。古云：畜瓠之家不燒穰，〔種〕瓜之家不焚漆。物性相畏也。凡中苦瓠毒者，以黍穰灰汁解之。

苦瓠，味苦，寒，有毒。治大水，面目四肢浮腫，下水，令人吐，利石淋。煎汁漬陰，療小便不通。滴鼻中，出黄水，去傷冷鼻塞，黄疸。吐蚘蟲，治㿗疽惡瘡，疥癬齲齒有蟲䘌者。又可制汞。

附方：　治急黄病。苦瓠一枚，開孔，以水煮之，攪取汁，滴入鼻中。去黄水。　治黄疸腫滿。苦壺盧瓤如大棗許，以童便二合，浸之一時，取兩酸棗大，納兩鼻中，深吸氣，待黄水出愈。〇又方：用瓠穰炒黄為末，每服五分，日一服，十日愈。　治大水脹滿，頭面洪大。用瑩淨好苦瓠白瓤，捻如豆粒，以麪裹煮一（夜）〔沸〕，空心服七枚。至午當出水一斗。二日水自出不止，大瘦乃瘥。二年内忌鹹物。〇又方：用苦瓠瓤一兩，微炒為末，每日米飲服一錢。　治目中努肉血翳。秋間取小柄壺盧，或小藥壺盧，陰乾，於緊小處鋸斷，内空一小孔如眼孔大。遇有此病，將眼皮上下用手掙開，將壺盧孔合定。初雖甚痛苦，然瘀肉、血翳皆漸下，不傷睛也。　治死胎不下。苦壺盧燒存性，研末。每服一錢，空心熱酒下。　治㿗脹神方：用三五年陳壺盧瓢一个，以糯米一斗作酒，待熟，以瓢於炭火上炙熱，入酒浸之。如此三五次。將瓢燒存性，研末。每服三錢，酒下，大效。　治頭面及項下或腋間生出瘻瘤。用長柄壺盧燒存性，研末搽之，以消為度。一府校老嫗，右腋生一瘤，漸長至尺許，其狀如長瓠子，久而潰爛。一方士教以此法，用之，遂出水，消盡而愈。

明・施永圖《本草醫旨・食物類》卷二　苦瓠瓠即匏也。有甘、苦二種，甘者大，苦者小。　瓤及子：味：苦，寒，有毒。治：大水，面目四肢浮腫，下水，令人吐利，石淋，吐呀嗽囊結，疰蠱痰飲。又煮汁漬陰，療小便不通。煎汁滴鼻中出黄水，去傷冷鼻塞，黄疸，吐蚘蟲。治㿗疽惡瘡，疥癬，齲齒，有蟲䘌者，又可制汞。　花：治一切瘻瘡。霜後收曝，研末傅之。　蔓：治痳瘡，煎湯浴之，即愈。

清・劉雲密《本草述》卷一五　苦瓠音湖，一名苦匏、苦壺盧。

瓤及子：氣味：苦，寒，有毒。

主治：大水面目、四肢浮腫，及黄疸腫滿，利石淋，療小便不通，治偏頭風，通鼻塞。　時珍曰：《詩》云：匏有苦葉。《國語》云：苦匏不材，於人共濟而已。皆指苦壺而言，即苦瓠也。凡用苦瓠，須細理瑩淨，無黶翳者乃佳，不爾有毒。

附方　黄疸腫滿，苦壺盧瓤如大棗許，以童子小便二合，浸之一時，取兩酸棗大，納兩鼻中，深吸氣，待黄水出良。　大水脹滿，頭面洪大，用瑩淨好苦瓠白瓤，捻如豆粒，以麪裹，煮一沸，空心服七枚，至午當出水一斗，二日水自出不止，大瘦乃瘥。二年内忌鹹物。　石水腹腫，四肢皆瘦削，用苦瓠膜炒一兩，杏仁半兩，炒去皮尖，為末，糊丸小豆大，每飲下十丸，日三，水下止。　小便不通，脹急者，用苦匏子三十枚，炒，螻蛄三個，焙，為末，每冷水服一錢。　風痰頭痛，苦瓠膜取汁，以葦管灌入鼻中，其氣上衝腦門，須臾惡涎流下，其病立愈除根。勿以昏暈為疑。乾者浸汁亦效，其子為末吹入亦效，年久頭風皆愈。　努肉血瞖，秋間取小柄壺盧或小藥壺盧，陰乾，於緊小處鋸斷，内挖一小孔如眼孔大，遇有此病，將眼皮上下用手掙開，將壺盧孔合定，初雖甚痛苦，然瘀肉、血瞖皆漸下，不傷睛也。

愚按：　苦瓠即苦壺盧。壺盧有甘、苦二種，甘者大，苦者小。壺盧之質白色而花亦白，但甘平與苦寒，其味不同耳。俱以二月下種，五六月開花結實，是則苦瓠之性質全稟於金水，却乘於大火之氣化以華而實也。夫苦寒者，本於足太陽，太陽寒水之化，即為陽氣之所自出，自下而上，以至於手太陰肺，如金不乘於正陽大火之氣，是毛脈不能合精而氣化不宣，氣化不宣則太陽寒水之氣化鬱矣。何以通調水道，下輸膀胱乎？是則苦瓠全以氣化之用為主，而能致其水化之氣血者也。故《本經》專主治水，而仲景治皮水用之，蘇恭謂利石淋及小便不通，是皆能主宣太陽寒水之化者也。然方書又以治偏頭風並鼻塞者，所云唯苦至地，何以更能上行也？曰：此正肺金之氣化，能與足太陽合化之玄機也。夫陽本自下而上，然天氣之自上而下者，則心與肺主之，即如治黄疸腫滿，以之納鼻中而吸其氣，則黄水出而愈。又如風痰頭痛，取此汁灌入鼻中，其氣上衝腦門，須臾惡涎流下而愈，是非從上氣化而合於下之木化者乎。其所謂化血化痰飲等治，即皆水中之氣化，得火金之合，而無留礙者也。就散努肉血瞖，足徵其一節矣。夫足太陽之脈，直者入絡腦，而肺氣通於鼻，乃足陽明之起於鼻者，交頞中，旁納太陽之脈，是手太陰與足太陽由上而合下以化者，固足徵也。《經》曰：　肺和則鼻能知香臭。夫心主五臭，何以屬之肺？又曰：　五氣入鼻，藏於心肺，心肺有病，而鼻為之不利。夫五氣又何以不專藏於肺，皆以金不得離火也。東垣謂金生於己亦是此義，但言之未大暢耳。悉此義，即一物之微，而具有妙理，其可不細研乎哉？

清・朱本中《飲食須知・菜類》　壺瓠　味甘，性平滑。多食令人吐利，發瘡疥。患脚氣虚脹冷氣者食之，永不除也。

清・王翃《握靈本草》卷六　苦瓠亞頸者是。　主治：　苦瓠及子，氣味苦寒，有毒。主大水面目四肢浮腫，下水，令人吐。

清・张璐《本經逢原》卷三　苦瓠即細頸葫蘆。　苦，寒，有毒。《本經》治大水，面目四肢浮腫，下水，令人吐。　發明：　瓠有甜苦二種。甜者雖言無毒，亦不利人。扁鵲云，患脚虚脹者不得食之，患永不瘥。苦者尤傷胃氣，不可輕試。凡苦寒藥皆能伐胃，不獨瓠也。《本經》治大水浮腫，又云下水，令人吐，大傷中氣。今人治黄癉水氣，大小便不通。或浸火酒飯上蒸，或實糖霜煅存性，必暴病實證，庶可劫之。若久病胃虚誤服，必致吐利不止，往往致斃，可不慎歟。其子煎汁或酒浸，治鼻窒氣塞，少少滴入。又目疾努肉血瞖藥中亦有用者，取苦寒以降火也。○長柄胡蘆燒灰存性，腋下癭瘤研末擦之，以愈為度。

清・章穆《調疾飲食辯》卷三　瓠　《國語》曰苦瓠，亦曰苦匏。《詩》曰：　匏有苦葉。瓠本甘美，間有苦者。以人畜踐踏其苗，或壅以牛馬糞，皆能變苦。若瓠甘者，葉亦甘。《詩》曰：　幡幡瓠葉，采之亨之。《爾雅》曰：瓠，棲瓣。郭注云：　瓠中瓣也。《詩》云：　齒如瓠棲今《碩人》篇作瓠犀。性滑而降，故能下水通淋，治四肢面目浮腫，石水腹大。味甘而平，故能和中退熱，治胃虚飲食不進。煮汁淡飲，除注夏熱渴，解熱煩。凡有以上諸病人，宜多食。

清・楊時泰《本草述鉤元》卷一五　苦瓠　一名苦匏，即苦壺盧。凡用須擇細理瑩淨無壓翳者乃佳，不爾有毒。

瓤及子：　氣味苦寒，有毒。治大水面目四肢浮腫及黄疸腫滿。利石淋，療小便不通。治偏頭風，通鼻塞。黄疸腫滿，苦壺盧瓤如大棗許，以童便二合，浸之一時，取兩酸棗大，納兩鼻中，深吸氣，待黄水出良。大水脹滿，頭面洪大，用瑩淨苦瓠白瓤，捻如豆粒，以麪裹煮一沸，空心服七枚，至午當出水一斗，二日水自出不止，大瘦乃瘥。二年内忌鹹物。石水腹腫，四肢皆削瘦，用苦瓠膜炒一兩，杏仁半兩炒去皮尖，為末，糊丸小豆大，每飲下十丸，日三，水下止。小便不通脹急者，苦瓠子三十枚炒，螻蛄三個焙，為末，每冷水服一錢。風痰頭痛，苦壺膜取汁，以葦管灌入鼻中，其氣上衝腦門，須臾惡涎流下，其病立愈，除根，勿以昏暈為疑。乾者浸汁亦效，其子為末，吹入亦效，年久頭風皆愈。胬肉血瞖，秋取小柄壺盧，或小藥壺盧，陰乾，於緊小處鋸斷，內挖一小孔，如眼孔大，將眼皮上下掙開，取壺盧孔合定，初雖甚痛苦，然瘀血瞖皆漸下，不傷睛也。

論：壺盧有甘苦二種，甘者大，苦者小，其質白色，而花亦白，但甘平與苦寒，味絕不同，俱以二月下種，五六月開花結實，是則苦瓠性質，全稟於金水，卻乘於大火之氣化以華而實也。夫苦寒本於足太陽，而太陽寒水之化，即為陽氣之所自出，自下而上，以至於肺，如金不乘於正陽大火之氣，則毛脈不能合精而氣化不宣，氣化不宣，則太陽寒水之化鬱，何以通調水道下輸膀胱乎？苦瓠主宣太陽寒水之化，全以氣化之用為主，而能致其水化者，故《本經》專主治水，而仲景治皮水用之，蘇恭利石淋及小便不通，皆用之。至方書又以治頭風、鼻塞，所云惟苦至地，何以更能上行乎？曰：此正肺金之氣化，能與足太陽合化之元機也。陽雖自下而上，然天氣之自上而下者，則心肺主之。即如納鼻吸氣以治黃疸腫滿，取汁灌鼻以愈風痰頭痛，此非從上氣化，而合於下之水化者乎。其化血化痰飲等治，非皆水中氣化，得火金之合，而無留礙者乎。夫足太陽之脈，直者入絡腦，而肺氣迫於鼻，足陽明之起於鼻者交頞中，旁納太陽之脈，是手太陰與足太陽由上而合下以化者，固足徵也。《經》曰：肺和則鼻能知香臭。又曰：五氣入鼻，藏於心肺，心肺有病，鼻為之不利。夫心主五臭，何以屬之肺，五氣入鼻，又何以不專藏於肺，皆以金之不得離火故也，東垣謂金生於已，亦此義耳。

清・吴其濬《植物名實圖考》卷三 苦瓠 《本經》下品。即壺盧。有苦甜二種，甜者為蔬，苦者為器。《詩經》匏有苦葉，味苦者也；幡幡瓠葉，味甘者也。《滇南本草》：苦瓠採葉為末，盛瓶內。出行渴時，取一分服之，不中水毒。加雄黄能解啞瘴、山嵐之毒。凡中夷人之毒，服此方二三分俱可，不可多用。按苦瓠能吐人，凡瘴毒多以吐解。其甘者，河以北皆茹之。唐柳玭、鄭餘慶皆以常食瓠為清德，而陶穀《清異錄》乃謂之淨街槌，真不知菜根味者。但北地種多風燥，烹之、暴之，無不宜之。南方種植既稀，久雨，或就籬乾瘺，佳者製為玩具，頗得善價。《山家清供》以岳柯勳閥有詩曰：去毛切莫拗蒸壺。嘆其知野人風味。余以為岳詩亦只隸事耳，若責南人以食壺為儉，則當與盛筵中之黃芽白菜、營盤磨姑並駃而爭雄矣。元范梈詩序：凡或言種瓠蔓長，必翦其標乃實。齋前因樹為架，蔓緣不已，果多虛花云。凡蓏皆然，不獨瓠也。高季迪詩：自笑詩人骨，何由似爾肥。肥白如瓠，誠為食肉相。然如益州張裔，如瓠壺外澤內粗，其與無竅而堅者何異？瓜花多黄，瓠花色白。杜詩幸結白花了，自是瓠架。

清・葉志詵《神農本草經贊》卷三 苦瓠 味苦，寒。主大水，面目四肢浮腫，下水令人吐。生川澤。

柔蔓弱條，淩霄秋繫。其落無容，不才共濟。蹄踐情移，穰灰性制。肥白輪囷，淨無黶翳。

麻九疇詩：弱條柔蔓漸縈回。范梈詩：淩霄必有為。《莊子》：憂其瓠落無所容。《國語》：苦瓠不材，與人共濟而已。汪機曰：有原種是甘變為苦者，俗謂牛馬踐踏之故。蘇恭曰：服苦瓠過分，吐利不止者，以黍穰灰汁解之。凡用苦瓠，以細理瑩淨，無黶翳者佳。僧道衍詩：嫩瓠肥白纔燖羓。陸游詩：家園瓜瓠漸輪囷。

清・文晟《新編六書》卷六《藥性摘錄》 苦瓠毒 吐痢不止，以黍穰燒灰，淋汁飲。

清・戴葆元《本草綱目易知錄》卷三 苦匏苦壺盧 瓤及子，苦，寒，有毒。吐蚘蟲，利石淋，下死胎，消水氣。吐呀嗽結囊，疰蠱痰飲。治大水面目四肢浮腫，癰疽惡瘡疥癬，齲齒有蟲䘌者。煮汁漬陰，療小便不通。煎汁滴鼻中，出黃水，去風痰頭痛及傷冷鼻塞、黄疸。又可制汞。

清・周巖《本草思辨錄》卷三 苦瓠 大水面目四肢浮腫，因在內而證在外也，以苦瓠之瓤與子治之，則棄其外而取其內也。瓤與子為一瓠之津液所儲，迨其漸乾漸斂，氣道力厚，煉津液為精華，以此馭人身梗化之水，自無歸命投誠，一遵約束。然則瓠其何以處之，其氣味則苦寒也，性則就下也，瓠既就下，而他有不就下者乎，此《本經》所由殿之以下水也。

敗瓢

明・李時珍《本草綱目》卷二八菜部・蓏菜類 敗瓢《綱目》

【集解】時珍曰：瓢乃匏壺破開爲之者，近世方藥亦時用之，當以苦瓠者爲佳，年久者尤妙。

時珍。

〖氣味〗苦，平，無毒。　〖主治〗消脹殺蟲，治痔漏下血，崩中帶下赤白。

〖附方〗新六。　中滿鼓脹：　用三五年陳壺盧瓢一個，以糯米一斗作酒，待熟，以瓢於炭火上炙熱，入酒浸之，如此三五次，將瓢燒存性，研末，每服三錢，酒下，神效。余居士《選奇方》。　大便下血：　敗瓢燒存性，黃連等分研末，每空心温酒服二錢。《簡便方》。　赤白崩中：　舊壺盧瓢炒存性，蓮房煅存性，等分研末。每服二錢，熱水調服。三服，有汗爲度，即止。甚者五服止，最妙。忌房事、發物、生冷。《海上方》。　腦漏流膿：　破瓢、白鷄冠花、白螺螄殻各燒存性，等分，血竭、麝香各五分，爲末。以好酒洒濕熟艾，連藥揉成餅，貼在頂門上，以熨斗熨之，以愈爲度。孫氏《集效方》。　腋下瘤癭：　用長柄茶壺盧燒存性，研末搽之，以消爲度。一府校老嫗右腋生一瘤，漸長至尺許，其狀如長瓠子，久而潰爛。一方士教以此法用之，遂出水，消盡而愈。《瀕湖集簡方》。　湯火傷灼：　舊壺盧瓢燒灰傅之。同上。

明・倪朱謨《本草彙言》卷一六　敗舊瓢　味苦，氣寒平，無毒。李氏曰：　瓢乃壺匏破開作器用之，以苦瓢爲佳。年久尤妙。

集方：　《方脉正宗》治中滿臌脹。用三五年舊陳壺盧瓢一個，盛酒於炭火上炙熱，浸之，如此炙、浸半日，傾出酒，將瓢燒存性研末，每服二錢，仍將瓢內原酒調下。〇李瀕湖方治腋下瘤癭。用陳舊壺盧瓢一個，燒存性，研細末。未破者，茶蜜水調塗，即漸消去。已破爛者，乾摻上，即出水盡而愈。

明・顧逢柏《分部本草妙用》卷九菜部　苦敗瓢　苦，平，無毒。　主消脹，殺蟲，痔漏下血，崩中帶下，赤白。

明・施永圖《本草醫旨・食物類》卷二　敗瓠瓠乃匏壺破開為之者。近世方藥亦時用之，當以苦瓠者為佳，年久者尤妙。　味：　苦，平，無毒。治：　消脹殺蟲，治痔漏下血，崩中，帶下赤白。

清・李熙和《醫經允中》卷二二　苦敗瓢　令人吐，傷中氣。　苦，平，無毒。　主消脹，殺蟲，痔漏下血，崩中帶下赤白。

清・王道純《本草品彙精要續集》卷八　敗瓢無毒

敗瓢：　主消脹，殺蟲，治痔漏下血，崩中，帶下赤白《本草綱目》。　〖用〗李時珍曰：　瓢，乃匏壺破開爲之者。近世方藥亦時用，當以苦瓠者爲佳，年久者尤妙。　〖味〗苦。　〖性〗平。　〖治〗腋下瘤癭，用長柄茶壺盧燒存性，研末搽之，以消爲度。一府校老嫗，右腋生一瘤，漸長至尺許，其狀如長匏子，久而潰爛。一方士教以此法，用之遂出水，消盡而愈。　〖合治〗中滿鼓脹，用三五年陳壺盧瓢一個，以糯米一斗作酒，待熟，以瓢於炭火上炙熱，入酒浸之，如此三五次，將瓢燒存性，研末，每服三錢，酒下，神效。〇大便下血，敗瓢燒存性，黃連等分，研末，每空心酒服二錢。〇赤白崩中，舊壺盧瓢炒存性，蓮房煅存性，等分，研末，每服二錢，熱水調服二服，有汗爲度，即止，甚者五服止，最妙。忌房事、發物、生冷。〇腦漏流膿，破瓢、白雞冠花、白螺螄殻各燒存性，等分，血竭、麝香各五分爲末，以好酒灑濕，熟艾連藥揉成餅，貼在頂門上，以熨斗熨之，以愈爲度。

冬瓜

唐・孫思邈《千金要方》卷二六《食治・菜蔬》　瓜子　味甘，平、寒，無毒。令人光澤，好顔色，益氣不飢，久服輕身耐老。又除胸滿心不樂。久食寒中。可作面脂。一名水芝，一名白瓜子，即冬瓜人也。八月採。白冬瓜：　味甘，微寒，無毒。除少腹水脹，利小便，止消渴。

唐・孟詵、張鼎《食療本草》卷子本　冬瓜寒。　右主治小腹水鼓脹。又，利小便，止消渴。又，其子主益氣耐老，除心胸氣滿，消痰止煩。又，冬瓜子七升，絹袋盛，投三沸湯中，須臾〔出〕，曝乾，又內湯中。如此三度乃止，曝乾。與清苦酒浸之一宿，曝乾為末，服之方寸匕，日二服，令人肥悅。又，明目，延年不老。案經：　壓丹石，去頭面熱風。又，熱發者服之良。患冷人勿食之，令人益瘦。取冬瓜一顆，和桐葉與猪食之。一冬更不食諸物，〔自然不飢〕，其猪肥長三四倍矣。又，煮食之，能鍊五藏精細。欲得肥者勿食之，為下氣。欲瘦小輕健者，食之甚健人。又，冬瓜人三升，退去皮殻，擣為丸。空腹及食後各服廿丸，令人面滑靜如玉。可入面脂中用。

附：日・丹波康賴《醫心方》卷三〇　白瓜子　《本草》云：　味甘，平、寒，無毒。主令人悦澤，好顔色，益氣不飢。久服輕身耐老。陶〔弘〕景注云：　熟瓜有數種，除瓤食之，不害人。若覺食多，入水自漬即便消。又云：《博物志》云水浸至項，食瓜無數。崔禹〔錫〕云：　味甘，冷，無毒。食之利水道，去痰水。未熟者，冷。黃熟者，平。其瓤甘，補中，除腸胃中風，殺三蟲，止眩冒。《養生要集》云：　瓜二蒂及二莖，食之殺人。馬琬云：　有兩鼻，食之殺人。孟詵云：　寒多，食發癉黃，動宿冷病。又瘕癖人不可多食之。

冬瓜：　《本草》云：　白冬瓜，微寒。主除少腹水脹，利小便，止渴。陶注云：　冬瓜性冷利，解毒消渴。《神農經》云：　冬瓜味甘，無毒。止渴除熱。崔禹〔錫〕云：　冬瓜，除水脹。風冷人勿食，益病。又作胃反病。　晤玄子張云：　冬瓜食之，壓丹石，去頭面熱。

宋·唐慎微《證類本草》卷二七菜部上品〔《本經·別録》〕　**白瓜子　味甘，平、寒，無毒。主令人悅澤，好顏色，益氣不飢。久服輕身耐老。**主除煩滿不樂，久服寒中。可作面脂，令面悅澤。**一名水芝，**一名白爪側絞切子。生嵩高平澤。冬瓜人也，八月採。

〔唐·蘇敬《唐本草》〕注云：　《經》云冬瓜人也，八月採之。已下爲冬瓜人說，非謂冬瓜別名。據《經》及下條瓜蒂，並生嵩高平澤，此即一物，但以甘字似白字，後人誤以爲白也。若其不是甘瓜，何因一名白瓜？此即甘瓜不惑。且朱書論白瓜之效，墨書說冬瓜之功，功異條同，陶爲深誤。按《廣雅》：　冬瓜一名地芝，與甘瓜全別，墨書宜附冬瓜科下。瓜蒂與甘瓜共條。《別録》云：　甘瓜子，主腹内結聚，破潰膿血，最爲腸胃脾内壅要藥。《本草》以爲冬瓜，但用蒂，不云子也。今腸癰湯中用之。俗人或用冬瓜子也。又按諸《本草》云：　瓜子或云甘瓜子，今此本誤作白字，當改從甘也。

〔宋·馬志《開寶本草》〕按：　此即冬瓜子也。唐注稱是甘瓜子。謂甘字似白字，後人誤以爲白。此之所言，何孟浪之甚耶？且《本經》云：　主令人悅澤。《別録》云：　可作面脂，令人悅澤。而又面脂方中多用冬瓜人，不見用甘瓜子，按此即是冬瓜子明矣。故陶於後條注中云：　取核水洗，燥乃檑取人用之。且此物與甘瓜全別。其甘瓜有青、白二種，子色皆黄，主療與白瓜子有異。而冬瓜皮雖青，經霜亦有白衣，其中子白，白瓜子之號，因斯而得。況陶隱居以《別録》白冬瓜附於白瓜子之下，白瓜子更不加注，足明一物而不能顯辨爾。《別録》爪字，側絞切，今以讀作瓜字。唐注謬誤，都不可憑。

〔宋·掌禹錫《嘉祐本草》〕按：　《蜀本》注：　蘇云是甘瓜子也。《圖經》云：　別有胡瓜，黄赤，無味。今據此兩說，俱不可憑矣。《本經》云：　即冬瓜人也。蘇注蓋以冬瓜色青，乃云是甘瓜者。且甘瓜自有青、白二種，只合云白甘瓜也。今據《本經》云：　白瓜子即冬瓜人無疑也。按冬瓜雖色青，而其中子甚白，謂如白瓜子者，猶如蟲部有白龍骨焉，人但看骨之白而不知龍之色也。若以甘瓜子爲之，則甘瓜青、白二種，其子並黄色，而《千金》面藥方，只用冬瓜人，信蘇注爲妄，《圖經》難憑矣！　孟詵云：　取冬瓜人七升，以絹袋盛之，投三沸湯中，須臾出暴乾，如此三度止。又，與清苦酒漬，經一宿，暴乾爲末，日服之方寸匕。令人肥悅，明目，延年不老。又，取子三五升，退去皮，擣爲丸。空腹服三十丸，令人白淨如玉。　日華子云：　冬瓜人，去皮膚風剝，黑皯，潤肌膚。

〔宋·蘇頌《本草圖經》〕曰：　白瓜子，即冬瓜人也。生嵩高平澤，今處處有之，皆園圃所蒔。其實生苗蔓下，大者如斗而更長，皮厚而有毛，初生正青綠，經霜則白如塗粉。其中肉及子亦白，故謂之白瓜人。家多藏蓄彌年，作菜果。入藥須霜後合取，置之經年，破出核洗，燥乃擂取人用之。亦堪單作服餌。又有末作湯飲，又作面藥，並令人顏色光澤。宗懍《荊楚歲時記》云：　七月採瓜犀，以爲面脂。犀，（辨）〔瓣〕也。瓤亦堪作澡豆。其肉主三消渴疾，解積熱，利大小腸，壓丹石毒。《廣雅》一名地芝是也。皮可作丸服，亦入面脂中，功用與上等。

〔宋·唐慎微《證類本草》〕《外臺秘要》：　補肝散：　治男子五勞七傷，明目。白瓜子七升，絹袋盛，絞沸湯中，三遍訖，以酢五升，漬一宿，暴乾，擣下篩，酒服方寸匕，日三，久服差。　孫真人：　治多年損傷不差。熬瓜子末，溫酒服之。

宋·唐慎微《證類本草》卷二七菜部上品〔《別録》〕　白冬瓜　味甘，微寒。主除小腹水脹，利小便，止渴。

〔梁·陶弘景《本草經集注》〕云：　被霜後合取，置經年，破取核，水洗，燥，乃擂取人用之。冬瓜性冷利，解毒，消渴，止煩悶，直擣，絞汁服之。

〔宋·馬志《開寶本草》〕注：　此物經霜後，皮上白如粉塗，故云白冬瓜也。前條即冬瓜子之功，此乃說皮肉之效爾。陶注：　爲子人，非也。

〔宋·掌禹錫《嘉祐本草》〕按：　《藥性論》云：　冬瓜練，亦可單用，味甘，平。汁，止煩躁熱。練，壓丹石毒，止熱渴，利小腸，能除消渴，差五淋。　孟詵云：　冬瓜，益氣耐老，除胸心滿，去頭面熱。熱者食之佳，冷者食之瘦人。　日華子云：　冬瓜，冷，無毒。除煩，治胸膈熱，消熱毒癰腫，切摩痱子甚良。葉，殺蜂，可傛事蜂兒，并焫腫毒及蜂丁。藤燒灰，可出繡點黯，洗黑皯，并洗瘡疥。濕穰，亦可漱練白縑。

〔宋·唐慎微《證類本草》〕《食療》：　益氣能老，除心胸滿。取瓜子七升，下同白瓜條。壓丹石。又，取瓜一顆，和桐葉與猪肉食之。一冬更不要與諸物食，自然不飢，長三四倍矣。又，煮食之，練五藏，爲下氣故也。欲得瘦輕健者，則可長食之。若要肥，則勿食。　孟詵說：　肺熱消渴，取濮瓜去皮，每食後嚼喫三二兩，五七度良。《千金方》：　治小兒渴利，單擣冬瓜汁飲之。《肘後方》：　發背欲死方：　取冬瓜，截去頭，合瘡上。瓜當爛，截去更合之。瓜未盡，瘡已斂小矣。即用膏養之。《小品方》：　食魚中毒，冬瓜汁最驗。　孫真人：　九月勿食被霜瓜，食之令人成反胃病。《古今録驗》：　治傷寒後痢，日久津液枯竭，四肢浮腫，口乾。冬瓜一枚，黄土泥厚裹五寸，煨令爛熟，去土絞汁服之。《兵部手集》：　治水病初得危急。冬瓜不限多少，任喫，神效無比。《子母秘録》：　小兒生一月至五個月，乍寒乍熱。炮冬瓜，絞汁服。《楊氏産乳》：　療渴不止。燒冬瓜，絞取汁。細細飲之盡，更作。《丹房鏡源》：　冬瓜蔓灰煮汞及丹砂，淬銅、錫。

宋·寇宗奭《本草衍義》卷一九　白冬瓜　一二斗許大，冬月收爲菜，壓去汁，蜜煎，代果。患發背及一切癰疽，削一大塊置瘡上，熱則易之，分（敗）〔散〕熱毒氣，甚良。

白瓜子　實冬瓜仁也，服食中亦稀用。

宋·張世南《游宦紀聞》卷六　董季興昔嘗為世南言，沙隨先生，紹興丙午，苦淋血之疾，兩年不愈。【略】偶董閱《本草》，因見白冬瓜治五淋，於是日食三大甌，七日而愈，前此百藥皆無效。董，沙隨先生之婿也。先生嘗書此事於家廟之壁。

宋·王繼先《紹興本草》卷一二　白瓜子　紹興校定：白瓜子即冬瓜仁也。《本經》已具性味主治，但世之多以研取汁與蜜同煎，全如罌粟作湯，唯止煩解渴，餘無功矣。即非甜瓜子，當云味甘、微寒、無毒是矣。

白冬瓜　紹興校定：白冬瓜，性味、主治已載《本經》，然世之作菜及蜜煎作果品甚衆，固非起疾之物。當從《本經》味甘、微寒、無毒是矣。

宋·鄭樵《通志》卷七五《昆蟲草木略》　白瓜　曰水芝，曰地芝。即白冬瓜也。

宋·高文虎《蓼花洲閑録》　治惡瘡，取冬瓜一枚，中截，先以一頭合瘡，候瓜熱削去再合，熱減則已。

宋·陳衍《寶慶本草折衷》卷一九　白冬瓜汁在內。　又云：一名地芝，乃冬瓜肉也。○所出與白瓜子同。○冬採。

味甘，平，微寒，無毒。○主除小腹水脹，利小便，止渴。○《藥性論》云：汁，止煩燥熱，練壓丹石毒，除五淋。○孟詵云：益氣，除胸心滿，去頭面熱。熱者，食之佳；冷者，食之瘦。○日華子云：治胸膈熱，消癰腫，切摩痱子良。○《圖經》曰：大者如斗而長。初生青綠。經霜則白如塗粉。其肉，主三消渴疾。分白瓜子條。○孫真人云：九月勿食被霜瓜，成反胃病。○寇氏曰：冬瓜壓去汁，蜜煎代果。患發背，癰疽，削置瘡上，熱則易之，分敗熱毒氣。

白瓜子瓣及瓤附。　一名冬瓜人，一名白瓜子，一名水芝。○瓜子之瓜，側絞切。生嵩高平澤。今處處園圃蒔有之。○八月及霜後收瓜，經年破開，出子，洗曬燥，擂取人。○附：瓣，一名瓜犀。七月採。

味甘，平，寒，無毒。○主悅澤顏色，益氣，除煩滿。久服寒中，可作面脂。○日華子云：去皮膚風，剝黑皯，潤肌膚。○《外臺秘要》：補肝，明目。○孫真人方：治損傷，熬末溫酒服。

附：瓣。長白虛薄。○以為面脂。

瓤。貼瓣上夾子者。○堪作澡豆。

元·忽思慧《飲膳正要》卷三　冬瓜　味甘，平、微寒，無毒。主益氣，悅澤駐顏，令人不飢。

元·尚從善《本草元命苞》卷九　冬瓜　味甘，微寒，無毒。除小腹水脹，利小便五淋，除胸心滿，去頭面熱，壓丹石毒，止消渴證。葉洗黑皯，穰練白練。被霜後食之，令人成反胃。冬瓜仁，甘，平，無毒，作面脂悅澤人面，益顏色，輕身，除煩滿不樂，去皮膚風，剝面上皯。

元·吳瑞《日用本草》卷七　白冬瓜　經霜後，皮白如粉塗。人家藏蓄彌年，作菜菓及入藥用。　味甘，微寒，無毒。熱食之佳，冷食之瘦。主小腹脹，利小便，止渴，益氣，除胸滿。治發背方取冬瓜截去頭，合在瘡上，良久瓜爛，截去，更合之。瓜未盡，瘡已斂小矣，即用膏養之。　練：　味甘，平。壓丹石毒，止熱渴，利小腸。能除消渴、五淋。汁：　止煩躁熱。　瓜仁：味甘，無毒。久服寒中，入茶、菓中用。　主益氣，除煩滿。

元·朱震亨《本草衍義補遺》　冬瓜　性走而急，久病與陰虛者忌之。《衍義》取其分散熱毒氣，有取於走而性急也。○九月勿食，俟被霜食之，不爾令人成反胃病。又，差五淋。

元·徐彥純《本草發揮》卷三　冬瓜　丹溪云：冬瓜，性急而走，久病與陰虛者忌之。《衍義》以其分散癰疽毒氣，有從於走而性急也。

明·蘭茂原撰，范洪等抄補《滇南本草圖說》卷八　冬瓜　味甘淡，性寒，有小毒。交小暑後無毒。主治：清熱利水，其性善走。下氣，消水腫。胖人食化痰，瘦人食生痰。皮熬水，洗痔良。仁，治腸癰。

明·蘭茂撰，清·管暄校補《滇南本草》卷上　冬瓜　味平，辛、甘，寒。治痰吼氣喘，薑湯下。又解遠方瘴氣。又治小兒驚風。皮，治中風，皆效。

明·蘭茂撰，清·管暄校補《滇南本草》卷中　冬瓜皮　性微寒，味甘淡平。入脾肺二經。止渴消痰，利小便。

附方：　治咳嗽，冬瓜皮五錢，要經過霜者。蜂蜜少許，水煎服。

明·蘭茂撰，清·管暄校補《滇南本草》卷下　冬瓜　性平和，味甘淡。入脾肺二經。潤肺，消熱痰，止咳嗽，利小便。

明・蘭茂《滇南本草》（叢本）卷中　冬瓜皮，味淡，性寒、平。〔入〕胃脾肺三經。止咳嗽消痰，利小便。單方：經霜冬瓜皮五錢，蜂蜜少許，煨吃，止咳嗽。又方：冬瓜皮、乾茄子根，洗凍瘡效。

明・滕弘《神農本經會通》卷五　白冬瓜　初生青綠，經霜則白，其肉子亦白，故名。

味甘，氣微寒。一云：性冷利。一云：甘，平。

《本經》云：主除小腹水脹，利小便，止渴。陶云：性冷利。解毒，消渴，止煩悶。宜搗汁服之。《藥性論》云：冬瓜練，亦可單用。味甘，平。汁止煩燥，熱煉壓丹石毒，止熱渴，利小腸，能除消渴，差五淋。孟詵云：益氣耐老，除胸心滿，去頭面熱。熱者食之佳，冷者食之瘦人。日華子云：冷，無毒。除煩，治胸膈熱，消熱消毒，療腫，切摩痱子甚良。葉，殺蜂，可脩事蜂兒，并焫腫毒，及蜂丁。藤燒灰，可出繡點黯，洗黑䵟，并洗瘡疥。瀜穰，亦可漱練白縑。丹溪云：冬瓜性走而急，久病與陰虛者忌之。乃《衍義》謂分散熱毒氣，有取於走而性急也。差五淋。孫真人云：九月勿食，俟被霜食之，不爾令人成反胃病。《衍義》云：發背及癰疽，削一大塊，置瘡上，熱則易之，分敗熱毒甚良。《局》云：白冬瓜主除煩躁，止渴通淋利小腸。解熱散癰除水脹，醒脾悅色子尤良。白冬瓜，除躁煩，止渴。

白瓜子　冬瓜仁也。甜瓜子，雖有青白二種，其子皆黃。八月採。

味甘，氣平，寒，無毒。東云：醒脾，為飲食之資。

《本經》云：主令人悅澤，好顏色，益氣，不飢，久服輕身耐老。主除煩滿不樂。久服寒中。可作面脂，令面悅澤。日華子云：去皮膚風，剝黑䵟，潤肌膚。

明・劉文泰《本草品彙精要》卷三八　白冬瓜無毒　蔓生。

白冬瓜：主除小腹水脹，利小便，止渴。名醫所錄。〔苗〕《圖經》曰：蔓生布地，莖葉有毛，開黃花，實生蔓下，大者如斗而更長，皮厚，初生有毛，青綠色，但經霜則白如傅粉，故謂之白冬瓜也。人以藏蓄作菜，入藥須霜後採者爲佳。〔地〕《圖經》曰：生嵩高平澤，今處處有之。〔時〕生：春生苗。採：八九月取。〔用〕肉。〔色〕皮青，肉白。〔味〕甘。〔性〕微寒。〔氣〕氣之薄者，陽中之陰。〔臭〕腥。〔主〕消熱毒，止煩悶。〔治〕療：《圖經》曰：肉，止三消渴疾及積熱，利大小腸。陶隱居云：止煩悶，擣汁服之。《藥性論》云：練汁，能止煩燥熱及利小腸，除消渴，并五淋。日華子云：冬瓜，除煩，胸膈熱，消熱毒癰腫，切摩痱子甚良。○葉，殺蟲。《詩》云：莫予荓蜂，自求辛螫。亦可修事蜂兒荓腫毒及蜂（可）〔叮〕。藤燒灰，可出繡點黯，洗黑䵟，并洗瘡疥。瀜瓤，亦可漱練白縑。孟詵云：冬瓜，除胸心滿悶，頭面熱者，食之佳。《衍義》曰：冬瓜，治發背及一切癰疽，削一大塊置瘡上，熱則易之，瓜當爛，截去更合之，分散熱毒，甚良。《別錄》云：小兒渴利，單擣瓜汁飲之。及傷寒後痢日久，津液枯竭，四肢浮腫，口乾，冬瓜一枚，黃土泥厚裹五寸，煨令爛熟，去土絞汁服之。及治水病初得，危急，冬瓜不限多少，任喫，神效。小兒一月至五個月，乍寒乍熱，炮冬瓜，絞汁服，治渴不止。補：孟詵云：益氣耐老。〔禁〕患冷者食之，瘦人。九月勿食被霜瓜，食之令人成反胃病。〔解〕壓丹石毒并魚中毒，飲瓜汁最驗。

白瓜子無毒　蔓生。　白瓜子出《神農本經》：主令人悅澤，好顏色，益氣不飢。久服輕身，耐老。以上朱字《神農本經》。除煩滿不樂。久服寒中。可作面脂，令面悅澤。以上黑字名醫所錄。〔名〕水芝、白側絞切。〔苗〕謹按：白瓜子，即前條冬瓜子也。冬瓜皮雖青，經霜亦白，其中子則方正、潔白，比次整齊，非他子形色之可比，故謂之白瓜子。《歲時記》云七月採犀以爲脂者，此也。《唐本》注作甘瓜者，由其甘、白字畫所誤。考之《別錄》，有可作面脂之說，正與《本經》相符，此實冬瓜子明矣。〔時〕生：春生苗。採：八九月取。〔收〕暴乾。〔色〕白。〔味〕甘。〔性〕平，寒。〔氣〕氣之薄者，陽中之陰。〔製〕《圖經》曰：洗淨，擂取仁用。〔治〕療：《圖經》曰：仁，擂作面藥，洗燥皺。日華子云：去皮膚風及黑䵟，潤肌膚。〔合治〕瓜子，熬作末，合酒服，治多年損傷不差。○瓜子七升，絹袋盛，絞沸湯中三遍，以酢五升漬一宿，暴乾，擣篩，合酒服方寸匕，日三服，治男子五勞七傷，明目，延年不老。及去皮擣爲丸，空腹服三十丸，令人白淨如玉。

明・盧和、汪穎《食物本草》卷一菜類　冬瓜　味甘，微寒。主除小腹水脹，利小便，止渴，益氣，耐老，除滿，去頭面熱。熱者食之佳，冷者食之瘦。又煉五臟，以其下氣也。欲輕健者食之，欲肥胖者勿食。丹溪云：冬瓜性走而急，久病及陰虛者忌食之。霜降後方可食，不然令人成反胃病。又差五淋。患背癰，削片置瘡上，分敗熱毒。

明·許希周《藥性粗評》卷三　白冬瓜切人煩燥。

白冬瓜，冬瓜經霜後皮如粉塗，故名。瓜有數種，蔓葉相似，而大小不同。此種結實獨大，有數尺圍，重有二三十斤者，必經霜後至冬方可食，故名。江南園圃處處有之。此物内冷人及瘦人不可食，食之轉劇，蓋以性冷故也。餘説《本草》不載。味甘，性寒，無毒。主治胸膈煩熱，消渴五淋，癰腫掀疼，瘡疥風熱，涼血散火，利小腸，消水脹，壓丹毒。孟詵云：冬瓜益氣耐老，除胸心滿，去頭面熱，熱者食之佳謂煩熱者食之有益。冷者食之瘦人謂怯弱者食之無補。

單方：發背掀疼：凡患發背，口閉掀疼，其勢日劇者，取冬瓜截去頭，合瘡口上，須臾瓜當爛，復截去，更合之，瓜未盡而熱已去，口當斂小矣，此法甚妙，凡患癰腫熱毒，皆可用之。　水腫危急：凡患水氣，四肢、腰腹、頭面浮腫者，但取冬瓜煮熟，不限多少食之，其效無比。　止痱：凡遍身起痱并疥癢者，切冬瓜皮摩之甚佳。如夏月無瓜，可以藤煎湯洗之，亦效。　除瘢：凡面有繡瘢，及鼾點者，以冬瓜藤燒灰，以針挑破，點入，其迹自滅。

冬瓜罔利於陰虛。

冬瓜，大略見上文白冬瓜條下，此蓋重出。味甘、淡，性微寒，無毒。其氣下行，性急而走。主散壅滯，消癰腫。丹溪云：久病陰虚者忌之。恐其滲淡無補益，致血虚也。

明·鄭寧《藥性要略大全》卷六　冬瓜一名白冬瓜。　醒脾，進飲食，益氣除煩。可作面脂，悦澤顏色。　味甘，氣平、寒，無毒。去穀用。　除小腹水脹，利大小便，止渴。○汁：止煩燥熱。○皮：治打跌。　味甘，平、微涼。經霜後皮上白如粉，故名白冬瓜。

明·陳嘉謨《本草蒙筌》卷六　白冬瓜　味甘，氣微寒。無毒。園圃所栽，處處俱有。實生苗蔓之下，形長皮厚有毛。初則嫩青，經霜老白。切片日曝，乾軟可留。欲瘦輕健者多餐，望肥胖大者少啖。陰虚久病，須全禁之。蓋入腸胃之中，性走而急故也。壓丹石毒，利大小便。除臍下水脹成淋，止胸前煩悶作渴。薄置癰腫上頻易，切薄塊置腫上，熱則易之。大散熱毒氣旋平。夏月生痱可摩，食魚中毒即解。九月勿食，反胃免憂。和桐葉飼猪一冬，勝糟糠長肉三倍。藤燒灰洗黑鼾，葉搗汁殺蜂叮。皮入面脂作丸，瓤漱白練用濕。子收剝殼仁，研成霜，亦作面脂，悦顏潤色。任為丸散，益壽輕身。○越瓜即梢瓜另名，色白味甘寒無異。頭尾相似，大者尺餘。越人當菓食之，善解酒毒去熱。煩渴止易，小便來長。但發冷利冷中，小兒夏月勿食。○黃瓜益少，不宜食多。積瘀熱成瘡，動寒熱作瘧。發脚氣，生疳蟲。忌醋和之，慎勿犯也。○絲瓜性冷解毒，亦治痘瘡脚癰。多取燒灰，敷上即効。瓤堪滌器，枯者為宜。

明·寧源《食鑒本草》卷下　白冬瓜　味甘，微寒，無毒。其性走而急速，故能下熱毒，解消渴，差五淋，消小腹水脹，利小便，壓丹石毒。久病與陰虚人忌食之。　《千金方》：治夏月生痱子，切冬瓜塗之。　子：味甘，寒，無毒。　益氣，治心中煩滿不樂，合面藥令人美顏色。　《荊楚歲時記》：七月採瓜，犀為面藥，光澤華采。

明·王文潔《太乙仙製本草藥性大全》卷五《本草精義》　白冬瓜　一名水芝，一名地芝，一名白瓜。舊不著所出州土，今在處有之，皆園圃、田野所種。其苗蔓延布滿架，其葉厚而有毛。五月、六月開黃花，結實如桶斗大更長，初則嫩青，經霜後皮上白如粉塗，故名白冬瓜也。八九月採之，切片日曝，乾軟可留。

《食療》云：益氣能老，除心胸滿，取瓜子七升，下同白瓜條。壓丹石。又取瓜一顆和桐葉與猪肉食之，一冬更不要與諸物食，自然不飢，長三四倍矣。又煮食之，練五臟，爲下氣故也。欲得瘦輕健者，可長食之，要肥則勿食。孟云：肺熱消渴，取濮瓜去皮，每食後嚼喫二三兩，五七度良。

白瓜子：即冬瓜仁也。生嵩高平澤，今處處有之，皆園圃所蒔。其實生苗蔓下，大者如斗而更長，皮厚而有毛，初生正青緑，經霜則白如粉，其中肉及子亦白，故謂之白瓜。人家多藏畜彌年作菜果。入藥須霜後合取置之經年，破出核，洗燥乃擂取仁用之，亦堪單作服餌。又有末作湯飲。又作面藥，並令人顏色光澤。宗懔《荊楚歲時記》云：七月採瓜犀以爲面脂，犀，瓣也。瓣亦可作澡豆。其肉主三消渴疾，解積熱，利大小腸，壓丹石毒。

明·王文潔《太乙仙製本草藥性大全》卷五《仙製藥性》　白冬瓜　味甘，氣微寒，無毒。　主治：欲瘦輕健者多餐，望肥胖大者少啖。陰虚久病，須全禁之。蓋入腸胃之中，性走而急故也。壓丹石毒，利大小便。除臍下水脹成淋，止胸前煩悶作渴。薄置癰腫上頻易，切薄塊置腫上，熱則易之。大散熱毒氣旋平。夏月生痱可摩，食魚中毒即解。九月勿食，反胃免憂。和桐葉飼猪一冬，勝糟糠長肉三倍。藤燒灰洗黑鼾，葉搗汁殺蜂螫叮。皮入面脂作丸，瓤漱白鎌用濕。　補註：　小兒渴痢，擣汁飲之。○食魚中毒，擣汁最驗。○小兒生一月至五個月，乍寒乍熱，炮擣絞汁服良。○發背欲死，取切去頭，合瘡上。瓜當爛，截去更合之，瓜未盡，瘡已歛小矣，即用膏養之。○傷寒後痢日久，津液枯竭，四肢浮腫，口乾，取一枚，黄土泥厚裹五寸，煨令爛熟，去土絞汁服。○水病初得危急，不拘多少任喫神效。○渴不止，燒冬瓜絞汁細飲之。　白瓜子：　味甘平，氣寒，無毒。　主治：　主悦顔色，善益氣，不飢。除煩滿不樂，利黑皯潤肌。仁研成霜可作面脂。任爲丸散，益氣輕身。

補註：　補肝散，治男子五勞七傷，明目。白瓜子七升，絹袋盛，絞沸湯中三遍，以酢五升漬一宿，暴乾擣篩，酒服方寸匕，日三，久服差。○多年損傷不差，熬瓜子末，溫酒服之。○《千金》面藥方：　取仁七升，以絹袋盛之，投三沸湯中，須臾出暴乾，如此三度止，又與清苦酒漬，經二宿，暴乾爲末，日服之方寸〔匕〕。令人肥悦明目，延年不老。又取子三五升，退去皮，擣爲丸，空心三十丸，令人白浄如玉。

明·皇甫嵩《本草發明》卷五　白冬瓜上品。味甘，寒，無毒。　主利小便，除臍下水脹成淋，絞汁服之。止煩燥熱渴，壓丹石毒，散熱毒氣。孫真人云：九月勿食，初霜瓜食之作反胃。　子收剥殼，仁研成霜，作面脂，悦顔色，益氣不(肌)〔飢〕。

明·李時珍《本草綱目》卷二八菜部·蓏菜類　冬瓜《本經》上品。校正：今併入白瓜子。

【釋名】白瓜《本經》　水芝同上　地芝《廣雅》志曰：　冬瓜經霜後，皮上白如粉塗，其子亦白，故名白冬瓜，而子云白瓜子也。　時珍曰：　冬瓜，以其冬熟也。又賈思勰云：冬瓜正二三月種之。若十月種者，結瓜肥好，乃勝春種。則冬瓜之名或又以此也。《别録》白冬瓜原附於《本經》瓜子之下。宋《開寶本草》加作白瓜子，復分白冬瓜爲《别録》一種。遂致諸註辯説紛紛。今併爲一。

【集解】《别録》曰：　白瓜子生嵩高平澤，冬瓜仁也。八月采之。　頌曰：　今處處園圃蒔之。其實生苗蔓下，大者如斗而更長，皮厚而有毛，初生正青緑，經霜則白粉。人家多藏蓄彌年，作菜果，入藥須霜後取，置之經年，破出核洗，燥乃擂取仁用之。亦堪單作服餌。　時珍曰：　冬瓜三月生苗引蔓，大葉團而有尖，莖葉皆有刺毛。六七月開黄花，結實大者徑尺餘，長三四尺，嫩時緑色有毛，老則蒼色有粉，其皮堅厚，其肉肥白。其瓤謂之瓜練，白虚如絮，可以浣練衣服。其子謂之瓜犀，在瓤中成列。霜後取之，其肉可煮爲茹，可蜜爲果。其子仁亦可食。蓋兼蔬、果之用。凡收瓜忌酒、漆、麝香及糯米，觸之必爛。

白冬瓜　【氣味】甘，微寒，無毒。弘景曰：　冷利。　【主治】小腹水脹，利小便，止渴《别録》。擣汁服，止消渴煩悶，解毒弘景。益氣耐老，除心胸滿，去頭面熱孟詵。　消熱毒癰腫。切片摩痱子，甚良大明。利大小腸，壓丹石毒蘇頌。

【發明】詵曰：　熱者食之佳，冷者食之瘦人。煮食練五臟，爲其下氣故也。欲得體瘦輕健者，則可長食之；若要肥，則勿食也。　宗奭曰：　凡患發背及一切癰疽者，削一大塊置瘡上，熱則易之，分散熱毒氣甚良。　震亨曰：　冬瓜性走而急。寇氏謂其分散熱毒氣，蓋亦取其走而性急也。久病者、陰虚者忌之。孫真人言：　九月勿食，令人反胃。須被霜食之乃佳。孟詵曰：　取瓜一顆和桐葉與猪食之，一冬更不要與諸物食，自然不飢，長三四倍也。

【附方】舊八，新六。　積熱消渴：　白瓜去皮，每食後喫三二兩，五七度良。孟詵《食療》。　消渴不止：　冬瓜一枚削皮，埋濕地中，一月取出，破開取清水日飲之。或燒熟絞汁飲之。《聖濟總録》。　消渴骨蒸：　大冬瓜一枚去瓤，入黄連末填滿，安瓮内，待瓜消盡，同研，丸梧子大。每服三四十丸，煎冬瓜湯下。《經驗》。　産後痢渴：　久病津液枯竭，四肢浮腫，口舌乾燥。用冬瓜一枚，黄土泥厚五寸，煨熟絞汁飲。亦治傷寒痢渴。《古今録驗》。　小兒渴利：　冬瓜汁飲之。《千金》。　小兒鬾病：　寒熱如疳。用冬瓜、萹蓄各四兩，水二升，煎湯浴之。《千金方》。　嬰孩寒熱：　冬瓜炮熟，絞汁飲。《子母秘録》。　十種水氣：　浮腫喘滿。用大冬瓜一枚，切蓋去瓤，以赤小豆填滿，蓋合簽定，以紙筋泥固濟，日乾，用糯糠兩大籮，入瓜在内，煨至火盡，取出切片，同豆焙乾爲末，水糊丸梧子大。每服七十丸，煎冬瓜子湯下，日三服，小便利爲度。《楊氏家藏方》。　發背欲死：　冬瓜截去頭，合瘡上。瓜爛，截去更合之。瓜未盡，瘡已小歛矣。乃用膏貼之。《肘後方》。　痔瘡腫痛：　冬瓜煎湯洗之。《袖珍方》。　馬汗入瘡：　乾冬瓜燒研，洗浄傅之。　食魚中毒：　冬瓜汁飲之，良。《小品方》。　面黑令白：　冬瓜一個，竹刀去皮切片，酒一升半，水一升，煮爛濾去滓，熬成膏，瓶收，每夜塗之。《聖濟總録》。

瓜練瓤也。　【氣味】甘，平，無毒。　【主治】絞汁服，止煩躁熱渴，利小腸，治五淋，壓丹石毒甄權。　洗面澡身，去皯黷，令人悦澤白皙時珍。

【附方】新二。　消渴煩亂：　冬瓜瓤乾者一兩，水煎飲。《聖惠方》。　水腫煩渴：　小便少者。冬瓜白瓤，水煮汁，淡飲之。《聖濟總録》。

白瓜子《别録》曰：　冬瓜仁也。八月采之。　【正誤】恭曰：　此甘瓜也。甘字似白字，後人誤寫耳。當改從甘字。　志曰：　《本草註》：　白瓜子，冬瓜仁也。蘇氏所言，殊爲孟浪。且甘瓜即甜瓜，亦有青、白二種。其子色黄，主療與冬瓜全異。但冬瓜經霜有白衣，其子亦白，白瓜之號因斯而得。況諸方惟用冬瓜子，不見用甘瓜子者。蘇説不可憑也。　【氣味】甘，平，無毒。《別録》曰：寒。久服寒中。【主治】令人悦澤好顔色，益氣不飢。久服，輕身耐老《本經》。除煩滿不樂。可作面脂《別録》。去皮膚風及黑䵟，潤肌膚大明。治腸癰時珍。【發明】頌曰：冬瓜仁，亦堪單作服餌。又研末作湯飲，及作面脂藥，並令人好顔色光澤。宗懔《荆楚歲時記》云：七月，采瓜犀以爲面脂。即瓜瓣也。亦堪作澡豆。宗奭曰：服食方亦稀用之。

【附方】舊二，新五。服食法：取冬瓜仁七升，以絹袋盛，投三沸湯中，須臾取曝乾，如此三度，又與清苦酒漬之二宿，曝乾爲末，日服方寸匕。令人肥悦明目，延年不老。又法：取子三五升，去皮爲丸，空心日服三十丸。令人白净如玉。孟詵《食療》。補肝明目：治男子五勞七傷，明目。用冬瓜仁，方同上。《外臺秘要》。悦澤面容：白瓜仁五兩，桃花四兩，白楊皮二兩爲末。食後飲服方寸匕，日三服。欲白加瓜仁，欲紅加桃花。三十日面白，五十日手足俱白。一方有橘皮，無楊皮。《肘後方》。多年損傷：不瘥者。瓜子末，温酒服之。《孫真人方》。消渴不止：小便多。用乾冬瓜子、麥門冬、黃連各二兩，水煎飲之。冬瓜苗葉俱治消渴，不拘新乾。《摘玄方》。男子白濁：陳冬瓜仁炒爲末，每空心米飲服五錢。《救急易方》。女子白帶：方同上。

瓜皮　【主治】可作丸服，亦入面脂蘇頌。主驢馬汗入瘡腫痛，陰乾爲末塗之。又主折傷損痛時珍。

【附方】新二。跌撲傷損：用乾冬瓜皮一兩，真牛皮膠一兩，剉入鍋内炒存性，研末。每服五錢，好酒熱服。仍飲酒一甌，厚蓋取微汗。其痛即止，一宿如初，極效。《摘玄方》。損傷腰痛：冬瓜皮燒研，酒服一錢。《生生編》。

葉　【主治】治腫毒，殺蜂，療蜂叮大明。主消渴，瘧疾寒熱。又焙研，傅多年惡瘡時珍。

【附方】新一。積熱瀉痢：冬瓜葉嫩心，拖麵煎餅食之。《海上名方》。

藤　【主治】燒灰，可出繡黥。煎湯洗黑䵟并瘡疥大明。擣汁服，解木耳毒。煎水，洗脱肛。燒灰，可淬銅、鐵，伏砒石時珍。

題明・薛己《本草約言》卷二《藥性本草》　冬瓜　性走而急，久病與陰虚者忌之。《衍義》謂其分散熱毒氣者，取其走而性急也。未被霜而食之，令人成反胃病，惟差五淋。

明・梅得春《藥性會元》卷中　白冬瓜　味甘，性微寒，無毒。性走而急，久病與陰虚之人忌之。主醒脾止渴，當為飲食之資。解燥除煩、通利小便之劑，散癰逐水，腹脹能消。九月勿食被霜瓜，食之令人反胃。

明・穆世錫《食物輯要》卷三　冬瓜　味甘、淡，性冷利，無毒。壓丹石。須經霜後食，良。去頭面熱，除煩渴，其性善走，下氣消水脹，利大小腸。陽藏人食之肥，陰藏人食之瘦。有陰虚者、久病者、反胃者，並忌食。仁味甘，平，無毒。除煩滿，治腸癰。作面脂，去皮膚風、黑點。

明・吴文炳《藥性全備食物本草》卷一　白冬瓜　味甘，性寒，無毒。初生青緑，經冬則皮白如塗粉，故名。主解胸中積熱煩悶，止消渴，除小腹水脹，療五淋，利大小便，壓丹石毒、魚毒，並絞汁服之。又煮食煉五臟，為下氣故也。欲瘦健者可常食，欲肥者勿食。丹溪云：性急而走，久病與陰虚者忌之。《衍義》云：發背、一切癰疽，削一大片置瘡上，熱則易之，分散熱毒，亦取其走而急也。九月食霜瓜令反胃。

葉：殺蜂蠆腫毒。

藤：燒灰洗黑䵟並瘡疥濕。

子：甘，平，無毒。醒脾滯，除煩滿不樂，令人悦澤好顔色。《別錄》云：主腹内結聚，破潰膿血，最為腸胃内壅要藥。又云皮膚風刺，黑䵟，潤肌膚，可作面脂。多年損傷不差，熬末，溫酒調服。入藥須霜後取，置之經年，破出核，洗，燥，去殼取仁，微炒用之。凡瓜皆能寒中，惟木瓜則溫中也。

明・趙南星《上醫本草》卷三　冬瓜　甘，微寒，無毒。主治：小腹水脹，利小便，止渴。震亨曰：冬瓜性走而急。寇氏謂其分散熱毒氣，蓋亦取其走而性急。久病者、陰虚者忌之。孫真人言：九月勿食，令人反胃，須被霜食之乃佳。熱者食之良，冷者食之瘦人。

附方　發背欲死：冬瓜，截去頭，合瘡上。瓜爛，截去更合之。瓜未盡，瘡已小斂矣。乃用膏貼之。痔瘡腫痛：冬瓜煎湯洗之。面黑令白：冬瓜一個，竹刀去皮，切片，酒一升半，水一升，煮爛，濾去滓，熬成膏，瓶收。每夜塗之。積熱瀉痢：冬瓜葉嫩心，拖麵煎餅食之。

瓜練瓤也：甘，平，無毒。主治：絞汁服，止煩躁熱渴，利小腸，治五淋，壓丹石毒。洗面澡身，去䵟黵，令人悦澤白皙。

瓜子：《別錄》曰：冬瓜仁也。八月采之。《歲時紀》云：七月，采瓜犀以為面脂。即瓜瓣也，亦堪作澡豆。

明・李中梓《藥性解》卷六　白冬瓜　味甘，性微寒，無毒，入脾、胃、大小腸四經。主胸前煩悶作渴，臍下水脹成淋，通大小便，大解熱毒，可貼癰疽，又解丹石毒及魚毒。　按：　冬瓜味甘，宜入脾胃，性走而急，宜入大小腸。煩渴諸症，皆熱也，其性寒，故能解之。丹溪曰：　久病與陰虛者忌服，未被霜而食之，令人成反胃病。

明・繆希雍《本草經疏》卷二七　白冬瓜　味甘，微寒。主除小腹水脹，利小便，止渴。

〔疏〕白冬瓜内禀陰土之氣，外受霜露之侵，故其味甘，氣微寒，而性冷利，無毒。水屬陰，瓜性亦屬陰，氣類相從，故能利小便，除小腹水脹也。甘寒解胃中之熱，故又能止渴也。弘景：　止消渴煩悶，解毒。孟詵：　益氣耐老，除心胸滿，去頭面熱。大明：　消熱毒癰腫，切片摩痱子。蘇頌：　利大小腸，壓丹石毒。皆得其旨者也。〔主治參互〕孟詵《食療》積熱消渴，白冬瓜去皮，每食後嚼二三兩，五七度良。《古今録驗》産後痢渴，久病津液枯竭，四肢浮腫，口舌乾燥，用冬瓜一枚，黄土泥厚五寸煨熟，絞汁飲良。亦治傷寒痢渴。《楊氏家藏方》十種水氣浮腫喘滿，用大冬瓜一枚，切蓋去瓤，以赤小豆填滿，蓋合簽定，以紙筋泥固濟，日乾。用糯糠兩大籮，入瓜在内，煨至火盡，取出切片，同赤豆焙乾為末，水糊丸梧子大。每服七十丸，煎冬瓜子湯下，日三服，小便利為度。　冬瓜仁，味甘寒，能開胃醒脾。　同橘紅、石斛、竹茹、枇杷葉、白芍藥、蘆根汁、人參、白茯苓，治胃虛嘔吐。　同人參、茯神、竹瀝、白茯苓、黄耆、甘草、白芍藥、酸棗仁，治小兒慢脾風。〔簡誤〕冬瓜性冷利，凡臓腑有熱者宜之。若虛寒腎冷，久病滑泄者，不得食。未經霜者，不宜多食。九月後食之乃佳。

明・應慶《食治廣要》卷三　冬瓜　氣味：　甘，微寒，無毒。主治：　小腹水脹，利小便，止渴。孟詵曰：　欲得體瘦輕健者宜食，欲肥則不宜食也。久病陰虛人尤忌。惟腫脹者，食之能消。

明・姚可成《食物本草》卷七菜部・蓏菜類　冬瓜冬瓜以冬月熟也，故名。今處處園圃有之。三月生苗引蔓，大葉團而有尖，莖葉皆有刺毛。六七月開黄花，結實大者徑尺餘，長三四尺，嫩時緑色有毛，老則蒼色有粉，其皮全厚，其肉肥白。其瓤謂之瓜練，白虛如絮，可以浣練衣服。其子謂之瓜犀，生瓤中成列。霜後取之，其肉可煮為茹，可蜜為果。其子仁亦可食。蓋兼蔬、菓之用。凡收瓜忌酒、漆、麝香及糯米，觸之必爛。

冬瓜，味甘，溫，無毒。主小腹水脹，利小便，止渴。益氣耐老，除心胸滿，去頭面熱，利大小腸，壓丹石毒。消熱毒癰腫。切片摩痱子，甚良。擣汁服，止消渴煩悶，解毒。熱者食之佳，冷者食之瘦人。煮食煉五臓，為其下氣也。欲得體瘦輕健者，食之。若要肥胖，則勿食也。凡患發背及一切癰疽者，削一大塊置瘡上，熱則易之，分散熱毒氣甚良。久病陰虛者忌之。丹溪謂其性走而急也。孫真人言：　九月勿食，令人反胃。須被霜食之乃佳，取瓜一顆和桐葉與猪食之，一冬更不要與諸物食，自然不飢，長三四倍也。

瓜練瓤也。　味甘，平，無毒。絞汁服，止煩躁熱渴，利小腸，治五淋，壓丹石毒。洗面澡身，去䵟䵳，令人悦澤白皙。

瓜子　味甘，平，無毒。令人悦澤好顔色，益氣不飢。久服，輕身耐老。除煩滿不樂，可作面脂，去皮膚風及黑䵟，潤肌膚。治腸癰。

瓜皮　可作丸服，亦入面脂。主驢馬〔汗〕入瘡腫痛，陰乾為末塗之。又主折傷損痛。

瓜葉　治腫毒，殺蜂，療蜂叮。主消渴，瘧疾寒熱。又焙研，傅多年惡瘡。

瓜藤　燒灰，可出繡黥。煎湯，洗黑䵟并瘡疥。擣汁服，解木耳毒。煎水，洗脱肛。燒灰，可淬銅、鐵，伏砒石。

附方：　治消渴不止。冬瓜去皮，每食後喫二三兩，五七度良。〇又方：　治消渴用冬瓜一枚削皮，埋溼地中一月，取出破開，取清水日飲之。或燒熟絞汁飲之。　治小兒魃病。此症乃小兒二三歲未斷乳時，母復再孕，令兒寒熱羸瘦，吐食膨脹，面青髮竪，或有至死者是也。用冬瓜、扁蓄各四兩，煎湯浴之。　治水病危急。冬瓜不拘多少，任意喫之，神效無比。〇又治十種水氣，浮腫喘滿。用大冬瓜一枚，切蓋去瓤，以赤小豆填滿，蓋合簽定，以紙筋泥固濟，日乾。用糯糠〔兩〕大籮，入瓜在内，煨至火盡，取出切片，同豆焙乾為末，水糊丸梧子大。每服七十丸，煎冬瓜子湯下，日三服，小便利為度。　治食魚中毒。冬瓜汁飲之，良。　治男子白濁，女人白帶。陳冬瓜子仁炒為末，每日空心米飲下五錢。　治多年損傷不瘥者。瓜子末，溫酒服之。　治損腰作痛。冬瓜皮燒研，酒服一錢。

明・顧逢柏《分部本草妙用》卷九菜部　冬瓜　甘，微寒，無毒。　主小腹之脹，利小便，止渴，消熱毒癰腫。　冬瓜性走而急，寇氏以其分散熱毒，削片置瘡上，熱則易之最佳。取其走而性急也。久病陰虛者忌之。久食瘦人。不可冷食，時人謂之暖腹，謬矣。功能壓丹石毒。

明・孟笨《養生要括・菜部》 冬瓜　味甘，微寒，無毒。治小腹水脹，利小便，止渴。益氣耐老，除心胸滿，去頭面熱。消熱毒癰腫。切片摩痱子，甚良。利大小腸，壓丹石毒。〔凡發背癰疽，切片置瘡上，熱則易之，其毒自散。收瓜，忌酒、漆、麝香及糯米，觸之必爛。〕

子：甘，平，無毒。食之令人悦澤，好顔色，益氣不飢，久服輕身耐老。去皮膚風，及黑䵟，潤肌膚。治腸癰。

皮：可作丸服，亦入面脂。主驢馬汗入瘡腫痛，陰乾為末塗之，又主折傷損痛。

葉：治腫毒，療蜂叮。主消渴、瘧疾、寒熱，又焙研傅多年惡瘡。

藤：可煎水洗脱肛，搗汁服解木耳毒。

明・鄭二陽《仁壽堂藥鏡》卷四 冬瓜　味甘，微寒。丹溪云：冬瓜性急而走。久病與陰虚者忌之。《衍義》以其分散癰疽毒氣，有取於走而性急也。《千金方》云：小兒渴，搗冬瓜汁飲之。夏月生痱，可摩。食魚中毒，可解。

明・蔣儀《藥鏡》卷四寒部 白冬瓜　褁黄土煨以絞汁，可治痢渴傷寒。赤小豆製而同呑，除小腹水脹。切片摩痱子，取仁開脾胃。若使食未經霜，陡見病成反胃。

明・施永圖《本草醫旨・食物類》卷二 冬瓜冬瓜以其冬熟也。白冬瓜：味：甘，微寒，無毒。治：小腹水脹，利小便，止渴，擣汁服，止消渴，煩悶，解毒，益氣，耐老，除心胸滿，去頭面熱，消熱毒癰腫。切片，摩痱子甚良。利大小腸，壓丹石毒。熱者食之佳，冷者食之瘦人。煮食練五臟，為其下氣故也。○凡患發背及一切癰疽者，削一大塊置瘡上，熱則易之，分散熱毒氣甚良。○冬瓜性走而急。寇氏謂其分散熱毒氣，蓋亦取其走而性急也。久病者、陰虚者忌之。孫真人言：九月勿食，令人反胃，須霜降食之乃佳。取瓜一顆，和桐葉，與猪食之，一冬雖不多與諸物食，自然不飢，長三四倍也。欲得體瘦輕健者，則可長食之，若要肥則勿食也。

附方　積消熱渴：白瓜去皮，每食後喫二三兩，五七度良。消渴不止：冬瓜一枚，削皮，埋濕地中一月，取出破開，取清水，日飲之，或燒熟絞汁飲之。消渴骨蒸：大冬瓜一枚，去瓤，入黄連末填滿，安瓮内，待瓜消盡同研，丸梧子大，每服三四十丸，煎冬瓜湯下。産後痢渴：久病津液枯竭，四肢浮腫，口舌乾燥，用冬瓜一枚，黄土泥厚五寸，煨熟，絞汁飲，亦治傷寒痢渴。小兒渴痢：冬瓜汁飲之。小兒鬾病：寒熱如疳，用冬瓜、萹蓄各四兩，水二升，煎湯浴之。嬰孩寒熱：冬瓜炮熟，絞汁。水病危急：冬瓜不拘多少，任意喫之，神效無比。發背欲死：冬瓜截去頭，合瘡上，瓜爛截去，更合之，瓜未盡瘡已小斂矣，乃用膏貼之。痔瘡腫痛：冬瓜煎湯洗之。馬汗入瘡：乾冬瓜，燒研洗淨，傅之。食魚中毒：冬瓜汁飲之，良。面黑令白：冬瓜一箇，竹刀去皮，切片，酒一升半，水一升，煮爛，濾去滓，熬成膏，瓶收，每夜塗之。

瓜練：瓤也。味：甘，平，無毒。治：絞汁服，止煩躁熱渴，利小腸，治五淋，壓丹石毒，洗面澡身，去䵟黯，令人悦澤白皙。

附方　消渴煩亂：冬瓜瓤乾者一兩，水煎飲。水腫煩渴：小便少者，冬瓜白瓤水煮汁，淡飲之。

白瓜子：冬瓜仁也。味：甘，平，無毒。性寒，久服寒中。治：令人悦澤好顔色，益氣不飢，久服輕身耐老，除煩滿不樂。可作面脂，去皮膚風及黑䵟，潤肌膚，治腸癰。

附方　多年傷損：不瘥者，瓜子末，溫酒服之。消渴不止：小便多，用乾冬瓜子、麥門冬、黄連各二兩，水煎飲之。冬瓜苗葉俱治消渴，不拘新乾。男子白濁：陳冬瓜仁炒，為末，每空心米飲服五錢。女子白帶：方同上。

瓜皮：治：可作丸服，亦入面脂，主驢馬汗入瘡腫痛，陰乾為末，塗之。又主折傷損痛。

附方　跌蹼傷損：用乾冬瓜皮一兩，真牛皮膠一兩，剉入鍋内，炒存性研末，每服五錢，好酒熱服，仍飲酒一甌，厚蓋取微汗，其痛即止，一宿如初，極效。損傷腰痛：冬瓜皮燒研，酒服一錢。

葉：主治：腫毒，殺蜂，療蜂叮，主消渴，瘧疾寒熱。又焙研，傅多年惡瘡。

附方　積熱瀉痢：冬瓜葉嫩心，拖麪煎餅，食之效。

藤：治：燒灰，可出繡黥。煎湯洗黑䵟，并瘡疥。搗汁服，解木耳毒。煎水洗脱肛。燒灰，可淬銅鐵，伏砒石。

明・李中梓《本草通玄》卷下 白冬瓜　甘，寒，入脾、胃、大小腸四經。主胸前煩悶作渴，臍下水脹成淋，通二便，解熱毒，可貼癰疽，又解丹石魚毒。

丹溪曰：久病與陰虚者忌之。未被霜者，食之，成反胃病。

清・穆石匏《本草洞詮》卷七 冬瓜　經霜始美，以其時名之也。其肉可煮為茹，可蜜為果，蓋兼蔬果之用。氣味甘微寒，無毒。止消渴，除煩熱，利大小腸，壓丹石毒。煮食練五臟，為其下氣故也。欲得體瘦輕健者，則可長食。若要肥，則勿食也。寇宗奭謂其分散熱毒氣。朱丹溪謂其性走而急，若久病者，陰虚者當忌之。《楊氏家藏方》治十種水氣，浮腫喘滿，用大冬瓜一枚，切蓋去瓤，以赤小豆填滿，蓋合簽定，以紙筋泥固濟，日乾，用糯糠兩大籮，入瓜在内，煨至火盡，取出，切片，同豆焙乾，為末，水糊丸梧子大，每服七十丸，煎冬瓜子湯下。

清・丁其譽《壽世秘典》卷三　冬瓜《綱目》云：冬瓜瓤謂之瓜練，白虚如絮，可以浣練衣服，洗面澡身，去䵟䵳，令人悦澤白皙。其子謂之瓜犀仁，亦可食，去皮膚風及黑䵟，潤肌膚，治腸癰。霜後取之，其肉可煮為茹，可蜜為果，蓋兼蔬果之用。凡收瓜，忌酒、漆、麝香及糯米，觸之必爛。

氣味：甘，微寒，無毒。主解煩渴，除心胸滿，去頭面熱，治小腹水脹，利大小腸，壓丹石毒。

發明孟詵曰：冬瓜消熱毒癰腫，切片摩痱子，甚良。熱者食之佳，冷食令人瘦。又練五臟下氣，欲輕健者食之，若要肥則勿食也。寇宗奭云：凡患發背及一切癰疽者，削大片置瘡上，分散熱毒氣。蓋其性走而急也，久病及陰虚者忌之。孫真人言：九月勿食，令人反胃。須經霜，食之乃佳。繆希雍曰：冬瓜性冷利，凡臟腑有熱者宜之，若虚寒、腎冷，久病滑洩者不宜食。按《南安縣志》云：冬瓜益氣耐老，則世俗補人之説，蓋有自來。又云：被虎傷者，切，塞傷處，解毒。此世俗之所未聞，不可不知。

清・劉雲密《本草述》卷一五　白冬瓜此瓜經霜後皮上白如粉塗，故曰冬瓜。

氣味：甘，微寒，無毒。

主治：小腹水脹，利小便，止渴《别録》。消熱毒癰腫日華子。詵曰：熱者食之佳，冷者食之瘦人。煮食練五臟，為其下氣故也。宗奭曰：凡患發背及一切癰疽者，削一大塊，置瘡上，熱則易之，分散熱毒氣甚良。丹溪曰：冬瓜性定而急，寇氏謂其分散熱毒氣，蓋亦取其走而性急也。久病者，陰虚者忌之。孫真人言九月勿食，令人反胃。須被霜，食之乃佳。

附方　水腫食治方，白冬瓜不限多少，任食之。又鯉魚一頭，重一斤已上，煮熟取汁，和冬瓜、葱白作羹，食之。十種水氣浮腫喘滿，用大冬瓜一枚，切蓋去瓤，以赤小豆填滿，蓋合簽定，以紙筋泥固濟，日乾，用糯糠兩大籮，入瓜在内，煨至火盡，取出切片，同豆焙乾，為末，水糊丸梧子大，每服七十丸，煎冬瓜子湯下，日三服，小便利為度。產後痢渴，久病津液枯竭，四肢浮腫，口舌乾燥，用冬瓜一枚，黄土泥厚五寸，煨熟，絞汁飲，亦治傷寒痢渴。

冬瓜仁

氣味：甘，平，無毒。

主治：心經蘊熱，小水淋痛，並鼻面酒䶌如麻豆，疼痛，黄水出。希雍曰：冬瓜仁味甘寒，能開胃醒脾，同橘紅、石斛、竹茹、枇杷葉、白芍藥、蘆根汁、人參、白茯苓，治胃虚嘔吐。同人參、茯神、竹瀝、白茯苓、黄耆、甘草、白芍藥、酸棗仁，治小兒慢脾風。《别録》曰：主腹内結聚，破潰膿血，最為腸胃内壅要藥。時珍曰：治腸癰。

愚按：苦瓠與冬瓜皆行水，然一屬宣陽，一為達陰。如冬瓜以三月生苗，直至六七月乃開花結實，而花色黄，則其氣之所結者，是在三陰進氣之土也，故味有甘，已結實矣。又直待金氣盡而水氣盛，合於陰之將凝，而天氣下降為霜者，以成其甘之味，並得寒之微焉，是豈非水得土以為主，土得水以為用，而致其陰氣之通利者乎？是則除水脹，利小便者在此，謂其下氣者亦在此，其止渴消熱毒者在此，謂其冷利者亦在此矣。至於仁，是此瓜真種子，繆氏所云，能逐諸劑以治胃虚嘔吐，及小兒慢脾，是亦有合於水土合德之微義。更方書淋痛，並鼻面酒䶌之治，又何能外於前義，而别有所取乎哉？

希雍曰：冬瓜性冷利，凡臟腑有熱者宜之。若虚寒腎冷，久病滑洩者，不得食。

修治　入藥須霜後取置之候用。收瓜忌酒、漆、麝香及糯米，觸之必爛。

清・尤乘《食鑒本草・菜類》　冬瓜　利水止渴。多食反令牙疼，動胃火，又令濕痒生瘡，發黄疸。九月勿食，老人小兒不可食。

清・朱本中《飲食須知・菜類》　冬瓜　味甘、淡，性寒。經霜後食良。陽臟人食之肥，陰臟人食之瘦。煮食能練五臟，為下氣也。冷者食之瘦人。九月食之，令人反胃。陰虚久病及反胃者，並忌食之。白瓜子，久食寒中。

清・何其言《養生食鑒》卷上　冬瓜一種白皮者良，粵有一種小者，名節瓜，其功頗同。

味甘、淡，性冷、利，無毒。壓丹石，經霜後食良。去頭面熱，除煩渴，其性善走，下氣，消水脹，利大小腸。陽臟人食之肥，陰臟人食之瘦。有陰虚者、久病者、反胃者，並忌食。

仁　味甘，平，無毒。除煩滿，治腸癰，作面脂，去皮膚風黑點。

皮　性涼，無毒。解砒毒。熱疳疹，煎水飲之，良。皮可洗痔。

清・蔣居祉《本草擇要綱目・平性藥品》　冬瓜仁八月采之。　氣味：　甘，平，無毒。　主治：　令人悅澤好顏色，益氣不飢，久服輕身耐老。　除煩滿不樂。可作面脂，去皮膚風及黑䵟，潤肌膚。治腸癰。

清・王翃《握靈本草》卷六　冬瓜須霜後取，人家多藏畜彌年。　主治：　冬瓜，　甘，微寒，無毒。主小腹水脹，利小便，止渴。

清・汪昂《本草備要》卷四　冬瓜一名白瓜。瀉熱，補脾。　寒瀉熱，甘益脾。利二便，消水腫，冬瓜任喫，效。止消渴，苗葉皆治消渴。散熱毒癰腫。切片敷之。丹溪曰：　冬瓜性急而走，久病陰虛者忌之。昂按：　冬瓜日食常物，于諸瓜中尤覺宜人，且味甘而不辛，何以見其性急而走乎？　子，補肝明目。凡藥中所用瓜子，皆冬瓜子也。

清・李熙和《醫經允中》卷二二　冬瓜　壓丹石毒。　甘，微寒，無毒。主利小便，止渴。解熱毒癰腫，削片置瘡上，熱則易之最佳，取其走而性急也。久病陰虛者忌之。久食瘦人，不可冷食，時人謂之暖腹，謬矣！　葉擣汁，殺蜂叮。

清・馮兆張《馮氏錦囊秘錄・雜症痘疹藥性主治合參》卷七　白冬瓜內稟陰土之氣，外受霜露之侵，故味甘，氣微寒而性冷利，無毒。水屬陰，瓜性亦屬陰，氣類相從，故能利小便，除小腹水脹。甘寒解胃中之熱，故能止消渴，及熱毒癰腫，壓丹熱毒。然性冷利，臟腑有熱者宜之。若虛寒腎冷，久病滑洩者忌食。【略】　白冬瓜，欲瘦輕健者宜餐，欲肥胖大者忌食。陰虛久病，尤宜禁之。蓋入腸胃之中，性走而急故也。壓丹石毒，利大小便，除臍下水脹成淋，止胸前煩悶作渴。薄置癰上頻換，大散熱毒旋痊。和桐葉飼猪一冬，大勝糟糠長肉。九月勿食，令人反胃。

清・张璐《本經逢原》卷三　冬瓜子冬瓜仁　瓜，甘，寒；　子，甘，平，無毒。　《本經》令人悅澤，好顏色，益氣不飢，輕身耐老。　發明：　冬瓜利大小腸，壓丹石毒。其子治腸癰，去面䵟黑，潤肌膚，及作面脂，即《本經》悅澤好顏色之用也。〇瓜練絞汁服，治五淋，壓丹石毒。

清・汪啟賢等《食物須知・諸菜》　白冬瓜　味甘，氣微寒，無毒。園圃所栽，處處俱有。實生苗蔓之下，形長，皮厚，有毛。初則嫩青，經霜老白。切片日曝，乾軟可留。欲瘦輕健者多餐，望肥胖大者少啖，陰虛久病須全禁之。蓋入腸胃之中，性走而急故也。壓丹石毒，利大小便。除臍下水脹成淋，止胸前煩悶作渴。夏月生痱可摩，食魚中毒即解。九月勿食，反胃最靈。

清・劉漢基《藥性通考》卷六　冬瓜　味甘，寒。瀉熱益脾，利二便，消水腫，止煩渴，散熱毒癰腫。切片貼之。子能補肝明目。然性急而走，久病陰虛之人忌之。

清・葉盛《古今治驗食物單方》　冬瓜　治消渴，冬瓜一枚，削去皮，埋濕地一月，取出破開，取清汁日飲之。　小兒渴痢，冬瓜汁飲之。　發背欲死者，冬瓜切去頭，合瘡上，瓜爛截去，更合之，瓜未盡，瘡已小斂矣，乃用膏貼之。　痔瘡腫痛，冬瓜煎湯洗之。

清・王子接《得宜本草・上品藥》　冬瓜子　味甘，平。主治腸癰。得麥冬治消渴。

清・修竹吾廬主人《得宜本草分類・下部補養並瘍科感症門》　冬瓜子　味甘，平。治腸癰。同麥冬治消渴。男子白濁，女子白帶，取冬瓜子炒，為末，米飲下。冬瓜，甘，微寒。切，擣汁，取赤小豆同煎稠，焙乾，為丸，治十種水氣。

清・黃元御《長沙藥解》卷三　瓜子　味甘，性寒。入手太陰肺、手陽明大腸經。清肺潤腸，排膿決瘀。　《金匱》大黃牡丹皮湯方在大黃用之以其破瘀而排膿也。　瓜子仁甘寒疏利，善開壅滯而決膿血，故能治腸癰。

清・黃元御《玉楸藥解》卷四　冬瓜　味酸、甘，微寒。入手太陰肺、足太陽膀胱經。清金止渴，利水消脹。冬瓜清金利水，治消渴水脹，泄痢淋澀，癰疽痔瘻皆醫。解食中毒。洗頭面䵟黷。冬瓜去皮切片，酒水煮爛，去渣熬濃，器收，每夜塗面，變黑為白，光澤異前。

清・吳儀洛《本草從新》卷四　冬瓜〔通，瀉熱，益脾。〕一名白瓜。　寒瀉熱，甘益脾。利二便，消水腫，多吃，效。止消渴，苗葉皆治。散熱毒癰腫。子，補肝明目。凡藥中所用瓜子，皆冬瓜子也。

清・汪紱《醫林纂要探源》卷二　冬瓜　甘，酸，寒。秋晚乃熟，藏待冬食，故名。又曰白瓜。利便行水，散熱止渴。可傅癰毒，療火瘡。酸補肺而瀉肝，甘和中，行秋冬之令。療火瘡，陳者佳。癩者忌食。善潰也。　子：　甘，寒。潤心，明目，毓神。瓜瀉肝，而子則補肝。

清・嚴潔等《得配本草》卷五　冬瓜子　甘，微寒。入手太陽、陽明經。

除心胸滿，去頭面熱，利大小便，壓丹石毒。貼癰腫，摩痱子。用赤小豆填滿瓜中，糯穀糠煨乾，為末糊丸，冬瓜湯下，每日三服，可治水腫。久病陰虛者忌用。九月不可食，令人反胃，〔須被霜食之乃佳〕。子　甘，平。入足厥陰經。除煩明目。治腸癰，去皮風。中寒者禁用。

題清·徐大椿《藥性切用》卷六　冬瓜　甘淡微寒，瀉熱消腫，利水益脾。冬瓜皮，行皮間水濕，善消膚腫。子仁，明目潤燥。葉，治寒熱消渴如瘧。

清·黃宫綉《本草求真》卷九　冬瓜利水消腫解熱。　冬瓜耑入腸胃。味雖甘淡，性甚冷利，故書所述治效，多是消腫定喘。《楊氏家藏方》治十種水氣浮腫，用大冬瓜一枚，切蓋去瓤，以赤小豆填滿，蓋合簽定，以紙筋泥固濟，乾用糯糠兩大籮，入瓜在內，煨至火盡，取出切片。同赤小豆焙乾為末，糊丸，每服七十丸，煎冬瓜子湯。于日三服，小便利為度。止渴，及治癰腫熱毒。切片敷上，熱則易之。壓丹石毒。然惟臟腑有熱者最宜，若虛寒腎冷。久病滑泄，及水衰氣弱體瘦，服之則水氣益泄，而有厥逆滑脫燥渴之虞矣！汪昂既言生能止渴消腫，而又謂性不走，服甚宜人。是何自相予盾耶？子能補肝明目。凡藥中所用瓜子者，即是此物。瓜皮可作面脂。以色白故。

清·李文培《食物小錄》卷上　冬瓜　甘，微寒，無毒。益氣耐老，除心胸滿，練五臟，輕健者可長食之。熱食佳，冷食瘦人。其子助脾，皮可洗凍瘡。

清·羅國綱《羅氏會約醫鏡》卷一七菜部　冬瓜　味甘寒，入脾經。寒瀉熱，甘益脾。利二便，消水腫，任喫最效。散熱毒癰腫。切片敷之。子補肝明目。

清·趙學敏《本草綱目拾遺》卷八果部下　瓜子殼　《傳信方》：治腸紅，不論新久，三服全愈。用地榆炒黑一錢，白薇一錢五分，蒲黄炒黑一錢，桑白皮一錢五分，瓜子殼二兩，煎湯代水。《不藥良方》：單用瓜子殼一味煎服，治腸風下血。　吐血：《不藥良方》：瓜子殼一茶鍾，煎湯一盌，喫下，血即止。

清·王學權《重慶堂隨筆》卷下　冬瓜　以杭州搭棚而種，使其懸牛棚內，既遮日晒，又不著地。味純甘而不帶酸者良。涼而潤肺，甘能養胃，極清暑濕，止煩渴，利二便，消脹滿，治暑濕、霍亂、瀉痢有殊功。子潤肺化濁痰。皮解風熱，消浮腫。蔬圃中妙品也。

清·黃凱鈞《藥籠小品》　冬瓜子　肺脹喘急，非此不療。並消水腫，亦因利肺氣也。

清·章穆《調疾飲食辯》卷一下　冬瓜汁　《本經》曰白瓜，又名水芝。《廣雅》曰地芝。《綱目》曰：冬瓜者，以其冬熟也。《齊民要術》曰：十月種者，結瓜肥好。二說皆誤。此物夏時天氣稍涼，瓜即黄落不成，可以冬種冬熟乎。蓏屬有南瓜，有西瓜。南瓜之形扁者，或呼北瓜。則冬者，東之訛也，必曰冬種，附會，無理。其味甘性涼，能除煩止渴，退熱解暑，和中益氣，利小便，消腫脹。生搗汁飲，治大熱大渴。又治熱痢噤口，生冬瓜汁、生萊菔汁和合飲，甚者加苦蕒汁、梨汁。《古今錄驗》方治產後久病，津枯口燥，四肢浮腫：冬瓜一枚，黃土泥之，煨熟，絞汁飲。《兵部手集》治水腫危急：冬瓜任意食，愈多愈妙。《聖濟總錄》曰：水腫煩渴，小便少者，冬瓜內白瓤煮汁淡飲，以多為妙。如嫌味淡，可略加醋，不得加鹽、加餹。《楊氏家藏方》治十種水氣，浮腫喘急：冬瓜一枚，切蓋，納赤小豆三五升於內，仍合蓋，竹簽簽定，黃土包好，如包鹽蛋，糯糠火煨極熟，切片，同豆焙乾為末，水丸。每服四五錢，煎冬瓜子湯下，日三服，至小便利則漸減，以愈為度。《肘後方》治發背熱腫：冬瓜截去頭，合之。予意不如搗爛敷之。《小品方》治食魚中毒，煮冬瓜汁飲。凡熱病後，及乎人注夏，與體肥畏熱者，宜長食出《食療本草》。外用，切片蘸滑石末摩痱子，甚佳。又《海上名方》治積熱瀉利，冬瓜葉嫩心拖麪煎餅食。無葉用瓜。又藤搗汁服，解木耳毒。用餹霜收者，名冬瓜餞，病人宜食。又冬瓜內瓤，常用洗面，令人白淨。

清·王龍《本草纂要稿·菜部》　白冬瓜　味甘微寒。壓丹石毒，利大小便。除臍下水脹成淋，止胸前煩悶作渴。冬瓜仁醒脾養胃，研霜作面脂悅顏潤色，為丸散益壽輕身。

清·楊時泰《本草述鉤元》卷一五　白冬瓜　經霜後，皮上白如粉塗，方可用。九月弗食，令人反胃。

味甘，氣微寒。性走而急。熱者食之佳，冷者食之瘦人，煮食練五臟，為其下氣故也。主治小兒腹水脹，利小便，止渴，消熱毒癰腫。凡患發背及一切癰疽者，削一大塊置瘡上，熱則易之，分散熱毒氣，甚良宗奭。水腫食治方，白冬瓜不限多少，任食之，又鯉魚一頭，重一斤以上，煮熟取汁，和冬瓜、葱白，作羹食之。十種水氣浮腫喘滿，大冬瓜一枚，切蓋去瓤，以赤小豆填滿，蓋合簽定，用紙筋泥固濟，日乾，入糯糠兩大籮內，煨至火盡，取出切片，同豆焙乾為末，水糊丸梧子大，每服七十丸，煎冬瓜子湯下，日三服，小便利為度。產後痢渴，久病津液枯竭，四肢浮腫，口舌乾燥，用冬瓜一枚，黃土泥厚五寸，煨熟絞汁飲，亦治傷寒痢渴。

冬瓜仁：氣味甘平。治心經蘊熱，小水淋痛，並鼻面酒皻如麻豆，疼痛黃水出。療腸癰，主腹內結聚，破潰膿血，凡腸胃內壅，最為要藥。其味苦寒，能開胃醒脾仲淳。同橘紅、石斛、竹茹、枇杷葉、白芍、蘆根汁、人參、茯苓，治胃虛嘔吐。同人參、茯神、茯苓、黃芪、甘草、白芍、棗仁、竹瀝，治小兒慢脾風。

論：苦瓠與冬瓜皆行水，而苦瓠宣陽，冬瓜達陰，何則？冬瓜以三月生苗，直至六七月開黃花結實，是其氣之所結者，在三陰進氣之土，故有甘味也。已結實矣，又直待金氣盡而水氣盛，被霜始采，以成其味之甘及寒之微焉。豈非水得土以為主，土得水以為用，而致陰氣之通利，故能除水脹，利小便，下氣止渴消熱毒，以成其走而性急之冷利也乎。至於冬瓜仁能逐諸劑，治胃虛嘔吐及小兒慢脾，是亦有合於水土合德之微義爾。

凡臟腑有熱者，宜之，若虛寒腎冷，久病滑洩陰虛者，不得食仲淳。

修治：入藥須霜後采取，置之候用，收瓜忌酒漆麝香及糯米，觸之必爛。

清·葉桂《本草再新》卷六 冬瓜味甘，性寒，無毒。入心、脾二經。清心火，瀉脾火。利濕去風，消腫止渴，解暑化熱。

冬瓜藤：味苦，性寒，無毒。入肝、脾、肺三經。活絡通經，利關節，和血氣，去濕追風。

冬瓜皮：味甘，性凉，無毒。入脾經。走皮膚，去濕追風，補脾瀉火。

清·吴其濬《植物名實圖考》卷三 冬瓜 《本經》上品。一名白瓜，削敷癰疽，分散熱毒最良。子可服食；皮治跌撲傷損；葉治消渴，傅瘡；《滇南本草》：治痰吼氣喘，又解遠方瘴氣、小兒驚風；皮治中風，煨湯服效。又有象腿瓜，長圓有溝，皮白，肉與冬瓜無異，子如南瓜子，味在二瓜之間，有南瓜之甘，而無其濁；有冬瓜之嫩，而勝其淡。亦佳蔬也。

清·趙其光《本草求原》卷一五菜部 冬瓜皮如霜粉，又名白瓜。寒瀉熱，甘益脾。利二便，止渴，消水腫，水土合德，則土為水主，水為土用，自不氾濫。同鯉魚、葱作羹，又去瓤，以赤小豆填滿，泥包曬乾，糠火煨熟，焙乾為末，水為丸，冬瓜子湯下，以尿利為度，治十種水腫、喘滿。產後痢、傷寒痢，泥包煨熟，取汁飲。止消渴，苗、葉皆可用。散熱毒癰腫，切片敷之。解丹石毒，下氣。陰虛及反胃人忌之。九月勿食，令人反胃。霜後食佳。

瓜仁：甘，平。治心經蘊熱、小水淋痛，鼻面酒皻如豆、疼痛黃水出，開胃，醒脾、胃虛嘔吐。同參、苓、橘、斛、竹茹、枇杷、白芍、蘆根汁。主腹內結聚，滯下膿血，以瓜子殼煎水飲，為腸胃內壅之要藥。治煩滿腸癰，益肝明目，去黑皯。作面脂，澤肌潤顏。凡方所用瓜子，皆冬瓜子也。

瓜皮：去皮膚風濕熱，洗外痔，解砒毒、熱斑、痦疹。煎飲。

瓜藤：苦，寒。清肝、肺、脾，活經絡，利關節，和血氣，去風濕。

清·趙其光《本草求原》卷一五菜部 白瓜 即越瓜、稍瓜。甘，寒，無毒。利腸，去熱煩，止渴，利水，解酒。但冷中發瘡，多食令臍下癥痛。醃為醬瓜，溫平，開胃益脾。燒灰，塗口瘡、陰莖熱瘡，以其解熱收濕也。

清·葉志詵《神農本草經贊》卷一 瓜子 味甘，平。主令人悅澤，好顏色，益氣不飢，久服輕身耐老。一名水芝。生平澤。

長身皤腹，瓤瓣名齊。絮披虛練，囊貯排犀。花紅䣝面，酒苦明睇。瓜雌蒂曲，擷高種棲。

鄭安曉詩：霜皮露葉護長身。《左傳》：皤其腹。《廣雅》：冬瓜，菰也。其子謂之瓤。吳普曰：瓜子一名瓣。李時珍曰：瓤謂之瓜練，白虛如絮。子謂之瓜犀，在瓤中成列。《多能鄙事》：白瓜仁加桃花服食，面紅清。苦酒漬曝，日服方寸匕，明目。《齊民要術》：冬瓜蒂彎曲貼肉者，雌瓜也。取子收高燥處，留作種。

清·文晟《新編六書》卷六《藥性摘錄》 冬瓜 甘，淡，性冷。入腸胃，利水消腫，定喘，解熱止渴，壓丹石毒。久病滑泄，水衰氣弱者勿服。〇子，能明目補肝。

清·張仁錫《藥性蒙求·菜部》 冬瓜子皮二錢、肉 冬瓜之子，潤肺化痰。醒脾開胃，明目除煩。凡藥中之用瓜子，皆冬瓜子也。〇冬瓜皮：解風熱，消浮腫。〇冬瓜：甘，微寒。冷利，熱者食之佳，冷者食之瘦人。水病危急，冬瓜不拘多少，任意吃之，神效無比。久病者，陰虛者忌之。

清・王孟英《隨息居飲食譜・蔬食類》 冬瓜一名白瓜 甘，平。清熱，養胃生津，滌穢，除煩，消癰行水，治脹滿，瀉痢，霍亂，解魚、酒等。諸病不忌，葷素咸宜，惟冷食則滑腸耳。以搭棚所種，瓜不著地，皮色純青多毛，味純甘而酸者良。諸般渴痢，煮冬瓜食之，並飲其汁。亦治水腫、消暑濕。若孕婦常食，澤胎化毒，令兒無病。與蘆菔同功。發背，冬瓜截去頭，合瘡上，瓜爛截去再合，以愈為度。已潰者合之，亦能漸斂。

練：瓜瓤也。甘，平。絞汁服，止消渴，治淋，解熱毒；洗面澡身，去䵟䵳，令人白皙。

子：古方所用瓜子，皆冬瓜子也。甘，平。潤肺，化痰濁，治腸癰。

皮：甘，平。祛風熱，治皮膚浮腫，跌撲諸傷。

葉：清暑，治瘧痢，泄瀉，止渴，療蜂螫、惡瘡。

藤：秋後齊根截斷，插缾中，取汁服，治肺熱，痰火內癰諸證良。

清・田綿淮《本草省常・瓜性類》 冬瓜一名白瓜，一名水芝，一名地芝。性寒。散熱毒，消水腫，利二便，益氣力。霜降後方可食，早食損胃。常食發黃疸、脚氣諸症，並牙疼及濕痒諸瘡。

清・田綿淮《本草省常・果性類》 瓜子 生，性平，清肺生津。炒，性溫，潤腸和中。

清・戴葆元《本草綱目易知錄》卷三 冬瓜 甘，微寒。益氣解毒，性走而急，能分散熱毒氣，止消渴煩悶。除心胸滿，去頭面熱，利大小腸，壓丹石毒，消熱毒癰腫。煎洗痔瘡腫痛，切片摩痱子甚良。然性冷滑而下氣，久病及寒體陰虛者忌。【略】葆驗：治黃疸病外症除黃未退。每日冬瓜同豆豉油鹽煮，作菜食，漸退。《集註》：冬瓜，須霜後收之，冬月食佳。凡藏冬瓜，忌酒、漆、麝香氣、糯米，觸之即爛。

冬瓜子：甘，平。補肝明目，養胃益氣，潤肌膚，悅顏色，進飲食，治腸癰。除煩滿不樂，去皮膚風及䵟䵳。作面脂良。【略】葆按：千金葦莖湯用瓜瓣，有說是絲瓜子、絲瓜花、冬瓜花，訛傳。今附註以正之。【略】

瓜皮：煎服，治折傷損痛。主馬汗入瘡腫痛，為末，塗之效。【略】葆驗方：治脚氣浮腫，冬瓜皮、茯苓皮、茄根，等分，甘松減半，煎洗。〇手足凍瘡潰，冬瓜皮炭，麻油調搽。

清・陳其瑞《本草撮要》卷四 冬瓜 味甘，寒，入手太陰、足太陽經，功專瀉熱益脾，利二便，消水腫，止消渴，散熱毒癰腫。去皮切片，酒水煮爛，去渣熬濃，每夜塗面，變黑為白，光澤異常。子補肝明目，瘧疾寒熱，腸胃內壅，最為要藥。葉焙研敷多年惡瘡。一名白瓜。

清・吳汝紀《每日食物却病考》卷上 冬瓜 味甘，微寒，無毒。除小腹水脹，利小便，止渴益氣，解毒腫，去頭面熱及胸中煩滿。熱者食之佳，冷者食之瘦。欲輕健者食之，欲肥胖者勿食。丹溪云：冬瓜性走而急，久病及陰虛者忌食之。霜降後方宜食，不然多令人成翻胃病。患背癰，切片置瘡上。敗毒，摩痱子甚良。冬瓜子仁，甚益人，久服輕身耐老。

節瓜

清・趙學敏《本草綱目拾遺》卷八諸蔬部 節瓜 《粵草志》：節瓜乃冬瓜中一種小者，白皮，蔓地生，一節生一瓜，得水氣最多，故解暑毒。止渴生津，驅暑健脾，利大小腸。

清・趙其光《本草求原》卷一五菜部 節瓜 功同冬瓜，而無冷利之患。甘，淡，益胃，長於下氣消水。

南瓜

明・蘭茂原撰，范洪等抄補《滇南本草圖說》卷八 南瓜 味甘，性溫。主治：補中氣而寬利。多食發脚疾及瘟病。同羊肉食之，令人滯氣。

明・蘭茂撰，清・管暄校補《滇南本草》卷下 麥瓜一名南瓜。性微寒，味甘平。入脾胃二經。橫行經絡，利小便，胃有積者食之，令人氣脹，作呃逆。發肝氣疼，胃氣疼者動氣，不宜多食。

明・蘭茂《滇南本草》（叢本）卷下 南瓜一名麥瓜。味甘，平，性微寒。入脾胃二經。橫行絡，分利小便。胃中有積，吃之令人氣脹，作呃逆，發肝氣疼。有動氣者，不宜多吃。

明・李時珍《本草綱目》卷二八菜部・蓏菜類 南瓜《綱目》

【集解】時珍曰：南瓜種出南番，轉入閩、浙，今燕京諸處亦有之矣。三月下種，宜沙沃地。四月生苗，引蔓甚繁，一蔓可延十餘丈，節節有根，近地即着。其莖中空。其葉狀如蜀葵而大如荷葉。八九月開黃花，如西瓜花。結瓜正圓，大如西瓜，皮上有稜如甜瓜。一本可結數十顆，其色或綠或黃或紅。經霜收置暖處，可留至春。其子如冬瓜子。其肉厚色黃，不可生食，惟去皮瓤淪食，味如山藥。同猪肉煮食更良，亦可蜜煎。按王禎《農書》云：浙中一種陰瓜，宜陰地種之。秋熟色黃如金，皮膚稍厚，可藏至春，食之如新。疑此即南瓜也。

〔氣味〕甘，温，無毒。時珍曰：多食發脚氣、黄疸。不可同羊肉食，令人氣壅。

〔主治〕補中益氣時珍。

明·穆世錫《食物輯要》卷三　南瓜　味甘、淡，性溫，無毒。補中氣。多食，發腳氣及黄疸。同羊肉食，令人氣壅。忌與猪肝、赤豆、蕎麥麪同食。

明·吴文炳《藥性全備食物本草》卷一　南瓜　味甘淡，性溫，無毒。補中氣。多食發脚氣及黄疸，同羊肉食令人氣壅。忌與猪肝、赤豆、蕎麥麪同食。

明·趙南星《上醫本草》卷三　南瓜　甘，溫，無毒。時珍曰：多食發腳氣、黄疸。不可同羊肉食，令人氣壅。

明·應廛《食治廣要》卷三　南瓜　氣味：甘，溫，無毒。主治：補中益氣。多食亦能發腳氣、黄疸。不可同羊肉食。

明·姚可成《食物本草》卷七菜部·蓏菜類　南瓜南瓜種出南番，轉入閩、浙，今燕京諸處亦有之矣。三月下種，宜沙沃地。四月生苗，引蔓甚繁，一蔓可延十餘丈，節節有根，近地即着。其莖中空。其葉狀如蜀葵而大如荷葉。八九月開黄花，如西瓜花。結瓜正圓，大如西瓜，皮上有稜如甜瓜。一本可結數十顆，其色或緑或黄或紅。經霜收置暖處，可留至春。其子如冬瓜子。其肉厚色黄，不可生食，惟去皮穰瀹食，味如山藥。同猪肉煮食更良，亦可蜜煎。又有一種陰瓜，出自浙中，宜陰地種之。秋熟色黄如金，皮膚稍厚，可藏至春，食之如新。疑此即南瓜也。

南瓜，味甘，溫，無毒。主補中益氣。多食發脚氣、黄疸。不可同羊肉食，令人氣壅。

明·顧逢柏《分部本草妙用》卷九菜部　南瓜　甘，溫，無毒。主治：補中益氣。多食發腳氣黄疸。同羊肉食，令人氣壅。

明·孟笨《養生要括·菜部》　南瓜　味甘，溫，無毒。補中益氣。

明·施永圖《本草醫旨·食物類》卷二　南瓜種出南番，轉入閩浙，今燕京諸處亦有之矣。二月下種，宜沙沃地。味：甘，溫，無毒。多食發脚氣，黄疸。不可同羊肉食，令人氣壅。治：補中益氣。

清·穆石匏《本草洞詮》卷七　南瓜　氣味甘溫，無毒。補中益氣。多食發腳氣，黄疸。同羊肉食令人氣壅。

清·丁其譽《壽世秘典》卷三　南瓜一呼番瓜，因種出南番，故名。今處處有之，肉厚色黄，不可生食。惟去皮瓤瀹食，同猪肉煮食更良。亦可蜜煎。

氣味：甘，溫，無毒。主補中益氣。

發明李時珍云：多食發腳氣、黄疸，不可同羊肉食，令人氣壅。

清·尤乘《食鑒本草·菜類》　南瓜　多食發黄疸、脚氣。不可同羊肉食，壅氣。

清·朱本中《飲食須知·菜類》　南瓜　味甘，性溫。多食發脚氣、黄疸。同羊肉食，令人氣壅。忌與猪肝、赤豆、蕎麥麪同食。

清·何其言《養生食鑒》卷上　南瓜即金瓜，名番瓜。味甘、淡，性溫，無毒。補中氣。多食發脚氣及黄疸。同羊肉食，令人氣壅。忌與猪肝、赤荳、蕎麥麵同食。

清·张璐《本經逢原》卷三　南瓜種出南蕃，故名。甘，溫，有毒。發明：至賤之品，食類之所不屑，時珍既云多食發腳氣黄癉，不可同羊肉食，令人氣壅，其性滯氣助濕可知，何又言補中益氣耶？前後不相應如此。

清·王道純《本草品彙精要續集》卷八　南瓜無毒　南瓜：主補中益氣《本草綱目》。〔地〕李時珍曰：南瓜種出南番，轉入閩浙。今燕京諸處亦有之矣。〔苗〕引蔓甚繁，一蔓可延十餘丈，節節有根，近地即著。其莖中空，其葉狀如蜀葵而大，如荷葉。八九月開黄花如西瓜花，結瓜正圓大如西瓜，皮上有棱如甜瓜。一本可結數十顆，其子如冬瓜子形。〔時〕三月下種，宜沙沃地，四月生苗，經霜收置，可留至春。〔用〕肉厚色黄，不可生食，惟去皮穰瀹食，味如山藥，同豬肉煮食更良，亦可蜜煎。〔色〕或綠、或黄、或紅。按王禎《農書》云：浙中一種陰瓜，宜陰地種之，秋熟色黄如金，皮膚稍厚，可藏至春，食之如新，疑此即南瓜也。〔味〕甘。〔性〕溫。〔禁〕多食發腳氣、黄疸，不可同羊肉食，令人氣壅。

清·吴儀洛《本草從新》卷四　南瓜〔補氣。〕　甘，寒。傷脾敗胃。時珍曰：不可同羊肉食，令人氣壅。

清·汪紱《醫林纂要探源》卷二　南瓜　甘，酸，溫。種自南蕃，故名。又曰蕃瓜，或訛北瓜。補中益氣，冬瓜善潰，此不潰。冬瓜酸多，此甘多，故功效不同。益心，酸以收散，色赤入心。斂肺。酸亦補肺，瓜形如肺。多食滯氣。甘過緩，而南瓜肌肉如粉，故滯氣，且有小毒。

題清·徐大椿《藥性切用》卷六　南瓜　一名女瓜，俗名飯瓜。味甘溫平，充飢甜美，多食滯氣損人。

清・黃宮繡《本草求真》卷九　南瓜助濕脹脾滯氣。

南瓜耑入脾、胃、腸。味甘氣溫，體潤質滑，食則令人氣脹濕生。故書載此品類之賤，食物之所不屑。凡人素患脚氣，於此最屬不宜，服則濕生氣壅，黃膽濕痹，用此與羊肉同食，則病尤見劇迫。惟有太陰濕土口渴舌乾服，差，見其有益耳。至《經》有言補中益氣，或是津枯燥涸，得此津回氣復，以為補益之自乎！否則於理其有不合矣。

清・李文培《食物小錄》卷上　北瓜　性味功用無異南瓜。

南瓜　甘，溫，無毒。去皮、瓤瀹食，味如山藥。同猪肉煮食更佳，亦可蜜煎。補中益氣。多食發腳氣、黃疸。不可同羊肉食，令人氣壅。

清・趙學敏《本草綱目拾遺》正誤　張石頑云：南瓜至賤之品。時珍《綱目》既云多食發脚氣黃癉，不可同羊肉食，令人氣壅，其性滯氣助濕可知，何又言補中益氣耶？前後不相應如此。吳遵程云：南瓜本益氣，惟不可與羊肉同食，則令壅滯。此則吳氏為兩袒之說，不知南瓜本補氣，即與羊肉同食，脾健者何礙？惟不宜於脾虛之人，如今人服人參亦有虛不受補者。大凡味之能補人者獨甘，色之能補人者多黃。南瓜色黃味甘，得中央土氣厚，能峻補元氣，不得以賤而忽之。昔在閩中，有素火腿者，云食之補土生金，滋津益血。初以為浙江處州筍片，蓋處片亦有素火腿之名也。及索閱之，乃大南瓜一枚，蒸食之，切開成片，儼與金華豬腿無二，而味尤鮮美，疑其壅氣，不敢多食，然食後反覺腹中易餒，少頃又盡啖之，其開胃健脾如此。因急叩其法，乃於九十月間收絕大南瓜，須極老經霜者，摘下，就蒂開一孔，去瓤及子，以陳年好醬油灌入令滿，將原蒂蓋上，封好平放，以草索懸戶檐下，次年四五月取出蒸食，即素火腿也。則其補益之力，又可知矣，何壅之有？

清・趙學敏《本草綱目拾遺》卷八諸蔬部　南瓜蒂瓤附。《綱目》南瓜主治止言補中益氣而已，至其子食之脫髮，今人以為蔬，多食反壅氣滯膈，皆人皆未知也。吳秀峰言：凡瓜熟皆蒂落，惟南瓜其蒂堅牢不可脫；昔人曾用以入保胎藥中，大妙。蓋東方甲乙木屬肝，生氣也，其味酸，胎必藉肝血滋養，胎欲墮則腹酸，肝氣離也。南瓜色黃味甘，中央脾土之精，能生肝氣，益肝血，故保胎有效。神妙湯：保胎，用黃牛鼻一條煅灰存性，南瓜蒂一兩，煎湯服，永不墮。疔瘡：《行篋檢祕》：用老南瓜蒂數個，焙研為末，麻油調塗，立效。

南瓜瓤　治湯火傷：《慈航活人書》：伏月收老南瓜，瓤連子裝入瓶內，愈久愈佳，凡遇湯火傷者，以此敷之，即定疼如神。

清・王學權《重慶堂隨筆》卷下　【略】〔王孟英〕刊：南瓜種類不一，性味亦殊，《綱目》之說是也。早實者其形扁圓，與黃瓜同時，杭人呼為霉瓜。嫩時充饌頗鮮，亦堪果腹，而性助濕熱。雄嘗與羊肉同食者兩次，皆患瘧，嗣後不敢下箸。晚實而形長者良，杭人呼為枕頭瓜，老而黃者耐久藏。味甚甘，蒸食極類番薯，亦可和粉作餅餌。功能補中益氣。饑歲可以代糧，先慈勸人廣種以救荒。種愈佳者子愈稀，近蒂處半身皆實，不能開竅取瓤，近臍處始有子，若此種者，宜就臍開取矣。槍子入肉，南瓜瓤傳之即出。陳東竹鹾尹云：火藥傷人，生南瓜搗敷立愈。

清・章穆《調疾飲食辯》卷三　南瓜　味甘色黃。凡脾虛、久瘧、久利宜食。俗醫謂其有毒，非也。味過於甘，故性偏於壅。癰疽、痘疹、痢疾初起諸症忌之者，壅則生膿，壅則滯氣。與忌白朮同理，非毒也。凡嗜食此者，加細切，葱葉或花椒末為調和，則無弊矣。氣滯中滿，及素患脚氣、黃癉者忌食。此二症雖已愈多年，猶當忌之。又不可同羊肉食。其內穰治銃子入肉，厚封之即出。

清・葉桂《本草再新》卷六　南瓜味甘，性溫，無毒。入心經。　補中益氣。○按：南瓜小而色紅潤者，為南瓜。

南瓜藤：味甘、苦，性微寒，無毒。入肝、脾二經。平肝和胃，通經絡，利血脈。

番瓜藤味苦、辛，性涼，無毒。入肝、脾、腎三經。走經絡，治肝風，滋腎水，和脾胃，和血養血，調經理氣，兼去諸風。○按：番瓜大而皮糙，各省均以作蔬，為番瓜。

清・吳其濬《植物名實圖考》卷六　南瓜　《本草綱目》始收入菜部。疑即《農書》陰瓜，處處種之。能發百病。北省志書列東西南北四瓜。東蓋冬瓜之訛，北瓜有水、麪二種，形色各異；南產始無是也。又有番瓜，類南瓜，皮黑無棱，《曹縣志》云：近多種此，宜禁之。瓜何至有禁？番物入中國多矣，有益於民則植之，毋亦白免御史，求旁舍瓜不得而騰言乎？

清・趙其光《本草求原》卷一五菜部　南瓜　有二種：一種小而色紅潤，一處長大而皮白，皆甘溫。入心解毒，補中益氣，與番瓜大而皮糙者不同。蒸曬浸酒佳。其藤，甘，苦，微寒。平肝和胃，通經絡，利血脈。

清・文晟《新編六書》卷六《藥性摘錄》　南瓜　甘，溫。助脾濕，脹脾滯氣，素患腳氣者忌食。更不可與羊肉同食。

清・王孟英《隨息居飲食譜・蔬食類》　南瓜　早收者嫩，可充饌，甘，溫。耐飢。同羊肉食則壅氣。晚收者甘涼。補中益氣。蒸食味同番藷，既可代糧救荒，亦可和粉作餅餌，蜜漬充果食。凡時病、疳瘧、疸、痢、脹滿、腳氣痞悶、產後、痧痘，皆忌之。　解亞片毒，生南瓜擣汁，頻灌。戒亞片引，宜用南瓜蒸熟，多食，永無後患。　火藥傷人，生南瓜擣傳，竝治湯火傷。槍子入肉，南瓜瓤傳之即出。晚收南瓜，浸鹽滷中，備用亦良。　胎氣不固，南瓜蒂煅存性，研，稬米湯下。　虛勞內熱，秋後將南瓜藤齊根剪斷，插缾內，取汁服。

清・田綿淮《本草省常・瓜性類》　南瓜　性平。補中益氣，發痼疾。同羊肉食，令人氣壅。百病人皆忌之。

清・戴葆元《本草綱目易知錄》卷三　南瓜　甘，溫。補中益氣。多食發腳氣，黃疸，氣脹，瘧痢葆元。同羊肉食，令人氣壅。

清・陳其瑞《本草撮要》卷四　南瓜　味甘，溫，入手太陰經，功專補中益氣。與羊肉同食，令人氣壅。瓜蒂一個燒存性研末，拌炒米粉食，每日一個，食數次，治胎滑奇效。

清・吳汝紀《每日食物却病考》卷上　南瓜　甘，溫，無毒。補中益氣。多食，發腳氣黃疸。不可與羊肉食，令人氣壅。

水壺盧

清・吳其濬《植物名實圖考》卷六　水壺盧　山西、直隸皆有之。大體類南瓜而葉多花杈，花則無異，瓜有青、花、白數種，早種速成，肉縷多汁，而農圃不廣植。蓋烹以豢豚，則得味外味；而煮以蔬鹽，則如水濟水。膏粱者爽口之鯖，乃菜色者淨腸之草也。

清・吳其濬《植物名實圖考》卷六　攪絲瓜　生直隸。花葉俱如南瓜，瓜長尺餘，色黃，瓤亦淡黃。自然成絲，宛如刀切。以箸攪取，油鹽調食。味似撇藍，性喜寒，攜種至南，秋深方實，不中食矣。

清・田綿淮《本草省常・瓜性類》　筍瓜　因味似筍，故名。性寒。除煩熱，利腸胃。　凍瓜，一名攬瓜，因攬成絲，故名。性寒。清胃中浮熱。多食傷脾。

瓦瓜

清・吳其濬《植物名實圖考》卷三一　瓦瓜　產廣東。類南瓜，葉小，採置盤中，經歲不壞，日久肉乾，外殼如瓦缶。

越瓜

唐・孫思邈《千金要方》卷二六《食治・菜蔬》　越瓜　味甘，平，無毒。不可多食。益腸胃。

唐・孟詵、張鼎《食療本草》卷子本　越瓜寒。　右主治利陰陽，益腸胃，止煩渴，不可久食，發痢。案：此物動風。雖止渴，能發諸瘡。令人虛，腳弱，虛不能行。小兒夏月不可與食，成痢，發蟲。令人腰腳冷，臍下痛。患時疾後不可食。不得和牛乳及酪食之。又，不可空腹和醋食之，令人心痛。

附：日・丹波康賴《醫心方》卷三〇　越瓜　孟詵云：寒。利陽，益腸胃，止渴。不可久食，動氣。雖止渴，仍發諸瘡，令虛，腳不能行立。《本草》陶注云：越瓜，人以作菹者，食之亦冷。《拾遺》云：食之利小便，去熱，解酒毒。

宋・唐慎微《證類本草》卷二七菜部上品〔宋・馬志《開寶本草》〕　越瓜　味甘，寒。利腸胃，止煩渴。不可多食，動氣，發諸瘡，令人虛弱不能行，不益小兒，天行病後不可食。又不得與牛乳、酪及鮓同飡，及空心食，令人心痛今附。

〔宋・掌禹錫《嘉祐本草》〕按：陳藏器云：越瓜，大者色正白，越人當果食之。利小便，去煩熱，解酒毒，宣洩熱氣。小者糟藏之，爲灰，傅口吻瘡及陰莖熱瘡。

〔宋・唐慎微《證類本草》〕《圖經》：文具瓜蒂條下。

《食療》：小兒夏月不可與食。又，發諸瘡。令人虛弱，冷中。常令人臍下爲癥，痛不止。又，天行病後不可食。《食醫心鏡》：越瓜鮓，久食益腸胃，和飯作鮓并虀菹之並得。

元・忽思慧《飲膳正要》卷三　菜瓜　味甘，寒，有毒。利腸胃，止煩渴。不可多食。即稍瓜。

元・吳瑞《日用本草》卷六　越瓜　即梢瓜也。長青白色，越人當果食之。小者可糟藏用。　味甘，寒，有微毒。不可多食，極動氣，發諸瘡，令人虛弱不能行，不益小兒。天行病後忌食。空心食，令人心痛。不可與牛乳酪煎鮓同食。　主利腸胃，去煩熱，解酒毒，止渴，泄熱氣。為灰，傅口吻瘡及陰莖瘡，立瘥。

明·滕弘《神農本經會通》卷五　越瓜　《本經》云：　味甘，寒。利腸胃，止煩渴。不可多食，動氣，發諸瘡，令人虛弱不能行。不益小兒，天行病後不可食。又不得與牛乳、酪及鮓同食，及空心食，令人心痛。陳藏器云：越瓜，（人）〔大〕者色正白，越人當果食之。利小便，去煩熱，解酒毒，宣洩熱氣。小者，糟藏之，為灰，去口吻瘡，及陰莖熱瘡。

明·劉文泰《本草品彙精要》卷三八　越瓜無毒　蔓生。

越瓜　主利腸胃，止煩渴。不可多食，動氣，發諸瘡，令人虛弱不能行，不益小兒。天行病後不可食，又不得與牛乳、酪及鮓同飡，及空心食，令人心痛。名醫所錄。【苗】謹按：越瓜二月佈種，三月生苗，蔓延於地，五月開淡黃花，葉青大，有微刺，葉下結實，如甜瓜，正圓而色白。因生於越地，故名越瓜也。【地】出杭越，今處處有之。【時】生：春苗。採：夏取。【用】肉。【質】類甜瓜而白。【色】白。【味】甘。【性】寒。【氣】氣之薄者，陽中之陰。【臭】香。【主】利小便，去煩熱。【治】療：陳藏器云：宣洩熱氣。【合治】小者糟藏之，爲灰，傅口吻瘡及陰莖熱瘡。○越瓜，和飯作鮓并菹，久食益腸胃。【禁】小兒夏月不可食，冷中。常令人臍下爲癥痛不止。及天行病後不可食。【解】酒毒。

明·盧和、汪穎《食物本草》卷一菜類　稍瓜　味甘，寒。利腸，去煩熱，止渴，利小便，解酒熱，宣洩熱氣。多食動氣發瘡，冷中，令臍下癥痛及虛弱不能行。不益小兒。不可同乳酪鮓食及空心食，令胃脘痛。一云：和飯并虀作鮓食，亦益脾胃。

明·王文潔《太乙仙製本草藥性大全》卷五《本草精義》　越瓜　即梢瓜另名。色白，味甘寒，無異。頭尾相似，大者尺餘，越人當菓食之；小者藏之爲灰。不可多食，動氣，令人虛弱不能行。小兒夏月不可與食，又發諸瘡，令人虛弱冷中，常令人臍下爲癥痛不止。又天行病後不可食。又不得與牛乳酪及酢同飡及空心食，令人心痛。

明·王文潔《太乙仙製本草藥性大全》卷五《仙製藥性》　越瓜　味甘，氣寒，無毒。主治：主利益腸胃極妙，宣洩熱氣尤良。善解酒毒去熱。煩渴止易，小便來長。灰傅陰莖熱瘡。但發冷利，又發諸瘡冷中。小兒夏月勿食。　補註：吻瘡及陰莖熱瘡，爲末傅之良。○越瓜酢久食益腸胃，和飯作酢，并虀菹之良。

明·皇甫嵩《本草發明》卷五　越瓜即稍瓜另名。色白，味甘，寒。　善解酒毒，去熱，利腸胃，止消渴，利小水。但發冷利，動氣，令人虛弱。小兒夏月勿食，發諸瘡。

明·李時珍《本草綱目》卷二八菜部·蓏菜類　越瓜宋《開寶》

【釋名】稍瓜《食物》　菜瓜時珍曰：越瓜以地名也，俗名稍瓜，南人呼爲菜瓜。

【集解】藏器曰：越瓜生越中。大者色正白。越人當果食之，亦可糟藏。時珍曰：越瓜南北皆有。二三月下種生苗，就地引蔓，青葉黄花，並如冬瓜花葉而小。夏秋之間結瓜，有青、白二色，大如瓠子。一種長者至二尺許，俗呼羊角瓜。其子狀如胡瓜子，大如麥粒。其瓜生食，可充果、蔬，醬、豉、糖、醋藏浸皆宜，亦可作菹。

【氣味】甘，寒，無毒。詵曰：生食多冷中動氣，令人心痛，臍下癥結，發諸瘡。又令人虛弱不能行，不益小兒。天行病後不可食。又不得與牛乳酪及鮓同食。時珍曰：按蕭了真云：菜瓜能暗人耳目。觀驢馬食之即眼爛，可知矣。【主治】利腸胃，止煩渴《開寶》。利小便，去煩熱，解酒毒，宣洩熱氣。燒灰，傅口吻瘡及陰莖熱瘡藏器。和飯作鮓，久食益腸胃《心鏡》。

明·穆世錫《食物輯要》卷三　菜瓜　味甘、淡，性寒，無毒。和中解酒，止煩渴，利小水，宣洩熱氣，作鮓和飯食，益腸胃。時病後不可食。同牛乳、魚鮓食，並成疾。生食，冷中動氣，令心痛，臍下癥結。多食，令人虛弱。小兒尤甚，發瘡疥。（陸璣）〔蕭了真〕云：菜瓜能暗人耳目，觀驢馬食之眼爛可知。

明·吴文炳《藥性全備食物本草》卷一　菜瓜一名越瓜，即梢瓜。　味甘淡，性寒，無毒。和中解酒，止煩渴，利小水，宣洩熱氣。作鮓和飯食，益腸胃。時病後不可食；同牛乳、魚鮓食並成疾；生食冷中動氣，令心痛，臍下癥結。多食令人虛弱，小兒尤甚，發瘡疥。陸璣云：菜瓜能暗人耳目，觀驢馬食之眼爛，可知。

明·趙南星《上醫本草》卷三　菜瓜　一名越瓜。甘，寒，無毒。詵曰：生食多冷中動氣，令人心痛，臍下癥結，發諸瘡，又令人虛弱不能行。不益小兒，天行病後不可食，又不得與牛乳、酪及鮓同食。時珍曰：按蕭了真云，菜瓜能暗人耳目，觀驢馬食之即眼爛，可知矣。

明·應麐《食治廣要》卷三　越瓜即菜瓜。　氣味：甘，寒，無毒。主治：　利腸胃，止煩渴，利小便，去煩熱，解酒毒，宣洩熱氣。不可與牛乳酪及鮓同食。生食多冷中動氣，〔令人心痛〕。能暗人耳目。

明·姚可成《食物本草》卷七菜部·蓏菜類　越瓜一名梢瓜，一名菜瓜。生越中，大者色正白。越人當果食之，亦可糟藏。○越瓜南北皆有。二三月下種生苗，就地引蔓，青葉黄花，竝如冬瓜花葉而小。夏秋之間結瓜，有青、白二色，大如瓠子。一種長者至二尺許。其子狀如胡瓜子，大如麥粒。其瓜生食，可充果、蔬，醬、豉、糖、醋藏浸皆宜，亦可作葅。

越瓜，味甘，寒，無毒。主利腸胃，止煩渴，利小便，去煩熱，解酒毒，宣洩熱氣。和飯作鮓，久食益腸胃。燒灰，傅口吻瘡及陰莖熱瘡。生食多冷中動氣，令人心痛，臍下癥結，發諸瘡。又令人虚弱不能行，不益小兒。天行病後不可食。又不得同乳酪及鮓食。空心食，令人胃脘痛。○蕭了真云：　越瓜能暗人耳目。觀驢馬食之即眼爛，可知矣。

明·姚可成《食物本草》卷七菜部·蓏菜類　醬瓜處處有之。宜於沙壤山坡。二月下種，就地延蔓而生，六七月結瓜如枕，熟則内練倒爛，皮色青緑，用宜帶生剖開，醃晒醬藏，以供蔬茹。

醬瓜　味甘，微寒，無毒。開胃益脾，和中下氣。

生瓜處處蔓生。或深青色，或白色。長可二尺，外微有稜線。六七月盛極，可醃、晒作葅。

生瓜　味甘，微寒，無毒。主滌胃消渴，清暑益氣。

明·孟笨《養生要括·菜部》　越瓜〔即菜瓜也。可充醬豉，糖醋藏漬皆宜。〕味甘，寒，無毒。利腸胃，止煩渴，利小便，解酒毒，宣洩熱氣。燒灰，傅口吻瘡及陰莖熱瘡。

明·施永圖《本草醫旨·食物類》卷二　菜瓜　味：　甘，寒，有毒。治：　利腸胃，止消渴。不可多食。

越瓜又名菜瓜。○越瓜南北皆有，二三月下種，生苗就地引蔓，青葉黄花，並如冬瓜花葉而小。夏秋之間結瓜，有青、白二色，亦可作葅。　味：　甘，寒，無毒。生食多冷中動氣，令人心痛，臍下癥結，發諸瘡。又令人虚弱，不能行，不益小兒。天行病後不可食，又不得與牛乳酪及鮓同食。○菜瓜能暗人耳目，觀驢馬食之即眼爛，可知。治：　利腸胃，止煩渴，利小便，去煩熱，解酒毒，宣洩熱氣。燒灰，傅口吻瘡及陰莖熱瘡。和飯作鮓，久食益腸胃。

稍瓜　味：　甘，寒。治：　利腸胃，去煩熱，止渴，利小便，解酒熱，宣洩熱氣。多食動氣，發瘡冷中，令臍下癥痛及虚弱不能行。小兒不宜食，不可同乳酪及魚鮓食。若空心食之，令胃脘痛。一云，和飯并虀食，亦益脾胃。

清·丁其譽《壽世秘典》卷三　菜瓜俗名稍瓜，《本草》名越瓜。有青、白二色，大如瓠子，一種長者至二尺許，俗呼羊角瓜，並可充果蔬。醬、豉、糖、醋藏浸皆宜，亦可作葅。

氣味：　甘，寒，無毒。主利腸胃，除煩熱，解酒毒，宣洩熱氣。

發明孟詵曰：　生食多冷中動氣，令胃脘痛，臍下癥結，發諸瘡及虚弱不能行，不益小兒，天行病後不可食。又不可同乳酪及魚鮓食。蕭了真云：　菜瓜能暗人耳目，觀驢馬食之即眼爛，可知矣。

清·尤乘《食鑒本草·菜類》　菜瓜即生瓜，又名越瓜。　有青白二種，不宜人。凡瓜苦者及兩鼻兩蒂者害人。

清·朱本中《飲食須知·菜類》　菜瓜　味甘、淡，性寒。時病後不可食。同牛乳、魚鮓食，並成疾。生食，冷中動氣，令心痛，臍下癥結。多食，令人虚弱不能行，小兒尤甚，發瘡疥。空心生食，令胃脘痛。菜瓜能暗人耳目，觀驢馬食之即眼爛，可知其性矣。

清·何其言《養生食鑒》卷上　越瓜即稍瓜，名白瓜。　味甘，性寒，無毒。利腸，去煩熱，止渴，利小便，解酒，宣洩熱氣。多食動氣冷中，令臍下癥痛及虚弱不能行。小兒忌食。不可同乳酪、鮓食及空心服，令胃脘痛。醬醃明透，名為醬瓜，性為溫平，養病宜食，和各品味食，開胃益脾。

清·馮兆張《馮氏錦囊秘録·雜症痘疹藥性主治合參》卷七　越瓜越瓜，即梢瓜。味甘，寒。解酒毒，去煩熱止渴。利小水，但能發冷利冷中，小兒不可食。黄瓜，不可食多。忌同醋食，能積瘀熱成瘡，動寒熱作瘧，發脚氣，生疳蟲。絲瓜，性冷解毒，治痘瘡脚癰，燒灰敷上即效。　主治痘疹合參：　絲瓜解熱毒，利小便。近蒂三寸，燒存性，為細末，人硃砂少許，燈心湯調，小兒服之，大解痘毒，經霜者佳。

清·张璐《本經逢原》卷三　越瓜即菜瓜，俗名生瓜，長可尺餘，有青白二色，青者尤勝。

甘，平，小毒。　發明：　越瓜生於越中，今湖州等處最多，僅供蔬菜，故名菜瓜。生食動氣，令人心痛，臍下癥結，腳弱不能行。天行病後不可食。惟解酒毒利小便宜之。燒灰傅口瘡及陰莖熱瘡，以其能解熱毒，收濕氣也。

清·汪啟賢等《食物須知·諸菜》　越瓜　即梢瓜，名菜瓜。色青，味甘，寒，無異。頭尾相似，大者尺餘。越人當菓食之，善解酒毒。去熱煩渴止，易小便來長。但發冷利冷中，小兒夏月勿食。

清・吳儀洛《本草從新》卷四　越瓜（瀉熱利腸。）一名梢瓜，一名菜瓜。甘，寒。利腸胃，去煩熱，解酒毒。

清・嚴潔等《得配本草》卷五　越瓜一名稍瓜。甘，寒。解酒毒，去煩熱，利小水，止消渴。能發冷痢，小兒禁食。

題清・徐大椿《藥性切用》卷六　越瓜　一名稍瓜，即菜瓜。性味甘寒，瀉熱利腸。多食鮮食損胃。

清・黃宮繡《本草求真》卷九　越瓜解毒利便，通腸助冷。

越瓜耑入腸胃。即梢瓜。以瓜本生於越，故以越名，今湖州等處亦有。服之於人無益。但取味甘性寒，能解酒毒，利小便。燒灰傅吻瘡，及陰莖熱瘡而已。若多食之，則令人心痛腹痛，泄瀉癥結，腳弱不能以行，並天行病後食之，能以發病。與於胡瓜之性，恍惚相似，皆為通腸助冷之品也！小兒尤不可食。

醬瓜解腎熱，消腸胃燥。

醬瓜　本寒物即菜瓜別種，其形如枕，生時剖開醃晒，藏以供蔬，熟則肉鬆不肥，故不可作蔬食。經醬醃晒。耑入腸胃，兼入腎。氣不甚溫，按書有言味鹹而甘，性寒有毒，治利腸胃，止消渴，不可多食，其說非謬。蓋以醬經蒸罨，濕熱內積，毒自克有。瓜性甘寒，加以醬入，則寒反得下達，是以渴熱之症，得此則消。腸胃之燥，得此則潤。且其長於利口，而致日服不厭，則濕又得內積而成，而寒又得因是而生，故又戒其宜節，而不可以多食，以致病生於不測中也。

清・李文培《食物小錄》卷上　越瓜即菜瓜。甘，寒，無毒。利腸胃，止煩渴，解酒毒。生食動冷氣，令人心痛，臍下癥結，發諸瘡，不益小兒。能暗人耳目，驢馬食之即眼爛。白皮者名稍瓜，以薑、醋拌食良，亦可醬。

清・章穆《調疾飲食辯》卷三　越瓜　《食物本草》名梢瓜，又名菜瓜。味雖甘淡，而質硬難化，能敗脾傷胃。《開寶本草》曰：利腸胃，止煩渴。蓋指病熱者言。然清涼退熱之物甚多，何需乎此。故《食物本草》謂其冷中，令人心痛。又令人脚弱不能行。總一敗陽傷胃之害也。霍亂人犯之則難救。蕭了真曰：久食爛人眼，觀驢馬食之眼爛，可知。鹽醃、醬藏皆不為美。白病忌之。平人食多，秋來亦不免瘧、痢。俗醫乃令病人專食醬瓜，大誤。患瘡毒人食之，令難收口。至劣物也。

清・吳其濬《植物名實圖考》卷四　越瓜　《開寶本草》始著錄。即菜瓜，形長有直紋，惟汴中產者圓。《詩》：是剝是菹。注：瓜成剝削，淹漬為菹，而獻皇祖。《齊民要術》瓜菹法詳矣。汴梁作包瓜，以薑及杏仁、核桃等包而醬漬之，亦有豐歉。士大夫家習製之，則剝菹獻祖之遺風也。《倦游雜錄》：韓龍圖贄，山東人，鄉里食味，好以醬漬瓜啗，謂之瓜齏。韓為河北都漕，廨宇在大名府，諸軍營多鬻此物，韓嘗曰：某營佳，某次之，有人曰歐陽永叔撰《花譜》、蔡君謨著《荔支譜》，今須請韓龍圖撰《瓜齏譜》矣。余謂韓誠不敢與歐、蔡伍，若作《瓜齏譜》則逾二公甚遠。

清・文晟《新編六書》卷六《藥性摘錄》　越瓜　即稍瓜。甘，寒。解酒毒，利便通腸。多食令心腹痛，泄瀉，癥結，腳弱難行，小兒尤忌。

醬瓜　鹹甘，性寒，微毒。利腸胃，止消渴，解腎熱。不可多食，以致病生。

清・王孟英《隨息居飲食譜・蔬食類》　菜瓜一名越瓜，一名梢瓜。生食甘寒。醒酒，滌熱。糖醃充果，醯醬為菹，皆可久藏。病目者忌。

清・田綿淮《本草省常・瓜性類》　女瓜　即醬瓜。性寒。利腸胃，止渴。多食腹疼。入甜醬內漬之，大益脾胃，為蔬中佳品。

菜瓜　一名酥瓜，一名脆瓜，一名越瓜，一名稍瓜。性寒。瀉煩熱，解酒毒。多食動冷氣，令人腹疼、耳目昏暗。同魚鮓食傷人。

清・陳其瑞《本草撮要》卷四　越瓜　味甘，寒，入手足陽明經，功專利腸胃，去煩熱，解酒毒。

清・吳汝紀《每日食物却病考》卷上　菜瓜　有青、白二色，亦有圓、長二種。味甘，寒，無毒。利腸胃，止煩渴，利小便，解酒毒。作鮓食，亦益脾胃。生食，多動氣發瘡，冷中，令臍下癥痛，不益小兒。不可與牛乳、酪及酢同食，及空心食，令胃脘痛。一名越瓜，一名稍瓜，皆此也。

胡瓜

唐・孫思邈《千金要方》卷二六《食治・菜蔬》　胡瓜　味甘，寒，有毒。不可多食，動寒熱，多瘧病，積瘀血熱。

唐・孟詵、張鼎《食療本草》卷子本　胡瓜寒。不可多食，動風及寒熱。又發痁瘧，兼積瘀血。案：多食令人虛熱上氣，生百病，消人陰，發瘡〔疥〕，及發痃氣，及脚氣，損血脉。天行後不可食。小兒食，發痢，滑中，生甘

〔疳〕蟲。又，不可和酪食之，必再發。又，搗根傅(胡)〔狐〕刺毒腫，甚良。

附：日・丹波康賴《醫心方》卷三〇　胡瓜　孟詵云：寒。不可多食，動寒熱，發瘧病。脂玄子張云：發痃氣，生百病，消人陰，發諸瘡疥，發脚氣。天行後卒不可食之，必再發。

宋・唐慎微《證類本草》卷二七菜部上品〔宋・掌禹錫《嘉祐本草》〕　胡瓜葉　味苦，平，小毒。主小兒閃癖，一歲服一葉已上，斟酌與之。生挼絞汁服，得吐下。根擣傅胡刺毒腫。其實味甘，寒，有毒。不可多食，動寒熱，多瘧病，積瘀熱，發疰氣，令人虛熱，上逆少氣，發百病及瘡疥，損陰血脉氣，發脚氣。天行後不可食，小兒切忌，滑中，生疳蟲。不與醋同食。北人亦呼爲黄瓜，爲石勒諱，因而不改。已上二種新補。見《千金方》及孟詵、陳藏器、日華子。

〔宋・唐慎微《證類本草》〕《圖經》：文具瓜蒂條下。《千金髓》：水病肚脹至四肢腫。胡瓜一個破作兩片，不出子，以醋煮一半，水煮一半俱爛，空心頓服，須臾下水。孫真人：主蛇咬。取胡瓜傅之，數易良。

元・忽思慧《飲膳正要》卷三　黄瓜　味甘，平、寒，有毒。動氣發病，令人虛熱，不可多食。

元・吴瑞《日用本草》卷六　胡瓜　色黄是黄瓜，色青是青瓜。味甘，寒，有毒。多食動寒熱，發瘧病，積瘀血，發疰氣，令人虛熱，上逆，發脚氣，瘡疥，天行病後不可食。小兒滑中，生疳蟲。俗云生熟食之，能解暑毒。主水病腹脹，四肢腫，用胡瓜一箇，破作兩片，不出子，醋煮一半，水煮一半，俱爛，空心頓服，須臾下水。

明・蘭茂原撰，范洪等抄補《滇南本草圖説》卷八　黄瓜　味甘、淡、微苦，性寒，有小毒。主治：清熱解渴，利水。多食損陰血而發瘡疥，患諸病後忌食。

明・蘭茂撰，清・管暄校補《滇南本草》卷下　黄瓜一名王瓜。性大寒，味辛、微苦。動寒痰，胃冷者食之腹痛，吐瀉。解瘡癬熱毒，消煩渴。

附單方：治黄水瘡，黄瓜籐、陰乾，火焙存性。枯礬為細末，搽瘡上，黄水即乾。

明・蘭茂《滇南本草》〔叢本〕卷下　黄瓜　味辛、苦，性大寒。動寒痰，胃冷者吃之，腹痛吐瀉。攻瘡癰熱毒，解煩渴。單方：用黄瓜藤陰乾，火煆存性，共為細末，搽瘡上，有黄水即乾，内服解毒湯。

明・劉文泰《本草品彙精要》卷三八　胡瓜葉小毒。附根、實，有毒。蔓生。

胡瓜葉　主小兒閃癖，一歲服一葉已上，斟酌與之。生挼絞汁服，得吐下。○根，擣傅胡刺毒腫。○實，味甘，寒，有毒，不可多食，動寒熱，多瘧病，積瘀熱，發疰氣，令人虛熱，上逆少氣，發百病及瘡疥，損陰血脉氣，發脚氣。天行後不可食，小兒切忌，滑中，生疳蟲。不與醋同食。名醫所錄。〔名〕黄瓜。〔苗〕謹按：胡瓜，即今之黄瓜也。圃人二月佈子於地，三月生苗，移植漸茂，蔓延垣籬而開黄花。葉青黄色，皆有微刺，其葉稍大於甜瓜葉。結實，圓徑一二寸，長尺許，北人呼爲黄瓜，爲石勒諱，因而不改。然有青皮者，亦有白皮者，人以爲蔬而生噉之，別無功用，食之亦不益人。一種秋間生者，質頗相同，俗呼爲秋黄瓜也。〔地〕處處有之。〔時〕生：春苗。採：夏秋取。〔收〕陰乾。〔用〕葉及根、實。〔色〕青、白。〔味〕苦。〔性〕平，洩。〔氣〕味厚於氣，陰也。〔臭〕腥。〔治〕療：孫真人云：蛇咬，取胡瓜傅之，數易，良。〔合治〕胡瓜一個，破作兩片，不出子，以醋煮一半，水煮一半，俱爛，空心頓服，治水病肚脹至四肢腫，服後須臾下水。

明・盧和、汪穎《食物本草》卷一菜類　黄瓜　味甘，寒，有毒。不可多食，動寒熱，多瘧疾，發百病，積瘀熱，發疰氣，令人虛熱上逆，發脚氣瘡疥，不益人。小兒尤忌，滑中生疳蟲。不可與醋同食。

明・寧源《食鑒本草》卷下瓜菜　黄瓜　味苦，平、涼，無毒。除胸中熱，解煩渴，利水道。

明・王文潔《太乙仙製本草藥性大全》卷五《本草精義》　胡瓜　北人呼爲黄瓜。苗葉與甜瓜大同小異。別無功用，食之亦不益人。爲石勒諱，因而不改。

明・王文潔《太乙仙製本草藥性大全》卷五《仙製藥性》　胡瓜葉　味苦，氣平，有小毒。主治：主小兒閃癖，一歲服一葉。已上斟酌與之。生挼絞汁服得吐下。根：搗爛傅胡刺腫毒。實：味甘，氣寒，有毒。不可多食。主治：動寒熱多瘧病有準，積瘀熱發疰氣尤良。令人虛熱上逆少氣，發百病，損陰血脉氣。善發脚氣，能追疥瘡。天行時疾後不可食，小兒切忌，滑中生疳蟲。不與醋同食。補註：水病肚脹至四肢腫，用一個，破作兩片，不出子，以醋煮一半，水煮一半俱爛，空心頓服，須臾水下。○蛇咬，取胡瓜擣傳之，數易良。

黄瓜　益少，不宜食多。積瘀熱成瘡，動寒熱作瘧，發脚氣生疳蟲。忌醋和之，慎勿犯也。

明・皇甫嵩《本草發明》卷五　黄瓜一名胡瓜。　益少，不利人，不宜多食。○大抵諸色瓜，但不可多食常食。

明・李時珍《本草綱目》卷二八菜部・蓏菜類　胡瓜宋《嘉祐》

【釋名】黄瓜藏器曰：北人避石勒諱，改呼黄瓜，至今因之。時珍曰：張騫使西域得種，故名胡瓜。按杜寶《拾遺録》云：隋大業四年避諱，改胡瓜爲黄瓜。與陳氏之説微異。今俗以《月令》王瓜生即此，誤矣。王瓜，土瓜也。見草部。【集解】時珍曰：胡瓜處處有之。正二月下種，三月生苗引蔓。葉如冬瓜葉，亦有毛。四五月開黄花，結瓜圍二三寸，長者至尺許，青色，皮上有瘖癗如疣子，至老則黄赤色。其子與菜瓜子同。一種五月種者，霜時結瓜，白色而短，並生熟可食，兼蔬蓏之用，糟醬不及菜瓜也。

【氣味】甘，寒，有小毒。詵曰：不可多食，動寒熱，多瘧病，積瘀熱，發疰氣，令人虚熱上逆少氣，損陰血，發瘡疥脚氣，虚腫百病。天行病後，不可食之。小兒切忌，滑中生疳蟲。不可多用醋。【主治】清熱解渴，利水道寗原。

【附方】舊一，新五。　小兒熱痢：嫩黄瓜同蜜食十餘枚，良。《海上名方》。　水病肚脹：四肢浮腫。用胡瓜一個破開，連子以醋煮一半至爛，空心俱食之，須臾下水也。《千金髓》。　小兒出汗：香瓜丸：用黄連、胡黄連、黄蘗、川大黄煨熟、鱉甲醋炙、柴胡、盧會、青皮等分爲末。用大黄瓜黄色者一個，割下頭，填藥至滿，蓋定簽住，慢火煨熟，同擣爛，入麵糊丸緑豆大。每服二三丸，大者五七丸至十丸，食後新水下。錢乙《小兒方》。　咽喉腫痛：老黄瓜一枚去子，入硝填滿，陰乾爲末。每以少許吹之。《醫林集要》。　杖瘡焮腫：六月六日，取黄瓜入甆瓶中，水浸之。每以水掃於瘡上，立效。《醫林集要》。　火眼赤痛：五月取老黄瓜一條，上開小孔，去瓤，入芒硝令滿，懸陰處，待硝透出刮下，留點眼甚效。《壽域神方》。　湯火傷灼：五月五日，掐黄瓜入瓶内封，掛檐下，取水刷之，良。《醫方摘要》。

葉　【氣味】苦，平，有小毒。　【主治】小兒閃癖，一歲用一葉，生挼攪汁服，得吐、下良藏器。

根　【主治】擣傅狐刺毒腫大明。

明・穆世錫《食物輯要》卷三　黄瓜　味甘、淡，性寒，有小毒。清熱解渴，利水。多食，損陰血，發瘧病，生瘡疥，令人虚熱逆上。患脚氣虚腫及諸病之後，不可食。小兒尤忌，滑中，生疳蟲。勿多用醋，宜少和生薑，制其水氣。《相感志》云：用染坊瀝過淡灰，晒乾，包藏瓜茄，至冬可用。

明・吴文炳《藥性全備食物本草》卷一　胡瓜即黄瓜。　味甘淡，性寒，有小毒。清熱解渴，利水。多食損陰血，發瘧病，生瘡疥，令人虚熱逆上，患脚氣虚腫，及諸病之後不可食，小兒尤忌，滑中生疳蟲。勿多用醋，宜少和生薑制其水氣。《相感》云：用染坊瀝過淡灰，晒乾，包藏瓜茄，至冬可用。

葉　苦，平，小毒。主小兒閃癖，一歲服一葉，生搗汁，得吐下瘥。

根　搗傅狐刺毒，蛇咬取胡瓜搗傳之，數易良。

明・趙南星《上醫本草》卷三　黄瓜　一名胡瓜。藏器曰：北人避石勒諱，改呼黄瓜，至今因之。時珍曰：張騫使西域得種，故名胡瓜。按杜寶《拾遺録》云：隋大業四年避諱，改胡瓜為黄瓜。與陳氏之説微異。今俗以《月令》王瓜生即此，誤矣。王瓜，土瓜也，見草部。甘，寒，有小毒。主治：清熱解渴，利水道。詵曰：不可多食，動寒熱，多瘧病，積瘀熱，發疰氣，令人虚熱，上逆少氣，損陰血，發瘡疥。脚氣虚腫，百病天行病後不可食之。小兒切忌，滑中生疳蟲。不可多用醋。

明・應慶《食治廣要》卷三　胡瓜即黄瓜。　氣味：甘，寒，有小毒。主治：清熱解渴，利水道。多食能發病，小兒尤忌。

明・姚可成《食物本草》卷七菜部・蓏菜類　胡瓜一名黄瓜。張騫使西域得種，故名胡瓜。北人避石勒諱，改呼黄瓜。今處處有之。正二月下種，三月生苗引蔓。葉如冬瓜葉，亦有毛。四五月開黄花，結瓜二三寸，長者至尺許，青色，皮上有瘖癗如疣子，至老則黄赤色。其子與菜瓜子同。一種五月種者，霜時結瓜，白色而短，生熟竝可食，兼蔬蓏之用，糟醬不及越瓜也。

胡瓜　味甘，寒，有小毒。主清熱解渴，利水道。不可多食，動寒熱，多瘧疾，積瘀熱，發疰氣，令人虚熱，上逆少氣，損陰血，發瘡疥脚氣，虚腫百病。天行病後，不可食之。小兒切忌，滑中生疳蟲。不可同醋食。

葉　味苦，平，有小毒。主小兒閃癖，一歲用一葉，生挼攪汁服，得吐下良。

根　擣傅狐刺毒腫。

附方：治水鼓，四肢浮腫。用胡瓜一个破開，連子以醋煮一半、〔水煮一半〕至爛，空心俱食之，須臾下水也。　治湯火傷。五月五日，掐黄瓜入瓶内，封掛檐下，取水刷之，良。

明·顧逢柏《分部本草妙用》卷九菜部　黄瓜　甘溫，有小毒。天行病後不可食。主治：清熱解渴，利水道。多食動寒熱，多瘧病，百病可發。天行病後不可食之。凡食不可多用醋。

明·朱國禎《湧幢小品》卷一五　六月六日，日未出時，汲井水，用磁甖盛之，入黄瓜一條於中，黄臘封口，四十九日瓜已化盡，水清如故，可解熱毒。

明·孟笨《養生要括·菜部》　黄瓜　味甘，寒，有小毒。清熱解渴，利水道。多食動寒熱，多瘧病，積瘀熱，損陰血，發疥瘡。脚氣虚腫，百病、天行病後，不可食之，小兒切忌，滑中生疳蟲，不可多用醋。〔小兒熱痢，嫩黄瓜同蜜，食十餘枚，良。〕

明·施永圖《本草醫旨·食物類》卷二　黄瓜　味：甘，寒，有小毒。不可多食，動寒熱，多瘧病，積瘀熱，發疰氣，令人虚熱，上逆少氣，損陰血，發瘡疥，脚氣，虚脹百病。天行病後不可食之，小兒切忌。滑中，生疳蟲，不可多用醋。治：清熱解渴，利水道。

附方　小兒熱痢：嫩黄瓜同蜜食十餘枚，良。水病肚脹：用胡瓜一箇，破開，連子以醋煮一半至爛，空心俱食之，須臾下水也。咽喉腫痛：老黄瓜一枚，去子，入硝填滿，陰乾為末，每以少許吹之。火眼赤痛：五月取老黄瓜一條，上開小孔，去瓤，入芒硝令滿，懸陰處，待硝透出刮下，留點眼，甚效。湯火傷灼：五月五日，掐黄瓜入瓶内封，掛檐下，取水刷之，良。　葉　味：苦，平，有小毒。治：小兒閃癖，一歲用一葉，生挼，攪汁服，得吐下良。　根　治：擣傅狐刺毒腫。

清·穆石匏《本草洞詮》卷七　黄瓜　氣味甘寒，有小毒。清熱解渴。多食令人損陰血，發瘡疥脚氣，虚腫百病。

清·丁其譽《壽世秘典》卷三　黄瓜張騫使西域得種，原名胡瓜，隋大業四年避諱，改呼黄瓜，至今因之。今俗以《月令》王瓜生即此，誤矣。王瓜，土瓜也。　氣味：甘，寒，有小毒。　主清熱解渴，利水道。

發明孟詵曰：不可多食，動寒熱，多瘧病，損陰血，發瘡疥。脚氣虚腫，天行病後不可食。小兒尤忌，滑中生疳蟲，不可多用醋。

清·尤乘《食鑒本草·菜類》　黄瓜　清熱解渴，利水道。

清·朱本中《飲食須知·菜類》　黄瓜　味甘、淡，性寒，有小毒。多食損陰血，發瘧病，生瘡疥，積瘀熱，發疰氣，令人虚熱上逆。患脚氣虚腫及諸病、時疫之後，不可食。小兒尤忌，滑中，生疳蟲。勿多用醋，宜少和生薑，制其水氣。

清·何其言《養生食鑒》卷上　黄瓜一名胡瓜。　味甘、淡，性寒，有小毒。清熱，解渴，利水。多食損陰血，發瘧病、瘡疥。患脚氣虚腫及諸病之後，不可食。小兒尤忌，能滑中，生疳蟲。凡食，勿多用醋宜。少和生薑，制其水氣良。

清·李熙和《醫經允中》卷二二　黄瓜　不可同醋食。　甘，溫，有小毒。利水道。多食動寒熱，發瘧病，生疳蟲。小兒尤忌。

清·张璐《本經逢原》卷三　胡瓜今名黄瓜，張騫使西域得種，故名胡瓜。隋時避石勒名，改呼黄瓜，至今因之。　甘，寒，小毒。　發明：黄瓜甘寒，故能清熱利水，善解火毒。北人坐臥炕床，以此為珍品。南人以之供蔬，甚不益人，多食動氣，發寒熱，發瘡疥，發脚氣，令人虚熱上逆。天行後不可食，小兒切忌，作瀉生疳。其治咽喉腫痛，用老黄瓜去子，以芒硝填滿，陰乾為末，每以少許吹之。杖瘡焮腫，取黄瓜入磁瓶中，河水浸之，每以水掃瘡上，立效。火眼赤痛，老黄瓜挖去瓤，入芒硝令滿，懸陰處待硝出刮下，磁罐收貯，留點眼甚效。湯火傷灼，五月五日以黄瓜搯碎，入瓶内封，掛檐下，取水刷之，皆取其甘寒以解毒熱也。

清·汪啟賢等《食物須知·諸菜》　黄瓜　益少，不宜多食。積瘀熱成瘡，動寒熱作瘧，發脚氣生疳蟲。忌醋和之，慎勿犯也。

清·葉盛《古今治驗食物單方》　胡瓜　小兒熱痢，嫩黄瓜同蜜食之。水腫，胡瓜一個，破開，連子以醋煮一半至爛，空心食之，即下水也。　杖瘡腫痛，六月六日取老黄瓜，入磁瓶中水浸，每以水掃瘡上。

清·吳儀洛《本草從新》卷四　胡瓜〔清熱，通，利水。〕　甘，寒，有小毒。清熱解渴。利水道。一名黄瓜。藏器曰：北人避石勒諱，改呼黄瓜，至今因之。時珍曰：張騫使西域得種，故名胡瓜。按：《拾遺録》〔杜寶《大業拾遺録》〕云：隋大業四年，避諱改胡瓜為黄瓜。與陳氏說微異。今俗以《月令》王瓜生即此，誤矣。王瓜，土瓜也，見草部。

清·汪紱《醫林纂要探源》卷二　黄瓜　甘，酸，寒。遍體多磊如瘡。利水解渴。功似冬瓜。忌落花生。

題清·徐大椿《藥性切用》卷六　黄瓜　一名胡瓜。味甘淡寒，清脾利水，解熱除煩。擣根，敷狐刺腫。

清・黃宮繡《本草求真》卷九　胡瓜清暑熱，利水道。

胡瓜耑入脾、胃、大腸。　氣味甘寒，服此止能清熱利水，別無裨益。故北人坐炕，用此以為席珍。南人值暑，用此以為供蔬，並或咽喉腫痛。用此入藥以為吹消，用老黃瓜去子，以芒硝填滿，陰乾為末，每以少許吹之。枚瘡火眼，用此納硝刮粉以為點搽，湯火傷灼，用此掐碎入瓶取水以為刷敷，水病肚脹，用此連子醋煮空心以為投服。小兒熱痢，用此同蜜以為投治，皆以取其甘寒解毒之意，然使臟寒氣陰，復則能以動氣發熱作瘧，且發腳氣生瘡。小兒過服，尤易作瀉生疳，不可不慎。葉則苦平小毒，能治小兒閃癖。一歲用一葉，生搗汁服，得吐下良。

清・李文培《食物小録》卷上　黃瓜　甘，寒，有小毒。清熱解渴，利水道。多食動寒熱，多瘧病，令人虛熱，上逆少氣，損血，發瘡疥。腳氣虛腫、天行病後不可食。不益小兒，滑中生疳蟲。不宜多用醋。

清・章穆《調疾飲食辯》卷三　黃瓜　本名胡瓜，石勒時諱胡，改呼此。《食鑒本草》曰：　清熱，解渴，利水。然寒中損胃傷脾作泄之害，與越瓜同。《食療本草》曰：　生食多食發瘧病，動疰氣，敗陽氣，損陰血，發脚氣、虛腫百病，小兒食之生疳蟲。天行病後尤不可食，食之即發。《千金方》用治熱水浮腫，服溫暖藥轉甚者：　胡瓜一枚，連穰與子醋煮至爛，空心盡食之。《海上名方》用治熱利，嫩黃瓜同蜜生食。《醫林集要》治咽喉熱腫：　老黃瓜開一蓋，去子，入火硝，填滿陰乾，候硝透出，取吹之。《壽域神方》用治火眼赤腫：　取硝點之。亦可用皮硝。《醫方摘元》治湯火傷灼：　老黃瓜入瓶內封，掛檐下，待成水，取刷之。

按：　此物雖入藥用，然舍此數方而外，不宜濫試。又不可同落花生食。

清・吴其濬《植物名實圖考》卷四　胡瓜　《嘉祐本草》始著録。即黃瓜。杜寶《拾遺録》云隋避諱改黃瓜也。陳藏器謂石勒諱胡改名，説少異。瓜可食時色正綠，至老結實則色黃，如金鼎俎中不復見矣。有刺者曰刺瓜。《齊民要術》無藏胡瓜法，蓋不任糟醬。《遵生八牋》蒜瓜法，醃瓜以大蒜瓣搗爛，與瓜拌勻，酒醋浸。北地多如此。近則與辣子同浸，無蒜氣而耐藏。其秋時結者，曝乾，與萵笋薹同法作蔬，極甘脆。

清・趙其光《本草求原》卷一五菜部　黃瓜即胡瓜。　甘，淡，寒，小毒。清熱止渴，利水。多食損陰血，發瘧病。瘡疥、腳氣、虛腫、病後脾弱均忌。小兒多食滑脾，生疳蟲。和薑、醋食，則水氣減。善解毒熱火氣，北人坐臥炕床，故以此為珍品。至南人，止堪供蔬，甚不益人，多食虛熱止逆，有損陰血。各症見前。惟老黃瓜去子，以芒硝填滿，懸陰處，俟硝出刮下，點火眼甚效。去瓤，入硝陰乾為末，吹喉咽腫痛，立愈。又治杖瘡焮腫，河水浸之，取水搽。湯火傷灼。五月五日，碎瓜入瓶內，土封掛檐下，取水搽。

清・文晟《新編六書》卷六《藥性摘録》　胡瓜　甘，寒。清暑熱，利水道，治小兒熱痢，醋煮，投蜜服。過食作泄，發腳氣，生瘡，臟寒者切禁。黃瓜　甘，淡，性寒，有小毒。消熱解渴。多食損陰血，發瘧病，瘡疥。患腳氣虛(種)〔腫〕者忌食，小兒尤忌。不可同花生食。

清・王孟英《隨息居飲食譜・蔬食類》　黃瓜一名胡瓜。《隨園食單》誤作王瓜。生食甘寒。清熱利水。可葅可饌，兼蓏蔬之用。而發風動熱，天行病後、疳瘧、瀉痢、腳氣、瘡疥、產後、痧痘皆忌之。喉腫眼痛，老黃瓜一條，上開一小孔，去瓤，入芒硝令滿，懸陰處，等硝透出，刮下，吹點。杖瘡湯火傷，五月五日掐黃瓜，入缾內，封挂檐下，取水埽之。

清・田綿淮《本草省常・瓜性類》　黃瓜　一名王瓜，一名胡瓜。性寒，微毒。清熱止渴。多食動寒熱，久食生瘡疥。脚氣、虛腫等症病人及小兒皆忌之。苦者，毒大，不可食。

清・陳其瑞《本草撮要》卷四　胡瓜　味甘，寒，有小毒。入手足太陰經，功專清熱解渴，利水道。根搗敷狐刺腫毒奇驗。一名黃瓜。

清・吴汝紀《每日食物却病考》卷上　黃瓜　味甘，寒，有毒。不可多食，動寒熱，發百病，多瘧疾，積瘀熱，發疰氣，令人虛熱上逆，發脚氣疥瘡，甚不益人。小兒更宜忌之，滑中，生疳蟲。不可與醋同食。

絲瓜

明・朱橚《救荒本草》卷上之後　絲瓜苗　人家園籬邊多種之。延蔓而生，葉似栝樓葉，而花叉大，每葉間出一絲藤纏附草木上，莖葉間開五瓣大黃花，結瓜形如黃瓜而大，色青，嫩時可食，老則去皮，內有絲縷，可以擦洗油膩器皿。味微甜。救飢：　採嫩瓜切碎煠熟，水浸淘淨，油鹽調食。

明・蘭茂原撰，范洪等抄補《滇南本草圖說》卷八　絲瓜　味甘，性涼，無毒。主治：　解熱涼血，通經，下乳汁，利腸胃，並治痰火，及癰疽瘡，齒䘌胎毒。

明・蘭茂撰，清・管暄校補《滇南本草》卷上　絲瓜一名天吊瓜，一名純陽瓜。　味甘，平。治五臟虛冷，補腎補精，或陰虛火動，又能滋陰降火。久服能烏鬚黑髮，延年益壽。葉，晒乾為末，治絞腸痧。皮，晒乾為末，治金瘡疼。但陰素太虛者，多食又能滑精，故有名倒陽菜者。

明・蘭茂撰，清・管暄校補《滇南本草》卷下　絲瓜花絲瓜不宜多吃，損命門相火，令人倒陽不舉。　性寒，味甘、微苦。清肺熱，消痰下氣，止咳，止咽喉疼，消煩渴，瀉命門相火。

附單方：　治肺熱咳嗽，喘急氣促。絲瓜花、蜂蜜，煎服。　又方：　治小兒痘靨後，餘毒未盡發出，痘毒硬節紅腫，或乳蛾乍腮，或痧疹毒熱，痰喘咳嗽，吃之，有膿出頭，無膿消散。乾絲瓜種，九月間經霜露陰乾者，每服三錢，水煎，點水酒服。　又方：　治腸風下血，痔漏脫肛。絲瓜根經霜者，陰乾，每服三錢，用真菜油一點，入礶底，水煎服。

明・蘭茂《滇南本草》〔叢本〕卷下　絲瓜花　味甘、苦，性寒。清肺熱，消痰下氣，止咳嗽，止咽喉疼，解煩渴，瀉命門相火。按：　絲瓜花不宜多吃，損命門相火，倒陽不舉，冷精。單方：　治肺熱咳嗽，喘急氣促，用絲瓜花，煨蜂蜜吃效。單方：　治小兒痘後餘毒未盡以發，痘毒硬節紅腫，或乍腮乳蛾，吃之有膿即潰，無膿即消。絲瓜花九月間浸霜，陰乾，每服三錢，點水酒服。單方：　治腸風下血，痔漏脫肛，絲瓜根浸霜，陰乾，每服三錢，真菜油一滴為引，點入礶底，煨服。

明・滕弘《神農本經會通》卷五　絲瓜　味甘，性平。楊氏云：　發痘瘡最妙，連皮燒存性，為(未)〔末〕，湯調服。

明・盧和、汪穎《食物本草》卷一菜類　絲瓜　本草諸書無考，惟豆瘡及腳癰方燒灰用之，此其性冷解毒。粥鍋內煮熟，薑醋食，同鷄、鴨、猪肉炒食佳。枯者去皮及子，用瓤滌器。

明・王文潔《太乙仙製本草藥性大全》卷二《仙製藥性》　天蘿勒　天蘿即絲瓜，又名布瓜。　主治：　主溪毒，挼碎，傅之瘡上效。

絲瓜　性冷，解毒。亦治痘瘡脚癰，多取燒灰敷上即效。瓤堪滌器，枯者爲宜。

明・李時珍《本草綱目》卷二八菜部・蓏菜類　絲瓜《綱目》

【釋名】天絲瓜《本事》　天羅《事類合璧》　布瓜同上　蠻瓜《本事》　魚鰦時珍曰：　此瓜老則筋絲羅織，故有絲羅之名。昔人謂之魚鰦，或云虞刺。始自南方來，故曰蠻瓜。

【集解】時珍曰：　絲瓜，唐宋以前無聞，今南北皆有之，以爲常蔬。二月下種，生苗引蔓，延樹竹，或作棚架。其葉大如蜀葵而多丫尖，有細毛刺，取汁可染緑。其莖有稜。六七月開黃花，五出，微似胡瓜花，蕊瓣俱黃。其瓜大寸許，長一二尺，甚則三四尺，深緑色，有皺點，瓜頭如鼈首。嫩時去皮，可烹可曝，點茶充蔬。老則大如杵，筋絡纏紐如織成，經霜乃枯，惟可藉鞾履，滌釜器，故村人呼爲洗鍋羅瓜。內有隔，子在隔中，狀如栝樓子，黑色而扁。其花苞及嫩葉、卷鬚，皆可食也。

瓜　【氣味】甘，平，無毒。入藥用老者。　【主治】痘瘡不快，枯者燒存性，入朱砂研末，蜜水調服，甚妙震亨。煮食，除熱利腸。老者燒存性服，去風化痰，涼血解毒，殺蟲，通經絡，行血脉，下乳汁，治大小便下血，痔漏崩中，黃積，疝痛卵腫，血氣作痛，癰疽瘡腫，齒䘌，痘疹胎毒時珍。暖胃補陽，固氣和胎《生生編》。　【發明】潁曰：　絲瓜本草諸書無考，惟痘瘡及脚癰方中燒灰用之，亦取其性冷解毒耳。時珍曰：　絲瓜老者，筋絡貫串，房隔聯屬。故能通人脉絡臟腑，而去風解毒，消腫化痰，祛痛殺蟲，及治諸血病也。

【附方】新二十八。　痘瘡不快：　初出或未出，多者令少，少者令稀。老絲瓜近蒂三寸連皮燒存性，研末，砂糖水服。《直指》。　癰疽不斂：　瘡口太深。用絲瓜擣汁頻抹之。《直指方》。　風熱腮腫：　絲瓜燒存性，研末，水調搽之。《嚴月軒方》。　肺熱面瘡：　苦絲瓜、牙皂莢並燒灰，等分，油調搽。《摘玄方》。　玉莖瘡潰：　絲瓜連子擣汁，和五倍子末，頻搽之。《丹溪方》。　坐板瘡疥：　絲瓜皮焙乾爲末，燒酒調搽之。《攝生衆妙方》。　天泡濕瘡：　絲瓜汁調辰粉，頻搽之。　手足凍瘡：　老絲瓜燒存性，和臘猪脂塗之。《海上方》。　肛門酒痔：　絲瓜燒存性，研末，酒服二錢。《嚴月軒方》。　痔漏脫肛：　絲瓜燒灰、多年石灰、雄黃各五錢爲末，以猪膽、鷄子清及香油和調，貼之，收上乃止。孫氏《集效方》。　腸風下血：　霜後乾絲瓜燒存性，爲末，空心酒服二錢。一名蠻瓜，一名天羅，一名天絲瓜是矣。許叔微《本事方》。　下血危篤：　不可救者。絲瓜即天羅一個燒存性，槐花減半，爲末，每空心米飲服二錢。《普濟方》。　酒痢便血：　腹痛，或如魚腦五色者。乾絲瓜一枚，連皮燒研，空心酒服二錢。一方煨食之。俗名魚鰦是也。《經驗良方》。　血崩不止：　老絲瓜燒灰、棕櫚燒灰等分，鹽酒或鹽湯服。《奇效良方》。　經脉不通：　乾絲瓜一個爲末，用白鴿血調成餅，日乾研末，每服二錢，空心酒下。先服四物湯三服。《海上名方》。　乳汁不通：　絲瓜連子燒存性研，酒服一二錢，被覆取汗即通。《簡便單方》。　乾血氣痛：　婦人血氣不行，上衝心膈，變爲乾血氣者。用絲瓜一枚燒存性，空心温酒服。《壽域神方》。　小腸氣痛：　遶臍衝心。連蒂老絲瓜燒存性，研末。每服三錢，熱酒調下。甚者不過二三服即消。　卵腫偏墜：絲瓜架上初結者，留下，待瓜結盡葉落取下，燒存性爲末，煉蜜調成膏，每晚好酒服一匙。如在左左睡，在右右睡。劉松石《保壽堂方》。　腰痛不止：天羅布，瓜子仁炒焦，擂酒服，以渣傅之。《熊氏補遺》。

喉閉腫痛：天羅瓜研汁灌之。《普濟》。　卒然中風：防風、荆芥一兩，升麻半兩，薑三片，水一盞，煎半盞，以絲瓜子研，取漿半盞，和勻灌之。如手足麻痒，以羌活煎湯洗之。唐瑶《經驗方》。　化痰止嗽：天羅即絲瓜燒存性爲末，棗肉和丸彈子大。每服一丸，温酒化下。《攝生衆妙方》。　風蟲牙痛：經霜乾絲瓜燒存性，爲末，擦之。《直指方》。　風氣牙痛：百藥不效者用此，大能去風，惟蛀牙不效。天羅即生絲瓜一個，擦鹽火燒存性，研末頻擦，涎盡即愈。腮腫，以水調貼之。馬敏叔云：此乃嚴月軒家傳屢效之方，一試即便可睡也。　食積黃疸：絲瓜連子燒存性，爲末。每服二錢，因麴得病麴湯下，因酒得病温酒下，連進數服愈。《衛生易簡方》。　小兒浮腫：天羅、燈草、葱白等分，煎濃汁服，并洗之。《普濟方》。　水蠱腹脹：老絲瓜去皮一枚剪碎，巴豆十四粒同炒，豆黃去豆，以瓜同陳倉米再炒熟，去瓜，研米爲末，糊丸梧子大。每服百丸，白湯下。蓋米收胃氣，巴豆逐水，絲瓜象人脉絡，借其氣以引之也。此乃元時杭州名醫宋會之之方。鮮于樞《鈎玄》。

葉　【主治】癬瘡，頻挼摻之。療癰疽丁腫卵㿗時珍。

【附方】新六。　蟲癬：清晨采露水絲瓜葉七片，逐片擦七下，如神。忌雞、魚、發物。《攝生衆妙方》。　陰子偏墜：絲瓜葉燒存性三錢，雞子殼燒灰二錢，温酒調服。余居士《選奇方》。　頭瘡生蛆：頭皮内時有蛆出，以刀切破，擠絲瓜葉汁搽之。蛆出盡，絶根。小山《怪證方》。　湯火傷灼：絲瓜葉焙研，入辰粉一錢，蜜調搽之。生者擣傅。一日即好也。《海上名方》。　魚臍丁瘡：絲瓜葉即虞刺葉也、連鬚葱白、韭菜等分，同入石鉢内，研爛取汁，以熱酒和服。以渣貼腋下，病在左手貼左腋，右手貼右腋；病在左脚貼左胯，右脚貼右胯；在中貼心、臍。用帛縛住，候肉下紅綫處皆白則散矣。如有潮熱，亦用此法。却令人抱住，恐其顫倒則難救矣。《危氏得效方》。　刀瘡神藥：古石灰、新石灰、絲瓜根葉初種放兩葉者、韭菜根各等分，擣一千下作餅，陰乾爲末，擦之。止血定痛生肌，如神效。侍御蘇海峰所傳。董炳《集驗方》。

藤根　【氣味】同葉。　【主治】齒䘌腦漏，殺蟲解毒時珍。

【附方】新七。　預解痘毒：五六月取絲瓜蔓上卷鬚陰乾，至正月初一日子時，用二兩半煎湯，父母只令一人知，温浴小兒身面上下，以去胎毒，永不出痘，縱出亦少也。《體仁彙編》。　諸瘡久潰：絲瓜老根熬水掃之，大凉即愈。《應驗方》。　喉風腫痛：絲瓜根，以瓦瓶盛水浸，飲之。《海上名方》。　腦崩流汁：鼻中時時流臭黃水，腦痛，名控腦砂，有蟲食腦中也。用絲瓜藤近根三五尺，燒存性。每服一錢，温酒下，以愈爲度。《醫學正傳》。　牙宣露痛：《海上妙方》用絲瓜藤陰乾，臨時火煅存性，研搽即止，最妙。《德生堂方》用絲瓜藤一握，川椒一撮，燈心一把，水煎濃汁，漱吐，其痛立住如神也。　咽喉骨鯁：七月七日，取絲瓜根陰乾，燒存性。每服二錢，以原鯁物煮湯服之。《筆峰雜興》。　腰痛不止：絲瓜根燒存性，爲末。每温酒服二錢，神效甚捷。《鄧筆峰雜興》。

明・穆世錫《食物輯要》卷三　絲瓜　味甘，性凉，無毒。解熱凉血，通經絡，下乳汁，利腸胃，治痰火癰腫，齒䘌，胎毒。俗云：多食痿陽。諸書無考。

明・吴文炳《藥性全備食物本草》卷一　絲瓜　味甘，性凉，無毒。凉血，通經絡，下乳汁，利腸胃。治痰火癰腫齒䘌。俗云多食痿陽，諸書無考。又治痘瘡脚癰，燒灰敷上効。

明・趙南星《上醫本草》卷三　絲瓜　入藥用老者。　甘，平，無毒。主治：煮食，除熱利腸。老者燒存性服，去風化痰，凉血解毒，殺蟲，通經絡，行血脉，下乳汁，治大小便下血，痔漏崩中，黃積，疝痛卵腫，血氣作痛，癰疽瘡腫，齒䘌，痘疹胎毒。

附方　痘瘡不快：枯者燒存性，入朱砂研末，蜜水調服，甚妙。　化痰止嗽：絲瓜燒存性，為末，棗肉和丸彈子大。每服一丸，溫酒化下。　風蟲牙痛：經霜乾絲瓜燒存性，為末，擦之。　風氣牙痛：百藥不効者用此，大能去風，惟蛀牙不効。用生絲瓜一個，擦鹽，火燒存性，研末頻擦，涎盡即愈。腮腫，以水調貼之。馬敏叔云：此乃嚴月軒家傳屢効之方，一試即便可睡也。　牙宣露痛：用絲瓜藤陰乾，臨時火煅存性，研搽即止，最妙。又方：用絲瓜藤一握，川椒一撮，燈心一把，水煎濃汁，漱吐，其痛立住，如神。

腰痛不止：絲瓜根燒存性，為末。每溫酒服二錢，神効甚捷。

明・倪朱謨《本草彙言》卷一六　絲瓜　味甘，氣寒，性冷，無毒。沉也，降也。　李氏曰：絲瓜南北皆有。二月下種，生苗引蔓棚架，其葉大如蜀葵而多尖椏，有細毛刺，取汁可染綠色。其莖有棱，六七月開黃花，五出。其結瓜長三寸許，或有長二三尺者，有棱路，深綠色，有皺點，瓜頭如鱉首。嫩時去皮可充蔬，老則大如杵，筋絡纏紐如織，經霜乃枯，惟可潔韡履，滌釜器。内有子，狀如栝樓子，黑色而扁。

絲瓜　涼血解熱，李時珍利大小便之藥也。陳羽陵曰：色綠象木，味甘入脾，質柔入腎，性滑入大腸。故《本草》諸方，善止血痢，出癍疹，消熱痰，通利二便，亦取其質性冷滑而下氣降火耳。如脾胃寒弱之人，中年腎陽衰怯，命門無火之證，須禁食之。

集方：許叔微方治腸風血痢，并一切下血，危篤不可救者。用霜後絲瓜，燒存性，爲細末，槐花一錢炒，人參八分，煎湯調服。○《經驗良方》治酒痢下血腹痛如魚腦，或五色者。用絲瓜一個燒存性，研末，空心白湯調服。○《直指方》治痘瘡出不快，或初出，或未出，多者令少，少者令稀。用老絲瓜，近蒂三寸，連皮燒存性，研細末，淡砂糖湯調服。○《方脉正宗》治風熱痰嗽。用老絲瓜一個煎湯，頻頻飲之。○《方脉正宗》治大小二便熱結不通。用老絲瓜一個，甘草二錢，木通三錢，煎湯頻頻飲之。

續補集方：《攝生方》治坐板瘡。用老絲瓜搗爲末，燒酒調搽。○同上治天泡濕瘡。用絲瓜搗汁，調真鉛粉搽之。○治手足凍瘡。用老絲瓜搗末，臘猪油調搽。○《簡便方》治乳汁不通。用絲瓜連子燒存性，研末，熱酒調服三錢，被覆取汗，即通。○劉松石方治小腸氣痛，繞臍衝心者。用老絲瓜連蒂燒存性，研末。每服三錢，熱酒調下。甚者不過三服即消。○李氏方治癬瘡。用絲瓜葉毛面擦之。○《惠生堂方》治牙宣露痛。用絲瓜藤一把，川椒五十粒，燈心百根，水煎濃汁汩漱，其痛立止。○鄧氏方治腰痛不止。用絲瓜根搗爛五錢，酒煎服，立止

明·應廛《食治廣要》卷三　絲瓜　氣味：甘，平，無毒。主治：除熱利腸，去風化痰，涼血解毒，通經絡，行血脉，下乳汁。枯者燒灰，入硃砂、蜜，水調服，能解痘毒，並起發不快者。

明·姚可成《食物本草》卷七菜部·蓏菜類　絲瓜一名天絲瓜，一名天羅，一名布瓜，一名蠻瓜。此瓜老則筋絲羅織，故有絲羅之名。始自南方來，故曰蠻瓜。唐宋以來未聞，今南北皆有之，以為常蔬。二月下種，生苗引蔓，延樹竹，或作棚架。其葉大如蜀葵而多丫，尖有細毛刺，取汁可染綠。其莖有稜。六七月開黄花，五出，微似胡瓜花，蕊瓣俱黄。其瓜大寸許，長一二尺，甚則三四尺，深綠色，有皺點，瓜頭如鼈首。嫩時去皮，可烹可曝，點茶充蔬。老則大如杵，筋絡纏紐如織成，經霜乃枯，惟可藉韡履，滌釜器，故村人呼為羅瓜。内有隔，子在隔中，狀如栝樓子，黑色而扁。其花苞及嫩葉、卷鬚，皆可食也。

絲瓜　味甘，平，無毒。主痘瘡不快，枯者燒存性，入硃砂研末，蜜水調服，甚妙。同雞、鴨、猪、魚烹食佳，除熱利腸。老者燒存性服，去風化痰，涼血解毒，殺蟲，通經絡，行血脉，下乳汁，治大小便下血，痔漏崩中，黄積，疝痛卵腫，血氣作痛，癰疽瘡腫，齒䘌，痘疹胎毒。暖胃補陽，固氣和胎。李時珍曰：絲瓜老者，筋絡貫串，房隔聯屬。故能通人脉絡臟腑，而去風解毒，消腫化痰，祛痛殺蟲及治諸血病也。

子　苦者，氣寒有毒。主大水，面目四肢浮腫，下水。令人吐。甜者，無毒。除煩止渴，治心熱，利水道，調心肺，治石淋，吐蚘蟲，壓丹石。若患脚氣、虚脹，冷氣人食之，病增。

葉　主癬瘡，頻挼摻之。療癰疽疔腫卵㿗。

藤根　治齒䘌腦漏，殺蟲解毒。

附方：治痘不起發，或未出者，多者令少，少者令稀。用老絲瓜近蒂三寸連皮燒存性，研末，砂糖調服。　治癰疽不斂，瘡口太深。用絲瓜擣汁頻抹之。　治玉莖瘡潰。絲瓜連子擣汁，和五倍子末，頻搽之。　治下血危篤不可救者。絲瓜一條燒存性，槐花減半，為末。每空心米飲服二錢，即愈。

治喉痹腫痛。天羅瓜研汁灌之。　治咽喉骨鯁。七月七日，取絲瓜根陰乾，燒存性。每服二錢，以原鯁物煮湯服之，立效。　治痔漏脱疘。絲瓜燒灰、多年石灰、雄黄各五錢，為末，以猪膽、雞子清及香油和調貼之。　治水鼓腹脹。老絲瓜去皮一條剪碎，巴豆十四粒同炒，豆黄去豆，以瓜同陳倉米再炒熟，去瓜，磨米為末，糊丸梧子大。每服百丸，白湯送下。　治肺經火熱，面部疳瘡。用絲瓜、牙皂等分，燒灰，油調搽。　治凍瘡。老絲瓜燒存性，和臘猪脂塗之。　治下血不止。老絲瓜燒灰，棕櫚燒灰等分，淡鹽湯下。

治乳汁不通。絲瓜連子燒存性研，酒服二錢，被覆取汗即通。　治小腸疝氣，疼痛沖心。連蒂老絲瓜燒存性，研末。每服三錢，熱酒調下。甚者不過二三次。　治偏墜。絲瓜棚上初結者，不要採下，留好，待瓜結盡葉落取下，燒存性為末，煉蜜調成膏。每晚好酒服一匙。如在左，左睡；右，右睡。

治老人痰火。絲瓜燒存性為末，棗肉和丸彈子大。每服一丸，溫酒化下。

預解痘毒。五六月取絲瓜蔓上卷鬚，陰乾，至正月初一子時，用二兩半煎湯，父母只令一人知，溫浴小兒身面上下，以去胎毒，永不出痘。縱出，亦稀少而順也。　治諸瘡久潰。絲瓜老根熬水掃之，大凉即愈。　治咽喉腫痛。絲瓜根以瓦缾盛水浸，飲之。　治腦漏，鼻中時時流出臭水，腦痛，名控腦砂，有蟲食腦中也。用絲瓜藤近根三五尺，燒存性。每服一錢，溫酒下，以愈為

度。　治腰痛。絲瓜根燒存性，為末，每溫酒服二錢。　治風癬蟲癬。每日清晨，採露水絲瓜葉七片，逐片擦七下，如神。忌雞、魚發物。　治刀瘡。用古石灰、新石灰、韭菜根、絲瓜根葉要絲瓜子內初出土始生兩瓣如匙形時者。各等分，搗一千下作餅，陰乾，臨時研摻之。止血定痛生肌，如神效。此方乃侍御蘇梅峰驗過傳來。　治疔瘡。絲瓜葉、葱白、韭菜等分，同搗取汁。以熱酒和服，以滓貼腋下。病在左手貼左腋，右手貼右腋。在脚貼胯，左右如之。在中貼心臍。用帛縛住。候肉下紅線處皆白，則散矣。

明·顧逢柏《分部本草妙用》卷九菜部

絲瓜　甘，微寒，無毒。　主治：痘瘡不快，枯者燒灰存性，入硃砂末，蜜水調服甚玅。煮食除熱，和腸暖胃，補陽固氣和胎。燒存性服，去風化痰，涼血解毒，殺蟲，通經絡，行血脉，治大小便下血，痔漏崩中，黃積疝痛卵腫，一切腫毒痘疹胎毒。葉，用摻癬，治疽疔卵癩。

明·孟笨《養生要括·菜部》

絲瓜　味甘，平，無毒。治痘瘡不快，枯者燒存性，入朱砂研末，蜜水調服，甚妙。煮食，除熱利腸。老者燒存性服，去風化痰，涼血解毒，殺蟲，通經絡，行血脉，下乳汁，治大小便下血，痔漏，崩中，黃積，疝痛卵腫，血氣作痛，癰疽瘡腫，齒䘌，痘疹胎毒。暖胃補陽，固氣和胎。〔小腸氣痛：繞臍衝心，連蒂老絲瓜燒存性，研末。每服二錢，熱酒調下，二三服，效。血崩不止：老絲瓜燒灰，棕櫚燒灰等分，鹽酒或鹽湯服。〕

根　燒存性，治齒䘌腦漏，殺蟲解毒。

葉　治癬瘡，頻挼摻之。療癰疽疔腫，卵癩。

明·施永圖《本草醫旨·食物類》卷二

絲瓜　味：甘，平，無毒。入藥用老者。治：痘瘡不快，枯者燒存性，入朱砂研末，蜜水調服，甚妙。煮食，除熱利腸。老者燒存性服，去風化痰，涼血解毒，殺蟲通經絡，行血脉，下乳汁，治大小便下血，痔漏崩中，黃積，疝痛卵腫，血氣作痛，癰疽瘡腫，齒䘌，痘疹胎毒。暖胃補陽，固氣和胎。絲瓜，本草諸書無考，惟痘瘡及脚癰方中，燒灰用之，亦取其性冷解毒耳。絲瓜老者，筋絡貫串，房膈聯屬，故能通人之脉絡臟腑而去風解毒，消腫化痰，袪痛殺蟲，及治諸血病也。

附方　痘瘡不快：初出或未出，多者令少，少者令稀，老絲瓜近蒂三寸，連皮燒存性，研末，砂糖水服。　癰疽不斂：瘡口太深，用絲瓜擣汁，頻抹之。　風熱腮腫：絲瓜燒存性，研末水調，搽之。　肺熱面瘡：苦絲瓜、牙皂莢，並燒灰等分，油調搽。　玉莖瘡潰：絲瓜連子擣汁，和五倍子末，頻搽之。　坐板瘡疥：絲瓜皮焙乾為末，燒酒調搽之。　天泡濕瘡：絲瓜汁調輕粉，頻搽之。　手足凍瘡：老絲瓜燒存性，和臘猪脂調之。　肛門酒痔：絲瓜燒存性，研末，酒服二錢。　痔漏脫肛：絲瓜燒灰、多年石灰、雄黃各五錢，為末，以猪膽、雞子清及香油和調貼之，收上乃止。　腸風下血：霜後乾絲瓜，燒存性，為末，空心酒服二錢。　下血危篤：絲瓜燒存性，槐花減半，為末。每空心米飲服二錢。　酒痢便血：腹痛或如魚腦五色者，乾絲瓜一枚，連皮燒研，空心酒服二錢。一方煨食之。　血崩不止：老絲瓜燒灰，棕櫚燒灰，等分，鹽酒或鹽湯服。　經脉不通：乾絲瓜一箇，為末，用白鴿血調成餅，晒乾研末，每服二錢，空心酒下，先服四物湯三服。　乳汁不通：絲瓜連子燒存性，研，酒服一二錢，被覆取汗即通。　乾血氣痛：婦人血氣不行，上衝心膈，變為乾血氣者，用絲瓜一枚，燒存性，空心溫酒服。　小腸氣痛：連臍衝心，連蒂老絲瓜燒存性，研末，每服三錢，熱酒調下，甚者不過二三服即消。　卵腫偏墜：絲瓜架上初結者留下，待瓜結盡葉落取下，燒存性為末，煉蜜調成膏，每晚好酒服一匙。如在左，左睡，在右，右睡。　腰痛不止：天羅布瓜子仁炒焦，擂，酒服，以渣傅之。　喉閉腫痛：天羅瓜研汁，灌之。　卒然中風：防風、荊芥一兩，升麻半兩，薑三片，水一盞，(水)〔煎〕半盞，以絲瓜子研取漿半盞，和勻灌之。如手足麻痒，以羌活煎湯洗之。　化痰止嗽：天羅即絲瓜，燒存性為末，棗肉和丸彈子大，每服一丸，溫酒化下。　風蟲牙痛：經霜乾絲瓜，燒存性為末，擦之。　風氣牙痛：生絲瓜一箇，擦鹽，火燒存性，研末頻擦，涎盡即愈。腮腫以水調貼之。　食積黃疸：絲瓜連子燒存性，為末，每服二錢。因麪得病，麪湯下。因酒得病，溫酒下。連進數服愈。　小兒浮腫：天羅、燈草、葱白等分，煎濃汁服，并洗之。

葉　治癬瘡，頻挼摻之。療癰疽，丁腫，卵癩。

附方　蟲癬：清晨采露水絲瓜葉七片，逐片擦七下，如神。忌雞、魚、發物。　陰子偏墜：絲瓜葉燒存性三錢，雞子殼燒灰二錢，溫酒調服。　頭瘡生蛆：頭皮內時有蛆出，以刀切破，擠絲瓜葉汁搽之，蛆出盡絕根。　湯火傷灼：絲瓜葉焙研，入輕粉一錢，蜜調搽之，生者擣傅，一日即安。　刀瘡神藥：古石灰、新石灰、絲瓜根葉初種放兩葉者、韭菜根各等分，擣一千下，作餅，陰乾，為末，擦之，止血定痛，生肌如神效。

藤、根　味：同上。治：齒䘌腦漏，殺蟲解毒。

附方　諸瘡久潰：絲瓜兒根，熬水掃之，大涼即愈。　喉風腫痛：絲瓜根以瓦瓶盛水浸，飲之。　腦崩流汁：用絲瓜藤近根三五尺，燒存性，每服一錢，溫酒下，以愈為度。　牙宣露痛：《海上妙方》用絲瓜藤陰乾，臨時火煅存性，研，搽即止。最妙。　咽喉骨鯁：七月七日取絲瓜根陰乾，燒存性，每服二錢，以原鯁物煮湯服之。　腰痛不止：絲瓜根燒存性，為末，每溫酒服二錢，神效甚捷。

清·穆石匏《本草洞詮》卷七　絲瓜　老則筋絲羅織，故名。氣味甘平，無毒。除熱利腸。老者燒存性服，去風化痰，解毒殺蟲，行血脉，下乳汁，治大小便血氣作痛，瘡腫，痘疹，胎毒，以其筋絡貫串，房隔聯屬，故能通人脉絡臟腑而治病也。

清·丁其譽《壽世秘典》卷三　絲瓜唐宋以前無聞，今人以為常蔬。其葉取汁可染綠，其花苞及嫩葉卷鬚皆可食，其瓜老則大如杵，筋絡纏紐如織成，經霜乃枯，可藉靴履，滌釜器，村人呼為洗鍋羅。　氣味：甘，涼，無毒。主除熱，利腸，化痰，涼血解毒，殺蟲，通經絡，行血脉，下乳汁，治大小便下血。

發明汪穎曰：絲瓜《本草》諸書無考，惟痘瘡及腳癰方中，燒灰用之，亦取其性冷解毒耳。患腳氣虛脹，冷氣人不宜食。《資暇錄》云：絲瓜北種為佳，以細長而嫩者為美，煮熟，薑、醋拌食，同雞、鴨、猪肉炒食佳。有云：多食能痿陽，北人時啖之，殊不爾然。用其蒂可治小兒痘瘡，搗取汁能消痰火，其涼可知，痿陽之說有自來矣。按：諸說皆主性冷，其功長于清熱涼血，化痰解毒。《生生編》云暖胃補陽，固氣和胎，則與諸說不符，恐未可盡信也。《群芳譜》云：舊傳絲瓜能敗陽，不可多食。萬曆乙卯，余邑大饑，鄉人某家貧甚，止有錢二文。時九月後，見賣霜敗絲瓜者甚賤，以二文錢買一，抱歸，煮熟，飽食之，即其妻欲分嘗，不與也，從此陽事不舉，終身無復人道。

清·尤乘《食鑒本草·菜類》　絲瓜　除熱利腸。枯者燒存性，入硃砂末研勻，蜜水調，發小兒痘疹甚效，以其通行經絡血脈，涼血解毒。又能下乳汁，通二便，足上癰腫之疾。葉治癬瘡，頻挼擦之，療癰疽丁腫卵(癩)〔癪〕。

清·朱本中《飲食須知·菜類》　絲瓜　味甘，性冷。多食令痿陽事，滑精氣。

清·何其言《養生食鑒》卷上　絲瓜粵名水瓜。　味甘，性涼，無毒。解熱，涼血，通經絡，下乳汁，利腸胃，治痰火癰腫，齒䘌胎毒。多食痿陽，曲者尤甚。老絲瓜經霜者，連蒂子一應燒存性，為末，入些硃砂，每服一匙，待時用米湯調服，發痘最妙，亦可解毒而去痰也。稀痘散亦載。

清·汪昂《本草備要》卷四　絲瓜瀉熱涼血，宣通經絡。　甘，平。蘇頌曰：冷。　涼血解毒，除風化痰，通經絡，行血脉，老者筋絡貫串，象人經脉，故可借其氣以引之。消浮腫，稀痘瘡。出不快者，燒存性，入朱砂、蜜水調服。　治腸風崩漏，疝痔癰疽，滑腸下乳。

清·李熙和《醫經允中》卷二二　絲瓜　甘，微寒，無毒。主治痘瘡不快。枯者燒灰存性，入硃砂末，蜜水調服甚妙。煮食除熱，涼血解毒，治一切腫毒，痘瘡胎毒。葉用擦癬良。

清·張璐《本經逢原》卷三　絲瓜　甘，寒，無毒。　發明：絲瓜嫩者寒滑，多食瀉人，蔬菜中最不足取。其老者，經絡貫串，房隔聯屬，故能通人經脈支絡，而解熱消腫祛毒殺蟲及治諸血病。故痘瘡不快，用老絲瓜近蒂三寸，連皮燒灰存性，為末，砂糖水服甚效，以其甘寒解毒，而無滑瀉之虞也。其立冬後小絲瓜煅，入硃砂服之，能稀痘。其絲瓜藤取近根三五寸，燒灰存性為末，治鼻淵時流臭濁水，酒調，日服方寸匙效。其葉搗汁生服，解一切蛇傷之毒。即以滓罨傷處，乾即易之。

清·汪啟賢等《食物須知·諸菜》　絲瓜　性冷，解毒亦治痘瘡。

清·劉漢基《藥性通考》卷六　絲瓜　味甘，氣平。涼血解毒，除風化痰，通經絡，行血脉，消浮腫，稀痘瘡。出不快者，燒存性，入硃砂、蜜水調服。又腸風崩漏，疝痔瘡疽，滑腸下乳。

清·葉盛《古今治驗食物單方》　絲瓜　痘疹不快，初出或未出，多者令少，少者令稀，老絲瓜近蒂三寸，連皮燒存性，研末，砂糖水服，亦敷風熱腮腫。　玉莖瘡潰，五倍子同絲瓜汁搽之。　凍瘡，老絲瓜燒存性，臘猪油調塗。　腸風下血，乾絲瓜燒存性，為末，水法為丸，酒送二錢，加槐花減半于內，空心米飲下。　酒後便血，或下五色痢，乾絲瓜連皮燒研，空心酒服。血崩不止，老絲瓜燒灰，棕灰等分，鹽酒送下。　乳汁不通，絲瓜燒存性研，酒服一二錢，被覆取汗即通。又治婦人乾血氣，又治小腸氣痛，俱燒研酒下。喉閉腫痛，絲瓜研汁灌之。　咳嗽多痰，絲瓜燒存性，棗肉為丸服。　風氣牙疼，絲瓜一根，擦鹽在上，火燒存性，研末頻擦，涎盡則愈。　腮腫，以水調貼之。　水蠱，老絲瓜去皮一枚，剪碎，巴荳十四粒同炒，荳黄去荳，以瓜同陳倉米再炒熟，去瓜研米為末，糊丸梧子大，每服百丸，白湯下。　蓋米收胃氣，巴荳逐水，絲瓜象人脉絡，借其氣以引之也。　蟲癬，採帶露絲瓜葉七片，逐片擦七下，如神。　頭瘡生蛆，絲瓜葉汁搽之。　湯火傷，絲瓜葉汁敷之。　刀傷藥，古石灰、新石灰、絲瓜根葉初種放兩葉者、韮菜根各等分，搗千下作餅，陰乾為末擦之，止血定痛，生肌如神。　預解痘毒，五六月取絲瓜蔓上卷鬚陰乾，至正月初一日子時，用二兩半煎湯，父母只令一人知，溫浴小兒身面上下，以去胎毒，永不出痘，縱出亦少也。　牙宣，絲瓜藤陰乾，臨用火煅存性，研搽即止。或用絲瓜藤一握，川椒一撮，燈心一把，煎湯嗽口，其痛立止。

清・王子接《得宜本草・下品藥》　絲瓜子　味苦。功專通經絡，解熱毒。得槐花治腸風下血，得蘆根、桃仁治癰。

清・吳儀洛《本草從新》卷四　絲瓜〔通經脈，涼血解毒，除風化痰。〕一名天羅，一名蠻瓜。　甘，冷。涼血解毒，除風化痰，通經絡，行血脈，老者筋絡貫串，象人經脈，故可借其氣以引之。消浮腫，發痘瘡。出不快者，燒存性，入硃砂，蜜水調服。治腸風崩漏，疝痔癰疽。滑腸下乳。用老絲瓜筋，燒存性。或搗汁。

清・汪紱《醫林纂要探源》卷二　絲瓜　甘，鹹，寒。老而成網如絲，故名。又名天羅，又名紡線。解熱，化痰。鹹輭堅。　瓜網　涼血滲血，通經絡，托痘毒。燒灰存性。　子　治腸風痔瘻，崩漏，下乳。

清・嚴潔等《得配本草》卷五　絲瓜一名天羅子、藤根。　甘，平，冷。入手太陰經。涼血解毒，化痰消腫。治腸風，療崩漏，通臟腑脈絡，利大小腸閉。得燈心、蔥白，治小兒浮腫。得槐花燒研，治下血危篤。配棕櫚炭，治血崩不止。配五倍子，搽玉莖瘡痛。入涼血藥，治吐衄不止。　經霜雪者，煅炭存性，治痘後毒氣，能治吐血不止。　子　通經絡，解熱毒。搗汁，入穀道，導大便不通，捷如響應。　佐蘆根、桃仁，治癰腫肺癰。　脾虛者禁用。恐致泄瀉。　藤、根　解熱毒，止久痢，治腦漏，殺三蟲。　配川椒、燈心，煎湯漱口，治牙宣露痛。　經霜雪者更良。

題清・徐大椿《藥性切用》卷六　絲瓜　一名天羅，一名蠻瓜。性味甘冷，通經涼血，解毒除風。腸滑者忌。老絲瓜筋絡貫串，力能通經活絡，熱痺宜之。酒炒用。

清・黃宮繡《本草求真》卷九　絲瓜瓜菜四百七三，解風寒瀉熱蟲毒，留滯經絡。

絲瓜耑入經絡，兼入腸胃。　性屬寒物，味甘體滑，其瓜經絡貫串，房隔連屬。凡人風痰濕熱，蠱毒血積，留滯經絡，發為癰疽，瘡瘍崩漏，腸風水腫等症者，服之立能有效。以其通經達絡，無處不至。小兒痘出不快，用此近蒂三寸，連皮燒灰存性為末，沙糖水調服。并可以敷腳腫。鼻淵時流濁水，用此瓜藤近根三寸，燒灰存性為末，酒服方寸匙亦效。小兒預防出痘，於立冬後，用小絲瓜，煅入硃砂服之，亦應皆以借其寒滑通達之性耳，但過服亦能滑腸作泄。故書有言，此屬菜中不足，食之當視臟氣以為可否也。葉搗汁生服，可解一切蛇傷之毒。滓盦患處亦佳。

清・李文培《食物小録》卷上　絲瓜　甘，平，冷，無毒。除熱利腸，涼血解毒。秋後食之，令人髮落。

清・羅國綱《羅氏會約醫鏡》卷一七菜部　絲瓜味甘冷，入諸經。　涼血解毒，除風化痰。治腸風、崩漏涼血，諸瘡、腦漏，用近根藤三尺，焙開，酒調服妙。解痘毒，出不快者，燒存性，少入硃砂，蜜水調服。滑腸，下乳。但胃寒者不相宜。

清・趙學敏《本草綱目拾遺》卷一水部　天蘿水　《救生苦海》：霜降後，擇粗大絲瓜藤掘起根三四寸，翦斷，插瓶中一夜，其根中汁滴入瓶內，名曰天蘿水。封固埋土中，年久愈佳。　治雙單蛾，飲一杯即愈。又可消痰火，化痰成水，解毒如神。兼清內熱，治肺癰肺痿更效。　蕭山有一老嫗家，市肺癰藥水，三服立愈。門如市，已數世矣，王聖俞曾得其方述之，即此水也。於立秋日取，存瓮用。愈陳愈佳。

清・趙學敏《本草綱目拾遺》卷八諸蔬部　天骷髏　此乃鄉野村中桑樹及屋籬上所掛霜打絲瓜也，其子名烏牛子。　治婦人白帶血淋，臌脹積聚，一切筋骨疼痛，並宜服之汪連仕方。

清・章穆《調疾飲食辯》卷三　絲瓜　《事類合璧》曰天羅，又曰布瓜。《本事方》曰天絲瓜，又曰蠻瓜。有二種：一種瘦長者為絲瓜，一種粗短者為蠻瓜。又曰魚鰦，或作虞刺。《食物本草》曰：痘疹及腳癰方中用之。性能解毒退熱，利腸胃，和胎氣。味甘平，百病不忌，熱病及痘疹、腫毒尤宜。或多飲其汁，能解大毒。《生生編》謂其暖腎助陽，俗醫謂其化痰，均大誤。此物捻之綿軟，形如已痿之陽，故善能痿陽。《直指方》治癰疽瘡口大深不能斂合，搗汁頻抹。丹溪治玉莖瘡潰：搗汁，和五倍子末頻搽。《普濟方》治喉閉腫痛，搗汁飲。又稀痘諸方用其藤上鬚，不驗，不足錄也。

清・吳鋼《類經證治本草・手陽明大腸腑藥類》　絲瓜　【略】誠齋曰：取經霜近蒂各三寸，燒灰，水調服。預解痘毒，又能殺蟲，解胎毒，治腹脹。

清・葉桂《本草再新》卷六　絲瓜味甘，性涼，無毒。入肝、腎二經。　涼血解毒，除風化痰。通經絡，行血脈，消浮腫，發痘瘡。治腸風崩漏，疝痔癰疽，滑腸下乳。○絡，亦能通經絡，和血脈，化痰順氣。

絲瓜藤　味苦，性微寒，有微毒。入心、脾、腎三經。　和血脈，活經絡，滋腎水，止陰痛。補中健脾，消水腫。婦人經水不調，血枯血少，腰膝四肢麻木，產後驚風亦兼用之。

清・吴其濬《植物名實圖考》卷六 絲瓜 《本草綱目》始收入菜部，處處種之。其瓤有絡，俗呼為瓤，以代拭巾。《綱目》備載諸方頗驗。此瓜無甚味而不宜人，鄉人易種而耐久，以隙地種之。江湖間有長至五六尺者。宋・趙杜北山詩：數日雨晴秋草長，絲瓜延上瓦墻生。老圃秋藤，宛然在目。趙梅隱詩云：黄花褪束綠身長，百結絲包困曉霜，虛瘦得來成一捻，剛偎人面染脂香。玩末句，殆以其可為拭巾耶？《老學庵筆記》：絲瓜滌研磨洗，餘漬皆盡，而不損研。則菅蒯之餘，乃登大雅之席。

清・趙其光《本草求原》卷一五菜部 水瓜 甘，涼，無毒。解熱涼血，通經絡，下乳汁，利腸胃，治痰火、癰腫。同豆豉、食鹽，敷血疔瘡良。多食痿陽。

絲瓜 功性同水瓜。解毒，去痰，消腫，主血熱各病。治腸風、崩漏、疝痔、癰疽、滑腸、下乳。其經霜老絲瓜，經絡貫穿，房膈聯屬，更能通人經絡，和血脈，化痰順氣，更解熱毒消腫、殺蟲，治諸血病。故取近蒂三寸，連皮燒灰，治痘出不快。砂糖水或米湯下。以其甘寒解毒，而無滑瀉之虞也。其立冬後小絲瓜，和朱砂服，則稀痘；搽牙，則止風蟲牙痛。葉，敷蛇傷，乾即易。蒂同金針菜，治一切喉咽腫痛。屢效。

絲瓜藤 苦，微寒，小毒。和血脈，活經絡，滋水，止陰痛，補中健脾，消水腫。治血枯少，腰漆四肢麻木，產後驚風，調經。其近根三五寸，存性，治鼻淵常流臭濁水。

清・文晟《新編六書》卷六《藥性摘錄》 絲瓜 甘，涼。解熱涼血，通經絡，下乳汁，利腸胃，治痰火癰腫，蟲毒血積，胎毒。多食痿陽，曲者尤忌。○老絲瓜經霜者，連蒂子燒灰存性，入些朱砂，每用米湯調服一錢，發痘最妙。○亦治臭淵、痰火崩瀉腸紅。○近蒂三寸，藤連皮燒灰，酒服，治同上。小兒俱用砂糖水調服。兼可敷腳腫。瓜葉搗汁，生服可解一切蛇傷之毒，滓敷患處佳。

清・張仁錫《藥性蒙求・菜部》 絲瓜錢半、二錢 甘冷，涼血除風。能行血脈，經絡皆通。用老絲瓜筋燒存性。或搗汁，又能解毒化痰，腸風癰疽皆治。

清・王孟英《隨息居飲食譜・蔬食類》 絲瓜一名天羅 甘，涼。清熱解毒，安胎行乳，調營補陽，通絡，殺蟲，理疝消腫，化痰。嫩者為肴，宜葷宜素。老者入藥，能補能通，化濕除黄，息風止血。痘瘡不快，初出或未出，多者令少，少者令稀，老絲瓜近蒂三寸，連皮燒存性，研，沙糖湯調下。喉痹，絲瓜擣汁，灌之。癰疽不斂，絲瓜擣汁，頻抹。酒痢或便血，腹痛，或肛門患痔，乾絲瓜煅存性，研，酒服二錢。兼治乳汁不通，經阻氣痛，腰痛、疝痛，酒積黄疸等病。化痰止嗽，絲瓜煅存性，研末，棗肉丸彈子大，每一丸酒下。凡熱牙疼，絲瓜一條，以鹽擦過，煅存性，研，頻擦。兼治頤腫，水調傅。

小兒浮腫，絲瓜、燈薪、蔥白等分，煎濃汁服，併洗。

葉 嫩時可茹。絞汁服治痧穢腹痛，性能消暑解毒，挼貼疔腫甚妙。蟲癬，侵晨采帶露絲瓜葉七片，擦七下，忌雞、魚發物。罨丸偏墜，絲瓜葉煅存性三錢，雞子殼燒灰二錢，同研，溫酒下。湯火傷，擣絲瓜葉，傅。

清・劉善述、劉士季《草木便方》卷二穀糧豆菜部 絲瓜 （糸）〔絲〕瓜皮甘解毒瘡，涼血殺蟲通經方。利便通乳痔崩疝，痘疹丹毒血痛亡。葉治癰疽疔疝癬，根藤殺䘌腦漏良。

清・田綿淮《本草省常・瓜性類》 絲瓜 一名蠻瓜，一名布瓜，一名天羅，一名魚鰦。性寒。清熱解毒，涼血固氣，袪風化痰，通經絡，行血脉，利腸下乳。多食損陽。

清・戴葆元《本草綱目易知錄》卷三 絲瓜天羅 甘，平。煮食，除熱利腸，暖胃補陽，固氣和胎。老者燒存性服，取其筋絡貫串，房膈聯屬，故能通人之脈絡臟腑，而去風化痰，涼血解毒，消腫殺蟲。治諸血病，通經絡，行血脈，下乳汁，消黄疸。治尿血便血，痔漏崩中，疝痛卵腫，血氣作痛，癰疽齒䘌，痘疹胎毒。【略】葆驗：稀麻疹方，取絲瓜經霜後，收取藤上末落者一条，陰乾至除日，瓦煅，末，臨睡開水送，可保不出麻，縱出亦稀。

清・陳其瑞《本草撮要》卷四 絲瓜 味甘，冷，入足厥陰經，功專涼血解毒，除風化痰，通經絡，行血脈。得槐花治腸風下血，得蘆根、桃仁治癰。痘瘡出不快者，燒存性，入硃砂蜜水調服良。一名曰天羅，一名蠻瓜。

清・吴汝紀《每日食物却病考》卷上 絲瓜 甘，平，無毒。煮食，除熱，利腸胃。痘瘡不快，枯者燒存性，入朱砂，蜜水調服，甚効。老者，燒存性服，去風化痰，涼血解毒，行血脈，下乳汁，療疽瘡、痘疹、胎毒。以其性冷解毒也。

清・毛祥麟《對山醫話》卷四　絲瓜本蔬中佳品，世俗相傳，其性至寒，食之敗陽。按《本草》言甘平能除熱，利腸解毒通絡，而《生生編》又謂暖胃助陽。余嘗考其性味，不過甘涼之品。因其涼血，故治腸風崩漏；其絡貫串如人脈絡，故能通絡；其質軟滑，故曰敗陽。暖胃之説，抑何反也。

苦瓜

明・朱橚《救荒本草》卷上之後　錦荔枝　又名癩葡萄。人家園籬邊多種之。苗引藤蔓延附草木生，莖長七八尺，莖有毛澁，葉似野葡萄葉，而花叉多，葉間生細絲蔓，開五瓣黄碗子花，結實如雞子大，尖艄纹皺，狀似荔枝而大，生青熟黄，内有紅瓤。味甜。　救飢：採荔枝黄熟者，食瓤。

明・蘭茂原撰，范洪等抄補《滇南本草圖説》卷八　苦瓜　性寒，味苦。除邪熱，解勞乏，清心明目。

明・蘭茂撰，清・管暄校補《滇南本草》卷下　苦瓜　性寒，味苦。入心、脾、胃三經。瀉六經實火，清暑益氣，止渴。

按：苦瓜性寒，脾胃強盛食之無事，脾胃虚寒者食之，令人吐瀉腹痛。

明・蘭茂撰，清・管暄校補《滇南本草》卷上　苦瓜　味苦，寒平。治一切丹火毒氣，療〔惡〕瘡結毒，或遍身已成芝麻疔瘡，疼難忍者，服之神效。葉，為末，治楊梅瘡，無灰酒下。又此瓜煅為末，治胃氣疼，開水下；治眼疼，燈草湯下。

明・李時珍《本草綱目》卷二八菜部・蓏菜類　苦瓜《救荒》

〔釋名〕錦荔枝《救荒》　癩葡萄時珍曰：苦以味名，瓜及荔枝、葡萄，皆以實及莖、葉相似得名。　〔集解〕周定王曰：錦荔枝即癩葡萄，蔓延草木。莖長七八尺，莖有毛澀。葉似野葡萄，而花又開黄花。實大如雞子，有皺紋，似荔枝。時珍曰：苦瓜原出南番，今閩、廣皆種之。五月下子，生苗引蔓，莖葉卷鬚，並如葡萄而小。七八月開小黄花，五瓣如椀形。結瓜長者四五寸，短者二三寸，青色，皮上痱瘟如癩及荔枝殼狀，熟則黄色自裂，内有紅瓤裹子。瓤味甘可食。其子形扁如瓜子，亦有痱瘟。南人以青皮煮肉及鹽醬充蔬，苦澀有青氣。按費信《星槎勝覽》云：蘇門答剌國一等瓜，皮若荔枝，未剖時甚臭如爛蒜，剖開如囊，味如酥，香甜可口。疑此即苦瓜也。

瓜　〔氣味〕甘，寒，無毒。　〔主治〕除邪熱，解勞乏，清心明目。時珍。《生生編》

子　〔氣味〕苦，甘，無毒。　〔主治〕益氣壯陽時珍。

明・穆世錫《食物輯要》卷六　錦荔枝　味苦，性寒，無毒。解勞乏，除邪熱，清心明目。子，味甘、苦，性温，無毒。益氣壯陽。

明・應廖《食治廣要》卷三　苦瓜一名錦荔枝，一名癩葡萄。　氣味：苦，寒，無毒。〔主治：〕除邪熱，解勞乏，清心明目。

明・姚可成《食物本草》卷七菜部・蓏菜類　苦瓜一名錦荔枝，一名癩葡萄。原出南番，今閩、廣皆種之。五月下子，生苗引蔓，莖葉卷鬚，竝如葡萄而小。七八月開小黄花，五瓣如椀形。結瓜長者四五寸，短者二三寸，青色，皮上痱瘟如癩及荔枝殼狀，熟則黄色自裂，内有紅瓤裹子。瓤味甘可食。其子形扁如瓜子，亦有痱瘟。南人以青皮煮肉及鹽醬充蔬。答剌國一等瓜，皮若荔枝，未剖時甚臭如爛蒜，剖開如囊，味如酥，香甜可口。疑此即苦瓜也。

苦瓜　味苦，寒，無毒。除邪熱，解勞乏，清心明目。

子　益氣壯陽。

明・施永圖《本草醫旨・食物類》卷二　苦瓜　味：苦，寒，無毒。治：除邪熱，解勞乏，清心明目。　子：味：苦、甘，無毒。治：益氣壯陽。

清・丁其譽《壽世秘典》卷三　苦瓜俗呼癩葡萄，又名錦荔枝，原出南番，今處處皆種之。南人以青皮煮肉及鹽醬充蔬，苦澀有青氣。　氣味：苦，寒，無毒。主除邪熱，解勞乏，清心明目。

子　苦，甘，無毒。益氣壯陽。

清・何其言《養生食鑒》卷上　苦瓜一名癩葡萄，粤名苦蓮。

味苦，性微寒，無毒。除邪熱，解勞乏，清心明目，有脹翳及火盛者忌之。

子　味甘、苦，無毒。益氣壯陽。誤食疔牛，作漚不止，擂水灌飲，即愈。噎嗝病愈，食之即復，不治。

清・张璐《本經逢原》卷三　苦瓜一名錦荔枝。　苦，寒，無毒。　發明：錦荔枝有長短二種。生青，熟赤。生則生寒，熟則生温。閩粤人以長者去子，但取青皮煮肉充蔬，為除熱解煩、清心明目之品。短者性温，其子苦甘，内藏真火，故能壯陽益氣。然須熟赤，方有殊功。

清・王道純《本草品彙精要續集》卷八　苦瓜無毒

苦瓜：主除邪熱，解勞乏，清心明目《生生編》。子，主益氣壯陽《本草綱目》。【味】苦，甘。【名】錦荔枝、癩葡萄。李時珍曰：苦以味名，瓜及荔枝、葡萄皆以實及莖葉相似得名。【地】苦瓜原出南番，今閩廣皆種之。【苗】周(憲)[定]王曰：錦荔枝，即癩葡萄。蔓延草木，莖長七八尺，莖有毛澀，葉似野葡萄，而花又開黄花，實大如雞子，有皺紋似荔枝。李時珍曰：苗引蔓，莖葉卷鬚，並如葡萄而小，結瓜長者四五寸，短者二三寸。皮上痱瘟如癩及荔枝殼狀，熟則黄色自裂，內有紅瓤裹子，瓤味甘可食。其子形扁如瓜子，亦有痱瘟，南人以青皮煮肉及鹽醬充蔬，苦澀，有青氣。按費信《星槎勝覽》云：蘇門答剌國一等瓜皮若荔枝，未剖時甚臭如爛蒜，剖開如囊，味如酥，香甜可口。疑此即苦瓜也。【時】五月下子生苗，七八月開小黄花，五瓣如碗形。【色】青色。【味】苦。【性】寒。

清·汪紱《醫林纂要探源》卷二 苦瓜 苦，寒。體多塊磊，色白而長者，味苦而美。圓短者，曰紅瓤，熟則色赤，瓤味甜，可食。瀉心火，解暑暍，療熱毒。六七月食之最宜。

清·黄宫繡《本草求真》卷九 苦瓜生用苦寒，解心肺煩熱。

苦瓜耑入心、肝、肺。即錦荔枝。其種有長有短，何書載言用長，宜取青皮去子。煮肉充蔬，蓋謂生則性寒，熟則性溫，用此生青性寒，以為除熱解煩，清心明目之品，何書又言用短，宜待熟赤取子為食。蓋謂其子苦甘，內藏真火，用此性熱，以為壯陽益氣之功。共此一味，而生熟不同，寒熱迥異。故其所用，其亦各有別如此。

清·李文培《食物小錄》卷上 苦瓜 甘，苦，無毒。除邪熱，解勞乏，清心明目。

清·章穆《調疾飲食辯》卷三 苦瓜 《綱目》曰：《救荒本草》名錦荔枝，又名癩葡萄。《星槎勝覽》曰：蘇門答剌一種瓜若荔枝，未剖臭如爛蒜，剖開香甜可口。或即苦瓜也。

按：此瓜嫩時色青，味極苦，能除邪熱，解勞乏，清心明目。老則色紅，味極甘，能益肝腎，壯陽明目。一物前後補瀉二用，皆有奇功，異品也。暑月不拘有熱無熱，宜多食。目疾人更宜多食。

清·吴其濬《植物名實圖考》卷五 苦瓜 《救荒本草》謂之錦荔枝，一曰癩葡萄。南方有長數尺者，瓤紅如血，味甜，食之多衄血。徐元扈云：閩粤嗜之。余所至江右、兩湖、雲南，皆為圃架時蔬，京師亦賣於肆。豈南烹北徙耶？肥甘之中，搰以苦薏，俗呼解暑之羞，苦口藥石，固當友諫果，而兄破睡侯矣。貧者藜藿不糝，五味失和，非有茹蘗之操，何以堪此？《滇本草》治一切丹火毒氣，金瘡結毒。遍身芝麻疔、大疔疼不可忍者，取葉曬乾為末，每服三錢，無灰酒下，神效。又治楊梅瘡。取瓜花煅為末，治胃氣疼，滾湯下，治目痛，燈草湯下。皆昔人所未及。

清·趙其光《本草求原》卷一五菜部 苦瓜 苦，寒，無毒。除邪熱，解勞乏，清心明目。但苦能助火，火盛翳脹及噎膈病愈後，均忌。其子甘苦，無毒。解誤食疔牛中毒，擂水灌。壯陽益氣。須熟赤者方能內藏真火。

清·文晟《新編六書》卷六《藥性摘錄》 苦瓜 即錦荔枝。入心肝肺。生青皮者，苦，寒。解心肺煩熱，清心明目。熟則微溫。有障翳者勿食，噎膈尤忌。○子，苦，甘。壯陽益氣。

清·王孟英《隨息居飲食譜·蔬食類》 苦瓜一名錦荔枝 青則苦寒。滌熱，明目清心。可醬可醃。鮮時燒肉先瀹去苦味，雖盛夏而肉汁能凝，中寒者勿食。熟則色赤，味甘，性平，養血滋肝，潤脾補腎。

清·田綿淮《本草省常·瓜性類》 癩葡萄 本名苦瓜，一名錦荔枝。性寒。瀉邪熱，解勞乏，清心明目。凡瓜雙頂、雙蒂者，有毒，不可食。凡瓜沉水者，有毒，不可食。

假苦瓜

清·何諫《生草藥性備要》卷上 假苦瓜 味苦，性寒。涼血，消瘡。葉、藤俱似苦瓜，一胎三子，去黄氣，理蛇傷最良。

清·趙其光《本草求原》卷三隰草部 假苦瓜即假蒲達。 葉、藤悉似苦瓜，甘、苦，寒，涼血消瘡，去黄疸，理蛇傷最妙。

天羅勒

宋·唐慎微《證類本草》卷一〇草部下品〔唐·陳藏器《本草拾遺》〕 天羅勒 主溪毒。挼碎傅之瘡上。天羅勒生江南平地。

明·李時珍《本草綱目》卷二八菜部·蓏菜類 天羅勒《拾遺》藏器曰：生江南平地。主溪毒，挼碎傅之。時珍曰：陳氏注此不詳。又江南呼絲瓜爲天羅，疑即此物，然無的據，姑附之。